西方道德哲学通史

·十卷本·

邓安庆　主编

国家哲学社会科学基金重大项目

"西方道德哲学通史研究"（12&ZD122）结项成果

结项评审：优秀（2021&J202）

商务印书馆（上海）有限公司 出品
The Commercial Press (Shanghai) Co. Ltd.

西方道德哲学通史

古希腊罗马卷

古典实践哲学与德性伦理

邓安庆　著

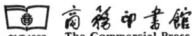
商务印书馆
The Commercial Press

图书在版编目（CIP）数据

西方道德哲学通史. 古希腊罗马卷：古典实践哲学
与德性伦理 / 邓安庆著. — 北京：商务印书馆，2024
ISBN 978 - 7 - 100 - 22675 - 2

Ⅰ.①西… Ⅱ.①邓… Ⅲ.①伦理学史 — 西方国
家 Ⅳ.①B82-091.956

中国国家版本馆 CIP 数据核字（2023）第126197号

西方道德哲学通史
古希腊罗马卷
古典实践哲学与德性伦理
邓安庆　著

商 务 印 书 馆 出 版
（北京王府井大街36号　邮政编码 100710）
商 务 印 书 馆 发 行
山东韵杰文化科技有限公司印刷
ISBN　978 - 7 - 100 - 22675 - 2

2024年1月第1版　　　开本 710×1000　1/16
2024年1月第1次印刷　　印张 41¾

定价：168.00元

邓安庆，复旦大学哲学学院教授，入选国家级人才工程特聘教授，兼任中国伦理学会副会长，复旦大学全球伦理研究中心主任，教育部重点研究基地中国人民大学伦理学与道德建设研究中心西方伦理学研究所所长，《黑格尔著作集》（20 卷理论著作版）常务副主编、《伦理学术》丛刊主编。

主要研究方向为德国古典哲学、第一哲学、实践哲学、价值哲学等。著有《谢林》《叔本华》《施莱尔马赫》《美的欣赏与创造》《康德黑格尔哲学在中国》《启蒙伦理与现代社会的公序良俗：德国古典哲学的道德事业之重审》等，译有《伽达默尔集》，黑格尔《法哲学原理》，亚里士多德《尼各马可伦理学》，赫费《作为现代化之代价的道德》，谢林《论人类自由的本质及其相关对象的哲学研究》《布鲁诺对话：论事物的神性原理与本性原理》，施莱尔马赫《论宗教》，司徒博《环境与发展：一种社会伦理学的考量》等。

总　序

当我开始为这套《西方道德哲学通史》（十卷本）写"总序"时，脑子里突然冒出了《滕王阁序》中"时维九月，序属三秋"之句，但哲学之"序"绝不可能指向"三秋"时的收获，而仅仅旨在尝试开启一扇"门"的始点，这应是"序"之本义。不过令我踌躇的是，这究竟会不会是迂腐的多此一举。因为康德早有名言，人类理性在伦常事务方面，只需凭借最普通的悟性（Verstand旧时通译为"悟性"，因不合康德知识论之含义，后改译为"知性"，但就通常义，作"悟性"解倒很契合）就能够轻而易举地达到高度的正确性与详尽性，迂腐的哲学却相反总是在理性的纯粹使用上陷入辩证之幻相。正是康德这一说明让我们明白，"道德哲学"的探究究竟有多难以及它难在何处。对于在以伦理为本位的儒家文化中长大的我们，道德良心似乎是时刻带在身上、刻在心里的"一杆秤"，但陈独秀也在一百多年前就已警示我们，对于有五千多年优秀伦理文明的国人，伦理之觉悟却依然是"吾人觉悟之最后的觉悟"，难道我们在一如既往地遇到"坏良心"时，就只会空谈"良心本有"，而不扪心自问一下，我们究竟在伦理上"最后"觉悟了否？

这当然也不仅仅是吾国吾民的伦理困境，它实际上是人类普遍的伦理困境。在19世纪末尼采也还在振臂高呼，人类迄今还根本不知道善恶究竟是什么。人类这个物种纵然是万物之灵，在认识自然、征服自然方面自从发明了科学技术以后，突飞猛进地证明了人类自身具有趋向真理的无限的知识能力，但是在"认识你自己"方面，自从苏格拉底在开启伦理学之门的起点提出这个问题，我们依然很难说取得了什么长足的进步，相反却总是一再地证实着苏格拉底式的"无知"。人性，这个人类自身的"自然"，简直就是一个无底之深渊，人类理性的、科学的、知识的光芒一直试图照亮它，但始终无法穿透其根基深层的黑暗，因而自以为在伦常事情上清楚明白的人类知性，最终总是不免陷入深度的迷茫。所以，哲学最深的惊叹总是存在之惊叹，哲学最常见的迷茫也就是伦理之迷茫。

但哪里有深渊，哪里就会有拯救。茫然的人类在不知所措中产生的最为切身的哲学需要，其实无一不是伦理之需要，而当今人类又走向了最为不确定的转折关头，规范秩序的瓦解让人类共存的价值感在消失，伦理底线在崩塌，人类急需有一真正普遍认同的"伦理"照亮前行的路，做出艰难的有未来的决断。确实，在这一昏暗不明的时刻，不靠先天立法的"伦理"，不靠人类理性点燃的这一"神明"之光，有什么能够照亮人性的幽暗深处，将人类从各自自私的狭隘中抽离出来，聚集在通向共存共生且共同追求美好生活的正义之道上？

但伦理之光所照亮的从一己私人向社会"公民"成长的人类学"成人"之正道，总是被各种"习俗伦常"出于一家一族的传统与政治的正确性所"折光"。虽然伟大的民族总有一些先知先觉者，觉悟到"伦理"天下公道正义的关联，但真正能够将习俗伦理从一家一族之"特殊正义"中解救出来的，还是共同体觉悟到的伦理精神之高度。哪个民族共同体最先具有了普遍公道正义伦理的"自觉"，哪个民族就会优先崛起而成为世界历史民族。轴心时代所产生的世界文明古国，都是具有这种伦理觉悟的伟大民族，它们独自依赖于本民族的伟大先知和贤哲，产生出将本民族带出人类荒蛮丛林而进入灿烂文明的伦理文化。因而可以说，所有"伦理学"都具有"后习俗伦理"的思维品格，但并不一定具有"后习俗责任伦理"的思维品格。后习俗责任伦理之"责任"是在人类而不是"一家一族"面临的伦理危机前，为整个人类共同体担起开启"未来"可能性的天命之则，因而它针对的问题，恰恰是它处身其中的"习俗伦理"的

"问题"。问题之为问题就在于，一方面"习俗伦理"无一不具有祖祖辈辈流传下来的"正统"之道义性，具有不可违背的伦理法的正确性与命令性；另一方面由于时代在变，世界在变，生产方式和生活方式在变，不可能有哪个"伦理"能够"以不变而应万变"，于是"伦理问题"就演变为深刻的伦理危机：如果固守传统伦理纲常的正确性与正统性，那么它就必然不能对变化了的现实生活起到有效的规范和引导，从而使得"伦理"本身由活的精神变成死的教条，由"文明"而变成"野蛮"。本来由人的理性自由自愿地做出"为仁由己"的自由决断，现在就只能借助于外部政治权力来维系伦理的命令性，从而使得遵守这一伦理命令的人不得安生。如果能够放弃一家一族之利益，让整个民族共同体顺应世界文明的大潮之变，继续在文明的正道上前进，那么就必须要有伦理意识的深刻变革，突破伦理的传统局限性，在向人类普遍公道正义之提升中赓续传统伦理安身立命之大道。

伦理之所以必须以人类普遍的公道正义为原则，是因为伦理规范的是人类共同体所有人的共同生活，每一个不承认普遍规则并违背普遍法则的人，都将是"城邦之祸害"（柏拉图），摧毁共存之纽带。而以各种诱人的理由为特殊正义所做的辩护，都因其不能为人类理性普遍接受而不具有规范的有效性，终将事与愿违地导致规范秩序的混乱与虚无。真正的哲学作为时代精神的立法者，必然承担一个重要的使命，就是对习俗伦理之美的幻觉勇敢地做出批判并对人类普遍的公道正义之潮流做出理性的启蒙，通过这种纯粹理性的批判与启蒙确立起评判习俗伦常之道德性的价值标准。哲学的这种历史责任，也就是它必然承担的伦理使命，其总体目标是保障人类的伦理生活保持在自由与正义的这一人性尊严的大道上，在此大道上才能保障每一个个人能在伦理中安身立命：完成其作为一个人的人性自由与尊严。个人一辈子最终追求的东西无非两点：生活的价值感和最终的归属感，前者需要得到共同体成员的相互承认，后者需要有精神共鸣的真正家园。满足这两点必须具有的先天条件，就是我们生活其中的伦理世界，是以公平正义为伦理原则而组织起来的。所以，西方伦理学所最先揭示出来的这一普遍道义，成为了西方道德哲学通史的原则，它将为每一个人赢得人之为人的尊严与体面，从而被普遍认同为世俗伦常的德性标杆。

哲学家之立法，是立人性之法，也唯有人性之法，才能立人、树人，成就人的自由本性。因此哲学"爱智慧"最终是"立人"的智慧、伦理的智慧，因而也就是"仁爱"的智慧。伦理学哲学于是也就是通过"立人"而"爱人"，通过爱人而确立存在之义。它作为伦理之"智慧"，是有情有义、有价值的存在智慧，它需要我们的思维水平完成从自然思维向哲学思维的转变，才能把出自天然心理的情爱提升为伦理共存的大爱，也即像古希腊伦理学把"爱欲"（eros）提升为"友爱"那样，儒家伦理也需要把亲亲之情提升为普遍的"天下为公"的"公道"，经历从特殊性到普遍性的提升，伦理之爱才是普遍的人类共存之仁爱，爱的秩序也才能成为正义的伦理秩序。伦理之文明无不体现出哲学揭示出的人类共存共生的大智慧。伦理追求普遍的正义，最终也就体现出哲学之爱的伦理本性：以"友爱"（仁爱）的"正义"为纽带，保障人类共同体的共存相生，活出每一个人人性的自由光彩与人格尊严。所以，伦理之爱，不是自然之情爱，而是共存相生之仁爱。仁爱之义，才是更为高尚的正义。人在爱中自然出生，但人的自然情感之爱，尚不是伦理之爱，就像康德所证明的，心理学的情感并非就是道德情感一样。伦理之爱不源自情欲，而源自理欲。伦理之理是共存相生之理，伦理之自由也是共存相生中的自由，所以，因父母情爱而生的人，是自然人，在伦理之仁爱中自我造就的自由人，才是伦理人。自然人永远是婴儿，是未完成的，它需要每个人在伦理生活中自我塑造而成为真正自由自主的伦理人。伦理人是自然人的完成，他/她不再是带有自然原罪的欲望之化身，而是带有伦理的神明之光的自由人，在他/她身上闪现的就不再只是自然造化的神性之光，同时也是人因其自由造化而体现出的人性自由的德性之光，因而体现的是人格的伟大与尊严。

真正的道德哲学之所以要具有"后习俗责任伦理"（The Ethics of Postconventional Responsibility）之品格，原因就在于，后习俗之"后"，不仅仅是"习俗伦理"后继的线性延续，而且是在人类面临的危机前，返回到伦理之本原，让本民族的伦理担负起通向人类美好未来的责任，在批判习俗伦理局限性并在解决其所面临的规范性危机中，将其带向更有普遍性道义的人类学方向上，从而作为"世界精神"来引导和规范人类文明前行的方向。因此，后习俗责任伦理，既具有对本民族伦理的"守成性"（但是在适应世界急剧变化中前行的"守成"，而不是"复古怀旧的""守成"），又具有现实的批判性和前瞻的世界性，它将一族一国的地方性伦理道义带向普遍的世界历史文明的大道。

虽然"后习俗伦理"最初是由当代美国著名心理学家和教育学家、现代道德认知发展理论的创立者劳伦斯·科尔伯格（Lawrence Kohlberg，1927—1987）提出的概念，但它经历了当代世界哲学的改造与完善，变成了最具前沿性的道德哲学思维范式。我们之所以重视"后习俗责任伦理"这一概念，主要原因有三。第一，它虽然揭示的是儿童道德意识的发展阶段，但同时也可视为人类道德意识发展的一般规律，因为人类的心智发展阶段实际上也像个人心智成长一样，要经历从儿童到青春少年再到成熟的成年人心智发展的各个阶段，只是，由于人类生活的"集体"在现代之后一般以"国家"为"单位"，而"国家"与"国家"之间的"国际"交往，远不如人际交往这样能够"交相利""兼相爱"，以利相交远甚于以义相交，所以"国家"很难在"伦理"上成熟，长久地处在"儿童"道德意识"阶段1"的水平，服从于"惩罚与服从"的关系。但"国家"也像黑格尔说的那样，原本"应该"是一个"伦理共同体"，虽然就"国内"人与人的关系而言，这一看法具有重要意义，但是目前人类理性的能力，还只处在可以有效解决国内伦理问题而无法以适用于国内的伦理原则建构国际伦理秩序的阶段，但无论如何，这并不妨碍我们可以把"后习俗责任伦理"用作评鉴古今中外任何一个特殊的民族伦理共同体之伦理发展水平的参照系，同时又因此可以明白地显示出，每一个国家对于人类伦理共同体所应担负的道义责任究竟何在。这样就使得道德哲学不是空泛的伦理形而上学空谈，而是具有实质的道义实存之内涵的考量。

第二，虽然"后习俗伦理"起初只是一种儿童认知心理学理论，但经过了哈贝马斯和阿佩尔（Karl-Otto Apel，1922—2017）的改造与完善，赋予了其"责任伦理"的新面向，变成了"后习俗责任伦理学"[1]，它实际上就已经成为了汇集当代道德哲学前沿的一个新的理论范式，这一范式的核心价值就在于，一方面把公平正义提升到了评价一切伦常规则和个人道德行为的最高判准，另一方面揭示出了个人道德意识发展与人类社会世俗伦理变革之间的互动发生和相互塑造的道义实存逻辑。哈贝马斯对之有这样一段评价："科尔伯格把从一个阶段到另一个阶段的过渡理解为学习。道德的发展意味着，一个成长中的人（Heranwachsender）通常都是已然将其可支配的认知结构如此改建翻新并做出分别，使得他能够比从前更好地解决同样类型的疑难，即更好地处理在道德上意义重大的行为冲突的共识性调解。在这里，成长中的人就把他自己的道德发展理解为学习过程。在每一个更高的阶段上，他必须能够说明，在何种意义上道德判断，即他从前视为正确的东西，已是错的了。科尔伯格表明，这种学习过程，与皮亚杰相一致，是学习者的一种建构性的成就。作为道德判断能力之基础的这种认知结构，应该既非原初地受环境影响，也非天生的机制和成熟过程所能说明，而是作为某种先前具备的认知才能（Inventars）的一种创造性的再组织化（Reorganisation）的成果，这就使得顽固地再次返回于从前的疑难是不可能的。"[2]

因此，"后习俗责任伦理学"也就如同可以给一个成长中的个人指明其道德

---

[1]　关于哈贝马斯和阿佩尔对"后习俗伦理"的改造与推进，请参见拙文《"后习俗伦理"与"普遍正义原则"》，载《伦理学术6：黑格尔的正义论与后习俗伦理》，上海教育出版社2019年版，第1—15页。

[2]　Jürgen Habermas: *Moralbewußtsein und kommunikativen Handeln*, Suhrkamp Verlag Frankfurt am Main, 1983, S. 135–136.

意识发展的方向那样，也给成长中的"国家伦理"指明其通过"学习"而具有一条通往人类普遍伦理的自由与正义的康庄大道。从道德意识发展的这一学习过程，一种"道德人类学"意义上的个体由其自然德性向其自主成长和自我塑造的自由德性成长的机制既然已经阐明，那么有"国格"的国家伦理作为一种地方性的特殊伦理也应该参照个人这一由自然到自由的伦理机制成长路径，就是顺理成章的。因此，后习俗责任伦理既是个人道德潜能生长成熟的自然进程，同时也是习俗伦理在世界历史进程中自主反应、协调并自我革新，从而迈向自由伦理的进程。以国家为单位的习俗伦理自主创新以适应世界历史变迁的自我革新能力，同样具有要从"前习俗水平"到"习俗水平"再到"后习俗伦理水平"的成长模式，在这一模式中，更为核心的是，在价值与规范的习俗化或社会化进程中，由"他律性的""伦理"向自律性（自治性）"伦理"的转化，之所以需要完成这一转化，原因就在于，这是一种"责任"伦理模式，自由了的现代人必须寻找到责任主体，如果现代人只强调个人自由，而不同时强调对自由的行动承担责任，那么自由伦理立刻就会自行解体。自由必须同时意味责任，基于这样的自由的伦理和道德，才能导向一种有效的自由的规范秩序，因此，后习俗责任伦理学也必须在个人和国家这两个道德主体身上，完成其自主自律的立法进程，从而使他律性的伦理，向自律/自治的自由伦理转型，这样才是现代伦理生活的活力和魅力之所在。一个人的自由能力是一个教化与学习的成长过程，一个国家的自由能力，同样也是启蒙和学习的成长进程，个人与国家都会凭借这种自由能力，而能活出自由的卓越和尊严。正如靠"惩罚和奖励"只不过是儿童的道德意识一样，单靠"惩罚与奖励"的"国际伦理"也不可能长久地保持在儿童道德水平；相反，必须向以公平与正义为原则的成人伦理转向，从而让适合于一国之正义向普遍的人类之正义过渡，国家才能享受到国际的尊重，具有国格之尊严，唯有如此，才有可能追求"人类自由共同体"，实现人类文明的重大进步。

　　第三，我所使用的"后习俗责任伦理"是综合了科尔伯格的儿童道德发展理论，哈贝马斯的商谈伦理学（Diskursethik，或译作"对话伦理学"和"话语伦理学"），阿佩尔的"交往伦理学"、"后习俗伦理学"（Postconventional Ethics）或"后习俗道德"（Postconventional Moral），还有汉斯·约纳斯（Hans Jonas，1903—1993）的《责任原理》（1979年德文版 *Das Prinzip Verantwortung*，1984年英文版翻译为 *The Imperative of Responsibility*）所提出的新的责任伦理学理念：在技术文明所带来足以毁灭人类未来的危机面前，建立起一种使人类拥有共同未来的责任伦理学。他的责任伦理学不仅是西方规范伦理学所达到的最新前沿的伦理范式，同时开启了当下各种热门的"应用伦理学"。因此只有在规范伦理学的这个最前沿阵地，我们以一种回归本原的哲学反思精神，跳出"古今中外"的各种特殊伦理视角，思考一种人类立足当下全球伦理危机、共同面对全球人类未来的道德哲学通史才是可能的，才是有意义的。在我们身处的这个资本全球化和技术全球化时代，我们生活的"规定者"依然是"资本"与"技术"或"资本与技术"的合流，任何以单一民族与国家的伦理优先性为考量标准的道德哲学，必将不可能被人类文明所接受，在全球化不可逆转的今天，伦理的生命力只能是向普遍有效的伦理法则的提升，对中国如此，对西方同样如此。

　　道德意识不断提升的历史也就是伦理由外在规范的"他律""客观"命令（惧怕惩罚）逐步变成内在规范的"自律""主观"命令，因而是由"野蛮"到"文明"，从"必然"到"自由"，从"特殊"到"普遍"的进步；但与此同时这种"进步"也并非一种线性的提升，而是随着现代社会生活的逐步功能化而自主地完成的。"伦理"作为人类"共存"的法则，是作为人与人相互对待关系中的规范性原则，因而要在天人关系中，寻找其先天立法的机制，要在人人关系中确立其相互性交往原则，要在人与自然的关系，人与历史或习俗、人与社会和国家的政治关系中奠定这些规范性制度的"伦理性"基础，也就是说，"伦理性"是人类社会各种规范性制度的合理合法性基础，而"伦理性"

（Sittlichkeit）本身在此作为"最终道义基础"意义上也就与"道德性"（Moralität/Morality）同义，但"伦理"与"道德"依然是两个不同概念。西方古典哲学只有"伦理"而没有"道德"概念。按照麦金太尔（Alasdair MacIntyre）的考证，西方一直到17—18世纪才有可以明确辨识的"道德"概念，这种"标识"就是"道德"仅仅是个人行动的规范性原则，处理的是一个人内心的行动准则与普遍有效的伦理法则之间的自主决断的立法关系。这种规范性的道德概念，在古希腊和罗马都不存在。西方人以现代的道德概念拿回去翻译古代的"实践"或"行动"就使得我们现在也能在古希腊罗马的哲学中读到"道德"，这其实是经过了现代人的理解所创造的"古代"经典，这一点必须引起我们的高度注意。本质上，"道德"代表了与"伦理"不同的存在方式，伦理生活是习俗中的共存方式，而道德是良心中的个人本真实存方式。因而道德作为个人行动的准则，不像伦理那样是"共存"的制度规范，而只是个人实存中对主观行动准则的立法；虽然法律也是个人的行动规范，但法律直接以国家法的命令形式规范什么行动不能做：不能杀人，不能偷盗，不能不守契约，等等。"习俗"在很大程度上也像法律规范一样直接规范哪些行动不准做，但"道德规范"从现代人对其具有了明确意识之后，就是明确区别于法律规范的，康德对此说得特别清楚：法律通过国家立法直接规范每个人的行动，而道德规范是个人理性的自律立法以规范自己的主观行动准则。因此，它是对主观任性的规范，是对主观的特殊的自愿意图的规范，也是善良意志的规范，保障善良意志因其在我的心愿中是善良的并要通过我的行动立法而变成对他人也是善良的。道德作为这样一种自律，具有两个不可缺乏的要件：自由意志（它是我出于善良意愿自愿要做的，完全是发自内心的自由要做的）和作为可普遍化为伦理法则的道德法则。

　　"伦理"与"道德"的区分现在很多人通过黑格尔哲学而知晓了，但"道德"与"德性"/"德行"的混用，还是非常普遍。实际上，在西方伦理学中它们也是根本不同的。"德性"既不同于"伦理"，也不同于"道德"，严格地说，它是在"伦理"与"道德"的范导之下所养成的"人性品质"。它不是共存性规范，区别于"伦理"，也不是行动准则的自律，因而区别于"道德"，它是在共存性伦理规范和自律性道德的双重规范下自主养成的人格品质，因而可以说是"规范"内化而成的品质，因此它不像"伦理"目标那样，指向一种公道的规范秩序的形成，也不像道德目标那样，具有自主、自治的行动原则，德性的目标指向最终落实在"成为一个有德性品质的人"上。所以，伦理、道德和德性分别侧重在三个不同领域起作用：伦理作为一切共存性制度的规范基础，让所有规范性秩序具有伦理性——公道与正义的秩序；道德作为一切个人实存的主观准则的规范基础，使个人行为准则具有道德性；德性是人的内在品质的表征，是把一个人偶然获得的自然人性自我造就（养成）为体现人之为人的卓越性的自由人性，因而是人的尊严之体现。

区分清楚了这三个核心概念，西方伦理学的规范主义本质就清楚了，传统伦理学探究人类共存的伦理原则，在伦理原则的规范之下实现美好生活（幸福），而"德性"是个人实现美好生活（幸福）的根本途径，因而这种伦理学被称之为德性论伦理学。经历了希腊化和罗马时代，一直到中世纪晚期，虽然"幸福"的内涵在不断变化，但伦理学追求实现人生之幸福这一目标没变，依靠自身的德性品质实现幸福这一途径没变，因而德性论这一伦理形态也只有谱系学细节之变，形态一直没变。到了现代，由于伦理学从追求美好生活的伦理过渡到了"应该做什么"的道德，从共存的生活世界的规范秩序过渡到了实存的个人行动的道德立法，因而伦理的规范过渡到了行动及其原则的规范，这就导致了道义论伦理学和功利主义后果论伦理学的分野。前者以普遍道义作为个人行动准则的立法依据，以履行义务为行动之道德；后者以最大化的功利（公益）作为制度和行动的立法依据，以最大多数人的最大化功利为道德性标准。因而，这三种伦理学类型都是规范主义的，当代英美一些学者要批评现代规范伦理学的失效，极端地要放弃所有的规范性概念而复兴传统的美德伦理学，实在是既误解了古典德性论，因为它绝不是没有规范的自然德性，而是伦理规范下的自由德性，又漠视了现代规范伦理本身的德性论。承认传统伦理学具有三种规范类型，它们分别对应于道义实存的不同领域，从而从属于一个伦理学体系，才是我们对待它们的客观态度。

19世纪之后，西方伦理学出现了两个变化，一是突出了价值问题是解决"应当做什么"的基础，因为只有当一个人有了正当的价值秩序，知道什么是有价值的，我们才能回答什么是"应该"的，"应该"的东西就是"有价值"，我们期待通过行动实现出最高的价值，我们才觉得它"应该"存在，才为自己立志立法去做它。因此19世纪之后的哲学有了一个价值哲学的转向，它要通过价值哲学来为伦理学奠定基础，因而构成了一种新型的价值伦理学，它本质上还属于规范伦理学，只是在价值哲学的基础上对传统伦理学的三种规范体系——德性论、道义论和功利论——做了综合性改造，于是只是在传统的善恶观上引入了价值论，而德性论、道义论和功利论依然是伦理学的三种相对独立的规范形态。

20世纪之后出现了哲学的语言学转向，即哲学把语义分析和思想论证作为核心课题，伦理学也转向了分析伦理学，以澄清道德词语的语义，从而不管伦理或道德的规范性及其内涵，而只管这种规范性的道德话语究竟表达了何种语义内涵。所以这种分析伦理学也被称之为"元伦理学"，所谓"元"就是首先弄清伦理词语之语义作为伦理学最基础的工作。因此，西方伦理学除了传统的三种规范性伦理学类型之外，还多了一种"元伦理学"。

20世纪70年代之后，以罗尔斯为代表的新自由主义政治哲学和以诺齐克为代表的古典自由主义的复兴，重新把源自古希腊的"正义论"作为当代政治哲学的伦理原则，终结了"元伦理学"不讨论规范伦理的偏颇，体现了规范主义伦理学的强势复兴。几乎与罗尔斯《正义论》同时，汉斯·约纳斯《责任原理》则立足于当代技术主宰下的全球伦理危机，开创了一种新型的人类未来共存的规范主义形态，它带动了应用伦理学的兴盛。但是，应用伦理学只是就人类生活各个功能领域、部门之内急需解决的突出伦理问题进行伦理思考，以制定出应急性的伦理规则，如针对基因编辑技术所带来的伦理困境，产生了基因伦理，它本质上还是属于规范伦理学，但它不从传统哲学层面讨论伦理、道德和德性的规范，而仅仅就基因编辑导致的伦理困境制定出相应的伦理准则。

所以，从西方伦理学的古今历史，我们很容易看清，道德是多样的，而伦理是统一的。道德的多样性是由伦理生活形态的多样性和历史性所决定的，不同的生活方式决定了人们遵守不一样的道德；而伦理的统一性，是由其作为"道义"在不同的生活方式和不同的历史阶段都需适时地作为"实存之理据"而呈现出的"一本万殊"之样态。所以，我们可以把西方伦理学之历史从哲学存在论上阐释为"道义实存论"的历史，而我们的课题是对"西方道德哲学通史"之研究，我们可以通过"后习俗责任伦理"为我们寻求到一种超越古今中外的本原哲学立场，以道德的多样性和伦理的统一性寻求通史之相通性的原则。这种原则共有三个：正义、爱与自由。

正义作为伦理学通史的原则，确实贯穿古今，自古希腊到现今，伦理学主导的伦理原则都是正义，但它在不同时代面临的问题是不一样的。在古希腊，哲学家们面临的问题有二：一是究竟是从正义说明友爱，还是从友爱说明正义，柏拉图和亚里士多德都认为正义和友爱都是维系城邦共同生活的纽带，但正义和友爱究竟哪一个更重要，是因为有正义，城邦公民才友爱，还是因为友爱，才表明城邦是正义的，他们都不能阐明清楚；二是城邦正义与无限的个人自由人格的冲突如何化解？柏拉图的解决方法就是以前者限制后者，因而出现了黑格尔后来批评的城邦秩序越牢固，就"把无限的自由人格损害得越深"这一缺憾。亚里士多德的处理是在城邦政治上强调以正义为伦理原则，而在城邦公民的个人交往关系中，突出友爱的伦理原则。虽然当时还没有出现公域和私域的区分，但亚里士多德在《政治学》和《伦理学》中实际上是把正义作为制度性的德性品质上的规范原则，而在作为城邦公民的人与人之间的关系上，他是优先地强调友爱的。"自由"同样没有进入"伦理"的框架之内，而只是德性品质上的"是其所是"的本体价值。

随着城邦文明的解体，希腊化和罗马时代哲学转向伦理学，实际上是从城邦共存的正义伦理转向了个人实存的德性伦理，"自然"取代"城邦"成为伦理的基础，政治正义的重要性也被个人灵魂的正义取代，而灵魂的正义以自身心灵的欲望与理性达成的和谐为标志。修身学取代政治学成为实践哲学的核心，修身的目标是德性，德性不再是在习俗中的养成，而是灵魂中的决断决定了品质。因此伦理在向道德转向，客观化的制度性的理性规范在向心灵的情感感受和理性决断转向。因而，希腊化罗马时期只是伦理学向道德哲学转化的过渡时期。

随着古罗马帝国的崩溃，人类依靠理性探索人世间的美好生活也宣告结束，代之以基督教信仰文明。基督教带来了西方伦理学的一次极大调整，"圣德"（信、望、爱）取代"习俗德性"成为首选。基督教作为爱的宗教，第一次把"爱"作为最重要的伦理原则，上帝以祂的"博爱"体现"正义"。上帝的一切行为都体现为爱，而"正义"就在上帝的博爱之中，在祂惩恶扬善的最终审判上。同时，基督教通过神的创世体系，把人从传统家庭、身份血统、世俗等级中完全解放出来，众生平等地同属于上帝的"造物"而获得了对自身的自由意识。因此，在正义、爱和自由这三个伦理原则中，基督教文化突出了爱，虽然是圣爱统辖"爱邻人"（友爱），正义是上帝的化身，而不在人的德性中，但自由意识获得了广泛的意识和教化，因为即便信仰上帝的爱和正义，但有了自由意识的人还得自己为自己的行为负责，自己为自己是否最终得救负责。因而自由意识成为了基督教圣洁灵魂的责任承当者，它需要自由地决断将其欲望的、带有原罪的灵魂，转向全然灵性的圣洁灵魂。德性就是在如此修行中的灵魂品质的圣洁化，这是从罪中解脱、得救的关键。人最终能否得救虽然仰赖的是神的恩典，但能否修来神的恩典，责任还是在心灵自由了的个人自身。

经过了基督教1500多年的教化，经过了文艺复兴和宗教改革与启蒙运动，个人自由成为了现代的伦理原则，于是现代西方伦理以个人自由权利的实现来体现制度的和伦理的正义，正义依然是伦理原则，但它已经不再像古希腊那样以城邦政治秩序为标志，也不像希腊化时期那样以个人灵魂的和谐为标志，更不像基督教信仰文化中以上帝的博爱和末日审判来体现，而是通过落实为规范性的制度，以立法为形式，以是否实现了个人自由权利为标志。因此，这可以说是柏拉图以城邦秩序损害个人自由人格的颠倒，是以个人自由的无限人格的实现来体现正义。自由与正义的这种关系，当然在现代也有以个人自由为优先考量的自由主义的伦理学和以伦理自由为现实性的黑格尔主义伦理学之分别，但总体上，现代伦理都是自由伦理，唯有实现个人自由才是正义的伦理，这一点都是共同的。可惜的就是，爱这一传统的伦理原则，在自由伦理中，变成了非主流的私人生活中的原则，虽然自由恋爱是现代伦理的一大标志，但"友爱的政治学"却在现代政治中因为浪漫主义的政治反动性而最终隐退，友爱也退回到私域中而无法成为公域中的主流伦理。在私域中，自爱却比友爱更具有优先性，就像良心也仅仅作为一种主观的是非法庭而不具有普遍有效性意义，但只有以普遍性法则来规范主观准则的道德才是具有普遍有效性的自由规范。因此现代伦理突出了道德和德性的自由本性，但这种自由绝不是任何形式的任性，而是纯粹实践理性的立法、普遍法则的规范下的自律/自治的伦理自由。这体现了现代文明的底线与高度。

我们就是这样重构了西方道德哲学之通史。因此我们不是做描述性伦理学，而是做哲学伦理学。通史的通透性和道义实存谱系的精细性是我们力图兼顾的两头。虽然理想可能离现实还很遥远，但我们坚信，这样通透的哲学史是面临百年未遇之大变局和陷入重重危机的人类最为急迫的需要。

我们从存在论上打通哲学与伦理学的关系，就是把"伦理机制"阐释为真正"应然"的"存在机制"，从而使得"存在"不是"无道义"的实存，而是"道义"实存本身。从"道义实存"阐释"存在之机制"，就改写了传统的理论哲学和实践哲学相分离的哲学传统，从而也改写了伦理学仅仅是第一哲学原理之应用的难以打通的二元论哲学格局，因此我们是以新的存在论，道义实存论的伦理学哲学重构西方哲学。通过这种道义实存的伦理学哲学史，谱写真正通透的道德哲学之通史。

至于是否真正达到了理想中的目标，这一哲学理念和哲学通史阐释是否真正有意义，我们只能期待各位大家的批评指正。反正伦理学就是要在俗世中做出脱俗的伟业，在庸常的人生中活出不凡的卓越，希望有更多的人与我们牵手在通往追求自由和真理的大道上，一起见证人类精神的光彩和德性的尊严。

郑维康

2021年8月16日于复旦光华楼

目　录

导　论
神话诗教、文明进程与古希腊伦理中的德性文脉

伦理思想的源头是民族的风俗习惯，而塑造一个民族的风俗习惯和文化意识的，是该民族的神话传说。即使到了雅典文明的高峰，到柏拉图对神话诗人的教化十分反感之时，柏拉图笔下的苏格拉底还是明确承认神话诗教对他的影响：

> 我不得不明说，从小我就对荷马怀有喜爱与敬畏之心，让我不能违心地说他的不是。因为他毕竟是所有这些杰出的悲剧诗人的祖师爷和领袖，但是对我们而言，人不应该比真理赢得我们更高的尊敬。(《理想国》595b-c)[1]

这至少可以说明，当古希腊人真正懂得崇拜"真理"比崇敬"人"（哪怕是自己的祖先）更重要之前，《荷马史诗》的影响是空前的。神话不仅是一个民族的集体记忆，而且是民族文化和民族精神认同的原型。因此，当我们开

---

[1] 以下凡引《理想国》中文版，均不再注明，都是引用郭斌和、张竹明翻译的商务印书馆 1995 年版，只有在对译文略有修改时，才注明德文施莱尔马赫翻译版及其页码，即 Platon: *Der Staat*, in: *Platon Werke*, Band III, in der Übersetzung von F. D. Schleiermacher, Akademie Verlag Berlin, 1985, S. 315。

始研究古希腊伦理思想的源头时，我们不得不探究古希腊的神话与史诗，主要包括荷马的《伊利亚特》和《奥德赛》以及赫西俄德（Hesiod）的《神谱》（*Theogony*）和《工作与时日》（*Works and Days*）。每一个对欧洲历史或古典学感兴趣的人，都会有类似于历史学家曾经有过的这一惊叹：

> 这简直不可思议，在历史的某个时刻，在欧洲邻窄的一隅，生活着近五百万陆地和海岛居民，他们拥有的自然资源极其匮乏，却创造了最原始、最绚丽的文化、商业、社会秩序和政治……名闻遐迩。[1]

既不靠人口众多，也不靠地大物博，还没有令人感戴的皇家"仁爱"，区区五百万希腊人依靠他们的德性、宗教、制度和哲学，创造出了一个灿烂辉煌的文明形态，让整个现代西方人，无不"言必称希腊"，哪怕历史的车轮来到了 19 世纪，站在欧洲哲学最高顶峰的黑格尔依然会真诚地承认，在有教养的欧洲人心中，尤其是在德国，提起古希腊就会自然地涌起一种"家园感"。这确实是一种文化的尊严，文明的尊严，一种道义实存方式的伦理尊严。因为这种"家园感"不仅仅是多利亚柱式支撑起来的物质家园，那种家园早已随着历史的新陈代谢而灰飞烟灭，至多在艺术的废墟里残留了一些破碎的记忆，而是希腊伦理的家园，一种追求自由、美善、正义和友爱的伦理精神之家园，黑格尔将此精神称之为"美丽、自由的希腊伦理精神"，正是这样的精神不断勾起现代人对于古老希腊文明的想象、记忆和不断复兴。但黑格尔同时说：

> 要是有人以为这样美丽和这样自由的生命，是由一个种族在血统关系和友谊关系范围内，经过了这种毫不复杂的发展过程而产生——这种

---

1 ［英］杰弗里·帕克：《城邦：从古希腊到当代》，石衡潭译，山东画报出版社 2007 年版，第 10 页。

观念实在是肤浅的愚昧。甚至于那最类似于这种沉静、和谐的展开的草木生命之所以能够生长，也完全靠了阳光、空气和水相互对峙的活动。"精神"能够有的那种真正的对峙是富于精神的；只有靠它本身的不同，才能够取得力量来实现它自己为精神。[1]

因此，我们现在要做的工作，不是描述，而是理解，不是"叙事"，而是思考这种伦理精神究竟从哪里取得养料和力量，在古希腊人艰苦卓绝的生存史中、在与各种异质精神的"对峙"中既确保本身的"不同"，又"实现它自己为精神"的。

黑格尔给予我们的一个善意提醒，就是不要在理解精神时陷入常人最常陷入的那种"肤浅的愚昧"：以为在一个单一种族的"血统关系和友谊关系"的仁心善念中，就能确立起伟大的伦理精神。无论是"伦理"还是"精神"，它们各自都需在异质元素的融合与分离中造就自身的存在，"融合"的条件是"共生"，而"分离"则是将不适合于"共生"的要素排除以达到"相生"。因此，"伦理精神"的目标是对内必须能够将不同"血统"的人、不同族群的人联合在一个共同体之内，使所有人成为一个共同体的构成元素，在此共同体内获得其不可取代的位置和认同；对外必须能够在与"异质精神"的"对峙"中，理解和吸纳异质性精神以成为自身生命的养料，从而"保持"自身的"不同"，壮大自身的力量，成为所有人"安身立命"的"居所"。

因此，"伦理精神"就是一个民族同其他不同民族在生存斗争史中的"精神劳作"，其核心是以"道义实存"创造美好生活，因而伦理就在于把道义实存的伦理意识举而措之为礼法制度，从而让每个人能超越个人偏狭的自私与狭隘，确立起正义与友爱的和谐共存伦理关系，在此文明的伦理关系中

1　[德]黑格尔：《历史哲学》，王造时译，上海书店出版社2001年版，第224—225页。

以每个人自身的德性卓越活出每个人的幸福和荣耀。希腊文明的历史就是这种道义实存精神的发生发展，从而在哲学的思想中获得自觉的见证。我们从神话诗教、文明进程、"归家"本义和德性文脉四个方面展示古希腊伦理的"精神劳作"。

第一节　神话诗教

理解任何一个国家或民族的早期历史，如果完全按照考古发现而不顾及其神话传说，其实都困难重重。雅典人宣称其为希腊的土著民族，但比其更早的是阿提卡（Attica）。在雅典人的信仰中，"这个国家的人民是阿提卡土地的后代"，"一般承认，在希腊历史发端之前，至少发生过一次来自北方的入侵，或许可以区分出前后相继的两般潮流"。第一波入侵的移民，被冠之以"伊奥尼亚人"（Ionians），在《荷马史诗》中雅典人被归为"伊奥尼亚人"。"后一波入侵者，一般被称之为多利安人。"[1] 所以现在的历史学家将希腊的历史追溯到三千多年前，但如今我们所知的最早文献记录——荷马的《伊利亚特》，涉及的是公元前 13 世纪的希腊人及其文明。[2]

根据传说，Hellas（希腊）来源于 Hellene（希腊人）。Hellen（赫楞）"是丢卡利翁（Deucalion）和皮拉（Pyrrha）的儿子，即希腊人的祖先，希腊一词即从他而来。根据古老的希腊神话，无数年以前，奥林波斯山上的大神宙斯（Ζεύς/Zeus）发洪水摧毁邪恶之界，丢卡利翁和皮拉是仅有的幸免于难的两个人，是他们生了赫楞。赫楞有三个儿子：多鲁斯（Dorus）、克苏索斯（Xuthus）、埃俄罗斯（Aeolus）。克苏索斯又生子伊翁（Ion）、阿开俄斯（Achaeus）。他们就是多利亚人、伊奥尼亚人和埃俄利亚人的祖先。丢卡利

1　［英］乔治·格罗特：《希腊史：从梭伦时代到公元前 403 年》（上册），晏绍祥、陈思伟译，北京理工大学出版社 2019 年版，第 1—4 页。

2　［英］伯里：《希腊史》（第一卷），陈思伟译，晏绍祥校，吉林出版集团 2016 年版，第 9 页。

翁还有一个女儿，生了马其顿，他是马其顿人的祖先，所以马其顿人和希腊人是表兄弟。Hellenes 是希腊人共用的自我称谓。[1]

　　所以在有基于考古学发现的"信史"之前，几乎每个民族都有由祖辈代代相传的"神话故事"，它不仅是构成一个民族的集体记忆，因而成为后世文化认同的基础，而且对一个民族的文化和伦理气质具有最大的塑造作用。希腊的神话传说与其他民族的神人关系有一个根本的不同，就是一般民族神话会把神人视为两个"世界"的存在，但古希腊人从一开始就相信，那些神就是他们自己的"祖先"，如同雅典人非常真诚地相信他们都是"雅典娜"（Athena）的后人一样，他们也非常真诚地相信，他们的祖先很早很早以前，就是与神生活在一起的，属于一个共同的"世界"。如此一来，虽然神话说的是诸神的故事，但他们却相信，"荷马的诗歌用难以匹敌的力量和强度展现了人类行为"[2]。因此，最初的伦理就是"神话"教化的结果。

　　神话（μῦθος/mythos）是叙述诸神的生平事迹的"传说"，而并非神所说的话，以荷马（大约公元前 9 世纪人）史诗《伊利亚特》和《奥德赛》为代表；赫西俄德（大约公元前 8 世纪人）著有《神谱》，解说诸神的"谱系"，也即诸神的"来历""来源"和关系，把早先来历不明、源头繁多的各种神的传说系统化、谱系化了。希腊古人认为最初的神是"大地之神"盖娅，她是从"混沌"诞生或她就是"混沌"。我国古人也有"盘古开天辟地"之说，但未说"开天辟地"之前何来"盘古"？如果再往前推，必定也要说是来自"混沌"，因为天地之初、宇宙鸿蒙。所谓"鸿蒙"也差不多就是"混沌"。希腊语"混沌"（Χάος/Chaos）之音"卡奥斯"就成为大地之神"盖娅"之"名"：

1　陈恒：《希腊化研究》，商务印书馆 2006 年版，第 27 页。

2　［美］安东尼·朗：《心灵与自我的希腊模式》，何博超译，北京大学出版社 2015 年版，第 4 页。

世间最初出现的是混沌（Chaos）和盖娅（Gaia，即大地），二者构成了万物生长的坚实基础；后来，阴雾迷漫的冥狱之神塔塔如斯（Tartarros）、诸神中最秀美的爱神厄洛斯（Eros）相继出现。厄洛斯酥软了众神和人们的四肢，制服了他们的神志。埃瑞玻斯（Erebos，黑暗）和黑夜诞生于混沌之中，二者相爱交配，怀孕生下了以太（Aither，清气）和白昼。盖娅首先产生了闪耀着繁星的乌拉诺斯（Ouranos，天空）来同她自己交配，并把自己团团围住，作为幸福诸神的永久的坚固住所。然后她产生了高山作为宁芙（Nymphs）女神在山林中生活的出没胜地……[1]

"无名"即为"混沌"，"有名，万物则始"，即始于"盖娅"，她即"大地"。于是，神的谱系也即将成为宇宙诞生的历史，因为"混沌"和"盖娅"二者构成了万物生长的坚实基础。但在古希腊神话中，宇宙万物的生长，被当作了神的谱系诞生的一个"伴生"现象，而且采取的是"拟人化"的形式。大地之神"盖娅"同时被赋予了"大地之母"的意蕴，"母"才能"生子"，才有"生生"关系。因此，希腊古人认为盖娅作为大地之母和大地之神，具有最为旺盛的"生殖力"，这是她最主要的特征。传说从她的"指缝"中，生出了乌拉诺斯，作为原始的天空之神，是"阳性"之物，却是为"阴"所生。在这种"生殖关系"中，不是先有"天"再生"地"，先有"阳"后生"阴"，而是相反，"阴"生"阳"之后，才有了大地与天空的"交合"，每一块大地上都有一片天空，像黏在皮肤上一样，这样的"交合"，使得"天"不像在我们《易经》中说的那样，天然地具有了"天尊"对于"地卑"的神圣主宰地位，"天尊地卑"不仅在古希腊神话中确立不起来，在后来具有科学性的原子论的自然哲学中就更无法确立了。他们把"天"视为"地母""所生"之

1　[古希腊]赫西俄德：《工作与时日·神谱》，张竹明、蒋平译，商务印书馆1991年版，第29—30页。

子，是"大地"的"受造物"，后来才作为盖娅之"夫"，实际上这样的"夫妇"都是大地之母所造。当然，他们作为两种强大的自然力量，天地的洪荒之力，也如《易经》所言，是原始的"生生"之力。但乌拉诺斯作为"天"，"天然地"就只躺在大地盖娅的怀抱中发泄"淫威"，"性欲"旺盛，除了与盖娅"生育"之外什么都不做，他简直只是"功能性"的，不是"主宰性"的，即使"天地交合"产生出各种不同的生命体，"天父"也从来没有构成对地母的主宰性力量。

但凡神都是主宰，不过希腊神话强调的是神"各主一方"，这也像人世一样，是残酷"斗争"的结果，而不是"自然"的结果。

最早主宰世界的神族，是提坦（Τιτάν）巨神，他们都是由天神乌拉诺斯和地神盖娅所生，被称为"大地之子"，六男六女，个个无惧天地，勇猛善战，是大地的"希望"所在。六个提坦男神是：欧申纳斯（大洋河流之神）、许珀里翁（飞越高空的太阳神）、克利俄斯、科俄斯、伊阿珀托斯、克洛诺斯（Κρόνος，是天、海、地、冥、时空之神）。六个提坦女神是：泰西斯（Τηθύς，荷马认为她是众神始母，是欧申纳斯之妻）、忒亚（光，光明神之母）、摩涅莫绪涅、福柏、瑞亚（Rhea，第二代神后）以及忒弥斯（Θέμις/Themis，她本来主司土地，后来因与奥林波斯神结合被认为主司法律与正义）。在他们中，克洛诺斯是盖娅所有子女中最小但最可怕的一个"弟弟"，不仅狡猾，而且善于计谋，于是大地之母借助于这个小儿子表达了她的"洪荒"不满和对乌拉诺斯的惩罚，传说是这样的：

由于盖娅厌烦了天空之神每天只知道黏在其身上（因为"天地未分"之故），不可分离地满足其性欲，于是与其最小的儿子克洛诺斯制订了一个极其狡诈的计划：在自己体内制作了一个弯刀状的东西，放在小克洛诺斯的手中，小克洛诺斯埋伏在他在母亲的肚子里，等待着乌拉诺斯跟其母交合，机会来了时，他断然将其亲生父亲的生殖器飞刀阉割，扔出了九霄云外。疼痛得巨吼一声的乌拉诺斯，轰然与大地盖娅分离，从此永远固定在宇宙的最高处，成为真正的"天空"，再也不能动弹。祂无限巨大的身躯，就分裂出具有无数天体的宇宙。而那个被儿子割断后抛飞出去的生殖器，依然带着其精血，飞溅在大地盖娅身上，使盖娅孕育出了怪物巨人族（Giants）、复仇三女神厄里尼厄斯（Erinyes）和白橡树三神女墨利埃（Melia）。还有传说，那个生殖器一直落到爱琴海中，掀起一阵巨浪，从海浪的泡沫中诞生了专司爱情与美的性欲女神阿芙洛狄忒（Aphrodite）。从此，男女交合不再像原始天地交合那样，只有必然的生殖欲，而同时伴随了自由情爱之美。

克洛诺斯因阉割了父亲乌拉诺斯从而推翻了父亲的地位而成为第二代神王。父亲乌拉诺斯也因此诅咒儿子，会像他一样被自己的孩子所推翻。克洛诺斯长大后与姐姐瑞亚结合，也生了许多孩子，但为了避免父王的诅咒应验，他竟将生出的每一个孩子都吞到自己的肚子里。但是，在瑞亚生了宙斯之后，盖娅却建议她，不要再让这个儿子被吃掉了。瑞亚用布裹住一块石头谎称这是新生的婴儿，克洛诺斯将石头一口吞下肚里，让宙斯逃过一劫，他被送到克洛诺斯的姐姐宁芙女神那里抚养长大。宁芙作为神话中"次要"的女神，不出现在神权统治的大争大斗中，而是作为出没于山林、原野、泉水、大海等地的"精灵"和"仙女"。大凡自然幻化出来的精灵，一般都有美艳动人的少女形象，能歌善舞，不会衰老或生病，但也会死去，这样更加凸显出宁芙生命的自由象征。由宁芙女神抚养未来宇宙之王宙斯的成长，也是很有阐释的空间的。

希腊神话中的神就这样像人世间的人伦关系一样，有主有次，有父有子，有夫有妇，有兄有弟，但没有儒家式"孝道"和"三纲五常"，没有天尊地卑，没有父慈子孝，没有夫唱妇随等等。宙斯长大后也像其父克洛诺斯一样，不仅不"孝"，而且成为父亲的"死敌"。他逼迫克洛诺斯把吞到肚子里的孩子全都吐出来，这些"被吐出来"的孩子，也即宙斯的兄弟姐妹，就构成了奥林波斯山上的"诸神"。以克洛诺斯为首的提坦神族和以宙斯为首的奥林波斯神族，如果按照儒家"辈分"而言，是"父子"两代神族，但正是这两代神族，进行了长达十年的战争，最终，奥林波斯神族取得了胜利。宙斯成为众神之王，也即第三代天王，希腊神话流传最广的动人故事正是从这里才开始。

我们在这里似乎有必要对宙斯前的原初神话和宙斯后的奥林波斯神话做出区分，才能理解古希腊人为什么能用这些神话传说来进行伦理教化，这些看似如同人类残酷无情的政治斗争、父子相残、兄弟相煎、骨肉相害的神话，如何能够敦风化俗，培育美德，以举而措之天地之道义？我们似乎可以以宙斯为首的奥林波斯诸神为界，把之前的古希腊神话作为原初神族的"自然状态"，而把宙斯之后的奥林波斯神族视为诸神的"社会状态"，因而神话描述神族从自然状态到社会状态的转变"规则"的密码，才是我们理解所有西方人所领悟到的天地道义的原始秘密。

所以，我们现在感兴趣的是，宙斯究竟靠什么取得了天宇的统治地位，成为诸神之王，他又将靠什么来避免之前的父祖神王被儿子阉割打垮而被取代的悲惨命运，以获得神之为神的尊严呢？

最初宙斯依靠"兄弟们"一起"子造父反"取得成功，这几乎是自然规律，每个最为威武、最有权势的父亲，最终总是要被儿子所替代，这属于通过神话最初反映出来的宇宙新陈代谢的规律。但当宙斯与其支持者打败了提坦神族，站立在奥林波斯山的权力之巅，与他的兄弟们面临如何分配世界的统治权时，这才反映出了对于人类而言的伦理难题。神族没有伦理困境，但此时如何分配统治宇宙的权力，神族也像人类一样，感到了问题的棘手，这也是神族首次遇到的"伦理"难题。

也正是在这里，西方伦理智慧的最早表现，即普罗米修斯的智慧表现了出来。理解神话中的伦理智慧，乃至天地神人之间的伦理关系，我们必须深入探讨普罗米修斯的智慧。在古希腊神话中，普罗米修斯与宙斯的关系，如果按照我们儒家的辈分伦理，属于"堂兄弟"，因为他是提坦神族，但在奥林波斯神族与提坦神族大战之时，普罗米修斯非常智慧地选择了"中立"立场，实际上是站在了宙斯一边，这才使得他在宙斯取得胜利之后，能留在奥林波斯山，与统治世界的新神族兄弟们在一起。他的"智慧"在神话传说中最受赞美，他与人类的关系甚至比宙斯还更亲密与"仁爱"，因为他才是人类的真正"制造者"，是他按照自己的形象用泥土创造了人类，雅典娜赋予了人类以灵魂和神圣的生命，同时也是他为了人类能在茫茫宇宙中生存下来而不顾宙斯的禁令"盗火"给人类，同时赐给人类播种、建筑、纺织等实用技艺。这自然引起了宙斯的"勃然大怒"，于是宙斯用一条永挣不断的铁链将普罗米修斯缚在高加索的一个陡峭悬崖上，让他永远不能入睡，双膝再疲惫也弯曲不了，胸脯上还钉上一颗金刚石的钉子，一只可恶的鹫鹰每天要去啄食普罗米修斯的肝脏。尽管遭受如此不堪忍受的苦难，普罗米修斯为了人类，坚决不向宙斯低头认错，硬是不屈不挠地忍受了下来，这简直就是后来基督教神学中耶稣形象的神话根源。这样伟大的普罗米修斯，当初给宙斯的一个智慧，就是用"抽签"的方式来决定他和神兄神弟之间对于世界的统治权，以避免骨肉相残的战争，后来希腊的直接民主制就是学习了这一点。这虽然有许多明显的缺点，但以最简单的方式体现了宇宙的强调生而避免杀生的大德，因为在没有什么根据和理由决定谁是最高统治者时，如果没有这一"抽签"决定的程序，骨肉相残的残酷杀戮就会是人世间最为通常的做法，成王败寇使人世间成为最恶劣也最为愚蠢的丛林。

　　按照抽签的结果，三兄弟各管一方，宙斯主管天空，成为天神，以霹雳为武器，维持着天地间的秩序。大地不再由一神主宰，而是由三兄弟共有。而波塞冬（Poseidon）这位"二哥"主管海洋，成为海王神。他非常好战，但几乎是个失败者，经常以白马驾驶的黄金战车出场。只要他的战车在大海上奔驰，汹涌翻腾的波浪立刻恢复平静，并有海豚跟随；而一旦他愤怒起来，海中就会出现海怪。只要他挥动三叉戟，大海立刻就会巨浪滔天，风暴大作，海啸汹涌，甚至天崩地裂。而长兄哈得斯（Hades）成为冥王神，司掌阴间冥界，也被视为冥府中的"宙斯"。这样，"众神最后都凝聚成了一个大家庭——这一点也与人类相同，他们的首领和中心人物是人类之父、众神之王——宙斯，他真正的统治权仅限于天庭诸神，而海域和水域众神则听命于波塞冬，尘世和阴间众神则受哈得斯（普路托）的统治"（第 5 页）[1]。

　　因此，伦理的智慧，在宙斯的神界是以对统治权明确划分的形式表达出来的。宙斯成为主神，天庭诸神之王，取代了提坦神而成为希腊人崇拜的神，他的权力实际上也是与他的义务联系起来的，即维护天庭和世界的秩序，因为他"是自然界中一切生命之父，他的仁慈之手给大地带来丰收与富足。一切天空中的现象皆由他而起：他聚集和驱散云层，投下闪电，发出霹雳，给大地带来雨水、冰雹、雪花以及滋润的甘霖。他用他的神盾……呼风唤雨"（第 15—16 页）。但关键的在于，宙斯成为天神之王后，宇宙不再是"丛林"，而是有"普遍法则"了："宙斯在道德方面的含义对他们尤为重要，更令他们敬畏。因为他们把宙斯看作是不可更改的秩序与和谐法则的化身，这一准则是我们不仅在自然界，而且在道德界都要遵守的。与他专横、变化无常的父亲克罗诺斯不同的是，他根据严格的、不可辩驳的法则来驾驭和统治众神之国。"（第 16 页）

　　由此我们知道了宙斯这位天神的意义了。宇宙是个创生性的大自然，各种自然力以其自身的法则繁衍生息，生生不已，欣欣向荣，其自身必然的法则导致了自然的无限丰富的多样性及其和谐共处的秩序，而宙斯代表的就是这种秩序与法则。就人类从属于大自然，是大自然的"造物"而言，人类生活也是自然界的一部分，必须遵守自然的法则，这是最为首要的"伦理"。虽然人类有其特殊性，是自然界中唯一有理性、有自我意识，因而也知道自己的欲望和利益的存在者，但作为大自然的造物，必然像其他自然物一样服从自然界生老病死、荣枯兴衰的规律，因此，宙斯所代表的宇宙的和谐与法则，也就包含了，而非排斥了人类生活的伦常法则。神话对习俗的影响，首要就

1　［德］奥托·泽曼：《希腊罗马神话》，周惠译，上海人民出版社 2005 年版，以下凡引此书，直接在引文后标注页码。

表现在神祇的生活对人类生活之秩序和法则的决定性影响。神既是人敬畏、崇拜的对象，也是人类模仿、学习的榜样。如果没有神话关于宙斯三兄弟以抓阄形式分权治理宇宙的传说，我们就很难想象，古希腊雅典城邦那么早地就开始实行抓阄式的直接民主制度。无论这种政治制度有多少弊端，人们都不得不承认，这是对以战争杀戮的形式定夺天下帝王统治权的古代丛林法则的一次决定性的文明跨越，是人类政治文明的最早成果，它既避免了以力杀戮的野蛮，也避免了在谁也没有完全正当性的条件下以"美德"为条件的虚伪做作。本来，如果没有宙斯，波塞冬和哈得斯都早就被父王吃到肚子里了，他们何德何能能与宙斯争权呢？但人的政治本性就是如此，尤其是在有天后赫拉（Hera，罗马神话中称之为"朱诺"）和智慧女神雅典娜一起"阴谋"的时候，一旦主观任性觉得兄弟们谁都可能成为帝王时，权力欲就是最为正当的生存意志。而神话的智慧，却给了兄弟们一个以轻松的抓阄来平分权力、各主一方的方案，这对于人类政治文明而言，无疑是非常重大的影响。

但宙斯这个众神之王也确实难当，因为诸神中的每一个都自由任性，却又有人类不可比拟的超人的力量和能力，这使得宙斯根本无法专制独断，但要"公正"地处理同其他主神（而且有十二个主神）的关系，却又困难重重。因为这些主神或者是宙斯爱戴的妻子，如赫拉；或者是兄弟，如海神波塞冬；其他各神也有沾亲带故的，有的是亲骨肉，如阿芙洛狄忒（罗马神话中称之为"维纳斯"）这个最美的女性身体象征和爱情女神，虽然按照《神谱》所传，是从天神乌拉诺斯被割而抛入海中的生殖器所化的泡沫中诞生，但按照《伊利亚特》记载，她却是宙斯与狄俄涅（Dione）的女儿。而战神和暴力之神阿瑞斯（Ares）也是宙斯和赫拉之子，是雅典娜同父异母的哥哥，他们都是战神，但阿瑞斯作为战神，是肌肉力量乃至暴力的象征，他的战争代表了残酷与血腥。在《伊利亚特》中他是杀人不眨眼的好战之徒，唯一的兴趣就是驰骋沙场，他给希腊习俗影响最大的就是勇猛之德性，据说古希腊的德性 areté 就是来源于 Ares，可见勇德之于古希腊的重要性。而雅典娜虽是女神，却同样是作为战神，常常让阿瑞斯成为她的手下败将，原因就在于雅典娜不仅勇猛同时还是智慧女神，说明战争不仅需要勇敢，更需要智慧。雅典娜同时还是艺术女神，她不仅传授给人类绘画、音乐、诗歌、舞蹈等艺术，而且传授了纺织、烹饪、园艺、陶艺等工艺。尤其重要的还在于，雅典娜还是军事、农业、医疗、航海、驯马的保护神和法庭与秩序女神。传说雅典的第一法庭还是她创立的。

宙斯虽然是诸神之王，但他也不具有绝对的正义性和神圣性。他既没有东方诸神的端庄威严，也没有基督教耶稣的平易近人，更没有印度佛的大慈大悲。在他身上，人们看到的常常是咄咄逼人、专横跋扈的样子，一般男人好色风流、偷情通奸的恶习简直达到登峰造极。在为情所困时，为欲所驱地干坏事，也是家常便饭。如果按照道德主义的观念看待他，说他是"伤风败俗""道德败坏"的典型，也绝不为过。那么，希腊人如何能用这样的神来敦风化俗？伦常教化的道德意义究竟在哪里？

说出来许多人会感到惊讶，在希腊古典文化中，更别说在远古神话中，根本就不存在这样的道德的概念，他们有德性概念，但"德性"是自然能力和品质的优秀与卓越，跟现代人的道德概念风马牛不相及。每一个神都是某一方面最为卓越的神力，但不是道德，要求一个神有人间的那些道德，就像要求一个古代中国皇帝成为只有一个妻子的好丈夫一样，是可笑而不现实的。

神话是先祖们自由想象力的产物，"半真半假"地传说神的来历、神的行为和生活方式，有的完全是一种心理学的"投射"，即把在有限的人类自己身上做不到，按照"人性"之"本能"原始欲望却想如此做的行为，投射到那些具有"神力"的神上，让他们替代人类完成不可能完成的事情。神就是神奇，就是超越，就是做各种人类不可能做，做也做不好的事情的力量。所以，英国学者狄金森指出："希腊宗教的特点，似乎是与良心无关。"[1]之所

1　［英］狄金森：《希腊的生活观》，彭基相译，华东师范大学出版社2006年版，第13页。

以与"良心"无关，因为神灵们要表达的就是各种神力按照内在必然性的任性张扬，这样才能满足人类想象力的美感，给人以精神的震撼和鼓舞，同时让人类看清自己的"天花板"，那不可超越的"必然"之神力，是有限的人类只能崇拜敬仰，而不能妄言僭越的"绝对"。所以，神话张扬的是必然的真与美，而不是道德的善与良心。道德的善是因理性的自我约束而证成的"应该"与"当然"，神性的真与美是天性无拘无束的张扬所呈现出的自然而然的"自由"，是以其神力表达的"自然"之"自由"。因而，对神而言，他们没有"应该"，只有"必然"：

> 荷马作品中的诸神，从外表来看，其身体完全与人一样，在人们的想象中，他们只是比人更高大、更美丽、更庄严，但人们也并未把他们夸大到令人难以置信的程度。（第 2 页）
>
> 神的力量当然也比人强大。宙斯只抖动一下他的卷发，整个奥林波斯山就会随之受到震动；其他各神也被赋予了强大的身体力量。由于身体方面的原因，他们受到地域的限制，也就是说，他们不可能无所不在，但这种限制对于他们而言并不像凡人那样，因为他们能风驰电掣般穿越最远的距离。一眨眼的功夫，雅典娜就从奥林波斯山的山顶到了山下的伊萨卡，海域统治者波塞冬三四步就从萨摩斯达到了爱琴海中的埃维亚岛。（第 2—3 页）

那么，希腊神话对伦理教化的影响，首先是美的观念。正如我在本通史的导论卷《道义实存论伦理学》中所论：

> 希腊神话其实就是"美的宗教"，希腊人的理想，即美的理想，希腊文的善不是跟道德而是跟美通用的。……神话中的诸神区别于人类的，是他们生命的不朽，而这种不朽又恰恰不是指灵魂不朽，道德高尚，相

反却是因生命本身的美，如体力、美貌、英勇和智慧而不朽。所以人们崇拜这些神灵，除了他们具有神力，在生活的每一个方面都需要神的庇护（哪怕就是睡眠，也有"睡眠神"）外，是因为希腊神话是生命之美的宗教，诸神因生命力之美而不朽。这种美首先是身体的美，健壮有力、肌肉发达、比例匀称、魅力四射的体魄，这是神们尤其喜爱的。而心灵或灵魂的美善当然一样重要，它能赋予一个肌体以自立自主的生命气息，两者不和谐，就是坏的，是恶；两者都美，则和谐一致，在希腊人心中就"完美无缺"了。[1]

在此意义上，古希腊伦理文化的特点是不讲"道德"而讲"伦理"的文化。但这种"伦理"不是沉淀在人伦关系中的"亲亲伦理"，不是自我约束的禁欲主义伦理，而是以神采飞扬的美善张扬生命繁盛的德性伦理。在这种"德性伦理"中，强盛、强壮、生命力的张扬才是美之善，一切以神律作为"伦理原型"，或者说以"自然必然性"为"自由"之真理，追求正义的规范秩序的道义伦理。因为有对神律、宇宙大道的绝对敬畏和崇敬，才有那么大的自信力将祖先崇拜的各位神的"不道德"的"偷鸡摸狗""伤风败俗"的偷情欢愉作为神性张扬的"任性"加以揶揄嘲笑，而非道德谴责。赫耳墨斯（Hermes）刚出生就能走出摇篮去"偷"阿波罗的牛；阿波罗一出生就有足够的力量舞弄专属于他的弓箭和竖琴；天后赫拉为了帮助处于急难中的希腊人，不惜"色诱"丈夫，对宙斯施魔法，让他把时间消耗在与她做爱后沉睡的过程中；女神阿芙洛狄忒与年轻力壮的美貌战神阿瑞斯"那种全属不法因而却也更加甜蜜的偷情窃爱行为"，被她丈夫抓住，召集所有的天神前来观看，它引起的也只是众神的"哄堂大笑"而不是道德谴责，凡此种种都凸显了神性生活的"超道德"，但有正义大道的伦理景观：

---

1 参见拙著《道义实存论伦理学》第二章第二节"西方伦理文化：习俗的特殊性与伦理的普遍性"，商务印书馆 2022 年版，第 101—102 页。

他们在道德上就高于人类，他们憎恶一切邪恶、不纯洁以及不公正，因而他们也惩罚人类的罪恶和不公正的行为；尽管如此，他们也会陷入各种各样的恶习，如：欺骗与谎言、仇恨、猜忌、残暴与嫉妒等，也会干蠢事。他们并不像我们想象的那样神圣，更不是无所不知，无所不能……就算是宙斯本人……也要永远屈从于决定他命运的旨意，绝无可能去欺骗、逃脱命运的安排。（第 4 页）

所以，希腊神话给希腊伦理的决定性教化就是，伦理作为存在之正道，是天地神人共生共存的法则，不单是个人的道德品质，而是匡扶共同生活之正义，因为现实生活总是因不公不义而陷入野蛮、残酷和生死之斗争，如果要想在文明的、和平的、友善的秩序下过上神仙般的美好生活，那就必须要有伦理，它通过礼法制度，将人类生活纳入规范秩序之下，获得文明的形式。正如布克哈特所说："对现实中的国家和法律的历史描述最早出现在赫西俄德的《工作与时日》中，它展示了一个充满不义的世界，诗人用个人的口吻呼唤信仰。与此同时，在没有祭司的时代，他成为他的同胞中第一个也是最令人尊敬的教师，如果能够悉心倾听他的想法的话，一定能够从中获益。"[1]

神话诗人于是成了最早的伦理教化的老师，古希腊人对命运的意识，对天命的敬畏就是通过神话而与对必然性普遍法则的敬畏一同建立起来的。神话赋予人类的一种伦理的希望就是，能像神那样卓越，因而依靠神性的卓越，做非自己不能做，非自己做不好的那种出于自身本质的卓越（德性）才能完成的事情，因而也能过上像神那样无所事事的、舒适的极乐（幸福）生活。这几乎就是后来亚里士多德伦理学的核心框架：伦理学作为属人之善，以美好生活，即活得好为目标，活得好的最高境界，就是思辨生活，思辨生活才最像神般的休闲舒适，对外物一无所求，成就自身的卓越。而古希

---

[1] ［瑞士］雅各布·布克哈特：《希腊人和希腊文明》，王大庆译，上海人民出版社 2012 年版，第 116 页。

腊伦理学除了在伦理上以正义为伦理原则来寻求实现美好生活的制度性规范秩序之外，特别看重的就是每一个存在者"是其所是"的卓越，这才是实现美好生活的真正路径。伦理追求正义，个人德性追求卓越，这成为古希腊德性论伦理学区别于所有其他文明的独特形式，无疑是神话诗教的教化产物。

　　当然，神话诗人也存在"伤风败俗"的方面，这也是需要在文明进程中慢慢加以清理的，最早在柏拉图《理想国》的第十卷中，我们就能清晰地看到柏拉图对神话诗教观念的无情清算。而在进入这一清算之前，我们必须考察古希腊实际的文明进程对塑造古希腊伦理思想的影响，尤其对人之德性塑造的影响。

第二节　文明进程

　　希腊早期的历史就是人神共居的神话历史，所谓"荷马时代"，即公元前11—前9世纪，属于古希腊的神话时代。一直到公元前8世纪，赫西俄德依然这样说："我将简要而又动听地为你再说一个故事，请你记在心上：诸神和人类有同一个起源。"[1] 所以，从神话时代到古希腊，属于"史前史"，属于人神共居之传说的历史。到公元前8—前6世纪，才被称之为早期希腊的"古风时代"，真正进入到希腊人的"历史"，它与城邦文化的形成联系在一起。之后才进入到哲学、文化的鼎盛时代，这是公元前5—前4世纪前期，被称之为"古典时代"。最后到公元前4世纪末—前2世纪中期，希腊处于北方蛮族马其顿的统治之下，奴隶制城邦衰落，最后为罗马所灭。

　　因此，我们要在这一希腊人的历史进程中，考察希腊历史的文明化，也即考察希腊人"伦理生活"在历史中的发生机制。这就是要考察它是如何将

1　［古希腊］赫西俄德：《工作与时日·神谱》，张竹明、蒋平译，商务印书馆1991年版，第5页。

神话诗教中形成的道义伦理原则内化为城邦礼法制度，从而成为希腊人在伦理文明的发生进程中追求和成为有德性的人的"成人"机制。

在希腊历史中，这一点很清楚：文化基因的改造和传承，是在征服和被征服的文明危机中发生的，不存在纯粹的"原始希腊人"或"土著希腊人"，因而也不存在作为纯粹西方文化基因的古希腊文化基因。"希腊"是在不同"族人"不断征服和被征服中，不断与"东方"（如腓尼基人、波斯人等）、"北方"（马其顿）、"南方"（如埃及）诸文化的冲突和融合中形成、传承和创新的。

古希腊在历史上第一次被多利亚人征服，发生在公元前 12 世纪，这是特洛伊战争结束后的两代，希腊人"英雄时代"结束后的"黑暗时期"，古老的文明因希腊人殖民扩散到整个爱琴海地区而消耗殆尽。此时拥有了铁兵器的多利亚人入侵了伯罗奔尼撒半岛，所到之处，物质文明被摧毁，导致人口大规模迁徙，而这又从反面给文化融合创新提供了契机，希腊之后开始兴起城邦文明。[1]

希腊独特的地理位置，平原少岛屿多的地形特征，是古希腊城邦文明兴起的地理条件。早期古希腊比较可信的历史叙述，也是发生在"多利亚人入侵"之后，而这之后的希腊文明就是随着城邦的兴起而确立的。最早的城邦大约是在公元前 10 世纪由入侵者多利亚人在伯罗奔尼撒半岛南部的拉科尼亚（Lakonia）建立的斯巴达城，史称拉凯达伊蒙。它由四个村庄组成，人口显然不多，面积也不大，但斯巴达城邦后来一直像雅典城邦一样属于古希腊最大的两个城邦之一，它们构成了古希腊最为著名的城邦典范。

雅典人宣称他们是希腊的土著民族，但雅典人显然不是多利亚种族，在多利亚人入侵之前，雅典至少有两个很古老的所谓土著："土著的阿提卡人"和"移民伊奥尼亚人"。"在荷马史诗《伊利亚特》（第 13 卷第 685、689 行）

1　参见黄洋：《迈锡尼文明、"黑暗时代"与希腊城邦的兴起》，载《世界历史》2010 年第 3 期。

中，雅典人被归结为'伊奥尼亚人'"，但伊奥尼亚人本身就是移民到阿提卡的，"我们也许有比较合适的理由把这些移民称之为伊奥尼亚人"。[1] 因此，雅典城邦文明本身是多种文化融合形成的，不存在单一的"土著雅典"文化基因。如果说有文化基因的话，它也不与特殊的土著族群相关，而是与神话相关。亚里士多德在《雅典政制》开篇就说：

> 雅典人起初曾有一个王者政府。当伊嗡［即伊奥尼亚人的祖先］和他们一起居住时，他们才第一次被称为爱奥尼亚人。……雅典人尊敬祖先阿波罗，因为他们的军事执政官伊嗡是阿波罗和克绪托斯之女克勒乌莎的儿子。[2]

作为城邦文明的典范，雅典文明经历了如下几个关键步伐。

（1）古风时代（公元前 8—前 6 世纪）晚期，提修斯（Theseus）完成了阿提卡城邦的统一，提修斯还不被视为城邦范围内的英雄，而只是一个地方性的神灵受到部分居民的崇拜。但提修斯是真值得崇拜的人，"正如亚里士多德所说，提修斯是倾向于庶民的第一人，而且放弃了君主制政府"[3]。

（2）梭伦（Solon）立法与民主制的奠基。城邦是人为好生活而建立，而不是相反，人为了城邦而存在，亚里士多德在《政治学》中的这一判断是有历史依据的。希腊人能够在腓尼基人在西地中海领域独领风骚之后，在东地中海世界很好地发展起来，完全依赖的是伟大的城邦文明："随着古代世界最伟大的城邦文化——古希腊文化的成熟，东地中海有了很好的发展。……但希腊人仍然保持了免于外国统治的自由，并且在他们的城邦中建

1　［英］乔治·格罗特：《希腊史：从梭伦时代到公元前 403 年》（上册），晏绍祥、陈思伟译，北京理工大学出版社 2019 年版，第 4 页。

2　［古希腊］亚里士多德：《雅典政制》，日知、力野译，商务印书馆 2010 年版，第 1—2 页。

3　［古希腊］亚里士多德：《雅典政制》，日知、力野译，商务印书馆 2010 年版，第 3 页。

立了自由人的社会，因着这些人的努力，古老的城邦达到顶峰。"[1] 雅典城邦就是建立在独立、自治和城邦自由人的伦理基础上，其主体单位是自由民，而不是血缘家庭，但一开始"胞族"在城邦分区管理中，是有一定分量的。他们开始是按照"自然"分区管理：一年有四季，他们便把城邦分四个部落，每个部落分三个区，因而像每年有十二个月一样，雅典有十二个区。每个区都有胞族，每个胞族有三十个氏族，每个氏族包含三十人，可见人口不多。但到"公元前 7 世纪初，雅典是一个贵族共和国。国家最高行政权力掌握在三位一年一选一任的官员手里……执政官是审理民事案件的最高法官。就职时，他会庄严宣布在其任期内确保每一位公民的财产完整"[2]。但是，随着商业的发展，货币的发行，与周边城邦贸易额的扩大，特别是雅典发生了与麦加拉（Mégara）的战争，使得农民的生活十分恶劣，自由雇工的境况也凄惨，富者越富对贫者的剥削和压迫越重，社会矛盾因而愈演愈烈。这时一位商人出身的贵族贤人梭伦（希腊"七贤"之一）不负众望，在公元前 594 年（泰勒斯［Thales］开始作为哲学家出现的时候）出来作为调停人，被任命为执政官，大胆实施了一系列改革，化解了城邦政治危机。他的改革，亚里士多德做了这样的评论：

　　　　在梭伦的宪法中，最具民主特色的大概有以下三点：第一而且是最重要的是禁止以人身为担保的借贷，第二是任何人都有自愿替被害人要求赔偿的自由，第三是向陪审法官申诉的权利，这一点据说便是群众力量的主要基础，因为人民有了投票权利，就成为政府的主宰了。[3]

　　梭伦改革不仅在城邦文明史上，更在人类伦理史上都是值得高度评价的

1　［英］杰弗里·帕克：《城邦：从古希腊到当代》，石衡潭译，山东画报出版社 2007 年版，第 9 页。
2　［英］伯里：《希腊史》（第一卷），陈思伟译，晏绍祥校，吉林出版集团 2016 年版，第 200 页。
3　［古希腊］亚里士多德：《雅典政制》，日知、力野译，商务印书馆 2010 年版，第 13 页。

重大事件，他的第一个社会改革措施，确实是减负令（Seisakhtheia），这是所有改革者后来都知道做的事，但他通过立法所实现的减负，即取消所有以人身为抵押的债务，这实实在在地提升了人类文明的高度，它首先防止了人因欠债而沦为奴隶的危险，因而让即便是欠债的穷人，也保持"人身自由"，而不被当作非人格性工具——奴隶——来被奴役的可能性，这真不仅对当时成千上万的可怜人是福音和希望，而且是人有尊严的、有德性的、有品位的起点，保有这一起点的文化才有文明的品质。所以梭伦改革对伦理的伟大贡献就是自由和公道的美德，历史学家这样评价他：

> 梭伦在一些方面扩展个人自由，但在另一方面又限制人们的自由。通过防奢法和防惰法，他力图限制个人自由，违反者将受严惩；通过允许无子嗣的个人订立遗嘱，将财产遗赠给他指定的而非最近的亲属，他扩大了个人自由。……
>
> 梭伦改革虽然很有胆识，但他颁布的一切措施皆完全依法行事。他并未让自己成为僭主，虽然他本可轻易为之，而且许多人也希望他这样做。相反，梭伦改革的一个目的就是预防可能出现的僭主制度。……梭伦表明了他遵循的基本原则，即每个等级公民享有的权力应当与其承担的社会义务成正比。这是他立法活动保守的一面。……卸任时，他备受人们的抱怨和攻击，为此写下一些哀歌体诗歌为自己辩解。他说他秉承的是中庸精神，坦承其所作所为公正无私。
>
> 梭伦的高尚品格深深地印在我们的脑海中。在他身上，体现出知识分子的理想和早期希腊人的高尚道德情操，也体现出希腊贤者的伟大。[1]

这种改革奠定了希腊民主制的法治基础，民主伦理的基本原则确立了起

1　[英]伯里：《希腊史》(第一卷)，陈思伟译，晏绍祥校，吉林出版集团2016年版，第218—219页。

来：公民自由，权利与义务对等，遵纪守法，公平正义。这为促进雅典在公元前 6 世纪的强势崛起，做好了充分准备。

当然，历史的发展是各种合力的结果，不是伦理之善的单线演进，现实生活的复杂性缘于人性人心本身的复杂性，民主政治本身的党争带来的各种利益和权力的纠葛，也让以伦理提升文明的难度变得格外艰难，它如果没有严格阻止向其自身的反面堕落的"熔断机制"，民主制转化为"僭主制"也就一念之差，一步之遥。梭伦改革成功退位之后，在他的晚年，他就非常悲哀地看到，庇西特拉图（Pisistratus）利用改革后经济繁荣和政局稳定进一步解决了梭伦未解决的贵族间的斗争而博得了荣誉，但同时也把自己成功地变成了梭伦坚决不愿为之的"僭主"。庇西特拉图于公元前 527 年死后，长子希庇阿（Hippias）继位，就让希腊民主制一时成为泡影，更糟糕的是，雅典随后走向了扩张的帝国之路。谋杀、兄弟相残、弑君这些与文明背道而驰的行为总是与"僭主制"如影随形，必然会葬送城邦美好的前程。因此，在雅典未能取得民主制度真正胜利之前，在公元前 6 世纪中叶，斯巴达城邦一跃而起，成为主宰伯罗奔尼撒半岛的霸权，在公元前 6 世纪下半叶也就成为希腊大陆最强大的城邦。

城邦文明于是具有了两个不同的样板。"僭主制"因缺乏伦理道义总不可能引导城邦走入繁荣与发展，僭主自身的垮台和暴死一直是必然的事情，需要的只是时机。在斯巴达的帮助下，雅典成功地推翻了僭主的统治，重获自由，但代价是，必须加入伯罗奔尼撒同盟，"唯斯巴达马首是瞻"。但此时东方古老的波斯帝国开始了对希腊的入侵和征服。这之后的历史一般人都比较熟悉，是通过两场大战来展开的，即希波战争 [1] 和伯罗奔尼撒战争，对这

---

1 希波战争，以雅典和斯巴达为首的希腊城邦抵抗东方波斯帝国入侵和征服而进行的长达半个世纪的战争，第一次入侵发生在公元前 492 年，第二次入侵发生在公元前 480 年，第三次入侵发生在前 479 年，直到公元前 450 年，希腊军队再次取得海上和陆地的战斗胜利，才以波斯的最后失败而标志战争的结束，雅典成为海上霸主，而波斯帝国从此一蹶不振。

两场战争的历史分析，不是我们的任务，而这两场战争所反映出来的伦理与文明的关系却是我们需要重视的。

（3）希腊人的同盟意识和战争伦理。小亚细亚的希腊人，作为希腊殖民地本来是不团结的，长期分裂与不和，使得他们沦为一直任人宰割的猎物。但通过希波战争，他们摆脱了波斯的侵略和征服，反而激化了希腊人的同盟意识，他们才有了"希腊人"的意识。这种对"希腊人"的共同意识，是由一个绝对他者，"敌人"，要来入侵和奴役"我们"的"敌人"激发出来的"同族认同"。但如果仅仅是有"认同"的意愿和意识，没有共同的"组织原则"和"行动原则"，对于一个军事性的"同盟"依然是不现实的。希腊人同盟意识的觉醒，之所以对希腊伦理具有重大影响，就在于他们开始探索大小不同、贫富有别、文野悬殊的诸多城邦，如何为了一个共同的目标能够组成一个"希腊同盟"，"勠力同心"在和平时期为了各自的利益而各自打着小算盘时是很难做到的，但面临一个共同的"敌人"时，不采取共同行动，不遵循共同原则，大家都得被征服和奴役，于是便能形成"共识"，这也是"战争"唯一能在"伦理"上获得辩护的东西。确实"希腊人"的共同意识是不得不结成一个"希腊同盟"反抗波斯侵略而形成的，通过这场战争的胜利，也才使全体希腊人摆脱被侵略、被征服的地位，从而走上自治、独立和自由的繁荣之路，这是民族伦理共同体在实践中必须考虑的大事。

（4）雅典城邦文明的典范是依赖于实践智慧完善了雅典民主制，这得感谢一位城邦立法者，被亚里士多德称为最有实践智慧的人物，伯里克利（Pericles，约公元前495—前429）。成就伯里克利智慧的，有三位"老师"，一是他的出身名门的母亲的教育，他母亲是梭伦改革后让希腊民主制真正取得了胜利的立法者克里斯提尼（Cleisthenes）的侄女，母亲的教育和影响使得伯里克利时刻保持着高贵气质，连平时参加非常习俗的酒宴他都力求避免；另两位老师，一位是那个时代最为博学的雅典人达蒙（Damon），另一位是我们在哲学史上熟悉的阿那克萨哥拉（Anaxagoras）。阿那克萨哥拉是雅典的第一个哲学家，也是第一个真正对政治家起到指导作用的哲学家。他在哲学上与原子论者非常相同，他提出"种子说"的世界本原论，按照多元物质元素的"聚合"与"分离"的原理，解释事物的形成、发生和发展，尽管 19 世纪的德国著名哲学史家策勒（Eduard Zeller，1814—1908）批评他"不承认绝对的生成和毁灭，不承认原始物质的性质变化……最后的结果是，他们都采取了这样的权宜之计：把生成还原为实在的结合，把毁灭还原为实在的分离"[1]。这种"权宜之计"也许在阐释世界本原的"科学性"上具有不彻底的"猜想性"，但对于城邦人共同存在的"伦理机制"，无疑是非常必要的"实践智慧"。城邦各个具有不同身份、不同地位、不同等级、不同诉求的"公民"，如何在一个公共性的城邦中能够活出人的品质，稳定而不变的精神品质，这是城邦好生活的一个标准，也是衡量一个政治家成就的标准，因而需要阿那克萨哥拉"种子"说的"聚合"与"分离"的原理。在这个原理之外，阿那克萨哥拉在哲学史上第一个提出了灵魂中的最高认识能力"努斯"概念，这样的自然哲学显然为伯里克利的民主制改革提供了非常有利的理论支持。

伯里克利对希腊民主制度的完善，一是引入了一系列制度，让参与城邦政治的每个人都获得恰如其分的权利和义务。譬如，执政官和五百人议事会成员都可领取一份薪酬成了一项制度，这解决了贫困者也能参政的难题，尤其是激活了代表人民掌握最高权力的民众法庭这个民主政体的精华体制；同时富裕的公民必须承担公共负担，这些制度化措施既维护了城邦的聚合性（团结和稳定），又保持者每个人积极参政议政、出谋划策、群策群力的活力，也让伯里克利真正地赢得了民心和声望。另一为伯里克利赢得声望的事是通过大规模重建神庙而让他功勋卓著：

1　［德］爱德华·策勒：《古希腊哲学史》（第一卷下），余友辉译，人民出版社 2021 年版，第 678 页。

　　在这方面，伯里克利展示出他的伟大和过人之处。他能觉察到大规模修建神庙的重要性，认为一个赋予神灵高贵圣殿的城邦一定会使她本身成为一个崇高城邦，通过修建华美的神殿，城邦以一种更有价值的方式展现了她的实力和理想。[1]

　　这实际上就是一种真正崇高的民族宗教对于人们精神生活，从而对于伦理的最为积极的影响。通过华美的神殿的建造，也带来了希腊艺术的繁荣昌盛，菲迪亚斯（Phidias）成为伯里克利时代造型艺术的代名词，将古希腊造型艺术之美塑造成为古代美的典范：19 世纪德国艺术史家温克尔曼（Johann Winckelmann）将这种古典美的典范概括为"高贵的单纯与静穆的伟大"，称为现代新古典主义艺术理想的灵魂，这种艺术美的理想也是塑造古希腊伦理的一项十分关键的精神要素。

第三节　"归家"本义

　　"伦理"（ethos）的概念来自"习惯""习俗"，这为人所周知，但如果人们只是将"伦理"等同于"习俗"，那也会让人感觉到其俗不可耐的无知与肤浅。"伦理"的本义是"家""居所""住处"，在其中庇护人性的东西之成长与到达（Ankunft），同时也只有"家"才是自己可以"任性"也有人在意你任性不任性的地方，因而在每个人的心中，无不根深蒂固地存在对"家"的思念、对"归家"的渴慕，当然这种情感本身也对应着"无家可归"的惆怅和"有家难回"的乡愁，这都是伦理"原义"所包含的意蕴。古代伦理学的魅力其实就是关于"筑家"与"安宅"的智慧。随着现代道德哲学越来越精致化和分析技术化，关于家的原义总被遗忘，因为伦理学从家中的德性涵

1　[英]伯里：《希腊史》（第二卷），陈思伟译，晏绍祥校，吉林出版集团 2016 年版，第 443 页。

养转向了对外部行为正当性的规范性奠基，当我们偶尔在黑格尔[1]和海德格尔[2]那里见到伦理原义的考证，总是感激其学识的深厚。而对"伦理"这一原义及其困境的展示，正是《荷马史诗·奥德赛》的主题。

荷马两部史诗是有连续性的"历史"故事。《伊利亚特》描写了希腊人为了争夺美貌绝伦的海伦（Helen）而不惜进行了气吞山河的长达十年的特洛伊战争，这也充分反映了希腊人为美而生、为美而死的习俗。战争的起因是特洛伊（Troy）国王普里阿摩斯（Priams）的英俊王子帕里斯（Paris）受阿芙洛狄忒的唆使，到斯巴达国王墨涅拉奥斯（Menelaus）家做客，宴会上引诱并迷惑已成王后并养有一女儿的海伦，之后趁墨涅拉奥斯去克里特岛（Crete）招呼她在家好好待客之机，令海伦为了爱情抛弃了一切，跟着这个不被看好的王子来到了特洛伊，从而招致墨涅拉奥斯王的极大愤怒，说服希腊其他各邦组织了强大无比、包含各路英雄豪杰的希腊联军攻打特洛伊，甚至奥林波斯山的诸神都因各种关系明里暗里参与了战争，因而最为充分地展示了各种神性和人性的智慧以及各路英雄豪杰的德性与劣性。本来天下没有不散的宴席，《伊利亚特》写到赫克托尔的死就结束了，因为希腊人最终将特洛伊城洗劫一空，烧成灰烬，男人大多被杀死，妇女和儿童大多被卖为奴隶，金银财宝装进了希腊人的战舰，海伦也被墨涅拉奥斯王带回希腊。但《奥德赛》接着描述英雄们的返家之旅，他们不像我们一般见到的凯旋，反倒是逃离战场和搏击海浪的浪迹天涯之艰难与挣扎。主角奥德修斯（Odysseus）在其他将领和壮士尽数还乡之后，却因惊涛骇浪翻船落海，海上女神卡吕普索（Calypuso）救起并爱上了他。卡吕普索在众多女神中虽然并非特别耀眼，但她出身名门，是托起天穹的大力神阿特拉斯（Titan Atlas）

---

1 参见［德］黑格尔：《法哲学原理》第 151 节的笺注，邓安庆译，人民出版社 2017 年版，第 292 页。

2 Martin Heidegger: *Über den Humanismus*, Vittorio Klostermann Frankfurt am Main, 2010, 11. Auflage, S. 46.

的女儿，据说是"最完美的情人"，但毕竟大海只属于少数英雄的落难之地，而并非普遍凡人的舞台。哪怕是大海之女神，"完美的情人"，也只能迎着风浪，守着孤独。因此在她救起奥德修斯之后，就爱上了大英雄，不仅承诺给这位世间的王者过上天堂般的幸福，而且许诺其永生不死，于是，《奥德赛》开头有如此描写：

> 此君一人，怀着思妻的念头，回家的愿望，
> 被卡吕普索拘留在深矿的岩洞，雍雅的女仙
> 女神中的佼杰，意欲把他招作夫郎。[1]

对于一般的凡人，遇此女神的欢爱，能享受天堂般无忧无虑、自由自在的极乐之福，是做梦也不敢奢望的，但古希腊人在史前时期可能就深刻领悟出了人有人的天命，人之为人根本就享受不起神仙之快乐，人类有其自身的劳作之命，只在艰辛的劳作中，因自身之德性而"活"出来的幸福，才是属人之福，只有从这里我们才能理解"神样的"奥德修斯在经历了女神长达七年的爱与永生之福的温情脉脉的善意挽留，依然毫无动心，日夜思念家中的凡妻，渴望早日回归凡人之家这一选择的真意：

> 当他们享受过吃喝的愉悦，
> 丰美的女神卡吕普索首先开口，说道：
> "莱尔忒斯之子，宙斯的后裔，足智多谋的奥德修斯啊，
> 还在一心想着回家，返回你的
> 故乡？好吧，即便如此，我祝你一路顺风。
> 不过，你要是知道，在你心中，当你

1　[古希腊] 荷马：《荷马史诗·奥德赛》，陈中梅译，中国戏剧出版社 2005 年版，第 1 页。

踏上故土之前，你将注定遇到多少磨难，

你就会呆在这里，和我一起，享受

不死的福分，尽管你渴望见到妻子，

天天为此思念。但是，我想，

我可以放心地声称，我不会比她逊色，

无论身段，还是体态——凡女岂是

神的对手，赛比容貌，以体型争攀？"

听罢这番话，足智多谋的奥德修斯答道：

"女神，夫人，不要为此动怒。我心里一清二楚，

你的话半点不错，谨慎的佩涅洛珀（Penelope）

当然不能和你攀比，论容貌，论身型——

她是个凡人，而你是永生不灭、长生不死的神仙。

但即便如此，我所想要的，我所天天祈盼的

是返回家居，眼见还乡的时光。倘若

某位神明打算把我砸碎，在酒蓝色的大海，

我将凭借心灵的顽实，忍受他的打击。

我已遭受许多磨难，经历许多艰险，顶着大海的

风浪，面对战场上的杀砍。让这次旅程为我再添一分愁灾。"

他如此一番说道。其时，太阳西沉，黑夜将大地蒙罩

他俩退往深旷的岩洞深处，

贴身睡躺，享受同床的愉悦。[1]

什么挽留也没用，什么艰难险阻也不怕，外面的世界哪怕再好，却总是

1　［古希腊］荷马：《荷马史诗·奥德赛》，陈中梅译，中国戏剧出版社 2005 年版，第 86—87 页。

执意要返回"家居"，与凡人妻儿一起过有艰辛劳作的生活，凭自身的德性"活出"美好人生之福，这就是"伦理"的力量所在。归家与还乡成为"伦理"寓意最深的隐喻。

因此，以为只有儒家才从"家"出发探究"伦常"关系，这是一种误解。古希腊人同样关心"家"或"居家"，但对于家庭亲情的理解以及"家"的伦理意蕴的理解确实不一样。他们更加强调男女因美善而自由生发的"爱情"，而不是把自然的"亲亲"之情作为伦常。伦理的东西源自自然，但不直接等同于自然，而是必须高于自然，作为对自然东西的庇护、涵养与完成，因而作为"第二自然"，这样的"伦理"才是规范的引导与教养的体现。奥德修斯拒绝美貌超群的女神之爱，念念不忘平凡的夫妻之爱，体现了古希腊人对爱情的一种理性主义理解。爱是一种平等关系的相互承认的情感，平等的人与人之间都有爱的禀赋，但神与人之间的差距太大，大到超出了友爱的范围，因此不可能有真正的爱情。后来亚里士多德在《尼各马可伦理学》中才清楚地阐明了这一点，他也列举了卡吕普索的例子。不仅奥德修斯这样的英雄，就是出身名门的他的妻子佩涅洛珀也是坚贞不屈地信守爱情的。在经历十年的特洛伊战争，又经历长达十年充满艰难险阻的归家之旅，居家的妻子除了日夜思念丈夫的归来，之外，她在家乡面临的是什么样的困惑呢？

荷马给人们呈现的是一幅希腊古时社会习俗的画卷：108 位佩涅洛珀的求婚者蜂拥而至，全都是豪门贵族，"其中 56 个来自奥德修斯统治下的伊塔卡和其他海岛，52 个来自附近的岛国。佩涅洛珀被迫要从这些人中选出奥德修斯的继任者。无论在古代还是在现代，这都不是寻常意义上的求爱"[1]。这是私家与国家的政治学，在私家，她既要面临公公这位老国王的压力，作为妇女，她无权管理这个城邦，也要面临成人了的儿子的压力，儿子始终也并不清楚母亲是否能够抵抗这些外部压力，坚守到父亲归家；更直接的是面

1　［英］M. I. 芬利：《奥德修斯的世界》，刘淳、曾毅译，北京大学出版社 2019 年版，第 47—48 页。

对这么多求爱者每天居家吵闹，甚至公开威胁，如果不答应求婚者，他们天天在这里吃光她的家产和财富。而她必须想尽各种办法予以拖延。如果一两天、几个月的拖延，办法总能想出，但奥德修斯生死不明、长达十年海上漂泊，一个母亲没有对爱情的执着，没有对家的坚定不移的坚守，是无论如何也拖延不下去的。我们只能在黑格尔的这一表达中体会一个女性坚守爱与家的艰辛：

> 人们总以为，哲学所带来的，就像佩涅洛珀的织物一样，是一种过夜即废的东西，每一天都从头开始。[1]

佩涅洛珀靠无目的地纺织她的织物打发无尽的黑夜和可怕的孤独，她白天忙乎在偌大的织机前，夜晚则点起火把，将织物拆散，以便从头纺织。一连三年，每天要处理的问题是同样的，守住爱与家，打发求爱者的纠缠，而每一天面临的处境和形式又都是全新的。这确实需要哲学的智慧，也如同哲学的修行。哲学总是思考那永恒的问题，却总是在思考者所面临的当下处境中寻找解决的答案。任何一个有经验和知识的人，都会体会到佩涅洛珀执着于不变爱情的艰苦和内心的无比强大。

奥德修斯同样的艰难，这位在政治和军事上足智多谋的将领，我们只需看看《伊利亚特》对他的描述就可知道他简直是个集男人之美德于一身的卓越人物。在战争爆发之前，他就参加了希腊使团去见特洛伊国王普里阿摩斯，想以和平方式解决因帕里斯劫夺海伦而引起的争端，可惜这一和平之旅没有取得成功。在希腊联军连续九年的进攻而不克之后，在第十年是因他献计的"木马"最终才里应外合攻破特洛伊，这是特洛伊战争中最为经典的一个计谋。因此，我们只需阅读《伊利亚特》第十卷（标题是"奥德修

1　［德］黑格尔：《法哲学原理》，邓安庆译，人民出版社 2017 年版，第 2 页。

斯和狄奥墨得斯夜探军营"）就可以发现，用在他头上都是如下这些美德的
修饰词：

> "闻名的枪手"（110），"聪明如宙斯的"（138），"宙斯的后裔"（144，
> 339），"宙斯宠爱的"（527），"足智多谋"（144，148，382，400，423，
> 554），"可敬的老人家，你真是个倔强之人"（167），"坚忍不拔"（230），
> "神样的"（243，460，488），"坚毅的神样的"（248，498），"做完祷告
> 在茫茫黑夜中继续前进，像两匹狮子，越过杀人场、死尸、甲仗和黑色
> 的血污"（296—298），"光辉的"（544），"阿开奥斯人的荣耀"（544）[1]

可见，用得最多的就是"神样的""足智多谋的"，即便如此，在现实的
伦理生活中，他与普通人一样，面临太多的困难与艰辛。他的艰辛除了难以
摆脱女神的爱情绳索之外，主要的是先得罪了归家必经之路上的海神波塞
冬，因为他刺瞎了波塞冬的儿子，独目巨人波吕斐摩斯（Polyphemus）。奥
德修斯并非不敬神之人，我们在《伊利亚特》中可以看到，他每次做重大事
情之前都虔诚地向宙斯或雅典娜诸神祷告，请求神佑。但人的命运免不了有
时不得不得罪某些神，而对波塞冬他不仅是得罪，更是引起了波塞冬极大的
愤怒。原因是他和他的随从漂泊在海岛上，遭到了波塞冬的儿子波吕斐摩斯
的囚禁。这位海王之子，不仅相貌奇丑无比，粗壮的四肢长满了海藻般的汗
毛，布满皱纹的额头下长着一只非常巨大的独眼，还有一个又大又塌的鼻
子，而且性格极为残暴。奥德修斯思乡情急，他的船队离开特洛伊后，先是
遭到喀孔涅斯人的袭击，漂流到另一个海岸，一些船员因吃了"忘忧果"流
连忘返，不想回家，好不容易到了这个海岛，却被这么一个家伙囚在一个山
洞里，而且他每天都试图把手伸进山洞，抓一头羊或者船员吃掉。奥德修斯

1　括号里的数字是《伊利亚特》的"行"数。

为了自救，将找来的木棍在山洞的岩石上磨成了尖状，等波吕斐摩斯把手伸进洞口，将眼睛凑过来向洞里看的时机，刺瞎了巨人的独眼，把活着的同伴一个个缚在羊的肚子下面，逃出了山洞。所以，波塞冬得知儿子被刺瞎后发誓报复，在奥德修斯回家的海路上设置了重重障碍。但所有这一切都未能阻止他归家的决心。他之后战胜了魔女基尔克，抵挡了海妖塞壬美妙歌声的诱惑，最后于第十年侥幸一人回到故土伊塔卡，装扮成乞丐，进入王宫，设法同儿子一起杀死那一伙占据着他的王宫，挥霍他的家财，疯狂追求他妻子的求婚人，最终与爱妻重新团聚。

所以，奥德修斯的"返乡之旅"，被黑格尔称之为"人类精神的奥德赛"，历来就是哲学或伦理寻求"返回家园"的隐喻。

与过分重视家庭私德的儒家家庭伦理不同，荷马其实并没有过分强调奥德修斯的私人品质，哪怕赞扬得很多的世人一般看重的英雄的第一美德"勇敢"，荷马也总是与"足智多谋"的理性智慧联系在一起。所以，勇敢、智慧等美德总是与城邦正义联系在一起，对于他杀死那么多的求婚者，《荷马史诗》也暗含着批评，虽然在古代，"复仇"是恢复"正义"的最直接方式，《荷马史诗》之后的传说对奥德修斯的经历有许多补充，把他的私德上的缺陷更加突出地表现出来，甚至把他描绘成一个虚伪、狡诈、胆小的人，但总体上，他的许多行为恰恰是作为人而对诸神时常不关心和支持正义的不满，而自主甚至任性地果敢行正义之事的表现：

> 奥德修斯了解，诸神并非总是能够捍卫正义的事业，有时甚至没有这样的意愿，这种了解似乎导致了一种影响深远的后果，使奥德修斯只能教会自己，要更加独立于诸神。这似乎也使得他弱化了对正义的依属，强化了他无所顾忌地行动的趋势。[1]

1　［美］大卫·博罗廷：《奥德修斯的诸种关切》，温洁译，载《荷马笔下的伦理》，华夏出版社2010年版，第9页。

　　但《荷马史诗》对其主角的归家的伦理隐喻，也没有让古希腊伦理将重心放在血亲"私家"的伦理建构上，而是始终关注城邦之"公家"的公正伦理，以对城邦公正的关心和维系，涵养每一个人伦理德性之品质。

　　这反映出古希腊人与我们儒家之"家"具有不同的伦理构成。除了夫妇、父子关系相同之外，古希腊人是把"兄弟关系"放在城邦公民伦理中处理的，而作为家庭成员的，实际上还包括完全不具有血缘关系，更非同类人，甚至在政治习俗上不具有"人格权"的"奴隶"。因此主人与奴隶的关系，也是古希腊家庭伦理最为重要的一伦。除此之外，还有一项重要的关系，就是"帮工"，他不像奴隶，不算是"家庭成员"，但古希腊的制度习俗，贵族之家的生产劳动，除了家奴就是"帮工"来做，这样一来，古希腊的"家"更是一个社会单位，血亲关系反而是其次的：

　　　　凭借权力专制的家（oikos）这一核心，人们得以组织自己的生活。Oikos 的好处不仅是满足物质的需要（包括安全保护），也提供伦理规范、价值观念、职责、义务和责任、社会关系以及人与神之间的关系。Oikos 不仅指家庭，也指整个家庭的成员、田产和资财的总和。因此，"经济"（economic，来自 oikos 的拉丁化形式 oecus，即对 oikos 的管理之术）一词就意味管理家产，而非维护家庭和谐。……

　　　　就负面而言，成为他人之 oikos 的一员意味着丧失大量的选择自由和行动自由。然而这些人既非奴隶，也非农奴或契约奴。他们是家臣（therapothes），用服务来换取在家庭这一基本社会单位中的位置。[1]

　　所以在伊塔卡，家臣或帮工（thetes）并非 oikos 成员，其地位比奴隶更

---

[1]　［英］M. I. 芬利：《奥德修斯的世界》，刘淳、曾毅译，北京大学出版社 2019 年版，第 54—55 页。

不如。总之，古希腊的"家"（oikos）更像是以地产为基础的经济社会组织，一个消费单位，而不单纯是血缘家庭。它在古希腊神话中就有其源头，以宙斯为天王和人类之父而组成的"天庭"，就是包含天地神人乃至各种"造物"一起组成的"宇宙之家"，宙斯等诸神，也结婚生子，但他们活动的舞台，从来不以"私家"为单位，"在伊奥尼亚的各个城邦里，宙斯要所有的公民成为真正的兄弟。公民在各自的氏族内部就像在同一个大家庭中生活一样"。宙斯他的政治权力是家庭的权力，与儒家家长"家庭的权力"是"政治的权力"，具有完全不同的伦理维度：

> 在与赫斯提［即希腊神话中的灶神或家室女神］有限的联姻中，宙斯既控制了每个住所中的个人家园——在这个特定的中心构成了家庭扎根其中的种脐——也控制着住在城市中心通行的、执政法官监督的赫斯提共同语言（Koine）的城邦大家庭。家长宙斯是隐修的宙斯，他圈定了家长理所应当行使权力的范围。[1]

所以，希腊"伦理"之"归家"的隐喻，不单是回归"亲亲"的小家，而是具有"家神"主宰、充满友爱精神却又需要公平的大家。"伦理"之本义，作为"家务"建构 oikos 的共同生活机制，它既是共处的公共精神纽带，也是相互交往的规范礼节，更包含亚里士多德后来所讲的"家务"（ὀικονουνια）即"政务"和"致富技术"，它不仅要处理"配偶关系"和亲嗣关系[2]，而且要处理主奴关系，家庭成员与帮工的关系，因此，"爱"（包含"情爱""友爱"和"仁爱"）、"正义"和"自由"才是这种 oikos 伦理的主题。

---

1 ［法］让-皮埃尔·韦尔南：《古希腊的神话与宗教》，杜小真译，商务印书馆 2021 年版，第 28 页。
2 参见［古希腊］亚里士多德：《政治学》，吴寿彭译，商务印书馆 2007 年版，第 10—11 页。

第四节　德性文脉

希腊神话传说的是诸神和英雄的德性，这种"德性"之"善"不是现代个人行动的"道德性"（morality）之善，而是"率性之谓道"意义上的自由与性情的真与美。"既美且善"（καλός καὶ ἀγαθός）、以美为善的观念 [1] 是希腊神话奠定的德性文脉之基，它不仅使得希腊伦理而且使得整个西方伦理都未走入严格他律的"道德主义"，这全然得感激古希腊人所敬畏的大神身上无不具有的率性为道的自由与美善。

伦理学追求美好生活，美好生活与身心愉悦、激情快乐、个性生命力的张扬联系在一起，而不与悲苦、禁欲、压抑、束缚和专制联系在一起。自由、美善、正义、爱情、友谊、个性张扬、激情澎湃、生命力丰饶等所有构成美好生活的元素，神话都给出了"原型"，从而也赋予了希腊伦理总体上一种积极向上的对待人生悲剧的乐观主义色彩。人类都得忍受必有一死的生命短暂性命运，服从自然的生老病死的因果律，但人有德性在短暂生存中，活出人生的精彩与卓越，这是整个希腊德性文脉的主调。

神的生活是人类生活的向导与理想，其中的中介是"英雄"。神话中的英雄都由神所生，为神人所共爱，但我们由人所生的凡人同样也可以成为"英雄"。神话中的"英雄"，都有战争中的力量、英勇与睿智构成其德性的基本品质，而神话导致的英雄崇拜，在希腊城邦文化中得以延续，靠的是从荷马时代起发展起来的"体育竞技"。这是在平凡的人类生活中，以自由、健美和"德性"（"优秀"意义上的）产生"英雄"的伦理机制，因为这是通过公平的"竞技""竞赛"产生大众"偶像"的机制，它带给古希腊一个有别于神话英雄而属于伦理社会的"德性"概念：

竞赛（agon）扎根于荷马时代人们的竞争伦理中，那时它构成了其

1　在本通史导论卷《道义实存论伦理学》第二章对此已经做了诠释，这里从略。

军事首领角色的基础。但在古风时代，它被转变为文化活动——一种为竞赛而进行的竞赛，一种特殊的表演形式。优异［即"德性"］与出身被等同起来，"贵族政治"一词的本来含义是"最优秀者的统治"，他们的优异（areté）要通过竞赛中的成功来证明。[1]

"竞赛"成为一种文化现象，它需要通过公平的竞争来显示自身的优秀或卓越。所谓公平竞赛，就是有事先制定出的规则让大家遵守，它能让"参与者"不再仅仅通过"身份""地位"而通过自己在遵守共同规则基础上的成功来证明自身的优秀，继而通过"优秀"获得相应的荣誉、成就和地位。因此，在古希腊文明中，它与贵族生活方式所要求于人的高贵品质相应地发展和完善起来，同时也是名门望族、政治精英的"名望"所凝聚起来的尊贵性的表达。亚里士多德在《雅典政制》中说：

> 自克利俄丰（Cleophon）以来，人民领袖不断地一线相承，尽是些最喜欢鲁莽行事的人，他们使多数人满意，目的在于获得当前的声望而已。继早期的一些政治家之后，在雅典认为最好的政治家是尼克阿斯，修昔的底斯和塞剌墨涅斯。对于尼克阿斯和修昔的底斯，几乎每个人都同意，他们不仅是有荣誉的君子，而且是政治家和整个国家的爱国公仆。但是，对于塞剌墨涅斯，意见就有分歧了，因为恰巧在他那个时代，宪法发生了变动，性质十分混乱。[2]

这说明，人的高贵德性表现在做事不鲁莽；为人处事讲荣誉、体面，具有君子风度；是爱国公仆。至于是否真是爱国公仆，不是自己说了算，而是有"宪法"依据的，也就是：

---

1 ［英］奥斯温·默里：《早期希腊》，晏绍祥译，上海人民出版社 2008 年版，第 192 页。
2 ［古希腊］亚里士多德：《雅典政制》，日知、力野译，商务印书馆 2010 年版，第 38 页。

他总是引导一切政府走上完全守法的方向，因为他善于在一切政府之下为国效劳，这是一个善良的公民应有的义务，可是，当这些政府行为不法时，他就绝不附和它们，敢于对抗它们的敌意。[1]

所以，无论是贵族还是一般公民的美德，都需要在良善的城邦礼法范导下才能培养和塑造出来，不是闭门修身的结果。这是古希腊人不从血缘家庭的亲亲之情，而从城邦礼法来教化涵养人的美德之缘由。亲亲之情，是自然之情，凡人都有，无人不重视，但要把这种自然之情培植为美德，心理学意义上的情感必须向"道德情感"转化，这就需要情发自然而尊义守法，从而本着善意、礼义待人，让正义友爱之情统御人性诸德，这样的道德情感才是城邦美德之根基。城邦承担着教化公民的使命，但不依靠宣传和鼓动，而依赖良法善治。城邦礼法最具规范的有效性，如果政治家真心做"爱国公仆"，就会自己带头遵守自己制定而让全民遵守的礼法，引导政府走上守法正义之文明方向。倘若政府与国王都能守法，百姓公民就没有谁敢违法。城邦政治家的德行操守成为最具影响力和典范性的榜样，因此，贵族爱荣誉和追求体面，也与这种影响力巨大相关。黑格尔在《法哲学原理》中说过：

一个父亲询问，要在伦理上教育他的儿子，用什么方式最好，一个毕达哥拉斯派的人（其他人［指苏格拉底］也会把此挂在嘴上）做出的回答是："使他成为一个具有良善法律之国家的公民。"[2]

这说明，至少从毕达哥拉斯（Pythagoras，约公元前 580—约前 500）这个公元前 6 世纪、第一个命名哲学为"爱智"的人（他当时还不属于希腊本土人）开始，希腊人就已经认识到，人的德性养成不在家庭私人关系内，而

1　［古希腊］亚里士多德：《雅典政制》，日知、力野译，商务印书馆 2010 年版，第 38 页。
2　［德］黑格尔：《法哲学原理》，邓安庆译，人民出版社 2017 年版，第 294 页。

在城邦公共生活中成为"公民",学会做一个好公民所必需的遵纪守法,从而理解并自觉履行自己在城邦中的权利与义务,这就是后来希腊民主法治文明的伦理德性基础。

有人认为古希腊的德性本质上是贵族式的力、美、成功与荣誉的美德,此乃以偏概全,贵族式美德带有更多的古风,但并不能作为古希腊伦理文明的本质,因为民主法治才是真正让希腊文化文明起来的制度基础,贵族的美德除了遵从这些表浅可见的价值外,还有精神的自由与高贵,对公共责任的义务担当,这种精神品质以守法正义、平等公正、平和中道、无私奉献为荣耀。亚里士多德在《政治学》中对贵族制为何可以成为最好的政体就是从公共的善德立论的:

> 严格地说,只有一种政体可称为贵族(最好)政体(Aristokratien),即由最有德性并因此是最好的男子汉来当政,他们的好可不仅仅是出于相对的好,而是绝对公道正当地为贵族制赢得美名的最佳品质。只有在这种体制中,好人和好公民才是绝对同一。(《政治学》1293b3–5)[1]

也就是说,贵族制是让最有德性的人当政,这种体制能让"好人"与"好公民"同一起来,亚里士多德主要说了如下理由。

第一,这个政体是让最好的人取得最崇高的地位,因而它具有一种积极的价值导向,让人趋向卓越,因而贵族制向善的倾向是其他政体不可及的。

第二,政府如果不是由最好的公民当政,而由贫穷的阶级做主,就不可能导致法治。法治无论对于城邦还是对于城邦中的每一个人,包括王公贵族和平民百姓,都是美好生活的基本形式,只有在良法中,人才能自由自主地发展自己的个性,成就自己的品质,实现人生的幸福,如果当权者带头乱

---

1 Aristoteles: *Politik*, Übersetzt von Eugen Rolfes, in: *Aristoteles Philosophische Schriften in sechs Bänden*, Band 4, Felix Meiner Verlag Hamburg, 1995, S. 138.

法，城邦就会失去秩序，人民就会相互伤害和争斗，结果无人能够活得好：

> 　　一个具有贵族制的城邦，如果不是由最好的人统治，不能形成合法的公序良俗，这似乎是一个不可能的事情。但这样的情况也是有的，城邦由最恶劣的人统治。所以，一个法治的却尚未秩序井然的城邦，就应该由最好的贤德之人来统治才是贵族制的。但是，如果制定了良法，却得不到遵循，在这里也就不存在一种好的法治秩序。所以，法治应包含两种意义：已颁布的法律获得普遍地服从，而大家所服从的法律又是制定得良好的法律。人既可服从良法也可服从恶法。（《政治学》1294a1-6）[1]

在这里我们立刻会想起亚里士多德在《政治学》中广为人知的名言：在城邦中，人类由于志趋善良而有所成就，成为最优良的动物，如果不讲礼法，违背正义，就会堕落为最恶劣的动物。因此，德性不是天生的，不是靠出身名门能成就的，而是在好的城邦礼法中被教化而成的。这一思想，成为希腊人对于德性的基本认识。

第三，具有良善礼法的城邦，才能养成公民之间相互友爱的美德。如果相互仇恨代替了友爱，人们连走在同一条路上也不愿，就不可能结成共同的社会团体了，只有相互友爱，社会生活才是可能的。而相互友爱的社会，靠的是城邦良法善治，良法合情合理地规定了人与人之间的相互权利和义务，生活才具有规范，大家都能安心于各自平和稳定的生活，既不觊觎富人的财富，也不对别人抱有阴谋，各自安好，相安相生，才对他人产生善意之情感。

城邦政治生活的文明化，是高贵的德性引导下的法治化之结果，传统英雄时代对勇敢德性的敬仰，转变成对正义与友爱德性的追求，勇敢也从"英

1　Aristoteles: *Politik*, Übersetzt von Eugen Rolfes, in: *Aristoteles Philosophische Schriften in sechs Bänden*, Band 4, Felix Meiner Verlag Hamburg, 1995, S. 140.

雄"的"勇猛"转变为"公民的勇敢"。[1]所以，古希腊德性之文脉，如果我们粗线条来描述的话，实际上就两种类型，从神话史诗所歌颂的诸神所代表的永恒的自然天道向英雄美德的过渡，从英雄美德向城邦文明的公民美德过渡。英国历史学家 C. M. 鲍勒（C. M. Bowra）对古希腊的市民美德做了这样的评论：

> 在贵族制和贵族的统治下，城邦达到了比较大的政治稳定性，发展出丰富多彩的文化和社会生活，这是把古希腊真正与周边邻国区分开来的东西。即便在漫长历史之后，贵族制失去了它的强势，但城邦作为人类所欲求的有价值生活的可能形式的体现，依然保持为希腊人国家观念的核心。贵族制主张，它们的优先地位建立在诸神的厚爱上，因此相信，"它是善的"。对他们而言，"是善的"绝对不是唯一的或者也仅仅只是一个占支配地位的伦理概念，"成为善"或者说具有美德，是万事万物内在具有的一种本质上的卓越性。凯俄斯（Keos）的诗人西蒙尼德斯（Simonides，大约公元前 556—前 468）写过，一个好人就是"举手投足和心智，全有教养，毫无瑕疵，真正的高贵"。
>
> 与此理想相对应的就是在公共生活和私人生活中，出于最紧密的相互关系而注重声望。一个男人，就是具有自我担当精神而发展出自己最佳品格的人，并因其品格而被承认。因他为人处事的品格受到赞美，是成功的标准。但成功不只是一种对个人的承认，而且是对城邦的一种义

---

[1] 亚里士多德说，勇敢作为一种美德，是胆怯和鲁莽这两种极端性格的中庸，《荷马史诗》以刻画狄俄墨斯和赫克托尔来歌颂这种美德，但无论如何，作为英雄的德性，它总是与英勇杀敌甚至嗜血联系在一起的，虽然它的始因是为了荣誉、体面、怕被人耻笑等等，都很难真正与勇敢美德的特征相等同，最接近于勇敢之美德的，是"公民的勇敢"，它面对的敌人大多不再与自己无关、可能只与"国家"或"政治"相关的"敌人"，而是自己惧怕法律的惩罚，怕丢面子以及为了奖赏等，所以只有公民勇敢的始因才是追求真正品行的高贵。参见〔古希腊〕亚里士多德：《尼各马可伦理学》，邓安庆注释导读本，人民出版社 2010 年版，第 123—127 页。

务。一个男人为了其城邦的荣誉而死，就是一个好人。人们对一个男人的期待，就是在他的有生之年遵守法律，不做任何有可能损害城邦的事。他应该是审慎的，能够向他的祖先和他的教育证明自己是受尊重的。在如此"善的"观念中，除开很少一点道德德性的含义之外，主要是社会的德性。尽管如此，在道德上犯错对于一个男人和他的等级而言都是感到羞耻的事，道德德性依然有其重要性。贵族制的男人理想是深远而辽阔的。"为善"（Gutsein）不仅局限于一个特定的生活领域，而且质朴地要求，一个男人要在每一种关系中证明自己是男人。[1]

之所以需要这么大段引用，是因为哲学家们一般都比较相信历史学家的描述才具有生活史意义上的真实性，通过这种具有真实历史性的描述，我们才能相信，伦理文明与制度文明具有相互促进的关系，伦理文明为制度文明提供道义理念，使得规范本身具有道义基础，而制度文明才真正使得道义理念落实为有效的规范，从而进入实存，为道义赢得实在性。在这种正向促进关系中，哪里的政治制度是最好的，哪里的生活就能实现出伦理的道义性，因而人的德性品质也能相应地获得提高。对于古代文明而言，贵族制是最好的城邦制度，它的理念和制度都以德性而目标，因而确实是通过贵族制，古希腊人达到了最高的伦理文明。在这样的伦理文明中，每个人按照城邦礼法不仅追求个人的德性品质的优卓，而且因德性品质的优卓取得社会的声望、地位和权利。因而城邦和个人在德性观念上是完全成为一体的，个人为城邦做贡献，尽义务，担责任都被完全视为自己分内的事，公共德性于是成为个人德性的标准。这固然与神话史诗对正义、友爱、英勇等社会性德性的弘扬相关，但最主要的是因为落实到了城邦制度中，人作为社会性的存在者，体面、声望和荣耀对于古代的"熟人社会"具有至高无上的地位，这又成为一

1　C. M. Bowra: *Griechenland. Von Homer bis zum Hellenismus*, Rowohlt Taschenbuch Verlag Hamburg, 1972, 1974, 1975, S. 54.

个人在城邦中获得地位和成功的标准，那么必然就成为人们追求的目标。

但贵族制有其内在的不可解决的困境，就是名门望族之间结成利益集团，从而在政治上向"寡头制"发展，于是就必然会破坏城邦的公平正义，也不可能真正实施贵族制的德性原则，法治就难以实现，寡头之间的利益冲突，贫富之间的利益冲突，就不断地造成社会的动乱和不安。因此，希腊政治文明不可避免地在朝向民主制度的方向前进，但古希腊的伦理与德性在经历了智者运动的启蒙教育之后，引入了一种世俗人文主义精神，它强调实用、竞争和成功，但通过修辞、论辩训练理智之优秀，通过音乐和诗歌陶冶灵魂之高贵，这样的精神在平民阶层也获得了发展。所以，这也是希腊城邦在伯里克利时代取得了民主改革的胜利，造就了经济、文化和社会生活的全面繁荣之后，在伦理精神领域发生的最为重要的人文主义转向。在这一插曲之后，苏格拉底、柏拉图甚至亚里士多德在伦理精神上依然更多地保守着贵族精神的纯粹美善价值和高贵德性理想，但毕竟亚里士多德是个注重经验与科学的哲学家，在政治上他强调法治与平等，因而个人德性之卓越与城邦正义之伦理在他们的实践哲学中上升为普遍的存在原理，由此不仅将希腊文化推向了文明的最高峰，也开启了希腊文明的世界历史进程。

但希腊伦理精神上的贵族主义与政治正义的平等主义，在希腊民主制下由于无法将民主制内在要求的普遍的个人自由确立为城邦伦理原则，正义伦理就只能以城邦秩序和公民幸福为目标，而不平等的秩序最终不仅将已经兴起的个人的无限自由人格损害得最深，而且成为城邦文明最后解体的根本原因。

在古希腊城邦文明解体之后，德性文脉在希腊化时代之后，就完全转化为个人灵魂的修行，自我救赎的快乐和无纷扰的安宁，成为个人德性的标志，灵魂的过分自制也就开启了德性论向义务论转向的先河，古典文明无可挽回的衰败呼唤新的神灵降临。

第 一 章

古希腊早期自然哲学中的伦理思想火花

　　"前苏格拉底哲学"主要由"自然哲学"对世界本原的探索和智者派对德性教育的实践两部分构成，它们表现出了伦理学哲学诞生之前希腊精神生活的两大主要内容："自然"与"习俗"。起初哲学概念还没有诞生，但人类生活需要知识和智慧，这种"知"即对我们生活其中的大"自然"究竟如何产生，如何变化，有无统一性的知。如何有统一性，万千世界统一于什么？如果没有统一性，那么对世界的"知识"是不可能的，人应该如何行动，则成为哲学的难题。所谓"智"，就是在所达到的对世界如此这般的知识基础上，我们该如何与这个世界相处，如何看待世界的"变故"与命运，如何理解和把握人类生活的生老病死的"处世态度"和处世"慧悟"。因而，"哲学"概念诞生之前哲学的最初形态，以"世界"为对象，而世界展开为"自然"和"习俗"两大领域。无论是"自然"还是"习俗"，哲学最初的惊讶是对其"本原"的惊讶，为何万事万物因"一本"而"万象"。因而，最初的哲人并没有区分"自然"和"习俗"的意识，"习俗"这种人类生活于其中的世界，依然是"世界"中的世界，因而也是"自然"的一部分。它们都因其"存在"而"万有"，因其不存在而"虚无"，因此早期自然哲学从自然之本原转向了"存在"的可分与动变的限度之思考。古希腊开始进入真正抽象的哲学思辨。

　　早期自然哲学由三大学派构成：伊奥尼亚的米利都（Miletus）学派和

艾菲斯（Ephesos）学派的赫拉克利特（Heraklit），南意大利的毕达哥拉斯学派和埃利亚（Elea）学派，以希腊本土为主的自然本原学说，主要有恩培多克勒（Empedocles）、阿那克萨哥拉的多元本原说和留基伯（Leucippus）、德谟克利特（Democritus）的原子论。我们现在不是在写作一般哲学史，而是写作道德哲学通史，因而我们接下来也不会一般地讨论它们的自然哲学思想的内涵和意义，而是讨论在它们的自然哲学思考中，"伦理"作为一种"精神"内涵是如何从哲学家们所思考的"自然"的本原存在方式中生发出来，如何获得"自觉"的。虽然早期本原哲学家没有提出过"伦理学"，他们却在"自然"及其"存在"中，发现了自然和人类共通的，即"本原"的存在方式，因而后来有了"伦理"概念之后，哲学家们才发现，"伦理"其实是起源于"物理"的，"伦理"无非就是"自然"即物理存在的踪迹，自然存在在"人类"存在中的运作（operation）而已。

到了"智者派"出现之后，伦理问题才开始与自然问题分离开来，得到专门探讨。智者派的身份和职业特点明显与早期自然哲学家不同。他们开始了专门从事"教育"这一"职业"，这是古希腊之前没有过的现象，因而他们关于伦理与德性的思想，是否够得上"哲学"，以及他们的这些思想是否构成了希腊伦理精神的一部分，都充满争议。苏格拉底出身于智者派，但一直同智者派进行斗争，到柏拉图那里，与智者派伦理思想的斗争或者说清除智者派的伦理思想构成了其哲学探索的绝大部分内容，但黑格尔和尼采却在19世纪对智者派对于希腊伦理精神的形成与教化作用予以了高度肯定。因此，实事求是地评价苏格拉底之前的希腊哲学与思想对于希腊伦理精神的构成性意义，依然是一项重大课题。

第一节　"自然的逻各斯"与"存在之正义"

古希腊哲学与我们儒家哲学有一个最大的不同，就是并不把"伦理"仅仅视为人与人之间的如同家庭亲人般的"伦常"关系，他们自从把哲学提升到"存在"问题之后，就是从"存在"关系来把"伦理"视为存在者得以存在的"存在机制"问题，是"存在"的"自然之理"，而不是伦常关系中的"亲亲""尊尊"之理。因此，虽然在早期古希腊哲学乃至整个古希腊哲学中都没有"道德"概念，但"伦理"探究的其实就类似于中国先秦哲学所探讨的"道德"。"自然之理"实质上就是"天道"，用他们的概念说就是"自然的逻各斯"。因此，我们现在要做的，不是重复一般哲学史的内容，介绍古希腊早期的自然哲学，而是探讨其早期自然哲学如何从自然之天道中，自觉到"伦理"之"道义"。本原哲学的发展实际上明显地具有从自然的逻各斯中发现习俗礼法之道义的倾向，所以，"本原哲学"之"本原"的真实意义在于，把早期神话诗人和政治立法家们关于伦理问题的思考带向了哲学的方向，即以自然内在的运动规律理解自然的生成和毁灭的科学方向。

一、"本原"与"开端"的意义

米利都派三位爱智者生活在公元前6世纪的前七十年间，他们作为古希腊人的，因而也是作为人类的哲学"老师"出现，原因在于他们以自己的"惊奇"带给人类以智识。泰勒斯给人的"惊奇"，就是预言了公元前585年的"日食"，在那个远古时代，对天上的太阳突然一点点地消隐不见、大地瞬间变得漆黑一团，谁都会感到恐惧，不知道发生了什么，将发生什么，而泰勒斯却竟然"预测"到了这一现象，表明他对如此神秘的天文现象具有惊人的知识。这样的人当然会被视为"神人"而备受尊敬。他本来出身奴隶主贵族家庭，又"经商"又"从政"，第一个获得"贤人"之名（古希腊著名"七贤"之一）也就不难理解了。从希罗多德对他的赞誉来看，他之所以获得贤人称号，并非由于他具有几何学、天文学知识，而是由于他具有政治智慧即伦理智慧，从而能为城邦出谋划策，堪称治世安邦的智慧典范。[1]因此他人之

1　参见 A. A. Long (Hrsg.): *Handbuch. Frühe Griechische Philosophie, Von Thales bis zu den Sophisten*, Verlag J. B. Metzler Stuttgart und Weimar, 2001, S. XXIV。

"贤"，似乎与他提出"世界"之"本原"是"水"的这一哲学无关，而只事关他治世安邦之智慧。但这两种智慧是有内在关联的，只是一般人看不出来而已。治世安邦的智慧如何能有？当然是与透悟在世之常理常情有关。而关于世界万事万物起源于水，又复归于水的这一本原哲学，显然不是一种经验知识的概括，而是对生命真相的参悟，因而"水之本原"显然是一个朴素的生命概念，"水"不是因其物理属性而被当作本原，而是因其对生命生物的"滋润"之功能，物因其而生，因其而长，因其而成，但关键，最终"死"后还要能"复归于"其自身，才符合其"本原"之概念。因为他设想的"本原"（arche），不仅仅是"始基""起点"的意思，而且同时强调它是作为一个生命"终极"的"起点"，是要作为死后"复归于"的那个"去所"，这样的"本原"就不仅仅是对"自然"之真的知识把握，而且是对世界之内在"主宰"，从而是对世界之"本性""由自主宰"提出了一种自然哲学的解答。英国哲学史学者斯塔斯（W. Stace）这样解释他对水之本原的朴素观点的意义：

> 为什么以这等粗糙可笑的观念，泰氏也居然博得哲学鼻祖之荣衔呢？……殊不知，泰氏之所以重要并非因水的哲学本身有什么价值，而是因他就是我们知道的丢开了神话和拟人的神灵，只凭自然的和科学的原理，以求宇宙的说明之第一人。[1]

确实，哲学之诞生标志着古希腊文明在有意识地摆脱神话的世界观，也在摆脱诗人们随意想象的和教化性的观念，而以自然的内在原理来解释宇宙世界的"科学态度"，这是其他文明所不具备的一种对待外部世界的态度，因而"科学"最终在古希腊文明中兴起，成为最终引领世界文明的"行规定者"，是从自然哲学的这种科学态度开端的。

这种科学的态度之核心是一种"还原论"的归因法：寻求任何一个事

---

1 ［英］斯塔斯：《批评的希腊哲学史》，庆泽彭译，华东师范大学出版社2006年版，第17页。

物、事件，乃至世界的最初发源的"起点"，是从事物、事件、世界作为"已成之物"反推到"未成"之前的最初"起点"，作为"本因""本原"，因而是自身"终点"的"起点"，它能按照自身"自然的"必然性生成与发展自身，最终形成一个有秩序和规则的世界整体。这种"还原论"的思维，在哲学上，表现为"思辨的"，"终点"逻辑地被"还原"为起点，"逻辑在先"取代"时间在先"，从朴素的思维看，起点是"时间在先的"，但其实它作为哲学，是"逻辑在先"地将自身"终点"作为起点来思考；这种"时间"也不是现代之后所形成的"线性进展"的"时间"，而是"轮回的"，即"终点"还原为"起点"的时间，后来毕达哥拉斯派的"灵魂轮回"就是在这样的"时间观"中才能产生出来；在科学上，这样的思维是一种因果性推理，从"果"还原到"因"，从"因"推论出"果"。

所以，西方哲学的一大特点就是思想体系"开端"总是暗含"终点"，或者说，以对终点的预期作为前提，后来在柏拉图和亚里士多德那里，发展出的"自然目的论"就是这种本原思维模式的提升与结晶，使得希腊哲学思辨化了。西方哲学的思辨因而都与对一个世界之"开端"的设定和思索有关。一直到 20 世纪下半叶，伽达默尔对"开端"的思考，也完全注目于它是一个能展开未来整个世界全部可能性的概念，但同时必须是能回应当下"此在"生存处境中的问题，以一种揭示未来世界之"起始开新"的方式回到世界所谓的"最初本原"：

关于开端却还有更宽泛的意义，正如对我显示出来的，这就是对于我们的目标最富有成效且通常也是最为适合的含义。当我不说开始点（Anfangenden），而说"起始开新"（Anfänglichkeit）时我就把这种含义表达出来了。处在起始开新时（Anfänglichsein）意味着某个事物在这种或那种意义上还未被决定，在这种或那种终结方向上还未被决定，适合于这种或那种表现方式还未被决定。这意味着许许多多继续拓展的可能性，依然存在着，尽管是有尺度的。[1]

这样来确定本原之开端的问题意识，就成为做哲学的一项基本思维品质。起点之开端是就当前世界的问题意识，意图开启一个"未来新世界"而重新寻求世界之"开端"的努力，这样一来，"自然哲学"的纯科学方式，也就能向人类伦理生活的经验开放，并基于这种经验所呈现的问题意识而以自然的方式考察客观世界生成发展的必然规律，并努力从中领悟出伦理世界的应然发生的法则，这也就是我们深入到伦理学诞生之前的希腊早期自然哲学中考察这希腊伦理精神的发生机制的初衷。

阿那克西曼德（Anaximandros，约公元前610—前546）是否为泰勒斯的"学生"虽证据不足，但仅凭他以极富天才的思想继承和创新了泰勒斯关于世界本原的思想，提出了以"阿派朗"（apeiron）即"未被限定者"（Ungeranztene）为世界本原，足以把他称作泰勒斯最伟大的学生。因为他大大推进了泰勒斯的本原学说。说如此丰富多样的世界统一于一个具体事物，总是朴素得漏洞百出的，一个好的学生显然是一个能超越老师局限的人。"未被限定者"作为本原把本原学说一下提升到了一种"观念"的水准，它是以一种永恒的可能的状态作为本原，未被限定恰恰具有可限定为任何事物的无限可能性，任何事物都是从未被限定到被"型塑"为一个确定的事物，而成为"是什么"的。关键还在于，它不以单一物质及其性质而以一种未定状态中分离出来的"对立物"——冷、热、干、湿形成的"旋涡运动"——来解释宇宙的形成，这更接近于自然演化的朴素真理。通过"旋涡运动"他大胆地想象天体和宇宙都像个燃烧着的火球，处在中心的是冷和湿的东西，处在边缘的就是热和干的东西，他这样构想了宇宙的圆形图景，有了中心和边缘、边界和限定等概念。

因此，从阿那克西曼德开始，自然哲学就最早涉及一些伦理思考了。由于有了本原概念，有了生成和毁灭的概念，有了"运动"以形成事物的概念，"命运"概念就开始脱离神话学的视野而从自然自身的相互对立的东西构成的自身运动来解释，从中意识到了"公正""秩序""惩罚"。由于万物由本原产生，毁灭后又复归于本原，这就是自身对立的运动所决定的"命运"，在他留下的残篇中唯一保留下来的这段话，非常珍贵地表达了他的核心想法：

> ……对于存在着的事物是其形成之本原的东西，"也依据同样的必然性毁灭而复归于那里，因为它们按照时间的秩序对于它们的不公正相互惩罚和复仇"。他以这种诗性的语言表达出来了。[1]

阿那克西曼德也有一个伟大的学生，阿那克西美尼（Anaximenes，约卒于公元前 527 年）更近一步推进了本原学说，他以"气"的凝聚浓缩和消散稀薄来进一步说明阿那克西曼德的冷热干湿的运动变化。因此他更清楚地意识到，本原不是万物由此开始形成的一个单纯的固定的起点，而是一个自身无限的东西，处在无所不在的运动之中，能生灭不同的东西。"气"一方面具有"阿派朗"的那种未定状态的无限特性，同时在气自身的冷热干湿、浓缩、稀薄的运动中，能直观地解释世界之万象，"我们看到：气变成火或风，风变成云，云变成水，水变成泥（土），泥变成石"[2]，这都是气的稀薄、消散、凝聚、浓缩、冷却、干热不同的运动状态所形成的。根据这种解释模

1　Simplikios, *In Phys*, 24, 17; DK 12 A9; B1; H. Diels: *Die Fragmente der Vorsokratiker*, Griechisch/ Deutsch. 3 Bde. 8, verbesserte Auflage herausgegeben von W. Kranz. Berlin: Weidmann, 1960–1961; A. A. Long (Hrsg.): *Handbuch. Frühe Griechische Philosophie, Von Thales bis zu den Sophisten*, Verlag J. B. Metzler Stuttgart und Weimar, 2001, S. 52.

2　A. A. Long (Hrsg.): *Handbuch. Frühe Griechische Philosophie, Von Thales bis zu den Sophisten*, Verlag J. B. Metzler Stuttgart und Weimar, 2001, S. 53.

式，他同样可以说明植物、动物和人类的生命现象。因为"气"也被他形式化为一种生命现象，而不仅仅是一种物质性的原始质料。

对于我们的考察特别具有意义的就是，在他这里，第一次出现了未来哲学，尤其是伦理学说明伦理精神的关键概念，气作为灵魂：

> 他似乎证明了，如同气在呼吸–灵魂（普纽玛 pneuma）的形式中把我们关联在一起一样，空气也环抱和围绕着整个宇宙。（B2；不过，这一"残篇"的真实性受到了一些学者的怀疑。）[1]

这就是第一批踏上欧罗巴（Europe）大草原，被人类学家称之为伊奥尼亚人一个分支的米利都人的自然哲学，在他们的本原哲学思想中，虽然伦理思想仅仅有些联想性的萌芽，但关于自然世界之本原的思考，已经把世界形成与毁灭之本原和自然本身的必然规律的思考跟命运、不公、惩罚、灵魂、生命等伦理概念联系起来了，自然的逻各斯作为伦理的存在机制这一思想也就还在萌芽中。

二、火、逻各斯、灵魂的不朽与轮回

米利都城邦在公元前 499 年被波斯攻陷，希腊陷入希波战争之中，米利都派走向衰亡。而在希波战争之前，在希腊的殖民地小亚细亚的艾菲斯（《圣经·旧约》中翻译为"以弗所"的地方）产生了一个以赫拉克利特（约公元前 540 年出生，鼎盛年代大约在前 504 年）为主要代表的艾菲斯学派。赫拉克利特出身艾菲斯的贵族，外族入侵导致艾菲斯动荡不安，社会不公，矛盾与对立十分尖锐。他天生具有哲人的气质，喜好探索真理与正义，而厌恶世俗的争权夺利。因此，他放弃王位继承权，隐居山中探究世界的秘密。

1　A. A. Long (Hrsg.): *Handbuch. Frühe Griechische Philosophie, Von Thales bis zu den Sophisten*, Verlag J. B. Metzler Stuttgart und Weimar, 2001, S. 54.

他的《论自然》是早期哲人留下的文字最多的"残篇"，包含了130多条哲理名言，包含论宇宙、论政治、论神灵三部分，写好之后藏在神庙中。[1] 这些话语证明了他是一个最富魅力的自然哲学家，提出了对于世界本原的新的阐释。

"火"是宇宙的本原，这"新"在哪里呢？阿那克西曼德也提出了"火"的概念，但"火"是从"气"变来的，而在赫拉克利特这里，只有"火"是"活的"，是本原，宇宙一切都从一团永恒的活火中产生与毁灭：

> 这个世界的秩序既非诸神中的任何一位神，亦非任何一个人所创造，而是：它过去、现在和未来都是一团永恒的活火，按照尺度燃烧并按照尺度熄灭。（B30）[2]

这段话包含的内容太丰富了，他排除了神创论，这是对早期神话学和宗教观的背离，他像早期自然哲学家一样，从自然的内在必然性探讨世界的本原，坚持了西方哲学的科学性起点，更排除了神创造世界的可能性。他的创新在于看到了宇宙的创生是在"秩序"中的，"秩序"这个未来伦理学最重要的概念诞生出来。"秩序"不是静态的概念，而是在多种复杂因素中由对立达到的统一与和谐才有的"过程"性概念，因而，从"秩序"他提出了时间概念——"过去""现在"和"未来"；他提出了"尺度"，只有在一定"尺度"上"燃烧"和"熄灭"的"火"才能是"活火"，它能穿透"过去""现在"和"未来"成为"永恒"。所以，在这样的"秩序"概念中，赫拉克利特提出了西方哲学中最为重要的、接近于中国哲学"道"的概念："逻各斯"。

1　［古希腊］第欧根尼·拉尔修：《名哲言行录》，徐开来、溥林译，广西师范大学出版社2010年版，第865—869页。

2　A. A. Long (Hrsg.): *Handbuch. Frühe Griechische Philosophie, Von Thales bis zu den Sophisten*, Verlag J. B. Metzler Stuttgart und Weimar, 2001, S. 89.

在古希腊的日常含义里，"逻各斯"（λόγος/logos）就是说话、话语、语言的意思，但它在哲学中含义太丰富了，它是逻辑、逻辑学的词根，它是"理性""规矩""尺度"的代名词，从中既可以衍生出"分寸""节拍"的含义，也可以引申出"规律""规则""法则"之类的概念。所以，赫拉克利特在宇宙论上，相信宇宙是运动、变化、有秩序、有规律、有时间性的"活火"，试图从世界的动荡变化中去寻求其不变的永恒规律，但同时因相信宇宙本身有其内在不变的规律主宰一切，人这样的有限的时间存在者生活在宇宙中必定是有其"命运"的，似乎是从哲学上再次加强了古希腊人对"命运"的普遍相信，且相信万物有灵有神。因而，从赫拉克利特开始，自然哲学蕴含了更为丰富的伦理内涵。第欧根尼·拉尔修这样记载他的学说：

> 他的学说大体是这样的：火产生了一切，一切都复归于火。一切都服从命运。一切都为对立的过程所宰制。一切都充满着灵魂和精灵。[1]

由于有了一个具有客观性、普遍性、公共性的"逻各斯"（道）的概念，赫拉克利特特别重视礼法和正义。

> 如果人不是听从我，而是听从逻各斯，那就有让人变得智慧的道义（homologein），相信一切都是一。（B50）[2]

智慧不是世故的聪明，而是说出真理，是按照自然行事，听从自然的逻各斯。自然的逻各斯既要求遵守普遍规律和法则，也要求做人做事操持有度，懂得边界和分寸。在城邦生活中最为重要的不是遵守谁家谁人规定的规

---

1 ［古希腊］第欧根尼·拉尔修：《名哲言行录》，徐开来、溥林译，广西师范大学出版社 2010 年版，第 435 页。

2 A. A. Long (Hrsg.): *Handbuch. Frühe Griechische Philosophie, Von Thales bis zu den Sophisten*, Verlag J. B. Metzler Stuttgart und Weimar, 2001, S. 83.

矩，而是服从大家都需要服从的城邦礼法。他确立了逻各斯的权威性：

> 尽管逻各斯是共同的，大多数人都如此生活，似乎他们对此拥有一种私人识见似的。（B2）
>
> 以理智讲话的人，必须从对所有人共同的东西中取得的力量进行创造，正如城邦必须从它们的法律（νόμω）中取得力量一样，而且还需要强大得多的力量……（B114，部分）因为所有的人类的法律（νόμοι）被一个法律、那神圣者所哺育；因为它就像它想要的一般强大，满足一切还有剩余。[1]

在残篇44，KRS249说：

> 民众必须为法律（νόμου）而战，就像为城墙一样。[2]

从主宰整个宇宙的必然的逻各斯到强调对于人类共同的普遍的法律统治，从神圣的法律到为城邦礼法寻求更崇高和更有力量的大道，这就是赫拉克利特哲学思想开始的一个古希腊文明转向，伦理维度明显地凸显出来了。哲学不仅仅思考自然，同时也在思考人类生活的礼法法则。人类文化、人类生活如果需要秩序，就必须接受普遍的、公共的法律这一文明的普遍道路，在这里开辟了出来。他虽然相信"万物皆流"，"万物皆变"，我们都知道他的名言"人不可能两次踏入同一条河流"，因为人们"踏入其中的同一条河流，水流在变，水在激流，同一条河流中流淌的永远都是不同的水"（B12）。

虽然"上升的路和下降的路是同一条道路"（B60），但真正的"道路"

1　A. A. Long (Hrsg.): *Handbuch. Frühe Griechische Philosophie, Von Thales bis zu den Sophisten*, Verlag J. B. Metzler Stuttgart und Weimar, 2001, S. 83.

2　［英］G. S. 基尔克等：《前苏格拉底哲学家——原文精选的批评史》，聂敏里译，华东师范大学出版社2014年版，第314—315页。简称KRS。

是看清世界万物相反相成又相互依存的在对立中达到和谐统一的道义。相反的东西总是结合在一起的，不同的音调才能造成最美的和谐。在这样的对立统一模型中，他难能可贵地从人类生存经验为自然万物的逻各斯做例证，阐明在对立面的矛盾与斗争中存在的自然规律才是人类必须相信的共同的神圣法则，因而对神对人而言，也就只有在"斗争"中才有会"正义"，这一光辉的思想也产生了出来。他把正义具体化为"尺度"概念——"逻各斯"。"逻各斯"指示出万事万物应有的位置，世界本身是有秩序的，但这种秩序需要"斗争"来实现，这个世界需要正义，因为"正义就是斗争"（残篇80，KRS211）。

斗争或战争是赫拉克利特是对变动不居世界的描述。世界的变化是永恒的，稳定是暂时的，斗争具有合法性地位。在残篇53（KRS212）中，"战争是万物之父，万物之王"，并且战争的"共同性"保证了一定程度的"公平"（荷马也使用过这个术语）：它是普遍的，对人负责的。"它显明这些是神，那些是人，它使这些成为奴隶，那些成为自由人"（残篇53，KRS212），这就是正义（δίϰη）。δίϰη 与 δείϰνυμι（"显示""显现"）同根，指的是"被指示的道路""行为的一般规则"。[1]并且，人或神因斗争而得的位置具有必然性。这也反映出正义与"必然性""命运"的不可抗拒性相关，这与神话传统中的忒弥斯正义相关联。同时，斗争的精神在政治世界里体现为竞赛精神。希腊人在一切体育竞技、悲剧、城邦政治中为了不朽和荣誉展现自身的德性。

万物因为斗争而在世界的秩序中获得位置（正义），它们也必须遵循这种秩序，不能超出自己的分寸。"太阳不会逾越尺度，否则，狄刻的助理Erinyes（复仇女神）将把他找出来。"（残篇94，KRS226）这一句格言复活了赫西俄德对正义的拟人化。同时，这里维持秩序的不是"宙斯"，而是

1　KRS 认为这是对阿那克西曼德关于"不正义补偿"观点的一个深思熟虑的修正。［英］G. S. 基尔克等：《前苏格拉底哲学家——原文精选的批评史》，聂敏里译，华东师范大学出版社 2014 年版，第 290 页。

"正义女神"，作为援手的不再是"巨人"（巨人们帮助宙斯恢复对人和神的统治），而是"复仇女神"。这是赫拉克利特对赫西俄德诗歌的另外一种不同的解释或修正。[1]

正义女神派复仇女神进行一种报复，这是一种对不公正加以矫正的报偿性行为。正义除了意味着一种仲裁或斗争的过程，也意味着进程的结束和对结果的维持。

但在赫拉克利特关于对立统一关系的理解中，我们应该避免的一个倾向是把对立绝对化，承认对立面，承认矛盾，这是在现代哲学中一再出现的对差异化的认同，这是人类生活必须具有的一种基本素养，但将差异绝对化，也就将矛盾和对立绝对化，因而将斗争绝对化，这是人类伦理不可承受之重，也绝不是赫拉克利特的原意。正确的理解，我们必须牢记爱德华·荷西（Edward Hussey）特别提供了三条证据：

（1）统一对所有对立更为基本。在同逻各斯的关联中已经做出了这个纲领性的说明："一切是一"（B30），这接近于说，赫拉克利特怀抱的是一元论的抱负。

（2）对立都是统一的本质特征。在某种方式上对立也总是在统一性在场的，关键是，它们的在场性属于统一的本质。

（3）一切对立的表现包含在一个过程中，在此过程中统一才实施其本质的功能。[2]

这就能理解，一个强调矛盾和对立的赫拉克利特，为什么不是"斗争"

1　在前苏格拉底哲学家中，随处可见对"出错的前辈"的修正，其中绝大多数都是虚构性的。参见 W. C. K. Guthrie: *A History of Greek Philosophy*, Vol. I, Cambridge University Press, 1978, p. 448。

2　A. A. Long (Hrsg.): *Handbuch. Frühe Griechische Philosophie, Von Thales bis zu den Sophisten*, Verlag J. B. Metzler Stuttgart und Weimar, 2001, S. 87.

反而是城邦礼法（伦理）的坚定捍卫者，人类过城邦生活为的是有一个和谐有序的秩序，在这个秩序中有正义，因此，他的哲学拥有的一大抱负，就是在充满不公、相互厮杀和斗争的现实中，哲学能以自然的神圣的逻各斯（普遍法则）来为城邦立法，哲学的意义就是：

> 给伟大立法，借此提举人类超越于自身的盲目无羁的求知欲望。[1]

如果人类只看见表面现象，那就陷入无休无止的斗争中、盲目低级的欲望中而不能自拔，就不能高贵起来。赫拉克利特使用了一个当时还不流行概念——灵魂，这也是极富创造性的。因为古希腊人对灵魂的了解来源于《荷马史诗》，而在这里，灵魂都指向的死后之魂，是离开了身体的另一个世界的存在物，而"对赫拉克利特清楚的是，灵魂是生活期间人格认同的承担者，是具有个体性性格特征的承担者，是构成思想见识和活动的有机体中心。灵魂就是让人是一个现实的人的东西；灵魂的理论就是关于人的本质的理论"[2]。

只有有了灵魂概念，有了人的本质和个性性格特征的理论，才为自然的逻各斯真正转向伦理的实存法则提供了可能。

三、毕达哥拉斯派的"不朽灵魂"与埃利亚派的"存在之正义"

单就年代而言，毕达哥拉斯比赫拉克利特更年长，他大约于公元前580（或前570）年出生在爱琴海伊奥尼亚海域的希腊海岛萨摩斯（Samos）上，据说是因为反对该岛的统治者而离开家乡，到埃及和巴比伦等国游历，大概40岁（公元前530）定居在意大利的克罗屯（Kroton）。在那里形成了以他为核心的毕达哥拉斯学派。柏拉图在《理想国》中借助于苏格拉底之口说：

1　［德］尼采：《希腊悲剧时代的哲学》，李超杰译，商务印书馆2006年版，第34、55页。

2　A. A. Long (Hrsg.): *Handbuch. Frühe Griechische Philosophie, Von Thales bis zu den Sophisten*, Verlag J. B. Metzler Stuttgart und Weimar, 2001, S. 92.

毕达哥拉斯在单个人的生活中因其榜样性而变成了精神教养的领袖。他周围的人高度评价他……而他的追随者们，说他的生活方式是毕达哥拉斯式的，直到当今依然公开地表明对于其他人的优势。（《理想国》600a9–b5）

所以，毕达哥拉斯在哲学史上被赋予了种种神秘的神圣特征，但最为重要的可能还在于，他第一个赋予了"哲学"作为"爱智"的定位。他说，只有神才是智慧的，而我们人通过哲学思想最多就是"爱智慧"，于是 philo（爱）Sophia（智慧）就成了"哲学"（philosophia）最经典的定义。

当然在探索世界之本原的古代，他的哲学不能仅仅依靠给哲学一个普通名称而能确立，而是他对世界的本原做出了一个完全与众不同，却又能阐释世界之统一性的阐释，即世界的本原是"数"。这显然是一个非常抽象化的解释，比米利都学派用水、火、气等具体事物解释世界的本原大大提升了希腊人的思辨水平。"数"是什么？他显然发现了"数"有"奇数"和"偶数"之分，当其他哲学家说"一切是一"时，他发现"一"是可以作为世界之本原的，因为单一居于一切数之首。他们学派的抽象思维能力之高，就表现在他们发现"一"属于奇数和偶数之始，但奇数和偶数的一大分别就在于，奇数不能被"二"除尽，对于二分为有限，所以是"有限"的；偶数则可以被"二"除尽，对于二分为无限，因而是"无限"的。因此他们用十个数目的矛盾统一体来说明宇宙发展的程序：（1）奇数与偶数；（2）有限与无限；（3）一与多；（4）左与右；（5）男与女；（6）静与动；（7）直与曲；（8）光明与黑暗；（9）善与恶；（10）方与圆。但最为重要的，还是对"数"的抽象关系的洞察："一"表明简单、直接和起点；"二"表明差别、不定、摇摆，例如二减一就回到起点一，二加一就表明前两种的结合或调和；"三"则表明"全体""总和"。他们就是用数目洞察到宇宙的结构性秘密，发现宇宙的中心是一团火，但这火不是太阳，太阳和地球都不是宇宙的中心，而是围绕宇宙中心旋转的星球，这样的星球一共有 10 个，这都是他们非常伟大的洞见。

当然，我认为毕达哥拉斯学派在西方哲学史上最为重要的，还是他们从对于宇宙知识的考察形成了一种关于精神生活的伦理。这也是柏拉图吸纳其思想的核心。因而他的影响在古希腊文明盛期，启发了柏拉图，在希腊化时代后期复兴起来的新毕达哥拉斯主义与新柏拉图主义结合，强势影响到中世纪的奥古斯丁主义神学。当代研究者卡尔·A. 霍夫曼（Carl A. Huffman）显然也高度认同柏拉图对毕达哥拉斯的定位，对他做出了这一评价：

> 毕达哥拉斯的伟大在于，他（1）引入了看待人的命运在死之后的一种强有力的新视界，一种原型心灵谱系学说，（2）开启了一种严格地受某种道德的和宗教的礼法规范下的新型生活风格，南意大利人后来就处在这种生活风格的浪潮中，并在他死后一百多年变成了他的追随者。[1]

但研究毕达哥拉斯却是困难重重的，原因在于他从未给自己的思想留下文字，甚至也没有哪个弟子像柏拉图记录苏格拉底那样留下其思想的踪迹，因此，我们后来关于他的思想及其观念的来源，几乎全是后人著作中所描绘的而非他自己所写下的文字。在柏拉图的《蒂迈欧》（*Timaios*）和亚里士多德的《灵魂论》中最早记下来的他关于灵魂的观念是我们在此最为重视的。至于流行的将他描述为伟大的数学家，在中世纪被称之为四门高阶学术的算术、几何学、天文学和音乐学的奠基者的说法，则是经三百年后的公元前 1 世纪在罗马和亚历山大里亚兴起的新毕达哥拉斯主义的尼各马可（Nikomachos）所论而流行开来的。[2]但无论如何，毕达哥拉斯在哲学史上享

---

1 A. A. Long (Hrsg.): *Handbuch. Frühe Griechische Philosophie, Von Thales bis zu den Sophisten*, Verlag J. B. Metzler Stuttgart und Weimar, 2001, S. 64.

2 A. A. Long (Hrsg.): *Handbuch. Frühe Griechische Philosophie, Von Thales bis zu den Sophisten*, Verlag J. B. Metzler Stuttgart und Weimar, 2001, S. 63.

有崇高地位，他在物质性的本原之外，发现了"数"具有如此神奇的隐秘造化性力量，把数作为宇宙的本原，这在亚里士多德的论述中就为人所知了，亚里士多德说："他们认为数学上的本原就是一切存在者的本原，由于在这些本原中数目按其本性是首要的，而且他们似乎在数目中发现了要比在火、土、水之中更多的与存在着和生存着的事物的相似之处。像正义、灵魂和理性等都不过是数目的某种样态，机会是另一种样态，其他事物也无不都是数目的样态。"（《形而上学》985b25-986a19）

可见，毕达哥拉斯也像赫拉克利特一样，不单纯是自然哲学家，他们思考的既是自然的逻各斯，更是人类生存的道义法则。两者共同性的秘密，就在于灵魂。虽然早期自然哲学家们，尤其像赫拉克利特都提到了灵魂，但没有谁把灵魂看作本原"数目"的一种样态，也没有谁像他那样比较系统地论述了灵魂的不朽、转世轮回和灵魂的净化。他的哲学所形成的生活方式，实际上就是具有宗教情怀、践行"灵魂净化"、过着严格清规戒律的修行生活的神秘宗教团体。体育，尤其还有音乐，成为灵魂净化的方法，得益于音乐造成身心和谐的功能。这样就使得他的本原学说与伦理问题具有更加密切的关系。因此"数"作为本原，既是自然的，也是伦理的本原，而数的大小、比例和尺度之变化，不仅仅适合于自然世界，同时也适合于说明人生与伦理问题的所有对象，尤其适合于说明人类礼法的规范性。他所建立的数学与音乐之间的和谐关系，也就构成了希腊人设想伦理作为一种和谐秩序的基础，在柏拉图和亚里士多德的伦理哲学中，和谐的秩序都是好生活的核心构成要素，这不能不说都是受毕达哥拉斯影响的结果。数、音乐不仅表达了宇宙秩序和谐的思想，同样也适合于表达人类生活的和谐理想。和谐本身就是将不同的事物协调在一起的能力，而音乐的节奏和旋律作为和谐的表达，在伦理上也有同样的表现。

杨布里柯（Iamblichus）在《毕达哥拉斯传》中说，他是第一个凭借节奏和旋律确立音乐教育的人。比如他让门徒入睡前用音乐驱除白天精神上的杂念，纯化心灵，使其平静。清晨用音乐清洗晚上睡眠中的麻木状态。[1] 希腊的音乐教育的传统，不能不说都受到毕达哥拉斯的影响。而他"数""和谐""音乐教育"的思想，也为柏拉图所继承和发扬。

通过现世的"灵魂净化"来摆脱来世的灵魂轮回之苦，是因为相信灵魂，且只有灵魂才是不朽的，因此践行这一灵魂净化的生活方式的团体，必定是个有着高度信仰认同的宗教团体，因为在这样一个共同体里奉行的那种压抑人性的宗教戒律和宗教仪式，没有坚定的信念是不可能具有约束力的。因此，在毕达哥拉斯学派的生活方式中，我们看到了希腊伦理精神注重科学，注重理性，注重规律与法律的另一个面向：神秘的宗教体验和灵魂净化的非理性激情。当然，在这样的宗教团体中，也为古希腊伦理注入了另一种超越血缘家庭之外的伦理原则：以友爱结成的共同体精神。在他们的"友爱共同体"中，朋友之间共有一切（KRS271）：

> 三百个年轻人，彼此为誓言约束像兄弟一样，同其他邦人分开生活，好像要形成一个秘密的共谋者团队，并且将城邦置于他们的控制之下。（KRS272）[2]

这也构成了亚里士多德《尼各马可伦理学》所提倡的"友爱共同体"的雏形，说毕达哥拉斯决定性地影响了柏拉图和亚里士多德的伦理学，是有道理的。但毕达哥拉斯与他们强调思辨的纯粹性不同，与现实政治纠缠太深，所以给自己和学派带来了灭顶之灾。在公元前5世纪末的政治风云变幻中，毕达哥拉斯走上逃亡之路就在所难免了。他大约于公元前490年死于逃亡之地，他的学派和同盟也因之四处逃亡，被迫解散，到公元前4世纪消亡，在

1　汪子嵩等：《希腊哲学史》（第一卷），人民出版社2014年版，第342、349页。

2　［英］G. S. 基尔克等：《前苏格拉底哲学家——原文精选的批评史》，聂敏里译，华东师范大学出版社2014年版，第344页。

公元前 1 世纪作为新毕达哥拉斯主义重新复活，后来逐渐与新柏拉图主义融合。[1]

　　意大利南部还有一个叫埃利亚的地方，诞生了一个极其重要的哲学学派，他们的思维达到了更高的抽象水平，把世界的各种现象抽象到"存在"的层面来探讨，使得各种知识和见解，都是追求"存在"的真理和智慧，这个学派就是埃利亚学派。埃利亚派哲学的奠基人是克塞诺芬尼（Xenophanes，生卒年份不详，鼎盛时期与毕达哥拉斯基本相同，在公元前 6 世纪中叶），出生地是伊奥尼亚的科罗封（Kolophon）。由于波斯人入侵了他的家乡，20 多岁他就来到雅典，在雅典生活了近三十年，大约公元前 545 年他通过作为诗人而定居到西西里的不同城市，因而他是否到过埃利亚开创了埃利亚派，在哲学史上是可疑的。[2] 但有两点是肯定的，其一，他以卖唱为生，以诗歌体写成的著作提出了关于自然现象的种种解释，影响很大，尤其是对神话学的多神论和神人同形同性论进行了激烈的批判，提出了神圣的神只能有一个的著名观念，对欧洲一神论传统的形成具有重大意义；其二，巴门尼德（Parmenides）作为埃利亚派最为重要的哲学家，把希腊哲学提升到了"存在"高度，才使得古希腊有了真正意义上的哲学，而这种哲学是源自克塞诺芬尼的。所以，克塞诺芬尼的重要性在于他以诗人和歌者的身份游走在希腊，对古希腊人的哲学意识产生影响，他 92 岁依然在各地漫游，以诗与歌传颂"万有归一"（All is one）的思想，批评习俗的相对主义和怀疑主义的价值观，这为从"存在"理解"伦理"奠定了一个最为坚实的基础。在此意义上，不论他是否到过埃利亚，我们依然相信对他的这一定位是可信的：

　　　　在古代晚期克塞诺芬尼被视为埃利亚派哲学的奠基者和巴门尼德的

1　参见黄颂杰、章雪富：《古希腊哲学》，人民出版社 2009 年版，第 28 页。

2　［英］斯塔斯：《批评的希腊哲学史》，庆泽彭译，华东师范大学出版社 2006 年版，第 32 页。

老师；但是，即便他对巴门尼德的影响也几乎是确定的，这种流传史也不应该完全信以为真。[1]

可以信以为真的是，埃利亚派哲学除了巴门尼德外，他还有一个弟子叫芝诺（Zenon，但不是后来斯多亚主义创始人的"芝诺"），提出了哲学史上几个著名命题的哲学论证，至今都是训练逻辑思维的经典案例。确实，希腊民族在埃利亚派中才有了真正意义上的哲学，这一哲学流派与毕达哥拉斯学派的时间大致相当，但各有自身的特点，他们当时都不属于希腊本土，而是在希腊的殖民地，然而他们的思想不仅没有被希腊早期朴素唯物论的世界本原论所"殖民"，而是以他们更为精致、更为抽象的"存在论"及其独特的否定"多"和"动"的思想，把"存在"进一步论证为"不动"的"一"，从而将希腊哲学提升到了一个新的高峰，这是非常了不起的成就。

我们需要考察的是，埃利亚派如何从"存在"中洞察出"伦理"作为"存在机制"的思想萌芽。巴门尼德在世界哲学史上最伟大的贡献，就是凝练出一个"存在"概念，并提出了"存在着是唯一"的命题，它的含义是：

> 存在者之外的东西，就是非存在者。非存在（Nichtseiende）就是无（Nichts）。因此存在着是唯一（ἕν ἄρα τό ὄν）。（DK28，A28）[2]

"存在着是唯一"绝不仅仅意味着人类的生活就是为了实存，而不为了活得好，他这里的含义是本体论意义上的，即只有"存在着"才"存在"，"非存在"则什么也没有（"无"）。哲学的智慧在这个命题里，是通过"存在"与"是"和"有"的关联而提出的。"存在"是"系动词""是什么"之

1　A. A. Long (Hrsg.): *Handbuch. Frühe Griechische Philosophie, Von Thales bis zu den Sophisten*, Verlag J. B. Metzler Stuttgart und Weimar, 2001, S. XXV.

2　Parmenides: *Über das Sein*, Griechische/Deutsch, Philipp Reclam jun. Stuttgart, 1995, S. 28-29.

"是"的名词化，我们汉语中，"是"本身无实义，总得"是什么"才有"实义"，但在哲学上，说一个东西是什么，譬如说"苏格拉底是一个哲学家"只是苏格拉底的一个属性的描述，而不是"苏格拉底"的全部含义，因此不能从"是什么"来定义苏格拉底的"是"。"是"于是成为一个"存在者"之"存在"的证明，仅表达"有"一个如此这般的"存在者"，至于"它是什么"，最初是不知道，也不用知道的，它可以是任何什么，因而是"万有"，但当它还未去实存时，它就还"什么也不是"（空无），它只要去"实存"，就能是什么。"存在着"就是"实存"，就是"是什么"的"某个存在者"，巴门尼德强调的重点就是这个"实存"是"唯一"。

"实存""存在着"的"时态"是"现在时"，这是西方语言从古希腊就表现出来的特点，强调"时态"的意义。既然"存在着是唯一"，这个命题在哲学上的含义就很清楚，哲学思考的是"存在"，那么"存在"的唯一意义就是把握其"现时"的意义：

> 存在从未在过去，从未在未来，因为它就是现在，共同在现在，完全在现在。[1]

哲学上总有人告诉人们，"过去"如何美好或者"未来"如何"美好"，只有"现在"最不好，但现在最不好没有关系，我们拥有"未来"，巴门尼德大概是最反感这样的观点的，当他说"存在着是唯一"时，就是告诉人们，存在根本就没有"过去"和"未来"，它仅仅拥有"现在"。这是存在唯一的特性。"共同在现在，完全在现在"则强调了"存在"是"大全"，是"完整"，没有"虚空"。"存在"的"完整"就像个"滚圆的球体"，它从中心到每个"边缘"的距离都相等，因而是有"边界"的，当然"边界"就

1　Parmenides: *Über das Sein*, Griechische/Deutsch, Philipp Reclam jun. Stuttgart, 1995, S. 107.

是"非存在"。"伦理"概念，就是从"存在"的"边界""限定"而来。巴门尼德《论自然》残篇中这样教导我们："不动者和球形体，都有一个边界[，是神]。"[1]（DK28，A31）他像德谟克利特一样，都强调：

> 万事万物都按照必然性而发生，这种必然性构成了人的命运、正义、天意和宇宙世界的创立。（DK12，A32）[2]

但他的"存在"思想，恰恰不是要让人忍受必然性命运，而是告诫人们，在不可抗拒的存在命运前，始终把握住"现时"，实存在当下，把握住当下，让当下持存，必然性的因果链条就被破除，这从存在论上为希腊人的理性乐观主义奠定了基础。因为"必然性"需要完整的时间链才得以展现，而人的存在意义，可以通过永远的、非连续的"现时"将必然性的锁链打碎，从而让存在本身显露出它的"边界"或"限度"，而在这种边界与限度中，人的自由的意义凸显出来。这便构成了希腊伦理以享受活生生的"现时"的真和美。

由于"边界"是由"非存在"构成的，因而真正的真和美也就在于，在实存中拥抱真正的实存，即拥抱存在，从而避免陷入"非存在"，即陷入"存在的假象"中，坚守当下实存的本真。存在和非存在的"边界"与"限度"，区分了"存在"是"光明"，"非存在"是"黑暗"，"光明"的"存在世界"才是"真"的领域，因而善、美、正义、法则都因存在的"限度"而呈现出来。德国古典学教授汉斯·冯·施托伊本（Hans von Steuben）解释说：

> 让我们在狄刻（Dike）——公道、正义、正确性——这里多停留片刻，以回想起一些流行的含义。与存在的限度和所有与这种限度接近的

1　Parmenides: *Über das Sein*, Griechische/Deutsch, Philipp Reclam jun. Stuttgart, 1995, S. 30-31.

2　Parmenides: *Über das Sein*, Griechische/Deutsch, Philipp Reclam jun. Stuttgart, 1995, S. 30-31.

东西都具有相同的含义。……对于巴门尼德而言，狄刻完完全全就是作为存在的限度和束缚。在这里他洞见出了存在原始的权力。[1]

所谓"限度"和"束缚"，就是保持存在的实存在存在的光明之中，而不被无限度地落入非存在的假象和黑暗，因而存在的"正义"是存在本身的一个限度，以保障"存在者存在"：

δίκαιοςύνη（正义）属于存在的完满性，因为狄刻就是"面向一切方面完成"和完善。假如它不完善，那么它也就不是不可变的，不是不朽的。巴门尼德没有从中引申出更多的推论，但这是清楚的：狄刻的作用就是作为存在的限度，它也为了行使对正义（δίκαιοςύνη）和不正义（ἀδικία）的分配。[2]

因而"正义"在巴门尼德这里不是人为的伦理原则，而"存在"的"实存事件"，因而"伦理"在古希腊这里就不像我们儒家这里从人伦、辈分之礼节来领悟，而是从存在的边界、存在的法则来把握。"法则"的概念在巴门尼德这里也就从"存在的限度"保障存在的"正义"推论而来：

"法则"（Gesetze）与"限度"（Grenzen）相比有什么不同呢？立法就是确立限度，限度就是防止越界，超越限度。[3]

所以对于巴门尼德而言，正义的作用在于作为存在的限度，就是存在的最高法则。这就是巴门尼德的存在哲学对于伦理学最伟大的贡献，虽然这一

1　Parmenides: *Über das Sein*, Griechische/Deutsch, Philipp Reclam jun. Stuttgart, 1995, S. 129-130.

2　Parmenides: *Über das Sein*, Griechische/Deutsch, Philipp Reclam jun. Stuttgart, 1995, S. 130.

3　Parmenides: *Über das Sein*, Griechische/Deutsch, Philipp Reclam jun. Stuttgart, 1995, S. 131.

成就从未被人正面地评价过，但我们今天重新考察存在论和伦理学关系时，不得不做出实事求是的评价了。

第二节　希腊本土自然哲学与伦理原则之萌芽

就自然哲学向伦理哲学的转变而言，希腊哲学的另一个高峰是繁荣起来了的希腊本土哲学。公元前 5 世纪希腊联军在雅典带动下经过半个多世纪的战争，最终取得了希波战争的胜利，从而使得雅典成为希腊政治、经济和文化的中心。同时，在雅典城邦内部伯里克利的法律政治改革获得成功，确立了以法制和正义为伦理原则的民主政治体制，开启了一种新的城邦文明形态。正是在这一文明形态中出现了雅典文化的繁荣，出现了堪称经典的索福克勒斯和欧里庇德斯的悲剧，阿里斯托芬（Aristophanes）的喜剧，"历史之父"希罗多德，抒情诗人品达（Pindar），举世闻名的建筑、雕刻、绘画等艺术品。因此这么辉煌的文化盛世，如果没有真正的哲学作基础，是令人不可思议的。哲学可能并不是文化繁荣的鲜艳的花朵，但必定是促成花朵盛开的肥沃的土壤。这时的哲学学说有恩培多克勒、阿那克萨哥拉、留基伯和德谟克利特的原子论。因此，我们现在就来考察他们在自然哲学中发现的伦理"存在机制"。

一、世界本原的"四根说"与"爱恨"伦理

恩培多克勒（约公元前 492—前 432）生于西西里岛南部城邦阿喀拉伽斯（Akragas）非常有名望的家庭。他在当地的伟大成就是推翻了奴隶主僭主派的统治，而实现了向奴隶主民主派的过渡，但他拒绝作为该城邦的执政者。他的兴趣在于纯粹的求知，在天文、气象、生理、心理、生物、医学上他都堪称科学家，也正是依据他的科学发现，他不满足于早期自然哲学家用单一的物质或抽象的数来说明宇宙统一和演化，他首次将天体演化的动因分为相异和相对两个来源，用物质性的四个元素（即"四根"，ρίςα, root）

火、土、气、水来说明世界的形成。这不是对米利都派哲学的一种简单的综合，而是基于一种在创生上具有原创性的洞见：能够作为"本原"而存在的根源，不可能是单一的物质性的东西，必须是由多元异质元素的聚合与分解构成的。所以他坚定地提出，构成宇宙万物最基本的元素不是一，而是"四"。在《论自然》残篇中，他说："我要说一个双重的道理，在一个时候，'一'是由'多'生成，另一个时候，'一'又分解为'多'；火、水、土和极高的气……所有这些东西都是相等的，有着同样的寿命，但是每一种都有不同的能力，有它自己的特性，它们依次在时间的循环中，占据优势。在这些东西之外，没有任何东西产生和毁灭。"[1]四根即四种元素按照不同比例和尺度的聚合与分离使事物始终处在不断变化、转化之中，从而构成世界的一种多元共存的演化模式。

这里的关键在于，"四根"的质料与本性互异，靠什么能"聚合"为"一"物，又因何之故分化为"多"物呢？恩培多克勒解释说，这是由于"爱"（φιλότης）与"争"（νεῖκος）。[2]在这里，"爱"与"争"（或"恨"）不是人的情感，而只是拟人化的力量（personifizierte Kräfte），但这种拟人化的力量实际上就是自然万物中相互吸引与相互排斥的"缘分"："爱（Liebe）是统一的元素而争（Streit）是分离它们的要素"（DK31，B17，19以下），"当爱控制战场时，它试图产生融合，而相争则撤退到了宇宙的边缘。按照另一个表述，从来不存在元素的完全分离，而仅仅是爱与争之间存在持续的斗争，最终爱获胜，它在一个无穷的循环过程中再次形成这个球体"。[3]

这与其说是在自然的存在机制中发现了伦理的存在机制，毋宁说是以伦理存在的经验来阐发自然的演化规律，这对于科学家的科学发现而言，显然是相

1　转引自汪子嵩等：《希腊哲学史》（第一卷），人民出版社1997年版，第805页。

2　这里的讨论跟导论卷《道义实存论伦理学》第219页有重复，但为了保持对恩培多克勒思想论证的完整性，我将保留这一段。

3　A. A. Long (Hrsg.): *Handbuch. Frühe Griechische Philosophie, Von Thales bis zu den Sophisten*, Verlag J. B. Metzler Stuttgart und Weimar, 2001, S. 146.

互渗透的。"爱"与"争"究竟是一种物理的力量还是一种精神的力量，他自己也始终没有说清楚："从它们的概念形式看像是一种精神的东西，但从它们实际发生的作用看，则是一种物理的力量。当时的希腊人对物质的东西和精神的东西、道德的概念和物理的概念并不是分得很清楚的。"[1] 这实际上说明，物质世界事物之间的存在关系和人类个体之间的伦理存在关系，在"规律""存在机制"上，没有太多的差异，在"必然性"意义上是一致的。"伦理"如果作为"存在机制"而言，它也必须是一种引导和规范互不相关的"元素"之间吸引与聚合的机能，才具有"化生"为一个共同体的力量。因"聚合相关"共存一体之后，又必然会出现存在者之间的"相争"与"排斥"，让一体之物分解为"多"，分离为"多"，如此循环往复，就有了生生不息的宇宙。

叔本华在 19 世纪还进一步把事物内在的"爱"与"争"提升为"生命意志"，这与恩培多克勒的洞见实际上是完全一致的，因为"爱"与"争"恰恰类似于"生命意志"。"爱"作为自然万物的创生原则被提出来，这不能不说是恩培多克勒在哲学史上最伟大的贡献。这一贡献不仅以例证的方式让我们看到，第一哲学的"本原"论证是由"拟伦理"的方式完成的，"伦理"的创生性实质上在大自然自身的造化中有其根源，否则就没有之后将"自然法"作为伦理法的天理根据之正当性了。它的伟大之处，就是承认万物都是有"生命"的，这种生命内在的构成原理却是类似于伦理的"爱"与"恨"。文德尔班这样评价："并且在有机体中把植物也当作和动物一样真正有生命的东西。……恩培多克勒有一句话传了下来"，"在完全混合物中只有爱统治着，没有恨，他管这混合物叫作球；当恨渗透进来时，这个同质的球就开始分裂为各别事物，直到这些事物完全分离。爱使它们从这种分裂的状态中摆脱出来，重新结合在一起，直到又完全结合。……只有在结合和分裂元素时，爱和恨彼此斗争的地方才存在运动中的个别事物的世界"。[2]

1　黄颂杰、章雪富：《古希腊哲学》，人民出版社 2009 年版，第 51 页。
2　[德] 文德尔班：《哲学史教程》(上卷)，罗达仁译，商务印书馆 1987 年版，第 76、77 页。

如果不是恩培多克勒提出了"爱"的结合力量，之后的哲学也就很难直接把爱提升为人类共同存在的伦理原则。亚里士多德《物理学》的著名注释者辛普里丘将"爱"等同于"友爱"的根源与古希腊神话中的"爱神"相连，更加突出了"爱"作为"伦理"力量的权威性，在《〈物理学〉注释》残篇第十七段他说：

> ……在这［四种元素］以外还有毁灭性的"争"，它在各处都有相等的力量；在它们中间还有"爱"，它的长度和宽度都是相等的。用你的心去考察她［爱］，不要茫然地瞪着眼睛坐在那里。我们认识爱是根植于人的形体中，它使人们有友爱的思想，并从事协调工作，因此人们称她为喜乐子神或爱神阿芙洛狄忒。（DK31，B17）[1]

这种注释显然已经超出了恩培多克勒作为事物物理性本原意义上的原初含义，而是在伦理意义上追溯神话学的根源。亚里士多德在《形而上学》第一卷第四章中一方面将恩培多克勒相互对立的"爱"与"争"作为事物的"动力因"和"质料因"，另一方面也将"爱"与"争"与善恶等同起来了：

> 如果我们追溯恩培多克勒的观点，根据它的意义而不是它的含混的表达来解释它的话，我们就可以发现，友爱是善的事物的原因，而争则是坏的事物的原因。（《形而上学》985a4-6）

由此可见，在古希腊的本原哲学时期，恩培多克勒就已经以"伦理"原则作为自然哲学的本原机制提出来了，形而上学在这里是暗含了伦理学，或者说，伦理的经验成为阐明自然逻各斯的不自觉的基础。所以，以为在伦理学诞生之前的本原哲学纯粹为无伦理学的自然哲学这是十分可疑的。

---

[1]　转引自汪子嵩等：《希腊哲学史》（第一卷），人民出版社1997年版，第818页。

二、"种子""努斯"与"伦理精神"

与恩培多克勒几乎同时代的哲学家是阿那克萨哥拉（约公元前 500—前 428），出生在伊奥尼亚地区的克拉佐门奈（Klazomenai）的贵族之家，为了纯粹的求知，他抛弃家产，毅然移居雅典。我们前面讲了这么多哲学家，直到现在，才终于讲到雅典有哲学家了。阿那克萨哥拉有幸成为第一个雅典哲学家。他在雅典大约居住活动了三十年之久，成为民主派政治首领伯里克利的朋友和老师，因而他的哲学对伯里克利的政治法律改革有直接影响。在此意义上，他的思想为古希腊伦理习俗的形成是起了重大作用的。但是，也正是由于跟一个法律政治的改革派的密切交往，人们认为阿那克萨哥拉处在伯里克利的保护伞下（under der Schirmherrschaft des Perikles）[1]，"所以伯里克利的政敌便立定了主意，给他一个教训，控告阿那克萨哥拉提倡无神论，犯了亵渎神明的大罪"[2]。可见，雅典对其哲学家犯罪是有传统的，好在阿那克萨哥拉在伯里克利的帮助下，顺利逃跑了，才免于像后来的苏格拉底那样被处死。他最后是在自己的家乡小亚细亚度过晚年，72 岁离世。

阿那克萨哥拉最重要的著作也是《论自然》，他认为世界的本原不是单一的，而是多样的，但他没有像恩培多克勒那样提出"聚合"和"分离"的"四根"，而是提出更加注重多样化的"种子"。哲学史上一般都把他的"种子"与"原子论"的"原子"相提并论，因为所谓"种子"也无非就是构成事物的"微粒"，亚里士多德称之为 homoiomerē（"同素体"或"同质体"）。亚里士多德对其做了这样的评说：阿那克萨哥拉主张"本原是无限的，几乎所有东西都由相同的部分构成，是同素体，正如水和火一样。生成和毁灭的意义就是合并与分离，除此之外就既无生成也无毁灭，而是永恒地持续存在"（《形而上学》984a13-15）。

1　A. A. Long (Hrsg.): *Handbuch. Frühe Griechische Philosophie, Von Thales bis zu den Sophisten*, Verlag J. B. Metzler Stuttgart und Weimar, 2001, S. XV.

2　［英］斯塔斯：《批评的希腊哲学史》，庆泽彭译，华东师范大学出版社 2006 年版，第 74 页。

这样的解释实际上就把阿那克萨哥拉和恩培多克勒哲学视为同样的，英国教授丹尼尔·W. 格雷厄姆（Daniel W. Graham）教授作为亚里士多德专家显然是受了亚里士多德的这一评论的影响，把阿那克萨哥拉和恩培多克勒作为相类的对于巴门尼德存在论的回应。[1]

当把"种子"解释为同素体，从而以种子之间的混合与分离来解释事物的运动和变化时，就使得这种本原说的原创力不强，因而，阿那克萨哥拉在哲学史上最伟大的贡献，人们通常都不是从"种子说"，而是从其第一个提出了西方理性主义哲学除"逻各斯"之外的另一个最高的理性、思想因而是具有灵智性的概念"努斯"（nous）而论定。

究竟什么是"努斯"？它在阿那克萨哥拉那里具有如下几个特点：第一，它是万物中最精最纯的东西，因而不同于"种子"（相同元素）；第二，它是"种子""混合"与"分离"的最内在动力，并能支配和推动事物的旋涡运动，具有最大的内在力量；第三，它是无限的、自主的、不与任何事物相混的、独立的精神活动的主体，是认识和思想的能力，所以，亚里士多德特别强调阿那克萨哥拉认为，"在自然中也像在动物中那样，有努斯（理智和心灵）作为一切秩序和安排的原因"，说他只有在对什么原因出于必然性而困惑不解时，才用"努斯"作为"创世的机制"。（《形而上学》985a20–21）

所以，斯塔斯在《批评的希腊哲学史》中高度评价，说古希腊哲学只有到阿那克萨哥拉这里才第一次出现了"心"的概念，才具有反思性。

三、"原子论"中的伦理思想

原子论的建立者是留基伯，大约生活在公元前 500 至前 440 年之间，而最主要的代表人物德谟克利特（公元前 460—前 370）则是留基伯的学生。

1　Daniel W. Graham: "Empedokles und Anaxagoras: Antworten auf Parmenides," in: A. A. Long (Hrsg.): *Handbuch. Frühe Griechische Philosophie, Von Thales bis zu den Sophisten*, Verlag J. B. Metzler Stuttgart und Weimar, 2001, S. 145–164.

他们两人的原子论学说，提出万物的本原是"原子"和"虚空"，在哲学史上一直非常著名，在当时和后来的不同时期都获得了很高评价。但其实，如果仅仅按照"本原学说"而言，"原子"作为事物最后的不可分割的物质微粒，在之前许多人的思想中都有此类似的说法，而如果按照德谟克利特自己的说法，把"原子"称之为"存在"，把"虚空"称之为"非存在"，那就更类似于巴门尼德的思想。但他并不接受"非存在"不存在的说法，相反坚信"非存在"也"存在"，即作为"虚空"而存在。巴门尼德认为"存在"是"整体"，"存在"本身充满了空间，而德谟克利特认为，"存在"的空间在"虚空"中。原子在"虚空"中的运动，可以解释一切事物发生的"原因"，这是令德谟克利特最为快乐的事，他说这种快乐超过了当波斯王。他的原子论的影响，恰恰就在于如何解释"原子"在"虚空"中的运动。究竟这种运动是必然的，还是为偶然性留下了空间？大多数人的解释都是把旋涡运动解释为按照必然性发生的，而马克思则看中了原子的"偏斜运动"，与其他原子的碰撞，说这为"自由"打开了空间。

也正是因为如此，我们更加看重在这样一个注重经验科学、对 17 世纪的莱布尼茨都有重要影响的、最具经验科学特征的原子论哲学家思想中，具有哪些伦理的萌芽。德国研究德谟克利特的专家格雷德·伊布舍尔（Gred Ibscher）为我的整个自然哲学阐释思路提供了决定性的支持，他说：

> 德谟克利特关于自然事物发生原因的探究道路为的是规定人的道德。[1]

这样解释思路完全在于人也是自然世界中的成员，不管人类如何有意识，有理性，有思想乃至有主观的自由意识，但必须服从于自然因果律，这

1　Demokrit: *Fragmente zur Ethik*, Griechische/Deutsch, Neu übersetzt und kommentiert von Gred Ibscher, Einleitung von Gregor Damschen, Philipp Reclam jun. Stuttgart, 2007, S. 166.

是人类的天命。但人类能通过对自然事物因果关系的认识，更为自觉地理解和把握人类在自然世界中的伦理存在机制，从而为人类的自由存在寻找突破口，这确实又是作为自然研究者的德谟克利特具有丰富伦理思想的原因。

因而，他的伦理思想萌芽，首先在于如何认识人性和人的生活。虽然在自然中存在的只有原子和虚空，那么说人体包括人的灵魂也是由原子构成，只是构成人的灵魂的原子最为精微、最具能动性而已，由此可以解释人的感觉、认识和思想能力，但在他的认识论中，他把原子及其虚空与事物的"性质"严格区分开来，认为"性质"是习俗的结果，这是非常奇特的。感觉所能感受到的事物的冷、热、声、色、味，在"自然"中都不存在（存在的只有原子和虚空），而是约定俗成的，甚至他把原子的形状、位置、次序的变化所产生的"现象"全都看成是约定俗成的。在此意义上，他重视"伦理"这种真正"约定俗成"的东西就不难理解了。

在残篇33，他完全看到了"自然"具有"教育"的功效，这是希腊哲学中最早把自然视为伦理之榜样的萌芽：

> 自然和教育是相互类似的；因为教育是塑造人的形式，当它这样做时，它就是在创造（一种新的）自然。（Frg. 33）[1]

他特别重视知识、教育、习惯等教养对人的幸福生活的意义：

> 最美丽的果实只有通过努力学习而取得。相反，人要是不肯努力，完全顺从自己，收获的就是卑微拙劣。（Frg. 182，S. 64-65）
> 精进的劳累总是通过习惯变得更为轻松。（Frg. 241，S. 64-65）

1　Demokrit: *Fragmente zur Ethik*, Griechische/Deutsch, Neu übersetzt und kommentiert von Gred Ibscher, Einleitung von Gregor Damschen, Philipp Reclam jun. Stuttgart, 2007, S.62-63. 以下凡引此书，只在引文后标注"残篇号"和该书德文的页码。

最令人惊喜的是，在他的残篇中，可第一次看到希腊哲学家讨论"德性"：

> 人或者"自然地"就是好人，或者必须模仿好的榜样。（Frg. 39，S. 66-67）
>
> 父亲高贵的教养对儿童而言是最重要的提醒语。（Frg. 208，S. 66-67）
>
> 必须敦促儿童具有能动性，不这样的话，他们就既不会学语言、音乐，也不会学习体育竞赛，至少敦促他们具有诚实敬畏之心，这最为通常地是培植德性的基础；因为诚实感通常就是从这种能动性中产生出来的。（Frg. 179，S. 66-67）

他强调的德性不是私德而是公道正义之大德：

> 人的幸福既不在于身体性的东西也不在于物质性的东西，而唯一地在于正直感和明智的深谋远虑。（Frg. 40，S. 92-93）
>
> 不做不公道的事，不仅属于伦理，哪怕只想一下也不应该。（Frg. 62，S. 92-93）
>
> 正义行动的顶峰是做出大胆而毫不动摇的判断；相反，不正义行动的底线是惧怕灾难。（Frg. 215，S. 92-93）

因此，德谟克利特虽然是个原子论者，但他强调的却是社会伦理、友爱伦理，他所强调的德性都是公道正义，团结友爱，遵礼守法：

> 行不义比遭受不义要不幸得多。（Frg. 45，S. 100-101）
>
> 伦理理性的行为就是反对将自身置于所期待的不公道的保护伞下，而对（已经）发生的不正义之事以牙还牙地补偿，则是麻木不仁。

（Frg. 193，S. 100-101）

因此，他的伦理思想也以幸福生活为目标，而幸福生活的实现在他这里主要在于强调制度善，即在民主制度之下，依赖法治建立起好的生活秩序，因而公道正直的德性才是我们享受幸福的条件。他坚信，在民主制度的法律下生活才真正有好生活，甚至说：

> 在民主制下受穷，也比在专制统治下的国家享受所谓的幸福要好，正如自由比奴役要好一样。（Frg. 251，S.108-109）

好的法律就是为了人们生活得更好，更有规范和秩序，因此要想过好生活，就必须有尊敬法律的德性。因此，他并不认为有了法律就能实现好生活，好的法律还需要配备人的德性，法律的正义性才能实现：

> 似乎证明，受激励和理性呼声之影响的人，比用法律和强制更能成功地导致德性。因为这是容易解释清楚的，那些因为（法律的）强制而没有做不义之事的人，私底下是有缺陷的，极有可能在私底下就会做不得体的事。相反，如果有个人，是通过对义务的信念力量而做事，那么就极有可能既不在私底下也不公开地做不得体的事，所以，谁要是遵循（他的）见识和（他的）知识而能公道正义地行动，那就必须具备两者，既勇敢又在思想中正直。（Frg. 181，S. 68-69）

这应该是关于德性与法律之关系的最早自觉，两种都是正确行动的规范，但德性的规范比法律的规范对一个真正具有高贵品质的人更加内在和重要。因此，他关于快乐、幸福的伦理生活主题都与人的德性密切相关，注重的是人的精神、美的教养：

精神［按照德谟克利特］就是习惯于从自己本身取得快乐。（Frg. 146，S. 42-43）

大的快乐源于在艺术品中见到美。（Frg. 194，S. 42-43）

对人而言有益的事是更多地重视心灵而不是重视身体；因为心灵的完善能够消除肉体的残缺；而肉体的强壮对心灵的改善却了无帮助，也无助于理智。（Frg. 187，S. 52-53）

所以，他洞悉到：

生活幸福和不幸的机巧，全在于心灵（Frg. 187，S. 52-53）

生活的幸福既不在于占有畜群，也不在于占有黄金，幸福的居所在心灵。（Frg. 171，S. 52-53）

身体的美如果不是从精神获得灵性，就是动物性的。（Frg. 105，S. 52-53）

他涉及了柏拉图和亚里士多德伦理学思想中最为核心的论题：人生的目标幸福如何可能实现。

美与善的一致在于美具有一种共同的尺度，具有美的心灵更容易具有对尺度的敏感和对和谐秩序的向往：

在万物中，美是共同尺度，既非过度也非欠缺地令我愉悦。（Frg. 102，S. 28-29）

和谐有序的生活方式，也就使得生活具有最好的秩序。（Frg. 61，S. 28-29）

在快乐和不快之间的限度，将有益于健康的生活，同无益于健康的生活切断开来。（Frg. 188，S. 28-29）

在适度的拥有中感受到心情快乐的人，是幸福的，拥有太多的财富依然感受到困苦不乐的人，是不幸的。(Frg. 286，S. 28-29)

可见，在自然哲学所达到的这一高峰上，希腊伦理的最为核心的议题都在德谟克利特这里出现了，我们完全可以做出这一判断：德谟克利特的伦理思想在前苏格拉底哲学中成为思想的顶峰，希腊伦理精神恰恰在这里获得了最好的奠基。将伦理作为人类的存在机制真正建立在了自然的逻各斯中，这正是希腊道德哲学的开端处。正如法国著名思想家莱昂·罗斑（Leon Robin）所言：

一部希腊思想史，并不仅仅只从那种企图把关于自然秩序或行为秩序的反省思考组织成一个系统的创造性的、自由的努力出现的时候开始。它首先是从要对公共思想上的道德要求有明确的意识，或从宗教信仰中抽出它所包含的关于宇宙过去或现在的历史的各种观点的努力开始。[1]

因此，自然哲学家们在思考自然世界的本原时，心目中也依然是在回应公共思想的道德要求，即将希腊传统由神话诗人和那些作为政治立法者的"先贤"（如著名的"七贤"）们关于伦理和德性问题的智慧，放置于自然存在和人类存在的本原及其秩序的哲学轨道上进行考问。用学术话语来说，他们所做的工作就是将"神话"（mythos）转化为"自然法则"（logos），将"自然法则"转化为"习俗礼法"（nomos）。从而探究凡人在社会伦理世界如何通过源自自然的礼法生活规律和秩序生活，也就必然地成了哲学思考的课题，对这一课题历史的使命为智者运动提供了发展机会。

1　［法］莱昂·罗斑：《希腊思想和科学精神的起源》，陈修斋译，段德智修订，广西师范大学出版社 2003 年版，第 17 页。

第三节　智者运动与古希腊人的德性教育

智者运动是一个只有在伟大、开放、自信而高傲的文明中才有可能出现的现象。一帮"外邦人"穿行在高度文明的希腊城邦，不是以做帮工卖苦力谋生，而是教导他们的青年"政治"与"伦理"的知识与德性，这是古希腊历史上从未有过的新鲜事物。之前从事德性教化的是神话及其诗人，是荷马、赫西俄德、梭伦、泰奥格尼斯（Theognis）、西蒙尼德斯和品达这些人，而现在出现了一群外邦人，一群希腊高贵文化的"边缘人"，他们不仅从事德性教育，而且还对雅典的城邦礼法和伦理指指点点、批判论辩，这样的现象，我们在今天最为开放发达的英美也难以想象。我们知道，希腊人从《荷马史诗》时代以来，就是高扬诸神和英雄的德性，在古风时代就确立了根深蒂固的贵族文化，赋予了德性以其该有的贵族性：纯粹、至美、高贵与正义。因而后来亚里士多德在伦理学上也是一直将追求完美德性的努力看作每一个人的高尚的自爱，这种自爱无不带有一种作为精神和品格最佳表达的"自重"（high-mindedness）[1]与高傲。因为这种高傲是对德性的促进，荣誉仅仅是对德性的奖赏。所以，探究古希腊人"教化"史的韦尔纳·耶格尔（Werner Jaeger）说：

> 早期贵族道德对塑造希腊人的品格有着至关重要的意义。……希腊文化理想的贵族品格永远建立在此种德性观念之上。[2]

但一个史无前例的转变时代已经来临，不管后来人（苏格拉底和柏拉

1　参见［古希腊］亚里士多德：《尼各马可伦理学》，邓安庆注释导读本，人民出版社 2010 年版，第 145 页："一个自视重要，而且也配得上重要的人，看起来就是自重。"（NE，1123b3）第 146 页："真正的自重者必定是有德性的人""所以自重的看起来就如同是德性的桂冠。它使德性更博大，无它德行不成。"（NE，1124a1）

2　［德］韦尔纳·耶格尔：《古风时代的希腊与雅典精神》，载《教化：古希腊文化的理想》（第一卷），陈文庆译，华东师范大学出版社 2021 年版，第 18 页。

图）如何贬低与敌视智术师们，他们历史性地登上了希腊人哲学与伦理的舞台。他们不仅在希腊取得了巨大声望，而且靠着这种声望公开地向他们的希腊公民收取学费，出现了苏格拉底想拦也拦不住的空前盛况。柏拉图名篇《普罗塔戈拉》（Protagras）一开头，描写雅典青年天还未亮就一大早跑到苏格拉底家里将其"叫醒"，要他一起去拜见普罗塔戈拉，向这位名满希腊的老智者求教伦理与德性。苏格拉底向这位青年朋友提示了如下风险：

> 你明白你的灵魂将要遇到什么样的风险吗？如果你把自己的身体托付给某个人，他可以把你的身体治好或治坏……可是你现在要托付的是你的灵魂，你既没有问你的父亲和兄弟，也没有问我们这些朋友，是否应当把灵魂托付给一个刚刚到这里来的陌生人。而你把灵魂看得比身体高得多，灵魂的好坏关系到你的整个幸福。（《普罗塔戈拉》313a-b）

这说明，德性教育直接触及灵魂，因此，师生灵魂的相互照亮是教育的本质，这一点早在智者运动时希腊人就意识到了。虽然去拜见这个可疑的老师有危险，苏格拉底还是与这位青年一起加入拜见的队伍中去了，让我们见识到苏格拉底与智者派首领关于伦理与德性交锋的整个过程。我们将在苏格拉底部分讨论他们对话的具体细节。在这里，我们首先要指出，以教授知识与德性谋生且收取学生高额学费，这是古希腊之前和之后的哲学家从来不需考虑做的俗事，但对智者派而言又是生活与劳作的必需。智术师们真的应该感谢公元前 5 世纪希腊文化出现了这样一个政治昌明、经济繁荣、思想自由、教育开放的新时代。这个时代是与伯里克利这个被亚里士多德赞誉为全希腊最有实践智慧的人联系在一起的。随着他政治改革的成功，民主法治制度在雅典建立和完善起来，贵族制时代那种贵族与平民之间不断爆发的冲突和斗争得到缓和，贵族集团垄断经济、政治、法律和道德的时代已成过去，公民有了参政议政，当家做主的机会，也促使哲学开始从"天上"转向关注人生俗事，人性和人生、伦理和美德，成为每一个想要过城邦生活的人必须着力关心的事物。所以，下面我们将从说明智术师是些什么样的人，他们从事的是什么样的工作开始，探讨他们对西方道德哲学的探究产生了哪些重大影响，哲学史又是如何评价他们的活动的。

一、"智术师"及其哲学转向

"智者"（σοφιστής）这个概念在古希腊出现得很早，比毕达哥拉斯使用"爱智"（φιλοσοφία）表达哲学更早，史家希罗多德最早使用过"智者"，以表达人在智识上的优秀，这是毫无贬义上的日常使用。习惯上，一切在某种技能或理智上高人一筹的，都可称之为"智者"（sophists），因此，梭伦、毕达哥拉斯、苏格拉底，甚至连伯里克利的老师达蒙都被普鲁塔克（Plutarch）称之为"智者"[1]，所以，这种"智"是区别于古代神话中的神与英雄的人间智者，这依然是褒义的称呼。当时，这些"智者"还不是本章"智者运动"所指的智者，这些"智者"准确地说，也是人间之智，但比梭伦、毕达哥拉斯、苏格拉底身上所体现的"智"，更低一个档次，应当称之为"智术"，是"术"上之智。在苏格拉底出现之前，出生在小亚细亚西岸一个名为阿布德拉的小城的普罗塔戈拉，是第一个以"智术师"身份出现并自称为"智者"的人；在他之后，出现了一批从外邦进入到雅典，游走于希腊各邦，把自己当作"百科全书式的智者"，专门教授青年人日后在社会政治生活中成功所需要的各种知识，且收取学生学费的"职业教师"，他们被称之为"智者"或"智术师"。从此之后这一称呼才开始具有了贬义。因为从智慧的等级上，智术师之"智"，确实已不同于"哲学"所"爱"之"智"，那是关于宇宙世界的大智慧，是存在之为存在的"第一因"的真理之智。而"智术师"所拥有和传授的，只不过是实用知识与技能之智，对于具有追求高贵修养与高尚

1　［古罗马］普鲁塔克：《伯里克利传》，载《希腊罗马名人传》（第一卷），陆永庭等译，商务印书馆 1990 年版，第 229 页。

美德古风的希腊人，对智术师的蔑视也是有道理的。但这绝不是普遍现象，而只是一种哲学现象。真实的情况反倒是出现了对智术师的普遍欢迎和热情追捧。我们要先考察一下，他们的智识值得希腊青年追捧吗？

被称之为智术师的是这些人：普罗塔戈拉（约公元前 490 或 480—前 420或 410）、高尔吉亚（Gorgias，约公元前 483—前 375）、安提丰（Antiphon，约公元前 480—前 411）、希庇阿（Hippias，约公元前 400 年之后）、普罗狄科斯（Prodicus，约公元前 465—前 415）、色拉叙马霍斯（Thrasymachus）、克里蒂亚（Crittias）。普罗塔戈拉是名气最大的首领，据说他听过德谟克利特的课，还为一个城邦立过法，是社交圈的能人，擅长辩论。后来被称之为苏格拉底式的论辩方法，最早就是他提出来的。他第一个主张在所有事物中都有互相对立的两种理由，因而善于将这两种理由都用于论辩，因此智者派获得"诡辩家"的恶名也直接与他相关。

柏拉图在《普罗塔戈拉》篇开头，为他在雅典的轰动性出场给予了言辞上的极力渲染，突出表达出普罗塔戈拉在当时希腊的巨大影响力，确实有知识渊博、充满智慧的派头，而雅典青年对他报之以热烈的景仰之情，真诚地将其视为知识与智慧的老师，渴望与之相见，迷恋他如同迷恋智慧本身一样。当苏格拉底与其他青年拜访这位大神时，他对他们也极力显示出自己的"德高望重"：

> 我投身智术师这门技艺已经好多年了，我实际上已经上年纪了，凭这把年纪，我在你们中间是可以做父亲的。（317c2-3）[1]

他两次来雅典讲学都是这样受到热烈追捧。据说他与伯里克利和欧里庇德斯都有深厚交情，伯里克利的两个儿子都跟他学过治理城邦的知识和技艺

---

1 Platon: *Protagoras*, in: *Platon Werke*, Band I. 2, Übersetzung von F. D. Schleiermacher, Akademie Verlag Berlin, 1935, S. 175.

以及演讲术，这也是苏格拉底与他辩论"德性不可教"时提出的一个重要证据。他的年纪看起来比苏格拉底大了十几岁，可他敢于说是"可以做你们父亲的"，说明他的威望确实大到有点忘乎所以的地步。第欧根尼·拉尔修说，普罗塔戈拉"作为智者度过了四十年，其鼎盛年在第84届奥林匹克运动会期间"。但有一个著名的段子，表明他所传授的"智术"只不过是登不了大雅之堂的聪明伎俩。当他向学生索要学费时，他的学生说，您还没有让我在辩论中获胜过呢，他这样回应他的学生："如果我赢了你，我将得到我应得的，因为我赢了；如果你赢了，我也将得到我应得的，因为你赢了。"所以"诡辩家"这一"智术师"的贬称，放在他头上也许并不冤枉。他最终没能赢得希腊人的真正尊重：

> 普罗塔戈拉，我听说了你的故事，
>
> 耄耋之年的你，死在了离开雅典的路上，
>
> 因为刻克洛普斯［即雅典城的创立者，阿提卡第一任国王］的城邦迫使你流亡。
>
> 你尽管逃离了帕拉斯［即雅典娜女神的别号］的城邦，却无法躲开普路同的拥抱。[1]

这也反映了"民智"的特点，它可以把你"捧红"，也可以不手软地将你击碎。一个"兢兢业业"干了四十年的老师，最终落得这样的下场是可悲的，但这也不过是苏格拉底命运的"前奏"。得益于民主制的胜利，公民们需要哲学，需要智慧，需要靠自己的智识和德性才能在职业生活中获得成功，所以他们需要智术师的教导，智术师也就是适应了这一历史文化的变

---

1 ［古希腊］第欧根尼·拉尔修：《名哲言行录》，徐开来、溥林译，广西师范大学出版社2010年版，第458—461页。

迁，才把从事"高等教育"[1]作为自己职业，但"哲学"作为思想的事业，是不能职业化的。因为思想本身是特别个人性的东西，它只能在纯粹的"静思"中才能获得真知和智慧，而民主制所需要的人的才能是演讲术，是修辞能力，这种能力可以让人清晰表达自己的意见和判断，可以说服听众，获得别人赞同，但作为在外部政治生活中取得成功和名誉的能力，就已经无关纯粹物理世界的真理和纯粹人类世界的正义原型，所以，智者派运动的出现，不是对之前纯粹理论哲学需要的延续，而是对实际的伦理生活需要的一种适应。因此：

> 严格地讲，智者是指任何一个精于某一特定领域技能的人，他可能是诗人，也可能是烹饪家。当用于指收费教育青年人的教师时，"智者"一词被赋予了些许贬义。这一部分是因为雇主对这些知识渊博者的不信任，另一部分是因为希腊人业已存在的对收费服务者的偏见，更主要是因为受到穷困者的嫉妒。与受过智者教育的人相比，无法支付教育费用的人在公共生活中的差距会越拉越大。但笼罩在智者职业上的阴影并不表示他们都是欺世盗名的骗子，完全靠自己都不相信的谎言蒙蔽大众。对于智者的偏见始于哲学家柏拉图，并决定着现代语言中的"诡辩家"（sophist）和"诡辩"（sophistry）两个词汇的意义，但是这与历史事实并不完全相符。[2]

其实，如果单就哲学而言，柏拉图对智者们也并非完全贬低，而是给予了恰当肯定的。在《泰阿泰德》篇中，柏拉图说：

> 在教育中我们需要做的，是把较差的状态改变为较好的状态；不

1　［英］伯里：《希腊史》（第二卷），陈思伟译，晏绍祥校，吉林出版集团 2016 年版，第 461、463 页。

2　［英］伯里：《希腊史》（第二卷），陈思伟译，晏绍祥校，吉林出版集团 2016 年版，第 463 页。

过，医生通过药物来改变，智者通过言辞来改变。(《泰阿泰德》167a5）

有智慧的人使得好东西而不是坏东西对他们"是"并且"显得"正当而且可贵。按照同样的道理，能够以这个方式教育那些受教育者的智者不仅是有智慧的，而且值得从受教育者那里得到很多钱。(167d)[1]

柏拉图是就智者们教授的修辞学而言的，这是另一个智者高尔吉亚最主要的工作。他终生不婚，游历世界。他生平中最为人乐道的大事是于公元前 427 年访问雅典，这时他的家乡勒昂提诺（Leontinois）正在与叙拉古（Syrakus）开战，他率领家乡使节团向雅典寻求支援，在雅典发表演讲修辞雄辩，引起了轰动，取得成功。他曾经是恩培多克勒的学生，以老师的物理对象的流射理论为基础形成了自己的知觉理论，但他更擅长于修辞与论辩。他名下的著作有 11 篇，但完整保留下来的只有两篇演讲词，一篇是《海伦颂》(Lobrede auf Helena/Enkṓmion eis Ēleíous)，一篇是《为帕拉梅德斯的辩护词》(die Verteidigungsrede für Palamedes)。他的修辞学最重要的思想是揭示出了词与物之间的鸿沟，他将此运用到演讲术中，说一个成功的演讲遵循词与物之间的严格区分，运用对偶、分句间的平行对应以及押韵的词语结尾等手法，言简意赅，以情动人。所以，柏拉图用了一篇对话《高尔吉亚》来讨论他的修辞学，在这个讨论中，表达出柏拉图的"爱生存"与被智者派"颠倒的生存哲学"之斗争，因而将修辞学问题转向了关于城邦正义与个人灵魂正义的关系，即关于"行不义"和"忍受不义"哪个更好以及不正义灵魂的命运问题。所以在柏拉图那里，甚至不把他作为智者，而是作为德性的教师。当然甚至也有学者突出他的修辞学和演讲术成就，而把他视为"智者技艺之父"(als Vater der sophistischen Kunst angesehen)[2]。可见，柏拉图对智者们的态度也绝不只是批判或敌意，而是区别对待的。他在《智者》篇中也

1　[古希腊] 柏拉图:《泰阿泰德》，詹文杰译注，商务印书馆 2015 年版，第 58、59 页。

2　Flavius Philostratos, *Vitae sophistarum* 1, 9, 1; DK82 A1.

借助于苏格拉底说:

> 由于其他人的误解,这些人幻现为各种样子,"游走于众城邦",这
> 些真正的而非假冒的爱智者,从高处俯察下界生灵。有些人将其视为一
> 文不值,另一些人将其视为值得起一切。(《智者》216c)[1]

所以,智者派作为当时穿行在希腊各邦传授演讲术和政治德性的启蒙者
和"游牧者",成为最早一批在雅典成名成功的"外邦人"。他们名气都很
大,受人欢迎和爱戴,靠当老师得到了不菲收入。高尔吉亚晚年也不像普罗
塔戈拉那么狼狈,相反死后享受了殊荣,德尔菲和奥林匹亚甚至为他立了金
像,底座至今保留着。他们将哲学的重心从自然转向了人,转向了伦理与德
性,这是一个自然哲学向伦理哲学转变的开端。

智者派的另一个代表人物安提丰在礼法研究上颇有建树,这是伦理哲学
自古至今的核心。一个外邦人能对雅典施行的习俗礼法(nomos)的合法依
据提出质疑,这也是一个自信的文明才允许的事情。他指责城邦法律是违背
自然的:

> 安提丰宣称自然法则是自我保护的法则,每个个体都会追求有益于
> 生命并令人愉悦的东西。另一方面,城邦法律禁止那些令人不快、不合
> 人道的行为。这样的法律有悖于自然,却是正义的标准。他们公开宣称
> 的权威建立在什么基础上?只能是约定(convention)。[2]

我们很难想象,如此具有现代自然法观念的法哲学思想竟然最早出自

---

1 [古希腊]柏拉图:《智者》,詹文杰译,商务印书馆 2014 年版,第 2—3 页。
2 [英]弗朗西斯·麦克唐纳·康德福:《苏格拉底前后》,孙艳萍、石冬梅译,格致出版社 2009
   年版,第 25 页。

智者派，但这却是一个他们几乎共同的看法。德国自由大学的法学家魏泽尔这样评论智者的自然法思想：他们认为，如果万物相互之间是类似的，那么它们都是出自自然的；所以人类之间出自自然地就都是亲戚、朋友和同侪。城邦法律则相反，是人们的僭主（Tyrann），强迫人们做非自然的事情（Unnatürliches）。[1]

可见，智者的哲学确实发生了根本性的转变，既与早期自然哲学不同，也有别于之后苏格拉底和柏拉图的伦理哲学，它处于这一转变的开端而不是完成，至少可以说，它是希腊哲学发展史上的一个奇特转向中的插曲，值得我们从伦理学史的角度对之进行重估。

二、智术师哲学的核心命题分析

归于普罗塔戈拉的一个最为著名的论断是："人是万物的尺度，是存在者存在的尺度，也是不存在者不存在的尺度。"传统哲学史的解读，认为这是完全相对主义的思想，把人的主观性当作尺度，论说事物的"是"与"不是"。这也是后来柏拉图认为智者动摇了伦理根基的理由。但许多大哲学家都为他的这句话平反，说是否定的理解误解了它的原意。这里的关键在于，希腊文的"是"既是系动词，如 S is P，又表示作为 S 所是的 P 这个东西是存在的。也就是说，如果你断言什么东西存在（anything），它必定就是存在着的某种东西（something），这是普通逻辑的蕴含关系。但对于普罗塔戈拉而言，他又坚持说，如果没有人"感觉"到有某种东西（something），那么这个东西存在吗？这也是我们一般经常问的：月亮在你没有感觉到它存在的时候它存在吗？你没有感受到爱情，爱情存在吗？他讲的存在不存在是以人的真实感知为基础的，而不是指"事物"本来存在不存在。他的意识也包含，如果你没有感觉到一个东西存在，那么你怎么知道它本来存在不存在

1　Uwe Wesel: *Geschichte des Rechts. Von den Frühformen bis zur Gegenwart*, Beck München, 2006, 3. überarbeitete und erweiterte Auflage, S. 124.

呢？这样人作为存在不存在的尺度，实际上指的是以人的实际感觉为判断一个事物存在不存在的标准。而恰恰这个标准，对于苏格拉底和柏拉图而言，被认为是错误的。柏拉图记载了苏格拉底与一个普罗塔戈拉的朋友的对话：

> 苏：塞奥多洛，你知不知道，你的朋友普罗泰戈拉让我惊讶的是什么？
>
> 塞：是什么呢？
>
> 苏：大体上我挺喜欢他的说法，每个人"觉得"什么就"是"什么；但是，我对这个学说（λόγος）的开端感到惊讶：为什么他没有在《真理》的开头这样说，"一切事物的尺度是猪"或者是"狒狒"，或者是其他更怪异的有感觉的东西；他一开始以十分堂皇、不可一世的方式对我们说话，不过只是表明：在智慧方面我们（要）像对待神一样对待他，但是他在智力方面实际上并不比一只蝌蚪更高明，更别提比其他人更高明了。（161c—d）[1]

确实，对于真正的哲学而言，我们都被苏格拉底和柏拉图引向了关于"存在"的二元论视野，本然存在，黑格尔后来发明了一个"自在"（an sich）概念，说事物首先有一种"自在存在"，不管你对它有没有感觉，它就"在"那里，它"存在"的尺度就是它"自身"的实存。而它对于你的"感觉""呈现""表现"出来的"存在"，是一种"为我"的存在，还不能称之为是事物的"自为"（für sich）存在。所以，以人的感觉所能达到的"尺度"，最多是"人的"知觉的尺度，而不能是事物"存在不存在"的尺度，更不能是事物对错的"是"与"不是"的尺度。本来作为逻辑判断的"系词"是道德中立的，但由于只有人类有语言，在人说出来的言语（λόγος）中，"是"就不单单是

---

1 ［古希腊］柏拉图：《泰阿泰德》，詹文杰译注，商务印书馆 2015 年版，第 47—48 页。

个"系词"，还有表达"对""不对"的"是""不是"的判断功能。当我们听到有人说某人的"不是"时，这个"不是"指的就不是某人不存在，而是道德意义上的"错误"或"坏话"了。那么"人"如何能是尺度呢？

因此，人的"尺度"这个概念是令人误解的。在什么意义上"人"可以是个"尺度"，不同的哲学态度都能够做出许多不同的解释。肯定普罗塔戈拉的，说他突出了人的地位，是人文主义的开端，是一次思想的解放，但在古代那个敬神的时代，人的主体性还未确立，把"人"作为尺度，至少是危言耸听的，它给人直接的感觉就是"渎神的"，因为从来只有神是智慧的，神的智慧才能作为尺度，哪怕是最有智慧的哲人，也谦卑地承认哲学只是对智慧的爱，是追求智慧而没有拥有智慧，哪能人就成了尺度呢？所以，苏格拉底对泰阿泰德说出了他的怀疑：

> 泰阿泰德啊……你说说，你突然就这样发现自己在智慧方面跟任何人甚至跟诸神水平相当，对此你不感到惊讶吗？或者你认为，普罗泰戈拉所谓的"尺度"只涉及人而不涉及神？（162c）[1]

确实，如果以人为尺度，指的又是人的感觉的尺度，各人觉得"是"什么就是什么，那么究竟以谁觉得的"是"为"是"最终就摧毁任何"尺度"了。在宗教信念上，普罗塔戈拉也的确是个"无神论者"，他有明确表示人根本不能知道神究竟存在不存在的言语：

> 关于神，我既不知道其所是，也不知其所不是。因为阻碍认识的东西很多，尤其因为问题是艰深的，而且人生又短暂。[2]

---

1 ［古希腊］柏拉图：《泰阿泰德》，詹文杰译注，商务印书馆 2015 年版，第 49 页。

2 ［古希腊］第欧根尼·拉尔修：《名哲言行录》，徐开来、溥林译，广西师范大学出版社 2010 年版，第 459 页。

否认人对神有知识，一直到康德哲学中才做出了令人信服的论证，而普罗塔戈拉只是凭借他的感觉论说出来，所以被认为是渎神，因为关于神的知识和神的存在完全是两回事，感觉无法证明神存在也无法证明神不存在。至于究竟该如何理解他的"人是万物的尺度"的论断，我们先来分析一下高尔吉亚的著名论断之后，再回来继续分析。

高尔吉亚最为重要的著作是《论非存在者或论自然》(*Über das Nichtseiende oder Über die Natur*)，在此书中，他提出了三个著名命题：

（1）无物存在（既非存在者也非不存在者实存：dass weder das Seiende noch das Nichtseiende existiert）。

（2）即使有某物存在，对人而言也是不可认识的。

（3）即使有某物是可认识的，这种认识也不可能被传达给别人。

他如何证明"无物存在"？他的深刻洞见在于"词语"与"存在"的"鸿沟"，当我们说某种东西存在时，此"存在"仅仅是个"词语"，而不是事物真的存在。真的存在是 to exist（实际实存），所以动词"是"总是意味着"是什么"，而所是的这个"什么"看起来总是某种东西，但作为"是什么"的"什么"，它本来只是你的判断的一个谓词，而不是它的真实"存在"。当我们说，"你是个鬼"，似乎暗示"鬼"是存在着的，但在这个句子中，"鬼"却仅仅是系词"是"的谓词，并没有表达鬼是存在的。所以，第二命题，即便这个"鬼"是存在的，那也只能是推测，是猜想，你没看到它，它也没有出现在你面前，你怎么能认识它呢？第三命题，即便你觉得认识它了，别人对它却没有认识，你怎么能把一个别人根本不认识而仅仅你认识的东西告诉别人呢？

他的三个命题明显是针对巴门尼德的"存在论"做出的思想。巴门尼德证明，存在是"一"，只有"存在者"（某种东西）存在，但并没有排除感官知觉的可能性，高尔吉亚相反地证明，"存在者"和"非存在者"都不存在；因为"非存在者"同样作为"谓词"仅仅是词语，而不是实存。他这样就导向了彻底的"无"（Nichts），"无物"存在。有些人将这种思想称之为极端虚无主义（Nihilismus）或者极端怀疑主义（Skeptizismus）是不确切的；或者把它看作对哲学或者具体哲学家的一种修辞学的讽刺[1]，也是不得要领的说法。只有黑格尔在其《逻辑学》中才解释清楚了，但我们抽象地断言某物"存在"时，这个"存在"的所有具体内容并没有得到具体地呈现，那么"存在"就直接是"无"。因此，真正的"存在"只能是具体的实存，它将历史地把自身逻辑地包含的一切可能的规定"实现"出来，事物才是实存的。非实存的存在，就是"无"，就是"不存在"。

在此意义上，我们回到"人是万物的尺度"，普罗塔戈拉可能想要表达的，是要让有感觉、有意识的"人"这样的"具体实际存在者"作为"存在"的见证，而不是一种完全主观主义的表达。海德格尔专门有篇论文尝试解读这个命题，他明确指出，人们把它解读为笛卡尔式"我思，故我在"的主观主义，是过度了。这个命题说的是存在者及其存在的关系，存在者的存在在于其"在场"或"现身"，因而"物"是在"在场"或"现身"的"周围事物"的关系中确立的，这里的"人"（ἄνθρωπος）也不是抽象的"主体"，不是"我思"的活动，而是具体的我/你/他/她，是在场的每一位"现身者"，因而这样的"现身者"就是周围存在者的一种"尺度"，是"现身者"如此这般地向"我""显现"的"尺度"，也是其向我不如此这般地显现的"尺度"。"我"不是一个显现的"主体"，也不是印证它显示的"我思"，而是"在我周围"的事物如此这般地"显示自身"或"不显示自身"的存在方式的"尺度"。所以，他的结论是：

1　George B. Kerferd, Hellmut Flashar: "Gorgias aus Leontinoi," in: Hellmut Flashar (Hrsg.): *Grundriss der Geschichte der Philosophie. Die Philosophie der Antike*, Band 2/1, Basel, 1998, S. 50–51.

普罗泰戈拉的句子清楚地道出："一切"存在者都关涉于作为 ἐγώ（我）的人，人是存在者之存在的尺度。

由于局限于具有包围作用的无蔽者，人之自身（Selbst）被规定为当下具体的"我"。这种受到限制的对无蔽域的归属关系一道构成了人的自身存在（Selbstsein）。通过这种限制，人就成为 ἐγώ（我），但并不是通过那样一种无限制的失范过程，即：自身表现着的自我把自己夸张为一切可表象者的尺度和中心。对希腊人来说，"我"乃是表示那个人的名称，这个人顺应这种限制，因而靠自己成为他自身。[1]

所以无论如何，智者们的思想是抽象的，他们没有严格地区分清楚，自身存在与显示显得的存在，潜能的存在和现实的实现了的存在，因而也没有严格区分主观与客观，尤其是由于他们教授的是伦理与德性的知识与智慧，而这些概念更加难以准确地把握，它们既与存在联系在一起，又与应该（价值）相关，既关涉主观意愿、意图，又包含客观真实的实存及其效力。抽象地谈论，而不能在真正哲学意义上切中这些概念的实质内涵，就会误导一般意识，因而表现出对伦理根基的破坏，如否认神的尺度，表现出相对主义和主观主义地对待具有绝对应该之义的伦理德性概念。遭到苏格拉底和柏拉图，真正伦理哲学家的敌意是不可避免的，因为智者派的哲学思维还够不上他们心目中哲学的水准，而且他们心目中根深蒂固的贵族化的高贵德性，也容忍不了智术师把知识和德性教养当作商品一样贩卖。尽管如此：

我们决不可把它看作对柏拉图对智术师及其生活方式的一种道德批判，而是一种理性诊断。[2]

1　［德］马丁·海德格尔：《普罗泰戈拉定律》，载《尼采》（下卷），孙周兴译，商务印书馆2002 年版，第 769、770 页。

2　［德］韦尔纳·耶格尔：《古风时代的希腊与雅典精神》，载《教化：古希腊文化的理想》（第一卷），陈文庆译，华东师范大学出版社 2021 年版，第 369 页。

实际上，在《尼各马可伦理学》中，亚里士多德在某些方面就已经开始了对柏拉图的拨乱反正，他对一些具体德性观念，如对德性即知识的分析，反而认为智者有理，批评苏格拉底和柏拉图更多。

因此，现在到了我们全面考察哲学史家，对智者派做公正评价的时候了。

三、对智者哲学活动及其伦理意义的历史评价

智术师他们确实不像希腊哲学家，他们是那些连国王也不愿做，宁可为发现真知而思辨终生的人。智术师这些外邦人、边缘人之所以能出现在希腊哲学舞台上，端赖他们顺应了希腊德性教化的历史潮流，目标是超越贵族特权阶层教育原则这条堵塞任何人不靠血缘而靠自身的智识而通往德性的道路，从而使得一般平民也能通过自买教育而获得知识和能力的训练而陶冶灵魂，增强德性。正是智者运动使得公元前 5 世纪成为希腊历史的一个分水岭。从此之后，血统和世系只有在其作为智慧和公正体现于理智和德性的力量中时才能确证其正当性，因此，获得人生的成功与幸福不再仅仅依赖出身和特权，而是依赖于自身德性的卓越才有可能这一观念，才获得流行。所以，对智者运动的积极评价在最有历史眼光的黑格尔哲学史中真正开始了。根据策勒的说法，黑格尔是近代第一个铺平深刻理解智者历史地位之道路的人。[1] 因为黑格尔在《哲学史讲演录》中这样说：

> 我们要把这个［指智者］坏的意义抛到一边，把它忘掉。相反地，我们现在要进一步从它的积极的方面，严格地说，即是从科学的方面，来考察智者们在希腊究竟占据什么地位。[2]

---

1 E. Zeller, *A History of Greek Philosophy*, Vol. II, London, 1881, p. 498.
2 ［德］黑格尔：《哲学史讲演录》（第二卷），贺麟、王太庆等译，商务印书馆 2013 年版，第 7 页。

黑格尔承认："说到智者们和一般人看法的关系，他们是既为健康常识所诋毁，也同样为道德所诋毁，因为：（一）他们的理论学说主张任何事物都不存在，这应当是一种胡说；（二）在实践方面，则把一切原则和法则都推翻了。"[1] 之所以说万物不存在，实际上说的是万物没有永恒固定的存在，因为一切都在变动不居之中，进而言之，由于一切事物都是变动不安的，所以，原则和法则这种固定不变的东西也是不存在的。所以，黑格尔虽然肯定智者们的思想中是有辩证法的，对他们的辩证法思想予以正面的肯定，但是，这种辩证法太过于强调变动不居，而不同时强调静止和保持，这便涉及了一般的健康常识对于智者们诡辩的指摘，"智者"（Sophister）和诡辩（Sophisterei）几乎是同义词。"诡辩这个字是一个坏字眼。特别是由于反对苏格拉底和柏拉图的缘故，智者们弄得声名狼藉。诡辩这个词通常意味着以任意的方式，凭借虚假的根据，或者将一个真的道理否定了，弄得动摇了，或者将一个虚假的道理弄得非常动听，好像真的一样。"[2]

讲了这些否定性的方面之后，黑格尔笔锋一转，说要从积极的方面、科学的方面来考察智者们在古希腊地学术地位。

黑格尔首先肯定智者们的教育破除了古希腊固定不变的东西，他们教导年轻人向他们生活中有权威的东西运用思想，"凡是自由思想所能获得的，都必须来自自由思想本身，都必须是自己的信念"。所以，每个人的德性与教养，不是天生的、天赋的，不能来自血缘的固定的贵族身份，而是思想的产物。所以，黑格尔说，智者们唤醒了思想的要求，反思的要求，"希腊人得到这种教养应该感谢智者们"[3]，这确实是对智者运动一个极高的肯定。

其次，黑格尔高度重视智者们教授的概念思维，即把"思想"或"反思"上升到"概念"的层面。他多次重申，智者们是有教养的，智者们都懂

1　［德］黑格尔：《哲学史讲演录》（第二卷），贺麟、王太庆等译，商务印书馆 2013 年版，第 6 页。
2　［德］黑格尔：《哲学史讲演录》（第二卷），贺麟、王太庆等译，商务印书馆 2013 年版，第 6—7 页。
3　［德］黑格尔：《哲学史讲演录》（第二卷），贺麟、王太庆等译，商务印书馆 2013 年版，第 9—11 页。

得概念思维和推理。他一方面说：

> 正是智者们现在把作为思想的简单概念……一般地应用到社会对象上去，并且使它深入到一切人事关系中去，因为概念意识到自己的力量，意识到自己是绝对和唯一的实体，排斥其他一切，要求影响那不是思想的特定事物，对它们施展自己的势力和统治权。[1]

另一方面，他又说：

> 因为智者们在希腊所占的地位是要给予他们的人民一种高级的一般文化——因此他们也的确对希腊有很大的功劳——，所以他们就遭遇到一般的文化所遭遇到的谴责。智者们是从根据出发进行理智推论的教师，他们处在反思的阶段。这种教育所采取的方式，是通过表象和例证，引起人们注意那按照他们自己的经验、心情等等所认为正当的东西；用这样的方式，从特殊过渡到普遍。这是自由的、思维的反省所必经的途径，我们的教育也是采取了这个途径。[2]

可见，黑格尔对智者的肯定完全是哲学的，这与苏格拉底和柏拉图的看法完全不同，即使在 19 世纪，像黑格尔这样以历史的眼光合理定位智者的地位也是非常罕见的。法国哲学史学者这样评价道：

> 第一个修正［柏拉图对智者］这种不利判断的人是黑格尔，通过其著名的《哲学史讲演录》；然而尽管黑格尔哲学取得了极大的成功，这种平反活动在黑格尔的时代仍然很罕见。[3]

---

1 ［德］黑格尔：《哲学史讲演录》(第二卷)，贺麟、王太庆等译，商务印书馆 2013 年版，第 8 页。
2 ［德］黑格尔：《哲学史讲演录》(第二卷)，贺麟、王太庆等译，商务印书馆 2013 年版，第 19 页。
3 ［法］吉尔伯特·罗梅耶-德尔贝：《论智者》，李成季译，人民出版社 2013 年版，第 9 页。

在黑格尔之后，对智者给予高度评价的是尼采。尼采是古典学家，一生都旨在批判柏拉图主义及其德性，他对智者的积极评价也是基于他们反叛了传统的习俗的道德：

> 要特别指出，这些大哲学家［即普罗塔戈拉等智者］意味着希腊一切固有价值的没落……有个时期很特别，智者们触及了最基本的道德批判，触及了最基本的道德"透视"。

他甚至说：

> 知识和道德的所有进步都在"重复"智者……如今的思想界，充其量讲不过是赫拉克利特式的、德谟克利特式的、普罗塔戈拉式的。[1]

尼采把智者置于希腊文化的中心，在他看来，希腊文化不是温克尔曼所赞美的"高贵的单纯"和"静穆的伟大"，而是暴力和毁灭，希腊人"具有一种残忍冷酷的特质，一种恶虎一般的毁灭欲"[2]。希腊人的这种本能虽然恐怖，但希腊人却乐于接受"这种冲动的可怕存在并视之为合理正当的"[3]，并通过竞赛（agon），即以一种创造性的方式来疏导他们的毁灭和暴力冲动。在尼采看来，竞争性和创造性是希腊文化不可或缺的因素。在这种竞争文化中，个人凭借其天赋和创造力来获取荣耀，他们的艺术作品是按照竞赛精神设计的，竞争性与创造性是不可分离的关系。而竞争性和创造性所产生的影

1　*Fragments posthumes*, VIV，转引自［法］吉尔伯特·罗梅耶–德尔贝：《论智者》，李成季译，人民出版社 2013 年版，第 15 页注释 1。

2　Friedrich W. Nietzsche: *The Portable Nietzsche*, trans. Walter Kaufmann, New York: Viking, 1954, p. 32.

3　Friedrich W. Nietzsche: *The Portable Nietzsche*, trans. Walter Kaufmann, New York: Viking, 1954, p. 35.

响之一是，造就和培育了多种多样的竞争者和天才。它允许且鼓励多种竞争的声音，反对绝对的权威。尼采指出：

> 这就是希腊竞赛观念的核心：它憎恶一人专权，惧怕它的危险；它渴望另一个天才，以作为对天才的防备。[1]

另外一个影响是将竞争游戏化，即希腊人能够把全部生活囊括进竞争游戏的范围内：

> 希腊生活的独特之处可以这样来刻画：将一切具有智性、生活严肃性、必然性甚至危险性的事物统统视为游戏。[2]

尼采的评价一反庸常的哲学史叙事，令人耳目一新。他强调说，在智者的指导下：

> 每一种天赋都必须通过斗争来展现它自己，希腊的大众教育正是这样要求的……然而，正如接受教育的青年在相互竞赛中被培育一样，他们的教育者相互之间也在竞赛……智者，古代世界的高级教师，本着竞赛的精神与其他智者相会……希腊人只有进行个人争斗时才了解艺术家。[3]

因此，智者本身就是进行竞争的艺术家，他们通过竞争而让之前作为

1　Friedrich W. Nietzsche: *The Portable Nietzsche*, trans. Walter Kaufmann, New York: Viking, 1954, p. 36.

2　Friedrich W. Nietzsche: *Friedrich Nietzsche on Rhetoric and Language*, ed. and trans. Sander Gilman, Carole Blair, David Parent, New York: Oxford University Press, 1989, p. 3.

3　Friedrich W. Nietzsche: *The Portable Nietzsche*, trans. Walter Kaufmann, New York: Viking, 1954, p. 37.

"边缘人物"的自己进入希腊文化的中心舞台。尼采甚至将柏拉图和智者派视为两种截然不同的生命态度，即"退化的本能与最高级的肯定公式之间的根本对立：前者通过暗中报复来反对生命（——基督教、叔本华哲学，在某种意义上甚至还有柏拉图哲学，所有典型形式的理想主义），后者产生于极其旺盛的生命力，是一种毫无保留的肯定，对痛苦本身的肯定，对罪过本身的肯定，对生存本身所有值得怀疑和陌生的东西的肯定……这种对生命最后的、最欢快的、最热情洋溢的肯定，不仅是最高的而且是最深刻的识见，是得到真理和科学最严格证实和支持的识见"[1]。

尼采就这样从一个极端走向了另一个极端，他给予智者派高度肯定是对的，但把苏格拉底之后希腊哲学家倡导的"理性"看作违背本能，是"一种危险的侵蚀生命的力量"[2]，则无论如何都是一种偏激的错误之论。

与尼采从文化哲学，从赋予文化以竞争和生命力量评价智者不同，耶格尔是从"教化"的意义高度评价了智者，这是一种比尼采更为中肯的评价：

> 千言万语一句话，他们是文化史上具有第一等重要性的一种现象。通过他们，教化（paideia）——文化的理想和理论，这种被有意识地塑造和追求的理想和理论——逐步生成，并被建立在一种理性的基础之上。因此，他们标志着人文主义发展的一个巨大进步，纵然其最高明最真实的形式，只有在随之而来的柏拉图对他们的理想的讨伐中才得到实现。[3]

1　Friedrich W. Nietzsche: *Ecce Homo: How One Becomes What One Is*, trans. Thomas Wayne, New York: Algora Publishing, 2004, p. 50.

2　Friedrich W. Nietzsche: *Ecce Homo: How One Becomes What One Is*, trans. Thomas Wayne, New York: Algora Publishing, 2004, p. 49.

3　［德］韦尔纳·耶格尔：《古风时代的希腊与雅典精神》，载《教化：古希腊文化的理想》（第一卷），陈文庆译，华东师范大学出版社 2021 年版，第 369 页。

第 二 章

苏格拉底式伦理学定向

苏格拉底（Σωκράτης/Socrates，公元前 469/470—前 399）被称为西方伦理学之父，如果我们仅仅按照现代人的伦理学概念来设想，这是很怪异的，因为那时候还没有出现一门被称之为 ἠθική（伦理的）学问，怎么就把伦理学之父这一崇高名称赋予他了呢？最早说他把哲学从"天上"（关于宇宙起源的本原哲学）拉回到"人间"（审视什么样的人生值得过）的人并非希腊哲学家而是拉丁哲学家西塞罗（Marcus Tullius Cicero），他在《论学园派》（*Academica*）第一卷"瓦罗之言"中这样说："在我看来，当然人们也普遍同意，苏格拉底是第一位呼唤哲学远离那些为自然本身所隐匿的晦涩话题（他之前的哲学家都关注这些问题），使之走进日常生活主题的人，从而探究德性与罪恶，一般意义上的好与坏，并意识到天上的事物远离我们的认识（cognitio），或即便可以认识，也与善的生活毫不相干。"在这里西塞罗还加了一个注释说："苏格拉底是将哲学从天上拉回人间的第一人，他反对物理学或自然哲学，而赞同关注日常生活的伦理学。"这一观点也被记录在色诺芬（Xenophon）的《回忆苏格拉底》（*Memorabilia*）1.1.10-16（参见《图斯库姆谈话录》[*Tusculanae disputationes*] 5.10），同时，苏格拉底甚至主张自然哲学即使可知亦无用，见于该书 1.1.13（参见《论学园派》

2.123）。[1] 这就说明，苏格拉底奠立了一种全新的知识领域——人生与德性的伦理问题，而以此知识领域为界，希腊哲学可区分为"前苏格拉底"和"后苏格拉底"两种不同的哲学形态："前苏格拉底"哲学的课题在探究"自然"，追求"自然"的"物性"知识；"后苏格拉底"哲学在探究"伦理"，乃成为以"自我"认识为基础的"伦理"智慧。"自然"之哲学探究"自然世界"（宇宙）的起源、"聚集"和"统一"及其"有生成发展的"构成性原则；后者同样探究"人类世界"中因何种"伦理"而"聚集"和"组织"人们在一个共同世界相生共存而过上满意和幸福的生活。"伦理"也就如同"自然"一样，有其自身的聚集和组织机制，使得人类因共存的秩序而能获得每个人自身的美好生活，因而"伦理"如同"第二自然"。因此，苏格拉底完成了哲学从"第一自然"到"第二自然"的转向，人性及其城邦生活的自然及伦理，善与恶，德性与灵魂成为突出的问题，在对这些问题的思考中，何种生活值得过，从而人应该成为什么样的人，过自己值得过的有意义的生活，"我应该做什么"，我应该如何"认识我自己"，就成为苏格拉底式伦理学所思考和探讨的主题。这些伦理学问题的思考也就成为了后苏格拉底"哲学"之核心。

因此，当我们开始梳理西方伦理学思想史时，需要有一个基本意识，那就是前苏格拉底哲学和后苏格拉底哲学，前柏拉图哲学和后柏拉图哲学，前亚里士多德哲学和后亚里士多德哲学，哲学的主题与内容是不一样的。前苏格拉底哲学是自然哲学，后苏格拉底哲学核心是伦理哲学；前柏拉图哲学，哲学是一门未分类的爱智学问，后柏拉图哲学，哲学开始被区分为辩证法、自然哲学与伦理哲学，因而也开始有了知识论、本体论、理念世界和现象世界的"形而上学"区分；前亚里士多德哲学，没有"第一哲学"和"实践哲学"的区分，"实践哲学"问题蕴含在"哲学""智慧"的总名下得以贯

---

[1] ［古罗马］马库斯·图留斯·西塞罗：《论学园派》，崔延强、张鹏举译，中国人民大学出版社 2022 年版，第 13 页及注 2。

通和探讨，而后亚里士多德哲学，第一哲学与实践哲学区分开来，实践哲学内部又区分出政治哲学、伦理学和"家政学"（经济学）。这样的区分意识，尤其是自然与伦理的区分意识，根子还是在苏格拉底，从他开始，伦理问题、实践哲学问题是"我自身"的"存在问题"，不再是"自然"与"世界"的"存在问题"，因而需要在"对我而言"或在"人类学"意义上"可实践""可运动""可实现"的意识上寻求解答。

随着苏格拉底的这一转向，柏拉图注意到在"自然事物"上求得的"知识"和在"伦理事物"上求得的"知识"是两类不同的"知识"，而柏拉图之后的亚里士多德又进一步把理论思辨所求的"真"与实践行为所求的"真"视为两类不同的"真"，从而开启了一种实践哲学的转变，而只有在亚里士多德开创的实践哲学中，才有了现代伦理学可以追踪的"目的论伦理学"类型的原型，而构成这一目的论伦理学原型之"前史"的苏格拉底和柏拉图哲学，依然是伦理学，目的论的论证是从他们这里发源的。因此，苏格拉底、柏拉图和亚里士多德这三代师徒所构成的雅典哲学之最高峰，虽然哲学形态不一样，但有一点相同，由苏格拉底所奠定的哲学即伦理学，伦理学作为哲学的本质规定或最内在核心在他们的思想中是一以贯之的。我将在接下来的连续三章中，具体探讨他们的"哲学—伦理学"，即以伦理为本位的哲学的三种不同形态，以此来界定苏格拉底、柏拉图和亚里士多德三种不同的哲学形态以及在哲学—伦理学史的不同地位。

第一节　苏格拉底在何种意义上是西方伦理学之父？

在没有伦理学概念之前，说一个人是伦理学之父，这确实需要一种价值重估般的辩护。虽然一般哲学史满足于指出这一点似乎就够了：古希腊早期哲学专注于自然物理世界的探究，而苏格拉底扭转了这一致思方向，把哲学智慧转向了对人生世界的伦理问题探究，哲学从此之后不再仅仅表现为对宇宙世界由以构成的本原之思，而表现在对人如何能够过上美好生活的探讨上，因而也就凸显一个不同于自然世界的伦理世界，但对于我们专门做伦理学哲学思想史的人而言，满足于这一说法，还是显得过于肤浅，因为它只描述了一个现象，而没有涉及其中的哲学辩护难题。

真正从哲学上为苏格拉底的伦理学之父地位做辩护，需要通过两个步骤：第一需要论证，伦理学的概念诞生，需要有之前的哲学为之准备知识与思想的前提，而此前提提供者即苏格拉底；第二需要论证，苏格拉底和柏拉图哲学"无伦理学概念之名"却有"伦理学内容之实"。

第一个辩护看起来简单，只需阐明亚里士多德作为柏拉图的学生具有与柏拉图哲学的一致性，而柏拉图哲学又与苏格拉底哲学具有传承性就可以了，但实际上并非如此容易。一方面，虽然亚里士多德在柏拉图学园待了近二十年，但大家都知道他的名言，"吾爱吾师，吾更爱真理"，他的哲学形态恰恰与柏拉图有巨大差异，一个以纯思辨的观念论为特色，一个以实践优先的经验主义见长，因此，哲学史上或者讲纯理论的知识论总以柏拉图为原型，或者讲实践哲学传统，必以亚里士多德为原型。更麻烦的是，哲学史上一般并不把柏拉图算作伦理学家，而在伦理学的具体观念上，亚里士多德对苏格拉底的一些核心观念和命题却多有批评。于是，我们的辩护必须要有一个新思路，即不能从具体的伦理观念，而只能从哲学的伦理品质来看苏格拉底、柏拉图和亚里士多德之间是否具有一致性。如果是一致的，那么就可以说，伦理学实际上是可以有两种不同的概念的：一种是就哲学的伦理品质而言的大伦理学概念，一种是就专门化的二级学科意义上的小伦理学概念。前者与第一哲学相通或直接就是第一哲学的伦理学，后者是作为第一哲学之应用的实践伦理学。如果论证清楚了这一点，那么第二个辩护就容易完成。

当然，解决了苏格拉底与亚里士多德之间具有一脉相承的关系之后，承认苏格拉底作为伦理学之父，还有一个困难，在于他的哲学方法，即对话的辩证法，最终依然是否定性的，而没有像后来的黑格尔那样，在辩证法的每一个环节，都有一个使前两个相互否定的观念达到积极综合的肯定性环节，这样的结果导致苏格拉底在所涉及的关于伦理的事物上并没有形成肯定性的知识。本来，从哲学方法论来论证苏格拉底、柏拉图和亚里士多德之间的一脉相承，是个不错的选项，因为这种哲学思维的方法论确实是苏格拉底奠定的：以相互质疑和辩难为形式，围绕问题而展开思想对话。这种方法在柏拉图和亚里士多德哲学中进一步系统化为"辩证法"（dialectics 的核心是"对话"：dialogue），这种"辩证法"在 19 世纪的黑格尔哲学中达到"思辨"顶峰，成为哲学最基本的思维模式，甚至在现代哲学彻底完成了从方法论到存在论转向的伽达默尔那里，他的释义学（Hermeneutik）依然保持了苏格拉底对话辩证法的基本模型：作为"问-答逻辑"的对话辩证法。但是，恰恰是辩证法的否定性特征，使得苏格拉底无法为他所思考的每一个伦理问题提供一个知识性的答案。本来这是他优于智者派的地方，他不像智者派那样，以知识的拥有者自居，以给年轻人教授一套现成的知识答案来赚钱谋生，伦理学变成了一套实用技能，变成了关于如何成功，如何成为有德之人，如何过上幸福生活的人生指南。苏格拉底的伟大就在于超越了智者派对待伦理的这种非哲学态度，他要求对伦理问题要以真正的哲学的认真态度来求索，伦理问题的解决必须建立在以严格的知识态度对真理的执着上。这种执着是一种思想的诚实，把如何活才是值得的交给思想，交给理性，在每个人真诚地面对他自身的关于自我和世界的自由思考中，尤其是在与他人的对话中，不断质疑已有知识的前提是否站得住脚，在反复的反思和相互的辩难中，审核所有现成的知识或信念是否成立。这样的哲学对话方法也使得苏格拉底能够平等地甚至谦虚地与每一个青年人交谈各种哲学问题，为哲学走进日常生活、变成每一个的生命智慧提供了可能。虽然他与青年人的对话充满了"反讽"，但毫无疑问他作为平等对话者是一个纯然的自由思想者，而绝不是居高临下的圣人和道德教师。这一点使得他从根本上与智者们的道德说教划清界限。这一区别保障了伦理学的纯粹哲学品格。伦理学作为哲学最为珍贵的品格，就是拒绝作为世俗伦常的道德说教，拒绝作为一种虚构的道德权威的宣传工具。"伦理"具有的崇高性是一种绝对的崇高性，是与天理"绝地天通"的"世道"，凡人谁也不可能垄断关于它的知识，因而这种知只能以纯哲学的思辨才可接近，以道义之虔诚的践行才能做出有意义的"问与答"。与他人"对话"实际上只是我们直面共同的问题本身，从而祈望"践仁知天"的一种可能的路径，它会令我们理性地发现，"对话"前自以为"熟知"的所有"答案"，实际上都极成问题，矛盾重重，乃至于最终的答案，苏格拉底都真诚地承认，他确实是"无知"的：

> 根据亚里士多德，苏格拉底从来不假装具有知识，而是"承认自己不知道"（*Top.* [《论题篇》] 183b7-8）。[1]

苏格拉底正是以对天道的真正敬度，确认了哲人对伦理道义必须具备一种必要的"谦虚"：思之悟之，而决不大言不惭地说知之。对于这样的伦理，最大的敌人有两个，一是怀疑主义，一是相对主义。苏格拉底之能够战胜智者派成为西方伦理学之父，需要把伦理道义所体现的绝对正确性信念确立起来，而以他的否定性的对话辩证法又如何能做到这一点？从一般思维与直觉来看，似乎都是非常困难的。

我们的辩护因而不可能以大而化之的一般论说来完成，我们试图通过下面四小节内容，具体地来论证，苏格拉底为何担当得起一个建设性的伦理学之父的美名。

一、从回忆苏格拉底的文献审视苏格拉底作为伦理学之父的形象

建设性的伦理学之父形象，必然涉及苏格拉底伦理学的知识内容，尤其

1　［英］特伦斯·埃尔文：《柏拉图的伦理学》，陈玮、刘玮译，译林出版社 2021 年版，第 27 页。

是其伦理思想之品质。这一问题之难显而易见，因为苏格拉底本人没有任何文字流传下来，什么才是苏格拉底的哲学及其思想的真实内容，后人很难做出有事实依据的考证。苏格拉底的时代离开我们已经两千四百多年了，我们只能根据前人的文献记载来言说他，而世人所有关于苏格拉底的形象及其哲学思想的记述，又是非常的不同。我们先考察一般文献中的苏格拉底形象。

（一）阿里斯托芬喜剧中的"苏格拉底"

说到一般文献，代表当时雅典自由民中农民利益的"喜剧之父"阿里斯托芬（约公元前446—前385）的喜剧《云》，是我们必须首先探究的。这种"首先"不是"价值"上的"首要"，而是破除"反面形象"的"首要"。阿里斯托芬是苏格拉底和柏拉图的同时代人，在柏拉图对话《会饮》中就作为一个人物在场，他应该是熟悉苏格拉底思想的，但显然，他对苏格拉底的哲学充满误解与敌意，根本理解不了苏格拉底哲学的灵魂品质。在《云》剧中，"苏格拉底"也是哲学家，却并没有什么货真价实的智慧，而是一个反面人物，一个笑料和被讥骂的对象。

阿提卡的老农斯瑞西阿德斯（Strepsiades）养了一个不争气的儿子，挥霍浪费，嗜好赛马，负债累累。他家右边正好开了一家"思想所"，教人知识与逻辑，但他们似乎并不教"正直的"逻辑，而是教"不正直的"诡辩逻辑，靠强词夺理取胜。于是天还没亮，老农就逼迫儿子斐狄庇得斯（Pheideppides）前去求学，以便在法庭上取胜而不必偿还债务。

"思想所"的苏格拉底"门徒甲"代表"正直的逻辑"，被急促的"踢门声"吵醒，也不得不骂了句："该死的，谁在敲门？""原来是你这个没受过教育的东西在乱踢我们的门！你把我孕育着的思想害得流产了。"一开场，阿里斯托芬就在极尽讽刺之辞，毫不吝啬："我是乡下佬，告诉我，什么流产了？""那我就告诉你，这可是宗教秘密！刚才一只跳蚤咬了开瑞丰的眉毛，再跳到苏格拉底头上；于是苏格拉底就问开瑞丰：'这虫子所跳的距离相当于它的体长若干倍？'"[1] 接下来，什么蚊子的肠道，什么一只壁虎打断了他的伟大思想，什么一只壁虎从屋檐拉屎把苏格拉底弄脏了，烘托出一个又脏又坏的青年哲学家形象：一帮肮脏的学生绕圈坐着，而苏格拉底却既不是坐在凳子上，也不是站在大地上，而是坐在一个吊篓里，仰观星象并鄙视神，还为此辩护说：

> 如果我不把我的心思悬在空中，不把我的轻巧的思想混进这同样轻巧的空气里，我便不能正确地窥视这天空的物体。如果我站在地下寻找天上的神奇，便寻不着什么，因为土地会用力吸去我们思想的精液，就像水芹菜吸水一样。[2]

可见，阿里斯托芬记述的"苏格拉底"并不是真实的苏格拉底，而是代表了对真实"苏格拉底"的一种外行想象性的误解甚至敌意。固然这种"敌意"或许如施特劳斯所见，也带有某种公正性，即具有某种反面的真，具有"矫正性"。它说明了，大众对哲学的误解根深蒂固，大众所需要的哲学是"接地气"的，能带来利益与成功的知识。悬在空中的思想，谁稀罕呢？哲学从一开始，就是一项"高冷"的思想活动，不是哲学家故意远离大众，而是真实的思想必须远离大众的品味。大众要求知识要具有实用性，但不知道，思想之实用，不直接于热气腾腾的"地气"上，而在热情洋溢的心灵中。热气腾腾的"地气"往往很诱人，但也时常被污浊不堪的废气与毒气所污染，变成"雾霾"毒害人心。思想，哲学的自由思想，它是讲究"品质"的，品质的基本保障，就是要超越于浅表的"地气"之上，在高贵的心灵中，激发出知识和智慧之清澈的"正气"与"大气"。

苏格拉底超越于智者们的生财之道，求知和求真都远离了为"稻粱谋"

1　［古希腊］阿里斯托芬：《云·马蜂》，罗念生译，上海人民出版社 2019 年版，第 17—18 页。
2　［古希腊］阿里斯托芬：《云·马蜂》，罗念生译，上海人民出版社 2019 年版，第 22 页。

的"地气"层面，他是一个以纯粹理论的姿态来启蒙伦理与德性的思想者。这使得"存在"将不再是在非善非恶的宇宙论中得到考察，而是在与善的关联中向着至善生存的伦理世界中得到思考。如此一来，知识与思想就与"道义"紧密相连，而且是第一次以纯理论的形态得以思考，这就与一般大众为"稻粱谋"而学知识与思想根本不在一个层级，从而也制造了相互鄙视的目光。尤其是，哲学的高冷之光在投向那些带着坏心眼与歪心事而试图从哲学中捞取各种"接地气"的不义之利的做派时，就为自己招致了凶恶的敌人。因此，阿里斯托芬笔下的"苏格拉底"极其可笑，也很可鄙，因为他的"思想所"以教授不正当的诡辩逻辑来盈利，招致诅骂就是必然的。在他的眼里，哲学家不务正业，神秘兮兮，神神道道，本来就是可笑的。最终坏心眼的学徒也根本学不到真知识，教授这种不义之术的"苏格拉底"完全就成了观众的笑料，这就不足为奇了。《云》剧最后，事与愿违的老农夫放了一把火把"思想所"烧毁，这确实也代表了雅典民众对于真实苏格拉底的一种态度。所以，后来柏拉图说苏格拉底被判刑就与《云》剧有关，我觉得是完全可信的。在《申辩》中，苏格拉底自己也驳斥了阿里斯托芬写的根本不是"他"：

> 因为你们自己也已经在阿里斯托芬的喜剧中看到了哲学，在那儿有位苏格拉底转来转去，声称在空气中漫步，并且胡说许多其他的蠢话；其实就这些事情物论大还是小我都不懂得。(《申辩》19c1-5) [1]

英国当代古希腊哲学史专家本逊（Hugh H. Benson）也认为阿里斯托芬的苏格拉底描述具有的意义是不可否认的，"实际上，阿里斯托芬的描绘在某种程度上也不无可取之处"[2]，不过他所说的"意义"，是说由柏拉图的早期

1　［古希腊］柏拉图：《苏格拉底的申辩》，溥林译，商务印书馆 2021 年版，第 9 页。
2　参见［英］泰勒主编：《从开端到柏拉图：劳特利奇哲学史（十卷本）第一卷》，韩东晖等译，中国人民大学出版社 2003 年版，第 392 页。

对话录记叙所证实的苏格拉底与智者派的难以分离。而我在这里想要强调的却是另外的一种反面意义，即从阿里斯托芬的剧中我们可以理解，雅典人为什么会把真实的苏格拉底告上法庭，法庭为什么能以微弱多数判处苏格拉底以死刑。哲学，这种高贵的自由思想，只有真正具有高贵品质的灵魂才可欣赏与接受。苏格拉底的命运预示了哲学与人类灵魂的这一紧密关联：哲学的自由思想需要在启蒙高贵的灵魂事业中才获得并保全自身的高贵生命，被各种恶俗趣味败坏的哲学，根本就不能算作哲学。

（二）色诺芬回忆录中的苏格拉底和他所谈论的伦理学内容

色诺芬（约公元前440—前355）是苏格拉底形象的另一个来源。他是柏拉图同时代的人，也同是苏格拉底的学生，都痛恨希腊极端民主制判处老师死刑，崇拜老师的哲学及精神。所以，他笔下的苏格拉底跟阿里斯托芬的很不一样，或者说，在色诺芬的笔下，尤其是在他的《回忆苏格拉底》中，我们才具有了一个正面的苏格拉底形象，一个看似日常生活中充满哲学睿智的苏格拉底形象。当然这一形象也不像柏拉图笔下的、处处都在为一种哲学思想进行论证和辩护的哲学家形象。这当然是因为色诺芬和柏拉图明显不同的职业身份所导致的。

色诺芬在苏格拉底被处死的两年前，就选择离开雅典去海外漂泊，他在波斯王子小居鲁士的希腊雇佣兵团中服役，因此职业是军人，后来还写成《居鲁士的教育》(Cyropaedia) 一书。所以他回忆苏格拉底就像一个老熟人对一位朋友的平实回忆，这种回忆，一开始就是为苏格拉底的两条罪状进行辩护，从而呈现出一个广场哲学家的苏格拉底形象：

> 苏格拉底常出现在公共场所。他在早晨总往那里去散步并进行体育锻炼；当市场上人多起来的时候，总可以看到他在那里；在别的时候，凡是有人多的地方，多半他也会在那里；他常作演讲，凡喜欢的人都可以自由

地听他。但从来没有人看见过苏格拉底做什么不敬虔的事，或者说什么亵渎神明的话。因为他并不像其他大多数哲学家那样，辩论事物的本性，推想智者们所称的宇宙是怎样产生的，天上所有的物体是通过什么必然规律而形成的。相反，他总是力图证明那些宁愿思考这类题目的人是愚妄的。[1]

苏格拉底是另一类哲学的开端，他们以为自己对人类事物已经知道就足够了。所以，一般哲学史上说，苏格拉底把哲学从"天上"拉回到了"人间"，这是一个最早源自西塞罗的说法，但西塞罗的说法，与色诺芬的这一回忆是有关联的。

当然，仅仅是研究人类事务的哲学，还不能说就是伦理学。作为伦理学奠基人，还需要其他的思想要素，其中关键的是：

> 至于说到他本人，他时常就一些关于人类的问题作一些辩论，考究什么事是敬虔的，什么事是不敬虔的；什么是适当的，什么是不适当的；什么是正义的，什么是非正义的；什么是精神健全的，什么是精神不健全的；什么是坚忍，什么是懦怯；什么是国家，什么是政治家的风度；什么是统治人民的政府，以及善于统治人民的人应当具有什么品格；还有一些别的问题，他认为凡精通这些问题的人就是有价值配受尊重的人，至于那些不懂这些问题的人，可以正当地把他们看为并不比奴隶强多少。[2]

从这段话中，我们可以知道苏格拉底哲学作为伦理学的大部分内容了。他不是为一邦一国思考伦理问题，也就是说，他不是为雅典做伦理学，而是为"人类"做伦理学，他的哲学立场是普遍的人类立场。他的伦理的核心问

---

1 ［古希腊］色诺芬：《回忆苏格拉底》，吴永泉译，商务印书馆1984年版，第4页。
2 ［古希腊］色诺芬：《回忆苏格拉底》，吴永泉译，商务印书馆1984年版，第5页。

题，也不是个人良心、个人修行，而是考察人如何成为一个有德性的人，人如何活着才是人应该的样子，因此该做什么，都与人是什么相关。行为的正义不正义，正当不正当，敬虔不敬虔，都与成为一个有德性的人相关。它既涉及国家和政治，也涉及人的品格，但重在思考什么样的品格让人成为配受尊重的"人"，而不是不被当作人看的奴隶。奴隶在雅典没有人格，这是制度性规定，个人没法改变它，但人在灵魂上要有自由人的"格调"，不能是奴隶的灵魂。即便有"自由身份"的人，如果其灵魂是奴隶的，没有自由之格准，他依然不能"活出"人的品质，因而不能被人尊重为人。苏格拉底的哲学或伦理学，在起点上就把自由的人格作为"活得好"和受人尊重的"好品质"来思考，这是他作为西方伦理学奠基者的最为积极的证明。

要尊敬人身上的自由人格，突出了"敬"在伦理上的重要性。苏格拉底被指控的是"不敬本邦所崇敬的诸神，而引进了新神"，色诺芬的回忆也对此进行了驳斥，他以大量的事实证明，他是敬拜诸神而且劝勉别人敬神的。但对哲学伦理学而言，有两个问题很值得探讨，一是敬人与敬神的关系，在这一点上，苏格拉底一方面说要敬人身上的自由人格，同时也要敬诸神，但关键是，为什么敬神比敬人更重要？二是敬本邦习俗所敬的神还是新神，这涉及伦理该敬的究竟是何种神。真正的虔敬作为"天理"的最终依据，不是"习俗"的外在权威之依据，它需要理性论证或辩护，因而我们在色诺芬的回忆中看到，他并不能从哲学上对此为苏格拉底进行辩护，而只能"摆事实"，讲苏格拉底告诉人们"应该如何祈求神的见解"。如果按照女祭司的见解，"按照城邦风俗行事就是虔敬"，那么"伦理"完全就是外在的约束，而不是绝对的"天理"。苏格拉底向神祈祷的时候，他祈祷的是神把"最好的东西"赐给他，因为只有神才最清楚地知道，什么才是最好的。这说明，苏格拉底敬神敬的是最善的知识（真知是至善的知识），善知识只有神最清楚，而人自以为知善知恶，都具有自欺欺人的局限性，最终人是不懂善恶的。这是苏格拉底认为敬神比敬人更重要，恐怕也是他引进"新神"的理由，因为所谓"新神"无非就是经过苏格拉底的怀疑否定之后，在人的理性中所辩护过的真正"天道""天理"的投射。

敬神和敬人都只不过是为了要过有人性品质和格调的生活，这是苏格拉底的哲学转向所确立的一个永恒目标。这一目标确立之后，成为西方伦理学的永恒课题，甚至"伦理"概念的内涵也就与"美好生活"联系在一起。色诺芬的回忆录大量记述了苏格拉底对于"美好生活"的见解，但这种"见解"反映出苏格拉底式"美好生活"与俗见的"美好生活"大相径庭。"俗见"无论中外古今实际上都一样，无非就是荣华富贵、酒色财权。而这对苏格拉底而言简直是愚蠢至极，他常开玩笑说，基尔克这个《奥德赛》中的女巫就是通过大摆宴席而把人变成猪的，奥德修斯由于听了好人的忠告，禀行节制美德，才避免了变成猪。人变成猪很容易，但变成神却很困难甚至根本不可能。因为只有一无所需时人才最像神。人虽然做不到"一无所需"，但可以做到只当真有所需时，才愉悦地需求外物，人的生活就可以美好起来。吃得好，不在于酒肉丰盛，而在于食欲作为调味品本身。饮料只在渴时饮，才是最好的饮品；面包只在饥肠辘辘时，才是最美味的食品。而对于美色，他同样劝人要严格警戒与容貌俊美的人亲昵，因为一旦火热起来，想要控制自己的情欲，就像制服凶猛的动物一样无能为力。克里同（Crito）的儿子吻了阿尔喀比亚德（Alcibiades）的美貌儿子，色诺芬说他也可以冒险一下，但苏格拉底告诉他：

> "你这个可怜的人儿"，"你知道和一个美男子接吻会带来什么后果吗？难道不知道你会立刻丧失自由而变成一个奴隶？会花费很多金钱在有害的娱乐上？会被许多事所纠缠而不能把精力用在高尚和善良的事情上？甚至还会追求那些连疯子都不屑做的事？"[1]

1　［古希腊］色诺芬：《回忆苏格拉底》，吴永泉译，商务印书馆 1984 年版，第 25 页。

　　就此可见，苏格拉底被控所谓"毒害青少年"就是告诉了他们如何真正地敦厚德行，过经过哲学审视过的那种自由而高尚的有品质的美好生活时，与世俗生活的价值观念之间存在一种根本的冲突。这使得伦理学成为一种十分艰难的工作，顺应世俗，既没有哲学，也不明伦理之理，而顺从哲学，却又与世俗伦常之神圣为敌，十分危险。伦理学于是一开篇就在考验哲学的智慧，如何在世俗之俗见中辩护超凡脱俗的伦理智慧，还能保全自己的身家性命，就是苏格拉底留给哲学思考的永恒课题。

　　苏格拉底的思考，在色诺芬的回忆录中，越来越清晰地围绕人如何能享受幸福生活这个主题而展开，这为西方伦理学确立了一个基本内涵：幸福主义伦理学。这一内涵一直到康德才做出了有意义的质疑和根本的转变。而在色诺芬的回忆录第一卷第六章，苏格拉底和安提丰的三次对话，基本上能呈现出苏格拉底的观念与立场。

　　安提丰属于古希腊早期十大著名演说家之一，因而也是著名的诡辩家、智者。他第一次跟苏格拉底对话，是从讥笑苏格拉底贫穷、俭朴和不愿收取教学酬金开始，当面讥笑苏格拉底活得不幸福，因此青年人"不应该"跟着一个不幸福的哲人学哲学：

　　　　苏格拉底，我以为研究哲学的人应当比别人更为幸福才是，但你从哲学所收获的果实，却似乎显然是属于相反的一种。至少你所过的生活是一种使得奴隶都不会继续和他的主人过下去的生活；你所吃喝的饮食是最粗陋的；你所着的衣服不仅是褴褛不堪，而且没冬没夏都是一样；你一直是既无鞋袜又无长衫；金钱这种东西，当人们在接受它的时候就会感到高兴，有了它的时候就会生活得舒畅而愉快，而你却分文不取。既然传授其他职业的师傅们都是要他们的弟子们仿效他们自己；如果你也是要和你交游的人也效法你的话，那你就必须把自己当作是一个教授不幸的人了……

　　这个质疑非常直接而有趣，苏格拉底论证的美好生活的底线是过人的生活，不变成猪，不成为奴隶，而好生活的格调是美善而自由，如同神仙般自由自在的生活。但在安提丰看来，苏格拉底的生活本身却是连奴隶也不想过的悲惨生活。我们不妨来看看苏格拉底的坚定反驳：

　　　　安提丰，你似乎把我的生活看得非常不幸，以致我想你一定是宁死也不愿过像我这样生活的。就让我们来考虑一下你所认为我的生活中令你感到不愉快的是些什么吧。是不是因为别的收取金钱报酬的人必须为他们所取得的酬金而服务，而我，由于不取酬金，从而就没有向我所不喜欢的人讲授的义务呢？是不是你以为我的饮食没有你的饮食那样合乎卫生，或者没有你的饮食那样富于营养，你就认为不好呢？……你难道不知道，愈是能够欣赏食物的人就愈不需要调味品，愈是能够欣赏饮料的人就愈不忙于寻求他所没有的饮料吗？……你岂不知道，像我这样经常锻炼身体，准备应付对于身体可能临到的任何考验的人，能够比像你这样不进行身体锻炼的人，更容易经受住一切考验吗？为了避做口腹之欲、睡眠或其他情欲的奴役，你想有什么比把精神专注在那些更有吸引力，不仅在享用他们的当时使我心中感到愉快，还能使我希望它会永远给我好处的事上，更为有效的方法吗？……

　　　　安提丰，你好像认为，幸福就在于奢华宴乐；而我则以为，能够一无所求才是像神仙一样，所需求的愈少也就愈接近于神仙；神性就是完善，愈接近于神性也就是愈接近于完善。[1]

　　这个反驳显然滴水不漏地揭示了世俗的幸福观念之低下与虚幻，奠定了西方整个哲学价值观的基础。而第二次与安提丰的辩论则把苏格拉底式伦理

1　[古希腊]色诺芬：《回忆苏格拉底》，吴永泉译，商务印书馆1984年版，第36—37页。

的崇高格调——厚道正义的生活才是绝对值得过的生活——表达了出来。

这次安提丰的质疑也非常到位，说苏格拉底你确实是一个正义的人，但绝不是一个明智的人，因为你的知识分文不值。

苏格拉底没有反驳他的知识到底值不值钱，而是从做人光荣（体面）不光荣（不体面），道义不道义，值不值得做朋友反驳他所指控的"不明智"。就像把美貌出卖给任何愿意购买者，这是娈童，而不是什么光荣的事一样，为了金钱而把智慧出卖的人，是诡辩者而不是什么"明智"。明智的人知道做人要与厚道有德的人交朋友，知道如何做一个光荣而善良的"好公民"，而不是一个抽象而模糊的"好人"。因此，如何做一个光荣而善良的"好公民"，就是从苏格拉底开始成为西方伦理学的重要内容，这是西方伦理学一直关注公道正义上的崇高公德而不把伦理的崇高事业倾注在个人私德上的原因。色诺芬评论说：

> 对于一个听到他说了这些话的我来说，我认为苏格拉底不仅他本人是幸福的，而且他也把那些听了他的话的人导向了美好和光荣的大道上来。[1]

厚道正义地做一个好公民，这是幸福之本，也是伦理之本。因此，我们也可以说，苏格拉底最早地确立了"道义实存"的美好生活的方式，这才是他作为一个建设性的伦理学奠基者的光荣。色诺芬的《回忆苏格拉底》没有柏拉图的那种学究气，不断地在追问一个个哲学问题，而试图建立起一套哲学思维的方法和理念，他的平民化的视角，反映的倒是哲学与日常思维的差异。这种差异是价值观的差异甚至颠倒，但还是把伦理学追求"道义实存"这一伦理之本给揭示了出来。

1　［古希腊］色诺芬：《回忆苏格拉底》，吴永泉译，商务印书馆 1984 年版，第 38 页。

（三）柏拉图笔下的苏格拉底

柏拉图的 36 篇对话被认为是真作，而苏格拉底居然在其中的 20 篇对话中都是"主角"，因此，所有关于苏格拉底的文献自然以柏拉图笔下的这些记叙最为重要，影响也最为广泛。但问题是，柏拉图自己就是作为开山立派的哲学之祖，他的苏格拉底"言行思想"不是现场记录，而是在苏格拉底死后的漫长时间里"回忆"与"重构"出来的，那么，柏拉图笔下的苏格拉底难道就是真实的苏格拉底吗？我们究竟如何区别柏拉图笔下哪些基本上可算是苏格拉底的，哪些基本上可算是柏拉图借助于苏格拉底而构思出来的他自己的哲学思想？提出这一质疑当然是合情合理的，但严格地说，这又是根本无法清晰地区别开来的问题，就像伽达默尔释义学试图证明，释义学试图制定出种种原文诠释与解释的方法，要重建作者当时的真实客观含义是根本做不到的事情一样。所以，在这个问题上，我们只能采取一个普通的做法，就是把柏拉图早期对话基本上算作苏格拉底的，中晚期对话看作柏拉图自己的成熟哲学。这一做法凝聚了古代柏拉图专家们考证的心血，是值得遵从的。因为：

> 弗拉斯托斯论证道，在柏拉图的对话录中至少有两个不同的苏格拉底形象，一个是在早期对话中的，另一个是中期和晚期对话中的。
>
> 根据弗拉斯托斯的看法，柏拉图早期对话中的苏格拉底完全是一个道德哲学家，而中期对话录中的却是一位"道德哲学家、形而上学家、认知论者、科学哲学家、宗教哲学家、教育哲学家和艺术哲学家"。[1]

因此，接下来我们需要做的，就是如何按照学术界最权威专家们的意见，确定哪些对话属于柏拉图的早期对话。最新翻译出版的英国特伦斯·埃

1　［英］泰勒主编：《从开端到柏拉图：劳特利奇哲学史（十卷本）第一卷》，韩东晖等译，中国人民大学出版社 2003 年版，第 371 页。

尔文教授的《柏拉图的伦理学》认定："一份看起来非常合理的年表认为早期对话包括：《申辩》《克里同》《拉凯斯》《卡尔米德》《游叙弗伦》《小希庇阿》《伊翁》以及《普罗塔戈拉》。"[1]

如果我们忽略这些文本具体的时代先后的考证，至少就伦理学的主题而言，确实可以从这些对话中，重构起一个不同于一般哲学史教科书中的苏格拉底伦理思想之结构。因为这 8 篇对话讨论的内容都以伦理问题为主题。《欧悌弗戒》(*Euthyphron*，或译《游叙弗伦》) 是苏格拉底被诬告后遇到前去控告自己的父亲杀人有罪的欧悌弗戒，他们的探讨，名义上是关于对神的虔敬问题，但实质上涉及的是"天理人情"之辩，是伦理与礼法问题上的自然之道和人性之情的关系，其中所阐发的"义理"，奠定了西方伦理学的基本情调。《申辩》是苏格拉底在法庭上为自己被告为"不信城邦之神"和"毒害城邦青年"之"死罪"的无罪辩护，涉及罪与非罪的界限、城邦法律合法性的伦理根据、城邦公民美德等一些伦理核心问题。《克里同》被置于一个特殊的时刻，苏格拉底第二天就要被处死，克里同作为苏格拉底的同乡、同龄的挚友、雅典城的"体面人物"，觉得必须将苏格拉底从监狱中"救走"才是做了他"应该做的"最为"体面的事"，而苏格拉底认为他通过朋友的金钱买通那些卑微的狱警，逃出监狱，不是一个正义的公民所当为，坚决不从监狱逃跑。这涉及伦理学最为核心的问题：应该做什么才是对的，应该成为什么样的人？因此，接下来，我们将依据这些文本，建构起苏格拉底伦理学的核心问题。

二、苏格拉底式"伦理学"主题 I：《克里同》探究"应该做什么"

把伦理学的核心问题界定为"我应该做什么"，哲学史上将这一功劳归于康德，但实际上，苏格拉底在《克里同》就是讨论这一问题：

---

[1] ［英］特伦斯·埃尔文：《柏拉图的伦理学》，陈玮、刘玮译，译林出版社 2021 年版，第 17 页。

　　请你再次思考下面这点：是否对我们来说这是成立的，即最为应该做的，不是活着，而是美好地活着。（《克里同》48b5）[1]

这是《克里同》这篇对话的主题。这个主题对于苏格拉底而言，是哲学即伦理学的首要问题。当然，就这个问题的问法本身，与康德的问题确有不同之处。康德问的"应该"，直接指向的是行动或行为准则，指向"做"，因而问"应该做什么"，这是要问自己，行为的合法性和道德性基础何在；而苏格拉底问"应该"，当然也是直接地指向"行动"，应不应该从监狱逃跑，应不应该控告自己的父亲杀人，但为这些"应该"提供"道义"理由，要从这两个根本问题入手：你是什么样（何种品质）的人，你应该过的是什么品质的生活。因此，他所想的不是仅仅"活着"，而且是"美好地活着"，都以这两个问题为基础。可见，康德伦理学最终注目于行为的合法性与道德性，而苏格拉底伦理学从人的德性品质出发，以考察如何过有德性品质的美好生活为主题。因此凭苏格拉底将哲学的主题定格在审思认识你自己的人性品质，什么样的生活是最值得过的美好生活，为了过值得过的美好生活我们应该做什么，他就完全有资格作为哲学伦理学之父。

　　克里同不仅是苏格拉底的老乡，而且与苏格拉底同年，也就是说，都到七十这个"古来稀"的年纪了。这时苏格拉底被判处死刑在大牢里关着，等待雅典外出朝圣的船回来的第二天就被处死。而克里同打听到，船明天就回了，他于是在今天早上，黎明前最黑暗的时候到了苏格拉底大牢里的床前，想劝说苏格拉底赶紧逃出去。他是一位很富有的人，肯定有能力买通狱警让苏格拉逃走，于是他们在这个特殊处境中讨论起了伦理学最核心的问题，"应该做什么"。

1　［古希腊］柏拉图：《克里同》，溥林译，商务印书馆 2021 年版，第 19 页；参见 Platon: *Kriton*, in: *Platon Werke*, Band I. 2, in der Übersetzung von F. D. Schleiermacher, Akademie Verlag Berlin, 1935, S. 170: "daß man nämlich nicht das Leben am höchsten achten muß, sondern das gut leben."（人们最必须重视的不是活着，而是美善地活着。）

　　苏格拉底应该逃走吗？我们今天的人肯定都会认为绝对应该，因为以莫须有的罪名，以直接民主的微弱多数决定处死苏格拉底，这确实是败坏了的雅典民主制对哲学犯下的罪过。但苏格拉底的奇特之处就在于，他一方面并不认罪，他没有犯下所指控的任何一项罪，他的申辩已经令人信服地表明了这一点；但另一方面，他却坚决服从法庭的判决，宁可"冤死"，也决不认为他"应该""卑贱地"从监狱中"逃走"。这将要表达一种什么样的伦理观念呢？他坚定的"应该"这样做的绝对理由是否可以成立呢？我们可以从《克里同》对话中把握到这一点。

　　《克里同》开篇，描述苏格拉底睡得那么香甜，以克里同的惊讶表达出了苏格拉底自在安详的幸福感：

> 当我感觉到你睡得那么香甜，我倒是对你惊讶了好大一阵子了。并且我有意一直没有叫醒你，以便你能尽可能愉快地度过时光。的确在整个一生中我以前也经常因〈你的〉生活方式而称你是幸福的，但尤其是在如今临头的厄运面前，我更会〈称你是幸福的〉，因为你是如此坦然和心平气和地承受它。（43b5-9）[1]

　　读到这一画面我们不由自主地会想到，耶稣基督在被钉上十字架时，依然还会大喊："我的神，我的神，你为什么要离弃我？"这是人性非常自然的情绪表现，而苏格拉底这个完全人性的哲学家，在蒙冤临死的关头，却还能表现得如此安然自若，他究竟依靠的是一种什么样的力量与精神的支撑？

　　仅仅是为了体面吗？他确实跟克里同说，我都已经这把年纪了，对于必须得死却还要感到懊恼，肯定是不得体的。他考虑的是行为的得体。但是这种"得体"对于苏格拉底而言肯定不是什么世俗的体面之名声，因为当克里

1　[古希腊]柏拉图：《克里同》，薄林译，商务印书馆2021年版，第3页。

同说，只要我愿意花钱就可以救你免于一死，我不花这个钱来救你，我就再也没有你这位挚友了，这对于大众而言才是可耻的名声时，苏格拉底立刻反驳他，我们为什么要在乎大众的意见呢？最优秀的人总只是关心做应该做的。

于是他们就把对话引向了究竟什么是"应该做"的问题。

对于克里同这位挚友而言，他有能力、有意愿来救朋友免于"被冤死"，他凭借普通人的道义认为这才是最应该做的事，冒多大的险都是值得的，这也是我们最能理解的人间"情义"，这种情谊决定了他认为最应该做的"义务"就是救苏格拉底出狱。因此，他力劝苏格拉底答应他，且只有今晚这一次机会了，他认为，这也是苏格拉底最应该做的事，他给出的理由，在常人看来不仅相当充分，而且无法反驳：

（1）你不要担心我们救你会带来各种麻烦，所有可能的麻烦都不如我们救你更应该。

（2）你不要担心我们的银子不够，救你所需要的银子并不多，我的钱都可以归你支配，还有很多外邦人，都带了足够的钱来。

（3）你也不用担忧在法庭上曾说过的：一旦流亡你就不知道该如何对待自己，我们在许多地方都有可以给你提供安全的异乡朋友使你幸福地安度晚年。

（4）你不听我劝，放弃救自己，这才是最不当的行动，属于自暴自弃。

（5）你一走了之，是在背弃自己的孩子们，生了孩子就应该通过抚养、教育与他们共患难，而不应该自己去死不管他们。

（6）一个声称一辈子关心德性的人，应该选择一个优秀的和勇敢的男人会选择的那些做法。

（7）如果这次还救不了你，我将为你和我们这帮你的挚友们感到羞耻，似乎是我们的卑劣和怯懦让我们没有一点用，错失了一次次机会，最终导致了这么一个可笑的结局。

　　说实话，对于上述七条理由，一般人谁都反驳不了，因为它们是对于当下"应该怎么做"最为合情合理的理由。除了人情世故的理由外，他还有一条看似非常哲学的理由——一个声称关心美德的人，就应该像一个有美德的人会选择的那样去行动（6），这是当代美德伦理学最为关心并着重论证的行动理由。但伦理学之父，绝不可能是一般常人，也不可能像当代美德论学者那样想问题，他的反驳，简直就像神一样，令人敬仰，完全超凡脱俗。

　　苏格拉底说，亲爱的克里同啊，你这么操心救我，确实非常可贵。但是呢，关心与善意之可贵，不能以人情世故为标准，而坚决要以 ὀρθότης（"正直"或"正确"）[1]为标准，如果缺乏正确性，操心越急迫，也就越让人为难。在我考虑该不该这样做的时候，我不会听从任何别的（所以，"像有美德的人那样去行动"根本不是苏格拉底的选项！），而只听从我始终如一地认真掂量过的、显得是最好的理由：正确。于是，苏格拉底开始与克里同一起来审视或检查各种意见所说的道理，哪些可能是值得重视的最好理由。

　　第一，好的意见（die guten Meinungen），只能是明智者的意见，而不是众人的意见（47a10 以下），所谓"明智者"指的是那些精通的内行专家，如体育锻炼应该重视医生或体育教练的意见。如果不听从内行专家的意见，坏处（Übel，恶）明显地就有可能完全毁坏身体。带着一个败坏的身体，人还值得活吗？苏格拉底这样说时，身体的败坏可能不是指肉体的残疾，虽然希腊人的审美理想是身体的健美，但更多的可能是指灵魂的败坏导致的真善美观念上的败坏，这样的人是不值得或者用后来康德的话说，是不配享受幸福生活的。

1　参见［古希腊］柏拉图：《克里同》，溥林译，商务印书馆 2021 年版，第 47 页译者注释。施莱尔马赫对这句话的翻译非常值得参考："亲爱的克里同啊，你对我如此操心，非常可贵，只是它要是正确（Mit dem Richtigen）的才好啊，如果不是，你的操心越急切也就越让人为难。"（Platon: *Kriton*, 46b, in: *Platon Werke*, Band I. 2, in der Übersetzung von F. D. Schleiermacher, Akademie Verlag Berlin, 1935, S. 167）

第二，我们绝对不应该考虑众人将说我们什么，而应该考虑一个人，这个精通公道（gerechtes）与不公道（ungerechtes）和真理本身（Wahrheit selbst）的行家，将对我们说什么。当我们这样考虑应该问题时，我们就能知道，最应该的事情不是仅仅重视活着，而是如何值得美善地活着。这样苏格拉底就让克里同一起审思这个问题：美善地活着与公道地和伦理地生活究竟是不是一回事（das gute mit dem gerechte und sittlich Leben einerlei ist）？于是，美好、善、伦理、高贵这些伦理概念都与一个概念联系起来，那就是公道或公正。这才是幸福生活或高贵生活的根本。

第三，苏格拉底对克里同劝说的最强烈反驳在于，基于上述达到的一致，现在我们必须考虑这点："未经雅典人的赦免我就试图离开这儿，这是正当的还是不正当的。如果显得是正当的，那我们就试试；否则我们就应该放弃。你说的对花钱、名声和抚养孩子的那些考虑，克里同啊，这些其实都是下面这些大众所思考的事，只要他们能够，他们就会轻率地置人于死地，也会〈同样轻率地〉让人起死回生，毫无理性可言（alles ohne Vernunft）。但对于我们而言，既然道理如此要求，那就正如刚才所说的，唯一应该加以考虑的就是：当我们向那些把我从这里带走的人行贿和感恩戴德时，无论是那些带我出去的人，还是那些我让他们带我出去的人，当我们在做这一切时，我们自己，是否是真实地（in Wahrheit）做不正当的事?！尽管显得，我们可能只是以不正当的方式做了不正当的事，但相对于做不义之事而言，我们不必考虑是否以不正当的方式做，是否我们必须死，因为只要我还在这里待着且安静地与自身相处，或者将要遭受什么，这些就根本不需要加以思考。"（48b10ff.）[1]

所以，像苏格拉底这样去寻找良善生活的可能性真知，就成了一门专门

---

[1] Platon: *Kriton*, in: *Platon Werke*, Band I. 2, in der Übersetzung von F. D. Schleiermacher, Akademie Verlag Berlin, 1935, S. 170-171. 参见［古希腊］柏拉图：《克里同》，溥林译，商务印书馆 2021 年版，第 19 页。

性的知识，这就是伦理学。因此，当我们说苏格拉底是西方伦理学之父时，这种"伦理学"即是一种探究好（善）生活的哲学，而不是一种二级学科意义上的伦理学类型。他的思想有一个明显的倾向，就是克服智者派关于伦理的相对主义，认为善与正当不是主观的东西，相反是要认识事物自身上的良善。"应该"怎么做，"应该"怎么活，哲学给出的理由，不能是习俗的理由，而是要有天理的根据，是神所体现和认同的"绝对道义"。

三、苏格拉底式"伦理学"主题 II：《欧悌弗戎》探究伦理的道义根据

《欧悌弗戎》属于柏拉图早期对话，这场对话发生的时间在《申辩》之前，苏格拉底刚被一个名为梅勒托斯的无名小辈检察官控告，于是到了执政官门前徘徊，正好遇见欧悌弗戎来控告他父亲杀人。于是，分别将在两个案件中出现的"被告"和"原告"，发生了一场关于"天理"与"人情"的对话，表达了苏格拉底与柏拉图伦理思想的一个"试探性"定向。

这个"试探性"来源于后人为柏拉图对话所加的"副标题"："论虔敬，试探性的"。[1] 显然，"虔敬"，什么是"虔敬的东西"和"不虔敬的东西"，什么叫"虔敬性"就是理解这篇对话的关键。类似于我们古人讲的"敬"和"敬天命""敬天理"。苏格拉底之所以不断追问什么是虔敬，虔敬与敬畏诸神的关系，虔敬与合情合理的结果（$τὸ\ εικὸς\ σνμβῆναι$）之关系，实际上都是在考问我们"应该做的"事情是否具有天理人情的依据。我们儒家在这个问题上一方面以"亲亲"为仁，"亲亲为大"，顺乎"人情世故"是我们"良心"的一个世俗依据，但同时，儒家也讲"敬天保民"，所以伦理学的核

---

[1]　最早的报道出自第欧根尼·拉尔修《名哲言行录》第三卷第 59—61 节，中文可参见徐开来、溥林译，广西师范大学出版社 2010 年版，第 158—160 页。关于柏拉图对话的副标题，我们还可以参见［英］A. E. 泰勒：《柏拉图：生平及其著作》，谢随知、苗力田、徐鹏译，山东人民出版社 1991 年版和［希］康斯坦蒂诺斯·斯塔伊克斯：《书籍与理念：柏拉图的图书馆与学园》，王晓朝译，人民出版社 2015 年版的目录等。

心问题不是它讲到了哪些东西，而是当所强调的那些东西发生了冲突该怎么办。"人情世故"都重要，"伦理"出自"人情世故"，因此它当然非常重要，但问题是，当与"天理"发生冲突的时候，"人情世故"在何种程度上要以天理、天道为准绳？这就涉及究竟何为"虔敬"的问题。

在这里之所以要把我们中文的理解背景提出来，是因为我发现，水建馥（1925—2005）先生关于柏拉图对话的翻译，语言通顺、文意易懂，他就是把与"虔敬"相关的原文都直接翻译为"天理""神律"，让我们先对照看一下这段译文：

> 苏格拉底：我凭宙斯说句实话，欧梯弗洛，这件事既如你所说，你难道真懂得什么是神律，什么是合天理，什么是不合天理吗？你控告你父亲，你不怕有悖天理吗？
>
> 欧梯弗洛：我如果连这都不懂，我岂不是个无用的人，和一般人没有区别。[1]

这里"神律"就比单纯按照希腊文"有关诸神的事宜"（περὶ τῶν δεῖων）好懂多了。"你不怕有悖天理吗"也比更为准确的翻译"难道你真不担心自己落个不虔敬的下场吗"[2]更能体现此时的良心考问，它像我们民间更通俗的话"难道你真的不怕天打雷劈吗"一样，涉及的是一个良心决断时必须坚守的天道依据。

这篇对话处理的就是这一严峻的伦理冲突。苏格拉底成为"被告"，考验的是雅典城邦伦理，他以传授哲学智慧给青年人为己任，目的是为了"关心他们"，"希望他们尽可能地好"，并自认为是"为那些最多且最大的善负

1　［古希腊］柏拉图：《柏拉图对话录》，水建馥译，商务印书馆2013年版，第7页。

2　［古希腊］柏拉图：《游叙弗伦》，顾丽玲编译义疏本，华东师范大学出版社2010年版，第39页。

起责任"（3a4）[1]，但这个青年不仅不感恩，不回报，却还要以"败坏青年"为罪名把这位伟大的老师告上法庭，最终把他处死，突出地表现出当时雅典的"礼崩乐坏"。

欧悌弗戎主动跑来控告亲生父亲，一个年迈的老人过失地害死了一个家奴帮工，这更是一个伦理难题，在我们看来简直是大逆不道，畜生不如。他父亲是如何杀人的呢？根据欧悌弗戎的描述，他家里一个外人，一个帮工，喝多了酒发酒疯，对他家的一位奴隶发怒，并割断了奴隶的喉咙（这显然是故意杀人，但这不是该篇对话所要讨论的）。他父亲对这个帮工杀了奴隶很生气，就把这个帮工给捆绑起来，并丢到沟里去了。然后他自己也不知道该怎么处置，就跑去找高人询问，他该怎么做。结果这个又冷又饿的帮工在他返回之前就死在沟里了。于是欧悌弗戎认为他父亲是杀人犯，就主动跑到执政官这里来控告父亲。

欧悌弗戎自己一开始也觉得这样做"不虔敬"，大致等同于我们中国人说的"不孝"，天理不容，怎么能来控告自己的父亲杀人呢？于是他问苏格拉底，神意究竟是如何看待虔敬不虔敬的，他们的对话就围绕"虔敬"而展开。

可笑的就是，对于这件事，苏格拉底都感到挺为难，而欧悌弗戎自以为他完全知道，什么是天理，什么是对的，而且认为自己控告父亲杀人是"天经地义"的正确："虔敬的东西就是我现在所做的，即控告那在行不义的人，无论涉及的是杀人还是偷窃圣物……即使那人正好是父亲，或者母亲，或者别的任何这样的人；而不控告就是不虔敬的。"（5d9-10）[2] 他还把宙斯拉出来，认为宙斯阉割了他的父王，捆绑并推翻了父亲的统治，是最善的和最公正的行为，原因就是他父亲做了不义的事——吞食自己的儿子，这为欧悌弗戎控告自己的父亲杀人找到了最神圣的依据。

1　［古希腊］柏拉图：《欧悌弗戎》，溥林译，商务印书馆2021年版，第5页。

2　［古希腊］柏拉图：《欧悌弗戎》，溥林译，商务印书馆2021年版，第13页。

而苏格拉底在这件事上是非常理性的，他说每当有人讲诸神的这些故事时，他都难以接受，不能把传下来的所有神话都视为天经地义的正确，把它们作为"神圣的依据"是可疑的，至少不是充分的。但如果否认了这些"虔敬"的东西，类似于我们中国人如果否认了炎帝、黄帝之类的传说，那我们将从何处寻求到伦理上绝对正确、能够"虔敬"的神圣依据呢？苏格拉底在这里无疑为自己设置了极为艰难的论证课题。

苏格拉底的理性"说理"，就以"天人比照"的方式来循循善诱。他说，欧悌弗戎，我并没有要求你教我一两件虔敬的事，让我盯住它，以便用作"范型"，而是所有虔敬之为虔敬的那个"式样"本身。所以，欧悌弗戎给出了这样一个回答，"那么，为诸神所喜爱的东西就是虔敬的，而不为诸神所喜爱的东西就是不虔敬的"（6e10）。

苏格拉底说，令人钦佩的欧悌弗戎啊，你还是没有回答我请教你的问题，我没有询问这样的东西：作为同样的东西既是虔敬的又是不虔敬的，既是神所喜爱的，又是神所厌恶的（许多人曾把此视为辩证法的核心，而苏格拉底清楚地说，我根本不是询问这样的东西！），所以，你认为你现在所做的，控告惩罚父亲，是令宙斯喜悦却让克洛诺斯、乌拉诺斯仇恨[1]，令赫淮斯托斯喜爱却让赫拉仇恨的事情（8a10-b5），那么你认为这就是正当的？

"正当""正确"才能是相互对立的"理由"的更高的标准，哪怕是诸神的喜好与厌恶，也不能取代"正当""正确"本身，因为显然诸神的喜好与厌恶，是多种多样的，并不能表达"虔敬本身"的"式样"。苏格拉底马上说，好极了，诸神之间实际上并不存在"共同喜爱的东西"和"共同厌恶的东西"，而是各喜其喜，各爱其爱，相互争吵，彼此敌视。因此，神的好恶不是虔敬的对象，不是应该做的行为的依据。

欧悌弗戎于是知道，以诸神的好恶之情来推理虔敬（天理）是不行的。

1　在本书前面的神话部分，我们已经介绍了乌拉诺斯、克洛诺斯和宙斯这祖孙三代的关系。

他马上得出了一个超越诸神好恶标准的虔敬理据："苏格拉底，但我认为，对于下面这件事诸神中无论如何没有哪位会同另外的有分歧，那就是不正当地杀了某个人的那个人居然会不必受罚。"（8b6-9）

这从表面上看，确实是寻求到了所有神都不会有分歧和矛盾，从而超越于好恶之上的公道或正义。而苏格拉底还能做出什么样的反驳呢？

苏格拉底说，你只说诸神之间不会有分歧，难道在人间你听说过有人对此有分歧？答曰：从来没有停止过争论，做了许多不义之事，人们总是逃避惩罚。

难道在这样的事情上，人神两界还存在根本差别？苏格拉底接下来要追问的，就是人类逃避惩罚的理由在哪里。苏问，你是说，他们承认在行不义，却还说他们不应受罚？答曰，决不会。那么，他们只是说，他们没有行不义，所以如果只是这样，那么神界不是也一样吗？诸神也不会就行了不义者是否该受处罚进行争辩，而是行不义者究竟是谁，他做了什么是在行不义，以及如何做的。

这就推进了对问题本身的理解，并达成了共识。

接下来，苏格拉底就聚焦到要让欧悌弗戎来证明，所有神都会认为他控告父亲杀人这一行为是正确的道理。而这问题的实质，对于欧悌弗戎而言，不是作为儿子该不该告父亲，而是那个因喝醉酒而杀了一个奴隶的帮工的死，究竟是不是他父亲导致了不正当的死。而对于苏格拉底，他在心中暗想，即便欧悌弗戎能够向他清楚地表明，所有神都认为这样的死是不正当的，难道这就证明了我从欧悌弗戎那里学到了虔敬的东西和不虔敬的东西究竟是什么吗？

既然虔敬的东西是因为正当的才是虔敬的，而不是因为诸神的喜爱，那么，苏格拉底现在就进一步追问："那么请你试着这样教我，虔敬的东西是正当的东西的哪个部分，以便对梅勒托斯说，别再对我行不义，也不要起诉我不敬神。"（12e1-4）

欧悌弗戎被问得不断加以区分，把"虔敬"进一步区分为"虔敬心"（Frömmigkeit）和"对神的敬畏"（Gottesfurcht）[1]，总之就是对神的"侍奉"，而苏格拉底穷追不舍，要他说出，对神的何种侍奉才会是虔敬，因为他不相信，一般对神的侍奉对神就有益处且让神变得更善。在这样的讨论中，苏格拉底否认了对神的献祭和祈祷作为向神进行索取的举动能够是虔敬，虔敬绝不会是人与神之间的一种交易术。其实，《欧悌弗戎》最终也像其他对话一样，并未就根本问题达成一个肯定性的答案，即没有正面回答，究竟何为虔敬，如何侍奉神才是虔敬，因而也就没有正面地回答，为何子告父杀人是具有正当性的行为。苏格拉底最好的回答，似乎指向的不是对神的正义的肯定，而只是指向人心对神的恐惧：不是诗人说的，"哪里有恐惧，哪里就有敬畏"，而是相反，"其实是哪里有敬畏，哪里就有恐惧。因为任何对某事感到敬畏和羞耻的人，他岂不是已经同时害怕和恐惧邪恶这种名声？"（12b10-c1）这与最后的这段话是相呼应的："但是，你不要如此轻视我，而是要恰当地集中你的理智，并最终告诉我正确的东西（das Richtige）……因为你不能完全确定地知道虔敬的东西和臭名昭著的东西（ruchlos），那么你真的无法为了一个雇工而去控告一位年迈的打死人的父亲；相反，你肯定既是由于恐惧诸神，才冒险来做某事，也是由于即便也许做得并不得当，却也免于在人们面前感到羞愧了。"（15d4-e1）[2]

因此，整篇对话的核心是我们"应该做的""正义"事情的"天理"与"人情"的依据。在这样的问题上，我们千万不能像欧悌弗戎那样，自以为什么都懂，"天道"就在他手上掌握着似的，因为就连诸神本身对这类事情都是相互纷争、相互对立的，何况人乎？我们如何知道"天理"？

1　Platon: *Euthyphron*, in: *Platon Werke*, Band I. 2, in der Übersetzung von F. D. Schleiermacher, Akademie Verlag Berlin, 1935, S. 53.

2　Platon: *Euthyphron*, in: *Platon Werke*, Band I. 2, in der Übersetzung von F. D. Schleiermacher, Akademie Verlag Berlin, 1935, S. 56.

苏格拉底要问欧惕弗戎的是,究竟什么才是虔敬的东西,而他答的却是,我正在做的事(控告父亲杀人)是正当的。所以他提供的答案也是苏格拉底所不能接受的,因为苏格拉底说他难以接受关于宙斯的传说,并不是说他根本不相信有神圣的东西,而是诸神在究竟何为正当和不正当(真理、正确性)、美和丑、善和恶这样的事情上,也是相互争吵,彼此不合,相互敌视,所以,我们把这些神话传说的神的喜好和厌恶直接作为虔敬的东西,作为我们人类行为的最终根据,就是荒唐可笑的。人类需要的伦理决断的智慧,不能直接依赖神话传统,而是要依赖人类理性本身的决断,这实际上就为西方伦理学奠定了一条坚实的理性主义说理和论证的方向。

四、苏格拉底式"伦理学"主题 III:《普罗塔戈拉》探究"无伦理"则"无存在"

上述对苏格拉底作为西方伦理学之父的思想重建,以个人行动和心灵品质为中心。《克里同》直接回答了"我应该做什么"的道德哲学核心问题,而《欧惕弗戎》则侧重探讨了伦理的绝对道义根据,如果我们仅仅在一般哲学史意义理解苏格拉底的伦理学,那么根据这两篇柏拉图对话,就足以把握"苏格拉底式伦理"的基本特点了。但是,对于我们的研究而言,仅仅停留在这一层面上还不够,因为它还没有揭示出古希腊伦理哲学关于"伦理"的"存在"维度。现代道德哲学越来越把自身的思想专业化地锁定在与个人"道德"或"德性"[1]相关的主题上,但在苏格拉底这里,德性不仅不能与

1　在许多国人的用法中,"道德"与"德性"不加区分,"道德"也与"伦理"不加区分,但在西方道德哲学史上,它们从一开始就有了严格区分:古希腊没有"道德"概念,却有"德性"概念,"伦理学"核心问题就是围绕"德性","德性"既是一个"非道德主义",即自然主义的"优秀""卓越""功能"概念,也是人性之卓越品质概念,而"道德"被严格限定在现代规范伦理学中的"行动原则"的道德性标准上。因而,我们在学习西方伦理学时,尤其要理解"道德"在何种意义上区别于德性,更要理解它在何种意义上区别于"伦理",把它们不加区分地混用,就很难保证我们关于西方道德哲学的"言说",是说到"点子"上的"内行话"。

伦理和政治分离开来，而且只能在"伦理"与政治意义上才能理解，因为伦理和政治都事关人的存在问题。"存在"在苏格拉底之前，作为"自然"的存在机制得到探讨，而在苏格拉底这里和之后，要作为伦理的存在机制问题得到思考。正如没有"物理"即自然事物的规律或法则（因果律），"自然"就不能存在，自然的因果律是自然之成为自然的决定性基础一样，没有"伦理"，即人类存在的法则，那么人类就不可能存在。这样的思想已经在苏格拉底和柏拉图思想中产生出来了。"伦理"在哲学意义上，首先是人类的存在问题，最高的目标是实现存在的美与善。

记录苏格拉底这一思考的文献是柏拉图的一篇早期对话，至少是由早期向中期转变的对话，即《普罗塔戈拉》。在这篇对话中，柏拉图在西方哲学史上，第一次探讨了"伦理"的起源，这就是人类如何能够"存在"的问题。

《普罗塔戈拉》是从"德性"问题过渡到"伦理"问题的。

天还没亮，苏格拉底就被雅典青年希帕克拉底（Hippocrates）叫醒，说要前去拜见"昨天"来到雅典讲学的大名鼎鼎的普罗塔戈拉，认为"唯独他普罗塔戈拉是有智慧的人"（310d5）。苏格拉底一听就给他泼了一瓢冷水，说我们别着急去，你要想想清楚，你去他那儿，付给他钱作为讲学的酬金，他才告诉你如何优秀（德性），你去什么样的人那儿求教，要想清楚，你想成为什么样的人？你想成为一个"智术师"，难道不羞耻吗？苏格拉底在提醒希帕克拉底，选择一个什么样的老师，是非常重要的事，因为你是把灵魂交给他来教化。我们要爱护自己的灵魂，因为灵魂的品质，决定了人的高贵与否，人的灵魂的高贵在于自由，在于能思想，因而在于有大智慧，所以一切教育本质上都是"自由民"的教化，是哲学思想能力的教化，而不仅仅是谋生的"技艺"的学习。教与学，是"自由灵魂"的唤醒之大事，而不是识字扫盲或谋生才能之雕虫小技。

但柏拉图笔下的普罗塔戈拉显然并不具有这样的自由灵魂，他仅仅是在

"技艺"层面非常自信，他对前来拜见请教的雅典青年说：

> 年轻人，如果跟随我，你会有收获的。你和我在一起待上一天，回
> 家时就会比来时变得更好，第二天比第一天更好。你每天都会取得进
> 步，会变得越来越好。（318a）[1]

苏格拉底显然立刻表示了惊讶，但还是以他惯常的"讽刺"说道，普
罗塔戈拉，你这样说倒是一点也不让人感到惊讶，要是有谁能教你什么你之
前所不知道的东西，你也会变得更好。显然，苏格拉底在这里并非是以"德
性即知识"来恭维普罗塔戈拉，反而暗含了"知道"了什么是"好"和一个
人实际上变"好"之间具有很大的张力和鸿沟，这是他与智者派关于德性是
否可教之争论中的最大分歧。在尚未与普罗塔戈拉展开这一分歧之前，苏格
拉底只是以其反讽，让普罗塔戈拉先顺着杆子往上爬一会儿。在接下来关
于如何造就好的城邦，造就公民卓越德性问题上，苏格拉底才在他面前第
一次表达了"治国术"不可教（319a10）的主张："即便我们最智慧、最优
秀的城邦公民，也没办法把自己具有的德性传授给其他人。"（319e）他指的
是即便是伯里克利这样被公认为最有智慧和明智的人，也没有让他自己的
儿子学会"治国术"，因而"德性可教"，一学关于德性即卓越的知识，就
会变得"卓越"，跟随智者学习，就会变得更好，完全就是骗人的鬼话。那
么，究竟伦理和德性是什么样的知识，这需要更进一步的探讨，于是，苏格
拉底就激发出普罗塔戈拉开始讲"伦理"与"德性"究竟是如何起源的一个
神话[2]：

1　Platon: *Phaidros*, in: *Platon Werke*, Band I. 1, in der Übersetzung von Friedrich Daniel Ernst
　　Schleiermacher, Akademie Verlag Berlin, 1984, S. 170.

2　这里的讨论与导论卷《道义实存论伦理学》第 201—202 页有重复，但论述的角度稍有不同，
　　在那里，着重指出"伦理"的"存在论"视野，在这里，着重于苏格拉底的伦理学建构。

　　从前有个时候，已经有了诸神，却还没有会死的族类（sterbliche Geschlechter）。后来，创造它们这一命定的时刻到了，诸神就在大地内部掺和土与火以及由土与火混合起来的东西塑造它们。而到了神们应该让它们见光的时候，神们委托普罗米修斯和厄庇米修斯（Epimetheus）来替每个会死的族类配备和分配相应的能力，但厄庇米修斯恳求普罗米修斯让他来分配。"我来配备，"他说，"你来督察吧。"这样说服普罗米修斯后，他就分配了。他赋予有些族类以强健，却没敏捷，而给柔弱者则配上敏捷；给一些族类配上武装，而另一些则无防卫的（wehrlose）天然能力，不过也给它们设计了一些别的能力来拯救自己。譬如，对那些没什么掩护的，他就给它们配上翅膀可逃，或寓居地下；对那些块头大的，就让它们以这大块头来保护自己。厄庇米修斯设计这些时预先就防备了（aus Vorsorge）不让某一族类灭绝。

　　为会死的族类配备了避免相互毁灭的本领之后，厄庇米修斯又设计出抵御来自宙斯季节变化的东西，给有些配上密匝的毛和厚厚的皮，既可御冬又耐夏热……由于厄庇米修斯不太有智慧，他没注意到，他把所有这些能力配备给了那些没有理性的动物，人类却还没有配备任何能力。而厄庇米修斯却对他需要做的事束手无策。正在他处于这种束手无策状态时，普罗米修斯走来检查他的分配情况……[1]

普罗米修斯一来就发现了他这位兄弟在配置生存能力时犯下一个极大错误，没有给人配备任何生存能力，既没有厚厚的皮毛以抵御严寒与酷暑，也没有坚硬的蹄爪以抗击外敌；既不敏捷也不强健；既没有鹰的眼睛，也无狗的嗅觉；既没有小鸟的翅膀，也没有大象般笨重的大块头。人，靠什么在大地上生存呢？因为人类在所有"自然"方面都远比野兽孱弱，因此，人类不

1　Platon: *Phaidros*, in: *Platon Werke*, Band I. 1, in der Übersetzung von Friedrich Daniel Ernst Schleiermacher, Akademie Verlag Berlin, 1984, S. 178–180.

能独自存活于自然界。为了生存"于是他们寻求聚居并靠建立城邦来拯救自己"（Sie versuchte also sich zu sammeln, und sich zu erretten durch Erbauung der Städte，322b）。这就涉及人之为人的本质特性：聚居型动物，靠城邦生活以弥补人类自然生存能力的天然不足和有限。但问题在于，人类把自己关在"城邦"里，固然可以避免与野兽的搏斗而被灭绝的命运，但如果避免人类相互之间可能比野兽更加凶残的相害呢？如果没有避免人类互害的"伦理"与"技能"，"聚居"在城邦里依然生存不了，人类将会自己冲出城邦，回归自然以谋求活命，因而最终还是会被灭绝。最终，因为主神宙斯的大智慧，他洞悉了这一点并为人类被灭绝而担忧，于是吩咐赫耳墨斯这位神人之间的信使，把羞耻（Scham）与正义（Recht）作为"礼物"送给人类。

在这个"神话"中，人类因为自然的生存能力（德性）具有天然的欠缺，即便普罗米修斯给人类盗来了"火"和各种生存的技术，但由于缺乏在城邦中相互共存的纽带、德性和智慧，也同样无法生存，这样才惊动了宙斯，所以，他送给人类的礼物是"正义"。这种"正义"是在"共存的"城邦中避免"互行不义"而相互残害的"伦理法则"，它具有命令性，宙斯特别吩咐赫耳墨斯应该让"所有人"都要有一份，每人一份！如果谁不接受这一"礼物"，宙斯的态度非常坚决："你必须为我立下一条法律，把没有能力分有正义和羞耻的人杀掉，因为他们必将是城邦的祸害，使得人类不再有城邦。"（322d）

本来普罗塔戈拉这样长篇大论地讲这个神话，是为了表明，德性（他是把正义和羞耻、虔敬等都作为"德性"来理解的）是每个人都必须有的过城邦生活的能力，是每个人都必须具有的品质，而这种品质是可以而且必须经过学习和训练而达到更好直至优秀的。他应该没有想到更为深层的作为人类存在的机制等存在论问题，但苏格拉底能忍受他这样长篇大论而不打断他，并且一直没有对这个神话本身表达任何异议，说明柏拉图和苏格拉底都赞同这个神话，尤其是通过这个神话，要把柏拉图和苏格拉底自己心目中的"伦理"，即"正义"作为人类共同存在的伦理法则和"羞耻"等德性，作为每一个人能过城邦伦理生活的"德性能力"在存在论上的地位突出出来，这才是这个神话的意义之所在。

在苏格拉底之前，希腊哲学没有伦理学，他们考虑的是"自然世界"即物理世界如何由"物性"自然而然地生成为一个有自然规律的世界。那是一个"必然的"世界，因为自然之"物性"只能按照自然的规律完成物性之天命，树木自然地长成参天大树，小马驹自然地按照其品种长成骏马，没有特殊的例外，自然天成；但人类的存在，却必须符合人性的"天命"，他们既然没有在自然丛林中生存的德性（能力），那么就只能在"城邦"（过社会和政治生活的动物）中生活，但城邦生活，也不能像物理事物那样，能"自然天成"，相反，必须依赖"伦理"和"德性"才能成活。因而，对于人类而言，不是先有"存在"而后有"伦理"和"德性"，反而是"伦理"和"德性"必须"逻辑上""先于""存在"，先要有"正义"（伦理）和"羞耻"（德性），"存在"（城邦中的共同生活）才是可能的，否则，如果没有"正义"和"羞耻"，人类在城邦中就会变成最凶恶的动物而相互残杀，使得"共存"是根本不可能的。因此，对于人类存在而言，即便有了"神造的""自然的""身体"，却不可能像其他"动物"那样，自然生长和长大，完成人的天命之性。要完成人类的天命之性，就必须要有"伦理"与"德性"，否则，单纯具有无灵魂的躯体，没有"活命"的能力。"正义"（伦理）和"羞耻"（德性）在此意义上，就是人类"共存"的"实存机制"，通过这种"实存机制"，"个人"才能在相互的道义实存关系中存活下来，实存才具有了真实基础。所以，对人类而言，是先有"伦理"（正义），才有"存在"，每一个人都分有了正义和羞耻，城邦才"存在"起来，"生存"才是"在世"之实存。

所以，在苏格拉底之前，虽然自然哲学家们也具有关于"伦理"和"德性"的断想，但总的说来，古希腊的哲学是在思考自然的物性存在法则中，追寻智慧，而只有从苏格拉底开始，才把"伦理"作为人类的存在法则确立起来，与物理世界的物理学相对，构成了关于人类存在且美善地存在的伦理学。伦理之于存在是第一性的原理，不是存在先于伦理，相反，是伦理先于存在，伦理使存在成为可能且使存在变成美善之存在。没有这一根本的转变，苏格拉底作为伦理学之父的地位就难以成立。

在这个神话中，"伦理"（正义）还是普遍的法则，它不同于一般人类生存所必须具备的技艺，可有可无，可高可低，只是"德性"（优秀）等级上的差异，而不影响基本的生存，但"伦理"作为人类共存和个人实存的基础，没有它或不是每个人普遍地"拥有一份"，都会"祸害"人类整体的存在，使得存在不可能。于是，"伦理"必须具备绝对命令性，人人必须拥有一份。所以宙斯通过严酷的法律来担保"伦理"的这种绝对的规范有效性："宙斯说：'你必须为我立下一条法律，把没有能力分有正义和羞耻的人杀掉。'"（322d）

通过《普罗塔戈拉》这篇对话，柏拉图心目中苏格拉底伦理学的结构性主题就这样完整地确立起来了，"伦理"作为人类共存的机制和德性作为个人参与伦理生活的卓越生存品质这两个存在论要素，构成了西方整个伦理学一以贯之的核心问题，这也完成了希腊哲学从自然哲学到伦理哲学的根本转变。哲学从此不再是自然宇宙的本原之学，而是人类存在的本因与智慧之学。"伦理"的本义从此也就变成了人类的存在之家园。

第二节　伦理哲学核心命题之论证

在完成了对苏格拉底作为西方伦理学之父地位的辩护和伦理学主题的建构之后，我们现在来考察苏格拉底伦理哲学几个核心命题的论证，以探究其伦理学的具体内容。

一、"认识你自己"

在几乎所有哲学史教科书上，"认识你自己"这一命题都是苏格拉底哲学的标签性命题。这一标签将他与古希腊最早的"自然哲学家"区别开来，因为他们被称为哲学家，是在认识宇宙、认识世界中追求知识与智慧，而苏格拉底认为最重要的哲学课题是超越智者派转向的人文主义，以人的道义存在为主题，前提是"认识你自己"。当然苏格拉底并不是说认识世界与宇宙不重要，也不是说他真不知道什么是真理。他只是想告诉青年人，在对世界的知识和真理上，没有谁的认识能"拥有"真理，即便是他这样被"德尔菲神谕"说是最智慧的人也不可能拥有真理，甚至不拥有真信念。因此，关于人生、伦理和德性等事情的知识，虽然传统习俗和城邦政治家都有一套现成的正确答案，似乎他们都拥有了千真万确的真理，但苏格拉底认为，一个真爱智慧、追求真知的人不会不经思考就贸然接受现成的正确答案。所以，他明确地对美少年阿尔喀比亚德说："我的保护人比你的伯里克利更优秀更智慧。"后者问："他是谁啊，苏格拉底？"答道："哦，阿尔喀比亚德，是神啊。正是祂在此前要我避免与你谈论那些教化，并且让我相信没有人比我更能让你变得显赫。"（124c5）[1]

所以苏格拉底跟青年人讨论什么是美，什么是善，什么是德性，青年人一上来都宣称他们知道"这是什么"，而苏格拉底反而说，他自己真不知道那些问题的正确答案和定义，这表现出苏格拉底的"无知"才是真诚的，他有一种信念，就是如果他比别人更智慧，那只是因为他自知自己是无知的。他的这种自知无知的信念，才是真信念，建立在他有自知的基础上。于是，这就提出了一个确立真知、真信念的元问题：如何认识你自己？

所有涉及伦理方面的知识，都与此相关。而苏格拉底之所以提出"认识你自己"这一命题，也是受到了"德尔菲神谕"的启示。

1　［古希腊］柏拉图：《阿尔喀比亚德》，梁中和译疏，华夏出版社 2009 年版，第 143 页。

所谓"神谕"是冥冥之中神对人的一种启示性的东西。在古希腊，一般都是先由人向神庙里的祭司提出他们关心的问题，类似于国人到庙里求签占卜，祭司便以神的名义为人指点迷津。无论是在希腊神话还是希罗多德《历史》中，都有许多"神谕"的例子。它通常也以谜语和预言诗的形式出现，既要满足求问者的精神需求，又要敬畏地说出神之启示，同时还要让求问者相信这确实有理，以此维持祭司的声誉。

德尔菲神庙是一座在距离雅典150公里的帕那索斯深山里的神殿，主要由阿波罗太阳神庙、雅典女神庙、剧场、体育训练场和运动场组成，其中最有名的是阿波罗神庙，因为这位神王之子，是希腊精神的象征，光明而理性，同时也代表艺术、音乐、诗歌和政治美德。在希腊诸神中，他最能使人们获知有关宙斯的思想，因而通过预言而传达的阿波罗的信息，就为人类的事务提供了神圣的指引，所有伦理问题都通过这种神圣指引，寻找到了人类道义的天理依据。

德尔菲神庙之所以有名和重要，最为关键的就是它的神谕力量。而苏格拉底的重要命题"认识你自己"就是在神庙前受到了神谕的启示。这个启示与古希腊传说的狮身人面的怪物"斯芬克斯之谜"相关。斯芬克斯是个怪物，它蹲在路口，向过往行人出谜语：早晨四条腿，中午两条腿，晚上三条腿，腿越多，力量越弱，请人回答"这是什么"。猜不出谜语的行人立刻就被它吃掉。忒拜城许多人因此而丧命。人们于是就想出一个方法，谁能猜中谜底表明谁最有智慧，那就拥谁为王，并可以娶王后为妻。结果，俄狄浦斯一下子猜中了，这个谜底是"人"，斯芬克斯这个怪物不得不跳下悬崖而死，俄狄浦斯就此当上忒拜国王，娶原来的王后（可悲的是他不知道是他自己的母亲）为妻，并生下了四个子女。

"认识你自己"的问题确实与"斯芬克斯之谜"相关联，它的问题意识表明，我们平时所谓的知识，谁是谁的儿子、出身、身份、地位和职业，看似都"熟知"，但真不一定是"真知"；看似我们谁都知道在我们的"角色"

关系中应该做什么，但是，我们总是被各种身份、角色、地位所蒙蔽，以身份、角色和地位来看人，以为自己就是身份、角色和地位所体现者，而根本不知道自己是一个人，他人也是一个人，我们每一个人能是的什么，最终谜底都只能是"一个人"。所以，"认识你自己"就是要让每一个人从世俗的身份、地位和角色中跳出来，把自己当"人"看，看出自己身上的"人性"，能够在自己身上成长出最美丽、优秀和卓越的人性，这就是人生最大的造化。因此，伦理学的核心问题在于，你自己如何活出人性的光辉、人生的精彩。

在《申辩》中，苏格拉底说过，关于他是最为智慧的人这个说法就是来源于神谕：

> 你们都知道凯瑞丰是个怎样的人，他在急于要做的事情上是多么地急躁。有一次，他去德尔菲大胆地求了这样一个神谕——我刚说过了，诸位，请你们不要喧哗——因为他竟然问是否有人是比我更为智慧的。于是皮提亚女祭司拾起签说，无人是更为智慧的。（21a5 以下）[1]

在生活中，当有人说你是最有智慧的人，有人说你蠢死了，有人说你是罪犯，有人说你是骗子时，你到底能知道哪个是真我，哪个"我"是自己最喜爱成为的人吗？

"人是什么"就这样在古希腊哲学中因苏格拉底的追问而成为哲学最为重要的问题。哲学关注的智慧，不是与人生无关的大自然的知识，而是事关如何美好地活着这个人性及人事的知识。苏格拉底的哲学显然表达了人类理性成熟到了这样一个阶段，它不再只寄希望于神谕之启示来理解人及其智慧，而是依赖自身的思想来领悟神圣启示，因此苏格拉底提出"认识你自

1　［古希腊］柏拉图：《苏格拉底的申辩》，溥林译，商务印书馆 2021 年版，第 13 页。

己"就是非常自然的事。因为人是抽象的，而"自己"却必须是具体的。

"认识你自己"来源于德尔菲神庙，从色诺芬的回忆录中我们看到了这样的对话：

> 苏格拉底说道："尤苏戴莫斯，请告诉我，你曾经到过德尔菲没有？"
>
> "去过两次。"
>
> "你曾经看到在庙墙上刻的'认识你自己'那几个字吗？"
>
> "看到过。"
>
> ……
>
> "但你以为一个人只知道自己的名字，就是认识了他自己呢，还是像那些买马的人，在没有察看过马是驯服还是桀骜，是强壮还是软弱，是快还是慢，以及骏马和驽马之间的其他各方面的好坏情况以前，总不认为自己已经认识了所要认识的马那样，必须先察看了自己对于作为人的用处如何，能力如何，才能算是认识自己呢？"[1]

但人的"用处""能力"都只有在具体的人生实践中做了他该做的，做成了他该做的，成为他心目中理想的自己时，才能获得答案。这就是说，在"做事"中认识自己的"能力"，在"做人"中认识自己的"人格"，对自己的"认识"只能在人生实践的进程中，在真实的"经历"中才能获得"真知"。"认识自己"的要求之所以是一项特别真诚的自我要求，它首要功用在于防止"自欺"。一个人如果"自欺"就根本不能分辨和知道自己适合于做什么，应该做什么，能够做什么。相反，如果人有"自知之明"，也还能鉴人知礼，就知道自己真正需要的是什么，与什么样的人交朋友，在所做的事

1　［古希腊］色诺芬：《回忆苏格拉底》，吴永泉译，商务印书馆1984年版，第151页。

情上获得成功，获得人们的赞扬和尊敬，因此得到幸福，消除祸患。就连一个城邦如果不能认识自己，不自量力，与强国交战，不是把自己变成废墟，就是使公民沦为奴隶。人不自知，同样有沦为奴隶的危险。

但认识自己应该从何着手呢？

苏格拉底说，你一定知道什么东西是好和什么东西是坏吧？答曰，这当然知道，否则连奴隶都不如了。但苏格拉底由此开始的对话，告诉了青年人，抽象地讨论好与坏实际上难以有答案，对于每一个人，都可以从你身边的人是什么样的人，找到认识自己的"镜子"。你是主人，你要过的生活至少不能像你的家奴过的生活，这一点是确定的。因此，对于你而言，什么是好的生活，什么是坏的生活，就可以通过与奴隶的生活目标比较来定向。可见，虽然苏格拉底回答"认识你自己"的要求，还没有一个明确的如同亚里士多德的"目的论框架"，但已经有了一个具体语境下的"价值论"视野，即从"自己"的"最好"来认识"自己"的方法。在此意义上，"他常说，通向光荣的大道没有比真正成为自己所希望表现的那样的好人更好的了"[1]。

但这种具体语境下的自我认知要求，也与常人在生活中总是模仿别人，把自己吹嘘或夸耀成自己或别人所希望的样子，从而不知道自己是谁了有关。在这种情况下，总是会给自己带来耻辱和尴尬不说，实际上肯定还会带来沉重、无用和可笑。因此苏格拉底力劝青年人要认识自己，实际上是要知道自己的"深浅"，尤其知道自己的"限度"，从而知道自己的"无知"在哪里：

> 我们对于自己本来无知的不要强以为知（色诺芬《回忆苏格拉底》3.9.6）。阿里斯托芬《云》840-842 中有人问在苏格拉底的学校能学到什么时，回答是"人类所有的智慧：你将知道自己是个无知的笨蛋"；

1　[古希腊]色诺芬：《回忆苏格拉底》，吴永泉译，商务印书馆 1984 年版，第 39 页。

亦参色诺芬《居鲁士的教育》7.2.20-5 克罗伊苏斯（Croesus）对箴言的理解。[1]

但日常生活中，人性在激烈的竞争中或为了体面的需要，一个本不勇敢的人却要把自己吹嘘成勇敢的人，一个本不富有的人却要把自己表现为富豪，一个不会吹笛的人却要花费金钱与精力把自己装扮成一个吹笛手，从而总是会在自己不能胜任的事情上出丑。苏格拉底为此是想引导青年人，只有认清自我的"底细"，才能知道自己的真实愿望与特长，知道自己真的喜欢过什么样的生活，值得过什么样的生活，因而也就能认清自己的德性与"神圣职责"，从而引导自己和自己的同胞，思索自己值得过什么样的生活和他们自身的最高善[2]，这是哲学即伦理学的重大使命。实际上，这却是人难以做到的。在《申辩》篇，苏格拉底一开始就表明了自己对雅典人的这一遗憾：

> 诸位雅典人啊，你们已经如何被我的控告者们所影响了，我不知道；至少我本人已经被他们弄得忘记了自己是谁。（17a1-2）

在具体展开"认识你自己"的命题时，实际上包含相互联系，但又相互区别的三个方面。（1）直接的"认识你自己"：从把握真实自我的认识方面的要求，即知道自己的优秀（德性）在哪里，自己的局限在哪里（"知"自己的"无知"），自己与他人的差距（从"差异"中认识自己），等等。（2）"做最好的自己"，这是从自己如何能变得"更好"的［实践或行动］方面"认识你自己"。"做人"是"自己"表现出来的"自己"，从而使得"自己"成为自己反观、反省和自我认知的"对象"。（3）"关心你自己"。当阿

1　［古希腊］柏拉图：《阿尔喀比亚德》，梁中和译疏，华夏出版社 2009 年版，第 142 页注释 2。

2　［古希腊］柏拉图：《苏格拉底的申辩》33c，20e，30de，31a，28e，23b，溥林译，商务印书馆 2021 年版。

尔喀比亚德说"[127d6] 凭诸神说，哦，苏格拉底，我自己也不知道我说的是什么意思，我担心自己过去都不知不觉地陷入这种可耻的境地"时，苏格拉底回答道："但你必须振作，毕竟你已经意识到自己的处境。[127e] 五十岁时你就很难关心自己了。现在你正当年，正是该自己意识到这点的时候。"[1] 所以，"关心自己"，是与自己如何变得"更好"，如何"如神所愿地"成就我们"最好"的自己联系在一起的。希腊化时代之后，斯多亚主义就是发展出了"关心自己"的"修行伦理学"。

二、"德性不可教"

苏格拉底与智者派争论的主要问题就是"德性是否可教"。这个在柏拉图早期许多对话中都有记载，但在《普罗塔戈拉》和《美诺》(Menon) 篇中最为集中，也最为紧要。前者主要涉及苏格拉底与智者派首领普罗塔戈拉的对话，后者则涉及智者派另一个主要代表人物高尔吉亚，我们之所以对这两篇对话感兴趣，就是因为它们一方面集中反映了苏格拉底与智者伦理思想的风格与特点，另一方面它们涉及苏格拉底对其两个主要伦理思想（德性不可教和知识即德性）的论证过程。

智者派以传授德性知识为职业，当然秉持"德性可教"，这是他们的基本信念也是希腊人将孩子交给他们教并因此而付费时的期待。苏格拉底在这个问题上的立场本来是清晰的，认为德性不可传授，而且说雅典人普遍都是这一态度："显然，雅典人并不认为这是可教的"(319d7)，"即便我们最智慧、最优秀的城邦公民，也没办法把自己具有的德性传授给其他人"(319e)[2]。为此他还举了几个著名的例子为证，这至少也与他作为一个哲学家的怀疑立场相关，是很正常的。但是，苏格拉底第一次见到普罗塔戈拉时，

1　[古希腊] 柏拉图：《阿尔喀比亚德》，梁中和译疏，华夏出版社 2009 年版，第 153 页。

2　Platon: *Protagoras*, in: *Platon Werke*, Band I. 2, in der Übersetzung von F. D. Schleiermacher, Akademie Verlag Berlin, 1935, S. 170.

他在听到后者对前来求教的青年人说这句话时，他确实感到惊讶：

> 年轻人，如果跟随我，你会有收获的。你和我在一起待上一天，回
> 家时就会比来时变得更好，第二天比第一天更好。你每天都会取得进
> 步，会变得越来越好。（318a）

苏格拉底于是问普罗塔戈拉，你以"教什么为业"，他答曰教授"德性"
（ἀρετή/areté），苏格拉底在惊讶之余后说："听了你说的这番话，我发生了
动摇。"（320b5）当然，这种"动摇"几乎不会是真的，而只是一种苏格拉
底式的"反讽"。对"德性不可教"的信念在《美诺》93a5-94e2 也清晰地
表达出来。智者派的一个人物阿尼托斯（Anytos）说："他也遇到了某些善
良与正直的雅典人，但诚然没有人不是在愿意跟随他之后，才让他变得更好
的。"（92e）苏格拉底回应说："难道这些善良而正直的雅典人不都是由自己
（von selbst）变好的，并没有在某人那里学习过吗？况且，能够被教得不一
样的人，难道他们不也能够自己学得不一样吗？"（93a1）[1] 所以，德性可教不
可教，涉及的反倒不是关于德性知识是否可教，而是德性技艺是否可教，但
如果德性既不是知识也不是技艺，而是一个学习德性知识和技艺的人是否能
够变得更好的问题，那么，这一问题又会变成：成就自己的更好或最佳品
质是"由己"造成的，还是"由教者"造成的？这些才是整个"德性是否可
教"问题域的核心问题。但讨论中的"他们"对这些问题的层次并非总是能
明晰地区分。

让我们先进入《普罗塔戈拉》的讨论之中，看他们各自是否能够为德性
可教或不可教提供出合理的辩护。

1　Platon: *Menon*, in: *Platon Sämtliche Werke 2*, in der Übersetzung von F. D. Schleiermacher mit
　der Stephanus-Numerierung herausgegeben von Walter F. Otto, Ernest Grassi und Gert Plamböck,
　Rowohlt Taschenbuch Verlag Hamburg, 1957, S. 34.

在 323c5 以下，先是以苏格拉底复述的口气把普罗塔戈拉的长篇论证讲了出来。普罗塔戈拉认为，人们并不认为，德性是天生的或自己冒出来的，而是"教会"的，是从每个人的"见识"中产生的。在 323d5 继续说："好品质是通过人的努力（Fleiß）、训练（Übung）或教导（Belehrung）而获得，不是天生具有的，相反毋宁说，与这些对立而导致的错误则会出现恼怒、谴责和惩罚。"在 324b7 以下说："在这里每个人也对每一种无德性的行为恼怒并惩罚它，是因为相信，通过不懈努力并通过教导是能够让他们的品质变好的，就是说，只要你愿意，亲爱的苏格拉底啊，你就会看得到，惩罚不义行为真正地意味着什么，而这就将教导你自身，人们会认识到，德性是能够后天获得的。"[1]

普罗塔戈拉在这里说了一些古希腊哲学家几乎都能认同并得到坚持的话，即德性作为好品质，不是天生的，而是通过人自己的努力、训练或被教导而获得，但他依然没有明确区分"被获得的"究竟是"德性知识"还是"德性品质"，如果是前者，那么说"德性可教"是能够成立的，但如果是后者，就涉及"成就"更好的德性，是"由己"还是"由人"这个我们孔夫子也说过的核心问题，但普罗塔戈拉显然没有抓住要领。

针对苏格拉底列举的例子，具有智慧与美德的城邦好男人们为什么不能教好自己的儿子，成为德性更好的人，普罗塔戈拉居高临下地又给苏格拉底上了一课。说苏格拉底啊，你要这样动一动脑筋，如果有一个城邦存在，是不是有一个共同的东西是城邦公民都必须分有的呢？这个东西如果不是木匠、铁匠或陶匠的手艺而是正义、节制和虔敬，把这些东西概括为一个男子的德性，那么每个男子必然都要分有此德性，才做得成男人。因此，这个德性当然就是可教的，如果别的技艺都能教，唯独这个德性技艺不可教，岂不怪哉？如果不培育德性，就会违法犯罪，会被放逐和死刑，家破人亡，所以

1　Platon: *Protagoras*, in: *Platon Sämtliche Werke 1*, Übersetzt von Franz Susemihl, Verlag Lambert Schneider Heidelberg, 1982, S. 76.

每个家庭都会关心德性教育。

从 328d4 之后，苏格拉底说他从"沉迷"中慢慢回过神来，说他"信服了"。但显然他听够了这样的平庸之见，压抑着自己的不耐烦，开始不再客气地反驳了：

> 你说，德性是某种可教的东西，而我要是能够随便相信这个世上的某个人，那我也会相信你。但是呢，在你的讲词中那个令我惊讶的陌生之物堵住了我的思想，因为你说，宙斯把正义和廉耻赠送给了人，而在你的论说中的许多地方再次把正义、节制和虔敬以及所有这类东西都说成一个整体的东西，即以德性来标识。而现在让我觉得要与你争论的东西是，德性究竟是不是一个东西，如果是的话，那么它就有部分，而正义、节制、虔敬就都是它的部分，还是所有这些其实都只是这同一个东西本身之属性的单纯名称。（329c-d2）[1]

苏格拉底这一问题其实很毒，你说了那么一大通德性可教，但究竟是作为整体的德性可教，还是作为部分的德性可教？如果是作为部分的德性可教，哪一个部分可教，哪一个部分不可教？所以，德性是一个东西吗？你一会儿说德性是一个东西，是一个整体，一会儿又说，德性是分有了整体的许多不同部分的属性，那怎么可能证明德性可教呢？

德高望重又自以为充满智慧的普罗塔戈拉被苏格拉底这一毒辣问题带到沟里去了，他选择以脸"作为整体"与眼、耳、鼻、嘴这些"作为部分"的关系来说明德性"一"与"多"的关系。但显然无法说明德性的多样性差异，这样就使得苏格拉底开始步步为营地发起了进攻：多数人的德性是这样的，勇敢却不正义，正义却不智慧，你怎么能说，大家分有同一种德性，就

---

1 Platon: *Protagoras*, in: *Platon Sämtliche Werke 1*, Übersetzt von Franz Susemihl, Verlag Lambert Schneider Heidelberg, 1982, S. 83.

有了各种德性呢？即使可以教人变得勇敢，但他却不正义，即使教得了人有正义，他却不智慧，那怎么说德性可教了呢？

于是，苏格拉底迫使普罗塔戈拉承认了德性是多样的，不是整体，因为整体的德性显然是"不可教的"，而"多样的"德性，有的可教，有的不可教，于是，"德性可教"作为一个普遍命题不能成立。

从现在开始苏格拉底从被动变为主动了，他开始引导着话题的展开。他选择了从"功能"（dunamis）/"能力"进路来理解德性。我们必须注意到，从"功能"/"能力"来理解德性，这样的德性就不是道德意义上，而只能是"非道德"意义上的德性，即作为一种天生的自然功能的完善、最优、卓越之含义。"脸"为"五官"提供"在场"的结构性存在之"地盘"；耳的功能是听觉，鼻的功能是嗅觉，嘴的功能是"牙齿"的"吃功"和连接身体内藏的通道与通气开合。所以，各部分的"功能"/"能力"都不相同，没有哪个与哪个一样，没有哪个能取代其他的，这样说来，德性的所有部分就没有哪一个是与"知识"一样的，也没有哪个与正义、勇敢、节制或虔敬一个样，这就让普罗塔戈拉不得不承认这一点，从德性部分而言，"德性可教"论证也是不成立的。

接下来，苏格拉底又引导普罗塔戈拉来思考，各个德性的部分究竟具有什么性质。当他把"正义"作为做某事或不做某事来思考时，就引入了一个对普罗塔戈拉完全不利的方向，因为"德性"如果是"知识"或者善恶观念，就有利于"德性可教"；如果"德性"根本不是"知识"而是"践行"，那么就有利于"不可教"。实际上，下面的对话都是围绕"做"（"行动"）来定义"德性"的性质。苏格拉底说："正义就是做虔敬的事情，虔敬就是做正义的事情。"（331b3）显然，普罗塔戈拉意识到了他与苏格拉底的差异，但一时还找不出差异的原因，只是觉得苏格拉底把"两个相像"的事说成是"等同"的是不对的。后面又被苏格拉底拖着讨论节制、智慧与正义的关系，几乎都是被苏格拉底控制着场面，而普罗塔戈拉勉强应付，一直到334a3，他一直压抑着的脾气终于爆发出来，说：

> 我绝不是这个意思，我自己当然知道……

于是讨论越来越远离了"德性究竟是否可教"，因为普罗塔戈拉忍受不了一直让苏格拉底牵着鼻子走的处境，开始脱离问题吵架了：

> 苏格拉底，迄今为止，我已经与很多人舌战了，如果我只是按你的要求来讨论，按反驳者要求我如何讨论的那样来讨论，我就不会显得比任何人更优秀，我普罗塔戈拉也不会名满希腊啊。（335a5-7）

苏格拉底听了这话，也坐不住了，站起来要走，眼看讨论不欢而散。经过听众们的一阵友好劝说，对于他们表面的分歧：普罗塔戈拉不愿再按照苏格拉底提问所设计的套路回答他的问题，而苏格拉底不愿听普罗塔戈拉的长篇大论，达成和解，以选出一个言论裁判，既防止夸夸其谈，又防止严格地按照苏格拉底的对话样式，实际上是以普罗塔戈拉的妥协而重新开始了讨论。

接下来的讨论依然是从"践行"方面而不是关于德性性质的知识方面展开，从要"成为一个好男人，真难啊"（339b）开始，这背后的问题意识，我们得紧紧围绕"德性是否可教"而展开。因而，从"做好男子难"到"成为高贵者难"（339d6），隐含的逻辑就是，成为一个具有美德的男子，一个高贵者，不光是德性教育的事情，尽管"难"也并非意味着做不到，而是有可能做到，有可能做不到，但无论如何，都不能直接证明"德性可教"，反而是有利于得出"德性不可教"。因为就"成就德性"而言，关键是"做"，是苏格拉底那样的"身体力行"，而不是"知"，不是智者们的道德教育。普罗塔戈拉自己也意识到了，"难"的意思"不是'坏'，而是不容易，要靠许多作为才成得了"（341d5）。但苏格拉底看得更深，"成了之后，要保持这样一种习惯，是个好男子"（344c），这才真的"难"。如果不能成为"习惯"，一个高贵者也会再次变成一个低劣者。苏格拉底隐含的意思是，如果德性可教，那么，高贵者成了低劣者是不是你教出来的呢？

　　随后讨论勇敢德性，依然像前面的讨论一样，不同的就是普罗塔戈拉明确提到了，一个勇敢者潜入水井救人，那么他的勇敢不就是因为他具有潜水的知识和经验吗？这样还是涉及一个关键问题，即在成就德性的习惯养成中，知识和经验究竟起到何种作用，而这个问题，苏格拉底最后总结发言，实际上说得非常清楚，他在暗讽普罗塔戈拉在根本不知道美德是什么的情况下却那么自信地作为传授美德的老师，而且相信每一个跟他学的人具有立竿见影的越来越好的效果。苏格拉底说，由如此的"无知"引导的我们的这场讨论会就会遭到世人的嘲笑，他们会说：

> 苏格拉底和普罗塔戈拉啊，你们真是荒唐的一对。你们当中的一个人在开始的时候说美德不可教，但后来却自相矛盾，想要证明一切都是知识，譬如正义、节制、勇敢等等都是，以为这是证明美德可教的最佳方式。如果像普罗塔戈拉想要证明的那样，美德是知识以外的东西，那么显然它是不可教的。但若它作为一个整体是知识，这是苏格拉底热衷的，那么如果美德不可教，可就太奇怪了。（361b-c）

这显然是苏格拉底"辩证法"的一次成功的运用，就是说，如果我们没有就美德究竟是什么达成一致，来谈美德是否可教，最终我们谁也不比谁更智慧，都会走向自我主张的反面，最后就谁都没有说服谁，苏格拉底依然是苏格拉底，普罗塔戈拉还是普罗塔戈拉，他们原初的立场都没有变。就此而言，像施特劳斯的解读那样，说"这场对话完全失败"也有某种道理，但施特劳斯自己显然也不赞同这是一场失败的对话[1]，因为通过几轮交锋，依然把"德性是否可教"这个问题本身的含义澄清了，使我们得以知道，德性可教或不可教的前提是什么，边界在哪里。而问题的关键还是在于先弄清"德性究竟是什么"，因此施特劳斯说"在这篇对话中，并没有明确指出德性是什么的问题"[2]是令人不能接受的，明明苏格拉底几次都明确提出这个问题（360e，361e），只是在这篇对话中并没有真正讨论这个问题而已。德性究竟是什么的讨论，集中在《美诺》篇，我们就此进入到这一讨论中来。

三、"德性即知识" / "无知即恶"

《美诺》对话给了我们一个比较完整的"德性即知识"的论证框架。

在一般哲学史教科书中，"德性即知识""无知即恶"几乎成为苏格拉底伦理学的经典教条，但几乎很少有人说清楚，这其中究竟蕴含了什么。这句话中"德性"究竟是知识或技艺，还是品质，"德性"作为品质究竟是天生的"好品质"，还是在"善的规范""由己"而成的好品质，都需要更具体地阐明。同时，该命题中"知识""无知"究竟是何种"知"？"德性之知"又是"知什么"？与一般知识是否有区别，区别在哪里？"无知"怎么就是罪恶了？所有这些问题都很难说得清楚，尤其是，智者与苏格拉底在这些问题上是否存在泾渭分明的分歧，分歧点在哪里，要辨析清楚并不容易。

所有关于"德性是什么"的追问都指向对德性之"性体"的知识追问，不问到这一层，就是盲目的。这是我们考察《美诺》对话时要特别注意的。

美诺作为苏格拉底的对话人，从70a1到71a7都是在追问"德性是否可教"，而苏格拉底一直追问的则是"德性本身（die Tugend selbst）是什么"，两人问题意识的差异，依然像《普罗塔戈拉》中那样，涉及德性"一"与

1　［古希腊］柏拉图:《普罗塔戈拉》,［美］施特劳斯疏, 刘小枫译, 华夏出版社2019年版, 第224页。

2　［古希腊］柏拉图:《普罗塔戈拉》,［美］施特劳斯疏, 刘小枫译, 华夏出版社2019年版, 第222页。

"多"的问题。美诺显然不懂这一点，一上来觉得谁还不知道"德性本身是什么"呢？显得非常自信地说：

> 这根本不难回答啊，苏格拉底，首先，男人的德性，如果你想问这个，就不难这样说，男人的德性就是他能够承担城邦事务，在他执行城邦事务时，对朋友做善事，让他敌人痛苦，保护好自己本身，以免遇到敌人类似的伤害。如果你想问女人的德性是什么，那么也不难这样来描述：就是好好持家，把家里的一切管理得井井有条，对丈夫温顺有敬。（71e）[1]

他还如此平庸地唠叨了其他人的德性，老人的德性、小男孩的德性、小女孩的德性、自由民的德性、奴隶的德性，如此等等，无一不是就每个人的特殊身份、地位而言不同的德性，也就是说，个人因性别、身份、年龄、等级、地位之不同而各有其特殊德性（71e1-72a4）。但苏格拉底强调说，他问的是单数的德性（ἀρετή）本身是什么，而对于非复数的德性：

> 真的特别幸运，美诺啊，我似乎遇上了德性，由于我只寻求一种德性，寻找在你那里所说的各种德性的一个整体。仅此而已，美诺，为了便于保持在这个整体的式样上，如果我问你一只蜜蜂的本性是什么，而你却告诉我，那简直有许多和不同样的本性，你就答非所问了。（71e）[2]

这表明，苏格拉底坚决地要把它引到对"德性（ἀρετή）是什么"的知识论问题上来讨论。因为不这样，德性的统一性问题得不到解决，德性与知识就依

1　Platon: *Menon*, in: *Platon Sämtliche Werke 2*, in der Übersetzung von F. D. Schleiermacher mit der Stephanus-Numerierung herausgegeben von Walter F. Otto, Ernest Grassi und Gert Plamböck, Rowohlt Taschenbuch Verlag Hamburg, 1957, S. 11.

2　Platon: *Menon*, in: *Platon Sämtliche Werke 2*, in der Übersetzung von F. D. Schleiermacher mit der Stephanus-Numerierung herausgegeben von Walter F. Otto, Ernest Grassi und Gert Plamböck, Rowohlt Taschenbuch Verlag Hamburg, 1957, S. 11.

然是分离的，这种分离表明，我们可能只是把握了一种特殊德性的虚影，而没有把握德性本身之"性体"。在《斐洞》(Phaedo，多数译为《斐多》)中，苏格拉底已经提出"真正的德性伴随着真正的知识"(69b3)，这种"知"是对德性本身的知，也即对德性之"体"的知，而不是对德性之"用"的知。也就是说，如果德性不是一个，那么它们就不是以同一种方式是善的。

于是，苏格拉底开始试图给"德性"所是的"什么"下定义，下的第一个定义是：

> 德性是一种向往善并获得善的能力。(78b)

这一规定为苏格拉底后面的论证奠定了基础，因为他的前提是，如果德性是知识，那么就是可教的(89d)，如果德性不是知识，那么如何是可教的？他是在问，德性可教的条件是什么。

随后，美诺在苏格拉底的追问下给出了第二个德性的定义：

> 除了能够统治众人以外还有什么呢？ 如果你想要多中的一。(73c7-d1)

在这个定义中，德性是排他的，而非统合性的。在希腊文中，"众人"为 anthropoi，奴隶也可以被称作 anthropoi，但称不上是真正的人。因此即便"能够统治众人"，这也不可能是德性的定义。德性的"多与一"指的是在众多部分德性中寻找到一个具有统合性的总德之名，如同后来亚里士多德所找到的"正义"，孔夫子所找到的"仁爱"，而美诺的这个说法与真正的德性无关，所以苏格拉底再次让美诺回忆"你追随的高尔吉亚"对此问题是怎么讲的，之后他反驳道，按照美诺的说法，小孩和奴隶要有德性，就必须有能力统治，如此就会出现小孩统治父母，奴隶统治主人的现象。可以看出，苏格拉底所认为的德性是包容性的，他反驳的前提是德性是普遍存在的，并不仅仅是部分人才有的。接着，苏格拉底开始用形和色的例子来向美诺展示如何"定义"。正如个别的"白"不等于"色"，个别的"圆"不同于"形"，因此个别人的德性也不等于美德。正如曲与直两种相反的"形"都是"形"，白与黑两种相反的"色"都是"色"，那么，难道主人的德性与奴隶的德性两种德性不都是德性？虽然主人德性与奴隶德性从某种角度讲具有"实质"的不同甚至在高低上不可同日而语，但他们在"德性""名称"上有需要具备"共同的""德性"之品质，才能是德。这种对所有德性共同品质的认知与规定，就是德性之知识。所以克莱因指出，此处苏格拉底其实是试图引导美诺，没有知识就没有德性，没有德性就没有知识。知识伴随着德性，德性在某种意义上先于知识。德性是知识，并不意味着德性与知识完全"同一"，而是说，你必须具备德性之品质，知道它是一种普遍的、贯彻在所有德性之品质中共同的东西，你才能有德性，你有德性才有关于德性的知识，两者不可能被看到单独出现，而总是"伴随着"出现。[1]

在苏格拉底请美诺抛开高尔吉亚，自己讲讲时，美诺给出第三个德性定义：

> 好吧，依我看啊，苏格拉底，德性正如诗人所言，就是，"欣赏美的东西，而且对其有能力"。我也这样讲德性：欲求美的东西并且有能力得到。（77b2-4）

美诺在给出了两个"高尔吉亚式的定义"之后，又给出了这个"诗人式的定义"。并且，把诗人的"欣赏"替换成"欲求"，等于"欣赏"某样东西蕴含着对其有"欲求"或者想要得到它。所以这个定义里面的重点不仅是"得到"，更在于"欲求"。除了这两个方面，这个定义还包含"美"。

1　［美］克莱因：《柏拉图〈美诺〉疏证》，郭振华译，华夏出版社2011年版，第60—80页。

美诺没有区分美和善的不同，当苏格拉底问美诺"谁欲求美的东西，谁就欲求好的东西"，美诺回答说"差不多"。但是我们从经验上知道，人人都欲求善（好），但并不是每个人都欲求美。如果从美的角度定义德性，其实又把许多无力欣赏和欲求美的人，排除在德性之外了，这又是一个排他性定义。

而为了回应这个定义，苏格拉底指出，无人欲求坏东西，欲求坏东西其实是出于无知。在此，苏格拉底明确提出德性和知识的关系问题。在美和善之间，真正重要的是真，因为美往往可以不真，比如海市蜃楼，可以有不真的美，但是善一定要真，如果要求善，就一定要求真，否则，会不知道看上去对他们好（美）的东西其实是坏东西（不善）。同理，做坏事也是出于无知。一旦人知道坏东西是恶，就不会去追求，而会转而追求好东西。因此，在这一点上，追求好东西的人与追求坏东西的人在人性上并无不同，只不过前者有知识。因此，德性即知识。这是苏格拉底式哲学对话的起点。在此基础上，德性才能使人得到真正的好东西，能够使自己幸福。

但在这里，问题又转变为什么是真正的好，或者说什么是德性。不知道"什么是德性"，我们就不知道"如何获得德性"，即便获得某种在自己看来是德性的东西也颇可疑。既然人们不知道什么是德性，又要如何去寻找呢？你会把一个你不知道的东西作为寻找的对象吗？通过指出美诺这一提问的错误（两难），苏格拉底把对话引向"学习即回忆说"，这就到了《美诺》篇论证的核心，"即知识作为回忆，也就是说认识的本源来自自我意识这一源头"[1]。

如何理解这一转向？德性是什么的问题，为什么能通过转向"回忆""自我是什么"来解决？苏格拉底无非是说，"德性"不是空洞的、抽象的"对象"，它不能与认识的"对象"相分离地得到解答，而是相反，"德

---

1 ［德］保罗·纳托尔普：《柏拉图的理念学说：理念论导论》（上册），溥林译，商务印书馆 2018 年版，第 59 页。

性"就是某个"对象"自身的"品性",而自我意识的独特法则就是从"自我"本身产生出认识的"对象",对象不是身外的东西,而是自我本身,"德性"也只有回到了"自身",才回到了它是什么之知(Was-Wissen),"不可教"的"否定性"才可最终克服。"知识"作为"回忆",就是"想起"自身的"曾是",苏格拉底在此说:"所以在此时无人教他,而只是询问,他将知道和将认识的,难道不正是从自己本身中取得的吗?"美诺回答:"是。"苏格拉底继续说:"这种知,自身从自身中取得的一种认识,现在难道不就叫作回忆吗?"(85d)[1]

所以苏格拉底在这里定义了一种新的学与教:"学,被理解为回忆,即从自己的意识之源头那儿汲取或取出认识(85d);教,被理解为通过辩证法的方法唤醒自我反思。这种等同(可教的=可想起的,通过追问唤起自我意识并带入反省)被直截了当地加以了表达。"[2]

有了这样的"知识"概念和"可教""可学"的概念,那么即使在没有合格的德性教师的情况下,德性可教依然是可行的,因为知识成了自我回忆与反省的意识辩证法。真正的德性教师与其说是"辩证法家",还不如说是具有自反意识的自己本身。也是在这种意义上,我们才能理解苏格拉底最后对于这个问题的论证:

苏:如果没有德性的教师,也就没有德性的学生吧?

美诺:我觉得是这样的,如你所说。

苏:关于这些我们之前不是取得了一致,说即使真的给某人以教师和学生,德性也是不可教的吗?

1　Platon: *Menon*, 85d, in: *Platon Sämtliche Werke 2*, in der Übersetzung von F. D. Schleiermacher mit der Stephanus-Numerierung herausgegeben von Walter F. Otto, Ernest Grassi und Gert Plamböck, Rowohlt Taschenbuch Verlag Hamburg, 1957, S. 27.

2　[德]保罗·纳托尔普:《柏拉图的理念学说:理念论导论》(上册),薄林译,商务印书馆2018年版,第60页。

美诺：是的。

苏：而现在却表明没有人是德性的教师。

美诺：是这样。

苏：既然没有了教师，那么也就没有学生！

美诺：好像是这样的。

苏：所以德性简直就真的是不可教的。（96c）[1]

在得出了这个结论之后，《美诺》篇提出了这个对于苏格拉底和柏拉图伦理学更为重要的美德伦理核心难题："既然没有德性教师，那么好人是如何形成的？"

苏格拉底和柏拉图虽然还没有像亚里士多德那样形成实践哲学的观念，但在伦理与德性问题上，他们都有其特有的关于"行动"与"知识"的思考。之前的哲学史可能由于过多地把哲学解读为知识论，哲学史也被单向度地解读为认识史，因而知识论才是真正的"第一哲学"，那么苏格拉底哲学的知识与德性的关系似乎是，必须先了解一件事物"是什么"（what），然后才可能知道该事物"如何是"（how）。但当我们把苏格拉底从伦理学的眼光来解读时，反倒发现苏格拉底的真实意图其实是这样的：对于认识活动而言，"是什么"恰恰在认识者的头脑中先有一个模糊的"预设"，尤其人是什么，伦理是什么，德性是什么，它们都不存在着一个现象中的"事实"，等你去直观、感知和把握，而是要在"思想"中，先"设想""如何是"，看在其如何是的过程中最终能实现出来一个"什么"，我们才把这个"什么"作为其"所是"来把握和认识。因此作为德性之知，就构成了这样一种后来才在实践哲学中确定下来的有效的进路：我们为了某个东西"如何是"才把它作为"是什么"来看待，因此，德性只能是就其最终能够成就（如何是）的

1　Platon: *Menon*, in: *Platon Sämtliche Werke 2*, in der Übersetzung von F. D. Schleiermacher mit der Stephanus-Numerierung herausgegeben von Walter F. Otto, Ernest Grassi und Gert Plamböck, Rowohlt Taschenbuch Verlag Hamburg, 1957, S. 38.

"美德"来取得关于德性的知识。德性即知识，就是其"如何是美德"的知识，如何是的"行动"对于所成就的美德而言，具有优先性，我们才具有关于德性的知识，对此的无知即是恶。这才是苏格拉底这一命题的真实含义。

第三节　灵魂的第二次航行：苏格拉底式伦理学之意义

苏格拉底对于西方伦理学的意义，如同孔夫子对于中国伦理学的意义。没有他们，真的就是"万古如长夜"。一般庸众的思维总离不开经世致用，把实用价值说得天花乱坠，但"天花"依然只能作为"天花"才有其美丽之神韵。大凡开山立派之大师，不会把聪明浪费在令人眼花缭乱的漫天飞舞的天花上，而是关注其神韵之生成的原道何在。万仞高山平地起，但唯有其永远深深地扎根在大地下的黑暗的"基底"才是驱动地壳运动，从而形成"高山"的原理。因此，每一科学之父，只有其思想的问题被把握为一个学科的真正核心问题，奠定了该学科的"第一原理"才能被承认，所以，一个学科之父的思想意义，也就是本学科解决其核心问题、依凭其"第一原理"而内在地展开为一个"世界历史进程"的逻辑的方法论意义。就此而论，苏格拉底式伦理学的意义，近启柏拉图和亚里士多德，将古希腊哲学带向完满完成的最高顶峰，远经亚里士多德科学化，"伦理学"成为整个实践哲学的最初典范，至今没有终结而是不断地"复兴"。但毋庸讳言，西方文化在科学化之后又进一步地技术化，在亚里士多德那里根本不能登堂入室于"实践哲学"之中的"制作的技艺"，如今却成为人类生活最为全面的"规定者"，伦理学思想，乃至灵魂的"在世修行"也经历着日益明显的"技术化"，苏格拉底式哲学伦理思考的方法论不是被遗忘，而是被忽略，这反倒使得我们重谈其意义具有了合理的契机。

一、苏格拉底式"辩证法"对于伦理学思想论证的重要性

智者派高尔吉亚首先通过区分词语与存在以及"存在""是什么"和

"显得""是什么"之间的巨大鸿沟，把词语含义之"辩证"视为最基础的哲学思维活动，这无疑是"辩证法"的一个源头。苏格拉底、柏拉图和亚里士多德都坚持"辩证法"，"辩证法"成为他们的哲学思维的基本方法和哲学的基本组成部分。在亚里士多德创立"形式逻辑"之前，"辩证法"就承担着"逻辑学"的功能，作为"论辩"或"对话"的方法论。而"辩证法"作为"逻辑学"在哲学体系中作为一个最为重要的部分确立起来，是在柏拉图那里完成的，但明确地将其作为哲学体系的一个部分，则应该是斯多亚学派第三任领袖克律西玻（Chrysippus of Soli，公元前 280—前 207）的功劳。普鲁塔克在其《道德论丛》中报道说：

> 克律西玻认为年轻学生的课目安排，首先是逻辑学，其次是伦理学，接着是物理学，最后才用神学结束求知的过程。他曾经多次提到这件事，《我的人生观》第四卷有详尽的说明，特别不厌其烦引用如下："首先，应该与古人正确的陈述保持一致，论及哲学家沉思的范围不外乎三种，就是逻辑学、伦理学和物理学……至于神学与物理学的臆测有关，应该列在最后。所以这种知识的传授过程才会称之为'坚信和确认'。"[1]

这个说法可以从第欧根尼·拉尔修的《名哲言行录》得到印证。拉尔修把克律西玻超过 705 部的丰富著作按照"逻辑学"和"伦理学"给出了详细的分类目录。[2] 在晚期斯多亚学派中，逻辑学、物理学和伦理学这种分类就得到了非常广泛和深度的认同，塞涅卡（Lucius Annaeus Seneca）说：

> 大多数和最有价值的作家都说明了，哲学有三部分：伦理学、物理

---

1 ［古罗马］普鲁塔克：《道德论丛》（第四卷），席代岳译，吉林出版集团 2015 年版，第 1854—1855 页。
2 ［古希腊］第欧根尼·拉尔修：《名哲言行录》，徐开来、溥林译，广西师范大学出版社 2010 年版，第 383—391 页。

学和逻辑学。第一部分陶冶心灵，第二部分探究事物之本性，第三部分训练陈述的特性、其秩序和证明程序，因此错误的东西并不能取代真的东西混入其中。[1]

所以，苏格拉底和柏拉图自己并没有"逻辑学"，他们与智者的辩争，表面看起来都用"辩证法"（dialectic），但"智者们"擅长"修辞术"，以"修辞术"败坏了"辩证法"。他们不是以词语之"真义"而是以词语在使用中的"显义"来反驳论辩对手"觉得"的含义，目的不再是追求"真理"，而是为了让自己在论辩中取得优势并获胜。可以说，"辩证法"从一开始就被智者们玩坏了，得到了一个"诡辩术"的恶名。虽然这一"恶名"也不仅仅停留在智者派身上，在黑格尔和马克思将"辩证法"作为"科学的"思维方法发扬光大后的 19 世纪和 20 世纪，"辩证法"更加成为一部分思想中的"变戏法"，将"观念"代替"实在"，以"空名"取代"实存"，从而"价值"理想作为实际实现了的"功绩"，出现常见的"颠倒黑白""是非不分""假善为恶"，但所有这一切，表面上看都是"辩证法"带来的对人类思想的败坏、政治的败坏和伦理品质的败坏，但客观地说，却是故意误用"辩证法"的结果，"辩证法"本来不应该为"诡辩"承担恶名。问题的根本，就是人类思想容易满足于智者派的"实用""获胜"的"智术"，而承担不起承认与弘扬真实的"伦理话语"所必然承载的"真理""自由"和"正义"所可能带来的各种危险。这些"危险"或大或小，小的可能是朋友之间的友谊翻船，大的可能就是像苏格拉底那样丢掉身家性命。但无论如何，苏格拉底的伟大，就在于他意识到了"伦理话语"的真义与真理广泛地被"日常的"习惯语义所蒙蔽，为人类浅薄的自负与自信所忽略，如果没有一种真正对话式的论辩，其问题和实质就根本不可能呈现出来。关于好坏善恶，美丑

1　Seneca: *Briefe an Lucilius* 89, 4-17. 转引自 *Die Philosophie der Stoa, Ausgewählte Texte*, Übersetzt und herausgegeben von Wolfgang Weinkauf, Philipp Reclam jun. Stuttgart, 2012, S. 58。

对错，应该不应该，正当不正当，谁也不想在他人面前示弱，承认自己的无知和浅薄，但可怕的就是，越无知的人越有理由自信，越浅薄的人越要显示自己的博学，如果没有一种理性的对话，"辩证"就不可能。

辩证之为辩证，就是将事物"肯定的"和"否定的"方面即"是什么"与"不是什么"视为事物自身内在的基本规定，就像老中医将"虚—实""寒—热"视为人的身体的基本规定一样。但这相互对立的基本规定，仅仅是事物自身的一种潜在的可能性，只有在特定的特殊情况下才变成现实。当中医说你体质"虚"时，这个"虚"确实是中医对你"望闻问切"后得出的一个"主观判断"，有其"主观性"，但如果是一个"真实的判断"，就要看其是否真正把握了你身体的各种"表象"或"体征"，尤其是老中医擅长的对你"脉象"的诊断，所以有充分的事实依据的，才是真理性判断。"辩证"因而反对的是抽象地谈论一个"观念"，而对任何"观念"要依据各种主观和客观、天时和地利的特殊条件乃至一个具体个人的具体身体状况，才能把握其真实含义。所以，"辩证法"被智者们玩坏，就是利用了"词语"概念的多义和多面的丰富性，从而主观地和抽象地凭感觉、凭主观意愿谈论其含义，这个含义当然也是其含义，但这个含义是只有在特定的条件具备时才能表现出来的。当我们判断一个人说，这是一个好人，那么"好"的抽象含义要具体地体现在一个人身上，我们必须给出评价"好"的标准是什么，所以，关于一个人是不是好人的道德判断的"辩证"，就不能固执于各自的主观判断，而要将各自判断的规范性标准拿出来"辩论"，看"好坏标准"是否能成为一个普遍被认可的标准。因此，真正的辩证法，是要让对立的双方都先从主观固执的"立场"退出，不对各自的"立场"或"答案"做主观评判，而来分析这个"立场"和"标准"本身是否有理。而"是否有理"又要区分出"有"何种"理"，"天"有"天理"，"王"有"王道"，人都各自有其不可低估的"理"，甚至会大言不惭或哭天喊地地说自己摸着的是"良心"。辩证法不承认所有这些特殊之"理"，否则如果所有这些"理"主观、客观上的"差异"（特殊性）都要承认，就会导致"理"的无限"虚无化"，黑格尔在其《逻辑学》中将此称作"坏的无限性"。辩证法要人们具体地在"不是"中寻求"是"，即在"否定"中寻求"肯定"的因素，因为"否定即肯定"。说"人不是神"，这种"否定"是从"上限"确立了一个"天花板"，一个"边界"，一种"限度"，从而是一种普遍有效的"规范"，将它从"人"（哪怕是最卓越、最神圣的"君王"）所"不是"的范围内排除，就将会离"人""所是"更近。再从"底线"说，人不是"畜生"，但不妨还可以说，人是"动物"，在这"不是"和"是"的差别中，就可以呈现出人之为人的理性之光，这就离人真正的"所是""更近"了。但最终，只有回到"人自身"来言说人，说"人"的生命（生活）目标就是成为"一个人"，这才是唯一可以不被"否定"的肯定的答案。当马丁·路德遭到外在各种力量强烈的反对时，他唯一能给自己辩护和给自己自信以防止被抹黑击倒的话就是："我就是我！"

所以，辩证法的"辩证"，就是从所有特殊性的否定（物"不是"什么）中，回到"物之为物"的"所是"，它让对立的双方都从自我的主观性的"是"退回，不是退到"对方"，而是两个对方都回到所争论的"物"（对象）本身处（本原、开端），看其"逻辑上"可能"是什么"，这是一种直接抽象的概念，再看从这种"可能是"导向对立双方的主观认同的"是什么"是在何种特殊的情况下导致的，如果这种特殊的条件不存在，又会导向何种"是什么"，这样双方就会"理性地"承认，主观认同的"是什么"只是一种可能的是，而不是其自身的所是。自身的所是，需要在何种条件下，何种时间和空间内才能"实现"，这需要一种整体的、历史的视野，只有在这样一种整体的、历史的视野中，辩证法才有可能超越主观性的相互外在对话的反思思维，因而只有从对立的双方回到物自身，物自身之本性的可能原型——柏拉图将其称之为本相或理念——才是一切肯定的最终依据。

苏格拉底和柏拉图的辩证法就是在一种理性的对话中，从无知青年所谓熟知的各种"是"中发现其"不是",从各种"不是"中发现其"所是"。对话双方作为具体的人,最终指向了一种肯定性的是什么的答案,但由于苏格拉底式智慧,自知无知的智慧,他依然以我对此"无知"结束对话。答案明显是对立双方都可接受的肯定性的"是",但他依然留下让人(读者)自己得出结论的空间,从而表明没有人能垄断真知和真理。所以,苏格拉底和柏拉图与智者们的斗争,是真正的哲学思维与实用智术思维的斗争。通过辩证法这种理性的对话来寻找话语的真义和真理,奠定了西方哲学思维的一种基本方式。这是苏格拉底为哲学和伦理学留下的永恒的遗产。

　　这一遗产的实质就是唤醒人思维中的真正理智力量。人人都会思维,都有判断力,但一般人的思维总是在追求实用与利益上显示其理智,这反而是违背人的理性尊严的,这种理智的尊严只有当思想不为稻粱谋而为真知、真理与正义奋斗时才能体现出来。苏格拉底式伦理思维从一开始就将伦理智慧从实用的利益提升到追求真理和正义的方向上来,这才是其伦理思想开启了世界历史进程的根本原因。而这种伦理思维的基本方法是辩证法,它是将主观思维思入事物本身中获得事物之真义的方法。没有苏格拉底与智者派的斗争,习俗的思维就不可能被提升到哲学思维的层次,就会在非真理、非正义的黑暗中为各种主观偏好的价值陷入永无答案的争辩之中。苏格拉底以其辩证的思维确立了伦理学的理智主义(intellectualism)方向。人应当从习俗的束缚中将自己解救出来,过上真正理智的生活。在《伊翁》篇中,苏格拉底就谈到"令你[伊翁]感动的是一种神圣力量(dunamis),如同欧里庇德斯所称的'磁石'而大多数人称为'赫拉克勒斯石'的力量一样"(《伊翁》533d3-10),只有自身的这种神圣力量,才能让人在理智生活中超凡入圣,因为这种理智本身就是人自身的神性之物。

二、苏格拉底理智主义"语义分析"的开端

　　伦理上的正确行动历来是由习俗权威的意见所引导,这种习俗的权威或

者由城邦宗教或者由城邦礼法所主导，但是，一旦城邦宗教或礼法带有一时一地的习俗之偏私而并非真正自然正当的天道，那么这样的伦常本身就可能是败坏的。在本来败坏的伦常中，讨论正确的伦理行动，本来就是荒唐的事情。苏格拉底以哲学家的敏锐，感受到了时代变迁中的伦常败坏，而智者的修辞术又在加深和影响着这种败坏，因此，他起身反叛智者，靠的是引导青年人进入哲学的理性思维，获得关于伦理与德性的正确知识，每个人以自身的伦理知识和真理信念才可能引导自己的正确行动。这是苏格拉底式伦理行动的致思方向。但关于伦理与德性的知识，也不能像智术师那样，将其作为一个"现成物"，贩卖给学生，而是要凭自身学会哲学的思想来获得。而哲学思想的基本技能就是从伦理词语的概念分析入手。

　　关于善是什么，美是什么，正义是什么等等，年轻人都自信满满，这谁还不知道呢？在苏格拉底与阿尔喀比亚德讨论什么是正义时，阿尔喀比亚德甚至说："凭宙斯起誓我真的不是无知的"（110c），从孩提时候起我就知道什么是正义和不正义。但苏格拉底一步步地将其认为的"所知"分析为"无知"，因为你所谓的"知"无非是"道听途说"或"学来的"：

　　　　但在正义和不正义上，我相信你有［知］。即便没有看过也从其他人那里听过，如从荷马那里，你已经听过《伊利亚特》和《奥德赛》了。（112b-c）[1]

　　但苏格拉底指出，在《荷马史诗》中，关于正义和不正义的"知识"是相互分歧的、极端矛盾的，而且正是正义和不正义的分歧造成了死亡与战争、极端的相互伤害，这说明分歧的双方都没有搞清楚，究竟什么是正义，什么是不正义。这样就迫使阿尔喀比亚德承认他自己和他所听从的那些"老

1　［古希腊］柏拉图：《阿尔喀比亚德》，梁中和译疏，华夏出版社2009年版，第95—96页。

师"对此都是"无知的"。阿尔喀比亚德也承认他根本不知道他所谓的知究竟是学来的还是自己发现的，但他依然不想承认自己的无知，反问："难道我自己不知道吗？""你没说过我不知道正义和不正义吗？"

阿尔喀比亚德以为他从小经历过对他不公正的事，他就知道了不正义是什么，从而知道正义是什么。但苏格拉底所要引导他的却是要将正义和不正义带向关于它们的"概念"的定义，否则，每个人亲身感受到的正义和不正义的"事"都是特殊的，从而都是多样的、有差异和分歧的，分歧到会相互伤害或导致战争，即不可调和的矛盾。因此，苏格拉底式的语义分析，不是从一个抽象概念入手，而是从自以为是的关于此概念的"知识"入手，通过"分析"出所有这些所谓的"知识"实际上"不知"，当然不是完全的不知，而是知的"对象"的某一方面，某种条件下的"可能"的含义、特殊性的含义，而指出从这些"否定性的""不知"中，我们可以寻找到一种大家都能一致同意的关于一个概念的真正知识性的含义，即真义。即便如此，苏格拉底也不会最终给出一个确定的定义或答案，而是宣称他自己也不知道。他是通过这种理性分析的进程，将一个抽象概念所能蕴含的各种特殊性的含义一一展示出来，从它们的相互分歧和对立的矛盾中，发现你中有我、我中有你的同一性元素，但这种同一性只有通过跳出对立的双方，在事物本身的内在本性中才能找到。所以，这种语义分析就依然是一种有意义的具体"思想"的"助产术"。思想只有在自我思考中产生，"知识"既不是见闻之知，也不是"自我发现"，而是自我思考的产物。

只有这种自由思想，才是发现与论证道德信念和伦理正义的唯一有效的方法，习俗的、宗教的、政治的权威性"道义"都需经历这种自由思想的验证或辩护，才能确立其合法性和合道德性的权威。苏格拉底开启了个人无限的自由思想的先河，为伦理学如何思想和论证确立其"哲学的"门槛，迈入这一门槛，才是论证如何正确行动的前提。

三、"灵魂的第二次航行"与伦理德性的最终意义

无论是辩证法,还是语义分析,都涉及关于伦理事物的正确思维方式和思考技术,苏格拉底表达出,在这方面如智术师那样的"老师"是无效的,无人能教会人们如何有美德,"老师"只能是"思想"的"助产士",而不是智慧的贩卖者,"思想"只能在自我省察的自由思考中才能成为真思想,而"思想"是人的灵魂的功能,因此,只有启动人的灵魂向更高、更美、更善的天空飞行,灵魂的品质才能高贵美善。这一切都要归结到苏格拉底的一个重要术语"灵魂的第二次航行"才能被最终理解。

在《斐洞》中,苏格拉底先是证明,一个灵魂并不比另一个灵魂更多或更少地是灵魂(93d1);因而一个灵魂就不会比另一个灵魂更多地分享邪恶或德性(93e7),灵魂就是某种和谐,是同最明智的、最美最善的自身寻找和谐的"合一",于是自我的灵魂必须寻求"第二次航行":

> 有人通过漩涡围着大地来使得大地停留在天的下面,而有人则把大气作为底座来支撑它,就像支撑一个宽阔的揉面盆似的。但把它们尽可能最好地加以安排的……能力,他们既不寻求它,也不认为它具有精灵般的力量,而是相信他们某天会找到一位比现在更强大、更不死、更能把一切连在一起的阿特拉斯似的;并且他们并不认为其实善和应当才是进行绑缚和维系的。……但既然我已经被剥夺了这点,已经变得既不能自己去发现,也不能从他人那里学习了,那么,他说,刻贝斯啊,你愿意我对你展示一番吗,即为了寻找原因我当时是如何进行了第二次航行的?(99c1-99d3)[1]

可见,"第二次航行"在柏拉图著作中是一个难以理解的话题,究竟指什么,并不明晰。溥林加了一个长注,这样解释:"'第二次航行'(τòν δεύτερον πλοῦν/ό δεύτερς πλοῦς)作为同航海相关的一句谚语,本意是

---

1 [古希腊]柏拉图:《斐洞》,溥林译,商务印书馆2021年版,第133—135页。

'在没有风的情况下，只好使用桨'，喻为'次好的'。但该表达在这里究竟指什么，自古以来就有各种各样的说法，并且不乏长篇大论。《政治家》300c1-4：'因此，对于那些曾对任何事情制定规则的人来说，第二次航行时，从不曾丝毫允许个人或大众做违背它们的任何事情。'《菲莱布》19c1-3：'然而，即使对于清醒的人来说，认识一切是件美好的事情，但第二次航行似乎是：他不会遗忘他自己。'"[1]

学者徐学庸在翻译《米诺》篇时，也遇到了"第二次航行"，他给出的解释是：

> 在有风的情况下，顺风扬帆，航行无阻，但在无风的情况下，便只能以桨代帆，奋力划行（deuteros plous）。寻找解释说明的正确理论。第二次航行中会以比较漫长辛苦的方式进行。而苏格拉底的第二次航行所要寻找的关于生成毁灭的说明理由，与之前寻找的理由是否相同？R. Buger 认为苏格拉底放弃从目的论的角度寻找理由，但 Gallop、D. White、D. Bostock 及 Rowe 皆认为苏格拉底并没有改变所要寻找的理由，亦即第二次航行的方向与目的没变。[2]

通过译者他们的注释，我们也就能够明白，当苏格拉底说"灵魂的第二次航行"时也可以是而且必然是指，我们自己自由思想的第二次起飞。在思考关于伦理与德性相关的事物时，我们总是先顺着传统习俗、宗教和礼法的思路，但当我们发现自己既不能顺着之前"已知"的思路，也不能从他人那里学到什么了，这时就必须启动灵魂的"第二次航行"。这是一次自由的思想之旅，是凭借哲学的概念和逻辑去发现一种伦理事物中源自自然和习俗的精灵般的力量，甚至比神话传说的大力士阿特拉斯更强大、更不朽的神圣

1　［古希腊］柏拉图：《斐洞》，溥林译，商务印书馆 2021 年版，第 239 页。

2　柏拉图：《〈米诺篇〉〈费多篇〉译注》（古希腊文—中文对照本），徐学庸译，北京大学出版社 2015 年版，第 293 页注释 1。

力量，能把已经分裂开的东西维系起来而达到一种更高的和谐。其实，这种力量就是伦理本有的内在力量，即那个"其实善和应当才是进行绑缚和维系的"东西。但我们一般把伦理误识为儿女情长般的伦常，"接地气"的"礼节"，那么伦理就失去了其绝对的崇高的不朽的超越性的精神，等同于日常的一般的"善和应该"。苏格拉底的"灵魂的第二次航行"，就是深入到每一个生命中去发现生命那本源的，甚至源自宇宙世界最早的创世女神的厄洛斯（Eros），爱欲，唯有它才是原始而永恒的联合与自愿绑缚的力量。

如果我们联系柏拉图的"神话"，就可以清楚地看出，伦理思想最终就是要去发现将分裂开的部分联系起来达成同一和谐生命的这个最深层的"爱欲"。

在《会饮》篇中，喜剧作家阿里斯托芬，讲述了爱神神话，说爱恋他人其实是在寻求自己的"另一半"，被"爱恋者"只不过是"爱者"发现了"另一个自己"，所谓"爱"就是成就一个自我完整的希冀与追求。没有爱，人就是不完整、不完美的。

> 所以我们人类的幸福之路，只有在爱情中，每个人得到其真正的爱人，才能达到，以便返回到本原的人性。既然这是一条最好的幸福之路，那么达到这个目标的最好的捷径，就是找到一个每个人都心满意足的爱人。爱神就是成就这种功德的神。（193e）[1]

所以在柏拉图的神话中，人的灵魂是有羽翼而能飞翔的，"第二次航行"不仅是飞升到了自己最好、最美、最不朽的自身，同时是原有的爱欲提供了这种最为原始的动力，人的本能与最崇高的美德达到最美的核心，完整的人：野性与迷狂之爱欲和文明高贵之美德完美的合一，这构成了伦理学最为核心的课题。

1　Platon: *Symposion*, in: *Platon Sämtliche Werke 2*, in der Übersetzung von Friedrich Schleiermacher mit der Stephanus-Numerierung herausgegeben von Walter F. Otto, Ernesto Grassi, Rowolhlt Taschenbuch Verlag Hamburg, 1957, S. 224.

第 三 章

前实践哲学的柏拉图伦理学

柏拉图（约公元前 427/428—前 347）继承苏格拉底"德性即知识"的理智主义立场，通过明确区分"知识"和"意见"，把苏格拉底奠定的伦理哲学更准确、深入，从而也更加体系化地表达出来。但是，如果我们仅凭这样教科书式的论断，还不可能理解柏拉图哲学跟伦理学究竟是否有关系，更不可能认清柏拉图哲学的伦理性。虽然正是通过他的笔，我们才知道苏格拉底在何种意义上成了伦理学之父，使得古希腊哲学有了一种新的转型和新的样式——不是通过研究"自然"（即"物理"）求知求智，而是以认识自己，认识人自身的美善而求正义与卓越的智慧。爱此之智（哲学在当时的含义只是爱-智：philo-Sophia）才被亚里士多德命名为"伦理学"。柏拉图自始至终没有使用过"伦理学"这个概念，但他对智慧的追求，是继承了苏格拉底"伦理学"之思路，同时又将苏格拉底的伦理智慧嫁接在早期自然哲学（物理学）之上的一种综合创新。所以，这种创新出来的哲学，是否就是苏格拉底式"伦理学"的一种新的推进，这不可能是不证自明的，而是一个首先需要加以辩护的课题。

第一节　以伦理学为开端和归宿重构柏拉图哲学

柏拉图一生留下了大量作品，而且其全部作品都完整保留下来，甚至出现许多冒名伪作。这对一位古代哲学家是幸事，但也有危险和麻烦，因为后世如何正确理解他的思想，就成为一项艰难的课题，一直到19世纪在德国达到高峰的柏拉图研究，都以"考据学"作为重点，就是这种理解上的困难之表现。考据涉及两方面，一是作品之"真伪"，因年代久远，这一考据殊为不易；更为不易的还有另一面，即柏拉图"真作"写作"次序"问题，因为这是判断柏拉图和苏格拉底各自哲学性质与特征的关键。归属于"早期"之作品，一般被视为以"回忆""记叙"苏格拉底思想为要，表明柏拉图在"反省"中"建构"苏格拉底的伦理智慧，以明爱智的根本是解决人生存在问题；而如果被判明属于"中期"作品，那么苏格拉底在"对话"中的"主导地位"开始下降，而有多样的思想主题和意见竞相发表，都在为自己的主张做辩护，苏格拉底从"问—答"的"主导者"演变成为在各种"意见"的"辩证"中确立真正理念的"主持人"，因而是代表柏拉图在思考；而"晚期"著作，尤其是在《法义》中，苏格拉底根本没有出场，这更可看出柏拉图自己哲学的结构及其问题演变。虽然著作次序的"考据"工作一直分歧很大，也没有最终结论，但关于作品"真伪"，大多数学者还是能够大体上承认公元1世纪亚历山大里亚的忒拉叙波洛斯（Θρασυβουλος，去世于公元36年）所做出的基本认定，他考订出柏拉图的真实对话一共56篇，即我们现在一般说的36篇。因为他把《理想国》作为10篇，《法义》（一般译为《法律篇》）作为12篇，如果把这两部著作各算一篇的话，正好就是36篇。

忒拉叙波洛斯还确定了柏拉图对话的篇名、副标题和性质：每一篇对话以一个主要"对话者"作为篇名，以"对话的主题"作为副标题，再加以一个判断对话属于什么性质的标识，如《斐多》（或译《斐洞》）以对话主角Phaedo为篇名，以"论灵魂"为副标题，而其哲学性质则属于"伦理性的"。他还把这 36 篇作品，按 4 篇分成一组，共计九组。而这种分组却是随意的和表面的，它不是按照哲学内容所做的一个分类，无助于我们判断柏拉图哲学中，伦理学究竟占有多大的分量。

一、从柏拉图著作的篇名、主题与性质初步判断其哲学的伦理性质

为了直观地看出柏拉图作品的总体性质，我们有必要按照忒拉叙波洛斯的标识，将柏拉图九组作品之篇名、主题和性质呈现如次 [1]：

第一组：

(1)《欧悌弗戎》(*Euthyphro*，论虔敬，试探性的)

(2)《申辩》(*Apology*，伦理性的)

(3)《克里同》(*Crito*，论该做的事，伦理性的)

(4)《斐多》(*Phaedòn*，论灵魂，伦理性的)

第二组：

(5)《克拉底鲁》(*Cratylus*，论正名，逻辑性的)

(6)《泰阿泰德》(*Theaetetus*，论知识，试探性的)

(7)《智者》(*Sophistes*，论存在，逻辑性的)

(8)《政治家》(*Politikos*，论君主制，政治性的)

第三组：

(9)《巴门尼德》(*Parmenides*，论理念，逻辑性的)

(10)《斐莱布》(*Philebos*，论逸乐，伦理性的)

(11)《会饮》(*Symposium*，论爱与美善，伦理性的)

1　关于这个分类，我们所能见到的最早文献报道，出自第欧根尼·拉尔修《名哲言行录》第三卷第 59—61 节，中文参见徐开来、溥林译，广西师范大学出版社 2010 年版，第 158—160 页。另外，请参见［希］康斯坦蒂诺斯·斯塔伊克斯：《书籍与理念：柏拉图的图书馆与学园》，王晓朝译，人民出版社 2015 年版，目录。

（12）《斐德若》（*Phaedrus*，论爱，伦理性的）

第四组：

（13）《阿尔喀比亚德上篇》（*Alcibiades I*，论人性，助产术的）

（14）《阿尔喀比亚德下篇》（*Alcibiades II*，论祈祷，助产术的）

（15）《希帕库斯》（*Hipparchos*，爱善之自利，伦理性的）

（16）《爱的竞争者》（*Rival Lovers*，论哲学，伦理性的）

第五组：

（17）《泰阿格斯》（*Theages*，论哲学，助产术的）

（18）《卡尔米德》（*Charmides*，论节制，试探性的）

（19）《拉凯斯》（*Laches*，论勇敢，助产术的）

（20）《吕西斯》（*Lysis*，论友爱，助产术的）

第六组：

（21）《欧悌德谟》（*Euthydemus*，论诡辩，反驳的）

（22）《普罗塔戈拉》（*Protagoras*，论美德，伦理性的）

（23）《高尔吉亚》（*Gorgias*，论修辞，反驳的）

（24）《美诺》（*Meno*，论美德，试探性的）

第七组：

（25）《大希庇阿》（*Hippias Major*，论美，反驳的）

（26）《小希庇阿》（*Hippias Minor*，论虚伪，反驳的）

（27）《伊翁》（*Ion*，论《伊利亚特》，试探性的）

（28）《墨涅克塞诺斯》（*Menexenus*，葬礼演说，伦理性的）

第八组：

（29）《克勒托丰》（*Clitophon*，异论，伦理性的）

（30）《理想国》（*Politeia*，论正义，政治性的）

（31）《蒂迈欧》（*Timaeus*，论自然，物理的）

（32）《克里底亚》（*Critias*，论大西岛，伦理性的）

第九组：

　　（33）《米诺》（ *Minos* ，论法，政治性的）

　　（34）《法义》（ *Nomoi* ，论立法，政治性的）

　　（35）《厄庇诺米》（ *Eponomis* ，夜间议会或哲学家，政治性的）

　　（36）《书信》（13 封书信，伦理性的）

　　我们现在做个简单的统计，在这 36 篇作品中，直接标示为"伦理性的"达到 14 篇，占 39%；直接讨论诸如"虔敬""节制""勇敢""美德""友爱"诸"德性"的达 9 篇，讨论"正义""立法"等"政治性的"5 篇，鉴于当时所有从属于"政治性的"讨论，涉及的都是伦理本性问题——正义与好生活的关系，因而也是属于"伦理性的"。例如，在非常简短的对话《米诺》中，讨论"什么是法律"，这显然不是法的规定，而是讨论真正法律的道义基础，所以苏格拉底问："那你是说，道义（Gerechte）是不公正的，而不道义（Ungerechte）是公正的吗？或者，道义是正义的，而不道义是不正义的吗？"[1] 关于正义、道义作为对真正的"法律是什么"的回答，就是伦理学的内容。如果能认同这样计算的话，柏拉图作品中的 80% 以上内容，都是直接讨论被称作"伦理性的"东西。就此而言，任何说柏拉图的哲学不是伦理学的说法，都根本不能成立。

二、看似非伦理学性质的作品与伦理学问题的关联

　　剩下 8 篇对话，有的就其性质而言是"物理的"，如《蒂迈欧》，但正是在这篇对话中，柏拉图系统地讨论了灵魂的分类，而"伦理"是在与"灵魂"的直接对应关系中得到讨论，因而也就不能说它与伦理无关，相反却是阐明伦理与物理关系之关键了。就柏拉图在"灵魂"中讨论"宇宙秩序"这

1　Platon: *Minos*, in: *Platon Werke*, Band I. 2, in der Übersetzung von F. D. Schleiermacher, Akademie Verlag Berlin, 1985, S. 248.

个"自然的逻各斯"系统，是为"城邦政治秩序"或"伦理秩序"寻找"物理的"（自然的）范本而言，以探讨"灵魂"为核心的著作也就可算是柏拉图作品中最有伦理风格的著作了。施莱尔马赫甚至这样评价以灵魂为核心的《蒂迈欧》："在《蒂迈欧》中，自然哲学（物理学）以伦理学为开端，而伦理学最终又回复到了自然哲学（物理学）。"[1] 这对于柏拉图哲学中物理学与伦理学的关系是迄今为止所能见到的最为精辟的洞见。

有的对话主题纯粹是"知识论"问题，如《泰阿泰德》，但是我们应该想到，柏拉图的知识论最核心的关切恰恰是善的知识。善知识的基础在于"存在"（Sein）之"真"（Wahre），它必须与显现物（Erscheinenden）之"幻相"（Schein）严格区分开来，否则就不可能有"知识"。所以说，《泰阿泰德》探讨了最严格意义上的科学认识的基本要素，这本毫无疑问；但同时，柏拉图也不断地把我们引导到两个对应主题的思考上来，即在知觉中求知与在欲望中求善，从而呈现出哲学认识最为深刻的实践动机与目标，揭示出"善恶之知"在知识论上的意义。只有达到善恶之知，我们才能将柏拉图与其笔下苏格拉底的哲学主张——"知识即美德"联系起来。如此一来，人们就不能说在柏拉图哲学中知识论与伦理学是无关的，毋宁说，"伦理"之理倒是建立在存在之"真"（知识）的基础上。

有的篇目讨论修辞与逻辑，如《高尔吉亚》和《伊翁》，但《高尔吉亚》在专家们的解读中，就是作为讨论城邦伦理本性的《理想国》的一个"草稿"，余纪元说：《理想国》有个草稿——《高尔吉亚》。在《理想国》中出现的问题大多都已经在《高尔吉亚》中有所涉及。"[2] 在当代著名哲学家沃格林（Eric Voegelin）的解读中，《高尔吉亚》非但不是与伦理问题无关，而且就是柏拉图关于生存哲学的思考，它体现的是柏拉图的"爱生存"与被智者派"颠倒的生存哲学"之斗争，而且对话的主题，恰恰就是围绕伦理本性问

1　［德］施莱尔马赫：《论柏拉图对话》，黄瑞成译，华夏出版社 2011 年版，第 47 页。

2　余纪元：《〈理想国〉讲演录》，中国人民大学出版社 2009 年版，第 25 页。

题——城邦正义与个人灵魂正义的关系——关于"行不义"和"忍受不义"哪个更好以及不正义灵魂的命运问题[1]，这些无疑都是伦理学最核心的课题。所以，只有当我们把《高尔吉亚》当作一部伦理哲学来解读时，才能读出其道义实存的真义。我们因此才能理解，英国著名柏拉图专家为什么在其《柏拉图的伦理学》中，专门把《高尔吉亚》作为完整的伦理学"第八章"，他在这一章讨论的是柏拉图关于快乐主义、幸福论伦理问题，并且认为，这篇对话在关于正义、德性的论证上，为苏格拉底式道德哲学做出了重要的理论贡献。[2]

《欧悌德谟》《泰阿格斯》《克拉底鲁》《智者》《巴门尼德》实际上都与伦理问题密切相关。

从表面上看，柏拉图在《欧悌德谟》中依然像在早期对话中那样，同智者派进行斗争，因为"欧悌德谟"（Euthydemos）早在《吕西斯》中出现，就是作为智者派与苏格拉底论战。施莱尔马赫通过分析柏拉图、亚里士多德与不同对话中出现的"欧悌德谟"的关系，以及柏拉图与作为小苏格拉底派的麦加拉派和安提斯泰尼（Antisthénes）的关系，认定这篇对话可以在"更高批评"（höhere Kritik）和"哲学思想的议庭前获得辩护"[3]，因此，把它算作中期对话没有问题，但施莱尔马赫并没有指出它属于什么性质的哲学对话。而当代英国柏拉图专家特伦斯·埃尔文（Terence Irwin）则在其《柏拉图伦理学》中的第35节，以"欧绪德谟（Euthydemos 的另一种译名）的重要性"为题，指出了这篇对话在"伦理学"上的意义："提出了一些关于幸福与美德的非常普遍的观点"，在这里"我们真的发现了一种苏格拉底式的美德观念"。[4]

1　［美］埃里克·沃格林：《柏拉图与亚里士多德：秩序与历史（卷三）》，刘曙辉译，译林出版社 2014 年版，第 74—81 页。

2　［英］特伦斯·埃尔文：《柏拉图的伦理学》，陈玮、刘玮译，译林出版社 2021 年版，第 86 页。

3　［德］施莱尔马赫：《论柏拉图对话》，黄瑞成译，华夏出版社 2011 年版，第 47 页。

4　［英］特伦斯·埃尔文：《柏拉图的伦理学》，陈玮、刘玮译，译林出版社 2021 年版，第 188—213 页。

忒拉叙波洛斯关于《泰阿格斯》所判定的"性质"仅仅是"助产术的"，却没有指明它是什么的"助产术"。如果我们就内容去阅读它就会知道，这不是一般的"助产术"，而是"高贵灵魂"的"助产术"。因为柏拉图对话中唯有这一篇涉及了苏格拉底"收徒"问题，"泰阿格斯"是苏格拉底正式收的一个徒弟（einen zum Schüler annihmt），因而苏格拉底所要展示的是他不同于智者派的德性教育方法，其核心是关于"高贵灵魂"的"知"与"行"问题。虽然施莱尔马赫也清楚，越来越多的证据证明这篇对话是"伪作"，"不属于柏拉图"，但他还是指出，这篇对话体现了柏拉图德行教育哲学的核心，"因为对于柏拉图而言在这篇对话中的主要事务毕竟是要指明，苏格拉底是如何对他的这位徒弟发生影响的，不是靠教导（lehrend），而是从他们自己的灵魂中发展出真理"[1]，以一个高贵的灵魂唤醒另一个灵魂，这是当代道德教育最核心的理念，而这一理念早在柏拉图那里就阐发出来了。所以，把它算作伦理学著作也是完全合适的。

《克拉底鲁》这篇对话一般视为"逻辑性的"，涉及"正名"问题。但所谓的"正名"绝不是表面上的语言起源问题，而是涉及正确命名的形而上学根据问题，但对于这个"根据"的理解，只有通过伦理学才是可能的。因为赋予一个事物以名称，其正确性依据什么呢？我们显然不能同意一种"随意说"，即如果有人把我们通常称为"人"的那类事物称之为"马"，并坚称"马"实在是我个人的语言（385a），那么这就会引起极大的问题，使得人们之间的"交流"根本不可能。就此而言，它就拒斥了"任何人可以任意地给事物命名的不正确观点"（386d-389a）。在这里，柏拉图以反对对语言的完全任意使用为标志，提前表达了20世纪维特根斯坦论证的"私人语言不存在"的语言哲学。但比这种"纯个人任意说"更有正确性的是赫莫根尼（Hermogenes）的"习俗说"，即一个事物的名称，取决于习俗、习惯的称

1　Platon: *Theages*, in: *Platon Werke*, Band II. 3, in der Übersetzung von F. D. Schleiermacher, Akademie Verlag Berlin, 1985, S. 173.

呼，但这种观点显然是与命名的"自然说"相冲突的。因为按照"自然说"，一个事物的正确名称是与事物的"真实"本性相一致的，但这两种说法都只具有部分的正确性。即使我们认同"自然说"，也马上会遇到语言与认识的关系，事物的真实本性与语言对它的"正确表象"（die richtige Vorstellung）之间的区别。因此，正确地"命名"，不仅需要"技艺"，更需要"哲学"，其关键在于名与实的关系。在"名实"关系上，克拉底鲁困惑的是，他作为赫拉克利特"流变说"的信徒，"名"如何能成为巴门尼德"存在者存在"这般"真实"？如果赫拉克利特的无常流变说是正确的，那么我们是否可能称事物是"美的""善的"？柏拉图笔下的苏格拉底让克拉底鲁承认了美、善是真实存在，但它的真实性或实在性来源于美与善的"本相"：因为美，所有美的事物才是美的；因为善，所有善的事物才是善的；它们不随"流变"而永久"无常"，无常"流变"不可拓展到美与善之"本相"，这个领域的真实存在必须交给灵魂去"照管"。所以，泰勒的这一评价完全是准确的："因而这篇对话录把形式的实在这一形而上学问题和正确地'照管灵魂'这一道德问题，作为最为重大的问题，或者更正确地说，作为一切哲学的同一重大问题的两个方面，交给了我们。"[1]

当我们指出了如上几篇看似与伦理学最无关的作品，实际上也具有伦理学性或需要从伦理学去把握才能准确理解其中的主题之后，我们暂时已经用不着再去具体地考察柏拉图每一篇对话与伦理学的关联，只需以中外两位名家的定论作为了结，一位是德国著名哲学史家爱德华·策勒的评论，他说：

> 柏拉图哲学根本上是伦理学性质的。……他的伦理学的那些基本观念，是从苏格拉底圈子中得来的；但是，他的伦理学凭借恢弘的理念论而大大超越了苏格拉底的伦理学说。如果没有理念论以及整个体系中的

1　［英］A. E. 泰勒：《柏拉图：生平及其著作》，谢随知、苗力田、徐鹏译，山东人民出版社1991年版，第133页。

人类学部分，那么诸德性的观念和国家的观念中所具有的精细解说都是不可能实现的。[1]

另一位是我国古希腊专家严群（1907—1985）的综论，他说：

> 柏氏同他的老师苏氏一鼻孔出气，他说哲学是生活。虽然超过了伦理的范围，但是理论和实践还是不曾分，哲学仍然跨着这两个境界。
>
> 柏氏哲学发端于伦理问题，而归宿也是伦理。他的老师苏氏，毕生做学问限于伦理，他自己为学则以伦理问题为导火索，牵连到宇宙本体、现象等问题，至终又回到伦理。这是他比苏氏伟大的地方。他关于伦理的研究，虽然根本精神和苏氏相同，材料则比较丰富，因为他关于形上学——即意典［ideas 或 "相" / "理念"］——和格致学［现一般通称 "知识论"］都有深刻的探讨，这两方面所得的给他不少材料，帮他许多忙。[2]

因此，通过上述考察我们就证明了，柏拉图的所有作品不仅都与伦理学问题相关，而且其哲学发端于伦理，归宿于伦理，因而其哲学就是伦理学，虽然不是伦理学学科意义上的伦理学。

三、重构柏拉图伦理哲学的思路与方法

对于一个 "发端" 和 "归宿" 都是 "伦理学" 的哲学，柏拉图自己并没有给他整个哲学一个统括性的命名，传统哲学并没有给它一个恰当的命名，这是我们今天谈论柏拉图的伦理学还需要预先对之加以辩护的原因。柏拉图自己一直在哲学的思想进程中，他创造了一系列概念来涵盖其思想进程，因

1　［德］爱德华·策勒：《古希腊哲学史》（第三卷），詹文杰译，人民出版社 2021 年版，第 320 页。
2　严群：《柏拉图及其思想》，商务印书馆 2011 年版，第 47、128 页。

此我们今天说柏拉图的哲学是理念论的，大家都能接受，但说理念论是伦理学，这就需要更多更深入的阐明，人们才有可能接受；说柏拉图的哲学是辩证法，这是大家可以接受的，因为辩证法的源头就是他创立的这种"对话"中的"辩证"，让思想从众多对立的"幻相"中回到所谈"对象"之"正义"（本相意义上"真"义）的方法，但是，如果说他的这种"辩证法"不仅是思想方法（逻辑），其实是"伦理学"，这就需要更多的辩护了，因为这需要阐明，柏拉图的这种"辩证法"，认识到它作为"思想方法"是容易的，而不容易领悟到的恰恰是为了"辨明"，有一种真正的存在方式是人值得为之生为之死的，而这就是柏拉图伦理学的根本目标。我们按照哲学史上的分类，说柏拉图的哲学有宇宙论，有灵魂学，有知识论，这都是人们可以接受的，但要说他的宇宙论跟伦理学是什么关系，他的灵魂学为什么就是伦理学，他的知识论为什么关于善与德，正义与爱的知识和伦理学出于何种关联，就需要进一步辩证了。

　　总之，当我们同意他哲学的"发端"和"归宿"都是"伦理学"的时候，还需要一种体系化的重构，才能阐明他那被哲学史定格为"形而上学体系"的哲学就是伦理学，并需要为这样一种形而上学的伦理学寻找到合适的命名，这就是一件充满诱惑而又充满危险的工作。

　　充满"诱惑"是因为我们沿着一般教科书和传统哲学史的叙事方法，确实就会湮没柏拉图哲学的伦理学性质，而不把他的伦理学性质揭示出来，我们就很难说我们弄懂了柏拉图。将柏拉图定格在哲学史上的，首先是亚里士多德，而从亚里士多德开始，哲学史才出现了哲学的二级学科分类，因此，人们开始以柏拉图本人未使用过的一些概念对其哲学进行命名，之后哲学史更在亚里士多德基础上不断有新的概念对"伦理学"本身进行更细致的分类，把这些分类再用到柏拉图身上，这样就让哲学史呈现出形形色色以后人的命名所建构起来的柏拉图哲学形象。人们会谈论形而上学的柏拉图、知识论的柏拉图、政治哲学的柏拉图、心灵哲学的柏拉图、灵魂论的柏拉图，如此等等，但一个原原本本的以伦理学为发端和归宿的柏拉图体系恰恰不见了。所以，如今最安全的就是按照某一伦理学的概念，幸福论的伦理学、德性论的伦理学、正义论的伦理学等去讨论柏拉图哲学的一个特定的专题，绝大多数柏拉图专家们做的都是这一工作，而要想以伦理学为这样一种"形而上学体系"命令，揭示出其哲学整体的伦理学本性，自然就是充满危险的了。一方面"形而上学"本身自从19世纪"拒斥形而上学"之后，一直臭名昭著，人们避之不及，另一方面"形而上学"早在亚里士多德那里，就归属于第一哲学与而伦理学分离开来，伦理学只讨论实践领域的"属人之善"。然而，正是从亚里士多德的这种分类开始，才导致对柏拉图整体性的哲学进行专题化的区分，使得其哲学的伦理性被淹没在一些碎片化的技术分析中。这使得一种原本求道义的哲学，蜕化为一种为行动正确性而变化的伦理学，这既是对柏拉图哲学的误解，也根本无助于理解古典哲学本身的意义。

因此，我们必须要有一种新的思路与方法，阐释清楚为什么柏拉图哲学要以伦理学为发端，同时又以伦理学为归宿，这样的伦理学哲学以什么样的名称才能守住其本色不被肢解，这就是在这一节所要完成的艰难任务。

我们的"重构"不可能像19世纪的施莱尔马赫和20世纪的泰勒那样，抓住柏拉图著作之真伪和时间次序的考证来进行，在这方面我们只能借助于他们所取得的成果并听取他们的忠告。在柏拉图的研究中，必须时刻围绕着哲学本身形成自己的判断，才能避免落入一些专家设计出的陷阱，施莱尔马赫明确告诉我们所谓"隐微"和"显白"之区分，就属于众多陷阱中的一个：

> 另外一些人多半会凭借同样不怎么正确的判断，只凭良好的愿望，部分由柏拉图本人的只言片语，部分由广为流行的传统来做出评价，这种传统出自古代，以一种哲学中的隐微和显白的区分（einem Esoterischen und Exoterischen in der Philosohie）为依据，认为在柏拉图

的作品中根本不存在柏拉图的真正智慧，或柏拉图真正的智慧只包含在隐秘而又极其难以发现的暗示之中。这种事实上根本无法确定的想象，有各种各样的形式，他们或多或少抽空了柏拉图作品的内容，却在隐秘学说中寻找作品中几乎不存在的所谓柏拉图的真正智慧。[1]

因此我们的重构方法，必须立足于柏拉图"辩证法"所论证的哲学旨趣本身，紧紧抓住其关于真正存在的思辨，这种真存在如何指向了存在自身的完善，这才是柏拉图在苏格拉底基础上所发展出来的古典伦理学哲学。因此，其"辩证法"就是从揭示"存在"如何被各种习俗的自以为知（以各种被习俗观念教化出来的青年对话者为代表）的"假象"开始，以获得一种真实存在的形式为归宿。这是一种典型的在思想中思考存在依凭自身本性的必然性而完成自身之本质的存在论，因而我们可以借助于新康德主义马堡学派的首领纳托尔普（Paul Natorp，1854—1924）曾经使用的"发生学方法"来重构柏拉图的这种存在的发生学。但有两个问题需要解决，一是柏拉图的辩证法究竟能否同时是存在论，一是纳托尔普的发生学方法能否转换成为存在的发生学。

对这两个问题，如果我们能接受伽达默尔的研究成果，那么就都可以解决了。纳托尔普作为他当时的老师，使得他能吸纳其发生学考察的方法，同时他又将这种文本发生学考察与文本中的内容，即从苏格拉底确定为伦理学问题的追问存在如何成善的问题紧密结合，于是他借助于当时的另一位老师尼古拉·哈特曼（Nicolai Hartmann）关于古希腊"存在逻辑学"以及作为价值现象学的伦理学的结合，文本发生学方法也就转换成存在意义的发生学，辩证法也从思想论证的方法论转化为关于人生实存在世的存在方式阐明。伽达默尔自己描述了他转化纳托尔普柏拉图阐释的进程，实际上就是化

1　［德］施莱尔马赫：《论柏拉图对话》，黄瑞成译，华夏出版社 2011 年版，第 69 页。

解上述两个问题的思想进程：

> 在我眼里，我的希腊哲学研究是我哲学工作的一个独立的部分。22
> 岁时的博士论文虽然是基于对柏拉图整个著作的一种独立的研究之上，
> 但毕竟还是完全走在我当时的老师，保罗·纳托尔普所开辟的道路上，
> 我试图以他的思想为主题进一步探讨柏拉图的 ἡδονή/Lust（快乐）问
> 题。后来，尤其是在亚里士多德伦理学的光照下，我开始看到了希腊哲
> 学的意义。我是通过尼古拉·哈特曼而被带到这近旁的，他当时借助于
> 他所受到的马克斯·舍勒启示的现象学之帮助，脱离新康德主义而以亚
> 里士多德的眼光看问题。但真正将我引入到亚里士多德的理解以及他
> 关于我们所理解的世界之意义中，我尤其要感谢 1923 年夏季学期同马
> 丁·海德格尔的相遇。[1]

这样的思想道路也就是将文本发生学方法论转化为存在者之存在意义
的理解与阐释，通过这一存在论的转向，我们就能把握到："如果柏拉图
给予了哲学的表达某种形式的话，那么这无非就是看出了在言（λόγος）与
行［ἔργον，也即'功能论证'的'功能'者］，话语与存在、概念与作为
（Tun）之间如此引人注目的惊人的一致。"因而这就揭示出了"辩证法"是
以对话为形式而进入到真正存在、真正生活之中去的思辨活动："假如语言
只有在交谈中才有其本真的生命，那么柏拉图的对话就一如既往地是对一种
活生生的交谈的唤醒，其作为就是所有视野的富有成效的融合，在这种视野
融合中我们的问题和探寻就在我们本真的世界找到了道义根据。"[2]

1　Hans-Georg Gadamer: *Platos dialektische Ethik—beim Wort genommen*, in: *Hans-Georg
Gadamer Gesammelte Werke 7*, Mohr Siebeck Tübingen, 1991, S. 121.

2　Hans-Georg Gadamer: *Platos dialektische Ethik—beim Wort genommen*, in: *Hans-Georg
Gadamer Gesammelte Werke 7*, Mohr Siebeck Tübingen, 1991, S. 127.

因此，这也就把柏拉图的"辩证法"[1]与"存在论"或者说关于正当存在的伦理学联系起来了。他在另一篇解读柏拉图对话《吕西斯》的长文中，不仅明确地把辩证法与真正的存在方式的选择问题联系起来，而且以此作为柏拉图和亚里士多德的辩证法与诡辩论的根本区别：

> 亚里士多德本人，第一种有效逻辑的创始者，在《形而上学》的一个有名的段落中，宣称辩证法与诡辩论之间的差别仅在于对生活方式的选择。即辩证法严肃认真地对待那些事情，而诡辩家则只把它们用作赢得论证，证明自己正确的材料。[2]

在解决了上述两个问题之后，我们就完全有理由告别按照"文本"顺序的发生学考证方法研究柏拉图的合理性，因为一方面我们已经失去了完全按照文本写作的时间顺序来鉴别柏拉图哲学形成与演变的可能性与必要性了，另一方面柏拉图哲学原本的发生顺序就不是按照所谓哲学或伦理学的专门化理解，尤其是现代人的学科概念来推进，而是按照其存在与善的存在逻辑而思考。因此，对这样的存在与善的发生学演进的哲学思辨，我们可以将其命名为一种"道义实存论"。"道义"即柏拉图的"善"的理念，他将"善"阐释为"最高的存在"，任何事物的存在，目标都是完成自身本性必然指向的自我完善。这种"善"既有"上行"的路，即认识论的路，从个别事物身上所体现的"好"，即一个"好"人、一个"好"的陶罐、一首"好"的乐曲、一个好的城邦等，上升到对好本身的认识，即达到对善的理念的知识；也有一条"下行"的路，即一旦洞见到事物的理念之后，柏拉图还要进一步做一

---

1 辩证法 Dialektik 的词根就是对话：Dialog，话语的逻各斯。而哲学话语作为古典形而上学，谈论的就是存在问题。最真实的存在，就是最值得过的人生，这是苏格拉底伦理学确立的（哲学）伦理学核心问题：省思最值得过的生活，美善之存在问题。因此，辩证法与存在论在此意义上具有原始的关联性。

2 ［德］伽达默尔：《伽达默尔论柏拉图》，余纪元译，光明日报出版社1992年版，第7页。

个"思想实验"，在"思辨"中，检验那个纯粹形式化的善的原型在世界中，也即在可变的时空中，按照其"本性"必然实存的目标完成其"本质"，这条"下行"的路，也就是"道义实存"的路。[1] 在此视野下《理想国》一开始就是一条"下行"的路，要寻求一个理想的正义城邦，但城邦里的各色人物对"正义"的认识都充满了"幻相"，于是又有一条"上行"的路，来让城邦达到对正义和善的理念的认识，才能最终考察一个具有真正正义的城邦如何是善的城邦。因此，柏拉图的整个哲学就可以用"道义实存论"来涵摄"理念论"和"理念"之实存。

四、道义实存论贯通于辩证法、物理学和伦理学三大部分

接下来我们需要证明的是，道义实存论如何贯通于传统哲学史阐述柏拉图哲学的三个部分中，即辩证法、物理学和伦理学。这三部分的划分是在斯多亚派第三任领袖克律西玻那里才确立起来，并广泛流传在斯多亚主义中晚期哲学思想中的，他们都把这种划分的根据归结于柏拉图。奥古斯丁在《上帝之城》中有多个明确的说法，在柏拉图那里哲学被划分成了物理学、伦理学和逻辑学（实际上就是"辩证法"）三个部分。

在我们已经证明了"辩证法"是正当存在方式的选择因而属于伦理学之后，我们现在要进一步证明，柏拉图的伦理学哲学是如何贯通在作为哲学部门的"物理学"和"伦理学"之中的。显然这里就有了两个不同的"伦理学"概念，一个是这个与"物理学"相对的"伦理学"概念，一个是作为涵摄其整个哲学体系的道义实存论伦理学。我们要证明的是，只有先弄懂了后一个"大伦理学概念"我们才能准确地理解和把握柏拉图的"小伦理学概

1　德国学者芭芭拉·岑普芬尼希（Barbara Zehnpfennig）在其《柏拉图导论》（*Platon, zur Einführung*, Junius Verlag, 1997）将柏拉图著作分三期介绍，早期著作她用的标题是德性（*Das Frühwerk: Tugend*）；中期著作她用的标题是上升之路（*Das mittlere Werk: Aufstieg*）；晚期著作她用的标题是下降之路（*Das Spätwerk: Rückstieg*）。

念"。其实不仅柏拉图是这样，在康德那里也是这样，他也有两个大小不同的伦理学概念。[1]但康德的"大伦理学"其实正是柏拉图的"小伦理学概念"，即与"物理学"相对的伦理学概念，这在近代的"科学"分化之后，已经是个大得不得了的概念，指称与物理学研究"自然的因果性"相对的一切研究"自由的因果性"的学问，就是"伦理学"；与之相对应，在康德那里，还有一个小的伦理学概念，就是与研究"外在自由行动"的"法权论"相对的内在自由实现的"德性论"伦理学概念。而在柏拉图时代，人类知识还没有分门别类，一切对智慧的爱，都属于哲学，因此哲学"大"得不得了，但柏拉图这种对智慧的爱，引向了对美善存在的知识探求，这虽然在后世被视为"大伦理学概念"，但柏拉图自己只不过把此当作"爱智"活动而已。

但柏拉图的爱智（哲学）显然有其时代赋予他的使命，就是要进一步将苏格拉底的追求美善生活的伦理学（被视为是无物理学的）建立在前苏格拉底的自然哲学（物理学）之上，这一综合的任务，就是要阐明，"伦理"作为人类共存的存在机制（Verfassung）与宇宙自然的存在机制（逻各斯）之间所能有的共同基础，即"灵魂"的创生机制。对这一时代哲学的综合创新的使命是从苏格拉底被处死的当日就已明确的意识：

> 苏格拉底的审判当日，柏拉图登上了讲坛，面对同胞说了如下这些话："雅典人……所有人中间最好的、而且是最聪明的、最正直的人（《斐多》118a）将要被判处死刑，而且是以城邦利益为名加以执行的。……"
>
> 《书简七》是柏拉图写给狄翁的一位朋友的，柏拉图在信中透露，对他老师的判决是一个至关重要的时刻，在他看来，那时一切都动摇了。他以前还相信，存在某种正义，可以对人进行教育。但是雅典动荡

1　参见拙文《论康德的两个伦理学概念》，载《伦理学研究》2021年第5期。

不安的暴力行为长期以来酝酿了雅典人的不满情绪……[1]

因此，他想要在哲学上弄清楚的问题是：如果没有正义，万物还能存在吗？万物如果能达到最好的存在，需要以何种方式存在？如果智慧是关于如何存在得"既美且善"的学问，那么，我们的哲学不就是要追求这样的生活智慧吗？

这种问题意识，决定了柏拉图的哲学必定是伦理学的，因为正义才是伦理的本性，是使存在得以可能的存在机制，所以，伦理问题与存在问题，在他这里是通过正义关联的。没有正义，人类不可能共存在一起。而共存在一起的人类，没有正义的灵魂，也就会让一个败坏了的城邦以法律随意将一个好人无辜处死，这样的法和城邦，就扼杀了善的力量，善必须在城邦的灵魂中赋予城邦以正义的力量，这才是真正哲学的智慧。

柏拉图的哲学也必须统合巴门尼德的存在学与苏格拉底的伦理学，才能找到处理存在问题与正义问题的综合框架，在这个框架中，存在问题与正义的伦理问题，才在相互内在的证成关系中得到解答，这才是准确把握柏拉图哲学的合理框架。所以，策勒这样说：

> 柏拉图最早把苏格拉底的哲学扩展为一个体系，把他的伦理学和希腊早期自然哲学结合起来，并把两种都建立在辩证法或纯粹的概念科学（der reinen Begrieffswissenschaft）的基础之上。在这里，明显出现了这样一种必要性，就是必须有一个原则，它不仅能够在科学探究的方法上为思想提供指导，而且也能够解释诸事物的存在和本质。[2]

而关于事物的存在和本质的学说，或者说柏拉图的"物理学"，最主要地就

---

1 [法] 让-弗朗索瓦·马特：《论柏拉图》，张垚译，华东师范大学出版社 2008 年版，第 15 页。
2 [德] 爱德华·策勒：《古希腊哲学史》(第三卷)，詹文杰译，人民出版社 2021 年版，第 105 页。

是体现在柏拉图的灵魂论中。柏拉图在《蒂迈欧》中明确宣称，他在这里是"研究万物本性的"（27a），因此，《蒂迈欧》被后人称之为柏拉图的"物理学"著作，其特点就是从"宇宙灵魂"讨论宇宙的产生和人的产生。他认为宇宙中存在着"不朽灵魂"，"灵魂"是万事万物按照其本性朝向自身的至善而生存的法则，所以物理的与伦理的实存在永恒灵魂的存在法则上具有一致性，从属于同一种"存在法则"，即遵循同一种先天而永恒的实存法则。只有在"时间"中生存着的"灵魂"才出现等级差异，虽然有了物的灵魂（亚里士多德后来承认有"植物灵魂"）、人的灵魂与神的灵魂之差异，并且在宇宙论上，虽然有本原创造的神、神之父和神之子、年轻的诸神之存在等级，但是作为"灵魂"，它们具有同样的功能：活着，让事物活起来，朝向事物的本性所必然指向的目标完成自身的生命。因而这是万事万物，包括人在内的存在机制，且是内在地向自身的完善而存在（活着）的机制。因此，这种机制就既是物理的，也是伦理的。因此，这样就将苏格拉底的伦理学与早期自然哲学，尤其是巴门尼德的存在论综合在自己的理念论哲学体系之下，形成了贯通于辩证法（逻辑学）、物理学和伦理学的道义实存论伦理学哲学：

> 柏拉图把苏格拉底的概念哲学移植到早期自然哲学的肥沃土壤之中，从中获取了各种各样的养分。他让早期自然哲学家的思辨渗透进苏格拉底的精神，并通过辩证法使之净化和变革（这种辩证法自身扩展为形而上学思辨）；他让自然哲学为伦理学提供补充，同时让伦理学为自然哲学提供补充，以这种方式，柏拉图成功地创造了人类有史以来最伟大的理智性成果。[1]

但是，我们必须注意的是，柏拉图的哲学三分体系与后来亚里士多德

1　［德］爱德华·策勒：《古希腊哲学史》（第三卷），詹文杰译，人民出版社2021年版，第108页。

的理论—实践—制作（技艺）的三分体系有很大的区别，最为关键的区别在于，在柏拉图这里，哲学是一个整体，辩证法没有形式化为单纯思辨的逻辑学，物理学和伦理学相互补充，其中有共同的，贯穿于宇宙世界、包含自然界与人类的，作为创造性原型、动力与目标的灵魂；而在亚里士多德那里，逻辑学形式化了，成为单纯思维的方法——形式逻辑，物理学、数学和第一哲学作为理论哲学为"实践"和"制作"提供"原理"，实践知识和制作的知识作为"理论"的"应用"，哲学就这样开始区分为不同的二级学科，朝向"科学性"转向。

我们重构柏拉图道义实存论伦理学哲学体系，目的就是要让习惯于亚里士多德分类并深受亚里士多德哲学观念影响的我们，清楚地认识到，柏拉图的哲学即为伦理学，是一个道义实存论的规范性体系。如果按照一般哲学史把它区分为形而上学、宇宙论、知识论、物理学、心灵哲学等等，我们最多把握到一种被肢解了的部门哲学，那就离柏拉图的思想品质很远了。在辩证法、物理学和伦理学统合性中，三者共同构成一种哲学，这种哲学以追寻人类的美好生活为目标，探究作为最高、最真实存在的至善，我们如何获得对它的知识，这种知识如何能够作为一切行动的目的，让人成就其存在之美德。因而，这种哲学作为存在的发生学，即道义实存论，它不是现代"道德哲学"的对应形式，而是独一无二的以伦理生活的至善为最真实的实在、最本真的基础、最崇高的德行的哲学。因此，在柏拉图这里，真不是善的基础，反而"善是知识和真理的源泉，又在美方面超过这二者"：

现在你必须承认，这个给予知识的对象以真理、给予知识的主体以能力的东西，就是善的理念。它乃是知识和认识中的真理的原因。真理和知识都是美的，但善的理念比这两者都更美。你承认这一点是不会错的。正如我们前面的比喻，你把光线和视觉看作是类似于太阳的东西，虽然是对的，但要是你把它们看作就是太阳本身就不对了。我们在这里，把认识和真理看作类似于善的东西，虽然是对的，但是把善本身看作就是认识与真理同样的某种东西，就不对了。善本身比善的属性更高更可敬。(《理想国》508e–509a)[1]

因此，我们接下来将把柏拉图的道义实存论伦理学区分为：作为善本身的元伦理学、作为城邦共存机制的正义伦理、作为相生相存的友爱伦理和依凭本性实存的自主德性论。

第二节　作为"善本身"知识的柏拉图式"元伦理学"

"元伦理学"是当代英美伦理学提出的区别于规范伦理学的一种伦理学基础类型，它把自己的任务定位于对伦理学中的道德词语进行语义分析，而不为人的行动提供"规范"，因而也就不给人生提供"指南"。柏拉图的整个伦理学，道义实存论，当然属于一种规范伦理学，但作为这种规范伦理学基础的，是他关于善的知识论研究。在他从事这一研究时，"实践哲学"这一亚里士多德首先提出的概念还不存在，因此柏拉图的意图不是"实践的"，而是仅仅"思辨的"，只是为了在理论上给出一个关于善的理念。这一理念本身在柏拉图的语境中，虽然是最真实的实在，却完全不是一种实存性的规范概念，因为它高于实存的显相界，不是感官所能感知的对象，而仅仅是可思的对象。所以，"善的理念"只是一个"因其自身而善"的自指概念，它可以让其他的善因它而善，但它作为善本身并不实存，在此意义上，它才是一个真正的"元概念"。这就给了一个理由，可以把这种关于善本身的知识论探究，称之为柏拉图的元伦理学。

1　Platon: *Der Staat*, in: *Platon Werke*, Band III, in der Übersetzung von F. D. Schleiermacher, Akademie Verlag Berlin, 1985, S. 231.

一、语言含义的"名"与"实"

在早期以苏格拉底为主角的对话中，柏拉图已经确立了伦理学的主题，审视何种生活是值得过的好生活，在这种审视中，决定人们当下"应该做什么"。这一部分被视为苏格拉底伦理学的主要内容。而柏拉图的哲学区别于苏格拉底伦理学的，是他的理念论，也就是说，当我们谈论柏拉图的伦理学时，我们必须有这样一个新的立足点，理念论的伦理学。

理念论实际上是柏拉图的形而上学知识论。这种关于善的知识，是所有"好"的存在者之"名"，而不是我们"眼见为实"的"存在者"。柏拉图继承了德谟克利特的万物流变说，万物呈现于我们感官前让我们所见的，只是流变之中的某种形态，万物尚未"完成"其天性所赋予其"本质"，因而还不是其"本身"的真实实在，仅仅是"幻相"，只有当事物的天性所秉有的"本质"完成了"自身"时，事物才是其本身，这才是事物最真实的实在。因而事物自身这个最真实的存在，是我们的感官看不见的非感觉对象，它是留给思想或灵魂之眼才可能"见到"的"真相"或"本相"。

如此一来，事物之理念作为事物之"自身""本质"，不就是事物之"名"吗？此"名"为何才是其"实"呢？柏拉图是在《克拉底鲁》中集中讨论语言的名实关系的。

名实关系的根本就是语词的"正名"问题。我们的语言如何给事物命名呢？我们能随意地说，这是山，这是水吗？柏拉图反对"随意说"，事物之名不可能是随意得来的，我们不可能以"树"去命名"马"，因为它们不是同一物种，命名必须跟物种的物性相符，具有其本质之依据。柏拉图也不同意"习俗说"，对于"父亲"有的地方习惯于喊"爹"，有的地方习惯于喊"大大"，有的地方习惯于称"爸爸"，这是习俗问题，但不属于给一个"父亲""命名"。"正名"不能停留在习俗上，关键要看习惯的"命名"是否最终合乎事物之本性，只有合乎事物本性的命名才具有正确性，才是"知识性"概念。从给事物的命名要符合事物的本性这一要求中产生了一种"自然说"的正名观，但依然存在巨大困难，而不是自然有理的，因为事物的真实本性与语言对它的"正确表象"（die richtige Vorstellung）之间依然存在巨大差别。即使是"正确的表象"，那也只不过是"表象"了"可见的实在"，而不是"实在"之理念。这就很清楚了，"自然说"要能成为正确"命名"，不仅需要"技艺"，更需要"哲学"，关键在于作为事物最真实实在的理念如何被命名。克拉底鲁感到困惑的是，他作为赫拉克利特"流变说"的信徒，"名"如何能成为巴门尼德"存在者存在"的"真实"？如果赫拉克利特的无常流变说是正确的，那么我们是否有可能称事物是"美的""善的"？柏拉图笔下的苏格拉底让克拉底鲁承认了美和"美的"、善和"善的"是不同的存在形式，美和善才是真实存在，而"美的"和"善的"这类"表语"则不是。真实存在不依存于人类的感官，其实在性来源于美与善的"本相"：因为美，所有美的事物才能是"美的"；因为善，所有善的事物才能是"善的"；所以必须要有一种知识去把握那作为美本身和善本身，把握住它们不随"流变"而永久"无常"的永恒"形式"，这是哲学的根本任务——善的知识论。

善的知识论因而不是一条"下行"的路，去探讨善如何变成善的存在者，去探讨善的东西的"流变"，而是在许许多多流变着的善的存在者中"上行"，洞见出所有"善的存在者"之不可见的真实：善本身之"本相"。因此，这不可能交给我们的肉眼，而只能唤醒我们的"灵魂之眼"去"照管"。只有认识到了存在者之纯粹形式的存在，这个事物本身的理念，才能真实地为之命名，"名"只有在"本相"而不在任何"殊相"中才与其"实"内在地符合一致，这是知识论的课题，也是伦理学最重要的课题，因为它才是万事万物最为原始的根本，是哲学的真正元概念，所以泰勒的这一评价完全是准确的："因而这篇对话录［指《克拉底鲁》］把形式的实在这一形而上学问题和正确地'照管灵魂'这一道德问题，作为最为重大的问题，或者更正确地说，作为一切哲学的同一重大问题的两个方面，交给了我们。"[1]

二、善之型及其存在等级

理念作为型，是完型；作为相，是本相；作为所有一类事物共同本质的表达，是"形式"；所以善的理念就是一切"好"的完型、本相和形式。因此，我们也就能理解，它在柏拉图那里首先只是知识之"对象"，而不是欲求之"对象"，我们因此才能在"元伦理学"意义上来考察它。亚里士多德最早在批判的立场上指出了这一点："即便事实上真的有一种能被共同言说的'善'，是单一的，或就其自身而言是可分离的，但很明显，这种善既不能通过人的行动来实现，也不能被达到。"（1096b31-35）[2]亚里士多德在这里是从其实践哲学出发所做的评论，在他那里，是要把善作为人的行动可实现、可达到的善，因而是欲求的对象。但柏拉图的智慧是告诉人们，你欲求善，必须先知道善是什么，你求的才可能是真善，于是他的哲学把思想引向了知识论，把握究竟什么是真的善，善之型。但领悟了善之型之后，有哲学头脑的人自然就知道，善之型、本相是达不到的，在实在界是永远不可能完满实现的。

但留着一个不可实现的善之型的知识预设不仅必需，而且意义非凡。它让我们真正懂得，善总是在多样的意义上被言说，习俗给予了我们关于善的种种定义，把它们当作我们的规范，让人觉得做习俗规定的善就是应该，如善是快乐，快乐成为许多人终生欲求的目标；强权即正义，因而也是善，它才让人才活得好，正义的人都不得福，如此等等。如果我们没有关于善的真正知识，我们看起来是在欲求善，实际上却只是在追求善的假象，到头来必定就是一场空。这也就是苏格拉底主张德性即知识，无知即恶所具有的意

1　[英] A. E. 泰勒：《柏拉图：生平及其著作》，谢随知、苗力田、徐鹏译，山东人民出版社1991年版，第133页。

2　[古希腊] 亚里士多德：《尼各马可伦理学》，邓安庆注释导读本，人民出版社2010年版，第51页。

义。因此，柏拉图是在继续深化苏格拉底的智慧，如果我们不能从善言善，而只能从"性质"（如"这是一个好人""快乐总是好的"）、数量（如"好的技艺就是把握恰当的比例""明智的人就是懂得分寸"）、关系（如"朋友关系是最有益的"）、时间（"这真是一个好的时机"）、地点（"住在海边面朝大海真好"）与善相分的东西上言之，那么我们始终言及的只是它的种种"殊相"，不仅未能言及"善本身"，而且巧言令色般地将真善全然遮蔽起来。关于思言知识对象的善之意义，柏拉图在《理想国》中所做的这一阐明可谓高屋建瓴：

> 正是如此现在也可以这样说，可知性的东西不仅是从善得以变得可知，而且也从善拥有存在和本质，然而，善本身却并不是存在，而且只有高于存在才凸显出它的尊严与力量。（509b6-10）[1]

在这里，善本身并"不是存在"指其"不是实存着的存在者"之意，它依然在"本体论"上是最具有实在性的存在，而且是最高存在，一切存在者"因其之故"才实存，而其"本身"超越一切实存着的存在者之上，万事万物才因它变得可知，是因为它是"本"，我们只有知本，才能看清一物之存在。说知一物之象，却不知其本，那就不叫知，所以这个不可见、不可知、不可言及的善本身才显示其绝对超越的尊严与力量。柏拉图整个哲学就是要确立起如此善的尊严和力量，它不在任何一个实存着的存在者身上，它自身"并不存在"却像是能永恒地放射出光明的太阳：

> 如何？我想你将会说，太阳不仅赋予了可见者被看见的能力，而且也赋予了可见者以变化、成长和得到营养的能力，尽管如此，太阳本身

1　Platon: *Der Staat*, in: *Platon Werke*, Band III, in der Übersetzung von F. D. Schleiermacher, Akademie Verlag Berlin, 1985, S. 232.

并不变化。(509b1-5)[1]

实存着的许多存在者都想把自己标榜为"太阳",如果我们不懂柏拉图的善之型,就会觉得他们真的是太阳,但柏拉图以其思想的彻底性坚定地告诉我们,他们绝无可能是太阳,太阳自身并不变化,却能让变化者的变化成为可见的,他们或许有时会像太阳一样发光,但有时却会变得如同恶魔,让一切曾在光明或黑暗中的实存者统统陷入无底黑暗的深渊。因此,确立一个本身并不存在而能赋予存在者以实存和成长能力的善之型的知识,才使得我们具有善的智慧,认识到实存中的同一个事物既可能是善的也可能是恶的,他们的本性是可变的,既可变成神圣,也可变成畜生,甚至畜生也不如。但唯有善本身不可变,而且因其不变,才具有超越一切现象具有的威严与价值。

所以,柏拉图虽然没有发明伦理学概念,但其哲学的伦理学性质,在他这里奠定了一个做伦理学的迄今通用的方法,即从分析流行的各种善观念入手,揭示习俗善观念的假象,寻找真正善之为善的定义,确立起一个超验善的原型,作为一切习俗善的绝对标准和尺度,从而为应该如何生活确立天理之依据,这使得伦理学作为哲学的智慧具有安身立命的意义。如果没有这种超验的天道之善的标准,而像智者派那样完全依据习俗的善观念,自以为懂得伦理,并以教授学生德性为业,那完全就会导致善恶颠倒、是非不清的弊端。人们在事关伦理与德性的问题上,最能自以为是,自以为都是专家,而且尤其会将自己的良心作为一切善知识的普遍标准,但实际上都犯有严重的思想混乱。古希腊没有良心概念,柏拉图坚持要将伦理善建立在善本身的知识上,就是他在苏格拉底与智者派的争论中,看得非常清楚,假如一个人不具有善的理念,那就将一无所有,没有人看似能为"应该做什么"找出各种

1　Platon: *Der Staat*, in: *Platon Werke*, Band III, in der Übersetzung von F. D. Schleiermacher, Akademie Verlag Berlin, 1985, S. 232.

合理的理由，但即便为善的主观意见耗尽心力，终将根本不懂善恶，不知好歹，缺乏真正的关于善的智慧。

因此，柏拉图所自觉意识到的哲学的元问题，也即伦理学的元问题，就是关于善是什么的知识问题，柏拉图说这是最大的问题，最高的认识问题。但是，也诚然如苏格拉底所说，在事关究竟什么是善本身，他真的是无知的，我们关于善本身实际上是根本无法做出一个准确而全面的定义的，柏拉图与苏格拉底在这个元问题上的困惑是一样的。一直到在《理想国》中，当他想要给出一个关于美德本身是什么的知识性定义时，他不得不借助于苏格拉底的嘴明确告诉人们，他并不拥有这种知识："如果我对于我所讲的很有把握，那么这种鼓励是非常好的。……但是，如果像我目前这种情况，胸无成竹，临时张皇，那是可怕而危险的。我怕的不是人家嘲笑，那是孩子气；我怕的是迷失真理。"（450e-451a）

但他的信念是坚定的，只有获得了关于善本身的知识，我们才能具有善的智慧。因此在我们追求善的智慧时，首先应该知道让自己坚决摒弃大多数人的日常做法——满足于虚幻的表象和主观意见，而不从善的真知出发。如果我们能从善的真知，即从善的理念出发，我们就可以进一步来确定善的存在等级，即一切"是善的"善者从"善本身"的分离问题。著名的"三张床"的比喻，就是说明善的存在等级的一个著名例子。在这个例子中，柏拉图说，神这个万能的工匠造的是一种"自在的床"，蕴含了所有床之本质的床的型（596c-597b），因而是所有关于这是一张"好的"床之性质评判的最终标准，是木匠造的床的蓝图，但再好的木匠也不可能造得出床的型，因为"理念或形式则不是任何匠人能制造得出来的"（596b），只有"神才是床的本质的创造者（Wesenbildner）"（597d），这种善是绝对的，没有相对者与之可攀比，根本不在一个存在层级中。所有"型"/理念/本相，是神所创造或制作，不是人间的匠人做能为之的。木匠以床的型作为蓝本，模仿它造出一张实用性的床，人们是因其"实用性"而说它是"好的"，但这种

"好"是可变的、可毁坏的，最终可抛弃的。画家的床是模仿的模仿，离床的型在真实性上隔了两层，是影子的影子。所以善的存在等级在这里是从原型与模仿的关系得到划分的，它既阐明了绝对善与相对善的区分，更清楚地划定了神的善和人的善或者说纯思辨的善和可实践的善之区别。这种区别才是柏拉图哲学智慧，因而是其伦理智慧的核心。

因而，我们可以把三张床的比喻，视为柏拉图善的存在等级的一个总体框架，这个框架本身依然呈现出思辨（知）的善、实践（行）的善和技艺（术）的善三种存在等级，唯有知识性的善，才是实践的善和技术的善之根本。这样的视野是完全不同于亚里士多德之后仅仅从实践哲学寻找善的根基的做法，他更重视的是以元善之型凸显一切实践之善的虚无化和无意义的本质。当然，亚里士多德从实践哲学对柏拉图善型的著名批判，至今依然可以视为有效的，他说："只要他们都是人，在'人'和'人本身'之间就没有区别。这也适合于'善的'和'善本身'。'善本身'并不因其永远是善的就是更高程度的善，就像长期存在的白并不因此就比只存在一天的白更白些一样。"（NE，1096b1-5）[1] 但如果我们仅仅具有亚里士多德的实践哲学视野，在善的问题上依然很难具有哲学的智慧。

因此我们要准确把握柏拉图善的意义和存在等级，依然要走"上行"之路，保持它在"灵魂"中的纯粹语义，因为善本身只能在"灵魂"中才"活出来"，人们经常忽略这一点，因为常人不活在灵魂中，而只在习俗中苟活。而柏拉图所要探讨的伦理学，是只过那值得过的生活，所以他谈善，谈行动（实践），总是保持在"灵魂"中："每一个灵魂都追求善，都把它作为自己全部行动的目标。"（505e）这里的"全部行动"是灵魂的所有活动（行动），而不是一般所说的人的"外部动作"或生产性的社会实践。柏拉图首先是受毕达哥拉斯派灵魂轮回观念的影响讨论灵魂与存在的关系。灵魂的希

1　［古希腊］亚里士多德：《尼各马可伦理学》，邓安庆注释导读本，人民出版社 2010 年版，第 49 页。

腊文 ψυχῆ（psyche）本义就是能呼吸的有生命感觉的气息，因此有此生命
气息才有万物。灵魂的最主要功能也就是赋予万物以生命气息，并成为生命
之主宰。所以在柏拉图早期对话中，把灵魂视为我们人的生命活动中的一个
能起主宰作用的高贵部分来看待。在《阿尔喀比亚德上篇》（133c1-6）中苏
格拉底说："我们知道我们的灵魂有哪部分比智慧和知识相关的部分更神圣
吗？"答曰：没有。"那么这就是类似神的那部分灵魂；谁要是看到了这部分
类似神圣事物、神和智慧，谁就有可能认识自己。"灵魂没有成为生命的主
宰，就不可能有高贵的、神圣的存在这样的思想在这时已经形成了，但灵魂
与高贵存在之间依然是一种外在关系，而不是一种创造关系，或存在关系。
灵魂行使的功能是"身体"的"照管"或"主管者"（ἐπιστατεῖν）（参见《卡
尔米德》465d1），《斐多》则不一样，把灵魂的"主管者"视为"真正的自
我"（79e），从而让灵魂真正进入到身体中，使之不再是一种外在关系，而
是作为内在自我，"真正的自我"，因而是可以将"自身"带向高贵存在的生
命力量。只有到达了这一认识，苏格拉底在《申辩》中告诫雅典人"应注重
自身灵魂的照顾"（29d-e，30a-b），才具有伦理意义，因为只有通过灵魂生
活，城邦公民才能认清真正的自我，在参与城邦的政治事务中造化出自身的
高贵存在。如此一来，灵魂就从外在的行为变成了内在的生命造化力量，变
成了一种塑造内在生命品质的活动。

　　只有认识到人的灵魂生命都具有这样的能将自身向高贵生命存在自我造
化的品质时，苏格拉底对雅典人说的这些话才是有道理的："最优秀的雅典
人啊，你是雅典人，来自最伟大的、因智慧和力量而最为著名的城邦；如果
你只是关心钱财对你来说将如何是尽可能地多，及其名声和尊荣，而既不关
心也不在意明智和真理，以及灵魂是如何尽可能地好，那么对此你们不感到
羞愧吗？"[1]

1　[古希腊]柏拉图：《苏格拉底的申辩》，溥林译，商务印书馆 2021 年版，第 39 页。

　　所以，在"研究万物本性的"（27a）因而被称之为柏拉图"物理学"的《蒂迈欧》中，宇宙世界和人类被解释为是不同神圣等级的灵魂所创造，他区分了本原创造的神、神之父和神之子、年轻的诸神，宇宙的灵魂和人的灵魂。我们在41d第一次看到他给"宇宙灵魂"做了这样的描述："造物主再次把宇宙灵魂搅和在原来的搅和器里"，"宇宙灵魂"也仅仅是造物主手中的一种"器物"，与其他"材料"一样，灵魂的创造也就是不断把各种成分组合为一体，赋予其灵气，变成被创造的灵魂。但灵魂的"纯洁性"在这种搅和器中每搅和一次就"递减一次"，从而把它搅和在每一物中，与所有其他材料搅和在一起，内化在其他事物之中了。如此一来，"灵魂"就与天上的星星一样多。只有这些"灵魂"上了"神车"后，造物主告诉它们宇宙的本性，宣示命运的法则，"灵魂"就接受了造物主的"知识"。但在这里，有许多并不明晰、无法在知识论层面讨论的方面，如"造物主"与灵魂的关系是什么？[1]造物主创造了宇宙与灵魂，那么，宇宙灵魂的"自我运动"作为生命原则对宇宙自身的塑造与造物主所造的世界是什么关系？我们只有搁置这些十足的形而上学问题，将柏拉图"灵魂"中的善型的存在等级问题作为结论抽取出来。

　　柏拉图自己称呼的"永恒之神"（34b1）实际上可称之为"元灵魂"或"灵魂之型"，而宇宙及其灵魂，人类及其灵魂都属于造物主灵魂的"生成物"，属于"有限之神"（34b1），它们之间的关系，几乎可以说就是我们《易经》中阐发的"生生"关系。在这种关系上，柏拉图只是告诉我们，作为创造主的灵魂是不可见的，因为它无形体，而作为创造物的灵魂则由于造

1　我愿意接受罗宾逊的看法，"造物主即灵魂"（这是《柏拉图的灵魂学》"第二版导论"第四节的标题），这样就可以把造物主对宇宙灵魂的创造，视为一个"元神"灵魂对灵魂的塑造，因而就像宇宙是个"被造的"生命，它又不断地创造新的生命一样。柏拉图在《蒂迈欧》最后说，"宇宙是可见的神"，因而造物主对宇宙的创造，就可视为一个"不可见的神"（"元神"）对一个"可见的神"的自我造化，从而能够更加一贯地把灵魂本身的"自我运动"阐释为一种自我造化的实存生命，从而可以理解物物、道道、生生之"伦理实存"的"机制"。

物主把它与其他材料搅和在一个搅和器里，与其他"存在物"充分混合或合成，因而进入到可见可摸、有了形体的"创造物"中，但作为创造物的灵魂本身也依然是"看不见的"，它与造物主灵魂一样，是创造性原理，这种原理是赋予生命并通过赋予生命而使自身有生命的实存力量。

　　作为可见的生成物，柏拉图先是从物理性质来描述灵魂，把它看作与身体一样的实体，但灵魂先于身体被造，且能领悟造物主的知识，懂得宇宙的本性和命运的法则，于是，宇宙灵魂与人的灵魂一样，都具有永恒之神一样的"自我相像者的完善性"（33b2），按照"永恒生命体包含了全部生命体"的原理，"灵魂"的创造活动其实就是生命创造活动，"生生"的"自我运作"。但柏拉图的形而上学在"生成"的原始开端就赋予了造物主的至善性，使得他是按照"永恒原型"在创造可朽的生成物：

　　　　造物主是选择哪一种原型（Urbild）作为不变世界的模型并据此生成世界？如果这个世界是美的（schön）和卓越的（vortrefflich），且这个造物主是善的和完善的，那么显然可见，他是按照永恒模型；如果相反，这种情况也不止一次地允许说出来了，那么就是按照生成的模型。而现在恰恰每个人都已经清楚地看到了，他是按照永恒的模型，因为这个世界是所有生成物中最美的，而且这个造物大师是所有原创者（Urhebern）中最善和最完善的。所以，世界就是这样被唤醒进入生命之中，按照原型来生成之，此原型就是对于理性和认识而可把握且有目的地自我运作。（29a）[1]

　　可见，在这里柏拉图就是按伦理性质来论证灵魂的创生进程了。他说，灵魂是按照"原型"来创生和塑造灵魂的，这样"灵魂"作为"持存者"保

1　参照德文本改译, Platon, *Timaios*, in: *Platon Sämtliche Werke 3*, Verlag Lambert Schneider Heidelberg, 1982, S. 107-108。

持自身，就能与其形而上学原则保持一致，维持"理念"/"本相"作为世界之"原型"的本体地位。它的意义，不在于"范导"，而在于像太阳那样，"照亮"世界之生成。生成创造不是单纯的物理事件，而是伦理事件，只有作为原型的灵魂是善的且完美的，才能生成出一个善的且完美的世界来，这也就成了柏拉图哲学最基本的一条伦理学原理："善永远都是因善而生善。"因此，在创造世界的这个时间性的生成之开端，必然先天地要求造物主是善的和公正的，柏拉图说：

> 那好。我这就来谈谈造物者造万物和这个宇宙的根据好了。造物者是完善的。完善者对一切都是公正的。他不偏袒某些事物，而是希望一切事物都尽可能像他一样。我们作为有智慧的人应该接受，这便是生成和宇宙的真正出发点。(29e-30a)[1]

生成运动开启之后，灵魂作为宇宙灵魂，是寓存于作为生成物的世界之中的，作为"被创造的灵魂"其纯洁性减低了，因为它必须混合在有形体中。人的灵魂也要进入到有欲望和激情的身体之中，灵魂的品质就不再能够保持"原型"灵魂的品质，尤其是，"灵魂一旦进入可朽的身体，就开始丧失其理性"(44b)，这就使得造物主"他是先造灵魂，使之更老练，更有能力，从而能够成为身体的主人和统治者"(34c-35a)。让灵魂"成为主人"(δεσπόξειν)和自身的统治者(34c4-35a1)就是人的灵魂最为重要和核心的问题，否则它与身体的关系就是二元论的关系，而不是一种内在的自身造化的关系。这与早期谈论的"灵魂"十分不同。因为即便在讨论"灵魂不朽"的《斐多》中，柏拉图讲述的灵魂实质上指的是人的理性，而现在，"灵魂"进入到"身体"之中，其"理性"首先是"丧失"在身体的物理机能中，欲

1　[古希腊]柏拉图：《蒂迈欧篇》，谢文郁译，东方出版中心2021年版，第16页。

望和激情都是身体物理机能的功能表达。但"灵魂丧失理性"后，虽然作为可朽灵魂必然要忍受先天法则为物理属性之物所规定的命运，但毕竟在我们人类身上称之为头颅的圆形存在中，还有我们"身体最神圣的部分，作为统治者"（44d）的灵魂能再次成为主人，理性就能主宰或统治其身体中的欲望和激情，能将人的生命引向高贵存在乃至至善存在。

　　所以，在"知识论"范围之外，在"时间性"的实存中考察柏拉图灵魂造化自身的因善而生善的道义实存论就是一件十分有意义的哲学工作。柏拉图自己也非常强调生存：

　　　　谈到整个天体或宇宙，开始的问题是：它是永恒的而没有原因呢，还是生成的而有开端？我认为，它是生成的，因为它是有形物体，可见可摸。可感知的物体总是在生成过程中。生成的是出于必然性的。（28b-c）[1]

　　因而，每一生命体在时间上的开端，始于灵魂赋予的生命气息，继而在成长中，灵魂的高贵部分成为生命的主宰，因而成了自身的主人，这也就是可形式化的灵魂纯粹的运动（κίνησις）和活动（ἐνέργεια）的功能："存在"在"空间"中向自身"生成物"的"实存"，因为他在灵魂学中，把"存在"分为三种，即存在（ὄν/being）、空间（χώραν/space）、生成物（γένεσιν/becoming）。[2] 我们现在就可以总结灵魂中的这种"因善生善"的伦理存在机制中所关涉到的伦理概念之含义了。

　　这是一种宇宙目的论生命整体框架下的伦理学。由于世界万物都是灵魂主宰下的生命创造，整个宇宙是灵魂与灵魂之间的生生关系，使得每一个灵魂所造就的生命体是一个个体，而个体与个体之间呈现出一种原型与造物之

1　［古希腊］柏拉图：《蒂迈欧篇》，谢文郁译，东方出版中心2021年版，第15页。

2　参见［古希腊］柏拉图：《蒂迈欧篇》50d和52d以及谢文郁的注释，东方出版中心2021年版，第38、41、129页。

间的等级关系，但这种等级依然是灵魂品质的纯洁度之间的差异，整个宇宙
呈现出一种目的论，这种目的论不是外在目的论，而是内在目的论，即每一
个灵魂所创造的都是自身生命的完成，以自身生命的完满为目的。"善"在
这种目的论框架中，依然是有"等级"差异的。"永恒之神"作为"灵魂之
原型"所选择的创造"原型"也是"善之型"，是万事万物之生命本性、本
相之善，这完全是一种思辨的善本相，没有生成，只是形而上学的预设。因
"善"而生成的作为创造物的"目标善"是对善本相／型的摹本，是结果之
善物，也就是善在具体物理性身体中的完成、完善。这种完善依赖于灵魂在
身体中起主宰／统治作用，成为自我主宰的"主人"，因而"灵魂"具有德
性品质，作为自身固有的生命功能之实现。一个禀有德性的灵魂才能成为自
身的"主人"，才能主宰着生命完成自身的优秀。因此，这样的灵魂主宰下
的身体，才被称作"活得好"，追求"活得好"作为一切生命活动的最终目
的，就是幸福，幸福在这种"活得好"的内在目的论中获得起意义。因而在
柏拉图意义上，善具有如此单一的"因自身而善"的意义。

　　当然，在柏拉图那里，人的"可朽灵魂"也时刻具有败坏的可能。在
《高尔吉亚》中苏格拉底就提出了"健康的灵魂"和"败坏的灵魂"之概念。
灵魂的败坏，指的是灵魂中理性力量没有成为自身的主宰，因而自身的各种
机能发生紊乱，就使得生命体有病而悲惨，它整个生命就不可能活得好，甚
至根本不值得活（《高尔吉亚》512a-b），所以，灵魂之善作为品质之善，最
终就是让一个生命体因善（品质善）而善（好生活）的根本，这才是其元善
的意义。

三、善的劝导性意义与光照意义：苏格拉底与柏拉图的德性教育学

　　在 20 世纪前半叶的元伦理学初创阶段，摩尔试图为道德词语进行语义
分析，结果发现"善"的含义是单一的，不可能给出一个定义。之后史蒂文
森（G. L. Stevenson，1908—1979）在其《伦理学与语言》中给出了对道德

词语语义的两个"分析模式"（patterns of analysis）。他认同对"好"或"善"通过下定义确定其意义是不可能的，理由相当于柏拉图的这一思想：实存中的所有善根本不可能与"善之型"完全相同。但我们依然可以给出善的两种分析模式，使之在内涵上获得明确规定。一种是分析一个句子中的"好"所关乎的说者的"态度"，分析出它除了描述事实外，还有表达赞扬或谴责的态度；因而另一种分析道德语词的意义就是分析通过表达态度而产生的影响。这是与艾耶尔不同的一种主张，艾耶尔认为道德词语根本"不关乎什么"，指的是它对一个句子所关乎的"事实"并不因此发生变化。譬如"你偷钱是错的"，加上"错的"并不关乎一个人偷钱这一事实有什么改变，但史蒂文森看到，但当我说"你偷钱是错的"关乎的恰恰就是说话者的道德态度，因此道德词句在这里的含义就是，我不赞同这样做，你也别这样做吧。因而，当一个人说什么是"善"时，这个善表达的就是一种赞同、赞扬：

> "这是好的"的意义是"这具有 x，y，z……诸种属性或关系"，但除此之外，"好"还有一种表示赞扬（laudatory）的情感性意义（emotive meaning），这种情感性意义使"好"这个词能够表达说话者的赞同，并往往能激起听者的赞同。[1]

因此，史蒂文森认为元伦理在做道德词语的意义分析时，实际上是做不到真正的道德中立的，因为道德词语虽然不会改变一种事实的描述，但它会通过表达赞扬或谴责的态度，影响其他人改变他们的道德信念，因而实际上会起到一种或明或暗的"劝导性"意义。对于我们重要的还在于，他发现，在柏拉图的至善知识论中，就广泛地存在着"劝导性定义的隐含用法"：

---

[1] Charles Stevenson: *Ethics and Language*, Oxford University Press, 1944, p. 207. 转引自［美］马克·施罗德：《伦理学中的非认知主义》，张婉译，华夏出版社 2017 年版，第 17 页。同时请参见《伦理学与语言》，姚新中等译，中国社会科学出版社 1991 年版，第 237 页。

　　"苏格拉底在定义'公正'之前，必须先赞扬公正"，就是具有明显的劝导意义。"尤其有意义的是，柏拉图……真诚地为伦理学的模糊性感到不安，并感觉到了其观点所涉及的相反态度以及随之而来的劝导。他力求通过定义自己的术语来避免这一点，希望使他的探求更严格、更合理。但足以成为讽刺的是，正是这些定义包含了同样的劝导。"[1]

　　发现柏拉图关于词语定义时具有劝导性意义，是一种独特的洞见，但认为柏拉图通过定义来避免模糊的"劝导"，则属于猜测。因为突出伦理学概念的劝导性意义，是古希腊修辞学的原本使命，尤其是早期对话中，苏格拉底的"讽刺"本身就一直伴随着以正确的知识来劝导的内涵。在《申辩》中，苏格拉底明确地说：

　　　　我四处转悠所做的无非是劝说你们中那些较年轻的人比较年老的人，不要优先关心身体和钱财，也不要汲汲关心灵魂将如何是尽可能的好那样去关心它们，我说，"德性不来自钱财，相反，钱财和所有其他的东西都基于德性才对人成为财富的……"（30a7-31b3）

　　　　神把我作为这样一种人来指派给城邦，那就是为了激励、劝说和责骂你们每一个人，我整体不停地到处叮咬你们。（30e7-31a1）[2]

　　"劝导"的希腊文是 προτρεπτικ/protrepein "意为'使某人向前走''由是''推进''驱策''勉励'。柏拉图运用文学手法（包括且不限于哲学论证）推动读者不断前进，直至后者甘愿接受一种正当的生活方式"[3]。

1　［美］查尔斯·L. 斯蒂文森：《伦理学与语言》，姚新中等译，中国社会科学出版社1991年版，第255、257页。

2　［古希腊］柏拉图：《苏格拉底的申辩》，溥林译，商务印书馆2021年版，第41页。

3　［美］G. R. F. 费拉里编：《柏拉图〈理想国〉剑桥指南》，陈高华等译，北京大学出版社2013年版，第13页。

在《欧悌德谟》中苏格拉底显示了应该如何劝导人们追求智慧和德性。在《斐莱布》中，苏格拉底一开始就来辩证善与快乐的关系："斐莱布主张，善对一切有生命存在者而言，就是高兴、快乐、享受以及通常可以一致地归入此类的东西；但我们不同意这些东西是善，相反有见识、思想、回忆以及与此同类的事物才是善。正确的观念和真正的理性推理比所有能够参与其中的快乐更好、更有价值。"（11c）这种价值秩序的阐明，无非就是劝导。

我们可以说，柏拉图伦理非常广泛地在使用善的"劝导性"含义，这应该是柏拉图对话中的一个基本主题。但苏格拉底以自知无知的"反讽"表达出来的"劝导"，与所有的"勉强"划清界限，体现一种以理服人的特点。在《理想国》第一卷苏格拉底成功地"劝导"了格劳孔和阿德曼托斯放弃了之前相信的世俗正义，转而进一步改变其心中关于正义的信念。这种"劝导"之所以属于"元伦理学"，就在于苏格拉底并非是强行宣布正义的"规范性"含义，而是相反，通过分析"正义"与"善本身"关系的知识学证明，来让人自己信服。

所以苏格拉底的"对话"式探讨，目标是关于善与德性的真知，实则是以通达善本身和德性本身的意向以确立以真善、真德为"应该如此行动"的信念，确实具有明确的激励和劝说的积极作用，并通过不断与智者派关于"德性是否可教"的探讨，彻底否定了智者派的那种以受学徒的德性知识灌输的模式，因为在《美诺》的最后，苏格拉底明确得出了根本不存在关于德性教育的"老师"和"学生"这一问题本身：

苏：那么如果说既非智术师也非其他贤德人士是德性的老师（Lehrer der Tugend），那显而易见就不会有其他人是了吧？

美诺：我认为不会有了。

苏格拉底进而言之：既然没有老师，那也就没有学生了吧？

美诺：这事我认为就是这样，如你所说。（96b-c）[1]

　　在得出这一结论之后，苏格拉底马上提出的问题是，既然没有谁是德性的老师，德性不可教，也没有德性的学生，那么一个人如何能够成为一个有德性的人呢？我们正是在这个问题上，发现柏拉图意识到德性教育上的一个重大转变，他的转变源于这里的问题意识转变：德性没有教师，是因为德性不可教，但从没有教师能推导出也就没有德性的学生，却不能推导出德性不可学的结论，相反，他和亚里士多德都非常坚定地认识到，德性是可学的，而且一个人必须是在学习中才可能变成一个有德性的人。所以问题就转化为德性的"学"究竟是"学"什么？以及如何"学"。

　　如果让柏拉图自己来明确给出这个问题的答案，那么他必定会说，是学关于德性的真知，所谓真知，就是关于理念／型／本相的知识，而德性作为人的好品质，属于"好"（善）本身的知识，而又没有人能把握得到善本身，于是这种"学"无非就是关于"善本身"在对话中的"思"，我们必须"思"到这样一个真实存在的善本身之型，它在每一个人的"灵魂"中纯粹地存在着，它是绝对的，所以，所谓德性之学和教，乃是唤醒每个人灵魂中的善本身之光芒，它能像太阳一样照亮一切黑暗，自身却永不落入黑暗而不改光明之本，像太阳一样能让被它所照亮的一切变得可见、可变，而它自身永不可见和可变。一个善的灵魂唤醒和照亮另一个善的灵魂的关键，是让每一人灵魂中的善与正义的理性功能发出自我主宰的光亮。这就是柏拉图关于德性教育的精髓。但是，我们在《理想国》中，他试图把善和德性的"劝导"提升为国家来全面主宰所有人的身体和灵魂的训练，因此使得苏格拉底不断地面临关于城邦正义的"浪潮"的冲击而谈不下去，这从反面说明了，德性教育

1　Platon: *Menon*, in: *Platon Sämtliche Werke 2*, in der Übersetzung von F. D. Schleiermacher mit der Stephanus-Numerierung herausgegeben von Walter F. Otto, Ernest Grassi und Gert Plamböck, Rowohlt Taschenbuch Verlag Hamburg, 1957, S. 38.

既不可能是智者式的，也不可能是国家式的，而只能是苏格拉底式的，它只能是启发灵魂自身的光照。

第三节　城邦"共存"的正义伦理

讨论柏拉图的正义伦理，我们依然要接续《普罗塔戈拉》中关于"伦理"起源的语境，那里已经充分地论证，由于人类自然品质的不足，无法与动物们在"自然状态"下凭各自天生的身体能力来生存，因为我们冬天没有以动物那样的厚厚的皮毛耐寒，在酷暑时又不可能像鱼儿那样沉潜到水里生存；遇到凶猛的动物，我们既没有马的奔跑速度，也没有鸟类的翅膀，直接飞走而逃亡；我们眼睛的视力不如鹰，嗅觉不如狗，因而无论各种自然条件下的极端生存能力，我们无一具备，如果散居野生在大自然，最终的结果只有死路一条。所以人类的本性只能过城邦生活，但城邦生活得以可能的条件，就是每一个人都需具有两种伦理品质：正义和羞耻感。

而当我们要讨论真正属于柏拉图的正义论时，自然离不开《理想国》。因为《理想国》属于柏拉图中期思想的最高峰，并且是他整个哲学思想的标志性成果，它的副标题就是"论正义"（peri dikaiou），因而是柏拉图正义理论最为系统的探讨和表达。

柏拉图关于正义的思考，不是把它视为一个纯粹的"政治"问题，也即不单是城邦政体与治理问题，而首先是"伦理"问题，即作为"城邦"得以可能存在的造化机制，它属于人类共同生存的存在机制。既然人类只能生存在城邦里，而在城邦里如果没有伦理原则来合理安排每个人的生活，那么人与人之间也会像动物一样凶残甚至比凶猛的动物更凶残。唯有"伦理"能让人类共同生活在一起，而且期待能"美善地"生活在一起，这样令人类共存得以可能且可能共存得美善的"伦理"，就是"正义"。于是，《理想国》就是"向上"寻找一个正义城邦的"原型"。因此，我们将从作为"城邦原型"

这一理念论哲学的起点来探讨柏拉图的正义伦理。

一、正义作为城邦伦理的"理想义"与"现实义"

所有"原型"都不可能是"历史的",而是"思想"中的;思想中的"城邦原型"是"不可见的",因而只能属于"形而上学的"。本来书名 Politeia 指的只是"政体",并没有"理想国"的意思,"理想国"来源于柏拉图关于城邦的"形而上学思想"是为了寻找到一个"城邦"之"原型",作为所有现实"城邦"的"本相",因此必然具有"理想城邦"之含义。西塞罗用拉丁文把 Politeia 翻译为 res publica,本义为"公共的事物",他自己的名作 res publica 是为"共和国"这一政体形式辩护,是理想城邦的"现实义"。因此,虽然现在大多数英译本都依照西塞罗把柏拉图的 Politeia 翻译为 the public,实际上这也不是柏拉图所想要表达的原义。柏拉图使用的 Politeia 与"城邦"(polis)和"公民"(polites)都相关,表达的就是人共同居住在一起的这个实体的制度体制,它从一个实体内在的向善性揭示出实体自身"活出自身之最好"的存在机制,因而这不是现代的政治哲学和政治科学,而是一种古典伦理学。

"伦理"在柏拉图这里尤其具有这种含义:一个实体按照其本性造化出自身的最好样态,即按照自身之本相(原型)造就自身之美好生活。"伦理"既具有 physis 意义上的存在机制之义(这是柏拉图超越于苏格拉底之处),也具有城邦 nomos(礼法)之义,但必须寻找到更为本源的善本身的理念,将 nomos(礼法)意义上的善的虚幻性、矛盾性揭示出来,从而奠定在 physis 的生命原理之上,才是正当的城邦实存道义。所以,柏拉图的《理想国》包含了这三个善的维度,总的思路是考察一个具有理想义的城邦在具有既有习俗(nomos)基础上,如何可能成长为一个正义城邦,从而作为人类共存的伦理家园。

因此,柏拉图的城邦,一般地说,就是人类"共存"在一起的地方。共存是所有人的共存，靠每个人都需分有一份的"伦理"结成"城邦"，其内在的向善性，就是城邦自身"活得完好"，这是每一个人联合组成的一个共同"生命体"。但什么东西能让城邦完好呢？靠善与正义。但"善"不能再是本体的理念，它要从高贵的天空之城下落至凡俗城邦，作为"正义"之义的标准而实存。而有善之本相作范型的"正义"才是真正让城邦得以存在的基础，是城邦"完好"的先天依据。这样的城邦就既具有"理想义"，也具有"现实义"，将二者联系在一起的，就是"思想中"城邦正义之实存。柏拉图赋予 Politeia 的原义就在于此。所以，严格地说，柏拉图的城邦，它既不是一个完全现实的城邦，也不是一个完全的乌托邦，而是思想中的实存城邦。乌托邦（utopia）指的是根本"不存在的地方"（ou-topia），显然柏拉图不是这个意思，城邦对柏拉图而言，不仅必须存在，而且人类只能存在于那里。问题的关键只在于，我们如何寻找到真正的城邦之正义，只要完成了这一点，那么柏拉图就相信，"城邦"是人类最好的居所（"伦理"之本义），"也是一个 eu-topia（极好的东西，希腊文 eu 是'好'的意思）"[1]。

所以，在柏拉图这里，"正义"不是城邦的一个"意识形态"，而是城邦的"灵魂"，是使城邦得以"立"起来的精纯之气，因而也就是让城邦繁盛的内在生命，总之是使城邦成为城邦且成为好城邦的具有规范有效性的法则。任何先天的"善之原型"要化成关于一个"好城邦"的理想，就要借助于"正义"，它在城邦中"实现"才让城邦成为"理想城邦"。显然，柏拉图具有非常强烈的现实关怀，是从实践正义的意向中，探讨它在现实中实现的可能性。由于没有正义，城邦根本不可能存在，这是柏拉图的一个基本信念，在这种信念下，正义是城邦存在的第一条件，由此可以推知，如果能找到一个正义的原型，那么也就可以寻找到一个城邦的原型，这样的城邦依然是可以现实存在的。所以关于正义的"现实义"，指的就是柏拉图在思考究

1　余纪元：《〈理想国〉讲演录》，中国人民大学出版社 2009 年版，第 166 页。

竟何为"正义本身"时，总是从实践上"是否行得通"（452e）思考所获得的具有可实践性的正义观念。这就是柏拉图式的典型"思想实验"，它要得到的是一个纯粹思辨的"理念"，是"本相"，但却是一个在实践上"行得通"的，从而是可实现的本相实存之义。所以，我们可以说，柏拉图正义原型（范型）的现实性，是这样一种"道德实在论"：思想中具有规范有效性的典范/本相之实存。

在此需要对"道义实存"多做几句诠释，以便能更准确地切中柏拉图原本的思路。"道义实存"指的是一个城邦按照其"正义"之范型而实存，因此不是直接的人类"行动"／"实践"（πρᾶξις），不是"事件"，柏拉图通过格劳孔已经指出这一点："你所指的真正的城邦所存在的地方在逻各斯（Logoi/Reden）中，因为在地上，我相信在任何地方都是找不到它的。"苏格拉底接着说："但是，在天上或许建有它的一个原型，它为想看到它的人而建且让他们能看到自己所愿意安居的地方。至于它现在还是将来是否存在于哪个地方，都没关系。"（592a–b）[1] 由于"逻各斯"概念的丰富性，这里既可以翻译为在"理想"中，但就柏拉图《理想国》的语境，它不可能仅仅是"理想"的含义，更多的指在我们的"思想""言谈""推论"，因而在"理性"中，它在更多是"立言"（λέξις/Rede）中存在，但也将令在"行动"（πρᾶξις, auch in der Tat）（473a）。[2] 虽然它还不是直接就在"行动事件"中存在，但正如弗里德兰德所注："它决不因此就像当时以及今天的通俗看法以为的那样，失去了现实性。逻各斯不是行动的软弱无力的先驱或随从，相反——对于通常意识来说，称得上是奇怪的颠倒——'行动必然要比逻各斯更少触及真理'（473a）。"[3] 马克思通过对黑格尔理性国家观"颠倒的颠倒"而

1　Platon: *Der Staat*, in: *Platon Werke*, Band III, in der Übersetzung von F. D. Schleiermacher, Akademie Verlag Berlin 1985, S. 313–314.

2　Platon: *Der Staat*, in: *Platon Werke*, Band III, in der Übersetzung von F. D. Schleiermacher, Akademie Verlag Berlin 1985, S. 197.

3　刘小枫选编：《〈王制〉要义》，张映伟译，华夏出版社 2006 年版，第 160—161 页。

走上直接的革命行动，从反面证明了这一点。柏拉图和黑格尔都是要寻找到"国家"实体自身的生命力量，以"绝对的道义"推导自身成为"现实"，因而这才是真正的"现实性"。"实存"是这种实体之现实性意义上的道义实存，而不是实存的行动和事件。

所以，如果我们从正义这种伦理理念的"道义实存"入手，就能理解柏拉图关于正义的理想义与现实义的关联，我们也能理解，为什么柏拉图强调他探讨"城邦正义"需要走两条路：短的路和长的路。所谓"短的路"就是直接从人和城邦都具有的灵魂品质里，考察是否有理性、激情和欲望三部分所对应的智慧、勇敢和节制三种品质，从这三种品质各自的本性及其应然的功能关系，就可以知道灵魂中的"正义品质"，从而这是一条从灵魂品质直接推论正义本身（本相）的路，是直达的短路；另外"还将走上一条更为宽广和远大的路"（der Weg, der dazu führt, ist weiter und größer）（435d）[1]。柏拉图在第六卷的开头，通过苏格拉底说："我们经过这么漫长的讨论才终于弄清楚了谁是真正的哲学家，谁不是。"（484a）格劳孔则说："是啊，在一条短的路上是达不到的。"[2] 这说明，所谓"长的路"是灵魂中的正义品质在城邦中实践成长的路，是"实践的正义"，也即实存中的正义。柏拉图以"卫国者"身心成长为主线，探讨"卫国者"的"灵魂"首先是"勇敢"，而真正的"勇敢"需要"智慧"和"节制"，因此只有"正义""统率"前三种德性品质，作为它们的和谐关系出现，"实践的正义"在城邦中才真正"长大"。它之所以是条"漫长的路"，在于这是一条文化与历史的文明之路，虽然柏拉图自己并未这样明说，黑格尔在19世纪才为他做出了明确的表达。"城邦"建立容易，但长成一个完善、正义的城邦则太难。在正义的城邦中，

1　Platon: *Der Staat*, in: *Platon Werke*, Band III, in der Übersetzung von F. D. Schleiermacher, Akademie Verlag Berlin 1985, S. 160.

2　Platon: *Der Staat*, in: *Platon Werke*, Band III, in der Übersetzung von F. D. Schleiermacher, Akademie Verlag Berlin 1985, S. 206.

需要有智慧美德的哲学家，如同个人灵魂中的理性品质那样，处在主宰（统治）地位（国王），让"卫国者"（勇敢）和劳工阶层（节制）各安其位、各尽其德才能实现，其中蕴含着各种复杂的困难，使得实现的条件倍加艰辛。

但我不能同意将这"长的路"阐释为"善的形式"之路，作为理论理性的纯理智美德，是思辨正义，而只有灵魂中的正义才是"实践理性"，实践正义。[1]虽然"善的形式"是要到了出现真正哲学家成为主宰者的城邦，才有可能见得到，它是城邦所欲通达的一个"终极理想"，但它并不能取代整个"长的路"本身。就像人的漫长的人生，有的人最终活成了"不朽"，但我们没有理由说只要"不朽"不是实践性的，就不是活的实存。柏拉图实际上在解释要让城邦和法律的护卫者"走一条曲折的更长的路程"，是说必须经历这一长久的学习和历练的实践，才能将他们特有的使命，最大的学习任务，即认识到城邦的最大正义是什么达到完成（504c-d），然后再培养起真正的哲学家走上比认识正义更为"远大"（gibt es noch größteres als Gerechtigkeit）的路，精心不懈地将正义制作为尽善尽美的完成品（die allervollständigste Aussrbeitung nicht unterlassen）[2]，而且在 505e 依然说，"每个灵魂都追求善，都把它作为自己全部行为的目标"，如果不把这样经历漫长成长的城邦正义之路作为实践理性、实践正义，是说不过去的。它的终极目标是通往善的理念，只有在善的理念中，才是善的形式，才是思辨正义，这当然是对的，但毕竟任何现实的城邦都不可能成为"善的形式"，不可能达到尽善尽美的正义本身。因此，作为终极目标的这个善的形式，城邦正义之本相，它仅仅是城邦正义所意愿趋达的终极理想，它不可能完完全全地变成现实，于是我们绝无理由不把城邦现实成长的这一"长的路"实事求是地阐释为"实存正义"之路、实践理性之路，它比"灵魂正义"这条短的路，

1　余纪元：《〈理想国〉讲演录》，中国人民大学出版社 2009 年版，第 268—271 页。

2　Platon: *Der Staat*, in: *Platon Werke*, Band III, in der Übersetzung von F. D. Schleiermacher, Akademie Verlag Berlin 1985, S. 227.

更是真实的"实践"，更是在生活之中求实现的正义。

　　所以，如果要把灵魂正义也解释为实践理性或实践正义的话，我们就得明确地意识到它们之间的区别。这一区别就在于，灵魂正义借助于功能论证以"完成"的"正义"，是"灵魂"在"意向性"（或者思辨的"信念"）中借助于"形而上的生命活动"来完成的，本质上是"思辨活动"，而不是实存行动。它按照"自身目的论的善"造化自身，是思辨中的"自然"生长活动，因而这种"实践"其实只不过是形而上的"道行"（逻各斯的生命活动），是形而上学的实践；只有"长的路"才是城邦实践，即政治技艺意义上的实践，才是正义之实存，即道义实存。在区分了形而上的实践和实存中的实践之后，我们就必须在余纪元的"灵魂正义"和"形式正义"的二分法之间，把"长的路"独立出来，作为"实存的正义"，以这样的三分法才能准确而完整地阐释柏拉图式正义理论。

二、对三种看似有理实则荒谬的正义观的批判

　　既然已经确立了在"灵魂"中必须有"正义"作为伦理原则，人类共存的家园—城邦才能存在且存在得完善，那么，现在就必须将此原则"下行"到"现实的"城邦中，考察这样一个"理想"中的城邦之实存。这也就是《理想国》第一卷开篇描述的"昨天苏格拉底随同阿里斯通（Ariston）的儿子格劳孔（Glaukon）'下行'（katabainó/hinuntergehen）到比雷埃尔斯（Peiraieus）港口"（327a）[1]，暗示出这是正义"下行"的路。余纪元将其解读为"实践正义"，区别于"上行"的路寻找"正义本身之理念"的"理论正义"[2]，这是非常到位的。"实践正义"涉及的是"正义城邦"的可实现问题，这是格劳孔他们尤其关心，而苏格拉底却一再"推迟"作答的问题。苏格拉

1　Platon: *Der Staat*, in: *Platon Werke*, Band III, in der Übersetzung von F. D. Schleiermacher, Akademie Verlag Berlin 1985, S. 49.

2　余纪元：《〈理想国〉讲演录》，中国人民大学出版社 2009 年版，第 255—256 页。

底对于格劳孔急于追问"是否行得通"的问题，回答说："好，我甘愿受罚，但请你原谅让我休息一下。有那么一个懒汉，他们独自徘徊，想入非非，不急于找到实现他们愿望的方法，他们暂时搁起，不愿自寻烦恼去考虑行得通行不通的问题。姑且当作如愿以偿了，然后在想象中把那些大事安排起来，高高兴兴地描写如何实现；……我也犯这个毛病，很想把行得通行不通的问题推迟一下，回头再研究它。"（457e-458b）之所以如此，是因为柏拉图毕竟还没有形成"实践哲学"，他对正义城邦的探索，依然是一种纯粹理论化的考察，即在"思想"中以"意向性"的方式完成一个"理想城邦"自我成长的道路，而这种"成长"的实践必须以"正义的理念"，即正义本身这个善之"本相"作为一切城邦之原型来塑造。但哲学家苏格拉底"下行"到这个富有的港口，发现现实城邦中的人，对于该如何生活都有自己一套顽固而习俗的"道理"，对于"正义"也都能说出一套自以为是且深受传统圣贤熏陶的观念，这些观念看起来"天经地义"般正确，却经不住理性的质疑和反问。因此，哲学家承担的使命，就是通过"对话"揭示这些关于正义的幻相，让城邦获得关于正义本身的理念性真知。

在第一卷，苏格拉底首先面对的是年老体衰的克法洛斯（Cephalus）所代表的一个最为普通的日常生活中的正义观：不用存心做假，不说谎，欠债还钱。这个说法当场就遭到了苏格拉底的反驳："这样做会不会有时是正义的，而有时却又是不正义的呢？打个比方说啊，譬如说，你有个朋友在头脑清楚的时候，曾经把武器交给你，假如后来他疯了，再跟你要回去，任何人都会说不能还给他。如果竟还给了他，那倒是不正义的。把所有事情的真相（Wahrheit）都告诉疯子，也是不正义的。"（331d）

在这个"引子"般的讨论结束后，克法洛斯就永久地退出了谈话，由他的一个儿子玻勒马霍斯（Polemachos）接着讨论了20多个小时，他一上来就维护他父亲所代表的"欠债还债就是正义"的观点，说这是诗人西蒙尼德斯说的，他觉得就是对。苏格拉底告诉他，西蒙尼德斯的说法实际上是模糊不清的，"他实在的意思是说，正义就是给每个人以恰如其分的报答，这才是他所谓的'还债'"（332c）。

这里苏格拉底提出了一个非常重要的"应得"（opheilomena）概念，正义与每个人所"应得"的"份额"相关。但这是一个可以理解但难以实际界定的概念。因为那时还没有现代人的权利观念，每个人的"应得"只能大致从他的公民等级身份去确定，很难同个人的"贡献"以及德才方面的表现联系起来。后来在亚里士多德的正义论中，他发展了柏拉图的这个"应得"概念，作为其分配正义的核心。他只是觉得不能简单地根据数学的"中道"，而应该同时考察一个人的自然特点和德性能力（贡献）以一个"平行四边形"的"几何学中道"来确定。但是在柏拉图这里，是非常笼统地从特殊的技艺给予特定的人谈"应得"，如"医术"应该给他的病人以"健康"，这是"技艺"本身所"应该"具有的"功能"，而不是医患关系中相互的权利正义，因为医术给病人以健康，那给医生以何种回报才是正义呢？柏拉图没有讨论这种关系，他们关心的是另一种维度，即一种"技艺"所应该具有的"功能"（善德）给"谁"才是正义，当然只能是给朋友以善，给敌人以恶，才是"恰如其分"的"正义"。正如"烹调术"的功能实现出来的"美食"，只有给朋友享用才是正义，给敌人享用就不正义了。他们由此推出的结论就是"正义就是'把善给予友人，把恶给予敌人'"（332d）。

这种正义观在日常生活中是看似特别有理，但略一分析就漏洞百出，因而是习俗中很顽固从而也很蒙昧的观念。第一，它把"正义"当作一种如同医术和烹调术那样的技艺，但每一种真正的技艺（τέχνη）都是有内在目的的，苏格拉底在看似漫不经心的辨析中实际上是在揭示着技艺的内在目的，如健康是医术的内在目的，美食是烹调术的内在目的。第二，技艺要通过有意识的活动让其内在的目的（效用）给"对的"人（如医术对其病人）起作用来产生外部效益或效用，因而是要通过外在"行动"，为某个外在目的，在某个特定时间才能起到好作用的，相反，是给错的人（如敌人）或起坏作

用（与目的相反），这些都不是能随便把握到的，随便能做到的。第三，最
关键的还是，在人与人之间真的可以时刻分清谁是你的朋友，谁是你的敌人
吗？尤其涉及"正义"问题，所涉及的人和事，是城邦中的同胞之间相互的
利益关系，就更难以用敌友来区分了。所以，自以为精明，懂得正义就是把
善给予朋友，把恶给予敌人的玻勒马霍斯，实际上在此问题上根本就没什么
脑子，苏格拉底也没有耐心跟他探讨在政治"技艺"上究竟如何给每一个以
恰当的应得份额，而是抓住他在将正义的行动（给朋友善，给敌人恶）转向
正义的人（善于防守，保护阵地，偷袭敌人）之机，迅速地以"诡辩术"将
上述"定义"转换为：那么"按你说的""一个正义的人就是既善于保管钱，
又善于偷钱啰？""那么正义的人，到头来竟是一个小偷！"（334a-b）得出这
么荒唐的结论，并把如此荒唐结论的版权归于荷马和西蒙尼德斯，预示了柏
拉图要同诗人们开战，正是他们塑造了古希腊习俗的"正义"，这就如同苏
格拉底的敌手是教希腊人以德性的智者派一样。

　　苏格拉底念念不忘的伦理学问题是什么样的生活是值得过的，关于正
义的思考服务于思索一种值得过的伦理生活，为值得过的生活建立起安身立
命的伦理家园。但是，人们常常遗忘这个根本的目的，在思考究竟该如何行
动时，不以考察值得过的生活为目标，而总是念念不忘给敌人以伤害。但其
实，一个好人在生活中并不总是有敌人的，即便有，好人也难以分清究竟谁
是敌人。如果一种伦理学放弃探讨正义，而总是为了寻找到敌人，给敌人以
伤害，这样的人生本身就是荒谬的。同样，如作为一种政治理论，不去探究
政治的正义性如何实现，而总是把区分敌友作为主要事务，这样的理论即使
不是直接荒谬，也必定是走在导向荒谬的路上，其心术就已经先歪了。真正
的政治技艺，要从正义本身的知识出发，只有这样才使我们相信，有政治事
物这回事。坚信真正的正义基于善的理念，要懂得正义是什么，先要懂得正
义的事为什么是善，这是柏拉图在《理想国》中坚守的真知，放弃了善，就
根本不配谈论柏拉图的正义。

当把所谓来自圣贤之言的正义观推向其荒谬的结论之后，正义作为一个人的品质问题才随之浮现出来，苏格拉底于是在 335d 提出："正义的人能用他的正义使人变得不正义吗？换句话说，好人能用他的美德使人变坏吗？"这才将柏拉图整个伦理学的主题提出来了。

这个问题之关键在于，它把人从分成朋友和敌人的二元对立中拉回到一个普遍的人的概念上来，一个真正的"好人"，不是主观上、情感上的"好坏"可以随意模糊定义的，而是有其规范性上的客观内涵：是一个具有正义品质的人。有正义品质的人之为"好人"，是人的品质之善，与"伤害"的功能相反，就像冷的功能完全相反于热的功能一样。因此一个正义的人决不伤害任何人，这是与正义的品质（功能）自相矛盾的。由此也就得出了这样一项绝对的为人之道：人决不可以伤害人。

通过这个论证，苏格拉底完全摧毁了来自圣贤之言的顽固伦常，它暗示出了要冲破主观的、习俗的善恶观念，必须从哲学上为什么是善、什么是德、什么是伦理寻找到绝对的道义根据，这也就是第一卷结尾柏拉图展开"功能论证"的理由。但是，在进入这个形而上学的功能论证之前，色拉叙马霍斯早就在插嘴，他实在听不下去，开始暴跳如雷了，苏格拉底必须先解决他的问题。

这位人物的出场极具戏剧性，听到苏格拉底将玻勒马霍斯益友损敌之正义完全驳倒，"他再也忍不住了，他抖擞精神，一个箭步冲上来，好像一只野兽要把我们一口吞掉似的，吓得我和玻勒马霍斯手足无措，他大声吼着"（336b）。由此可见，把一种世俗伦常的虚假道理戳穿，揭示出其蒙昧荒诞的真相，会产生多么恐怖的骚动。

这位令苏格拉底都震惊、害怕，甚至大言不惭地说苏格拉底"你是该学习学习，除非拜我为师？"（337d）的人鲁莽之徒，究竟是何许人也？其实柏拉图就是故意以苏格拉底式的讽刺，将智术师的自以为是的丑陋嘴脸呈现出来，因为曾经确实有个姓"色拉叙马霍斯"的人就是智术师，当然在这里，他将代表城邦中一种僭主式人物的观念，他们自以为懂得并看透了常人看不透的正义之本质，因此总是以一种居高临下的口吻对人说话，对苏格拉底也不例外："那么，听着！我说正义不是别的，就是强者的利益——你干嘛不拍手叫好？你当然是不愿意的啰！"（338c）

对于这样一个不知天高地厚的狂妄之徒，一个穷凶极恶的人，苏格拉底的策略是故意曲解其意，让他多表达几句，马上就会自己暴露出自己的无知与浅薄。

苏格拉底的反驳从"利益"开始，你说正义是利益，我也赞成，但你说是强者的利益，我还不明白，得好好想想。妄自尊大的色拉叙马霍斯根本意识不到，苏格拉底正开始揭露其将"强者"与"利益"关联起来的非正义性。"强者"是统治者，甚至是立法者，这点色拉叙马霍斯是同意的，但所谓"强者的利益"难道不就是强者自认为是对自己有利的，却要命令弱者非干不可的事吗？如果能做这种主观性的推断，那么所谓强者的利益是正义，就被推翻了。色拉叙马霍斯当然不肯承认这一点，但在场的克勒托丰和玻勒马霍斯都证明，他刚才就说过，遵守统治者（强者）的命令是正义。但这无疑已经灭掉了他一上来那种咄咄逼人的威风。

既然强者是统治者和立法者，那么他们的利益又不是他们主观认为的对他们自身有利的利益，那么他们所立的法也只有在"是正确的"条件下让人服从，才是正义的。这一点是苏格拉底让色拉叙马霍斯不得不承认的，但他并没有认为到，之所以被统治者（弱者）服从强者是正义的，不是他们服从强者本身，而是服从他们立的正确的法，才是正义的。所以，接下来，苏格拉底要问，你是说不管强者立的是什么法，人民都得遵守，这就是你说的正义是不是？是的。那么你是说，不仅人民遵守对强者有利的法是正义，遵守对强者不利的法也是正义了？你说什么呢？他已经无法收拾自己意见的逻辑漏洞了。苏格拉底追问道，按你自己承认的，正义有时是不利于统治者，即强者的，统治者有时也会立错误的法，规定出对自己有害的法来的，而你说

遵照统治者立的法去做就是正义，这不明显地自相矛盾吗？这不明明是弱者
受命去做对强者不利的事情吗？

这一归谬法使得色拉叙马霍斯大骂苏格拉底，"你真是一个诡辩家"，他
说苏格拉底的诡辩是把有错的强者说成是强者，但严格地说，"统治者真是
统治者的时候，是没有错误的，他总是定出对自己最有利的种种办法，叫老
百姓照办"（341a）。这句话的错误就根本不值一驳了，而且又回到他刚刚否
认过的，所谓"有利"是对统治者自己主观的有利上去了。因此，尽管至今
都依然有许多人相信，正义不过就是强者的利益，强权即正义，但实际上，
这是一个很容易被驳倒的漏洞百出的谬论。强权永远不可能是正义，无论严
格地说还是不严格地说，都经不起理论的分析，因为强权才是让正义不能实
存的根源。

三、柏拉图正义论的经典阐释框架

当色拉叙马霍斯指摘苏格拉底在这里依靠玩"诡辩"赢他时，苏格拉
底得意地说："你以为我疯了，居然敢班门弄斧，跟你色拉叙马霍斯诡辩。"
（341c）这里确实涉及西方哲学的真正秘密：真哲学必须是"辩证法"，而假
哲学则在玩诡辩。真哲学的辩证法以对形而上的本体"道"与形而下的实存
之"义"做二元论区分为前提，强调形而上的"道"是事物自身之"本相"、
实体、真实，而形而下实存之"义"则是对"本相"之摹本、分有和不完善
的再现。所有的"诡辩"则根本缺乏或不懂如此本体与现象之分的意识，仅
仅在形而下层面混淆"存在者"与其本体存在的界限。

当色拉叙马霍斯一再强调他所说的"强者"要在"严格意义"上理解
时，他意图的"严格"只能把"强者"理解为城邦实体所体现的绝对道义，
而不可能是任何现实世界存在的统治者和立法者。但是，他的头脑根本达
不到这样的智识，当他说正义即强者的利益时，他却是实指现实世界的统
治者和立法者，因此，他们不可能成为他所说的永远不立错的法，永远不

犯错误的"强者",因而他们立的法也就不能是为了保护／保存他们自己的主观利益。色拉叙马霍斯既想把正义与利益关联起来谈,却又不能将"利益"相关于一个实体自身的整体生命,而是相关于一个实存着的存在者,因而这种"利益"必定只能是主观的,强行命令弱者们执行这种体现强者利益的法,自然就不可能是正义的。所以,为了彻底驳倒色拉叙马霍斯所代表的、具有广泛认同性的强权即真理,强者的利益即正义这样的谬论,必须有一种真正的辩证哲学。这样的哲学必定是形而上学的,将"正义"与实体自身的"善"联系起来,这样所谓的"强者"就是城邦实体生命的统治者和立法者,是"实体"自身内在生命的强盛,它作为其自身本质(本性)的完善,这样"善"才是自身最大的"利"。于是,这就在"实体"意义上将"义"与"利"内在统一于"自身",而绝不能像色拉叙马霍斯那样在非实体的现象界的"人物"身上理解"强者",同时又在非自身同一性意义上,把正义解释为"他人之善"(allotrion agathon)。他长篇大论地对苏格拉底说:"你的想法离真正的关于正义和正义的人相差太远,你居然还不懂得,正义和正义的事情真正说来是一种他人之善(ein fremdes Gutes),即对于强者和统治者是利(Nutzen),而对于被统治者和效劳者则是他们自身的害(eigner Schade)。"(343c)柏拉图说他像个澡堂里的伙计,把大桶的洗澡水劈头盖脸地泼下来,弄得大家满耳朵都是脏水污臭,这时苏格拉底以他特有的讽刺,将这个准备"扬长而去"的无教养的人留了下来,听苏格拉底对他耐心地"教化":"高明的色拉叙马霍斯啊,承你的情发表了高见,究竟对不对,既没有充分证明,也未经充分反驳,可你就要走了。你以为你说的是小事吗?它涉及每个人一生的道路问题——究竟做哪种人最为有利。"(344e)

这才点出了柏拉图伦理学的主题:探讨何为正义,涉及的是做人和人生的根本问题:做什么样的人对人生幸福最为有利?苏格拉底严正地告诫色拉叙马霍斯:"我可始终没让你说服。即使可以不加限制,为所欲为地把正义的事做到极点,我还是不相信,不正义比正义更有益。"(345a)当然,不相信和相信一样，都只是主观的信念，要让人"信以为真"，就需要纯理性的证明。柏拉图所要达到的证明目标就是，"正义"才是"拥有正义者"的真正利益，因而拥有正义的存在者，永远都比不正义的存在者活得好，活得幸福。如果政治是一种统治的技艺，那么就只有以正义来统治的统治者才能使城邦正义，拥有正义的城邦才是活得最好的城邦，才是所有人愿意安居在此的家园。

这种证明，需要将"正义"从作为一种外在行为的善转向作为任何一个事物立身之本的"品质"之善，柏拉图通过第一卷结尾的"功能论证"实现了第一步，"灵魂"作为万物"立身"之本，让自身成为自身，让自身具有生命，让善成为"活的善"因而是事物活得最好的自我实现的卓越力量。通过第二卷的古格斯（Gyges）之戒，在人的灵魂中，品质的养成与造就以个人自主自愿的选择为前提，灵魂的善恶就不再是事物的物性自然力所决定，而是人的灵魂的善恶能力（正义）所决定。这是功能论证的第二步。这一步依据的依然是德性作为事物功能实现的原理：事物具有的善推动事物自身的功能实现，事物的存在就是其固有功能实现到卓越，这时事物才活得最好，独一无二，具有不可取代的个性；而存在者的存在当且仅当按其自身的本性（本相）而实存时，其德性才是卓越的。这种功能德性论的生命原理我们将在下一节具体探讨，在这里我们将重点探讨德性品质实现的第三步，即具有了自主选择的灵魂之后，作为只能在城邦中共存才能实存得好的个人，为什么只能具有正义品质才活得好，为什么不是像色拉叙马霍斯和格劳孔相信的那样，人们需要正义是不情愿的，正义只是一块遮羞布，人人都自愿地做不义的事，得不义之利，这才活得好。在这种艰难的社会心理面前，苏格拉底要依据功能德性论论证，证明人的高贵与低贱是因人自身的德性活出来的，自身灵魂的品质主宰着个人德性品质的高低，但个人灵魂的养成又有城邦因素，人们在城邦中共存，城邦是否正义规定着个人德性的成长，亚里士多德所说的，人可能活成最凶残的动物，也可能活出自身中的神性，实际上都与城邦是否正义密切相关。因此，个人正义和城邦正义是相生相成的一条"长的路"，一直从第二卷后半部贯穿到第九卷，都是在城邦对个人的德性的教育和训练中，寻找城邦正义的实存道路。

当苏格拉底区分出，"有个人的正义，也有整个城邦的正义"（368e）时，他是要通过"想象一个城邦的成长"，来"看到正义和不正义的成长"（369a）。也就是说这是一种新的考察正义成长的方式，在单纯的个人正义和城邦正义之外的第三种正义，思辨中的实存正义。"个人正义"一般解读为灵魂正义（也被称之为"心灵正义"，但鉴于"心灵"很难涵盖古典"灵魂"的语义，我在这里不使用"心灵正义"），它是一种"自然正义"在人的灵魂中表达出来的品质状态；而"城邦正义"会落入到nomos（习俗、礼法）中，即"习俗正义"中，但我们必须注意到，从第一卷开始，柏拉图就在与各种习俗正义进行艰苦的斗争。因此，柏拉图这里开启的正义实存的论证模式，是要从个人正义（借助于其"自然正当性"）在城邦中的实存，寻找到正义的原型（形式的正义或正义的理念）。与《普罗塔戈拉》中将"正义"作为宙斯送给人类的"礼物"且每个人必须拥有一份不同，这里的论证是从"我们每一个人不能单靠自己达到自足"（369b）来论证所有人必须一起来"建立城邦的理由"。建立城邦是为了生存，生存需要在相互关系中达到自足，因而，每一个在城邦中生存的人，首先遇到的是分工的必要性和如何分工才正义的问题。这里苏格拉底提出的原则不是人天生的德性平等，而是相反，是差异原则："我们大家生下来并不是都一样的，各人性格不同，适合于不同的工作。"（370b）至于生下来如何不一样，这里并没有多说，其实大家都懂，出身不同，命运各异。但关键是生为"自由人"为什么就有人格权去统治没有人格权的"奴隶"，柏拉图并没有探讨，亚里士多德在《政治学》第一卷就证明了这一点，但得出了如果一个人出自本性就是奴隶，那么自由人统治他们就具有了自然正当性。这是亚里士多德政治正义论饱受诟病的理由。柏拉图虽然没有证明，但他的正义论由于没有将个人自由纳入伦理原则，一直存在许多问题和遭受诸多批判，我们也就点到为止了。但我们需要指出一点，无论是柏拉图还是亚里士多德，都试图通过德性品质来讨论正义，而德性品质却又允许了以承认出身的天然不平等为前提，这导致了他们的"正义"在出发点上依然具有强烈的 nomos 正义的特征。

由此寻找到的城邦正义依然具有第一卷阿得曼托斯提出的给每个人以恰如其分的应得这一习俗正义的基础，它所得出了城邦公民"各得其位，各司其职"的正义，依据的是各人依据自身个性、特长和技艺在城邦中谋取一个合适的职业等级，以交换各自需要的生存物品。在这个阶段，柏拉图讲的都是就为了维护一个城邦基本物质需要而言的分工和职业，因而是讲城邦需要这样一个劳动阶层，提供衣食住行各方面所需要的生活物资。但这样的城邦只考虑吃喝需要，使生活尽可能舒服一点，因而就可能是一个"猪的城邦"（372d），这显然不是一个好城邦，其正义性得不到辩护。柏拉图需要继续寻找一个"健康的"而不是"发高烧的"城邦，因为一旦一个城邦想要成为一个繁荣的城邦，城邦就会无限制地扩大领土和贸易，不断扩大耕地和牧场，于是战争就不可避免。在这个阶段，城邦需要的就是卫国者，城邦教育实际上是从卫国者的品质开始的。卫国者是为了战争的需要而培养的一个阶层，因此他们的德性要像"一条养得好的警犬"（375a），有敏锐的嗅觉，"对自己人温柔，对敌人凶狠"（375c），其性格要将"既温和，又刚烈"（375c）。但就人的自然禀赋而言，谁能把这两种相反的性格聚于一身呢，所以城邦需要培养卫士阶层。用体育强健他们的身体，用音乐培养他们的情操。卫国者阶层的德性总体而言当然是勇敢，但这种勇敢显然不能仅仅指称一种大胆的行动，它还需要有良好的判断力，像狗的敏锐天性能认识谁是朋友，谁是敌人那样，分清了敌友之后对敌人的凶狠，不畏强暴，才是勇敢。因而，卫士的勇敢也需要有"爱好智慧和刚烈、敏捷、有力这些品质结合起来"，这是一个真正善的城邦卫士的天性品质，这样才是正义的，因而单纯的勇敢行动并不能足以说明一个卫国者的德性。

卫国者的这种成长就伴随着柏拉图"教育城邦"的发展。大卫·奥康纳甚至认为"《理想国》的全部教育框架都是围绕这两种德性枢纽建构起来的，一个是'柔软的'枢纽，联系着音乐；一个是'坚硬的'枢纽，联系着体育"[1]。音乐培养人的情操，体育强健人的体魄。但实际上，柏拉图不仅仅是要联系着两种对立的性格，而是灵魂自身的"好"所内在要求的多种个性（性情）之间的"和谐"。因为在第四卷中，我们就已经看到，柏拉图把"灵魂"（显然这是人的灵魂，同时也是由人共同组成的城邦的灵魂）区分为理性、激情和欲望三个部分。个人正义和城邦正义都体现为灵魂的品质好。而灵魂"好"表现在两个方面：其一，各部分尽善尽美地将自身的使命发挥好，做自己分内的事，即理性不能去行使欲望和激情的事，而只能把理性分内的事做好，激情和欲望同样，只是"尽善尽美地""激情"和"欲望"，这就是个性化原则，个性的卓越之表现，德性确实就是这种个性品质的卓越。其二，个性的卓越实际上就是"极端"，"尽善尽美"就是这种"极端"，这就出现了与"灵魂"的整体生命原则之间的矛盾。一个人的"理性"特别发达，他可能就无激情，无欲望。一个卫士的德性是勇敢，这种勇敢表现为无所畏惧、对敌凶猛刚强，但是，如果他没有"智慧"，没有理性，他就辨别不了谁是真正的敌人，谁是真正的朋友，于是他的"勇敢"可能相反地是对"朋友"凶恶，那么就会成为恶德。所以"灵魂"中有一种品质是"主宰"，但主宰性的德性品质，如果要成为真正的"美德"，却又需要与其他性情和德性相匹配，使之处在和谐关系中。如同理性的智慧美德，不仅仅是理性上的尽善尽美，同时要有相适应的激情和欲望；卫士的勇敢不仅是对敌人的凶猛和刚强，必须同时对朋友温柔、依恋和有爱心。如此一来，每一种真正的德性要成为美德（美德在此意义上即"真正的德性"，严格意义上的德性）就是一种个性主宰下的各种性情之间的"和谐"，这种"和谐"才能体现出

1　[美] G. R. F. 费拉里编：《柏拉图〈理想国〉剑桥指南》，陈高华等译，北京大学出版社2013年版，第63页。

个人正义和城邦正义的实质。

所以，柏拉图在第四卷对于个人正义和城邦正义做出了这样的描述：

（1）正义的总原则是"每个人必须在国家里执行一种最适合他天性的职务"（433a）；"正义就是只做自己的事而不兼做别人的事。"（433b）

（2）"正义就是每个人拥有他应拥有的东西干自己的事。"（433e）

（3）城邦的正义品质"就是这个能够使节制、勇敢、智慧在这个城邦产生，并在它们产生智慧时一直保护着它们的这个品质了"（433b-c）。

可见，（1）和（2）都是就每个人而言，（3）是就每个人组合为一个城邦而言。因此城邦正义的基础是个人在城邦中能得到正义地对待，使每个人能担任一个适合其天性的职务；让每个人拥有属于他自己的东西，这样个人也就安于做自己的擅长的事而不兼做他不擅长的事。所以个人得到妥善安置的表现，是城邦政体的和谐，让节制、勇敢和智慧这三种品质在城邦中产生，而"正义并不是超越于其他三种美德之善的一种更高的美德。……当前面三种美德在城邦中实现的时候，正义的美德也就自然而然地实现了。正义是城邦作为一个整体的美德"[1]。

所以，作为这种整体的美德，柏拉图需要对之进行一种有机体的圆融解释，而不能是城邦三部分人的机械组合。他为此对城邦正义做了这样一个总体性的说明：

真实的正义，正如所显示出来的那样，不属于外在行为上的"各做各的事"，而属于真正内在的活动，注重于以自己本身为目的，自身灵魂里各种不同力量的相互融合。也就是说，正义的人不允许自己灵魂里的各个部分相互干涉，起别的部分的作用，而是让它们真正地相互从

1　余纪元：《〈理想国〉讲演录》，中国人民大学出版社2009年版，第128页。

属，自己主宰自己，自身内秩序井然，对自身友善，而且将三个部分加以内在地协调一致，仿佛将高音、低音和中音以及其间的各音阶合在一起加以协调那样，使所有这些各自分立的部分变成一个有节制的和谐整体。（443d）[1]

因此，按照城邦正义与个人正义的同构性，柏拉图也把城邦正义解释为城邦灵魂让城邦社会中的三种人——生意人、辅助者和卫国者——"各做各的事"，互不僭越，即生意人不能成为卫国者，卫国者不要想成为统治者："当生意人、辅助者和卫国者这三种人在国家里各做各的事而不相互干扰时，便有了正义，从而也就使国家成为正义的国家了。"（434c）

但深入一步分析，柏拉图将个人灵魂中三部分结构与城邦人的结构直接类比，造成的问题非常大，就像儒家把家庭伦理结构直接移作国家伦理结构的问题一样，会面对几乎不可解决的困境。因为个人和家庭都具有直接的自然性，人的身心结构遵循的是物理的"天理"，自然之道，是自然法，黑格尔之后说这是"神法"，而国家遵循的是习俗政治之道，不是 physis 而是 nomos 意义上的王道、王法，因而黑格尔说这是"人法"。"人法"遵循自然法、神法才是正道、正义，柏拉图城邦正义的大方向当然是沿着这一思路的，城邦正义从个人正义这个人从属于宇宙灵魂的灵魂正义而来，就是这个意思；但是，城邦正义与个人正义与作为神法的自然正义的区别恰恰就在于，城邦的政治权力和人的理性能力都有可能带有人工技艺的功利目的和外在目的，而使得对三个独立的组成部分的"划分"不是"自然的"，如体力劳动者和生意人，以其体力强壮将他们一辈子安排从事体力劳动这能是正义吗？柏拉图也意识到这一问题，他给自己确立的辩护理由是"有机体"理论，所以在上述引文里，他解释城邦三个部分的人员"不属于外在行为上的

1　Platon: *Der Staat*, in: *Platon Werke*, Band III, in der Übersetzung von F. D. Schleiermacher, Akademie Verlag Berlin 1985, S. 168–169.

'各做各的事'，而属于真正内在地把自身灵魂内部地各种自主力量协同一致"，因此他觉得把国家解释为一个生命的有机整体，于是国家也就让不同部分的人员按照他们各自身体和灵魂的个性及其技能，安置到适合于他们的不同等级之中，各做各的事，不相互干扰，不觊觎别的等级的生活，安分守己做自己分内的事，国家就这样"正义"了。但问题恰恰在于，"自然"是以其内在无意识的必然性让自身的各个组成部分各尽其美，其生命的有机整体化不可能妨碍和破坏部分的独立性和个体性，因而其灵魂中的内在主宰才具有合法性和正当性。但在城邦，人人都具有了自主意识，当有机体承认各部分有自己主宰自己的合法权利时，按照城邦的意志来对他们进行专门化的技能培训，再将他们安置到合适的位置上，这种"人为"的设置随时都将损害和破坏个人与社会的自主性，个人与城邦之间的直接和谐随时都有可能被不满的激情所冲破。

因而，柏拉图的这种城邦正义看似十分完美，但蕴含的矛盾和问题使得人们有理由相信，柏拉图赋予了城邦实体过于强大的理性和权能，对所有人的人生和生活都做出了无微不至的操心和安排，因而是将神的全能、全智与全善赋予了城邦，这将会把每个人作为独立部分的生命活力扼杀殆尽，从而忽略了城邦的理智实际上极其有限，且不可能让政治技艺摆脱外在的功利目标而全心全意为了城邦全体人民谋利益和幸福。只有现代人才认识到，只有承认个人自由的权利，以恰当的法律程序让自由个人合法地流动起来，才有可能做到让每个人各得其位，各司其职而不互相干扰，任何人为的政治技艺作为人为的设置，都不免带有各种外在于城邦自身目的——城邦繁荣和幸福的私利，所以，黑格尔对柏拉图的城邦正义的这一评价是十分经典而到位的：

　　　　柏拉图的理想国本身，被视为某种空洞理性的谚语，本质上无非就是对希腊伦理本性所作出的解释，那么在对渗透到伦理本性里的更深原则的意识中，这个原则在伦理本性上直接地还只能作为一种尚未得到满足的渴望，从而只能作为一种腐败的东西表现出来，柏拉图正是出于这种渴望不得不寻求援助来对抗这种腐败，但必须要从高处而来的援助，首先只能到希腊伦理的一种外部特殊形式中去寻找，他心想借助这种形式就可以克服那种腐败，但殊不知经他这么做，恰恰把伦理性更深的冲动，即自由的无限人格，损害得最深。[1]

这说明，柏拉图让一种具有善的原型的正义理念在一个特殊的希腊城邦实体中寻求其实存的样态，必然就会遭遇到伦理中个人自由原则的抵抗，以城邦总体生命的和谐秩序，理论上是可以将城邦正义解释极为完满的，但如何安置个人自由这个伦理原则依然是不可回避的伦理难题。最典型的矛盾就是"哲学王悖论"。城邦正义的内在和谐要求，使得哲学王统治的城邦与其他四类有缺陷的城邦相比（荣誉政制、寡头政制、民主政制和僭主制）具有了"更完美的城邦"（543-544d）的性质。但是，柏拉图从这里开始，表面上是在探讨各种城邦外在政体形式的优劣问题，实质上，是在探讨各种政体形式在正义和不正义的问题上会表现为何种灵魂品质，因而要将我们上述提到的在个人正义和城邦正义之外的第三种正义，即哲学家灵魂品质中的"思辨正义"的实存面临的优缺点和矛盾揭示出来，这才是最重要的问题。如果我们仅仅在这里看到哲学家当王的"王制"，那是极其肤浅的皮相，因为早在第七卷柏拉图就已经转向了哲学家灵魂性质的探讨，一方面他看到"事实是，在凡是被定为统治者的人最不热心权力的城邦里，必定存在着最稳定的管理，凡有与此相反的统治者的城邦里其管理必定是罪恶的"（520d），这就说明了哲学家如果当王，由于其最不热心权力而使得城邦具有最稳定的管理的可能性，因而将会是最好管理的城邦；而僭主最热心权力却又不愿真心履行正义，只受强迫把正义挂在嘴边，灵魂里却只是热衷权力和贪图不义之财

---

1 ［德］黑格尔：《法哲学原理》，邓安庆译，人民出版社 2017 年版，第 11 页。

而必使城邦成为最恶的城邦。但另一方面柏拉图也非常清楚，哲学家天性（自然）中的"正义"（纯粹思辨正义）使他能看到"一种比统治国家更善的生活"（521a）时，他们的"思辨生活"才是最幸福的生活，因而真正的哲学家是宁可永远待在"洞穴"里也不愿到粗俗不堪的城邦中做统治者的，如果城邦"强迫"他违背哲学家的天性做他不愿做的统治的事，那么这违背了上述（1）（2）两条正义原则。而从花了心血来培养自己的哲学家的城邦角度而言，它需要哲学家的智慧和"不热衷权力"的管理才使城邦成为正义的管理良好的城邦，所以，如果哲学家不回到城邦统治的话，就出现了哲学家对城邦不正义的情景。因此，这必然就出现"哲学王悖论"。但这一悖论是柏拉图在精心设计的论证框架中出现的，柏拉图必定是另有所图。他图的是什么呢？仅仅是推崇哲学王的体制吗？显然不是，至少"哲学王悖论"显示出个人正义与城邦正义具有不可调和的性质，从各自的立场出发都是"正义"的，但这所显示出的自然和礼法之间的冲突，是不可能从任何一个单方向的化解企图（即纯个人主义的和纯国家主义的）来辩护的，因而柏拉图所图何在呢？这依然是个问题。

　　揭示出真正的问题永远都比获得一种偶然临时的答案更为重要。因此柏拉图在揭示出这一悖论后探讨城邦正义之实存的思路才是最有启发意义的。他确实要让我们看到，各种有缺陷的政体制度之所以存在，"你不要以为政治制度是从木头里或石头里产生出来的。不是的，政治制度是从城邦公民的习惯里产生出来的；习惯的倾向决定其他一切的方向"（544d-e）。如果我们从哲学的智慧中已经认识到了城邦正义的范型，一种真正正义的理想，却还是固执于习俗正义，在习惯的泥潭里不能自拔，那么哲学家的使命已经尽到了，能不能使城邦正义实存，不取决于哲学家真的出洞当王，即使这样，哲学家自身也会蜕化为一个"热衷于权力"的僭主，而不是一种明智之主。所以重要的是，哲学的智慧要让整个城邦的灵魂从"爱欲"中升华，让那执着于低级欲求（权力、财富和荣誉）而不能自拔的"习俗正义"升华到对美与真的爱上，这样就如同"节制"的德性那样，使得爱欲能具有一种理性统治的和谐秩序，整个城邦也就能够具有合理的"爱欲"结构，理性精神才能照亮城邦灵魂的黑暗，真正主宰城邦的激情和欲望，这样才有可能化解"哲学王悖论"中最为内在的困境：出自本性的做自己爱做且擅长做的事的自由正义，有不被城邦和谐正义所"和谐"的权利，这样的困境也只有从城邦正义回到个人的灵魂德性中才能解决。这也就是柏拉图在第十卷向以荷马为圣贤和领袖的"诗人"发起总的清算的理由。

诗人用诗歌讴歌了正义，这是诗人的贡献，但是，诗人的正义早就沦落为禁锢人的自由创新的习俗正义，诗人们执着于"模仿"的技艺造就了人的模仿的品质，这对于一个灵魂提升到了"天国"的柏拉图哲学城邦的公民而言，必须要做的，就是一种灵魂的自我改造，将模仿的技艺转变为由自本性主宰着的自由主宰的创造自身美善的德性人格，这才是城邦正义实存的方向。柏拉图固然没有在希腊伦理的特殊实体形式中完成思辨正义的现实化，但是他将个人自由与城邦和谐之间的深刻悖论揭示出来，为人类文明指明了一个新的方向：灵魂中自由和理性之光照亮心灵最内在深处的黑暗，这是每一个人永恒的希望。伽达默尔因此说："公道（Recht）并不是每个人所拥有的与其他人相对立的东西，而是一种对每个人自身存在并对所有人都相互存在的一种道义（Rechtsein）。公道不存在于每个人都在监视（bewachen）别人的地方，而是存在于每个人监视他自己并守护着他的内在体制的道义之处。"[1] 这样的正义是揭示和唤起构成一个真正的城邦的力量本身，所有的城邦本质上都要建立在这种力量之上，这是它唯一的合法性基础。所以只有把《理想国》解读为一种道义实存论，我们才能真正把握到柏拉图正义论证的内涵。

1　Hans-Georg Gadamer: *Plato und die Dichter*, in: *Hans-Georg Gadamer Gesammelte Werke 5*, Mohr Siebeck Tübingen, 1991, S. 196.

第四节　生活中的爱欲伦理

当我们讨论了道义实存中的正义伦理之后，现在该讨论人类生存中的爱了。没有爱，正如没有正义一样，人类不可能共存。但人类共存的目标不是为了爱，而是为了活着且获得美善，那么，爱在何种意义上且在何种理由上被柏拉图置于伦理原则中来思考？一般地说这两个原因是人们不得不考虑的，一是哲学上的，当时希腊人说"哲学"，就是在"爱智慧"意义上说，因而首要的就涉及 philo，不管这种"智慧"涉及的宇宙还是人生，反正原始的动力是出于"爱"，当苏格拉底把知识与智慧聚焦于人生和德性这些伦理核心后，"爱"与"伦理"的关系必然就呈现在柏拉图面前，不得不思考了；一是灵魂上的，伦理和德性在柏拉图这里最终都深入到灵魂学当中，灵魂本质上就是生命原理，而灵魂生命的本质就是爱。灵魂的三部分，欲望是爱，激情是爱，理性要让灵魂各部分健康有序，从而使得生命整体健全完善，实现自身完美，依然是爱，是爱此生命自身的正义（正气）而强健有力的完美。所以，柏拉图灵魂中内在共同的东西就是生命欲，即爱欲。无爱则无生命，无实存。"存在"（being）之所以能在空间（space）中生成（becoming），就因为 being 中灵魂欲求自身的完好，从而以自身的完美为目标／目的而生存，存在就是这种生存中的爱。

因而爱在柏拉图这里不仅仅是一种激情中的情感，更是欲望中的自然爱欲：渴了不仅欲求饮料，而且渴求"好饮料"，爱欲具有爱"最好"的自然机制，因而爱在根本上是一个伦理原则。但柏拉图对爱这一伦理原则的讨论，与正义不同。"正义"更多是灵魂中理性的事，它要在灵魂中区分出价值（好坏贵贱）等级秩序，确立尊贵者统治低劣者，从而以让整体和谐有序，各自安好，互不相恨相害为标志，而爱则在灵魂中的三个部分都存在。一个正义的城邦，能做到不相恨相害就算很好，而一个互爱城邦，不恨不害才是起点。因而伽达默尔虽然深刻地洞察到在柏拉图这里"我们一定不要忘记，从根本上说，友爱问题旨在揭示什么是正义的社会"[1]。但其实这是一个比正义的社会更为内在和更为要紧的伦理问题，它涉及的是人们的爱欲和灵魂，从而更多的是非理性的性情志趣上的伦理关系。因此，我们在探讨了正义伦理之后，必须转向柏拉图的这一爱欲伦理。

柏拉图关于爱欲伦理最重要的探讨在三篇对话中，它们分别是《吕西斯》《会饮》和《斐德若》，我们现在开始依次进行考察。

一、《吕西斯》中的"友爱"

在希腊文中有三个表示爱的词：厄洛斯（ερος/eros）、爱（φιλια/philia）和圣爱（αγαπε/agape）。厄洛斯是神话中的小爱神，男性，通常指本能的"爱欲"，一种强烈欲求的情感，尤其是性爱的情感，因而表达人类之间的爱情。但它不停留在性爱层面，因而柏拉图在《会饮》中将其从appetite（狭义的欲望）扩展为对美好事物的普遍渴望（desire）[2]，尤其是对美善和幸福的渴望（《会饮》204e）以及"在美中生育"的愿望（206b7）。φιλια/philia 是一般意义上的爱，它包含人类之间的爱：表达"任何一种随意的和令人愉悦的经久的熟人关系，或者具有特殊义务联系的亲属关系"[3]。但它涉及更为普遍的喜爱情感关系，不仅可以指称恋人夫妻、父母孩子、兄弟姐妹以及朋友，还包含了对所有对象的爱、对物的爱、对事的爱、对国家的爱、对观念的爱等等，因此它不同于厄洛斯的地方在于，它更多是喜爱之情感，而不是欲望之情感。但"圣爱"是在基督教中才成为关键词，指的是对上帝的爱，对至尊至敬者的爱，在柏拉图哲学中对至善、真理的哲学爱欲，具有指向神圣超越之爱的含义，但还没有在 αγαπε/agape 的意义上来探讨。

---

1 Hans-Georg Gadamer: *Logos und Ergon in der Platons Ethik*, in: *Hans-Georg Gadamer Gesammelte Werke 4*, Mohr Siebeck Tübingen, 1991, S. 176.

2 请关注我们在下文第五节关于个人的灵魂德性部分对此的探讨。

3 K. J. Dover: *Greek Homosexuality*, Cambridge: Harvard University Press, 1989, p. 49.

《吕西斯》是柏拉图比较早期的著作，谈论的主题是友爱。我们在这套通史的导论卷中已经做了初步探讨，现在还需要在友爱伦理层面对之论证进程再做考察。

吕西斯（Lysis）是一个出身高贵、被爱宠坏了的漂亮小生，是被"爱欲"的对象，而他的密友墨涅克塞诺斯（Menexenos）是一个好争论的人，与另一个"爱上"吕西斯的希波塔勒斯（Hippothales）在去体育馆的路上一起遇到了苏格拉底，苏格拉底一眼就看出墨涅克塞诺斯跟吕西斯恋爱了。于是，一场关于谁爱谁，谁是"爱者"谁是"被爱者"的谈话就自然展开了。因为几个本来互不相干的人，都是因有"爱欲"而具有了亲密关系，从而伴随着他们的生活，他们于是就在这种关系中相互成长，而未来是否"活得好"，就取决于这种爱欲是否能够健康完美地发展。因此，人们在试图弄清这种爱恋关系时，总是想先从谁是主动的爱者，谁是被爱者来进行考察，也是为了把握一种爱恋关系的动力因和目的因，乃至最终是否能构成一种相依为命的相生关系的依据。[1]

当苏格拉底问吕西斯他的父母是否爱他时，用的是 φιλέω，这是自然的血亲之爱。苏格拉底接着问吕西斯，他的父母是否因为爱他而希望他幸福并且欲求任何能使他幸福的方式，这其实就给出了自然之爱的一般内容。爱一个人，这个人是爱欲的对象，于是就"自然地"希望"被爱者"（好），希望其既幸福又具有获得幸福的方式。所以，吕西斯在这里只能给出肯定的回答，但实际上这里蕴含了血亲之爱的一个关键的盲区：因为爱，爱到"包办一切"。"幸福及其获得幸福的方式"，它不像我们古人说的"授之以鱼"并"授之以渔"那样具体，爱者和被爱者实际上很难达到一致，如果"爱者"以"一切为你好"的理由，"欲求任何能使他幸福的方式"，这往往事与愿违，吃力不讨好，而且还容易让被爱者自身失去爱的能力。也许正是出

1　本部分与导论卷《道义实存论伦理学》第223—230页有重复，但为了这里讨论的完整性，我们依然保留。

于这一理由，柏拉图谈爱，却从不谈"仁爱"。父母爱子女，最重要的是教育子女有爱心，在成长过程中学会爱、有爱心并有爱的能力。父母希望子女幸福，这当然是爱，但父母为子女"欲求任何能使他幸福的方式"显然就爱过头了。所以，当苏格拉底由父母爱子女是希望子女幸福并欲求任何使之幸福的方式，进而推论出，"父母允许你做你任何想做（欲求）的事情"这一结论时，吕西斯的情绪马上激动起来，说"不是这样的"，父母决不会允许他想做什么就做什么，在许多事情上会阻止他。这实际上涉及了爱者的权限及其责任问题。有限的人的爱，从不是无限、无边的爱，爱的真谛是通过爱而让被爱者学会爱，在爱中成就其最好的自我。爱在放任的同时，也有责任让被爱者发现真正的自我，出自其本性、性情和志趣究竟会爱什么，这不是单纯地享受爱的甜蜜及其被给予的一切能知道的，爱只能在爱的回报中学会爱，认识爱，尤其是在其中学好洞察自己心灵深处真爱是什么从而意识到爱的边界和责任。只有不断在自己身上发现并创造值得爱的东西，因而学会在爱者放任的目光下让自己值得爱的面相放出其迷人的光彩，以此自我约束，让自身那些低级龌龊的一面无机缘显露，爱者与被爱者的关系才有可能确立起来并获得良好发展。放任被爱者，看似是真爱，也给了各自放纵的权能，偶一放纵会产生令人惊讶的美丽与可爱，但若放纵变成了习惯，会令人不珍惜爱，因而也会让被爱者变得不值得爱，从而走向爱的反面。

在意识到这一问题后，苏格拉底引导吕西斯思考这样一个问题，父母有责任阻止子女做的事，却为何允许他家中的奴隶去做。比如奴隶可以自由地驾驭战车，鞭打骡子，但吕西斯却不能。吕西斯作为美少年在家中甚至也不能完全自由地掌控他自己，反而要受家奴的控制。在这些问题中，吕西斯自然会猜想，这不就是因为自己还不成熟，还没长大的原因嘛。但苏格拉底明确否认了这一理由。奴隶本来是吕西斯家庭的"所有物"（το οἰκεῖοι），吕西斯不能掌管他们，反而要受到他们的约束，当然是由于吕西斯还没长大成为这个家庭的主人。但苏格拉底显然不想仅仅让吕西斯明白这样一个常人都懂的习俗理由，他想引导吕西斯在爱的问题上具有真正的智慧。这智慧表现在爱与被爱关系中，具有常人不易觉察的统治与被统治的辩证法。一个人拥有财产并不能直接给予一个人以控制和支配的权力，这权力来源于哪里？来自我们对它的知识。一个家奴之所以也能支配"所有物"，是因为他懂它们，而吕西斯之所以还不能支配它们，是因为在父母眼中他还没到"懂它们"的时候。那么，在爱和友爱问题上，父母对子女的这种从自然爱欲中生发出来的爱，父母比子女当然更懂得什么是爱，他们于是有权控制，甚至规范子女的行为，子女并非在任何事情上都有知识，都懂得"该做什么"，于是被爱者处于"被规范"的地位是必然的。但是，由亲情之爱，过渡到社会上独立的个人爱欲之爱和友爱之爱，这种天然"不平等"的地位改变了，但爱者和被爱者之间依然存在着一种隐蔽的控制和被控制的辩证关系，虽然在爱中的人，谁也不愿捅破这一隐含的秘密，但在思想中，苏格拉底引导吕西斯他们必须追问，爱者天然地具有对被爱者的监护与控制权吗？显然没有谁能够承认这一点是正当的。苏格拉底在这里引入"知识"的概念，想说明谁真正懂得爱的真谛，在爱的事情上具有真正的智慧，谁就有监护与操控爱的主动权，让被爱者不知不觉地卷入到爱之中却并不认为受控制或约束，这确实需要一种智慧。所以，苏格拉底同吕西斯的第一场谈话，是想向我们表明一种知识即美德的观念，爱是爱欲的推动者，但真正的爱最终会越来越弱化爱欲的作用，知识和智慧最终会占上风，成为友爱的真实原因。

诚然，爱是复杂的，理性主义讨论问题的思路只是让我们从爱中发现伦理原则，发现我们究竟该做什么是对的这一引线。在这里，爱欲的自然性会被友爱的社会性和哲学爱智性所取代。于是，苏格拉底把讨论引向了第二个重要问题：爱者和被爱者谁是朋友？更准确地说：当一个人对另一个人友爱时，是爱者成为被爱者的朋友，还是被爱者成为爱者的朋友，抑或这两者其实是同一种说法，他们相互是朋友？

墨涅克塞诺斯就在这时进入到对话中来了，他们三人开启了对友爱的正式探讨。墨涅克塞诺斯想当然地认为两者是一回事，一个人友爱另一个人，他们彼此就是朋友了。苏格拉底于是让他看清楚，一个人对另一个人友爱，会出现这两种可能的情况：一是得不到对方的友爱，因而不能说彼此就是朋友；二是对方也有可能不仅不报以友爱而是报以怨恨，因而说两个人彼此是朋友就是荒谬的。墨涅克塞诺斯只好收回刚才的看法，接受苏格拉底修改过的结论：只有两个彼此友爱的人才能说彼此是朋友。

等墨涅克塞诺斯接受了这一看法，苏格拉底又举出一个例证来深化对这一结论的讨论："对一个正爱着的人来说，没什么朋友可言吧？"因为他还不知道，他能获得一种什么样的爱的回应。从是否能得到爱的回应看，动物与人是否朋友，也就是看动物是否能给予爱它们的主人以爱的回馈了。世上当然有爱鹌鹑的、爱狗的、爱马的、爱猫的，无奇不有，动物可以是人类的"朋友"，就因为在爱宠物者的心中，他们都能从被爱的宠物身上得到爱的回馈，这是以爱报爱的情况（212d4-e5）。在这里以及随后讨论爱非动物的对象，如爱酒、爱玩、爱锻炼等等，甚至爱"异邦的访友"，苏格拉底用 οὐδέν 这个术语来表达这些"被爱者""根本不是自己的"因而是自己"所缺乏的"也就是所渴望的对象，"友爱"于是就从开始突破亲情之爱、人际之"友爱"的藩篱，扩大到动物之爱和非人非动物的欲求对象上。但"友爱"（φιλεῖν）的"主体"依然不变，人作为"爱者"，非人的事物作为"被爱者"。这样的讨论暗示出，"友爱"具有超亲情、超人类、超生命而扩展为普遍爱欲的特征。如果不存在这类现象，中世纪后把局限于城邦公民之间的"友爱"发展为上帝对所有"被造物"世界的"博爱"就不可能了。

在这种爱的对象之"扩充"中，还涉及了对抽象义理之爱，如"爱智慧"（φιλοσοφία）、"爱智慧者"（φιλόσοφοι），爱也从单数变成了复数。沿着复数的爱不断"扩充"，必然会遇到"友爱"的边界：友爱者能友爱"可恨者""敌人"吗？因为在 212d 他们得出的结论是："我们现在跟以前不一样。以前是：只要有一个爱，两个人就是朋友，现在是：只要不是两个人都爱，就没有一个人是朋友。"[1] 但现在，情况却更复杂，"爱者无论如何都是被爱者的朋友，尽管后者不爱他或者憎恨他"。譬如小孩在被父母惩罚时是憎恨父母的，却是父母爱的对象。这说明，爱者是可能爱"憎恨者"的。当然，当苏格拉底把"憎恨者"（Hassende）与"被憎恨者"（der Gehaßte）分开，那么父母（爱者—朋友）爱"憎恨者"（受惩罚的子女），"被憎恨者"就不可能是朋友，因而说"爱者是朋友"就被推翻了，"爱者不是朋友，被爱者才是朋友"。按照这一逻辑，苏格拉底问："那么恨者才是敌人，而被恨者不是敌人？"看来就是对的。苏格拉底继续问："那么，许多人爱那些对他们而言是敌人的人，而相反地恨那些对于他们而言是朋友的人，那么所爱的敌人是朋友，所恨的朋友是敌人，因为如果爱者不是朋友，被爱者才是朋友的话。"（213a-b）[2] 这一推论虽然被他们否定了，认为这是不可能的事。但生活中，人们还是会感觉到，被自己的敌人所爱，被自己的朋友所恨，不是很正常的情况吗？

所以，随着爱—恨，敌—友这种"边界"的出现，爱恨、敌友的边界也模糊起来了，从单方面的主观立场讨论朋友之友爱就陷入困境之中了。墨涅克塞诺斯承认，"根本看不到出路何在"，苏格拉底问他"我们的探讨是否可能从头到尾都是不妥的？"吕西斯坚定地喊道"我敢肯定是不妥的"。其实，对于熟悉柏拉图哲学的人都清楚，苏格拉底毕生的哲学努力就是同智者派的相对主义做斗争，柏拉图致力于回到一种理念论哲学，就是从事物的本质、本相，即 eidos 认识和把握事物，因而是从善理解和把握善者，从美理解和把握美者，而不是从善者的个别现象、美者的个别形态把握它们。可是，善有因善而善的现象，美也有因美而美的个体，但"友爱"这种伦理关系属

1　Platon: *Lysis*, in: *Platon Werke*, Band I. 1, in der Übersetzung von F. D. Schleiermacher, Akademie Verlag Berlin, 1984, S. 138. 译文参考柏拉图：《柏拉图对话集》，王太庆译，商务印书馆 2014 年版，第 152 页。

2　Platon: *Lysis*, in: *Platon Werke*, Band I. 1, in der Übersetzung von F. D. Schleiermacher, Akademie Verlag Berlin, 1984, S. 138.

性的东西，它们的实体、eidos 在哪里？在于"无"，在于那个根本不是它自身因而又渴慕成为其自身的东西，这个东西就是 οὐδὲν。但常人的思维总是"现实的""经验的"，只能从"相对性"的"伦理关系"来论"友爱"，所以这种常人之论莫不执着于相对性的主观立场，"对我而言……爱者是朋友"，"对于他们而言……被爱者是朋友"，还有"和事佬"：爱者是朋友，被爱者也是朋友，只看他们是否为"相互"。因此，从相对性的立场立论，似乎都是有道理的，究竟是主动爱者爱，还是被爱者爱呢？都能说出别人无可辩驳的道理来。但这些相对之论，最终都会遇到它们各自的边界，在各自的边界上，相对之对立即消失，于是，爱与恨、友与非友、友与敌的界限都将模糊不清。在这种边界意识上，就需要真正超越常人思维的哲学出场，我们虽然看不到一个"友爱"的实体，但"友爱"作为伦理原则，却是内在地构成实体的力量，这种实体性力量不是从"已成"的"实体"中"看"（思辨）出来的，而是从"实体"之为实体的"意向性"，因而是把根本不是自身所以自身"稀缺"的异己之物通过爱而纳入自身，从而由一个"实体"的"内在构成性力量"中"见识"到的，这实际上就是实体内在生命的"实践"（行动）的构成性原理。由于 eidos 是"种相"，"种"这种"类族"之"相"永个"呈现"以"观"，由苏格拉底开创的"伦理哲学"实质上都预设了一个"伦理生活"的关系场域，以"种相"（eidos）之"意向性"的内在构成原理来把握生命之意义，因而是考察"伦理生活"得以可能的造化力量，而哲学就是如此超越一般常人的思维。因此，接下来关于"友爱"之 eidos 的考察，苏格拉底要把讨论引导到超越习俗伦理"相对性"之上，从 eidos 之构成性的造化力量入手，从相对独立个体"主观观点"的友爱转向让爱与被爱如何"同时"发生"相互"的友爱而表现出伦理生活之一体性的友爱。

　　首先涉及的答案是，友爱是一种"同类相聚"，这是最常见的一种解释，但其中明显地存在着理解上的差异甚至对立。"同"与"聚"本身一般只构成相互吸引、互有好感善意的"缘分"，但"缘"本身却还不是"爱"。"爱"

才是将"缘"化生为"友情"的力量。在对方身上寻找与自己的"相像"或
"相似",这是"友"与"爱"之成为可能的构成性成分,但相似或相像本身
不直接就是"友"或"爱",同时也可能是"敌"与"恨"的酵素。从"相
似"或"相像"出发去寻求对友爱的理解,具有一定的知识基础,即或友
或爱的内在心理机制是从"懂我""懂你"出发的。两个"相似"或"相像"
的人之所以友爱,一个"缘分"确实就是他们的"共同点"多,因而最能设
身处地在对方身上发现自己,或设身处地地去理解对方,因而最能产生"惺
惺相惜"的"共情"或"同情"。友爱可以是外在行动和举动,但真正的爱
欲或友爱,无不是心之交流,心的相应与回响,不能把他人"放在心上",
不能与他人发生"心心相印"的共情,肯定不是真爱或真友爱。"同类相聚"
实质上是心的相吸、相感与相应,有了后者,能否在"空间"上"相聚"实
际上不是大问题,当然有空间上的相聚或"亲密无间"无疑是一种完美,只
是这种"完美"有时却"可望而不可即"。人是有限的、世俗的存在者,再
"相像"的两个相似者(το ὅμοιον),毕竟依然是两个个体,其自身的个体
性具有天然的内在排他性。因而,爱与友爱,只有保持着合理的边界,保
持自身个性从而又充分包容对方个性的关系,在共情中,因而在相互友爱
中才能长久。"空间""距离"的消失,亲密无间的友情,只能在精神与灵魂
上,而在身体上、交往中失去边界的爱与友爱,随时都有破裂的危险。因
此,"同类相聚"只是"友爱"的一种表征或后果,却并不是"友爱本身",
反之,只因为有了"友爱","同类相聚"才是可能的,其意义也才能呈现
出来。

　　其次涉及的答案是,友爱是差异互补,从朋友身上寻找到自身所"缺
乏",以成就各自的完美。这一答案是从直接否定"两个相似者是朋友"而
来,赫西俄德的诗句"陶工最恨陶工,歌者最恼歌者,乞丐最厌乞丐"被柏
拉图也被亚里士多德经常引用,说明它能表达经验世界的"相似者"因为
相互竞争而相互产生"嫉妒"与"敌意"的现实(215c10-d1),如果坚信

这一点或仅仅从这一点出发，就不可能认同"相像"或"相似者"是朋友了。生活世界提供了许多相似者相互看不起，继而轻视乃至敌视对方的例子，同时也让人更容易看到与之相反的现象：异性相吸，相异者相依，相反者相成的道理。所以，富人更愿意友爱穷人，病人更加友爱医生，弱者喜爱强者这也是许多人的信念。这从心理学上有好的解释，因为相异者能够"相补"，人作为有限的存在者，因而也是有缺陷的存在者，其最一般的"心理"就是渴求自身所缺，从而成就自身完满。缺乏是一切欲求的基础，而欲望的满足则是一切快乐、愉悦的源泉。友爱的原因是可以由此获得理解的，"缺乏"与"欲望"、"满足"与"愉悦"构成了理解友爱的原因。但这一原因的解释，注定了它像"同类相聚"一样表面与肤浅，其 eidos 还需要进一步揭示。

只有从 eidos 观象，才能发现，相互对立者的任何一方其实都不完全占有 eidos，无论是相似者还是相异者，但一种关系的确立，恰恰是因为只有通过这一关系，eidos 才能在其中不偏不倚地呈现自身，因而问题的关键，在于能否从构成一种关系的"双方"聚焦到使这种关系成为关系的两种共同的 eidos。如果有这种眼光，就能意向性地指向伦理学研究"应该"，它作为"应该的东西"还不是"现成的"，但在应该如此的"意向性"中，它作为"意向"的结果成了"目标"。从这一立场，我们就能理解，作为伦理关系之"友爱"的最终基础，其实是一个有限存在者渴求自我完善与自我肯定的存在方式。"友爱"只是这种存在方式本身的内在构成性力量，作为相异者相吸、促成相异者"结为一体"的力量，我们才能理解"友爱"作为相异者相依相生的伦理原则。如果仅仅是从差异互补而不从其构成一体的力量来说明友爱，就会遇到"相异"的边界："相异"到根本无法认同，因而必然出现敌意（ἐχϑρα）。如果这样，它们就不是构成性力量而是分离性力量了。只有从相异者互补而最终成为构成一体性的力量，才能说明敌意者也可能是朋友，或相互敌意者也可能构成"友爱"这样悖谬的结论，因为从相异互补的角度而言，敌友之间因其最相异，因而最"应该"互补，从而是最"应该""友爱"的。

总而言之，从人的内在缺乏这种方式理解友爱，是一种可行又可接受的方式，它既可以通过友爱来寻求到合适的"自我认识"，也可以阐释与他人合作和结合的内在"需求"，它更揭示了任何本体皆"无"（什么也不是）的佛的"空性"智慧。通过满足本体本无而实存却又要成为"万有"这种存在法则或"需求"，"友爱"于是就从人的本性的"社会性"实存本质获得了理解。于是，在这里，苏格拉底关于友爱的对话，进展到最后阶段，友爱作为人的本性之社会化实存的伦理本质，每个人都通过这种实存方式（政治动物的存在方式）而实现对本己的"存在之扩充"，就成为一种友爱存在论的探索了。

这样的友爱阐释超越了爱欲内在的性本能模式，也超越了社会功利主义和工具主义的低级模式，上升到"存在论"而把友爱作为伦理原则的存在根源和社会机制揭示出来了。正是在社会机制上，柏拉图在这篇对话中用了"伦理"（ethos）的本义来阐释"友爱"，即"友爱"就是"相属为家"（οἰχεῖος）的东西，这是许多阐释者根本就没有注意到的关键点，忽视这一点，想要理解整个《吕西斯》中的友爱哲学或友爱伦理原则其实是不可能的事，当然习俗层面的皮相理解是另一回事。我们必须隆重推出这一关键性对话：

　　"而现在，不正显示出，爱与被爱的其他原因呈现出来了吗？"
　　"显得是这样。"
　　"而实际上，正如我们刚才说过，欲望是友爱的原因。欲望对所欲的东西友爱，这爱不就在欲望中吗？而我们前面关于友爱所说的一切，都只是如同被编造得冗长的劣质品。"
　　"可能就是这样吧"，他说。

"可是，"我说，"欲望欲求的，不过就是它所缺乏的。不是吗？"

"是的。"

"谁缺乏什么，不就对他所缺乏的东西表示友爱吗？"

"我想是这样的。"

"缺乏的东西，不就想取得吗？"

"当然。"

"这不就正显示出，爱、友爱和欲求是相依相属的吗，呃，墨涅克塞诺斯和吕西斯？"

他们都表示同意。

"所以，你们两人，如果你们相互是朋友，无论如何不就是出于本性而相依相属吗？"

"显然是的"，他们说。

"进而言之，对于你们孩子们，"我说，"当一个人欲求和爱恋另一个人时，如果被爱者没有在心灵上或者在某种意向、风格和特性上归属于他，那么对他就既没欲望、也没爱情，也没有友爱。"

"确实是这样的"，墨涅克塞诺斯说，但吕西斯沉默着。

"是这样的，"我说，"我们必须发自本性地心心相属，如同表现出来的那样，不就必然地相爱了？"

"结论是这样的"，他说。（221d–222b）[1]

理解这段话的关键与核心，我们必须注意到，柏拉图用了一个作为伦理之本义的 οἰκεῖος 来表达友爱的本质，这是《吕西斯》最后的结论部分，而 οἰκεῖος 就是"家""居所"的意思，表示那些真正"属己的""熟悉的""亲爱的"含义终将是各自相与相属为"一家"才成为友爱的 eidos。我们只有借

---

[1] Platon: *Lysis*, in: *Platon Werke*, Band I. 1, in der Übersetzung von F. D. Schleiermacher, Akademie Verlag Berlin, 1984, S. 148–149.

助于施莱尔马赫神来之笔的翻译，才发现了这一关键。柏拉图借助于此表达出了"伦理"与"相属一家"的本原性关联，从而想阐明，一切人为实践领域的存在关系，无一不是从心之相属的友爱才能获得存在且美善地存在。真正的爱超越了究竟是爱者爱还是被爱者爱，即究竟是谁更友爱谁的问题，友爱的本质是心灵上的相与相属，只有心灵上、发自本性地可以交心，心可归属，两人都在对方身上安放其心，爱心才真有其归属的家，这才是真正友爱和爱情的意义。因此，这就超越了前面讨论的相似者相友爱的自我肯定，而把友爱作为一种社会性的伦理存在方式。

友爱如是成为伦理共同体的一种构成性原理。阿甘本在其《论友爱》的文章中，虽然不是针对《吕西斯》的解读，而更多是对亚里士多德友爱思想的解读，却很好地理解了这里的含义，他关注友爱通过"同-感""共-情"（synaisthanest-hai）而达到"共享牧草"（en tōi autōi nemesthai）的"共同生活"，因而得出，"朋友不是另一个我，而是自我固有的他者性，是自我正在生成的他者"[1]。

最为重视柏拉图从 οἰκεῖος 论述友爱本质的是伽达默尔。他从存在论出发简直是把苏格拉底的"认识你自己"、亚里士多德的"成就最好的自己"通过"友爱"而连为一体。"友爱"首先是从另一个人（他者）发现"我的好"开始，这在亚里士多德那里有明确的表达：朋友是另一个我。因此，交朋友的过程，就是把朋友作为一面镜子，不是拿来照朋友，而是拿来照见自身。真正友爱朋友，一定是把自己心中认为的"好"（善）"化生"在"朋友"身上了，所以他才构成对自己的吸引和交往的喜悦。"友爱"的过程，实际上就是合两好为一好并同时让两好更好的过程，因为"朋友"贵在"来往"或"交往"，它是互动关系，没有互动，朋友是做不成的。这种互动当然是友善的互动，爱的互动，尤其是心的互动。苏格拉底一直在对话中追问，当

1　[意]吉奥乔·阿甘本：《论友爱》，刘耀辉、尉光吉译，北京大学出版社 2017 年版，第 41 页。

一个人友爱另一个人时，是爱者成为被爱者的朋友，还是被爱者成为爱者的朋友，实际上关注的是友情和爱情的互动，即善、美、友爱本身在情感与行动上的交互成就。真正的爱者，他不去计较他的爱的行为能得到多少物质上的、可见善物的回报，这些方面爱者完全是打算奉献而不计回报的，但他一定会渴望、欲求得到被爱者的爱的回报、友善的回报。得不到这种回报，心灵上的善、美与爱的回报，友爱就终止了。所以，伽达默尔说，当相爱的两个人在内心里问，究竟是我爱你多一些还是你爱我多一些，并为此而争吵，爱也就不存在了。凡爱存在之处，没有多一点少一点的计算，有的只是无私的奉献与付出，在这种奉献与付出中，等待友善的回报，爱的回响实质上是从善物提升到善本身，从爱某人到爱本身，从友爱他人到相互友爱的朋友本身的共同造化进程。爱者和被爱者，都是在这种心灵、情谊或灵魂的回报中享受爱本身、善本身和美本身的陶醉与极乐。"友爱"之所以是伦理的原则，它一定具有相互性，相互性塑造了相属为家的一体存在形式。而这种一体之家的友爱只有由善引发善，由美引发美，由情引发情，由爱生发爱的纯粹实体性造化，才超越了爱者和被爱者的二元孤独，分离着的间距消除了，主客体不断地交换位置，因而最本真地表达了相依相属为家（οἰκεῖος）的伦理本义。

在这种存在论视野的解读中，友爱是好人发现好人的进程，以自身心意上的好，发现他人身上的好，以善意友爱他人，就是希望他人好并通过两人的友好交往而成就彼此的更好。因而，朋友更好，也就是自身的更好。两者相属相归"共属一家"，不分彼此，相互成全，友爱于是在存在论上是创造性的共在之力量，这种力量赋予人以"归家"的勇气和有家的幸福。当现代人以"占有"取代"生存"作为人生观时，本质上就已经失去了这种友爱的能力，从而也就失去了"归家"的勇气。

当友爱能够以其创生的力量，引导出一个相互友爱的伦理生活世界时，友爱就比"正义"具有更加柔性、心性的力量塑造美好的生活世界，在此意义上，以友爱求正义可能比以正义求友爱更加显出人伦关系的重要。伦理问题除了要解释人类心理结构的"情—理"关系外，更重要的还有一个"意—理"结构，因为情与理的结合需要有"合意"的基础，即个人自由的基础，失去了这一点，情—理的结合本身都可能被外在权力和内在非理性的欲望所控制，最终失去了合理性，意—理结构就是在把伦理之"理"建立在了自然之情的合理基础上之后，必须进一步把伦理之理建立在自由自愿的"合意"基础上。我们接下来将通过考察柏拉图哲学的另外两篇对话来揭示这一点。

二、《会饮》中的爱欲伦理

所谓"会饮"就是当时雅典一个名流举办的宴会，这是一种习俗礼节，往往都是为了庆祝某件有意义的事而举行，很有仪式感。柏拉图描写的这个"会饮"，是为了庆祝阿伽通的第一部悲剧在戏剧节上得奖，各路"酒神"悉数到场，宴会开始他们总是要先向神奠酒，唱庄严的颂神歌，举行例行仪式，之后才开始痛饮。这次会饮时有人提议，由于各种神都已经被诗人们歌颂过了，但小爱神厄洛斯还没有人写过颂歌，因此让大家这次要好好歌颂一下小爱神厄洛斯的功德。

斐德若（Phaidros）第一个发表颂词。他说，厄洛斯是一位伟大的神，他之所以受到人类和诸神的敬仰，最主要的是由于他是本原（Ursprung），他是最古老的神，而他自己没有父母（178b），所以赫西俄德说混沌之后产生了两个神，一个是盖娅，一个是厄洛斯，于是巴门尼德也说："在一切神灵中，厄洛斯是第一个产生生命的神。"（Aller Götter den ersten erhob ins Leben sie Eros.）[1]于是，爱神被作为创造生命之本原而得到赞美。这是一种最高的赞美，奠定了一切伦理之爱的伦理性，即善与生命的本质关联：最为古

1　Platon: *Symposion*, in: *Platon Sämtliche Werke 2*, in der Übersetzung von Friedrich Schleiermacher mit der Stephanus-Numerierung herausgegeben von Walter F. Otto, Ernesto Grassi, Rowohlt Taschenbuch Verlag Hamburg, 1957, S. 211.

老的爱神也是最大的善之原创者（Urheber）。因此，接下来斐德若就谈到了爱情与幸福的关系。拥有爱是青年人的最大幸福。对于青年人而言，要过美好而正当的生活，既不能靠出身也不能指望威望与财富，靠什么呢？靠爱。但人如何能爱呢？在这里，斐德若没有说厄洛斯是发自本能的爱欲，而是说出于一种习性：羞于可耻（Scham vor Schändlichen），爱慕美丽（Bestreben nach dem Schön）。情人之间的爱，能激发一切德行，这是因为爱神附体于有爱者身上，使得有爱者比一般人更富于神性。所以，斐德若的结论是厄洛斯也是最能导致美德与幸福的神。

接着鲍莎尼亚（Pausanias）提出了不同看法，说你只歌颂爱神厄洛斯是不对的，除了厄洛斯之外，我们还有其他的爱神。厄洛斯跟女爱神阿芙洛狄忒密切相关，她是宙斯和狄俄涅的女儿，是凡间的爱神。除她之外，还有一个更老的天上爱神，她是天帝乌拉诺斯的无母之女，这两位女爱神都应该得到赞颂。在希腊神话中，爱神阿芙洛狄忒是美的化身，她不会忠于自己的丈夫，是因为她的丈夫并非她所爱，她是由于拒绝宙斯的求爱而被强行出嫁，被迫嫁给了不合其意、长相丑陋的赫淮斯托斯。因此，我们很难相信，一个被人仰慕的美之化身的女神，却也会陷入自由爱恋与不自由的婚姻之冲突中。她真正的所爱是战神阿瑞斯，两人经常偷情，甚至在希腊神话中有一种传说，是说小爱神厄洛斯、情欲之神安忒洛斯都是他们偷情所生。后来，阿佛洛狄忒回到塞浦路斯的帕福斯，用那里的海水沐浴，美惠三女神为她涂抹香膏净化身体，才使她重获贞洁。

柏拉图在这里通过鲍莎尼亚把阿芙洛狄忒定位为凡间女神，也不是要对她不忠诚于婚姻和丈夫的"不道德"进行谴责，反而是来说明，这个爱神的爱欲更体现出凡俗之爱的特点或价值迷失：它所眷恋的只是肉体而不是灵魂，只以占有所欲的美的对象为目的，而不管达到目的之手段是否美。在这里，柏拉图提出了一个评价爱的方式：爱欲是对美之爱，因而爱是一种行为，但行为欲求的对象本身并无美丑之分，其美因欲（爱）而

生，如爱喝酒、爱唱歌、爱说话等，对不爱酒者，酒无分美丑，爱酒，尤
其是嗜酒者，酒就是美酒。因此，也不是每一个被爱者本来就很美，被爱
者的美是因爱者之所"欲"而"美"的，欲望越强烈，被爱者就越美。因
此，评判爱情是否因美得美的关键，就在于"爱的方式"是否是美的，只有
那因美而激发我们以美和正当的方式去爱的爱情，才是美的爱情，才值得
颂扬：

> ［爱情］就其自身本来并无美与丑，处理得美它就美，处理得丑，
> 它就丑。因为一个猥琐的人乐于以猥琐的方式来对待，就是丑的，反
> 之，一个好人乐于以美好的方式来对待，就是美的。进而言之，那个凡
> 俗的情人就是猥琐的，因为爱肉体胜过爱灵魂。他所爱的对象不是持
> 存不变的，所以他也不是持存不变的。一旦他所爱的肉体色衰容败，他
> 也就消隐无踪，远走高飞，毁弃从前的许多诺言和海誓山盟。然而，心
> 灵的情人却不是这样，他是善的，他的爱情始终不变地（zeitleben）持
> 存，因为他同这种持存者（Bleibenden）融为一体。（183e）[1]

这样就把爱情推进到一个高尚的灵魂层次，在这个层次上，还同时确立
了美的行动方式，给情人以完全的自由，以自由的心灵去相爱，谁也不是谁
的奴隶，不以金钱和财富而委身，以美爱美，以善爱善，以德求德，两个高
尚优美的灵魂使得身体融合在一起，即便完全失败，也没有任何可耻，从而
不是丑事，也没有任何东西可损失的。这实际上就把凡俗的爱升华为灵性的
爱了，因此，鲍莎尼亚说这是天上的爱神所激发出来的爱。

这个颂词讲完，厄里克希马库斯（Eryximachus）说，他同意鲍莎尼亚

1　Platon: *Symposion*, in: *Platon Sämtliche Werke 2*, in der Übersetzung von Friedrich
　　Schleiermacher mit der Stephanus-Numerierung herausgegeben von Walter F. Otto, Ernesto Grassi,
　　Rowohlt Taschenbuch Verlag Hamburg, 1957, S. 211.

关于爱欲二重性区分，但他不同意其后来的推论。因为爱欲既然是对美的爱，那它激发起人的灵魂不仅追求美少年，而且追求一切美的事物。他要从医学角度说，身体的本性也具有二重性的爱欲，因为肉体本身有健康和疾病状态之分，爱身体上健康的好东西，也是对美的爱，而只有爱病态的不健康的身体才是丑事。医术治疗探究如何从肉体刺激生发的爱来达到满足和宣泄。高明的医生必须懂得如何将身体里的冷热、苦甜、干湿之类相恶如仇的因素转化为相亲相爱的因素，可见，医学也完全是由爱神统治的。这里的美就是和谐。因此，凡间爱情的身体爱欲本身既不可耻也不丑陋，关键在于健康与节制，两情相悦，两体和谐，以免因追求快感而成淫荡。由此引入了一个有节制的凡间爱神形象来为身体的爱欲辩护。

这一讲词构成了一个过渡，爱欲以美欲为动机的主线没变，但灵魂的层级不再以天上爱神的纯粹灵性为标准，而是以身体和灵魂之和谐的"美美与共"的爱欲做标准，这开始成为下面探讨的主题。

现在该轮到喜剧作家阿里斯托芬开讲了。他一上来就半真半假地批评人们迄今并不了解爱神的威力。他说，如果了解了，那就会为爱神筑起最美丽的祭坛，最庄严的庙宇，进行最隆重的祭典，因为她是所有神祇中最爱护、最帮助人类的神，有了这种神的护佑人类最高的幸福才能实现。为了了解这位爱神，他讲了人的身体及人性变迁的"神话"。说在以前，人不只有两性，还有一个不男不女的第三性。身体也不是像现在这样的长形，而是圆形，并且是四只胳膊四条腿，体力与精力都非常强壮，于是人类就想与诸神比高低，甚至与神交战。宙斯与诸神想办法，既不能灭绝人类，又要限制人类的蛮横无理，就只好把人劈成两半，以削弱其力量，作为对人类的惩罚。人被分成两半之后，就分成男性与女性，让他们相互想念，一旦拥抱，就不肯放手。因此，爱恋他人其实是在寻求自己的"另一半"，被"爱恋者"只不过是"爱者"发现了"另一个自己"，所谓"爱"就是成就一个自我完整的希冀与追求。没有爱，人就是不完整、不完美的。要有完美和幸福就只有以爱待人，每个人得到其真正的爱人，这样返回到本原的人性。爱神的功德就是激发了我们人类回归于原初的爱之本性（193e）。[1]

字面上看，阿里斯托芬把爱和幸福都归之于这位爱神的功德，我们不仅来自爱神，她给我们的现在指明了许多善，给未来带来了最大的希望，她制造了并医治了我们的本性，使我们幸福无涯，但其实这位爱神，无非就是我们自己的健康的灵魂，它以爱为存在开道，这种爱超越了男女之性别，类似于一个"本我"对自身的无限爱恋，以同气相求、圆满融合的灵魂寻找另一个完满和谐的身体与灵魂。

到现在，才轮到"在爱情这个题目上很内行的"（193e）的苏格拉底和阿伽通出场。先说的还是阿伽通。他先对前面几位人的颂词进行了"批评"，说他们"都不是颂扬神灵，而是称颂人类从神那里得来的幸福，至于那位给人类造福的神本身是什么，谁也没有说到"（195a）。于是，他给出了一个新的方法论，先回到爱神本身是什么，再来说她对人类有什么恩惠。

他先说，爱神是最幸福的，因为她最美、最善，是人类善良的原创者（Urheber）。这实际上前面斐德若已经说过了，但他不同意斐德若说厄洛斯是最老的本原之神，相反，认为他是最年轻的神，且永远年轻，因而他最娇嫩而又有韧性，所以才最美，他愿意栖身之地必然都花烟香浓，丑恶与爱神永远水火不容。这样的爱神当然品质也是最为高贵的，有最大的美德：

> 厄洛斯从不害神害人，也从不被神被人所害（nie weder beleidigt
> noch beleidigt wird, weder Gott und von Gott, noch Menschen und von
> Menschen）。因为无论他会遭遇到什么，他自己本身也不会遭遇强暴，
> 因为暴力与厄洛斯无缘，他要处理什么，也不会这样强暴地处理。因为

1　Platon: *Symposion*, in: *Platon Sämtliche Werke 2*, in der Übersetzung von Friedrich Schleiermacher mit der Stephanus-Numerierung herausgegeben von Walter F. Otto, Ernesto Grassi, Rowohlt Taschenbuch Verlag Hamburg, 1957, S. 224.

对于厄洛斯而言，每个人对每个人都是自愿的，出于自愿的情投意合才是它的金科玉律。（193b-c）[1]

自由自愿的爱的原则就这样表达出来了。

接下来，阿伽通论述了爱神的公正、节制、勇敢和智慧的美德，尤其强调了所有这些美德都源自对美的爱欲，爱美是产生善的根源，从对美的爱好才产生了神和人所能享受到的所有幸福。

苏格拉底一开口，当然盛赞说明爱神是什么这个头开得好，因为这才是柏拉图哲学最关注的——神本身是什么，找到了这个，才确立了真、善、美的原型或源头，一切实存和造化，才能趋向于美善之目的。既然我们认识爱神是什么，那根本目标就是见到美善本身。而作为最美、最善、最有德性的爱神是什么已经由阿伽通说出来了加以赞颂了，那么，苏格拉底还能说什么呢？令人想不到的是，他问"爱神之为爱神，是爱某人呢，还是不爱任何人"（199d），这看起来是一个无关紧要或明知故问的问题，但仔细阅读，我们就可以看到，他是为了从爱神是什么的知识问题转向把"爱"作为普遍的"行为原则"的伦理问题。

苏格拉底这样就奠定了爱作为伦理原则的普遍主义说理路向，他的问题当然区别于把爱作为爱具体事物的特殊主义的情感主义路线，他明确地说，他的意思不是对母亲的爱还是对父亲的爱，说这样问问题是很可笑的，但是，真正的爱却又不得不是爱一个具体的人，是爱谁的父亲，谁的母亲，你爱的是谁的哥哥，谁的妹妹，都是对某某人的爱。那么，苏格拉底问爱神是不是爱某人，究竟是什么意思呢？

由外部伦理关系的需要—占有，转向内在的需要—缺乏，这构成了苏格

1　Platon: *Symposion*, in: *Platon Sämtliche Werke 2*, in der Übersetzung von Friedrich Schleiermacher mit der Stephanus-Numerierung herausgegeben von Walter F. Otto, Ernesto Grassi, Rowohlt Taschenbuch Verlag Hamburg, 1957, S. 226.

拉底讲词深化的路径。一个人所钟爱的，是他/她自己内在需要的，也就是他/她所缺乏的珍贵东西，这无疑符合一般人关于爱情的心理直觉，但对于爱神呢？难道"爱神"也是因其需要爱，缺乏爱而成为爱神吗？苏格拉底通过一连串的问题推翻了阿伽通的说法，因为：

> 如果厄洛斯是缺乏美的，而善却是美的，那么他也就是缺乏善的？他只得说，苏格拉底啊，我明白我什么也反驳不了你，事情应该就像你说的那样吧。苏格拉底说，亲爱的阿伽通啊，你不能反驳的是真理啊，反驳苏格拉底根本不是什么难事。（201c）[1]

苏格拉底非常成功地驳斥了从需要—缺乏来理解厄洛斯的心理学之爱，因为这会导致厄洛斯善与美的自我瓦解。接着他通过曼提内亚女人（Mantineerin）狄欧悌玛（Diotima），这个对爱情有真知灼见的人所讲的爱神，把厄洛斯定位为一个美与恨、好与坏之间的中间存在（Zwischen-Sein），从而在"精灵"（Dämon）的"位格"上把厄洛斯理解为神与人之间的中介者。因为精灵的功能就是"上传"（überbringen）与"下达"（kommen），把属神的天意与报偿传达给人，把人的献祭和敬畏上传给神，这样神性不朽的善美和幸福与可朽的有限人性的卑微，就可"补充"为一个完美的"整体"。厄洛斯就既不富有，也不贫乏，既不绝对善，也不绝对坏，他处在智慧与无知之间。作为爱智者，既不宣称自己永远拥有智慧，也绝对不是无知之徒，这才是厄洛斯的本相或本性（ιδέα/Natur）。这样的爱神就是被爱者（Geliebte），而不是爱者（Liebende）。被爱者有惊人之美与善，才是值得爱（Liebenswerte），是最幸福的。爱者的本性和本相倒是另一回事。

1　Platon: *Symposion*, in: *Platon Sämtliche Werke 2*, in der Übersetzung von Friedrich Schleiermacher mit der Stephanus-Numerierung herausgegeben von Walter F. Otto, Ernesto Grassi, Rowohlt Taschenbuch Verlag Hamburg, 1957, S. 231.

于是苏格拉底通过这一"过渡"，将厄洛斯的每一个形象都理解为对善的爱（liebe zum Guten），他追求的是对善的持存的拥有。这种善就不是爱者和被爱者一个人拥有，而是两者共同的财富。但这种"共同"拥有的基础，是共同具有"爱"的灵魂，追求爱，对真美与真善的爱和追求，这种爱的"灵魂"为什么常常不是"共同的"，反而会因"爱"生"恨"，因"爱"而成"仇"呢？原因就在于"灵魂"不在一个层级上。"灵魂"本来具有欲望、激情和理性三个层面，当人的灵魂仅仅在于最低级的"欲望"层面，他也会去爱，但爱的是物，而不是人，物是因爱者灵魂的饥渴、缺乏、空虚而生爱，因而其"激情"是贪婪地其追求对物的占有和享受，这样的"激情"不会引导"灵魂"向上提升，而只能堕落进欲望的无底深渊，因而其"理性"究竟成为"激情"的奴隶，其灵魂就像僭主的灵魂一样，是奴性的，是不能自主的，它无法自主，也不能自主，因而，其爱欲最终不能生长出智慧，而只能导致愚蠢和疯狂。相反，如果爱者的灵魂是美的追求，这种美不是落在美的肉体上，而是美的灵魂所化生的肉体上，那么它看似也是在追求美，但由于爱者和被爱者在灵魂的层级上是"共同"的，都是因美的本相所激发出来的追求，因而其所得，也就是共同的善，这种"善"不是空洞的观念，不是一个现成的善物，如同对方口袋的金银财宝那样的"东西"，而是在双方共同灵魂的引导下激发出来的相互创生的善，这种善才是双方"生育"出来的活的善。所以，只有当双方因美得美，才能是因善得善，其所得实质上是双方灵魂的道义实存中的相生相造。进入到双方相生相造的进程，才是爱者与被爱者通往真正幸福的伦理家园。

爱于是就是这样一种创造性的道义行为，它的欲望是美本身，因而也是善本身，它的激情才升华为向善的力量，而不是堕落的恶力。所以，深得爱情之术的狄欧悌玛才会说，爱的"活动就是在美的东西里面中生育"（206b），但一般人只知道凭"欲望"在美的身体里生育，而不知道在美的灵魂里创生。伦理之爱的智慧，恰恰就在于让人懂得如何在美的灵魂而化生的美的身体里生育，这种生育才不会生出"孽缘"和"孽种"，而是因美生美，因善生善，相生通达永福之路。这种因美善之爱而共同相生的幸福之路，既是爱欲的正道，也是友爱的正义，人类需要爱的教育，爱的知识和爱的智慧，原因在于爱是通向至美、至善和至福的阶梯。

三、《斐德若》中的爱欲—友爱

《斐德若》是柏拉图第三篇以讨论"爱情"（友爱）为主题的对话，它的副标题"或者论美"，有时也被称之为"论爱"和"论灵魂"。如何在爱欲中，在对美丽肉身的享受中通过爱寻找到灵魂的升华之路，让人的灵魂及其生活超越低俗物欲层次而进入纯粹美善领域，是这篇对话的主题。但它像柏拉图其他对话一样，究竟属于什么时期的对话，依然存在许多争论。第欧根尼·拉尔修把它看作一篇早期对话，理由是"爱神在这篇对话里的突出地位和苏格拉底对他的赞扬加重的浮夸修饰，证明它是一篇年轻时的作品，也许还是所有对话中最早的一篇"[1]。但仔细分析其中人物关系，可以证明这个观点是错误的，因为不仅从内容上看，这篇对话是接着《会饮》《理想国》的，而且对话中所涉及的人物年龄的信息来判断，说它是一篇晚期对话更为合适："我们注意到斐德罗现在比我们在《会饮篇》里碰到他时，一定大 5 岁至 12 岁；一定不是少年（因为他在《普罗塔哥拉篇》中出现过），而是至少靠近 40 岁的成年人；苏格拉底是一位老人，至少有 60 岁，还可能出头一点。"[2] 所以，根据一些知名学者的文本考察，我们倾向于认为它是在《吕西斯》《会饮》《理想国》之后的作品。对此，沃格林说得很坚决：对《理想国》

1　［英］A. E. 泰勒：《柏拉图：生平及其著作》，谢随知、苗力田、徐鹏译，山东人民出版社
　　1991 年版，第 424 页。

2　［英］A. E. 泰勒：《柏拉图：生平及其著作》，谢随知、苗力田、徐鹏译，山东人民出版社
　　1991 年版，第 427 页。

有"原则上的修正的作品是《斐德罗篇》,这一篇也许是在《国家篇》之后不超过一年的时间里完成的"[1]。

从苏格拉底说话的语气判断,就更能说明他不属于柏拉图早期作品。因为在《会饮》中,苏格拉底就不再是那个一开口就宣称自己"无知"的人,而是说他知道"爱欲的事情",并且比任何人都了解(177d),这是他唯一宣称自己有所知的事情。在《斐德若》中,他更称自己的知识是"爱的艺术"(Kunst der Liebe),"而且仅仅是以哲学的言谈将爱奉献给生命"(257a)[2]。因此,我们将沿着《会饮》的思路,从两条思路来解读《斐德若》的核心思想,一条依据柏拉图爱欲、友爱伦理的发展线索考察爱欲—友爱伦理在《斐德若》篇有了什么样的特点和进展;另一条是依据《理想国》中正义与友爱的关系,尤其是其中以"哲学王"为政治导向的正义伦理失败之后,为何转向了爱欲—友爱这一思路。后一思路梳理清楚了,那么第一条思路中含糊不清的东西就能得到消除。

这篇对话涉及三个人物:斐德若、吕西亚斯(Lysias)和苏格拉底。吕西亚斯是《理想国》开篇的著名人物克法洛斯之子。对话结构与其他对话类似,开始是"引论"。不同的是,这篇"引论"有点长,先是描述斐德若遇到了苏格拉底,并告诉他消磨了一上午时间在聆听吕西亚斯关于爱情的一篇谈话(写的文章),告诉苏格拉底来听他们关于爱的谈话是非常适宜的:

> 斐德若:……因为吕西亚斯写了一篇论爱之文(Liebesrede),描写一位美少年仿佛得到了爱情,但不是从一位爱人(Liebhaber)那里获得的。而且这事的微妙之处恰恰在于,他坚持说,与其获得一个已爱者

---

1 [美]埃里克·沃格林:《柏拉图与亚里士多德:秩序与历史(卷三)》,刘曙辉译,译林出版社 2014 年版,第 186 页。

2 Platon: *Phaidros*, in: *Platon Werke*, Band I. 1, in der Übersetzung von F. D. Schleiermacher, Akademie Verlag Berlin, 1984, S. 93.

（Verliebten）的爱还不如得到一个未爱者（Nichtverliebten）的爱更有益（günstig）。（227c）[1]

这段话构成了《斐德若》对话一开始的核心问题，但从现有中文翻译来看，理解起来有些困难，因为中文首先把那位成年男子对美少年的追求翻译为"诱惑"，就把古希腊习俗化的同性恋行为描写得过于"负面"了，事实上把"诱惑"翻译为理性的"说服"可能更符合希腊精神，爱人（Liebhaber）按字面意思翻译为"拥有爱情的人"该如何理解，令人琢磨不透；"一个已爱者"（einem Verliebten）被翻译为"爱他的人"，与之相对的"一个未爱者"（einem nicht verliebten）被翻译为"不爱他的人"，就使得这段话莫名其妙："一个不爱他的人"却在这里"诱惑"美少年，说接受他的爱比接受爱他的人更有益，到底是什么意思就不清楚了。我们来看看美国学者阿兰·布鲁姆（Allan Bloom）对这段话的理解：

> 在《菲德若》中，他被刻画为被伟大的演说家吕西斯［这里是误译，不是 Lysis，而是 Lysias（吕西亚斯）］的言辞所打动而感到愉悦。这段言辞试图说服［请注意不是"诱惑"］一位俊美的年轻人接受一位并不爱他的人的关注，因为这个不爱他的人从长远来看对这个并不被爱的人更有好处。[2]

所以，斐德若和苏格拉底都承认这个讲词非常妙，但究竟其妙在何处呢？

苏格拉底让斐德若把这篇关于爱情的讲话回忆给他听，两人在伊利索

1　Platon: *Phaidros*, in: *Platon Werke,* Band I. 1, in der Übersetzung von F. D. Schleiermacher, Akademie Verlag Berlin, 1984, S. 60.

2　［美］阿兰·布鲁姆：《爱的阶梯：柏拉图的〈会饮〉》，秦露译，华夏出版社 2017 年版，第36 页。

斯（Ilissos）河边的梧桐树下坐下来就这篇讲话开始了他们的谈话。这一次谈话明显地与别的谈话有些不同，它不是一问一答的简短对话，而是类似于"促膝谈心"的长篇大论。与所有"引论"相同的倒有一点，看似漫不经心的闲聊，实际上是苏格拉底为即将进行的谈话定调子，而这一次苏格拉底是为"讨论伦理学定调子"。他所感兴趣的还是一个古老的哲学伦理学问题："认识你自己"[1]。

我们先来具体地分析吕西亚斯的观点，在231a-234c，德文有四个页面，是个很长的论证。核心问题就是那位追求美少年的成年男子试图说服他，我们要是把此事做成了，对我们双方都有利。我希望你不会错过我对你的请求，因为我还不属于你爱的人（nicht zu deinen Liebhabern gehört），是一个"未被爱者"，但"未被爱者"比"已被爱者"更好，因为"爱人"或"被爱者"有如下不好：

（1）一旦他的欲望得到了满足，就惯于懊悔之前为表达爱而付出的善物；而未被爱者却没有机会为此而懊悔，他们付出时也并非为情所困，迫不得已，而是完全自由自愿（freiwillig），量力而行，且会顾及自身利益。

（2）已被爱者会权衡利弊，算计因为爱得到什么好处，付出多大代价；未被爱者却不用为了爱而忽略自己的时机，不用耗费心机去算计这些东西，也就少了争执，少了麻烦，就会乐意去做一切能够博取对方芳心的事。

（3）有人也会认为，要更为看重已被爱者，因为他们对爱者表现得特别好，用言与行让对方满意开心，但这样也招致其他人的嫉恨。那么，这就容易被看出，他们在多大程度上说的是真话，因为已被爱者也会为了后面将有的爱，激情必将比前面更高，从而也就将会使之前的被爱者遭受恶的伤害。

（4）已被爱者承认他们在完全算计时相比于未被爱者是有病的，虽然知

---

1 ［英］A. E. 泰勒：《柏拉图：生平及其著作》，谢随知、苗力田、徐鹏译，山东人民出版社1991年版，第427页。

道自己理智起来有多坏，但就是不能控制住自己。

　　如此等等，一共列了十多条理由，诉说已被爱者的种种不是。

　　听斐德若读完这篇爱情言辞之后，苏格拉底惯用的讽刺手法出现了，他说这篇文章写得妙极了，听得他神魂颠倒。但在斐德若的追问之下，他还是指出了这篇文章的缺点，就是啰唆，就同一件事翻来覆去地说。但其实，它的问题何止是这些呢。虽然男人之间的同性恋在古希腊是一种时尚，但他的观念对于希腊上层社会来说，也还是一种冒犯性的挑战，把纯洁的恋人之间的感情看作出于利益算计而做出的选择，这对古希腊的青年来说是最卑劣的行为。这也可以看出，柏拉图在这个"引论"中让苏格拉底接下来与之战斗的敌手，从之前的智者派，转向了一般的世俗之见。这个得到了爱情的恋爱中人是多么势利啊，苏格拉底已经以虚拟语气表达出来这种不满："这要真的就是巧妙和有公益的讲话就好了。"（227d）[1] 确实，吕西亚斯这个关于爱情的这个讲话，通篇都是令人难堪地从"实用""利益""算计""情欲"等方面来谈爱情，是俗得不能再俗的陈词滥调。那么，斐德若让苏格拉底来谈这些，岂不是起点太低？他在这篇又臭又长的陈词滥调中究竟看出了什么值得讨论的观点呢？我认为起码这有这两点：一是如何让苏格拉底"化腐朽为神奇"，二是从恋爱中人盲目的"对爱情的占有"情感如何回到爱情的纯粹本性上来。

　　接下来的正文，苏格拉底的发言可区分为前后两大段，在第一段里，苏格拉底从"欲望"论爱，在第二段里，苏格拉底则从灵魂论爱。

　　从237b开始，苏格拉底请求缪斯（Muse）降临，接着就应斐德若的要求也讲了一个关于爱情的讲词：

---

[1]　这句话理解起来分歧较大，王晓朝的翻译是："这是一种多么诱人的民主理论啊！"施莱尔马赫的翻译是："Wahrlich, das wären artige und gemeinnützige Reden."（这要真的是巧妙而有益的讲话就好了。）参见 Plato: *Phaidros*, in: *Platon Werke*, Band I. 1, in der Übersetzung von F. D. Schleiermacher, Akademie Verlag Berlin, 1984, S. 60。

从前有个英俊男孩，或者宁可说是一个半成熟的少年，他真的很美，有许多人爱他，其中一个很狡猾，他虽然爱这个英俊男生一点不亚于一个热恋者，但他故意要让人相信，他并不爱他。有一天他也向这位美少年献殷勤，却正是劝说他相信，他与其接受一个爱他的人不如接受一个未爱他的人更有利。（237b）[1]

虽然这个讲词看起来与吕西亚斯讲词并无多大的不同，但苏格拉底以此为起点，把问题的方向引向对爱情本质的思考："现在摆在你我面前的问题是，究竟是同已爱者还是未爱者能更好地建立起友爱。"（237d）为了能够有效地讨论这个问题，苏格拉底建议，要首先就爱情（Liebe）是什么和什么力量能达到它，确立一个一致性的说明，然后才能以此为基础进一步讨论清楚，爱带来的究竟是益处还是害处。这就把讨论引向一种哲学的方向。

接着，苏格拉底开始讨论爱情的第一个定义：爱情作为欲望，它有两种类型。每个人都懂得，爱情是一种欲望（Begierde），但我们还知道，未被爱者同样也欲望美。那么我们该如何区别已被爱者和未被爱者呢？我们必须注意到，我们每个人心中都有两种主宰性和统领性的本能（Trieb）是我们如被其统领着那样所遵循的，一种是天生的追求快适的欲望，一种是后天取得的追求最好的意向（Gesinnung）。

在给出了第一个定义之后寻求爱情—友爱伦理的灵魂结构是苏格拉底讲辞的重要方向。因为真正的爱情是两个善与美的灵魂之结合。由爱所欲求的共同体只能是灵魂的共同体，才是爱的真谛。这种共同体之所以在伦理的本义上还是习俗义上，都被称之为"家"，是因为两个相契合的灵魂自然地需要一个共同的安放彼此之爱的空间，这一意向在《吕西斯》和《会饮》中都

---

1 Platon: *Phaidros*, in: *Platon Werke*, Band I. 1, in der Übersetzung von F. D. Schleiermacher, Akademie Verlag Berlin, 1984, S. 71.

有所讨论，但在《斐德若》中则以特别重要的篇幅和深度在延续这一主题。

与《理想国》不同之处在于，城邦之众多公民之间的共存性结合，他们是公民灵魂之间因相互的经济物质关系需要的友爱结合，它不属于私人血亲家庭的爱的结合，而只能是公民之间的政治性的结合，尤其是需要在相应的法权关系中因法律和契约的公共精神认同才能构成共同体；与《吕西斯》和《会饮》的不同在于，《斐德若》中的"灵魂"不仅仅是个体之人的灵魂，而且还是宇宙本身的理念或 eidos 赋予其本质的形式。因此，灵魂的生命性和主宰性被强调出来，它不仅仅赋予人的肉体以生命，而且赋予宇宙的各个部分和各种关系以生命。就此看来，如果爱情单纯只是肉体的结合和身体的迷狂，那就是无生命的错乱，是不能持久的。而由于柏拉图真诚地相信"所有的灵魂都是不朽的"（245c），以灵魂的结合而产生的爱情或友爱才能是不朽的。这种不朽的灵魂之间的"狂热"作为"爱欲"狂热的状态（245）因善和美的充盈才会呈现出"秩序"。在248d-e 柏拉图提供了一个新的灵魂等级秩序：

（1）哲学家、爱美者（Philokalos），音乐的和爱的灵魂

（2）守法的国王、战争领导者和统治者

（3）政治家、经济管理者和生意人

（4）身体的训练者和外科医生

（5）先知和牧师

（6）诗人和其他模仿的艺术家

（7）工匠和农夫

（8）智者和民众领袖

（9）僭主

沃格林对此的解读是："在雅典的历史中，《斐德若篇》是宣称灵魂迁出城邦的声明。通过服从神的命令，历史的苏格拉底试图通过直接作用于个体

公民来拯救城邦。"[1] 这个解读是非常有价值的，实际上这是把"哲学王"的灵魂作为价值的最高标准让其退出城邦的过程。这一退出决定地使得两个因爱而契合的灵魂共同体必须摆脱柏拉图在《理想国》中那种将家完全收归国有的荒唐政治形式，因此舍勒也坚决认为"伦理学必须坚决拒斥这个标准"，"伦理学永远不能够、永远不应该替代个体良知"，"在我们所谈之点中，至少施赖尔马赫在我们看来还是距离我们认之为真的东西最接近的人。他——尽管是在一种与我们不同的主体主义基础上——与康德的理性主义针锋相对地重新恢复了每个个别人格和总体人格的个体主义救赎的观念、一个根据个体良知的善观念、一个精神个体性的观念"。[2] 因而这是切断爱欲与政治紧密联系的一种出路，让爱在隐秘的、私人性的、唯有两个爱的心灵才可直接通达的秘境中享受其的澎湃的激情，这是爱的伦理的必然方向。当然在《斐德若》中苏格拉底尝试引入以哲学家的灵魂为最高等级的价值秩序，目标依然是在试图用哲学来诠释爱欲，用哲学净化爱欲，用理智引导爱欲中向善的力量，只有当两个灵魂具有相同的价值秩序时，迷狂性的爱才不会失序，爱欲是个最容易因迷狂而失序的领域，因而治疗爱欲的失序成为一个重要课题。

　　《斐德若》中不再谈论一种单向度的爱欲（eros），而是一种关系型的爱，也即友爱（philia）。它还用大量的神话比喻，描述两个灵魂之间的友爱，阐明爱者只有和美少年建立纯真的友爱关系，爱欲的"灵魂的迷狂"才能产生，在这种的迷狂中才能回忆起真理的知识。哲学的治疗指向的是爱欲的纯粹性，就如同渴了自然欲求美味可口的美好饮料的意义，爱的自然目的论指向爱至善至美的人，这样的人最终只能在灵魂中遇到，因为健康美丽的

1　［美］埃里克·沃格林：《柏拉图与亚里士多德：秩序与历史（卷三）》，刘曙辉译，译林出版社 2014 年版，第 189 页。

2　［德］马克斯·舍勒：《伦理学中的形式主义与质料的价值伦理学》（下册），倪梁康译，生活·读书·新知三联书店 2004 年版，第 615、603、626 页。

灵魂才赋予了身体以健康强壮生命力，纯洁的灵魂才让爱者与被爱者在共同的相依相属的 τό οἰχεῖου/oikeion（家）中才能享受得到真正爱的"迷狂"。这是真正的爱化育出来的最高的存在，每个个体只有在这种存在形式中，才通过他人的美善感受到自身的美善。所以，真正的爱才是家庭伦理的原则，而这样的"家"正如黑格尔所言，它不再遵循王的法，而只遵循神的法。柏拉图就是这样通过《斐德若》揭示出了爱欲的力量，这是灵魂的生命力量，从而也是神性的造化力量。

第五节 依凭本性实存的自主德性论

关于德性的讨论几乎贯穿在柏拉图的每一部著作中，除了"伦理"之外，"德性"是柏拉图使用得最多的概念，因而说是其伦理学的核心也不为过。虽然如此，我们也还是不能说柏拉图的伦理学就是德性论，因为"德性"不可能是"伦理"的元概念，关于"德性"是什么，"德性"的功能与意义，都依赖于关于"伦理"及其善恶正当之类的规范性前提及其目标的论证，因此在德性论之前，必须有关于善的知识论、关于善生活的正义论、关于善生活的爱欲论，在这些基础上我们才能理解究竟何为德性论。德性论因而也就只是柏拉图伦理学哲学的一个部分，而不能反过来说，他的全部伦理学（哲学）都体现为德性论。因此，关于德性的讨论，我们不可能离开柏拉图理念论哲学的基础，而要从其早期苏格拉底对话中"假设"的德性知识论的讨论入手，进入到作为"善之型""下行"的德性功能论和灵魂品质论，才具有了超越苏格拉底与智者派争论的语境，显示出了鲜明的柏拉图式德性论的特色。

一、从"假设的"德性知识论到德性功能论的转向

古希腊传统对德性的看法，在《荷马史诗》中主要是聚焦于外在行为的描写，所有英雄的"勇敢"美德无一不是表现为力大无比，英勇杀敌之行

为。而作为古希腊德性（ἀρετή/areté）之词源的战神（Ἄρης/Ares）更是以高大魁梧、尚武好斗、嗜血凶猛、戕戮厮杀的行为来表达其品格特征，这尤其体现出在古希腊传统的用法中，"德性"具有明显的非道德主义特征，它只体现行为的一种出类拔萃的优秀与卓越，而非现代人所说的道德性。到了智者派时期发生了从非道德主义的"行为"向道德主义的"知识"之转向，"德性"作为可以让一个人变得"更好"的知识来传授。这种"德性"不仅被认为是可教的，而且像"灵丹妙药"那样具有立竿见影的效果，只要跟他们学，"回家时就会比来时变得更好，第二天比第一天更好"。智者派因此赋予了德性以某种习俗善的道德含义，体现在人的行为举止符合城邦礼俗之标准。而苏格拉底与智者派的斗争，在德性问题表面上是因鄙视智者派以传授德性为名收取学生费用而质疑德性究竟是否是可教的"知识"，但实质上，苏格拉底意识到了习俗伦常在智者派的德性教育中从根本上被败坏，因而更进一步意识到，智者派的德性教育不仅不会促进和有利于城邦德性，而且从根本上败坏了它，因为德性作为知识的真理性一旦落入到礼俗的善恶标准之下，它在伦理上的神圣性和超越性的尊严就丧失了，其作为理念的"范型"意义，就完全被世俗意见的理由所蒙蔽，人生的神圣天命就会被成功、财富、权力之类的功名所误导。因此，柏拉图必须深化苏格拉底与智者派德性论的讨论主题，在理念论，也即在"存在"本身的"善之范型"这一本体意义上讨论"德性"，德性就与"事物"的"灵魂"及其"存在"向着自身的"至善"存在的完成联系在一起，从而，所谓德性的知识就演变成了关于事物本性（品质）之实存的知识。柏拉图就是通过这种形式，通过其笔下的苏格拉底，把德性从外在行动特征转向了人的灵魂品质特征，灵魂的善恶决定了德性功能的实现，灵魂的品质决定着外在行动的正确性。一旦灵魂品质败坏了，人就不可能有正确的外在行动。

　　但是，灵魂品质对于外在行动的这样一种决定性意义，依赖于柏拉图将"灵魂品质"作为"事物"生长之"范型"，而"行动"作为灵魂本身的"活动"是完成事物自身的生命存在的"功能"这种"存在机制"，因而属于形而上之"道"的思辨，而非形而下的道义行为。如果将"灵魂品质"与"外在行动"放在一个人的实际生活中来讨论，究竟谁更具有优先性，立刻就模糊起来了，因为人在现实生活中其灵魂（心灵）品质本身是需要培育和完善的，没有人一出生就先天地具有了一种本质上善良或邪恶的灵魂品质，善良之品质恰恰需要通过其行动而非通过其知识表现出来，"存在"需要通过其"实存"才能实现其"本质"（范型）。在此意义上，灵魂品质与外在行动的关系，就与形而上学上的思辨完全颠倒了过来，实存性的行动对于一个人的品质塑造具有优先性。但麻烦的恰恰在于，由于在柏拉图这里，他既没有一个完全人类学意义上的伦理学概念，也还没有形成明确的实践哲学概念，因此他关于灵魂品质和外在行动的讨论，需要苏格拉底作为一个纯粹哲学家与各色世俗人物的"意见"交谈来辩证，这就是柏拉图哲学中"对话"的"辩证法"所呈现出来的意义。世俗人物的各种意见体现的是形而下的"实践生活"之"俗见"，而苏格拉底则力图将他们带入到形而上的"理念"，因此他们关于"灵魂品质"和"外在行为"的讨论，看似非常复杂，如果我们将形而上之道论与形而下之德论区别开来，分清他们何时是在形而上何时是在形而下，就能理解苏格拉底之"辩证"的层次。

当苏格拉底在《申辩》中告诫雅典人要关照自身的灵魂时，德性指的是一个人灵魂的品质之好，这是从"先天论"、从"奥秘"、从"不可见"之"相"的形而上学意义而言的，在《美诺》中柏拉图依然说，"有德性的人是神派来的"（《美诺》99d8），人也因德性和智慧而与神相似；但当苏格拉底告诫雅典人，不正义的行为会败坏灵魂，正义的行为会使人的灵魂更卓越（《申辩》47a-48b）时，他是在论述行为善恶将表现出一个灵魂的实存状态。灵魂通过行动才有了好坏优劣之分，通过行动的义与不义能让人看见一个人本来不可见的灵魂之本相。灵魂之好，作为"品质"是先天的，是本体之"善""相"，它与后天实践中可见的行为之义，是灵魂因而也是德性的两种不同的存在状态。这样的区分，直到柏拉图理念论形成之后就变得非常清晰了，但是在苏格拉底那里，还没有形成如此明晰的区分。

当代美德伦理学以分析的方法对待品质和行为，把原来作为本体与现象的两种不同存在形式变成了一种平面化的行为者与行为之间的两种不可调和的立场，使得德性问题上的品质优先还是行动优先成为一种无解的矛盾，这是在消解了柏拉图主义的形而上学之背景下的思想行为。但如果我们以这种二元对立的分析视野去解读柏拉图的早期对话，就会对于苏格拉底为什么在德性问题上有时强调灵魂品质优先，有时强调行动优先感到迷惑不解。在《欧悌弗戎》中，苏格拉底说，"虔敬"是一种"行动"的品德，他问欧悌弗戎："一切行动中的虔敬难道不是自身相同的吗？"(《欧悌弗戎》5d1-2)"如果发现了虔敬是什么，那么也就找到了判断一个行为是否虔敬的标准。"(6e3-6)但在更多时候，柏拉图明显地让我们看到，他关心的重点是寻求德性本身的知识性定义，而不是纠缠于究竟对德性的解释究竟是品质优先还是行动优先。因此，埃尔文的这一判断虽然值得重视，"苏格拉底并未宣称他在优先性这个问题上有何观点，但是他的论证暗示了自己拒绝承认行动对人具有定义上的优先性"[1]，但是我们同时不能忘记，在《美诺》中，当苏格拉底证明了灵魂中的德性——正义、勇气、节制、理解力和智慧——都不是"知识"，因而是不可教的之后，他们讨论一个有德性的人究竟是如何形成的时，依然强调正确行动对于德性是关键。因为德性是明智或实践智慧（φρόνησιν)(《美诺》89a4)，正确行动才能表现为人的德性（灵魂品质）之卓越。当苏格拉底向美诺证明了"在政治行动中知识就不再是领导者了"（99b2)时，施莱尔马赫译本将《美诺》接下来在最后一节的论证加了一个标题，"无理性正确行动的神圣性"（Göttlichkeit des vernunftlosen richtigen

---

[1] ［英］特伦斯·埃尔文：《柏拉图的伦理学》，陈玮、刘玮译，译林出版社2021年版，第59页。

Handelns) [1]，强调"正确行动"之于德性的意义。当然这种"正确行动"在柏拉图这里还是外在的，它需要心灵中"正确的观念"（richtige Vorstellung）或者说"正确的信念"（eudoxia）（98c1-2，99e1）的指引。不过，如果我们注意分析一下"正确的观念"和"信念"的特征，就会发现，柏拉图借助于"正确的观念"和"信念"开始尝试提出一种超越于单纯内在灵魂和外在行动之外的"第三者"，它既高于"知识"，又有别于"外部正确行动"，是具有观念的内在性并以外在行动的"意向"作为对象的"明智活动"，这才体现了德性本身的特点。这也就是说，在《美诺》的结尾，我们发现柏拉图具有了一种明显超越于苏格拉底德性知识论的思路了。

　　这是苏格拉底让那个跟着高尔吉亚学习了德性并自以为懂得德性是什么的美诺给德性下了两个定义全都失败后，苏格拉底以"假设性论证"（假如美德是知识，它就是可教的）进行了否证后，寻找到的一个新方向，目标就是为了分析清楚，德性本身究竟是什么。这样的问题本身，我们在学了海德格尔的哲学之后才明白，它的问法本身就错了。当我们问"这是什么"时，常人的思维只能得到智者派的那些结论，因为"事物本身"作为事物之所是的"总体"之理念，它不是一个可感可见的对象，我们是不能回答它究竟是什么的。尤其是伦理学所要回答的善是什么，德性是什么，灵魂是什么，幸福是什么等，它们都是不可见的，是出于纯思的对象，因此亚里士多德在柏拉图之后，严肃地批评了"德性是知识"的观念，因而伦理学作为实践哲学，当你想知道"这是什么"时，要先思考，它如何是（wie）这东西。当我们想知道，德性是什么时，总是不断地修正"德性是什么"的定义，一定会像美诺那样崩溃的（参见《美诺》79e7 以下）。因此，亚里士多德的方式，就是追问，一个事物是如何成就其德性的，从其成就德性的（行动／实

1　Platon: *Menon*, in: *Platon Sämtliche Werke 2*, in der Übersetzung von F. D. Schleiermacher mit der Stephanus-Numerierung herausgegeben von Walter F. Otto, Ernest Grassi und Gert Plamböck, Rowohlt Taschenbuch Verlag Hamburg, 1957, S. 41.

践）中，我们就能知道它是什么。因而，它是什么的"什么"，一定不是某种"物"，而是自身的某种"存在状态"。

当我们改用"实践哲学"的思路来考察柏拉图"理论哲学"追问"德性是什么"时，就能更清楚地看出，他的问题意识及其困难之所在。这种困境根本上还是旧形而上学的困境。在回忆、重构苏格拉底与智者派的争论中，柏拉图看得非常清楚，如果没有形而上学，智者派出于经验与习俗的知识观念，只能导致问题重重，对于城邦伦理而言，它将致命性地导致伦理神圣性与正确性的崩塌，因为既然一切都是相对的，那么伦理之善在失去了真理、正义的支撑之后，人类存在还有可能吗？因此，虽然《美诺》以假设性论证，证明了德性不是知识，但并不表明，伦理不建立在知识基础上。柏拉图恰恰意识到了，德性善不是基础性的，它需要建立在更具基础性的关于善本身的知识之上，才有可能回答德性作为品质好或优秀，是如何好／优秀起来的。而在追问善本身的知识进程中，柏拉图看清楚了本体之相与实存之相是两个不同的知识。西塞罗在《论学园派》中谈到柏拉图笔下的苏格拉底已经认识到，伦理学要探究普遍的善与恶，"这使我们认识到，天上的东西，无论是我们的知识遥不可及的，还是别的什么，纵然完全为我们所知，也与善的生活毫无关系"[1]。而与好的生活有关系且构成好生活条件的就是人的德性。德性在此意义上只是一种"功能"价值，唯有借此"功能"实现，才是本体价值之目标的到达。本体价值是生活本身好的范型，但不是本身。

所以，柏拉图从《美诺》到《理想国》的论证，让我们可以看清他的思想进程，将德性从被智者派误导了的习俗意见中解救出来。它不能再从一种"习俗的正确性"观念来理解，因而也不是可以依赖"外部力量"灌输到人的心中的东西；它也不再能从一种单纯的外在行为来理解，任何外在行为之义，必须体现为人的品质特征，才是德性。因此，德性的可教与不可教间

---

[1] 转引自［英］泰勒主编：《从开端到柏拉图：劳特利奇哲学史（十卷本）第一卷》，韩东晖等译，中国人民大学出版社 2003 年版，第 368 页。

题，需要将教与学的这种外在关系转到个人品质与这种品质之形成的目标和功能关系上来——好的品质是一个人的本体之相，是人之为人的标志和人格之面具，而好的行为则是成就、养成之目标的道路与能力。两者是同一个德性的两种不同的存在状态，它们都不是伦理学最基础的概念，元概念，而只是作为元概念的善之理念的不同表达。因此，最重要的是把握善的知识，善的理念之知，它不是可见的东西，只是思想的对象，因而它将是只在哲学思想中才可能把握到的"知识"，而不是任何现成的"知识"。这也就是《美诺》最后论证包括伯里克利、修昔底德等被公认为有知识、有智慧、有美德的名人都无法"教给"自己的儿子有德性的原因。在德性问题上，没有人能成为教师，因为哪怕苏格拉底，他对善是什么，德性是什么也完全给不出一个明确的定义，因而是根本无知的，只有思想，真正的哲学思想，才能将我们带入探索德性如何成为德性的奥秘之中。

在有了这样一个哲学形而上学的思维转变之后，柏拉图就可以将古希腊传统中对"德性"的理解带向其哲学论证的框架中。因而在《理想国》中，他提出了关于德性的"功能论证"，旨在让苏格拉底向色拉叙马霍斯证明，一个人活得好（幸福）最终是靠"德性"（公正／正义），而不是财富、荣誉和权力，因而在更普遍的意义上，就是要证明，任何一个事物特有的功能（最佳本性）只有通过其自身的德性才能达到。这个论证的核心如下：

苏：我正在考虑，请你告诉我，马有马的功能吗？

色：有。

苏：所谓马的功能，或者说任何事物的功能，就是非它不能做，非它做不好的一种特有能力。可不可以这样说？

色：我不懂。

苏：那么听着，你不用眼睛能看吗？

色：当然不能。

苏：你不用耳朵能听吗？

色：不能。

苏：那么，看和听是眼和耳的功能，我们可以这样说吗？

色：当然可以。

苏：我们能不能用短刀或凿子或其它家伙去剪葡萄藤？

色：有什么不可以？

苏：不过据我看，总不及专门为整枝的剪刀来得便当。

色：真的。

苏：那么我们要不要说，修葡萄枝是剪刀的功能？

色：要这么说。

苏：我想你现在更加明白我刚才为什么要问这个问题了：一个事物的功能是否就是那个事物特有的能力。

色：我懂了，我赞成这个说法。

苏：很好。你是不认为每一种事物，凡有一种功能，必有一种特定的德性？（《理想国》352d–353b）

从这个论证，我们就可以清楚地看出，"功能论证"中的"功能"（ἔργον/ergon）不是讲一个事物对于人类的"功用"，而是每一个事物区别于其他事物的特有本性／本质，这是第一层含义。第二层含义是解释"功能"为一个事物之固有的好，"非它不能做，非它做不好"的独特性，眼的功能是看，只有有德性的眼才能看得"好"，如果用耳朵来"看"就"看"不好，因为它的功能是"听"。第三层含义是事物最佳品质的实现能力，"看"才能实现眼之视力好的功能，"听"才能实现耳朵听力好的功能，奔跑才能实现马之飞奔德性，等等。所以，德性作为品质之好，是静态的，已经完成了的自身状态；它有先天之性好，也包含后天通过活动／行动所实现出来的品质之好。总之，在功能论证中，"德性"既是品质也是行动，既是能力，也是能力造就出来的作品。

万事万物都具有的"功能"，是自身的造化与完成，从而功能的好，即自身品性的生成完善的好，是自然地向善，向着自身的最好完成自身，因而其目标是自身的最优，目的在自身，不在自身之外的任何东西，这就使得柏拉图开创了目的论伦理学，这种目的论是通过自身内在的能力把自身的品质造化到最优的自然主义目的论。

"自然"即是一种创造性的力量，同时又是自然而然的自我造化出来的产物。这样的思想，虽然一直到斯宾诺莎那里才表达出来，但在柏拉图的功能论证中就已经表达出这样的思想萌芽。在这样的论证中，每一事物都具有各自的天命，这种天命就是通过自身的"功能"实现自身的本质，因此，德国哲学家也把功能论证称之为"使命论证"，当然，只有在人类学视野下，即在人的功能论证中才表现出来。因为只有人有对自身作为人的使命的意识，自然万物是凭借自身的无意识的自然力或本能实现自身的天命，而人类通过对人之为人的本性（天命）的意识与感召，让自己身上禀赋的人性实现到卓越，这确实是一种德行，而实现出来的德行，作为德行创造物的德性就是美德。但自然物是单凭自身机体的生命活动，将其固有本性生长出来，功能实现出来，这种"德性"是非道德主义的让自身变得优秀与卓越的能力，这种自然主义的德性，不是作为单一自然物的德性，而是其"品种"的德性。例如汗血宝马（Akhal-teke horses），《史记》中记载它有"日行千里"的特长，而且体型饱满优美、四肢修长、步伐轻灵优雅、体形纤细优美，绝对是马中"贵族"，最能体现马的德性。但是，它不是哪一匹马的个体"德性"，而是作为这一品种的德性，不是严格意义上的"德行"。因此，虽然按照功能论证，植物和动物以及每一个自然物都有其实现自身优秀性的能力，因而有德性，但唯有人有德行，因为人有对自身天命的意识。这种意识本身只要是人类，都无一例外的拥有，但有的人能把自身的德性完善到最佳实现，有的人却把德性变成了德恶，这完全取决于人的德行能力。通过"德行"，德性成之为美德，这是只有人类才有的特征。

所以，虽然在柏拉图的功能论证中，他是把德性阐释为人实现人的生活之好（幸福）这一目的的功能，这种"功能"是秉有自然力的德行能力，但他毕竟还没有亚里士多德意义上的实践哲学概念，也不可能像注重功用的罗马哲学家西塞罗那样，突出德行之于品质的优先性，提倡"德性的全部荣誉在于行动"（Virtutis enim laus omnis in actione consistit）[1]，他更多是从形而上学知识论出发，秉持因善而得善的原则，因而只有从灵魂的创造性活动，才能阐明德性即作为品质又作为德行的知行内在合一的特征。

二、德性作为灵魂的品质

通过"功能论证"，将一个事物本体的善与其功能实现（活动／行为）联系起来，本体之善之思想的对象，通过德性之善，造化出来，成为实存之善，因而本质、本性、品质之善，不再是"空虚"的"存在"之理念，而是"实存"之德行。是实存之德性（areté／德善／卓越／优秀）而绝不是恶德（kakia）具有履行本体之功能的特有能力。因而，只有德性，更准确地说"德行"让事物"活得好"。在这种意义上，是"做得好"（实存着的善德）形塑了任何一个事物之好（"活得好"），但"做得好"（德善）依赖于事物（人）的"品质好"，两者相互促进，互生互荣，因善得善。因此，如果没有一种有机整体观念，将存在及其实存，理念之好与实存之好统合为一种向善的生命活动，那么，"功能论证"依然会在各种不同的特殊之善的冲突中，产生各种质疑与难题，尤其会导致品质与德行何者更具优先性的争议。

所以，我们看到，柏拉图的"功能论证"是与灵魂的"固有功能"联系

1　Cicero: *De officiis/Vom pflichtgemäßen Handeln*, Erstes Buch 6(19), Lateinisch/Deutsch, Übersetzt, kommentiert und herausgegeben von Heinz Gunermann, Philipp Reclam jun. Stuttgart, 1976, S. 21.

在一起的，在《理想国》353d 苏格拉底与色拉叙马霍斯有这样一段对话：

> 苏：那么再考虑一点：人的灵魂也有一种非它不行的特有功能吗？譬如关心（epimeleisthai/besorgen）、统治（archein/beherrschen）、谋划（bouleuesthai/beraten）和所有诸如此类的活动。我们难道有理由把这些赋予灵魂之外的其他某些事物且断言是它们特有的功能吗？
>
> 色：不能赋予其他事物。
>
> 苏：还有生命呢？我们能说它是灵魂的功能吗？
>
> 色：堪称精妙绝伦啊。
>
> 苏：那么也就是说，灵魂也有德性吧？
>
> 色：我们说过，有。
>
> 苏：那么，色拉叙马霍斯啊，如果灵魂失去了它固有的德性，还能够很好地成就灵魂的功能吗？或者说，这是不可能的？
>
> 色：不可能。
>
> 苏：一个败坏的灵魂那么也将是坏的统治和关心，但好的灵魂将所有这一切发挥到好，是不是？
>
> 色：必然的。
>
> 苏：那么现在我们不就达成了一致，正义是灵魂的德性，不正义是灵魂的邪恶？
>
> 色：是的。
>
> 苏：那么正义的灵魂和正义的人活得好，不正义的灵魂和不正义的人活得坏。[1]

这是柏拉图从灵魂德性给出的一个"功能论证"，这一论证的突出特点

1　Platon: *Der Staat*, in: *Platon Werke*, Band III, in der Übersetzung von F. D. Schleiermacher, Akademie Verlag Berlin 1985, S. 78. 同时参照中译本，第 41—42 页，有较大改动。

在于三点：一是强调了德性是灵魂的功能；二是强调了灵魂的特有功能，即非灵魂不能做、非灵魂做不好的功能是"生活"（zēn）、"造化生命"，"生命尤其是（malista）灵魂的功能"；三是灵魂的德性是正义，因而正义的灵魂能造化好的生命（活得好）。通过这三点将灵魂的品质和灵魂的德性作为一个造化自身生命的有机整体，从而不会陷入德性各个部分之间的分歧与冲突中，具有了打通伦理学的目的论和物理学的创世论的本原实践哲学"目的在自身"的经典模式，任何事物的存在（生存）都具有"自我述谓"（self-predication）的形式：F性的型相（From of F-ness）是 F 的范型（理念／标准），它是完美的 F。[1] 这是理念论模式的表述，换成功能论证的德性论的描述则是，每一事物的灵魂是按照每一事物的 F 性的型相／范型造就 F，F 的德性就是 F 性范型的功能：造就完美的 F。于是德性成为灵魂的品质，这种品质造就自身特有本质的自我实现。

这样的解释模式，超出了苏格拉底式德性知识论的问题域，聚焦于德性本身自我实践模式，但又不是主观见之于客观的那种外在实践，而是灵魂本身对自身本质（范型）的自我造就。因此善作为存在之范型经过德性的"功能实现"而成为最完美、卓越的自身这一后来亚里士多德的实践哲学模式在柏拉图这里以灵魂德性论的形式预先表达出来了。但这种德性实存论的解释模式，将事物造化自身的"时间"问题隐含在一种"完成"或"发挥"之类的含糊表达中，因为任何一个 F 性的型相本身只是一个形而上学的空虚设定，就像黑格尔逻辑学开端的 Sein（存在）那样，既是"万有"，同时又是"什么也没有"的"空无"。灵魂作为造就生命的原则，它需要预设灵魂的自我运动，不是"从无生有"，而是从原始的"混沌"中具有一种"合成"各种物质元素为一体的能力（这既是"物理"的也是"伦理"的共同造化机制），通过这种造化机制将"存在"经历"空间"变成"生成物"。

1　转引自［英］泰勒主编：《从开端到柏拉图：劳特利奇哲学史（十卷本）第一卷》，韩东晖等译，中国人民大学出版社 2003 年版，第 414—415 页。

在《蒂迈欧》中，灵魂的自我运动有前后、左右、上下和旋转七种："灵魂的运行像一条大河那样，既受控制又不受控制。它来来往往，冲来冲去，使得整个生命运动起来，杂乱无章，六种运动前后左右上下，样样俱全。"（43b-c）[1] 而在"旋转运动"中，灵魂就进入到自身的合成创造性的自我运动之中，德性是在创造性的自我运动中表现出来的"行动"品质。《蒂迈欧》侧重于把"灵魂"作为"生命原则"，一方面论述了造物主按照"范型"，即合乎灵魂本性地将事物创造得"最佳"的原则，使得灵魂创造活动具有向善的德性品质；另一方面论述了灵魂的三个部分虽然各自都有其自身的爱欲，但唯有灵魂中最高的理性之爱欲"统治"最低的欲望之爱欲，激情才能引导灵魂的提升。因此，一个有德性品质的灵魂必是一个"健康的灵魂"，具有理性爱欲"主宰"（统治）下的灵魂之各部分功能活动（德性）的和谐。只有这种和谐的灵魂品质才是灵魂的德性，它有两个基本特点，一是模仿了造物主"按照最好原则在造物"（46d），一是确立理性统治的向善性："理性是通过说服来驾驭必然的。理性是统治力量，它说服了必然而把大多数造物引向完善。"（48a）

可见，柏拉图式的灵魂德性论也从来不是把一个"好人"的美德品质作为元概念，而要借助于灵魂作为生命原则，作为本原的创生活动（行为），以"好本身"（事物自身之范型）作为创造的目的与根据，将每一事物的特有功能阐释为创造自身（完善自身）的这样一种存在机制。这种机制突出地表达出柏拉图的理念（范型）存在论的"因善得善"的"自我述谓"形式，但这两种"善"是具有存在论差异的，"因善"之"善"是形而上学的"范型"/理念，"得善"之"善"是功能实现，因而是在"存在"在实存着的"空间"/"时间"中的"善自身"之现象，范型之善的"影子"。

因此，柏拉图的灵魂德性论很好地阐释了德性论的规范性来源，不是如同一个"好人"所做的那样，而是如同任何事物有德性品质的灵魂的生命造

1　［古希腊］柏拉图：《蒂迈欧篇》，谢文郁译，东方出版中心 2021 年版，第 30 页。

化那样，以事物本身之特有的本质／天性之范型，作为天命，作为范导，作为理由与根据，作为终极目标。灵魂本身内在的自我运动就是以此范型为主宰，在理性欲望的"统治"下，控制欲望和激情的混乱，使自身具有向善提升或升腾的能力，如果灵魂的"统治"失误，以低级欲望统治理性欲望，那么激情就会混乱，乃至疯癫，灵魂的病态也完全可以导致自身的败坏，向下堕落到邪恶的深渊。

柏拉图的灵魂德性论就在范型（理念／相）的实存论意义上，很好地解释了德性论"因善得善""因德成德"的本原实践模式。这样的解释模式在《理想国》之前，已经具有了一些痕迹，但没有形成以善的范型作为灵魂创造生命的造化实存论。在《美诺》中，美诺给出的第二个德性定义，虽然在柏拉图的分析中，困难重重，但也以混乱的形式，表达出来了某些"因德成德"的想法："苏格拉底啊，德性之所是（Tugend zu sein），正如诗人所言，即'喜爱美好并能得到美好'。我把此称之为德性，就是说，欲求美好事物者，能够得到美好。"（77b）[1]

灵魂德性论在造就自身生命的意义上，把德性内在的知行合一在至善的理念实存模式下做出了最为合理的阐释，在《高尔吉亚》（506e2-507b8）中，柏拉图就提供了对美德作为各种灵魂秩序的描述，它需要"灵魂"在一种"健康秩序"中，以最高的善统驭各种不同的善，以最高的"善德"统驭各种殊德，这样才能具有一个"目的论"框架下的功能德性论。在理念论意义上的最高善即善的理念本身，它是最高的存在，而在实践（实存）的层面上，最高的善是"正义"，因此在《理想国》中，把在《高尔吉亚》等对话中已经表达出来的"任何与正义一同产生的东西都是美德，任何不伴随正义而产生的东西都是恶"（78e8-79a1），通过《理想国》第一卷结尾的"功能

1　Platon: *Menon*, in: *Platon Sämtliche Werke 2*, in der Übersetzung von F. D. Schleiermacher mit der Stephanus-Numerierung herausgegeben von Walter F. Otto, Ernest Grassi und Gert Plamböck, Rowohlt Taschenbuch Verlag Hamburg, 1957, S. 17.

论证"表述为："正义是灵魂的德性，不正义是灵魂的邪恶"。因此"正义的灵魂和正义的人活得好，不正义的灵魂和不正义的人活得坏"，就被视为柏拉图超越了苏格拉底德性论的一个新的伦理学构想的开端：

> 第二卷至第十卷宣告了一位以一种新方式写作和思考的新柏拉图的到来。从这一角度来看，第一卷代表了老年苏格拉底的一次告别性出场，之后他就为新的富有雄心的构想让道，而正是这些构想成了成熟的（或"中期的"）柏拉图的标识。[1]

这种新的构想即"政治哲学"的柏拉图主义，因此这就具有了实践哲学意义上的真正柏拉图的德性论。

三、个人德性在城邦正义灵魂中的自由造就

通过"功能论证"柏拉图阐释了德性作为"功能"的本体意义，因而"功能"（ergon/function）在柏拉图这里绝不能将其理解为"功用"与"手段"价值，它是物之物性、人之人性、国之国性、世界之世界性的"天命运作"，因而"至善"作为每一事物之"本质"在未来"实存"中的"目的"之"范型"，成为"德性"造化自身的规范性基础。因而，德性首先是个体性自我本质的造就，完成自身的天命之性。同时每一个个体性事物作为"生命"，每一个个体部分的德性需要实现出来，眼要实现眼的德性，胃要实现胃的德性，同时这些部分的生命又是作为一个有机整体的生命才是个体性的生命，人的手是从属于人自身的，因而其德性的实现，必须从属于整个人的德性实现。于是，柏拉图的德性论在功能论证和灵魂品质论证基础上，必须进入到实践领域，进入到人的政治共存领域，从而在城邦中考察个人德性和

1　[美] G. R. F. 费拉里编：《柏拉图〈理想国〉剑桥指南》，陈高华等译，北京大学出版社 2013 年版，第 44 页。

城邦德性的相互塑造、相生相成。

《理想国》第一卷以作为个人德性的"正义"开场,"昨天苏格拉底随同阿里斯通的儿子格劳孔'下行'到比雷埃尔斯港口"[1],显示这是讨论"实践"中的德性论。"上行"与"下行"作为柏拉图所"隐喻"的哲学两条路径,前者是从现象界、"实存者""上行"到其"本身"的"范型"/相/理念/本体,是知识论之路,而后者则是寻找到事物本身的"范型"之后,在生活实践中的造化与完成,因而是一种德性论。前者是形而上学之态度,没有它,"伦理"之"理"就无法得到"天道"的润泽而淹没于"人情世故"的泥潭中不能自拔;后者同样是形而上学,但严格地说,是德行之形而上学,是形而上学之"道""下行"之路,其目标是将绝对的真与善树立为"世间"伦常的绝对根据、德性成长的规范性理由,从而让人看清习俗伦理之"理"——那些源自祖宗之法、圣贤之言、诗教礼法貌似"天经地义"之理——实乃善本身的幻相,充满了不可深思的自相矛盾。因此,苏格拉底"下行"到这个偏远的雅典著名港口,大有"礼失求诸野"的深意。柏拉图心目中要探讨的是作为立城邦之本的正义这种世间伦理本性,但正义已经被各种世俗观念所蒙蔽,于是苏格拉底被盛情邀请到当地住着豪华别墅的富有人士克法洛斯家中做客所展开的一段开场讨论,明显地就是从个人德性的角度,讨论一个常人对于正义作为个人德性所具有的意义。

年老体衰的克法洛斯对苏格拉底一行来家做客十分高兴与热情,真诚地对苏格拉底说,当人活到他这个年纪,从肉体获得的快乐日渐减少,而从交谈获得的快乐却与日俱增了,因此以朋友的身份邀请苏格拉底要经常来走动走动。苏格拉底愉快地答应了,报之以同样的真诚,说他正好要向老人家请教,在人生之路的这个最后一程,究竟什么是最重要的人生财富,财富给人带来的最大益处究竟是什么?

1　Platon: *Der Staat*, in: *Platon Werke*, Band III, in der Übersetzung von F. D. Schleiermacher, Akademie Verlag Berlin, 1985, S. 49.

克法洛斯于是讲，他有一次问悲剧诗人索福克勒斯，年纪大了是否还向女人献殷勤，追求性爱之乐？诗人明白告诉他，他洗手不干了，而且有一种特别的感受，从女人情爱中逃出，就像从又疯又狠的奴隶主手里挣脱出来似的自由而美好。克法洛斯显然非常认同这一观点，认为老年生活，心平气和，清心寡欲是最好的。老年人遭受的种种苦难，其实不在于年龄，而在于个人的品行。万贯家财带来的好处，其实就是问心无愧，不欠人情之债，也不欠敬神的供品。这就是常人所理解的正义。因而，能否具有老年人生活所需要的那种问心无愧，取决于万贯家财是否是凭借自己的品行，取之有道而来。当夜深人静、翻来覆去睡不着时，就会扪心自问，这辈子在什么地方是不是做过什么不义之事（Unrecht），如果发现自己造孽不少，就会无限恐惧，睡不安神，被噩梦惊醒，如果是这样，那么万贯家财不仅不会带来幸福，而是无尽的痛苦。只有当自己一辈子做正义的事，做正义的人，那么万贯家财才是老年人的"贴心保姆"，让人一直保持快乐和美好的希冀，甚至到了阴间冥府，也不用担心受罚而下地狱。所以，苏格拉底由此引发探讨，为什么作为个人德性的正义让人活得好，而不正义却不可能让人活得好，只有正义这种德性对人生才最有益的，不义之财看起来是利，其实是祸。

《理想国》第一卷关于个人德性的探讨以上一节我们讨论的"功能论证"结束，德性作为一个事物固有的功能之优秀性，"是非它不能做非它做不好的"别的事物不可取代的自我之卓越能力，这一特点就得到了充分证明。到了第二卷，格劳孔一出场，把讨论带到一个新的方向，这对德性论是非常关键的一个转变，即从一般物性功能的优秀自生自长的功能实现转向了人的德性的自愿自主的德性实现。这关键是关于"古格斯戒指"这个神话故事的引入。一旦人有了一枚古格斯戒指，其中有个机关，把它转向自身，就可以让自己"隐身"起来，别人看不见自己，自己却可以看得见别人。于是，这就是考验一个人德性的关键时刻，当人有这种能力，他可以做任何不正义的事而获得利益，别人看不见他因此他的名声不会因做不义的事受到损害，也不会因作恶而受惩罚，这时人会自觉自愿地选择做正义的事吗？经过这一考验，把德性的基础建立在人的知识（他知道自己做的事是善是恶，对自己有利，对别人有害）和自愿选择上，只有通过这一选择，我们才能确认一个人的品质究竟是善是恶。这由此深化了"功能论证"，使得德性不再是一类事物"品种"之优异，事物依凭一个物种本性的必然性而将自身功能完美实现这一非道德主义的好品质成长模式，而是建立在自己灵魂优秀，从而在有善恶之知基础上自愿选择善（这种善表面上看不能带来任何利益）而不选择恶（作恶反而能直接带来自己所欲求的不正当私利）。

因而在做了这一论证之后，格劳孔显然还没有被说服，他还是不会相信，人在明显知道自己做不义事，会得到最接近最高权力（皇帝）的职位，还能得到皇后的爱情，最终甚至可以通过杀死皇上（360a）而把"天下"都归自己，别人却不知道他做的所有恶事的情况下，人还能有一种美德只做正义的事而不做任何不正当的事。所以他要让讨论别开德性与任何利益考虑的关涉，不考虑正义和不正义的报酬与后果（358b），只讨论德性（正义）的起源和本质（358e）。在这里，柏拉图通过社会心理学的论证，引向了社会理性要通过契约来规范每个人的任意和行为，得出了"把守法践约叫合法的、正义的。这就是正义的本质与起源"的结论。

这一关于正义的契约论定义预示了柏拉图的德性论论证将发生两个转向：一是从自然逻各斯意义上的功能德性转向习俗（nomos）意义上的城邦德性；二是个人德性要在与城邦德性的同构关系，即共同的灵魂结构中获得证明，即"守法践约"的正义才是个人和城邦都具有的德性。这种德性突出了共同确立的"法"与"契约"的规范有效性，因而作为"守法践约"的"正义德性"就不依赖于城邦法律的强制，而来自灵魂品质之德性的范导，因而可以说，是自身优秀卓越的目标，好生活的目标在最终"范导"心灵上的"自愿"行为，甚至格劳孔的兄弟阿德曼托斯都懂得："那些所谓最好的

东西，就是指不仅它们的结果好，而且尤其指它们本身好。"（367d）

因此，个人德性和城邦德性最终都体现为灵魂上的正义，而需要证明的问题是，灵魂正义是构成灵魂的每一个部分都能尽善尽美地实现其自身的功能（符合"功能论证"），同时每一个部分各做各的事，不越界干扰其他部分的功能（这同"守法践约"的习俗正义相一致），满足这两个条件的灵魂就是健康的、和谐的，从而有生命正气的灵魂；否则就是败坏的、混乱的和病态的灵魂。

我们已经知道，柏拉图在《理想国》中把灵魂区分为欲望、激情和理性三部分，因此他就需要证明一个人的欲望、激情和理性如何才是尽善尽美地做自己的事，如何才算是不越界干扰其他部分功能的实现，最后如何才能显示出作为健康与和谐的灵魂正义。

欲望（ephithumia/desire）分两种，"干渴和饥饿以及一般地说欲望，还有愿望和希望"（437b-c），前者是本能意义上的吃、喝、性、贪等欲求，是生理和心理上的生物学、动物学上的欲望，一般称之为 appetite，所以德国人开饭时会相互祝愿 guten appetit，就是指祝你食欲好，吃得好。这种欲望当然是必然的，它维系一个有机体的物理性生命的健康发育和成长。还有另一部分愿望、希望、求知欲等，这属于"理欲"部分，它不仅指这些理欲本身，还指对那些本能欲望的"意识"，因此英文用 desire 翻译 ephithumia 是想表达出欲望的两个部分，但一般人总是把 desire 指称 appetite，这是我们需要注意的区别。

柏拉图把"欲望"的灵魂品质称之为"节制"，这是需要解释的，与传统对节制的理解不一样。节制（sophrosyne）对古希腊人从而对整个西方人是最重要的美德之一。这个词的本义"是由词根 soon（健康的、救治的）和 phren（理智）组成的。因此 sophrosyne 被作为健全的人类理智行为，被评价为合理性的和合理的，而无度的越界则被看作非理性的和不健康的。Sophrosyne 也标志着合乎理性地为目的恰如其分地使用手段，作为聪明的克制的审慎，冲动的自制和适度，乃至政治中的智慧和秩序"。所以，在"拉丁语中，大多数都是以 temperantia（和作为无度的 intemperantia）来再现 sophrosyne 的意思。词干 temp 叫作跨度（spannen，tempus 作为时间跨度，是在两个时间段之间的时间），它以可能的方式指出来希腊人尺度的观念：作为穿插在两个极端之间的框架（Eingespnnte）。……但 temperantia 也意味着从不同部分组合成一个有序的整体"[1]。

我之所以大段地引用我自己十几年前翻译的司徒博这本书中对"节制"的希腊文和拉丁文原义的阐发，原因就在于这些原义恰恰是柏拉图所赋予它的。其"健全的""健康的"含义在柏拉图这里是说，"每一种欲望本身只要求得到它自己本性所要求得到的那种东西"（437e），既然欲望是本性所要求的，因而本性所欲求的自然就是好的，就像口渴了渴求饮料，苏格拉底说没有人只要求饮料，而不要求好的饮料（438a），所以自然的欲望总是欲求好，欲求尽善尽美的。好，尽善尽美就是自然欲求的目标善。因而自然的欲望本身也有一种天然向善的目的论倾向，承认它而不人为地扼杀它，才能保持其自然的健康、健全。但同时，"节制"这个词本身就包含了"理智"的因素，这也就是"欲望"中的那个对本性欲望的感受和意识，当本性欲望满足时它能感受到爱、满足和快乐（439e），从而也产生愿望、希望和求知欲。只要欲望保持在一种"适度"的框架内，不去干扰激情和理性的功能，它就是保持在它自身应得的本分之内。所以，节制作为个人灵魂的品质德性，它不是纵欲，也不是禁欲，而是自然的节欲。它自带规范性"尺度"，苏格拉底说："节制是一种好秩序或对某些快乐与欲望的控制。这就是人们所说的做'自己的主人'这句我觉得很古怪的话的意思。"（430e）所以"节制"作为灵魂的品质就是灵魂自身内部将天性较劣的部分自动地让天性较好部分来主宰或控制／统治："因此我们可以正确地肯定说，节制就是天性优秀和天

---

1 ［瑞士］克里斯托弗·司徒博：《环境与发展：一种社会伦理学的考量》，邓安庆译，人民出版社 2008 年版，第 124 页。

性低劣的部分在谁是应当统治，谁应当被统治——不管在国家里还是在个人身上——这个问题上所表现出来的这种一致性和协调。"（432a）

这与其说是为"节制"这个灵魂品质做出的规定，毋宁说是通过"节制"为整个个人德性和城邦德性给出了一个具有自然正当性的德性自身具有的规范性结构：各促成部分不分优劣地各自尽善尽美地实现自身的功能，同时将自然分化出来的优劣纳入到以优治劣的和谐一致的秩序中。这就是灵魂自身的活的善，或黑格尔在《法哲学原理》中所阐发出的"伦理精神"之内涵的起源。

这样讲个人德性是非常精彩的，但作为城邦德性则非常困难，因为在城邦中，每个人的德性品质是被教育和教化的结果，而不完全是出自人的天性品质。尤其是柏拉图的教育城邦，将每个人以其天性的优劣按照城邦整体生命的有机部分的需要被分门别类地来教育和规训，从而被"和谐地"纳入城邦等级秩序中，天性金银的优等公民统治天性铜铁的劣等公民，这样的城邦很难说是具有正义品质的城邦，因为人性的优劣已经不符合这里的自然灵魂"做自己主人"这个规范性的标准。

如果按照这个灵魂中"统治"原则的自然正当性，每个人只要他的灵魂品质中具有成为"自己的主人"的自我控制能力，他的灵魂就是正义的，他就是优秀的城邦公民，具有成为统治者的品质，也即哲学家人格。所以在个人德性问题上，德性本身的规范品质表达出的就是一个人成为自身主人的自由人格，这才是关键。亚里士多德后来意识到了这一问题，他在《政治学》中，讨论"统治"的合法性问题时，依据的是天性的自由人格还是天性的奴隶人格。只有当人天性就是奴隶，没有成为自己主人的能力时，这样的人才应该被统治。否则自由的人格，没有任何理由是被统治的，这不符合灵魂的正义。

所以，"节制"最终在城邦品质中，主要是表达"从容优雅地抑制约束生理上的迫切欲望"。所以"我们可以说 sophrosyne 是'受过训练的'生活的精神。它不是休谟暗讽的一种‘僧侣似的’美德”[1]。

我们接下来讨论灵魂的第二部分"理性"和"激情"部分，它们实际上与"欲望"的灵魂品质"节制"具有相同的"规范结构"。理性是灵魂中"用以思考和推理的"（439d），它的任务是借助于知识统治整个灵魂，这种知识不是别的知识，而是关于什么既是灵魂的每一部分的利益，同时也是灵魂各个部分的整体利益的知识。用了这种知识，它才能在灵魂中成为领导者，成为自己的主人，具有"自我做主"的品质，同时让灵魂的每一个部分各起各的天然作用（443b），不干扰、不僭越起别的部分的作用。与灵魂的理性部分对应的品质是智慧，智慧基于真知而能做出慎思的判断，"追求真实存在是真正爱知者的天性"（490a），因为理性知识唯一的目标就是对爱真理，追求真理。理性于是既不否认欲望的合理性，它自身也有爱知识、爱智慧的欲望，也不取代和僭越激情的功能。它要承认并维护欲望和激情尽善尽美地发挥和实现它们天然本分的功能，同时也要行使"灵魂的眼睛"的功能，让它们接受理智的管理。最高的理性的德性之所以是智慧，就在于它作为"灵魂的眼睛"看得见"善本身"，照见了真理与实在："人的灵魂就像眼睛一样，当它注视被真理与实在所照耀的对象时，它便知道它们了解它们，显然是有了理智。"（508d）所以，理性的智慧德性同样具有一种规范性（统治）的结构，并通过这种规范而实现了成为"自身主人"的使命。

激情（ϑυμὸς/thumos）在灵魂中属于欲望和理性之间的一个部分，柏拉图说如果不被城邦教育所败坏的话，它倒是理智的天然辅助者（441a）或者说盟友（440b），它是我们借以发怒机能（439e）。当一个人的欲望在力量上超过了它的理智，激情就会骂自己，对自身内的这种力量生气（440b）。这就是说，激情总是在与欲望做斗争，它的愤怒在灵魂内部是反感欲望，当欲望太盛，趋于纵欲，逾越本分之外，违背理性的控制，激情就愤怒地骂自

---

[1]　［英］A. E. 泰勒：《柏拉图：生平及其著作》，谢随知、苗力田、徐鹏译，山东人民出版社
　　1991 年版，第 77 页。

己，谴责自己。当自己受到了不公正地对待，不被人当人地尊重和使用时，激情就会燃烧成火焰，会抗争和复仇，因此会加入到正义的一边，与理性结盟，与不正义作战，直至杀死对方或被对方杀死，无所畏惧，如果听到理智的呼声它也会停战（440d）。但它既不等同于理性，也不是理性的附属品。它需要被理性劝服，但有时也会背离理性。关键在于是否受到良好的训练和教养。受到良好训练和教养，激情就会与理性结盟，坚持自己认为的真理和正义，奋力实现美与善的价值。如果激情被城邦教育所败坏，就会与欲望结盟拒斥理性的统治，不再恪守本分，从而变得野蛮、粗暴和残忍，毁坏人的整个生命（442b）。

因此，灵魂激情部分的德性是勇敢，在城邦德性中对应于卫国者的德性。而勇敢的德性与节制和智慧一样，具有自身的一种规范结构，因为它分内的事就是不畏危险地凭意气做事，但同时又是凭借"应该做什么的正确信念"（429b8-c3），听从理智告诉它的不应当惧怕什么，应该惧怕什么的信念（429c-430c，442b），因而是在理性的规范下的顽强勇猛的行为。激情联合了理性，听从理智的教导，因而是有智有谋地对抗外敌的侵犯和遭受的不公；同时有理有节地抵御自身欲望的放纵带来的痛苦和耻辱。只有接受理性的统治才让激情处在适度的规范框架内："天性中的激情部分的确会产生野蛮；如果加一适当训练就可成为勇敢，如果勇猛过度了就会变成严酷粗暴。"（410d）

如果不从部分而从整体来说一个人的德性，那么这三种作为部分的节制、勇敢和智慧保持在一种共同规范结构中的和谐整体，就是一个人的正义德性。正义的德性在柏拉图这里不是一个独立的德性，而是一个人或一个城邦之正义的整体。它具有这样一个总的特征：灵魂内在的组成部分各自依凭其天性（品质）尽善尽美地完成本分内的功能，同时互不干涉，互不僭越，让自身高贵优秀的部分统治低劣的部分，自己主宰自己，让节制、勇敢和智慧各安其位，井然有序，健康而富于生机。如果一个城邦也能这样，让每个人各自做他天性适合做的事，各安其位、各司其职，互不干扰，和谐有序，从而成为一个正义的城邦，就是城邦德性。

从每个人的灵魂讨论德性，将个人德性的自由和正义的规范结构揭示了出来，这是非常富于洞见的思想，而城邦虽然是个体，也有其灵魂，但毕竟作为所有人的联合体，其灵魂的组成部分，不是自然有机体的组成部分，因此"城邦灵魂"只是一个观念，而不具有自然性，将个人德性与城邦德性的这种直接同构，留下了太多疑难，无法解决灵魂向不健康的疯狂堕落的恶果。

第 四 章

亚里士多德：实践哲学的伦理学与古典德性论的经典形态

亚里士多德于公元前384年出生在一个希腊殖民地斯塔吉阿（Stagira），从18岁（公元前367年）起来到雅典的柏拉图学园跟柏拉图学习哲学，一直到公元前347年柏拉图以80岁的高寿离开人世，他作为学生在柏拉图身边待了二十年时间。柏拉图死后的两年里他甚至都还作为柏拉图学园的成员留了下来，但后来与学园继承人、柏拉图的外甥斯彪西普（Speusippus）[1]有诸多不合，因而接受了小亚细亚沿岸的统治者、曾来学园学习过的赫尔米亚斯（Hermias）之邀请，离开柏拉图学园，来到阿索斯（Assos）重新开始自己的哲学探索。亚里士多德在那里娶了赫尔米亚斯的侄女皮缇娅斯（Pythias）为妻，他们生下一个儿子名为"尼各马可"（Nikomachos），一个女儿名为"皮缇娅斯"。就此而言，我们可以看到亚里士多德也是个注重世俗幸福的人，与终生未娶只注重灵魂激情的爱的迷狂的柏拉图迥然不同。在这段时间里亚里士多德同塞奥弗阿斯特（Theophrast）建立了友谊，投身于

1　亚里士多德在《形而上学》和《尼各马可伦理学》中多次指名道姓地批评，有时没点名但也让人可以看得出明显地就是批评斯彪西普，此人的哲学材料我们很难看得到原文，就我们中文读者而言，相对介绍比较多一点的，还算是在爱德华·策勒《古希腊哲学史》（第三卷）的第十四章《老学园派：斯彪西普》。

自然科学研究，首先是从事动物学的研究（den zoologischen Studien）。由于赫尔米亚斯与马其顿宫廷的关系密切，亚里士多德于公元前 343/342 被马其顿王腓力二世（Philipp II）邀请，成为年轻王子亚历山大（Alexander）的老师，他可以说是为数极少的成功的帝王师案例之一。亚历山大 16 岁就代父统治马其顿，继位时年仅 20 岁，在内忧外患的困局下平复内乱，东征西讨，先是统一希腊全境（公元前 335 年），再占领埃及全境，之后又在公元前 330 年吞并东方的波斯帝国。希腊帝国搞不定的事情，他只用了 13 年时间完成，建立了一个横跨欧亚非三大洲，西起希腊马其顿，东到印度河流域，南邻尼罗河第一瀑布，北至锡尔河流域的超大帝国。可惜的是天妒英才，他在东征印度途中突然染病，年仅 33 岁就死于巴比伦。他不仅对世界史产生巨大影响，而且在帝国领袖中树立了一尊尊重科学、热爱哲学、传播文明、倡导民族平等的贤明雕像。他的成功自然会有老师亚里士多德的一份功劳，但是学者们也注意到，亚历山大的帝国政治跟亚里士多德的政治哲学所主张的城邦政治，根本就是两回事，几乎没有什么联系的桥梁。[1] 但亚历山大的修养与谋略不能不说受到了亚里士多德的重大影响，这也是他一直敬重这位老师的原因。

离开雅典后亚里士多德独自走上了哲学创新发展的道路，显然与每一个留在学园内宣称要维护柏拉图学说原貌的老学园派不一样，他的哲学才华本来就无人能比，无人能及，因此他通过注重经验的丰富多彩的自然研究，将柏拉图注重纯粹理念的形而上学推进到追求逻辑推理的、具有确定性和经验性知识的完备性方向上，哲学才通过他在通往科学的道路上迈出了跨越性发展。这种发展的标志，就是哲学开始了分门别类的研究，出现了"理论""实践"和"制作"这样三个大的知识领域的明确分类；在理论（纯思辨）知识领域又进一步按照研究对象的性质出现了物理学、数学和第一哲学

1　参见 Christof Rapp: *Aristoteles—zur Einführung*, Junius Verlag Hamburg, 2001, S. 8–9。

（神学）之区分；在实践（人的行动）知识领域出现了政治学、伦理学和家政学之区分；在制作（技艺性）知识领域出现了诗学、修辞学；哲学从此走上了专业化的研究之路。也正是在这种专业化研究道路上，才第一次产生了二级学科意义上的"伦理学"。所以，我们必须注意到，我们之前讨论苏格拉底和柏拉图的伦理学，都是在哲学即伦理学的意义上讨论，而到了亚里士多德，已经不能直接在大哲学意义上，而只能在哲学的一个部门意义上，即在实践哲学意义上讨论伦理学了。而在实践哲学中，虽然亚里士多德说伦理学从属于政治学，但还是具有学科内的分工，因而伦理学实际上依然有别于政治学、家政学，这样我们才能准确定位亚里士多德给予伦理学的这一新的专业性规定。

因此，我们现在先简要讨论亚里士多德的伦理学著作具体地讨论了哪些问题，然后再来具体分析亚里士多德式伦理学的概念、方法及其所属的类型。

第一节　亚里士多德三部伦理学著作

亚里士多德是史上第一个有伦理学著作的哲学家，这是人类文明史上的一件大事，"伦理"是"文化"的"产品"，但"伦理学"是"文明"的"灯塔"，因而没有这一"事件"，关于"伦理"依然会像各个民族的先贤那样，必定总是跟他的私塾弟子们滔滔不绝地教诲着，却不会被置于哲学的理性法庭前接受质疑与反思，从而不能真正地建立在自由与正义的基地上，健康而苗壮地成为人类文明的"活的精神"与范导性原理。作为柏拉图最优秀的学生，亚里士多德当然十分清楚柏拉图心目中因美得美、因善得善的"至善存在"之秘密，但他却决不满足于简单地做一个师门传道者，而是秉持"吾爱吾师，吾更爱真理"的哲学批判精神，对老师心目中那种高挂云端的善的真理与智慧发起了猛烈批判。因此，他本人在哲学和伦理学上也经历了一个从柏拉图主义者到批评柏拉图主义的思想历程。我们阐释哲学史的原则是不能离开他的著作而抽象地讨论他与柏拉图的关系，而要借助于文本的顺序和思想论证进程逐步展开。

亚里士多德的伦理学著作为人熟知的有三本，《欧德谟伦理学》《大伦理学》和《尼各马可伦理学》，其中《尼各马可伦理学》是西方道德哲学史上最为系统、流传最广、影响最大的经典，因此关于这本书中的思想论证，我们必须放在随后的章节中去探讨，在这里为了阐明亚里士多德伦理思想的发展，我们要先从一本早期著作《劝勉》（也译作《劝学》）谈起，因为它属于亚里士多德在柏拉图身边时的著作。耶格尔说，他赞同卡普（E. Kapp）考证出的这一结论："有可能用三个清晰区别的阶段勾勒出亚里士多德伦理学的发展轨迹：《劝勉》的晚期柏拉图时期，《欧德谟伦理学》的改良的柏拉图主义，《尼各马可伦理学》的后期亚里士多德主义。"[1]

一、《劝勉》

柏拉图去世时亚里士多德已经 38 岁，已经形成了自己比较成熟的思想，因此说他在晚期柏拉图时期模仿柏拉图对话的形式写过一些对话性作品，这是完全可信的，但可惜这些都没能保存下来，只有这部《劝勉》是写给塞浦路斯王子塞米松（Themison）的，它保留了下来，才为后人所知。因此，探究他的伦理思想如何从柏拉图哲学中形成自己的特色，我们不得不从这里起步。

在柏拉图那里，伦理学是探究过美善生活的理念，人的本性决定了人类不能过从林生活而只能过城邦生活，即共存于城邦中的生活，而"伦理"就是使城邦共存成为可能的存在机制。这种"伦理"就是"正义"。但"正义"只是一个"理念"，人在城邦中如何生活才是正义的，也就是说，城邦如何

1　[德]维尔纳·耶格尔：《亚里士多德：发展史纲要》，朱清华译，人民出版社 2013 年版，第 195 页。

安置所有公民的生活才是一个有正义的城邦呢？他认为除非这个城邦的统治者具有哲学家的灵魂和智慧，否则不可能让城邦公民各自按其本性寻找到一份适合于自己的工作，各做各的事，尽善尽美地实现自己的目标又不相互干涉和相扰，构成一个安居乐业的和谐秩序。但《理想国》并没有给我们带来人类能够建成一个正义城邦的希望，因为"最应该"当城邦统治者的哲学家却只愿意按其本性过爱智思辨的个人生活，回到"洞穴"沉思，而不愿在城邦掌权当王。但愿意且通过民主制之蜕变而成为国王的僭主们，灵魂却已经败坏，低级欲望主宰了其激情和理性，无法无天，杀人越货，亵渎神灵，只要满足其私欲什么都敢干，最终过上的是兽性、奴性的生活。亚里士多德延续了柏拉图伦理学探究美善生活且美善生活只能在正义的城邦才能实现这一基本思想，因而伦理是一种共存的机制，但每个人的生活最终是否幸福，得靠自身德性的优秀。伦理学，对于柏拉图和亚里士多德都一样，伦理作为人类存在之机制关涉城邦正义的制度和秩序，而德性作为个体的品质之优秀，关乎个体灵魂的品质和生命功能的实现，因而正义与德性是苏格拉底、柏拉图和亚里士多德共同的伦理学核心。

《劝勉》也就是以这样的伦理思想来教育塞浦路斯的小君主，作为一邦之主，要具有正义的德性。正义作为伦理关涉城邦所有人的幸福，德性关乎自身的幸福之实现，但作为一邦之主，他既是自身的主人，又是城邦的主人，因此，君主的德性不是一般个人的德性，而是城邦之主的德性，于是正义的德性就尤其重要。亚里士多德并没有像柏拉图那样强调城邦之主需要哲学家的智慧，哲学家最喜好个人的思辨生活，他是非常通俗地向小君主表明，一个人活得幸福不幸福，不在于他有多少财富，有多大权力，不在于他是否穿着华丽的衣服，是否能被感恩戴德地歌颂而享有各种荣耀，而实实在在地在于自身的内在灵魂状态是否健全与正义。一个真正有教养的高贵之人，是由真理和正义灌注的自由灵魂，有此灵魂才是幸福的。灵魂之高贵，在于他的理性能主宰其生命，从而能够培养起正义与友爱的美德。亚里士多德反对以习俗的"功用"标准来衡量知识的价值，他在《劝勉》中一直强调要以灵魂的卓越反对人性的平庸。正如卓越不是天赋的，平庸也不是天生的，它们都是由灵魂欲求的习性决定的。习惯于追求感官的快乐、享受、财富、荣誉等外在价值，就只会让人性趋于平庸。哲学可以让人的灵魂习惯于高贵，但有的人学得了哲学，有的人却学不会。甘愿平庸的奴性人不必学也学不会，而自由的人格要追求卓越，追求美好生活，就必须学。哲学与诗艺，都是通往灵魂高贵的桥梁。高贵的对立面是卑劣，灵魂的奴性就让人有人类的外表，而无法让人成就自主的高贵，因而只能过卑劣的不能自主的生活。奴性灵魂也是习惯和教化的结果，它只能导向一种卑劣的生活。亚里士多德在《劝勉》中说了这段著名的话：

> 我们不应该逃避哲学，如果哲学是如我们所认为的财产和智慧的使用，智慧是最大的善之一。我们不应该只为了财富而历经险阻航行到天边，而不为智慧付出任何劳动与金钱。渴望生活而不渴望美好生活，追求大众意见而不要求大众追随我们自己，寻求金钱而对高贵的东西无动于衷，这其实是奴性的。[1]

亚里士多德也明确地告诉塞浦路斯的小王子，如果一个主人在灵魂和德性上都不如他的奴隶，那是令人耻笑的。要作为一个能够享福的人，首先得认识善，善与人性、人格相关，是人的灵魂品质，因而必须培育符合人性的灵魂与德性。《劝勉》的一个根本目标，就是阐明一个人要获得幸福，全然在他自己灵魂的培养，这与学习哲学有根本联系，因为哲学思想让人超越奴性，不仅活得像人，而且活出人性的高贵与卓越。《劝勉》论证了幸福生活的三要素：明智（φρόνησις）、德性（ἀρετή）和快乐（ἡδονή）。亚里士多德

---

1 转引自［德］维尔纳·耶格尔：《亚里士多德：发展史纲要》，朱清华译，人民出版社 2013 年版，第 48 页。

在这里与柏拉图思想的一致性，就是讨论灵魂中的正义与德性，从而幸福也是灵魂的一种状态。虽然具有亚里士多德特征的"明智"德性提出来了，而且更加强调灵魂的自由是君主，尤其一般是人的品质，但其总体思路还是让人感受到并没有超出柏拉图的思维框架，因此没有决定性地超越其老师。

二、《欧德谟伦理学》

关于《欧德谟伦理学》(*Eudemeia*)的名称，苗力田先生说，"《优台谟伦理学》['Eudemeia'的不同音译]很显然是由一位名为优台谟斯的学生编纂而成"[1]，所"编纂"的这本书属于亚里士多德早期作品，至少早于《尼各马可伦理学》，但耶格尔为什么把它定位为"改良的柏拉图主义"，究竟哪些地方"改良了"，"改良了"为何依然属于"柏拉图主义"，这是我们现在需要考察的。

《欧德谟伦理学》全书共八卷，堪称系统性的著作，比《尼各马可伦理学》仅仅少两卷。而其中的第四、五、六卷又与《尼各马可伦理学》的第五、六、七卷完全相同。耶格尔把它作为亚里士多德的早期讲稿，之后为更为成熟的《尼各马可伦理学》所取代，虽然这是可信的解释，但要具体地阐明哪些方面更为成熟却并非易事。

第一卷从提洛岛（Delos）上的铭文确立伦理学的起点，是从纠正习俗的价值观开始，这也与《劝勉》的做法一致：

> 最美的是公正，
> 最善的是健康，
> 一切之中最快乐的，
> 乃是满足各人之欲望。

1　苗力田主编：《亚里士多德全集》(第八卷)，中国人民大学出版社1994年版，后记，第465页。

　　这段铭文在《尼各马可伦理学》中也引用了，但不是放在开头，而是放在第一卷第九章1099a25-29。[1] 而《欧德谟伦理学》以这种生动的形式开头，延续了柏拉图对话的活泼方式，也受到《斐莱布》篇提议的将"实践智慧"与"快乐"（享乐）结合的影响，这也与《劝勉》提出的在生活中将三者统一起来的想法相对应。但这里首先是从对习俗价值似是而非的分析批判入手，让人更容易接受哲学的分析与非哲学思维的不同。亚里士多德显然认同不了习俗价值，他的伦理学核心主题都是论证"幸福才是一切之中最美、最善，也是最快乐的"（1214a8-9），但论证的方式是不同的，这里选择的是对习俗价值的批判，而《劝勉》更像柏拉图，因为只有哲学家才能过有"实践智慧"的生活。因此幸福问题，从习俗价值分析入手，直接导向的是生活方式问题，要阐明好的生活方式在于什么，如何获得。

　　一种生活方式的"好"在于什么？亚里士多德给出的前提是取决于自己选择，非自己选择的，可能是别人强加于你或父母希望于你的，哪怕再好，也可能不是自己"想要"的生活，"好生活"之"好"是靠自己"活出来的"，别人"强加"或"希望"，都在生活本身之外，只有自己的选择，才能自由自愿地把"好"作为实际生活所指向的目标，才有可能是生活自身的好。其次，自己选择的当真就"好"吗？至少它是主观上"自愿"过得好生活，但要给出"真好"的理由，这种"自愿"，是以一种生活方式所指向的客观的"目标"之"善"，来定义主观"愿望"（欲求）之善，其意义在于，欲求之真（自愿）通过实现目标的"意志"之真，来保障其能实现的真实性。但人们一般所欲望的"荣华""富贵""名望""教养"还有"快乐"等等，有的是可实现幸福的，有的是不可能实现的，因为它需要许多非自己的愿望和意志所能主宰的条件。而像"健康"之类的目标，在亚里士多德看来，就根本不足以成为一种生活方式的最高目标，因为它总是只在人生病时

1　参见［古希腊］亚里士多德：《尼各马可伦理学》，邓安庆注释导读本，人民出版社2010年版，第61—62页。

才最让人欲求。伦理学考察"幸福"，是一种哲学的考察，它与非哲学考察的一个基本区别，就在于它不会仅仅停留在"自愿选择的"就好这一主观的理由，还要进一步深入到"存在方式"上证明，给出一种生活方式所指向的好（善）为何是终极的好，生活本身之好。这种存在学上的证明，从柏拉图那里就有了，但亚里士多德要从实际生存（实践性）上突破其单纯思辨的观念性。

这种发展，就是突破柏拉图的理念（本相）论之路，而注重考察人的生存自身之善的实现进路，因而亚里士多德更加注重论证的科学性，从实际的人性、习俗入手，他具体分析了好生活必须具有的三种善——德性、明智和快乐，究竟在实现幸福的实际生活中起什么作用。亚里士多德认为这三种善实际上是三种不同的生活方式分别指向的善：政治的生活追求德性（古人从政是为了"荣誉"），思辨的生活追求智慧（哲学家以爱智为生，特别注重实践智慧，即"明智"），享受者过欲望生活，追求的是肉体之快乐或享受。但柏拉图根本不在意这种现象中的"善的影子"，而只在乎那超越现象界之上的善的原型／相。因此，亚里士多德超出柏拉图的关键，就是不再承认有一个独立于生活之外而存在的作为最实在的"善本身"，因而也不承认"善本身"能够是伦理学的对象。伦理学追求的善不能仅仅作为"善的知识"，而是欲求可以实现的善，这才是好生活的善。只有可实践的，即作为欲求对象的善，才是一切善的东西的原因，第一位的善就是作为一切行动最终目标、可实现的善。

因此，亚里士多德伦理学的总体思路是，既然伦理学要考察好生活的实现原理，那么我们必须先考察"好生活"究竟存在于"什么"之中，又如何才能获得（1214a15）。人生之所以幸福，原因固然很多，由于自然，由于知识，由于运气，由于神灵护佑都是，这些都属于"外在的"，而根本的原则是内在的，这就是明智、德性、快乐。但第一因的善，只能是可作为最终"存在"之"最终目的"的"目的因"之善，同时又能被人觉悟到而作为自愿选择和欲求，从而作为"行动"之"动力因"的善。所以，亚里士多德通过对柏拉图的这一批判而超越了柏拉图："那么，很清楚，我们探寻的善本身既不是善的理念，也不是普遍的善（因为一个既不动又不可实践，另一个虽能动但不可实践），而是作为目的来追求的对象，这种最高善是一切属于善的东西的原因，是一切善中第一位的善。"（1218b8-12）[1] 这样就把柏拉图追求善本身的知识论伦理学改造成为作为实践哲学的伦理学了。

但究竟如何认为《欧德谟伦理学》依然属于"改良的柏拉图主义"而不说已经有了一种亚里士多德主义新伦理学？这主要与如下几点密切相关：

第一，"对于亚里士多德而言他老师的哲学自然对他深深地打下了烙印（prägend）"[2]。这与早期老学园派是一致的，但我们从《名哲言行录》相关章节可以看得非常清楚，对于斯彪西普、克塞诺克拉底（Xenokrates）、波勒莫（Polemo）等人，他们都是宣称要维护柏拉图的"原貌"，然而坚守的又仅仅是柏拉图晚期接近于毕达哥拉斯主义的关于数与灵魂上的神秘主义，这显然并非什么柏拉图的原貌。亚里士多德更加看清了柏拉图哲学作为出发点和归宿的伦理学，这才是柏拉图形而上学的核心，因此他要将此核心发扬光大。

第二，所谓"改良的柏拉图主义"，"改良的"是其伦理学的基本观念的阐释框架，而伦理学的基本概念（善、德性、幸福、灵魂）及其关系（例如通过灵魂学说阐明幸福与德性的关系，德性作为灵魂造就生命的固有能力或"功能"）、基本论证框架（目的论、功能论证、辩证法）都依然是柏拉图奠定的；因此作为"改良"的创新，依然是柏拉图主义的创新。

第三，亚里士多德伦理学的创新发展，基于将柏拉图的理念知识论改造为道义实践论。他从理念的可分离性进一步阐释出作为最初善、作为潜能

1　[古希腊]亚里士多德：《亚里士多德全集》（第八卷），苗力田主编，中国人民大学出版社1994年版，第354页，稍有修改。

2　Christof Rapp: *Aristoteles—zur Einführung*, Junius Verlag Hamburg, 2001, S. 8-9.

的质料因，作为欲求的最终目标的善的目的因和作为灵魂自然向善性的动力因，这样就把单纯强调"形式"的柏拉图善的学说，阐述得更加清晰和得当了。善的存在形式因此就从"四因说"来解释了；而德性论除了继承柏拉图的作为灵魂的造就生命的固有功能活动，健康和谐的自我主宰和自我规整的规范结构之外，亚里士多德更加突出地强调了个体自由和习俗相对于理性在灵魂中的作用，德性更加具有一种内在、外在和心灵自身三维的自规范结构。因此，亚里士多德不仅仅将柏拉图的辩证法升级为逻辑学，而且真正在经验科学的意义上大大拓展了柏拉图意义上的"物理学"的领域和内涵；同时最为重要的，是继承了柏拉图将"伦理"作为事物的"存在机制"而将"自然"和"习俗"（第二自然），从而也更加广泛地将文明和礼法都作为道义实存之善的规范性结构而纳入到思想论证的框架中，哲学思辨从此离不开自然和伦理两根立柱。所以，关于亚里士多德对于柏拉图的创新，是一个体系性的创新，我们不能仅仅局限于哲学史教科书所局限的理念论批判这一点，在这里我们无法具体讨论亚里士多德对善的理念的批评是否真正地触及柏拉图关于善的分离问题的实质，而仅仅在于指出通过这一批评而实际发生了伦理学的实践哲学转向，通过这一转向伦理学的实践性，即实际生活世界的文明化逻辑被揭示出来，这是伦理学最有价值的创新，至于所谓理念的分离问题，我们只以指出伽达默尔的合理评价为限："毕竟［柏拉图］善的理念契合到亚里士多德对分离（Chorismos）的批评图式中并不恰当，而且对善的理念的批评在亚里士多德这里，事实上如同其自身所显示出来的那样，是迟疑不决和小心谨慎的地从属于普通的理念批评的：对善的理念的真正批评将从实践观点出发而被训练。"[1] 因此，我们将更深入的讨论留给下面几节以《尼各马可伦理学》为中心的探讨，在此之前，我们还想简要探究一下《大伦理学》的整体论证框架。

1　Hans-Georg Gadamer: *Neuere Philosophie I*, in: *Hans-Georg Gadamer Gesammelte Werke 3*, Mohr Siebeck Tübingen, 1985, S. 241.

三、《大伦理学》

这个书名具有迷惑性，《大伦理学》之"大"不在于它的内容、体系是"大的"，相反恰恰在于内容"最少"只需要"一捆"因而"体量"最大，这主要是由于古代还没有"纸张"，所谓的"书本"是写在"羊皮纸"或"树皮"之上，因而成"书"之"卷"是一部分一部分地"卷起来"。《欧德谟伦理学》有"八卷"，《尼各马可伦理学》有"十卷"，而被冠之以 mega（大）的《大伦理学》这部著作就是这样一本小而精的提纲性东西，总共只有两卷。

它的"第一卷"，在三本伦理学著作中内容最为丰富，共有 34 章，突出地阐明了亚里士多德伦理学的德性论特征。与其他著作从"善"或"正义"开始不同，它以讨论"德性"属于什么知识的部分开端，而且一开始就给出了直截了当的答案："简要地说，它似乎不应该是其他知识的，而是政治学的部分。"（1181a24-25）这是一个现代人不可理解也不可接受的观念，"德性"属于"政治学"的知识部分，因为现代伦理学开始于伦理学与政治学的分离，所谓上帝的归上帝，恺撒的归恺撒。但为什么亚里士多德这位古典政治哲学的奠基者，非要把伦理学归属于政治学，而且坚定地强调德性"不仅是政治学的部分，而且还是它的起点……这种讨论似乎应公正地被称为不是伦理学的，而是政治学的"（1181b25-27）呢？关键就在于亚里士多德是从人性的本质理解人的存在，从而理解人的德性。我们始终要记得他关于"人是政治的动物（Zoon politikon）"之论断。他的"政治"概念首先是一种在世界之中，因而在灵魂（内心）之外的公共存在机制，阿伦特明白告诉我们："政治的动物，似乎是说在人之内有某种政治的东西，属于他的本质似的，但这恰恰是不对的；人是政治的是说，政治存在于人们之间，因此是完全外在于人的（außerhalb des Menschen）。所以这不是真正的政治实体。政治学存在于人们的这个之间，它要自身确立起纽带。"[1] 这样的纽带就是伦理

---

[1] Hannah Arendt: *Was ist Politik?* Piper München Zürich, Juli 2010, 4. Auflage, S. 11.

与德性，它们使个体的人聚合而为"政治的"。

如果想起《普罗塔戈拉》中关于伦理起源的论证，我们依稀可以从这里看得到柏拉图谈论政治与伦理的开端，因为他们都把"政治"视为人类共存的生存方式，使这种存在方式成为可能的，就是每个人都需要有一份的"正义"和"羞耻"之德性，谁没有这种德性，"城邦"这种政治性的东西就不可能存在，宙斯说这样的人（不管是国王还是平民）就要被处死，因为他必定是城邦之祸害。这既是古典伦理学的起源也是古典政治学的起源论证。政治和德性，和宙斯这个天上神王的命令与礼物（德性作为神的礼物被给予）联系。因此"伦理"是在人与人之间的共存关系中得到理解和规定的，没有伦理与德性（在两者共同所指中指向的是"正义"或"公道"／"公正"），人与人就不可能共存在一起，就没有任何公共的东西，而且人的存在是不可能的，因此，亚里士多德说德性是政治学的一部分而且是开端，是使政治这种公共的共存成为可能的东西。同时德性也是政治的目标，即人类不仅需要共存才能实存，而且人类共存必须追求最好的存在，因此正义必须作为善／好实现在人与人之间的关系中，没有人在这种关系中受到不公和伤害。这赋予了"伦理"两个能同时具备的特征：作为人们之间共存的纽带或规范，具有定言的命令性；作为每个人的德性，具有主观的自愿性或自由的选择性。虽然"伦理"很难同时将必然的命令性和自愿的选择性保持在自身，但伦理学作为实践的知识，就是证明"伦理"就是这样的知识。

显然在这个论证中，亚里士多德与柏拉图走的完全不是一条路。柏拉图寻找有正义的好城邦，先要阐明正义与善本身之间的关联，在他看来，只有阐明了善本身是什么，才能证明正义和德性为什么会是善的，善优先于并高于正义。而亚里士多德显然不以先阐明善的原型为起点，而是以阐明德性为起点，它是什么，来源于什么，又如何来的（1182a1-3），更清楚地说，就是要以善的实现进路为核心，而不是善的知识为核心。亚里士多德自己辩护说："毕达哥拉斯是第一个企图说明德性的人，虽然说的并不对"

（1182a11），"在他之后，是苏格拉底。他较好地说明了这个问题，不过，他也同样不正确"（1182a15-16），"在此之后是柏拉图。他正确地把灵魂分成有理性的部分和无理性的部分，并给每部分派定所属的德性。到此为止，还是很好的，但在此之后，他也出了差错。因为他把德性和善混在一起论述了；这是不正确的，因为不恰当。在说明有关存在和真理的问题时，不应该涉及德性；既然二者无任何共同点"（1182a24-29）。[1]

　　对前人的这种批评，有一个关键点并没有引起注意，就是亚里士多德说，在涉及存在及真理时，不涉及德性，德性在伦理学上作为属人之善，是人性品质和行为习惯问题，前者就本体立论，后者就人生而言，两者的区别不能忽视。然而先哲们总是将它们混为一谈，亚里士多德开始以哲学史的叙事对此予以澄清。毕达哥拉斯是第一个企图阐明德性的人，但他把"数"视为万物之本原，同时又以数的比例关系来说明德性，亚里士多德就认为，这把两个不同层面的东西混淆了，因为对"伦理"而言，最大的德性是公正，而公正之"公道"，却不能还原为抽象的四边相等的数。苏格拉底把哲学从自然领域拉回到了人间，没有将德性与事物本原混淆起来，但他说德性是知识，亚里士多德认为这也是不对的，因为知识只是灵魂有理性部分的功能，而德性既和灵魂的理性部分也和非理性的激情与欲望相关。单说德性是知识，就摒弃了灵魂的非理性部分，而伦理德性最为重要的就是处理理性与激情、欲望的关系。柏拉图在德性上，有对的部分，因为他区分了灵魂每一个部分都有相应的德性，从而超越了苏格拉底；但他也有错的部分，这就是把德性与善混同，因为善只是一个理念，而理念既可以言说实体，也可以言说属性、时间、数目等等，既然我们要讨论人的善，那就要放在作为人的"政治本性"的公共实存关系中讨论，而不能单纯讨论那个并不实存，也不是在一切事物中存在着的善的理念。如果政治的存在就是人们相互之间的存在，那么政治

1　［古希腊］亚里士多德：《亚里士多德全集》（第八卷），苗力田主编，中国人民大学出版社1994年版，第242页。

的善就是相互存在之间的共同善，而这是与善的理念不同的善（1182b11）。所以理念必然是可以"分离"的，也是"自满自足"（auto kath hauto）的。"共同的善由于存在于一切事物中，所以与分离存在的理念不同。"（1182b14）[1]

　　虽然对柏拉图有如此严厉的批评，但在德性与灵魂的关系上，亚里士多德依然遵循柏拉图一贯的观念，德性是灵魂的功能，灵魂创生的东西和德性塑成的是同一个东西：灵魂创生的是生命，而德性是塑成灵魂生命的"固有功能"。生命靠灵魂，活得美好是灵魂的德性。因而，从"活得好"言说灵魂，从"行"得好言说灵魂功能的实现，德性就是灵魂造就生命实现的活动。活得好（τὸ εὖ ζῆν）是灵魂所确立起来的那个生命本身的状态生机勃发、枝繁叶茂、繁荣繁盛的生命的最高境界；行得好（τὸ εὖ πράττειν）的"行"是生命体自身功能之"实行"，是灵魂各部分功能的和谐与完满实现。对人而言，"行得好"，是完满实现天赋于人的生活之使命，尽天之性，率性而为，成就人性的光辉与卓越，成就自身人性的美德。

　　不仅仅是我们平时说的把一件具体的事做好，而是通过把每一件事做好，最终"跳跃"为把"人做好"，这种"行"就不再是一般做事的"行动"，而是"做人"的"道行"，于是它成为"实现""活得好"这一终极生命目标与状态的"德行"／"德性"。但在对德性具体是什么的论证上，亚里士多德比柏拉图更清楚，他说要知道德性是什么，就要知道灵魂中存在着什么。灵魂现象有"性情""能力"和"品质"，那么德性究竟是它们中的哪一个呢？亚里士多德的"辩证法"于是就在性情、能力和品质的辩证中，最终得出，德性虽然跟性情和能力相关，但本质上只是"品质"，如果要进一步问，德性是什么"品质"？他说，只能是中道或中庸的品质。这些在《尼各马可伦理学》中论证的核心思想，在《大伦理学》中都已经有了。

　　在进一步论证德性是如何养成的这个问题上，亚里士多德论述了德性

1　［古希腊］亚里士多德：《亚里士多德全集》（第八卷），苗力田主编，中国人民大学出版社1994年版，第243页。

是每一个追求高贵的人自愿欲求的。他批驳了苏格拉底（注意不是批驳柏拉图！）关于"德性或恶劣并不取决于我们自己"（1187a6-7）因而好人并不是自愿要成为好人，坏人也不是自愿要成为坏人的思想。关于人自愿为善的思想，显然是亚里士多德德性论中一个十分关键的讨论，在"自由意志"概念缺席的古希腊，其功能具有现代"意志自由"概念所具有的功能（因而意志自由的意识并不缺席）。当然其中有不少问题是需要更深入讨论的。

所以，《大伦理学》第一卷的内容包含了《尼各马可伦理学》第一至第六卷的内容，而其第二卷则相当于《尼各马可伦理学》第七至第九卷的内容，主要讨论自制和不自制、快乐、友爱等问题，一开始还涉及人是否能对自己不公正，公正与公道等《尼各马可伦理学》第五和第六卷中的部分内容。

因此，我们用不着更多地讨论细节就能清晰地感受到，亚里士多德首次界定为实践哲学的伦理学体系现在已经成熟了。

第二节　亚里士多德伦理学的概念与方法

哲学思考伦理学问题，即通过审思何种生活值得过一生来决定当下"应该做什么"，从苏格拉底开始，就确定了这一主题。但苏格拉底和柏拉图都没有提出"伦理学"概念，他们都只是在"哲学""爱智慧"的一般意义上讨论伦理问题，只有从亚里士多德开始，"伦理学"才变成了一个专门的"学科"，这个学科专门探讨人类如何"活得好"和"行得好"，即如何能够通过整个一生的"活动"与"作为"实现作为终极目标的幸福。因此，亚里士多德对伦理学的基本规定，就是每一个对哲学有基本兴趣、对伦理学有基本思考的人不得不试图把握的，从而成为最基本的教养。

一、伦理学与第一哲学的关系

伦理学即便是在亚里士多德这里，也不像在当代分析哲学家那里一样，会有一个明晰的"概念规定"。即使在上述三本伦理学著作中，也没有哪一部直接对"伦理学"概念下过明确定义，因此，我们必须在他关于哲学的规定中，厘清"伦理学"在整个哲学知识体系中的位置并通过与其他相关知识的边界划分，来寻求它的内涵与规定。

与伦理学最为相关的一个规定，是把"伦理学"划归为"实践哲学"，而不属于"理论哲学"。理论哲学包含"物理学""数学"和"第一哲学"，因此，伦理学不属于它们中的任何一个。但"伦理学"要在与它们的"划界"中才能得到清楚的规定。

理论哲学（科学）、实践哲学（科学）和创制哲学（科学），作为"哲学"都具有"哲学性"，是共同的，那就是它们都是追求"智慧"，而"智慧是关于某些本原和原理的知识"（《形而上学》982a5），这一哲学作为"爱智"的规定现在是众所周知的，但伦理学作为实践哲学，也是追寻"智慧"，只是它不能停留在单纯的理论知识上，而是要进一步追寻伦理生活的智慧，善在伦理生活中可实践的智慧，这将赋予伦理学的方法，不同于单纯思辨的方法。这一点是可以最先确定下来的。

亚里士多德对哲学还有另一个规定是最容易被人忽略的，哲学是所有学问中最为自由的学问，这对于伦理学而言简直是核心的思想，它需要从"第一哲学"与"物理学"和"数学"的关系中才能获得真实的理解，不理解这一点，亚里士多德伦理学中的许多内容都得不到揭示。

亚里士多德说，哲学开始于"惊异"，这对所有哲学都是相同的。"惊异"就是对事物为什么如此的"本因"感到诧异："古今来人们开始哲学探索，都起于对自然万物的惊异"（982b14），"所有的人都从对对象的惊异为开端"（983a15），他们探索哲理只是为了摆脱无知，为什么事物是如此不可思议，诧异激发出人的求知欲，想一探究竟，因而只是纯粹为了认识而求知，并无任何实用目的。但自然的原因属于自然之秘密，按照西蒙尼德斯的说法："要获得这样的知识也许超乎人类的能力"，"自然的秘密只许神知道',人类应安分于人间知识,不宜上窥天机"(982b29-31)。但是,人本自由,一旦生活必需品满足了,又有了闲暇,不为任何其他功利目的而只为自身对智慧的爱而求智慧的哲学需要就油然而生:"只因人本自由,为自己的生存而生存,不为别人的生存而生存,所以我们认取哲学为唯一的自由学术而深加探索,因为在所有学问中唯有它是因学术之故而学术的。"(982b24-26)[1]

哲学于是就成为一门真正的自由学问,这才是最为真实的智慧,它不为任何功利目的而求知,只为把握事物之第一因(prôta aitia)的智慧而求知,是纯粹的求知欲的表达:

> 因为我们探究的对象是知识,直到我们把握了它为什么如此(这就是把握它的第一原因)之前,我们不能认为我们认识了一个事物。非常清楚的是,我们必须在生成和消逝的问题上以及所有自然变化的问题上把握这个为什么,以使我们在知道了事物的原理之后,能够用它来解释我们的问题。(《物理学》194b17-23,《形而上学》983a25)

但伦理学,作为最为自由的学问,必然是要在人的灵魂之中发现自由之精神,因为只有一个自由的灵魂才能造就自由的生命,所以,只有在伦理学中,哲学的智慧作为最高的智慧,变成了如何造就自由生命的智慧,这是亚里士多德伦理学最为隐蔽的秘密,许多亚里士多德专家的解读,都没有发现这一点,是因为他们仅仅从知识论视角来把握伦理学的知识,这虽然未尝不可,但需要在比较了"第一哲学"与"物理学"和"数学"的关系之后,进

1　[古希腊]亚里士多德:《形而上学》,吴寿彭译,商务印书馆1997年版,第4页。对照德文版:Aristoteles: *Metaphysik*, Übersetzt von Hermann Bonitz, Rowohlt Taschenbuch Verlag Hamburg, 2002, 3. Auflage, S. 42. 以下除非有特别说明,一般引用《形而上学》我将表明国际标准码,而译文大多参照这两个译本,不再一一注明。

一步明了伦理学与第一哲学的关系，而不是简单地将伦理学作为第一哲学在经验领域的一个单纯应用，如果这样，就将永远遮蔽哲学—伦理学作为自由的学问这一主旨。

物理学（ta physika）是关于"自然"的学问，亚里士多德说它是"第一哲学"之后的"第二哲学"（《物理学》37a14），它研究自然物的质料因和运动所由以开始的原因（《形而上学》985a11-12，986b16），"所研究的是可分离但不是不运动的东西"（《形而上学》1026a15-16）。物理学之所以是"第二哲学"的全部原因，在于"质料"（hylê/matter）在亚里士多德那里"只是一个抽象物，它只能在思想和观念中存在，即从一个自然物体上除掉所有那些属于形式的属性以后剩下的东西"[1]，所以亚里士多德的物理学之外延，不单专属于现代"物理学"之一门类，而属于现代意义上的各门自然科学，即关于自然的哲学，而不是关于"物理的科学"。

作为自然哲学，它的内涵就涵括了全部自然世界的总原理，涉及"自然物"的"质料因"由以构成自然物的运动及其根源（本原）等，因此他说："自然的含义，一是指生长着的事物的生成；……二是指生长着的事物最初由之生长出的内在于事物的东西；……三是指内在于自然存在物之中，作为自然物体运动之根源，原初的运动由之开始的东西；……自然又指自然物体由之开始存在和生存并由之构成的原始质料，这些质料无形式、不变动，但有此潜能，如雕像和铜器的铜就被称之为自然，木器的自然是木料，如此等等"（《形而上学》1014b18-30），"自然就是事物自身具有的、而不是由于偶性而有的运动和静止的根源或原因"（《物理学》192b23-24）。所以物理学作为"自然哲学"，是探究自然事物之背后的"质料因"及其与生成物（自然物）之间的因果关系，自然物的生成与变化，由自然物之间必然的因果关系所决定，因而它自身不是"自由"，而是自由之反面——"必然"，但它依然

---

1 ［美］大卫·福莱主编：《从亚里士多德到奥古斯丁》，冯俊等译，中国人民大学出版社2004年版，第14页。

对"伦理学"这个"人为"的"文化"领域具有重要的启发意义：

> 亚里士多德对诸多物理现象（物体的运动）的思考也着实令人惊叹，他能如此融贯地将经验观察法与宇宙和谐观结合起来，这是结合的桥梁便是：宇宙的每个个体都会实现回归自然本位的目的。[1]

"数学"是探究"物理学"除掉"质料"之外属于"形式属性"的数量关系（《形而上学》984a17-25，988a20-b10），但还不是纯粹形式本身，它们没有从质料中完全分离出来，所以"数学"与"物理学"相反，探究"不运动，却也不能分离存在而在质料之中的东西"（1026a16-17）。亚里士多德明显地批判了毕达哥拉斯和晚期柏拉图单纯地以"数"为第一原理的思想，如果要完整地阐明自然物的生成变化、是其所是的法则，那就必须采取"四因说"，质料因、形式因、动力因和目的因缺一不可。

"只有第一哲学才研究既不运动，又可分离的东西。一切原因都必然是永恒的，这些原因尤其是永恒的，因为它们是那些可见的神圣事物的原因。"（1026a17-19）这种作为普遍物存在的永恒、不动和可分离的东西，就是第一哲学探究的对象，它最为思辨，是思存在之为存在，即是其自身所是的第一因，因而是自由的学问。

"伦理学"区别于"物理学"，是由于伦理生活的"质"，是人的"品质"，不像自然物的"质"那样天生就已"成型"、已"完成"，它需要在伦理生活的"世界"中，继续塑造，继续成长，最终才有"可能""成为""人的品质"，如果"引导"不好，"规范"不力，或在恶俗的礼法之中，许多人不但成为不了人，甚至比动物更恶劣和凶猛。[2] 所以，尽管作为自然哲学的

1　［法］吕克·费希、克劳德·卡佩里耶：《最美的哲学史》，胡扬译，上海书店出版社2021年版，第119页。

2　参见［古希腊］亚里士多德：《政治学》第一章，吴寿彭译，商务印书馆2007年版。

物理学和作为伦理（政治）哲学的伦理学，都探讨"存在""因其本性""所是"的"第一因"，而自然物的"第一因"具有必然地"是其所是"的目的因、形式因和动力因，而人的目的因、形式因和动力因，都与人及其所属的"类"的"伦理品质"与"伦理觉悟"密切相关。虽然人本自由，但人所生活的"类"因有各种利益和习俗的约束，也本"不自由"，使得人其因"本性所是"，很难真正做到"由己"，他也要由"习俗""礼法"之"诫命"。这样人的自由本性，就不能纯由个人意愿的选择自己生活的目的、形式和动力，他不得不平衡自身灵魂中的理性和社会政治理性的关系，才有可能使自身伦理生活最终复归自然本位的自由目的，才能将出于"第一因"的知识"转识成智"。所以，理解亚里士多德的伦理学，除了直接弄懂它与政治学的关系之外，首先弄懂它与"第一哲学"最为关键：

> 但最高意义上的可知东西也就是第一原理和原因。其他一切东西是因为懂得了第一原因和原理才被认识的，从次级的知识中是得不到的。凡能得知每一事物所必至的终极者，学术就必然优于那些次级学术。而这终极目的，个别而论就是事物的"本善"，一般而论就是全部自然界的至善。所以，上述所有学术均当归于同一学术，这门学术［即哲学］必定是探究第一原理和原因的，善也由于是"终极"，本为诸因之一。（《形而上学》982b1-11）

从"爱智"出发转向从"第一因"出发对哲学所做的这种"科学"解释，既包含了古希腊传统的看法，也包括在柏拉图那里达到顶峰的关于哲学就是对最高善的知识，但更体现了亚里士多德自己的创新。他的哲学确实比柏拉图更加具有"科学性"，同时，"理论科学"（知识）、"实践科学"和"制作科学"的三分，也是亚里士多德最新的创造。这样，他就把柏拉图极其恢宏、万川归一的理念论哲学，打碎为"存在"的"质料""形式""潜能"

与"现实",理论科学、实践科学和制作科学都可以以此为形式,思考"存在"之实存的诸多方式,以便人们能从"现象""历史""品味"去思考"存在物""是其所是"的各种可能性条件。因此,在亚里士多德哲学中,"形上"的"范畴"与"形下"的"现象",既在"思想"中需要分离,又在"实存"中须臾不可分离。只是在"思想"中,哲学思考必须从"现象"回到"存在之为存在"本身:

> 有一门科学(epistémé)探究存在者之为存在者(tò òn hê ón),这种存在者就其本身而言本来是正在到来者(Zukomende)。这门科学不与任何一门具体科学相同;因为没有哪门科学普遍地研究存在者本身,而是切取存在者的一部分来研究,探索对于这一部分而言能够得出的那些规定(tò symbebékós)。(《形而上学》1003a20-25)

在另一处亚里士多德还说:

> 切莫相信还有别的什么科学比这门科学更值得崇敬。因为最神圣的东西同时也就最值得崇敬。……唯有这门科学拥有或最大限度地拥有神。所有其他科学比它都更为必要,但没有哪门科学比它更神圣。(《形而上学》983a4-10)

第一哲学的"神"还不是后来基督教的"神",亚里士多德说它是 nous(努斯),是永恒的存在者,不动的动者,因而是万事万物的"第一因",是自身之目的等等,从这种"神"我们才能明白"自由"的存在概念,"依凭自身(kath hauto)之故"而成为其自身,因而是"本因"在自身者。这样的"存在之为存在"的学问/知识/科学,才称之为"第一哲学",后人称之为"形而上学"。[1]只有这样的"神学"，才是真正自由的学问，这不仅与同属于"理论哲学"的物理学和数学区别开来，同时也与一切经验科学区别开来。

必须将伦理生活与"第一哲学"结合起来，我们才能真正理解亚里士多德所说的"自由哲学"，因为存在的自由或实存中的自由，既是"思辨的"也是"实践的"，同时也是自身"制作"的。伦理学如果不能寻找到"依凭自身之故"而成为其自身的第一原理，就不配称之为"哲学"，哲学如果不能将此"第一哲学"原理"立于""实践"与"制作"之"本"，也必将失去其"第一性"。"第一性"的确立，是万事万物之"本因"与"至善"的内在因果性的确立。当代德国著名哲学家赫费如此评价亚里士多德的第一哲学（形而上学）与伦理学的关系：

> 亚里士多德非常巧妙地如同无形而上学前提般地展开了伦理学的一切理所当然性。毋宁说更切合地颠倒了两者之关系。由于"形而上学何为"这个问题是实践的，甚至实存的（existentielle）问题，这就是说"形而上学不是无伦理学的"。作为哲学的学科，伦理学和形而上学的相互依赖既深且广。[2]

形而上学或第一哲学和伦理学一样，都要探究存在之本原，存在者何以实存的根基和实存的意义，"第一哲学"需要从存在或实存作为"范畴"的"不动、永恒"性上考察存在者之存在的原因和目的，而伦理学需要从运动

1　亚里士多德自己从来没使用过"形而上学"（Metaphysics），而是他死后其学园学生在编撰其著作时用了"物理学之后"作为他一些纯粹普遍地讨论 ón 的著作的标题，才有了今天我们说的"形而上学"这个词汇。所以，在我们使用"形而上学"的地方，亚里士多德说的都是"第一哲学"。因此可见，后人说的"形而上学"与亚里士多德说的"第一哲学"并非完全相同的东西。

2　Otfried Höffe: *Aristoteles*, Verlag C. H. Beck München, 2009, S. 190-191.

的、实存的进程中考察存在者之实存的原理。但就"原理"而言，任何"伦理之物"依然从属于"存在者""是其所是"的生成运动，表面上看，它没有自身的"实体"，属于人与人"之间"的共存关系，是一种关系存在，我们只有在其"实践的"从属于时间性的生存事件中才能把握它；但另一方面，关系范畴依然属于亚里士多德描述存在者之存在的十个范畴之一，它对亚里士多德描述"本体""是什么"也是非常重要的。虽然"是什么还是首要的，因为它表示实体（ousia/Wesenheit）"（《形而上学》1028a14-15），但对于"对于每一事物的本体或实体（Wesenswas）"最为重要的东西"就是由其自身（由己）而是的东西"（1029b13-14）。但"由其自身而是的东西"，只有在伦理学中，在人之成为人的这个"属人之善"上才能最真切地揭示出来。偶性（accident）被排除在本体之外，是因为它是那些"不是由自身而是的"特性，而能表达"是这人"的必须是"由其自身而是的"东西。在此意义上，第一哲学关于存在者之为存在者的学问，不在伦理学中，就不能得到现实的意义，而仅仅有范畴（字面）意义的揭示。因为事物"是其所是"的存在意义，只有在"这个人"的"个体性"实体之实存中，才呈现出自然存在和自由存在相互转化的意义：万物依凭自身本性（自然）之必然性实存，在一个由理性灵魂的自由存在者身上才真正造就了自身的卓越，生成出自身所是，由自身而是的事物（kath hauto/self-subsistent things），构成了古典自由的根本与核心。

因此，第一哲学如果不是伦理学，伦理学如果不是第一哲学，实体之个体性的自主自由如何能够有"现实性"就根本得不到揭示，事物由潜能到实现的"是其所是"的实存意义也就得不到彰显，而只有建立起它们之间的本原性关联，伦理学才真正把握到伦理实存的真相，才能在实践哲学而非单纯的思辨中揭示出个体性的人由潜能到实现的"创世原理"。只有理解了亚里士多德伦理个体的自由实存与共在关系之正义，我们才能真正理解古希腊伦理学，迈尔最接近于认识到这一问题重要性："古希腊人认为，自由不是在一个国家中拥有君主的权力，也不是个人的随心所欲，其根本特征是维护众多公民的利益。自由能使人团结，但在日益复杂的环境中自由需要人们的维护，这既是一种挑战，也是一种全新的生活方式。"[1] 而亚里士多德的伦理学从根本上，即从本原上把事物之本体／本质／实体阐释为"由己而是的所是"这种个体性自由，不仅寻找到了伦理的存在论根基，而且是在第一哲学之神学意义上寻找到的这一根基，回到作为个体生命之灵魂自身的这一神性，才是对个体自由生命的最好且最根本的守护。伦理学最深的含义即在于守护这一实存的生命之神。

二、伦理学作为"实践哲学"

亚里士多德的第一哲学因其实体性的自由论证和目的论的至善论证，使得它和"伦理学"具有内在的同构性。这种"同构性"从"存在"出发，就可以被清楚地看出。"第一哲学"是从单纯理论上思"存在"之第一因，是就"存在"作为"实体"范畴从逻辑上思其"质料因""形式因""目的因"和"动力因"，从而把握"存在"之为"存在"本身。而"伦理学"是从"实践"上思"存在"，即思考"存在"如何"实存"以实现自身的完满。如此存在必须有"伦理"为前提，因为"伦理"是把"存在者"聚合起来"共同存在的机制"，在此共同存在的机制上，个体实体才活出自身的精彩与繁盛。但每一"实存"，都是"存在"从"潜能"到"实现"的过程。在此过程中，人性的存在潜能，有可能充分而完满的实现，乃接近于神，但也有可能堕落退化为最恶劣的动物。因而伦理学作为哲学同样需要返回到存在之本原，即实存的"第一因"，这就是"实践的形而上学"。在实践的形而上学中，我们才能寻找到人性实存的本因，即"伦理"的道义，正义，这是柏拉图就已经考问过的答案：无正义即无人类之共存。但寻找到的实存之本因，

1　[德] 克里斯蒂安·迈尔：《自由的文化：古希腊与欧洲的起源》，史国荣译，北京时代华文书局 2015 年版，第 11 页。

伦理之正义，伦理学作为实践哲学，它要探讨的就是"正义"如何作为让伦理存在促进个体的"是其所是"的实存，以实现人生之美善。这种存在之美善，从属于"是其所是"的存在之本真，亚里士多德理论哲学和实践哲学的基本区分，就来源于此。在《形而上学》第二卷中亚里士多德这样说：

> 把哲学称作求真的知识（epēstēm）也是正确的，因为理论知识的目标（télos）在于真理，实践知识的目标在于行为（érgon）。尽管从事实践哲学的人也要探究事物（etwas）的性质如何，但他不从永恒和自身固有（aítion kath hautó）方面，而要从关系（prós ti）和时机（nýn）的方面去寻思。（《形而上学》993b19-23）

因此理论哲学和实践哲学都以追求存在之真理为目标，都是求真之科学，但是，"理论"（theoria）在希腊文中的原义是"观"或"看"，"观看"事物"是什么"。但"看"又分为"肉眼"的"看"和灵魂之眼的"看"，肉眼只能看到"眼前""这个事物""是什么"，显然很难"看见""这个事物"之"真相"，只有"灵魂之眼"的"看"，才能穿透事物的成长过程，将事物作为一个"本质""已成"的"事物"，这时事物才有其"不变""不离"而"永恒"存在的"本质"了，这样的"看"才能看出"真理"。所以，"理论"哲学必须是在"第一哲学"中达到其最高峰，亚里士多德之所以也称其为"神学"（θεολογική），是因为它与理论知识（θεωρητική）的词根都是"神"（θεο），纯粹理论的知识作为万事万物之本原的"第一原理"，都不是"看"出来的，所谓"灵魂的看"也只是一个比喻，实指灵魂的"灵智"——努斯（νοὺς）——这种直觉性的理智推论，因而是"思想"（τò νόειν）所把握到的。

实践知识（πρακτικής），作为存在之真的知识，也同样是以"思想"来把握，但它不是就"事物"已成的"是什么"（实体）来把握它，而是就其

"如何""是这个"或"怎么是这个"（wie ist das），即就其"实存"——目标是"成就自身"——的进程来考察和把握它。这就是说"着眼于"事物"尚未"成其"实是"，而就仅就其有生成为"实是"的"潜能"且由此"潜能"之"必然性"能在"未来""应该"成为其自身的"实是"来把握它。因此，实践知识同样是关于第一原因的知识，但更准确地说，是关于事物"成为自己本身"的"第一原因"的知识，也即由"潜能"到"实现"的原理性知识。就知识的"真理性"而言，由于理论的考察和实践的考察不一样，因而理论的真和实践的真也是不一样的真。

但强调实践哲学作为哲学也要以追求真理的知识为目标，这奠定了古希腊伦理学以真理为指向的科学性方向，善如果失去真的目标就非常容易陷入主观主义的误区之中，唯有以真理为目标，伦理的善才会具有"正确性"的知识论保证。尽管亚里士多德接下来就会论述，真理不可能完全被把握也不可能完全被错失，但有了以真理为目标的思想方向，也就不会落入到相对主义泥潭之中，这是做伦理学最为关键的事情。不过，由于"理论知识""实践知识"的对象不同，真理（alíthenías）作为"原理"和"原因"的知识，只是就永恒事物和时间中生成的非永恒事物上有区别，从而强调"永恒事物的原理是最高的真理"（993b19-23）[1]。

但理论哲学作为对最高真理的把握这一目标也是实践哲学可共有的，因为它也是一种实践，求知的实践，一种在思想中的理论活动，其实也是一种"生活实践"，因而不能简单地将其理解与实践分离的"理论"，而实践只是理论的一个单纯"应用"领域。亚里士多德在阐释理论知识和实践知识的关系时，从没给人一种印象，是先由理论哲学追求得到"真理知识"，然后再将其"应用"到"实践"这种我们习惯的关系模式，他要强调的是，这两种知识追求，都以真理为目标，只是实践哲学不从"纯思辨"即"纯理论"去

1　参见 Aristoteles: *Metaphysik*, Übersetzt von Hermann Bonitz, Rowohlt Taschenbuch Verlag Hamburg, 2002, 3. Auflage, S. 70。

探索，而要从"关系"和"时机"的方面去探索，毋宁说，实践的真必须是"实践着的存在者"其自身的本原（ἀρχαὶ τῶν πρακτῶν）和其本身的目的因（τὸ οὗ ἕνεκα）的真知，即实践者自身的因-果-知识。

因而，这里的关键就是如何理解实践的真。思辨的真，是"本因"之真，永恒事物的原理和本因，这是最高的真；但实践的真是在人生实践中，在"伦理""关系"和"时机"中所把握到的真，因而，它作为哲学，依然是关于"原理"和"原因"的真理之知，它附加了"实践性"的伦理关系和时机这两个可经验性的条件。因而，作为实践的真，最核心的问题是如何理解其目标所是的 érgon。吴寿彭译本翻译为"功用"[1]，符合国人惯常的思维，但把"实践知识"翻译为"实用知识"，说"实践知识"目的在其"功用"，"务以致其实用，于事物的究竟不予置意"，这就把亚里士多德"实践哲学"的含义完全理解错了，更体现不了哲学以真理为目标的意义。对亚里士多德实践之真的理解，也必须围绕"行动"所"宗""因"的"第一原理"之真来理解。《荀子·解蔽》篇曰："庄子蔽于天而不知人，由天之谓道，尽因也。"王蘧常（1900—1989）解曰："盖道家最高在宗天、因天也。"[2] 所以亚里士多德的实践之真，从行动所宗所因的第一原理，抽象言之，皆为"本性"（Natur，自然），宗"自""由己"而不为实用与功利，目的永远保持在"因其自身"（由己）而"是其所是"，这就是实践之自由的学问。对他而言只有"制作"之"技艺"，目标／目的才在自身之外，才有"功用性"目标。

德文将 érgon 翻译为 Werk（作品）或 Leistung（成效），而不是 Handlung（行为）或 Akt（动作），表明 érgon 不是人的一般行动，如动物的本能行动、人的无意识行动，而是如同我国"物物""生生"那样的"道行"，是实体生命的自成造化，造成自身的"实现""行为"，因而是"自我实现"的成效或作品。这与亚里士多德一直强调"实践"的目的在"自身"，

---

1 ［古希腊］亚里士多德：《形而上学》982b24-26，吴寿彭译，商务印书馆1997年版，第34页。
2 王蘧常：《诸子学派要诠》，载《王蘧常文集》（第二册），复旦大学出版社2022年版，第5页。

即"依凭本性"而成"自""所是"完全一致，人的实践之"作品"或"成效"就是成为"一个人"，成就自身的卓越，类似于儒家讲"成己"。成为"一个人"，在德性论意义上也就是"实现"出人性之"优卓"，人的美德，这才是实践的"目标"或"目的"。但亚里士多德的思辨哲学都是"倒果为因"，"目的因"作为"始因""第一因"，才在"实践"上具有"动力因"。所以《形而上学》第二卷就是从"始端""终点"（目标）和"生成"来论证"原理"与"原因"之真理所采取的路径。希腊文本原（ἀρχή/archē）的原义，就是"开端""始点"："原因的意思和本原的意思一样多，因为一切原因都是本原。""全部本原的共同点就是存在或实存或认识由之开始之点。"（《形而上学》1013a18-19）这样的"本原"具有向自身"目的"（终点）生成的动力和形式，使得自身最终的"所是"无非就是自身"本原"的"完成"／"完满实现"。亚里士多德因此说"事物所由之生成的东西，就是万物的本原"（983b25）。"本原"作为最初的开端，同时是由之"生成"的东西，而"生成物"有的是外在的，如父母生婴儿，战争生于争吵；但有的生成是内在的，即任何事物之"本质"由自身"是什么"之"己"而生成出"自身"之"所是"。这就是任何一个有其"本质"的事物的érgon，它排除了事物由偶性决定的生成。所以，原因无非就是事物或事件由以开端的最初之点（本原），"总的说来，倘若没有最初之点，也就没有原因"（993a20），我们认识了原因也就认识了事物。某物出于某物，如水出于火，火出于土，这是一种"生成"，这种"生成"是一种时间上的"先后"关系，而且是在一种"可逆转的""生成"与"毁灭"之间。另一种"生成"是"不可逆转"的，但不是"出于"一个"外物"，而是"出于""自身"本性的"最初之点"，如"成人"生成于"儿童"，"成人"永远不可能"复归于婴儿"，只是出于"婴儿"内在具有的"潜在"人性的完满实现。这种自我实现是"因其自身之故"的由己而是自身之"所是"，是"本质"之"实存"。"本质"因这种érgon而成就自身的所是，"从而每一事物分有了多少真理就以同样的方式分有了多少存在"（993b30-31）。这就是亚里士多德所言的实践的真理，即由己地是其所是的本真实存。

因此在亚里士多德这里，"本质"及其"实存"是不可分离的，可分离只是就它们作为"范畴"而言，作为"实践"则在érgon的"功能实现"的生成活动中内在统一起来。他在《形而上学》第五卷分析了表述存在（eînai［eîmi］/Sein）的十个范畴，本体、质、量、关系、位置、时间、地点、姿态、所有、主动与受动，特别强调"存在的意义或者就偶性而言，或者就自身而言"（1017a9），他分析了"就偶性而言的存在"的三种形式，但由于它们都不及"实体"及其本性，是不断变化的，必须附着于事物"是什么"之本体，才是真正有意义的，因此真正存在的意义是就"自身而言"的存在。虽然范畴表有多种，存在就有多少种意义，但哲学所追问的存在意义，就其自身而言的真理之意义，即寓于偶性中的"实体"是意义，实体占有特别的地位，只有它才是真正的"主体"，因为其他范畴都述谓它，而它却不述谓其他范畴；其他范畴存在于实体中，只能依附"本体"而存在；其他范畴变化时，实体却始终保持不变，它作为变中的不变，而成为由己而是自身的"主体"。"存在"亚里士多德语境中本来就表达"真"："存在（eînai）和'是'（ésti）所表示的，就是某物是真的，不存在表示不真（alêthés）且假（pseûdos）。"（1017a31-32）而从"实践哲学"就更能在实存论的生存处境下更真实地述谓存在的意义，因为"存在"的意义还可以从"潜能"/"潜力"/"动力"（Vermögen/dýnamis），实现出来的现实性（Wirklichkeit/entelécheia）来言说。因为"潜能"/潜力/是从实现其"所是"的现实性来看待的（1019a15-33）[1]，亚里士多德更是直接地说："潜能的含义是运动（kínēsis）和变化（metabolē）的原因，（a）或者这原因是在一个他物之中；（b）或者从自身中的一个他物而来；（c）是把某事做得美好且合乎意图

---

1 Aristoteles: *Metaphysik*, Übersetzt von Hermann Bonitz, Rowohlt Taschenbuch Verlag Hamburg, 2002, 3. Auflage, S. 139-140.

的能力；（d）适合于被变化的能力；（e）是能够不被改变或不被变坏的某种属性。"（1017b）[1] 因而，在亚里士多德这里，要懂得他的实践之真，就必须懂得其"形而上学"的"本质实存论"，实践的真是"本质"（ουσία，"这个实是"[2]）在"实存"中的永恒在场，作为范畴、名词用的"实是"（存在者）的无时间性的"永恒性"恰恰必须通过其不断在时间性的世界中"是什么"（ésti）而暗示出存在之真，是一种"持续的现在"，永远现实地在场，这对实践的实存之真是不可或缺的。

所以，虽然"范畴"在逻辑意义上，描绘了存在之真的十种"存在"状态，但这种"存在状态"对于亚里士多德而言，必须是在"实存"中才能获得其意义，最核心和重要的在于如下四种：（1）偶性之是；（2）真假之是；（3）潜能／现实之是；（4）依凭自身之是。[3] 它们之所以最为重要，原因很清楚，"偶性之是"是每一种存在者之实存的"现实"起点，人来到这个世界最初所获得的"所是"对人而言都只是"偶性"；而"真假之是"为"实存"之"意义"确立了"标准"，活出人之"所是"才是"真存在"，才是"存在之意义"的答案；"潜能／现实之是"更让人明白自身实践的潜力、动力和目标；"依凭自身之是"是人之为人，作为一个"自由人"而存在于世的本质、使命和意义，"伦理学"探究"值得过"的美好生活，全然决定于这一"存在方式"，而伦理学探索的内容都与这四种"存在"／"是"密切相关。"德性论"涉及的就是把我们每个人"偶然获得的人性"（偶性之是）养成和训练为最佳人性（德性）；"最佳人性"是"本真"的人性（本性）的完满实现；这种本真人性的最佳实现，尤其离不开"潜能／现实之是"和"依凭自身之是"，因为这不仅涉及自然目的论，而且涉

---

1 Aristoteles: *Metaphysik*, Übersetzt von Hermann Bonitz, Rowohlt Taschenbuch Verlag Hamburg, 2002, 3. Auflage, S. 145.

2 "实是（ón）这个'什么'（was）何谓，本体（ousia）既何谓。"（《形而上学》1028b1-10）

3 ［美］余纪元：《亚里士多德〈形而上学〉中 being 的结构》，杨东东译，中国社会科学出版社 2013 年版，第 2、xiii 页。

及伦理学最为根本的"自由"。自由不是别的，就是在存在论上"依凭自身之是"而自由选择和造就自身的卓越，因为"就其自身的思想，是关于就其自身为最善的东西而思想，最高层次的思想，是以至善对对象的思想"（1072b20-21）。

因而实践哲学作为人的潜能与实现的生成原理（1045b19）与思辨哲学在这里因善和真作为存在的终极目的而统一起来了，因为每一个凭己本性"是其所是"的存在者之存在，既是知识的最高对象，也是实践的最高对象，"理论"不仅是求知的一种方式，更是一种生活方式，而且是最幸福、最智慧、最接近于神的生活方式。也正是在这一意义上，亚里士多德把"思辨"也作为一种"最高贵的生活方式"来理解，它不仅是"第一实体"，即"这个"（τόδε τι/thisness）[1]、"这个人"和"那个人""此在性"本真实存意义的实现，也是"第二实体"，即包含个别事物的"属"和"种"的伦理关系的共存"世界"实存意义的实现。所以，伽达默尔在多篇文章正确地指出了亚里士多德的"实践"不与"思辨"（理论）相对立，而只与"制作"（技艺）相对立，"实践"涉及的"生成"，无论是自然生成还是人工生成，都不离开成就"自身"的"所是"（实体），而"制作"获得全然出于"技术"，其"成就"在于"制作"之外的"作品"。所以伽达默尔说：

> 既然实践包含如此广泛的系列意义，那么，亚里士多德所谓的实践概念便不是理论知识的对立物，它的特征也不能由此获得界说。事实上，后者本身便凸现于生活可能性的广大系列中，它是一种最高贵的实践类型。相反，只有建基于知识之上的生产，即为政治生活提供了经济

1　实体／本体（substance）作为"个体"的"这一个"，参见《形而上学》第七卷，第一章；尤其"'这个'最属于实体"（1029a30），"一个被认为是所是的是，就是那就其自身而言的东西。因为是'是你'不等于'是文雅的'，'文雅'不是就你自身而言的东西，而你所以是的是乃是就你自身而言的东西"（1029b14-15），"这东西就是个别事物的实体，是存在的第一因"（1041b30）。

基础的"制作"（poiesis）才是实践的对立者。[1]

只有在康德之后，理论理性作为知性认知活动才与实践理性作为意志立法活动对立并分离开来。"实践"不再是从"实存活动"而是从"意志自由"来获得规定，但康德也区分了"道德地实践"和"技艺地实践"两种不同实践，"道德地实践"依然是目的在自身的活动，只有"技艺地实践"，才是目的在活动之外。

只有搞清了亚里士多德"实践"概念的这些特点，我们才能理解他的伦理学作为实践哲学所具有的"道义实存论"性质，而这种"道义实存"既可以从一个人的德性生活的养成来考察，也可以从一个人必须过"政治生活"来考察，亚里士多德先强调后一方面，我们现在就来考察，作为实践哲学的"伦理学"为何从属于"政治学"。

三、"伦理学"从属于"政治学"

亚里士多德所说的"政治学"是研究"政治实体"（πολιτικον/politikon）的实践知识，而古希腊人所谓的"政治实体"，主要涉及"公民"（πολίτης/politees）在"城邦"（πόλις/polis）中共同生活的"政制"（πολιτεία/politeia），"结合为一体"的"存在机制"（Verfassung）。因而，使得"公民"结合在"城邦"中共同生活的"政制"（作为"公共的存在机制"）所依据的道义原则就是"伦理"。亚里士多德一再强调"伦理学"从属于"政治学"，主要原因就是"两者"探究的是共同的东西：个体之人结为一体过共同且美好生活的伦理机制。现代人会说，我的生活过得好不好，那是我自己的事，跟"政治"有什么关系？"政治"怎能管我如何生活？这涉及古人和现代人

1　［德］伽达默尔：《作为实践哲学的诠释学》，载《科学时代的理性》，薛华等译，国际文化出版公司 1988 年版，第 80 页；另见伽达默尔《作为理论与实践之任务的诠释学》等文，参见 *Hans-Georg Gadamer Gesammelte Werke 2*, Mohr Siebeck Tübingen, 1993。

对于"政治"的完全不同的理解。对于亚里士多德的古人而言，政治或政治的东西，是维系我们所有个人合乎人性地在一起共同生活的机制，因而它不仅是伦理性的，而且只有伦理才是使政治的东西得以可能实存的东西。一个人根本不能独自生存，一个人要生存必须与其他个人共同地结成城邦，与他人一起生存，个人才能生存。根本的理由柏拉图已经揭示出来，就在于个人的有限性，不自足性。亚里士多德显然接受了柏拉图的这个前提，"实践哲学"更必须考察人类如何过城邦生活的问题。柏拉图已经揭示出，城邦生活得以可能的条件，是人人都得有"正义"和"羞耻"这两种伦理德性，也就是说，"道义"是人得以存活且活得美好的条件与根据。亚里士多德的《政治学》显然是在这一基础之上做论证的，在这里"伦理"是作为人类共同存在的机制，但他要更加突出地证明，"伦理"的存在机制如何是"自然的"，有自然正当性的基础。它以"自然"的完满实现给出了一个"自然目的论"的证明。

这种目的论证明分两步，第一步论证（1）"城邦"这一种类的社会联合体，是一种"组合物"，它由以构成的最初元素是"个人"，是"非组合物"；（2）孤立的个人为什么要与其他人组合为一种"城邦"，首要的原因是每个孤立的个人都不足以自足其生活，必须共同聚合于城邦这个"共同体"自足才得以可能；（3）城邦组合物是因生理需要的组合（家庭）、宗族的组合（村坊）、经济的组合（经济组织）等一切其他社会组织"自然目的"的完成：

> 终于由若干村坊形成完满的城邦社会（Gesellschaft der Staat），这样的"社会"，仿佛就达到了自给自足的完满目标，这就是为了生活而长成且为了完满生活而存在的城邦社会之目标。（1252b27–30）[1]

1　Aristoteles: *Politik*, Übersetzt von Eugen Rolfes, in: *Aristoteles Philosophische Schriften in sechs Bänden*, Band 4, Felix Meiner Verlag Hamburg, 1995, S. 4.

　　第二步是论证个人与个人之间的"组合"是"出于自然的"，因而人工组合物从初级的婚姻家庭，到一般的宗族村社，再到"城邦社会"，都具有"自然的"道义性，因而这种证明可以称之为"自然法的证明"。它一方面说，城邦一开始都是"自然地生长起来的"，虽然城邦是人工的，却是"自然的"产物，这样的城邦是合理合法的，"社会性"是"自然性"的完成；另一方面它要证明，每一自然物生长的目的就是显明其本性（自然），而"人的本性是政治的动物"（《政治学》1253a3），因此成为城邦公民过城邦政治生活这是人类的命运和必然归宿。但是，如果某人不是偶然地而是出于本性地要脱离城邦，这样的人，亚里士多德说，"或者是一个卑劣者或者是一位超人"（1253a3-4），随后又说："或者是一只野兽（ein wildes Tier），或者一位神祇。"（1253a28）这样的说法，在《尼各马可伦理学》中也多次重复了。他其实想说的是，人按本性只能过"共同的生活"，即"城邦生活"，因为人是不可能"自然地"生成为人的，"家庭"中的儿童，虽然已经是人了，但还是一个未"塑形""未完成"的人，"政治"这种城邦的共同生活，才是人的最好归宿，是人的本性的最佳完成和实现的真正"家园"。

　　但在这个证明中，有个根本的问题令人难以置信，即城邦政治之善为什么能作为至善，即最高等级的自满自足的善。这样的城邦是真实的城邦吗？柏拉图在《理想国》里寻求这样的城邦最终还是失败了，能够代表城邦灵魂之善与智慧的哲学家不愿为王，而城邦之王位最终会由僭主所占，而僭主的灵魂终究是败坏的，他要正义之名而行不义之实，是由欲望支配的奴隶灵魂，这才是现实城邦的写照。亚里士多德似乎也是认同这一点的，《政治学》一开篇他就在论述自由人的自由灵魂之重要，奴隶的灵魂是不可能追求正义的。他在《尼各马可伦理学》中始终是把政治的生活作为"次好的生活"方式，只有哲学的沉思生活才是最接近于神的无欲无求又完满至善的幸福生活。这说明了什么呢？伦理学从属于政治学究竟蕴含着什么呢？

为了揭开这一疑点，我们必须重新诠释《尼各马可伦理学》第一卷"善的目的论论证"，因为伦理学探究美善生活，首要问题是如何阐释"善"，这才是伦理学的一个"元概念"：

> 每种技艺和探索，与每种行为和选择一样，都显得是追求某种善，所以人们有理由把善表示为万事万物所欲求的目标。（1094a1-3）[1]

这段话一般人都认为"堪称提纲挈领、富于哲理的开场白"[2]，它把"人为活动"分成四种基本形态——技艺、科学（探索）、行动和选择，它们全都"显得"是追求某种"善"的，对于这一"观察"，应该没有谁会反对，因为这既符合自然也符合"常识"，只要是个正常人，所作所为都欲求做"好"，不想做坏，这是普遍的情理，但这种"善"或"好"，仅仅是欲求（追求）中的"主观意向"，与事实上是否真的做"好"了，把欲求中的"好"（善）实现出来了是两回事。因为亚里士多德说的是"都显得是欲求／追求某种善"，所以这种"善"是"意向"中的善。亚里士多德没有用"意向"这个概念，但此意思是明白无疑的。但接下来，亚里士多德的推论发生了一个巨大跳跃，这是从常识到思想的合乎逻辑的跳跃：那么"人们有理由把善表示为万事万物所追求的目标"。"善"于是成了"实践"的、欲求的、追求的一个最终"目标"，一个希腊意义上的 τέλος。如此界定的"善"既不同于智者派习俗化的相对善，也不同于柏拉图绝对的善理念，它表面上是"欲求"中的"目的"，具有"主观性"，但其实是把善界定为内在于事物"本性"中的、按照本性（自然）所"必然指向"的"终极目标"（因此德文不把 telos

---

1　［古希腊］亚里士多德：《尼各马可伦理学》，邓安庆注释导读本，人民出版社 2010 年版，第 38 页。下文凡未特别注明的引文，都出自这个版本。

2　［德］奥特弗里德·赫费：《实践哲学：亚里士多德模式》，沈国琴等译，浙江大学出版社 2011 年版，第 3 页。

翻译为主观性很强的 Zweck，而是翻译为客观化的 Ziel）。这样，"善"也不像在元伦理学中那样，靠对道德词语的语义分析来定义或靠"直觉"（无论是内心的直接直觉，还是道德规范本身的间接直觉）来把握，它作为万事万物的内在本性所必然指向的终极目标，就是"实存着"的善，实践性的善。

这样的"善"承继了柏拉图的"功能"概念，是事物本性自身固有、"非它不能做，非它做不好"的"功能实现"。因而，任何一个事物通过"自然"造化完成其本性（本质）所指向的终极目的，就是一个发生学的道义实存论事件：一把"好刀"就是完成其作为刀之本性的锋利；一个"好胃"就是"完满实现"一个胃的消化功能；如此等等。任何事物的"德性"也就是其自然本性的完满之善，是蕴含在事物本性中的善的完成。因此，亚里士多德比柏拉图更清晰地将本性作为潜能，将"德性"作为在实存中自我完善的、实现了的好品质。"善"作为"自身"的生成事件，"完满"就是一个无法从外部、从主观来界定，而只能从内在的终极目标实现来界定的东西：

> 完满的一个意思是指，在其自身之外找不到任何一个部分的东西，例如，每一个事物的时间是完满的，说的就是在其之外再也找不到某种作为其部分的时间。再从德性和品性中的善而言，完满就是不可能有超越于它的东西。（《形而上学》1021b12–16）

因而善作为"自我实现"的一种"完满"（欲求中的目标），必须首先从区分"自身"之内外入手，完满、完善都指向"自身"（kath hauto）之生成。在本体论上，取决于从"偶性之是"转向"本质之是"，即"依凭自身之是而是其所是"。于是，亚里士多德区分了两种善之目标："因其自身之故欲求的"（um seiner selbst willen wollen）和"因他物之故欲求的"（das andere um seinetwillen)(NE，1094a18-20)。[1] 在另一处，亚里士多德同样说"善显然有双重意义，一种是就其自身而言的善，另一种是鉴于自身之善而善"（1096b13-14），也就是因他物之善故而欲求的善。他明确地表达出对后一种善，作为欲求的目标要懂得"知止"之智慧，因为不"知止"，就会导致欲求的无穷后退，失去了目标，追求就是空洞而虚妄的。

有了这样的规定，亚里士多德就把人类的"实践活动"（注意不是个人的行动）按照"实践"目标的善的等级，区分出一个"善的价值等级秩序"，因为"主导性的目标"比"从属性的目标"更值得更优先地被追求，从而呈现出一个"建筑术的结构"，他说就像制作马鞍的技术从属于骑马术，骑马术连同以取胜为目标的战争从属于战术，战术又从属于更高的战略，如此等等。人类的实践活动在"目标"的价值等级上就构成了一个建筑术的金字塔结构，但必须为"实践"确立其那个金字塔尖顶上的目标为终极目标。政治学的目标善就是在这种思维逻辑上被置于人类实践的最终目标，即"幸福"。伦理学求善，而伦理的善在实践上从属于政治学，这是亚里士多德伦理学不同于我们儒家心性之学的根本地方：

> 我们必须试图弄清楚，至少应该概括地讲一讲，这个最高的善究竟是什么，属于哪门科学或者属于何种技艺。……诚然大家愿意想到它属于最有权威、最高主导意义上科学。而这门科学看来就是政治学。（1094a25-31）[2]

因此，政治学只是因为它探究的知识是关于人类实践的最终目标——幸福，因而被置于人类实践之善的最高顶峰之上，不仅伦理学从属于政治学，

1　Aristoteles: *Die Nikomachische Ethik*, aus dem Griechischen und mit einer Einführung und Erläuterungen versehen von Olof Gigon, Deutscher Taschenbuch Verlag München, Juni 2006, 7. Auflage, S. 105.

2　［古希腊］亚里士多德：《尼各马可伦理学》，邓安庆注释导读本，人民出版社2010年版，第39—40页。以下凡引该中文版处，只在引文后加标准注码，不再注明。

而且战术、理财术（经济学）、修辞术和其他种种实践与制作的技术，都从属于"治国术"，而从属于"政治学"。"政治学"于是以两个"最"——"最高权威""最高主导"——获得了在实践科学中至高无上的地位。但这两个"最"如何可能讲得通？"最高主导"是从"目标善"即"幸福"来阐释，无疑是可以理解的，因为在亚里士多德看来，人类所有活动以"为了什么"这一目标为价值定向，"幸福"（活得好）是一切人为活动的最高目标，在其之上我们不可能还会问"幸福"为了什么，从而没有比幸福更高的目标。但如何理解"政治学"在"实践哲学"中具有"最高权威"呢？这当然是就"规范有效性"而言的权威性。由于整个实践哲学探究的是人类生存活动，而目标作为人自身的个体性和政治性（公共性）的完满实现，所有完满实现是"自身"之"潜能"的实现，因此，实践哲学作为潜能实现的原理，必须是"规范性的"。这种规范在自然的意义上，指的是具有潜能东西的"生长"，其内在具有一种塑形的"形式因"，规范其由"偶性之是"，范导其按照自身本性的必然性而成为"依凭自身之是"，成就自身的卓越。这在个体自身之内是灵魂中的理性的统治具有的权威性，使得个体能有自制力，使自身的灵魂成为人之所是的自由灵魂。这是自身个体中的规范性权威。但人又具有公共性，即政治性，在要与其他个体的关系中成就自身的人性，那么这就需要一种公共的权威，行使其对人性成长的规范，这个"最高的权威"被亚里士多德赋予了"政治学"："由于政治学把其余的实践科学当作是为其目的服务的，所以它还从法律上规定，人可以做什么和不可以做什么，这样一来，它的目标就包含了作为较高目标的其他实践科学的目标，因此，它的这个目标也就不过是对于人而言的善（Gut für Menschen）了。只要这个善对于个人和对于城邦是同样的，那么把它把握和保持为城邦之善就显得更为重要和完善。这种善哪怕只能帮助一个人达到真正的幸福，就已经很令人高兴了，但若为了民族和国家的福祉，则无疑更加高尚和神圣。"（NE，1094b4-12）所以亚里士多德像柏拉图一样，把"城邦"（国家）理解为一种教育机构，规范人从"自然人"向"社会公民"转变，将人的"自然德性"塑造为公民德性，"正义"这种"政治德性"成为人的德性的最高规范。只有这种"最高权威"的规范，才使得"伦理学"具有了正确的目标指向。否则亚里士多德关于"幸福"的三个形式化的规定，即目标上作为最高善，整个生活上作为"活得好"，实现方式上作为德性的完满实现（行得好），都有可能偏离其政治的方向而在主观的、情感的和单纯自然偶性的意义上被误解。

伦理学从属于"政治学"，就是这样将个人的内在德性生活，置于政治的"共在"（sunousia）存在方式中来规范。伦理学和政治学之间依然具有内在的张力，虽然目标一致都致力于属人之善的完满实现，《政治学》的第一句话就是：

> 由于我们看到，每一个城邦都是一个共同体，而每一个共同体都是因某种善之故（um eines Gut willen）而组成（因为所有存在者所做的一切，都是因它们所认为的善之故而求一善果），那么很清楚，虽然一切共同体都以某种善为目标，但最广大和最高的善，首先就是对于所有共同体而言都是最高贵的，从而把所有其他的善都包含在其自身中的那个善，这就是所谓的城邦（πόλις）城邦的共同体。[1]

亚里士多德始终强调的是，政治的善，公共的善，即正义比单个人的善，甚至家庭的善更高贵，因而人也只有通过过"政治生活"，使人从家庭中的"私人"演变成为城邦"公民"，才通过这种规范即城邦礼法（nomos），接受正义美德的规范，才成为一个真正有德性的人：

> 所有人由于发自本性地有组成一个共同体的冲动，所以最先建造它

1　Aristoteles: *Politik*, Übersetzt und herausgegeben von Olof Gigon, Deutscher Taschenbuch Verlag München, 2011, 11. Auflage, S. 47.

的人就是最大善物的造化者。人类由于志趋善良才是完成了的人，才是最优良的生命存在者，如果不讲礼法，背离正义，就堕落为所有生命存在者中最恶劣的动物。(《政治学》1253a29-33)[1]

这两个主观条件，"志趋于善良"，讲"礼法""不背离正义"，就已经超出了"政治学"而成为"伦理学"领域的问题，因为属于"意愿准则"之法了。但伦理学依然是探究属人之善的实现之学，既然人只有在具有良善礼法的城邦中，才能成为具有正义美德的高贵存在者，那么这种"政治的"第二人性，即伦理的第二自然的实现，就是自然人性之潜能的完善实现，因为"现实这个词就是由活动而来的，并且从中引申出完满实现（entelechia）"（《形而上学》1050a21），所以伦理学从属于政治学，伦理德性从属于政治的正义德性，就是理所当然的了。

这种从属的最大意义，尤其是对于我们深受儒家亲情伦理影响的人而言，就在于让我们清楚地看到，对于一个追求自由人格和自由社会的成熟人类而言，友爱比仁爱更重要，正义比良心更根本，因为它不是德性的一种，而是德性的整体："政治上的善即是正义，也就是全体公民的共同利益。"（《政治学》1282b14-18）如果伦理学不以政治学这一公共善为出发点，而妄谈人的其他种种私人德性，只能舍本求末，就像没有正义的勇敢，根本上就是恶的工具一样，在一个不追求正义伦理的城邦中，说它的公民有高尚的德性，就无异于说一个灵魂败坏的人，有时也还会做出一两件具有美德的事情，终究是偶然和稀奇的事而不会是其固有的品质。所以，伦理学从属于政治学，就将人之为人的最高贵的超越于自然本能之上的爱与正义的伦理，作为立人之基，成人之魂，作为人类生活通向完善和繁荣的根本保障，它预示着，人的美德之成就，不在闭门修身，而在参与一个具有良法来治理的城邦

1　Aristoteles: *Politik*, Übersetzt und herausgegeben von Olof Gigon, Deutscher Taschenbuch Verlag München, 2011, 11. Auflage, S. 50.

的政治生活，成为一个好公民，一切私人德性唯有在超越血缘之亲情的公民友爱和城邦正义的范导下，才真正成为人的美德，成为人的灵魂。而友爱和正义作为城邦伦理原则，又是为城邦政治和立法确立了超越于习俗之善的基础和目标。

四、"属人之善"的幸福论伦理学

"第一哲学"意义上的"存在者之为存在者"的最终目标善，还具有某些柏拉图式善的影子，"存在者"也是作为"个体实体"被理解，只是一个以纯粹思辨的知识论的形而上学去把握存在者的存在"理念"，从而把"存在"引导到"至善"；而另一个注重存在"实体"的"实存"，在"实存"中"思辨""存在者之存在"由"潜能"到"实现"的以"成物""成己"成为真实的"个体"，从而超越了单纯的"善"之本相（存在理念之本真）—摹本（不真实的现实世界）的知识论关系。但亚里士多德在他强调伦理之善是"属人之善"（anthôpinon agathon/Gut für Menschen）（NE，1094b7）时，"人"就不再是作为"存在者"的个体实体，而同时也是个体主体了。这是一个非常重要的"进步"，没有这一进步，善依然是在柏拉图式形而上学意义上的"理念"中"晃荡"，它本质上是超道德、超伦理的存在理念，不具有伦理德性之善的可经验的实存性。而亚里士多德把"善"作为属人之"主体"的实存之善突出出来，不仅仅是在"位格"上将其从不实存的"存在理念"放回到活生生的人的生命世界中来了，更是彻底贯彻在实践哲学的"人类"在城邦中的"共存"和作为自由本性的个体主体之"实存"的人性"潜能"—"实现"的伦理机制中来，从而伦理之善就具有经验的实在性。只有在这种具有经验实在性的人性主体的"实存"中，"幸福"才可能作为人性实存者的最高存在"目标"提出来，从而亚里士多德的个体实存论，就不像海德格尔所揭示的"达在"（Dasein）存在机制那样，是"无伦理"（Ohne Ethik）或者说"元伦理"（Urethos）的存在之"事件"

（Ereignis），而是"有道""有义""至情""至性"的"道义实存论"，唯有这种实存目标的实现，才最接近于希腊人的 εὐδαιμονία（Eudaimonia，幸福）概念。

在《尼各马可伦理学》中，整个第一卷和第十卷的内容都围绕着伦理学与幸福的关系展开，第一章把人类所有行为（实践）所追求的目标规定为善，而对人生而言，这个目标善就是幸福；而第二章接着把幸福作为人通过行动可以实现的最高善；第三章论证幸福是一种生活方式，只有思辨的生活才最幸福；第五章进一步论证幸福生活的两个关键性的评价指标——完满性和自足性，但完满性与自足性往往是相互矛盾的，如果把"儿孙满堂"作为完满性幸福的一个指标的话，那么就会损害"自足性"的实现；第六章转入论证幸福的实现与人的德性品质相关，只有"好品行"才能实现"好生活"；第九章论述品行、享乐和诸如财富、好身体、好出身等"外在善缘"都是幸福的构成要素；第十章论述运气、命运对幸福的影响，强调好的德性抗拒不了命运，但足以为自己创造可能的好运；第十一章论证说伦理学探讨的幸福以一个人一生的生活状况来判断，但他的"后人"是否幸福，对他是否幸福的评价也有影响；第十二章论述幸不幸福并非最终是做人好不好的问题，而是有在人之外和之上的某种神秘的主导力量，因此获得了幸福不是值得称赞的事（做得好的才配被称赞），而是值得崇敬的事。所有这些论述看似内容无比丰富，涉及了幸福生活的几乎所有元素，但究竟如何理解"幸福"，亚里士多德并没有给人一个清晰的哲学伦理学答案，这是造成理解混乱的根源，一直受到亚里士多德专家们的批评。

约翰·L. 阿克里尔（John L. Ackrill）说："像大多数伟大的哲学著作一样，亚里士多德的《尼各马可伦理学》提出的问题比它回答的问题更多……《伦理学》的大部分内容都暗示善的行为是人类至善生活的一个主要元素，但最终在第十卷中，纯粹思辨的活动被称为完满的幸福；亚里士多德也没有告诉我们如何将这两种观点结合起来。"[1]

哈迪（W. F. R. Hardie）则认为亚里士多德混淆了目标善和手段善，而将最好的生活理解为包含了各种各样的目标和利益，这是一种可包含各种"偶然见识"（occasional insight）的"包容性（inclusive）目标观念"，但亚里士多德还有一种标准观点，即幸福必须与一种卓越的欲求活动（one supremely desired activity）相一致，而不仅仅是他在第十卷中提到的东西。[2]所以，肯尼（Anthony Kenny）同意对亚里士多德幸福论的这一解释，主张要从对那些"包容性观念"的过度关注转向聚焦于亚里士多德的主导性（dominant）观念，即幸福是人生对一个单一主导性目标的追求："亚里士多德只在主导意义上考虑幸福。"

当然我们不能同意把"包容性观念"视为"偶然的见解"，反倒把此理解为比亚里士多德所观察到的"世俗的见解"更为合理，在对"幸福"的世俗的理解中，所有这些"包容性的观念"中的每一个"缺乏"了，都不符合"完满幸福"的心理。我们每一个人都是"偶然"出生在世界上，出生在哪个国度、哪个家庭，出生时健不健康等等，都是不能自我做主的。如同我们看到的，某些中国"弃婴"，在这里被"遗弃"，是其"不幸"，但其中有一些被富裕国家的善心父母收养，受到了优良的教育，被培养成为奥运冠军，则又非常幸运。甚至我们还看到，瑞典女王收养的三个女儿，全都是中国弃婴。这些幸运的"弃婴"，现在是幸福的，但这种幸福又是"不完美的"，因为他／她可能身体有残缺，有十分贫穷又无文化教养的亲生父母，这都是不幸。因此亚里士多德是从世俗的观念，讨论真正"幸福"，作为完满的幸福，"理论上"是需要这些"要素"，但实际上，这些要素中有许多却是我们这些"偶然的""不自足的"人无能为力的。因此，亚里士多德的伦理学发明了一

1   John L. Ackrill: "Aristotle on Eudaimonia (I 1–3 und 5–6)," in: *Aristoteles: Die Nikomachische Ethik*, Herausgegeben von Otfried Höffe, Akademie Verlag Berlin, 2006, S. 39–62.

2   W. F. R. Hardie: "The Final Good in Aristotle's Ethics," in: *Philosophy* 40 (1965), pp. 277–295.

个"自满自足"（auto kath hauto）的概念，目的就是要将这些世俗幸福的、相互外在而杂多的"完满"概念，纳入到"哲学"上来理解，因此才将这些"包容性"的观念，引向自身德性所能主导的这一主导性幸福观念上来，以建立起一个"既完满又自足"的"至善"幸福论。

"至善"因此在亚里士多德伦理学中是从"自身"的"生命理想"视野下提出来的，而作为其理论背景的，是一个无论如何都有"缺陷性"的人类学人性观念，所以其"对照者"就是"神界"本原：

> 天界和自然就是出于这种本原，它过着我们只能在短暂时间中体验到的最美好生活，这种生活对它是永恒的，对我们则不可能。……就其自身的思想，是关于就其自身为最善的东西而思想，最高层次的思想，是以至善为对象的思想。（《形而上学》1072b14-21）

人的灵魂就是人身上的"神明"，神就是就其自身而言的至善和永恒的生命之实现（1072b29），因此，作为探究"属人之善"的伦理学，必须探究人自身生命的"完美实现"，亚里士多德与柏拉图主义者不同，坚持认为最美与最善不仅存在于人生实践的最终目的、最终产品上，而且必须也在实践的最初本原中。从这本原出发，伦理学探讨政制（Polisverfassung）和立法艺术，探讨德性的完满实现，都是为了"尽我们的全力使人生（vom menschlichen Leben）的学问得以圆满"（NE，1181b17），这就是要靠人自身的高贵灵魂活出人自身生命的高贵性："如果我们从人所固有的活动出发，这一点就可以看得清楚了。"（1079b24）幸福就是人的灵魂合乎德性的实现活动：

> 但一个卓越之人的灵魂的实现活动，我们也就只能做这种增加：就是最好的和最完善的灵魂的实现活动。如果一个人终归变得卓越，就是

说他实现或完成了他所固有的人的使命。如果一切都如此，那么我们最终得到的结论是：人的善就是灵魂合乎德性的活动，如果有许多德性，那么就是灵魂合乎最杰出、最完善的德性的活动。（1098a14-18）

不过在这里我们必须注意的一点是，灵魂的高贵的德性实现活动所达到的最高德性的幸福，在亚里士多德看来只能是"第二好"的幸福，是"实践"上的幸福，但真正的幸福要从人的完整一生来判断，正如麦金太尔所说：亚里士多德"是在人的整个一生意义上使用'幸福'这个述词的。当我们称某人为幸福的或不幸福的时，我们判断的是生活，不是某些特殊的状态或行为"[1]。当然，更准确地说，亚里士多德是从生活方式判断幸福，而作为生活方式之"幸福"的标准就是"完满而自足"：

> 完满的善必定是自足的。但我们所理解的自足，不是指单一的人孤单地仅仅为其自身而活着，而是也为他的父母、儿女、妻子而且一般地为其朋友和同侪（Mitbürgern）而活着；因为人按其本性而言确实是生活在共同体中的。（1097b7-11）

他接着又给"自足"下了一个定义：

> 我们所理解的"自足"是指，那种仅仅为其自身就值得欲求并一无所需的生活。（1097b15）

但终究，亚里士多德的思想中始终存在着古代贵族的生活理想，"闲暇"是所有实践、行为的目标，劳作是为了不劳作，活动是为了不用活动，类似于我们古人说的"享清福"，因此最为幸福而极乐的生活状态是纯粹思辨

1　[美] 麦金太尔：《伦理学简史》，龚群译，商务印书馆 2003 年版，第 99—100 页。

的生活而非实践的生活。对人而言，德性很高贵，但"对诸神而言都必定显得是微不足道和不值一提的"（1178b18）。"完满的天福是一种思辨活动。"（1178b9）"人的生活只在那些类似于这种神性思辨的活动中才分享这种天福。没有其他生物是幸福的，因为它们无法分享到思辨。因此，思辨延伸到哪里，天福就延伸到哪里。思辨达到最高程度，幸福也就达到最高程度。"（1178b26-30）之所以如此，亚里士多德给出了六点证明：

（1）思辨是我们灵魂里最高贵的活动，即努斯这一具有神性智慧的思想活动。

（2）思辨是最持久的活动，比其他任何外在的活动都更轻松愉快。

（3）在所有德性活动中，思辨的智慧活动最令人享受，且最具纯洁性和持续性。

（4）思辨中自足性最多，最外物需求最少。

（5）思辨是唯一因其自身之故而被喜爱的活动，不指望有思辨之外的任何收获。

（6）幸福在于闲暇，牺牲闲暇从事严肃的德行实践也是为了有闲暇，免于劳顿，而我们在闲暇中从事灵魂中的努斯这种我们内心的神性活动，"这种神性的东西就是我们真实的自我（Wahres Selbst）……所以对人而言，这个最好的最富于享受的东西就是按照努斯生活，因为这种生活最多的属于人，人的生活也就最幸福"（1178a6-7）。

这样的伦理学是一种幸福主义伦理学，这是一个没有争议的普遍之论。德国当代著名伦理学家图根特哈特这样说：

> 所以总的来说似乎清楚的是，在"伦理学"这个题目下亚里士多德处理的不是一种伦理学或道德理论（Moraltheorie），而是一种幸福理论

（Glückstheorie）。但是人们自然地不得不问，对于亚里士多德而言，为什么追问幸福是重要的？……

　　亚里士多德在这里完全是柏拉图的学生。……柏拉图尤其是在《高尔吉亚》和《理想国》中试图表明，恰恰是有道义的生活才是唯一幸福的生活。[1]

亚里士多德之后，无论是伊壁鸠鲁派还是斯多亚派伦理学，甚至中世纪的基督教神学伦理学几乎都采取了"幸福论伦理学"的形态，可见，这一伦理学范式之重要的影响史，其实，直到康德《实践理性批判》的"分析论"才最终放弃了以幸福为最终目标的伦理学。但正如图根特哈特看到的那样，由于亚里士多德的"幸福"概念过于宽泛，使得人们很难就"幸福主义"达成一致意见，对亚里士多德的"幸福理论"也充满着误解，但无论如何，把追求幸福作为人类一切实践活动的最终目标，以个人美德来实现公道正义的美好生活，这样的"幸福主义"，为伦理学确立了一个完全世俗的安身立命的家园，其意义是毋庸置疑的。他的"幸福"概念也超越了之后小苏格拉底派和伊壁鸠鲁主义的"快乐主义"幸福理论，也没有斯多亚主义德行即幸福的偏颇与弊端。尽管有其不完善之处，但终归是古希腊人文主义所达到的思想高峰，正如范明生先生所说，亚里士多德基于人学的伦理学"实际上是希腊古典时期对人和社会所作的理性主义研究的总结和集大成"，"是后来西方人文主义、人道主义思想的最初起源"。[2]

第三节　亚里士多德德性论的规范结构

上文我们已经零散地涉及亚里士多德在《劝学》《欧德谟伦理学》和《大

1　Ernst Tugendhat: *Vorlesungen über Ethik*, Suhrkamp Verlag Frankfurt am Main, 1993, S. 239-240.
2　范明生：《希腊哲学史》（第三卷），人民出版社 2003 年版，第 905 页。

伦理学》中关于"德性"的观念，现在我们聚焦于《尼各马可伦理学》对"德性"的论证。在这部伦理学中，德性也不是一个"首要"概念，而是一个"从属性"概念，即从属于"人的最高善"（τἀνϑρώπινον ἀγαϑόν）的"实现"。

关键在于，究竟何为人的"最高善"？在整个亚里士多德的理论中，内含两个层面的答案，一是基本善，即从人之为人的本性而言，这种"本性"依然作为本质，是从"类族"而言，它只是人的潜能，还无善无恶，只有将人的本性潜能"完满实现"了，才能称之为"人的善"。但"完满实现"也有两个方面，一是单纯从理论上，按照自然目的论的推演方式，将本性／本质作为一个意向性的目标"说"其"实现"了，是一种抽象的基本善；二是在人的品质中有一种最接近人本性的目标完满实现了，人才算是人，这种善当然就是人的最高善。例如，理性作为人的本性，一般地说实现理性品质，那就是人的最高善，但"理性"又区分为不同层次的"理智"，只有"努斯"这种思想能力才是最高的理性，就此意义而言，实现了人身上的"努斯"，才是人的理性品质的最高善。

所以亚里士多德的德性论有两个要素，一个是生命品质，另一个是生命品质之功能的实现和最佳实现（德行），永远都是内在不可分的。但在亚里士多德这里，不能把美德品质作为当然的出发点，而只能作为预想的，即可能实现的人性的最高善，但要实在地完满实现需要一系列前提作为它的出发点。因为"品质"不是天赋的东西，天赋于人的作为"偶然获得的人性"，只是成为德性品质的"潜能"，如果没有"完满实现"，就根本不能称之为德性。德性是需要学习、训练、习惯、养成、教化等"行动""在先"而"后成"之的，因而是自身行动（实践）的作品或成效，而不是现成的"出发点"和"元概念"。如果行为"不得当"，或者养成了错误的行动方式和习惯，德性潜能也能变成恶德，而非美德。

所以，就亚里士多德强调德性"实现"（行动）才成就美德而言，反倒是"正确行动"对于养成"德性品质"具有优先性，这一点成为其德性论的理论特色。德性、德行、美德在他这里具有一种规范性结构，我们只有把握了这一规范性结构，才能真正理解其"属人之善"的结构。在这一结构中，德行具有核心地位，它不像许多英美阐释家说的那样，只是实现"幸福"目标的"手段"，而是"宗"人之"性""行"天之"道"而"造成"人之为人的美德。我们需要从灵魂这个造化生命的"伦理机制"入手来理解亚里士多德的德性论。

一、灵魂品质与德性品质

古希腊人把灵魂（ψυχῆ/psyche）作为生命的"气息"纳入哲学中来，是对"生命"现象的一种独特感知。他们认识到，万事万物由某种"质料"构成，但"质料"本身还不足以构成"生命"，"生命"全靠"质料"中的"气息"灌注而成。"伦理学"既然探究人"宗因"什么而"生养"出品质的优秀，就必须探寻人体的生命"气息"宗何而来，因何而优。亚里士多德接过了柏拉图生命因善而善（《形而上学》1022a16）的命题，但必须不把善视为与人的生命相"分离"，而是"生命"自身中"生养"出来的善，这才是伦理哲学探究的课题。因而，他从"灵魂"这个生命原则来解释人的"生命气息"，从每个人的"生命气息"来阐释"伦理"作为人类共存的存在机制：

> 人是由己而活着的［指有"气息的"］，因为灵魂是人的一部分，生命最初就是在灵魂中获得的。此外，说某物由己，指的是没有其他原因。人虽然是有许多原因，例如是活的存在者，有两足，但人只能由己才是人。（1022a32-34）

所以人在亚里士多德这里，不再是一个实体，而是一个主体，且是自由之主体。这种自由表达的就是"人只能由己才是人"，这个"己"也就是赋予人以生命气息的灵魂。

亚里士多德也正是在此意义上说，灵魂是生命的原则且"自限题材于

'人的灵魂'"[1]，那么要考察的是灵魂"立起"一个生命体的原因：

> 有灵魂物（τὸ ἐμψυχὸν）所别异于无灵魂物（τοῦ ἀψύχου）者，就在"生命（生活）"。（413a22–23，第 89 页）

但究竟灵魂如何能立起一个生命体，亚里士多德自己的认识有一个过程。在早期《动物学》著作中，他继承古希腊早期自然哲学家的主张，把灵魂和身体（质料）视为两个独立的本体而后"合成"为一个有生命的动物，本质上是二元论的；而在《灵魂论》中，他回到"灵魂的一个涵义，恰是动物生存的原理"（402a6，第 44 页）这一起点，并从潜能与实现的存在论原理，阐明灵魂与德性如何让人自愿地"由己"成长为具有高贵的德性品质者。因此如果有谁说他这里是确立以"行为者"为中心，根本还没达到其伦理思想的前庭。亚里士多德要做的，是要在第一哲学之存在论上阐明，灵魂之德性（ψυχῆς ἀρετὰς）在何种"伦理机制"中才能让人"成为主人"（δεσπόξειν），成为自身的"主管者"（ἐπιστατεῖν），因而以如何成长为"一个有德性的人"为要旨。灵魂的德性在此意义上，就是自主地造就一个人的卓越之功能。而这种"功能"，在亚里士多德这里恰恰表现为生命之生成活动。

灵魂的生命气息就是这种生成活动之"气"，其主要特征是"能动"和"能感受"（πᾶθείν/affection），希腊前贤就说道，"灵魂第一显著的征象，就在于它能引发运动（活动）"（403b30，第 51 页），而能引发运动者，首先能"自动"。亚里士多德由此分析了留基伯和德谟克利特原子论的灵魂观，说他们执着于"匠人的思维"，把呼吸视为生命的基本条件，生命体的生命全凭气压的吸气能力从外面补充同类的原子来理解生命，能呼吸多久就能活多久。他说对柏拉图影响极大的毕达哥拉斯派的灵魂学说也与此相同，宣称

1　［古希腊］亚里士多德：《灵魂论及其他》，吴寿彭译，商务印书馆 2011 年版，第 46 页。以下凡引此书时直接在《灵魂论》后写中文页码。

灵魂为空气中的精微微粒，设想自运动是灵魂的显著特性，也认为灵魂能肇致运动。但亚里士多德本人更看重的是，灵魂的一切运动有赖于灵魂自身中有一种最高的思想能力，理智的直觉能力，他称之为"努斯"（νοῦς），而且"努斯"还能辨别是非和美丑。灵魂是植物和动物都有，但唯有"努斯"才是人类所独有而专属于人类中有思想能力的高贵品质者所独有的接近于神的"灵性智慧"能力，因而它成为人的灵魂之高贵与否的"行规定者"。

柏拉图继承了毕达哥拉斯派灵魂论的许多观点，认为灵魂深深地含蕴于生物体内，"造化先引用所有的元素制作（合成）为灵魂，而后依据感觉所内蕴的谐和（合乎乐律的）数比，为之区划，俾能感应于乐律。而且制使其运动完全合符于谐和的节文……使灵魂的运动隐括论诸天体的运动"（406b29-407a3，第 63 页）。亚里士多德批评他们的灵魂观念"内蕴有一个共通的违失自然的谬误"，说他们实际只是自定地专断了灵魂的性能，如同毕达哥拉斯宗派的鬼神传说，任何灵魂都能觅得进入任何身体的途径，木匠技术直能进于吹箫的乐艺。当然，"最不合理的谬说，莫过于把灵魂称为自己运动的一个数"（408b35，第 72 页）。

在对几乎所有前贤的灵魂观做了批判之后，亚里士多德说，灵魂既然是有生命物体（生物）的因与原（第一原理）[1]，而"灵魂"通有一切生物诸原因中的三因：动力因，生物动变之缘起；目的因，生物动变所趋向的终极目的；质料因，一切生物的本质（οὐσία）和本体。本体是一切事物所由得其存在的原因，生物的存在就系于生命，因而灵魂就是生命的因与原。刚说灵魂通有一切生物诸原因中的三因，却独缺失四因中的形式因，实际上亚里士多德绝非否认灵魂是"形式因"，相反是特别强调这一"形式因"："灵魂作

1　注意亚里士多德一直是区分"因"与"原"的。"因"（αἰτία）有四义：事物所由形成的质料，质料因；事物的通式或模型，形式因；事物变化或停止的最初所由的开始者，动力因；事物之所以成为事物的目的，目的因。"原"（arché）是事物之所从发始的起点，根本上是"生成"的"开端"，所以亚里士多德还说，"全部本原的共同之点就是存在或生成或认识由之开始之点"（《形而上学》1013a19），"原因"是"原"与"因"的结合义。

为生物的潜在生命之实现，恰又成了它本体的实是公式。"（415b16，第98页）因而，他将"生成""实现"引入到"形式"之中，强调"生成"就是一个不断"塑形"的活动，因而事物之"形式"不是如神造万物那样一蹴而就，而有其从"潜能"到"实现"的"自发生成"过程，正是在此生存过程中，"形式"起着"范型"的规范性意义：

> 自然间一切复合而成的个体，都是有限界的，有定规的"公式"λóγος（比例）范型它们的大小（轮廓）与生长……于生长而论"比例公式"λόγου（本因）实际重于"质料"ἢ ὕλης（物因）。（416a15-19，第99页）

因而"德性"之生发与养成，本身就是在灵魂的"形式因"这一"范型"的规范性中才造就自身的优秀的，"灵魂"才能与有生命存在者的"德性品质"密切关联起来。善恶在灵魂论上首先就是指"生命品质"的好坏，而非行为的好坏：物因或质料因事关生物身体之"好"，它由"植物性灵魂"实现其"功能"。植物性灵魂的机能是一套"营养机制"，是亚里士多德"灵魂"的第一个部分；形式因如上所言，是"范型"事物的生长，生物在人之前，就受到了其"形式因"之"规范"，无"规范"事物之"潜能"无法"实现"为其自身目的。柏拉图之所以能发现万物自然地具有欲善、向善之倾向，灵魂的营养机能自然地趋向于提供"最好的"营养，事物之"动因"无不趋向于自身之"最佳"，都是由于相信，事物的灵魂中自带一种实现自身生命之最高目的（天命）的规范机制，因此他和亚里士多德都对自然和伦理事物采取了"自然目的论"解释框架，这是有物理学和生物学之基础的。

当然，在亚里士多德这里，"动力因"虽然并不提供"规范"本身，但空有"形式因"，事物自然向善的"目标"是无法"实现的"，对于更加强调"实现活动"的亚里士多德而言，"动力因"的意义非同小可，因为德性作为灵魂的"隐德来希"(实现),靠的就是灵魂不断提供高尚善欲的"动力","目的因"作为事物自身的"最好"才能"实现"出来。

所以,"灵魂"与"德性"之间具有一种直接对应关系,全赖灵魂本身具有一种规范结构,即自然欲求最优的一种可能趋向。这种非道德主义的最优、至善,作为可能性,说的是"运动"与"活动",而与之相对的恶劣,也是灵魂中内在蕴含的,在《形而上学》中,亚里士多德论证说:

> 德性(Tugend)和劣性(Schlechtigkeit)都是属性的一部分,因为它们表征了运动(kínēsis)和活动(enérgia)的差异,根据这种差异,那些在运动中的事物才做(tut)或遭受(leidet)到某种好或坏;因为以这种特定的方式被运动或能够主动活动的,即是好,相反以这种方式,尽管是对立的方式,却是坏。特别是,好与坏表征有灵魂的存在者的生命品质,其中尤其大多数表征按意图(Vorsatz)行动的存在者的生命品质。(《形而上学》1020b17-26)

在这里,亚里士多德区分了作为"属性"的德性与劣性和作为"品质"的德性与劣性。前者是实体机能"运动"与"活动"之好坏的标志,如今天"胃口好"只是今天胃之德性的表现,但不是胃之品质好坏的表现;今天"胃口不好"仅仅说明今天的肠胃功能可能出现紊乱(坏),但不能说明谁的胃的品质就是"坏"。这也就是说,"运动"与"活动"它们可能时好时坏,但并非是其生命品质的表达。后者是对"已成""品质"的描述性概念,是"好"与"坏"都作为"结果""实现"出来了的表达,因此,它或者是"好"或者是"坏",而不能今天可能"好",明天可能"坏"。这一点后来在《尼各马可伦理学》关于"伦理品质"和"行动"的区分中做出了非常透彻的规定:品质是"源自一种稳固持久的状态"(1106a6)[1],"行动"可能有"过

---

1 参见[古希腊]亚里士多德:《尼各马可伦理学》,邓安庆注释导读本,人民出版社 2010 年版,第 86 页。

度"和"不及"，它们可能是错的，但并一定就是"坏的"，它们可以允许有对立面，即同一种"行动"既可能是"对"也可能是"错"，但并非必然是"坏"，只有必然是"坏"的行动才涉及"品质"，它没有对立面，对它而言，"过度"和"不及"都是"坏"，唯有"中庸"（中道）才是"善"的品质。

亚里士多德在上文中特别强调了"品质"，"大多数表征按意图（Vorsatz）行动的存在者的生命品质"，这就是人的德性品质的标志。在这里，人的"灵魂品质"与动物的"灵魂品质"的区别就明显了。动物也有灵魂，也有德性（就非道德主义意义上的优秀而言），但它们的灵魂品质和德性品质是就其"类"（品种）而言，人类的灵魂和德性品质却是就"个体"而言的，因为常常与"带有意图的行动"相关，由此造成的品质差异，就不再是"品种"的差异而是个体的差异，与每个个体能否将其自身所禀赋的"种"的品质在自身"实现""造就"为"现实"相关。在此意义上的品质的善恶好坏，才具有德性的意义，所以，亚里士多德强调，"恶显然不在事物之外"，但就时间性而言，"恶在本性上是后于潜能的"，在此意义上他明确不承认"人性本恶"："对于那些源自本原的东西，永恒的东西，既没有邪恶，也没有错误，既没有缺损，也没有破坏。"（《形而上学》1051a19-23）"好"（善）和"德性"是灵魂造就自身生命禀赋朝向好品质的实现；而"坏"与"恶性"则是自身好品质的潜能实现不了，由此造成品质之败坏的活动。因此，好坏善恶最终涉及的是灵魂自身的塑造活动的属性，尤其是大多数表征按意图（Vorsatz）行动的存在者，即人类的生命品质，善与恶都不来自本原与本性，而与自身的德性品质相关，与本原的生命造化者无关。

于是，灵魂造就生命品质的这一活动机制，就是人的德性活动。所以，需要对灵魂的部分及其功能实现做进一步的区分和阐明。

亚里士多德对灵魂的划分，表面上看与柏拉图的三分法（欲望、激情和理性）不同，采取的是二分法：没有秉有理性的部分和秉有理性的部分。但在这二分的两个部分再二分，就既包含了柏拉图灵魂的三部分，而且把柏拉图灵魂的"理性部分"更细分为偏好理论推理的理性（理智）和偏好直觉思维的理性（努斯）：

> 在灵魂的非理性能力中，再有一部分对于一切有生命者是共同的，即植物性的本能，我指的是供给营养和生长的能力。（NE，1102a33-b2）
>
> 灵魂还有一个无理性的部分，但在某种程度上还是分有理性的因素。（1102b13-14）

他还这样总结说：

> 非理性的能力也与整个灵魂一样有两部分，一部分是植物性的能力，它与理性全然无关，一部分是感性欲求能力和一般欲求能力，它则相反地以某种方式分享理性，能够听从和顺从理性的指导。……灵魂的理性能力也必定具有两个部分，一个部分具有真正的理性，它在自身中具有理性能力，而另一部分所具有的理性能力，则像一个孩子"听从"他父亲那样。（1102b29-1103a4）

"植物性灵魂"供给营养和生长，相当于柏拉图狭义的"欲望"（appetite），而那个包含感性欲求和一般欲望的非理性部分，则类似于柏拉图"激情"部分，是 desire 这种欲望，它自身没有理性禀赋，却可以听从理性指导。而灵魂中的"理性"部分的功能，即"努斯""心识"之功能："'心识'（ὁ νοῦς）这字，我的命意，专指灵魂中，思想和由思想以成立信念的那个部分。"（429a23-24）[1]德国当前古代哲学学会第一主席克里斯托弗·拉普（Christof Rapp）对它的解释是：

> 思想能力或者更清楚地说努斯能力被定义为"灵魂用以思想和确定

1　［古希腊］亚里士多德：《灵魂论》，吴寿彭译，商务印书馆 2011 年版，第 153 页。

信念的东西"（429a22 以下），它自身无本己之属性并因此处在接受被思想者的诸形式之中。在它思想之前，就现实性而言，没有任何一点属于它所能思的东西。……心识（努斯）只有人能达到，动物则达不到。人通过心识而处在思考和理解普遍的存在形式之状态。[1]

　　灵魂有了这种思考和理解普遍存在形式的心识能力，才能按照造化最佳生命的原理让每个生命体"是其所是"地在共同体中"有道有义"地活出生命之繁盛。灵魂的高贵是与思考和理解普遍的存在形式相关的品质，这样的灵魂是作为"看不见"的"伦理"，但有效地塑造、规范和引导人的德性之生养活动。当人的存在从"灵魂""外出"到世俗社会政治伦理生活之中，灵魂就面临着如何在"看得见"的"伦常习俗"上进一步引导和规范人的社会化行为的职责，让每个存在者既在其"本然世界"又在其社会政治世界的"实存"中，向着"美善存在"攀升，最终将偶然所得的天赋人性"生养"为人之为人的"社会政治本性"完满实现的正义德性，这才是所有存在者的"最大幸福"。所以，灵魂的造就生命最辉煌实现的原理只有通过"功能论证"才能更清晰地表达出灵魂的德性品质，因此在我们现在来具体探讨，亚里士多德对灵魂中德性的"功能论证"做出了哪些推进。

二、对"功能论证"的推进

　　我们在前一章已经论述了柏拉图的"功能论证"，它探讨的是万事万物都有一个非其自身不能成、非它成不好的 ergon。事物自身的这个 ergon 显示其内在的、不可取代的道行，是它造就了事物自身的特质或卓越，因而把它称之为事物的德性。在此意义上，说大自然不做无用"功"，这个"功能"不在于成就它的使用价值上的"功用"，而在于成就自身的卓越。亚里士多德在德性论上继承了柏拉图对德性的这一基本论证，也是在非道德主义

1　Christof Rapp: *Aristoteles—zur Einführung*, Junius Verlag Hamburg, 2001, S. 187.

意义上,即在事物自身"功能"的"最佳""最优"上规定德性的一般含义。所以,他的"功能论证"(function-argument 或 ergon-argument)不再是论证人的眼、耳、鼻、舌、身都其固有的卓越性能,因为人的德性区别于其他事物,不再只是身体的德性,而是灵魂的德性,因而人的"功能论证"的核心,指向论证人的生命品质的优秀功能的造成机制。

在《欧德谟伦理学》中,亚里士多德就已经明确地说,"灵魂的功能是造成生命"(1219a24),那么灵魂的德性在卓越性上,就是造成最卓越、最完善、最高贵的生命。"功能"的"主体"是人的"生命"或"生活",这是一个人"整个一生"的生命功能:"这是贯穿在一个人完整一生中的。"(NE,1098a19)所以亚里士多德的论证思路是通过将人与其他种类的事物(植物、动物、神)相比较,指明人身上的那种不可替代、非人不能做、非人做不好的特有功能就是人的灵魂之功能的完善。他所推进的第一步是把"人"从"职业活动者"的"身份人"抽身出来,指明每个人对"人本身"具有一种"属己的活动":

> (1)如果我们从人所固有的活动出发,这一点就可以看得清楚了。正如对一个吹笛手、一个雕刻家和任何一个匠人,总之,对于每一个从事某种活动和行为的人,他的善良和卓越就在于他的活动的完善,所以这理所当然地也适用于人,假如说人也有一种适合于他的固有活动的话。(1097b24-28)

每一个人都有一个最适合于其本性的活动,这也是柏拉图所证明的,有人适合于做匠人,做苦工;有的人适合于做"卫国者";有的人适合于做城邦领导者,当王。儒家也有类似的道理,阐明君臣、父子、夫妇、兄弟,各得其位,总要有相应的"德"与之相配,德不配位者不得福,这是通则,但亚里士多德要我们思考的,不是具体社会角色中的人,要把人从人的身份、等级、地位这些"偶性"中退出，从每一个"人"都是"人"来思考，以人自身的"实体"（是"一个人"）来思考人的"固有活动"，其"完善"而"自足"的"终极目的"是什么。

第二步证明回到"人"自身，但要把"人的生命"从从属于人的各种身体"器官"的"功能"中抽身退出，再区别于其他动植物的生命，从而推论出人所禀赋的理性的灵魂生活活动才是人类所独有的：

> （2）既然眼睛、手、脚以及一般地说身体的每一个部分都有其特殊的功能，那么人就该超出所有这些特殊的活动之外还有一种他固有的活动吗？如果有，这会是什么样的活动呢？显然，不是生命，因为生命活动也为植物所固有；而我们所寻求的，是只为人所固有的活动。所以，我们要把营养和生长的生命放在一边。接下来要考察的是感觉的生命，但这样的生命明显地是与马、牛和一切有感官的生灵所共有的。那么剩下的就是有理性天赋的灵魂部分的生命活动。（1097b30—1098a4）

对于这一论证，德国曼海姆大学伦理学和古代哲学教授、亚里士多德专家沃尔夫（Ursula Wolf）指出：

> 借助于功能（ergon）概念来论证，虽然在第一卷第一章就已经附带出现了，但只有现在才进入到中心。
>
> 　功能（固有的成就、固有的活动、使命、功用）这个概念同迄今使用的目标和善的概念紧密联系在一起。而目标这个词（恰恰在所提及的二阶意义上）表征任何目标都是某个人正在欲求的，ergon 这个术语总是被使用在一种技艺（technē）或行为方式所在之处，但也可以使用于通过一种特定的目标或善来定义一种工具或器官（在一阶意义上）等之处。建造房屋的技艺因此是通过房屋是其功能来定义的。眼睛的功能

是看，刀的功能是剪，吹笛手的功能是吹笛。因此功能不是用于一种产品，而是也能在行为（Handlung）本身中存在的。[1]

简单地说，功能不是实体的本性，而是实体本性之最佳实现，通过这一实现活动，实体性的人才自我造就为主体性的人。因此，亚里士多德的推进，不再是"认识"人的功能，不是"把握"人本身"所是的什么"，而是"人之为人"的"生成""成长"。它类似于儒家说的"做人"，但它不指向任何"成人"之外的任何"功用"目标，就是返身性地回到人自身，成为一个卓越的人本身，这就是人生最大的造化，最伟大的使命，最高的德行。

不是每一个人都能完成自身造化的这一步，它需要启动人的灵魂中理性的"使命"的自觉：

（3）［但在灵魂的理性生命］这里有一部分是对理性的顺从，另一部分是对理性的持有和实行。但由于这种生命活动也可在双重意义上理解，那么我们在这里只把生命作为立己的实存活动（eigenständige Tätigsein），显然这种生命可视为更加本己的生命。（1098a4-7）

人的灵魂的理性生命拒绝任何物化和工具化，因而他的品德只是"达在"的某种高贵的生命状态，因此海德格尔把亚里士多德的"德性功能"解释为人的"达在""实存"的"关键时刻"（καιρὸς）：

进入某种确定的 ἕξις［状态］的本真含义究竟是什么？Ἕξις［状态］根本不是我们与生俱来的品质（ja nicht Eigenschaften, die wir von Natur mitbringen），相反，它具有一种确定的 γένεσις［生成］：它 δι ἔθους［依

1　Ursula Wolf: *Aristoteles'" Nikomachische Ethik"*, Wissenschaftliche Buchgesellschaft Darmstadt, 2007, 3. Auflage, S. 38.

赖于伦理]。养成习惯（Gewöhnung）是道路（Weg），我们由此道路形成 ἕξις [状态]、造就 ἀρετή [优异（卓越）]。[1]

造成自身生命之卓越的功能，不再是某种形而上学实体的不动不变之永恒状态，而是达在 / 实存于世界中，在依赖伦理、养成习惯的"道义"中"生成"出的卓越，这是亚里士多德推进的关键点。要实现这一点，灵魂中的"理性使命"不仅要获得自觉，而且要在意愿决断中坚定地予以施行，这就过渡到了论证的第四步：

> （4）如果是这样的话而且我们把某种独特的生命视为人所固有的使命，灵魂的实现活动就是作为这种实现活动，即合乎理性地行动，但一个卓越之人的灵魂实现活动，我们也就只能做这种增加：就是最好的和最完善的灵魂的实现活动。如果一个人终归变得卓越，就是说他实现或完成了他所固有的人的使命。如果一切都如此，那么我们最终得到的结论就是：人的善就是灵魂的合乎德性的活动，如果有许多德性，那么就是灵魂合乎最杰出、最完善的德性活动。（1098a14-18）

因而德国哲学家们普遍地将"功能论证"（ergon-Argument，也称之为"使命论证"，Aufgabe-Argument）。德国亚里士多德专家多罗西亚·弗雷德（Dorothea Frede）这样评价说：

> "功能"（ergon）这个名词也是从"潜能实现"（en-ergeia）推导而来，亚里士多德虽然时常在"作品"（Werk）的习惯含义上使用，但也在"功能"（Funktion），更准确地在"使命"（Aufgabe）这个确切含义上使用。

1　[德] 海德格尔：《亚里士多德哲学的基本概念》，黄瑞成译，华夏出版社 2014 年版，第 209 页。

所以在翻译中对像 ergon 这样的多义词在通常使用中的翻译是不确定的……在第一卷第一章 ergon 是在"作品"意义上使用于表达所有活动的产品，如同一种状态的建造，因此表达其目标。在第六章相反，亚里士多德用 ergon 不是表达一种建造的产品，毋宁说，对于人而言是表达发自本性的本己"使命"或"功能"。（1097b24）[1]

所以，图根特哈特和沃尔夫都直接地将"功能论证"称之为"使命论证"[2]，品质优秀（德性）的人的灵魂能对人自身的天命或使命具有明见性，从能责成自己活出人的使命来，这种生命实践才是在生命本身之中实践（《形而上学》1048b22），目标是自身品质之善和生活之善的自我实现，自我造就。所以，属人的最高善不在于对天赋于他的德性 / 才干的单纯拥有（Besitz），而在于卓越地造就和实现。自觉领悟到自身"使命"的人，其德性潜能会卓越地实现，而领悟不到自身使命的人，其德性潜能得不到实现或平庸地实现，或将人性潜能实现得比动物的还差。

三、伦理德性两关键：习惯养成与中道

"伦理德性"（ἠθική ἀρετή）是灵魂中非理性部分，即欲求与性情部分的德性，它与人的"欲求能力"（Strebenvermögen）相关，但只有欲求的"真"与"好"，性情的"善"与"美"才能说是欲求能力和性情之卓越，但这种德性以什么标准来判断与成就呢？亚里士多德一般都是采纳"排除法"来论证，他说灵魂中有三种"生成的东西"（γινόμενα）——性情、能力和品质，

1　Aristoteles: *Nikomachische Ethik*, Übersetzt, eingeleitet und kommentiert von Dorothea Frede, Erster Halbband Übersetzung und Einleitung, Walter de Gruyter GmbH Berlin/Boston, 2020, S. 222.

2　参见 Ernst Tugendhat: *Vorlesungen über Ethik*, Suhrkamp Velag Frankfurt am Main, 1997, S. 241-249；同时参见 Ursula Wolf: "Über den Sinn der Aristotelischen Mesoteslehre(II)," in: *Aristoteles: Die Nikomachische Ethik*, Herausgegeben von Otfried Höffe, Akademie Verlag Berlin, 2006, S. 84-88。

伦理德性必属其中之一。首先他论证，伦理德性不直接等同于"性情"，其次他论证，伦理德性也不能直接等同于"欲求能力"，判断它们的"真"与"好"、"善"与"美"，只有通过将它们内在地养成为"性格品质"，它们才能是"伦理德性"，因而，伦理德性只能是"品质"之优卓。要理解这一论证中的"义理"，我们必须对这三个概念都获得准确的理解。

　　"性情"（Affekte）亚里士多德用的希腊文是 πάθη，它最直接的含义是"感受"或"情感"，用它来表达这样一些性情状态（πάθος）：欲望、愤怒、自信、妒忌、愉悦、友爱、憎恨、渴慕、嫉妒、怜悯（NE，1105b21-23）。我们不能把 πάθος 直接翻译为"情感"，因为它指我们的灵魂在受到外部影响触动后形成的一种情绪状态，对于感受，承受在先，"情绪""情感"在后，而且也不是指一时一刻偶然出生的情绪，而是一种性情类型；它也不是"情欲"，我们中文在佛教传入后就把情与欲分开了，有所谓"七情""六欲"之分，而亚里士多德在这里说的 πάθος，"欲望"只是其中之一，自信、友爱、渴慕、怜悯等都不是"欲望"，所以用"性情"来翻译它是准确的。但无论我们把它翻译为什么，亚里士多德说它都不是"德性"，理由有三点：其一，性情因感而发，但出于本性之自然，对于天赋于人的性情，很难做出善恶之分，我们称赞和判断一个人是好人，谴责一个人是坏人，不是按照其自然的性情如何，而是按照其品行。性情温和的所谓"好性情"也不必定就是美德，性情暴躁的坏脾气，也不一定就缺德，我们判断的对象在"人品"而不在性情。其二，所有这些作为名词来翻译的感受、感情或性情都只是表达了其动词不定式 πᾶθεἶν 被遭受和主动感受所衍生出来的状态[1]，但"德性"显然不能指称某种感情和性情的激动状态，而是通过伴随着苦乐感的性情做出行动的方式，反映出一个人的品行状态。在我们遭受或感受到苦乐时我们如何恰如其分地对待和处理所表达出来的性格，才能是"品行"。亚里士多

1　参见［古希腊］亚里士多德：《尼各马可伦理学》，廖申白译，商务印书馆 2009 年版，第 43 页的译注。

德明确地说：

　　　　称作品质（Habitus）的最终取决于做什么，鉴于我们的性情我们
　　举止得当或举止不得当，例如在涉及愤怒的情感时，如果怒气太盛或怒
　　气不足，都属举止不当，反之，举止得当，就是适度，公道得体。[1]

　　其三，性情直接表露的情感状态，怒发冲冠或恐惧绝望，作为直接的情
感反应，那不是德性，德性要经过事先的决断，是自我决定的行为，其是否
是德性行为，取决于行动者"知道"所做的是什么事；即便"不快乐"也决
定带着"痛苦感"去做[2]，因而是自愿地为善的；以最适当得体的方式去做，
满足这三个条件的伦理行动才是一个人伦理品质的表现。

　　"能力"（δυνάμεις）在非道德主义的德性论上，一般都是作为德性来赞
美的，而亚里士多德在这里为什么说"能力"不是"德性"呢？

　　《尼各马可伦理学》中对"能力"为什么不是德性的论证非常简略，但
我们必须知道，他在这里给"能力"下的定义："能力是指那种我们因之能
够感受这些情感的东西。"（NE, 1105b24）也就是说，它不是一般的"能
干""才干"，而仅仅是指对情感的感受力，即易感性能力，例如，对愤怒、
怜悯、悲哀等情绪如果缺乏易感性能力，就很难让人做出伦理行动，但这种
感受力本身毕竟不是德性，因为没有谁会把一个敏锐地感受到别人的苦难却
还能无动于衷的人，称之为有德性的人。感受性只是促成伦理行动的一个
"动因"，是否是德性，取决于有了这种感受力之后如何"做"，如果什么也
不做，没有"行动"，感受力就不是德性之潜能，只有作为促成采取伦理行

1　重译 1105b26-28，根据 Aristoteles: *Nikomachische Ethik*, auf der Grundlage der Übersetzung
　　von Eugen Rolfes herausgegeben von Günther Bien, Felix Meiner Verlag Hamburg, 1985, S. 33。
2　亚里士多德明确意识到伦理德性所涉及的性情都伴随着苦乐感："伦理德性与苦乐感相
　　关，因为首先，我们甚至因享乐而行伦理上卑鄙之事，因为痛苦而搁下善事不做。"（NE,
　　1104b10-11）

动的"动力"，才能称之为德性的潜能。因此，即便把"能力"解释为"潜能"，也只有当其做出了以善为目标的行动，才能称之为德性／德行之潜能，"潜能"预设了善作为目标的实现方式。

那么，现在只剩下德性是品质（ἕξεις/hésis）了。在《形而上学》第五卷第二十章，亚里士多德先是从ἕξεις的动词ἔχω之义"操持""持有"来阐释"品质"，德文对应地翻译为 Haltung：

> 品质之义在此意味中，例如操持者（Haltenden）和被操持者（Gehaltenen）的一种实现活动，作为一种行动或动变的类型；因为一个制作，另一个被制作，两者之间就有一个制作活动实现的中介，品质就好像在持有一件衣服者和被持有的衣服之间作为中介的持有。在此意义上品质显然不再能是操持，因为否则就导致操持的无穷进展，使得有人操持被操持者的品质就会是可能的。（《形而上学》1022b4-10）[1]

这段话如果仅仅局限于文字层面，是非常难以把握的。我们必须还要引入品质之"性"的概念，"操持者"操持的是自身之"质"或"性"，这个自身之"本有"的"质"或"性"才是被"操持者"，因此，在"操持者"和"被操持者"之间，亚里士多德强调有一个"实现活动"（行）才是"品质"含义的第一规定。"实现活动"无非就是说要把操持的"本有"之"质"之"性"，现实地、稳固地"持有"了，其前提是"质性"是一开始只是"偶性"，是不稳定的，随时可变，一变即不"持有"了，所以要将其变成"品质"，才是将"操持着"的"质性"现实地"持有"，变成了自身不可褫夺的"固有的""属己的"东西，这才是"品质"。这样理解，"品质"就不像操持一个身外之物那样占有或持有，而是在"操持"中"操守"着自身"属

1　Aristoteles: *Metaphysik*, Übersetzt von Hermann Bonitz, Rowohlt Taschenbuch Verlag Hamburg, 2002, 3. Auflage , S. 156.

己的"质性，因而，准确地理解，品质是一种"品行"：在从"操持"变成"操守"的制作行动中，将自身本有的"禀赋"现实地操守，变成自身的稳固不变的"面子"、品格和品行。

"品质"因而是自身"禀赋"的一种实现活动，而且唯有品质的实现活动才是"德行"，即将禀赋的"潜能"在操持和操守中保持和完成为自己稳定品格的自我造化行动，最终才成为自身不可褫夺的东西。

它的第二个含义是"处置"（Disposition 也直接地译作"性情"或"脾气"）。作为禀赋的品质无所谓好坏优劣，但实现为稳固品格的品性／品质有好坏优劣，这全赖"品质"内涵一种"处置"能力，这种能力才与德性直接关联起来，亚里士多德明确地说：

> 品质的另一种含义是处置，在某一特定状态中事物处置得好或坏，或者是由于自身，或者是事关其他；例如健康是一种品质，因为它是这样一种处置；此外，品质也描述这样一种处置的一个部分，所以这部分的德性也是一种品质。（1022b10-14）

这就阐明了伦理德性最为关键的两点：其一，它是"品质"／"品行"，是人身上"固有的"不可褫夺的东西，但"固有"并不表示从人"天生"即"拥有"（仅仅是"拥有"了其成为德性的"潜能"），天然获得的是"属性"，是尚未成型的"质"，通过操持、操守之"行"才变成属于自己稳定拥有的，才是"品质""品性"。因此，第一关键点就是如何将天赋于我们的偶得的人性，"养成"为自身固有的品性／品行，这里必然遭遇到"自然"（天性）和"习俗"（习惯）之关系问题：

> 在所有伦理德性（ἠθικῶν ἀρετῶν）中，没有一种是由自然赋予我们的；因为没有什么自然造成的东西能够被习惯所改变；……因此，德

性既不出于自然，也不违反自然而生成，相反，我们因禀赋自然而获得它们，之后通过习惯（διὰ τοῦ ἔθους）让它完善起来（τελειουμένοις）。（NE，1103a19-26）

所以德性之"实现"是"完善""自然禀赋"的"德行"，它由个人性的"习惯"而演变成个人德性品行，这种品行又深受社会性"习俗"的影响与要求，在社会性礼俗要求下，个人德性依然有一个在自然—习俗之间的自主性成长空间，这就是灵魂中的理性力量。因此，习俗与"伦理"具有深厚的世俗性的密切关系，这也是许多人直接把"伦理"等同于"习俗伦理"的原因，因为个人只有通过社会化生活才能成长为人。但就像"德性"并不直接等同于"习惯"一样，"伦理"也不能直接等同于"习俗"。只有通过"习惯"养成而完善起来的禀赋才是德性。我们在阅读和研究亚里士多德时必须特别注意这一点，它简直就是我们在"伦理"上总是陷入迷乱的最大根源。

亚里士多德说得非常清楚，"伦理"的词义来源于"习俗"（ἔθους），但"习惯"或"习俗"既可成"好风尚"，也可成"恶俗"，因此，"习俗"必由"德性化"才成为"伦理"，作为通向"善"的目标实现的"存在机制"。只有这种意义上的"伦理"才是"伦理学"（ethics）意义上的"伦理"。亚里士多德只是简单地说："伦理（ἠθική）德性是从习惯（Gewöhnung）中养成的，所以只把习惯（ἔθους）这个词略加改变，它也就获得了其伦理德性之名称。"（NE，1103a17-18）所以，我们在这里需要指明，在古希腊如同在其他文明中一样，存在着"两种伦理"概念——习俗的伦理和哲学的伦理，严格地说，所有伦理学或道德哲学要做的唯一工作，就是以"习俗伦理"为对象，反思、批判和证明其成为"哲学伦理"的"德性"标准和道路。

亚里士多德巧妙地将"习俗"德性化，实质上是确立了"习俗伦理"以"德性"为标准，他论述得很简略，不像康德那样详尽地阐明"伦理"为什么需要"形而上学"先行,以为"世俗伦理"确立起"道德性"(Moralität)标准。也许对于亚里士多德这样的古代自然主义者,他心目中想到的只是,只需指出"伦理"与"德性"的密切关系,尤其是指出,由"习惯"(伦理)"实现"为"伦理德性"的"生成"机制或"第一因"就够了,因为哲学只有找到"依凭本性"而"是其所是"的第一因了,就是自由的智慧。

所以,对于伦理德性,亚里士多德指出了"它从习惯"养成,既非自然而然,也非反自然,而是依凭本性(自然)而"完善地实现"自身之所是。这里最为关键的就是德性作为天赋于我们的本性"自我实现",因而是自我造化的"第二自然"的造化机制。在此,他强调了"行动"之于"品质"在"实存"上的优先性:

> 德性则相反,我们事先施行德性活动,然后才获得了德性[品质],就像艺术家是先从事艺术活动一样。(NE,1103a32-34)

没有人会反对这一点,我们都是在技艺活动中学会技艺,在制作活动中学会制作,在建筑活动中成为建筑师,在"做人"中学会成为一个人。每一种伦理德性(品质)也都是在相应的"行动习惯"中养成的:在勇敢行动中养成勇敢德性,在节制中成为有节制品质的人,在审慎中学会审慎,在公正中养成公正。所以,伦理德性的"造化机制"就是习惯、教化、"修为",此三环节缺一不可。

而在看似简单的"习惯养成"中,"教化"包含着极其深厚的伦理关系,它既可以是父母长辈的"教育",也可能是社会、学校和国家对个人的伦常要求,同时也包含玩伴和同学之间的相互影响;它也可能或者通过父亲严厉的"拳头",或者通过"外婆"讲的故事、母亲苦口婆心的劝导来教化,但所有这些,最终通过自身凭个性的接受与修为,才能让"习惯"变"德性"。亚里士多德还没有黑格尔的"客观精神"概念,但他的伦理概念中已经深刻而又具体地涉及城邦礼法和社会风俗对于个人伦理德性养成的规范性要求。

不能透彻理解亚里士多德伦理德性的规范性是当代美德伦理的基本失误，相反，德国亚里士多德专家沃尔夫是准确把握到了这一规范机制的，她说：

> 所以亚里士多德不得不清晰地维护其所采纳的论题，每一种伦理德性都内涵一项通过教育而内化到性格中的道德规范，规范与德性都只是一体之两面，这一想法已经在［第五卷］最后一章的结尾暗示出来了。这一卷表明，亚里士多德本人是看到了这一点的，他当然不只是赋予德性概念将道德固化在个人性格中的优先权，这个概念本身也是基于道德在内涵领域的分类，亚里士多德不是通过规范的某种分类找到它，而是通过性情领域和与之相对应的（Korrespondenz）情境类型的区分来分类。因此，德性概念实际上相对于规范的内容对于道德之内容的形式化表达也能具有优先权，对于这一点有时是提及的，有些行为领域过于错综复杂（überkomplex）而难以导向简单的规则上。[1]

当然，这种规范性亚里士多德强调它是"伦理的"即"习性的"规范，而不是现代道德的"行动"规范。这就是目前亚里士多德研究中基于现代"道德"概念出现的一个"混乱"。上述引文中沃尔夫提到了"道德"，但显然是在亚里士多德的"德行"概念意义上的，也不是完全现代意义上的。但不论如何，伦理德性的规范性在这里是一个必须得到阐释清楚的问题，不能随意放过。

我们必须考虑到的是，在亚里士多德时代，"伦理德性"表明，"行动"是与个人的习性，因而总是与"伦理"相联系的，它之所以不是"道德的行

1　Ursula Wolf: *Aristoteles'"Nikomachische Ethik"*, Wissenschaftliche Buchgesellschaft Darmstadt, 2007, 3. Auflage, S. 115.

动"，意味着"行动的规范性"更多的并首先是自身德性品质的要求，而不是一种理性的"自我立法"，因此德性品质也不简单地体现在一次次行动目标所实现的善事上，而是自身"生命品质"的功能实现，只是，亚里士多德强调，"生命品质"的每一次"实现"，都只能在"伦理生活世界"中才是可能的。只要涉及生活世界，城邦礼法对每一个公民就都有相应的规范性要求，这就是伦理规范。所以，伦理概念本身只要涉及"德性"，就必然会呈现出"生活世界"的规范性要求。这一要求与现代自由的理性个体对自身的"道德要求"，是根本不同的。古人被视为理所当然的伦理要求，是个人必须接受的生活世界的规范，这对于秉持现代"道德"概念的人是完全陌生的，才被视为一个必须通过道德的判断来予以证明的疑难，当代德国伦理学家明确地指出了这一点：

> 在所有其他类型的判断那里，例如科学和审美的判断，其判断的证明问题被视为一件纯学术的事情。只有在同道德相关时，证明问题才是一种具体生活的必然性问题。[1]

这充分显出亚里士多德"伦理的"（ἠϑική）规范性来源于生活世界，尤其是城邦礼法的外在规范性要求。这种要求的合理性来自"公义"（正义或公正）对一个人必须成为"公民"的要求，因而是以"公德"来规范"私德"，这与我们儒家走的似乎是相反的道路。

亚里士多德在讨论了伦理德性的第二到第四卷之后，在第五卷讨论正义论，就是为了阐明所有伦理德性都需要在城邦正义这个总伦理原则的规范之下，才能称之为"德性"，只有这种德性，才能严格地称之为美德。因为特殊的"伦理德性"例如勇敢、节制、智慧等等，如果没有正义或公正之规

---

1   Ernst Tugendhat: *Probleme der Ethik*, Philipp Reclam jun. Stuttgart, 2010, S. 57.

范，它们本身都可能成为恶的工具而不是美德。所以亚里士多德的正义论是作为德性品质而规定的，当然他把正义区分为普遍的正义和特殊的正义，这些都与伦理品质和伦理行动具有直接关系，只要弄清楚了这种关系，亚里士多德伦理德性的规范性来源就十分清楚了。沃尔夫评论说：

> 与正义的普遍含义相关，这一点是要坚持的，即按照我们的术语正义包含了伦理学的道德构件。正如我们看到的，这些道德构件对于亚里士多德而言在于，我们所有的伦理行动都能够在这种观点下来看待，即行为是会关联其他人，更准确地说，是在有效的法律规范或社会规范下做出的。由于实际上并非每一个行为都基于伦理品性而关涉另一个人，那么伦理行动之道德方面的第二个版本，就是通过规范，那些·更·为·适·用·的·规·范·而·与·另·一·个·人·相·关·的。诚然是参照（Verweis auf）与其紧密的法规范，通常指的必定是社会规范，而社会规范从内容上讲当然不是实际生效的，却必定是真正公道公正的。[1]

实际"生效"的规范必须依赖"伦理德性"自身的规范，这就是中道或中庸概念。

对亚里士多德而言，把德性规定为品质，是属（性）的规定，这一规定是要阐明伦理德性这种性格德性与性情和人性潜能之间的关系，阐明"品质"来源于天赋的本性，来源于性情这种自然的感应性，但只有通过习惯将它们"完善"地"实现"到"最优"，才是德性品质。在完成了这一规定之后，亚里士多德说，我们还需进一步规范，德性属于"何种"品质，从而要给出"伦理德性"之品质一个本质性的、"种"的规定。于是，他认为伦理品质之本质就是品质／品性之"中道"／"中庸"。

1　Ursula Wolf: *Aristoteles'"Nikomachische Ethik"*, Wissenschaftliche Buchgesellschaft Darmstadt, 2007, 3. Auflage, S. 114–115.

μεσότης/mesotê 的字面含义就是"中",但"中"无论在何种语言中,都与"中间"或"居间"这样的"数学"含义或"空间"含义联系在一起,亚里士多德自己在《形而上学》中就说:有人在感性实体和形式实体之外,设置"居中",说"居中者是数学的对象",他自己就明言"在形式和可感事物之外又设定居中者,则会面临许多难题"。(997b14)但他以"中"来阐释品质德性本质时面临一大堆难题,他自己反倒不很在意。英美学界的亚里士多德专家们基本上对它持否定的评价,以威廉姆斯对它的否定性评价最为典型,认为这是亚里士多德学说中最令人困惑、空洞也最无用的学说[1],而相比之下,德语学界的亚里士多德专家们则持同情的理解但做了许多保留,正如沃尔夫所说:

> 德性作为一种中道观念据我看来在追求好生活和人格统一性的语境中是富有意义的,而对于伦理德性则不适合。[2]

说它与伦理德性不合,实际上与威廉姆斯的理由是一样的,既然德性论伦理学注目于好生活,而不是行动之道德,那么,既然已经把"伦理德性"阐释为"品质之优卓"了,这就够了,再将这种品质解释为"中道",完全属于多此一举。这是大多数专家们比较一致的看法。但我在这里依然要为亚里士多德做两点辩护。

第一,中道/中庸之"中",亚里士多德秉持了伦理学作为实践哲学这一根本,在这里依然强调伦理品质是自身生命的实践,因而是对自身天性品质的完善,此"完善"是每个人对自己天赋品质的"完成",而完成完善/

1　Bernard Williams: *Ethics and the Limits of Philosophy*, Cambridge: Harvard University Press, 1985, p. 36.

2　Ursula Wolf: "Über den Sinn der Aristotelischen Mesoteslehre," in: *Aristoteles Nikomachische Ethik*, Herausgegeben von Otfried Höffe, Akademie Verlag Berlin, 2006, S. 83.

完美品质之标志即称之为"中道"/"中庸"。所以这里的"中"，亚里士多德一直强调说是个"动词"，如同优秀的射手每次都"命中"目标那样，这里的"中道"，就是"命中""正确的逻各斯"（道，常道），因此最切合于儒家对"中庸"的解释："不偏之谓中，不易之谓庸。中者，天下之正道，庸者，天下之定理"（程颐），"中庸者，不偏不倚，无过不及，而平常之理，乃天命之当然"（朱熹）。因此，这是对伦理品质的一个本质规定，它的必要性在于赋予了形式上的"好品质"一个内涵上的规定，或者用亚里士多德自己的话说，是"品质"所实现出来的"现实性"：美德之标志。

　　第二，作为实现出来的现实性的美德规定，它依然只是对人的优秀品质的规定，而不是对具体行动对错的标准。许多对此持批判意见的人，一般也是以它作为"行动原则"之"优劣"的标准来评价它的无用或多余，但对于亚里士多德而言，他深刻地认识到，行为显然有时对，有时错，有时高尚，有时也卑微，这是人之常情，品行再好的人，有时也会鲁莽做事，会怯懦，会不慷慨，但行动的原则反映的是一个人的品质，只要一个人的品质不是与"中道"相反的两个"极端"，而是不偏不倚，无过不及，他的品质就"命中"了天下之"正道"，万事之"常理"，这就是高贵、卓越的"好品质"。也正是在此意义上，沃尔夫说它"在追求好生活和人格统一性的语境中是富有意义的"，但她同时说"中道""对伦理德性则不适合"，依然忽视了亚里士多德所强调的"中"是动词，是"命中"的义理，正是通过这种"命中"天下之正道，万事之常理的"习惯养成"，伦理德性之"完善""实现"才是个人自我造就的，才是他个人的自主品质。正因为他"修成"了这种品质，他才值得被人赞美，被人仰慕，因为依凭的不是天，不是神，不是外在的礼俗的规范和教化，而是其自身灵魂的高贵，自我造就出自身的优秀品质。这种品质之优卓，最终不以自然天赋的优卓为标准，而以"命中""天下之正道，万事之常理"为标准，这才是亚里士多德伦理德性最宝贵的财富。

　　在这一以"命中""正道"与"常理"的品质修行中，实质存在着一种

"规范结构"的形式指引，这是大多数人在解读亚里士多德时所视而不见的。因为伦理德性属于灵魂中非理性部分的卓越功能，其规范性无非是灵魂中理性对非理性，即对欲望和性情的引导与规范。在《灵魂论》中，亚里士多德阐释了人的灵魂之欲望、激情和愿望都是"欲求"（ὄρεξις）的一种形式，每一种形式自然地都朝向"好"而"欲"。但"欲求"是通过"行动"实现的，习惯于正确地向"善"而"欲"，养成"好的性情"，好的性情最终养成好的品质。因此最终完善实现的好品质就是在"正确的逻各斯"的形式指引下，规范伦理品质的完善实现，因此，这种规范性就形式而言，就是灵魂中的"逻各斯"（理性）所具有的秩序、尺度、分寸表现，所以亚里士多德不仅在伦理德性也在理智德性中，强调正确的逻各斯是一个规范："要按照正当的逻各斯行动，这个原则普遍承认的。"（NE，1103b33）而落实到性情上，就具有了性情之真与反应之当的品质性。如果"规范"把"真性情"褫夺，不能尽天之性，那么规范就破坏了"性情"之好，或者说就是坏性情了。所以他说"中庸也是由正当的逻各斯所规定的"。

这样一来，任何品质本身就成了一个"规范"，一个避免"过度"与"不及"的内在尺度。严格地说，伦理德性不允许有外在的规范，因为人"是其所是"地是自由存在者，成为一个有高贵的德性品质的人，也像其成为一个人一样，本质上是"由己的"，是自愿的，是经过自我决断的，因而才说是其德性的表达，这才表现出一个人的伦理德性。所以，伦理德性的规范最终表达为德性本身即"中道"或"中庸"这样一个自身规范性。它不仅合理地解释了"行为"和"行为人品质"的关系，而且确立了行为和品质共同的规范性标准：正确逻各斯就是"适度"。

这应该是亚里士多德对伦理学的最大贡献之一，但放在伦理德性这里，有对"德性"不断深化阐释不断细化定义的进程，这有些令人厌倦。在古希腊哲学中，赫拉克利特最早把"逻各斯"提升为一个哲学概念，说："如果人们不听从我而听从逻各斯，这才是有智慧的人所承担的使命

［homologein］：一切都是一。"（B50）在这里。"逻各斯"（言语，理性）就是正确的标准和尺度。安东尼·朗（A. A. Long）对此的解释是：

> 这个词包含的"主题关系"的第二个含义是"分寸""尺度"或"估算"。在这里看得出赫拉克利特在当时综合性地给予了这个词以延伸性使用，浮现出了它的新含义，即具有了"正确的估算"或"合理性关系"的含义。[1]

亚里士多德借助于"逻各斯"内在具有的"理性"、"合理性"、分寸、尺度、估算等含义，从人的灵魂中理性对非理性的欲望和激情的"管控"中，发明了一个对于规范伦理学至关重要的"适度"概念——中道或中庸，才为德性论确立规范。我们只有在他对"正确的逻各斯"与伦理品质之完善实现的不断延伸性规定中，才能准确把握伦理德性的规范性结构，这是从事伦理学这门既具有高度思辨性，同时又需要步步落实于实践的这门学科必须具备的思想的忍耐力。

四、理智德性中"正确的逻各斯"与"实践智慧"

正如"伦理德性"是品质之优卓，"理智德性"则是智识之优卓，但一般地这样说还没说出亚里士多德最根本的特点，因为他的德性论不是德性知识论，而是探究德性是如何实现的。因此，伦理德性论不是以美德（好品质）为出发点，而是探究好品质的"实现"原理；理智德性论的核心，也同样是探究智识之优卓在人的灵魂结构中"完善实现"的内在机制。他在第六卷第一章引论结尾的这段话表达出他探究理智德性的两个关键：

1　A. A. Long(Hrsg.): *Handbuch, Frühe Grieschische Philosphie, Von Thales bis zu den Sophisten*, Verlag J. B. Metzler Stuttgart und Weimar, 2001, S. 83.

仅仅知道灵魂的品质，哪怕所称的原理是正确的，也还是不够的。我们还必须准确地规定，正当的法度是什么，它如何能够变成品格。（NE，1138b33-34）[1]

弗雷德的解读也一眼看出了这一卷有两个关键：

这一卷看起来有两个开端，两个关键。第一章采纳了第二卷第二章1103b31-34 的正确基础，想要更清晰地规定这个"正确的理性"，阐明中道之"度"（horos）。[2]

所谓两个开端，两个关键，一是要阐明"理智德性"是什么，如何体现灵魂中"理智"的优卓品质，二是这种优卓品质是如何"完善实现"，即在何种规范机制中造就出灵魂中理智的优卓品质。因此，我们接下来先阐释第一开端，何为理智德性。

"理智"（διανοία/dianoia）在亚里士多德这里有广义和狭义之分，广义的"理智"，指的是所有理性活动及其状态，所以亚里士多德说，理智德性是灵魂有理性部分的德性，它们以求真为目标。在《形而上学》中，亚里士多德说，"真"有"理论"（思辨）科学的真和"实践"（行动）的真，前者包含知识性真理和智慧，后者包含存在（实存）之"本真"、"意图"之"真诚"、品行之"率真"等等。狭义的"理智"仅仅指灵魂中最高的思想能力。他明确地把理性区分为两个部分，"一个称为'认知的'（epistēmē），另一个称为'推理的'（logistikon）和'权谋的'（überlegender）部分"

1　译文参见［古希腊］亚里士多德：《尼各马可伦理学》，邓安庆注释导读本，人民出版社2010 年版，第 206 页。这里把原译的"正确的尺度"改译为"正当的法度"，特此说明。因为这里探究的是灵魂内在的 ortho logos，logos 就是"法度"，"尺度"太具有人为规则含义。

2　Aristoteles: *Nikomachische Ethik*, 1094b8-11, Übersetzt, eingeleitet und kommentiert von Dorothea Frede, Zweiter Halbband Übersetzung und Einleitung, Walter de Gruyter GmbH Berlin/Boston, 2020, S. 656.

（1139a13）。这里的推理是思考可变事物的"成道"之理，不是推论永恒之物的不变之理，因而是"实践推理"。所以"推理的部分"包含了"实践"/"行动"和"技艺"；"思想的部分"包含了"知识"（"科学"）和"努斯"。这四个部分理智之"卓越"都是"理智德性"，而唯有思想中最高等的"努斯"是最高的品质，是人的理智中最接近于神的"灵智"。我们从列表就能看出理智德性之广狭之分：

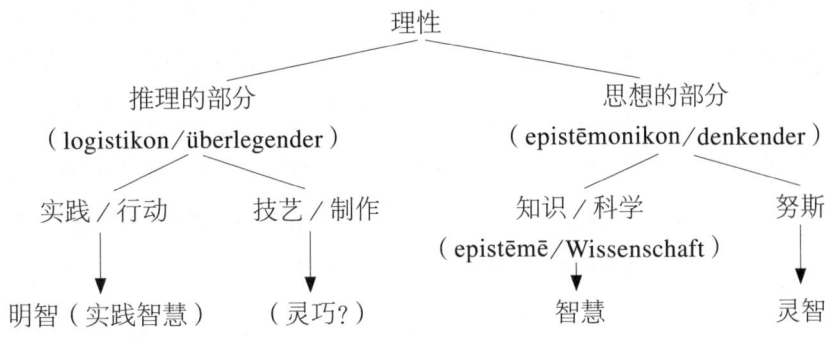

所有这些理性的卓越状态，亚里士多德都称之为"理智德性"（dianoetischen aretai），分而言之，它表现为五种优秀智识与能力："知识"（科学）、"技艺"（制作）、"明智"（实践智慧）、"灵智"（努斯）和"智慧"（理论智慧）。亚里士多德说，这是一个新的出发点，是从灵魂以肯定或否定的方式"命中真理"的五种方式（1139b15）。这五种以"真"为目标的五种理智品质，其优秀性是如何完善实现的呢？

首先，"知识"或"科学"是实现我们认识品质的优秀，只有"命中真理"才是知识或科学的美德。科学知识的对象是出于必然性的，它有其真理性，这种出于必然性的真理是永恒的，既不生成也不消逝。它不因人有权力否定它就不存在，就消失，相反，人的知识品质却是需要在学习中生成和教养的，学会不断地"求证"才是完满实现知识品德的关键，因为知识/科学是"求证的品质"（1139b31），要不断追求真理，但不能独断"真理"，以为自己能够"占有"并独断"真理",恰恰是以否认真理的方式表现出自身无理智品质或坏品质。这种以"命中真理"作为认知品质的优秀目标,比单纯地追求"博学"更具有德性意义。"博学"者可能"知道"得多,但不一定有"德",作为"美德"总是与善和良心相关联,而善和良心又往往被俗见误以为与对真理的追求无关,但亚里士多德在这里,把知识或科学的认知品质之德的目标划定为命中"真理",保证了了"认知品德"的善之根本。

其次,"技艺"也是一种理智品质,它既不是知识,也不是实践,而是"制作的品质",因此养成技艺品质的关键,就是熟巧地把握理论知识的实践运用的技能,运用到"得心应手"才是理智品质之优秀。所以制作的优秀与"正确的尺度"密切相关。优秀的匠人,其制作的工艺品,既不能多一点,也不能少一点,一切都只能"恰到好处",才是精湛完美的技艺,这种"技艺"没有必然性,即便最具制作品质的技艺大师,也带有"运气"的成分,一切如同有神附体相助,"出神"才能"入化"。亚里士多德特别强调"制作活动"与"伦理行动"的区分:"制作有一个在它自身[指技艺]之外的目标,而行动却没有,因为好的行动本身就是目标。"(1140b6–7)许多英美学者把亚里士多德的"目的论"阐释为"后果论",就是没有意识到亚里士多德在实践(伦理行动)与技艺之间的明确区别,实践以所实现的"最终目标"来界定"善",但这种作为目标的善是一个事物自身的最优秀品质的完满实现,是自身的善,而不是任何自身之外的"后果"。只有"技艺"活动才追求这种"后果"。但哪怕"技艺"目标在"技艺"活动之外,但"技艺"作为制作活动的品质,依然表达的是人自身的理智品质的卓越,因此亚里士多德的"德性论"是拒斥"后果论"的。

再次,"明智"(phronēsis)是理智德性的核心,它是实践的智慧,又需要最高的思想品质的优秀,因此,可以说是理智德性中,能够综合认知德性和实践推理德性的最为综合的德性品质。亚里士多德说,对 phronēsis 的解释,首先要看什么样的人是"明智的",这倒是类似于典型的美德论思路,但什么样的人有明智德性呢？第一，是聪明人，德语常用 Klugheit 翻译，因为亚里士多德说"明智的人看来善于权谋对他而言是好的和有益的事情"（1140a25），但接着马上又说，"这不是指具体的好或有益……而是对好生活整体有益"，所以又否认了一般人的"聪明"是"明智"。第二，"明智""本质上与行动相关，而且行动就涉及具体情境"（1141b16），所以，"明智"的智，是明白对"生活整体"有益，同时又像具有丰富经验的人那样，对行动本身可能没有多少知识，但"在行动中更机灵"（1141b18），所以"明智"是"实践智慧"，明智的人必须同时具备两者——普遍的知识和具体的经验。第三，明智的人"善于权谋"。"权谋"指的是我们可以改变的事情，对于我们不可改变的事情，不存在"权谋"。因此，亚里士多德虽然把伯里克利视为最明智的人，但他并不把这样有明智美德的人视为这一美德之规范。原因在于，明智这一美德有其自身的规范，这就是普遍的"正确理性"在具体情况下"恰到好处"的"应用"。但这种"应用"不是人们普遍误解的那样，以为先"有"关于最高原理的知识或智慧，之后再像从口袋里取出一个"宝物"那样，应用于复杂多变的"具体情况"。伽达默尔在《真理与方法》中就曾对这种被误解的"应用"发起了批判，说在亚里士多德这里，从不是如此理解，所谓实践智慧，恰恰相反，是从实践中复杂多变的"特殊情境"去寻求最切合于它的"第一原理"，这种"智"是"努斯"，即灵明之智，是理智的直觉，也被称之为"直觉性的理性"（die intuitive Vernunft），以区别于通过概念来推论的知性（理智），只有它才是我们理智中的"神明"。亚里士多德把它解读为"灵魂之眼"的"明视"，区别于肉眼观视，它不是"看""外表"之"形状"，因而不是看事物的特殊形态与特殊功能，而是把"某物看作是某物"（Sehen-von-etwas-als-etwas），直接看清"物自身"的能力，这才是亚里士多德说的"眼睛""看"的德性的最卓越实现。常人肉眼的"看"，看的是某物"像什么"，是某物的影子或影子的影子，如同《管子》所言，"以家为乡，乡不可为也；以乡为国，国不可为也；以国为天下，天下不可为也"（《管子·牧民》）。真正的"眼睛之德性"就是从"家"作为"家"来看，从"乡"作为"乡"来看，从"国"作为"国"来看，从"天下"作为"天下"来看。这必须依赖"努斯"这种"灵魂之眼"，它直接在实践的具体情景中，明了"存在者之为存在者"的"第一原理"，实践问题才获得了来自第一原理的智慧之明灯的指引，才成为"明智"。所以，明智之智是出于实践并为了实践，而明智之明，来源于"思想"之"真理性"，而不是来源于一个有明智美德的人。在这里，如果有人问亚里士多德，明智之德的规范性何在，他一定不会说，就像伯里克利如此明智的人所做的那样，他将告诉你的是，那将是你的灵魂要去把握思想与行动的真理性要求，那才是你的理智之美德。

"明智"之后是"智慧"。作为理智德性，亚里士多德明确反对一般意见，把技艺领域中具有最完美技能的大师看作智慧的人，因而反对智慧无非是技能上的完美这一说法。政治是一个特别需要智慧的领域，但亚里士多德也明确说，有人认为政治学是最高的科学，这是荒谬的，因为政治学是关于人的学问，而人不可能是宇宙中最高贵的存在者，因而政治学不是研究最高的智慧。原则上说，智慧也像科学知识一样，属于人的认知品质的卓越，但它不是一般的认知品质的卓越，而是最完善的认知品质的卓越。一般的认识是关于事物之原因的知识，而智慧是关于第一原因的知识，不仅如此，有智慧的人不是仅仅知道从"原理"推导出来的理论知识，"而且也应该鉴于原理本身来认识真理"（1141a17）。所以，智慧超越了一般的"知识"，能把握第一原因（原理）这在一般有知识的人视为"不证自明"的东西，而有智慧的人是能明了这一"不明之理"，而且能从这一不证自明的道理进行实践推理，认识理论的和实践的真理，这才是智慧的德性品质。

当然，智慧也可能不与一般科学／知识的第一原理相关，但灵魂中有一种品质是必须与科学的第一原理相关，并且唯有它必定与此相关，这就是"努斯"。因此，理智德性中最狭义的"理智"，最高的理智能力，就是这种

"努斯"，亚里士多德把它仅仅指最高级的思想活动。因为 διανοία 的词义就是暗示"由努斯而来的东西"。"努斯"作为人的灵魂中通神的"思想能力"，是一种直觉性的思维活动。后来康德严格区分"感性"、"知性"（理智）和"理性"，认为感性才是直观的能力，知性（理智）可思维，即借助于"范畴"来把握现象界的经验杂多，是"规则的能力"，但不具有"直观"的能力。因此，"知性"（理智）作为认知的能力，就只能认识事物表现出来能"直观"到的现象界的知识，不能认识事物永远不会表现出来的"物自身"。但亚里士多德不一样，他认为人的理智品质的最高能力是努斯，它就是直接把事物作为事物自身来直观的能力。因而只有它才能真正思想科学的第一原理。努斯这种"理智性直觉"是人身上直接通达超感性的"智性世界"的神明，有了这一神明，人才能真正具有实践智慧的"明智"。因此理智德性中最为重要的是"实践智慧"（phronesis），它能受到"正确的逻各斯"（orthos logos）（1138b19）所规定，而理智中的正确逻各斯就是命中真理，理论的、实践的和思想的真理。

第四节 亚里士多德的正义伦理与德性论

《尼各马可伦理学》第五卷讨论的主题是"正义"或"公正"作为伦理德性的总括，这是从第二到第四卷所讨论的伦理德性的一个系统总结，从这一思路的延续性来看，亚里士多德是把"正义"作为个体（个人和个体城邦）的伦理德性或美德，属于个体的灵魂品质。在此意义上，他与当代的罗尔斯作为"社会制度"的"正义论"形成鲜明的对照：

> 正义是社会制度的首要德性，正像真理是思想体系的首要德性一样。[1]

---

1 ［美］约翰·罗尔斯：《正义论》（修订版），何怀宏、何包钢、廖申白译，中国社会科学出版社 2016 年版，第 3 页。

但是，这种"对照"并不表明，亚里士多德不把"正义"作为社会制度的首要德性，而只是作为个人的私人德性。我们前面的讨论已经或明或暗地多次强调了，私人德性根本没有进入亚里士多德的视野，他所讨论的所有德性，都是城邦对一个公民的德性要求，因而总是在公德意义上的。所以，准确地说，如同查尔斯·杨（Charles M. Young）所言，是这样的：

> 亚里士多德在《尼各马可伦理学》中论证正义是（根据这个词的一种使用方式）德性的整体，也是（根据这个词的另一种使用方式）一个人作为构成自由平等者的共同体的一员，即作为公民，表达自我观念的德性。[1]

但从第五卷的讨论一开始，亚里士多德就是把正义理解作为"社会制度的首要德性"，跟罗尔斯的讨论不仅不矛盾，而且可以说代表了古今不同的两个典范性的版本。至于为什么会出现他们两人的差异，我们只需再一次强调一下亚里士多德是把伦理学从属于政治学这一点就够了，在这种"从属关系"中，政治学和伦理学没有区分开来，两者讨论的都是作为人类"共存方式"的机制性伦理原则和个人在这种公共生活中成长为一个人所应该具备的生活与行动的第一原理，具有比现代"政治学"和"伦理学"更为广泛的内容。这是我们在理解亚里士多德的正义论时应该具有的一种必要的"前理解结构"，在这种理解框架中，"正义"既是社会制度的德性，更是个体城邦得以存在的理由和伦理原则及其制度规范，同时也是个人过美好生活和成长为一个优秀的城邦公民的行动原则。因此，作为个人行动的德性，亚里士多德也是在一个人作为城邦共同体的自由和平等的"一员"的"伦理行动"，而非现代道德哲学中作为原子化的"个人行动"层面展开他的论证。为了展示

1　［美］查尔斯·杨：《亚里士多德的正义》，载［美］查理德·克劳特主编：《布莱克威尔〈尼各马可伦理学〉指南》，刘玮、陈玮译，北京大学出版社 2014 年版，第 191 页。

亚里士多德版本的正义论，我们先将其论证结构展示如下：

第一章"导论"，强调"正义"是人的一种"公道品质"。

第二章从"不公正的人"的两种品质立论一个"公正的人"的品质状态。

第三章论证作为品质的正义，一方面是从"总体"（德性整体—普遍性）而言，一方面是从"个体"（特殊性）而言，因而作为总体德性的正义是一切德性的首要德性。

第四章论证作为特征的正义是总体德性的一个部分。

第五章进一步论证普遍正义和特殊正义的区别。

第六章讨论作为特殊正义的"分配的公正"。

第七章讨论作为特殊正义的"矫正的公正"。

第八章讨论作为特殊正义的"回报的公正"。

第九章总论正义与德性的关系。

第十章总论政治公正及其类似形式。

第十一到第十三章讨论人是否愿意遭受不公正，在不公正的分配中究竟谁是不公正的，做公正的人为何很难。

第十四章讨论公正与公平的关系。

第十五章讨论一个人是否可能对自己施行不公正。

在这样一个具有丰富内容的讨论中，我们聚焦于以下四个方面：（1）普遍正义作为伦理品质与中道的关系；（2）作为特殊正义的政治（制度）德性；（3）作为特殊正义的个人德性；（4）公正与公平关系。

一、普遍正义作为伦理品质与中道的关系

"正义论"被安排在共有十卷的《尼各马可伦理学》的中心位置，第五

卷中有一个明显的暗示，它在所有的特殊德性的讨论中具有核心地位。从第一卷最后一章（第十三章）通过"功能论证"一般地证明了德性作为一个人的"灵魂品质"，是塑造一个人之为人的生命根本，是一个人自我实现为一个优秀卓越之人的品质之后，亚里士多德通过把灵魂区分为非理性和理性两部分，因而从第二卷开始一直到第四卷都讨论特殊的伦理德性（作为灵魂的非理性部分的德性），详尽地讨论了诸如勇敢、怯懦和鲁莽（第三卷第九到第十二章），节制（第三卷第十三章），放纵与麻木（第三卷第十四到第十五章），慷慨（第四卷第一到第二章），挥霍与吝啬（第四卷第三章）；大方与小气（第四卷第一到第二章），炫耀（第四卷第六章），自重（第四卷第七到第八章），自卑与自夸（第四卷第九章），荣誉感（第四卷第十章），温和（第四卷第十一章），交际之德（第四卷第十二章），诚实（第四卷第十三章），风趣与机灵（第四卷第十四章）。而跳过第五卷，在第六卷又讨论了作为灵魂理性部分的理智之德：科学、技艺、明智（实践智慧）、智慧和灵智（努斯）。在所有这些特殊德性的中央，为什么要插入第五卷，讨论正义德性呢？亚里士多德自己并没有明确阐释这样做的理由，但只要我们熟悉了苏格拉底与智者派关于德性的讨论，我们至少可以做出一个合理的推测，就是要为德性的"多"寻找一个类似于柏拉图"理念"的"一"，需要对所有特殊而多样的伦理德性做出一个"统一"之"德"的阐明。而反对这一推测的人可能会说，在第二卷第四章，亚里士多德不是将所有德性阐释为稳定的品质，在第五章进一步把这种德性品质阐释"契合中道"（中庸）的品质了吗？为什么还需要将所有特殊德性统一于一个"正义德性"来规定呢？

我对此的理解是，把德性尤其是伦理德性的本质规定为"契合中道"的品质，这是一个抽象的归纳性定义，其作用是一种关于德性的"元伦理学"理解，而不是一种规范伦理学的界定，而亚里士多德显然具有非常强的规范伦理学追求，因为关于德性的阐释必然同时能够指导人的生活和行动，特别是要为人提供正当生活和行动的规范性。而要满足于对具体行动的正确性指导，只有当一个德性既是一个特殊的德性，同时也是所有德性统一于它的那种德性，才作为德性具有规范的有效性。因此，只有正义这个德性不是作为伦理德性抽象规定的"中道"，才能满足于德性伦理的内在规范性要求。

这一理解可以为当代美德伦理学寻求美德自身的内在规范提供一个范例，由于他们没有发现亚里士多德正义伦理的这一内在规范性特质，迈克尔·斯洛特（Michael Slote）将把考察品质和美德的"内在运作"（inner workings）导向了道德情感主义，从行为者的道德心理过程去考察一个有美德品质的人如何能有正确行动。但是，他依然无法解决问题，因为拉蒙·达斯（Ramon Das）发现了这一常识："一个有美德的行动者有时也许会采取一些我们在直觉上就会认为是错误的行动"，"常识告诉我们，我们应该承认美德之人的错误行动不仅可能，而且经常地发生"。[1]

实际上，只要我们认真体会亚里士多德阐释具体美德与正义德性之间的规范性关系，就能承认我的上述理解是正确的。亚里士多德并不把美德品质和正确行动抽象对立起来，视为一种外在关系，因为品质是通过行动完满实现而养成的，作为养成的"成效"和作品，就时间性关系而言，当然是"行动""在先"，"品质""在后"的：

> 人们必定是通过公正的行动变成公正的人，通过有节制的行动变成有节制的人，何以能够这样认为呢？因为人们做事公正和节制，然后才是公正和节制的人。（1105a19-21）

通过"行动"时间上的在先性，亚里士多德强调了个人德性品质不是天生的，而是自己在"做人"和"做事"的"习惯"中养成的，是在"社会实

1　[新西兰]拉蒙·达斯：《美德伦理学和正确的行动》，第19页，转引自李义天：《美德伦理学与道德多样性》，中央编译出版社2012年版，第187页。

践"自我造就的,这是他在一般德性论上一以贯之地坚持的:

> 所以这个说法是正确的:通过公正的行动变成公正的人,通过节制的行动变成节制的人。但是,不这样行动,诚然就没有人可以变成有德性的人,哪怕这种指望也没有。(1105b9-10)

但这依然是亚里士多德德性论的一个部分,而且不是其关键的部分。关键的还在于,回到德性本身,它是否还需要完善?那些个别的德性品质,既然是在个体身上养成的,是特殊的,每个有德性的人,都有一个与其灵魂品质相对应的德性品质,如果这个人本身还尚未完成其作为一个人的品质,那么其身上的德性就还是未完成的,因而就会出现这样两种不同的情况:一种情况是一个有勇敢品质的人,依然总是会做鲁莽地做事,一个有智慧品质的人,依然会做蠢事,即他们身上的德性品质并不能保证"有正确行动"的能力;另一种情况是"但也有可能一个人做了不公正的事,却并不就是一个不公正的人"(1134a16-17),"就像一个偷了东西的人并不永远就是一个窃贼,一个做了通奸之事的人并不总是一个奸夫,等等"(1134a22-23)。

这就说明,作为个人身上所实现的那些德性品质,依然是不完善的,需要发展为完善的德性品质,它们都是特殊的德性品质,它们的特殊性是需要得到规范和统一,才能走向完善,这一思想正是亚里士多德在这一卷做重要论证的。他要处理的是这样一个问题,一个人可能具有某种特殊的德性,如有些人有勇敢品质,有些人有节制品质,有些人有智慧品质,但是,如果不同时拥有一种完善的品质,即正义品质,那么,其勇敢、节制和智慧依然不能实现为真正的德性,反而会成为更恶的工具:一个勇敢的人,如果没有正义,就会做出怯懦人想都不敢想的大罪大恶来;一个有知识和智慧美德人,如果没有正义,他所做的恶就远远大于无知的愚人所做的恶。所以,作为个人品质的所有德性,必须同时内在地具有一种规范性,将其自身实现为"完善的美德"，将"正义"作为所有德性的规范，也即视为一个人有德无德的"标准"，我们才能判断一个人是否真正具有德性。

在此意义上，才有当代美德伦理学者所谓的美德优先于"正确行动"的美德优先论，这是一种亚里士多德所言的"逻辑的在先性"。有了这种在先性，我们才能说，一个有勇敢品质的人是有德性品质的，一个有智慧的人是有德性品质的，我们就不再是因为他勇敢，说他有德性，而是说他因为有正义，他的勇敢才成为德性品质。所以，是正义这个德性而非勇敢这个德性，才使之成为有德性的人。正义德性"规范"了"勇敢"，使之"实现"为"德性"，所以在所有德性中，唯有"正义"这个德性是将所有德性实现为德性的德性，它自身是"完善的德性"。把握了亚里士多德德性论的这一方面，才把握到了其德性论最为关键的特色。

在此意义上，勇敢、节制、智慧等特殊德性作为一个人的性格品质，也依然是成为"美德"的一种可能性，如果没有一种普遍的规范性正义作为总德性，它们随时可以变成恶德。在涉及市场交换的德性时，亚里士多德说："必须设想有一个公共尺度，尽管是借助于约定俗成，所以才称货币为通货，仿佛是由法律，由 nomos 确立的价值尺度。"（1133b22-23）由这里的推论我们可知亚里士多德论述正义作为伦理规范的逻辑：凡是存在交换需要的时候，只有当不同的东西有等值关系时才有真正公道的交换，因此所有物品都必须有个定价，才能存在交换关系，才有一把尺子使得所有物品可以衡量并建立一种平等交换的共同体。"没有交易就没有共同体，没有平等就没有交易，没有可公度的尺度就没有平等。"（1133b17-18）正义作为总德性就是这样一个德性，它是所有人作为城邦共同体的自由、平等的一员参与公共生活、构成城邦共同体的纽带，没有正义这个纽带，就不可能存在城邦共同体，没有公民身份的平等就没有正义，没有"可公度的"正义德性，就没有其他伦理德性，正义于是成为一种"总德"或"全德"：

这种意义上的总德，不是一般的总德，而是与所有他人都相关的总德，所以，公正被视为德性之首。（NE，1129b27-28）

它之所以被称之为总德，因为它是完整德性的直接应用。它之所以是总德，因为拥有正义德性的人也能以此德待人，而不仅仅以此德为己。（1129b30-32）

所以，这种公正不是德性的一部分，而是德性的整体；与之相反的不正义［即"不公正"］不是恶的一部分，而是恶的整体。（1130a10-11）

［德性和正义］两者本质上是同一个东西，但概念是不同的，在涉及待人的德性时，就叫作公正，但涉及在公正的行动中发挥作用的品质时就在总体上称之为德性。（1130a11-13）

上述四段引文，完整地阐释了作为"总德"的正义与特殊德性的关系。德文将"总德"翻译为 die vollkommene Tugend 比一般英文翻译为 general virtue 或 complete virtue 更准确地表达了亚里士多德的思想，因为 vollkommen 不仅有"总的""完整的""完全的"含义，从而有"普遍的""一般的"含义，而且有"完满实现""完全达到""完美无缺"的含义，能完美地体现亚里士多德强调"德性"自身需要一种"完满实现"的想法。也就是说，它不是一般的"德性总汇"，把所有伦理德性的本质阐释为"中道"／"中庸"就可能是这种意义上的"总德"，它概括出了所有伦理德性作为"品质"的本质特定，说明了它们都是"契合中道"的品质。但另一方面依然可以说是未完成的德性，像勇敢、节制、智慧等等，是作为某一种特殊德性的实现，还不是"完全""完美"的实现，因为它如果缺乏正义，就变成了恶性这一德性的反面。所有德性都完全实现为"公正"德性，它既可以是特殊德性的"一种"，与其他德性并列为"伦理德性"，但同时又与其他德性不同，能作为所有德性的一个"总名"，有此"德"（总德），其他特殊德性才是德性。这是其作为"总德"的第一个含义。就这个含义而言，亚里士多德说同时它是"第一美德""德性之首"，就是说，在所有德性中，唯有"公正／正义"之德，既是特殊德性，也是总德性。

第二段引文进一步说明了正义／公正这个总德，是"完整德性的直接应用"，即"整个德性"的直接表达，也就是说，一个人拥有了或实现了正义／公正的德性，就拥有了完满的德性，它具有"有则有之""无则无之"的特点，因此，一个人有正义德性就是有德性的人，一个人无正义德性，就是一个无德性的人。说一个人没有正义德性，即便有智慧、勇敢、明智等等，全都是"无"，因为它们都可以成为恶的工具，唯有正义／公正才能让所有特殊的德性成就自身为美德。

所以，第三段引文，说"公正德性"不是德性的一部分，而是德性的整体，就是因为公正德性让所有特殊德性成为德性了，与它相对的，既不再是德性，也不再是某一相对的恶性，而是"恶的整体"。

第四段引文进一步说明了德性与正义两者本质上是同一个东西，这明显地就是指发展到完善的德性，它就是正义，正义就是德性。但这是就其"概念"而言的同一性，但就其发挥作用，即在实践中的实存而言，依然是有区别的，即作为总的品质状态，是"德性"，在涉及待人的德性时，是"公正"，一为"体"之名，一为"用"之实。

那么，这样总德性依然与作为"伦理德性"之品质本质的"中道"究竟是何种关系，还需进一步阐释。为什么亚里士多德把"正义"作为普遍的总的德性，将所有特殊德性统一于正义或公正之后，依然继续用中道／中庸来解释正义，这样做的理由何在，究竟有没有意义，这是学术界一直争议非常大的问题。

被视为当代美德伦理复兴运动中"新亚里士多德主义者"的赫斯特豪斯（Rosalind Hursthouse）就曾专门论述了她自己对中道学说的困惑：

因此我们很不情愿将不合理的观点归给他，而这也是我为什么在之前的文章中感到困惑，不理解他的伦理著作中为什么有那么多（在我看来）不合理的关于过度与不及的说法以及他为什么如此执着于多少有些神秘的数学上的对称，认为每一种德性都正好有两个与之相对的恶性。……

我们会发现这个学说愚钝而怪诞，特别不是一个"配得上他的天才"的原理（比如相较于他的形质说［hylomorphism］），而是某种在他那个时代得到普遍接受，却带有完全误导性的科学兼形而上学。[1]

所以，只有当她认识到了亚里士多德的"中道"是对德性品质的一种"普遍性的解释原理"，是要指导人们在特殊品质和特殊情景之下，正确行动和感受的"中道"，是把握何为"对于我们而言的中道"，以及最终是"命中"对于我们而言的"中道和最好"的品质时，她才把握到了"中道"的意义。实际上，美德伦理学者就是因为没有透彻理解中道学说的意义，才普遍地对于"美德伦理"如何指导"正确行动"提不出令人信服的理论，美德伦理的正确行为被他们解释为"就像一个有美德的人那样去行动"这样肤浅和空洞的形式，而如果能像赫斯特豪斯在这篇文章中所认识的那样，中道学说的核心意义就变成了一种对如何正确行动的德性品质的普遍原理的学说。

但这依然是中道学说的一个方面，不过其实质的意义，应该是另一个，赫斯特豪斯也没有认识到，就是它是关于伦理德性作为品质德性的一种"元伦理学"的意义分析，从亚里士多德的解释路径来看，它确实不首先是为了指导行动，而是为了"认识"德性品质的"本质特征"，因而是赫斯特豪斯没有具体展开解释的一个普遍性的解释原理。反对它的人几乎都是认为，既然已经解释了德性是一种优秀的品质特征，就没有必要再对所有德性的本

---

1 ［新西兰］罗瑟琳·赫斯特豪斯：《中道的核心学说》，载［美］查理德·克劳特主编：《布莱克威尔〈尼各马可伦理学〉指南》，刘玮、陈玮译，北京大学出版社 2014 年版，第 105 页。

质再进行分析和概括，认为这样做不是多余就是空洞，而且认为每一种品质都具有"过度"与"不及"两种极端的恶的面相，从而把它归结为一种令人讨厌和不必要的形而上学。但这样的认识，恰恰忽视了德性概念以及德性知识的复杂性，亚里士多德比我们当代人更能感受到每一个德性概念的三个面相：普遍性、特殊性和个别性。美德伦理学强调德性是品质时，就总是抽象地谈论其作为一个人已经形成或实现出来的品质特征，而亚里士多德恰恰要分析出作为实现了的品质其原初的质料和形式是什么，从而要从其"潜能"中寻找到作为其实现的"第一因"，而"实现"既是在一个人的个体心灵层面，也必须在一个人的社会生活层面，从而在其伦理生活中才是可能的，所以必须考察其文化的和历史的变迁中的各种特殊的个别的情景。同时，亚里士多德充分考虑到了实现的目标也具有各种偶然因素的干扰，不可能只是朝向一个本质的方面，因而每一种德性也完全可能朝向恶性实现。这是基于亚里士多德对于人性和政治性的深刻认识得出的洞见，因而"德性"本身不就是"美德"，就其作为"潜能"而言，善与恶都是德性内在包含的可能面相，于是它才总是以"过度"和"不及"作为未能"实现"为美德品质的两种"恶性"。所以，"中道"作为德性品质的一种普遍性的解释原则，就是为了表达"德性"实现中的一个根本的问题，只有我们具有了"命中正确"的"中道"能力，它才是一种实现出来了"美德"，否则就实现为两种可能的"恶性"：过度和不及。所以这样一种元伦理学的含义分析之所以必要，就在于德性不可能仅仅根据其概念的表面含义去理解，也不是"品质"的一般含义所能概括得了的，它必须从德性的潜能和实现的进程来"描述"这一品质的优秀性：在每一个特殊的情景下，对于合适的时间、合适的地点、合适的人物、合适的时机都能"命中正确"的行动品质。

　　所以一方面作为普遍性的解释原理，分析"德性"（带有善与恶双重潜能）通过"德行"学习、教化、训练和陶养等"实践"最终实现为"美德品质"的形式化特征，这属于"德性知识论"而不具有指导实践的规范性；但另一方面，亚里士多德通过这种元伦理学性质的解释，将每一种特殊德性作为实现美德品质的"潜能"，通过"完善美德"的目标指引，而对每一种特殊德性提出了规范性要求，只有实现为完美的德性品质，才能真正称之为德性品质。因而，亚里士多德的中道学说，既是对特殊的个别的德性之本质特征的元伦理学解释原理，同时也是对特殊的个别的德性做规范性的要求。这样我们就懂得了，亚里士多德的正义论一方面是将正义解释为总德，把所有特殊的德性统一于正义／公正这一普遍德性，这类似于第二卷将所有伦理德性解释为"品质"，同时又通过将正义（德性）解释中"中道"，进一步阐明"中道"品质的规范性内涵——"命中正确"的行为品质——以及对所有特殊德性（特殊正义）的规范性要求。这是我们正确理解亚里士多德正义论的关键所在，否则，如果我们从许多英美阐释者理解的"中间位置"这个亚里士多德自己明确反对的视角进入"中道"，那么看到的就都是"不配"亚里士多德"天才"的"各种不可容忍的错误"。

二、普遍正义和特殊正义的规范性内涵

有了一个完成了的美德概念——作为全德的正义德性，亚里士多德的德性论才符合当代美德伦理学所规定的一个关键要素——从有美德的人而不从关于美德的行动出发。因为只有当一个人拥有了，即完满实现了自己的全德，养成了正义的品质，这个人才做得出正确的行动。但何为一个正义的人？也许为了避免做直接正面规定的困难，亚里士多德从反面，即从"不正义的人"来反观"正义的人"，这倒是一个聪明的方法，因为这相当于是一种描述性而非规范性的定义，只需符合人们直觉上的感觉就可以了：

> 违法的人看起来是不正义的，好占别人便宜的贪婪者和敌视平等的人看起来也是不正义的。由此得出，公正的人就是忠于法律和坚持平等

的人。所以，正义就是忠于法律和公民平等。（NE，1129a31-1129b1）[1]

这段话我之所以重新翻译，就是觉得原来根据德文版翻译为正义的人是"守法"还不能准确表达亚里士多德的含义，作为一种普遍正义的品质，仅仅被动的"守法"还不够，弗雷德教授用 der Gesetzestreue 直译就是"忠诚于法律的人"，而麦金太尔也这样强调过，说亚里士多德的正义是一种城邦美德，是一个好城邦对于其公民的普遍要求：

> 不仅是遵守法律，而且也要尊重法律。所以亚里士多德说，"正义"这个词的意义之一，就是被用来指法律所要求的一切，即是说，它是指每一个公民在他与其他公民的关系中要实践所有的美德。[2]

亚里士多德不仅强调忠诚于法律，而且要忠诚于公民平等。这是正义概念最为核心的要素，前者与"正义"概念的传统相关，即希腊人不把美德与具体的个人德性紧密联系在一起，而是与规范性制度密切联系在一起。后者与亚里士多德要突出正义与公平的关系相关。

我们在上文就已经提到过希腊神话中的两个正义女神，一个是忒弥斯，一个是狄刻（Δίκη），但希腊文正义（hê dikaiosynê）概念，显然是以狄刻为原型，似乎说明了古希腊人正义思想的这一独特性——以法律的合法性为普遍的正义概念，这为保留对城邦实定法的道德哲学批判提供了可能，同时以"狄刻"为原型的正义体现出作为公民德性的正义又是以城邦习俗和德性要求为特征的特定时代和文明类型中的特殊正义或公正。这也与希腊

1　根据最新德文版重译，参见 Aristoteles: *Nikomachische Ethik*, Übersetzt, eingeleitet und kommentiert von Dorothea Frede, Erster Halbband Übersetzung und Einleitung, Walter de Gruyter GmbH, Berlin/Boston, 2020, S. 80。

2　［美］阿拉斯戴尔·麦金太尔：《谁之正义，何种合理性》，万俊人等译，当代中国出版社1996年版，第148页。

神话中通过正义女神的公正审判并惩罚那些违反正义神旨的人来强化 dikê 作为公正美德的含义。因此，亚里士多德在第五卷的前五章中，着重于从概念上区分出普遍正义和特殊正义的含义，而后面三分之二的内容都是用来分析特殊正义如何"命中中道"（公正之道）的"正确行动"问题。因此，我在翻译第五卷时，一般在涉及作为普遍正义的德性时，将 hê dikaiosynê/Gerechtigkeit 翻译为"正义"，在涉及讨论具体的特殊正义时，将 to dikaion/Gerechte 翻译"公正"。德文最新的翻译和注释版译者弗雷德正确地说：

> 毋宁说亚里士多德在合法性意义上的"普遍的"（universalen）正义——这是对城邦的公民训练完整的性格美德所要求的——和涉及尊重平等的品质（第一到第三章）这种"特殊的"正义之间做出了区分。[1]

因此普遍的正义，准确地说，在亚里士多德这里也不是法律正义，而是"具有合法性"的法律所期于实现的正义，即具有自然法根基的伦理（总德），这一所指，查尔斯·杨已经指出了：

> 正义的第一种意义，普遍正义，就是一般意义上的德性。而正义的第二种意义，特殊正义，则是与亚里士多德在 NE III-V 讨论的其他个别伦理德性并列的德性。[2]

所以，关于普遍正义的解释，还有两点需要特别提请注意，第一就是第五卷一开始作为"导论"而给出了一个作为德性品质的定义，第二就是亚

1　Aristoteles: *Nikomachische Ethik*, Übersetzt, eingeleitet und kommentiert von Dorothea Frede, Zweiter Halbband, Walter de Gruyter GmbH Berlin/Boston, 2020, S. 577.

2　[美] 查尔斯·杨：《亚里士多德的正义》，载 [美] 查理德·克劳特主编：《布莱克威尔〈尼各马可伦理学〉指南》，刘玮、陈玮译，北京大学出版社 2014 年版，第 194 页。

里士多德关于自然正义与政治正义的明确区分。我们先讨论正义作为品质的定义：

> 所有人通常都愿意把正义称为那种人们基于它才有能力公正地行动，做且愿意做公正之事的品质。（NE，1129a7-8）

可见，这个定义核心词是"公正是品质"，何种品质？基于它才有能力公正行动的品质，有能力做而且愿意做公正的事是这种品质的规范性内涵。但它并不是当代美德伦理学家努斯鲍姆（Martha Nussbaum）强调的"能力进路"，依然是"品质进路"，它要在德性问题上与苏格拉底的"知识进路"区别开来，因为亚里士多德说，"能力"和"知识"都包含着对立面，当人"有能力"做公正事时，他也有能力做不公正的事；当人知道如何做才公正时，他也知道如何不公正地做，而只有当人有公正的品质时，他才既有能力也愿意做他所知道的公正的事。

这个定义本身包含三项含义，正义是规范性的品质，即规范人有正确行动能力的品质。对于以人、行动者为出发点的美德伦理而言，它的要义不在于被美德伦理学家反复强调的以美德为首要概念，其实，究竟要以品质为出发点还是以行动为出发点取决于一种理论的预设，并不具有绝对优越于其他预设的价值，各有所长，各有所短。一个理论既可以先以品质为出发点，解决"正确行动"内在机制问题，也可以先以行动为出发点，解决优秀品质养成的前提依据问题。因此，亚里士多德倒是先在第二卷讨论德性的本质规定时，选择了以行动优先的原则，因为是先"做正义的事"，然后才能变成"正义的人"，而只有到了现在，一种完美无缺的德性被解释为正义时，一个正义的人具有了正义之美德后，才以美德优先，强调只有这种德性品质养成了，它才是那种使人有能力做正义之事的品质。

第二项含义是让人做且愿意做正义事情的品质。做正义的事，是法律要求，靠法律的公正判决来裁定是否做了公正的事，实定法是判断所做的事是否公正的唯一标准，同时靠法律的惩罚来保证人不违法，不违反正义的伦理。而愿意做正义的事，才是德性的要求，其标准是自身的品质，在古希腊"良心"概念还没有成为伦理学概念，斯多亚主义产生之后，才有良心概念，人们才会说，愿意做正义的事，那是出于个人的良心，个人的良心在伦理学上取代了实定法的法庭，成为自我审判自己做的事是否正义，审视自己的品质是否真是出于自愿做正义的事标准与尺度。因此，在尚未出现良心概念的雅典，亚里士多德的德性伦理，强调人应该养成这样一个美德品质，出于自己品质对自身的规范要求，自愿做正义的事，这才是德性的品质。没有养成这种品质的不正义的人，因而"其心"表现为"贪婪"和敌视平等，出于这种心性品质，就会变成不义之人，品质则为恶劣。有贪婪心这种恶劣品质的人，不可能做出正确行动，他们总是愿意多占有，超出其"应得"，过度地占有不该得的善物，那么本该承担的坏与恶，则尽量地少得，甚至不想承担任何应该承担的。敌视平等这种恶劣品质的人也同样不可能做出公正公平的事情来。

将这一品质概念落实在城邦身上，普遍的正义作为城邦伦理之总德或全德，那就得出一个更具有普遍性的含义，就是强调品质优先，意味着对于一个好城邦而言，必须以正义作为一切制度，包括法律的合法性基础，作为一切德性品质的规范性要求和标准，只有确立了正义伦理，一个城邦才是有德性的城邦，在这样的城邦中，人才有能力做出正确行动，才真正做且愿意做公正的事。因此，亚里士多德通过这一含义确立了"政治"的正义性为伦理总德，确立了一个"政治家"的德性标准，一个好的城邦治理者必定是出于城邦德性品质而是正义与法律的坚定捍卫者和施行者：

> 所以我们不允许人治，而是赞成法治。因为人会为了自己的治权而成为僭主。真正的治理者是正义的守护者，而只要他是正义的守护者也

就是平等的守护者。因为他如果［品质］是公正的，他就不会得到比他应得的多。（NE，1134a35-b3）

从这里我们也读不出他有什么支持所谓的"贤能政治"的主张，在他这里，以个人美德来治理的所谓"德治"，都被他列入了他所反对的"人治"行列，因为人的品质再高贵，如果没有法治的规范，都会蜕变为最恶劣无品的僭主或寡头。真正的德治之"德"，就是作为普遍正义伦理的"总德"，这种德性品质的唯一内在正当的政治要求就是法治。而这种"法"的合法性基础，不是来自习俗和权威，而是"自然的正当性"：

　　政治的公正部分是自然的，部分是约定的。自然的正义到处都有同样的效力，不与人们的意见相关；约定的正义，起初内容是这样约定还是那样约定并不重要，但一旦通过法律确定下来，就有了约束力。（1134b19-22）

正义对于所有德性具有规范性效力在于它是"完全的德性"，是"全德"，而"法律"这种维护正义的法规，其合法性的基础来自"自然的正义"这种"自然法"所体现的普遍伦理。伦理德性只有在正义这个"全德"的意义上才能等同于普遍正义，而如果只是城邦礼法对于其公民的道德要求，那么依然是特殊德性。

在这解释框架内，政治的正义，作为基于城邦实定法所要求的正义，就属于特殊正义。特殊的正义即特殊的公正尤其表现在围绕"应得"而展开的分配正义和矫正正义上。也就是说，特殊的公正的要害不再局限于概念的义理的分析和理解，而在于具体的公正行动的实施。它们以利益分配为核心，因而以分配正义为核心。对于一个城邦而言，"利益"主要涉及财富（经济利益）、荣誉（精神及其社会承认）以及安全等，如何分配，如何取得自己的"应得"，这是特殊公正的核心。亚里士多德再次以"中道"学说来阐释特殊公正的品质。

中道学说最具迷惑性的解释就是把它作为"过度"和"不及"的"中间物"，这样的解释具有一种直觉上的直观性，如果对于一个人，每月得到 2 000 元工资太少，而 10 000 元又太多，那么公道的中间位置就是 6 000 元。每一人在城邦中不可能完全得到一样多，追求绝对的平等，那是绝对不公正，以"中道"学说解释分配公正，似乎给出一个"适中"的合理空间，但如何理解一直令人头疼。显然，简单地按照数学上或者说空间位置的"中间"，是不可能"公正的"，看似数字上的"平均"伤害的就是"平等"。那么该如何理解这个"中道"？亚里士多德自己显然是明确反对以数学上的"中间"来理解"中道"，他明确地说，特殊的公正至少包含四个要素：涉及两个人，两件事，因此有四个比例项，如果其中的比率是相等的，两个人在两件事上就能得到他们各自的"配得"，那么这才"公正"。所以，他说关键就是这个"配得值"（尺度）在不同的政体下人们的理解是不一样的，民主派人士从"自由"看"配得"，寡头派人士从财富看"配得"，而贵族派从德性看"配得"，没有一个公认的"配得值"。他给出的一个抽象方案，就是根据不同的人和不同的事，不按照数学上的"中间"，而按照几何学的平行四边形来确定一个大家都认同的"配得值"比率，防止有人得太多（过度），有人得太少（不及），从而保证分配公正。

虽然这只是一个原则性的规定，但一直成为经济伦理中分配正义的经典方案，原因就在于亚里士多德规定出了特殊公正中程序性的规范尺度。对于分配公正而言，就是这个按照不同的人在不同的事上的平行四边形比率来确定每一个人的配得值。实际上作为德性伦理而言，如果考虑到不同人的品质，他对于"所得"要求的"回报"也是不同的，这里如果再把其品质所要求的东西按照其"自愿性"作为一个参数，例如君王，他的职位的品质要求就是为了所有人的共同利益而绝对不能谋求私利，那么其要求得到的回报，就不能是"利益"，而只能是"荣誉"；相应地一般民众他的所有工作都只是为了养家糊口，过好日子，那么其品质所要求的回报，就是保障其应得的利益不受侵害；而对于德性高贵者所要求的既不是荣誉，也不是利益，则是德性本身的完善。所以，考虑到所有人的差异和各自的自愿，分配公正虽然很难有一个绝对平等的数值确定下来，依然在原则上还是可行的。

如果结果还是不能令人满意，达不到"公正"的尺度，那么还必须有一个"矫正正义"作为必要的补充。而对于矫正的公正，亚里士多德也是进一步完善和细化分配的"比例"，尤其要考虑每个有差异的人在对于所要分配的公共产品（整体）所做出的贡献，同时要考虑的是自愿还是不自愿的交往中所产生的问题，强调"矫正的公正是基于不情愿的得失之间的中道，它意味着［交往］之前和之后的均等"（NE，1132b20）。当然这里的"均等"依然是一个模糊而不能确定的说法，指的只是一种制度上的矫正，让"之前"得到"太多"的人补偿给得到太少的人。

三、公正与公平关系

虽然与罗尔斯将正义原则用作指导人们选择一种正义的社会基本结构不同，亚里士多德始终是将正义放在德性品质的中道上来解释，但是他们两人都一致地处理了正义与公平的关系，对于罗尔斯而言，他直接把正义解释为公平原则，这个原则有两个，第一个原则他称之为"自由的优先性原则"：

> 每个人对所有人所拥有的最广泛平等的基本自由体系相容的类似自由体系都应有一种平等的权利。

第二个原则他称之为"正义对效率和福利的优先性"原则：

> 社会和经济的不平等应这样来安排，使它们：

（1）在与正义的储存原则一致的情况下，适合于最少受惠者的最大利益；并且，

（2）依系于在机会平等的条件下职务和地位向所有人开放。[1]

亚里士多德不是从社会基本结构的制度安排来讨论正义论，而是把正义作为城邦与人的德性品质来讨论，就他们实质的差别而言，自由的优先性原则，在亚里士多德的正义论中始终是缺失的，原因我们之前说过，因为个人自由在亚里士多德这里也仅仅是从个人的灵魂品质层面上论述，而对于一个认可奴隶制合理的人，不可能从社会制度层面将个人自由作为社会制度优先考虑的道德原则，但从正义的品质而言，亚里士多德特别强调了尊重个人平等。一个有正义品质的人，除了忠于法律之外，另一个必需的要件就是平等，只有坚持平等，正义才能与"公平"联系起来。不过，罗尔斯强调的是"机会平等"，而亚里士多德则强调实质的平等，尤其是在利益分配领域，要得到"均等的"份额。

这样的差异性比较，使得我们具有了理解亚里士多德"公正"与"公平"关系的视角。由于从品质讨论正义，而"公正"作为特殊正义属于伦理德性中的一种类型，因此，"公正"体现在"人"上，是一个人有能力做公正的事的品质；而"公平"则体现在所做的"事"上，因此，亚里士多德才说，两者既不完全一样，也非根本不同。但这仅仅是我们直觉上的理解似乎应该如此。实际上，亚里士多德同样也把"公平"像"公正"一样，视为一个人的"品质"特征：

公平的人有公正的意愿，选择做并根据公正来做公正的事，即便有理，他也不会把他的理推向极致而损害他人，而是在哪怕法律真的支

---

1 ［美］约翰·罗尔斯：《正义论》（修订版），何怀宏、何包钢、廖申白译，中国社会科学出版社 2016 年版，第 237 页。

持他的时候，也知道得理饶人。这样的人是公平的，他的品质是公平。
（NE，1137b34-1138a3）

所以，就德性品质而言，公正和公平完全是一个类型，他们的差别只是程度上的。但理解程度上的差别很容易引起自相矛盾，亚里士多德说，

> 因为一方面，同某种程度上的公正相比，公平是更好的公正。但另一方面却不能在两者是不同种类的东西这种意义上以为公平比公正更好。所以，公平之事和公正之事是同一回事，两种确实都好，不过公平比公正更好。（1137b8-10）

这似乎是说，公正与公平在"事"上而言，公平在程度上比公正更公正，因而更好。但是以什么为标准说公平的事比公正的事更公正呢？亚里士多德说，这里没有普遍的标准，只是公正的事只能依据法规的普遍规定来判定是否公正，但是即便再好的法律，单凭一个抽象的法规条文，并不能完全解决公正问题，法律考虑的是普遍的情况，而具体的事件是否公正还需要考虑其他更为复杂的合情合理问题，因此，就人的行为领域的所有特殊情况，需要在法律公正之外，再对其不可更改的公正在法律之外予以某种纠正，使其更加公平，于是：

> 公平的本性就是这样：它是对法律因其普遍性而总是带有的缺陷的纠正。（1137b27）

这是一种有弹性的公正，虽然尺度是不确定的，但不是修正法律条文，而是在法律之外，通过公民表决来调节法律条文的普遍性所无法顾及的特殊情景，所以这是一种城邦友爱的情感表达，是公民社会的一种有温情的正义，这

才是它比冰冷的法律公正更好的理由。因此，我们千万不能抽象地、凭人云亦云的概念去设想亚里士多德的德性论，尤其是关于一个有美德的人如何能做出正确的行动，在他这里有非常具体的规范性内涵的探讨，不能以为他只满足于说"要像一个有美德的人那样做才能做出正确行动"，这就属于亚里士多德批评的那种只满足于空谈的人："尽管如此，大多数还是不这样做，而是满足于空谈，以为这样就能成为哲学家，成为有德性的人。"（1105b14–15）

第五节　亚里士多德的友爱伦理与德性论

从公正与公平的关系中，我们已经看出亚里士多德德性论蕴含着一种深切的情与理的内在关联结构，他的德性论总体上当然属于规范主义伦理学的一种表达，"正确的逻各斯"不仅是生活原理和行动原理的规范基础和标准，而且也是德性论，尤其是理智德性的规范性目标，这些都是亚里士多德伦理学中"合理"的表现。但是他的"理"中又包含着深情，"情"不仅是"理"的基础，伦理与德性都从"感受性"（情感、性情和激情都源自感受性的不同）出发，都以"可欲"的目标为善，就是"合情"的表现，而且亚里士多德总体上总是认为"合情"的东西甚至比"合理"的东西"更好"，就像在公正与公平关系中他说公平比公正更好一样，在友爱与正义的关系中他也会说友爱比正义更好。在此意义上，他似乎流露出"善优于正当"这个罗尔斯的反题，但我们又绝对不能说他反对"正当优于善"，因为"正当性"依然是他的理智主义伦理学的主题和核心。所以，究竟如何理解和把握亚里士多德友爱论和正义论的关系，只有从其伦理结构中"合理""合情""合意"各自的适用范围，找到它们各自的边界，才有可能。

一、友爱作为伦理原则

亚里士多德关于友爱的讨论，在西方伦理学史上真正创造了"空前绝后"的绝唱，从来没有哪一位哲学家像他那样在总共十卷的《尼各马可伦理学》中以两卷的篇幅系统地论述了友爱作为伦理原则的意义，因而从来没有谁像他这样系统地探讨了在各种友爱关系中的人的德性品质和行为关系的合宜性。如果按照我们古人"义者宜也"（《中庸》第二十章）的说法，友谊关系中的各种合宜的行为方式，也就是为人之义了。一个具有友爱品质的人，就是一个有义之人。因此，伽达默尔说亚里士多德的友爱之论旨在探讨一个正义的社会关系，绝对是一种精妙的释义。但亚里士多德在"友爱"的开篇，却说了一句令人难以捉摸的话：

> 友爱是一种德性，或者说与德性紧密相连。（NE，1155a4）

这到底是要表明，"友爱"是一种"德性"还是仅仅"与德性紧密相连"？他或许是认为这种区分并不重要，关键在于如何实现一种真正友爱的品质？这些都不是很清楚。

清楚的是，亚里士多德自己在思索这一定性上的疑难。

一方面他坚信，对于实现幸福这一美好生活的目标而言，友爱是最必需的东西，没有人想过没有朋友的生活，而且友爱这种"情感"，不仅存在于大自然的造化者和造化物之间，在鸟类和动物之间也普遍存在，而且作为"本能"特别地赋予了人类，使得我们在对待陌生人时可以看到对待亲戚和邻人时都有的友爱之情，因而：

> 这种经验也告诉我们，友爱是把城邦联系起来的纽带，立法者心仪友谊更胜过公正。（1155a24）

这就透露出了亚里士多德"疑难"的第一个理由："友谊更胜过公正"。他接着还透露出第二个理由：

在朋友中也不需要公正。但在行事公正的人当中需要友谊作为公正的某种补充，而最高的公道也是在朋友中才可遇。（1155a24）

至此，读懂这里的限制性条件我们才能真正弄清楚两者的关系。亚里士多德并非无条件地说，"友爱"胜过"公正"，它的条件是在"真正的朋友"关系之中，不需要"公正"，其暗含的判断是在"非朋友关系"中，公正依然比友爱更重要，这是其一。其二是"最高的公道"（正义）只有在"朋友"中才可遇，所以才不需要"公正"，所"不需要的"仅仅是作为特殊公正的每个人精确"应得"的利益计算，因为在"最高的公道"之下，唯"友爱"之义足矣。

这样一来，亚里士多德关于公正与友爱关系才清楚了，它们都是城邦伦理的原则，正义和友爱都是城邦共同体的纽带，没有正义和友爱的城邦，不是一个伦理共同体，人们不能过"共同生活"，所以，作为城邦的伦理原则，正义和友爱都重要，二者都不可或缺。至于哪个更重要？却谁也一言难尽。原因在于，它们各自都有普遍之义和特殊之义，都有潜能义、现实义和理想义，都有各自的适用领域和边界，我们只有在厘清所言之义的适用领域和边界之后，才能避免自说自话、各不搭界的困境。

所以，当亚里士多德把友爱像正义一样作为城邦伦理原则时，所指的是友爱的理想义，普遍的通义，即真正的友谊的含义。我们也只有把握到了这一含义，才能与正义的普遍意义相对比，看清它们在城邦伦理中各自能发挥出什么意义。

伦理学是对生活和行动之原理的反思和确立，亚里士多德始终坚持的就是科学的寻求"第一因"的模式来进行。因此，欲明何为真正的友爱／友谊，他说我们要分析作为朋友的那个"爱"或"义"（谊）生发的"原因"，即朋友心目中认为"值得爱"（philêton／liebenswerte）的东西，它们有三类：

善、令人快乐的东西和有用的东西。（1155b19）

只有认识到作为原因的这些"值得爱"的东西所引发的友爱 / 友谊，我们才能认识友爱，认识朋友的真实品质。对于"善"这个"爱"的因缘，亚里士多德说有时候究竟是爱善本身（hautois agathon）还是对于他显得是善的东西（to on hautôi agathon）似乎是冲突的，但只有个别的人（der Einzelne）似乎不爱对他显得是善的东西。所以他不再对此做出区分，值得爱的就是显得是善的东西。这样把友爱作为限定在人类之间的情感，我们当然也爱无生命的东西，爱山爱水，也爱动物等有生命的东西，但只有对美善有感受力、有情感能力的人之间，才谈得上友爱或友谊。在此意义上，才谈得上友爱与正义一样，不仅是为己之德，更是待人之伦理，它也是"德"，但要在与他人的情义伦理关系中才是待人之德。这是产生友爱的原因。但友爱作为德性是人类之间的情感，无生命的东西可能既令人快乐也很有用，但对于他们我们不谈论"友爱"。在这里，亚里士多德的"友爱"有两点显得特别重要，一是友爱之"爱"的特点是主观的情感，是爱对他人和自己都显得是美善的东西，所以只有一个人主观上觉得"值得爱"，就会把"爱的对象"视为美善本身，绝对的好，这是一种出自情感的绝对。而"正义"不会这样，作为规范性的制度和品质原则，正义始终保持在"理性"限度内，只有当出现依据法律的普遍原则确定的"公正"之事，依然有大家感受到的"缺陷"时，才出现弥补此缺陷的"公平"，在最高的公正，"公平"品质上才出现"情感"因素。因而，正义遵循的是理性逻辑，而友爱遵循的是情感逻辑。情感的真，以主观感受为绝对标准，这是第一。第二，作为待人的伦理原理，情感需要他人有"回应"和"回报"，之所以不跟所爱的动植物谈友爱，就是在动植物身上，难以有友爱所期待的爱的"回应"和"回报"。这种"回应"或"回报"不是字面上的，尤其不是相互利益上的回报，而是对"值得爱"的东西，因而被认为是绝对美善的东西的共同认同。有了共同的价值认同，对绝对善的认同，才会产生相互的善意，因此就会产生真正的友爱的第三点，相互的善意，表现为都"愿望他好"且双方都必须让对立"感受"到这种善意，如果一方面有此善意，却隐瞒在自己内心，不让对方知道，那么双方就还没有成为朋友，没有"友爱"。

所以，亚里士多德通过分析产生友爱的三类原因，通过因善而产生的友爱与其他两类因快乐和因有用产生的友爱相比较，得出了完善的友爱之概念。

因快乐而产生友爱，亚里士多德说大多属于青年人之间的友爱，他们受情绪控制，受激情驱使，受快感左右，只要对方能带来快乐，哪怕只是一时的快乐，也能生一时之友爱。而对方不能带来快乐了，友爱也就终止，这种友爱来得快，去得也快，不能持久。因而很难成为生活和行动的伦理原则，也不能成为真正友爱品质的原型，它不完善。但只要有快乐而坚持爱，他们就喜欢待在一起过共同生活，友爱伴随着他们共在，只要坚持友爱的基本准则，不因爱而恨，虽不完善也挺美好。

因"有用"而友爱，亚里士多德说大多数存在于老于世故的老年人中间，他说老年人不再追求快乐，而只追求实用，但追求"实用"很难产生共同性，他对你有用，你对他不一定有用；今天对你有用的人，明天不一定对你还有用。所以这种"有用"，大多数只是存在于自己心中的"期待"，而这种期待往往会很快落空。因此，因"有用"而友爱，是极其不完满的友爱，它爱的也不是对方，而是对方的"用处"，所以最终爱的是自己，是自爱。

只有第一种因善而生的友爱，才是"因其本身"（而不因其有用或其他外在原因）而"愿望他好"（NE，1155b32），这是真正的善意，当这种善意双方都有，双方都知道对方有此善意，就产生出"完善的友爱"，它需要三个基本条件：同一类人、相似的德性品质、相互的善意。由此就可看出这种友爱为什么"完善"了，因为都是因对方具有高贵的德性品质而生的友爱，德性高贵者原本就都友善，原本就令人喜悦，又因对方德性品质高贵而生善意，而生喜悦，因而双方都希望对方好，都互相喜悦，这种友善又对双方都有益无害，都能因高贵之善而感到欢喜，因而这种友爱因其完善而持久，又因其完善而又极其罕见。

德里达在其《友爱的政治学》一开头就引用亚里士多德的所谓名言："啊，朋友，但哪里有朋友。"我相信这确实是亚里士多德真实的想法，说明完善的友爱因其完善性而极其难得，但这句话并不能说明，亚里士多德不相信有真正的友爱存在，他实际上给出了"完善的友爱"极其罕见的理由：（1）很少有这么高贵品质的人；（2）这种友爱需要长时间来培养对共同生活的习惯；（3）有一方向另一方证明自己值得友爱，确立起相互信任，才相互承认并接纳对方为朋友。因此，就像不因为柏拉图证明了正义的城邦根本不存在，亚里士多德就不把正义作为城邦伦理原则一样，他自己也不可能因完善的友爱极其罕见就不把它作为伦理原则来建构。

在亚里士多德自然目的论框架下，伦理原则也有因其是所欲的最终目标而具有理想性，也因此"倒果为因"作为实践的"第一原理"，从而也让"理想的"完善的"目标"来引导和规范德性的养成。所以，正如完善的普遍的正义是所有德性的规范，完善的友爱作为一种高贵品质也是各类友爱行动的规范。所以，从实践的角度而言，完善的友爱需要在一个较长时间的共同生活世界里的交往活动中来培养与生成。它稀有但不缺乏，只要共同生活的共同体存在，完善友爱的实现就只剩下时间和文明的因素了。

二、各类友爱活动的品质规范

友爱是一种品质，从三种友爱因缘就可以看出因快乐和有用而生的友爱者的品质之低劣，只有因善而生的这种完善的友爱，品质是高贵的。但就像德性本身，有的是因品质而高贵，有的是因活动而高贵一样，友爱也是有的因品质而高贵，有的因活动而高贵。当我们说，友爱是因品质而高贵时，指的就是完善的友爱，只有它才配得上友爱之名。因此它是一种规范性的德性品质。而其他各类非完善的友爱，或非友爱的"爱"，仅仅是"活动"。这里不得不明确"友爱"的希腊文含义与其他语言的细微区别，希腊文 philêsis 表达友爱关系，有两层意思，一层是表明双方互认对方是"朋友"关系，另一层是这种朋友关系是以"情义"为基础，这种"情义"或"情感"的核心是爱（philein），但恰恰这个"爱"翻译为其他语言就会出现误解。因为友爱之"爱"是互有善意，而不是单纯的情感之爱，如柏拉图讨论的爱欲（eros）。弗雷德专门指出：

> 由于属于友爱关系的完全不同的类型，必须指出无差别地翻译"值得爱"所引起的迷惑性，如同以 lieben（德文的爱）翻译 philein（希腊文的爱）和以"爱情"（Liebe）翻译"友爱"（philêsis）引起的误导一样。因为这些术语在德语中接近于强烈的情感关系，而这种强烈的情感关系在实用的友爱中根本不存在。但亚里士多德赋予 philêsis 这个术语表达在友爱时对自身显示出来的情感态度。他因此也算是提到了一个事实，他把爱（philia）用于标志日常交往中的友爱，即那些对于每个人在生活中应该显示出来的社会德性，而不包含爱情情感的成分（NE，II，7，1108a26-30，IV，12）。不过，相互性的友爱也应该属于对于他人的情感性的友谊情感。[1]

所以，亚里士多德实际上从友爱之"友"和友爱之"爱"两方面来界定友爱的德性品质。从"友"已经说明，因快乐和有用作为"值得爱"之原因的人，不具有真正友爱的品质，只能将完善友爱的视为友爱品质的典范。从"爱"的情感而言，友爱必须与带有强烈情感、欲望的"情爱"（第八卷第七

---

1 Aristoteles: *Nikomachische Ethik*, Übersetzt, eingeleitet und kommentiert von Dorothea Frede, Zweiter Halbband Übersetzung und Einleitung, Walter de Gruyter GmbH Berlin/Boston, 2020, S. 812-813.

章）和两种单向度的爱，仁爱（第九卷第九章）与自爱（第九卷第四章）区别开来。这三种都是爱，但不是友爱。

友爱与情爱的区别，亚里士多德说，是品质和活动的区别。真正的友爱是德性高贵者之间的相互友爱，这种友爱构成了友爱的德性品质：真正值得爱的对象，美善和令人快乐的东西因其自身之故并对自己的心灵显得可爱而爱，具有纯粹性；两人都因高贵美善而值得爱从而对对方相互具有善意；双方都愿意因这样的高贵品质而结交为朋友。这三点构成友爱品质的三个标准。但情爱不符合这些标准，主要是它的情感是因欲而爱，但所欲的对象可能并不是对方的高贵品质，而是身体占有、快乐或其他方面。所以，亚里士多德说它不是品质，只是一种感性情感，因而是爱的活动。但情爱活动如果只知道追求快乐，而缺乏友爱的德性品质做基础，就或者不可能持久，或者更糟糕的是因爱而生恨，因情而成仇。因此，正确的情爱活动绝非任性人情地爱，而是必须有完善品德的规范，才会有美好的事。

友爱与自爱的关系也很特别。亚里士多德认识到，如何同朋友相处，似乎取决于如何同自身相处。但恰恰同自身如何相处，被许多人所忽视。忽视的原因就是谁也不会认为自己会对自身不友善，但如何才是真的对自身友善，许多人恰恰存在根深蒂固的误解。例如，友爱的人愿意同朋友相处，但愿意同朋友相处的原因只有因德本身而成友爱才是完善的，能成朋友的人是因朋友的人（格）而愿望他好并愿意做对他显得善好的事，这种情怀亚里士多德认为是最接近于母爱的情怀。但我们对自身往往缺乏这种情怀，对自身好一点，往往被视为过于矫情。而且许多人根本不会甚至害怕同自身相处，不敢触摸最真实的自我。对真实的自我，我们一般也不知道究竟是内心隐藏得最深的渴望是真自我，还是人自身无不具有的超越于其他一切动物的思想能力才是真自我。不敢触碰真实自我的人，也就根本不能知道，如何"因其自身之故"地对自身好或愿意做对自身显得是好的事。这样的大多数人就只剩下按照俗众该吃就吃，该喝就喝，希望自己活着，自我保存。亚里士多德虽然说，"存不存在对自己本身的友爱，我们现在存而不论"，但他实际上是非常明确地承认是有的，只是被不正当的"自爱"所误导了，他接着说："可以说，如果在一个人身上具有两个或更多的部分，这样对自身的友爱看来也是存在的。友爱过度就与此类似。"（NE，1166a34-1166b1）

但如何理解"友爱过度"？亚里士多德并没有说是因完善的友爱而对自身友爱过度，反而是说是那些"喜爱自己本身，自我欣赏，自认优秀"的人可能存在对自身的"友爱过度"，这样的"友爱过度"的"自爱"就根本不是真的"自爱"。因为他们缺乏真正友爱的德性品质。在此意义上，亚里士多德说，恶棍和罪犯全然不具有友爱成分，也不曾显得具有，甚至所有品质低劣者也都不具有真的友爱，因为他们追求能与他们共处的人，但逃避自己本身，也根本不敢认识真我本身，因此内心是分裂的，追求的东西和渴望的东西是两码事。他们倾心于对他肤浅的认知显得是好的、快乐的、有用的东西，但其实这些对他们都是有害的。当他们独处时，不仅对他人而且对自身是惊恐的，他们渴望与他人、朋友相处，就是通过这种相处麻痹自己，逃避自己。最根本的就是对自身缺乏真诚，因而也就不能生活在同自己本身的友爱相处中。对于这样低劣品质的人而言，有一个根本的认知缺陷，就是对他们不存在什么本身值得爱、值得友善对待的东西，"这样的人既分享不到自己本心的快乐也感受不了自己真实的痛苦"（1166a34-1166b1）。所以，真正的"自爱"者必须先要确立其对自身真诚的品质，敢于触碰本真的自我。"认识你自己"就是在这一语境中被苏格拉底视为伦理学首要的命题。而亚里士多德的德性论意在告诉人们，如果不知道如何"活出真实的自我"，活出一个人身上的德性品质，那么这个人不可能友爱自身，更不可能友爱他人。友爱需要以德性品质为基础和规范。当我们认识到了"思想部分简直就是人的本真自身（das eigentliche Selbst）"（1166a17），那么我们才能知道何为"因其自身之故"的好。才知道如何友善地对自己好，对朋友好，朋友才作为"另一个自我"能真正地被我"友善"的对待。

对"自爱"不同，仁爱或慈爱（wohlwollen）总被认为是一种高尚的爱的活动，它在亚里士多德眼中会是一种真正友爱活动，从而具有友爱的品质吗？亚里士多德的态度非常明确：它与友爱类似，但不能等同。类似性有：（1）它们都是爱的活动，尤其是对他人，包括陌生人；（2）同友爱一样不是因利与乐，而是因善意本身而仁爱。但区别在于，仁爱更多指体现为一种"善意"，希望他人好，像父母对待孩子那样关心和关爱，当然更多的是体现在"心意"上。所以仁爱也被广泛地称之为慈爱之心。它是一种善意的情感，但区别于情爱在于，慈爱不会有情爱那样的心灵紧张、激动和感性欲望；它也不像情爱那样是需要一定时间的相互交往之后才能产生，仁爱可能是突然出现的一种对他人的善意，例如在看比赛时，突然希望某个选手获胜，不需要为他／她真做出什么事情，所以，这种爱停留在善意上，停留于表面，而情爱是需要行动，需要做爱人显得是好的事情。亚里士多德在此意义上说，"把仁爱称作不作为的友爱也是可以的"（1167a11），但"不作为的友爱"就不是真正的友爱。作为仁爱之心，它是友爱的发端，如同对他人的视觉快感是情爱之发端一样。没有对对方的仁爱之心，两人就成不了朋友，但并非有了仁爱之心就一定会成为友爱的朋友。这就是仁爱与友爱的最大区别：仁爱将爱停留在单纯的心意上，两人可能都不会带着这种善心采取行动，甚至还不愿意因这种爱意而给自己添麻烦。所以，仁爱如果真正地成为一种伦理原则，需要得到真正友爱品质的规范。

三、各类有差等的友爱活动的德性准则

上面从友爱与各类不是真正的友爱，但类似于友爱的活动，讨论了友爱作为品质对它们的规范性意义。现在要讨论各类友爱，但是有差等的友爱活动中，如何做才是正确的。

友爱有基于平等基础上的友爱，也有基于差等基础上的友爱。前者指的是朋友双方都视对方为平等的人格主体，为对方提供的和期待从对方所

获得的是同样的。但这种"平等"几乎是很难完全一致的，大多数友爱实际上是有差等的，这种差等，有的是指德性品质之间的差等，按照完善的友爱标准，这种友爱只是类似于友爱，不是真正的友爱。还有更多的有差等的友爱，主要指是人的地位、身份、辈分、年龄、性别等等，如父（母）子（女）关系、男人女人关系、君臣关系、老年人与青年人关系、夫妻关系等等。这种"差等"不同于儒家的"爱有差等"，即不是强调爱是一种亲亲关系，不是以人的亲疏界定"爱"的差等，而是强调这些"爱"中具体的差异，如君臣之间的友爱不同于父子之间的友爱，前者属于政治关系中的友爱，后者属于血亲之间的友爱，这是有差别的。而在夫妻之间，亚里士多德也同样强调丈夫对妻子的爱，不同于妻子对丈夫的爱，父母对子女的爱也不同于子女对父母的爱。他强调说，每一种爱中的人，身份不同，德性不同，地位不同，因而爱的动机和期望得到的回报也是不同的，每一种爱都有其特殊的内涵和特点。尽管如此，只要他们之间存在友爱，就有共同的东西。这个东西是爱必须是合乎比例的，是公道的："德性更佳者、更有用者以及通常说的地位尊优者，他们被爱多于爱。因为如果双方按照其受尊重的程度（Würde）被爱，就产生了某种程度上的平等，确实这种平等可视为所有友谊的基本特征。"（NE，1158b24-28）

但亚里士多德同时也强调，这种友爱上的"平等"与"公正"关系中的"平等"是不一样的，正是因为发现了"友爱"的"平等"特质，他才更为准确地界定了"公正"与"友爱"这两种美德的区别：

> 在公正上的平等和在友爱上的平等不是同一回事。公正上的平等首先依据的是人的配得，其次是数量上的平等。相反，在友爱中数量的平等居首位，配不配得居其次。（1158b29-33）

数量上的平等也只是一个模糊的概念，更是一个令人困惑的概念，譬如，地位高的人与地位低的人，财富多的人与贫穷的人，如何能够按照受尊重的程度确立他们之间爱的比例？如果过分地考虑他们之间的差距的这个数量和爱的比例，他们之间就根本不存在友爱了。因为对于人而言，友爱不是必需的义务，完全是发乎情止乎礼的活动，能否成为朋友，全在于双方的心愿，只要双方都因对方的人品值得爱，希望他好，并愿意做对他显得是好的事情，这种友爱之情确立了，"数量上的差距"就根本不是一个考虑的因素。因此，我认为亚里士多德的这里的"爱的比例"是个无须认真对待的标准，至于他为什么要制定这样一个标准，真很难理解。似乎他只是强调"爱与被爱"是平等的关系，虽然是自愿的为值得爱的人付出，但情感关系也总要有"公道"存在，如果一方总是得到的爱过多，一方得到的爱过少，友爱就不可能存在了。所以，只要我们想与别人保持友爱关系，那么维系这种关系的公道性要求，依然有一个基本准则，那就是"对等原则"。至于差异多大友爱就不存在，差异多大还能保持对等的友爱，他也明确说"做出一个精确的规定当然是不可能的"（1159a4）。可以清楚说的是，诸神和人类不会成为朋友，臣民不会与君王成为朋友，这就是差异过大。因此，亚里士多德的爱有差等，更有意义的不是其爱的比例这个标准，而是其对有差等的人之间如何保持友爱关系的道德心理学分析，目的还是给予这种关系中的人的行为一种礼节性规范。

这种规范从大处说，就是德性品质规范友爱活动中的行动，亚里士多德一直强调完善的友爱是品质，而所有这些有差等的友爱活动，要以因德性品质而生的友爱为正确行动的标准，从细处说，每一种有差等的友爱因为差异千差万别，除了刚才讨论过的要遵守爱的比例，避免出现差异过大而最终导致友爱终止之外，亚里士多德还通过比较家庭共同体中的友爱与政体形式中的友爱之差别，类似于指出不同等级身份中的人，实际上是有其身份所赋予他的不同的爱的"义务"的，虽然他没有使用义务概念。

家庭共同体中的父子之爱，类似于政体中的君臣之爱，但亚里士多德说

"父爱比君王之爱更伟大"（1161a16），因为父亲是子女存在的原因，是最高的善举，同时父亲承担起了抚养和教育子女成人的义务，这都是大爱。而君臣的友爱是政治性的，它继承了父权制父亲天然的单方面的优势地位，这是君王受到尊敬的原因，君主制中的友爱关系都是依据等级和尊卑而定，与儒家要求的"尊尊"同样。但君主制中"君王"不能像父亲那样自然地享受尊敬和友爱，君主制对君王的品质是有道德要求的，一个好君王的标准是毫无私心地操心全体臣民的利益和福祉，像牧羊人关心他的羊群那样善待他的臣民。如果他做到了，真正为国家鞠躬尽瘁，那么他就理应得到所有臣民的爱戴和尊敬，否则，他利用君王之权为自己或自己亲近的人谋福利，把自己蜕变为一个僭主，他就会受到所有人民的唾弃和诅咒。

夫妻关系的友爱与贵族制中的友爱相同。基础是个人的德性，德性更佳者得到的爱也更多，类似于这种关系中的公正。因此，一种好的夫妻友爱，要以基于德性的友爱来规范其各自行为中的相爱的其他原因，使得夫和妻各得其所，就是好的友爱。在此意义上，亚里士多德似乎是主张，夫妻之爱虽然本质上是情爱，也要以友爱为基础和规范，这是有深刻道理的。

兄弟关系的友爱类似于财权制（共和制）中友爱，兄弟之间心智和品质大体相当，相互平等，年龄相近，因此容易产生相互的友爱。财权制下的公民也都是平等的伙伴，力求平等的权利和价值，同时还平分权力，轮流执政，因此就容易在平等基础上产生相互的友爱。因此，在亚里士多德这里，兄弟关系的伦理完全被放在城邦中的社会伦理层面来考察。

但家庭伦理关系是不变的，而政治关系会因蜕变而使得友爱荡然无存。君主制蜕变为僭主制，贵族制蜕变为寡头制，财权制蜕变为民主制，在蜕变的三种政体形式中，由于很少有公正，伦理就完全败坏了，那么在已经败坏了伦理生活中，人就很难再有正确行动，使得人们之间也就很少再有友爱了：

在最坏的政体：僭主制中，友爱自然也就最少，或者根本不会有友爱。因为统治者和被统治者之间没有任何共同点，在这里没有了公正，也就没有了友爱，而只有一种如同工匠与工具，灵魂同肉体，主人同奴隶的关系。（1161a31-35）

虽然亚里士多德一直认为直接民主制不好，是财权制（共和制）的蜕变形式，但他却还是依据事实而非依据其逻辑理念做出了一个非常公道的判断：

而在民主制中友爱与公正最多，因为平等的公民之间拥有许多共同之处。（1161b10）

在这里，我们终于看清了公正与友爱两种伦理，两种德性的根本区别。虽然他们都是城邦共同体的维系力量，但公正或正义依然更体现为制度，尤其是法律制度的首要美德，它是一种义利之德，关注的是人类整体在城邦中的共存，它所调整与规范的是人们广泛的利益关系，而友爱关涉的不是所有人的共同存在，而是特殊的具体个人之间相互的情感关系，因而它是一个个"小共同体"维系的情感纽带，它规范的是情谊之德。小共同体是城邦的部分，但不是城邦的全部。城邦是所有公民共同生活的共同体，更需要"正义"作为伦理原则。正义伦理比友爱伦理更有优先性，因为在不存在公正伦理原则的体制下，人们无法做出正确行动，友爱也就不存在或很少存在了，所以公道、公正成为完善的友爱关系的规范力量。只有而在有更高的"公正"例如"公平"的社会结构中，友爱才显示出比公正更为重要的意义。因为在作为小共同体的友爱共同体中，因友爱的平等之情，大家亲如兄弟，一切都是共同的，亚里士多德才说，真朋友之间不需要公正，"配不配得"是其次。当然，"每种不同的友爱都有其特殊的公正"（1159a3），友爱不仅不能取代公正单独成为城邦伦理原则，反而一直是以某种程度的公道与公正，作为对完善的友爱关系的规范准则。

　　所以，亚里士多德的"友爱"区别于儒家的"仁爱"和基督教上帝的那种慈爱或博爱，他注重的是以平等的友谊之爱来消融德性与地位等差异的不平等，从而在不同类别的个体之间建立起"友爱共同体"，因而作为整个城邦共同体的维系力量。他不是不懂得儒家亲亲尊尊的原则的价值，他说在家庭中对更亲近的人更友爱使人获得的快乐更多，兄弟的友爱也更胜过伙伴之间的友爱，这种血亲关系的情谊远比其他伙伴之间的关系更亲密更牢固，这是自然的。但是由亲亲和尊尊这种情感德性是无论如何也生长不出正义来的。情感关系需要友爱，但共存的政治关系只能依据"正确的逻各斯"确立社会正义这一道义伦理，才能保障所有人能够拥有德性，实现美好生活。

第 五 章

希腊化时代哲学的重新定位：
德性论伦理学的第二经典形态

无论从时间与地域，还是从一种哲学对后世的影响来看，希腊化时代的哲学都更应该得到重视，因为它是一种在理念和方法上都不同于古希腊城邦哲学的新实践哲学形式，从而伦理学形态及其内涵发生了重大改变。它所面对和处理的问题，既不同于前苏格拉底的自然哲学，也不同于以柏拉图和亚里士多德为代表的城邦伦理哲学，但它与苏格拉底密切相关。一些学派作为"小苏格拉底派"，是苏格拉底弟子们的哲学；它们虽然反对柏拉图和亚里士多德的正统观念，但坚持和发扬了苏格拉底伦理思想中的一些东西。希腊化哲学不再以理论哲学而以伦理学为"第一哲学"，所以无论是伦理学的主题，还是伦理学的方法，都迥然相异于希腊古典时代，它是多元文明融合后的一种新的哲学创新。更具体地说，作为伦理学，它直接就是实践的，不再需要通过理论哲学为实践哲学确立原理。伦理学原理就是理论地确立实践的原理，这一点即使在亚里士多德那里，也是需要辩护才能明确说明的问题，现在普遍地获得了实施；伦理学有了自身的实践原理，因而也不像在亚里士多德那里那样，要从属于政治学来确立伦理所能实现的人的最高善，它直接地就从人的生命、人生实践获得理解，不再借助于城邦政治，而从人类的自然本性与类本性，乃至心理学获得说明。所以，它也不再殚思竭虑于预设一些要在人生实践中"积极实现"的最高善的目的论论证，而是论证最高善的实现满足于人生的一些"消极的"目标：无恶无苦，无忧无扰，从而达到灵魂的宁静自在。所以，这一时期的伦理学哲学转向了心灵自我安慰、自我治疗、自我救赎性的心理调适与治疗，修身与德性不再以治国平天下为志向，而转向野蛮其身体，文明其精神的身心和谐，不悲不喜的"功夫论"，从而可以作为迥然有别于亚里士多德实践哲学的"德性论伦理学的第二经典形态"。

第一节 "希腊化"与希腊化转向的源头

要想理解希腊化时代的哲学伦理学，我们要从"希腊化"这个概念的规定入手，看它包含了哪些哲学，这些哲学与伦理学的关系如何，以及这些伦理学思想与希腊古典时代的哲学伦理学的关系。

一、何为"希腊化"

"希腊化"是对 Hellenism 的表达，但该词字面意思是"希腊主义"，与之对应的德文 Hellenismus 也与英文完全相同。根据我国希腊化时代历史研究专家陈恒先生的考证，英文的 Hellenism 和德文的 Hellenismus 在两个伟大历史学家，英国古典学家格罗特（G. Grote，1794—1871）和德国历史学家德罗伊森（J. G. Droysen，1808—1884）那里，含义却是完全不同的，所以在历史学上经常被混用，造成了许多混乱。[1] 根据现代语言哲学的基本规则，"语义"是在"使用"中确定的，而对一个词语的"使用"，又有其"历史"。所以，对于"希腊化"这个概念，我们也必须依据其"历史的""典范"的"使用"，来确立其准确含义。

Hellenism 中的核心 Hellen，据说是希腊人的祖先，希腊语 hellas（希

1　陈恒：《希腊化研究》，商务印书馆 2006 年版，第 25—26 页。

腊）就是从它而来。Hellene 指的就是希腊人："Hellenes 是希腊人共用的自我称谓。"[1] 这样，Hellenism 字面意思就是希腊之为希腊的 ism，类似于 Modernity（Modernität）——"现代性"——代表现代的基本精神、现代文化的基本范式和品格一样，它代表的是希腊人的生活方式、伦理风俗、语言文化、精神品格等等。因此，英国著名古典学家格罗特在其《希腊史》中，把 Hellenism 作为一个文化历史的概念来使用，指的是荷马史诗时代（Homeric）之后希腊文化的两个时期：古风时代（Archaic）与古典时代（Classic）。

但是，德国历史学家德罗伊森使用的 Hellenismus 恰恰是指 Hellenism 之后的时代，起点是亚历山大大帝（公元前 336—前 323 年在位）东征，之后把希腊文明向亚洲和北非等地区扩展、传播，继而与亚非地区固有的文化相融合而产生的一种新的文明形态。因此，德罗伊森的 Hellenismus 明确地指向雅典城邦倾覆之后的 The Hellenistic Age（希腊化时代），它本质上区别于古风时代与古典时代，或者说是其没落的时代，但同时也是一种新型文明的开启时代。

这样的"希腊化时代"之开端，历史上的时间确定在亚历山大东征的公元前 334 年至其去世的公元前 323 年，而结束于罗马吞并最后一个希腊化国家——埃及的托勒密王朝——时间是在公元前 30 年，一共延续了三百多年。

正如希腊化在时间上是希腊城邦倾覆之后的时代那样，在空间上，希腊化时代也是希腊本土之外以地中海世界为中心，包括了北非、中亚乃至印度北部等广大的地域。作为"文化区域"而言，希腊化时代虽然通用语言还是希腊语，但思想内容已经远远不同于希腊城邦时代的哲学与文化，准确地说，它是一种融合的文化或杂交的文化。希腊文化的许多方面依然起重要甚至核心的作用，否则也称不上是"希腊化"，但重心与精神发生了巨变，其中：

---

1 陈恒：《希腊化研究》，商务印书馆 2006 年版，第 27 页。

一些关键主题起源于东方，如统治者神圣不可侵犯的概念、世俗王权的观念等。……亚历山大的家庭和将军创造了君主制的新秩序，也创造了城市国家的新秩序，这种新秩序统治了亚得里亚海到印度西部之间大部分地区达三百年之久。[1]

确实，在这三百多年的时间内，人类文明出现了天崩地裂式的巨变。亚历山大为这个时代输入了一个新的文明理想，"把希腊人统治非希腊人的粗鄙理想提升到所有人类皆同胞的高尚理想"；崇尚了一种超越城邦德性的世界主义的新美德，"当亚历山大遭遇波斯人后，他对波斯人的美德表示认同和敬佩，这种美德使波斯人统治这个世界相当大一片区域超过了 200 年"；出现了一个新的超越城邦国家的国家理念，"从亚历山大的角度来看，他梦想能有一个波斯人和希腊人联合统治的世界国家"。[2]

因此，作为一个新的历史时代的"希腊化"，我们采用的是德罗伊森 Hellenismus 的含义。但作为哲学意义上的希腊化，有其自身作为哲学范式的转换意义，这就是从作为城邦共存意义上以正义秩序为伦理原则和总德性的伦理学转向了个体实存意义上以顺应自然天道为伦理原则和个人自主德性修行的心灵德性论。这种伦理所蕴含的德性，也就是个人自身灵魂的安宁和自由。只有从个体的德性实存，我们才能理解过去对城邦正义伦理秩序的追求已经让位于无惧、无悲、无怒的宁静生活，伦理生活本身作为哲学的唯一核心，这就突出地使得伦理学成了"第一哲学"。随着存在方式由城邦共存之正义转向自由个人的本真实存，伦理学追问"应该做什么"的"行动"，也发生了根本转向，城邦正义伦理向"关怀自身"的伦理转向，因而"爱"取代"正义"作为伦理原理显示出更为重要的意义，自爱尤其表现为

1　[英]弗兰克·威廉·沃尔班克：《希腊化世界》，陈恒、茹倩译，上海人民出版社 2009 年版，第 306 页。

2　[英]阿诺德·汤因比：《希腊精神：一部文明史》，乔戈译，商务印书馆 2015 年版，第 95 页。

关怀自身心灵的健康，友爱也从个体的合群本性和自然法则得到解释，命运意识也比雅典时期更为突出地表现出来，修身观念成为伦理学的重要实践方式，"自然"再次被作为伦理的基础和遵循的目标，世界公民的责任意识开始出现，最终从德性论中发展出义务论，这是之前的希腊哲学中不曾有过的内容。

为了明白从希腊伦理哲学如何转向了希腊化伦理哲学，我们先研究其思想的源头。

二、小苏格拉底派与希腊化伦理学之发源

希腊化时代伦理哲学的源头是小苏格拉底派，它们由三个学派组成：犬儒主义（Kyrenaiker）、昔勒尼（Κῡρήνη/Cyrene）的快乐主义和麦加拉派，即欧几里得斯（Euclides）派。它们各自的领袖和主张是不一样的，但它们都认为自己代表了苏格拉底真正的哲学精神，都以苏格拉底为精神源头，但实质主张却并不完全是苏格拉底的。不过，总的说来，它们确实有一些共同之处：在生活上践行哲学的生活，以犀利的眼光审视不堪的生活，从而把哲学完全变成了伦理学；而在哲学的态度上，它们都对主流伦理和文化表达了强烈的批判、不满和抗议精神；他们与柏拉图和亚里士多德完全相反地阐释和发展苏格拉底的伦理思想，因而他们的反叛精神，在哲学伦理学意义上也表现为对柏拉图和亚里士多德伦理学的反叛。在此意义上，小苏格拉底派确实构成了希腊化时代伦理思想的源头。我们现在简要地对之做些探讨。

（一）犬儒主义

犬儒主义（cynicism）是流传于公元前 4 世纪和前 3 世纪的一个古希腊哲学流派，表面上看，它表达的是一种愤世嫉俗的情感和行动，但其实它是要以强烈的反叛精神，践行一种"作践自家体魄，野蛮世人精神"的伦理使

命，因而倡导安贫乐道、自在快乐的简朴生活方式。他的奠基人安提斯泰尼（约公元前 445—前 365），很有可能之前跟智者高尔吉亚学习过修辞术，后来成为苏格拉底最为忠实的学生之一，每天徒步 40 里（约 5 公里）去聆听苏格拉底讲课。他说从苏格拉底身上他学到了坚韧的美德，对外界诱惑毫不动心，他还通过伟人的经历论证磨难对人生有好处，从而成为犬儒主义者，代表了一种对伦理生活和行动的原则进行全新反思的倾向。

他是柏拉图同时代人的雅典人，也差不多在苏格拉底身边待了二十年。但他根本不认同柏拉图的学说，在认识论上反对柏拉图的理念论，根本怀疑有理念的存在。他最欣赏苏格拉底的生活哲学，"一无所需最像神"。因此他的哲学被视为伦理学。在伦理学上，他最有名的话是："奢华与财富一文不值，一无所需反而值得推崇。"（Luxus und Reichtum geringzuschäzen, Bedürfnislosigkeit hingegen zu befürworten.）他还说过，我愿望的是，我的敌人让他的孩子们生活在奢侈中。他自己的生活理想是 "自足"（Autarkie），但绝非后来亚里士多德意义上的，而是无欲无求意义上的。他甚至说，财富并非我们房屋中的东西，而是我们心灵中的东西。我们要享受我们已经拥有的东西，这样在潦倒时就没有许多可失去的东西。因此他认为伦理学就是什么也不需要的技艺（Kunst nichts zu bedürfen）。他讲得最多的一句话是 "我宁可发疯也不愿追求感官的快乐"。当人问应当娶什么样的女人为妻时，他的告诫是，娶美女，你将与他人共享；娶丑女，你拥有的是对自己的惩罚，因此，应当去亲近懂得感恩的女子。他经常嘲讽柏拉图的傲慢自负，说他是一匹爱炫耀的马。在看望生病的柏拉图时，也不忘挪揄说，在你呕吐的盆子里，我怎么看见的是胆汁，却没有看见骄傲呢？当有人告诉他柏拉图说他的坏话时，他回应道："做的是善事，听见的是恶语相向，此乃王家特权。"当问什么是至福时，他的回答是，在最幸运的时刻死去。他也认同德性足以保障幸福，他最欣赏的德性是坚韧、自足、审慎、和睦、正直。他说，兄弟间的和睦相处比城墙更为坚固；当被问及从哲学中学到的最珍贵的东西是什么时，他说是"同自己进行对话的能力"，人何以能不朽？唯有正直地生活。

　　这样的伦理生活，自然也要配备特别的德性才能过，但与亚里士多德的德性论不同，第欧根尼·拉尔修这样描写其关于德性的思想：

　　　　他的哲学如下：德性，就如他曾证明的，是可教的。真正的高贵是德性高贵，对幸福而言，唯有德性自足（autarkes）。不过德性还需借补充苏格拉底式的力量。德性是行动的事情，既不需要太多的言辞也不需要太多的学习。有智慧的人自在地自足，因为其他人不具备的财富他都具有。失去名誉就像磨难一样也是某种好事。有智慧的人在政治上不受城邦法律主宰，而是受德性法则主宰。[1]

　　他这样的德性伦理思想为什么被称之为"犬儒主义"，与他们常与一帮人聚集在一个专供非雅典人使用的 Kynosarges（体育馆）讨论哲学相关。因为 kynikos 的原意是"狗窝"，这明显是带有一种贬义的称呼。在古代，每一种文明的中心都有明显的鄙视链，就像我们古代中原文化把它周边地区称之为南蛮北狄、东夷西戎那样，雅典人对外邦人，对本邦的非自由民，都是鄙视的。但就是在这个专门让非雅典的外邦人和底层人去体育锻炼的 Kynosarges（狗窝），聚集了一帮人倡导贫贱简朴，反对奢侈生活，安提斯泰尼为此得到了一个"纯种犬"的绰号，这也是犬儒主义得名的原因。但无论如何，我们在安提斯泰尼身上依然可以找得到其老师苏格拉底思想的影子，他的伦理思想虽然很独特和新颖，但他是个很有教养的人，尚未发展到

1　直接翻译自德文版 Diogenes Laertius: *Von den Leben und den Meinugen berühmter Philosophen* 6, 10–11, aus dem Gniechischen von August Borheck, Marix Wiesbaden, 2008。中文请参见［古希腊］第欧根尼·拉尔修：《名哲言行录》，徐开来、溥林译，广西师范大学出版社 2010 年版，第 257 页。

离经叛道、"自我作践"的地步,后来发展到"像狗一样生活"与安提斯泰尼的学生、犬儒主义最著名的代表第欧根尼相关。

第欧根尼(Diogenēs,约公元前404—前324)出生在黑海边、现属土耳其的锡诺帕(Sinopeus),他父亲是钱庄老板,但有传言说其父因造赝币而被迫流浪他乡。到雅典后他遇到了苏格拉底的学生安提斯泰尼,想跟他学哲学,被拒绝了。但他因在德尔菲神庙求了签,明了自己的使命和命运,于是采取死缠烂打的方式铁了心做徒弟,一次安提斯泰尼要用棍子打他,他却将头迎了上去,说:

> 打吧,一旦我认为可以从你那里得到某种教诲,你将发现没有任何木头足以坚硬到将我赶走。[1]

他从安提斯泰尼那里学到的,就是简单恬然的生活最自足。因此,这让他产生了一种自然德性的骄傲,对世俗的、正统的,尤其是柏拉图主义伦理德性的学说和观念尽情地讽刺与挖苦,以极其辛辣的言辞表达对他人的蔑视,对传统中根深蒂固的高贵理想和文明体面表达强烈的不满与反抗。他也有一点像苏格拉底,就是每天无所事事地在市场上走荡,一件褴褛的外衣,晚上还要当被子用。但他不像苏格拉底,过着有家室并认同城邦的生活,从而通过讨论哲学而引导青年人省思值得过的生活,而他不仅不结婚、不要家庭生活,而且真的是直接以"狗样的"生活来作践自己,表达对文明伦常的坚定拒斥。

他对柏拉图有许多挪揄和挖苦,看到柏拉图吃橄榄,他会说,你为什么不"分有"它,而是"吃掉"它?"你为什么要去叙拉古?难道阿提卡不产橄榄?"当柏拉图邀请一些朋友去他家做客,第欧根尼踩着他的地毯说:"我

---

1 [古希腊]第欧根尼·拉尔修:《名哲言行录》,徐开来、溥林译,广西师范大学出版社2010年版,第264页。

踩在柏拉图的虚荣上。"柏拉图回应道："哦，第欧根尼，你假装不骄傲，但却显得多么地骄傲啊。"[1] 是的，每一个透悟伦理的人内心都有一种德性的骄傲和对低俗与伪善的蔑视，因为他们内心对美德的崇敬容不下其他俗不可耐的东西。但是，柏拉图和第欧根尼内心想着的完全是根本不同的伦理，从而也代表了两种根本不同的德性。

人确实在不同的位置和身份上，对伦理和美德会有完全不同的态度。传言亚历山大说过，如果他不是亚历山大，他愿意成为第欧根尼。但只要他是亚历山大了，他就无法做第欧根尼。只有底层人才能真正做到观念与行动的一致，因为他们不需要空玄的观念装门面。第欧根尼不是理论和观念，而是实实在在地完全依赖对内心德性的信念践行一种"狗样的人生"。他早上在市场以菜根为早餐，许多围观他的人，冲他喊"狗""狗"，他却"高兴地"回敬道："你们才是狗，围着看我吃早饭。"他之所以"高兴"，是因为他的惊世骇俗之举引来了围观，产生了对抗的效果，而且他发自内心地乐于自称为"狗"，甚至只想做"一只野性的狗"来"重新评估现行的种种价值观"。[2] 他白天乞讨过活，晚上就睡在大街上的"木桶"里，甚至后来还有其他地方的"犬儒"——格拉底斯（Crates）和希巴尔其娅——在公共市场上公开"做爱"，以表达无须为自然的生活感到羞耻的观念，连黑格尔那么赞同自由的人，也认为这样做是"在恬不知耻中得到他们的满足，他们向别人显示这种恬不知耻"，"也是同样令人生厌"。因为这样过分的行径"等于摒弃了可以在其中享受自由要素的领域"[3]。这一肯定的自由领域就是精神与教养的领域。黑格尔承认安提斯泰尼和第欧根尼是"很有教养的人"，他们满腹经纶，

1　［古希腊］第欧根尼·拉尔修：《名哲言行录》，徐开来、溥林译，广西师范大学出版社 2010 年版，第 265 页。

2　转引自［德］策勒尔：《古希腊哲学史纲》，翁绍军译，山东人民出版社 1992 年版，第 119—120 页。

3　［德］黑格尔：《哲学史讲演录》（第二卷），贺麟、王太庆等译，商务印书馆 2013 年版，第 158 页。

饱读诗书，本来可以毫不费力地过上所谓文明、高贵、富有而体面的生活，但他们视钱财为粪土，以贫贱为荣，在衣不蔽体、粗茶淡饭的生活方式中，践行一种自满自足、自在安乐的生活。而这样一种生活的理念和行动的原理就是富于精神的，是哲学尤其是道德哲学值得认真对待的。他们被称之为"狗"，也愿意成为"野性的狗"，但他们确实不是一般依附于主人的"狗"，而是依附于自己内心真正的善德之信念而自在恬然地生活的"狗"，因而"犬儒"是有理想，有精神，更有骨气的"狗"，他们具有一种发自灵魂深处的德性之骄傲，坚定地相信他们所倡导的顺应自然、无欲无求的极简生活方式，要比任何主流的政治生活高尚得多，纯洁得多，因而才是真正的高贵的教养。

所以，他们才满不在乎来自文明的鄙视，乐于贫贱、苦行、乞讨、野性甚至无耻，目的就是反抗，以显示有一种与一切体面的生活相反的自然自在、无拘无束的生活才是美好生活，这也构成了雅典文明阴影下的一种消极对抗的教养形式。古希腊人本来欣赏健美，体育场本来是希腊人强健其体魄的地方，赤裸裸的美在他们眼中本来就是善。"既美且善"，因美而善，是他们的传统观念，所以他们的"美"本来是带有"野性"的力量之美，但在文明化的伦理教化中，在世俗的体面中，高贵被富有所取代，"文质彬彬"的文雅做作掩盖了文化根性中野性的力量之美。这就反映出伦理学一个十分重要的问题，即儒家发现的"礼失求诸野"的问题。过度"文明"的生活，常常因"做作""虚伪"而陷入"伪善"，"野"才可能本真地保留着自在之美善的原始样态。虚伪做作的文明，最终总是一夜之间被"野蛮"所摧毁，这说明它从根本上虚弱了，高贵文雅成了敌视生命的东西，只有野性才具有恶一般的蛮力，才是真正护佑生命的苗壮力量。

犬儒派践行做"一只野性的狗"，早在雅典文明衰败前就激烈反抗它，看穿了它看似文雅体面中的内在的虚弱不堪的实质，这是一种从自身内部而来的清明的思想，但可惜人类的本性是不进棺材不落泪，只有等到它最终抵挡不住蛮族入侵而消亡之后，才能明白犬儒主义的意义。尼采也正是在此意义上，对柏拉图主义的希腊文化进行价值重估，试图从酒神精神中，发现人类意志的野性强力，拯救文明的虚弱不堪。

就此而言，犬儒派的反叛具有合理性。他们坚信，真正文明的生活，不在于奢华的享乐，自然而自在的简朴生活，才是最可欲的生活。因此，犬儒主义体现了一种强烈反抗世俗与正经的玩世不恭的精神。

在这种精神中，他们要唤醒这样一种美德：自由自在生活的诚实美德。世俗生活的最大罪恶就是信条的虚伪性，犬儒主义者打着灯笼满街"寻找诚实的人"，就是看穿了文明的体面社会已经无法容忍最基本的真诚。他们从不介意什么名誉地位，他们就是要高呼"像狗一样活着"。他们在世俗的眼光下是"疯子"，但他们一点也不疯癫，作为诚实的哲学家，他知道只有通过践行这种俭朴生活的理想，才能让世俗生活的"奴隶们"意识到繁文缛节的所谓文化的虚假与浅薄，奢侈享受的毫无意义。独立、自由与精神的高贵才是人真正值得拥有的永恒之物。

在此意义上，犬儒主义始终要弘扬的是一种自然的自由需要：

> 自由，被理解为灵魂的最高善，对于犬儒主义者而言，只有通过自娱自足（Selbstgenügsamkeit）才可达到。一个真正的犬儒绝不使自身成为他自己物理的和符合感觉需要的奴隶，他绝不害怕饥饿、寒冷和贫穷，他绝不需求性、金钱、权力或荣誉。假如一个这样的人被视为疯癫的人，却不能是因为他选择的生活形式与多数人原则上是不同的。当他突然发现了生活的最高价值是心灵上的那些东西之后，犬儒对于传统的价值就只剩下摧毁性的批判了。他是苏格拉底思想的一个极端主义者：他把存在归结为同自己本身的融洽相处（Zurechtkommen mit sich selbst），拒绝虚假，把它作为不堪忍受的过多（Zuviel）。[1]

1　Luciano De Crescenzo: *Geschichte der griechischen Philosophie von Sokrates bis Plotin*, Diogenes Verlag Zürich, 1990, S. 54-55.

这样的伦理观念看似简单明了，令人振奋，但关键在于能否践行为一条能够被接受的伦理生活准则？毕竟甘愿让生活经受贫苦、苦难甚至凌辱，不是一般人所能接受的，它对于像佛教徒、基督徒那样的有巨大救赎宏愿的大悲大智者才有可能。犬儒主义者既不是佛教徒，也不是基督徒，而是哲学的爱智者，他们秉持的只是一种超凡脱俗的志向，因而向文明体统与凡俗底线发起了猛烈的冲击，在无情地谴责和鞭挞伦常礼教的非道德性时，他们自身必须具有一颗美善有序的心灵，真诚地"同自身融洽相处"，以此挽救世俗伦常的败坏。所以，他们怪诞的言论只有作为对社会习俗价值的重估，作为对被世俗的价值败坏了的灵魂的救治，才能显示出他们的睿智，给麻木的精神以酣畅淋漓的感觉。流传很广的这个故事，给普通人的启发与震撼可能会超过任何一部亚里士多德的伦理学著作。当亚历山大大帝看到睡在路边晒太阳的第欧根尼时，走到他身边说："我是亚历山大，伟大的皇帝，你是谁？"第欧根尼回答说"我是狗崽子第欧根尼"，然后继续睡着晒太阳。皇帝又说"你可以向我请求你想要的任何恩赐，我都会满足你"，回答是"请让开，不要挡住我的阳光"。

这段对话太精彩了，充分显示了一个自称犬儒者人格的独立，精神的自由和蔑视一切权力、金钱、恩赐的品格。但犬儒主义的精神一直被误解，连哈贝马斯也发文，反对当今知识分子的"犬儒化"，但当今的知识分子，有几个人具有犬儒的精神风骨呢？如果只是谈犬儒的警世格言和不成体统的行动做派，而不谈"犬儒的"精神风骨，至少在道德哲学层面上是缺教养的，不值得讨论。

（二）昔勒尼派

昔勒尼是古希腊最古老、最富裕的城市之一，在这里有一个苏格拉底的学生阿里斯底波（Aristippus，约公元前435—前350）被称之为昔勒尼派的创始人。他年轻时被苏格拉底的名气所吸引到雅典追随老师，是索取学费并送钱给苏格拉底的第一人，令苏格拉底十分生气。此人在哲学上最能让人记住的一句话是，哲学给了他"从容应对一切的能力"。有人问他哲学家有什么优长之处，他回答说，"如果所有的法律都被废除，我们仍会一如既往地生活"[1]。通俗地说，就是哲学让人具有在任何处境下都活得舒适自在的能力，既能享受奢侈的生活，也能在恶劣境遇中悠然自乐。他宣称，做乞丐比做有教养的人要好，因为前者需要的只是钱，而后者需要的则是成为人。伦理学就是让人成为人的学问，让人成为有教养的人，具有快乐生活、享受生活乐趣的能力的人。

但阿里斯底波已经不是沿着主流伦理学，即通过城邦政治生活讨论人如何活成一个人，他也是主流哲学伦理观念的反叛者，他认为纯粹以思辨为目的的知识毫无价值。数学无价值，因为它不问什么有益、什么有害，物理学无价值也是出于同样的理由，衡量知识价值的标准恰恰是柏拉图和亚里士多德所反对的知识的实际效用。认识论问题之所以值得重视，是因为它能为伦理学提供基础，博学之所以有价值，是因为博学可以学以致用。在此意义上，伦理学比单纯的思辨哲学更为根本和重要。

那么，他如何从对知识问题的见解引出他的伦理学原则呢？他反对主流伦理学从客观知识引出，认为知识与事物的本性无关，而仅仅是我们主体的感知，所以，我们行为的准则只能从我们自身的真实感觉中引申出来。他坚信，人的感觉在于运动，运动和缓时产生快乐感，运动剧烈时产生痛苦感，运动不存在或感觉不到时，我们就既体验不到快乐，也感觉不到痛苦。根据这种感觉性知识，阿里斯底波得出这一伦理学结论：尽情享受生活的乐趣是我们个人行为的准则和生活的宗旨。

这样，他就从感觉论把"快乐"与善联系起来了。快乐是好的，善就是快乐之感觉，以所谓个人的真实感觉取代经典伦理学关于客观知识的"大道

1　［古希腊］第欧根尼·拉尔修：《名哲言行录》，徐开来、溥林译，广西师范大学出版社2010年版，第100页。

理"，能作为生活的准则吗？根据第欧根尼·拉尔修的回忆，他论证的核心除了以对快乐和痛苦的感觉为基础外，对快乐感还是从思想上做出了"形式主义"的解释：快乐无差别，因而不存在肉体快乐比精神快乐更低级、一种快乐比另一种快乐更快乐的问题，这样就可以把美好生活直接等同于快乐，快乐作为人生的目标便能够成立，也可以回应感觉的主观差异导致"快乐"之间的相互对立的指摘。其次，他们区分了目的与幸福。目的是给予部分的快乐，而幸福是源自各个部分快乐的总和。目的的快乐由于自身可以得到，因为快乐更适合于本性；而幸福作为部分快乐的总和则不是由于自身，而是由于部分快乐，因此，如果执着于"总和"就是不可能的。所以，快乐适合于本性，适合于作为人生的目标。只有将快乐作为德性，幸福才是可以实现的。这样"作为目的的快乐并不是随着痛苦的消除而产生的稳定快乐，也不是免除恐惧之后的自由（伊壁鸠鲁接受了这种自由，并断言它是目的）"[1]。

可见，阿里斯底波所说的"快乐"和"幸福"都不再是在亚里士多德意义上的，他提倡积极享乐，实际上是让人在学哲学中学会养成人生最重要的德性品质，快乐的德性，这是一种在各种生活处境中获取自由快乐的德性，对一切都能泰然处之。所以有人说他是"唯一一位在富贵与贫贱中都神气的人"[2]。这的确非常重要，有的人尽管家财万贯，权倾天下，但感觉不到生活的乐趣，而有的人一介贫民，天天粗茶淡饭，但生活得快乐自在。阿里斯底波以此说明了一个重要的道理，快乐不是由生活的客观状态和社会价值决定的，它来自我们本身感受快乐的能力。与犬儒学派极端地对抗社会习俗不同，阿里斯底波提倡的似乎是通过改变自身感觉的能力对任何生活的接受；与后来的伊壁鸠鲁的快乐论也不同，阿里斯底波不把快乐仅仅理解为心灵的平静，而是积极地享乐。他甚至宣称："对我而言，活着就是更加奢侈，所

1　[古希腊]第欧根尼·拉尔修：《名哲言行录》，徐开来、溥林译，广西师范大学出版社2010年版，第107页。
2　转引自包利民：《生命与逻各斯：希腊伦理思想史论》，东方出版社1996年版，第292页。

以，不要禁止奢侈而美好的生活。"[1]

（三）麦加拉派

麦加拉属于毗邻雅典的一个城市，该城有位与几何学家欧几里得斯同姓之人欧几里得斯（约公元前 450—前 374），属于受苏格拉底影响的弟子，他试图将苏格拉底的德性论与埃利亚派存在论结合起来，阐发了一种新的哲学，后人把他及其追随者称之为麦加拉派（Megaric School）。提蒙（Timon）曾这样说：

> 但我一点也不关心这些饶舌之人，也不关心其他任何人，
>
> 不关心菲多，无论他是谁，不关心爱争吵的欧几里得斯，
>
> 他带着论辩的疯狂创立了麦加拉派。[2]

他爱论辩，是因为受到了苏格拉底和巴门尼德的双重影响。他的论辩，用问答法，来自苏格拉底，而"逻辑"来自巴门尼德的"存在论"。"存在"是逻辑上的"大全"，是"一"，因而永恒不变，但它只是逻辑上的一个"空集"，不同于任何一个具体的"存在者"。具体"存在者"反而不是"存在"。所以在埃利亚派那里区分了真理之路（"存在是存在的，是不可能不存在的"）和"意见之路"（"存在是不存在的，非存在必然存在"）。但由于人们日常生活中，存在与存在者不分，存在与实存不分，导致在逻辑推论时概念不清，思维混乱。麦加拉派的重点就是用这套"语义逻辑"，来阐释苏格拉底的一些伦理话语并与人争辩。

1　［古希腊］第欧根尼·拉尔修：《名哲言行录》，徐开来、溥林译，广西师范大学出版社 2010 年版，第 103 页。

2　［古希腊］第欧根尼·拉尔修：《名哲言行录》，徐开来、溥林译，广西师范大学出版社 2010 年版，第 116 页。

苏格拉底本来并没有明确阐明善是什么，柏拉图才把善作为最高的存在理念，与伦理学意义上的"善"并不同义，因为作为形而上学的理念，是一切"善"的原型，一切善只是它的模仿与分有或者说"显示"，但作为原型的善不具有属人及其行动的道德性。欧几里得斯显然深得此理，说"善"是"一"，是唯一的"存在"，它由许多不同的相似名称（好、优、良、德）来显示。一切与善相矛盾的东西都"不存在"。因此，苏格拉底说德性即知识，知识是作为存在的知识，唯一的存在就是至善，而只有德性是至善。这样的说法都具有太大的跳跃性，不懂得巴门尼德的存在论，我们就很难弄懂他这样说的意义在哪里。欧几里得斯要做的，就是将善恶概念与存在统一起来阐释苏格拉底的善与德性。

他最擅长的是运用这套存在逻辑进行"论辩"，这一点跟智者高尔吉亚非常类似，所以，亚里士多德就干脆把欧几里得斯看作一个智者。他的攻击性论辩，不就前提，而是就结论入手，直接揭露其自相矛盾。他否认有什么类比论证。因为结论要么来自相似的东西，要么来自不相似的东西，如果来自相似的东西，那么应当论及的也相似，如果来自不相似的东西，放一起比较是多余的。

他的后继者欧布里得斯（Eubulides）写了多本辩证式论证的著作，在逻辑上做出了很大贡献，探讨了三个著名悖论。"说谎者悖论"：一个说谎的人说"我在说谎"，那么，他是在说谎，还是说真话？"秃头悖论"：拔去一根、两根头发不能成为秃头，那么拔到多少根才成为秃头？"谷堆悖论"：一粒两粒谷不能成为谷堆，多少粒谷才成为谷堆？

麦加拉派热衷于将这些悖论用于揭露人们在讨论伦理与德性问题时惯常的语义混淆，无效论证。因为伦理德性概念的含义极其丰富，人们总是自觉不自觉地将逻辑上的"天道"与实存中的"正义"混淆起来，把主观意向的单纯观念性"好坏"与实际实存的规范性的"善恶"混淆起来，所以自相矛盾处处可见。而善恶美德问题涉及人的良心信念，为人之根本，一旦被揭穿为自相矛盾或无效，"则使人陷入非常尴尬境地，令人生气发怒。因此，当时有人说麦加拉派不是一个学派，而是一团火气"[1]，这应该属于一种真实的描绘，但作为"道义逻辑"其实在道德思维中具有至关重要的意义。

三、小苏格拉底派在希腊伦理中的过渡意义

小苏格拉底派从时间上看，还没有进入到"希腊化时代"，从地域上看，他们也还是发生在雅典而不是非希腊的其他地域，所以无论是犬儒派还是昔勒尼派和麦加拉派，他们都应该属于希腊哲学而不属于希腊化哲学。就此而言，黑格尔的哲学史对他们的定位是合理的，他把从泰勒斯到阿那克萨哥拉的"自然哲学"作为希腊哲学的第一期的第一部分，而把从智者派经过苏格拉底到苏格拉底派作为第一期的第二部分。这样更能沿着一般历史的线索，看清从智者派如何产生了反智者派的苏格拉底，而"苏格拉底派"其实就是我们说的"小苏格拉底派"，他们有的人直接跟从智者派学习，有的直接跟随苏格拉底学习，所以智者派和苏格拉底对"小苏格拉底派"产生了共同影响。当然，犬儒派和昔勒尼派受苏格拉底的影响更大，而麦加拉派受智者派的影响更大。因此，黑格尔把（甲）智者派、（乙）苏格拉底和（丙）苏格拉底派作为希腊哲学第二阶段的"三个环节"完全合理，我们从中既看清了智者派开始从早期自然哲学转向伦理和人生的必然性，同时也看清了转向伦理哲学之后"伦理"和德性与时代的文化、宗教、政治和教养之间的复杂多样的相互关系。在处理如此复杂多变的关系时，伦理学开始形成自己独特的不同于自然哲学的思维方式，这种思维方式是与伦理学的核心课题相关的。苏格拉底作为伦理学之父，为人类"知识"开启了一个新方向，从外部自然知识转向对人自身及其生命意义的思想。因此，苏格拉底与智者派的斗争就是把哲学从对知识的传授转向对"存在意义"的省思。无论是辩证法还

---

[1]　黄颂杰、章雪富：《古希腊哲学》，人民出版社2009年版，第98页。

是德性论最终都指向以"高贵的存在"对"低俗生活"的反抗，以德性唤醒高贵，以正义匡扶雅典文化的平庸和畸形。所以，苏格拉底身上集中体现了雅典文明盛期已经普遍流行的无限的个人自由意识。但是，柏拉图，包括亚里士多德所代表的城邦正统哲学，把"伦理"作为第二自然（"物理"）因而如同物理学作为对"存在机制"之"理"的发明那样，是对人类共同存在机制之"理"的阐明，这从"科学"而言，无疑为伦理学寻找到了科学知识论的基础，但是，在这种知识论基础上，他们事实上都已经发现了"伦理"与"物理"的根本不同，那就是物理的存在机制是以必然的因果性表现事物自然生长的规律，而"伦理"却与所有存在者的意愿相关，因而与其灵魂的欲望、感受性及其理智思想相关，而都与其自身的自由与顺从相关。苏格拉底在希腊历史上的出现，就标志着个人自由意识登上了哲学，具体地说伦理学思想的中心。但是，以城邦政治，即所有存在者的共存为指向的伦理学，它所关注的核心是共存的机制如何保障共同的美好生活的实现，因而最终是以和谐的秩序压倒无限的个人自由，德性虽然是获得幸福的根本依靠，但最终体现的是以城邦正义为目标的城邦礼法对公民的必然要求。因此，个人的德性能力最终取决于城邦的礼法是否正义。如果城邦礼法（伦理）不正义，个人根本无法有真正正确的伦理行动，所谓美好生活也就无法实现。

所以，一般健康的文明，总是能包容不同的伦理思想存在，也总有积极的伦理学和消极的伦理学之分野。积极的伦理学如柏拉图和亚里士多德，从人类共存出发，以城邦政治为人生舞台，建构对所有人都适用的伦理存在机制，因而正义的伦理秩序是这种积极的伦理学论证所思考的核心。虽然这种伦理学中的德性论也把重心放在了个体存在者身上，但个体的美德毕竟反映的是城邦礼法对其公民的要求，个人德性的自由选择也必然要在个人良心与城邦外在规范之间进行权衡与选择，这是一般伦理思维必须反思平衡的两极。而消极的伦理学却更多地将思考方向指向对正统伦理观念之非道德性的批判和反抗上，因为这种伦理学无须言明而实际隐含的前提就是，在败坏的伦理中无法做出正确行动，因此反抗和批判正统伦理观念是其目标，所以，它不擅长理论建构，却在其批判的锋芒中显示其伦理的睿智和德性的精神，这就是勇敢地运用自己的理性而展示出来的无限的个人自由。

小苏格拉底派包括苏格拉底本人的伦理学思想，只有作为伦理思想中无限的个人自由意识来理解，才能发现其真正的意义。但这种自由，是主观的心灵自由，是意愿的主观表达和思想观念的逻辑证明，而不是在客观的外部现实中去实现这种自由。在黑格尔的眼中，智者作为教授论辩术的教师，赋予了希腊文化以教养，因为有教养的人和有教养的民族的一个特色，就是善于说话，善于理性地论辩和表达自己的主观意见。这种教养需要的德性就是自由思想的能力。所以从智者开始，主观的自由意识就出现了，当然在苏格拉底身上自由意识获得了向善的目标，从而具有了开山立派的条件。

所以小苏格拉底派继承了苏格拉底的自由思想，从我的意愿、主观的方面，由自己自由地建立对伦理、正义和善的规定，通过个人自由意识的觉醒及其运动，苏格拉底之前雅典的"伦理人"发展为苏格拉底之后雅典的"道德人"了。昔勒尼派虽然是从个人感觉发展出快乐主义的伦理，这也是一个主观的自由意识的表达，基于个人感觉论证快乐是善，但并不把善仅仅当作个人的感觉，快乐主义要做的无疑是论证快乐作为生活的目标和行动的原则，所以黑格尔这样评价说：

> 由于感觉应当为思想所决定，所以感觉就自然地扩展为普遍性和完全的自由，而犬儒派的出发点，则是以完全的自由和独立作为人的天职。……要使思想以及实际生活有自由，对一切外在个别性、特殊目的、需要和享乐必须漠然无动于衷。……因此，这两个正相反的学派在它们的命题结论中取消了自己的对立性，并且互相转化。[1]

1　［德］黑格尔：《哲学史讲演录》（第二卷），贺麟、王太庆等译，商务印书馆2013年版，第150页。

早期犬儒派无疑就是这种道德的主观自由意识的表达，他们思想的意义要从他们对一种完全区别于雅典城邦文明的新的个人性的主观自由的生活和行动原则的反思与践行来把握，当然，从理论而言，需要得到更进一步的建构。而希腊化时代的哲学就是对小苏格拉底派伦理思想的进一步建构，从而确立了一种新型文明的伦理思想定向。

第二节　希腊化时代三大伦理学流派的思想定向

正如每一个人的哲学开始于一个思想者对正统观念的质疑一样，每一时代的哲学也无一不是开始于怀疑论。哲学史上最早的怀疑主义就是伦理的怀疑论，正是这种怀疑论使得我们可以正面地从理论上有了一种言说怀疑主义伦理学的可能性。

一、怀疑主义伦理学

怀疑主义是希腊哲学中流传较广、时间较长的一个哲学流派，也是伦理学在其诞生之初就意识到必须对之做出应对的一种意见。根据公元 3 世纪的文献史家第欧根尼·拉尔修在《名哲言行录》第九卷中的评述，怀疑主义是自皮浪（Pyrron，约公元前 365—前 275）、提蒙（约公元前 325—前 235）到埃奈西德穆（Aenesidemus，约公元前 1 世纪）和阿格里帕（Agrippa，约公元 1—2 世纪），近四百多年从希腊到希腊化时代的哲学流派。哲学史上对其早期代表人物皮浪一般都会提及，但其哲学的实践意义却一直被低估。怀疑主义也是伦理学一直要"克服"的一种思想倾向，而怀疑主义本身能够提出何种伦理思想，伦理学界很少有人研究。因此，我们需要从皮浪入手，深入探讨一种怀疑主义哲学能够提出何种伦理思想，这种怀疑主义的伦理思想能够具有何种意义。

从近代哲学开始，我们一般都知道，笛卡尔主张在从事哲学思考时，先要经过普遍的怀疑，只有经过普遍怀疑才能在哲学上寻找到一个牢不可破的思想支点；我们一般也知道，休谟的哲学是从经验主义出发而走向"怀疑论"的，他甚至是作为怀疑论哲学的代表而为人们所熟知。但是，大多数人并不清楚，怀疑主义竟然是如此古老的哲学思想，尤其在希腊和希腊化时代那么盛行，它甚至可以被称之为一种最为典范的哲学思维形式。

那么，怀疑论究竟是一种什么样的哲学？它与伦理学又是什么关系？毕竟伦理的东西都是与"应该""无条件性""律令""至善""良知""必须如此""定言的"等联系在一起，如果怀疑论对这些都不相信了，那么，伦理之为伦理的信念如何确立就是一个问题。在怀疑论兴盛的时代，伦理学何为，这是我们最为关心的。

但是，怀疑论从来都是知识论的孪生兄弟，也就是说，在信誓旦旦地宣称世界有客观、绝对的真理性知识的地方，就必须有怀疑论作为它的清醒剂，否则，人类理性就很容易形成独断而走向狂妄。所以，怀疑论在其古代的源头，即与关于世界的真理性知识，也与明智的生活方式联系在一起。文德尔班十分正确地评述道：

> ［希腊］四个主要学派之间关于哲学真理的论战（不仅发生在雅典，而且发生在其他文化中心，尤其是亚历山大里亚和罗马）必然导致一种拒绝偏见的怀疑主义思想，对人类知识的可能性和局限性进行质问。……然而，与此同时，怀疑主义毕竟还是受制于总体的时代精神，因为它也一样密切地关注"什么是明智的生活方式"这个问题。[1]

据阿波罗多鲁斯（Apollodorus）的《学说汇编》，皮浪起初是一位画匠。按亚历山大在其《学派师承录》中的说法，皮浪曾在斯提尔波（Stilpon）之子布鲁松门下学习，后师从阿那克萨尔科斯（Anaxarchus），并追随后者四处

1　［德］文德尔班：《古代哲学史》，詹文杰译，上海三联书店 2014 年版，第 310 页。

游历，甚至与印度裸体智者和波斯高僧有过密切交往。由于这一经历，如阿布德拉的阿斯卡尼奥斯所说，皮浪似乎以一种极为高傲的姿态从事哲学活动（gennaiotata dokei philosophēsthai），并且引入了有关"不可理解"（akatalēpsia）和"存疑"（epochē）的论证形式。他常说，没有任何事物是善的和可耻的，正义的和不正义的。同样，对于所有事物无一为真，人们只是依据法律和习惯从事一切活动。因为每个事物"这个不比那个更"（ou mallon）。

皮浪作为怀疑主义者，既反对感性事物的真理性，也反对伦理生活的直接真理性，因而说，他也是有自己确定的信念，且要用不可怀疑的确定的话语表达的。所以黑格尔说：

> 怀疑论是指一种有教养的意识……不仅不能把感性存在当作真实的东西［在此意义上它是反伊壁鸠鲁主义的］，而且也不能把思维中的存在当作真实的东西［在此意义上它是反对斯多亚主义的独断论的］；然后更进而有意识地辨明这个被认为真实的东西其实是虚妄无实的；最后则以普遍的方式，不仅否认这个或那个感性事物或思维对象，而且有教养地认识到一切都不是真的。[1]

因此，他获得了心灵的宁静，对外界根本"不动心"了。皮浪在生活中能够坦然与自己的观点保持一致，不逃避，不防备，从容面对所发生的一切，这都与他通过怀疑而最终得到的那个不可怀疑的信念相关。在那个风云莫测的动荡时期，他能活到将近90岁，简直是个奇迹，但这肯定与他这种从容不迫的生活原则有莫大关系。所以，怀疑主义并非不相信任何东西，对任何东西都要怀疑，而是怀疑先见之明或先入之见。怀疑主义哲学是一种思想方式，即"根据导致存疑的论证方式（kata ton tēs epochēs logon）

1　［德］黑格尔：《哲学史讲演录》（第三卷），贺麟、王太庆等译，商务印书馆2014年版，第119页。

进行哲学思考"。这种自由的思想使得皮浪能够确立其一种完全超然物外（apragmosunēs）的生活态度与行动之原则。提蒙在其《皮同》（Python）和《讽刺诗》（Silloi）中写道：

> 皮浪啊，年老的皮浪！你是如何并从哪里摆脱了
> 智者们的奴性学说和空虚头脑的呢？
> 你又是如何打碎所有由欺骗和诱惑所编制而成的锁链的呢？
> 你根本不想探究是哪些风吹拂着希腊，
> 以及万物从哪里来，最终又回到哪里去。

在《论幻象》（Indalmoi）中提蒙又说：

> 哦，皮浪，我的心渴望倾听这样一些事，
> 作为一个人你如何能够过得如此从容和宁静，
> 忙忙人海中为何只有你能像神一样生活？[1]

　　超然物外的人，在伦理生活中往往会遇到难题，因为一个人真要超然物外，不离群索居，反而热衷交往，就根本不可能。据说皮浪就是这样的人，他几乎很少在熟人面前露面。他这样做，是因为曾听到一个印度人斥责阿那克萨尔科斯，说他只要侍奉宫廷就不会教导别人善为何物。他每每沉浸于同一状态，即使有人在他讲话时离去也会独自一人把话讲完。然而他年轻时还是容易受环境左右的。安提戈努斯（Antigonus）说，皮浪经常事先未向任何人打招呼就离家出走，随便碰到什么人都会与之四处云游。有一次，阿那克萨尔科斯掉进泥坑，皮浪从一旁经过而没有伸出援助之手，当时就有人对

1　[古希腊]第欧根尼·拉尔修：《名哲言行录》，徐开来、溥林译，广西师范大学出版社2010年版，第467页。

此提出指责，而阿那克萨尔科斯本人却赞扬他这种善恶无别、冷漠无情的伦理态度。

古典怀疑主义可以被定义为这样一种哲学姿态：对人类知识的可能性和局限性进行质问，而又拒斥对知识论问题乃至一切普遍性问题做出肯定性的判断，从而把"存疑"视为保持思想清醒的唯一方式。第欧根尼·拉尔修首次对怀疑主义做了这样的描述：

> ［他们的学说之所以被］称之为"怀疑"，那是因为他们总是在进行思考，但却没有找到答案；称之为"存疑"，那是出于在探究中的心理状态——我称之为悬搁判断；称之为"犹疑"，那是因为他们总是让那些独断论者们困惑不已，而那些独断论者们自身也往往犹豫不决。他们因皮浪而被称为"皮浪主义者"，但忒俄多希俄斯在其《怀疑主义综述》一书中说，不应将怀疑主义称为皮浪主义。因为每个人的心思对他人来说都是难以把捉的，故我们也不知道皮浪的心思；既然我们根本不知道皮浪的心思，故我们也不能被称为皮浪主义者。忒俄多希俄斯还说，皮浪根本不是首先要进行怀疑的人，他也没有任何这方面的学说，说一个人是皮浪主义者，那仅仅是因为他的言行同皮浪相似。[1]

对任何是非都能不做判断，这样的人当然会受人尊敬并羡慕。另一方面，他虽然主张悬搁判断，却又不是唯唯诺诺，缺乏主见的人，因为他能"打碎所有由欺骗和诱惑所编制而成的锁链"并摆脱了智者的奴性学说和头脑的空虚，最终持身坚定，遇事不惊，哪怕碰到惊涛骇浪，都能做到毫不慌张，镇定自若。所以，提蒙说他对"智者派"充满敌意，是可以理解的。因为他的智慧，事关人生之道德，而非凡俗之聪明。

1　［古希腊］第欧根尼·拉尔修：《名哲言行录》，徐开来、溥林译，广西师范大学出版社2010年版，第469页。

　　他应该属于"从城邦中解放出来的个人"[1]，不再指望人生的幸福靠城邦正义和友爱来成就，而是完全靠自身的修行。因而，如果说，怀疑论者思想中还有什么"伦理学"的话，那就是"个人的德行"。这样的个人，喜欢孤独沉思，远离人群，自安其暇。因而，这也就容易明白，为什么知识论一旦被认为是哲学的主要部分，怀疑主义就变成了一个极其重要的内容。在进一步从事研究之前，知识论研究者必然要问：他们能够知道多少。对于这一问题，怀疑主义的回答是毫不妥协的：极少或者没有。在知识的大门口，怀疑论者把守着，我们若想进入城堡，就必须回答他的挑战。我们可以依据怀疑主义者塞克斯都·恩披里柯（Sextus Empiricus）的论述把怀疑主义的伦理思想概述如下。[2]

　　怀疑主义者因为对存在与非存在、是与非保持存疑（tēs epochēs），即不做判断而成为一种哲学，一直保持自己的思想为"怀疑者"（skeptikos）或"追问者"（zētētikos）而确立了一种新的伦理信念或原则（dogmatos），即"不持有任何信念而生活"与行动的原则，因为我们无法对任何事物做出是非的判断，任何事物的"是"也能够包含"非"，那么我们所应该做的就是保持存疑：

　　　　既然所有事物都是相对的，我们对于事物绝对是什么，本性是什么将保持存疑。[3]

　　这就清楚了，"存疑"不是对"事物"的表象，而是对事物"绝对""本

1　历史学家汤因比认为，在希腊化时代，当公民权变成了一种负担而不是自由的激励时，马其顿人对城邦主权对抑制便是对个人的解放。参见［英］阿诺德·汤因比：《希腊精神：一部文明史》，乔戈译，商务印书馆 2015 年版，第 97 页。

2　由于我们的课题研究了十多年，之前的写作，能参照的文献十分有限，而在我们结项之前，塞克斯都·恩披里柯《皮浪学说概要》等经典著作翻译出版了，所以我们十分感激译者为学界提供的文献，使得我们能够就怀疑主义的伦理思想做些较深入的思考。

3　［古希腊］塞克斯都·恩披里柯：《皮浪学说概要》，崔延强译，商务印书馆 2019 年版，第 41 页。

质"的存疑。这涉及存在与非存在的真理标准，也涉及行动信念的标准。对于前者，塞克斯都·恩披里柯明确地说：

> 在讨论标准问题的人当中，有些表明标准是存在的，如斯多亚派和其他一些人，另一些则声称标准是不存在的，如科林斯的克塞尼亚德和科勒封的克塞诺芬尼，后者称"观念支配万物"，而我们对标准是否存在则保持存疑。[1]

对真理标准保持存疑，也就是说，任何说绝对是什么，本质是什么，都不存在真理的标准，当人说绝对的时候，他就不是做一个知识性的或科学性的判断，而是表达某种自我确信，是否保持这种自我确信，涉及一个人的信仰或品质，凡是有科学信仰和品质的人，则慎言"绝对"，因为没有标准。但如果承认不存在关于"绝对是什么"的真理标准，那么人的行动依凭什么呢？怀疑论者说，只能依凭"现象"。因为怀疑论者在否认了绝对的标准后，必须合乎逻辑地得出，人的生活不能持有信念，因为信念属于"绝对"，但人可以不持有信念，却不可以不活动，不行动，那么人的活动和行动的原则是什么呢？他们说依凭"现象"，它不是"绝对"，但可以是行动依凭的东西：

> 生活准则似乎有四个方面：一方面在于自然的引导，一方面在于感觉的驱迫，一方面在于法律与习惯的传承，一方面在于技艺的教化。[2]

这就是一种自然的和习俗的生活准则，我们没法在持有信念的意义上坚持哪一种，但我们依然可以将其作为行动所依凭的东西。因此，怀疑论的目

1　[古希腊] 塞克斯都·恩披里柯：《皮浪学说概要》，崔延强译，商务印书馆 2019 年版，第86—87 页。

2　[古希腊] 塞克斯都·恩披里柯：《皮浪学说概要》，崔延强译，商务印书馆 2019 年版，第13 页。

标在生活上导向宁静，不动心，告诉人们在判定"表象"上既不能陷入"绝对"，也不要相反地陷入"迷乱"，在因相对而同等力量分歧的现象上，也不能像布吕丹的驴那样做不出选择就把自己活活饿死，而只是告诉我们，不要持有信念生活，不做判断，不动心，在不可避免的事情上保持节制就可以了。怀疑论者明确的敌人是斯多亚派的"独断论"，因否认了有绝对真理的标准，按照独断论的信念去生活和行动就失去了合理性。但怀疑论者不否认我们可以有生活准则，但生活准则的四个方面都不具有绝对的正当性。风俗与风俗不同，法律作为城邦人之间达成的契约，有其明确的适用对象，在所适用的范围之外，法律与法律是相互对立的。

怀疑论者因而在生活和行动原则的伦理问题上依然持"规训"论。只是他们把规训视为一种日常生活的选择，或者某些人习得的行为方式。在"规训"的意义上，他们不同意昔勒尼派的快乐主义伦理信念，因为当他们宣称快乐是生活的目的和行为善恶的标准时，必然会遭遇烦扰之苦，这是由于对快乐的感受不仅因人而异，人自身也因时因地因心情而异，为了避免这种烦扰之苦，怀疑论者"规训"的"存疑"之德，就在于保持宁静，不动心。

怀疑论同斯多亚主义的独断论或者学园派的独断论在"规训"上的区别也是明显的，即怀疑论坚持不持有任何独断信念地遵循生活经验而生活和行动，他们也不是不持有任何信念，而是主张在经过存疑和怀疑之后，经过论证，确认有些"表象"是可信的，有些"表象"是不可信的。因而他们也有一条不可动摇的"表象"，即经过了验证、查证和证明了的可信的表象可选择作为"准绳"。所以怀疑论的伦理原则可以归纳为：

> 我们遵从自己的法律、习俗和自然的感受，从而不持有独断信念地生活。[1]

---

[1] ［古希腊］塞克斯都·恩披里柯：《皮浪学说概要》，崔延强译，商务印书馆 2019 年版，第 73 页。

因此怀疑主义也与当时的其他派别一样，旨在追求幸福。皮浪主张的"不动心""不做判断"不但不是崇尚教条的生活要人们遵循自然和习俗，相反，却是让人们对自己身处其中的信念信条不做任何判断，不发表任何意见而导致一种"消极反抗"，从而具有不被世俗的教条与信念"洗脑"而时刻保持独立思考与清醒的智慧。他们认为，我们可以不需要依赖于外部世界，仅仅从个人主观方面就可以获得幸福，这种观点把人从世俗伦理的束缚中脱离出来，具有一种消极的自由自在。他们一反古希腊柏拉图—亚里士多德传统，把幸福限制在内心，个人的主观方面。这是一种不遗世却也能独立的精神，在这种精神中，能够享受到一种相对平静和自由的生活。

从根本上说，怀疑主义哲学也是对一种自在自由的生活和行动方式的再反思，这种生活方式也充满着对幸福生活的追求和热爱，但它并不沉溺于个人肉体上的享受，而是体现在对精神高尚的真正教养的追求之中："怀疑论把那个传统本身具有的理性批判精神应用于自身。"[1]因此，获得幸福必须从理性入手，用理性来"节制"自己的行为。

虽然怀疑主义只是古希腊后期哲学的一种思潮，但是，怀疑精神却在苏格拉底哲学中早已存在。确实，怀疑精神是古希腊人的一种普遍精神。怀疑论只不过把这种精神推向极端，并使之系统化而已。它是古希腊后期哲学的一支劲旅，并对当时的普通人也产生了重要影响。连对怀疑论评价不高的罗素也承认："它［指怀疑主义］本身就成为一副解忧剂而受人欢迎……怀疑主义在一般人中就享有了相当的成功因素。"[2]

但是，随着中世纪的来临，皮浪的怀疑论慢慢地遭到冷落，它对整个西方中世纪哲学几乎没有什么影响，但富有戏剧性的是，在冷落了千年后，它在文艺复兴时期又热了起来，吸引了越来越多的人的追捧。到了 16 世纪末，塞克斯都甚至被人看作现代哲学之父。例如，皮埃尔·贝尔（Pierre

---

1 ［美］梯利：《西方哲学史》（增补修订版），葛力译，商务印书馆 2000 年版。
2 ［英］罗素：《西方哲学史》（上卷），何兆武、李约瑟译，商务印书馆 1963 年版，第 297 页。

Bale）认为，现代哲学是从塞氏的重新引入开始的[1]，很多当代西方学者（如朱莉娅·安纳斯［Julia Annas］、乔纳森·巴恩斯［Jonathan Barnes］、理查德·波普金［Richard Popkin］、C. B. 施密特［C. B. Schmit］等）都承认塞克斯都·恩披里柯的怀疑论对于近代西方哲学的兴起和发展起了非常重要的作用。

　　自从文艺复兴以来，几乎所有的西方哲学家都涉及怀疑论，或者坚持它，或者反驳它，或者两者兼而有之。休谟批评了皮浪主义，但他的怀疑主义与皮浪主义非常一致，可以说是更有力的一种表达方式。另外，近代两个最著名的哲学家笛卡尔和康德都一方面倡导怀疑主义，另一方面又反驳它。笛卡尔一方面把怀疑的方法用得比前人更彻底，另一方面又宣称他是推翻怀疑论者之怀疑的第一人。但是，具有讽刺意味的是，在笛卡尔之后，怀疑论不仅没有消失，反而越来越繁荣，以至到休谟那里达到顶峰。康德企图回应休谟的怀疑论，他相信他能为我们对世界的认识提供根基。但是，康德所说的知识只是关于现象世界的认识。对于本体世界，他采取了一种完全怀疑的态度。在此，我们可以看到康德实际上继承了塞克斯都·恩披里柯的只怀疑本质，而不怀疑现象的传统。

二、伊壁鸠鲁主义伦理学

　　伊壁鸠鲁（Epicurus，公元前341—前270）的哲学在我国的哲学史教科书中曾经赢得非常重要的地位，一是因为他的思想被解释为"唯物主义"，二是因为他得到了马克思的高度赞扬。不过对于他的伦理学思想，真正学术上的研究十分有限，中文学界很长时间都是多亏了浙江大学包利民、章雪富教授主编的"两希文明哲学经典译丛"，翻译出版了他的《自然与快乐》一书，才具有了研究的基本文献，否则，大多数人只能依赖来源于国外二三手

1　Richard Popkin: *The History of Scepticism from Erasmus to Spinona*, California: University of California Press, 1979, p. 252.

介绍性的文献，无法对伊壁鸠鲁主义有什么真实的研究。

我们这里所说的"伊壁鸠鲁主义"主要包括伊壁鸠鲁本人和他的传人卢克莱修的思想。他们伦理思想源头是昔勒尼派阿里斯底波快乐主义伦理思想的系统化表达，一个主要特色，就是倡导一种"快乐即幸福"的思想。因此，他们的伦理学被称之为"快乐主义"。这种"快乐主义"在伊壁鸠鲁那里主要还是一种"古典的"意义，即把"快乐"作为"幸福"的代名词。但是，由于对"快乐"无法做出客观有效的规定，而且，现代人的"快乐观"已经把古典哲学的那种"思辨的极乐"或宁静、淡泊、灵魂的无纷扰等意思几乎丧失殆尽，完全变成了世俗的感官享乐，所以伊壁鸠鲁主义在现代思想中具有截然相反的地位：《丹东之死》中法国大革命的变节分子把伊壁鸠鲁看作"我们共和国的掌门人"[1]，马克思因为伊壁鸠鲁的"唯物论"和"反宗教"倾向，把他赞誉为"古希腊启蒙的最伟大代表"和"真正彻底的古代启蒙者"，而这种"快乐主义"的幸福论在希腊化时代的斯多亚主义和现代受斯多亚主义影响的康德伦理学中遭到了最为坚决的拒斥。但无论如何，伊壁鸠鲁主义在现代性中确实是值得我们反思、回顾，并加以比照的一个不可或缺的重要维度。[2]黑格尔对它的评价还是十分公允的，一方面承认伊壁鸠鲁的伦理学描述了灵魂、精神是一堆精致的原子的聚集，我们只有通过感觉才获得一种力量，一种能动性，一种相互的感应性和精神活力，这种精神哲学是其伦理学说中受人非难因而也最有兴趣的部分，但是：

> 如果我们考察伊壁鸠鲁的道德学的抽象原则，我们的判断只能说它很不高明。如果感觉、愉快和不愉快都可以作为衡量正义、善良、真

1　刘小枫：《"我们共和国的掌门人"——伊壁鸠鲁》，载［意］詹姆斯·尼古拉斯：《伊壁鸠鲁主义的政治哲学》，华夏出版社 2004 年版，中译本前言。

2　参见［意］詹姆斯·尼古拉斯：《伊壁鸠鲁主义的政治哲学》，薄林译，华夏出版社 2004 年版（尤其是第五章"结论：卢克莱修和现代性"）。

实的标准，可以作为衡量什么应当是人生的目的的标准，那么，真正说来，道德学就被取消了，或者说，道德的原则事实上也就成了一个不道德的原则了。[1]

我们随后将在第六章具体探究这样的评价是否合理。

三、斯多亚主义伦理学及其三期发展

斯多亚主义（Stoicism）是伊壁鸠鲁主义的对立面，是感觉经验主义的反对者，在哲学史上，也被称之为独断主义，怀疑主义就是要与这样的"独断主义"进行斗争。

该派的名称也像犬儒主义一样，与该派奠基性人物聚会论道的地点 Stoa Poikile（意为"画廊"）相关，斯多亚（Stoa）学派也被称之为"廊下学派"。由于这一学派讨论的是人生、命运、幸福、德性等实际生活中的伦理问题，现实生活需要人们不断地对于安身立命的问题做出实际的思考与决断。它之所以影响非常大，都与此相关。它经历了希腊和希腊化时代，一直延续到罗马帝国，是希腊化和罗马时代影响最大的哲学学派。同时该学派的思想家上至帝国皇帝、执政官，下至奴隶、普通百姓，只要意识到"修身"需要，都能在其中获得德性的快乐和力量。我们也可以说，它对后世伦理学的影响，无论是对中世纪的神学伦理，还是对文艺复兴时期的人文主义伦理，甚至对启蒙盛期的康德理性主义伦理学，丝毫不亚于柏拉图和亚里士多德。在作为现代性典范的康德伦理学中，无论是对伦理学概念的基本规定，还是以义务为中心的道德与德性学说，都能明显地看到其斯多亚主义的痕迹，甚至我们可以毫不夸张地说，康德主义伦理学就是启蒙理性时代的斯多亚主义。在后现代的精神氛围中，众所周知法国著名哲学家福柯也大力发展

---

1 ［德］黑格尔：《哲学史讲演录》(第三卷)，贺麟、王太庆等译，商务印书馆 2014 年版，第 79 页。

斯多亚主义"关照自身"（Sorge um Selbst）的"修身伦理学"，而在当代英美的"美德伦理学"中，斯多亚学派的当代追随者就更多了。因此，斯多亚主义伦理学完全值得我们在现代性条件下对它进行深入的研究，而不能仅仅停留在过去教科书中对它的轻描淡写，以发掘更多其对于克服现代伦理危机的有价值的思想资源。为此，我们先从梳理斯多亚主义的历史发展来考察斯多亚主义伦理观念的演变。

对于这样一个影响如此深远的哲学伦理学流派，我们先追溯其产生的时代背景，即现实的伦理生活处境是必要的，只有在一个时代现实的经济、文化、政治处境下，我们才能发现人类理性安身立命的需要最终所达到的精神格局的高度在哪里，由此我们才能判断其对于时代精神的引领与立法的规范效力。一个伦理学派的历史，实际上就是这个学派伦理精神引领这个时代并规范这个时代的历史，所以是这个学派本身的伦理精神的流传史和影响史。影响的广度取决于其精神的高度和可普遍化的力度。

最早的斯多亚学派奠基人物，他们生活的时间大约在公元前300—前150年，这个时期我们中国大致是在战国后期到汉武帝时期，而欧亚的大致历史样貌是这样的：在公元前323年亚历山大大帝在东征印度途中暴病死于巴比伦之后，欧洲历史开始了希腊化时代。公元前305年亚历山大的部将建立了埃及的托勒密王朝，另一些马其顿人于公元前312年以叙利亚为中心建立了希腊化时代最强大的塞琉古王朝（Seleucid Dynasty，公元前312—前64年）：

> 亚历山大跨越了小亚细亚和巴勒斯坦到达埃及，然后又从埃及来到美索不达米亚，随后向东穿越波斯和中亚来到现今撒马尔罕（Samarkand）、巴尔克（Balkh）和喀布尔（Kabul）所在地。……
>
> 然而，在亚历山大继承者在埃及和亚洲所建的王国中，无论在军队或政府机构中，希腊人和马其顿人都对埃及人、波斯人、巴比伦人和

安纳托利亚的其他民族占统治地位。因此，这种关系令人不安也远非稳定。从最初就出现了紧张的局势，但随着希腊人不再蜂拥而至，希腊人和蛮族人之间相对的关系正在许多方面逐渐发生变化。这种发展模式因王国而异。希腊人影响蛮族人，蛮族人影响希腊人。正是这种文化之间的冲撞与融合构成了这一时期重要内容之一。[1]

但在进入到文化融合之前，世界的总体格局在希腊城邦解体之后为征战状态。直到后来罗马崛起，罗马与马其顿帝国进行争霸世界的战争，史称"马其顿战争"一共发生了四次。第一次马其顿战争发生在公元前 215—前 205 年，最终于公元前 205 年，被布匿战争消耗得精疲力竭的罗马与马其顿缔结和约并停战。第二次马其顿战争发生在公元前 200—前 197 年，爱琴海周边的希腊城邦都不堪马其顿袭扰，遂联合反对马其顿的菲力，帮助罗马战胜马其顿。马其顿军队不得不全部从希腊撤出，并向罗马赔偿巨款，罗马第一次以希腊各城邦的解救者自居，从而开始了世界历史的一个辉煌时代——古罗马时代。第三次马其顿战争发生在公元前 171—前 168 年。起初罗马军队不断受挫，几经失败，一直到前 168 年三易主将，罗马军队才扭转战局，最终打败马其顿，使其沦为罗马管辖的属地，被分割为四个自治共和国。而第四次马其顿战争（发生在公元前 151—前 146 年）是马其顿四个自治共和国的国内战争，罗马只花费了两年时间就平息了叛乱，并彻底将马其顿吞并，变成罗马帝国的一个行省，马其顿的世界历史地位不再存在。

这样，世界历史进入到罗马霸权时代，这对许多民族都曾是一场灾难，因为罗马需要从对周边国家不断发动的掠夺战争中，捞取巨大的经济效益。这样的世界史也让希腊化时代变成了一个战争的时代。通过

1　［英］弗兰克·威廉·沃尔班克：《希腊化世界》，陈恒等译，上海人民出版社 2009 年版，第 2、3 页。

战争掠夺他国的财富，把战争的俘虏变成奴隶也构成了罗马世界的一大特点。

因而，世界呼唤着文明，呼唤着秩序，呼唤新的救赎。

但是，在这样一个世界历史的丛林法则时代，城邦不再是个人幸福生活的家园，国家在依靠自己的"武力"扩张，以攻城略地、征服他国、掠夺人民生命财产为荣耀，以猎杀多少人头为功为勇的时代，个人的渺小性、无助感、幻灭感和无意义感就很容易袭上心头，但人又不得不孤独无援地挺立在人生天地间，他要在这个动荡不安的世界上生活，他依然要对上孝敬父母老人，向下慈爱子女晚辈，也极有可能要照顾好一大群兄弟姐妹，不论世界如何变故，不管国家是和平安乐还是战火纷飞，人都得靠自己个人的力量挺立起生活的责任。因此，在希腊化的时代，哲学家思考的哲学问题，已经不再是城邦共存的伦理正义，而是个人心灵的安顿。个人的生命安顿问题已经是思想的核心。因此，这样的哲学直接就是伦理学。也就是说伦理问题，即个人生命的意义问题、命运问题、天命和义务问题、德性问题，这些问题成为哲学的核心，而不再像在古希腊那里那样，世界的本原问题、城邦的正义问题是哲学的核心。伦理学成为哲学本身之后，伦理的道义也发生了"存在论"转变，即不再是思考人类"共存"之道，而是以思考个人"本真实存"之道为核心。

最早的"老斯多亚"，代表人物有芝诺（Zeno）、克勒安特（Cleanthes of Asson）和克律西玻等，时间大约从公元前300年到前150年，经历了150年。

芝诺是斯多亚主义的奠基人。古希腊文化中有名的"芝诺"一共有八位。[1]现在的这个作为斯多亚主义奠基人的芝诺，是塞浦路斯的基提翁（Citium，德文Kittion）人，大约出生于公元前335年，卒于公元前263年。

---

[1] ［古希腊］第欧根尼·拉尔修：《名哲言行录》，徐开来、溥林译，广西师范大学出版社2010年版，第321页。

有些人说他活了 98 岁，有些人说他活了 72 岁。[1] 他的长相跟苏格拉底一样，总被描写得很丑陋：歪脖子，粗壮的小腿，皮肤又粗又黑，因而有人戏称他为"埃及葡萄藤"，而身上的肌肉却又松弛，体弱多病。所以，这样的人总有一个特点，就是不愿参加宴请之类的社交活动，喜好过自足而有趣有味的精神生活。也许正是这种天生的缺憾反倒变成了他成为一个哲学家的"道德运气"。但事实上的原因我们无从知晓，我们能知道的，是他成年之后确实前往雅典柏拉图学园听课。他先是跟随犬儒派的格拉底斯，此人当时是犬儒派哲学在雅典最重要的代表人物，后来去柏拉图学园听斯提尔波和克塞诺克拉底（公元前 396—前 314）的课长达十年。克塞诺克拉底当时是柏拉图学园的主持，他去世之后的主持波勒莫所讲的课，芝诺也听过，而且时间估计也很长。他总共听了二十年的课。[2]

　　他之所以听这么多哲学课程，就是为了探索一个基本哲学问题的答案：人要能过最好的生活，应该做什么。这是从苏格拉底开始就确立的伦理学核心问题。相信神的古希腊人，遇到这个问题时，并不是首先去请教哲学家，而是祈求神谕，但神告诉他的是：他该有死人一样的肤色。于是他把此领会为，这是要他学习先哲们的教导。但问题是，他既跟随犬儒派大师，又长期听柏拉图学园的课，而且当时也是伊壁鸠鲁主义盛行的时代，他为何既不是犬儒派的传承者，也不是伊壁鸠鲁派或柏拉图主义的革新者，而唯独自成一新派，成了与伊壁鸠鲁主义对立的新派伦理学的首领呢？

　　第欧根尼·拉尔修给我们讲了这样一个故事，说芝诺三十岁时来到雅典，坐在一个书摊旁，书商正在诵读色诺芬的回忆录第二卷，他兴奋不已，问这样的人在哪里生活。此时格拉底斯恰好路经此处，书商便指着他

1　*Die Philosophie der Stoa, Ausgewählte Texte*, Übersetezt und herausgegeben von Wolfgang Weinkauf, Philipp Reclam jun. Stuttgart, 2012, S. 19.

2　［古希腊］第欧根尼·拉尔修：《名哲言行录》，徐开来、溥林译，广西师范大学出版社 2010 年版，第 309 页。

说，"你跟着这个人吧"，从此芝诺便成了这个苏格拉底的学生格拉底斯的学生。[1]"他一方面全身心地投入哲学中，但另一方面却羞于犬儒式的恬不知耻。"[2]熟悉犬儒主义哲学的人对此倒是很能理解芝诺的心理反应，犬儒主义对世俗生活观念的反感，对财富、名望、成功等的蔑视，对以习俗为统治地位的社会道德观念的反叛、讥讽和批判，一般人都能接受并欣赏，甚至在观念上无比认同，但是，真的要像犬儒那样采取自我作践的方式，像"狗"一样地对之嗷嗷叫，并践行这样一种生活方式，确实没有几个人做得到。而当格拉底斯却想要治愈芝诺的这种羞耻感，让他端着一罐扁豆汤去广场践行犬儒式生活时，他只有落荒而逃。这说明，犬儒主义以自我作践的生活方式体现精神的高贵和脱俗，有其固有的局限，不是任何社会、任何时代和任何人都能真正认同和实行的。这个故事本身说明了斯多亚主义的精神气质与犬儒主义显然不同。

在跟随格拉底斯期间，芝诺自己的哲学探索非常富有成就。第欧根尼·拉尔修说他在离开格拉底斯之前的二十年时间里就完成了如下著作：《论城邦》《论顺应自然而生活》《论欲望或人的本性》《论激情》《论义务》《论法律》《论希腊的教育》《论符号》《论毕达哥拉斯学派》《论共相》《论技艺》《关于荷马的问题》《回忆格拉底斯》《伦理学》。

十分遗憾的是，这些著作都没有被保留下来，否则我们就更能清楚地知道，他对于伦理学究竟持有何种观念。就《论顺应自然而生活》而言，这显然是斯多亚主义的旗帜，当然，按照他的想法，顺应自然生活，实质上也就是尊德性而生活。这是我们现代人很难理解的，因为我们把自然与德性对立起来了。但在斯多亚主义者那里，"自然"会把人引向德性，德性不是与自

---

1 ［古希腊］第欧根尼·拉尔修：《斯多亚派思想评传》，崔延强译，载邓安庆主编《伦理学术14：斯多亚主义与现代伦理困境（上）》，上海教育出版社 2023 年版，第 20 页。

2 ［古希腊］第欧根尼·拉尔修：《名哲言行录》，徐开来、溥林译，广西师范大学出版社 2010 年版，第 308 页。

然相反的"人为"，而是自然而然的"完成"，因而是真正的自由，完善与完美。后来尼采也在这种意义上把"青年人"定义为"未完成"而"走向自我完成者"。伦理学指导"人生"，不是靠一个主观构造的观念来指导，不是靠习俗的宗教和政治家的意识形态来指导，而是让人遵从"自然"的"指导"。如此顺应自然生活也就是顺应理性、遵从德性的生活。德性生活如是成为人的"自然生活"。

　　这种观念之形成，显然受到了希腊先哲的影响，但芝诺确实并不赞同柏拉图主义的城邦生活，即政治生活。他是一个不愿参与政治生活的人，但他的思想一旦形成，却又需要一个"公共处所"聚集在一起，相互探讨，因为他需要听众。于是他找到了一个"画廊"，希腊语称之为 Stoa Poikile，他在这个"画廊"讲授他自己的思想，听众们也聚集在那里听他讲课。于是 Stoa Poikile 就成为他思想独立的标志，成为他的学派之标志。不过这并非一直是个典型的画廊，因为在三十僭主统治时期，这里还是杀人的地方，共有 1 400 多名市民在这里被杀害。而他把这里变成了一个讲授"伦理哲学"的地方，一个人们为了精神教养而聚会的场所。著名哲学史家策勒这样描述他：

　　　　只有经历了长久科学的准备之后，他自己——很有可能还是在公元前 4 世纪——作为教师而登场。他选择这个 Stoa Poikile 作为他的讲演之地，从这里得到了他的追随者，后来人们把这些人称之为最初的芝诺主义者。其性格的严肃，其伦理的严格，其生活的质朴，其言谈举止的威严、不苛求和和蔼可亲使他赢得了最普遍的尊重。[1]

克勒安特（公元前 331—前 232）是在芝诺逝世后成为斯多亚学派的第

1　Eduard Zeller: *Die Philosophie der Griechen in ihrer geschichitlichen Entwicklung*, Dritter Teil, Erste Abteilung, Wissenschaftliche Buchgesellschaft Darmstadt, 2006, 7. unveränderte Auflage, S. 30-31.

二任领袖。这位芝诺的后继者，性格上与芝诺有相近之处，也是一位严格和坚硬性格的人，很少拖泥带水，生活节俭，勤奋而知足。但策勒说他理解力迟钝，思维僵化，无力科学地推进芝诺的学说并为此做更深入的奠基。[1]

在克勒安特逝世后，克律西玻成为斯多亚学派的第三任领袖。克律西玻是一位身材矮小，却学识博大的人。他听过芝诺的课，但最主要地还是克勒安特的学生。不幸的是，他在许多方面都跟其老师甚至老师的老师意见相左，尤其是每当听了克勒安特的课之后，都会发生激烈争论，他认为自己在各方面都很幸福，唯独在老师克勒安特那里是不幸的。不过，这位迟钝、严格的老师并未亏待他，死后接班人的位置还是留给了他。按照古人的判断，克律西玻算是斯多亚主义的第二个奠基者，不仅因为他具有广博的学识和强大的思辨能力，在辩证法的才能方面，许多人甚至认为，如果诸神那里也存在辩证法的话，那只能是克律西玻那样的。[2] 所以策勒说他是斯多亚学派的幸运，在斯多亚主义的历史中创造了一个时代，大大超越了他的前任。他的智慧不仅让其前任，更让同侪都变成了飘忽的影子。因此，第欧根尼·拉尔修转述当时人们这样评价他：如果没有克律西玻，也就没有斯多亚！

他之所以能得到这么高的评价，除了学识、智能、辩证法等哲学必需的才能方面超群出众之外，要命的一点他还特别勤奋。确实，有人出名靠天才，有人成功靠勤劳，但一个天赋异禀的天才还特别勤奋，那就是无人能及的。据说他每天都写作，甚至要写五百行！他的写作旁征博引，估计能赶得上我国著名的学问家钱锺书了。因为雅典人阿波罗多鲁斯在《学说汇编》中这样比较克律西玻和伊壁鸠鲁的特点：伊壁鸠鲁完全靠自己的能力写作，从不引用他人的观点，而"如果有人拿走克律西玻书中属于他人的引文，书中

1　Eduard Zeller: *Die Philosophie der Griechen in ihrer geschichitlichen Entwicklung*, Dritter Teil, Erste Abteilung, Wissenschaftliche Buchgesellschaft Darmstadt, 2006, 7. unveränderte Auflage, S. 35.

2　[古希腊] 第欧根尼·拉尔修：《名哲言行录》，徐开来、溥林译，广西师范大学出版社 2010 年版，第 379 页。

纸页上留下的就是光秃秃的一片"[1]。但他的确留下了非常多的著作。按照第欧根尼·拉尔修对他著作的主题分类，可以得出这样一个统计结果：逻辑：辩证法（5部13卷）；事情的逻辑（四大系列，系列一9部19卷；系列二8部14卷；系列三8部25卷；系列四4部16卷；系列五4部6卷）；词语和句法逻辑（三大系列，系列一8部20卷；系列二5部14卷；系列三8部19卷）；推论逻辑（十大系列，系列一13部23卷；系列二10部17卷；系列三3部5卷［其中注明"伪作"2卷］；系列四7部14卷；系列五3部3卷；系列六7部12卷；系列七10卷；系列八3部11卷；系列九3部8卷；系列十2部13卷）。总之，全部逻辑学著作311部。伦理学分伦理观念和德性论两大类，前者分五个系列（系列一8部20卷；系列二2部10卷；系列三6部15卷；系列四2部11卷；系列五4部6卷），后者分四个系列（系列一8部15卷；系列二4部13卷；系列三5部14卷，系列四3部18卷）；总共42部，1部书名和内容全部遗失。克律西玻把斯多亚主义的学说完整地阐述在各个分支部分中。

在克律西玻之后，塔索斯的芝诺（Zenos of Taraus）于公元前207年成为斯多亚的第四任领袖。巴比伦的第欧根尼（Diogenes of Babylon，约公元前240—前152），前两者的学生，成为斯多亚派的第五任领袖。

中期斯多亚，时间大约公元前150年至公元元年，也经历了150年。

罗德斯的帕奈提乌斯（Panaetius，约公元前185—前109），先到雅典跟随斯多亚学派第四、第五任领袖塔索斯的芝诺和巴比伦的第欧根尼学习哲学，深得后者的信任。与绝大多数希腊哲人漠视拉丁文化的崛起因而忽视拉丁语的学习不一样，他大约于公元前150年前去罗马学习拉丁语，传播希腊哲学。这说明，随着斯多亚主义的流传和影响，哲学的中心已经从

1　［古希腊］第欧根尼·拉尔修：《名哲言行录》，徐开来、溥林译，广西师范大学出版社2010年版，第380页。

雅典在向罗马转移。所以，帕奈提乌斯于公元前 150 年去罗马传播希腊哲学，"被看作对共和主义罗马的'亲希腊化'知识分子（die philhellenischen Intellektuellen）产生直接影响的第一个希腊哲学家"[1]。

他有两个学生，一个是波西多尼乌斯（Poseidonios，约公元前 135—前 51），另一个是赫卡顿（Hecaton，约公元前 100）。前者做过西塞罗的老师给西塞罗讲过课，他与他的老师发展了芝诺提出的"义务"思想，德国学者在《斯多亚主义的精神史背景》一文中还看到：

> 另一方面，罗马人的生活视野同样也并不是没有直接影响到斯多亚的学说，如帕奈提乌斯的义务论和他对于国家本质的积极态度所表示的东西，更能说明问题的还有他的学生波西多尼乌斯，他确立的目标，就是站到与罗马政治上的世界强权地位相当的、涵摄所有知识领域的教化体系一边。[2]

除此之外，我们对中期斯多亚主义者没有更多的了解。

晚期斯多亚派，是罗马帝国头两个世纪的哲学，主要代表人物有狄狄穆斯（Arius Didymus）、西塞罗（公元前 106—前 43）、塞涅卡（约公元前 4—公元 65）、鲁富斯（Gaius Musonius Rufus）和爱比克泰德（Epictetus），以及于公元 161 年即位罗马皇帝的奥勒留（Maraus Aurelius），等等，由于下文有专门的探究，我们在此不多做介绍。

1　*Die Philosophie der Stoa, Ausgewählte Texte*, Übersetzt und herausgegeben von Wolfgang Weinkauf, Philipp Reclam jun. Stuttgart, 2012, S. 20.

2　参见拙文：《道义论伦理学谱系考》，载《伦理学研究》2021 年第 5 期。外文参见 *Die Philosophie der Stoa, Ausgewählte Texte*, Übersetzt und herausgegeben von Wolfgang Weinkauf, Philipp Reclam jun. Stuttgart 2012, S. 20–23。

第三节　希腊化时代哲学的重新定位

从小苏格拉底派到希腊化时代，在雅典达到顶峰的古希腊哲学确立的伦理生活和行动的原则受到了全面的质疑和否定，从希腊化时代再到罗马时代，希腊哲学的语言也从希腊语过渡到拉丁语，希腊文明在同东方文明、北非文明和之前被视为"蛮族"的北方文明进行了融合之后，以一种真正的"世界灵魂"在重新审视人类的生活原则和行为方式，因此开创了一种新的哲学形式，道德哲学在这个时期萌芽了，伦理学在向道德哲学范式转换，所以，无论是从文化形态还是从哲学的思想内涵而言，希腊化—罗马时代的哲学都需要进行重新定位，以根深蒂固的纯粹思辨哲学作为第一哲学来论断希腊化时代的哲学显然是不合适的，因为这个时代的第一哲学已经随同城邦文明的解体，发生了根本的转变。"纯粹思辨"不再能像亚里士多德那样被视为人类最高贵的"实践"形式了，个人内在精神中的自由意识才是人生实践的最为根本的形式。所以，重新定位希腊化—罗马时代的哲学，必须从重新定位"第一哲学"入手。

一、第一哲学观念的根本转变：伦理学成为第一哲学

亚里士多德"第一哲学"的观念源自哲学"爱智"之"智"是作为万物之"第一因"的知识观念。关于任何事物的知识都是从"已成"的"事物"去寻找该事物成为如此这般的"事物"的"原因"，"理论科学"中的"物理学"旨在把握"自然物"之所以成为其所是的"自然物"的"物理"第一因；"数学"把握"存在"的"数量"上的"第一因"；而"第一哲学""存在""是其所是"的本原的"第一因"，是就其"是什么"来把握其"本是"，"本是"作为其"自身"的"第一因"，是其自身的创造者，因而这个"本是"作为不动的存在者具有"神性"，而"第一哲学"也被他称之为神学。但我们从知识学的视野来看待亚里士多德关于"第一因"的智慧，亚里士多

德确实是从"几何学"沿着公理化的方向获得知识的第一原理的灵感的,这从他《后分析篇》关于数学证明的前提使结论必然化并能解释结论为什么是真的,可以清楚地看出来。希腊文的"原因"(aitia)本来就有开端、起点的含义,当哲学追问到万事万物的本原(ἀρχή)就是追问世界或存在的"第一原理"(archai)的学问。所以,所谓"第一哲学"就是"原理"或"原则"的知识。

但问题在于,"实践哲学"是探究人及其生活的智慧,人是在其"生活"之中才能变成一个真正的人,生活只有在生命进程中"活出"其"生活",它不是"已成物",而是不断朝向自身的"可能性"而生活的"生成者"(行为者),因此关于人及其生活的第一因,这个原则或原理,只有在对生活其中的文化及其"习俗"的"反思"中"建构"起来,它不来自过去的任何"知识",不能从任何已有的"智慧"中获得现成的答案。因为每个人有自己的生活,前人哪怕是自己最亲近的父母都不可能帮"后生"生活,因而关于实践的知识只能从实践中来,实践的智慧也只能亲身在人生实践中才能"活出来"。每个人都是独特的,都有一个只属于自己的生活世界。这是"人"这种存在者不同于其他自然的或神性的存在者之所在。当苏格拉底从"认识你自己"来反省人"应该"如何过值得活的生活开始,"伦理学"就具有了一种完全不同于自然哲学的知识原理,亚里士多德更是将实践智慧定位为反思"属人之善"如何从"人"的"潜能"(可能性)通过人的习俗化生活变成"完满现实"的理论。因而实践哲学具有自身的第一哲学,即实践哲学或伦理学作为第一哲学:

> 我们在伦理学中已经说明,技艺和科学以及其他同类知识之间的差别是什么;但是,我们目前讨论的目的是要表明,所有人都把第一原因(prôta aitia)和原理(archai)看作所谓智慧(sophia)的对象。(《形而

上学》981b26-29）[1]

　　那知道每一事物应该达到的目的的知识是知识中最有权威性的，比任何辅助性的知识更具有权威性。这个目的就是每一事物的善，整个说来就是在哲学自然中的最高的善（τòν ἄριστον）。（982b5-8）[2]

　　很显然，我们不是为了任何功用性的缘故而追寻它，相反，正如我们把因其自身之故而不为任何别的原因而活着的人称为自由人一样，在所有科学中唯有这门科学才是自由的，因为它仅仅是因其自身之故而存在。（982b24-29）[3]

　　在此意义上，实践哲学（科学）、伦理学是追求自由生活的实践智慧（982b23），伦理学就是为了自由生活而寻求应该行动的第一原理。但自由生活的智慧只能在亲身生活的真问题中去追求，才是本真的生活智慧，伦理学拒绝来自真实生活之外和之上的知识、观念和智慧的指导，至少是要对之保持高度的警觉，所以，它不可能不加反思地接受一个空洞而抽象的单纯知识论的抽象思辨的形而上学作为实践生活和行动的第一原理。伦理学必须具有来自生活本身的自由生活和行动的原理。这一点在亚里士多德那里已经获得了高度的理论自觉，但由于其科学体系的分类，科学性的知识分类将生活原本不可分割的统一整体机械地分离开来，因此，从小苏格拉底派到希腊化时代，哲学实际上是返回到亚里士多德、柏拉图之前的苏格拉底，从思考和解答实际生活本身的"问题"来发现和确证自由生活和行动的原理，因而是个人道德意识的一次真正觉醒和转型。

1　Aristoteles: *Metaphysik*, Übersetzt von Hermann Bonitz, Rowohlt Taschenbuch Verlag Hamburg, 1994, S. 40.

2　Aristoteles: *Metaphysik*, Übersetzt von Hermann Bonitz, Rowohlt Taschenbuch Verlag Hamburg, 1994, S. 42.

3　Aristoteles: *Metaphysik*, Übersetzt von Hermann Bonitz, Rowohlt Taschenbuch Verlag Hamburg, 1994, S. 42.

　　个人道德意识的觉醒来源于对建基于柏拉图思辨知识论基础上的城邦正义伦理的反思与批判，城邦正义伦理以共存的秩序为正义的表征，个人自主的道德意识最终都必须被规整到等级化的秩序，从而是政治所指派的角色伦理生活中，个人德性最终只能是城邦所认可和鼓励的"公民"德性，这种德性当然有其不可估量的重要性，前提是城邦以正义为伦理。但是，如果像亚里士多德所揭示的那样，好的君主制一般都不可避免地蜕变为僭主制，不仅正义只是僭主们捞取私人利益的"遮羞布"，人与人之间的友爱也荡然无存，就是说"伦理"根本被败坏，那么，个人的自由人格就会被损害得最深，个人德性也就会扭曲，德行更是十分艰难，在此情况下，只有跳出"伦常生活"之外，才可能见到自由的曙光。但对于无可选择地落入到城邦伦常之中的每一个人而言，又是何其艰难！

　　所以，亚里士多德意义上的实践哲学也必须从城邦政治的视角转向个人实际生活的视角，才能为真实的个人自由而幸福的生活奠基。由小苏格拉底派向希腊化时代的转向，就是从希腊古典的城邦伦理生活向希腊化古典的个人自主生活伦理的转型。伦理学作为为生活方式奠基的智慧，就必须适应城邦文明解体之后伦理生活方式这一根本转变，纯粹思辨生活的高贵形态已经瓦解，一种自由的道德意识不会再去提倡做不到也根本无意义的"克己复礼"（对于希腊人而言即退回到古代君主制或贵族制所称道的"高贵生活"），反而要为平民的"低贱生活"或任凭我的感觉感受到"自由自在"对快乐生活和心灵安宁和谐的内心生活的价值和意义。

　　这是一种新的伦理学第一哲学的范式转变，它顺天理之命，应自然之道，尊自主之德，行自由之义，充分表达了从伦理文明向道德文明的过渡。

　　这种过渡从一开始只是一种个人自由意识的反叛和表达，它们接续苏格拉底"认识你自己"的要求，从自我确信的好生活之真信念，对城邦伦理生活的进行反思批判，因而是一种对"应该的"（或"值得过的"）伦理生活与行动原则进行反思建构的模式。虽然这种主观意识的自由所赖以确立其实践原则的根据，就其个人而言，具有绝对确信的意义，但相互之间依然是相互矛盾的。犬儒主义以"狗的野性"低贱简朴的生活对抗高贵而虚弱的雅典贵族生活，是自然有理的，但也是偏执和令有教养者不堪忍受的。而就这种生活智慧所能达到的自在的自由而言，连亚历山大大帝也感叹他如果不是亚历山大就宁可成为第欧根尼。所以，就其所达到的对自由生活的智慧而言，显然超越了其特殊的不雅的反抗做派，而具有了一种立足于思想而得出应该如何生活的原理和行动的教养形式，连黑格尔也不断称赞安提斯泰尼和第欧根尼是有教养的人，这种教养不再是过去所认可的纯粹博学的知识和与生俱来的高贵身份所要求的文雅做派，而是从自身的灵魂中生长出来的对自身作为一个人的自由意识的觉醒。当人认识到了自由才是人的本质，从而拒绝做任何形式的"奴隶"，从灵魂中驱除奴隶人格，才能真正活出人的自由的高贵。连亚里士多德也论述过，如果一个主人在思想上还不如自家的奴隶，那么其奴隶一般的灵魂就不可能真正过"主人"的生活，那是十分丢人的。所以，如果一种伦理生活的理想是高雅与高贵，但真实的人却缺乏个体自由的精神，只能作为伦理实体中的"体制物"，从而把自身活成城邦政治的奴隶，那么也就从根本上失去了人的尊严，以未经反思而不值得过的非人的生活而沾沾自喜，那么这类人一旦有权有势，就只能过贪图钱财、偷偷享受动物般的物欲生活，他的心灵才不会崩溃致死。而指望这类人能活得有个人样，乃至活出人性的高贵与尊严，那是根本不可能的。

第一哲学的转变就是要为觉醒后的个人自由意识立法，为每一个无论在恶道还是在顺境中能活成一个人样的人贡献真诚的伦理生活和行动的智慧。

昔勒尼派的阿里斯底波单从感觉主义论证快乐主义的生活原则，是偏颇的，他提倡积极享乐，过奢华生活，也与犬儒主义直接矛盾，但是，他一样也是从反叛柏拉图哲学，认为追求单纯思辨的知识毫无价值，转向对美好生活的实践原则的探求，他的感觉论本身看起来难以确证一种生活的好坏，但借助于生活本身的好坏是依赖于并直接跟个人感受性相关，而且这种感受性本身也是可以普遍传达的，所以感觉主义也就能超越个人的主观性而达到某种同感和通感，从而把快乐感提升为可实践的生活与行动原理。因而，作为一种实践原则的反省建构模式，依然有其广泛而深远的影响，闪现出实践智慧的光芒，表达出无论奢华还是贫贱都活出自主自由的神气，这就是其伦理思想的意义之所在。

所以，希腊化时代的三种伦理学主流都沿着伦理学作为第一哲学的思路，对伦理生活和行动的第一原理进行了反思和重构，他们不再沿用柏拉图和亚里士多德以"伦理"奠基人类在城邦共存中的实体性和等级性正义秩序的老路，而是以个人自由意识证明自由自在和安宁快乐的个人快乐生活的新路探究实践智慧。伊壁鸠鲁延续了昔勒尼派感觉论的快乐主义，但把感觉论提升到了"精神哲学"层次，之后卢克莱修又补充了"原子论"的自然哲学论证，使快乐主义成为西方道德哲学的一个影响深远的流派。当代学者已经认识到：

> 伊壁鸠鲁认为，自然哲学（physiologia）并不仅仅是自然哲学，它还可以让我们从恐惧中摆脱出来，去过一种可能的幸福生活；通过对自然哲学这样一种作用的表达，伊壁鸠鲁揭示了上述那些人类问题的重要性。换言之，对伊壁鸠鲁而言，伦理学优先于物理学，最重要的是人的幸福。[1]

斯多亚主义更是从自由思想本身重新审定伦理生活应该遵循的原理以及个人自由行动的德性原则，他们既反对伊壁鸠鲁主义从个人感觉来为应该遵从的生活原理辩护，也反对以快乐作为生活的目标和正确行动的德性品质，他们更是强调必须通过自由思想来为应该过的生活辩护。哲学在斯多亚派中

---

[1] ［意］詹姆斯·尼古拉斯：《伊壁鸠鲁主义的政治哲学》，薄林译，华夏出版社 2004 年版，第 2 页。

已经在形式上分成了伦理学、物理学和逻辑学（辩证法）三个古典学科，但以伦理学为核心，即统一于伦理学。所谓统一于伦理学的意思，按照德国学者阿尔方斯·雷克曼（Alfons Reckermann）的论证即是这样：

> 斯多亚主义者已经说过，智慧（σοφία）是方法上证成的关于神性和人性事物的完整知识（ἐπιστήμη），爱智（φιλοσοφία）即在生活必需品的技艺（τέχνη）中的训练（ἄσκησις）；但生活的唯一必需品，具有最高地位的东西就是德性（ἀρετή）。而大多数人所从属于的德性有三类，一类同自然（φυσική）相关，一类同生活方式（ἠθική）相关，一类同思维相关（λογική）。所以哲学分为三类。[1]

> 对于伊壁鸠鲁而言，物理学是必然要为伦理学做贡献的。由于它包含关于自然事物（natura rerum）的知识，在亚里士多德的术语中，causa efficiens（动力因）是为产生和保存美好生活的。消极地看，美好生活就是排除对自然关系，尤其是动荡不宁的现象（电闪雷鸣、狂风暴雨、地震灾害，还有生老病死，等等）的恐惧中表明，积极地看，美好生活就是从自己本身出发连续的行动活力（Aktivität）所达到的快乐开朗而坦然自若（Gelassenheit）的幸福状态。[2]

因此对于伊壁鸠鲁主义而言，单纯的思辨知识不再可能成为第一哲学，因为知识不是如同知觉那样的点状数值，而是逻各斯（道）之连续行动的结果。只有从实践中把握了道的连续行动的原理，才是实践的第一原理。伦理学作为生活和行动的第一原则的反思，就是要确立对于人类生活而言出自自

1　Alfons Reckermann: *Den Anfang denken*, Band III, *Vom Hellenismus zum Christentum*, Felix Meiner Verlag Hamberg, 2011, S. 7.

2　Alfons Reckermann: *Den Anfang denken*, Band III, *Vom Hellenismus zum Christentum*, Felix Meiner Verlag Hamberg, 2011, S. 70.

然或自然感觉的最高善的原理，这才是"第一"所欲求的思想的事情，伊壁
鸠鲁和卢克莱修就是在这一个人自由意识中，实现了对古希腊第一哲学的
转向。

但是，哲学作为时代的立法者，每一种"主义"都带有其自身思至"终
极"的绝对性，伦理学需要这样的绝对性，才能确立伦理与道德的绝对正确
的信念，从而构建起有效规范的伦理制度和德性律令。但一个真正合理的
社会，不可能仅仅依赖一种"主义"，因为每一种"主义"都因其"绝对正
确"的"根据"，都是人的理性所确认的合理依据，所以越是终极的绝对之
理，也就越是偏颇的片面之理。人类生活既有共同生活的伦理政治维度，也
有个性生活的主观德性维度，所以，如果追求真正的好生活，对于一个时代
整体而言，如同对于生活本身而言，就得在一个灵魂的整体性中把握其整体
的精神结构，要将至少两种主流的，因而也是极端对立的"主义"，在"精
神"上保持其各自的合理空间，从而构成一个总体的伦理实体三维结构，即
所有人共同存在的政治伦理秩序原理，每个人认信的自主德性原理和超越所
有人的自在与共在至上的自然天道原理。古希腊时代侧重于所有人共同存在
的政治伦理建构，因而以共存的正义秩序，压倒了个人的自由意识；而希腊
化时代放弃了古希腊时代共存的城邦政治秩序原理的建构，而从个人自在的
自由意识重构个人自主生活和自由行动的原理，但把正义的秩序推向了天命
主导下的世界灵魂。这两种第一哲学的建构都有其不可避免的局限。

二、伦理学类型的新转向

在希腊化时代哲学完成了第一哲学转变之后，伦理学作为第一哲学与作
为思辨哲学原理之应用的"二级学科"伦理学显然是不同的。这种不同，从
哲学部门的相互关系而言，就是伦理学相对于物理学和辩证法（逻辑学）的
优势地位的确立，这样一来，伦理学的第一原理直接是从生活中来，而不需
要借助于一个外在于生活的纯粹理论来确立，这一点我们在上文已经论述清

楚了。而从伦理学类型来看，无疑是开始了从伦理哲学向道德哲学的转向。只有从希腊化时代出现了一种新的伦理学类型，即道德哲学，我们才具有了一种"文明互鉴"的视野，进一步准确地判别古希腊的伦理哲学与希腊化的道德哲学之不同的对于生活与行动的原则进行反思确定的模式。

　　支配着伦理哲学思维模式的存在论基础是人类"共存"，人类因有"伦理"即正义才能一起共存在城邦中，因正义的共同生活而共同追求美好生活，为了"幸福"这个共同的最终目的的实现，城邦产生了对每一类人的德性要求，有些人要成为城邦统治者，因而要求这类人的德性是智慧；有些人要成为城邦的护卫者，因而要求这类人的德性是勇敢；大多数人是城邦的物质生产者，因而要求这类人的德性是节制；而一个好城邦本身就是要通过其礼法制度将各类人物按照其德性而安排到相应的城邦等级之中，这样城邦的德性就是正义。所以伦理哲学以这样的思维模式，把正义作为人类在城邦共存中的生活原理和行动原则，这个原则是通过对神话的哲学反思确立下来的。只有判定这一生活和行动原则之善的标准，是目的论思维，即以正义为伦理原则，城邦共存才是可能的且能够共存得好，实现共同的幸福。伦理哲学的核心是伦理实体（即城邦共同体）生活秩序的建构，虽然伦理实体的生命也是以人性为基础，但这种人性预设是从本性（自然）上指向人的社会－政治性，因而"伦理"作为社会制度与礼法的规范性原则而存在。正义作为这种伦理原则通过城邦的礼法制度给予人们以命令性的规范，而容不下个人的自由任性。这样一来，伦理生活中的个人自由就无法得到保障。但个人自由也无疑是伦理生活的基础，因为只要涉及"应该如何过"生活才有意义的伦理问题，这会存在一个个人是否自愿、是否满意的问题，只有每个人都自愿地认同城邦礼法所确立的生活目标，每个人都对城邦生活的秩序感到满意，城邦才能真正地成为一个伦理共同体，如果相反，城邦实体可能依旧存在，但却不会是真正的共同体，因为城邦失去了灵魂的统一性。所以，伦理哲学在柏拉图"目的论框架下"寻求一个正义城邦，最高善的存在虽然只是一个共同趋向的"理念"，但也要通过凡人的"欲求"来推动才有可能实现，而"意欲"的个人自由，就是一个不得不思考的难题。

柏拉图《理想国》第二卷出现的"古格斯戒指"就充分地展示了其与第一卷结尾时的"功能论证"具有两种完全不同的伦理德性观念。"功能论证"证明了每一事物的德性卓越是依凭一个物种本性的必然性而将自身功能完美实现这一非道德主义的好品质成长模式，因而是"非它不能做、非它做不好"的能力，这种德性优卓虽然在人身上也是人的灵魂品质的表达，但无法充分体现出个人意愿自由的空间，因为人的德性总是人类本性的实现模式，人只能朝向人的最高可能性一个方向选择做人，从而也没有别的选择自由了。除非一个人选择不做人而选择做鬼、做神、做畜生，但这已经不是一个有德性的人的所为。而当一个人具有了一枚"古格斯戒指"就完全不一样了，他只需把戒指中的"一个机关"一转，别人就看不见他，他却能看得见一切，于是他就有了追求一切他所欲之事而别人无法知晓的能力，所以，苏格拉底需要论证，一个真正有伦理德性的人，也不会干坏事，而只会做正当的事，而格劳孔却无论如何也不会相信苏格拉底的证明。

这段对话充分表达了柏拉图哲学的一个矛盾，他发现了伦理与德性也是要以个人意愿的自由为基础的，但他以城邦政治秩序的正义为核心，根本无法将个人自由纳入到伦理实体生活的构成性原理之中，因此他最终无法理解雅典城邦法律判处一个具有个人无限自由人格的苏格拉底以死刑的悲剧。

而苏格拉底，乃至小苏格拉底派的伦理学准确地说，就是道德哲学。它以个体的自由思想为依据，拒绝城邦礼法给个人的意志所强加的强制，以意愿的个人自由来反抗城邦伦常的正当性，通过这种反思来确认唯有经过我自己的意愿确认或确信的善，才对于我是真正的善。希腊化时代的哲学全都采取了这种立足于个人意愿自由的为善的生活和行动确立原则的思维模式，因此，表达的是一种道德哲学的思维。这种自由的思维也超越了苏格拉底"认识你自己"的知识论基础，它不基于对"自我"的知识论把握，因为这种

"知识"可能就真像苏格拉底说的那样，是不可知的。但每一个"我"都能"知道"他想成为什么，他意愿成为一个什么样的自我，这是一种"实践的"自我，是朝向一个对我自己的心灵和意愿而言"本真"的可能的自我。这才是人的真正自由本质，人永远是朝向可能性的存在者，永远是在本质上未完成而凭己的本性追求意愿自主实现的存在者。这样的自由存在必定需要与城邦共存所必然要求于人的社会人格保持一定的张力，否则人就会不自觉地被城邦实体体制化为一个"体制物"，而不是一个自由任性的"人物"。要让自己在城邦中活成一个自主自由的"人物"，就必须要有道德哲学的主观自由。

这种自由赋予了人独立自主的权利，它不以城邦共存的幸福为目标，它通过个人的自由反思要认信的是自己灵魂所认同的那种独立不依、全凭自身的品性所能认同的目标，因此这是一种跳出城邦伦常之外的一种个人自由。唯有在这种个人自由中，才有所谓的自由自在、心灵平静、不动心的幸福与快乐。所以无论是伊壁鸠鲁主义以个人感觉或原子论的偏斜运动，还是斯多亚主义的认同天命、遵从自然，乃至怀疑主义的不做判断，从而达到"不动心"，都是通过个人的自由思想来为应该的生活和正当的行动确立道义原理。

所以，希腊化时代的道德哲学返回到苏格拉底自身反思，乃至智者派的"人是万物的尺度"，但是他们都将"人的尺度"提升到了思想的维度，自由反思的维度，伊壁鸠鲁主义通过个人感觉，斯多亚主义通过自然天命的启示，怀疑主义通过搁置是非判断都确证了一种自由自愿的美善生活和行动的第一原理，虽然道德的自由是主观的自由，但对于个人而言，能够依凭的也唯有这种主观的自由。所以，当折中主义者西塞罗将古希腊"伦理的"概念改写为拉丁语的 moralis，西方才有了一个现代人可以辨认的"道德的"概念之源头，这是有道理的，没有经历四百多年希腊化哲学的运动，就不可能出现希腊化时代从伦理实体生活向个人本真的道德自由的生活转向，也就不可能出现西塞罗对语言的改写。

主观的道德自由将伦理生活的"实体"从城邦政治领域转向到个人内心

生活，城邦生活幸福的转化为个人的自娱自足，灵魂的安宁与自我拯救成了个人德性与修身的主要事物，这在任何时代都是必需的。灵魂才是安顿自我自由身心的真正家园：

> 所以个人应该安顿在这里，在自己本身之内建造一个感觉和思维的内在世界，不属于它的一切，在意识中被自身所拒绝的一切，对他而言都不能达到现实的存在。[1]

这样的主观自由的道德反思对于个人而言之所以重要，是因为希腊化时代的哲人已经认识到：

> 只有从邪恶中解放出来的人们才努力向上，并能进入到本性的内心之中（in interiorem natura sinum venit），人们才能拥有天赋于人的完美的和完成着的善。[2]

所以，道德哲学转向的最伟大意义，就在于为因城邦伦理的败坏而无法采取正确行动的人们，提供一种依凭自己的自由本性而过真正内心高贵生活的可能性，但过这种高贵生活需要人具备真正自由的德性品质。

三、古典德性论伦理学的第二经典形态

在确定了希腊化时代的哲学完成了以伦理学为第一哲学的转向，伦理学从而转向了道德哲学，以反思和确立个人主观自由意愿的好生活和正当行动的第一原理或原则之后，我们现在来证明，这种道德哲学依然不是现代意义

---

1 Alfons Reckermann: *Den Anfang denken*, Band III, *Vom Hellenismus zum Christentum*, Felix Meiner Verlag Hamberg, 2011, S. 43.

2 Alfons Reckermann: *Den Anfang denken*, Band III, *Vom Hellenismus zum Christentum*, Felix Meiner Verlag Hamberg, 2011, S. 51.

上以应该如何行动为核心的道德哲学，而是古典德性论的道德哲学。但究竟这种道德哲学是何种形态的道德哲学，具有哪些可以辨认的既区别于希腊伦理哲学又区别于现代道德哲学的特征，目前还很难有完全一致的看法。但随着实践哲学在 20 世纪 70 年代之后的复兴，对希腊化时代伦理学的研究早已呈现出新的起色，不断唤起了新的兴趣，涌现出了许多一流的成果，人们都在试图将其独特的性质和对于陷入深度伦理危机的当代人的意义揭示出来。当代美国著名伦理学家努斯鲍姆赞美希腊化时代的伦理学"已经成为哲学主流的一个稳定的部分"：

> 　　由于这些一流著作的涌现，哲学家和人文科学领域的教师开始认识到，在希腊化时代思想家（包括古希腊思想家和古罗马思想家）的著作中，我们可以发现对伦理学、道德心理学以及政治哲学的丰富而迷人的讨论。他们也开始认识到，若不详细讨论这些贡献，实际上就不可能负责任地讲授西方哲学史。即便是去试图理解笛卡尔、莱布尼茨、斯宾诺莎、休谟、亚当·斯密、康德、尼采等早期欧洲哲学的领先人物（更不用提更早一些的基督教思想家了）的著作，若没有领会希腊化时代思想家对他们的影响，那简直就会成为糟糕的哲学史著作产生的秘方。[1]

之所以如此，就是希腊化时代的哲学发生了道德哲学的转变，转变后伦理学在讨论伦理学和政治哲学乃至道德心理学方面的问题时，都有这个时代精神赋予它们的独特个性。所以努斯鲍姆强调，近代哲学乃至尼采和马克思等现代哲学思想，都在相当程度上得益于伊壁鸠鲁学派、斯多亚学派和（或）怀疑学派作品的影响，这种影响甚至远远超过了亚里士多德和柏拉图的作品。当然，努斯鲍姆也意识到，给予希腊化哲学应有的地位确实存在着

1　［美］玛莎·努斯鲍姆：《欲望的治疗：希腊化时代的伦理理论与实践》，徐向东、陈玮译，北京大学出版社 2018 年版，第 2 页。

困难。她说的困难，主要是指这一时期的哲学家不是专业哲学家，尤其是希腊化晚期和罗马时代，他们或者是皇帝，或者是大臣，或者是被解救为自由民的奴隶；他们的写作也不像柏拉图和亚里士多德那样，有系统性和理论化的论证，他们有的是在人生感悟中记录下来的人生思想，如罗马皇帝奥勒留的《沉思录》，有的主要是在书信中表达，如罗马名臣、暴君尼禄皇帝的老师塞涅卡的写作，有的是诗人，如卢克莱修。但是，所有这些都不能否认这一时期的道德哲学有精深的人生洞见和一流的哲学智慧，因而不可能否认这些"业余"哲学家也是真正的哲学家。

努斯鲍姆试图根据这一时期道德哲学的消极的内涵，聚焦于"欲望的治疗"这一主题，这一定位在世界上产生了广泛的影响。但很显然，这只是这一时期哲学思想的极富特色的一个方面，而难以涵括希腊化时代的道德哲学全貌，因而还不能说完成了对道德哲学性质的重估，当然这可能也并非她关心重点。不过，任何一个哲学思想的价值重估，需要满足两个方面的条件：一是阐明一种新哲学对现实的解释力度和对哲学普遍问题的思想深度；二是在哲学史的发展谱系中论证其思想的创新。因此，这要求我们不能脱离实践哲学的问题史来论说希腊化哲学的意义，因而，我们尝试从这一时代的道德哲学本身的特点来定位其德性论的特色，就是非常恰当而有价值的工作。

我们在上文尤其在柏拉图和亚里士多德部分已经阐明，古希腊伦理哲学的两个重心，伦理比德性更具有优先地位，因为"伦理"是构成共存于城邦生活的基础，具有何种伦理就具有何种城邦，个人作为被城邦礼法所规范的成员，其德行的正确性被决定于城邦礼法，因此，只有当一个好的城邦把"正义"作为城邦共同生存的伦理原则时，这种"伦理"才直接等同于"德性"，而且不仅是作为所有德性的总括，而且是首要德性，作为这样的好城邦的成员（公民）才具有了正确行动的能力，即德性能力。虽然分殊而言，"伦理"是共存的法则和规范制度的理念，德性是个体性的，且通过"活动"或"行动"体现出来的"道行"，但"伦理"要体现为真正的"天道"，才有绝对的道义性，而德性只有在个人的品质和行动中才能具有实在性。一旦伦理败坏，个人就很难有正确行动的能力。

所以，关于希腊化时代的德性论，我们也不能根据当代英美美德伦理学的教条，仅仅通过说明它聚焦于行动者而非聚焦于行动来阐明。我们须知，每一种古代伦理学，行动者及其行动是不加区分的，看一个人是什么样的人，关键还是看其如何"做人""做事"，即看其"如何行动"，不是说不看其"品质"，而是说，"品质"是看不见的，唯有从一个人做人做事的"行动"，我们能"判断"出其行动原则，所以，唯有凭借"行动原则"我们才能判断一个人的德性品质如何。就此而言，希腊化时代的德性论的特点我们是要通过其行动原则来讨论的。

对伦理学而言，如何行动是正确的取决于两个重要问题的考量：我该如何生活和我该成为什么样的人。该如何生活的问题处境是由城邦习俗伦理决定的，因而是城邦教化的核心内容，苏格拉底与智者派的斗争就在于，智者派按照习俗的标准教导青年人如何顺应这种习俗而获得成功，而苏格拉底则是在对话中唤醒青年人的自由思想，让他们自己"认识你自己"，在认识自己的人性潜能（德性潜能）中自我决断该如何生活。所以，如何生活的问题，最终要由自己反思"我愿望自己成为一个什么样的人"来做出决定。所以苏格拉底就这样将应该如何生活的决定权交给了青年人的自由思想来做决断，而不会给出一个正确的答案。这是古典伦理学定向于德性论的一个原初背景。而苏格拉底在同智者派讨论"德性是否可教"的过程中，之所以得出了在"德性"问题上没有"教师"，就是把"如何做才是正确的"交给行为者的自主思考和决断，思想和决断的教养才是一个人真正的德性之所在。所以，亚里士多德才在德性论中得出，"人的高贵与低贱全由自己负责"的结论：

　　　　既然意愿的对象是目的，权衡与选择的对象是达到目的的途径，那么指向这种途径的行为也是自愿选择和出于意愿的。而德行也在这些行为中。但德行如恶习一样也在于我们自己。……这就是我们前面已说过的，人的高贵和卑贱在于我们自己。因为成为卓越的人和成为低贱的人，都是我们能力范围内的事。（NE，1113b3—b13）[1]

所以说，尽管古希腊伦理学直到亚里士多德也没有把个人自由确立为伦理原则，但是他延续了苏格拉底以个人自由思想和自主决断来理解德性的思路，使得自由思考和自主决断成为一个有德性的人基本教养。一个有德性的人就不是如同当代美德伦理学家所解释的那样，仅仅以一个有德性的人为榜样去行动，而是将正确行动的决定权交给了自己的自由思想和自主决断这种自身拥有的德性教养。

一个有德性的人是可以作为别人"榜样"的，但是一个有德性的人却不可能完全按照习俗所认可的"好人"那样去行动，原因很简单，古希腊的诗人看得很清楚：

> 一个好人在一个时候是好而在另一个时候却是坏的。
> 一个人一度能够自制，以后可以丧失这种自制力，一度能够行正义，以后可以变得不能行正义，怎么会是不可能的呢？[2]

所以古希腊和希腊化时代的德性论绝无可能这样来解决有德性的人如何正确行动的问题：就像一个有美德的人那样去行动。

希腊化时代的伦理学将德性理解为一个人的自由教养，他要通过学习、锻炼并养成心灵的自由能力，将如何生活、如何做才是有德性的人所当做的，交给自己的灵魂。所以，他们虽然没有正式提出意志自由的概念，但他们通过自愿、自知、自主、自制、自决、自足和自我负责乃至自在等概

1　[古希腊]亚里士多德：《尼各马可伦理学》，邓安庆注释导读本，人民出版社 2010 年版，第 113 页。
2　[古希腊]色诺芬：《回忆苏格拉底》，吴永泉译，商务印书馆 1984 年版，第 11 页。

念，阐发了一种自由的德性，这种自由比现代的意志自由内涵更加丰富，它首先要将何种生活是高贵，何种生活是低贱，何种生活才美好，交由自己灵魂中的思想来考量，而拒绝任何外来的，即习俗的和城邦的乃至有威望人的正确标准。即便这些标准真的是正确的，也依然要符合"我"的感觉，继而要通过"我""自愿"而定。因此，这种德性论将个人自由灵魂的品质确立为最终高贵的标准，一个具有自由灵魂的人才有可能通过自由的思想和自由的决断做出正确行动。奴隶之所以被视为低贱的，是因为他的灵魂被视为奴性的。而一个具有奴隶身份的人，如爱比克泰德却因为他具有了自由的灵魂成为伟大的哲学家。所以，说希腊化时代的哲学是"欲望的治疗"，那也就是"治疗"人被世俗生活所玷污了的灵魂，而从积极的方面看，就是心灵的操练，成就自己的自由灵魂，从而成就一个有自由德性的人的品质。怀疑主义的不做判断，也是通过这种消极的行为，拒绝未经思想的现成答案，从而达到心灵的自主的安宁。斯多亚主义倡导遵从自然，那是对自然法则与天命的敬畏，因而斯多亚主义的德性，依然来自自由的教养，他们的自由来自灵魂中的理性力量，遵从自然就是遵从理性，而理性的使命在于征服激情。因而，德性的要求在于能够驾驭自然的激情，这种激情主要有四种：痛苦、畏惧、欲望和快乐。驾驭自然激情的方法，不能仅仅靠节制，而是靠心灵的冷淡，清心寡欲。聪明的人就是没有激情的、冷漠的人，德性就是冷漠，理想的德性人格是摆脱了激情的哲人，即结合了哲人的自足和第欧根尼的寡欲；忍耐命运给予的一切是最基本的德性，在美德和不道德之间没有程度的差别，要么是道德，要么是不道德，在它们之间不存在中道。

　　所以，希腊化时代的伦理学成为了德性论的第二经典形态。这种德性论靠"修身"而来，这种"修身"本质是"修灵"，它不再是城邦德性，而是个人品质，这种个人品质不是自然品质，而是对自然品质的修炼和规训，也不是脱离自然的完全人为，而是对自然（本性）的驾驭，唯有驾驭了自然的激情和本性，人凭借自由的思想和行动，才最终造就了自身的自由德性。

第 六 章

伊壁鸠鲁主义伦理学

伊壁鸠鲁（公元前341—前270）生活在雅典精英文化衰落、社会动荡不安的希腊化时代。他出生在萨摩斯岛，是雅典的一个殖民地，马其顿的亚历山大死后，住在萨摩斯岛的雅典人被赶了出来。伊壁鸠鲁在那里长到18岁成年时，去了雅典学习哲学，后来又离开雅典回到自己的乡下，实际上都与动荡的局势相关。

与斯多亚派主要代表人物或是贵族出身，家财万贯，或是统治万民的皇帝不一样，一直与斯多亚派对立的伊壁鸠鲁派的创始人伊壁鸠鲁是一个雅典平民的儿子，自幼家境贫寒，而且长大成人后的伊壁鸠鲁及其学园中的不少弟子们身体都不好，犯有不同的疾病，他们在生活中的一项重要事务就是要对抗身体的疾病与痛苦。[1]伊壁鸠鲁本人最终死于肾结石，这是理解他们为什么会提出一套快乐主义人生哲学的一个基点。

伊壁鸠鲁从小聪明过人，从14岁开始就接触哲学。据说他父亲先送他到一个柏拉图主义者家中学哲学，然后又送他到德谟克利特派的学园学哲学，他之所以转向研究哲学是因为对老师的厌恶，因为这些人不能给他解释

---

1 参见［古罗马］普鲁塔克：《古典共和精神的捍卫》，包利民等译，中国社会科学出版社2005年版，第10页及注释2。

清楚究竟什么是赫西俄德神话中的"混沌"（Chaos）。[1]他将德谟克利特的原子学说和阿里斯底波的快乐主义结合起来，形成了自己的哲学思想。对自己哲学的自信，使得他年轻时就在雅典开办了哲学讲习班，大概在30岁才离开雅典，回到乡下他自己的住宅和花园里创办了学园。这个学园有个非常明确的目标，就是要与柏拉图学园的纯粹思辨哲学对着干，他们不追求那个感觉不到的理念的善，而追求实践生活中实实在在的能感觉到的快乐，使人生成为充满快乐、无忧无惧无纷扰的百花齐放的"花园"，因而他的追随者构成的"伊壁鸠鲁主义者"有了"花园哲学家"之称。甚至，传说在他庭院的入口处有一块告示牌写着："陌生人，你将在此过着舒适的生活。在这里享乐乃是至善之事。"这便使得伊壁鸠鲁主义成了"快乐主义"或"享乐主义"的"招牌"。在这块招牌下，伊壁鸠鲁学园主要践行一种与自然合一的生活方式，因为在伊壁鸠鲁看来，人的本性并非亚里士多德所说的那样是一种"政治动物"，非要过"城邦生活"不可；哲学家的智慧也并非如柏拉图的哲学王那样体现在治理国家的功业上；对他而言，哲学的事业是"清淡的"，哲学的功能是"消极的""灵魂治疗"，哲学的价值在于实践一种自然而然的生活典范。伦理学实际上就是对一种自然快乐的生活典范的思想实践。通过这种实践，哲学体现出它的首要价值是作为人生幸福的最基本的构成要素。在这一点上，伊壁鸠鲁与所有古代的哲学家保持一致。

伊壁鸠鲁写有300多卷著作，但遗留下来的只是少数，在《论自然纲要》（*On Nature*）中表达了他的世界观；在《准则学》（*Canon*）中论述了他的认识论；在《论目的》（*On the End-Goal*）、《要追求什么，避免什么》（*On Choices and Avoidances*）和《论人生》（*On Lifecourses*）中表达了他的伦理思想。

伊壁鸠鲁哲学的主旨是伦理学，伦理学哲学属于实践哲学，因而不是世

---

1 ［古希腊］第欧根尼·拉尔修：《名哲言行录》，徐开来、溥林译，广西师范大学出版社2010年版，第489页。

界观，不是认识论，也不是形而上学，而是自然而快乐的道义实践；获取知识的目的不在于单纯的求知，而在于实际地调节人生更准确地说调适心灵。他的哲学和伦理学最大的特色在于强烈的现实感，这在自然哲学中表现为原子论的唯物主义，在伦理学中则表现为对现实生活的浓厚兴趣，特别坚持现实生活的物质的一面。[1]

伊壁鸠鲁伦理学的主要目的是为个人获得幸福提供人生指南，为人格的独立与自由提供营养。他的出发点与阿里斯底波是同样的，把快乐与痛苦这对概念作为我们整个生活指南的基础。追求快乐，避免或逃避痛苦不仅是人类的而且是整个动物的生活世界的基本现象，是一些实际的行为举止的最终目的。善和恶，如果完全不与苦乐相关，就是空洞的言辞。

第一节　原子化的自然取代习俗化的城邦成为伦理学哲学的主题

自然取代城邦，成为伦理学主题，这是希腊化时代实践哲学区别于古希腊实践哲学的首要特征。因此，我们首先需要研究的就是伊壁鸠鲁的"自然"包含了什么样的内涵，与古希腊自然哲学家和伦理哲学家的"自然"究竟区别在哪里？

一、伊壁鸠鲁的《论自然纲要》

从伊壁鸠鲁开始而不是从近代自然哲学开始，人们就在拒绝亚里士多德对自然物和自然界的目的论解释框架。他继承和发展了德谟克利特的自然观，这种自然观相信，自然物源自原子。原子被视为事物不可再切分的最小单位，它们具有重量、形状且能运动，但不具有任何属性，因而是不变化的，除非是位置的移动。有位置的移动，说明原子是存在于空间中的，但空

1　参见［德］爱德华·策勒：《古希腊哲学史纲》，翁绍军译，山东人民出版社 1992 年版，第 259 页。

间不过是物体的不在场或仅仅是物体间关系的一个特征。当有东西在场时，空间就是"地点"，没有东西在场时就是"虚空"。但伊壁鸠鲁的原子论区别于德谟克利特和留基伯之处在于：

> 他不像那两位一样坚持：任何存在的事物都可以在本体论上还原为原子，也就是说，他不拒绝这种说法，比如，咬了一口柠檬而感到酸的经验是真实的，仅仅因为这种经验在能够在原子运动的角度上被分析和解释。我们可以说，他是一个解释论上的还原论者，而非本体论上的还原论者。任何东西都可以在原子和虚空的意义上得到解释，但原子和虚空并非真实的一切。[1]

《论自然纲要》是伊壁鸠鲁写给希罗多德的信，目的是帮助人们把握其哲学的最基础概念：自然。自然我们在探讨问题、解决问题和评判意见时可以回溯到的一个支点或标准。

所谓的自然，实际上就是自然物。他的基本原则是：第一，没有任何东西可以从无中产生。第二，存在的总体由物体和虚空组成，因而可以由人的感觉来证明它们的存在。有的物体是组合物，有的则是促成组合物的元素。所谓元素就是不可再分割的原子（ατομα），不可变化，充实坚固，无处消灭也无法消灭，它是事物的本原。[2] 既然是本原，那么万物就都是由原子的组合与运动所产生，毁灭时又复归于原子。第三，原子在形状上的差异是无数的，但不是无穷的，但同样形状的原子数量则是无穷的。原子的运动分为垂直运动、偏斜运动和在组合物内部的颤动三种，因而是永恒地连续运动的。第四，存在着无穷多个世界，我们生活其中的这个世界仅仅是无穷多个中的

---

1 ［美］诺尔曼·李莱佳德：《伊壁鸠鲁》，王利译，中华书局 2005 年版，第 7 页。

2 ［古希腊］伊壁鸠鲁、［古罗马］卢克莱修：《自然与快乐：伊壁鸠鲁的哲学》，包利民等译，中国社会科学出版社 2004 年版，第 5 页。

一个。

在这里重要的是，伊壁鸠鲁论证了原子作为自然物之"本"是不可变化的，而原子的"属性"则是可变的。形状、大小和重量都是"属性"，这些在无穷的运动中当然都是变化的，否则世界就不会是个丰富多彩的世界，万物就没有差异和个性，但原子作为本原，作为万物之最终不可再回溯的最小元素，它决定着自然之本，它是绝不可变化的，因为"否则在组合物的毁灭中就不可能有什么坚固的东西留存下来而不可毁灭。这样的东西[原子]使存在不至于在变化中毁于非存在，也不会使存在从非存在中产生"[1]。

由于自然研究是为了给伦理确定基础和标准，对自然的这种理解，对于理解"伦理"而言就具有重要的意义。因为伦理虽然是人为的东西，是人类实现幸福的生活之"道"，这种生活之"道"之具有"道德性"，就在于"伦理"本于"自然"。所以看起来，伦常是人为的，但伦常之理，在解释学意义上必须源自自然之道，才具有道德性。因此，从根源上，具有道德性的伦常，才是"伦理"，它本于自然之道。"道"作为"本"是不可变的，但"道"的属性在空间、位置和不同时间中是可变且必须变的，变成不同的"义"。这样，不变的"道"使可变的"义"不可毁灭，毁灭了就没有人类的伦理生活；也不会变为"非存在"。因为如果"义"不存在，"道"也就隐匿了。自然之道主宰着自然万物的运动和变化，因而伦理之义也就在运动变化中始终保存着"道"，因而成为道义之实存。

伊壁鸠鲁的"原子论"虽然从"现代科学"意义上看具有许多错误，但一直影响到 17 世纪伟大的科学家和哲学家莱布尼茨的单子论，影响到 19 世纪的马克思从原子的偏斜运动中得出"自由"的根据。如果他的伦理学不是建立在"自然"的这种阐释上，他的伦理学也不可能成为一种经典的理论。因为他发现了"伦理"虽然是可变的，但可变的只是作为伦理属性的"义"，

1　[古希腊]伊壁鸠鲁、[古罗马]卢克莱修：《自然与快乐：伊壁鸠鲁的哲学》，包利民等译，中国社会科学出版社 2004 年版，第 9—10 页。

而不是作为伦理之本的道。道与义的结合及其实存，就能阐明人类伦理生活的基本法则。伦理学研究必须既考察人类伦理生活的不可变之道，而且更要考察在时间、空间、位置、习俗、身份、处境等不同"变量"下人与人之间的相处之"义"。

二、伊壁鸠鲁的《伦理学纲要》

伦理学关注的是"在一切实践中追求幸福"，它是一种哲学，因而学习哲学，具有哲学思考能力是至关重要的："不要因为年轻就耽搁了学习哲学，也不要因为年纪大而感到学习哲学太累了。因为一个人在灵魂的健康上既不会时机尚未成熟，也不会时机已过。说还没有到学习哲学的时候或是说时机已经错过的人，就等于在说在获得幸福上时机未到或已经错过一样。所以，无论青年人还是老年人，都应当学习哲学。对于老年人，可以通过美好的经历而立即变得年轻；对于青年人，则可以由于不再对未来惧怕而变得成熟。"[1]

哲学不是为了单纯思辨而是为了探索过美好人生的基本原则，因而伊壁鸠鲁理解的学习哲学就是思考现实的伦理问题。最现实的伦理问题，在伊壁鸠鲁看来，就是幸福问题。如何生活才能幸福。他首先探讨幸福的前提。在《伦理学纲要》(*To Menoeceus*) 中，这个前提有两个。一是坚定不移的信念，虔敬，即相信真神。在这里他不是一个无神论者，而强调幸福生活一定要有坚定地对神的信仰："要用你的一切力量维护神的永恒幸福的观念。神是确实存在的，因为这一知识是清楚明白的。"[2]但他所说的神不是希腊神话中的诸神，也不是习俗的城邦之神。在《天文学纲要》(*To Pythocles*) 中，他从

1　［古希腊］伊壁鸠鲁、［古罗马］卢克莱修：《自然与快乐：伊壁鸠鲁的哲学》，包利民等译，中国社会科学出版社 2004 年版，第 30 页。

2　［古希腊］伊壁鸠鲁、［古罗马］卢克莱修：《自然与快乐：伊壁鸠鲁的哲学》，包利民等译，中国社会科学出版社 2004 年版，第 30 页。

原子论出发讨论了天体现象和自然现象，然后告诉我们，"这一切你都要牢牢记住，这样你就能远离神话，能够全面地认识这一类的事情"。而大众相信的习俗的城邦之神，也不是真实的概念，只是错误的假设。至于他的神是不是指的就是自然内在的创造性原理，我们不是十分清楚，但可以肯定地说，也绝非基督教意义上的神。他突出强调的是，如果没有对神的信仰，我们的灵魂就有最大的烦扰，就会心神不宁，这绝对没有幸福可言。另一个不幸福的原因就是对死亡的恐惧，因此他关于幸福的第二个前提就是论证死没有什么可怕的，他的论证是，要相信死亡与我们无关：

> 因为当我们活着的时候，死亡还没有来临；当死亡来临的时候，我们已经不在了。所以死亡既与活着的人无关，又与死去的人无关；因为对于生者，死还不存在；至于死者，他们本身已经不存在了。[1]

应该说，这是一个基于感觉存在论的十分经典的证明。死亡通过一种意向性观念而非实在性事件来给人们的心灵造成害怕的阴影，但实在的死亡同时剥夺了我们的感觉能力，对死亡无感了，也就与我们"无关了"。因而伊壁鸠鲁说，那些恐惧死亡的人并不是因为死的实际性而是想到死亡到来的可能性而烦恼，是愚蠢的行为。我们消除了对死亡的恐惧，就会更加珍惜有限的、必死的人生，好好活着的信念也会给人生带来积极向上的力量。哲学就是引导人们探索美好生活的原则。

由于伊壁鸠鲁伦理学遵循自然的感觉实在论，所谓美好生活的原则也是寻找自然的"好"为基础。他不像亚里士多德那里诉诸人的政治（社会）本性，而是诉诸人的感觉能力。因此对他而言，快乐成为"好"生活或幸福的

1　[古希腊]伊壁鸠鲁、[古罗马]卢克莱修：《自然与快乐：伊壁鸠鲁的哲学》，包利民等译，中国社会科学出版社 2004 年版，第 31 页。

代名词，无论你的生活是什么方式，只要让你自然地、实实在在地感受到"快乐"，就是"好"和"福"：

> 正是因为快乐是首要的好和天生的好……所有的快乐从本性上讲都
> 是人的内在的好，但并不是都值得选择。[1]

因此，快乐是美好生活的表达，是人生的目标。但如果把快乐置换为"幸福"，实际上就很容易造成误解。整个古希腊哲学都是把幸福作为人生的最终目标，作为终极善来追求，这从形式上看没有区别，亚里士多德的伦理学是幸福主义，而伊壁鸠鲁把快乐当作美好生活的目标时，快乐主义与幸福主义就其内容上是完全不同的。

这种不同，我们将在下一节具体讨论，但在这里，我们需要指出，当伊壁鸠鲁说并非所有的快乐都是值得选择时，他的《伦理学纲要》就把如何选择"快乐"，也即对何种快乐是真正的内在的善和最有价值的善做出阐明，作为其最主要的事情。

而在这里他却表达出了一些与斯多亚主义相同的观念，这看起来令人不可思议，但如果按照伊壁鸠鲁真实表达的"快乐原则"却也还是符合逻辑的。这种逻辑就是自然的逻辑。因为一切自然的都是容易获得的，一切不自然的都是难以获得的，而且是空虚无价值的。在这样的自然原则之下，他认为"独立于身外之物的自足是重大的好"，如果一个人处在饥渴之中，那么，"面包和水可以给一个人带来最大的快乐"，这样的快乐主义与"享乐主义"根本不同，因此，把伊壁鸠鲁的快乐主义作为享乐主义的代名词自古至今一直都是误解，但人们更愿意这样去误解它，并作为"享乐主义"的标本，这是很不公平的。相反，倒是伊壁鸠鲁主义的对立面，斯多亚主义的晚期代表

---

[1] ［古希腊］伊壁鸠鲁、［古罗马］卢克莱修：《自然与快乐：伊壁鸠鲁的哲学》，包利民等译，中国社会科学出版社 2004 年版，第 32 页。

塞涅卡在论述自己的观念时不断引用伊壁鸠鲁的格言警句，反而给伊壁鸠鲁主义说了句公道话：

> 你或许要问我，为什么我恰恰要从伊壁鸠鲁那里，而不从我们自己的学派那里，借用这么多美妙的格言，但你为什么要以为这些话只属于伊壁鸠鲁，而不把它们视为共同的财富呢？有多少我们感激的诗人说出的精彩警句，是从哲学家口中说出或应该是从哲学家口中说出的啊！[1]

他们共同的财富，就是遵从自然之道而生活，从自然中引出的"快乐"肯定不是享乐，因为奢侈的享乐无论如何都不是自然的，而是贪欲的表达。只有自然的、必要的欲望而不是空虚的奢望，才是真正令人快乐的，因此，我们需要对伊壁鸠鲁主义做个辩护性的阐明。

第二节 对伊壁鸠鲁快乐主义的辩护性阐明

对伊壁鸠鲁快乐主义的误解，在伊壁鸠鲁主义流行的当时就已经产生了，所以伊壁鸠鲁自己在讲学和写作中，也是在"辩护"中来阐明自己的对"快乐"论幸福主义的理解。这种误解分为古代和现代两类。古代基本上一致地将其理解为"享乐主义"；而现代则一直将其误解为"功利主义"。所以，我们必须侧重于从经典文献来分析，它为什么既不是享乐主义，也不是功利主义。

一、"快乐主义"并不必然是"享乐主义"

快乐主义（hedonism）的核心概念"快乐"（ἡδονή/hēdonē）来自希腊

---

[1] Seneca: *Moralischen Briefen an Lucilius*, in: *Das große Buch vom glücklichen Leben, Gesammelte Werke*, Anaconda Verlag Köln, 2014, S. 369.

文，我们在上文讨论昔勒尼派时就已经涉及它的原始含义了。而快乐主义伦理学的最为经典的表述还是以伊壁鸠鲁为准，现今在一般的英文词典中，快乐主义、享乐主义和伊壁鸠鲁主义（Epicureanism）都是作为同义词使用，享乐主义也就是伊壁鸠鲁主义。这样的解释，如果让伊壁鸠鲁本人看见，他一定会气得跳脚，因为他早在《伦理学纲要》即"致梅瑙凯信"中就已经明确地说：

> 当我们说快乐是目的的时候，我们说的不是那些花费无度或沉溺于感官享乐的人的快乐，那些对我们的看法无知、反对或恶意歪曲的人就是这么认为的。我们讲的［快乐］是身体的无痛苦和灵魂的无烦恼。快乐并不是无止境的宴饮狂欢，也不是享用美色，也不是大鱼大肉什么的或美味佳肴带来的享乐生活，而是运用清醒的理性研究和发现所有选择和规避的原因，把导致灵魂最大恐惧的观念驱赶出去。[1]

可见，人们误解伊壁鸠鲁的快乐主义是有根深蒂固的原因的，一个原因非常直接，因为伊壁鸠鲁的快乐主义继承了昔勒尼派，尤其是阿里斯底波的欲望概念，因而总是从欲望的满足这一积极含义去理解快乐。而伊壁鸠鲁在这里更强调的却不是欲望的积极的满足和无限制的满足，而是完全"消极的"方面的"快乐"："身体的无痛苦和灵魂的无烦恼。"这就如同自由主义可以区分消极自由主义和积极自由主义一样，快乐主义实际上也是可以明确地区分消极的快乐主义和积极的快乐主义的。消极的快乐主义是对不快乐、对痛苦的克服、治疗和逃避，而积极的快乐主义则容易导致享乐主义，就像积极的自由主义容易导向自由的反面一样。

导致对伊壁鸠鲁主义误解主要原因，在于按照日常语言来理解"快乐"，

1　［古希腊］伊壁鸠鲁、［古罗马］卢克莱修：《自然与快乐：伊壁鸠鲁的哲学》，包利民等译，中国社会科学出版社 2004 年版，第 33 页。

因而总是将快乐与欲望（Ataraxie）的满足联系起来，而欲望的满足在可感觉、可经验的意义上，总是感官享受，因而不求甚解的大众理智甚至会嘲笑伊壁鸠鲁的伦理追求是动物的追求 [1]，而斯多亚主义者认为伊壁鸠鲁本人缺乏教养 [2] 也加深了人们的误解。

为什么不能说伊壁鸠鲁主张的快乐是动物式的快乐呢？虽然他的理论是建立在人类趋乐避苦（害）的动物性本能基础上，但作为一种伦理的生活与行动原则，却要建立在人类理性的自由反思基础上，伊壁鸠鲁的教养，恰恰体现在其这种自由思想的教养上，他是通过这种自由的反思，把伦理生活和行动的原则建立在人可以亲身把握到的感觉这一自然根基之上，因此，他对人类快乐本性（自然）的回溯式论证，并非要人类完全按本性生活，而是要人类不要违背自然本性而生活。快乐是我们的一种本性，但是否快乐地生活，生活最终是否快乐，这与人是否能将其天赋的快乐本性发扬为快乐生活的能力密切相关。而是否具有快乐的能力，在伊壁鸠鲁看来是与人是否"明智"相关。明智的人当感觉身体有痛苦时，就会适时地免除痛苦，感觉到灵魂有烦恼时，就适时地平息和消除该烦恼。其中一个基本的方法，就是磨砺自己的判断力，使得自己的理性能够保持清醒地认识：哪些欲望是自然的，哪些欲望是空虚的，而只有自然的欲望才能带来快乐，空虚的欲望只能徒增烦恼，因而是必须防止的。在自然的欲望中，又要能够有判断力来区别，哪些自然的欲望是有必要满足的，哪些自然的欲望是没必要满足的。

因此一个真正明智的人不会选择所有的快乐，反而会放弃许许多多的快乐。选择与放弃的标准就是"自然"而"必要"。因此，从快乐是人类的自然本性而言，伊壁鸠鲁说快乐是首要的和天性的"好"，而从伦理与德性的应该要求而言，他又把"明智"看作"所有这一切中首要的和最大的好"：

1　［古罗马］普鲁塔克：《古典共和精神的捍卫：普鲁塔克文选》，包利民等译，中国社会科学出版社 2005 年版，第 15 页。

2　［古罗马］西塞罗：《论至善和至恶》，石敏敏译，中国社会科学出版社 2005 年版，第 15 页。

所以明智甚至比爱智［原文"哲学"］还更为可贵。一切其他的德性都是从理智中派生出来的，它教导人们：如果不过一个明智、美好和正义的生活，就无法过上愉快的生活；如果不过一种愉快的生活，也就不能过上明智、美好和正义的生活。德性与快乐的生活一道生长，两者不可分离。[1]

因此，我们把伊壁鸠鲁的快乐主义作为"消极的快乐主义"，就可以将其与昔勒尼派积极享乐的快乐主义区别开来，而当我们按照伊壁鸠鲁这里说的明智德性范导下的快乐主义作为其特征时，就可以避免将它混同于现代的享乐主义和功利主义。

二、"快乐主义"不是"功利主义"

由于功利主义的早期代表人物都把自己的理论起点溯源于伊壁鸠鲁，从而把功利主义的总原则"最大多数人的最大幸福"安置在伊壁鸠鲁的快乐主义上。但实际上，这是很不相同的两种伦理学理论。这种"等同"是由于人们按照日常语言理解"快乐"与"幸福"造成的，"最大多数人的最大幸福"也被理解为"最大多数人的最大快乐"，我们可以说，两者的共同性在于快乐主义的"快乐"不仅是"幸福"生活的评价标准，而且是幸福生活的目标。没有哪一种幸福生活不是快乐的，也没有哪种快乐的生活不幸福。但是，这样的直接等同，是日常思维惯常的模糊概念与理论的边界造成的。在此我提出三个判准，以把将它们相互区别开来的边界建立起来。

第一，无论何种形式的功利主义，其元概念是 utility，基本含义是"效用""效益""利益""功用"，无论"快乐"还是"幸福"都是因为 utility 的最大化而产生的结果。因而，功利主义是一种"后果论"伦理学，所有的后

---

1 ［古希腊］伊壁鸠鲁、［古罗马］卢克莱修：《自然与快乐：伊壁鸠鲁的哲学》，包利民等译，中国社会科学出版社 2004 年版，第 33 页。

果来自对 utility（效益）的考量。"快乐"是考量后"派生"出来的，不是这种考虑的元概念。只有在"快乐主义"本身中，"快乐"才是元概念，而快乐不是 utility 带来的。

第二，快乐主义本质上是一种生活哲学，而功利主义本质上是一种行动哲学，快乐在快乐主义生活哲学中是作为生活和行动的第一因或原则，即出于快乐的本性而生活，同时作为幸福生活的目标而作为标准；而功利在功利主义中是作为一种行为所产生了后果而被当作行动道德性的标准，显然这两个"标准"是不能互换的，一个伊壁鸠鲁主义者是无法承认把"功利"大小的计算作为"快乐"标准的，虽然在一般的功利主义中"最大多数人的最大快乐（幸福）"似乎是以"快乐"为标准的，但这并非快乐主义的"快乐"。即便我们忽略"快乐""幸福"和"功利"之间的实质差异，就"形式化"将它们视为大致相同的东西，我们也不得不注意到，伊壁鸠鲁的"快乐"是就个人的感受状态而言，具体的内涵是否定性的"身体无痛苦和灵魂无纷扰"，它们都是指"快乐"生活的"品质"而非快乐增量上的最大化。伊壁鸠鲁明确地说："快乐增长的上限是所有痛苦的除去"[1]和"无纷扰"。而功利主义的"快乐"却是积极的，不仅是单个人身上快乐的最大化，而且是所有"利益相关者"（最大多数人）的快乐的最大化，它涉及两个"最大化"。即使按照与快乐主义最有可能接近的心理功利主义（psychological utilitarianism）来比照，这个口号中的"快乐"是无法兑现也无法考量的，因为经验告诉我们，"我"能感受到"最大快乐"的东西，绝不可能对你和他也同样是最大化的"快乐"，且不说完全可能是最大化的痛苦。因此，"快乐"在快乐主义那里考量的关键是从"快乐"的"质"对一个个体的身体或灵魂而言，而在功利主义那里考虑的关键是快乐"总量"对于所有利益相关者的"量"。功利主义另外两个最重要的类型，即行为功利主义和规则功利

1　［古希腊］伊壁鸠鲁、［古罗马］卢克莱修：《自然与快乐：伊壁鸠鲁的哲学》，包利民等译，中国社会科学出版社 2004 年版，第 38 页。

主义跟快乐主义就更不具有可比性了。

第三，快乐主义在伊壁鸠鲁那里更强调的是精神的或灵魂的快乐，因为肉体仅仅能感觉现在的欢乐和痛苦，而灵魂则能感觉过去、现在和未来的欢乐和痛苦，精神的快乐免除了伴随着肉体快乐的痛苦，所以比肉体的快乐更高、更持久。灵魂学说是快乐主义伦理学的核心，而功利主义跟心理学有某些关联，但本质上它与灵魂学无关，与它密切相关的是立法学、公共政策学、法学和经济学。在伊壁鸠鲁的灵魂学中，核心的问题是灵魂的治疗，即欲望的治疗。这种"治疗"是让我们的灵魂不被不自然、不必要的贪欲所纷扰，以获得灵魂的安宁和朴素生活的自足。对于富和穷，伊壁鸠鲁说了这样充满哲理的话：

> 如果用自然所确立的生活目标来衡量，那么贫穷就是巨富了；相反，如果一个人不知限度，那么财富也意味着赤贫。[1]

他对一个沉溺于性爱之乐的青年人说：

> 我从你的信中得知你的天性使你过分地沉溺于性爱，这么说吧，只要你不违反法律或社会习俗或干扰邻居或搞垮身体或花光钱财，你可以跟着天性走，做你想要做的事。但是，你几乎不可能不受到这当中起码一种问题的困扰。性爱从来也没有对谁有过什么好处过；如果它不伤害一个人的话，就已经是侥幸了。[2]

所以，伊壁鸠鲁处处强调的是自然快乐的界限问题。对于心灵快乐，他

---

1 ［古希腊］伊壁鸠鲁、［古罗马］卢克莱修：《自然与快乐：伊壁鸠鲁的哲学》，包利民等译，中国社会科学出版社 2004 年版，第 46 页。

2 ［古希腊］伊壁鸠鲁、［古罗马］卢克莱修：《自然与快乐：伊壁鸠鲁的哲学》，包利民等译，中国社会科学出版社 2004 年版，第 48 页。

也同样强调其限度，只有保持在一定限度内，才能保持灵魂的无纷扰或健康的宁静，这也是通过反思那些引起心灵极大恐惧的东西来达到。

相反，对于要求快乐"两个"最大化的功利主义而言，它却是提倡采取包括刺激"欲望"最大化等手段来达到功利总量的最大化。这是现代资本主义走向疯狂和陷入物欲主义的根源，实际上与古典快乐主义并不相干。伊壁鸠鲁的智慧是告诉人们：

> 知道好的生活的限度的人，也知道由于匮乏而来的身体痛苦是容易消除的，完满的生活是容易达到的，所以他不需要那些必须通过苦苦争斗才能获得的东西。[1]

因此，伊壁鸠鲁快乐主义的快乐生活，依然是通过人的德性来实现。只不过，但由于他把快乐或幸福最终看作一种感受性原则，德性对于快乐的重要性被误解了，因而大大减低了，乃至于包尔生也说："这个观点引起了德性或美德地位的变化，德性变成了达到快乐目的的一个手段。"[2]但这是一个非常平庸的误解性的评论，我们将在下文来探讨。

第三节　快乐主义的德性论

伊壁鸠鲁主义关于自然和知识的基本动机是伦理的，而伦理解释的核心落在了德性论上，因为他始终强调德性是与快乐生活一道成长的。没有快乐的生活，明智、友爱和正义之德性不能成长，反之也一样，如果没有明智、

1　［古希腊］伊壁鸠鲁、［古罗马］卢克莱修：《自然与快乐：伊壁鸠鲁的哲学》，包利民等译，中国社会科学出版社 2004 年版，第 40 页。

2　参见［德］弗里德里希·包尔生：《伦理学体系》，何怀宏等译，中国社会科学出版社 1988 年版，第 52 页。

友爱与正义的德性，一个人也不可能过上快乐的生活。因此，对于伊壁鸠鲁而言，可能也不单如上述引文中包尔生所说的，德性仅仅是达成快乐生活目的的一个手段，它们之间的关系比单向度的目的（快乐）—手段（德性）更为复杂，它们更应该是互生互成，一道生长的关系。其中的"一道"即"快乐"之"道"的生长，至关重要。因为快乐被证明为生命的自然本性的"好"（善），那么按照古代"功能论证"的阐释，人的生命（生活）的德性，就是完美实现快乐本性之善，德性从而确实是将本性之善的快乐完美实现的能力，在此意义上可以作包尔生式的目的—手段解释；但实质上，快乐本身如果不同时是德性品质，那么，将德性这种内在功能实现的能力，似乎成了一个外在目的的手段，对于我们伦理学的实践生活而言就全然成为一个外在视角的"曲解"，无法获得伦理学属人之善的"因其自身之故"必然要回到人（性）自身之善的成长这个德性论的根本上来。所以，虽然学界很少有关于伊壁鸠鲁德性论伦理学的讨论，但从上一节学界对其广泛的误解来看，一个根本的原因就是缺乏对其做一种内在德性论观照的视角。偶见的如同包尔生那样的对其德性的评论，又陷入一般外在的目的—手段关系，这只能加深误解，很难从内在视角进入伊壁鸠鲁伦理学论证的核心。所以，我在此一方面尝试从传统的"功能论证"的视角理解伊壁鸠鲁伦理学的一般德性概念，以便真正从内在视角进入快乐主义伦理学的核心概念——快乐德性；随后我将从希腊化伦理学的特殊视角，讨论伊壁鸠鲁主义的自由德性、友爱德性和正义德性。

一、快乐德性

伊壁鸠鲁相信，只有他的原子论才能证明人的好生活是身体无痛苦和灵魂无纷扰的生活。但他的原子论并不能直接证明快乐是人的本性。快乐与痛苦作为人的心灵的两种感受能力，在他那里只能作为一种道德心理学的证明。这种证明，也是当今美德伦理学惯常的方法。而在伊壁鸠鲁这里，他的哲学反抗城邦伦理的一个基本方法，就是让人回到个人的感觉，把它作为明辨善恶是非的标准，从而具有一种清明的判断力。这是道德哲学自由精神的一种体现，也是哲学之所以能具有治疗作用的功能表现，从而也是一个人的德性品质，正是在此意义上，他说："如果你排斥一切感觉，你就连你所指称的标准也不会剩下，这样，你就会没有可以用来判定你所斥责的错误判断的东西了。"[1]确实，伊壁鸠鲁的伦理学要阐明人是出于本性追求快乐的，因为快乐是发自本性的好，从而是人生的目标，但他又不满足于亚里士多德思辨哲学的目的论证明，认为哲学教人"明智"要高于哲学教人"爱智"，那么哲学无须从思辨形而上学目的论证明快乐是人生的目标，但必须阐明，人生的快乐与痛苦是我们亲身的感觉才可把握和体征的。因而，我幸福不幸福，不是你君主的慈爱所恩赐，也不是空洞的政治观念所引导，而是我自身对快乐与痛苦的感受力就可以作为标准来"认真"的。这样的感觉论的证明，使得快乐主义所追求的善，发源于本性（快乐），而生成于本性（德性），从而是完全内在于个人本身的。它不是享乐主义的"快乐"，因为享乐主义实际上只把占有和享受身外之物视为善；它也不是人们所误解的功利主义，因为功利主义把快乐之善视为行为的后果来认定，把快乐与德性分离开来了，而真正伊壁鸠鲁主义的快乐，通过自身感觉来把握并作为标准来判断，这还只是第一步，它还需要进一步证明，快乐只有作为自身的德性品质，才能是真正内在的价值（善）。这里所谓"内在的"指的是，快乐是出于本性的才是真的好，一个快乐的本性要比一切不快乐的本性好，这几乎是个常识，不证自明，但伊壁鸠鲁还是指出，动物一出生就喜欢快乐而逃避痛苦，因此我们人类也天生受情感驱使具有追求快乐而逃避痛苦的本能。但是，单凭这一快乐本能是达不到快乐人生这个唯一善的目的的，伊壁鸠鲁之所以不遗余力地加以证明这一目的，是为了让人能够有正确选择和规避的能

1　［古希腊］伊壁鸠鲁：《基本教义》（ *Principle Doctrine* ），转引自包利民：《生命与逻各斯：希腊伦理思想史论》，东方出版社 1996 年版，第 315 页注释 2。

力，而这种能力就是德性，因此从他整个伦理学的证明中我们是不难逻辑地推论出，快乐作为德性（在本性的完满实现意义上）才是人生的最大成就这一结论的。没有养成快乐的德性，即作为快乐品质，那么快乐作为人生的唯一善的目的是难以实现的。

当然，我们也可以说，伊壁鸠鲁似乎并没有这样一种系统的德性论证明，他强调的是"自然的快乐"，但是，如果我们不仅仅停留在"自然的快乐"这一观念层面，而是就实践哲学如何实现或达到"自然的快乐"之内容，就能知道，无论是达到"身体的无痛苦"，还是"灵魂的无纷扰"，伊壁鸠鲁快乐主义的伦理明智都旨在指出，快乐必须作为有真切感觉能力者的德性品质才是可实现的目标。"自然的快乐"只是一个目标、一个理想或者说一种伦理学上的"应该"，要实现它，只有通过个人的快乐品质才是可能的。为什么人们达不到"自然的快乐"呢？在伊壁鸠鲁看来，就是人受到了各种"不自然的"观念的误导，是习俗的各种价值混乱和颠倒，把各种"身外之物"视为善，视为最值得欲求的，权力欲、成功欲、荣誉欲都导致了纵欲主义和享乐主义，最终导致快乐的反面。所以，伊壁鸠鲁主义的哲学治疗，就是要从个人可以感受到的真快乐入手，让人回到自身的身体和灵魂，回到快乐德性自身上来，才能获得一种善恶上的清明。因此他总是要自我辩护，说我们说的快乐不是肉体享受，不是放纵欲望，而是达到身体的无痛苦和灵魂的无纷扰。这是快乐作为人生目的的真实含义。

作为具有快乐德性品质的人，如何能实现身体的无痛苦和灵魂的无纷扰呢？伊壁鸠鲁没有抽象地指出，你要像一个有快乐德性的人那样去行动，而是说一个具有哲学明智的人要依据自己的真实感觉到的快乐，从而按照快乐的本性去生活。这并非是说，一切感受到的发自本性的快乐都可欲，而是说，身体真实需要、灵魂真实需要的才欲，而在可欲的东西中，还要进一步具有"选择"与"规避"的能力，这是以快乐为目标的德性的核心内涵。只有选择了真快乐，规避了假快乐，才能避免欲求与实现之间的悖反。在此意义上，快乐的德性与其说是一种品质，还不如说是一种教养，一种能诊断与救治价值混乱和颠倒的教养。这种德性教养既不纵欲也不禁欲，而是满足于让身体最好地发挥其功能的德性教养，即知道凡是让身体发挥正常功能的欲望才是可欲之善，因此是必须选择的，这一选择的原则基于这一常理：凡是必要的，即易于满足的，就是自然的；凡是难以满足的，很可能就是不必要的，因而是不自然的（参见残篇 67）。所以，一个具有快乐德性教养的人，就得锻炼自己这一思想能力和判断力，凡是自然的和必要的欲望，去满足它，就能带来真快乐；凡是不自然的和非必要的欲望，就得规避它，否则就会因追求"虚妄的快乐"而导致最大的痛苦。当然，这种德性教养还有一个重要的问题，是如何识别"自然的却不必要"的欲望，伊壁鸠鲁在此问题上，还是交给了每个人的自愿选择，即意志力，但他提供了一个总的快乐之标准，就是身体无痛苦，灵魂无纷扰。如果自然的却不必要的欲望，你依然觉得值得欲求，那么最终要看它所带来后果是否在健康的、可承受的范围内而定，如果带来的痛苦极大地损害了身体的健康，带来了灵魂的纷扰，让你生活在不快乐之中，说明你不具有明智的美德，因为没有哪个明智的人会让自己生活在不快乐中；但如果其带来的后果在你可承担的限度内，依然没有违背快乐的本性，你依然感受到生活在健康的快乐中，那么这依然是你可欲可选可做的权利，只要你自己愿意，就可以去选择。

卢克莱修花了大量篇幅证明，灵魂和身体只能在一起存在，就是要证明快乐的生活不可能只关照自己的灵魂，而不考虑身体的感觉，身体的善和灵魂的善有时可以在解释的意义上分离，但灵魂的快乐也只能通过身体的感觉而表达，二者是密不可分的。身体和灵魂的统一，只能统一到一个人的德性上来。而他们的伦理学，通过快乐德性的论证，将古希腊的伦理实体生活实质地还原到人的身-心健康上来，无论外部城邦是否有正义的伦理，你只要凭借自己的快乐本性和感受能力感觉到快乐，你自己就能够活出快乐，将好生活的实现最终归于自己身体与心灵的德性品质上来是伦理生活的一个文明化的提升。

快乐主义强调一个具有快乐德性的人追求的快乐是"质"而不是"量"，是持久的快乐而不是及时行乐，都是在快乐作为德性品质意义上论说的道理。快乐的品质德性，最终为自愿选择能力赋予了特权，从而，意志自由问题也在伊壁鸠鲁主义伦理学中首次获得了探讨。

二、自由德性

从苏格拉底主义一路过来，相信人本身凭借自身的德性、人的心灵能力或理性，而不是凭借城邦制度，为人的快乐和平静的生活提供坚实的基础，人自身的自主自由意识真正觉醒了。伊壁鸠鲁主义者从原子论为个人的觉醒做出了自然哲学的论证，从原子的偏斜运动为个人自由意志的出场做出了卓越的论证。他的伦理学已经摆脱了从城邦公民的出身、身份、等级来看待人的方式，也不再从苏格拉底式的关于"自我"的"知识"看待人，甚至也不从亚里士多德的"政治的动物""语言的动物"或"理性的动物"来看待人，而是关心活生生的个人的身体与心灵的快乐。"身体"不仅第一次得到了哲学伦理学的关注，而且其感性的欲望的快乐获得了道德上的承认和捍卫。伊壁鸠鲁研究自然的本性，目的就是要为人如何快乐地生活需要遵循什么、规避什么提供正确行动的原则，从而让人获得人性赋予人的自由能力。他反对神话和神的观念，也是因为他认为，"相信有神灵支配着宇宙和人类的命运，是人们无法过上平静生活的一个主要原因。原子论对世界的分析，也会很自然地带来关于人在世界中居于何种位置的不同信念"，所以，"伊壁鸠鲁经常说，除非能够帮助人们实现幸福，否则哲学就毫无价值"。[1]虽然他的伦理学被认为把重心放在了道德教诲和规劝上，但从理论上看，他依然把个人从习俗中解放出来，从各种宗教的和政治的意识形态提供的虚幻的伦理要求中解

1　[美]安东尼·朗：《希腊化哲学：斯多亚学派、伊壁鸠鲁学派和怀疑派》，刘玮、王芷若译，北京大学出版社 2021 年版，第 27 页。

救出来，从对命运的焦虑中解救出来，把这种解救的力量交给每个人自身的德性，让每一个人发挥出灵魂中"理智把握"（apprehension by intellect）的能力，从事物"本性"的原理获得生活和行动的智慧，而这种智慧的第一个目标是要保障"身体的无痛苦"，这是一个非常高明且日常的伦理教导。虽然这看起来很平常，没有多高的思辨性，但却具有显而易见的明智性，从对"快乐"本性的理性把握中就能获得一种精神自由的德行智慧。这种智慧表现在，他已经明确意识到，伦理实体已经从"城邦"转向了"身体"，而这个身体虽然是与"灵魂"同生同死，但"欲望"是支撑身体的原始的生命力量，伦理的智慧，不能专注于无身体的灵魂，那是空虚的神灵，而不是人的真实的精神。人的精神在身体中，必然也由欲望主宰。因而自然的欲望是当其获得正当的满足时，人才能有快乐，自然的欲望不能获得正当的满足，必然就产生痛苦。在《论目的》中，他写道：

> 如果抛开由美味而来的快乐、由情爱而来的快乐、由优美的声音而来的快乐，以及由美丽的形式而来的快乐，那我根本无法思考什么是善。[1]

可见，伊壁鸠鲁的快乐主义，根本不是那些浅表的理解所说的享乐主义，他的目的是通过人的思想把握快乐，这才是真正的善，快乐是唯一好的目的，来为人的自愿选择和主动规避提供指导。人的身体是感性的存在，欲望的存在，如果人抛开由美味而来的快乐，那对人的味觉器官而言不是好而是坏，如果一个人感受不到由情爱而来的快乐，那么这个人就将成为一个可怕的怪物。而由优美的声音和美丽的形式而来的快乐，更需要人具有高度的教养。即便对他很不友好的第欧根尼·拉尔修也如实报道说："伊壁鸠鲁在

---

[1] ［古希腊］第欧根尼·拉尔修：《名哲言行录》，徐开来、溥林译，广西师范大学出版社2010年版，第491页。

他的一些信中说，一杯清水和一片素面包就已经让他满足了，还说：'当我想我可以享受一下的时候，就给我一点点库式拉乳酪。'他就是这样一个人，主张快乐就是目的"[1]，但绝非纵欲才快乐。第欧根尼·拉尔修在同一个地方也报道说，伊壁鸠鲁学园内的所有学生们的生活也是极为简单、朴素，他们最多满足于一小杯低度葡萄酒，平常都是只喝清水。

由此可见，快乐主义主张的是一个人要通过自己的思想与教养获得感受身体和心灵之快乐的德性品质，而非纵欲享乐感官快乐。而在感受快乐的德性品质上，他们尤其教导，虚假的信念、无厌的贪欲、无知的恐惧，都是带来苦痛和焦虑的原因，因此人在青年时就应该学哲学，学会自由的思考，理解人生真正的目的，从而对身体自然的欲望知道如何满足才带来真快乐，依照哲学进行生活，选择该选择的，避免不该选择的。

因此，在伊壁鸠鲁主义伦理学中，自愿的选择这一近代意志自由问题，在这里做出了哲学的论证，这是希腊化时代转向道德哲学的一个明显的标志。

在这里，我们先要阐释"自愿"和"选择"这两个核心概念的希腊文含义。拉丁文的自由意志 libera voluntas 是从希腊文的"自愿"（Hekousion）概念而来，它包含三个关键要素，一是带有强烈行动指向性（但并非采取了行动）的愿望（βούλησις）；二是这种"愿望"是由"自己"的心愿发起，不受外因决定；三是内涵"选择"性。但亚里士多德在《尼各马可伦理学》中指出，"选择"（προαίρεσις/proairesis）（其本义是"事先［pro］有所抓取［aireton］"）"显然是某种自愿的东西，但不是所有自愿的东西都是任意选择……选择是伴随着理智和理性做出的，它的名称就暗示了，它所从事的就是把某物在他物中挑选出来"（NE，1112a15–17）。但他同时说，"选择"不涉及目标，而涉及达到目标的途径和手段。因此，"自愿"或"选择"被视

1　［古希腊］第欧根尼·拉尔修：《名哲言行录》，徐开来、溥林译，广西师范大学出版社 2010 年版，第 493 页。

为"实践"或"行动"的起点或原因。它是由自己的"意愿"发起的一起有行动倾向性的愿望，但保持为一种"思虑性的欲求"（ὄρεξις διανοητική）。所以，一般亚里士多德的阐释者都明确否认了亚里士多德有明确的现代意义上的"自由意志"概念。肯尼于 1979 年出了本《亚里士多德的意志理论》（*Aristole's Theory of the Will*），想反驳这种一般的立场，但至今也未获得广泛认同。德国诠释者乌苏拉·沃尔夫也只是说，亚里士多德那里可以读出较弱版本的自由意志来，很难承认有较强意义的意志自由。[1]

伊壁鸠鲁虽然把他伦理学的核心规定为讨论生活的目的、选择和规避，意志自由显然就是其中最为关键的问题。但从现有文献中人们无法发现他有关于意志自由问题的明确论证，当代传记作家这样说：

> 伊壁鸠鲁花费了大量篇幅来强调意志自由。我们已经解释过，自由的某种类型对他的伦理学概念有关键作用。在现存的文献中没有直接处理这一困难观念的。但卢克莱修的作品中对此问题有清楚论述。[2]

所以，现在学界一般都是按照卢克莱修在如下诗文，论述他的关于意志自由问题：

> 如果所有的运动总彼此相连，
> 新运动总按照特定顺序诞生于旧运动，
> 原子也从不通过偏斜来制造某种
> 变化，冲破命运铁律编织的牢笼——
> 不允许因果的链条自无穷伸向无穷——

1 Ursula Wolf: *Aristoteles' "Nikomachische Ethik"*, Wissenschaftliche Buchgesellschaft Darmstadt, 2007, 3. Auflage, S. 116-117.
2 ［美］诺尔曼·李莱佳德：《伊壁鸠鲁》，王利译，中华书局 2021 年版，第 30 页。

世界上所有生灵都具备的、从命运

手中夺来的自由意志如何能产生？

依靠它，我们去往愉悦引领的地方，

也是依靠它，我们不是在规定的某时、

某地改变方向，而听从心灵的渴望。

无疑，是每个人的意志触发了这些运动，

一旦涌起，它将弥散到全部肢体。

难道你不曾看见，起跑的围栏——打开，

赛马就争先恐后地涌出，但动作再快，

再急切，也总比不上它们的欲望本身？

因为全身所有的物质储备都应该

唤醒，这样肢体调动起来的力量，

才能汇聚到一起，紧随心灵的热情——

由此你看见，运动发源于心灵，

灵魂的意志是它最初的起点和温床，

然后它蔓延到身体的各个部分。[1]

　　在这里，我们可以很自然地赞同诺尔曼·李莱佳德（Norman Lillegard）的判断，"这当然是一个有效论证（逻辑学家所谓的 modus tollens）"，但我们无法同意他同时说："但它假设了行动自由，或意愿（voluntas）自由。它并未对该假设提出论证，也没有解释这样的自由在原子论视角内是如何可能的。"[2]

　　我们不清楚诺尔曼·李莱佳德为何说，没有对意志自由的"假设提供

1　［古罗马］卢克莱修：《物性论》（第二卷），251—271，李永毅译注，华东师范大学出版社2022年版，第136—138页。

2　［美］诺尔曼·李莱佳德：《伊壁鸠鲁》，王利译，中华书局2021年版，第30页。

论证",卢克莱修明明就是从原子的"偏斜"运动来阐明意志的可能性,他说如果只按照原子的"重力"做"坠落"的下降这种"旧运动",那么就不可能"冲破命运铁律编织的牢笼"因为"重力"按照自然的引力必然地直线坠落,这是自然的必然性,是"命运";但恰恰世界上所有的生灵都从"命运"手中夺来了自由意志,于是我们就有了"行动的自由",凭借这种自由,我们依靠它,"我们去往愉悦引领的地方",这种"愉悦"是我们自身的身体和心灵所感受到、心向往之的价值,是我们确立为人生的目标之物。因此,"运动"的方向不再向受重力必然下落的方向无穷进展,而是向意志自由所开启的自身确立的目标运动,这是一个由己开启的自由运动;它也不是"在规定的某时、某地改变方向,而听从心灵的渴望"。因而,它也不是由自然的、本能的欲望主宰,而是由心灵的自由的渴望所引领。而且它还证明了这种自由的运动是源自意志的自由,灵魂的自由这一自由运动"最初的起点和温床",最终传遍全身。唤醒了整个身体的力量,身体和灵魂都成为自由的了。

这是完整的自由意志的讨论了,康德意志自由的大部分内容这里都已经包含了。他当然无法说明人类这样的"生灵"为何以及如何从命运手中夺取了"意志自由",这是康德也承认了的人类知性不可认识的本体之物。但是,他的赛马的例子已经充分说明了"起跑"的动作(行动)、肢体的运动都是因自由的意志提供了最初的起点和动力,变成了全身的力量,使得这一运动改变了由"重力"、自然必然性所规定的运动的方向,最终奔向了"心灵渴望"的愉悦的目标。所以,我们同意这是对意志自由或行动自由的最初的一个完整的论证,安东尼·朗的这一判断是可以接受的:

> 我们需要特别注意他的语境。卢克莱修在这部分的主要论题不是灵魂学说,而是原子的运动。他没有给出形式化的论证来捍卫意志"自由"。他是预设了这一点,用例子说明它,然后用这个预设和例子去证

明原子有些时候确实发生偏转。

　　卢克莱修提出的例子表明意志可以创造运动的新开端。……有一些
能力使得它们自由地开始运动。[1]

　　与亚里士多德的自愿和选择的意志不同，这里涉及意志自由首先是"目
标"的认定，从而意志提供动力和起点，改变运动的方向："偏转"运动才
发生原子与其他原子的"碰撞"，从而形成一种复杂的相互关联中的世界。
原子"在场"与"不在场"的"空间"提供了自由行动的可能性。所以也与
现代只注重"选择"的自由意志不同。

三、友爱德性

　　快乐主义伦理学也追求友爱，因为人是生活在"一个世界"中，必须与
他人交往，如果缺乏友爱，个人就无法过上快乐的生活。快乐主义者虽然强
调好生活是个人的事甚至是感觉的事，但个人不可能离群索居，而唯有与他
人和睦相处才能有快乐。因而，友爱是实现快乐生活的一种德性。

　　爱比克泰德曾因伊壁鸠鲁提倡"不要生孩子""有头脑的人不要从政"
而对他进行了猛烈抨击，但依然认为伊壁鸠鲁承认人是社会的存在这一观点
是对的：

　　　　就连伊壁鸠鲁也懂得在本质上我们是社会的存在，只是一旦他将我们
　　的"好"置于我们披着的躯壳，那他就无法再进一步说出任何与此相左的
　　东西来了。因为接下去，他会特别强调坚持这样一个原则，就是我们既不
　　应该爱慕、也不应该接受任何和"好"的本质相分离的事物；他这样做是
　　对的。但是，如果我们对我们自己的孩子的爱不再是一种自然情感的话，

1　［英］安东尼·朗：《希腊化哲学：斯多亚学派、伊壁鸠鲁学派和怀疑派》，刘玮、王芷若译，
　　北京大学出版社 2021 年版，第 76—77 页。

那我们如何还能算是社会的存在？你为什么要劝阻有智慧的人生养孩子？你为什么要担心悲伤会因为孩子们的缘故而降临到他的头上？[1]

　　但在这里对于我们重要的是，友爱是出于我们的社会性存在而应该有的善，这种善是一种社会性的伦理善，但必须成为追求快乐生活的每一个人自身的德性，这一思想在伊壁鸠鲁这里提出来了。从我们本性是社会本性，因而具有自然的基础，而推出友爱是我们身上自然的社会德性，这是可以接受的。当然作为治疗性的伦理学，伊壁鸠鲁一再从消极意义上来规定各种善："任何能过够帮助达到获得免除他人威胁的安全感的目的的手段，都被看做是自然的好（最原初的好、首要的好）。"[2]因此，友爱的德性的论证，他也总是从如果没有友爱，我们与他人无法和睦友善地生活在一起，就会产生出各种痛苦的焦虑和不安，从而如果我们具有一种友爱的德性品质，就自然地可以消除心中无安全感的焦虑和恐惧，从而使得友爱的德性之善获得人生的接受。他也证明了，友爱就像智慧和明智一样，给整个一生带来幸福，而不是一时的快乐。

　　他提供的正面理由是，友爱让人与他人具有信任关系，关系融洽可以让人生活在安全的状态，免除邻人的威胁和伤害。知道如何防范外在威胁的人，要尽量善待他人，待人如己。人做伤害别人的事，他也不是从功利关系，而是从心理学来解释：或者是出于仇恨，或者出于嫉妒，或者由于轻蔑。但一个有德性品质的人会控制自己的这些情绪，让心灵出于平静状态。而能够保持平静的方法，就是坚持过自足的生活，只有在简单的自足的生活态度中，人才能是一个自由人。一个自由人不会获得许多财富，因为不给暴

1　［古罗马］爱比克泰德：《哲学谈话录》，吴欲波等译，中国社会科学出版社2004年版，第59页。

2　参见［德］弗里德里希·包尔生：《伦理学体系》，何怀宏等译，中国社会科学出版社1988年版，第30—31页。

君或暴民当奴才，就很难获得巨大财富，但一个自由人根本不需要太多的财富，就可以过自足而快乐的生活。自足带来安宁，无纷扰的宁静灵魂就既不扰乱自己，也不会扰乱别人。"高尚的人主要关心的是智慧和友谊；其中，前者对于此生有很大价值，后者对于一切时候都有好处。"[1]

有意思的是，如此重视友爱的人，应该说也是十分重视男女之爱情的，但是，我们看到，在卢克莱修的《物性论》中有一篇题为《情爱徒劳无益论》，说出了与伊壁鸠鲁劝说青年人不要沉迷于性爱的道理。一方面卢克莱修也承认爱情的美妙："由于她［爱神维纳斯］，人们心中才第一次滴进了爱的甜蜜露水，随之而来的就是冰冷的忧虑。因为，即使你所爱的人没有出现，她的面容却浮现在你面前，她那甜蜜的名字在你耳边回荡。"（186）但另一方面他是极力劝导人们回避爱情。原因在于，"情欲的独特之处在于，你享受的情欲越多，心中燃烧起来的令人晕眩的欲火就越猛烈"。最终不把双方烧伤就算万幸，而快乐是得不到的。但"回避爱情的人并不会缺乏维纳斯的果实［即性的快乐］，不如说，他既能获得快乐，又不必受到惩罚"。这样的观点看似有理，但深入推究，是令人难以理解和接受的。倒是再一次可以证明，伊壁鸠鲁主义的快乐主义真的不是享乐主义。因为没有哪一种享乐主义会回避情爱的快乐和生儿育女的天伦之乐。

只有那种强调心灵的快乐，且坚持消极性快乐主义者，才只提倡这种不带情欲的友爱是伦理生活之必需。总之，在伊壁鸠鲁自身中，友爱或友善之德是有口皆碑的，第欧根尼·拉尔修这样描述他：

> 因为有足够的证据证明这个人对所有人都充满了无以复加的善意，他的祖国为他树立青铜雕像以示尊敬，他的朋友遍布整个国家，难以计数。所有与之相识的人都是因醉心于其学说而追随他……此外，当其他

1　［古希腊］伊壁鸠鲁、［古罗马］卢克莱修：《自然与快乐：伊壁鸠鲁的哲学》，包利民等译，中国社会科学出版社 2004 年版，第 50 页。

的学派纷纷衰败时，他的学派却保留了下来，通过无数的后继者代代相传。他尊敬父母，仁爱兄弟，宽待仆人……总而言之，他对所有人都充满热爱。尽管因过分地宽厚而从未投身过城邦事务，但他对诸神的虔敬和对祖国的热爱是难以言表的。[1]

四、正义德性

既然友爱是在与他人的和睦相处与相互善待中确立的，正义也是一种伦理价值，而不是自在价值，伊壁鸠鲁主义者根本不承认有什么"自在的"正义。正义其实只是人们在相处相待中的公共道义，但与友爱以相互友善的善意和融洽和睦的相处为维系纽带不同，正义的维系以契约与法律的订立与遵守来保障。这也并非说，伊壁鸠鲁主义只承认法律正义而不承认自然正义，但他们认为单纯的自然正义并不能保证人们不会因为利益分歧而不相互恶意与伤害。因此，自然正义与法律正义各自有其适用范围：

> 自然正义是人们就行为后果所作的一种相互承诺——不伤害别人，也不受别人的伤害。[2]

因此自然正义不是自在的，而是有理性的人类对自己行为后果不受伤害也不伤害别人的相互承诺。在伊壁鸠鲁主义者看来，既不存在先天的绝对正义，自然的正义也不存在于对自己行为无自主能力的动物和不自由的人身上，甚至，更严格地说来，也不存在于不以"相互订立契约"来承诺不相伤害的人类或民族之间。在没有契约和法律的地方，或者在根本无视契约与法律的地方，就根本无所谓正义与不正义。

1　［古希腊］第欧根尼·拉尔修：《名哲言行录》，徐开来、溥林译，广西师范大学出版社2010年版，第492—493页。

2　［古希腊］伊壁鸠鲁、［古罗马］卢克莱修：《自然与快乐：伊壁鸠鲁的哲学》，包利民等译，中国社会科学出版社2004年版，第41页。

　　法律作为人们相互之间权利与义务的约定，才有正义与不正义之分。也就是说，伊壁鸠鲁主义并不认为，只要有法律，就有正义，而是说，只有这种法律适合于所有参与约定的人，无论你是谁，你的权力有多大，都遵守契约与法律的约定，具有遵守契约与法律约定的意愿，才有可能存在正义与不正义。至于一种法律约定本身的正义与否，取决于两点，第一为是否对所有人都有利，第二为是否适用于所有人：

　　　　一般地说，正义对于所有的人都是一样的，都是指在交往中给彼此带来益处……一个法律如果被证明有益于人们的相互交往，就是正义的法律，它具有正义的品格……相反，如果立了一个法，却不能证明有益于人们的相互交往，那就不能说它具有正义的本性。[1]

　　这样的基于相互交往的彼此不相伤害且互有益处的正义约定，不可能是永恒的正义，而是不断处在变化中的"流动的"正义。政治和法律不可能提供永恒的正义，而是通过契约律法适时地消除人们心中对他人与权力的困扰和不安全感。如果法律带来的益处发生了变化，就只能说，它当时还是正义的，但它以后是否依然正义，那就不能受空洞的正义的言辞所迷惑，而要直面事情本身，且要依据法律运行的后果来判断，如果不再有益于人们的交往，不能有效防止人们的相互伤害，这一法律就不再是正义的法律，而是不义的法。不正义也并非是自在的恶，而是导致相互恶意并因此产生相互伤害和不义的人为之恶。正义要成为一个人的美德，才能防止人们的相互猜疑和惊恐，因为不正义的人心里总是充满了惊恐，权力越大的不正义的心灵，其惊恐也就越大。只有具备正义品格的人，心灵才是宁静和谐、无纷扰的，才是真正幸福的。所以，当伊壁鸠鲁说，快乐与德性一同增长时，指的就应该

1　［古希腊］伊壁鸠鲁、［古罗马］卢克莱修：《自然与快乐：伊壁鸠鲁的哲学》，包利民等译，中国社会科学出版社 2004 年版，第 42 页。

是正义与友爱的德性，而一般克己的德性却往往还带有一些不快，虽然是自己加之于自己的不快。

总之，伊壁鸠鲁主义伦理学哲学的魅力就在于，它打碎了关于世界是由神圣而永恒的神所创造的神话，让我们坚信，那不可再分的最小的原子和虚空才是这个世界的本原，因而，我们也不要相信各种伦理的神话，因为人类能够借助于伦理而确立永恒的正义与友爱，相信世界永远是无目的变化与发展的，而不存在什么神圣而永恒的世界[1]，虽然如此，我们永远不要恐惧死亡，心灵的一切惊恐和纷扰都应该在我们的心灵修炼中排除出去，我们就可以也应该享受大自然的快乐[2]，这种实践的伦理学具有它的广泛影响是完全可以理解的：

> 同样有助于伊壁鸠鲁主义传播的，还包括伊壁鸠鲁本人的生活方式，因为他证明了其学说尤其是伦理学的真实性。这一点给他的追随者和反对者都留下了深刻印象。……显然，伊壁鸠鲁主义将哲学理解为一种治疗，这符合罗马人对哲学的理解，因为他们将哲学理解为实践性的，而伊壁鸠鲁主义的治疗哲学，有助于指导生活实践，也有助于获得知识。比如西塞罗和贺拉斯都希望，哲学能够为良好的生活提供帮助。[3]

1　"伊壁鸠鲁确信，神虽然是永恒与不朽的，但是祂什么都不在乎，总之既无所操心，也不存在命运，毕竟万事万物是由自身（机械地）发生的。" Epikur: *Fragmente* 103, in: *Atomisten: Texte und Kommentare zum materialistischen Denken der Antike*, Philipp Reclam jun. Leipzig, 1973, S. 376.

2　《物性论》第二卷，55—88；第四卷，35 以下。中文参见 ［古罗马］卢克莱修：《物性论》，李永毅译注，华东师范大学出版社 2022 年版，第 118—120、322 页。

3　［德］迈克尔·埃勒：《伊壁鸠鲁主义实践伦理学导论》，陈洁译，刘玮编校，北京大学出版社 2021 年版，第 165 页。

第 七 章

西塞罗的实践哲学转向及其意义

马尔库斯·图利乌斯·西塞罗（Marcus Tullius Cicero，公元前 106—前 43）为古罗马著名政治家、演讲家、修辞学家，深受斯多亚主义与新柏拉图主义影响，但更具有怀疑主义倾向的"折中主义"哲学家，拉丁哲学的奠基者，第一个真正的罗马哲学家。

罗马虽然传说早在公元前 753 年就已建立，公元前 450 年制定并颁布了著名的《十二铜表法》，但它一直是靠武力征战在扩张中获得世界承认的，对于一般意义上的文化史、文明史还是相对地发展较晚，直到公元前 167 年希腊历史学家波利比乌斯（Polybius）作为战俘被带到了罗马后，才开始具有了历史学；从公元前 144 年斯多亚主义中期代表人物帕奈提乌斯（约公元前 185—前 109）来到罗马后，罗马精英们才开始接触到了一种不同于甚至反对快乐主义或享乐主义的斯多亚主义哲学伦理学：

> 斯多葛学派大概是当时最重要的学派。斯多葛哲学以某种喜闻乐见的方式激励了罗马贵族中的某些精英。斯多葛哲学的原始纯正、关于宇宙和天命论的坚定信念、毫不妥协的伦理说教以及集中描绘不关心世界命运和不被情绪所动的智者，所有这一切都打动了西塞罗，但斯多亚哲

学没能变成他的教条。[1]

据说西塞罗曾有过一段时间像普通人那样迷恋伊壁鸠鲁主义，但他的天性让他看到了快乐主义不能满足人类追求高贵和体面生活的需要，那种坚守在个人小天地里维持自己的自由与快乐，是人所需要的，但不是一个高贵的灵魂所追求的，因而并不能满足追求高贵教养的罗马贵族的精神需要。人的天性具有让生命不仅为自己而且为他人、为人类、为文明而变得更加美好和卓越的愿望，因此西塞罗在《论共和国》的前言中，就批评了伊壁鸠鲁主义缺乏公共精神和爱国精神。在伊壁鸠鲁主义那里他深刻地感受到了希腊文明的没落，他从罗马先祖英雄事迹的传说和古老习俗中，更加领悟到一种崇高而神圣的使命，这就是世界需要为一种新兴文明确立伦理方向。伊壁鸠鲁主义显然无法胜任这一历史任务。

这一神圣的历史任务，落在了拉丁文明上，罗马需要为自己的拉丁文化确立起真正的道义基础，因此，西塞罗大力呼吁罗马人以拉丁文创建罗马人自己的哲学。

西塞罗的传世作品可分为四种：演说、书信、诗歌与专著。而专著又可分成修辞学、神学、认识论、政治学与伦理学五类。对于研究西方道德哲学的学者而言，不管我们是不是专门研究罗马哲学，都不得不带有崇敬之心，感激西塞罗的学术贡献。因为我们现今运用的许多哲学概念，都是经过他从希腊文翻译为拉丁文而演变成为现代的哲学概念。不清楚他所做的语义转换，我们就几乎很难理解西方哲学。对于伦理学研究者而言，他的政治学与伦理学著作是必读的经典，是古希腊传统与现代传统之间的真正桥梁。他的《论义务》（*De Offciis*）、《论最高的善与最大的恶》（*De Finibus Bonorum et Malorum*）、《论共和国》（*De Republica*）、《论法律》（*De Legibus*）、《图斯库

1　［英］伊丽莎白·罗森：《西塞罗传》，王乃新等译，商务印书馆2015年版，第32页。

卢姆谈话录》(论灵魂)、《论友谊》(*Laelius de Amicitia*) 等等，都蕴含着从希腊古典实践哲学向现代道德哲学转向的意义。

第一节　希腊哲学的拉丁化：由"伦理"向"道德"的转型

希腊哲学的拉丁化是以拉丁文明的兴盛为前提的。西塞罗儿童时期就跟随他的希腊"伴奴"学会了说希腊语，在重视教育的罗马贵族家庭中，在学校教育之外聘请家教，是非常普遍的现象。因此，西塞罗在少年时期，就已经熟练地掌握了希腊文和拉丁文：在 15 岁之前，"西塞罗能用拉丁文讲授古代史诗和戏剧大师的著作……西塞罗也能用希腊文讲授古代诗词和喜剧，最主要的是荷马史诗，此外还有悲剧，尤其是欧里庇得斯和其他作家的悲剧"[1]。而在 15 岁之后，当时的罗马教育几乎全是希腊文化教育，当时罗马出类拔萃的教师也几乎全是希腊人。因此，当时西塞罗受到了希腊语严格的修辞学训练，但"当西塞罗丰富了拉丁语并使罗马的修辞学臻于完善之后，再用希腊那套模式进行修辞教育就不太必要了。在西塞罗之后的一代人中，维吉尔和贺拉斯也为语法学家提供了范本。他们的著作可与希腊文学相媲美，在某种程度上，甚至可以取代希腊文学"[2]。

因此，罗马需要新的文化，需要新的文明自觉，这一意识是西塞罗在现实生活中真切领悟出来的。修辞学严格的希腊典范的训练，为教养和学识所必需，但同时，希腊文修辞学的严格规则要运用在拉丁文中，也必须要发生相应的变化，因为语言、语法本身已经变化了，再严格地按照希腊文的规则来"修辞"，那么就不仅显得"蹩脚"，而且一定是狭隘无疑，矫揉造作，而且这样的"文风"一定在"思想"上造成极其负面的后果，即思想的僵化和守旧。蒸蒸日上的罗马，一旦修辞狭隘，思想僵化，那么这种文明就不可能

1　[英]伊丽莎白·罗森：《西塞罗传》，王乃新等译，商务印书馆 2015 年版，第 19 页。

2　[英]伊丽莎白·罗森：《西塞罗传》，王乃新等译，商务印书馆 2015 年版，第 20 页。

成为世界文明的一个方向，一个灯塔，而且靠武力征服得来的财富、领土也不可能不还回去，因此，罗马文化需要新的哲学的引领。

早在西塞罗与其弟弟游历雅典业已荒废的柏拉图学园及其他许多希腊大城市时，希腊文明的衰败没落在他年少的心中就留下了强烈的震撼。德尔菲神庙失去了往日的影响，伯罗奔尼撒的许多名城，人去楼空，残垣断壁，被罗马摧毁的科林斯的景象更令他动容，在斯巴达他见到的也还只是少年之间毫无约束的残酷搏斗和臭名昭著的仪式。希腊文化的辉煌，遗留在博物馆和图书馆中了。年轻时的西塞罗对哲学虽然充满激情，但他毕竟是在务实的罗马文化中成长起来的，当他公元前 51 年在雅典旅行时，柏拉图学园的掌门人已经讲的不再是柏拉图的哲学，而是引进了斯多亚主义，因而并没有给他留下什么印象。西塞罗毕竟不再像希腊哲学家那样毕生专门从事哲学，能像亚里士多德那样，发自本性地"纯粹求知"，他毕生的志向是政治，他是在做税务官、大法官、执政官、大臣的工作中，在充满血腥的政治斗争的旋涡中从事哲学探究，因而，他的哲学像整个罗马人的哲学一样，要求"实用"，要求具体地解决人生困惑，给人指出一条理性而冷静的思维方式。因此，他忠实于以斐洛（Philo）为代表的怀疑论的新学院（New Academy）的哲学观，"新学院倡导的与其说是一种教条，不如说是一种方法。它远离虚无主义和悲观主义，因为这个学派同所有希腊化时代的哲学一道极力主张消除人们的疑虑——怀疑论者对信仰的怀疑是一种冷静而又洒脱的思维方式，斯多葛派哲学和伊壁鸠鲁主义者也试图赋予人生这样的思维方式"[1]。但西塞罗认为伊壁鸠鲁主义过于局限在个人感觉的狭隘领域，没有对公共事务的热情，没有对历史与文化的责任感，虽然他们的人格还是高尚的，但他们的思想不可能解决时代的哲学困惑。当时最重要的斯多亚主义的达人是波西多尼乌斯，西塞罗听过他的课，涉猎过他的一些主要著作，但他的宗教观却难以令

1　［英］伊丽莎白·罗森：《西塞罗传》，王乃新等译，商务印书馆 2015 年版，第 289—290 页。

西塞罗信服。

　　总之，西塞罗产生了一种务实地以实践优先性解决时代需要的哲学，而不是空谈道义与美德："仅仅拥有德性，这却是不够的，就如同一个人仅仅拥有高超的技艺，而不实施是不够的一样。你会一种技艺，即便不实施它，那还可以说是合乎知识地掌握着的，但是德性，一般地却是存在于行动实践中。而最高贵的实践领域恰恰是驾驭国家，那些在僻静的拐角大声说教的事物，正好要通过行动，而不是通过言辞来实现。"[1]

　　因此，他的哲学就成了一种实践哲学，但这种实践哲学与亚里士多德的实践哲学根本不同，因为亚里士多德是把"最高贵的实践"看作"思辨（理论）活动"，它追求的是因其自身之故的善的实现，因而所实现的善，是事物自身内在固有的善由潜能到实现；而西塞罗的"实践"则是一种"技艺"活动，是制作性的，它的善具有一种行为主体之外在的目标。所以，当他把"驾驭国家"这个个人之外与之上的"超然大物"作为"最高贵的实践领域"，并认为人的德性要在参与政治、驾驭国家的实践中来实现时，我们只能理解为一种朝气蓬勃的青年人的浪漫主义理想，就如同青年柏拉图热心政治时的理想一样。当然，这种理想是十分宝贵的，确实是因为他看到了希腊文明的没落，拉丁文明的兴起，哲学应该拉丁文化并选择一个道义的方向，以确立罗马文化的道义基础。这确实表达的一种正在勃兴中的文化一般所具有的最为崇高的使命感。尽管在他之后的帝国大臣塞涅卡就完全对政治失去了这种信念，看到了现实政治的邪恶而不可救药，因而主张有智慧的人应该退隐到政治生活之外。

　　我们不知道，最终死在逃亡路上被政敌残忍地杀害时，西塞罗是否为青年时的这种政治抱负后悔过，但此时，他对拉丁语、拉丁文化的兴起，对哲学转向政治和伦理，是充满着希望和热情的。在《论最高的善与最大的恶》

1　Cicero: *De republica/Vom Staat*, Lateinisch/Deutsch, Übersetzt und herausgegeben von Michael von Albrecht, Philipp Reclam jun. Stuttgart, 2013, S. 11.

中，他就对他的斯多亚主义谈话伙伴加图（Cato）说："加图，我真诚地吁请你，要以清晰的词语说话，只要你愿意，这些词语也就变得清楚明白了。所以你用拉丁语来教授哲学吧，就像向我显得的这样，仿佛说拉丁语是我们的公民权利。"[1]

因此，西塞罗著作的德文译者哈拉尔德·墨尔克林（Harald Merklin）评价他的影响说：

> 只要我们在西塞罗之后以拉丁语处理哲学问题，那么就受到了他的各种可能的影响，不管我们是否认识到了这种情况，或者承认还是不承认，都得极大地感谢西塞罗。……他是罗马哲学第一位著名的代表人物。[2]

在西方道德哲学史上，西塞罗最为重大的贡献，是创造了一系列拉丁词汇来翻译和传承希腊哲学概念，从而让希腊哲学概念在拉丁文化中获得新的理解并以拉丁化的理解和使用，更新古典的哲学含义。

对于我们哲学研究而言，最著名的事件就是他创造了一个拉丁词汇 mores 来翻译古希腊的 ethos 概念，使得西方有了一个不同于古希腊"伦理"内涵而越来越与个人意志与行动相关联的"道德"概念。尽管 moralis（道德的），一直在 18 世纪之后才真正具有西方现代伦理学上严格的道德性含义，但自从有了 mores 和 moralis 这个词语之后，罗马哲学以个人行为和个人生活为中心的思考就已经区别于古希腊以城邦共存和政治正义为核心的伦理定向，而具有了以个人意志之善意和以个人行动的正当性为核心的道德倾

---

1 Cicero: *De finibus bonorum et malorum/Über das höchste Gut und das größte Übel*, Lateinisch/Deutsch, Übersetzt und herausgegeben von Harald Merklin, Philipp Reclam jun. Stuttgart, 2003, S. 281.

2 Cicero: *De finibus bonorum et malorum/Über das höchste Gut und das größte Übel*, Lateinisch/Deutsch, Übersetzt und herausgegeben von Harald Merklin, Philipp Reclam jun. Stuttgart, 2003, S. 43.

向。这样的变化在西塞罗这里也已经开始了。

在《演说家》（*Orator*）中，西塞罗说，古希腊人的"伦理"根源于 ethos，而与 ethos 相联系的含义是习俗、品性与性格："有两个论题，如果这位演说家能够很好地处理，就能使人们敬佩他的口才。一个论题与人的本性、性格、生活习惯、所有交往有关，希腊人称作'ethikon'，或者'性格表达'；另一个论题是激励或挑动情感，他们称作'pathetikon'，或者'与情感有关的'，演讲术的统治只有在这部分是至高无上的。"[1]

在《论命运》（*De Fato*）中，西塞罗更直接针对"伦理"（ethos）概念说："因为它［指伦理学］与品德（character）相关，品德在希腊文中称作 ethos，而我们通常把伦理学的这个部分界定为'关于品德的研究'，通过这个主题叫做'道德科学'（moral science）而给拉丁语增添了一门适当的课程。"[2]

从这句话我们就知道了苏格兰启蒙运动创造的"道德科学"概念实际上是来源于西塞罗的，而我们现今大多数人都已经不清楚，也不知道西塞罗的贡献，没有他的这一转换，我们也就不知道什么时候才会产生"道德哲学"这样的一个哲学概念。德国观念史研究的主要代表人物约阿西姆·利特尔（Joachim Ritter）这样评价：

> ［mores、moralis 和 philosophia moralis ］所有这三种表达（正如在受拉丁文影响的其他语言中一样）都追踪到按照西塞罗自证由他新造之术语"philosophia moralis"作为对 ἠϑική（伦理学的）的翻译。不过在这里同时指示出，除了"道德的"之外，从塞涅卡开始一直到古代终结，"伦理的"（ethicus）也在中世纪的哲学术语中作为学术词汇使用，不管是作为名词还是作为形容词。在这里无论"ethica"或"ethicus"都与"philosophia moralis"是同义词，而"ethicus"作为道德哲学家

1　［古罗马］西塞罗：《西塞罗全集·修辞学卷》，王晓朝译，人民出版社 2007 年版，第 811 页。
2　［古罗马］西塞罗：《西塞罗全集·修辞学卷》，王晓朝译，人民出版社 2007 年版，第 572 页。

（Moralphilosoph）的表达，只有在中世纪才作为拉丁语的对应词使用。[1]

但拉丁语新加的"道德科学"课程，实际上已经不完全是按照古希腊的语义，而是赋予了拉丁民族特有的个人生活和行动的正确性、合宜性或得体性的含义，以新的"实践哲学"面目为其添加新的含义。至少在西塞罗这里，把古希腊伦理学中不存在的意志自由问题凸显出来了，这奠定了中世纪和现代道德哲学的真正基础：

他不满足于斯多亚主义第三任首领克律西玻从性格（伦理德性）倾向来推理，说这样的推理根本不能明白要处理的论证要点：因为如果"假定人在性格倾向上的差别是由于自然和先前的原因［导致的］，但我们不能从中推论，我们的意志和意愿也是由于自然和先前的原因；如果是这样的话，我们就不会有任何意志自由了。……不能由自己的意志来决定，那么这样的人并没有弄清楚原因与结果之间的真正关系"[2]。

因此，道德哲学问题的论证，一般地说是要给出"应该什么"的道义理由，但西塞罗现在告诉我们，不管你如何告诉人们这是善的，还是我最应该做的，但如果你没有把善的应该性基于意志自由这个基础上，那么你依然不清楚你要论证的核心要点。他后来指出伦理学中的许多"无效论证"（idle argument）都与此相关，因为伦理学不管是德性论的、快乐主义，还是道义论的、幸福主义的，我们提供的任何道义理由，都必须是与我们采取某种行动相关的，而行动就取决于人们的意志自由。论证过一种不采取任何行动的生活，无论你把这种生活描绘得如何应该、如何值得过，这样的论证都属于无效论证。[3] 意志自由就这样成为道德哲学论证最为基础的东西，这是拉丁

1　Joachim Ritter und Karlfried Gründer (Hrsg.): *Historisches Wörterbuch der Philosophie*, Band 6: Mo-O, Wissenschaftliche Buchgesellschaft Darmstadt, 1984, S. 149.

2　［古罗马］西塞罗：《西塞罗全集·修辞学卷》，王晓朝译，人民出版社 2007 年版，第 576 页。

3　［古罗马］西塞罗：《西塞罗全集·修辞学卷》，王晓朝译，人民出版社 2007 年版，第 584 页。

文明的一个新的开端，也是伦理学为人类历史确立的一个新的方向。

第二节　伦理生活中的"最高善"与"最大恶"

"伦理"寻求最高善，至善，避免最大恶，极恶，这是这一概念所蕴含的普遍含义。传统伦理学在思考"我应该做什么""我应该过怎样的生活才是好生活"这类伦理学基本问题时，首先都是在思考究竟何为"好"或"何为善"，只有当人们知道如何判断"好"之为"好"、"善"之为"善"了，伦理学基本问题也就可以得到解答了。西塞罗伦理学也不例外，他首先要确立的是，究竟什么是最高的善，什么是最大的恶。

善和恶，我们在日常生活中不用哲学思考也能知道，原因在于，每一种人类文明都有法律，都有习俗，它们都在规定着善与恶。但只有哲学才能尊重并告诉每一个人的自由意志，哪怕法律和习俗规定了人们要做的善和不能做的恶，每个人都有权力基于其自由意志做出判断和选择。西塞罗尤其强调了这一点："克塞诺克拉底这个著名哲学家中最卓越者，当被问及他的学生从他那里学到了什么时，他甚至这样回答说：'学到了出于自己的自由意志做法律强制他们去做的事。'"[1]这就是说，虽然有法律规定，有习俗的伦理法则，它们都作为外在的权威强制着人们做它们所规定的善事，不做它们规定的坏事，但人依然有自由意志，通过自己的自由意志来判断和决定，我是否真的认为法律和伦理规定的善是真的善，它们规定的恶是真的恶，因而我们最终必须出于自由意志来做法律和伦常要求我们做的事。因为无论是法律还是伦理，它们都是"抽象的"原则规范，虽然是强制性的命令，但我们具体怎么做是对的和得体的，依然留有自由的空间。我们之所以在法律和伦常的规范面前优先地听从自由意志，是因为"我"是所做的"这个事"的主

1　Cicero: *De republica/Vom Staat*, Lateinisch/Deutsch, Übersetzt und herausgegeben von Michael von Albrecht, Philipp Reclam jun. Stuttgart, 2013, S. 11.

体，是"行为者"，必须为自己的行动负责，所以必须要有自己的判断。而
自己判断是否可能是对的，这种自信必须建立在我们自己关于善恶的价值判
断的正确性上。因此，无论是哪种伦理学，首要的课题就是论述善恶如何判
断才是对的。

西塞罗《论最高的善与最大的恶》共有五卷，第一卷一开始就论述了西
塞罗哲学的总动机是在斯多亚主义关于哲学的总框架逻辑学、物理学和伦理
学的三分结构中以伦理学为核心，从而在跟习俗伦理的误解与偏见进行讨论
中奠立伦理学基础问题——处理最高的善与最大的恶之基础：

> 我的同侪中谁要是熟悉了我写的许多东西，用功阅读我论哲学的文
> 字，就会做出一个判断，没有比它们更好的读物了。因为它们讨论的是
> 我们生活中、如同所有哲学一样都值得探究的问题，尤其是这个问题：
> 良善生活和道义行为的总原则所聚焦的最远大、最终的目的究竟是什
> 么？自然（本性）遵循何种原则才为最高的善，才避免最大的恶？……
> 但我相信，在我的这部著作中最高的善和最大的恶这个总问题本质上是
> 得到了处理的，我不只是阐释了我自己的看法，而且所有哲学学派在此
> 问题上各自的学说主张我也做了探讨。[1]

在当时，影响最大的哲学流派除了斯多亚主义就是伊壁鸠鲁主义，因
而，作为信奉斯多亚主义哲学的西塞罗，就把批判伊壁鸠鲁苦乐观，即将快
乐视为最高善，把痛苦视为最大恶，作为自己伦理学思想的开端。西塞罗
说，大多数人都熟悉伊壁鸠鲁的学说，我们也是直接从它出发的。但是：

> 我们是想寻找真理，而非仿佛是要把他们变成敌手。伊壁鸠鲁关于

1　Cicero: *De finibus bonorum et malorum/Über das höchste Gut und das größte Übel*, Lateinisch/
Deutsch, Übersetzt und herausgegeben von Harald Merklin, Philipp Reclam jun. Stuttgart, 2003, S. 65.

快乐的解释从前是通过图尔夸图斯（L. Torquatus）这个具有高深教养和学识的人来代表，是有根基的，而在忒莱阿里乌斯（G. Triarius）这个很严肃认真又有学问的青年人的老师参与我们的谈话时，我回应了图尔夸图斯。……他的看法是："由于我们上一次碰到你时大家都无所事事地闲聊，我还是感受到了，关键是，你虽然没有厌恶我们的伊壁鸠鲁，像大多数通常所做的那样，把根本不是他的意见归于他，但你无论如何是不承认他的思想的。根据我的确信，他是唯一一个看到了真理的人。这个真理就是，人应该从最糟糕的错误中解放出来并教导所有人，只有美好、幸福的生活才是重要的。"[1]

于是通过这样心平气和地谈话，西塞罗展开了对伊壁鸠鲁快乐主义的系统批判。

一、对伊壁鸠鲁主义快乐与德性观念的批判

西塞罗对图尔夸图斯说，再审视一下吧，我对伊壁鸠鲁的批评，不涉及他的风格问题，而是哲学上的欠缺性："人是能够自欺的。我并不反对这位哲学家的风格；因为他毕竟抓住了他的目标，言辞和表述都是清晰的，乃至我能理解。……但问题是，他不能满足我的要求，尽管有许多的洞见。所以许多人对此都有意见。因此我们是会产生错觉的。"[2]接下来，西塞罗在第17—21节讨论了伊壁鸠鲁的自然哲学（物理学），在第22节西塞罗讨论了伊壁鸠鲁的逻辑学，当然既不是一般世界的存在逻辑，也不是一般思维的主观逻辑，而是涉及善恶推理的道义逻辑。西塞罗说：伊壁鸠鲁为判断"这是

1　Cicero: *De finibus bonorum et malorum/Über das höchste Gut und das größte Übel*, Lateinisch/Deutsch, Übersetzt und herausgegeben von Harald Merklin, Philipp Reclam jun. Stuttgart, 2003, S. 67.

2　Cicero: *De finibus bonorum et malorum/Über das höchste Gut und das größte Übel*, Lateinisch/Deutsch, Übersetzt und herausgegeben von Harald Merklin, Philipp Reclam jun. Stuttgart, 2003, S. 67–68.

什么"确立的基础在于感官知觉，如果通过这些感官知觉就能把从前视为"错误的某种东西"承认为"正确的"，那么，每一种判断可能就都忘记了究竟什么是真与假。因此，在道义逻辑上，西塞罗认为伊壁鸠鲁的推理是有重大欠缺的：

> 他最着重强调的东西，如他自己所说，是自然本身也赞同和承认的，即快乐和痛苦；他把一切都与此关联起来，既包括我们选择的东西，也包含我们应该避免的东西。这虽然也是阿里斯底波的原则，而他才更好地和更有权威地代表昔勒尼主义者。但根据我的判断，他这种类型的东西，似乎根本配不上人类的尊严。因为大自然无论如何在我看来都创造和培育出了更为伟大得多的东西。[1]

从第 42 节开始到第 54 节，西塞罗分析批评了图尔夸图斯的德性论，说伊壁鸠鲁主义者不把德性作为因其自身而被欲求的目的，而仅仅是作为快乐的手段，这种评论成为后来人们对待伊壁鸠鲁主义的一般意见。西塞罗认为，伊壁鸠鲁主义对智慧（第 42—46 节）、节制（第 47—48 节）、勇敢（第 49 节）和正义（第 50—53 节）的阐释都是成问题的。一直到第一卷的最后，第 65—71 节，他都是在分析伊壁鸠鲁主义者的德性阐释的问题，涉及友爱与德性关系，显然不能从单纯的快乐和有用来解释，说真正的朋友只能是因为是朋友本身而友爱，这才是友爱之德："如果友爱关系发展为一种知己关系，那么友爱之花才会茂盛，假如朋友只因双方是朋友而友爱，那么也就不可能从友爱中唤醒利用。"[2]

1　Cicero: *De finibus bonorum et malorum/Über das höchste Gut und das größte Übel*, Lateinisch/Deutsch, Übersetzt und herausgegeben von Harald Merklin, Philipp Reclam jun. Stuttgart, 2003, S. 74–75.

2　Cicero: *De finibus bonorum et malorum/Über das höchste Gut und das größte Übel*, Lateinisch/Deutsch, Übersetzt und herausgegeben von Harald Merklin, Philipp Reclam jun. Stuttgart, 2003, S. 117.

二、正确的善恶规定需要恰当的哲学方法

第二卷有 119 节，它比第一卷有更大的目标，即不仅仅是批判伊壁鸠鲁主义关于最高善和最大恶问题上的观点错误，而且要在同其他哲学思维方法的比较中进一步批评伊壁鸠鲁主义善恶观念在哲学论证方法上的缺陷。在第 1—3 节西塞罗评述了苏格拉底与智者派在争论中他们各自的思维方法，他们的特点就是诱导谈话对手说出他所熟知的意见，通过研究和反复追问这些意见中所使用的概念的含糊性和推理的不完备性，从而发现从前以为熟知的知识实际上依然是无知的。这种习惯虽然后人没有保留下来，但作为一般的怀疑和推理的方法还是总有人一再地返回到倾听、质疑、反驳、辩护这样的对话逻辑中。因而，当愿意倾听的那些人说，"对我而言快乐显得是最高善"时，那么在这样一个相关表述中也将代表一种相反的态度，让人不难认识到，发表一种意见，并非就是发表自己所持的立场，而只是愿意倾听一种反论而已。所以，哲学最为重要的是论证和辩护一种观点时所持的方法。那么，伊壁鸠鲁的快乐主义所持的方法是什么呢？西塞罗说："柏拉图在《斐德若》中所提出的原理［237b7-c2］，伊壁鸠鲁是同意和相信的，在每一次讨论中应该用的都是这种思辨程序。但接下来将会得出的结论，他却没有看到，因为他否认了对象的定义。"所以，对于一个概念的清晰的定义是哲学论证或辩护的前提。我们问的是最高的善和最大的恶，那么这里必须要规定的是，在一系列善中哪一种真正是最高的，在一系列恶中，哪一种真正是最大的，因而最为根本的问题还是究竟善本身和恶本身真正是什么，如何有一个清晰的概念规定。当西塞罗要求伊壁鸠鲁主义者要清晰地界定快乐的本质，使得所有的讨论都不跑题时，伊壁鸠鲁主义者回答说：

"我请问你，难道有谁还不懂快乐的本质吗？或者说，为了达到更好的理解，难道还有谁依赖于一种概念规定呢？"

"我不得不说：我自己"，我回答道。"我真的不认为，快乐是很容

易把握的，且会有一个确实靠谱、包罗一切快乐的概念。所以我断言，伊壁鸠鲁本人并不知道他在这个问题上的摇摆不定，而且即便他经常说明，人们不得不谨慎地表达出这个词语中所蕴含的意义，他自己有时还是不能了解，'快乐'这个词听起来究竟如何，即这个词有哪些内涵。"

他微笑着喊道："这真是高论啊，他，这个把快乐作为所追求的最高价值的人，把快乐作为最广最高的善，却偏偏不会懂快乐的本质和本性！"

"不过呢"，我答道，"关于快乐的本质，或者伊壁鸠鲁不懂，或者全世界的全人类都不懂。"[1]

一直到第33—35节，西塞罗都在指出伊壁鸠鲁道义推理陷入错误的本质性的原因，在于过高评价了感官知觉，它们为理性判断及其为最高善做出规定付出代价。而西塞罗与之根本的区别在于，不把最高善与感官知觉相关联，而是与德性相关联，因而他与图尔夸图斯的争论实际上就是究竟是快乐还是德性是最高善，他认为德性才是人类理性欲求的本原的和自然的目的，因此才能理性地判断为最高的善。这种讨论一直延续到了第47节。在第48—52节，进一步批评了伊壁鸠鲁将德性理解为达到快乐的手段，经不起理性的检验。

所以，他们的分歧在哲学方法论上，实际上就是一个感觉主义者和一个理性主义者的根本分歧，而在道义价值的内涵上，是一个快乐主义者和一个德性论者的根本分歧，康德后来把他们的分歧作为幸福（快乐）与德性上的"二律背反"，站在他们各自的哲学立场上是不可调和的。因为对于西塞罗这样的斯多亚主义者，根本就不会相信基于感官知觉的快乐能有什么永恒的价值，因而也不可能有一个概念上的清晰界定，所以基于一个无清晰界定的

1　Cicero: *De finibus bonorum et malorum/Über das höchste Gut und das größte Übel*, Lateinisch/Deutsch, Übersetzt und herausgegeben von Harald Merklin, Philipp Reclam jun. Stuttgart, 2003, S. 127.

概念所做的所有推理都不可能是可靠的。而他的斯多亚主义者的道义信念却是，一切能感觉到能带来快乐的外在财富和功利的东西都难以说是善，更别说是最高的善了。因而，"有人会问：'那么，什么是善？'确实，正义、荣耀、合乎美德地实施的行动可以说是一项善行，我只把正义的，荣耀的、合乎美德的事情视为善的"。他自己也知道，这样的观念看起来令人反感，太需要理性而不依赖于感觉和热情地论证才能令人接受，因而太冷酷无情，但这是真理，他只有听从理性，而不能接受那些似是而非的论证："快乐能使人变成善的或变得值得赞美吗？有谁能自豪地说自己成功地获得了快乐？然而，要是被许多人珍视的快乐并不是善的，要是快乐越多，心灵越会偏离本位，那么我们可以肯定的就是，除了高尚与正义的生活，没有任何其他生活是善的和幸福的。"[1]

三、德性本身即快乐，过有德性的生活就是幸福

在第二卷的第44节之后一直到第74节，西塞罗一直在批判伊壁鸠鲁主义的德性论。与他们把德性理解为达到快乐的手段相反，他首先要把"善"从外部感觉论中解放出来，从"因其之故而欲求的善"这一亚里士多德确立的内在"善"来理解伦理行动和个性品质的善。也就是说，伦理学探讨伦理，是为了实现生活本身的美善，因而，这种善，是就生活而言的，生活本身的善，是以生活本身的高尚（高贵）与正义作为判断标准，与人的感觉无关；研究德性，是为了人自身的美善，其品质的伟大和卓越，因而拥有美德的生活才是幸福的。所以，如果像伊壁鸠鲁主义者那样，人的所有基本品质是基于快乐的感觉，而不是基于品质本身的高贵与卓越，那么就是把德性建立在沙丘之上。在第70—74节，西塞罗都是在论证这一点。他说：

1　[古罗马] 西塞罗：《斯多亚派的反论》，载《西塞罗全集·修辞学卷》，王晓朝译，人民出版社2007年版，第598、601页。

　　不过，伊壁鸠鲁主张——这确实是给你们增添光彩的——一个人之所以能够过着一种愉悦的生活，只因当他过的是一种伦理上善的生活。这听起来，是我所操心的，这个人主张或反对的究竟是什么。但我只是要问，对于在快乐中认识最高善的人而言，何种主张是合乎逻辑的。

　　只要你们一切都以快乐为指南，那么你们就不可能为德性辩护或保持德性。因为一个人，只有他为了避免糟糕的事而操守不道义，那么就没人把他当作是一个好人或公道的人。[1]

最重要的德性是正义或公道，虽然"同样的德性人们也可以用其他德性来说。但是如果这些德性都是基于快乐，那你们就仿佛是把所有德性建立在沙滩之上"[2]。

　　他在多处以罗马将军马尔库斯·勒古鲁斯（Marcus Regulus）为例，这名将军在公元前 255 年被迦太基人俘虏并严刑拷打，但西塞罗说：

　　我本人确实从来不认为马尔库斯·勒古鲁斯是悲惨的、不幸的、倒霉的，因为迦太基人的严刑拷打并没有影响他的伟大、他的尊严、他的忠诚、他的坚定、他的其他美德、最终也没有影响他的心灵本身；尽管他的身体被俘，但他的心灵没有被俘，他仍旧是美德的伟大追寻者。我们也确实看到了盖乌斯·马略的鼎盛时期，我认为他是幸运的，即使在敌人的眼中他都是一位大英雄，这是一个凡人所能得到的最大幸福。[3]

　　在《论共和国》里，西塞罗还以加图为例，来批评快乐主义者根本不懂

1　Cicero: *De finibus bonorum et malorum/Über das höchste Gut und das größte Übel*, Lateinisch/Deutsch, Übersetzt und herausgegeben von Harald Merklin, Philipp Reclam jun. Stuttgart, 2003, S. 193.

2　Cicero: *De finibus bonorum et malorum/Über das höchste Gut und das größte Übel*, Lateinisch/Deutsch, Übersetzt und herausgegeben von Harald Merklin, Philipp Reclam jun. Stuttgart, 2003, S. 195.

3　[古罗马] 西塞罗：《斯多亚派的反论》，载《西塞罗全集·修辞学卷》，王晓朝译，人民出版社 2007 年版，第 601 页。

得美德的意义：

> 但是对于加图这位朝中无人的无名之辈，我们这些志同道合的同僚
> 都尊其为楷模的人，我们都被他引导到不知疲倦地工作和守护伦理道义
> 上来。他本来可以在离图斯库伦（Tusculum）很近的地方，安享退休生
> 活的健康与愉悦，可是，这位疯子，正如按照这些人的意见曾称呼他的
> 那样，在没有任何强制的动因下，主动让自己在耄耋之年还摸爬滚打在
> （政治）的惊涛骇浪中，却不在那里尽情享受最舒适、最安宁、无忧的
> 快乐生活。……我只坚持这一点：大自然已经赋予了人类一种如此坚强、
> 不可避免地保存伦理道义的冲动并培植了这样一种对维护公共利益的内
> 在的爱，使得这种强大的善力高于所有快乐的诱惑和胜利的尺度。[1]

所以，西塞罗批评快乐主义者只知道有德性之名，却根本不懂德性之
伟大，不懂德性本身的力量。无德的坏人、蠢人、恶人、懒人都可以过得很
快乐，但这种快乐不是幸福，幸福是一种生活方式，而不是一种感觉。作为
生活方式的幸福，是与生活本身的意义和过这种生活的人的品德联系在一起
的，一个人凭自身的品质将生活过得有价值，过得丰富多彩，在这种生活中
让其中的人都按其本性、按其意愿活成自己想要的样子，对自己、他人甚至
国家有意义、有价值、有贡献，不管他们当时的感觉是不是快乐，但是，这
就是一种幸福的生活。因为这种生活是依靠各人自己的德性活出来的，活出
了生活本来的样态，活出了每个人应该有的独立、自主、自由、公正、友爱
和荣耀，因而是一种有道义、有美德的生活。这种幸福才是持久的，不因偶
然的命运变故，不因个别的失败挫折所摧毁的本真的幸福，也是任何外在的
力量不可剥夺、不可干扰、不可收回的幸福。它不是别人给的，而是自己的

1　Cicero: *De republica/Vom Staat*, Lateinisch/Deutsch, Übersetzt und herausgegeben von Michael von Albrecht, Philipp Reclam jun. Stuttgart, 2013, S. 9–11.

德性活出来的真正属于自身的幸福。

说有美德的生活不快乐，是苦行，这是不对的，有美德的生活也快乐，而且是不假外求的内在快乐，持久快乐，所以它才是比快乐主义的快乐更值得辩护的生活方式。斯多亚主义的源自美德的快乐，确实不是从对生活的个别的、外部的、有价值的东西的感觉中得来的，不是靠偶然的运气、外在的财富、身体和灵魂的千变万化的状况得来，而是靠自身德性的内在成长、发育和完善得来，它是因自身日益变得优秀和强大这种善本身而来的快乐，是因自身的善（好）产生的善，是内在的、绝对的善。它无须比较，独一无二，如果要比较，它只跟自身相比较，而这种比较，是自身德性的由潜到显，由可能到现实，由口头言辞到行为实现而表现出来的实存着的道义。

这里涉及"德性"和"美德"在中文里含义的"比较级"，一般希腊文和拉丁文讲"德性"，本来或者是讲 ἀρετή（areté），或者是讲 virtue，"德性"既指内在的品性、品质，性格状态，能力、功能状态，也指内在品质、能力、功能的充分"实现"，即"实存"成就的状态，因而，西文本来没有我们中文的"德性"和"美德"之分，只看语境是在何种层面上表达 ἀρετή 或 virtue。但随着当代"美德伦理学"的兴起，许多人更愿意谈论"美德"（virtue），谈论实现出来了的"德行"，而把"德性"限定于"自然品质"，它不是实现出来的最高美德，而是有可能变成"美德"，也有可能变成"恶德"的未定状态。因此，西塞罗在使用 virtue 时用的是这个词所包含的一般意义，有时候谈论的是品质、性格、能力上的内在的 virtue，有时强调的是通过行动实现出来的 virtue，但尤其强调在"行动"中，而不是"言辞"中表现出来的 virtue，如勇敢就是在行动中表现出来的德性。因此，德性或美德不跟任何外人相比较，而只是就其在一个个体自身品质及其实现状态上讨论，如果从外在比较来看，那只能就"德性"的整体状态而言：

> 如果美德对不同的人来说是相同的，那么邪恶对不同的人来说也

必定相同。但是，美德相同这一点很容易看清，无人能比好人更好，无
人能比有节制者更有节制，无人能比勇士更勇敢，无人能比聪明人更
聪明。[1]

德性、美德之所以在不同的行为者身上都相同，坏品质、邪恶之所以
在不同的行为者身上也相同，原因在于行为者主体是由他自身的行动所塑造
的，因而美德和邪恶都是美德者或邪恶者的行为造就的果实。有美德者的行
为，或者说德行，之所以是美德，因为它是正确行动；邪恶者的行为，或者
说恶行，之所以是恶德，是因为它是错误行动。就此而言，西塞罗说，美
德作为正确实施的行动，因而没有什么比正确行动更正确；恶行之作为恶
德，因为没有什么比恶行更恶劣。因此，就行为本身而言，这种善或恶，是
由行为的原则决定的，而不是行为者的品质所决定的。如果是后者，我们
不根据相同的行为来论说德行，就很容易让我们做出极其错误的道德判断。
同一个行为，我们不根据行为本身的原则来判断，而根据行为者的品质来
判断，就会把同一个"行动"，"看人"而定其是善是恶，这是极其不公正
的。我们因此也就解释不了，平常我们视为品质优秀者，为什么也会做恶劣
的事，甚至也会杀人犯罪，而且有时，品质越优秀，犯的罪恶也就越大；我
们也解释不了，一个因为做了违法的事而犯了罪的"坏人"，为什么常常也
能做有道义的事、有美德的事，一个小偷和乞丐，常常也会乐于助人而广受
赞誉。只要我们能从行为原则来评价一个行为本身的善恶，而不把行为的善
恶，简单地与行为者的品质直接挂钩，这个问题就是好解决的。因此，接下
来我们要探讨，西塞罗如何处理在德性问题上，行为者和行为之间的复杂
关系。

---

[1]　[古罗马]西塞罗：《斯多亚派的反论》，《西塞罗全集·修辞学卷》，王晓朝译，人民出版社
　　2007 年版，第 603 页。

第三节　"得体"高于"知识"：实践哲学的"实用"转向

我们在上文已经说过，实践哲学在西塞罗这里，不像亚里士多德那样，是以思辨活动作为"最高贵的实践"，而是以"实用"为定向阐明哲学的价值。"实用"定向的"实践"，就不可能像亚里士多德那样，将"实践"的最高价值定向为"理论""思辨"所获得的最纯粹的实践智慧、实践知识，而是趋向于比实践更唯实的做得"得体"。因而亚里士多德划定的理论—实践—实用（技艺）三个知识领域中，亚里士多德以理论的高贵来引导和规范"实践"，而西塞罗则以实用的"得体"评价实践的德性、智慧和知识的价值。

实践哲学的这一"实用"转向，不仅不再像苏格拉底那样，主张德性知识的优先性，更不会主张德性是知识，也不像亚里士多德那样，主张德性就是"做得好"——在合适的时间、合适的地方以合适的方式做某事，而是将这样抽象的形式化的规范要求，化为简单实用的"得体"。这才是西塞罗主张"高尚的道德完全是需要实践的"原因，这里的"实践"就是"行动"，就是"做"，而不是"说"，不是"知"。所以他说：

> 美德根本上只存在于人们的实行中。
>
> 因为普遍的自然法则规定，［大自然的真正财富］只能现实地属于那个懂得回避它并因此明白如何使用它的人。
>
> 而说塞克斯图斯·埃利乌斯（Sextus Aelius）这位精明能干的人（egregie cordatus homo）……他之所以被恩纽斯（Ennius）特别称赞为精明能干，不是因为他去探求他永远也不可能发现的事物，而是因为他能给予人们有用的解答，使他们从焦虑和担忧中解脱出来。[1]

1　Cicero: *De republica/Vom Staat*, Lateinisch/Deutsch, Übersetzt und herausgegeben von Michael von Albrecht, Philipp Reclam jun. Stuttgart, 2013, S. 11, 41, 43.

实践哲学的这种"实用"转型，使得"知识"的价值发生了一种评价上的"倒转"，不再从其"理论"上的"纯粹"之真，从事物之"理型"来看待事物，相反，是从其所能产生的实践效果来判断。只有通过这样的转型，"伦理学"成为"第一哲学"才有可能。关于这种"第一"，不是抽象的，也许人类根本看不见，也永远不会存在的事物之"理型"才最"真实存在"，而是事物"实际实存着的效果"，正在发生着的"最佳效用"，因而是事物自身的"最优状态"才最本真存在。当然，在西塞罗这里，这样的思想已经有了，但他像其他斯多亚主义者一样，并没有在"理论"上将其表述为"实践的第一哲学"。

但实践哲学的这种转型对于伦理学探求真实的伦理与德性的现实意义，无疑是有意义的，它直接的效果就是不再从伦理理念和崇高道德的乌托邦来考察人类生活和行动的善，而要从伦理的规范有效性来考察其道义实存的实在性和德性"养成"的真实效果，这样才能阐明伦理与德性的真实价值，也正是在这种意义上，西塞罗才能说出，"美德的崇高全然在于其行动"这样真实可靠的灼见。无论人们是否习惯和喜欢这样的转向，但从实践哲学的发展史来考察，依然可以给予高度评价，因为它可以实在地防止道德乌托邦之害，因而实际上规范了近代之后西方伦理学的基本立场。至于对这一转向的合理评价本身，需要有实践哲学本身的"形而上学"重构，才能合理地做出，希腊化和罗马时代显然都缺乏这样的实践哲学高度，因而它们本身只是从实际生活的需要出发，实行了这一转型，而对于这一转型在伦理学上的意义只有等康德重构了形而上学，即建构起"伦理形而上学"时，以"规范有效性"来论述伦理与道德之实在性的建构主义道德哲学才真正取代了伦理自然主义。

在西塞罗这里，他的任务是从罗马的时代精神需要实行这一实践哲学的实用转向，因而他只是论述这一转向具有"应该性"，在这一转向中，关于"德性"的理论实际上也发生了从"品性"到"行动"的转型，即不再过分关注于行动者之"出身"所附加于行动者的品质性标签，这样的标签在柏拉图那里是比较明显的，自由民与奴隶的品质差异，男人和女人的品质差异，君王与生产者的品质差异，都不是根据他们人之为人的天性品质，而是身份品质而论的。但西塞罗这里显然更多地转向了从行为者的行为，而不单是天性品质，因而不是从潜能，而是从实现与成就（卓越）来讨论德性。

从行动来讨论德性，涉及的问题在于如何论证行动正确性的标准，即正确的行动究竟是来自德性，还是德性来自正确的行动，这一问题就凸显出来了。当代美德伦理学家聚焦于行动者，于是强调品质的优先性，认为一个人之所以有正确的行动，必定是因为这个人的品质好，有美德。但这样的立场仅仅连一个反问都经不起问：行为者的美德品质又是从何而来？难道是天生的吗？难道不是从行为习惯之养成，乃至行动原则之确立中得来吗？西塞罗在这个问题上有自己鲜明的立场，那就是反对有什么天生的美德，德性来源于人的正确行动；是行动塑造了好品质而不是相反，好品质决定了行动。因此，他对德性的讨论实际上是聚焦于正确行动，而不是聚焦于性格品质。

我们从西塞罗列举的一个例子入手来分析他对正确行动的讨论。

一个人杀死他的父亲和杀害他的奴隶之间有区别吗？非常明显的区别是被害对象与行为人的伦理关系不同。一个是恩重如山的父亲，一个是没有人格权的家奴；但如果不考虑这种伦理身份的差异，仅仅考虑他们都是"自然人"，那么，杀死父亲和杀死奴隶又是没区别的，都是杀人，因而都是"罪行"。因此，西塞罗认为：

> 就杀害奴隶来说，如果这个行为没有正当理由，那么它是一种过失，而就用暴力杀害父亲来说，这一行为有许多过失。对生育、抚养、教育我们、使我们成长的父母施暴，这种人的首要罪行是弑父母罪，因此，应当受到非常严厉的惩罚。但是在人生行为中，我们一定不要考

虑什么样的罪行要受什么样的惩罚，而要考虑对人可以进行什么样的惩罚。[1]

西塞罗表达了三层意思：就行为的杀人性质而言，是一样的，都杀了人，是犯罪，如果不考虑其他理由，"至少"都属于"过失"犯罪，这是一样的。就"行为的性质"而言，是简单的，它们是无差别的。但差别在于，被杀的人的伦理身份不一样，与行为者的伦理关系不一样。因此，对同样行为的惩罚之所以不一样，是考虑到了伦理因素和伦理关系的性质。而我们伦理学探讨行为，要不要考虑定罪和惩罚问题，他没有明说，其实大家都清楚，这不属于伦理学需要做的工作，而是法律更准确地说是刑法学需要考虑的问题。伦理学考察一种行为的性质，就不能单纯地就行为事实（杀人）来判断，而要进一步从都是"人"的角度，把"行为人"和"被伤害人"从各自特殊的伦理身份、特定的政治文化处境中"解放"出来，从他们都是"人"的角度，来"考虑对人可以进行什么样的惩罚"。这样，就得考虑普遍的"人"的"品质"问题，德性问题和行为的"动机"这样的一些属于"主观故意"方面的问题。因而，如果是定位于"伦理行为"，那么"一个人杀死他的父亲和杀害他的奴隶之间"的区别，就是"行为动机"的区别，"行为动机"决定了我们如何判断行为性质的理由。

西塞罗在这里让我们尤其要考虑"莎古突"人（西班牙东北部）的这一行为：在公元前 218 年，迦太基大将汉尼拔夺取了该城，因而莎古突的年轻人要求他们的父母"宁可作为自由民去死，也不要作为奴隶而活命"，所以西塞罗说，是动机而不是行动的性质使这些行为有了区别。但在这里，如果详尽讨论这个例子，我们实际上还要注意到，莎古突的年轻人实际上如果只是向他们的父母提出了如上的"道德要求"，而并没有亲自采取"行动"，那

1　[古罗马] 西塞罗：《斯多亚派的反论》，载《西塞罗全集·修辞学卷》，王晓朝译，人民出版社 2007 年版，第 604—605 页。

么我们当然不可能说他们犯了弑父罪，弑父罪从法律上说的构成要件，是必须实施了弑父母的行为。所以我们还不能说"剥夺父母的生命而不犯罪有时候是可能的，杀死奴隶而不犯罪是不可能的"的结论。如果真的是实施了杀人行动，那应该交给法律去判决，而不应该是道德来判决。交给道德来判决的是对父母的这种"道德要求"："宁可作为自由民去死，也不要作为奴隶而活命"，作为采取行动的"动机"，是能够得到"道德性"辩护的，因为自由作为人之为人的本质，这种要求是要一个人按照人的自由本质选择生活。但同时我们要注意到，"道德要求"也只能是一种"劝导"，至于被劝导的莎古突人的父母是否"采纳"这一要求，依然具有他们自己的意志自由。如果他们没有听从这一要求，莎古突的年轻人强行对他们的父母采取行动，剥夺他们的生命，那么就可以判定他们犯了弑父罪，与杀死奴隶同罪，而且由于杀死的是父母而不是奴隶，因而违背伦常，才是罪上加罪。在犯罪行为上，没有"得体"与"不得体"之分，因为"犯罪行动"本身已经使行为人整体上"不得体"了，而在道德行为上，区分"得体""不得体"才有意义。

从要求行为"得体"，我们确实感受到了罗马人和希腊人的区别。后者崇尚纯粹思辨，注重行为"因善求善"的纯粹性；前者重视实用，纯粹善的知识最终落实到"实用"才有意义。因此，希腊实践哲学是在思辨（知识）与行为（实践）的关系中追求自由，而罗马人则在实用（知识）的行动（实践）中求"得体"，这是古希腊实践哲学与古罗马实践哲学最大的区别。

这两个伟大的民族在哲学上当然全都追求智慧，爱智慧，而对西塞罗这样的帝国大臣而言，演讲、雄辩的全部基础是智慧，而不是全靠"修辞"，而在生活中的最大智慧就是如何做到"得体"，他说："在一篇演讲辞中，像在生活中一样，没有比决定'怎样做最得体'更困难的事情了。希腊人所谓的'prepon'被我们称之为'体面'（decorum）或'得体'（propriety）"，

"不得体在任何情况下都是错误的"。[1]

"得体"作为"做得好"的体现，它体现的是"公义"在具体情景下的"应用"，因此我们中文也将其翻译为"合宜"。"合宜"于是在斯多亚主义的实践哲学中也被阐释为"正义"，表达的是行为做得好，厚道有义，得体合宜。所以，我们看到，在西塞罗晚期重要经典《论义务》的第一卷第27节，他是把"合宜"作为"普通义务"来论说的。他说：

> 接下来要说的是品质高尚性唯一留下的部分，在这部分中，包含体面感（verecundia/Anstandsgefühl），它仿佛就是生活形态中的美感类型、克己、节制和一般对激情的完全驾驭以及正当的尺度。在这一部分将要领会，什么是拉丁文称之为 decorum（得体）的东西，希腊语称其为 πρέπον 的东西，其含义在于，它是与高尚性东西不可分离的。因为凡是得体的都是高尚的，凡是高尚的都是得体的。[2]

德文译者解释说，西塞罗在这里把希腊文 πρέπον 翻译为拉丁文 decorum（得体）是一个新的创造，"得体"表达的是高尚/令人尊敬的"外在方面"。[3]

所以我们在这里完全可以看出一个与苏格拉底和亚里士多德实践哲学非常不同的一种实践哲学的典范。在苏格拉底、柏拉图和亚里士多德那里，伦理学在决定"应该做什么"的时候，取决于要做得"对"，行为的"正确性"。行之有义，因而是"公道""公正"。而西塞罗当然也知道，"得体""合

1　[古罗马]《西塞罗全集·修辞学卷》，王晓朝译，人民出版社2007年版，第793页。

2　Cicero: *De officiis/Vom pflichtgemäßen Handeln* 27(93), Lateinisch/Deutsch, Übersetzt, kommentiert und herausgegeben von Heinz Gunermann, Philipp Reclam jun. Stuttgart, 2010, S. 83.

3　Cicero: *De officiis/Vom pflichtgemäßen Handeln* 27(93), Lateinisch/Deutsch, Übersetzt, kommentiert und herausgegeben von Heinz Gunermann, Philipp Reclam jun. Stuttgart, 2010, S. 351-352, 注释163、164和165。

宜”的“正确”（“对”）与“公道”“公正”的“正确”或“对”，有时候完全是不同的两回事。他明确地说：

> 我们说“这是得体的”，这是在用得体这个词把我们所说的话和所做的事情相联系；我再重复一遍，无论事情大小，我们都可以说“这是得体的”或“这是不得体的”，可见得体的重要性无处不在。（是否得体取决于其他事物，而你说不说“得体”或“对”完全是另外一个问题，因为说“对”，我们指的是每个人在任何地方都必须遵循的义务，而“得体”指的是相对于某个场合或人而言是否适宜或协调，得体在行为、言语、表情、姿势、步态中经常很重要，而不得体则具有相反的效果。）[1]

我们就此可以看出西塞罗实践哲学与亚里士多德实践哲学的另一个根本不同。西塞罗这里由于有了“义务”概念，善、是、对、正确、正义、高贵等抽象伦理学概念就具有了具体的适用效果。虽然亚里士多德是第一个要求实践哲学要把单纯思辨的大道理运用在行为的具体情景下以求得“实践智慧”的人，而他的实践智慧还是在比较抽象的“明智”德性中被要求，他在形而上学的层面探讨“实践的真”以区别于“理论的真”，在伦理的层面，探讨“实践智慧”或“明智”是要在“合适的时间、合适的地方做合适的事”，但没有具体地按照不同的“义务”来具体讨论“明智”的“得体”。“得体”既有抽象层面的“在合适的时间、合适的地方做合适的事情”的形式方面的含义，同时最根本还是要有“合适”“合宜”“得体”之实质内涵，因而，只有在有了人的具体义务概念之后，“得体”才能在“实用”上具有确实的内涵。西塞罗甚至具体到一种具体行为在语言、表情、步态、声调等方面都会表现出来的“得体”。在古希腊实践哲学中，探讨这样的具体操作层面是不可思议的，而现在在罗马人的实践哲学中却是一个重要特色。

1　［古罗马］《西塞罗全集·修辞学卷》，王晓朝译，人民出版社 2007 年版，第 794 页。

第四节　"政治"伦理高于个人"良心"：
"共和国"及其"法律"的意义

政治在古希腊罗马人的生活中所占据的地位，远比在现代人的生活中所占据的地位更重要，关键的理由在于，"政治"在古希腊是作为人类共存的生活方式得到思考的。人类要能生存，就必须过城邦（政治）生活，这是从人种学的自然本性来阐释的。人是政治的动物，作为这样的"动物"，政治是其"自然"，但人类过不了"纯自然"的生活，因为造化弄人，人类在"被造时"就不具备在自然界过弱肉强食的丛林生活的自然本领，这种生活只能造成被兽类所灭的结局；人类要免于被动物所侵害，就只有从"自然"转到"城邦"过"政治生活"。但"政治"需要有"共存"的纽带，即伦理规则，没有伦理规则，人类之间的相残比动物更凶猛残忍，依然不能生存，更别奢谈生活得美好了。这种伦理规则必须是普遍遵守的，是强规范性的，即以城邦法律的形式予以公布，每个人必须遵守，否则就是城邦之祸害，必须被处死。这种法律作为共存的伦理纽带，伦理规则，即"正义"与"友爱"。

西塞罗强调政治的伦理性，是从保障公民个体的"政治权利"入手，而这已经不是柏拉图的人类共存的出发点。作为"公民"，最大的权利就是参与政治的权利，这种参与权才使公民成为权利的主体，而不仅仅是被权力所治理的"客体"。特别是那时的政治制度建立在奴隶制基础上，公民人数少，只有他们有充分的闲暇，也迫切地需要从事政治。只有通过政治生活，他们才能发挥自身的作用和价值，尤其对于某些具有政治智慧和才华的人物来说，他们的德性只有通过对政治共同体的贡献而显露出来。参与政治既是为了荣耀，也是出于责任。这一切都使古代人比现代人具有更高的政治热情。在此意义上，说"政治高于哲学"，是从实践高于理论这种意义上提出的。

　　政治家如果能本持政治的伦理本性——正义与法律，通过公正的立法和惠民的政策来施政，就能迅速地影响大多数人的命运，而哲学则只能通过自身的言传身教和著书立说相当缓慢地影响少数人，当这样想问题时，依然是带有政治理想主义而不是现实主义的。但是，在强调实用理性的西塞罗这里，他还是强调政治的伦理本性，在于通过制度性的规则，而不是政治家的良心，他依然是他那时代的贤良智慧。

　　但真正的政治影响力，要靠政治的伦理性，即正义和普遍规范，这依然需要哲学来论证，而不是政治家的行动。西塞罗在政治领域的行动，远不如他在政治领域的"理论"有意义，这在某种程度上，可以防止对他做过于实用理性的解读，因为他毕竟还是罗马时代最经典的政治哲学家。我们必须同时认识到，他所处的那个时代，正是"共和国摇摇欲坠"，开始走向专制独裁之时，"他们的所作所为表明，在罗马共和国，美德和荣誉不复存在。西塞罗将自己的信仰和爱献给了罗马共和国，但他想象中的罗马共和国，是善良和智慧的罗马共和国。虽然没有任何迹象表明西塞罗承认，当自由屈服于一个专制君主的权威时，罗马共和国更容易获得自由"[1]。因此，西塞罗把捍卫共和国的价值视为自己最重要的使命，当他明白他的政治行动根本支撑不起正在倾覆的共和国之城墙时，便只有在理论上留下共和国的遗产，这就是他以罕见的纯粹理论思辨《论共和国》的缘由。《论共和国》和《论法律》也就成为他在政治哲学领域留下的著名经典，是柏拉图和亚里士多德政治哲学拉丁化创新发展的最辉煌的成就，因而也是传承古希腊政治伦理文明的最重要的拉丁文献。

　　以拉丁化传承与创新古希腊文明，《论共和国》确实堪称典范。柏拉图的 Politeia 原义本来就是城邦政体的伦理本性，但由于柏拉图依理念论讨论城邦政体，使得他的城邦正义具有明显的乌托邦性质，因而大多数人认可不

1　［英］查尔斯·梅里维尔：《罗马三巨头》，郭威译，华文出版社2019年版，第155页，译文有小改动。

依其原义而依其理想义译作《理想国》。但西塞罗在写作《论共和国》时，正处于共和政府的瘫痪并向罗马帝国体制转向的关键时刻，他必须放弃政治乌托邦幻想而采取政治现实主义来保卫共和国，因而他创新地以 res publica 取代希腊文的 Politeia，使这部著作穿上了罗马人的华丽服装。北京大学法学院薛军教授这样评价说："[柏拉图的 Politeia] 西塞罗将其翻译为拉丁语 res publica（共和国），这同样是一种创造性很强的意译，但产生了深刻的历史影响，成为后世欧洲现代语言中的标准表达方法。西塞罗自己也写了一本《论共和国》，由于西塞罗的书与柏拉图的书，至少在拉丁语的表述上，是同名的，因此引得学者试图将二者进行对比。"[1]

　　实际上，只要人们经过了认真的比较，就不可能得出西塞罗完全是仿效柏拉图，因而缺乏原创性的结论。关于政体的形式，这在柏拉图，尤其是在亚里士多德那里确实就已经确立下来，三种可能的好政体就是君主制、贵族制与民主制，但由于它们各自都有内在的困境和不足，因而可以转化为自己的反面，形成三种最恶劣的政体：僭主制、寡头制和暴民制。西塞罗对君主制和贵族制的优缺点的论述，大多来自柏拉图和亚里士多德，这是合乎实情的，虽然他以拉丁文翻译了柏拉图的《理想国》而没有翻译亚里士多德的《政治学》，因为他毕竟是个在政治旋涡中从事工作的政治家，而不是专业的政治哲学家，因而翻译亚里士多德实在超出了他力所能及的范围；但我们不能说，他的政治哲学全部来自柏拉图而没有来自亚里士多德。正像亚里士多德对贵族生活方式寄予厚爱一样，"西塞罗的对话录在结构上生动地展现了罗马贵族的生活方式"[2]，不过，对于他们政治哲学的熟悉与对于贵族制优缺点的相同态度，依然不是一种政治哲学的创新，而最多只能说是传承。直接体现了西塞罗创新之处的，是他对于自由民主制的赞美，这是古希腊政治哲

1　薛军：《导读：西塞罗的〈论共和国〉与〈论法律〉》，载［古罗马］西塞罗：《论共和国》，李寅译，译林出版社 2013 年版，第 2 页。

2　［英］伊丽莎白·罗森：《西塞罗传》，王乃新等译，商务印书馆 2015 年版，第 186 页。

学中不存在的东西：

> 每个国家的性质，如同治理它的国体类型及其意志的性质一样。所以自由只有在民众获得了最高权力的国家中才有其家园。确实，没有任何东西比自由更加宝贵的了。而且，如果自由不是合乎平等地分配，那它就根本不是自由。[1]

只要人民屈从于僭主或寡头政体的统治，他们财大气粗的权势傲慢，就会剥夺人民的自由权。根据他们的意见，只要人民坚持自己的权利，就不存在什么美德、自由和幸福之类的东西，只不过，是由他们掌管着法律、法庭、战争、和平、结盟、每个人的身体和生命以及所有的财富和善。讽刺的是，"他们如此相信，只有这样的制度才能理直气壮并合理地叫作'公共财产'（rem populi），共和国（republica），即人民的事情"[2]。

尽管"共和国"确实应该是"公共财产"，但绝不可能是由少数人专权的政体所能实现的。西塞罗强调的是"平等"的首要性，他的逻辑是：在一个所有人平等地拥有共同利益的国家形式中，和谐一致就很容易确立；如果利益互不相容，当权者只想到自己或自己党派的利益，必定就会增加纷争。所以，君主制没有任何神圣的合作关系，丝毫不存在信任；贵族制同样，西塞罗说，以为贵族统治者们都是那些拥有巨大财富和家产或者出生名门望族的人，这是庸俗的误解。一旦金钱、名望和财产成为一个国家中引导性的价值观时，国家就会滑入彻底堕落和无比傲慢的深渊：

> 因为自由人民如此珍爱的、高于一切的法律面前人人平等，就不可

1　Cicero: *De republica/Vom Staat*, Lateinisch/Deutsch, Übersetzt und herausgegeben von Michael von Albrecht, Philipp Reclam jun. Stuttgart, 2013, S. 63.

2　Cicero: *De republica/Vom Staat*, Lateinisch/Deutsch, Übersetzt und herausgegeben von Michael von Albrecht, Philipp Reclam jun. Stuttgart, 2013, S. 65.

能得到保持。因为人民本身，只要能够解除束缚，放荡不羁，就会给许多人赋予无限的特权，甚至对于严格优选出来的个人及其名誉地位给予特别的偏袒。所以总的来说，所谓的平等就是最大的不公：因为当地位最高者与最低者（这在每一个国家都是必然存在的）被给予同样的尊荣时，平等本身就是最大的不平等了。[1]

尽管西塞罗相信，这种情况不会发生在由最佳精英施政的国家中，但那也只是浪漫的想象了，从哪里能给予人们相信这一点的证据呢？因此，总体上，西塞罗像亚里士多德一样，相信单一的政体形式是不稳固的，是会滑向其政体理想之反面的，其中原因不难理解，这根源于人性的复杂性，掌权前和掌权后不变的人是极少的，正义、平等、自由这些伦理原则写在旗帜上是一回事，而真正实行起来又是另一回事，政治本身的复杂性也使得单一的政体形式具有不稳定性，梦想一种政体一劳永逸地不变是不可能的。所以，西塞罗是从罗马政体的现实性出发，最终得出"综合政体"才是最好的，才是"共和制"的本质的结论：

> 由于情况就是如此，在前面所说的三种政体形式中我认为最好的是君主制，但它也还是不如三种处于最佳状态的政体形式合乎平等原则综合起来的国家形式。因为我认为这才是正确的：在国家中应该有处于最高顶层的王室成员；除此之外应该有某种机制将决定性的影响力分配给有领导力的贵族阶级；最终还有一些决定性的事务应该保留给群众，让他们来判断并表达他们的意志。这种制度首先保留了某些均衡性，这是自由的人民长久以来几乎不能放弃的；其次，它具有稳定性……当每个人都能稳妥地确定在自己的岗位上，而在这个国家中没有了让他们从高

1　Cicero: *De republica/Vom Staat*, Lateinisch/Deutsch, Übersetzt und herausgegeben von Michael von Albrecht, Philipp Reclam jun. Stuttgart, 2013, S. 71.

处突然坠落或者滑落的深渊，那么这个国家就没有要变换的理由。[1]

结合罗马共和国的现实，西塞罗相信，以罗马执政官为代表的君主制、以元老院议会为代表的贵族制和由民众大会及平民保民官为代表的民主制结合起来，组成"混合政体"，最有可能保持平衡和持久。这是罗马共和国长期经验的总结。但这种混合政体究竟是如何毁坏堕落的，最终还是滑入了恺撒的独断专权，没能保住共和国，这是留给政治哲学永恒的研究课题。

但在作为《论共和国》续篇的《论法律》中，他发挥了在古希腊就已经萌芽的自然法思想，将建立在自然法基础上令神喜悦、令国公正、令社会有序、令人行动有则而又涵盖了习俗伦常的法律的统治作为政治家功德的最大奖赏，依然给"共和国"指明了一条确保其不被毁灭的道义之路。《论共和国》结尾处的"西庇阿之梦"已经昭示了政治家追求的荣誉从上天来看，渺小得多么不值一提，真正不朽的功德是在共和国中尽量少地以个人威权来统治，而要让正义的法律来统治，这样的统治，才能使国家稳固有序，社会实惠富足，人民自由安康，因为这样的良法是从万物本性之中而来的自然法：

> 真正的法律是与自然相一致的正当理性（recta ratio），它被授予给了所有的人，亘古不变，永恒有效，通过诫命召唤人尽义务，通过禁令吓退人的恶念。[2]

这样的自然法就是天道，由于它是出自万物本性的自然正当性，没有哪

1　Cicero: *De republica/Vom Staat*, Lateinisch/Deutsch, Übersetzt und herausgegeben von Michael von Albrecht, Philipp Reclam jun. Stuttgart, 2013, S. 199.

2　Cicero: *De republica/Vom Staat*, Lateinisch/Deutsch, Übersetzt und herausgegeben von Michael von Albrecht, Philipp Reclam jun. Stuttgart, 2013, S. 199.

个人，没有哪个民族，没有哪个国家会因其特殊性而不受其规范。虽然罗马与雅典具有不同的特殊文化，但不可能在罗马与雅典存在两种不同的天道。"任何拒绝遵守这种天道自然法的人，都将背弃自我，并因此而否定了他的人类天性，必将遭受最严重的惩罚，哪怕想躲也是根本不可能躲得过的。"[1]国家也一样，想凭借自己的强权而拒不服从普遍而永恒的自然法天道，根本就是死路一条。一个人不守规则，尚能有国法伦常将其挽救而免于死罪，一个庞大国家如果不守天道，任由暴力充斥远离伦常公道、公平正义，将会让一个民族陷入万劫不复的深渊，因此，为了挽救罗马共和国之倾覆，西塞罗可谓是苦口婆心地论证共和国必须建立在普遍天道之法律统治的正道上，才能有人人期望的长治久安：

> 当所有一切受到一个人的残忍压迫，根本没有公正关系，没有构成一个民族共同体必不可少的社会协约与公共纽带，谁愿意把一个国家称为共和国，这个公共的财产，公民的事业呢？[2]

西塞罗说，叙拉古曾被称为希腊最大、世界最美、文明发达的杰出城邦，但因为公民一无所有地只服从于一个人，听凭一个僭主统治，根本就不能成为一个具有现实性的国家，最终可悲地灭亡。因为当"公共的财产"（共和国）不存在时，公民就会采取行动夺回属于他们的财产，这是自然之道，因而也是天道。共和国如果需要长治久安，就必须合乎其自身本性，也即合乎天道地以正义的法来治理，没有任何例外与特殊可侥幸地不服从的道理。

1　Cicero: *De republica/Vom Staat*, Lateinisch/Deutsch, Übersetzt und herausgegeben von Michael von Albrecht, Philipp Reclam jun. Stuttgart, 2013, S. 201.

2　Cicero: *De republica/Vom Staat*, Lateinisch/Deutsch, Übersetzt und herausgegeben von Michael von Albrecht, Philipp Reclam jun. Stuttgart, 2013, S. 213.

第五节　德性论伦理学的义务论转向

共和国需要美德，正如一个追求幸福的人需要美德一样。出于万物之本性的法，自然法，乃是法的美德，是合法性的法，万民法之本源，因而，人的美德也出于人的本性这一点在西塞罗这里也是首先得到坚持的。他说，伊壁鸠鲁派的哲学家非常诚实认真地为他们的观点辩护："他们坚持认为，聪明人不是因为自发地和发自本性地喜爱善良和正义而做好人，而是因为好人过的是免于恐惧、操心、焦虑和危险的生活，而恶人心中总有挥之不去的猜疑，眼前不断地总是浮现于受审和惩罚。"[1]

从这段话中，我们似乎发现，西塞罗是承认德性来自本性的，在《论法律》（I. 44）中他说："一棵树或一匹马所谓的美德并不是依赖于主观看法而是本性"，"不仅公正和不公正是靠本性区分开来的，而且一切光荣与不光荣［可耻］的事情都是如此，毫无例外"。[2] 但我们如何理解我们上文所引的西塞罗的话："美德根本上只存在于人们的实行中"呢？是不是在西塞罗这里存在"本性优先"与"行动优先"的矛盾呢？

我们再来看看西塞罗的这一推理："如果公正不是源自本性，如果为了个人利益而确立的那种公正又被同样的个人利益所摧毁，那么公正就不存在。所以，如果本性不支持公正，所有美德都会被摒弃废除。"[3]

把"本性"与"行为"对立起来，把何者"优先"变成一个不可解决的形而上学问题，是缺乏辩证思维的典型。这样的对立从亚里士多德创立"实践哲学"开始，就已经解决了，关键就如同《中庸》所言的性、道、教之间的关系，是通过"行为"来贯通的："天命之谓性，率性之谓道，修道之谓

1　Cicero: *De republica/Vom Staat*, Lateinisch/Deutsch, Übersetzt und herausgegeben von Michael von Albrecht, Philipp Reclam jun. Stuttgart, 2013, S. 195.

2　［古罗马］西塞罗：《论法律》，载《论共和国》，李寅译，译林出版社 2013 年版，第 156—157 页。

3　［古罗马］西塞罗：《论共和国》，李寅译，译林出版社 2013 年版，第 156 页。

教。"单说，法律之本性是公正，此公正或正义仅仅是一个抽象的形而上学理念，而且对此"理念"可以做出各种不同的解读，乃至把"恶"贴上"正义"的标签，变成"恶法也是法"。而公正或正义依然是所有法之为法的天性、天命，这种天性或天命只有"行之而成"："率性"即遵循天命之性，行之才为"道"。进而言之，"行之道"依然是抽象的，它还需人"修道"成为"教"，才可能"化为"自己行动原则，这种源自天命之性的道义原则，在行动中才将"天性"现实化为具体的美德。亚里士多德把"本性"到"德性"的"行动"（实践）过程描述为从"潜能"到"完满实现"的进程。因此，"本性优先"强调的是"天性"作为"人性"的形而上学依据，从而确立抽象的"道"的正义性；而"行动优先"是强调"义"的实存优先性，是从现实性角度而言的。因此，可以说，"本性优先"是"闻道"的智慧优先性，"行动优先"是"义"之现实的实践优先性。

对于西塞罗而言，实际上这样的矛盾也是根本不存在的。就公正的德性而言，他充分认识到了，在实践领域，没有什么是自然而有的，即使可以说，人人都禀有公正的天性，但公正的美德却绝不会是天生的，即便有天生的好人，公正无私，但如果他落入一个没有善法的时代，他的行为遵守的是现实的不公正的法律，他就根本不可能实现其天命之性的公正德行。因此，"德性"作为天性中的向善性，是可能的，而不是必然的，需要"德行"实现成为"美德"，所以，注重务实的罗马哲学，已经不再像亚里士多德那样，在实践的形而上学中阐明德性之向美德实现的实践性理论，而是通过履行每个人的天命所赋予的"义务"来阐明美德的实现。

《论义务》是西塞罗最后一部实践哲学著作，是继《论共和国》和《论法律》之后对义务与德性问题的系统思考。如果说，这三部著作是"被誉为罗马法灵魂的三部作品"的话，那么真正灵魂中的灵魂还是《论义务》。

《论义务》是拉丁文化第一部影响深远和广泛的伦理学经典，同时也是古代哲学由经典的德性论形态转向义务论形态的第一部杰作，因而是希腊化时代哲学所达到的最高成就。同时，这部著作还有一种特殊的重要性，是一个慈父在遭受政敌追杀之前写给乱世中的儿子的一份哲学遗产，是西塞罗"父爱"的最直接表达。

西塞罗确实不是一般的父亲，他是第一位通过选举而登上罗马执政官（公元63年）权力高位的人，在世界权力的这个最高顶峰，他以崇高的德性和卓越的政治智慧赢得了广泛的赞誉，曾被授予"国父"尊荣。就其终生为保卫"共和国"而斗智斗勇的丰功伟绩而言，他完全配得上这份荣耀。但在残酷政治斗争的旋涡中，一个善人终究斗不过政治的邪恶，在他生命的最后岁月，他无奈地走上了躲避政治宿敌安东尼刺杀他的逃亡之路，最终可悲地被杀害，而且头颅和双手被割下，钉在罗马广场中那个他发表过无数激动人心的演讲的讲坛上示众。这是邪恶的政治将自己钉在人类文明耻辱柱上的一次令人不忍回顾的罪恶。他被杀害的日子是公元前44年12月7日，而这本《论义务》的书，写于公元前43年秋，因而可视为其生命的最后绝唱。他把这个绝唱献给年轻的儿子，一位远在雅典跟随亚里士多德主义者克拉蒂帕斯（Kratippos）学习哲学的青年人，以书信的形式把他用生命、智慧和热血凝练出来的哲学，留给依然要在充满邪恶和混乱的世界中孤独求生的儿子作为其人生的指南，可见这是多么宝贵的哲学遗产。

西塞罗自己对义务，包括对整个伦理学的思想受到了当时罗马斯多亚派哲学家帕奈提乌斯的影响，但由于他自己本人对于柏拉图、亚里士多德哲学的深厚学养，对整个希腊化哲学，尤其是伊壁鸠鲁派和斯多亚派哲学了然于胸，特别是他自己从拉丁文传播、翻译和阐释古希腊哲学的独特视野，使得他的义务论充满了原创性。

《论义务》共分为三卷。第一卷共45节，第二卷共25节，第三卷共33节，都没有标题。第一卷讨论了义务在哲学中的重要性、对义务的规定、绝对义务和普通义务的区分。核心内容是讨论德性高尚的四个源泉或四种德性以及实现和完善这四种德性所必须履行的相应义务。第二卷讨论了第一卷提出的义务规范及其践履所涉及的问题，涉及义与利的关系的各个方面。第三卷处理来自帕奈提乌斯的 περί τοῦ καθήκοντος（有关合宜性），批驳德性高尚与利益之间存在冲突的观点，阐述应该以什么样的方式追求利益才是合宜的。西塞罗认为德行高尚根本不与利益相冲突，美德高于任何利益，我们应该以爱而不能以恐惧获取利益，对于自我而言，具有高尚的美德才是最有利的。

帕奈提乌斯是第一个到了罗马并产生影响的希腊哲学家，他对西塞罗最大的影响就是关于义务的概念。希腊文本来是有义务这个术语的，但并没有成为一个哲学概念，使得整个古希腊伦理学中没有关于义务的理论。第一次使"义务"成为一个伦理学概念并得到系统讨论的，据拉尔修的考证，是从塞浦路斯岛来到雅典学哲学并于公元前 300 年左右创立了斯多亚学派的芝诺（约公元前 336—约前 264）："芝诺是第一个提出义务概念的人。就词源来看，它出于'由某种东西而来'，行为本身仿佛是由自然所予以安排了的。那些由欲望而来的行为，有些是义务，有些同义务相反，还有些既不是义务也不同义务相反。"[1] 希腊文的"义务"（καθήκου/kathekon）词根是动词 καθήκειν，表示"从哪里走出来"或"走下来"的意思，即"由某种东西而来的"（τοῦ κατά τινυς ἥκειν），是自然的天命所要求人必须做的，因而它既与天性、天命相联系，也与行动直接相关，一个人履行其应该做的义务，才是完成其人之天命的德行，才有其美德。因此，在西塞罗这里，德性论是与义务论联系在一起，不可分地得到阐明的。

直接影响了西塞罗义务概念的，实际上是帕奈提乌斯的学生波西多尼乌斯，西塞罗听了他的课。这种影响的实质，就是让西塞罗明白，在罗马那个不断征战的时代中，每个人要活得幸福，就必须靠自己的德性来认清自己应该做什么。这种关于应该做什么的思考，不能陷入单纯思辨的乐趣而流于虚

1　[古希腊] 第欧根尼·拉尔修：《名哲言行录》，徐开来、溥林译，广西师范大学出版社 2010 年版，第 347 页。

悬，要以"义务"的形式把"应该做"从善的观念具体化为行动规范，即必须做的义务上。所以，西塞罗不限于空谈德性，而是进一步把德性落实在对相应义务的履行上。义务论被视为哲学研究中最有效用的部分：

> 尽管在哲学中有许多迫切的和有益的问题得到了哲学家们深入而详细的探讨，不过对我显得是，他们关于合乎义务的行为所曾给予的教导与教诲，才具有最为广泛的效用（Geltung）。[1]

这种效用就是把哲学所思考的那些"价值"理念，那些形而上的道义，落实为人生中"应该做的"具体事务。因而，无论是政治生活还是私人生活，公共生活还是自己的家庭，谁要懂得人生的意义，就必须懂得与人的本性和人特有的品质相关的义务是什么。昔勒尼派和伊壁鸠鲁派把快乐看作最高的善，把痛苦看作最大的恶，对义务是什么根本说不出任何东西。义务是与人的德性品质相对应的，因为如果有谁在规定最高的善时，不把它同伦理的完善联系起来，且不按照他的人格美德，不按照其高尚性来衡量，那么这个人就绝不会用心培植他的友爱、正义和慷慨，一个把痛苦视为最大的恶的人就不可能培植起勇敢德性，就像一个把愉快视为最大的善的人，就不可能有节制的美德一样。只有追求品德高尚（honesto/Ehrenhaftigkeit）的伦理学，才有可能对义务学说有真知灼见。

　　这样的问题意识使得西塞罗的德性论具有了与亚里士多德的德性论不同的出发点，因为亚里士多德伦理学处理的是城邦伦理，人的德性从属于在城邦政治生活中如何实现幸福，因而人的最高使命是成为一个城邦中合理的公民，依靠公民德性实现在城邦生活中的幸福。而在西塞罗这里，是完全从个人的角度来思考一个人的义务，而不只是作为公民的政治义务。整个斯多

1　Cicero: *De officiis/Vom pflichtgemäßen Handeln*, Erstes Buch 1(2), Lateinisch/Deutsch, Philipp Reclam jun. Stuttgart, 1976, S. 7.

亚主义的德性论，就不是从人的自然品质如何优秀立论，而是从人的高尚性
（honestum）出发，认识人的义务，在这里存在着罗马实践哲学非常明显的
"规范转向"。西塞罗说：

> 整体来看，关于合乎义务之行为（officio）的研究有两个方面：一
> 方面是与最高善相关的研究，另一方面是研究日常生活的每一个方面
> 能够被它们所塑造而遵循的规范依据于什么样的善。关于前者可举这
> 些为例：是否每一种义务都是绝对的（perfectum/vollkommenen），是
> 否一种义务比另一种一种更具约束力（bindender），以及更多其他这
> 样的问题；至于为了规范而中介的这些义务的要求，虽然涉及最高的
> 善，但很少显而易见，因为它们更多是针对着普通生活的指示而表现出
> 来的。[1]

在这样的视野中，义务论涉及两方面的内涵，一是从人的高尚性出发
对于最高善的考察，二是将最高善落实为日常生活中的义务规范。西塞罗
虽然是在拉丁文 officium 作为"绝对应该做"的含义上思考义务，但依然
表达出了希腊文"义务"的用法，它包含两个方面的内涵。一种是绝对义
务，希腊人把它叫作 κατόρθωμα，它是"公正""公道"或"公义"（rectum/
Rechte）所要求做的"义务"；另一种是普通义务，它是希腊文 καθῆκου 所
表达的义务要求，即在日常生活中行为的"合宜性"，也可以说是亚里士多
德的"实践智慧"所要求的行为。西塞罗说，希腊人把"公道"规定为绝对
义务（perfectum officium），而把那些需要提供合乎情义的行动理由（ratio
probabilism reddi possit）的义务，称之为"普通义务"（commune officium）。帕
奈提乌斯从"合宜性"规定义务，涉及的都只是一些"普遍义务"，而"耽误

1　Cicero: *De officiis/Vom pflichtgemäßen Handeln*, Erstes Buch 3, Lateinisch/Deutsch, Philipp
　　Reclam jun. Stuttgart, 1976, S. 11.

了"（versäumt）伦理义务作为绝对当为之事的绝对性这一根本定义。[1]绝对义务的绝对性，来源于人的天命之性所要求于人的高尚性，出于这种义务，不仅能实现个人德性之卓越，而且会实现与人的社会本性相一致的与他人的友善共存，是源自人的"存在"的第一根基而有利于人的本性实存的道义，因而才是出自最高善的为己为人的绝对"公道"。

西塞罗对义务规定的意义，首先在于给出了义务之善的"绝对性"。"完善的义务"为什么就是"绝对义务"，原因就在于这种"义务"是从"最高善"或"至善"而来的"行为必要性"。西塞尔讨论至善和至恶，就是为了阐明义务的价值基础，它必须出自绝对有价值的东西，这种义务对人才具有绝对约束力。对人而言，绝对有价值的东西，不是权力和金钱，而是品德之高尚，这种高尚性（καλόν/honestum）直接等同于一个人的令人尊敬（Ehrenhaftigkeit），从而是从成就一种高尚的德性推导出义务的类型。只有理解了这一点，我们才能理解义务论伦理学的价值之所在，而对这一点做出了最清楚阐明的，不是别人，恰恰就是西塞罗。

西塞罗对人的品德高尚性／受人敬重性的四个方面的阐述，堪称20世纪的马克斯·舍勒的价值秩序研究的先河。当然，西塞罗的义务论，所涉及的高尚性的四个方面，完全反映的倒是古希腊哲学的价值论，而不是现代的价值秩序。他虽然首推追求真理，但并没有特别强调这四个方面的价值高低，而是强调四个方面的任何一面都足以让人品德高尚：

> 我的儿子啊，你看，高尚性的真正形态（Gestalt）甚至其真正面目，"假如真能用肉眼看见它"，那就正如柏拉图所言，"就会唤醒惊人的爱，对真理的爱"。但是，所有的高尚性，无不产生于下列四方面之一：（1）因为它们或者本于对真理的洞彻与理解；（2）或者本于

---

[1] Cicero: *De officiis/Vom pflichtgemäßen Handeln*, Erstes Buch 7–10, Lateinisch/Deutsch, Philipp Reclam jun. Stuttgart, 1976, S. 417.

维护人们的共同体，在其中，每个人得其应得，信守契约；（3）或者本于一种卓越而不可战胜的灵魂之博大与精神之力量；（4）或者本于所有行为和言论以节制和平衡为基础的秩序与尺度。尽管这四个方面相互约束与联系，但是从其中的每一个方面都能产生一种具体的义务类型。[1]

在这里，我们可以清楚地发现，西塞罗是如何将古希腊的德性论改造成为义务论的，也可以这样说，德性论是义务论的价值基础，义务论是德性论的道义实存和真实实现。德性论是从"价值"（好、善［至善］、高尚）讨论属人的品格如何是善（卓越）；义务论是为了"达到"（实现）"德性"高尚而"知道""自愿""命令"自己"必须做""应该做的"。但其中共同的地方，就是无论是德性论还是义务论，都以"行动""履行"为核心。凡是读过亚里士多德伦理学的人不会忘记，亚里士多德说，通过勇敢的行为变成勇敢的人，通过节制的行为养成节制的品质，通过做公正的事才有公正的德性等，他甚至强调说："谁要是不知道反复做的具体行为养成相应的品质，那简直是个白痴……如果他不是处在无知状态，他行为不公，而变成不公正之人，那么无疑他是出于自愿地不公。"（NE，1114a10-14）[2] 西塞罗更是明确地提出，"德性的全部荣誉在于行动"（Virtutis enim laus omnis in actione consistit）[3]，"但是，秩序、坚毅、礼节和一切与之类似的品德都属于需要运用到实践行为的领域，而不只是思辨的领域。只要我们在生活中发生的行为能保持适度和秩序，我们就能保持高尚和得体（honestatem et decus/

1　Cicero: *De officiis/Vom pflichtgemäßen Handeln*, Erstes Buch 5(15), Lateinisch/Deutsch, Philipp Reclam jun. Stuttgart, 1976, S. 17.

2　［古希腊］亚里士多德：《尼各马可伦理学》，邓安庆注释导读本，人民出版社 2010 年版，第 115 页。

3　Cicero: *De officiis/Vom pflichtgemäßen Handeln*, Erstes Buch 6(19), Lateinisch/Deutsch, Philipp Reclam jun. Stuttgart 1976, S. 21.

Ehrenhaftigkeit und Schicklichkeit）"[1]。

德国学者海因茨·古尔曼（Heinz Gunermann）已经注意到，西塞罗强调的德性高尚的四个方面实际上就是对古希腊"四主德"的表达，但做出了他自己的改造。"普通的四主德（die vier Kardinaltugenden）在下文被改写：智慧、正义、勇敢（在帕奈提乌斯在那里总是把它从属于灵魂的博大，也即亚里士多德的慷慨［μεγαλοψυχία］和节制［σωψσρούνη]）。"[2] 这个评论没有论及西塞罗对真理的爱与德性及其义务的关系，倒是我们需要深入讨论的。亚里士多德在《形而上学》中已经讨论了理论哲学和实践哲学都以求真为目的，理论哲学求真当然是要把握认识论上的真理，但实践哲学求真，却是行动上的"真"，但什么叫作"行动上的真"，这个说法一直让人捉摸不透，实际上它需要经过一点转换才能让人理解，即与人的本性（自然真性）相一致的生活（政治学）和成为与人的本性（自然）相一致的真正的人，完成人的德性之卓越（德性论）。简而言之，实践上求真，就是要过与人的本性相一致的美好生活与完成天性赋予人的德性。西塞罗既然在四主德上与亚里士多德的德性论相联系，他在真与德性问题上就与亚里士多德的见解是一致的。因此，海因茨·古尔曼在讨论西塞罗这里关于高尚性的好品质时，明显地就指向了西塞罗与亚里士多德的直接关联："西塞罗把 bonitas naturae（好自然）再次赋予了 εὐφυία（euphuia，好本性）。虽然这是一个斯多亚主义的术语，但在这里出现在他眼前的却是亚里士多德《尼各马可伦理学》（1114b）对于 εὐφυία 的解释，如同在《论义务》的其他地方（第一卷的第 118 节甚至第 120 节）一样。"[3] 而亚里士多德在这里的解释无非就是说，虽然自然赋

---

1 Cicero: *De officiis/Vom pflichtgemäßen Handeln*, Erstes Buch 5(17), Lateinisch/Deutsch, Philipp Reclam jun. Stuttgart 1976, S. 19.

2 Heinz Gunermann: "Anmerkungen zum ersten Buch, 44," in: Cicero: *De officiis/Vom pflichtgemäßen Handeln*, Erstes Buch 5(17), Lateinisch/Deutsch, Philipp Reclam jun. Stuttgart, 1976, S. 337.

3 Heinz Gunermann: "Nachwort," in: Cicero: *De officiis/Vom pflichtgemäßen Handeln*, Lateinisch/Deutsch, Philipp Reclam jun. Stuttgart, 1976, S. 431.

予了我们好的本性或品质，但我们依然需要把好的品质作为目标来追求而予以实现在自己身上，所以我们每个人是自愿地造就与自然赋予我们的相一致的高贵品质。实践上求真的人有责任把上天赋予我们的自然潜能实现到最高贵、最卓越，因此与自然的本真造化一起，"我们是我们自身品质的共同原创者（Miturheber）"（1114b23）[1]。

　　只有懂得亚里士多德实践上的本真生存的智慧，我们才能透彻理解西塞罗把对真理的爱、智慧的爱视为人的高尚性的首要方面之见识。而对正义（公正）、节制（克己）、有利、慷慨、秩序诸德性的阐释，他都独具卓识，见解非凡。我们需要再明确强调的是，西塞罗从德性的高贵性，推论出人的义务，既是对德性论的深化，也是对德性论的转型，这是我们理解德性论和义务论之真实关系的一个重要契机。这种深化，既表现出德性论需要价值论的基础，以最高善的界定推出"高尚性"价值，从"高尚性"推导出人必具的各种德性，这就把在亚里士多德的善恶论中已经存在的"价值论"这一基础探讨的重要性凸显出来了；但同时，西塞罗的讨论虽然没有明论但实际上已经暗示了亚里士多德德性论的缺陷——德性自我实现的机制和动力不很充足。亚里士多德虽然谈到了每个人具有"责任"把上天赋予自身的品质发展到优秀，但他探讨这一"实现"的"动力因"只是联系到每个人都自然地想过美好生活（幸福）这一目标，因而所有的"善"都在朝向这一"目标"实现的框架下得以规定，这就是他著名的"目的论论证"；这种论证可以定义"善"及其各种不同层次的规定，如"因它物之故的好"和"因自身之故的好"，把外在善和内在善区分开来，但如果实现自身的"好"，仅仅指出"德性"是实现自身品质的好到最优，是远远不够的，即仅仅是"价值论"的"指向性"，而缺乏"义务论"如此行动的"必须性"，即缺乏规范的有效性。西塞罗的探讨因而把德性论作为一个中介，"向前"嫁接在关于"至善"和

1　［古希腊］亚里士多德：《尼各马可伦理学》，邓安庆注释导读本，人民出版社 2010 年版，第 117 页。

"高尚性"的"价值基础"上，"向后"进一步从"高尚的德性"推导出人所必行的各项义务，这就使得他的"伦理学"具有了内在的完整性，具有了"道义实存的完整机制"。尤其是，他把高尚、高贵与受人敬重这一个人自身的德性要求和社会伦理实现的社会心理学动因完美地结合起来，这应该说是从德性伦理向规范性的道义伦理转向的一个最为重要步骤，因此，他的《论义务》确实可以算是西方伦理学史上一个最为重要的转折点。

西塞罗的《论义务》虽然是写给他儿子的，但第二部分经过他自己的修订，本来就是为了反对政敌安东尼而准备的讲话，他被暗杀后，这本书很快就被同时代的许多人阅读，根据塞涅卡同名著作的报道，那个谋杀恺撒的布鲁图斯（Brutus）很有可能以希腊文编辑了一本同名著作，因此在当时这部著作的影响就十分广泛，阅读者、赞美者和模仿者纷纷以论义务为主题，有的写进了诗歌，有的编辑各种讨论文集，当然影响最大的还是米兰大神父安布罗修斯（Ambrosius）编辑的讨论文集对基督教伦理学产生的巨大影响，"尤其是年轻的奥古斯丁（354—430）详细阅读了《论义务》，让自己受其影响"[1]。海因茨·古尔曼对这部著作对当时以及此后基督教伦理学一直到近代文艺复兴和启蒙运动时期的影响史都做了细致描述，我们不多重复，我们需要补充的一点是，通过西塞罗义务论对基督教伦理学的影响，伦理学的德性论传统几乎就完全向规范伦理学转型了，乃至到近代以后，伦理学的德性论与义务论的顺序发生了根本的颠倒：在西塞罗这里是从高尚性的德性推导出人必须要履行的义务，而到了康德那里则是，通过人所确立了什么样的义务法则，阐明人有什么样的德性。这是一个根本的秩序颠倒，而不是说，古代伦理学只讲美德不讲规范，而到近代则以规范为中心。

1　Heinz Gunermann: "Nachwort," in: Cicero: *De officiis/Vom pflichtgemäßen Handeln*, Lateinisch/Deutsch, Philipp Reclam jun. Stuttgart, 1976, S. 442. 关于《论义务》完整的影响史在 S. 441-446。

第 八 章

塞涅卡：遵循自然与个人自由

佛教常言：观无常，破我执，出生死。"无常"的生活，在塞涅卡（Lucius Annaeus Seneca，中文也译为"塞内加"，约公元前4—公元65）身上可以说是活灵活地表现出来了，有人说，他的经历就是一系列挫折的综合词典，而他的智慧则是对无常命运的即时回应。哲学的精深修炼使他做好了一切准备，既能随时平息心中瞬息被点燃的愤怒之火，也能泰然面对不期而至的天灾人祸。他用自己的人生阐释了一种哲学，以处变不惊的精神，坦然面对一切无常。因而讲伦理学，通过审视塞涅卡的生活，就能让人明白，有一种哲学不是从书本，而是从命里活出来的。

第一节　哲学与人生

塞涅卡大约于公元前4年出生在罗马帝国的提卡省，今属西班牙南部的科尔多瓦。本来他是幸运的，上天让他诞生在一个好家庭，有名望的骑士家族。他的父亲是该行省的一位演说家和官员，生了三个儿子。其中的老大，即塞涅卡的哥哥，是罗马一个行省的总督，据说在基督教《新约·使徒行传》第十八章第12—17节提到的出任亚该亚（Achaia）总督的迦流（Gallio）就是他，他在犹太人集合起来攻击保罗时，把犹太人赶出法庭，保护了保罗。我们的哲学家塞涅卡排行老二。父亲对这三个儿子都竭尽心力地提供最好的教育，尤其对于这个老二，由于他从小体弱多病，患有严重的哮喘，因此得到父母特别多的关爱。为了他未来有出息，幼年就把他送到罗马接受拉丁语与修辞学等教育，并师从当时流行的折中主义学派哲学家。有段时间他还被送往埃及，在那里学习行政管理和金融方面的知识。他同时也研究过埃及和印度的民族学（ethnology）和地理学。同时对自然科学具有浓厚兴趣。良好的教育、出色的修养、高明的智力，使他获得了在罗马出人头地的卓越本领。

大约公元 31 年，塞涅卡 35 岁时，即属于奥古斯都的继承人提比略皇帝统治时期（Tiberius，公元 14—37 年在位），他回到罗马，开始进入政界，跻身朝廷。开始时他曾任帝国会计官，后来进入元老院，这是他仕途最为顺利的表现。因为罗马元老院是国家的权力中心，而皇帝事实上仅仅是个军事统帅，成为元老院成员标志着进入了权力中心。在尼禄成为罗马皇帝之后，他又成为著名的国务大臣，掌管司法事务的执政官，大权在握。但他最终死于这个"大权"。

他的一生，在古罗马帝国时代的克劳狄王朝的三位元首统治时期多次与死神擦肩而过。首先遇到的是罗马第三任皇帝卡利古拉（Caligula，37—41年在位），这位皇帝的一生充满愚蠢、堕落和罪恶，他的统治原则就是恐怖。因为塞涅卡恰恰在这时成为罗马鼎鼎大名的演说家，声名鹊起，卡利古拉皇上竟然对他取得的成就和声望恼怒不已，想要杀了他。塞涅卡之所以能逃过这一劫，是因为他患了肺结核，到埃及的姨妈处休养去了。知道了这一背景，我们才能知道塞涅卡的《论愤怒三书》（De Ira）跟没有他这一经历的人写出来的东西完全是不一样的，也只有从任性帝王恼怒的屠刀下侥幸活下来的人，才能感悟出"愤怒有多可怕"（第一卷序言的题目），当然他对愤怒原因的分析和对愤怒矫治之道的反思，就不是一般的心理学的知识，而完全是生与死的智慧。一个如此愤怒的暴君当然比一般人会死得更快，公元 41 年的 1 月，卡利古拉就被谋杀了。

塞涅卡接着遇到了卡利古拉的继任者克劳狄乌斯（Claudius，41—54 年在位），这位皇帝还是塞涅卡的叔父，但并未给他带来命运的转机，相反却是在劫难逃。因为克劳狄乌斯跟卡利古拉一样嫉贤妒能、心胸狭隘，在他上台的那年秋天，他的侄子塞涅卡被控跟卡利古拉的妹妹通奸，按照罗马法律，与贵族夫人有染就要被砍头，于是克劳狄乌斯亲自出席元老院的审判，把塞涅卡判处了死刑，虽然最终克劳狄乌斯还是开恩赦免了其死罪，罚其流放到荒无人烟、烟瘴弥漫的科西嘉岛上自生自灭。在这种屈辱和痛苦中，塞涅卡显示了真正哲学的智慧与德性的力量，他给悲痛欲绝的母亲写了一封《致母亲赫尔维亚的慰藉书》（*Trostschrift an Helvia*），其中这样劝慰道：

> 你没有理由唤起你作为妇人的品性，它几乎就是刻板地要求人们毫无节制地以泪洗面的权力，但这却需要有限制啊。我们的法律规定为失去至亲爱人的悲伤以十个月为限，就是为了通过国家秩序给妇人们倔强的悲伤确立一个最终有效的限度。它阻止不了悲伤，但能限制它的无度。毕竟献身于无休无止的悲痛，是不理智的溺爱，它损害的是我们特别内在的价值，因而是非人性的冷酷，每种痛苦都是如此的野蛮。真诚之爱与理性的最佳和解，在于人们的情感为渴慕而生，却不要让它脱离缰绳。[1]

情感与理性的和解是一种哲学智慧，需要哲学来培养：

> 我当然清楚地知道，没有什么感情是任由我们摆布的，尤其是源于悲伤的情感最难驾驭；因为这种情感狂野猛烈，它顽固地抵抗一切治

---

[1] Seneca: *Trostschrift an Helvia* (16), in: *Das große Buch vom glücklichen Leben, Gesammelte Werke*, Anaconda Verlag Köln, 2014, S. 342.

疗。……所以我要把你导引至那样一个所在，这里对于所有超脱命运之神的人都是避难之所，这就是哲学研究。它能治愈你的创痛，根除你的所有悲伤。[1]

　　因此，受难中的塞涅卡自己当然知道如何以哲学治疗他心灵与身体的累累伤痕，顺应自然的命运转机。而这一转机虽然姗姗来迟，终究在八年之后来到了，当然实际上是让他在后半生遭遇到了一个更大的灾星，先把他推向人生权力的巅峰，然后置之于死地。

　　情况是这样的，公元 49 年克劳狄乌斯皇帝与卡利古拉唯一活着的妹妹阿格里皮娜（Agrippina）再婚，把这个精明而险恶的女人变成了帝国皇后。阿格丽皮娜在成为皇后的那天起，就开始盘算如何能让自己与前夫的儿子尼禄（Nero，37—68）成为皇太子，甚至在排序上要优先于克劳狄乌斯自己的儿子布里塔尼库斯（Britanicus）。于是，她设法让皇上同意把塞涅卡从流放地召回，甚至还把他推到了"副执政官"这样一个高位。知恩图报的塞涅卡当然也就承担起尼禄的教育责任。他不仅教尼禄修辞学，而且为了规劝他成为一位明君，专门为他写下了《论仁慈》(De Clementia)，以培养他的君主美德。尼禄终于在公元 54 年 17 岁还未满时，就登基成为帝国第五任皇帝。因塞涅卡等大臣的品德，顾问和元老们尽力辅佐这位青年皇帝，尤其是塞涅卡这位名副其实的帝王师，无论是出主意、提建议还是写演讲词，每一个细节都尽心尽力，小心翼翼，从而可喜地看到了这位性格捉摸不定的皇帝，竟然有了可圈可点的各项仁政，便更加期待哲学的智慧在助力政治上能创造奇迹。

　　但是，本性顽劣的尼禄，在拥有了绝对权力，尤其有了不错的政绩之后，完全成了一个凶猛而嗜血的暴君。也许在不讲法治而只讲权术的政坛，

1　Seneca: *Trostschrift an Helvia* (16), in: *Das große Buch vom glücklichen Leben, Gesammelte Werke*, Anaconda Verlag Köln, 2014, S. 344-345.

不断树立和清除敌人，是有效统治的方术，反正尼禄在感受到坐稳了权力宝座，又有了一帮品德高尚且可靠的大臣的得力支持之后，他竟然发现，母亲阿格里皮娜参政的野心是他必须首先清除的隐患。可是，这位母亲尽管机关算尽，但在皇帝儿子面前毕竟只是一个女流，她做梦也想不到，她处心积虑栽培起来的儿子，在未遇到任何其他强敌之时，竟然首先谋杀的是自己的生母。当然，阿格里皮娜确实是死于她的野心，即便她也是最大的一个冤死鬼。

尼禄在清除了自己的母亲之后就更加肆无忌惮，想杀谁谁也不可能多活一天，想把谁丢去喂狮子和鳄鱼，谁就逃不出他的魔掌。塞涅卡眼睁睁地看到这一切罪恶在发生，却根本无能为力加以阻止，于是，天底下最为镇静自如的哲学家，也陷入无比的恐惧之中。一个连自己的母亲也忍心杀掉的人，什么恶行干不出来呢？塞涅卡不再敢"顺应自然"了，他应该且必须做的，就是尽快逃离邪恶的政治舞台。于是在公元62年，他做出了一个冒险的举动，向尼禄请求退休。但尼禄根本不蠢，怎么可能让这位德高望重的老师退休呢？他深知，一旦老师退休，必定要给自己的名声带来恶劣影响，因此，他根本不准。两年后，塞涅卡再次请退，尼禄虽然恩准了，但下手狠毒，收回了塞涅卡任职期间所得到的合法财产的绝大部分，心中却在谋划如何处死他而又不会给自己留下恶名。不久之后，即公元65年，机会就来了，塞涅卡的侄子，诗人卢坎参与了一个密谋刺杀尼禄的事件，尼禄于是逼迫塞涅卡自己承认参与了谋杀案，令其自尽以谢世。

塞涅卡最终服从的不再是自然，而是暴君的命令，自己割断血脉，结束了自己多灾多难的人生。这是又一位伟大的哲学家被处死，与苏格拉底被法庭以微弱多数票被处死不同，是被自己的学生、自己一手护佑且尽力教化他"仁慈"的暴君赐死的。

对于这样一个主张顺应自然而过幸福生活的哲人，最终落得这样悲惨的结局，我们能接受其哲学伦理学的价值吗？

第二节　顺应自然而生活的伦理原则

顺应自然而生活，是斯多亚主义伦理学的总原则。但对于一个一生处在罗马帝国统治集团内部复杂而丑陋的政治斗争旋涡之中的塞涅卡，倡导顺应自然而不是遵循政治正确而生活，这确实是实践理性的要求，也是实践哲学最精彩的华章。在亚里士多德那里，虽然已经有了自然正确的概念，但作为伦理学而言，他像柏拉图一样，在探讨政治正确的伦理标准，即正义是政治伦理的法则，因此，自然一直没有被提升为伦理生活所遵循的法则。至今还有一些在伦理上愚昧的民族依然把政治正确视为比真理和正义更高、更神圣、不可侵犯的准则，其悲惨的后果就将是可预见的。

与晚期斯多亚派其他哲学家多于沉思而少于著述不同，塞涅卡是唯一偏爱著述且著述丰富的哲学家，贯穿在他所有作品中最为核心的伦理智慧就是遵循自然而生活。他不仅留下了许多具有斯多亚主义哲学洞见的随笔散文，而且写有九部悲剧文学作品，如《疯狂的赫拉克勒斯》《特洛伊妇女》《腓尼基少女》《美狄亚》《菲德拉》《俄狄浦斯》《阿伽门农》《提埃斯忒斯》和《奥塔山上的赫拉克勒斯》等。但他的著述既与古希腊专业哲学家柏拉图和亚里士多德不同，不是纯粹理论著作，也与现代哲学家公开出版的专著不同，他不是为了公开出版而写作，而是当亲人、朋友遇到具体的人生坎坷或生活难题时，他私下解惑而传授的人生智慧之"秘籍"，这无疑比一般的学术著作更珍贵、更实用、更具真知灼见，如写给尼禄的《论仁慈》（脱稿于公元55—56年，尼禄登基后的两年），告诉一个权倾天下的君王如何具有仁慈的美德，这无疑是为人立不朽之美德的贴心建言；在他惨遭流放期间，他给悲痛、悲愤又深感没面子的家中母亲的劝慰书信，写给因丧子而长期陷入悲哀情绪中的玛西亚的安慰书信（*De Consolatione ad Marciam*）和晚年写给一个出身经济骑士阶层的最要好朋友卢齐利乌斯的道德书札（*Epistulae Morales ad Lucilium*），都是讲述如何自己抚慰悲痛的激情，如何在情感的激动中自

我解脱、自我治疗、自我救赎的哲学智慧；《论个人生活》（*De Otium*）和
《论心灵宁静》（*De Tranquillitate Animi*）写给一个年轻朋友，曾升任过尼禄
禁军队长的塞壬努斯（Annaeus Serenus），告知他虽然命运把他转入到政治
权力的中心，他依然要想办法过自然的个人生活，政治生活不会带来幸福；
还有一篇《论勇气》（*De Fortitudo*）也是写给这个皇上身边的朋友的，探讨
一个被命运裹挟着为国家政治服务的权力人士，如何还能保持自己的良心，
不被卷入野蛮残酷的争权夺利的政治旋涡，过自由闲适的个人生活，显然
体现了典型的斯多亚主义哲学风格；《论恩惠》（*De Beneficiis*）是写给一个
慷慨的伊壁鸠鲁主义的门徒埃卜提乌斯·里博拉里斯（Aebutius Liberalis）
的，批判忘恩负义的恶德，提倡乐善好施的美德，探讨如何恰当得体地施恩
于人的智慧；《论愤怒三书》写给诺瓦图斯（Novatus）[1]，探讨愤怒情感的正
当性，以及如何保持心灵的冷酷，做到不动心的智慧；《论生命之短暂》（*De
Brevitate Vitae*）写给他的岳父泡林乌斯（Paulinus）规劝他从国家事务中退
休享受悠闲的自由生活的；《论幸福生活》（*De Vita Beata*）则是写给他的那
位大名鼎鼎的总督哥哥迦流的，探讨幸福生活如何靠智慧与美德来实现；甚
至看似非常理论化的《自然问题》（*Naturales Quastiones*）也是写给卢齐利
乌斯的。他的所有这些作品都体现了拉丁文学修辞技艺的华丽文采，堪称典
范："这个时期的流行风格，其特征就是字里行间透露着机敏，它追求简捷
和风趣，追求警句式的精辟用语，追求即时的印象效果。"[2]

　　所以，哲学在塞涅卡这里不再是纯粹理论的思辨，而是为了私人间的
友爱与情谊，为了每个人自己的幸福生活而谱写的心灵之间的真诚对话与
交流，哲学在这里完完全全变成了个人的事，变成了内心生活的自由实践。

1　两本中文译注都注明这个诺瓦图斯也就是塞涅卡的哥哥迦流（也译为"加利奥"）。参见［古
　　罗马］塞涅卡：《论幸福生活》，覃学岚译，译林出版社 2015 年版，第 100 页注释；《强者的温
　　柔：塞涅卡伦理文集》，包利民等译，中国社会科学出版社 2021 年版，第 1 页。

2　［古罗马］塞涅卡：《道德和政治论文集》，［美］约翰·M. 库珀、［英］J. F. 普罗科佩编译，
　　袁瑜琤译，北京大学出版社 2010 年版，第 20 页。

虽然塞涅卡像其他斯亚多派成员一样，坚持源自柏拉图哲学的三部分划分："大多数和最有价值的作家都说明了，哲学有三部分：伦理学、物理学和逻辑学。第一部分陶冶心灵，第二部分探究事物之自然，第三部分训练陈述的特性，其秩序和证明程序，因此错误的东西并不能取代真的东西混入其中。"[1]但是，由于他的哲学已经放弃了柏拉图的以寻求正义的城邦来实现美好生活的企图，他的哲学全然就是伦理学。而这种伦理学当然属于实践哲学，即不属于从属于政治学的伦理学，而是从属于心理自我调适与治疗的实践哲学或道德哲学。他虽然也主张一个有德性的人应当尽自己最大的努力来实现一个有德性的社会和治理良好的国家，但他已经不再像在柏拉图和亚里士多德那里那样，把人类共存的政治生活视为最高的幸福，因为这个目标纯然是个"身外之物"，是极不自然的"人为之物"，是我们个人不能左右的。所以，他的哲学确实唯一地以伦理学为第一要务，但比亚里士多德的实践哲学有着对个人而言更为重要的课题，即使在邪恶的政治环境和不正常的社会环境中，个人不在顺境而在郁郁不得志的逆境中，如何可能还能过善的生活，实现个人幸福？

一、何为顺应自然而生活

虽然顺应自然而生活（Naturgemäß zu leben）是斯多亚主义总的伦理原则，但由于塞涅卡著述的私人交流性质，我们实际上很难见到他对"自然"做概念化的解释。他唯一一部以"自然"为名的著作是《自然问题》，我们也难以直接见到他对"自然"的概念化阐释。我们还是从他的著作中聚焦于何为"顺应自然而生活"。

在给卢齐利乌斯的第 119 封信《论变得富有的技艺》中，塞涅卡这样说："我的忠告也并非在于要你拒绝某种自然的东西，因为自然的东西构成

---

1 Seneca: *Briefe an Lucilius* 89, 4–17，转引自 *Die Philosophie der Stoa, Ausgewählte Texte*, Übersetzt und herausgegeben von Wolfgang Weinkauf, Philipp Reclam jun. Stuttgart, 2012, S. 58。

了它自己的意志，是不可克服的，它会依据自身而提出要求，我只是想让你意识到，超出自然之外的一切东西，都是某种偶然的额外，而完全不是必需。"[1] 什么叫作"顺应自然而生活"呢？那就是，当我饥饿了，我就必须吃。对于自然本性而言，"无所谓"粗粮面包还是精粮面包。追求精粮面包就属于"不自然的"精致。但一个自然的胃实际上并不习惯于精致带来的快乐感，而是满足于自然的素材。过分追求精致带来的享乐，就会破坏自然的胃，从而也败坏自然的身体。同样，当自然地感受到渴了，那就顺应自然地喝水，这时自然的本性就对水究竟是从最近的水库取来的，还是用一块厚实的冰块包裹起来的保鲜的水，感到"无所谓"了。

所以，不懂自然生活之道的人，就不理解这种顺应自然的生活哪儿来的快乐与享受，是不是过于贫穷了？塞涅卡告诉卢齐利乌斯，有一句崇高的谚语是这样说的："智者是自然财富的最有激情的钟爱者。"关键在于，一般被习俗价值所误导了的人，根本不懂有什么自然的财富，以为财富都是用血汗换来的金银财宝。因此，当他们准备好了储存财富的保险箱时，哲学家总是送给他一个空碗（mit leerer Schüssel）。塞涅卡要人好好想一想，一无所需的人难道贫穷，而拥有很多却又渴求很多的人难道富有？自然的饥饿本身没有很大的野心，也很容易获得满足；但满足的需求却习惯于奢侈，实际上问题就出在奢侈的习惯上，是它在吃饱喝足之后，还奢求很多，让胃膨胀，让胃难受，最终让胃的功能失调。这是违法自然法则的恶习。因此，哲学家的忠告是遵循真正善的伦理法则而生活，而顺应自然生活才是真正善的伦理原则：

> 大自然在赋予我们其余的恩赐时也赋予了我们以卓越，使得我们的本性完成了其必需品，摆脱了令人厌恶的混合。多余的东西，就让它选

1　Seneca: *Moralischen Briefen an Lucilius*, in: *Das große Buch vom glücklichen Leben, Gesammelte Werke*, Anaconda Verlag Köln, 2014, S. 678.

择。……宇宙的伟大创建者授予我们生命的法则，这个法则基于我们是以健康的，而不是奢侈的方式而生活。对于我们的健康生活所需要的一切都已经准备好，交付于我们手上。而对于奢侈生活的满足而言，除非劳累和忧愁，是绝不可能实现的。那么就让我们感恩这个自然的福祉，并将其视为最重要的福祉，利用它，保持它。[1]

顺应自然而生活要求我们"随遇而安"，但如何做到呢？主要在于维持正常的生活态度，不抱怨，不奢求，不贪多，一切以"自足""充足"为要。充足使人平静，"贪多"产生苛求。充足的人不可能贫穷，贪多的人不可能富足。金钱不会让人富足，因为钱越多就越渴望钱，因而充足的人最富有，贪多的人最贫穷。人最大的烦恼，就是贪求更多而不可得，当我们不再贪多，过正常生活就能心平气和了。奢侈看起来是人性的本能，其实是不自然的欲求。奢侈生活的整个目的是得到狂喜至乐，而恰恰是以反常的方式得到的，不仅偏离正确的人生方向，而且要使这种偏离达到登峰造极的程度，以致最后甚至同正确方向完全相反。

所以，想过幸福生活的人要紧的是对于自己的本性要有正确的估计，知道自己的本性适合于什么，什么东西才真正讨好自己，令自己喜悦，而不要攀比别人。他论证道：谁敢相信，那些连人应该在什么时候生活都不知道的人，还会知道人应该怎样去生活吗？他们活着的时候就已经退缩到死亡中了。谁敢相信，他们会怕死呢？他们像只在夜里才飞行的鸟儿，整晚在酒宴上和歌舞声中消磨时光，而实际上，他们不是在赴宴吃席，而是在为自己举办临终庆典。

塞涅卡一连问了好几遍：这是正常的生活吗？一切邪恶都违反自然，不

---

1 Seneca: *Moralischen Briefen an Lucilius*, in: *Das große Buch vom glücklichen Leben, Gesammelte Werke*, Anaconda Verlag Köln, 2014, S. 682.

顾事物的正常秩序。他哀叹道，这些人虽然在追求生活，但其实就如同死人，说到底，一个人离死又多远呢？本末倒置的生活是人们的笑料，但为什么人愿意过这种生活呢？其原因不在于这种生活真有什么乐趣，而是因为这些人无法从正常的自然事情中得到乐趣。

醉生梦死的人，我们说他其实如同死人，但就是这些人还尤其怕死。如何克服对死的恐惧，曾经也是伊壁鸠鲁主义伦理学要解答的问题。对于塞涅卡而言，顺应自然而生活的斯多亚主义伦理学也需要论证，人如何克服对死亡，甚至要蔑视死亡。他的证明与伊壁鸠鲁的不一样，不说因为在你怕时，死亡还未来，因而不用怕，死亡来了，你已死也就感觉不到怕了；而是说，死亡是自然规律，我们怕与不怕，所有人都有一死，所以怕也只能徒生苦恼。生命短暂，我们要做的是让生命过得更有意义，更无忧无虑。生命的品质是靠行动而不是靠时间来度量的，有的人死后还活着，有的人活着就死了；死亡不是生命的完结，而是将重新回来的生命的间歇；害怕死亡是连续的苦役，只有蔑视死亡才是确实的自由。[1]

当人类习惯于习俗化的生活时，往往就忘记了自然生活之道。人们反而不知道享受自然赋予我们的福祉，去追求那些貌似幸福而常常带来不幸的东西。因此，追求幸福生活的伦理学必须知道，究竟何为幸运，何为不幸。

二、按照习俗伦常并不能过正当生活

在《论幸福生活》中，塞涅卡给其哥哥写信说：

> 吾兄迦流啊，谁不愿意过幸福生活呢？但为了知道什么能有助于我们达到生命之幸运，我们缺乏正确的眼光。没有什么比创造幸福生活更难了。当人们没有找到正确道路时，越是匆匆忙忙、狂风暴雨般地奔向

1　参见陈村富等编写：《古希腊名著精要》，浙江人民出版社 1989 年版，第 431—432 页。

幸福，就会离幸福越来越远。[1]

　　因此，如果伦理学哲学真的能对人们追求幸福生活的实现有明确的指导，那就首先要指明，通往幸福生活的正确道路。顺应自然而生活，已经是在指明这条正确道路了，但人们为什么走不上这一正确道路，而非要去追求那些虚无缥缈最终令人失望的生活呢？斯多亚主义主张好的哲学必须是身体力行的智慧，因而他们要以平实的理由告诉自己的亲朋好友，真的幸福生活，是与每一个人的正确生活的"眼光"相联系的，一般人"缺乏正确的眼光"，只能按照习俗的好生活着，这是不可能真的有幸福的。而一般人也听不进、听不懂哲学家的劝告，以为那是无用的空谈，因而最终也只能按照习俗而生活。但"习俗"最大的问题，就是似是而非的价值观，最终导致的是是非不明和善恶不分。因此，塞涅卡力图说清楚，伦理学倡导的幸福生活与习俗究竟应该保持何种关系。

　　　　如果我们把自己完全从民众流行的生活方式中抽身退出作为任务，那哲学将把我们引向何方？就内在气质而言我们可保留所有的差异，但在外部的行为举止方面，我们要与民众的习俗保持一致。……我们追求的目标，是比民众过一种更好的伦理生活，而不是与民众对立。……哲学首先许诺的东西，就是共通感（Gemeinsinn），平易近人和团结一致。而这个宣言将把我们带向习俗生活的对立面，这是我们千万需要当心的！按照我们的愿望应该获得惊叹的东西，也是容易被嘲笑和敌视的。不过，我们的座右铭是，顺应自然而生活。……哲学提倡的是知足的生活，而不是要做苦行僧。知足不需要放弃任何的优雅。我所喜欢的尺度是，我们的生活应该在严格的伦理和民众习俗之间保持中道。我们的生

---

[1]　Seneca: *Vom glücklichen Leben, an seinen Bruder Gallio*, in: *Das große Buch vom glücklichen Leben, Gesammelte Werke*, Anaconda Verlag Köln, 2014, S. 193.

活方式既应当受到民众的尊重，又不应该让他们感觉异常。[1]

因此，好的伦理学倡导要有"好的眼光"，而"好的眼光"无不体现在个人自己对自己和对他人与习俗要有"好的判断"，在正确的判断中，才能把握好为人处事的"尺度"。一个明确的在气质上与大众保持了"所有差异"而追求优雅生活的人，肯定不会让自己去过与民众一样的习俗生活，因为习俗的力量瓦解了任何个性的差异，其习俗的价值颠倒让人"优雅"不起来。所以，在回答我们在必要的社交中最应该回避什么时，塞涅卡毫不犹豫地明确回答，"回避众人"。但是，他强调的是，保持"好尺度"，既不能脱离民众，与习俗对立，同时又要与习俗保持适当的距离，过有自己主见的超凡脱俗的生活。这是最考验我们日常生活智慧的地方。塞涅卡的建议是超凡脱俗固然必要，但绝忌让人感到怪异并因此造成对立。既不能我行我素，像犬儒主义那样藐视一切习俗，甚至不惜以自我作践的方式挑战习俗，也不能像伊壁鸠鲁主义者那样完全世俗化为低级庸俗的享乐主义。与这两种流行哲学相对立，塞涅卡作为一个晚期斯多亚主义者，他的任务是要在这些学派之间秉持一种新的理性中道。

塞涅卡一方面指出，一个伊壁鸠鲁主义者和一个斯多亚主义者的区别究竟在哪里，以便让人懂得该如何看待生活，另一方面要指出一种身体力行的斯多亚主义的伦理学，究竟应该如何思考人生。

伊壁鸠鲁主义和斯多亚主义对立的关键，是价值观上的差异。前者认为，快乐就是好，就是福，因而对于人生具有最大价值的善，就是快乐。而后者认为你们认为的快乐，不过就是世俗之见，即享受而已，它只是低级欲求的满足，与任何高贵、德性、优雅无关，因而也与幸福无关。如果要说快乐，有一种快乐是伊壁鸠鲁主义者永远认识不到的，那就是德性本身才真正

1　Seneca: *Moralischen Briefen an Lucilius*, in: *Das große Buch vom glücklichen Leben, Gesammelte Werke*, Anaconda Verlag Köln, 2014, S. 360.

令人快乐，它不需要以满足低等欲望为代价，只因为它自身是德并仅仅为了此德就令人快乐，令人满足，这才是真正的善。塞涅卡用一段流行的俗话表达他对伊壁鸠鲁主义的理解：我们和伊壁鸠鲁的门徒势不两立，那是一群任性而娇生惯养的、对着杯盘讲大道理的哲学家，在他们看来，美德是享乐的婢女，美德要服从享乐、服侍享乐，他们高举的只是享乐。我们前面已经指出，对伊壁鸠鲁本人而言，这样表达其思想完全是误解，但对于伊壁鸠鲁的门徒而言，历史更愿意以这样的"误解"作为他们的招牌，根本无法改变。这至少可以说明，在人们的习俗观念中确实是这样一种"典型观念"根深蒂固，因而把它作为伊壁鸠鲁主义的经典表达也成了习惯：活着最重要的就是快乐，因而生活的意义就是享受生活，美德无非就是让自己和他人活得快乐和享受的能力。塞涅卡当然无法认同这样的观念，对他而言，享乐是一种低等的欲望生活，与高贵完全不沾边。没有美德，哪有什么快乐与幸福。没有美德的快乐与幸福，高贵者不但要拒绝它，而且必须谴责它。因此，他说："我们的分歧所在只有一个：美德是至善的原因呢，还是美德就是至善本身。""叫我气愤的还不是把美德放到享乐之后，而是把美德和享乐竟然放到一起！美德鄙视享乐，美德厌恶享乐；它避之唯恐不及。"[1]

撇开希腊化时代以来伊壁鸠鲁主义和斯多亚主义两派长期的争吵或者说"门户之见"不谈，塞涅卡还是意识到他们与伊壁鸠鲁主义在伦理学上具有共同一致性的地方，那就是追求幸福生活。所以，既然伊壁鸠鲁主义是无品质的低劣的享乐主义，那么，对于塞涅卡而言，一个斯多亚主义者如何能在顺从命运，又不违逆自然和习俗中过有品质的高贵的个人生活，就是他最为核心的难题了。

塞壬努斯写信给塞涅卡，谈到他将目光投向某些大公主人培训"奴隶男孩"的国家制度时感受到的良心谴责，怀疑人生，说："没有什么能把我变

---

1 ［古罗马］塞涅卡：《道德和政治论文集》，［美］约翰·M.库珀、［英］J. F.普罗科佩编译，袁瑜琤译，北京大学出版社 2010 年版，第 355 页。

成另一类人，但这在我的心灵上却产生了剧烈震动"，并对他从事政治生活做了如下反思：

> 我决定遵循我的老师的指示，并且把自己推到了国家事务旋涡的中心。引导我这样做的，并非为了谋求某种尊荣地位，为了执政官的任期，为了紫袍加身，而只是我的朋友们，亲戚们和所有同侪们甚至整个人类的愿望，想让我多为国家服务，变得更为有用。[但我现在]坚定地打算，并谨慎地跟随芝诺、克勒安特、克律西玻，他们每一位都没有允许自己投身于国家公务，虽然我们每一个人都从他们身上看到了告诫。[1]

这样的良心谴责和对仕途的反省简直说的也就是塞涅卡自己的心里话，同时这也是斯多亚主义哲学必须回答的核心问题，我们这些不愿被命运领着走而只能被命运拖着走的每一个人，在明确看到了政治不可能给人带来幸福生活之后，如何能过上有价值的生活呢？塞涅卡于是回信写道：

> 相信我，我的塞壬努斯，长久以来我自己在宁静时就在寻求回答这个问题，我的心灵状态与你的是多么相似啊。[2]

摆脱邪恶的政治对人性的扼杀，对良知的泯灭，在看不到现代法治主义的解决方案的古代，唯一的出路就是退隐江湖，过自己的个人生活。我们将在下一节对此进行探讨，在此之前，我们还得解决一个斯多亚主义关于好生活的善知识（价值）问题。

1　Seneca: *Von der Gemütsruhe*, in: *Das große Buch vom glücklichen Leben, Gesammelte Werke*, Anaconda Verlag Köln, 2014, S. 244–245.

2　Seneca: *Von der Gemütsruhe*, in: *Das große Buch vom glücklichen Leben, Gesammelte Werke*, Anaconda Verlag Köln, 2014, S. 245.

三、命运、天意与不幸

大自然按照它自身固有的永恒规律发生和发展，人类属于自然世界的一部分，人类生活因而也服从于大自然生老病死的常规，在自然性上，人类与自然界一样是服从于先天而客观的自然规律。但人类具有意识、知觉、理性和思想，使得人类要依据理性所制定的人为法律来生活，这就使得"伦理"有可能过多地考虑人为的因素而脱离自然法则的轨道。伦理学实际上都在为人为法律确立"道德"的标准，这个标准就是自然法，即自然的正当性是一切法律和伦常正确性的标准。斯多亚主义为了纠城邦伦理之偏，牢牢把握住自然法的自然正当性，因此，在塞涅卡倡导顺应自然而生活的伦理原则时，他是把自然法当作一切法与伦理的标准的。

但大自然的永恒规律是必然性规律，一切个体生命在必然性面前就有了自己的命运。塞涅卡出身豪门，自己也一直被命运裹挟着在帝国最高权力中心做事，在提比略皇帝任上从政，出生入死，被流放，被重用，拥有无数的财富，但最终死于自己一手教育起来和一直辅佐的最无人性的尼禄皇帝。他不可能不认命，他虽然清楚地知道，个人驾驭不了命运，但也决不认可命运给予的一切，他告诉我们，人是可以与命运抗争的。一切认命，绝不可能是人的生命。哪怕天生的奴隶，也会在抗争中获得对命运的改善。他非常明白，就像政治不可能给世界带来正义一样，诸神也不可能永葆一人之幸运。命运之神恩赐的我们的一切，并非真的属于我们的财富，因为凡能给予的礼物也同样能够被收回，只有那真正属己的美德才可受用终生。

所以，虽说人各有命，天命难违，但有人总在哀叹世道不公，这不是一种哲学的态度。虽然命运之为命运，我们并不可知，只有天（神）才能预知（天意），而哲学却能够帮助人们消除习俗在"天意"上的误解。在写给他的好友卢齐利乌斯的《论天意》（ *De Providentia* ）的信中，他首先要解释的问题就是："虽说有天意，为什么好人总是屡遭不幸？"他以其强大的逻辑推理，证明了习俗对于天意、幸运和不幸的误解。

他说，既然相信有天意，那么就是相信这个世界是由天意主宰的，也就是说，世界这座大厦是有某种力量的保护才得以屹立。那么，我们也就用不着担心，我们头顶上的星空会由于偶然的机遇，乱作一团，飞速旋转的天体会因相撞而失去秩序。因此，既然我们相信有天意，就要同时相信，天意不会真的像你抱怨的那样不公：

> 我愿意你与诸神和解，诸神认为最好的人，也必定永远以最善待之。因为假如真的是以善害善，那是忤逆自然之道的。在善人与诸神之间存在友谊，维系这种友谊的中介，就是美德。仅仅存在友谊吗？不，在善人和诸神之间也还存在亲缘关系和肖似性。善人只是在时间性延续关系中才与神有别，他是神的门徒、追随者和子孙。而那位崇高而荣耀的天父，不纯是美德的守卫者，他以每一个严父都不是没有的坚硬严苛来管教他们。[1]

因此，问题的关键不是天意让好人屡遭不幸，而是我们关于幸运和不幸的认识总是被习俗的偏见所误导。塞涅卡举父爱与母爱的区别为例来说明。父爱严格而冷酷，总想让子女在艰苦的历练中获得成长，以使往后少受苦难，而母爱总是百般呵护，千般宠爱，生怕子女伤心落泪。因此天父对善人的友爱也是严酷的。命运之神从不跟弱者与懦夫过招。这都是因为友爱，而不是不公。因为没有经历挫折的成功，根本就不堪一击，要在艰难困苦的人生中获得幸福，无人不经受大风大雨的锻炼就能成功。因而真正的斯多亚主义的智慧，就是要告诉人们，我们根本不知道天意如何，所以我们千万不要怨天尤人，把时间和精力浪费在那些无谓的事情上。一个真正有智慧、有德性的人，无论顺境逆境，无论世道如何浇漓，都不要愤世嫉俗，含辛茹苦、

---

1 Seneca: *Von der Göttlichen Vorsehung*, in: *Das große Buch vom glücklichen Leben, Gesammelte Werke*, Anaconda Verlag Köln, 2014, S. 8-9.

备尝艰辛，并非就是不幸，养尊处优、纸醉金迷，并非就是幸福。在一个真正有德性的人眼里，种种逆境无非都是历练；刮骨疗伤只会让人变得更加坚强。从未遭遇不幸者才是最大的不幸。没有见过大风大浪的人，根本体会不到水手的快乐，没有英勇杀敌的士兵，哪懂士兵的幸福？世人所说的貌似不幸之事，其实没有什么是真的不幸。世人所说的那种酒肉饭饱、岁月静好地享乐，也绝不是有德者所愿享受的人的幸福。真正的斗士视以强凌弱为羞耻，在刀光剑影的搏击中方才显示其强大之卓越。因而，真正有德性者，是那些无论遭受命运何种打击，都处变不惊，泰然自若者；是面临无论多大的困难险阻都毫不动摇地永葆本色，勇往直前者；是无论世道多么黑暗都坚定不移地赞美和追逐真理与光明者。

虽说幸福是人生追求的最高目标，但人生舞台从来不是伊壁鸠鲁式的阳光明媚的花园，而是充满血腥与残酷的格斗场：

> 你可以在分享你的幸福的人们当中发现你的观众……他们可以观看到［罗马］广场上血流成河，在塞尔维利安诺湖畔（Servilianischen See）——这里也是为苏拉[1]卖命的谋杀者的墓穴，上面悬挂着元老院元老们的首级和谋杀者名册，这些刺客游荡在城里各个角落，成千上万的罗马市民在被推荐得到安全市民证书后，不，毋宁恰恰是因为得到安全市民证，而被集中于一个地方惨遭屠杀：观看了这些的人，难道还能看到，受流放之苦的人比受苏拉重用更不幸吗？[2]

---

[1] 卢齐乌斯·科尔内利乌斯·苏拉（Lucius Cornelius Sulla，公元前138—前78），古罗马著名统帅和第一个终身独裁官，开创了军事独裁的先河，为罗马帝国的建立奠定基础。他于公元前83年率军4万人进占罗马，为彻底肃清马略派，颁布"公敌宣言"，一帮为他卖命的谋杀者便对上了"公敌榜"的人格杀勿论。

[2] Seneca: *Von der Göttlichen Vorsehung*, in: *Das große Buch vom glücklichen Leben, Gesammelte Werke*, Anaconda Verlag Köln, 2014, S. 15.

习惯让我们以为得到皇上的赏识和重用，绝对是幸运，而遭受流放则是不幸，但事实是，遭流放者依然可以静候命运的转机，而昨天被重用者，今天或明天就有可能死在皇上的屠刀下。幸运与不幸从来都是无常。唯有美德才是自身固有的永恒财富，外人无法赐予也无法剥夺。在塞涅卡眼中，真正具有美德者莫如小加图，罗马的独裁者苏拉很喜欢与加图及其兄弟谈话，甚至在加图公开违抗其意见和政令时，也要召见这名少年。在内战激烈之时，德高望重的罗马贵族从苏拉的别墅中被带出去处死，而其时 14 岁的加图问老师为何无人杀死独裁者。老师回答："孩子，他们恨他却更怕他。"加图则回答："给我一把剑，好让我刺死他，将国家从奴役中解放出来。"后来在公元前 46 年的内战中，他宁可自杀，也不愿意被恺撒宽恕，恺撒无奈地说："加图，我怨恨你轻生弃世，你却怨恨我保全你的性命。"[1] 因此，塞涅卡用最饱含激情的笔触描绘了诸神也会流露出来的赞美：

> 没有什么事物能够引起诸神的青睐，[常人珍爱的那些运气]在诸神眼中不过就是儿童的游戏和博人一笑的轻浮之举。与之相反，另一类游戏是诸神在严肃地看管他的作品时也会注目而予以重视的：一个勇敢的人同厄运之间的搏斗，神也瞩目的战斗，如果勇者自己发起挑战，就更加如此。我再讲一遍，我真想不出，有什么更美的戏剧能让朱庇特俯视大地，观赏到比加图更令他重视的人。在他的党派多次遭受打击而被推翻之后，他依然傲立于共和国的废墟之上，"就算普天之下所有权力都落入到一人之手"，他说，"就算所有的陆地被恺撒的军团包围，所有的海口被他的舰队封锁，所有的城门被他的士兵把守，我加图还是会找到出路脱身的。一只手就足以为自由拓开一条宽阔大道。这把即便在内战中也保持了它的纯洁与无罪的剑，终于要做出一种善良和崇高的伟业

1　[古罗马]普鲁塔克：《希腊罗马名人传》，席代岳译，吉林出版集团 2009 年版，第 1365、1418 页。

了，它没能为祖国带来自由，今天却要把自由赋予加图了。……对于我加图而言，请求另一个人赐死，如同请求饶命一样地可耻。"……诸神看到这样的门徒怎能不由衷地喜悦，就连令人生畏者也对他的死肃然起敬，赞美有加！这样的死带来的是永生。[1]

塞涅卡力图证明的是，常人所谓的"不幸"只有对于弱者、享乐主义者才是"不幸"，而对于生活的强者，那些有着崇高德性的人，它更多的是历练，并通过历练而变成人生的财富。他说，命运之神用火考验穆齐乌斯（Mucius）的力量，用贫穷考验法布里齐乌斯（Fabricius），用毒药考验过苏格拉底，用死考验过加图，用流放考验过茹提利乌斯（Rutilius），他拒绝了苏拉提出的一切"幸运的"好处，当苏拉要把他从流放地召回，他却躲到了更远的地方。这些人难道就真不幸了吗？好运降临到天资低下的人身上也不见得真的就成为好运，但唯有伟人才能战胜带给凡人痛苦的各种磨难和艰辛。真正的豪杰是渴望危险、不畏艰难的。因此，塞涅卡让我们千万别自作多情地去同情一个好人，人们说他是个可怜虫，但他断乎不会是个可怜虫。塞涅卡也说出了只有19世纪末的尼采才最终说得出的强力哲学观念：远离奢华享受，远离顺境吧，这些东西会让人虚弱不堪，头脑糊涂，他们会终日醉生梦死，虚度光阴。好运过了头带来的危害胜过一切厄运给人带来的磨难。生活的强者在忍受不幸中，磨砺出坚强不屈的美德，会让人真正过上幸福生活，而天生幸运的人最终也可能在享受一时的暴富时胀破肚皮而暴死，哪一个更幸运呢？疾风吹劲草，烈火炼真金，人也不能只指望自己天天好运连绵，而不在真实的生存斗争中磨炼自己的坚强意志，那也就辜负了大自然的造化之功，丧失了人生奋斗的乐趣与意义。

1　Seneca: *Von der Göttlichen Vorsehung*, in: *Das große Buch vom glücklichen Leben, Gesammelte Werke*, Anaconda Verlag Köln, 2014, S. 11–12.

第三节　如何能有个人生活的自由

在写给卢齐利乌斯的第 6 封信中，塞涅卡谈到，我们大多数人的一生，就像角斗场上的格斗者，命中注定就是同各种艰难险阻进行斗争，早上被投给狮子和熊，你必须拼命才能侥幸活下来，稍微喘口气，中午又被投给追求刺激和血腥快感的旁观者，他们花钱来就是为了观看每个杀了对手的格斗士继续不断地再跟下一个人格斗，一直到他也被杀死才过瘾。最后的胜利者保留给明天的旁观者，是同一个游戏的继续，目标都是在格斗中被血淋淋地杀死。因此，这里没有任何一个是胜利者，所有格斗者最终的出路都是死路一条，而且同样的惨烈，唯一的区别在于死的先后。烈火与钢刀维系着屠杀游戏的进行。这似乎就是人类的悲惨命运。是否有可能让人在这种终有一死的游戏中抽身而出，过一段有意义的幸福人生呢？

一、退出政治生活的理由

写给塞壬努斯的《论个人生活》就是讨论这个问题的。"不同于亚里士多德，斯多葛学派从一开始就坚持认为，哲学和科学的探究只有在对人类生活有用时才有价值。他们拒绝任何为了研究而研究的'更高级'（higher）的学问，而不论它是理论上的学问还是沉思默想的学问。"[1] 所以，主张身体力行的伦理学可以将习俗化的生活引导上一个良好的道路，这条道路就是人必须学会过"个人生活"。

过个人生活首先就是放弃"公共生活"。"公共生活"在古代最主要的含义就是"政治生活"，而源自古希腊的直接民主制，每个公民毫无例外地都是必须直接参与政治生活的，他们要在广场上发表对公共事务的意见，表达自己的意愿和诉求，选举和被选举，这是每个公民的义务。而在这种直接民

---

[1] ［古罗马］塞涅卡：《道德和政治论文集》，［美］约翰·M. 库珀、［英］J. F. 普罗科佩编译，袁瑜琤译，北京大学出版社 2010 年版，第 228 页。

主制消亡之后的罗马帝国时代，所谓"政治生活"那只是贵族们的事情，因此像塞涅卡的兄弟和他的这帮通信的朋友们，都是命定地、身不由己地被卷入到政治生活之中。因此，塞涅卡自己也说，他自己也是在晚年、在无数的人生错误中认识到，人生过于短暂，要过有意义的生活，必须从"政治生活"中抽身而退，退回到自己自然而自在的生活中，才是真正的个人生活。退出的直接理由当然就是政治的腐败与黑暗。他之前还想通过哲学影响政治，尤其是通过教化"君主"，使得哲学伦理学的智慧直接影响政治的正义，但在尼禄身上，他彻底失败了。不仅失败，当他意识到哲学根本影响不了一个集所有权力于一身的皇上时，他再想"退隐"就已经迟了，因此他最终也是因为提出退隐才导致了杀身之祸。就此而言，过个人生活的自由，是塞涅卡用生命换取来的真知灼见。

　　这一真知灼见使得他根本对现实的国家政治的正义失去了信心。他之前还在思考，一个有智慧的人究竟应该依附于哪个国家，而现在，他认为根本就没有哪个现实的国家值得依附：

　　　　我来问你，那样智慧的人要去依附哪一个国家呢？雅典吗？就是在那里，苏格拉底被判死刑，就是在那里，亚里士多德为了避祸而不得不流亡国外，就是在那里，嫉妒打垮了美德。你不会告诉我说，有智慧的人会对那个国家心生眷恋！那么，迦太基呢？在那里，暴乱不断，在那里，有德行的人受到自由的威胁，在那里，公正和善良完全不被尊重，在那里，不仅是敌人而且连本国的公民也要受到野蛮残忍的对待。有智慧的人同样要逃离这个所在。如果你要我历数每一个国家，我们也不会发现哪个国家能够容忍有智慧的人，或者能够叫有智慧的人容忍。[1]

1　[古罗马]塞涅卡：《道德和政治论文集》，[美]约翰·M.库珀、[英]J.F.普罗科佩编译，袁瑜琤译，北京大学出版社2010年版，第241页。

　　国家政治的败坏必然导致普遍的恶习，而恶习是会导致邪恶盛行的。在《论个人生活》的"序言"部分，塞涅卡就从我们人性的"恶习"讨论了过个人生活的必要性。人性的恶习是在公共生活中沾染上的，直接是政治腐败导致的，人间最大的邪恶就是总让我们已有的恶习花样翻新，欲望过多，不知餍足，反复无常，荒谬嬗变。攫取一个又欲望下一个，放弃我们要寻找的东西，再去寻找之前放弃的东西。因而根本失去了自己判断力。我们无法根据自己理性的判断来思考哪条道路是正确的，我们依据的标准只是当前政治确定的标准或者多数别人的夸赞。在这样的"恶习"下，如何可能有正确的个人生活呢？逃离它是唯一正确的选择。

二、过个人生活没有违背斯多亚主义的原则

　　塞涅卡首先回应一个疑问，从政治生活中抽身而退，不是背叛同道吗？斯多亚主义不是提倡人们要献身共同体的利益，帮助他人，让人类共同体走上正义与善良之路吗？塞涅卡说，我不是抛弃斯多亚主义的训诫，但也不能墨守成规。一个人从少年时代起就应该全身心地投入到对真理的凝视和哲学的沉思之中，探寻正确生活的道路。这样，人就不会去别人吩咐他去的地方，而是去道义带领我们去的地方。从政治生活中退出，可以是职位上的退出，也可以是态度上的退出。即每个人都有"权利"在履行完"公务"时进行一下沉思凝视，问问自己的良心，白天使用的"公权"是真为"公务"吗？因此每个担任公职的人，也完全有"权利"把心思转移到其他事务上。他的理由是："那维斯塔神庙中的处子们，她们的一生要履行不同的义务。"[1]

　　塞涅卡不认为他主张的过个人生活违背了斯多亚主义领袖们的原则，他说，始终追随一个人并不是要同居一室，而是要同归一个门派。但哲学根本的是追随真理，而不是追随领袖。我们必须和那些教导我们真理何在的人，

1　[古罗马]塞涅卡：《道德和政治论文集》，[美]约翰·M.库珀、[英]J. F.普罗科佩编译，袁瑜珺译，北京大学出版社2010年版，第234页。

而不是教导我们利益何在的人一起去追寻真理。斯多亚主义虽然在一些核心伦理问题上与伊壁鸠鲁主义有分歧，但是在倡导过个人生活上则完全一致，殊途同归：

> 伊壁鸠鲁说："不到万不得已，有智慧的人不应该过公共生活。"芝诺则说："他应该走进公共生活，除非有什么阻碍。"前者强调的是原则上要过个人生活，后者则强调特定的理由。但是这些理由却所在甚广。如果公共领域已然堕落到无可救药的境地，如果它已经被邪恶之徒占据，那么，有智慧的人不必做无谓的争斗，也不要做无益的牺牲。[1]

就算公共领域还没有堕落到无可救药的地步，一个热爱自由与真理的人，也完全有理由或权利过自己想过的个人生活。任何人善待他自己，就是对别人有益。同样一个让自己变得更坏的人，不仅要伤害自己，更会伤害到别人。我们必须知道的是，我们每个人都有两个公共领域，即两个国家。一个是为所有人真正共同拥有的，众神和众人同在的国家，一个是因为我们出生而登记在它的簿册上，被某些集团拥有的国家。前者是伟大的国家，后者是实际的国家。退出公共领域指的是从后面这个可能已经彻底腐朽、败坏了的国家公职中退出，而不是从前者中退出。退出腐朽败坏的公职，依然可以为那个伟大的国家服务，还能更好地履行人应该履行的美德义务。

三、个人生活与政治生活和习俗生活的关系

因此，这里的核心问题是自然生活与政治生活的关系。斯多亚主义的基本主张是顺应自然而生活才是至善，自然本身丰富多彩，精巧美丽，完美自足，她把人类安排在宇宙的中心，既可以俯视万物之丰盛，也可以高昂自

1　[古罗马] 塞涅卡：《道德和政治论文集》，[美] 约翰·M.库珀、[英] J. F.普罗科佩编译，袁瑜琤译，北京大学出版社 2010 年版，第 235 页。

己的头颅，追寻星辰的踪迹。大自然每一个事物都各得其所，各安其位，没有任何一个多余，也没有任何一个欠缺。她还赋予了人类沉思的能力，你也许只是为了沉思而沉思，不需要追求有什么结果，却没有任何烦扰，就感到惬意和欢乐。如果我们把自己全部奉献给自然，对自然保持我们的惊异和崇拜，那我们只需做自然希望我们做的两件事：积极地行动和沉思的悠闲，我们就能让个人的生活幸福而满足，我们有什么理由不顺应自然而生活呢？

　　而政治的生活却是不自然的，需要人们在错综复杂的权力与利益、名望与成功等各种俗务上消耗自己宝贵的生命，他根本不可能有自己的个人生活。因此，有智慧的人都懂得从各种公共生活中退出。当然，不是说退出公共生活就不再为子孙后代的利益而工作，而是更加有意义地为公义而奉献智慧。塞涅卡说，斯多亚派的首领芝诺和克律西玻，他们从事哲学，为全人类而不是为某一个国家制定了法律，为世界确立了道义法则，难道不比让他们带兵打仗、担任公职的价值大得多？因此，顺应自然而生活就是选择一个最好的生活方式：

> 　　生活分为三种，人们经常会问哪一种生活是最好的。第一种是沉溺于享乐，第二种是思辨或静观的生活，第三种是政治生活。……我的观点是，所有的学派都赞成沉思。别的人直接去追求这个目的，而对我们而言，它只是行程中的一站，而不是永久的港湾。[1]

1　［古罗马］塞涅卡：《道德和政治论文集》，［美］约翰·M.库珀、［英］J. F.普罗科佩编译，袁瑜琤译，北京大学出版社2010年版，第240页。亚里士多德也提到了这三种生活方式，参见亚里士多德：《尼各马可伦理学》1095b15—19，邓安庆注释导读本，人民出版社2010年版，第46页。但塞涅卡在这里表达出的观点与亚里士多德不一样，他不是直接地把沉思生活视为最好的，而是说生活是不可分割的，沉思的人也不会放弃享乐，享乐的人也需要沉思，投身于政治生活的人也没有放弃沉思默想。因此我们不要为这些人为的标签而争论哪种生活最好，顺应自然就最好。因而，哲学的沉思生活也是行程中的一站，关键是沉思生活是否最终顺应自然。因为如果仅仅强调哲学沉思，而不身体力行地积极行动，那么这样的沉思生活就不是顺应自然生活。

因此，所谓过个人生活指的是以个人为主体的自由的心灵生活。除了从政治生活中退出之外，它还内在地包含一个含义，就是在价值观上从公众的习俗价值中抽身退出。我们生活在众人中，这是常态，但在价值观，即生活原则上我们应该有自己独立的见解与判断，这要求我们自己从众人的习俗，尤其是恶俗中抽身退出，退回到自己的心灵生活中来，这是个人生活的一个基本的出路。外部恶劣的生活处境自然会带给每一个人恶劣的影响：生活放纵无度的朋友令人懦弱消沉，富有的邻居难免使人贪婪，品质恶毒的伙伴在即使天真而令人尊敬的人身上也会擦上他的锈斑。在这样的世道上，塞涅卡教导我们：

> 当大多数民众都败坏伦常道德时，人当然必须要抓住什么。常人在这里只有在模仿或者仇恨之间选择。但这两种做法都应该避免。人既不要因为大多数人都在作恶而选择作恶，也不要因为他们与我们不是同一类人而与他们为敌。那么，请你尽可能地退隐到你自己的内心中去，要结交能够让你变得更好的人们，要让那些能够让你进一步提升的人们与你联系。这样就能达到相互提高的作用。人在学习时也就在教导。[1]

因此，个人生活是独立自主的生活，主要是在精神、价值、原则上的独立自主和独立判断，而不是离群索居，隐身山林。

第四节　作为个人心灵品质的德性论

从苏格拉底开始，伦理学是作为追问值得过的人生为主题，因而在亚里士多德那里，这种"值得过"的追问形式，变成了一切行为和实践的最终

1　Seneca: *Moralischen Briefen an Lucilius*, in: *Das große Buch vom glücklichen Leben, Gesammelte Werke*, Anaconda Verlag Köln, 2014, S. 366.

目的：幸福。于是"德性论"是从属于幸福论伦理学的。也就是说，"德性论"没有也不能独立地成为一种伦理学形态，只有在服务于实现人生的总目标——幸福——的主题下，才能合适地谈论德性，它是伦理学的第二位的概念，即"功能"概念，而不是"元概念"。

"功能"从属于某一"机体"的属性，而不是"机体"本身。当我们说，消化能力是胃的功能时，胃的德性就是将消化能力发挥到最优，因而，胃的德性是作为功能发挥之结果的最优消化能力，而不是胃本身。胃也有无德之时，此时消化功能紊乱、衰退、微弱，乃至"不消化"。因此，作为功能的德性，一是从属于个体之机体，二是从属于个体之天性（自然），三是天性发挥到最优时的完成状态，三者缺一不可。因此，作为古典幸福论伦理学概念下的德性论伦理学，也只能是伦理学中的一部分，而不是全部。它的善定向于实现某一实体之功能的最终目标而被定性。当一个实体是城邦时，德性是城邦实体之得以生存和生存得"好"的功能，那么这种德性被称之为正义或友爱；当一个实体是个人时，那么德性就是让一个人成为人的那种功能，人们会说，人的德性是理性，是思想，是自由，是智慧，是仁爱，是知书达理，是勇敢，是节制，是审慎，是公正，如此等等，是在不同时代、不同文化处境下被视为人之为人的卓越品格，不具备它们，就被贬斥为"不是人"的那种作为人的"资格"、性格与特征的东西。古希腊德性论既从幸福论的定向中讨论，也从人类必须要过的城邦生活（政治伦理）的定向中讨论，也从个人作为人的生命之繁盛的定向来讨论，它们都是德性论的一个部分，每一个部分都有其合理性和意义，很难认为哪一个部分最有优势地位能代替或取代别的部分。

一、德性本身即幸福

塞涅卡的德性论从属于斯多亚主义的幸福论，两者的关系是：德性本身即幸福。因此，德性论在他这里确实有了一个根本的转向，即从城邦政治转向个人的心灵，从功能的积极实现转向防止功能失衡和丧失的消极防御，因而"治疗性"的德性在他这里占主导。所谓占主导，不是说作为优秀品质积极实现的德性概念在他这里不存在，如友爱、正义和自由，而是说他更多是从防止不友爱、不正义和不自由的角度来论证德性的意义。

所以哲学或者说伦理学在他这里，完全是私人性的。他做哲学确实不是谋生的职业，他作为皇帝身边的国师，不需要哲学谋生，但需要哲学的智慧。但这种智慧，也主要不是为了创建具有罗马气派的哲学而去从事精致的思想论证，而是完全服务于处理日常政治生活中的困难，化解自己各种矛盾、斗争，乃至生死之症结而用生命活出来的智慧。因此，顺应自然而生活的哲学，既要求人们时刻必须沉思默想，在生活中磨炼自己的判断力，又要身体力行，在实践中发现和解决问题。当终日苦思应当如何行动而不得其果时，那就先适时地伸出手来，在生活中把信念变成现实。"愿意的人被命运领着走，不愿意的人被命运拖着走"，但凡人在"走"，就必须要有哲学作为明灯来照亮前行的路，否则在无明的苦难世界，哪里都不可能有自己的避难所。人是随时随地可以蔑视那些来自大多数人赞同的快乐的，它需要的不是权势，不是钱财，而仅仅需要你将已经禀赋在身的德性，发出其光辉，实施其卓越，因而知道如何在自己身上，出于自身，在自己的心灵中愉悦自己，认同自己，赞美自己。这种心灵的德性快乐本身，有几个人赞同就好，一个人也行，但哪怕一个也没有，也无所谓。"无所谓""不动心""冷酷""坚毅"等斯多亚主义者在邪恶世道上所发现的智慧与美德，流传千古而不断受到真实的赞美。

二、智慧：人生海洋中为人领航的灯塔

作为斯多亚主义者，塞涅卡不是一般地说，幸福生活需要有智慧，而是要证明，智慧作为德性，本身就是幸福的。因为智慧是一种辨别善恶，取舍该与不该、当与不当的能力，因此仅仅说没有智慧，生活就不幸福，那是一

种老生常谈，对于一个追求心灵之高贵生活的人而言，要感受并享受到辨善恶、明是非、正确决断本身所带来的幸福，才是一种哲学的人生。

塞涅卡当然会承认，人生最宝贵的美德是有智慧，哲学就是爱智慧。愚蠢的人生不仅自己过得稀里糊涂，而且说不定哪一天就会与恶道同流合污。唯有智慧才是在危险丛生的大海中为人领航的灯塔，免遭被抛来掷去的厄运。但智慧作为美德，从来不是天生的，不是"自然"，而是"自米"生存磨炼中的思想品质。许多人在艰苦的生活中摸爬滚打一辈子，也磨炼不出智慧，因为他把自己抛入艰苦中损耗，而不会以思想让自身超出困难之外和之上对困难本身进行审视。因而，不思考的人只会让自己的身心磨砺出苦难的印痕，而参悟不出能让身心脱离苦海的智慧，更不会有什么终止动物生命的精神与雅趣。塞涅卡自己也饱受生活的磨难，他坦诚，他辞掉公职，断绝社交，放弃高官厚禄，勤奋写作为后世留下有益的忠告，他所思考出来的这些智慧，无一不是从自己人生的种种错误中，在残酷的黑暗政治中，被折腾得疲惫不堪后才认识到的，因此，哲学的思想才是人生真正的最终避难所：

> 我总是一再地洗劫伊壁鸠鲁，从他那里我曾读到过下面这句格言："如果你想要获得真正的自由，那你必须献身于哲学。"谁服膺于哲学，谁的未来就不会被空话所敷衍。他将立刻置身于自由。因为正是因为有人服务于哲学，自由才得以存在。你或许要问我，为什么我恰恰要从伊壁鸠鲁那里，而不从我们自己的学派那里，借用这么多美妙的格言，但你为什么要以为这些话就只属于伊壁鸠鲁，而不把它们视为共同的财富呢？有多少我们感激的诗人说出的精彩警句，是从哲学家口中说出或应该是从哲学家口中说出的啊！[1]

---

[1]　Seneca: *Moralischen Briefen an Lucilius*, in: *Das große Buch vom glücklichen Leben, Gesammelte Werke*, Anaconda Verlag Köln, 2014, S. 369.

哲学让我们置身于自由，但自由并不能保障你一定有智慧，一定善良，自由是一个人能过有品质生活的第一条件，让人活得像个人的"做人的资格"，但智慧还得依赖于自己的思想与判断。塞涅卡大声呐喊说出他用生命与自由换来的智慧的忠告，是值得我们聆听的：

> 回避众人喜爱的一切，回避幸运送来的礼物。

人生道路上意外出现的令人喜爱的东西，当须特别警惕，引起怀疑。我们希望它是命运的礼物，它却很可能只是一个通往悬崖的诱饵。令人眩晕的辉煌高空，与让人身败名裂的无底深渊，实际上仅有一步之遥。命运既把航船掷向岩礁，就会把它倾覆并撞成碎片。

> 所以坚定不移地坚持理性和治疗性的生活原则吧，安身以健康为满足，这需要采取强硬的措施，以免它拒绝臣服于精神：吃饭止于饥饿，喝水解决口渴，穿衣保证御寒，住房为了遮风避雨……草屋顶与金屋顶同样美好……除了精神之外，没有任何东西值得羡慕。它本身伟大，没有什么不伟大。[1]

这就具有了超凡脱俗的正确价值观，这是一切人生智慧的关键。而身体力行的理性与治疗性的生活原则之下的德性也是具体而丰富的。在其著作和通信中，论述和论证最为重要的德性是：仁慈之德、感恩之德、愤怒之德、友善之德、社交之德、处世之道、简朴之德、坚毅之德、冷酷之德、忍耐之德、蔑视死亡之德、敬畏之德。

1　Seneca: *Moralischen Briefen an Lucilius*, in: *Das große Buch vom glücklichen Leben, Gesammelte Werke*, Anaconda Verlag Köln, 2014, S. 368.

三、仁慈：在帝王的宫殿里以其稀少而显得雍容华贵

《论仁慈》非常明确是写给刚登基不久的青年皇帝尼禄的，因而属于君主之德。塞涅卡苦口婆心地告诫皇上，当你受到众神之垂爱，拥有了人世间最高权力，所有人的命运和身份都掌握在你手上，不仅有生死、财富大权，而且有和平与战争之权，因而培植好自己的德性，正义厚道地用好手中的权力，这对君王的品性而言，无疑是最大的德性。塞涅卡明白，德性的价值不在于获得任何好处、利益，而在于它本身就能带来无上的快乐，因而无论是无上君主，还是普罗大众，都应该自觉培养自己的德性，除了美德，没有什么堪当德性的报偿。美德对于一个权倾天下的皇上，当然更加重要，因为世上的财富都握在你的手上，归你分配，你不需要任何别的财富与利益，你只需要获得一种因自身之善而快乐的东西，唯有德性才是这样的善，为什么不去拥有呢？

人们在这里，也会产生一个疑问，塞涅卡认为君主的最大美德是仁慈或仁爱，而柏拉图、亚里士多德则认为是正义，这是为什么？

仁慈的拉丁文 clemantia 是个非常难以把握的词汇，塞涅卡也拒绝给它一个标准的定义，因为这可能会因文字的枯燥无味而损害其道德修辞的劝慰力量。他需要从各种不同的仁慈行为的个别特征中，让人感受到仁慈美德的力量和意义。但对于我们研究者而言，弄清其概念内涵才是我们准确推理的基础，我们从英美学者的"导读"中，可以在与其他语言的对照中来感受它原本的含义：

希腊文中没有一个严格的对应词，也没有一个现成的学术定义。clemantia 在希腊文中的标准翻译是 επιειχεια，这个字眼一般理解为解释或者适用法律时的"公道"（reasonableness），并且不要把你合法的权利主张到极端状态。但是，在拉丁语中，这个概念还在很大程度上涉及 πραοτης——即控制愤怒时的"温和"和 ψιλανθρωπια——即"对人类

的爱"。但无论如何，clemantia 有一个当然的属性……它是面向弱势者的一种美德。你只能向那些"受你摆布"的人们表现你的仁慈；并且从凯撒时代开始，clemantia 就已经被公认为一种专门称谓征服者或独裁者的美德，他们掌握着所有人的命运——至少理论上如此。[1]

经过这段词语含义考察，我们就能清楚塞涅卡为什么要跟尼禄讲 clemantia（仁慈）之美德了。它包含了正义、公道或公正，这对于一个君王而言绝对重要，但塞涅卡不是探讨制度性的城邦之德，他也有意地回避政治性美德，因而区别于柏拉图十分正常；它也包含了"仁爱"之义，却又不是平等的人们相互之间的那种仁爱，因而区别于另一个拉丁文 Caritas（中文翻译为"仁慈"或"仁爱"），而在近代莱布尼茨在探讨自然法时，就区别了 Caritas 与虔诚（Pietas）和公道（Aequitas）的关系。[2]对塞涅卡而言，他恰恰是要强调"仁慈"是一个心智上的德性品质，是强势者对弱势者，身份、地位、权力在上者对下层臣民表现出来的美德。

于是，仁慈之德虽然"对所有的人来说，都是一个自然天性"[3]，但它显然不像当代美德伦理学家迈克尔·斯洛特说的那样，是说明美德品质的一个基础性"元概念"。如果君主都能具有天赋的"仁慈"美德，或者说从君主的好品质中能自然地"生长""仁慈"美德，那么世界早在远古时代就成为"上帝之城"，而不会像罗马那样成为"罪恶之城"了。

我们不得不注意的是，塞涅卡在这里是循循善诱地"规劝"，作为一个

1　［古罗马］塞涅卡：《道德和政治论文集》，［美］约翰·M. 库珀、［英］J. F. 普罗科佩编译，袁瑜琤译，北京大学出版社 2010 年版，第 170—171 页。

2　［德］斯坦凡尼·艾茨：《虔诚、公道与仁爱：关于莱布尼茨自然法术语及历史（过渡）地位的考察》，魏静颖、贺腾译，载邓安庆主编：《伦理学术 3：自然法与现代正义——以莱布尼茨为中心的探讨》，上海教育出版社 2017 年版，第 72—101 页。

3　［古罗马］塞涅卡：《道德和政治论文集》，［美］约翰·M. 库珀、［英］J. F. 普罗科佩编译，袁瑜琤译，北京大学出版社 2010 年版，第 186 页。

君主，你"应该"具有仁慈之美德，因为"仁慈最为般配的还是帝王们，只有在帝王那里，才有很多的东西要它拯救，才有更大的空间供它发挥"，"仁慈，不论出现在哪个房子里，都会带来幸福和安宁。而在帝王的宫殿里，仁慈以其稀少而显得更为雍容华贵"。[1] 美德作为"应该"，那就还不是一个现实实存的德性，因而塞涅卡在这里并不是从帝王"天生具有"的仁慈天性来论证帝王必然能"发挥"出仁慈之美德，相反，他完全是从对"帝王"的一种"义务论"的行动要求来规劝帝王应该具有仁慈之美德的。这种美德不是从帝王之自然品质上发挥出来的，而是从帝王之权威地位出发对其"行动"的义务要求：极端残忍是低等动物的符号，野蛮而残忍与一位国王的身份不相适宜，而唯一符合他高贵威仪的行为品质，就是仁慈。因此，仁慈要通过帝王的行动发挥出来：宽厚待人，因为国家是你的身体，国民是你的子民，你唯有宽厚待人，才与你作为国君的身份（义务）相宜，就像一个理性的人要宽厚地对待他自己的身体一样。"宽恕"罪人，如果没有发生犯罪，仁慈根本就是多余，在清白无辜的人那里，这个美德根本就不发生效力，就像药品的美德发挥在对疾病的治疗上一样。但宽恕之所以体现为美德，也是有其规范约束的，仁慈不是是非不分，例行一体，宽恕也不能随心所欲，违规妄为，如果失去规范约束，不能恰如其分，宽恕每一个人，与一个都不宽恕，同样都是残忍（cruelty）。因此，仁慈作为美德，它的本质属性在于："在对卑贱者实施惩罚［行为］时高大者所体现的温厚"，"心智在具有报复之力量的时候作出的自我克制"。[2] 因此，仁慈这个美德，在塞涅卡这里与其说是心智的品质，不如说是行动的品质。所以，他虽然非常清楚，帝王发号施令，没有一定之规，他依然告诉尼禄在行使仁慈美德时，要注意"发布命令

1　［古罗马］塞涅卡：《道德和政治论文集》，［美］约翰·M.库珀、［英］J.F.普罗科佩编译，袁瑜琤译，北京大学出版社 2010 年版，第 186 页。

2　［古罗马］塞涅卡：《道德和政治论文集》，［美］约翰·M.库珀、［英］J.F.普罗科佩编译，袁瑜琤译，北京大学出版社 2010 年版，第 218 页。

的模式"，确定"惩罚的原则"，哪怕对没有人格权的奴隶，也要避免不按规矩、随心所欲发布命令"把奴隶们指使得晕头转向"，他甚至说"奴隶们拥有在神的雕像下寻求庇护的权利；尽管你有权力对一个奴隶做出任何事情，但是，根据所有生灵都适用的法律，有些事情你不能对一个人来做"。[1] 这样也就剥夺了专制帝王无法无天的特权，劝导其在仁慈的美德下，依法发布命令，遵守规则的品质。美德于是也绝不可能像美德伦理学家倡导的那样不通过规范性概念就能够予以阐明。

四、感恩：忘恩负义是缺德的最为平常的表现

知恩图报，"滴水之恩，当涌泉相报"，这是我们的传统美德，当然也是世人的传统美德。但究竟什么是恩，如何施恩，如何相报，并非人人明白。世上忘恩负义的大有人在，根本不懂知恩图报是美德的人少，而在施恩与图报上犯下错误的人却相当多。斯多亚派第二代和第三代领袖都写过《论恩惠》，而塞涅卡的《论恩惠》主要借鉴的是帕奈提乌斯的学生赫卡顿在《论义务》中提出的对他人施行恩惠的义务。因而，感恩、施恩、报恩虽然都是德性，但要从一种伦理义务才能论证出这种美德的意义，因为人既非天生具有此美德，也非不用学习与教养甚至规训就能获得此美德。因而，塞涅卡虽然并未像赫卡顿、西塞罗甚至康德那样，以明确的义务论恩惠之德，他的证明依然是一种哲学的证明，因为他秉持的人生信条是人是社会的动物，人需要他人，需要相互帮助，才能生活。因而人是为了公共的善而生，既然是公共的善，那么就需要人人都具备参与公共之善的德性，所以知恩图报就是这种公共善的表现，因而也是个人具有的参与公共善的美德。

缺德的事情很多，而忘恩负义是缺德最为平常的一种表现。人为什么会忘恩负义？因为无论是施惠还是报恩，这都是"技术活"，需要高超的智慧，

---

1 [古罗马]塞涅卡：《道德和政治论文集》，[美]约翰·M.库珀、[英]J. F.普罗科佩编译，袁瑜琤译，北京大学出版社 2010 年版，第 206 页。

缺乏相应的教养就会在此类事情上有失体面。在施恩方面，人最常犯的错，就是不会识人，将恩惠施予不当之人。恩惠是一种人情债，施予不当不但无益而且会种下仇恨之种子。否认别人对自己有恩，或索要别人的回报，这都是可耻的。回报要自愿且得体，才不失体面。回报当然不是金钱，更重要的是态度。无力偿还已失体面，再加上吹毛求疵、牢骚满腹、吞吞吐吐，就把本来的恩情友爱关系变质。"美德在于施予恩惠而不图回报"，"一个伟大而善良的心智，其标志就是施予恩惠而不图回报，为了施惠而施惠，并去寻找那好人——即使曾经遇到了坏人"。[1]

恩惠的特殊品质或精华可以从"美惠三女神"获得理解。美惠女神为什么一定要有三个？有人说，一位女神要施予恩惠，一位女神要接受恩惠，还有一位女神要报答恩惠。为什么她们是姐妹，要手挽手？有人回答这三种行为实际上是相互联系、不能分割的，人在"施"时也在"受"，在给予时就是在报答。三者相互联系而成一个整体，这才是美丽与快乐的。她们透明而宽松的衣服显示了恩德之圣洁和知恩图报没有拘束和限制的明亮与畅快。

恩惠究竟是什么？它是那些可以用手触摸到的金钱与财富吗？当年苏格拉底的一个穷学生埃斯基涅斯（Aeschines）羞愧自己没有什么配得上老师的礼物相送，对苏格拉底说："我把我拥有的唯一一件东西送给你吧——这就是我自己。我请求你，就尽量收下这件礼物吧，而不管它的价值如何。你要知道，别的人尽管给了你很多东西，但他们留下了更多的东西给自己。"苏格拉底感激学生的这份善意，其无比的重大，因而立刻回答说："你送给我的礼物，除了伟大之外还能是什么呢——或者是你在轻贱你自己？我将尽力做到回报你一个比我接受你时更好的你自己。"[2]

1　[古罗马] 塞涅卡：《道德和政治论文集》，[美] 约翰·M.库珀、[英] J. F.普罗科佩编译，袁瑜琤译，北京大学出版社 2010 年版，第 258 页。

2　[古罗马] 塞涅卡：《道德和政治论文集》，[美] 约翰·M.库珀、[英] J. F.普罗科佩编译，袁瑜琤译，北京大学出版社 2010 年版，第 268 页。

五、镇定自若：不动心能抵抗一切无常与纷扰

以不动心抵御一切欲望和激情的纷扰，这是塞涅卡抵御无常的德性砝码。伊壁鸠鲁主义追求个人幸福，却以快乐为幸福。这是塞涅卡无法认同的，虽然在一般的说法上，塞涅卡也认为真正的幸福在于摆脱了忧虑，在于良心的安宁，虽然这类似于伊壁鸠鲁主义的"身体无痛苦，灵魂无纷扰"，但关键点完全不一样。塞涅卡所说的快乐是自身的德性带来的，而不是任何感官或感觉带来的。因此，他坚决地反对追求快乐的想法，因为追求快乐者，根本不可能区分得了感官的快乐和精神的快乐，因而也根本拒绝不了庸俗的感官享乐，但这种快乐确实是表面的、可耻的，它以快乐的假象与幻象，掩盖了真实的、可靠的快乐，即心灵的持续安宁和平静。快乐主义因而享受不了宁静的快乐，因为来自感觉的快乐必然会带来心潮澎湃、激情满怀，而真正德性的快乐，则完全是不动心，是对苦乐的"无所谓"，是对"愤怒"的平息，是"灭火"而不是"点火"。

因此，镇定自若作为一种德性需要一种长期的"修为"，而不可能出于一种天生的品质，它需要寻找到令人陷入激动、愤怒、恐惧、焦虑，乃至狂躁的根源。有的激动是因看重了本不该看重的"价值"所引起，因而需要持守日常生活的价值，恪守自然之道，从而保持中道来克服不应该的激动；有的愤怒是因为别人忽视、怠慢乃至羞辱了我们操持的人伦道义的底线，破坏了人类交往的道义原则，我们得学会理解别人也像我们一样，无须讨好或必然就能赞同我们的底线，一旦我们遇到这样无底线的人，在动怒之前反思一下是否是因为自己交友不慎，识人不当，把宝贵的时间浪费在跟那些不必交往的人身上引起的？如果原因并不完全在别人，而在自己，那么怒气可能就消了一大半。有的恐惧是因欲求而不得引起，这时就得反思所欲求者真的值得欲求吗？我们大多数时候都是在追求并不需要的东西，欲求值超越了其本身之所值，那么当我们清楚地认识到外物无论在习俗中多么被人追捧，其实本就没有多大价值，以平常心对待，那么患得患失的恐惧即可消除。但有的

恐惧是因贪生怕死所引起，我们的哲学探究，本来就要达到这一见识：死亡是自然规律，因而只有顺其自然，才有永生，生命的意义是靠行动而不是靠时间来度量的，我们就无须恐惧死亡，而且必须蔑视死亡，因为有的人死后还活着，有的人活着就死了；死亡不是生命的完结，而是将重新回来的生命的间歇；害怕死亡是连续的苦役，蔑视死亡才有确实的自由。[1] 克服了对死亡的恐惧，我们的心灵才永远不会被别的东西所烦忧。幸福的人蔑视了死亡，再无可怕的事物，还有什么不能坚毅地去追求心之所欲呢？世上只有德性是在事物如其所愿、如其所是地存在中成就自身的，因而唯有追求德性，才是真正自由的人，幸福的人。

六、友爱：忠诚的友谊不仅是幸福时的美酒，更是不幸时的救星

在斯多亚主义者当中，最接近于当代美德伦理学的美德概念的人，可能就是塞涅卡了。因为他是最接近于按照普通词义来而反对用高超语言来界定德性的人，也就是说，用最普遍的大众语言来界定德性，那么就无须以行动及其原则为核心，而只需以有德性的人，即行为者为核心了。有德性的人，就是加图、保卢斯、西庇阿、加卢斯、菲勒斯这样的人，因为他们被公认为"好人"。大众知道这么多就够了。但对于他这样的伦理哲学家，他依然在他的文字上，不断给人解说，他们这些人为什么就是"好人"呢？因为他们有德行，即与人为善的为人处世。这实际上依然是把德行之"行为"视为"德性"之"好"的基础和标准。而在"德行"的基础上，这些"好人"都有一个共同的最宝贵的灵魂品质就是友爱。

在许许多多的文章中，塞涅卡都论述了一个具有友爱品质的人具有友善待人、与他人结成友爱关系的能力，这依然属于顺从自然而生活的"应该"。但是，对于一个以"治疗性"防御"激情""愤怒"之情绪纷扰的哲人而言，

1　参见陈村富等编写：《古希腊名著精要》，浙江人民出版社1989年版，第431—432页。

他的重点既不像亚里士多德那样，构建一种系统的友爱伦理理念，也不像西塞罗那样系统地论述友爱作为一种美德的各种特征，而是更多地将笔墨用于阐明与他人维系一种理性而冷静的友爱关系需要注意哪些事项。在这些注意事项中，他特别提到，由于人生太短暂，我们完全没有必要把宝贵的时间浪费在与不值得交往的人交往上。我们常常表现得十分愚蠢，就是交友不慎，将精力消耗在与品性不同、志向不同、情趣不同甚至德行不同的人的纠缠中，既让自己的心灵受到纷扰，也让时光白白地浪费于无意义的事情。因此，选择合适的伙伴，结交值得信赖的朋友，就成为美好生活的美德和谨慎之举了。虽然一百个人中可能没有一个是可靠的朋友，但我们要有能力退出任何一个众人喜爱而于己不适之地，回避那些性情不合者，而对真正志同道合的朋友，则要纯心友爱，像善待自己一样善待友人，这是作为一个世界公民所应具备的美德。人的社会性确实使得人类具有友爱之德才能保障自己的幸福。生活的舒适依赖于人们相互之间的善意沟通与对话，有益的帮助和协调，伦理生活就像一座石头拱门，如果不相互支持，就会坠落在地，碎成无用的石子，而只有友爱的纽带，才能让各自找到自身在华美的建筑结构中合适的位置而自得其乐。对于最终不友善之人，赶紧离开就好，不必踌躇，影响了泰然自处之安宁。哪怕对于我们最终抗住不了，且会置我们于死地的恶魔，也不可献媚与屈服，必须宁死不屈地予以回敬。在忘恩负义、凶恶残暴的尼禄让人来宣布死刑命令后，塞涅卡完成了一个斯多亚主义式德行的最终生命的绝唱：

> 塞内加［塞涅卡的另一种译法］毫无惧色，他要人把写有他的遗嘱的木板拿来。……他要他们证实这样一件事：由于他无法对他的朋友的服务表示感谢，这样他便只能把他唯一的但是最美好的所有物，也就是他的生活方式留给他们了。如果他们把他的生活方式记在心里，那他们便可以从他们的真诚的友谊取得酬报，这就是因道德上的成就而享有的

声誉。同时他又叫他们不要哭泣，要坚定起来……他问道："他们所学的那些哲学箴言都学到什么地方去了？他们多年来学到的在灾难临头时所应有的那种理智态度到什么地方去了？尼禄的残忍谁不知道呢？他在弑母杀弟之后，除了再杀死他的监护人和教师之外，还能杀死谁呢？"[1]

历史学家塔西佗记载到，塞涅卡向他的周围的朋友说完这些话之后，又恳请他的妻子宝琳娜不要过度悲伤，如果已经在生活中得到了慰藉的方法，依然宁肯选择光荣的死亡，那么就让我们一起分享这一坚定的死亡的勇气吧，"说了这话之后，他们便各自一刀切断了自己的血管"，以在死亡面前绝不献媚，决不奴颜婢膝的不屈的自由，为人的生命赢得了辉煌的尊严。努斯鲍姆评价说："塞涅卡用宁死不屈惩罚这位皇帝，让后者没有机会享受因为对他进行折磨和羞辱所带来的快乐。"[2]这就是一个懂得自爱而爱人者最为高尚的美德，他以对朋友和对自身的珍爱，保护了人性的伟大，从而是对人性本身的最大友爱。

1　[古罗马]塔西佗：《编年史》(下册)，商务印书馆1981年版，第556—557页。
2　[美]玛莎·努斯鲍姆：《欲望的治疗》，徐向东、陈玮译，北京大学出版社2018年版，第447页。

第 九 章

爱比克泰德和奥勒留的伦理思想

晚期斯多亚主义最著名的代表人物除了塞涅卡之外，就是爱比克泰德和奥勒留，后两位一个是奴隶出身的哲学家，一个却是罗马帝国的皇帝，这样一个在地下最底层、一个高耸云天的两个人却同属一个主义，一个学派，我们是否能从这种强烈对比中感受到斯多亚主义的强大魅力呢？作为皇帝哲学家的奥勒留也从来没有试图让他的哲学思想来统治世界，反而从不避讳自己受到了奴隶哲学家爱比克泰德思想的影响，如此两个哲学家是不是更值得我们敬重？因为他们都是因哲学而伟大，因思想而自由，哲学在他们身上已经具有了超越身份、地位、政治和权力的解放意义，让每一个人因自由的思想而具有智慧的美德，因自由的美德而获得人格的尊严。这不能不说是斯多亚主义独特的价值。

第一节 爱比克泰德的个人自由伦理

爱比克泰德（约 50—135），出身为奴，无父无母，甚至连自己的名字都不知道。书上和"维基百科"上对他生平的介绍都大同小异，非常简略：大约出生在公元 50 至 60 年西亚古国弗里吉亚（Phrygia）的希拉波利斯（Hierapolis）城，时属古希腊，位于现在土耳其西南部。由于某种原因他被带到罗马，成为尼禄皇帝的保镖和知心人，有权有势的厄帕佛洛狄托斯（Epafhroditus）的家奴。他的名字爱比克泰德，根本不是什么姓名，而是他作为奴隶的希腊语爱称 ἐπίκτητος，意思就是"捡来的"或"买来的"。至于他究竟是出于什么原因被带到罗马，他的瘸腿是天生的还是由于主人的残暴造成的，都没有什么靠谱的解释。但在当时，富有的罗马人让家奴通过学习而获得教养，是流行的习俗，因而，爱比克泰德作为奴隶却跟随当时斯多亚主义的重要代表人物鲁富斯学习了哲学，这也并不令人惊讶，但无疑也是多亏了主人的恩赐。在主人死后他获释成为自由人，这当是不幸中最为幸运的事。之后他自己就在罗马教授哲学。但专制的罗马皇帝图密善（Titus Flavius Domitianus，公元 51—96，被称为尼禄后的第二位罗马暴君，死于被刺）在公元 89 年或 94 年把所有哲学家驱逐出罗马和意大利，他不得不带着学生们一起去了伊庇鲁斯（Epirus）的尼科波利斯（Nikopolis）城，居住在一间小屋里，除了一张床、一盏灯以外，几乎一无所有。他在那里自由自在地思考、传授并践行自己所讲的哲学，一直到大约公元 138 年或 125 年逝世。[1]

一、伦理学作为哲学的"第一领域"

一个奴隶出身的哲学家，所做的事竟与最智慧的苏格拉底一样，专心讨论各种伦理问题却没有留下文字著作。他的学生阿利安（Arrian）将他的学说记录在《爱比克泰德论说集》，古希腊文称之为 διατριβαί，拉丁文称之为 Dissertationes，这是流传于后世最为重要的道德哲学文献。阿利安按照当时斯多亚主义哲学的划分，将爱比克泰德的哲学分成逻辑学、物理学和伦理学三部分。逻辑学致力于思想论证所需的正确概念与推理，斯多亚主

1　*Die Philosophie der Stoa, Ausgewählte Texte*, Übersetzt und herausgegeben von Wolfgang Weinkauf, Philipp Reclam jun. Stuttgart, 2012, S. 31-32. 同时参见德文 Wikipedia: Epictetus, https://commons.wikimedia.org/wiki/Category:Epictetus?uselang=de。

义者力图把宇宙的逻各斯（λόγος/logos），即自然之道或"天理"证成为人类伦理行动必须遵循的原则。但爱比克泰德与其他斯多亚主义者一样，不以纯粹思辨来"证成"，而是强调"实践"及其"应用"之优先，在实践及其应用中来证成。因此，伦理之实践应用比单纯理论思辨更加具有优先地位（Vorrang），因为理论思辨的目标不是为了理论而理论，为了思辨而思辨，而应该为了实践而理论，为了应用而思辨。如果不从"应该做"什么发问，可能永远不能知道事物"是什么"，而不从如何达到人生最终目标幸福发问，应该做什么的"伦理原则"可能就是永远思不明、说不透、理不清的问题，所以，只有在"应用"上针对 How to do 的"行动"处境发问，"应该"如何（How about should）的意义才能呈现出来。因此，不是纯粹思辨与理论而是应用与实践才是哲学中最重要的领域，最必要的领域，这样就实现了对古希腊第一哲学的"颠倒"——不是理论哲学而是伦理学才是哲学的"第一领域"：

> 哲学的第一领域和最必要的领域是关于其原则的应用领域，例如就像不可说谎一样；第二领域论及证明，例如，出于何种理由不可说谎；第三领域是为这一证明提供基础并做出分析，例如，从哪里得出这是一种证明？什么叫作一个证明？什么是一种逻辑推理？什么是一种矛盾？什么是真的，什么是假的？因此，第三领域必然是由于第二领域，而第二领域必然是由于第一领域才存在。但是，人们应该停留在此的最必要的领域，是第一领域。我们相反，明确地是搞颠倒了。因为我们是带着第三领域度过我们的时代，我们的全部投入都适用于它。[1]

把伦理学作为哲学的第一领域，只是为了强调应该如何行动比单纯思考

1　Epiktet: *Handbüchlein der Moral*, Griechisch/Deutsch, Philipp Reclam jun. Stuttgart, 2014, S. 77.

抽象应该的道义更为重要，突出表现罗马人注重务实实用的特点，并不是说逻辑学和自然哲学的研究不重要，而只是强调理论的目标是行动，服务于人的安身立命之急需。探讨宇宙的逻各斯，不再像希腊人那样纯粹为了求知或思辨之趣，而是最终要为确立人类如何生活的伦理法则服务，从而说，把单纯满足于思辨兴趣的"理论"置于逻辑学中心，是徒劳无效的（fruchtlos）。斯多亚主义强调哲学三部分的划分只是知识领域的一种功能性区分，对于哲学实践而言，三部分实际上是密不可分且以伦理问题的解决为目标。因此，逻辑的重要性在于锻炼我们的理性能力，即正确地分析概念语义和逻辑地思维推理的能力，它应该让人意识到，一种逻辑的观念，如善和恶，并不必须与实际事物相一致，只有在我们如何做的原则上才见分晓。健康本身并不就是善，那是身体的一种状况，如同病本身不是一种恶一样，只有我们导致健康的行为原则才是善，导致疾病的生活方式才是恶，它们来自我们一种特别的心灵能力，来掌控自己的行为方式。物理学（自然学）也是一样，在爱比克泰德这里是从属于伦理学优先地位的，只在神学和人类学的框架内论证人类生存的伦理法则如何符合自然之道，而不像古希腊的自然哲学那样，探讨宇宙的起源（Kosmogonie）。对于爱比克泰德而言，宇宙是个有机整体，神性法则主宰了宇宙的生成和运动，因而所谓自然规律就是神在世界中的实存所表现出来的一种理性的宇宙秩序，所有的一切，包括我们人类，都只是宇宙的一部分，都必须服从于宇宙有机体的这样一种理性秩序，因而人类的伦理生活必须是顺应自然规律的，没有任何东西出于自然是坏的，神按照"最好"的原则来创造世界。所以，这样的物理学也是服务于伦理学为第一哲学的。

于是，伦理学在爱比克泰德这里，核心只是为了论证人应该做什么，为什么天生具有自爱本性的个人，同时会具有社会性和世界性，他们每一个人、任何时候都要遵循自然（本性）而生活。他的理由依然是从人是理性存在者立论，只有依从自然（本性）生活，才是遵从理性生活。理性是我们人类从神那里承袭而来的既可以理解自身也可以理解其他东西的能力，是人所有能力中最好的、统率其他能力的能力，哲学将不向人们承诺任何理性所不可把握的东西，如外在的财富，健康，美誉，这些外在的东西都不承诺，"它只承诺：'无论在什么情况下，我都将使主导原则保持在和自然一致的状态。'——'是谁的主导原则?'——'就是我所是的那个人的主导原则。'"[1]人的理性自主能力，合乎自然的生活原则的论证，于是对于爱比克泰德而言，就成为伦理学证明的重心，这与其他斯多亚主义者是完全一致的。但作为一个奴隶出身的哲学家，他的伦理学有其鲜明的个性和独特的魅力，那就是他特别强调了人之为人的自由，如同伦理学处于逻辑学和物理学的中心一样，自由意志这个在古希腊没有得到深入讨论的现代伦理学的基础性问题，在他这里第一次获得了无与伦比的重要性和中心地位，因此，我赞同我国学者的这个论断："爱比克泰德的《哲学谈话录》可以说是有关'自由'的谈话录"，"爱比克泰德讨论自由时将个体性的向度发挥得淋漓尽致，使个体性自由成为斯多亚伦理学的标记"。[2]

二、人的自由与意志决断的意义

通过物理学的研究，爱比克泰德确立了世界是由神（God 或 Zeus）所主宰，这一"世界观"实际上并非罗马人的新发现，而是有其古希腊的渊源，之后在希伯来文明中确定的。对此，施特劳斯说过："我们认为，在希腊人的思想和理解中，这种把自然物解释为神的创造物一开始并没有就这样确定下来。从德谟克利特的极端学说——他的学说中不存在神的技艺——中可以看出，希腊人对神还是人的造物的可能性持开放态度，古希伯来人的态度则不同。"[3]无论如何，爱比克泰德像其他斯多亚主义者一样，是真诚地

1　［古罗马］爱比克泰德:《哲学谈话录》，吴欲波等译，中国社会科学出版社 2004 年版，第 41 页。

2　石敏敏、章雪富:《斯多亚主义》II，中国社会科学出版社 2009 年版，第 126、134 页。

3　［美］施特劳斯讲疏:《西塞罗的政治哲学》，于璐译，华东师范大学出版社 2018 年版，第 261 页。

相信，世界由神主宰才是有规律的，一切事物皆出于神的意志（πρόνοια/providence），因而，人类必须服从于神及其意志，这是毫无疑问的。但是，伦理学必须解决的问题，不是是否服从神的意志，而是在神的意志的主宰之下，人是否有自由意志的问题。如果有自由意志，那么神的意志与人的意志之间是什么关系，如果人没有自由意志，人的独立性和尊严何在？

对于神人关系，爱比克泰德是从创造者与创造物的关系来确定的。人类与动物都是神的创造物，并因此而具有了人之为人的本性与高贵。但神创造动物和人类的目的是什么？意图何在？他试图推论出"天意"（die göttliche Vorsehung），虽然我们知道，这样的思考最终是无法得出一个客观的知识性结论的，但通过这种思考，让人领悟人的天命或使命，倒也是不成问题的。斯多亚主义需要从这种天意论出发，才能推论出人性的尊荣与高贵，以此将人类与只能按本能生活的动物区别开来。在爱比克泰德看来，神创造了五光十色的色彩，如果不同时创造出能感觉和赞美色彩的感官，那有什么用？神创造了如此精巧和完美的自然物，如果不能同时创造出能欣赏和赞美自然的精巧与完美的感官与理智，那有什么用？因此，神创造了自然，是要通过自然展示其神性创造的伟大和善意；神创造了动物，是因为神需要动物能使用这些外部表象；神创造了人类，是因为神需要人类作为其肖像，使人成为神自身以及神的作品的一个欣赏者，一个赞美者和解释者。动物只需利用神所赋予它们的感觉能力，使用神所创造的外部表象，吃吃喝喝，繁衍生息，以展示各种动物自身丰富多样的能力与灵性就够了，但是，人类有更高的天命：

> 因此，对人类来说，在无理性的动物行为的开端和终结之处开始和终止，是令人耻辱的；他从动物开始的地方开始，但是要在自然要求我们终止的地方终止。自然只有在达到沉思、理解以及一种和自然相一致的生活时才会终止。因此，请注意，不要让自己在还没有看到这些事情

之前就死去。[1]

　　这就是爱比克泰德创造性伦理思想的开端。在这个开端，安东尼·朗教授认为爱比克泰德只在保留了物理学的专门术语来处理伦理学应用问题时，展现出斯多亚哲学的独到见解，而在论天意等伦理学基础问题上则缺乏创新的观点[2]，就是值得怀疑的。因为从人类与动物的固有区别来讨论人类伦理生活基础，是古希腊哲学的普遍做法，也是理性主义伦理学迄今为止的共同思路。但是，一般人看不到这里的创见之所在，恰恰不是什么高大的理论，而是人的羞耻感和高贵感之根本。如果他指出强调人类从动物开始的地方开始，因而按照本能，人的自然本性去生活，那确实是俗见，但他同时强调了如果在自然要求我们终止的地方不能终止，还是按照自然本能和丛林法则生活，没有过上真正人类应该过的生活之前就死去，那是人的悲哀，是人的羞耻。没有洞见出这种羞耻感，就不可能有人类过高贵生活的原初动力。别的哲学家确实看到了人类应该讲礼义，但没有看到人类的羞耻感才是活得像一个人的这种原初动力。别的哲学家也许知道人不应羞耻于贫穷与卑微，而并没有洞见到，人在自然要求我们终止于单纯按照动物性本性生活的地方没有终止是羞耻，而且是根本的羞耻，即不能以人的思想、理解力和自由而生活是羞耻。

　　有了这种羞耻感，人才能真正以一个人的使命而不是以一个高等动物的荣誉感来生活。人虽然应该相信、感恩和敬畏神这个自然和人类世界的主宰，并因此相信人有天命，要服从于天命，这并不与人的自由与尊荣相矛盾；相反，恰恰是在这个敬畏这种天命中才领域（悟）到人之为人，要有从根本上区别于、超越于作为物种的动物生命的使命，才有可能过上真正属于

1　［古罗马］爱比克泰德：《哲学谈话录》，吴欲波等译，中国社会科学出版社 2004 年版，第 17—18 页。

2　A. A. Long, *Epictetus: A Stoic and Socratic Guide to Life*, Oxford University Press, 2002, p. 20.

人性的生活。如果没有对神的敬畏，没有神的主宰，就不会有人类生存的大地，不会有一个有自身规律的大自然。在此意义上，爱比克泰德的神，实际上就是自然，神的主宰，就是自然法的主宰。在他这里，神（他经常称之为宙斯）与自然（φύσις/phýsis）是同一的，他并不违反斯多亚学说多神教的泛神论，总是谈论诸神。

如此一来，人虽然是神所创造，而神却不能代替人来生活，就像父母生育了子女，子女依然要独立地在世界上创造属于自己的生活世界一样。人的伦理生活要靠人类自己活出来，活出一个世界，活出属于人类世界的本有的繁盛和风采，这既是天意之所向，也是人本该领悟到的天命。因而，人的独立自主和自由，同样也是神所赋予我们的：

> 神不仅赋予了我们这些能力——用这些能力我们可以毫不卑贱或屈服，忍受所发生的一切事情，而且他还像一个好国王和一个真正的父亲，将这些能力毫不约束、强制和阻碍地赋予了我们；他已将所有的事物置于我们的控制之下，他甚至没有为自己保留任何阻止或妨碍的能力。可是，尽管你已经自由地获得了这些能力，你却不使用它们，也从来没有认识到你从他那里领受到的是怎样的天赋才能，而只是忧伤地坐着，不停地抱怨。[1]

从这里可以看出，爱比克泰德的伦理学是一种德性论伦理学进路，要从人天赋而来的优秀品质，发展出人自己身上的美德。他把那些不从人的这些由神（自然）所赋予的高贵性来理解人的灵魂称为"卑鄙的灵魂"，而哲学或伦理学的研究，目标都是为了了解美好高贵的人是否可以找到适合于这些高贵品质的方法和途径。如果我们不研究美德，在走向美与好的过程中，就

1　［古罗马］爱比克泰德：《哲学谈话录》，吴欲波等译，中国社会科学出版社2004年版，第19页。

不会取得任何长进。而关于人的美德的认识，得从人类与神之间的亲缘关系而不要从人与动物的亲缘关系来谈。苏格拉底给我们选择了一条道路，当他被问及是哪国人时，他从来不说"我是雅典人"或"我是科林斯人"，而说"我是一个世界公民"。[1] 为什么要这样？因为哲学家不把自己看作习俗之子，而是神之子。生命的种子是从神传给我的父亲、我的祖父及所有产生和生长于地球上的事物的，因而，人类的世界是由神和神所创造的理性生物所组成的社会性的伦理统一，相互联系，休戚与共。人本质上是这样的伦理世界的世界公民。这样的世界让我们免于悲哀和恐惧。而当一个人宣称他是罗马人，他同恺撒或罗马有权有势的大人物有亲缘关系时，难道就足以让他生活安然，免于羞耻和恐惧吗？当一个奴隶逃亡了，离开了他的主人，他生活的依靠是什么呢？只能是他自己，是他作为一个人的本性与高贵，而不是政治赋予他的枷锁。

因此，真正的哲学探讨如何生活，首先要告诉人们，千万不要过分看低了自己，你是一个世界公民，是神与人的伦理世界中的一个人，有着神所赋予人的一切高贵品质。当你与他人有争执时，也千万不要持一种卑鄙的、可耻的立场，我们要努力劝阻他人也持这种立场，我们要把习俗套在我们身上的一切枷锁打碎，从一切束缚和压制我们的枷锁中解脱出来，站立在天地之间，为自己作为一个人，作为一个世界公民而活着，并大声告诉世界，人真正是众神的亲族。

作为众神的亲族的个人，是有可能活出人性的高贵的，人缺乏的不是可能，不是机遇，而是在有了可能的禀赋和机遇后的决断力。在自然要求我们终止的时候要终止，不作为动物的一族而作为人重新开始，这是一个决断的时刻，这种决断是一种坚决的"断舍离"，一种真正自由的开端。人的生命，动物性的欲求，自然的禀赋都是天定的，而唯有自由，成为一个人的自由，

1　[古罗马] 爱比克泰德：《哲学谈话录》，吴欲波等译，中国社会科学出版社2004年版，第25页。

向着人天赋的高贵而生活，这是一种自由的决断。是自主生活的真正开端，要求人摆脱自然的枷锁、习俗的枷锁、政治的枷锁，这种自由的力量恰恰是人性的力量，是自我造化的力量。拥有这种力量，并通过这种力量而生活，才是智慧，但许多人却抛弃这种智慧，以愚蠢当智慧而不自知：

> 因为事实上，努力从他人那里获得能从自己身上获得的东西是愚蠢，而且也是多余的。因此，既然我能从我自己身上获得灵魂的伟大和品格的高贵，那么，难道我还要从你那儿去获得农场、金钱或某个职位吗？决不！我将不会无视我自己所拥有的东西的。[1]

谁也不能否认人有意志自由，决定我们做还是不做一件事，决定我们卑贱低俗地生活还是高贵高雅地生活，神把这种决断权赋予了我们自己，没有人能从我们身上夺走：

> 总之，决定我们做还是不做每件事情的原因，既不是死亡，也不是流放和艰辛以及诸如此类的事情，而仅仅是我们的观点和我们的意志决断。……从今天起，无论我们什么时候做错任何事情，我们都要把原因归之于引导我们这样做的意志决断，而不是其他。[2]

可见，爱比克泰德式德性论伦理学的起点，不是天赋的品质，而是自主地使用这些天赋品质的行为，即基于意志自由的行为，自我发展与造就自身的美德。意志自由体现出"自我"作为行为主体之出场，以证明我作为个体生命实存着，没有意志自由或自己根本不运用自己的意志自由，那我只是

1　［古罗马］爱比克泰德：《哲学谈话录》，吴欲波等译，中国社会科学出版社 2004 年版，第 28 页。

2　［古罗马］爱比克泰德：《哲学谈话录》，吴欲波等译，中国社会科学出版社 2004 年版，第 34 页。

一个生物或动物意义上的存在者，还不是人性的实存者。存在与不存在根本上就是无所谓的事，那是人的悲哀，是将人格性的存在降为一种物质性的存在。"自由意志"（proairesis）希腊文的原意指的是意愿的选择和决断，起初并无"道德"内涵，因为并不像在康德那里那样，体现出主观准则和普遍法则的关系。爱比克泰德赋予了意志决断一种特殊含义，即使伦理行动（die sittliches Handeln）得以可能的能力，也即以"行动"（做）证明其人格性的存在，而凡是人的"行动"，都以有自由意志为前提。"行动"作为"伦理行动"，早在亚里士多德那里，就已经划定了与"制作"之"技艺"实践的区别，即不是有人喜欢说的"做事"，因为"做事"属于"制作"，不属于"实践"，"实践"与"行动"是直接画等号的，它的根本标志是"目的在自身"，"做事"不属于"实践"只属于"技艺"，标志是目的在"做的事之外"。因此所谓伦理行动，围绕的是"行动者"自身，即人格化的实存，这种实存是在与其他行动者共存的关系中存在的，虽然行动本身是出自个体的自由意志的。只有在伦理行动中才谈得上有人的德性卓越。所以爱比克泰德突出强调了意志自由的首要性，将其作为伦理人格的核心，作为一个不可侵犯的最终自我，这是西方哲学的根本进步，通过他跨出的这一步，才有了后来奥古斯丁的意志自由，通过奥古斯丁到伊拉斯谟，跨越一千多年的中世纪，最终在现代实践哲学中开花结果。

他甚至强调这样的自由意志是谁也不可剥夺的，哪怕宙斯也剥夺不了的。他说，第欧根尼曾在在给波斯王的信中说：

"与无法奴役鱼儿一样，你无法奴役雅典政府。""怎么会呢？我不应该控制他们吗？""如果你这样做了"，他回答道，"他们会像鱼儿一样，立即逃离你。"[1]

1　［古罗马］爱比克泰德：《哲学谈话录》，吴欲波等译，中国社会科学出版社 2004 年版，第269 页。

因此，意志自由这种能力，不能停留在单纯地意愿阶段，必须与行动相联系，才能成为自由的德性。作为神所创造的人，都一样地被赋予了自由意志的能力，但是，有的人虽然是自由人，但品质却是奴隶的；有的人虽然出身是奴隶，但凭借其自由意志能力，成就了自由的美德，成为自己的真正主人，一个本真自由的人。

> 什么能使人摆脱阻碍及摆脱自己的主子呢？财富、执政官之职、行省或国王等等都不能，而必须找到其他的东西才行。[1]
>
> 有人能逼你欲求你不想要的东西吗？——没人能这样做。——有人能逼你做规划，一句话，能逼你处理降临到你身上的表象吗？——也没人能这样做。但当我想要某样东西，别人将阻止我得到我想要的东西。——如果你想要得到的东西是你自己的，是不受限制的，别人能妨碍你吗？——根本不行。[2]

因此，只有意志自由和因意志自由所塑造出来的自由之德性，才是真正属于自己的，在此基础上讨论爱比克泰德的德性论伦理思想，才有恰当的理解。

三、自由德性中的"正确理性"与合乎自然而生活的行动标准

把自由作为人的根本的德性品质，是因为只有这种品质才能让人成为真正的人。斯多亚主义者从克律西珀开始就把真正的自由视为人的灵魂的一种性情（διαθεσιζ），爱比克泰德继承了这一思路，认为哲学的最大作用就是能

---

1 ［古罗马］爱比克泰德：《哲学谈话录》，吴欲波等译，中国社会科学出版社2004年版，第274页。

2 ［古罗马］爱比克泰德：《哲学谈话录》，吴欲波等译，中国社会科学出版社2004年版，第275页。

够培养起人的灵魂中的这种合乎自然的德性性情，使人懂得自由与德行的价值，就在于让自己免于奴役，成为一个自由的人。因而这种自由的性情本身就是一种使人成为真正的人的德性：

> 有什么人能按照自己的意愿生活，不受强迫，不受阻碍，不受暴力，不受束缚地选择，成功地达成愿望，不陷入本来能够避免讨厌的事，他就是自由的。[1]

所以，坏人，不可能是自由的，因为他无法按照自己的意愿生活。而好人之所以能自由，就在于他具有一种德性，或灵魂中的那种性情，使他能够确保他按照自己的意愿生活，这种意愿本身是由"正确理性"主宰，而不是由什么天生的性情主宰的。正确理性使人懂得，欲求是对好（善）的事物之渴求，同时要时刻"回避"、"克制"、阻止对坏（恶）的事情之渴望。这种回避、克制、阻止就涉及意志的自由，即选择、决断、德性的修炼：尽力使我们把自己的性情中的意欲能力，把控在只欲求好（善）而避免坏（恶）上。

> 如果你有这种意志，不使你所欲求的目标发生错误，那么你就处在你的强大把控力中，那么你就在对你而言是可能的东西中修炼你自己。
> ……
> 所以谁想是自由的，就应该从他人关于既不要追求什么也不要避免什么的诫命中的解脱出来；否则他将必不可免地成为奴隶。[2]

因此，"正确理性"是使人具有德行品质的关键。这种德行品质不是天

1　［古罗马］爱比克泰德：《哲学谈话录》，吴欲波等译，中国社会科学出版社 2004 年版，第267 页。

2　Epiktet: *Handbüchlein der Moral*, Griechisch/Deutsch, Philipp Reclam jun. Stuttgart, 2014, S. 21.

生的，而是自己修炼而来的，是一个人关于欲求本身乃至欲求目标之好坏善恶的判断与把握能力，因而具有了这种正确理性能力才保证一个人是自由的，是有德性的或有美德的。让我们的意志和行动始终保持在"由己"的善良意志能够"把控"的强大力量之下，因而使自己既是自由的，又是美善的：

> 斯多亚主义者在他们的伦理学中原则上只能或此或彼（Entweder-Oder）：只有德行，有助于达到幸福的德行，才是善，所有其他的都不是。人或者是个智者（φιλόσοφος），或者是个蠢人（ἰδιώτης）。但是，尽管有这样的尖锐分离，从受教育的基础开始，他们就已经认识到，一种德行上的进步（προκοπή），向有智者发展，借助于教育，尤其是自我教育，是可能的。[1]

由于意志自由是伦理行动的起点，而美德最终是通过德行将天生具有的德性品质修炼为智慧的结果，因此，在爱比克泰德这里，美德作为德性的最终完善形式，就不可能是源自天赋于人的品质，这个依然只是亚里士多德意义上的"潜能"，而是源自基于自由意志的"正确理性"的引导与规范。最终修炼而得的好品质、美德是得力于"德行"的造化，因此，在爱比克泰德这里，我们依然寻找不到能支持当代美德伦理学将一个人的好品质作为基础和标准的例证。

在这里，"正确理性"在关乎人作为"理性存在者"之存在的意义上，是朝向人的自然天命而造就自我的理性生命意义上来理解，它使人保持在个人的自由意志（Prohairesis）之内，而没有"正确理性"的人，虽然也是人，虽然也具有人的自然禀赋，但总是在自己德行之外存在，因而是"外在于"自身的自由本性的。这是人身上最可怕的分裂，是人的真正"外在"。这种

---

1 Epiktet: *Handbüchlein der Moral*, Griechisch/Deutsch, Philipp Reclam jun. Stuttgart, 2014, S. 82.

"外在"不是指"你在我之外"，而是"我""在自己的自由行为之外"。爱比克泰德认为这样的存在者，与无生命的"物体"一样，是"无差别的"，理性并没有在"我"身上实现出来，因而最终不能作为真正的人（格）存在着。只有自由的德性，它在正确理性引导和规范之下，才能通过其德行，将自己身上的作为潜能的德性品质发展、完善到人的美德，把自身塑造成为一个真正的有人格并自由的存在者。

　　因此"正确理性"才是人的行动是否正确的标准，但"理性"如何才是"正确"的呢？这要视理性的目标与判断而论。当理性"接受真实正确的观点或事物，拒绝虚假错误的观点或事物，在可疑的情形下则悬置判断"[1]的情况下，它才有可能是"正确"的。在理性接受其赞同的观点，拒绝虚假的判断，悬置可疑的判断时，是"判断力"最关键的逻辑推理和方法论技艺的锻炼。理性包含逻辑形式、推理能力，要保证一个理性判断的正确，具有健全理性的人在应用其理性时，都需要一个起点，即推导前提，正确的结论要求有正确的前提，错误的前提就会导致错误的结论。而正确的前提需要具备在真实正确、虚假错误和可疑情形之间进行区分判断的能力。当然，形成正确判断力的方法论技艺也非常重要，需要哲学教育予以特别的训练。他指出："下列推论都是错误的：'我比你富有，所以我比你行'；'我能比你说得更好，所以我比你行。'更为正确的推论是：'我比你富有，所以我占有的财富比你多'，'我能比你说得更好，那么是我的说话技艺优于你的'。你本人却既不是你所占有的财富，也不是你的说话技艺。"[2]这是在 18 世纪休谟阐发"从事实推到不出价值"之前，关于"事实"与"价值"之间的谬误推理的第一次阐明。

1　Epictetus: *The Discourse as Reported by Arrian, the Manual, and Fragment*, with a translation by W. A. Oldfather, Loeb Classical Library, 1925, Vol. I, Book I, Chap. 7, pp. 50, 51, 52, 53.

2　Epiktet: *Handbüchlein der Moral*, Griechisch/Deutsch, Philipp Reclam jun. Stuttgart, 2014, S. 67.

因此，从注重实用的角度，爱比克泰德就告诫人们，在我们得出自己的正确判断时，千万不要匆忙下判断："说某人匆匆忙忙地洗漱，不是说，他洗得不好，而只是说他洗得匆忙。某人喝了许多酒。没有说：这样不好。而是说：他喝了许多。因为在你洞悉出他的行为方式的原因之前，你从哪里知道，他做得是否是坏的呢？所以，你从一些事物中获得确实可靠的感官印象，就匆忙地得出你的赞同，这是不合适的，它们是不一样的。"[1]

人要获得正确理性是难的，真正的正确理性毋宁说是神的本质。因此，我们人类永远要保持对诸神的虔敬：

> 就对诸神的虔敬而言，就是要明白，达到对祂们的正确表象是主要的事情：祂们实存着，以善与公道统治世界，你不得不准备服从于祂们，这适合于所发生的一切，并自愿地遵循，相信这是由最最完善的理智而导向目的的。[2]

爱比克泰德在此意义上，把自然与神联系在一起，既然神的本质就是"正确的理性"（right reason），那么对神的虔敬也就是对正确理性的虔敬，遵循自然而生活，就是遵循正确理性而生活。当然，这一形式性的推理还要求在实践中得到具体化，那就是对行动所欲求的对象进行理性判断，任何行动都有某种目标或目的，哪些欲求是正当的，哪些欲求是不必要的，正确理性的正确性需要给出一个判断。爱比克泰德在此问题上完全是按照斯多亚主义的原则，认为只有当欲求所指向的对象，即实践目的是合乎自然的，自由意志才能是"善"的："并不要求，所发生的事情如你所愿地发生，而是愿望，

1　Epiktet: *Handbüchlein der Moral*, Griechisch/Deutsch, Philipp Reclam jun. Stuttgart, 2014, S. 67.

2　Epiktet: *Handbüchlein der Moral*, Griechisch/Deutsch, Philipp Reclam jun. Stuttgart, 2014, S. 45.

事物如其发生的那样发生，你的生活就将云卷云舒地向其本来的目标流淌。"[1]

爱比克泰德像后来康德区分准则与法则那样，区分了个体的自然和宇宙的自然这两种自然。伦理行动是个体发动的，个体是自己行动的主宰，行动的目标是个体欲求的目标，因此，只有当欲求的目标合乎个体的自然时，这种行动才能自然地发生，但这种欲求的正确性，必须同时是合乎宇宙自然的。他说：

> 如果你意志让你的孩子、你的夫人和你的朋友永恒地生活，你就是个傻瓜。因为你所意愿的，超出了你所能掌管的东西之上，是你不能掌管的东西，这个东西是你要听从它，它却不能听从于你的东西。如果你意愿你的奴隶不做错事，你同样是愚蠢的，因为你意愿，恶习不是恶习，而是某种别的东西。
>
> 但是，如果你有意志使你欲求的目标不出错，那么这个目标就要处在你的能力所能掌控的范围之内。因此在此欲求中训练你，什么对你是可能的。
>
> ……
>
> 真正意欲自由的人，应该既不欲求某物，也不避免其他所必需的东西，否则他必然成为奴隶。[2]

因此，当个体的自然符合宇宙的自然时，此理性就是正确的，因为宇宙的自然对于个体的人而言，就是神意，就是命运；而当个体主观的理性符合自身的自然（或本性）时，正确的理性就是指正确的欲求，其正确性取决于"真正意欲的自由"，这种在"既不……也不"之间的自由决断，最终指向的是"不动心"（απαθεια）。

1　Epiktet: *Handbüchlein der Moral*, Griechisch/Deutsch, Philipp Reclam jun. Stuttgart, 2014, S. 15.

2　Epiktet: *Handbüchlein der Moral*, Griechisch/Deutsch, Philipp Reclam jun. Stuttgart, 2014, S. 21.

真正的"不动心"不是什么也"不欲求"，因为对于有自然本性的人而言，这是不可能的，它其实强调的就是，欲求的任何对象（目标）都有可能使人成为欲求对象的奴隶而使得欲求本身不"正确"，因此"不动心"是对所有对象之欲求的"平静""无所谓"。心之"静"，"无所谓"即"不动心"，这是对欲之"激情"的"冷漠"。激情生于欲之求之，这极其容易导致自由意志的错误运用，导致不恰当、不自然的期待，从而产生焦虑、不安、失望与绝望。只有当人"不动心"了，"无所谓"了（这是在一个理性的心智完全可以掌控的），就会免于受激情的主宰，免于愤怒与怨恨，因而也免于恶的侵袭。"激情"这个 παϑος 才是"不动心"的对立面。因此"不动心"是让激情冷却下来的心灵能力，是"冷漠"，是"漠视"，但它不是对一切好（善）的冷漠和漠视，相反，它是理性的本真欲求，是"理欲"，对自身之"好"的欲，因而是对能够自我把控的自身之善的欲，因而是正当之欲，这种欲因自身之好（善）而生自由，从而可以判断它是正确的欲求。一个人在德性上进步，就是懂得只有对好（善）的欲求，对坏（恶）的回避，人才自由，心灵才宁静，人生才幸福。这是人对真正有益于自身的好之"据为己有"（ōikeiōtai/appropriates），因而才是人的美德。

第二节　奥勒留：顺应自然而生活的伦理与德性

马可·奥勒留（Maraus Aurelius，121—180），第一位真正的哲学家皇帝，柏拉图孜孜以求的哲学王，在他身上终于"道成肉身"。但"国家"这样的庞然大物，实际上也如同自然万物一样，都逃不出它自身固有的逻辑与规律运转，一个有智慧的国王会更多地追求正义与德性，让万民少受困苦，但改变不了世界的无常和流变。在奥勒留身上，我们才找到一个典范案例，可以放弃柏拉图式对贤明而智慧的哲学王的过分期待，而更多地去寻找一种制度的美德，来让公共的政治生活更多地为每一个个体带来自由与幸福。

　　奥勒留是个非常幸运的人，生于罗马贵族家庭，祖父安尼乌斯·维鲁斯（Annius Verus）三度成为罗马执政官，他的父亲当然也是罗马达官贵人，这样的出身使得奥勒留自幼就深得第三位"五贤帝"哈德良（Hardianus）皇帝（117—138年在位）的喜爱，并让自己的义子、奥勒留的姑父提图斯·安东尼乌斯·庇乌斯（Titus Antonius Pius）收他为义子，奥勒留于是改姓为安东尼乌斯，全名为Maraus Aurelius Antonius。庇乌斯即位（138—161年在位）后成为第四位"五贤帝"，对这位义子寄予厚望，大力培养与提拔，不但选他为接班人，而且把自己亲生女儿许配给他。公元161年，40岁的奥勒留继承皇位，顺利成为权力显赫的罗马皇帝（161—180年在位），在位二十年，成为最后一位"五贤帝"。

　　奥勒留与其他罗马皇帝最大的不同，在于从小受到了斯多亚主义哲学的思想训练，这一哲学倡导以简单朴素的生活方式，顺应自然的生活为至善，同时要积极克己修身，养成独立自主，吃苦耐劳，为真理、自由和公义奉献的美德与习惯，力免骄奢淫逸的享乐。这些伦理观念说起来容易，但做起来困难，尤其对于有权有势、成功富有人士则更难，对于权倾天下的皇上则更是难上加难。但伟大人物之伟大，就在于能做到人所难能之事，他的一生都在努力实践斯多亚派的伦理原则，让道义实存在人间，不仅他的思想而且他的所作所为，都是斯多亚主义道义原则的践行，成为实践哲学的真正典范。

　　与所有大权在握者不一样，他既不贪恋权力也不独享权力。他令罗马元老院刮目相看的，就是他一当上皇帝，就邀请他的义父的另一个义子维鲁斯共理国事，这与许许多多为了争夺王位的兄弟相残、父子相杀形成鲜明对照。虽然这件事做得并不好，看错了人，但他为了防止权力过于集中陷入独裁专制而力求政力持平的努力和初心是古今政治家都难以做到的。

　　作为帝王的奥勒留不可能像亚里士多德那样安心在学园里学哲学，研究哲学，古代帝王征战沙场才是其日常。因此，奥勒留的哲学不是来自书本，而是来自生活，不是来自任何专门的哲学技艺，而是来自治国理政，不是来自纯粹的静思默想，而是来自战马奔腾后的沉淀。他像所有开疆拓土的古代帝王一样，先是作为军人，必须立下赫赫战功。因为帝国需要的绝非一个书斋型学者，而是文能治国武能安邦的首领。帝王的智慧绝不可能从书本上的理想而来，而必须来自对现实问题的治理和时代困境的解决。奥勒留即位后，之前过分扩张的帝国内部危机四伏，内忧外患，交相煎迫，要想守住帝国大业，殊为不易。先是祸起东方，帕提亚的沃洛吉斯四世（Vologases IV）入侵亚美尼亚和叙利亚，击溃了一整个罗马军团，奥勒留派维鲁斯率军征讨，平息了叛乱。随后北方诸族的叛乱，此起彼伏。维鲁斯在征战东方过程中又带回了疾病，导致瘟疫（天花）大流行，后来再遇洪水泛滥，几乎没有哪一天能让皇帝安心静神地纯粹做哲学。但奥勒留醉心的哲学，既不是亚里士多德式的实践哲学，也不是伊壁鸠鲁式的实践哲学，有其自身鲜明的个性特征，正如梁实秋先生所言，这种实践哲学"并不怀有任何改造世界的雄图，他承袭先人余烈，尽力守成，防止腐化"[1]。

这种重在实践而又守成的哲学，完全就是伦理学。但它不是系统化和理论化的伦理学，只不过是实践的伦理学。

奥勒留生活的时代，斯多亚主义已经流行了五百年左右，完全属于晚期，在罗马时代是最为流行、影响最大的哲学伦理学流派。一般民众中信仰伊壁鸠鲁主义的人不少，但贵族阶层中大多信仰斯多亚主义，至少观念上接受者多，但像奥勒留这样真诚践行，且言行完全一致者当然只是少数，寥寥无几。因此，我们从奥勒留这里试图探究的，就是他的斯多亚主义伦理观念如何真正地成为其德行的原则。

一、伦理观念之来源与德性之修为

在《沉思录》卷一，奥勒留自己介绍了他的伦理学观念之来源。

1　［古罗马］玛克斯·奥勒留：《沉思录》，梁实秋译，译林出版社 2012 年版，译序，第 4 页。

　　他说，他从他祖父维鲁斯那里学习了和蔼待人之道，以及如何控制自己的情感。这显然是斯多亚主义哲学的主要特点。从他父亲身上和别人对他的回忆中，他学习了谦逊和勇敢。谦逊是贵族阶层的美德，而勇敢是罗马男人的性格。从他义父这位仁君身上，他学得更多：（1）和蔼待人。从不强邀朋友陪他吃饭、旅游，在位时不准任何人公开赞扬或阿谀他；不能妒才嫉能，对有特殊才能的人积极支持，不拒人于千里之外，言谈自如而不令人生厌。（2）意志坚定。事前认真考虑，而后坚定不移，不擅变，更不举棋不定。应对任何事变都能镇定自若，从容不迫，既有远见，又能近忧。（3）一心为公，废寝忘食。在公共利益问题上虚心听取别人意见，毫不迟疑给予每个人应得的报酬。（4）热爱哲学。对真哲学敬重，对伪哲学亦不加谴责。

　　他从柏拉图主义者亚历山大那里学习到，在无必要时绝不对任何人说"我太忙了"，并以此逃避我们对人应尽的义务。义务意识始终在这个帝王心中存在着。

　　他从玛克西摩斯那里学习到自制和立场坚定。以善为行动原则，心口如一，从不恶意做事，而是为善不倦，诚实无欺，慈悲为怀，临事不惧，遇事不慌，决不手足失措，有失风雅。更为难得的是：

> 　　从我的兄弟塞弗勒斯，我学习到对家庭的爱，对真理的爱，对公道的爱。……所谓一个国家，即是根据个人平等与言论自由以制定一套法律，适用于所有的人；所谓君主，其最高理想乃是人民的自由。[1]

　　当然，这样一些道义观念，涉及一切文明世界的伦理与德性观念，如今看似平常，但要我们在日常生活中心口如一地坚守它们，则实属不易。尤其像奥勒留这样的罗马帝国皇帝，说出君主的"最高理想乃是人民的自由"已

---

[1]　［古罗马］玛克斯·奥勒留：《沉思录》，梁实秋译，译林出版社2012年版，第7页。

经非常难得，迄今恐怕也不是所有国家的君主都能有此文明的觉悟，更别说要在自己的政治实践中和个人行为中去践行了。能知行合一地践行自由之理想的，即使在现代文明世界，也属圣王无疑了。

在理解这些道义观念的来源时，有一点特别值得关注，我们从亚里士多德的《政治学》和《伦理学》中就已经知道，"贵族制"本身是以美德为原则的，但是，奥勒留却说：

> 一般讲来，我们所谓贵族阶级都缺乏慈爱的天性。[1]

对于这个出身贵族、从小在帝王之家长大、世上唯一的皇上哲学家的判断，我们没有任何理由不相信它是真的，但是，这给美德伦理带来一个必须回答的问题是：贵族的美德，在这个普遍缺乏慈爱之天性的阶级中，究竟从何而来？当代美德伦理学要以德性作为"元概念"，如何能解释在缺乏"慈爱天性"的贵族身上的美德之来源呢？

奥勒留在《沉思录》第一卷强调，他是从各种渠道的"学习"中"学习"而来的。但亚里士多德告诉我们，诸如"知识""技艺""智慧""明智"等"理智德性"可以通过"教导""学习"而来，但我们同时也知道，通过"学习"我们可以获得这种德性的知识，但很难直接学习到德性。亚里士多德就明显地批评苏格拉底的德性即知识的论说，他更强调的是行动的习惯养成，德性之能成为德性，必须是通过不断地在"行为"中磨炼，在磨炼中养成习惯。知道什么叫"智慧"的知识，绝不能说你就有了智慧之德性，要让"智慧"成为你身上的"美德"，那必须通过"习惯"养成，把自己身上自然禀有的德性修炼成为美德，在"成己成物"的践行中来"训练"自己，"实施"美德，"做"或"行动"，是奥勒留《沉思录》中出现得最多的概念：

---

1 ［古罗马］玛克斯·奥勒留：《沉思录》，梁实秋译，译林出版社 2012 年版，第 6 页。

你没有希望获得成功的事，也要去做。就是左手，因为缺乏练习而效率较差，但是握起缰绳却比右手更抓得紧些——因为勤加练习之故。[1]

有人轻蔑我，将如何对待呢？那是他的事。在言行方面不作出任何令人轻蔑的事，那可是我的事。有人嫉恨我，将如何对待呢？那是他的事。但是我对任何人总要和善，就是对我的敌人，我也要随时指出他的误解，不用谴责的口吻，亦不夸耀我的宽宏大量，而是诚恳爽直如那著名的福西昂［Phocion，公元前 402—前 317，雅典忠诚卫国、人品正直的军人政治家］；除非他说那句话时也是带着讽刺。一个人的内心就应该如此，让天神知道他对任何事情均不愤慨，均不认为是灾难。噫！什么灾难会临到你的头上？如果你自己现在做与本性相合的事，欢迎宇宙自然所认为适时发生的事，渴望的是于公众有益的事总要设法使之实现。[2]

可见，真正的美德不是来自自然的天性，不是来自德性的知识，也不是来自观念的教化，而是来自在生活实践中的修为，在行为中的训练，与人为善的心性的养成，最终在理性灵魂中确立起合乎自然天道的行为原则。德性如果脱离"行动"，而止于一种"观念"，一种"言辞"，就如同柏拉图所发现的，在那些从来不准备把"正义"予以制度化施行却为了自己的脸面而挂在口上的僭主身上，"正义"观念不仅不会成为"美德"，相反成为比恶更恶的"伪善"。奥勒留所推崇的所有美德，都不是从一个天生"好人"的天性而来，而必须是靠哲学思维锻炼自己的理性主宰，修炼自己的心灵，磨砺出为人处世的"合乎自然"的行动原则。因此，行动原则的善，才是这些美德的真正根源。脱离行动的习惯，脱离行动的历练，任何言辞上和观念上的美德都有可能转化成伪善而变成邪恶。试图从出身"高贵"的贵族作为美德的榜样来形成习俗美德，根本就是不切实际的幻想。因此，在《沉思录》中，

1　［古罗马］玛克斯·奥勒留：《沉思录》，梁实秋译，译林出版社 2012 年版，第 202 页。

2　［古罗马］玛克斯·奥勒留：《沉思录》，梁实秋译，译林出版社 2012 年版，第 188 页。

奥勒留以近乎宗教般的虔诚，将他从小受到训练而一直坚守的斯多亚主义伦理原则——顺应自然而生活，作为伦理行动的标准和指南，像是跟老朋友谈心那样，做出了令人信服的反省。

二、自然、政治与伦理

世上像奥勒留这样以人民的自由为最高理想的仁爱贤君极为罕见，我们尤其很难想象，一个陷入内忧外患的世界最大帝国的皇帝，不玩政治与权术，而始终坚守顺应自然而生活的斯多亚主义伦理理想，何其伟大！但作为哲学，我们试图发现的却只是他的思想的力量，因此我们的任务依然是审视，他究竟是如何理解自然、政治与伦理的？

古希腊人早在伊奥尼亚派的自然哲学那里就寻求对于我们身外的"世界"所发生的事情寻求一种"自然的"解释，他们发现，"自然物"是一种自我聚集的东西，不同成分的东西"聚集"在一起，被赋予一定的"形式"或"形态"，就成为"一物体"了，因而他们的研究表明，全部自然发生的事情，都由一定的因果链条组成了一种必然的宇宙秩序，这样一种用不抱成见的观察和理性的力量以洞察世界的全部奥秘的坚定的哲学信念，使得希腊医学一开始就作为一门真正科学的理想而建立。[1] "伦理"这个概念实际上从一开始就与"自然"具有相对应性。因为智者派和修昔底德受到当时医学的发现，即人的自然（φύσις τοῦ ανθρώπου）的发现之影响，人的伦理生活是基于人的自然，即人性（human nature）这样的观念就确立了起来。因此，与"自然"的自我聚集性、混合、和谐、形塑相关联的观念，通过自然哲学的中介于是也就慢慢成为伦理的基本概念，如同古希腊医学认识到的那样，身体的健康状态就是机体全部构成性元素的均衡与对等（isomoiria），那么"伦理"就是人类共同生活的有机整体能够均衡与对等的构成原则。正义和

---

1 ［德］韦尔纳·耶格尔：《柏拉图时代文化理想的冲突》，载《教化：古希腊文化的理想》（第三卷），陈文庆译，华东师范大学出版社 2021 年版，第 3—4 页。

友爱就是这样被提出来作为人类生活的伦理原则的。

但对于伦理学而言，光知道伦理基于人性是远远不够的，还需找到将一个个单一的个人"整合""形塑"到一个有机整体中去的那种类似于"自然"的聚合力量，古希腊人找到了"教育"，这是智者派认为"德性可教"的原因。德谟克利特更是在自然哲学意义上，把"自然"（φύσις）和"教化"（διδαχή）看作类似的东西："自然与教育是相似的；因为教育是对人的塑造，而当它从事这种形塑活动时，它就创造了（一种新的）自然。"（残篇1.33）[1] 只是，古希腊医学的创建者就已经认识到，"自然没有受过教育，她什么也没有学到，但仍能做正确的事情"[2]。这意味着个体的自然是一个有目的地工作的实体，这个目的就是自然物本身的繁盛。

古希腊伦理学，无论是柏拉图的，还是亚里士多德的，都借助了古希腊医学的这些基本思想，把自然自动趋好的健康观念纳入到伦理学中来，并发展出古希腊的德性论。人的德性有身体的德性和灵魂的德性，身体的德性遗传了人的自然的自动趋好，但灵魂的德性却需要教化，因为灵魂是可以堕落的，不可能自动趋善。奥勒留的斯多亚主义伦理思想，既强调伦理必须以自然为榜样，遵循自然而生活中的"自然"，就是自然界、宇宙世界，它的必然法则也是人类伦理生活必须遵循的法则，他说：

> 宇宙只有两个解释：一个是有神主宰一切，一个是由原子的因缘凑合。我们有充分的证据可以说明"宇宙是像一个国家组织一般"。[3]

这样一个由规律主宰的宇宙，就是一个完整的生命体，每一个事物和每

---

1 Demokrit: *Fragmente zur Ethik*, Griechisch/Deutsch, Philipp Reclam jun. Stuttgart, 1996, S. 63.

2 ［德］韦尔纳·耶格尔：《柏拉图时代文化理想的冲突》，载《教化：古希腊文化的理想》（第三卷），陈文庆译，华东师范大学出版社 2021 年版，第 33 页。

3 ［古罗马］玛克斯·奥勒留：《沉思录》，梁实秋译，译林出版社 2012 年版，第 40 页。

一个人都只是构成宇宙生命的一个极其微小但不可缺乏的部分。与宇宙和谐的，也就是与每一个人和谐的；在时间上适合于宇宙的，也在时间上适合于人。自然在各个不同的季节所带来的，都是给人类享用的果实，凡从自然而来的，最终都会回归自然。这就是宇宙万物的自然秩序。但大自然有时也似乎陷入无序，杂乱一团，甚至灾害不断，但我们没有理由相信它是没有计划的。只是这种计划只能是神的事，是天意，这不是我们所能知道的。但我们在宇宙内生存，是宇宙的一分子，也不能说我们对宇宙里面的事一无所知。"只因不满于现实而自绝于'宇宙的共同的理性'，便是宇宙的赘瘤。"[1] 主宰着宇宙的是创造一切的神，是神的灵魂，我们的灵魂也是产生于万能的神之造化。如果我们把自己的灵魂从那浑然一体的理性动物的灵魂中割裂出来，那就是整体的一个残枝，失去了生命，如同从人的机体上割裂下来的手，不再是人的手了一样。因此，奥勒留让人永远要想着，宇宙是一个有生命的活的机体，只有一种本质，一个灵魂。一切事物因这个灵魂而有了知觉；一切事物都是发自那唯一的动机，是一切现存的和将要发生的共同之因，一根根的线如此错综交织在一个网织物里，就是我们的宇宙和世界。对"一根根线交织在一个网织物里"的"物理因果"解释，就是"物理学"，而对"一根根线交织在一个网织物里"的"人类共同生活之道义"的解释，就可称之为"伦理学"。

"政治"本来是一个"教化王国"，承担着"教化"的使命，这在柏拉图那里就已经阐明了，但作为皇帝的奥勒留倒是很少从政治国家的角度讨论伦理问题，他也不是以一个国王的身份来探讨国家的政治伦理，在他的《沉思录》中，我们能够明确地感受到，他像一个德高望重的老人那样，在对人生的反思中，诉说着自己内心感悟到的人生至理，因而，也就像老朋友之间的促膝谈心那样，交流着如何按照自己的本性做人做事。《沉思录》基本上

1　[古罗马]玛克斯·奥勒留：《沉思录》，梁实秋译，译林出版社 2012 年版，第 49 页。

难以感受到对政治伦理的直接讨论，这是非常耐人寻味的。我们完全感受不到，这是一个皇帝在讨论哲学，倒是可以感受到像一个"看破红尘"的僧人，到处言说着万事皆空的道理，在他的言语中，政治也如同身体方面的实物一样，是一条河之逝水，无论一个人在台上多么威风凛凛，如果不为人间的自由与公道做点贡献，那么不是遗臭万年，就是立刻被人遗忘：

> 试回想一下维斯佩绅［Vespasian，9—79，罗马第九任皇帝］时代，你就会看见这一切……可是他们的生活到如今没有在任何地方留下任何痕迹。
>
> 回想图拉真时代的光景，情形完全是一样，那时的生活也都已逝去。同样的可以试想历史上任何时代或任何国家，多少惨淡经营的成果，都不免于死亡、归于尘埃。……
>
> 但是所谓"不朽之誉"究竟是什么呢？完全是虚幻而已。那么我们应该追求的是什么呢？只有这一样：思想公正、行为无私、绝无谎言，对一切遭遇都认为是不可避免，都认为平凡无奇，都认为是从一个泉源里发出来的。[1]

因此，无论是谁，不管你是一个奴隶还是一个皇帝，大自然都非常公正，都只有十分短促的一生，不管你多么富有，也不论你多么风光，最终都将一无所有地回归于大自然的尘土，那么，"在人生途中能帮助我们的是什么呢？只有一件东西——哲学；这便是说，把内心的神明保持得纯洁无损，使之成为一切欢乐与苦痛的主宰"，"这是合乎自然之道的，自然之道是没有恶的"。[2]

于是，伦理虽然是人类共存关系的因果之理则，但依然是以自然为本，

1　［古罗马］玛克斯·奥勒留：《沉思录》，梁实秋译，译林出版社 2012 年版，第 50—51 页。
2　［古罗马］玛克斯·奥勒留：《沉思录》，梁实秋译，译林出版社 2012 年版，第 24—25 页。

以遵循自然法为法，以合乎自然之道为道，这也就是人类相互关系所需维系的"义"。"道"本于自然，而"义"本于人的行为之德。"义"本于"道"，但需"行之以务"，方为德行。德性看起来"无为"，自觉接受自然法则的支配，但是，作为伦理法则，哲学家只是阐明一种学理，以理服人，而每个人是不是遵循，依然需要每个人的自主与自律。自主与自律并非仅仅说人只需按照自己的意愿生活，同时还要知道，自己的主观意愿本身如何是有理的。"伦理"在习俗的层面上有各种理由都让人觉得有理，似乎不遵循它们，就大逆不道，但一个斯多亚主义者所坚信的道理，只有一个，那就是遵循自然之道而生活和做事，才是根本的道义。所以，伦理不是习俗，实质上依然还是"自然"之"理"，而非"人情"之"理"，祖先之法，因为"人情"之"理"的"理据"不在"人情"，而在"自然法"。自然法才是一切人情礼法所以有"理"的最终根据。因此，虽然皇帝奥勒留在政治上大权在握，他依然是一个敬畏神灵，相信天命与天意的人，他把自然法视为天意和神灵的表达，他告诉人们，只有自然法才是宇宙中永恒不变的法则，所以，尽管人们讲天命与神佑，但所有这些均不阻碍我们遵循自然之道而生活的信念。

自然与命运都是先天必然的东西，而政治与伦理却是变化不拘的，因而，如何在伦理的变量中去把握命运的走向，从而使得大自然先天编织的带有某种神秘的天意的伦理之网能够如同命运之神所期待那样，向公正与情义的方向发展，从而让人有改变自己命运格局的可能，这依然是一门结构性的学问。伦理学所要做的工作，实际上就是让"伦理之网"能够与命运之神编织的宇宙结构相对应，让每一个人的德性能自主地在宇宙这个庞大的有机整体中，找准自己的位置，明白自己的人生方向，靠自己的德行为自己创生出一个自己每天能带着欣喜回归的心灵家园。合乎自然而生活，作为一项伦理原则，个人也依然需要修为才能自愿地认同与自由地遵循，这种修为的核心是认识到作为一个人，宇宙的一个小粒子，他的生命和修为无论多么了不起，都不可能逃脱宇宙自然的整体生命法则，因而每个单个事物的命运，只能按照宇宙的本性来完成。每个事物如果实现了被制作的目的就是善的，每个人也就需要以个体生命参与到宇宙整体生命之朝向目的之善的进程，这才能是自身德行的方向。所以，每个个体的德性就是在伦理的变量中参与世界整体向善而生的能力。在此意义上，奥勒留的伦理思想，依然要从德性论来把握。

三、遵循自然法则而行动的德性论

生活是动词，不是名词，因而生活是在行动中进行的。有正确的生活理念或原则固然重要，但更重要的还是行动力。一个人也如同一个国家，有的国家有非常高尚的伦理理想，但总缺乏实现伦理理想的正确行动，这样的理想是不可能实现的。一个人如果仅仅止于美好高尚的人生目标，却缺乏脚踏实地的行动力，到头来一切都是枉然。因此，在伦理学中，价值论、义务论和德性论三大部门每一个都至关重要，缺一不可。就像头上的五官，没有人有理由说眼睛一定要比其他感官更重要一样，我们也绝不能说，德性论比义务论更重要。但是，如果没有德性论，道义价值论就是空洞的形式主义；而德性论无非就是道义价值的实行，才能是德行，只有通过德行，德性的高贵"潜能"才能变成美德。因此，在斯多亚主义这里，由于义务论已经发展出来，所以即使在奥勒留的《沉思录》中我们从表面的文字来看，似乎他更多是从人的"本性"来谈德性，但我们不能不看到，他的完整说法实际上是"本性要求你做什么"这一句式：

体察一下你的本性所要求于你的是什么？因为你是只受"你的本性"所支配的，然后就高高兴兴地去做；如果这样做去，你的本性作为一个活人不至于受损。其次便是要体察：作为"一个活人的本性"所要求于你的是些什么？你必须完全接受这个要求。如果作为一个有理性的活人，你的本性不至于受损；凡是合于理性的，亦即是合于人群的；要符合于这些原则，此外无需旁求。[1]

仅仅从这里说的"你的本性"，我们还是不能随意地断言，奥勒留的德性论是以行为者而不是以"行为"为核心的，因为"你的本性所要求于你"的恰恰是"你必须接受""去做"的"行动原则"，这才是决定"你的本性"是否具有德行，是否成为美德的根据和关键。抽象的"本性"本身无以言善恶，"高高兴兴地去做"行动原则规定的事情，一个人才有了德行，他的本性修炼成了美德。而且，这段话中，我们还不能错过"作为一个有理性的活人，你的本性不至于受损"这个说法，它告诉我们，一个有理性的活人，是有自主能力的，按你的本性生活和行动，说明我们只肯受自己的本性支配，不肯受别的东西支配，但是你的本性要求你必须做的，你既可以"高高兴兴地去做"，也可以不做，这都是人的自由自主的本性的表现，都体现了人的意志自由，只有在意志自由的这个基础上，德性才通过德行表现出来。合乎本性要求我们去做的，其实就是义务，做了义务要求我们做的，是合乎本性、合乎自然的道义，因而才是德行。你也可以违背你的本性要求不做、不履行你的义务，那么，你的本性就会"受损"。因此，是"无德行"让本性"受损"，"德行"才让"本性"与变成"美德"，它们三者的关系应该在这段话中阐释得很清楚了。

从普遍的社会心理学我们都能知道，每一个人都想受人尊重，活得体面，有人都有的尊严，因此，遵循内心高贵生活的渴望，这是发自人性本能的渴望。但是，为什么有的人活着活着，就不再追求高贵与尊严，甚至廉耻也不要了呢？德性论伦理学的关键，实际上并不是作为出发点的人性品质本身，而在于人性之品质不是天生的，而是一种需要在自己的行动中得到教化、训练而具备让自己的本性变成美德的这种德行能力。奥勒留像所有其他

1　［古罗马］玛克斯·奥勒留：《沉思录》，梁实秋译，译林出版社 2012 年版，第 164 页。

斯多亚主义者一样，他们的伦理思考，无非就是唤醒每个人灵魂中具备的这种德行力量，它一定要在生活中磨炼、坚守，知道如何认清自己的使命或天命；在天命中，又如何坚定不移地通过履行自己应该履行的作为一个有理性的人的义务，这才是德性论的核心。

　　本性赋予人的天命需要化作具体的人的义务来践行，这是一个活的有理性的人应该时刻"体察"的。但是，一般地知道自己的生活和行动要出于本性地遵循合乎自然的伦理原则，这是不难的，难的就是坚持和坚守，把按照道义原则为人处世变成自己的德行。确实，由于每一个人的生活有各自的特殊处境，各人看似处在一个世界，但你的世界与别人的世界根本就不是同一个世界，所面临的习俗礼法也不一样，这使得每一个人坚守内心高贵生活的理想所需付出的努力和成本是不一样的。但是，对于每一个德性卓越者，其之所以卓越，不仅仅在于他的内心对道义原则具有明晰的洞见，把伦理道义所要求的东西作为无条件的"命令"予以敬重而绝无违背的可能，这是一个有德性的人发自灵魂深处对自己的律令：

　　　　人心中本有一种力量，使他永久过最高贵的生活，对于无关紧要的事宜淡然处之，如果他把这些事分开来，就各部分逐一检视或从整体上作全盘之考察。同时记住：这些事并不能强令我们对它抱任何见解，亦不能逼人而来，则它必定会淡然处之。……还要记住！对于这些事情我们也管不了多久，因为生命即在须臾。但是何必抱怨一般事物的乖戾呢？如果这是自然的意旨，要欣赏它们，不要认为对你是困苦。如果它们违反自然的意旨，寻找合于你自己本性的事，奋力以趋，纵然那不能给你带来荣誉。每个人追求于他自己有益之事，是可以谅解的。[1]

　　所以，"永久过最高贵的生活"，不是物质上的"高贵"所能支撑的，因

1　[古罗马]玛克斯·奥勒留：《沉思录》，梁实秋译，译林出版社2012年版，第189—190页。

为任何金贵的物质都是过眼云烟，只有不假外求地在自己的灵魂中培养起来的德行上的高贵，才是任何人事与时间都剥夺不了的高贵。"高贵"的标准，不是合乎习俗，而是合乎自然。因此，美德是从人的本性发源的，但关键不在其"性"，而在其"行"，"性"相同，"行"却分高下。对于一个亚里士多德主义者而言，活出自己品性之优秀是美德；对伊壁鸠鲁主义者而言，活出快乐的自我是美德，而对于斯多亚主义者而言，只有活得自然才是美德。

活得"自然"并不更容易，一时一事合乎自然容易，但一生一世活得自然则非常艰难。虽然"习惯"能成"自然"，但习惯不能等同于美德，反而常常演变为恶习，而恶习往往会酿成巨大的罪恶和灾难。人作为理性存在者，只有他这个行为者才能为他所做的每一个行为承担责任，所以他不得不出于自由意志做每一件事，人逃脱不了自己为自己的行为和生活品质所应承担的责任，因此，为了生活，为了过上有品质的生活，他不能纯然任性，而只能理性地选择、计算，合乎习俗、法律和各种人为的规定来为人处世，但是，所有这一切究竟做得对不对，是否出自正确理性，每个人依然必须有自己内心坚定不移的道义标准，这就是所谓的良心。而合乎自然而生活，就是为人提供这样一个在需要做出意志决断时的道义标准，所以，是否能有美德，关键就在于能否把这样一种道义标准，正确理性的行动原则，内化为自己稳固的行为品质。

这种行为品质合乎自然，就是合乎自然内在具有朝向自身目的而完善自身的品质。但人类与自然物不同的还在于，除了有自然性一面之外，同时还有社会性，社会性（政治性）同样属于人的本性。因此，奥勒留在讲德性时，除了从德行品质论述之外，还特别提到个人生活与其他个人组成合群的整体，是人类最为重要的美德，它也蕴含在宇宙是一个有机的整体生命的神学目的论的解释框架中。但作为"大众道德"的劝导，奥勒留将与合群性相宜的美德，直接解释为友善待人。他说，我们与他人都只有一小段偶然而短暂的因缘，包括与父母、与妻子、与同侪、与邻人的关系，都偶然而短暂，值得我们珍视，我们为此得感谢神和天命：

> 这是来自神，这乃是由于命运之交错以及类似的偶然的因缘；这乃是来自一位同族的人、一位亲戚、一位邻人，虽然他自己并不知道什么是合于他的本性的。但是我们知道，所以我们要和善地、公正地对待他，要合乎睦邻的自然法则。[1]

合群性的美德也不是无原则的，关键在于"群"是合乎宇宙生命本性的，因而也是合乎我们每一个个体之本性的，从而"合群性"是各自本性之相宜性，凡与内在本性不合的"群"，我们非但没必要去"迎合"，而且要尽快离开。这是人类生存的法则，与由理性主宰从而具有自身的世界法则相一致，因此，合群性实质上乃是行为举止的合法则性，这种法则不是个人主观好恶的准则，不是一家一族的宗法，而是内在于世界的普遍的理性法则，只有合乎这样的法则，合群性才是美德。

作为世界的普遍法则，顺之则昌，违之则亡，只有美德才是最利己利人的。这样的美德品质，就是遵循普遍法则的理性。所有的人，是大自然的人类，是世界之公民，因此，要培养自己的德性不是一家一族所要求的美德，而是要遵奉宇宙理性，这个主宰宇宙的普遍法则才是正确理性。只有这样的正确理性，才能生育出人的社会性美德，诸如正义、友爱、谦逊、勇敢、真诚、从容、坚毅、无欺、自足、内心圣洁等等。在所有这些美德中，当我们能一个帝王口中说出"无欺"是一种美德，这是何等重要，又是多么难能可贵啊！世人做不到无欺，每一个人都不可避免地有受欺的痛苦经历，以大欺小，以强凌弱，欺软怕硬，这似乎司空见惯，无关文明与落后，但这位权倾天下的皇帝，竟然告诉我们，无欺是美德，这是多么宝贵的思想。

1　[古罗马]玛克斯·奥勒留：《沉思录》，梁实秋译，译林出版社2012年版，第35页。

合群性美德，既要求我们无欺，也要求我们互助，更要求公道。奥勒留认为，有时公道需要依靠制度来保证，但有时公道只需你心里忍耐一下就实现了。只有短暂一生的人类具有不可克服的天命，忍耐是必不可缺的美德，因此，我们应该具有泰然自若的心态，对待所有不期而遇的事情：

> 要注意，一切遭遇都是适当而公正的。仔细观察，你就会发现此言不谬；它不仅是按照顺序，如根茎花果一样，而且是含有公道，好像是冥冥之中有所施给，都是按照各人应得之分。你既已开始，就要密切注意下去，无论做什么事，要像一个真正的好人所应当做的那样去做；在每一活动范围内，要保持这个原则。[1]

在这里"要像一个真正的好人所应当做的那样去做"不是一个抽象的"好人"，它是有原则的，这个原则就是合乎自然之道的美德，想不以"行动原则"而以一个抽象的"好人"作为榜样，是难以成为德行的。正是坚守合乎自然的伦理原则，奥勒留强调，我们随时要有两种准备，一个是随时准备只遵照那统摄一切的理性之吩咐，去做于人类有益之事；一个是随时改变自己的主张，免于主观的虚妄。以为德性具有自然的、天赋的优秀性，就以为听从本性的吩咐做人做事，不需要意志的决断和理性的规范，那么就把德性伦理误解为听从本能而行动了，这不是人的德性，而是动物的德性。对于人类而言，哪怕是仅仅依据习俗而行动，作为有德性的人，也需要对习俗本身是否具有道德性有自己的理性判断，经过了意志的选择才决定是否依从于习俗。

所以，在奥勒留这里，他的"好人"是以行动原则来选择应该做什么的人，而行动原则又是体现从古希腊一直流传下来的"灵魂之善"传统，因

1　［古罗马］玛克斯·奥勒留：《沉思录》，梁实秋译，译林出版社 2012 年版，第 43 页。

而是有实质内涵的，因为灵魂之善的本质不在于"己欲"之善，而在于公道之"善"：

> 神的灵魂，人的灵魂，以及一切理性动物的灵魂，有两个共同点：彼此各不相妨，而且承认公道，实行公道，不以私欲超越公道的范围。[1]

如果有人真觉得以一个"好人"的"品质"作为"元概念"，确实比规范伦理学的"行动原则"更好地解释了"美德之规范"，那我们不妨比较一下奥勒留和维鲁斯，他们同样出身于贵族豪门，同样以天性优秀的禀赋赢得先皇的喜爱，并同样被先皇收为"义子"，因而成为皇家的兄弟。当奥勒留登基为皇帝时，他立即把维鲁斯提拔上来共同执政与理政，这可以说他们在"天性品质"上同样都是"优秀"的吧？但他们究竟谁最终成就了身上的美德呢？历史已经给出答案，奥勒留名垂青史，功勋卓著，而有哪个历史学家会说维鲁斯具有美德，是个"好人"呢？梁实秋有这样的批注：在帕提亚人击溃了一整个罗马军团，侵入了当时属于罗马帝国的叙利亚时，"维鲁斯奉命率军征讨，乱虽平而维鲁斯酗酒荒淫，大失风度。在北方的边境亦复不靖。在罗马本境，由于维鲁斯所部从东方带来疾病及洪水泛滥，疯疠饥馑蔓延不休，民穷财尽，局势日非"[2]。这难道不清楚地说明，天生品质优秀的人，并不能自发地凭借其天赋的品质而成就其美德吗？所以，奥勒留的德性论，为我们提供了以修为为中心，以行动原则为标准阐明从天性品质通过德行而成就美德的范例。

1　［古罗马］玛克斯·奥勒留：《沉思录》，梁实秋译，译林出版社 2012 年版，第 75—76 页。

2　［古罗马］玛克斯·奥勒留：《沉思录》，梁实秋译，译林出版社 2012 年版，第 77 页。

参考文献

包利民:《生命与逻各斯:希腊伦理思想史论》,东方出版社 1996 年版。

陈村富等编写:《古希腊名著精要》,浙江人民出版社 1989 年版。

陈恒:《希腊化研究》,商务印书馆 2006 年版。

邓安庆:《道义论伦理学谱系考》,载《伦理学研究》2021 年第 5 期。

邓安庆:《论康德的两个伦理学概念》,载《伦理学研究》2021 年第 5 期。

邓安庆:《西方道德哲学通史(导论卷):道义实存论伦理学》,商务印书馆 2022
  年版。

范明生:《希腊哲学史》(第三卷),人民出版社 2003 年版。

黄颂杰、章雪富:《古希腊哲学》,人民出版社 2009 年版。

黄洋:《迈锡尼文明、"黑暗时代"与希腊城邦的兴起》,载《世界历史》2010 年
  第 3 期。

李义天:《美德伦理学与道德多样性》,中央编译出版社 2012 年版。

刘小枫选编:《〈王制〉要义》,张映伟译,华夏出版社 2006 年版。

刘小枫:《"我们共和国的掌门人"——伊壁鸠鲁》,载 [意] 詹姆斯·尼古拉斯:
  《伊壁鸠鲁主义的政治哲学》,华夏出版社 2004 年版,中译本前言。

石敏敏、章雪富:《斯多亚主义》II,中国社会科学出版社 2009 年版。

王蘧常:《诸子学派要诠》,载《王蘧常文集》(第二册),复旦大学出版社 2022
  年版。

汪子嵩等:《希腊哲学史》,人民出版社 2014 年版。

薛军：《导读：西塞罗的〈论共和国〉与〈论法律〉》，载［古罗马］西塞罗：《论共和国》，李寅译，译林出版社 2013 年版。

严群：《柏拉图及其思想》，商务印书馆 2011 年版。

［意］吉奥乔·阿甘本：《论友爱》，刘耀辉、尉光吉译，北京大学出版社 2017 年版。

［古希腊］阿里斯托芬：《云·马蜂》，罗念生译，上海人民出版社 2019 年版。

［古罗马］爱比克泰德：《哲学谈话录》，吴欲波等译，中国社会科学出版社 2004 年版。

［德］斯坦凡尼·艾茨：《虔诚、公道与仁爱：关于莱布尼茨自然法术语及历史（过渡）地位的考察》，魏静颖、贺腾译，载邓安庆主编：《伦理学术 3：自然法与现代正义——以莱布尼茨为中心的探讨》，上海教育出版社 2017 年版。

［英］特伦斯·埃尔文：《柏拉图的伦理学》，陈玮、刘玮译，译林出版社 2021 年版。

［德］迈克尔·埃勒：《伊壁鸠鲁主义实践伦理学导论》，陈洁译，刘玮编校，北京大学出版社 2021 年版。

［古罗马］玛克斯·奥勒留：《沉思录》，梁实秋译，译林出版社 2012 年版。

［古希腊］柏拉图：《理想国》，郭斌和、张竹明译，商务印书馆 1995 年版。

［古希腊］柏拉图：《阿尔喀比亚德》，梁中和译疏，华夏出版社 2009 年版。

［古希腊］柏拉图：《游叙弗伦》，顾丽玲编译义疏本，华东师范大学出版社 2010 年版。

［古希腊］柏拉图：《柏拉图对话录》，水建馥译，商务印书馆 2013 年版。

［古希腊］柏拉图：《柏拉图对话集》，王太庆译，商务印书馆 2014 年版。

［古希腊］柏拉图：《智者》，詹文杰译注，商务印书馆 2014 年版。

［古希腊］柏拉图：《泰阿泰德》，詹文杰译注，商务印书馆 2015 年版。

［古希腊］柏拉图：《柏拉图〈米诺篇〉〈费多篇〉译注》（古希腊文—中文对照本），徐学庸译，北京大学出版社 2015 年版。

［古希腊］柏拉图：《普罗塔戈拉》，［美］施特劳斯疏，刘小枫译，华夏出版社 2019 年版。

［古希腊］柏拉图：《菲洞》，溥林译，商务印书馆 2021 年版。

［古希腊］柏拉图：《克里同》，溥林译，商务印书馆 2021 年版。

［古希腊］柏拉图：《欧悌弗戎》，溥林译，商务印书馆 2021 年版。

［古希腊］柏拉图：《苏格拉底的申辩》，溥林译，商务印书馆 2021 年版。

［古希腊］柏拉图：《蒂迈欧篇》，谢文郁译，东方出版中心 2021 年版。

［英］伯里：《希腊史》(全三卷)，陈思伟译，晏绍祥校，吉林出版集团 2016年版。

［美］博罗廷：《奥德修斯的诸种关切》，温洁译，载《荷马笔下的伦理》，华夏出版社 2010 年版。

［瑞士］雅各布·布克哈特：《希腊人和希腊文明》，王大庆译，上海人民出版社 2012 年版。

［美］阿兰·布鲁姆：《爱的阶梯：柏拉图的〈会饮〉》，秦露译，华夏出版社 2017 年版。

［德］爱德华·策勒：《古希腊哲学史纲》，翁绍军译，山东人民出版社 1992年版。

［德］爱德华·策勒：《古希腊哲学史》(第一卷下)，余友辉译，人民出版社 2021年版。

［德］爱德华·策勒：《古希腊哲学史》(第三卷)，詹文杰译，人民出版社 2021年版。

［英］狄金森：《希腊的生活观》，彭基相译，华东师范大学出版社 2006 年版。

［古希腊］第欧根尼·拉尔修：《名哲言行录》，徐开来、溥林译，广西师范大学出版社 2010 年版。

［古希腊］第欧根尼·拉尔修：《斯多亚派思想评传》，崔延强译，载邓安庆主编：《伦理学术 14：斯多亚主义与现代伦理困境（上）》，上海教育出版社 2023 年版。

［美］诺尔曼·李莱佳德：《伊壁鸠鲁》，王利译，中华书局 2005 年版。

［美］G. R. F. 费拉里编：《柏拉图〈理想国〉剑桥指南》，陈高华等译，北京大学出版社 2013 年版。

［法］吕克·费希、克劳德·卡佩里耶：《最美的哲学史》，胡扬译，上海书店出版社 2021 年版。

［英］M. I. 芬利：《奥德修斯的世界》，刘淳、曾毅译，北京大学出版社 2019年版。

［美］大卫·福莱主编:《从亚里士多德到奥古斯丁》,冯俊等译,中国人民大学
　　出版社 2004 年版。

［德］伽达默尔:《科学时代的理性》,薛华等译,国际文化出版公司 1988 年版。

［德］伽达默尔:《伽达默尔论柏拉图》,余纪元译,光明日报出版社 1992 年版。

［英］乔治·格罗特:《希腊史:从梭伦时代到公元前 403 年》(上册),晏绍祥、
　　陈思伟译,北京理工大学出版社 2019 年版。

［德］马丁·海德格尔:《普罗泰戈拉定律》,载《尼采》(下卷),孙周兴译,商务
　　印书馆 2002 年版。

［古希腊］荷马:《荷马史诗·奥德赛》,陈中梅译,中国戏剧出版社 2005 年版。

［新西兰］罗瑟琳·赫斯特豪斯:《中道的核心学说》,载［美］查理德·克劳特
　　主编:《布莱克威尔〈尼各马可伦理学〉指南》,刘玮、陈玮译,北京大学出版
　　社 2014 年版。

［德］黑格尔:《历史哲学》,王造时译,上海书店出版社 2001 年版。

［德］黑格尔:《哲学史讲演录》(第二卷),贺麟、王太庆等译,商务印书馆 2013
　　年版。

［德］黑格尔:《哲学史讲演录》(第三卷),贺麟、王太庆等译,商务印书馆 2014
　　年版。

［德］黑格尔:《法哲学原理》,邓安庆译,人民出版社 2017 年版。

［德］奥特弗里德·赫费:《实践哲学:亚里士多德模式》,沈国琴等译,浙江大
　　学出版社 2011 年版。

［古希腊］赫西俄德:《工作与时日·神谱》,张竹明、蒋平译,商务印书馆 1991
　　年版。

［英］G. S. 基尔克等:《前苏格拉底哲学家——原文精选的批评史》,聂敏里译,
　　华东师范大学出版社 2014 年版。

［英］弗朗西斯·麦克唐纳·康德福:《苏格拉底前后》,孙艳萍、石冬梅译,格
　　致出版社 2009 年版。

［美］克莱因:《柏拉图〈美诺〉疏证》,郭振华译,华夏出版社 2011 年版。

［美］安东尼·朗:《希腊化哲学:斯多亚学派、伊壁鸠鲁学派和怀疑派》,刘玮、
　　王芷若译,北京大学出版社 2021 年版。

［美］安东尼·朗:《心灵与自我的希腊模式》,何博超译,北京大学出版社 2015

年版。

［古罗马］卢克莱修：《物性论》，李永毅译注，华东师范大学出版社 2022 年版。

［法］莱昂·罗班：《希腊思想和科学精神的起源》，陈修斋译，段德智修订，广西师范大学出版社 2003 年版。

［美］约翰·罗尔斯：《正义论》（修订版），何怀宏、何包钢、廖申白译，中国社会科学出版社 2016 年版。

［法］吉尔伯特·罗梅耶–德尔贝：《论智者》，李成季译，人民出版社 2013 年版。

［英］伊丽莎白·罗森：《西塞罗传》，王乃新等译，商务印书馆 2015 年版。

［英］罗素：《西方哲学史》（上卷），何兆武、李约瑟译，商务印书馆 1963 年版。

［法］让–弗朗索瓦·马特：《论柏拉图》，张垚译，华东师范大学出版社 2008 年版。

［德］克里斯蒂安·迈尔：《自由的文化：古希腊与欧洲的起源》，史国荣译，北京时代华文书局 2015 年版。

［美］麦金太尔：《伦理学简史》，龚群译，商务印书馆 2003 年版。

［美］阿拉斯戴尔·麦金太尔：《谁之正义，何种合理性》，万俊人等译，当代中国出版社 1996 年版。

［英］查尔斯·梅里维尔：《罗马三巨头》，郭威译，华文出版社 2019 年版。

［英］奥斯温·默里：《早期希腊》，晏绍祥译，上海人民出版社 2008 年版。

［德］保罗·纳托尔普：《柏拉图的理念学说：理念论导论》（上册），溥林译，商务印书馆 2018 年版。

［德］尼采：《希腊悲剧时代的哲学》，李超杰译，商务印书馆 2006 年版。

［意］詹姆斯·尼古拉斯：《伊壁鸠鲁主义的政治哲学》，华夏出版社 2004 年版。

［美］玛莎·努斯鲍姆：《欲望的治疗：希腊化时期的伦理理论与实践》，徐向东、陈玮译，北京大学出版社 2018 年版。

［英］杰弗里·帕克：《城邦：从古希腊到当代》，石衡潭译，山东画报出版社 2007 年版。

［古罗马］普鲁塔克：《伯里克利传》，载《希腊罗马名人传》（第一卷），陆永庭等译，商务印书馆 1990 年版。

［古罗马］普鲁塔克：《古典共和精神的捍卫：普鲁塔克文选》，包利民等译，中国社会科学出版社 2005 年版。

［古罗马］普鲁塔克：《希腊罗马名人传》，席代岳译，吉林出版集团 2009 年版。

［古罗马］普鲁塔克：《道德论丛》（第四卷），席代岳译，吉林出版集团 2015 年版。

［古希腊］塞克斯都·恩披里柯：《皮浪学说概要》，崔延强译，商务印书馆 2019 年版。

［古罗马］塞涅卡：《道德和政治论文集》，［美］约翰·M. 库珀、［英］J. F. 普罗科佩编译，袁瑜琤译，北京大学出版社 2010 年版。

［古罗马］塞涅卡：《论幸福生活》，覃学岚译，译林出版社 2015 年版。

［古罗马］塞涅卡：《强者的温柔》，包利民等译，中国社会科学出版社 2021 年版。

［古希腊］色诺芬：《回忆苏格拉底》，吴永泉译，商务印书馆 1984 年版。

［美］查尔斯·L. 斯蒂文森：《伦理学与语言》，姚新中等译，中国社会科学出版社 1991 年版。

［英］斯塔斯：《批评的希腊哲学史》，庆泽彭译，华东师范大学出版社 2006 年版。

［希］康斯坦蒂诺斯·斯塔伊克斯：《书籍与理念：柏拉图的图书馆与学园》，王晓朝译，人民出版社 2015 年版。

［瑞士］克里斯托弗·司徒博：《环境与发展：一种社会伦理学的考量》，邓安庆译，人民出版社 2008 年版。

［德］马克斯·舍勒：《伦理学中的形式主义与质料的价值伦理学》，倪梁康译，生活·读书·新知三联书店 2004 年版。

［德］施莱尔马赫：《论柏拉图对话》，黄瑞成译，华夏出版社 2011 年版。

［美］马克·施罗德：《伦理学中的非认知主义》，张婉译，华夏出版社 2017 年版。

［美］施特劳斯讲疏：《西塞罗的政治哲学》，于璐译，华东师范大学出版社 2018 年版。

［古罗马］塔西佗：《编年史》（下册），商务印书馆 1981 年版。

［英］A. E. 泰勒：《柏拉图：生平及其著作》，谢随知、苗力田、徐鹏译，山东人民出版社 1991 年版。

［英］泰勒主编：《从开端到柏拉图：劳特利奇哲学史（十卷本）第一卷》，韩东晖等译，中国人民大学出版社 2003 年版。

［英］阿诺德·汤因比：《希腊精神：一部文明史》，乔戈译，商务印书馆 2015 年版。

［美］梯利:《西方哲学史增补修订版》,葛力译,商务印书馆 2000 年版。

［法］让-皮埃尔·韦尔南:《古希腊的神话与宗教》,杜小真译,商务印书馆 2021 年版。

［德］文德尔班:《哲学史教程》(上卷),罗达仁译,商务印书馆 1987 年版。

［德］文德尔班:《古代哲学史》,詹文杰译,上海三联书店 2014 年版。

［英］弗兰克·威廉·沃尔班克:《希腊化世界》,陈恒、茹倩译,上海人民出版社 2009 年版。

［美］埃里克·沃格林:《柏拉图与亚里士多德:秩序与历史(卷三)》,刘曙辉译,译林出版社 2014 年版。

［古罗马］西塞罗:《论至善和至恶》,石敏敏译,中国社会科学出版社 2005 年版。

［古罗马］西塞罗:《西塞罗全集·修辞学卷》,王晓朝译,人民出版社 2007 年版。

［古罗马］西塞罗:《论共和国》,李寅译,译林出版社 2013 年版。

［古希腊］亚里士多德:《亚里士多德全集》(第八卷),苗力田主编,中国人民大学出版社 1994 年版。

［古希腊］亚里士多德:《形而上学》,吴寿彭译,商务印书馆 1997 年版。

［古希腊］亚里士多德:《政治学》,吴寿彭译,商务印书馆 2007 年版。

［古希腊］亚里士多德:《尼各马可伦理学》,廖申白译,商务印书馆 2009 年版。

［古希腊］亚里士多德:《尼各马可伦理学》,邓安庆注释导读本,人民出版社 2010 年版。

［古希腊］亚里士多德:《雅典政制》,日知、力野译,商务印书馆 2010 年版。

［古希腊］亚里士多德:《灵魂论及其他》,吴寿彭译,商务印书馆 2011 年版。

［美］查尔斯·杨:《亚里士多德的正义》,载［美］查理德·克劳特主编:《布莱克威尔〈尼各马可伦理学〉指南》,刘玮、陈玮译,北京大学出版社 2014 年版。

［德］维尔纳·耶格尔:《亚里士多德:发展史纲要》,朱清华译,人民出版社 2013 年版。

［德］韦尔纳·耶格尔:《教化:古希腊文化的理想》,陈文庆译,华东师范大学出版社 2021 年版。

［古希腊］伊壁鸠鲁、［古罗马］卢克莱修:《自然与快乐:伊壁鸠鲁的哲学》,包利民等译,中国社会科学出版社 2004 年版。

［美］余纪元：《亚里士多德〈形而上学〉中 being 的结构》，杨东东译，中国社会科学出版社 2013 年版。

［德］奥托·泽曼：《希腊罗马神话》，周惠译，上海人民出版社 2005 年版。

Ackrill, John L.: "Aristotle on Eudaimonia (I 1–3 und 5–6)," in: *Aristoteles: Nikomachische Ethik*, Herausgegeben von Otfried Höffe, Akademie Verlag, 2006, S. 39–62.

Arendt, Hannah: *Was ist Politik?* Piper München Zürich, Juli 2010, 4. Auflage.

Aristoteles: *Metaphysik*, Übersetzt von Hermann Bonitz, Rowohlt Taschenbuch Verlag Hamburg, 1994.

Aristoteles: *Metaphysik*, Übersetzt von Hermann Bonitz, Rowohlt Taschenbuch Verlag Hamburg, 2002, 3. Auflage.

Aristoteles: *Nikomachische Ethik*, auf der Grundlage der Übersetzung von Eugen Rolfes herausgegeben von Günther Bien, Felix Meiner Verlag Hamburg, 1985.

Aristoteles: *Die Nikomachische Ethik*, aus dem Griechischen und mit einer Einführung und Erläuterungen versehen von Olof Gigon, Deutscher Taschenbuch Verlag München, Juni 2006, 7. Auflage.

Aristoteles: *Nikomachische Ethik*, Übersetzt, eingeleitet und kommentiert von Dorothea Frede, Walter de Gruyter GmbH Berlin/Boston, 2020.

Aristoteles: *Politik*, Übersetzt von Eugen Rolfes, in: *Aristoteles Philosophische Schriften in sechs Bänden*, Band 4, Felix Meiner Verlag Hamburg, 1995.

Aristoteles: *Politik*, Übersetzt und herausgegeben von Olof Gigon, Deutscher Taschenbuch Verlag München, 2011, 11. Auflage.

Bowra, C. M.: *Griechenland. Von Homer bis zum Hellenismus*, Rowohlt Taschenbuch Verlag Hamburg, 1972, 1974, 1975.

Cicero: *De finibus bonorum et malorum/Über das höchste Gut und das größte Übel*, Lateinisch/Deutsch, Übersetzt und herausgegeben von Harald Merklin, Philipp Reclam jun. Stuttgart, 2003.

Cicero: *De officiis/Vom pflichtgemäßen Handeln*, Lateinisch/Deutsch, Übersetzt, kommentiert und herausgegeben von Heinz Gunermann, Philipp Reclam jun.

Stuttgart, 1976.

Cicero: *De republica/Vom Staat*, Lateinisch/Deutsch, Übersetzt und herausgegeben von Michael von Albrecht, Philipp Reclam jun. Stuttgart, 2013.

Cicero: *Vom pflichtgemäßen Handeln*, Lateinisch/Deutsch, Übersetzt, kommentiert und herausgegeben von Heinz Gunermann, Philipp Reclam jun. Stuttgart, 2010.

Crescenzo, Luciano De: *Geschichte der griechischen Philosophie von Sokrates bis Plotin*, Diogenes Verlag Zürich, 1990.

Demokrit: *Fragmente zur Ethik*, Griechisch/Deutsch, Philipp Reclam jun. Stuttgart, 1996.

Demokrit: *Fragmente zur Ethik*, Griechische/Deutsch, Neu übersetzt und kommentiert von Gred Ibscher, Einleitung von Gregor Damschen, Philipp Reclam jun. Stuttgart, 2007.

Die Philosophie der Stoa, Ausgewählte Texte, Übersetzt und herausgegeben von Wolfgang Weinkauf, Philipp Reclam jun. Stuttgart, 2012.

Diogenes Laertius: *Von den Leben und den Meinugen berühmter Philosophen*, aus dem Gniechischen von August Borheck, Marix Wiesbaden, 2008.

Dover, K. J.: *Greek Homosexuality*, Cambridge: Harvard University Press, 1989.

Epictetus: *The Discourse as Reported by Arrian, the Manual, and Fragment*, with a translation by W, A. Oldfather, Loeb Classical Library, 1925.

Epiktet: *Handbüchlein der Moral*, Griechisch/Deutsch, Philipp Reclam jun. Stuttgart, 2014.

Epikur: *Fragmente 103*, in: *Atomisten: Texte and Kommentare zum materialistischen Denken der Antike*, Philipp Reclam jun. Leipzig, 1973.

Gadamer, Hans-Georg: *Der Anfang der Philosophie*, Philipp Reclam jun. Stuttgart, 2000.

Gadamer, Hans-Georg: *Logos und Ergon in der Platons Ethik*, in: *Hans-Georg Gadamer Gesammelte Werke 4*, Mohr Siebeck Tübingen, 1991.

Gadamer, Hans-Georg: *Neuere Philosophie I*, in: *Hans-Georg Gadamer Gesammelte Werke 3*, Mohr Siebeck Tübingen, 1985.

Gadamer, Hans-Georg: *Platos dialektische Ethik—beim Wort genommen*, in: *Hans-*

Georg Gadamer Gesammelte Werke 7, Mohr Siebeck Tübingen, 1991.

Graham, Daniel W.: "Empedokles und Anaxagoras: Antworten auf Parmenides," in: A. A. Long (Hrsg.): *Handbuch. Frühe Griechische Philosophie, Von Thales bis zu den Sophisten*, Verlag J. B. Metzler Stuttgart und Weimar, 2001.

Guthrie, W. C. K.: *A History of Greek Philosophy*, Vol. I, Cambridge University Press, 1978.

Gunermann, Heinz: "Anmerkungen zum ersten Buch, 44," in: Cicero: *De officiis/ Vom pflichtgemäßen Handeln*, Erstes Buch 5(17), Lateinisch/Deutsch, Philipp Reclam jun. Stuttgart, 1976.

Gunermann, Heinz: "Nachwort," in: Cicero: *De officiis/Vom pflichtgemäßen Handeln*, Lateinisch/Deutsch, Philipp Reclam jun. Stuttgart, 1976.

Hardie, W. F. R.: "The Final Good in Aristotle's Ethics," in: *Philosophy* 40 (1965), pp. 277–295.

Heidegger, Martin: *Über den Humanismus*, Vittorio Klostermann Frankfurt am Main, 2010, 11. Auflage.

Höffe, Otfried: *Aristoteles*, Verlag C. H. Beck München, 2009.

Kerferd, George B., Hellmut Flashar: "Gorgias aus Leontinoi," in: Hellmut Flashar (Hrsg.): *Grundriss der Geschichte der Philosophie. Die Philosophie der Antike*, Band 2/1, Basel, 1998, S. 50–51.

Long, A. A.: *Epictetus: A Stoic and Socratic Guide to Life*, Oxford University Press, 2002.

Long, A. A. (Hrsg.): *Handbuch. Frühe Griechische Philosophie, Von Thales bis zu den Sophisten*, Verlag J. B. Metzler Stuttgart und Weimar, 2001.

Nietzsche, Friedrich W.: *Ecce Homo: How One Becomes What One Is*, trans. Thomas Wayne, New York: Algora Publishing, 2004.

Nietzsche, Friedrich W.: *Friedrich Nietzsche on Rhetoric and Language*, ed. and trans. Sander Gilman, Carole Blair, David Parent, New York: Oxford University Press, 1989.

Nietzsche, Friedrich W.: *The Portable Nietzsche*, trans. Walter Kaufmann, New York: Viking, 1954.

Parmenides: *Über das Sein*, Griechische/Deutsch, Philipp Reclam jun. Stuttgart, 1995.

Platon: *Der Staat*, in: *Platon Werke*, Band III, in der Übersetzung von F. D. Schleiermacher, Akademie Verlag Berlin, 1985.

Platon: *Euthyphron*, in: *Platon Werke*, Band I. 2, in der Übersetzung von F. D. Schleiermacher, Akademie Verlag Berlin, 1935.

Platon: *Kriton*, in: *Platon Werke*, Band I. 2, in der Übersetzung von F. D. Schleiermacher, Akademie Verlag Berlin 1935.

Platon: *Lysis*, in: *Platon Werke*, Band I. 1, in der Übersetzung von F. D. Schleiermacher, Akademie Verlag Berlin, 1984.

Platon: *Menon*, in: *Platon Sämtliche Werke 2*, in der Übersetzung von F. D. Schleiermacher mit der Stephanus-Numerierung herausgegeben von Walter T. Otto, Ernest Grassi und Gert Plamböck, Rowohlt Taschenbuch Verlag Hamburg, 1957.

Platon: *Minos*, in: *Platon Werke*, Band I. 2, in der Übersetzung von F. D. Schleiermacher, Akademie Verlag Berlin 1985.

Platon: *Phaidros*, in: *Platon Werke*, Band I. 1, in der Übersetzung von F. D. Schleiermacher, Akademie Verlag Berlin 1984.

Platon: *Protagoras*, in: *Platon Werke*, Band I. 2, in der Übersetzung von F. D. Schleiermacher, Akademie Verlag Berlin, 1935.

Platon: *Protagoras*, in: *Platon Sämtliche Werke 1*, Übersetzt von Franz Susemihl, Verlag Lambert Schneider Heidelberg, 1982.

Platon: *Symposion*, in: *Platon Sämtliche Werke 2*, in der Übersetzung von Friedrich Schleiermacher mit der Stephanus-Numerierung herausgegeben von Walter F. Otto, Ernesto Grassi, Rowohlt Taschenbuch Verlag Hamburg, 1957.

Platon: *Theages*, in: *Platon Werke*, Band II. 3, in der Übersetzung von F. D. Schleiermacher, Akademie Verlag Berlin, 1985.

Platon: *Timaios*, in: *Platon Sämtliche Werke 3*, Verlag Lambert Schneider Heidelberg, 1982.

Popkin, Richard: *The History of Scepticism from Erasmus to Spinona*, California: University of California Press, 1979.

Rapp, Christof: *Aristoteles—zur Einführung*, Junius Verlag Hamburg, 2001.

Reckermann, Alfons: *Den Anfang denken*, Band III, *Vom Hellenismus zum Christentum*, Felix Meiner Verlag Hamberg, 2011.

Ritter, Joachim und Karlfried Gründer (Hrsg.): *Historisches Wörterbuch der Philosophie*, Band 6: Mo-O, Wissenschaftliche Buchgesellschaft Darmstadt, 1984.

Seneca: *Moralischen Briefen an Lucilius*, in: *Das große Buch vom glücklichen Leben, Gesammelte Werke*, Anaconda Verlag Köln, 2014.

Seneca: *Trostschrift an Helvia*, in: *Das große Buch vom glücklichen Leben, Gesammelte Werke*, Anaconda Verlag Köln, 2014.

Seneca: *Von der Gemütsruhe*, in: *Das große Buch vom glücklichen Leben, Gesammelte Werke*, Anaconda Verlag Köln, 2014.

Seneca: *Vom glücklichen Leben, an seinen Bruder Gallio*, in: *Das große Buch vom glücklichen Leben, Gesammelte Werke*, Anaconda Verlag Köln, 2014.

Stevenson, Charles: *Ethics and Language*, Oxford University Press, 1944.

Tugendhat, Ernst: *Probleme der Ethik*, Philipp Reclam jun. Stuttgart, 2010.

Tugendhat, Ernst: *Vorlesungen über Ethik*, Suhrkamp Verlag Frankfurt am Main, 1993.

Williams, Bernard: *Ethics and the Limits of Philosophy*, Cambridge: Harvard University Press, 1985.

Wesel, Uwe: *Geschichte des Rechts. Von den Frühformen bis zur Gegenwart*, Beck München, 2006, 3. überarbeitete und erweiterte Auflage.

Wolf, Ursula: *Aristoteles'"Nikomachische Ethik"*, Wissenschaftliche Buchgesellschaft Darmstadt, 2007, 3. Auflage.

Wolf, Ursula: "Das menschliche Ergon," in: *Aristoteles Nikomachische Ethik*, Herausgegeben von Otfried Höffe, Akademie Verlag, 2006, S. 84–88.

Zeller, E.: *A History of Greek Philosophy*, Vol. II, London, 1881.

Zeller, Eduard: *Die Philosophie der Griechen in ihrer geschichtlichen Entwicklung*, Dritter Teil, Erste Abteilung, Wissenschaftliche Buchgesellschaft Darmstadt, 2006, 7. unveränderte Auflage.

人名索引

主题词索引

H

J

◎知识产权经典译丛

国家知识产权局专利复审委员会组织编译

专利法
（第6版）

——德国专利和实用新型法、欧洲和国际专利法

[德]鲁道夫·克拉瑟◎著

单晓光　张韬略　于馨淼　等◎译

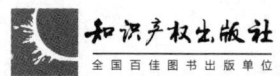
知识产权出版社
全国百佳图书出版单位

图书在版编目（CIP）数据

专利法：德国专利和实用新型法、欧洲和国际专利法：第6版／（德）克拉瑟
（Krasser，R）著；单晓光等译．—北京：知识产权出版社，2016.5
（知识产权经典译丛）
原书名：Patentrecht
ISBN 978 – 7 – 5130 – 4163 – 8

Ⅰ.①专… Ⅱ.①克… ②单… Ⅲ.①专利权法—研究—德国 Ⅳ.①D951.63

中国版本图书馆 CIP 数据核字（2016）第 084218 号

内容提要

本书为德国学者鲁道夫·克拉瑟的德国专利法经典著作。本书分为六个部分，分别从基础问题、专利和实用新型保护的前提条件、发明权、专利和实用新型的产生与丧失、专利和实用新型的效力及其实施、发明权的交易等角度出发，全面介绍了德国专利法的历史沿革，专利和实用新型的授权及实施，以及欧洲专利法、国际条约等方面的理论与实践，是全面学习德国和欧洲专利制度的经典之作。本书为"知识产权经典译丛"的一册，入选"2015 年国家出版资金"资助项目。

© Ver lag C. H. Beck oHG，München 2009

责任编辑：卢海鹰		责任校对：谷 洋
执行编辑：王玉茂 可 为		责任出版：刘译文
审 校：李 海		

知识产权经典译丛

国家知识产权局专利复审委员会 组织编译

专利法（第 6 版）
——德国专利和实用新型法、欧洲和国际专利法

［德］鲁道夫·克拉瑟 著
单晓光 张韬略 于馨淼 等译

出版发行：知识产权出版社有限责任公司		网 址：http://www.ipph.cn	
社 址：北京市海淀区西外太平庄 55 号		邮 编：100081	
责编电话：010 – 82000860 转 8122		责编邮箱：lueagle@126.com	
发行电话：010 – 82000860 转 8101/8102		发行传真：010 – 82000893/82005070/82000270	
印 刷：北京科信印刷有限公司		经 销：各大网上书店、新华书店及相关专业书店	
开 本：720mm×1000mm 1/16		印 张：75.75	
版 次：2016 年 5 月第 1 版		印 次：2016 年 5 月第 1 次印刷	
字 数：1440 千字		定 价：280.00 元	
ISBN 978-7-5130-4163-8			
京权图字：01-2015-7778			

序

当今世界，经济全球化不断深入，知识经济方兴未艾，创新已然成为引领经济发展和推动社会进步的重要力量，发挥着越来越关键的作用。知识产权作为激励创新的基本保障，发展的重要资源和竞争力的核心要素，受到各方越来越多的重视。

现代知识产权制度发端于西方，迄今已有几百年的历史。在这几百年的发展历程中，西方不仅构筑了坚实的理论基础，也积累了丰富的实践经验。与国外相比，知识产权制度在我国则起步较晚，直到改革开放以后才得以正式建立。尽管过去三十多年，我国知识产权事业取得了举世公认的巨大成就，已成为一个名副其实的知识产权大国。但必须清醒地看到，无论是在知识产权理论构建上，还是在实践探索上，我们与发达国家相比都存在不小的差距，需要我们为之继续付出不懈的努力和探索。

长期以来，党中央、国务院高度重视知识产权工作，特别是十八大以来，更是将知识产权工作提到了前所未有的高度，作出了一系列重大部署，确立了全新的发展目标。强调要让知识产权制度成为激励创新的基本保障，要深入实施知识产权战略，加强知识产权运用和保护，加快建设知识产权强国。结合近年来的实践和探索，我们也凝练提出了"中国特色、世界水平"的知识产权强国建设目标定位，明确了"点线面结合、局省市联动、国内外统筹"的知识产权强国建设总体思路，奋力开启了知识产权强国建设的新征程。当然，我们也深刻地认识到，建设知识产权强国对我们而言不是一件简单的事情，它既是一个理论创新，也是一个实践创新，需要秉持开放态度，积极借鉴国外成功经验和做法，实现自身更好更快的发展。

自 2011 年起，国家知识产权局专利复审委员会携手知识产权出版社，每年有计划地从国外遴选一批知识产权经典著作，组织翻译出版了《知识产权经典译丛》。这些译著中既有涉及知识产权工作者所关注和研究的法律和理论问题，也有各个国家知识产权方面的实践经验总结，包括知识产权案件的经典判例等，具有很高的参考价值。这项工作的开展，为我们学习借鉴各国知识产权的经验做法，了解知识产权的发展历程，提供了有力支撑，受到了业界的广泛好评。如今，我们进入了建设知识产权强国新的发展阶段，这一工作的现实意义更加凸显。衷心希望专利复审委员会和知识产权出版社强强合作，各展所长，继续把这项工作做下去，并争取做得越来越好，使知识产权经典著作的翻译更加全面、更加深入、更加系统，也更有针对性、时效性和可借鉴性，促进我国的知识产权理论研究与实践探索，为知识产权强国建设作出新的更大的贡献。

当然，在翻译介绍国外知识产权经典著作的同时，也希望能够将我们国家在知识产权领域的理论研究成果和实践探索经验及时翻译推介出去，促进双向交流，努力为世界知识产权制度的发展与进步作出我们的贡献，让世界知识产权领域有越来越多的中国声音，这也是我们建设知识产权强国一个题中应有之意。

申长雨

2015 年 11 月

主要译者简介

单晓光　同济大学法学院/知识产权学院教授、博士生导师。1982 年毕业于中南矿冶学院（现中南大学）勘探地球物理专业，获工学学士。1988 年毕业于中南工业大学（现中南大学）科技哲学专业，获哲学硕士。1995～2000年获德国艾伯特基金和知识产权协会资助，在德国慕尼黑马普知识产权法及税法研究所与慕尼黑国防军大学进行知识产权方向研究。2000 年 5 月获德国慕尼黑国防军大学经济暨社会学博士学位（Dr. rer. pol.）。主要学术兼职：中国知识产权研究会副理事长，中国知识产权法研究会副会长，中国科技法学会副会长，国家知识产权咨询委员会委员，上海市知识产权咨询专家，上海市高级人民法院特邀咨询员，上海知识产权法院特邀咨询专家等。

张韬略　中国政法大学法学学士，北京大学法学硕士，同济大学管理学博士。德国洪堡基金会德国联邦总理奖学金获得者（2008～2009）。同济大学法学院副教授，同济大学知识产权与竞争法研究中心副主任，国家知识产权战略实施研究基地（同济大学）办公室副主任、《知识产权与竞争法研究》副主编。主持国家社科基金、教育部人文社科、上海哲社等国家级、省部级课题多项；是《软件与互联网法》和德国多部专利法律的译者；在《知识产权》《专利法研究》等杂志发表文章40 多篇。

于馨淼　德国哥廷根大学法学博士，现为同济大学法学院副教授，院长助理，上海市法学会竞争法研究会常务理事，国家知识产权战略实施研究基地研究员，同济大学德国研究中心研究员，同济大学法学院中德国际经济法研究所副主任。主持省部级课题 3 项，参与中欧创新合作对话相关课题研究，发表《搜索引擎与滥用市场支配地位》等文章及出版著作 3 部。

刘晓海　1979.10～1983.08 中国人民大学法律系毕业，获学士学位；1990.03～1992.07 德国汉堡大学法律系毕业，获硕士学位；1992.10～1999.04德国汉堡大学法律系毕业，获博士学位。

1983.07～1990.02 复旦大学法律系任教，经济法教研室主任；1996.01～1998.12 德国马克斯—普朗克学会慕尼黑知识产权法、竞争法和税法研究所从事商业秘密法研究；1999.05～2003.07 国浩律师集团事务所合伙人，主管知识产权事务。2003.07 至今任同济大学知识产权学院教授；2006.04 至今任同济大学中德学院拜耳知识产权基金教席教授。

武卓敏 德国慕尼黑马普创新与竞争研究所博士奖学金获得者，慕尼黑大学博士论文涉及生物技术知识产权的比较法研究（导师 Joseph Strauß 教授），海德堡大学法学硕士。德国泰乐信律师事务所高级顾问。中德 IP 领域有 9 年实务经验，处理 10 余起中国大型企业针对国际 NPE 在德国的标准专利谈判和侵权诉讼。作为中国商务部特聘纠纷调解专家，处理德国国际展会纠纷 500 余起。

范长军 德国拜罗伊特大学法学博士，华中科技大学法学院讲师。研究知识产权法、竞争法。在《法学家》《法商研究》及《知识产权》等学术刊物上发表论文 20 余篇。专著《德国反不正当竞争法研究》（法律出版社 2010 年 11 月）、《德国专利法研究》（科学出版社 2010 年 12 月）；译著《德国著作权法》《德国商标法》（知识产权出版社 2013 年 1 月）。主持国家社科基金及其他各类科研课题 6 项。

原版序言

（第 6 版）

在本次新的版本中，阐述了依据 2000 年修订 2007 年 12 月 13 日生效的《欧洲专利公约》（欧洲专利公约 2000），以及在 2007 年 12 月 13 日生效的欧洲专利法及其实施细则的最新文本。

在德国的立法方面，除了个别的修改之外，还包括：2005 年 1 月 25 日的《转化生物技术发明法律保护指令法》，这部法律的某些方面与在本书第 5 版中介绍的草案有所不同；2006 年 6 月 21 日的《关于修改专利法异议程序和专利费用法的法律》；2007 年 8 月 24 日的《转化〈欧洲专利公约〉修订文档法》，以及 2008 年 7 月 7 日的转化了相应欧洲指令的《完善知识产权执法法》。对于最为重要的有关观点可能要参照 2008 年 6 月公布的《专利法简化和现代化法草案》。应该考虑的还有完全适应了欧洲共同体法的 2005 年的新《反限制竞争法》以及 2004 年改革的《外观设计法》和《反不正当竞争法》。在国际层面，讨论了 TRIPS 的补充协议，这就是允许向有公共健康问题的区域授予出口药品强制许可的规定。在欧盟范围内，早在该补充协议生效之前就已经通过一个条例进行了转化。此外，在发明保护领域共同体法的执法并没有取得进展，是否以及什么时候引入共同体专利仍然无法预见。关于保护实施计算机程序的发明的指令建议最终被欧洲议会在 2005 年否决，因此，对于欧洲专利局、联邦最高法院以及联邦专利法院的有关新判决就需要给予特别的关注。

当然，欧洲专利局与德国法院还在对于发明保护的许多其他问题达成了诸多方向上的或者至少有价值的共识。由于德国联邦最高法院在其有关保护范围的判决中参考了联合王国判决的基本原则，因此，我们扩大了在这方面的阐述。

在本书的新版工作中，要特别感谢法学助手 Kerstin Lehner 女士，她在直至 2007 年底，有的甚至超过这个期限的文献和判例的查询和汇总乃至校对方面给予了我很多的帮助。还要感谢马克斯普朗克知识产权、竞争法和税法研究所，尤其是 Joseph Strauß 博士教授，他们给我提供了帮助，并使我能够是使用该所的设施。

　　本书的写作还得到了我家人的鼓励，首先要谢谢的是我的夫人，她没有被不断再版所无法预料的挑战而吓到。

鲁道夫·克拉瑟（Rudolf Kraßer）

2008 年 8 月于慕尼黑

译者序

1996 年初，我获得德国艾伯特基金会（Friedrich – Ebert – Stiftung）和德国知识产权协会（GRUR）资助，来到著名的德国慕尼黑马普知识产权与竞争法研究所（现德国慕尼黑马普创新与竞争研究所），师从当时也在该所任职的德国慕尼黑国防军大学的 Hanns Ullrich 教授，撰写有关技术转让法律制度比较研究方面博士论文。为了学习研究德国专利法，我征询时任该所东亚部主任 Dietz 教授有关德国专利法的代表性著作，Dietz 教授毫不犹豫地推荐了慕尼黑工业大学的 Rudolf Kraßer（鲁道夫·克拉瑟）教授的这本《Patentrecht：Ein Lehr – und Handbuch zum deutschen Patent – und Gebrauchsmusterrecht，Europäischen und Internationalen Patentrecht》。2003 年同济大学成立知识产权学院，我和我的同事，同济大学法学院/知识产权学院与同济大学中德学院拜耳知识产权法教席刘晓海教授（德国汉堡大学法学博士）又向知识产权学院名誉院长、时任德国马普知识产权法与竞争法研究所所长的 Joseph Strauß 教授咨询，哪些著作可以作为德国专利法研究和教学的权威性著作，他也首先推荐了鲁道夫·克拉瑟教授的这本书。于是，在时任国家知识产权局局长、同时兼任同济大学知识产权学院名誉院长的田力普教授的鼓励下，我们一群曾在德国留学过的朋友，同济大学法学院/知识产权学院的刘晓海教授、华中科技大学法学院的郑友德教授以及西门子中国研究院的知识产权总监曲晓阳先生决定翻译鲁道夫·克拉瑟教授的这部著作。尽管对于翻译学术著作，尤其是翻译德语法学著作的难度有所思想准备，但翻译这部巨著的困难和工作强度仍然超过了我们这帮年龄上早已不是初生牛犊的人的预想：一千多的页码、繁多的专业术语、鲁道夫·克拉瑟教授学究并略带古式的德语等，使我们的翻译工作进展极其缓慢，时断时续。后来，郑友德教授、曲晓阳先生由于有更重要的工作又退出了本书的翻译工作，这使得我们不得不再招兵买马。我的同事，同济大学法学院/知识产权学院的张韬略副教授（德国联邦总理奖学金获得者）、于馨淼副教授（德国哥廷根大学法学博士）、王倩助理教授（德国不莱梅大学法学博士）、赵守政助理教授（德国明斯特大学法学博士）以及德国泰乐信律师事务所高级顾问、慕尼黑马普创新与竞争研究所博士奖学金获得者武卓敏、华中科技大学法学院的范长军老师（德国拜罗伊特大学法学博士）、浙江财经大学法学院李伟教授先后加盟本书的翻译团队，本书的翻译才能最终完成。

需要说明的是，为了使读者能够准确地找到本书所涉及的文献，我们保留了书中纯列举式和引注式的文献原文，只翻译了重要的解释性的脚注。此外，2004 年我们开始翻译的是本书的第 5 版，而在 2009 年本书出版了第 6 版。据说，由于年事较高等原因，鲁道夫·克拉瑟教授已不再撰写出版本书的后续版本。尽管时至今日，德国乃至欧洲专利制度都发生了不小变化，但对于其基本理论和制度演进，本书都有全面深入的论述和先见之明的预测。比如，对于欧洲统一专利制度、欧洲专利法院等内容，本书都有很准确的预判和分析，因此，本书仍不失是研究和学习德国和欧洲专利制度的经典之作。

本书最后由单晓光教授主持翻译，具体分工如下：§1 ~ 9（单晓光），§10 ~ 15（于馨淼），§16（单晓光、李伟），§17（单晓光、李伟、王倩），§18（单晓光、李伟、王倩、赵守政），§19 ~ 21（武卓敏），§22 ~ 23（单晓光），§24 ~ 26（张韬略），§27 ~ 30（刘晓海），§31（张韬略），§32（范长军），§33（刘晓海、单晓光），§34（单晓光），§35 ~ 39（张韬略），§40 ~ 42（单晓光）。此外，刘晓海教授还校对了部分章节的译稿，张韬略副教授也负责组织了协调部分章节的翻译工作。

本书的出版计划于 2007 年在知识产权出版社正式立项，其后历经从第 5 版到第 6 版的版次变化，译者团队的流动更迭，甚至连承担此项目的责任编辑也变更了人选，时至今日，八年有余，可谓费尽周折。值得欣慰的是，本书不仅入选由国家知识产权局专利复审委员会组织的"知识产权经典译丛"项目，而且入选国家级出版项目——"2015 年国家出版基金"资助项目。而今付梓，终令此项目的所有参与者"修成正果"。

我们要特别感谢尊敬的 Joseph Strauß 教授，他不仅积极鼓励我们翻译这部著作，而且还主动与鲁道夫·克拉瑟教授联系，获得了他的翻译许可；还要感谢知识产权出版社有限责任公司，尤其要感谢负责本书的责任编辑卢海鹰女士，没有她的不断鞭策、督促，甚至是"压榨"，很难想象本书最终能够翻译完成和顺利出版。

最后，绝不是客套话，鉴于我们的学术能力以及本书的翻译强度和难度，翻译的缺陷肯定难免。我们诚惶诚恐，真诚恳求高人指正，希望有机会再版改正。

单晓光

于同济大学四平路校区

2016 年 4 月

目　　录

第6部分 发明权的交易

第 1 部分

基本问题

第 *1* 章
法律与经济制度中的专利与实用新型

§1 联邦德国专利制度的主要特征

A. 专 利

Ⅰ. 专利是国家授予的独占权

1. 根据《专利法》第1条第1款，对于所有技术领域内新的、基于创造性活动的以及工业上可应用的发明，都可以授予专利。在提起相应的请求（申请）之后，由德国专利商标局授予专利。申请可以以任何自然人或者法人的名义递交，不受国籍、居所或营业所的限制。

《专利合作条约》（PCT）缔约国的国民或者在这些缔约国有居所或者营业所的人，还可以依据 PCT 提出国际申请，请求德国专利商标局授予专利。

2. 《专利法》第9条规定，专利的效力是，只有权利人有权实施受专利保护的发明，其他人未经其同意不允许实施该发明：是否实施、由谁来实施以及怎样实施发明，都由专利权人决定。但是，专利权人的权利并非不受限制（参见§33，§34）。尤其是在为公共利益的情况下，还可以不顾权利人的意愿，通过法官判决的途径准许其他人实施受专利保护的发明（强制许可，《专利法》第24条）。

当然，必须在现行法律的框架之内实施发明。尽管这是一个总是有效的原则，但2005年以来《专利法》还是在第9条第1款第1句中对此进行了明确的规定。这样，就像《民法典》第903条一直以来对所有权进行的说明一样，《专利法》也对专利权进行了澄清。《民法典》在第903条中规定，所有权的权限受到法规与第三人权利的限制。

3. 由于联邦德国是《欧洲专利公约》的缔约国，因此，还可以通过依据《欧洲专利公约》建立的欧洲专利局授予在其领土内的专利。为此，需要递交一个欧洲专利申请，在该申请中——单独指定德国，或者像大多数情况那样，除了指定其他缔约国之外还——指定德国。

申请欧洲专利的权利同样不受国籍、居所或者营业所的限制（《欧洲专利公约》第58条），也可以在前面第1点提到的前提条件下通过PCT提起欧洲专利申请。

根据《欧洲专利公约》第52条第1款，授予欧洲专利的实质条件与依照《专利法》第1条第1款授予德国专利的实质条件是一样的。根据《欧洲专利公约》第64条第1款，在被授予了欧洲专利的任一缔约国，欧洲专利的效力与该国的专利效力是一样的。如果是对德国授予的欧洲专利，那么就是德国《专利法》第9条规定的、受德国《专利法》规制的、排除他人实施发明的权利。

根据已不再生效的《共同体专利公约》，在该条约缔约国的整个地域内将授予一种统一的欧洲专利，即共同体专利。为了能在欧盟的所有成员国都实现共同体专利，欧盟委员会已提出了一个《理事会关于共同体专利条例的建议》。该建议第7条规定的共同体专利的效力（与该条所依据的1989年《共同体专利公约》第25条一样），与《专利法》第9条的规定在实质上一致的。

4. 无论是依照欧洲的法律，还是根据德国的法律，专利的效力是有时间限制的。专利的效力开始于授予专利的时候，最迟结束于申请专利之后的20年。专利的存续还取决于是否支付年费，其数目随着保护期限的持续而递增。

依据欧共体的条例规定，药品或者农药专利可以通过补充保护证书最多延长5年（对于儿童药品的专利可以延长5年半）的保护期。

在空间上，德国专利的效力及于联邦德国的领土。对于德国授予的欧洲专利，其空间上的效力与德国专利也是一样的。

5. 总的来说，根据德国有关授予专利和专利效力的规定，专利一般可以看作一种由国家或者由依据国际条约所授权的国际机构所授予的、有领土与时间限制的、实施发明的独占性权利，而这种权利的独占性就在于禁止其他人实施发明的权限。

对专利和"源于专利的权利"进行区分，就像《专利法》第15条第1款想要区别的那样，在现行的专利制度中已经没有必要。今天"专利"，已不再像它在历史上的来源所表示的那样，是指一种证书（参见§4.6）——指的是一种根据《专利法》（第58条第1款）与《欧洲专利公约》（第97条第1款与第3款）通过授予专利并公告而创设的权利。有关权利客体的信息记载在专利文献上。除了公告专利文献之外，德国专利商标局（《德国专利商标局条例》第 25 条第 1 款）与欧洲专利局（《欧洲专利公约实施细则》第 74 条）还颁发专利证书，但这种专利证书对于专利权的产生是没有意义的，对于专利权的实施也不是必要的。

6. 当代所有先进的工业国家以及其他许多国家的立法都规定了上述意义上的专利制度；专利是由国家授予的，在某些国家还可以由区域机构（比如，欧洲专利局）授予。

Ⅱ. 作为专利客体的发明

1. 在联邦最高法院所做的一个原则性判决之后，30 多年来的司法判决、德国专利商标局的实践以及大多数文献都认为，德国专利法意义上的发明是"一种为了直接取得有因果关系的可预见性结果，运用可控自然力按计划行为的原理（指令、规则）"。因此，德国专利法中的发明广义上被称为关于技术行为的原理（参见 § 11 Ⅰ）。但是，联邦最高法院最新的判决却预示，至少在运用计算机程序解决问题的领域内，即使是没有直接运用自然力、原理也可以视为技术性的（参见 § 12 Ⅲ c dd）。

欧洲专利局同样认为技术性特性是专利法中发明概念的必要特征，并不认可与技术无关的对于发明的定义（参见 § 12 Ⅰ c）。

2. 由于依照发明的原理的行为有望获得经济上的优势，所以发明是一种有经济价值的财产。[1] 但是，发明具有无形的性质。因为是无形财产[2]，所以不仅要注意将其与有形的载体，如书面的描述及类似的东西区分开来，而且还要注意其与实现了发明的实物的区别，比如，一个依照发明的原理制造与运行的机器、依照发明合成的化学物质、根据方法发明生产的产品。由于这些实物的市场价值所依赖的是发明的本质特性，对实物的交易与使用就意味着在经济上对发明的利用，因此专利权人的禁止权就扩展到了涉及这些实物的行为。但是，这并不就是说，这些实物本身就是保护的客体。此外，需要注意的是，如果依照发明所生产的实物是经过专利权人同意之后投放到市场的，那么对这些实物的销售与使用就不再受专利禁止权限的约束（即所谓权利用尽原则）。

不过，专利产品的说法也非常普遍，《专利法》第 9 条第 2 句第 1 项本身的用语"专利客体的产品"，就是这样的。这种说法简单来说就是：对发明的独占性权利，包含了对于实现作为技术原理的发明的实物的某些权限。因此，

---

〔1〕　即使发明没有获得专利而未能成为"权利的客体"，发明也是一种"生活财产"，参见 Troller, Immaterialgüterrecht, Bd. I, S. 49ff.

〔2〕　S. *Godenhielm*, GRUR Int. 1996, 327 ff.

对于旨在改变生物作用的发明的专利，就被有些人称为"对于生物"的专利，甚至被称为"对于生命"的专利。[3]由此可见，这里就存在错误理解专利保护的客体与专利保护的效力方式的危险（参见§15Ⅲb2）。

3. 由于发明是无形的财产，所以它可以被任何人同时利用，而不会有任何物质上的损失。任何知悉发明原理的人都可以运用该发明、依照该原理行动，即使已经有许多人这样做，也不受影响。因此，对于发明人就会产生这样的危险：随着对该创新了解的深入以及对其运用能力的扩大，尽管发明人有该创新所提供的经济上的优势，但该创新在市场上的交换价值却会相应地丧失。但是，如果发明人取得了专利，那么他就可以自己充分地利用这种优势。他可以以收取报酬的方式允许其他人实施其发明或者依据专利提供的独占性地位自己利用该发明，以依发明能生产的产品或带来的其他给付价款的方式，取得发明的价值。

4. 只有当发明在申请中由专利授予机关公开了，才可能获得专利。但确定无疑的是，完成了的发明首先只是存在于发明者的头脑里，而不会有任何外在的表现、应用等。但是，专利中的发明，却只可能是已经脱离了发明者、能够不依赖于发明者、作为人身之外的客体可以继续存在的发明。

不过，发明脱离发明人不仅仅是由于申请专利，在大多数情况中也不是首先因为要申请专利才会发生。事实上，在实施发明的过程中，在不少情况下甚至在发明产生的过程中，发明就已经脱离了它的发明人。发明脱离发明人的直接后果是——虽然并不是必然的：其他人就可能获知和实施这个发明。一旦发明被利用，那么要想通过保密来阻止其他人知悉和实施这个发明，长久来看，一般就不再可能了。[4]因此，发明人及其授权的使用人必须考虑的风险就是，发明的创新很快就会被其他人所采用。

5. 只有当发明在申请专利的时候还是新的，也就是说还没有对公众公开的时候，才允许授予其专利。但另一方面，授予专利的程序又必然要求——如果发明不是因为国家安全的利益必须保密的话——公布发明从而使公众可以知悉发明。要获得专利，其代价只能是放弃对知悉发明的所有限制。发明人往往

---

〔3〕 So schon im Titel *Baumgartner/Mieth*（Hrsg.），Patente am Leben? 2003；*Wöhlermann*（Hrsg.），Das Biopatentrecht der EU am Beispiel von Patenten auf Leben，2004；*Wolters*，Die Patentierung von Menschen. Zur Patentierung humanbiologischer Erfindungen aus dem Bereich moderner Biotechnologie，2006.

〔4〕 *Harabi*，in：Harabi（Hrsg.），Kreativität – Wirtschaft – Recht，1996，S. 95 ff. 根据*Seuß*的研究，生产的转移、企业的兼并与收购以及员工的流动，越来越威胁到保密的可能性，尤其是对于化学方法的保密。因此，他建议，应当比以前要更好地善于利用专利保护制度。参见 Seuß，Mitt. 2006，398，400.

期望依据源于发明行为的事实上的独占关系能够阻止其他人实施发明，但这种期望总是会面临各种风险，而授予的专利就赋予了禁止其他人实施该发明的权利。[5]

6. 专利所涉及的是作为无形财产的发明，属于无形财产权。[6]专利所赋予的禁止权表明，发明作为存在于专利权人人身之外的客体，是以一种排除他人的方式归属于专利权人的。禁止权作为专利外部的、"否定的"一面，对应于专利权人对于发明的法律关系内在的、"肯定的"一面，[7]二者一起构成了专利对于发明的独占权。在结构上，专利的独占权相当于有形物的所有权。[8]

专利使得即使公开了的发明其市场价值也不会受到影响，这样，专利就保护了发明人（及其权利继受人）能够充分利用发明的经济优势。简单来说就是，专利保护发明。[9]

Ⅲ. 发明人原则与发明人权

1. 满足了法律规定的前提条件，授权机关就会将专利授予申请人（专利申请人）。但是，根据《专利法》（第6条）和《欧洲专利公约》（第60条第1款），申请专利的权利最初是属于发明人的，如果有共同发明人，则属于共同发明人共有。发明人只能是自然人。通过转让或者继承可以将申请专利的权利转移给作为权利继受人的自然人或者法人。职务发明的发明人雇主可以通过单方声明的方式收回申请专利的权利，而这时发明人的雇主负有申请专利以及

---

〔5〕 要做到这一点，其前提条件是这些具有充足可靠性的权利实际上是可执行的。由于在某些国家还做不到这一点，因此，*Ann* 建议应当进行权衡考虑：在个别情况中，将发明进行保密是否会比将发明申请专利并公开（由此也是对偷盗者的公开）能更好地阻止对其发明的"盗取"。但是，这种方法所产生的效果却是，在那些专利权可以得到可靠执行的国家也不能申请专利了，而且不能避免这种保密迟早会失效的风险；还有可能出现独立的平行发明并获得专利保护的情况，而这时如果保密的发明没有取得先用权的话，那么实施该发明就会受到专利保护的阻止。参见 Ann. FS Schilling, 2007, S. 1, 8ff.

〔6〕 Zu diesem ursprünglich von *Josef Kohler* geprägten Begriff eingehend *Schönherr*, Zur Begriffsbildung im Immaterialgüterrecht, FS Troller, 1976, S. 3 ff. ; *Jänich*, Geistiges Eigentum – eine Komplementärerscheinung zum Sacheigentum?, 2002, S. 90 – 102; jeweils mit zahlreichen Nachweisen; zu seiner Entstehung auch *Fikentscher/Theiss*, Josef Kohler und das Monopol: Ein Schlüssel zu TRIPS vs. WIPO?, in: Adrian/Nordemann/Wandtke (Hrsg.), Josef Kohler und der Schutz des geistigen Eigentums in Europa, 1996, S. 55 ff.

〔7〕 Vgl. *Schönherr*, aaO, S. 12 ff. ; dazu auch *Larenz*, Methodenlehre der Rechtswissenschaft, 6. Aufl. , S. 254; *Kraßer*, Der Schutz vertraglicher Rechte gegen Eingriffe Dritter, 1971, S. 99 ff. , 102, 172 ff. – Dagegen verneint *Walz*, Der Schutzinhalt des Patentrechts im Recht der Wettbewerbsbeschränkungen, 1973, insb. S. 221 f. , daß dem Patentinhaber ein Gegenstand in der Weise zugeordnet sei wie die Sache dem Eigentümer; gleichwohl sieht er das Patent als subjektives Recht an (S. 228 ff.). – Kein subjektives Recht ist das Patentrecht nach Ansicht von *Balz*, Eigentumsordnung und Technologiepolitik, 1980, S. 378.

〔8〕 Umfassender Vergleich der Rechte des geistigen Eigentums einschließlich des Patents mit dem Sacheigentum in dem Werk von *Jänich* (FN 6).

〔9〕 有关著作权法中的相应表述方法，参见 *Ulmer*, Urheber – und Verlagsrecht, 3. Aufl. , S. 5.

支付适当报酬的义务。

2. 无论是德国的专利授予程序，还是欧洲专利的授予程序，都不审查申请人是否有申请专利的权利，专利局是将申请人作为有申请专利的权利的人来对待的（《专利法》第 7 条第 1 款，《欧洲专利公约》第 60 条第 3 款）。如果申请专利的权利确实不属于申请人，真正的权利人可以根据法律规定的救济手段来主张他的权利。他不仅可以要求撤销授予无权申请人的专利，而且也可以要求将无权申请人的申请或者专利转让给他，或者要求将非法申请的优先权给予由其本人所递交的申请（参见§20），并以这些方式最终获得自己的专利。

尽管授予专利的程序（暂时）不考虑申请专利的权利的问题，其目的是简化专利商标局的审查程序，但是专利制度最终所关心的还是要（尽可能地）使那些作出发明的人或者发明人的权利继受人能够获得专利。在这个"发明人原则"里，发明人与发明之间的联系不仅被认为是一种事实认定，而且也是法律所认可的。发明一旦完成，无需履行形式上的手续，发明创造者就获得了对于发明的权利。这种权利习惯上被称为（一般）发明人权。除了申请专利的权利之外，发明人权还包含有一定人格权的权限。即使转让了发明人权，这种人格权的权限仍归属于发明人，保护其被承认为发明人的利益。

发明人权的效力，包括上述阻止非法申请以及要求申请人和专利局承担的写明发明人的义务。在适当的情况下，被错误当作发明人的第三人也有承担写明发明人的义务。但是，专利法中的发明人权并不能阻止其他人实施发明。在专利法中，要阻止他人实施发明，更多的是依赖于授予专利，授予的专利确认并强化了这种建立在发明行为基础之上的权利。[10]

Ⅳ. 平行发明、排他效力

1. 可能会有多人相互独立地作出同样发明的情况，这些人并不是共同发明人，而是双重或者多重发明人，也许将其称为平行发明人更为恰当。他们每个人都享有独立的发明人权（共同发明人则共有一个发明人权）。在这种情况下，申请专利的权利只属于首先将发明在专利局提出申请的发明人（或者权利继受人）（《专利法》第 6 条第 3 句，《欧洲专利公约》第 60 条第 2 款）。发明行为并不取决于时间的先后顺序；任何人不能因为仅仅提出他（或者先前权利人）比申请人（或其先前权利人）更早完成发明，就能依据德国专利法或欧洲法对他人的专利申请或专利提出异议。第一个申请人的优先权的目的就

---

〔10〕 Vgl. *Troller*, Immaterialgüterrecht, Bd. Ⅰ, S. 453 ff. Zum wettbewerbs – und deliktsrechtlichen Schutz des Erfinderrechts unten §2 Ⅰ e bb und Ⅳ b 3.

是要促使尽快地将新发明申请专利，从而尽早地使公众获悉该发明。

2. 如果将一项发明申请了专利，而且申请的内容也由专利局公开了，那么对于后来同样发明的申请就不能再授予一项（有效的）专利，即使该申请所依据的是独立的平行发明并且发明人也有自己的发明人权，也同样如此（《专利法》第 3 条第 2 款，《欧洲专利公约》第 54 条第 3 款）。

3. 如果第一个申请人获得了专利保护，那么他还可以阻止其他独立地作出该发明的人或者从平行发明人那儿获得发明的人实施该发明。也就是说，专利的效力不仅仅在于阻止那些直接或者以某种间接的方式从发明人或者专利权人那儿知悉发明的人实施发明，专利还可以阻止拥有自己发明人权的权利人实施其发明。专利的这种广泛效力，被称为排他效力。只有对那些以正当手段获得发明信息，一比如独立的平行发明人及其权利继受人—并在申请专利之前就已经开始实施发明或者已经为实施做好了充分准备的人，专利的排他效力才受到了限制。这些人享有"先用权"：即使对发明授予了专利，还允许这些人继续实施该发明（《专利法》第 12 条）。

V. 保护的前提条件及其审查

1. 在授予专利之前，德国专利商标局和欧洲专利局不仅要审查申请是否符合形式上的规定，而且还要审查申请的客体是否满足《专利法》或者《欧洲专利公约》中的实质性保护前提条件。但是，只有提出专门的且缴纳一定费用的请求，才会进行并完成这种全面的审查。如果在规定的期限内没有提出这种请求，那么就视为撤回了专利申请，这样就不再可能授予专利。无论是否提出了审查请求，专利局都会最迟在递交申请之后的 18 个月内公布申请的内容。申请人只有在此前撤回其申请，他才可能阻止专利局对其申请内容的公布。对于在发明公布之后实施发明的第三人，申请人拥有要求合理补偿的请求权。只有当专利授予申请人了，并将这种情况公告之后，申请人才享有禁止权。

2. 实质审查的内容包括，发明的客体是否是新的、是否基于创造性活动以及是否在工业上可运用，而且还要审查发明的客体是否由于一些特殊理由而被排除在专利保护的范围之外。实质审查的首要目标，就是要将专利权人的独占权与已有技术知识以及未来将发现的新技术知识的界限，限制在由发明人创造的成果范围之内。因此，审查实践中特别重要的要求是要有新颖性和基于创造性活动。如果一项发明属于在其申请之前就已完全公开了的现有技术，那么它就不再是新的，因此是不可授予专利的。此外，即使发明是新的，但是对于掌握现有技术的专业人员来说是显而易见的，是无需创造性活动就可以做到的，那么这种发明也是不可授予专利的。对于这些问题以及其他实质性保护前提条件的某些方面，必须要在广泛掌握相关技术知识的基础上，才能对其进行充分可靠的判定。

在授予专利之前，通过拥有精通专业的技术人员和必要文献的机关对发明进行审查，不仅对于申请人和专利权人，而且对于所有有意利用已申请专利或者已授予专利的发明的人，都是非常重要的。在有些国家存在专利"登记制"，在这种制度中，专利局并不事先审查实质性保护前提条件就授予专利。在这种制度下，只是在事后，也就是在因侵权诉讼产生了对发明可专利性争议的时候，才需要对发明进行事后审查。在这种制度中专利的授予机关并不是为审查发明而设立的，因此，审查是由普通法院负责的，普通法院在审理案件时会视情况邀请技术专家参加。相较于经过专利局广泛的事先审查，登记制给予当事人的权利的稳定性是很差的。你只能凭自己对现有技术的了解来判断：法院是否会认为发明满足了保护的前提条件，是否会因此而判定专利是有效的或者是无效的。

3. 在预先审查制中，法律本来应当可以高度地确保权利的稳定性，无需在授予专利之后再审查在基准时间点（授予专利的时间点）发明是否满足了实质性前提条件，但是，《专利法》与《欧洲专利公约》都还没有达到这种程度。

《专利法》与《欧洲专利公约》都允许，在授予专利之后的一个确定的相对较短的期限内，任何人都可以因专利客体没有满足实质性前提条件而提起异议。专利局负责对异议作出回应。如果确认了专利的客体没有（完全）满足这些前提条件，那么专利局就会撤销该专利，而且这种撤销是有溯及力的。

在过了异议期并且已提起的异议也已处理完毕之后，还可以提起对专利客体没有满足实质性保护前条件的无效之诉。在联邦专利法院既可以提起对德国专利，也可以提起对就德国所授予的欧洲专利的无效之诉。如果联邦专利法院认定该专利没有满足《专利法》或者《欧洲专利公约》授予专利的实质性前提条件，就会宣告该专利无效，这种无效宣告也是有溯及力的。但是对于欧洲专利，专利法院只能宣告对德国所授予的欧洲专利无效。

但是，在普通法院，特别是在侵权诉讼中，原则上不能主张，专利没有满足实质性保护前提条件而无效。如果专利局没有撤销专利或者专利法院没有宣告专利无效，那么普通法院必须将该专利当作有效专利来对待。就此而言，专利享有一定程度的、但只是相对的存续保障。

总而言之，在长时间之后也能撤销那些实质上不公正的专利，比要求权利的稳定性更为重要。通过专利局仔细可靠的预先审查，至少奠定了只在满足了实质性保护前提条件才授予专利的高度可能性，在很大程度上也实实在在地保障了专利权的存续性。

为了不授予实质上不公正的"平庸专利",就要进行谨慎且可靠的审查。这里的决定性因素除了要组织和配备专利审查员之外,首先要考虑的是要对可专利性条件中的创造性成果标准提出合理的要求。[11]

B. 实用新型

Ⅰ. 实用新型是专利制度的一部分

1. 实用新型所保护的是新的、基于创造性方法且在工业上可运用的发明(《实用新型法》第1条第1款)。要获得实用新型的保护,首先要将作为实用新型保护的发明在德国专利商标局申请登记,德国专利商标局将该发明在实用新型登记簿上登记之后,该发明就获得了实用新型的保护。

还可以根据PCT(参见AⅠ1)通过国际申请的途径,申请在德国专利商标局登记实用新型,但是并没有与授予欧洲专利程序相应的授予在多国有效的实用新型的跨国程序。

实用新型登记的效力是,在联邦德国的地域内只有实用新型的权利人才有权实施实用新型的客体(《实用新型法》第11条第1款第1句)。

在该表达方式中,"实用新型"的概念似乎指的是通过登记所产生的权利。因此,只有将受保护的发明视为这种权利的客体,才是符合逻辑的。但是,根据《实用新型法》第1条第1款,发明是作为实用新型来保护的,似乎实用新型指的又是保护的客体。在新修改的法律中就出现了这种不一致的术语(参见§6Ⅲ3),比如,在《实用新型法》的第11条与第24条及以下条款的关系中,也出现了这种不一致。

从逻辑上来看——如果对于这种保护权找不到比"实用新型"更好的表达方式——《实用新型法》第1条第1款就必须这样来表述:发明是通过实用新型来保护的。对可受保护的以及可能已受到保护的发明使用实用新型的表述——与专利中的相应实践一样,是一种口语式的不精确表达,这是法律语言必须避免的。因此,在我们的阐述中,实用新型指的是保护权,保护权的客体则指的是发明。

2. 实用新型的效力始于登记之日,最迟在申请之后的10年内结束。在第3、6、8年之后如果要维持实用新型,需要缴纳(递增式的)维持费。

3. 因此,与专利一样,实用新型也是一种有地域与时间限制的实施发明

---

[11] Zur Problematik eingehend *Pagenberg*, Trivialpatente – eine Gefahr für das Patentsystem?, FS Kolle/Stauder, 2005, S. 251–261.

的独占权（参见前面 A I 5）。但是，实用新型并不保护所有可专利的发明：方法就不能"作为"（正确的表述应当是：通过，参见第 1 点）实用新型来保护（《实用新型法》第 2 条第 3 项）。根据《实用新型法》第 1 条第 2 款第 5 项，生物技术发明也"不能视为第 1 款意义上的实用新型客体"，尽管生物技术发明在实用新型保护的例外规定中本身就被称为发明，但这里似乎又不将其作为发明对待（参见第 1 点）。不过，除此之外，专利法上的发明概念（参见本节 A II 1）对于实用新型法还是很重要的。受实用新型保护的发明与受专利保护的发明一样，都是保护权的客体（参见 A II 2~6）。专利与实用新型是本质上相同的保护权，两者共同构成了专利保护制度，都是对技术发明的保护。

4. 只在很少的几个国家，除专利之外，还有与实用新型类似的保护技术创新的保护权制度。[12]在这些国家中，有关这种保护权的称呼、适用范围、保护的前提条件以及授予程序，都有很大的不同。欧盟委员会已经——迄今为止还没有实现——尝试过在欧盟范围内协调这些保护权机制（参见 §7 II d bb 5）。

II. 发明人原则与发明人权

1. 发明人原则以及专利局将申请人作为有权申请专利的人来对待的规则，也同样适用于实用新型（《实用新型法》第 13 条第 3 款以及《专利法》第 6 条、第 7 条第 1 款）。由于指出实用新型保护权瑕疵的程序不同于专利法中的规定，所以，在规制没有申请权人的申请与登记方面，实用新型法是不同于专利法的（《实用新型法》第 13 条第 2 款与第 3 款，第 15 条第 2 款，参见 IV 2, 3）。

2. 实用新型法不要求写明发明人，因此，也就没有关于写明发明人的规定。不过，即使对于那些只能申请或者授予实用新型保护的发明来说，如果申请了实用新型或者获得了实用新型的保护，其发明人权也并不是没有人格权内容的（参见 §20 IV c）。

III. 首次申请人的优先地位，排他效力

1. 在实用新型法中，原则上也只有首先将发明申请实用新型的平行发明人才能获得法律的存续性保护（参见本节 A IV）。如果实用新型保护的客体是先前专利或者实用新型申请的客体，那么该实用新型就是无效的，经过请求是可以被注销的（《实用新型法》第 13 条第 1 款，第 15 条第 1 款第 2 项）。但是，尚未公开的在先申请对在后实用新型申请的抵触作用，与专利法不一样，并不是由于在先申请的事后公开，而只是该在先申请被授予了（具有法律稳

---

〔12〕 Angaben bei *Kraßer*, in: Adrian/Nordemann/Wandtke（FN 4）S. 73, 79 ff.

定性的）专利或者被登记为实用新型的情况下，它才会对在后的实用新型申请产生抵触作用。

2. 与专利一样，实用新型也有对抗独立平行发明人及其权利继受人的效力（"排他效力"，参见本节 A Ⅳ 3），而这种排他效力同样也可能受到先用权的限制。

3. 在先的实用新型申请以及由此产生的登记只有在公布了实用新型客体的时候，也就是在专利局将实用新型登记在实用新型登记簿上的这一时间点之后，才会对同样客体的在后专利申请产生抵触作用。如果在后的专利申请虽然是在实用新型的申请之后，但并不是在实用新型的申请公布之后，那么由此产生的实用新型登记只会对该在后专利产生阻碍性作用。这时并不能撤销该专利，也不能宣告该专利无效。但是，只要该实用新型存在，如果要实施该专利，就需要得到实用新型权利人的许可（《实用新型法》第 14 条）。《实用新型法》在这里主要考虑的是专利与实用新型相比具有更长的保护期。在这种情况下，如果实用新型与在后专利的权利人是同一人，那么该实用新型对在后专利的阻碍性影响就没有意义了。

Ⅳ. 专利局的预先审查，事后的有效性审查

1. 在对实用新型登记之前，专利局只审查申请是否符合形式上的规定（《实用新型法》第 4 条，第 4a 条，第 8 条第 1 款第 1 句），并不审查申请实用新型的发明是否是新的、是否基于创造性方法、是否在工业上可运用（《实用新型法》第 8 条第 1 款第 2 句）。也就是说，专利局这种预先审查并不审查实质性保护前提条件，因此，既不检索现有技术，也不将申请的客体与现有技术进行对比。但是，专利局的预先审查并不阻止审查申请的客体是否是《实用新型法》意义上的发明以及是否是因特别规定（比如，发明是有关步骤的发明）而被排除在实用新型保护之外的发明。由于一般情况下可以对此不作进一步的审查，因此，大多数情况是在申请之后的几个月内专利局就作出申请实用新型的发明是否可以登记的决定。

2. 在实用新型登记之后，如果发现登记的客体并不完全满足实质性的保护前提条件或者是以前已经申请了保护权的发明（《实用新型法》第 15 条，第 16 条），那么任何人都可以请求注销该实用新型。专利局的实用新型部负责对注销的请求作出一审裁决，如果不服专利局的裁决，才会启动在联邦专利法院的申诉程序。由此可见，请求注销实用新型的程序在一定程度上就相当于专利法中的异议程序。不过，提出注销的申请是没有时间的限制的，因此，它还解决了在实用新型法中并没有规定的无效诉讼程序的问题。

3. 与专利不同的是，如果发现缺乏实质性保护前提条件或者存在在先的

权利，那么任何人，比如，侵权诉讼中的被告，就可以据此抗辩登记的实用新型不构成保护权（《实用新型法》第13条第1款）。如果法院就此认为该实用新型是无效的，其效力只能在诉讼当事人之间有效，而实用新型的注销（参见第2点）却具有全面的效力。因此，在取决于实用新型效力的争议解决中，还是应当考虑启动注销程序（《实用新型法》第19条）。

4. 由于登记实用新型并不预先审查实践中最重要的保护前提条件，因此，相比于授予专利，实用新型登记所提供的权利稳定性就要低得多。因此，对于实用新型权利人和第三人，就存在该实用新型被确认为无效的高风险。但可以借助于专利局（《实用新型法》第7条）或者通过其他方式，检索作为标准的现有技术，从而降低这种风险。不过要完全排除这种风险，即使再仔细也难于做到。除此之外，判断保护的客体是否基于创造性方法也非常困难。授予专利之前进行的审查也只能减少这种类型的风险，并不能消除这种风险。即使专利经过一次或者几次异议，甚至无效之诉后还依然有效，仍不能排除该专利还会成为某个（其他）无效之诉的牺牲品。任何有利于专利权人的裁决只是在一定程度上降低了这种风险，但并不能彻底地消除这种风险。

因此，对实用新型预先审查的局限性，只是意味将判断发明是否具备保护前提条件的负担（首先）转嫁给了权利人与第三人。这样做的优点是可以迅速地获得一种形式上的保护。如果权利人不希望发明在注销或者侵权之诉程序中受到否定，不希望自己因此而赔偿他人的重大损失，而是希望能够对实施发明的人采取措施，那么他就要事先尽可能准确判断其发明是否具备获得保护的条件。这样的话，正如经验所显示的那样，滥用已登记但因缺乏保护前提条件而无效的实用新型的危险，就变低了。

在签订实用新型许可合同以及进行投资的时候，当事人的决策是以实用新型的权利存续为基础的，因此也应在作出决策之前仔细地审查实用新型的有效性。

通过实用新型登记获得一种没有经过全面预先审查但却有形式审查的保护权，是立法者一项值得称赞的决策。它有利于小微企业和个体发明人控制为发明获得法律保护而投入的费用。而且，依据实用新型制度，只是当出现了模仿、合同谈判或者投资意向决策，发明由此显示出经济利益的时候，才有必要审查发明是否具备保护的条件，这也是有利于控制费用的。

对于实用新型制度，认为具备可获得保护条件的客体只是在专利局作出决定之后才获得保护，因而批评其不进行全面预先审查，是没有道理的。事实上，如果申请人将满足全部前提条件的发明依照申请的形式规定进行了申请，并以专业人员可以仿造的方式公开了，那么申请人这时实际上就已经获得了保护。至于申请之后在什么时候、以什么方式审查已经申请实用新型发明的可保护性的单个前提条件，尤其是，事后谁将会尽力去避免发明被确认为不可保护的风险，则完全可以从实际的角度来考虑。

Ⅴ. 同一发明的实用新型与专利

1. 专利与实用新型保护的客体和效力在本质上都是一样的（参见本节Ⅰ），但是由于实用新型并不保护方法和生物技术发明，所以实用新型的适用范围要小一些。此外，实用新型对于新颖性与——不过这是有争议的观点——创造性成果的要求也低于专利：

现有技术—不同于专利法中的现有技术—不是所有以任何方式在任何地点公开的技术，而只是通过书面描述或者国内实施公开了的技术。

此外，《实用新型法》认为来源于申请人或者其先前权利人但不属于现有技术的信息范围也要大于《专利法》的规定。

与这种范围更小的现有技术相对应，实用新型中的发明并不需要基于创造性活动，而只要基于"创造性方法"。至于这是否就是说，实用新型对创造性成果的要求低于专利对创造性成果的要求，还是有争议的。即使认为实用新型要求较低的创造性成果是有理由的，但几乎没有道理的是，实用新型的最长保护期只有 10 年，而专利的最长保护期则有 20 年。

2. 由于在涉及现有技术的保护前提条件方面存在差别，因此只要不是方法和生物技术发明，就有可能存在这样的发明：它没有得到专利的保护，但却有可能通过登记为实用新型而获得了（权利存续性的）保护。为作用不是很大的技术创新开启一扇保护之门，从而对专利法进行补充，这是引入《实用新型法》的主要原因（参见§6Ⅰ2）。

3. 如果已申请专利的发明在授予程序或者异议程序中被判定为不具备获得专利保护的条件，专利申请人还可以考虑申请实用新型保护这条退路。专利申请人也可以在授予专利之前将申请专利的发明申请登记实用新型，从而获得全方位的保护。申请人可以在申请专利的同时递交对同一发明的实用新型申请，这样就可以实现这一目的。此外，如果先申请了专利的，《实用新型法》还规定实用新型的申请要求先前申请专利的申请日，只要在专利申请程序期间或者是在专利申请程序结束之后短期之内提出的，且两者的客体又是同样的，则是特别允许的（"分案申请"，《实用新型法》第 5 条）。在这种情形下，该实用新型保护期最长就是专利申请日之后的 10 年。由于在所有的这些情况中，两种申请有着同样的申请时间，因此，它们以及据此而授予的保护权的效力，就不会相互抵触。

§2　专利法和实用新型法与其他法律的关系

Ⅰ. 无形财产权——知识产权

参考文献：*Ahrens*，*H. - J.*，Brauchen wir einen Allgemeinen Teil der Rechte des Geistigen Eigentums?，GRUR 2006，617 – 624；*Götting*，*H. - P.*，Der Begriff des Geistigen Eigentums，GRUR 2006，353 – 358；*Jänich*，*V.*，Geistiges Eigentum – eine Komplementärerscheinung zum Sacheigentum?，2002；*Ohly*，*A.*，Geistiges Eigentum?，JZ 2003，545 – 554；*ders.*，Gibt es einen numerus clausus der Immaterialgüterrechte?，FS Schricker，2005，S. 105 – 121；*Seifert*，*F.*，Geistiges Eigentum – ein unverzichtbarer Begriff，FS Piper，1996，S. 769 – 786.

1. 专利和实用新型保护的效力就是通过授予（主观）的无形财产权，从而将无形的客体独占性地归属于确定的权利主体（参见§1 Ⅱ 6）。工业产权保护的其他领域也同样如此（参见本节Ⅱ）。与工业产权保护相关的是著作权法（参见本节Ⅲ）。著作权法通过赋予文学、科学、艺术作品、计算机程序以及某些可传播作品的成果的独占权，保护作者和邻接权人对于这些无形客体的利益。工业产权保护与著作权法一道，构成了（客观意义上的）无形财产权。

无形财产权常常被称为知识财产权，或者简称为知识产权[1]，包含了有关知识产权规定的法律则被称为知识产权法。在德国，这些概念早期曾由于法律教条原因常常被否定[2]，而现在则越来越多地被用在了官方文件中。[3]在国际上，这些概念早就成了习惯用法，比如，世界知识产权组织（World Intellectual Property Organisation，Organisation Mondiale de la Propriété intellectuelle）与 TRIPS（Agreeement on Trade – Related Aspects of Intellectual Property Rights）。知识产权可划分为工业产权（Industrial Property，Propriété industrielle）与文学和艺术产权（Propriété littéraire et artistique）。[4]

2. 如果"知识产权"的概念只是指权利客体的"无形"性质，那么知识产权概念与无形财产权概念在这方面是一致的。但如果知识产权概念是指由人的智力创造的权利客体，那么它就只涉及无形财产权的一部分。比如，授予商

---

〔1〕 Umfassend zur Entstehungsgeschichte dieses Begriffs *Jänich*，S. 69 ff.

〔2〕 S. *Jänich*，insb. S. 82 – 107；*Ohly*，JZ 2003，546 f.；*Götting*，GRUR 2006，354，355 f.

〔3〕 例如，1990 年的《强化知识产权与禁止盗版法》以及 2001 年的《清理知识产权领域收费规定法》。

〔4〕 在英语中，该概念没有相应的习惯用法，此法律领域是用版权的概念来表述的。这些不同的术语表明，相比于作品使用者的利益，欧洲大陆法系比英美法系更重视作者的利益。

标权、企业标识权以及著作权中的一部分"邻接权",并不是因为它们的客体是由人的智力活动新创造的,而是因为其中反映了特殊的企业经营成果。

3. 除了在描述方面使用知识产权的概念之外,主要是用在历史发展方面,但现在还用在了法律政策方面。任何智力活动意义上的客体可以归属于某个人,并不是将该客体在法律上独占性地划归于此人的充分理由。认为是知识产权就必须将其独占性地划归,或者甚至认为这种独占性划归与法律的规定无关,这就落入了循环论证的怪圈了。事实上,知识产权也只是在法律规定的基础上才存在的。

但是,从法律政策的角度看,却可以要求立法者引入对于迄今为止没有考虑的无形客体的知识产权,并将其赋予那个——因为该客体的产生应归功于他——理应得到对于该客体独占权的人。但是到底要在多大程度上实现这种要求,只有在考虑自由竞争的原则下才能作出决策。

4. 偶尔也会提出这样的问题,知识产权(或者无形财产权)是否适用物权法定原则(*numerus clauses*)。[5]这就是说,在明显承认这些权利的法律特别规定之外,是否还存在这种权利。这就是指某个权利主体因某个可被定义的无形客体而产生优势地位:其他人的某些使用或者损害该客体的行为被视为是侵权或者不正当竞争行为,是受到禁止的。例如,对秘密的保护(参见本节 II e aa 4)以及竞争法对成果的补充保护(参见本节 II e bb)。[6]这里保护的客体及其划归所间接依据的行为规范的具体内容,既可以从司法判决也可以从一般的指示性或者禁止性规定中推导出来。因此,可以这样来充实这种行为规范的框架:增加的规范既是对其所涉及客体的权利的保护,又是相应地适用某些适用于无形财产权的规则。[7]但是,如果仅仅因为某些行为规范总得可以理解为是对一种权利的保护,就认为不再可以从现行规定中创建补充的行为规范了,这就超出了合法续造法律的范畴。立法者若要让新的独占权成为行为规范的渊源,那么还要承受和扩展建立在以前行为规范基础上的司法判决结果。[8]

5. 知识产权与物的所有权都是将非人格的客体独占性地划归于某个权利

---

〔5〕 这种表述让人想到了限制物权的物权法定原则,并因此将毫无相关的问题联系在一起。在物权法方面,在此讨论的是对由*法律行为创设*的权利的限制,即物权种类法定(Typenzwang);而知识产权法方面在此讨论的是对无形财产的权利是否是*原始权利*,而非由于法律的明确规定而产生。参见*Jänich*, S. 234 ff. 此外,从权利的安定性的角度来看,无疑可以将这两个问题联系起来,参见*Ohly*, FS Schricker, S. 106 f., 116 f.

〔6〕 Vgl. *Ohly*, FS Schricker, S. 110 f., 114 mit weiteren Beispielen.

〔7〕 S. *Ohly*, aaO S. 111.

〔8〕 Vgl. *Ohly*, aaO 114 und FS Ullmann, 2006, S. 810.

主体，在这方面它们是类似的。在这种直接的——并不是通过一个其他的权利主体（如债务人）才形成的——个人对于客体的关系的基本结构中，它们也是一致的，尽管这里一种客体是有形的，而另一种是无形的。因此这完全可以说是一种客体性权利，很难适用物权的总概念，应当保留的是所有权以及由此导出的对物权的概念。

这种客体性权利的基本结构是，权利的客体可以独立于某个确定的人而存在，因此需要对其进行划归。主观权利就无需这样做，这是因为主观权利必须归属于某个确定的人，无需进行划归。[9]至于针对某些权利的权利，只有当其依存的权利也是客体性的，它才是客体性的。但它同样是——局限于——相关（全部的）权利的客体的权利。[10]因此，权利不适合作为无形财产权（知识产权）的客体。

6.《民法典》中财产权的概念是以定义为有形客体的物为前提条件的。由此可见，知识产权并不是《民法典》意义上的财产权。因此，如果在权利交易的领域，由于特别法没有规定而需要适用《民法典》的话（参见本节Ⅳ），则可适用的是有关权利的一般规定，而不是有关财产权与受到限制的对物权的规定。

Ⅱ. 专利保护[11]与其他工业产权的法律保护

专利与实用新型法都属于工业产权的法律保护范畴，是技术保护法的一部分。半导体保护法和植物品种保护法也可以归入技术保护法。此外，工业产权的法律保护还包括外观设计法、标识法以及反不正当竞争法。

a）半导体保护

1. 1984年美国对半导体产品给予了一种特别的保护。[12]外国人只有在其本国也给予美国国民同等保护的前提条件下，才可能在美国获得半导体的保护。为了确保欧洲经济共同体成员国都保护半导体产品，欧共体理事会在1986年颁布了一项相应的指令。[13]该指令在联邦德国被转化成1987年的《半导体保

---

〔9〕 有些人所说的权利的“支配权”事实上就是权利的本身，参见 *Jänich*，S. 200。

〔10〕 Dagegen ist das Pfandrecht an einer Forderung so wenig gegenständlich, dinglich oder gar absolut wie die Forderung selbst; es verschafft dem Pfandgläubiger (unter entsprechender Beschränkung der Befugnisse des Gläubigers) lediglich Rechte gegenüber dem Schuldner. Daß seine Bestellung auch Dritten gegenüber wirkt, folgt daraus, daß sie Verfügungswirkung hat, d. h. die Verfügungsmacht über die Forderung teilweise verbraucht und so der Wirksamkeit späterer mit dem Pfandrecht kollidierender Verfügungen des Gläubigers entgegensteht.

〔11〕 该概念包括实用新型保护，参见§1 B Ⅰ 3。

〔12〕 Semiconductor Chip Protection Act vom 8. 11. 1984, deutsch in Bl. f. PMZ 1985, 131.

〔13〕 Richtlinie des Rates der Europäischen Gemeinschaften vom 16. 12. 1986 über den Schutz der Topographien von Halbleitererzeugnissen (87/54/EWG) Bl. f. PMZ 1987, 127.

护法》。[14]1989 年，在华盛顿的一个会议上，与会者制定了一个有关集成电路知识产权的国际条约。[15]

2. 根据《半导体保护法》（第 1 条第 1 款第 1 句），只要微电子半导体产品的三维结构（拓扑图）（即所谓的半导体芯片）具有独特性，它就可以得到法律的保护。拓扑图中可独立使用的部分以及布图，尤其是用于制造这种产品的"掩膜"，都可以得到相应的保护（第 1 条第 1 款第 2 句）。由于芯片和芯片系统的设计需要花费大量的时间与成本，而它们一般又达不到专利或者实用新型的创造性成果要求，因此给予半导体芯片以特别的保护权是很有必要的。[16]因此，半导体保护是对那种可用专利保护，但大多数情况下还没有达到专利保护条件的客体的一种补充保护。半导体保护的前提条件与保护范围是与这一目标相适应的。此外，半导体保护制度的设计还大量参照了《实用新型法》。

半导体保护的实践意义远远没有达到人们所期望的程度。在刚引入半导体保护制度的时候，人们估计每年会有 500 件申请，[17]但德国专利商标局的统计表明，在过去的 19 年内，总共只有 1259 件申请，而且还呈现出——尤其是最近——下降的趋势。[18]

3. 只要拓扑图是智力劳动的结果，不是纯粹复制其他拓扑图生产的，也不是常见的，那么它就具有独特性（第 1 条第 2 款）。如果拓扑图是对常见部分的一种组合，那么只要这种组合具有独特性，其就可以得到保护（第 1 条第 3 款）。由此可见，半导体获得保护的条件门槛要明显低于专利或者实用新型。

4. 如果还没有将拓扑图投入商业上的利用，或者只是投入了秘密的商业性利用，那么向德国专利商标局提出申请，[19]就可以获得对该拓扑图的保护

---

〔14〕　Gesetz über den Schutz der Topographien von mikroelektronischen Halbleitererzeugnissen（Halbleiterschutzgesetz）vom 22. 10. 1987 BGBl. I S. 2294 = Bl. f. PMZ 1987，366，zuletzt geändert durch Gesetz vom 7. 7. 2008 BGBl. I S. 1191. – Die §§ des Halbleiterschutzgesetzes werden im vorliegenden Unterabschnitt ohne Zusatz zitiert.

〔15〕　Treaty on Intellectual Property in Respect of Integrated Circuits of May 26，1989，GRUR Int. 1989，772；dazu A. Krieger/Dreier，aaO 729 ff.；Busse/Keukenschrijver Einl. HlSchG Rdnr. 7. Das TRIPS – Ü verweist in Art. 35 auf den Vertrag und enthält in Art. 36 – 38 zusätzliche Bestimmungen.

〔16〕　So die amtliche Begründung，Bl. f. PMZ 1987，374，375l.

〔17〕　Amtliche Begründung（FN 6）374 r.

〔18〕　1995 年：106 件；1996 年：79 件；1997 年：99 件；1998 年：54 件；1999 年：64 件；2000 年：62 件；2001 年：59 件；2002 年：41 件；2003 年：12 件；2004 年：4 件；2005 年：6 件；2006 年和 2007 年：每年各 2 件；至 2007 年底有效的登记状况：109 件，参见 *Heilein，E. P.*，Die Bedeutung des Rechtsschutzes für integrierte Halbleiterschaltkreise in der Praxis，2003.

〔19〕　Zu den Erfordernissen der Anmeldung §3 iVm der Verordnung zur Ausführung des Halbleiterschutzgesetzes（Halbleiterschutzverordnung – HalblSchV）vom 11. 5. 2004 BGBl. I S. 894 = Bl. f. PMZ 2004，318，geändert durch VO vom 17. 12. 2004 BGBl. I S. 3532 = Bl. f. PMZ 2005，45，48.

（第5条第1款第2项）。否则的话，当将拓扑图首次投入非秘密的商业利用的时候，它就获得了保护。也就是说，对拓扑图的保护首先是没有形式要求的。但如果要维持这种保护，那么就必须在首次非秘密的商业利用之后的两年内向专利局提出申请（第5条第1款第1项）。此外，如果要主张这种没有形式要求的保护权，无论如何都应向专利局申请对拓扑图的保护（第5条第3款）。

专利局在对申请的拓扑图进行形式审查后，就会对其进行登记（第4条）。在此，登记的效力——与实用新型不同——只是宣告式的，这是因为这种保护权无论如何在登记之前就已经产生了。

对半导体的保护终止于保护开始那年年底之后的第10年（第5条第2款）。如果拓扑图在有首次记录——申请登记或者首次利用——之后的15年之内没有取得保护，那么该拓扑图就不能再获得保护了（第5条第4款，第8条第1款第3项）。

5. 拓扑图保护的客体只是拓扑图本身，而不是拓扑图的设计图、制造方法、系统、技术或者芯片里储存的信息（第1条第4款）。

这种保护的效力就是利用拓扑图的独占权。未经权利人的同意，第三人不允许复制拓扑图，不允许许诺销售、投放市场或者发行拓扑图或含有拓扑图的半导体产品，不允许为投放市场、发行的目的进口拓扑图或含有该拓扑图的半导体产品（第6条第1款）。由于这里的禁止权所禁止的只是复制，而不是制造，因此，对半导体的保护没有排他效力。如果独立创造出与他人半导体保护权保护客体相同的拓扑图，那么无需得到该半导体保护权权利人的同意就可以利用该拓扑图。

在其他方面，半导体保护的范围也远小于专利保护：它保护的并不是一般的实施，而仅仅只是利用，尤其是没有规定使用拓扑图要取得权利人的同意。[20]法律规定不予保护的例外情况，除了私人领域非商业目的的行为之外，还有为分析、评价或者教学目的的复制，以及通过分析或者评价获得的（换句话说就是通过"逆向工程"获得的）具有独特性的拓扑图的商业利用（第6条第2款）。半导体产品的购买者如果不知道或者不应知道该产品包含了受保护的拓扑图，就不受禁止权的约束。一旦他知道或者应当知道该拓扑图是受保护的，要继续利用的话，那么就应视情况对权利人承担合理的补偿义务（第6条第3款）。

b）品种保护

对于植物品种，可以根据《品种保护法》在一定的前提条件下给予其

---

[20] Vgl. die amtliche Begründung（FN 17）381 l.

（国内的）品种保护；或者根据欧共体（原文为"欧共体"，1992 年后欧共体被称为欧盟，以下按原文的表述翻译——译者注）的条例给予其共同体的品种保护。有关这方面的详细内容，将在分析植物培育技术的专利保护时再一道阐述（参见§14 Ⅱ a）。

c）外观设计保护

有关 2004 年《外观设计法》的文献：*Bulling/Langöhrig/Hellwig*，Geschmacksmuster. Designschutz in Deutschland und Europa，2. Aufl. 2006；*Eichmann/v. Falckenstein*，Geschmacksmustergesetz，3. Aufl. 2005；*Rehmann*，Geschmacksmusterrecht，2004.

1. 根据 2004 年 3 月 12 日的《外观设计和模型保护法》（《外观设计法》）[21]，新的和具有独特性的外观设计受到法律的保护（第 2 条第 1 款）。

2001 年 12 月 12 日的理事会《关于共同体外观设计的第 6/2002 号条例》[22]使得在整个欧盟范围内设立统一的外观设计权成为可能。根据该条例，在德国也可以获得外观设计保护。

共同体法有关外观设计保护的前提条件和制度安排，规定在 1998 年 10 月 13 日通过的旨在协调成员国国内法的欧洲议会和理事会《关于外观设计与模型法律保护的第 98/71 号指令》中[23]，德国通过 2004 年的《外观设计法》对该指令进行了转化。

2. 外观设计法意义上的外观设计，是指产品或者产品零部件通过产品本身或其装饰件的线条、轮廓、色彩、构造、表面结构或材料的特征表现出的平面或立体的外观形式（第 1 条第 1 项）。第 2 条第 2 款与第 3 款定义了新颖性和独特性的要求；而对于什么是不损害新颖性的公开，则规定在第 5 条与第 6 条。

3. 根据《外观设计法》，在德国专利商标局的外观设计登记簿上对中外观设计登记之后就产生了对外观设计的保护（第 27 条第 1 款）。[24]登记的申请可以递交给德国专利商标局或者递交给司法部公布的获得许可的专利信息中心（第 11 条第 1 款）。在申请中，原则上（参见第 6 点）必须要包含适合于公布

---

〔21〕 BGBl. I S. 390 = Bl. f. PMZ 2004，207，zuletzt geändert durch Gesetz vom 21. 6. 2006 BGBl. I S. 1318 = Bl. f. PMZ↑. Vorschriften des GeschmMG werden in diesem Unterabschnitt ohne Zusatz zitiert. 该部法律的前身就是经过多次修改的，在 1986 年又进行过重大修订的 1876 年 11 月 1 日的《关于外观设计与模型的著作权法》。

〔22〕 GRUR Int 2002，221 = Bl. f. PMZ 2002，152.

〔23〕 GRUR Int 1998，959 = Bl. f. PMZ 2004，260.

〔24〕 Nähere Bestimmungen über die Anmeldung und das Eintragungsverfahren enthält die gem. §26 GeschmMG erlassene Verordnung zur Ausführung des Geschmacksmustergesetzes（Geschmacksmusterverordnung – GeschmMV）vom 11. 5. 2004 BGBl. I S. 884 = Bl. f. PMZ 2004，264，geändert durch VO vom 17. 12. 2004 BGBl. I S. 3532 = Bl. f. PMZ 2005，45，48.

的外观设计的再现（第11条第2款第3句）；这种再现对于确定申请外观设计保护的客体的特征是至关重要的（第37条第1款）。

只要缴纳了规定的第一个5年期以及之后的每个五年期的费用，外观设计的保护期限自申请日起持续25年（第27条第2款）；如果未缴纳费用，则外观设计的保护期限就随之结束（第28条第1款与第3款）。

4. 依据《关于外观设计的条例》，一个未经登记的外观设计，如果它满足了实质性的保护条件并在共同体范围内公开了，换句话说就是，如果以公开的方式应用或者以其他方式公开，使得共同体内相关经济领域的专业人员可以在正常的商业交往中知道该外观设计，那么该外观设计也可以获得保护。但是，如果一个外观设计只是在明示或者默示的保密条件下公开的，那么就不能视为是公开。对于这种未登记的外观设计的保护始于其在共同体内首次公开的那天，结束于从当天起算之后的第3年。即使未登记的外观设计只是在共同体中的一个成员国内公开，由此而产生的共同体法的保护范围也涵盖了共同体的整个地域（《关于外观设计的条例》第11条第2款第2句）。[25]

5. 外观设计保护赋予了权利人实施以及禁止第三人未经其同意实施登记的外观设计的独占权（第38条第1款第1句）。这里实施的概念包括生产、许诺销售、投放市场、进口、出口和使用那些采用或者应用了外观设计的产品，还包括为上述目的而占有这类产品（第38条第1款第2句）。保护的效力扩展到知情用户没有形成不同于已登记外观设计的整体印象的任何外观设计，这里考虑的是被控侵权的外观设计的设计人自由设计的程度（第38条第2款）。

由这些规定可以看出，外观设计保护是有排他效力的，这不仅指在（即使是无意的）知悉受保护的外观设计之后的仿造，而且还包括独立创造但落入了已登记的外观设计保护范围的外观设计。

6. 在申请登记时通常要求再现外观设计（第20条）。不过，可以在申请登记时请求，自申请日起延迟30个月再公布含有外观设计的再现（第21条第1款）。在这种情况中，登记首先只有一种反对模仿的保护效力（第38条第3款），也就是说没有排他效力。如果在延迟期限到期之前还没有根据第21条第2款与第3款将保护扩展到法律规定的保护期限，这种登记的保护效力也就失效了（第21条第4款）。要扩展到法律规定的保护期限，其必要条件是要缴纳费用并（如果还没有递交和公布外观设计的再现）公布现在递交的含有外观设计再现的申请。如果满足了这些条件，那么这种对外观设计的保护就有了排他效力。《关于外观设计的条例》中也有相应的规定（第50条，第19条第3款）。

---

[25] *Eichmann/v. Falckenstein*，Allg Rdnr. 18.

同样，对未登记的共同体外观设计（参见第 4 点）的保护也只是禁止实施仿冒的结果（《关于外观设计的条例》第 19 条第 2 款第 1 句）。但是，如果有理由认为设计者是在不知悉权利人公开外观设计的情况下独立设计的结果，就不视为仿冒（第 19 条第 2 款第 2 句）。

7. 根据《外观设计法》第 3 条第 1 款第 1 句，完全由产品技术功能所形成的产品外形特征是不受外观设计保护的。对此，共同体外观设计也有相应的规定（《关于外观设计的条例》第 8 条第 1 款）。[26] 根据以前的德国法律，司法判决否定了对完全由技术功能形成的形状给予外观设计的保护。[27] 但是，只有实现产品的技术方案所必然正好形成的外观形式，才是完全的技术功能形成的外观形式。在这种——很少的——情况下，即使这种外观形式是新的且具有独特性，也只能考虑给予其发明保护。但是在大多数情况中，实现发明的思想是可以采用多种不同的产品外形的。因此，外观设计的保护也并不排斥这样的情况：“产品形状的关键特征同时或者甚至主要是为了促进产品的使用”，也就是说，“美感的内容已经融入了根据产品目的而形成的使用形式”。[28] 因此，一件完整的产品可以具有专利法或者实用新型法保护的技术特征以及外观设计法保护的外观形式的特征。两种保护权是各自依其自己的规则来评判和主张的，它们可以属于不同的权利人。如果丧失了其中的一种权利，只要另一种权利还在，那么只允许自由实施不含仍受保护技术特征的产品或者自由实施不同于受保护外观形式的产品。

d）标识保护

参考文献：*Berlit*, Markenrecht, 6. Aufl. 2005；*Fezer*, Markenrecht, 3. Aufl. 2001；*Ingerl/Rohnke*, Markengesetz, 2. Aufl. 2003；*Lange*, Marken – und Kennzeichenrecht, 2006；*Ströbele/Hacker*, Markengesetz, 8. Aufl. 2006.

1. 1994 年的《商标法》对商标[29] 和企业标识[30] 的保护，就是保护表达了某种企业经营成果的符号。商标法的目的是要阻止其他人通过使用同样或者容

---

〔26〕 Vgl. *Eichmann*, GRUR 2000, 751, 757 ff.

〔27〕 BGH 1. 10. 1980 Haushaltsschneidemaschine GRUR 1981, 269, 271 r.

〔28〕 So BGH 1. 10. 1980 aaO.

〔29〕 商标的定义规定在《商标法》第 3 条第 1 款。依据共同体《商标条例》也可以在德国获得商标保护。根据该条例，在内部市场的（商标、外观设计和模型）协调机关（HABM）注册之后，就可以获得整个欧盟范围内的统一商标权。依据这一体系的商标保护的前提条件以及——空间效力除外——效力在本质上是与《商标法》相协调的，这是因为 1988 年 12 月 21 日《关于协调欧共体成员国商标规定的第 89/104/EG 号指令》（GRUR Int 1989, 294）已在《商标法》中进行了转化。

〔30〕 定义规定在《商标法》第 5 条第 2 款。

易混淆的标识，从而获取受保护符号所建立的交易信任的好处，并由此同时损害这种信任。

因此，这些工商业标识只是在其与产品、服务或者企业的关系中才成为独占使用权的客体。[31]标识能否获得保护与标识是否是一个新造的单词还是一个新创作的图形是没有关系的。即使标识是新创作的，但这里起决定作用的还是请求保护的标识对于商品种类、服务种类、商业门类的识别力以及取得该标识权的优先权。此外，这种权利客体的功能和特性也决定了对其规定最长的保护期既没有必要，也没有意义。

不过，通过注册（参见第3点）而形成的商标保护，与是否已经取得企业经营成果或者是否确立了与注册为商标的标识相联系的交易信任，是没有关系的。对注册商标保护的目的主要还是要建立起一种不使用与注册商标一致或者混淆的标识的商业交易观，即商标所指向的是值得信任的企业经营成果。

这种注册的功能被欧根·乌尔姆（*Eugen Ulmer*）认为是"有利发展的"，除此之外，与以前的德国商标法相比，现行商标法在要求商标与企业经营成果的联系方面已经松动：商标的注册不要求商标与"企业"相联系，不转让企业也可以转让由注册所产生的权利。由此可见，商标就转化成了一种独立的资产，其价值不仅仅可以源自于企业经营的成果，还可以产生于标识自身独特形状，比如，以容易记住及有力方式刻画了商品或者服务类型和独特性的，但并不是纯粹描述性的新造的词。由此，——只要还没有因为不使用而使得商标失效（《商标法》第49条第1款）——商标申请人还可以这样来利用商标：自己不使用，但却愿意"出售"。

2. 一个标识对于其所涉及的客体（商品、服务、企业），可以因为其独特性或者选择从而一开始就具有识别力，也可以通过标识获得的交易认同而产生识别力（《商标法》第8条第3款）。换言之，在相关消费者中有足够的人认为，该标识所标识的所有商品或者服务来源于同一个企业，或者该标识所标识的企业不仅属于同一类型，而且还具有同一性。

3. 只是在部分情况下，取得商标权是有形式要求的。在将作为商标的标识在德国专利商标局的注册簿上注册之后，就产生了对商标的保护（《商标法》第4条第1项，第32条及以下条款）。商标的保护期自申请之日起持续10年，但可以任意延长，每次可以延长10年（《商标法》第47条）。如果一个在商业交易中使用的标识，在相关交易范围内获得了作为商标的交易认同（《商标法》第4条第2项）或者获得了《巴黎公约》第6条之二意义上的驰

---

[31] *Ann*, GRUR Int. 2004, 597, 598 l; *Hilty*, FS Ullmann, 2006, S. 643, 663.

名度（《商标法》第 4 条第 3 项），那么无需任何形式上的要求，就产生了对该商标的保护。如果构成工商业企业的名称、商号或者特殊标识（商业标识）（不是为了获得识别性而是获得必要的交易认同）以这样的一种功能进行了公开使用，那么就产生了企业标识权（《商标法》第 5 条第 2 款第 1 句）。在商业注册簿上的注册行为也可以看作使用，但是这种注册要求含有商号。商业标识以及其他用于区别一个商业企业的某些标识，[32] 只有当它们作为商业企业标识被用于相关交易领域内的时候才受到保护（《商标法》第 5 条第 2 款第 2 句）。

4. 商标独占权（《商标法》第 14 条第 1 款）的效力，首先是禁止第三人将与受保护商标相同的标识用于与使用该商标的商品或者服务相同的商品或者服务（《商标法》第 14 条第 2 款第 1 项）。其次，如果一个标识与受保护的商标是相同或者类似的，而且该标识与商标所标明的商品或者服务也是相同或者类似的，对于公众产生了混淆的危险，那么也禁止第三人使用该标识（《商标法》第 14 条第 2 款第 2 项）。

企业标识独占权的效力是，禁止第三人在商业交易中未经授权使用会导致与受保护的标识相混淆或者类似的标识（《商标法》第 15 条第 2 款）。

驰名商标和驰名企业标识的保护效力可以超出该保护效力产生时所涵盖的商品、服务或者经营范围以及与此类似的商品、服务或者经营范围：对于一个国内驰名的商标，如果没有正当理由，使用该商标将会不公平地对该驰名商标的识别力或者声誉进行利用或者产生损害，那么第三人也不能将与该国内驰名商标相同或者类似的标识用于与该驰名商标所标识的商品或者服务非类似的商品或者服务（《商标法》第 14 条第 2 款第 3 项）。在同样的前提条件下，对于国内驰名企业标识的保护是：即使不存在混淆的危险，也不能使用相同或者类似的标识（《商标法》第 15 条第 3 款）。

5. 依照受保护的发明所生产的产品或者按照专利方法所提供的服务，都可以使用受保护的商标。在这种保护的竞合中并没有什么特殊之处。如果出现了竞争性的产品或者服务，那就需要对技术性保护权与商标权分开进行审查，要看是其中的一种权利受到了侵犯，还是两种权利都没有受到侵犯或者两种权利都受到了侵犯。由于两种权利的客体是不同的，所以对一种权利审查的结果，对另一种权利的审查是没有影响的。

商品的形状也可以作为商标受到保护（《商标法》第 3 条第 1 款）。但是，完全由商品本身的性质所决定的形状（第 3 条第 2 款第 1 项）、达到某种技术

---

[32]　Beispiele bei *Hubmann/Götting*，§ 45 Rdnr. 6.

效果所必需的形状（第3条第2款第2项）[33]或者赋予了商品主要价值的形状（第3条第2款第3项），是不能作为商标保护的。即使这种形状在交易中已经指示了商品是来源于某个企业，也不能作为商标保护。[34]

根据欧洲法院的判决[35]（该判决还是解释转化了《商标法指令》[36]的《商标法》条款的关键性文件），《商标法指令》第3条第1款字母e的第2项（转化到了《商标法》第3条第2款第2项）所追寻的"公共利益目标是，如果某个形状的实质特征适合于某个技术功能，并且又被选用来实现这个功能，那么大家都可以自由使用该形状……"[37]也就是说"不允许个别人通过注册商标来取得或者维持对技术方案的独占权"。[38]但是，并不能由上述规定得出结论：如果能提供其他可以产生同样技术效果的形状的证据，就可以取得对该形状的商标的保护。[39]如果有证据表明，商品形状的实质功能特征只产生这种技术效果[40]，那么即使可以通过其他的形状取得这种技术效果，上述规定也排除了将这种形状所构成的标识注册为商标的可能性。[41]

因此，如果产品的形状只是由在产品中实现的技术方案所形成的，那么该

---

〔33〕 Zu § 3 Abs. 2 Nr. 2 MarkenG BGH 14. 12. 2000 SWATCH GRUR 2001，413；*Ströbele/Hacker*，§ 3 Rdnr. 93 – 99；*Fezer*，§ 3 Rdnr. 229 ff.；*Busse/Keukenschrijver*，§ 1 PatG Rdnr. 86；*Loschelder*，GRUR Int. 2004，767 ff.；*Körner/Gründig – Schnelle*，GRUR 1999，535，537；*Eichmann*，GRUR 2000，751，756 ff. – Im wesentlichen Gleiches galt nach der Rechtsprechung vor Einführung des MarkenG；vgl. BGH 17. 11. 2005 Scherkopf Bl. f. PMZ 2007，76 mit zahlreichen Nachweisen；*Fezer*，§ 4 Rdnr. 47 ff. und GRUR 2003，457，467 f.

〔34〕 BGH 17. 11. 2005 Rasierer mit drei Scherköpfen Bl. f. PMZ 2007，78，79 r.；Große Beschwerdekammer des HABM 10. 7. 2006 GRUR Int. 2007，58，59（Nr. 32），die nach Art. 7 Abs. 1 Buchst. e der Gemeinschaftsmarken VO（dem § 3 Abs. 2 MarkenG entspricht）der Form des „Lego" – Spielzeugbausteins wegen ausschließlich technischer Bedingtheit den（Gemeinschafts – ）Markenschutz versagt；für Berücksichtigung der Verkehrsdurchsetzung im Fall des § 3 Abs. 2 Nr. 3 jedoch *Kur*，Alles oder nichts im Formmarkenschutz？，GRUR Int. 2004，755 – 761.

〔35〕 在一项判决中，法院否决了对飞利浦公司一款带有三个装在等边三角形上的旋转刀头的电动剃须刀上部表面形状和特征的商标保护，参见 Urteil vom 18. 6. 2002 C – 299/99 GRUR Int. 2002，842，848 r.（Nr. 80 – 84）在另一项判决中，欧洲法院驳回了一项涉及吸尘器外部表面零件的透明容器或者吸尘桶所有可想象形状的商标申请：该申请的客体不是《商标法指令》上的"标识"，因此也不是该指令意义上的商标，参见 Urteil vom 25. 1. 2007 C – 321/03 GRUR Int. 2007，324。

〔36〕 FN 40.

〔37〕 EuGH aaO Nr. 80.

〔38〕 Vgl. auch HABM（FN 34）Nr. 35.

〔39〕 EuGH aaO Nr. 81.

〔40〕 Zu dieser Voraussetzung und der Bedeutung von（abgelaufenen）Patenten in diesem Zusammenhang HABM（FN 34）Nr. 37 – 54.

〔41〕 EuGH aaO Nr. 83，84；dazu auch HABM（FN 34）Nr. 56 – 63 mit ausführlicher Erörterung für den „Lego" – Stein.

形状就不能作为商标保护。[42]

6. 如果对发明成果长时间地，比如直至专利保护到期之后，只使用某个特定的商标，那么即使在该发明失去保护之后，那些没有该商标的人想要用这些发明成果在市场站稳脚跟，也是很困难的，因为消费者已经习惯于用他们所熟悉的商标选择有益的发明。因此，这里就提出了这样一个问题：在发明失去保护之后继续存在的商标保护是不是不公正地使得发明得到了永久的保护[43]？在这种情况下，只有当其权利人通过在商业交往中的作为或者不作为，使得商标变成了其所注册商品或者服务的通用标识的时候，对该商标的保护才会失效（《商标法》第49条第2款第1项）。如果在发明保护的有效期内市场上只有一个供应商，那么这种情况不仅不会促进，反而会阻止发明使用的商标发展成为不受保护的商品名或者普通名称。司法判决只是在非常少的情况中以及严格的前提条件下承认这种情况的商标会演变成商品名称或类别标识。[44]因此，对发明的保护并不限制对标识的保护。

e）反不正当竞争

参考文献：*Berlit*，Wettbewerbsrecht，6. Aufl. 2005；*Emmerich*，Unlauterer Wettbewerb，7. Aufl. 2004；*Fezer*（*Hrsg.*），Lauterkeitsrecht. Kommentar zum Gesetz gegen den unlauteren Wettbewerb（UWG），2005；*Gloy/Loschelder*（*Hrsg.*），Handbuch des Wettbewerbsrechts，3. Aufl. 2005；*Götting*，Wettbewerbsrecht，2005；*Harte – Bavendamm/Henning – Bodewig*（*Hrsg.*），Gesetz gegen den unlauteren Wettbewerb，2004；*Heermann/Hirsch*（*Hrsg.*），Münchener Kommentar zum Lauterkeitsrecht，2006；*Hefermehl/Köhler/Bornkamm*，Wettbewerbsrecht，25. Aufl. 2007；*Piper/Ohly*，Gesetz gegen den unlauteren Wettbewerb，4. Aufl. 2006.

aa）概述

1. 反不正当竞争也是保护工业产权，间接地也属于无形财产法。[45]虽然对反不正当竞争不授予主观独占权，其也可以保护无形财产权，[46]是客观意义上的无形财产法，但严格来说还不是（主观）无形财产权。[47]

---

〔42〕　Im Schrifttum gehen die Meinungen über die Tragweite des in §3 Abs. 2 Nr. 2 MarkenG vorgesehenen Schutzausschlusses auseinander. So treten *Ströbele/Hacker*，§3 Rdnr. 95 f. und *Körner/Gründig – Schnelle*，GRUR 1999，535，537；für ein eher extensives，*Fezer*，§3 Rdnr. 230 a，für ein eher restriktIVes Verständnis ein.

〔43〕　Vgl. *Hubmann/Götting*，§5 Rdnr. 20；*Greif*，WuW 1974，303 ff.，312；*Deutsch*，GRUR Int. 1983，489；RG 18. 6. 1920 RGZ 100，3，9.

〔44〕　*Ströbele/Hacker*，§49 Rdnr. 30；*Fezer* §8 Rdnr. 279 ff.

〔45〕　Vgl. insbesondere Art. 1 Abs. 2 PVÜ，Art. 2 viii WIPO – Übereinkommen.

〔46〕　Zu dieser Frage *Hubmann/Götting*，§4 Rdnr. 17.

〔47〕　S. *Jänich*，Geistiges Eigentum – eine Komplementärerscheinung zum Sacheigentum?，2002，S. 191 f.，239.

2. 根据2004年7月3日生效的《反不正当竞争法》[48]第1条，《反不正当竞争法》所保护的是竞争者（定义在第2条第3项）、消费者和其他市场参与者（定义在第2条第2项）免受不正当竞争的侵害，保护公众在合理竞争中的利益。该法就像先前的版本，即经过多次修改的1909年《反不正当竞争法》一样，是反对滥用自由竞争行为的基础。尽管有某些限制，但这是联邦德国法律与经济制度的基本原则，它要求——简单来说就是——试图与他人进行交易的经济主体应当不断努力改善其自身的履约行为，因为对方在试图与第三人进行交易时，第三人同样有此需求。这里的目的就是要以不断完善的方式供给市场财富，从而满足市场的需求。但是，如果竞争的参与者运用某种手段设法使其履约行为取得了优势，而实际上却并没有改善其履约行为，那么这种目的就会受到威胁。

因此，《反不正当竞争法》禁止扭曲第1条所说的市场参与者和公众利益所期待的竞争结果的行为。对于某些违法行为，《反不正当竞争法》赋予了竞争者（第8条第3款第1项）、促进工商业利益的团体（第8条第3款第2项）、工商业与手工业协会（第8条第3款第4项）以及作为"适格机构"登记的消费者协会停止侵害请求权（第8条第3款第3项，对此还有《停止侵害诉讼法》第4条），而在其他情况中，则只有被侵害者才有停止侵害的请求权。受侵害者可以要求赔偿损害，一些违法行为还有受到刑事处罚的风险。

3. 《反不正当竞争法》第3条禁止足以损害竞争者、消费者或者其他市场参与者的竞争而对竞争造成并非轻微损害的不正当竞争行为。该法第2条第1项定义了什么是竞争行为。现行《反不正当竞争法》不再用公序良俗那样的一般标准（比如1909年《反不正当竞争法》第1条）来规定，在什么前提条件下竞争行为是不正当的。因此第4~7条列举了一系列第3条意义上的不正当行为。比如，误导广告（第5条第1款）以及给市场参与者施加不合理期待的骚扰（第7条第1款），都是不正当的行为。第5条第2~5款以及第7条第2~3款对此还有详细的规定。从第6条中还可以得出，在什么情况下对比广告是不正当的。如果不满足这些所谓的更大的构成要件群，则首先要看是否是第4条所列举的不正当竞争行为。即使不属于这些行为，根据该法的文义，也不能排除某种行为是第3条意义上的不正当竞争，因此是不允许的行为。

---

[48] BGBl. I S. 1414 = Bl. f. PMZ 2004, 358, geändert durch Gesetz vom 21. 12. 2006 BGBl. I S. 3367 = Bl. f. PMZ 2007, 91. – im Mai 2008 hat das Bundeskabinett den Entwurf eines Gesetzes zur Änderung des UWG beschlossen, durch das die Richtlinie 2005/29/EG vom 11. 5. 2005 über unlautere Geschätspraktiken umgesetzt werden soll. Die vorgesehenen Änderungen dienen in erster Linie einem verbesserten Verbraucherschutz. Den ergänzenden Leistungsschutz (s. unten bb) berühren sie nicht.

4. 《反不正当竞争法》并没有赋予非人格性客体的独占性权利。《反不正当竞争法》第17条及以下条款对商业和经营秘密的保护，[49]本质上是对由其秘密性而产生的事实上的优势地位的保护，但是，一旦秘密被公开，法律对它的保护也就随之结束。即使公开是违法的，并且有人也因此而承担了责任，对商业和经营秘密的保护也同样随之终止。对商业和经营秘密的保护，只是针对那些从权利人那儿获取秘密的人，并没有排他效力。但这并不排除一些有关财产权的规则也可以相应地适用于企业秘密，特别是在对它进行交易时可以适用。[50]

如果并且只要技术发明是处于保密状态，依据《反不正当竞争法》对于秘密的保护也可以对技术发明予以保护。这种对于技术发明的保护并不需要专利或者实用新型保护的实质性前提条件。即使缺乏《专利法》或者《实用新型法》意义上的新颖性，也不一定就不能获得作为秘密的保护，这是因为，缺乏这种新颖性并不一定就等同于众所周知。相反，一旦专利或者实用新型申请的内容被公开，对发明的秘密保护就终止了，而这是最迟在递交专利申请18个月之后就会发生的事，也就是说，在大多数情况下，在作出授予专利或者登记实用新型的决定很早之前，就不能对发明作为秘密进行保护了。

但是，如果根据《专利法》第50条或者《实用新型法》第9条的规定签发了保密令，那么对同一发明的专利或者实用新型保护就会与秘密保护产生竞合。

用竞争法保护秘密并不只限于对技术性行为指令的保护，被排除在受发明保护之外的商业性创新也可以适用竞争法的秘密保护（参见§12 Ⅳ b 3）。

bb）竞争法对成果的补充保护

参考文献： *Götting*, H. – P., Ergänzender wettbewerbsrechtlicher Leistungsschutz – Ein Überblick, Mitt. 2005, 15 – 20; *Hilty*, R. M., „Leistungsschutz" – made in Switzerland? – Klärung eines Missverständnisses und Fragen zum allgemeinen Schutz von Investitionen, FS Ullmann, 2006, S. 643 – 667; *Jacobs*, R., Von Pumpen, Noppenbahnen und Laubheftern – Zum wettbewerbsrechtlichen Leistungsschutz bei technischen Erzeugnissen, FS Helm, 2002, S. 71 – 86; *Körner*, E., Das allgemeine Wettbewerbsrecht des UWG als Auffangtatbestand für fehlgeschlagenen oder abgelaufenen Sonderschutz, FS Ullmann, 2006, S. 701 – 715; *Kur*, A., Nachahmungsfreiheit und Freiheit des Warenverkehrs – der wettbewerbsrechtliche Leistungsschutz aus der Perspektive des Gemeinschaftsrechts, FS Ullmann, 2006, S. 717 – 735; *Loschelder*, M., Der Schutz technischer Entwicklungen und praktisch-

---

[49] Zusammenfassend hierüber jüngst *Ann*, Know – how – Stiefkind des Geistigen Eigentums?, GRUR 2007, 39 – 43; vgl. auch *Kraßer* GRUR 1970, 587 ff. und 1977, 177 ff.

[50] Vgl. *Pfister*, Das technische Geheimnis „Know – how" als Vermögensrecht, 1974; *Ann*, aaO 42 f.

er Gestaltungen durch das Marken – und Lauterkeitsrecht, GRUR Int. 2004, 767 – 771; *Lubberger*, A., Grundsatz der Nachahmungsfreiheit?, FS Ullmann, 2006, S. 737 – 754; *Ohly*, A., Klemmbausteine im Wandel der Zeit – ein Plädoyer für strikte Subsidiarität des UWG – Nachahmungsschutzes, FS Ullmann, S. 795 – 812; *Wiebe*, A., Unmittelbare Leistungsübernahme im neuen Wettbewerbsrecht, FS Schricker, 2005, S. 773 – 783.

1. 依据以前的《反不正当竞争法》，通过适用禁止违背公序良俗的竞争行为的一般条款（1909 年《反不正当竞争法》第 1 条），法院判决给予了特别法不保护的产品一定的保护，即在一定程度上禁止对特别法不保护的产品的模仿。现行《反不正当竞争法》第 4 条第 9 项规定：

"第 3 条意义上的不正当竞争行为特别是指，如果行为人

……

9. 提供的商品或者服务系仿冒了竞争者的商品或服务，如果他因此

a）在企业身份方面欺诈了购买者，而这种欺诈是可以避免的，

b）不适当地利用或者损害了被模仿商品或者服务的声誉，或者

c）以不诚实的方式获得了模仿所需的知识或者资料；

……"

2. 与过去一样，现在仍然适用模仿自由原则[51]：考虑到自由竞争的原则，因此，模仿竞争者产品或者服务，只要没有特别情况表明这种模仿是不正当的，就不能禁止。[52] 2004 年《反不正当竞争法》第 4 条第 9 项就包含了这种特别情况的重要情形，该条款也确认了依据先前法律的法院判决。由于《反不正当竞争法》第 4 条并不是穷举式的列举，因此，根据这部法律的条文似乎并不能排除某种模仿由于具有《反不正当竞争法》第 4 条没有提到的特别情况，从而会被认为是第 3 条意义上的不正当竞争行为而受到禁止。[53]

---

〔51〕 Herzu *Wiebe*, FS Schricker, S. 776 ff.；kritisch zum Grundsatz der Nachahmungsfreiheit *Müller – Laube*, ZHR 156（1992）480 ff.，der gleichwohl（aaO 496 ff.，510）für technisch bedingte Gestaltungen einen wettbewerbsrechtlichen Schutz gegen Nachahmung ablehnt；ohne solche Einschränkung *Lubberger*, FS Ullmann, S. 737 ff.

〔52〕 Vgl. zum früheren Recht BGH 22. 2. 1990 Rollen – Clips GRUR 1990，528；26. 9. 1996 Prospekthalter GRUR 1997，116，118 r.；12. 7. 2001 Laubhefter GRUR 2002，86，89；OLG Düsseldorf 31. 3. 1998 Fahrradkoffer GRUR 1999，72；*Benkard/Scharen*, vor §9 bis 14 PatG Rdnr. 4 – 12；*Baumbach/Hefermehl*, Wettbewerbsrecht, 22. Aufl. 2001，§1 UWG Rdnr. 439 ff.；*D. Reimer*, in：Ulmer（Hrsg.），Das Recht des unlauteren Wettbewerbs in den Mitgliedstaaten der EWG, Bd. Ⅲ：Deutschland, 1968, Nr. 266 ff.；*Nirk*, S. 370 ff.；*Bopp*, GRUR 1997，34 ff.

〔53〕 Zur Möglichkeit des Zurückgreifens auf §3 UWG und ihren Grenzen *Ohly*, FS Schricker, S. 119 und FS Ullmann, S. 810 f. m. Nachw.；grundsätzlich ablehnend *Wiebe*, FS Schricker, S. 778，781.

3. 采用一个解决问题的技术方案，即使该技术方案完全是按比例模仿或者"照葫芦画瓢式"照搬了竞争者在经过诸多努力和投入之后首次创造的技术方案，并非本身就是不正当的。[54]这种情况并不是"特别的"情况，而是模仿中的典型情况。

在这部法律中所列的不正当理由中，以不正当的方式获取模仿所必需的知识或者资料（《反不正当竞争法》第 4 条第 9 项字母 c）的不正当理由，毫无疑问也可以适用于模仿技术性特征的情况；在这种情况中，常常还会违反秘密保护的规定（《反不正当竞争法》第 17 条及以下条款）。至于可避免的身份混淆（《反不正当竞争法》第 4 条第 9 项字母 a）、不适当的利用或者损害竞争者的声誉，是否也是模仿技术性特征时不正当的理由——正如依据以前法律的司法判决所得出的结论一样——判断的前提条件是，模仿的特征是与他人的商品或者服务的"身份和品质相像"相联系的特征，换句话说，模仿的特征是他人商品或服务在一定程度上具有"竞争性的独特性"。由某种技术方案所必然产生的特征常常是不足以实现这些功能的。[55]即使存在由技术方案必然产生的特征实现了这种功能的情况，还必须注意的是，竞争法禁止模仿非技术性的方案，它既不能替代也不能扩大相关的，尤其是专利或者实用新型法的特别法保护。[56]这里首先要考虑的是，判定可避免的身份混淆、不适当的利用或者损害声誉这些行为是否正当，一般是要看模仿者是否还能采用其他的行为。[57]对于技术性的特征，如果在不影响技术可使用性的前提下还有其他选择，这样才可以认为模仿者是能采取其他行为的。[58]此外，法院判决认为，采用属于现有技术的技术特征，即使它不是技术上绝对必不可少的，原则上也不是不正当的。[59]为了取得适当的技术方案而采用属于现有技术的技术特征，可以说是正当的。[60]

---

〔54〕 *Wiebe*，aaO S. 780.

〔55〕 *Jacobs*，FS Helm，S. 74.

〔56〕 *Kur und Ohly*（见 FS Ullmann，S. 726 f. bzw. 809）指出，如果在有关特别法中已考虑到了这些不正当的理由，那么只要没有侵权，竞争法就不能禁止模仿。

〔57〕 *D. Reimer*（FN 52）Nr. 290；*Hefermehl/Köhler/Bornkamm*，§ 4 UWG Rdnr. 9. 45 – 9. 47；*Benkard/Scharen*，vor § § 9 bis 14 PatG Rdnr. 8.

〔58〕 *Hefermehl/Köhler/Bornkamm*，§ 4 UWG Rdnr. 9. 49；BGH 14. 12. 1995 Vakuumpumpen GRUR 1996，210；8. 11. 2001 Noppenbahnen Mitt. 2002，248，250；7. 2. 2002 Bremszangen GRUR 2002，820，821 f. m. Nachw.；OLG Karlsruhe 22. 2. 1995 Lüftungsgitter GRUR 1995，495.

〔59〕 BGH 3. 5. 1968 Pulverbehälter BGHZ 50，125；14. 1. 1999 Güllepumpen GRUR 1999，751，752 f.；8. 12. 1999 Modulgerüst GRUR 2000，521，523 r.，525 f.；8. 11. 2001（FN 58）；7. 2. 2002（FN 58）；*Hefermehl/Köhler/Bornkamm*，aaO mwN；*Körner*，FS Ullmann，S. 706.

〔60〕 BGH 12. 7. 2001（FN 63）90 l.；7. 2. 2002（FN 69）822 l.；24. 3. 2005 Handtuchklemmen GRUR 2005，600，603；vgl. auch Götting, Mitt. 2005，15；Jacobs, FS Helm，S. 75 f.

另外，如果仅仅是由于模仿行为采用了不受保护技术特征而造成了可避免的身份混淆、不合理的利用或者损害声誉，就认为模仿不正当，也可能是没有根据的。[61]不过，模仿者有义务在可行的范围内采取合适的措施防止产生这种后果的危险。[62]

依据这些标准，就几乎完全排除了对采用技术方案给予竞争法的保护。这不仅是指专利或者实用新型保护到期之后或者被拒绝的情况，而且还包括那些具备可保护性但却没有申请保护的发明。

与此不同的是，胡曼（*Hubmann*）建议[63]，根据1909年《反不正当竞争法》第1条，对于在技术上具有独创性成果特性的产品，在实用新型的保护期所不能企及的时间段并且没有排他效力的时候，原则上要保护其免受模仿。但是，由于这种对于技术创新的保护，不要求专利和实用新型法的前提条件，没有形式上的要求——也不管模仿者的行为资质情况——因而是一般情况下能够获得的保护，因此会威胁到那些特别法所要求的目的，尤其会损害自由竞争。[64]

Ⅱ. 专利保护与著作权保护

参考文献：*Dreier/Schulze*，Urheberrechtsgesetz，2. Aufl. 2006；*Loewenheim*（Hrsg.），Handbuch des Urheberrechts，2003；*Rehbinder*，Urheberrecht，15. Aufl. 2008；*Schack*，Urheber – und Urhebervertragsrecht，3. Aufl. 2005；*Schricker*（Hrsg.），Urheberrecht，3. Aufl. 2006 mit Ergänzungsband 2007；*Ulmer*，Urheber – und Verlagsrecht，3. Aufl. 1980；*Wandtke/Bullinger*（Hrsg.），Praxiskommentar zum Urheberrecht，3. Aufl. 2008.

a）著作权保护的客体及适用范围

1. 《著作权和邻接权法》（简称《著作权法》）[65]所保护的是文学、科学和艺术作品作者的著作权（《著作权法》第1条）。《著作权法》中的作品指的只是个人智力的创作成果（《著作权法》第2条第2款；第2条第1款以非穷举的方式列举了作品的种类）。要注意区分的是作为无形客体的作品和体现了

---

[61] BGH 8. 12. 1999（FN 59）；8. 11. 2001（FN 58）.

[62] BGH 17. 6. 1999 Rollstuhlnachbau GRUR 1999，1106，1108 f.；8. 12. 1999（FN 59）；8. 11. 2001（FN 59）；12. 7. 2001（FN 52）90 r.；*Hefermehl/Köhler/Bornkamm*，§4 UWG Rdnr. 9. 49，9. 54；*Loschelder*，GRUR Int. 2004，7701.

[63] Gewerblicher Rechtsschutz，5. Aufl. 1988，S. 279 ff.；ebenso *Hubmann/Götting*，§50 Rdnr. 4 f.；in ähnlichem Sinn Schulte – Beckhausen，Das Verhältnis des §1 UWG zu den gewerblichen Schutzrechten und zum Urheberrecht，1994，insb. S. 232 ff.

[64] 胡曼认为，如果没有他所主张的竞争法保护，就不会有人能够承担创造特别成果的费用，对此，第二次世界大战之后德国由于暂时没有专利局对于发明给予特别法保护的情况，可以说就是一个例子。

[65] Vom 9. 9. 1965 BGBl. I S. 1273，zuletzt geändert durch Gesetz vom 10. 11. 2006 BGBl. I S. 2587.

作品的作品载体。

著作权保护的基础就是将作品独占性地划归给作者，创作作品的作者无需履行任何形式就获得了（主观）著作权，它保护作者与其作品在精神上与人身上的联系、作者对作品的使用并保障其获得他人使用其作品的适当报酬（《著作权法》第11条）。因此，著作权包含作者人格权（《著作权法》第12～14条：发表权；承认作者身份权；禁止歪曲作品权）以及财产权，即以有形的方式（主要是通过复制或者发行的方式）利用作品的独占权（《著作权法》第15条第1款和第16～18条），以及以无形的方式公开再现作品的独占权，比如朗读、表演或者通过广播电台传播（《著作权法》第15条第2款和第19～22条）。作者的独占权是有某些限制的（《著作权法》第44a条及以下条款），不过，对于这种作者必须忍耐使用其作品的限制，在大多数情况下作者可以要求合理的报酬。

著作权一般在作者死后70年失效（《著作权法》第64条第1款，第69条）。作者并没有排他效力，如果谁独立创作了一部作品，谁就获得了自己对于这部作品的著作权；即使创作作品的基本特征与他人先前所创作的作品或者所公开的作品是一致的，也是如此。先前或已公开作品的著作权无权禁止使用这部新的作品。不过，这种相互独立创作的作品巧合一致的可能性还是非常小的。[66]

2. 除了作品的著作权之外，《著作权法》还规定了"邻接权"（第70条及以下条款，第94条）。邻接权保护的不是文学、科学和艺术领域作品的成果，邻接权主要保护的是出版者、表演者、唱片制造商、广播企业和电影制片人——以有形或者无形的方式——再现主要是他人的、受著作权保护的，或者仅仅是由于作品的年限不保护或者不再保护的（公共领域的）作品时作出的成果。

依据在再现作品时作出的成果，《著作权法》第72条对照片给予保护，但这不是一种典型的再现作品的情况。在这里，成果是指照片的拍摄者以照相或者类似的方式对任意客体的照相。但是，在个别的情况中，这种照相的客体可能也是某种作品。

同样，在1997年引入的对数据库制作者保护（《著作权法》第87a条及以下条款）中，再现作品也只是偶尔的伴随现象。这种成果的基础不是独创性的活动，而是制作者在获取、审查或者表现数据库内容时所作出的投资。事实上，对这种投资给予著作权成果保护的观点在此之前就已经并不陌生了：即使法律中没有明显的规定，《著作权法》就是这样对唱片制造商和电影制片人、广播企业和表演者表演的组织者进行保护的。

---

〔66〕 Vgl. *Ulmer*, S. 15；Loewenheim, in：Schricker， §23 UrhG Rdnr. 28.

与著作权相比，邻接权的效力范围比较小，在某些方面也要弱些。

3. 专利保护和著作权保护的效力是通过将无形客体独占性地划归于确定的人来实现的。由于发明和作品都是通过人的智力劳动所创造的客体，所以专利和著作权保护才将发明和作品独占性划归于做出这些智力性成果的人。但是，这种对于专利和著作权保护的分析只是部分地适用于著作权的邻接权。著作权的邻接权不仅涉及人的智力劳动，而且还与经营组织成果有关，包括对此进行的投资，因此应当注意的是，利用他人这种类型的成果在一定的条件下是不正当的，也是不合法的。

b）专利保护与著作权保护的区别

要是著作权保护没有在法律上认可计算机程序，没有对其进行特殊的规定，那么专利保护与著作权保护的区别就完全是接下来 aa 部分所阐述的那些特点。但是现在计算机程序却引出了这样一个问题：著作权保护在保护的客体和效力方面是不是可以延及传统上由专利保护所保留的领域（bb 部分）。

aa）基本原则

1. 著作权保护的客体在性质和功能方面与专利保护的客体有着本质上的区别，在保护体系的结构安排方面也存在相应的区别。

通过运用可控的自然力取得确定结果的新规则，只能在这种自然力作用的原理内开发出来。但这并不是说，所有运用这些原理解决问题的方案在自然界是现成的，是无需创造的，只需去寻找就行了。事实上，发明者的活动也是创作性的，发明是一种智力性的创作（参见 §11 Ⅰ 2）。但是，相较于作家、作曲家、造型艺术家等，由于受到了客观条件的限制，发明者的发明空间受到了极大的限制。与《著作权法》意义上的作品不同，发明是很难烙上创作者个人特色的。[67]因此，对作者与作品之间的精神和人身关系的保护，比起对于发明者相应利益的保护，其意义与范围就更为重要和宽广。

2. 所谓实施发明，就是通过依据由发明给出的、可理解和可掌握的指令创造出其他财富的行为：发明并不是目的本身，而是手段。[68]相反，对于文学、科学和艺术作品以及受著作权法保护的成果的使用，则是直接接收再现这些作品或者成果的可感知信号，而这些信号则在接受的人中产生相应的印象，而且还会使其获得思想的内容。[69]为了保护权利人对于受保护作品或者成果

---

〔67〕 *Tetzner*, §1 Anm. 1, 7; *Bernhardt*, S. 8 f.

〔68〕 *Troller*, Immaterialgüterrecht, Bd. I, S. 66 f.; *ders.*, CR 1987, 213, 217 f.

〔69〕 *Troller*, Immaterialgüterrecht, Bd. I, S. 60, 66, wo Werke der Literatur und Kunst als „Gegenstand des ideellen Genusses" bezeichnet sind.

的经济利益而让权利人所保留的行为，原则上只有以有形的方式以及以公开的无形方式再现所保护的客体（《著作权法》第 15 条，第 77～79 条，第 85 条，第 87 条，第 87b 条，第 94 条），并不包括通过感知受保护客体所可能引起的再现。《著作权法》所提供的保护在于限制那些使受保护客体公开的行为，并不限制使客体被应用的行为。[70] 如果通过感知受保护的作品或者成果获得了信息，只要没有再现作品（受保护的特征），那么对这些信息的利用——例如依照作品中所阐述的行为指令进行的仿造——就与著作权法保护无关。[71]

特别值得一提的是，科学技术文字作品或科学、技术的图示（参见《著作权法》第 2 条第 1 款第 7 项）的作者，如果其他人没有再现这些作品，那么这些作者就不能依据其著作权禁止其他人在经济上利用这些作品中所包含的科学知识或者技术方案。即使这些知识或者方案是由其新发明的（并且根据一般的或者发明人的人身权，拥有承认这一事实的请求权），也当然如此。相反，应用专利和实用新型权保护的客体，即依照发明的原理的行为，则完全取决于其专利和实用新型权；但再现一个受专利保护的发明的文字或者图形描述，则并不侵犯专利权。[72]

3. 在发明和作品涉及发明人或作者的个性影响、这些无形财产的功能、对它们保护的需求以及为此而设置的专利、实用新型和著作权效力方面，二者都存在差别。在《著作权法》中，并不需要保护发明所必需的排他效力，而且无需考虑优先权，也没形式上的要求，[73] 就可以授予比发明长得多的独占权：由于作品具有很强的个性化特色，著作权保护又限于对融入了这种特色的作品特征的保护。因此，这就保证了实践中几乎不会出现独立创作的作品之间的权利冲突，现有的《著作权法》充分地考虑了文学艺术活动的空间，[74] 给予科学技术发展以充分自由。

---

[70] 对戏剧、舞蹈、音乐作品的表演也不是在运用行为指令，而是再现作品和介绍对作品的欣赏。参见 *Troller*，CR 1987，213，218。

[71] D. *Reimer*，Zum Urheberrechtsschutz von Darstellungen wissenschaftlicher oder technischer Art，GRUR 1980，572－582；*Engel*，Persönlichkeitsrechtlicher Schutz für wissenschaftliche Arbeiten und Forschungsergebnisse，GRUR 1982，705－714（706 f.）；jeweils mit zahlreichen Nachweisen；vgl. auch *Leenen*，Urheberrecht und Geschäftsmethoden，2005，S. 92 ff.，146 ff.

[72] 如果是包含在专利说明书中的描述，那么也不侵犯著作权，这是因为它是一种《著作权法》第 5 条第 2 款意义上的官方作品。参见 *Katzenberger*，in：Schricker，§5 UrhG Rdnr. 46。

[73] Vgl. *Ulmer* S. 14。

[74] 对于改编者和表演者的创作可能会有某些阻碍。

bb）计算机程序的特殊性

为了转化欧共体的指令，1993 年，《著作权法》在第 69a～69g 条[75]中引入了对计算机程序的保护，这种对于计算机程序的著作权保护就不适用前面 aa）部分所阐述的有关专利保护与著作权保护之间的一般区别。这种对计算机程序的著作权保护，并不要求计算机程序要有个人智力创作的前提条件，所有作为作者自己智力创作结果意义上的独创性作品的计算机程序，都可以获得保护。不过，这并不是一个很重要的问题。因为这里对保护门槛的降低，虽然引出了是否在保护成果的问题，但是，这并不是说——看看对"小硬币"所给予的慷慨大方的保护[76]——要离开著作权保护的体制。对于计算机程序具有重要意义的是，虽然计算机程序可以采用人能直接感知的表述形式，但是，一般来说，对计算机程序的使用并不是通过这种感知来进行的。对计算机程序的使用更多是以这样的方式来进行的：数据处理设备以一种对其"可读"的方式"感知到"程序，并在其中引发一系列的开关过程，从而通过使用数据处理设备达到设定的目的。[77]对于一个并不想研究或者理解计算机程序，而只是要按规则使用计算机程序的人来说，计算机程序既不是其感知的客体，也不是其"享受的作品"，而更像是一种使计算机适用于某种用途的工具。[78]由于对计算机程序的使用主要是以这种方式进行的，因此，对计算机程序的著作权保护就倾向于超越传统著作权效力的界限。但在这个界限之内，仍存在禁止制作复制件的权利，尽管这里的复制件是人无法直接感知的，而是"机器可读"的表述形式。但是，如果计算机程序复制件不是由复制件的占有人自己非法复制的，也就不受《著作权法》第 98 条的制约，只要没有对该程序进行继续发行、复制和公开再现，依据著作权的一般原则，就不能阻止占有人使用该复制件。[79]这就像著作权的权利人不能禁止阅读其书籍或者听其唱片一样，作品的占有人以这种方式使用作品是不需要得到许可的。这不仅适用于得到权利人同

---

〔75〕 对在此之前计算机程序保护的前提条件以及保护的效力，就不在这里讨论了。

〔76〕 Dazu *Loewenheim*, in：Schricker ，§2 UrhG Rdnr. 38 ff.

〔77〕 So bereits *Ulmer*, Der Urheberschutz wissenschaftlicher Werke unter besonderer Berücksichtigung der Programme elektronischer Rechenanlagen，München 1967，S. 12.

〔78〕 *Troller*，CR 1987，278，280 ff.，284；ähnlich *Sack*，GRUR 2001，1095，1100 f. – Das Problem，ob angesichts dieser Besonderheit der urheberrechtliche Schutz für Computerprogramme paßt，läßt sich nicht mit dem – gewiß zutreffenden – Hinweis von *Ulmer*（FN 88）S. 13 erledigen，daß dieser Schutz nicht auf Gestaltungen beschränkt bleibt，die den Schönheitssinn ansprechen.

〔79〕 联邦最高法院在 1994 年 1 月 20 日"木材交易程序"一案的判决中指出，"这种纯粹的使用——与使用技术性保护权不同——不是《著作权》所包含的内容，这就是说，这种使用是与《著作权法》无关的过程"，参见 GRUR 1994，363，364 f.

意生产并已投入流通领域的书籍或唱片，而且还包括那些"盗版品"。但如果使用者自己对这些非法复制的盗版也有责任，那就另当别论了。作为一条一般性的原则，也就是说，即使对于计算机程序，按确定目的使用其复制件，也不受《著作权法》禁止权限的约束。如果复制件的占有人只是实施了书中描述的行为指令，并没有发行这本书，也没有以有形的形式或者以无形的形式公开再现该书中受保护的独创性特征，那么就可以认为复制件的占有人什么都没做。因此，依照传统的著作权法原则，概念上可以视为复制的过程，如果其能够禁止正常的按照确定目的的使用，就不是著作权法意义上的复制。[80]

但是，根据《著作权法》第69c条第1项的规定，计算机程序的独占权所包含的是任何持久的或者暂时的、全部的或者部分的复制。大多数文献并不认为这种复制仅仅是将程序"放置"于计算机上，[81]而是将其看作在使用计算机程序的一般过程中不可避免地将程序输入计算机内存的行为。[82]

有些人曾试图将正常的使用排除在独占性复制权的约束之外，但随着有关计算机程序保护的规定被引入，这种尝试就显得过时了。[83]

根据现在几乎不再有争议的观点，按照确定目的使用计算机程序一般至少要得到权利人的同意。从结果上来看，这里的保护效力还包括程序中所包含的、但本身不受保护的信息以及——如果有的话——行为指令。在过去，如果这种信息不是以需要经过权利人所保留的复制方式，而是以再现程序的方式获得的，那么只要不涉及程序中受保护的独创性特征，就可以使用这种信息。但现在这种使用无论如何需要花费大量的费用，而且还很有可能会侵犯程序的权利，因此，对于要正常使用计算机程序的人来说，是不会这样考虑的。

不过，如果在合同中没有拒绝的话，只要复制对于程序复制件授权使用人按照确定目的使用程序是必要的，那么就允许这种复制（《著作权法》第69d条第1款）。即使是合法获得的复制件，也不一定就有权使用程序，而是要看

---

〔80〕 联邦最高法院在1990年10月4日"营业系统"一案的判决中表示，"在使用计算机程序中，可能会发生多种纯技术性复制过程，对于这种复制，就并不完全是《著作权法》第16条规定的复制权所包含的内容"，参见 GRUR 1991, 449, 453。

〔81〕 *Haberstumpf*, in: Lehmann (Hrsg.), Rechtsschutz und Verwertung von Computerprogrammen, 2. Aufl. 1993, S. 69, 136 f., Rdnr. 122 ff. m. Nachw.; a. M. *Dogan*, Patentrechtlicher Schutz von Computerprogrammen, 2005, S. 57. – Für die Annahme, daß der bloße Programmlauf noch nicht in das Urheberrecht eingreift, spricht auch der 2003 eingefügte §44a UrhG; vgl. *Loewenheim*, in: Schricker, §69c Rdnr. 9; *Dreier/Schulze*, §69c Rdnr. 8 f.

〔82〕 *Haberstumpf* (FN 81) S. 133 ff., Rdnr. 117 ff.; *Loewenheim*, in: Schricker, §69c Rdnr. 8; *Dogan*, aaO S. 56 f.; jeweils mit zahlreichen Nachw.

〔83〕 Vgl. *Loewenheim*, in: Schricker, 1. Aufl. 1987, §16 UrhG Rdnr. 9 mit der 2. Aufl., 1999, §69c Rdnr. 9.

合同中权利人允许复制件购买人做什么。[84]因此，如果占有复制件的人与权利人没有合同关系，那么法律就禁止对该复制件进行按照确定目的的使用。

因此，对计算机程序著作权保护的效力，就扩展到了如果没有其他独占权的保护，按照一般著作权原则本来可以自由使用的客体。特别值得一提的是，这种保护效力不仅导致了对需要运行计算机程序的技术行为指令的保护，而且，还会产生对那些不满足专利法中发明概念的信息和行为指令的保护。这些结果不仅仅是为了有效保护程序所必需容忍的例外的边缘现象，[85]而且是在表明，著作权保护在很大程度上承担了专利保护的功能，而又无须受专利保护的前提条件和界限的约束。[86]对计算机程序的著作权法保护没有排他效力并且——如果可能的话（参见§12 Ⅳ c bb 3）——其客观上的保护范围也要小些，这是不是就足以说明对计算机程序著作权保护效力的合理性呢？事实上，这是难以令人信服的。

c）专利保护和著作权保护的竞合

如果在一件产品中既实现了技术发明，又体现了受著作权保护的作品，那么对于每种保护就应当分别进行评判。

由于著作权保护的效力存在前面提到过的界限（参见上述 b aa 部分），因此，原则上著作权法不能成为缺乏或还达不到专利或实用新型保护前提条件的替代保护。这主要是指那些由于缺少技术特性而不能视为专利和实用新型法意义上发明的智力成果，比如，发现、科学理论、数学方法、方案、规则和思维或者商业活动的方法（参见《专利法》第1条第3款，《实用新型法》第1条第2款，《欧洲专利公约》第52条第2款）。但是，如果在对智力成果的使用中，再现了受著作权法保护的、表达了智力成果的表述，那么著作权法在这里就可以起到间接保护的作用（参见§12 Ⅳ b 3）。

只要计算机程序中描述了——技术的或者非技术的——行为指令，那么对于程序的著作权保护就是：实施计算机程序一般需要得到程序著作财产权的权利人的同意，这样，对计算机程序著作权保护的效力就扩展到了本来是专利保护的范围（参见上述 b bb 部分）。

根据新近德国和欧洲专利局的实践以及司法判决，使用了计算机程序的技

---

〔84〕 *Loewenheim*, in：Schricker，§69 d Rdnr. 1 ff.，4，7；auch auf den „abredefesten Kern" der Befugnisse eines vertraglich Nutzungsberechtigten，vgl. *Dreier/Schulze*，§69 d Rdnr. 12，kann sich nur berufen，wem überhaupt ein Nutzungsrecht vertraglich eingeräumt ist.

〔85〕 So aber *Haberstumpf* (FN 81) S. 137 f. Rdnr. 125.

〔86〕 S. *Wiebe*，GRUR 1994，233，244：der Urheberrechtsschutz führt bei Software zu einem indirekten Schutz auch des Inhalts und der Funktionalität.

术方案，是可以获得专利保护的发明（参见§12 Ⅲ b，c）。如果这种包含程序的发明，是由企业员工履行劳动或者服务关系的义务所完成的，那就会出现一种困难的局面：一方面，由著作权保护所产生的财产权方面的权利毫无疑问地要移交给雇主或者老板，而且无需支付报酬（《著作权法》第69b 条）；另一方面，雇主又只有通过正式的要求并支付报酬，才能获得对于职务发明的权利（参见§21）。

Ⅳ. 专利保护与民法

a）概述：《专利法》与《实用新型法》中的私法和公法规则

1. 尽管《专利法》和《实用新型法》中大部分规范都有行政法和程序法的内容，[87]但是专利法和实用新型法的核心部分，还是属于私法。[88]将发明独占性地划归于专利或者实用新型权利人，就像将物独占性地划归于财产所有人一样，将一个客体与一个人联结了起来，并要求其他人不能对该客体进行某些规定的影响——当然不是指不能进行任何影响——除非得到权利人或者是法律规定所允许。[89]如果对该客体进行非法影响，则可以请求停止侵害和损害赔偿（《专利法》第139 条，《实用新型法》第24 条）。由此可见，专利和实用新型就显示出了私法独占权的典型特征。[90]

如果故意侵犯专利或者实用新型权，还有受到刑事处罚的风险（《专利法》第142 条，《实用新型法》第25 条）；但这就像故意侵犯财产所有权也会受到刑事处罚一样，并不会改变其私法的性质。

2. 有关专利机关的组织和专利授予、撤销、无效宣告以及实用新型登记和注销程序的广泛规定是必要的，这是因为这种私法的保护效力还依赖于授予或者登记等公法行为。这些规定保障了国家对于发明的私法独占权的产生与存在进行必要的控制，使所有有兴趣的人都能知道这些权利，并提供有关新发明的广泛信息。

3. 有关授予专利的实质性前提条件的规定表明，对于一个符合规定正式提出的申请在什么时候可以授予专利，而且也必须授予专利：可授予专利的发

---

〔87〕 这些规范的表述（尤其在§23 部分）显现出了与一般行政法和程序法规范的关系，因此可以进一步研究专利法与公法的关系，其他学者则遗漏了这个问题，参见 *Fitzner/Waldhoff*，Mitt. 2000，446，447 FN 8。

〔88〕 Eingehende Begründung dazu bei Ann，Privatrecht und Patentrecht? – Gedanken zur rechtssystematischen Einordnung eines Fachs，GRUR Int. 2004，696 ff.

〔89〕 参见§1 A Ⅱ 6。影响一个客体在这里也就是使用客体，至于是否影响到了权利人自己的使用，则无关紧要。

〔90〕 Zur wesentlich von *Josef Kohler* entwickelten privatrechtlichen Konzeption und älteren，öffentlichrechtlichen Deutungen des Patents ausführlich *Walz*（oben §1 FN 7），S. 138 ff.，120 ff.

明的申请人拥有了公法上的授予专利请求权。这些实质性保护的前提条件的基本作用是其公法上的功能，即作为判断是否具有授予专利请求权以及授予专利行为是否具有权利存续性的标准，但除此之外，它们还具有私法上的意义。它们将决定是否通过发明了技术行为的规则产生拥有"申请专利权"的发明人权（参见 §1 A Ⅲ）。依据这个权利，提起申请除了形成授予专利请求权之外，还有私法上的效力。相对于那些其权利人还没有提起申请的发明人权，提起申请则巩固了申请专利权（《专利法》第 6 条第 3 句，参见 §1 A Ⅳ）。[91]申请的其他私法上的效力还有：对公开后的专利申请给予临时保护，借助于这种临时保护，就可以要求实施了已申请专利的发明的人给予补偿（《专利法》第 33 条，《欧洲专利公约》第 67 条以及《专利合作条约》第 2 条第 1 款）。

4. 对于实用新型，在其登记之前只审查部分的实质性前提条件（《实用新型法》第 8 条第 1 款第 2 句）。因此，不管是否满足了并不审查的前提条件，即新颖性、基于创造性方法和工业上可应用性，都会产生在申诉程序中可以主张的公法上登记实用新型的请求权。[92]但是，要享有包括申请实用新型保护在内的发明人权（《实用新型法》第 13 条第 3 款，《专利法》第 6 条），则必须是满足了所有保护前提条件的发明。相对于具有同样客体但却还没有提起实用新型申请的发明人权，申请则巩固了申请实用新型保护权。实用新型的申请并不能产生临时的保护，这是因为实用新型的申请是在登记之后才公开其内容的。

5. 根据《专利法》第 15 条的规定，申请专利权、授予专利请求权和专利权都是可继承和可转让的，还可以是许可的标的。欧洲专利法（参见《欧洲专利公约》第 60 条第 1 款第 1 句，71 条及以下条款，第 2 条第 2 款，第 64 条第 1 款）和实用新型法（《实用新型法》第 22 条）也有相应的规定。这些依据上述规定可流通的权利，除了由申请所产生的程序法上的地位，包括公法上授予专利或者登记实用新型请求权这些例外之外，都是私法上的权利。

从私法的角度来看，要求授予专利或者登记实用新型请求权以及欧洲专利的申请，就是通过申请巩固了的（可能还有因公开申请而享有临时保护的）申请专利权或者申请实用新型权。但是，转让、继承——并不包括许可——还

---

[91] 因此可以说，申请就形成了一种期待，参见 *Hubmann/Götting*，§5 Rdnr. 6，不提起申请（与 *Hubmann/Götting*，§15 Rdnr. 6 相反）就不能将申请专利权看作一种期待，参见 BGH 25. 11. 1965 Batterie BGHZ 44，346，356；kritisch hierzu *Bernhardt*，S. 76 f。

[92] Eine *Anwartschaft*（s. FN 91）begründet die Anmeldung nur, wenn *alle* Schutzvoraussetzungen erfüllt sind, da andernfalls die Gebrauchsmustereintragung wirkungslos ist（§13 Abs. 1 iVm §15 Abs. 1 Nr. 1 GebrMG）.

有公法的一面。对于因非法申请而出现的"返还请求权"的情况（《专利法》第8条，《专利合作条约》第2条第5款，《实用新型法》第13条第3款），如果没有因公开而产生临时保护，那么转让请求权所具有的就是一个纯公法的地位。

b）民法的补充适用

与一般民法相比，专利法和实用新型法的私法内容构成的是一种特别规则，相对于一般民法规则，要优先予以适用。如果专利法和实用新型法没有规定，而根据专利法和实用新型法的意义和目的又不排除适用一般民法的规定，那么就可以用这些规定进行补充。

1. 专利法和实用新型法需要民法进行补充的领域主要是在权利流通方面。在这方面，《专利法》《欧洲专利公约》以及《实用新型法》基本上[93]都对此进行了充分的规定。根据这些规定，某些权利可以继承、有限制或者无限制地转让、以独占或者非独占方式许可（参见本节 a 5）。至于可以什么方式进行继承、转让或者许可，则应依照民法的规定。在这里要适用的不是关于所有权和其他（有形）物权的规定，而是关于权利的一般规定（特别是《民法典》第413条）。根据这些一般规定，由对发明的权利的可转让性可以得出，还可以在对发明的权利上设定有限制的权利。

对于参与转让、许可或者设定负担各方之间的债权关系，同样主要适用民法的规定，在这方面《民法典》广泛地给予当事人的意思以优先地位。如果没有约定，那么就可以根据具体情况适用（必要时要进行类推适用）有关特殊债务关系的规定，比如有关买卖或者租赁的规定。此外，还可以适用有关债务关系的一般规则。

2. 专利或者实用新型权利人可以根据《专利法》第139条或者《实用新型法》第24条的规定，对侵犯其权利的行为提起停止侵害请求，并要求侵权者给予损害赔偿。但是，这种赔偿义务的内容和范围，则应按照《民法典》第249条及以下条款的规定来确定。由于用这些规定来确定赔偿的内容和范围可能会有一些困难，因此，对于侵犯专利或者实用新型的情况（就像侵犯其他无形财产权的情况一样），法院判决长期以来允许用合理的许可费或者侵权所得作为计算损害赔偿的基础。但这种计算的方法是否属于民法体系的范畴，却并不是没有问题的（参见§35 Ⅳ c，d）。

要消除由侵权所造成的状态或者再次侵权的危险，则可以适用《专利法》第140a条及以下条款或《实用新型法》第24a条，请求销毁侵权产品和生产

---

〔93〕《欧洲专利公约》第72条是一个例外，它要求转让欧洲专利申请要有书面形式。

侵权产品的设备以及回收这些产品。但是这些特别规定并不排除类推适用保护所有权以及其他绝对权利的排除妨害请求权的其他内容，不过，只是在例外的情况下才需要进行这种类推适用。

《专利法》和《实用新型法》中没有规定不当得利返还请求权，尽管如此，人们还是认为《民法典》中有关不当得利的规定也可以适用于侵犯技术性保护权的情况。

3. 专利和实用新型是《民法典》第 823 条第 1 款意义上的其他权利。但是《民法典》的这个规定并不适用于侵犯专利和实用新型权的情况，这是因为《专利法》和《实用新型法》全面规定了在什么样的前提条件下侵权人要承担损害赔偿义务。

原则上《民法典》第 823 条第 1 款是适用于发明人权的，但必须要注意专利法和实用新型法对发明人权已经认可的保护，如果出现了侵犯发明人权的情况，就应当依照这些规定处理。

对发明人权的侵犯，主要表现是非法的申请和违反专利法领域内有关发明人署名的规定。由于专利法和实用新型法这些特别法并没有对侵犯发明人权的法律后果予以全面的规定，因此，在上述侵犯发明人权的情况中，完全可以依据民法的基本规定赋予发明人权的权利人损害赔偿和停止侵害请求权。

但是，这些关于发明保护的特别法却规定了与合同关系以及侵犯秘密无关的、禁止其他人实施发明或者要求实施人给予补偿的请求权的前提条件。如果不满足这些前提条件，又没有侵犯秘密的情况，那么无论实施人是否拥有自己的发明人权，对于没有得到发明人权的权利人同意实施发明的情况，既不能根据民法的规定将这种情况看作侵权，也不能提起损害赔偿、停止侵权、排除妨害或者不当得利补偿请求权。[94]

如果持秘密保护的观点，认为禁止他人使用秘密是有道理的，那么将未经许可使用秘密的情况视为侵权，似乎就是合理的。《反不正当竞争法》第 17 条及以下条款就规定了对商业和经营秘密的保护，法院判决还根据以前的《反不正当竞争法》第 1 条在民事法律方面对此进行了一定的补充。根据现行的《反不正当竞争法》第 4 条第 9 项字母 c，提供模仿了竞争者的商品或者服务的人，如果其是以不诚实的方式获得模仿所必要的知识或者资料的，那么他进行的就是不正当的行为。至于是否有必要以及在多大程度上允许《反不正当竞争法》第 3 条补充适用于秘密保护，是可以不在这里讨论的，因为根据《反不正当竞争法》第 4 条的条文，并没有排除这种适用。

---

〔94〕 Vgl. *Hubmann/Götting*，§15 Rdnr. 5；abweichend *Bernhardt*，S. 77 f.

　　至于秘密保护是否还有主观权利的基础，即是否具有专利法或者实用新型法中可保护发明的发明人权以及其他的特别"秘密权"，或者一般企业权（营业权），实际上只不过是一种教条的理论问题。对于这个问题的回答并不影响其保护的前提条件和范围，这是因为在秘密保护的界限中所表达的评价准则也是确定主观权利内容要考虑的。[95]需要特别指出的是，对于既不侵犯技术性保护权，又不违反秘密保护规定的实施发明的行为，是不能依据企业权来处理的。

　　此外，侵犯秘密的法律后果，即是不是可以将其看作侵犯主观权利的问题，也并不是很重要。鉴于法律上已经认可并已得到保护的秘密所有人事实上的独占地位，无论是适用在侵犯无形财产权案件中认可的计算损害的特殊方法（参见第2点），还是主张不当得利请求权，都是有道理的（参见本节 II e aa 4）。

　　4. 如果发明依照专利法和实用新型法不能获得保护，假如发明人要求实现发明的精神利益，而不主张禁止实施发明请求权（或者实施发明的补偿请求权），这并不会影响到专利法和实用新型法所保证的模仿自由原则。相应地，也就没有理由认为专利法和实用新型法是完全封闭的。因此，也可以将那些专利法和实用新型法没有考虑到的对精神利益的损害，视为对发明人权的侵犯，可以根据民法的规定主张防卫和赔偿请求权。例如，在专利局程序之外的[96]否认、掠夺和抹杀发明人身份的行为，也许还包括对发明人成果虚假描述并给发明人声誉造成极大损害的行为。

　　对于不能获得发明保护的智力成果，特别是科学研究成果，也可以以相应的方式对其精神利益给予保护。[97]至于在这里是否类推适用发明人权和著作人身权或者一般人格权，则并不是很重要的。[98]

§3　对专利保护的法律和经济政策的评价

参考文献： *Adrian*，J.，Patentrecht im Spannungsfeld zwischen Innovationsschutz und Allgemeininteresse，1996；*Badura*，P.，Zur Lehre von der verfassungsrechtlichen Institutsgarantie des Eigentums，betrachtet am Beispiel des „geistigen Eigentums"，FS Maunz，1981，S. 1 – 16；*Balz*，M.，Eigentumsordnung und Technologiepolitik，1980；*Beier*，F. – K.，Die herkömmlichen Patentrechtstheorien und die sozialistische Konzeption des Erfinderrechts，GRUR Int. 1970，1 – 6；*ders.*，Die Bedeutung des Patentsystems für den tech-

---

〔95〕　Vgl. *Kraßer*，GRUR 1970，594 ff. und 1977，188 f.，192，194 f.

〔96〕　Vgl. *Hubmann/Götting*，§15 Rdnr. 3；Näheres unten §20 IV c.

〔97〕　Darüber eingehend *Engel*（FN 71）mit zahlreichen Nachweisen.

〔98〕　Vgl. *Engel*（FN 71）710 ff.

nischen, wirtschaftlichen und sozialen Fortschritt, GRUR Int. 1979, 227 – 235; *ders.*, Probleme der wirtschaftlichen Verwertung von Ergebnissen der Grundlagenforschung, Angewandte Chemie 94 (1982), 109 – 117; *ders./Straus, J.*, Das Patentwesen und seine Informationsfunktion – gestern und heute, GRUR 1977, 282 – 289; *Bernhardt, W.*, Die Bedeutung des Patentschutzes in der Industriegesellschaft, 1974; *Brandt, K.*, Die Schutzfrist des Patents, 1996, S. 49 – 71, 151 – 171; *Bußmann, J.*, Patentrecht und Marktwirtschaft, GRUR 1977, 121 – 135; *Dahmann, G.*, Patentwesen, technischer Fortschritt und Wettbewerb, 1981; *ders./Zohlnhöfer, W.*, Erfindungen, Patentwesen und Angebotskonzentration: Theoretische Grundlegung und empirische Illustration, FS Röper, 1980, S. 135 – 153; *Dam, K. W.*, Die ökonomischen Grundlagen des Patentrechts, in: Ott/Schäfer (Hrsg.), Ökonomische Analyse der rechtlichen Organisation von Innovationen, 1994, S. 283 – 318; *Dölemeyer, B./Klippel, D.*, Der Beitrag der deutschen Rechtswissenschaft zur Theorie des gewerblichen Rechtsschutzes und Urheberrechts, GRUR – FS, S. 185 – 237; *Fechner, F.*, Geistiges Eigentum und Verfassung, 1999; *Gaster, J.*, Kartellrecht und geistiges Eigentum: Unüberbrückbare Gegensätze im EG – Recht?, CR 2005, 247 – 253; *Godt, C.*, Eigentum an Information. Patentschutz und allgemeine Eigentumstheorie am Beispiel genetischer Information, 2006; *Grefermann, K.*, Patentwesen und technischer Fortschritt, in: Hundert Jahre Patentamt, 1977, S. 37 – 64; *Greipl, E./Täger, U.*, Wettbewerbswirkungen der unternehmerischen Patent – und Lizenzpolitik, 1982; *Harabi, N.*, Determinanten des technischen Fortschritts: eine industrieökonomische Analyse, in: Harabi (Hrsg.), Kreativität – Wirtschaft – Recht, 1996, S. 61 – 120; *Heinemann, A.*, Immaterialgüterschutz in der Wettbewerbsordnung, 2002, S. 1 – 31; *Hilken, A.*, Innovation und Patentschutz auf dem EG – Arzneimittelmarkt, 1989, S. 85 – 122; *Hirsch, H.*, Patentrecht und Wettbewerbsordnung, WuW 1970, 99 – 143; Ifo – Institut für Wirtschaftsforschung: Patentwesen und technischer Fortschritt, Teil I: Die Wirkung des Patentwesens im Innovationsprozeß (von K. Grefermann u. a.), 1974; *Jabbusch, W.*, Funktionsfähigkeit des Patentschutzes und Patentgesetzgebung, GRUR 1980, 761 – 766; *Janson, B.*, Patentstrategien und wettbewerbskonforme Reform des europäischen Patentsystems, 2002; *Kaufer, E.*, Patente, Wettbewerb und technischer Fortschritt, 1970; *ders.*, Innovationspolitik als Ordnungspolitik, in: Ott/Schäfer (s. bei *Dam*), S. 1 – 32; *Kirchhof, P.*, Der verfassungsrechtliche Gehalt des geistigen Eigentums, FS Zeidler, 1987, S. 1639 – 1661; *Kirchner, C.*, Patentrecht und Wettbewerbsbeschränkungen, in: Ott/Schäfer (s. bei *Dam*), S. 157 – 184; *ders.*, Innovationsschutz und Investitionsschutz für immaterielle Güter, GRUR Int. 2004, 603 – 607; *Kraft, A.*, Patent und Wettbewerb in der Bundesrepublik Deutschland, 1972; *Krieger, A.*, „Innovation" im Spannungsfeld zwischen Patentschutz und Freiheit des Wettbewerbs, GRUR 1979, 350 – 354; *Kurz, P.*, Weltgeschichte des Erfindungsschutzes, 2000, S. 575 – 586; *Lafontaine, C.*, Die rechtliche Stellung des selbständigen

Individualerfinders im europäischen Patentrecht, 2002, S. 24 – 100; *Loewenheim, U.*, Wettbewerbskonforme Gestaltung des Patent – und Gebrauchsmusterrechts, GRUR 1977, 683 – 685; *Machlup, F.*, Die wirtschaftlichen Grundlagen des Patentrechts, 1962 (= GRUR Int. 1961, 373 – 390, 473 – 482, 524 – 537); *Maunz, T.*, Das geistige Eigentum in verfassungsrechtlicher Sicht, GRUR 1973, 107 – 115; *Oppenländer, K. H.*, Die volkswirtschaftliche Bedeutung des Fortschritts, in: Hundert Jahre Patentamt, 1977, S. 3 – 36; *ders.*, Die Wirkungen des Patentwesens im Innovationsprozeß, GRUR 1977, 362 – 370; *ders.*, Die wirtschaftspolitische Bedeutung des Patentwesens aus der Sicht der empirischen Wirtschaftsforschung, GRUR Int. 1982, 598 – 604; *ders.* (Hrsg.): Patentwesen, technischer Fortschritt und Wettbewerb, 1984; *Pfanner, K.*, Förderung der technischen Entwicklung und gewerblicher Rechtsschutz, GRUR Int. 1983, 362 – 370; *Prahl, K.*, Patentschutz und Wettbewerb, 1969; *Pretnar, B.*, Die ökonomische Auswirkung von Patenten in der wissensbasierten Marktwirtschaft, GRUR Int. 2004, 776 – 786; *Prosi, G.*, Entspricht der Patentschutz noch den Wettbewerbserfordernissen? WuW 1980, 641 – 648; *Rott, P.*, Patentrecht und Sozialpolitik unter dem TRIPSÜbereinkommen, 2002; *Säger, M.*, Ethische Aspekte des Patentwesens, GRUR 1991, 267 – 273; *Schulte – Beckhausen, T.*, Das Verhältnis des § 1 UWG zu den gewerblichen Schutzrechten und zum Urheberrecht, 1994, S. 65 – 87; *Söllner, A.*, Zum verfassungsrechtlichen Schutz des geistigen Eigentums, FS Traub, 1994, S. 367 – 374; *Strohm, G.*, Wettbewerbsbeschränkungen in Patentlizenzverträgen, 1971, S. 15 – 54; *Täger, U.*, Zum Patent – und Lizenzverhalten der deutschen Investitionsgüterindustrie, GRUR Int. 1982, 604 – 609; *Ullrich, H.*, Wissenschaftlich – technische Kreativität zwischen privatem Eigentum, freiem Wettbewerb und staatlicher Steuerung, in: Harabi (Hrsg.), Kreativität – Wirtschaft – Recht, 1996, S. 203 – 273; *Unterburg, G.*, Die Bedeutung der Patente in der industriellen Entwicklung, 1970; *Weidlich, A. /Spengler, A.*, Patentschutz in der Wettbewerbswirtschaft, 1967; *Wiebe, A.*, Information als Schutzgegenstand im System des geistigen Eigentums, in: Fiedler/Ullrich (Hrsg.), Information als Wirtschaftsgut, 1997, S. 93, 99 – 110.

Ⅰ. 利益格局

1. 赋予发明独占权——对此，我们下面简称为专利保护——对那些能够善于利用创新带来经济优势的个体来说，有着直接的好处。这不仅对发明人，而且对授权的利用发明的人也是有利的。在现代社会中，大多数情况中发明人与利用发明的人并不是同一个人。

利用发明的人能够在市场上拥有一个专利或实用新型赋予的、依照发明提供产品或者服务的独占地位，借助这一专有地位，在相应的需求下，发明的利用人就获得了更好的效益。假如发明的利用人没有这个独占地位，也就是说，还有竞争者提供给市场同样的产品或者服务，他就不能取得这样高的效益。这就使得发明的利用人能够认为，利用发明不仅能够偿付为这个创新所付出的特别费用，而且还能获得盈利。[1]

自己并不利用发明的发明人，可以将申请保护权或保护权转让给其他人或者允许其他人实施其发明并收取报酬，从而依据专利保护从他的成果获得对价。如果是职务发明，当发明人的雇主或者老板要求获得申请保护权或者实施权限的时候，发明人也获得了一种对价。

2. 技术创新利用人的竞争对手最感兴趣的是要能够尽快和免费地同样实施该技术创新。这种兴趣的强度取决于创新的影响范围，特别是，创新在多大程度上对竞争者能提供的产品的需求产生了消极的影响。但如果竞争者自己也有能力用技术创新进入该市场，并且享受到了保护技术创新带来的优势，那么，这种针对专利保护的兴趣也就获得了一种平衡。

3. 公众所关心的主要是要不断改善对需求的满足以及改善成本与收益之间的关系。从这一角度来看，迅速而不受限制地使用技术创新一般就比授予规定了利用类型和范围的私权更为有利。乍一看，在原则上自由竞争的经济体制中，给予利用创新的完全自由似乎比按照个别人的意愿限制利用创新更符合公众的利益。但另外一方面，站在公众的立场上问题随之而来，如果任何人都能够立刻得到创新，并免费随意地利用创新，是否就能够充分不断地创造和获得公众希望的满足需求的创新呢？此外，如果自由竞争所表示的是可以不受限制地免费剥削他人的成果，那么，自由竞争是否能以最佳方式产生其所期待的效果，这也是不确定的。

4. 假如人们不是停留在肤浅的层面观察，就会发现竞争者的利益，特别是公众的利益，并不像发明人和发明的授权使用人支持专利保护那样，明显地与专利保护相对立。这就是说，无论应当优先考虑哪些利益，在任何情况下从公众利益的角度来看，专利保护的优点至少抵销了专利保护的缺陷。

Ⅱ. 专利权理论

长期以来，赞成专利保护的观点层出不穷。首先是弗里茨·马赫鲁普（*Fritz Machlup*），[2]大概他是第一个以批判审视的眼光并运用通俗易懂的方式对此进行阐述的人，在这之后的观点大体可以概括为四种专利权理论。[3]

---

〔1〕 由于发明的利用者因为寡头垄断的特殊关系而无须考虑消减价格，因此他可以借助于专利保护，在任何情况下阻止他的竞争者从他那儿夺走需求，并通过节省创新投入的办法而获得比他能得到的还要高的盈利，参见 *Prosi*, WuW 1980, 643。

〔2〕 An Economic Review of the Patent System（1958）= Machlup, S. 19ff.

〔3〕 胡曼采用了另外一种划分的方法，参见 *Hubmann*, Gewerblicher Rechtsschutz, 5 Aufl. 1988, S. 50f.; ebenso *Hubmann/Götting*, §5 Rdnr. 8.

1. 财产权理论或者自然权利理论认为，任何智力创造天生就是创造它的人的财产。因此，根据自然人权的原则，技术发明应当归属于它的发明人。没有得到发明人的许可就利用他的发明，就是"智力的偷盗者"。发明人的智力财产原则上应当得到像实物财产那样的承认和保护，因此，从实质上来看，具有独占权的专利就是这种合适的保护形式。

2. 根据奖励理论，从公正的角度来看，对公众所做出的任何贡献都应当按照贡献效用给予奖励：被称为"国家的教师"[4]发明人，做出了智力成果并将其公之于众，从而增加了公众可以得到的技术知识，理应获得国民生产总值的合理部分。最好的办法是这样来确保发明者得合理部分：让他在一定的时间内独占地保留在经济上利用发明的权利。

3. 激励理论主要考虑的是通过技术创新满足公众不断提高的需求，简单来说，就是促进技术进步。激励理论认为，只在有可能获得所期待的收益的情况下，才会产生和利用发明。如果发明很快就会被竞争对手所采用，那么他获取收益的前景就变得非常不确定了。专利保护在一定的时间段内就能阻止这种情况的发生，从而巩固他获取收益的期望，提高了他为发明和利用新技术方案进行努力和投资的积极性。由此可见，授予个体专利保护，就是一种为了公共利益促进技术进步特别简单合理和有效的手段。

4. 公开理论所强调的是，只有当发明者将他的新的技术知识公之于众的时候，才授予其专利保护。因此，虽然大多数的这些知识并不能长期保密，但专利保护在许多情况下还是极大地提前了公众获得这些知识的时间，否则的话，人们要得到这些知识，可能还要长期等待。提前公开也使得发明人的知识能够较早地促进技术的进一步发展，虽然只有当专利到期之后，人们才可以自由地利用这些技术，但提前公开也是对技术发展有利的。从这一观点来看，给予发明的独占权似乎是公众为发明人放弃保密所给予的一种回报。因此，人们又常常将这种理论称为契约理论。

5. 这些不同的专利权理论并不是相互排斥的，而是相互关联相互补充的。前两种理论旨在说明专利保护是公正的要求，发明人个体的利益是应当得到保护的；而后两种学说则说明了专利保护对于公众的效用。至于这些理论最终是否有说服力，只有在备受争议的专利保护中来判定。

Ⅲ. 发明人对于其成果的经济价值请求权

1. 经常用于反对智力财产权理论的观点是，对于无形客体不可能存在像

---

〔4〕 Vgl. Weidlich/Spengler，S. 27；Beier，GRUR Int. 1970，2.

对于实物那样的财产权。[5]但这并不是事情的本质，无形物上的独占权在某些方面肯定不同于实物财产权；但就排他性效力而言，无形物的独占权是可以与实物所有权相比较的；[6]而对独占权的时间上的限制，就充分地表明了其客体的性质。对于财产权理论来说，关键的问题是，通过发明行为本身是否就能将发明像财产权那样划归于其发明者。从实证法的角度来看，这种划归是没有根据的；否则的话，财产权理论（它正好是支持这样的划归规则的）就是一种循环论证。用被接受的前或者超实证的规范进行的推导，无法消除人们对这种推导的可认识性和约束性的怀疑。[7]现行的法律几乎完全接受了专利保护制度：专利保护依赖于公法上的行为，通过排他效力剥夺了平行发明人对其发明的"所有权"。尽管如此，还不能由此说这是一种普遍的法律确信，认为发明人通过发明行为就已经拥有了排除他人实施发明的权限。[8]

总的来说，财产权理论的意义主要是一种宣传性的作用。自法国大革命以后，[9]财产权理论对于推出一种对发明人和作者的现代保护做出了贡献[10]（参见 §4 10）。我们只能这样来理解财产权理论的内容：它承认了发明人，[11]而且认为，如果授予了发明人独占权，那么这种独占权本来就是属于发明人的，而不能理解为必须要有这种授予发明人才拥有独占权。

2. 对改善了满足人们需求的个体发明人成果给予特别的奖励，认为这是公正的，这种观点在今天原则上也是没有争议的。但是，发明正如奖励理论所假定的那样，是否总是可以归属于确定的单个发明人，却是令人怀

---

〔5〕 *Fechner*, S. 106 ff. ; *Götting*, GRUR 2006, 353 ff. ; Nachweise zum Schrifttum des 19. Jahrhunderts bei *Dölemeyer/Klipppel*, Rdnr. 65.

〔6〕 So schon *Josef Kohler* an den von Adrian, Mitt. 1995, 329, 330 f. wiedergegebenen Stellen; s. auch *Fechner*, S. 113 f. ; *Heinemann*, S. 2 ff. ; oben § 2 Ⅰ.

〔7〕 Diese Bedenken bestehen auch gegen die Annahme eines vorpositiven umfassenden Rechts des Urhebers an seinem Werk, von der BGH 18. 5. 1955, BGHZ 17, 266, 278 ausgeht. – Ausführlich zum Problem *Fechner*, S. 121 ff. s. auch *Geiger*, 37 ⅡC 371, 379 (2006).

〔8〕 A. M. scheinbar *Lafontaine*, S. 40 FN 80, der jedoch die obenstehende Textstelle dahin versteht, daß sie sich gegen die Zuordnung der Erfindung an den Erfinder ausspreche. Das trifft nicht zu, wie auch der folgende Abs. (a. E.) zeigt.

〔9〕 在 18 世纪的德国文献中也开始对书籍的实物财产权与对在书中体现的作品的智力财产权进行区分了，参见 *Kirchhof*, S. 1640 f. ; *Dölemeyer/Klippel*, Rdnr. 18 ff。

〔10〕 Nachweise bei *Dölemeyer/Klippel*, Rdnr. 35 ff. ; *Ann*, Die idealistische Wurzel des Schutzes geistiger Leistungen, GRUR Int. 2004, 597 – 603; *Pahlow*, in: Pahlow (Hrsg.), die zeitliche Dimension des Rechts, 2005, S. 243, 246, 251.

〔11〕 Vgl. *Beier*, GRUR Int. 1970, 2. *Ann* stellt aaO – nicht ohne Kritik – fest, daß in der heutigen Ausgestaltung des Erfindungsschutzes dessen „idealistische Wurzeln" weitgehend von rein ökonomischem Denken überlagert seien.

疑的：[12]在现代的情况下，无论如何大多数的发明都是一个超越了自我发展的结果，或者是由无数人在一个有组织的活动领域内合作的结果。现行的专利法是通过两个方面来处理这个难题的：一方面，专利法要求发明要有新颖性和创造性活动，专利法的这种要求不仅不对直至申请日的现有技术给予保护，而且还排除了对显而易见的、常规的改进进行保护；另一方面，专利法只认可那些对于一般专业人员没有期待的创新做出了自己的思想上贡献的人为（共同）发明人。[13]相应地，在实用新型法中，除了有发明人原则之外，也要求发明有新颖性和基于创造性方法。迄今为止的实践表明，在运用这些规则的时候，不可避免地还有一些界限不清的问题需要解决（参见§18，§19 III）。

虽然给予发明人奖励是合适的，但并不意味着就需要专利法来确保对发明人进行奖励。假如还有其他给予奖励的方式，那么支持或者反对专利保护的决策就转化成了哪种选择是更合适的问题。比如，苏联、民主德国以及其他社会主义国家就曾经认为独占性的专利是社会主义经济体制的怪物，从而在很大程度上排除了将独占性专利授予国内的发明人，而只授予他们作者证书或者发明人证书（在民主德国则是"经济专利"），这种发明证书除了承认其为发明人之外，还给予其报酬请求权。[14]即使在那些曾广泛允许国内发明人取得独占性专利的社会主义国家，发明人最终大多数也只有作为雇员的报酬请求权。[15]甚至在现行德国法律中，如果所涉及的是职务发明，雇主或老板对该发明拥有不受限制的请求权，其结果在很大程度上也是与社会主义国家类似的。[16]因此，尽管现在职务发明占有很大的比例，也只有相对较少的发明人成为独占性专利的权利人。

应当如何确定给发明人奖励的合适数额，也是作出支持或者反对专利保护决策时需要考虑的问题。[17]如果对发明人奖励的数额是由国家来确定和分配的，那么国家将会依照其政治目标所评判的社会利益来确定，而并不依据专利保护。而对于那些不能或者不应该有这种权威测算的地方，按照发明带给单个

---

〔12〕　Vgl. Bernhardt, Patentschutz, S. 9 f. ; *Kaufer*, S. 158 f.

〔13〕　这种划归的客体只是新颖且不显而易见的可专利化的发明，因此，就不能像有的学者提出的那样，因为做出发明的人依据了不是由其所创建的现有技术，而反对奖励理论，参见 *Perlzweig*, Die Patentwürdigkeit von Datenverarbeitungsprogrammen, 2003, S. 142。

〔14〕　Vgl. *Dietz*, Die Patentgesetzgebung der osteuropäischen Länder, GRUR Int. 1976, 139 – 146, 265 – 275; *Lebedeva*, Der Erfinderschein – seine Rechtsnatur, GRUR Int. 1982, 699 – 706.

〔15〕　Vgl. *Dietz* (FN 14).

〔16〕　Vgl. *Straus*, Der Erfinderschein – Eine Würdigung aus der Sicht der Arbeitnehmererfindung, GRUR Int. 1982, 706 – 713.

〔17〕　Vgl. *Bußmann*, GRUR 1977, 131 f.

利用人的利益来确定奖励的数额似乎是一种合适的办法。如果发明的利用人是独立的市场参与者，那么他的利益最后是与市场有关的，会受到竞争关系的影响；而专利保护则会有助于提高这种利益，提高的部分就相当于需求者对创新价值的评估。通过市场评估的利益就会影响到对发明人奖励数额的高低，无论发明人获得的奖励是其自己运用发明所取得的盈利，还是从其他发明利用人那里取得的报酬，都是如此。相反，如果没有专利保护，那么体现发明价值的特别市场收入就会有根本不可能出现的危险，创新的好处就会无偿地给予最终的消费者，而发明人将一无所获。[18]虽然人们可以要求发明的利用人承担支付报酬的义务，而他又可以将其作为成本的一部分转嫁给消费者，从而避免上述情况。但是，如果没有专利保护，缺乏与市场相关的谈判报酬的办法，就不会有合适的标准来确定报酬的高低。[19]

由此可见，总的来说，专利保护并不是对发明人给予公正奖励的唯一可能途径。但是，在市场经济体制中，专利保护却是以最简便以及最有效的方式达到了这个目的，这是因为对专利保护给予的奖励高低体现了发明的市场价值。[20]但是，在发明的市场价值与其"社会利益"之间——从或多或少已得到认可的价值观来评判——有时也会存在某种程度的失衡。当然，这不是因为专利保护的原因，而是由需求状况所造成的。无论如何，发明人是有理由要求获得报酬的，并不只是因为发明的报酬完全是由其等值的社会利益所保证的，[21]而是因为如果拒绝让发明人参与分享利用其智力成果所取得的收益是不公正的。

3. 许多像技术性发明一样值得给予奖励的智力成果，并不能获得专利的保护，这常常受到了人们的批评。[22]在这里，人们所强调的是基础研究的成果得不到专利保护。此外，某些为一定目的行为的有用规则，例如，由于没有运用可控的自然力，因而缺乏技术特性的商业方法，也不能得到专利的保护（参见 § 12 Ⅱ c）。

专利法不考虑这些领域智力成果的主要原因，是人们努力要将专利所授予的禁止权范围控制在一个可预见的界限之内，这也是由专利的独占效力所决定

---

〔18〕 Vgl. *Hirsch*，WuW 1970，115.

〔19〕 相反，在现行的体制下对于职务发明的报酬以及《专利法》第 23 条、第 24 条、第 33 条规定的情况，则可以参照在独占权基础上缔结的许可合同来计算。

〔20〕 18、19 世纪的一些重要的英国理论经济学家就已经提出了这种思想，参见 *Brandt*，S. 57 ff.，hinweist；vgl. auch *Kurz*，S. 318 f.

〔21〕 有学者对"奖励理论"有着不同的看法："发明人因独占性使用专利发明的盈利而获得的奖励，应当与其社会效益有着合适的比例"，参见 *Perlzweig*（FN 13）S. 143 f。

〔22〕 Dazu aus verfassungsrechtlicher Sicht eingehend *Fechner*，S. 373 ff.

的。但是人们仍然要问的是，是否可以用一个不是独占权的奖励体制，平等对待所有丰富了可直接或间接转化成人的行为的知识成果。这又提出了由谁来支付报酬以及如何测算报酬这样的问题。如果没有权威的机构来确定和分配报酬，[23]那么就只有将报酬的支付和测算与单个的利用过程进行挂钩。但是，实际上除了直接涉及应用的知识，只有那些在自然科学领域也能获得专利保护的，至少是"接近应用"的知识，才可能与利用过程挂钩。[24]而对于基础知识，要确定其几乎是以间接方式取得的经济利益的界限，是没有办法的。因此，对于基础研究的成果，即使给予了其专利保护，但要提出具体的与利用相关的报酬请求权，几乎也是不可能的。此外，也必须通过与基础研究结果收益无关的途径对基础研究对技术和经济进步做出的贡献给予嘉奖，从而促进科学研究。促进科学研究并不完全是国家的任务，以各种各样方式从基础研究中获利的经济界也有加强支持基础研究的义务，而且应当是以一种与研究的结果无关的方式支持，而不是为了获得比自己开发更为便宜的成熟适用成果，只是支持委托研究。

由此可见，是否寻求一个与应用利益有关的但没有独占权的报酬体制，实际上只对非技术性的行为指令有意义。要回答这个问题，首先要回答的是，专利保护能否朝着对合法利益给予充分奖励的方向扩张的问题（关于这一点参见 § 12 Ⅳ b 2）。即使人们否定了这个问题，那么取代专利保护的可能也不会是包含了技术性发明与非技术性行为指令的报酬体制，而最多就是一个对专利保护进行补充的、限制在非技术性行为指令方面的报酬体制。不过这种体制的可操作性和效用还是令人怀疑的。

4. 在谈到专利保护的公正性的时候，人们必然要问，专利保护是否也是宪法所保障的。[25]《基本法》第 14 条对财产权的保障可以说就是专利保护的宪法基础，宪法所保障的不仅有制度上的财产权，而且还包括存在的具有财产价值的权利。

宪法保障个人的权利，由此人们可以推出，发明人由发明所获得的具有财产价值的地位，是不能违背发明人的意志不予补偿就予以剥夺的。但是，假如没有专利保护，如果发明人能够在经济上利用发明，而又可以不将发明实际上

---

〔23〕 苏联及其他社会主义国家对科学发现的承认、登记和奖赏，就是一个例子，参见 *Beier/Straus*, Der Schutz wissenschaftlicher Forschungsergebnisse, 1982, S. 37 ff。1978 年 3 月 3 日通过的《科学发现国际登记日内瓦条约》，至今仍未生效，该条约不保护发明或者对发明给予奖励，参见 *Beier/Straus*, aaO, S. 57 f. , und den Vertragstext, dort S. 87 ff。

〔24〕 Vgl. *Beier/Straus* (FN 21), S. 54 ff. ; *Beier*, Angewandte Chemie 94 (1982), 116.

〔25〕 Dazu die Arbeiten von *Maunz*, *Badura*, *Kirchhof*, *Söllner* und *Fechner*.

泄露给公众，发明人才会有具有财产价值的特殊地位。因此，如果没有专利保护，宪法上所不允许的，也只是强迫发明人无偿地将发明转让给其他无法获得该发明的人。发明人还需要的保护有，禁止其他人利用或者扩散从发明人那儿获悉的没有公开的发明的知识。不过，对秘密的保护就能满足这些要求，并不需要专利保护。因此，准确地说，如果依据财产权的制度保障，由发明人成果所产生的经济收益在发明成果公开之后也属于发明人，这样才可以说专利保护是宪法所要求的。

对于著作权，虽然联邦宪法法院在许多判决[26]中认可，立法者有权在一个较宽广的范围内安排这种财产权上的权限，但同时也强调，这种安排并不是随意的：为了维护财产权保障的基本内容，宪法法院要求，创作性成果中具有财产价值的结果原则上归属于作者，作者可以自由地处分这种结果，并自己承担责任。[27]但是，宪法法院并不要求所有使用作品的形式都要受作者禁止权的制约，至少在一些边缘领域，宪法法院允许将作者的权限限制在报酬请求权之内。如果还要排除作者的这一权限，就必须要有重大公共利益的理由。[28]

在对发明人的保护方面，联邦宪法法院[29]最开始只是确定了一条规则。根据这一规则，任何专利的申请都要在18个月之后——并不是在专利局确认申请可被授予专利之后——公开。联邦宪法法院肯定了在该规则生效之前递交的申请也要受该规则的约束，认为这是符合宪法的。其理由主要是要给发明人撤回申请从而避免公开的机会，不过首要的理由还是《专利法》规定了如果在申请公开之后其他人实施该发明，那么发明的申请人就有权要求给予补偿。[30]对此，联邦宪法法院的一般态度是，发明人的"技术性著作权"（在授予专利之前就已经）可以看作《基本法》第14条意义上的财产。[31]联邦宪法法院的一个新的判决进一步确证了这一态度。[32]

因此，如果第三人利用了发明人的成果，就必须认为发明人原则上拥有的获得公正补偿的请求权是宪法所赋予的。[33]至于发明人是否还拥有对于发明的

---

[26] Vom 7. und 8. 7. 1971 E 31, 229 ff. ; ferner vom 25. 10. 1978 E 49, 382; dazu *Melichar*, in: Schricker (Hrsg.), Urheberrecht, 3. Aufl. 2006, vor § §44a ff. UrhG Rdnr. 7 ff.

[27] BVerfG 7. 7. 1971 (FN 26) 241.

[28] BVerfG 25. 10. 1978 (FN 26) 400, 403.

[29] Entscheidung vom 15. 1. 1974 E 36, 281.

[30] BVerfG 15. 1. 1974 (FN 29) 295.

[31] BVerfG 15. 1. 1974 (FN 29) 290 f.

[32] BVerfG 24. 4. 1998 Mitt. 1999, 61; das Recht ist hier (aaO 62 r.) bezeichnet als „das allgemeine Erfinderrecht an der fertigen und verlautbarten Erfindung".

[33] BVerfG 15. 1. 1974 (FN 29) 290.

独占权，这倒是一个不好明确回答的问题。由于宪法上的财产概念的外延要宽于民法中的财产，因此，宪法中的财产保障并不必须要求也要有禁止权限。但是，联邦宪法法院的判决表明，根据《基本法》的规定，著作权的实质必须是独占权，而发明人权就不一定同样是独占权。著作权是不能转让的（《著作权法》第29条），而且即使授予了其他人使用权，著作权也还是保留在作者那儿。但职务发明的雇主却能够——除了承认发明人身份的权利之外——不顾发明人意志取代发明人的地位，而只留给发明人一种报酬请求权。由于作品与发明之间存在前面所说的区别（参见§2 Ⅲ b aa），因此，从宪法的角度来看，著作权与发明人权的这种区别是有道理的。由于有这种区别，为了维护发明人的合法利益而将发明人与其智力成果之间捆绑得像作者与其作品之间那样紧密，是没有必要的。如果有充分合适的理由，又给予发明人补偿，那么相对于雇主的合法经济利益，发明人权的约束就可以退居次要的位置。联邦宪法法院认为，从宪法上来看，将发明的经济价值归属于发明人，是由发明人对于雇主的补偿请求权担保的。[34]

因为专利保护是由宪法所要求的，因此，只需要说明的理由是，为了确保能对发明给予合理的奖励，赋予发明人独占权是必要的。而有关在市场经济体制中赋予发明人独占权是必要的论述（参见第2点），就可以支持专利保护原则上是由《基本法》第14条保障的观点。

如果立法者——无论其是否承担了宪法上的义务——要给予专利保护，那么立法者在专利保护的制度安排方面必须注意到宪法对财产的保护：[35]专利权作为宪法意义上的财产，其基本特征是：正如联邦宪法法院最近所指出的，将创造性成果具有财产价值的结果以私权规范的方式原则上划归于专利权人，并且专利权人可以自负其责地对其自由处分。这就是基本法对专利权保护的核心。只要保留了这个核心，立法者还是有立法空间的。依据上面提到的联邦宪法法院的判决，专利权人不能禁止他人为了科学实验的目的进行涉及发明客体的行为的规定（《专利法》第11条第2项）以及联邦最高法院对此的解释，都是与《基本法》第14条相一致的。同样，赋予第一个申请人的排他效力以及对专利保护的时间上的限制，这些都是为了公共利益，也是符合宪法的。

Ⅳ. 专利保护与技术进步

1. 尽管现在还是有人认为技术进步完全是不值得的，但与过去一样，当几乎所有人——包括大多数的技术进步批评者——获得了被认为是当然的生活

---

〔34〕　BVerfG 24. 4. 1998（FN 32）63 r.

〔35〕　Entscheidung vom 10. 5. 2000 Klinische Versuche GRUR 2001, 43, 44 l.

条件，并且这些生活条件还随着变化的价值观念得到了改善的时候，绝大多数的人还是坚信，技术进步尤其对于人口稠密、资源有限的国家是必不可少的。[36]此外，要排除由某些常用技术设备和过程所引起的危险，而又要不影响这些物品的供给的话，也只有通过新技术才能实现。因此，就公众的利益而言，技术进步是必不可少的。如果专利保护促进了技术进步，专利保护就是有利于公众利益的。尽管从经济学的观点来看，新的理论和经验研究在原则上完全肯定了专利保护促进技术进步的作用，但对于某些情况也许还需作进一步的解释。[37]

2. 从经济学的角度来看，技术进步是取得新的或者新式的生产方法、创造新产品或提高产品质量[38]的过程，它包含三个主要阶段：产生或者发明、发展或者创新以及传播或者扩散。[39]经常被人们用到的概念"研究和发展"所包含的主要是前两个阶段。[40]至于专利保护在这三个阶段的每一阶段是如何起作用的，从而又是怎样在总体上对技术进步产生影响的，这不仅需要看专利保护提供信息的作用，而且还要考虑专利保护的保护效果。

3. 有各种各样的理由怀疑专利制度是否对于提供技术信息做出了有价值的贡献。[41]这是因为人们认为，大多数发明本来就不可能长时间保密，而要能够保密的发明又不会去申请专利保护。此外，申请书和专利说明书的陈述常常不足以达到成功实施发明的程度，它们是以很强的专利保护的目的而撰写的，对于一般的专业人员来说是很难理解的。

即使没有专利制度，肯定也会有大量技术创新迟早会被公众知悉和利用。尽管如此，还是应该承认专利制度大大地扩大和加速了技术信息的发展。由于专利制度有新颖性的要求，并且在先的申请者优先，这就会促使产生很强的尽

---

〔36〕 Vgl. die Beiträge von *Zypries*, *v. Pierer* und *Schröder* in Bl. f. PMZ 2004，417 – 422.

〔37〕 Vgl. *Oppenländer*，GRUR Int. 1982，604.

〔38〕 Näheres bei *Harabi*，S. 66 ff.

〔39〕 Vgl. *Oppenländer*，in：Hundert Jahre Patentamt，S. 6，22，33；*Strohm*，S. 21 ff. Strohm，S. 21 ff. – Verschiedentlich finden sich andere，differenziertere Aufgliederungen，vgl. Ifo – Institut，S. 5 f.；类似的划分参见 *Beier*，Angewandte Chimie 94（1982），112；还有 *Kaufer*，S. 44 f.；*Dahmann*，S. 128 ff.。– Abweichend *Hilty*，Innovationsschutz und Investitionsschutz für immaterielle Güter（Bericht in GRUR Int. 2004，607 – 609）：Er unterscheidet zwischen（1.）Innovation als Suche nach Neuem，（2.）Anwendung als Nutzbarmachung des Neuen und（3.）Produktion als Vermarktung des Neuen. Immaterialgüterrechte seien nur in der ersten Phase zweifelsfrei und in der zweiten nur unter der – oft nicht gegebenen – Voraussetzung von Substitutionswettbewerb gerechtfertigt. In der dritten Phase könne es nur um einen Investitionsschutz durch Sonderschutzrechte gehen. Kritisch zu dieser Aufgliederung *Ahrens*，GRUR Int. 2004，610 r. /611 l. Vgl. auch unten Ⅵ 5.

〔40〕 否则的话，创新就很难再说是发展；对此，有不同的观点认为整个研究和发展包含了从应用开发结束直至投资阶段，参见 Ifo – Institut，S. 5。合适的划分是，创新阶段应当包括开发新的知识直至成熟应用的过程。

〔41〕 Ausführlich *Janson*，S. 193 ff.

早申请的动机。因此，在许多情况下，技术发明就很可能会比在没有专利制度的情况下提前公开。此外，还有许多可能长期处于保密状态的发明，也会相对较快地为公众所知悉。另外对于职务发明而言，由于可以无限制地要求发明人承担定期申报义务，这样就可以阻止将技术保密的倾向。Ifo 经济研究所在企业中所做的广泛调研证实了这样的推测：如果没有专利保护，大量的发明就会秘而不宣。[42]

如果在申请中没有充分公开发明，那么就违反了《专利法》《实用新型法》或《欧洲专利公约》的明确规定，从而就构成了专利撤销、无效、注销实用新型的理由。专利局会严格地执行这些规定。但是对于说明书的内容和范围的要求也不能过分，在此并不要求说明书详细描述生产的过程，说明书的实质是要清楚和完整地告知新发明的知识（参见§24 V）。

由此可见，专利制度开辟的不仅是关于单个技术方案，而且更是关于技术发展趋势的一个重要技术信息来源。[43]不过迄今为止的经验表明，实际运用专利制度信息来源的效果还不令人满意。[44]为此，近年来，德国专利商标局以及有关方面正在努力改善和尽可能地让公众了解专利信息（参见§9 Ⅰ a 2）。

专利信息所起的作用对于促进技术进步主要表现在发明阶段。在获悉他人的发明之后，可以激发进一步开发或者寻找其他解决办法的努力和投入，还可以节省对已解决问题的无益投入。在技术进步的扩散阶段，由于没有了专利保护，专利信息就会有利于对专利的自由模仿。

4. 专利制度的保护作用与它的信息作用一道可以对技术进步的发明阶段产生这样的影响：由于有了他人的申请或者保护权，这就会激发出发明自己的而又不侵犯他人（已申请的）保护权的技术创新的努力。对受保护的创新进行相关改进是值得的，它可以用作向权利人寻求许可合同的基础。至于偶尔出现的风险，即为了"规避"受保护的创新，但又没有取得最好的技术方案，从而浪费了为此所投入的资金，对最终没有取得成功的研究从总体来看，这种因不成功的浪费风险几乎是微不足道的。

---

〔42〕 平均的比例是 26%，对于产品发明是 15% ~ 19%，对于方法发明是 40% ~ 55%；参见 Ifo – Institut, S. 34; positive Bewertung des Informationseffekts auch bei Pretnar, GRUR Int. 2004, 778, 781.

〔43〕 Dazu *Greif/Potkowik*, Patente und Wirtschaftszweige, 1990.

〔44〕 Vgl. *Oppenländer*, GRUR Int. 1982, 600; *Grefermann*, in: Hundert Jahre Patentamt, S. 44 ff.; *Häußer*, Die Existenzbedingungen technisch – naturwissenschaftlicher Information in der Bundesrepublik Deutschland, Mitt. 1983, 41 – 48; *Merkle*, Patentinformationen als Frühindikatoren technologischer Entwicklungen, DB 1984, 2101 – 2107; *Scheffler*, Monopolwirkung und Informationsfunktion von Patenten aus heutiger Sicht, GRUR 1989, 798 – 802; *Zitscher*, Zur Erweiterung der Informationsfunktion des Patentsystems, GRUR 1997, 261 – 269.

5. 评价专利制度特别重要的问题是，在多大程度上专利制度的保护作用在发明和创新阶段激发了假如没有专利制度就不会出现的创造性的努力与投资。

专利保护会带来可能的盈利，这在原则上就鼓励人们探求新的技术创新。不过，专利保护的这种意义是要打折扣的，因为发明人自己内在的科研欲望就提供了足够的创新动机，或者正如现在的大多数情况，发明人在组织好了的科研机构进行研究。因此，仅仅是因为专利制度能够获得奖励而决定进行创造性努力的情况，就整体而言，是很少的。这里还需要注意的是，几乎90%的发明是职务发明，[45]而对于职务发明，发明人仅仅享有报酬请求权。

保护作用对于投资型企业具有重要意义。进行发明，尤其是在创新阶段，是需要非常高的投入的。[46]专利保护增强了人们收回投资和获取盈利的期望，因此，这就提高了人们进行这样投资的积极性。但也有人认为，企业是为了提高其竞争能力才被迫不断对技术创新进行投资的。此外，进行创新的企业——由于其拥有特别的、竞争者没有得到的而它却知道的经验——也能在市场上获得一个"自然的"时间优势。这是因为，当模仿者将它的生产也转移到生产创新的时候，创新企业常常已经获得了足够的收益。不过，这里的模仿成本并不会很高，大多数情况不会高于为发明所投入的费用。

有观点认为，如果专利保护不能确保对技术创新的结果在一定时间内的独占实施，对技术创新的投资常常就会停止。这一论断肯定是过于夸张了。同样一般也不能认为，专利保护对于激励技术创新的投资完全起不到有价值的作用。专利保护对于投资动机的重要程度，更多的是取决于创新的类型和市场的状况。[47]这里起决定作用的是投资人的判断，而不是经济学家事后的评判。即使经济学家相信没有专利保护投资同样也是值得的，但这并不能排除专利保护的激励作用，因为专利保护减少了投资人期望收益的不确定性。[48]最后，认为很有必要参与竞争的人，就会充分考虑对（符合专利保护条件的）创新进行投资，这样就不必去容忍竞争对手模仿其创新而分享他的投资。[49]

现在的经济研究认为下面的情况至少是非常可能的：对于许多发明来说，

---

〔45〕 Vgl. Ifo - Institut, S. 51.

〔46〕 Angaben dazu bei *Weidlich/Spengler*, S. 13 ff. 。根据研究者的调研，将一个发明转化成创新，一般来说需要比取得发明多 10~20 倍的费用，参见 *Kaufer*, S. 114。

〔47〕 S. *Harabi*, S. 86 - 95；Hilken, S. 114，117 f.；zur Sicht der Großindeustrie v. *Pierer*, GRUR 1999，818 f. und Mitt. 1999，422 ff. 有学者指出，专利保护对于企业的投资决策只有很小的意义，因为取得和维持专利保护都存在不确定性，参见 *Huch*, GRUR Int. 1991，345，346。

〔48〕 *Kirchner*, in：Ott/Schäfer, S. 167，171 f.

〔49〕 Vgl. *Pretnar*, GRUR Int. 2004，780，784.

如果没有专利保护，所谓的"尚未反应的时间"，即从发明投放市场到模仿产品进入市场之间的时间，还不足以补偿为做出发明的投入。[50]Ifo 经济研究所的调研表明，企业的知识产权保护主要是作为阻止仿造的手段，这种作用是很重要的。[51]调研还显示，如果没有专利保护，企业中的许多发明就不会产生，而且企业的规模越大，这个比例就越高。[52]

从经济学的角度来看，专利保护激励作用的负面影响会带来这样的风险：大量的市场参与者都会对同样的创新进行投资，如果竞争者中某个人获得了专利保护，那么对其他因此而不允许利用该创新的人来说，这种投资就会是一种资源浪费。[53]但是，需要说明的是，实际上这种"浪费"在科学和发展的竞争中又是不可避免的。[54]即使在德国和欧洲的专利制度中，尽管有首次申请人原则[55]、对申请的提前公开以及赋予在先的实施人继续实施权（《专利法》第12 条）等措施，也不能避免而只能是限制这种浪费。

由于专利保护制度构建方面的限制，从实践的角度来看，专利保护就不可能在任何情况下都确保有准确必需的"尚未反应的时间"。[56]因此，必须而且也允许确立一个较大的专利保护尺度，从而也给予那些投资巨大、特殊的以及高风险的创新以盈利的机会。[57]因此，在有的时候给予比必要的时间更长的专利保护，甚至对似乎并不需要专利保护激励的发明，也给予专利保护，是可以接受的。[58]

---

〔50〕 *Prahl*, S. 112 ff. ; *Kaufer*, S. 217; *Prosi*, WuW 1980, 642 ff. , 647; *Kirchner*, GRUR Int. 2004, 604; vgl. auch *Bernhardt*, Patentschutz, S. 12 f. , 19 f.

〔51〕 *Greipl/Täger*, S. 53 ff. ; 这个结论同样适用于中型企业，参见 *Scheffler*, Mitt. 1989, 126 ff. ; *Komblum/Scheffler*, GRUR 1988, 360 ff.

〔52〕 平均比例是21%，参见 Ifo – Institut, S. 113; weitere Nachweise bei *Brandt*, S. 151 ff. vgl. auch *Kirchner*, in: *Ott/Schäfer*, S. 171 ff. , 176 f.

〔53〕 Vgl. *Janson*, S. 34 ff. ; *Dam*, S. 304 ff.

〔54〕 *Dam*, S. 308.

〔55〕 S. *Dam*, S. 309.

〔56〕 *Hilken*, S. 120 ff. ; *Pretnar*, GRUR Int. 2004, 782; *Janson*, S. 40 ff. ; kritisch zu Vorschlägen, die in diese Richtung gehen, *Brandt*, S. 66 ff.

〔57〕 Vgl. *Kaufer*, S. 167 ff. , 173.

〔58〕 达曼（*Dahmann*）对于剃须刀产业的调研得到了这样一个结论：专利保护并没有促进剃须刀产业的技术进步。但是，并没有证据表明，专利保护对于整个经济的发展是不必要和没有用的。皮尔茨威格（*Perlzweig*）（原书本节脚注 13）认为，如果专利保护对技术进步是有积极作用的（他在第191 页及以下几页、第 197 页又对此提出怀疑），并因此而被认为原则上是有合理性的，那么由于计算机软件的创新过程具有与技术进步不同的特殊性，专利保护对于计算机软件就是不合适的，参见 *Perlzweig*, S. 202 ff. , 214 ff. , 218, 246 ff. , 254。与达曼不同的是，皮尔茨威格不是依据经验数据，而是在预测的基础上阐述这种观点的，至于他所担心的负面影响，即是否可以通过严格控制授予专利的前提条件而得以避免，他没有作进一步的研究。

如果只给予报酬，而不授予独占权，在大多数的情况中做不到对投资的必要激励。如果是这样的话，投资者能期待的报酬只能是投入的成本，而且它的数额还不是由投资者确定的，因此，在许多情况下很可能是远远不够的。[59]这样一来，企业常常就宁愿等待其他人的发明，当觉得这些发明是成功的和有价值的时候，他们才愿意以支付报酬的方式实施发明。

6. 表面上看，专利保护对于新技术知识的传播更多的是阻碍作用。但是，在大多数情况中，专利权利人自己感兴趣的是尽可能地利用社会需求来应用发明。而专利保护就有助于建立许可关系，因为专利保护使得保密成为多余，专利保护使得发明变成了完整意义上的可流通的财产。[60]因此，专利保护为技术转让奠定了重要基础，专利保护的这种作用在国际经济流通中具有特别重要的意义。

专利保护的这种意义从下面的事实也可以看出：即使社会主义国家也授予外国的申请独占专利，而对其国内的申请原则上只给予报酬请求权。[61]大部分发展中国家也都支持专利保护，尽管专利保护的发明大多数来源于工业化国家。但发展中国家为了他们自己的经济利益，也在努力争取对专利保护采取广泛的干预措施，特别是强制许可制度。有关这方面的谈判，在1980年开始的关于修改《巴黎公约》的会议上就一直在进行，但却没有任何结果。[62]相反，在《关税及贸易总协定》（GATT）的框架内却产生了《与贸易有关的知识产权协议》（TRIPS）（参见§7 I g）。TRIPS——对发展中国家规定了过渡期——要求世界贸易组织（WTO）成员承担义务，满足保护技术发明的适用范围与效力的最低要求，并且规定了授予强制许可的限制条件。[63]

7. 专利制度是国家促进研究和发展的间接手段，除此之外，国家的直接促进措施也在增加。[64]但专利保护的重要性并没有因此而受到太多的影响。如果这些措施是针对基础研究的，就像前面所提到的，那么它就是对专利制度的

---

〔59〕 Vgl. *Bußmann*, GRUR 1977, 131 f.; *Bernhardt*, Patentschutz, S. 22.

〔60〕 Vgl. *Hirsch*, WuW 1970, 111.

〔61〕 S. *Lippott, J.*, Die Strukturreform der Rechte an technischen Erfindungen beim Übergang zur Marktwirtschaft, 1998, S. 56 ff.

〔62〕 S. die Vorauflage, S. 34 m. Nachw.

〔63〕 Zur Bedeutung der patentrechtlichen Bestimmungen des TRIPS – Ü für die und ihrer Bewertung aus der Sicht der Entwicklungsländer *Pacón*, Patentrecht und Entwicklungsländer, FS Kolle/Stauder, 2005, S. 77 – 94; *Imam*, How Does Patent Protection Help Developing Countries?, 37 Ⅱ C 245 – 259 (2006); *Klunker*, Der Einfluss des WTO TRIPS – Übereinkommens auf die wirtschaftliche Entwicklung asiatischer Länder – das fünfte IP Forum in Shanghai, 26. bis 27. Oktober 2007, GRUR Int. 2008, 209 – 217; vgl. auch *Beattie*, 38 Ⅱ C 6 ff. (2007).

〔64〕 Dazu *Hoffmann*, ZHR 146 (1982), 377 ff. und *Ullrich*, ZHR 146 (1982), 410 ff.

必要补充（参见本节Ⅲ 3）。当这些措施促进了新的应用性知识的产生，并对这些知识进行保护，就会有助于企业将这些知识转化成扩大应用范围的有市场竞争力的产品。而如果公众都可以自由地利用这些知识，也许就没有人愿意花钱将这些知识转化为产品了。[65]由此可见，从专利保护的角度来看，专利保护又是对国家直接促进措施的补充。

V. 专利保护与竞争

1. 专利赋予了其权利人在市场上阻止其他人提供依其发明生产的产品[66]的权利，所以常常被称为垄断。[67]但真实的情况却并非如此，就像任何其他绝对权一样，专利所授予的只是一个受法律保护的独占地位，因此，还不能视为经济学意义上的垄断。是否存在垄断，则要看市场的状况。一般来说，在相关市场上并不只有依发明所生产的产品，事实上，这种产品会面临一种替代竞争：在大多数情况中会有其他同类产品与其竞争；即使保护权所保护的是一种全新的产品，这种产品也要面对能满足同样需求的产品的竞争。由此可见，权利人最有可能获得垄断的情况是，受保护的产品第一次就满足了——现有的或者新激发的——需求，或者这种产品几乎完全吸引了由此而产生的需求。相应的前提条件是，在保护的范围之外，其他人没有开发并提供其自己的创新。因此，唯有保护权所涉及的是一个基础性的技术创新，一个全新的解决问题的原则（先导型专利），[68]保护权才产生实际上的垄断作用。但在这些情况中，如果这些新的解决问题的原则还没有向公众公开，常常是要么错过了申请保护的时间，要么是将这些原则转化成具有市场竞争力的产品还需要很长的时间，其结果是当产品得以进入市场的时候，保护的期限要么已经过了，要么快要过了。

主要由经济学新自由主义学派所主张的观点，即具有垄断性的专利与自由竞争的原则是不一致的，[69]所涉及的是一个法学和经济学的交叉领域。新的经

---

〔65〕 Vgl. *Beier*, GRUR Int. 1979, 234 ff. 和 1982, 77 ff. mit weiteren Nachweisen.

〔66〕 这里相应地也适用于并不生产产品，而是运用方法的发明所产生的成果。下面对于这种情况不再特别强调。

〔67〕 Vgl. *Fikentscher/Theiss*, Josef Kohler und das Monopol：Ein Schlüssel zu TRIPS vs. WIPO？, in：*Andrin/Nordemann/Wandtke*（Hrsg.）, Josef Kohler und der Schutz des geistigen Eigentums in Europa, 1996, S. 66 ff.. Zum Streit um den Monopolcharakter des Patents im 19. Jh. *Pahlow*（FN 10）S. 245 ff.

〔68〕 Vgl. *Bernhardt*, Patentschutz, S. 27；达曼还区分了"原始发明"和"基础发明"，而对于基础发明他又分了更多的层次，参见 *Dahmann*, S. 99, 以及 *Welte*, Der Schutz von Pioniererfindungen, 1991.

〔69〕 Nachweise bei *Bernhardt*, Patentschutz, S. 1 f.

济学文献已经认可专利并不是垄断。[70]在特殊情况中可能产生的垄断影响，也可以用专利法和实用新型法以及卡特尔法的手段进行规制（参见第4点）。

2. 专利保护禁止竞争对手实施发明，由此也就缩小了竞争的空间，这就使得专利保护遭受到了来自竞争政策方面的激烈批评。但新的经济学研究却抛弃了这一静态的竞争模型，正是主要基于这个静态模型才导致了这些激烈的批评。取代这一静态模型的是一个包含功能性竞争的动态模型，这个模型认为，并不是竞争，而是实现竞争所期待的功能才是目的本身。[71]在这个模型中，专利保护显示出促进竞争的作用：虽然在应用发明的层面上它限制了竞争，但它却由此——以前面所描述的方式（参见本节Ⅳ5）——在研究和发展的层面上激活了竞争。[72]由此可见，相较于不受限制地自由模仿的环境，专利保护更好地实现了竞争的功能。[73]由此可见，专利保护不仅与自由竞争的原则是一致的，而且还是自由竞争所期望的："如果不能要求对享用某种成果支付对价，那么竞争就不会导致这些成果的产生"。[74]

3. 尽管从竞争的原则来看，专利保护得到了正面的评价，但许多经济学和卡特尔法的研究还是认为专利保护存在偏离自由竞争的风险：授予给企业的专利，可能并不是为了保护其自己的发明，而只是为了阻止别人应用发明（阻止型专利）。单个企业，特别是大型企业有可能通过获取大量专利（专利群）的办法，试图完全控制某个领域的技术，从而使得其他人想要用新的创新在该领域站住脚，从一开始就显得希望渺茫。用不具备保护条件的创新申请专利，也可能获得形式上的权利地位，它会被滥用来恐吓竞争对手。如果企业间用技术保护权建立合同关系，还会产生其他的风险：许可合同的当事人之间可能会受到某些限制，结果使得他们的活动空间比没有许可合同的时候变得更狭小了。[75]企业之间，尤其是专利联盟（专利联盟）之间的许可关系可能会导致类似卡特尔的影响或者形成卡特尔协议。最后，无论如何，专利制度有利于

---

〔70〕 *Prahl*, S. 76 f. , 94；*Kaufer*, Patente, S. 110, 220；*Prosi*, WuW 1980, 644 f. ；*Dam*, in：Ott/Schäfer, S. 286 ff. , mit Kommentar von *Schanze*, aaO S. 322, 326；*Pretnar*, GRUR Int. 2004, 776 ff. ；*Riziotis*, GRUR Int. 2004, 367, 369 l. , 370 f. ；s. auch *Heinemann*, GRUR 2006, 705, 707 l. ；*Busche*, FS Tilmann, 2003, S. 645, 649 mwN；*Lorenz*, WRP 2006, 1008, 1016.

〔71〕 Vgl. *Prahl*, S. 16 ff. ；*Kaufer*, Patente, S. 15 ff. , 111；*Godt*, S. 525 ff. ；*Kirchner*, GRUR Int. 2004, 605；*Heinemann*, S. 14 ff. mwN.

〔72〕 *Kirchner*, in：Ott/Schäfer, S. 178, 181；*Dam*, S. 290 f.

〔73〕 *Kaufer*, S. 212 ff. , 220；*Oppenländer*, GRUR Int. 1982, 603；vgl. auch *Kraft*, S. 30 ff. 。

〔74〕 *Hayek*, zitiert bei *Bußmann*, GRUR 1977, 129；从"法律经济分析"发展起来的财产权理论认为，专利保护是"为了促进竞争而对竞争的限制"，参见 *Lehmann*, GRUR Int. 1983, 356, 360 ff.

〔75〕 Vgl. insbesondere *Buxbaum*, WuW 1966, 193 ff. ；*Kaufer*, S. 166.

大企业，会导致形成经济界不希望的集中，由此产生和强化他们的市场地位。

在多大程度上会出现这些令人忧虑的情况，很少有人进行过实证研究。Ifo 经济研究所的调研表明，阻止型专利的比例不到 4%，相对而言是比较低的，[76] 但这并不能排除这部分专利可能会包含某些重要的发明，在实践中应用这些发明对公众利益可能是至关重要的。调研还发现，专利的拥有量是与企业规模成正比的。这说明，相比于中小企业，大企业有更多的资金进行研究和发展，有自己的专利部，能够强化和充分有效地运用专利保护。尽管如此，也有许多中小企业在运用专利保护制度，[77] 从而起到了阻止专利集中到大企业的作用。[78] 到底在多大程度上拥有大量专利的企业是为了完全占领整个技术领域，这还不清楚，不过，日本企业申请专利的实践就说明了企业是有这种企图的。但是，Ifo 经济研究所的调研表明，总的来说，愿意授予专利许可的企业还是非常多的。研究还表明，选择有一定能力的被许可人授予许可，比不加选择地授予许可更有利于技术的进步。[79] 不过，仍需特别注意的是发生在重要专利中的拒绝许可情况。

对于专利保护导致专利集中的作用程度，存在完全不同的看法。但主要的观点是，相比于导致专利集中的其他原因，特别是研究和发展的巨大资金需求，专利保护对于专利集中所起的只是一个次要的作用。

4. 为了防范出现上面所提到的风险，人们准备了一系列的规制措施。维护自由竞争不受过宽或者不合理的限制，首先是靠专利保护的实质性前提条件的控制。为了避免出现到处都是独占权的情况，发现、科学理论和数学方法就不能成为专利或者实用新型的客体。[80] 专利法规定现有技术人员或者专业人员可以显而易见得到的技术是排除在授予专利之外的，即使对于实用新型的保护，除了要求新颖性之外至少还要求有"创造性方法"，这些规定就是为了使得技术保护权只是在超出现有技术常规发展结果的创造性成果的范围内限制竞争。[81] 因此，依据发明贡献的大小来划定每个保护权客体和范围的界限，也是为了自由竞争（参见 §11 Ⅲ d 和 §14 Ⅲ d cc）。[82]

---

〔76〕 Vgl. Ifo – Institut, S. 78.

〔77〕 Vgl. *Greipl/Täger*, S. 46 ff.

〔78〕 Vgl. *Prahl*, S. 99 f.

〔79〕 Vgl. *Oppenländer*, GRUR 1977, 368 f.；*Grefemann*, in：Hundert Jahre Patentamt, S. 57；dazu *Greipl/Täger*, S. 125 ff.

〔80〕 Vgl. *Pretnar*, GRUR Int. 2004, 779 1.，781 1.

〔81〕 Vgl. *Dam*, S. 311 ff.

〔82〕 有学者提出相反意见，认为只能依照经济的标准来测定应当保护的范围，参见 *Janson*, S. 45 ff.，279。

对于不具备保护前提的创新滥用形式上权利地位的规制，首先，是要在所有应当审查实质性前提条件的程序中认真审查这些条件[83]。其次，如果主张虚假权利进行威胁，将要承担赔偿义务，这也能起到威慑作用。此外，程序法上的一些规定也保护经济上处于弱势的一方，特别是《专利法》第144条和《实用新型法》第26关于诉讼标的额优惠的规定。

对于阻止专利、阻止实用新型、具有极宽保护范围的保护权、保护权群所形成的阻碍，可以通过强制许可来排除。

此外，特别是下面排除保护或者限制保护效力的规定中，公众利益也是应当考虑的：

为了卫生保健的利益，医疗方法是被排除在保护之外的；根据医生条例，个别配制的药品也是不受保护效力约束的。同样，为了科学研究的利益，某些为试验目的的行为也是不受保护效力制约的。在农业领域，也有对保护权效力的某些限制。

如果保护的发明涉及的是产品，为了不影响商品的流通，那么对于由权利人或者经其同意在欧洲经济区已经投入市场的产品的销售，权利人就没有了控制权。

如果是为了必要的公共福利或者联邦德国国家安全的利益，还可以颁布国家实施命令来突破保护效力的约束。

在专利或者实用新型合同中约定限制竞争的条款，根据卡特尔法的规定（《反限制竞争法》第1~3条，《欧洲共同体条约》第81条），可能是无效的或者被行政机关禁止的。这些规定尤其适用于施加对被许可人的限制、专利联盟和交叉许可。如果企业因为拥有大量的保护权、单个专利的宽广保护范围或者受保护发明的不可或缺性而获得了市场支配地位，那么卡特尔局就会反对企业滥用这种地位（《反限制竞争法》第19条，《欧洲共同体条约》第82条）。专利的大规模集中过程也会受到卡特尔局的监督，卡特尔局将尽可能地阻止市场支配地位的产生和强化（《反限制竞争法》第35条及以下条款，《合并控制条例》）；此外，如果保护权被用作"结晶的核"（即合并的根本目的——译者注），也会受到卡特尔局的制止。[84]

上面提到的各种措施，如果要追溯其关联性的话，实质上就是在《基本法》第14条第1款第2句意义上规定的发明财产权的内容和界限，并且还考虑到了《基本法》第14条第2款意义上发明的社会公益性。它们在某些细节上可能还需进一步的完善，但毕竟从整体上充分保证了专利保护在实际运用中

---

〔83〕 在实用新型保护中也可以做到这样，因为不经过实质审查是不能作出侵权判决的。

〔84〕 Vgl. *Bernhardt*, Patentschutz, S. 32.

仍保留了公共利益为其所设定的目标，也确保了专利保护的副作用不会远远大于它的积极效果。[85]另一方面需要注意的是，在运用任何规制措施的时候，都不应损害专利保护的积极效果。

从竞争政策上来看，没有独占权的报酬体制是没有任何优点可言的。尤其是它不会对大企业在发展和应用技术创新方面的优势地位产生实质上的影响，无论如何更不能避免集中的趋势。[86]

5. 20 世纪 90 年代，全世界范围内都没有了对专利保护在竞争政策上的担心，开始加强和扩大保护的趋势。[87]比如，TRIPS 就说明了这一点——除了发展中国家有过渡期之外——WTO 成员有义务广泛地接受专利保护的适用和效力范围（第 27~30 条，第 32~34 条），并且它并不要求实施强制许可，而只是在严格的前提条件下才允许实施强制许可（第 31 条）。TRIPS 虽然允许成员规制滥用知识产权、限制贸易或者国际技术转让的做法以及规制在发放许可时滥用限制竞争的行为，但这并不是义务（第 8 条第 2 款，第 40 条）。[88]对生物和信息技术领域的保护，要求对 TRIPS 中有关专利保护适用范围的规定进行扩大解释。这样一来，传统上将基础知识和非技术性行为指令排除在专利保护之外的规定，就可能会有问题了（参见 §12 Ⅲ，§14 Ⅲ）。

Ⅵ. 结论

1. 宪法要求应当对发明人给予公正的奖励，在市场经济中专利保护就是一种最适合于奖励发明人并同时还促进技术进步的途径。专利保护与竞争原则所促进的广泛目标也是一致的。专利保护在竞争政策方面的副作用可以通过专利法、实用新型法和卡特尔法的规定进行规制，而只给予报酬没有独占权的制

---

〔85〕　但是，有学者认为"目前的理论"忽视了公共政策以及宪法所规定的内容，也未能考虑"冲突目标之间的平衡，而进行这种权衡是立法者应当承担的义务，也是法律解释机构在解释简单法律规定时必须注意的"。由于并没有确定这种界限的方案，因此，尽管一般私法理论已经开启了对于这种紧张关系和价值决策的新思考，给予了这些矛盾的利益之间制度上的空间，但专利法理论却对这种新的理论发展视而不见。参见 *Godt*，S. 524 f.，538，551，557。毫无疑问，传统的"专利法理论"（参见本节Ⅱ），可能就是这里指的"目前的理论"，是没有完整的、广泛的理论设计。但是，这些理论也并没有这样的要求，而只是列出对专利保护有利的理由。至于反对的理由，也是最终导致这些支持专利保护的理论产生的理由，在这里被认为是众所周知的。利益集团偶尔主张这种支持专利保护的理论，以支持其尽可能扩大保护的要求，是有可能的。不过，正如现在总体的规则及其在实践中的应用所显示出来的那样，这种专利法理论并没有阻止共同体条约的构建及其所确定的界限。

〔86〕　Vgl. *Hirsch*，WuW 1970，110 ff.

〔87〕　Dazu *Ghidini*，„ Protektionistische " Tendenzen im gewerblichen Rechtsschutz，GRUR Int. 1997，773 – 781；s. auch *Frauenknecht*，Zauberlehrlinge des Patentschutzes. Läßt die Ausdehnung das System zusammenbrechen? Neue Zürcher Zeitung v. 25. 9. 2001，S. 12.

〔88〕　Dazu *Heinemann*，Das Kartellrecht des geistigen Eigentums im TRIPS – Übereinkommen der Welthandelsorganisation，GRUR Int. 1995，535 –539.

度就只能部分地阻止这些副作用。对于如何测算报酬的高低，只给报酬没有独占权的制度也存在实质上的缺陷，在大多数情况下，它并不能充分激励人们的投资；这种体制是否能满足宪法对发明人应给予公正报酬的要求，也是令人怀疑的。

2. 专利保护保障了发明无须保密就具有交换价值，使得这些发明成为完全可交易的财产。这样，专利保护所促成的发明可交易性以及专利保护所要求的对发明的公开就共同促进了新技术的传播。[89] 而在只给报酬没有独占权的制度中，人们就会尽其所能地通过保密来争取独占的地位。

3. 如果为了促进某些技术，这些技术由于这样或那样的原因，比如为了环境保护、开发能源或者节约能源，是被期待的，专利保护也只能当这些技术有市场上的相应需求并可能获得足够收益的时候，才会对促进这些技术作出贡献。要促进这些技术的发展，可以通过国家义务、减免或者增加税负、直接促进的措施来实现或者强化。[90] 相反，在专利保护中优先对待"被期待"促进的发明，[91] 几乎不能对急需的投资决策产生影响。

4. 即使认为专利保护对于技术进步也许是无关紧要的，发明人对于其成果的经济价值享有的请求权表明了专利保护具有合理性。相反，仅仅是为了促进创新以及保护为此而进行的投资，也许还不能说明授予实施创新的独占权的合理性。

但是，20世纪70年代人们建议对"由成熟可用的创新客体和首次商业化行为构成的创新成果"赋予"创新保护"，而且只要有"国内使用的新颖性"（这就是说在国内没有公开在先的使用），就在一个视情况而定的时间段内给予保护。[92] 在这种制度下，是否要给独占权，给谁独占权，完全是由经济政策

---

〔89〕 有学者指出，"由独占权所促成的可转让性""产生了决定性的法律后果"；这种（由可流通性形成的）"商品化""不再只是独占性权利的结果"，而是有了"自己的功能"。这种思维方式有助于"理解专利保护独占和交换这些相反的目标"，并"建立一种商品化而不是独占性"的"新概念"。参见 *Godt*, S. 565 f. , 570, 554 f. 这种说法是故弄玄虚。事实上，"商品化"是通过独占实现的（参见第7点）。独占权也是为流通而授予的，这并不是——尤其是在多种情况中就是在这种意义上使用独占权概念的——什么新的知识。但是，权利人却可以原则上自由决定，他是否以及怎样支配他的权利，尤其是可以自由决定，是否以及这样允许他人实施其权利的客体。专利保护以交换为导向的目的只是在一般的强制许可时才是优先考虑的，而这种强制许可又是以上学者不支持的，强制许可在结果上倒是意味着专利不再是独占的了。

〔90〕 Vgl. *Prosi*, WuW 1980, 646 f.

〔91〕 Sie wird befürwortet z. B. von *Horn*, GRUR 1977, 329, 335 f.；vgl. auch *Blum*, GRUR 1972, 205. – Abgelehnt wird „Investitionslenkung durch Erfindungsschutz" von *Busse/Keukenschrijver*, Einl. Rdnr. 66.

〔92〕 *Kronz*, Mitt. 1975, S. 73；1976, 41；1983, 128；ähnlich *Huch*, GRUR 1974, 67；kritisch *Adrian*, Mitt. 1995, 329, 338；*Brandt*, S. 67 ff.

的目的所决定。在这种独占权中，没有了专利制度的特性规定，也就是说，它并不要求要获得以前没有掌握的想法并将其公开。另一方面，国家层面的经济调控却得到了极大的扩展。总而言之，就是回到了一种重商主义的特权实践（参见§4.8及以下）。在市场经济体制中，这种形式的创新保护实在是一个另类。

5. 如果投资是为了获得和应用扩充了现有技术并且与现有技术相比并非显而易见的技术方案，专利保护才会给予其投资保护。在这里，专利保护就是将发明的经济价值划归给发明人及其权利继受人，这就要求保护的效力及于对实现了技术方案的产品和成果的市场营销，因为这也是在利用发明的经济价值（参见§1 Ⅱ 2）。相反，给予投资以财产权的保护是没有道理的。[93]

6. 在希尔缇（*Hilty*）[94]对技术进步过程划分的阶段中，他认为，在第三个阶段，即作为"创新的市场化"的"生产阶段"，只能用特殊权利对投资进行保护。对此，首先应当批驳的是，如果无形财产权的保护不能使权利人保留使受保护的客体市场营销的行为，那么无形财产权的保护就是不完整的。其次，要问的是，为了补充无形财产权所担保的保护，是否就要对一般的投资进行保护。希尔缇承认，在某些特殊权利的保护中，特别是在对邻接权的著作权保护中，对投资的保护占据了重要的地位，而在其他领域则还是授予无形财产权，尤其是给予专利保护（参见本节Ⅳ 5）。但是，另外一个问题是，是否在需要对投资保护的地方都授予"特别保护权"。希尔缇[95]似乎认为，如果对获取投资带来的结果不加阻拦，就会剥夺投资者收回其投资的可能性，那么对投资的保护就是必要的。不过他也认为，获得他人投资结果的人是否通过利用他人的投资从而节省了自己的投资并因此而扭曲了竞争，也是一个重要的问题。[96]但是，竞争法对成果的保护"既不能充分地保证收回投资"，也不能"防止他人的竞争"。[97]但是他还说道，为了"对投资给予实在的保护"，就必定"总是有市场失灵的威胁"。"由于没有保护就不会有收回投资和盈利的希望或者希望渺茫，因此，仅有微乎其微回报可能性的投资就必然会停止"。

认为这些理由就充分说明了对投资给予保护的合理性，是难以令人信服的。首先要考虑的问题是，利用了他人投资或者只是通过竞争活动减少了他人投资收益的人，在这些情况中是否有不正当的行为，而这就不完全取决于他人

〔93〕 *Kirchner*, GRUR Int. 2004, 604 r., 606 f.
〔94〕 S. oben FN 39.
〔95〕 FS *Ullmann*, 2006, S. 643, 659.
〔96〕 AaO S. 661.
〔97〕 AaO S. 665.

投资的范围，更要看这里投资人为其他市场参与者带来了什么成果。应当坚持的原则是，竞争法对成果的补充保护与界限（参见§2 Ⅱ e bb）。如果通过运用这些原则使得某些成果在一定的情况下获得了经常性的保护，那么立法者也许就可以通过引入一种相应的权利，为必要的行为规范建立一种被定义的参考客体和一般性基础。

7. 郭特（Godt）（S. 563 ff.）认为，保护投资和技术转让是专利保护的同等目标，而对于什么是发明的概念，则并不重要，因为专利保护的趋势是不再区分个人利益与社会进步的利益（S. 566）。而对投资的保护凸现的则是个体从专利保护获取的利益，并清楚地表明了谁是这种权利地位的受益者。郭特认为应当对此进行平衡，"应当将技术转让作为专利保护的主要功能"（S. 568，571），控制专利申请人和权利人的范围，对专利申请人和权利人施加限制与义务。而要做到这一点，他建议一方面可以对现行规定进行解释，另一方面则可以提出法律政策上的建议。不过，"现代专利法"中的发明概念仍然是"评估新思想可专利性及是否值得专利保护的要件"（S. 571）。这是第一次清晰地表明了促进建立企业风险意识的目标。这种方案使得"独占请求权受到了三方面因素的约束，即技术转让的目标、政治上的考量，最后，但并不是最不重要的，对个人成果的保护"（S. 572，557）。

专利保护除了保护（与发明有关的）投资之外，还促进技术转让，是很容易理解的。郭特的方案强调的两个方面完全忽视了发明中所包含的个人智力成果。虽然专利保护个人智力成果的激励作用也许并不是很大（参见本节Ⅳ5），但作为专利保护的目的，这并不是不考虑奖励发明人的理由。而恰恰是个人智力成果这一点，才是对发明进行独占性划归的主要理由，即发明原则上应当归属于创造了成果的人。[98] 对于促进投资和技术转让，如果能够对技术转让的受让方给予投资保护，那么他也能从中获益，这在建立公正性思想的制度中仅能起到次要作用，但却提高了发明人从市场上获得奖励的期望。

---

〔98〕 郭特（Godt）（S. 518 ff）指出，如果发明是由多个人或者利用了他人已经取得的知识完成的，那么这种划归就会出现困难。但是，这些问题是可以得到解决的。假如发明用到了不能获得保护的科研结果，那么首先要看的是，在申请专利保护的时候，该科研结果是否属于现有技术。如果是属于现有技术，那么该科研人员就不能分享专利申请权；如果不属于现有技术，那么该科研人员就可能是共同发明人，并共有这种专利申请权。对此，在第一种情况中的可能受保护的客体，就比在第二种情况中受到更为严格的限制。对于职务发明，雇主可以收回申请专利的权利，这并不违背给发明人奖励的思想；给发明人奖励的思想更多的是通过发明人主张报酬请求权来实现的。

第 *2* 章
历史发展

参考文献: *Beier*, *F. K.*, Gewerbefreiheit und Patentschutz. Zur Entwicklung des Patentrechts in Deutschland im 19. Jahrhundert, in: Coing, H. /Wilhelm W. (Hrsg.), Wissenschaft und Kodifikation des Privatrechts im 19. Jahrhundert, Bd. Ⅳ, 1979, S. 183 – 205; *ders.*, Wettbewerbsfreiheit und Patentschutz. Zur geschichtlichen Entwicklung des deutschen Patentrechts, GRUR 1978, 123 – 132; *ders.*, Die Pariser Verbandsübereinkunft in Vergangenheit, Gegenwart und Zukunft, GRUR Int. 1983, 339 – 347; *ders. /Moufang R.*, Vom deutschen zum europäischen Patentrecht – 100 Jahre Patentrechtsentwicklung im Spiegel der Grünen Zeitschrift, GRUR – FS, S. 241 – 321; *Berkenfeld*, *E.*, Das älteste Patentgesetz der Welt, GRUR 1949, 139 – 142; *Damme*, *F. /Lutter R.*, Das Deutsche Patentrecht, 3. Aufl. 1925, S. 1 – 55; *Dölemeyer*, *B.*, Einführungsprivilegien und Einführungspatente als historische Mittel des Technologietransfers, GRUR Int. 1985, 735 – 746; *Gehm*, *M.*, Das württembergische Patentrecht im 19. Jahrhundert, Diss. Saarbrücken 2001; *ders.*, Das sächsische Patentwesen im 19. Jahrhundert, Mitt. 2003, 450 – 465; *ders.*, Die patentrechtlichen Bestimmungen der hannoverschen Gewerbeordnung von 1847, Mitt. 2004, 157 – 171; *ders.*, Das bayerische Patentrecht von 1825 – ein Überblick, Mitt. 2006, 385 – 393; *Hallmann*, *U. C. /Ströbele P.*, Das Patentamt von 1877 bis 1977, in: Hundert Jahre Patentamt, 1977, S. 403 – 441; *Heggen*, *A.*, Die Anfänge des Erfindungsschutzes in Preußen 1793 bis 1815, GRUR 1974, 75 – 77; *ders.*, Zur Vorgeschichte des Reichspatentgesetzes von 1877, GRUR 1977, 322 – 327; *Hubmann/Götting*, § § 2, 3; Klostermann, R., Die Patentgesetzgebung aller Länder, 2. Aufl. 1876, S. 232 – 328; *Kohler*, *J.*, Handbuch des Deutschen Patentrechts, 1900, S. 16 – 31; *ders.*, Lehrbuch des Patentrechts, 1908, S. 1 – 12; *Kurz*, *P.*, Weltgeschichte des Erfindungsschutzes, 2000; *Machlup*, *F.*, Die wirtschaftlichen Grundlagen des Patentrechts, 1962, S. 9 – 16; *ders.*, Patentwesen, （Ⅰ） Geschichtlicher Überblick, in: Handwörterbuch der Sozialwissenschaften, Bd. 8 （1964）, S. 231 – 240; *Metz*, *K. H.*, Ursprünge der Zukunft. Die Geschichte der Technik in der westlichen Zivilisation, 2006; *Müller*, *H.*, Patentschutz im deutschen Mittelalter, GRUR

1939，936 – 953；*Münzenmayer*，*H. P.*，Das Patentwesen im Königreich Württemberg 1818 – 1877，Mitt. 1990，137 – 143；*Neumeyer*，*F.*，Die historischen Grundlagen der ersten modernen Patentgesetze in den USA und in Frankreich，GRUR Int. 1956，241 – 252；*Nirk*，*R.*，Gewerblicher Rechtsschutz，1981，S. 199 – 207；*ders.*，Hundert Jahre Patentschutz in Deutschland，in：Hundert Jahre Patentamt，1977，S. 345 – 402；*Osterrieth*，*A.*，Lehrbuch des gewerblichen Rechtsschutzes，1908，S. 26 – 48；*Pohlmann*，*H.*，Neue Materialien zur Frühentwicklung des deutschen Erfinderschutzes im 16. Jahrhundert，GRUR 1960，272 – 283；*Schönherr*，*F.*，Zur Geschichte des österreichischen Patentrechts，in：AIPPI（Hrsg.），La legge veneziana sulle invenzioni，Scritti di diritto industriale per il suo 500' anniversario，Mailand 1974，S. 223 – 236；*Silberstein*，*M.*，Erfindungsschutz und merkantilistische Gewerbeprivilegien，Zürich 1961；*Singer*，*R.*，Das Neue Europäische Patentsystem，1979，S. 13 ff.；*Stauder*，*D.*，Rechtszug und Rechtsmittel im Erteilungs –，Verletzungs – und Nichtigkeitsverfahren，GRUR – FS，S. 503 – 543；*Treue*，*W.*，Die Entwicklung des Patentwesens im 19. Jahrhundert in Preußen und im Deutschen Reich，in：Coing，H. /Wilhelm，W.（Hrsg.），Wissenschaft und Kodifikation des Privatrechts im 19. Jahrhundert，Bd. Ⅳ，1979，S. 163 – 182；*Troller*，*A.*，Immaterialgüterrecht，Bd. I，3. Aufl. 1983，S. 15 – 39；*Wadle*，*E.*，Der Einfluß Frankreichs auf die Entwicklung gewerblicher Schutzrechte in Deutschland，in：Rechtsvergleichung，Europarecht und Staatenintegration. Gedächtnisschrift für L. – J. Constantinesco，1983，S. 871 – 898；*ders.*，Der Weg zum gesetzlichen Schutz des geistigen und gewerblichen Schaffens，GRUR – FS，S. 93 – 183；*Zimmermann*，*P. A.*，Frühe Beispiele aus der Welt der gewerblichen Eigentumsrechte，GRUR 1967，173 – 180.

§4 从特权制度到专利法的立法

1. 要对发明人和工商业者给予特别的奖励，禁止随意模仿他们的成果，为此，不仅仅技术要发展到一定程度，而且社会与经济结构以及公众的法律意识也要发展到一定的成熟程度，才可能做得到并获得法律上的承认。由于对于同一个技术创新——与有形物不同——可以同时为许多人所利用，但不会产生明显冲突的风险，因此，只有当应用这种创新可能带来显著经济优势的时候，才会出现应当由谁来获取该创新的收益问题。认为这种创新不应简单给予公众而是优先归属于某些个人的思想，只有当这种创新融入了稳定的社会群体的时候，才有可能得以实现。因此，我们很容易理解，只是在跨过近代门槛的时候，才开始出现对发明的保护。[1]

---

〔1〕 Vgl. *Tetzner*，§1 Anm. 21 ff；传说在早些时候（公元前 500 年），希巴利斯当地对新菜谱给予一年的保护期，就此纯属好奇，参见 vgl. z. B. *Zimmermann*，GRUR 1967，173 f.；*Kurz*，S. 12 f。

在古代的[2]奴隶制时代，劳动力充足而廉价，因此几乎就没有提高劳动生产效率或者用自然力取代劳动力的明显需求。对于社会的领导阶层来说，工商业生产者的地位是低下的，因此，这时在工商业领域还没有什么大的独立动力，在市场上形成可观的力量，产生禁止模仿的愿望。虽然现在我们知道在那个时代也有有价值的技术成果，但是，它们大多数是逐渐发展起来的，不可能将其划归于某些原创者。因此，在出现了模仿的时候，个人几乎不可能有兴趣要求特别的报酬或者独占性的实施权限。

在中世纪，教会的教师协会在宗教本能上抑制人们突出自我的个性或者成果。由于教会教师协会的权威，长期以来没有人独立地去探寻新的知识、任务和解决问题的方案。不过，主要还是由于工商业者一般都要受到行会章程的约束，因此他们就没有动力去努力获得创新，从而取得比他人领先的地位。即使有了发明，原则上该发明也是作为行会的公共财产来对待，有时发明还会被压制不用；[3]而行会以外的人，由于受到行会的限制，又不允许实施该发明。

2. 直至近代，都还有新的行会被设立，行会势力持续施加影响。但是，就在中世纪行将结束的时候，人们的思想出现了普遍的突破，鼓励人们战胜宗教教义对思想、研究和行动的限制，也使得人们在工商业领域探寻创新的努力获得了空间和认可。国家君主以及城市政府开始实行生机勃勃的经济政策，利用人们的这种思想突破，对那些引进创新的发明人和企业授予的特权受到了人们的喜爱。

在这种特权制中，不仅有特权者自己开发的（发明）创新，而且还包括特权者只是将从其他地方——合法或者非法地——获得的知识引进到在特权地区还没有被用到的生产方式或者设备中的情况。因此，人们习惯将此区分为两种特权，即发明特权和引进特权。

由于发明特权也只是在受保护的地域内要求发明的新颖性，即没有在先的使用，因此在个别情况中，对发明的归类常常是不确定的。不过，如果特权涉及的明显是其他地方常用的产品和技艺，无论如何都可以明确地将其看作引进特权。此外，引进特权似乎更多地涉及某个整体的行业部门，至少也是一种产品的生产，而发明特权则更多涉及生产设备的设计方案。

从价值上来看，发明特权与引进特权之间并没有实质上的区别：在当时的情况下，一方面，除原创性工作外，还常常将解决问题的方案和工艺转移至其

---

〔2〕 Zur Bedeutung der Technik in der Antike s. *Metz*, S. 27 – 39.

〔3〕 *Nirk*, Gewerblicher Rechtsschutz, S. 200；*Beier*, in：Coing/Wilhelm, S. 187 FN 15；*Kurz*, S. 26.

他领土，这是一种值得认可的个人成果；另一方面，授予发明特权也总是会促进本土经济的发展。至于如何在公正性思想与经济政策目标之间寻求平衡，则是因情况而异的。实质上，二者之间存在有规律的紧密联系。当随后出现了单方面重视经济利益而不顾二者之间关系的时候，就出现了畸形的发展（参见第9点及以下部分）。这种畸形发展后来又通过只保护真正的创新成果措施得以纠正。不过，这个时期仍然对自己的发明和引进的发明给予同等重要的地位。直至19世纪，由于通过技术文献与现代交通工具的交流变得容易方便，人们才普遍认为，单纯转移的发明（不再）是值得保护的成果。这时要么取消引进特权和引进专利，要么只授予外国的第一个发明人引进特权和引进专利。

3. 早在14世纪就已经出现了单个的引进特权与发明特权。[4]例如，来自佛兰德（Flandern）的韦伯（Weber）和来自代尔夫特（Delft）的图贺威客（Tuchwirker）就获得了在英格兰的引进特权；[5]大约就在同一时期，萨克森和波希米亚人也取得了有关矿山抽水设备的发明特权。[6]15世纪的特权有，比如，在米兰出现的（从佛罗伦萨）引进生产丝绸的特权、在费拉拉（Ferrara）出现的（从威尼斯）引进制造金箔和（从热那亚（Genua））生产丝绸锦缎的特权，在威尼斯出现的（从德国）引进印刷技术的特权；在16世纪，在法国有了引进生产威尼斯式水晶的特权、在英格兰则有了引进生产一种特殊类型玻璃的特权。[7]

在15世纪和16世纪，发明特权在威尼斯授予了新的磨坊设计、抽水泵、挖掘机、工具，[8]在英格兰授予了一种挖掘机械，[9]在萨克森授予了"喷水机"（用于从矿山排水）、磨臼、制盐的方法、节约木柴的方法（特别是在矿石冶炼、制盐、啤酒酿造、砖瓦和石灰烧制的时候）、用于耕田和播种的工具。[10]大约在1530年以后出现的皇家特权，同样主要也是授予了有关矿山的发明；此外还授予了有关钟表、射击武器、乐器，特别是制造管风琴的发明。[11]从西班牙独立出来的荷兰在1579年所设立的特权制度主要是为了保护发明。在独立后的前50年颁发了大约450项特权，大多都授予了水利机械发明，但也

---

〔4〕 一个1234年的例子，参见 *Kurz*, S. 28 f.

〔5〕 *A. Osterrieth*, S. 27.

〔6〕 *Machlup*, Patentwesen, S. 233；*Silberstein*, S. 43 ff.；*Kurz*, S. 30 ff., 49 ff., 74 f.

〔7〕 *Silberstein*, S. 145 ff., 152 f., 173 f., 183, 186；*Kurz*, S. 148 f.

〔8〕 *Silberstein*, S. 27；*Kurz*, S. 44 ff.；über ein Privileg, das 1594 Galilei für ein Wasserpumpwerk erhielt, ausführlich *Theobald*, GRUR 1928, 726 ff., und *Kurz*, S. 63 ff.

〔9〕 *Silberstein*, S. 197.

〔10〕 *Müller*, GRUR 1939, 936 ff.；*Silberstein*, S. 83；*Kurz*, S. 82 ff.

〔11〕 *Pohlmann*, GRUR 1960, 277, 280 f., 282 f.；*Kurz*, S. 97 ff.

有光学发明。[12]而这时的引进特权——与以前不同[13]——就不再起什么作用了。

4. 在早期的特权制中，特权并不是可以与现代专利相比的独占权。在某些情况中，通过合同承诺给予创新者一定的优惠就够了；有的时候，创新者还获得附加的特权，创新者可以运用这个特权，要求模仿其发明的第三人支付报酬。在重心转移到这种对第三人的效力之后，与合同无关的特权就开始被授予。如果在特权中规定了报酬的数额，那么就不能禁止那些已经支付了报酬的人实施发明。

随着时间的流逝，这样的规定逐渐占据了主导地位，即任何人未经特权者许可，不得实施新发明。但偶尔还是会明确授予独家实施权。至于特权者所保留的许可权是否就是禁止权，还不是很清楚。根据希尔博斯泰因（Silberstein）的研究，[14]在15世纪和16世纪威尼斯、德国和荷兰的发明特权中，如果其他人支付了合理的报酬，[15]特权者一般[16]就没有权利拒绝他人利用创新。不过，后来特权者的许可权就完全可以理解为独占权。[17]

5. 特权除了规定限制第三人的竞争活动外，还规定了有权授权实施发明、生产新引进的产品或者从事新引进的职业。[18]特权也包含了对有关行会章程限制的豁免；在某些情况中，特权这种对行会章程限制的豁免具有重要的意义，而特权防止竞争的作用则是次要的或者是无关紧要的。不过，这种对行会限制的豁免并不总是必要的，也不会授予不顾行会制度的特权。实际上，许多特权是与行会制度没有多大关系的，这是因为这些特权——如在德意志领土内采矿（君主保留的权利）或者在威尼斯修建保护泻湖、维护水渠和供给粮食的设

---

〔12〕　*Silberstein*，S. 73 ff.；*Kurz*，S. 122，125 ff.，134.

〔13〕　*Kurz*，S. 116 ff.

〔14〕　Insb. S. 21 f.，75 ff.，84 ff.

〔15〕　如果就报酬未能协商一致，会有什么样的后果，则并不明确。在某些荷兰的特权中，假如没有就报酬达成一致意见，那么由行政机关对此进行控制。参见 *Silberstein*，S. 84。

〔16〕　如果发明人自己是生产者，有意取得独家生产权，也有能力供给市场，希尔博斯泰因就将这种许可权（许可条款）解释为真正的禁止权。只是在这种情况中他也觉得明显是授予了一种独占活动的权利（特别垄断条款）。随着有关机械设计的特权向有关工商业产品特权的扩展，这种情况日益增多。因此，这里的许可权就具有一般的独占实施权的意义，而特权——虽然没有进行明显的强调——则具有垄断的性质。参见 Silberstein，S. 80 f.，S. 90，S. 87，S. 89f.

〔17〕　至于这种权利是否具有排他效力或者只有禁止模仿者的效力，现在几乎还不清楚。这里的措辞一会儿指这个，一会儿指那个，参见 *Kurz*，S. 75，94 f. 非常怀疑他是否有问题意识，参见 *Kurz*，S. 131 f.

〔18〕　在这里，这种特权就是指免除个别职业自由的限制，参见 *Beier*，in：Coing/Wilhelm，S. 187；sie wurden deshalb auch als Freiheiten bezeichnet，vgl. *Müller*，GRUR 1939，938 f.

备——要受到国家的特别监督。[19]此外，新颖性要求也有助于划清特权与行会章程所规范的行业部门之间的界限，但是，这种新颖性要求也并不能完全排除特权与行会之间的利益冲突。[20]

6. 几乎不存在确定的授予特权的规则。虽然授予特权是君主的恩赐，但也不能说君主是随意授予特权的。15世纪和16世纪的实践使人们确认了某些前提条件，如果不满足这些条件，一般是不会授予特权的：[21]优先提出申请的人[22]和保护客体的新颖性（但只要求在受保护的领土范围内）；[23]可实施性，这在多数情况中是要通过"实验"来证明的；[24]有用性。不过，即使满足了这些前提条件的要求，也没有请求授予特权的请求权。随着申请的数量以及需要事先审查任务的增多，促使了君主们要努力平等地去处理这些申请和审查，不听审查员意见的情况是很少的。[25]在荷兰，实践中人们已接近从习惯法上承认发明人要求获得保护的权利。[26]

特权的有效期是有限制的，大多数是5~10年，个别情况中也有权利人整个一生的。[27]如果没有得到权利人的同意就实施了发明，那么对此的制裁就是——在国库与权利人之间进行分配的——罚款，此外，还存在没收和销毁未经同意生产的产品的风险。

授予特权的形式就是签发一个官方证书，称为"开着口的信"（litterae patentes），这就是今天"专利"表述的来源。在这种证书中，包含了创新的一般名称，但并没有详细的说明。提起申请和授予特权的动机主要有，对创新者的成果的认可、对其努力和成本的回报，但也有国家所希望的利益以及对发明活动的激励作用，不过，在不同的时期不同的国家，强调的重点是不一样的。[28]

---

〔19〕 *Silberstein*, S. 14 f., 30 ff.

〔20〕 *Silberstein*, S. 28, 85, 94, 101, 124, 172, 181.

〔21〕 Vgl. im einzelnen *Silberstein*, S. 91 ff.; *Pohlmann*, GRUR 1960, 275 ff. und 1962, 23; *Müller*, GRUR 1939, 941 ff.; *Kurz*, S. 98 ff.

〔22〕 Der Vorrang des „ersten Erfinders" entsprach demjenigen des „ersten Finders" im Bergrecht, vgl. *Silberstein*, S. 48 f.

〔23〕 Silberstein, S. 100.

〔24〕 Dazu *Kurz*, S. 92 f.

〔25〕 *Pohlmann*, GRUR 1960, 274 und 1962, 23; *Silberstein*, S. 68 f., 72.

〔26〕 *Silberstein*, S. 74 f., 297.

〔27〕 *Müller*, GRUR 1939, 948.

〔28〕 Vgl. A. *Osterrieth*, S. 28; *Silberstein*, S. 48, 50, 52, 66, 95; *Müller*, GRUR 1939, 941; *Zimmermann*, GRUR 1967, 179 f.; dazu den von *Theobald*, GRUR 1928, 726 ff. wiedergegebenen Privilegienantrag von Galilei.

7. 在较早的时代，由于没有其他的成文规定，1474 年的《威尼斯法》[29]就具有一个特别的地位。这部法律规定，对一个——成熟可用的——新的和有独创性的设备（nuovo et ingegnoso artificio）可以在一个行政机关（den Provveditori di Commun）申请一个 10 年的保护，任何未经原创者同意的模仿，都要面临罚款和销毁未经允许生产的客体的风险。这部法律所期待的是，通过这些反对模仿和阻止侵犯创作者声誉的预防措施，激励有才华的人给国家带来有益的发明。引人瞩目的是，这部法律规定的保护似乎并不依赖于国家的授予行为，而完全是一种取决于个人的行为。但是，发明人是否利用了该法的好处，没有任何的记载。实际上，即使在威尼斯，君主授予的特权仍是唯一保护发明的办法。不过，这种习惯上的做法也许是与该部法律所列的前提条件和目的一致的。[30]

8. 直至 16 世纪中叶才在一些国家领土内形成授予特权的基本原则，并没有对现代专利法产生直接的决定性影响。现代专利法的发展是在关于特权制度蜕化现象的争论中才开始的，特权制度的这种蜕化现象主要在英格兰和法国导致了专制统治和重商主义的经济政策。这种特权制度不仅通过收缴特权费为国王的国库开辟了财源，而且还阻止了出于进口目的的资金外流，从而促进国内企业的生产。授予特权的标准也发生了相应的改变：新颖性和优先提出申请的人标准失去了意义；起决定性作用的是与当时具体的机会主义经济政策相吻合的有用性标准。[31]在这里，发明特权与引进特权之间的界限变得完全模糊不清，出现了开拓海外疆土的特权。为了财政的利益，甚至还给予了那些本来就已长期在国内生产的产品和开展的职业垄断地位。完全随意地给宫廷宠臣授予特权情况也不少见。这种慷慨大方地扩大授权范围的行为增大了特权带来的负担。对这种滥用特权制度的反对就导致——在英格兰很快地，而在法国则是在大革命时期——取消了所有的垄断和特权。但是，与此同时，在这两个国家都认可了对新的发明给予有时间限制的保护。

9. 大约从 1560 年开始，英格兰对盐、醋、干鲱鱼、腌鱼、皮革制品、肥皂、刷子、瓶子、铁、硝、淀粉、帆布等授予了垄断权。[32]受到这种垄断阻碍的工商业者对此进行了抵制，消费者也有抱怨。为此，法学家们攻击这种垄断

---

[29]　„Parte" vom 19. 3. 1474；üebersetzung u. a. bei *Troller*, S. 25；*Berkenfeld*, GRUR 1949, 140 f. ；*Kurz*, S. 54.

[30]　Näheres bei *Kurz*, S. 59 ff. ；s. auch *Schippel*, in：Lindgren（Hrsg.），Europäische Technik im Mittelalter, S. 539, 545 ff.

[31]　Vgl. *Silberstein*, S. 194 f. , 215, 238.

[32]　Nach A. *Osterrieth*, S. 29, *Silberstein*, S. 194, 199.

违背了传统的普通法，有些垄断还被法院宣告无效。[33] 英格兰议会始终对这种滥用垄断的情况持批评态度，并在雅各布一世（Jakob I.）的时代，开始实施1624年颁布的[34]《垄断法》[35]。

这部法规的目的，是要将王室授予垄断权的权限限制在传统的普通法的界限之内。因此，它宣布，有关购买、销售、使用和制造客体的所有垄断以及现在和未来授予的独占权，都是无效的。但是王国授予给第一个和真正的发明人的关于独占实施各种新生产方法或者生产新产品的专利和特权，则是明显的例外，它们的有效期是14年。[36] 如果存在其他人，他们在国内已经在先实施了这些方法或者生产了这些产品，那么它们就不能获得保护了。此外被该法排除在保护之外的还有：违反法律、使生活费用变高而损害国家利益、阻碍贸易以及不利于公共健康的情况。但是，这部法律的条文并没有要求发明要有积极的有用性。

直至17世纪长期的政治动乱之后，这部法律才得到王室的尊重。[37] 在这部法律基础上发展出来的程序性原则已经有了现代专利法的雏形，例如，要对发明予以说明的规定就是一例。[38] 一直到了19世纪，英格兰都还在适用这部大部分由不成文法构成的法律。人们几乎没有察觉到这部法律没有规定授予专利的请求权，这是因为，如果满足了法律和习惯要求的前提条件，即使没有规定这种授予专利的请求权，也是可以获得专利的。[39] 1852年开始——从1835年起就开始进行了一些个别的修改——这部法律才对此进行了详细的规定。[40]

10. 在法国，特权在专制时代对于促进大规模的工业生产扮演了一个特殊的角色。它使新建立的王室手工制造业能够应对大多数小工商业者的阻碍，甚至还能对付之前的特权权利人和完全僵化了的行会制度。[41] 当时的经济政策目标要求要有一个严格的实施义务，否则就会受到丧失特权的制裁。这时给发明人的特权相对较少，比如，巴斯卡（Pascal）获得了对于算盘的特权（1649

〔33〕 Vgl. *Klostermann*, S. 270；影响尤为突出的是垄断案（1602年黛西（Darcy）诉阿伦（Allen）案）的判决，该判决宣布进口和销售纸牌的垄断无效；Näheres bei *Kurz*, S. 162 ff.。

〔34〕 Zur Datierung *Damme/Lutter*, S. 3 Anm. 4；*Osterrieth*, S. 32 Anm. 3.

〔35〕 Ausführlich dazu *Kurz*, S. 168 ff.（mit Textauszug）.

〔36〕 这是当时一般学徒期的2倍。在颁布这部法律之前允许授予21年的保护期，如果要延长保护期则需要得到议会的同意，参见 *Klostermann*, S. 273 f.，276。

〔37〕 *Silberstein*, S. 206；*Kurz*, S. 175 ff.

〔38〕 *Silberstein*, S. 207 f.；Klostermann, S. 274 ff.；*Kurz*, S. 198 f.

〔39〕 *Silberstein*, S. 206 f.；*A. Osterrieth*, S. 34.

〔40〕 *Klostermann*, S. 278 ff.，282 ff.；*Kurz*, S. 312 ff.

〔41〕 *Silberstein*, S. 215，221，234 f.；*Klostermann*, S. 319 ff.，380 ff.

年），惠更斯（Huygens）则取得了对于钟表的特权（1657 年和 1675 年）。[42]
1699 年以后，还规定了对有关机器的申请要通过王室研究院[43]进行审查，但
在实践中这个规定的意义不大。

直到在自由主义思潮影响下，作为经济政策工具的特权制度几乎完全退出
了历史舞台，这时法国才开始对特权制度进行法律上的规范：1762 年颁布的
法规对发明特权的有效期和继承进行了限制，但原则上也认可了发明特权的合
法性。[44]

这样，法国就将其对发展现代专利制度的贡献留给了大革命的立法。在
1789 年，整个特权制度，包括发明特权在内，统统被取消了。但当人们看到
英格兰在专利的保护下技术发展活跃，这又使许多人认为，保护发明似乎是必
要的。当时由于所有形式的垄断都是专制经济政策的工具，遭到了人们的痛
恨，因此对发明的保护就需要有新的理由。支持保护发明的人从这样一种思想
中找到了理由：发明人对于其发明拥有的一种自然财产权。就像从大革命中获
得的从业自由一样，这种财产权同样也可以看作人权的流溢。[45]还有这样一种
观点：发明人将他的知识公之于众，那么作为一种合同上的对价，发明人就应
该获得对其发明的保护。经过布孚雷准备（de Boufflers）的一个著名报告，[46]
在 1791 年 1 月 7 日法国通过了《专利法》[47]。这部法律宣告，所有行业部门[48]
的任何"发现或者新发明"都是属于其原创者的财产，法律保障其充分享有
其发现或者发明（第 1 条）。在这部法律的前言中，除了说明保护发现或者发
明的财产权理由之外，还说明了该部法律的目的是鼓励国内的发明创造活动。
由于这部法律也允许引进专利（第 3 条），因此，这部法律反对自然法上的请
求权。要获得保护，其前提是要提出申请，为此，法国在 1791 年 5 月 25 日还
颁布了一部有关实施细则的法律，申请人可以依据其所缴费用的相应等级，请
求 5、10 或者 15 年的保护。法国法的规定在某些方面是以英国法为榜样的，
法国法与英国法的根本区别是，在法国法中不对新颖性或者有用性进行官方的
预先审查。因为如果要进行这样的审查，就会很容易使人们想到刚刚才克服的

---

〔42〕 *Neumeyer*，GRUR Int. 1956，247；*Oelschlegel*，Mitt. 1980，163 ff.；zu Pascal：*Kurz*，S. 212 ff.

〔43〕 *A. Osterrieth*，S. 35；*Neumeyer*，aaO；*Kurz*，S. 218 ff.

〔44〕 *Klostermann*，S. 321 f.；*Damme/Lutter*，S. 18；*Silberstein*，S. 247 ff.；*Kurz*，S. 230 ff.

〔45〕 1791 年的《专利法》的序言写道："如果人们不承认工商业发现是其原创者的财产，那么
就严重地侵犯了其原创者的人权。"

〔46〕 Vgl. *Neumeyer*，GRUR Int. 1956，249 ff.；*Kurz*，S. 238 ff.

〔47〕 Text bei *Kurz*，S. 242 ff.

〔48〕 经济计划部门及其他这类部门被 1792 年 9 月 20 日通过的法律明确排除，法律文本参见
Kurz，S. 250。

行会和行政机关对工商业者的约束。[49]此外，人们也认为，发明一经完成，无需履行任何形式，发明人对发明就拥有了类似于财产权的权利，那么授予专利就只有确认拥有这种权利的作用，[50]因此，进行新颖性或者有用性审查也就没有什么必要。至于专利权人是否有权拥有这个发明，则是在以后有争议的时候，交由法院来裁决。

11. 在美利坚合众国建立不久，它就颁布了一部受英国法和法国法双重影响的《专利法》。1787 年《宪法》就已授权国会（第 1 条第 8 款），"为了促进科学和实用艺术的进步，应当赋予作者和发明人在有限的时间内对于其作品和发现的独占权"。以此为基础，在《宪法》生效之后不久的 1790 年 4 月 10日美国就颁布了《专利法》。[51]

美国之所以能够用有时间限制的独占权迅速恢复了对发明的保护，[52]首先是因为《宪法》本身就有这样的观点：对发明的保护可以有效地推动进步。其次，知识产权的思想也产生了影响，这种影响的表现是，美国的《专利法》准予了发明人的请求获得保护的权利。1791 年的法国法对美国法的直接影响则似乎表现在，美国认可了发明人的独占性财产权，并且取消了官方的预先审查，[53]不过，美国在 1836 年又重新引入了这种预先审查制度。

§5 德国 1877 年《专利法》之前的历史

1. 在德国，30 年的战争造成了经济的全面崩溃，之后的恢复非常缓慢。当时的时代精神不利于从事冒险和创新性活动，狭隘的保守主义行会制度麻木僵化。因此，发明特权的数量大幅下降，即使在较少遭到战争创伤的地方，如荷兰，情况也同样如此。[1]在这一时期仍然是遵循旧的原则授予发明特权。

例如，在 1723 年，萨克森的管风琴和钢琴制造师希尔博曼（Silbermann）获得了关于"古典钢琴"的一个特权。在这个特权证书里写道：他"通过不

---

〔49〕 *Damme/Lutter*, S. 23 f. ; *Klostermann*, S. 329 f.

〔50〕 1800 年起被删除，取而代之的是每一项专利"不经政府担保地"被授予参见 *Klostermann*, S. 327。

〔51〕 Zur Vorgeschichte *Neumeyer*, GRUR Int. 1956, 241 ff. ; *Kurz*, S. 272 ff. （Text des Gesetzes S. 276 ff.）.

〔52〕 在殖民地时代，英国法和一些殖民地的法律规定了发明保护；vgl. *Kurz*, S. 252 ff.

〔53〕 *Damme/Lutter*, S. 33 f. ; *Kurz*, S. 288 f.

〔1〕 Vgl. *Silberstein*, S. 297.

懈的努力和思索……发明了一种崭新的，否则没有人知道的乐器。"[2]

2. 特权制度在 18 世纪上半叶传入奥地利，它在这里变成了重商主义经济政策的工具。特权制度在奥地利不仅对于建立新的，而且对于——通过大幅度延长其有效期的办法——维护现存的手工业也是有利的。由于对特权制度的批评日益增长，因此在后来的实践中，授予和延长特权都是很严格的。[3]这种对授予和延长特权的严格限制对保护发明产生了消极的影响。大约在 18 世纪的末期，由于接触到了来自英国的技术创新，对保护发明的兴趣才又活跃起来。在 1794 年，奥地利还制定了关于发明和引进特权的原则性规定，它们所强调的是（国内的）新颖性的要求，[4]并且要求原则上在 10 年期限内负有在国内实施发明的义务。[5]结果，涉及机器尤其是纺织领域的特权申请随之增加。1810 年的一项法令强调指出，特权是一种恩赐，在保护到期之后，应当将创新完全公开。[6]在伦巴第（Lombardei）和威尼斯继受了这种规定后，1820 年又有一部新的法律被颁布；这部法律受到了当时在法国实行的法国法的影响，特别是它排除了对保护的前提条件的官方审查。[7]保护的有效期——最长 15 年——随着缴付的费用增加而延长。如果在 1 年之内没有实施，那么就会注销特权。法律没有赋予要求授予特权的请求权，不过，如果满足了法律规定的要求，一般是可以获得特权的。[8]1820 年的这部法律，经过 1832 年和 1852 年的少许修改之后，[9]基本上一直实行到了 19 世纪末，直到 1897 年才又颁布了一部完全新的《专利法》。

3. 在普鲁士，17 世纪中叶之后，基于国家财政上的考虑，根据机会主义的经济政策，授予的是行业垄断。这遭到了一部分人的激烈批评。这种垄断给予发明的似乎不是特权，而是金钱的奖励。[10]直到 18 世纪末，普鲁士才开始对发明进行保护。这种根据普鲁士一般邦法授予的特权，被认为是国王的恩赐，是普通法律的一种例外。申请和授予的特权数量都很少，主要是有关棉花和丝绸生产的特权。[11]1806 年进行的改革，受自由主义经济观点的影响，人们

---

〔2〕　*Silberstein*，S. 254.

〔3〕　*Schönherr*，S. 224 f.

〔4〕　*Schönherr*，S. 225 f.；*Beck v. Mannagetta*，Das österreichische Patentrecht，1893，S. 95 ff.

〔5〕　*Beck v. Mannagetta*，aaO，S. 97.

〔6〕　*Schönherr*，S. 227；*Beck v. Mannagetta*，aaO，S. 101.

〔7〕　*Schönherr*，S. 229；*Beck v. Mannagetta*，aaO，S. 106 f.

〔8〕　*Schönherr*，S. 231 f.

〔9〕　*Beck v. Mannagetta*，aaO，S. 116 ff.

〔10〕　*Silberstein*，S. 266，300.

〔11〕　Vgl. die Aufzählung bei *Heggen*，GRUR 1974，76 f.

抛弃了重商主义和垄断制度，但是，对于保护发明也持怀疑的态度。对于保护发明至关重要的是在1815年的"授予专利公告"中总结的基本原则，[12]这些原则直到1877年仍起着重要的作用。它们规定——发明人并没有请求权——商务部负责授予专利。[13]保护的期限可以从6个月到15年不等，大多数情况是3年。"技术工商代表团"负责审查新颖性和独特性。首次引进的在国外在先使用的发明是能满足这些要求的，但是，事先的公开却被认为是破坏新颖性的，即使是在国外的公开也是如此。[14]这种对发明的保护在实践中并没有产生多大的影响。直到1845年，有大约四分之三的申请被驳回，而在这之后被驳回的比例就更大。这是因为技术工商代表团对授予专利持很严格的态度，技术工商代表团的主席伯特（Beuth）认为，促进"工商业努力奋斗"的最好办法是一种强有力的、但数量却控制在较小范围的专利保护。[15]

4. 相比于普鲁士而言，巴伐利亚和符腾堡对于专利制度的态度要友好些。巴伐利亚在获得了法尔茨之后，仍保留了在那里实施的1791年的法国法。而在右莱茵地区，还可以根据1825年的《工商业法》授予"工商业特权"，其保护期可长达15年。法律没有规定要进行事先审查，但要求保护的客体要有新颖性、独特性和公益性。至于受保护的客体是否满足了这些条件，则是在出现争议的时候，由民事法院来裁决。要维持特权就必须实施受保护的创新，并缴付递增式的费用。在后来对法律的修改和补充中，还认可了发明人的获得保护请求权，引入了"专利"的称呼，并对引进特权进行了限制。[16]

在符腾堡，1819年《宪法》明显区分了两种特权。一种只是由法律规定的职业特权；另一种则是由政府授予的，长达10年的发明特权。1823年和1836年的《职业条例》[17]对此进行了详细的规定，它们没有要求要进行事先审查，还允许引进特权。

在其他德意志国家，直至1877年，只有萨克森（1853年）、汉诺威（1847年）以及黑森大公国（1858年）有对保护发明的特别规定，其中，萨克森与巴伐利亚和符腾堡一样，实行的是一种登记制，而汉诺威和黑森大公国则是一种普鲁士式的预先审查制。其他国家则仍是根据一般规定或者没有成文法的依

---

〔12〕 Text bei *Kurz*, S. 332 f.

〔13〕 这本来是与普鲁士一般邦法有矛盾的，直到1845年颁布了具有法律效力的营业条例才消除了这一矛盾。参见 *Kohler*，Handbuch，S. 23；*Klostermann*，S. 234.

〔14〕 Vgl. *Damme/Lutter*，S. 41.

〔15〕 Vgl. *Treue*，S. 165 f.；*Heggen*，GRUR 1977，323 f.；*Wadle*，GRUR – FS，Rdnr. 66.

〔16〕 Vgl. *Damme/Lutter*，S. 41 f.；*Osterrieth*，S. 41 f.；*Kurz*，S. 336 f.

〔17〕 Ausführlich dazu *Kurz*，S. 338 ff.（mit Auszug aus der Gewerbeordnung von 1828）.

据视具体情况授予特权；而对自由贸易情有独钟的汉萨城市不来梅、汉堡和吕贝克以及纯农业的梅克伦堡则根本就没有对发明的保护。[18]

5. 由于有众多国境线切割了德意志联邦的地域，从而阻碍了经济的发展。这种众多的国境线对于保护发明来说就意味着，如果要在任一国家寻求保护，就必须根据不同的法律规则分别申请。1833 年在德意志的土地上建立起了关税同盟，随着国与国之间的贸易越来越方便，越来越活跃，这种保护发明的缺陷就变得日益明显了。另外一方面，如果由单个成员国授予的保护权赋予了阻止从其他国家进口依发明生产的产品的权限，那么这种保护权还有可能成为国家之间贸易的障碍。由于这些原因——120 年之后这些原因在欧共体这个更大的范围之内又以同样的方式出现——关税同盟开始不断召开会议协商专利制度，但是，这并没有取得根本上的统一。这是因为，一方面，普鲁士的经济政策是不利于专利保护的；另一方面，其他国家，特别是南德的成员国，对专利保护又是持肯定态度的；二者的态度很难协调。因此，1842 年关税同盟国订立的《专利公约》只是确定了一些基本原则，仅仅只是减轻了由领土和法律分裂所造成的缺陷：专利只能授予新的、有特性的客体；在其他成员国出现的事件被视为破坏新颖性。[19]任何成员国必须像对待其自己的国民一样，以同样的前提条件授予其他成员国国民专利（国民待遇原则）。对于在成员国已经是专利客体的发明，其他成员国只能将有关该发明的引进专利授予给该专利的第一个权利人。而对于来自第三国的发明，则还是可以给予引进发明的人以专利保护。为了促进国与国之间的贸易，对专利效力进行了限制：授予的专利不再具有禁止进口或者销售专利客体的权利。同样也没有禁止使用这些客体的权利，但例外的是，为"工厂的生产和企业的经营"使用机器和工具是受到禁止的，不过"公众一般使用和消费商品"却又是允许的。[20]由此可见，专利权人能够阻止的对发明的实施，只是那种表现出了国内生产活动的实施。这种极端的规定体现了普鲁士式的自由观念。[21]

直至 1877 年都没有"全德统一"的保护发明的规定。在德意志联邦时代成功实现了票据法与商法领域的统一（1848 年《德国票据法》、1862 年《德国普通商法典》），而在专利法领域的相应努力却以失败告终。[22]其原因主要是普鲁士对此的保守冷漠的态度，更为特殊的困难是，要克服领土分裂对保护发

---

〔18〕　Vgl. *Osterrieth*，S. 40；*Damme/Lutter*，S. 43.

〔19〕　*Damme/Lutter*，S. 44.

〔20〕　Wortlaut bei *Klostermann*，S. 184 f.

〔21〕　Vgl. *Nirk*，in：Hundert Jahre Patentamt，S. 354.

〔22〕　Vgl. *Heggen*，GRUR 1977，324；*Treue*，S. 170 f.；*Wadle*，GRUR – FS，Rdnr. 70.

明所造成的限制，不是协调各个国家的国内规定就能做到的，而只有集中授予整个经济地域内统一的专利权才有可能实现这一目的。此外，专利保护受到日益增多的责难也是原因之一。人们怀疑专利保护的合理性，不断地要求全面取消专利保护。

6. 1850 年左右开始的反专利运动——不仅仅在德国[23]——的原因——多多少少被误解或者被夸大了[24]——主要是以亚当·斯密自由主义经济制度和自由贸易理论为依据的国民经济学。比如，约翰·普林斯－史密斯（John Prince－Smith）1863 年就在德国国民经济学家大会上宣称，授予专利是通过法律强制设立的垄断，阻碍了工商业活动。[25]在他的提议下，大会认为，给予发明专利保护有害于公共利益，建议全部予以取消。[26]大会还否认了发明人对于其成果享有权利，理由是：发明是当时文明的结果，是公共财产。[27]

自由主义的经济思想以及自由贸易的理论对普鲁士的管理者们产生了很大的影响，使得专利授予率出现了大幅下降：在 18 世纪 50 和 60 年代几乎 90%的专利申请遭到了拒绝。[28]此外，还出现了要求彻底取消专利保护的呼声。

1853 年由商会和地区政府进行的民意调查结果显示，只有很少的人支持取消专利保护。但在 10 年之后，就有了三分之二的——在诱导式询问下——商会支持撤销专利保护。[29]

担任北德意志联邦宰相的俾斯麦在 1868 年提出了一项议案，要求审查在联邦范围内将来是否还应当给予专利保护。[30]1869 年荷兰取消了专利保护。[31]在同一年，维克多·伯梅特（Viktor Böhmert）在其《建立在国民经济基础和工业经验之上的专利》中写道，"专利制度已经熟透了，已经越来越成了人类文化之树上的腐朽之果"。[32]

7. 自由贸易主义学派拒绝专利保护的态度，是与技术人员、工程师和企业家积极改进保护发明的努力背道而驰的。首先积极推进保护发明的是 1856

---

〔23〕 *Machlup*，Patentwesen，S. 236 f. ；*Silberstein* S. 278 f.

〔24〕 Vgl. *Silberstein*，S. 277，299；*Beier*，in：Coing/Wilhelm，S. 197；*Machlup*，Grundlagen，S. 17.

〔25〕 Auszug aus seiner Rede bei *Kurz*，S. 355 ff.

〔26〕 *Kurz*，S. 354.

〔27〕 Vgl. *Silberstein*，S. 277.

〔28〕 Vgl. *Treue*，S. 168 f.

〔29〕 *Treue*，S. 168 f. ，173；*Kurz*，S. 358.

〔30〕 *Treue*，S. 174 f. ；*Silberstein*，S. 276；*A. Osterrieth*，S. 45；*Kurz*，S. 360 f. ；*Wadle*，GRUR－FS Rdnr. 150.

〔31〕 *Kurz*，S. 388 ff.

〔32〕 *Heggen*，GRUR 1977，324；*Silberstein*，S. 276；*Kurz*，S. 361.

年成立的德国工程师协会，[33] 然后还有德国化学学会。维尔纳·冯·西门子
（Werner von Siemens）对专利保护作出了杰出的贡献，他在 1836 年发表了一
份支持专利保护的意见书。[34] 鲁道夫·克洛斯特曼（Rudolf Klosterman）的著
作《所有国家的专利立法》（1869 年）第一次用德语从法学角度详细阐述了
专利法，论述了保护专利的理由，并给出了如何构建专利保护的直观材料。

专利保护的支持者强调，保护发明能够激励发明活动，从而有利于工业的
发展，促进企业家投资创新，而且还能避免对新发明进行保密这种不利于发明
活动的措施；由于没有足够的专利保护，结果导致了德意志工业产品落后，缺
乏出口的能力——这最终在费城举办的世界博览会上表现出来——也使得许多
发明人移民国外。[35] 这些是现实和经济政策上的理由，促使人们用它来解释自
己的国民经济学。此外，认为发明人应该拥有对其成果的权利的思想，则起着
次要的作用。

8. 这种有关专利的激烈争论最终并不仅仅是由于这些理由有多么重要来
决定胜负的，是政治和经济关系的变化对此作出了实质性的贡献，导致了第
一部统一的德国专利法产生：1869 年的《工商业条例》引入了普遍的从业
自由原则，这同样需要解决专利的问题。[36] 1871 年建立的帝国的《宪法》已
经授权就发明专利进行立法；因此，这就有了可能在整个经济区域内实行一
种唯一的保护权；对专利权在德国内部受到限制的怨恨烟消云散了。[37] 1873
年的经济危机[38] 使自由贸易理论失去了影响力，一些以前批评专利保护的人
现在也认为专利保护是促进国内经济发展的手段。即使在普鲁士，确信专利保
护是有益的观点也占据上了上风。为了世界博览会的举办，1873 年在维也纳
召开了国际专利大会，[39] 这对于专利保护也起到了极大的推动作用。这次大
会作出的决议指出，"所有文明国家都应当确保立法保护发明，因为正义感
要求用法律保护智力劳动。"因此，在西门子的主持下，成立了德国专利保
护协会。该协会起草了一份法律草案，这份草案与西门子所写的一份备忘录
一起在 1876 年呈交给了俾斯麦。与维也纳专利大会的建议相对应，这份法
律草案——为了避免反对这种垄断权——规定，任何人只要支付了合理的报

---

〔33〕 *Bluhm*, GRUR 1952, 341, 343 ff.

〔34〕 *Kurz*, S. 358 f.

〔35〕 *Heggen*, GRUR 1977, 324 f.；*Treue*, S. 173 ff.；*Kohler*, Handbuch, S. 28.

〔36〕 *Beier*, in：Coing/Wilhelm, S. 202.

〔37〕 *Beier*, aaO S. 203.

〔38〕 Vgl. *Treue*, S. 173.

〔39〕 Ausführlich dazu *Kurz*, S. 363 ff.

酬，专利权人就必须允许其模仿、利用该发明（普通许可强制）。[40]在此后不久由帝国宰相签署的法律草案中，仍保留了这个基本原则，只是表述形式不同而已。

对立法团体的游说进展顺利。1877年5月25日，《专利法》通过，同年7月1日起生效，之后不久皇家专利局在柏林设立。这部法律认可了请求获得保护发明的权利，但只将这项权利赋予第一申请人，而不管其是否是发明人（申请人原则）。如果申请人是非法掠夺的发明，那么发明人可以阻止将专利授予给申请人或者提起宣告该专利无效的请求。但发明人并没有权利要求转让非法的申请或者转让依据非法申请所授予的专利。专利申请要经过官方的预先审查。除了国内公开的在先实施之外，所有——包括国外的——书面形式的在先公开，都会破坏发明的新颖性。食品、嗜好品和药品以及以化学方法生产的物质，被排除在了授予专利的范围之外，只有它们新的生产方法才有可能获得专利保护。保护期最长15年，维护专利权需要缴付递增式费用。如果专利权人在3年内没有在国内合理的范围之内实施发明，该专利就可能被收回。此外，尽管为了公共利益实施发明似乎需要得到专利权人的许可，但在支付合理报酬的条件下，专利权人如果拒绝许可实施该发明，同样也会导致收回该专利。

§6 1877年之后的德国专利立法[1]

Ⅰ. 1891年和1936年的改革

1. 在第一部《帝国专利法》的经验基础上，德国很快就开始对专利法进行了部分改革。这些改革主要涉及专利局的组织和程序，也对实体法作了重大的修改。比如，1891年4月7日颁布的《专利法》就改善了受到非法掠夺侵

---

〔40〕 Vgl. *Heggen*, GRUR 1977, 326；*Machlup*, Patentwesen, S. 238；*Kurz*, S. 374ff. ；ausführlich *Pahlow*, Monopole oder freier Wettbewerb? Die Bedeutung des „ Licenzzwangs " für die Reichspatentgesetzgebung 1876/77；in：Pahlow（Hrsg. ）Die zeitliche Dimension des Rechs. Historische Rechtsforschung und geschichtliche Rechtswissenschaft. 2005，S. 245 – 271；nach ihm sollte der Lizienzzwang nichr nur dem „ Monopol " – Vorwurf entgenwirken, sondern auch die Stellung der Unternehmer, insb. der Großindustrie, gegenüber den Erfindern stärken（aaO S. 264ff. ）.

〔1〕 接下来的论述只涉及最重要的改革，更为全面的描述可以参考 *Benkard/Rogge*, Einleitung PatG Rdnr. 7 – 38 und *Benkard/Goebel*, Vorbem. GebrMG Rdnr. 1 – 2 f. （bis 2005），*Busse/Keukenschrijver*, vor Einl. PatG（S. 1 f. ）und EinlPatG Rdnr. 12 – 39 sowie vor EinlGebrMG（bis 2003）. Sie verweisen auf die Fundstellen der Änderungsgesetze. Soweit die Änderungen nach der letzten Neubekanntmachung liegen, sind sie（mit amtlichen Fundstellen）z. B. in der Textausgabe Gewerblicher Rechtsschutz – Wettbewerbsrecht – Urheberrecht genannt.

犯的发明占有人的地位：如果发明占有人提起请求恢复其申请人地位的异议获得了成功，那么法律就会承认在非法申请公开之前的申请日为该发明占有人自己申请的申请日。这部新的法律还将——之前的法院判决[2]已经认可了的——方法专利的效力延及由该方法直接生产的产品，从而给予了方法专利必要的保护：禁止从不保护方法的外国进口适用了专利方法的产品。[3]为了能在实践中实行这条规定，法律还对生产新物质的方法进行了推定：任何具有同样性质的物质都是按照受保护的方法生产的。这些有关方法保护的基本原则直到今天仍然有效。

此外，这部法律还限制了过去100年内在申请前因书面公开对新颖性的影响（这种新颖性概念一直保留到了1977年），只有授予了专利的在前申请才对更早的申请有阻碍作用；此前对于故意侵权主要是刑法保护，而这部法律还补充规定，对于重大过失可以提起民事请求权。

2. 对于简单的技术创新，专利局对发明专利的预先审查以及高昂的专利费，都是一笔不经济的开支。于是人们试图通过1876年的《式样和模型著作权法》用一种简便廉价的方法来保护这些简单的技术创新。但这一努力却并没有获得成功，这是因为——正如1878年的一个判决[4]已经解释过的那样——这部法律只适用以美感为目的的，而不是以实用为目的外观设计。1891年6月1日颁布的《实用新型法》弥补了这一缺陷。根据这部法律，如果"工具、日用品或者它们的零部件的模型的新形状、编排或者组合有利于实现工作或者实用的目标"，那么无须对其进行可保护性的预先审查，只要缴付少量的费用，就可以登记为实用新型，从而迅速获得长达6年的保护。

3. 在19世纪与20世纪之交的时候，又开始了新的改革思考，因此，在1913年又公布了一部新的专利法草案。[5]但是由于战争原因，这部法律草案并未能付诸实施。20世纪20年代再一次的改革努力也没有取得什么直接的进展。直到1936年才出现了深层次的新改革，但这仍然是一种改革的前期准备（参见第4点）。《实用新型法》从一开始就是改革讨论的热点问题，[6]但直到1936年也没有取得什么有价值的进展。

1891年到1936年，只有一些个别的修改和补充是值得一提的。1904年的一项特别法律规定，如果发明在官方认定的展览上展示之后6个月之内提起了

〔2〕 RG 14.3.1888 Methylenblau, RGZ 22, 8, 17 f.

〔3〕 这主要是指进口在瑞士按照受德国专利保护的方法生产的化学产品, 参见 *Kurz*, S. 393 f.

〔4〕 Urteil des Reichsoberhandelsgerichts v. 3.9.1878 ROHGE Bd. 24, S. 109.

〔5〕 *Beier/Moufang*, Rdnr. 18.

〔6〕 S. *Kraßer*, GRUR – FS, S. 617, 640 ff., Rdnr. 30 ff.

申请，那么该发明就被赋予了一种不丧失新颖性的优先权。1911年的一项法律取消了不服从强制许可将受到收回专利处罚的规定，取而代之的是规定了因公共利益授予强制许可的请求权，并同时降低了授予专利之后强制实施的要求。1923年，专利的保护期延长至18年。同年，为了消除战争期间颁布的多个单项措施导致的混乱局面，《专利法》和《实用新型法》被重新颁布。

4. 1936年5月5日的改革，尽管是服务于国家社会主义[7]，但它并不是"第三帝国"的作品。[8]这次改革的根源，正如已经说过的，是非常久远的。这次改革的大部分结果至今仍然有效。这主要是指它最为重要的部分，即用发明人原则取代了申请人原则，也就是说认可了真正发明人的权利，这实际上是早在1913年的法律草案中就已经规定了的内容。在法律上还规定了发明人权的人格权方面内容：发明人拥有不可放弃的在申请时或者授予专利时写明其身份的权利。为了保护发明人权，如果出现了非法盗取其发明的情况，这部《专利法》赋予了发明人提起异议的权利，如果异议成功，受侵害的发明占有人就获得了非法申请的优先权。除此之外，法律还给予了发明占有人与过错无关的要求转让[9]非法申请或者转让已授予专利的请求权，以及要求写明或更正发明人身份的请求权。

没有得到解决的是有关职务发明的问题。有关职务发明的规定本来应当由《劳动合同法》来规范，但在1942年却出现了《雇员发明处理条例》，1943年还颁布了该条例的实施细则。[10]

一系列新的规定方便了经济上处于弱势以及缺乏商业经验的发明人获得和实施专利。属于这种规定的有：如果在6个月的"新颖性宽限期"内先行公开了发明，这对新颖性是没有损害的，即使是发明人自己公开的也是如此。与此相应的是，如果发明人在申请专利之前将发明告知了其他人，发明人还保留了阻止其他人拥有由此而产生的先用权的权利。新设立的"特许同意"制度将专利权人的禁止权弱化成了报酬请求权，因此允许专利权人只缴付一半的年费。

为了改进对专利的保护，新的规定认可了在轻微过失情况下（在这种情况中存在减轻处罚的可能）与侵权人过错无关的停止侵害请求权和损害赔偿请求权，从而强化了对专利侵权的民事处罚。鉴于审理专利诉讼案件的法官需

---

〔7〕 Bl. f. PMZ 1936, 103.

〔8〕 *Beier/Moufang*, Rdnr. 51.

〔9〕 自1892年法院判决就以侵权法为基础对此加以了确认，参见RGZ 29, 49。

〔10〕 Ausführlich dazu *Schippel*, GRUR – FS, S. 585, 606 ff., Rdnr. 31 ff.; s. auch *Kurz*, GRUR 1991, 422, 423 f.

要有特别的专业知识，因此，专利诉讼的一审案件完全被分派给了通过条例确定的少数州法院。[11]为了阻止滥用经济上的优势地位，对于实质上同样的行为，原则上不允许提起多项基于不同专利的诉讼。此外，还允许以减少诉讼标的值为基础确定经济上弱势当事人缴纳的费用（诉讼标的额优惠）。

5. 1936年的《实用新型法》放弃使用"模型"这一概念来称呼保护的客体。这是因为即使不使用这一概念，只有新的有形的形状设计才能享有保护的思想仍能清晰地表现出来：法律保护的不是模型，而是在工具和日用品中体现出来的空间思想。[12]

为了更好地说明保护客体，从此以后在申请中就必须要有保护的权利要求。对于此前在申请中一直强制要求的"模型的仿制品或者图片"，则可以用绘图进行代替，不过，仍允许递交模型。

为了消除无效的实用新型，在专利局引入了注销程序。而且，即使专利局没有注销该实用新型，还可以在法院提起对实用新型的无效之诉。与先前的实用新型或者专利有着类似客体的实用新型，也可能被注销。

在这部法律中，许多条文要么继受了《专利法》的规定，比如有关新颖性宽限期和侵权法律后果的规定，要么规定可以适用《专利法》相应的规定，比如那些体现了发明人原则的规定，但有关写明发明人身份的规定却是一个例外。

没有被这部法律继受的《专利法》规定有：在对同样的行为提起诉讼中应尽可能在一个诉讼案中主张所有有关的保护权，给予经济上处于弱势的当事人诉讼标的额优惠，由州法院专门负责专利争议案件的一审，以及将专利争议案件交由某些法院集中审理。但是，如果依据一般规定州法院有管辖权，那么还允许在负责集中审理的法院提起上诉。

Ⅱ. 1945年之后专利制度的恢复以及1968年之前的改革

1. 第二次世界大战使得专利局的活动受到了巨大的限制，[13]到了1945年4月就完全陷入了瘫痪，1948年之后才开始逐渐复苏。首先，英占区和美占区所组建的"联合经济区"制定了管理措施，然后，联邦德国进行了立法：为了清理战争和战后所造成的问题，[14]从1949年至1953年颁布了5部过渡法以

---

〔11〕 根据1936年9月10日颁布的条例，有管辖权的法院有柏林、杜塞尔多夫、法兰克福、汉堡、莱比锡、纽伦堡所在地的州法院，参见 Bl. f. PMZ 1936，174。

〔12〕 Amtliche Begründung, Bl. f. PMZ 1936, 116.

〔13〕 Vgl. *Nirk*, in：Hundert Jahre Patentamt, S. 380 f.；*Beier/Moufang*，Rdnr. 63，65.

〔14〕 Näheres bei *Nirk*, aaO, S. 382 f.；*Benkard/Rogge*, Einl. PatG Rdnr. 15 ff.；*Beier/Moufang*, Rdnr. 68，71 ff.

及其他规定。在 1948 年 10 月 1 日分别在达姆施塔特和柏林设立了受理处。在这里人们可以递交具有优先权效力的申请，但还不能获得保护。1949 年 10 月 1 日在慕尼黑建立了德国专利局，作为柏林的帝国专利局的继承者，随后还在柏林设立德国专利局的"柏林办事处"。德国专利局这时授予的专利不进行全面预先审查，只是对 1952 年 1 月 1 日之后递交的申请才又开始进行全面的预先审查。

1953 年颁布了第 5 部过渡法，同时又重新公布了《专利法》和《实用新型法》，直至这时专利制度才在联邦德国和西柏林的范围内恢复了。[15]这种恢复——尽管有个别的修改——在内容和组织上实质上也只是到了战前的状态。但在许多方面的进一步发展促进了德国专利法的深层改革，这种改革完全可以称之为德国专利法的大变革，尽管它仍然保留了 1936 年《专利法》的基本构架，并且许多单项条款也还在继续适用。

2. 由于 1942 年、1943 年颁布的有关职务发明的规定有许多不足之处，至少在形式上也过时了[16]，因此 1957 年 7 月 25 日颁布的《雇员发明法》对此重新作了全面的规定。[17]这部法律结合了《专利法》中的发明人原则，赋予了作为职务发明原创者的雇员对其职务发明的原始权利。但这一基本原则会因为雇主单方面的干预权发生一些变化，雇主可以运用这一权利主张其对于劳动成果在劳动法上的请求权。如果雇主主张了这一权利，那么雇主就负有给雇员支付合理报酬的义务。

3. 宪法规定，对于任何公权力侵犯私权的行为都应给予司法救济（《基本法》第 19 条第 4 款）。因此，1961 年的《专利法》对于专利机关的组织进行了根本性的改革，并对程序性的规定作出了重大的修改。[18]根据当时的规定，对于专利局决定的申诉是由专利局的申诉庭负责作出决定的，而这个申诉的决定并不再接受进一步的审查。由此可见，只有当申诉庭也可以被看作法院的时候，这种规定才能说是满足了基本法的要求。联邦最高行政法院在 1959 年的一个原则性判决中[19]否定了这一点，主要的原因是在申诉庭与专利局之间没

---

〔15〕 1959 年，随着萨尔州的重建，《专利法》和《实用新型法》在此适用；vgl. *Beier/Moufang*，Rdnr. 76 m. Nachw。

〔16〕 Zur Frage ihrer weiteren Anwendbarkeit *Schippel*（FN 10）Rdnr. 38 m. Nachw.

〔17〕 Zur Vorgeschichte *Beier/Moufang*，Rdnr. 86；*Schippel*（FN 10）Rdnr. 40 ff.；*Kurz*，GRUR 1991，422，424 ff.

〔18〕 Dazu ausführlich *A. Krieger*，FS BPatG，1986，S. 31 – 46；*Pakuscher*，FS Lorenz，2001，S. 19 ff.；vgl. auch *Beier/Moufang*，Rdnr. 89 mwN.

〔19〕 BVerwGE 8，350 = GRUR 1959，435；aufschlußreich dazu *Grabrucker/Böhmer*，FS VPP，2005，S. 551 – 568.

有组织上的独立性，而专利局本身又是一种行政机关。对于德国专利局申诉庭的决定，可以根据行政法院程序的一般规定提起撤销之诉，三审终审。但是，由此可能造成的迟缓，就像行政法院的许多附加诉讼造成的负担一样，将是难以忍受的。这里存在特殊的实质性问题，行政法院是难以应对的。因此，就取消了在专利局内部对专利局的决定提起申诉的规定，建立了一种独立的司法审级，并且排除适用通常的行政诉讼途径。《基本法》的补充规定（现在的第 96 条第 1 款）允许联邦设立一家联邦法院负责处理工业产权保护方面的事务。紧接着根据 1961 年 3 月 23 日的第 6 部过渡法，专利局的申诉庭和无效庭从专利局脱离出来，归入了独立的联邦专利法院。为了对所有《专利法》和《实用新型法》问题作出统一的司法裁判，[20]对于专利法院申诉庭的判决可以向联邦最高法院提起———一般不需要得到同意———上诉。对于无效程序和民事专利诉讼案件，迄今为止联邦最高法院一直是最高的审级。在联邦专利法院的人员构成中，明确要有能胜任专利局审查工作的懂自然科学的技术人员，而且还至少要有一位法律专业人员的参与。

4. 为了减轻专利局的负担，1967 年 9 月 4 日颁布了《〈专利法〉〈商标法〉以及其他法律修订法》。这部法律被理解为是全面改革计划的部分预演，因此被称为是一部"先行法"，它主要是改革了从专利申请的递交到专利申请公布的程序过程。[21]此前的事实表明，这一时期在可预见的时间内，德国专利局已经无法做到对所有专利申请的可保护性进行全面的审查。这是因为，一方面专利申请的数量在增加，更主要的是另一方面：已申请的发明技术难度增大并且审查材料的范围也在扩大，这样就导致了对单个申请案审查的时间越来越长。1967 年就已经累积了 275000 件未完成审查的专利申请，而在过去的几年，每年都要增加 15000～18000 件未完成审查的申请，因此人们必然会担心这种积压将持续增长。因此，根据荷兰的经验，在 1968 年 10 月 1 日引入了至今都还具有重要意义的"延迟审查制"。依据这种审查制度，只有在提出特别的请求并支付费用之后，才对申请进行全面的技术审查。这种审查请求可以自申请日起 7 年内提出，如果在 7 年内未提出审查请求，专利申请就失效了。经验表明，有不少已申请的发明在几年之后不是在经济上没有了意义，就是在技术上过时了，因此可以估计到的是，这种延迟就会使得对这些申请的审查变得完全没有必要了。依据过去的法律，只有在审查完成之后才公布申请（这是有利于申请人的）。为了避免"迟延审查制度"也造成这种公开的拖延，新的

---

〔20〕　在此并没有规定联邦专利法院管辖的其他案件范围。

〔21〕　Dazu *Beier/Moufang*，Rdnr. 90 m. Nachw.

规定是，所有的申请无论其是否提出了审查请求，都应最迟在18个月之后公之于众（公开）。这样，相比于过去的制度，新的规定使得公众一般可以较快地知悉发明。为了补偿公开发明给申请人的秘密造成的损失，申请人有权要求实施其发明的人予以补偿。但是，如果没有经过对可保护性的全面审查，申请人就没有禁止权。而不管是否进行了全面审查，自申请之日的第3年起，申请人就必须缴付年费。延迟审查的办法明显减轻了专利局的负担。有大约三分之一的申请超过了7年的期限，不再需要进行审查。另外，由于要发行专利申请的公开说明书，并将其归入应审查的材料，这又增加了专利局的负担。[22]

同样是受减轻专利局负担观点的影响，但在减轻负担方面效果并不好说的是，这部"先行法"引入了业界长期以来就要求的对物质的保护：取消了对食品、嗜好品以及以化学方法生产的物质授予专利的限制。[23]

不禁止保护物质的国家的经验已经表明，保护物质可能产生的危险并没有出现或者是可以防止的。事实上，在德国实践中对方法的保护也已经很接近对物质的保护了。在德国，所谓的类推方法本来作为方法是缺乏可保护性的，但在考虑该方法生产的新物质特性的条件下已经对其给予专利保护了。

5. 在《实用新型法》中，第6部过渡法（参见第3点）使得有关申诉的规定适应了新的管辖规则。同时，还参照《专利法》的条款规定了实用新型的强制许可。在1956年还准许了诉讼标的额优惠的规定（参见本节 I 4）。

6. 在经过1961年和1967年的修改之后，《专利法》和《实用新型法》被分别重新颁布。

Ⅲ. 欧洲法和国际法的影响以及1976年之后的其他修改

1. 在批准《关于统一发明专利实体法中某些概念的斯特拉斯堡协定》《专利合作条约》和《欧洲专利公约》（参见§7 I c，Ⅱ a 3，b）之后，1976年6月21日颁布的《国际专利条约法》对授予专利的实质性前提条件、无效和异议理由重新作了规定。此外，还将专利的保护期——1978年1月1日以后提交的申请——延长到了20年，并对有关保护范围的规定作了重大调整。这些有关可授予专利的新规定几乎完全符合了1973年的《欧洲专利公约》的相关规定，也使得《专利法》适应了《斯特拉斯堡协定》。与过去德国专利法有很大不同的地方主要是所谓的绝对新颖性概念。依据绝对新颖性的概念，不管

---

〔22〕 *Häußer/Goebel*, 20 Jahre Offenlegung von Patentanmeldungen aus der Sicht des Deutschen Patentamts, GRUR Int. 1990, 723 – 727.

〔23〕 Dazu *Beier/Moufang*, Rdnr. 80 m. Nachw. – über die Diskussion um den Stoffschutz berichtet *Bruchhausen*, GRUR – FS, S. 323, 328 ff., Rdnr. 6 – 20, der zu den ablehnenden Stimmen kritisch Stellung nimmt.

发明是在什么时候、什么地方或者以什么形式事先公布或者实施的，判断发明是否具有新颖性的唯一标准是，发明是否在优先权日（Prioritätsstichtag）之前已经公开。另一个不同的地方是，在过去只是单纯地禁止双重授权，而现在则是将在申请之前递交的但在这之后才公开的国内申请划入了现有技术。此外，还对有关尚未提起申请的发明的公开或者公开实施不损害新颖性的新颖性宽限期和展会临时保护的规定，进行了严格的限制。

2. 为了使德国法与共同体市场未来的欧洲专利规则（参见§7 Ⅱ c 1）相适应，1979 年 7 月 26 日颁布的《共同体专利法》引入了一系列进一步的新举措。尽管共同体专利的设想尚未实现，但是这些改革成果还是在 1981 年 1 月 1 日生效了。相比于以往的法律，这些改革主要对专利的效力进行了更为详细的规范。但与以往的法律在实质上不同的地方只是在细节方面。有关许可的新规定也同样如此。除了这些根据《欧洲专利公约》所作出的修改之外，还有一些涉及程序方面的改变：特别是现在——就像在欧洲专利局一样——只能在授予专利之后才能提起异议。其他变化还有，允许主张国内在先申请的优先权（国内优先权），专利局局长参加申诉和上诉程序等。为了使人们能更好地了解这部包含所有修改的法律，1981 年 1 月 3 日发布的《联邦法律公报》完整地公布了重新编排条款序号的 1980 年 12 月 16 日《专利法》。

3. 过去，《专利法》的欧洲化对《实用新型法》并没有产生什么影响。但在修改后的《专利法》生效之后，人们开始思考，《专利法》的规定和基本原则是否以及在哪些方面应当适用于《实用新型法》，从而使人们依据法律参照性规定和类推推论时能运用这些规定和原则。[24] 1986 年 8 月 15 日颁布的《〈实用新型法〉修改法》[25]回答了这一问题，并进行了重要的改革。在这部法律的基础上，1986 年 8 月 28 日公布了重新编排条款序号的《实用新型法》，1987 年 1 月 1 日这部法律开始生效。

关于保护的客体，这时候的定义是，"如果工具、日用品或者它们的一部分表现出了新构型、布置、装置或者连接，有一定的创造性方法，能在工业上运用，那么它就可以作为实用新型给予保护。此外，实用新型的客体还可以是成套的零部件。"

过去的表述在语言上是不明确的：对于工具等它要求有一定的创造性方法和工业上的可运用性，而对于布置、装置或者连接则要求有新颖性。因此，对

---

〔24〕 Zur Diskussion hierüber *Kraßer*（FN 6）Rdnr. 109 ff. mit Nachw.

〔25〕 BGBl. I S. 1446 = Bl. f. PMZ 1986，310；Begründung aaO 320 ff.；zu den Vorarbeiten *Kraßer*（FN 6）Rdnr. 114 ff.

于到底什么才是应当保护的客体，就不明确了。此外，在过去的表述中，第一句话用"实用新型"指保护的客体，而在第二句话中则用其指保护权。即使在修改后的法律的其他条款中也还有这种用语上的不一致性，至今也没有完全消除（参见§1 B I 1）。

这部法律在实体法上作用不大，它只不过是小心地放松了对于具有连接特征的客体或者由多部分组成的客体的保护前提条件。但是，这部法律却坚持，保护的客体中的创新必须以"空间形式"体现出来，由此也将不少可以获得专利保护的客体排除在了实用新型保护之外。此外，这部法律用"创造性步骤"代替了"创造性活动"，从而确认了此前在法院判决以及大多数文献中已经认可了的规则，即实用新型保护虽然要有一定的创造性成果作为前提条件，但与专利法的要求相比，其要求应该更低一些。

《实用新型法》并没有像《专利法》那样修改对新颖性的要求（参见第1点）：它仍然将相关现有技术限制在书面说明和国内实施的范围之内。新颖性宽限期也保留了广泛的适用范围。从这时开始，不再从申请之日起，而是——常常是从较早的时候起——对申请的时间有决定性影响之日起开始计算。并不是所有未公开的在先申请都属于现有技术，与以前一样，只有那些客体被授予了专利或者登记为实用新型的申请才会阻止在后申请的实用新型的有效性。

《实用新型法》中其他有关可保护性的规定则是从《专利法》中继受过来的：有关工业上可应用性的定义就与《专利法》中的定义是一样的。列举不视为是发明而被排除在保护之外的客体和活动时采取了导言的形式："尤其是……不能视为实用新型的客体"。将某些发明排除在授予专利之外的理由，如果它们在《实用新型法》的适用范围内是有意义的，那么它们也是排除某些发明登记为实用新型的理由。

实质上，上面最后说到的那些规则只不过是明确地确认了以前已经得到认可的基本原则。同样的情况还有：依据《专利法》相应规定撰写的、现在已经很明确的、关于保护效力的规定，以及模仿《专利法》通过一条有关许可的条款对侵权法律后果所做的补充规定。相反，在《专利法》和《实用新型法》中都还没有规定，权利转移和许可都不影响此前授予给第三人的许可，第三人享有"连续保护"。后来在联邦最高法院的一项判决中涉及这一问题，因此，在修改《实用新型法》的时候就借机将这一点在两部法律中都进行了规定。[26]

与《专利法》一样，在申请实用新型时也允许主张享有在联邦德国国内有效的在先申请的"国内优先权"。《实用新型法》还明确了只是当在先申请

---

〔26〕 BGH 23. 3. 1982 Verankerungsteil BGHZ 83，251 = GRUR 1982，411；dazu die 4. Aufl.，S. 693 f.

也同样是实用新型时，该在先申请才视为撤回，而《专利法》中则直到 1991 年才作出相应的明确规定。

一项根本性的改革是对——专利申请之后才提起的就同样客体的——实用新型辅助申请进行"分案"：先前递交了专利申请的，就同一个发明可以在一个很宽裕的时间之内提出实用新型申请。

允许将有效期——在缴费之后——再延长 2 年，也就是说将最长期限扩展到 8 年。

对申请的修改完全是参照《专利法》的规定，违反禁止扩大原则也是撤销实用新型申请的理由。

由于不进行全面的预先审查，为了减少由此所造成的不稳定性，因此法律规定，在缴付一定的费用之后，可以请求专利局就实用新型或者实用新型申请的客体的可保护性在有关的出版物进行检索（选择性检索）。

涉及实用新型的民事纠纷——包括授权集中审理的州——完全由州法院负责一审。

在程序法方面也有许多新的规定。这样一来，那些——大多数是类推适用《专利法》的规定——此前已作为有效的法律在实践中被广泛运用的规则，由 1981 年《专利法》的相应规定吸收，从而得到了确认或者澄清。

4. 1990 年 3 月 7 日颁布的《反盗版产品法》[27] 也加大了对专利和实用新型侵权的处罚：增加了销毁侵权产品及专门或几乎专门用于生产侵权产品的设备的请求权以及报告侵权产品销售渠道的请求权，强化了刑事处罚的威慑力度，降低了提起刑事控告的要求。此外，对于在进出口时发现的明显的侵权产品，这部法律还允许海关予以临时扣押。

对《实用新型法》的修改还包含了有关保护客体的新规定：[28] 取消了对保护客体的"空间形式"的要求，这就使得所有可以获得专利的发明也有可能取得实用新型的保护。但这并不是没有限制的：方法就明确被排除在实用新型的客体之外。

有关实用新型保护范围的规定也参照了《专利法》的相应规定，其也允许将保护期延长 2 年，最长期限不超过 10 年。

5. 由于品种保护的适用范围扩大到了所有植物种类，因此，将不具备品

---

〔27〕 该法全称是《加强知识产权保护和反盗版产品法》（PrPG），BGBl. I S. 422 = Bl. f. PMZ 1990, 161（mit Materialien）.

〔28〕 Vgl. *Tronser*，GRUR 1991，10 ff.；zum vorausgegangenen Meinungsstreit und zur Vorgeschichte *Kraßer*（FN 6）Rdnr. 121 ff.，133 ff.

种可保护性的植物品种排除在授予专利之外的规定在1992年就失效了。

6. 鉴于批准药品的程序很长，常常损失了大部分有效的专利保护期，因此，在欧洲层面引入了补充保护证书（参见§7 Ⅱ d aa 1）。由于这种补充证书是各个国家的专利局授予的，因此在《专利法》中引入了一些必要的规定，并且——通过参照当时实施的欧洲条例的办法——如此规定：这些规定还适用于将来可能为其他产品引入的补充证书，[29]1996年对农药就适用了这样的规定。

7. 1998年6月6日颁布的第2部《〈专利法〉修改法》[30]简化了申请程序：允许不必到专利行政机关现场——现在是德国专利商标局——可以在专利信息中心递交申请；并对书面形式的要求进行了规定，为以电子形式递交申请扫清了障碍，使2003年10月15日以后以电子形式递交专利申请成为可能（参见第8点）。这部法律还允许递交用德语以外的语言撰写的申请，但要求必须在规定的期限内提交德语的译文。至此，一系列有关申请、优先权和注册登记的规定，要么进行了简化，要么以明确的形式重新进行了表述。在对德国专利法院"无效认定庭"（Nichtigkeitssenate）判决的上诉和申诉程序中不再考虑《专利法》的特殊性，与《民事诉讼法》和《诉讼费用法》的一般规则进行了协调。扩大了拒绝法律听审的非限制性法律上诉理由。在实体法上，对有关强制许可的规定严格按照TRIPS重新作了详细的规定，与此相应的是取消了收回专利的规定。

8. 2002年，《专利法》第125a条和《实用新型法》引入了一条规定：如果在德国专利局、联邦专利法院和联邦最高法院的程序中对申请、请求、其他行为、声明等规定了书面形式要求，只要电子文档适合专利局或者法院处理的，那么这些电子文档的记录在广义上就满足了这种书面形式的要求。但要实现这项规定还需要颁布一个法律条例。2003年就颁布了适用于部分领域的条例，并规定了这些文档应当满足的要求。[31]《专利条例》[32]也对此前在《专利

---

〔29〕 Gesetz zur Änderung des Patentgesetzes und anderer Gesetze vom 23.3.1993 BGBl. I S. 366 = Bl. f. PMZ 1993, 169（mit Materialien）.

〔30〕 Zweites Gesetz zur Änderung des Patentgesetzes und anderer Gesetze（2. PatGÄndG）BGBl. I S. 1827 = Bl. f. PMZ 1998, 382（mit Materialien）.

〔31〕 Verordnung über den elektronischen Rechtsverkehr im gewerblichen Rechtsschutz（ERv – GewRV）vom 5.8.2003 mit Anlage, BGBl. I S. 1558 = Bl. f. PMZ 2003, 320. Durch zwei Verordnungen vom 26.9.2006, BGBl. I S. 2159, 2161 = Bl. f. PMZ 2006, 305, 306, wurde die Erv – GewRV aufgespalten in die VO über den elektronischen Rechtsverkehr beim BPatG und beim BGH und die – die Möglichkeiten elektronischer Einreichung erweiternde – VO über den elektronischen Rechtsverkehr beim DPMA. Die für BGH und BPatG geltende VO wurde mit Wirkung vom 1.9.2007 neu erlassen（BGBl. I S. 2130 = Bl. f. PMZ 2007, 368）.

〔32〕 Verordnung zum Verfahren in Patentsachen vor dem Deutschen Patent – und Markenamt（Patentverordnung – PatV）vom 1.9.2003 mit Anlagen, BGBl. I S. 1702 = Bl. f. PMZ 2003, 322, in Kraft seit 15.10.2003.

申请条例》中的规定作了相应的修改。

9. 为了使德国专利商标局的工作和流程组织全面合理化，尤其是为了能对所有费用的收取过程引入自动监督机制，2001 年 12 月 13 日颁布的《清理知识产权领域收费规则法》[33] 修订了德国专利商标局所有工作范围内的收费规则。除了调整不同保护权的单行法规（比如《专利法》和《实用新型法》）规定的少数例外，《专利费用法》及其费用目录对缴费的规定取代了适用至今的《专利收费法》。只是在这部法律中才说明，在哪些情况中是必须缴付费用的。《专利费用法》对大部分有关费用的到期、缴付的期限以及未及时缴付的法律后果集中作了规定。取消了将这种法律后果与相关官方通知挂钩的规定；对程序费用救助的规定进行了相应的扩展，从而取代了减免年费的复杂规定。

10. 为了减轻德国专利商标局的负担，通过《清理知识产权领域收费规则法》（参见第 9 点）在《专利法》中补充规定了第 147 条第 3 款。根据该条款，对在 2002 年至 2004 年——在某些前提条件下还可以是更早的时候——提起的异议，由联邦专利法院的申诉庭受理。[34] 2004 年，该条款的有效期被延长到 2006 年 6 月 30 日。[35] 自 2006 年 7 月 1 日起[36]，原则上又由德国专利商标局负责受理异议，但是在某些条件下，如果当事人提出请求，也可以移交给联邦专利法院。

根据这条有关异议程序管辖的新规则，如果申请了听证，那么则由专利部负责进行听证；该条规则还消除了异议程序中[37]分割专利的难题。

11. 为了转化《关于生物技术发明法律保护的第 98/44/EC 号指令》（以下简称《生物技术指令》）（参见§7 Ⅱ d aa 3）进行的立法准备工作引起了激烈的争论。因此，德国没有按期在 2000 年 7 月 31 日[38]完成对《生物技术指

---

〔33〕 BGBl. I S. 3656 = Bl. f. PMZ 2002，14（mit Materialien）.

〔34〕 Vgl. *Landfermann*，Die befristete Zuständigkeit des Bundespatentgerichts für Einsprüche und Durch-griffsbeschwerden，FS VPP，2005，S. 160 – 173；mit statistischen Angaben über Auswirkungen der Regelung（aaO S. 165 f.）.

〔35〕 Gesetz zur Änderung des Patentgesetzes und anderer Vorschriften des gewerblichen Rechtsschutzes，BGBl. I S. 3232 = Bl. f. PMZ 2005，3.

〔36〕 Tag des Inkrafttretens des Gesetzes zur Änderung des patentrechtlichen Einspruchsverfahrens und des Patentkostengesetzes vom 21. 6. 2006 BGBl. I S. 1318 = Bl. f. PMZ 2006，225（mit Materialien）；Berichtigung BGBl. 2006 I S. 2737 = Bl. f. PMZ 2007，1.

〔37〕 Dazu die Voraufl.，S. 631 ff.

〔38〕 欧洲法院在 2004 年 10 月 28 日的判决中宣布，联邦德国违反了及时将指令转换为国内法的义务。

令》的转化，直至 2005 年 1 月 21 日颁布的法律才完成转化。[39]在这部《专利法》中补充了一系列有关授予专利的前提条件、排除授予专利的情况、专利效力以及限制专利效力的新规定，它们大部分直接采用了指令的原文，但也有一些不同于指令条文的地方。从内容上来看，这些新的规定部分是确认了此前已被法院判决认可，但法律没有明确规定的规则。此外，这部法律还以定义、限定、举例、解释等方法，补充和明确了迄今为止的规定和不成文的规则。有些规定涉及与品种保护的关系，并且依照相应的品种保护规定为农民的利益对专利效力进行的限制。与此相关的是，还扩大了对相关保护权的权利人施加强制许可的可能性。此外，这部法律还排除了对生物技术发明给予实用新型保护的可能性。

为了转化《生物技术指令》中有关为申请专利目的而保藏生物材料的规定，在 1998 年《专利法》第 34 条第 8 款的基础上，2005 年 1 月 24 日颁布了《生物材料保藏条例》。[40]

12. 依据为科学实验目的实施发明而限制专利效力（《专利法》第 11 条第 2 项）的欧盟指令[41]，2005 年 8 月 29 日的《〈药品法〉修改法》增加了 1 个条款。根据这条新增的条款，为了得到《药品法》上的批准而进行的必要研究、试验以及由此而产生的实际要求，不受专利效力约束（《专利法》第 11 条第 2b 项）。

13. 在批准《欧洲专利公约 2000 年修订案》后（参见 §7 Ⅱ b 6），《专利法》和《国际专利条约法》也与新版的《欧洲专利公约》进行了协调，[42]修改的重点涉及实质性保护条件规定的构建和表述。

14. 为了转化欧盟"执法指令"（参见 §7 d aa 4），2008 年 7 月 7 日颁布了《完善知识产权执法法》（参见 BGB1. I S. 1191）。自 2008 年 9 月 1 日起，这部法律对《专利法》和《实用新型法》带来的变化有：重新规定了停止侵权、损害赔偿、排除妨碍和信息告知请求权；新规定了出示证书和其他文件以及检查物品请求权；为了阻止侵权产品的进出口，新拟定了海关措施；新增的规定还有，在有关专利或者实用新型侵权诉讼中，胜诉方有权公开判决。

---

〔39〕 Gesetz zur Umsetzung der Richtlinie über den rechtlichen Schutz biotechnologischer Erfindungen BG-Bl. I S. 146 = Bl. f. PMZ 2005，93（mit Materialien）.

〔40〕 Verordnung über die Hinterlegung von biologischem Material in Patent – und Gebrauchsmusterverfahren，BGBl. I S. 151 = Bl. f. PMZ 2005，102.

〔41〕 Richtlinie 2004/27/EG des Europäischen Parlaments und des Rates vom 31. 3. 2004 zur Änderung der Richtlinie 2001/83/EG zur Schaffung eines Gemeinschaftskodexes für Arzneimittel，AblEU 2004 L 136/34；dazu Gassner，GRUR Int. 2004，983，989 ff.

〔42〕 Gesetz zur Umsetzung der Akte vom 29. November 2000 zur Revision des Übereinkommens über die Erteilung europäischer Patente vom 24. 8. 2007 BGBl. I S. 2166 = Bl. f. PMZ 2007，362（mit Begründung）.

15.《〈专利法〉简化与现代化法（草案）》（2008 年 5 月 30 日版）的内容有：

—— 修改有关无效程序的规定，严格规定无效程序，以减轻负责审理上诉案件的联邦最高法院的负担；

—— 新拟定了规范电子权利交易的法律基础，并且允许联邦专利法院和联邦最高法院受理电子文档；

—— 删除《专利法》第 145 条，从而取消了"强制集中诉讼"（参见本节 I 4）的规定；

—— 在允许外国诉讼当事人聘请非居住在国内的国内代理人的情况中，取消了国内全权送达代表的要求；

—— 有关报告与（可能是儿童药品）延长补充保护证书期限的程序规则；

—— 根据欧盟 2006 年颁布的条例制定准许授予强制许可生产的药品出口至有公共健康问题国家的实施细则；

—— 对于专利申请中第 11 个以及每个再增加的权利要求引入权利要求费。

16. 对于《雇员发明法》，长久以来也只作了很小的修改。但 2002 年 1 月 18 日的《雇员发明法》却在实体法上发生了重大的变动。[43] 它取消了老板或雇主不得要求获取教授与其他高校科研人员发明的"高校教师特权"（原《雇员发明法》第 42 条），并将这些发明以及个别有关自由科研活动和报酬的特殊规定置于一般规则的调整范围。

此外，《雇员发明法》全面改革的准备工作开启，2001 年提出了一个专家草案。草案建议的修改是为了减轻雇主的负担，取消了雇主必须将已申报的发明申请保护的义务，并且规定了一次性计价付酬的形式。至于这些改革是否或者何时能得以实现，如今（2008 年夏天）还难以预料。

不过，上述草案（参见第 15 点）对《雇员发明法》提出了下列修改：

—— 不再是可以有限地，而可以是无限地要求获得职务发明；

—— 无须在规定的期限内宣告这种要求，职务发明只要没有在申报之后的 4 个月内明显地被放弃，就视为宣告了这一要求；

—— 依据现行《雇员发明法》应当书面提出的发明申报与宣告，任何满足《民法典》第 126 条要求的书面形式，都满足了这种书面形式的要求。

没有被接受的修改建议是：雇主的申请义务以及计价付酬的制度。

IV. 民主德国的法律以及德国的统一

参考文献：*Adrian/Nordemann/Wandtke*（Hrsg.），Erstreckungsgesetz und Schutz des

---

[43] BGBl. I S. 414 = Bl. f. PMZ 2002, 121.

geistigen Eigentums, 1992; *Faupel, R.*, Deutsche Einheit und Schutz des geistigen Eigentums, Mitt. 1990, 202 – 209; *Gaul, D./Burgmer, C.*, Das Erstreckungsgesetz für den gewerblichen Rechtsschutz, GRUR 1992, 283 – 293; *v. Mühlendahl, A.*, Gewerblicher Rechtsschutz im vereinigten Deutschland – eine Zwischenbilanz, GRUR 1990, 719 – 748; *ders./Mühlens, P.*, Gewerblicher Rechtsschutz im vereinigten Deutschland, GRUR 1992, 725 – 748; v. Mühlendahl (Hrsg.), Gewerblicher Rechtsschutz im vereinigten Deutschland. Textausgabe mit Einführung, 1992; *Schinke, H.*, Die Auswirkungen der „ Wende " auf dem Patentgebiet in den neuen Bundesländern, FS VPP, 2005, S. 46 – 57; *Vogel, M.*, Zur Auswirkung des Vertrags über die Herstellung der Einheit Deutschlands auf die Verfahren vor dem Deutschen Patentamt und dem Bundespatentgericht, GRUR 1991, 83 – 92.

1. 在民主德国，专利制度以及对发明的保护都根据在那里所引入的社会主义经济体制的基本原则作了相应的调整。1950 年颁布了一部新《专利法》，并同时在柏林设立了发明与专利局。主要的改革是在独占专利之外引入了类似于苏联和其他社会主义国家授予"发明人证书"的经济专利。1983 年颁布的《专利法》[44]仍保留了这一区别。

1956 年新规定了对实用新型的保护，但在 1963 年又取消了这种规定。除了《专利法》之外还有在这之后不断被修改的《创新条例》。该条例规定对于创新成果应写明创新者，使用创新成果应支付报酬。该条例的适用范围远远大于专利保护，尤其是它还包含了非技术性的合理化建议。

发明人在社会主义企业或者国家机构中作出的发明，只能授予经济专利。这里的企业和机构是发明的"来源企业"，有权而且有义务将发明申请经济专利。而其他发明则可以在经济专利与独占专利之间作出选择，申请专利的权利属于发明人。

对实质性条件的全面审查（1963 年以后）——经过请求或者依职权主动进行——原则上只是在授予专利之后才进行。专利权的权利要求是在专利实施之后才最终确定的。

只有独占专利的权利人才拥有实施发明的独占性权利。根据这种独占性权利，权利人就能提起停止侵害之诉。对于经济专利，"发明人依法有权要求得到精神上和物质上的承认"，"社会主义企业和国家机构有权实施发明"；此外，只有当经济专利中的发明还可以取得独占专利的时候，发明人才有实施该发明的权利。

---

〔44〕 Gesetz über den Rechtsschutz von Erfindungen – Patentgesetz – vom 27. 10. 1983, Bl. f. PMZ 1984, 37; dazu die Anordnung vom 10. 11. 1983, aaO 154; Erläuterungen gibt *Schönfeld*, GRUR Int. 1985, 731.

如果有人想要实施受经济专利保护的发明，而依据法律他又无权实施发明，那么就需要得到发明人和专利局的许可。如果未获得必要许可就实施了发明，对于只是授予了经济专利的情况，来源企业就有权要求停止侵权，而在其他情况中，则是由主管的中央国家机构所确定的社会主义企业才有权要求停止侵权。

总而言之，从民主德国的法律可以看出，本国国民只是在例外的情况中才有可能获得独占专利。如果权利人被指定授予或者自己选择了经济专利，他就不能禁止社会主义企业和国家机构实施发明。只有很少领域的经济专利还保留有禁止权，即使是这些很少的禁止权在实践中也被发明人和专利局的许可权限给架空了。对于无权实施经济专利的情况，也只能是在发明本来还可以选择独占专利保护时，并经过国家的授权，才允许主张停止侵害的请求权。相反，独占专利则没有法定的实施权和官方的许可权限的负担，其权利人享有包括针对社会主义企业和国家机构在内的停止侵害的请求权。但是，如果有必须实施发明的国民经济、社会或者文化上的理由，那么在必要的情况下，发明人和专利局局长还可以限制或者取消独占专利的效力。不过，在这种情况中，实施发明的企业则必须对专利权人给予合理的赔偿。尽管有这种"强制许可保留"，但原则上独占专利的权利人还是有权自己决定发明的实施，而经济专利的权利人则完全没有这种权限。

2. 由第一个自由选举出来的民主德国人民议院批准的一项法律[45]对民主德国的《专利法》进行了修改，这部法律在 1990 年 7 月 1 日与民主德国和联邦德国缔结的《关于建立货币、经济和社会联盟的条约》[46]同时生效。这部法律中有关授予专利实质性条件的规定接近当时在联邦德国实施的法律，经济专利制度被取消，从这时起经济专利的申请就被当作独占专利的申请。对于已授予的经济专利，只要在 1990 年底之前提出请求，[47]就可以将其转化为独占专利，有几乎五分之一的经济专利转化成了独占专利。主管部门名称改成"专利局"，《创新条例》也被废除。

3. 依据 1990 年 8 月 31 日签订的《统一条约》，从 1990 年 10 月 3 日起，在原民主德国的地域内，即在"加入地区"内，在包含专利和实用新型法的工业产权保护范围内，联邦德国的法律取代民主德国的法律。民主德国的专利

---

〔45〕　Gesetz zur Änderung des Patentgesetzes und des Gesetzes über Warenkennzeichen vom 29. 6. 1990, abgedruckt in: *v. Mühlendahl*, Textausgabe, S. 256; Auszug aus dem geänderten PatG aaO S. 251.

〔46〕　Vom 18. 5. 1990, BGBl. Ⅱ S. 518, 537.

〔47〕　Zur Antragsberechtigung BPatG 28. 10. 1997 GRUR 1998, 662.

局被解散。已在民主德国专利局申请的保护和已由其所授予或登记的保护权，则由联邦德国专利局在柏林办事处负责继续处理。德国的柏林办事处接收了大量民主德国专利局的工作人员。

从1990年10月3日起就只能在德国专利局申请专利（《统一条约》，附件Ⅰ、事项E、第Ⅱ段数字1第1条第1款）。这些申请以及由此而授予或登记的保护权效力覆盖了整个（扩大了的）联邦地域（参见§2）。

1990年10月3日以后在德国专利局递交的申请，依据《巴黎公约》还可以主张在原民主德国申请时享有的优先权（参见§4）。

1990年10月3日之前，在联邦德国或者民主德国递交的申请以及授予或者登记的保护权，则继续在其原范围内保留效力（参见§3）。因此，扩大了的联邦地域对于"老权利"来说，其保护的地域效力被分成了两部分。在《扩展法》颁布实施之后，这两个部分才统一起来（参见第4点）。

不过，在民主德国递交的专利申请就像在联邦德国递交的在先申请一样，以同样的前提条件对在1990年10月3日之后在德国专利局申请的专利和实用新型产生阻止保护效力（参见§6和§7）。

4. 依据《扩展法》[48]，从1992年5月1日起，被限制在两部分地域内任何一部分的"老权利"（参见第3点）的效力扩展到相应的另一部分地域（《扩展法》第1条、第4条）。因此，这些"老权利"现在也覆盖到了扩大了的联邦德国全部地域，但是有关老权利时间期限的规定仍保留不变。原则上只有有关可保护性和保护期的民主德国法律还可以适用于民主德国的申请和保护权（《扩展法》第5条），不过，如果这些保护权的保护期在1995年12月31日还没有到期的话，在TRIPS批准之后就延长到20年（《扩展法》第6a条）。

无论民主德国授予的专利是否经过对保护条件的全面审查，都是与德国专利局授予的专利相互独立的，具有同等的地位（《扩展法》第6条）。但是，经过请求——请求并没有期限的限制——任何时候都可以对其保护的前提条件进行补充审查（《扩展法》第12条）。

到2001年底还有8281件来源于民主德国的有效专利申请和专利，[49]其中1666件经过了全面的审查，72件还处在审查阶段。

没有转换成独占专利的经济专利（参见第2点），与在联邦地域内授予的

---

〔48〕 Gesetz über die Erstreckung von gewerblichen Schutzrechten（Erstreckungsgesetz – ErstrG）vom 23. 4. 1992 BGBl. I S. 938 = Bl. f. PMZ 1992，202.

〔49〕 辛克（*Schinke*）指出，到2002年底还有3675件，对于之后年份的数据德国专利商标局则没有给出统计说明。

并声明了特许同意的独占专利同等对待（《扩展法》第 7 条第 1 款），任何人在作出相应的通知并支付合理的报酬之后就可以实施该发明（《专利法》第 23 条）。1991 年修改后的《专利法》允许撤销特许同意声明，这就意味着经济专利事后可转换成为独占专利，但前提条件是该经济专利的全部保护前提条件都已经过审查（《扩展法》第 7 条第 2 款）。

但是——与《专利法》第 23 条第 7 款不同——不能因为已经有人作出了打算实施发明的通知就不允许撤销特许同意声明，这种通知的效力仅仅只是说，已作出通知的人有权保留在撤销特许同意之前就已经开始的实施或者已经做好充分准备的实施（《扩展法》第 7 条第 3 款）。

如果扩展的专利、专利申请或者实用新型在其保护范围内相互没有冲突，但由于扩展，相互之间发生了竞合，它们仍然是共同存在的：不管它们申请的时间先后，权利人都不能依据其保护权或者申请对相应的其他权利人及其被许可人主张权利（《扩展法》第 26 条第 1 款）。[50]

但是，如果权利人在扩展区的实施将会对其他权利人或者其他权利人的被许可人产生重大的、总体上不合理的损害时，那么该权利人就必须停止或者限制其在扩展区的实施（《扩展法》第 26 条第 2 款）。

如果扩展的权利在其原来的区域受到一个在其申请日或者优先权日之前产生的先用权的限制，或在扩展区遭遇到了这样的先用权，那么该先用权就扩大至整个联邦德国（《扩展法》第 27 条）。该规则也相应适用于继续使用权。依据 1990 年民主德国的《专利法》由经济专利转换而来的独占专利会受到这种继续使用权的限制，但在这种情况中，专利权人享有要求合理报酬的请求权（《扩展法》第 9 条）。

在扩展联邦德国法律的时候，还考虑到了此前在扩展区合法实施未受保护的发明的实施人的利益。为了阻止这里不诚实的欺骗行为，已在《统一条约》（参见 §5）中将 1990 年 7 月 1 日确定为扩展的标准日期，在这个日期之前已开始的实施可以根据《扩展法》第 28 条在整个联邦区域内继续进行。

但这里的前提条件是，这种实施没有对保护权的权利人或者被许可人产生实质上且总体不合理的损害。对于仅仅只是进口外国产品的实施，则必须满足了《扩展法》第 28 条第 2 款非常严格的前提条件才能主张继续实施。

为了促进对可能由扩展权利的竞合或者扩展实施权所产生的民事权利纠

---

〔50〕 Wohl aber gegen Personen, die lediglich auf Grund einer Lizenzbereitschaftserklärung (§23 PatG) oder deshalb benutzungsberechtigt sind, weil es sich um ein ehemaliges Wirtschaftspatent handelt, für das eine solche Erklärung nach §7 ErstrG als abgegeben gilt (§29 ErstrG).

纷的协商一致的解决，德国专利局设立了调解处。由于只有极少数的纠纷是采用这种途径解决的，第 2 部《〈专利法〉修改法》（参见本节 Ⅲ 7）自 2000 年 1 月 1 日起就取消了有关调解处的组织与程序规定（《扩展法》第 39 ~ 46 条）。[51]

§7　国际专利法的发展

Ⅰ. 世界范围的公约与协调化追求

a）国际协调的必要性

发明是一种无形财产，可以不受地点或国家的限制而同时为多人所利用。但是任何国家都只能在其主权所延及的空间领域内对发明给予独占使用权的保护。禁止未经专利或者实用新型权利人许可实施发明的保护权，在授予该保护权的国家边界之外不具有效力。如果发明的权利人还要在其他国家取得独占权的保护，那么他就必须根据当地的法律制度去申请获得独占权。至于能否获得当地的独占权，还取决于那里的立法在哪些前提条件下允许授予外国人保护权。

在特权制度时代，所强调的是促进国内的工商业发展，因此，在授予保护权方面偏爱的是自己国民，而对于外国人则只是当其在国内经营并实现了创新的时候，才考虑给予其保护权。外国发明人如果不能或者不愿这样做，那么，在这些国家内他就有可能面临不能使用其发明的风险，而在这些国家内实际实施发明并获得了该发明引进特权或者引进专利的人就有可能获得了利用该发明的机会。这种价值观在 19 世纪的专利法——甚至在 20 世纪的个别时候——都还有影响：允许引进专利，只有国内的实践情况才能损害新颖性，不在国内生产活动中应用发明将面临取消或收回专利的风险。

要克服发明保护中的重商主义以及闭关自守的观念需具备两方面的条件：知识产权的思想已开始要求所有国家都要承认发明人由其智力成果原始取得的权利，不需要其他前提条件就应赋予发明人要求获得保护的请求权；此外，还要能认识到，实现了这种理想的条件就会产生巨大的实践意义。19 世纪中叶以来的经济和技术发展使人们看到了这一点。随着国与国之间贸易的增加，专利在扩大和保护出口市场方面的意义也日益明显。因此，有意出口的国家就会认为，在互惠的基础上给外国发明人和企业授予专利是有利的。此外，由于技术越来越复杂，成本费用也在增长，因此，许多发明要获得经济上的成功就需

---

〔51〕　Dazu Beschlußempfehlung und Bericht des Rechtsausschusses，Bl. f. PMZ 1998，418.

要有一个比其来源国更大的市场。

b)《保护工业产权巴黎公约》

1. 依据上述理由认为有必要保护发明的观点，在国际上得到认可是从 1873 年的维也纳专利会议开始的。这次会议的第一个成果是 1883 年 3 月 20 日的《保护工业产权巴黎公约》，[1] 其基本原则是"国民待遇原则"：在保护工业产权方面，任何联盟成员国都应当像给予其自己国民的待遇那样给予所有其他联盟成员国国民——即使这些国民在联盟成员国既没有居所又没有营业所——同样的待遇。因此，联盟成员国国民可以在其他任何联盟成员国，像该成员国的国民一样在同样前提条件下获得专利和实用新型。"特别规定的权利"对国民待遇原则进行了补充：公约任何成员国，即使其本国公民不享有这些权利，它也必须给予其他联盟成员国的国民这些权利。比如，就保护发明而言，尤其是在未实施的情况下，这些最低权利限制了授予强制许可和取消专利的可能性（《巴黎公约》第 5A 条）；此外，公约还赋予发明人在专利中写明其发明人身份的权利（《巴黎公约》第 4 条）。特别值得一提的是，公约规定了联盟优先权。依据有效的优先权，任何在联盟成员国将发明按规定申请了专利和实用新型的人，可以要求将这个申请的时间作为其在 12 个月内在其他联盟成员国就同一发明再次递交申请的时间。如果取得了有效的优先权，那么在第一次申请之后发生的事实，比如公开或者就该发明递交的其他申请，就不会对之后优先权人的再次申请专利产生阻止作用。

2. 《巴黎公约》后来经历了一系列修改，最近一次修改会议是 1967 年在斯德哥尔摩召开的。《巴黎公约》尽管经过了多次修改，但其基本内容仍保持不变。1980 年又开始了一轮修改会谈，但在专利法方面成果甚微。这是由于发展中国家希望对公约进行有利于他们的根本性改革，但对此并没有能够达成一致意见。[2] 这轮会谈最终在 1984 年无限期地中断了。

德意志帝国在 1903 年加入了《巴黎公约》。联盟目前（2008 年 6 月 1 日）共有 173 个成员国，包括所有重要工业国家，比如美国、日本和俄罗斯；中华人民共和国和印度也是它的成员国。

世界知识产权组织（WIPO – OMPI，参见 § 8 B 3）现在负责管理巴黎联盟，其国际局[3] 就是巴黎联盟的秘书处。

---

〔1〕　Zur Vorgeschichte *Beier*，GRUR Int. 1983，339 ff.

〔2〕　Vgl. *Kunz – Hallstein*，GRUR Int. 1981，137 und 1982，45 sowie die Berichte in GRUR Int. 1982，686；1983，930（933 zu V，938 f. zu Frage 67）；1985，604 und GRUR 1984，418.

〔3〕　其前身是由巴黎联盟以及伯尔尼联盟——为保护著作权在 1886 年建立的——国家建立的知识产权联合国际局（BIRPI）。

3. 《巴黎公约》取得巨大成功的原因之一，是因为公约给予联盟成员国在其国内立法方面广泛的自由。不过，公约并不允许依据国民待遇原则要求，在联盟内某国受到保护的外国人的本国也要给对该外国人保护的国家的国民同样内容的法律地位（实质上的对等性）。此外，联盟成员国只在最低权利方面才受到公约的约束（这是为了保护联盟内各国国民的利益）。各国的立法者都会努力避免使本国国民处于一个不利的地位，因此就开始了以最低权利为基础的法律协调。由于《巴黎公约》只规定了少量且极为有限的最低权利，因此总的来看，《巴黎公约》允许各国的保护水平有较大差异。[4] 由此可见，《巴黎公约》有利于那些保护水平极低的国家，而这是以那些有较高法律保护水平的国家为代价的。

《巴黎公约》体系的另一个缺点是，专利仍是由每个国家分别授予，各个国家对于申请专利保护的形式和实质要求又都是不同的。[5]

人们希望修改《巴黎公约》，以实现在尽可能多的国家内以同样的效力实现对专利的保护，但又不增加不必要的费用。不过，这方面只取得了很小的进展。

在 WIPO 框架内努力推进的对《巴黎公约》补充的一些专门条约则取得了巨大成功。首先缔结的是《专利合作条约》（PCT，参见本节Ⅰc）和《国际专利分类斯特拉斯堡协定》（参见本节Ⅰd），此外，还有后来签订的《协调形式和程序规则规定的条约》（参见本节Ⅰf）。但是，对达成关于协调授予专利实质条件和专利效力的条约的努力迄今却未能取得成功（参见本节Ⅰe）。不过，随着《关税及贸易总协定（GATT)》的进一步发展，出现了有关这些问题的范围广泛的协议（参见本节Ⅰg）。

20世纪50年代以来，在欧洲局部范围内发展并部分实现的相互适应和协调的模式，极大地推动了全球范围内的这种协调工作（参见本节Ⅱ）。

c)《专利合作条约》（*Patent Cooperation Treaty*，*PCT*）

1. 1970 年 6 月 19 日，《专利合作条约》在华盛顿签署。[6] 据此，在 1978 年 6 月 1 日之后就可以通过一项"国际申请"，在申请人所标明的每个"指定国"取得申请的效力。对于《欧洲专利公约》（参见本节Ⅱb）的缔约国来说，如果国际申请的申请人指定通过《欧洲专利公约》或者指定的《欧洲专利公约》缔约国已经对此作出规定，那么该国际申请就有了欧洲专利申请的

---

〔4〕 S. *Straus*, GRUR Int. 1996, 179, 180, 184 f.

〔5〕 Hinweise auf frühe Vorschläge zur Zentralisierung von Prüfung und Erteilung gibt *Haertel*, Die geschichtliche Entwicklung des europäischen Patentrechts, EPÜ – GK, 1. Lfg., 1984, S. 5 ff., Rdnr. 4 ff.

〔6〕 Zur Vorgeschichte *Haertel*, GRUR Int. 1971, 101 f.

效力（欧洲——专利合作条约的申请）。

如果 PCT 缔约国还规定了专利之外的实用新型或者相当的保护权，那么同样可以通过这种国际申请去申请这些权利。

2. 修改 PCT 原则上必须召开修订会议，会议的决议还需要得到所有缔约国的批准。对于一些有关组织方面规定的修改，则可以由缔约国所组成的大会以四分之三的多数来决定；这种决议只要得到四分之三的缔约国的批准就可以生效了（《专利合作条约》第 60 条，第 61 条）。修改实施细则可以通过大会的决议来进行，原则上四分之三的票数就可以通过决议（《专利合作条约》第 58 条）。

截至 2008 年 6 月 1 日，《专利合作条约》共有 139 个成员国。通过对其实施细则的多次修改，《专利合作条约》得到了进一步的发展和简化，方便了申请人。对《专利合作条约》的进一步改革也已经开始。

3. 国际申请必须在实施细则所规定的"有权受理机构"——可能是一个国家的专利局或者是欧洲专利局——递交，并且还必须符合《专利合作条约》及其实施细则所规定的形式要求，而指定国则不能有其他的形式要求。至于是否授予专利，则仍由各个国家的专利局自行决定。但是，由主管的"国际检索单位"——这可能又是各国的国家专利局或者欧洲专利局——对任意一项国际申请所做的国际检索报告，却能减轻各国作出是否授予专利决定的负担。国际检索报告将给出检索单位检索到的有关申请专利发明的现有技术的公开文献。此外，申请人还可以请求国际初步审查单位的专利局作一项国际初步审查。对于申请人希望使用这种国际检索报告的指定局（选定局）来说，国际检索报告的结果只是一种附加的帮助，对于是否授予专利的决定并没有约束力。

2004 年 1 月 1 日生效的实施细则中的新规则扩大了国际检索单位的任务：它在提供检索报告的同时，还要就发明是否满足授予专利的实质条件以及申请是否符合规定提出书面意见，并将该意见不经公开地转交给申请人和国际局。如果还提出了初步国际审查，那么该书面意见一般就是受托进行初步审查的审查单位的初步意见。否则的话，国际局将出具与检索局意见一致的报告，并在优先权日之后 30 个月的时候（如果申请人没有提出提前转交的话）才将该报告——作为没有约束力的信息——转交给指定局。

4. 总的来说，《专利合作条约》的目的是在充分维护国家主权的前提下，通过对工作进行国际分工的办法减轻专利局和申请人的负担。但是，依据《专利合作条约》，不仅必须要将这种申请以及相关材料转交给每个指定局，而且在后续的程序中还要提供该国法律所允许的官方语言版本。设在日内瓦的国际局是《专利合作条约》国际申请的接收处理和传送中心，它同时也负责国际申请和检索报告的公布。

d）《国际专利分类斯特拉斯堡协定》

1954年，在欧洲理事会的框架内一项关于专利国际分类的协议被签署。在该协议的基础上，1971年达成了《国际专利分类斯特拉斯堡协定》，[7]截至2008年6月1日，共有58个成员国。该协定要求，在对已申请的发明和已获专利的发明以及技术文献按统一精确划分的技术领域进行归类，从而为相应的检索奠定了坚实的基础。

e）《专利法条约草案》（Draft Patent Law Treaty 1991）及协调实体专利法的其他努力

1. 由于在欧洲进行的法律协调（参见本节Ⅱa，b）对"新颖性宽限期"之内的公开和在先实施不影响授予专利的情况给予了严格的限制，德国专利法中有关这方面的宽松规定就不得不作出相应的修改。要进行与此"背道而驰的改革"就必须得到来自欧洲的成员国的同意，并在世界范围内寻求尽可能广泛的协调。在这方面有可能获得已经实行了有利于申请人的制度的国家的支持，如美国和日本。[8]由德国方面提出的相应提案，促使WIPO在1984年成立了一个专家委员会来负责处理这些问题。[9]

2. 专家委员会成立后不久，又有其他一些问题被纳入讨论范畴。在经过多次会议之后，专家委员会提出了对专利法进行广泛的国际协调的建议。[10]1991年，WIPO将这些作为在专利方面补充《巴黎公约》及其实施条例的《专利法条约草案》予以公布，[11]并将其提交给1991年6月3日至28日在海牙举行的外交会议。

> 草案包含：有关由缔约国所组成的联盟的规定，负责管理和修改条约的机构及其程序的规定，有关条约生效、加入和退出的规定；除此之外，草案不仅包含有关形式和程序性问题规定的建议，而且还有关于实体法规定方面的建议，特别是有关调整专利保护的适用范围、专利保护的实质性前提条件（在该草案的框架内规定了宽松的新颖性宽限期）、申请专利的

---

〔7〕 *Haertel*（FN 5）Rdnr. 20 ff.

〔8〕 Angaben über Staaten mit solchen Regelungen bei *Klicznik*, GRUR Int. 2001, 854, 857 r.

〔9〕 *Schäfers*, FS Nirk, 1992, S. 949, 954 f.

〔10〕 *Pagenberg*, GRUR Int. 1990, 267 ff.；*Schäfers/Schennen*, GRUR Int. 1991, 849 ff.；*Schäfers* (FN 9) S. 955 f.

〔11〕 „Basic Proposal" for the Treaty and the Regulations Submitted by the Director General of WIPO (PLT/DC/3), umfassend den Draft Treaty Supplementing the Paris Convention for the Protection of Industrial Property as far as Patents are Concerned（Patent Law Treaty）und die Draft Regulations under the Treaty ..., Ind. Prop. 1991, 118, 134；dazu Notes on the Basic Proposal, aaO 139, 148.

权利（在平行发明的情况中，该权利应当归属于第一个申请的人）、专利的效力及其限制、专利的保护期以及专利权利实现的建议。对于某些建议该草案还提供了备选方案。

3. 早在海牙会议开始之前，美国就透露它并不准备放弃其国内法实行的发明人原则。依据这种发明人原则，在有平行发明的情况中，申请专利的权利不是归属于首先将发明申请专利的人，而是属于首先作出发明的人。这样一来，条约草案中的在世界范围内引入早已在几乎所有国家都已实行的申请人原则就被排除在了谈判议题之外。在对宽泛的宽限期的谈判中也出现了同样问题。一些欧洲国家表示，只有当美国放弃发明人原则时，他们才同意这些有关宽限期的规定。[12] 此外，由于一些在条约草案中提到的实体法上的问题已经在GATT 的框架中开始谈判，因此一些国家希望应当优先进行这些问题而不是《专利法条约草案》的谈判。[13] 因此，1991 年的会议就是一轮准备性的会谈，[14]人们只能期待在会议第二阶段取得有约束力的成果。[15] 原计划在 1993 年 7 月召开第二阶段的会议，但自从美国在 1994 年表明目前完全不愿意就实体性法律问题进行谈判以来，第二阶段的会议就不再可能召开了。不过，TRIPS 却实现了有意义的协调（参见本节 I g）。

1991 年的《专利法条约草案》及其相关材料仍然是很有价值的。它收集了详细而周全的资料，从专家的角度来看无论如何它也是一种能取得国际一致性的范本，这是在改革现行法律和公约时完全值得考虑的。

4. 2001 年，有关实体专利法条约的工作重新开启。WIPO 专利法常务委员会召开了多次会议，对 WIPO 提出的草案以及专利法常务委员会所建议的修改进行了讨论。[16] 但是由于工业国家和发展中国家代表的意见分歧太大，难以调和，这项协调工作在 2006 年又停了下来。[17] 一方面，工业国家所迫切希望的

---

〔12〕 *Schäfers*（FN 9）S. 957.

〔13〕 *Schäfers/Schennen*（FN 10）850.

〔14〕 Zum Verlauf und Meinungsstand *Schäfers/Schennen*（FN 10）852 ff.；einige Streitpunkte behandeln *Pagenberg*, FS Nirk, 1992, S. 809 ff. und *Schäfers*（FN 9）S. 958 ff.

〔15〕 *Schäfers/Schennen*（FN 10）851.

〔16〕 Über den Gang der Arbeiten berichten *Klicznik*, GRUR Int. 2001, 854 ff.；*Pagenberg*, GRUR Int. 2002, 736 f.；*Schneider*, GRUR Int. 2003, 350 ff.；*Prinz zu Waldeck und Pyrmont*, GRUR Int. 2003, 824 ff.；2004, 840 ff.；2005, 815 f.

〔17〕 Vgl. *Klunker*, GRUR Int. 2006, 497 ff.；dazu auch den Bericht von *Prinz zu Waldeck und Pyrmont* über das von der WIPO im März 2006 veranstaltete Diskussionsforum zum Vertragsentwurf, GRUR Int. 2006, 577 – 585；zusammenfassend über das Scheitern der Harmonisierungsbemühungen und seine Gründe *Straus/Klunker*, GRUR Int. 2007, 91, 93 ff.

是，首先要努力统一它们认为最容易协调的通过国际合作减轻专利局负担的规定，比如，有关现有技术、新颖性、新颖性宽限期、创造性成果以及申请人原则的规定；而另一方面，发展中国家一开始就要求还须讨论的问题包括，比如，有关申请人说明发明可能利用到的遗传资源和"传统知识"[18]来源的义务、专利法对未履行这种义务的惩罚、这些资源和知识来源国分享以此为基础的发明的盈利、禁止授予专利、专利效力的限制、阻止滥用保护权、为以发展政策为目标的规定设立开放条款等。

2005年2月以来，由欧洲专利组织缔约国、欧盟成员国以及澳大利亚、日本、加拿大、新西兰、挪威和美国代表组成的专家小组，[19]开始协调前面提到的专家来源国急于希望解决的问题。[20]

f)《协调形式和程序规则的条约》（PLT 2000）

在有关1991年的《专利法条约草案》的谈判失败后，WIPO至少在有限的目标内仍在进行协调工作。[21]2000年6月1日在日内瓦举行的外交会议上通过了一项《专利法条约》及其实施条例，并取得了一致意见。[22]该条约在2005年4月28日生效，至2008年3月15日共有17个成员国。但德国却还没有批准该条约。

该条约只限于调整形式和程序性问题。条约明确规定，绝不允许从该条约及其实施条例中推出任何对缔约国在规定实体专利法方面的限制（第2条第2款）。

> 条约中的条款有：判定申请日的前提条件；申请的形式和内容（主要是参照《专利合作条约》中的要求）；在主管专利局的代理；对于专利局的声明和专利局通知的形式及其传达途径；原则上排除因未满足某些形式要求而对专利作出无效宣告的规定；给予相关当事人在宣告专利无效之前陈述意见的机会；期限的延长；延误期限之后的继续受理和恢复原状；登记变更申请人或权利人姓名、通信地址以及身份的请求；登记许可和担

---

〔18〕 Zu nationalen und internationalen Ansätzen, eine Pflicht zur Angabe solcher Erfindungsgrundlagen einzuführen, *Straus*, in: Thiele/Ashcroft (Hrsg.), Bioethics in a Small World, 2005, S. 45, 65 ff.

〔19〕 Sog. „B – Plus – Länder"; vgl. GRUR Int. 2006, 303, 304; 498 f.; 2007, 102.

〔20〕 *Prinz zu Waldeck* und *Pyrmont*, GRUR Int. 2005, 816.

〔21〕 Dazu *Bardehle*, Mitt. 1995, 113 ff.; *ders.*, GRUR 1998, 182, 183; *Schäfers*, GRUR Int. 1996, 763, 767.

〔22〕 Patent Law Treaty, Regulations under the Patent Law Treaty and Agreed Statements by the Diplomatic Conference, adopted ... on June 1, 2000 (WIPO – Dokument PT/DC/47 vom 2. 6. 2000) mit Explanatory Notes (WIPO – Dokument PT/DC/48 Prov. vom November 2000); dazu Bericht in GRUR Int. 2000, 648.

保物权的请求；更正错误的请求。

由缔约国所组成的联盟大会可以修改实施条例，原则上只要有四分之三的票数就可以通过实施条例的修订。人们希望联盟大会能够在国际局建议的基础上确定某些请求和文件的国际标准范本。

条约及其实施条例中规定的要求，原则上是缔约国可以要求的最高标准。有利于申请人和专利权人的规定原则上是允许的（第 2 条第 1 款）。但是，在判定申请日的前提条件方面却存在例外，在这方面，这不仅是最高标准的要求，同时也是最低的要求。

g)《与贸易有关的知识产权协议》（TRIPS）

参考文献： *Beier/Schricker*（Hrsg.），GATT or WIPO? New Ways in the International Protection of Intellectual Property，1989；*dies.*（Hrsg.），From GATT to TRIPS – The A-greement on Trade – Related Aspects of Intellectual Property Rights，1996；*Dreier*，T.，TRIPS und die Durchsetzung von Rechten des geistigen Eigentums，GRUR Int. 1996，205 – 218；*ders.*，Interpreting International IP Law. Some Observations Regarding WTO Dispute Resolution，FS Kolle/Stauder，2005，S. 45 – 62；*Drexl*，J.，Unmittelbare Anwendbarkeit des WTO – Rechts in der globalen Privatrechtsordnung，FS Fikentscher，1998，S. 822 – 851；*Faupel*，R.，GATT und geistiges Eigentum，GRUR Int. 1990，255 – 266；Gerichtshof der Europäischen Gemeinschaften：Gutachten 1/94 vom 15. 11. 1994，GRUR Int. 1995，239 – 250；*Heath*，C.，Bedeutet TRIPS wirklich eine Schlechterstellung von Entwicklungsländern? GRUR Int. 1996，1169 – 1185；*Hestermeyer*，H. P.，Flexible Entscheidungsfindung in der WTO. Die Rechtsnatur der neuen Beschlüsse über TRIPS und den Zugang zu Medikamenten，GRUR Int. 2004，194 – 200；*Hilf*，M. /*Oeter*，S.，WTO – Recht，2004；*Hilpert*，H. G.，TRIPS und das Interesse der Entwicklungsländer am Schutz von Immaterialgüterrechten in ökonomischer Sicht，GRUR Int. 1998，91 – 99；*Imam*，A. M.，How Does Patent Protection Help Developing Countries?，37 Ⅱ C 245 – 259（2006）；*Joos*，U. /*Moufang*，R.，Neue Tendenzen im internationalen Schutz des geistigen Eigentums，GRUR Int. 1988，887 – 905；*Kramer*，B.，Patentschutz und Zugang zu Medikamenten，2007；*Pacón*，A. M.，Was bringt TRIPS den Entwicklungsländern?，GRUR Int. 1995，875 – 886；*dies.*，Patentrecht und Entwicklungsländer，FS Kolle/Stauder，2005，S. 77 – 94；*Rott*，P.（oben vor § 3）；*Schäfers*，A.，Harmonisierung des Patentrechts：Perspektiven，Chancen und Hindernisse，FS Nirk，1992，S. 949，963 – 970；*ders.*，Normsetzung zum geistigen Eigentum in interna-tionalen Organisationen：WIPO und WTO – ein Vergleich，GRUR Int. 1996，763，768 – 778；*Straus*，J.，Bedeutung des TRIPS für das Patentrecht，GRUR Int. 1996，179 – 205；*ders.*，Der Schutz des geistigen Eigentums in der Welthandelsorganisation；Konsequenzen des TRIPs für die Europäische Gemeinschaft und ihre Mitgliedstaaten，in：Müller – Graff

（Hrsg.），Die Europäische Gemeinschaft in der Welthandelsorganisation，1999/2000，S. 157 – 176；*ders.*，Patentschutz durch TRIPS – Abkommen，Bitburger Gespräche Jahrbuch 2003，S. 117 – 133；*ders.*，TRIPs，TRIPs – plus oder TRIPs – minus – Zur Zukunft des internationalen Schutzes des geistigen Eigentums，FS Schricker，2005，S. 197 – 212；*Ullrich*，*H.*，Technologieschutz nach TRIPS：Prinzipien und Probleme，GRUR Int. 1995，623 – 641．

1. 大约在 1985 年之后，美国就试图运用贸易政策手段来促使其他国家改善对知识产权的保护。[23]经美国提议，在《关税及贸易总协定》（General Agreement on Tariffs and Trade，GATT）的"乌拉圭回合"谈判中接受了将与贸易、包括与假冒商品贸易有关的知识产权列入谈判议题的申请。[24]由此而进行的工作是富有成效的：1994 年 4 月 15 日在马拉喀什签署的《建立世界贸易组织协议》（World Trade Organisation，WTO）的附件中除了有 1994 年的 GATT 之外，还有了 TRIPS 等协议。在 GATT 框架内的谈判中，知识产权保护成了一揽子议题的一部分，这就从根本上促使了 TRIPS 的产生。因此，人们希望成为 WTO 成员，取得与其他成员在贸易上的优惠，就会取决于对 WTO 成员内国民的知识产权是否给予了合理与有效的保护。与此相应的就是，对 WTO 协议的批准必须包括对 TRIPS 的批准。许多国家都希望成为 WTO 的成员，其中也有许多发展中国家，WTO 协议还给予发展中国家宽松的过渡期，从而促使许多国家很快就批准了 WTO 协议。1995 年 1 月 1 日这两个协议已经在 81 个国家或地区生效，至 2008 年 6 月 1 日它们已有 151 个成员。

2. TRIPS 包括著作权和工业产权保护的所有领域。在 TRIPS 中，除了有对许多或者全部类型的知识产权都有意义的规定外，还有对其中任一类型的知识产权的可处分性、范围和行使的特别规定。

需要强调的是 TRIPS 对专利有关的一般规定：

WTO 成员有义务适用《巴黎公约》第 1~12 条以及第 19 条（第 2 条第 1 款），确认 WTO 成员承担的《巴黎公约》义务继续存在（第 2 条第 2 款）；

成员原则上有义务在知识产权保护方面给予其他成员的国民待遇的优惠不得少于其给予本国国民的优惠（国民待遇原则，第 3 条）；

成员原则上有义务将给予其他成员国民在知识产权保护方面的所有优惠，立即和无条件地给予所有成员的国民（最优惠原则，第 4 条，第 5 条）；

对成员在有关侵权制裁及其实施程序方面承担的义务作了详尽的规定

---

[23] S. *Joos/Moufang*，GRUR Int. 1988，897．

[24] Wortlaut bei *Faupel*，GRUR Int. 1990，257 FN 4．

（第41~61条）：有关程序的基本原则、举证、禁令、侵权和滥用权利的损害赔偿、侵权产品的销毁、侵权的刑事责任、临时措施以及海关对疑似侵权的进口商品的中止放行；

有关权利的取得、维持和无效宣告的形式和管理程序的义务（第62条）；

对涉及本协议的法规和判决的公布与通报义务（第63条）；

有关在成员之间争端解决的规定（第64条），它主要是参照——其本身也通过一个协议对有关争端解决的规则与程序进行了补充——1994年GATT的规定；

有关过渡期的规定（第65条，第66条）：允许所有成员在协议生效1年之后才适用协议，联邦德国就运用了该规定；允许发展中国家以及——在一定的前提条件下——正在从计划经济向市场经济转变的国家再推迟4年适用协议（但有关国民待遇原则和最惠原则的规定不包括在内）。允许未能在所有技术领域授予物质专利的发展中国家，将这种不授予物质专利的限制在给予其一般过渡期基础上再延长5年。在这种过渡期内，不允许享有过渡期的成员修改其立法，而使其立法与TRIPS的一致性降低（第65条第5款）。最不发达国家有长达11年的过渡期，并还可以向TRIPS理事会请求延长过渡期（第66条第1款）。就在这种过渡期快到期之前，2005年11月29日的决议将这种过渡期延长了7.5年，直至2013年7月1日。[25] 早在2001年11月，WTO部长级会议达成一致意见，允许最不发达国家在2016年1月1日之后才承担保护药品的义务。[26]

3. 有关专利的专门规定原则上要求"所有技术领域内的发明，无论是产品还是方法，只要其是新的、基于创造性的活动、并能在工业上应用，都应能获得专利"（第27条第1款第1句）。允许成员将某些发明排除在可授予专利之外的例外规定是：发明的利用必然会阻碍保护公共秩序或者善良风俗（第27条第2款）；人类和动物的医疗方法（第27条第3款字母a）；除微生物之外的植物和动物以及实质上的生物培育方法，但成员应以专利或专门制度，比如品种保护制度，给予植物品种保护（第27条第3款字母b）。

专利权人的权限原则上是像《共同体专利公约》那样进行规定的（第28条第1款），《共同体专利公约》在这方面是德国和其他许多国家专利法的样本，减轻了产品生产方法专利的权利人的举证责任，至于具体的方案，成员可以有多种选择（第34条）。

---

〔25〕 Bericht von *Prinz zu Waldeck und Pyrmont* in GRUR 2006, 178；该规定第65条第5款包含了禁止通过修法扩大国内法与TRIPS的差异性的规定，从字面意思来看，第65条第5款并不适用于第66条第1款有关过渡期的规定。

〔26〕 Vgl. *Straus*, Bitburger Gespräche Jahrbuch 2003, S. 126 f.

专利的独占权可以被限制，只要这种限制既没有影响专利的正常使用，也没有不合理地损害权利人的合法利益，还要考虑到第三人的利益（第 30 条）。如果不是这里所允许的（一般性）例外，又没有得到专利权人的同意，那么只有在第 31 条非常详细规定的严格条件下才允许实施受专利保护的发明，这主要是强制许可、政府的实施或者政府指定的实施。

明确承认专利权人可以转让其权利或者签订许可合同（第 28 条第 2 款）。

申请专利的发明必须要公开到专业人员能够实施的程度（第 29 条第 1 款第 1 半句）。至于是否还要求公开最佳实施方案、是否还要求说明就同样客体在外国的申请和授予专利情况，则可以由成员自行决定（第 29 条第 1 款第 2 半句、第 2 款）。

专利的保护期必须是自申请日起至少 20 年（第 33 条）。

撤销专利或者宣告专利失效的决定必须接受司法审查（第 32 条）。

总而言之，协议中对专利的专门规定主要是要成员承担给予专利保护广泛适用范围的义务，并赋予专利广泛的、只在一定条件下可限制的效力。但是，协议中没有定义应当如何去理解"发明"和"技术"；与《欧洲专利公约》和《专利法》不同的是，协议也没有举例说明哪些不能视为发明的客体与活动。有关专利效力的规定只谈到直接实施，也没有说到所谓的间接实施。对限制专利效力规定的前提条件为多种多样的合法实施提供了空间，比如，对在先使用者的继续实施权设定的前提条件，以及对无须许可的纯私人实施规定的前提条件。

4. 有关 TRIPS 对 WTO 成员中的发展中国家是否有利的争论非常激烈，[27] 在争论中人们还是注意到了加入 WTO 对于其成员的国民经济发展所带来的好处。如果加入 WTO 获得了好处，那么可以推测的是，根据 TRIPS 引入的或者加强的知识产权保护也作出了重要的贡献，尤其是知识产权保护促进了外国企业对创新的投资。[28] 要说到知识产权保护对发展不太令人满意的原因，可能是最不发达国家迄今为止还没有实现对 TRIPS 的转化，并且由于还在过渡期仍需很长时间才能转化 TRIPS。[29]

---

〔27〕 Vgl. *Straus*, FS Schricker, S. 198 ff.；*Pacón*, GRUR Int. 1995, 875 ff. und FS Kolle/Stauder, S. 77 ff.；*Imam*, 37 ⅡC 245 ff.（2006）；*Klunker*, GRUR Int. 2008, 209 ff.

〔28〕 尤其是对中国和印度的统计数据说明了这点，参见 *Straus*, FS Schricker, S. 200 ff.；尤其利好发展中国家的发展，参见 *Imam*, aaO。

〔29〕 伊玛姆（*Imam*）认为，考虑到柯雷亚（*Correa*）和穆松谷（*Musungu*）的意见，在这些国家并不适宜引进专利制度或对专利制度进行改革，因为这并不会给这些国家带来通过费用所保护的益处，况且在这些国家还有更紧急的问题需要处理。参见 *Imam* aaO 245；贝阿缇（*Beattie*）则批评这种观点，他认为对知识产权更为严格的保护能促进发展中国家的经济发展，TRIPS 的成员有义务实现这种保护，参见 *Beattie*, 38 ⅡC 6 ff.（2007）。

5. 根据发展中国家提出的要求，为了使其能够以可承受的经济条件获得治疗在那儿肆意流行的疾病（比如，艾滋病、痢疾和结核病）的专利药品，达成对 TRIPS 的补充。[30] 为此，2001 年 11 月 14 日在多哈举行的 WTO 部长级会议颁布了一项有关 TRIPS 和公共健康的宣言。[31] 该宣言承认，任何 WTO 成员有权授予强制许可和确定可以授予强制许可的理由。然而，那些没有足够生产能力的国家也不能有效地利用有关药品的强制许可制度。考虑到这一点，2003 年 8 月 30 日通过的《WTO 总理事会关于实施多哈宣言的决议》[32] 在一定条件下免除了 TRIPS 第 31 条字母 f 规定的义务，即只允许主要在授予强制许可成员的内部市场实施专利客体，也就是原则上不允许为出口的目的授予强制许可。2005 年 12 月 6 日，WTO 总理事会批准了一项由 TRIPS 理事会提出的对 TRIPS 作相应修改的建议，[33] 因此，通过一项《关于修改 TRIPS 的备忘录》并在 TRIPS 中增加了新的第 31a 条。TRIPS 第 31a 条规定，在一定条件下，强制许可不受第 31 条字母 f 所包含的限制，但出口国家的强制许可的被许可人应当给专利权人支付合理的报酬，该报酬要同时涵盖可能在进口国授予强制许可的费用。该修改备忘录还有待各成员的接受，规定的期限是 2009 年 12 月 31 日。根据 WTO 协议第 X 条第 3 款，如果有三分之二的成员接受了该备忘录，那么它就在这些成员方生效了，而在其他成员方则是在他们（后来）接受该备忘录之后才生效。欧盟已经颁布了一个包含有与该备忘录相一致的条例，而且也已生效。该条例是共同体的法律，无论 TRIPS 的修改是否生效，它在欧盟所有成员国都具有直接效力（参见本节 II d aa 5）。根据该条例，如果其他 WTO 成员满足了条例（和备忘录）的标准，并且被许可人生产的产品完全或者主要是为了该 WTO 成员的市场生产的，那么还可以不受 TRIPS 第 31 条字母 f 规定的约束授予有关药品专利的强制许可。[34]

6. 1997 年以来，美国就试图通过双边自由贸易协定提高超过 TRIPS 要求

---

[30] Zum Ablauf der Arbeiten *Hestermeyer*, GRUR Int. 2004, 194 ff. ; *Barona*, Mitt. 2006, 402 ff. – Kritisch zu dem Vorhaben *Straus*, Bitburger Gespräche Jahrbuch 2003, S. 129 ff. ; ebenso *Kramer*, die（S. 237 ff.）vorschlägt, ohne Zwangslizenzen zu helfen.

[31] Text bei *Kramer*, S. 299.

[32] Text mit Zusatzerklärung des Vorsitzenden bei *Kramer*, S. 301, 305; vgl. dort auch S. 138 ff.

[33] Bericht in GRUR Int. 2006, 90.

[34] 这样，欧盟成员国与 WTO 成员之间形成了紧密的关系，对于尚未批准该备忘录的 WTO 成员或者后来加入 WTO 的成员该备忘录并没有约束力，就按照共同体法违反 TRIPS 的行为，尽管在这些国家之间可能没有任何意义，但对其他在欧盟国家享有出口强制许可专利的 WTO 成员，则可能给它们带来困难。

的知识产权保护水平[35]，比如，要求对植物、已知产品的其他医疗用途甚至治疗方法授予专利；对于药品以及授予专利程序时间太长的发明延长规定的专利失效时间；为了阻止平行进口而只承认国内专利权用尽；比 TRIPS 更为严格地限制了授予强制许可的可能性；对 TRIPS 第 39 条第 3 款规定的不披露药品或者农用化学品为上市销售所提供的数据的时间设置了 5～10 年的最低期限，或者规定披露这些数据要得到专利权人的同意。学者们指出，如果 WTO 成员在双边协定中作出了这些承诺，那么根据最优惠原则也应当立即无条件地将这些承诺赋予其他 WTO 成员。[36]

Ⅱ. 欧洲的规定

a）欧洲理事会框架内的公约

1. 1953 年缔结的《关于专利申请形式要求的公约》要求缔约国承认，任何满足了该公约规定的形式就应当是符合形式规定的。现在这种要求已经过时，如今符合《专利合作条约》形式要求的国际申请在所有指定的缔约国就具有其国内申请一样的效力。[37] 2000 年的《专利法条约》（参见本节Ⅰf）也对形式要求进行了限制，方便了在大量国家的申请。

2. 1954 年缔结的《专利国际分类欧洲公约》，1971 年转化成了以其内容为基础的《国际专利分类斯特拉斯堡协定》（参见本节Ⅰd），从而进入了 WI-PO 框架。

3. 当欧洲经济共同体准备在其成员国的整个区域内建立统一专利制度的时候，就开始了 1963 年 11 月 27 日在斯特拉斯堡签订的《关于统一发明专利实体法中某些概念的斯特拉斯堡协定》的起草工作。[38]该协定主要确定了缔约国授予其国内专利可以依赖的、一般也是必须考虑的根本性实质条件。此外，协定还包含了有关专利申请的内容以及专利实质性保护范围的基本规定。该协定在 1980 年才生效，但早在其生效之前它就已经对各个国家的专利改革产生了影响（爱尔兰 1964 年，法国 1968 年）。尤其是它的规定被《欧洲专利公约》和《共同体专利公约》（参见本节 b，c）所采纳，从而产生了超越 13

---

〔35〕 *Straus*, FS Schricker, S. 206 ff.；*Kampf*, VPP – Rundbrief 2006，38 ff.；krit. *Pacón*, FS Kolle/Stauder，S. 78 ff. 欧盟签订的双边或地区自由贸易协定中同样包含知识产权保护的规定，但是这些规定与美国所签订的自由贸易协定相比没有那么专门化与广泛。参见 *Kampf*, aaO 44.

〔36〕 *Straus/Klunker*, GRUR Int. 2007，91，103 f.；*Kampf*, aaO 40，44；*Pacón*, aaO.

〔37〕 1953 年的这个公约于 1977 年在联邦德国失效。

〔38〕 *Haertel*（FN 5）Rdnr. 25 ff.

个缔约国范围的协调效果。[39]此外，世界范围内的《专利合作条约》（参见本节Ⅰc）中涉及保护前提条件的规定，也是以 1963 年的《斯特拉斯堡协定》为样板。

b)《欧洲专利公约》

1. 在欧洲经济共同体建立之后，有关"专利法欧洲化"[40]的想法又受到了新的重视。人们除了希望消除国与国之间保护水平差异、减轻申请人和专利局因为不必要的花费与工作造成的负担之外，还在努力消除可能对共同体市场内国家之间商品自由流通产生阻碍的保护权的界限。人们要避免的是，在取消了关税限制的地方，依据进口国的保护权又将商品的流动挡在了边境。[41]早在1962 年就公布了旨在实现这一目标的欧洲专利法协定草案。[42]但是，还在专业人员就该草案的部分内容激烈争论的时候，共同体就遭遇到随后几年的政治危机，因此，这一目标的实现也就成了泡影。

2.《专利合作条约》的准备工作（参见本节Ⅰc）在 20 世纪 60 年代末期又激发了人们对构建欧洲专利的兴趣。[43]但是，与 1962 年的规划不同，这次的欧洲专利计划是从两个方面进行的。1969 年 3 月 3 日欧洲经济共同体部长理事会通过的《关于引入欧洲专利授予程序的备忘录》计划签订两个国际公约：一个是有关集中授予有多个国家国内效力的专利的公约，而且这些国家并不一定要是欧洲经济共同体的成员；另一个则是有关建立一个在整个共同体市场领域内广泛统一专利的公约。总共有 21 个欧洲国家的政府代表和专家参与了第一个公约的准备工作，[44]1970 年公布了第一份草案，1972 年公布了《欧洲专利授予程序公约草案》的最终版本及其实施细则和补充议定书。[45]1973 年9 月 10 日，在慕尼黑召开的一个外交会议讨论了这个草案。1973 年 10 月 5日，21 个参会国中的 14 个国家[46]签署了《欧洲专利公约（关于授予欧洲专

---

〔39〕 Vgl. *Haertel*，Die Harmonisierungswirkung des Europäischen Patentrechts，GRUR Int. 1981，479 – 490；*Kraßer*，Die Harmonisierung der nationalen Patentgesetze，EPÜ – GK，22. Lfg.，1998，S. 119 – 175.

〔40〕 这是爱德华·雷默（*Eduard Reimer*）在 1955 年发表的文章的标题。

〔41〕 So zuerst *Finniss*，Prop. ind. 1961，133，137；s. auch *Haertel*（FN 5）Rdnr. 36.

〔42〕 GRUR Int. 1962，561；zu den Vorarbeiten *Haertel*（FN 5）Rdnr. 37 ff.

〔43〕 S. *Haertel*（FN 5）Rdnr. 42 ff.

〔44〕 Vgl. *Singer*，S. 20；*Haertel*（FN 5）Rdnr. 54.

〔45〕 Näheres in GRUR Int. 1972，242 f.

〔46〕 比利时、丹麦、联邦德国、法国、希腊、爱尔兰、意大利、列支敦士登、卢森堡、荷兰、挪威、瑞典、瑞士、英国。

利的公约)》及其附件[47]，后来又增加了 2 个签约国[48]。在 7 个签约国[49]完成了其国内批准程序之后，1977 年 10 月 7 日该公约及其实施细则和议定书在这些国家开始生效。之后，该公约又在其他 27 个国家[50]生效。根据与一些东欧和南欧国家[51]签署的扩展协定，经过请求就可以将欧洲专利的效力扩展至这些国家的领土。

3. 根据《欧洲专利公约》建立了国家间的欧洲专利组织（EPO），其机构是行政委员会和欧洲专利局。[52]1977 年 11 月 2 日，欧洲专利局成立，1978 年 6 月 1 日起，欧洲专利局开始受理欧洲专利申请。由欧洲专利公约所构建的体制的核心内容是，欧洲专利局有权对满足了《欧洲专利公约》规定的前提条件的发明授予在申请人指定的缔约国有直接效力的专利，而《欧洲专利公约》的缔约国将其授予专利的国家权力赋予了欧洲专利组织。欧洲专利局授予的专利无须其国内专利机关的任何确认，就等同于其国内授予的专利。不过，国内的主管机构保留了宣告欧洲专利在其领土内无效的权利。但宣告欧洲专利无效只能以《欧洲专利公约》允许的理由为依据，国内法可能规定的超出《欧洲专利公约》的无效理由，不能适用于欧洲专利。不过，《欧洲专利公约》的统一效果还是受到限制的，尤其是——除了一些公约法上的基本原则之外——欧洲专利的效力及其侵权的法律后果还是依照其指定国的国内法来调整。欧洲专利实际上是一捆相当于经过集中授予程序之后（如果有异议的话，是在完成了异议程序之后）彼此相互独立的单个国家专利，不过根据《欧洲专利公约》，这些单个国家的专利却保留了其起源于欧洲的特征（参见§29 Ⅳ d 7）。

4. 欧洲专利组织的行政委员会的决议获得了四分之三票数就可以修改

---

〔47〕 附件有：实施细则、承认备忘录、优先权与豁免备忘录、集中化备忘录、解释备忘录，参见§8 C。

〔48〕 奥地利和摩纳哥。根据第 165 条第 1 款、第 166 条第 1 款字母 a，慕尼黑会议的其他出席国（芬兰、南斯拉夫、葡萄牙、西班牙、土耳其）有权加入，其他有权加入的还有冰岛和塞浦路斯，参见 Singer, S. 28；根据第 166 条第 1 款字母 b，行政理事会可以邀请欧洲其他国家加入。

〔49〕 比利时、联邦德国、法国、卢森堡、荷兰、瑞士、英国。

〔50〕 按时间顺序：瑞典、意大利、奥地利、列支敦士登、希腊、西班牙、丹麦、摩纳哥、葡萄牙、爱尔兰、芬兰、塞浦路斯、土耳其、保加利亚、爱沙尼亚、斯洛伐克、捷克、斯洛文尼亚、匈牙利、罗马尼亚、波兰、冰岛、立陶宛、拉脱维亚、马耳他、克罗地亚、挪威。

〔51〕 阿尔巴尼亚、前南联盟的马其顿、波斯尼亚、黑塞、塞尔维亚以及罗马尼亚、斯洛文尼亚、拉脱维亚、立陶宛、克罗地亚在这过程中加入了《欧洲专利公约》，参见 Mitteilung des EPA vom 23. 5. 2007 ABl. 2007, 406。

〔52〕 参见§9 Ⅰ b。欧洲专利局海牙分局设在了原国际专利机构所在地，其职责是为第二次世界大战之后那些不进行预先审查就授予专利的国家进行现有技术的检索。

《欧洲专利公约》中规定的期限和实施细则（《欧洲专利公约》第 33 条第 1
款，第 35 条第 2 款）。迄今为止已经有 6 个决议修改了《欧洲专利公约》中的
期限，有 25 项决议对实施细则中的许多规定进行了修改。[53]

其中一项决议严格按照相应欧盟指令（参见本节 II d aa 3）在实施细
则中引入了有关生物技术发明的规定。由于有关生物技术发明的问题具有
重要的意义，并且欧盟成员国对此一直争论不休，因此，欧洲专利组织的
行政委员会是否有权引入有关生物技术发明的规定，是令人怀疑的。而且
未引起人们注意的是，无论如何，这种新引入的规定与《欧洲专利公约》
是不一致的（《欧洲专利公约》第 164 条第 2 款）。

此外，对《欧洲专利公约》的修改原则上还需要通过缔约国外交会议的
程序，包括还要得到缔约国议会的批准（《欧洲专利公约》第 172 条）。批准
修改案生效的必要票数规定在每个修改案中。在新修改的《欧洲专利公约》
生效时，既没有批准又没有加入该公约的缔约国，从这时起就不再是《欧洲
专利公约》的缔约国（第 172 条第 4 款），但可以再次加入该公约（第 166 条
第 2 款）。

在缔约国退出公约时，还在受理的欧洲专利申请以及在这时对欧洲专
利提起的和可能提起的异议，仍由欧洲专利局根据已修订的《欧洲专利
公约》负责继续受理。不过，退出公约的国家可以对所有就该国授予的
欧洲专利适用对该国已经生效的《欧洲专利公约》文本（第 175 条）。

为了能够不经过外交会议和批准程序就可以使《欧洲专利公约》适应国
际条约或者欧洲共同体法，2000 年的《欧洲专利公约》授权行政委员会对此
进行必要的修改（参见第 6 点）。

5. 经过外交会议和批准程序之后，在《欧洲专利公约》中引入了对药品
的补充保护证书（参见本节 II d aa 1）。因此，如果欧洲专利涉及的是要经过
相关缔约国行政机关批准后才允许投放市场的产品，那么，这些缔约国就可以
通过补充证书延长欧洲专利的保护期（修改后的《欧洲专利公约》第 63 条第
2 款字母 b，第 3 款，第 4 款）。[54]

6. 2000 年 11 月 20～29 日，在慕尼黑召开的一个外交会议通过决议作出了

---

〔53〕 Übersichten in ABlEPA 2005，378；2006，406.

〔54〕 Akte vom 17. 12. 1991 BGBl. 1993 II S. 242, in Kraft getreten am 4. 7. 1997, BGBl. 1997 II
S. 1446.

多项修改，[55]它们在 2007 年 12 月 13 日都已生效。

在 2000 年的《欧洲专利公约》引入的修改有 80 多处。一部分修改是澄清误解或者进行编辑性完善，而有些修改则是为了适应 TRIPS 和 2000 年的《专利法条约》（参见本节Ⅰg，f）。

具有重要意义的修改有：

为了与专利制度有关的国际条约和欧共体的法规相协调，授权行政委员会自己可以对公约进行修改（第 33 条第 1 款字母 b）；[56]只能在国际条约或者共同体法的规定生效后，并且这些规定需要转化成国内法的期限也已到，才可以形成这种修改公约的决议（第 33 条第 5 款）；决议生效的前提条件是要得到所有缔约国代表的同意，不能有反对票；如果在 12 个月内只要有一个缔约国宣布不受这种决议约束，那么该决议就失效了（第 35 条第 3 款）。

《欧洲专利公约》的许多条款转变成了实施细则中的规定，从而扩大了行政委员会的权限。

如果程序存在重大瑕疵，就可以要求欧洲专利局的扩大申诉委员会对申诉庭的决定进行复审；

允许用欧洲专利局的非官方语言递交申请；

扩大了错过了 12 个月优先权期限之后恢复优先权的可能性；

消除了迄今为止的检索与审查之间在机构和程序上的相互分离；

经欧洲专利权利人的请求，欧洲专利局可以在对其授予了欧洲专利的缔约国对欧洲专利予以限制或者撤销；

取消了在优先权日或者之后才公开的在先欧洲专利申请对在后申请的阻止作用只限于在指定国的规定。

明确认可了有第二或者其他医疗用途物质可授予专利；

《关于解释〈欧洲专利公约〉第 69 条的议定书》对第 69 条补充了第 2 款，根据第 2 款的规定，在确定保护范围的时候应当考虑与专利权权利要求中所说要素的等同性。

但下面这些建议没有获得足够的支持：在《关于解释〈欧洲专利公

---

〔55〕 Revisionsakte vom 29. 11. 2000, ABlEPA Sonderausgaben Nr. 1/2001 und Nr. 4/2001（mit Neufassungen des EPÜ, des Protokolls über die Auslegung des Art. 69, des Zentralisierungsprotokolls und der vom Verwaltungsrat der EPO am 28. 6. 2001 gemäß Art. 7 der Revisionsakte beschlossenen Übergangsregelung）. Dazu *Nack/Phélip*, GRUR Int. 2001, 322 ff.；*Bardehle*, Mitt. 2001, 145 ff.；*Kober*, GRUR Int. 2001, 493 ff.；*Joos*, FS Kolle/Stauder, 2005, 429, 432 f.；*Naumann*, Mitt. 2007, 529 ff.；*Ullrich*, European Law Journal 2002, 433, 449 ff.

〔56〕 有关该条款存在的问题可参见 *Joos*, aaO 438 f., und *Klopschinski*, GRUR Int. 2007, 555 ff.

约〉第 69 条的议定书》中进行补充，将数据处理程序从不能视为发明因而是不授予专利的客体与活动的类别中（第 52 条第 2 款、第 3 款）予以删除。[57] 如何处理生物技术发明和扩大新颖性宽限期的建议，从一开始就不是这次会议的议题，它们是以后的、但现在还未确定时间表的"第二个一揽子计划"要讨论的问题。

一项已经提交给行政委员会并原则上得到其批准的建议，其目的是使欧洲专利局的申诉庭独立成欧洲专利申诉法院，成为欧洲专利组织中与欧洲专利局和行政委员会并列的第三机构。[58] 但何时能召开对该方案进行讨论并作出决议的外交会议，目前还希望渺茫。

在这次修订中，已授权行政委员会在过渡性规则中规定，《欧洲专利公约》在多大程度上可以适用于已经递交的申请和已授予的专利。2001 年 6 月 28 日的决议对此进行了规定。[59] 此外，行政委员会还对实施细则作了相应必要的修改。2006 年 12 月 7 日的决议还进行了其他修改，在该决议中还附上了新的实施细则。[60]

7. 根据《欧洲专利公约》第 65 条（在这次修改中该条保持不变），任何缔约国都可以对没有使用其一种官方语言的欧洲专利，要求在其工业产权保护的中央机关递交用一种官方语言进行的完整翻译，如果在规定期限内没有递交这样的译文，那么缔约国可以规定该专利在其领土内自始无效。除了卢森堡、摩纳哥之外的所有缔约国——包括最初曾经放弃适用这一规则的德国——都适用了这项规定。但是，长期以来人们一直在抱怨，尽管这种规定实际上只在很少的情况中才会用到，但这种必须进行的翻译还是极大地增加了欧洲专利的费用。[61] 为此，人们一直在努力试图卸掉这一负担，2000 年 10 月 17 日终于产生了《关于适用〈欧洲专利公约〉第 65 条的协议》。[62] 它要求加入《欧洲专利

〔57〕 Hierzu *Nack*, EPÜ – GK Art. 52 Rdnr. 48 f.

〔58〕 Vgl. *Messerli*, ABlEPA Sonderausgabe 2005, 6, 12 f. und FS Kolle/Stauder, S. 441 ff.

〔59〕 ABlEPA Sonderausgabe 1/2007, 197; dazu die Tabelle aaO 217 – 220.

〔60〕 AaO 89, 91.

〔61〕 *van Benthem*, Mitt. 1993, 151, 154; *J. Beier*, GRUR Int. 1995, 113 ff.; *Osterwalder*, Kosten des Patentschutzes in Europa, GRUR Int. 1995, 579 ff.; *Bossung*, GRUR Int. 1995, 923, 930 ff.; *Suchy*, Ergebnisse einer Umfrage zum Umfang künftiger Übersetzungen europäischer Patente, Mitt. 1997, 377 – 390; EPA – Dokument CA/46/96 vom 19. 11. 1996 über die Sprachenfrage und mögliche Lösungswege zur Verringerung der Übersetzungs – und Validierungskosten; Mitteilung der Komission der EG an das Europäische Parlament und den Rat: Vertiefung des Patentsystems in Europa, KOM (2007) 165 endg., Anhang Ⅰ und Ⅱ.

〔62〕 ABlEPA 2001, 549 = Bl. f. PMZ 2002, 102; deutsches Ratifizierungsgesetz vom 10. 12. 2003 in BGBl. Ⅱ S. 1666.

公约》的缔约国应当全部或者广泛地放弃关于将欧洲专利翻译成其（一种）官方语言的规定。该公约生效的前提条件是要获得至少8个国家的批准，其中还必须包括法国、英国和德国。在法国拖了很久才批准该公约之后，2008年5月1日该公约在11个国家生效。[63]

8. 如果对一个欧洲专利不再可能提出异议，而且对可能已提出的异议也已经作出了最终决定，那么就只能在单个的缔约国国家范围内请求和宣告该专利无效。同理，对有关侵犯欧洲专利的争议也只能由各个国家的国内法院管辖。

对于欧盟的《欧洲专利公约》缔约国的国际管辖是依照《欧共体关于民商事案件的司法管辖及判决的承认与执行的条例》来调整的，[64]涉及欧洲自由贸易联盟的成员国之间及其与欧盟成员国之间的国际管辖是按照——与上述条例广泛相协调的——《洛迦诺公约》来规范的，而对涉及其他国家的国际管辖则是依据各国的国内法进行的。这些有关管辖的规则并不能担保进行审判的法院拥有有关专利事务的专业知识和经验，因此就会存在作出拖延、有分歧和错误判决的巨大风险。

在1999年6月的欧洲专利组织缔约国的政府会议上设立了一个工作组，该工作组的任务是要提出一份对于《欧洲专利公约》的选择议定书，在这份议定书中，缔约国应当在有关欧洲专利的权利有效性和侵权纠纷集中由具有统一程序规则并至少拥有一个共同上诉法院的法院体系受理方面形成一致意见。2000年6月该工作组批准了《欧洲专利诉讼选择议定书》的结构书（European Patent Litigation Protocol，EPLP）。[65]在此基础上起草了《建立欧洲专利诉讼体系的协定（草案）》（Agreement on the establishment of a European Patent Litigation System，EPLA）。[66]协定规定"欧洲专利司法机构"是一种新的、独立

---

〔63〕 丹麦、德国、法国、冰岛、拉脱维亚、列支敦士登、摩纳哥、荷兰、斯洛文尼亚、瑞士、英国；Bericht in GRUR Int. 2008, 269.

〔64〕 Verordnung 44/2001 des Rates vom 22. 12. 2000, ABlEG Nr. L 12/1 vom 16. 1. 2001, in Kraft getreten am 1. 3. 2002. Sie ersetzt das weitgehend inhaltsgleiche Brüsseler Übereinkommen (EuGVÜ). Näheres unten § 36 Ⅰ b.

〔65〕 Text nebst Anlagen und Einführung von Addor/Luginbühl in GRUR Int. 2000, 733 ff.；zur weiteren Entwicklung *Landfermann*, Mitt. 2003, 341, 347 f.；*Pagenberg*, GRUR Int. 2003, 718 ff.；*Stauder*, GRUR 2003, 500 ff.；*Willems und Landfermann*, ABlEPA Sonderausgabe 2/2003, 190 – 201, 226 – 247.

〔66〕 Zum Inhalt ausführlich *Schneider*, Die Patentgerichtsbarkeit für Europa – Status quo und Reform, 2005, S. 271 ff.；*Telg gen. Kortmann*, Die Neuordnung der europäischen Patentgerichtsbarkeit, 2004, S. 91 ff.；*Liedl*, Vorschläge zum Gemeinschaftspatent und zur Streitregelung europäischer Patente, 2007, S. 179 – 203；*Luginbühl*, GRUR Int. 2004, 357, 359 ff.；*Feldges*, FS Schilling, 2007, S. 111 – 123；vgl. auch *Dreiss*, GRUR Int. 2004, 712 ff.；*Kolle/Waage*, ABlEPA Sonderausgabe 2005, 44 ff.；*Willems*, FS Kolle/Stauder, S. 325, 328 ff.；*C. Osterrieth*, S. 33 ff.

的、有着自己法律人格的国际组织，其机构是一个行政委员会与一个由法律工作者和受过技术－自然科学教育的法官共同组成的欧洲专利法院。欧洲专利法院由一审法院和上诉法院以及一个办事处组成。在经过一个过渡时期之后，将完全由欧洲专利法院负责权利有效性以及——如果侵权嫌疑人在《建立欧洲专利诉讼体系的协定》成员国有住所或者营业所——欧洲专利侵权案件的管辖。[67]一审法院有一个中央法院和一个或者若干地区法院，一审中央法院将与上诉法院一道将建立在现在还没定下来的欧洲专利司法机构所在地，而地区法院则可以根据一定的标准建在单个的缔约国。[68]

欧洲专利法院适用的实体法首先是《欧洲专利公约》和《建立欧洲专利诉讼体系的协定》本身所包含的、与 TRIPS 一致的来自《共同体专利公约》的有关专利效力的规定，以及 TRIPS 中有关侵权法律后果的规定。除非缔约国的国内法完全满足了《欧洲专利公约》选择单个国家法律的规定，才允许适用缔约国的国内法。[69]

《建立欧洲专利诉讼体系的协定》的生效需要得到一定数量的《欧洲专利公约》缔约国的批准，其效力是，加入协定的国家的欧洲专利纠纷由欧洲专利法院负责管辖，而其他国家则仍由其国内法院管辖。

通过 2000 年修正案引入的《欧洲专利公约》第 149a 条，在其第 1 款字母 a 中明显允许为其成员国订立一个《建立共同专利法院的协定》。相反，欧盟委员会则认为签订《建立欧洲专利诉讼体系的协定》是与共同体法不一致的。它认为这些成员国没有签约的权限，因为《建立欧洲专利诉讼体系的协定》所覆盖的地域，已经由共同体法的《欧共体关于民商事案件的司法管辖及判决的承认与执行的条例》以及相应的实施指令所涵盖。[70]欧洲议会的法律委员会也表示了同样的意思。[71]但是在文献中的意见却分歧很大。[72]欧洲专利体系的受益者支持根据《建立欧洲专利诉讼体系的协定（草案）》建立一个欧洲专

---

〔67〕　临时法律保护仍由国内法院管辖，参见 *Luginbühl*（FN 66）361 f.；*Liedl*（FN 66）S. 189.

〔68〕　2006 年 11 月，在威尼斯举行的欧洲专利法官会议通过了欧洲专利法院的审理程序原则，参见 GRUR Int. 2007，583，此外，侵权案件的审理程序原则参见上述文件 aaO 587。

〔69〕　Vgl. *Schneider*（FN 66）S. 280.

〔70〕　Mitteilung KOM（2007）165（FN 61）Abschn. 2. 2. 3 A；vgl. auch *Schneider*（FN 66）S. 308 f.，318 f.；*Luginbühl*（FN 66）364 f.；*Artelsmair*，FS Kolle/Stauder，2005，S. 5，25；*Kolle/Waage*（FN 66）48.

〔71〕　Bericht in GRUR Int. 2007，369 f.

〔72〕　Eingehende Analyse bei *Telg gen. Kortmann*（FN 66）S. 131 – 201 mit zahlreichen Nachw. – Die gemeinschaftsrechtlichen Bedenken zu widerlegen versuchen *Schneider*（FN 66）S. 310 ff.，316 ff.；*Oser*，GRUR Int. 2006，539，543 ff.；*Willems*（FN 66）S. 332（insb. hinsichtlich der Durchsetzungsrichtlinie）；*Pagenberg*，GRUR Int. 2006，35 ff.；*Luginbühl*（FN 66）. – Nur unter Mitwirkung der EU zulässig ist das EPLA nach *Tilmann*，GRUR 2006，824 f.；*Telg gen. Kortmann*（FN 66）S. 201 ff.；*Liedl*（FN 66）S. 294 ff.

利审判机构。对此，他们强调，建立这种专利审判机构不必取决于欧盟委员会所建议的《共同体专利条例》（参见本节 II d bb 2）是否生效，这是因为条例并不管辖不受该条例约束的欧洲专利，欧洲专利不仅已经大量存在，而且估计在该条例生效之后还会大量产生。[73]意见一致的是，在《共同体专利条例》生效之后必须将《建立欧洲专利诉讼体系的协定》中所规定的欧洲专利审判机构与共同体专利审判机构进行合并。[74]欧盟委员会也在推荐一种统一的、不仅管辖欧洲专利而且也负责审理共同体专利的法院体系。[75]

c）《共同体专利公约》

1. 在签订了《欧洲专利公约》之后，当时的 9 个欧洲经济共同体国家仍继续推进建立共同体市场统一专利的工作。其结果是在 1975 年 11 月 17 日至 12 月 15 日在卢森堡召开的外交会议之后，签署了《共同体市场欧洲专利公约》及其实施细则和一系列补充文本。[76]虽然《共同体专利公约》不再生效（参见第 2 点、第 3 点），但是，引入共同体专利的计划却并不会取消，它将以欧共体条例的形式得以实现（参见本节 II d bb 2）。不过与过去一样，1975 年形成的基本方案仍然还是主要的。

共同体专利是由欧洲专利局根据《欧洲专利公约》的前提条件与程序规则授予的。但是，与欧洲的"一捆"专利不同，共同体专利是统一的和自主的。统一性就是：共同体专利只能授予所有的缔约国，只能在全部缔约国，而不是单个缔约国范围内宣告无效。

> 根据《共同体专利公约》，如果在欧洲专利的申请中指定了公约缔约国中的一个国家——申请人可以作出相反的声明——就视为指定了所有缔约国，并在这个范围内[77]成了共同体专利；因为某个国内在先权利而导致的无效宣告应局限于有关的缔约国。这些条款没有被《共同体专利条例的建议》（参见本节 II d bb 2）所采纳（参见 §28 II 1 和 §30 III b）。

共同体专利的自主性主要是指其有独立的效力规则。

根据《共同体专利公约》，有关限制这种效力的权利以及主张共同体专利

---

〔73〕 Vgl. *Artelsmair*（FN 70）S. 25，28；*Kolle/Waage*（FN 66）44，50；*Ermer*，Mitt. 2006，145，148；dagegen hält *Tilmann*，Mitt. 2004，388，390 f. das EPLA für unnötig，falls das Gemeinschaftspatent kommt.

〔74〕 *Stauder*，GRUR 2003，500 ff.；*Willems* und *Landfermann*（FN 65）；DVGR GRUR 2004，390，392；Wege zur Zusammenführung erörtert *Schneider*（FN 66）S. 322 ff.

〔75〕 Mitteilung KOM（2007）165（FN 61）Abschn. 2. 2. 3 C.

〔76〕 Übersicht bei *Haertel*，GRUR Int. 1976，192. – Texte in GRUR Int. 1976，231 ff.

〔77〕 如果还指定了未加入《共同体专利公约》的国家，那么就要授予"一捆"专利。

权的规则，亦即有关侵犯共同体专利的制裁及其执行程序的规定，仍主要是由国内法来决定的，是由国内法院管辖的。与此不同的是，《共同体专利条例的建议》对于这些方面也有了自主性的规定。

共同体专利具有统一性，因此包含所有缔约国在内的保护权覆盖的领土就有了统一性。如果依照发明生产的产品由专利权人或者经其同意在该领土任何地方投放市场之后，那么在缔约国的整个地域内就不能再依据共同体专利阻止销售和使用该产品（权利用尽原则）。因此，在缔约国之间就不存在共同体专利保护权的界限，在这方面，也消除了与自由贸易的共同体法律原则的冲突。《共同体专利公约》保留了各缔约国授予国内专利的权限，为此，公约还补充规定了预防性措施，以防止利用这种国内专利在公约的适用范围内维持保护权的界限。公约规定，对于任何由国内专利的专利权人或者经其同意在缔约国地域内任何地方——无论是在授予该专利的国家之内还是之外——投放市场的产品，该国内专利的禁止权限就用尽了。《共同体专利公约》就这样对国内专利的效力进行了类似的限制。不过，早在《共同体专利公约》签署之前，根据欧洲法院关于自由贸易基本原则的司法判决，国内专利的效力范围就已受到了类似的限制（参见§33 V d）。

2. 《共同体专利公约》的生效需要得到所有签约国的批准。丹麦和爱尔兰就没有批准该公约，何时才能得到它们的批准也似乎遥遥无期。因此，1985年在卢森堡召开了一个外交会议，[78]商讨《共同体专利公约》是否可以无须获得上述国家的批准就能生效的可能性。对此，在这次会议上还是没有取得一致的意见。但是，在这次会议上却签署了许多新文件，主要有《共同体专利协议》。《共同体专利协议》是一个"顶层公约"[79]，它包含了诸如与欧共体的法律关系、欧共体法院的管辖以及该协议生效等一般性问题。在该协议的附录中还有许多修改和补充了1975年《共同体专利公约》的议定书。

需要强调的是1975年卢森堡会议上两个决议形成了《关于共同体专利的权利有效性及侵权诉讼规则的议定书》（以下简称《诉讼规则议定书》）。[80]根据该议定书，将选择少数国内法院作为共同体专利法院的一审和二审法院，完全管辖侵犯共同体专利的案件，但是，在二审中它们不能对由欧洲专利法所调整的、即由《欧洲专利公约》或者《共同体专利公约》所规范的问题进行裁

---

〔78〕 Darüber *Haertel*，GRUR Int. 1986，293 ff.；*Stauder*，GRUR Int. 1986，302 ff.；*A. Krieger*，GRUR Int. 1987，729 ff.

〔79〕 *Haertel*（FN 78）297.

〔80〕 Dazu eingehend *Stauder*（FN 78）305 ff.

决。为此，还需要组建一个共同体专利上诉法院（Community Patent Appeal Court，COPAC）负责管辖这些案件。遇到欧洲专利法问题的二审共同体专利法院必须中止其程序，而将这些问题移交至共同体专利上诉法院，并在审理的案件中受上诉法院对该问题判决的约束。在侵权诉讼中，这些法院应当对反诉的共同体专利有效性进行审查，如果该专利的有效性受到否定（原则上，参见第1点），这些法院就必须对所有缔约国宣告该专利溯及既往的无效。如果不是侵权诉讼，一审的无效宣告请求仍是由欧洲专利局设立的无效审查部负责，而对于二审的无效宣告，则是由取代了《共同体专利公约》规定的欧洲专利局无效庭的共同体专利上诉法院管辖。此外，共同体专利上诉法院还应当成为欧洲专利局为共同体专利而设立的专利管理部工作范围中的申诉法院。

另外一项议定书包含了对1975年《共同体专利公约》修改的内容，主要是为了协调共同体专利协议和诉讼规则议定书。

3. 1985年会议上悬而未决的问题，同样在1989年卢森堡举行的外交会议找到了妥协的方案，从而使得当时所有的12个欧共体成员国能够很快就在通过的文本上签了字。[81]

为了不使该条约文本因个别国家的不批准而流产，达成了有关两级程序的议定书，这样，即使个别国家不批准该条约，它也可以在其他国家生效。允许直至授予专利之前都可以在共同体专利与"一捆式"欧洲专利之间进行选择，要排除这种选择的可能性，需要欧共体理事会一致通过的决议。《诉讼规则议定书》得到确认，提高了翻译的要求。根据新的《共同体专利公约》第30条，专利权人在短期内必须递交那些非缔约国官方语言申请的一种官方语言的译文。如果迟延递交译文，则共同体专利就视为自始在所有缔约国没有效力；不过，专利权人可以在其及时递交了译文的国家将共同体专利转换为"一捆式"欧洲专利。[82]

联邦德国[83]和其他6个国家批准了1989年的文本。但是，再也无法指望的是，所有还在观望的国家会批准该文本或者无需得到个别国家的批准公约也

---

〔81〕 S. den Bericht von *A. Krieger*, *Brouër* und *Schennen*, GRUR Int. 1990, 173 ff.

〔82〕 欧洲专利局的首任主席 J. B. 范·本特姆（*J. B. van Benthem*）认为，这一规定让共同体专利"免于死亡"，但1989年卢森堡批准条约无异于"将一具死尸放在王位上"，参见 Mitt. 1993, 151, 155. Kritisch auch *A. Krieger*, GRUR 1998, 256, 262 f. , der gleichwohl für Ratifizierung plädiert.

〔83〕 Gesetz zu der Vereinbarung vom 21. Dezember 1989 über Gemeinschaftspatente und zu dem Protokoll vom 21. Dezember 1989 über eine etwaige Änderung der Bedingungen für das Inkrafttreten der Vereinbarung über Gemeinschaftspatente sowie zur Änderung patentrechtlicher Vorschriften（Zweites Gesetz über das Gemeinschaftspatent）vom 20. 12. 1991 BGBl. Ⅱ S. 1354 = Bl. f. PMZ 1992, 42, jeweils mit allen von der Ratifizierung umfaßten Texten.

可以成立。[84]为此，欧盟委员会建议通过一项条例，以共同体法的形式来实现共同体专利（参见本节 II d bb 2）。

d）欧共体的立法

aa）已生效的规则

1. 根据 1992 年 6 月 18 日通过的一个条例[85]，在成员国受专利保护的任何产品，如果其是一种药品，而且在投放市场之前依据有关欧洲指令还需依行政法程序获得批准，那么可以授予其一种补充保护证书，延长其保护期限，以弥补其因批准程序而导致的有效保护期的损失，但是，最长只可以是 5 年的补充保护期。负责授予这种补充保护证书的是授予国内专利或者被授予了欧洲专利的成员国主管工业产权保护的机关，在德国就是德国专利商标局。

同样，1996 年 7 月 23 日通过的一个条例[86]使那些在投放市场之前需要依行政法程序获得批准的农药产品可以延长其专利保护期。

2. 为了打击盗版产品，还颁布了针对涉嫌侵犯知识产权商品的海关行动和对已认定侵权商品采取措施的条例，[87]它主要是规定了阻止侵权产品进出口的海关措施。

3. 经过长期的、伴随着激烈争论的准备工作，欧盟终于在 1998 年 7 月 16 日颁布了《生物技术指令》，[88]它已于 1998 年 7 月 30 日生效。荷兰对该指令所提起的无效之诉，已被欧洲法院驳回。[89]

该指令的目的是要协调各成员国关于授予生物技术专利的前提条件与限制以及关于生物技术专利效力的规定。德国很晚才履行义务，将该指令转化成国内法（参见§6 III 11）。

---

〔84〕 1992 年，在里斯本举办的以此为目的的政府间会议同样无疾而终，参见 GRUR Int. 1992，560 sowie *Schäfers/Schennen*，GRUR Int. 1992，638 ff.；*A. Krieger*（FN 82）261 f。

〔85〕 Verordnung（EWG）Nr. 1768/92 des Rates über die Schaffung eines ergänzenden Schutzzertifikats für Arzneimittel, *geändert durch Verodnung（EU）Nr.* 1901/2006 *des Europäischen Parlaments upd des Rates vom* 12. 12. 2006.

〔86〕 Verordnung（EG）Nr. 1610/96 des Europäischen Parlaments und des Rates über die Schaffung eines ergänzenden Schutzzertifikats für Pflanzenschutzmittel.

〔87〕 So die Bezeichnung der Verordnung（EG）Nr. 1383/2003 des Rates, ABlEU L 196/7 = Bl. f. PMZ 2003，392，die ab 1. 7. 2004 an die Stelle einer VO von 1994/1999 getreteh ist.

〔88〕 Richtlinie 98/44/EG des Europäischen Parlaments und des Rates. Zur Entwicklung：Text des ursprünglichen Vorschlags in GRUR Int. 1989，52；zu seiner Ablehnung durch das Europäische Parlament kritisch *Rothley*，GRUR Int. 1995，481 ff.；Berichte über einen geänderten Vorschlag und über einen Gemeinsamen Standpunkt hierzu in GRUR Int. 1993，378 f. und 1994，349；Text eines neuen Vorschlags in GRUR Int. 1996，652；Bericht über Änderungsanträge des Europäischen Parlaments in GRUR Int. 1997，851；ausführliche Darstellung bei *Barton*，Der „Ordre public" als Grenze der Biopatentierung，2004，S. 103 – 153.

〔89〕 EuGH 9. 10. 2001 C – 377/98 GRUR Int. 2001，1043.

为了使欧洲专利保护的生物技术发明也能与该指令相适应，《欧洲专利公约》也要与该指令相适应。《欧洲专利公约》实施细则已引入了相应的规定，但是值得商榷的是《欧洲专利公约》本身是否也要进行相应的规定（参见本节 Ⅱ b 4）。

4. 2004 年 4 月 29 日，欧洲议会和欧洲理事会通过《关于知识产权权利实现指令》。[90]它要求成员国规定为实现包括工业产权在内的知识产权的必要的措施、程序和法律救济手段，并确定这些规则的一般标准。适用于所有类型知识产权的规定有：请求权资格、举证和担保、查询权、临时措施和担保措施、法院有权颁发的命令、损害赔偿、诉讼费用以及法院判决的公开。将该指令转化成国内法的最后期限是 2006 年 4 月 29 日，但是直到现在也没有在所有国家完成转化。[91]

5. 为了扩大对药品专利授予强制许可的可能性，2001 年至 2005 年，TRIPS 得到了补充（参见本节 Ⅰ g 5）。为了与此相适应，2006 年 5 月 17 日欧洲议会和欧洲理事会颁布了《关于对生产药品的专利给予强制许可出口至有公共健康问题国家的第 816/2006 号条例》。[92]该条例现在已经生效。它规定了有权提出强制许可请求的国家，规范了强制许可申请和授予的程序、内容、应用条件、收回、审查，原则上禁止将通过强制许可生产的药品进口至共同体。

bb）建议

1. 在实用新型法方面，欧盟委员会进行了广泛的协调。[93]在 3 个成员国迄今为止只有专利这一种形式对于技术创新进行保护，而在其他国家，除了专利之外虽然还规定了第二种保护权，但有关这种保护权的名称和制度设计却有很大的不同。为了弄清企业和发明人对于设立一种补充专利的保护发明制度的需求，欧盟委员会首先进行了一次广泛的调查，[94]并在 1995 年发布了一份绿皮书[95]。

---

〔90〕 ABlEU L 195 vom 2. 6. 2004 = Bl. f. PMZ 2004，408 = GRUR Int. 2004，615.

〔91〕 Für Deutschland liegt der Regierungsentwurf eines Gesetzes zur Verbesserung der Durchsetzung von Rechten des geistigen Eigentums vor（Bundesratsdrucksache 64/07）.

〔92〕 ABlEU L 157 vom 9. 6. 2006 = Bl. f. PMZ 2006，279 = GRUR Int. 2006，1001.

〔93〕 有学者早就提出了这方面的建议，其建议对专利之外的具有新颖性和工业上可应用性的所有形式的发明都给予保护权，在该建议中并不要求创造性方法，参见 *Kulhavy*，Ein europäisches „kleines Patent"？Mitt. 1980，206–213。马克斯—普朗克外国与国际专利法、著作权法、竞争法研究所（Max-Planck-Imtitut）在 1992 年、1993 年提出了欧洲实用新型法讨论草案，其目的是通过欧盟条例实现这种共同的权利保护。该讨论草案在"欧洲实用新型法"研讨文集中有详细的讨论，并得到了进一步的发展，参见 *Kern*，GRUR Int. 1994，549 ff.；Text des Entwurfs mit Begründung aaO 569 ff.

〔94〕 Bericht in GRUR Int. 1995，569.

〔95〕 „Gebrauchsmusterschutz im Binnenmarkt" KOM（95）370 vom 19. 7. 1995；Bericht in GRUR Int. 1995，660 f.；Stellungnahme der DVGR in GRUR 1996，186 f.

这份绿皮书所讨论的问题是，是否可以像商标法一样，通过有关协调国内法的指令颁布一个共同体实用新型保护权的条例。由于大多数都反对设立共同体实用新型保护权，因此，欧盟委员会在 1998 年只是公布了有关协调指令的建议。[96]在听取了欧洲议会的意见之后，欧盟委员会提交了该建议的修改本。[97]

根据该建议，所有成员国都应当给予除生物材料、化学物质、药物物质或者方法之外的所有可专利化的发明类型以实用新型保护。保护的前提条件也是有新颖性、工业上可应用性和基于创造性方法，但对这些前提条件的要求程度比专利所要求的要低些：发明应当对于专业人员显示出某种优点，并且不能以非常显而易见的方式从现有技术推导出来。对申请的预先审查不审查新颖性和创造性方法。保护期首先是 6 年，可以延长 2 次，每次 2 年。权利人或者第三人任何时候都可以请求对现有技术的检索，在侵权诉讼和延长保护期的请求中必须提交这种对现有技术的检索。

2000 年 3 月，有关协调指令的工作停了下来，这是因为大多数成员国都希望优先考虑共同体专利问题（参见第 2 点）。2001 年 7 月，欧盟委员会又开始了有关协调指令的新探索，其目的是更新基本数据，并制定一项可以对共同体实用新型的法律、实践和经济影响进行评估的基本文件。[98]但这次新探索的结果是反对建立这种共同体保护权，一项旨在对此进行协调的指令计划也因此被取消。[99]

2. 由于通过批准签署公约的办法来实现共同体专利（参见本节 II c 2，3），经过几十年的努力都没有成功，1997 年欧盟委员会发布了一份绿皮书[100]，

---

〔96〕　Vorschlag für eine Richtlinie des Europäischen Parlaments und des Rates über die Angleichung der Rechtsvorschriften betreffend den Schutz von Erfindungen durch Gebrauchsmuster vom 12. 12. 1997，ABlEG Nr. C 36 vom 3. 2. 1998，S. 13 = GRUR Int. 1998，245；dazu *Kraßer*，GRUR 1999，527 ff.

〔97〕　Geänderter Vorschlag für eine Richtlinie des Europäischen Parlaments und des Rates über die Angleichung der Rechtsvorschriften betreffend den Schutz von Erfindungen durch Gebrauchsmuster，KOM（1999）309 vom 25. 6. 1999；Bericht in GRUR Int. 1999，807；Stellungnahme der DVGR in GRUR 2000，134 f.；vgl. auch *Goebel*，GRUR 2001，916 ff.

〔98〕　Arbeitsdokument der Kommissionsdienststellen SEK（2001）1307 vom 26. 7. 2001：Sondierung der Auswirkungen des Gemeinschaftsgebrauchsmusters zur Aktualisierung des Grünbuchs über den Gebrauchsmusterschutz im Binnenmarkt. – Gegen gemeinschaftsrechtliche Regelungen über Gebrauchsmuster *Ullrich*，European Law Journal 2002，433，483 f.

〔99〕　Vgl. Gómez Segade，39 II C 135 ff.（2008），der die Entscheidung der Kommission bedauert.

〔100〕　Förderung der Innovation durch Patente – Grünbuch über das Gemeinschaftspatent und das Patentschutzsystem in Europa，KOM（97）314 vom 24. 6. 1997；dazu *Leardini*，Mitt. 1997，324 ff.；Ergebnisse einer Anhörung，ABlEPA 1998，82 ff.；Entschließung des Europäischen Parlaments vom 19. 11. 1998，ABlEPA 1999，193；Stellungnahme des Wirtschafts – und Sozialausschusses，ABlEPA 1998，328 ff.；Stellungnahme der DVGR，GRUR 1998，120.

广泛讨论通过以《欧洲共同体条约》第 235 条（现第 308 条）为基础的条例的途径[101]，引入共同体专利、如何对待计算机程序的发明（参见第 3 点）等专利领域新动议的必要性。其结果是 1999 年欧盟委员会在其关于绿皮书的后续措施的通知中[102]，明确了在共同体范围内进行统一专利保护的必要性，并通告了引入共同体专利条例的建议，2000 年 8 月 1 日欧盟委员会正式提出该建议。[103]

该建议在有关申请专利权（该建议是根据《欧洲专利公约》第 60 条第 1 款和第 2 款确定申请专利权的权利人的）、共同体专利的权利和已公开的申请的权利、权利的流通、无效宣告的理由和效力方面，广泛继承了 1989 年版本的《共同体专利公约》的基本准则，但在某些方面补充了与新的共同体法和 TRIPS 有关的内容。

共同体专利应当由欧洲专利局根据《欧洲专利公约》确定的实质性前提条件、形式和程序性规定授予。为了确保《欧洲专利公约》对于共同体专利的权威性，欧共体应当加入《欧洲专利公约》，这就要求对《欧洲专利公约》进行相应的修改和批准（参见本节 Ⅱ b 4）。[104]

已授予的共同体专利能否继续存在——与《共同体专利公约》最新版本规定的不同（参见本节 Ⅱ c 3）——取决于是否提交以所有成员国官方语言对专利权利要求（而不再是对整个专利说明书）的必要翻译（建议第 24a 条及第 5 点考虑理由；第 24b 条第 1 款）。最迟至专利授予之后的 2 年内必须在欧洲专利局递交译文（第 24a 条第 3 款）。如果没有递交某些成员国语言的译文，应当允许该专利在其余成员国以欧洲专利的形式存在（第 24b 条第 2 款）。

《诉讼规则议定书》（参见本节 Ⅱ c 2）以及《共同体专利公约》规定的欧

---

〔101〕 Zu dieser Möglichkeit *A. Krieger*, GRUR 1998, 256, 265 ff. ; noch weitergehend hatte *Bossung*, GRUR Int. 1995, 923 ff. eine Verordnung vorgeschlagen, in die nicht nur das GPÜ, sondern auch das EPÜ überführt wird ; im gleichen Sinne *ders.* , GRUR Int. 2002, 463 ff.

〔102〕 Mitteilung der Kommission an den Rat, das Europäische Parlament und den Wirtschafts – und Sozialausschuß (KOM (1999) 42 vom 5. 2. 1999)：Förderung der Innovation durch Patente – Folgemaßnahmen zum Grünbuch über das Gemeinschaftspatent und das Patentschutzsystem in Europa, ABlEPA 1999, 197 ff. ; dazu *Schäfers*, GRUR 1999, 820 ff.

〔103〕 Vorschlag für eine Verordnung des Rates über das Gemeinschaftspatent, Fassung vom 8. 3. 2004 (Dok. 7119/04) mit Änderungsvorschlag vom 11. 5. 2004 (Dok. 9399/04) ; diese Fassung berücksichtigt den Gemeinsamen Politischen Standpunkt des Rates der EU vom 3. 3. 2003 zum Gemeinschaftspatent mit Erklärung des Rates, GRUR Int. 2003, 389, 390 ; zur Entwicklung seit dem ursprünglichen Vorschlag ausführlich *Liedl* (FN 66) S. 237 ff.

〔104〕 Zur Problematik *Schäfers* (FN 103) 821 ff. ; Kolle, FS Pagenberg, 2006, S. 45, 49, 53 ; *Ullrich* (FN 96) 433, 459 f. , 462 ff.

洲专利局的无效认定程序也没有被采纳。有关共同体专利的侵权和有效性的争议，欧洲共同体的共同体专利法院有一审管辖权，上诉法院是欧共体的法院，在某些情况下，欧洲法院是终审法院（《建议》第 30 条第 2 款及第 7 点考虑理由）。[105]在条例生效之后至引入共同体司法体系期间，依照《建议》的第53a ~ 53i 条，共同体司法体系的一审和二审功能在任何成员国由其指定的尽可能少的国内法院担当。

　　共同体专利条例的通过还有一些障碍，主要是对译文的要求以及对共同体专利保护范围译文的意义方面不能达成必要的一致。根据引入共同体专利条例的建议，如果出现了导致权利要求比欧洲专利局授予的专利的权利要求书更少的翻译错误，假如没有将改正的译文公开或者转告实施人，那么如果根据欧洲专利局授予的专利的权利要求书是侵权但根据翻译的权利要求书不是侵权的实施发明的情况，在该语言所涉及的成员国就不是侵权的。如果出现了这种情况，善意的发明实施人将获得一种有时间限制的有偿继续实施权。部分成员国以及那些可能运用共同体专利的人认为这是与共同体专利的统一性相矛盾的，拒绝了这种规则。[106]

　　诉讼规则也遭到了许多批评，[107]因为这些规则过于集中。[108]规定被告的语言原则上是诉讼语言，[109]因此是不实际的，而且费用过高；[110]不允许有技术教育背景的，而只允许——技术专家作为"辅助报告人"支持的——法律专业

〔105〕　Näheres zur vorgesehenen Gerichtsstruktur und ihrer Verankerung im EGV bei *Nooteboom*, FS Tilmann, 2003, 567, 570 ff. ; *Söderholm*, ABlEPA Sonderausgabe 2005, 52 ff. ; zu den Auswirkungen auf das Projekt eines EPLA（s. oben b 8）*Willems* und *Landfermann*（FN 393）.

〔106〕　Krit. zur vorgesehenen Verbindlichkeit der Übersetzungen DVGR, GRUR 2004, 390, 391 r. ; *Dreiss*, GRUR Int. 2004, 712, 713 r. ; *Niemeier*, VPP – Rundbrief 2005, 52, 56 l ; *Ermer*, Mitt. 2006, 145, 147. 有学者建议，首先只要求提供一份旨在提供信息的概述性译文，在出现诉讼争议时再要求提供完整的译文，当然只有原始文本才具有约束力，参见 *Tilmann*, Mitt. 2004, 388, 389。

〔107〕　Zur Diskussion über das Rechtsprechungssystem für Gemeinschaftspatente *Sedemund – Treiber*, Mitt. 1999, 121 – 126 und GRUR 2001, 1004 – 1011; *Schade*, GRUR 2000, 827 – 839 und ABlEPA 2001, Sonderausg. 2, 170 – 191; *Brinkhof*, GRUR 2001, 600 – 604; *Sydow*, GRUR 2001, 689 – 696; *Dreiss/ Keussen*, GRUR 2001, 891 – 897; *Landfermann*, Mitt. 2003, 341 – 348; *Tilmann*, GRUR Int. 2003, 381 – 389; *Nooteboom*, FS Tilmann, 2003, S. 567 – 585; *Liedl*,（FN 66）insb. S. 248 ff. ; *Laubinger*, Die internationale Zuständigkeit der Gerichte für Patentstreitsachen in Europa, 2005, S. 124 ff. ; *Telg gen. Kortmann*（FN 66）S. 119 ff.

〔108〕　*Tilmann*, GRUR Int. 2003, 381, 384 ff. ; DVGR（FN 106）; *Ullrich*（FN 96）476. Über gescheiterte Vorschläge für eine Dezentralisierung in erster Instanz berichten *Tilmann*, aaO 382 f. und *Nooteboom*（FN 107）S. 567, 576 ff.

〔109〕　Gemeinsamer Standpunkt Nr. 1. 7.

〔110〕　*Tilmann*, GRUR Int. 2003, 381, 385; *Niemeier*, VPP – Rundbrief 2005, 52, 56 l. ; *Luginbühl*, GRUR Int. 2004, 357, 364; *Liedl*（FN 66）S. 275 ff. ; DVGR（FN 106）.

的法官，[111]并且忽略了共同体法没有规范的一般民事和民事诉讼法问题。[112]但是，欧盟委员会却仍积极准备按照《建立欧洲专利诉讼体系的协定（草案）》（参见本节Ⅱb8），继续推进它的计划。[113]

此外，对于在《共同立场》中将国内专利局引入授予共同体专利程序的建议，即使它规定由国内专利局授予共同体专利需要申请人提出请求并接受欧洲专利局监管，也受到了人们的非议。[114]另外，有关国家专利局应该分享50%共同体专利维持费的规定[115]，也有悖于该体制吸引人的低费用的目标。从各成员国经济利益的角度来考虑，收取这么高的份额是好理解的，但从各国专利局对此的贡献来看，这又是没有道理的。鉴于欧洲专利的经验表明，许多欧洲专利都没有在所有的《欧洲专利公约》缔约国生效，因此，引入一种必须包含现在所有27个欧盟成员国在内的专利的紧迫性，就不免令人怀疑了。[116]

3. 欧盟委员会认为专利法如何对待使用了计算机程序的发明，也是需要协调的。因此，在发布一份绿皮书（参见第2点）和几次尝试之后，欧盟委员会在2002年2月提出了一项《关于计算机可执行发明可授予专利的指令的建议》。[117]该建议认为计算机可执行发明是指，"任何在运行中使用了计算机、计算机网络或者其他可程序化设备，并显示出至少一个完全或者部分由一项或者多项计算机程序实现的新特征的发明。"成员国有义务确保"计算机可执行发明属于技术的范畴"，但是，如果该发明"对于现有技术没有技术性贡献"，那么它是不可被授予专利的。

该建议在公开讨论中引起了激烈的争论。欧洲议会对此也提起了严重的抗

---

〔111〕　Krit. *Liedl*（FN 66）S. 280 ff. mwN.

〔112〕　*Kolle*（FN 104）S. 51；*Dreiss*，GRUR Int. 2004，712，714；*Tilmann*，Mitt. 2004，386 f.；vgl. auch *dens.* in GRUR Int. 2004，803 ff.

〔113〕　Mitteilung KOM（2007）165（FN 61）Abschn. 2. 2. 3 C.

〔114〕　Nr. 3. 4 – 3. 7 des Gemeinsamen Standpunkts；krit. *Kolle*（FN 104）S. 53 ff.；*Kober*，VPP – Rundbrief 2003，73，75；*Artelsmair*，FS Kolle/Stauder，2005，S. 5，27 FN 75；*Ullrich*（FN 96）433，460 ff.；DVGR，GRUR 2005，401.

〔115〕　Art. 60 Abs. 1 a des Vorschlags mit Erwägungsgrund 5；Nr. 4. 2 des Gemeinsamen Standpunkts；bezeichnend ist，daß Kosten etwaiger Recherchen nationaler Ämter aus dem Anteil des EPA gedeckt werden sollen.

〔116〕　*Kolle*（FN 104）S. 53 ff.

〔117〕　Vorschlag für eine Richtlinie des Europäischen Parlaments und des Rates über die Patentierbarkeit computerimplementierter Erfindungen，KOM/2002/92 vom 20. 2. 2002，ABlEG C 2002/151 E vom 25. 6. 2002，129.

议，[118]并要求对其进行修改，但欧盟理事会在 2005 年 3 月发布的《共同立场》中只是部分地考虑了这些要求。[119]2005 年 7 月 6 日欧洲议会彻底拒绝了《共同立场》，[120]因此这个计划流产了，欧盟委员会也没有提出新建议的计划。[121]

4. 为了对侵犯知识产权行为的民事救济的指令（参见本节 Ⅱ aa 4）予以补充，欧盟委员会还建议颁布一项为了实现知识产权的刑事措施的指令。[122]该指令要求成员国对于在工商业范围内任何故意、既遂或者未遂以及教唆和帮助侵犯知识产权的行为承担处以刑事处罚的义务。指令还规定了威慑性的刑事处罚及其量刑范围、其他刑法制裁措施（比如，没收犯罪工具和成品）以及启动刑事程序和开始侦查的前提条件。

---

[118]　Vgl. *Metzger*, CR 2003, 313 ff., 871; *Moritz/Brachmann*, CR 2004, 956 ff.; *Vieregge*, GRUR 2005, 399; *Rocard*, ABlEPA Sonderausgabe 2005, 17 – 31; *Benkard/Bacher/Melullis* §1 PatG Rdnr. 106; *Dogan*, Patentrechtlicher Schutz vom Computerprogrammen, 2005, S. 176 ff.; ausführlich *Bodenburg*, Softwarepatente in Deutschland und in der EU, 2006, S. 83 – 96; zur Kritik des Vorschlags auch *Zirn*, Softwareschutz zwischen Urheberrecht und Patentrecht, 2004, S. 96 ff.; *Müller/Gerlach*, Softwarepatente und KMU, CR 2004, 389 – 395.

[119]　*Vieregge*, aaO.

[120]　*Weiden*, GRUR 2005, 741.

[121]　*McCreevy*, GRUR Int. 2006, 361, 362l.

[122]　Geänderter Vorschlag mit Begründung in GRUR Int. 2006, 719; dazu die kritische Stellungnahme des MPI für Geistiges Eigentum, Wettbewerbs – und Steuerrecht von *Hilty*, *Kur* und *Peukert*, aaO 722 – 725.

第 *3* 章
法律渊源和组织

§8　专利和实用新型法的法律渊源

官方公布的专利法和实用新型法规登载在：《联邦法律公报》《专利、外观设计和标识公报》《欧洲专利局公报》以及《欧盟公报》。

法律汇编：《工业产权保护、竞争法、著作权法》（C. H. Beck 出版社），活页版。

Starck，J. 编辑的《工业产权保护、竞争法、著作权法》（Wolters Kluwer 出版社），2005 年版。

《专利和外观设计法》（dtv 5563），2007 年第 8 版。

《工业产权保护袖珍本》，德国专利商标局编，4 卷本（Carl Heymanns 出版社），活页版。

在下面的阐述中我们只引用最为重要的法律条文内容，而对于其他那些能在上面提到的法律汇编中找到的规定，我们只指出其条款号码。

A. 联邦德国的国内法

Ⅰ. 专利法

a)《专利法》

如果不作特别声明，我们将要阐述的是经过最近一次修改，即 2008 年 7 月 7 日修改过[1]的 1981 年《专利法》[2]的法律状况。它适用于自该部法律生

---

〔1〕 PatG in der Fassung der Bekanntmachung vom 16. Dezember 1980, BGBl. 1981 I S. 1 = Bl. f. PMZ 1981, 2, in Kraft getreten am 1. Januar 1981.

〔2〕 BGBl. I S. 1191.

效以来所递交的专利申请以及所授予的专利。自 1981 年这部法律生效以来对其所进行的修改，只要这些修改过的法律的过渡条款中没有其他规定，也相应地有效。

至于 1981 年之前所实行的《专利法》，它只在一些例外的情况下还有一点意义。那些受 1981 年之前《专利法》调整的专利最晚到 2000 年底就到期失效了，即使还有补充的保护证书（见《专利法》第 16a 条），也在 2005 年底到期了。只有当这些专利在失效之前受到了侵犯，并且还没有超过诉讼时效，那么它们才会是或者将是提起损害赔偿的依据，同时也是或者将是由此而导致的专利无效诉讼的对象。

b）《扩展法》——民主德国的《专利法》

1. 1992 年 4 月 23 日颁布的《工业产权扩展法》（以下简称《扩展法》）[3] 使得包括专利在内的保护权效力，如果它们的效力到那时为止只是局限于联邦德国或者民主德国的话，可扩展到整个德国（参见前面 §6 Ⅳ 4）。

2. 1990 年 10 月 3 日之前在民主德国申请的专利的可保护性受在其申请时有效的民主德国《专利法》调整。如果这些专利是 1996 年 1 月 1 日之前到期的话，那么其保护期同样受民主德国《专利法》的规制（参见 §6 Ⅳ 4）。

c）实施条例

1. 《德国专利商标局条例》（2004 年 4 月 1 日版）。[4]

2. 2003 年 9 月 1 日颁布的《德国专利商标局专利事务程序条例》（以下简称《专利条例》）。[5]

专利申请人可以在德国专利商标局获得《申请人须知》，里面汇编有《专利法》和《专利条例》关于专利申请的要求。

3. 《德国专利商标局电子法律往来条例》[6]《联邦专利法院和联邦最高法院电子法律往来条例》。[7]

4. 《专利和实用新型程序中保藏生物材料条例》（以下简称《生物材料保藏条例》）。[8]

---

〔3〕 BGBl. I S. 938 = Bl. f. PMZ 1992, 202, zuletzt geändert durch Gesetz vom 12. 3. 2004, BGBl. I S. 390 = Bl. f. PMZ 2004, 207, 218.

〔4〕 BGBl. I S. 514, zuletzt geändert durch VO vom 26. 9. 2006, BGBl. I S. 2161 = Bl. f. PMZ 2006, 306.

〔5〕 BGBl. I S. 1702 = Bl. f. PMZ 2003, 322, zuletzt geändert durch VO vom 17. 12. 2004, BGBl. I S. 3532 = Bl. f. PMZ 2005, 45, 47;《专利条例》取代了《专利申请条例》和《发明人命名条例》。

〔6〕 Vom 26. 9. 2006, BGBl. I S. 2159 = Bl. f. PMZ 2006, 305.

〔7〕 Vom 24. 8. 2007 BGBl. I S. 2130 = Bl. f. PMZ 2007, 386.

〔8〕 Vom 24. 1. 2005, BGBl. I S. 151 = Bl. f. PMZ 2005, 102.

d）有关费用的规定

1. 2001 年 12 月 13 日颁布的《德国专利商标局和联邦专利法院费用法》（以下简称《专利费用法》）。[9]

2. 2006 年 7 月 14 日颁布的《德国专利商标局管理费用条例》（以下简称《管理费用条例》）。[10]

3. 2003 年 10 月 15 日颁布的《德国专利商标局和联邦专利法院费用支付条例》（以下简称《专利费用支付条例》）。[11]

e）雇员发明

1. 1957 年 7 月 25 日颁布的《雇员发明法》。[12]

2. 1959 年 7 月 20 日颁布的《私营企业雇员发明报酬指令》，[13] 相应地，1960 年 12 月 1 日颁布的指令适用于公共服务领域的雇员发明。

Ⅱ. 实用新型法

a）《实用新型法》

我们所阐述的是 1987 年《实用新型法》，[14] 该部法律通过 1990 年 3 月 7 日法律[15] 所进行的基本修改已在 1990 年 7 月 1 日生效，这部法律的最近一次修改是在 2008 年 7 月 7 日。[16]

受 1990 年 7 月 1 日之前法律调整的实用新型，最晚至 1998 年 6 月 30 日就到期失效了。在此之前这些权利受到侵犯而可能提起的损害赔偿请求，基本都已处理完毕，还没有审结的情况非常少见。

b）实施条例

2004 年 5 月 11 日颁布的《〈实用新型法〉实施条例》（以下简称《实用新型条例》）。[17]

---

〔9〕 BGBl. I S. 3656 = Bl. f. PMZ 2002, 14; zuletzt geändert durch Gesetz vom 24. 8. 2007 BGBl. I S. 2166 = Bl. f. PMZ 2006, 225, 227.

〔10〕 BGBl. I S. 1586 = Bl. f. PMZ 2006, 253.

〔11〕 BGBl. I S. 2083 = Bl. f. PMZ 2003, 409.

〔12〕 BGBl. I S. 756 = Bl. f. PMZ 1957, 218, zuletzt geändert durch Gesetz vom 18. Januar 2002, BGBl. I S. 414 = Bl. f. PMZ 2002, 121。

〔13〕 Bl. f. PMZ 1959, 300, geändert am 1. 9. 1983, Bl. f. PMZ 1983, 350。

〔14〕 GebrMG in der Fassung der Bekanntmachung vom 28. August 1986, BGBl. I S. 1455 = Bl. f. PMZ 1986, 316, 1987 年 1 月 1 日生效。

〔15〕 Gesetz zur Stärkung des geistigen Eigentums und zur Bekämpfung der Produktpiraterie（Produktpiraterigesetz）, BGBl. I S. 422 = Bl. f. PMZ 1990, 161。

〔16〕 BGBl. I S. 1191.

〔17〕 BGBl. I S. 890 = Bl. f. PMZ 2004, 314, zuletzt geändert durch VO vom 26. 9. 2006, BGBl. I S. 2161 = Bl. f. PMZ 2006, 306; durch die GebrMV wurde die Gebrauchsmusteranmeldeverordnung ersetzt.

实用新型申请人可以在德国专利商标局获得《申请人须知》，里面汇编有《实用新型法》和《实用新型条例》关于实用新型申请的要求。

c）其他

《扩展法》（参见本节 A Ⅰ b 1）、《德国专利商标局条例》（参见本节 A Ⅰ c 1）、《生物材料保藏条例》（参见本节 A Ⅰ c 4）、有关电子法律往来的规定（参见本节 A Ⅰ c 3）、有关费用（参见本节 A Ⅰ d）和雇员发明的规定（参见本节 A Ⅰ e）对于实用新型也是有意义的。

B. 国际法

1. 只有当国际条约被国内法吸收之后，它才能产生支持和反对个案的作用。至于应当满足什么前提条件，才能使这种吸收生效，不同的国家有着不同的观点。在联邦德国，只要国际条约获得了联邦德国的批准，并且满足了条约所规定的生效条件，那么该条约就构成了德国国内法的一部分。如果条约的条款规定了适合直接适用的足够内容，那么就可以像适用国内法一样直接适用这些条款。批准国际条约是通过联邦法律的形式实现的。一般来说，多边条约的生效，取决于在条约中所标明的某个机构存放了最低数量的条约签约国的批准证书。

哪些条约、哪些修订的版本在什么时候生效以及哪些国家加入条约的信息，每年都登载在《专利、外观设计和标识公报》和《工业产权保护与版权杂志（国际版）（GRUR Int.）》上面。

2. 《巴黎公约》是 1883 年 3 月 20 日缔结的，分别于 1900 年在布鲁塞尔、1911 年在华盛顿、1925 年在海牙、1934 年在伦敦、1958 年在里斯本，以及 1967 年在斯德哥尔摩进行了修订。由该公约所组成的联盟有 173 个国家（截至 2008 年 6 月 1 日）。联邦德国适用公约的斯德哥尔摩文本，不过，还有其他国家适用更早的文本，起关键作用的还是最后被这些国家所批准的文本。

《巴黎公约》规范了外国人的地位，即属于联盟国国民或者根据《巴黎公约》第 3 条享有与某个联盟国国民同样待遇的外国人的地位。将联邦德国国内法适应于《巴黎公约》，联邦德国的国民也能享受到公约的好处。

3. 《建立世界知识产权组织公约》（World Intellectual Property Organization, WIPO, 以下简称《WIPO 公约》）是 1967 年 7 月 14 日在斯德哥尔摩缔结的，1970 年 9 月 19 日起在联邦德国生效。WIPO 位于日内瓦，1974 年以后具有联合国专门机构的地位，截至 2008 年 6 月 1 日拥有 184 个成员国。WIPO 的目的是通过国家之间的合作，在世界范围内促进知识产权的保护，并确保与知识产权保护公约所建立的联盟在行政管理方面的合作。

特别值得一提的是，WIPO 主管巴黎联盟的行政管理工作，其国际局还负责通过 PCT 的国际专利申请系统。

4. 1970 年 6 月 19 日缔结的《专利合作条约》[18]（Patent Cooperation Treaty，PCT）以及 1992 年 6 月 29 日公布的《实施细则》[19]，使在任意一个国内的申请通过国际申请在最多 139 个缔约国（截至 2008 年 6 月 1 日）产生效力变成了可能。经过一个迟缓的起步阶段之后，PCT 系统取得了极大的成功。[20] PCT 系统无论是对于要使用它的德国申请人，还是对于德国专利商标局，都具有重要的意义。1976 年 6 月 21 日颁布的《国际专利条约法》[21] 第 3 条对德国专利商标局作为国际申请的申请或者指定局的任务和工作进行了规定。

5. 1971 年 3 月 24 日的《国际专利分类斯特拉斯堡协定》（IPC）[22] 的缔约国接受了一个共同的专利、实用新型和发明证书的分类体系。由该条约所组成的特别联盟已有 58 个成员国（截至 2008 年 6 月 1 日）。

6. 1994 年 4 月 15 日缔结的 TRIPS[23] 已于 1995 年 1 月 1 日生效，并自 1996 年 1 月 1 日起适用于联邦德国。TRIPS 要求 WTO 的 152 个成员（截至 2008 年 6 月 1 日），在保护知识产权方面要给予其他成员的国民以国民待遇和最优惠待遇，还要严格地满足关于最重要的知识产权的可处分性、范围、行使和救济方面的最低要求（参见 §7 I g）。德国《专利法》已经适应了 TRIPS 的要求，至于是否完全适应了 TRIPS[24]，以及在不适应 TRIPS 的情况下是否可以直接适用协议本身[25]，这些还是有争议的。

---

〔18〕 BGBl. 1976 Ⅱ S. 664 = Bl. f. PMZ 1976, 200；zuletzt geändert durch Beschluß vom 2. 10. 2001, BGBl. 2002 Ⅱ S. 727, 728 = Bl. f. PMZ 2002, 216。

〔19〕 Fassung der Bekanntmachung vom 29. 6. 1992, BGBl. Ⅱ S. 627, 1052 = Bl. f. PMZ 1992, 381, mit Gebührenverzeichnis；letzte Änderungen：Bl. f. PMZ 2007, 476, 486, 488.

〔20〕 申请的数量是：1979 年 2625 件；1989 年 14874 件；1993 年 28577 件；1997 年 54422 件；1999 年 74023 件；2000 年 90948 件；2001 年 103947 件（平均每个申请的指定国有 107 件，参见 GRUR Int. 2002, 371）；2007 年超过 156000 件（参见 GRUR Int. 2008, 451）。

〔21〕 BGBl. Ⅱ S. 649 = Bl. f. PMZ 1976, 264, zuletzt geändert durch Gesetz vom 24. 8. 2007, BGBl. I S. 2166 = Bl. f. PMZ 2007, 362.

〔22〕 BGBl. 1975 Ⅱ S. 283 = Bl. f. PMZ 1975, 156.

〔23〕 BGBl. Ⅱ S. 1730 = Bl. f. PMZ 1995, 18；2005 年 6 月 12 日，WTO 理事会决定对 TRIPS 进行一次修改，但这次修改的生效还需获得至少三分之二的 WTO 成员通过（参见 §7 I g 5）。

〔24〕 比如，在计算机程序的可专利性方面，施乌玛（Schiuma）就认为没有满足要求，参见 GRUR Int. 1998, 852 ff。

〔25〕 Befürwortet insbesondere von *Drexl*, FS Fikentscher, 1998, S. 822 ff.；verneinend z. B. *Ullrich*, GRUR Int. 1995, 623, 637 ff.；differenzierend *Schäfers*, GRUR Int. 1996, 763, 774 ff.；*Straus*, in：Müller – Graff（Hrsg.），Die Europäische Gemeinschaft in der Welthandelsorganisation, 1999/2000, S. 157, 164 ff.；jeweils m wN.

C. 欧洲专利授予体系

1. 由欧洲专利局和行政委员会所组成的欧洲专利组织是一个具有超国家决定权的公共机构，由它所授予的欧洲专利对于缔约国有直接的效力。欧洲专利局是通过 1973 年 10 月 5 日公布、1977 年 10 月 7 日生效的《欧洲专利公约》[26] 建立的，截至 2008 年 6 月 1 日已有 34 个缔约国（参见 §7 Ⅱ b 2）。2000 年 11 月举行的一次外交会议对《欧洲专利公约》进行了修改（参见 §7 Ⅱ b 6），即《欧洲专利公约 2000》，它已在 2007 年 12 月 13 日生效。[27]

根据《欧洲专利公约》第 164 条第 1 款，《欧洲专利公约》还有下面的组成部分：

《实施细则》；[28]

《关于请求授予欧洲专利的司法管辖和判决承认议定书》（以下简称《承认议定书》）；[29]

《关于欧洲专利组织的优先权和豁免的议定书》（以下简称《优先权和豁免议定书》）；[30]

《关于欧洲专利体系的集中化及其引入的议定书》（以下简称《集中化议定书》）；[31]

《关于第 69 条解释的议定书》；[32]

《关于海牙欧洲专利局人事的议定书》（以下简称《人事议定书》）。[33]

---

[26] BGBl. 1976 Ⅱ S. 826 = Bl. f. PMZ 1976, 272.

[27] ABlEPA Sonderausgabe 1/2007, S. 3; für Deutschland ratifiziert durch Gesetz zu der Akte vom 29. November 2000 zur Revision des Übereinkommens vom 5. Oktober 1973 über die Erteilung europäischer Patente vom 24. 8. 2007; BGBl. Ⅱ 1082 = Bl. f. PMZ 2007, 370, jeweils mit Text der Akte, Begründung zum Gesetz, Denkschrift zur Akte und Neufassung des EPÜ. Synoptische Darstellung der neuen und der alten Fassung in ABl. EPA Sonderausgabe 4/2007; vgl. auch Naumann, Mitt. 2007, 529 ff. mit tabellarischer Übersicht der Änderungen.

[28] BGBl. 1976 Ⅱ S. 915 = Bl. f. PMZ 1976, 298; Neufassung gemäß Beschluß vom 7. 12. 2006 in ABlEPA, Sonderausgabe 1/2007, S. 91 = BGBl. 2007 Ⅱ S. 1202 = Bl. f. PMZ 2007, 428; geändert durch Beschluss vom 6. 3. 2008 ABlEPA 2008, 124. Synoptische Darstellung der neuen und der alten Fassung in ABl. EPA Sonderausgabe 5/2007; vgl. auch Naumann, Mitt. 2007, 529 ff. mit tabellarischer Übersicht der Änderungen.

[29] BGBl. 1976 Ⅱ S. 982 = Bl. f. PMZ 1976, 316.

[30] BGBl. 1976 Ⅱ S. 985 = Bl. f. PMZ 1976, 317.

[31] BGBl. 1976 Ⅱ S. 994 = Bl. f. PMZ 1976, 320, geändert durch die Akte zur Revision des EPÜ vom 29. 11. 2000; Neufassung in ABlEPA, Sonderausgabe 1/2007, S. 128.

[32] BGBl. 1976 Ⅱ S. 1000 = Bl. f. PMZ 1976, 322, geändert durch die Akte zur Revision des EPÜ vom 29. 11. 2000; Neufassung in ABlEPA, Sonderausgabe 1/2007, S. 88.

[33] Enthalten in der Akte zur Revision des EPÜ vom 29. 11. 2000; Text in ABlEPA, Sonderausgabe 1/2007, S. 127. 7. 12.

2. 根据《欧洲专利公约》第 33 条赋予行政委员会的立法权，行政委员会颁布了《欧洲专利局费用条例》。[34]

3. 在欧洲专利局，申请人还可以获得一份由该局编写的《申请人手册》，该手册登载和详细解释了对于申请人重要的欧洲专利法规定。

4. 将《欧洲专利公约》与联邦德国法律结合起来的必要的国内法规定主要是《国际专利条约法》第 2 条（参见本节 B 4）。

此外值得一提的是 1978 年 12 月 18 日颁布的《关于翻译欧洲专利申请权利要求书的条例》[35]和 1992 年 6 月 2 日颁布的《欧洲专利说明书翻译条例》。[36]《适用〈欧洲专利公约〉第 65 条的公约》（参见 §7 Ⅱ b 7）在 2008 年 1 月 5 日生效，因此，《国际专利条约法》第 2 条第 3 款以及以此为基础的《欧洲专利说明书翻译条例》对于 2008 年 4 月 30 日之后公开了授权提示的欧洲专利就不再适用了。[37]

欧洲专利局还以"与《欧洲专利公约》相关的国内法"为标题，为所有的缔约国汇编了这些国家对于欧洲专利申请和欧洲专利的法规和要求。

D. 欧洲共同体法

欧洲共同体的主管机构颁布了下列对其成员国有效的涉及专利法的规定：

1. 1992 年 6 月 18 日，《关于药品获取补充保护证书的第 1768/92 号条例》，[38]2006 年 12 月 12 日颁布的《关于儿童药品的第 1901/2006 号条例》对其进行了修改；[39]

2. 1996 年 7 月 23 日，欧洲议会和理事会《关于给予农药补充保护证书的第 1610/96 号条例》；[40]

3. 2003 年 7 月 22 日，为打击盗版产品的《针对涉嫌侵犯知识产权商品的海关行动和对侵权商品采取措施的第 1383/2003 号条例》；[41]

---

〔34〕 Neufassung gemäß Beschluss vom 7. 12. 2006 in ABlEPA, Sonderausgabe 1/2007, S. 201, zuletzt geändert durch Beschlüsse vom 14. 12. 2007 ABlEPA 2008, 5, 10.

〔35〕 BGBl. Ⅱ S. 1469 = Bl. f. PMZ 1979, 1, geändert durch Verordnung vom 21. Oktober 1993 BGBl. Ⅱ S. 1989 = Bl. f. PMZ 1994, 1.

〔36〕 BGBl. Ⅱ S. 395 = Bl. f. PMZ 1992, 290.

〔37〕 Art. 8 a und 8 b des Gesetzes vom 7. 7. 2008, BGBl. Ⅰ S. 1191, 1210.

〔38〕 ABlEG L 182 S. 1 = Bl. f. PMZ 1992, 494; spätere Änderungen erfolgten wegen des Beitritts neuer Mitgliedstaaten.

〔39〕 ABlEU L 378/1 = Bl. f. PMZ 2007, 146.

〔40〕 ABlEG L 198 S. 30 = Bl. f. PMZ 1996, 455; spätere Änderungen erfolgten wegen des Beitritts neuer Mitgliedstaaten.

〔41〕 ABlEU L 196/7 = Bl. f. PMZ 2003, 392.

4. 1998 年 6 月 6 日，欧洲议会和理事会《关于生物技术发明法律保护的第 98/44/EC 号指令》;[42]

5. 2004 年 4 月 29 日，欧洲议会和理事会《关于知识产权权利实现的指令》;[43]

6. 2006 年 5 月 17 日，欧洲议会和欧洲理事会《关于对生产药品的专利给予强制许可出口至有公共健康问题国家的第 816/2006 号条例》。[44]

§9 专利行政机关和司法机关

Ⅰ. 专利局

a) 德国专利商标局

1. 在这里我们只在涉及专利和实用新型保护的范围内讨论德国专利商标局的工作。在这个范围内，德国专利商标局的任务是对专利和实用新型申请进行审查，作出授予专利或登记实用新型或者驳回申请的决定。

1975 年至 1977 年，平均每年有 61000 件专利申请向德国专利商标局递交。[1] 1978 年以来，由于欧洲专利局的建立，向德国专利商标局递交的专利申请从 1989 年到 1991 年减少到平均每年约 40000 件。之后，这个数字又开始回升，从 2000 年到 2003 年每年约有 64000 件，从 2004 年至 2007 年每年则有 60000 件。[2] 统计表明，2003 年至 2007 年，提起了审查请求的申请的授权率几乎是 50%。至 2007 年底，德国专利商标局共授予 131362 件有效专利。

从 1995 年至 2002 年实用新型的申请数每年约在 20000 至 23000 件，从 2003 年至 2006 年每年有 20000 件，而在 2007 年则只有 18083 件。登记率——由于不进行广泛的初步审查——平均为 85%～90%，在 2007 年底有 102559 件有效的实用新型。

---

[42] ABlEG L 213 S. 13 = Bl. f. PMZ 1998, 458.

[43] ABlEU Nr. L 195 vom 2. 6. 2004 = Bl. f. PMZ 2004, 408 = GRUR Int. 2004, 615.

[44] ABlEU Nr. L 157 vom 9. 6. 2006 = Bl. f. PMZ 2006, 679 = GRUR Int. 2006, 1001.

[1] 德国专利商标局和德国专利法院的统计数据每年都登在《专利、外观设计和标识公报》的三月号上。

[2] 1978 年以后的数据包含了根据 PCT 将联邦德国作为指定国，并已进入"国内阶段"的国际申请。在公开场合经常听到很高的数字（比如 2005 年超过 166000 件，2006 年超过 200000 件），实际上这些数字包含还处在"国际阶段"指定德国的 PCT 申请。根据经验，由于有相关的申请和翻译费用，许多的申请并没有进入国内阶段（2005 年有超过 94000 件，2006 年有超过 109000 件 PCT 申请，因为超过了进入国内阶段的期限，最终失去了对于德国的效力）。因此，前面那些很高的数据既不能说明德国专利商标局的工作负担，也不能表示德国的专利权保护状况。

在授予专利或者登记实用新型之后，德国专利商标局还负责对专利所提起的异议和对实用新型所提起的注销申请作出决定。

但是，在《专利法》第 61 条第 2 款的前提条件下，则是由德国专利法院的申诉庭负责对异议进行一审。

2. 德国专利商标局负责法律规定的在登记簿上的登记及在专利公报上的公布，发行尚未审查的专利申请的公开说明书和专利说明书，公布欧洲和国际专利申请以及欧洲专利的德语译本，并在法律规定条件下允许查阅卷宗（参见 §23 V）。

德国专利商标局还为一般公众提供大部分的关于德国和欧洲专利申请与专利、国际申请以及德国实用新型的信息。自 2004 年 1 月 1 日以来，这些信息中的一部分只有电子文档的形式或者只能以电子的方式直接获取。[3]

在德国的许多城市设有专利信息中心和办事处，[4]他们对于传播德国专利商标局所提供的信息起到了促进作用，也使公众更容易获得这些信息。

德国专利商标局传播这些信息活动的目的，不仅仅使公众能获悉可靠的关于现有的和预期的保护权信息，还为了促进更好地利用蕴藏在专利文献中的丰富的技术知识，从而增强专利制度为公共利益提供信息的作用。[5]

经法院或者检察院的请求，德国专利商标局还必须就涉及专利或者实用新型的问题出具意见（《专利法》第 29 条第 1 款，《实用新型法》第 21 条第 1 款）。

《专利法》第 29 条第 3 款有关德国专利商标局在未决的程序之外也要提供有关现有技术信息的规定，由于废除了必要的实施细则，因此自 2002 年 1 月 1 日以来，执行该规定的可能性就不存在了。[6]

3. 根据《专利法》第 26 条第 1 款，德国专利商标局是联邦司法部下属的一个独立的联邦高级行政机构（《基本法》第 87 条第 3 款第 1 句）。[7]要撤销德国专利商标局的决定不是向行政法院，而是向联邦专利法院起诉（参见本

---

〔3〕　Vgl. die Mitteilungen Nr. 11/03，12/03 und 15/03 Bl. f. PMZ 2003，353，354。

〔4〕　信息中心的名单登载在每年的《专利、外观设计和标识公报》一月号上，并登有存放在各个中心的信息来源说明。

〔5〕　Näheres dazu bei *Wittmann*，A.，Grundlagen der Patentinformation und – dokumentation，1992；*Suhr*，C.，Patentliteratur und ihre Nutzung，2000；*Hammer/Rothe*，Das DPMA und die Zukunft der Patentinformation，GRUR 1999，788 – 792；vgl. auch den Abschnitt „Informationsdienste und ITEntwicklungen" in den Jahresberichten des DPMA，zuletzt 2006，S. 35 – 42.

〔6〕　Verordnung vom 27. 11. 2001，BGBl. I S. 3243 = Bl. f. PMZ 2002，95.

〔7〕　Zur Problematik *Bernhardt*，S. 229 ff.；vgl. auch unten §23 I a.

节Ⅱa)。联邦专利法院的总部设在慕尼黑，并在耶拿设有办事处，[8]在柏林设有技术信息中心。

专利局由1名局长和其他成员组成。根据《专利法》第26条第1款的规定，这些成员必须具备法官职务的任职资格（法律成员）或者是某个技术领域的专家（技术成员）。根据《专利法》第26条第3款的相应要求，技术成员的任职资格是：有高等学校技术或者自然科学专业学习经历，并通过了国家或者大学的毕业考试，而且还要有在自然科学或者技术领域至少5年的工作经历，掌握必要的法律知识。专利局的成员是终身公务员（高级职员）。

4. 德国专利商标局负责专利事务的是1/Ⅰ部和1/Ⅱ部，它们根据技术领域又划分为12或15个专利部以及一个专利行政委员会。[9]专利申请由审查处负责处理，每件审查案件由1名技术成员（审查员）负责（《专利法》第27条第1款第1项、第2款）。有关授予专利的事务则由专利部负责，部分情况下由至少3名成员决定，部分情况下则由1名成员单独承办（《专利法》第27条第1款第2项、第3款、第4款）。

专利部或者审查处的简单工作可以由中级或者中高级职位的公务员或者相当职位的职员来完成。[10]

5. 德国专利商标局的实用新型处由局长任命的法律成员负责，该处主管实用新型申请的事务，但不负责请求注销实用新型的事务（《实用新型法》第10条第1款）。两个实用新型部负责对注销实用新型的请求作出决定，每个实用新型部都由1名法律成员和2名技术成员组成（《实用新型法》第10条第3款第1句）。

实用新型处或者实用新型部的简易工作可以由中级或者中高级职位的公务员以及相当职位的职员承担。[11]

b) 欧洲专利局

1. 依据《欧洲专利公约》规定的前提条件，欧洲专利局负责决定授予或者拒绝授予欧洲专利，负责在有异议的情况下决定维持或者撤销欧洲专利。欧洲专利局通过专利公报、出版专利申请和专利说明书、允许查阅档案等手段，

［8］ Dazu *Ortlieb/Schröder*, Die Dienststelle Jena（ehem. Berlin）des DPMA, GRUR 1999, 792 – 800.

［9］ Organisationsschaubild des DPMA, Stand 1. 9. 2006.

［10］ §27 Abs. 5 PatG mit Verordnung über die Wahrnehmung einzelner den Prüfungsstellen, der Gebrauchsmusterstelle, den Markenstellen und den Abteilungen des Patentamts obliegender Geschäfte（Wahrneh-mungsverordnung – WahrnV）vom 14. 12. 1994, BGBl. I S. 3812 = Bl. f. PMZ 1995, 51. Zuletzt geändert durch VO vom 18. 12. 2007 BGBIL. IS. 3008 = Bl. f. PMZ 2008, 2.

［11］ §10 Abs. 2 GebrMG iVm der WahrnV（FN 10）.

向公众提供有关专利申请和专利授权的信息。大部分可获取的欧洲专利局文档还可以通过电子途径获取。

在欧洲专利局的专利申请数——包括将欧洲专利局作为指定局并已进入"地区阶段"的 PCT 申请[12]——在 2000 年首次超过了 100000 件，在 2006 年则达到了 135183 件，每件申请平均指定缔约国 27 个，99.6% 的申请指定了联邦德国。19.8% 的申请是来自德国，来自其他缔约国总共才有 30.13%，25.74% 来自美国，16.38% 来自日本。至 2006 年底，欧洲专利局共授予 823492 件专利，而 2006 年授予 62780 件，平均每件指定 13.84 个国家（欧洲专利局公报和年报的统计）。共审查了 1153776 件申请，2006 年审查了 83067 件。总的授权率是 74%，2006 年的授权率是 75%。

2. 欧洲专利局是欧洲专利组织中与行政委员会并列的具有独立法人资格的机构，它在行政管理和财政上都是独立的（《欧洲专利公约》第 4 条和第 5 条）。欧洲专利局坐落在欧洲专利组织的所在地慕尼黑，在海牙还有一个分局（《欧洲专利公约》第 6 条），并在柏林[13]和维也纳设有办事处。欧洲专利局的主席同时也代表欧洲专利组织（《欧洲专利公约》第 5 条第 3 款）。在 2005 年底，欧洲专利局共有来自所有缔约国的 6118 名雇员，但欧洲专利局的官方语言却只有德语、英语和法语。

欧洲专利局与美国专利商标局和日本特许厅有着密切的合作，试图合理安排各机构的工作，协调各机构适用的规则（三边合作）。[14]

3. 欧洲专利局分为 5 个总部，其中一个负责检索、审查和异议。在这个总部之下又有一个受理处和若干检索、审查和异议部。每个审查和异议部一般由 3 名受过技术教育、原则上来自不同缔约国的审查员组成。但是，这里的决定首先是由单个审查员拟定的。为了将检索与审查联系起来，技术审查员被分派到了由专利局局长依据国际分类法划分的业务部门。

对于欧洲专利局的决定可以向法律或者技术申诉委员会提起申诉。申诉委员会在欧洲专利局的一个总部内组建，但具有法律上的独立性（《欧洲专利公约》第 21 条第 1 款，第 23 条）。《欧洲专利公约》第 21 条第 2～4 款具体规定

---

〔12〕 这里没有考虑仍处在国际阶段的 PCT 申请，vgl. oben FN 495。

〔13〕 Dazu Abkommen zwischen der Regierung der der Bundesrepublik Deutschland und der Europäischen Patentorganisation über die Errichtung der Dienststelle Berlin des EPA vom 19. 10. 1977 mit Zusatzabkommen vom gleichen Tag, Bl. f. PMZ 1999, 303, 305, zuletzt geändert durch Vereinbarung vom 3./18. 2. 2004, Bl. f. PMZ 2004, 329.

〔14〕 Vgl. z. B. Prinz zu Waldeck und Pyrmont, The Patent System of the Future: the Role of the Trilateral Offices, GRUR Int. 2006, 303 – 306.

了申诉委员会成员的构成，对于审查或异议部的决定的申诉，申诉委员会一般由 2 名技术成员和 1 名法律成员组成。

欧洲专利局的扩大申诉委员会负责对申诉委员会在其未决程序中所提交的法律问题作出决定，还要负责对欧洲专利局局长提出的法律问题出具意见（《欧洲专利公约》第 22 条第 1 款（a）和（b），第 112 条）。大申诉委员会在作出决定时由 5 名法律成员和 2 名技术成员组成（《欧洲专利公约》第 22 条第 2 款第 1 句）。

根据 2000 年修改的《欧洲专利公约》中补充的第 22 条第 1 款字母 c 和第 112a 条以及《欧洲专利公约实施细则》第 104～110 条，任何不服申诉委员会决定的当事人都可以向扩大申诉委员会申请对该决定进行审查；但是，只有当申诉委员会有某些严重的程序瑕疵时，当事人的申请才会得到支持。由 2 名法律成员和 1 名技术成员组成的大申诉委员会将审查这种申请是否明显是不允许的或者没有理由的。如果他们不能就此达成一致意见，那么就由 4 名法律成员和 1 名技术成员组成的大申诉委员会作出决定（《欧洲专利公约》第 22 条第 2 款第 2 句，《欧洲专利公约实施细则》第 109 条）。

在扩大申诉委员会的所有程序中都是由法律成员担任主席（《欧洲专利公约》第 22 条第 2 款第 3 句）。

Ⅱ. 法院

a）联邦专利法院

在德国专利商标局的所在地慕尼黑，还坐落着管辖工业产权保护事务的联邦高等一级的联邦专利法院（《基本法》第 96 条第 1 款）。联邦专利法院的申诉庭负责审理在专利和实用新型法领域对德国专利商标局的审查处、专利部、实用新型处和实用新型部作出决定的申诉（《专利法》第 65 条第 1 款，《实用新型法》第 18 条第 1 款、第 4 款），以及——在一定条件下并经当事人的请求——审理对德国专利局授予的专利的异议（《专利法》第 61 条第 2 款）。联邦专利法院的无效审查庭则负责专利的无效宣告诉讼和有关强制许可的诉讼（《专利法》第 65 条第 1 款）。联邦专利法院的管辖范围还包括联邦德国所授予的欧洲专利。

如同德国专利商标局的组成，专利法院也由法律和技术成员构成。对这些成员任职资格的要求也相应于对专利商标局成员任职资格的要求，对于技术成员也强制性要求高等学校毕业（《专利法》第 65 条第 2 款）。这些法庭成员的具体构成则取决于需要审理的案件类型（《专利法》第 67 条，《实用新型法》第 18 条第 3 款），大多数案件由法律成员和技术成员共同进行审理。这里的公务员式职业法官，即没有受过法学教育而取得法官任职能力的人，这对于德国司法来说是一个——《德国法官法》第 120 条所允许的——德国专利法院的特点，[15]他们确保了在判断技术性问题时法院掌握着专业知识。

b）民事案件的普通管辖

有关专利和实用新型的争议，特别是有关侵权的诉讼，包括涉及欧洲专利的争议和诉讼，其一审由州法院的民事庭专属管辖（《专利法》第 143 条第 1款，《实用新型法》第 27 条第 1 款）。但是，根据《专利法》第 143 条第 2 款以及《实用新型法》第 27 条第 2 款的规定，一些州通过立法的途径将这些案件的一审管辖权集中赋予了少数州法院。

下面就是这些州法院的专属管辖范围：[16]柏林法院管辖的范围是柏林和勃兰登堡州，布伦瑞克法院管辖的是下萨克森州，杜塞尔多夫法院管辖北莱茵-威斯特法伦州，埃尔富特法院管辖图林根州，弗兰肯塔尔法院管辖莱茵兰-普法尔茨州的实用新型案件，法兰克福（美因河畔）法院管辖黑森州，还管辖莱茵兰-普法尔茨州的专利案件，汉堡法院管辖不来梅州、梅克伦堡-前波莫瑞州和石勒苏益格-荷尔斯泰因州，莱比锡法院管辖萨克森州，马格德堡法院管辖萨克森-安哈特州，曼海姆法院管辖巴登-符腾堡州，慕尼黑第一州法院管辖南巴伐利亚州，纽伦堡-菲尔特法院管辖北巴伐利亚州，萨尔布吕肯法院管辖萨尔州。

与此相应的是，这些案件的上诉案也集中到了上述州法院所属地区的州高等法院管辖。将这些案件集中管辖，就可以建立具有专利法和实用新型法方面专门知识和经验的审判庭，从而促进司法判决的一致性。

c）联邦最高法院的职责

联邦最高法院负责审理（通过其第十民事庭）不服联邦专利法院作出的申诉决定，在一定条件下（一般需经过允许）提起的上诉案件（《专利法》第100 条，《实用新型法》第 18 条第 4 款）。

—— 对联邦专利法院无效审查庭的判决所提起的上诉和申诉（《专利法》第 110 条及以下条款，第 122 条）。[17]

—— 根据《民事诉讼法》的规定，对州高等法院（例外情况下还包括州法院）民事案件的判决提起的上诉案件。

---

〔15〕 Näheres bei *Herbst*, Das Bundespatentgericht als Gericht der ordentlichen Gerichtsbarkeit, FS BPatG, 1986, S. 47 ff., 56 f.

〔16〕 Nach Bl. f. PMZ 2007, 92.

〔17〕 由于联邦最高法院在权利救济方面的管辖，联邦专利法院在组织上是普通司法机构，而非行政诉讼法院。对联邦专利法院的这种归类，也完全符合专利法院的实质职责范围。参见 *Bernhardt*, S. 243 ff.; eingehend dazu *Herbst* (FN 13) S. 47 ff。

因此，所有的专利和实用新型案件，只要对这些案件的上诉是允许和成功的，最后都汇总到了联邦最高法院。这样，就确保了司法判决的高度统一性。

Ⅲ. 专利律师[18]

1. 由于专利和实用新型制度中技术问题具有特别重要的意义，所以，专利和实用新型事务的代理，除了要有法律知识之外，更需要技术方面的知识。专利律师这种职业就是为满足这一需求而设立的。根据有关专利律师的法律规定，[19]专利律师在其职责范围之内是一个独立的司法组织。专利律师是一种自由职业，并不属于工商业。专利律师所组成的专利律师协会，是一个直属于联邦的公法社团，坐落在慕尼黑。专利律师协会旨在维护和促进专利律师职业的利益，监督是否遵守职业义务。

接受专利律师专门培训的基本条件是：有高等学校自然科学或者技术专业学习经历并成功通过了国家或者学术性的考试（《专利律师条例》第6条）。具备这方面基础之后，根据《专利律师条例》第7条第3款及第4款，紧接着要对大学法律学习进行与实践相关的补充学习，这种学习在专利律师或者企业专利部门作为专利候补文员持续至少26个月，根据《专利律师条例》第7条第1款规定，在专利局和专利法院还需分别进行2个月和6个月的学习。在这之后，需要通过专利局专门委员会所组织的一个有关必要法律知识的笔试和口试（《专利律师条例》第8条，第9条）。通过考试的人，就可以称之为候补专利律师（《专利律师条例》第11条），并可以获得成为专利律师的许可（《专利律师条例》第5条）。[20]不过，有很大一部分候补专利律师是在企业的专利部任职。[21]

2. 根据《欧洲专利公约》第134条的规定，要在欧洲专利局从事代理的，除了要是缔约国所许可以及有权从事专利代理（《欧洲专利公约》第134条第

---

〔18〕 Dazu umfassend *Beyer*, A., Der Patentanwalt – Stellung und Funktion im Rechtssystem, 2002; *Fitzner*, U., Der Patentanwalt, 2006; *Reinhard*, E., Berufsrecht der Patentanwälte, 5. Aufl. 2007.

〔19〕 Patentanwaltsordnung (PatAnwO) vom 7. 9. 1966, BGBl. I S. 557 = Bl. f. PMZ 1966, 313, zuletzt geändert durch Gesetz vom 12. 12. 2007, BGBl. I S. 2840; mit Ausbildungs – und Prüfungsordnung (PatAnwAPO) in der Fassung der Bekanntmachung vom 8. 12. 1977, BGBl. I S. 2491 = Bl. f. PMZ 1978, 36, zuletzt geändert durch Gesetz vom 23. 11. 2007, BGBl. I S. 2614.

〔20〕 1990 年 7 月 6 日颁布的《专利律师能力考试法》（刊登在 BGBl. I S. 1349）的最近一次修改是在 2003 年 10 月 26 日（刊登在 BGBl. I S. 2074），根据其规定，欧盟及欧洲经济区（EWR）的外国人通过《专利律师培训和考试条例》第 44 条及以下条款详细规定的资格考试的，也可以成为专利律师。

〔21〕 Dazu *Müller*, Die Patent – und Markenabteilung im Unternehmen, Mitt. 1999, 422 – 427; *Ulrich*, Vertretung von Konzernunternehmen durch Patentingenieure, Patentassessoren und Syndikus – Patentanwälte, Mitt. 2005, 545 – 552.

8款）的律师之外，还必须是在欧洲专利局代理人名册上登记的特别许可的代理人。在欧洲专利局代理人名册上登记的前提条件是通过欧洲专利代理人资格考试。

这些获得许可的代理人组成了欧洲专利代理人协会。[22]

---

[22] Dazu *Singer/Stauder/Dybdahl – Müller/Singer*，Art. 134 Rdnr. 24 ff.；Benkard，EPÜ/*Ehlers*，Art. 134 Rdnr. 44 ff.

第 2 部分

专利和实用新型
保护的前提条件

第 *1* 章　技术发明导论

§10　实质保护的前提条件的功能和法律规定

§11　发　明

§12　发明的技术特征

第 *2* 章　技术发明可保护性的限制

§13　工业实用性、可实施性

§14　生物技术发明受保护性的限制

§15　作为保护阻却事由的公共秩序和善良风俗

第 *3* 章　新颖性和创造性

§16　现有技术

§17　新颖性

§18　创造性成果

第 *1* 章
技术发明导论

参考文献: *Anders*, *W.*, Die technische Brauchbarkeit – wird sie als besonderer Aspekt der Ausführbarkeit gebraucht?, FS König, 2003, S. 1 – 15; *Beier*, *F. -K.*, Zukunftsprobleme des Patentrechts, GRUR 1972, 214 – 225; *ders./Straus*, *J.*, Der Schutz wissenschaftlicher Forschungsergebnisse, 1982; *Beyer*, *H.*, Der Begriff der „technischen Erfindung" aus naturwissenschaftlich – technischer Sicht, FS BPatG, 1986, S. 189 – 210; *Blum*, *R. E.*, Fragen der Patentfähigkeit von Erfindungen auf dem Gebiet der lebenden Materie, GRUR Int. 1981, 293 – 298; *Cueni*, *F.*, Erfindung als geistiges Sein und ihr Schutz, GRUR 1978, 78 – 83; *Duttenhöfer*, *H.*, Über den Patentschutz biologischer Erfindungen, in: Zehn Jahre Bundespatentgericht, 1971, S. 171 – 200; *Eichmann*, *H.*, Technizität von Erfindungen – Technische Bedingtheit von Marken und Mustern, GRUR 2000, 751 – 760; *Engel*, *F. W.*, Zum Begriff der technischen Erfindung in der Rechtsprechung des Bundesgerichtshofes, GRUR 1978, 201 – 207; *Kindermann*, *M.*, Zur Lehre von der Technischen Erfindung, GRUR 1979, 443 – 452, 501 – 510; *Kolle*, *G.*, Technik, Datenverarbeitung und Patentrecht, GRUR 1977, 58 – 74; *Melullis*, *K. – J.*, Kommentierung des Art. 52, in: Benkard, EPÜ; ders., Zur Sonderrechtsfähigkeit von Computerprogrammen, FS König, 2003, S. 341 – 358; *Nack*, *R.*, Die patentierbare Erfindung unter den sich wandelnden Bedingungen von Wissenschaft und Technologie, 2002 (zit.: *Nack*, Erfindung); *ders.*, Kommentierung von Art. 52 Abs. 1 bis 3 EPÜ, EPÜ – GK, 28. Lfg., 2005; *Ochmann*, *R.*, Zum Begriff der Erfindung als Patentschutzvoraussetzung, FS Nirk, 1992, S. 759 – 775; *Pedrazzini*, *M. M.*, Die Entwicklung des Erfindungsbegriffs, in: Kernprobleme des Patentrechts, Bern 1988, S. 21 – 34; *Pietzcker*, *R.*, Voraussetzungen der Patentierung: Neuheit, Fortschritt und Erfindungshöhe, GRUR – FS, S. 417 – 458; *van Raden*, *L./Schindlbeck*, *T.*, Dienstleistungen, in: van Raden (Hrsg.), Zukunftsaspekte des gewerblichen Rechtsschutzes, 1995, S. 117 – 134; *van Raden*, *L./Wertenson*, *F.*, Patentschutz für Dienstleistungen, GRUR 1995, 523 – 527; Schar, *M.*, Zum objektiven Technikbegriff im Lichte des Europäischen Patentübereinkommens, Mitt. 1998, 322 – 339; *Schickedanz*, *W.*, Das Patentierungsverbot von „ mathematischen Methoden ", „ Regeln und Verfahren für gedankliche Tätigkeiten" und die Verwendung mathematischer Formeln im Patentanspruch，Mitt. 2000，173 – 180；*Schrader*，*P. T.*，Technizität im Patentrecht – Aufstieg und Niedergang eines Rechtsbegriffs，2007；*Spoendlin*，*K.*，Erfindung und Entdeckung，in：Kernprobleme des Patentrechts，Bern 1988，S. 35 – 51；*Welte*，*S.*，Der Schutz von Pioniererfindungen，1991；*Wertenson*，*F.*，Patentschutz für nicht – technische Erfindungen，GRUR 1972，59 – 63.

§10　实质保护的前提条件的功能和法律规定

Ⅰ. 利益衡量、可保护性的限制

1. 有关专利许可和实用新型保护的实质性前提条件的法律规定着眼于公众利益和发明人及创新公司的利益之间的必要协调，即［公众］对于全部的、实际能获得的知识可以无限制使用和［特定个体］因特殊努力和创新应获得一定的奖励（参见§3 Ⅰ）［之间的利益协调］。如果奖励是通过赋予独占权获得，而这些权利原则上同样可以针对独立生产受保护的新产品的任何人，那么对于权利客体的界定便特别重要。

2. 只有当涉及现有的、众所周知的知识，不允许个人排他使用（"被垄断化"）时，独占权的赋予才成问题。这源于对新颖性的要求（参见§16、§17）。但通过独占权所提供的保护必须为发展留有足够空间。就此而言，客体的确定首先需要考虑，知识已经通过其应用被不断地传播和完善。通过"基于创造性活动"的要求从授予专利中排除"相近的"创新就是服务于上述需要。［出于同样目的，］实用新型法上基于"创造性方法"的要求也保留了对于［特定］发明的保护，这些发明即使还没有［达到］必要的"具有专利价值的"程度，从现有技术水平角度来看，其超越了单纯的新颖性范畴（参见§18）。

3. 保护客体还必须和其他创新相区分；其所包含的内容不能过于宽泛，以至于独占权的范围无法计算。因此对于公众，基础知识必须保持可自由使用的状态。"自然法则"的发现、公式和原理的确立当然时常意味着高级的智力成果。鉴于对一般知识相应的使用可能的领域之规模，对其［赋予］独占权却可能使［一般知识的］所有人在与其正当回报利益不相称的范围内获得排他权利。其中所蕴含的风险，对于科学研究来说，可以根据《专利法》第11条第2项和《实用新型法》第12条第2项在保护范围中排除有关保护客体的试验目的的行为，得到一定控制。[1]如果专利和实用新型应是独占权时，对于

---

［1］　Vgl. *Beier/Straus*，S. 63 ff.，另见下文§33 Ⅳ b。

实际工业活动领域来说，类似的限制是不可能的。那么出于保护目的，仅可以允许与具体使用有关的事项。撇开这些实践中的转化，科学知识必须保持开放性——同时作为发展新应用的基础。专利法和实用新型法通过保留对于具有工业实用性的发明的保护，而不承认对于发现、科学理论和数学方法的保护（参见§11 Ⅱ、§12 Ⅱ），寻求对此进行保障。

所以在通过独占权保护发明的体系中，并未顾及对于将基础研究成果[同发明一样]给予特殊保护的要求（参见§3 Ⅲ 3）。对此原则性的舍弃也许是危险的，并且对于科学家亦无益处。它未排除[我们]不断地、反复地去审视开放型的基础知识和可授予专利的"实用知识"之间的界限，尤其是它们的关系——正因为科学和技术的发展——处于[不断]变换中。[2]

Ⅱ. 法律规定

a）专利

1. 根据《专利法》第1条第1款，对于任何技术领域的发明都将授予专利，如果它们是新颖的、基于一个创造性的活动且具备工业实用性。在第3款和第4款中，还通过明确发明的概念对这一原则进行了补充，其中特别强调了发明仅限于技术领域。因为专利保护一直以来都是针对具有技术特征的发明（参见§12 Ⅰ a），在第1款加入"在任何技术领域"这样的内容并不意味着法律依据的改变。它明确了专利保护虽然原则上对所有形式的技术发明开放，但同时也强调了[专利保护]仅对于技术发明才有可能。[3]

在转化《生物技术指令》时添加的第1条第2款确认和准确表达了之前便已公认的原则，据此在生物学领域的发明同样可以被授予专利权。

《专利法》第3~5条紧接着解释了新颖性、基于创造性的活动和工业实用性的要求。

《专利法》第2条第1款从专利授予中排除了那些虽然满足第1条第1款所规定的所有条件，但其工业利用违背公共秩序或善良风俗的发明。对于生物技术上的发明，[上述排除情况]通过第2条第2款中包含的举例得以具体化。

无论是否符合基本条件，根据《专利法》第2a条第1款，植物种类、动物品种和主要的生物培育方法及医疗方法均不享有专利保护。第2a条第2款进一步明确了有关植物和动物可专利性禁止的界限。

第2a条第3款解释了《专利法》自2005年生效起，与生物技术有关的规定中所使用的概念。

---

〔2〕 Vgl. *Beier/Straus*, S. 65 ff. 其主张，"实用相近的"研究成果应被纳入专利保护范围。

〔3〕 So die Begründung zum Gesetz, Bundestagsdrucksache 16/4382, S. 10（zu Art. 2 Nr. 1）.

2. 在转化《生物技术指令》之前，《专利法》中的条文主要采用了 1973 年《欧洲专利公约》第 52~57 条的规定。［这些条文］在批准 2000 年《欧洲专利公约》时，已根据上述规定的修订文本作了相应调整，后者［本身］参考了 TRIPS。

因此，《专利法》在第 1 条第 1 款中加入了"在任何技术领域"的表述。现在——被合乎体系地——直接规定医疗方法不能被授予专利，而不是因其缺乏工业实用性（第 2a 条第 1 款第 2 项）。另外还明确承认了对已知物质的第二和更多的医疗用途［的发明］可授予专利（第 3 条第 4 款）。

《专利法》中与生物技术有关的规定仅和《欧洲专利公约》本身的内容——字面意义上部分偏离地——相符合，这些内容在指令转化前就已存在：排除植物种类、动物品种和主要生物培育方法；承认微生物学方法及其产品的可专利性；排除医疗方法。但指令中有关规定在 1999 年《〈欧洲专利公约〉实施条例》中已被采纳（现该条例第 26~29 条）（参见 §7 Ⅱ b 4）。

3.《关于统一发明专利实体法中某些概念的斯特拉斯堡协定》（以下简称《斯特拉斯堡协定》）（参见 §7 Ⅱ a 3）是 1973 年《欧洲专利公约》和 1978/ 1981 年《专利法》中有关授予专利实体条件规定的模板。鉴于其为必要条件（同时）确定一个上限的目的，《专利法》中的规定只有在被理解为是穷尽的［规定］时，才满足《斯特拉斯堡协定》［的要求］。正如官方［立法］理由[4]所指，［该规定］就是在这个意义上被计划的。专利授予不能取决于除法定必要条件外的其他条件。［该原则］同样适用于欧洲专利。[5]

出于完成一个穷尽的规定的努力和为欧洲专利局及审查欧洲专利有效性而被指定的成员国法院提供尽量清晰标准的必要性，因此，相对于先前适用于被提交申请的、并对授予专利具有决定意义的 1968 年《专利法》第 1 条和第 2 条，1978 年生效的《专利法》的规定更加详细。然而基于之前的法律基础，从发明的概念和专利保护目的中，仍旧可以推导出不成文的条件和限制。因此仅从与先前规定字面意义的比较中无法看出，1978 年加入的文本在多大程度上带来了变化。［这个结论］同样适用于 2005 年加入的有关生物技术发明的法律规定：它们在原则上广泛地确认了之前已在判例中形成的内容。

b）实用新型

在 1990 年 7 月 1 日生效的文本中，《实用新型法》有关保护的前提条件的规定（第 1~3 条）显示了与专利法上［相关］规定广泛的一致性，但还存在

---

［4］ Zum IntPatüG，Bl. f. PMZ 1976，323 l.

［5］ *Busse/Keukenschrijver*，§1 PatG Rdnr. 10.

一些不同：发明不需要基于创造性活动，而只是基于——没有进一步定义的——创造性方法。对新颖性和创造性成果的判断具有决定意义的现有技术水平要比专利法具有更严格的限制。步骤和——自从［欧盟］《生物技术指令》的转化起——生物技术上的发明根本不能通过实用新型得到保护。

因此在《实用新型法》中不需要特殊规定去区分生物技术领域中可受保护和不能受保护［的行为］和排除对医疗方法的保护。同时也没有与《专利法》中相对应的关于保护在第一医疗应用中的、属现有技术水平产品的规定。如果［上述保护］不是因为其比较短的最高期限而不具有实际利益，对于药品该问题可能在实用新型保护适用领域也有价值。特殊规定的缺失却不会排除属现有技术水平产品的新用途成为实用新型特定产品的保护根据（参见§24 B Ⅳ）。

和《专利法》中相关规定一样，《实用新型法》中实质保护的前提条件的规定显然力求对于所有必要条件均［作出］明确规定；因此该规定同样可以被视为穷尽的［规定］。

Ⅲ. 进步、社会实用性和公开的意义

1. 因为自从 1978 年起，实体的、可专利的条件被完全地规定在《专利法》中，因而先前德国法普遍承认的不成文规定，即一个发明只有在带来进步的情况下才能被授予专利，不再适用。[6]如果申请是 1978 年 1 月 1 日后提交的，专利不能仅因为缺乏进步而被取消或被宣布为无效。[7]对于那些在 1987 年 1 月 1 日后提交申请的实用新型，同样也不能仅由于保护客体没有带来进步而被废除或被视为无效。[8]

2. 一个发明只有当其是对社会有益的，才能被授予专利的观点反复出现；也就是说，发明必须在某种形式上对于公众是实用的，对满足人类的某种需求

---

〔6〕   Vgl. *Bernhardt*, S. 44 ff. mit Nachweisen. – Eine eingehende Analyse des Fortschrittserfordernisses enthält der Beschluß des BGH vom 24. 2. 1970 Anthradipyrazol BGHZ 53, 283 ff. – Kritisch zum Fortschritt-serfordernis *Pietzcker*, S. 443 ff. ; *Nack*, S. 211 ff.

〔7〕   So zutreffend BPatG 20. 11. 1979 E 22, 139；ebenso für das EPÜ: EPA 28. 2. 1984 T 181/82 Spiroverbindungen/Ciba – Geigy ABl. 1984, 401, 409；9. 10. 1984 T 95/83 Nachreichung einer Änderung/AISIN ABl. 1985, 75, 82；17. 7. 1986 T 164/83 Antihistaminika/EISAI ABl. 1987, 149, 155；6. 4. 1994 T 647/93 Verfahrensmangel/Hitachi Maxell ABl. 1995, 132, 136. – S. auch die Begründung（FN 4）332 l. ; *Hubmann/Götting*, §8 Rdnr. 17；*Benkard/Bacher/Melullis*, §1 PatG Rdnr. 74；*Busse/Keukenschrijver*, §1 PatG Rdnr. 11；*Nack*, EPÜ – GK Art. 52 Rdnr. 75 f. – 修改的实践效果很小；参见此处［论述］和在现行规定开始时，对于"进步"的欠缺以其他角度加以考虑的尝试，参见前一版第 116 页。

〔8〕   立法理由书（15. 8. 1986, Bl. f. PMZ 1986, 320, 323 l.）指出如下要求的删除，即对于保护存在疑问的客体有助于生产和使用目的；*Benkard/Bruchhausen*, 8. Aufl. 1988, §1 GebrMG Rdnr. 42；*Busse/Keukenschrijver*, §1 GebrMG Rdnr. 18. – BPatG 24. 4. 1980 E 23, 29 对于 1978 年 1 月 1 日之后申请的实用新型，和在《专利法》中一样，进步的要求被废除。

是有益的。[9]在这里，正确的是［认为］促进共同利益属于专利保护的目的。在这个领域［人们］是以何种方式寻求［这种促进］，则是通过《专利法》的具体条文来规定的。这个意义上，［法律］明确规定的可以获得专利的实质性前提条件和限制，特别是有关发明必须具有工业实用性和其利用不能违背公共秩序或善良风俗的规定，在很大程度上起到了排除对社会无益的或者完全有害的创新进行保护的作用。另外，专利机关拥有因为缺乏法律保护的必要而驳回申请的权力，其明显针对无益的［创新］。

因此只有在极少数例外情况下[10]才会面临如下问题，即如果其他条件已全部满足，社会实用性的缺乏是否会阻断专利权授予。对此持否定态度的观点认为，根据获得专利实质条件的新规定的穷尽性特征[11]（参见本节Ⅲ），在一般市场经济制度下，一个发明的实用性和价值不应由国家来评判，而应由在市场上得到的证明来衡量。为此可能得忍受如下风险，即没有社会实用性的发明偶尔也会得到有效的专利保护。对无用东西的独占权不会加重公众的负担。但是必须避免这样的印象，即社会实用性通过专利得到证明。通过明确专利局不能考查实用性的办法，人们最好有相反的［印象］。[12]另一个问题是，是否可以通过专门促进社会所期望的创新获取专利的法律规定，激励在这些领域内的

---

〔9〕 So für das frühere Recht：BPatG 5.10.1976 E 19, 86；*Bernhardt*, S.69；然而，有学者将该要求视为实践上无意义的，参见 *Beier*, GRUR 1972, 222；（auch）für das geltende Recht：*Nirk*, S.236；*Beyer*, GRUR 1994, 541, 556；Mes, §1 PatG Rdnr.65；有学者指出，作为满足某种需求的实用性最低限度是发明概念内在的［要求］，参见 *Schulte/Moufang*, §1 Rdnr.21；另有观点认为，客观的无用性可以排除工业实用性，然而前者几乎任何时候都无法可预见的被确认，参见 *Benkard/Bacher/Melullis*, §1 PatG Rdnr.73 a。认为社会实用性是没有必要的有 *Hubmann/Götting*, §8 Rdnr.17；*Busse/Keukenschrijver*, §1 PatG Rdnr.9, 16；*Nack*, Erfindung, S.222 und EPÜ - GK Art.52 Rdnr.73 ff。

〔10〕 文献中将如对小虫子或苍蝇斩首的装置或摘帽子机器作为没有社会实用性的发明的例子提出，然而玩具、魔术装置和老鼠挤奶器的社会实用性被肯定，参见 *Bernhardt*, *Beier*, *Nirk*, jeweils aaO。联邦专利法院（脚注9）曾经因为缺乏社会实用性拒绝给予一个装置以专利保护，按照申请人的说法，该装置已能通过电视摄像机和显示器的相互作用产生"人工意识"。根据联邦专利法院1987年2月23日对 *Scheintoten - Entlarvungssystem* 案的判决（E 29, 39, 42）——尽管对于依据现行法律是否允许考虑社会实用性标准的问题存在争议——在任何情况下，一个无意义和目的的发明的申请缺乏任何法律保护的利益。有学者指出，联邦专利法院在1994年10月20日对 *Außenspiegel - Anordnung* 案的判决（E 35, 5）中提到"发明概念内在的、社会实用性的本质特征"，参见 *Schulte*, 5. Aufl., §1 Rdnr.4；但在判决中是有关如下（最后被肯定的）问题，在考查以创造性成果为基础时，是否可以考虑一个发明特殊的社会实用性。

〔11〕 相反，有学者认为，和废除进步要求相联系，社会实用性可以作为授予专利的条件而获得意义，参见 *Albert*, GRUR 1981, 451, 452。

〔12〕 学者指出，专利程序好像很少适合于对环境承受力和对安全的判断并且专利授予也不是对社会不能容忍行为的特许，参见 *Busse/Keukenschrijver*, §1 PatG Rdnr.16。

发明人活动。[13]

如果不会产生与现行规定的目的背道而驰的、与专利法背离的结果，同样在实用新型法中，缺乏社会实用性也不能被视为保护障碍。[14]

3. 发明的公开不属于专利授予和实用新型保护的实质性前提条件。它不是发明的特征，而是一个被从外部附加的行为。然而它明确了申请、审查和保护权利授予的对象：相关决定一直以来都是针对可公开的发明。同样对于被授予的专利和被登记的实用新型，公开是其权利存续的基础：不充分的公开和不允许扩散可能导致［权利］被撤销、被宣布无效或者灭失（《专利法》第21条第1款第2项、第4项，第22条第1款；《欧洲专利公约》第100条（b）、(c)，第138条（b）、(c)；《实用新型法》第15条第1款第3项；参见§26 B，§30 Ⅱ、Ⅲ）

§11 发 明

Ⅰ. 概念和本质

1. 《欧洲专利公约》《专利法》和《实用新型法》并没有给发明下定义，但是通过指出一些不能作为发明的对象或活动，也给出了一些提示（《专利法》第1条第3款、《实用新型法》第1条第2款、《欧洲专利公约》第52条第2款）。德国法学理论很久之前便开始致力于概念的界定[1]，［但］在众多建议中，没有一个［建议］能被普遍接受。［这些建议］反复地倾向于去定义——在缺少特别的排除理由时——可授予专利的发明[2]。对于现行法律，这种方式并不适合。法律在除了发明存在之外，所要求的其他作为获得专利条件的特征（如新颖性），并不属于法定的发明概念［内容］。

联邦最高法院在"红鸽子"（Rote Taube）案[3]中曾用"为了达到因果关系上可预见的结果，利用可支配自然力按计划行为的原理"来表明可受专利保护的发明的特征。在接下来的一系列判决中，［联邦最高法院］强化了上述

---

[13] Dazu *Beier*, aaO；vgl. auch oben §3 Ⅵ 3.

[14] 根据法律修改理由书（脚注8）（321，323 1），通过1986年对法律的修改应在专利法和实用新型法之间产生体系上和专业术语上的平行，并且应该又进一步使其与欧盟专利法相协调的［德国］专利法相适应。

[1] Zur Entwicklung *Nack*, Erfindung, S. 157 ff.，und EPÜ – GK Art. 52 Rdnr. 53 ff. m. Nachw.

[2] In diesem Sinn etwa *Lindenmaier*, GRUR 1953, 15 und Mitt. 1959, 124 r.；*Bernhardt*, S. 23；*Benkard/Bruchhausen*, 9. Aufl, . §1 PatG Rdnr. 43, 45；vgl. auch *Troller*, Immaterialgüterrecht, Bd. I, S. 145 ff.

[3] Beschluß vom 27. 3. 1969 BGHZ 52，74，79.

立场并且在具体内容上进行了细化，尤其在如下内容上，即应是"人类智力活动之外"的自然力[4]和因果关系上可预见的结果，应是利用可支配的自然力的直接结果[5]，即没有人类智力活动的介入，［结果］也能被实现[6]。概括来讲，［联邦最高法院］将发明的本质视为"为了直接获得因果关系上可预见的结果，人类智力活动之外的、可支配的自然力的按计划的利用"。[7]［以上结论］同样适用于实用新型法。该判例在文献中被完全接受[8]，其中偶尔也会出现"自然力"的概念可以作广义上的理解［的观点］。[9]

通过加入自然力利用的标准，联邦最高法院的定义将专利法和实用新型法上的发明概念限定在技术领域。从而它继承了先前已常见的、将发明当作技术行为指令的认识，但［同时］也给出了该行为的技术特征标准，这样的标准和什么是技术的直观概念无关，并使专利和实用新型保护的使用范围与"自然力"支配的进步相协调成为可能。然而在最近一段时间里，联邦最高法院好像认为之前的标准，至少在特定关系中过于受限。虽然其仍然坚持技术特征（"技术性"的）要求[10]，但却不再在所有情况下都要求可支配自然力的直接利用[11]。但是联邦最高法院的立场可以——也应该——被解释为，与可支配自然力的利用具体的——以及间接的——关系仍是必要的。所以，相比那个流行的、烦琐的描述，即通过技术手段达到技术成果或对于现有技术水平的技术

---

〔4〕 BGH 22.6.1976 Dispositionsprogramm BGHZ 67, 22, 26 f.; 13.5.1980 Antiblockiersystem GRUR 1980, 849, 850 r.; 16.9.1980 Walzstabteilung BGHZ 78, 98, 106.

〔5〕 BGH 1.7.1976 Kennungsscheibe GRUR 1977, 152, 153 l.

〔6〕 BGH 8.3.1975 Buchungsblatt GRUR 1975, 549.

〔7〕 BGH 16.9.1980 (FN 4).

〔8〕 *Beier*, GRUR 1972, 217; *Kolle*, GRUR 1977, 63; *Engel*, GRUR 1978, 211 ff.; *Kindermann*, GRUR 1979, 443 ff., 501 ff.; *Benkard/Bacher/Melullis*, §1 PatG Rdnr. 43; *Schulte/Moufang*, §1 Rdnr. 36 ff.; Mes §1 PatG Rdnr. 9 ff.; 对法定的动态的技术概念可以进行评价式的限定，*Busse/Keukenschrijver*, §1 PatG Rdnr. 20; 也有学者认为德国联邦最高法院的概念界定是"完全失败的"，参见 *Nack*, S. 171 ff., 176, und EPÜ – GK Art. 52 Rdnr. 115。

〔9〕 如有学者将其替换为"自然现象"，参见 *Engel*, GRUR 1978, 207。有学者提到："可支配自然力是所有现象和过程的上位概念，［这些现象和过程］通过根据我们的经验和认识必然的——虽然不是必须始终被意识到的——原因和结果间的合乎规律性表明其特征。"参见 *Kolle*, GRUR 1977, 61。显而易见的是，自然力的利用不仅仅是在行为促使的情况下才能实现，参见 BPatG 29.3.1965 E 7, 78, 81 f. 虽然如此，有人怀疑，所有专利法上被承认为技术［的对象］，［均可以］通过——同样在最广义上理解的——自然力的使用表明其特征，参见 *Eichmann*, GRUR 2000, 752。最后，有学者希望定义自然力无关的技术，对此他认为没有合适的界限特征，也没有通过其他标准替换，而是认为所有"实践的和可重复的解决方案"都是技术性的，参见 *Schar*, Mitt. 1998, 324, 330 f., 339。

〔10〕 BGH 13.12.1999 Logikverifikation BGHZ 143, 255, 261; 17.10.2001 Suche fehlerhafter Zeichenketten GRUR 2002, 143.

〔11〕 BGH 13.12.1999 (FN 10).

贡献，上述联系一如既往的是更实用的技术性标准（参见 § 12 Ⅰ b、c 和 § 12 Ⅲ b、c）。

2. 上述概念与什么是发明所涉及的内容有关，但没有提及它的产生。在这个方面，发明是人类所为，一般被视为基本的条件。[12] 其在法典中特别通过有关专利权和实用新型保护的规定（《专利法》第 6 条、《实用新型法》第 13 条第 3 款、《欧洲专利公约》第 60 条）及发明人的称谓（《专利法》第 37 条、第 63 条，《欧洲专利公约》第 62 条、第 81 条）得以表达。

发明人的成果被反复地表示为创造性的。[13] 相反，胡曼认为，[14] 发明人的活动只是发现，而不是技术规则的创造。发明的想法并非包含"个人思想的独特性"，而是拥有本质上预先存在的内容，即"发明思想"。因此，存在两个反对创造性特征的理由：缺乏特有的个性特征和本质上预先存在。第一个理由基本上正确，但其并没有证明反对创造性特征；因为即使著作权，其明确以个人的智力创造为前提条件（《著作权法》第 2 条第 2 款），出于正确的理由也没有要求特有的个性特征。[15] 由于选择和联系可能的多样性，其在对具体需求的、最理想的满足尝试中经常展现［出来］，因此第二个观点虽然对于一般原则，即"自然法则"，是正确的。但如下事实，即特定任务的、无可能的解决方案将违背前面的一些原则，还不能表明所有可能的解决方案已事先存在。[16] 不如说这样的解决方案——或许它是相关任务唯一的解决方案——通过人们对其首次拟定，才成为［已］存在的。

否则人们将不得已认为，如蒸汽机、电动机、喷气推进装置和电视机显像管按其生产和运行方式作为"思想"［在发明之前］已经（从什么时候开始?）存在而不是由人类完成，而仅需要——渐渐地——被发现。

因其超越了发现某种已知、虽然至今［还是］神秘的事物，而创造出某种新的事物，在这个意义上，发明人的成果是具有创造性的。[17]

如果涉及多个相互独立的同样发明，每个发明人对于自己来讲都完成了创

〔12〕　其同样适合于在技术创新范围之外而使用"发明"这个词的情况，参见 *Nack*, Erfindung, S. 155 ff., und EPÜ – GK Art. 52 Rdnr. 60 ff。

〔13〕　*Kohler*, Handbuch, S. 84, und Lehrbuch, S. 23 ff.；*Bernhardt*, S. 24；*Klauer/Möhring*, § 1 Anm. 3；*Nirk*, S. 226；*Cueni*, GRUR 1978, 78 ff.；*Troller*, Immaterialgüterrecht, Bd. I, S. 155.

〔14〕　Gewerblicher Rechtsschutz, 5. Aufl., S. 36 ff.；ebenso *Hubmann/Götting*, § 4 Rdnr. 2, 5.

〔15〕　*Ulmer*, Urheber – und Verlagsrecht, 3. Aufl. 1980, S. 127.

〔16〕　Im gleichen Sinne *Tetzner*, § 1 Anm. 42, S. 99.

〔17〕　Im Ergebnis zustimmend *Lafontaine*, Die rechtliche Stellung des selbständigen Individualerfinders im europäischen Patentrecht, 2002, S. 39.

造性成果。[18]结果上的一致性不能证明发明思想预定论是正确的[19]，而是充分表明其源于从具体需求和相关自然规则出发的内在必然性，以及因为其并非经常出现，更准确地说［结果上的一致性］是作为偶然的例外。[20]

有关发明创造性特征问题，没有直接的法律意义。人们虽然可以联系有关发现被排除在可专利和实用新型保护之外的法律规定，［而认为］其缺乏此处所说的创造性特征；但实际上这掩盖了真正的排除原因（参见本节 II 1）。

如果人们在产生发明的行为衡量意义上去理解，创造性特征的属性没有专利和实用新型法上的意义。因此指出具有高级智慧等级的基础理论成果，并不能满足受保护的正当理由（参见 §10 I 3）。相反专利和实用新型不能仅仅因为既非申请人亦非某个前权利人已经完成发明，而被拒绝[21]；即使某人违法地获取［发明］，在被侵害人干预之前，受保护的权利也须维持（参见《专利法》第 7 条第 1 款、第 8 条，《实用新型法》第 13 条第 3 款，《欧洲专利公约》第 60 条第 3 款、第 61 条）。

II. 发明和发现

1. 根据《专利法》第 1 条第 3 款第 1 项、《实用新型法》第 1 条第 2 款第 1 项、《欧洲专利公约》第 52 条第 2 款 a）的明确规定，发现不能被视为专利和实用新型法意义上的发明。因此发现本身不能享有保护请求权（《专利法》第 1 条第 4 款、《实用新型法》第 1 条第 3 款、《欧洲专利公约》第 52 条第 3 款）。这与沿袭的原则相符[22]，并且上文（本节 I 1）阐述概念时通过要求行为指令亦有所反映。[23]

发现是指找到或认识到至今未知的、但在自然界中已客观存在的规律、相互联系、本质或现象。[24]因为其客观上没有产生新事物，基本不被视为创造性的。[25]但［发现］并非因为对其所基于的智力成果评价原则上低于对发明的评价而被排除在保护之外。反对其暂时的垄断更准确地说是出于以下考虑，即由

---

〔18〕 只有第一个申请人可以获得保护的权利，是由公共利益导致的，参见 §3 IV 3。

〔19〕 Anders *Hubmann* (FN 14) S. 37；*Hubmann/Götting*，§4 Rdnr. 6.

〔20〕 然而，20 世纪 60 年代和 70 年代在美国的一项调查表明，当时存在不少双重或者多重发明，参见 *Jänich*, Geistiges Eigentum – eine Komplementärerscheinung zum Sacheigentum?, 2002, S. 77 f.

〔21〕 Anders insoweit *Bernhardt*, S. 58.

〔22〕 Vgl. *Bernhardt*, S. 24 f.

〔23〕 Zur Erforderlichkeit einer Handlungsanweisung auch *Benkard/Bacher/Melullis*，§1 PatG Rdnr. 44；*Busse/Keukenschrijver*，§1PatG Rdnr. 17, 43；*Schulte/Moufang*，§1 Rdnr. 19 f.

〔24〕 对许多定义进行总结之后得出如此结论，参见 *Beier/Straus*，S. 14。

〔25〕 Kritisch hierzu *Beier/Straus*，S. 75；*Spoendlin*，S. 44 ff.；*Welte*，S. 107 f.

此将可能阻止公众使用某些已存对象。[26]然而，这种［使用］离开发现者的成果可能经常不充分或在很久以后才变得可能，所以还需要另外一种论证：最终起决定性作用的是被延伸的、阻止发展的保护效力的危险。[27]它在用以区分发明和发现的特性中得以证明：前者是某个特定问题的、通过技术手段有针对目的的解决方案，[28]是与"纯粹的"认识相反的"实用的"［认识］。[29]发明的具体实用关联是为了使受保护权利的排他影响可控（参见§10 Ⅰ 3）。[30]

例如，发现是对金属硒在黑暗中几乎没有导电性，而在阳光照射下［导电性］却有明显提高的认识。相反，在这个抽象的表述中它却不能被授予专利。它在曝光量器或在光栅中的、为了控制警报装置、开关门等的应用却可以作为发明而受到专利保护。此处——通常的情况是——发现为一个或多个发明提供了基础。

某个物质和一个特定受体选择性相连的认识同样被视为发现，其具体治疗上的应用才属发明考虑之列。[31]

然而，如果已供社会使用的发现被转化为具体的问题解决方案，专利的获取将由于该方案对于专业人员在知道该发现的情况下已是显而易见的［这个原因］而失败（参见§18 Ⅱ 8）。

举例来说，如为了一个开关、继电器或指示器受光感影响，而在一个电路中使用硒电池或者在罗盘中使用可旋转的磁针［指示］南北方向。

对于实用新型保护，在这些情况下缺乏必要的创造性方法。

因此发现者最好在公开之前，将其发现的实际应用申请作为专利或至少在接下来的 6 个月内申请作为实用新型。此处他可以仅就这样的使用可能性得到保护，他将［这些可能性］公开，以至于专业人员可以实施（参见§24 A V）：[32]通过具体化的规定，为尽量保留所有使用的努力划定了界限。它并不能排除一

---

[26] In diesem Sinn z. B. *Godt*, Eigetum an Information, 2006, S. 464.

[27] Vgl. *Bernhardt*, S. 25, unter Hinweis auf *Prahl*, Patentschutz und Wettbewerb, 1969, S. 143; *Pedrazzini*, in: *Harabi* (Hrsg.), Kreativität – Wirtschaft – Recht, 1996, S. 175, 179 ff. ; *Godt*, aaO S. 187; *Benkard/Bacher/Melullis*, §1 PatG Rdnr. 44.

[28] *Beier/Straus*, S. 14.

[29] *Bernhardt*, S. 24; *Nirk*, S. 226; *Hubmann/Götting*, §8 Rdnr. 11; 有人指出，发现描述了自然；发明利用发现成就了技术行为，参见 *Troller*, Immaterialgüterrecht, Bd. I, S. 155。

[30] 仍有学者未顾及这个区分发明和发现角度的意义，参见 *Nack*, Erfindung, S. 225 ff。

[31] EPA 14. 6. 2000 T 241/95 Serotoninrezeptor/Eli Lilly ABl. 2001, 103.

[32] 只有当从总体上看一个（利用发现的）行为指令被请求时，才涉及在《专利法》第34条第4款和《欧洲专利公约》第83条中所列的要求。相反，当一个发现被这样（即行为指令没有利用［该发现］）要求时，《专利法》第1条第3款和第4款、《欧洲专利公约》第52条第2款和第3款［规定的内容］则是阻止授予专利的决定性依据。因此，这些法律规定并不像有人所认为的那样是多余的，参见 *Nack*, EPÜ – GK Art. 52 Rdnr. 208 f。

般意义上的保护请求，如果［这些请求］以可实施的申请公开内容为基础（参见§24 A Ⅲ 1）。[33]如果人们——特别像欧洲专利局（参见§28 Ⅲ b 2、3）——在整个使用领域要求可实施性，则进一步具体化及限定是必要的。

2. 许多发现得以实现，是因为某人已经完成了某一现象或合乎自然规律显现的条件，其间他可能以这些认识为前提或追寻其他目的。那么问题在于，在人为的制造上述条件［过程］中是否存在发明。

在科学研究中的实验编排，在它的辅助下自然现象或自然规律首次被发现，可能包含为使实验按计划地启动而使用的装置或方法的发明。电磁波使被不透光材料所覆盖的身体能够在屏幕上显现（X光射线），[34]能发射电磁波的特定装置大概同时就有了实际应用该效应的仪器的发明；就此而言专利保护是可能的，然而对于可以穿透不透光身体的特定波的发现无论如何必须保持开放性。

如果只是认识到，在使用已知的成果或方法时，不可避免地出现其他至今没有被注意到的效果，那么它仅仅是发现。其本身是不能受保护的，[35]缺乏新颖性阻碍了成果或方法的保护。情况不同的是，如果与某个目前为止只是偶尔或随机发生的效果的发现相联系而必须使用已知工具，就像为了有计划和可靠地得到所发现的效果，[36]且鉴于前一效果，至少要求原始条件的至今常见变化幅度是受限的，或者同时仅通过有针对性的情况筛选，于是对新被发现的效果可以并应该起作用。[37]如果其不为专业人员所熟知，这已经意味着一个可受保

---

〔33〕 前文阐述的有关金属硒使用的案例，此处可能不是关注"光测量"，而是"电路受光照影响"，参见 *Nack*，EPÜ－GK Art. 52 Rdnr. 201。

〔34〕 Das Beispiel wird von *Nirk*, S. 226 behandelt；s. auch, *Beyer*, FS BPatG, S. 202.

〔35〕 Vgl. *Tetzner*，§1 Anm. 45，S. 105 mit Beispielen；BGH 14. 5. 1996 Informationssignal GRUR 1996，753，756 r.；BPatG 28. 1. 1981 E 24，177；EPA 11. 12. 1989 G 2/88 Reibungsverringernder Zusatz/Mobil Oil Ⅲ ABl. 1990，93，108 f.，由于缺乏"新的技术特征"，此处也不需要被考查是否是发现。

〔36〕 Vgl. BGH 15. 11. 1955 Rödeldraht（Spann－und Haltevorrichtung）GRUR 1956，77，78 r.；BPatG 28. 1. 1981（FN 34）；2. 8. 1988 E 30，45；24. 1. 1990 Zertrümmern von Körperkonkrementen E 32，93；*Benkard/Bacher/Melullis*，§1 PatG Rdnr. 76.

〔37〕 "锅炉供水"案（RG 16. 4. 1919 GRUR 1923，41）在如下条件下是可想象的，即保护被限定在于净水除气而使用（已知的）过滤器。这个案例并不意味着反对对自动除气功能的认识，即没有针对地为了除气而使用过滤器的方案，（仅仅）是发现。帝国法院曾对于以特定方式使用这个发现的方案的可授予专利性作出裁判，并因为缺少和现有技术水平的可区分性而否定了［可授予专利性］（BPatG 25. 11. 2004）。另，在"整倍数"案（GRUR 2005，494）被看作发明的方法是：无限可变的环形传动装置零件的选择可以这样来确定，它和其他零件数量的整数倍相区别。发明人曾认识到，上述设计方案对传动设备的蠕变强度有影响，这点通过现有技术水平既没有预料倒也不是专业人员所显而易见的。德国联邦专利法院对于如下情况同样承认可保护性，即统计上看，没有那些关联的认识而被选择的要素安排的复数与专利适合的默认值相符。这些要素安排在授予申请的专利后，只有当根据《专利法》第12条已存在先使用权时，才可以在没有专利所有人同意的情况下被使用。［上述事实］法院很少会加以考量，就像其通过使用变为公众可得到的。参见 *Nack*，Erfindung，S. 231 f.，und EPÜ－GK Art. 52 Rdnr. 197.

护的、新的技术行为指令。对已知方法（成果或步骤）改进，其能改善对已知使用目的的实现的，同样适用上述规则。

欧洲专利局的扩大申诉委员会[38]在有关出于特定目的，且该目的以在申请中公开的、未知的技术效果为基础，而使用已知材料的请求中，将该效果的陈述视为新的技术特征。对此其明确同意 T 231/85 号判决[39]：为治疗植物（和其他对象）的真菌感染［问题］，作为影响植物生长方法的已知材料的使用曾被视为是新颖的，尽管在已有的使用中已产生对抗真菌的保护效果，并且使用的方式（喷洒）也是同样的。该结论可以基于以下理由被证明是正确的，即从现在起一个对于受真菌感染威胁的植物（或其他对象）的针对性治疗［才有］可能。

在这些为向扩大申诉委员会呈送而给出理由的案例中的其中一个案例里，在使用某个用作保护铁质配件免受腐蚀的润滑添加剂时必然出现摩擦力减小的效果，[40]以及在另一个案例中使用杀真菌剂必然引起对被治疗植物的生长控制，[41]［两者均］被申诉庭视为扩大申诉委员会所要求意义上的、新的技术特征，因为这些效果未曾在已有的使用中清晰、足够地显现。这颇存疑虑，因为根据案件的实际情况——与如医学上的表征不同——通常的和新的使用目的之间的区别是非可实际实行的，并因此对于"新的"使用而授予的专利面临阻碍已有［使用］的危险。

相反，在之后的一个判决中，新的使用与已有的使用之间没有必然联系，并且可以和后者清晰地予以区别，[42]被视为请求作为新的使用保护的必要条件：如果请求是针对为了已知非医学目的的、已知物质的使用，没有新颖性，即使在请求中说明了新发现的、却已经构成已有使用基础的技术效果。同样，对于在皮质类固醇和类维生素 A 的混合物中，后者可防止由前者导致的皮肤萎缩，没有被认为是与皮肤萎缩防治有关的具有新颖性的［发现］，因为专业人员已知该混合物有此种功效。[43]

Ⅲ. 作为发明客体的化学物质

a）概论、实践中的一般原则

1. 通过法律对化学物质授予专利和关于这些物质保护的判决，使该领域

---

〔38〕 G 2/88（FN 34）109 ff. und 11. 12. 1989 G 6/88 Mittel zur Regulierung des Pflanzenwachstums/ Bayer ABl. 1990, 114, 121 ff.；dazu *Paterson*, GRUR Int. 1996, 1093 ff.；*Féaux de Lacroix*, GRUR 2003, 282, 284 ff.

〔39〕 EPA 8. 12. 1986 T 231/85 Triazolylderivate/BASF ABl. 1989, 74, 78.

〔40〕 EPA 14. 8. 1990 T 59/87 Reibungsverringernde Zusätze/Mobil Ⅳ ABl. 1991, 561.

〔41〕 EPA 28. 2. 1990 T 208/88 Wachstumsregulation/Bayer ABl. 1992, 22.

〔42〕 EPA 19. 1. 1999 T 892/94 desodorierende Gemische/Robertet ABl. 2000, 1.

〔43〕 EPA 14. 5. 1997 T 254/93 Verhütung von Hautatrophie/Ortho ABl. 1998, 285.

中发明和发现的区分被重新审视。判决仅把从特定结构中提供新物质看作是排除物质发明的问题。[44]与此相符，法院判决认为所授予的专利具有绝对保护效力的特征，它包括该物质所有使用可能性，即不仅仅包括专利申请人已知的、公开的或申请的。[45]如果就物质发明申请授予专利，那么有关该新物质的使用、特征和作用的陈述仅在创造性成果（参见本节Ⅲ a 2）的考查范围内具有意义；因此，直至审核程序完结前申请人可以补交这些陈述。[46]对于自然界中出现同样物质的情况，不被视为获取专利的障碍，除非它在申请时就是已知的并因此缺乏新颖性。[47]由此证明，发现被排除在专利保护之外，不是因为其客体在自然界中已存在（但未知），而是因为对抽象的一般认知不能享有独占权（参见本节Ⅱ 1）。在能保证足够具体的可区分性的情况下，法律规定，据此的发现不能被视为发明，与专利获取不存在冲突。对于化学合成物，其可独立于使用而被定义［的特征］展示了上述可区分性。发明概念所要求的行为指令因此可被限定于提供可定义的物质。

根据《生物技术指令》的规定，基因组或基因片段的工业实用性必须在专利申请中被具体描述（第5条第3款和立法理由22、24），这为科肯施利富（*Keukenschrijver*）提供了动机，使他批判地审视关于在某个物质发现申请原始材料中所必要的陈述的、传统法律规定的大胆设计。结果他认为以下是值得商榷的："在物质发现的情况下，将超越该物质提供的技术行为指令的目的视为可专利发明的必要和基本组成部分"，并且要求在此基础上，在原始材料中公开上述目的。[48]此外，发明概念的目的却并非要排除可专利的发明保护

---

〔44〕 BGH 14.3.1972 Imidazoline BGHZ 58，280，287；BPatG 28.7.1977 Antamanid GRUR 1978，238，239 r.；24.7.1978 Menthonthiole GRUR 1978，702，703 r.；EPA 28.2.1984 T 181/82 Spiroverbind-ungen/Ciba – Geigy ABl. 1984，401，412（Nr. 11）.

〔45〕 BGH 14.3.1972（FN 43）288；allgemein für Patente，in denen „ein Gegenstand per se beans-prucht wird"，EPA G 2/88（FN 34）104；16.6.1999 T 80/96 L – Carnitin/Lonza ABl. 2000，50，57（Nr. 4）.

〔46〕 BGH 14.3.1972（FN 39）287 f.；*Beier/Straus*，S. 68，71；*Benkard/Schäfers*，§ 34 PatG Rd-nr. 34；vgl. auch unten § 24 A Ⅴ c 5 f.

〔47〕 BPatG 28.7.1977 und 24.7.1978（FN 43）；EPA（Einspruchsabteilung）8.12.1994 Relaxin ABl. 1995，388，396 f.（Nr. 5）；vgl. auch *Bunke*，GRUR 1978，132；*Tauchner*，Mitt. 1979，84；*Uter-mann*，GRUR 1977，1 ff.；*Vossius/Grund*，Mitt. 1995，339，341.

〔48〕 *Keukenschrijver*，Stoffschutz und Beschreibungserfordernis – legt Art. 5 Abs. 3 der Biotechnologie – Richtlinie eine Neubewertung nahe？，FS Tilmann，2003，S. 475，482 f.，486；科肯施利富要求无保留地在物质说明之外，将有关其功能性说明作为最低公开的内容，参见 *Busse*，§ 1 PatG Rdnr. 129（vgl. auch Rdnr. 95）。

的专有性。[49]

因为在工业企业中生产的可能性即可满足提供特定化学物质原理的工业实用性［要求］（《专利法》第 5 条第 1 款、《欧洲专利公约》第 57 条），不能从上述法定保护前提条件中推导出进一步的"目的性"的要求。对此可能的根据或许是有关从发明概念中排除发现的法律规定，在此意义上，化学物质可识别的特征并不意味着满足法律规定目的的具体化（参见本节 II 1）。此外上述目的却可能同时在根据进一步的目的标准限定保护［范围］中显现出来。若人们有如此要求是因为发明概念所属的"技术性"特征，相应地可以得出如下结论：如果某物质独立于该物质在此所服务的——显然是技术性的——步骤[50]，提供该物质又是非技术性的，那么其只有通过附加的目的性才可能成为法定意义上的发明，为该物质所提供的保护必须限定在上述目的性的范围内。

2. 因此提供被确认为可识别的化学物质的原理为了获得保护，其必须是新颖的并基于创造性成果。提供新的化学合成物，只有在特殊情况下会给该专业人员造成困难，即克服这些困难要求专业人员有创造性成果。在绝大多数情况下，专业人员［即使］没有创造性的努力，也能根据常见的规则设计出某种新的化合物和借助常见的方法对其进行描绘。[51]然而，如果新的物质显示了意外的特征或效果，其将被视为创造性成果。因为这些是专业人员意料之外的且非显而易见的情况，即该物质提供对于专业人员非以熟知的方式从现有技术水平中产生[52]。

b）作为方法成果的化学物质保护

1. 对于在德国实践中具有决定意义的、关于物质发明专利法处理的规定基础［在如下方面］已有所发展，如果并非涉及制造这些物质的特定方法，作为食品、奢侈品和药品及其他通过化学方式生产的物质的发明，仍不属于专利保护范畴。帝国法院在"亚甲蓝"（Methylenblau）案[53]中的判决是［发展的］第一步。该判决认为，在法定排除规定（1877 年《专利法》第 1 条第 2 款第 2 项）存在对于"以化学方式生产的物质，同样像食品、奢侈品和药品，

〔49〕 *Keukenschrijver*, FS Tilmann, S. 483；vgl. auch *Busse/Keukenschrijver*, § 9 PatG Rdnr. 57；außerdem unten d 1.

〔50〕 Vgl. *Keukenschrijver*, FS Tilmann, S. 481.

〔51〕 S. *Weidlich*, GRUR 1949, 396；*Schwanhäußer*, GRUR 1963, 503, 504；*Vogt*, GRUR 1964, 169, 171；*v. Pechmann*, GRUR 1967, 501, 504；*Geißler*, Der Umfang des Stoffschutzes für chemische Erfindungen, 1972, S. 152；*Hansen*, Mitt. 2001, 477, 481；EPA 12. 9. 1995 T 939/92 Triazole/Agrevo ABl. 1996, 309, 321（Nr. 2. 5）.

〔52〕 S. *Bruchhausen*, GRUR - FS, S. 349 Rdnr. 32.

〔53〕 14. 3. 1888 RGZ 22, 8, 16 f.

其生产方法和生产的产品具有所有权上的同属性"。如果同样的方法不是针对同样的最终目的，不存在方法的一致性，并且借助该方法生产的物质非置于发明客体之外，更准确地说是构成表明该方法专利法特性的完结。因此，该方法包含作为发明客体所属的、通过该方法生产的物质。

2. 如果在化学生产方法的发明过程中，由此产生的物质属于发明的客体，那么它就应该在判断其可专利性时同样被考虑。[54]这方面已通过帝国法院对"刚果红"（Kongorot）案[55]的判决，以示范作用的方式得到展现。[该案中]获得专利的是偶氮基色素的显示方法。该方法所使用的原材料所属物质种类的化合能力和所使用的它们之间的转换方法是已知的。[56]然而令人意外的是通过这种方式生产的新色素可适用于将棉花不经酸洗而染成正红色。帝国法院据此判定可专利方法的创造性特征。

因此，法院判决所确定的不仅是"化学上独特的"方法[57]，即[如何]利用专业人员并非熟知的原材料化合物或操作方法，而且还有"类似方法"[58]，其产生新的、具有意外特征或效果[59]的产品，[两者均]可以获得专利。在此基础上，产品本身可以要求间接保护，如在"亚甲蓝"案（参见第1点）中的直接产品，《专利法》自1891年起对此加以承认。因此实践提供了一个对法定排除相关成果保护的、真正非常有效的替代方案。

3. 在上述解决办法中何谓实际上的发明客体问题，导致了长期争论，即是否一个产品的意外特征，其决定着化学生产方法的可专利性，必须是已经原始地，即在专利申请的第一稿中，被公开[60]，还是可以事后在审查过程中被说明[61]。

---

〔54〕 *Bruchhausen*，GRUR – FS，S. 344.

〔55〕 20. 3. 1889 Patentblatt 1889，209；dazu *Bruchhausen*，Hundert Jahre „Kongorot" – Urteil，GRUR 1989，153 – 158.

〔56〕 *Bruchhausen*，GRUR – FS，S. 342 f.，Rdnr. 25.

〔57〕 S. *Redies*，GRUR 1958，56，57 r.；*Geißler*（FN 50）S. 149.

〔58〕 ［指］化学方法，其仅以通过类似物取代原材料或操作方法［的标准］与已知的［方法］相区分，并因此构成一般专业人员显而易见的、对于现有技术水平所属方法的变体，参见 BGH 3. 2. 1966 Appetitzügler I BGHZ 45，102，105；*Geißler*（FN 50）S. 8 f. "类似方法"的称谓忽视了方法成果的从属性，对此的批评，参见 *Bruchhausen*，GRUR – FS，S. 345 f.；对物质发明的阐述可参见 *Redies*，GRUR 1958，57，59 f。

〔59〕 因为作用最终可以归结到特征或可如此被描述，［故］下文将仅提到特征。

〔60〕 So u. a. *v. Pechmann*，GRUR 1957，264，266；1960，105；1965，404；*Langer*，GRUR 1960，1；*Mediger*，GRUR 1963，337；*v. Füner*，Mitt. 1965，5.

〔61〕 So z. B. *Beil*，Mitt. 1959，231；GRUR 1961，318，322 ff.；*Rheinfelder*，GRUR 1960，361，364；*Spieß*，GRUR 1962，113，114 f.；*Koenigsberger*，GRUR 1962，280；*Zumstein*，GRUR 1962，281；*Vogt*，GRUR 1964，169，174；对"投机性"申请的风险的阐述及预防［该风险］的建议参见 *Trüstedt*，GRUR 1960，55，65。

帝国法院对"刚果红"案的判决对此并未给出答案。[62]

支持第一种观点的理由是，在意外特征的无意发现中才存在对于专业人员并非显而易见的认识，并且因此放弃其原始的公开使［接下来的］方法申请成为可能，即申请人对于其成果还不能指出有价值的特征，而只是希望能找到。[63]然而化学的，尤其是医药工业好像正是对于这种可能性非常关心。[64]因为为了查明其应该具备的有价值的特征，专业人员必须能够支配该成果，在这些特征被发现之前，某个生产方法一般情况下已达到可以提出申请的程度。[65]若其在申请时还不需要被说明，那么对根据［这些特征］尝试获得成功的情况，能够保障在更早的时间层次上给予保护，当然［这个时间层次］同样取决于持续时间相应的更早节点。

支持第二种观点的理由是，发明的客体是方法，而不是其成果的使用。然而对此需要澄清，如何理解由此获得的成果同样属于方法发明的客体。当然即使没有相关有价值特征的说明，该成果也可以被表示为可识别的。但如下问题依然存在，即在没有［说明］其实施将带来何种利益的——按前提条件非显而易见的——情况下，给专业人员一个可实施的行为指令是否已满足［所需条件］。

联邦最高法院在"抑制食欲药品"（Appetitzügler）案[66]的判决中指出："对客体是化学类推方法的发明的公开，只需说明原材料、生产方式和产生的最终产品。"由此已经给专业人员提供了实施的原理。因而可以补交对于可专利性所必需的、特殊技术的、治疗的或以其他任何方式能证明有价值的特征说明。但是基于上述陈述并非总是绝对清楚的是，如此表达出来的原理是否真正能在技术上使用或者只是扩展了科学认识[67]，因此在对此进行申请时一般会被要求提供［有关］发明在技术领域被使用的说明。联邦最高法院认为此处这个并没有进一步被具体化的说明已满足［要求］，该方法成果对相关生产是

---

〔62〕 如下文所述，在前一案例中，令人意外的特征被原始地公开，但联邦最高法院认为其无意义，参见联邦最高法院判决 v. 29. 1. 1970 Appetitzügler Ⅱ GRUR 1970，237，242 r.；*dazu v. Pechmann*，GRUR Int. 1996，366，369。联邦最高法院没有提到帝国法院在 1893 年 11 月 6 日的判决，此前进行的报道明确要求，证明化学生产方法的获取专利能力的、令人意外的特殊效果在申请时［应可以］被找到并被公开，参见 *Bruchhhausen* GRUR 1977，297，302。

〔63〕 S. *v. Pechmann*，GRUR 1967，501，507.

〔64〕 Vgl. *Geißler*（FN 50）S. 35.

〔65〕 S. *v. Füner*，Mitt. 1965，5，7 f. 该案的一个例外是，产品的生产已经取得成功，但还不能给出一个可靠的、此后可操作的生产方法。

〔66〕 Beschluß vom 3. 2. 1966（FN 57）；ebenso das Urteil vom 29. 1. 1970（FN 61）.

〔67〕 BGHZ 45，102，109.

有价值的药剂或半成品。

4. 如果成果的意外特征不属于方法发明的客体，它也可以被使用，即使此时被利用的不是该特征，而是其他的、发明者并未发现的、无论如何未被公开的特征。从而可以认为，方法成果的相关使用未经专利所有人的同意同样是不允许的。据此在物质保护禁止的现状下，通过专利对类推方法产生影响的、间接的成果保护不是被限定在特定的范围内，尤其不是［被限定在］由申请人已知的和公开的使用目的［的范畴内］，而是包括通过后来的发明而被展示的、所有的成果的使用可能性，这也许被看作是理所当然的。[68]限于特定成果使用的方法保护好像很难想象，并且最终沦为单纯的使用保护。这并不适用于作为药物的使用，因为它本身相当于药物保护并且因此被视为非法的、对相关现行专利授予禁止的规避。[69]已知物质新的使用可能性的发明人却基本上可以求助于使用保护及由此［求助于］一个对某个重要成果形式不可行的途径。[70]如果［发明人］对该成果陈述了一个新的、在旧有方法专利保护范围之外的生产途径，他们才能要求方法保护。此种可能性却无实践意义，因为判例倾向于将其他能导致同样成果的方法作为相似物列入旧有专利保护范围内。[71]

c）化学物质本身的保护

aa）联邦最高法院对绝对的物质保护的承认

1. 对于废除"物质保护禁令"来说似乎正确的是，将在类推方法中发展出来的原则，附条件地转移至物质本身，即不再取决于这些物质是通过何种方法生产的。在此，存在如下激烈的争论[72]，即物质保护应该是绝对的[73]还是特定的[74]。部分已提出意见反对类推方法的持宽泛对待观点的［学者］，要求

〔68〕 *Weidlich*，GRUR 1949，399 r.；*Spieß*，GRUR 1964，49 ff.；*Vogt*，GRUR 1964，173，178；BGH 27. 2. 1969 Disiloxan BGHZ 51，378，389；grundsätzlich auch RG 23. 5. 1914 Magnetisierbare Manganverbindungen RGZ 85，95，99，dazu unten c bb 1.

〔69〕 BGH 13. 4. 1964 Arzneimittelgemisch BGHZ 41，231，239 m. Nachw.；*Benkard/Bock*，5. Aufl. 1969，§1 PatG Rdnr. 154；*Busse*，3. Aufl. 1964，S. 122；*Reimer*，§1 Rdnr. 76；*Trüstedt*，GRUR 1960，55，66；*Vogt*，GRUR 1964，172；*Zumstein*，GRUR 1967，509，510；s. auch *Hirsch*，GRUR 1989，5，6 l.

〔70〕 *Spieß*，GRUR 1962，115；*Vogt*，GRUR 1964，180；vgl. auch *Zumstein*，GRUR 1962，282.

〔71〕 BGH 18. 2. 1975 Metronidazol BGHZ 64，86；25. 6. 1976 Alkylendiamine Ⅱ BGHZ 67，38.

〔72〕 鉴于1962年《欧洲专利公约》前期草案和1963年《关于统一发明专利实体法中某些概念的斯特拉斯堡协定》，人们期待在德国法中废除原料保护禁令，这时争论就已经开始。

〔73〕 So z. B. *Spieß*，GRUR 1964，49，51 f.；*Rheinfelder*，GRUR 1964，354；*Zumstein*，GRUR 1967，509；*Kobs*，GRUR 1967，512；*Dittmann*，GRUR 1968，61.

〔74〕 So insbes. *Geißler*（FN 50）S. 150 ff.，166，177 ff.；*Schwanhäußer*，GRUR 1963，503，505，509 ff.（例外情况是，生产方法在化学上是特定的）；*Schickedanz*，GRUR 1971，192，202 f.

至少在废除通过捆绑特定生产方法为前提的——而实践上无意义的（参见本节Ⅲ b 4）——对保护范围的限制后，应考虑到［上述问题］。[75]

法院判决不能未经修改地退回到为方法保护而取得的成果之后；否则可能通过选择方法专利而达到一个比通过物质专利更加宽泛的保护[76]，这可能和立法者减少方法申请数量的意图[77]相违背。

2. 联邦最高法院就"咪唑啉"（Imidazoline）案作出了重要的裁判，终结了争议[78]，这不会令人感到意外：

"1. 对于基于化学方法所生产的物质的专利保护不是特定的。

2. 在物质发明的情况下，技术性的或治疗性的功能不需要在原始的申请材料中被公开。"

在判决理由方面，联邦最高法院提出立法材料在如下方向上没有提供任何线索，即废除物质保护禁令应该和一个有关之前已引起的、对于化学物质的物质保护是特定的还是绝对的争议的裁决，为支持特定物质保护而被联系在一起。废除所谓的物质保护禁令更准确地说可以这样去评价，即有关以化学方式所生产的物质的发明，从此以后像其他技术领域的发明一样，可以根据自身的规范去衡量。同样没有必要对于前者的发明在原则上仅给予特定的物质保护。因为相关规定在其他技术领域基本不存在，它也不应该对有关以化学方式所生产物质的发明要求适用。［对这些发明］保护的范围同样可以按照发明客体去衡量。

联邦最高法院用如下任务表明其特征，即提供一个新的、详细描述其组成方式的化学物质。该任务需通过创造出该新物质（新的化学合成）的方式完成。有关物质的技术或治疗功能的陈述不属于发明客体。鉴于在化学物质发明的情况下什么可以在原始申请文件中被公开的问题，因此可能同样适用在"抑制食欲药品"案（参见本节Ⅲ b 3）的判决中对于化学类推方法所制定的原则。

在描述化学物质发明客体的基础上，联邦最高法院认为"结果上，在涉及可授予发明的化学物质的合乎工业使用时，［形成了］一个无限制的、专利所有人的独占权。"物质保护因此原则上是绝对的。

近20年后，布鲁赫豪森（Bruchhausen）[79]确认，联邦最高法院不再是用

---

［75］ So z. B. *v. Pechmann*, GRUR 1967, 504 r., 507.

［76］ S. *Schmied – Kowarzik*, Mitt. 1968, 181, 183.

［77］ Schriftlicher Bericht des Rechtsausschusses, Bl. f. PMZ 1967, 279, 282.

［78］ Beschluß vom 14. 3. 1972 BGHZ 58, 280.

［79］ GRUR Int. 1991, 413, 415 l.

专利法的意义和目的，而是用一个概念的论证，来说明同意有关物质保护的绝对效果的理由，其已经放弃了适当性和公正性的原因。对于这些原因可能存在于何处的问题，布鲁赫豪森并没有给出答案。它们或许一方面在有关化学物质发明必须与其他产品发明（参见本节Ⅲ c bb）同等对待的观点中，另一方面在有关承袭类推方法而发展出的规范中（参见本节Ⅲ c cc）。

bb）产品发明保护的一般范围

1. 基于产品或方法专利的产品保护不限于该产品的特定使用目的，帝国法院在一个专利案件中已基本表达了［上述观点］，该专利请求针对的是可被磁化的指南针的展示方法。[80]法院因此将所请求的存在混合关系的指南针看作是侵犯专利权的，虽然被告已经通过合同的形式要求他的顾客不能将其用于磁力目的。

帝国法院在判决根据中指出，在许多案件中呈现出的，在没有缩减发明概念的情况下，特别难以清晰划分使用目的的界限，并且如果所有人必须查明模仿者所打算的使用目的，专利的价值将被明显降低。[81]最重要的是发明人的创造性成果却并没有获得应有的回报，因为为其他目的而使用发明经常是显而易见的并与发明人的劳动相比具有次要意义。然而，帝国法院并没有说明，如果"（产品）发明用于新的目的源自特有的发明特征，则产品的使用是否仍将取决于专利所有人的许可"。

2. 有关帝国法院［的上述观点］（参见第1点）联邦最高法院[82]表示，设备发明的保护，通常情况下，包括该设备的所有功能、效果、目的和有用性，而且也［包括］那些没有被发明人自己发现或公开的［内容］。但是这个原则并非无限制地适用。如果该使用形式具有发明的特征，专利授予的基础可以存在于出于新的目的对已知设备的使用。

3. 在"纺织纱线"（Textilgarn）案[83]中，联邦最高法院指出，为给发明人保留所有能够导致同一产品的生产方式和所有该产品的可能的使用，在产品专利的情况下，陈述仅包含生产方式和使用目的即可。

因为［当时］生产方式与使用目的都不是保护的客体，其在专利说明书中的公开被视为是充分［条件］，在请求中无需阐述。最后由于缺乏新颖性确认争议专利为无效声明的决定，未能消除有关在案件中所必需的公开和保护效

---

〔80〕 RG 23.5.1914（FN 67）98 f.

〔81〕 在该案中，被告所生产的产品无论如何都是可被磁化的，这种情况增加了界限划分的难度。

〔82〕 15.11.1955（FN 35）.

〔83〕 BGH 25.4.1956 GRUR 1959, 125.

果范围的疑问。在这些案件中创造性成果之所以存在，是因为合乎专利的产品显示了出乎意料的特性。

4. 在"激发螺栓"（Schießbolzen）案中，下列已知的法律原则被强调，即设备专利的物质保护包含该设备所有的功能、效果、目的、有用性和优点，并不涉及也许单独证明设备的可专利性的使用目的是否在特定案件中实际被运用[84]。

在专利申请中，新的设计元件，即被安放在螺栓前部的摩擦元件，通过添加"在机筒任意地方销钉的固定"表明其特征。由于针对新的目的，即通过冲击空间容量的改变来控制销钉的穿透深度，对设备构造上的这种调整，联邦最高法院将对该设备授予的专利视为产品专利，并且认为在权利要求中包含的目的说明不是保护领域的限制，而只是摩擦元件物理设计的间接描述[85]。法院因此将被作为侵权的而受质疑的设计形式包含在专利保护范围内，因为它的结构设计客观上适合于在销钉机机筒的任意位置固定销钉，并可以借助冲击空间容量的调整来控制销钉穿透深度。在此并不取决于被告或者他的顾客是否想到或利用了这种可能性。

5. 在"固定设备Ⅱ"（Befastigungsvorrichtung Ⅱ）案[86]中下列原则被证实，即在产品专利的情况下，在申请中写入目的、效果和功能陈述，即使是新的使用目的和其仅证明可专利性，通常也不会没有保护限制的作用。

这些陈述只是为更好地理解专利服务的说明，其仅具有对相关设备部件进行间接描述的意义。因为在被质疑的设计形式上，专利权利要求存疑的特性，在其空间物理设计中同样地被使用，对于其在这里是否具有与被保护的设备有同样的目的、效果和功能的疑问的衡量变得多余。

6. 产品专利保护效果是否延伸至用途的问题，该用途既没有在专利说明书中公开，也不为专业人员所熟知，在前面探讨的案例中，都不具有决定意义。对于包含所有使用可能性的保护效果却可以提出［上面］援引的一般性表述作为证明，尤其是如下提示，即在物理空间的一致性情况下，在专利中含有的目的说明，即使是新的使用目的和其只证明可获得权利性，也没有保护限

---

〔84〕 Urteil vom 7.11.1978 GRUR 1979, 149, 150 f. Krit. *v. Hellfeld*, GRUR 1998, 243 f.

〔85〕 同样如此的还有"联合收割机"案。因为被质疑的设计形式，一个联合收割机，非干草收割机器，只在内置于稻草混合器中才展示了与被授予专利机器的［特征］相符的技术特征，因此不存在（客观的）侵害。因此可能不需要提示，"激发螺栓"案的判决指出产品专利的保护延伸至受保护产品的任何使用，但在上述案件中并未适用：因为与当时案件事实相反，被质疑的设计形式缺乏这些通过目的陈述间接表明的特征。参见 BGH 2.12.1980 Heuwerbungsmaschine Ⅱ GRUR 1981, 259, 260。

〔86〕 Vom 12.7.1990 BGHZ 112, 140, 155 f.

制的作用，以至于不取决于该目的在具体情况下是否被利用。[87]如果承认以新的用途为基础的原则，那么这些案件明显认为，所涉案件中那些为达到新用途所必要的技术措施，并不存在技术上的困难。[88]

在这一点上，似乎可以与化学物质发明进行比较。一旦承认物质适合于特定的、有益的使用，物质的提供对化学物质发明也不重要，对其证明基于一个意料之外的实用性的创造性成果却是常态。而对于其他发明，尤其是那些有关机械设备的发明，相反更可能是例外，因为简单设计改变的效果大多数情况下不难预测，即很少是意料之外的。[89]同样，对设计方法及其效果的认识，在大多数情况下，也不像化学物质的提供和通过首次实验对其特征的认识之间能够相互清晰地区分。如果专业人员获知某个设计方法，他有能力在多数情况下无需付出创造性的努力，通过与现有技术水平的比较而认识到上述方法所能带来的重大的、可专利性所指的利益。

出于这些原因［如下观点］并非肯定有说服力：据以证明发明特征的特性标准对化学物质保护的限制之所以被否定，是因为在所有技术领域中的发明保护必须遵循同一规则。更准确地说，被要求统一适用的规则涉及表象。仍存有疑问的是，普遍化的规则是否保障了保护的范围与发明的回报完全契合。

cc）在类推方法情况下的发明客体

在有关类推方法的判决中（参见本节Ⅲ b），联邦最高法院决定性地支持承认绝对的物质保护，但其缺乏令人信服的证明，即说明方法成果可专利性的、令人意外的特征不属于发明客体并因此无须在原始文件中被公开，即使方法成果亦被考虑并因此由上述特征中推导出方法的创造性特质。联邦最高法院据以得出结果的、表面符合逻辑的论证，实际上没有解释清楚发明回报存在于什么地方，尤其是在某个方法因为其成果的特征而被赋予专利时。

然而需指出的是，一般情况下允许在审查过程中补交作为基于创造性成果证据的、有关被申请的发明和现有技术水平相比较所显示出的优点的陈述（参见§24 A Ⅴ c 4）。对此的前提条件是，其仅涉及说明原始被公开的、并非为专业人员所熟知的［情况］。[90]如果将上述结论转移到化学类推方法的情形，则令人意外的特征的事后陈述仅限制了去证明原始公开的发明特质，若其能够表明，由于这些特征不能显而易见地，从专业人员常见的、基础物质和反应条

〔87〕　BGH 7. 11. 1978（FN 83）151；12. 7. 1990（FN 85）157.

〔88〕　So BGH 7. 11. 1978 aaO；vgl. *Bruchhausen*，GRUR Int. 1991，413.

〔89〕　Vgl. *Redies*，GRUR 1958，62；*Schneider/Walter*，GRUR 2007，831，836 f.

〔90〕　Vgl. *Langer*，GRUR 1960，3 m. Nachw.

件结合的众多可能性[91]中，直接找到那些令人意外地导致有价值的结果［的因素］。[92]同样值得一提的是，在化学类推方法的情况下，优点可以被补充说明，其发现要求与定义相符的创造性努力，虽然其他领域中专业人员一般情况下无须［创造性的］努力，而［仅］通过申请中原始公开内容和在审查过程中查明的现有技术水平的比较［即可］推断出支持发明特质的优点，并且仅仅因为其鉴于这个现有技术水平取决于［这些优点］，后者才能被事后阐述。

联邦最高法院不允许在化学领域之外的发明从不是原始被公开的效果中推导出对现有技术水平是显而易见的、某个方法的发明特质，如果［这些效果］首次赋予受保护的原理它们自己的意义或证明它们的发明等级。

在"飞机加油Ⅰ"（Flugzeugbetankung Ⅰ）案[93]中专利所有人尝试以如下方式将一个就现有技术水平显而易见的装置提高到发明水平，即一个在压力或输送引导下被装在特定位置的喷嘴或口，不仅——以显而易见的方式——在这个位置，而且还在一个远离引导区域能起到压力调节的作用。联邦最高法院驳回了［上述请求］，因为附加效果仅能被知晓它的人使用。

在"鞋垫"（Einlegesohle）案[94]中，利用聚乙烯生产鞋垫的原理被授予专利。从现有技术水平出发其被证明是显而易见的。专利所有人通过促进健康效果的证明削弱［显而易见性］的尝试失败了，因为在专利说明书中该效果并非明显的。

最后提到的判决引出了各种意见，［该判决］基于不同理由被一致认为对化学的类推方法具有意义。[95]判决提出如下理由，即在包括类推方法在内的所有发明形式中，只有那些对于专业人员实施时无需创造性努力就可以认识的优点才应该可以被补充。[96]在"抑制食欲药物"案判决[97]中，联邦最高法院认为，通过两个判决中的任何一个都没有妨碍其中认定的解决办法（参见Ⅲ b

---

［91］ Vgl. *v. Pechmann*, GRUR 1967, 504.

［92］ In diesem Sinn *Weidlich*, GRUR 1949, 397；*Zumstein*, GRUR 1962, 282；*Vogt*, GRUR 1964, 171 ff. 相反，如下想法可能是错误的：某个不重要的方法能够通过其成果令人意外的特征的事后承认回溯性地成为具有创造性的。在语言使用上其不总是被足够的注意。对"回溯性命题"的批判参见 *Vogt*, aaO 170. – *Bruchhausen*, GRUR – FS, S. 345. 另有学者不仅反对上述观点，而且反对"选择性命题"，因为这里不是"产品本身及其有用性（特征）"被包含"在被保护的生产方法内"。如果其被包含，则不能解释为什么它的有用性不应属于发明客体。

［93］ BGH 29. 4. 1960 GRUR 1960, 542, 544.

［94］ BGH 22. 9. 1961 GRUR 1962, 83, 85.

［95］ S. *Heine*, GRUR 1962, 85；*Koenigsberger* und *Zumstein*, GRUR 1962, 280, 281；*Köhler* und *Poschenrieder*, Mitt. 1962, 81, 83；vgl. auch *Geißler*（FN 50）S. 25 f.

［96］ 在这个意义上，参见 *Mediger*, GRUR 1963, 339 f.

［97］ （FN 57）108.

3）：在那些案件中既不是有关化学类推方法，也不涉及申请公开的范围，而是涉及设备或用途的权利要求，就此而言，能够证明授予专利的优点，只有在无效程序中才能主张。

d）评价

1. 对实践有益的既有操作在可能的情况下减轻了对具有非显而易见特征的新化学物质保护的获得和执行。然而问题是，此处是否所有集合的利益都被充分考虑，尤其是通过创造性回报的区分是否充分合理地说明，一个新的、非显而易见的、某个已经为了其他［物质］被授予专利的物质的使用发明人，仅能获取一个取决于物质专利的专利[98]。

认为物质的发明人首次使这些成为可能的观点，在物质创造中仅仅因其令人意外的特性才获得创造性回报时才存在矛盾，对此通过物质创造使上述特性的认识成为可能[99]是不够的，必要的是认识其特性。可被授予专利物质的新特征的认识却通过专利说明书的公开内容，仅在被公开特征的同等的、即某个特定保护的影响会延伸到的领域以创造性的方式被要求[100]。仅在此种情况下，从专利制度的鼓励和奖励目的的角度看来，对旧有的物质发明的依赖性才可以被证明是合理的。[101]进一步，鉴于其他使用可能性的研究也能起到一定的阻止作用。

科肯施利富[102]认为，保障对特定物质所有使用的保护，似乎"和鼓励与奖励的思想完全相符"，"这种思想首先说明，人们可以将某种实用性的特定物质作为开始"。在此毕竟已经是对首先提供该物质的人才能获得广泛的保护的观点的一种削弱。

这种见解和传统的实践不同，后者——以前后矛盾的方式（参见§24 V c 6）——在任何情况下均要求一个"一般的技术使用领域"的陈述，由此，决定性和功能性的陈述对于原始材料已经是必须具备的。但尚不明确的是，该陈述应该具体到什么程度，它是否必须显示发明的内容，如果它被证明是不合适的，其具有哪些法律后果。同样存有疑问的是，在保护没有相应限制的情况

---

〔98〕　*Hansen*，Mitt. 2001，477，481 f. 所阐述的例子，更准确地说是更支持否定回答的。

〔99〕　So freilich *Vogt*，GRUR 1964，170；iglS *Feldges*，GRUR 2005，977，980 f.，其讲了物质"发明"，但没有解释它在什么条件下是涉及创造性成果；ktrit. *Schneider/Walter*，GRUR 2007，831，838.

〔100〕　Vgl. *Fürniss*，FS Nirk，1992，S. 306，308，310；*Geißler*（FN 50）S. 170 f.

〔101〕　Igls *Wilhelmi*，Der Zusammenhang zwischen dem Ausschluß durch und dem Zugang zum Patentschutz angesichts der aktuellen Entwicklungen im deutschen und europäischen Recht，Jahrbuch Junger Zivilrechtswissenschaftler 2005，S. 123，141；*Holzapfel*，Das Versuchsprivileg im Patentrecht und der Schutz biotechnologischer Forschungswerkzeuge，2004，S. 311 f.

〔102〕　（FN 47）S. 483.

下，基于哪些保护的前提条件可以要求这一表述（参见本节 Ⅲ a 1）。[103]

2. ［有观点认为］，新化学物质的专利，其因为提供令人意外的特征而被视为具有创造性，只有在绝对保护效力情况下才能被充分实现。［这种观点］之所以不能令人信服，是因为在应用专利的情况下总归必须解决一个被限定在特定使用的保护实施的问题。由于这些专利可能与物质有关，而后者不受或者不再受保护，［因此］必须给出区分该物质合乎专利的和自由使用的路径。[104]在这里，根据关于保护范围确定一般规则的标准，可能通过在请求中被定义的使用的等同使专利受到侵害。

3. 某种程度上，立法者在取消物质保护禁止时，不是选择了一个特定的物质保护；同样也没有清楚的迹象［表明］，他可能选择了一个绝对的物质保护。即有可能的是在最初法律委员会建议修改[105]的讨论中，上述问题根本没有被考虑。这意味着同样在没有绝对物质保护的情况下的保护可能性的重大拓展，因为除了将物质保护和特定生产方式相联系之外，也删除了以排除药品保护为先决条件的、对医药上使用的可专利的障碍（参见本节 Ⅲ b 4）。在这个基础上，判决后来发展出有关对于属现有技术水平物质的、新的、非熟知的医药上使用的保护规则，其在进一步考查下可以被理解为特定的物质保护，而不是方法保护（参见 § 33 Ⅲ d）。[106]对于属现有技术水平物质的首次医药上的使用以及自从 1978 年在《专利法》和《欧洲专利公约》中对于其他医药上的使用，在《欧洲专利公约 2000》第 54 条第 5 款中被明文规定。这证明，如今——可能和"咪唑啉"案判决的时候不同——特定的物质保护构成了被承认的和可操作的专利法领域。相关问题在于，某个物质是否已经因此，即因为它是新颖的，赢得广泛的保护，即使当——就像一般情况下——它的提供并不

---

〔103〕 科肯施利富认为这些限制是不必要的，其可能与他怀疑根据相应的"对现有技术水平的贡献"标准去划分保护的必要性相联系（（〔FN 47〕S. 485 f.；*Busse/Keukenschrijver*，§ 34 PatG Rdnr. 85）。实践中，这首先是有关在专利申请文件中，多大程度上将专利请求一般化是允许的问题（参见 § 24 A Ⅲ 1，§ 28 Ⅱ b）。这个问题处于对现有技术水平贡献的确定之前。对于比上述特定贡献更多的［贡献］可以通过原始公开的、新的、非熟知的申报内容申请保护，这和证明专利保护正当性的理由，以及它必须遵循的前提条件和界限不相符（参见 § 3 V 4）。然而正是此处阐述的问题显示了对于现有技术的贡献存在不同观点：物质提供，本身仅在与令人意外的特征认识和相应的使用陈述相联系的情况下是创新的，还是对于一个或多个通过有价值特征的创新认识的物质提供让使用成为可能。似乎不完全准确的是，在联系决定性或功能性陈述的情况下，把物质的提供看作是对现有经济水平的贡献，同时并没有对保护作出相应的限定。

〔104〕 Nach *Wilhelmi*（FN 100）S. 138，在此应该保障减轻举证负担。

〔105〕 S. Den Schriftlichen Bericht（FN 76）［zum Verlauf der Beratungen *Bruchhausen*，GRUR 1977，297，299 f.

〔106〕 Von *Schneider/Walter*，GRUR 2007，831，832 f.，837Wird dies nicht genügend beachtet.

意味着创造性成果。不完全清楚的是，特定物质的、有价值特征的认识仅仅因为它的新颖性不应被包含在发明的客体中，而在已知物质的情况下却显然属于这个范围。

4. 如果对于该物质存在专业人士所熟知的使用时[107]，因为令人意外的特征，新的物质值得绝对保护的想法将引起麻烦。由于物质的提供已经因为上述的使用可能性是为人所熟知的，符合逻辑的可能是，拒绝物质保护和对于通过令人意外的特征而成为可能的、进一步的使用，仅允许应用保护或特定的物质保护。绝对的物质保护，从其效果中仅排除为人所熟知的使用[108]，则不能被证明是合理的。

根据这里提到的规则产生了另一个问题，如果一个申请人从特征中推导出某个物质发明的可受保护性，其不是他或他的前权利人，而是第三人发现的[109]。如果人们只把物质的提供视为应受保护的客体，那么可能会存疑的是，这有可能对他人的发明来说是非法的；若相反，特征的认识属于发明，则在上述案件中，申请明显地损害了其他发明人的权利。

5. 如果对于物质的提供本身不要求创造性的努力，为提供特定的保护，当然的是，申请人必须已经在优先的时间点上公开使功能相应的使用成为可能的、令人意外的特征。对此的探求因此在没有对成功获得保护权利的优先权被保障时就必须被实施。这导致不是第一个设计物质及其生产的人，而是第一个认识到其令人意外特征的人获得优先权。专利制度的激励和奖励作用因此完全有利于对有价值特征的研究。并非同时鉴于利用现有手段的新物质的提供，而是仅仅在上述情况下，［激励和奖励作用］才具有意义[110]。

如果人们可能准备对在特定情况下作为首先认识到物质令人意外特征的人给予绝对保护，则绝大多数实践所要求的、无须在原始的申请文件中公开这种特征，［就会］缺乏合理性。[111]在实用新型申请的情况下，如其现在对于化学物质也是允许的，上述观点将导致不合理的结果：特征的说明，从其中产生所申请物质的提供基于一个创造性方法的结果无须包含在原始文件中，并且由于

---

〔107〕 Vgl. das Beispiel von *Weidlich*，GRUR 1949，3991；außerdem *Geißler*（FN 50）S. 179，sowie die unten（§18 Ⅱ 6 und Ⅳ 6，bei FN 93，202），判决表明，一个熟知的措施通过令人意外的效果同样不会变得具有创造性。

〔108〕 So *Hüni*，GRUR Int. 1990，425，427；*Bruchhausen*，FS Preu，1988，S. 3，9 f.；zweifelnd *ders.*，GRUR Int. 1991，415 r.

〔109〕 Erwähnt von *Trüstedt*，GRUR 1960，55，64；*Beil*，GRUR 1961，325.

〔110〕 A. M. *Hüni*，aaO 428；*Hansen*，Mitt. 2001，477，487.

〔111〕 *Troller*，Immaterialgüterrecht，Bd. I，S. 182 f.，insb. FN 118；*v. Pechmann*，GRUR Int. 1996，366，372 f.；vgl. auch unten §24 A Ⅴ 5.

缺乏该保护条件的事前审查，［相关说明］甚至直到注册之前都无须被补交，而是首先在某个可能的清除程序中需要被陈述。在没有根据登记文件对其权利存在性所依赖的实际情况进行证实的情况下，［实用新型］因此可能获得完全有效的保护。

6. 综上所述，对常规的、通过回溯到先前帝国法院判决思想的、进一步的概括而产生的观点进行批判性的重新审视和在进一步的衡量中将化学物质保护的功能性包含在内等方面，可能已给出了正当理由。[112]同样仅在基于创造性成果的情况下规定了可专利性的 TRIPS 并没有［对如下问题做出］禁止性规定，即一个因为特定令人意外的特征而被提供的绝对物质保护是否完全地通过一个相应的创造性成果而［能］证明其合理性的问题。

要求固定的、表面上被所有当事人都接受的实践，在没有重大理由的情况下进行原则上的修改，好像也是不现实的。因此这里的阐述以上述实践为准。

主流观点的基础显示了严重的缺陷，但这还需关注一个领域，其中好像给出了接受［这些主流观点基础］的合乎逻辑性：因为基因或部分序列被其视为化学的合成物，［因而］根据主流实践可能需为［基因或部分序列］提供绝对的物质保护。这［也］是相关产业一方所要求的[113]。但这同样引发了重大顾虑。［主流观点的合理性基础］特别依赖于基因技术领域的特殊性。其次还需考虑，对于物质保护的常规的操作，已经普遍地没有强制性的正当理由，却［存在很多］合理的异议（参见 § 14 Ⅲ d cc 4）。

§ 12　发明的技术特征

Ⅰ. 一般原则

a）技术性要求的起源和法律规定

专利和实用新型保护的适用范围是技术。专利存在的整个历史表明，其

---

[112]　Vgl. *Wilhelmi*（FN 100）S. 130 ff.，135，他对判决进行了批判性的评价。然而存疑的是，"前提条件和作用之间的联系"不仅通过功能，而且还通过"绝对产品保护的相对性"（S. 138 f.）得以"重建"，凭借其绝对物质保护被给予，但相对专利持有人，涉及（产品专利为基础的）"产品的独立使用［时，却］不产生任何作用"。这可能不是前后一致的、按照其保护正当性所依据的创造性成果［而进行的］保护客体的调整，而仅仅是一个对本身存在依赖性的法律后果的例外，其不能与合法的前期条件和对此种情况下被考虑的、强制许可的有偿性相符合。

[113]　S. *Hansen*，Mitt. 2001，477 ff.

一直以来就是被按照在技术革新保护中的、特殊的实体问题而定制的[1]。实用新型同样也是为了创新而被引入的，这些创新由于其本身的技术特征在样品和模型中找不到［合适的］位置（参见§6 Ⅰ 2）。通过《欧洲专利公约》的修订（考虑到 TRIPS 第 27 条第 1 款第 1 句），对技术领域专利保护的调整以及在保护前提条件的原则方面的修改被采纳（《欧洲专利公约2000》第 52 条第 1 款）。紧接着，《专利法》第 1 条也作了相应的补充（参见§10 Ⅱ 1）。

在通过《斯特拉斯堡协定》和《欧洲专利公约1973》所引起的《专利法》和《实用新型法》修订之前，非技术领域的智力成果已经被普遍地视为与专利和实用新型保护不相符，以至于［这］可以被称作习惯法[2]。当时添加的法律规定并没有对此进行改变[3]。更准确地说，［该规定］证实了传统的原则，特别是通过其明确地否定了将先前由于缺乏技术特征而不能获得专利或实用新型保护的、一系列的物质和行为视为发明[4]，并且因此不允许与上述物质和行为本身有关的保护请求（《专利法》第 1 条第 3 款、第 4 款，《实用新型法》第 1 条第 2 款、第 3 款，《欧洲专利公约》第 52 条第 2 款、第 3 款，

---

[1] Vgl. *Kohler*，Handbuch，S. 83，und Lehrbuch，S. 13；*Kolle*，GRUR 1977，61 r.；*Beier*，GRUR 1972，216；*Ochmann*，FS Nirk，S. 768；BGH 22. 6. 1976 Dispositionsprogramm BGHZ 67，22，33；17. 10. 2001 Suche fehlerhafter Zeichenketten GRUR 2002，143，144 r.；24. 5. 2004 Elektronischer Zahlungsverkehr BGHZ 159，197 = GRUR 2004，667，669 l.；aus der älteren Rechtsprechung z. B. RG 21. 1. 1933 GRUR 1933，289，290.

[2] *Kolle*，aaO；在有关专利局和专利法院的"技术"成员规定中，我们可以发现法律中的线索（现行的《专利法》第 26 条和第 65 条第 2 款），参见 BGH 22. 6. 1976（FN 1）33；在这个意义上的其他法律规定，参见 *Ochmann*，aaO S. 762 f.；《欧洲专利公约》中可引用，如第 18~22 条，据此在审查和异议部门以及申诉庭中供职的是受过技术培训的审查员和成员，另外该条约的执行条例第 42 条和第 43 条（之前的第 27 条和第 29 条）对申请要求技术领域的说明、技术任务和发明的技术特征。这些法律规定中暗示着，立法者（仅）将技术视为专利保护的适用范围。与技术特征要求的关系中，其不是根据，而是结论。前者仅存在于发明的概念中，它表明了可能受到保护的客体的本质，包括通过"所有技术领域"的补充［对其进行的］澄清和通过非发明列表［而获得的］阐明。新颖性和创造性成果，取决于"现有技术水平"（《专利法》第 3 条和第 4 条、《实用新型法》第 3 条、《欧洲专利公约》第 54 条和第 56 条）的相关法律条文之所以不是有关保护的适用范围限于技术的内容上的证据，是因为根据法定含义，现有技术水平包括所有的，而不仅是技术的类型。

[3] BGH 11. 6. 1991 Chinesische Schriftzeichen BGHZ 115，23，30.

[4] 在《实用新型法》中，其却被称为"实用新型的客体"。然而这只是专业术语上的前后不一致，这种矛盾性是受在《实用新型法》早期版本中避免"发明"的表达的影响。

参见本节 Ⅱ）[5]。但不能从缺乏技术特征中得以证明的是，数据处理设备的程序也出现在非发明清单中（参见本节 Ⅳ c aa）。

体系上，在转化欧盟《生物技术指令》时，也没有作为第 5 项"生物技术发明"对《实用新型法》第 1 条第 2 款进行增补。对发明特定形式的、实用新型保护的有意排除，《实用新型法》第 2 条可能是正确的地方。

b）联邦最高法院的判决

1. 在联邦最高法院所发展的、被坚持了 30 多年的发明定义中，技术本质特征在于有计划地利用人类智力活动之外的、可控制的自然力，从而直接获取一个因果关系上可预见的结果。其是关于有意的、针对性的、自然因素作用的掌控，简单讲就是通过人类的自然控制。在因知识和技术进步使这些控制［能力］延伸的范围内，技术行为并由此获得专利和实用新型保护的可能领域也不断地拓展。原来其限于无机自然［界］，现在也逐渐地覆盖了有机自然［界］，如果它已成为可控的、人类影响所能理解的范围[6]：在没有影响遗传基因的情况下，通过人工的方法提高植物的生长或产量（农业的培育方式）；[7]抗虫害；对有生命的动物身体的影响，如为了获得血清或改善牛奶产量；在获得酒精、乳酸、醋酸等时，微生物新陈代谢活动的利用，后来也用于药品的生产（抗生素）；[8]更高等植物和动物的、新品种和族群的（改变遗传基因的）培育；通过直接作用于遗传载体，对生物特征的控制（基因技术）。[9]根据现在的理解，所有这些有计划的、生物自然力和现象利用的形式，原则上都属于技术领域。[10]自从欧盟《生物技术指令》及其转化以来，它们的可专利性，原则上同样也通过明确的法律规定被承认（《生物技术指令》第 3 条，

---

〔5〕 因此不涉及物质或行为，如果［它们］是"实际上的"发明，通过它们不是［发明的］"假定"被排除在保护之外，而是关于一个对法定发明概念必要的特征的表达；一致的意见参见 *Poth*, Mitt. 1992, 305, 306 r.；*Benkard/Bacher/Melullis*, § 1 PatG Rdnr. 95 b；相反的意见参见 *Pila*, 36 Ⅱ C 173, 183 ff.（2005），他认为，《欧洲专利公约》第 52 条（2）中的清单——即使忽略计算机程序的特殊情况——不能从缺乏技术特征中得以解释，与此无关，这些列举的情况［只是］排除了专利保护。若上述清单不能从缺乏技术特征中得以解释，其必须作为需要正当理由的假定来理解（参见本节 Ⅳ c bb）。然而即使缺乏技术特征被视为所列情况的整体特征，也需说明最终证明妨碍保护所基于的合理性依据。参见本节 Ⅳ a, b。

〔6〕 Zum folgenden *Duttenhöfer*, S. 171 ff.；*Bernhardt*, S. 30 ff.；*Ochmann*, FS Nirk, S. 764 ff.；*Nack*, Erfindung, S. 178 ff.；BGH 27. 3. 1969 Rote Taube BGHZ 52, 74 ff.

〔7〕 Vgl. PA 19. 9. 1932, Bl. f. PMZ 1932, 240（通过早期切割和密集种植获得每年两倍收成）；23. 5. 1956 GRUR Int. 1958, 337（通过照明时间系统地改变获得多伞状花序的花朵）。

〔8〕 Vgl. *Duttenhöfer*, S. 181 ff.；BGH 27. 3. 1969（FN 6）80.

〔9〕 Vgl. *Vossius*, Patentfähige Erfindungen auf dem Gebiet der genetischen Manipulationen, GRUR 1979, 579 ff.；*Beier*, GRUR 1972, 217.

〔10〕 Grundlegend BGH 27. 3. 1969（FN 6）79.

《专利法》第 1 条第 2 款第 1 句、《欧洲专利公约》第 26 条（之前的第 23b 条）），但它们却被排除在实用新型保护之外（《实用新型法》第 1 条第 2 款第 5 项）。

2. 考虑到电子数据处理的开发利用的可能性，可以提出下列问题：专利保护的适用范围是否不通过上述发明和技术概念会以不合理的方式被限定。联邦最高法院因此已开始在通过电子数据处理实现的问题解决领域有所松动[11]：一个有关对数据处理装置的程序的申请是否表明了必要的技术性，可以在申请事项的评估性质的整体考量基础上得以确定。专利保护不能因为某个建议在其他方面通过技术知识寻求，没有直接利用可控制的自然力的解决办法，就已然被排除。

据此，技术性还是必要的；[12]然而其定义却被扩展。对此可以合理地和有意义地去询问，利用可控制的自然力对于问题的解决方法具有哪些意义。[13]如果［解决方法］直接通过前者被实现，它肯定可以被视为技术性的。如果其缺乏上述形式的直接联系，可以借助前述问题得以解释，问题的解决方案是否以这样一种方式利用了技术性的知识，其允许，在"评估性的整体考量"的方法中判定［解决方案具有］技术特征。

c）欧洲专利局申诉庭的裁断

按照欧洲专利局申诉庭的观点，技术特征的缺失也是根据《欧洲专利公约》第 52 条第 2 款、第 3 款，对特定物质和活动不能要求专利保护的原因。[14]在此申诉庭所使用的不是技术性单独的定义，而是循环重复的他们以技术概念为前提条件的解释；有时会提到基本上抽象的案件事实，其没有通过

---

〔11〕 13. 12. 1999 Logikverifikation BGHZ 143，255，262 f.；dazu unten Ⅲ c dd.

〔12〕 BGH 24. 5. 2004 Elektronischer Zahlungsverkehr（FN 1）视其为"专利法的目的，通过一个时间上被限制的排他性的权利，去促进在技术领域的唯一的创造性解决办法"。

〔13〕 联邦最高法院在判决中否认了一个问题具有技术性的本质，"因为为了引起一个因果关系上可预见的结果，其非必然地要求可控制的自然力的利用"。从普通的定义中，这里只是删除了单词"直接的"，其与"逻辑验证"（FN 11）相符。参见 BGH 19. 10. 2004 Anbieten interaktiver Hilfe GRUR 2005，141，142 r.（zu 4 c）。

〔14〕 EPA 19. 3. 1986 T 51/84 Kodierte Kennzeichnung/Stockburger ABl. 1986，226；5. 10. 1988 T 22/85 Zusammenfassen und Wiederauffinden von Dokumenten/IBM ABl. 1990，12，17；14. 3. 1989 T 163/85 Farbfernsehsignal/BBC ABl. 1990，379，383；25. 4. 1989 T 119/88 Farbige Plattenhülle/ Fuji ABl. 1990，395，402 f.；3. 7. 1990 T 603/89 Anzeiger/Beattie ABl. 1992，230；8. 12. 2000 T 931/95 Steuerung eines Pensionssystems/PBS Partnership ABl. 2001，441，448，453 ff.；21. 4. 2004 T 258/03 Auktionsverfahren/Hitachi ABl. 2004，575 = GRUR Int. 2005，332（Nr. 3. 1）；22. 3. 2006 T 388/04 Unzustellbare Postsendungen/Pitney Bowes ABl. 2007，16 = GRUR Int 2007，246（Nr. 3）；22. 3. 2006 T 619/02 Geruchsauswahl/Quest International ABl. 2007，63 = GRUR Int. 2007，333（Nr. 2. 2.）.

技术特性被表明特征[15]；有时会将技术特征的要求与工业实用性的要求建立联系[16]。个别情况下，在技术特征之外将特殊审查《欧洲专利公约》第52条第2款的构成要件是否满足[17]。界线划分的难点主要是涉及借助数据处理程序产生的问题的解决方案（参见本节Ⅲ b bb）。

Ⅱ. 技术之外的智力成果

a）发现、科学理论、数学方法

根据上述标准，首先可以否定发现的技术特征；发现（本身来讲）不包含有计划地、有目的、针对性的行为的原理，[18]而仅给出了可利用的认识（参见§11 Ⅱ）。这也同样适用于《专利法》第1条第3款第1项、《实用新型法》第1条第2款第1项及《欧洲专利公约》第52条第2款（a）项所规定的科学理论；其中可以像在发现中一样具有重要的智力成果；同样，它们也可以（如果其属于自然科学）促成发明，虽然它们比发现距离实际应用更加遥远。和［发现的］情况一样，科学理论之所以最终被排除在专利保护之外，是因为其对抽象的普遍性知识的有时间限制的垄断可能会起到阻碍发展的作用。[19]出于相同理由，虽然数学方法展示了行为指令，但也不能就其本身要求专利保护。

联邦专利法院[20]曾将一个由计算机支持的生产程序最优化的方法仅仅视为一个数学方法，其中目标大小和程序参数被输入和存储而后被放在一个数学映射中，该［映射］在自动安排的图表上产生投影并且对输入数据中的演算成为可能，所以对在上述图表中所选择的目标大小，所属参数可以被查明和被发送到［电脑］处理器进行处理。完全未解决的是，是否和在哪些方面［上

---

〔15〕　EPA T 22/85 und T 163/85（FN 14）；ähnlich EPA 6. 7. 1994 T 1002/92 Warteschlangensystem/Pettersson ABl. 1995，605，613.

〔16〕　EPA 15. 7. 1986 T 208/84 computerbezogene Erfindung/VICOM ABl. 1987，14，19（Nr. 7）；19. 3. 1992 T 854/90 Kartenleser/IBM ABl. 1993，669，675 f. 相反在《欧洲专利局审查指南》（C Ⅳ 2. 2）中强调，对是否存在第52条第1款意义上的发明的基础的审查，不能和工业实用性的审查相混淆。

〔17〕　EPA 15. 4. 1993 T 110/90 Editierbare Dokumentenform/IBM ABl. 1994，557，568；vgl. unten Ⅲ b bb 3.

〔18〕　Dies läßt König, GRUR 2001，577，581r. unberücksichtigt, wenn er meint, es gebe technische Entdeckungen. Zutreffend dagegen BPatG 20. 1. 2004 Kapazitätsberechnung GRUR 2004，851. Das Gebiet der Technik umschließt nicht die Erkenntnisse grundsätzlicher naturgesetzlicher Zusammenhänge, sondern umfasst lediglich die Anwendungen oder Umsetzungen dieser Erkenntnisse zu einem konkreten Zweck, nämlich als Lehre zum Handeln.

〔19〕　这里不是，像有学者（Nack，EPÜ – GK Art. 52 Rdnr. 208）所假设的一样，是关于"如果实际已被公开，申请不能再包含［相关内容］"。更准确地说，发现或科学理论即使在被完全公开的情况下，也不能就其本身请求保护。还没有能力给出利用发现或理论的实际行为指令的人，根本不能做任何事情，也不能要求发现或理论［保护］。这点上是存在误解的，参见 Nack aaO Rdnr. 214。

〔20〕　19. 6. 2001 SOM Ⅱ Mitt. 2002，76.

述方法］促成了一个具体的生产程序的最优化。上述方法不是以技术思考为基础。它的保护导致，无论一个任意生产方法的哪些关联内容被作为基础，一个以使用为导向的数学映射和计算方法，就计算机中的进程来说，都将被置于普遍保护之下。它的普遍适用性表明其抽象的、科学或数学的方法特征。

一个仅包含数学方法的陈述，并未说明具体技术问题的解决方法的原理，就像联邦专利法院[21]已判决的一样，如果［受保护的解决方法］被限定在技术体系内，那么［上述原理］同样不在技术领域内。

根据联邦专利法院另一个判决，如果专利申请限于由计算机支持的处理时，数学方法不能就其本身被提出要求，然而这在已有的关于缺乏技术特征的案例中［也］没有改变什么。[22]

b）美学的形式创造

美学的形式创造不是发明（《专利法》第 1 条第 3 款第 2 项、《实用新型法》第 1 条第 2 款第 2 项、《欧洲专利公约》第 52 条第 2 款（b）项）。以其为基础的智力成果不涉及技术领域。对其保护是著作权和外观设计权利的适用范围（参见 §2 Ⅱ c、Ⅲ）。另一方面，却只有美学设计本身被排除在专利保护之外（《专利法》第 1 条第 4 款、《实用新型法》第 1 条第 3 款、《欧洲专利公约》第 52 条第 3 款），并不包括其自身的技术问题解决办法，即借助这些方法可获得美学效果，如乐器更好的音调、颜色更大的亮度，[23]或者［也不包括］物体技术上有益的定型，其同时赋予物体一个讨人喜欢的外观。

c）非技术性的行为指令、信息媒介

1. 思想活动、游戏或者商业活动的计划、规则和方法，根据《专利法》第 1 条第 3 款第 3 项和第 4 款、《实用新型法》第 1 条第 2 款第 3 项和第 3 款及《欧洲专利公约》第 52 条第 2 款（c）和第 3 款，其本身不能被授予专利或通过实用新型得到保护，因为它们不被视为发明。然而它们和［发明］共同的地方是它们也给出了行为指令。［然而］重要的区别在于它们缺乏与可控制的自然力利用之间的关联并因此缺少技术特征。[24]它们指导了人类在没有对自然进程可控制的干涉的情况下可以实施的行为。[25]它们，就像人们常说的，仅仅是"人类精神的指引"。在它们的实现时被投入的人类智力活动，像联邦

---

〔21〕　30. 7. 2002 Fuzzy Clustering E 46，1.

〔22〕　BPatG 28. 9. 2004 Partitionsbaum GRUR 2005，1027，1030（Nr. 1. 2. 1 und 2. 2）.

〔23〕　Vgl. auch BGH 23. 11. 1965 Suppenrezept GRUR 1966，249；18. 5. 1967 Garagentor GRUR 1967，590；7. 10. 1971 Rauhreifkerze Mitt. 1972，235；3. 11. 1987 Kehlrinne BGHZ 102，118，127 f.

〔24〕　So schon *Kohler*，Handbuch，S. 106，111 ff.

〔25〕　BPatG 2. 7. 1998 Pflanzenanordnung GRUR 1999，414，416 l.

最高法院所强调的，不属于自然力，后者的利用是技术的特征；技术活动仅仅是存在于那些智力活动之外的、并借助［智力活动］被控制的自然力的使用[26]。虽然作为技术行为指令的发明还是要面向必须理解它和执行它的人类，但不仅限于此。它作为行为指令只有通过如下方式才能被实现，即人类变化地影响"现象世界"［和］"事物"[27]并且由此引发逻辑进程，［后者］在没有其他人类智力活动投入的情况下导致合乎发明的结果[28]。相反，非技术性的行为规则的遵守结果首先存在于人类的想象力被唤起，即存在于对"精神""思想""意识内容"世界的冲击中。[29]

2.（除了已经因为其抽象普遍性的特征而被排除在保护之外的数学方法（参见本节Ⅱa）），信息的复述也属于非技术性的行为指令。其涉及有关信息表达规则，其遵循只能产生想象。法律在发明概念中排除了［信息复述］并且禁止对它（本身）给予专利和实用新型保护（《专利法》第 1 条第 3 款第 4 项和第 4 款、《实用新型法》第 1 条第 2 款第 4 项和第 3 款及《欧洲专利公约》第 52 条第 2 款（d）和第 3 款）。[30]

此处，专利保护并非当方法或装置涉及信息复述时就已经被排除；更准确地说，如联邦最高法院所讲，其取决于被请求的方案是否包含利用技术手段服务于具体技术问题解决的指南。如果是这种情况，那么无关紧要的是即使专利申请针对方法成果的或被请求事项的信息特征。[31]联系法律的排除规定，这意味着在被请求的事项中只有当其缺失技术性特征时，才可以被视为信息复述本身。

3. 因为法律没有完全列举不能被视为发明的对象和活动，所以在所有情况下不是在法律中规定的众多事实之一的归类，而是技术性特征的缺失是决定

---

〔26〕 BGH 22. 6. 1976（FN 1）27. 人类智力活动是否能最终求助于化学生理过程，不是这里涉及的事情，参见 Kolle，GRUR 1978，60；类似观点参见 Zipse，Mitt. 1974，250；无论如何人类不能以像控制（也许：特别的）自然力一样的方式去控制其他人的智力活动，参见 BPatG 30. 10. 1975 E 18，170，174；Beyer，FS BPatG S. 208. 因此存疑的是，其是否真正需要由联邦最高法院所作出的限制。

〔27〕 BGH 22. 6. 1976（FN 1）32；Bernhardt，S. 26；BPatG 22. 10. 1963 Mitt. 1964，97，99；15. 1. 1965 E 6，145，147.

〔28〕 某个进程并非因此就不是技术性的，因为它在过程中被投入了人类行为，参见 BGH 20. 11. 2001 Gegensprechanlage Mitt. 2002，176（zu BPatG 7. 12. 1999 E 42，157）；BPatG 28. 11. 1995 E 36，77（halbautomatische computergestützte Einparkhilfe）；29. 4. 2002 Elektronischer Zahlungsverkehr Mitt. 2002，275；EPA T 1002/92（FN 15）615.

〔29〕 参见 BGH，BPatG，Bernhardt（jeweils FN 27）.

〔30〕 明确的、信息复述的论述归根于《专利合作条约实施细则》第 39. 1 条（v），其中［信息复述］尤其针对图形、表格和文字整理，参见 Schulte/Moufang § 1 Rdnr. 180。

〔31〕 BGH 19. 5. 2005 Aufzeichnungsträger GRUR 2005，749，752 r.

性的。[32]在下列源于非技术性的行为规则和信息复述领域的例子中，因此放弃了相关归类的尝试。

根据上述标准，不是发明的有：简便计算表、速记、音乐符号或模拟语言、会计规则、培训或宣传方法、心理测试规则[33]、地址簿中说明的整理和分配、广播节目及诸如此类的［节目］、交通工具的行驶时刻表、建筑规划、法律行为表示的范例（如企业家遗嘱、许可合同）、有利地，尤其是少纳税地构建法律关系的建议（如不动产持有模式）。同样适用于借助指纹的人物识别规则，虽然技术性的发明可以被用于这些印记的确定或可视化的方法或装置中。[34]

4. 在德国判决中不被视为发明的有：

—— 在书的正文中如此添加广告以至于其广告特征不被发觉的建议。[35]

—— 为登记的实施通过曲线和文字而被相互区分的彩票或选票。[36]

—— 在样品板上的窗帘和地毯的颜色上相互协调的样品的编排。[37]

—— 将工作表分割成水平的行和不同颜色的列。[38]

—— 在教育游戏中，图片连接起来的小板块的构造，其使认出错误组合和由此发现正确答案变得困难。[39]

—— 为了使无需打开笔记本就能识别［里面的］画线，将练习本的封面像内页一样画线的方案。[40]

—— 给信笺抬头配上额外的发信人的地址和信息印记，由此收信人可以通过折叠抬头，在回信时加以利用。[41]

—— 为区分不同的标准体系，在插座上［添加］与插头相符的彩色标记。[42]

—— 借助植物排列的空间结构，可视化展示色调次序的和谐结构：有关

〔32〕 根据法庭的观点，所申请的对象既不涉及一个纯粹思想上的，也不涉及一个纯粹商业活动，其技术性特征被否定，参见 EPA T 619/02（FN 14）；Zum Sachverhalt s. unten bei FN 58。

〔33〕 *Troller*, Immaterialgüterrecht, Bd. I, S. 150；vgl. auch EPA T 619/02（FN 32）。

〔34〕 Vgl. Bernhardt, S. 29.

〔35〕 DPA 2. 3. 1954 GRUR 1955, 35.

〔36〕 BGH 21. 3. 1958 Wettschein GRUR 1958, 602.

〔37〕 BPatG 23. 5. 1973 E 15, 184.

〔38〕 BGH 18. 3. 1975 Buchungsblatt GRUR 1975, 549 在明确拒绝一些德国专利局先前的决定认为的、已被学者（*Bernhardt*, S. 29）批评的情况下，可被区分的是无受保护特征的"纯粹精神的"所谓"机械的精神"指南，它们可能是技术性保护权利的客体；vgl. auch *Benkard/Bruchhausen*, 9. Aufl. , §1 PatG Rdnr. 47.

〔39〕 BPatG 30. 10. 1975 E 18, 170；aufgegeben in BPatG 17. 12. 1997 Doppelmotivkarte Bl. f. PMZ 2000, 55, 57 l. ; s. unten bei FN 49.

〔40〕 BPatG 12. 5. 1977 E 20, 47.

〔41〕 BPatG 10. 5. 1973 E 15, 166.

〔42〕 DPA 30. 3. 1955 Mitt. 1956, 17.

计划的和形成的行为说明，此处仅针对人类的智力活动并且属美学形式成果的范围；它和一个与普通音符背离的、可视化的声音记录没有区别；在园艺布置中使用的技术手段不是问题解决办法的组成部分。[43]

相反下列建议被视为技术性的：

—— 在没有妨碍可读性的前提下，这样来设计排版，使它的印记通过机器扫描直接对编码产生相应的脉冲。[44]

—— 通过如下方式保证电子数据处理磁盘组在运行过程中，即组转动过程中内容上的可识别性，即在其保护片上安上彩色的标记：这个安排同时也涉及组的建设性布置，虽然彩色标记所属的内涵可能不具有受保护特征。[45]该判决显示，信息媒介本身要和设备[46]（如信号装置、测量工具、无线电设备）以及方法相区别，借助后者［信息媒介］被运行。相应地，同样可以在测量上对可成为客体的构成与其内涵之间进行区分；发明可能涉及测量载体的材料和形式、标记的构成和颜色、它们距离的大小和合规律性；单独标记的任意被确定的含义，相反则无技术性特征。[47]

—— 在借助灯光片段可显示文字和数字或字母广告屏幕的部分区域上，安装自动粘贴的、透光的、透过去的光［会产生］不同颜色的聚氯乙烯薄片：使广告屏幕不同的区域明显地可区分的目的与技术领域属性不矛盾。直接的技术成果是被有区别地着色的广告屏幕区域；也许通过不同的颜色可以被明确的主旨不在（这里指受实用新型）保护的构造范围内。[48]

—— 在风景明信片上开出一个窗口，其可以通过由使用者所选的个人照片主题的部分被填充。[49]

—— 以特定方式具体地设计原子或分子结构的图解模型，比如为了教学使用的目的，［此时］即使［模型］结构是以在申请中被描述的、核以及原子物理的参数理论模型为基础。[50]

---

〔43〕 BPatG 2. 7. 1998 Pflanzenanordnung GRUR 1999，414，416.

〔44〕 BGH 23. 3. 1965 Typensatz GRUR 1965，533.

〔45〕 BGH 1. 7. 1976 Kennungsscheibe GRUR 1977，152.

〔46〕 Hierzu auch BPatG 13. 7. 1973 Transport – und Anzeigevorrichtung E 15，175.

〔47〕 BPatG 22. 10. 1963 Mitt. 1964，97，99 r.；15. 1. 1965 E 6，145，147；13. 7. 1973 E 15，175，178；在为转账业务［设计］的"分批交易成套表格"情况下，技术性和非技术性的构成因素的区分，参见 BPatG 17. 3. 1977 E 20，29。

〔48〕 BGH 10. 5. 1984 Anzeigevorrichtung Bl. f. PMZ 1985，117.

〔49〕 BPatG 17. 12. 1997（FN 39）.

〔50〕 这样的申请对象无论如何也不能根据《专利法》第 42 条第 2 款作为明显非技术性的而被驳回，参见 BPatG 12. 11. 1998 Kernmechanisches Modell E 40，254。

—— 拥有多个在车辆行驶方向上连续分支道岔的轨道系统，在没有投入人类的智力活动而自动运行，以至于最新车次的提前监管在其后车次［到来］之前得到保障并且使错误行驶得以避免；这种流程的技术性特征不会因为单个的流程步骤可以借助人类智力活动得以实施的、被排除的可能性而成问题。[51]

—— 在个别测量值的评估程序情况下，（a）在测量值评估前附加一个数据，它为任一测量值从测量结果的其他测量值中被推导出来并且表明所有测量值的共同特征；（b）确定该数据和来源于个别测量值结果的链的长度标准；以及（c）对测量值作相应排列并且在这个基础上去平均和记录。通过"个别测量值的评估"的目的说明，所申请的方案内容上涉及物理学的、技术性的标准；在程序使用前，个别测量值结果的非已知结构及其因此所隐藏的技术性联系可能不会被明确和描述。[52]

5. 在欧洲专利局申诉庭，因缺乏技术特征而被视为不可专利的有：

—— 在一个对象尤其是声音存储介质上设置一个加密标记、给对象配置特征值和通过特征值加密建立的标记的方案：它可以被人们以任意方式执行并且不以利用技术手段为前提；针对上述表述对其实施无需技术手段的专利申请，属于根据《欧洲专利公约》第52条第2款、第3款规定不被视为第52条第1款意义上的专利的方法。[53]

—— 对唱片外膜使用明亮颜色代替黑色的建议：仅获取了美学的、非技术性的作用；就此而言其同样适用于，当在浅颜色外膜上的手指印比在黑色上的不是那么显眼，以及不同颜色的使用使根据颜色的唱片整理成为可能。[54]

—— 为键盘乐器装上数字和字母的方案，从其中可以得知按键在十二音和七音体系中都与那些音调相符并因此减轻了演奏学习的困难：它的内容不是为解决技术任务而利用技术手段，而仅仅是改善了作为智力活动程序的学习方法。[55]

—— 为无人自动售货机［而使用的］尤其是银行的可机读卡片的生产、保管和操作费用通过下列方法减少的建议，据此当不同自动售货机设置者的一个卡片被识别为有效后，那么用同一张卡片，所有该设置者的自动售货机都可以被操作：这个方法更确切些是商业方法本身，而不是技术方法。[56]

---

〔51〕 BPatG 12. 11. 1998 Grenzzeichenfreie Räumung E 40, 250.

〔52〕 BPatG 11. 7. 2006 GRUR 2007, 133, 135.

〔53〕 EPA T 51/84 (FN 14).

〔54〕 EPA T 119/88 (FN 14)；krit. Benkard/Bacher/Melullis，§1 PatG Rdnr. 100 a.

〔55〕 EPA T 603/89 (FN 14).

〔56〕 EPA T 854/90 (FN 16)；krit. Benkard/Bacher/Melullis，§1 PatG Rdnr. 103 b.

    —— 借助使成功投递成为可能的信息搜寻方案的、一个有关邮递无法送达消息的、发送方处理程序，此处在申请中，没有为信息的获得和传送目的的技术手段被说明：它是关于商业活动本身，即使在其实施过程中技术手段的利用是可能的。[57]

    —— 一个激发兴趣的感官试验，其中使一个或大量的受试者接受气味和同步地视觉或听觉上的目标或促进刺激，并且根据受试者的反应而挑选一种气味，特别是为在香水产品中使用，从中［人们］期待基于该试验［获得］对以这种方式被提供的产品的更好的商机：构成被申请的方法基础的、即发生在受试者身上的机制不属于下列机制，即在同等或类推情况下，以普遍相同或相似的结果和客观可证实性及可靠性的程度，能够被重复，这是技术性机制普遍特有的。[58]

    相反对于以下［情况］，从《欧洲专利公约》第 52 条第 2 款、第 3 款中推导出可专利的阻碍被否定：

    —— 电视信号，系统的技术特性是其典型特征，［系统中电视信号］被产生或接收：这样的信号是一种可通过技术手段直接被确认的，尽管其具有易变的特性，但不能被视为抽象［的事物］的物理事实。[59]

    —— 一个为与阅读器联合使用的、特定的数据载体，其带有关于被加密的影像行、行号和地址的功能数据，这些［数据］显示了内在的（影像检索）系统的技术特征，在这个系统中数据载体被使用：这里不是关于信息复述本身。[60]

    —— 换挡指示灯，其在车辆中既显示刚被换入［挡位］，也显示基于有关行驶情况自动信号的评估而确定的变速箱当时的最佳挡位[61]。

Ⅲ. 计算机程序

    参考文献：（s. auch die Angaben vor § 10）：*Albrecht*, F., Technizität und Patentier-barkeit von Computerprogrammen, CR 1998, 694 – 698; *Anders*, W., Wie viel technisch-en Charakter braucht eine computerimplementierte Geschäftsmethode, um auf erfinderischer

---

[57]　EPA T 388/04 (FN 14).

[58]　EPA T 619/02 (FN 32) (Nr. 2. 3, insb. 2. 3. 2)；然而被视为技术性的是同样被申请的、利用根据一个试验程序而选出的气味的香味产品的生产方法；但因为缺乏基于创造性活动，该申请同样就此而言被驳回，因为在这个要求的审查中，仅仅是考虑申请对象技术性特征，作为非熟知可能的特征也许是非技术性的（Nr. 4）。体系上更加协调的可能是，同样否定生产方法的技术性特征，因为根据申请的内容［并］考虑到其中作为前提条件的、现有技术水平所导致的任务，即更好地针对"顾客心理"，［该任务］是非技术性的（该判决在 Nr. 4. 2. 1 中，最终确认了这一点）。

[59]　EPA T 163/85 (FN 14) 382 f.

[60]　EPA 15. 3. 2000 T 1194/97 Datenstrukturprodukt/Philips ABl. 2000, 525.

[61]　EPA 13. 10. 1992 T 362/90 Mitt. 1994, 126.

Tätigkeit zu beruhen?, GRUR 2001, 555 – 560; *ders.*, Die Patentierbarkeit von Computer-programmen und Geschäftsmethoden, ABl. EPA 2001, Sonderausg. 2, 130 – 148; *ders.*, Erfindungsgegenstand mit technischen und nichttechnischen Merkmalen, GRUR 2004, 461 – 468; *ders.*, Patentierbarkeit computerimplementierter Erfindungen nach der deutschen Rechtsprechung, ABlEPA 2005 Sonderausgabe, S. 92 – 107; *Basinski et al.*, Patentschutz für softwarebezogene Erfindungen, GRUR Int. 2007, 44 – 51; *Betten*, *J./Körber*, A., Patentierung von Computer – Software, GRUR Int. 1997, 118 – 121; Beyer, H., Der Begriff der Information als Grundlage für die Beurteilung des technischen Charakters von programmbezogenen Erfindungen, GRUR 1990, 399 – 410; *Blind*, *K./Edler*, *J.*, Ökonomische Teilstudie, in: Max – Planck – Institut für ausländisches und internationales Patent –, Urheber – und Wettbewerbsrecht (MPI) /Fraunhofer – Institut für Systemtechnik und Innovationsforschung (Fraunhofer ISI), Mikro – und makroökonomische Implikationen der Patentierbarkeit von Softwareinnovationen: Geistige Eigentumsrechte in der Informationstechnologie im Spannungsfeld von Wettbewerb und Innovation, Karlsruhe 2001, S. 13 – 177; *Bodenburg*, S., Softwarepatente in Deutschland und der EU, 2006; *Busche*, *J.*, Der Schutz von Computerprogrammen – Eine Ordnungsaufgabe für Urheberrecht und Patentrecht? Mitt. 2000, 164 – 173; *Dogan*, *F.*, Patentrechtlicher Schutz von Computerprogrammen, 2005; *Esslinger*, *A./Betten*, *J.*, Patentschutz im Internet, CR 2000, 18 – 22; Europäisches Patentamt, Prüfung computerimplementierter Erfindungen, ABl. EPA 2007, 594 – 600; *Gall*, *G.*, Computerprogramme und Patentschutz, Mitt. 1985, 181 – 186; *Goebel*, *F. P.*, Technizität – zum Patentschutz für programmbezogene Erfindungen nach der jüngeren deutschen Erteilungs – und Entscheidungspraxis, FS Nirk, 1992, S. 357 – 378; *Haase*, *H.*, Die Patentierbarkeit von Computersoftware. Eine Untersuchung unter juristischen und wirtschaftlichen Aspekten, 2003; *v. Hellfeld*, *A.*, Der Schutz von Computerprogramme enthaltenden Erfindungen durch das Europäische und das Deutsche Patentamt, GRUR 1985, 1025 – 1032; *Hilty*, *R. M./ Geiger*, *C.*, Patenting Software? A Judicial and Socio – Economic Analysis, 36 II C 615 – 646 (2005); Horns, A. H., Anmerkungen zu begrifflichen Fragen des Softwareschutzes, GRUR 2001, 1 – 16; *Keukenschrijver*, *A.*, Sind bei der Beurteilung der erfinderischen Tätigkeit sämtliche Merkmale im Patentanspruch gleichermaßen zu berücksichtigen? FS König, 2003, S. 255 – 266; *Kiesewetter – Köbinger*, *S.*, Über die Patentprüfung von Programmen für Datenverarbeitungsanlagen, GRUR 2001, 185 – 193; *Klopmeier*, *F.*, Zur Technizität von Software, Mitt. 2002, 65 – 70; *König*, *R.*, Patentfähige Datenverarbeitungsprogramme – ein Widerspruch in sich, GRUR 2001, 577 – 584; *Kolle*, *G.*, Der Rechtsschutz von Computerprogrammen aus nationaler und internationaler Sicht, GRUR 1973, 611 – 620 und 1974, 7 – 20; *ders.*, Schutz der Computerprogramme, GRUR Int. 1974, 129 – 132, 448 – 451; *ders.*, Der Rechtsschutz der Computersoftware in der Bundesrepublik Deutschland, GRUR 1982, 443 – 461; *Kraßer*, *R.*, Der Schutz von Computerprogrammen nach deutschem Patentrecht, in: Lehmann, M. (Hrsg.), Rechtsschutz und Verwertung von Computerprogrammen, 2. Aufl. 1993, S. 221 – 278; *ders.* , Der Schutz von Computerprogrammen nach europäischem Patentrecht, aaO S. 279 – 317; *Laub, C.* , Patentfähigkeit von Softwareerfindungen: Rechtliche Standards in Europa und in den USA und deren Bedeutung für den internationalen Anmelder, GRUR Int. 2006, 629 – 640; *Melullis, K. – J.* , Zur Patentfähigkeit von Programmen für Datenverarbeitungsanlagen, GRUR 1998, 843 – 853; *ders.* , Zum Patentschutz für Computerprogramme, FS Erdmann, 2002, S. 401 – 423; *Moufang, R.* , Softwarebezogene Erfindungen im Patentrecht, FS Kolle/Stauder, 2005, S. 225 – 250; *Nack, R.* , Sind jetzt computerimplementierte Geschäftsmethoden patentfähig?, GRUR Int. 2000, 853 – 858; *ders.* , Getrennte Welten? – Die volkswirtschaftliche und die juristische Diskussion um Software – Patente, FS König, 2003, S. 359 – 377; *Nack, R. / Straus, J.* , Juristische Teilstudie, in: MPI/Fraunhofer ISI (s. bei Blind/Edler), S. 119 – 222; *Ohly, A.* , Software und Geschäftsmethoden im Patentrecht, CR 2001, 809 – 817; *Perlzweig, D.* , Die Patentwürdigkeit von Datenverarbeitungsprogrammen, 2003; *Pfeiffer, A.* , Zur Diskussion der Softwareregelungen im Patentrecht, GRUR 2003, 581 – 587; *Pierson, M.* , Der Schutz der Programme für die Datenverarbeitung im System des Immaterialgüterrechts, 1991; Pila, J. , Dispute over the Meaning of „Invention" in Art. 52 (2) EPC – The Patentability of Computer – Implemented Inventions in Europe, 36 Ⅱ C 173 – 191 (2005); *Preuß, I. N.* , Der Rechtsschutz von Computerprogrammen unter besonderer Berücksichtigung der Systematik des Immaterialgüterrechts, Diss. Erlangen – Nürnberg 1987; *van Raden, L.* , Die Informatische Taube. Überlegungen zur Patentfähigkeit informationsbezogener Erfindungen, GRUR 1995, 451 – 458; *Schiuma, D.* , TRIPS und das Patentierungsverbot von Software „ als solcher ", GRUR Int. 1998, 852 – 858; *Schmidtchen, J.* , Zur Patentfähigkeit und Patentwürdigkeit von Computerprogrammen und von programmbezogenen Lehren, Mitt. 1999, 281 – 294; *Schölch, G.* , Softwarepatente ohne Grenzen, GRUR 2001, 16 – 21; *ders.* , Patentschutz für computergestützte Entwurfsmethoden – ein Kulturbruch?, GRUR 2006, 969 – 976; *Sedlmaier, R.* , Die Patentierbarkeit von Computerprogrammen und ihre Folgeprobleme, 2004; *Tauchert, W.* , Patentschutz für Computerprogramme – Sachstand und neue Entwicklungen, GRUR 1999, 829 – 833; ders. , Grundlagen und aktuelle Entwicklungen bei der Patentierung von Computerprogrammen, FS König, 2003, S. 481 – 509; *Teufel, F.* , Patentschutz für Software im amerikanisch – europäischen Vergleich, in: Fiedler/Ullrich (Hrsg.), Information als Wirtschaftsgut, 1997, S. 183 – 212; *ders.* , Patentschutz für Software – auch ein Jubilar, FS VPP, 2005, S. 608 – 628; *ders.* , Freie Software, Offene Innovation und Schutzrechte, Mitt. 2007, 341 – 352; *Troller, A.* , Der urheberrechtliche Schutz von Inhalt und Form der Computerprogramme, CR 1987, 213 – 218, 278 – 284, 352 – 358; *Vendt, S.* , Die Patentierbarkeit internetbasierter Geschäftsmethoden, 2005; *Weyand, J. /Haase, H.* , Anforderungen an einen Patentschutz für Computerprogramme,

GRUR 2006, 198 – 204; *dies.*, Patenting Computer Programs: New Challenges, 36 ⅡC 647 – 663; *Wiebe, A.*, Information als Naturkraft – Immaterialgüterrecht in der Informationsgesellschaft, GRUR 1994, 233 – 246; *ders.*, Softwarepatente und Open Source, CR 2004, 881 – 888; *Wimmer – Leonhardt, S.*, Softwarepatente – eine „Never – Ending Story", WRP 2007, 273 – 281; *Zirn, F.*, Softwareschutz zwischen Urheberrecht und Patentrecht. Aktuelle Entwicklungen vor historischem Hintergrund und internationalem Zusammenhang, 2004.

a）排除性规定的产生

1. 在通过排除特定的对象和活动使发明的概念具体化的法律规定中（参见本节Ⅰa），也明确规定了数据处理设备的程序（计算机程序）。将其包含在非发明典型目录中，在先前的《欧洲专利公约》[62] 准备阶段就已经实现，其借鉴的是《专利合作条约实施细则》[63]第39条第1款（ⅵ）和第67条第1款（ⅵ），并且被从《欧洲专利公约》引入到《专利法》，后者在1990年改革时被吸收到《实用新型法》中。从对国际调查和以计算机程序为对象的申请的事前审查主管机关义务出发，如果各个机关没有为此具有［足够］能力的时候，即为这些程序实施有关现有技术水平的调查或审查，上述规定就此而言安排了一个例外［情况］。它们和当时担心［会出现］由于软件领域的审查［而导致的］美国专利商标局负担过重［的情况］有关。[64]这表明通过将计算机程序列入非发明的名单中，最重要的是会避免欧洲专利局［进行］可能还没有具备足够能力进行的调查和审查。另外，因为那个时候与计算机，即"硬件"相比，"计算机软件"[65]还处于次要地位，主要的行业——在美国也一样——还没有急切的利益去要求相关［软件］的保护，这也产生了一定的影响。［当时］还没有明确计算机程序是否真正地适合专利法或者更准确地说著作权法的保护或者需要单独（*sui generis*）保护，这种状况可能同样［对上述安排］具有意义。由于这些原因，可以理解的是，1968年的法国专利法已经含有类似的排除规定。[66]然而在《欧洲专利公约》的准备阶段也表达了判断和计算机程序有关发明的、可能的可专利性，应留给判决［决定］。[67]

2. 随着计算机技术的发展，其使销售具有高效能的设备成为可能，［这些

---

［62］ Nack/Straus, Nr. 179ff.; Nack, Erfindung, S. 265 f. und EPÜ – GK Art. 52 Rdnr. 26 – 31.

［63］ Vgl. Schar, Mitt. 1998, 333; Schmidtchen, Mitt. 1999, 282.

［64］ S. *Maier/Mattson*, GRUR Int. 2001, 678.

［65］ Zu diesem Begriff *Kolle*, GRUR 1982, 444; *Kindermann*, GRUR 1983, 150 f.; *Becker/Horn*, DB 1985, 1274; *Zirn*, S. 10 ff.

［66］ Art. 7 Abs. 2 Nr. 3; dazu *Jonquères*, GRUR Int. 1987, 465, 466 f.

［67］ *Schar*, Mitt. 1998, 333 m. Nachw.

设备的］商业、职业和私人使用已进入广阔领域，出于不同目的，对相应更有效的程序的需求也随之增长，并因此软件在与硬件对比中的经济意义随之增加。[68]在 20 世纪 70 年代末因此已经提出对相应保护的需求。计算机程序首先基于著作权的、偶尔也基于专利法的根据寻求［保护］。

1977 年，世界知识产权组织的国际办公室公布了对计算机软件保护的样板规定。[69]主要是按著作权的［思路进行］设计。1991 年，欧共体理事会有关计算机程序法律保护指令颁布，它给成员国一个著作权保护方案。该指令在德国通过相应的《著作权法》的补充——特别是其第 69a～69g 条——被转化。虽然在这个基础上，计算机程序在容易满足的实体前提条件下，被给予了一个高效的、无形式和成本的、特别长期的保护（参见 § 2 Ⅱ b bb），但利用计算机程序的问题解决方案已经或将大量地为［获得］专利保护而被申请。[70]欧洲专利局已经在许多这样的案件中授予了专利[71]并且为避免和法律上的排除规定产生冲突，将必须满足的必要条件减至最低（参见本节 Ⅲ b）[72]。在最开始［比较］保守的德国实践也已向这个方向靠拢（参见本节 Ⅲ c）。2002 年，欧洲委员会公布了一个有关计算机应用发明的可专利性的指令的建议，其很大程度上遵照了欧洲专利局的裁决。[73]

b）欧洲专利局的实践

aa）审查指南

1985 年，欧洲专利局的审查指南被修正，其目的是以如下方式限定为计

---

〔68〕　*Kolle*, GRUR 1973, 612; *Ulmer/Kolle*, GRUR Int. 1982, 489; Einführung zu den Mustervor-schriften des Internationalen Büros der WIPO für den Schutz von Computersoftware, GRUR Int. 1978, 286 ff.; Begründung zum Richtlinienvorschlag (unten FN 73) S. 2; Denkschrift der Deutschen Vereinigung für gewerbli-chen Rechtsschutz und Urheberrecht, GRUR 1979, 301; *Reichel*, Mitt. 1981, 69; *Teufel*, S. 185 ff.; *Schiu-ma*, GRUR Int. 1998, 852; *Melullis*, GRUR 1998, 843; *Dogan*, S. 26 ff. mwN.

〔69〕　GRUR Int. 1978, 290.

〔70〕　德国专利商标局在数据处理领域，每年收到大约 1500 件审查申请。根据欧洲专利局的年报，在数据申请领域的欧洲申请数量为：2004 年 8134 件，2005 年 8708 件，2006 年 8969 件，参见 *Tauchert*, GRUR 1999, 830。

〔71〕　根据 1994 年年报第 14 页，当时已经对与软件有关的发明授予了超过 11000 件专利，参见 *Howard*, CRi 2002, 97 und *Röttinger*, CR 2002, 616, 617。到 2002 年，大约有 30000 件；根据指令建议的立法理由的统计（unten FN73），第 2 页，是 20000 件。在数据处理领域的申请数量，根据欧洲专利局的年报，2004 年是 8134 件，2005 年是 8707 件，而 2006 年是 8969 件。

〔72〕　根据 1994 年年报，如上，截至这个时间点，仅有少于 100 件案件因为缺乏技术特征而被拒绝保护。

〔73〕　Vorschlag für eine Richtlinie des Europäischen Parlaments und des Rates über die Patentierbarkeit computerimplementierter Erfindungen, KOM (2002) 92 vom 20. 2. 2002 ABlEG C 2002/151 E v. 25. 6. 2002, 129; dazu oben § 7 Ⅱ d bb 3.

算机程序订立的排除规定的适用范围，即明确欧洲专利法在这个领域同样不会对新技术发展拒绝保护[74]。据此，客体在整体上提供的、对现有技术水平贡献的技术特征，作为对其可以被视为发明的前提条件而被强调（参见《欧洲专利局审查指南》C Ⅳ 2.3）。这已经通过举例来加以解释。指南的进一步发展遵循着申诉庭的裁决。

bb）申诉庭的裁断

如果它们作为整体显示了技术特征，使用计算机的问题解决方案没有被排除在专利保护之外，这也在欧洲专利局申诉庭两个重要裁决中被承认（下文第1点）。进一步的裁决接着在这方面关注个案中技术特征的审查（下文第2点），其中有时候也说明了其他观点（下文第3点）。后来的判决显示了在技术特征承认［问题］上不断增加的宽容性（下文第4~8点）。

1. 根据申诉庭的观点，《欧洲专利公约》第52条第2款、第3款所推导出的阻碍和数字图片处理的方法的专利授予之间并不矛盾，与已知方法相比其特殊方案显著地减少了运算成本[75]：针对控制程序进行的技术方法的请求不能被视为计算机程序请求本身。起决定性作用的是，在请求中被解释的发明整体上为现有技术水平提供了哪些贡献。同样一个针对为技术方法合乎程序的控制和执行而准备的计算机程序的请求，也和针对计算机程序本身的请求无关，并不能根据《欧洲专利公约》第52条第2款、第3款被提出异议。

在一个X光装置上，借助程序，电子管可以这样被控制，即根据参数优先性关系，在有效的安全性前提下，在电子管负担过重之前得到最佳的曝光，无论［该装置］在没有这个程序的情况下是否属于现有技术水平，在指出［该装置］中的程序产生了技术作用时，［因此］它被视为《欧洲专利公约》第52条第1款意义上的发明[76]。然而这些作用在数据处理装置的开关状态的改变中并不存在。另一方面——与当时的联邦最高法院的判决不同（参见本节Ⅲ c aa）——对于一个发明是否属于技术领域的问题［的回答］，不是基于其核心属于哪个领域，而是基于对发明整体上的评价。《欧洲专利公约》并不禁止对由技术和非技术手段混合构成的发明授予专利；同样，技术和非技术性的特征间的衡量也没有被提出；在申请中被解释的发明利用了技术手段，这已满足条件。

2. 另外，被视为具有技术性的有：

—— 借助计算机和特定的在内存中含有的表格而产生作用的、状态的自

---

〔74〕 Vgl. *Kraßer*, S. 286 Rdnr. 15 ff., und zum Inhalt der Richtlinien S. 290 ff. Rdnr. 22 ff.

〔75〕 EPA 15. 7. 1986 T 208/84 computerbezogene Erfindung/VICOM ABl. 1987, 14.

〔76〕 EPA 21. 5. 1987 T 26/86 Röntgeneinrichtung/Koch & Sterzel ABl. 1988, 19.

动显示，［这些状态］在装置或系统中显示。[77]

—— 程序和数据间的内部通信的协调和控制方案，它在和大量的相互间关联的处理器的数据处理程序中，在不同的处理器中被运行[78]：它涉及——与数据的形式和特定使用程序如何对数据产生作用的形式和方法无关——处理器和传输装置的内部工作方式。

—— 存储和传输方法，其中通过将连续数据元素整合至群，它们存储和整理得出冗余并且通过冗余数据结果的压缩和解压缩减少了电子传输和存储的成本。[79]

—— 在文本中包含的、对特定文本编辑系统适合的控制命令转换方法，［通过转换使这些命令同样也］适合于其他数据处理系统[80]：上述转换主要涉及控制命令和文本非语言的内容；最终目的是在硬件，如打印机上［实现］技术程序的控制；该方法不仅提供了一个语言学的，还［提供了］一个技术的、对现有技术水平的贡献并且获得了技术效果；因为申请对象整体上具有技术特征，可以忽略的是"衡量"技术和非技术特征或者仅仅考虑发明的"核心"。

—— 借助多处理器或工作站计算机的电子文档分配系统，其中被传输的数据除了文档内容还包含它们的进一步处理命令，［这些命令］是为了应对以下情况，即不能由一个处理器执行的命令被存储在一个存储器上，并且在向另一个处理器传送数据流时可以被重新调用，也就是说，可避免信息丢失。[81]

—— 带有下令功能的计算机，以菜单为基础的输入系统和单词及句子部分连同它们的语法分类的和语法规则的存储装置，［以及］为了产生句子可能后续［部分］选择的菜单，对被输入的单词和句子部分的连续分析的装置和［带有］将被分析过的整句翻译成能够通过计算机执行的命令的装置[82]：显然是针对上述计算机的申请并不针对信息复述本身、思维活动本身或数据处理装置程序本身。对现有技术水平的贡献在于分析装置的技术效果。在产生显示可能的句子续写选择的菜单中，计算机内部的工作方式与传统的［方式］不符并因此被视为具有技术性的。因为一个被分析的整句被翻译成能够由计算机执行的命令，句子的输入（和为编辑目的的文本输入不同）具有技术效果。

---

〔77〕 EPA 5. 9. 1989 T 115/85 computerbezogene Erfindung/IBM ABl. 1990，30.

〔78〕 EPA 6. 10. 1988 T 6/83 Datenprozessornetz/IBM ABl. 1990，5；vergleichbar：EPA 23. 2. 2006 T 424/03 Clipboardformate/Microsoft GRUR Int. 2006，851：在归入到现存文档时，数据格式的自动变换。

〔79〕 EPA 26. 4. 1991 T 107/87 CR 1993，26.

〔80〕 EPA 15. 4. 1993 T 110/90 Editierbare Dokumentenform/IBM ABl. 1994，557.

〔81〕 EPA 21. 9. 1993 T 71/91 CR 1995，205.

〔82〕 EPA 16. 4. 1993 T 236/91 CR 1995，214.

技术特征被否定的情形：

—— 文档概述、概要存储及其检索的方法[83]：对现有技术水平的贡献在于为一个主要根据管理标准进行的信息检索程序提供框架。而这将借助于传统的计算机硬件部分实现，因此被申请的对象整体上没有给出技术特征。它也没有定义计算机新的运行方式。被处理的信号也没有像"Ⅵ – COM"案（见上文第 1 点）中一样改变了一个物理现象，而只是重复给出了文档的信息内容。

—— 自动识别和语言表达替代的方法，[这个替代]根据一个数据清单，位于模拟的可理解性水平之上[84]：被存储的信息属单纯抽象的、语言上的本质；该方法的整体效果是非技术性的，因为它仅通过一个语言表达信号替换了其他的[语言表达信号]，二者在技术上没有分别。同时对实施该方法的设备的实体请求也不能满足[条件]，因为该设备不是从物理结构上，而仅是通过与方法步骤相符的功能说明被定义。

—— [自动生成正确形式的方法]，即其为那些根据它们在某个单词中出现的不同位置应在不同形式上被使用的——比如阿拉伯语的——字符，自动生成相应正确的形式，如果在进一步书录时原来所表达的是错误的[85]：被引起交换的数据之间，从技术角度讲没有区别；大多数时候，它们的处理改善了读者（精神上的）可理解性，但并没有导致数据装置的物理工作方式的改变，类似的如提高显示像素的亮度或图片放大。

3. 一些判决在技术特征的审查之外或与之相联系增添了其他的考量。如此被要求的是申请对象对现有技术水平的贡献[需]在可专利性没有排除的领域之内。[86]偶尔也会要求以创造性活动为基础的贡献需在这样的范围内[87]，有时甚至将[具有]申请对象的、在被排除范围外的或非技术性的方案的知识强加给专业人士。[88]另一些判决却强调，应该首先审查申请对象是否是《欧洲专利公约》第 52 条第 1 款意义上的发明；即使这个[问题]被肯定，还需[解决]另外的、独立的问题，即它是否显示了一个创造性的活动。[89]最近的判决好像更倾向于在大范围上准许对技术特征的肯定，并且进行了必要限制，因此，在进行审查时，对创造性活动仅考虑申请对象的技术性内容（参见下

[83] EPA 5. 10. 1988 T 22/85 Zusammenfassen und Wiederauffinden von Dokumenten/IBM ABl. 1990, 12.

[84] EPA 14. 2. 1989 T 38/86 Textverarbeitung/IBM ABl. 1990, 384.

[85] EPA 12. 12. 1989 T 158/88 Schriftzeichenform/Siemens ABl. 1991, 566.

[86] EPA T 110/90 (FN 80) 568.

[87] EPA T 236/91 (FN 82) 217 (Nr. 6. 1); T 38/86 (FN 84) 391 f. (Nr. 13).

[88] EPA T 38/86 aaO.

[89] EPA T 1002/92 Warteschlangensystem/Pettersson ABl. 1995, 605, 612 f.

文第 7 点、第 8 点）。

同样作为对技术特征否定的理由也被提出的是在申请中计划的方法步骤由一个没有技术辅助手段的人，仅通过知识和判断能力的利用就可以实施[90]。因为计算机程序本身是非可专利的，在某些案件中将单独审查申请对象是否符合［上述情况］[91]；这个问题最终被否定，因为［申请对象］可被视为具有技术性的。

4. 通过承认以下的可能性，即技术性特征源于其发现需要技术性的思考，利用计算机程序的问题解决方案进入专利保护［范围的难度］被减轻。对于一个相互独立的管理任务的多种形式检测的计算机程序及其相应的方法，从《欧洲专利公约》第 52 条第 2 款、第 3 款中推导出的可专利性的阻碍被否定，其理由在于相关授予专利禁令不仅不适用于当在之前判例的意义上对现有水平的贡献可以在技术任务或效果上被解释的情况，同样也不适用于当对发明实施的细节需要技术性的思考的情况[92]。这样的思考是必要的［事实］，会导致（至少是暗含的）技术任务可以通过利用（至少是暗含的）技术手段被解决。

在一个存储器中提供 5 个进一步被指定的、为不同目的而被确定的数据和处理系统使 5 个进一步被指定的功能［被］运行，这个被申请的方案，在没有技术性思考的情况下是根本无法想象的。只要当它使与处理的多种形式相关的数据输入借助单独的、在屏幕上显示的、作为"纪录证明"的表格［的情况下］成为可能，此时被申请的发明至少是也暗含着技术成分。对于这个"用户界面"的重现，不是所显示信息内容单独地［具有］决定意义；更准确地说它同时也基于如下想法，即通过一个共同的输入设备去连接具有不同用途的系统，所以每个为单个系统被输入的部分，在需要时同样可以在其他系统中被使用。以"纪录证明"形式的、"用户界面"的制作方法并不局限于编程，而是包含了应在之前发生的技术性思考在内的其他活动。

5. 避免来自《欧洲专利公约》第 52 条第 2 款、第 3 款的专利授予阻碍的更便利的途径好像正在被开辟，如果被申请对象是系统，那么它就可以被视为技术性的。在"排队系统"（Wartenschlangensystem）案[93]中，涉及一个在多个服务点顾客服务次序确定的系统，［这个系统］由一系列的通过［各服务

〔90〕 EPA T 38/86（FN 84）390 f.（Nr. 11）.

〔91〕 EPA T 110/90（FN 68）568 f.；29. 4. 1992 T 164/92 Elektronische Rechenbausteine/Robert Bosch ABl. 1995, 305, 315 f.

〔92〕 EPA 31. 5. 1994 T 769/92 Universelles Verwaltungssystem/SOHEI ABl. 1995, 525；vgl. dazu EPA T 22/85（FN 71）18 f.（Nr. 8），此处技术性考虑被忽略。

〔93〕 EPAT1002/92（FN 77）；vgl. auch T 931/95, dazu unten 7 bei FN 98.

点］的功能而被定义的组件构成，［该系统］借助计算机决定哪些顾客可以在恰好是空着的服务点接受服务。［申诉］庭认为这里不是商业活动的方法。通过申请，至少有 5 个组成部分的技术性的对象被解释，它明显属于系统领域。由顾客对所属选择单元的操作和由负责人员［进行］的终端服务被视为在技术系统中手动的控制数据的输入。

6. 在"计算机程序产品"（Computerprogrammprodukt）案[94]中，发展出有关软件预设的问题解决方案的专利法处理的基本原则，尤其是在如下方面，即如果在计算机运行过程中导致了进一步的技术效果，［而这种效果］超越了"普通的"、在它和计算机之间的、物理上的相互作用，［那么］单独被申请的计算机程序不会被排除在可授予专利之外。

裁决避免了彻底的原则性论述。它认为在其衡量中将 TRIPS 包含在内［已经］是适当的，即使［该协议］由于欧洲专利局不是 WTO 成员而无直接约束力，仍根据［该协议］第 27 条，［认定］计算机程序可以被授予专利。

对计算机程序本身的专利授予禁令可以这样被解释，即这些程序被认为是没有技术特征的、纯粹抽象的作品。这意味着，如果它们表明了技术特征，那么计算机程序可以被视为可专利的发明。对此，在程序执行中所表现的、硬件中的物理改变并不适用于区分带有技术特征的计算机程序和计算机程序本身，因为［这些改变］是所有在计算机上运行的程序的共同特征。然而技术特征可以存在于程序执行的进一步效果中。只要［这些效果］是技术性的形式，所有［这样的］计算机程序均应被视为《欧洲专利公约》第 52 条第 1 款意义上的发明。因此，可以否定下列观点，即计算机程序不论其内容［如何］，即使在［具有］技术特征的情况下也应被排除在专利保护［范围］之外。

进一步的技术效果同样可以通过运行程序的计算机的工作模式得以产生。[95]只要仅涉及《欧洲专利公约》第 52 条第 2 款、第 3 款的适用，源于现有技术水平的、进一步的技术效果也可以是熟知的。某个发明对现有技术水平所提供的技术贡献的查明，［与其认为其属于］相关专利授予禁止的适用性疑问，还不如说［它］属于对新颖性和创造性活动的审查。

计算机程序产品可以表明技术特征，因为它潜在地可以产生上述意义上的、预设的、进一步的技术效果，并因而不能通过《欧洲专利公约》第 52 条第 2 款、第 3 款被排除在专利保护之外。[96]针对计算机程序产品的申请却必须

［94］ EPA 1. 7. 1998 T 1173/97 Computerprogrammprodukt/IBM ABl. 1999，609.

［95］ IglS EPA T 424/03（FN 78）（Nr. 5. 2）.

［96］ Ebenso T 424/03（FN 78）（Nr. 5. 3）für ein„computerlesbares Medium".

具有以下所有特征，即［这些特征］保证了该方法的可专利性，如果［产品］在计算机上运行，则该产品必须是实现了上述方法。

因为审查部门已将方法申请认为是可被许可的，针对计算机程序产品的申请可以从它能够引发所要求的、进一步的技术效果的角度出发去判断。

7. 接下来的"养老金体系控制"（Steuerung eines Pensionssystems）案[97] 的判决认为被申请的方法不具备必要的技术特征。

申请中的所有特征均属于纯粹管理的、保险计算的或财务特征信息的处理和提供的方法，并因此是商业和经济模式的典型方法。只是出于纯粹的非技术目的，在方法申请中被解释的数据处理和计算手段并不能赋予该方法以技术特征。［且］没有指出的是，通过该方法引起某个技术任务或获得某个技术效果。

相反，对于针对被审查的养老金体系的控制系统的申请，没有被认为存在从《欧洲专利公约》第52条第2款、第3款推导出的［专利授予］障碍。一个计算机系统，其为在特定领域的使用或者同样是在商业或经济领域而被编写，具有在物理存在意义上的具体系统特征，［这个系统］出于实际目的被人为地制造出来，并且由此是《欧洲专利公约》第52条第1款意义上的发明。在审查这些是否存在时，在"新颖性"和源于现有技术水平特征之间不能被区分；或者有关对现有技术水平的技术贡献问题并没有被提出。

然而，上述系统申请由于没有满足创造性活动的要求最终失败。

在此，应被实现的改善主要是经济形式，但这并不能对创造性活动［条件的满足］有所贡献。通过计算机编程，可专利的对象才［能］产生。在此，创造性活动必须从一个作为具有相应能力的专业人士的软件开发人或程序调试员的角度被审视，他们具备方案的和被改善的养老金体系结构的以及基础的信息处理模式的知识[98]，就像［该知识］如在上述方法申请中被阐述那样。因为被申请系统的技术特征正是通过信息处理步骤在功能上得以解释，［这些特征］属于专业人士的知识范围，而且计算机系统在经济领域的使用在申请的

---

〔97〕 EPA 8. 12. 2000 T 931/95 Steuerung eines Pensionssystems/PBS Partnership ABl. 2001，441.

〔98〕［以上斜体为］作者强调；具备……的知识在英语原文中是"having the knowledge of"，而在德语翻译中是模棱两可的"der sich mit …auskennt"，参见 EPA 26. 9. 2002 T 641/00 Zwei Kennungen/Comvik ABl. 2003，352 = GRUR Int. 2003，852. 将"本质上，以确定发明的技术特征目的的申请解释方法"视为开端；其允许"当发明的技术的和非技术的方面，在一个混合的申请特征中被相互紧密地联系在一起时，也要对［这两方面］进行区分"。这是有疑问的，因为专业人士由于特定部分是非技术性的而已经熟知［这些部分］的假设，（与其是否合乎《欧洲专利公约》第54条第2款［规定］的问题无关）［上述假设］是以这些部分的识别为前提条件的。

优先日时已经很普遍，［因此］被申请的对象应被认为不满足创造性活动［的要求］。

8. "拍卖程序"（Auktionsverfahren）案[99]的判决同样以技术特征的审查不能与现有技术水平相区别为出发点被作出。由于表明技术性和非技术性特征的对象可以被视为《欧洲专利公约》第52条第1款意义上的发明，所以这类对象不能被［简单地］拒绝，因为可能证实，技术特征本身就已满足第52条第1款规定的所有必要条件。

相应地，下列被申请的"计算机控制的拍卖系统"被认为是《欧洲专利公约》第52条意义上的发明，［该系统］在另一个申请中被展示的方法实施［的基础上］被设计，其目的是"为了通过由相应的借助计算机客户端的大量出价人构成的网络完成自动拍卖"。这个系统明显地展示了技术特征，如"服务器计算机""客户终端计算机"和"网络"。

上述判决使技术手段的使用，无论是否是追求技术性的或非技术性的目的均满足发明成立［的条件］。这与"养老金系统"案（参见第7点）的判决明显地相违背，［但］通过这种方式，该判决在方法申请方面使技术特征假设［的成立］变得［更］容易。

"根据申请的技术特性的平凡程度"［进行的］某个方法技术特征的审查，依旧总是包含"贡献方式"的因素，因为［审查］意味着"以现有技术水平或一般专业知识为标准的衡量"。一个非技术性的活动可以通过使用技术手段而获得技术特征。《欧洲专利公约》第52条第2款、第3款意义上的非发明"本身"是"没有丝毫技术联系的、典型纯粹抽象的方案"。因此使用技术手段的方法，原则上是《欧洲专利公约》第52条第1款意义上的发明。由此它是可专利的，但它必须是新颖的，［必须不是］技术任务的众所周知的技术解决方案以及［必须］具有工业实用性。

从创造性活动的角度出发，产生了必要的限定。对此根据申诉庭的观点，仅仅是促成技术特征［条件满足］的特性可以被考虑。

尤其对拍卖方法本身有关的特性，其并不满足上述衡量标准。发明技术部分限定在为预设条件的应用，将指令分配给客户终端计算机和在需要的情况下进行必要的运算。

技术特征却可以有程序步骤，如果它被这样设计，以至于它特别适用于在计算机上执行，因为对此有关计算机运行原理的技术考量可能是必要的。就此而言，作为技术性的被衡量的、被申请方法的步骤却被视为众所周知的。

---

[99] EPA 21. 4. 2004 T 258/03 Auktionsverfahren/Hitachi ABl. 2004，575 = GRUR Int. 2005，332.

9. 最后三个被阐述的裁决在如下方面是一致的，即它们脱离了技术特征假设取决于对现有技术水平技术贡献的传统模式，并且将有关上述贡献的问题放在了对新颖性和创造性活动的审查中。对此［上述三个裁决中］最新的两个裁决却仅仅在技术层面考虑发明[100]，虽然第一个［裁决］并未包含在这个意义上的［任何］迹象。

这些裁决对计算机程序下载的意义进行不同的判断：在第一个案件中，仅仅由于为产品目的而被执行的方法这方面没被排除在可授予专利［范围］之外，为计算机下载目的的、特定的程序产品就被视为可专利的。[101]在第二个案件中，尽管为其执行而被编程的计算机系统被视为《欧洲专利公约》第52条第1款意义上的发明，但方法的技术特征仍被否定。[102]第三个裁决同样无条件地认为被申请的系统是技术性的，却因为［在方法中］技术手段被应用而同意了被申请方法［具有］技术特征。[103]

在相对较新的裁决作出（参见第6~9点）之后，一个取决于粉红噪声影响的电路的模拟，被认为是一个被计算机支持的方法的、足够特定的技术目的，［该方法］有效地被限定在这个目的上。[104]被计算机支持的模拟方法的具体技术说明本身被视为现代技术方法，［这些方法］是制造程序的重要组成部分并且一般情况下作为中间步骤发生在实际生产之前。它们不能因其不包含实际的最终产品而被否定具有技术效果。

c）联邦最高法院和联邦专利法院的判决

以在"红鸽子"[105]案中所表述的发明定义为出发点，联邦最高法院起初将利用计算程序的问题解决方案获得专利保护的可能性作了严格的限定（参见本节Ⅲ c aa）。专利局和联邦专利法院并没有完全跟随［联邦最高法院］，而是部分地采用了更宽容的态度，［这种态度］以欧洲专利局的实践为导向（参见本节Ⅲ c bb）。后来联邦最高法院同样也放松了对于这些问题解决方案进入专利保护［范围］的前提条件［要求］（参见本节Ⅲ c cc），并且在其最近的判决中进一步放宽条件。此时它也同时远离了之前的发明定义并向欧洲专

---

〔100〕 EPA T 931/95（FN 97）456 f.；T 258/03（FN 99）；ebenso T 641/00（FN 98）（Nr. 6 f.）；29. 6. 2006 T 959/03 Universal Shopping/Ed Pool Mitt. 2007，231；vgl. auch Moufang，FS Kolle/Stauder，S. 245 mwN.

〔101〕 EPA T 1173/97（FN 94）624 f.（Nr. 9. 3），625 f.（Nr. 9. 6，9. 7）.

〔102〕 EPA T 931/95（FN 97）451 ff.（Nr. 5）.

〔103〕（FN 99）（Nr. 4）.

〔104〕 EPA 13. 12. 2006 T 1227/05 Schlatkreissimulation/Infineon Technologies ABl. 2007，574 = GRUR Int. 2008，59（Nr. 3. 1，3. 2. 2，3. 4. 2）.

〔105〕 BGH 27. 3. 1969 BGHZ. 52，74.

利局路线靠拢（参见本节Ⅲ c dd）。自1978年适用于计算机程序的排除规定对德国的实践没有重大影响。只有当具体案件中缺乏技术特征时，［排除规定］——通常在欧洲专利局那里也一样——作为专利获取的障碍才最终产生作用。

aa）专利获取可能性的严格限定，特别是通过"核心理论"

1. 以1978年之前适用的法律为基础，一系列的判决已经发布。基础性的是"安排程序"（Dispositionsprogramm）案[106]的判决：作为经营任务解决方案的组织和计算程序不是可专利的，在［这些程序］使用时，只有一个在建造和结构上被熟知的数据处理装置被有目的地利用。

在这些案件中虽然存在有计划的行为指令，其遵守将导致因果关系上可预见的成果；但［这里］缺乏利用可支配的自然力。申请的对象是一个规则，据此一个拥有必要的商业和数学知识的人可以在没有使用不属于人类智力活动的自然力的情况下有效地胜任问题中存在的任务。一个思维指令，通过其使用偶尔也会利用技术手段如数据处理装置的方式，也不能成为技术性的。更准确地说，技术手段的利用必须是问题解决方案的组成部分。计算规则，不能仅因为特定的数据处理装置的切换状态符合任意计算机程序而获取专利保护。[107]计算规则的新颖性和非熟知不能证明一个根据［规则］操作的和与其相符的、数据处理装置的运转的可专利性是有理由的。根据特定计算程序操作数据处理装置的方案仅在如下情况是可专利的，即如果程序需要一个新颖的、装置创造性结构或［程序］包含以新的、非熟知的方式进行使用的指令。

2. 这些原则并没有完全排除专利保护的可能性[108]，但却对其进行了强烈的限制。在联邦最高法院后来处理的大多数利用计算机程序的问题解决方案的案件中，并不承认［这些解决方案］具有技术特征。

仅仅适用于汽车刹车的防抱死控制系统［的技术特征］被承认。［在该系统中］反应装置相互间被如此连接，以至于一个通过被监测轮子引起的迟延或加速信号通过阀门控制降低或持续保持刹车压力。[109]

---

［106］ BGH 22.7.1976 BGHZ 67，22.

［107］ 联邦专利法院持相反意见，其认为这种联系肯定了技术性，参见 BPatG 28.5.1973 Mitt. 1973，171；后来［联邦专利法院］也附和了联邦最高法院［的看法］，参见 BPatG 21.10.1976 und 12.6.1978 Bl. f. PMZ 1977，192，194 und 1978，111。

［108］ BGH 7.6.1977 Prüfverfahren GRUR 1978，102.

［109］ BGH 13.5.1980 Antiblockiersystem GRUR 1980，849；在联邦最高法院的一个判决中技术特征没有被排除，参见 BGH 7.6.1977（FN 108）；在被联邦专利法院驳回以后部分地肯定了［技术特征］，参见 BPatG 19.1.1978 GRUR 1978，705。

对于联邦最高法院，以下情况并不能满足条件，即在程序使用时获取的成果可以在技术领域被使用：使用成果不是问题解决方案的组成部分。[110]同样某个方案也不能仅因为如下理由就是技术性的，即它的使用合乎目的或完全借助技术装置而得以实现或包含技术领域中具有决定性意义的任务提出，但没有解决〔这个任务〕；更准确地说，〔相关方案〕必须在它的技术方面提供一个完整的问题解决方案。[111]

3. 与这些原则相符，联邦最高法院在技术特征审查时仅希望考虑作为新颖的和创造性的而被申请的原理的核心[112]：如果相关测量值通过技术途径得以获取，并且借助某个合乎程序地引发〔这些测量值〕的数据处理装置，一个利用现有控制手段的、技术性的生产和加工过程被直接影响，这些并不能满足条件；在这些案件中，技术手段不是问题解决方案的组成部分。[113]

根据这个理由一个方法被视为非技术性的，按照〔这个方法〕在分割连续运行的轧钢机所生产的条〔钢〕时，提前获得的、还不是精确的测量值，在考虑生产过程中以已知的方式被减少的测量值的情况下，〔上述测量值〕将借助计算机被这样来修订，以至于没有达到完全销售长度的剩余钢条〔将〕以更容易分拣的形式堆积起来，而且〔上述测量值〕还会以已知的分割机直接控制方式而被使用。

即使在下述方法的情况下，联邦最高法院也否定了〔其〕技术特征，〔该方法〕将来源于自然力的测量值和企业管理的要素，以〔测量值〕结果引起一个控制过程的方式，连接在一起。[114]

〔上述案件〕涉及这样来控制飞机推进燃料的消耗，以至于尽可能减少飞机所消耗的总成本。这里可以被考虑的是，在减少推进燃料消耗时所发生的飞行时间的延长，〔将〕提高非推进燃料的、所谓的飞行时间成本（如折旧、保险）。为了解决这个问题，推进燃料成本和飞行时间成本被输入一台计算机。在飞行时，推进燃料的流量和速度会被自动地传送给〔这台计算机〕。通过数据处理，这台计算机将在最小化整个航程的飞行时间成本和推进燃料成本的总和的意义上，影响推进燃料的流量。

通过衡量上述方法，联邦最高法院得出的结论是，在被使用的计算规则的影响下，相对于自然力的利用，市场和企业管理方面处于中心位置并且构成了

〔110〕 BGH 21. 4. 1977 Straken GRUR 1977, 657; 14. 2. 1978 Fehlerortung GRUR 1978, 420.
〔111〕 BGH 14. 2. 1978 (FN 110).
〔112〕 BGH 7. 6. 1977 (FN 108); 16. 9. 1980 Walzstabteilung BGHZ 78, 98, 104.
〔113〕 BGH 16. 9. 1980 (FN 112).
〔114〕 BGH 11. 3. 1986 Flugkostenminimierung GRUR 1986, 531.

所申请方案的核心。因此被利用的自然力的共同原因性，并不能证明认可被申请的方案的整体［具有］技术特征是正当的。

bb）专利局和联邦专利法院放宽［条件］的开端：申请对象的整体考量

作为关键词"核心理论"所展示的联邦最高法院的立场（参见本节Ⅲ aa 3），在文献中被再三批判。[115]欧洲专利局已否定了［上述观点］。[116]德国专利局在其审查指南中加了有关"包含数据处理程序或规则的申请"的一章[117]，其中表明在审查申请对象的技术特征时，将以其整体作为出发点。联邦专利法院的一些合议庭在对提出保护对象的整体考量的路径上，也采用了技术特征的假设，例如：

—— 作为按车道计划的、电子切换行车路线单元的调用和处理的方法，其中基于车道停车任务，行车路线单元（道岔、站台、信号）时间上连续被查明、处理和被连接，以及［这些单元］的位置和线路标记会被从一个中心存储器中提取并被输入到相邻地址登记簿中。[118]

—— 一个线路安排，其中将自动识别多个电的使用者的开关位置并有针对性地评估以及提供作为使用操作的控制信号[119]：数据处理装置的新结构或新使用性的建立虽然是充分的，但对于技术特征不是必要的。这同样存在于以下情况中，即当技术任务在通用数据处理装置程序中被如此转化，以至于［该装置］通过数据处理装置经由上述程序，在其运行过程中被特别地影响（运行程序）或者控制了一个另外的进程（使用程序），而产生了技术成果。

—— 这样来评估通过测量收集的地震数据的方法，以至于可以准确地识别存在天然气存储或碳氢化合物聚集可能性的地区[120]；对此法院认为没有必要在"核心理论"意义上去衡量技术性和非技术性的方法。

—— 凸轮轴的打磨方法，其中基于计算规则，对确定凸轮的应然轮廓的参照物的修订值被查明，并且被作相应调整的参照物将控制砂轮和凸轮轴的运行[121]；法院强调了在技术特征审查时整体考量的必要性，其必须独立于有关新颖性和创造性活动的问题而进行。

---

[115]　Vgl. z. B. v. *Hellfeld*, Mitt. 1986, 190；*Beyer*, FS BPatG, S. 205；*Brandi – Dohrn*, GRUR 1987, 4；*Betten*, CR 1986, 314 und GRUR 1986, 534；*Goebel*, FS Nirk, S. 375 ff.

[116]　EPA T 26/86（FN 76）24；T 110/90（FN 80）570（zu 7）；T 258/03（FN 99）（Nr. 4. 4）.

[117]　Bl. f. PMZ 1987, 1；ebenso die Fassung vom 1. 3. 2004, Bl. f. PMZ 2004, 69（Nr. 4. 3. 3）.

[118]　BPatG 12. 8. 1987 E 29, 131.

[119]　BPatG 25. 7. 1988 Rolladen – Steuerung E 30, 26.

[120]　BPatG 5. 10. 1989 E 31, 36, 41.

[121]　BPatG 10. 7. 1990 Schleifverfahren E 31, 200.

—— 借助计算机程序实施的、这样来控制核反应堆高温的方法，以至于在过振或显示损坏的情况下可以很大程度上避免［运转］停止并因此使真正的损害情况得以限制。[122]

—— 借助计算机程序引起的、和外部气温无关的、平面供热系统温度的控制。[123]

相反联邦专利法院负责计算机设备和信息存储器的（第 17）合议庭却遵循联邦最高法院的那些限制性的原则，这导致了大多数情况下技术特征被否定。[124]

cc）联邦最高法院对整体考量的运用

1. 对自 1978 年以来适用的法律，联邦最高法院曾在谈到欧洲专利局申诉庭的判决时宣称，其对技术特征的要求并没有任何改变，[125]并且基于显示了明显与"核心理论"（参见本节 Ⅲ aa 3）相符的论据而否定了当时案件中的［技术特征］。

处于焦点的是汉字的特定安排，其通过对含义的筛选和分类得以实现。这个安排系统是智力形式且没有利用技术手段。其他的特性如输入键盘、控制和存储系统、显示和打印装置、输入、存储规则、搜寻、读取、比较、对打印装置的指示和文字传送［等］对于方案的成果［仅］具有次要的意义。对象的特性没有赋予［方案］决定性的特征并只是间接地促成了成果，这对于技术特征是不够的。

2. 在同一天的［另一个］还是适用了更早的法律的裁决中，联邦最高法院弱化了在"安排程序"案中（参见本节 Ⅲ aa 1）建立的、对于技术特征认可的前提条件[126]：对于申请对象是否包含技术行为指令的内容问题，和该方案是否是新颖的、进步的和创造性的无关。与程序相关的方法是技术性的，如果它涉及数据处理装置本身的运行能力并由此使［装置的］单元的直接协同作用成为可能。

---

［122］ BPatG 22. 9. 1988 E 30，90（mit Kritik an der „Kerntheorie" aaO 93）.

［123］ BPatG 4. 10. 1990 E 31，269.

［124］ BPatG 18. 3. 1986 E 28，77（电子翻译设备）；13. 11. 1986 E 28，210（编程设备）；3. 2. 1987 E 29，24（电子曲线绘制设备）；7. 7. 1987 E 29，98（确定人说话的音调的方法）；8. 9. 1988 E 30，85（电子翻译设备）；28. 9. 1991 E 32，114（邮费计算的方法和设备）. ——技术特征被肯定的案件如下：BPatG 20. 8. 1985 E 27，186（作为被过滤的、数字输出信号产生的编码，合乎该发明的指令在很少费用的情况下大幅提高了处理速度）；BPatG 30. 8. 1988 E 30，78（模块的安排，据此一个时间和振幅离散的、真实信号探测值的结果，明显可迅速地转换为其所属的傅里叶系数的结果）.

［125］ BGH 11. 3. 1991 Chinesische Schriftzeichen BGHZ 115，23.

［126］ BGH 11. 3. 1991 Seitenpuffer BGHZ 115，11.

在这个基础上，承认被申请的方法的技术特征，［该方法］是对在数据处理装置中运行的计算程序的当前存储区域信息的收集和存储，以及对处于优先存取的、但仅包含存储页面选择的存储器（页面缓存）的、特定装载策略的收集和存储。

3. 通过方案的技术特征并不取决于方案是否是新颖的和创造性的表述，联邦最高法院剥离了"核心理论"的立场。在通过针对欧洲专利的无效诉讼所作出的对"潜水计算机"（Tauchcomputer）案的判决[127]中，它对技术特征的审查整体考量了专利申请特性。

可专利的是潜水参数的显示设备，其通过连接被存储的和被测量的数据，随时计算和显示取决于下潜深度和时间所必需的整个上浮时间，包括规定的解压延缓。

被申请的对象并不局限于根据《欧洲专利公约》第52条第2款而被排除在专利保护之外的物质或活动。更准确地说，它说明了在此被利用的计算规则和技术手段，如显示装置、存储器、评估和连接步骤、深度和时间计量器之间的紧密关系。通过这些技术元素的运行，根据特定运算规则，使借助测量设备被查明的数量的自动显示成为可能。在审查创造性活动时，这些发明对象必须在整体上，即新颖的计算规则和技术特征一同被考量。

dd）发明概念的扩张："技术考虑"的必要性［已是］足够的

在"逻辑验证"（Logikverifikation）案[128]的判决中，联邦最高法院超越了自己的、传统的发明定义的界限。

被申请的是一个"作为层级化的、高集成线路的逻辑验证方法"，其中一个借助萃取方法从相应高集成的线路的物理布局中获取的层级化的布局线路，将与一个通过逻辑图确定的、层级化的逻辑图线路，在三个借助电子计算机实施的、在申请中被进一步明确的方法上进行比较。

联邦最高法院将申请视为有关数据处理装置的保护请求，却指出这样的对象只有就其"本身"而言被排除在专利保护［范围］之外。但法院并没有回答，这［到底］是什么意思，因为被申请的方案并没有根据任何此处所主张的观点[129]被排除在专利保护之外。更准确地说，法院考查了被申请的对象是否显示了技术特征。此外［法院］还明确了［该案］也不是这样的案件，即

---

　〔127〕　BGH 4. 2. 1992 BGHZ 117，144.

　〔128〕　BGH 13. 12. 1999 BGHZ 143，255.

　〔129〕　Der BGH bezieht sich hier auf *Melullis*，GRUR 1998，850 ff.；*Tauchert*，Mitt. 1999，248，251；*van Raden*，GRUR 1995，456；EPA T 1173/97（FN 94）；vgl. auch unten d 3.

在利用计算机程序的方案的情况下，迄今为止［法院］都会考虑其中的技术特征的可能性。但是这些可能性并非建立了最终目录。针对数据处理装置程序的申请是否显示了必要的技术性，可以在申请对象评价性的整体考量基础上去确定个案的情况。

在上述案件中，所建议的有利的验证形式只有通过技术考量才能完成，［这些考量］以线路技术关联的准确认识为前提条件。

被申请的方案涉及完成（硅）组件生产程序中的一个中间步骤，该方案负责这些部件由被验证的线路组成。根据［该方案的］目的，它是现实技术的一部分。它并不局限于精神上的想法，而是要求集中于实体或物理事实的技术性知识并因此显示了必要的技术性。

如果为技术发展所要求，技术的概念不是静止的，而是可以被修订的，这至少对在（硅）组件制造领域中的新颖性可以得到承认。这些部件制造工作，现如今很大程度上不再以机械生产为特征。在生产的准备阶段，至少草图和必要的检验基本［还是由］计算机支持的。但这并没有改变，其中涉及高集成电路生产程序的可控性。虽然方案建议——除在被使用的计算机中有目的地运行程序之外——放弃了可控制自然力的直接适用并且尝试另外通过技术知识去发展被制造的模块的技术适用性，这个领域不能因此而被排除在专利保护之外。

ee）被编程的计算机设备的技术特征

"语言分析装置"（Sprachanalyseeinrichtung）案[130]的判决好像指明了，对于所有形式的计算机程序也许可以没有问题地获取专利保护的途径。

该案涉及一个具有特定的、在专利请求中被提到的构件的、"简单语言的对话显示装置"，这些构件将输入文本的句子拆分成句法结构上的单元，根据它们语言上的正确性去审查它们之间可能的语言上的关系并由此使使用者在（也许是）多种正确的关系下有了选择的可能或者，如果没有正确的选择，将自动筛选出最有可能是正确的项。

因为申请对象是一个系统（数据处理装置）而不是一个程序，联邦最高法院仅因此就无条件地认可了［申请对象的］技术特征。[131]计算机被以特定方式［通过］程序技术来装配，这并没有使其失去技术特征，而只是为其作为技术性的对象增添了其他特性。对于装置的判断不取决于上述特性的技术特

［130］ BGH 11. 5. 2000 BGHZ 144，282.

［131］ IglS schon BPatG 14. 6. 1999 Automatische Absatzsteuerung E 41，171，然而，联邦专利法院最早将在被申请的"自动贩卖机"中所实施的方法视为技术性的。

征，同样也基本不取决于一个超越"普通的"程序与计算机之间相互作用的其他技术效果是否被取得，更加不取决于该装置是否使技术得以充实或是否对现有技术水平作出贡献。对于一个已知的、本身是技术性的系统，也不能因为它没有增加［新］技术，而否定其技术特征。

同样，如果被申请的方案将显示可以被归入语言文本内容修订的元素，［那么］其与可专利性之间不是因为缺乏技术特征［而产生］矛盾。虽然这样的修订（文本编辑）本身并非肯定就是技术性的，但一个在其上可以进行（编辑上的）文本处理的数据处理装置仍是技术性的对象。

ff）基于排除规定，一个超越计算机使用的特性［是必要的］，对于技术性［判断］解决具体技术问题的指令是必要的。

1. 和在"语言分析装置"案中不同，联邦最高法院在其关于一个"在文本中寻找错误字符串的方法和计算机系统"[132] 陈述了其他理由。

针对上述方法的请求已被同意；申请人却同时希望"具有电子可被读取的控制信号的、数字的存储媒介，尤其是磁盘"也是被保护的，上述控制信号和可被编程的计算机系统能够如此共同作用，以至于程序将按照这里所提出申请之一来运行。

联邦最高法院出发点是一个方案不能仅因其要求计算机的使用而是能获取专利的，它同时要求"超越［上述原因］的特性"。所申请方案的产生影响的指令[133] 必须服务于具体技术问题的解决。这个限定导致为在传统技术领域，即工程学、物理学、化学或生物学［领域］问题的解决而建议通过计算机完成特定步骤的申请，原则上是可专利的。另外还需审查，针对借助计算机［进行］数据处理的方案是否正是通过一个在考虑专利法保护目标的情况下证明获取专利是正当的特性而表明其特征。审判庭到目前为止在其涉及计算机专利申请的判决中，已经以此为出发点。

在此之后，联邦最高法院分析了法律的排除规定并且认为，一方面，［这些规定］考虑的是在当时相对新的计算机技术领域中的发展不会通过无限制的专利保护延伸而受到阻碍。这与下列［观点］相近，即根据传统理解不属于技术的方案，不能仅因其借助计算机而被使用，就可以获取专利保护。另一方面，拒绝给一个通过技术过程或考虑而表明其特性的方案给予专利保护，

---

［132］ BGH 17. 10. 2001 Suche fehlerhafter Zeichenketten GRUR 2002, 143; bestätigt und erläutert in BGH 24. 5. 2004 Elektronischer Zahlungsverkehr BGHZ 159, 197 = GRUR 2004, 667.

［133］ 根据联邦最高法院的判决，它们同样可以涉及已知手段，参见 BGH 24 5. 2004（FN 132）669 （b［2］）。

［却又］超出了上述目的，因为［这个方案］将在计算机上执行或者被狭义上的部分计算机专业人士视为数据处理装置的程序。

即使它通过利用被计算机支持的文本处理系统而得以产生，在文本中错误字符串的寻找和改正也不属技术领域。因此需要评估申请是否包含与技术建立必要联系的指令。申请并不针对方法，而是磁盘，并因此针对实体对象（装置），因此上述审查不是可有可无的。可专利性的问题，不是仅根据申请类型和独立于在被申请的方案中处于中心位置的内容而能够被回答的。这和"语言分析装置"案（参见本节 Ⅲ c ee）并不矛盾；因为当时是［有关］申请的、涉及装置的被表现的特性，［这些特性］被用于问题的解决。最后联邦最高法院表明，它怀疑已被提供的方法申请的可专利性。在针对配备控制程序信号的存储媒介申请的判断时，［上述方法］必须同时被考虑。

在被驳回后，联邦专利法院将上述方法视为非技术性的并且拒绝了针对相应存储媒介的申请。[134]

2. 在"顾客交互帮助系统"（Anbietern interaktiver Hilfe）案的判决中，被阐述的是"同样在服务于电子的数据处理的方案涉及装置的部分时，［该部分的］可专利性只有在下述情况下才能够被肯定，即如果此处借助新颖的、基于创造性活动的以及工业实用的手段，一个具体技术问题的解决方案被说明"。[135] 由此可以得出结论，在"语言分析装置"案中［联邦最高法院］所持立场无论如何不能被普遍化。[136]

对于《专利法》第 1 条第 2 款（现为第 3 款）第 3 项规定的排除要件意思是，它并不适用于"如果至少一个具体技术问题是方案一部分的基础"的情况。无关痛痒的是，这个部分是否是某个详细的、非技术性问题的或仅部分技术性问题的组成部分。在这点上证明了排除规定取决于技术特征缺失和其作为最终决定性的标准而使用的实践。

---

［134］ BPatG 26. 3. 2002 Suche fehlerhafter Zeichenketten – Tippfehler GRUR 2002，871；对于数据载体，其中被认为是非技术性的程序被存储，以及对于相应被编程的计算机，［联邦专利法院的］判决同样否定了其技术特征，参见 BPatG 18. 1. 2000 Demontageschwierigkeitsbewertung E 42，208 und BPatG 9. 4. 2002 Geschäftliche Tätigkeit GRUR 2002，869。

［135］ BGH 19. 10. 2004 Anbieten interaktiver Hilfe GRUR 2005，141（Nr. Ⅱ 4 a）（Vorinstanz：BpatG 20. 5. 2003 Bedienhandlungen E 47，54）；ebenso BGH 19. 10. 2004 Rentabilitätsermittlung GRUR 2005，143（Nr. Ⅱ 4 a）。

［136］ 学者希望将联邦最高法院"错误字符串"案的意义限定为"特殊情况"，装置申请回归到方法申请执行上，参见 *Reichl*，Mitt. 2006，6，8 f. – BPatG 6. 5. 2003 Rentabilität eines medizinischen Geräts E 47，42，49。这肯定不符合新近的联邦最高法院的判决，并且似乎也不是联邦专利法院所持的观点。参见 BPatG 28. 9. 2004 Partitionsbaum GRUR 2005，1027，1031 l.；3. 3. 2005 Kfz – Kürzel GRUR 2005，1025。

在特定情况下因为缺乏技术特征，一个方法的可专利性将被否定，其中由顾客在其计算机上（货物或服务提供的访问）而进行的操作行为将被收集，［然后］被通知给中心计算机，在那里被记录并与参考记录作对比，其目的是，当从上述比较中得出顾客预计将不会发出指令［的结论时］，提供给顾客在其计算机上一个交互式的帮助，［这种帮助］在使用自己的计算机时支持客户，也可以在"交易对话"形式中起作用。

在同一天，因缺少技术特征，对一个方法的专利保护被否决，其中借助医药设备的运行信息自动收集、销售数据和核算成本的自动查明，以及向中心数据库的数据传输，［将］计算出同样形式第二台设备或替换设备的购置的收益率。[137] 上述方法只是——即使是自动的——管理经济形式信息的查明，这些信息不是服务于技术过程的控制，而只是作为对涉及人们购买决定的基础［被使用］。

gg）创造性活动的判断

1. 有些尤其是比较新的、欧洲专利局的决定倾向于，将被请求保护对象的技术和非技术特征的区分转移到创造性活动审查［的过程］中，并且在此仅考虑对象的技术特征（参见本节Ⅲ b bb 6~8）。这种趋势同样也存在于德国的判决中。因此在"语言分析装置"案中被认为存疑的是，多大程度上可以在可保护性审查时不去考虑技术特征。在此案中联邦最高法院却参考了其在"潜水计算机"案（参见本节Ⅲ c cc 3）的判决，该案中其宣布，在创造性活动审查时，整体的发明对象包括可能的计算规则都会被考量。

2. 从联邦最高法院的判决中，联邦专利法院 2002 年推导出创造性活动只能以对现有技术水平的技术性贡献为基础。[138] 然而不仅仅是被申请对象的、由技术特征构成的部分，在创造性活动方面可以被审查。更准确地说是这个［部分］整体上，包括本身非技术的特征可以在对技术性贡献的查明时被考量。非技术性的内涵在新颖性和创造性考查中，（只有）当它们没有显示任何技术关联时，才不作考虑。被申请的对象首先可以在其整体技术内容上被理解，然后才会被与现有技术水平作比较。

在这些原则的使用上，联邦专利法院[139] 取消了对一个方法和相应装置的专利，通过［这个方法和装置］，在考虑取决于通话时间长短的收费差异的情

---

[137] BGH 19. 10. 2004 Rentabilitätsermittlung（FN 135）（Bestätigung von BPatG 6. 5. 2003［FN 36］）.

[138] BPatG 29. 4. 2002 Elektronischer Zahlungsverkehr GRUR 2002，791（sie betrifft nicht den Fall der BGH – Entscheidung mit diesem Stichwort）；zum Sachverhalt s. unten bei FN 151. IglS BpatG 28. 9. 2004 Partitionsbaum GRUR 2005，1027，1032.

[139] 10. 5. 2004 Preisgünstigste Telefonverbindung GRUR 2004，931，933 f. （= E 48，154）.

况下，即根据通话终止，从竞争性的要约中，自动选择相应最便宜的电话连接。

一个自动投币游戏机不被视为可授予专利的，其中如果旋转装置停在获胜的位置，那么"累积奖金"不是按照之前给定的数值，而是随机决定。原因在于虽然随机控制增长的想法从现有技术水平看来不是熟知的，但因缺乏技术特征，在创造性活动审查时不能被考虑，而它的技术转化对于一个将随机查明累积奖金的增长的专业人士来说是熟知的。[140]

3. 在"电子支付"（Elektronischer Zahlungsverkehr）[141]一案的判决中，联邦最高法院认为对于被申请的方案同样也面临着［如何将］特定具有保护价值的数据安全地从一个地方转移到另一个地方的问题，［而］这些数据极有可能在没有解决方案建议的情况下，例如通过一个（因为窥探的危险）不安全的通道被传送；就此而言，被建议的"电子银行"可以被理解为具有加密技术的系统；此处可能——这还需要进一步的审查——存在具体技术问题的解决方案。这个系统——像其在申请中说明的一样——本身是否是熟知的问题，属于新颖性和创造性活动审查［的部分］。对此被阐述的是[142]，连同针对被申请方案的产生影响的指令的要求应确保"在为了合乎发明的对象是技术行为指令的基础上确定创造性活动。鉴于通过专利保护只应是促进技术领域的问题解决方案，［因此］它仅仅涉及考虑这样的指令，即因为它们使有关应予保护的技术提高是否存在的断定成为可能，就此而言其是重要的"。

联邦专利法院[143]（驳回）的出发点是，"一个本身已知的电子支付系统（电子银行）的使用"只是以具体技术问题的提出为基础；并且联邦最高法院对此的理解是，这个指令只能被置于创造性活动的评价之下。因为［上述指令］被认为是专业人士所熟知的，所以再次得出申请被驳回的结论。

hh）来自联邦专利法院新近判决的补充案例[144]

1. 被视为技术性的是：

—— 一个"电子设备的生产和检查方法"，[145]其中根据该设备的运行，通过检查站，记录相应检查步骤的信息被持续地存储于对该设备日后运行必要的存储元件中，并且［上述信息］被用于随后生产和检查步骤的控制。

—— 在集成半导体电路排列中，根据运算规则，自动的信息控制的布线

---

[140] BPatG22. 11. 2004 Jackpotzuwachs GRUR 2005, 493（= E 48, 276）.

[141] FN 132.

[142] （FN 132）669（Nr. 3 b［2］）.

[143] 10. 2. 2005 Transaktion im elektronischen Zahlungsverkehr E 46, 265.

[144] Über weitere Entscheidungen berichtet *Sedlmaier*, Mitt. 2002, 62 ff.

[145] BPatG 13. 2. 1992 E 33, 87.

方法，［上述运算规则］确定了通过根据长度的电路分类以及将其归入到不同的布线层面［的方法］。[146]

—— 一个带有"接收通过受损线路被传送的信号"的目的说明的运算规则，因为［受损线路］由此在技术尺度上被确定[147]。目的说明间接描述了哪些信号被处理，借助运算规则被计算的值因此涉及物理学信号以及最终［涉及］接收器的运行能力。

—— "货物或服务自动销售控制的方法"[148]，其电子统计最新的销售数据，查明［这些数据］同之前为特定销售价格而被确定的分析数据之间的偏差，并且根据这个偏差调整和显示销售价格。

—— 邮费支出方法，据此借助计算机为多个分别形成一个邮寄数量的邮件制作一个地址列表，必要的总费用同时被计算出来并转给邮局，而且随后将为每一个在列表中包含的地址（为之后的邮费管理）配备唯一的密码。[149]

—— 下列方法，在没有普通的样板建构的情况下，借助三维电线束的二维展示，使为电缆束的安装所必须的模型图制作成为可能。[150]

—— 通过电子途径的货币或财产传送方法，尤其是在网上，该方法还包括：在为多个收款人所接受的虚拟货币、［形式上的货币］或财产单位的提供，将给［这些收款人］配备隶属个人的识别密码；密码转发和必要时给收款人的单位量的转发；抵偿的审查和当其存在时的［财产］单位的转移以及相应［财产］单位的减除。[151]从整体上看，处于中心的是——在同样现存的交易内容之外——在使用识别密码的情况下，执行带有更安全的电子支付目的的计算机系统程序技术。

—— 图片处理器，其执行了一个——本身不是技术性的[152]——以光束为基础的数字图片获取的方法，并且其通过具体的接线技术的配置服务于上述目的。[153]

---

〔146〕 BPatG 7. 12. 1995 E 36，92.

〔147〕 BPatG 25. 3. 1996 Viterbi – Algorithmus E 36，174.

〔148〕 BPatG 14. 6. 1999 Automatische Absatzsteuerung E 41，171，bezugnehmend auf BGH „Tauchcomputer"（FN 127）und EPA T 1173/97（FN 94）.

〔149〕 BPatG 15. 3. 2001 Postgebührensicherheitssystem Mitt. 2002，78.

〔150〕 BPatG 21. 3. 2002 Computerimplementiertes Verfahren zum Herstellen eines Kabelbaums Bl. f. PMZ 2002，428.

〔151〕 BPatG 29. 4. 2002 Elektronischer Zahlungsverkehr GRUR 2002，791；然而结果上因缺乏创造性活动，专利保护被拒绝，参见上文脚注138。

〔152〕 S. unten bei FN 162.

〔153〕 BPatG 28. 9. 2004（FN 136）1031 f.（Nr. 5 u. 6）.

2. 相反被视为非技术性的是：

—— 具有层级数据结构的、计算机辅助设计或辅助生产［CAD/CAM］的设备，利用［该设备］域的空间显示可被定义，[154]其中单独的元素在输入时借助其他的信息可以被提供，由此不同层面同属的元素可被连接起来：通过评估性的人类智力活动，完成了将信息归入到被输入的数据中。

—— 互动的分析方法，据此在产品的设计时查明最容易分解的定型。[155]所属的定义和特定出发标准的选择可以由使用者完成并要求他的评估性的智力活动。

—— 自动化的方法，利用［该方法］"邮寄"广告活动的地址列表以如下方式被制定，即它只包含这样的地址，即其还没有以希望的频率被发信，或者明确收信人被发过多少次信。[156]

—— 由计算机辅助实施的方法，其主要是通过如下方式去查明错误的字符串（即写错的单词），在文本中被假定正确的字符串根据设定的规则被改变，在这些错误地被改变的字符串存在的地方，文本被通篇查找，而且当被发现的错误的字符串比相应的正确的字符串更少发生时，前者将肯定被修改为正确的［字符串］。[157]处于中心的是文本中的错误如何可以被发现和改正。

—— 在使用机械语言处理技术下的程序控制方法，据此从公司收到的文件中，借助自动的文本分析提取内容说明和安排相应的活动，例如为了进一步处理，将信息发给会计或客服。[158]

—— 由计算机执行的语言分析方法，其中为了确定不同的可能句法结构或部分结构的正确性的可能程度，通过使用"被扩展的上下文"，即对话行为或语言风格，恰当的句法结构将被归入到语言的表达中。[159]

—— 一个由硬件和软件组成部分构成的（专业）系统，其给使用者或咨询者提出问题，并且从答案中给出结论，基于此或者提出更进一步的问题或者将结果和有关其正确可能性的说明发给随时可以操作这个［系统］的用户。[160]

—— 为执行特定主题的有效调查的系统，其中在使用数据处理装置的情

［154］　BPatG 21. 1. 1997 E 38，31，bezugnehmend auf BGH „Chinesische Schriftzeichen" und „Seiten-puffer" (oben cc 1，2).

［155］　BPatG 18. 1. 2000 (FN 134).

［156］　BPatG 13. 12. 2001 Mailingkampagne Mitt. 2002，74.

［157］　BPatG 26. 3. 2002 Suche fehlerhafter Zeichenketten – Tippfehler GRUR 2002，871 (zu BGH 17. 10. 2001，FN 132).

［158］　BPatG 9. 4. 2002 (FN 134).

［159］　BPatG 12. 11. 2003 Satzanalyseverfahren E 46，95 = Mitt. 2003，207 mit krit. Anm. von Brandt.

［160］　BPatG 13. 5. 2004 Systemansprüche GRUR 2005，45.

况下，特定主题的问题从一个民意调查数据库和补充的参加人特定的问题被提出来，［这些问题的］回答在与之前的、当时对相同问题所给出的答案比较后，将给出有关特定主题的回答的代表性和真实内容的说明。[161]

—— 在画面上多维景象的成像方法，据此仅通过计算从只是数学上被定义的物的（即不是以真实物为出发点的）数学描述中，借助成像规则由计算机辅助地获取另一个数学上的描述，这时后者可被表现。[162]

—— 给网络数据库的单个数据配备更高存储地址的建议，其说明数据所属的地理区域，并由此实现通过输入特定地区所属车牌标志，从数据库中选出与这个区域有关的数据的可能性。[163]

—— 计算机程序，其在铁路线规划范围内，被用于调整后车跟随距离和数量以及站台边界的位置（信号配置或杜绝碰撞），而其对此在最优运算规则中，没有使用最新的行驶和列车数据，而仅仅是使用两列火车的典型行驶轨迹。[164]

—— 以二维影像方式显示卷数据库记录的显示装置，其中根据申请通过两个在观察时出现的面的捆绑而产生如下效果，即当一个面改变默认值时，另一个面也会自动作出相应调整，并由此减少操作人员选择感兴趣的卷数据部分领域的困难。[165]

—— 对于数据处理装置的程序工具的专利保护同样被否定，［这些工具］从已有的信息中（这里：由一个医生统计的与医药相关的数据）根据逻辑规则，在使用数据库中存储的专业知识的情况下得出结论（这里：在方法和顺序上，通过已有数据被指示的检查形式）：所谓的人工智能系统或专家系统属于《专利法》第1条第3款第3项以及第4款规定的排除情况。[166]

ii）结论

根据目前的德国判决状况，使用计算机或计算机程序的申请或专利对象的可专利性首先以具体技术问题被解决为前提条件。对此不能满足条件的是——考虑到法律不认为计算机程序本身是发明——单独的电子数据处理的使用。同样，针对计算机的申请对象，其中装载为问题解决方案而使用的程序，或针对

---

〔161〕 BPatG 28. 7. 2004 Internet – Befragung Bl. f. PMZ 2005，227.

〔162〕 BPatG 28. 9. 2004（FN 136）1030 f.

〔163〕 BPatG 3. 3. 2005 Kfz – Kürzel GRUR 2005，1025；可能考虑到其是欧洲专利的无效宣布，在对比 EPA T 258/03（参见本节Ⅲ b bb 8）的情况下，所有技术成分的创造性活动依据同样也被否定，同上，第1027页。

〔164〕 BPatG 11. 5. 2005 Schienengebundenes Verkehrssystem Bl. f. PMZ 2006，156；das Gericht verneint（aaO 158 r.）insb. auch die Vergleichbarkeit mit dem Fall „Logikverifikation"（oben dd）.

〔165〕 BPatG 5. 9. 2006 Bedienoberfläche GRUR 2007，316.

〔166〕 BPatG 17. 4. 2007 Expertensystem CR 2007，695.

类似程序被存储的载体媒介［的申请对象］，肯定不能满足技术特征的要求。因为被请求保护方案的产生影响的指令，通过具体技术问题的解决显示了一个超越了计算机［单纯］使用的技术内容，［基于此］如果［技术特征］存在，对（新颖性和）创造性活动来说，仅能去考查上述技术内容，[167]其中鉴于法定的专利授予的前提条件和排除情况，没有必须被遵循的、特定的审查顺序，[168]以至于一个方案，如果它的可能技术内容无论如何不是基于创造性活动，保护也可以在没有明确的该内容的限定的情况下被否定。这在结果上与欧洲专利局的裁定相近。然而根据后者最新的情况，技术性的审查完全转交到新颖性和创造性活动的审查中（参见本节 III c bb 8），而且其中非属于与相应现有技术水平有关的认识的非技术性初步考虑的考量好像在下列情况下同样被排除，即如果个案中受保护的技术问题解决方案离开这样的初步考虑，对于专业人员是非熟知的。

d）文献

1. 专利和实用新型法上发明概念对技术特征的要求，在文献中被广泛地接受。[169]而借助是否利用可控制的自然力的问题能够确定［技术特征］是否满足，却时常被质疑。[170]相应地，一方面［有学者］为一个被扩大的技术理解[171]或技术性概念的"自由的、有价值的解释"[172]而辩护或建议一个与自然力无关[173]的技术概念；另一方面［也有学者］尝试着在保持与自然力联系的情况下对技术概念进行扩展，使其将信息作为材料和能源之外的"第三种实体"

---

[167] Krit. *Wiebe/Steidinger*, GRUR 2006，177，179 f.：联邦最高法院实际上回归到了"核心理论"，参见 *Melullis*，FS Erdmann，S. 419 f.，在审查技术性时，"核心理论"的任务却让发明的技术核心的确定［成为］不是无关紧要的［事情］；该审查只是转移到了创造性活动的审查中；类似观点，参见 *Anders*，GRUR 2004，446 f.；同样认为核心理论的基本要求是合理的有 *Moufang*，FS Kolle/Stauder，S. 241。

[168] So BGH 24. 5. 2004（FN 132）669 r.（Nr. 4）.

[169] 不同意见如：不是有关技术特征的问题，而是有关一个已有发明的保护是否符合专利法的意义和目的，参见 *Hellfeld*，GRUR 1989，483。

[170] *Schar*，Mitt. 1998，324 f.；*Eichmann*，GRUR 2000，752 f.；*Horns*，GRUR 2001，3；*Nack/ Straus*，Nr. 41 ff.；*Nack*，EPÜ – GK Art. 52 Rdnr. 106 ff.

[171] *Pierson*，S. 198 ff.，204 ff.，212 f.

[172] *Goebel*，FS Nirk，S. 378.

[173] *Schar*，Mitt. 1998，327，339，其将所有实际的和可重复的（某个任务的）解决方案均视为技术性的；*Nack*，EPÜ – GK Art. 52 Rdnr. 116 ff.，其明确了"在专利法技术概念的理解中的历史的原则倾向"，据此［上述概念］拓展至新的对象总是发生在如下情形，即如果它展示了来自之前专利保护领域的知识和能力的进一步发展，也即如果新的对象是"具有传统的可专利的对象的知识传承"（aaO，Rdnr. 134）。

同样计算在内。[174] 一些上述出发点的支持者们希望将计算机程序或利用［这些程序］的问题解决方案，一般地作为可专利的而得到认可[175]；另一些［支持者们］进行了限制（参见第2点）或认为，一个程序，［若其］没有显示超越数据处理装置特定使用的技术效果，［则］不是基于创造性活动。[176]

2. 流行的观点是，所有计算机程序已经是技术性的，只要它们作为无争议的技术性装置影响了计算机中的处理状态[177]；［这个观点］不仅是从扩展的技术概念中得出，而且也建立在联邦最高法院解释的基础上。然而，对于新颖性和创造性活动的审查，被申请的问题解决方法在此处有时并不是作为整体而是仅在部分方面被考虑。因此创造性成果的承认，取决于超越数据处理装置特定使用[178]的技术性效果或［取决于］对现有技术水平的技术性贡献[179]，或者在针对创造性活动的审查时，不是思维——逻辑的方案，即程序内容，而只是其技术性整体方案的实施被考虑，并且［程序内容］仅当它明确了技术手段实施的要求时，才具有意义[180]。

3. "计算机程序本身"这个概念没有实质内容，因为计算机程序不能独立存在；在以计算机程序［本身］存在之外它总是有一个［其他］目的；法律上的定义因此并不适合［作为］区分［的标准］[181]。和处理器共同作用的程序不再是计算机程序本身[182]。与此相符的是如下观点，即法定排除规定意义上的"计算机程序本身"仅仅是那些在数据处理装置之外被显示或存储的

---

［174］ *Beyer*, FS BPatG, S. 193 ff. und GRUR 1990, 399 ff.; zustimmend *Wiebe*, GRUR 1994, 234 ff.; grundsätzlich auch *Albrecht*, CR 1998, 696; *Tauchert*, GRUR 1999, 829; ähnlich *Kindermann*, CR 1992, 665; krit. *Melullis*, GRUR 1998, 846; *Busche*, Mitt. 2000, 169.

［175］ So wohl *v. Hellfeld*, GRUR 1989, 484; *Wiebe*, GRUR 1994, 240 f.; *Schar*, Mitt. 1998, 334 f.

［176］ So *Pierson*, S. 215.

［177］ *Preuß*, S. 119 f., 138; *Pierson*, S. 190 ff.; *Troller*, CR 1987, 283; *v. Hellfeld*, GRUR 1989, 480 f.; *Ensthaler*, DB 1990, 209; *Anders*, GRUR 1990, 498, 500; *Beyer*, GRUR 1990, 405; *Engel*, GRUR 1993, 196; *Melullis*, GRUR 1998, 850 und FS Erdmann, S. 408; *Tauchert*, GRUR 1999, 830; *Eichmann*, GRUR 2000, 756; *Horns*, GRUR 2001, 13; *Klopmeier*, Mitt. 2002, 66 f., 70; *Benkard/Bacher/Melullis* § 1 PatG Rdnr. 142; *Haase*, S. 69 ff.; 73; *Zirn*, S. 176 f.; *Perlzweig*, S. 104 ff., 108; *Sedlmaier*, S. 81 f. und Mitt. 2002, 59; *Hilty/Geiger*, 36 Ⅱ C 623; *Teufel*, FS VPP, S. 614; Resolution der AIPPI von 1997, zit. b. *Esslinger/Betten*, CR 2000, 22.

［178］ *Pierson*, S. 215; *Preuß*, S. 128 ff., 420.

［179］ *Ohly*, CR 2001, 816; *Sedlmaier*, Mitt. 2002, 57 f.; *Nack*, EPÜ – GK Art. 52 Rdnr. 149 ff., 318 ff. （"涉及成果的考虑方式的原则"）。

［180］ *Melullis*, GRUR 1998, 852 f.

［181］ *V. Hellfeld*, GRUR 1989, 476; ähnlich *Perlzweig*, S. 85 f.

［182］ *Horns*, GRUR 2001, 8.

[程序]。[183]

澄清排除规定的适用范围的、绝大部分的尝试都暗示着,[184]类似于判例中[的做法]在技术性和非技术性的问题解决方案间作区分。[185]其中为了使排除规定保持其适用范围,可专利性将不能被建立在所有计算机程序共同的、与每一个在数据处理装置上的程序使用必然联系的特征和功能之上,即不能被单纯[建立在]控制数据处理装置作用中的、[程序的]处理过程之上。[186]因此,决定性的判断依据仅仅是程序的内容。[187]在相同方向上,还存在手段和任务以及(直接)结果的技术特征均属于技术性发明的观点[188];可专利性只有在如下情况下才成问题,即如果在数据处理装置中根据程序被计算出的结果直接地和必然地被转换为这样一个过程,即其在有计划使用自然力意义上被认为是技术性的[189];至少同时引起了技术性效果的解决方案才能被视为发明[190]或者数据处理装置程序本身均应被认为是非技术性的程序。[191]在更近的时间段上,判例的发展在确定技术特征时被考虑,比如由此对于传统技术解决方案的替代[其技术特征]同样获得肯定。[192]

与大多数观点反对排除规定不再给予"旧有技术性问题"以根据与主流观点相违背的认为,排除规定剥夺了"旧有技术性问题"的基础。[193][这种观点的]意思是说,数据处理程序不能只是专利申请对象,而是还需要一个在没有被排除在专利保护之外因素的构成上的联系:作为这样的"二元发明"的因素,数据处理程序可以获得专利保护,亦即获得使用保护。[194]

另一个出发点是程序发展不同阶段间的区分。其中"计算机程序本身"主要被看作源代码,[被看作]在数据载体上被存储的计算方案的形式描述,

---

[183] Preuβ, S. 120; Betten, CR 1988, 248; Horns, aaO.

[184] Zahlreiche Nachweise bei Haase, S. 271ff.

[185] Vgl. z. B. *Pierson*, S. 171, 173; *Busche*, Mitt. 2000, 168 ff., 171; *Sedlmaier*, S. 83; *Teufel*, FS VPP, S. 622 f.

[186] 有学者认为其合理性在于,对程序,排除规定不会(假设地)否定技术性特征,而只是法律上[否定]发明特征,参见 *Benkard/Bacher/Mellulis*, § 1 PatG Rdnr. 142。

[187] *Engel*, GRUR 1993, 194 ff.; ähnlich *Anders*, GRUR 1990, 500.

[188] *Beyer*, GRUR 1990, 404; kritisch hierzu *Wiebe*, GRUR 1994, 236.

[189] *Ensthaler*, DB 1990, 211.

[190] *Klopmeier*, Mitt. 2002, 69.

[191] *Busche*, Mitt. 2000, 171.

[192] *Busche*, Mitt. 2001, 57; zustimmend *Ohly*, CR 2001, 815.

[193] *König*, GRUR 2001, 580; kritisch auch *Kiesewetter – Köbinger*, GRUR 2001, 187; *Melullis*, GRUR 1998, 845, 851 und FS Erdmann, S. 410; *Wimmer – Leonhardt*, WRP 2007, 276 ff.

[194] 194 König, aaO 583f.

对于它的保护不是专利法，而是著作权法的适用范围，即便前者为装置或方法的实用性的原理提供保护。[195]在相同方向上还存在计算机本身可以被看作其机械可读的形式或是程序列表的观点；鉴于有关调查困难的担心，上述是概念开始时被期望的含义。[196]与此相应，在申请时递交源代码或程序列表［的行为］并不是通常的，甚至被看作错误的。[197]更准确地说，专利申请通常［要求］针对那些被编程的计算机将实现的功能。[198]

然而还存在以下观点，即计算机程序本身是"技术以外的想法，即在计算机上实施行为指令之前存在的方案"。其将由计算机来实现［的事实］，并没有使上述想法变成技术性的。[199]原则上，是——也因为［是］技术性的——与此相对地，使上述最初只是思想上的解决方案［最终成为］计算机或其激活的行为指令的转化，即那个程序的完成所服务的技术方案，就像它在最终的程序中找到了自己的沉淀。处于著作权法管辖的不是上述方案，而主要是程序内容。[200]这个观点的合理性基于以下想法，即《专利法》第1条第2款（现第3款）的排除规定考虑了自由开放的需要。数据处理装置的程序是事实的另一种表现形式，其中排他性权利的正当性可能意味着对思想自由的威胁。

e）欧洲委员会的指令建议

2002年2月，委员会提出了《〈欧洲议会和理事会关于由计算机执行的发明可专利性指令〉的建议》。[201]2005年7月，该建议在广受争议后，［这些争议］导致了多处修改，欧洲议会最终没有通过（参见§7 d bb 3）。因此［有关该建议］此处不再进行论述。其最初的内容见［本书］上一版（第166页及以下）。

---

〔195〕 *Tauchert*, GRUR 1999, 831 und FS König, S. 486 f., 499 f.; *van Raden*, GRUR 1995, 457; *Betten*, CR 1995, 213; *Esslinger*, CR 2001, 502 f.; vgl. auch *Busche*, Mitt. 2000, 166 f.; *Eichmann*, GRUR 2000, 755 f.; *Koch*, GRUR 2000, 191, 195.

〔196〕 *Schmidtchen*, Mitt. 1999, 281 f.

〔197〕 *Betten/Körber*, GRUR Int. 1997, 118; *Tauchert*, GRUR 1999, 831; *Kiesewetter - Köbinger*, GRUR 2001, 188. 根据《欧洲专利局审查指南》（C Ⅱ 4.15），在说明中虽然为了实施举例的说明［而写入的］、来自通常的程序语言［描述］的程序列表的简要摘录是允许的；但程序列表不能用作单独的公开基础，因为对于专业人士，说明必须是可理解的，而［这些专业人士］并非被认为是对于特定程序语言的专家，［而只是］拥有一般的编程知识；参见 *van den Berg*, ABl. EPA 2001 Sonderausg. 2, 118, 120。

〔198〕 *Horns*, GRUR 2001, 7; *Kiesewetter - Köbinger*, GRUR 2001, 189; *Melullis*, FS Erdmann, S. 406, 411 f.

〔199〕 *Melullis*, GRUR 1998, 852 ff.

〔200〕 *Melullis*, aaO 853.

〔201〕 KOM (2002) 92 vom 20. 2. 2002 ABlEG C 2002/151 E v. 25. 6. 2002, 129.

Ⅳ. 评价

提示：如果不是仅涉及方法发明，即使没有特别被提及，以下阐述以同样的方式适用于实用新型。

a）概述

技术领域中的专利保护的界限导致了具有很高经济价值的、重大的智力成果处于考虑之外的结果。如果涉及缺乏行为指令（发现、学术理论）的基础知识和抽象的原则性行为指令（数学方法）（参见§3 Ⅲ 3 和§11 Ⅱ 1）[202]，为了避免［出现］无法估量范围的独占权利，［这些］都不能获得专利保护。

美学的形式创造将通过著作权法和实用新型法获得必要的保护。

b）具体的非技术性行为指令[203]

1. 非技术性行为指令包括信息媒介领域的创新，同样可以包含重要的智力成果并显示巨大的经济价值。这方面比如，营销组织的任务的有效解决方案，在当今的环境下不亚于许多技术发明［的意义］。[204]因此在很久之前就已要求对非技术性行为指令的排除进行重新审视，因为［排除规定］主要是基于特定的历史条件，而不再合乎时代要求。[205]更新的观点指明了服务领域的重要性［不断］增加，并且因此认为尤其是在这个领域，专利保护是可取的。[206]

反对非技术性行为指令的可专利性的想法［同样］被提出，特别是鉴于企业经济学（对于管理、组织、会计、融资、广告、营销等）的工作成果和方法，这些［成果和方法］对于所有商业企业都是必须，并因此应保持其自由使用。[207]

---

〔202〕 然而，有学者建议，因为基于可实施的公开的要求它们是无关紧要的，［应该］取消对于发现和学术理论的可专利的禁止，并且将针对数学方法的［禁止］限定在"纯粹"数学领域，参见 *Nack*，S. 320 f。

〔203〕 对于是否和在多大程度上明确规定的排除规定应被保留的问题，参见 *Nack*，S. 321 ff。

〔204〕 *Beier*，GRUR 1972，220；*Wertenson*，GRUR 1972，61 f.

〔205〕 *Beier*，aaO；*Wertenson*，aaO 60 ff.；vgl. Auch *A. Troller*，Ist der immaterialgüterrechtliche „Numerus clausus" der Rechtsobjekte gerecht? in：Jus et Lex，Festgabe für M. Gutzwiller，Basel 1959，S. 769 – 786（772 ff.，780）.

〔206〕 *van Raden/Wertenson*，Patentschutz für Dienstleistungen，GRUR 1995，523 – 527；*van Raden*，Dienstleistungen – Dienstleistungspatente?，in：van Raden（Hrsg.）：Zukunftsaspekte des gewerblichen Rechtsschutzes，1995，S. 117 – 122；*Schindlbeck*，Dienstleistungen – Schutzfähigkeit von Dienstleistungen als Beitrag zur Existenzsicherung mittelständischer Unternehmen，aaO S. 123 – 128；Diskussion dazu aaO S. 129 – 134；s. auch *Jänich*，GRUR 2003，483，488 f.；*Basinski et al.*，GRUR Int. 2007，48 ff.

〔207〕 *Kolle*，GRUR 1977，71；vgl. auch *Pietzcker*，GRUR 1981，41 f.，und *Leenen*，Urheberrecht und Geschäftsmethoden，2005，由于［存在］更重要的、自由使用的公共利益，其表示反对商业模式的著作权（*urheberrechtlichen*）保护。

2. 在非技术性行为指令方面，包括信息媒介（但不包括数学方法，参见本节Ⅳ a）领域，创新的可能使用范围不是必然地这样广阔，以至于无法计算独占权的有效范围。它的专利保护排除是否可以独立于技术领域中其传统偏好而证明是合理的，最终取决于，相对于自由使用的利益，应如何去评估保护和激励利益。

趋势上，对此自由使用的需要比在技术性发明的情况下更为重要，因为对人们可以没有利用自然力的情况下使用的创新的独占权利，比对技术性发明的独占权利，通过人类自身之外存在的对象更少地被限定，并且因此通常情况下更直接和更强烈地干涉了人们的行为自由。特别是对商业创新的独占权利可能［产生］显著的、限制竞争效果。只要这种预先的估计没有通过足够具体的和可信任的经济学的和法律事实上的认识被反驳，并由此［证明］在上述领域的专利保护，无论在创新者和经济进步利益上还是对于竞争性使用感兴趣的人都是必须承受的，那么并不建议专利保护范围延伸至上述领域或其部分，如商业模式。[208]

3. 应有利于智力成果，否则其不能或不能被全面保护，这不是给予专利保护的充分理由。更准确地说，根据现行法律保护可达到的界限同时也表明自由使用的利益应具有优先性。

因此，通过著作权虽然对于游戏、思维或智力活动的规则和方法的语言上或其他描述（《著作权法》第2条第1款第1项和第7项）被保护，但规则和方法本身是不受保护的。[209]描述的创作者可以禁止［描述的］复制、传播或非实体的公开复述（《著作权法》第15条及以下），但不能禁止规则或方法的使用（参见§2 Ⅲ b aa）。更确切地说，著作权可以满足在表单、图表、地址簿、目录、计划、合同范本及同类事物的保护需求，它们经济上的适用主要通过复制品的销售实现。为这些产品的使用者提供收益的、新颖的、非技术性的特点，从其内容的汇编、筛选、分配和整理的角度来看，赋予了［上述事物］

---

[208]　Im gleichen Sinn *Melullis*, FS König, S. 356 f. 美国的表面上宽松的实践无论如何也没有提供任何论据，只要［美国实践］不能认识到，此处非相关人的要求被严肃地考查，［美国］很大程度上好像缺乏［此种考查］；参见 *Tauchert*, GRUR 1999, 833; dazu die Hinweise von *Horns*, GRUR 2001, 10 FN 73 auf die Patentierung einer „cleaner teaching method" und von Melullis, aaO S. 348 FN 22 auf die Anmeldung einer „method of providing reservations for restroom use". – Zur US – Praxis auch *Maier/Mattson*, GRUR Int. 2001, 677 ff.; *Hössle*, Mitt. 2000, 331 ff.; *Jänich*, GRUR 2003, 483 ff.; *Laub*, GRUR Int. 2006, 632 ff.; ausführlich *Nack*, Erfindung, S. 36 f., 56 ff. 美国、欧洲专利局和德国有关商业模式申请专利的统计说明，参见 *Riederer*, GRUR Int. 2007, 402 ff.

[209]　在游戏的情况下，不仅形式上的设计，而且特有的方案和游戏规则均可以要求著作权保护，参见 *Schricker*, Urheberrechtsschutz für Spiele, GRUR Int. 2008, 200 – 204.

独特的面貌，其使个人智力成果的承认具有合理性。[210] 采用上述特点的模仿属于侵犯著作权的复制。信息媒介同样可以作为作品或成果成为著作权保护的客体，但这原则上并不针对信息内容的传播或使用；然而不同的是涉及计算机程序（参见 § 2 Ⅲ b bb）和可能涉及数据库时。

　　如果非技术性行为指令是商业或企业秘密，那么竞争法保护它们不受无权传播或利用（《反不正当竞争法》第 17 条及以下）。在这个基础上，同样可以采取［相应］行动防止规则或原则的使用。相反，如果其缺乏秘密性，根据《反不正当竞争法》防止成果采用的保护，只有在根据个案的实际情况存在第 3 条，尤其是第 4 条第 9 项意义上的不正当竞争行为时，才可获取（参见 § 2 Ⅱ e bb）。对此的前提条件通常是严重模仿了前者成果的具体表现形式的特点，在许多情况下其也取决于对公众［产生］误导的危险。相反，一般规则、原则和思想的采用却是自由的，据此竞争者调整着自己的商业行为，或许他"发明了"它们或首先认识到它们是可获取利益的。如果某人采用了一个非秘密性的会计或仓储安排、商业或广告方法，而竞争者首次成功使用了这个方法，那么这可能并不违反竞争法的规定。对竞争法防御可能性的更好的见解是产品的"盲从"模仿情况，其根据非技术性的行为指令或在特定信息媒介意义上被构建（会计簿、彩票、模版、被彩色标记的套筒扳手、广告媒介等，参见本节 Ⅱ c 3 ff）。然而保护却取决于实际情况并且向来仅有利于特定实体，而不是有利于处于基础地位的思想原则。

　　c）计算机程序

　　aa）技术特征

　　1. 计算机程序（数据处理程序）一般被理解为：[211] 一个根据所使用语言规则被确定的、句法结构上的单位，其包括指令和协议，后者包含了（借助于数字计算机设备）为了任务的解决所必需的元素。

　　2. 许多源于相关专业人士[212] 的表达将计算机程序毫无例外地归因于技术特征并且对于法律人将计算机"本身"宣布为非技术性的，或在技术性和非技

---

〔210〕［这里］大部分是著作权的"底线"，但这些［事物］仍可以获得［著作权法的］保护；参见 *Ulmer*, Urheber – und Verlagsrecht, 3. Aufl., S. 136, 165；*Loewenheim* in Schricker, Urheberrecht, 3. Aufl., § 2 Rdnr. 38 ff。

〔211〕Vgl. *König*, GRUR 2001, 582 f. unter Hinweis auf DIN 44 300 Teil 4；ähnlich *Hübner*, GRUR 1994, 883 auf *Broy*：为了控制在计算机上特定任务的解决方案，根据编程语言的规则生成的、可以被看作完整的和可执行的指令和协议的结果。

〔212〕Vgl. z. B. *Hübner*, GRUR 1994, 883, 886；*Schmidtchen*, Mitt. 1999, 291 ff.；*Engelhard*, Mitt. 2001, 58；außerdem die in FN 175 Zitierten。

术性程序作区分［的做法］表示了不解。程序在计算机中对过程产生的作用肯定是技术性的；因为此处发生了一个有目的性的、自然力的使用，而且这通过程序获取了特定的特征。在此，程序的作用超越了文本对在电子打字机中的——或在数据处理装置中的——进程［的作用］，或乐章对在乐器中或电子设备中的进程所起到的作用，借助［上述设备］文本及音乐被［提供或］播放。[213]在计算机利用的情况下，个案中被输入的数据和这些例子相符。相反计算机程序却被设计为，对被输入的内容各异的数据始终以相同的方式进行处理。这开启了通过——手工操作的或（比如通过和测量设备直接联系）自动的——数据输入而取得结果的可能性，［上述结果］虽然同样由被输入的数据所决定，但其总是以被程序影响的方式生成。

这使程序能够被视为系统的一部分，而［该系统］被用于通过数据输入获取以特定方式与被输入数据相匹配的结果。没有对此所必需的程序，计算机对于上述特定目的来讲是无用的。这里并不是涉及所有程序共同的效果，即让计算机以某种方式运行，而是涉及让［计算机］适合于相应特定目的。"通用"计算机可以为许多不同的目的而被使用，这种情况虽然是由其上所有可运行程序的共同特征引起的，但它们的计算意义并不局限于此。如果一个程序另外通过一个特定目的显示了特定特征，［那么］计算机中的进程不仅是其结构类型的效果，更是程序的效果。因此，从完成［计算机程序］和利用其工作的专业人士的角度，认为所有计算机程序都具有技术特征是存在正当理由的。

这首先适用于程序形式，其在计算机中直接产生作用，另外［上述作用］通过电子信号产生。即使是对已经包含所有由计算机完成的单独步骤的、其他程序实体［化］同样适用。

程序可以被理解为方法，其将通过向计算机的输入及其操纵而被执行。但它也可以被视为产品，其被与计算机连接成为一个系统，［该系统］将产生与程序相符的结果。

3. 法律上的分类不能忽视相应专业人士的理解。联邦最高法院早在30多年前就是这样来总结它对发明的定义的，以至于专利保护的适用范围可以不断地和技术发展相适应（参见本节 I b 1）；为了顺应与生产进程相联系的计算机使用的不断增强的重要性，联邦最高法院最近已将［发明定义］进行了拓展（参见本节 III c dd）。这意味着，对于专利法上发明概念具有决定意义的技术性要求的执行必须符合实际形势；根据这个标准是技术性的对象不应通过技术特征的法律规定或判决而被否定。从发明概念中排除上述对象并因此排除专利

---

［213］　Anders *Kraßer*, S. 269 f., Rdnr. 102 f.；当时的观点很少被区分。

保护的法律规定，不能基于［专利保护］在传统意义上仅发生在技术领域的［情况］而被解释，同时［这些排除规定］也不能由于所有计算机程序的技术性而不被限定在非技术领域。［上述规定］同样不能因为被理解为是缺乏技术性的假定而满足条件；更准确地说，它们应该在专利保护的原因和目的的视角下去审查其正当性。

bb）排除规定的原因

1.《专利法》和《欧洲专利公约》中有关数据处理装置的程序不能被视为发明的规定，在任何情况下均涉及以可机读的形式或可被直接合适地编制成这样的形式完成的程序（参见本节Ⅳ c aa 2）。

无需对"计算机程序"概念本身［进行］解释，因为它在法律规定中并未出现。更准确地说［其］总是以保护请求的对象为出发点的。如果它包含计算机程序，那么可审查鉴于程序本身或仅鉴于整体对象授予专利是否将证明排他权利的合理性，在［整体对象的］情况下，程序只是一个因素，除此之外至少［还有］一个其他因素。为阻止排除专利授予的法律规定的适用，哪些附加因素是合适的以及它和程序间必须具有哪些联系，［这些问题］不能通过"程序本身"概念的解释，而是通过对［排除］规定的解释而得以明确，［后者的解释］尤其取决于这些规定的意义和目的。

2. 排除规定的一个理由最初在于以下顾虑，即专利官员还没有为计算机程序审查，尤其是当中必要的相关现有技术水平的查明做好准备。直到今天，他们实际上仍未从事有关程序开发［的工作］。公开、文件编制、调查研究和与现有技术水平的比较所可能引发的问题，特别是借助电子存储媒介和通过计算机使用［的情况］，或许是无法克服的。[214] 在生物技术领域，［这些问题］是通过新的、与这个领域特征相符的辅助手段而令人满意地得以解决的，如活体备份和序列清单的递交。

3. 如果这些计算机程序拥有技术特征，它们［将］缺乏其他在非发明清单中所指对象共同的特征。在这个清单中它们的列入却可能如此解释，即［它们］属于［那些］由于［存在］更重大的自由使用利益而不能获取独占权的对象。然而被开发的程序，在专利申请中必须被这样具体地描述，以至于它们的保护，即使保护包含［其］等价的变体，［也］不会超过那些无争议技术

---

［214］ S. *Esslinger/Betten*, CR 2001, 21; zweifelnd *Horns*, GRUR 2001, 12 ff., 后者也指出从有关计算机程序著作权保护的法律规定中［同样］产生了对于现有技术查明的困难。但这样的法律上的障碍也许不能通过立法［活动］被消除。一个适合于调查研究的文件编制的建立同样可能通过如下手段得以促进，即在使用计算机程序发明申请的情况下，要求描述程序的源文件的递交和因此之后的公开；参见本节Ⅳ c dd。

性的发明［所导致的］对自由使用利益的损害［程度］。[215]［计算机程序］只有在和至少另一个因素相联系的情况下，才允许获得专利保护并由此开放［其］在其他联系上的使用，［有关这些］重要的、应受保护的利益并非是显而易见的，特别是当被开发的程序不是毫无疑问地为了其他目的而可被使用的情况下。

另外，被开发的程序无论如何都会享有著作权的保护。这种保护虽然原则上涉及程序形式上的（"语言上的"）描述，但结果上同时也包括它的功能性（参见§2 b bb）。［上述保护］不仅针对同一的，还针对通过加工而被改变的复制（《著作权法》第69c条第2项）。[216]虽然从属性的加工仅存在于可受保护的、独特的特性，即不只是程序的"想法"或"原则"被采用的情况（《著作权法》第69a第2款），［但问题是］包括等价变体在内的、其申请针对被开发的程序的专利保护领域是否将可能达到值得重视的程度。无论如何，好像对这样的专利，实践上不存在任何利害关系（参见本节 Ⅲ d 3）。

4. 然而自由使用的利益却适用于当要求对借助计算机程序所获取的问题解决办法的普遍化［给予］专利保护的情况。问题解决办法被解释得越抽象和越普遍，［对上述利益］损害的风险就越大。［这种风险］在程序运行或数据流设计的情况下，同样可被关注，［上述设计］作为将开发的程序的准备阶段，借助符号、所属文本和定向的连接线，用图表表示了程序运行或数据流的结构特征。[217]

当被普遍化的问题解决办法的专利，因为［这些程序］不适合于在其他方面的使用，从而导致适合被授予专利的问题解决办法的程序不能被使用时，就此而言，计算机本身获取专利的禁止无论如何对于自由使用利益的保护都间接地作出了贡献。那么可以说，对被普遍化的问题解决办法的专利在结果上等同于对一个或多个计算机程序本身的专利。可能无法理解的是，如果针对被普遍限定的问题解决办法的自由使用的法律规定非直接地涉及这个，而是涉及被

---

［215］ 在软件领域创新过程的特殊性，为反对授予计算机程序专利提供理由，参见 *Perlzweig*，S. 202 ff.，214 ff.，218，246 ff.，254。但是这里他没有考虑著作权保护的、以可能的方式阻碍创新的后果，而且他也没有考查他所担心的、专利保护的消极影响是否可以通过专利授予前提条件的严格遵守而得以避免，比如有学者对此极力支持，参见 *Haase*，S. 130，340。

［216］ 可忽略的是著作权法仅抵制单一复制的表述，参见 *Hilty/Geiger*，36 Ⅱ C 617。正如《著作权法》第3条和第23条所规定的，一个从属性的加工甚至存在于其本身也是受保护的作品的情况。在加工中重复出现的、独特的被加工程序的特征同样可以完全是与技术性相关的。因此存疑的是，著作权保护是否可以通过反编译（出于这样的目的它是不允许的）和"重新建构"而得到规避，如学者所认为的，参见 *Haase*，S. 90。

［217］ Vgl. *Kolle*，GRUR 1982，444 f.

开发的计算机程序，［即涉及］对其没有已被著作权覆盖的使用可能性的自由开放不存在重大利益［的程序］。

5. 因此对于将被开发的计算机程序排除在可专利［范围］之外，整体上并不存在有说服力的理由。然而法律规定，据此这些程序"本身"不能被授予专利，在德国和欧洲的行政实践和司法判决中，反正没有构成独立的、可授予专利的阻碍，其原因在于［这些规定］被理解为技术性要求的表达，并且在这个范围内，［这些规定］无论如何都会在如下意义上被考虑，即一个程序通过和计算机的共同作用不能绝对地获取技术特征。[218]

［那些认为］正是被开发的计算机程序才可专利和计算机本身应被理解为作为程序基础的、思想上的计划的观点，[219] 虽具有本身合理的事实依据并能产生理性的结果，但鉴于占多数的语言习惯用法[220]，其与前述法律规定的字面意义不符。更准确地说，对于使用计算机程序的、被普遍化的问题解决方案的可专利障碍可能产生于它们的保护在结果上使被开发的程序的使用和因此禁止计算机程序本身成为可能（参见第 4 点）。行政实践和司法判决却没有关注上述影响，而是经常——尤其是在经营程序领域——得出含有计算机程序本身禁止权利的结果。[221] 然而［这］并没有导致直接涉及被开发的程序的专利；从缺乏［相应］利益（参见第 4 点）比从排除规定［的角度］更能说明［上述结论］。在更近一些的判决中，只要被存储的程序服务于技术性的问题解决办法（参见本节 Ⅲ b bb 6 和 c ff），甚至对于承载程序的存储媒介的申请，亦不受到阻碍。这样申请的同意却相当于被开发的程序的可专利性。

6. 在《专利法》和《欧洲专利公约》中删除排除规定可能不会改变根据行政实践和司法判决产生的法律规范，因为作为其决定性基础的、技术特征的

---

[218]　Vgl. *Moufang*, FS Kolle/Stauder, S. 238.

[219]　*Melullis*, GRUR 1998, 852 ff.

[220]　有学者指出，计算机程序概念，在计算机上实施行为指令的前提方案的意义上的使用符合一般的语言使用习惯。但其作为例子被指出的表达，更准确地说是代表了计算机程序的使用领域。这首次产生于一般计划的实施。让为自己的计算机编制程序或希望购买程序的人，想要的不是上述计划，而是已完成的、［计划］实施的结果，参见 *Melullis*, aaO 852 r。

[221]　*Hilty/Geiger*, 36 ⅡC 624；*Weyand/Haase*, GRUR 2004, 200. – Als Beispiel vgl. EPA 23. 2. 2006 T 424/03 Clipboardformate/Microsoft GRUR Int. 2006, 851，其中（在判例摘要 1 和编号 5.1 中）被强调的是，由计算机执行的方法（a method implemented in a computer system）在被实际执行并获取结果（actually performed and achieving an effect）的步骤顺序意义上，和一个借助计算机可被执行的指令，如计算机程序（computer – executable instructions, i. e. a computer program）的结果是不同的。如果上述指令被载入计算机并在其上运行，它们仅具有获取这种结果的功能。如果涉及方法保护，而［该保护］总归主要只是针对方法的使用，因此将在结果上获得计算机程序本身的保护。然而判决同时明确了，被申请的方法赋予了通用计算机附加的功能性，而且就此而言取得了额外的技术性效果（编号 5.2、5.3）。

要求并未改变。无论是担忧［这样的法律规范］也能导致专利保护的无限拓展，还是希望它将专利保护延伸至非技术性对象，都是没有合理根据的。基于［法律］明晰化［的考虑］，它可能是有益的。

cc）被普遍化的问题解决办法的可专利性

1. 与（被开发的）计算机程序经常相对应的是作为一般规则的运算法则，后者公式化的遵守使类似任务能够得以解决。其中最初首先被考虑的是抽象且一般的、并因此尽可能排除在独占权利之外的规则。[222] 但对于具体指令直到被开发的计算机程序，"运算法则"的概念都被使用。[223] 技术性的行为指令因此可能同样被表示为运算法则。[224] 相应地有些运算法则可能得到专利保护，而另一些却被排除在保护之外。[225] 在利用计算机程序的问题解决办法的情况下，被要求的是对在通过程序实现的解决办法结构意义上的运算法则的专利保护。[226]

2. 对可专利性最终起决定作用的是在专利申请或专利中被请求的内容，从整体上看是否具有技术特征。对此取决于问题的形式，［而该问题］对比在申请或专利中被作为前提条件的现有技术水平，［应］被视为是已解决的。

技术性的是这样的问题解决办法，即它借助计算机调整或控制了一个在计算机之外发生的、自然力的使用。[227] 对此没有区别的是，［该使用］是出于哪些最终目的而发生，或者相应地，哪些数据形式在计算机中被处理。如果从经济的视角，一个技术过程可通过利用计算机而被优化，并因此通过经济参数同样影响其调整或控制，上述过程仍是技术性的。[228]

另外，问题解决办法也是技术性的，如果它引起了一个不是通过所使用计

---

[222] In diesem Sinn die 4. Aufl. S. 94 ff. ; *Albrecht*, CR 1998, 695; *Dogan*, S. 14, jeweils m. Nachw.

[223] S. *Schickedanz*, Mitt. 2000, 174 f. ; *Teufel*, FS VPP, S. 615; *Perlzweig*, S. 87 ff. ; *Busse/Keukenschrijver*, §1 PatG Rdnr. 148.

[224] Vgl. BPatG 25. 3. 1996 (FN 147); 21. 1. 1997 (FN 154).

[225] Begründung des Richtlinienvorschlags (FN 201) S. 8.

[226] *Horns*, GRUR 2001, 7; s. auch oben III d 3 m. Nachw.

[227] 这样的情况存在于，比如下列案件："X射线装置"案（脚注76）、"防抱死制动系统"案（脚注109）、"电子信号调节装置"案（脚注118）、"百叶窗控制"案（脚注119）、"打磨方法"案（脚注121）、"生产及检验方法"案（脚注145），在上述案件中技术特征被肯定，但在"轧钢分割"案（脚注112）中，其却被否定了。

[228] 例如"航行成本最小化"案（脚注114），然而联邦最高法院却否定了该案中的技术特征；krit. dazu *Benkard/Bacher/Melullis* §1 PatG Rdnr. 103 b.

算机结构类型［就能］产生的、［计算机］元素间的协同作用。[229]同样的情况是测量值的自动收集和评估[230]，以及对电子信号的变更影响[231]。

除此以外，由计算机技术开启的可能性，通过如下方式被考虑，即在现实中包含自然力有计划使用的、过程的模拟[232]和替代[233]本身被视为技术性的，因为它们描述了这个现实以及其中发生的相互作用，而且它们的结果为实际追求的成果作出了贡献。

3. 某个问题解决办法并非因此就是技术性的，由于它作为技术辅助手段利用了计算机程序或计算机。思维活动、游戏或商业行为以及单纯的信息媒介的数学方法、设计、规则和程序，并不能通过在其使用或执行时，技术手段，如书写和计算机设备、电信系统、汽车、运动装备、游戏设备被使用，而成为技术性的。相应地，这表现为利用对此必要的计算机或程序。[234]在这里，技术性问题仅就如下情况而言是能被解决的，即当作为基础的非技术性行为指令借助属于现有技术水平的程序和计算机不能被实行的时候。此时可能必要的是，使前面的行为指令适合于程序和计算机技术的可能性。为此目的的手段是技术问题解决办法的组成部分。[235]

一项申请或专利，其为执行非技术性的行为指令，并不要求前述意义的计算机或程序技术的问题解决办法，而是仅仅要求说明计算机系统的结构因素被使用，如输入装置（如键盘）、存储装置，为存储内容连接服务的处理器、显示手段（如显示器）、传输线、打印机，这样的申请或专利并不具有技术性问题

---

〔229〕　例如下列案件："数据程序网络"案（脚注78）、"剪切板文件格式"案（脚注78）、"页面缓冲区"案（脚注126），也许同样［在下列案件中］："可编辑文件形式"案（脚注80）、"计算机程序产品"案（脚注94）、"用户界面"案（脚注165），虽然联邦专利法院否定了其中的技术特征。

〔230〕　如"潜水计算机"案（脚注127）。

〔231〕　如"VICOM"案（脚注75）和"维特比算法"案（脚注148）。

〔232〕　Hierzu *Wiebe*，GRUR 1994，233，239；*Ensthaler*，DB 1990，209，212；*Schmidtchen*，Mitt. 1999，289 r.，292. "逻辑电路模拟装置"被视为技术性的，因为其中无需通过人类的智力活动的、结果的评估，模拟装置的成果将直接产生，参见 BPatG 17 W（pat）60/97。欧洲专利局将由计算机支持的模拟程序视为技术性的，参见 T 1227/05（脚注104）。相反联邦专利法院否定了"有轨交通系统"案（脚注164）中的技术特征。反对模拟程序可授予专利［的观点］，参见 *Albrecht*，CR 1998，698。

〔233〕　涉及"逻辑验证"案（脚注128），参见 *Busche*，Mitt. 2000，171 f.；*Sedlmaier*，S. 124；另外，还有"电缆束"案（脚注150）反对将专利保护拓展至由计算机支持的设计方法［的观点］，参见 *Schölch*，GRUR 2006，969 ff.。

〔234〕　*Moufang*，FS Kolle/Stauder，S. 241 ff.，因此批评了下列判决：„"语言分析装置"案（上文 Ⅲ c ee）、"养老金体系控制"案（上文Ⅲ b bb 7）和"拍卖程序"案（上文 Ⅲ b bb 8）。

〔235〕　参见 *Anders*，GRUR 2001，558 f.；*Melullis*，FS König，S. 356；*Sedlmaier*，S. 113 ff.

解决办法的内容。[236]因此不可能的是，将被相应编程的计算机作为产品去申请。

然而，如果为非技术性指令执行的申请或专利提供了一个特定的、程序或计算机技术的问题解决办法，那么仅限于这个特定执行方法的保护是可能的；如果其并未——至少在等价变体中——使用，则非技术性行为指令需保持可被自由使用。

dd）可实施性、公开

利用计算机程序的问题解决办法只有在如下情况下才满足可授予专利的可实施性前提条件（参见§13.6），即当存在适合于它们实现的程序，且［该程序］在申请中被公开或基于此处的说明可以通过相应的专业人士无需更大的困难的情况下被创造。使用计算机程序的问题解决办法的申请，习惯上不包括被开发的程序。申请主要只包含一般的功能说明。然而，明显的是，迄今为止的判决一直都没有怀疑过这类问题解决办法的可实施性。[237]大部分文献亦持上述态度。[238]通常仅认为，在了解功能描述的情况下，编程只是例行公事。只有在个别情况下，有关服务于转化的程序的说明才被认为是必需的。[239]其中也存在如下提示，即对有效的程序［消耗］的时间和工作量可能要比对作为基础的功能描述的大得多。[240]并非总是［能够］顺利将结构上被了解的解决途径转化为有效的程序，而是时常伴随着失败，很多数据处理装置领域成果的需求者都了解［上述情况］。因此应该普遍地和在所有个案中，在认真考虑实际情况下，比之前必须更准确地审查利用计算机程序的方案的申请人所须公开的内容，由此［申请人］所要求的保护的对象能被认为是一个具有足够可行性的和在没有不合理的消耗的情况下、可被实施的行为指令。这可能产生如下结

---

［236］ 例如下列案件："文档总结与检索"案（脚注83）、"文本编辑"案（脚注84）、"错误字符串检索"案（脚注132、158）、"互助提供"案（脚注135）、"盈利能力计算"案（脚注137）、"拆卸困难度评估"案（脚注155）、"商业行为"案（脚注134）、"廉价通话"案（脚注139）、"系统要求"案（脚注160）、"网络问询"案（脚注161）、"载重汽车标识"案（脚注163），在这些案件中，技术性被否定（即使是关于产品申请）。在下列技术性被认可的、案件的事实中同样能意识到，没有超越计算机使用的、技术性方面："等候系统"案（脚注89）、"拍卖方法"案（脚注99）、"语言分析装置"案（脚注130）。"价格自动调整"案（脚注131）（至少关于方法申请），以及联邦专利法院的"电子支付"案（脚注151）。在"养老金体系控制"案（脚注97）中，关于方法申请，技术性特征被合理地否定，而关于装置申请，［技术性特征］却无故被肯定。

［237］ 功能的说明被视为足够的，如 EPA T 424/03（FN 220）［Nr. 4］和 BPatG 5. 9. 2006（FN 164）317 l. 中；联邦专利法院满足于"技术原则"的告知并废除了专利局的驳回决定，后者原来要求所属程序的源代码的公开，参见 BPatG 8. 7. 2004 Quellcode GRUR 2004，934。

［238］ *Horns*，GRUR 2001，7.

［239］ *Kiesewetter－Köbinger*，GRUR 2001，190 f.；krit. Zum Fehlen solcher Angabe auch *Melullis*，FS König，S. 352 f.；vgl. ferner *Schölch*，GRUR 2001，21.

［240］ *Kiesewetter－Köbinger*，aaO 191；vgl. auch *Haase*，S. 15；*Perlzweig*，S. 19 f.

果，即为证明可实施性，递交被开发的程序时常是必要的。[241]它可以相应地以存储媒介的形式出现。[242]另外，在较新的文献中被合理要求的是，在使用计算机程序的发明情况下，程序的源代码（源文本）应随同申请提交和公开。[243]这对于有关的专业人士必然是可理解的；更多地，对于可实施的公开是不必要的。源代码的公开也许具有以下优点，对出于保护前提条件或被指违法的审查目的而必须被调查的案件，［源代码公开］比可能通过反编译从被固定在存储媒介上的目标代码（机器代码）推断出［的公开］，给现有技术水平增添了更具说明力的信息，[244]并且避免了与对此原则上适用的著作权法禁止之间的冲突。[245]

ee）新颖性和创造性活动

1. 根据法定的新颖性和基于创造性活动的定义，可被审查的是，被要求保护的对象在申请的优先时间点上，是否已经基于现有技术水平而失去了新颖性或为专业人士所熟知。如果其整体考量上被证明是技术性的问题解决办法（参见本节Ⅳ c cc），其同样可以作为整体而被审查［其］新颖性和创造性活动。其中（除非是之后被公开的、更旧的专利申请内容，在专利法新颖性审查时）不能考虑在前面的时间点上未对公众开放的知识。不属于现有技术水平并对问题解决办法是必要的认识，不能因此就不予考虑，因为［这些认识］——比如作为发明——没有表明技术特征以及单独看来不是可受保护的。原则上这同样适用于非技术性的行为指令。因此新的游戏规则可能是新游戏机发明的原因，而新的商业模式或文本处理方法可能导致专门的程序或计算机技术的问题解决方案（参见本节Ⅳ c cc 3）。在创造性活动审查时，可以从一个专业人士［的角度］出发，新的游戏规则或商业模式或新的文本处理方法并

---

[241] 程序代码是任务解决方案的唯一明确的揭示，参见 *Kiesewetter – Köbinger*，aaO 192。

[242] 其缺乏人类可读的语言形式是不允许的［的观点］，鉴于为微生物而被导入的备份体系，上述观点没有说服力，参见 *Tauchert*，GRUR 1999，831，833。

[243] *Haase*，S. 77 f.，93，116 ff.，340 f.；*Weyand/Haase*，GRUR 2004，201 r.，203 f.；zustimmend *Hilty/Geiger*，36 ⅡC 635. 有学者认为递交源代码［将产生］不合理的费用，参见 *Tauchert*，GRUR 2004，922 f. 有学者指出这既不是足够的也不是必要的，参见 *Sedlmaier*，S. 185 f。另有学者建议为软件发明的申请导入法定的"典范的"描述形式，参见 *Zirn*，S. 185 ff。

[244] *Weyand/Haase*，GRUR 2004，202 r.

[245] 有学者认为由于上述禁止［规定］，以汇编的形式被销售的软件不属于现有技术水平，只要［该软件］没有（这也是非法的）进行实际的反编译，参见 *Müller/Gerlach*，CR 2004，389，392；类似观点参见 *Sedlmaier*，S. 86 ff.；*Zirn*，S. 144 f.

非可供［上述专业人士］使用，因为它们不属于现有技术水平。[246]

2. 偶尔也会被主张的是在利用计算机程序的问题解决方法情况下，创造性活动可仅存在于解决途径的结构中，而非存在于被开发的程序（源代码、目的程序）中。[247] 如果解决途径属于现有技术水平，后者却可能合乎实际情况。但如果被开发的程序在这样一个优先时间点上被申请，此时前述结构还没有对公众开放，在解决方法结构非熟知的情况下，可能产生相应的程序对于专业人士同样是非熟知的结果。即使解决方法结构属于现有技术水平，［也］并不能排除，实现［这个结构的］、被开发程序的完成，超越了一般专业人士所能期待的程度。

3. 解决办法结构经常已经是由现有技术水平中产生。如此表现为，当已知的问题解决方法被"计算机化"，而且其中必要的、使之与程序和计算机技术状况相适应的调整可以由一般的专业人士完成。然而许多通过计算机的使用才成为可能的问题解决方法是熟知的。尽管它们并非因此就缺乏发明的特质，因为它们"有目的地利用了"所使用的计算机。通用计算机的使用可能性的多样化并不意味着其中所有的［使用］都可能会被视为已知的或熟知的。[248] 然而，其中显著部分对于知道操作计算机的专业人士是熟知的。如今鉴于越来越有效率的计算机的可任意使用，对于这样的专业人士来说，同样考虑新的使用可能性和去实现那些保证常规行动时成功的、程序技术的转化已属日常工作。只有当解决办法的基本思路或其程序技术的转化偏离了上述日常工作的路径，解决办法才是创造性的和可专利的。[249]

4. 只要创造性成果的存在取决于解决途径的结构，［那么］将可以此为出发点，即计算机专业人士与解决办法被使用领域的专业人士协作。如果这样的专业人士对于解决办法的结构是熟知的，［该结构］可能对发明特质［认定］没有丝毫贡献。

---

［246］　在欧洲专利局的裁定中，这并非总是被考虑，见上文脚注88、97；kritisch dazu *Engelhard*, Mitt. 2001, 58, 60；BPatG 29. 4. 2002（脚注138）277 r。相反地，认为将商业模式的、新的"出发点""归入"现有技术水平并不是［与］体系相悖的，参见 *Sedlmaier*, S. 119 ff., 131 f。Bedenklich auch BPatG 22. 11. 2004（脚注140）。然而，专利法意义上的创造性活动并不能单纯和直接地产生于技术以外的事件；so *Melullis*, FS Erdmann, S. 419；zum Problem *Keukenschrijver*, FS König, S. 261 ff.；*Moufang*, FS Kolle/Stauder, S. 245 ff.

［247］　*van Raden*, GRUR 1995, 455；*Klopmeier*, Mitt. 2002, 67 f.

［248］　这里存在一个与技术性设备不同的地方，即对于专业人士来讲，后者的有目的的利用可能性绝对产生于结构类型并且由此被严格限定。不同的观点参见本书第4版第95页及该处的引注。

［249］　对此，许多与程序有关的发明都存在缺失，如果鉴于创造性成果，合理的要求被提出，参见 *Hilty/Geiger*, 36 ⅡC 624。

ff）可能的申请文本

1. 专利申请必须包含从其中能推导出所请求方案技术特征的［那些］特性。另外，首先根据可能限定申请对象的现有技术水平［去］确定［申请］可以如何具体地表达和在多大程度上可以相应地被普遍化（参见 § 24 A Ⅲ）。[250] 若以上［要求］已被注意，并且所请求方案是可实施地被公开的，［那么］申请人可以自由地确定申请文本。

2. 使用计算机程序的、［具有］技术特征的问题解决办法可能是方法申请的对象。在欧洲专利局和联邦最高法院看来，对被编程的计算机和承载程序的存储媒介的产品申请是允许的。其合理性在于被存储的程序包含所有证实保护合理性的特性，以及［包含］那些使问题解决方案整体上成为技术性的［内容］。[251] 这时计算机和存储媒介表现为产品，其影响了问题解决办法所服务的技术过程。计算机程序本身申请的禁止，根据行政实践和司法判决，在存在技术特征的情况下，其与产品申请同样很少相冲突，如相当于计算机程序本身保护的方法申请。然而为了使问题解决办法具有技术特征，［只是］技术性手段的利用在这里同样是不能满足条件的。就此而言，对于存储媒介的使用所适用的，和对于程序以及计算机的［使用］相比较没什么不同（参见本节 Ⅳ c cc 3）。因此针对被编程的计算机或承载程序的存储媒介的产品申请只有在如下情况时才是允许的，即当程序服务于技术性问题解决方案的实施。[252]

3. 计算机程序可以被理解为产品（参见本节 Ⅳ c aa 2），即使它们既没有装入计算机中，也没有在数据载体中被具体化。因此它们（在存在技术特征时，参见第 2 点），正如联邦最高法院在一个实用新型案件中所认可的那样，[253] 独立于上述存储而［单独］被申请。以信号形式的、被保护程序的传输，如从网络中"下载"，［如果该传输是］给一个专利空间保护领域内的接受者，这时［上述传输］可被理解为产品的发布，而不是仅仅被理解为方法的提供或间接的使用，鉴于这两个构成要件的主观特征，上述情况可能是有利的。

4. 在以按程序运行的计算机及其之外的技术装置之间的协同作用作为典型特征的问题解决办法的情况下，相应被编程的计算机和被使用的、承载程序的存储媒介不代表所有证明专利合理的、解决办法的特征。同样适用于在信号形式下的程序（参见第 3 点）。产品保护此时仅对如下装置是可能的，其同时

---

[250]   Ausführlich zur Gestaltung der Ansprüche *Sedlmaier*, S. 140 ff.

[251]   IglS *Sedlmaier*, S. 130 ff. , 138.

[252]   Vgl. *Sedlmaier*, Mitt. 2002, 61.

[253]   BGH 17. 2. 2004 Signalfolge BGHZ 158, 142 = GRUR 2004, 495, 496 f.（Nr. Ⅱ 3）.

表明存在于程序和计算机之外的特征。被编程的计算机或承载程序的存储媒介的提供以及以信号形式的程序的传输却可能根据包含［前述］那些特征的产品或方法专利，作为间接使用而被禁止。

5. 如果涉及产品保护，同样可以通过注册实用新型证明这是合理的，如果鉴于新颖性和创造性成果，［其］满足对此决定性的要求（参见§16 B 和 §18 Ⅰ b）

gg）总结

1. 被开发的计算机程序是技术性的方法或产品。将计算机程序本身排除在专利和实用新型保护之外的法律规定不能从缺乏技术特征［的角度］得以解释。［这些规定］也不能通过可受保护的自由使用利益而证明其合理性。在行政实践和司法判决中，它们的适用范围常被限定于没有技术特征的对象，这种限制虽然法律体系上是有弱点的，但其符合专利保护的目的。[254]然而软件工业的保护利益比较少地针对被加工的程序，更准确地说是针对被普遍化的、使用计算机软件的问题解决办法。

废除排除规定可能对于［法律的］明晰化有益，[255]但废除可能并不会改变仅仅是具有技术特征的对象才能获得专利保护［的事实］。这个限定适用于被普遍化的、使用计算机程序的问题解决办法。后者只有在其证明是技术问题解决办法时才是可授予专利的。对此仍不满足条件的是为了其实施而使用了计算机程序和计算机。

2. 在至今的实践中，可实施的公开的必要条件［一直］被忽视。其应该这样被操作，以至于不会产生对任务提出的保护[256]，［任务提出］的合乎计算机的实现还要求在没有充分可信的成功预期的情况下的大量的编程和测试费用。否则也许可能的是，出于在对此授予的专利保护中尝试克服与程序技术解决办法仍相矛盾的困难的目的，通过投机的申请为计算机利用预留整个使用领域。作为程序基础的、被著作权保护排除在外的"思想和原则"仅在如下情况下可以获取专利保护，即如果它们被转化成一个可实施的行为指令并由此被具体化。

3. 针对新颖性和创造性活动的审查——不同于在判决的影响下形成的如

---

〔254〕 这种限制已不是限制性的法律解释，而是目的论的干涉，参见 *Moufang*, FS Kolle/Stauder, S. 237。

〔255〕 Sie wird befürwortet auch von *Ohly*, CR 2001, 817; *Nack*, Erfindung, S. 271; *Haase*, S. 342; *Zirn*, S. 204 ff.

〔256〕 S. *Melullis*, GRUR 1998, 851 r., FS König, S. 357 und FS Erdmann, S. 411 f., 417 FN 49, 422 f.; *Schölch*, GRUR 2001, 20; *Weyand/Haase*, 36 Ⅱ C 656.

今广泛流传的观点[257]——应该首先进行，如果查明被申请保护的对象具有技术特征。此时既非必需亦非恰当的是，基于如下原因不考虑那些不属于现有技术水平且对问题解决办法的实现是必要的信息，因为它们单独看来不具有技术特征。相反将技术性审查包含在创造性活动审查中可能导致无根据地拒绝保护。

在审查创造性活动时可注意，在今天的计算机和程序技术发展状态下，将已知程序解决办法"计算机化"和其中适应程序和计算机技术的要求，［这些］时常不需要超越——计算机技术及其各自的使用领域的——一般专业人士能力的劳动。在计算机新的使用可能性的发现时，相应的［情况］也将经常出现。

4. 使用计算机程序的问题解决办法可以通过方法申请而被保护。另外，如果作为产品而被申请的对象包含所有证明保护合理的特征，并且这些特征［同时］包括那些其中可以推导出问题解决办法的技术特征的内容，那么针对被编程的计算机的、针对承载程序的存储媒介的和针对信号形式的程序的产品申请也是可能的。

5. TRIPS 并不禁止将发明的可专利性取决于发明具有技术特征［的做法］。更准确地说，仅仅是有义务当发明处于技术领域时可专利。问题解决办法并非仅因为其利用了计算机程序和计算机就处于技术领域，而是首先当其解决了技术问题时［其才处于技术领域］，当然［这样的技术问题］也可能同时是程序或计算机技术性的［问题］（参见本节Ⅳ c cc 3）。

令人担心的是，从 TRIPS 中却可以推导出反对涉及计算机本身的排除规定［的内容］[258]，因为后者可能为拒绝给予技术发明专利保护提供理由[259]。然而，欧洲和德国的行政实践和司法判决在很大程度上回避了这个问题，由此其将［排除］规定的使用限定在非技术性的问题解决办法上（参见第 1 点）。

6. 如果该程序利用相同或等价的手段解决了相同的问题，利用计算机程

---

[257]　*Zirn*，S. 198 f.；*Sedlmaier*，S. 111 ff.；*Haase*，S. 288；*Anders*，GRUR 2004，467；*Melullis*，FS Erdmann，S. 419 f.；*Keukenschrijver*，FS König，S. 261 ff.；*Wiebe/Steidinger*，GRUR 2006，177，179 l.；*Nack*，GRUR Int. 2004，771，772 l.；krit. *Moufang*，FS Kolle/Stauder，S. 247，250；*Wimmer – Leonhardt*，WRP 2007，281；*Pagenberg*，FS Kolle/Stauder，S. 252 FN 5.

[258]　So *Schiuma*，GRUR Int. 1998，855 ff.；vgl. auch EPA T 1173/97（脚注 94）616 f.

[259]　这并非源于 TRIPS 可能提供了相比其在欧洲和德国法上至今权威的内涵，在更为宽泛的意义上去理解"发明"和"技术"概念（相关的参见 BPatG 18. 1. 2000［FN 134］217 f.；其他的参见 *Schiuma*，aaO 852 ff.），而是源于计算机程序实际的技术性，参见本节Ⅳ c aa 2。

序问题解决办法的专利持有人可以禁止开放源代码程序[260]的使用。前提条件是开放源代码程序在专利的优先时间点上，既不属于现有技术水平，也还没有被事先使用。[261]若其属于现有技术水平，则专利将在异议或无效诉讼程序中遭到排除（《专利法》第21条第1款第1项、第22条，《欧洲专利公约》第100（a）条；详见§26 B，§30 Ⅱ、Ⅲ）。如果其不属于现有技术水平，并被事先使用，在先使用人可以继续使用（《专利法》第12条，参见 §34 Ⅱ）。另外专利的可执行性取决于基础性的申请已经以专业人士可实施的方式，公开了被请求的问题解决办法（参见本节Ⅳ c dd）。若缺乏此项，则专利在反对或无效诉讼程序中可因为不充分的公开而被排除（《专利法》第21条第1款第2项、第22条，《欧洲专利公约》第100（b）条）。然而如果对于专利可实施性的前提条件，包括可实施的公开的要求已被满足，则可以从申请文本中推导出，在没有专利持有人同意的情况下，可专利的发明即使不借助下述程序仍可被使用，[若该]程序在作为专利基础的申请中，既非完整的，亦非基于专业人士对其完成所需要的陈述而是显而易见的。新的开放源代码的程序可能因此处于专利依赖性[的境地]，[即从属于]针对[开放源代码所服务的]问题解决办法而被授予的专利。[262]

---

[260] Zur wirtschaftlichen Bedeutung der Open – Source – Entwicklung *Blind/Edler*, S. 31 ff. ; *Melullis und Nack*, FS König, S. 343 ff. , 364 f. ; *Basinski et al.* , GRUR Int. 2007, 49 f. ; *Zirn*, S. 156 ff. ; *Bodenburg*, S. 28 – 31, 128 – 150 Rechtliche Gestaltungen der Nutzung von Open – Source – Software behandelt *Teufel*, Mitt. 2007, 341 ff.

[261] 公开或使用在开放源代码关系的框架下被获取的程序的人，不会通过时间顺序上处于公开或使用之后的、针对该程序（进一步）使用的专利而被阻止。参见 *Bodenburg*, S. 143 f. ; *Haase*, S. 174。

[262] Zur Möglichkeit von Gesetzesänderungen zugunsten der Open – Source – Entwicklung *Blind/Edler/Nack/Straus*, S. 227 f. ; *Nack*, FS König, S. 377.

第 *2* 章

技术发明可保护性的限制

引　言

1. 下文所讨论的规定的共同点在于，它们可能与技术发明的专利或实用新型保护相矛盾，而无论其决定性的技术水平。其中经常涉及有关发明可使用性的要求。如果一个技术性的行为指令根本不能以可重复的方式或不能在工业领域被实现、或仅能［在］与公共秩序或善良风俗相矛盾的情况下才［能］被实现，那么它既不能被授予专利也不能受实用新型保护。在主要的生物学的植物或动物培育方法中，一般都缺乏必需的可重复性；但即使例外地存在［可重复性］，它们同样也被排除在可授予专利［范围］之外。医药方法不能被授予专利，其合理性经常在于工业实用性的缺失；然而更恰当的根据是对它们不会基于受保护的权利而被受限使用的公共利益。从专利和实用新型保护中排除植物种类，这与可使用性的问题联系较少，更多的是涉及种类保护存在［的问题］；从［可使用性］中却也并非一定能推导出［保护的排除］。对于动物种群不存在特定的保护体系；尽管如此，无需考虑它们的繁殖在个案中是否是可重复的，它们都将被排除在专利和实用新型保护之外。对于方法发明不存在实用新型保护，这同样与可使用性问题无关（参见第 2 点）。

2. 为了证明从实用新型保护中排除方法的合理性，在介绍保护对象的现行规定（参见 §6 Ⅲ 4）时已引证的是，鉴于其创造性方案，方法相对于物是极其难以被理解的。同时证明一个受保护的方法的非法使用也要比［相应］物的［非法］使用困难许多。出于这些理由，人们将会担心未审查的对方法的保护会导致无法承受的法律不确定性。因为方法不能通过图表或化学方程式而被描述，对其授予的未审查的受保护的权利，也无法由第三方对其可保护性进行有效的核实。最后当事人群体也可能说明，对于方法发明的实用新型保护无需求。

　　总体上，这些理由几乎没有说服力[1]：估计也不会存在大量的一方面是技术上复杂的产品发明，另一方面是技术上简单的方法发明。为获取受保护权利，方法也必须以一个对专业人士是可实施的方式被描述；如果对此特定的描述手段并不存在，也必须保证专业人士以其他方式的可理解性；根据经验，在方法专利的情况下这是可能的。判断可保护性的难题，更多地取决于各自相关的技术水平，而不是发明的形式。在方法的情况下，［相关技术水平］典型地查明不会比在产品的情况下更困难、更全面或更加不明显。对于无意义的、不值得保护的对象被注册为实用新型的风险，在产品的情况下也不会比在方法时小［多少］；上述风险是取消全面预先审查的结果。查明侵害保护权的使用，方法较之产品，肯定时常要困难［一些］；但这同样存在于专利授予的情况。同时可以留给对保护有利害关系的人去［决定］，是更愿意承受这些困难还是放弃申请。相应地这也适用于指出对实用新型保护缺乏需要［的观点］。

　　可联系在实用新型保护请求准许的建构时，讨论排除规定的适用范围（参见§24 B Ⅳ）。

§13　工业实用性、可实施性

　　参考文献：*Anders*，*W*.，Die technische Brauchbarkeit – wird sie als besonderer Aspekt der Ausführbarkeitgebraucht? FS König，2003，S. 1 – 15；*Baumgärtel*，*G*.，Inhalt und Bedeutung der gewerblichenAnwendbarkeit und/oder Nützlichkeit（utility）als Patentierungsvoraussetzungen，GRUR Int. 2004，212 – 215；*Gramm*，*W*.，Die gewerbliche Anwendbarkeit，GRUR 1984，761 – 769；*Hansen*，*B*.，Problemeder Ausführbarkeit chemischer Erfindungen，GRUR 2000，469 – 476；*Holzer*，*W*.，GewerblicheAnwendbarkeit：Säule oder Krücke des Systems? Von Anwendbarkeit zu Betriebsmäßigkeit，FS Pagenberg，2006，S. 19 – 32；*Pagenberg*，*J*.，Kommentierung des Art. 57，EPÜ – GK，5. Lfg.，1984；*Teschemacher*，*R*.，Kommentierung des Art. 83，EPÜ – GK，7. Lfg.，1985；*Vogel*，*H. G*.，Gewerbliche Verwertbarkeitund Wiederholbarkeit als Patentierungsvoraussetzungen，Diss. München（TU）1977.

　　1. 为获得（法律上持续的）专利或实用新型保护，发明必须是工业上可使用的（《专利法》第1条第1款、《欧洲专利公约》第52条第1款、《实用

---

［1］　Krit. auch *König*，GRUR 2001，948，952 f.

新型法》第 1 条第 1 款）。之前德国专利法自从 1877 年已经事实上相应地要求发明"允许工业利用"。工业关联［性］使工业发展一直以来在发明保护目的下所扮演的重要角色变得明了。之前［这种关联］也从保护中排除了那些根据如今的观点因为缺乏技术特征而仍被拒绝保护的创新。[2]观察角度的转移是专利法工业概念进一步拓展的结果。如今，其权威的措辞可能允许很多非技术性的行为指令，尤其在商业领域的创新，被承认具有工业实用性。对可保护创新范围的、更重要的限制，因此在于技术特征的必要性。存在技术特征的地方，由于欠缺与工业领域间的联系而［导致］保护的落空，只有在特殊情况下才属考虑之列（参见第 2 点）。保护仅提供给实用知识的理论，在很大程度上同样也已经通过技术特征的要求而被考量（参见 § 10 Ⅰ）。如果与此同时要求工业实用性的法律规定存有某些单独的重要性，那么更适合的是这样去理解［上述规定］，即它们强调了通过技术特征的查明没有被直接提到的、实际的、以市场为导向的应用。如此看来，为了能够获取专利或实用新型的保护，发明，正如普遍承认的一样，必须是可被实施的，尤其是完整的和可重复的，这可以被理解为源自工业实用性要求的结果。然而，通常该特征已被认为是具有技术性发明概念的特性，并且肯定可与行为的按计划性、其中被利用的自然力的可控制性和由此被引发的逻辑进程的可预见性的内容相联系。然而用其他词汇重复表达对此已作过的论述，也许是多余的且容易引起误解。可实施性、完整性和可重复性等传统概念的保留，相反可被证明是合理的，如果人们将这些视为发明概念前述特征的、被转向至实用性的对应，并且借助于此，工业实用性要求被明晰化，由此同时也有助于减轻发明概念可预见性的负担。

2. 根据《专利法》第 5 条、《欧洲专利公约》第 57 条以及《实用新型法》第 3 条第 2 款，一项发明[3]被视为工业上实用的，如果它的客体可在某个工业领域包括农业被生产或被使用。这符合《斯特拉斯堡协定》第 3 条［的规定］，并且符合国际上通行的、广泛的"工业产权"的释义，就像它在《保护工业产权巴黎公约》第 1 条第 3 款中所表达的一样。专利和实用新型法意义上的工业尤其同时包括整个的初级生产：矿业和其他的资源获取、农业、园艺业、狩猎［和］渔业。其不取决于其他法律或一般语言习惯的、不同的工业概念。前提条件，比如独立性、长期提供、对外、营利意图等，可能在其

---

〔2〕 有关 1877 年专利法的起草，参见 *Beier*，GRUR 1972，216；*Gall*，Mitt. 1985，181，185；有学者相反地，更确切地说错误地将"工业实用性方面"看作技术特征，参见 *Pagenberg*，Rdnr. 22 ff。

〔3〕 在《实用新型法》第 3 条第 2 款中，"实用新型的客体"的表达就此而言具有相同意义，参见 § 12 Ⅰ a FN 4。

他联系上对工业的存在起一定作用，［然而］只有在其缺失已排除了工业实用的可能性的情况下，才会具有专利或实用新型法上的意义。从工业概念的角度出发，被淘汰的仅仅是那些完全只能以非工业的方式被使用的发明。

这涉及自由职业领域，其根据相关的特别规定和通常理解不被认为是工业，而且［其］从旧有的专利法意义上工业实用性角度出发也不被视为［工业］。[4] 因为现行的工业实用性概念并没有给出脱离上述观点的依据，[5] 那么，如果发明只有在这样的活动范围内，即其从事依赖于自由职业才能被使用，［此时发明］是否没有缺失工业实用性，这还是问题。然而这个问题在专利和实用新型法上，仅当依赖于自由职业的活动导致了有计划的自然力的利用时才产生影响。所以主要只是在医生职业领域才会涉及上述问题。联邦最高法院曾根据旧有法律否定了工业实用性并因此否定了其使用取决于医生的治疗方法的可专利性。[6] 现行的《专利法》和《欧洲专利公约》却通过特殊的规定，从专利保护中排除了医疗方法［的保护］[7]；这与认为［这些方法的］工业实用性问题具有独立的意义相矛盾（参见§14 Ⅱ d）。

3. 满足工业实用性的条件是，发明客体据其形式，在上述广义上的工业活动从事时可被生产或使用。因为专利和实用新型法上的工业概念包含所有形式的生产活动并因此所有形式的产品均可能在工业上被制造，因而产品的发明向来是工业上实用的。[8] 这同样适用于以下情况，即如果个案中在工业的之外还有非工业的生产是可能的或产品完全地将在非工业的，如私人的、自由职业的或主权的领域是可被使用的。玩具或运动设备的[9]、医疗器械的、医学设备的、药品的或假肢的（参见《专利法》第2a条第1款第2项第2句、《欧洲专利公约》第53条（c）第2句）以及武器的发明就是这样，这些发明因其在工业企业可以被制造，从而均是工业实用的，但是它们的工业使用的可能性也许会缺失或成问题[10]。

---

〔4〕 BGH 26. 9. 1967 Glatzenoperation BGHZ 48，313，323.

〔5〕 Anders*Beier/Straus*，Der Schutz wissenschaftlicher Forschungsergebnisse，1982，S. 69；*Pagenberg*，Rdnr. 9 ff.

〔6〕 BGH 26. 9. 1967（FN 4）.

〔7〕 《实用新型法》并不包含这样的规定，因为在第2条第3项中，对于所有方法其均拒绝保护。

〔8〕 BGH 26. 9. 1967（FN 4）322.

〔9〕 Vgl. *Nirk*，S. 235.

〔10〕 如果一个产品根本不能在工业上被使用，那么存在于其使用中的方法是非工业实用的；正如 EPA 9. 11. 1994 T 74/93 Empfängnisverhütung/British Technology Group ABl. 1995，712，716 ff. 对于避孕工具使用的特定形式，其一直都是在私人的、私密的领域进行；不同的是在一个类似的案件，参见 EPA T 1165/97，批评意见参见 *Thomas*，34 Ⅱ C 847，867 f.（2003）。

无论它们的再加工是否以工业的方式完成，半成品和——化学的或其他的——中间产品由于可在工业企业被生产，这种发明已经因此是工业实用的。[11]

如果它们的对象是产品的生产，方法发明向来都是工业实用的：特定方法是工业上可用的，因为它的产品可在一个工业企业中被制造。

在其他方法（工作或使用方法）方面，可能会产生对工业实用性的忧虑，如果其使用依赖于医生（参见第2点）。存在于物质的医疗使用中的方法已被联邦最高法院视为工业实用的，如果它们，像一般情况下，对医疗的使用要求物质的"安排"，因为发生在归属于此的、医疗使用之前的行为（如配方、调制、剂量、作为药品的、预先制作的包装）不像医疗行为那样存在于工业使用领域之外。[12]

如今公认的是物质的化学成分或物理特征试验的方法的工业实用性。[13]同样对为了国家税赋征收目的、服务于物质的标记或改变本质（如燃料油、酒精）的方法，也将被肯定工业实用性，因为行政机关授权工业企业使用，这无论如何都是可能的。[14]

4. 上述原则同样适用于如下发明，其涉及不动产，即涉及土地的耕作或改造、与土地固定相连的建筑或其重要组成部分的建造和设计。若不动产本身，如坝、道路、桥梁、地下的液体或气体的贮藏容器，[15]作为产品是发明的客体或它存在于制造这些物的方法中，那么由于在企业，尤其是在建筑行业中，合乎发明的生产可能性，工业实用性一直都是已存在的。处于同样情况的是在不动产中作为重要组成部分被添附的、[并因此]被特定化的物。在方法情况下，据此在没有产品生产的情形下，对不动产产生影响（如房屋正面清洁或除草），[此时]能够非（至少同时）以工业方式地、合乎发明地从事[上述工作]是不可想象的；依赖于自由职业的活动在此无作用。因此之前经常被支持的观点，即不动产及其重要组成部分不是工业上实用的，[这]与现

---

〔11〕 Vgl. für chemische ZwischenprodukteBGH 27. 2. 1969 Disiloxan BGHZ 51，378，384.

〔12〕 BGH 20. 1. 1977 Benzolsulfonylharnstoff BGHZ 68，156，161 f.；Näheres unten §14 Ⅲ f bb.

〔13〕 Vgl. *Tetzner*，§1 Anm. 70.

〔14〕 Vgl. *Busse/Keukenschrijver*，§5 PatG Rdnr. 17；anders*Benkard/Asendorf/Schmidt*，§5 PatG Rd-nr. 10.

〔15〕 Die Beispiele nennt*Tetzner*，Sind unbewegliche Sachen patentschutzfähig?，Mitt. 1976，61 – 66；vgl. auch*Kronz*，Mitt. 1977，24 ff.；BGH 21. 9. 1978 Straßendecke GRUR 1979，48（Unterbau für Straßendecken）.

行规定不符。[16]

5. 工业实用性可被抽象、一般地加以判断。它不以对发明使用的现实经济利益，尤其不以该使用确保盈利为前提条件。[17]同样不能要求，存在对合乎发明的产品或成果的需求。否则在专利授予过程中，行政机构可能必须去预测，市场将如何接受［这种需求］，对此发明和已知的相偏离程度越高，［这方面的］证据就越少。为了避免错误评估可能导致的极具价值的创新得不到保护的风险，因此只能留给市场去完成上述评价。对于工业实用性必须满足合乎发明的生产在工业企业中是可能的，［如果］必要形式的企业也许还不存在，则其必须首先被建立［起来］。

6. 一般来说，发明的专利和实用新型保护取决于它的可实施性，[18]出于上述理由（参见第1点）可实施性这里被归入到工业实用性的法定要求。在对其判断时，实践中通常得出与充分公开的规定具有紧密联系的结论：如果发明被申请为专利、是可专利的或是实用新型注册的对象，那么将审查其在通过申请或专利（参见第10点）被公开的形式上的可实施性。

然而，可实施性的问题也可以独立于公开而被提出。如此发明人在申请前将考虑，他是否已经真正地获得了向专业人士公开的、其可以成功地据此从事工作的知识。只有当这［已经］是成立的，才涉及以满足法律规定的方式去描述发明［的问题］。否则即使在认识最理想的公开情况下，也不能指望［得到］（符合法定要件的）保护。授权、异议、无效或撤销程序的实践上的操作可能很少涉及所公开内容的不可实施性原因是否恰好在于认识的不足还是仅仅在于告知的不充分。[19]体系上的理由和可实施的发明的完成对于发明人权利形

---

〔16〕 *Benkard/Bacher/Melullis*，§1 PatG Rdnr. 19；*Benkard/Asendorf/Schmidt*，§5 PatG Rdnr. 14；*Schulte/Moufang*，§5 Rdnr. 14；*Busse/Keukenschrijver*，§5 PatG Rdnr. 10；*Tetzner*，aaO 61；BPatG 12. 7. 1983 Durchsickerter Deich E 25，204：实体专利保护原则上也可以被提供给对象是不动产的发明；联邦专利法院持同样观点，参见 BPatG 7. 6. 1984 EisenbahnbrückeE 27，7，12。统一的不动产，其中受保护的或根据受保护的方法生产的产品作为重要组成部分被投入，在何种前提条件下，上述不动产的使用是侵犯专利的使用问题，以及专利持有人是否可以要求清除侵犯专利地被建造的建筑的问题，正如特兹纳（*Tetzner*）的研究所证实的，这些问题与工业实用性的内容无关。

〔17〕 Vgl. EPA 7. 7. 2006 T 898/05 Hematopoietic receptor/Zymogenetics GRUR Int. 2007，152（Nr. 6）；然而此处要求通过发明而取得的"直接具体的收益"，但对此满足条件的是，发明可以在工业实践中为解决既有技术问题而被使用。

〔18〕 另外来自联邦专利法院判决的证据，参见 *Winterfeldt/Engels*，GRUR2007，452 f.；*Winterfeldt*，GRUR 2006，443 ff.；2005，451 ff.；2004，363 ff.

〔19〕 ［其中］所有和可实施性有关的问题都仅按照《专利法》第34条被衡量，参见 *Busse/Keukenschrijver*，§1 PatG Rdnr. 13 und §5 PatG Rdnr. 6；im gleichen Sinn*Teschemacher*，Rdnr. 63；*Nack*，EPÜ – GK，28. Lfg.，2005，Art. 52 Rdnr. 84 f.；BPatG 18. 3. 1999 Kernmaterial GRUR 1999，1076。

成的意义以及［其］在职务发明法上的意义都赞同对于可实施性要求的、特别的讨论（参见§ 19 Ⅱ、§ 21 Ⅱ b bb 2）。

不必需的是，发明已经被实施；其实施——在下述（第 7 点至第 10 点中）被探讨的前提条件下——是可能的，这已满足条件。[20]

7. 首先必要的是发明正常运转，即根据其方案的行为［将］具有发明人所承诺的效果（技术可用性或有效）[21]，对此至少要求［上述效果］"具有一定程度可靠性"地被获取[22]。其中不是以发明人原始意图为出发点；他可能在带有其他目的地无效尝试时，取得了一个意想不到的结果，如贝特格（Böttger）在制造黄金试验时意外发现了瓷器。[23]此时促成的真正得到的结果可被视为发明解决的（客观意义上的）问题或任务。[24]

鉴于这个结果，被提出保护的发明是否是技术上可用的［问题］，联邦专利法院新近的判决只是按照在请求中被解释的技术方案进行评估，即使描述提到了宽泛的、但在请求中未顾及的目的。[25]由此产生的与请求的背离可以通过描述的调整而被消除，并不需要补充请求。[26]

然而，欧洲专利局曾撤销了一件专利，因为法院认为其中唯一被描述的实施例是非可实施的，尽管专利申请同时也包含一个根据现有技术水平可实施的

〔20〕 *Busse/Keukenschrijver*，§ 34 PatG Rdnr. 274；*Teschemacher*，Rdnr. 52；*Stolzenburg/Ruskin/ Jaenichen*，GRUR Int. 2007，798，800 ff.

〔21〕 BGH 13. 3. 1984 Chlortoluron GRUR 1984，580；22. 1. 1981 Magnetfeldkompensation GRUR 1981，338；*Busse/Keukenschrijver*，§ 34 PatG Rdnr. 302 f.；krit. *Hesse*，GRUR 1981，853，861l. 按照联邦最高法院的观点，这是不正确的。如果可生产的设备缺乏技术可用性，则否定其工业实用性。此时存疑的是，根据那些法定的保护条件，可证明上述像联邦最高法院所认为的缺陷与可专利性相矛盾是合理的。如果［该缺陷］不涉及工业实用性，那么只剩下否定发明的存在（参见第 1 点）。然而这只有在如下情况中才是正当的，如果被请求的（参见脚注 25）技术方案，不是限定在对设备建造所必需的措施上，而是被理解为引发作为方案技术实用性衡量标准的效果的指令。如果是这种情况，此时在那些上述效果没能通过该装置而被获取的案件中，也可以说，根据被请求的方案不能生产导致其所包含的效果的装置，并且因此该方案不是工业实用的，参见 BGH 27. 9. 1984 Energiegewinnungsgerät Mitt. 1985，170。

〔22〕 BGH 22. 10. 1991 Antigene – Nachweis Bl. f. PMZ 1992，308，310；BPatG 18. 3. 1999（FN 19）；in beiden Fällen wurde die Ausführbarkeit verneint.

〔23〕 *Bernhardt*，S. 40；*Hesse*，（FN 21）.

〔24〕 *Schulte/Moufang*，§ 1 Rdnr. 63 f. m. Nachw.

〔25〕 BPatG 20. 1. 1997 Faksimile – Vorrichtung GRUR 1997，523；22. 5. 2006 Neurodermitis – Behandlungsgerät GRUR 2006，1015，1016 r. – Ähnlich*Anders*，FS König，S. 11 ff. 不能因为在描述中所承诺的效果没有被获取就否定了可专利性。本质上并不需要作为可实施性特别方面的技术上的可用性。如果作为请求特征所要求的效果没有被获取，［那么］被申请的方案不仅是非可使用的，而且是非可实施的。

〔26〕 BPatG 30. 7. 2003 Frühestmöglicher Auslösezeitpunkt E 47，163，167.

装置。[27]

如果装置申请包括目的说明，其将使在空间中存在的实体装置设计成为可能，［则］被说明的使用目的的实现也必须是公开的，这在已有的一个"过敏和神经性皮炎的治疗设备"［的申请］案件中被否定。[28]欧洲专利局曾因为缺乏可实施性，而否定了给予"在生物能量或生命力治疗中使用的装置"专利保护。[29]

有效的发明仅存在于因果关系是已知的情况下，［且］借助于［该因果关系发明的］结果可被任意获取。因此如果发明人认为具有已知的、在自然规律上被排除的因果关系，如永动机，则可专利的发明由于缺乏可实施性并不存在。[30]这同样适用于，当问题解决办法虽然在自然规律上是可能的，但发明人并没有将特定的、对此必要的、在他的尝试时是给定的条件认为是必不可少的或［他］不能再重建［这些条件］。然而他不需要认清他的方案的［所有］自然科学基础；满足条件的是，他已理解外部的因果关系；他必须知道，发明如何，而不是为什么，正常运转。[31]

8. 属于可实施性［范畴］的是合乎发明的问题解决办法的可重复性：发明必须独立于偶然事件，而能够以任意可重复的次数被实现。[32]就此，法院判决认为无关紧要的是，发明在特殊不利的条件下失灵。[33]

在旧有的帝国法院的判决[34]中，对给通过的鞍马"去掉马具的装置"，其

---

〔27〕 EPA 5. 6. 2003 T 1173/00 Transformator mit Hochtemperatur – Supraleitung für Lokomotive/ABB ABl. 2004，16 = GRUR Int. 2004，437：该实施例涉及作为冷却剂的液态氩的使用，这在它的温度下已经需要对于计划的使用目的［当时］还不是可支配的超导材料；相反，主要请求只涉及一个带有冷却装置的、超导的变压器，这通过液态氩的使用和在超导材料的、它必要更低温度下是可实施的。

〔28〕 BPatG 22. 5. 2006（FN 25）1016 l.

〔29〕 EPA 16. 5. 2002 T 58/05 Orgontherapie/Kai Vollert GRUR Int. 2006，943；然而，装置的在空间中的实体存在的涉及却在申请中可能被充分地阐明；该决定原则上立足于，对于该装置将服务的——科学上极具争议的——疗法，没有证明任何的治疗作用。对于"发明"问题，其作用根据现有的科学水平是被怀疑的，参见 Thomas，34 II C 847，884 ff。

〔30〕 Tetzner，§1 Anm. 59；Nirk，S. 234；BGH 20. 6. 1978 Corioliskraft GRUR 1979，48；27. 9. 1984（FN 21）；BPatG 28. 10. 1998 Perpetuum mobile GRUR 1999，487.

〔31〕 Bernhardt，S. 43；vgl. auch Tetzner，§1 Anm. 55；Nirk，S. 234；BGH 7. 5. 1974 Chinolizine BGHZ 63，1，11；5. 11. 1964 Polymerisationsbeschleuniger GRUR 1965，138，142；20. 1. 1994 Muffelofen GRUR 1994，357.

〔32〕 BGH 27. 3. 1969 Rote Taube BGHZ 52，74，81 ff.；12. 2. 1987 Tollwutvirus BGHZ 100，67，69；30. 3. 1993 Tetraploide Kamille BGHZ 122，144，149 f.；BPatG 16. 10. 1973 Usambara – Veilchen E 17，181，185 f.

〔33〕 BGH 19. 2. 1957 Schleudergardine GRUR 1957，488.

〔34〕 Vom 1. 3. 1911 RGZ 75，400.

技术上可使用性由于缺乏绝对的可靠性而被否定；然而，由于对发明的技术上可实施性的许可合同责任，在争议案件中不是从可专利性角度来考查［可实施性］。

9. 可实施的并因此是工业实用的只有完结的发明。对此欠缺的是对问题解决办法的发现还须尝试的情况。[35]然而判决却避免使该要求过于严苛，而且由此减轻了早期的专利申请难度（参见§24 A V b）。

无关紧要的是如果已获得问题解决办法的发明人，错误地或出于对成果的不满意而认为进一步的尝试是必要的。[36]被获取的、有效的解决办法无需是特定问题的最优的或最完善的［办法］。它也绝不需要已经形成具备生产或销售条件的轮廓。[37]某些可能属于发明固有的"初期缺陷"不会阻碍承认作为可专利前提条件的可实施性。[38]法院判决甚至同意，按照发明工作的专业人士，在他可以成功地使用发明前，必须在一定范围内进行尝试。[39]这首先适用于当发明人建议了一整套可能的、［但］不是所有的都有效的解决办法的情况。[40]可预见的使用还以已知的、专业人士常用的手段为前提条件，这和可实施性不矛盾；申请人可以考虑［到］，专业人士将利用那些基于其专业知识在申请的时间点上可支配的知识和技能。[41]然而缺乏可实施性的是，如果为了使

〔35〕 BGH 10. 11. 1970 Wildbißverhinderung GRUR 1971，210，212.

〔36〕 BGH 10. 11. 1970（FN 35）213.

〔37〕 *Tetzner*，§1 Anm. 60；*Bernhardt*，S. 43；BGH 10. 11. 1970（FN 35）212；对于药品，获得审批不是完结的、可实施的发明存在的前提条件，参见 BPatG 30. 3. 1993Perfluoro – Kohlenstoffverbindung E 34，1，5。

〔38〕 *Bernhardt*，S. 42；RG 16. 12. 1941 GRUR 1942，256.

〔39〕 BGH 21. 12. 1967 Garmachverfahren GRUR 1968，311，313 mit zahlreichen Nachweisen；27. 11. 1975 Brillengestelle GRUR 1976，213，214；24. 3. 1998 Leuchtstoff GRUR 1998，1003，1005；BpatG17. 3. 1987 Mitt. 1988，207，208；30. 3. 1993（FN 37）4；14. 9. 1995 E 35，255，262；EPA 7. 6. 1983 T14/83 Vinylchloridharze/Sumitomo ABl. 1984，105，110 f.；29. 7. 1986 T 122/84 Metallic – Lackierung/Hoechst ABl. 1987，177，187（Nr. 14. 2）；17. 3. 1987 T 226/85 beständige Bleichmittel/Unilever ABl. 1988，336，340；*Busse/Keukenschrijver*，§34 PatG Rdnr. 292 f.；*Tetzner*，§1 Anm. 62 ff.

〔40〕 BGH 22. 12. 1964 Dauerwelle GRUR 1965，473，475；5. 11. 1964（FN 31）141；dazu auch 13. 5. 1980 Antiblockiersystem GRUR 1980，849，851；9. 10. 1990 Polyesterfäden BGHZ 112，297；BpatG17. 3. 1987（FN 39）；对于哪些申请问题在这样的案件中是允许的情形，参见§24 A Ⅲ。

〔41〕 BPatG 28. 7. 1993 E 37，202，206；EPA 27. 1. 1988 T 281/86 Präprothaumatin/Unilever ABl. 1989，202，207；27. 1. 1988 T 292/85 Polypeptid – Expression/Genentech I ABl. 1989，275，282 ff.；专业知识的范围，参见 EPA 26. 3. 1986 T 206/83 Herbizide/ICI ABl. 1987，5，10 ff.；高速发展的技术领域［其是］宽泛的，而且有关借助数据处理装置的、研究的可能性的提示，参见 *Hansen*，GRUR 2000，469 ff.；对于在何种条件下，数据库可被在一般专业知识中考虑［的问题］，参见 EPA 14. 10. 2004 T 890/02 Chimäres Gen/Bayer ABl. 2005，497 = GRUR Int. 2005，1030。

某事可以发明人的方案作为开始，专业人士本身必须作出一个创造性的贡献。[42]使用者仍需做什么［事情］必须保持在一个可预见的范围内；[43]超越这个范围的是，若为了获取成功，需要更久的、成本过高的探求，[44]而不是相反地专业人士毫不困难地认识到他可以选择哪个方向。[45]

通过塑料泡沫防止野生动物对植物的啃咬的想法，仅在下列条件下被联邦最高法院[46]认为是完结的发明：一个具有高于平均知识和能力水平的农业化学家，在没有超过通常的或合埋范围的尝试和没有自己的创造性的，即超越一般专业人士的知识和能力的考量的情况下，必须可以找出合适的塑料泡沫或这些［泡沫的］合成物，并且找到用于在使用地产生泡沫和可被安装在植物上的、可使用的设备。

中间产品的发明只有在如下情况下被视为完结的，如果它们的进一步加工至最终产品被发明人所知晓或者对专业人士是常见的；否则发明是未完成的并且不是工业上实用的。[47]

同样属于发明完结性［要求］的是，实施发明所需的辅助设备可供专业人士支配。[48]因此由［恩斯特·卡尔·］阿贝（Abbe）计算得到的光学望远镜的组装，只要带有对于它的合乎发明效果所必需的、被提高折射系数的镜片类型不能同时可被生产时，那么［他的创新］就不是完结的发明。[49]新物质的发明并非因为其结构公式的建立及其特征的说明就已经是完结的，其生产方法同样也必须是已知的。[50]

10. 若对于先前实施发明所缺乏的工具，事后随着技术的进步变为可支配的，那么问题是在哪个时间点上可实施性将成立。其中明了的是，发明必须

---

〔42〕 BGH 5. 11. 1964（FN 31）141 f.

〔43〕 BGH 19. 10. 1971 Wasser – Aufbereitung GRUR 1972, 704, 705 f.；BPatG 22. 5. 2006（FN 25）1017 r. /1018l.；EPA T 206/83（FN 41）；T 281/86（FN 41）；9. 3. 1994 T 435/91 Reinigungsmittel/Unilever ABl. 1995, 188, 193 ff.；8. 11. 1995 T 923/92 Menschlicher tPA/Genentech ABl. 1996, 564, 586, 591 ff.；21. 5. 1999 T 727/95 Cellulose/Weyershaeuser ABl. 2001, 1, 8 f.（Nr. 8），9 ff.（Nr. 11 ff.）；*Schulte* §34 Rdnr. 369 ff. mwN.

〔44〕 Anders das EPA in den von*Hansen*（FN 41）475 f. dargestellten Fällen.

〔45〕 BGH 4. 7. 1989 Sauerteig GRUR 1989, 899；24. 3. 1998（FN 39）；对在数据处理领域的方案的完整性，通常不需要源代码的公开（更详细的描述参见§12 Ⅳ c dd），参见 BPatG 8. 7. 2004 Quellcode GRUR 2004, 934, 935 r.。

〔46〕 Urteil vom 10. 11. 1970（FN 35）.

〔47〕 Vgl. BGH 25. 4. 1972 Lactame GRUR 1972, 642, 644 r.；*Benkard/Asendorf/Schmidt*, §5 PatGRdnr. 11；批评见下文§24 A Ⅴ c 7。

〔48〕 Vgl. *Nirk*, S. 233.

〔49〕 *Tetzner*, §1 Anm. 59；*Bernhardt*, S. 41.

〔50〕 *Nirk*, aaO.

在申请的时间点上已经是如此被公开的，以至于一旦缺失的辅助设备可供支配，一般专业人士就能够在无不合理费用的情况下，带有充分可靠的可行性地使［发明］变为现实。这仅涉及以下案件，其中通过在申请内容之外的情况，之前缺失的可实施性被建立，[51]即没有申请原始公开内容的、禁止性的扩展。

在之前的一个判决中，联邦最高法院[52]曾判定，其技术性方案直到授权程序结束时还不是可被实施的专利，即使在授予专利之后该方案变成可实施的，上述专利同样可被宣布为无效。

［当时］被授予专利的是一个钢铁提炼方法，对此必不可少的是从高炉中流出的液态钢水的氮化铝含量为 0.01% ~ 0.3%。然而无论是在申请还是专利授予的时候，均缺乏合适的、在液态钢中检验氮化铝含量的手段。因此，根据联邦最高法院［当时］的观点，该方法是不可被实施的。授权后一年左右才出版了出版物，据此可进行上述检测。

对于在申请时间点上可实施性是否就必须存在的问题，联邦最高法院［当时］并没有给出答案。这在帝国法院的一个判决中是被肯定的。[53]联邦最高法院后来的判决——大部分是偶然地——将申请时间视为［具有］决定意义的［时间点］。[54]仅在一个案件中——还是有关 1978 年之间适用的法律规定——明确地被说明，被诉专利方案也许从将来的发展和认识的、补充考虑出发，变成可被实施的，［但］这对于有关无效诉讼的判决是无关紧要的。[55]对于现行的实用新型法，联邦最高法院要求在申请日时的发明的可实施性[56]，［而］欧洲专利局要求在优先［权］日的可实施性。[57]

---

〔51〕　有学者认为不存在这样的情况。然而，这些情况可能比如存在于满足于在申请中被要求的、但按照现有技术水平在优先时间点上不能被实现的条件的辅助设备，事后变成可供支配的，并且在之后实施的专业人士那里，其利用可能被作为前提条件的专业知识也相应地拓展，参见 *Schulte*，§ 21 Rdnr. 32 FN 43。

〔52〕　1. 4. 1965 Stahlveredelung GRUR 1966，141.

〔53〕　RG 16. 1. 1929 MuW 1929，117. 然而，上述判决摘要好像将"在专利文件公开时候"的非可实施性作为宣布无效的根据，参见 *Moser v. Filseck*，GRUR 1966，145 f。

〔54〕　SoBGH 27. 11. 1975（FN 39）；29. 11. 1983 Hörgerät GRUR 1984，335（判决主要涉及根据旧有法律规定作为可授予专利被要求的进步性［问题］）.

〔55〕　22. 10. 1991（FN 22）311 l.

〔56〕　8. 4. 1999 Flächenschleifmaschine GRUR 1999，920；vgl. *Loth*，§ 4 Rdnr. 54.

〔57〕　T 1173/00（FN 27）（Nr. 3.1）.

文献中的观点存在分歧。[58]对于在专利法的异议和无效诉讼中，其他的时间点是否比在授予程序中［更］是决定性的问题，［学术上］也没有统一观点。对此给出的证据是，根据法律规定的字面意思，不充分的公开构成驳回和无效的理由[59]，［其］取决于专利的内容[60]。因此赞同的观点是，异议或无效诉讼中在可实施性审查时，不能将申请时间作为标准。[61]专利授予或在前述程序中决定的时间点是否应取而代之成为具有决定性的［问题］，并不清楚。按照相反观点，可实施性向来必须在申请时间点上被审查，因为［一方面］驳回其方案在申请日不是可实施的申请，［而另一方面］维持直到授予时变为可实施的、对同一发明被授予的专利，这是不合逻辑的。[62]

如果人们将申请的时间点只是作为此时需被满足的公开要求审查的基础，而将授权的时间点作为不充分公开的驳回或无效依据的审查的基础，［那么］当为此申请的公开内容不充分，但包含专利所必需的说明时，［将］产生可实施性不同判断的结果。此时却不一定存在一个构成驳回和无效理由的、禁止的扩展。相反，在上述联系上，涉及其中没有申请内容禁止的扩展，且被请求的发明事后成为可实施的情况。就此而言，［有关］在申请中可实施地公开发明的规定，并非已经排除在可实施性审查时考虑申请之外的、事后出现的情况。关于不充分公开的驳回和无效理由的法律规定的字面意思，甚至趋向于从专业人士的角度去判断专利的公开内容，而［该专业人士］已经获取了专利文件，并且因此在专利给定的行为指令的实施时，除［专利文件中］包含的说明之外，利用同时可供他使用的、自申请日以来可能增长的专业知识。

因而原则上存在正当理由的是，异议或无效诉讼中在可实施性判断时考虑，［可实施性］在没有禁止性地扩展申请的情况下在申请后实现。若以此为出发点，将同样得出在授予程序中对可实施性审查的结论：如果被请求的发明

---

〔58〕 "摩尔诉菲尔瑟克"案（脚注53）认为优先权日是决定意义的，一直［认为是］国内申请日，参见 Tetzner，§1 Anm. 58；否定首先在专利授予的时间点上要求工业实用性和可实施性的，参见 Pedrazzini, in: Kernprobleme des Patentrechts, Bern 1988, S. 21, 32；［认为］在授予时可实施性［已］满足条件并且希望通过优先权延展考虑第三人的权利的，参见 Beier/Straus（FN 5）S. 73；认为根据法律规定情况，申请日是决定意义的，但亦支持对于直到申请公开发明变为可实施的情况，借助相应的优先权延展，可授予专利的，参见 Schulte，§34 Rdnr. 374 f；然而，有观点认为可实施性可以直到有关专利书面申请决定时，被证明［即可］，无需发生优先权延展，参见 Pagenberg，Rdnr. 67。

〔59〕 《专利法》第21条第1款第2项、第22条第2款，《欧洲专利公约》第100条（b）、第138条第1款（b）及《国际专利条约法》第Ⅱ章第6条第1款第2项。

〔60〕 在实用新型方面没有上述问题，因为不充分的公开不是法律规定的撤销理由，而是被作为缺乏可保护性的情况，参见 BGH 8. 4. 1999（FN 56）；Loth，§15 Rdnr. 33。

〔61〕 Busse/Keukenschrijver，§34 PatG Rdnr. 299.

〔62〕 Schulte，§21 Rdnr. 33.

在申请的时间点上还不是可被实施的，但事后由于申请内容之外存在的情况变为可实施的，［那么］专利就不能因为缺乏可实施性而被否定。更准确地说，其取决于在有关专利书面申请最初决定的时间点上的可实施性。审查员不能对不可实施的发明授予专利；但如果发明在他决定的时间点上是可实施的，他——在满足其他专利前提条件的情况下——却能授予［专利］。若可实施性的成立在不久的将来是可被期待的，他［也］可以根据源于职责的裁量［权］推迟授予。[63]

对在授权的时间点上［仍］不是可实施的发明授予专利是不适当的。因此可以基于异议或无效起诉被溯及既往地撤销。这同样适用于，如果发明直到有关异议或无效诉讼裁决时还没有变成可实施的；因为专利授予此时仍是不正确的。基于上述考虑，可支持以下观点，即对于可实施性根据现行法律规范一般取决于有关专利书面申请首次被决定的时间点。之后的可实施预期相应地既不会阻碍在诉讼程序中专利拒绝的确认，亦不会阻碍专利的驳回或无效宣布。

在实用新型的情况下，具有决定性的则是注册的时间点，尽管其之前并没有可实施性的审查。对非可实施的发明的实用新型注册没有法律效力（《实用新型法》第 13 条第 1 款、第 15 条第 1 款第 1 项）。上述无效性不能通过事后的可实施预期得以消除。

当在对先前非可实施的发明所授予的专利保护领域中的、事后可供支配的辅助设备，只有借助专利所有人的同意才能被使用，就此而言，第三人或公共利益在这个解决办法的情况下，可能受到损害。然而这与专利保护的目的，即对作出创造性成果的人进行奖励，却是相符的，并且也没有导致比通常在从属于其他受保护权利的情况中同样产生的损害结果更大的危害性。[64]但不得不承受的消极方面是，由于授权程序持续的时间不同，对于可实施预期可供支配的时间时而更多，时而更少。[65]可是还不能被实施的方案经常会首先刺激发明人完成缺失设备，比起正当利益的整个抛弃，这更能被接受。同样存疑的是，如果在不考虑有关专利书面申请结果如何的情况下，发明的使用因为事后（在申请之外）出现的情况成为可能时，根据披露文件信任［该］发明的非可实

---

〔63〕 因为根据《专利法》第 42 条第 2 款第 2 项规定的明显非可实施性的驳回，仅应在如下情况下实行，即如果可实施预期，直到根据《专利法》第 44 条及以下规定的完全审查结束，还是不可能的。

〔64〕 发明缺失的辅助设备的第三人不会像"摩尔诉菲尔瑟克"案所担心的那样，被剥夺成果收益；更准确地说，他可以使［成果］受到保护，并因此使脱离其成果便非可实施的之前发明的使用受制于他的同意，参见 GRUR 1966, 145 f.

〔65〕 *Tetzner*, §1 Anm. 58; *Moser v. Filseck*, aaO; BGH 29. 11. 1983（FN 54）337 l.

施性的第三人是否[66]可以长期地和无偿地使用申请的对象。

根据法律未来的发展趋势（*de lege ferenda*）应被鼓励的是，［在以下情况］允许专利授予，即便被申请的发明因为缺乏特定辅助设备，在全部审查结束时，仍非可实施的，但根据专业人士的判断，技术发展使提供前者的设备［可以］预料。[67]到那时，在专利过期之前［满足上述条件］可能已经是足够的。非常有争议的却是，上述观点是否可以保证，只有具体的行为指令，而非仅仅纯理论的建议被授予专利。

§14　生物技术发明受保护性的限制

参考文献： *Appel*，*B.*，Der menschliche Körper im Patentrecht，1995；*Bauer*，*C.*，Patente für Pflanzen – Motor des Fortschritts? 1993；*Baumgartner*，*C.*/*Mieth*，*D.*（Hrsg.），Patente am Leben? Ethische，rechtliche und politische Aspekte der Biopatentierung，2003；*Beier*，*F. – K.*/*Crespi*，*R. S.*/*Straus*，*J.*，Biotechnologieund Patentschutz，1986；*Blum*，*R. E.*，Fragen der Patentfähigkeit von Erfindungen aufdem Gebiet der lebenden Materie，GRUR Int. 1981，293 – 298；*Duttenhöfer*，*H.*，Über den Patentschutzbiologischer Erfindungen，in：Zehn Jahre Bundespatentgericht，1971，S. 171 – 200；*Egerer*，*P.*，Patentschutz für Erfindungen auf dem Gebiet der Biotechnologie – Stoffschutz für Gene? FS König，2003，S. 109 – 132；*Epstein*，*F.*，Der Schutz der Erfindungen auf dem Gebiete der Mikrobiologie，GRUR Int. 1974，271 – 277；*Feuerlein*，*F.*，Umsetzung des Patentgesetzes vom 21. 1. 2005 in die Praxis，VPP Rundbrief 2006，53 – 58；*Huber*，*S. J.*，Biotechnologie – Begriffe und Techniken für Bearbeitervon Patentsachen，Mitt. 1989，133 – 137；*Huber*，*S.*/*Straus*，*J.*/*Höller*，*K.*/*Sontag*，*K. – H.*，BiologischeErfindungen，in：van Raden（Hrsg.），Zukunftsaspekte des gewerblichen Rechtsschutzes，1995，S. 37 – 73；*Jaenichen*/*McDonnell*/*Haley Jr.*/*Hosoda*，From clones to claims. The European Patent Office's caselaw on the patentability of biotechnology inventions in comparison to the United States and Japanesepractice，4. Aufl. 2006；*Krauß*，*J.*，Die Effekte der Umsetzung der Richtlinie über den rechtlichenSchutz biotechnologischer Erfindungen auf die deutsche Praxis im Bereich dieser Erfindungen，Mitt. 2005，490 – 497；*Krefft*，*A. R.*，Patente auf human – genomische Erfindungen，2003；*Mast*，*H.*，Sortenschutz/Patentschutz und Biotechnologie，1986；*Moufang*，*R.*，Genetische Erfindungen im gewerblichenRechtsschutz，1987；*ders.*，Kommentierung von Art. 53，EPÜ – GK，15. Lfg.，1991；*Neumeier*，*H.*，Sortenschutz und/oder Patentschutz für

---

　［66］　Wie*Schulte*，§34 Rdnr. 374 FN 663 annimmt.

　［67］　在这个意义上被陈述的、在苏联法中的、"未来"发明的处理，参见 *Beier*/*Straus*（FN 5）S. 74；*Tetzner*，§1 Anm. 58。

Pflanzenzüchtungen, 1990; *v. Pechmann*, *E.*, Über nationaleund internationale Probleme des Schutzes mikrobiologischer Erfindungen, GRUR 1972, 51 – 59; *Schatz*, *U.*, Zur Patentierbarkeit gentechnischer Erfindungen in der Praxis des Europäischen Patentamts, GRUR Int. 1997, 588 – 595; *Straus*, *J.*, Gewerblicher Rechtsschutz für biotechnologische Erfindungen, 1987; *ders.*, Ethische, rechtliche und wirtschaftliche Probleme des Patent – und Sortenschutzesfür die biotechnologische Tierzüchtung und Tierproduktion, GRUR Int. 1990, 913 – 929; *ders.*, DerSchutz biologischer Erfindungen, insbesondere von Pflanzenzüchtungen, GRUR – FS, S. 363 – 416; *ders.*, Biotechnologische Erfindungen – ihr Schutz und seine Grenzen, GRUR 1992, 252 – 266; *Vossius/Jaenichen*, Zur Patentierung biologischer Erfindungen nach Europäischem Patentübereinkommenund Deutschem Patentgesetz, GRUR 1985, 821 – 829; *Wöhlermann*, *K.*, Das Biopatentrecht in der EUam Beispiel von Patenten auf Leben, 2004; *Wolters*, *A. C.*, Die Patentierung von Menschen. Zur Patentierbarkeithumanbiologischer Erfindungen aus dem Bereich moderner Biotechnologie, 2006; *Wuesthoff*, *F.*, Biologische Erfindungen im Wandel der Rechtsprechung, GRUR 1977, 404 – 411.

I. 概　　况

a）生物技术发明的形式

根据当前理解，以下发明也属于专利法意义上的技术领域，［这些发明］利用生物自然力和现象（参见 § 12 I），其中人类可能：（1）借助其他作为活体物质的手段（化学或物理手段）影响生命过程；（2）借助生物手段影响非活体物质；或者（3）借助生物手段影响生命过程。[1]

上述（1）的例子可以是农业的栽培方法，包括以人工途径获得效果的各种方法，如通过照射影响植物的生长或收获，通过化学手段克服植物病害，通过喂食药物提高鸡蛋产量或加速幼畜生长[2]。属于上述（2）的特别是以下大量的方法，其中微生物的新陈代谢活动被利用：为获得酒精、醋酸等的发酵过程[3]，祛除油污[4]，借助细菌的酸奶、酵母或酸菜[5]以及牲畜饲料青贮的准备；在啤酒、糕点、抗生素的制造过程中，菌类（酵母、霉菌）的使用；当然还有在培养基上通过细菌的繁殖而获得药品[6]。如果其以生物途径，即通

---

〔1〕　Vgl. BGH 27. 3. 1969 Rote Taube BGHZ 52, 74, 79 ff.; *Duttenhöfer*, S. 175; *Benkard/Melullis*, § 2 a PatG Rdnr. 9; *Moufang*, Genetische Erfindungen, S. 1 ff.; *Gareis*, GRUR Int. 1987, 287 ff.; *Egerer*, S. 112 ff.

〔2〕　HierzuDPA (BS) 12. 12. 1958 Bl. f. PMZ 1959, 71.

〔3〕　Vgl. Duttenhöfer, S. 181.

〔4〕　Vgl. US Supreme Court 16. 6. 1980 GRUR Int. 1980, 627 mit Anm. von *Bodewig*.

〔5〕　HierzuBPatG 5. 4. 1978 GRUR 1978, 586.

〔6〕　Vgl. PA (Nichtigkeitsabteilung) 24. 6. 1922 und RG 27. 10. 1922 Bl. f. PMZ 1924, 6 (FriedmannschesTuberkuloseserum).

过杂交实现，［那么］首先可被列入上述（3）的是新的植物种类、动物品种或微生物的培育；如果其通过诱导性突变被引起，那么属于上述（1）的情况；基因技术的［人为］控制[7]可以和人类或动物医学上的治疗或诊断程序一样，据所使用手段的形式不同，或属于上述（1）或（3）的情况。

因为涉及生物领域和利用生物手段的技术，所以习惯上称为生物技术上的发明。

b）法律规定

aa）欧洲《生物技术指令》[8]及其转化

1. 在欧盟层面上，欧洲议会和理事会于 1998 年 7 月 6 日通过了第 44 号指令，即《生物技术指令》（其产生过程参见 §7 Ⅱ d 3），其明确地规定对于《专利法》和《欧洲专利公约》很久以来根据一般可专利前提条件的规定所承认的原则，即专利保护也对生物技术发明开放。该指令使成员国有义务通过各自国家的专利法保护生物技术发明和必要时根据指令调整本国法律（第 1 条第 1 款）。

2. 对于德国[9]，《生物技术指令》通过 2005 年 1 月 21 日的（延迟的）［修订］法被转化（参见 §6 Ⅲ 11）。此后之前的原则在《专利法》一个特别条款中被固定下来（第 1 条第 2 款第 1 句）。相反，生物技术发明被完全排除在实用新型保护之外（《实用新型法》第 1 条第 2 款第 5 项[10]），［而］之前生物技术发明如果不是方法（《实用新型法》第 2 条第 3 项），则并未禁止对其作为实用新型进行保护。

3. 对于《欧洲专利公约》，指令中有关保护前提条件的规定，已经通过欧洲专利局行政委员会 1999 年 6 月 16 日的决定，作为其执行条例第 23b 条（现第 26 条）第 2~6 款和第 23c~23e 条（现第 27~29 条）被涵盖在《欧洲专利公约实施细则》中（参见 §7 Ⅱ b 4）。[11]该公约本身至今还没有根据指令进行调整（参见 §7 Ⅱ b 6）。虽然根据《欧洲专利公约实施细则》第 26 条（原第

---

〔7〕 Darüber *Vossius*, GRUR 1979, 579 ff.；*Vossius/Jaenichen*, GRUR 1985, 821 ff.

〔8〕 根据其官方名称，该指令涉及发明的保护；但根据第 1 条第 1 款第 1 句，这却通过成员国的国内专利法来实现。

〔9〕 在其他欧盟国家的转化情况，参见 *Feldges*, GRUR 2005, 977 f.；*Sommer*, 38 Ⅱ C 44 ff. (2007)。

〔10〕 在"非发明"清单中加入［生物技术发明］，体系上是错误的，参见 §12 Ⅰ a。

〔11〕 现行的法律规定可适用于下列案件，即在［规定］生效时其已经是悬而未决的，参见 EPA 6. 7. 2004 T 315/03 Krebsmaus/Harvard Ⅳ ABl. 2006, 15 = GRUR Int. 2006, 239（LS 1 u. Nr. 5.1）；《欧洲专利公约》第 23d 条（现第 28 条）（c）是否可以适用于在其生效前被递交的申请的问题，被呈送给了扩大申诉委员会，参见 EPA 7. 4. 2006 T 1374/04 Stammzellen/WARF ABl. 2007, 313 = GRURInt. 2007, 600, Nr. 22 des Vorlagebeschlusses mwN。

23b 条）第 1 款的规定，有关以生物技术发明为对象的欧洲专利申请和欧洲专利，《欧洲专利公约》中权威规定可与上述《欧洲专利公约实施细则》的法律规定相一致地被适用和解释，其中《生物技术指令》可作为补充，但这并未改变《欧洲专利公约》根据其第 164 条第 2 款，在《欧洲专利公约实施细则》与其相悖时具有的优先性，以及上述指令对于欧洲专利局本身——不同于《欧洲专利公约》中属欧盟成员的缔约国——并无约束力。

bb）基本概念

一个发明是现行规定意义上的生物技术上的［发明］，若它的客体是一个由生物材料组成的或包含这种材料的产品，或者［客体］是一个方法，由此生物材料被制造、处理或被使用（《生物技术指令》第 3 条第 1 款、《专利法》第 1 条第 2 款第 1 句、《欧洲专利公约》第 26 条第 2 款）。［而］生物材料是指，包含基因信息的以及可以自我繁殖的或在生物体系中可被繁殖的［材料］（《生物技术指令》第 2 条第 1 款（a）、《专利法》第 2a 条第 3 款第 1 项、《欧洲专利公约实施细则》第 26 条第 3 款）。在自然界中已存在的生物材料，若其借助技术手段从自然环境中被分离或借助技术手段被制造，也可以是发明的客体（《生物技术指令》第 3 条第 2 款；《专利法》第 2 条第 2 款、《欧洲专利公约实施细则》第 27 条（a））。

cc）可专利性的例外

1. 在植物和动物领域，专利保护的适用受到限制

非可专利的是——就像在指令及其转化之前一样——动植物品种以及动植物培育的本质上生物的方法（《生物技术指令》第 4 条第 1 款、《专利法》第 2a 条第 1 款第 1 项、《欧洲专利公约》第 53 条（b）第一个半句）。《实用新型法》在第 2 条第 2 项从其保护中排除了植物品种和动物种类。[12]

正如根据 1973 年《欧洲专利公约》第 53 条（b）第一个半句和原《专利法》第 2 条第 2 项（其可追溯到《斯特拉斯堡协定》第 2 条（b）第二个半句），动植物品种和生物的培育方法的排除已经和如下发明的可专利性不矛盾，即那些以微生物方法或通过这样的方法获得的产品为客体［的发明］。通过在"微生物的"之后添加"或其他技术上的"［用语］，《生物技术指令》扩展了上述解释。[13]《专利法》第 2a 条第 2 款和《欧洲专利公约实施细则》第

---

〔12〕 就此而言，用语习惯（另参见本书上一版第 203 页）还没有与 2000 年《欧洲专利公约》以及《专利法》的现行措辞相符。

〔13〕 从自然科学的角度来看，微生物既非植物亦非动物；微生物方法及其产品可授予专利性的承认因此具有澄清的意义；参见 *Moufang*，EPÜ – GK，Art. 53 Rdnr. 116 ff. und Genetische ErfindungenS. 39，199 f.。

27 条（原第 23c 条）（c）在这方面遵循了《生物技术指令》[的规定]。另一方面《专利法》和《欧洲专利公约实施细则》明确地以方法成果不是动植物品种为前提条件。在两个补充上，《欧洲专利公约实施细则》与《欧洲专利公约》第 53 条（b）相背离（参见本节 Ⅲ a cc 2）。

对于植物品种的概念，《生物技术指令》（第 2 条第 3 款）和《专利法》（第2a条第3款第4项）[均]指向有关共同体品种保护的欧盟条例中的定义（参见本节 Ⅱ a 2）；对于《欧洲专利公约》，上述定义在第 26 条第 4 款中被原文重现。如果其完全基于自然现象如杂交或选择（《生物技术指令》第 2 条第 2 款、《专利法》第 2a 条第 3 款第 3 项、《欧洲专利公约》第 26 条第 5 款），那么培育的方法"在本质上是生物的"。

如果对象为植物或动物的专利的实施没有被限定在特定动、植物品种，发明可被授予专利（《生物技术指令》第 4 条第 2 款、《专利法》第 2a 条第 2 款第 1 项、《欧洲专利公约》第 27 条（b），参见本节 Ⅲ a aa 2）。

2. 非可专利的是——就像在 2000 年《欧洲专利公约》生效前以及《专利法》据此调整前一样——外科的或治疗的对人类或动物身体的处理和诊断方法，后者在人类或动物的身体上进行（《欧洲专利公约》第 53 条（b）[原第 52 条第 4 款]第 1 句、《专利法》第 2 条第 1 款第 2 项[原第 5 条第 2 款]第 1 句）。综上，它们可以被视为（人类或动物）医学方法。《生物技术指令》并没有对此作出规定，并且正如衡量理由第 35 项所澄清的一样，允许相关成员国保持排除规定不变。

3. 在其形成和发展任一阶段中的人类身体以及其组成部分的单纯发现，可专利性均被明确禁止（《生物技术指令》第 5 条第 1 款、《专利法》第 1a 条第 1 款、《欧洲专利公约实施细则》第 29 条第 1 款）。分离的或以其他方式通过技术方法所获取的人类身体组成部分，却可以是可专利的发明，即使其构造和自然组成部分的[构造]相同（《生物技术指令》第 5 条第 2 款、《专利法》第 1a 条第 2 款、《欧洲专利公约实施细则》第 29 条第 2 款）。基因序列和片段被包含在这些规定中。

4. 生物技术从伦理角度提供了特殊法律规定：在《专利法》第 2 条第 1 款和《欧洲专利公约》第 53 条（c）中所包含的、在《生物技术指令》第 6 条第 1 款中所接受的发明可授予专利的一般禁止，通过属于该禁止适用范围的生物技术实践的典型列举被具体化，[上述发明的]工业应用违反了公共秩序或善良风俗（《生物技术指令》第 6 条第 2 款、《专利法》第 2 条第 2 款第 1 句、《欧洲专利公约实施细则》第 28 条）：人类有机体的克隆；人类有机体生殖细胞的基因同一性的改变；人类胚胎的工业或商业使用；动物基因同一性的改变，其在没有给人类或动物带来显著的医学用途情况下，导致动物的损害。

根据《专利法》第2条第2款第2句，在适用涉及人类有机体和胚胎可专利禁止时，《胚胎保护法》的相应规定具有决定性。

5. 在《专利法》和《欧洲专利公约》中规定的动植物可专利性的限制，根据 TRIPS 第27条第3款（b），［以及］排除医学方法可专利性的规定根据［协议］第27条第3款（a），［均］是有效的。同样 TRIPS 第27条第2款允许 WTO 成员从可专利中排除那些发明，如果在其主权范围内为保护公共利益或善良风俗必须阻止这些发明的工业利用。

dd）在申请和获取专利时的特别要求

1. 根据《生物技术指令》第5条第3款和《欧洲专利公约实施细则》第29条第3款，基因序列或序列片段的工业可实用性必须在专利申请中被具体地描述。《专利法》第1a条第3款要求，这出现于"由序列或序列片段所实现的功能说明中"。立法理由则是[14]从《生物技术指令》衡量理由第22～25项中推导出的。

相应地，在《专利法》第1a条第3款中规定的必要条件适用于，如果对象是植物或动物的、没能被限定在品种的发明，或微生物的或其他技术方法或由此获取的产品被申请专利（《专利法》第2a条第2款第2句）。

2. 如果发明的客体是基因序列或序列片段，它的构造和人类基因的自然序列或序列片段的［构造］相吻合，那么根据《专利法》第1a条第4款[15]，其使用，为此根据第1a条第3款的工业实用性具体被描述，可被吸收到专利请求中。

3. 长期以来普遍的、有效的、为获取专利目的的生物材料的保藏，［之前］被规定在《欧洲专利公约实施细则》第28条和第28a条（现第31～36条）中，但未出现在德国法中。《生物技术指令》第13条和第14条整合了主要原则。对德国，这些原则通过基于《专利法》第34条第8款于2005年1月24日通过的《生物材料保藏条例》被转化。

4. 与在《生物技术指令》衡量理由第27项中包含的、对成员国无约束力的建议相符，《专利法》第34a规定："如果发明的对象是源于动植物的生物材料，那么申请应包含对于该材料地理来源地的说明，若这是已知的。申请的审查和基于被授予的专利权利的有效性，就此无改变。"[16]

---

〔14〕 Bl. f. PMZ 2005，95，99 r.

〔15〕 这个条款［当时］在联邦议会法律委员会的建议下才被加入，参见 Bl. f. PMZ 2005，101 f。

〔16〕 Vgl. *Straus*，Angabe des Ursprungs genetischer Ressourcen als Problem des Patentrechts，GRUR Int. 2004，792－796mit rechtsvergleichenden Hinweisen.

ee）专利影响的有效范围和界限

1. 专利对生物材料及其获取方法的影响及于受保护的或直接通过受保护方法获取材料的、整个的增殖产出，如果［这些产出］显示了和原材料同等特征（《生物技术指令》第8条，《专利法》第9a条第1款、第2款）。专利对由基因信息构成的或包含［该信息］的产品的影响——［除］在对人类身体适用的例外规定条件下——延伸至所有被产品采用的和包含基因信息及其功能实现的材料（《生物技术指令》第9条、《专利法》第9a条第3款）。

2. 生物材料在某个欧盟成员国由专利持有人或经其同意被公开使用，而该使用必然导致增殖，那么该属专利范围的生物材料的增殖产出不受专利影响约束，如果这些产出不被用于进一步的增殖（《生物技术指令》第10条；《专利法》第9b条，包括《欧洲经济共同体条约》缔约国）。

3. 为了农业，涉及植物增殖材料的专利效果受制于和品种保护法的"耕者优先权"（参见本节Ⅱa3）相符的例外规定（《生物技术指令》第11条第1款、《专利法》第9c条第1款）。涉及动物增殖材料的专利效果也以类似方式被限制（《生物技术指令》第11条第2款、《专利法》第9c条第2款）。《专利法》在第9c条第3款中添加了如下内容，即涉及生物材料所规定的专利效果（《专利法》第9a条）不涵盖那些在农业领域中偶尔或技术上不可避免地被获取的生物材料，并因此针对某个种植了不受上述效果约束的种子的耕者，通常情况下不能提出请求。

4. 如果一项品种保护权从属于一项专利或一项专利从属于一项品种保护权，那么从属性权利的持有人在特定条件下，拥有强制许可授予请求权（《生物技术指令》第12条、《专利法》第24条第3款、《品种保护法》第12a条）。

Ⅱ. 不受专利或实用新型保护的生物技术发明

a）植物品种[17]

植物品种被排除在专利和实用新型保护之外（参见本节Ⅰbcc1）。它们却可以要求共同体法律或国内法的品种保护。

---

［17］ Vgl. *Haedicke*, Die Harmonisierung von Patent – und Sortenschutz im Gesetz zur Umsetzung der Bio-technologie – Richtlinie, Mitt. 2005，241 – 246；*Kock/Porzig/Willnegger*，Der Schutz von pflanzentechnologis-chen Erfindungen und von Pflanzensorten unter Berücksichtigung der Umsetzung der Biopatentrichtlinie，GRUR Int 2005，183 – 192；*Willnegger*，Tagungsbericht zum WIPO – UPOV – Symposium über Immaterialgüterrechte in der Pflanzenbiotechnologie，GRUR Int. 2004，28 – 31；*Winkler*，Sortenschutz und Patentrecht，VPP Rund-brief 2004，89 – 97.

1. 《国际植物新品种保护公约》（UPOV – Ü）[18]使缔约方，即签订该公约的国家和国际组织，有义务授予和保护培育者权利（第2条）。

具体来说，在过渡期结束后对于所有植物种类和形式［都有义务授予保护］（第3条）。德国《品种保护法》已于1992年和上述要求相符。根据该公约第5条第1款，培育者权可被授予新颖的、可区分的、同类的和稳定的（相关规定在第6~9条）品种（［其］定义［被规定］在第1条第vi项中，参见第2点）。关于受保护品种的增殖收益、由此产生的和其他特定的品种以及通过这些增殖材料非授权的使用所获得的产品，缔约方必须根据第14条的规定，以下行为——［除］在第15条和第16条所规定的或所允许的限制的前提下——需要培育者权持有人的许可：产品或增殖，为增殖目的的准备，为销售目的的存储，销售或其他经营、出口、进口，以及出于上述目的的保管。

《国际植物新品种保护公约》在其1991年修订版中不再包含以下规定，即对于相同植物学上的种类或形式允许提供特殊保护权或者专利，［这样规定］可能使植物种类的品种保护和专利保护不相矛盾。然而，无论《专利法》还是《欧洲专利公约》以及《生物技术指令》都一如既往地将植物品种从可专利中排除（参见本节 I b cc 1）。之前反复被提出的、在品种保护之外——渐增地或有选择地——允许对植物品种的专利保护的要求[19]，因此在欧洲范围内没有得到认同。但这并不意味着，对专利效果中包含植物品种的专利授予可能不被允许（参见本节 III a）。在1991年修订时，涉及品种保护法保护的植物的行为不应基于专利而可被禁止的建议，并未被采纳。[20]

相应地，在德国，对于植物品种本身也只有品种保护。［该保护］可借助1994年欧共体的条例（《品种保护条例》，参见第2点）的对所有欧盟成员国的统一效力或借助《品种保护法》（参见第3点）对德国的效力而实现。属共同体法保护对象的品种，不能再是国内保护的对象（《品种保护条例》第92条第1款、《品种保护法》第1条第2款）。

2. 根据《品种保护条例》[21]（第2点中未指明法律名称的条款均指本条例的条款）的共同体品种保护，通过共同体品种局（第30条及以下）基于申请

---

〔18〕 1961年12月2日签署，修订于1972年、1978年和1991年；修订版（及其调查报告）参见 BGBl. 1998 II S. 258 和 Bl. f. PMZ 1998, 232, 该公约1998年7月25日起在德国生效。

〔19〕 Vgl. z. B. *Neumeier*, S. 222 f. , 247; unter Kritik an den geltenden Regelungen weiterhin vertreten von*Kock/Porzig/Willnegger*（FN 17）（Nr. 55 i）.

〔20〕 *Straus*, GRUR Int. 1998, 1, 6.

〔21〕 Verordnung（EG）Nr. 2100/94 des Rates über den gemeinschaftlichen Sortenschutz vom 27. 7. 1994 ABlEG L 227 S. 1, zuletzt geändert durch VO（EG）Nr. 873/2004 vom 29. 4. 2004 ABlEU L 162/38.

（第49条及以下）而被授予。它的客体可以是所有植物学意义上属和种的品种，包括种或属间的杂交的品种（第5条第1款）。《品种保护条例》第5条第2款对品种的理解，在内容上与《国际植物新品种保护公约》第1条第vi项[22][的规定]相一致。

在已知最低等的单独植物学上的分类单元内的植物集合，其无论品种保护授予的前提条件是否完全被满足。

—— 可以通过源于特定基因型或基因型的组合所产生的特征塑造而被定义，

—— 至少可以通过上述特征之一的塑造而与任意其他的植物集合相区分，并且

—— 鉴于其未有变化地增殖的能力，可被视为［一个］单元。

对于可区分的、同类的、稳定的和新颖的品种将授予保护（第6~10条）。拥有受保护权利的是创造或发现和发展该品种的人，或者他的权利继受人；二者被概括地称为"培育者"（第11条）。

在由审查员所属行政部门行政委员会决定的国内品种保护官员（第55条及以下）［进行］技术审查的框架下，原则上品种的种植也属于实体保护前提条件审查［内容］（第56条第1款）。

保护期限自授权年份结束起，一般为25年，在藤本植物和树类的情况下是30年（第19条第1款）。根据第13条第1款和第2款的规定，保护具有如下效果，即实施以下有关受保护品种的品种组成部分的行为需要品种保护持有人的许可：生产和繁殖（增殖），为增殖目的的预处理，为销售目的供货、出售和其他流通，从共同体出口或向共同体进口以及为上述目的的保管。根据第13条第3~6款的规定，保护效果还涵盖通过受保护品种的材料的非授权使用而被获取的产品，以及由其派生出的或不可被区分的或通过其持续使用可被生成的品种。

根据第15条，保护效果并不延伸至在私人领域出于非工业目的的、出于试验目的的、为了其他品种或涉及类似的其他品种的培育、发现和发展目的所实施的行为。行为所涉及材料属于第16条的共同体品种保护穷尽［的情况］，［除］在特定例外条件下，上述行为同样不受保护效果的约束。

除此之外，根据第14条的规定，共同体品种保护还通过所谓的"耕者优先权"[23]而受到限制：农民可以不被禁止为保障农业生产，在耕种中出于增殖

〔22〕 Dazu*Straus*, GRUR 1993, 799.

〔23〕 Dazu*Keukenschrijver*, Das „Landwirteprivileg" im nationalen und gemeinschaftlichen Sortenschutz – ein Zwischenstand, FS Ullmann, 2006, S. 465–494.

目的而在他们自己的活动中使用那些他们在上述活动中通过受保护的品种的耕种而获得的农产品。这不适用于杂交种和人工合成品种以及另外仅［不适用于］在第 14 条第 2 款中指明的饲料作物、谷类、土豆、油类和纤维植物。除了小农以外，利用上述品种保护限制的农民必须向其持有人支付合理的补偿。[24]

在侵害品种保护时，持有人可以要求停止侵害或支付合理补偿或两者同时主张（第 94 条第 1 款），在侵权人［有］过错时，也可以要求损害赔偿（第 94 条第 2 款）。

3. 根据《品种保护法》[25]（第 3 点中未指明法律名称的条款均是本法的条款），通过联邦品种局[26]（第 16 条及以下）［品种］保护被授予。保护对所有植物种类都是可能的；自 1992 年起，取消了在一个特别目录中被提及的、类型上的保护限定。

植物种类的定义（第 2 条第 1a 项）和基础性的实体保护前提条件（第 1 条第 1～4 项）与《国际植物新品种保护公约》和《品种保护条例》（参见第 2 点）中的规定相符。最初培育者或品种发现人及其权利承继人享有受保护的权利（第 8 条）。品种保护的授予以申请为前提（第 22 条），由联邦品种局［进行的相关］审查，通常包括品种的种植（第 26 条）。保护期限同《品种保护条例》的相关规定；但更长的保护期适用范围要广于后者，因为它同时适用于啤酒花［忽布或葎草］和土豆（第 13 条）。

保护效果及其包含耕者优先权的限制与共同体品种保护规定类似（第 10～10b 条）。

在侵害品种保护时，根据第 37 条，可以要求停止侵害和在侵权人有过错时主张损害赔偿，在第 37a 条和第 37b 条规定的前提下也可以要求销毁特定物和知晓有关违法材料的销售渠道。

b）动物品种

根据《生物技术指令》《专利法》和《欧洲专利公约》，动物品种不能被授予专利；《实用新型法》将——还是遵循之前的用语——"动物类型"排除在其保护之外。

---

〔24〕 Zur Bemessung der EntschädigungEuGH 8. 6. 2006 C－7/05－9/05 Saatgut/Deppe GRUR Int. 2006，742.

〔25〕《品种保护法》1997 年 12 月 19 日颁布的版本，参见 BGBl. I S. 3164 ＝Bl. f. PMZ 1998，47，2005 年 1 月 21 日法律修订，参见 BGBl. I S. 146＝Bl. f. PMZ2005，93；对此的法律评注有：*Keukenschrijver*，Sortenschutzgesetz，2001。

〔26〕 另外有关联邦品种局的程序条例，2004 年 9 月 28 日颁布的版本，参见 BGBl. I S. 2552，并于 2007 年 4 月 17 日修订，参见 BGBl. I S. 578。

因为对于动物品种没有规定特殊保护，[27]排除规定不像在植物品种时考虑到这样的［特殊保护］，而是在所有情况下均可以由此说清楚，即在原始计划[28]时，可以完成新品种的培育方法，就已被视为不是带有充分可靠的成功预期的可被重复的［方案］[29]。这说明如果存在必要的可重复性，［那么排除规定］不适用于——非实质上生物的（参见本节 Ⅱ c）——动物及其产出的有针对性的变异方法。

c）生物的培育方法

在动植物品种之外，"实质上生物的动植物培育方法"同样也不能授予专利（参见本节 Ⅰ b cc 1；排除可专利的界线参见本节 Ⅲ a bb 和 b bb）。

在德国，动植物培育方法已根据之前的法律，即没有明确的排除规定，在由联邦最高法院在"红鸽子"案中所发展的原则的适用中，可专利性因为必要的可重复性的缺失而通常被否定。[30]在根据 1978 年导入的法律规定而作出判决的既有案件中，上述观点仍处于首要地位；至于其中的方法是否是实质上生物的［问题］，并未作探讨[31]。

d）医疗方法

参考文献：*Bosch*, *M. A.*, Medizinisch – technische Verfahren und Vorrichtungen im deutschen, europäischenund amerikanischen Patentrecht, 2000; *Bruchhausen*, *K.*, Erfindungen von Ärzten, FSMöhring, 1975, S. 451 – 465; *Dersin*, *H.*, Über die Patentfähigkeit von Verfahren zur Behandlung deslebenden menschlichen Körpers, GRUR 1951, 2 – 6; *Moufang*, *R.*, Medizinische Verfahren im Patentrecht, GRUR Int. 1992, 10 – 24; *ders.*, Kommentierung des Art. 52 (4) EPÜ, EPÜ – GK, 28. Lfg., 2005, S. 116 – 140; *Thomas*, *D. X.*, Patentability Problems in Medical Technology, 34 Ⅱ C 847 – 886 (2003); *Thums*, *D.*, Patentschutz für Heilverfahren? GRUR Int. 1995, 277 – 288; *Visser*, The Exclusion of Medical Methods, FS Kolle/Stauder, 2005, S. 469 – 486; *Wagner*, *K. – R.*, Heilverfahren als nichtpatentierbareBehandlungsverfahren, GRUR 1976, 673 – 679.

---

〔27〕 对于其引入是否是值得推荐的问题，参见 *Looser*, GRUR 1986, 27 ff.（赞同）；*Straus*, GRUR Int. 1990, 928 f.（反对）。

〔28〕 有关动物的排除法律规定的产生和法律政策上的批评，参见 *Moufang*, EPÜ – GK, Art. 53 Rdnr. 4, 58 ff.; *Straus*, GRUR Int. 1990, 920 f.; *Benkard/Melullis* § 2 a PatG Rdnr. 17 f。

〔29〕 对于完全排除并没有充分理由，参见 *Benkard/Melullis*, aaO。

〔30〕 BGH 27. 3. 1969（FN 1）81 ff.; BPatG 16. 10. 1973 Usambara – Veilchen GRUR 1975, 654（该判决涉及根据当时法律没有规定品种保护的并因此专利保护并未被排除的领域）。更详细的［论述］见本书第 4 版，第 117 页及以下。

〔31〕 BGH 30. 3. 1993 Tetraploide Kamille BGHZ 122, 144（zu BPatG 16. 8. 1990 Bl. f. PMZ 1991, 72）；其中的植物，在专利申请时属于非受品种保护的并因此没有从专利保护中被排除的类型。

aa) 排除规定的意义和分类[32]

1. 根据《专利法》第 2a 条第 1 款第 2 项第 1 句、《欧洲专利公约》第 53 条（c）第 1 句，不可专利的是作为人类或动物身体的、外科或治疗的处理的方法，其在人类或动物的身体上被进行。

《专利法》放弃了原《专利法》第 5 条第 2 款第 1 句和《欧洲专利公约》第 52 条第 4 款第 1 句所包含的、涉及工业实用性[33]［的内容］，转而采纳在 2000 年《欧洲专利公约》中有关医疗方法获取专利禁止的新版本和分类，并明确了其与［工业实用性］在个案中是否以及在何种可能意义上缺失［的问题］无关。

先前与工业实用性的联系可以由此来说明，即《斯特拉斯堡协定》虽然要求工业实用性，但没有规定医疗方法的排除可能性。此时，这与《斯特拉斯堡协定》却只有在针对实际上是非工业实用的方法的情况下才是相协调的。与之相符的是德国法院在判决中所持观点，只有在工业实用性缺失时，原《专利法》第 5 条第 2 款第 1 句才从可专利中排除医疗方法。[34]

《专利法》和《欧洲专利公约》中的排除规定，在它们之前的版本中，却已具有明显独立的意义。[35]考虑到以下情况，这与《斯特拉斯堡协定》相协调，即其缔约国已加入《欧洲专利公约》，同时它们的国内法已按此进行了调整[36]，由此导入有关医疗方法专利法处理的统一法律规定并因此对于该领域《斯特拉斯堡协定》的基本要求，比通过一个容易产生分歧的、以工业实用性一般要求为导向［的方式］，能被更好地促进［和支持］。

无论医疗方法是否是工业实用的，欧洲专利局的裁定已经根据原《欧洲专利公约》第 52 条第 4 款第 1 句否定了给予其专利保护的可能。[37]其中所请求的

---

〔32〕 排除规定的产生历史，参见 BGH 20. 9. 1983 Hydropyridin BGHZ 88，209，218 ff.；*Nack*，EPÜ – GK，28. Lfg.，2005，Art. 52 Rdnr. 23 f.，34 ff.，43 ff.；*Visser*，S. 471 ff.。

〔33〕 对该立法技术的批评，参见 *Moufang*，GRUR Int. 1992，17.

〔34〕 BGH 20. 9. 1983（FN 32）215；BPatG 27. 9. 1984 GRUR 1985，125；8. 12. 1994 E 35，12，15.

〔35〕 参见本书上一版第 204 页；ebenso *Visser*，S. 477 ff. 就像欧洲专利局认为其是必要的一样，针对工业实用性的特殊审查，因此［却］没有被加入，参见 EPA 25. 9. 1987 T 245/87 Durchflußmessung/Siemens GRUR Int. 1989，682（Nr. 3. 3）；so zutreffend *Bosch*，S. 101. – Nicht ganz konsequent deshalb *Straus/Herrlinger*，GRUR Int. 2005，869，他们虽然以获取专利禁止不能通过工业实用性的缺失而证明其合理性为出发点（第 870 页及以下），但他们却希望，如果缺失存在，让［上述禁止规定］适用（尤其 874 及以下）。

〔36〕 In diesem Sinn*Moufang*，GRUR Int. 1992，17 f.

〔37〕 EPA 14. 10. 1987 T 116/85 Schweine I/Wellcome ABl. 1989，13，18 ff.（Nr. 3. 5，4. 1 ff.）；30. 7. 1993 T 182/90 Durchblutung/See – Shell ABl. 1994，641，643（Nr. 2. 1）；16. 12. 2005 G 1/04 DiagnostizierverfahrenABl. 2006，334 = GRUR Int 2006，514（Nr. 4）.

方法的组成部分被证明是前述规定意义上的外科的或治疗的，这已满足条件[38]。

TRIPS 确认了有关医疗方法的获取专利禁止的独立性。在该协议第 27 条第 1 款第 1 句中被确定的一般获取专利规定，受到根据第 2 款和第 3 款的合法限制保留的约束。因此这些限制即使是在存在工业实用性的情况下也是允许的。协议第 27 条第 3 款（a）允许从授予专利中排除对待人类或动物的诊断的、治疗的和外科的方法，［该规定］并不以工业实用性的缺失为前提条件。[39]

2. 在现行《欧洲专利公约》或之前的版本中，排除规定都不是技术发明专利保护限制的表达。[40]虽然 1973 年《欧洲专利公约》的内容直接遵循了那些表达了技术特征的必要性的规定，但其不能被理解为，医疗方法不应被视为该公约第 52 条第 1 款意义上的发明。因此想要在医疗和技术方法之间进行区分，［无论］之前还是现在都是不妥当的[41]。更准确地说，医疗方法根据由联邦最高法院发展出的概念上的和习惯上的措辞就已是技术性的了（参见 § 12 I b 1）。

bb）可专利禁止的实体适用范围

1. 从可专利中被排除的医疗方法的共同点在于，均涉及人类或动物的活体。[42]作为针对死的身体的外科或其他手术方法或作为死的身体或从一个（活的或死的）身体被分离的组织的研究方法，都不属与专利保护矛盾的特别规定［的适用范围］。可专利的因此是，例如作为尸体或被分离的身体部分的或作为从死的或永久地从活的身体中被提取的液体或组织的研究、制作标本、防腐或其他处理方法。然而，非可专利的是从活体中提取物质的方法。[43]

例如，为诊断目的，从活体中以电离子渗入［方式］提取作为试样的物质[44]，从髋关节假体中移除嵌入［物][45]。相反，被视为可专利的是"血液

---

　［38］　EPA T 182/90（FN 37）645 f.（Nr. 2.5.1）；11. 1. 1994 T 820/92 Verfahren zur Empfängnisverhütung/The General Hospital ABl. 1995, 113, 121（Nr. 5.5）；15. 5. 1995 T 82/93 Herzphasensteuerung/Teletronics ABl. 1996, 274；29. 9. 1999 T 35/99 Perikardialzugang/Georgetown University-ABl. 2000, 447, 453（Nr. 8）；als ständige Rechtsprechung bestätigt durch EPA G 1/04（FN 37）（Nr. 6.2.1）.

　［39］　S. *Sommer*, 38 Ⅱ C 30, 35（2007）.

　［40］　*Moufang*, GRUR Int. 1992, 17, 21.

　［41］　Dies versucht*Bosch*, S. 84 ff.；ähnlich EPA 11. 6. 1997 T 329/94 Verfahren zur Blutextraktion/Baxter ABl. 1998, 241, 246 ff.（Nr. 5 ff.）.

　［42］　EPA – Prüfungsrichtlinien C Ⅳ 4.8.1 Abs. 2；*Dolder*, Mitt. 1984, 1, 5 f.

　［43］　EPA T 329/94（FN 41）245 f.（Nr. 4）.

　［44］　EPA 29. 6. 2001 T 964/99 Vorrichtung und Verfahren zur Probeentnahme von Stoffen mittelswechselnder Polarität/Cygnus ABl. 2002, 4, 12 ff.（Nr. 3.5 ff.）.

　［45］　BGH 28. 11. 2000 Endoprotheseeinsatz GRUR 2001, 321.

提取辅助方法"，通过该方法，在提取点方向上的血液流量被影响[46]。

如果——比如在血液的透析处理时——液体或组织在其处理之后，被直接重新放回其［原来］被提取的身体，那么［这］是一个非可专利的医疗方法。[47]不同的是［以下情况］，即如果从特定身体中被提取的液体或组织，出于制造"个体定制的"药剂的目的而被使用，[48]［该药剂］并未被直接重新放回身体。更准确地说，方法的应用和产品的制造通常情况下是为了在专利持有人或被许可人的企业中大量类似情形而进行的。对于执行医生来说，此时定制药品的完成，尽管这不能在市场上被提供和获取，［但］也不会［为医生］带来比其他可专利的药品的［完成］更大的困难，以至于基于同样的考虑，提供专利保护，像在［后者］的情况下一样，可证明其合理性（参见本节 Ⅱ d cc 2）。

为了移植从尸体中取出器官的方法，如果移植到一个活体中只有紧接着［进行］才有可能，［那么该方法］将作为涉及活体组成部分的方法，可被排除在获取专利之外；相反器官保存［的方法］则被视为可专利的。[49]

2. 为了将非可专利的医疗方法从原则上与可专利的其他涉及活的、人类或动物的身体的方法相区分，通常可利用治疗目的特征。其存在于，当一个方法被用于预防[50]、治疗或延缓疾病，或鉴于作为治疗或延缓疾病手段的选择和使用，［该方法被用于］认识以及辨别疾病。在这个意义上，治疗目的表明了所有治疗和诊断方法的典型特征。[51]它也存在于，抵抗作为单独看来非由疾病引起的状况或过程的副作用或结果，而可能出现的疼痛、负担或疗效减弱。[52]

不具有治疗目的的是纯粹的美容处理；只要其中没有使用外科手段，它们

---

〔46〕 EPA T 329/94（FN 41）246 ff.（Nr. 5 ff.）；krit. *Thomas*, 34 Ⅱ C 867.

〔47〕 So die EPA – Prüfungsrichtlinien C Ⅳ 4.2.1；*Moufang*, EPÜ – GK, Art. 52 Rdnr. 377；*Schulte/Moufang*, § 5 Rdnr. 26, 38；*Thomas*, 34 Ⅱ C 866；a. M. *Busse/Keukenschrijver*, § 5 PatG Rdnr. 26.

〔48〕 Hierzu eingehend *Straus*, GRUR 1996, 11 ff. und *Straus/Herrlinger*, GRUR Int. 2005, 869, 872 ff.；vgl. auch *Müller*, Die Patentfähigkeit von Arzneimitteln, 2003, S. 340 ff.

〔49〕 Vgl. BPatG 20. 12. 1983 E 26, 104.

〔50〕 预防性质的处理，若其是，比如注射疫苗，针对特定疾病，那么此时［该处理］无论如何都是治疗性质的，参见 EPA 15. 10. 1987 T 19/86 Schweine Ⅱ/Duphar ABl. 1989, 24；ebenso EPA 13. 11. 1990 T 290/86 Entfernung von Zahnbelag/ICI ABl. 1992, 414, 420（Nr. 3.1）。将一个非特定的被申请的免疫刺激剂视为具有治疗性质的，其中考虑的是它总是能引起一个针对两种特定疾病的、特殊的预防［效果］，参见 EPA 12. 8. 1991 T 780/89 Immunstimulierende Mittel/Bayer ABl. 1993, 440, 446（Nr. 6）。

〔51〕 如果人们将其视为诊断上的或治疗辅助的［手段］，被用于治疗目的的同样还有确定在人体上麻醉深度的方法，其可专利性遭到否定，参见 DPA（BS）4. 11. 1952 GRUR 1953, 172.

〔52〕 EPA 15. 5. 1987 T 81/84 Dysmenorrhoe/Rorer ABl. 1988, 207.

是可以获取专利的（参见第4点）。因此一个方法，据此为了实现美容所需的减肥的目的，服用造成食欲不振的药物，被视为可专利的[53]。因为根据专利请求的字面意思，只对美容处理作出了请求，［虽然］以相同途径也可以治疗由疾病引起的肥胖症，［但］这也不构成［专利获取的］障碍。相反，非可专利的是一个具有美容效果的方法，如果它必然同时定义了一个治疗上的处理；［该方法］出于清除牙垢的目的而被进行，因为［这种清除］虽然改善了人的外观，但同时也预防了蛀牙和牙周病[54]。作为通过由发动机推动的人体移动的、被动健身方法，［其中人体］处于一张被分割为多个可活动部分的床上，［该方法］被视为具有治疗性质的并因此是非可专利的。[55]

诊断或防止怀孕的方法缺乏治疗目的[56]，因为这并不是疾病[57]。同样以下测试方法［也缺乏治疗目的］，其不是以辨别病理情况为目的，而是为了比如在运动负荷下或在失重状态下，观察身体机能。[58]消毒方法可以进行区分：治疗性质的是伤口消毒，不是相反地医用工具的消毒或为了进行治疗或手术对人体的消毒。[59]如果人类或动物身体的消毒是为了消灭可能损害身体本身的病原体，那么它将被认为是医疗处理。[60]

在大量的案例中，在活的动物［身上］产生了不同于治疗目的的作用，例如出于控制后代性别，提高奶、蛋或肉产量的目的[61]，或出于获取治疗用血清[62]、消灭或驱逐有害动物的目的。同样，动物的人工授精方法也没有治

---

〔53〕　EPA 27. 3. 1986 T 144/83 Appetitzügler/Du Pont ABl. 1986，305；krit. dazu Pagenberg，GRURInt. 1986，721.

〔54〕　EPA T 290/86（FN 50）.

〔55〕　BPatG 18. 1. 2007 Verfahren zur passiven Gymnastik Mitt. 2007，369；限制在非治疗性质上的使用［当时］被否定，因为这些是不明显的，而且相应的放弃可能因此使申请被不合理地放宽。

〔56〕　EPA 9. 11. 1994 T 74/93 Verfahren zur Empfängnisverhütung/British Technology GroupABl. 1995，712，717（Nr. 2. 2. 3）；不同的是针对内科的、生理上产生影响的使用的情况，参见 DPA（BS）14. 12. 1953 Bl. f. PMZ 1954，322；欧洲专利局将如下方法看作是治疗性质的并因此是非可专利的，该方法是同时服用避孕药和防止其损害性副作用的药物，参见 EPA T 820/92（FN 38）119 ff.（Nr. 5. 1 ff.）.

〔57〕　同样可能使用于中止妊娠的方法；但这（在法律上）只能通过医生执行，以至于其工业实用性可能被德国判决所否定。

〔58〕　Vgl. BPatG 19. 1. 1984 E 26，110；Thomas，34 Ⅱ C 856. ——在个案中却可能欠缺工业实用性，比较脚注57。

〔59〕　Vgl. *Benkard/Asendorf/Schmidt*，§5 PatG Rdnr. 27.

〔60〕　针对一个通过在猪身体表面涂抹杀虫剂混合物来抵抗猪皮外寄生虫产生的方法，参见 EPA T 116/85（FN 37）。

〔61〕　DPA（BS）12. 12. 1958，Bl. f. PMZ 1959，71；*Moufang*，EPÜ－GK Art. 52 Rdnr. 379 f. 一个治疗方法却不能通过其结果上提高了肉产量而成为可专利的，参见 EPA T 780/89（FN 50）。

〔62〕　PA（Nichtigkeitsabteilung）24. 6. 1922（FN 6）.

疗目的，而是服务于生产。[63] 相反，人类的人工授精将克服病理上的繁殖障碍，相关方法因此是不可专利的。

3. 欧洲专利局最初仅希望将如下方法视为诊断方法，它们的结果直接允许确定医学治疗［的方法］，而不是仅仅提供"中间结果"[64]。联邦专利法院[65] 也曾同意，仅提供用作医生推断的评估基础的、单一测试值的方法不是诊断方法，并因此其不取决于［这些方法］是否被用到身体上。在实践中，诊断方法的可专利性具有重要影响，[66] 欧洲专利局后来偏离了上述思路[67]："在人类或动物身体上所进行的诊断方法"的表述及其在其他两个欧洲专利局的官方语言的对应翻译中，诊断方法不是被理解为包含所有在医生进行诊断时所实施的步骤。

因为这个分歧，欧洲专利局局长曾将该问题呈交给扩大申诉委员会。[68] 而后者在它的声明[69] 中，将《欧洲专利公约》第 52 条第 4 款（现为第 53 条（c））中的诊断方法的概念作了严格的限制：

"诊断方法成为专利申请的客体，其必须具备涉及以下内容的特征：

（i）出于狭义上治疗目的的诊断，即推论的、人类医学或兽医学上的决定阶段，也即一种纯粹的智力活动；

（ii）先期步骤，其对于诊断进行是决定性的；并且

（iii）与人类或动物身体的特定相互作用，其在那些是技术性的前期步骤执行时出现"（指导原则 1 以及第 5～6.2.4 部分）。

借此，对于诊断程序，扩大申诉委员会有意地偏离了判决，根据后者，如果一个方法同时仅包含某个可被认为是外科的或医疗的步骤，则该方法被视为

---

〔63〕 *Moufang*, EPÜ - GK Art. 52 Rdnr. 379 mit FN 587.

〔64〕 EPA 25. 9. 1987 T 385/86 Nicht - invasive Meßwertermittlung/Bruker ABl. 1988, 308, 311（Nr. 3.2）. 欧洲专利局局长 2003 年 12 月 29 日的报告通报了有关同等意义上的其他判决。2001 年版的审查指南（C IV 4.3）同样遵循了这个观点，参见 ABl. 2004, 229, 235 ff.

〔65〕 涉及生物呼吸功能的检测，参见 8. 12. 1994（FN 34）15。Ebenso BPatG 11. 7. 2006 Auswertung diskreter Meßwerte GRUR 2007, 133（Nr. II 3 c; vgl. den Sachverhalt oben § 12 II c bei FN 52）。

〔66〕 *Moufang*, GRUR Int. 1992, 22 f. und EPÜ - GK Art. 52 Rdnr. 389 f.; *Thomas*, 34 II C 860 f.; *Visser*, S. 482 f.

〔67〕 EPA T 964/99（FN 44; zum Sachverhalt s. dort）. Auf der gleichen Linie liegt bereitsEPA 11. 2. 1997 T 655/92 Kontrastmittel für die NMR - Abbildung/Nycomed ABl. 1998, 17: 一个包含（磁力应激的）X 光照影用溶液剂的注射方法，被作为诊断方法，排除在专利保护之外。其他在这个方向上的判决参见 29. 12. 2003（FN 64）243 ff.; vgl. auch*Thomas*, 34 II C 857 ff.

〔68〕 FN 64.

〔69〕 Vom 16. 12. 2005 G 1/04 Diagnostizierverfahren ABl. 2006, 334 = GRUR Int. 2006, 514; zustimmend BPatG 11. 7. 2006（FN 65）.

排除规定意义上的外科的或医疗的（指导原则第6.2.2部分）。这好像基于以下考虑，即从特定事实中作出的、诊断上的结论，才使查明上述事实的方法成为诊断方法的组成部分。实际上存在这样的案例，其中在人或动物身体上所进行的测试不具有治疗目的，而是服务于其他目的，并且其中所使用的技术方法因此缺乏一个对于诊断方法所必须的特征（参见第2点）。鉴于这个可能性，同时也适用于非治疗目的的技术测试方法，可以在限定于这个目的的情况下被申请［专利］，这最好是通过涉及诊断目的的弃权声明而被表达。[70]

相反如果根据扩大申诉委员会的声明，有关在人或动物身上所进行的、同时或甚至仅适合于医疗目的的测试方法，在如下情况下已经可以被允许专利保护，即当申请没有同时包含一个涉及"推论的、医学的决定阶段"的特征时，那么适用于诊断方法的可专利禁止将在实践中变成无关紧要的［规定］。因为在没有认识到扩大申诉委员会立场的情况下，任何时候都几乎没有理由，将——如扩大申诉委员会（指导原则第5.2部分）自己认为的——［诊断方法的］非技术特征列入技术发明申请中，而且它在何处进行［的问题］，需依据呆板的申请措辞［回答］。基于这些观点的认识，任何相当谨慎的申请人都将避免［列入］，而任何恰当地被建议的申请人［则］更加有理由避免［这个行为］。

然而，扩大申诉委员会（指导原则第6.2.4部分）希望通过删除涉及出于医疗目的诊断的、非技术特征，阻止可专利禁止被"规避"［的情况发生］。在这里［扩大申诉委员会］以《欧洲专利公约》第84条为依据，据此申请必须说明对于特定发明的、明确的和完整的定义所必需的所有特征。因此，对于发明是决定性的非技术性特征必须被列入请求中。这适用于这样的特征，即如果从申请或专利整体上明确地推导出其是必不可少的。它可能是如下情形，即当诊断相关值查明方法是显而易见的，而［这些值］使某个特定症状确定成为可能。

［认为］根据规定了对于申请可准许性的要求的《欧洲专利公约》第84条，申请人为了——由于适用于诊断方法的可专利禁止——引发其申请尝试的拒绝，而应遵守在申请中列入某个特征的义务，是一个令人吃惊的想法。如果申请对象根据其整体内容被证明是排除规定意义上的诊断方法，为了证明拒绝保护是合理的，该事实的确认应已经满足条件。要求在申请中列入出于治疗目的的诊断的非技术性特征，可能只有在如果没有它就不能定义什么内容是新颖

---

［70］ Vgl. *Moufang*, EPÜ – GK, Art. 52 Rdnr. 381；EPA 8. 4. 2004 G 1/03 Disclaimer/PPG ABl. 2004, 413 = GRUR Int. 2004, 959（Nr. 2.4）.

的和创造性的情况下，才是合理的。如果作为新颖性和创造性的申请仅展示了如下认识，即特定的、以已知方式被查明的值指明了一个特定的症状，那么即使此时也不是上述［合理］情况。满足技术行为指令定义的是，在申请中说明那些为了查明相关值而能被实施的方法步骤。此处本身已知方法步骤或能被阐明的值的组合，［将］作为具有新颖性和创造性的被考虑。而创造性成果的判断基础是现有技术水平还没有包含所要求保护的组合，开启了一个新的、疾病诊断的可能性的认识。尽管如此，还不能要求导致这个诊断的、推论的活动被提升为申请特征。通过《欧洲专利公约》第84条的适用，不能防止在实践中完全避免可专利禁止对于诊断程序［的适用］。

然而，如果没有理由像对外科或医疗方法的使用一样，对在人类或动物身上进行的诊断方法的使用放开专利法上的限制，也许这在结果上是可以接受的。但对于诊断程序，立法者却明显地承认了［上述限制］放开的需要，这在原则上也是扩大申诉委员会所认为的（指导原则第4部分）。［上述放开需要的］法律规定考虑的出发点是，本质上存在一个可受专利保护的技术行为指令。相应地扩大申诉委员会确认，在《欧洲专利公约》第52条第4款中被指明的诊断程序是发明。但这意味着，该规定从开始就不涉及"推论的医学决定阶段，也即纯粹的智力活动"。如果［该规定］应当具有某种意义，其因此可能被适用，以至于新颖的、创造性的诊断技术方法本身［已］不受限制，而不仅是在和前述"推论的阶段"的联系上。

相对于不存在专利保护限制的、纯粹医学技术领域的必要界限，［可以］通过在人类或动物身上实施的特征来划定。扩大申诉委员会同样也关注这个特征。根据其声明（指导原则3、4以及第6.4部分及以下），任何与人类或动物身体的、必然要求其存在的相互作用已满足条件。这并不取决于相互作用的形式或程度。若人们以此为出发点，那么一个借助磁共振而确定身体部位温度或酸碱值的方法，［就］不能被与从身体中永久提取的血液或组织样本的实验室测试相比较。[71]这尤其适用于借助X光的身体检查。[72]

根据扩大申诉委员会的声明，对于不可专利的诊断方法的存在，不能作为前提条件的是人类医生或兽医的亲自现场参与或负责；同样也不取决于，所有的方法步骤同时或仅能由医学或技术辅助人员、由病人自己或由一个自动化的系统来完成；在此联系上，不能被区分的是，具有诊断特征的必要的方法步骤

〔71〕 So aber EPA T 385/86（FN 64）313（Nr. 3.5.2）.

〔72〕 欧洲专利局认为，这样的检查不是在"身体上"进行的，参见 EPA T 385/86（FN 64）316（Nr. 4.3.2）.

和没有［该特征］的非必要［步骤］（指导原则2和第6.3部分）。

上述从扩大申诉委员会立场出发的补充解释却仅可能涉及如下申请和专利时才具有意义，即它们的请求包含了它们对于诊断方法定义所要求的所有特征和因此同样［包含了］涉及"推论的、医学决定阶段"的（非技术）特征。这些情形在声明前的时间里就几乎没有，之后或许根本不会再存在。

4. 在外科方法[73]的情况下，不总是存在某个治疗目的。[74]特别是美容外科方法，［其］任何时候都只能非常间接地归因于治疗目的（如涉及精神上的忧虑）。但治疗目的的缺失却并非必然地开启了专利保护之路。[75]

因此，在心包空间中插入导管的方法，即使其不是直接地服务于诊断或治疗，而仅仅是服务于它们的准备，同样也作为外科［方法］被排除在专利保护之外。[76]非可专利的还有以下方法：通过激光，为视力矫正被放置在眼角膜上并在那里被固定的、人工的晶状体的曲率的重新修整。[77]

相反，借助光学辐射在要脱毛的皮肤区域上的作用的脱毛方法曾被视为外科的，但因为缺少——或者仅仅是潜在的——治疗目的，被视为可专利的［方法］，因为排除规定仅就此而言是可以适用的，即在对于治疗目的需要保留的情况下。[78]所以［这里］存在一个目的论的缩减，其对于外科方法的可专利禁止，在比法律规定字面意义所表明的［内容］更加严格的意义上加以理解。

出于一个以在病人身体中导入 X 光造影用溶液剂为前提条件的成像方法的原因，外科方法概念的问题曾被提交给扩大申诉委员会。[79]

然而，外科方法的排除将可被限制在如下情况，其中被治疗的身体应仍处于存活［状态］。因此没有被排除的是，包含外科手术的动物实验方法，其最终为了获取被寻求的认识，该动物必将死亡。[80]

---

［73］ Zu diesem Begriff EPA T 182/90（FN 37）644 f.（Nr. 2.3 f.）m. Nachw.；*Moufang*，GRUR Int. 1992，18 f.

［74］ EPA T 182/90 aaO；*Thomas*，34 II C 861.

［75］ Vgl. BGH 26. 9. 1967 Glatzenoperation BGHZ 48，313，327；Moufang，EPÜ – GK，Art. 52Rdnr. 366 ff.

［76］ EPA T 35/99（FN 38）.

［77］ 该方法在这里被认为是医疗的，但也可以被视为外科的［方法］，参见 EPA 5. 5. 1994 T 24/91 Hornhaut/Thompson ABl. 1995，512。

［78］ EPA 1. 10. 2004 T 383/03 Verfahren zur Haarentfernung/The General Hospital ABl. 2005，159 = GRUR Int. 2005，712.

［79］ EPA 20. 10. 2006 T 992/03 Chirurgische Behandlung/Medi – Physics ABl. 2007，557 = GRURInt. 2008，154.

［80］ EPA T 182/90（FN 37）646（Nr. 2.5.2）.

可受专利保护的是纯粹美容方法，如通过修剪、染色、烫发的毛发处理，[81]
通过修剪和漆油的指甲处理，通过使用如涂抹或辐射等着色或拉紧[82]手段的
皮肤处理，或通过去除污秽［的皮肤处理］。[83]同样这还可适用于文身和打耳
洞。[84]而借助防止损伤的针，在头皮上植入发束的方法，尽管其出于美容目
的，却作为外科方法被排除在可获取专利范畴之外。[85]

5. 如果针对医学技术装置的运行而请求专利保护，［则］可能产生界定问
题。[86]

通过管状单元流出的小规模液体流量流经速度测量方法，即使当它在被植
入身体中的药物（尤其是胰岛素）的给药装置中被使用时，也曾被视为非医
疗性质的并因此是可专利的，其前提条件是它没有同时影响由该装置给出的药
量，而只是测量了该装置的运行。[87]如果在被请求的存储方法和装置作用于病
人身体之间没有联系，［那么］可专利性被肯定的还有在可被植入的医学装置
中的信号存储方法以及将信号传导出病人体外的方法。[88]基于医疗特征，专利
保护仍被否定的是对于借助右心室压力的、被植入的心跳起搏器的脉冲频率控
制方法[89]，同样的是对于为了终止心动过速目的的、心脏起搏器的发动方法，
但没有［否定专利保护的是对于］心脏起搏器的编程，其仅展示了一个在某
个装置上被执行的手段。[90]

对于那些局限于专用的、通过结构形式被预先设定的、可专利的医学装置
或工具的使用方法的保护，也许导致这样的结果，即上述使用即使在经专利持
有人同意下被公开使用的装置，可能根据方法专利而被禁止或需要许可。由此
与通过对医学所必需的产品的合法专利保护相比，在医学领域存在的保持自由
使用的利益可能遭受更加严重的损害。因此除了该产品保护之外，在医学领域
无论如何都不应该再给予不以超越产品提供的、创造性的成果为基础的方法保

〔81〕　*Dersin*, GRUR 1951, 2 ff. ; DPA（BS）10. 11. 1950, Bl. f. PMZ 1950, 352 gegen PA（BS）
18. 1. 1937, Mitt. 1937, 88.

〔82〕　DPA（BS）23. 2. 1959, Bl. f. PMZ 1959, 172.

〔83〕　Vgl. *Benkard/Asendorf/Schmidt*, § 5 PatG Rdnr. 25, 31; *Bernhardt*, S. 35.

〔84〕　BPatG 12. 12. 1988 E 30, 134, 135.

〔85〕　BPatG 12. 12. 1988 aaO.

〔86〕　Vgl. *Bosch*, S. 84 ff. , *Thomas*, 34 ⅡC 872 ff.

〔87〕　EPA T 245/87（FN 35）; krit. *Visser*, S. 479 f.

〔88〕　BPatG 23. 2. 1999 E 41, 84.

〔89〕　EPA T 82/93（FN 38）286 f.（Nr. 1. 5）.

〔90〕　EPA 28. 6. 1990 T 426/89 Herzschrittmacher/Siemens ABl. 1992, 172. 同样，欧洲专利局认为
下列方法，即由此心脏起搏器将以能量消耗最小化的方式被控制，不是医疗性质的，参见 EPA 23.
8. 2001 T 789/96 Therapeutisches Verfahren/Ela Medical ABl. 2002, 364; krit. dazu*Thomas*, 34 ⅡC 874 f.

护[91]（参见§24 A Ⅲ 6）。

相反，在一个——受保护的或不受保护的——产品的新颖的、非已知的使用情况下，取决于其是否为医疗方法。如果不是医疗方法，［那么］普通的方法保护是可能的，否则［将］产生与有关相当于特定实体保护的、第二迹象保护的法律规定相应适用的问题（参见本节Ⅲ f 和§33 Ⅲ d）。

例如，联邦专利法院认为，出于毁坏生物体内的结晶体（如肾结石）目的的、属现有技术水平的装置的使用，是非熟知的，而且（在 1978 年之前所适用法律基础上）借鉴在新的医药使用中的已知物质保护的判决（参见本节Ⅲ f bb），将其视为工业实用的[92]。相反，根据欧洲专利局的观点[93]，"外科使用"的目的陈述，并没有使已知设备组成部分的、为其生产的使用获得新颖性。这可以由此被证明是合理的，即扩大申诉委员会曾通过《欧洲专利公约》第 54 条第 5 款的类推来支持第二迹象的保护（参见本节Ⅲ f cc），［该保护］仅适用于物质和物质混合物。这里引用的判决却通过［案中］消耗了药品，而没有［消耗］设备，来论证其合理性。

cc）可专利禁止的理由、法律政策上的评论

1. 根据可专利禁止先前的版本而被熟知的观点，即工业实用性的缺失阻碍了医疗方法获取专利[94]，这并不能完全令人信服[95]。反对［这种观点］的意见认为，不应取决于，是否可以通过医生或非医生的辅助人员使用这样的方法。[96]因为这里至少部分是工业的，［故］在这些情况下，获取专利不应不加区分地被排除。另外引人关注的是，通过职业医生在商业运营的医疗机构中的使用，没有被作为工业使用而加以考虑。这里当然也存在医生的决定；作为经济过程，在这样的企业中医疗方法的使用却可被归因于持有人并因此归因于工业企业。[97]

2. 将医疗方法排除在专利保护之外，经常被这样来证明其合理性，即从

---

〔91〕 ZustimmendBPatG 18. 1. 2007（FN 55）371（Nr. 4）.

〔92〕 BPatG 24. 1. 1990 E 32，93.

〔93〕 15. 12. 1995 T 227/91 Zweite chirurgische Verwendung/Codman ABl. 1994，491.；dazu *Thomas*，34 Ⅱ C 881 ff. mwN.

〔94〕 So insbesondereBGH 26. 9. 1967（FN 75）325 unter Hinweis auf abweichende Begründungen（316 ff.）；vgl. auch den vollständigen Abdruck in GRUR 1968，142，144 f.

〔95〕 更加不充分的是由学者提出的、认为是以下理由的观点，即在这些案件中的专利申请，将可能涉及活体本身，即人类，［申请］由此可能牵涉商业使用利益，参见 *Busche*，Mitt. 2001，4，6。

〔96〕 *Benkard/Asendorf/Schmidt*，§5 PatG Rdnr. 22.

〔97〕 Vgl. *Wagner*，GRUR 1976，676 f.；*Bosch*，S. 63. 联邦最高法院希望将非医生的（工业的）监护和医生的（非工业的）处理进行区分，参见 BGH 26. 9. 1967（FN 75）326。

民众健康利益的角度出发，［医疗方法的］一般应用必须保持放开。[98] 在引入明确的可专利禁止规定之前，联邦最高法院已经将保持放开的需要视为法律政策上的要求，只是对于这是否将肯定能够证明可专利性排除的合理性［问题］未有表态[99]。法院认为现行的排除规定的目的在于，维护医生在选择消除疾病手段时或在选择为了认识［上述手段所使用的］试验方法时的决定自由。[100] 欧洲专利局的扩大申诉委员会将保持人类和动物医学领域中非商业和非工业的活动不受专利法上的限制作为原《欧洲专利公约》第 52 条第 4 款的［立法］目的。[101]

在药品、医疗设备等情况下，立法者却认为上述考虑并非排除可专利性的充分理由。更准确地说，《专利法》第 2a 条第 1 款第 2 项（原第 5 条第 2 款）第 2 句、《欧洲专利公约》第 53 条（c）（原第 52 条第 4 款）明确地证实了，前一句中所包含的禁止医疗方法获取专利，不适用于产品，尤其不适用于在这样的方法中使用的物质或物质混合物。如果保持放开的需要将证明对医疗方法可专利禁止的正当性，［那么］在对于医疗目的所必需的产品的情况下，这极有可能更具重要性。［若］是这种情况，［则］从中可以推导出，如果过去产品曾在专利持有人的同意下进入过公众视野，那么他不能再限制产品的经营和使用，虽然在每一个个案中，方法的使用必须都有专利持有人的许可[102]。因此医疗必需品通常可以在必要的情况下迅速上市，而无需征得专利持有人的事先同意；但是，在医生（或其他医疗执业成员）使用受专利保护的方法时，也许必须总是保证获取了专利持有人的同意，而且如果［该许可］被拒绝或没有及时地被授予，［那么］也许必须放弃可能最适合的方法。[103]

在选择疾病治疗手段或其识别的试验方法时的决定自由被侵害，以及最合理的医生救助被阻碍或被延缓，［这些］风险最终好像是反对医疗方法专利保

---

　［98］　Vgl. z. B. DPA (BS) 4. 11. 1952 (FN 51)；10. 11. 1950 (FN 79)；*Bernhardt*，S. 34；*Schulte/Moufang*，§5 Rdnr. 16；*Benkard/Asendorf/Schmidt*，§5 Rdnr. 19；*Thomas*，34 Ⅱ C 852 f.

　［99］　BGH 26. 9. 1967 (FN 75) 320 f.

　［100］　BGH 28. 11. 2000 (FN 45) 322 l.

　［101］　EPA 5. 12. 1984 Gr 01/83 Zweite medizinische Indikation/Bayer ABl. 1985，60，63（Nr. 22）；im gleichen Sinn EPA T 116/85 (FN 37) 18（Nr. 3. 7）；T 24/91 (FN 77) 515 f.（Nr. 2. 4）；T 35/99（FN 38）452（Nr. 6 f.）.

　［102］　博世（*Bosch*）没有注意这个区别，这影响了其在第 114 页及以下论述的明晰性。

　［103］　这不仅只涉及避免获取许可的复杂性，其也可能出现于在医疗领域之外某个受专利保护的方法被需要的情况。更准确地说，在医学上时间点尤为重要，因为经常不可预料的是，在什么时候和在哪里某个特定方法被需要。在紧急情况下指望合理的紧急状态的承认，就像学者所建议的一样，［其所带来的］风险对于进行处理的人来说几乎是难以接受的，参见 *Moufang*，GRUR Int. 1992，24und *Thums*，GRUR Int. 1995，280，287。

护的主要理由。就此而言，这可与医生职业在工业活动中的特殊地位相联系，当医生根据其自由职业法，［该法］在这方面［也］影响了其他医疗职业，只有在严格的范围内，［才］允许在考虑病人决定自由的情况下"兜揽生意"。与此相应的是，病人选择医生也不会通过某个医生对特定方法的独占权利而受到影响。这样的衡量是否同时无条件地适用于兽医学领域，还是有疑问的。[104]

因此总体上，并没有充分的理由证明现行规定的合理性。同样认为其缺乏工业可用性的观点也可以归因于相关理由。[105]如果用医生职业实际上是工业的论据去反对前述法律规定[106]，如此并没有触及问题的核心。其最终涉及的保持放开的利益，却只能证明在法律规定范围内取消专利保护，而不［能证明］其扩张解释或类推适用的合理性。

例如可能被问及的是，对于不是在身体上，而是在从中永久被提取的试样上，如血液或组织上被进行的诊断方法的保持放开，是否同样不存在值得承认的利益。[107]但这可能不会改变排除规定就此而言并不适用［的情况］。

法律政策上仍有疑问的是，从专利体系的促进、奖励和信息效果中排除对于公众特别重要的领域中的创新的发展，从长远看是否合适。[108]至少可以考虑以下解决办法，即削弱专利保护的排他作用以及将重点放在发明人的署名和补偿请求上。[109]

Ⅲ. 可专利的生物技术发明

a）植物的多样化

aa）产品发明

1. 根据《生物技术指令》第4条第2款、《专利法》第2a条第2款第1

---

[104] 有学者要求删除对兽医方法的获取专利禁止，参见 *Pechmann*，GRUR Int. 1987，349。

[105] "人类的健康和强加给医生的、维持［健康］的任务构成了对如下［判断］的普遍社会道德依据，即对于医生职业是非工业的以及同时对于医生在医疗方法的使用中也必须原则上是自由的"，参见 BGH 26. 9. 1967（FN 75）325 f 以及 *Bruchhausen*，S. 458。

[106] So *Appel*，S. 75 f.

[107] Vgl. *Thums*，GRUR Int. 1995，279.

[108] Vgl. *Bruchhausen*，S. 452 f.；*Appel*，S. 183；*Thums*，GRUR Int. 1995，284 ff.；*Moufang*，EPÜ – GKArt. 52 Rdnr. 352.

[109] Vgl. *Bruchhausen*，S. 455；*Wagner*，GRUR 1976，678. 有学者推荐根据《专利法》第13条的使用人安排，参见 *Bruchhausen und Appel*，S. 187 f. 这也许——因为强制许可几乎没有提供补救——也可以考虑，专利的授予已经根据《专利法》第23条取决于准备许可的声明。阿普尔（*Appel*）（同上）的想法可以这样被考虑，即在紧急情况下，一个紧随使用之后的通知，或许被认为是充分的。值得考虑的还有，委托版税征收协会——根据著作权法的样板——［进行］补偿请求的提起和收益的分配；有关在美国被提出的建议的提示，参见 *Bosch*，S. 216，228。任何情况下，补偿体系必须这样来建构，以至于医生的保密义务不受侵害。

句第 1 项和《欧洲专利公约》第 27 条（b），如果发明的实施技术上不限于特定植物品种，以植物为对象的发明可被授予专利。其中对于品种的概念，《品种保护条例》第 5 条中包含的定义（参见本节 Ⅱ a 2）属决定性的。《生物技术指令》的衡量理由第 30 项强调了，一个品种通过其整体的基因组显示其特征，因此具有个体性，并且和其他品种可以明显地相区分。一个植物集合，它［仅］通过特定基因（而不是通过其整体的基因组）表明其特征，那么，正如衡量理由第 31 项所明确的，不受品种保护约束，并且因此即使它包含植物种类，也不被排除在可专利范围之外。

2. 欧洲专利局的裁决在几次摇摆不定之后，通过扩大申诉委员会的裁决，在与《生物技术指令》相协调的意义上，澄清了针对植物品种保护的可专利禁止的适用范围，并由此也证实了《欧洲专利公约》第 23c 条（现第 27 条）（b）。其中对植物品种的概念，［扩大申诉委员会］并未明确地表明态度。

在提到《国际植物新品种保护公约》原始版本中的品种概念时，如下发明先前已经被宣布为可专利的，［该发明］通过借助肟的衍生物的处理，会使人工栽培植物的增殖物具有抗农药的能力。[110] 被申请的不是可以和任何其他品种相区分的、单独的植物品种，而只是任意的、化学上以特定方式被处理的人工栽培植物。然而《欧洲专利公约》第 53 条（b），仅在基因学上被确定的植物品种形式上，从可专利中排除了植物。化学处理的对象可以同样或甚至主要是一个植物品种，［但］这对于获取专利是无关紧要的。

在提及前述裁决和《国际植物新品种保护公约》的情况下，当时被宣布的是，杂交种和从中培育出的植物，其中整个同代种群在特征上是不稳定的，不能被视为植物品种。[111] 如果发明在这样更大的群中可被使用，［那么］允许有关［范围上］大于植物品种的植物群的申请，在经历了申诉裁决后，[112] 成为欧洲专利局的惯例。德国专利商标局一直以来都支持上述立场，并且因此尤其是对被基因技术改变的植物授予专利。[113]

在欧洲专利局实践中好像已经被固定的界限，曾通过一个上诉裁决被突破，［该裁决］拒绝了一个完全普通地针对基因技术上以特定方式被改变的植物的申请。[114]

被请求的是这样的植物，其基因组含有一个借助外来的蛋白质核苷酸序列

〔110〕 EPA 26. 7. 1983 T 49/83 Vermehrungsgut/Ciba – Geigy ABl. 1984, 112.

〔111〕 EPA 10. 11. 1988 T 320/87 Hybridpflanzen/Lubrizol ABl. 1990, 71.

〔112〕 EPA (Einspruchsabteilung) 15. 2. 1993 GRUR Int. 1993, 865, 870 (Nr. 4. 3).

〔113〕 *Huber*, in: van Raden, S. 37.

〔114〕 EPA 21. 2. 1995 T 356/93 Pflanzenzellen/Plant Genetic Systems ABl. 1995, 545.

的、稳定合成的异种 DNA，［该基因组］在由植物细胞聚合酶所识别的催化剂的控制下被表示，并没有表明特定品种的酶的作用，［而该作用］可以中和或破坏谷氨酰胺合成抑制剂的活性。上诉庭指出，申请包括 1991 年《国际植物新品种保护公约》1991 年修订版本意义上的植物品种，并因此若允许申请则将规避对于植物品种的可专利禁止，其中［上诉庭还］强调，不同于在之前决定的案件中，被请求的植物的、合乎发明地被改变的特征可能稳定地从一代遗传给下一代。

上述裁决是欧洲专利局局长呈送给扩大申诉委员会的起因。然而［扩大申诉委员会］认为，根据《欧洲专利公约》第 112 条第 1 款（b），主席呈送权利的前提是两个上诉庭判决间的分歧，而这并不存在，由此呈送不合法。[115]在紧接着的案件中，呈送通过上诉庭自己完成[116]，这根据《欧洲专利公约》第 112 条第 1 款（a），在具有本质意义的法律问题的情况下，［呈送的］合法性不取决于分歧的存在，由此产生了最高审判机构的相关解释。

被请求的是带有重组 DNA 序列的转基因植物及其种子，其为（1）一个或多个非硫辛酸酰胺的分解肽，联合（2）一个或多个甲壳质酶；和/或（3）一个或多个乙种 - 1.3 - 葡聚糖酶在一个协同有效的数量上编码。发明的目的在于，在植物是经济作物的情况下，抵抗植物病原体。

上诉庭认为申请的允许与《欧洲专利公约》第 53 条（b）不符：任何可能的实施形式或是或不是植物品种。更高的、分类学上的种类，如种、属、科或者目虽然可以表明发明的使用领域，在特定形态下却只能考查是否涉及植物品种。然而上诉庭对下列问题没有进行裁决，而是另外将其递交给扩大申诉委员会，即借助针对植物的申请，在其中没有特定植物品种在其个体性上被请求的情况下，如果［申请］包含植物品种，其是否规避了《欧洲专利公约》第 53 条（b）的可专利禁止。

扩大申诉委员会[117]没有遵循递交法庭的意见：一个其中特定植物品种没有在个体性上被请求的申请，即使它有可能包含植物品种，［也］没有根据《欧洲专利公约》第 53 条（b）被排除在专利保护之外[118]。申请的客体不能被等同于［申请］范围。通过单一重组 DNA 序列被定义的植物，不是具有完整

---

〔115〕　EPA 27. 11. 1995 G 3/95 Vorlage unzulässig ABl. 1996, 169.

〔116〕　EPA 13. 10. 1997 T 1054/96 Transgene Pflanzen/Novartis I ABl. 1998, 511.

〔117〕　EPA 20. 12. 1999 G 1/98 Transgene Pflanzen/Novartis Ⅱ ABl. 2000, 111.

〔118〕　这与之前学术上的主流观点相符，参见 *Teschemacher*, GRUR Int. 1987, 309 f. ; *Moufang*, EPÜ - GK Art. 53 Rdnr. 77 f. ; *Schatz*, GRUR Int. 1997, 591 ff. ; *Straus*, GRUR Int. 1998, 1, 9 ff. ; 不同的观点参见 *Winter*, Mitt. 1996, 270, 276 f.

结构的、单独的植物整体。根据 1991 年《国际植物新品种保护公约》的定义以及在第 T 49/83 号裁决中被使用的原《国际植物新品种保护公约》中的定义，或者 [根据] 在《品种保护法》中包含的以及在《欧洲专利公约》第 23b 条（现第 26 条）第 4 款中被采纳的定义，被请求的发明既没有明确地也没有暗含地说明一个单一的植物品种。所以上述发明也没有说明必然由多个单一植物品种组成的、大群的植物品种。

扩大申诉委员会在指出其历史背景的情况下，认为排除规定的原因实质上在于，对可以获取品种保护的对象不再允许欧洲专利 [授予]，其中 [法庭还] 说明了基于成员国中有关品种保护的、相异的法律 [规定] 情况，[存在] 排除限制的缺失。[法庭] 认为保持放开的需要——不同于特别是在医疗方法的情况下——不是可专利禁止的理由。

扩大申诉委员会的裁决意味着，以植物为对象的发明，根据《欧洲专利公约》就像根据《生物技术指令》第 4 条第 2 款和《专利法》第 2a 条第 2 款第 1 句第 1 项一样，原则上可以相同的前提条件，准确地说如果发明的实施没有被限定在特定的植物品种时可获取专利。虽然《生物技术指令》（第 2 条第 3 款）和《专利法》（第 2a 条第 3 款第 4 项）援引《品种保护条例》的相关内容，[而] 后者又与 1991 年《国际植物新品种保护公约》中的相应规定一致（参见本节 Ⅱ a 2），但扩大申诉委员会并没有确认植物品种的特定概念。然而可以期待的是，如果概念 [内容] 是关键性的 [问题]，[那么] 上述同样在《欧洲专利公约实施细则》中被采纳的概念，在《欧洲专利公约》第 53 条（b）适用时，亦会被视为决定性的。[119]

3. 根据欧洲专利局的实践，作为合乎发明地被改变的产品，不仅是整个植物，而且植物细胞也可以被申请；后者可在培养 [基] 中存活。[120] [产品] 不被归入植物品种的概念 [中]；即使宽泛理解对此所适用的可专利禁止的情况下，[产品的] 保护也没有被视为违反 [该禁止规定]。[121] 对于杂交细胞也必须独立于 [其] 可能被编入微生物领域而适用同样的 [判断]。在这样的案件中，前提条件却是合乎发明的改变没有被限定在某个品种上。

bb）方法发明

1. 作为动植物培养的、本质上 [是] 生物的方法不可被授予专利；但这并未排除对以下发明的保护，其对象是技术性方法或由此获取的产品（参见

---

[119] Vgl. *Straus*, GRUR Int. 1998, 1, 6.

[120] EPA T 356/93（FN 114）575；EPA – Prüfungsrichtlinien C Ⅳ 3.5.

[121] EPA T 356/93（FN 114）571（Nr. 23），579（Nr. 40.2）.

本节Ⅰb cc 1）。可被接受的是，如果方法本质上不是生物的，即不是——像在法定概念中（参见本节Ⅰb cc 1）所说的一样——完全基于自然现象如杂交或选择，［那么］这些方法可视为技术性的。

2. 在欧洲专利局的裁决中，有关在哪些前提条件下存在一个本质上［是］生物方法的问题，没有被最终澄清，尽管其第26条中采纳了《生物技术指令》中的定义，但由于《欧洲专利公约》（第164条第2款）的［效力］优先性，这还是［需要］说明的。首先被要求的是，以发明的本质为出发点，在考虑人类的参与及其对于所取得成果的作用的情况下，去判断相关概念。[122] 另外，对此确定的是如果方法至少含有本质上的、技术性的方法步骤，其不能脱离人类的参与而被执行并且对最终结果具有决定性的影响，［那么］上述方法就不受排除规定约束。[123] 根据递交给扩大申诉委员会的［文件］，必须对如下内容作出价值判断，即从哪个非生物部分算起，方法丧失其作为"本质上生物方法"的归类；人们可以通过多种途径取得上述价值判断。[124] 根据前述裁决的思想也许结果相对不确定。《生物技术指令》的思想可能至今没有被欧洲专利局上诉庭采纳。决定性的意见仍未形成；扩大申诉委员会认为在上诉程序的既定状态下，也没有理由对此作出［表态］。[125] 2007年，以下问题又被重新递交［给扩大申诉委员会］，其涉及本质上生物方法的概念，和对此源于《生物技术指令》进而被［《欧洲专利公约》］纳入第23b条（现第26条）第5款的定义的解释以及涉及其与《欧洲专利公约》第53条（b）的兼容性。[126]

3. 被视为非本质上生物的［方法］有：

—— 借助化学手段的对植物增殖物的处理方法。[127]

—— 一个方法，其中首先为杂交目的被安排的亲代植物通过克隆方式被繁殖，然后为了获得所期望的杂交种群，以此方式产生的亲代系被大规模地在可重复的过程中杂交。[128] 虽然在这个多阶段的方法情况下，每个步骤都可被称为科学意义上生物的。单独过程的次序既没有在自然界中发生，它也不符合传统的栽培方法。更准确地说，方法步骤的习惯性的顺序被颠倒，这对于发明是

［122］ EPA T 320/87（FN 111）76（Nr. 6）；ebenso EPA 15. 12. 1993（FN 112）870（Nr. 4. 5）.

［123］ EPA T 356/93（FN 114）572 f.（Nr. 27 f.）.

［124］ EPA T 1054/96（FN 116）527 f.（Nr. 25 ff.）.

［125］ EPA G 1/98（FN 117）140 f.（Nr. 6）.

［126］ 有关《欧洲专利公约》第53条（b）和《欧洲专利公约实施细则》第23b条第5款的产生历史的详细探讨，参见 EPA 22. 5. 2007 T 83/05 Broccoli/Plant Bioscience ABl. 2007，644；德国工业权利保护和著作权协会的声明，参见 GRUR 2008，315－326。

［127］ EPA T 49/83（FN 110）116（Nr. 5）.

［128］ EPA T 320/87（FN 111）77 f.（Nr. 8，9）.

决定性的，而且使被期待的结果控制成为可能，尽管至少亲代不是纯合体，而是杂合体。

—— 借助重组 DNA，植物细胞或植物组织的变异。它不依赖于在多大程度上其成功处于偶然之下［的问题］而被视为对成果具有决定影响的、本质上技术性的步骤；包含［该影响的］方法，通过随后的植物和种子的再生和复制步骤也没有变为本质上生物的。[129]

4. 被认为是不被准许的

—— 有关"转基因植物的生产方法"的申请，其可以合成特定产品，"其中该方法包含那些借助重组 DAN 序列的、转基因植物的生产方法步骤"，它们为任何产品编码。上诉庭认为由此所有导致被说明的植物的途径都被申请，其中也［包括］"作为植物栽培的、本质上生物的方法"。[130]对于申请的变更，据此方法包含两个或多个转基因植物及其借助常规栽培方法的杂交的创造，法庭鉴于对本质上生物方法的可专利禁止，探讨了申请中哪些方法步骤是可被准许的。[131]这个问题最终并没有被回答，毕竟可专利性没有被排除。

cc）方法成果

1. 根据本质上生物方法的可专利禁止，没有排除对通过微生物或其技术方法获取的成果保护（参见本节Ⅰ b cc 1）。因为微生物方法及其成果将被特别仔细地探讨（参见本节Ⅲ e），下述技术性方法被理解为非生物的，即被视为"其他的技术性的"方法。

从《生物技术指令》第 4 条第 3 款，不含第 1 款 a 的规定中可以推导出，植物品种即使当它们不是按照一个本质上生物的，而是按照一个技术方法被生产时，也是不可专利的。衡量理由第 32 项阐明了上述内容："如果发明仅仅是特定植物品种在基因学上被改变，并且其中一个新的植物品种得以获取，那么即使基因改变不是本质上生物方法的结果，上述发明仍旧被排除在授予专利之外。"相应地，《专利法》第 2a 条第 2 款第 1 句第 2 项含有特定补充"如果在这里不是一个植物品种……"同样的限制亦存在于《欧洲专利公约》第 27 条（原第 23c 条）（c）。鉴于"其他技术性的"方法成果，它在任何情况下均与《欧洲专利公约》第 53 条（b）相一致，因为只要上述成果是微生物方法的（参见本节Ⅲ e aa），从该规定的字面意思便可排除对于植物品种的可专利禁

---

〔129〕　EPA T 356/93（FN 114）578（Nr. 40.1）.

〔130〕　EPA T 1054/96（FN 116）526（Nr. 23）.

〔131〕　AaO 527 f.（Nr. 24 ff.）.

止的限制。欧洲专利局扩大申诉委员会曾裁决[132]："无论植物品种是以何种方式被创造的，《欧洲专利公约》第53条（b）第一个半句［规定］的可专利禁止对此都适用。故以下植物品种被排除在专利保护之外，即其中借助重组基因技术被引入亲代植物的基因是现存的。"

2. 存疑的是，按照受专利保护的技术方法被创造的植物品种是否可以享有《欧洲专利公约》第64条第2款、《专利法》第9条第2款第3项规定的对于直接的方法成果的保护。欧洲专利局扩大申诉委员会[133]的立场是，《欧洲专利公约》第64条第2款不能在有关植物品种栽培方法的申请审查时被考虑，而只能由在违法案件中［作出］判决的法院来适用。然而，［扩大申诉委员会］也指出，即使［成果］绝对不能被授予专利，方法专利保护［仍］延伸至直接方法成果，而且如果不能获取产品保护，［那么］上述保护［将］具有特殊意义。［扩大申诉委员会］还强调，将植物品种作为微生物方法成果进行处理，与《欧洲专利公约》第53条（b）的目的相矛盾；并且呈送法庭[134]对此［也］同意，植物品种的生产者不能只因为他们通过基因技术获取了［这些品种］，就应比那些仅借助常规栽培方法工作的耕种者处境更好。同样这个阐述却也许只是涉及植物品种的实体保护，而不涉及可以从专利方法中产生的植物品种的保护，从而［上述阐述］与此相一致，即《欧洲专利公约》第53条（b）不仅允许对方法给予专利保护，还允许通过产品专利的、对于微生物方法成果的保护（参见本节Ⅲ e aa 1）。所以这些阐述也许可被这样理解：无论其成果形式，对于植物品种只有实体保护会被排除，并且在此意义上同样也涉及既非按照微生物的、亦非按照本质上生物的方法被获取的植物品种。此时在考虑第164条第2款的情况下，《欧洲专利公约实施细则》第27条（c）可被同样解释；其字面意思允许这样。

只有在尽可能地忽略直接性要求的情况下，［才］可以从《欧洲专利公约》第64条第2款和与此相协调的国内法，如《专利法》第9条第2句第3项中推导出来，如果在《生物技术指令》第4条第3款和《专利法》第2a条第2款第1句第2项中对于其他技术方法及其成果所规定的保留也可能以上述方式被解释，并且如果涉及植物品种，由此对于这些方法所授予的专利保护作用延伸至它们的直接成果，那么根据《生物技术指令》第8条第2款和《专

---

〔132〕　EPA G 1/98（FN 117）111（Leitsatz 3），138 f.（Nr. 5.3）.

〔133〕　AaO und 137 f.（Nr. 4）；ebenso schon der Vorlagebeschluß EPA T 1054/96（FN 116）545 ff.（Nr. 79 ff.）.

〔134〕　EPA T 1054/96（FN 116）549 f.（Nr. 92）.

利法》第9a条第2款，所有具备同样特征的这类植物品种的增殖产品均有可能被包含在保护范围之内[135]。此时就非以本质上生物的，尤其是［非以］基因技术的途径被获取的植物品种而言，可专利禁止的实际意义，无论如何［都将］被显著地限制，如果根据为了化学类推方法所发展的原则（参见§11Ⅲ b 2），基于创造性活动也许可以通过由此被获得植物品种的、令人意外的特征而被提出根据。这对借助本质上生物方法而被创造的生物品种存在实践上的重大意义，而且就此而言，可通过其他方法获取作为其生产方法是可授予专利的植物品种。

然而，《生物技术指令》的衡量理由第 32 项却反对［对］其第 4 条第 3款进行如此狭义的解释。根据［该理由］，一个发明，由此借助植物基因变异获取一个新的植物品种，不管所使用的方法形式，［该发明］都是被排除在可专利之外的。［该理由］指出，在这样的情况下，方法即使不是本质上生物的，也不会被授予专利。

限制《专利法》第2a条第2款第1句第2项适用范围的补充，虽然好像根据其字面含义只是涉及产品保护本身，而且好像没有由此排除其作为非本质上生物方法的直接产品的保护。联系方法专利也保护直接方法成果的一般原则及其对生物技术方法发明的适用，转化法[136]的［立法］理由却指出用此种方式不能规避对植物品种的可专利禁止："如果植物品种是专利保护的方法的直接成果，那么保护不包括这个品种。"

按照《生物技术指令》和《专利法》相关规定的字面意思和立法理由，如下解释因此是可能的，其产生了一个比那些好像在扩大申诉委员会的决定中指出的［界限］更富有意义的、专利和品种保护适用范围的界限。因为这将问题转移到了侵权程序，对此有管辖权的国内法院通过《欧洲专利公约》并没有被阻止去否定一个对于为创造植物品种的生物技术方法而被授予的欧洲专利对其产品的效果。这使人很容易想到以下问题，即若专利申请针对虽非本质上生物的、而只是植物品种创造的方法，是否已经不是由欧洲专利局来拒绝［这样的］专利授予。

b）动物的多样化

aa）产品发明

1. 根据《生物技术指令》第 4 条第 2 款、《专利法》第 2a 条第 2 款第 1句第 1 项及《欧洲专利公约实施细则》第 27 条（b），如果其实施在技术上没

---

〔135〕　然而学术上主流观点均支持这个判断，参见 *Straus*，GRUR1992，258 m. Nachw。

〔136〕　Bl. f. PMZ 2005，100 l.（zu Nr. 6，a，zu §9 a Abs. 2）。

有被限定在动物品种上，以动物为对象的发明可被授予专利。《生物技术指令》《专利法》和《欧洲专利公约》及其执行条例均没有对上述概念作进一步规定。

2. 一个"转基因的、非人类的哺乳动物，其胚胎和身体细胞含有活化致癌基因序列，［该基因序列］最晚在八细胞阶段被植入到动物或其原种中"，此处根据八个其他申请之一，致癌基因被有选择地详细解释，欧洲专利局[137]审查处曾根据如下理由驳回了［有关上述动物的］申请，即《欧洲专利公约》第53条（b），不仅当特定动物属［种］被请求时，而是一般地排除对于动物本身的专利保护。

在上诉审中，这个观点被否定[138]：根据《欧洲专利公约》第53条（b）的可专利性的例外仅适用于特定动物群体，并不适用于动物本身。

驳回［裁决］之后，审查处承认[139]哺乳［纲］动物和啮齿［目］动物在分类学上是同一类别［即脊椎动物亚门］，［这个类别］肯定可被放置在比——在当时的德文版的《欧洲专利公约》中所使用的——种的概念（"动物的属［种］"）更高的位置。动物［品］种［英语为"animal variety"，法语为"race animale"］是［德文版所用］属［的概念］的子单元，并因此在分类学上可被归入下级类别。所以针对动物本身的申请对象，不属于上述三个概念范围。在一审申诉程序中，专利被限定在啮齿［目］动物，而在随后的上诉程序中被限定在鼠［科］。[140]"鼠［科］"的概念还是比排除规定中所使用的概念范围要广，由此使维持［上述专利］在这个范围内成为可能。[141]所以欧洲专利局形成这样一个立场，《欧洲专利公约实施细则》第23c条（现第27条）（b）和《专利法》第2a条第2款第1句第1项在内容上与被采纳的《生物技术指令》第4条第2款相符。但［专利局］仍没有明确前者概念的解释。

德国专利商标局曾驳回一件针对转基因鼠的申请，因为其好像只涉及单一动物属［种］[142]。

3. 创造性变异的、可专利的产品，在动物领域中同样可以是基本组成部

---

〔137〕　14. 7. 1989 Krebsmaus/Harvard I ABl. 1989，451.

〔138〕　EPA 3. 10. 1990 T 19/90 Krebsmaus/Harvard Ⅱ ABl. 1990，476.

〔139〕　EPA 3. 4. 1992 Krebsmaus/Harvard Ⅲ ABl. 1992，589，590（Nr. 2）.

〔140〕　EPA（Einspruchsabteilung）7. 11. 2001 ABl. 2003，473，504 ff.（Nr. 10 ff.）；6. 7. 2004 T 315/03 Krebsmaus/Harvard Ⅳ ABl. 2006，15 = GRUR Int. 2006，239（Nr. 12. 2）；vgl. auch unten § 15 FN 33.

〔141〕　EPA T 315/03（FN 140）（Nr. 13. 3）.

〔142〕　*Huber*，in：van Raden，S. 42.

分，如细胞（包括卵子和精子以及胚胎干细胞）或杂交细胞[143]。

bb）方法发明

1. 如果不涉及本质上生物的方法，[那么] 动物培育方法的专利授予没有被排除（包括定义，参见本节 I b cc 1 和 II a bb 2，3）。

2. 在 "癌症鼠/哈佛"（*Krebsmaus/Harvard*）案中（参见本节 III b aa 2），[欧洲专利局] 审查处[144]已经把通过技术手段如微注射，将致癌基因导入动物 [体] 内，视为明确的非本质上生物的 [方法]。上诉庭[145]确认了这一点，而且认为其中注射前的、基因植入媒介物如质体 [胞质遗传体] 中的措施同样是技术性的。

3. 综上，动物基因技术上的变异方法[146]在任何情况下，都可被视为《生物技术指令》《欧洲专利公约》和《专利法》意义上的、非本质上生物的 [方法]，并因此根据欧洲和德国法律规定是可专利的。德国专利商标局曾授予有关在非人类哺乳动物的生殖细胞中代替来自哺乳动物的同系基因片段的方法以专利权。[147]

cc）方法成果

1. 正如对于植物品种，对于动物品种如果其借助技术方法被创造，[那么] 实体保护同样也不能被请求。然而在《生物技术指令》的衡量理由中，上述法律后果仅对于植物种类被明确地强调。而其源于第 4 条第 3 款只明确了第 1 款（b），因此并未涉及动物品种的可专利禁止。这根据《专利法》第 2a 条第 2 款第 1 句第 2 项和《欧洲专利公约》同样有效；就 [《欧洲专利公约实施细则》] 第 27 条（原第 23c 条）（c）而言，没有规定不能从第 53 条中被推断出的内容（参见本节 III a cc 1）。

2. 根据与有关植物多样化方法专利（参见本节 III a cc 2）相同的规定，针对动物多样化可专利的方法而被授予的专利的效果延伸至直接方法成果。就像在植物品种情况时一样，这里在相同方式上存在如果涉及动物品种，[上述结论] 是否也适用的问题。因为缺乏针对动物培育的特定保护体系，同时对排除规定合理的理由也不清楚，此处却 [只] 有较少的、反对从在尽可能的程度上削弱可专利禁止的实践意义角度去解释《生物技术指令》。由于《生物技术指令》的衡量理由和对其转化的立法理由只在涉及植物品种 [时] 被明

---

[143]　Vgl. *Huber*, Mitt. 1989, 137；*Straus*, GRUR Int. 1990, 921.

[144]　(FN 137) 456 (Nr. 7. 2. 1).

[145]　(FN 138) 488 (Nr. 4. 9. 1).

[146]　适用例证及其目的，参见 *Kinkeldey*, GRUR Int. 1993, 394, 396。

[147]　*Huber*, in: van Raden, S. 43.

确地反对，借助非本质上生物的方法的保护，而使［植物品种］受到专利效果的约束（参见本节Ⅲ a cc 2），因此也存在如下假设的空间，即创造动物品种的技术方法的专利效果延伸至作为直接方法成果［的动物品种］，根据《生物技术指令》第8条第2款、《专利法》第9a条第2款［延伸至动物品种的］增殖产出。

c）人体组成部分的获取和使用

1. 根据《生物技术指令》第5条第1款、《专利法》第1a条第1款、《欧洲专利公约实施细则》第29条第1款，在产生和发展的任意阶段的人体及其组成部分包括基因序列或部分序列的单纯发现，［都］不是可专利的发明。根据《生物技术指令》衡量理由第16项，其中包括生殖细胞。这在《专利法》法律规定正文中得以表达。可授予专利禁止同样包含全［潜］能的人类胚胎干细胞，因为这样的细胞可以发展成人类个体。[148]

排除可专利性，满足了保障人类尊严和完整性的一般原则；另外应被考虑的是，单纯的发现不能是专利的对象（《生物技术指令》衡量理由第16项）。

通过《生物技术指令》在第9条中援引第5条第1款和《专利法》在第9a条第3款第2句中援引第1a条第1款的办法，它们排除了由基因信息组成的或包含［这些信息］的成果专利的效果延伸至人类身体，如果这样的成果在［人体中］被采用。这种情况下，因为这个身体包含受专利保护的成果，专利没有提供任何权利去禁止这个人的行为或涉及其身体的第三人的行为。

2. 一个被分离的或者以其他方式通过技术方法获取的人类身体的组成部分，包括基因序列或部分序列，根据《生物技术指令》第5条第2款、《专利法》第1a条第2款、《欧洲专利公约实施细则》第29条第2款，可能是一项可专利的发明，即使这个组成部分的构造和自然的［部分］是相同的。根据《生物技术指令》衡量理由第17项，上述法律规定的目的在于，促进具有对于药品制造宝贵的人类身体的组成部分的获取和分离目的的研究。如此被分离的或以其他方式产生的组成部分没有被排除在可专利之外，其合理性在衡量理由第21项中得以证明，比如［上述组成部分］是在人体之外的，作为其识别、消毒、测定和增殖的技术方法的成果，只有人类有能力使用［这些方法］，［而］它们也不能由大自然来完成。

例如[149]，在培养基中，即人体之外，从人类上皮细胞中获取干扰素，［这

〔148〕 S. *Straus*, Zur Patentierbarkeit von embryonalen Stammzellen nach europäischem Recht, Jahrbuchfür Wissenschaft und Ethik 2004, S. 111, 128 f. ; *Hartmann*, GRUR Int. 2006, 195, 198 r.

〔149〕 Nach *Huber*, in：van Raden, S. 44.

些细胞〕被源于新生物的细胞（癌细胞）的基因贯穿；为人类骨髓的饲养层细胞系的贯穿，其在这个细胞系的情况下，导致在培养基中的永久存活和增强发育，以及由此将使人类骨髓的培养成为可能。这两项发明被德国专利商标局授予了专利。

3. 在《生物技术指令》衡量理由第 26 项中，对于将源于人类的生物材料作为发明对象或其中这样的材料被使用的情况，要求在专利申请时，〔材料〕提取被进行的人保有根据国内法律规定在知会之后自愿地同意提取的机会。《生物技术指令》本身却不含有任何相应规定。尤其是它没有使成员国有义务让专利授予取决于同意证明。对于是否以及在哪个时间点上和以何种形式专利机关可以要求上述证明的问题，衡量理由也没有作进一步的表态。据其字面意思甚至可能产生这样的印象，即提供同意的机会就已满足条件，而且并不依赖于是否给予或拒绝了同意。因此立法者也许有理由在转化指令时去规定同意的必要〔性〕，或者只是通过更确切但没有法律约束力的规定，就像通过涉及有关发明相关的动植物材料地理来源的陈述被《专利法》第 34a 条引入的〔规定〕一样。这并未发生在德国的转化法中。其立法理由[150]认为此处不是专利法上的问题，而是其他，如卫生法、刑法和信息保护法所调整的和若有需要可被调整的问题。〔德国〕联邦参议院在其对于 2001 年草案的声明中[151]要求审查：从其身体中提取材料的〔当事〕人在知情的情况下已同意提取，是否应作为专利授予的前提条件而被保证。联邦政府根据前述理由拒绝了〔参议院的意见〕，另外还指出，例如在专利授予程序中审核对于医疗介入的同意的法律有效性〔问题〕，这并不是专利商标局的任务[152]。但〔专利〕局可以审查，是否存在形式上适当的同意证明，此外〔该同意〕也许不涉及医疗处理，而是专门针对材料的特定提取。

4. 从人体中获取的组成部分原则上的可专利性，与天然物质一般被使用的原则相符（参见 §11 Ⅲ a 1）。在通过在人体外分离或人工制造这样的组成部分的原理中，一个技术性的行为指令已存在。但〔其〕只能就此而言是具备新颖性和创造性的，即如果在申请或优先权时间点上，有关存疑的组成部分的存在、结构、特征和效果（功能）的信息，既没有被公众知晓亦不是对于一般的专业人士来说可从公众知晓的信息中推导出〔这样的信息〕。在日常活

---

〔150〕 Bl. f. PMZ 2005, 95 r.；对此持赞同观点的学者否定了通过专利机关的、〔当事人〕同意的审查，参见 *Ohly*, S. 427.另有不同观点认为，如果材料的提取未经当事人同意，则存在授予专利的障碍，参见 *Krefft*, S. 107 f.，114.

〔151〕 Bundestagsdrucksache 14/5642, S. 16（zu 1 k）u. S. 18（zu 3 b）.

〔152〕 AaO S. 21 l.

动中按预期产生的或经由自动进行的过程而被获得的认识，对于从人体中获取的组成部分或据此仿制的产品的值得［授予］专利性没有任何帮助。同样适用于从身体组成部分的提取方法，只要［这些方法］没有作为外科方法而被根本地剥夺授予专利［的可能性］，［这也适用于］分离、消毒和处理方法以及［那些］与身体组成部分相协调的产品的合成方法。

对此被授予的专利所提供的保护范围，同样也应该根据相应受保护的行为指令的、新颖的［和］创造性的内容而定。

d）基因和基因片段

参考文献：*Adam*，*T.*，Ethische und rechtliche Probleme der Patentierung genetischer Information. Ein Tagungsbericht，GRUR Int. 1998，391 – 402；*Ahrens*，*C.*，Genpatente – Rechte am Leben? – Dogmatische Aspekte der Patentierbarkeit von Erbgut，GRUR 2003，89 – 97；*Baumgartner/Mieth*（s. oben vor I）；*Egerer*（s. oben vor I）；*Feldges*，*J.*，Ende des absoluten Stoffschutzes? Zur Umsetzung derBiotechnologie – Richtlinie，GRUR 2005，977 – 984；*Feuerlein*，*F.*，Patentrechtliche Probleme der Biotechnologie，GRUR 2001，561 – 566；*Fuchs*，*A.*，Patentrecht und Humangenetik，Mitt. 2000，1 – 9；*Godt*，*C.*，Eigentum an Information. Patentschutz und allgemeine Eigentumstheorie am Beispiel genetis-cherInformation，2006；*Goebel*，*F. P.*，Ist der Mensch patentierbar? Zur Frage der Patenti-erbarkeitvon Humangenen，Mitt. 1995，153 – 159；*Hansen*，*B.*，Hände weg vom absoluten Stoffschutz – auchbei DNA – Sequenzen，Mitt. 2001，477 – 493；*Herrlinger*，*K.*，Die Pat-entierung von Krankheitsgenen，dargestellt am Beispiel der Patentierung der Brustkrebsgene BRCA 1 und BRCA 2，2005；*Holzapfel*，*H.*，Das Versuchsprivileg im Patentrecht und der Schutz biotechnologischer Forschungswerkzeuge，2004（insb. S. 239 – 317）；*ders.*，OECD – Workshop zum Thema „Genetische Erfindungen und Patentrecht"，GRUR Int. 2002，434 – 438；*ders.／Nack*，*R.*，Patentrechtliche und ethische Aspekte der Patentierunggentechnischer Erfindungen，GRUR Int. 2002，519 – 523；*Kilger*，*C.／Jaenichen*，*H. – R.*，Endedes ab-soluten Stoffschutzes? Zur Umsetzung der Biotechnologie – Richtlinie，GRUR 2005，984 – 998；*Kinkeldey*，*U.*，Neuere Entwicklungen beim Schutz biotechnologischer Erfindungen im europäischenPatentrecht，ABlEPA 2003，Sonderausg. 2，140 – 164；*König*，*G.*，An-gemessener Stoffschutz für Sequenzerfindungen，FS König，2003，S. 267 – 294；*Köster*，*U.*，Absoluter oder auf die Funktion eingeschränkterStoffschutz im Rahmen von „Biotech" – Erfindungen，insbesondere bei Gen – Patenten，GRUR 2002，833 – 844；*Krauß*，*J.*，Die richtlinienkonforme Auslegung der Begriffe „Verwendung" und „Funktion" bei Sequenzpat-enten und deren Effekte auf die Praxis，Mitt. 2001，396 – 400；*Krefft*（s. oben vor I）；*Kunczik*，*N.*，Geistiges Eigentum an genetischen Informationen. Das Spannungsfeld zwisch-engeistigen Eigentumsrechten und Wissens – sowie Technologietransfer beim Schutz genetisch-erInformationen，2007（zit.：*Kuinczik*，Genetische Informationen）；*Müller*，*E. – M.*，Die

Patentfähigkeitvon Arzneimitteln, 2003 (insb. S. 187 – 257 u. 299 – 344); *Ohly* (s. oben vor I); *Oser, A.*, Patentierungvon (Teil –) Gensequenzen unter besonderer Berücksichtigung der EST – Problematik, GRUR Int. 1998, 648 – 655; *van Raden, L. /v. Renesse, D. , „* Überbelohnung" – Anmerkungen zum Stoffschutz fürbiotechnologische Erfindungen, GRUR 2002, 393 – 399; *Rauh, P. A. /Jaenichen, H. – R.*, Neuheit underfinderische Tätigkeit bei Erfindungen, deren Gegenstand Proteine oder DNA – Sequenzen sind, GRUR 1987, 753 – 760; *Schieble, A. – M.*, Abhängige Gen – Patente und das Institut der Zwangslizenz, 2005; *Schrell, A.*, Funktionsgebundener Stoffschutz für biotechnologische Erfindungen?, GRUR2001, 782 – 788; *Sellnick*, Erfindung, Entdeckung und die Auseinandersetzung um die Umsetzung derBiopatentrichtlinie der EU, GRUR 2002, 121 – 126; *Sommer, T.*, The Scope of Gene Patent Protectionand the TRIPS Agreement – An Exclusively Nondiscriminatory Approach?, 38 Ⅱ C 30 – 51 (2007); *Straus, J.*, Genpatente, 1997; *ders.*, Produktpatente auf DNA – Sequenzen – Eine aktuelle Herausforderungdes Patentrechts, GRUR 2001, 1016 – 1021; *ders.*, Aktuelles zum Schutz von biotechnologischenErfindungen und dem Schutzumfang von Genpatenten – ein akademischer Standpunkt, ABlEPA2003, Sonderausg. 2, 166 – 188; *ders.*, Genomics and the food industry: outlook from an intellectualproperty perspective, in: Vaver/Bentley (Hrsg.), Intellectual Property in the New Millennium (FS-Cornish), 2004, S. 124 – 136; *Tilmann, W.*, Reichweite des Stoffschutzes bei Gensequenzen, GRUR2004, 561 – 565; *Vossius, V.*, Patentfähige Erfindungen auf dem Gebiet der genetischen Manipulation, GRUR 1979, 579 – 584; *ders.*, Zur Patentierung von Erfindungen im Bereich der DNA – Rekombinations – Technologie, in: Gaul, D. /Bartenbach, K. , Aspekte des gewerblichen Rechtsschutzes, 1986, S. 1 – 28; *ders. /Grund, M.*, Patentierung von Teilen des Erbguts, der Mensch als Sklave? Einspruchsverfahrengegen das Relaxin – Patent, Mitt. 1995, 339 – 345; *Walter, D.*, Harmonisierung und angemesseneAn spruchsbreite bei Gensequenzpatentierung, GRUR Int. 2007, 284 – 294: *Wolters* (s. oben vor I).

aa) 自然科学上的基本概念[153]

1. 基因是生物将其特征传递给增殖产出的组成部分。这通过控制蛋白质的组成，即决定蛋白质分子的结构而发生。相应地，基因是遗传信息的基本单位。更高级生物的基因存在于特定的细胞结构，[即]染色体上，这些染色体中的任意一个都可以承载上千的基因。基因组是生物基因的整体。根据现有研究水平，人类基因组包含大约 3 万 ~3. 5 万个基因[154]。

---

[153] Nach *Moufang*, Genetische Erfindungen, S. 29 ff. ; *Vossius/Grund*, Mitt. 1995, 339 f. ; *Vossius*, in: Gaul/Bartenbach; vgl. auch *Krefft*, S. 17 ff. ; *Holzapfel*, S. 239 ff. ; *Schieble*, S. 27 ff. ; *Wolters*, S. 25 ff.

[154] *Straus*, GRUR 2001, 1019.

化学上，基因是脱氧核糖核酸（DNS，英语中被称为 DNA）的一部分。它由（单体）核苷酸组成，而后者的组成成分包括一个磷酸根、一个糖分子（脱氧核糖）和四个含氮的碱基中的一个，即腺嘌呤、鸟嘌呤、胞嘧啶和胸腺嘧啶。这些核苷酸成链状地、相互间被连接成长的线型分子，［即］聚核苷酸。每两条这样的线构成作为双螺旋的 DNA 分子。氢键构成了这两个螺旋的连接，其中腺嘌呤总是和胸腺嘧啶相连，而鸟嘌呤总是和胞嘧啶相连，并因此上述两个螺旋的核苷酸序列是互为补充的。DNA 的双螺旋结构（DNA 序列）被视为基因的线段，具有不同的长度，通常包含约 1000 个核苷酸。基因序列和基因片段将在这个意义上被探讨。

根据其功能，基因可被理解为不同蛋白质合成的结构指令。就此而言，它们具有"信息特征"[155]，但不是说其中可纳入意识的物化信息和转换为实施行为。更准确地讲，与基因相符的蛋白质结构的确定，通过其他化学物质以特定方式，对基因的特定化学结构元素——但不是与［这些元素］——作出反应［的途径］自动地实现。信息被传递的想象，只是对于化学过程的形象表达。

一个 DNA 螺旋却不仅是由"结构基因"组成，同时也包含控制这样的基因功能的片段，特别是［包含］使其转换开始（参见第 3 点）成为可能的或阻止［其转换］的片段。[156]

2. 蛋白质由——通常 100 ~ 500 个——氨基酸构成。其结构由 DNA 片段决定，因为 DNA 上核苷酸的顺序对于蛋白质氨基酸的顺序是决定性的。每三个相邻的核苷酸，一个"三联体密码"或"密码子"，决定（"为［其］编码"）了蛋白质中的一个氨基酸。20 世纪 60 年代破译了特定氨基酸的三联体密码的分配。64 种不同的三联体密码可能作为由任何 4 个不同碱基中的一个表明其特征的核苷酸的合成物，［其中］有 61 种氨基酸密码子，其他 3 种作为蛋白质合成时的终止（"链中断"）信号。因为只有 20 种氨基酸参与到［蛋白质合成中］，所以每个蛋白质包含多个三联体密码（"遗传密码的简并性"）。在特定的位置上，为氨基酸编码的三联体密码中的两个［密码子］用信号传递合成开始（开始三联体密码、开始密码）。根据更新的认识，一个基因可以为多个蛋白质编码。[157]基于上述联系，人们将必须把这归因于不同的基因片段对于上述蛋白质是决定性的。

---

［155］ S. *Rauh/Jaenichen*, GRUR 1987, 757; v. *Renesse, M. /Tanner/v. Renesse, D.*, Mitt. 2001, 1, 3; *Feuerlein*, GRUR 2001, 563; *Tilmann*, Mitt. 2002, 441; *Schneider*, in: Baumgartner/Mieth, S. 179, 188 ff.

［156］ *Moufang*, Genetische Erfindungen, S. 36.

［157］ *Straus*, GRUR 2001, 1019; *Schrell*, GRUR 2001, 784; *Tilmann*, Mitt. 2002, 440.

3. 在原核生物［最简单的生命体，其细胞不含有细胞核，如细菌］方面，由基因控制的蛋白质合成，［即］经由其中物化信息转化的基因的"表达"，[158]在经历了两个步骤后实现。首先，在酶，［即］核糖核酸聚合酶的影响下，发生对于必要蛋白质决定性的、在核糖核酸（RNS，或［英语中被称为］RNA）中的DNA片段的转录［或抄写］，由于［核糖核酸］的"信使"作用，其成为信使RNA。信使RNA与DNA相符，但其含有核糖代替脱羟核糖作为糖的组成部分，以及碱基尿嘧啶代替碱基胸腺嘧啶。

转录之后紧接着的是转译［或翻译］。核糖体与信使RNA相结合。这个由每两个子单元构成的细胞器［即核糖体］，将通过信使RNA为蛋白质合成而被"编程"。由此，在其他成分的参与下[159]，蛋白质被精确地按照氨基酸序列建构，而信使RNA根据它的——最终由构成基因的DNA片段所决定的——三联体密码顺序标记［上述氨基酸序列］。

真核生物（其细胞，就像在所有更高级的生命体中一样，显示了一个细胞核）的结构基因包含那些数量众多（15个或更多）的中间序列（内含子）。这些虽然被转录，但不被转译，因为信使RNA通过割除其内含子以及通过连接其剩余部分而被"加工"（被"适当切碎"）。

4. 基因技术的基础工具是限制酶（限制性内切核酸酶）。后者以高度特有的方式被用于在完全特定的、通过一个典型核苷酸序列被标记的位置上拆分DNA双螺旋。然后，所产生的碎片可被在试管内和与此兼容的、其他来源的对应物［进行］结合。这样的生物化学上的DNA重组使得在克服自然形成障碍下，永久地将基因信息带入其他生命体中成为可能。

5. 通过使用其信息内涵，基因或基因片段由此可被用于制造蛋白质。在利用DNA重组时（参见第4点），这可以在生物体外发生。可以通过从生物体中分离或通过人工合成供给而获取必要的序列。此时它将凭借一个媒介（如一个质粒或细菌）被导入一个适合的宿主（如细菌细胞或酵母细胞）中，［并］借助于此［进行］自我繁殖和在此引起相应蛋白质的合成。这［样的蛋白质］可以比如被用于药品制造，后者的有效成分（如生物合成的人胰岛素、治疗病毒感染的干扰素、生长激素、为消除血液凝固的组织型纤溶酶原激活物［tPA］、血液凝固因子）和生物体自身的［成分］相一致，DNA序列来源于生物体，这对适药性、正确性和安全性有益。[160]

---

［158］ S. Huber, Mitt. 1989, 135.

［159］ 如激活酶和转运RNA，参见 *Moufang*, Genetische Erfindungen, S. 35。

［160］ S. *Vossius/Grund*, Mitt. 1995, 340.

除了那些基因序列作为信息载体发挥作用的应用外，还可以考虑主要依赖于物质特性的使用。[161]所以基因片段依靠其杂交能力可被作为识别基因的探测器和作为指示器而使用。[162]出于识别和测试目的，在没有相关信息内涵的情况下，基因片段同样可以是适合的[163]，因为对于这样的功能仅依赖于和其他核苷酸序列的共同作用。[164]相应地，DNA 片段可以根据不同目的，被作为"研究工具"使用。[165]其中表达序列标签（expressed sequence tags – ESTs）扮演着特殊角色。[166]它们通过从——由内因子释放的（参见第 3 点）——信使 RNA 中，合成相应的 DNA 的办法被制造。由此产生了补充信使 RNA 的 DNA，后者同时也是一个限定在编码片段的、原始 DNA 的复制。它反映了归属于一个基因的DNA 序列的编码部分。作为被复制的、补充的 DNA（cDNA）碎片，表达序列标签可被借助通用的方法，在双螺旋形式中更大量地获取、复制和被转译成相应的蛋白质或部分蛋白质（多肽）。

表达序列标签是实验中被转译的基因的指示器，它们直接指明了所表达的基因。因此它们作为探测器原则上适合于去确定相关基因的染色体定位、去识别和分离［该基因］以及也许也［能］查明其生物学上的函数或为其编码的蛋白质的［相应函数］。另外，表达序列标签也可被用在从法律角度上的分析、工业或个体的特殊识别，或为定义与疾病有关的基因或基因标记、为抑制相应蛋白质的表达或产生相应的抗体。

bb）专利法上的处理

1. 从人体中分离的或在人体之外合成的人类基因序列或片段可以是可专利的发明（参见本节Ⅲ c 2）。对于动物、植物和微生物的基因序列适用同样的结论。就此而言——不同于涉及人类的——生物技术发明（参见本节Ⅰ b aa 1）的可专利性原则既没有受到限制，也无需澄清，这可以解释［为什么］对［上述内容］没有特殊法律规定。

2. 根据通常理解，在基因正如在所有化学合成物（参加 §11 Ⅲ a 1）的情况下一样，技术行为指令意义上的发明已经存在于，提供特定的序列并对此说

---

［161］ *Schrell*，GRUR 2001，785.

［162］ *Straus*，zit. bei Holzapfel/Nack，GRUR Int. 2002，519；s. auch *Schrell*，aaO；*Tilmann*，Mitt. 2002，441.

［163］ *Reich*，zit. bei Adam，GRUR Int. 1998，392.

［164］ *Tilmann*，aaO.

［165］ Vgl. *Burdach*，Mitt. 2001，9，13.

［166］ Zum folgenden *Oser*，GRUR Int. 1998，648 f.；*Howlett/Christie*，34 ⅡC 581，583 f.（2003）.

明一个可重复的、可实施的制造方法。[167]与此不协调的是，在转化法[168]立法理由所指引的《生物技术指令》衡量理由第 23 项中表达［了］："一个普通 DNA 片段，在没有功能说明的情况下，不包含技术行为原理并因此不是可专利的发明。"[169]据此，在转化［指令］时，"普通 DNA 片段"可能必须被归入"非发明"的清单中（《专利法》第 1 条第 3 款），后者［相关内容］"本身"是不可专利的。也许可赞同的［还］有，因为抽象的一般特征，一个 DNA 片段的识别［即使］在和获取途径说明相联系的情况下，同样被看作是需要保持放开的，就像发现、科学理论和数学方法一样。通过强调基因序列或部分序列的发现不可专利的方式，《生物技术指令》衡量理由第 16 项也指向这个方向。从发明概念中排除基因序列的提供，可能使它作为技术行为指令的定义受到质疑，这在没有对其他技术领域的反作用的情况下可能几乎无法存在。尤其可能成问题的是，其他化学化合物的提供是否以及为什么与基因序列的提供相反，能满足发明的概念。当然［上述提供］通常仅因为所提供的化合物的意外特征，才是基于创造性活动的（参见 §11 Ⅲ a 2）。但这也不是因此将其排除在发明概念之外的理由。《生物技术指令》从衡量理由第 23 项中，应只能推导出 DNA 序列的提供不应在没有功能说明的情况下被授予专利。对此给出的［立法］理由不具有约束力。特别是，它并没有使专利法上的发明概念的限制成为［法定］义务。

3. 《生物技术指令》第 5 条第 3 款要求基因序列或部分序列的工业实用性，这必须在专利申请中被具体描述。在《欧洲专利公约实施细则》第 29 条第 3 款采纳了上述规定，《专利法》第 1a 条第 3 款通过"在说明由序列或部分序列所满足的功能［的情况］下"的补充［实质也接受了上述规定］。虽然其前一款专门涉及人体及其组成部分，但［《专利法》第 1a 条第 3 款］也可以同样方式，被适用于源于动植物的基因，因为该规定不以构成前款特殊规定基础的评估（参见本节 Ⅲ c 1）作为前提条件。[170]在《专利法》中，这通过第 2 条第 2 款第 2 句得到证实，该规定表明第 1a 条第 3 款同样适用于动植物领域

---

〔167〕（相反的观点，参见 *Oser*, GRUR Int. 1998, 650 r.；*Egerer*, S. 111, 126 ff., 131 f.）这并不是单纯的信息提供或复制。更准确地说，DNA 序列是一个通过核苷酸及其顺序被定义的化学物质；其作为"信息载体"发挥作用（参见本节 Ⅲ d aa 2），［这也］没有改变［上述结论］；其所物化的信息，在没有功能说明的情况下，也是不可使用的。

〔168〕 Bl. f. PMZ 2005, 97 l.

〔169〕 有学者赞成［上述］立法理由，因为没有功能说明，就不存在可使用的（*anwendbare*）发明，参见 *Fuchs*, Mitt. 2000, 4。

〔170〕《生物技术指令》衡量理由第 22～25 项一般地谈到了基因的序列和部分序列；außerdem *Kunczik*, Genetische Informationen, S. 145 mwN。

中的发明。[171]

以在《欧洲专利公约》第57条和《专利法》第5条中被定义的、十分宽泛的工业实用性的概念（参见§13.2及以下）为出发点，《生物技术指令》第5条第3款可以这样被理解，说明基因在工业企业中可作为化学化合物（可重复地）被生产的途径，已满足条件。但从衡量理由第24项中可知悉，这对于工业实用性的具体描述还不充分："工业实用性标准的前提条件是，在为了蛋白质或部分蛋白质的生产而使用基因序列或部分序列的情况下，哪些蛋白质或部分蛋白质被制造以及它有哪些功能已被说明。"

区分《专利法》第1a条第3款和《生物技术指令》第5条第3款（以及《欧洲专利公约》第29条第3款）的［第1a条第3款的］补充，从［上述第24项理由中］得以明确。但［该补充］的措辞要比衡量理由第24项更加全面，因为它不仅涉及为了生产蛋白质的使用，还为这种情况提出了如下问题，即基因编码何种蛋白质的表述是否作为功能说明而满足条件或根据前述立法理由蛋白质的功能也必须被说明。根据立法理由[172]，在为了生产蛋白质或部分蛋白质而使用基因序列或部分序列的情况下，必须说明，何种蛋白质或部分蛋白质被生产以及它具有哪些功能，在这里对工业实用性的一般陈述，如"为了医疗目的"并不充足，而是需要一个基因功能和工业实用性的具体描述。因此根据《专利法》第1a条第3款的规定，仅仅是蛋白质的说明还不能满足条件，而是——和《生物技术指令》衡量理由第24项相一致——另外还要求其功能的陈述。

在《欧洲专利公约》第57条及其执行条例第23e条（现第29条）第3款的基础上，欧洲专利局[173]同样以对于蛋白质的工业实用性的审查本质上取决于其功能为出发点。这可能存在于分子、细胞或有机体层面。即使在其他层面上的功能还是未知的，［只要］在上述层面之一中可推导出一个实际的使用，便满足条件。

根据《专利法》第1a条第3款，即使在序列不是作为生产蛋白质的手段，而是作为比如搜索或实验工具[174]被请求的情况下，功能说明也是必要的。这与立法理由第23项相符，后者排除了对于没有上述说明的DNA片段的保护。

4. 在《生物技术指令》第5条第3款、《欧洲专利公约实施细则》第29

〔171〕 Vgl. *Schulte/Moufang*，§1 a Rdnr. 26；*Benkard/Bacher/Melullis*，§1 a Rdnr. 15.

〔172〕 Bl. f. PMZ 2005，99 r.（zu Nr. 2，b，Abs. 2 Satz 4 und 5）.

〔173〕 7. 7. 2006 T 898/05 Hematopoietic receptor/Zymogenetics GRUR Int. 2007，152（Nr. 5 f.，29 ff.；zu den Anforderungen an die Glaubhaftmachung der Funktion Nr. 22 ff.）.

〔174〕 *Krauß*，Mitt. 2001，397，398；*Feuerlein*，GRUR 2001，563；*Tilmann*，Mitt. 2002，442.

条第 3 款和《专利法》第 1a 条第 3 款中所要求的工业实用性的具体化，不仅仅是申请的形式要件。[175]

上述法律规定不能仅从以下方面来解释，即在基因序列及其借助于此而被生产的蛋白质的情况下，功能对于专业人士通常不是显而易见的，并因此［它们也］不可被视为单纯的、在《专利条例》第 10 条第 2 款第 5 项和《欧洲专利公约实施细则》第 42 条第 1 款（f）所包含的规定的具体化，如果不能明显地从发明的描述和形式中得出发明的对象以何种方式是可使用的，这［也需要］说明。

更准确地说，同样根据该信息的功能确定由基因信息构成的或包含基因信息的产品的专利保护作用，因为根据《生物技术指令》第 9 条和《专利法》第 9a 条第 3 款，［保护作用］只有在材料中包含基因信息和满足其功能的前提下，才延伸至采用被授予专利的产品的材料。据此，保护作用的有效范围取决于，不仅是实现了被授予专利的产品的使用，而且由此被物化的基因信息被利用，即产品在特定功能上被使用。[176]这只有在如下情况下才有意义，即如果通过基因信息不是任意［功能］都可被满足，而是这样的功能，其根据《生物技术指令》第 5 条第 3 款、《专利法》第 1a 条第 3 款和第 2a 条第 2 款第 2 句，在申请中已被说明并被作为专利授予的基础。

5.《生物技术指令》从对于为基因序列申请专利保护案件的工业实用性要件中推导出的特殊要求，在相关专利授予前提条件的现行法定解释中（《欧洲专利公约》第 57 条、《专利法》第 5 条）并未找到有效的支持[177]。这同样适用于，如果考虑工业实用性的可实施性、完结性和可重复性的情况（参见§13 1）。若基因的结构和其获取或合成的方法被说明，则其在工业企业中，任意可重复地生产无论如何都是可能的。然而《生物技术指令》并没有要求工业实用性概念的原则限制。因此其结果是，［上述概念］在特定技术领域被限制性地解释。这是存疑的，因为根据 TRIPS 第 27 条第 1 款第 2 句，在专利授予时，如果其一般前提条件是满足的，则不能鉴于技术领域而受到歧视。[178]

在没有歧视的情况下，《生物技术指令》的目标也许可由此被实现，即就像 TRIPS 在第 27 条脚注 1 中允许的一样，取代工业实用性［的表述而］一般

［175］ Begründung zum Umsetzungsgesetz, Bl. f. PMZ 2005, 97 l. (zu 3, Abs. 4).

［176］ *Ahrens*, GRUR 2003, 92；虽然《生物技术指令》第 5 条第 3 款也许可以指出保护的目的联系；反对这样限制的观点，却认为第 5 条第 2 款和第 9 条，将保护范围延伸至其他产品。其中第 9 条建立在功能基础上，［这］是什么意思，仍未得以解释，参见 *Müller*, S. 243 f.

［177］ Vgl. *Goebel*, Mitt. 1995, 155；*Krefft*, S. 227 ff.

［178］ Ebenso*Holzapfel*, S. 299 f.

要求"可利用性"（即使不是"社会的"可利用性，参见§10 II 2）。《生物技术指令》却显然希望在没有修改已在成员国法律中被确定的、专利授予的前提条件的情况下，实现其目标。因为脱离这样的修改，鉴于《生物技术指令》在基因序列申请时对功能说明所设置的特别要求，不能从发明和工业实用性存在的专利授予前提条件中被推导出来，［所以］仍需审查这是否在以下要求的基础上是可能的，即为［获得］专利保护而被申请的发明基于一个创造性活动。

cc）创造性的内容和保护的有效范围

1. 在DNA双螺旋上的核苷酸顺序的认识意义上的、基因序列的"解码"，以如今的技术水平，将通过利用自动运行的程序和自动化的设备［并］联合其中被生成的数据的自动化处理而实现。[179]这通常不会超越具有必要设备的一般专业人士可期待的［水平］。[180]利用分离或合成手段的、基因序列的提供方法处于同样情况。[181]对于DNA序列的人工改变所适用的［内容］也没什么变化。［这种改变］在借助当前可利用的手段，在没有创造性消耗的情况下，可以多种方式［进行］。[182]

因此，创造性成果在通常情况下，最初存在于进一步的认识和以此为基础的行为指令。首先可被考虑的是基因功能的认识和使用。其可以，但不必须是［基因］序列为一个或多个蛋白质编码（参见本节III d aa 2，5）。科学和技术越向前发展，［如下情况就会］变得越来越具有可能，即日常地工作的专业人士也许可以确定对应一个基因序列的蛋白质。[183]只有这合乎实际情况，那么一个创造性成果也只能通过提供进一步的、借助基因或由此被确定的蛋白质而被获取的产品而呈现，比如基因技术上被修改的（非人类的）有机体或药物。同样只要其提供对于专业人士来说是或变成日常工作，基于创造性活动将取决

---

［179］ Vgl. *Straus*, Genpatente, S. 14 ff.；*Ropers*, zit. bei *Adam*, GRUR Int. 1998, 401；*Fuchs*, Mitt. 2000, 5；*Feuerlein*, GRUR 2001, 563；*Schrell*, GRUR 2001, 786；*Sellnick*, GRUR 2002, 125；Enquête – Kommission, zit. bei *Hansen*, Mitt. 2001, 480 f.

［180］ *Straus*, zit. bei *Holzapfel/Nack*, GRUR Int. 2002, 520 r.；*van Raden/v. Renesse*, GRUR 2002, 398；*Köster*, GRUR 2002, 838 r.；*Tilmann*, GRUR 2004, 562.

［181］ *van Raden/v. Renesse*, aaO 397 ff.

［182］ Anders anscheinend *van Raden/v. Renesse*, aaO 398.

［183］ *Rauh/Jaenichen*, GRUR 1987, 754, 757 f. 已经确认，对于蛋白质氨基酸序列的确定，按照标准手段，通常已无困难。一般专业人士同样也能够毫不费力地创造或修改的蛋白质。他可以在没有创造性活动的情况下标记DNA序列，其与氨基酸序列相符；或反过来，可以在DNA序列的认识内，说明相应蛋白质的氨基酸序列。其中人们以具有特定生物活性的蛋白质为前提的、DNA序列的分离方法的认识同样属于一般专业人士的普遍专业知识。在基因克隆和表达情况下的、对基于创造性活动的前提条件，参见EPA 11. 1. 1996 T 386/94 Chymosin/UnileverABl. 1996, 658。

于前述产品的特征；而在药品的情况下，如果它符合身体本身物质以及正因此被制造，基于它会在身体中导致事前已知的影响的理由，［它将］缺乏令人意外的［产品的］特征。

只要不涉及属于确定蛋白质结构的、基因序列的功能，其作为搜寻或实验工具（如作为识别被表达的基因的探测器或作为在物理基因组图谱上的基因位置的指示器）的适当性的认识单独看来，至少是根据主流观点，［其］并未产生创造性的成果[184]。与此相符的是，这样一个非特定功能的说明不能被认为是对《生物技术指令》第 5 条第 3 款意义上的"工业实用性"的充分具体的说明[185]。上述辅助功能进一步的具体化，可能基于其中在没有创造性努力的情况下所完成的结构说明，已经是熟知的，并因此没有专利授予的正当理由。通过给予作为研究工具所需要的 DNA 序列专利［而］阻碍研究工作［的情况］，不时被抱怨。[186]［这］也许因此可以在很大程度上，通过以必要谨慎地对创造性活动进行审查得以预防。[187]然而如果研究工具因为一个特定的、非熟知的使用可能性以及仅仅为此而被授予专利，此时研究的阻碍并未被排除。[188]

从而一个创造性成果可以存在于以下路径上的不同阶段，即从基因序列提供直到通过其辅助而实现的最终结果。但部分序列的提供和通过其可被实现的、非特定的功能，［二者］基于创造性活动［的判断］，根据当前的知识水平却极其有可能将被否定。[189]对于完整基因序列的准确识别和［该序列的］功

---

［184］ *Straus*，GRUR 1998，315，319；*Tribble*，zit. bei Adam，GRUR Int. 1998，397；*Holzapfel*，S. 286，302 f. mwN；a. M. anscheinend *Tilmann*，GRUR 2004，562 l.，564 l.；有学者认为《生物技术指令》第 5 条第 3 款的要求，只有在编码［基因］序列的情况下，才是可被满足的，参见 *Müller*，S. 213 ff.

［185］ 根据欧洲专利局的实践，一般陈述如"接收器""激活酶"或"探测器"并不满足条件；so*Schatz*，zit. bei *Holzapfel*，GRUR Int. 2002，435 l.；s. auch*Oser*，GRUR Int. 1998，650 r.；*Sellnick*，GRUR 2002，123；*Godt*，S. 180 ff.，188 f. 在没有被特定化功能陈述的情况下，一个表达序列标签［EST］（参见本节 III d aa 5），其为谷类植物的部分蛋白质编码，没有满足有用性的法定要件，参见 Vgl. auch*U. S. Court of Appeals for the*Federal Circuit v. 7. 9. 2005 GRUR Int. 2006，160。有学者提出不同观点，他基于作为研究工具的可实用性肯定了有用性，并且建议，从创造性步骤或非熟知的角度，对可专利的和不可专利的表达序列标签进行区分，参见 *Rader*，aaO163 f。

［186］ Hinweise hierauf geben *Tribble* und *Nelsen*，zit. bei *Adam*，GRUR Int. 1998，400；*Straus* und*Cho*，zit. bei *Holzapfel*，GRUR Int. 2002，435 r.，437 r.；*Holzapfel/Nack*，GRUR Int. 2002，523；*Holzapfel*，S. 264 ff.；*Herrlinger*，S. 151 ff.，160 ff. 对于为试验目的的使用所规定的、源于专利权利的限制（《专利法》第 11 条第 2 项），对研究并无帮助，如果被授予专利的对象不是被研究，而是作为辅助工具被利用。有学者探讨了在使用受专利保护的乳腺癌基因 BRCA 1 和 BRCA2 时这些情况的区分，参见 *Herrlinger*，S. 246 ff。

［187］ Vgl. *Howlett/Christie*，34 II C 581，601 f.（2003）；*Holzapfel*，S. 304 f.；*Wolters*，S. 228 f.

［188］ *Herrlinger*，S. 145.

［189］ *Howlett/Christie*（FN 187）591 ff.

能说明，虽然好像不肯定，［其］毫无例外地涉及纯粹的日常事务[190]，但即使在这样的情况下，创造性成果也仅是例外地被提供。技术发展意味着，即使没有成为不可能的，但也越来越难认可一个未加工的序列的、作为说明至少是其功能之一的步骤具有一定程度创造性[191]。在其中需要创造性努力的领域，也许将要求达到如下程度，即不再［只］是涉及基因技术基本元素或工具的识别或生产，而是［需要涉及］获取这样的产品，其不仅仅是出于基因技术上的，而是比如出于直接医疗目的、可被利用的［产品］。就此而言，是否实现了专业人士日常工作不能预见的结果及其存在于何处，在个案中终究还是存在疑问。

2. 在《生物技术指令》中所包含的、具体描述基因序列或基因部分序列工业实用性的要件，并不符合现行法律上有关专利授予前提条件的定义（参见本节Ⅲ d bb 5），而且也不能从专利法上发明的概念中被推导出（参见本节Ⅲ d bb 2）。但是，考虑到根据衡量理由第23~24项通过功能说明可满足［上述］要件，故其可以非强制地单独被归入基于创造性活动［这一］专利授予的前提条件中。[192]这对前述要件内容［将］产生后果。只有当赋予申请的对象以创造性价值的相应功能被陈述时，才［能］获取一个与上述可专利前提条件的有效关联性。不言而喻的或许是，申请在其原始文本上被公开，［而］由此［表明］技术已被以非熟知的方式向前推进。但该先决条件在化学物质发明的情况下却被忽视了。对此亦无一个令人信服的合理性（参见§11 Ⅲ d）。只因此处同样涉及化学合成物，故也许缺失的是，将那里的主流实践延伸至DNA序列。[193]因为根据在申请中被说明的功能，同时也确定了有可能被授予的专利保护作用的有效范围（参见本节Ⅲ d bb 4）；不能满足条件的是，在描述中［仅］展现［那个］隐藏在创造性成果认识和使用中的功能。[194]因此《生

---

[190]　*Straus*, GRUR 2001, 1019 FN 30.

[191]　In diesem Sinne*Straus*, aaO 1019 r.

[192]　Im gleichen Sinn*Krefft*, S. 237 ff., 258 ff.; *Schieble*, S. 81 ff.

[193]　学者建议，在《生物技术指令》中包含的更加严格的有关公开的要求，［应］延伸至所有物质发明，参见 *Feuerlein*, GRUR 2001, 564。

[194]　So*Meyer – Dulheuer*, GRUR 2000, 179, 181; *Nieder*, Mitt. 2001, 97, 98 f.; *Schrell*, GRUR 2001, 786 l.; *Straus*, GRUR 2001, 1020 l.; *Krefft*, S. 306 f.; *Meier – Beck*, GRUR 2003, 905, 911; *Kunczik*, S. 194; wohl auch *Landfermann*, FS Tilmann, 2003, S. 527, 536 f.; a. M. *Krauß*, Mitt. 2001, 399 f.; *Tilmann*, Mitt. 2002, 442 und GRUR 2004, 563 f.; *Köster*, GRUR 2002, 837; *Keukenschrijver*, FS Tilmann, 2003, S. 475, 485; 学者建议，在损害诉讼中确定保护范围时，考虑保护的合理限制，这应根据在专利说明书中被公开的功能的标准进行，因为一个核酸序列的说明，脱离功能［将］不再是技术行为原理（第289页），参见 *G. König*, S. 276 ff., der (S. 285 ff.)。相反，有学者合理地指出，尤其是基于在德国适用的、在损害和无效诉讼之间［所进行］的分离，根据实际情况被提供的、保护对象的限制必须在［诉讼］请求中表达，参见 *Walter*, GRUR Int. 2007, 287 ff。

物技术指令》第 5 条第 3 款和所属的衡量理由以及第 9 条，在合乎逻辑地理解的情况下，没有为基因序列、部分序列或由此被确定的蛋白质的"绝对物质保护"留有空间。如果在解释这些规定时，其所基于的《生物技术指令》的衡量理由被得到应有的考虑时，这同样适用于《专利法》第 1a 条第 3 款、第 9a 条第 3 款。

所以[195]与指令相符的是，《专利法》第 1a 条第 3 款要求功能说明，第 1a 条第 4 款在特定情况下也要求在申请中附带［这些说明］。由迪尔曼（*Tilmann*）[196]引用的、源于欧洲法院[197]进一步确认《生物技术指令》合法性的判决的内容并不意味着《生物技术指令》也许禁止在申请中要求功能陈述；［该判决］仅论述了如下问题，即有关人体专利授予的法律规定是否充分保证了对人类尊严的尊重，并且在此联系上参考了根据《生物技术指令》第 5 条第 3 款申请必须（同时）包含作为［相关］努力目标的工业实用性的描述。［而］欧洲法院并不关心，鉴于《生物技术指令》第 9 条的工业实用性和根据衡量理由第 24 项用以证明［前者］的功能说明，对于被请求的保护范围具有哪些意义的问题。根据《生物技术指令》的解释，在专利申请中说明［相应］功能，服务于人类尊严的尊重，对于欧洲法院来说在上述被引用的内容上，后者是关键，［上述解释］肯定不比这样的解释次要，即据此在描述中的功能说明已满足条件。

3. 然而，德国的转化法[198]的合理性论证却以此为出发点，即绝对的物质保护同样原则上（有关例外，参见第 4 点）可给予 DNA 序列。它只是希望由此来实现某些功能相关的限定，即审查员将专利授予限制在被申请的对被说明的功能是必要部分的序列，应将对于被描述功能不必要的部分从专利保护中排除。

由此被实现的是，仅有很少的［如下这类］案件可能会发生，即其中一个其他可专利的功能可被归入到一个已受专利保护的基因片段中，对于后者的使用，可能要支付给第一申请人［相应］的许可费用。剩下的案件通过依赖性——强制许可获得满意的解决，［强制许可］的授予通过新《专利法》第 24 条第 2 款变得［更加］容易。

在"被描述的、狭窄的、由功能定义的范围"内，通过物质专利所提供的保护，同样因为［其］在有效的创造利益保护上是必要的。因为通常的专

---

[195] Entgegen*Feldges*, GRUR 2005, 979.

[196] GRUR 2004, 564 r.

[197] Vom 9. 10. 2001 C – 377/98 GRUR Int. 2001, 1043（Nr. 74）.

[198] Bl. f. PMZ 2005, 97 r.

利权通过指令没有被改变，[所以]在转化时不可能对物质保护进行限制。就此而言，其受到 TRIPS 的约束。物质保护范围的合理性存在于，新近可供使用的物质通过其最初的一般性描述被认知，以及也许会成为第三人进一步研究的基础。

[德国]联邦参议院在其对 2001 年转化草案的声明[199]中曾要求，"仅对于生物材料的、创造性的改变本身，才被允许授予专利，"而且通过尽可能详细的功能描述"去防止其他基于该物质的发明在另外的功能联系上被妨碍"。联邦政府对此进行了反驳[200]，根据当前的理解，由联邦参议院所要求的、物质保护的限制意味着一个明显的与现行专利法的冲突。但[政府]将对是否具有[采取]行动的必要性问题进行研究和审查。另外[联邦政府]还让注意在草案文本中的《专利法》第 1a 条第 3 款，[该条文已]包含尽可能详细的功能说明的要件。然而到联邦议会法律委员会建议[201]的时候，对于和人类的相一致的基因序列和部分序列，却被排除在绝对物质保护之外（参见第 4 点）。

立法理由没有论述在何种前提条件下，一个新近可供使用的物质的最初描述是以创造性活动为基础的问题。对其功能被描述的基因序列，明显地应在任何情况下均享有防止在其他功能上使用的保护。这在有效的创新保护的利益上是必要的，[但该判断]没有证明其合理性。《生物技术指令》第 9 条以及《专利法》第 9a 条第 3 款是否也不要求功能约束的问题，同样很少被提出，就像如下问题一样，即如果——正如通常情况下——物质的提供只是因为[该物质显示了]非预期的特征，而被视为非熟知的，此时由德国判决提供的"绝对物质保护"是否还是合理的。更准确地说，[将]引起这样的印象，即[绝对保护]在任何情况下，在法律上都是应得的。

4. 如果发明的对象是基因序列或部分序列，其结构和人类基因的自然序列或部分序列相一致，那么根据《专利法》第 1a 条第 4 款，其使用，即对此工业实用性根据第 1a 条第 3 款（参见本节Ⅲ d bb 3）被具体描述，能被纳入到专利请求中。[202]在联邦议会法律委员会建议下[上述第 4 款]被写入法律，

---

[199] BT－Drucks. 14/5642, S. 16 (zu g).

[200] AaO S. 20 r., Abs. 3.

[201] Bl. f. PMZ 2005, 101 l. (zu Nr. 2).

[202] 只有当[法律规定]对方法申请，[该申请]针对和人类的相符的基因的制造或分离得以适用时，法律规定的目的才被实现。否则，由于直接方法成果保护，法定的限制可能通过类推方法的申请而被规避，参见 *Feuerlein*, VPP Rundbrief 2006, 58；vgl. auch *v. Campenhausen*, VPP Rundbrief 2005, 65, 66。

其在理由［论证］中[208]明确，对于人类同样拥有的基因序列因此不再给予绝对物质保护。这个限制通过对于人类适用的特殊性得以证明其合理性。[204]鉴于根据当前的认识，人类基因很大程度上与动物和植物的相一致，［上述规定］所选择的措辞会阻止通过对相一致的如动物基因的专利授予而规避物质保护的限制［的行为］。

对于与人类不同的基因和基因序列，法律委员会希望不会排除绝对物质保护的可能性。[205]然而，由于基因解码技术的发展，如通过在动植物领域排序机器的利用，绝对物质保护实际上同样将只是很少地被给予。这里发明的程度通常不再具备。在一个专家听证中被证实的是，根据当前的科学和研究水平，在专利授予前提条件的具体适用时，提供特定基因只在例外情况下可能是创造性的，尽管通常情况下令人意外的使用的证明才具有创造性的特征。然而在这些情况下，保护领域现今已经被限制在特定使用上。

法律委员会的上述说法却并不合乎物质保护实践的实际情况（参见§11 Ⅲ a、c aa）。［该说法］也不适合那些立法理由阐述的有关物质保护［的内容］（参见第3点），但作为一种理论它却赢得了支持。

5. 如已取得的结果（参见§11 Ⅲ d），即使和申请人所公开的使用不相当，没有被申请人公开的使用同样被包含在化学物质的保护中，［这个结果］只有当物质的合成或分离已要求一个超越专业人士日常工作的努力并因此已经单独看来是基于创造性的活动的时候才是合理的。在当前技术水平下，这种情况在一般化学领域已不再存在。同样在 DNA 序列提供时，［上述情况］只是例外地和在进一步减小的程度上可被考虑。[206]只要［这些情况］还出现，存在疑问的是，此时所获取的绝对保护是否与以功能约束为目标的《生物技术指令》协调一致。这无论如何都可以通过解释参考 TRIPS 的《生物技术指令》而得以实现。这并不允许取消对可以归入技术领域的和基于创造性活动的、新颖的、工业实用的发明的专利保护。因为《生物技术指令》第1条第2款和衡量理由第12项承认 TRIPS 的约束力，所以［认为］前者意图采用［取消上述专利保护的观点］，可被认为是不予考虑的。

然而上述问题不可能获得实践上的意义。一般来说，在 DNA 序列方面，

---

［203］ Bl. f. PMZ 2005, 101 l. (zu Nr. 2).

［204］ 欧洲委员会认为这符合指令，参见 *McCreevy*, GRUR Int. 2006, 361, 362 l.；同时参见［欧洲委员会］根据《生物技术指令》第16条所作的报告 KOM（2002）545 vom 7. 10. 2002 und KOM（2005）312 vom 14. 7. 2005；dazu*Klinczik*, S. 152 f。

［205］ Bl. f. PMZ 2005, 102 l.；krit. *Walter*, GRUR Int. 2007, 294；*Kunczik*, S. 196 f.

［206］ *Straus*, GRUR 2001, 1019 f.；*ders.*, zit. bei *Holzapfel/Nack* 520 r.

可专利性同样取决于说明这样的功能，即它的认识对于一般专业人士是非熟知的。可在个案中审查申请中被陈述的功能是否与此相符。如果结果是否定的，那么一个其他的功能不可以事后提供，而只能被作为具有相应更晚的时间等级的、特殊申请的对象。如果基于一个非熟知的功能的公开而被授予专利，那么［专利的］作用限定在其中该功能被使用的行为上。TRIPS没有要求这样的专利保护，其作用超越了由申请人所公开的、基于创造性活动的、对现有技术水平的贡献。但在此处被关注的情况中，［上述贡献］并不存在于物质提供本身，［后者］在优先权时间点上，任何专业人士在没有创造性努力的情况下都可能［提供该物质］，而是存在于对于非熟知功能的提供上。为了物质的提供而进行的创新，也不是因为其本身的缘故，而是就此而言，即当其已导致了一个非熟知的结果时，［才］表明了专利保护的合理性。[207]那个已提供［特定］物质而没有已经由此带来一个创造性的成果的人，［他］可以将［该物质］出售给那些希望避免自己生产所带来的费用的使用者，而且［他］和任何不受保护的产品的生产者一样，具有获取对价的可能性，这将补偿［他］在折旧和获利上的以及其他买方对于使用可能性的类似利益。正因为DNA序列提供需要高支出，即使［其中］存在一个证明专利正当性和相应限定保护范围的功能时，专利持有人以外的其他人［也］几乎不会进行［这样的供应］。不管怎样，专利持有人都可以禁止［上述提供］。而他不能禁止对于一个新颖的、与被授予专利的不相当的功能的提供。[208]此处，上述两种情况的区别将可以类似方式进行，就像一个已知物质的多个受保护的使用目的之间的区分，尤其是［该物质］适用于多个医疗症状时（参见本节Ⅲf）。在那里将同时可以解决产生于以下情况的问题，即如果一个产品为多个功能而被使用，而且与此同时必然满足一个为其他权利持有人所授予专利的功能。[209]

---

[207] Anders wohl *Hansen*, Mitt. 2001, 487; *Köster*, GRUR 2002, 839.

[208] Ebenso im Ergebnis*v. Renesse/Tanner/v. Renesse*, Mitt. 2001, 1, 4 f.; *Nieder*, Mitt. 2001, 97 ff., 238 f.; *Schrell*, GRUR 2001, 785; *Sellnick*, GRUR 2002, 124 ff.; *Kunczik*, GRUR 2003, 845, 849 undGenetische Informationen, S. 183 ff.; *Meier – Beck*, GRUR 2003, 905, 911; *Straus*, GRUR 2001, 1020 f., der aaO 1016 f. zahlreiche einen absoluten Stoffschutz ablehnende Stimmen anführt. – A. M. *Goebel*, Mitt. 1999, 173; *Feuerlein*, GRUR 2001, 563 f.; *Krauß*, Mitt. 2001, 399 f.; *Dörries*, Mitt. 2001, 15, 20 f.; *Hansen*, Mitt. 2001, 477 f., 487 ff.; *Köster*, GRUR 2002, 837 ff.; *Schatz*, zit. bei *Holzapfel*, GRUR Int. 2002, 435 l. 在如下前提条件下，即一个超越新物质提供的决定性在原始文件中被公开，有学者是支持绝对物质保护的，参见 *Keukenschrijver*, FS Tilmann, 2003, S. 475, 482 ff. 支持"混合"物质保护的，如果"物质有目的地（或同时合乎程序地）适应了身体的生理过程并利用了这个过程，［上述物质保护］局限在描述中被公开的相互作用"，而且"鉴于所有其他使用形式，比如［作为］工具，［上述保护］是绝对的"，参见 *Tilmann*, GRUR 2004, 564 r。

[209] Erwähnt von *Köster*, GRUR 2002, 838 r.

6. 根据由德国裁决发展出的物质保护规则，即没有与功能捆绑的情况下，即使当最初［的功能］认识和使用相当于创造性的成果的时候，对于 DNA 序列的［物质保护］基于如下理由同样被要求，即它与其他化学物质，尤其是自然物质应当同等对待。[210]对此提出的反对意见是，DNA 序列首先因为其"信息特征"表明了特殊性，［而这些特殊性］也许与上述平等对待相矛盾。[211]联邦议会的法律委员会，通过"对于人类所适用的特殊性"来证明在《专利法》第 1a 条第 4 款规定的、对排除和人类相一致的基因序列和部分序列绝对物质保护的合理性（参见第 4 点）。如果人们没有让这样的特殊性得以满足，［则］也许可注意在 TRIPS 第 27 条第 1 款第 2 句中的歧视禁止。然而［歧视禁止］可被考虑，也许因为在所有化合物的情况下，根据创造性成果标准的保护，即一般来说［保护］仍被限定在那个其开发构建了创造性成果的功能上的使用［范围内］，而非因为在不稳定的、正常不会由创造性成果涵盖的绝对物质保护基础上被进一步发展。[212]TRIPS 并不要求这样的物质保护，因为它仅在基于创造性活动的前提条件下规定了专利授予。通过实践已习惯于此[213]，并且没有出现更多的有害性，也不能证明坚持［歧视禁止］的正当性；因为并非显而易见的是，这从能够削弱现存的、法律上的顾虑的理由中得以解释。

然而由于 TRIPS 需要思考的是，《专利法》第 1a 条第 4 款根据其字面意

---

〔210〕 *Hansen*, Mitt. 2001, 484; *Grubb*, zit. bei Holzapfel, GRUR Int. 2002, 437 l.; *Feldges*, GRUR2005, 983 f.; *Galligani*, ABl. EPA Sonderausgabe 2/2007, 148, 152 ff.; *Müller*, S. 243 f.; *Wolters*, S. 250 ff.; 有学者却要求，通过申请的"完结"文本及其在事后可实施的公开上的界限，避免不合理的宽泛的保护请求，并且对于基因（部分）序列，［他］认为只有受功能约束的保护或使用请求才是合理的，参见 *Egerer*, S. 116 ff., 120 ff.

〔211〕 *Straus*, GRUR 2001, 1020; *Markl*, 33 II C 1, 4 (2002); *Schrell*, GRUR 2001, 786; *van Raden/v. Renesse*, GRUR 2002, 394 ff.; *Kunczik*, GRUR 2003, 845, 849 und Genetische Informationen, S. 183 ff. (他最终［第191页以下］支持一个根据创造性成果标准而被限制的保护，而没有注意到，这种进路极有可能同时具有在绝对物质保护常规使用范围内的结果); *Schneider*, in: Baumgartner/Mieth, S. 179 ff.; *Sommer*, 38 II C 39 ff., 49 ff.; *Schneider/Walter*, GRUR 2007, 831, 837; *Schieble*, S. 106 ff.; *Godt*, S. 462 ff., 487, 631 ff. (含有关于最终所支持的保护的有效范围的不清晰的阐述); Bericht der Enquête – Kommission Recht und Ethik der modernen Medzin (2001), zit. Bei*Barton*, Der „Ordre public" als Grenze der Biopatentierung, 2004, S. 369, ［上述报告］参考在这个意义上的其他立场（不同地，一个少数派观点，参见 zit. aaO 370 f.). 将物质保护的传统实践，没有改变地转移到生物和基因技术领域的想法，亦见于艾格拉（*Egerer*）和 G. 科尼希（*G. König*）的文献中，虽然他们原则上希望坚持绝对物质保护。

〔212〕 为了证明"传统化学材料和 DNA 序列之间的对抗"不会导致"物质范式的基础转换"，所阐述内容，比起作为合理性证明更适合于作为传统物质保护操作的质疑，并且接近在限制意义上的同等对待，［而这些］对基因序列的［限制］产生于《生物技术指令》，参见 *Hansen*, Mitt. 2001, 480 ff. 对于这个问题亦见 *G. König*, S. 272 ff.

〔213〕 *Hansen*, Mitt. 2001, 485; *Köster*, GRUR 2002, 839.

思，即使绝对物质保护——例外地——通过一个相应的、创造性的成果被获取时，也没有给［该保护］留有适用空间。这个规定也许会在上述情况下，通过与指令以及因此与 TRIPS 相协调的解释被限制（参见第 5 点）。

当然可能更好的是，将特别规定从根本上舍弃，并且在联系《生物技术指令》中预先确定的要件的具体化（参见本节 Ⅲ d bb 3 及以下）的基础上——通过明确或至少在立法理由中——努力争取，使物质保护的有效范围完全地以相应创造性成果为导向。但这根据《专利法》和《欧洲专利公约》也可以在没有立法者的指示下由此来实现，即基于创造性活动的一般要求合理地被适用。[214]《专利法》第 1a 条第 4 款的特别规定的可操作性首先鉴于与人类基因（部分）序列的一致性标准，受到合乎情理的质疑，[215]并且《欧洲专利公约》没有承认相应规定，这种情况[216]——在考虑前述与 TRIPS 相协调的解释的必要性时——可能丧失了任何实践关联。

7. 在物质保护传统操作基础上，这同样不能延伸至如下对象，它们在专利申请中没有被公开，而是首先借助受保护的 DNA 片段，尤其是通过其作为搜索或测试工具的利用应被发现（假如这个可能性的发现本质上作为创造性成果被考虑，参见第 1 点）。针对这样最初被预期的、进一步的结果的申请，即所谓穿透申请（［英语］"reach – through claims"）缺乏申请公开内容的基础。它们根据欧洲和德国的专利法是不能被授予［专利］的。[217]

若为搜寻或测试工具而利用 DNA 片段也许作为方法被授予专利，保护作用同样不大可能延伸至以上述方式被发现的对象；因为此处不存在经由《专利法》第 9 条第 2 句第 3 项、《欧洲专利公约》第 64 条第 2 款意义上的受保护的方法的产出。[218]

---

〔214〕 基于创造性活动通常依赖于功能或使用的可能性的认识，它们可以根据个案的理解存在于相应不同层面（参见第 1 点）。有学者提出，这类问题不会发生，如果像与创造性成果申请相符的［方式］一样撰写申请，*Kilger/Jaenichen*，GRUR 2005，994 ff。

〔215〕 Vgl. *Feldges*，GRUR 2005，979；*Kilger/Jaenichen*，GRUR 2005，993 f.

〔216〕 有学者根据《欧洲专利公约》认为，总的绝对物质保护是必要的，参见 *Feldges*，aaO 981 f.。另有学者建议，鉴于没有功能捆绑下被授予的欧洲专利，通过国内法，将保护效力限定在被公开的功能［范围内］，参见 *Kunczik*，S. 198 f.

〔217〕 *Yeats*，zit. bei *Holzapfel*，GRUR Int. 2002，437 l.；*Wolfram*，Mitt. 2003，57，59 f.，64；*v. Meibom*，Mitt. 2996，1，3；*Brandi – Dohrn*，FS VPP，2005，S. 465，471；*Straus*，FS Bercovitz，2005，S. 921 ff.；*Holzapfel*，S. 317；从工业的角度，穿透申请同样被给予批判性的评价，参见 *Grubb*，zit. bei *Holzapfel/Nack*，GRUR Int. 2002，521 r.；在一个有关欧洲、日本和美国专利部门的比较研究中它们被否定，参见 *Straus*，aaO。

〔218〕 *V. Meibom*，aaO 3 f.；*Brandi – Dohrn*，aaO 468，470，472；*Straus*，aaO S. 926 ff.；*Holzapfel*，S. 314 ff.

e) 微生物方法及其产品

参考文献: *Teschemacher*, *R.*, Die Patentfähigkeit von Mikroorganismen nach deutschem und europäischem Recht, GRUR Int. 1981, 357 – 363; *Straus*, *J./Moufang*, *R.*, Hinterlegung und Freigabe von biologischem Material für Patentierungszwecke, 1989; *Trüstedt*, *W.*, Patentierung mikrobiologischer Erfindungen, GRUR 1981, 95 – 107; *Vossius*, *V.*, Der Schutz von Mikroorganismen und mikrobiologischen Verfahren, GRUR 1975, 477 – 480.

aa) 法律规定、定义

1. 根据《生物技术指令》第 4 条第 3 款，在第 1 款（b）中包含的［对］本质上作为动植物培育的生物方法的可专利禁止，并不涉及以微生物方法或由此得到的产品作为对象的发明的可专利性。因此《生物技术指令》将生物方法及其产品与"其他技术性"方法同等对待：方法保护总是可能的，非动植物品种的产品保护（参见本节Ⅲ a bb、cc 和本节Ⅲ b bb、cc）亦总是可能的。《专利法》第 2a 条第 2 款第 1 句第 2 项也可以推导出相同的［结论］。《欧洲专利公约》第 53 条（b）第 2 句却在没有排除对动植物品种产品保护的情况下，允许生物方法及其产品的专利授予。欧洲专利局的扩大申诉委员会曾拒绝授予植物品种以［产品保护］。[219] 所以就此而言，以《欧洲专利公约实施细则》第 27 条（c）与《欧洲专利公约》相协调为出发点。

上述裁决并不涉及对于《欧洲专利公约实施细则》第 27 条（c）中同时被明确的动物品种，因为［裁决］主要根据的是，在考虑品种保护可能性的情况下，植物品种被排除在可专利性之外。因此当时没有肯定，通过微生物技术被创造的动物品种，根据《欧洲专利公约》（［效力］优先于其《欧洲专利公约实施细则》）是否也——在必要时——被排除。这个问题实践上的意义可能是很小的，因为扩大申诉委员会在狭义上去理解微生物方法的概念，而且［对］这样的方法的保护，像一个技术方法保护一样，即使涉及动物品种，可能同时也包含［方法］的直接成果（参见本节Ⅲ b cc 2）。

2. 根据在《专利法》第 2a 条第 3 款和《欧洲专利公约实施细则》第 26 条第 6 款中被采用的《生物技术指令》第 2 条第 1 款（b）的规定，微生物方法是指任何其中使用微生物材料、对微生物材料进行干预或生产微生物材料的方法。前提条件是，在《生物技术指令》第 2 条第 1 款（a）、《专利法》第 2a

---

[219] 欧洲专利局一般认为，植物品种被排除在专利授予之外，并不取决于它们被以何种方法创造，［该说法］并不由此被限制，即其理由论证（aaO 138 f.，Nr. 5.3）强调了基因技术的创造的情况并且这也不能被认为是微生物方法，参见 EPA G 1/98（FN 117）111（Leitsatz 3），vgl. oben a cc 1.

条第3款第1项、《欧洲专利公约实施细则》第26条第3款意义上的材料是生物的，即包含基因信息和自我繁殖或可被在生物系统中繁殖。能被视为微生物的是，如果其在形式上按照被最低程度测量的基本组成部分被使用、影响或生产。

按照"一个微生物的或其他技术方法"的说法，《生物技术指令》第4条第3款、《专利法》第2a条第2款第1句第2项、《欧洲专利公约实施细则》第27条（c）好像将微生物的［方法］视为技术方法。但不能假设前述规定对于［那些］在《生物技术指令》第2条第2款、《专利法》第2a条第3款第3项、《欧洲专利公约实施细则》第26条第5款意义上本质上是生物的微生物方法，因为它们如仅基于微生物的杂交而不应适用；因为［前述规定的］内涵正是排除对本质上生物方法所规定的专利授予阻碍。

3. 遵循欧洲专利局的实践，在"微小生物体"（以下简称"微生物"，［原文中简称］MO）的概念中包含细菌和酵母菌、真菌、藻类、原生动物、人类以及动物和植物的细胞，即所有裸眼不可见的、通常是单细胞的有机体，它们在实验室中可被繁殖和控制，［上述概念］另外还尤其［涵盖］质体和病原体。[220] 相应地，被视为微生物方法的是这样的［方法］，其中微生物在前述意义上，为了产品的生产或改变而被使用，或为了特定使用目的，发展出新的微生物。通过微生物被生产或被改变的成果以及新的微生物本身被视为这样的方法的成果。

在这个宽泛的理解和如下假设基础上，即就算在涉及植物或动物的品种时，[221] 《欧洲专利公约》第53条（b）也允许对微生物方法的成果授予专利，申诉庭已将通过基因改变而完成的动植物品种视为可被授予专利的。然而，这应不适用于，如果一个多阶段的、技术性方法导致了新的动植物品种的［产生］，［前者］在（至少）一个"微生物的"步骤之外，还在显著的范围上包含其他的方法。[222]

欧洲专利局的扩大申诉委员会[223] 以［如下内容］为出发点，即基因技术的和微生物的方法并不是相同的。后者的概念代表着那些其中微生物被使用的方法。这不同于在植物细胞的基因改变时被加工的、生命体的部分。虽然在欧洲专利局的实践中，细胞及其组成部分也许被像微生物一样对待，这似乎有充足的理由，因为现代生物技术从传统的微生物学发展而来，并且细胞和单细胞生物体

---

　　[220]　So EPA T 356/93（FN 114）575（Nr. 34）；dazu *Schatz*, GRUR Int. 1997, 591 l.

　　[221]　EPA T 356/93（FN 114）573 f.（Nr. 30）unter Bezugnahme auf EPA T 19/90（FN 138）489 f.（Nr. 4. 10）.

　　[222]　EPA T 356/93（FN 114）576 f. , 581 ff.（Nr. 37 – 39 und 40. 8 ff. ）.

　　[223]　G 1/98（FN 117）138 f.（Nr. 5. 2 f. ）.

是可比照的。但这并不意味着，基因上被改变的植物可被作为微生物方法的成果对待。作为对此的根据，扩大申诉委员会却以这样的论点为基础，即正如它明确强调的，无论植物品种以何种方式被生产，其均被排除在可专利之外（参见本节Ⅲ e a cc）。

在动物品种的情况下，因此无论如何仍会取决于微生物和基因技术方法的界限（参见第 1 点）。如果人们就此和扩大申诉委员会一起在狭义上去理解微生物方法的概念，［那么］借助这样方法创造新动物品种可能在实践上不在考虑之列。在《欧洲专利公约实施细则》第 27 条（c）中，动物品种的实体保护，像植物品种的一样，对于涉及微生物方法的情况也被排除在外。但只要涉及动物品种［时］没有同时被强制性地解释为这与《欧洲专利公约》第 53 条（b）相一致，［那么］仍可以想象，在当今生物技术水平下，几乎没有以恰当的方式被执行的微生物和基因技术方法之间的区分，而这在个案中具有［一定的］意义。

bb）通过保藏和开放确保可重复性[224]

1. 微生物学的对象首先是使用，后来也涉及微生物的创造。[225] 在第一种情况下，为了有价值的产品的生产或状态影响而利用微生物的物质新陈代谢能力（参见本节Ⅰa）。在第二种情况下，通过杂交（杂交培植）或诱导性的突变，新的微生物被创造。[226]

在使用已知微生物的情况下，创造性成果可以在（如温度、光照和空气进入、微生物所产生影响的材料的特性等）作用条件的特殊性中或在对于新目的的可实用性认识中得以表达。从上述两个角度上看，实际上不再有对于专业人士非熟知的创新空间。

相反更具有意义的是［这样的］微生物方面的发明，其首次利用了从自然界中被获取的或由人类创造的微生物。此时使用方法的创造性核心是被利用的微生物的选择；其所隶属的手段大部分是常见的或熟知的。如果该方法导致了一个成果，那么其保护延伸至该［成果］；如果该成果是新颖的，它本身也可以获得专利保护。[227] 可以创造新的微生物所借助的方法，本身是在相关法律

---

[224]　Dazu ausführlich*Benkard/Schäfers* § 34 PatG Rdnr. 37 a – 37 s.

[225]　Vgl. BGH 11. 3. 1975 Bäckerhefe BGHZ 64, 101, 104；*Epstein*, GRUR Int. 1979, 271 ff.；*Trüstedt*, GRUR 1981, 95 ff.

[226]　Vgl. *Trüstedt*, GRUR 1977, 197, 198.

[227]　在有关微生物方法的法律规定中，产品保护的表述，不能被作为对根据《专利法》第 9 条第 3 项、《欧洲专利公约》第 64 条第 2 款的方法保护作用的、单纯提示来理解，参见 *Teschemacher*, GRUR Int. 1981, 359 f.；对此表示赞同的参见 *Moufang*, EPÜ – GKArt. 53 Rdnr. 120；欧洲专利局的实践也一样，参见 *Schatz*, GRUR Int. 1997, 591 l.

规定意义上的微生物方法。新的微生物因此是上述方法的成果。所以，无论对于该方法还是对于微生物本身，原则上均可被列入专利保护考虑之列（更详细的参见第7点及以下）。

通过基因技术的发展，微生物也获得了作为辅助工具如媒介物，以及基因技术改变的对象的意义。在此种联系上，在欧洲专利局的实践中，微生物的概念无论如何都已被扩展（参见本节Ⅲ e aa 3）。

2. 一个利用微生物，如其新陈代谢的发明，只有当微生物可供使用时，才是可实施和可重复的。在已知的、通常容易获得的微生物的情况下，这不难[成立]。当发明人首次从自然界中获取或新创造[微生物]时，只要他占有必要的微生物，那么他的发明本身是可实施和可重复的。专利制度的目的在于将新的技术行为原理带入公众知识中并最终[可以]普遍自由地被使用。但[该目的]要求，其他人也可以实施这个专利。这在此处以[发明]可以获取或完成微生物或使[微生物]达到完全地随时可供使用[的状态]为前提条件。实际上，通常只有后者才被列入考虑之列。通常情况下，即便是极度谨慎，[也]不可能对微生物通过特征说明如此准确地进行描述，以至于它可被可靠地识别。[228]同样它被获取或创造的途径，通常也不能被如此描述，以至于其重复带有足够的可能性地恰好产生这个微生物。[229]

3. 实践中已成为通常做法的是，通过在设备中的保藏来确保对新生物进行明确的识别，[上述设备]能够使[微生物]恰当地和未改变地得以长期保藏。[230]在欧洲专利局和德国专利商标局那里的申请，作为微生物描述的补充可联系到上述保藏，否则被请求的发明不能被可实施地描述。《欧洲专利公约实施细则》早已包含涉及微生物和其他生物材料保藏的详细法律规定（第31～34条，原第28条、第28a条）。德国专利商标局首先在没有法律规定的情况下，借助联邦专利法院和联邦最高法院的支持，承认和要求作为描述补充的、在合适的地方被进行的保藏的关联性。[231]在转化《生物技术指令》时，颁布了

---

〔228〕 Vgl. *Duttenhöfer*, S. 182 f.；*Epstein*, GRUR Int. 1974, 272；BGH 11. 3. 1975（FN 225）111m. Nachw.；2. 6. 1981 Erythronolid BGHZ 81, 1, 2.

〔229〕 存在例外情况，比如在联邦专利法院判决（BPatG 5. 4. 1978, GRUR 1978, 586, 587 f.）中，[该案]由申请人所陈述的、获取"bavaricus 乳杆菌"的方法，被视为在合理开支下可重复的。对于微生物新种属的生产的、基因技术上的方法的可重复性，参见 *Vossius*, GRUR 1979, 584；US Supreme Court 16. 6. 1980（FN 4）。

〔230〕 Zur Rechtsentwicklung*Straus/Moufang*, S. 13 ff.

〔231〕 Vgl. BPatG 30. 6. 1967 E 9, 150；9. 10. 1973 GRUR 1974, 392；22. 3. 1976 GRUR 1977, 30；6. 10. 1977 E 20, 127；BGH 11. 3. 1975（FN 225）112, 116；20. 10. 1977 7 – Chlor – 6 – demethyltetracyclinGRUR 1978, 162, 164；2. 6. 1981（FN 228）2；2. 7. 1985 Methylomonas GRUR 1985, 1035.

在专利和实用新型程序中的《生物材料保藏条例》（BioMatHintV）（参见本节 Ⅰ b dd 3）。

《欧洲专利公约实施细则》和《生物材料保藏条例》均涉及《布达佩斯条约》（Budapester Vertrag）[232]，该条约规定，允许或要求出于专利程序目的、对微生物［进行］保藏的那些缔约国，为此目的承认在任何机构处的微生物的保藏。［这里的任何机构是指］根据上述条约，已获取国际保藏机构法律地位的［机构］。

4.《生物材料保藏条例》于 2005 年 2 月 28 日起生效。该条例不适用于之前被递交的申请（第 11 条）。在第 1 条中，该条例要求在涉及生物材料或其使用的发明的申请时，如果对于公众不容易得到而且在申请中不能被如此描述，以至于专业人士可以实施该发明，那么须在一个被认可的保藏机构［对］这个材料［进行］保藏。在这种情况下，只有满足如下条件，描述才被认为是充分的：（1）最晚在申请及优先权日完成保藏；（2）申请包含申请人已知的、有关被保藏的材料特征信息；以及（3）在申请中给出保藏机构和保藏的文件索引号。

《欧洲专利公约实施细则》第 31 条第 1 款（a）～（c）规定了相应［内容］。

文件索引号可在特定期限内补交（《生物材料保藏条例》第 3 条、《欧洲专利公约实施细则》第 31 条第 2 款），对此《生物材料保藏条例》以申请材料已经使被保藏材料的明确归类成为可能为前提条件。

根据《生物材料保藏条例》第 2 条，被认可的保藏机构是那些根据《布达佩斯条约》获取合法地位的国际保藏机构，和另外这样［一些］被认可的科研机构，其提供合乎《生物材料保藏条例》标准、规定、试样的保管和交付，并且法律上、经济上和组织上独立于申请人和保藏人。

根据《欧洲专利公约实施细则》第 31 条第 1 款（a），必须在一个被认可的保藏机构，［并］在与《布达佩斯条约》规定的相同的必要条件下完成保藏；有权利的保藏机构载于欧洲专利局公布的官方文件中（《欧洲专利公约实施细则》第 31 条第 6 款）。

《生物材料保藏条例》第 8 条援引了《〈布达佩斯条约〉执行条例》第 9.1 条，据此，被保藏的材料，至少在收到交付试样的最终申请后 5 年［内］，

---

[232]　［即］有关为专利程序目的的、微生物保藏的国际承认，附带执行条例（二者都是 1977 年 4 月 28 日版，其后被修订）。该条约于 1981 年 1 月 20 日在德意志联邦共和国生效。欧洲专利组织［EPO］曾发布了一个特别声明，据此在国际保藏机构的保存，在欧洲专利局程序中被承认。

但无论如何自保藏起30年［内得到］保管。如果保存不是按照《布达佩斯条约》，根据《生物材料保藏条例》第7条，保管期限为收到最终交付申请后5年［内］，但至少长于所有涉及被保藏材料的最长期限5年。

5. 与保藏相连的是在如下意义上的对被保藏材料的开放，即保藏机构被授权，根据现行法律规定的标准，提供被保藏材料的试样。

德国《生物材料保藏条例》要求保藏人不可撤销地声明，其中为了提供试样，他自申请日起，随时可将材料提供给保藏机构使用（第4条）。

交付向专利局进行，在这里提交涉及保藏的申请；特定前提条件下［交付也可以］向第三人［实行］，［这些条件］应尽可能地防止侵害申请人或保藏人权利的获悉或行使（《生物材料保藏条例》第5条、第6条，《欧洲专利公约实施细则》第32条、第33条，《布达佩斯条约》第11.3条）。此处决定性的是在专利局面前的、各自的程序状况。在申请的公开或公布之前，只有当第三人被行政机关或法院授予了文件审查的权利时，试样才能向其交付（《生物材料保藏条例》第5条第1款第1项（c）、《欧洲专利公约实施细则》第33条第1款，参见§23 Ⅴ d、§27 Ⅲ 3）。自申请公开或公布起，被保藏的材料原则上对于任何人都是可获取的（《生物材料保藏条例》第5条第1款第2项、《欧洲专利公约实施细则》第33条第1款）。

然而因为在本质上通过可繁殖的材料的提供或使用而表明其特征的发明的情况下，借助该材料的试样，不仅有关于此的认识被介绍给第三人，而且已给其一个作为发明实施的、完美有效的工具并由此产生了专利持有人或申请人不可确认的使用风险和有目的利用公开或公布与专利授予之间完全有效保护缺陷的危险，[233]［基于上述原因］只要在行政机构处，对于申请的公开或公布的技术性的准备还没有完成时，保藏人可以要求直至授予保护权利生效，被保藏材料的获取，仅因为向一个由［使用］请求人任命的专家交付试样而被实施，［而这个专家］是被保藏人[234]所接受的或被德国专利商标局或欧洲专利局局长认可的［人］（《生物材料保藏条例》第5条第1款第2项第2个半句、第2～4款，《欧洲专利公约实施细则》第32条）。如果申请被驳回或被撤回或被视为撤回，专家的委托直到自申请日起20年期满仍是必要的（《生物材料保藏条例》第5条第2款、《欧洲专利公约实施细则》第32条第1款（b））。

6. 使被保藏的材料独立于保藏人或申请人或专利持有人的意志而可获取

---

［233］ Vgl. *Straus/Moufang*, S. 57 ff. m. Nachw.

［234］《欧洲专利公约实施细则》第32条第2款（a）规定的是由申请人；但通过第31条第1款（d），保藏人——也许和申请人不是同一人——的同意被保证。

的开放，并非意味着使用许可。如果存在专利保护，那么试样的接收人必须尊重［专利保护］。如果专利还没有被授予，那么他虽然可以在德国不被禁止地使用——在德国或欧洲行政机构——被申请的发明；但他在使用的情况下，却负有合理的补偿义务（参见§37）。

为了尽可能地不导致试样的滥用，交付依赖于［使用］请求人对［专利］申请人承诺［负有］特定义务（《生物材料保藏条例》第6条、《欧洲专利公约实施细则》第33条第2款）。

根据《欧洲专利公约实施细则》第33条第2款，只要申请仍悬而未决或专利保护仍存在，［那么］［使用请求人］通常[235]有义务不能使第三人获取被交给他［使用的］材料或其孳息（概念见《欧洲专利公约实施细则》第33条第3款）以及只是出于试验目的而使用。如果根据《欧洲专利公约实施细则》第32条委托了专家，可呈交一份声明，其中［专家］承诺履行必要的义务，此时［使用］申请人被视为第三人（《欧洲专利公约实施细则》第33条第2款第2句）。

《生物材料保藏条例》第6条包含类似的规定。［该条］却要求"在所有涉及被保藏的生物材料保护权利的有效期间内"的义务。这个字面意思与《生物技术指令》第13条第3款相符，后者规定了专利有效期间的义务。［上述规定］也可以追溯到《生物材料保藏条例》颁布前的重要判决，据此不能被要求接收人在公开和专利授予之间的时间里使用上受到约束，而且申请人的更广泛的保护取决于立法者的干预。[236]在［立法者］采取行动之后，好像直到授予保护权利生效的时间内和对于申请没有成功而被取消的情况下，不需要被保藏材料接收人的任何义务。就此而言，德国的规定不同于欧洲的。在申请公开前的时间内却好像无法理解的是，一个出于特定原因的、对于文件审查被授权的人应有权不受限制地使用被交付给他的试样。同样在公开后的时间内，上述权利好像只有在如下情况下才能证明其合理性，即如果从还没有不作为请求权［即防止专利使用的请求权］，而只是存在针对可能的使用人的补偿请求权当中，或许能直截了当地推导出一个任意第三人的权利，即凭补偿［就可以］使用发明。从而，立法者的决定，即不给申请人［但却属于他的］在公开和专利授予之间的时间内以完全有效的保护，却可能被附加过于宽泛的意义

---

［235］　如果申请人或专利持有人明确地放弃［该项权利］，［则］根据第33条第2款第2、第3句无需承担该义务，［该义务也］不用［被］考虑，如果［使用］请求人基于强制许可或其他官方或以公共利益而被授予的、利用该材料的使用许可，是有权利的。

［236］　BGH 11. 3. 1975（FN 225）.

（参见§376）。如果人们对于委托专家的情况同样假设上述涉及他所获取的材料的义务，只有在自保护权利生效起的时间内才能承担，那么也许前述预防措施的遏制［作用］，恰好在其是最重要的期间内被准许。至少根据《生物材料保藏条例》第6条第2款和第1款的专家应承担的义务，必须因此同时包含在授予保护权利之前的时间。[237]

对于已经被公开的申请被驳回或撤回或被视为撤回的情况，根据欧洲的规定，被保藏材料的接收人一般来说已经无需承诺履行包含申请取消后的时间的义务。相反，即使在上述情况时，一个专家也有义务，不使第三人（包括［使用］请求人）获取该材料和仅仅出于试验目的使用该材料，直到自申请［之日］起20年期满（《欧洲专利公约实施细则》第32条第2款第2句）。这不能从德国《生物材料保藏条例》的第6条中被推断出。根据《生物材料保藏条例》第5条第2款的规定，在申请没有成功而被取消时，直到自申请［之日］起20年期满，对专家的被申请委托仍是必要的。然而或许与［该条的］保障目的并不矛盾的是，在没有明确的承担前述义务时，将被保藏的材料交付给专家。

7. 在其成果是一个新的微生物的微生物方法的情况下，新的微生物或产出微生物的可供使用性，一般来说还无法确保重复可导致相同结果的充分可能性。这既适用于诱导性突变，也适用于为此的杂交。[238]德国判例却首先主张，发明人必须有能力说明一个具有充分可行性的、可被重复的、获取新微生物的途径。[239]［微生物］通过其自我繁殖的能力使对占有［微生物］的［产品］的生产方法的重复［变得］多余，这被认为是不够的：发明人应使公众注意的不仅仅是最开始在其手头的方法成果。

立刻会出现这样的问题，即发明人通过保藏或开放交付了新的微生物并因此让第三人能够获悉、审查，若不存在专利保护，［还包括］使用，这是否没有满足条件。尽管如此，联邦最高法院在微生物保藏的情况下，起初还是要求［微生物的］首次提供途径的可重复性。[240]

相反，《欧洲专利局审查指南》（C Ⅳ 3.6，现4.7.2）很早就已经承认，

---

[237] 相应的义务通常情况下可能已经产生于［委托］合同，基于此，专家将为一定行为。但这并不反对，在任何情况下，均要求具有对其保障目的所必要的内容的义务证明。

[238] Vgl. *Vossius*, GRUR 1975, 478 f.; *Epstein*, GRUR Int. 1974, 276; *Trüstedt*, GRUR 1981, 98 f.; BGH 20. 10. 1977（FN 231）164.

[239] BGH 11. 3. 1975（FN 225）106, 108; 20. 10. 1977（FN 229）162; BPatG 9. 10. 1973 Levor-inGRUR 1974, 392.

[240] BGH 20. 10. 1977（FN 231）164; 11. 12. 1980 Bakterienkonzentrat GRUR 1981, 263.

在根据《欧洲专利公约实施细则》第 28 条（现第 31 条）被保藏的微生物的情况下，通过获取试样的可能性保障了可重复性，并因此一个进一步的微生物生产的方法说明是不必要的。

在参考欧洲专利局的立场、条约和立法以及涉及文献中对德国实践的批判[241]的较新发展，联邦最高法院修改了自己的判例（发展出了新的判例）。根据"狂犬病病毒"（Tollwutivirus）案的判决[242]，按照自 1978 以来生效的、对新微生物本身专利保护的法律，可以通过微生物的可增殖的试样的保藏和开放，替代可被重复的新品种的可能性。

8. 根据当今权威判例，在从自然界被获取的微生物的情况下，实体保护的给予也无需因获取方法不是带有［获取］同样充分预期可成功重复的［方法］而被拒绝。

通常涉及从自然界被提取的材料选择和分离的漫长过程，其被针对特定的、对于已有目的所期待的特征而进行。此处无法预料，是否能从自然材料的试样中获取合适的微生物。即使哪里可以找到自然材料和如何进行筛选［这些都是］已知的，此时一个更新的、在同等目的上被进行的选择也将时常无法导致成功［的结果］。同样即使其最终通向成功，被获取的微生物和之前被发现的在基因上是否一样，［这］还十分成问题。因此，希望从自然界中获取一个被保存的微生物，同样成功希望也是很渺茫的。

从自然界中被获取的微生物的可专利，这和之前偶尔被表达的衡量，即在自然界中出现的微生物的获取必须保持开放并不矛盾。[243]《生物技术指令》第 3 条第 2 款确认，借助一个技术方法从自然环境中被分离的或被制造的生物材料，即使这在自然界中已然存在，也可以成为发明的客体。这个规定在《专利法》第 1 条第 2 款第 2 句和《欧洲专利公约实施细则》第 27 条（a）中被采纳。

f）为医疗目的使用属于现有技术水平的物质或混合物[244]

aa）问题及其在《欧洲专利公约》和《专利法》的现行解决方法

1. 技术行为原理同样存在于为了治疗和诊断目的而使用特定物质的指令中。即使物质本身属于现有技术水平，这个原理在专利法上也可以是新颖的（参见 § 17 Ⅳ a 4）；同样，尤其因为新的使用的、令人意外的、有价值的作

---

[241] Vgl. die 4. Aufl., S. 124 ff.

[242] Vom 12. 2. 1987 BGHZ 100, 67.

[243] Zur Kritik vgl. die 4. Aufl., S. 126 f.

[244] Hierzu umfassend *Thums*, D., Durchsetzung des Schutzes für die zweite medizinische Indikation, 1994.

用，它可以［是］基于创造性活动的（参见§18 Ⅲ 2）。相应的［结论］同样适用于混合物的使用。

以特定方式使用某个产品的原理，原则上被认为是方法发明。如果物质的使用服务于人类或动物身体的医疗学上的处理，或者［该使用］为了诊断目的在人类或动物身体上进行，那么结论显而易见的是，这涉及医疗方法。后者根据《专利法》第2a条第1款第2项第1句、《欧洲专利公约》第53条（c）第1句是不可专利的。

2. 对于属于现有技术水平的物质或合成物的首个医疗使用，［以及对于］涉及这样的产品被呈现的首个医疗迹象，《专利法》第3条第3款、《欧洲专利公约》第54条第4款（原第5款）的特别规定使特定的物质保护的赋予成为可能（参见§17 Ⅰ 3）。

例如：一个作为降血压手段的物质的使用，［而该物质］作为促进植物生长的手段是已知的。[245]

3. 有关如下发明的探讨引发了［许多］疑惑，［它们］表明了涉及一种物质或混合物的第二个（或更多的）医疗迹象，而［该物质或混合物］的使用在某个医疗方法中已属于现有技术水平。[246]

例如：克服疼痛的药被作为降低血液可凝固性的工具；已知的具有降血压作用的物质，被用于治疗类风湿性疾病；[247]已知的作为对冠状［心血管］起作用的化合物被用于治疗智力障碍[248]或者肠癌治疗剂被用于治疗与年龄相关的视网膜黄斑变性。[249]

在这样的额外医疗用途可能性的说明中存在一个新的、技术性的行为指令，而不仅仅是发现了至今已经必然会出现的效果。[250]新的迹象意味着，在使用时，相比已知的迹象，其他条件已经因为不同的症状而占首要地位。

---

〔245〕 BGH 3. 6. 1982 Sitosterylglykoside GRUR 1982，548.

〔246〕 第二迹象的可保护性被否定，参见 *Singer*，S. 40 und GRURInt. 1974，62；*Stieger*，GRUR Int. 1980，203，207 ff.，211；*Schulte*，3. Aufl. 1981，§1 Rdnr. 107；*Steger*，GRUR 1983，474；以及欧洲专利局准则原始版本（C Ⅳ 4.2）——［相反］赞同［上述可保护性］，参见 *Benkard/Ullmann*，7. Aufl. 1981，§3 PatG Rdnr. 91 f.；*Benkard/Bruchhausen*，7. Aufl. 1981，§5 PatG Rdnr. 24；*Bossung*，GRUR Int. 1978，384；*Vossius/Rauh*，GRUR 1978，7，12 ff.；*Klöpsch*，GRUR Int. 1982，102，105 ff.；*Suchy*，Mitt. 1982，88；*Müller*，GRUR 1983，471；*Trüstedt*，GRUR 1983，478；*Vossius*，GRUR 1983，483。

〔247〕 BGH 3. 6. 1982（FN 245）.

〔248〕 BGH 20. 9. 1983 Hydropyridin BGHZ 88，209 = GRUR 1983，729；weitere Beispiele bei*Deutsch*，GRUR Int. 1983，489，490 r.；*Bruchhausen*，GRUR Int. 1985，239.

〔249〕 Süddeutsche Zeitung v. 20. 11. 2007 S. 16.

〔250〕 *Benkard/Ullmann*（FN 246）Rdnr. 92；*Klöpsch*（FN 246）107.

对于首个迹象所规定的、特定物质保护，根据 1978～1981 年施行的《专利法》第 3 条第 3 款、1973 年《欧洲专利公约》第 54 条第 5 款，在进一步的迹象的情况下，曾经肯定是不能被给予的。然而这些法律规定——在 2000 年《欧洲专利公约》以及《专利法》据此进行调整之前（参见第 4 点）——也没有被理解为对进一步迹象的所有保护的禁止。但不确定的是，[上述] 保护是否能与这些从专利保护中排除医疗方法的规定相符。联邦最高法院和欧洲专利局的判决——从不同的途径——获取了解决方法，其在结果上使对于第二和更多的迹象的专利保护成为可能（参见本节Ⅲ f bb，cc）。

文献中曾支持这样的观点，即《欧洲专利公约》第 52 条第 4 款只涉及治疗和诊断方法，其直接地在人类或动物的身体上实施，并且其成功不是直接地、技术性地、存在因果关系地，而是首先间接地通过特殊的、医生的能力和知识被促成。所以，从可专利中，只有为了治疗目的、身体的物理治疗，而非药物服用被排除。[251]判决并没有采纳这个限制性的解释。反对 [该解释] 的另外还有其本身带来的区分困难，尤其是为了首个迹象而被导入的特别规定。如果立法者没有以此为出发点，即其专利授予可能和医疗方法的排除相矛盾，那么可能不需要上述特别规定。

进一步医疗迹象的可专利性，也不能通过《专利法》第 5 条第 2 款（现第 2a 条第 1 款第 2 项）第 2 句、《欧洲专利公约》第 52 条第 4 款（现第 53 条（c））第 2 句证明其合理性，据此在 [前述条款的] 第 1 句中被规定的保护禁止不适用于在一个医疗方法中被使用的产品，尤其是物质或混合物。由此仅被澄清的是，方法保护的排除和产品专利的授予不矛盾。该规定却没有改变这样的专利原则上以产品的新颖性为前提条件，而且 [该条文] 对于属于现有技术的产品的医疗使用方法的可专利性也没有作出规定。否则也许是多余的，对于首个迹象的情况，明确地产生了一个产品新颖性要件的例外。

4. 在 2000 年《欧洲专利公约》修订时，第二和更多的迹象的可专利性被明确地承认。根据第 54 条第 5 款、第 2 款或第 3 款可能属于现有技术水平的、在第 53 条（c）所指的（即医疗）方法中被特殊使用的物质或混合物的可专利性没有被排除，如果上述使用不属于现有技术水平。现行《专利法》第 3 条第 4 款规定了相应的 [内容]。因此对于进一步的迹象，特定物质保护是可能的。在结果上，适用在上述规定执行之前的法律作出的判决已经导致 [该保护]。因为 [该判决] 从此不仅对之前被递交的申请和对此被授予

---

[251]　So *Pagenberg*，EPÜ–GK，5. Lieferung，1984，Art. 57 Rdnr. 11 ff.，56；ähnlich*Trüstedt*（FN 246）4821.

的专利，而且还对于新规定的适用具有意义，［所以］保留以下有关它的阐述。

bb）联邦最高法院根据 1978 ~ 1981 年《专利法》的解决办法

联邦最高法院[252]允许，新颖的、非熟知的、对其另外的医疗使用已属现有技术水平的物质的医疗使用，作为治疗疾病的方法而被授予专利。

作为理由法院阐述了，根据《欧洲专利公约》的产生历史，没能确认排除第二迹象可专利性的、缔约国的一致意思。德国立法者在《国际专利条约法》（IntPatÜG）中进行的《专利法》调整时，也没有类似的意图。医疗使用发明的专利授予，因此就像之前的法律一样，只有在缺乏工业实用性时，［这些发明］才被排除。1978 ~ 1981 年施行的《专利法》第 5 条第 2 款第 1 句的这个限制性解释，使联系到与之前法律有关的判决成为可能，据此虽然若方法指令完全面向医生，［则］缺乏工业实用性，但如果［指令］至少部分地可在工业领域实施，［那么实用性缺乏就不存在］。[253]使用某个物质治疗疾病的原理，根据上述标准通常是工业上实用的，因为对于合乎发明的使用，它要求物质的"准备"，如通过配方、剂量、批量生产、可用于使用的包装，即不是留给医生的，而是在工业企业中进行的措施。这即使在新的医疗使用没有随之带来不同于对已知迹象常见的剂型的情况下，同样适用。

在联邦最高法院判决的基础上，德国联邦专利法院即使在治疗疾病的有效成分的使用——在已知迹象时——仅限于一个治疗计划或一个剂量建议的情况下，同样允许［上述使用的］专利授予[254]：对于明显的包装准备，其带有对借助两种不同的有效物质的治疗疾病的使用说明，［而这两种物质］根据确定的治疗计划或在遵守特定的剂量建议下，以至少两个空间上被分割的组装［形式被安排］，［对于这样的准备］不能否定其工业实用性。

联邦最高法院[255]否定了上述观点。对于治疗特定疾病而被指定的药物的服用，不再是为了在治疗疾病时使用的物质的准备，而是其产生的结果。对于一个病人的、合适的、个人的治疗计划的确定，包括开处方和药品剂量是进行

---

[252] 20. 9. 1983（FN 248）；dazu *Klöpsch*，GRUR 1983，733；*Pagenberg*，GRUR Int. 1984，40；*Bruchhausen*，GRUR Int. 1985，239.

[253] BGH 20. 1. 1977 Benzolsulfonylharnstoff BGHZ 68，156，161；3. 6. 1982（FN 245）.

[254] 如此——明确地与之前的判决相违背——BPatG 22. 3. 1996 KnochenzellenpräparatGRUR 1996，868.

[255] ［但］判例没有明确，在专利申请中采用一个不能获取专利的剂量建议是否导致在整体上被排除在保护之外；新颖性和创造性活动的判断肯定不会涉及剂量建议（［判例］第 17 段）。结果上，被质疑的（欧洲）专利的无效诉讼被接受，其理由是［专利的］对象无论如何也没有基于创造性的活动，参见 19. 12. 2006 Carvedilol Ⅱ GRUR 2007，404（Nr. 16）.

治疗的医生行为特征部分，并因此是一个根据《欧洲专利公约》第 52 条第（4）项（现第 53 条（c））、《专利法》第 5 条第 2 款（现第 2a 条第 1 款第 2 项）被剥夺专利保护的方法。不被联邦最高法院[256]视为处于排除规定适用范围的是如下请求，即它计划一种药物为了在特定的剂量上的、通过特定时间段的服用而被准备，比如通过药片型号的、按目的的批量生产，通过在包装上加印［说明］或通过附加其中的随附卡片等。

cc）欧洲专利局根据 1973 年《欧洲专利公约》的解决办法

1. 基于在 1973 年《欧洲专利公约》第 52 条第 4 款中包含的医疗方法可专利禁止，欧洲专利局扩大申诉委员会[257]认为由于如下申请而授予一个欧洲专利是非法的，即［该申请］针对作为人类或动物身体的治疗上的处理的、物质或混合物的利用。然而，［扩大申诉委员会］却使针对为了特定的、新颖的和创造性的治疗使用而生产某种药物的、物质或混合物的利用的专利申请成为可能。相应地也适用于出于诊断目的的利用。

扩大申诉委员会根据《欧洲专利公约》第 54 条第 5 款（现第 4 款）解决了其中产生的新颖性问题。此处，从新的、制药学上的利用推导出作为专利申请对象的药品的新颖性。这好像是正当的，在相应的方式下，从其新的、制药学上的使用中推断出本身已知物质或混合物的生产方法的新颖性，更确切地说，［这］独立于物质或混合物的制药学上的利用是否是已知或是未知的，而且即使当生产方法本身无法和其中同样的有效物质被使用的、已知的方法相区分时，［这同样是合理的］。

为证明上述结论的合理性，扩大申诉委员会也指出，在《欧洲专利公约》第 52 条第 1 款中包含对于所有新颖的基于创造性活动和工业实用的发明授予专利的原则上的规定。在《欧洲专利公约》第 52 条第 4 款中所包含的、对于上述原则的例外［规定］，不能超越其［立法］目的而产生影响，［而其目的］在于使在人类和动物医学领域的、非商业的和非工业的活动从专利法的限制中解放出来。从《欧洲专利公约》第 52 条第 5 款的特殊规定中仅能推断出，第二（或更多的）医疗使用不能获得特定实体保护。无论从《欧洲专利公约》的文本中，还是从所考虑的条文的历史发展中，都不能推导出把这样的使用普遍地从专利保护中排除的意图。

---

〔256〕 FN 255（Nr. 51）；对于作为替代地被辩护的这个形式的请求，基于创造性活动当时亦被否定。

〔257〕 5. 12. 1984 Gr 01/83 Zweite medizinische Indikation/Bayer ABl. 1985，60 = GRUR Int. 1985，193；ebenso die am gleichen Tag ergangenen Entscheidungen Gr 05/83 und Gr 06/83 aaO 64，67. Kritisch dazu Pagenberg，GRUR Int. 1986，376 ff.

2. 扩大申诉委员会强调，由其所明确的、判断产生新颖性的原则，仅对于涉及这样的发明或专利请求是正当的，即它们涉及代表根据《欧洲专利公约》第52条第4款的方法的物质或混合物的使用。[258]相应地，只有当对于医疗方法的专利授予禁止与针对使用的请求相矛盾时，才可以从方法成果使用的新颖性中推导出生产方法的新颖性。[259]相反，在属于现有技术水平的成果的、新的、非医疗的使用的情况下，该使用而且也只有［该使用］才可被申请。[260]这总是需要去审查是否涉及医疗的或非医疗的使用。[261]其中起决定作用的是为了界定医疗方法的可专利禁止的适用范围而被发展出的原则（参见本节Ⅱ d bb）。

3. 作为出于新颖的、非熟知的医疗用途目的的［而］生产药物的、属于现有技术水平的物质的利用[262]，无论该物质的利用是否已知[263]，都可以被请求。将申请针对通过物质的利用而表明其特征的、作为支持新颖性的、创造性的使用而生产药物的方法，同样是允许的，因为这个申请文本和那个针对作为该药物生产的、物质的利用具有相同意义。[264]

4. 原则上在专利申请中，迹象必须通过相应的、病理学上的状态的说明被具体化；一个功能性的标记，如疼痛，其通过特定受体的、选择性的证明会被减轻或其由此会被预防，只有在如下情况下，才能满足《欧洲专利公约》第84条要求的明确性要求，即当［该标记］使专业人士能够判断，在申请中没有被明确指出的疼痛是否属于申请的保护范围。[265]肯定不能满足有关进一步的迹象保护的原则的是这样的申请，其针对为了治疗一个不确定的疾病的、由脂质体膜包裹的、不确定治疗药物在如下用量上的服用，即［该用量］与该药物治疗上有效用量的特定倍数相符。[266]

5. 根据扩大申诉委员会所发展出的原则，可被申请的生产方法的新颖性取决于医疗使用，为此药物在使用已知物质的情况下将被生产，［这可以］和

---

〔258〕 AaO 63（Nr. 21 a. E. ）.

〔259〕 Vgl. EPA 11. 2. 1997 T 655/92 Kontrastmittel für die NMR – Abbildung/Nycomed ABl. 1998，17，20（Nr. 5. 2）.

〔260〕 *Günzel*，GRUR 2001，566，567 r. ；*Hansen*，GRUR Int. 1988，379 ff.

〔261〕 Kritisch deshalb*Hansen*，aaO.

〔262〕 同样适用于混合物，后者在下文中不再被特别提及。

〔263〕 EPA 6. 10. 1994 T 143/94 Trigonellin/MAI ABl. 1996，430，435（Nr. 3. 2）.

〔264〕 EPA 30. 9. 1996 T 958/94 Antitumormittel/Thérapeutiques Substitutives ABl. 1997，241.

〔265〕 EPA 14. 6. 2000 T 241/95 Serotoninrezeptor/Eli Lilly ABl. 2001，103；krit. dazu freilich EPA29. 10. 2004 T 1020/03 Verfahren zur Verabreichung von IGF – 1/Genentech ABl. 2007，204 = GRUR Int. 2007，738（Nr. 33 ff. ）.

〔266〕 EPA 9. 8. 2001 T 4/98 Liposomenzusammensetzung/Sequus ABl. 2002，139，150 f.（Nr. 8. 1）.

现有技术水平有效地相区别。在这方面，欧洲专利局没有提出严格的要求[267]。

因此即使在下述情况下，新颖的医疗迹象同样存在，即当一个疫苗，其在治疗特定动物群（这里为血清反应呈阴性的猪）时的使用是已知的，[为了]抵抗在同一动物家族的、其他群（这里为血清反应呈阳性的猪）的同种疾病而被使用时。[268]按照适用于第二迹象的原则，同样被视为可受保护的是镧盐，其出于降低牙齿珐琅质在有机酸中可溶性的目的的使用是已知的，为了生产用于去除牙垢和/或牙斑的混合物［而］使用［镧盐][269]：被申请的发明虽然就像已知的使用一样，最终服务于预防龋齿，但［该发明］基于的是一个其他的技术上的效果。

即使当物质在治疗上使用的新颖性仅仅存在于剂量或使用方式的情况下，根据有关第二和更多迹象的专利授予的规定，为了通过新的剂量或使用方式表明其特征的使用目的而生产药品的、物质的使用，同样可受保护。[270]

dd）评价[271]

1. 对第二和更多迹象的专利保护，符合正当的利益。已知物质治疗效果的研究，具有重大的卫生政策上和经济上的意义。[272]其中被发现的首个使用可能性，经常不是医学上和经济上最具价值的。为了可能的、进一步的迹象的研究而投入大量经费的工业上的准备，可能由于专利保护的缺失而受到损害。

法律上，首先通过以下衡量而支持上述保护，即仅仅允许给予相应首个迹象以专利保护不存在合理的根据，以进一步迹象说明为基础的发明成果原则上不能相比首个［迹象］的认识而受到更低的评价。只对［首个迹象］开启专利保护，而同时对其中其他的［迹象］排除［保护］，这也许是不公正的，而且从宪法上公平原则的角度出发［也是］受到质疑的。因此对旧版本的《专利法》和《欧洲专利公约》中相关规定的、导致上述结果的字面解释显然是不允许的。然而，这些规定使第二和更多迹象保护的建立和归类变得尤为困难。

2. 联邦最高法院的观点（参见本节 Ⅲ f bb）具有［如下］优越性，它将

---

[267] Vgl. außer den im folgenden angegebenen Beispielen*Günzel*, GRUR 2001, 566, 568 ff. m. zahlreichen Nachw.

[268] EPA 15. 10. 1987 T 19/86 Schweine Ⅱ/Duphar ABl. 1989, 24.

[269] EPA 13. 11. 1990 T 290/86 Entfernung von Zahnbelag/ICI ABl. 1992, 414, 424 f. (Nr. 6).

[270] EPA T 1020/03（FN 265）(Nr. 72) mit ausführlicher Erörterung der Rechtsprechung der Beschwerdekammernund nationaler Gerichte.

[271] Zum folgenden auch*Kraßer*, FS BPatG, 1986, S. 159 – 178.

[272] Vgl. *Klöpsch*（FN 246）104 f. m. Nachw.；*Szabo*, in：Zehn Jahre Rechtsprechung der Großen Beschwerdekammerim Europäischen Patentamt, S. 11, 22.

保护直接与通过进一步迹象而被提供的行为指令的、新颖的、创造性内涵联系起来看。但这要求承认原《专利法》第5条第2款第1句仅从保护中排除了不具有工业实用性的医疗方法。该条因此只能作为对已经在《专利法》第1条第1款和旧版本的第5条第1款中［所规定］内容的澄清而被理解，尽管其字面意思表明，对于由其所覆盖的方法，工业实用性的审查应为多余的（参见本节Ⅱ d aa 1）。

3. 欧洲专利局扩大申诉委员会发现的解决办法的优越性在于，它没有要求限制医疗方法本身的非可专利性原则，而且通过它认为将［如下特殊规定］限定在首个迹象是不公正的，［它实际上］从原《欧洲专利公约》第54条第5款的特殊规定的修订着手。［扩大申诉委员会］虽然从中没有得出结论，即上述规定可相应适用于进一步的迹象：特定物质保护仍停留在首个［迹象上］。但对于后续的［迹象］一个保护却被开启，其可被称为生产方法的特定保护。[273]然而，在这个解决办法的情况下，被作为保护对象的方法，单独看来通常既不是创造性的，亦非新颖的。只是因为按照［上述方法］被制造的工具的使用的新颖性和这个使用的非预期的效果，同意赋予"生产方法"以新颖的和基于创造性活动［的特征］。通过［法律上的操作］使属于现有技术水平的物质，由于［迹象的］新颖性而被视为新颖的，这却与首个迹象的法律上的操作所提供的样板相符。

4. 2000年的《欧洲专利公约》在第54条第4款、第5款中，既为首个也为进一步的迹象规定了特定的物质保护（参见本节Ⅲ f aa 4）。和2000年的《欧洲专利公约》同时生效的新《专利法》第3条第3款、第4款与此相一致。新的法律规定字面意思却可以被理解为，在第一种情况下，保护一般性地包含在任意医疗方法中的使用；相反在第二种情况下，应被限定在一个"特殊的"、医疗上的使用。有关新的规定究竟是否涉及保护范围的问题，在修订会议上没有获得一致［意见］。[274]导致首个迹象相对于进一步的迹象被不同地对待的解释，也许不能证明其合理性。[275]因此将来应寻求一个［这样的］法律规定，通过统一地针对属于现有技术水平的物质或混合物的、所有新的医疗使用的办法，［该规定］禁止［上述］解释。

5. 对于不同的解决办法切入点的评价，同样具有意义的是，它们和法律政策上的愿望是何种关系，原则上从专利保护中排除医疗方法［就是］服务

---

［273］ Vgl. *Utermann*, GRUR 1985, 813.

［274］ S. *Nack/Phélip*, GRUR Int. 2001, 322, 324 f.

［275］ Vgl. *Kraßer* (FN 271) S. 175 ff. sowie unten § 24 A Ⅲ 5.

于［后者］（参见本节Ⅱ d cc）。就此而言，取决于不同解决途径导致的保护效力的有效范围。对此将在其他联系上被认真探讨（参见§33Ⅲ d）。

§ 15 作为保护阻却事由的公共秩序和善良风俗

参考文献：*Barton*, *T.*, Der „Ordre public" als Grenze der Biopatentierung, 2004; *Beyer*, *H.*, Patentund Ethik im Spiegel der technischen Evolution, GRUR 1994, 541 – 559; *Burdach*, *S.*, Patentrecht: eine neue Dimension in der medizinischen Ethik? Mitt. 2001, 9 – 15; *Busche*, *J.*, Patentrecht zwischenInnovationsschutz und ethischer Verantwortung, Mitt. 2001, 4 – 9; *Grund*, *M.*, /*Keller*, *C.*, Patentierbarkeitembryonaler Stammzellen, Mitt. 2004, 49 – 56; *Hartmann*, *M. D.*, Die Patentierbarkeit vonStammzellen und den damit zusammenhängenden Verfahren, GRUR Int. 2006, 195 – 208; *Herdegen*, *M.*, Die Patentierbarkeit von Stammzellenverfahren nach der Richtlinie 98/44/EG, GRUR Int. 2000, 859 – 863; *Koenig*, *C.*/*Müller*, *E.* – *M.*, EG – rechtliche Vorgaben zur Patentierbarkeit gentherapeutischerVerfahren unter Verwendung künstlicher Chromosomen nach der Richtlinie 98/44/EG, GRUR Int. 2000, 295 – 304; *Krauß*, *J.*/*Engelhard*, *M.*, Patente im Zusammenhang mit der menschlichenStammzellenforschung – ethische Aspekte und Übersicht über den Status der Diskussion inEuropa und Deutschland, GRUR 2003, 985 – 993; *Meiser*, *C.*, Biopatentierung und Menschenwürde, 2006; *Moufang*, *R.*, Patentierung menschlicher Gene, Zellen und Körperteile? Zur ethischen Dimensiondes Patentrechts, GRUR Int. 1993, 439 – 450; *Ohly*, *A.*, Die Einwilligung des Spenders von Körpersubstanzenund ihre Bedeutung für die Patentierung biotechnologischer Erfindungen, FS König, 2003, S. 417 – 433; *Peifer*, *K.* – *N.*, Patente auf Leben – Ist das Patentrecht blind für ethische Zusammenhänge? FS König, 2003, 435 – 450; *v. Renesse*, *M.*/*Tanner*, *K.*/ *v. Renesse*, *D.*, Das Biopatent – eine Herausforderungan die rechtsethische Reflexion, Mitt. 2001, 1 – 4; *Rietschel*, *M.*/*Illes*, *F.* (Hrsg.), Patentierungvon Genen. Molekularbiologische Forschung in der ethischen Kontroverse, 2005; *Rogge*, *R.*, Patente auf genetische Informationen im Lichte der öffentlichen Ordnung und der guten Sitten, GRUR 1998, 303 – 309; *Säger*, *M.*, Ethische Aspekte des Patentwesens, GRUR 1991, 267 – 273; *Schatz*, *U.*, Öffentliche Ordnung und gute Sitten im europäischen Patentrecht – Versuch einer Flurbereinigung, GRUR Int. 2006, 879 – 890; *Spranger*, *T. M.*, Ethische Aspekte bei der Patentierungmenschlichen Erbguts nach der Richtlinie 98/44/EG, GRUR Int. 1999, 595 – 598; *Straus*, *J.*, PatentrechtlicheProbleme der Gentherapie, GRUR 1996, 10 – 16; *ders.*, Genpatente, 1997; *ders.*, Zur Patentierbarkeitvon embryonalen Stammzellen nach europäischem Recht, Jahrbuch für Wissenschaft undEthik Bd. 9 (2004), S. 111 – 129; *ders.*, Patents on Biomaterial – A New Colonialism or a Means forTechnology Transfer and Benefit – Sharing?, in: Thiele/Ashcroft（Hrsg.）, Bioethics in a Small World, 2005, S. 45 – 72; *Wiebe, A.*, Gentechnikrecht als Patenthindernis, GRUR 1993, 88 – 95; außerdem diebereits früher angeführten Veröffentlichungen von *Appel, Baumgartner/Mieth, Krefft, Melullis, Moufang, Ohly, Schatz, Straus*（GRUR Int. 1990 und GRUR 1992）, *Wöhlermann, Wolters*（oben vor § 14 I）sowievon *Adam, Ahrens, Feuerlein, Godt* und *Müller*（oben vor § 14 III d aa）.

Ⅰ. 法律规定

1. 工业利用违反公共秩序或善良风俗的发明，被排除在专利和实用新型保护之外（《专利法》第 2 条第 1 款、《欧洲专利公约》第 53 条（a）、《实用新型法》第 2 条第 1 项）。现行法律规定对可专利禁止的理解，比 1978 年以前适用的德国法的相应条文更窄。根据后者如下发明被排除，其利用可能与法律或善良风俗相矛盾，只要不涉及仅限制产品的开放或流通的法律（1968 年《专利法》第 1 条第 2 款第 1 项）：只有当利用的违法性具有违反公共秩序的影响时，其才能阻却保护。就像当今的法律规定所明确强调的一样，对此没有满足条件的是，法律或行政法规禁止［相关］利用。因此［如下内容］不仅适用于销售限制，而且还适用于所有形式的利用限制和禁止，即它们单独看来不能证明取消保护的合理性。由《巴黎公约》第 4 条之四所要求的销售限制的无害性，一如既往地被保障。

2. 现行规定与《斯特拉斯堡协定》（第 2 条［a］）相一致。根据 TRIPS 第 27 条第 2 款，WTO 的成员可以从可专利中排除发明，如果它们工业利用的阻止，在成员主权范围内，对于保护公共秩序或善良风俗包括保护人类、动物和植物的生命或健康，或者为了避免环境的严重破坏是必要的，前提条件是，并非仅仅因为成员法律禁止相关利用而实施上述排除规定。《生物技术指令》在第 6 条第 1 款中包含了一个在措辞上符合 TRIPS 的排除规定。

根据上述方针，《欧洲专利公约》第 53 条（a），通过 2000 年《修订文件》以及《专利法》第 2 条第 1 款和《实用新型法》第 2 条第 1 款，在转化《生物技术指令》时（参见 § 14 I b aa），其以如下方式做了相应调整，即保护阻却仅存在于，如果工业利用违反了公共秩序或善良风俗。对于一个发明，相应地其保护不再——就像根据上述法律规定之前的版本一样——可基于如下理由而被取消，即［发明］的公开与公共秩序或善良风俗相矛盾。当然这种情况[1]至今几乎仍无实践意义。

在《专利法》和《欧洲专利公约》中（但在《实用新型法》中没有）的

---

[1] Dazu die 4. Aufl., S. 136 f.（zu 4）.

排除规定，明显地涉及工业的利用，［这］不表示［任何］其适用范围内的实际限制。无法想象的是，在一个工业实用的发明的情况下，工业的利用可能不违反公共秩序和善良风俗，而其非工业的利用却可能将意味着这样的违背。

3. 通过［那些］因违反公共秩序和善良风俗而不可专利的生物技术发明的举例（参见本节 IV），《生物技术指令》在［第6条］第2款具体化了第6条第1款的一般规定。在《专利法》第2条第2款中，上述列举被采纳并且通过援引《胚胎保护法》而得以补充。对于《欧洲专利公约实施细则》，［上述列举］存在于第28条中，据此尤其是在通过［该条］而被指出的情况下，《欧洲专利公约》第53条（a）可被适用。[2]

Ⅱ. 排除保护的理由

禁止对其利用可能违反公共秩序或善良风俗的发明给予专利或实用新型保护，没有妨碍这样的专利可被使用，尤其是可被工业上利用，而只是，其使用——限定时间地——预留给了保护权利持有人，并且其他人可被禁止［使用］。[3]更准确地说，其使用只因为以及在法律规定的基础上可被禁止，［而这些规定］针对的是被更详细定义的行为或通常针对违反善良风俗的行为。只要这些法律规定存在，［那么］在被授予专利的或通过实用新型受保护的发明的使用时，这些规定同样须被遵守。对发明的保护权利不表示源于法律体系的行为限制的解除。[4]

［对发明的保护权利］尽管如此还是考虑到公共秩序和善良风俗而被排除，这无疑首先是因为这种担忧，即赋予［这些保护权利］可能会产生如下印象：获得［这些权利］的发明，也许被正式地或官方地批准，甚至被正面地评价。

除了避免法律体系内评价矛盾的目的之外，如下考虑可能也起到了［一定的］作用，即专利局官员及其他职员不应被苛求从事严重违法的或风俗上可憎的［事情］。然而实践中他们却应做到，由于这样的违背的明显性，程序在开始时就已被成功终止。［但］不能被阻止的是，申请人质疑这样的决定并由此强迫去彻底地研究受保护的对象。

---

〔2〕《欧洲专利公约实施细则》第23d条（现第28条）无论如何，特别是鉴于（d）［的规定］，均与《欧洲专利公约》相一致，参见 EPA 6. 7. 2004 T 315/03 Krebsmaus/Harvard Ⅳ ABl. 2006, 15 = GRUR Int. 2006, 239（LS 3 und Nr. 7）。

〔3〕 因此与研究自由冲突的不是［那个］考虑到公共秩序和善良风俗而存在的专利授予禁止，而是在任何情况下，一个由上述标准导致的使用禁止；就此而言的误解参见 *Koenig/Müller*, GRUR Int. 2000, 301 l.；*Herdegen*, GRUR Int. 2000, 860 l.；正确的见解参见 *Burdach*, Mitt. 2001, 13。

〔4〕 Vgl. Erwägungsgrund 14 zur BioPat – RL.

最后可被考虑的是，在取消独占权时保留发明的使用，因为［发明］在没有这样的保护的情况下好像［也］是无关紧要的。只要使用禁止［仍］适用，对此获取的取消保护权利就可以证明其合理性。专利局官员无权控制［那些］其使用未被禁止的发明的利用（参见 § 22 Ⅰ 3）。即使存在使用禁止的地方，［禁止］也不是毫无疑问地，而只是在公共秩序框架内才可被考虑（参见本节 Ⅲ a）。另外，监控使用禁止的遵守和对违反［行为］采取行动，这全部可托付给相应主管机关和可能被影响的个人或私人团体。

Ⅲ. 保护阻却事由的有效范围

a）公共秩序

aa）概述

阻却发明工业利用的法律规定，就像从［上述］排除规定的第二个半句所得出的各个结论一样，并不意味着［工业利用］因为违反公共秩序被排除在可专利之外。然而，特别是像 TRIPRS 第 27 条第 2 款所明确的一样，它们是考虑这样的抵触的前提条件。[5] 使违反规定变为违反公共秩序的额外因素是，该规定对于其所适用的法律共同体秩序的意义：公共秩序的建构是通过"基础的法律秩序原则"以及［通过］服务于实现和保护在共同体生活所基于的价值和利益的规范。[6][其] 根据——对于各自的空间适用范围——首先来源于价值判断，后者在国内的宪法，尤其是其基本权利部分中，或者在国际条约如《欧洲人权公约》[7] 中得以表达[8]，此外［还有］TRIPS 第 27 条第 2 款中的、受保护利益的典型列举（参见本节 Ⅰ 2）。其中一个规范的意义，不绝对取决于它在法律规范的形式等级中的位置。同样也无需是成文法，习惯法规范一样可以属于公共秩序。

在裁决一项申请或一项保护权利时，需注意以下问题，即按照通过一个限

---

〔5〕 Zustimmend *Straus*, GRUR 1996, 14; vgl. auch *dens.*, Jahrbuch für Wissenschaft und Ethik Bd. 9, S. 115 mwN; *Wolters*, S. 181 ff.; anders *Melullis*, Benkard, EPÜ, Rdnr. 25 unter Bezugnahme auf *Rogge*, GRUR 1998, 305, der aber dort nur die Frage der Sittenwidrigkeit behandelt und die Entscheidung *EPA* T 356/93, auf die sich Melullis beruft, kritisch beurteilt.

〔6〕 Vgl. die Begründung zum IntPatÜG, Bl. f. PMZ 1976, 332. 带有以欧洲标记形式［呈现的］发光二极管的照明开关壁板，没有违反公共秩序，参见 BPatG 15. 3. 2002 GRUR 2003, 142。

〔7〕 *Moufang*, EPÜ – GK Rdnr. 32 und GRUR 1993, 445; *Busche*, Mitt. 2001, 7; *Barton*, S. 296 ff.; vgl. auch Erwägungsgrund 43 zur BioPat – RL.

〔8〕 对《［德国］民法典实施法》第 6 条（原第 30 条）的判决也可服务于确定方向，［该条文］规定了在国外法律适用时的国内公共秩序保留; vgl. *Rogge*, GRUR 1998, 304; *Wiebe*, GRUR 1993, 89; *Moufang*, EPÜ – GK, Rdnr. 30; Nachweise bei *Benkard/Bruchhausen*, 9. Aufl., § 2 PatG Rdnr. 5. Ablehend *Busse/Keukenschrijver*, § 2 PatG Rdnr. 13; *Melullis*, Benkard, EPÜ, Art. 53 Rdnr. 18; *Benkard/Melullis*, § 2 PatG Rdnr. 5 a.

制利用的法律规定被保护的利益的重要性，在保护的运行期间，能不能预料某个改变。[9]在前一种情况下，［保护］可被赋予，其中显而易见的是，只要禁止规定仍适用，发明的利用必须不能进行。

对于专利保护在相应情况下——比如根据社会经济学的标准——是否是"合理的"问题，现行的法律，对此仅指出发明利用违反公共秩序［才］是关系重大的，无论如何也没有提供任何根据。法律政策上也没有附加，个案中需针对"合理性"［进行］审查。[10]更准确地说，专利保护可通过其授予的一般前提条件而被限定在如下领域，其中［保护］根据在法律共同体中被承认的价值标准是正当的（参见§ 3 V 4）。

bb）在欧洲专利局程序中的考量

1. 欧洲专利局原则上只能从在缔约国现行法律中获取公共秩序的标准[11]，在各成员国中［这样的法律］还包括对于成员国具有约束力的［国际］条约和对于欧盟成员国具有约束力的欧洲共同体法[12]。《欧洲专利公约》，尤其是因为由其授予专利的发明是否允许被使用的问题完全留给了缔约国现行的法律［去处理］，［它］没有提供对于可被认为是公共秩序的价值判断来源的根据。发展对于当时所有的缔约国都具有约束力的价值判断[13]的尝试，和《欧洲专利公约》的解释和适用不再具有任何关联，而或许将意味着在管辖权之外的法律创造性活动，［而这些管辖权］根据条约被分派给欧洲专利局。

鉴于缔约国数量巨大且［缔约国间］法律体系及价值判断存在差异性，欧洲专利局大多数情况下没有能力去识别在一个或多个缔约国中，违反公共秩序是否在考虑之列。同时，个案中进行调查也可能不是欧洲专利局的任务。因此只要没有什么相反［的内容］被证实，［欧洲专利局］可以此为出发点，即

---

〔9〕 Vgl. die Begründung zum IntPatÜG, aaO.

〔10〕 Wie es *Godt*, S. 605 ff., 611 f. anscheinend befürwortet.

〔11〕 Vgl. *Rogge*, GRUR 1998, 307 r.; *Schatz*, GRUR Int. 1997, 594 f. und 2006, 880 f.

〔12〕 即使就像欧洲法院判决（EuGH 9. 10. 2001 C－377/98 GRUR Int. 2001, 1043（Nr. 37 ff.））所明确的一样，《生物技术指令》第 6 条第 1 款使成员国行政机关和法院，在涉及公共秩序和善良风俗的专利授予禁止的适用时，［拥有］一个很大的但通过第 2 款的规定而被限制的裁量空间，为了顾及在各成员国的社会和文化环境中，特定专利的利用所可能提出的问题，［这样的裁量空间］是必要的。有学者持相反观点，认为《生物技术指令》第 6 条第 1 款——同样只要涉及公共秩序和善良风俗的内容确定时——可被"欧洲自主地"解释，参见 *Schulte/Moufang*，§ 2 Rdnr. 20。

〔13〕 Befürwortet von *Moufang*, EPÜ－GK Rdnr. 26 ff. m. Nachw.; *Wolters*, S. 203 ff. m. Nachw.; krit. *Straus*, GRUR Int. 1990, 918 f.; im gleichen Sinn*Appel*, S. 169. － EPA 21. 2. 1995 T 356/93 Pflanzenzellen/Plant Genetic Systems ABl. 1995, 545, 558（Nr. 7），［欧洲专利局］根据第 53 条（a）第 2 个半句，认为违反公共秩序的问题，必须独立于可能存在的成员国法律规定而被判断; ablehend*Schatz*, GRUR Int. 1997, 594 und 2006, 881 ff.; krit. auch*Straus*, GRUR 1996, 15 l.

发明的工业实用性，在［发明的］申请或［发明］所授予的专利所涉及的所有缔约国中，均与公共秩序相一致，以及将由此可能导致的专利障碍问题，留给有管辖权的缔约国法院在之后［进行的］无效诉讼［去解决］，［而这些法院］将［在诉讼中］适用各自缔约国中的公共秩序标准，并且不会寻求"整个欧洲的"［公共秩序］，后者可能迫使［缔约国法院］维持一个与［欧洲的］而不是与［缔约国的公共秩序］相一致的专利。[14]但欧洲专利局［也］有机会驳回申请或撤销被授予的专利，如果它可以带有确定性地推测，发明的工业利用，在所有对他们来说［发明的］专利授予被请求或被实现的缔约国中，均与公共利益相违背。在这样的案件中，被使用的标准却同样来源于成员国法或欧盟法，而不是来源于与《欧洲专利公约》适用范围相联系的公共秩序，以至于这不取决于，可能在一个对它来说保护没有被请求的缔约国中，发明是否在没有违反公共秩序的情况下是可被利用的。[15]

2. 如果产生违反公共秩序［的后果］只是对于在申请中指定的缔约国的［其中］一个或一部分，［那么］若申请人根据《欧洲专利公约》第 79 条第 3 款撤销相关的指定，无论如何也可被授予一个被限定在其他缔约国的专利。相反，联合欧洲专利统一性原则，如下原则，即据此申请人必须同意为授予而被提供的专利版本（《欧洲专利公约》第 97 条第 1 款、《欧洲专利公约实施细则》第 71 条第 3 款，更多参见 §29 Ⅳ d），与欧洲专利统一性原则相联系，禁止欧洲专利局在没有［申请人］同意的情况下，授予一个被限定在非有关缔约国的专利。相应地，可能有疑问的仅仅是一个无限制的授予[16]或一个申请的完全驳回。反对第二种解决办法的是，对于未涉及的国家，其同样导致了权利丧失，只要［这些国家的］国内法根据《欧洲专利公约》第 135 条第 1 款（b），不允许［其］转化为国内申请。这至今对于这里被质疑的情况还没有被注意到，或者［只要］这样的申请在没有丧失优先权的情况下还是可能的，这实际上几乎是不可行的。因此通过取消专利，欧洲专利局也许将只有在部分缔约国中被承认的价值判断适用于不存在相应情况的缔约国，以至于在后

---

〔14〕 A. M. *Moufang*，EPÜ – GK Rdnr. 27；*Rogge*，GRUR 1998，308.

〔15〕 有学者提出可能类似的观点，因为在这样的案件中，缺乏一个与利用相矛盾的"整个欧洲的公共秩序"，参见 *Straus*，GRUR Int. 1990，919；类似的观点仅将所有缔约国共同的、法律和风俗体系的基本原则视为《欧洲专利公约》第 53 条（a）意义上的公共秩序，参见 *Melullis*，Benkard，EPÜ，Art. 53 Rdnr. 17。

〔16〕 Befürwortet von*Rogge*，GRUR 1998，308；*Straus*，GRUR Int. 1990，919；im Ergebnis auch von *Melullis*，Benkard，EPÜ，Rdnr. 17，34；weitere Nachweise – auch für die Gegenansicht – bei*Straus*，Jahrbuch für Wissenschaft und Ethik 9，S. 126 FN 37.

者那里，在没有让发明人或其权利承继人分享［发明的］经济价值的情况下，发明可能被使用。支持前述第一种解决办法的可以说，对于其中发明的利用和公共秩序相矛盾的国家的专利的授予，不是最终的，而是或许在无效诉讼中被溯及既往地清除掉。从最终决定性的、一个缔约国的公共秩序的角度出发，它比一个国家的专利授予可以更少地引起这样的印象，即［相关］专利与在这个国家中适用的基本价值判断的协调性被证明。

这和在考虑《欧洲专利公约》第139条第2款意义上的国内更早的权利的情况类似，后者在适用欧洲程序中，只有当申请人希望如此时，并且此外首先在国内的无效诉讼中［才可以实现］。

3. 在异议程序中，人们——与《欧洲专利公约》第101条第3款（a）、《欧洲专利公约实施细则》第82条第1款和第2款的思路相符——允许把一个被普遍赞同地限定在未涉及的缔约国的、专利的保持视为合法的，［但］如果必要的赞同没能达成，完整的撤销与如下类似的想法相矛盾，即因其利用只在部分上述国家中和公共秩序相悖而驳回发明申请，尽管一个完整的保持或许更加可被接受，因为它在国家层面还可被修改（参见第2点）。

4. 或许更可取的当然是这样的解决办法，据此对于所提到的、其中发明的利用与公共秩序并不矛盾的缔约国，授予——在其他所有前提条件均满足的情况下——专利，对于其他国家则申请被驳回。最近，乌尔里希·沙驰（Ulrich Schatz）指出，这样的方法和《欧洲专利公约》相吻合，尤其不会因为欧洲专利的统一性原则被排除，［而且］他合理地将第53条（a）理解为——唯一的——统一性原则的例外。[17]欧洲专利局不会自发地对于每个提到的缔约国去考察那里适用的公共秩序。在这个前提条件下，上述路径是实际可行的：所以由此衍生的、在授权程序中的利用障碍只有在［如下情况下］才能被考虑，即如果［这些障碍］基于申请材料毫无疑问的是明显的；在异议诉讼中它们可由从中得出取消理由的当事人进行证明。[18]

b）善良风俗

aa）概述

1. 特别是鉴于其对于《［德国］民法典》第138条、第826条和先前《反不正当竞争法》第1条的意义，善良风俗的概念以极大的量和极高的频率成为被广泛讨论的对象。其中，当引用伦理标准完全占优势地被视为必不可少的时

---

〔17〕 GRUR Int. 2006, 886 f.（Nr. 2.2）.

〔18〕 Schatz, aaO 887（Nr. Ⅴ）.

候，传统观点就此而言认为，善良风俗意味着一个伦理尺度。[19] 相应地，可被考虑的是主流社会道德要求：对于外在行为的信条和禁止，它们独立于在法律条文中的规定，［而］基本上普遍地被公认为是义务性的，并且——由于这种公认的必要条件——［它们被］限定在基础规则上。然而，除此以外还需要其他标准，这［也］被普遍接受。其中具有特殊意义的是那些可从法律体系本身［及］其基本判断和评价所获取的［内容］。[20] 然而，在这里被阐述的规则中，公共秩序概念已经表达了那些在禁止规定中表现出来的、法律内在的原则[21]；因此，当既不存在明确的禁止，也没有明确地允许发明利用或根据相关法律规定的意义关联可被视为允许的时候，额外地提到善良风俗。仅就此而言，或许扩大了可能的专利授予阻却事由的范围[22]。此外可被要求的是，将惩罚——比如不作为或损害赔偿义务、缔结有关使用的合同的无效性——和善良风俗的违背相联系，［这些惩罚］至少适合于由此来阻碍发明的利用，即它们使［发明的利用］显得无利可图。倘若缺乏［惩罚］，则不应通过取消专利而制造这样的状态，其中发明的利用虽然根据道德原则或法律体系内在的价值判断的标准而被否定，但另外因为没有惩罚，以至于每个没有注意到［这种］否定的［人］可以在没有使发明人或其权利承继人分享其价值的情况下利用发明。[23] 使这成为可能的法律制度会遭到如下质疑，即它是否像 TRIPS 第 27 条第 2 款所要求的一样，希望为保护善良风俗而阻碍发明的利用。但只要规定了有效的惩罚，其利用违反善良风俗的发明——和上述规定一致地——同样在不违背明令禁止的情况下，可被拒绝保护。[24]

　　对基于违法的或违反善良风俗尝试的发明，若其利用未被直接禁止，因为构成其基础的违反，相应地只有当利用导致有效的惩罚的时候，保护才可被取

---

〔19〕 Vgl. *Larenz/Wolf*, Allgemeiner Teil des deutschen Bürgerlichen Rechts, 8. Aufl. 1997, §41Rdnr. 12 ff.; *Schricker*, Gesetzesverletzung und Sittenverstoß, 1970, S. 212 ff., jeweils mit Nachweisen.

〔20〕 *Larenz/Wolf*, aaO, Rdnr. 18 ff.; *Schricker*, aaO, S. 223 ff., jeweils mit Nachweisen.

〔21〕 对于公共秩序和善良风俗之间的关系，参见 *Moufang*, EPÜ – GK Rdnr. 36; *Wiebe*, GRUR 1993, 93。

〔22〕 在这个意义上，学者强调，禁止的缺失并不意味着"隐含的允许"，参见 *Straus*, GRUR 1996, 14 f.; *Rogge*, GRUR 1998, 305; 亦见 *Busse/Keukenschrijver*, §2 PatGRdnr. 18; *Wolters*, S. 150 ff。当然，个案中的利用可能既违反了公共秩序，也违反了善良风俗；但此时专利授予禁止的适用范围并没有通过后者被扩展。

〔23〕 Als Beispiele können Fälle der von*Moufang*, EPÜ – GK Rdnr. 49, und*Rogge*, aaOErwähnten Art dienen.

〔24〕 A. M. wohl *Straus*, Genpatente, S. 33.

消[25]。同样地将适用于如下情况，即如果一个发明基于人类身体物质的使用，[而该使用]没有得到物质来源人的同意[26]或其实现是借助违反《生物多样性公约》而获取的物质。[27]

2. 具有决定意义的是，与排除规定的字面意思所明确地得出的结果一样，发明的利用是否违背了善良风俗。这对于其可专利性（或其实用新型保护）是否是正确的并不重要。[28]只要伦理的先决条件或基础性的、法律内在的价值判断反对为发明赋予排他性的使用权，[那么这些条件或判断将]在可受保护性的前提条件和限制中以及通过限制保护作用被考虑，并且相对于发明人及其权利承继人的利益被权衡。所以在医疗方法领域中，赋予了[上述条件和判断]优先性（参见§14 Ⅱ d）。法律没有允许，依据善良风俗去承认进一步的放开的必要性。尤其是保护权利不能基于如下理由而被拒绝，即其适用妨碍了活体材料的所有人或占有人进行与此相关的活动，[这些活动]——作为生产、提供、流通或产品的使用或方法的运用——被留给了保护权利持有人。在这样的情况下，不能被说成是"针对生命的专利"。[29]保护并不涉及那些材料的"生命"，而[是被]限定在一个新颖的、非熟知的、对生命过程或有机体利用的贡献。这同样适用于其中涉及更高等动物的情况。[30]他们所享有的特殊保护，在行使来自保护权利的授权时自然也需受到尊重。同样明显的是，这样的、涉及属于人类身体的产品的授权行使——即使其中不涉及活体材料——在人类尊严和自我决定权利面前也必须停止。[31]在《生物技术指令》和《专利

---

〔25〕 相反，有学者认为将通过违反善良风俗尝试而形成的发明，一般地视为被排除[保护]的，参见 *Moufang*，GRUR Int. 1993，446。

〔26〕 有学者认为在重大人格侵害的情况下，违反公共秩序和善良风俗是可能的，参见 *Ahrens*，GRUR 2003，96 f.；*Wolters*，S. 257 ff.；*Ohly*，S. 429 ff.；类似的观点参见 *Krefft*，S. 112 ff.；*Godt*，S. 593 f.。

〔27〕 Zu dieser Frage*Dolder*，Mitt. 2003，349，360 ff. und FS König，2003，S. 81 ff.；*Götting*，GRURInt. 2004，731，736；umfassend *Federle*，Biopiraterie und Patentrecht，2005.

〔28〕 *Schatz*，GRUR Int. 1997，593 r.；*Burdach*，Mitt. 2001，13；EPA T 315/03（FN 2）（Nr. 4.2）；ungenau*Schulte*，§2 Rdnr. 22；*Herrlinger*，S. 197 ff.；ganz abweichend *Deutsch*，FS Erdmann，2002，S. 263，273. 有学者认为：即使发明的实际使用在伦理上还是正当的，[但]出于商业化目的应授予其独占权的情况，单独[就]能够违反基本的伦理原则。然而根据法律这仅取决于工业利用是否违背一个可归入公共秩序的禁止或是否违反善良风俗。如果二者都不适用，专利授予不能仅因此就被拒绝，因为在其所请求的[内容]中表达了商业化的意图，参见 – *Moufang*，GRUR Int. 1993，446 l.，447 r.。

〔29〕 Vgl. *Markl*，33 Ⅱ C 1，4（2002）；*Schreiber*，zit. bei Adam，GRUR Int. 1998，395 l.；EPA（Einspruchsabteilung）8. 12. 1994 Relaxin ABl. 1995，388，400 f.（Nr. 6.3.4）；dazu *Vossius/Grund*，Mitt. 1995，339，342 ff.

〔30〕 Vgl. *Moufang*，EPÜ – GK Rdnr. 51；*Straus*，GRUR Int. 1990，917 f.

〔31〕 Vgl. EPA 8. 12. 1994（FN 29）399 f.（Nr. 6.3.3）.

法》中，这对于描述或包含基因信息的产品被明确地规定（［《生物技术指令》］第9条第1款及第5条第1款、［《专利法》］第9a条第3款及第1a条第1款，参见§14 Ⅲ c 1），而在赋予前述价值相应等级的法律制度中，［这］也必须适用于其他产品。

bb）欧洲专利局在程序中的考量

对于向欧洲专利局质疑发明的利用是否违反善良风俗的案件，适用和对于从公共秩序角度［进行］判断同样的规则（参见本节Ⅲ a bb 1）。相应地，欧洲专利局可以既不以一个在所有缔约国中被承认的"整个欧洲的"标准为出发点[32]，也没有权力去制定这样的［标准][33]。如果确定，与善良风俗有关的见解的协调性问题在申请或专利涉及的缔约国中相互矛盾，［那么］这须以在发明的利用只是和上述部分缔约国中的公共秩序相违背时同样的方式处理（参见本节Ⅲ a bb 2~4）。

c）缺乏允许的利用可能性

1. 由于发明的利用违反公共秩序或善良风俗，专利保护或实用新型保护不能当这样的、禁止的利用是可能的时候，就被拒绝；只有缺乏一个以理性的方式可被考虑的、允许的利用可能性，［才］起到阻碍保护的作用[34]。保护禁止不应该也不能阻碍违法或违背善良风俗的行为；这仅意味着，国家不通过独占权鼓励和保护其在目的上只有以一个被法律所否定的方式才能被使用的发明。[35]此处决定性的时间点是授权或登记的［时间点］，在异议、无效和撤销

---

〔32〕 *Melullis*，Benkard，EPÜ，Art. 53 Rdnr. 28.

〔33〕 欧洲专利局认为"普遍被承认的、欧洲社会的行为规则"是决定性的，参见 EPA T 356/93（FN 13）560（Nr. 14）；zustimmend EPA 315/03（FN 2）（Nr. 10.2 und 10.10）；krit. *Schatz*，GRUR Int. 1997，594。——欧洲专利局（审查处）根据相应的、申诉庭的建议（T 19/90，s. oben §14 FN 136），在一个对象是某种动物基因的改变的发明的案件中，进行了"利益衡量"，［该衡量］大概和现今在《生物技术指令》第6条第2款（d）中所规定的标准相符，参见3. 4. 1992 Krebsmaus/Harvard Ⅲ ABl. 1992，589，590 f.（Nr. 3 f.）。存在疑问的是，这是否合乎《欧洲专利公约》第53条（a）［的规定］，参见 *Schatz*，aaO。–异议处（7. 11. 2001 ABlEPA 2003，473，501 ff.，Nr. 9.3 ff.）在"癌症鼠"案中，使用了来源于《生物技术指令》被《欧洲专利公约实施细则》采纳的第23d条（现第28条）（d），并且得出结论，那些在欧洲经济共同体1986年第409号指令意义上可被作为试验动物使用的、合乎发明的动物的专利授予，符合保障善良风俗的要求。在此基础上，［异议处］将专利限定在啮齿动物上。在申诉程序中，将此进一步限定在鼠类（EPA T 315/03［FN 2］）。根据《欧洲专利公约实施细则》第23d条和T 19/90判决，［该限定］被由此来证明其合理性，即［将］被请求的发明用在其他啮齿动物上，在没有证明对于人类或动物的、本质上医疗的使用的情况下，使动物遭受病痛（Nr. 12.2），而对于鼠类，该证明被视为已提供的（Nr. 13）。

〔34〕 Eingehend dazu *Rogge*，GRUR 1998，306 ff.；vgl. auch *Moufang*，EPÜ – GK Rdnr. 43；*Schatz*，GRUR Int. 2006，884；jeweils m. Nachw.

〔35〕 BGH 28. 11. 1972 IUP GRUR 1973，585.

诉讼中［是］在事实审中最后一次言词辩论的［时间点］[36]（或书面审理程序的相应时间点），以至于直到那时所产生的判断标准和新的使用可能性的改变，会有利于或不利于申请人或保护权利持有人而被考虑。

2. 可专利的是，例如由医生控制的或抵抗病虫害的有毒物质，通过警察和武装力量、也［可］由私人为了狩猎和为了合法的自我防御［而使用的］武器，［或］比如在公路建设和采矿中的炸药，［这些物］在没有违反公共秩序或善良风俗的情况下也可以被使用，除了作为违法的杀戮、侵害或其他损害而被滥用外，它们也可以是与技术有关的。

如下发明是很难想象的，对其实际有效的利用可能性是显然与公共秩序和善良风俗不相符的。实践中因为利用禁止的专利［授予］拒绝，同样当对此所有的违法性都满足的时候，只有在罕见的情况下才会发生。另外，少先前的判决，例如，具有反对给予避孕药品以专利思想的［判决］，已通过立法和相关道德观念的改变而得以修正。[37]

联邦最高法院[38]曾公开宣称，堕胎药的可专利性和原《专利法》第1条第2款第1项并不矛盾，因为［专利授予］由于（当时被严格限定的）禁止堕胎的例外也可以和法律相协调的方式被使用。——同样，联邦最高法院[39]［对］一个净化水的方法作出类似判决，［该方法］根据相关的法律规定不能被用于饮用水，［它］却也适合于处理其他水源。

一般来说，对于利用的法律限制［将］假定，如果例外情况可被接受或至少一种输出的产品是允许的，［那么这些限制］不会阻却保护。[40]可受保护的还有如下发明，如果其使用——比如根据医药法或基因技术法[41]——不是被视为排除掉的，［而是］以许可或同意为前提条件。

能以"非正规的"方式打开封闭的空间和容器的工具，在大多数情况下，

---

[36] *Bernhardt*，S. 74；*Busse/Keukenschrijver*，§2 PatG Rdnr. 21；*Benkard/Melullis*，§2 PatG Rdnr. 3 c；*Melullis*，*Benkard*，EPÜ，Art. 53 Rdnr. 13；*Moufang*，EPÜ – GK Art. 53 Rdnr. 44；*Schatz*，GRUR Int. 2006，885；BPatG 5. 12. 2006 Humane embryonale Stammzellen GRUR Int. 2007，757（Nr. Ⅱ）. Dagegen EPA T 315/03（FN 2）（LS 4 und Nr. 8. 2，9. 5 f.，10. 9）den Anmelde – oder Prioritätszeitpunktals maßgebend an；anders nochEPA T 356/93（FN 13）（LS 1）。EPA 7. 4. 2006 T 1374/04 Stammzellen/WARF ABl. 2007，313 = GRUR Int. 2007，600（Nr. 57 ff.）hat das Problem der GBKvorgelegt.

[37] Vgl. *Benkard/Melullis*，§2 PatG Rdnr. 3 a；*Tetzner*，§1 Anm. 164；*Reimer*，§1 PatG Anm. 86；*Appel*，S. 170 f.；jeweils mit Nachweisen.

[38] 28. 11. 1972（FN 35）.

[39] 19. 10. 1971 Wasseraufbereitung GRUR 1972，704，707.

[40] *Tetzner*，§1 Anm. 165；*Benkard/Melullis*，§2 PatG Rdnr. 4 c；*Busse/Keukenschrijver*，§2 PatGRdnr. 13，15；jeweils mit Nachweisen.

[41] Dazu*Wiebe*，GRUR 1993，90.

同样可以由警察、消防员等，在合法的刑事侦查或在紧急情况下使用，因此［这些工具］不能作为（单纯的）"犯罪工具"而被排除在专利和实用新型保护之外。赌博机器通常也可在被授权的企业或——没有下注——［只是］为了娱乐目的而被使用；因此其保护跟反对违法的赌博［行为的］法律规定并不冲突。

3. 相反，如果人们考虑到所涉及的有关公共秩序的法律规定，至少以德国［法］的视角，对于缺乏与公共秩序和善良风俗相协调的使用可能性的可想象的例证或许是：赌博机器的装置，其对于没有经验的人非可辨认地排除了偶然性；清除改变本质的或标明的添加剂的方法，［而这些添加剂］出于征税的目的被混合到酒精或矿物油中；提醒驾驶人检测速度的雷达装置的设备，若其以合乎发明的设计专门适用于该目的；堕胎药，其使用因为危险性或健康损害，而被根据相关法律规定有权决定是否使用的医生们所拒绝；通过条约甚至在战争中使用也被禁止的武器[42]；处于上述禁止中的以及出于环保的目的即使为了抵抗病虫害也不能被使用的有毒物质；导致自助审判的、预防盗窃和类似［行为］的装置[43]；执行死刑的装置[44]。

4. 如果对于一个发明，在没有违反公共秩序或善良风俗的情况下，其工业上利用的可能性，［可］合理地被列入考虑之中，［那么］一个以其为对象的保护权利，既无需被限定在许可的［利用可能性上］，也无需通过排除禁止的利用可能性而被限制；专利局可以此为出发点，即一个禁止的利用因为相应的监管以及对于违法案件所规定的惩罚，在很大程度上［将］不会被进行[45]。若尽管如此它还是发生了，那么原则上它将导致侵害保护权利的法律后果。保护权利的持有人却不能要求任何损害赔偿[46]，因为他既不可以自己或通过被许可人实施禁止的利用，也不能通过要求侵害人受益而获取［利用的］结果。

Ⅳ. 在生物技术领域的特殊规定

1. 根据《生物技术指令》第6条第1款，生物技术发明的工业利用可能违反公共秩序或善良风俗的生物技术发明被排除在专利授予之外。根据该指令第6条第2款，在第1款意义上，此外被视为不可专利的是：

---

[42] *Moufang*，EPÜ – GK Rdnr. 47；*Schatz*，in：Singer/Stauder，Art. 53 Rdnr. 50. 由于违反善良风俗，杀伤性地雷根据《欧洲专利公约》被认为是不可授予专利的；同样地，《欧洲专利局审查指南》C Ⅳ 4.1 在之前的本版（C Ⅳ 3.1）中曾将邮件炸弹引为例证。

[43] *Busse/Keukenschrijver*，§2 PatG Rdnr. 20；*Moufang*，EPÜ – GK Rdnr. 48.

[44] *Busse/Keukenschrijver*，aaO.

[45] *Rogge*，GRUR 1998，306 f.

[46] Zu dieser Ansicht neigt auch*Rogge*，aaO 307 l.

a) 人类的克隆方法；

b) 改变人类生殖细胞基因一致性的方法；

c) 出于工业或商业目的而使用人类的胚胎；

d) 改变动物基因一致性的方法，它们在没有对人类或动物的、重大的、医疗上的收益的情况下，导致这些动物［遭受］痛苦，以及借助这样的方法而繁殖的动物。

根据《生物技术指令》第 7 条，欧盟委员会欧洲自然科学和新技术伦理组对与生物技术有关的、所有伦理方面的问题进行评估。[47]

在《专利法》第 2 条第 2 款第 1 句和《欧洲专利公约实施细则》第 23d 条（现第 28 条）中，《生物技术指令》第 6 条第 2 款很大程度上被原文采纳。《专利法》第 2 条第 2 款第 2 句中被加入的是，在第 1～3 项适用时，1990 年 12 月 13 日的《胚胎保护法》的相应规定是决定性的。[48]

联邦专利法院[49]对在《专利法》第 2 条第 2 款第 1 句第 3 项意义上的胚胎的利用作了宽泛的解释；如果另外必须使用人类的胚胎，而且［其］并不取决于专利申请是涉及人类胚胎利用本身，还是——比如作为针对源于胚胎干细胞的、带有神经元或神经胶质特征的前体细胞的申请——仅仅以人类胚胎干细胞的存在为先决条件，对［后者的］获取必须破坏胚胎，［那么法院将］无论是全潜能的还是多潜能的干细胞的获取［均］理解为［上述利用］。如果来源于胚胎干细胞的从人类胚胎生殖细胞中被获得的前体细胞被申请，联邦专利法院却认为［这里］不存在《专利法》第 2 条中的保护阻却事由；因为这样的生殖细胞被从原始的生殖细胞中获取，其从几周大的、独立的人类胚胎中被分离出来，以至于无需《胚胎保护法》意义上的胚胎的使用。[50]

欧洲专利局的一个申诉庭将如下问题递交给扩大申诉委员会，［即］当［下述破坏程序］不属于申请部分的时候，《欧洲专利公约实施细则》第 23d 条（现第 28 条）（c）是否同样禁止对这样的产品授予专利（此处：人类胚胎干细胞培养基），其——就像在申请中所描述的一样——在申请的时间点上，

---

〔47〕　Über die Stellungnahme der Gruppe vom 7. 5. 2002 berichten – teilw. krit. – *Krauß/Engelhard*, GRUR 2003, 990 ff.；vgl. auch *Straus*, Jahrbuch für Wissenschaft und Ethik Bd. 9, S. 120 ff.

〔48〕　Vgl. *Straus*, GRUR 1992, 255 f.；*Wiebe*, GRUR 1993, 92；*v. Renesse/Tanner/v. Renessse*, Mitt. 2001, 2 r.，4 r.

〔49〕　尤其是因为在《干细胞法》中规定的对于 2002 年 1 月 1 日前被导入的干细胞的使用的许可保留，参见 5. 12. 2006（FN 36）Nr. Ⅳ 2－4；krit. *Sattler de Sousa e Brito*, GRUR Int. 2007, 759 ff.，und *Dederer*, GRUR 2007, 1054 f.

〔50〕　Nr. Ⅴ der Entscheidung；但从原始生殖细胞中的干细胞获取，基于伦理上的理由被否定，参见 *Müller*, S. 309。

完全地通过不可避免地包含人类胚胎破坏程序而被生产。[51]欧洲专利局意识到，它或许不是无条件地否定这个问题。[52]

2. 衡量理由第 36～43 项和第 45 项属于在《生物技术指令》第 6 条中所包含的规定。它们将在 TRIPS 第 27 条第 2 款中所规定的排除可能性同样作为指令的基础［进行了］强调。它们将在第 6 条第 2 款中的非可专利的发明的列举视为介绍情况并且［是］未完结的；其使用侵害人类尊严的方法，如制造由人类和动物的生殖细胞或全潜能细胞形成的杂交生物体的［方法］，［这些方法］当然同样会从可专利中排除。对于［《生物技术指令》第 6 条第 2 款］（a）和（b）阐述的是，在共同体范围内存在有关如下内容的一致意见，［即］人类生殖细胞的干预[53]和人类的克隆违反公共秩序和善良风俗。任何目的在于创造在细胞核中具有和其他活着的或死去的人类相同遗传信息的人类的方法，包括胚胎分裂，均可被视为人类克隆的方法[54]。

有争议的是，可专利禁止是否包含"治疗学上的"克隆，其中细胞在体外为了研究和治疗目的而被制造，但创造（完整）的人类并非［其］目的。[55]

对于禁止给予人类胚胎[56]出于工业或商业目的的利用授予专利，被明确的是，这不适用于追求治疗或诊断目的的以及为其利益而在人类胚胎上被使用的发明。[57]当然这样的发明，只要不是涉及方法，绝大多数情况下可被视为在对于医疗程序所适用的排除规定意义上的、人类身体治疗上的处理方法或在其上进行的诊断方法（参见 §14 Ⅱ d）。这也由此得以表明，即《生物技术指令》，比如第 5 条第 1 款和衡量理由第 16 项显示，［其］涉及在其产生和发展

---

〔51〕 EPA T 1374/04（FN 36）（Nr. 29 ff.）.

〔52〕 AaO Nr. 36 ff., 42 ff.

〔53〕 Vgl. dazu *Moufang*, Genetische Erfindungen, S. 229 f., 243.

〔54〕 Dazu *Herdegen*, GRUR Int. 2000, 860 f.; *Barton*, S. 226 ff.; ausführlich zur Patentierbarkeit vonStammzellen *Meiser*, S. 200 ff., 267 ff.

〔55〕 Verneinend *Hartmann*, GRUR Int. 2006, 200 r.; *Meiser*, S. 281 ff., 288 ff.; bejahend *Schulte/Moufang*, §2 Rdnr. 38; differenzierend *Müller*, S. 318 ff., 331 ff.

〔56〕 对于胚胎制造，参见 *Moufang*, Genetische Erfindungen, S. 231 f., 244; *Herdegen*, GRURInt. 2000, 861 f.; 多潜能的干细胞不是胚胎，而全潜能的［干细胞］根据《胚胎保护法》和《干细胞法》被包括在胚胎的概念中; s. *Grund/Keller*, Mitt. 2004, 52.

〔57〕 有学者希望这个限制同样适用于在治疗或诊断目的之外还追求工业或商业的［目的的情况］，只要［前者］不构成单独的或至少占主要地位的目的；同样对于（哪些）胚胎的收益，应被"着眼于类［型］地"理解，参见 *Barton*, S. 236 ff. 持有同一观点的学者认为，因此一个广泛的意义被添加给了立法理由，［而］无论是［立法理由本身］还是排除规定都没有为此提供依据。丝毫没有指出的是，立法理由的目的不仅仅在于对以下情况的澄清，即在胚胎上［进行的］治疗或诊断措施可被理解为一种其"利用"的形式，也［可被理解为］追求"工业或商业目的"，参见 *Meiser*, S. 198 ff.

的所有阶段，包括干细胞［阶段］中的人类身体。

3. 由于 TRIPS 的决定性在《生物技术指令》第 1 条第 2 款和衡量理由第 12 项和第 36 项中被确认，法律上所建立的使用阻却事由必须符合以公共秩序或善良风俗为依据的可专利禁止（参见本节 Ⅱ b1）。因此在缺失［上述前提条件的］成员国中，适用其中转化了《生物技术指令》的专利法的规定将遭遇困难。[58]

4. 在《生物技术指令》第 6 条第 2 款、《专利法》第 2 条第 2 款、《欧洲专利公约实施细则》第 28 条中所包含的列举保留了如下可能性，即［没有在列举中出现的］生物技术发明，凭借［《生物技术指令》］第 6 条第 1 款或［《专利法》］第 2 条第 1 款或［《欧洲专利公约》］第 53 条（a）的一般条款被排除在专利授予之外。[59]其中具有决定性作用的评价，特别是可以从前述列举、《生物技术指令》第 5 条第 1 款、其所属的衡量理由以及相应的转化法律规定中被推断出（参见第 2 点）。就此而言[60]存在一个对于所有成员国均具有约束力的标准，如果相应的、法律上被建立的使用障碍存在，［那么］从［该标准］中可以派生出和 TRIPS 相协调的可专利禁止，

另一方面，禁止缔约国因为违反公共秩序或善良风俗而拒绝对于《生物技术指令》明确承认其可专利性的生物技术发明［进行］保护。所以不能仅从［如下事实］中认定存在违反［公共秩序或善良风俗］，即涉及针对一个被分离的或以其他方式通过技术手段被获取的、人类身体的组成部分的发明，尤其是［涉及］基因序列或片段（《生物技术指令》第 5 条第 2 款）。[61]

同样地，作为动物基因改变的方法只有在《生物技术指令》第 6 条第 2 款（d）的前提下，才能从专利授予中排除。从该条文规定了裁量［空间］和指出了此时决定性的观点中，不能得出如下结果，即其他反对这些发明利用的观点不能被考虑。[62]

---

〔58〕 有学者正确地指出，若《欧洲专利公约》第 53 条（a）被与 TRIPS 相协调地解释，那么《欧洲专利公约实施细则》第 23d 条（现第 28 条）只有在如下情况下才与［《欧洲专利公约》第 53 条（a）］相符，即当那里所提到的实践，在各缔约国中均被禁止，参见 *Schatz*, GRUR Int. 2006, 888。

〔59〕 EPA T 315/03（FN 2）（LS 2.1 und Nr. 6）。

〔60〕 另外可被考虑的情况是，其中生物技术发明的利用仅仅是在部分成员国中被视为公共秩序或善良风俗的违反；参见 *Barton*, S. 335 f. 以及本节 Ⅲ a、b。

〔61〕 Vgl. Straus, GRUR 1992, 261 r. m. Nachw.；*Müller*, S. 228；EPA 8. 12. 1994（FN 29）398 ff.（Nr. 6.3）。

〔62〕 类似观点特别追溯到了 T19/90 判决（参见脚注33），参见 EPA T 315/03（FN 2）（LS 6.2、6.3 und Nr. 10.5–10.8）。但后者的论证在《生物技术指令》第 6 条第 2 款（d）却只是部分地被考虑；因此，有人提出批评意见，参见 *Schatz*, GRUR Int. 2006, 889。

此外在涉及人类身体的发明的情况下，从［该发明］不属于《生物技术指令》第6条第2款、《专利法》第2条第2款或《欧洲专利公约实施细则》第28条［的适用范围］的情形中，却不是必然推导出［该发明］的工业利用符合公共秩序和善良风俗。所以，为了规避对改变人类干细胞基因同一性的方法的可专利禁止，可能尝试将专利请求限定于在试管内在一个人类受精卵原核上被进行的基因改变。对此持以下观点，即受精卵（其中已经包含女性和男性的遗传［信息］，但还没有融合，其原核却因为隔膜的改变不再是干细胞）由于缺乏受精结果还不属于干细胞概念范围内，以至于前述可专利禁止，即使在接下来进行了一个到母体的移植的情况下，也不能适用。[63]这样的发明的工业利用——或者作为产品的、被改变的卵子，或者其改变的方法——却只有在［该发明］被用作人类遗传［信息］改变的方式上才可被想象；只有在这个情况下，对此被授予专利的持有人才能期待收益。所以它根据《生物技术指令》第6条第1款、《专利法》第2条第1款或《欧洲专利公约》第53条（a），可被从专利授予中排除。[64]同样［的结论］必须适用于一个被限制在单一干细胞的基因调整。[65]这里工业利用也只有在细胞被授精的情况下才是可能的。在专利请求中没有表达对此的意图，这并不能证明专利授予的正当性。

非常成问题的还有，从《生物技术指令》第6条第2款（a）和（b）的字面意思（以及相应的转化法律规定）中是否可以推导出，胚胎的克隆不是从一开始，而是首先从之后的阶段开始，被排除在可专利之外。[66]［以下内容］表明了对该假设的不利方面，即衡量理由第41项将胚胎分裂方法明确地包括在"人类克隆方法"的概念中，以及在第5条第1款和衡量理由第16项中的人类身体的宽泛定义中。

对于"治疗上的"克隆，虽然可以鉴于衡量理由第41项［而］主张以下观点，即这不属于第6条第2款（a）的特殊可专利禁止的［适用范围］（参见第2点）。但由此也不能推断出，无须考虑在某个成员国中是否合乎公共秩序和善良风俗，必须允许根据《生物技术指令》的专利保护。[67]就此而言，在适用与《生物技术指令》第6条第1款相符的一般法律规定时，成员国享有欧

---

〔63〕 So *Koenig/Müller*, GRUR Int. 2000, 299 ff.；zustimmend *Barton*, S. 235.

〔64〕 认为这和 TRIPS 不符的观点，通过"干细胞"首先开始于受精卵（就此参见 *Koenig/Müller*, aaO 297 ff.）的论证不能证明其合理性，因为此处前者的概念不存在。

〔65〕 A. M. *Koenig/Müller*, aaO 301.

〔66〕 Zu dieser Ansicht neigt *Herdegen*, aaO 860 f.

〔67〕 A. M. *Hartmann*, GRUR Int. 2006, 203.

洲法院[68]所承认的裁量空间。

5. 根据如下原则，即只有当既非违反公共秩序亦非违反善良风俗的工业利用，合理地没有被列入考虑之列时，才存在一个保护阻却事由（参见本节 III c），发明只要在下列情况下就可能获取保护，即如果［发明］不是仅仅为了某个由第 6 条第 2 款（a）~（c）中所规定的对人类的使用［被申请］，而是一般地以一个这样的方式被申请，其同时包含允许的使用可能性，尤其是［包含］与第 6 条第 2 款（d）相协调的、对动物的使用。[69]为了避免在公众中的错误印象以及不会诱导多余的异议、无效诉讼或撤销申请，申请人却无论如何都应该将涉及前述明确的可专利禁止的领域从自己的保护请求中删除。

如果一个违反公共秩序或善良风俗的利用不仅是作为可能性而被列入考虑之列，而是在申请或专利中，明确地作为发明的、合乎目的的适用而被提出，此时联邦专利法院[70]认为上述限制是必要的。

6. 根据衡量理由第 35 项，《生物技术指令》未触及［成员国］国内如下法律规定，据此医疗方法从可专利中被排除[71]（更多地参见 § 14 II d）。这同样适用于《生物技术指令》第 6 条，［该条］具有和［这些］法律规定完全不同的目的。对于其工业利用违反公共秩序或善良风俗的发明，仍因为其使用被否定［而］被拒绝保护，但是在医疗方法的情况下，与［保护］相矛盾的却是，为了尽可能畅通无阻的可实用性的利益，［发明］应从独占权利中被剥离出来。与此相符，在《专利法》中第 5 条 2 款第 1 句被作为第 2a 条第 1 款第 2 项第 1 句仍持续有效。《欧洲专利公约实施细则》第 26~29 条也没有规定，哪些内容和第 53 条（c）的非限制性的适用相违背。

有观点认为，与《生物技术指令》相协调的《欧洲专利公约实施细则》第 23d 条（现第 28 条），相对于第 52 条第 4 款（现第 53 条（c））第 1 句，构成了一个特别法［*lex specialis*］[72]，这没有认清《欧洲专利公约》相对于其执行条例的优先性（第 164 条第 2 款，参见 § 14 I b aa 3）。内容上根据 1973 年版的《欧洲专利公约》，从［以下事实］中同样已经不能推导出任何特殊性，即在《生物技术指令》第 6 条中，这点在第 2 款中被提到的发明的工业实

［68］ 9. 10. 2001 (FN 12).

［69］ Vgl. *Rogge*, GRUR 1998, 306 f.；*Herdegen*, aaO 862 f.（zu VI）；*Koenig/Müller*, aaO 3021.

［70］ 5. 12. 2006 (FN 36) (Nr. II 2).

［71］ Einschlägig sind diese Vorschriften in den meisten der von *Rogge*, GRUR 1998, 307 lgenannten Fälle.

［72］ So *Koenig/Müller*, aaO 302 f.

用性被确认，并且因此以工业实用性的缺失为前提条件的《欧洲专利公约》第 52 条第 4 款第 1 句，在《欧洲专利公约实施细则》第 23d 条的适用范围内无效。实际上，也就是说对于《欧洲专利公约》第 52 条第 4 款第 1 句已经不依赖于工业实用性是否存在或不存在（参见 §14 Ⅱ d aa 1）。就此而言，2000 年的《欧洲专利公约》第 53 条（c）第 1 句仅作了一个有益的澄清。

第 **3** 章
新颖性和创造性

参考文献: *Anders*, *W.* , Die erfinderische Tätigkeit – der Prüfungsansatz der deutschen Instanzen, Mitt. 2000, 41 – 46; *ders.* , Über die Wahl des Ausgangspunkts für die Beurteilung der erfinderischen Tätigkeit unter besonderer Berücksichtigung neuerer Entscheidungen des Bundesgerichtshofs, FS VPP, S. 136 – 150; *Beier*, *F.* – *K.* , Zur historischen Entwicklung des Erfordernisses der Erfindungshöhe, GRUR 1985, 606 – 616; *Van Benthem*, *J. B. / Wallace*, *N. W. P.* , Zur Beurteilung des Erfordernisses der erfinderischen Tätigkeit (Erfindungshöhe) im europäischen Patenterteilungsverfahren, GRUR Int. 1978, 219 – 224; *Bossung*, *O.* , Stand der Technik und eigene Vorverlautbarung im internationalen, europäischen und nationalen Patentrecht, GRUR Int. 1978, 381 – 398; *ders.* , Das der „Öffentlichkeit zugänglich Gemachte " als Stand der Technik. Neues Patentrecht auf ungeklärter Grundlage? GRUR Int. 1990, 690 – 699; *Breuer*, *M.* , Der erfinderische Schritt im Gebrauchsmusterrecht, GRUR 1997, 11 – 18; *Decker*, *A. J.* , Der Neuheitsbegriff im Immaterialgüterrecht, 1989; *Dickels*, *K.* , Die Neuheit der Erfindung im Vorentwurf eines Abkommens über ein europäisches Patentrecht unter besonderer Berücksichtigung der sogenannten älteren Rechte, Diss. München (TH) 1970; *Dolder*, *F.* , Erfindungshöhe. Rechtsprechung des Europäischen Patentamts zu Art. 56 EPÜ. Mechanik, technische Physik, Verfahrenstechnik, Werkstoffe, 2003; *Dreiss*, *U.* , Der Durchschnittsfachmann als Maßstab für ausreichende Offenbarung, Patentfähigkeit und Patentauslegung, GRUR 1994, 781 – 791; *Fähndrich*, *M. /Freischem*, *S.* , Gegenwärtige Standards für Offenbarungen im Stand der Technik bei der Beurteilung der Voraussetzungen der Neuheit und der Erfindungshöhe, GRUR Int. 2002, 495 – 502; *Goebel*, *F. P.* , Der erfinderische Schritt nach § 1 GebrMG. Zur Problematik der Erfindungshöhe im Gebrauchsmus – terrecht, 2005; *ders.* , Nicht gangbare Differenzierung? Zur gebrauchsmusterrechtlichen Erfindungshö – he nach der BGH – Entscheidung „Demonstr ationsschrank", GRUR 2008, 301 – 312; *Günzel*, *B.* , Die Vorbenutzung als Stand der Technik im Sinne des Europäischen Patentübereinkommens, FS Nirk, 1992, S. 441 – 455; *Held*, *S. /Loth*, *H. – F.* , Methoden und Regeln zur Beurteilung der Neuheit im Patentrecht, GRUR Int. 1995, 220 – 227; *Keukenschrijver*, *A.*, Sind bei der erfinderischen Tätigkeit sämtliche Merkmale im Patentanspruch gleichermaßen zu berücksichtigen? FS König, 2003, S. 255 – 265; *Klicznik*, *A.*, Neuartige Offenbarungsmittel des Standes der Technik im Patentrecht, 2007; *Knesch*, *G.*, Die erfinderische Tätigkeit – der Prüfungsansatz im EPA, Mitt. 2000, 311 – 318; *Kolle*, *G.*, Der Stand der Technik als einheitlicher Rechtsbegriff, GRUR Int. 1971, 63 – 78 (rechtsvergleichend); *Kraßer*, *R.*, Die ältere Anmeldung als Patenthindernis, GRUR Int. 1967, 285 – 292; *Liedel*, *D.*, Das deutsche Patentnichtigkeitsverfahren, 1979; *Loth*, *F.*, Neuheitsbegriff und Neuheitsschonfrist im Patentrecht, 1988; *ders.*, Kommentierung des Art. 55, EPÜ – GK, 13. Lfg., 1990; *Maiwald*, *W.*, Rechtsprechung zur Neuheit im EPA und in Deutschland, Mitt. 1997, 272 – 278; *Meier – Beck*, *P.*, Was denkt der Durchschnittsfachmann? Tat – und Rechtsfrage im Patentrecht, Mitt. 2005, 529 – 534; *Melullis*, *K. – J.*, Zur Auslegung von Patenten, zum Begriff des Fachmanns im Patentrecht und zur Funktion des Sachverstän – digen, FS Ullmann, 2006, 503 – 514; *Niedlich*, *W.*, Zur erfinderischen Tätigkeit, Mitt. 2000, 281 – 286; *Ochmann*, *R.*, Die Vorveröffentlichung und die Reichweite ihres Offenbarungsgehalts im Lichte der Rechtsprechung des Bundesgerichtshofs und des Patentgesetzes in der geltenden Fassung, GRUR 1984, 235 – 240 (mit Diskussionsbericht aaO 269 – 271); *ders.*, Die erfinderische Tätigkeit und ihre Feststellung, GRUR 1985, 941 – 946; *Pagenberg*, *J.*, Die Bedeutung der Erfindungshöhe im amerikanischen und deutschen Patentrecht, 1975; *ders.*, Die Beurteilung der erfinderischen Tätigkeit im System der europäischen Prüfungsinstanzen, GRUR Int. 1978, 143 – 150, 190 – 202; *ders.*, Kommentierung des Art. 56, EPÜ – GK, 5. Lfg., 1984; *Pietzcker*, *R.*, Voraussetzungen der Patentierung: Neuheit, Fortschritt und Erfindungshöhe, GRUR – FS, 1991, S. 417 – 458; *Poth*, *H.*, Zum Neuheitsbegriff des Art. 54 des Europäischen Patentübereinkommens, Mitt. 1998, 453 – 461; *Ritscher*, *T.* / *Ritscher*, *M.*, Der fiktive Fachmann als Ma tab des Nichtnaheliegens, in: Kernprobleme des Patentrechts, Bern 1988, S. 263 – 275; *Rogge*, *R.*, Gedanken zum Neuheitsbegriff nach geltendem Patentrecht, GRUR 1996, 931 – 940; *Schickedanz*, *W.*, Die rückschauende Betrachtung bei der Beurteilung der erfinderischen Tätigkeit, GRUR 2001, 459 – 469; *Schwenk*, *K.*, Die Behandlung der Erfindungshöhe nach deutschem, englischem, amerikanischem und europäischem Recht, Diss. München (TU) 1978; *Szabo*, *G. S. A.*, Der Ansatz über Aufgabe und Lösung in der Praxis des Europäischen Patentamts, Mitt. 1994, 225 – 239; *Teschemacher*, *R.*, Das ältere Recht im deutschen und europäischen Patenterteilungsverfahren, GRUR 1975, 641 – 650.

§ 16　现有技术

A. 专利法

Ⅰ. 基本概念

1. 一项发明要被授予专利，那它必须具备新颖性并且要以创造性的活动为依据（《专利法》第1条第1款、《欧洲专利公约》第52条第1款）：发明既不能是现有技术，也不能是本领域技术人员从现有技术显而易见地推导而出的（《专利法》第3条第3款第1句、第4条第1句；《欧洲专利公约》第54条第1款、第56条第1句）。因此，如果发明的可专利性有问题，也就是与现有技术存在关联。

因而新颖性和创造性活动有时被视为相对的授予专利的前提条件。但如果它们缺失，任何人都能够发现：这些前提的效力绝不只是相对的，比如，商标法中相对不予保护的情况。因此，为了避免误解，在上述内容中应当放弃使用"相对性的"这样非法律性的表述。

标准的现有技术是依据一个关键日期而定的，而这个关键日期的确定又取决于发明的申请（参见本节Ⅲ）。它包括在关键日之前公开的所有知识（《专利法》第3条第1款第2句、《欧洲专利公约》第54条第2款），而不只是技术行为指令。[1]此外，在评估新颖性时——而不是判断基于创造性活动的问题——还要考虑在这个关键日期之后才公开但却先于此日期的专利申请内容（《专利法》第3条第2款、第4条第2句；《欧洲专利公约》第54条第3款、第56条第2句）。

依据上述规定那些不属于现有技术的知识，即使其在申请或专利文献中被错误地视为是先前已公开的，也没有阻止或者限制获得保护的效力。[2]

2. 以现有技术为依据的授予专利条件——以及现有技术的法律界限——的作用在于，使得那些无需发明人的作为就已经掌握的或者在常规的运用过程中从已有知识中就可以得到的东西免受独占权的约束（参见§10Ⅰ）。此外，将此前未公开的在先申请归入现有技术，首要是为了阻止对于同样的发明在同一空间范围内产生多项不同时间等级的专利（参见§17Ⅱ2）。不过，在2000年版《欧洲专利公约》第54条中以前的第4款被取消之后，对于欧洲专利申

---

[1]　*Busse/Keukenschrijver*，§3 PatG Rdnr. 74；*Melullis*，Art. 54 Rdnr. 3.

[2]　BGH 20. 1. 1994 Muffelofen GRUR 1994, 357.

请来说，不再看在先申请和在后申请是否以及在多大程度上对同一缔约国提出了保护要求（参见本节 V 2）。

3. 作为法律概念的术语"现有技术"——是与《斯特拉斯堡协定》第4条第1款和《欧洲专利公约》的规定一致的——最初是通过《国际专利条约法》才引入德国法的。但此前它已在司法判决和文献中作为习惯性的概括性表述被使用了，根据1968年的《专利法》第2条第1句，它就不是一种新的术语了。与过去一样，在现行的法律中，在有关是否属于现有技术和主张现有技术的情况中，还可能听到"损害新颖性的事实""事先行为"和"引用"的说法。

4. 发明必须"基于创造性活动"的要求在1978年前的《专利法》也未曾提及。但从发明的概念以及专利保护的目的容易得出，只有当申请的客体不仅是新的，而且还要显示出发明的高度时，才能授予专利。这里的关键是，申请的客体对于掌握现有技术的一般技术人员是否是显而易见的。这种情况与现行法律中以创造性活动概念为标志的保护前提条件的要求一致。

Ⅱ. 现行和以前法律中的现有技术范围

1. 依据自1978年以来施行的《专利法》，在确定的日期之前公开的都属于现有技术。至于以哪些形式、在什么地方公开或者公开了多久，都无关紧要。但根据以前的《专利法》，只有过去100年内的公开出版物或者在国内的公开在先实施，才属于现有技术。

现行的规定显著地扩大了专利法意义上的现有技术范围。其结果是，发明还可能被以非出版物形式，比如，口头的或者超过100年的叙述或者国外的实施行为，阻止获得专利。

2. 1978年的全新规定将未公开的在先申请纳入了现有技术范围。虽然在此前未将其算作现有技术，但根据以前的德国法，如果对其授予了专利，那么就对该专利的客体产生了阻却获得保护的效力（1968年《专利法》第4条第2款）。但根据现行的法律，这种阻却获得保护的效力与在先申请是否后来获得了专利是没有关系的，而只要它事后公开了就足够了。在这种情形中，原先递交版本的全部公开内容对在后申请产生了阻却获得专利的效力（参见本节 V）。

3. 此外，通过实质上对前提条件的强化，亦即，在确定日期之前——通过公开渠道或专利申请——公开了的知识，因为其是来源于发明人自己，那么它就不属于现有技术，这样也扩大了标准的现有技术范围。以前的德国法对于所有基于申请人或者其前手权利人的发明的在先叙述和在先实施，给予了6个月的"新颖性宽限期"（豁免期）（1968年《专利法》第2条第2句）；并对在涉及面广的展览会上的展览规定了 6 个月有效期的优先权（1904 年 3 月 18 日的法律）。但是，现在的《专利法》和《欧洲专利公约》规定，提前的公开，只有当其对于申请人或者前手权利人是"明显不当"的公开或者是在确定的国际展览会上的公开时，才能被认为是"没有损害的公开"（参见本节 VI）。只是在这些严格限制的展览保护范围内，权利人才可以自愿地公开而不会在后续的申请中丧失获得专利的可能。与以前的德国法不同，任何其他以权利人意愿的公开、展览、公开的试验等，即使在随后的 6 个月之内将发明申请专利，也会产生阻却获得专利的效力。

4. 现行有关现有技术的规定适用于所有欧洲申请，原则上也适用于所有 1978 年 1 月 1 日以后递交的德国申请。对于此前递交的申请以及为此而授予的专利，仍然完全适用以前的规定。在德国法中，对于无损害的公开有一个特殊的新规定。这个规定在 1980 年 7 月 1 日才生效，并不适用此前递交的以及某些在 1980 年后半年递交的申请（《国际专利条约法》第 9 章第 3 条第 6 款和第 1 条第 2 款）；1981 年 1 月 1 日起递交的申请无一例外都受该规定的约束。

今天，以前的规定只是在非常少的情况下还有实际的意义，受这些规定约束的专利最晚至 2000 年底就到期了（参见本书第 4 版第 141 页及以下第 4 点）。如果对于此前发生的侵权行为的损害赔偿请求权没有失效，那么就还必须审查这些专利的有效性（参见 § 26 B Ⅲ 4），因此也就应当依据以前的《专利法》来确定现有技术。

Ⅲ. 标准时间点

依据哪些现有技术评判一项发明是否具有新颖性以及是否基于创造性活动，都是通过它的申请才确定的。依据这种申请，就确定了一个日期，如果要能阻止发明获得专利就必须在此日之前公开信息。同理，如果在后公开的申请要起到阻却获得专利的作用，那么它的申请时间就必须在此日期之前。

标准的时间点原则上就是申请日。[3]对德国具有效力的申请日可以在德国专利商标局通过国内申请、在欧洲专利局或者德国专利商标局（《欧洲专利公约》第 75 条第 1 款（a）、《国际专利条约法》第 2 章第 4 条第 1 款）通过欧洲申请指定德国或者根据 PCT 有权的受理局通过国际申请将德国作为指定国的途径取得（PCT 第 4 条、第 11 条第 3 款）。

如果德国的、欧洲的或者国际的申请拥有了同样发明在先申请的优先权，那么在先递交申请的日期就是确定现有技术的日期。优先权的基础可以是在

---

〔3〕 进入专利局的日期即使因为邮递的迟缓造成了延误，也决定了申请日，参见 BGH 27. 9. 1988 Schlauchfolie GRUR 1989, 38。

《巴黎公约》成员国的专利或者同等技术保护权的国内申请以及对于这些国家有效的欧洲或者国际专利申请（《专利法》第 41 条、《巴黎公约》第 4 条、《欧洲专利公约》第 87 条、PCT 第 8 条，详见§22 Ⅱ d）；对于一件德国的专利申请，还可以要求在德国专利商标局一件在先递交的专利或者实用新型申请的"国内"优先权（《专利法》第 40 条）。可以在首次构成优先权基础的申请之后的 12 个月内有效地要求优先权。在所有现有技术是依据构成优先权基础的在先申请日期确定的情况中，都可以这样有效要求优先权（《专利法》第 3 条第 1 款第 2 句和第 2 款、《巴黎公约》第 4B 条、《欧洲专利公约》第 89 条）。因此，现有技术既不包括在这个日期至在后申请之间公开的知识，也不包含申请的时间落入了"优先权期间"的事后公开了的申请内容。

例如：一项发明被 A 于 2001 年 12 月 3 日在法国申请了专利，2002 年 3 月美国出现了一篇描述该发明的期刊文章。2002 年 4 月 15 日 B 在德国专利商标局就同样的发明递交了专利申请，2003 年该申请被公开。如果 A 要求了在法国的在先申请的优先权，那么对于直至 2002 年 12 月 3 日 A 在德国专利商标局就同样发明递交的申请，美国的公开和 B 的申请都不属于现有技术。

Ⅳ. 公开的现有技术

1. 除了某些未公开的在先申请（参见本节 V）的内容之外，只有那些在确定日期之前公开了的东西才落入现有技术的范围之内。至于是以哪些形式公开的，倒是无关紧要的。《专利法》和《欧洲专利公约》中明显列举的书面或者口头描述和实施情形，只是一些示例；以"其他方式"的公开是与其等同的。哪些描述可以被视为是出版物或者哪些是在国内的实施，在现行法律中已没有意义。[4]在确定日期之前公开的德国、欧洲、外国和国际专利申请的内容属于现有技术，无须考虑主管的机构是否发行了复制件或者只是允许（不受限制地）查阅。对于其他技术保护权，比如实用新型或者发明人证书的德国或者外国申请，适用同样的规则。录音和录像，如同存储在数据处理设备中的信息一样，都是应当考虑的。同样还有报告、电台或者电视台，当然还包括谈话甚至展览、产品检测或者投放市场、方法运用中的口头信息。

2. 现有技术必须是公众能够知道的任何以有形或者无形方式再现的知识，[5]而这里的公众是指一个大小或者组成的随意性是信息的创作者不能再

---

〔4〕 Zur Rechtslage nach §2 PatG 1968 vgl. *Bernhardt*, S. 59 ff.；*Benkard/Ullmann*, §3 PatG Rdnr. 123 – 149；*Busse/Keukenschrijver*, §3 PatG Rdnr. 25 – 73；jeweils mit Nachweisen.

〔5〕 Zu den Voraussetzungen, unter denen dies bei Computerprogrammen anzunehmen ist, ausführlich *Sedlmaier*, Die Patentierbarkeit von Computerprogrammen und ihre Folgeprobleme, 2004, S. 88 – 96, der auch auf Probleme hinweist, die sich aus dem urheberrechtlichen Dekompilierungsverbot ergeben können.

控制的群体。由于属于现有技术的信息内容都是根据专业人员的理解来确定的（参见 § 17 Ⅲ 3），因此最终取决的是本领域任意专家的可获知性。

如果书面文献或者其他信息载体进入流通领域，使接受者能随意地继续传播它，并能使第三人知悉其内容，那么它就是公开了。[6]至于是否要大的发行数量，这并不是必需的。

例如，一篇博士论文或者学位论文，即使只有一本样本在公共图书馆能够被任意使用者阅读或者借出，那么它也就是公开了。如果一篇学位论文在民主德国高校图书馆存放、登记在册，并在民主德国——专业公众的领域内公开了，那么就视为公开了。[7]相反，交存一篇学位论文或者博士论文本身并不是公开。[8]新出版的期刊，自其在公共图书馆开架陈列之日或者在经询问可借阅之日起可以被认为公开了；[9]将期刊编目之前读者提出询问借书的日期也应考虑是公开的日期。一份送达给诉讼对手的文书，如果没有远离继续扩散的可能性，则被视为公开的。[10]

从互联网可以随意获取的东西，也是公开的。[11]如果所说的信息是登载在一个"网站"上的，那么这里的前提条件首先就是统一资源定位符（URL）的公开，人们能够据此访问这个网站。[12]如果 URL 被某个通用"搜索引擎"，[13]比如 Google，所接受或者以印刷体形式公开或者通过一个公开的网站以超链接的方式可以进入，那么 URL 就公开了。以电子方式发送的通知（电子邮件）的内容，如果收信人没有承担保密义务并准备继续传播或者供他人查看，那么也是公开了。相反，如果仅仅只是有可能在其电子传送途径的一个或者其他阶段猜到 URL 或者"顺便读到"电子邮件，还不足以认为网站或者电子邮件的内容就是公开的。[14]但是，如果某个没有保密义务并准备继续传播的人，以一种意外的方式实实在在地获悉了其内容，那么这些内容也是公开的。

---

〔6〕 这不是通过寄送，而只能是接受者的收取行为才能发生的，参见 EPA 10. 11. 1988 T 381/87 Veröffentlichung/Research Association ABl. 1990, 213。

〔7〕 BPatG 11. 4. 1988 E 30, 1.

〔8〕 BPatG 25. 3. 1996 Viterbi – Algorithmus E 36, 174；vgl. auch BPatG 6. 12. 1983 Mitt. 1984, 148, 据此，一篇博士论文，不是自其进入公共图书馆，而是自其被编目并归入可供使用者借阅的藏书时，才是公开的；ebenso EPA T 319/99, zit. bei *Klicznik*, S. 141 f.

〔9〕 EPA T 381/87（FN 6）.

〔10〕 BPatG 30. 1. 1986 E 28, 22.

〔11〕 Vgl. *Niedlich*, Mitt. 2004, 349 ff.

〔12〕 Zum folgenden *Klicznik*, S. 149 ff.

〔13〕 Darüber *Klicznik*, S. 38 ff.

〔14〕 *Klicznik*, S. 149, vgl. auch S. 289 f.

要确定某种信息通过互联网公开的时间点，常常是很困难的，[15]不过，只要能在给定情况中确认这个时间点无论如何是在标准的申请日或者优先权日之前，就足够了。

根据联邦专利法院的一个判决，互联网一般并不合适作为确认某个申请或者某个专利相关现有技术的信息来源，这是因为无法确定当前所发现的信息是否在申请日或者优先权日之前就已经存在。[16]

一旦技术保护权的申请材料被授权机关公布或者任何人都可以随意查看，也就是说德国专利申请的公开（《专利法》第 31 条第 2 款、第 32 条第 5 款）；欧洲和国际申请的公布（《欧洲专利公约》第 93 条、PCT 第 21 条）或实用新型的登记（《实用新型法》第 8 条第 3 款和第 5 款），那么这些申请材料就公开了。

如果为某个企业顾客定做的广告资料是在确定的日期之前很久就印刷好了，那么就认为它被公开了。[17]一篇科学论文的作者将论文预印本（机器打印稿的复制件）寄送给了 16 位确定的同事，但没有要求这些同事承担保密义务，这里的预印本并没有被视为 1968 年《专利法》第 2 条意义上的公开出版物。这是因为这里寄送的目的是促进在一个可见的和确定的专业人员范围内（即收件人、他们的职员以及有兴趣的同事）的学术讨论，并没有认定有超过这个并非任意而是有限范围的扩散行为。[18]

如果口头通知的直接听众范围是广泛或者任意的，那么就会造成其内容的公开；而如果口头通知是针对单个的、个体化的接收者，那么公开与否就取决于是否有或者肯定有口头通知迅速脱离通知人的控制、继续扩散的情况。[19]假如接收人对于将信息控制在有限的范围内有自己的利益，那么就是没有这种情况。[20]此外，无论如何，能够公开的只能是接收者能够理解和传播的信息。[21]

---

〔15〕 Zu den Beweisfragen eingehend *Klicznik*, S. 188 ff. , der（S. 267ff. ）auch Möglichkeiten behandelt, geeignete Nachweise zu sichern.

〔16〕 BPatG 17. 10. 2002 Computernetzwerk – Information GRUR 2003, 323 = E 46, 76; teilw. krit. dazu *Klicznik*, S. 274 ff. , der（S. 278 ff. ）auch einige unveröffentlichte Entscheidungen des EPA behan – delt.

〔17〕 BPatG 15. 2. 1991 E 32, 109; 23. 6. 1997 E 38, 206.

〔18〕 BGH 9. 2. 1993 Fotovoltaisches Halbleiterelement GRUR 1993, 466.

〔19〕 BGH 8. 6. 1962 Blitzlichtgerät GRUR 1962, 518, 520 f. ; 24. 10. 1961 Fischereifahrzeug GRUR 1962, 86, 89.

〔20〕 BGH 17. 10. 1958 Heizpreβplatte GRUR 1959, 178, 179; 13. 12. 1977 Hydraulischer Kettenbandantrieb GRUR 1978, 297.

〔21〕 Vgl. BGH 11. 7. 1974 Ladegerät II GRUR 1975, 254, 256; 22. 1. 1963 Stapelpresse GRUR 1963, 311, 313.

哪些信息是通过感知客体传授的，则依情况的不同而不同。[22]信息可能被限制在瞬息变化的表面印象中，人们看不出其中的技术特性。[23]它也可能包含在客体的形式或者成分的细节中，只有拆开或者拆毁该客体才能发现其中的信息。如果客体是毫无保留地转交给了其他人，那么就应当主要考虑会发生后面这种情况。[24]这种假设是完全有理由的，因为任意第三人是有机会获悉发明的知识；[25]尤其是还会存在通过专业人员对客体进行精确研究的可能性（参见第 4 点）。

联邦最高法院认为，如果将客体交付给了单个企业，该企业为第三方进行特定生产，而此客体是为这种生产的再加工定做的，那么体现在该客体中的理论无论如何就是公开了。[26]联邦专利法院对于将一件技术仪器无保留地交付给大学研究所实验室的情形作出了同样的判决。[27]同理，欧洲专利局原则上认为，售出唯一一件未作保留的客体就足以使得售出的客体成为公开的。[28]但是，欧洲专利局也承认，将材料交付给顾客，并没有公开经过热收缩之后才显示出的材料的可印刷性和表面特征。[29]

3. 只有少数人知道并被他们保密的知识，不是公开的知识。[30]如果许多彼此独立的人都保守着秘密，也同样如此。比如，在平行发明情况中将专利授予第一个申请人，并不反对其他发明人也知悉该发明。

为了防止透露给他人的知识公开，可以要求信息的接受者签订合同承担保密义务。在许多情况中，即使没有明显的约定，信息的接受者也要受保密义务

---

〔22〕 BGH 5. 3. 1996 Lichtbogen – Plasma – Beschichtungssystem GRUR 1996, 747, 752; für den Fall einer Ausstellung vgl. BPatG 26. 5. 1993 E 34, 38.

〔23〕 BGH 22. 1. 1963 (FN 21); 5. 6. 1997 Leiterplattennutzen BGHZ 136, 40, 51; 13. 3. 2001 Schalungselement GRUR 2001, 819, 822 （受生产者约束的某建筑工地使用的一种建筑材料，其只有在分解后人们才能认识到其中的发明）; 30. 9. 1997 Schere GRUR 1998, 382: 为获取美学上的印象所采取的非必要的研究被获悉，相关的工业品外观设计样品未被公开；在满足一定的条件下，适宜提供一种装置，并由此公开了其运转方法参见 BGH 12. 7. 1988 Druckguß GRUR 1988, 755。

〔24〕 EPA – Richtlinien D V 3. 1. 3. 1.

〔25〕 BGH 5. 3. 1996 (FN 22) 753.

〔26〕 BGH 19. 5. 1999 Anschraubscharnier GRUR 1999, 976.

〔27〕 BPatG 26. 4. 1990 Mitt. 1991, 118.

〔28〕 EPA 11. 12. 1990 T 482/89 Stromversorgung/ Télémécanique ABl. 1992, 646; ebenso 4. 4. 1991 T 622/90 Haltevorrichtung/Sedlbauer ABl. 1992, 654.

〔29〕 EPA 20. 11. 1996 T 472/92 Joint – venture/Sekisui ABl. 1998, 161.

〔30〕 BGH 5. 3. 1996 (FN 22) 752; 5. 6. 1997 (FN 17) 47.

的约束。[31]如果有《民法典》第 241 条第 2 款规定的在特定情况中关注其他部分的权利、财产和利益的义务要求对来源其中的信息保守秘密的情形，那么从合同中也可以得出保密义务。根据《民法典》第 311 条第 2 款以及第 241 条第 2 款，通过商业接触而产生的特别关系也可以形成保密义务。企业的从业人员对于企业秘密（《反不正当竞争法》第 17 条第 1 款）以及在商业交易中对于因信任被交付的资料（《反不正当竞争法》第 18 条），将承担含有刑事处罚的保密义务。

对于共同的开发活动，一般可以认为，参与者都会因其自身的利益而对由此产生的知识保守秘密。[32]发明的占有者让其他企业生产发明客体，如果没有其他附加特殊的情况，那么该发明就没有被公开；[33]因为这种情况中，受托企业一般都应承担保密义务。相应的规则也适用于委托进行的动物或者临床试验。[34]

为了发表而将文章稿件寄送给期刊，作者原则上不会同意在正式发表之前将稿件未加控制地传送给任意第三人。[35]一个有意者和多个供货者的谈判，如果这个有意者是与供货者单个谈判的，才能认为这种谈判是秘密的。[36]轮胎生产者协会的"数据表"如果只限在协会成员内传播并标明了保密，那么也不视为公开的：获得信息的人员范围虽然相对较大，但还是在可见的范围之内；即使圈外人获得了信息，也是不清晰的。[37]相反，将一本公司杂志转交给企业众多不受保密义务约束员工中的一个，就被视为公开了，这是因为根据生活经验，必须考虑到圈外人也会获悉这里的信息。[38]

不过，如果有人违反了保密义务，善意接受者获得了信息，而且还会继续传播，那么该信息就公开了。[39]但是，如果信息的接受者知道获悉的信息是违反义务造成而且不允许其继续扩散的，这种情况就不一样了（《反不正当竞争

---

〔31〕 Eingehend dazu BGH 5. 6. 1997（FN 23）47 ff.；vgl. auch BGH 13. 3. 2001（FN 23）823 f.；BPatG 7. 3. 1994 E 34, 145；EPA 23. 7. 1993 T 830/90 Geheimhaltungsvereinbarung/Macor ABl. 1994, 713. 文章接着指出了德国的法律现状。然而，即便是向国外发出的通知，其在国内也能产生阻却可专利性的效果。在这类情况下，首要的问题是哪些法律规定了保密义务。

〔32〕 BGH 10. 11. 1998 Herzklappenprothese Mitt. 1999, 362, 364；BPatG 29. 9. 1997 Schwingungsdämpfer GRUR 1998, 653；EPA T 830/90（FN 31）.

〔33〕 BGH 10. 11. 1998（FN 32）；19. 5. 1999（FN 26）977 r.；13. 3. 2001（FN 23）822 r.

〔34〕 BGH 10. 11. 1998（FN 32）；BPatG 17. 3. 1987 Mitt. 1988, 207.

〔35〕 BPatG 19. 7. 1995 E 35, 122.

〔36〕 BPatG 15. 1. 1998 Rollenkeller E 40, 10.

〔37〕 BPatG 10. 6. 1999 Datenblatt E 42, 33.

〔38〕 BPatG 8. 12. 2005 Transporteinheit Mitt. 2006, 370.

〔39〕 BPatG 17. 10. 1991 Manual E 33, 18.

法》第 17 条第 2 款）。同理，被分析出的秘密[40]如果传播到了善意接受者，只有当他没有其自身保密利益的时候，才能说这个秘密是公开了。此外，侵犯秘密一般都是一种滥用行为，由此而造成的公开对于随后 6 个月内的申请是没有损害的（参见本节Ⅵ）。

　　如果涉及微生物或者其他生物材料保存的欧洲专利申请被公布了并且申请人利用了《欧洲专利公约实施细则》第 28 条第 4 款和《生物材料保存条例》第 5 条规定的"专家方案"（参见 § 14 Ⅲ e bb 5，6），那么专家通过分析交付给他的试验可能获得而且允许扩散的信息就公开了。相反，如果根据《欧洲专利公约实施细则》第 28 条第 5 款第 2 句以及第 3 款第 3 句，不允许专家扩散交付给他的试样，保存的材料就不是公开的。[41]如果已申请的发明只能用保存的材料才是可实施的，这就不是对发明可模仿的公开。因此，已公开的信息就不能破坏在后申请客体的新颖性；但在审查创造性活动时却是应当考虑的。对于保存中没有公开的客体，涉及该客体的申请的公开，其效力只受《专利法》第 3 条第 2 款、《欧洲专利公约》第 54 条第 3 款、第 4 款约束（参见本节Ⅴ 3）。

　　4. 通过公开渠道可能获得的知识，就足以证明是属于现有技术的。事实上，这并不需要是一个很大人员范围知道的知识。但是，对于不是以书面形式表示的信息，司法判决要求无论如何"不是遥远的，也就是说，不能只是理论上的"知道的可能性。[42]不过，这里不能想当然地排除通过对已公开客体进行大量费时、费力研究才能获得的信息。[43]

　　但是，联邦专利法院没有认可一个在已交付的钢铁中体现的理论是公开的，这是因为联邦专利法院认为，在当时的条件下实施必要的分析完全是不可能的。[44]联邦最高法院[45]并没有同意联邦专利法院的观点，但是在结果上赞同

〔40〕　Möglichkeiten und Praktiken des Ausspähens im Internet behandelt *Klicznik*, S. 180 ff.

〔41〕　*Straus/Moufang*, Hinterlegung und Freigabe von biologischem Material für Patentierungszwecke, 1989, S. 135 ff. wollen auch insoweit Zugänglichsein für die Öffentlichkeit annehmen.

〔42〕　BGH 5. 6. 1997 (FN 23) 45; BPatG 3. 3. 1998 E 40, 104, 113; ähnliche Ansätze in der Recht – sprechung des EPA behandelt *Klicznik*, S. 141 f.

〔43〕　BGH 19. 12. 1985 Thrombozyten – Zählung GRUR 1986, 372, 374 (dazu *Dreiss*, GRUR 1994, 782 f.; *Reimann*, GRUR 1998, 298, 301 f.); BPatG 3. 3. 1998 (FN 42) 112 f.; auch nach EPA 17. 8. 1994 T 952/92 Vorbenutzung/Packard ABl. 1995, 755 ist der Untersuchungsaufwand grundsätzlich ohne Bedeutung; dagegen scheint EPA 18. 12. 1992 G 1/92 Öffentliche Zugänglichkeit ABl. 1993, 277, 279 (Nr. 1. 4) vorauszusetzen, daß kein „ unzumutbarer Aufwand " erforderlich ist. – Zur Proble – matik und den einschlägigen Beweisproblemen auch *Rößler*, Der neuheitsschädliche Produktverkauf, Mitt. 2006, 98 – 105.

〔44〕　BPatG 3. 3. 1998 (FN 42).

〔45〕　19. 6. 2001 Zipfelfreies Stahlband GRUR 2001, 1129, 1134.

了它的判决，因为专业人员通过分析已交付的钢铁不可能获得必要的信息。欧洲专利局[46]否定了储存在公开在先实施的设备芯片中的控制程序的公开：程序性功能图和框架图没有被有意的专业公众所掌握；控制程序的原则从外部是看不出的；检测芯片中的程序内容虽然在技术上是可能的，但在给定的情况中，尤其是从成本和效益上考虑，是不可能发生的。

获悉知识的可能性并不取决于得到客体的人是否有原因对其进行详细的研究。[47]因此，已公开并能够被专业人员分析和复制的产品成分，无论是否有对其进行分析的特别理由，都属于现有技术。[48]

根据这一基本原则，只要存在知悉的可能性，那么那些事实上未被注意到的信息也属于现有技术（"纸上的现有技术"）。[49]

在确定的日期之前已公开的信息，即使其在确定的日期当日不再公开了，仍属于现有技术。[50]

5. 属于现有技术的信息可以是为了阻止通过该信息抢先作出或者促成专业人员作出的发明获得专利保护而公开的。事实上，对于与这种"防御性公布"（defensive publishing）[51]相关的公开也应适用这种一般规则。

对于一些模棱两可的情况，比如，公布的方式或者地点完全超出了常规的范畴，专业人员根本不可能获得相关信息，或者已公布的信息在很短时间内又不公开了，就可以考虑在司法判决中反映出来的思想：纯理论上的公开不足以（参见第4点）使得信息归属于现有技术。

如果以这种方式公布的作者本人据此来阻止取得专利，就可以这样来考虑：由于其自相矛盾的行为方式，所以应当拒绝其所寻求的法律后果。[52]这种方式的抗辩不能对抗——不仅仅是这种公布的作者假扮的——第三人的攻击。

6. 依据这里阐述的规则，也可以判定"土生土长"或者"传统"的知识

---

〔46〕 17. 4. 1991 T 461/88 Mikrochip/Heidelberger Druckmaschinen ABl. 1993, 295.

〔47〕 BPatG 3. 3. 1998 （FN 42） unter Hinweis auf BGH 5. 6. 1997 （FN 23）; anders noch BPatG 14. 1. 1992 E 33, 207.

〔48〕 EPA G 1/92 （FN 43）.

〔49〕 *Benkard/Melullis*, § 3 PatG Rdnr. 55 f. mit Nachweisen; *Melullis*, *Benkard*, EPÜ, Art. 54 Rdnr. 91, 96; *Kolle*, GRUR Int. 1971, 63 ff.; *Günzel*, S. 443. 有学者认为，当一名研究者可用技术和可专利的所有信息，即存在某种程度上的调查获取可能性时，信息就被公开了，参见 *Bossung*, GRUR Int. 1978, 390 （bekräftigt in GRUR Int. 1990, 698）; ähnlich schon *Dickels*, S. 70 ff. im Anschluß an *Seligsohn*.

〔50〕 BGH 2. 7. 1985 Methylomonas BGHZ 95, 162 = GRUR 1985, 1035, 1036 r.; *Benkard/Melullis*, § 3 PatG Rdnr. 68 h; *Busse/Keukenschrijver*, § 3 PatG Rdnr. 81.

〔51〕 Vgl. *Klicznik*, S. 81 ff., der insb. auf elektronische Offenbarungsmittel eingeht.

〔52〕 In diesem Sinn *Benkard/Melullis*, § 3 PatG Rdnr. 55.

是否以及何时应当视为现有技术。

如果这种知识被限制在少数对其保密的"知情"人员中，只要没有告知任何一个不承担保密义务且有能力继续扩散的人员，那么这种知识就不属于现有技术。相反，如果它是某个——即使是有限制的——团体的共有财产，而且该团体的成员有能力，并经询问准备告知该知识，这种知识就归属于现有技术。证明这种情况的困难，可以——针对未来的专利申请——通过有目的地对所涉及的知识的公开来应对（参见第5点）。[53]有些发展中国家就采取了这种方式。它们还可以利用世界知识产权组织的指南和网络平台。[54]

由此可见，信息属于某个团体的土生土长或者传统知识的事实本身，既不足以肯定也不能否定其属于现有技术。因此，不必努力去制定规定这种知识一般都属于现有技术的特别规则。同样不必要在授予专利时总是执行这里的建议，否则就没有人对利用专利有经济上的兴趣了。[55]

7. 对于遗传信息，即使其只是或者主要出现在某些发展中国家，在专利法上也没必要像土生土长或者传统知识那样来处理。

如果含有基因序列的自然界存在的植物、动物以及微生物，在发现它们的所有国家的规定或者措施未能成功地阻止对它们的获取或者没有——尤其是没有通过批准程序——将其保留在有限的人群范围之内，那么它们就公开了。而且，这种公开无论如何是不具备创造性的（参见§14 Ⅲ d cc 1），即不是本专业的人员借助常规工具和方法的研究——无论是否还有投入——发现的东西。但是，依据如此获得的发现开发出的产品和方法，仍可能是具有创造性和可专利的。

有意控制"它们的"领土内存在的自然物质中包含的遗传信息的国家，可以这样来阻止这些遗传信息归属于现有技术：在所有发现它们的国家将获取这些物质的途径有效地限制在有限的人群范围之内。至于在哪些条件下以及在什么范围内可以获得专利保护，则取决于其中是否有创造性成果。提供基因序列意义上的遗传信息，只有当专业人员在提供遗传信息时——例外地——较多地非常规性地运用了其拥有的方法（参见前面的内容），才可能符合上述条件。在这种前提条件下，还会存在这种从自然界获得的物质已公开但并不阻碍授予专利的情况。

---

〔53〕 在某些国家，其法律并未将国外的事实毫无限制地作为现有技术来考量，则公开的前提条件可能是，公开的内容完全被作为现有技术加以考虑了；vgl. *Götting*, GRUR Int. 2004, 731, 735 l.；*Straus/Klunker*, GRUR Int. 2007, 91, 95 l.

〔54〕 S. *Götting*, aaO.

〔55〕 有学者对此表示认可，但需要注意的是在大多数个案中对新颖性的要求与可专利性存在的冲突，参见 *Straus/Klunker*, aaO 94 r. /95l。

总而言之，鉴于基因技术的发展现状，遗传信息在一般情况下是不能被授予专利的。[56]

公开遗传信息可以达到这样的目的：在某个时间点确定无疑地公开了遗传信息，此外，还能在仅仅承认书面形式的外国信息为现有技术并且对于创造性要求低的地方阻止授予专利。但是，这里公开的前提条件是，从自然存在的材料中确定了其中包含的遗传信息。

8. 自然界存在的生物材料，如果是借助技术方法生产的或者从其自然环境分离出来的，就可以作为发明的客体（《专利法》第 1 条第 2 款第 2 句、《生物技术指令》第 3 条第 2 款、《欧洲专利公约实施细则》第 27 条（a））。如果它在自然界存在的信息在确定的日期之前公开了，那么这种生物材料就属于现有技术（参见 § 1 Ⅲ a 1）。

因此，可以通过公开这种信息阻止对（提供）这种材料授予专利。但是，不能阻止授予专利的是：阐述了一种新的非显而易见的生产或者分离这种材料的发明，或者利用了专业人员不易识别的这种材料的特性和效力的发明。如果要在这种程度上阻止授予专利，那么公开的信息就必须包含这样的特性和效力。但是，如果谁识别出了这些信息，那就可能不是公开它们，而是也会要求用专利去保护对它们的利用。[57]因此，专门公开涉及生物材料的效力和特性，只在它们已经为人所知的情况下才是值得推荐的；这样的话，这种公开就确保了公开的时间点是可证明的，也保证了在法律只承认外国书面信息的国家属于现有技术。

9. 德国专利商标局或者欧洲专利局在对专利申请的客体进行新颖性和创造性活动审查时，常常并不掌握作为"审查材料"的全部相关现有技术。从实际的角度来看，审查材料首先是——即使无法保证完整——公开出版的专业文献、专利文献和专利申请以及其他技术保护权的材料；此外，以电子方式可以获得的信息，其意义会日益增加。此外，现行法律扩大了阻碍获得专利的现有技术信息范围，但这种预想大部分可能会因为形式上的问题难以成为专利局的审查材料。因此，这就扩大了审查材料与现有技术的差距，结果就很可能意味着增加了寻找对已授予专利异议和无效材料的期望。

Ⅴ. 在先专利申请作为损害新颖性的现有技术

1. 如果专利申请的内容在标准时间点公开了，任何观点都认为它属于现有技术（参见本节Ⅲ，Ⅳ）。但是，根据《专利法》第 3 条第 2 款、《欧洲专

---

〔56〕 A. M. anscheinend *Straus/Klunker*, aaO.

〔57〕 Vgl. Straus, in: *Thiele/Ashcroft*（Hrsg.）, Bioethics in a Small World, 2005, S. 45, 68.

利公约》第 54 条第 3 款和第 4 款，即使之后公开专利申请的内容，只要该申请的时间先于某个被审查可专利性的发明的申请时间，就同样可以对抗这个发明的新颖性。这种扩大的现有技术并不适用判断发明是否基于创造性活动（《专利法》第 4 条第 2 句、《欧洲专利公约》第 56 条第 2 句）。

2. 根据德国和欧洲法律，如果，且当两个申请都在联邦德国要求获得保护，一个申请才能被归入判定在后申请客体新颖性的现有技术。因此，对于在德国专利商标局申请的发明授予德国专利产生新颖性损害的在先申请有：在德国专利商标局的国内申请；指定了联邦德国并为此交付了指定费的欧洲申请（《欧洲专利公约》第 139 条第 1 款、第 79 条第 2 款；《欧洲专利公约实施细则》第 39 条）；指定了德国专利商标局的国际申请，但不包括德国实用型新申请（《实用型新法》第 14 条）以及在国外的国家保护权申请。

在适用《专利法》第 3 条第 2 款关于向联邦共和国递交的申请效力方面，根据《统一协议》，在民主德国递交的专利申请与自 1990 年 10 月 3 日起在德国专利局递交的专利申请是等同的（参见 § 6 Ⅳ 3）。

在先的欧洲申请可以对欧洲申请的新颖性造成损害，至于两件申请是否指定了同一缔约国，根据不再含有原第 54 条第 4 款的 2000 年《欧洲专利公约》，已经没有意义了。[58] 以欧洲专利局为指定局的国际申请等同于欧洲申请（《欧洲专利公约》第 153 条第 2 款）。相反，在指定的欧洲专利局缔约国的在先国家申请，只要依据这些国家的国内法——比如，根据《专利法》第 3 条第 2 款——有阻却授予专利的效力，而可以在授予欧洲专利之后根据国内法规定的程序——在德国可以通过无效诉讼——主张这种阻却授予专利的效力，那么它就不阻碍授予欧洲专利（《欧洲专利公约》第 139 条第 2 款）。

国际申请，只有当它在法定期限内用德语递交给了作为指定局的德国专利商标局或用其中一种官方语言递交给了作为指定局的欧洲专利局，并且向德国专利商标局或者欧洲专利局支付了依据 PCT 应当缴付的国家或者区域费用时，才会归入对于德国和欧洲申请的现有技术（《国际专利公约法》第 3 条第 8 款第 3 项、第 4 款第 2 项；《欧洲专利公约》第 153 条第 3 ~ 5 款以及《欧洲专利公约实施细则》第 165 条、第 159 条第 1 款（c））。如果一件将欧洲专利局作

---

〔58〕 促成这次修改的重要原因可能完全来自实务：根据欧洲专利局的费用规定，从 1999 年 7 月 1 日起，最多会有 7 项指定费被要求缴纳，如果再指定第 8 个或更多的缔约国，则费用不会再升高。如果没有相反的证明，通常情况下申请者的指定（有效地）指向所有的缔约国，因此，申请会以指定所有成员国的形式被提交。就未公开的更早的申请要求领土范围延伸的保护，对此的承认并不意味着删除原《欧洲专利公约》第 54 条第 4 款。这尤其涉及了《欧洲专利公约》第 139 条的规定，据此国内更新的申请的效力会受到之前该成员国被指定的申请的限制。

为指定局且指定了德国的国际申请要作为在先欧洲申请阻挡一件德国申请，也适用同样的规则（《专利法》第3条第2款第1句）。

3. 在先申请是否归入现有技术取决于，它是否还根据有关的程序规定事后被公开了。[59] 这对德国申请来说就是根据《专利法》第31条第2款、第32条第5款的公布，对于欧洲和国际申请就是根据《欧洲专利公约》第93条或者PCT第21条的公布。

后者就代替了——如果需要的话，与递交给作为指定局的德国专利商标局或者欧洲专利局并被其公布的德语或者官方语言译本一道——德国专利商标局或者欧洲专利局的公布（《国际专利条约法》第3条第8款第1项和第2项、《欧洲专利公约》第153条第3～5款）。

公布就使得回溯至其申请或者优先权日的在先申请的全部公开内容构成了损害新颖性的现有技术。这里，最初递交的版本是基准版本，即使后来公布的版本与其不同也是如此。但是，如果在先申请的时间依已被要求优先权的先前申请，那么根据《专利法》第3条第2款第2句，只有没有超过先前申请内容的在先申请内容才算是现有技术。[60] 对于欧洲申请则必须相应地适用《欧洲专利公约》第89条、第88条第3款。

扩展申请的内容以其申请日归属于现有技术，如果反过来，申请的内容小于构成优先权基础的先前申请的内容，那么这种公开了的扩展内容就不属于这里的现有技术。[61]

涉及微生物或者其他生物材料保存的申请（参见§14 Ⅲ e bb），保存的客体也属于根据《专利法》第3条第2款、《欧洲专利公约》第54条第3款归入（损害新颖性的）现有技术的公开内容。即使申请人依据《欧洲专利公约实施细则》第32条、《生物材料保存条例》第5条采用了"专家解决方案"，即只要不允许专家扩散交付给其检验的生物材料，因此保存的客体并没有被公开（参见本节Ⅳ3），但这种情形也适用这一规则。这里还要包括的情况是：在先涉及保存的申请，在在后申请的优先权日之前就已被专利局公布或公开

---

[59] 根据《专利法》第50条，出于保护国家利益的需要而不公开的德国专利申请，按照《专利法》第3条第2款第3句的规定，在该申请提出18个月后被视为已经公开了。

[60] 联邦专利法院就"可编程的门锁"案的判决（BPatG 22. 1. 2003 Programmierbarer Türschließer E 46, 242）同样如此，即在在先申请的标准时间点后提出的部分申请的范围被扩大的情况。联邦专利法院在此类推适用了《专利法》第3条第2款的规定；欧洲专利的部分申请则直接适用《欧洲专利公约》第76条第1款第2句的规定，部分申请的内容如未超过先前申请在申请日确定的完整内容，则先前申请享有优先权。

[61] Vgl. *Bossung*, GRUR Int. 1975, 338.

了。由于在这种公开的情形中，公众并没有能获得保存的客体，因此并不满足《专利法》第 3 条第 1 款第 2 句、《欧洲专利公约》第 54 条第 2 款的前提条件。而在采用保存的案件中按条文适用《专利法》第 3 条第 2 款、《欧洲专利公约》第 54 条第 3 款，就会对于在后申请造成获得专利的阻碍作用。因此，为了堵住由此产生的漏洞，在这里类推适用这一规则是完全合理的。[62] 适用这个规则是与将在先申请归入现有技术联系在一起的，《专利法》第 3 条第 2 款第 3 句对此也予以了确认：这种阻碍效力已经是与公开没有关系了。

这种公开或公布产生回溯力的前提条件是，申请在此刻仍然还在受理之中；如果在此之前撤回了申请，那么申请只在公开或公布的时候才是现有技术。[63] 相反，如果是之后才撤回，那么就不再有任何变化了。至于这个申请是否获得了专利，就没有什么意义了。[64]

Ⅵ. 无损害的公开

1. 根据《专利法》第 3 条第 4 款、《欧洲专利公约》第 55 条，如果公开不早于申请人递交申请的前 6 个月，并且直接或间接地明显滥用而对申请人或前手权利人造成不利影响，或者是申请人或前手权利人在 1928 年《国际展览会公约》意义上的官方或非官方认可的展览会上展示了发明，那么对这种公开就不适用《专利法》第 3 条第 1 款和第 2 款以及《欧洲专利公约》第 54 条。这一规则是以《斯特拉斯堡协定》第 4 条第 4 款为基础的。这就意味着所说的公开既不是已公开的知识，又不作为在先申请的内容而归入现有技术。[65] 这不仅适用于本来就可以损害在后申请发明新颖性的信息，而且还包括那些被认为是与此相近的、可以作为现有技术的信息。

对于滥用在先申请的情况，依据 1973 年的慕尼黑外交会议的观点，如果其（官方的）公开落入了宽限期，那么其内容就永远不属于现有技术。为了将下列情况也包含在内，即公布是在在后申请的申请日之后发生的，1972 年的草案，也是《斯特拉斯堡协定》第 4 条第 4 款所表述的"在 6 个月之内"被"不早于 6 个月"（在申请日或递交申请之前）所取代。[66] 由于原来的表述对将在后公布的申请归入现有技术的意义和目的认识不清；修改后的条文在利

---

〔62〕　So *Straus/Moufang*（FN 41）S. 143 Nr. 169.

〔63〕　BPatG 15. 10. 1992 E 33，171，173 f.

〔64〕　直到撤回决定不可撤销前，申请的撤回都是效力待定的，参见 BPatG aaO。

〔65〕　根据《专利法》第 3 条第 1 款、第 2 款，适用《专利法》第 3 条第 3 款、第 4 款推导出的是现有技术。虽然《专利法》第 3 条第 5 款没有提到第 3 款和第 4 款，与此同时《欧洲专利公约》第 55 条却援引了第 54 条第 4 款、第 5 款，但是这种规定的差异并没有给事实结果造成任何不同。

〔66〕　Vgl. *Loth*，Neuheitsbegriff，S. 294 f.；*Straus*，GRUR Int. 1994，89，92.

益和体系上是公平的——无论如何是不矛盾的——也可以这样来解释：只有当在先申请的时间位于宽限期之内的时候，滥用的在先申请的内容才不属于现有技术。[67] 否则的话，《欧洲专利公约》第 54 条第 3 款规定的滥用申请的回溯效力就会被完全忽略，双重授权的可能性就会大大增加。从法律政治的角度来看，应当将在先申请由其申请时间回溯而出现的新颖性损害从宽限期中排除，因为权利人对于滥用申请以及由此而授予的专利拥有足够的其他对付手段（参见 § 20）。

2. 这一规则的条文清楚地表明，6 个月的期限计算始终是从德国或者欧洲申请开始的，并不指某个所要求的优先权日。[68] 这符合德国司法判决[69] 的传统观点，联邦德国最高法院依据 1978 年以来施行的法律对此也予以了确证。[70] 欧洲专利局的扩大申诉委员会对此也作出了同样的裁决。[71] 因此，如果申请适用了一个至少 6 个月的优先权日，那么在申请之前公开的无损害的问题就无从提起了。

对于这种处理并不存在强制性的实质理由。优先权和有利于无损害公开的例外，由于其前提条件和效力是不同的，因此绝不是可以交换的。合法的发明占有者维护其某种公开不影响其获取专利的利益，也是，并且正是因为其第一个构成优先权基础的申请公开在先，它才存在的。合法的发明占有者可以不将在 6 个月内无损害公开后的后续申请作为在后申请的优先权基础的申请，因此，他就必须在这个期限内在所有施行与德国和欧洲法律一致规则的国家去进行申请，这是很难理解的。不过，有效的救济本可以只是承认了优先权期限与豁免期限累积的公约规定（参见第 6 点）。

3. 为展览规定的例外几乎没有什么实际意义。要依据《巴黎公约》就意味着，只能是较长时间间隔才允许的并且至少持续 3 个星期的世界展览和同级

---

〔67〕 BGH 5. 12. 1995 Corioliskraft BGHZ 131, 239, 242；*Kraßer*, GRUR Int. 1996, 345, 351 f. （在本书付梓之际，联邦最高法院的这项判决还尚未公开）。这种解释的反对者指出，它并不符合"缔约各方的共同意志"；so *Straus*, aaO 92 f. 然而，这种意志却形成了一种未经思考的错误想象；so BGH aaO 245 f.

〔68〕 Vgl. § 3 Abs. 4 PatG（„Einreichung der Anmeldung"）einerseits，Abs. 1 und 2（„dem für den Zeitrang der Anmeldung maßgeblichen Tag"）andererseits，ferner Art. 4 B PVÜ89 EPÜ（der Art. 55 nicht nennt）.

〔69〕 BGH 15. 12. 1970 customer prints GRUR 1971, 214；weitere Nachweise bei *Wieczorek*, Die Unionspriorität im Patentrecht, 1975, S. 202 ff.

〔70〕 BGH 5. 12. 1995（FN 67）239.

〔71〕 EPA 12. 7. 2000 G 3/98 Sechsmonatsfrist/University Patents und G 2/99 Sechsmonatsfrist/Dewert ABl. 2001, 62, 83.

的专业展览才可以考虑，而绝大多数的商业类展览就完全被排除了。[72]

如果申请人要利用"展览保护"，他就必须在递交申请的时候说明确实展示了发明，并在 4 个月内出示有关证明（《专利法》第 3 条第 4 款第 2 句、《欧洲专利公约》第 55 条第 2 款以及《欧洲专利公约实施细则》第 25 条）。

4. 如果要将某种公开归因于明显滥用而对申请人或者其前手权利人造成了不利，那么根据一些学术文献[73] 的观点，这就要求，某个第三人"以一种侵犯对于发明人或其权利继受人合同或者法定义务的方式，获得了或者向公众继续传播了"这种被公开的知识。

法定义务也是那些由禁止违背善良风俗原则得出的义务；对于合同需要考虑的是，应当遵守诚实信用原则解释和履行合同（《民法典》第 157 条、第 242 条），即使没有明显的约定，任何一方都可能有义务注意另一方的权利、法律财产和利益（《民法典》第 241 条第 2 款）。这还适用于由合同谈判、合同的开始或者其他商务接触产生的债务关系（《民法典》第 311 条第 2 款）。是否在这样的基础上[74]产生了阻止将来源于申请人或其前手权利人的信息继续扩散、向公众传播或作为专利申请内容的义务，还取决于具体情况。权利人不同意这类行为，还不足以构成滥用。[75]

如果行为人知道其行为毫无疑问将违反他的义务，那么这就是明显的滥用；如果他对其本来的侵犯义务的行为并无故意，比如，未仔细保存好应当保密的材料，并不能被认为是故意的滥用。

违反义务，也就是说违背了权利人的意愿，只需要是客观的，而对于第三人不必是可识别的，[76]与这个观点对立的是：如果第三人并不支持这样的意愿，那么客观上来看第三人的行为也没有违反义务。在这里需要注意的是，公开本身不需要是违反义务的，而仅仅必须是基于一种违反义务的行为。这也有可能不是最后使得信息公开或者申请专利的人的行为。参见后面第 5 点的

---

〔72〕 Zur Frage, ob die Regelung im PatG und EPÜ den durch Art. 11 PVÜ geforderten Ausstel – lungsschutz gewährleistet, vgl. *Bossung*, GRUR Int. 1978, 386（verneinend）；*Steup/Goebel*, GRUR 1979, 337（bejahend）.

〔73〕 Denkschrift zum StrÜ, Bl. f. PMZ 1976, 339 r. ；Bericht des Rechtsausschusses, Bl. f. PMZ 1976, 350 l.

〔74〕 在外国实施的行为，按照相应的而非德国的法律制度确定的标准同样可以评判该行为是违反义务的。

〔75〕 *Benkard/Melullis*, § 3 PatG Rdnr. 100；*Busse/Keukenschrijver*, § 3 PatG Rdnr. 216；Melullis, Ben – kard, EPÜ, Art. 55 Rdnr. 19.

〔76〕 *Benkard/Melullis*, § 3 PatG Rdnr. 100 b；*Melullis*, *Benkard*, EPÜ, Art. 55 Rdnr. 25 ff. , 33；anders *Schulte/Moufang*, § 3 Rdnr. 146.

示例。

滥用对于审查机构是否明显，无论如何是没有意义的；一般来说，这种机构不可能自己去识别是否是滥用；必须是专利申请人或者权利人才能辨别产生滥用的事实。在这种意义上，主张将明显性作为举证责任规则就可以这样来理解：证明不是滥用的举证责任转移到了需要证明不是滥用的人身上了。[77]

没有明确让公开了信息的人自由处分受让的争议信息，这一标志就阻止了事后再去虚构滥用的企图。这种有限的明显的标志是最为符合上述规则的目的的。[78]

依据这种观点，还可以看看是否有保密措施：[79]如果权利人不愿意让其他人获得的信息继续扩散，就必须注意让所有信息的接受者承担保密义务。因此，尤其是要至少清楚地告知非经营性接收人，他们所接受的材料是"托付的"（《反不正当竞争法》第18条）。如果接受人可能会不清楚，接受到底是什么意思，那么这时仅仅期待材料会被保密就是不够的。[80]对此，即使权利人只对他的秘密的保护采取了不完善的预防措施，也可分析得出他人的秘密也是滥用；只要其保密的意思不被行为人误解就足够了。相应而言，如果违反义务的行为通过严格的监管本来是可以阻止的，那么，侵犯了毫无疑问应当承担的保密义务也是明显的滥用。[81]

欧洲专利局对明显滥用设定的一般前提条件是，第三人的行为未经允许且有造成损失的故意或者明知其无权仍对发明人造成不利或者侵犯了信任关系。[82]后来它又强调，行为人的意图具有决定性的意义。这种意图的类型视其与申请人的关系而定；如果公开的意图就是造成损失或者公开的人完全清楚预计的损失，就是对信息所有人不利的滥用。[83]这种限制性的理解错误地认为：如果认可了某种公开的无损害性，那么就不应处罚具有某种恶意的公开信息的人，而是要恢复申请人受到侵害的权利。结果是，由巴西专利局对一项申请违规造成的提前公布被认为不是没有损害的，"因为这个专利局对申请人没有保密义务，而只是对公众承担了预防公开的义务"。但是，更有可能的是，即使

---

〔77〕　So *Busse/Keukenschrijver*，§3 PatG Rdnr. 221.

〔78〕　与罗特（Loth）的观点（参见 *Loth*，Neuheitsbegriff S. 334 FN 696 und EPÜ – GK Rdnr. 95 FN 236）不同，这里明显不是权利人同意的案件；这种同意排除了滥用行为，就此无需再议。

〔79〕　Vgl. die Denkschrift zum StrÜ（FN 73）.

〔80〕　Anders *Bossung*，GRUR Int. 1978，392.

〔81〕　与《研究报告》（脚注73）不同的是，认定滥用行为并不能一般地取决于权利人"采取了所有必要的保密措施"。

〔82〕　EPA 1. 7. 1985 T 173/83 Antioxidans/Télécommunications ABl. 1987，465.

〔83〕　EPA 9. 2. 1995 T 585/92 Desodorierendes Reinigungsmittel/Unilever ABl. 1996，129，133 f.

在巴西，阻止提前公布的规定主要也是为了保护申请人的利益。

5. 如果实施了明显的滥用，那么间接地由其促使的公开也是没有损害的，即使这个公开本身并不是滥用也是如此。6 个月期限的计算取决于公开的信息本来将归入现有技术的时间点；[84] 而对此的滥用行为本身可能会远早于这个时间点。

例如：某位雇员没有将其所作出的发明告知其雇主，而是泄露给了雇主的竞争者。数月之后，这位竞争者又将该发明卖给了第三人。根据相应的情况，该第三人没有理由怀疑转让人的合法权利。一段时间之后，该第三人生产了依据该发明的产品并将其投放到了市场。而在该市场上，该发明对于专业人员来说是很清晰的。在这种情况中，公开只是在产品进入市场才发生的，而这本身不是滥用，但却归因于雇员（和也可能是第一个受让人）的明显滥用行为。在产品首次投放市场之后 6 个月期限到期之前，这种公开对于受害雇主为该发明而递交的申请是没有损害的。

6. 如果没有出现无损害的展示这种极少的情况（参见第 3 点），经过权利人意思公开的或者成为（后来公布）的专利申请客体的信息就属于现有技术。因此，对于发明人和企业就存在因为针对没有保密义务的第三人的公开、通知或者演示，或者由于对发明的公开实施尤其是对发明产品的测试，形成阻碍在后专利申请的现有技术的危险。即使这些提前公开的信息并不与发明本身有关——有可能是与其他属于现有技术的知识有关——也会造成在后申请的发明被看成是显而易见的，尤其是科学知识的出版物会以这种方式构成申请专利的障碍。

与自己在先申请"自我冲突"的风险倒是不大。虽然这种在先申请——在后来公布之后——从其申请日或者优先权日起归属于现有技术；但是，这种现有技术并不适用于判断创造性活动，因此，它阻却获得专利的效力就要远小于公开了的知识。因此，如果接近于自己申请内容的后续改进的申请早于在先申请的公布，它也有可能获得专利。

由此可见，如果拥有了可能描述或促成一项可专利发明的知识，面对现在的法律状况，没有进行相应的申请，就一定要小心避免将这种知识以任何方式公开。[85]

从法律政策的角度来看，取消对发明人和其权利继受人自身在先公布的宽

---

〔84〕 联邦专利法院确定的期限计算规则（BPatG 17. 4. 1986 E 28，90）是符合《民法典》第 193 条的规定的。

〔85〕 *Bossung*，GRUR Int. 1978，393，empfiehlt treffend：„Schweigen und Anmelden".

限期，很快就被认为是错误的。[86] 但是，只是在国内层面的再次申请并不能排除在其他国家的这种公布将阻挡取得有效专利；因此，尽可能在世界范围内认可有效的宽限期限是值得推荐的。[87] 1991 年的《〈专利法条约〉草案》（参见§7 Ⅰ e）建议了一种从优先权日往前算、也应适用于发明人或者其权利继受人自己在先公开的 12 个月的宽限期；但是该条约并没有被签署。TRIPS 对此没有规定。1998 年以来，欧洲议会以及《欧洲专利公约》的成员国一直致力于讨论，引入一种欧洲宽限期规则的可能性。[88] 但是，在 2000 年的《欧洲专利公约》修订会议上并没有讨论这个议题。[89]

B. 实用新型法

如同 1978 年以来的《专利法》一样，自 1987 年以来，《实用新型法》也开始通过现有技术确定新颖性。根据《实用新型法》第 3 条第 1 款第 1 句，如果"实用新型的客体"[90]不属于现有技术，那么它就是新的。

基于创造性方法的要求（《实用新型法》第 1 条第 1 款）在法律上并没有定义，因此，也就没有涉及现有技术。尽管如此，在审查这一要求时仍然是以现有技术为出发点。这是因为，创造性方法的要求被认为是低于、但相当于《专利法》上的基于创造性活动的要求（参见§18 Ⅰ b）。

《实用新型法》并不像《专利法》那样，其认定损害新颖性的现有技术的规则没有"欧洲化"，而是在《实用新型法》第 3 条第 1 款第 2 句、第 3 句保留部分源于 1891 年、部分源于 1936 年的老规定，并参照其中的宽限期甚至为申请人扩大了这些规则。因此，就产生了下列与《专利法》不同的地方。

1. 并不是所有在申请日或者优先权日之前公开了的知识都属于现有技术，

---

〔86〕 Vgl. *v. Pechmann*, Ist der Fortfall der Neuheitsschonfrist des §2 Satz 2 PatG noch zeitgemäß? GRUR 1980, 436–441; *Bardehle*, Zur Neuheitsschonfrist, GRUR 1981, 687–690; *Pagenberg*, Vorbenutzung und Vorveröffentlichungen de s Erfinders, GRUR 1981, 690–695; *Beier/Straus*, Der Schutz wissenschaftlicher Forschungsergebnisse, 1982, S. 76 ff.

〔87〕 *Bossung*, GRUR Int. 1978, 395ff.; *Bardehle/Beier/v. Pechmann*, Vorveröffentlichung und Vorbenutzung durch den Erfinder, GRUR 1980, 502–504; *Pagenberg*（FN 86）; *Beier/Straus*（FN 86）S. 78 ff.

〔88〕 Dazu eingehend *Straus*, Grace Period and the European and International Patent Law. Analysis of Key Legal and Socio–Economic Aspects, 2001.

〔89〕 *Nack/Phélip*, GRUR Int. 2001, 322 f.

〔90〕 这是考虑到自 1990 年 7 月 1 日生效以来的《实用新型法》在第 1 条第 1 款中对实用新型保护设置的发明概念；so zutreffend OLG Zweibrücken 4. 11. 2004 Kristallampen–Sockel GRUR RR 2005, 241. Vgl. zur Terminologie oben §1 B Ⅰ 1.

而只有那些由书面描述或者国内实施公开了的知识才归属于现有技术。[91]

至于是否通过这些过程信息就公开了，则仍是依据《专利法》中的同样的规则来判定（参见本节 A Ⅳ）。[92]

2. 如果在先申请的内容是在在后申请的实用新型的申请日或者优先权日之前公开的，它才属于现有技术。除此之外，凡涉及未公开的在先申请，适用禁止多重保护的原则：如果未公开的在先申请获得了（权利持续的[93]）专利或者实用新型，它才会产生阻却获得保护的效力（《实用新型法》第 15 条第 1 款第 2 项、第 13 条第 1 款）。

为了确认阻却获得保护的范围，应该比较在先权利客体与在后实用新型客体的保护要求是如何定义的。[94]如果在后实用新型权利要求特征与在先权利的是一致的或者仅仅只是——在现行确定保护范围的法律意义上（参见 § 32 Ⅲ d）——这种特征的等同转化，那么在后的实用新型就是无效的和可注销的。但是，如果在后实用新型的客体使用了受在先权利保护的发明，也就是说实施在后实用新型将会侵犯在先的权利，这还不足以无效和撤销它。[95]更多的情况是，如果在后实用新型的客体显示了（至少）一个在先权利的权利要求没有包含的特征，就不存在保护的阻碍了。[96]在这种情况中，由于在先权利并没有在先公布也就不是阻却获得保护的现有技术，因此在先权利不会影响到在后实用新型的权利存在。[97]并不需要对它进行限制，因为它的客体通过（至少）一个特征区别了在先权利的客体。两个权利的关系是依照在从属关系中适用的规则来确定的（参见 § 33 Ⅰ c 8）。

3. 根据《实用新型法》第 3 条第 3 款第 3 句，发生在决定某个实用新型

---

〔91〕 以"接近"书面的方式和口头阐述的方式引起可能的实施，对这样的行为的意义，参见 BGH 3. 12. 1996 Profilkrümmer GRUR 1997，360，362. 有学者认为在互联网上公开的内容并非书面的公开，但也是一种使公众知晓的方式，所以不是实用新型法意义上的现有技术，参见 *Klicznik*，S. 130 ff. 另有学者持不同观点，将其比照为印刷品，参见 *Niedlich*，Mitt. 2004，349。

〔92〕 BGH 5. 6. 1997（FN 23）45.

〔93〕 S. *Loth*，§ 15 Rdnr. 48.

〔94〕 *Benkard/Goebel*，§ 15 GebrMG Rdnr. 13；*Benkard/Ullmann*，9. Aufl.，§ 3 PatG Rdnr. 147 ff.；*Loth*，§ 15 Rdnr. 50；*Busse/Keukenschrijver*，§ 3 PatG Rdnr. 167 ff.

〔95〕 有学者错误地认为，与侵权争议时诉讼保护法相关的结构形式一样，在一致性检验时，新的申请与在先的申请具有同样的地位，参见 *Benkard/Ullmann*，aaO Rdnr. 149 und im Anschluß hieran *Loth*，aaO.

〔96〕 So zutreffend *Hüttermann/Storz*，Zur Identität nach § 15 Ⅰ Nr. 2 Gebrauchsmustergesetz，Mitt. 2006，343，345.

〔97〕 有学者支持将《实用新型法》第 15 条第 1 款数字 2 按照"新颖性检验来解释"。当然，这样的检验并不是与现有技术，而是与保护请求权进行比较，同时还要考虑等价原则，否则的话，法律意在避免双重保护的目的就不能实现，参见 *Hüttermann/Storz*，aaO.

申请时间日期之前 6 个月之内的描述或者实施，如果是基于申请人的或者他的前手权利人的行为，那么是可以不考虑的。这就构成了一种宽限期，它不——像在专利法——仅仅只是指滥用，而且还包括由申请人或者他的前手权利人自己造成或促使的公开没有损害性。

这一规则还适用于提前在先公开和在先实施的并不是完全照搬了在后申请的发明，而只是其所基于的创造性方法涉及在后申请的发明；也并不要求申请人或者前手权利人已经占有已达到申请程度的发明。[98]

《实用新型法》上的宽限期——不同于《专利法》（参见本节 A Ⅵ 2）——是从决定申请的时间的那天，也就是说，在有效主张了也可能是展览优先权的优先权（参见第 4 点）时，从优先权日往后计算。这里，为实用新型而要求的专利申请的优先权，即使如果所涉及的在先公开不能依据《专利法》第 3 条第 4 款对于专利申请是无损害的，从而未能获得（权利存续的）专利，对于实用新型申请也是有效的。[99]

4. 宽限期还使得从中可以获取在随后 6 个月内申请实用新型的发明客体的展览没有损害性。此外，依据《实用新型法》第 6a 条[100]，在联邦司法部相应公告标明的展览上的发明展示，享有在 6 个月内递交该发明的实用新型申请的优先权。[101]

如果要主张这种宽限期，就必须在发明的首次展示之后的 16 个月期限到期之前，说明展示的日期和展览会，并提交关于展示的证明（《实用新型法》第 6a 条第 3 款）。

根据《实用新型法》第 6a 条第 4 款，展览优先权并不要求在第 6 条第 1 款中规定的国内优先权的期限（参见 §24A Ⅸ b 和 B Ⅰ）。因此，在后的实用新型申请只能在首次展示之后 12 个月时间到期之前，主张递交了要求展览优先权的实用新型申请的优先权。[102]

依法主张《实用新型法》上的展览优先权，将造成首次展示的日期决定了申请的时间，以及对于判定发明可保护性起决定性作用的现有技术。相比于

---

〔98〕 *Benkard/Goebel*，§3 GebrMG Rdnr. 17；*Busse/Keukenschrijver*，§3 PatG Rdnr. 207，209.

〔99〕 BGH 7. 2. 1995 Flammenüberwachung Mitt. 1996，118.

〔100〕 该规定与《实用新型法》第 15 条一起取代了自 1904 年 3 月 8 日开始实施的保护展会展品的法律规定，这些法律的最近一次修改是在 1994 年 10 月 25 日。

〔101〕 Vgl. *Busse/Keukenschrijver*，§3 PatG Rdnr. 227 m. Nachw.

〔102〕 Die Frage, ob durch Verzicht auf die Ausstellungspriorität die volle Frist für die innere Priorität wiedergewonnen werden kann, ist praktisch bedeutungslos, weil ein solcher Verzicht zwangsläufig bewirken würde, daß die zur Schau gestellte Erfindung in den für die Nachanmeldung schutzhindernden SdT fiele.

在《专利法》第 3 条第 5 款第 1 句第 2 项规定的宽限期的优先权（参见本节 A
Ⅵ 3），这种优先权对于很大范围内的展览都是可能的。它的效力包括在展示
和申请公布之间的所有信息，它们可能是源于展示或者以其他方式源于申请人
或其权利继受人，或者是由第三人自己加工的或从其他渠道获得的信息。如果
在先的申请获得了专利授权或者实用新型登记，那么，这种优先权同样也不
破坏依据禁止多重保护原则（参见第 2 点）由在先申请产生的阻却获得保护
的效力。[103]

§ 17 新颖性

Ⅰ. 法律中的新颖性概念

a）专利法

1. 专利法中使用的新颖性概念是为了达到其目的而自行定义的，可称之
为 "人为的" 或 "官方的" 新颖性概念。重要的是《专利法》或《欧洲专利
公约》认可某发明的新颖性，而除此之外的一切非专利法的认定是没有意
义的。

德国及欧洲现行专利法中对于新颖性的规定直接参照了关于现有技术的规
定：若一项发明不属于现有技术，则具有新颖性（《专利法》第 3 条第 1 款第
1 句、《欧洲专利公约》第 54 条第 1 款以及《斯特拉斯堡协定》第 4 条第 1
款）。现有技术的范围越广，则新颖性概念的覆盖范围越窄，反之亦然。因此，
相比之前的德国法律规定，现行的新颖性概念的覆盖范围就要窄一些。新的修
订使得专利法对于新颖性的要求更为严格，与以前的旧法律相比，其要求也更
难达到。在旧法律中，现有技术受到时间、地点和表现形式等方面的制约
（参见 § 16 Ⅱ），仅要求相对新颖性。现行法律则不再考虑这些制约因素，而
是规定为公众已知即为现有技术，要求绝对新颖性。

专利法中的新颖性概念是自行创建的，其法律效果与其他新颖性概念无

---

[103] Zweifelnd *Benkard/Goebel*, § 6 a GebrMG Rdnr. 12 mit der Begründung, Prioritätsrechte würden für
den Löschungsgrund des äteren Rechts（§ 15 Abs. 1 Nr. 2 GebrMG）nicht als relevant angesehen. Das steht je-
denfalls mit Art. 4B Satz 1 PVÜ nicht im Einklang, wonach eine Hinterlegung, der die Unionspriorität zu-
gutekommt, insbesondere durch eine（im Prioritätsintervall erfolgte）andere Hinterlegung nicht unwirksam
gemacht werden kann. Was § 15 Abs. 1 Nr. 2 GebrMG betrifft, ist kein Grund ersichtlich, aus dem für die –
sowohl für das schutzhindernd geltend gemachte Recht als auch für das angegriffene Gebrauchsmuster zu beant-
wortende – Frage, welche Anmeldung die „frühere" ist, nur das Datum der Einreichung beim DPMA, nicht aber ein
vor diesem Datum liegendes, wirksam beanspruchtes Prioritätsdatum berücksichtigt werden müßte.

关。因此，我们也无须询问为公众所知即不存在新颖性的规定[1]到底是一项无可非议的判断还是仅是拟制。不论如何，专利法中的新颖性概念与"自然"或"实质性"新颖性概念之间的关系，都是可以探讨的。若"自然的"新颖性仅指之前不存在或是根本不为人所知，则专利法规定的新颖性包括的范围更广：存在且仅为个别人所知，但不为公众所知，即（除了在先申请之外）在专利法上具有新颖性。相反，"实质的"新颖性则要求不为任何专业人员所知，[2]因此其范围又广于专利法规定的新颖性概念。这并不意味着所有根据法律规定不具有新颖性的，即视为被公众或是"普通专业人员"所知道的（参见§18 Ⅱ 3）。

2. 尽管在规定的公布日期之前，专利申请的内容并没有公开，绝对新颖性概念也不要求包括它的内容。从以公众知悉为标准的新颖性概念角度出发，将某些公众未知的申请包含在内只是一种拟制：尽管一些东西从自身一般的尺度看是新颖的，但法律上却不能视其具备新颖性。

然而，值得探讨的是：是否存在相对狭义的新颖性概念，可以把已为公众所知的东西与属于现有技术但并未予以公开的申请均排除在外？毕竟这些内容存在且已为特定人群所知。但若是仅仅以此为评断标准，则很难解释，为何在规定日期前已存在、为特定人群所知但又不为公众所知的内容中，只有有限的部分被视为不具新颖性。

还有一种与现行规定更为接近的新颖性概念，它不仅排除了为公众所知的内容，还将近期显然要公开的内容也排除在外。由于申请本身即是对发明创造的一种披露，是将其公之于众的一种方式，那么也可以认为，若首次申请被公开，那么大众对于在后申请的公开就会失去兴趣，申请也就不再值得奖励。[3]同理，未申请专利的知识也只有在其真正公之于众的时候其新颖性才会受到损害。但仍然无法解释的是，未公开的在先申请的内容，根据《专利法》只在其寻求德国的保护情况下，以及根据《欧洲专利公约》只当其是欧洲专利申请或者是国际申请并以欧洲专利局为指定局的情况下，才算作是现有技术。但是，依据《专利法》，外国的国家申请、没有指定德国专利商标局的国际申请以及没有指定德国的欧洲专利申请，并不视为现有技术。此外，按照《欧洲专利公约》，国家申请以及没有指定欧洲专利局的国际申请，也不是现有技术。

---

〔1〕 Hierzu *Bernhardt*, S. 57；BGH 19. 6. 1962 BGHZ 37, 219, 232；*Bossung*, GRUR Int. 1978, 388, FN 51；*Kolle*, GRUR Int. 1971, 64, 69, 77；*Liedel*, S. 193, FN 7；*Troller*, Immaterialgüterrecht, Bd. I, S. 199.

〔2〕 Vgl. *Kolle*, GRUR Int. 1971, 69 f.；zum materiellen Neuheitsbegriff *Troller*, aaO S. 195 ff.

〔3〕 Vgl. *Kraßer*, GRUR Int. 1967, 286 f.；Begründung zum IntPatÜG, Bl. f. PMZ 1976, 333.

由于专利法的本意是这种限制性的新颖性概念，因此，在这里就存在拟制的成分。这一拟制是极难满足的。在先的申请由于其界限的特殊性而被归入现有技术，最终只有从避免出现双重保护的目的，反而才更容易理解（参见本节 II 2）。而认为申请即会导致公开这一思想虽然看似合理，并与新颖性要求联系紧密，但在现行法律中却并不足以支撑"在先申请的发明即不被视为具有新颖性"这一论证。

根据 2000 年《欧洲专利公约》对于欧洲申请客体新颖性的规定，现有技术不再取决于，该申请是否或在多大程度上与在先未公开的申请指定了同样的缔约国。但这并不意味着《欧洲专利公约》把后者列入现有技术，不再是为了避免双重保护的首要目的。[4]

3. 《专利法》第 3 条第 3 款与《欧洲专利公约》第 54 条第 4 款中有一条规定明确了"属于现有技术的知识不具有新颖性"原则的例外情况：若物质或混合物属于现有技术，但它是确定运用在《专利法》第 2 条第 1 款第 2 项或《欧洲专利公约》第 53 条规定的一种医疗方法上，并且以其中一种方法对它的运用不属于现有技术，则不排除其可专利性。这一例外也扩展适用于，在后公布的在先申请中属于现有技术的物质和混合物的情况。其意义在于：为新认识的医学上的运用赋予原本已属于现有技术物质的医学用途以新颖性，由此获得一种"目的性的物质保护"。从概念上看，这也是一种拟制。但是这种保护的特殊目的仍是阻止属于现有技术的东西获得保护。

与此相应的是，根据 2000 年《欧洲专利公约》第 54 条第 5 款与《专利法》第 3 条第 4 款的规定，即使物质与混合物在医疗用途中已属于现有技术，在"特殊"的医疗用途中仍然允许它们获得保护。

b）实用新型法

由于《实用新型法》限制了现有技术范围，只考虑书面描述与国内实施情况（参见 § 16 B 1），所以不要求绝对新颖性，只要求相对新颖性。因此按照《专利法》，不具有新颖性的发明，在实用新型方面却可能是新颖的。同时由于对于在先公开的"无损害性"规定各异（参见 § 16 B 3），这又加大了这种可能性。

与《专利法》第 3 条第 3 款、第 4 款和《欧洲专利公约》第 54 条第 4 款、第 5 款规定不同，对于属于现有技术的物质及混合物（有《实用新型法》上医疗用途）的（目的性的）产品保护，在《实用新型法》中并无规定。《实用新型法》第 2 条第 3 款也明确反对通过实用新型对属于现有技术产品的医疗新

---

[4] Vgl. oben § 16 A V2 FN 57.

运用进行方法保护（有关详细信息参见§24 B Ⅳ）——联邦最高法院的判决将其视之为运用保护，欧洲专利局的裁判则视其为"生产方法的目的性保护"（参见§14 Ⅲ f）。

Ⅱ. 新颖性概念的目的

1. 对新颖性概念进行严格定义，使其允许个别情况的存在但把这种例外降到最低，这是专利法上一项历史悠久、影响广泛的传统。这既可以从专利保护的目的，也可以从对审查机关的实际考虑上来解释。对此《实用新型法》中也有相应规定。

专利保护或实用新型保护奖励的不是主观的努力，而是客观的、有价值的成果。若有人再次发明了存在且已为人所知的东西，尽管可能也付出了独立的劳动，仍不能得到保护。其个人成果也无法从已有的、可自由实施的知识中区分开来。因此，这也使得发明人在作出发明和申请时，他是否一定或也许只是可能知道这种知识的存在和公开，是没有区别的。当然，必须排除的是，对于纯粹从公开渠道获得的现存知识给予（法律存续性的）专利或实用新型。获得这些信息的渠道及其使用，对于公众都是公开的，即使如果没有人首先对这些信息的开发，也许它就不会被人注意，不会被人利用，也是如此。

如同过去的历史告诉我们的，对于什么知识是否已充分公开，因而被排除在保护之外的判定，往往取决于当时的交通运输与通信水平。交通与通信使得知识的远距离传播越容易，人们对此的贡献获得的奖励就会越少。同样的道理，发明的智力作者应当得到保护的观念，也在日益扩展。

一个定义严格、界限分明的新颖性概念能够减轻专利审查机关的工作强度。尤其是在实行专利预先审查的国家，审查员通常能够获得的比较性材料才主要被视为损害新颖性的现有技术。因此，德国与英国在适应欧洲法律之前，还是实行专利法上的相对的新颖性，而其他一些不实行审查制的国家则已推行了绝对新颖性。[5]现行的德国与欧洲专利法对新颖性的定义不再考虑审查机关的常规审查材料范围，但这几乎并不会导致审查方式出现大的变化（参见§16 A Ⅳ 9）。

2.《专利法》与《欧洲专利公约》把在先申请列入现有技术的规定应该避免同一发明受到双重（或多重）保护，从而维护第一个申请人与普通公众的利益。[6]从这个角度来看，若在先申请已获得专利，那么拒绝新的申请就足

〔5〕 Vgl. die Denkschrift zum StrÜ, Bl. f. PMZ 1976, 338 r.

〔6〕 Vgl. *Kraßer*, GRUR Int. 1967, 285 m. Nachw.

以达到保护目的。实用新型法就具有这样一种意义，即坚持阻止双重保护的限制性规则（参见 § 16 B 2）。根据《斯特拉斯堡协定》第 6 条的规定，所有未根据第 4 条第 3 款而将在后公开的在先申请归入现有技术的缔约国的专利法，应当承担完全的"禁止双重专利"的义务。显然，两种方案中，后者提供了一些实践上的好处，这就使得《欧洲专利公约》与多数缔约国的法律更倾向于选择第二种方案。第二种方案能够减轻审查工作，因为对在先申请进行比较的方法与其他的审查方法相同：必须考虑到所有已公开内容对授予专利的不利影响（whole contents approach）；在先申请中的权利要求也并不具有决定性的影响（prior claim approach）。由于并不取决于在先申请最终是否被授予了专利，[7] 因此，对于重叠申请，就不必对在后申请作决定之前等待对于在先申请的决定。此外，对在先申请可能晚些时候提起的或者根本不会提起的审查请求，也就没有必要了。所以说，在延迟审查制度中，现行法律提供的解决方案要优于以前的法律，[8] 尤其是对于像《专利法》这样规定了很长的提起审查请求期限的法律。此外，通过现行法律还排除了将在先申请中未提出请求的内容又作为在后申请客体的情况。通常来说，这就会造成，未获得专利的已公开的申请内容，即使又成了在后申请的客体，也是不受保护的。这就扩展了能够无限制利用的现有技术范围。

尽管新规定的作用远不止禁止双重专利，但另一方面，却又无法将双重专利完全排除，原因在于若在先申请相较于在后申请人或者其前手权利人是滥用，则申请内容对于在后申请人不属于现有技术（参见 § 16 A Ⅵ），两个申请都可以授予专利。[9] 虽然由于滥用而被侵害的申请人可以阻止之前的申请（参见 § 20），但并不能保证他们会行使这一权利。

这一法律规定不会被视为违反了《斯特拉斯堡协定》，[10] 因为《斯特拉斯堡协定》仅在先申请内容不属于现有技术（第 6 条）时要求排除授予双重专利，同时还明文规定，不得由于某些被滥用的公开而不授予专利（第 4 条第 4 款）。这样一来，《斯特拉斯堡协定》中就有了一些关于双重专利的漏洞。

---

〔7〕 1968 年《专利法》第 4 款第 2 条禁止双重专利，据此，在授予专利后，仍可通过对之前申请的无效认定使专利阻碍事由及于此申请，参见 *Benkard/Ullmann*，9. *Aufl.*，§ 3 PatG Rdnr. 148。

〔8〕 Vgl. die Denkschrift zum StrÜ，Bl. f. PMZ 1976, 339 l.

〔9〕 学者指出了其他可能出现的获得双重专利的可能性：即在第 3 条第 2 款和第 4 款生效的过渡期，参见 *Bossung*，GRUR Int. 1978, 387。另有反对在过渡时期适用 1968 年《专利法》第 4 条第 2 款的声音，参见 die Voraufl.，S. 154 FN 8，*Benkard/Ullmann*，9Aufl.，§ 3 PatG Rdnr. 2，121 und BGH 8. 1. 1991 Beschußhemmende Metalltür GR 1991, 376, 377。

〔10〕 A. M. Bossung, aaO 396.

是由在先申请公开的内容，而不是由其将获得的专利（可能的）确定的保护范围产生阻碍授予专利的作用，也可能导致双重专利的出现（参见本节Ⅲ 6）。

3. 已知物质在医学上的新用途，如果这种功能是首次陈述，就被排除在现有技术之外（《专利法》第 3 条第 3 款，《欧洲专利公约》第 54 条第 4 款、第 5 款）。这一规定主要考虑到《专利法》第 2a 条第 1 款第 2 项与《欧洲专利公约》第 53 条 c 中医学方法不能授予专利的情况，因此，对新的、并非显而易见的医学用途知识授予不是方法性的而是目的性的产品保护（参见 §14 Ⅲ f）。

Ⅲ. 新颖性审查

1. 根据德国的实践，一项发明的新颖性往往通过单独比较的方法来审查。[11] 对每一项从时间或是信息内容上可能影响新颖性的行为本身，如公开、实施或是专利申请，也就是说必须从现有技术的其他元素剥离出来进行审查：因上述行为而为公众所知或为发明为获得专利而公开的知识，是否具有新颖性。如果来源于分离于现有技术因素的发明可以"打上马赛克"，其新颖性并不会受到影响。

欧洲专利局的审查方式也是如此。根据《审查指南》（C Ⅳ 9.1），新颖性审查时不得将现有技术的不同部分糅合在一起。申诉委员会的裁决支持这一立场。[12]

将某个公开的内容与以下面这样一种方式参照了其他印刷品的内容结合起来考虑，根据联邦最高法院[13]与欧洲专利局[14]的意见，与单独比较的原则并不矛盾：假如将该公开的内容印刷出来，其他印刷品就构成该公开的基础，并因此同样成为该公开的内容。

2. 与之前的德国法律不同，《专利法》与《欧洲专利公约》并未明文规定，信息的新颖性损害取决于"此后其他专家有可能实施"（1968 年《专利法》第 2 条第 1 款）。对此或许可以这样得到解释：定义现有技术也是判定创造性活动的基础。由于在与现有技术显得差别不大的情况中，是没有创造性活

---

〔11〕 RG 26. 8. 1941, GRUR 1941, 465, 468; BGH 17. 1. 1980 Terephthalsäure BGHZ 76, 97, 104; 15. 3. 1984 Zinkenkreisel BGHZ 90, 318, 322; *Benkard/Melullis*, §3 PatG Rdnr. 12ff; *Busse/Keukenschrijver*, §3 PatG Rdnr. 107; *Schulte* §3 Rdnr. 137; *Pietzcker*, Rdnr. 44; *Rogge*, GRUR 1996, 932; jeweils mit Nachweisen. Als Beispiel vgl. BGH 4. 7. 1989 Sauerteig GRUR 1989, 899.

〔12〕 EPA 11. 12. 1986 T 153/85 Alternativansprüche/Amoco ABl. 1988, 1; s. auch *Melullis*, Art. 54 Rdnr. 26 mwN.

〔13〕 17. 1. 1980 (FN 11); 14. 5. 1985 Bl. f. PMZ 1985, 373.

〔14〕 T 153/85 (FN 12); vgl. auch EPA 16. 3. 1989 T 77/87 Fehlerhaftes Referat/ICI ABl. 1990, 280, wo eine fehlerhafte Angabe in einem Dokument, das auf ein anderes, das Originaldokument, Bezug nimmt, mit Rücksicht auf letzteres für unbeachtlich erklärt wird.

动的，就不能对现有技术提出这样一种一般性要求：已公开的知识使得专业人员能够直接进行仿造。尽管如此，还是与以前一样必须坚持，信息只有在这种前提下才是损害新颖性的。[15]

尽管《实用新型法》在引入现行的第 3 条第 1 款之前，就已经不考虑专业人员是否能实施的问题，定义了新颖性损害的概念，事实上，《实用新型法》的这种规定是借鉴了以前的《专利法》。[16]

在现行的法律文本中，是这样来论证能够达到专业人员仿造程度的信息公开的必要性：只要发明不属于现有技术，就已经具有新颖性。因此，对于包含在现有技术中的知识，专业人员只是可能作出发明，并不损害新颖性。只有当专业人员由于有了先前行为的一致事实，在现有技术中完全地发现发明的时候，它才属于现有技术并因此不具有新颖性。由此可见，若某种公布仅限于提示或推测，或只是告知了一般的基础知识，就不会损害新颖性。也许这些公布可能接近发明，或是已经具有一些创造性特性，但要排除新颖性还需要有具体的行为指令。[17]

3. 需要进行比较的是：可能损害新颖性的公开文件内容或其他情况[18]以及审查中必须审查的申请中用以确定寻求保护客体的权利要求。[19]这些权利要求不能包含有：在其他类型的单一描述、实施过程或是情况中已经出现过的内容。[20]相应地，也不能有在对专利的异议和无效以及对实用新型的注销程序中的审查中出现过的内容。

---

〔15〕 *Busse/Keukenschrijver*，§ 3 PatG Rdnr. 116；*Benkard/Ullmann*，§ 3 PatG Rdnr. 28；für das EPÜ_ *Melullis*，Art. 54 Rdnr. 144 ff.，164 ff.；*Günzel*，S. 447 f；EPA 28. 2. 1985 T 198/84 Thio－chlor-formiate/Hoechst ABl. 1985，209，213（Nr. 4）；26. 3. 1986 T 206/83 Herbizide/ICI ABl. 1987，5；20. 9. 1988 T 26/85 Dicke magnetischer Schichten/Toshiba ABl. 1990，22；27. 2. 1991 T 572/88 Reaktivfarbst-offe/Hoechst GRUR Int. 1991，816；8. 4. 1997 T 207/94 humanes beta－Interferon/Biogen ABl. 1999，273，289（Nr. 19）；30. 3. 1999 T 977/93 Impfstoff gegen canine Coronaviren/American Home Products ABl. 2001，84.

〔16〕 *Benkard/Ullmann*，7. Aufl. 1981，§ 1 GebrMG Rdnr. 28 f.

〔17〕 BGH 6. 4. 1954 Holzschutzmittel GRUR 1954，584；18. 12. 1975 Alkylendiamine BGHZ 66，17，33 f.；26. 1. 1988 Fluoran BGHZ 103，150.

〔18〕 根据欧洲专利局的裁决，不仅要审查信息手段的可获取性，还要审查信息内容的可获取性，参见 EPA 17. 8. 1994 T 952/92 Vorbenutzung/Packard ABl. 1995，755；zustimmend BGH 5. 6. 1997 Leiter-plattennutzen BGHZ 136，40，51. 有关之前未公开的属于现有技术的申请，参见 § 16 A V 3. 根据《专利法》第 36 条和《欧洲专利公约》第 78 条第 1 款（e）、第 85 条，对在先申请所作出的总结无须考查。

〔19〕 BGH 26. 9. 1989 Schüsselmühle GRUR 1990，33，34 r.

〔20〕 BGH 24. 3. 1998 Leuchtstoff GRUR 1998，1003；BPatG 12. 12. 2002 Zöliakie E 46，177，182 ff.；das Neuheitserfordernis wirkt deshalb einer „unangemessenen Breite" der Ansprüche entgegen，vgl. BPatG 30. 7. 2003 Frühestmöglicher Auslösezeitpunkt E 47，163，166.

起决定性作用的是文件或其他情况对于主管专业人员而言所包含的信息内容。[21]其中也包括专业人员认为是"不言而喻或是不可或缺的"而添加的内容、在认真阅读时必然认识到或是"立刻会思考出"的内容。[22]

比如，对于专业人员来说，除了文件中提到的连接器，完整的插塞式连接，还包括另一个插座式连接器，[23]这是不言而喻的。如果描述中的两个控制电路具有类似工作模式，而只明显地描述其中一个是无级控制阀门，那么专业人员自然会想到另外一个也是这种阀门。[24]若一个组件的工作方式超出了引用文件的范围，但专业人员在阅读文件时却能自然地想到，那么它就是随之公开了的。[25]驱动器（放大器）理所当然要与光电二极管连接，但至于采取两种连接方式中的哪一种，[26]就不是自然而然的了。现有技术的预先描述与受保护方法的区别在于：前者未给出水杨酸胆碱结晶的说明，但被视为损害新颖性，原因是在申请日对于结晶的描述对于具有一般专业知识的人员来说是不言自明、可通过常用方法获取的。[27]

此外，方法说明的损害新颖性的公开内容还包括，专业人员在照此加工后即会直接和必然认识到的结果。[28]

信息中的错误不能成为其完全不属于现有技术的理由。[29]这又更多地取决于专业人员的理解能力，是否能够识别错误，并以相应正确的方式理解信息。通常来说，专业人员具有这种能力。

专业人员的专业知识则是由需要进行新颖性审查的客体申请或保护权时间

---

〔21〕 BGH 17. 1. 1995 Elektrische Steckverbindung BGHZ 128，270；30. 9. 1999 Schmierfettzusammensetzung GRUR 2000，296；BPatG 5. 5. 1988 E 30，6，7；EPA T 153/85（FN 12）；29. 4. 1993 T 164/92 Elektronische Rechenbausteine/Robert Bosch ABl. 1995，305，387；12. 2. 1998 T 990/96 Erythro - Verbindungen/Novartis ABl. 1998，489，493.

〔22〕 BGH 17. 1. 1995（FN 21）；30. 9. 1999（FN 21）；BPatG 5. 5. 1988（FN 21）；21. 7. 1997 Drucksteuerventil GRUR 1998，368；26. 11. 1997 Näherungsschalter Ⅱ E 39，123；im gleichen Sinn EPA 13. 5. 1981 T 06/80 Reflektorzwischenlage ABl. 1981，434.

〔23〕 BGH 17. 1. 1995（FN 21）277 f.

〔24〕 BPatG 21. 7. 1997（FN 22）.

〔25〕 EPA T 06/80（FN 22）.

〔26〕 BPatG 26. 11. 1997（FN 22）.

〔27〕 BGH 27. 6. 1972 Cholinsalicylat GRUR 1974，332，334.

〔28〕 BGH 17. 1. 1980（FN 11）104 ff.；EPA T 990/96（FN 21）494（Nr. 11. 1）.

〔29〕 欧洲专利局的裁决有所不同，具体参见 Klicznik，S. 169.

所决定的。[30] 当时可以通过有目标的、无需花费较大精力的文献检索获得的知识也包括在专业知识内，比如，某专业人员熟知的已出版的杂志中的文章内容。[31] 而需要进行大范围检索才能获得的知识不能包括在内[32]。

欧洲专利局认为，严格意义上不属于手册与百科全书的数据库，在以下情况中属于一般专业知识：对专业人员来说，如果数据库对于所寻找的信息属于熟知的合适信息源，无需花费很大精力就能够在其中搜索到所需信息，而且信息清楚明确，无需再进行其他检索。[33] 与此相反，若信息能在互联网上找到，因为不能保证该信息必要的可靠性和及时性，那么该信息一般情况下就不属于普通专业知识。[34]

这些情况可以说明，主管的专业人员请其他专业人员帮助获取的知识属于专业知识。

例如，如果一名专业人员自身并不很熟悉编程语言，但在出版物所附程序表中找到了可以获得更多详情的提示信息，他会为此去请教一名程序员。[35]

确立专业技术人员理解力标准还取决于，要注意视具体考虑属于现有技术的事实提供的信息的意义。因此，对功能上互相联系的因素就不能分开考虑。[36] 不能当然地认为随意组合中的单个信息对于专业人员都是公开的，[37] 不能以某种相反于抗辩追寻的原则目标方向的方式将其一般化或者联系在一起。[38] 但是，通常情况下可能发生的是，专业人员将一个实例中的技术理论与在同一文件其他地方公开的一般理论联系起来。[39]

---

〔30〕 欧洲专利局则按照文件属于现有技术的时间点；vgl. die Prüfungsrichtlinien C Ⅳ 9.3，Singer/Stauder/*Spangenberg*，Art. 54 Rdnr. 44 und die bei *Melullis*，Benkard，EPÜ Art. 54 Rdnr. 57 zitierte Rechtsprechung；krit. dazu *Rogge*，GRUR 1996，932 und *Melullis*，aaO；*Benkard/ Melullis*，§ 3 PatG Rdnr. 16；*Klicznik*，S. 166 f.

〔31〕 BPatG 13. 12. 1994 E 34，264.

〔32〕 欧洲专利局否定了产品公开信息的可模仿性，因为生产所需初始原料只能从未开发专利的标准手册与工具书中获悉，参见 EPA T 206/83（FN 15）；krit. hierzu *Hüni*，GRUR Int. 1987，851 ff.

〔33〕 EPA 14. 10. 2004 T 890/02 Chimäres Gen/Bayer ABl. 2005，497 = GRUR Int. 2005，1030（Nr. 3）；欧洲专利局认为欧洲分子生物实验室的核苷酸序列和酶的数据库已经满足文中提到的前提条件（Nr. 7 – 9，13 – 19），但化学摘要数据库没有达到要求（Nr. 12）. Vgl. auch Klicznik，S. 155 ff.

〔34〕 So Klicznik，S. 162ff.

〔35〕 EPA T 164/92（FN 21）.

〔36〕 BPatG 28. 4. 1997 E 38，122.

〔37〕 EPA 23. 7. 1987 T 295/85 Katalysator/Bayer ABl. 1988，302，307（Nr. 9.2 ff.）；1. 9. 1989 T 305/87 Schere/Grehal ABl. 1991，429.

〔38〕 BPatG 8. 8. 1995 Bl. f. PMZ 1996，459；EPA 20. 9. 1988 T 56/87 Isolationskammer/Scanditronix ABl. 1990，188.

〔39〕 EPA T 990/96（FN 21）493（Nr. 9.2）.

而文件中仅仅是用图形描绘出的特征，由此也可能是以一种对专业人员而言可仿造的方式公开了；[40]当然，从示意图示中获取具体尺寸，就并非如此了。[41]

4. 公开了的技术特征与受到保护客体的相应特征之间或许有差异，但这并不能排除新颖性受到损害的情况。

在之前的法律中，即使是在"技术等同"的情况中也认可全面在先行为：若申请的客体与异议的公开内容只是在方法手段上有所不同，而根据科技原理，这些方法又是可以相互替换的。[42]也就是说，如果不考虑待审查发明的特殊情况，从其一般功能来看，就相当于是等效公开，[43]那么申请的客体就不视为具有新颖性。

现行法律的实践则避免在新颖性审查中出现等同性的概念。联邦专利法院也把"专业人员明显可替换的"方法[44]归入文件的公开内容。这些方法既包括相关专业人员从详细描述的方法中可获取的具有同样功能的实施方案，也包括宽泛技术概念说明的方法中主流常用的、并对于专业人员而言是当然具体的实施方案。

与此相应，对于 X 射线管来说，尽管在先申请中——与在后申请不同——并未说明要运用偏转线圈以使电子束偏转以及电子管要显示设有后座靶的阳极孔，但仍被视为损害新颖性的。[45]但对于解决如何减少人工合成树脂放射性污染的处理和维修问题，在注入和挤出方法之间就不认为是专业上明显可替换的。[46]同样，基于解决问题的原则不同，解决问题的方案也不同。[47]

联邦最高法院[48]认为，专业上明显可替换方法的概念不够清晰，不适合用于作区分。联邦最高法院更喜欢用"变换"这一表达。也就是说，基于文章的总体联系，如果进行细心的、而不是停留于字面的认真阅读，这种转换就会对于专业人员立即呈现出来，他就会在思维中立刻捕捉到，即使当时可能不

---

〔40〕 BPatG 24. 5. 1989 GRUR 1989，745；EPA 24. 3. 1985 T 204/83 Venturi/Charbonnages ABl. 1985，310.

〔41〕 EPA T 204/83 aaO.

〔42〕 BGH 24. 6. 1952 Plattenspieler GRUR 1953，29，32.

〔43〕 BGH 24. 10. 1961 Fischereifahrzeug GRUR 1962，86，89.

〔44〕 联邦专利法院指出，因为这些方法在内容上是符合技术等同性的，参见 BPatG 5. 5. 1988 E 30，6，9；30. 3. 1989 E 30，188；19. 7. 1990 E 31，230；16. 5. 1995 E 35，172。

〔45〕 BPatG 5. 5. 1988（FN 44）7 f.

〔46〕 BPatG 30. 3. 1989（FN 44）.

〔47〕 BPatG 19. 7. 1990（FN 44）关于石膏板凝固时的机械和化学影响；16. 5. 1995（FN 44）关于踏板动作到发动机制动器的机械和电子传送。

〔48〕 17. 1. 1995（FN 21）276.

会意识到是显而易见的。在这一前提下，推而广之，对于概念的改写也可能导致损害新颖性的内容公开。

在特定情况下，主流常用的引脚接触元件及相应的插座接触元件信息，也会通过双平板弹性触点的示例性说明被同时泄露。而关于机盒中插入插头的转换，也会通过接触顶端连接机盒的说明被同时公开。

欧洲专利局的《审查指南》（C Ⅳ 9.2）规定，如果请求保护的客体直接和清晰地来源于某个文件，那么这一文件就损害了新颖性，这包括文件中专业人员无须明显提及，通过文件中包含的内容即可同时理解的特征。与此相反，《审查指南》认为这是不正确的：在新颖性审查中，将文件中的理论解释成包含文件中本身并未公开但普遍已知的对应。[49] 而这是将在创造性审查中所要做的。但是，一个引用的例子表明：某些变换是无关紧要的：如果公开了的对橡胶的使用清晰地表明是因为它有弹性，那么对其他弹性材料的使用就不能够作为具有新颖性的理由。这种做法就使得，无论如何从趋势上来看，在相应于德国司法判决意义上将替换手段视为同时公开成为可能。[50] 而在欧洲专利局新的裁决中也能找到提示，"被公开"的概念并不限于字面描述，还包括技术信息的暗示性公开。[51]

5. 值得探究的是，在区别较大的情况下是否也可能缺乏新颖性。与之前的《专利法》以及现行的《实用新型法》（参见 § 16 B 2）不同，这一点在现行《专利法》中十分重要：在先申请内容中后来被公开的部分，只是在判定新颖性方面属于现有技术，但它对创造性的判断不产生影响。因此，审查前提条件是必须把两者清晰地互相区分开来。从根本上来看，根据法律规定，只有属于现有技术的，而不是仅仅近似于现有技术的，才不具有新颖性。[52] 专业人员通过预先描述或者实施可获知的，才不具有新颖性。而由获知的东西引发专业人员产生的思考则不属于这种情况。至于这种引发的思考和原本的内容是否相差不远，是在判断创造性时才可以考虑的问题。尤其是，超出在新的司法判决中（参见第 4 点）由技术等同及其相应的概念限定的范围之外的替代方法，

〔49〕 Ebenso EPA 20. 1. 1987 T 167/84 Kraftstoff – Einspritzventil/Nissan ABl. 1987，369.

〔50〕 "封闭细胞与多孔壁"被视为"属于现有技术的有多个相连接的细胞或空腔构成的开放细胞结构"的另一种表达，参见 EPA 29. 10. 1986 T 114/86 Schaumkunststoffilter/Eriksson ABl. 1987，485。

〔51〕 EPA T 990/96（FN 21）494（Nr. 11. 1）；欧洲专利局在另一案件中认为，只有在现有技术中明确公开的内容参与新颖性检验有关，参见 EPA 14. 3. 1991 T 601/88 Thermoplastische Formmassen/BASF GRUR Int. 1991，817。

〔52〕 这不同于联邦最高法院在一起案件中使用的表述，参见 BGH 17. 1. 1995（FN 21）276（s. oben bei FN 48）。

不属于描述、实施或者其他异议中的公开内容，尽管也许其还是在确定保护范围时适用等同原则的意义上。[53]

因此，如果发明没有使用规定的方法，而是使用了另一种在技术上虽然被普遍认为是等同的，但同时又针对发明的目的作了专门的适应性调整，那么先前的描述就没有损害新颖性。[54]

6. 在损害新颖性的公开内容与属于现有技术的情况之间所划定的界限，给双重专利留下了漏洞：一项并未预先公开的申请，只在有损害新颖性的公开内容的范围内产生阻却获得专利的作用，却不能阻止只是与公开的内容相近的解决问题方案获得专利。对此，依据申请而授予的专利保护范围，往往将专业人员只要经过一定的思考就能获得的变换包含在内。这就会导致专利的客体可能落入另一件依据在先申请而授予专利的保护范围之内。

应该避免的结果是，将依据在先申请可获专利的保护范围所能包含的全部内容，视为在先申请的损害新颖性的公开内容。特舍马赫（Teschemacher）[55]原则上赞成这种做法，柏松（Bossung）[56]可能也会支持。但上述观点是不能成立的。[57]该观点所依据的是，用判定依申请可以获得的保护范围的同样原则，划定申请公开内容的新颖性损害的界限。但这是不合适的。虽然是根据申请公开的内容来确定可以提出哪些专利权利要求，但是，由此确定的保护范围是通过解释权利要求才产生的，而这就要考虑说明书和附图。而如此得出的保护范围还会延伸到不再属于——从技术上来理解——权利要求的字面意义的实施形式。这种情形并不意味着这些实施形式也是申请公开内容中所包含的，[58]而仅仅只是表明这些实施形式利用了以公开内容基础在权利要求中定义的技术原理（参见§32 Ⅲ a，d）。

联邦最高法院在确定损害新颖性的公开内容时，也不会考虑在先专利的保护范围，并认为把确定保护范围时的等同性考虑也用于确定新颖性概念，是既

---

〔53〕 So mit eingehender Begründung *Benkard/Ullmann* §3 PatG Rdnr. 24 f.；im gleichen Sinne *Preu*，GRUR 1980，692；*Dörnies*，GRUR 1984，240 f.；*Pagenberg*，Art. 56 Rdnr. 4；*Troller*，Immaterialgüterrecht，Bd. I，S. 200；für Einbeziehung „glatter" Äquivalente in engem，möglicherweise nur „technischem" Sinn *Ochmann*，GRUR 1984，236 f.

〔54〕 BGH 24. 6. 1952（FN 42）.

〔55〕 GRUR 1975，648 f.

〔56〕 GRUR Int. 1978，383 f.

〔57〕 Ebenso im Ergebnis *Benkard/Ullmann* §3 PatG Rdnr. 16 ff.；Benkard/Melullis，§3 PatG Ranr. 20.

〔58〕 Vgl. *Melullis*，Benkard，EPÜ，Art. 54 Rdnr. 26，71.

不合适也不现实的。[59]

有人提出建议,《专利法》与《欧洲专利公约》中规定的在先申请之后的公开的新颖性损害效力,应根据其申请可获专利的可能保护范围来确定。更做不到的是:其他现有技术阻却获得保护的全部范围,也只是在对创造性活动进行审查之后才会得出,而对这些申请此时是无法进行这种审查的。把新颖性审查延伸到在后申请的客体是否与在先申请的公开内容相近的问题上,是不符合法律规定的。即使这时不考虑现有技术的其他部分,而且所要求的也是比纯粹的创造性尺度较低的新颖性,也是如此。[60]此外,在这种限制下也无法可靠地排除双重专利。相反,还增加了与自身在先申请的阻却获得专利的"自我冲突"风险。按照法律规定,审查发明的创造性时,应排除未公开的在先申请,但这种做法违背了法律规定的主要目的。即使降低对发明的创造性要求,也没有完全满足法律设定的目的。只要专利受到质疑,尤其是受到在先申请的在后公开内容的影响,进而被驳回或是宣告为无效,而其中根据上述原则从专业人员的角度来看某些公开内容并不包含受保护的客体,那么所发生的驳回保护是因为相近而导致缺乏创造性,而不在于缺乏新颖性。

因此,在现行的制度中,存在某种程度的双重专利的风险,必定就不仅仅是因为滥用在先申请的新颖性损害(参见本节Ⅱ2),而且还由于必须容忍的原因,即判定创造性活动不考虑在先申请未公开的内容。

这与《斯特拉斯堡协定》并不矛盾。根据《斯特拉斯堡协定》第5条第2款,缔约国在判断创造性时,可以不把在先申请后公开的内容视为现有技术。由于可以进行选择,因此排除双重专利就不是义务;这一义务只适用于完全未将在先申请内容计入现有技术的国家(第6条)。

总体上来看,不应过高估计双重保护出现的可能性以及由此会产生的后果。所有及早公开的申请限制了可能导致双重专利申请的时间间隔,并将双重专利可能出现的保护客体不受保护的时间推迟到18个月。借助于优先权,这种不受保护的时间还可以再延迟1年。

---

〔59〕 BGH 17. 1. 1995(FN 21)275 f.

〔60〕 与此相反,特舍马赫主张在先申请对专利的损害作用与其内容相近的区域联系起来。他并不是完全同意文中观点,但也认为,两次申请之间无须存在创造性的距离,并只对完全等同区域对保护的阻碍作用进行拟制,以确定"三分法"的保护范围,参见 *Teschemacher*, GRUR 1975, 648。根据另一学者的观点,只要在后申请的发明与在先申请之后公开的内容相近,就应当拒绝授予专利,不考虑基于在先申请优先权日期的现有技术,参见 *Gesthuysen*, GRUR 1993, 205, 210 f. 这和《专利法》第4条第2句、《欧洲专利公约》第56条第2句以及《专利法》第4条第1句结合第3条第1款、《欧洲专利公约》第56条第1句结合第54条第2款都不相符。

Ⅳ. 发明新颖性内容的界定

a）概述

1. 通过与现有技术进行比较就可以得出，哪些新的技术知识能够受到保护。某一技术理论是否参照了或者利用了已经属于现有技术的知识，也就是公开了的知识，与技术理论的新颖性并不对立。即便这些知识是另一个专利或者实用新型的客体，但发明还是可以就其本身的创新获得保护。若一项发明利用了另外一个保护权的客体，那么实施发明时应当先征求该权利人的同意（参见§33 Ⅰ c 8）。而并不是说存在这种依赖性就不具有新颖性。是否具有新颖性，完全取决于现有技术，无论其是受保护的还是不受保护的现有技术，都是如此。界定发明是否区别于现有技术所带来的创新，是为了确定所能获得的保护效力。当然，是否能获得专利或是实用新型的保护，还取决于发明所基于的创造性活动或是创造性方法。

2. 即使含有已为人所知的构件（元件），产品也可能是新的；甚至它的全部构件都是已为人所知的，但它们的联接也有可能构成新的组合（参见§18 Ⅲ 4）。如果将已为人所知的设备（器械、机器等）用到了新的目的，并为此进行了——一些哪怕只是微小的——改造，那么它改变了的结构布置就可以作为新的设备获得保护。[61] 相反，如果对已知的设备不作任何改动而将其用到了新的目的，那么发明只可能存在于这种新的用途中。

这里的前提条件是，新发现的效果，并不是依据已为人知的规则利用设备必然出现的。在这种情况中，对由未经改造的设备能够取得的这种效果的认识，仅仅只是一种发现（参见§11 Ⅱ 2）；对它的保护将不合理地阻碍常规的、已为人所知的使用，因为这种常规的使用与为新目的的使用是无法分开的。但是，为某种迄今未实现的或者只是偶尔和非常规性实现的目的应用，如果设备保持不变，则需要以新的方式和方法运行设备，而这可以申请方法专利。

3. 新物质如果是化合物、合金或是混合物，只要材料合成方式不属于现有技术，就可以获得保护。

若化合物已在公开出版物中被命名，且专业人员能够合成该物质，那么不论此物质是否已投产，都不再具有新颖性；该化合物的化学及物理特性之前是否已为人所知，也是无关紧要的。[62]

---

〔61〕 BGH 7. 11. 1978 Schießbolzen GRUR 1979, 149, 150 f.

〔62〕 一种化学物质是具有新颖性的，如果它与产生同样的化学反应的物质至少存在一种允许且确定的特征或参数，以示区别，参见 BPatG 17. 5. 1983 E 25, 193。根据欧洲专利局的裁决，为鉴别一种物质的生产方法的变化还不足以证明新颖性，参见 EPA 25. 6. 1985 T 205/83 Vinylester – Crotonsäure – Copolymerisate/Hoechst ABl. 1985, 363。

物质的新颖性也不取决于其生产方法与使用目的；[63] 但这两者可能在其他方面至关重要（参见 § 24 A Ⅴ c）。即使物质存在于自然界中，只要它在自然界的存在不属于现有技术，就不妨碍它的新颖性。[64]

但是，一种已知的物质，并不能因为有了一种新的、也许还可能是具有创造性的生产或选取方法，而具有新颖性；因此，由某种选取方法所标明的物质，如果这种选取方法的定义还包括了已知物质，那么它就不能请求获得保护。[65] 同理，原则上已知的产品也不能仅凭其形式而要求获得保护，即使这种形式是新颖的、创造性的，也是如此。[66] 此外，对已知的、结构已定义的活性剂与标记明确的添加剂的配制要求获得保护，也并不缺乏新颖性。[67]

4. 若产品已为人所知，但如果生产方法不属于现有技术，那么产品的这一生产方法也具有新颖性。若方法由多个已知步骤组成，但步骤的组合方式不属于现有技术，那么该方法也具有新颖性。此外，方法的新颖性还可能因不同于现有技术的对原料的选择而产生。[68]

使用所规定的方法生产了当前还不为人知的产品，且该方法本身也适合于生产该产品，如果所使用的是没有任何变化的规定的方法，那么它就不具有新颖性。即便专业人员也对新产品感到惊讶，也同样如此。[69]

在某一已知产品的新用途（应用）中也可能包含具有新颖性的方法（参见第 2 点），[70] 尤其是当一种已知的物质（如肥料）用于新的目的（如作为洗涤剂）的时候。[71] 而这里可保护的知识仅限于这种用途，原则上这是以方法形式出现的。但是，对于属于现有技术的物质或混合物的医学运用，因为有适用于医疗方法的排除性规定（《专利法》第 2a 条第 1 款第 2 项、《欧洲专利公约》第 53 条（c）），须遵循以下特殊规定：根据《专利法》第 3 条第 3 款、

〔63〕 BGH 30. 5. 1978 α – Aminobenzylpenicillin GRUR 1978, 696, 698; 26. 1. 88 (FN 16) 156.

〔64〕 *Benkard/Bacher/Melullis*, § 1 PatG Rdnr. 92f. ; *Benkard/Melullis*, § 3 PatG Rdnr. 93; vgl. auch oben § 11 Ⅲ a 1.

〔65〕 BGH 24. 3. 1998 (FN 20).

〔66〕 EPA T 205/83 (FN 62) 369 (Nr. 3. 2. 3); T 990/96 (FN 21) 496 (Nr. 11. 5); 12. 5. 2000 T 728/98 reines Terfenadin/Albany ABl. 2001, 319, 325 ff.

〔67〕 EPA 16. 6. 1999 T 80/96 L – Carnitin/Lonza ABl. 2000, 50.

〔68〕 BGH 11. 7. 1985 Borhaltige Stähle BGHZ 95, 295, 299; 27. 6. 1972 Legierungen Bl. f. PMZ 1973, 170, 171 r.

〔69〕 BGH 30. 5. 1978 (FN 63) 699; 17. 1. 1980 (FN 11) 104 f. ; 14. 5. 1985 Bl. f. PMZ 1985, 373; EPA 9. 2. 1982 T 12/81 Diastereomere ABl. 1982, 296, 301 ff. ; 30. 7. 1984 T 188/83 Vinyl – acetat/Fernholz ABl. 1984, 555, 561 f. (Nr. 6).

〔70〕 Vgl. *Bruchhausen*, GRUR 1980, 367.

〔71〕 BGH 6. 4. 1954 (FN 17); 27. 6. 1972 Herbizide Bl. f. PMZ 1973, 257, 258 l.

第4款以及《欧洲专利公约》第54条第4款、第5款，如果物质或混合物的医学运用不属于现有技术，[72] 那么这种物质或混合物就可以获得限于使用目的的产品保护（参见本节 I a 3、I b 及 II 3）。

b）从已知领域的选择是否具有新颖性

试图从一个广泛的、已经以普遍形式描述的、但并未明确命名的领域内的特征推导出技术原理的新颖性，是一种常见的行为。这里的依据是，选择的有限性就是具有新颖性的理由。[73]

aa）德国的司法实践

1. 现有技术已经知道，在某种设备中有两个特定的圆形元件，一个的半径必须小于另一个，新提交方案中的不同之处仅仅在于：设备的较小元件半径小于另一个，但却大于另一个的半径的一半，[74] 联邦最高法院肯定了这个方案的新颖性。对于已经以一般形式已知的化学物质，尤其是包含在由结构简式所描述的化合物类别内的化学物质，联邦最高法院在以前的判决中认为其不损害新颖性；[75] 但后来又认为，在判定新颖性问题时，化合物的分子式是否已事先公开是无关紧要的。唯一关键的问题是，有关化合物公开的出版物是否能够让专业人员实现这一发明，也就是说，对于所涉及的物质能够在这种情况下肯定所确认的事实。[76] 一般的有关"合成酯"的说明，并不会是使专业人员获悉的知识，正好是或者至少也是特指申请保护的酯。[77]

2. 为了确定允许申请公开内容可修改的界限（参见§25 A Ⅷ），联邦最高法院明确表明，这并不取决于是否原申请文件中通过权利要求定义限定的发明相对于同时公开的其他方案更有优势、更为符合目的或者更受偏爱。[78] 因

---

〔72〕 因此，一项在先的公布要使一种作为医疗手段的物质成为现有技术，它必须具体地指出其有目的性的有效的医疗效果；vgl. *Bruchhausen*，GRUR 1982，641 ff.

〔73〕 Aus der umfangreichen Literatur zu den „ Auswahlerfindungen": *Beil*，GRUR 1971，53 – 59 und 382 – 389；*Bruchhausen*，GRUR 1972，226 – 230；*Christ*，Mitt. 1998，408 – 413；*Dörries*，GRUR 1984，90 – 93 und 1991，717 – 722；*Hüni*，GRUR 1972，391 – 394 und GRUR Int. 1987，663 – 669；*Güthlein*，GRUR 1987，481 – 484；*Klöpsch*，GRUR 1972，625 – 631；*Meyer – Dulheuer*，GRUR 2000，1 – 6；*Pietzcker*，GRUR 1986，269 – 271；*Schmied – Kowarzik/ Heimbach*，GRUR 1983，109 – 112；*Spangenberg*，GRUR Int. 1998，193 – 199；*Szabo*，GRUR Int. 1989，447 – 451；außerdem die vor 16 angeführten Arbeiten von *Maiwald* und *Poth*；vgl. ferner – jeweils mwN – *Schulte*，§1 Rdnr. 276 – 289 und _ §3 Rdnr. 110 – 116；*Busse/Keukenschrijver*，§3 PatG Rdnr. 140 – 156；*Melullis*，Art. 54 Rdnr. 181 – 193.

〔74〕 19. 5. 1981 Etikettiermaschine BGHZ 80，323，330 f.

〔75〕 BGH 18. 12. 1975（FN 17）；ebenso BPatG 18. 3. 1976 Selektive Herbizide GRUR 1976，633.

〔76〕 BGH 26. 1. 1988（FN 17）150，157.

〔77〕 BGH 30. 9. 1999（FN 20）.

〔78〕 在一项判决中，联邦最高法院允许原始公布的范围"直至50 ppm"对"不超过10 ppm"的限制，参见 BGH 20. 3. 1990 Crackkatalysator I BGHZ 111，21。

此，被认可的是，由极限值所定义的合金成分的数值范围包括了确定界限内可能的变化。也就是说还包括那些没有明显以单个数值表示的变化，只要其保留了合金的特有特征就可以了。对于通过极限值确定的范围的说明，就使得极限值内的中间值以及由此所任意构成的子集都公开了。[79]

判定限定允许修改的申请的公开内容，与判定文献新颖性损害的公开内容，都遵循相同的标准，[80]因此，上述的司法判决也影响了新颖性审查的规则：分子量分布范围的广泛数值区，原则上也包含了所有能够想到的子区域的同样广泛的公开。[81]

因此，受到异议的专利所要求的范围是 15000 ~ 290000，就被在先公布公开了的 500 ~ 2000000 范围所包含了。

bb）欧洲专利局的司法实践

1. 根据欧洲专利局的观点，通过转换两种特殊的、分属不同种类、但在一定范围总是一起列出的原料而得到的材料，可以视为专利法意义上的选择，并具有新颖性。[82]对只能通过一个一般带有至少两个可变基团的结构分子式与定义的一类化合物而言，可变基团内通过任意可能的变换组合得出的每个化合物并不是公开的。[83]如果在前述的生产过程中，选取了一个确定的、作为范围定义的反应参数比，即使这一比率包含在已知的规范中，但只要还未命名，其中就可能存在新发明。[84]

如果选取的区域较窄（0.02 ~ 0.2 Mol - %），且与示例所占区域有足够的间距（2 ~ 13 Mol - %），[85]那么一个较大的、通过基准值定义的数值范围（ > 0 且 < 100 Mol - %）不一定会使所有基准值之间的数值成为已公开内容。但这并不包含子区域的选择是否公开。不过，这种选择也不能是随意的。如果能够确信仅在所选区域出现有利效果，并且因此确实存在"有目的的选择"，

---

〔79〕 BGH 12. 5. 1992 Chrom – Nickel – Legierung BGHZ 118, 210, 217 f. ; vgl. jedoch BPatG 8. 8. 1995（FN 38）, das wegen der in einer Entgegenhaltung verfolgten grundsätzlichen Zielrichtung annimmt, für den fachkundigen Leser können von den ihr entnehmbaren Legierungszusammensetzungen nur die in Betracht, die jener Zielsetzung nicht zuwiderliefen.

〔80〕 BGH 19. 5. 1981（FN 74）327 f.

〔81〕 BGH 7. 12. 1999 Inkrustierungsinhibitoren GRUR 2000, 591；ebenso in der Vorinstanz BPatG 1. 12. 1994 Mitt. 1995, 320.

〔82〕 EPA T 12/81（FN 69）303（Nr. 13）.

〔83〕 EPA 16. 9. 1987 T 7/86 Xanthine/Draco ABl. 1988, 381.

〔84〕 EPA T 188/83（FN 69）.

〔85〕 EPA T 198/84（FN 15）214 f. （Nr. 7）.

那么这种选择就不是随意的。新颖性不在于所选区域的有利效果，[86]而更在于如何定义选择区域。

在现有技术中，由于有对外消旋酸盐的结构分子式较为详细的描述，从而导致其公开，但这一状况并没有阻止欧洲专利局把 D - 对映体作为特殊空间形态判定为具有新颖性。[87]外消旋酸盐的空间形态数量较多，这些空间形态实实在在地存在于外消旋酸盐内，不可分离，但未命名且无法生产的单个空间形态并不能视为已公开内容。

如果前述的内容包含了位于已"选择"区域的示例，那么该已"选择"的区域就丧失了新颖性。[88]同理，引用实例中的数值虽然在被保护范围之外，但其却离此范围很近，可以使得专业人员获悉他能够在整个范围内工作的原理，那么也不具有新颖性。[89]

如果公开文献虽然没有明显提及按照结构形式描述的物质中一种特殊立体形式（苏型），但如果这种形式被认为是公开文献中充分说明了原材料和措施的方法的几种必然结果之一的——未知——形式，那么这种选择也可能是没有新颖性的。[90]在公开文献中发现，一种公开的方法将苏型和赤型的比例由约1:1改成了90:1，这个对已知方法的认识被视为对新颖性损害是无关紧要、意想不到的。[91]

在下面的情况中，拒绝承认新颖性不会被视为对"选择性发明原则"的偏离：某一类化合物的制造方法已被描述出来，这一化合物的不同成分在特定数值范围内的参数值可以有任意组合，而专业人员能够根据这一理论生产出这一类化合物的所有成分。[92]在这种情况中所有成分都已公开，此类化合物与已描述的化合物有重叠之处，于是对于这种化合物请求保护就不具有新颖性。

欧洲专利局之后的一项裁决[93]却又使得上述司法实践受到质疑：该裁决声称，根据《欧洲专利公约》，不能仅仅只是因为进行"选择"就授予专利，而是要授予有具体定义类型的具有新颖性和创造性的客体。因此，判定所谓"重叠"或"选择"和其他情况中的新颖性问题，并不存在原则上的区别。

---

〔86〕 EPA T 198/84 aaO；欧洲专利局同样认为，在专业领域尚不为人所知的优势，其涉及了未加改变地执行一项现有技术的方法，参见 EPA T 188/83（FN 69）561f.（Nr. 6）。

〔87〕 EPA 30. 8. 1988 T 296/87 Enantiomere/Hoechst ABl. 1990, 195, 206 f.

〔88〕 EPA T 188/83（FN 69）560.

〔89〕 EPA 6. 6. 1986 T 17/85 Füllstoff/Plüss - Staufer ABl. 1986, 406.

〔90〕 EPA T 12/81（FN 69）.

〔91〕 AaO 302（Nr. 10），305（Nr. 14. 5）.

〔92〕 EPA 9. 8. 1988 T 124/87 Copolymere/Du Pont ABl. 1989, 491.

〔93〕 EPA 10. 9. 1991 T 666/89 Waschmittel/Unilever ABl. 1993, 495.

2. 如果申请或是专利中要求的特定参数范围与在现有技术中公开的这种参数范围有重叠，根据欧洲专利局的观点，就要审查专业人员是否会基于这些技术机会认真地考虑，将这些属于现有技术文献的技术原理在重叠区域进行运用。[94]若存在一定的这种可能性，则可以判定为缺乏新颖性。但如果文献中所主张的观点妨碍了专业人员将已公开的原理在这个范围某一部分实施，那么这一部分范围就视为具有新颖性。[95]

联邦专利法院[96]与联邦最高法院[97]明确拒绝，如果数值化定义的要求保护的范围与另一个已知的更广泛的范围有重合或重叠，则根据专业人员是否会认真考虑在重合或重叠区域内运用已知文献的技术原理来确定是否损害新颖性。[98]与此一致的原则是，信息对新颖性构成损害的唯一前提是，专业人员能够从中获得知识（参见§16 A Ⅳ 4）。因此，以这种标准确认信息公开是没有问题的，因为专业人员也许并没有利用这种公开信息。

欧洲专利局扩大申诉委员会[99]判定，产品的化学成分公开与否并不取决于专业人员是否有特别的理由对此进行分析。那么在"重叠"或是"选择"的情况下，信息的公开与否也不能根据专业人员的可能行为来判断，这也是符合这一逻辑的。

cc）评价

1. 从法律对新颖性要求的规定中并不能得出，在由现有技术确定的范围内进行的限制性选择就是具有新颖性的理由。[100]如果要求对这种范围内部分区域给予保护，那么更多的还是适用判定属于现有技术的损害新颖性公开内容的一般规则。

联邦最高法院在对通过参数或混合比例的界限数值进行区域定义的新判决中，不再承认全部或是部分处在该区域内的较小区域具有新颖性。[101]相应地，对于具有通用分子式的各组化合物，只要专业人员能够生产组内所包含的化合物，那么化合物就不具有新颖性。[102]

---

〔94〕 EPA T 26/85（FN 15）；ebenso T 666/89（FN 93）.

〔95〕 EPA T 26/85（FN 15）.

〔96〕 1. 12. 1994（FN 81）.

〔97〕 7. 12. 1999（FN 81）594.

〔98〕 Ebenso *Melullis*，*Benkard*，*EPÜ*，Art. 54 Rdnr. 184；*Rogge*，GRUR 1996，940.

〔99〕 EPA 18. 12. 1992 G 1/92 öffentliche Zugänglichkeit ABl. 1993，277.

〔100〕 In diesem Sinn auch *Benkard/melullis* § 3 PatG Rdnr. 85a；*Melullis*，*Benkard*，*EPÜ* Art. 54 Rdnr. 182.

〔101〕 *Rogge*，GRUR 1996，940.

〔102〕 Vgl. *Busse/Keukenschrijver*，§ 3 PatG Rdnr. 156.

2. 如果位于已公开领域内某部分的产品或方法的变革获得了更好或者甚至没有预料到的特性，也不能认为该相关部分就有了新颖性。唯有当对这种特性的认识可能是一种在现有技术中没有被采用过的行为指令的时候，对这种特性的认识才可以转化成可保护的发明（参见§11 Ⅱ 2）。对于产品来说，根据实践中确立的有关绝对产品保护的规则，也就是说，通过产品发明解决的任务仅在于提供产品（参见§11 Ⅲ a）。因此，这里可以考虑的就只有说明产品的新用途，而这可能就是那个特性可以实现的。[103]假设"被选取"的产品由于这种特性而可以获得绝对保护，那么，只要这种产品并不因为无法制造而被司法判决认为可以具有新颖性，这一假设就与绝对物质保护理论的自身前提相矛盾。此外，如果这种产品已经要求获得一般定义的产品保护，那么还会导致保护的不合理延长。

如果提供产品是因为认识到了未预料的有价值特性才成为有创造性的成果，特别是在化学物质发明的一般情况中，那么不从绝对的而是从有目的的物质保护角度来看（参见§11 Ⅲ d），在已公开的较大范围内某部分显现出来的未预料的特性，总是可能以相应的方式被给予有目的的物质保护，而这又是独立于在较大范围内可能存在的、基于其他特性的有目的的物质保护。

3. 已属于公开领域的某些方法的变化，即使它们能够起到改进的作用，例如，提高产量或者提高纯度、减少原材料或者能耗，甚至是未预料到的效果，同样不能成为具有新颖性的理由。

可以想象的是，利用已公开领域内某部分的方法制造了一种新产品，而这是可以获得产品保护的；或者这部分的主导关系导致方法获得了具有新颖性的改变。但是，令人怀疑的是如果没有离开现有技术所定义的领域并因此而获得新颖性是否也可能是同样的情况。

4. 新近的欧洲专利局裁决（参见本节 Ⅳ bb）呈现出了一种迹象，将促使人们合理理解并放弃这样的观点：存在这样意义上的"选择发明原则"，即从在现有技术公开了的领域内选择是可以具有新颖性的。特别指出的是，在判断重叠或者选择的新颖性时，并不存在不同于一般的规则；在这些情况中不可能从所取得的效果中产生新颖性似乎也被承认了。只要涉及的是可能性分析，信息的公开就仅仅取决于专业人员获悉知识的可能性，而不是他们猜测性的行为，这种观点得到了认可。此外，不考虑专业人员是否会依据其所获得的信息进行工作这一问题，也是符合逻辑的。

---

〔103〕 *Brodeßer*, FS Nirk, 1992, S. 85, 95 f.

§18 创造性成果

Ⅰ. 要求的意义和目的

a）专利法：基于创造性活动

1. 如果一项发明仅仅只具有上述意义上的（§17 Ⅲ）新颖性，还不足以说明其是一项可专利性（可在工业上运用、不被保护排除在外）发明。它还必须与在标准日期之前公开了的现有技术有着这样的区别：发明对于专业人员来说并不是显而易见的（《专利法》第1条第1款，第4条；《欧洲专利公约》第52条第1款，第56条）。由此，很大一部分不属于现有技术的发明就被排除在了专利保护之外。

这种限制是由专利保护的目的所决定的。经验表明，技术知识通过不断的应用得到扩展和完善。专业人员的日常工作也不局限于对原有东西不做变化的重复，而是在已知的设备、材料和方法基础上进行改变。[1]在"常规的技术发展"[2]中作出的创新是不需要专利保护激励的，发明人也不会因此得到报酬，因为他们所作的仅仅只是任意从事日常工作的专业人员都能做到的工作。[3]如果授予这种创新以独占权，那么不但不会促进技术的发展，反而会对此起到阻碍作用。如果任意在标准日期之前在统一的公共信息渠道对专业人员公开了的解决方案（参见§17 Ⅲ）的细小改变都能获得专利，那么由日常实践产生的现有技术的改变就不能被自由使用。[4]为了避免因他人的保护权产生的阻碍，企业就必须为在其运行中产生的显而易见的技术革新尽快申请保护。由此而产生的独占权将会对现有技术在实践中发挥作用产生阻碍作用。

为了考虑上述自由行为的利益，如果对创造性成果提出合适的要求，以说明其获得保护的合理性，就可以不必担忧，技术保护权的"过高水平"[5]和"平庸专利"[6]会大于因人类行为不完美性所导致的必然的范围。另一方面，这种要求又不能太高，否则会使超过一般期待的技术领域智力成果得不到其应

---

〔1〕 Vgl. *Nähring*, GRUR 1959, 57 f.

〔2〕 So die EPA – Richtlinien C Ⅳ 11. 4.

〔3〕 Vgl. die Denkschrift zum StrÜ, Bl. f. PMZ 1976, 340l.；EPA 25. 2. 1985 T 106/84 Verpackungsmaschine/Michaelsen ABl. 1985, 132, 137（Nr. 8. 2）.

〔4〕 Vgl. die Denkschrift, aaO.

〔5〕 Vgl. *Zypries*, Hypertrophie der Schutzrechte? GRUR 2004, 977, 978r.

〔6〕 Vgl. Pagenberg, Trivialpatente – Eine Gefahr für das Patentsystem？FS Kolle/Stauder, 2005, S. 251 ff.；*Bardehle*, FS VPP, 2005, S. 151, 156 ff. und FS Pagenberg, 2006, S. 3, 4.

有的报酬，为其投资而防止廉价利用的危险的必要保护就难以实现。[7]

2. 出于这些原因，除新颖性之外，还需要一个与现有技术有关的授予专利的前提条件，以保留一般技术进步的自由空间。对这一问题的认知早就在德国专利法中得以实现。[8] 由于缺少明确的规定，这个增加的要求是从发明的概念和专利保护的目的中推导而出的。判断是否有意义，一方面可以考虑是否提供了解决问题的新方法，一方面可以考虑在获得解决问题方案中所克服的困难。两种观点的关系最终在帝国法院和专利局的决议中呈现为：获得专利保护既要以"进步"，也要以"创造高度"为前提[9]：发明必须带来益处，并且不能是"普通专业人员"容易得出的。德国专利局、联邦专利法院和联邦最高法院都接受了这些标准。

在这两者之中，更重要的是发明高度。发明高度的缺失是专利被驳回或被撤销的最常见原因。[10] 相反，本来更重要的进步性要求，除了其发明高度要求之外，已失去了广泛的实际意义，以至于欧洲法和现行的德国专利法都可以放弃它（参见 §10 Ⅲ 1）。

之所以这么强调发明高度，主要是因为专利保护的目的：唯有当技术进步不能通过不断运用现有技术而实现的时候，才需要特别地促进技术的进步。由于这里所产生的创新在个别情况下完全有可能显示出非常有意义的优越性，但还不足以要求其是一种——无论是否也是巨大的——进步。因此，授予专利的前提条件必须更多的是，超越了通常情况下所期待的创新才是可授予专利的。

这里的问题只有一个，这是否需要具有某种额外的优越性。现行的法律否定了这个问题。这不仅可以通过德国专利法的实践经验得到解释，也是与专利保护的体系相一致的：这是因为专利保护并不是直接的，而是通过开辟了一个短期内独占实施权的特别市场机会获得报酬，因此，可以将创新的优越性留给市场来评估。

3. 技术并非自动发展起来的。即使一定的解决问题方案的改变在日常的、常规运用中产生，他们也是人类努力的结果。因此，为了技术进步的利益必须保留的不受专利权保护的领域，就应该由在通常实践中运用现有技术工作并为此受过专业训练的人员所期待的创新成果来确定。由此可见，现行的规则以专业人员为参照标准是有道理的。实际上德国司法实践在几十年前没有明确法律

---

〔7〕 Vgl. *Pagenberg*, aaO S. 257 ff.；*Bardehle*, aaO S. 158 bzw. 5.

〔8〕 Zur Entwicklung *Pietzcker*, GRUR – FS, Rdnr. 39 ff.，63 ff.

〔9〕 Vgl. *Lindenmaier*, GRUR 1939，153，156 m. Nachw.

〔10〕 有学者调查了 73 个被宣告无效的案例，由于发明高度因素导致无效的比例高达 83%，参见 *Liedel*, S. 199。

规定时就已经常如此操作了。[11]

但这并不意味着，应该使用主观性标准。这里的问题不是作为发明人的特定主体已经知道或者想象的，或者作为评判者的特定主体所认为的。更为确切的是，应该把一项发明当作一件超个人的无形客体与客观的现有技术进行对比，并依照不是作为单个个人的，而是作为一个设想的一般专业人员——也就是客观的——应该具有的知识进行评判（参见本节 Ⅱ 3）。因此，应该是一个完全客观的评价。

评价者个人的实际影响并不能被完全排除，这是由于人类不完美性而产生的一个不希望的但却不能完全避免的后果，尽管如此，也绝对不能把关于创造性活动的判定完全交给主观感受。

4. 评价不取决于发明者做了什么，从这个角度来讲，评判也是客观的。[12]发明者是怎样解决他的新问题无关紧要：个人努力的程度，如费时、费事和费力的尝试[13]，并不保证能获得专利，而看上去毫不费力或偶然得来的发明却有可能得到专利；但是，同样一项通过系统实验得出的发明也很有可能获得专利。[14]一项活动是否是创造性活动，不取决于它的过程，而只取决于它的结果。只要，也只有当这项结果是专业人员根据现有技术并非显而易见地推导出来的发明的时候，那么这个得出发明的过程才是专利法意义上的创造性活动。

归根结底，起决定性作用的不是基于创造性活动，而是非显而易见性。发明高度这个旧概念更接近于实质要求，却不适合在跨国的术语中使用。因为它和非显而易见性可以等同起来，所以改名并没有在实际上改变什么。[15]因此，在德国法中，关于发明高度的司法判决可以继续引用。

过去人们也希望，在欧洲法中大体上"应该使用与德国法一样的审查创造性活动的标准"。[16]但是，经验却并不容易使人们确认这一希望。

---

[11] Die Bezugnahme auf den Fachmann gewährleistet auch, daß die Schutzwüdigkeit nach einer geistigen Leistung und nicht – wie *godt*, Eigentum an Information, 2006, S. 480f., 564 für den Bereich der Gentechnologie festellen zu müssen meint – nach der Höhe Investionnen bestimmt; vgl. auch oben § 3 Ⅵ 5, 7.

[12] *Jestaedt*, *Benkard*, *Epü*, *Art*56 Rdnr. 8; EPA 13. 10. 1982 T 24/81 Metallveredlung/BASF ABl. 1983, 133, 137（Nr. 4）.

[13] Vgl. BGH 6. 4. 1954 Holzschutzmittel GRUR 1954, 584; 20. 2. 1962 Dreispiegel – Rückstrahler GRUR 1962, 350, 352 f.

[14] BPatG 24. 4. 1964 E 5, 78, 80; 24. 7. 1978 GRUR 1978, 702, 705.

[15] Vgl. die Begründung zum IntPatÜG, Bl. f. PMZ 1976, 334 l.

[16] So *van Benthem/Wallace*, GRUR Int. 1978, 219; vgl. auch *Pagenberg*, Art. 56 Rdnr. 69; a. M. *Haertel*, GRUR Int. 1981, 479, 487 f.

根据欧洲专利局[17]早先的一项决定，其对创造性活动要求的尺度绝不应低于条约国判定的平均标准，以免欧洲专利被条约国的国家法院判定为无效，保证欧洲专利有足够的权利安全性。1988年，德国联邦专利法院没有经过周密论证就认为，欧洲专利局的平均评价标准明显偏离德国标准。[18]有时一项发明的创造性活动在欧洲专利局审查通过，却被德国法院驳回。[19]但这并不能得出欧洲专利局的审查标准"更为宽松"的一般结论，尤其是当分歧产生于现有技术不统一的基础上时。从有关欧洲专利结果的无效程序也不能得出这样的结论。[20]

5. 将"发明高度"这一以前的表述用在现行法律的表述中似乎是不恰当的，但另一方面，一再使用"非显而易见性"这个概念又不符合语言美学的要求，所以，我们在这里探究讲到专利保护的前提时，称之为建立在创造性活动的基础上，或者简短地表述为创造性活动。对于建立在创造性活动基础上的技术原理，就可以说它有创造性的特征，或者是有创造性的。

6. 在肯定或否定创造性的时候，进行价值评定是很常见的。[21]在判定一个发明是否有可专利性时，这种评价会更有说服力。但是，专业人员是否能够基于现有技术显而易见地推导出这一发明，这个问题就涉及一个假定事实：起决定作用的不是专业人员是否在事后认为该项发明是显而易见的，而是之前他是否可能作出此项发明。因为这里的专业人员不是指具体存在的某个人，而是指思维上抽象出的一个概念，所以，对他可能的行为是不能进行（假设的）事实判定的。

人们可以尝试将这一判断与技术发展联系起来：如果查明，这项发明无需发明者的贡献也能从日常实践中产生，那么就可以得出结论：此项发明是专业人员容易想到的，不应受到专利保护。因此，尽可能准确地确定，由现有技术本来"正常"应该发展的过程，就显得至关重要了，然而这也不属于事实判断的范畴。在确定这一过程的时候，不考虑正应该接受评判的发明是不够的。

---

〔17〕 4. 5. 1981 T 01/81 Thermoplastische Muffen ABl. 1981, 439, 446 f. (Nr. 11 a. E.).

〔18〕 BPatG 2. 11. 1988 E 30, 107, 109.

〔19〕 Vgl. z. B. BPatG 30. 1. 1986 und EPA 4. 6. 1987 T 31/86 Interferenzstromtherapiegerät Mitt. 1988, 12, 13；BPatG 24. 2. 1988 Mitt. 1989, 115 und EPA 7. 7. 1986 T 170/84 Zwei – teilige Form eines Patentanspruchs/Bossert ABl. 1986, 400, 402 f. ; BGH 30. 9. 1999 Schmierfettzusammensetzung GRUR 2000, 296.

〔20〕 Vgl. *Rogge* und *Brinkhof*, GRUR Int. 1996, 1111 ff. , 1115 ff. ; *Keukenschrijver*, GRUR 2003, 177 ff.

〔21〕 Vgl. z. B. *Völker*, GRUR 1983, 83, 90 r. ; *Bruchhausen*, Mitt. 1981, 144, 145 und FS v. Gamm, 1990, S. 353, 361；zu den Grenzen der Revisibilität dort S. 361 ff. , insb. S. 367 f.

但更应该从总体上审查发展的过程，要看这项发明在多大程度上可以理解为日常应用实践的结果；所有与此无关的发展步骤无须在假设事实的审查中加以考虑。最后，无法回避的问题是：专业人员事先的期待是什么？[22]

对创造性活动进行价值评定在一定意义上与评定考试成绩类似，是以"平均程度的"知识和能力为尺度的。但另外一个附加的问题也随之产生了：以已知的、大量成果统一适用的、应该尽量接近的理想模本为尺度的判定客体是可以测度的，但是，对于一项需要审查其创造性的发明，只有它无论如何必须与之差异的东西是已知的，并且这种差异的程度决定了它能否获得保护；由于可能的差异是多种多样的，所以无法定义一个必须达到或超越的目标性标志。

评价一项发明是否对于专业人员是显而易见的，首先涉及的是发明过程中（客观）面对的困难。但间接地来看，在考虑专利保护的自由空间与奖励利益以及与目的性激励效果之间合理平衡的观点下，就关系到发明是否值得保护的问题。这里存在的是一种法律意义上的价值；非显而易见性本身并没有价值，它只是一个辅助性概念。对于它应设置多高的门槛，最终取决于专利法制度中所蕴含的价值观。

7. 这种价值评定建立在事实基础之上。这种事实基础不仅包括发明本身、现有技术，还包括决定相关专业人员应具备的那些知识和能力状况。[23]对所有这些要点都要进行仔细审查。尤其是在对于专业知识和工作能力确定具体标准时经常遇到困难，不能用模糊的套话敷衍了事。

联邦最高法院对此进行了总结："发明的客体是否可以由专业人员由现有技术显而易见地推导出，是一个需要通过对事实状况进行价值评定的法律问题，而这种事实状况是一种——间接地或直接地——适合于说明发现依发明解决问题方案前提条件的事实状况"。[24]

8. 专利申请人或专利权人无须"证明"，要求或者已保护的发明是建立在创造性活动基础之上的。而更应该是在授予程序中由专利局和申诉机构去证明，在异议和无效程序中由异议提起人或者原告去说明，为什么（根据的观

---

〔22〕　Vgl. *Bernhardt*, S. 50.

〔23〕　Vgl. BGH 25. 11. 2003 Diabehältnis GRUR 2004, 411, 413：Der gerichtliche Sachverständige had die Aufgabe, das Gricht über Kenntnisse, Fähigkeiten und Arbeitsweise des Fachmanns zu informieren, nicht aber zu beurteilen, ob die erfindunggemäße Lösung für diesen nach dessen festgestelltem Wissen und Können nahegelegen hat. – Näheres zur Abgrenzung zwischen Tat – und Rechtsfragen und den Aufgaben des Sachverständingen bei *Meier – Beck*, Mitt. 2005, 529 ff. und *Melullis*, FS Ullmann, S. 503 ff.

〔24〕　BGH 7. 3. 2006 Vorausbezahlte Telefongespräche GRUR 2006, 663 (Nr. 28).

点）某项发明没有足够的创造性，并列举他们得出这一结论的事实依据。[25]

如果对某项受保护的发明持怀疑态度，认为该发明是专业人员可从现有技术以显而易见的方式推导而出的，那么根据联邦专利法院[26]的一项判决，如果这"明显"不是以显而易见的方式得出的，即使此项发明不具备惊人或有利的作用，这项发明仍然被认为有其创造性活动的基础。

9. 一般认为，创造性活动不是一种量的、而是一种质的要求。的确，它是不能精确地测算或计算的。但是一些常用的变通说法，如非显而易见性、与现有技术的创造性距离、发明高度等都是具有空间——数量感的词汇。此外，在对不同的发明进行对比的过程中也经常提到哪些与现有技术更近或更远，从而表明哪些发明中包含相对更少或更多的创造性活动。因此，根据学界主流观点，实用新型法中对创造性的要求比专利法中要求低一些，这也是可行的（参见本节Ⅰb）。

b）实用新型法：基于创造性方法

1. 一项（在工业上可应用、可申请保护的）发明，即使不属于（实用新型法律相关的）现有技术，并因此在实用新型法的意义上是新颖的，也还不足以获得实用新型的保护。要获得实用新型的保护还必须基于创造性方法（《实用新型法》第1款第1条），而对于这种基于创造性方法的判定，如同对于基于创造性活动的判定一样，也是一种价值评价的结果。[27]因此，至少应将那些没有在一定程度上丰富技术，尤其是那些只通过纯手工技能就可完成的革新排除在外。[28]

早在将创造性成果的要求以法律形式确定之前，（权利稳定的）实用新型保护中就已列出了发明高度的前提条件。[29]但是，当时大多数人都认同，相比于专利法的要求，实用新型法的要求可以低一些。然而，同一客体在申请专利时被认为创造性不足但却在申请实用新型时被判定有足够的创造性的情况，却并不为人所知。[30]不过，在实用新型领域中也有大量的判决，其中有一条原则：相

---

〔25〕 Vgl. für das Einspruchsverfahren EPA 26. 11. 1985 T 219/83 Zeolithe/BASF ABl. 1986, 211.

〔26〕 20. 1. 1997 E 37, 235.

〔27〕 BGH 20. 6. 2006 Demenstrationsschrank GRUR 2006, 842（Nr. 11）.

〔28〕 So die Begründung zum Änderungsgesetz von 1986, Bl. f. PMZ 1986, 322 r., und BPatG 27. 1. 2001 Innerer Hohlraum Mitt. 2001, 361.

〔29〕 Umfassende Darstellung der Rechtsentwicklung bei *Goebel*, S. 10 – 64.

〔30〕 个别情况下，甚至有某客体的实用新型被撤销，但是其被授予的专利却不受影响；vgl. U. Krieger, GRUR Int. 1990, 354, 357 FN 47.

比于专利对于发明高度的要求，实用新型的要求低一些就已经足够了。[31]这样做的原因也在于实用新型的保护期更短一些。[32]从一些判决可以发现，虽然从案件的具体情况来看只有较低的创造性，但认为对申请实用新型还是足够了。[33]某些明显没有任何创造性的案例中，也有"甚至连申请实用新型所必需的最低要求都无法满足"之类的表述。[34]司法判决中所持的这一观点，应该由专利法所区分的法律规定要求来确证。[35]

联邦专利法院在适用现行法律时明确承认："如果一项发明不是建立在创造性活动的基础之上，也就是说，它是专业人员通过现有技术显而易见地推导出来的，那么这项发明也可能作为实用新型受到保护；因为即使在这种情况下，这项发明也可能是建立在'创造性方法'之上的，也就是说，这项发明不是专业人员在已有的一般性专业知识基础上对现有技术的日常考查后一定能够作出的。"[36]然而根据联邦专利法院近期的判决，这种尺度并不那么令人信服。[37]联邦最高法院在一项判决中驳回了上诉，不允许实用新型的对创造性成果的要求少于专利的创造性成果要求。（参见第2点）

2. 允许实用新型对创造性要求低于专利对创造性的要求，是否是合适的或者仅仅只是可以的，这在学界是颇具争议的。[38]这里特别需要强调的是，这种要求是质量上的，而不是"数量上"的，显而易见的东西不允许是独占权的

---

〔31〕 Vgl. insb. BGH 2. 11. 1956 Unfallverhütungsschuh GRUR 1957, 270, 271；20. 11. 1956 Dipolantenne GRUR 1957, 213；29. 5. 1962 Standtank GRUR 1962, 575, 576；RG 3. 11. 1911 RGSt 45, 226, 229 f. ；RG 4. 11. 1912 Bl. f. PMZ 1913, 162；12. 6. 1920 RGZ 99, 211, 212；17. 1. 1931 GRUR 1931, 521, 523；29. 3. 1933 GRUR 1933, 566, 567；21. 1. 1934 Mitt. 1934, 100；30. 6. 1934 Mitt. 1934, 242；11. 7. 1934 GRUR 1934, 666, 670；5 Mitt. 1935, 108, 109；18. 4. 1936 Bl. f. PMZ 1936, 168, 169；DPA 22. 10. 1957 Bl. f. PMZ 1958, 7, 8；17. 2. 1959 Mitt. 1960, 99. Weitere Nachweise bei *Busse/Keukenschrijver*，§ 1 Gebr – MG Rdnr. 15；*Bühring*，§ 3 Rdnr. 68.

〔32〕 RG 20. 1. 1939 GRUR 1939, 838, 840 f.

〔33〕 Besonders gilt dies für BGH 29. 5. 1962（FN 31）；3. 10. 1968 Lotterielos GRUR 1969, 184, 186；RG 17. 1. 1931（FN 31）；29. 3. 1933（FN 31）；18. 4. 1936（FN 31）；30. 6. 1934（FN 31）；4. 11. 1936 GRUR 1936, 1059, 1062；DPA 19. 11. 1957 Mitt. 1958, 98.

〔34〕 So z. B. RPA 18. 4. 1940 Mitt. 1940, 114；DPA 27. 11. 1956 Mitt. 1957, 34.

〔35〕 Begründung（FN 28）.

〔36〕 BPatG 15. 3. 2003 Materialstreifenpackung E 47, 215 = GRUR 2004, 852, 855；ebenso 13. 10 2004 Schlagwerkzeug GRUR 2006 489, 492, wo das angeriffenen Gebrauchsmuster aufrechthalten wird, obwohl in der Entscheidung über die das gegenstandsgleiche Patent betreffened Nichtigkeitsklage ausgeführt war, daß die unter Schutz gestellte Ausgestaltung „kein erfinderisches Zutun" erfordert habe.

〔37〕 S. *Winterfeldt*, GRUR 2006, 441, 459l. ；*Winterfeldt/Engels*, GRUR 2007, 546, 547r, *Keukenschrijver* VPP Rundbrief 2007, 82, 86r.

〔38〕 *Trüstedt*, GRUR 1980, 877, 880 f. ；*Starck*, GRUR 1983, 401, 404；*Breuer*, GRUR 1997, 11 ff. , 18；*Busse/Keukenschrijver*，§ 1 GebrMG Rdnr. 16.

客体，在确定专业人员的标准知识和能力时应遵循与专利法中一致的基本原则。

联邦最高法院也同意这一观点："评价创造性方法时可以借鉴由专利法发展出的基本原则。依据不应是专业人员在已有的一般性专业知识基础上，对现有技术进行常规考虑就一定发现的观点，将显而易见的东西评价为基于创造性方法是不行的。"[39]

联邦最高法院列举了大量证据以反驳实用新型只需更少的创造性这一观点，但对于支持的观点，联邦最高法院却没有作详细分析。因此，对其中一些观点我们将在下文中进行阐述（参见第3点、第4点）。另外戈贝尔（Goebel）[40]的研究也值得一读，他明确反对降低要求，并对此进行了广泛的分析。

3. 降低要求的主要论据，除了引用1986年修订法律时立法者[41]所表示的意图之外，特别就是指较短的实用新型最长保护期[42]。此外，也需要指出的是，专利法意义上采用显而易见性的前提条件，也涉及一些与时间有关的因素，比如，专业人员在现有技术中寻找启示，以及在发现其他或者更好的解决问题方案过程中可能预期投入的时间。[43]

尽管对创造性的要求原则上是一种质量上的要求，但是在对其描述和实施过程中，会出现空间性和数量性的指标（参见本节Ⅰa7）。另外，有的创造性成果意义重大，而有的却意义较小，这也是毋庸置疑的。一些在判定显而易见性时的考量逐渐地会出现差异，比如，在范围的界定方面，主管的专业人员在他本身领域之外的信息也应考虑在内（参见本节Ⅱ4、6）；紧急需求的产生与该需求通过待判定的发明得到满足之间的时间（参见本节Ⅳ4）；或者，如果发明是显而易见的，那么发明的产生必定源于现有技术年代。因此，在这种情况下，如果保护权的最长保护期不是20年，而是10年，那么降低要求也并非不合情理[44]。这也是考虑到，获得保护的发明不是普通专业人员常规工作取得的技术进步在发明的首次申请就已经能预料到的，而是——如果可能的话完全是——在很晚的时候才预料到的。技术的发展可以假设，而节约的时间肯定不能通过数字进行表现。但是可以猜测的是，随着情况的不同，节约的时间

---

〔39〕 BGH 20. 6. 2006 (FN 27)（Nr. 17 – 21）; zustimmend *Nirk*, aaO 847 f. ; Engel/Tappe, Mitt. 2006, 517; *Keukenschrijver*（FN37）82ff. ; krit. *Goebel*, GRUR 2008, 301ff.

〔40〕 Insb. S. 98 – 112, 147 – 153, 155 – 157.

〔41〕 Begründung（FN 28）; Goebel, S. 141f; *Loth*, §1 Rdnr. 160.

〔42〕 *Benkard/Bruchhausen*, §1 GebrMG Rdnr. 25; *Bruchhausen*, FS v. Gamm（FN 21）361.

〔43〕 *Beckmann*, GRUR 1997, 513, 514.

〔44〕 专利事实上的平均保护年限——参见 Breuer, GRUR 1997, 11——不应作为这里的判断依据，因为在评价某一发明的创造性时（少数无效和撤销判决除外）考虑其最高保护年限还是部分保护年限是不清楚的。

也有变化。下面这样的做法看上去就是合理的：将那些"加速作用"正好达到或没有太多超出为获得独占权而必须满足的最小值的发明设立一种保护权，而它的最高期限少于那些明显超过这一门槛的成果理应得到的期限。

1990 年 7 月 1 日以后申请的实用新型保护期已由 8 年延长到 10 年，联邦最高法院[45]认为，这一变化并不意味着，对他们应该按照比之前申请的实用新型更严格的标准去判定字面上并未改变的基于创造性方法的前提条件。最高保护期限延长了四分之一，并不必须成比例地提高创造性要求的最小值，这肯定是合适的。但是，从这个判决也可以理解的是，对实用新型的最小值要求低于对专利的最小值要求。无论如何，这个判决没有改变的是，这样一个原则仅仅因为缩短了最高保护期限就有其合理性。从中不能推出的是，不允许在判定创造性成果时也考虑时间因素。

4. 专利和实用新型的保护范围是根据相同的原则确定的（《专利法》第 14 条、《实用新型法》第 12a 条），但这并不影响授予一项并不满足专利创造性要求的发明实用新型保护，当然，前提是这项发明以常规专业行为没有预料到的方式丰富了技术。因为这种情况下——考虑到权利稳定性——所能提出的保护要求，覆盖的保护范围往往——也包括等同的东西[46]——小于在较大创造性成果时理应获得的保护范围。此外还需要考虑的是，在这种情况下，以权利要求定义的发明中等同的东西，往往是专业人员无需创造性方法就能从现有技术得出的，因此也不应包含在保护范围之内（参见 § 32 Ⅲ f bb 2）

5. 在一个对专利和实用新型都进行规范的一个统一体系中，之所以能对实用新型进行保护，就是因为专利对创造性成果有着相对较严格的要求。但是，对于欧洲专利，只能在部分缔约国对那些没有基于《欧洲专利公约》意义上的创造性活动而只有较低创造性成果的发明给予保护[47]。在创造性活动方面，欧洲专利局不能对这些缔约国提出比其他国家更高的要求。此外，在这些国家，对于欧洲专利并不是不能因违反《欧洲专利公约》第 138 条而因此单独宣告其无效。这是因为，即使在这些国家按照其国内法可以给予实用新型保护，但并不认为就有了符合专利的足够创造性成果。在实践中，这就有必要对国家专利也要放弃这种论据，从而避免对这些国家专利适用与欧洲专利不同的判定标准。

在欧洲专利协议的缔约国或者只是在欧盟国家引入一种对专利予以补充的

---

〔45〕 20. 1. 1998 Induktionsofen GRUR 1998, 913, 915 l.

〔46〕 Vgl. *Goebel*, S. 138; *Ullmann*, GRUR 1988, 333, 339.

〔47〕 Angaben hierzu bei *Goebel*, GRUR 2001, 916, 920 f.; *Kraßer*, GRUR 1999, 527, 528 FN 6, 7.

保护技术发明的保护权，在可预见的将来是难以实现的（参见§7 Ⅱ d bb 1）。唯有当那些创造性成果并没有完全满足专利法上的要求的发明也能获得这种保护权时，引入这种保护权似乎才是有意义的。[48]

6. 立法者在《专利法》第4条第1句中给出了"建立在创造性活动基础上"的概念，却忽略了对"建立在创造性方法之上"的接近概念的确定。[49]但是这一要求——就像之前的法律要求的发明高度一样——无论如何都可以与现有技术联系起来（参见§16 B）。对它的判定如同在专利法中一样，关键在于对普通专业人员的界定。因此，原则上可以将从专利法发展而来的在下面Ⅱ至Ⅳ部分讨论的标准作为基础，但是对于实用新型需要注意的是，在创造性成果方面，与现有技术并没有足够的差别。[50]如果人们——与联邦最高法院的观点相反（参见第2点）——认为，这里表达了降低要求的看法，那么这种降低也是需要在个案的个别情况中去考虑的。

Ⅱ. 一般的判定标准

1. 关于创造性活动的问题在实践应用中常常很难得到明确的回答，由于它具有很重要的意义，所以是一种期待价值。人们对创造性活动的要求有大量的看法和研究，这充分证明了把握这一概念的难度，以及对这些结果在一定程度上的诸多不满。人们更多的不是抱怨专利局和法院提出的要求过高或过低，而是很难预计他们的判定结果。[51]因此，不断有人提出建议如何制定可信的评定方法，[52]甚至还有人提出某种数学公式以判断创造性特征，[53]但他们只是把困难转移到了确定价值上。与上述情况相类似，也有人在"信息理论"[54]程序和"模糊逻辑"的启发下，通过发明的理想价值可以达到的百分比，对发明高度进行区分和量化[55]。同样，运用形式逻辑或语言逻辑方法，尤其是三段论法[56]，或

---

〔48〕 S. *Kraßer*, aaO 529 ff.; im gleichen Sinn *Goebel*, aaO 916 f., 920 ff.

〔49〕 Vgl. die Begründung（FN 28）.

〔50〕 *Goebel*, S.108, 156 definiert ihn dadurch, daß sich die Erfindung für den Fahmann nicht ohne weiteres aus dem SdT ergibt, m. a. W. eine erfinderische Leistung vorliegt, die über fachmännische Routine hinausgeht; nach *Bühring*, §3 Rdnr. 85 ist dies zu wenig; es seien aber qualitativ andere Anforderungen zu stellen als im Patentrecht.

〔51〕 Vgl. H. *Mediger*, Mitt. 1959, 125, 129 f.; *Dick*, GRUR 1965, 169 ff.

〔52〕 Vgl. *Pagenberg*, S. 169 f.

〔53〕 Eine Reihe dieser Vorschläge behandelt *Öhschlegel*, GRUR 1964, 477, 478 ff.; Mathematisierung versucht auch *Beyer*, GRUR 1986, 345 ff.

〔54〕 Vorgeschlagen z. B. von *Öhschlegel*（FN 53）482 f. mit Ergänzung von *Oelering*, GRUR 1966, 84; P. *Wirth*, GRUR 1960, 405, 407 ff.

〔55〕 *Beckmann*, GRUR 1998, 7 ff.; dazu Keukenschrijver, VPP Rundbrief 2007, 82, 85.

〔56〕 Vgl. *Schick*, Mitt. 1987, 142; 1990, 90; 1992, 315.

对语言表达[57]上的压缩和扩充进行分析甄别，也很难得出比假设更精确的结论。而如果不进行假设，只依据法律法规和待判定的情况是无法得出合适结论的。因此，在实践中它们并不能确定最终的结论，即使它们在逻辑上会必然有这样的结果。此外，还有人建议，分析主流专业人员正负面评价的数值关系，看看是否以及在多大程度上具有创造性活动。[58]这种方法，除了需对足够大量的专业人员进行调查而花费较大外，还有结构性考虑的问题，因为这些专业人员在评价前就必须对他们要评价的发明有所了解。如此一来，他们就不能回答，在给定时间点他们是否能够完成发明，而只能说，他们是否相信可以完成。一个最新的建议是，由一位不知道这项发明的专业人员对涉及该发明的相关现有技术进行改进，然后由另一位专业人员将两者进行比较。但是，这里的问题是，在该发明的及时公开和延迟审查，乃至在异议、申诉和无效程序中，很难保证第一位专业人员一直不知道这项发明。[59]

因为这种不确定性首先是相关的专业人员引起的，所以最终的建议是，忽略这个因素，只注重形式和进步的程度。这样看来，发明的有利影响便起着决定性作用[60]，但它并不能完全满足创造性活动要求的目的（参见本节Ⅰa2）；如果发明与"正常的"[61]进步的差异是至关重要的，那么由于上述已列举的原因（参见本节Ⅰa3，5），在不考虑它们的情况下就很难确定什么是"普通的"专业人员可能完成的。

在实践中，人们通常不考虑为解决该问题所作的尝试，而是把发明是否对专业人员显而易见的看作是决定性的因素。面对某一具体问题时，实践中需要特别考虑的是，发明涉及的是哪种专业人员和哪个专业领域（参见第3点及以下）。此外还需注意的是，补充判断基础的具体证据材料（参见本节Ⅳ）。

将实践中所有为支持或者反对创造性活动而考虑的情况，在一个以问题类型或者类似的东西[62]进行归类的系统内予以总结，会有助于在考虑全部相关因素的情况下理解任何待判定的发明，因此可以防止单方面的评价。不过，这并不能改变的是，这种答案常常不能适合于具体的问题，而是需要再次评价，而这又会出现不同的结论。此外，对在这种系统内具体问题和回答可能赋予的

---

〔57〕 *Stamm*, Mitt. 1997, 6 ff.; dazu *Härtig*, Mitt. 1998, 14 f.

〔58〕 So insbesondere F. *Winkler*, Mitt. 1963, 61.

〔59〕 *Schickedanz*, GRUR 2001, 459, 467 ff.

〔60〕 So *Dick*, GRUR 1965, 169.

〔61〕 In diesem Sinne H. *Winkler*, GRUR 1958, 153; H. *Mediger* (FN 37); *Kumm*, GRUR 1964, 236.

〔62〕 Beispielsweise in der Checkliste und dem Index zur Beurteilung der Erfindungshöhe, die *Dolder*, S. 332ff., 341ff. auf der Grundlage der Rechtsprechung und Prüfungsrichtlinien des EPA entwicklet hat.

正负点数记数的累加结果也有不确定性。[63]

2. 发明高度是根据普通专业人员设定的；新的规则将其简称为专业人员。但是，这里的专业人员并不能不是普通专业人员。[64]"这里"的专业人员不是任意一个专业人员；某个或者其他专业人员没有从现有技术中得出发明，并不能就证明该项发明具有创造性活动；某个高明的专业人员能毫不费力地得出发明，也不能因此而否定该发明的创造性。[65]创造性活动这一要求的目的，就是要保持在常规运用现有技术过程中所期待的独占权可以自由使用，因此也要求适用一个一般性的标准。

无论是德国专利商标局或欧洲专利局的审查员，还是联邦专利法院或欧洲专利局申诉庭的技术法官，都不能简单地视为《专利法》或《欧洲专利公约》意义上专业人员的化身。[66]他们拥有的专业知识比在各自领域要求的一般知识更丰富；但是也要注意的是，他们并不从事实践活动，因此相比于真实的情况，他们容易从现有技术和专业知识的角度过小或过大评估难度。为此，首任欧洲专利局局长本特姆（*J. B. Benthem*）曾说过：

"我认为，因为审查人员脱离生产，终日坐在写字桌旁，所以他们应该对实践有一定的敬畏之心。他们不应该自恃专家，即使那些曾经有着丰富实践经验的审查员，自他们在办公室坐上几年之后，必定在一定程度上丧失了与操作中实际问题的联系。"[67]

3. 考虑到专业人员的因素时应该注意既要有认知能力，又要有创新性；[68]专业人员拥有本领域直至关键日期的普遍的专业知识和一般的技能。[69]就是依据这种专业知识和技能来判定，发明是否是以显而易见的方式由现有技术得出

---

〔63〕 Das zeigen die Ergebniss eines Tests, bei dem eine größe Personen（ohne Erfahrung im Bewerten Erfingdungen）den von *Dolder* entwickelten Index（FN 62）auf eiene bestimmte Erfindung anzuwenden hatte; vgl. *Dolder/Ann/Buser*, Erfahrungen mit einem additiven Index zur Beurteilung der Erfindungshöhe, Mitt. 2007, 49, 51 ff., 57 f.

〔64〕 Vgl. BGH 19. 6. 1990 Haftverband Bl. f. PMZ 1991, 159; *Jestaedt*, Benkard, EPÜ, Art. 56 Rdnr. 40 f.; *Melullis*, FS Ullmann, S. 508 ff.

〔65〕 Vgl. EPA 31. 8. 1990 T 60/89 Fusionsproteine/Harvard ABl. 1992, 268, 276 f., 281 f.（Nr. 2. 2. 4, 3. 2. 5）：对基因工程专业人员的标准并不是一定要获得诺贝尔奖。

〔66〕 这同样适用于联邦最高法院在无效——上诉程序中聘请的专家，参见 *Jestaedt*, GRUR 2001, 939, 940 r.; *Melullis*, FS Ullmann, S. 503 f.

〔67〕 *van Benthem/Wallace*, GRUR Int. 1978, 2231.

〔68〕 Vgl. *Liedel*, S. 202.

〔69〕 in ihm ist also nicht lediglich, wie es A. *Troller*, GRUR Int. 1973, 394 ausdrückt „ein vorgestelltes vereintes technisches Wissen . . personifiziert". Auch in Immaterialgüterrecht, Bd. I, S. 192 ff. sieht *Troller* allein das Wissen, nicht auch das *Können* des Fachmanns als maßgebend an. Daß auch dieses zu berücksichtigen ist, betont *Pagenberg*, EPÜ – GK, Art. 56 Rdnr. 43 ff.

的。根据现行的法律，[70] 专业人员专业领域内的所有常规专业知识都应归属于现有技术的范畴。[71] 至于如何判定常规的专业知识，则只考虑在相关领域任何有意的人通过公开培训部门和信息渠道能够掌握的知识。由企业培训或生产实践获得的知识，如果不受保密约束的话，则属于现有技术。相反，个别承担了保密义务知悉的或者只在采取了保密措施条件下告知了他人的知识，则不属于一般专业人员应掌握的知识。

无论如何，标准的专业知识都没有超过现有技术的范畴。相反，公开的现有技术却包含比标准专业知识更宽泛的内容，不过这也是指有关的各个专业领域。如果我们实实在在地去观察，自然就很容易理解，现有技术包含很多东西，远远超出了常规专业知识的范畴。[72] 但法律也没有规定，进行审查时要假定专业人员掌握了所有相关的现有技术。

德国以前的法律中可能使人在这种意义上产生某种误解，因为之前的专利法在定义新颖性时——很不正确地——（参见§17 Ⅰ a 1）将其解释为对已有知识的假定。[73] 它同时被看作是现有技术的另一种说法，而发明不应是从这种现有技术显而易见地得出的，这就容易使人认为，应当假设专业人员知晓全部现有技术。但是，这种观点在以前的法律框架内就遭到了批判。[74] 在司法判决中，尽管有些倾向于这种看法的表述，但是它并没有全部发挥到至关重要的作

---

〔70〕 根据之前的德国法律可以想象的是，专业知识包括不属于现有技术的知识，因为这些知识既没有印刷出版，也没有在国内公开实施，参见 BGH 15. 9. 1977 *Börsenbügel* GRUR 1978，37，38r。

〔71〕 S. EPA 12. 9. 1995 T 939/92 Triazole/Agrevo ABl. 1996，309，317；Schickedanz，GRUR 1987，71，74. 偶尔关于专业知识不属于现有技术的论述，主要是在审查新颖性时遇到。要否定这一论述，只能通过确定的统一的事实情况，而不只是借助"一般专业知识"的概念。即使某项发明因为"专业领域的知识"被否决其创造性，也必须证明，这些专业知识通过什么途径在基准日期之前得到公开；否则就存在实质上的程序瑕疵，参见 BPatG 18. 7. 1989 E 30，250；vgl. auch EPA 25. 4. 2007 T 211/06 NGK Insulators GRUR Int. 2007，927（Nr. 4. 2）.

〔72〕 有学者持不同观点，并指出专业知识在哪些方面等同于已公开的现有知识，参见 *Busse/Keukenschrijver*，§4 PatG Rdnr. 129 f. 据此，每个专业人员都拥有同样的包含所有现有技术的专业知识。很难解释，就像大家所认为的那样，为什么专业人员的专业领域起决定性作用；专业知识和现有技术"没有实质区别"（*Busse/Keukenschrijver，aaO*；*Benkard/Asendorf/Schmidt*，§4 PatG Rdnr. 38），而不只是相关的，只要——可以证明的——是在基准日期之前公开了并因此属于现有技术。这并不表示，"现有技术之外的一般知识"也属于权威专业知识的范畴（*Busse/Keukenschrijver*，Rdnr. 128）.

〔73〕 Vgl. *Liedel*，S. 204 ff. m. Nachw.

〔74〕 Vgl. *R. Wirth*，GRUR 1941，58，61；*v. Falck*，Mitt. 1969，252 ff.；*Pagenberg*，S. 149 ff.；*Liedel*，aaO；für das neue Recht *Bruchhausen*，Mitt. 1981，144 f. Dagegen meint *Meier – Beck*，Mitt. 2005，5301，der Fachmann kennte den gesamten SdT Seines Fachgebiets；ebenso für den Druckschriftlichen SdT *Jestaedt*，Benkard，EPÜ，Art. 56 Rdnr. 44；nach *Benkard/Asendorf/Schmidt*，§4 PatG Rdnr. 37 ist dem Fachmann die Kenntins der（d. h. wohl aller der Öffentlichkeit zugänglich gemachten）Entgegenhaltungen aus dem SdT zu unterstellen；vgl. auch oben FN 72.

用；更没有考虑的是普通专业人员也许应该但却没有顾及的反对观点（参见第4点及以下）。这并不完全符合这些是他所知道的假设。[75]

根据法律的规定，在判断创造性活动时应该考虑的现有技术是指在基准日期之前公开的技术；认为现有技术必须也是一般的或至少是任何普通专业人员应该知道的，是没有道理的。

法律规定，在审查创造性时并不考虑，未公开的在先申请损害新颖性的内容，这（也）是考虑到，这些损害新颖性的内容根本不可能在专业领域内公开。但这并不意味着，将其他现有技术列入考虑范围，是因为认为它们属于专业人员应该知道的总范围。虽然《专利法》第1款第3条在阐述公开可得的现有技术时提到"知识"，但这并不意味着法律认为现有技术中包含潜在的知识，即任何人员可获取的、但并不必须也是现实地存在于人们意识中的信息。从这项规定的措辞就已经可以看出，它根本没有专业人员应该知道现有技术这样一种假设。德国的立法者作出这样一项与《欧洲专利公约》大相径庭的规定，且不作任何提示，这也是让人难以接受的。

就专业人员的知识而言，专业知识与其他的现有技术也存在很大差异。专业知识是专业人员直接从记忆中或通过其自己的信息渠道[76]毫不迟疑就能容易获取的知识；更准确地说，专业知识是专业人员能想到的普通知识。而对于其他现有技术，只需要一般地说，专业人员是能够知道的。更多的不属于专业知识的现有技术中偶然性的、选择性的知识，并不是普通专业人员应该知道的。应该充分考虑到知悉这些知识的可能性，因为全部的现有技术都被视为专业人员可获取的（参见第11点）。至于专业人员在多大程度上、用何种方式利用了这种可能性，则取决于他的专业知识和能力。[77]

4. 专业人员应该掌握的知识首先取决于他的专业领域，专业领域则是由发明所要解决的任务确定的，[78]而不是由完成发明或使用根据发明生产的产品的人决定的。发明人可能是解决了一项不是其专业领域的问题，因而作出了对于他的同行来说并非显而易见的进步；[79]但是，一般来说应该考虑到，这些专

---

〔75〕 Vgl. *Liedel*, S. 207 ff.；*Pagenberg*, S. 150，152，154；*v. Falck*, aaO 256 r.

〔76〕 *Jestaedt*, *Benkard*, EPÜ, Art. 56 Rdnr. 45；vgl. auch EPA 9. 11. 1990 T 426/88 Verbrennungsmotor/Lucas ABl. 1992，427，wonach es bei einem gängigen Fachbuch nicht darauf ankommt, in welcher Sprache es verfaßt ist；zur Frage, unter welchen Voraussetzungen in Datenbanken auffindbare Informatinen zum SdT gehören, vgl. EPA 14. 10. 2004 T 890/02 Chimäres Gen/Bayer Abl. 2005，497 = GRUR Int. 2005，1030；Näheres oben § 17 Ⅲ 3.

〔77〕 Vgl. BGH 5. 2. 1991 Überdruckventil Bl. f. PMZ 1991，306.

〔78〕 Vgl. EPA 5. 3. 1982 T 32/81 Reinigungsvorrichtung für Förderbänder ABl 1982，225.

〔79〕 Vgl. BGH 20. 2. 1962（FN 13）.

业人员会聘请该问题所属领域的专业人员；因此，如果该解决问题的方案对于从事该专业的专业人员是显而易见的，那么也是没有创造性活动的。[80]

例如，对于一般意义上的专业人员，可作以下理解：对信鸽运动而言，赛鸽巢具本身并不是这一运动的核心要素，重点是制作这些巢具的工人[81]；对假牙和烫发剂行业来说，专业人员不是牙医和发型师，而是制作这些产品所在领域、经过培训的工业化工人员[82]；对于安装厨房抽油烟机的通风管道这份工作而言，专业人员并不是厨卫家装工人，而是熟悉流体力学以及了解厨房设备常见问题的工程师[83]；在设置中央暖气中液体流量时，专业人员不是暖气安装工人或安装公司，而是指设计暖气外形和内部结构的工程师[84]；在对钢片进行冷加工来生产洗衣机的弧形外壳时，专业人员不是洗衣机生产商，而是金属冷加工领域的工作人员[85]；在生产聚合粒子乳胶（作为涂层上的哑光剂）时，专业人员不是哑光剂的使用者，而是生产涂层及其组成部分的化工人员。[86]与之相反，在把发荧光的稀土螯合物装入纤维（此纤维是纸张的组成部分，用于辨别、保真、防伪等）中时，欧洲专利局判定，专业人员不是染色人员，而是在这些安全材料领域的专业人员，而这一活动也被判定为具有创造性。[87]

由此可推断出，对相关领域的一般工作人员而言，他们需要另一领域专业人员的帮助，这对他们来说是必要的，其自身也是明白这一点的。

如果一位机械设计制造人员需要将一个机器改装成电磁机器，那么他会请教电工技术员；因为解决方案对电工专业人员来说是容易想到的，并不具备创造性。[88]同样地，光学领域的专业人员在制造汽车尾灯时就需要使用的材料，需要请教人工材料领域的专业人员。[89]汽车的设计者需要掌握自动控制技术时，得向自动控制专业人员请教，[90]在设计卧具时，关于高度协调装置的金属配件的生产知识，应当向内行人士请教。[91]从事安全带生产的专业人员，应该

[80]　Vgl. *Pagenberg*, Erfindungshöhe, S. 147.

[81]　BGH 14. 11. 1961 GRUR 1962, 290, 293.

[82]　BGH 5. 11. 1964 Polymerisationsbeschleuniger GRUR 1965, 138, 141; 22. 12. 1964 Dauerwelle GRUR 1965, 473, 475.

[83]　BGH 20. 1. 1987 Mauerkasten II GRUR 1987, 351, 352.

[84]　BGH 11. 5. 1993 Meßventil GRUR 1994, 36, 37.

[85]　EPA T 168/82, zit. bei Knesch, Mitt. 2000, 317 r.

[86]　EPA T 51/88, zit. bei Knesch, aaO 318 l.

[87]　EPA 21. 9. 1995 T 422/93 Lumineszierende Sicherheitsfasern/Jalon ABl. 1997, 24, 30.

[88]　BGH 23. 6. 1959 Elektromagnetische Rühreinrichtung GRUR 1959, 532, 536 f.

[89]　BGH 20. 2. 1962 (FN 13).

[90]　BGH 4. 10. 1979 Doppelachsaggregat GRUR 1980, 166, 168.

[91]　BGH 26. 10. 1982 Liegemöbel GRUR 1983, 64.

向经验丰富的纺织专业人员咨询关于纺织品使用和生产方面的知识。[92]要制造生产超声波医学仪器时，物理学家或工程师需要掌握医学和医学技术领域的知识，或者向相关专业人员请教。[93]生产电子发动器控制的电路指令时，对此负责的机械工程师需要向调节专业人员请教，当然他也知道调节专业人员能给予自己必要的帮助；一位经验丰富的调节专业人员的知识和能力，也可以计入机械工程师的知识能力范畴，两位专业人员的知识总和可以看作是一般专业人员的知识；[94]而对于包装技术的一般专业人员和与之相关的其他专业人员而言，他们并不需要掌握蓄能器技术中关于闭合阀门的技能。[95]

来自不同领域的专业人员在一个团队共同工作时，应避免如下一些情况的发生：[96]例如，在使用激光射线进行雕刻的过程中，探测样品产生的视频信号可以对激光射线进行调整。研究这项技术的团队由一位精通激光技术的物理学家、一位通晓扫描和调制技术的电子工程人员、一位研究视频材料光敏感层的化学家组成。[97]在一项涉及两个专业领域（静电印刷术和电路技术）的发明中，技术处理的评价应由两个领域的专家共同作出。[98]

在解决电脑程序问题时，司法判决产生了新倾向：对创造性的审查只取决于技术含量（参见§12 Ⅲ b 6 和 c），而且只适用于这里提到的相关专业人员。联邦专利法院因此在"关于大宗电子支付交易安全实行的诉讼程序"中提出，在审查专利申请时，须由两位专业人员合作，即一位银行家或税务咨询师和一位在处理商业和银行电子数据方面有实际经验的电子工程师。最终，此项发明的创造性遭到否决，因为建立在技术领域基础之上的电子交易对相关电子工程师来说是易得的。[99]这样一来，技术性解决方案，受到在规定日期前未公开的非技术信息影响的可能性越来越小（参见§12 Ⅳ c ee）。例如，依靠现有技术推导出来的想法，在玩硬币游戏机时依靠偶然因素控制，用以增加拿"大奖"的概率，其技术实现对专业人员具有非显而易见性的可能性变得越来越小。[100]

---

〔92〕 BGH 4. 10. 1988 Gurtumlenkung Bl. f. PMZ 1989, 133.

〔93〕 BGH 12. 5. 1998 Stoßwellen – Lithotripter GRUR 1999, 145, 147.

〔94〕 BGH 11. 3. 1986 Abfördereinrichtung für Schüttgut GRUR 1986, 798; krit. dazu Gramm, aaO 801 ff. und Dreiss, GRUR 1994, 786 f.

〔95〕 BGH 5. 2. 1991 (FN 77).

〔96〕 EPA – Richtlinien C Ⅳ 11. 3.

〔97〕 EPA T 226/86, zit. bei Knesch, Mitt. 2000, 315; vgl. auch EPA T 60/89 (FN 65) 276 f. (Nr. 2. 2. 4); weitere Nachw. bei Singer/Stauder/Kroher, Art. 56 Rdnr. 118; *Jestaedt*, Benkard, EPÜ, Art. 56 Rdnr. 42.

〔98〕 BPatG 21. 1. 2003 Gedruckte Schaltung E 46, 238, 242.

〔99〕 BPatG 10. 2. 2005 Transaktion im elektronischen Zahlungsverkehr Ⅱ E 46, 265 (Nr. Ⅱ 3. 2).

〔100〕 Vgl. BPatG 22. 11. 2004 Jackpotzuwachs GRUR 2005, 493, das erfinderische Tätigkeit verneint.

实践多次证明，专业人员的工作一定程度上必须以某种工作流程为导向。对这一工作流程他必须有一个心理预期，或者直接遵循这一流程开展自己的工作。对于覆盖房屋的脊顶和脊背这一工作而言，要求房屋建筑工人对其上的覆盖材料以及相关附属材料的使用有相当的了解；[101]对窗户铰链的设计人员而言，则要求其对窗户铰链的生产流程有必要的了解。[102]

5. 专业人员必备的资质取决于，他们是否通过发明找到解决问题的方法。这一点不仅适用于手工劳动者，也适用于受过职业培训的工程师和相关教育的大学毕业生。

在改进电梯发动装置的电路指令时，这一工作的评价标准不是由科学家的知识和能力来确定的。[103]

典型的专业人员应是如下的工作人员[104]：生产衣服挂钩（由末端为金属材料的皮带组成）时，在生产小型冲模方面有实践经验的手工专业人员[105]；将钢材连铸到钢包回转台时，受过大学教育的、从事设计连铸设备的工程师[106]；在通过电路指令控制放电装置发动时，受过大学教育的、在调节和控制技术方面有实际经验的机械设计工程师[107]；在通过移动装置接收办公室信息设备发出的信息时，受过技术学校教育的、有相关实践经验的设计者[108]；在敷药时，拥有大学文凭的药剂师[109]；在给墙和天花板镶板时，受过应用技术大学教育而非综合大学教育的工人[110]；在通过工具放置纹板时，熟悉此工具研发和制作的工人[111]。

从原则上来讲，学历较低的专业人员必须请教学历较高的专业人员的这一说法是不正确的。但有一种例外情况，即企业应用新的生产方法，对生产结构、工作方式和技术设备进行全面更新时。

---

[101] BGH 14. 5. 1981 First – und Gratabdeckung GRUR 1981, 732, 733.

[102] BGH 6. 5. 1960 Fensterbeschläge GRUR 1960, 427, 428; vgl. auch das Beispiel oben bei FN 83.

[103] BGH 19. 4. 1977 Schaltungsanordnung GRUR 1978, 98, 99.

[104] Weitere Beispiele und Nachweise bei Benkard/Asendorf/Schmidt, §4 PatG Rdnr. 36, 41; Busse/ Keukenschrijver, §4 PatG Rdnr. 161 ff.

[105] BGH 7. 12. 1978 Aufhänger GRUR 1979, 224, 226.

[106] BGH 23. 9. 1980 Pfannendrehturm GRUR 1981, 42, 44.

[107] BGH 11. 3. 1986 (FN 94).

[108] BGH 12. 12. 1989 Computerträger GRUR 1990, 594, 595.

[109] BGH 19. 6. 1990 (FN 64).

[110] BGH 12. 10. 2004 Paneelemente GRUR 2005, 233 (Nr. Ⅲ 1); ebenso BGH 1. 7. 2003 Gleitvorrichtung Bl. f. PMZ 2004, 213, 214 für eine Vorrichtung zum Transport eines Patienten mittels eines auf einem Brett gleitenden Endlosbandes.

[111] BPatG 13. 10. 2004 (FN 36) 491 l.

因此，如果要将手工生产变为流水线生产，那么设计流水线的工程师比更为熟悉具体生产的工人更具权威性。[112]

6. 某一领域所必需的知识，通常由具备本专业领域资质的专业人员进行确定。他应该具有的创新能力，很难进行具体化的衡量。如果专业人员不断改善他在本专业领域内已知的解决方案，但又不是对其进行彻底改变，这样的专业人员是可被信赖的。[113]

现有技术仅为专业人员提供了实现技术改善的可能性。如根据欧洲专利局的决议所言，即使某项发明产生了意想不到的附加效果，此项发明也仍缺乏创造性。[114]

从用户的角度出发，尽可能考虑并满足该产品用户的愿望（例如用户希望在其使用产品过程中享有尽可能的舒适感）是专业人员应当做的事情。[115] 一个广播电台向外发出信号，信号中包含着节目语言设定的信息，因为节目语言可以根据听众要求进行调整。这种情况是不具有创造性的，因为电子消费领域的用户早已对该器材功能有所期许，而专业人员仅是实现了这些想法。[116]

一般来说，根据现有技术的法律定义，现有技术包括所有知识（《专利法》第 3 条第 1 款第 2 句）和一切在规定日期之前的公开技术（《欧洲专利公约》第 54 条第 2 款），因此，现有技术不仅包括技术信息本身，也包括其他技术说明内容，如商业形式上的要求。[117]

发明者由现有技术推导出新的创新点，普通专业人员可能也会想到，也有可能试图用它来解决自己的问题；但是专业人员另一方面也会考虑到实践中的

---

〔112〕 BGH 15. 9. 1977（FN 70）37，381.

〔113〕 Vgl. einerseits EPA 28. 7. 1981 T 15/81 Wirbelstromprüfeinrichtung ABl. 1982，2；8. 7. 1986 T 142/84 Erfinderische Tätigkeit/Britax ABl. 1987，112，116 f.；BGH 12. 2. 2003 Hochdruckreiniger GRUR 2003，693，695；andererseits BGH 1. 7. 2003（FN 110）.

〔114〕 EPA 22. 3. 1984 T 192/82 Formmassen/Bayer ABl. 1984，415；这一判定是一种"单向性情况"，这种情况下的"附加效果"不能说明发明具有创造性，同样的判定见欧洲专利局 EPA 10. 9. 1982 T 21/81 Elektromagnetischer Schalter ABl. 1983，15，20；5. 4. 1984 T 69/83 Thermoplastische Formmassen/Bayer ABl. 1984，357.

〔115〕 BPatG 9. 1. 2002 Selbstbedienungs – Chipkartenausgabe GRUR 2002，418；20. 11. 2002 Unterbrechungsbetrieb GRUR 2003，321.

〔116〕 BPatG 13. 8. 1997 Radio – Daten – System E 38，250；26. 2. 2003 Programmartmitteilung E 47，1 = GRUR 2004，317，319（Nr. Ⅲ 1 c）.

〔117〕 Vgl. BPatG 10. 5. 2006 Preisgünstigste Telefonverbindung GRUR 2004，494（Nr. Ⅱ 3）. Dagegen scheint EPA 27. 11. 2003 T 172/03 Order management system/Ricoh Mitt. 2005，80（LS）mit Anm. v. Engelhard nur Informationen technischen Inhalts zum SdT rechnen zu wollen；vgl. auch EPA 22. 3. 2006 T 619/02 Geruchsauswahl/Quest International ABl. 2007，63 = GRUR Int. 2007，333（Nr. 2.5.1 a. E. u. 4.2.2 a. E.），wo auf T 172/03 Bezug genommen wird.

花费问题，以及未来是否有良好的发展前景。

专业人员能在本专业领域内进行常规性的探索，只是以常规程序找出的问题解决方案不能称之为创造性活动。专业人员还应防患于未然，努力避免问题的发生，而不是仅仅等问题出现后才想到要如何解决。当然这并不意味着，他对将要发生的特定问题有所期待。[118]

欧洲专利局一再强调，创新不是普通专业人员已经能够着手改变某项现有技术，而是应有充分的动因对该技术作出前瞻性的革新。[119]即有足够理由来说明这一改变具有相当重要的优势考量[120]，才可被称之为专有技术的改变。即使专业人员没有因某项特定目的或结果，从一个较大的范围中选取一个较小的范围，也并不能证明其工作有没有创造性，因为这种选择是任意性的。[121]

专业人员能否产生革新性想法与其专业知识有关。人的创造力与其认知是密不可分的，创造力不是受到个人能力，而是受到个人获取的知识的影响。因此，专业人员的创造力是受不同形式影响而塑造出的能力。

实践证明，只在少数专家涉足的高精尖技术领域中，专业技术研究发展的前景极不广阔。但是，人们不能因此就否定在这些领域内产生的发明的可专利性，因为权威的专业人员肯定也为此进行了研究性活动；在这样的领域仅通过常规工作程序是难以取得创新成果的，所以通过研究找到的最佳技术问题解决方案基本都被认为是有创造性的。[122]

欧洲专利局认为，在基因技术领域，如果克隆某个基因的成功概率较小，

〔118〕 BGH 11. 4. 2006 Stretchfolienhaube GRUR 2006, 666, 672 (Nr. 56, 58).

〔119〕 EPA 15. 3. 1984 T 2/83 Simethicon – Tablette/Rider ABl. 1984, 265；21. 8. 1986 T 163/84 Acetophenonderivate/Bayer ABl. 1987, 301, 306 f. (Nr. 8)；19. 12. 1991 T 513/90 Geschäumte Körper/Japan Styrene ABl. 1994, 154, 160 f. (Nr. 4.5)；20. 6. 1994 T 455/91 Expression in Hefe/Genentech ABl. 1995, 684, 730 f. (Nr. 5.1.3.4)；T 939/92 (FN 71) 319 f. (Nr. 2.4.2)；EPA – Richtlinien C Ⅳ 11.7.3；ebenso BGH 11. 4. 2006 (FN 118) 671 r. , 672 r. (Nr. 54, 58)；BPatG 28. 4. 1997 Nocken schleifvorrichtung E 38, 122, 125 f. ；29. 9. 1997 GRUR 1998, 653；Singer/Stauder/Kroher, Art. 56 Rdnr. 53 f. ；*Jestaedt*, Benkard, EPÜ, Art. 56 Rdnr. 60；Szabo, Mitt. 1994, 233；Anders, Mitt. 2000, 44；einschränkend Busse/Keukenschrijver, § 4 PatG Rdnr. 145. – Nach BGH 11. 9. 2007 Stahlblech GRUR 2008, 145, 147 f. (Nr. 24 – 26) ist es für einen Fachmann naheliegend, ein zum SdT gehörendes Herstellungserfahren (hier：für ein Stahlblech bestimmter Härte) zwecks Herstellung eines gleichartigen Erzeugnisses (hier：eines Stahlblechs anderer Härte) abzuwandeln, wenn er hinreichenden Grund hatte, die Abwandlung mit einer begrenzten Anzahl von Versuchen und begründeter Erfolgserwartung zu erproben.

〔120〕 Vgl. EPA T 939/92 (FN 71) 322 f. (Nr. 2.5.3).

〔121〕 BGH 24. 9. 2003 Blasenfreie Gummibahn I BGHZ 156, 179 = GRUR 2004, 47, 49 (Nr. Ⅳ 3 b, c)；22. 5. 2007 injizierbarer Mikroschaum GRUR 2008, 56, 59 r. (Nr. 25).

〔122〕 这种情况（更强调认知元素）参见联邦最高法院 BGH 19. 10. 1954 Strahlentransformator GRUR 1955, 283, 286；Fritz, GRUR 1959, 113, 114 r. ；Bernhardt, S. 50；Pagenberg, S. 148.

而专业人员以一种相对简单的方式成功地完成了实验（尽管他也许在规定日期之前进行了大量工作），并解决了这一问题，那么这种活动就是有创造性的。[123]

7. 专业人员应——首先在自己的领域——在一般的专业知识之外寻找现有技术框架下的解决方案。在特定的情况下，他也会搜索其他领域的信息。尤其是当他在自己的专业知识和本领域其他现有技术的指导下，发现相邻领域也有类似问题、并有可能已经被解决的时候。[124]

因此联邦最高法院认为，负责设计铁柜的专业人员应熟悉如窗户铰链、门锁、车锁等相邻领域，并能应用这些领域的研究成果。[125]

如果专业人员根据其相关专业知识，判断出某项任务中包含了一项跨专业的技术问题，那么他甚至有可能从出现同一形式问题的相距甚远的领域获取信息。[126] 出于上述原因，专业人员可能会从本专业领域之外寻找典型范例和参考意见。如果他只是将其他领域的解决方案直接移植于自己的领域，那么这种行为并不能评定为创造性活动。[127] 不过，移植过程中也有可能需要加入某些超出

〔123〕 EPA 11. 1. 1996 T 386/94 Chymosin/Unilever ABl. 1996, 658；im gleichen Sinn EPA T 455/91 (FN 119) 702 f. （Nr. 5. 1. 3. 3）；8. 4. 1997 T 207/94 Humanes beta – Interferon/Biogen ABl. 1999, 273, 291 f. （Nr. 30 ff.）；verneint wurde eine die Erfindung nahelegende Erfolgsaussicht in EPA 8. 5. 1996 T 694/92 Modifizieren von Pflanzenzellen/Mycogen ABl. 1997, 408, 426 ff. （Nr. 28. 5 ff.）.

〔124〕 BGH 4. 10. 1988 （FN 92）；BPatG 9. 2. 1978 E 21, 32；EPA T 21/81 （FN 114）19；22. 11. 1985 T 176/84 Stiftspitzer/Möbius ABl. 1986, 50；18. 5. 2006 T 234/03 Druckertinte/Videojet Technologies GRUR Int. 2007, 249 （Nr. 8. 6. 1）.

〔125〕 BGH 24. 10. 1996 Schwenkhebelverschluß GRUR 1997, 272, 273.

〔126〕 BPatG 9. 2. 1978 （FN 124）；RG 11. 6. 1943 GRUR 1943, 284, 285；BGH 12. 2. 1957 Schmierverfahren GRUR 1958, 131；4. 10. 1988 （FN 92）；EPA T 176/84 （FN 124）；10. 10. 1985 T 195/84 Technisches Allgemeinwissen/Boeing ABl. 1986, 121；24. 4. 1991 T 560/89 Füllmasse/ N. J. Industries ABl. 1992, 725, 731 f. （Nr. 5. 2）.

〔127〕 参见联邦最高法院 1966 年 7 月 14 日在"注塑机Ⅲ"案（GRUR 1967, 25, 27）中，关于橡胶加工机械建造中的知识用于热塑性塑料注塑机的判定；联邦最高法院在 1968 年 7 月 2 日"混凝土配料机"案（GRUR 1969, 182, 183）中对砂石加工和混凝土混合的认定；1963 年 4 月 25 日在"睫毛笔刷"案（GRUR 1963, 568, 569）中对头发或睫毛美化妆品使用程序的认定；1963 年 4 月 23 日在"安全插头"案（Bl. f. PMZ 1963, 365, 366）中对插座和安全插头的认定；欧洲专利局 1984 年 5 月 15 日在"助听器/博世"案（ABl. 1984, 473, 478 f.）中对听诊器类声音传导设备在测试助听器时的认定；（T 455/91 （FN 119））对如何利用专业人员通过多肽在酵母中的表达获取的基因工程知识的规定。含有不同观点的判决则有：帝国法院 1943 年 6 月 11 日（FN 126）对手持式吸尘器和气体探测器的认定；联邦最高法院 1964 年 6 月 30 日（GRUR 1964, 612, 615）对往啤酒瓶或啤酒桶中罐装啤酒的认定；德国联邦专利法院 1997 年 4 月 28 日（FN 119）对涡轮叶片和凸轮的整改认定；欧洲专利局（T 176/84 （FN 124））对储蓄罐中常用的一种塞子（或搭扣）的使用规定，防止将其用于卷笔刀时不会因切削而脱落；1986 年 8 月 12 日（T 57/84）"甲苯氟磺胺（甲抑菌灵）/巴伐利亚"案（ABl. 1987, 53）确定了树木和植物保护中的抑菌灵比例。更多先前的判决参见 *Pagenberg*, Erfindungshöhe, S. 134 ff.；vgl. auch *Benkard/Asendorf/Schmidt*, §4 PatG Rdnr. 79 f.

专业人员知识和能力的调整措施。[128]

8. 评定发明的创造性时，现有技术指的是截止日期前已公开的技术，并不以未公开的专利申请内容为准（《专利法》第 4 条第 2 句，《欧洲专利公约》第 56 条第 2 句）。审查创造性时的现有技术范围比审查新颖性时要小，[129]但现有技术在审查创造性时对专利申请的阻碍作用比在审查新颖性时大。如果某项发明与一个属于现有技术的信息相似，那么此信息就不必包含完整的解决方案。只要能引导专业人员，使其不经过长久思考和实验就完成发明，那么该项发明就是显而易见的。因此，一项发明如果通过基础性知识（如一般性发现）即推导可得，那么该项发明就是显而易见的。只有这些知识超出一般专业人员的掌握范围时，将这些知识应用于技术的指导才属于创造性活动。[130]

只要发明中应用的基础知识和发现不属于评价创造性时的现有技术，即不是规定日期之前未公开的现有技术，那么基础知识中包含的成果就需要纳入评定范围。[131]如果某项发明是一般专业人员在没有非现有技术的基础知识时不能完成的，那么这项发明就不容易从现有技术中推导出来。因为非显而易见性与发明的产生过程无关（参见本节Ⅰa4），所以即使这些知识不是由专利申请人或法定权利人，而是由第三人所掌握的，这个规则也仍然适用。但在这种情况下，第三人可能因为泄密或违反协议而受到相应权利的主张（参见§19Ⅲ5）。

9. 与检验新颖性不同，对于创造性活动来说，属于现有技术的描述以及应用不能单独与申请保护的对象相比较，而应考虑专业人员将有关情况的信息互相联系起来的可能性。如果专业人员在此基础上通过自己的知识技能轻而易举地完成了申请专利的方案，那么这个方案将不具有创造性。因而在检验创造性活动时，需要进行一下"拼接"。

至于能在实践中走的多远则取决于专业人员了解多少[132]。所有现有技术的知识并不是隶属于一个专业人员（参见第 4 点），他要了解所有的现有技术也不太现实。根据已经提过的原则（参见第 4 ~ 7 点），应先确定现有技术中

---

〔128〕 EPA 7. 2. 1990 T 130/89 Profilstab/Kömmerling ABl. 1991，514，520；eine Anpassung in konstruktiven Einzelheiten genügt nicht，BGH 14. 7. 1966（FN 127）28.

〔129〕 在审查创造性活动时应完全忽略未公开的专利申请；是否对申请专利的产品进行描述、描述的详尽程度不起决定作用，参见 BGH 8. 12. 1983 Isolierglasscheibenrandfugenfüllvorrichtung GRUR 1984，272，274 r.

〔130〕 联邦最高法院在 1988 年 10 月 4 日的判决（脚注 92）中认为，一位从事具体劳动的一般专业人员是否阅读理论性的、带假设性的、对工作起推动作用的论文是值得怀疑的，因为无法具体证明从论文中得到的建议是否可以应用于实践。

〔131〕 Zur Problematik Troller，Immaterialgüterrecht，Bd. I，S. 175 f.

〔132〕 *Jestaedt*，Benkard，EPÜ，Art. 56 Rdnr. 31；EPA – Richtlinien C Ⅳ 11. 8.

对专业人员而言必须了解的各个部分，但他也不可能对一个领域中的任意联系都一清二楚[133]。原则上来讲，人们必须接受一点：专业人员并不能将太多、差异太大或是相隔甚远的信息联系在一起。他首先会考虑那些与任务有显著联系的信息，只有得到相应建议时，他才会利用联系较远的信息[134]。

因此，检验创造性活动时，在现有技术信息——除了相关专业知识——中作出选择是非常必要的。这种选择是根据专业人员知识技能有关的信息内容进行的。尽管在司法判决中[135]存在一些模棱两可的表述，实践中已经大体注意到了这些界限。尤其是在德国专利商标局和德国联邦专利法院[136]进行检验确定现有技术时首先以对特殊个案的巨大影响为出发点，并在此框架下一步步反驳发明的创造性，反驳的范围逐渐扩大[137]，直到因缺乏事实联系而无法继续反驳为止。那些与内容明显相差较远的反驳，便不能成为"拼接"的论据了[138]。

10. 在评估创造性活动时，欧洲专利局通常按照"任务——方案——开始"这一模式进行。根据《审查指南》（C Ⅳ 11.7）和申述庭的司法判决[139]，它分为三个阶段：检索最相近的现有技术，确定待解决的技术任务，以及鉴于最相近的现有技术和技术任务，检验发明对专业人员而言是否显而易见。通过

---

〔133〕 所以联邦最高法院2007年5月15日在"造纸机织物"案（GRUR 2007，1055（Nr. 27））中认为，两种字体的组合对于专业人员来说具有非显而易见性，因为其中用到的方案追求的是完全相反的目标。——根据联邦专利法院1997年9月29日的判决（脚注119），一个融合了两种相反（指的是两种结构设计不同的减震器）特点的组合只有对常规程序作出根本性改变时才具有非显而易见性；联邦专利法院1999年2月10日在"流体导线连接"案（E 41，78，83 f.）中认定两种存在于现有技术、用于制造导线连接（无法解决的连接范围外壳，或者说，可以解决的挤压环或是锁紧环等诸如此类）的相反的工艺也是属于同样情况。

〔134〕 如果发明来源于超过三个以上的出处，其特点的整合超出了普通专业人员的实际能力范围，只有当他在"二级"出处，即"最相近"出处中找到这些特征时，正如学者认为的，才可以承认其显而易见性，参见 Szabo, Mitt. 1994, 232。

〔135〕 Vgl. RG 26. 8. 1941 GRUR 1941, 466, 468; BGH 25. 9. 1953 Mehrfachschelle GRUR 1954, 107, 110; 2. 12. 1952 Rohrschelle GRUR 1953, 120, 122; 19. 4. 1977（FN 103）; dazu *Papke*, GRUR 1980, 148 f.; *Pagenberg*, S. 149 f. mit weiteren Nachweisen.

〔136〕 Nach *Papke*, GRUR 1980, 148 f.; vgl. auch *Wächtershäuser*, GRUR 1982, 591, 594.

〔137〕 S. z. B. BGH 24. 10. 1996（FN 125）274 f.

〔138〕 欧洲专利局明确表示，为了否定创造性活动而将毫无关系或是互相矛盾的文献拼接在一起是不允许的，参见 EPA 1. 7. 1982 T 02/81 Methylen－bis－（phenylisocyanat）ABl 1982, 394, 另参见 EPA－Richtlinien C Ⅳ 11.8; Singer, GRUR Int. 1985, 239.

〔139〕 Z. B. EPA T 24/81（FN 12）137（Nr. 4）; T 939/92（FN 71）320 f.（Nr. 2. 4. 3）; 25. 10. 2001 T 967/97 Mitt. 2002, 315, 316 f.; weitere Nachw. bei *Jestaedt*, Benkard, EPÜ, Art. 56 Rdnr. 16, 32 ff.; Busse/Keukenschrijver, §4 PatG Rdnr. 22, 34; Darstellung der Methode auch bei Singer/Stauder/Kroher, Art. 56 Rdnr. 42 ff.; SchulteMoufang, §4 Rdnr. 28 ff.; Szabo, Mitt. 1994, 226; Knesch, Mitt. 2000, 313; Schickedanz, GRUR 2001, 460 ff.; Stellmach, Mitt. 2007, 542 ff. und（für organisch－chemische Verfahren）5 ff.; Anders, FS VPP, S. 136 ff.

研究发明与相近现有技术之间存在的结构上或是功能上的技术特征差别，可以客观地确定发明的技术任务。这些技术特征的差异通过改变和调整与之相近的现有技术而具有技术效力，得到超越现有技术的发明。因此技术改善并不一定要有所联系。

客观任务是通过与现有技术进行比较而确定的，因此如果申请者或是在授权程序中没有考虑到现有技术的话，那么客观任务可能与申请或是专利说明书中的规定存在偏差。该任务可以进行重新表述，但要在最初申请的公开内容框架下且不能进行不当扩展。[140]例如，根据申请或是专利说明书，一项任务相较于现有技术有改进的话，那么可以重新表述成：在现有技术中现存的解决方案应当通过进一步的替代方案得到完善。

检验发明对专业人员来说是否显而易见，主要是为了判断是否在现有技术中存在一种原理，可以促使从事研究技术问题的专业人员因考虑到这个原理而去改变或是调整相近的现有技术，进而得到符合专利要求的客体，实现通过发明可达到的效果。

这一方法可以避免对发明进行不当利用的"追溯式思考方式"（参见第12点）。关于是否应该规避这种思考方式存在异议，因为发明知识的研究结果是以该思考方式为基础的，因而该方法也是基于这种思考方式，所以应当谨慎运用。[141]从相近现有技术出发也能导致人工和技术上不切实际的任务表述，让显而易见性这个原本十分关键的问题退居其次。[142]

按照"准线准则[143]"，有用性和实用性并不能否定"任务——方案——开始"这一模式。德国有关当局也经常使用这种方式（以一种适宜的方法），尽管他们可能并没有意识到这一点，也没有将其提升至基本的或需遵循的规则。[144]在运用这一方法的时候，需注意可能的错误来源。[145]这些错误来源可能来自以下几点：首先，确定与待判定的发明的知识最相近的现有技术；其次，通过发

[140] Vgl. EPA T 01/81（FN 17）；29. 6. 1984 T 184/82 Formkörper aus Poly（p-methylstyrol）/Mobil ABl. 1984, 261, 264（Nr. 5）；15. 5. 1986 T 13/84 Neuformulierung der Aufgabe/Sperry ABl. 1986, 253, 258；14. 2. 1996 T 39/93 Polymerpuder/Allied Colloids ABl. 1997, 134, 146.

[141] EPA 14. 10. 1994 T 465/92 Aluminiumlegierungen/Alcan ABl. 1996, 32, 51 f.（Nr. 9.5）；krit. dazu *Szabo*, GRUR Int. 1996, 723 ff.

[142] EPA T 465/92 aaO 52（Nr. 9.6）.

[143] So *SchulteMoufang*, §4 Rdnr. 29.

[144] S. *Anders*, Mitt. 2000, 41 f. und FS VPP, S. 139 ff.

[145] Singer/Stauder/*Kroher*, Art. 56 Rdnr. 45 f. m. Nachw.

明与相关现有技术的比较而确定"客观"任务[146]；最后，虽不"相近"，但事实上也属于现有技术的信息，尤其是专业人员是否了解现有技术不同组成部分之间相互联系这一问题，应予以更多的关注。[147]

此外还存在确定任务的问题：一种是通过对申请专利的发明与相近的现有技术进行比较确定任务；一种是通过单独进行任务确定，将发明与不仅包括"相近"技术还包括类似发明的现有技术进行比较，通过两种相比衡量后者是否意义更深。[148]如果不是的话，那便可以放弃这种所谓的单独任务确定[149]，因此判定创造性活动时也能更加灵活地按照法律中的标准来处理，即申请的发明是否可在优先权时间点之前由本领域专业人员从现有技术中推导而出。[150]欧洲专利局最近也已确定，基本上还是坚持："任务——方案——开始"这一模式。[151]

11. 由此可见，属于公开现有技术的信息是不可忽视的，因为专业人员实际上很难获得这些信息。在法律意义上，根据这类信息一项发明也可以是显而易见的，由于公开信息情况的某些外部原因（如地点、语言、形式、时间），（国内）专业人员常常无法获取这些信息，而根据创造性活动要求的目的，必

---

〔146〕 Vgl. BPatG 10. 2. 1999（FN 133）。然而，有学者认为，假设我们要求专业人员在研究第一手信息材料（也许是：最相近的现有技术）后列举出其他可能的改进方案或是可替代形式，那么人们即便没有发明方面的知识，也可以确定一项相关技术任务，参见 Szabo，Mitt. 1994，228 f。他还认为，可以通过比较申请的发明与现有技术之间的差异识别重要技术任务，但是有个前提，对该任务来说，可以在涉及的主要对比文件中看出必然性参见 Szabo aaO. 229l。然而欧洲专利局在没有考虑申请发明的情况下——也有可能只是暂时的——确定了任务。

〔147〕 Vgl. *Jestaedt*，Benkard，EPÜ，Art. 56 Rdnr. 37；Benkard/Bruchhausen，9. Aufl.，§4 PatG Rdnr. 7；Benkard/Asendorf/Schmidt，§4 PatG Rdnr. 13；BPatG 26. 2. 2003（FN 116）（Nr. Ⅲ 1 d aa）。

〔148〕 联邦最高法院将所谓"任务"的范围缩小为：相较于现有技术，申请专利的解决方案实际达成了什么成果；如果是在确定——也许能证明发明成果的创造性——巨大的技术进步时，那么必要时还需对这种结果进行复查。审查和确定发明所实现的成果不是在审查创造性活动的一开始，而是在结束时，参见 BGH 23. 1. 1990 Feuerschutzabschluß GRUR 1991，522，523；联邦专利法院的判决同样如此，参见 BPatG 20. 1. 1997 E 37，235，238；联邦最高法院与欧洲专利局在确定任务时不一致的表现，参见 *U. Krieger*，GRUR 1990，743，745。

〔149〕 《欧洲专利公约实施细则》第42条（原第27条）第1款（c）仅仅要求，在申请者递交的描述中，在对申请的发明进行介绍之后，技术任务和相应解决方案能被大家理解，任务则不需要如此明确地进行描述，只要保证《欧洲专利公约》第83条中对公开事项的要求即可。其中并没有规定在审查创造性活动时要确定一项——也许与描述中不太一致的——任务；参见 EPA T 465/92（FN 141）50（Nr. 9. 2）。

〔150〕 "任务——方案——开始"这一模式能够作为一种方法简化评价，但不能替代评价，参见 *Jestaedt*，Benkard，EPÜ，Art. 56 Rdnr. 17。

〔151〕 EPA T 939/92（FN 71）321（Nr. 2. 4. 4）；T 967/97（FN 139）；jeweils in Auseinandersetzung mit T 465/92（FN 141）；T 234/03（FN 124）（Nr. 8. 2）。

须排除有人利用这类被人忽视的信息，通过简单的变化而获得保护的可能性。必须确保那些希望直接使用或是稍作修改利用公开信息的人，不会因此类修改得到专利保护而不能使用。如果发明人并不知道这些信息，并且是在不依赖这些信息的情况下完成了发明，那么也就谈不上什么专利保护。相应的，这也适用于实用新型法中的此类现有技术信息。专业人员可能也没有预料过，寻求可用的建议可涵盖相差如此之远的信息源，而在大批专家中，有人在日常工作中遇到过这类信息源也并非完全不可能。然而在这里法律所关注的是如何得出新颖性要求（参见§17 Ⅱ 1），而非保护的功用。因此，创造性活动或者说创造性方法的要求中必须包括：发明实现了专业人员无法预料的发展，即使在让他们考虑到了信息源的信息内容的情况下。

这并不表示一般的专业人员需要了解所有（相关）现有技术的知识。只不过考虑到有人可能会获得和利用任何已公开的知识以满足创造性活动的要求。当然，这种情况也不能一概而论。如果已公开的信息直至规定日期仍未被人注意，那么这在个别情况下即意味着，这个信息当时在内容上并未给专业人员提供任何有关发明的建议。[152]假设专业人员在确定日期之前已了解此类信息与现有技术其他部分之间的联系，那么才有必要对专利的保护持保留态度。

12. 检验创造性活动时不可避免地需要对发明和其他一些相关信息有所了解，例如自规定日期以来增加的现有技术。还有一点需要确定：专业人员是否能从当时的现有技术中推导出该发明，因此需要预见在此期间会产生的现有技术，包括一般专业知识的增长。将待评定的发明所包含的知识也算入组成评定基础的现有技术中是不被允许的。[153]普通专业人员能力的进步肯定会被忽视，这种进步可以通过更好的培训达到，技术发展所带来的更高要求也会改变日常工作任务，这也是促使工作人员进步的因素。

由此产生的对于评定者的要求常被——这其实有点模棱两可——描述成"禁止追溯式的思考方式"。其本意是，从规定时间点角度去看，不要进行"追溯式"的评价。之前的发明常常被视作微不足道的，特别是当它们的方案比较简单且明显时。[154]确切地说，检验员或法官必须设想自己回到规定日期的情境中。这在概念上非常明了，但实际操作起来常常非常困难。评定者在无意识的情况下，会受到原本自规定日期起才能使用的知识的影响[155]，这一危险

---

〔152〕 RG 26. 8. 1941 GRUR 1941，466，469；vgl. Pagenberg, Erfindungshöhe, S. 160 f.

〔153〕 BGH 4. 7. 1989 Sauerteig GRUR 1989，899，902.

〔154〕 RG 6. 10. 1937 Bl. f. PMZ 1937，220，221；EPA T 106/84（FN 3）139（Nr. 8.7）.

〔155〕 RG 26. 8. 1941（FN 152）；BGH 3. 7. 1979 Bodenkehrmaschine GRUR 1980，100，103；23. 1. 1990（FN 148）523；19. 6. 1990（FN 64）；EPA T 24/81（FN 12）.

也是在检验创造性活动时的一个严重错误的来源。只有通过谨慎对待，不只是现有技术，还包括专业知识，以及标准专业人员因领域和资质而不同的能力，才能降低这种错误的危险。

Ⅲ. 个别问题

1. 经常存在这样的观点，即创造性活动乃是完成一项新的、不属于现有技术的任务[156]，但前提是专业人员可以通过现有的实践方法来完成任务，否则这一发明将因缺少实践性而不能成为受专利保护的发明[157]，当然这是在发明者不告知专业人员如何完成这项任务的情况下。一项发明成果的创造性应该在提出的设计任务上，尤其要对技术性的设计任务书有详细的描述[158]，而不是仅仅说明发明满足的需求或是一般使用目的，如改善、降价、简化、节省空间、提高可靠性、安全性等[159]。然而技术性任务常常不是为了发明者自己的意愿，而是以满足需求为目的，就这点而言，发明同时还具有解决问题的特征。如果借助现有的方法，通过可行的行为指令，解决了一项（更好地）满足特定需求的任务，那么人们将这种行为指令描述成任务，将之称为"任务发明"。其实这样做最根本的一点是，创造性特征不会因为使用方法的容易程度而丧失，另一方面，使得对保护客体进行一般化定义变得可能。[160]而是否需要为此专门为任务发明划定一个类别仍待商榷。而被认定为任务发明的保护对象实际上只是已知方法的一种新的且具有创造性的运用或是一种经过变化的特殊形式而已。[161]

在"光束变压器"（Strahlentrans formator）案的判决中，联邦最高法院[162]会对电子加速的最佳条件与专利所涉技术原理，即怎样在技术上实现这些条件，

---

〔156〕 Dazu *Benkard/Bruchhausen*, 9. Aufl., §4 PatG Rdnr. 21 ff. m. Nachw.; Pagenberg, Erfindungshöhe, S. 139 f.; Bernhardt, S. 40, 43; *Schmieder*, GRUR 1984, 549; *Troller*, Immaterialgüterrecht, Bd. I, S. 153, 177; *Hesse*, Die Aufgabe – Begriff und Bedeutung im Patentrecht, GRUR 1981, 853 – 864（854 r.）; *Niedlich*, Die patentrechtliche Aufgabe im Wandel, FS VPP, S. 186 – 209; *Schachenmann*, Begriff und Funktion der Aufgabe im Patentrecht, Zürich 1986, S. 128 ff.; *Brodeßer*, Die sogenannte „Aufgabe" der Erfindung, ein unergiebiger Rechtsbegriff, GRUR 1993, 185 – 190; *Szabo*, Mitt. 1994, 231.

〔157〕 Vgl. *Hesse*, aaO 863 r.

〔158〕 例如，利用电磁操作吊机搅拌器，并将其用于闭合高压容器。联邦最高法院认为提出这种设计任务对 "基于搅拌技术的机械制造人员" 来说，实现由此产生的要求对于电工技术员来说都是显而易见的，参见 BGH 23. 6. 1959（FN 88）537。

〔159〕 Vgl. BGH 15. 9. 1977（FN 70）37 r.; 23. 9. 1980（FN 106）44; EPA T 15/81（FN 113）.

〔160〕 Vgl. Hesse（FN 156）856 l., 863 r.

〔161〕 Vgl. außer den im folgenden behandelten Fällen die Beispiele aus der älteren Rechtsprechung bei *Pagenberg*, Erfindungshöhe, S. 139 f.; *Bernhardt*, S. 43; *Götting*, §11 Rdnr. 24; außerdem EPA T 2/83（FN 119）; T 69/83（FN 114）.

〔162〕 19. 10. 1954 GRUR 1955, 283, 285.

进行比较。联邦最高法院将这一原理称为创造性的任务发明，设计任务的指令是针对电气工程师的，他们可以借助专利本身以及自己的专业知识，实现专利中给定级别的磁场强度。但是另一方面，联邦最高法院将满足电子稳定性需要的所有条件这一整体看作发明对象，并将这一整体组合称作具有稳定性的任务解决方案。原来的创造性成果一方面被视作通过已知方法不难解决的任务，另一方面被视作一项更简易、更高标准的任务解决方案。

在"白霜蜡烛"（Rauhreifkerze）案的判决中，联邦最高法院[163]强调，发明者从任务一开始肯定已经在思考，应当怎样在当前技术可行的前提下使硬脂蜡烛的表面得到不一样的珠光效果，这一效果可以在蜡烛生产过程中按照计划利用硬脂的结晶能力而实现。只有当发明者意识到这个方法时，他才能够对蜡烛的新外观有清晰的构思。然而，该任务在专利法意义上并不是发明者追求的结果，而是由客观得到的结果确定的（参见§13 7），其更高任务体现在蜡烛新颖的外观上。如果专业人员知道用何种方法可以实现的话，那么在蜡烛外表涂上一层硬脂结晶的想法已足够成为一个解决方案，而这是否属于创造性活动取决于那些想法本身。这一情况中，因为其使用的工艺具有特殊性，联邦最高法院承认其属于创造性活动。

在联邦最高法院之后的两个判决理由书中，对于"任务发明"问题的解释有了进展。

作为一般原则，在"陀螺耙"（Kreiselegge）案[164]的判决中确定："任务不是发明，发明存在于任务的解决方案中。"因而联邦最高法院反对在提出设计任务中就已经看得到创造性的方法。但是在争讼的结果中，它还是肯定了这个发明的高度。并指出这项发明相关的构思虽然很大程度上在现有技术中已经存在，但是发明者还是可以完成一项完全不同的新任务。[165]

在"人体三脚架"（Körperstativ）案[166]的判决中，根据官方指导原则，联邦最高法院对"以发明为基础的任务"表明其态度。根据专利说明书中的说明，这项发明的目的在于，消除电影摄像机的人体三脚架中常见装置（将人体运动转换到摄像机上）的缺点。只要专利说明书结合列举出的人体三脚架的缺点，并根据现有技术给出消除缺点的构思，那么这一说明就不仅仅是对技术问题的解释，而是已经包含其解决方案的雏形了。关于发明高度，发明成果

---

[163]　7. 10. 1971 Mitt. 1972，235，236.

[164]　15. 11. 1983 GRUR 1984，194；dazu *Graf*，GRUR 1985，247.

[165]　Zu diesem Argument auch EPA 30. 7. 1982 T 39/82 Reflexionslamellen ABl. 1982，419，423.

[166]　22. 11. 1984 GRUR 1985，369.

其实是应用了这样一种现有技术原理：人体三脚架可以将肩胛骨的运动转换到整个三脚架以及摄像机上。从专业方面的知识到设计，能够避免这些缺点的人体三脚架结构需要更多的深思熟虑。而根据这些新的、从现有技术中不易得到的知识和想法，详细地向普通专业人员说明其设计的结构客观上并不是非常重要。

这些判决表明，任务发明的问题一方面与发明的概念有关，另一方面则与基于创造性活动而授予专利的前提条件有关。前者是指一个具体行为指令可被视为发明这一原则性阐释。如果人们认为提出设计任务就是给专业人员订立一个目标，但不告诉他们为了实现目标需做什么，那么在发明和设计任务之间就产生了一个明显的分界。如果专业人员已经获得了一个足够具体的行为指令，这样他就立即知道该如何去解决这项"任务"，那么这就不仅仅是提出设计任务了。

检验创造性活动的前提是专业人员有一个可实行的行为指令，因此检验不是将这类设计任务作为对象。如果有了可实行的行为指令，那么是否属于创造性活动便只取决于这一发明可否由本领域专业人员从现有技术推导而出。在检验这些问题时，需考虑发明者所有超越现有技术的知识和想法，只要它们能够在找到实际解决方法之前出现。因此，发现现有的技术方法[167]中至今不为人知的缺点，发现众所周知的缺点背后隐藏的原因，或是发现通过某种结构变化使大家熟知的装置变得更加适用于多样化运用[168]的可能性，都有可能超越普通专业人员所能预料的范畴。基于这些原因，我们可以得出，尽管（由于未知的知识或因前期考虑而选择或是形成的）来自现有技术的这类解决方法看起来已知或易得，但是解决方案仍是具有创造性的。因此在这种情况下，对发明成果的评价不会太低，任务也应表述成：它是不含有以最终成果为基础的解决方案。[169]

2. 一项措施，可能对专业人员而言并不难做到，但常常会带来令人惊异的、有价值的成果。[170]

---

〔167〕 Vgl. EPA T 2/83（FN 119）270.

〔168〕 BPatG 11. 9. 1990 E 32, 25.

〔169〕 Vgl. BGH 19. 6. 1990（FN 64）161；BPatG 18. 8. 1999 Probennehmer E 41, 196；EPA 27. 10. 1986 T 229/85 Ätzverfahren/Schmid ABl. 1987, 237；23. 10. 1986 T 99/85 Diagnostisches Mittel/Boehringer – Kodak ABl. 1987, 413；T 39/93（FN 140）147（Nr. 5. 3. 6）.

〔170〕 必要时须通过对比实验证明结果；hierzu BPatG 22. 3. 1996 GRUR 1996, 868；EPA 28. 2. 1984 T 181/82 Spiroverbindungen/Ciba – Geigy ABl. 1984, 401, 409；T 57/84（FN 127）56 ff.（Nr. 7）；4. 2. 1988 T 197/86 Photographische Kuppler/Kodak ABl. 1989, 371；vgl. auch *Christ*, Mitt. 1987, 121, 128 ff. 欧洲专利局强调，根据专利申请中的描述，实验应是可重复验证的，这种情况之前并不是这样处理，参见 EPA T 234/03（FN 124）（Nr. 8. 4. 4 f.）.

因此，一个化学家可以根据一般专业知识对其实验成果作出种类繁多的衍生、物质联系甚至不同组织联系的定义或调整。同样地，他也可以以相似方式变换原材料或工艺条件，继而改变常见生产工艺就可以毫不费力地获得新的成果。通过这种方式获得的新材料可能显示出令人惊异的有利特征和作用，例如可作为药剂、颜料、防腐剂、洗涤剂、除虫剂或是肥料，因而在专利保护上有着巨大的经济利益。同样，一个生产工艺明显的变化也有可能导致不可预见的反应过程。

实践不会使专利因为专业人员熟悉其运用方法就不给予保护。[171]结果证明，一个普通专业人员的日常知识和能力不足以使其获得成功。发明往往是意外之喜，从专业知识和现有技术中也不必然会找到提供可以成功的发明方法提示。[172]普通专业人员无法估计其实践结果，他所做的试验是偶然性的且前景不明。

相反地，如果一项措施从专业角度考量，不一定能起到改善的作用，并且估计也不会带来这样的效果，那么该措施就不是创造性活动。对于将萌芦巴碱添加至一种口服药物配方中（含有泛酸钙和叶酸）以促进头发生长的做法，经专家检验表示葫芦巴碱在口服时并无促进头发生长的功效后[173]，联邦最高法院据此认定其不是创造性活动。如果评定涉及的是一项对专业人员来说极方便使用的措施，那么这个判定肯定是合适的。同样，如果一项措施对于专业人员而言并不那么易实行，且被证明是无用的，该种情况下科技进步的提法则是有问题的。（参见§10 Ⅲ 1）。

在判断某一发明的创造性特征时，德国实践中的做法是，首先考虑因某一措施的适用而取得的意外性有价值成果。这一过程即所谓的类推方法的可专利性。这一类推程序被认为是对直至1968年才出台的材料保护的有效替代适用（参见§11 Ⅲ b）。材料保护的解禁并没有对类推方法的可专利性造成任何的改变[174]，但是它的实际意义有所下降。如果要求思考或措施不超出专业常规

〔171〕 BPatG 30. 6. 1967 E 9, 150, 155 f. ; 28. 7. 1977 GRUR 1978, 238, 239 r. ; 24. 7. 1978 (FN 14); EPA 6. 4. 1981 T 01/80 （FN 17） 211 f. ; 22. 6. 1982 T 22/82 Bis – epoxyäther ABl. 1982, 341, 345 Nr. 6); 17. 3. 1983 T 20/83 Benzothiopyranderivate/Ciba – Geigy ABl. 1983, 419, 421; 5. 11. 1987 T 254/86 Gelbe Farbstoffe/Sumitomo ABl. 1989, 115; T 939/92 （FN 71） 322, 324 （Nr. 2.5.1, 2.6）. Vgl. jedoch oben bei FN 114.

〔172〕 Dazu allgemein Féaux de Lacroix, Wann machen überraschende Eigenschaften erfinderisch? GRUR 2006, 625 – 630.

〔173〕 BGH 20. 3. 2001 Trigonellin GRUR 2001, 730.

〔174〕 BPatG 21. 2. 1972 GRUR 1972, 648, 651; vgl. auch EPA 12. 12. 1983 T 119/82 Gelatinierung/Exxon ABl. 1984, 217, 224; *Christ*, Mitt. 1987, 121, 127 f.

的范畴，那么材料保护的创造性活动就取决于专业人员没有考虑到的有用性特征和作用。[175]实践和主流学说认为，只有当一项发明成果来自对某些意外特征的认知时，这一"更加绝对"的保护，即不局限于利用这些特征，而是涵盖材料所有运用的保护才合理（相关内容和批评意见参见§11 Ⅲ c，d）。

中间产品中的创造性活动也可以通过最终产品的特征和作用推导而出，如果中间产品的特征和作用（而不仅仅是继续加工）和最终产品之间存在因果逻辑的话。[176]

如果通过生产或是通过甄选程序确定的产品要求保护，那么这一点取决于此类产品的生产过程是否易于操作。至于专利要求中规定的工艺是否易于操作则对产品的可保护性无关紧要。[177]

3. 通过使用已知方法以实现全新目的，应用发明和使用发明可以获得令人惊讶且价值非凡的成果。转移发明中的创造性活动取决于相关专业领域之间的关系（参见本节 Ⅱ 4–7），应用发明和使用发明与之不同之处在于，它们不仅仅利用方法已知功用之间的联系，也会利用方法刚被发现的新作用。因此，即使应用发明和使用发明的创造性活动——正像大多数情况下那样——不是因适应新目的而产生的方法措施，也可能是因为新应用中出现了意料之外的作用。[178]如果在现有技术中对怎样发挥这类作用没有相关提示的话，那么专业人员也不知道如何去做，比如说确定已知材料具有新的医药效果（适合人工流产），却不知如何使用的情况（参见§14 Ⅲ f）。

4. 如果将两个或者多个属于现有技术的生产手段、材料或是工艺结合起来，那么就能由此产生创造性的组合。保护不会因为各个特征（成分）或是

---

〔175〕 Vgl. *Benkard/Asendorf/Schmidt*，§4 Rdnr. 88；*SchulteMoufang*，§1 Rdnr. 354 f.；EPA T 181/82（FN 170）；T 939/92（FN 71）321 ff.（Nr. 2.5）. – Vgl. auch oben §11 Ⅲ a.

〔176〕 BGH 27. 2. 1969 Disiloxan BGHZ 51，378，383 ff.；18. 6. 1970 Dilactame GRUR 1970，506，508；7. 4. 1974 Chinolizine BGHZ 63，1；BPatG 28. 11. 1985 Bl. f. PMZ 1986，223；16. 10. 1986 Mitt. 1987，10；EPA T 22/82（FN 171）；20. 4. 1983 T 65/82 Cyclopropan/Bayer ABl. 1983，327；163/84（FN 119）；23. 11. 1989 T 648/88（R，R，R） – Alpha – Tocopherol/BASF ABl. 1991，292，296，298（Nr. 8，9.4）；25. 1. 1990 T 18/88 Pyrimidine/Dow ABl. 1992，107；*Benkard/Asendorf/Schmidt*，§4 PatG Rdnr. 91；SchulteMoufang，§1 Rdnr. 370，373.

〔177〕 BGH 14. 1. 1992 Tablettensprengmittel GRUR 1992，375；BPatG 26. 7. 1994 E 34，230.

〔178〕 BGH 3. 6. 1982 Sitosterylglykoside GRUR 1982，548，549 r.；27. 6. 1972 Herbizide Bl. f. PMZ 1973，257，258 r.；BPatG 18. 3. 1976 Selektive Herbizide GRUR 1976，633；BGH 13. 3. 1984 Chlortoluron GRUR 1984，580；BGH 14. 11. 1952 GRUR 1953，120（使用已知的闪烁开关，点燃日光灯）；14. 3. 1969 Geflügelfutter GRUR 1969，531，532 l.（如果专业人员事先可以预料其效果的话，那么就没有发明高度）；EPA 4. 8. 1992 T 112/92 Glucomannan/Mars Ⅱ ABl. 1994，192，195 ff.（因为根据相关专业知识，所申请的作为乳化稳定剂的新型运用与作为浓缩剂的已知运用有着紧密的联系，所以不是创造性活动）.

由其组成的部分组合众所周知或易于操作而消失。[179]这一点也同样适用于特征或者特征组群按不同任务分类的情况。[180]论及组合，首先，成分的独立性必须是不可或缺的，否则大多数的发明都会以组合形式呈现。[181]另一方面，成分必须共同作用，互相影响、支持和补充，完成统一的技术成果。[182]正如经常强调的，需要特征的"功能融合"。[183]与此相反，所谓组合的总作用大于各成分作用之和，这一点在司法判决中很早即已被弃之不用了。[184]如果将相关成分结合在一起对专业人员而言是不易想到的，那么整体性总作用的结合则是具有创造性的。这可以从下面几点得出：专业人员无法预料的构思是创造性活动的必要前提[185]；现有技术中不含有与这一组合有关的提议和模板[186]，或者组合的整体作用显示出令人惊异的优点。[187]

与之相反，如果同时应用两个以上的已知措施，鉴于各个作用均为已知而只能实现某一种可预见的效果[188]，或者，这种运用只是使得以单独形式或以子组合形式的已知特征联合起来，并没有达到明显优于现有技术的效果[189]，那么这样的共同应用是不具备可专利性的。若在方法联合中，每个方法不依赖于其他方法，而仅仅发挥其原本作用，那么也是一样的。[190]

---

〔179〕 BGH 13. 1. 1981 piezoelektrisches Feuerzeug GRUR 1981, 341, 343 r.；14. 5. 1981（FN 101）734 l.；9. 6. 1981 Kautschukrohlinge GRUR 1981, 736, 738 r.；19. 4. 1977（FN 103）99 r.；28. 7. 1964 Läppen GRUR 1964, 676, 679；20. 4. 1961 Metallfenster GRUR 1961, 572, 575；24. 10. 1996（FN 125）274 f.；12. 5. 1998（FN 93）；EPA 18. 3. 1986 T 271/84 Gasreinigung/Air Products ABl. 1987, 405, 412.

〔180〕 BGH 15. 5. 2007（FN 133）（Leitsatz und Nr. 28）.

〔181〕 *Bernhardt*, S. 55.

〔182〕 BGH 11. 7. 1958 Einkochdose GRUR 1959, 22, 24 l.；15. 5. 1975 Ski – Absatzbefestigung GRUR 1976, 88, 89；17. 12. 1974 Rotations – Einmalentwickler Mitt. 1975, 117；BPatG 13. 7. 1979 GRUR 1980, 41, 42；EPA 29. 7. 1983 T 37/82 Niederspannungsschalter/Siemens ABl. 1984, 71；27. 11. 1986 T 68/85 Synergistische Herbizide/Ciba – Geigy ABl. 1987, 228, 234 f.；17. 6. 1998 T 711/96 Mitt. 1998, 302, 303 r.；*Benkard/Bacher/Melullis*, § 1 PatG Rdnr. 78；*Benkard/Asendorf/Schmidt*, § 4 PatG Rdnr. 81 ff.；*Schulte/Moufang*, § 1 Rdnr. 305 ff.

〔183〕 BGH 11. 7. 1958（FN 182）；*Pagenberg*, Erfindungshöhe, S. 128.

〔184〕 *Bernhardt*, S. 54；*Pagenberg*, aaO S. 128 jeweils mit Nachweisen.

〔185〕 BGH 25. 9. 1953（FN 135）110 r.；2. 7. 1968（FN 127）183 r.

〔186〕 BGH 20. 4. 1961（FN 179）；28. 7. 1964（FN 179）；9. 6. 1981（FN 179）；BPatG 9. 3. 1962 E 1, 70, 73 f.；10. 2. 1999（FN 133）.

〔187〕 BGH 20. 4. 1961（FN 179）；17. 12. 1974（FN 182）；BPatG 13. 7. 1979 GRUR 1980, 41, 42（Nr. 5）.

〔188〕 BPatG 15. 12. 1961 E 1, 6.

〔189〕 BGH 14. 6. 1957 Milchkanne GRUR 1958, 134, 136.

〔190〕 BGH 13. 1. 1956 Wasch – und Bleichmittel GRUR 1956, 317, 318；vgl. *Schulte/Moufang*, § 1 Rdnr. 308.

互相连接在一起的成分缺少组合发明独特的共同作用，或者说，每个成分都独立地维持它自己的作用，在这种情况下，人们便会常常提及聚集作用[191]。在无法估计新的、意料之外的作用且结构上很难互相联系的情况下，可能会产生某种创造性活动（例如在汽车中安装一台收音机，在发动机启动时，电气操作不干扰无线电接收）。

Ⅳ. 对发明成果进行评价的论据：证据迹象

1. 直接的事实证据并不足以证明某一创造性活动（参见本节Ⅰ a 6），其判断标准毋宁取决于具体的客观情况。现有技术对决定有着重要作用，且常常会涉及详细的论证。在规定的标准时间，人们很少发现有关专业人员知识技能方面的事实证明，与之相关的证明通常是从发明与现有技术的比较中推导而出的。

由于差异太过细小或是指导发明的建议太过清晰，这会强迫专业人员也必须想到这个发明。从这个意义上来讲，没有一项发明成果是公开存在的，发明者的建议对于工程师来说只是常见的、纯手工操作的[192]或是非常简单的建设性[193]措施。

在无明显建议时，可以通过适当的方式以与现有技术之间的明显差别清楚地说明创造性特征。这样的评定可以表述成：发明是一次"幸运的跳跃"。[194]这可以诠释为"获得成功"[195]，取得突破[196]，呈现了飞跃的发展，发明的结果对专业人员来说是惊异的（参见本节Ⅲ 2），现有技术与之相差甚远[197]，或是发明解决了以前的技术无法攻克的难题。[198]

引文表述中只是解释和强调了发明是否显而易见，如果在评价时想跳出与

---

〔191〕 有学者将在铅笔的末端安装橡皮（作为聚集）与放大镜和解剖针的共同作用、望远镜的不同透镜进行对比，参见 *Bernhardt*, S. 54；1875 年在美国，关于铅笔的这种情况已经被作出了决定，参见 *Pagenberg*, Erfindungshöhe, S. 128, 253；vgl. auch *BGH* 14. 5. 1981（*FN* 101）734 l.；*Schulte/Mou-fang*, §1 Rdnr. 241；*Jestaedt*, Benkard, *EPÜ*, Art. 56 Rdnr. 158.

〔192〕 BGH 18. 10. 1955 GRUR 1956, 73, 76；12. 2. 1986 Polyestergarn Bl. f. PMZ 1986, 248, 250.

〔193〕 BGH 12. 5. 1961 Strahlapparat GRUR 1961, 529, 533；21. 5. 1985 Ätzen Bl. f. PMZ 1985, 374；vgl. auch EPA 25. 10. 1982 T 36/82 Parabolspiegelantenne/CSELT ABl. 1983, 269；13. 5. 1981 T 06/80 Reflektorzwischenlage ABl. 1981, 434.

〔194〕 BGH 30. 6. 1953 GRUR 1954, 391.

〔195〕 BGH 13. 3. 1984（FN 178）582 r.；4. 5. 1995 Zahnkranzfräser GRUR 1996, 757, 763；19. 5. 2005 Aufzeichnungsträger GRUR 2005, 749, 753 r.；EPA 29. 7. 1986 T 122/84 Metallic – Lackierung/Hoechst ABl. 1987, 177, 183（Nr. 5 a. E.）；weitere Nachw. bei *Busse/Keukenschrijver*, §4 PatG Rdnr. 138.

〔196〕 BGH 12. 5. 1998（FN 93）.

〔197〕 BGH 16. 5. 1972 Streckwalze GRUR 1972, 707, 708.

〔198〕 BGH 14. 5. 1981（FN 101）734 r.

现有技术进行比较的范畴，则必须通过各个事实加以证明。比如，确定发明者推荐的解决方案早就被手工劳作专家运用过了[199]，或者通过技术发展的现实情况来进行证明。[200]

2. 评定创造性时若仅以与现有技术的比较为基础，其实只是部分地直接考虑了创造性活动的标准。而对专业人员的知识技能的评定标准，则限于通过间接比较进行证明。实现这一做法的前提是专业人员根据技术合理性从事其职业行为，他会利用一切客观上显而易见且行之有效的可能性。因此，如果存在某些情况，导致从现有技术中得出有关专业人员知识技能的推论存在问题。对这一评定的讨论也不应该停止，因为同现有技术进行比较已经可以"直接"表明是否存在创造性活动。[201]

基于此，在专利局和法院的实践工作中，除了现有技术、还要考虑那些能够直接指出评定对象是否属于创造性活动的事实，尤其是专业知识技能范围的事实。人们主要将这些事实称作证据迹象。考虑到创造性活动有可能不成立，因此也将之称作迹象、标志、依据或是辅助考虑对象。

证据迹象和其他支持或反对创造性活动的论据之间的界限，在资料中并不统一。但不论如何，将发明对于专业人员来说是否显而易见（参见第 1 点）之评定作为证据迹象并不可取。准确而言，发明者必须克服一些特别困难，这个论据也不属于证据迹象。[202]虽然与那些普通表达相比，它能够更容易地提供具体证明。但它只是以现有技术为基础，确定所涉困难是否超出了专业人员知识技能。由于缺乏对这种知识技能的评定标准，只能间接地通过与现有技术难度进行比较而推导得出。

等效也是发明缺乏创造性的一个迹象。所谓等效是指专业人员是否能从现

---

〔199〕 BGH 18. 12. 1953 GRUR 1954，258，259 r.

〔200〕 Vgl. etwa BGH 20. 4. 1971 Netzunabhängiger Trockenrasierapparat Mitt. 1972，18；BPatG 26. 10. 1961 E 1，4，6；EPA T 2/83 （FN 119） 270. – Es kann auch der Verlauf *nach* dem Stichtag berücksichtigt werden，vgl. BGH 3. 7. 1979 （FN 155） 104；22. 12. 1964 （FN 82） 478；EPA 27. 1. 1988 T 292/85 Polypeptid – Expression/Genentech ABl. 1989，275，295 （Nr. 6. 10）；4. 10. 2004 T 1110/03 Beweiswürdigung/General Electric ABl. 2005，302 = GRUR Int. 2005，714 （Nr. 2. 3）.

〔201〕 联邦最高法院也这样认为。当然，联邦最高法院最后还提到，如果在现有技术已经给专业人员提供足够建议的情况下，市场上的成功和效仿也不能扭转产品因借助现有技术而缺少创造性活动的最初判断，参见 BGH 18. 9. 1990 Elastische Bandage GRUR 1991，120，121。

〔202〕 *Pagenberg*，Erfindungshöhe，S. 198 ff.；*Benkard/Asendorf/Schmidt*，§ 4 PatG Rdnr. 53；BGH 20. 4. 1971 （FN 200）；3. 7. 1979 （FN 155） 103 r.；EPA 7. 7. 1987 T 162/86 Plasmid p SG 2/Hoechst ABl. 1988，452 （Gewinnung eines Plasmids，das bestimmten Anforderungen für die gentechnische Verwendung als Vektor genügt，aus einer Vielzahl an sich bekannter MO – Stämme，von denen nur etwa 7% überhaupt ein Plasmid und nur gut 2% ein solches mit geeigneter Molekülgröße enthielten）.

有技术出发，不进行创造性思考就可以实现发明所要求的原理。[203] 就这点而言，可以实现等效意味着发明缺乏创造性。

证据迹象除要考虑发明对现有技术而言是否显而易见外，还要有其他的评价标准，必须做到只有创造性活动才能满足这些前提条件。[204] 在实践中也应按这样的条件来选择这类所谓的迹象。[205]

3. 是否克服了技术偏见是创造性活动的重要迹象，应当对其进行定期评估。[206] 只有当同行普遍[207]认为发明者选择的途径是不可行或者无益处的，这才称为克服了技术偏见。偏见只是一种观点，但它看起来会非常确定，以致专业人员不敢去违抗它。一个偏见若只涉及应用领域并不能证明发明就具有创造性，因为它对专业人员去选择相关解决途径没有什么阻碍性影响。[208] 有影响的偏见必须是技术性的偏见，如果是产品需求量不高，克服这样或是其他经济方面的偏见属于商业成果，而非创造性成果。[209] 通常只有无事实根据且不正确的观点才属于偏见。[210] 总的来说，创造性活动要求纠正普遍的、根深蒂固的、技术性错误[211]，它必须在确定发明评价标准时能够通过评定[212]。

如果忽略了那些反对建议中解决方案的合理性想法，并容忍事实上可预见

---

〔203〕　*Benkard/Scharen*，§ 14 PatG Rdnr. 109；vgl. unten § 32 Ⅲ d.

〔204〕　Vgl. *Busse/Keukenschrijver*，§ 4 PatG Rdnr. 166，wonach für negative Hilfskriterien kein Bedürfnis besteht. . Abweichend *Bardehle*，FS VPP，S. 151，158 f.

〔205〕　Vgl. ergänzend die eingehenden Untersuchungen von *Pagenberg*，Erfindungshöhe，S. 187 ff. und EPÜ – GK Art. 56 Rdnr. 81 ff.，sowie *Liedel*，S. 211 ff. – Weitere Angaben und Nachweise bringen *Benkard/Asendorf/Schmidt*，§ 4 PatG Rdnr. 66 – 75；*Schulte/Moufang*，§ 4 Rdnr. 66 ff.；*Busse/Keukenschrijver*，§ 4 PatG Rdnr. 167 – 185；*Jestaedt*，Benkard，EPÜ，Art. 56 Rdnr. 65 – 126.

〔206〕　BGH 21. 1. 1958 Kranportal GRUR 1958，389，391；30. 6. 1964（FN 127）617 f.：内行们一致反对将碳酸饮料直接热灌入瓶子或罐头里；17. 9. 1987 Abschlußblende GRUR 1988，287，290：研究一种内行们已视为无用的方法；4. 7. 1989（FN 153）902 f.：内行们努力避免发酵面肥完全"发酵"；BPatG 24. 5. 1971 GRUR 1972，178，180；9. 12. 1996 Näherungsschalter I E 37，102，105；EPA T 02/81（FN 138）401；28. 2. 1985 T 198/84 Thiochlorformiate/Hoechst ABl. 1985，209，215：期望以利润为代价降低催化剂浓度。

〔207〕　BGH 7. 12. 1956 Karbidofen GRUR 1957，212；13. 3. 1984（FN 178）581 f.；EPA 29. 7. 1981 T 19/81 Folienaufbringung/Röhm ABl. 1982，51. – EPA 1. 3. 1985 T 18/81 Olefinpolymere/Solvay ABl. 1985，166，170（Nr. 8）专业手册中其实就已经存在一定的偏见。

〔208〕　BGH 14. 7. 1966（FN 127）28.

〔209〕　BGH 18. 6. 1953 GRUR 1953，438；11. 5. 1993（FN 84）；vgl. auch *Hesse*，GRUR 1982，514，515.

〔210〕　Vgl. *Hesse* aaO 515，517.

〔211〕　BGH 4. 6. 1996 Rauchgasklappe BGHZ 133，57，67；*Benkard/Asendorf/Schmidt*，§ 4 PatG Rdnr. 57；*Busse/Keukenschrijver*，§ 4 PatG Rdnr. 46.

〔212〕　EPA 24. 5. 1993 T 595/90 Kornorientiertes Blech aus Siliziumstahl/Kawasaki ABl. 1994，695，705 f.

的缺点，就无法克服技术性的错误观点。[213]

评定一项方案的优点和缺点时，如果它为了实现所追求的优点而使用了现有技术已知的解决办法，那这一方案也不是发明成果。[214]如果人们可以预见，专业人员在运用现有技术中得到的措施会发现存在缺陷或在实践中遇到困难，那么该措施的显而易见性不会受到质疑，但可操作性会遭到怀疑。[215]如果一项措施可以加强本身所发挥的功用、并改进其使用效果则另当别论。[216]

4. 创造性活动的迹象常在于，发明的技术原理第一次满足了一项长期存在（却无法满足）的需求。[217]某些需求的存在常常会促使专家努力寻求相应的解决方案，如果解决方案长期没有出现就可以推测，它不是本领域专业人员从现有技术中可推导而出的，否则也没有其他原因可以解释，但也有可能是因为需求不明显或是需求最近才在经济角度达到一定的规模[218]；对于耐用且昂贵的经济型物品，眼下的需求有可能要隔很长时间才需要进行技术革新[219]；还有可能是解决方案必需的辅助方法在规定日期之前不久方可使用[220]；也有可能是因为内行首先关注的是根本性问题，直到解决方案准备好才开始研究改进方法[221]。

有时会有这样的事情发生：在发明者提出申请前不久，其他竞争者在并没有使用发明中的解决方案就可以进行生产，但发明所提出的解决方案优点更多，这样的事实就说明了发明具有创造性特征。[222]与此相反，若是多位发明者在短时间内都独立地作出了同样的发明，那么这样的情况不仅说明这些发明需

〔213〕 BGH 4. 6. 1996（FN 211）；im gleichen Sinn BPatG 22. 7. 1998 Zeigerpositionserkennung E 40, 179；EPA T 69/83（FN 114）.

〔214〕 BPatG 3. 5. 2006 Mikrotom GRUR 2006, 930, 934（Nr. 33）.

〔215〕 BPatG 13. 8. 1997 E 38, 245.

〔216〕 BPatG 9. 12. 1996 E 37, 102.

〔217〕 RG 6. 10. 1937（FN 154）；BGH 2. 12. 1952（FN 135）122；25. 9. 1953（FN 135）110 r.；3. 5. 1957 Polstersessel GRUR 1957, 543, 544；27. 11. 1969 Dia – Rähmchen Ⅳ GRUR 1970, 289, 294 r.；19. 10. 1971 Wasser – Aufbereitung GRUR 1972, 704, 706 f.；14. 5. 1981（FN 101）734 l.；26. 1. 1982 Massenausgleich GRUR 1982, 289, 290 r.；4. 5. 1995（FN 195）；BPatG 10. 2. 1999（FN 133）；EPA T 109/82（FN 127）；T 106/84（FN 3）138（Nr. 8.6）；27. 8. 1990 T 90/89 Gefrorener Fisch/Frisco – Findus GRUR Int. 1991, 815；weitere Beispiele aus der Rechtsprechung des EPA bei *Singer/Stauder/Kroher*, Art. 56 Rdnr. 88 ff.

〔218〕 EPA T 24/81（FN 12）142.

〔219〕 BGH 2. 12. 1958 Braupfanne Mitt. 1962, 74, 77.

〔220〕 BGH 30. 6. 1959 Verbindungsklemme GRUR 1960, 27, 29；EPA T 24/81（FN 12）142（Nr. 16）.

〔221〕 BGH 23. 9. 1980（FN 106）45.

〔222〕 BGH 20. 2. 1979 Tabelliermappe GRUR 1979, 619, 620.

满足某项需求，也说明这项发明其实是比较显而易见的。[223]

5. 如果专家们为寻求任务解决方案进行了长时间却徒劳的努力，这就说明第一次解决任务的发明对于专业人员来说不是十分显而易见的。[224]如果方案使用的是前不久才列入现有技术、在之前尝试中未曾使用过的方法则另当别论。如果是属于这种情况那便不能将其作为创造性活动的迹象，对解决方案的创造性也就不予考虑了。

6. 为了证明发明属于创造性活动，通常会指出发明所带来的显著进步，即相较于现有技术的显著优点。[225]自从进步不再属于申请专利的一项独立的前提条件以后，可以更加自然地对上述论据加以运用。[226]但有时候通过现有技术中显而易见的手段也可以实现一些重要的优点[227]，所以具有进步特征并不是可以证明创造性活动的充分证据。专业人员通过某些显而易见的手段能实现发明中的优点，说明发明不具有创造性。[228]这同样适用于通过某些手段实现的意料之外的额外效果的情况。[229]

联邦最高法院认为，从技术进步的角度来看，发明具有创造性迹象的前提是其首创性（即便程度可能很低）。[230]通过简化工具减少生产成本的做法属于

---

〔223〕 Vgl. BGH 7. 11. 1952 GRUR 1953, 384, 385; 14. 11. 1952 GRUR 1953, 120; 2. 12. 1952 (FN 135) 122; 20. 4. 1971 (FN 200) 19; 13. 1. 1981 (FN 179).

〔224〕 BGH 14. 11. 1952 (FN 223); 2. 12. 1952 (FN 135); 11. 7. 1958 (FN 182) 24 r.; 23. 4. 1963 (FN 127); 18. 2. 1965 Schweißelektrode GRUR 1965, 416, 419; 27. 11. 1969 (FN 217); BPatG 24. 7. 1978 (FN 14) 705 f.; BPatG 14. 1. 1992 Abschlußblende E 33, 207, 214; EPA 6. 11. 1986 T 9/86 Polyamid – 6/Bayer ABl. 1988, 12 （在某一具有重要经济意义和研究价值的领域找到一种简单的解决方案时）.

〔225〕 BGH 30. 6. 1953 (FN 194); 25. 5. 1956 GRUR 1957, 120, 121; 3. 5. 1957 (FN 217); 16. 5. 1972 (FN 197); 14. 3. 1974 Spreizdübel GRUR 1974, 715, 717; 7. 12. 1978 (FN 105) 227 r.; 22. 1. 1981 Magnetfeldkompensation GRUR 1982, 338, 341 l.; 26. 1. 1982 (FN 217); 17. 1. 1989 Gießpulver Bl. f. PMZ 1989, 215; 12. 5. 1998 (FN 93) 148; BPatG 26. 10. 1961 (FN 200); 16. 10. 1986 Mitt. 1987, 10; EPA T 106/84 (FN 3) 138; 17. 7. 1986 T 164/83 Antihistaminika/Eisai ABl. 1987, 149, 154 f. （Nr. 8）; T 271/84 (FN 179) （消除某一常规方法长达 20 年未被改善的缺点）; T 229/85 (FN 169) 241 （Nr. 7）（尤其当找到了某一简单的解决方案，而之前专业人士对这一领域已经进行了深入研究却没能找到类似的解决方案时）; vgl. auch *Schulze*, Mitt. 1976, 132, 134 f.; *Danner*, Mitt. 1986, 43 ff.; *Schulte/Moufang*, §4 Rdnr. 89 ff.

〔226〕 Vgl. die Begründung zum IntPatÜG Bl. f. PMZ 1976, 332 l.

〔227〕 尤其适用于新开发的材料（本领域专业人员确认新材料能够达到使用目的）取代传统材料的情况，参见 BGH 22. 9. 1961 Einlegesohle GRUR 1962, 83, 84; 16. 6. 1961 Rohrdichtung GRUR 1962, 80, 82; EPARichtlinien C Ⅳ – Anlage 1. 1 iv.

〔228〕 BPatG 22. 7. 1998 (FN 213).

〔229〕 BGH 10. 12. 2002 Kosmetisches Sonnenschutzmittel GRUR 2003, 317; 12. 2. 2003 Hochdruckreiniger GRUR 2003, 693, 695; *Féaux de Lacroix*, GRUR 2005, 625, 626 f. mwN; s. auch oben Ⅱ 6.

〔230〕 BGH 11. 5. 1993 (FN 84) 38.

专业人员典型的任务领域，而一项现有技术中显而易见的结构设计中使用了这种做法，在某个其他问题的改进方案也同时出现的情况下（现有技术并没有对这个改进方案提供助力），这一设计不具有创造性[231]。专业人员必须使用一种现有技术中没有提到过的方式改变工具已知零件的功能，以实现有利的设计并节约成本（比如通过某些常用的夹子来固定镶板板块之间可见裂缝的宽度来固定墙面或是天花板的镶板）。[232]

某些专业人员熟悉的措施却可以达成意料之外且有价值的成果，这些措施便具有创造性的特点，这种情况是一个特殊领域（参见本节Ⅲ 2）。于是对创造性活动的检验便转移到这类结果对专业人员是否可预见的问题上来；对此进行衡量的标准是专业人员的知识技能。因此这种情况下，成果本身并不具备迹象的作用，不能证明发明具有创造性。与此相类似的情况，由于通过发明发现了优点，发明者从"混乱的"现有技术[233]脱颖而出"获得成功"[234]。这里归根结底还是要参考专业人员的知识技能，而如何确定知识技能的范围并不简单，这也是评定中的一个问题。

除证明发明成果属于创造性成果外，发明带来的进步也是有助于证明其创造性的其他重要理由。如果长期存在一项与发明有关的需求，这一点对评价发明的创造性也具重大意义：如果专业人员具有足够的知识技能，同行们出于竞争原因会一直努力寻求不断改进的方法，他们本应该更早实现这种以改进方式满足需求的解决方案却没有找到，这更加证明了发明的创造性。

德国联邦专利法院也认为作为创造性活动迹象中的"社会进步"至关重要。一个实例是，通过汽车附加的光学技术设备有助于提高道路交通安全。[235]根据联邦专利法院的观点，仪器中的一个组件根据常规目的可以作为光线发射器，如果有人能在这个组件上加上光线接收器的特殊功能，就可以不必使用单独的光线接收器，这样的改进比普通专业人员作出的贡献更大，但只有当这个仪器可以大量生产且属于多加工领域时[236]，这种改进才算合理。同时欧洲专利局认为，在对大型技术工艺流程的创造性活动进行评价时，就算利润的改进

---

[231] BGH 12. 2. 2003（FN229）.

[232] BGH 12. 10. 2004 Paneelelemente GRUR 2005，233.

[233] BGH 22. 12. 1964（FN 82）478.

[234] Vgl. BGH 6. 5. 1960（FN 102）；BPatG 15. 11. 1976 Hochspannungsschalter GRUR 1977，248，249 r.

[235] BPatG 20. 10. 1994 Außenspiegel – Anordnung E 35，5.

[236] BPatG 26. 11. 1997 Näherungsschalter Ⅱ E 39，123.

在数值上表现得较低（这里0.5%），也不能被忽视。[237]

7. 除了上述要点之外——技术革新所能带来的经济成果也是证明其创造性特点的要点之一。[238] 只有当经济成果源于新的技术原理而非其他原因时（比如因为使用廉价原料而售价较低，使用特殊促销手段，产品一时比较流行等），经济成果才能在证明创造性时发挥重要作用。[239] 在竞争出现之前，先认清市场形势利益点的做法并不是发明成果，而只是聪明的商业决定。[240] 如果有人第一个研究了现有技术中的信息，并由此获得了市场成功也是一样的情况。通常状况下，人们重视这种成功最有可能是因为它体现了实际中的相关需求。

8. 发明与现有技术的比较和证据迹象的关系，以及证据迹象之间的相互关系到底有何意义，这从专利局和法院的实践中还无法清楚得知；资料中的观点也不尽一致。[241]

首先需要思考的是，授权程序中的专利申请人和异议、无效或注销程序中的保护权所有者，不需要对专利必备的发明质量或证实发明质量有"举证责任"。确切地说：只在第三人有足够的原因反对发明的创造性时，即说明发明的显而易见性时，才会驳回专利申请、撤销或否定专利，注销实用新型。[242] 然而，出于实务操作中的某些原因，申请人或者保护权所有者仍需提供证据迹象。政府部门和法院通常情况下并不需要自己去寻找相关证据迹象。

如果申请人证实了证据迹象，则根据德国专利商标局[243]的《审查指南》，对创造性活动进行评价；对决议进行解释时，必须同样对这些证据迹象作出处理。联邦最高法院认为，缺少保护性检验的原因在于忽视了这些证据迹象。[244] 欧洲专利局的《审查指南》（C Ⅳ 9.8，含附件）要求考虑到的一系列情况，其实就是证据迹象，只是采用了另外一种表达方式而已。

证据迹象的意义在于，实务操作中无法对专业人员的能力进行直接的事实调查，与此有关的陈述只能间接地依靠事实支撑。比起专业人员相信过的推论

---

〔237〕 EPA 5. 4. 1984 T 38/84 Toluoloxidation/Stamicarbon ABl. 1984，368.

〔238〕 Vgl. z. B. BGH 26. 1. 1982（FN 217）；21. 5. 1985（FN 193）；EPA T 106/84（FN 3）138（Nr. 8.5）；ferner *Liedel*，S. 230 f.；*Lewinsky*，Mitt. 1986，41 ff.

〔239〕 Vgl. BGH 18. 9. 1990（FN 201）；*Pagenberg*，Erfindungshöhe，S. 196 f.

〔240〕 BGH 20. 1. 1987（FN 83）353；12. 12. 1989（FN 89）596.

〔241〕 Vgl. *Pagenberg*，EPÜ – GK Art. 56 Rdnr. 120 sowie GRUR 1980，766 ff. und 1981，151 ff.；*Pakuscher*，GRUR 1981，1 ff.；*Bruchhausen*，Mitt. 1981，144 ff.；*Wächtershäuser*，GRUR 1982，591 ff.；*Völcker*，GRUR 1983，83 ff.

〔242〕 Vgl. BGH 9. 6. 1981（FN 179）739 r.

〔243〕 Bl. f. PMZ 2004，69，275（Nr. 3.3.3.2.4）.

〔244〕 BGH 16. 9. 1980 Halbleitereinrichtung Bl. f. PMZ 1981，136；vgl. auch BGH 21. 12. 1962 Warmpressen GRUR 1963，645，649.

性的间接证据，从发明与现有技术的比较中得到的论断其实原则上并没有更具说服力。据此，不能由于某些"直接"原因就判定发明不具创造性，而忽视了证据迹象。[245]

如果在现有技术中找到了与发明相近的材料，但材料并没有以有损新颖性的方式进行事先处理，那么也需注意证据迹象。因此，假如我们第一眼就得出结论，认为专业人员从这些材料中得出此项发明不难，这就与克服偏见的要求不符，即使存在相关需求或专业人员为此付出了很多努力仍无法证明发明的创造性。[246]当然这里还需作出一个总体性评价，不能一概而论地认为伴随证据迹象就一定会产生基于创造性的活动。[247]

---

[245] So aber z. B. BPatG 1. 6. 1979 Mitt. 1979, 195, 196；vgl. auch Liedel, S. 231 ff. mit weiteren Nachweisen. 欧洲专利局则有不同观点：尽管现有技术说明发明中的解决方案是易得到的，也要考虑一下其他次要方面，看看是否可以改变发明缺乏创造性的初步判断，是否有可能肯定发明的创造性，参见 EPA T 106/84（FN 3）136（Nr. 8.2）。

[246] Vgl. BGH 2. 12. 1952（FN 135）；18. 2. 1965（FN 224）419；26. 1. 1982（FN 217）.

[247] *Pagenberg*, EPÜ – GK Art. 56 Rdnr. 79；vgl. auch EPA T 24/81（FN 12）；BGH 18. 9. 1990（FN 201）.

第 3 部分

发明之上的权利

参考文献: *Chakraborty*, *M. / Tilmann*, *W.*, Nutzungsrechte und Ausgleichsansprüche einer Mehrheit von Erfindern, FS König, 2003, S. 63 – 79; *Cronauer*, *A.*, Das Recht auf das Patent im Europäischen Patentübereinkommen, 1988; *Doukoff*, *E.*, Das Recht auf Erfindernennung als Bestandteil des Erfinderpersönlichkeitsrechts, Diss. Müchen 1976; *Fischer*, *E.*, Verwertungsrechte bei Patentgemeinschaften, GRUR 1977, 313 – 318; *Giebe*, *O.*, Widerrechtliche Entnahme im Erteilungs – und Einspruchsverfahren, Mitt. 2002, 301 – 306; *Krasser*, *R.*, Erfinderrecht und widerrechtliche Entnahme, FS Hubmann, 1985, S. 221 – 239; *ders.*, „Vindikation" im Patentrecht und rei vindicatio, FS v. Gamm, 1990, S. 405 – 422; *Kroitzsch*, *H.*, Erfindungen in der Vertragsforschung und bei Forschungs – und Entwicklungsgemeinschaften unter dem Blickpunkt des Arbeitnehmererfindungsgesetzes, GRUR 1974, 177 – 186; *Liuzzo*, *L.*, Inhaberschaft und Übertragung des europäischen Patents, GRUR Int. 1983, 20 – 25; *Lüdecke*, *W.*, Erfindungsgemeinschaften, 1962; *Ohl*, *A.*, Die Patentvindikation im deutschen und europäischen Recht, 1987; *Preu*, *A.*, Das Erfinderpersönlichkeitsrecht und das Recht auf das Patent, FS Hubmann, 1985, S. 349 – 358; *Schade*, *H.*, Die gemeinschaftliche Erfindung und die Doppelerfindung von Arbeitnehmern, GRUR 1972, 510 – 518; *Storch*, *K.*, Die Rechte des Miterfinders in der Gemeinschaft, FS Preu, 1988, S. 39 – 49; *Wunderlich*, *D.*, Die gemeinschaftliche Erfindung, 1962.

§ 19　发明人原则与发明者权

Ⅰ. 普遍性问题、法律基础

1. 在有关发明人及其权利继受人享有专利之上的权利的规定中（《专利法》第 6 条第 1 句、《欧洲专利公约》第 60 条第 1 款第 1 句），[1] 以及在有关专利申请登记和授予时，以相应方式（《专利法》第 37 条、第 63 条；《欧洲专利公约》第 62 条、第 81 条及其实施细则第 18 条）载明发明人的规定中，承认了一项基于发明而无须形式要件即告成立的权利。该权利被习惯地称为发明者权（Erfinderrecht）或广义的发明者权，它对于发明人而言是根据其创造该发明的单纯事实而产生的结果。德国及欧洲专利法正是以该发明人原则（Erfinderprinzip）为出发点的（参见 § 1 Ⅲ 和 § 6 Ⅰ 4）。[2] 这同样也适用于

---

〔1〕　欧洲法律条款有关发明人及其权利继受人的规定（英文: shall belong to; 法文: appartient à）虽略有不同，但并不意味着实质上的不同；《专利法》第 6 条第 2 句也作了同样的表述。

〔2〕　发明人原则在德国法上同样适用于雇员发明。对此，《欧洲专利公约》是指向了成员国国内法（第 60 条第 1 款第 2 句）。这也会关系到一项发明作为雇员发明的适格的问题以及雇员这一概念，由此能够实现将专利之上的权利归属于非实际发明人的其他权利主体，参见 *Heath*, Art. 60 Rdnr. 19 ff. 以及下文 § 20 Ⅲ a 2 部分。

《实用新型法》（GebrMG）；该原则在《专利法》第13条第3款中援引了第6条，而没有预先规定申请和登记时发明人的署名。

在发明者权中，发明是法定归属于发明者的：发明即使——通过"公告"（Verlautbarung）（参见本节Ⅱ3）——与发明人实际分离开来，并且独立于他作为非本人的、无体的对象而能够继续存在，发明也（仍然）是他的发明。专利之上的权利更多的是财产法上的权利，发明人署名的权利则是发明者权之人格权的组成部分。[3]《实用新型法》没有对发明人署名作出规定，并不意味着在仅涉及、申请或存在实用新型保护时，发明者权不包含人格权部分（参见§20 Ⅳ c）。

2. 共同发明人共同进行了发明的，专利及实用新型之权利由其共有（《专利法》第6条第2句、《实用新型法》第13条第3款）。在《欧洲专利公约》中没有对共有作出明文规定；不过，该公约第81条第2句指出共有的可能性就是一件发明要有多个发明人。[4]发明人相互之间在欧洲专利权方面是处于何种关系这一问题，由各自适用的国内法来决定。

每一个共同发明人都分别享有发明人的署名权；[5]但只限于作为共同发明人的署名。

3. 当严格地执行发明人原则时，本来是应当期待一个专利制度中有官方的预审，以让官方来检查申请人是否享有专利权，以及发明是否确实源于那个（那些）称为发明人的人（人们）。但德国立法者意在不给专利局增添额外负担的情况下来执行发明人原则。[6]《欧洲专利公约》遵循了这一在实践中经受过考验的解决方案。

专利局职员因此并不审查提出专利申请的申请人是否对专利享有权利；他们把申请人作为合法权利人来对待（《专利法》第7条第1款、《欧洲专利公约》第60条第3款）。此同样也适用于实用新型的申请（《实用新型法》第13条第3款，结合《专利法》第7条第1款），并不由一个完备的审查来决定。如果专利权利的（真实）所有者确实是申请人之外的其他人时，他可以在专利授权过程中或授权后向不合法的申请人以及专利权人，通过相应的法定救济手段主张权利；相应的也适用于，当一个实用新型申请人或权利人不享有保护

---

〔3〕 关于其他类型的组成部分的问题，参见§20 Ⅴ。

〔4〕 学者证明了《欧洲专利公约》第60条第1款之"发明人"的概念不仅仅关系到个人发明人，而且还有共同发明人，参见 *Cronaür*, S. 148 ff。

〔5〕 Vgl. *Schippel*, GRUR 1969, 135；鉴于发明人之人格权，共同发明人并不处于不可分的权利共同体中，如纽伦堡－伏尔特州法院所述，参见25. 10. 1967 GRUR 1968, 252, 255 r。

〔6〕 参见1936年5月5日专利法立法理由，Bl. f. PMZ 1936, 104 r。

的权利时（参见 § 20）。合法权利人仅仅向专利局证明他的权利是不够的。如果权利人与发明有关的财产权利益通过不合法登记之外的其他途径被侵害的，只要对他而言存在一种对秘密的损害（参见 § 2 Ⅲ b 3），他便可以对此采取措施。

对于《专利法》及《欧洲专利公约》规定的发明人之署名权，专利局职员只考虑是由申请人要求进行发明人署名的。其是否符合事实，他们并不审查。不过，发明人可以向地方法院提起诉讼，要求以相应的方式署名（参见 § 20 Ⅳ）。从不正当行为的角度看，对发明人而言也可以从此类对精神权益的损害中产生权利要求，它们并不涉及发明人在专利法程序中的署名（参见 § 2 Ⅲ b 4 以及 § 20 Ⅳ c）。

Ⅱ. 发明者权的产生及权利继受

1. 发明者权经由创造发明的实际过程而产生。该过程从始至终都是某人或多人的劳动（das Werk eines oder mehrerer Menschen）。运用了电子数据加工装置而形成的新技术解决方案，只有在人们使用该装置是以寻找解决方案为目的时，或者至少其所得成果的可用性被认可为一个技术问题的解决方案时，才能成立。[7] 此类行为通常很可能没有超过专业人员所熟悉的范畴；那么对于借助计算机加工而成的解决方案的专利保护则因为总归缺少创造性行为（erfinderischer Tätigkeit）而不被考虑。使用数据加工装置的可能性使如今的一些问题解决方案变得显而易见，而这种显而易见在以往的情况中却是能够被视为具有创造性的。要是借助计算机找到了非显而易见的解决方案，则需要当中具有显著的人类智力活动。以此方式确实产生了一个具有保护价值的发明的，计算机从始至终就只是一个辅助工具，其自身并不是一个"发明者"。

2. 一旦完成了一个如前文所述的（参见 § 13 9）具有可专利性或者具有实用新型能力的发明，发明者权随即产生。[8] 当发明既满足专利又满足实用新型的前提要件时，发明者权包含了作为财产权组成部分的专利之上的权利以及实用新型之上的权利，抑或是根据实际情况二者择其一。此外，这些权利的形成和归属是根据相同的规则进行的。因此，对专利之上的权利进行命名，而未明确提及实用新型之上的权利，是能够满足目前需要的。

3. 不过，当发明经过任何一种通告或实体性的呈现（körperliche Wiedergabe）而被公布（verlautbart），使技术操作说明在没有对公众开放的情况下

---

〔7〕 关于"计算机发明"案的问题，参见 *Volmer*, Mitt. 1971, 256 - 264；*Zipse*, Mitt. 1972, 41 - 44；*Benkard/Bruchhausen* f6 PatG Rdnr. 3 af。

〔8〕 Vgl. *Hellebrand*, S. 155 f.

（参见本节Ⅳ）对专业人员来说成为可识别的，[9]并且使发明成为独立于创造者而能够继续存在的无形利益时，发明者权才会获得它的现实意义。公告首先对发明人之外的其他人产生影响，尤其是对发明进行使用、传播、申请、保护等。只要发明——对于一个已完成的发明来说很少出现——仅仅是在发明者的脑子里存在，别人实际就恐怕没有可以获取的途径了。尽管如此，我们并不推荐把公告看作发明者权成立的时间点；[10]它仅仅是启动了发明者对于发明物之个人归属的要求；与此相对的是创造发明物的内在原因，它恰恰表明了此类归属是正确的。因此，人们把发明的完成看作是权利成立的时间点，那么，在哪些条件下公告才得以完成这个问题就已经解决了：只要确实出现了主张发明者权的需要，发明即告适当公布。

4. 创造发明物是一种事实行为，而非法律行为。不以行为能力为前提。完全行为能力人或限制行为能力人均可获得发明者权，只要他进行了发明。在此，并不需要法定代理人的共同参与。因为发明行为不是法律行为，则不适用代理。这里并不存在将他人的实际行为归到其名下的情况，例如德国《民法典》第 31 条和第 855 条中的情形，以及《民法典》第 950 条框架中的加工条款（Verarbeitungsklauseln）。发明者权因而只能作为自然人的权利而全新地产生，该自然人也即真正进行了发明的人，而不是他——总是在某一职责方面——所服务的其他人。[11]尤其是与发明人原则互不相容的概念，比如所谓的"企业发明"，它未能把个人的成绩划归于任何个人，以至于此类发明之上的权利从一开始就属于了企业所有者（某些情况下也会是法定代表人）。

5. 专利之上的权利可以在发明者权成立之后因死亡、所有者（首先是发明人）之法律行为上的处分，或者应发明人的雇佣者的要求转让给某权利继受人。但这并非原始的权利取得，而是延伸取得，即便权利继受人在权利成立之前就已经进行了预先处分（Vorausverfügung）。

从发明者权的人格权法律角度讲，当权利人未死亡时不存在权利继受人；当专利之上的权利向他人移转时，此项权利仍保留给了发明人，以使其根据德国《专利法》或《欧洲专利公约》作为发明人被命名。发明人死后，必须在一定范围内给予继承人或可信任之人权限，执行对已故之人的创造者身份的承认。

---

[9] Vgl. BGH 10. 11. 1970 Wildbißverhinderung GRUR 1971，210，213 l.

[10] So aber *Benkard/Bruchhausen* § 6 PatG Rdnr. 7；*Schulte* § 6 Rdnr. 8；*Busse/Keukenschrijver* § 6 PatG Rdnr. 14.

[11] 《欧洲专利公约》同样如此，参见 *Heath*，Art. 60 Rdnr. 6 ff。

6. 拥有专利权利的发明人可能承担将专利权转让给他人的义务。设置此类义务可出于诸如委托研究或者提供科研经费等原因，[12]抑或通过签订一个合伙合同来完成，而签订该合同所预期的目标正是以合伙目的为导向而形成发明。[13]在某种法律关系中尚未经过特别预定即产生转授义务的问题，必须具体问题具体分析。一个承包合同（Werkvertrag）或承包供给合同（Werklief-erungsvertrag）原则上对企业主并不产生义务，而要求其将伴随合同履行而产生的发明的权利进行转让。[14]同样，博士或硕士研究生原则上也没有义务，要将其伴随工作而产生的发明转让给高校或者导师。[15]

此类转让义务尚不会改变专利权利属于发明人这一事实。只有当该义务通过转让（Übertragung）的处分行为被履行时，权利人才会变更。若要使转让权利要求之债权人得到更强的保障，那么就可以进行在先转让（Vorausübertragung）。[16]在先转让具有法律效力的条件是，当相关的发明可以被清楚地确定时：在完成发明之际，必须能被毫无疑问地说清，发明是否被包括在在先转让当中。如果符合这些条件，专利权利在产生后就立即转移给了取得者；但在先转让并不改变权利首先产生于发明人。

Ⅲ. 发明人的确定、共同发明人

1. 发明行为是指找到新的、非显而易见（nicht naheliegende）的理论以实施技术行为。为此贡献了智力成果的人为发明人。一项发明的形成往往凝聚了多人的贡献。并非他们当中的所有人都必然地参与到那个智力成果当中。假如有一个条件，缺少该条件，发明就无法产生。那么，不言而喻，该条件就是必要条件（condicio sine qua non）。而从这些必要条件当中，根据它们与促成发明形成的远近关系来判断，也同样还不够。与之紧密相连的贡献也往往明显缺乏智力劳动的特征：提供资金、实验室、仪器以供使用的人并不是共同发明人；根据他人指示监视试验状况、登记试验数据、执行试验规定框架或范例的

---

〔12〕 Vgl. *Ullrich*, Privatrechtsfragen der Forschungsförderung in der Bundesrepublik Deutschland, 1984, insb. S. 99 ff. , 302 ff. ; *ders.* , Staatliche Förderung industrieller Forschung und Entwicklung: Das Innenverhältnis, ZHR 146（1982）410, 433 ff.

〔13〕 Vgl. BGH 16. 11. 1954, GRUR 1955, 286, 289; ferner BGH 22. 10. 1964 Schellenreibungsk-upplung GRUR 1965, 302, 304 l. ; OLG Düüsseldorf 10. 6. 1999 GRUR 2000, 49; zu Erfindungen von Or-ganpersonens. vnten § 21 Ⅱ a2.

〔14〕 BGH 24. 6. 1952 GRUR 1953, 29, 30 r.

〔15〕 Vgl. *Wimmer*, GRUR 1961, 449 – 455; *Fahse*, in: Arbeitsgruppe Fortbildung im Sprecherkreis der Hochschulkanzler（Hrsg. ）, Patent – und Urheberrecht, Arbeitnehmererfindungs – und Veröffentlichungsrecht, 1991, S. 163, 179 ff.

〔16〕 BGH 16. 11. 1954（FN 13）.

人等，也同样够不上共同发明人。尽管这些人常常与发明人紧密地共同工作，但其工作尚不能使其成为共同发明人。他们仅仅是（发明人之）辅助人（Gehilfen）。[17]

另一方面不应当有疑问的是，共同发明人的身份不以提供一种贡献为前提，这种贡献本身就需要去揭示一项具有可保护性的发明的所有特征。如果保护权申请中新的、非显而易见的内容之众多创造者中的每一个人，都作出了这样的贡献，那么鉴于统一性的需要（参见§24 A Ⅵ、B Ⅱ）才可能例外地使其成为共同发明人。与此相对，个别参与者的贡献一般需要通过其他人的贡献对其加以补充，才能形成完善的、可执行的技术操作说明，而是首先需要通过其他人的贡献对其加以补充。同样，那些创造了从整体上讲是值得保护的成果的人，往往没有作出应有的贡献，从而使其贡献能够独立于其他人的贡献而获得保护。

不过，发明人原则在此类案例中也要求将特定的人算作发明人；否则，将不得不把其认定为无发明人的发明，尤其是认定违反了相应原则的"企业发明"。[18]因而一个参与者作为共同发明人被认可，并不能取决于其贡献本身构成《专利法》第4条、《欧洲专利公约》第56条意义上的创造性或者《实用新型法》第1条第1款意义上的创造性方法。当前对此具有较广泛的共识。[19]在发明形成过程中，共同发明人之贡献与其他协同作用的差别是根据其他特征来区分的。

2. 首先是要从共同智力合作的要求出发；据此，正如前文已提到的，一些辅助性工作就已经被排除了。其次，在解决问题时必须产生智力上的共同合作；在这点上，如果仅仅是制定了一项任务是不够的；这样的任务制定者还不是共同发明人。[20]不过，当他至少以最基本的方式提供了一种可能的、新的解决途径时，就可以成为共同发明人；[21]单纯的推测，认为任务"无论怎样"都

---

[17] *Homma*，S. 47 ff.；在此并不推荐一种原则上对共同发明人的"消极"定义，参见 *Niedzela – Schmutte*，S. 86 ff.，91 ff.。

[18] BGH 5. 5. 1966 Spanplatten GRUR 1966，558，559 f.

[19] Vgl. BGH 20. 6. 1978 Motorkettensäe GRUR 1978，583，585 l.；*Wunderlich*，S. 48 ff.，63 ff.，71；*Bernhardt*，S. 80；*Benkard/Bruchhausen* §6 PatG Rdnr. 32；*Schade*，GRUR 1972，510 ff.

[20] *Wunderlich*，S. 74 ff.；*H. Beier*，GRUR 1979，671；Niedzela – Schmutte，S. 96ff；Homma，S. 56f.

[21] Vgl. BGH 10. 11. 1970（FN 9）213 r. 如果在制定任务时就已注明的解决办法对于专业人员来说，基本上在使用通行手段且不借助其他方法就可以实施时，则该"任务制定者"就是单独发明人，参见§18 Ⅲ 1。

应该能被解决是不够（成为共同发明人）的。[22]最后，这种解决了问题的智力贡献必须是独立的。仅仅提供有关现有技术信息的人或者仅凭他人的指示进行智力劳动的人，均不是共同发明人。但在另一种情况下他也能成为共同发明人，即当他贡献了自己的想法，使其对已得到的指示进行了改变和发展，或者从现有技术出发指出了一个新的解决方案的方向，如已知物质的新组合。[23]

共同发明人的个人贡献不需要具备一个具体的技术操作说明。同样，从事理论基础研究的人，发现了自然现象或者相互作用关系，如果由此产生了技术解决方案的，也可以成为共同发明人。[24]

3. 问题在于，产生创造性解决方案的独立的共同智力合作是否使其（共同智力合作者）不再需要其他条件就能成为共同发明人，还是只有当该合作以某种方式符合"专业水准"（qualifiziert）时才可以。传统的，也是在当前文献中具有广泛代表性的观点认为，在此情况下要有一个创造性的贡献（einen schöpferischen Beitrag）。[25]取而代之，吕德克（Lüdecke）[26]认为重要的是思想进程的协作，此协作是超出了相关领域的一般技能的。他还强调，应当把参与者的劳动而不是他的贡献作为其结果来评价。

联邦最高法院于"木屑板"（Spanplatten）案中[27]带有评论地在原则上赞同了吕德克的观点，第一次给出了一个可操作的解释，其实自引入发明人原则开始起，"创造性的贡献"就是被这样理解的。不过联邦最高法院认为，在该案中，[28]吕德克的理念对于解释清楚问题来说最终还不够充分。在判决中联邦最高法院承认了一个参与者的共同发明人身份，尽管根据得到其赞同的上诉法院的观点来看，这个参与者并没有作出超越专业人员之一般技能的效果。法院也不得不

---

〔22〕 有学者并不这样认为：表达对任务的解决办法的想法就足矣；当然这不能仅仅是口头说说，这种办法必须切实具有某种解决可能，参见 Homma，S. 64。

〔23〕 这里并不是像有学者认为的那样，独立的智力贡献要求额外的专业性，而只需明确对现有技术知识的提供并不是此类贡献，参见 Homma，S. 125 FN 330。

〔24〕 So（für Entdeckungen）Lüdecke，S. 41；Beier/Strauss，Der Schutz wissenschaftlicher Forschungsergebnisse，1982，S. 83.

〔25〕 So insbesondere Benkard/Melullis，§6 PatG Rdnr. 32，freilich mit dem Hinweis，dass keine zu hohen Anforderungen gestellt werden dürfen；Schulte/Kühnen．§6 Rdnr. 21；weitere Nachweise bei Homma，S. 106 ff.

〔26〕 S. 31.

〔27〕 5. 5. 1966（FN 18）560.

〔28〕 案情：工厂主管（Kl.）和车间主任（O.）长期以来一直在从事解决一个问题的研究，为木材厂板材发展适合继续加工的盖层（涂料）。O. 有一天曾向 Kl. 建议，试试木屑板或胶合板抛光粉。Kl. 就指示他试试木屑板抛光粉。第一次试验就成功了。关键在于用了合适的材料；对此只有木屑板抛光粉才能满足条件，而胶合板抛光粉则不行。与上诉法院的认定不同，联邦最高法院把 Kl. 视为了共同发明人。

这样认为，因为在编制一个相应的尺度时，即便是在其他参与者中，本身就找不出这样的效果，结果也就找不到单独的发明人。为了避免此后果，联邦最高法院认为这样是合适的，即不把个体的贡献孤立地进行评估，而且在"创造性贡献"或"具有专业水准之合作"的视角之下设定一个比上诉法院更为宽松的尺度。类似的思考过程也出现在了后来位于杜塞尔多夫的州高等法院的一个判决中：[29]当没有一个参与者完成（超过一般程度的贡献）时，那么这个超过一般程度贡献的要求就不应当适用。

因此，似乎只有在以下情形，才可以要求一个独立智力合作既要发现问题解决方案，还要具有专业水准的特征：当无法查明发明人时，该要求可以灵活地降低。[30]如联邦最高法院[31]自己所言的那样，尤其在进行现代工业的漫长科研任务和例行试验程式时，恐怕会出现困局。这就是说，必须提交具有专业水准之特征的要求已经基本上不能算作现代科技[32]条件下的共同发明的类型了：这种做法使得我们会尽可能地从一个决定了思想交换和智慧激励的进程中将其共同发明孤立至一个完满的个体贡献当中，并且将其进行特殊化的评估。

这里，依赖一个以创造性成果为保护前提的尺度几乎是不可避免的。如何来考量个体贡献不需要满足该种要求（参见第 1 点），尚未明了。[33]同样，吕德克试图把借助比较平均能力而进行的评价放在行为上而不是结果上，这既没能使判定简单化，也没能使判定更为精确。

接下来的顾虑随之产生了，这种要实现"专业水准"贡献的努力将对正在费心寻找技术解决方案的团队合作产生负面影响：谁先表达出了一个新的想法，谁就将面对其他人对他的想法进行再发展的危险，并随后被认可为获得了"创造性"或"超越一般水平的"功绩；有些人因此就会尝试保留突发的想法，而首先用自己的力量来发展它，以获得被认可为具有专业水准的贡献的更好的前景。

4. 在带有传统论调的批评讨论中，翁德里希（*Wunderlich*）[34]对创造性贡献的要求表示了反对。他认为在多人共同合作（团队工作）造就发明时，共同发明人身份的成立取决于这样的条件，即共同发明人在共同的智力创作中参

---

〔29〕 30. 10. 1970 GRUR 1971, 215.

〔30〕 Vgl. *Schippel*, GRUR 1966, 651；*Schade*, GRUR 1972, 511 f.

〔31〕 5. 5. 1966（FN 18）559 r.

〔32〕 Darüber *Wunderlich*, S. 61 ff.

〔33〕 Vgl. *Bernhardt*, AcP 163, 303.

〔34〕 Insbesondere S. 52 f. , 68, 86.

与了创造性想法的构建，而且每个人都是独立地未根据他人的指示进行的。[35]联邦最高法院在"木屑板"案[36]的判决中没有回答这样的问题，即这一观点是否比下述观点更不符合实际情况：每个共同发明人都要求有一个创造性部分或者一个具有专业水准的合作行为。在之后的判决中同样也不需要将传统立场的改变进行明确。至少"摩托链锯"（Motorkettensäge）案[37]的判决表示，就共同发明人的贡献只需要检查，他们根本有没有对任务的解决作出过贡献。只有那些对整体结果没有产生影响、与解决问题无明显关系的贡献，以及那些根据发明人或者他人指示而完成的，才不能取得共同发明人的身份。这可以理解为在向新观点靠近。[38]出于上述原因，较之传统观点更倾向于此：共同发明人是指，通过独立的智力劳动（在与其他人的共同行为中，参见第5点），为创作一件新的、具有创造性劳动及创造性进步的技术问题解决方案作出了贡献的人。[39]

一个申请或是一项保护权利的对象对于发明人权利的主张来说应当是被视为统一的。当一个参与者的贡献对其自身而言已经呈现了一个具有保护价值的发明时，而且其他的贡献通过与该发明相关的独立发明或者仅仅通过与该发明不相关的特殊提升而得到了补充时，正如在并列权利要求及从属权利要求中所表述的，共同发明人身份也能成立。[40]

在物质或方法发明的情况下，第一个对产品的某个出乎意料的有价值的特征的认识是值得保护的（参见§18 III 2），这一认识也是可以被认定为对共同发明作出贡献的。[41]

5. 根据法律规定，共同发明人仅仅是与他人共同创造了发明的人（《专利法》第6条第2句）。因而共同发明人身份原则上取决于对共同工作的参与。[42]问题是，通过其他方式是否也能产生一个共同发明人团体。

吕德克[43]认为这是可能的：一项尚未成为解决方案的先期工作的创作者，

---

[35] *Wunderlich*, S. 66；zustimmend *Schippel*, GRUR 1966, 651；*Schade*, GRUR 1972, 513 f.；LG Nürnberg – Fürth（FN 5）255 l.

[36] （FN 18）560 r.

[37] （FN 19）585 l.；ebenso BGH 17. 1. 1995 Gummielastische Masse Mitt. 1996, 16, 18；16. 9. 2003 Verkranzungsverfahren GRUR 2004, 50（Nr. II 2）mwN.

[38] So *Beier/Straus*（FN 24）S. 82.

[39] 就谁对解决办法作出贡献的问题，为防止不公正地认定共同发明人，可以综合考虑合作团体中成员的相互关系及其在团体中的贡献，参见 Homma, S. 136 ff.

[40] Vgl. *Schade*, GRUR 1972, 512 f., 518.

[41] A. M. *Homma*, S. 69f.

[42] OLG München 17. 9. 1992 GRUR 1993, 661, 663；eingehend Homma, S. 73ff., 83ff.

[43] S. 8 f., 45.

将目标相互独立的成果"融合"成了一项发明，而因此成为共同发明人。在这些情形中，一件专利之上的权利只在融合后才产生，因为之前还没有完善的发明形成。融合因此不是一项先期权利之法律行为上的转让，而是对于共同发明性的合作来说都是等同的，并且本来就赋予了参与者一项在专利之上的共同权利。[44]

对于某人将他人尚未完成的工作，在没有该他人协作而将其继续发展成为一项发明的情况，有观点认为双方均应视为共同发明人。[45]但这里被设为前提条件的应当还有相互一致的共同作用、以继续发展和完成为目的的先期成果的交付与接收。[46]此外先期成果必须能够进入到解决方案中成为能被认可的，先期成果创作者为完成该发明所作的贡献才能以此被证明。[47]否则由于缺乏继续协作就少了支撑点来说明他为解决问题确实作出了贡献。如果发明人认为前期工作是无用的，并且因此促使他寻找一条完全不同的路，这样对于问题的解决来说又是有因果关系的，那么共同发明人身份则不能成立。出于同样的理由，只要不是例外地已经提到过解决方案，激励、建议及信息是不够的。[48]

没有相互一致的共同作用，对他人先期工作的使用是不能导致形成其共同发明人身份的。[49]更多情况下会提出这样的问题，（融合）是否对先期发明人构成了非法行为。如果先期工作已经发展成为一项具有保护能力的发明了，那么就此而言其创作者享有自己的发明者权，并且可以使用特殊的专利或实用新

---

〔44〕 如果在一项已形成的权利之上有一项处分的话，对已完成的发明的融合就会不同，而因此要求法律行为上的意愿。吕德克没有考虑这一点——如果多个发明人对其已经完成的发明进行共同开发，并形成另一项发明时，该发明使用到了先前的每一项发明，那么该项发明上则形成了原始的发明者权。就先前形成的那些发明而言则可以推论，它们从法律行为上已被带入了一个共享的已形成的共同体。但这仅在这些后续开发形成了适宜保护和使用的结果时才是必须的。在当准备好一份相应的申请或者开始要进行使用时，同时也不考虑对先前的发明进行额外的申请或使用的前提下，则可以最终将其视为一项结果式的法律行为上的权利共同体。亨克（Henke，S. 48 ff.）似乎并不接受这一权利通过事实上的后续开发的合作（有回溯力地?）而具有原始及共同性。但他也认为，当共同发明人就其后续开发形成的发明决定申请专利后，先前单个发明上的权利即告消灭。但此类"决定"有何法律属性并不清楚。很难理解一个参与者在没有相应的法律行为意愿时就失去了一项自己曾享有的权利。虽然可以假设在偶然的个案中刚好缺了一项法律上关键的意愿，但这种可能性并不能通过事实行为来为此类权利丧失正名。

〔45〕 *Wunderlich*，S. 72 ff. mit Nachweisen.

〔46〕 Vgl. *üLüdecke*，S. 6 ff.，43 f.；*Homma*，S. 87；*Hellebrand*，S. 149 f. mwN.

〔47〕 Vgl. *Wunderlich*，S. 72 f.

〔48〕 高德（Godt）的观点因而与制度并不匹配，Eigentum an Information，2006，S. 599，"共同利益性团体"（如病人），他们与科研有关联，并基于他们发展出了发明，通过特别的规定而获取到一种虚拟的（共同）发明之完成。

〔49〕 Vgl. Hellebrand，S. 149 f.，155 f.；anders Henke，S. 53 ff.；unklar BGH 17. 1. 1995 Gummielastische Masse I Mitt. 1996，16，18；vgl. anch unten I a 4.

型法律救济进行自我保护，主张其发明被非法地牵涉到一项基于其技术而发展出的另一个专利的申请中；如果该先期工作——尤其是作为发现或理论知识——没有形成可专利的发明，那么则可以根据秘密保护的规定，针对其被非法的使用以及纳入保护权利申请当中采取措施。如果先期工作在被使用之前就已经是公众可以获取的，它就属于已有技术，其创作者的权利也就不被考虑了。

根据上述原则，问题也指向在何种条件下可以通过引入有关传统知识或遗传资源的信息而形成共同发明人关系。如果此信息属于现有技术（参见§16 Ⅳ 6、7），共同发明人关系则被排除。[50]否则的话，提供这些信息的人则可以通过使一项发明得以实现而成为共同发明人。如果获取或者使用此类信息意味着侵犯秘密，则会引起对侵权提出主张的问题，进而可能导致因夺取了合法权利而造成损害赔偿。[51]

Ⅳ. 发明者权与申请、平行发明

1. 当某人创造了一个具有可专利性的发明时，专利之上的权利即告产生。如果发明在之后失去了可专利性，该权利随即灭失。由于现有技术的发展，这些也可能会造成发明不再符合新颖性或者创造性行为的要求。同样也适用于实用新型之上的权利。

权利所有者将新技术置于公众可获取的途径时，那么该新技术就立即成为专利法上的现有技术，或成为《实用新型法》第 3 条第 1 款规定的现有技术。同样的情况也发生在当发明是由他人独立创造并使公众能够获取时。但如果发明于之前就已经进行过专利或者实用新型申请（参见§16 A Ⅲ，B1.），此类事实则不会产生阻碍保护的影响。如果采用宽限期规定，那么即使在申请未于6 个月后进入公众可获取的途径时，也是符合要求的（参照§16 A Ⅵ，B3）。与此相对，如果发明因他人的专利申请而被公开的，那么则根据此申请的时间顺序来确定，必须最迟于何时将专利之上的权利赋予已接收的申请（参见§16 A Ⅴ）。当一项他人的发明申请向专利授权或实用新型登记发展时，与此相应地也适用于实用新型之上的权利。专利或实用新型的发明申请以此保障了该受益于申请的权利人，不失去得到相应保护的权利。

与此相对，保密的做法大多不能有效阻止发明受专利法保护资格的丧失。即使当所有知道这个秘密的人对于权利人来说都是负有保密义务的，而且保

---

〔50〕 高德也如此推论（FN 48）S. 581。

〔51〕 像高德所建议的那样，承认所谓"有合法处分权的人"的一种拟制的共同发明之完成，已经走得太远，参见 *Godt*（FN 48）S. 600。

密地行事了，还是会有可能出现这样的情况，即第三人独立完成了发明或者获得了与之相近的知识，而将该知识直接地或者以权利保护申请的方式带入了公共领域。

2. 将具有可专利性的发明进行专利申请的，即获得一项公法上的获得专利授权的权利，该权利不取决于申请人是否具有专利之上的权利[52]（即发明者权——译者注）。相同的也适用于实用新型申请。如果申请人没有受保护之权利的，申请将不符合法律的规定。权利人的保护需要特别对待。在特定的前提下，非合法权利人的申请对权利人也会产生益处。另一方面，权利主张的迟延可以导致保护权利的丧失（参见§20）。

如果申请是以对专利或实用新型享有权利的人的名义提出的，那么与丧失被保护能力的风险相对，权利将得到保障和巩固。首先，申请给了权利人一个可获得预期的身份，因为对他而言——这与申请前的阶段不同（参见第1点）——该身份不会再在不考虑其自身行为的情况下而失去[53]（如果专利机构不作出错误判定的话）。此外，合法权利人在专利申请公开后还获得一个临时保护，根据此临时保护，他可以向使用其发明的人主张相应的补偿（《专利法》第33条、《欧洲专利公约》第67条以及《国际专利条约法》第Ⅱ章第1条），但不是禁止使用。在实用新型申请中不需要临时性的保护，因为其内容已经在登记时成为公众可获取的了。

如果为权利人授予了专利或者登记了实用新型，那么保护权利则随之产生；[54]专利授权或者实用新型登记赋予了申请人权利，在没有发生侵害保密信息的情况下禁止他人使用发明。它把权利人发明的归属完全意义地专有化了。[55]因此于授权或登记前在发明之上成立的权利将被称为"不完善的绝对知识产权"（unvollkommen absolutes Immaterialgüterrecht）。[56]在这个阶段甚至可以说，发明就只"属于"权利人；发明之上的权利——如其他财产权一样——当然

---

〔52〕 与联邦最高法院判决（BGH 18. 6. 1970 Fungizid BGHZ 54，181，184 und 14. 12. 1978 Farbbildröhre BGHZ 73，183，187）不同，权利的主张并不在于某人是发明人或其权利继受人；专利之上权利的所有者只有通过申请才能够主张该公法上的专利授权要求。

〔53〕 Vgl. BGH 25. 11. 1965 Batterie BGHZ 44，346，356；针对在申请前即接受候选则参见 *Bernhardt*，S. 76，78；*Götting*，§17 Rdnr. 10。

〔54〕 Vgl. Benkard/Melullis，§6 PatG Rdnr. 22；有关专利之上的权利与要求授权的权利及专利权的关系，参见 BGH 24. 3. 1994 Rotationsbürstenwerkzeug GRUR 1994，602。

〔55〕 更明确地说："排他地"；vgl. *Schönherr*，Zur Begriffsbildung im üImmaterialgüterrecht，FS Troller，1976，S. 8 f。

〔56〕 Vgl. *Schulte/Kühnen*，§6 Rdnr. 9；*Benkard/Melullis* §6 PatG Rdnr. 14 mit Nachweisen. 相反，有学者把它称作一项绝对的私权与一项受法律保护的完全的财产权，参见 *Bernhardt*，S. 76 f。

也受到《基本法》第 14 条所规定的宪法上的财产保护。只有当权利人处于对发明的实际的专有性关系当中，而且该关系对他而言被作为秘密来保护时，权利人才能就权利客体的使用而产生的侵害采取措施。

此处所支持的保护不仅拒绝了平行发明人（Parallelerfindern）（参见第 4 点），而且还拒绝了那些对发明知识进行推导的人；此种保护同样不支持这样的情况，即某一使用者，其知识回到了同一发明行为上，他通过诚实可靠的途径未受限制地得到了这一知识——即使当中（缺乏公众可获取性或先前的申请）没有出现专利权利的丧失。

随着专利的消失，发明者权的财产权效力也即告结束。当没有额外将发明授予一件专利，且该专利仍然有效，那么同样也适用于实用新型（权利）的结束。

3. 对于发明者人格权来说，专利申请使得有关发明人名称与命名的专利法特别规定在申请、公布及专利授权的时候有了用武之地。此外，发明者权的人格权内容是取决于申请和授权的，因而它在没有产生发明者命名主张的实用新型申请中也受到保护。无论专利或者实用新型之上的权利是因未及时的申请而失去了，还是通过授权或登记而成立的保护权利结束了，发明人都可以捍卫他的人格权利益（参见 § 20 Ⅳ c）；至少他可以继续对抗否定其创造者身份的行为。

4. 因为新的技术任务主要通过技术的发展和实践的需求而被提出，所以通常同时有很多相互独立的专业人员或团队在为同一个任务努力去寻求解决方案。他们一般可以成功得到不同的解决方法。因为尽管对于所有人而言都预先设定了一个特定原则及实质约束的框架，总是不断会有合适的解决方法产生。因此有可能很多发明人（或者很多发明团队）相互独立地创造出相同的具有专利能力和实用新型能力的发明。于是则有了多个各自不同的发明行为；但它们的结果在内容上却又是相同和统一的。与共同发明不同，这样的情况被习惯性地称为双重发明（Doppelerfindung）或多重发明（Mehrfacherfindung）。也许将其称为平行发明（Parallelerfindung）会更为恰当，从而更清楚地表明同时进行的不仅有多项发明行为，而且还有不同的、相互分离的发明人（团队）。

一个特定的技术解决方案一旦被创造出来，而后使其成为公众可获取的知识，这种做法是符合技术进步之上的普遍利益的。如果是这样，在那些再一次进行了相同创作的人看来就不值得了，尽管他的创意和努力根本不低于别的发明者。专利或实用新型保护因此只能由平行发明者中的一个（或者他的权利继受人）获得。德国法把发生冲突时的保护权赋予那个首先（更具体一些：在时间顺序上最早）在专利局提交了申请的发明人（或者其权利继受人）（《专利法》第 6 条第 3 句、第 3 条第 2 款；《实用新型法》第 13 条第 3 款结合

《专利法》第 6 条、《实用新型法》第 15 条第 1 款数字 2）。同样也适用于《欧洲专利公约》（第 60 条第 2 款、第 54 条第 3 款和第 4 款、第 89 条）。

发明的优先（发明行为的顺序）对此不是至关重要的。谁的申请更具有优先性，他就比其后的申请更有优势，即使他（或他的前权利人）在后面的申请者（或其前权利人）之后才完成了发明。这一规则与美国法中相联系的在先发明原则（Erfindungspriorität）相比有明显的优势。它不仅避免了艰难的关于不同发明行为时间点的事实调查，而且从整体上考虑为了公布发明专利保护也得到了保障。要是与之相反，发明人的确定取决于发明的优先性，那么就会消极地等待申请，直到别人提出了一个申请，然后再试图去证明自己拥有一个更早的发明日期。

5. 尽管平行发明行为中最后只有一个能够获得（有法律效力的）保护权，但对每一个平行发明人而言首先均存在一项独立的要求保护的权利。法律规定没有将此辨析得足够清晰。无论如何它也不能被理解为：就是申请使得权利成立；这违反了发明人原则。相反地，申请会使以前处于同一位阶的权利出现变化：它巩固了那个提交申请的权利人的权利，并且通常在后面的进程中产生如下后果，即其余的权利人将失去他们的权利。但是此作用在申请时还不会出现，这与《专利法》第 6 条第 3 句所能推定的不同。这种作用，正如《欧洲专利公约》第 60 条第 2 款后半句表明的，针对专利之上的权利时，还要取决于第一个申请的公布。如果是这样，它的内容将从其时间顺序的相关日期开始成为现有技术，从而阻止之后的相同发明，即使一个平行发明人（或其权利继受人）在已递交的申请被公布之前获得了专利保护（参见 § 16 A V）。如果相反，第一个申请在公布前撤回了或者被撤销了，那么其余的权利人则重新获得了取得专利的机会，假如这当中没有因其他原因失去了发明的可专利性（参见第 1 点）。对实用新型之上的权利也适用这些规定，只要后优先级的发明申请没有成为过（具有法律效力的）专利或实用新型时（《实用新型法》第 15 条第 1 款第 2 项，参见 § 16 B 2）。

Ⅴ. 发明之上的共同权利

a）普遍性问题

1. 当多人共同创造了发明时，专利或实用新型上的权利作为发明人之财产权利的组成部分原本就是一项共同权利。如果一项权利成立于一名个人发明人之上，那么它就能作为可转让及可继承的权利在事后凭借权利继受而转变为一项共同权利：发明人可以把共同权利转让给其他人，转让给一个（没有独立法律地位的）人的集合，抑或由多个继承人继承。这种基于一项发明之上的原始或者继受取得的共同权利形成的共同参与关系还能以多种多样的方式通过排除或者添加新的共同权利人来进行改变（参见本节Ⅴb8与c3）。

如此，发明人或者共同发明人可以通过法律行为将那些人转变为共同权利人，那些人即指要求完成该发明但又没有通过独立的智力劳动对发明产生影响，而因此不是共同发明人的人。这类做法一般在投资人或发明者辅助人的情况中具有实际价值。

一项发明之上的原始共同权利能够以法律后果的方式移转到一个独占所有权人，除非该权利的所有组成部分被整合到了共同所有权人当中的某一人身上。这尤其经常出现在有相同雇主的雇员的共同发明中，雇主针对所有共同发明人提出了无限权利要求。他从而将成为独占所有权人。因此，除了自由职业的发明团体之外，更具有实践价值的是这样的团体，他们由在企业发展工作中召集的自由职业工程师或者由企业间的合作而产生。[57]

2. 发明者人格权在多个发明人的情况下同样不是一项共同的权利。它对每个共同发明人都是个别地成立的，并且在（专利权——译者注）转让过程中作为不可出让的权利而被保留下来。任何一个共同发明人均可在不取决于其他人的情况下行使其享有的人格法律权利（参见§20Ⅳ、Ⅴ），当然，该权利的行使只能在他主张把自己作为共同发明人而被认可的范围内进行。

3. 发明物之权利的共同权利人团体可以是按份共有（Bruchteilsgemein-schaft）或者共同共有（Gesamthandsgemeinschaft）。第一种情况中，每个人均可独立于他人行使其所拥有份额之上的权利（《民法典》第747条第1句，参见本节Ⅴb8）。在第二种情况中，该权利是共同的特殊财产之客体；单个参与者对该财产的单独部分并不享有独立的、可流通的份额，他不能对该份额进行使用（《民法典》第719条、第1419条、第2033条，参见本节Ⅴc3）。

如果权利人是一个拥有自己的法律人格（eigener Rechtspersönlichkeit）的自然人团体（Personenvereinigung），那么它则可以作为法人单独被授予权利；那些作为该团体成员或股东的自然人并不是共同权利人。法人能够从它的角度参与进共同所有关系或者共同共有关系之中；对于该法人而言，一项共同发明者权份额的原始取得无疑被排除了（参见本节Ⅱ4）。

只要法律没有其他的规定，就应当从《民法典》第741条得出按份共有的结论。因此，要形成共同共有要比单纯地形成权利人多数更为必要。《民法典》在合伙、继承共有和夫妻财产共有的情形中预先规定了共同共有。发明之上的权利能够只根据派生的取得（abgeleiteten Erwerbs）便落入继承共有或者

---

[57] Vgl. *Bernhardt*, S. 80；*Fischer*, GRUR 1977, 313；einen Fall zwischenbetrieblicher Zusammenarbeit betrifft BGH 20. 2. 1979 Biedermeiermanschetten BGHZ 73, 337.

夫妻财产共有的财产当中，是不言而喻的。与之相对，提出了这样的问题，有关合伙的条款的适用是否能导致一项共同发明之上的权利对于共同发明人而言，在一开始就以共同共有而不是仅仅以按份共有而成立了：《民法典》第705条意义上的合伙合同的签订不需要任何形式要件；一个合伙企业通过多人在法律行为上具有约束力的意向，以解决技术问题为共同目的而进行合作的，就可以成立；根据《民法典》第718条第1款，合伙人的出资以及通过为合伙执行事务而取得的标的均落入共同共有的合伙财产之中。尽管如此，却不能说一项由合伙人因追求其共同目的而创造的发明之上的权利原始地归属于合伙财产。相反，在此情形中该权利在发明形成的时候还是以按份共有的方式归属于共同发明人的。他们无疑可以在合伙合同中接受这样的义务，将该权利算入合伙财产当中，或者他们据此甚至就可以实施必要的处分行为（预先转让（Vorwegübertragung），《民法典》第413条、第398条、第747条）；[58]合伙合同中没有该意义上的明确约定的也并不少见。不过，该权利始终是通过派生的取得才列入合伙财产的；[59]如果缺少——因缺乏有效法律行为上的转让——这些前提要件，那么权利首先还是停留在按份共有的关系中。因而在对待一个由所有合伙人均参与的发明的时候，并不与对待一个由某一合伙人单独参与或者由合伙人完成了一个部分的发明时有任何差别。服务于合伙目的的发明者的劳动能被看作是为合伙而进行的事务，这并不导致合伙的原始取得。《专利法》之发明人原则要优先于《民法典》第718条的原则。[60]"合伙发明"自始就归属于合伙财产的看法[61]会导致作为整体而结合起来的合伙以财产法律性的方式取占发明人的位置，这并不符合发明人原则。

当然，这一结果在民法意义中的合伙上并没有清楚地显现出来，法律对于这种合伙没有预先规定全体名义之下的统一。与此相对，如果该权利真要是因一项为公司财产的发明而成立，且该发明是由公司股东中的一人为追求企业目

---

〔58〕 OLG Karlsruhe 23. 9. 1981, GRUR 1983, 67, 69 r. ; vgl. auch BGH 30. 10. 1990 Objektträger GRUR 1991, 127, 129.

〔59〕 *K. Schmidt*, Münchener Kommentar zum BGB, 3. Aufl. 1997, §741 Rdnr. 57; *Wunderlich*, S. 140; *Homma*, S. 166; im Ergebnis auch *Henke*, S. 89 f. ; *Hühnerbein*, S. 11 ff. , 14.

〔60〕 *P. Ulmer*, Münchener Kommentar（FN 59）, §718 Rdnr. 23.

〔61〕 So *Lüdecke*, S. 101, 117; *Bernhardt*, S. 81; *Götting*, §15 Rdnr. 13; *Klaür/Möhring* §3 Rdnr. 19; *Lindenmaier* §3 Rdnr. 26; *Langhein*, in: Staudinger, BGB, 2002, §741 Rdnr. 136; *Chakraborty/Tilmann*, S. 69. 在联邦最高法院的一项判决（BGH 16. 11. 1954（FN 13）289）中，合伙的原始取得没有被承认，而仅仅表示在预先处分的情形中合伙不需要其他转让行为即可获得发明之上的权利。联邦最高法院的另一项判决（BGH 20. 2. 1979（FN 57）347）明确了那些基于合伙合同产生的合作而创造的发明是"共同地属于"合伙人的；如果共同共有就算没有相应的占先转让（Vorwegübertragung）也应该成立的，那么就不应该引用该判决；相应情况中已经缺少了合伙关系。

标而创造的时候，在无限责任贸易公司（die offene Handelsgesellschaft）情况中，这个以其商号命名的公司就应当被称作原始的专利权之权利人（德国《商法典》第 124 条、第 105 条第 3 款；《民法典》第 718 条）。与发明人原则的矛盾在这里应该是显而易见的。

认为在共同发明人中自始存在一个共同共有之集体的观点，由于如下的理由也是站不住脚的，即根据《著作权法》第 8 条第 2 款第 1 句中的上半句，共同著作权人（Miturheber）享有对共同创作作品的发表和使用的"共同所有的"权利。这仅仅说明发表和使用需要所有共同著作权人的同意，而不是说共同著作权人集体是民法上的共同共有；它更多的是一个打上著作权法烙印的集体的特殊形式。[62] 其规则被标注了强烈的人格权法上的特质和著作权之原则上的不可转让性（《著作权法》第 29 条）。[63] 由于在发明者权中，人格权法上的特质是微弱的，而且没有限制财产权法律组成部分的可转让性，所以没有其他的理由来像共同著作权人那样把共同发明人相互绑定得如此紧密。

b）按份共有中的法律关系

1. 按份共有中的共有人根据《民法典》第 741 条及以下的条款分别享有在该共同权利之上的非物化的份额（ideellen Anteil）：该份额从整体上讲是关系到权利客体的，而非它的实际部分。在专利或实用新型之上的权利中，每个共有人对整个发明均享有份额；而发明不是如此划分的，不需要去对每一个参与者规定一个与发明相符之产品的不同特征，一个与发明相符之方法的不同步骤，抑或规定不同保护主张的对象。这在名义上也处于共同发明人之列：如果共同创造了一项发明，哪怕足以将所作出的贡献进行相互间区分，每个人都享有法律保护上的非物化份额，而非基于各自贡献的独立权利。

根据《民法典》第 742 条的规定，份额的多少在出现异议时对所有共有人都是相等的。但该规定也可变通。只要该集体涉及派生的法律取得，份额关系就以参与者的约定为准。在发明之上的权利之原始取得的情况下，该关系相反很难通过像那些完成了取得的人一样的约定来确定。其实创造发明的事实效果依据发明人原则对份额关系也是决定性的。据此，联邦最高法院将判定份额的高低取决于对发明性成果的参与：[64] 首先要弄清发明的对象；其次是确定参

---

〔62〕 *E. Ulmer*, Urheber - und Verlagsrecht, 3. Aufl. , S. 191；für ergänzende Anwendung der §§705 ff. BGB freilich *Löwenheim*, in: Schricker, Urheberrecht, 3. Aufl. , §8 Rdnr. 10.

〔63〕 Nach Loewenheim, aaO Rdnr. 11 braucht wegen §29 UrhG die Unübertragbarkeit der Miturheberanteile nicht aus §719 BGB abgeleitet zu werden.

〔64〕 BGH 20. 2. 1979（FN 57）343 ff. ; s. auch *Homma*, S. 161；ausführliche Überlegungen zur Bestimmung der Anteile dort S. 159 iVm S. 136 ff.

与者对完成发明的各自贡献；最后则是衡量它们在相互关系中以及在发明性共同成果中的比重。只有当穷尽了所有提供的认知来源（Erkenntnisqüllen）都未能明确最终关于各自贡献的价值时，才能适用《民法典》第 742 条的规定。

在一个案例的发明当中，参与者一方面为生产纸质的用于包装花束的所谓毕德麦耶尔风格纸套的方法作出了贡献，另一方面也为准备实施出了力，联邦最高法院认为这样的情况是可能出现的，即创造性成果已经单独地出现在了（生产）方法或者前期准备中，抑或在此二者当中已被——等份地或不等份地——分配了。[65]

2. 在按份共有的规定中共同发明者权就如同根本没有被考虑为无形财产权。[66]由此则导致德国《民法典》规定之适用方面的困难。因而通常会建议以合同的形式规范参与者间的法律关系；尤其还将更加关注适用有关合伙规定所应当具有的优点。[67]若无约定，则就不可避免地要适用有关按份共有的规定了。但是此处还须考虑发明之上的权利（Rechten an Erfindungen）之利益状况的特殊性。这些特殊性来自发明的无实体性特质以及一种状态，即只要申请人没有申请保护，发明的经济价值将继续取决于他的保密行为。与此相对，共同发明人的人格权利益在此对共同关系的构成则没有显著的影响。

只要他们享有保护权利，他们只与专利法所规定的作为共同发明人之署名产生关联，至于是不是要进行署名，每一个共同发明人均可在所适用之规定的框架下（参见 § 20 Ⅳ）独立于他人进行决定。通过对权利客体的影响，发明、特别是其使用，被保护的共同发明人之人格利益将不会被损害。同样通过发明的公布将只会影响到共同发明人被违背其意愿地署名或未被署名。

一个承载了无形财产权之特殊性的规则可以在《著作权法》第 8 条第 2 ~ 4 款有关共同著作权人间关系的条文中找到。该规则被明确地通过著作权强烈的人格权特质及其原则上的不可转让性确定。因此，这样的问题必须分别进行谨慎的审视，即发明之上的共同权利中是否能够用《著作权法》上的个别规定进行补充，或者能否对民法中有关按份共有的规定进行变通适用。

3. 共同标的的管理在《民法典》第 744 条和第 745 条中进行了规定。在权利保护申请时发明之上的权利中，有关这点会再提到（参见第 4 点、第 5点），尤其包括了作出授权，防止侵犯秘密、非法申请以及侵害受保护的权

---

[65] BGH 20. 2. 1979（FN 57）346 f. 参与关系的最终解释曾向上诉法院提交过。

[66] Vgl. *Reimer* § 3 Rdnr. 11；*Klaür/Möhring* § 3 Rdnr. 18；*Götting*，§ 15 Rdnr. 6；*Fischer*，GRUR 1977，313.

[67] *Wunderlich*，S. 94 f. ；vgl. unten c.

利，还有经由缴纳费用来维持受保护的权利。

　　根据《民法典》第744条第1款管理由共有人共同进行。不过一项与共同标的之本质相符且依规定而进行的管理行为可以由多数人决定，其中多数决议根据份额的多少来计算（《民法典》第745条第1款）。少数意见必须通过遵守规则之要求以及法律规定受到保护，保证不对标的作出重大改变，并且保证某一共有人对其份额之使用的参与不能被剥夺（《民法典》第745条第3款）。超越该界限的决议对于持少数意见的人不产生约束力；该决议的执行将带来损害赔偿的义务。

　　倘若管理行为不是协商一致地或者通过多数表决而实施的，[68]那么每个共有人均可要求根据合理权衡而作出与全体利益相符的一种管理（《民法典》第745条第2款）。对于维护共同标的所必需的措施则适用特别规定：每个共有人均有权在没有其他共有人同意的情况下采取此类措施；他可以要求其他共有人同意（《民法典》第744条第2款）。

　　每个共有人均负有义务，使约定的、已决议且生效的，抑或能够被主张的管理措施的实施成为可能。产生的费用由共有人根据其份额的比例共同承担（《民法典》第748条）。共有人同样也参与到共同标的的收益当中（《民法典》第743条第1句），在一项发明之上的共同权利中比如许可使用费或者《专利法》第33条规定的偿还（偿还给共有人——译者注）的损害赔偿。

　　如果一种法律行为对于执行管理措施而言是必须的，且该法律行为仅由全体共有人共同有效实施，那么，形成该要求某共有人之协作的权利主张并没有能够使其他共有人有权依其地位采取有效的行动；但该共有人拒绝进行的意思表示（如全权授权、同意）最终只能由法院判决取代（《民事诉讼法》第894条）。此外，约定还意味着特定共有人应当实施管理措施，要求法律行为上的、具有有利于或不利于全体之作用的行动，这通常需要一个对特定法律行为的必要授权，正如缔结一个许可合同。与此相同的也可能发生在多数决议的情况中；但不确定的是，该授权是否也对少数派产生约束力。[69]不管怎样，在共同保护权受到侵害时每个共有人均可以自己的名义提起停止侵害以及针对全体共有人的损害赔偿的诉讼。[70]此与《民法典》第1011条、第432条的法律思想是相符的，并且《著作权法》第8条第2款第3句明确地作出了规定。

　　一名共有人，如果他被要求或者被实施了一项经合法决定的管理措施，而

---

〔68〕　*Langhein*（FN 61）§745 Rdnr. 50；a. M. *K. Schmidt*（FN 59）§§744，745 Rdnr. 29，35.

〔69〕　Grundsätzlich bejahend *K. Schmidt*（FN 59）§§744，745 Rdnr. 31 .

〔70〕　*Reimer* §3 Rdnr. 11；*Klaür/Möhring* §3 Rdnr. 18；*Lindenmaier* §3 Rdnr. 22.

他又不愿意实施，或者是没有能力实施其所需要进行的措施时，可以通过这样的方式避开即将带来的影响，即出让其份额或者提出撤销合伙（参见第8点、第10点）。

4. 在共同发明的管理当中有一个问题尤其重要，即是否应当进行保护权申请。这一点上基本存在三种可能性：进行申请，一段时间之后被强制性地公开；试图通过尽可能久的保密来维护一个法律上受到保护的真实的独家地位（Alleinstellung）；通过发表而进入公共领域或者由任意第三人基于其知识而实现地使用。

最后一种方案只有在这种情况下才显得有意义，即在没有发明保护或秘密保护的情况下同样存在预期竞争优势，同时在考虑了发明成本和利润（参见§3 IV 5）的基础上，并且不需要保护权后续的效用，因为该发明仅仅期待一个短期的使用。同样在此类情形中，鉴于未来发展之无保障性，只有获得了全体共有人的同意，才能够放弃发明保护及秘密保护。放弃通过相应申请为其创设基础的那些措施，不能作为"依法的"或者"根据合理权衡的"管理而违背某一方共有人意愿被执行。它们其实应当被作为《民法典》第745条第3款第1句意义上的共同标的之显著改变来等同看待，因为对于发明而言它们带走了自主的市场价值。只要既不是协商一致地同意放弃每一项保护，也不是已经递交了保护权申请，每个共有人因而都负有保密义务。

如果发明经全体同意将进入公众可以获取的渠道，那么这个集体在专利之上的权利方面则即告终结了。若某一共有人自作主张地将发明置于公众可以获取的渠道，那么依规定应当视为其中存在《专利法》第3条第4款第1句、《欧洲专利公约》第55条第1句（a）意义上的滥用（参见§16 A VI 3）；若是该发明在进入公共领域之后的6个月内又进行申请的，那么此并不成为可专利之障碍。关于实用新型上的权利，发明经全体同意也进入了公众可以获取的渠道时，如果不在紧接的6个月内提交建立优先权的申请的，该集体则即告终结（参见§16 B 3）。

不考虑保护权申请而保守发明秘密的企图只有在这样的情况下才适合，即在发明被使用时仍然有希望足够久地维持该秘密，并且第三人为相同发明而申请保护权的可能性低的时候。[71] 此类情形中同样还要审查是否要节约费用，是否有希望以专利期限来增加保护的持续时间，是否要衡量发明申请公布之后出现不可控制的盗版的危险，以及是否要进行保密。只有在这些很少被满足过的

---

[71] 就化学物质的生产方法，通常更倾向于保密而不是申请专利保护，参见 *Seuß*, Mitt. 2006, 398 ff.

前提条件下，共有人才能根据《民法典》第745条第1款或第2款的规定被违背意愿地确定不进行申请。[72]

如果不出现这一特殊情况，申请之进行就可作为针对少数共有人之抗辩的一种符合设立共同标的的合乎法律的管理措施而被决定了。在没有决议的情况下每个共有人则可要求进行申请，因为根据合理权衡，这符合全体的利益。一项具有专利能力的发明在这样——根据《雇员发明法》第13条第1款第2句——的情况下原则上是应当申请专利的，即在明智地评估发明之可利用性时，实用新型保护并没有显得更有效用。如果申请被有效地决定了或者成立了一项进行申请的主张的，那么每个共有人对于其他共有人而言就有义务以全体的名义协助共同申请。

5. 若申请对于"共同标的的维护"是必须的，根据《民法典》第744条第2款的规定，共有人允许单独进行申请。当存在危险，发明会被置于公众领域或由第三人创造后申请专利时（参见第4点），那么这种做法是符合实际的。此危险原则上可视为确实存在的；仅有特殊情况才能将其排除或者降低到微不足道的程度。如果不出现这些情况，每个共有人根据《民法典》第744条第2款均可进行申请。与之相对，如果有足够理由支持等待，发明秘密能够被可靠地保守并且在预期的时间内不会被第三人制造出来或者至少不会被申请，那么根据《民法典》第744条第2款，只有在这样的情况下申请权才会成立，即当具体的征兆说明存在发明随后将要被公布或被第三方申请的担忧时。

不确定的是，《民法典》第744条第2款是否赋予了该有权进行申请的共有人仍有权在专利局剩余的程序中进行代理。[73]此问题在实践中基本没有意义，因为那个被登记的共有人在没有其他共有人的协助下应当没有能力向专利局以必要的形式证明他所享有的代理权（《德国专利商标局条例》第15条、《欧洲专利公约实施细则》第152条）。一项以全体名义提出的申请因而只有当符合形式要件的全权代理被补充证明之后才能获得成功。

此障碍以这样的方法避开，即愿意申请的共有人以他自己名义单独申请。[74]

---

〔72〕 参见德国《雇员发明法》第13条第1款及第17条第1款，此处不进行申请同样也是例外发生的。

〔73〕 Bejahend *K. Schmidt*（FN 59）§§744，745 Rdnr. 47；根据联邦专利法院的判决（BPatG 21. 4. 1998 Bl. f. PMZ 1999，44），在共同申请时参与人根据《民法典》第744条第2款被授权签发一个对其他人具有影响的共同授权书。

〔74〕 *Busse/Keukenschrijver*，§6 Rdnr. 39；有学者对此表示反对，认为这种行为是一种违法的分离（S. 120f），参见 *Henke*，S. 105 FN 356。但是他没有注意到，在上述情况下根据《民法典》第744条第2款申请权已经成立，问题只在于实现形式公正的申请。

但《民法典》第744条第2款却并没有给他这一权利。[75]但它表明其他共有人必须接受那个为了权利获取而提出的申请，并且负有义务为合乎规定的申请提供协助。他们因而只能要求，在申请之上——以及在该申请被授权后——根据他们的份额进行参与。对于那些撤回申请的要求，已被登记的共有人只能提出针对其他共有人共同协助义务的上诉。损害赔偿请求权只有当他没有毫不迟延地告知其他共有人申请事宜，或者是没有遵守一项合法的参与主张的时候才会失去。

在专利及实用新型申请时，《民法典》第744条第2款的意义在一个问题上受到了限制，即剩余共有人中的某一人是否能够在申请时要求一个符合形式要件的全权授权，以及要求根据《民法典》第748条之共同费用的承担，或者反过来其他共有人是否负有义务撤回申请并且赔偿由其所造成的损害。这关系到共有人之内部关系中的权利与义务。

如通常情况下（参见第4点）——当申请是作为一项管理措施而被提出时——不会产生《民法典》第744条第2款规定的后果。[76]该规定只有在约定或者多数人作出决议不把发明进行申请登记，而是保持秘密时才有真正的意义。该规定允许每个共有人，在经由将被公布或者其他人之申请而面临权利损失的具体危险，而此危险又只能通过迅速的申请才能避免时，不去理会此类管理规定。[77]

6. 管理行为所适用的规定，原则上也适用于构建了共同权利客体之发明的使用（《民法典》第745条）。共有人只允许在没有约定或有效的多数决议反对的情况下才能使用发明。《民法典》第745条第2款还能够产生禁止使用的义务，因为使用行为可能会威胁到发明的保密。只要不是由共有人具有法律约束力地对是否应将发明进行申请并且在肯定的情况下递交了该申请（参见第4点）进行了决定，那么这种在使用时不被保密的发明不允许被共有人使用。

此外还有另一个问题，发明之上的共同权利对《民法典》第743条第2款而言有哪些意义，根据该条每个共有人均有权使用共同标的[78]，只要不妨碍

---

　〔75〕　Vgl. RG 30. 4. 1927 RGZ 117，47，51.

　〔76〕　当有人认为其将代理权授予了合法申请的共有人时，才能依据《民法典》第744条第2款产生进一步的法律后果（参见脚注73）。

　〔77〕　若不进行申请的做法——例外地——不涉及一项合同或者决议，而是涉及《民法典》第745条第2款，那么权利损害之具体危险的出现并不导致不进行申请的行为根据该规定就不再能够被主张了，而是导致要求从现在起实施申请；不需要适用《民法典》第744条第2款之规定。

　〔78〕　与亨克（Henke，S. 128）的观点不同，共同标的并不是指发明之上的权利或者发明专利，而是发明本身。联邦最高法院在判决中表达了同样观点，参见BGH 22. 3. 2005 gummielastische Masse II BGHZ 162，342 = GRUR 2005，663（Nr. 2 a）。

其他共有人的共同使用。对于发明而言其特殊性在于：一方面由于权利客体之无形性，每个共有人在不考虑其余共有人的情况下都能够把发明作为技术指南进行使用；另一方面在经济上有希望成功使用的可能性被市场局势所限制了。但是这里没有理由把《民法典》第 743 条第 2 款视为在发明之共同权利中是无法适用的[79]，进而取而代之地适用《著作权法》的规定，依规定共同著作权人享有"共同共有地"使用之权利，一个共有人允许在不违背诚实信用的情况下拒绝表示其同意（《著作权法》第 8 条第 2 款第 2 句、第 3 句）。

这一规定因而对发明尤为不适合，因为它的使用对人格权利益的影响比使用作品的影响小，在那种情形中通过个别共有人的直接使用远比此种情形（人格权的使用——译者注）在实践中可能要更常见。达成一项合意的必要性将涉及通常紧缩的用于确保成功使用发明所需的时间成本。

从《民法典》第 743 条第 2 款中首先得出，共有人间不存在与共同权利相关的排除权（Ausschliessungsbefugnisse）。因而没有其他共有人之同意而使用了发明的共有人在一项共同专利或实用新型中并没有实施侵权行为；[80]仅仅是有一个问题，他是否违反了源自共同关系的债法上的义务。但这只适用于共有人之个人使用，而非第三人，哪怕对他们而言某个共有人同意使用（参见第 9 点）。共有人之使用权包括了使用发明的所有形式；没有理由将其限制在企业内部的使用上，以及禁止发明相关的产品进入流通领域。[81]

该规定进一步表明了，当且仅当第三人不享有使用的权利时，每个共有人才允许顺利地使用该标的。[82]共有人因而不允许在不考虑其他人要求的情况下继续其已经开始的使用行为，其间，所剩余的使用应当会被禁止损害共同使用的规定所阻碍，而不再对剩余的使用可能性主张权利。其实《民法典》第 743 条第 2 款保障了每一个共有人的共同使用，但仅限如此。对每个共有人而言一

---

〔79〕　So aber *Lüdecke*, S. 210 ff.；*Lindenmaier* § 3 Rdnr. 23；grundsätzlich *Sefzig*, GRUR 1995, 302 ff.；wie hier *Reimer* § 3 Rdnr. 11；im Ergebnis auch *Henke*, S. 140 f. 有观点指出，第 743 条第 2 款仅规定了使用的范围，并且仅当通过协议、多数决议（第 745 条第 1 款）或执行第 745 条第 2 款的请求权来确定了使用的方式时才适用。在所有参与者均有权使用时，第 743 条第 2 款的情形应该很少会出现，因此，不同时对范围进行规定基本是不可能发生的，参见 *Hühnerbein*，S. 45 f。

〔80〕　*Lüdecke*，S. 192 f.，201.

〔81〕　学者对该区别做了论证，进入流通领域不仅仅是使用，而是产生利益的一种管理行为，参见 *Götting*，§ 15 Rdnr. 8；同样也见 *Klaür/Möhring* § 3 Rdnr. 18. – *Fischer*，GRUR 1977，314，他甚至愿意把发明相关的产品本身视为发明的出产物，该出产物只能由共有人共同地进行出售；与此相反的，参见 *Storch*，S. 44 f. 有关一项限定于企业内部流程上的使用权的技术经济问题，参见 *Lüdecke*，S. 208 f.；*Fischer*，GRUR 1977，314 f. 他首先得出了《民法典》第 743 条第 2 款之原则上不可适用；其次则是适用企业内部无限制的使用。

〔82〕　BGH 29. 6. 1966 NJW 1966，1707，1708 r.

项适当的共同使用必须能够被实现。一个使用发明的共有人必须去接受之后同样有其他共有人会进行使用，哪怕这些影响到第一个使用人的销售能力（Absatzmöglichkeiten）。在争议情形中使用权可由《民法典》第 745 条（参见第 3 点）——在垄断法之许可的意义上——加以调整。

7. 共同标的之个人使用的权利在关系到发明时，通常会出于实际的理由而不能被共有人行使。若所有共有人均处于该情形时，那么该共同权利将通过出售或者授权许可的方式被使用。每个共有人均可以通过《民法典》第 749 条提出解除共有关系的方法引发出售其份额；每个共有人原则上同样也可以独立于其他共有人使用其份额。更加困难的是个别共有人已经使用的情况。这可能因使用的范围以及使用者强大的市场地位而对其余共有人而言，在实践中要去进行经济上的有希望成功的使用是没有希望的。因此对于没有使用的共有人来说更加缺乏使用的机会了，原因在于他们不能够支配相应的经营活动以及其创始资金。在此类情况中考虑的是，自己未使用的共有人应当如何处理发明之经济价值上的合理参与。

他们本应参与到颁发授权的收益当中（《民法典》第 743 条第 1 款），但却很少能够进行，因为不仅那些自己使用的共有人大多没有做好进行必要协助（参见第 9 点）的准备；而且在共有人深度使用的情况下接受授权对第三人而言并不产生利益；于是通过此途径无论如何也不会产生满意的收益。撤销主张的适用往往同样不符合合理的对价，并且会导致对那些自己进行使用的共有人造成经济价值的毁损，以至于不会给未使用的那些共有人带来好处。通过个人份额的出让（参见第 8 点），共有人只有在这样的情况下才能实现一个符合价值的对价履行（Gegenleistung），即当一个愿意使用的受让方不顾另一个共有人已经开始的使用而仍然可以期待具有足够的市场机会时。

有利于未使用的共有人的补偿支付（Ausgleichszahlungen）提供了作为摆脱困境的出路。源自《民法典》第 743 条第 2 款的这一原则无疑将被延伸，在该原则中，那个把共同标的一般地作为符合其份额范围而进行使用的共有人，对那些没有使用或者使用了少于其份额的共有人不负有补偿义务。[83] 为实现经济价值而使用发明的特殊意义，有理由在发明之上的共同权利中的原则里做一些变通。首次将目光投向由他们自己进行的使用时，发明根本就作为经济财产（Wirtschaftsgut）而显现出来；只要发明是排他性使用权的客体，它就呈现出一项具有流通能力的经济财产。在这两个观点之下适用的是时间性界限：与发

---

〔83〕 Vgl. *K. Schmidt*（FN 59）§ 743 Rdnr. 10 f.；BGH 29. 6. 1966（FN 82）；für Patente bestätigt durch BGH 22. 3. 2005（FN 78）（Nr. 2 c）；21. 12. 2005 Zylinderrohr GRUR 2006，401（Nr. 10）.

明相关的产品或劳动的需求可能会穷竭或者转向新技术解决方案上；专利法或实用新型法上的保护是与法定最高期限相关的；一项基于保密之上的保护只有在特殊情况下才能维持相对长的时间。一项发明之使用因而始终消耗着其经济价值中的一个部分；一项在期望成功使用的时间段中不发生的使用，不能够在之后被补回。出于所有这些理由只有通过补偿支付才有可能可靠地保障那些自己未使用的共有人对发明之经济价值的合理参与。所以基于此类支付之上的请求应当被承认。[84]

　　这在如下的观点中与《民法典》是统一的，即每个共有人与其份额相符的收益权，该权利根据《民法典》第 745 条第 3 款第 2 句不允许通过管理或使用规则在未经其同意的情况下而受到损害，[85] 相对于那个没有与份额关系紧密相连的《民法典》第 743 条第 2 款规定的使用权利来讲具有优先性。[86] 其中应当注意的是，使用的所得利益根据《民法典》第 100 条也属于收益（Nutzungen）。只要一名共有人自己不使用，尽管他应该有能力使用，此就可作为在与使用之所得利益相关时的一个可推论出的同意，来进行被份额关系所改变的收益的分配。但倘若使用因事实上的障碍而没有进行的，则就不同了。非此情形还能否被泛泛地要求补偿的问题，这里不需要进行论述。无论如何在发明之上的权利中提供了补偿来作为无形资产，该无形资产的经济价值一方面主要只通过使用来被实现并且另一方面通过使用而耗尽。

　　普遍原则同样也支持补偿的请求：在使用是权利人不能禁止的情况下，它以金钱的方式支付使用的报偿，就像其他情况下在无形财产权当中所经常发生的一样。该补偿的权利要求同时保障了发明人的薪酬，只要其属于共同发明人。

　　补偿不仅仅有利于根本不使用发明的那些共有人，而且于多个共有人在不符合份额关系的范围内使用的情况下也要履行支付。不过，该权利始终将此作为前提条件，即对于提出补偿要求的共有人而言，尽其所能都不可能有或者在

---

〔84〕　Ebenso im Ergebnis *Reimer* § 3 Rdnr. 11；*Benkard/Bruchhausen* § 6 PatG Rdnr. 35；*Wunderlich*, S. 117 f.；*Fischer* GRUR 1977，316 f.；*Storch*, S. 47；*K. Schmidt*（FN 59）§ 743 Rdnr. 18；*Chakraborty/Tilmann*, S. 78 f.；ablehnend *Lüdecke*, S. 211（vgl. aber auch S. 213）. *Gennen*, Zum Ausgleichsanspruch des Mitinhabers eines Schutzrechts bei Vorliegen einer Bruchteilsgemeinschaft, FS Bartenbach, 2005, S. 335, 343 ff；einschränkend BGH 22. 3. 2005（FN 78）und im Anschluß hieran *Benkard/Melullis*, § 6 Rdnr. 35 a；s. auch unten bei FN 87.

〔85〕　与此相反，《民法典》第 743 条第 1 款赋予了每位共有人一个与他的份额相匹配的孳息部分，而并未针对停止使用而引出一项补偿请求权：参见 BGH 22. 3. 2005（FN 78）（Nr. 2 c）；21. 12. 2005（FN 83）（Nr. 10）；*Heide*, Mitt. 2004，499，502 r。

〔86〕　也就是说，没有影响实际的使用权，而有学者坚信不能删去前述的陈述，参见 *Henke*, S. 263。

很大程度上不可能有一项预期经济成效的使用。

通常的许可费的额度用以作为补偿金的计算基础。[87]依其目的首先要算出使用的总量。其结果作为进行使用的共有人的债务根据其实际使用范围之关系，也作为所有共有人——包括进行使用的共有人——的要求而依据份额关系来进行分摊。每人应当支付多少抑或得到多少，通过结算来确认。

根据联邦最高法院的最新判决，上述那种居于享有发明之上的权利的那些发明人之间的补偿请求权并没有被排除。补偿请求权仅在多数人决定或约定，或至少通过要求补偿的共有人根据《民法典》第745条第2款主张进行有利于全体共有人利益的管理或者使用。[88]对此无须申请法院判决。只要保证了第745条第2款的前提条件，补偿即可从他或者其他共有人被提出主张的时间点起开始要求，而不是一个推论的时间。[89]

联邦最高法院的立场倾向于，迫使有意主张补偿的共有人进行积极的作为，而以此来作用于澄清法律关系。[90]由此上述观点在必要的合理性权衡框架中就可能产生作用。[91]

8. 每个共有人在没有其他人的协助下都有能力对其份额进行支配（《民法典》第747条第1句）。倘若他负有保密义务，他则只允许以秘密——作为竞争法或侵权法上的保护以及专利法或实用新型法上新颖性的基础——被保持的方式进行使用。就此，使用并没有被排除。受让人必须从他的角度上负有保密义务。出让人同样保留有保密义务。

如果他疏忽保密义务进行了继受或者没有谨慎选择受让人，那么在发明继而被公布的情况下，他是负有责任的。

份额的受让人根据《民法典》第743条第2款享有使用权，即便出让人没有使用过发明；当然，他要受到共有人间所约定的或决定的使用规则之约束（《民法典》第746条）。出让人于是失去了其使用权及相关的补偿请求权。

---

[87] 有观点认为，应以使用盈利为基础，参见 *Chakraborty/Tilmann*，FS König，2003，S. 63，78。另有学者（*Henke*，S. 266）则以授权费出发，但似乎希望把实际的盈利视为上限。（Rdnr. 1088，vgl. auch Rdnr. 1040 ff.，1099 ff.）。不过，因为使用合法就不涉及损害赔偿也不涉及侵占返还（Eingriffskondiktion）或者行为假定，就把使用者的盈利作为补偿义务的标准，是不应予以考虑的；参见 *Rother*，FS Bartenbach，2005，S. 159，172 f。

[88] BGH 22. 3. 2005（FN 78）（Nr. 2b）；zustimmend *Kasper*，GRUR 2005，488 ff.；krit. insb. zur Begründung des Urteils*Henke*，GRUR 2007，90 f.

[89] BGH 22. 3. 2005（FN 78）（Nr. 3）；ebenso OLG Düsseldorf 25. 8. 2005 Drehschwingungstilger Mitt. 2006，184；krit. Tilmann，GRUR 2006，824，828 f.

[90] Vgl. *Henke*，GRUR 2007，92.

[91] Vgl. auch die Überlegungen von Henke，aaO 93 ff.

出让人和受让人同时保留合法使用资格的方式进行的使用是不被允许的。共有人不能通过分开其份额的方法对使用权进行复制。这无异于一项需要全体共有人同意的许可（参见第9点）。

如果发明还是秘密的，份额的受让人则只允许在保密不受到威胁的范围内对它进行使用。当然，其他共有人不能因而就将其禁止使用，因为出让人可能没有按规定告知其保密事宜。其实每个共有人在其使用权之框架下均有权使份额受让人在必要的预防措施下获得有关秘密的合法认知。要排除此项权利，则需要一项特殊的约定。

显然，份额的出让会明显地影响到其余共有人，尤其当他们以自己的名义使用时。[92]先购权在原则上是不被承认的。至少，一方共有人可能通过《民法典》第138条、第826条甚至第226条受到阻碍，在他向其他共有人以同样条件提出转让时，不能再将份额出让给第三人。此外，有些人支持从共有人之债法上关系的要求出发，根据诚实信用原则进行处理，并且照顾到其他人的利益（《民法典》第242条、第241条第2款），以使基本的义务偏向于一项在各方面均具有相同价值的来自共有人的要约，继而也使其有关出让意图的信息及时发出。[93]

共有人的放弃使得以其份额来产生扩大其余共有人权益之效用的，在按份共有关系中并不存在。不过，放弃申明可以按规定解释为一个给其他共有人提供的受让要约（Übernahmeangebot）。[94]一个直接引起共有人权益扩大的放弃应当可以和《著作权法》第8条第4款相类比而被承认。[95]

9. 对共同权利的支配，总体而言——如转让、引入企业作为投资、抵押、设置用益负担——只有在全体共有人同意时才能有效实施（《民法典》第747条第2句）。在保护权申请阶段没有发明之上权利的支配。[96]当涉及排他性许可

---

〔92〕 有学者希望针对此情况只赋予继受人在他所接受的出让人的经营范围内进行使用的权利。而这种在共有人权利之上的限制仅在这样的情况下才合法，即当他们有义务不使用或者在限定范围内使用时；份额继受人于是通过《民法典》第746条的规定以同样的方式受到约束，参见 *Fischer* GRUR 1977，317。

〔93〕 对此拒绝的理由主要关系到要约的等同价值问题。他的另一观点认为其余共有人应该不是一直都有份额取得所必须的工具是错误的，原因在于，其余共有人将不能作出符合处置意愿的要约，参见 *Henke*，S. 188 f.

〔94〕 *Wunderlich*，S. 127；*Lüdecke*，S. 144；*K. Schmidt*（FN 59）§747 Rdnr. 16 f.；*Henke*，S. 183 f.

〔95〕 *Busse/Keukenschrijver*，§6 Rdnr. 41；ablehnend *Henke*，aaO；*Hühnerbein*，S. 36 f.

〔96〕 Anders *Lüdecke*，S. 159；有学者指出：在专利之上的候选权利通过对申请之保护客体的披露得到了论证和界定。这些均是授权请求权的法律后果，该请求权也可能通过一个非法权利人而成立（参见§20 Ⅰ c 2），而且发明之上的实体权利不变。这只有通过申请的公布才会受到影响，而此申请是可以通过及时的撤回而受到制止的（参见§25 A Ⅲ 2），参见 *Hühnerbein*，S. 34。

时，授予许可一般被视为支配。对于非排他性许可的授予而言则有这样的争论，它是包含义务功效还是（也）有支配功效（参见§40 Ⅴ）。不过根据两种观点，全体共有人在授予许可时进行共同协助或有效代理，抑或在之后对其进行追认都是有必要的。否则授权许可在对不同意的那部分共有人的关系中既不作为支配行为也不作为义务行为而发生法律效用，以至于受让人被遗弃在了这些共有人的权利之外。许可因而原则上需要全体共有人的同意，[97]对于其授权无疑需要一项合法的多数决议或者一项出自《民法典》第745条第2款的主张（参见第3点）。[98]

各自份额上的支配权也不使个别共有人有权进行许可：许可授权通常以由另外一个有权使用的人加入的方式来影响使用权的复制，而在份额出让中进行支配的共有人被切分到了共同体之外，并且失去了使用权利。[99]不同的是，在许可时，共有人的使用不会产生这样的影响，即侵害行为不仅为被授权人也为其余共有人带来了权利主张的根据。在此情况下共有人必须如份额转让一样来接受许可。[100]

10. 根据《民法典》第749条第1款每个共有人任何时候均可要求解除共有关系。如果通过约定而排除了该权利或者设置了要遵循的解除期限，那么当出现重要事由（《民法典》第749条第2款）时，该权利同样（无期限地）可以被行使。与此相对，该解除共有关系的权利在没有限制性约定的情况下，在发明之共同权利中不取决于某一重要事由，[101]正如这在专利法文献中被广泛采纳的一样。[102]当然也可以在共有人间的合同关系中不对解除权之行使的限制作出明确约定。[103]

---

〔97〕 *Bernhardt*，S. 82；*Lindenmaier* §3 Rdnr. 23；*Lüdecke*，S. 225 f.；*Benkard/Bruchhausen* §6 PatG Rdnr. 35e；a. M. *Chakraborty/Tilmann*，S. 77 f.

〔98〕 通过此方法有一种情况可被考虑在内，在该情况中一项通过个别共有人进行的许可被视为允许的，参见 *Fischer*，GRUR 1977，315 f.。

〔99〕 Vgl. *Klaür/Möhring* §3 Rdnr. 18；*Wunderlich*，S. 122. 另有学者不同意此观点，因为通过把一个份额转让给多个继受人可能增加合法使用人的数量，参见 *Henke*，S. 171；因此在转让的时候不允许拆分份额，参见第8点。

〔100〕 在此基础上，学者所提到的情况（参见 *van Venrooy*，Mitt. 2000，26 ff）也可以被满意地解决：许可人必须承担基于有利于相关共同权利人而同意不使用发明的义务。

〔101〕 *K. Schmidt*（FN 59）§741 Rdnr. 60，63，§749 Rdnr. 9. *Henke*，S. 191 ff.，199.

〔102〕 *Reimer* §3 Rdnr. 11；*Klaür/Möhring* §3 Rdnr. 18；*Bernhardt*，S. 83；*Wunderlich*，S. 136 f.；für den Regelfall auch *Sefzig*，GRUR 1995，302，306. 有学者指出，共有人根本不应当主张解除，而仅能够出于重要事由"跨出"共同关系，其中他的份额应当——可能或者毫无贬损地——扩增至其余共有人，参见 *Fischer* GRUR 1977，318。

〔103〕 In diesem Sinne *Lindenmaier* §3 Rdnr. 25；*Lüdecke*，S. 148.

在发明之共同权利中解除共有关系通过收益的变卖与分割来进行（《民法典》第 753 条第 1 款第 1 句）；依据专利或者申请的权利主张，或依据共同发明人的贡献来进行自然分割通常是不被考虑的，并且无论如何不能违背共有人意愿进行。如果共有人没有其他约定，根据质押物出售的规定进行变卖。这意味着，一种使用行为，基于可强制执行之名义的理由（以相应的诉讼和判决为前提）必须根据为强制执行而适用的规定来进行（《民法典》第 1277 条）。通常这会导致根据《民事诉讼法》第 857 条第 5 款规定的根据法庭命令的权利以公开拍卖或者私下交易的方式被出售。[104]但法庭也有可能只在共有人间进行拍卖或者把估价的权利转交给一名共有人。[105]这种形式的使用尤其应在发明必须被保持秘密状态时进行。

为了避免法定程序的困难，其中尤其要避免对自用的共有人产生威胁中的价值损失以及出让的有害后果，通常建议经一致同意来采取这样的方式规定分割，即那个或那些同意解除的共有人被排除在外，并且由其余留有权利的共有人为其份额之价值进行补偿。一些文献甚至提出，不愿意解除的共有人，相对那些主张解除的共有人也存在一项接管权。[106]某种程度上在没有明确约定的情况下同样可以出于共有人间的合同关系产生义务，而根据财产清算（Auseinandersetzung）的类型与方式来考虑其他共有人的合法利益；但据此所能被要求的却只是该个别情况的问题。一个普遍意义上的规则是不会被建立起来的，根据此规则某一特定程序应该会顺利地出现在法定程序的位置上。

c）合伙成立时的法律关系

1. 当共同发明人或者发明之上的其他共同权利人以合同形式约定追求共同目标，尤其是进行发明的开发或共同使用上的合作，那么在他们之间则存在一个合伙关系。这种情况很常见。通常该发明之上的权利在其成立后立即就转移到了共同共有所约束的合伙财产当中；以共同共有方式产生的原始取得并不存在（参见本节 a 3）。

2. 共有权利的管理及发明的使用是经营管理事务。如果合同没有其他规定，该经营管理事务由全体合伙人共同进行（《民法典》第 709 条）；多数决议只有在合伙合同有约定时才产生约束力。总体上因而存在一个比在按份共有关系中还要强烈的达成合意的迫切性。此同样适用于合伙人自己的使用；法律没有赋予个别合伙人独立的权利去使用合伙财产之标的。

---

〔104〕 *Langhein*（FN 61）§ 753 Rdnr. 15 ff.

〔105〕 *Langhein* aaO Rdnr. 18.

〔106〕 *Bernhardt*, S. 83；*Reimer* § 3 Rdnr. 11；*Klaür/Möhring* § 3 Rdnr. 18；*Wunderlich*, S. 139.

合伙人针对第三人的代理根据《民法典》第714条属于有权进行经营管理的合伙人，不过原则上共同属于所有合伙人。但在相应适用《民法典》第744条第2款[107]时则被认为，当申请对于避免权利损失为必要时，每个合伙人均有权向专利局提交申请（参见本节 b 5）。

3. 对发明之上的权利——如同对普遍的合伙财产标的一样——只能由所有参与者共同使用；如果个别合伙人被授予了代理权，他们则能以全体合伙人的名义实施有效的使用。与按份共有权利有明显差异的是，合伙人们不能使用其合伙财产标的上的份额（《民法典》第719条第1款）。出于该原因合伙因而比按份共有关系更加稳固。根据法律，个别合伙人也不能使用其在合伙财产上的份额。不过这一规定也是可以改变的：当合伙合同允许或者所有其他合伙人同意时，某一合伙人即可以出让其份额；他因此不仅失去了其财产权上的参与，还彻底失去了其合伙人的地位，继而特别是没有权利再参与经营管理。

4. 每个合伙人均享有解约权；在没有其他约定时，合伙人原则上可以在任何时候行使该权利（《民法典》第723条第1款第1句）；但如果他在不适当的时间（zur Unzeit）提出解约又没有相应的重要事由的，那么他则要担负损害赔偿义务（《民法典》第723条第2款）。解约权可以在合伙合同当中被加以限制，但是不能被全部排除（《民法典》第723条第3款）。有解约重要事由的一方合伙人可以在不考虑与之相对立的合同规定的情况下而进行解约。对于一个致力于发明之使用的合伙来说，除了《民法典》第723条第1款第3句中提及的情况作为重要事由被考虑外，尤其还要考虑合伙人无力再进行能够预期成功的使用（erfolgversprechenden Verwertung）或者不能同意使用的方式方法。

解约将导致合伙的解散以及依据合伙财产进行财产清算（《民法典》第730条）。通过该途径每个合伙人最终获得其在发明价值上的份额（《民法典》第733条）。财产清算原则上由全体合伙人共同参加（《民法典》第730条第2款第2句）。若他们对属于合伙财产之发明的使用方式及方法没有达成合意，那么最终只留下强制执行的途径（《民法典》第731条第2句、第753条、第1277条，参见本节 b 10）。[108]

解约为那个——依照法律规定——不能出让其合伙份额的合伙人构建了唯一的一条通道，来使自己从约束中解放出来。正如所提到过的，通过约定不能够将解约完全地排除。但合伙合同可以阻止解约引发清算，其中合伙合同约定

---

[107] Vgl. *Lindenmaier* § 3 Rdnr. 28；*Klaür/Möhring* § 3 Rdnr. 19；*Lüdecke*, S. 134 f.，163.

[108] Vgl. *Langhein*（FN 61）§ 749 Rdnr. 94 ff.，98.

该合伙在其余合伙人之下继续存在；于是只有解约人才被分离出去（《民法典》第 736 条）。其在合伙财产上的份额归其余合伙人所有，这些合伙人应当依该份额的价值对其进行补偿（《民法典》第 738 条）。

§20 发明者权的保护

Ⅰ.《专利法》第 8 条之转让请求权

a）前提要件

1. 权利人的发明被非权利人提出了专利申请的，权利人可以向该寻求专利申请之人提出主张，要求将授予专利的请求权与该人分离；已经授予了专利的，权利人可向专利权人主张转让（übertragen）专利；“遭到非法窃取的被侵害人”享有相同的权利（《专利法》第 8 条第 1 句和第 2 句）。实用新型也适用相应的规定（《实用新型法》第 13 条第 3 款结合《专利法》第 8 条）。

授权请求权或者保护权的转让[1]之诉必须向负责专利及实用新型争议的当地法院（《专利法》第 143 条、《实用新型法》第 27 条）提起，针对在登记簿中作为专利申请人、专利或实用新型权利人登记的人（《专利法》第 30 条第 3 款第 2 句、《实用新型法》第 8 条第 4 款第 2 句）提起。[2]支持诉求的有既判力的判决替代了被告人对于转让而言所必需的意思表示（《民事诉讼法》第 894 条）。

依起诉而实现的授权请求权或针对第三人之保护权，根据规定并不对诉讼程序产生影响（《民事诉讼法》第 265 条第 2 款）；判决的利弊均及于当事人（《民事诉讼法》第 325 条）。[3]若授权请求权或者保护权转让给了原告，并且向其授予了所必需的转让许可（参见本节Ⅰb1），那么主要诉讼请求的诉讼程序即告完成。同样也适用于程序期间依法提出撤销专利或者宣告专利无效，抑或实用新型被消除的情况。[4]

2. 保护权所有人也就是转让请求权的合法权利人。他可以是发明人；在权利继受情形中则为那个最后获得权利的人，例如依法律行为转让而得到的继受人、对发明拥有无限制请求权的雇主，或者继承人。非权利人即指不是权利

---

〔1〕 分离请求权（Anspruchsabtretung）也是转让，如《民法典》第 398 条所明确的。

〔2〕 在专利申请公布或实用新型登记之前，诉讼应当是针对档案中所显示的登记人提出。

〔3〕 BGH 24. 10. 1978 Aufwärmvorrichtung GRUR 1979，145，147 l.；OLG Karlsruhe 12. 2. 1997 Mitt. 1998，101，102 r.

〔4〕 Vgl. *Giebe*, Mitt. 2002，303.

所有人的人，即使此权利曾经形成过。如果发明人在出让了其权利之后或者在其雇主一方的无限制请求权提出主张之后而以自己的名义申请专利，根据《专利法》第8条，该发明人则不能再担负转让义务。专利法所用的"其发明"一词并不是指创作关系，而是——其所引申出的——权利关系。

那些权利源自一项外国的发明行为的人同样有权主张和起诉。他们可以引用德国法之基本原则，根据此原则，专利或实用新型之上的权利并非通过申请，而是通过发明行为获得。在基于此基础为谁而形成专利以及相应地应当转让给谁的问题中，外国的法律规定能够发挥效用；发明之上的权利是否属于雇员或者雇主，尤其要依照劳动关系所适用的法律（参见§21 I c）。

申请人或者保护权人在对原告的关系中只有在下面的情况中才为非权利人，即当申请或保护权的内容来源于同一个发明行为时，比如转让之诉所支持的权利。但当申请或保护权涉及一项独立的平行发明时，则就不满足上述情况了。如果在此情形下相应的保护权不属于申请人或保护权所有人，而属于第三人，那么只有该第三人才能主张转让请求权。

3. 除专利或实用新型的权利所有人外，遭受非法窃取的被侵害人根据《专利法》第8条的规定也享有权利主张转让。当一项申请、一项专利或实用新型的主要内容是在未获同意的情况下从别的发明书、附图、模型、器具或设备中，抑或从这些所使用的方法中所获取的时候，非法窃取即告成立（《专利法》第21条第1款第3项、《实用新型法》第13条第2款）。它取决于相关人对发明的占有（Erfindungsbesitz，即发明占有）。这是一种事实的状态，该状态保障着使用发明的可能性；谁获知了已完成的发明抑或使用了从中能够成功获取知识的材料，即为发明占有。[5]

该权利要求取决于被告的专利申请、专利或实用新型与原告的发明占有是基于同一个发明行为之上，而非相互独立的平行发明。[6]相反，并不在于申请人的发明占有是否要具备一项——由其自己或者在先占有人进行的——对原告之发明占有的非法侵犯，尤其是侵犯秘密。重要的仅仅是申请的非法性。[7]因此，当某人把以对话方式被告知的或者把在合同行为中被设定为可获取的发明擅自进行申请的，就是非法窃取。[8]甚至发明的先前的权利人——例

---

〔5〕 Vgl. RG 15. 12. 1928 RGZ 123, 58, 61；BGH 21. 6. 1960 Bierhahn GRUR 1960, 546, 548；比照 OLG Frankfurt（Main）3. 7. 1986 GRUR 1987, 886, 891 r.

〔6〕 Zu den Beweisanforderungen hinsichtlich des Ausschlusses dieser Möglichkeit BGH 24. 10. 1978（FN 3）147（zu 3 c）.

〔7〕 OLG Frankfurt（Main）3. 7. 1986（FN 5）889 r.（zu c），890l.

〔8〕 Vgl. OLG München 22. 12. 1950 GRUR 1951, 157.

如通过出让或因无限制的要求而丧失了权利的发明人——也被视为非法窃取，尽管此类情形中的申请人并没有从起诉的权利继受人那里获得发明占有。[9]

对于在申请专利时获得了同意的发明占有人而言，不存在非法窃取；这必须作为法律行为而满足民法所规定的有效要件。自己就是保护权的所有者，通过申请同样不构成非法窃取。于是就可以针对发明占有人的转让要求进行抗辩，将权利转让给申请人或保护权所有人，或者因缺少有效的让与而被保留下来。

即使自己不是合法权利人，被告人也可以抗辩，主张权利不属于原告，因为权利转让给了第三人或保留在了第三人那里。[10]这种异议仅需要确定，在任何情况下该原告不是合法权利人。如果仅仅是从原告角度认为可能将其带入了一个非法窃取人的地位时，并不当然地要判令转让。此处更好是，只要真正的合法权利人没有进行主张，则让申请人或专利权人保留其地位（其他在异议、无效诉讼和注销申请时的情形，参见本节Ⅱa4）。

尽管转让之诉是建立在非法窃取之上的，但其目的不在于作为一种占有妨害之诉，而是对事实状态进行临时性恢复。非法窃取的广义概念更多地要求一项对权利人关系的审查。在因非法窃取产生的异议和无效诉讼构建了针对非法权利人的申请和专利的唯一的救济途径期间，逐渐形成了此广义概念。转让之诉的引入原本并非必须要在其框架内对非法窃取进行控诉。尽管这一发生的事实只是为了原告举证责任的减轻，[11]但不是为了排除缺少合法权利人关系时的抗辩（以及证明）。

4. 正如发明占有、非法窃取以及发明或实用新型之上的权利一样，仅因发明的完成才出现，[12]所以，接受那些尚不足以形成发明的建议或主意并不形

---

〔9〕 这不在于争议当事人中哪一个是第一个占有发明的，参见 BGH 24. 10. 1978（FN 3）147 r。

〔10〕 BGH 30. 10. 1990 Objektträger GRUR 1991，127；ebenso die 4. Aufl. im Anschluß an *Hubmann*，4. Aufl.，S. 122 und *Benkard/Melullis*，7. Aufl.，§8 Rdnr. 4.

〔11〕 So die Begründung zum PatG 1936，Bl. f. PMZ 1936，105；BGH 30. 10. 1990（FN 10）128 r. vgl. auch *Lüdecke*，GRUR 1966，2；*Ohl*，S. 25.

〔12〕 *Benkard/Melullis*，§8 PatG Rdnr. 8，vgl. auch – für die widerrechtliche Entnahme – *Schulte* §21 Rdnr. 48；*Bernhardt*，S. 129；BGH 27. 10. 1961 Stangenführungsrohre GRUR 1962，140；OLG Frankfurt（Main）3. 7. 1986（FN 5）889. 联邦最高法院在判决中提到有关共同发明者关系时（参见§19Ⅲ）指出，仅作出主要贡献但不完全具有保护能力的发明人申请了专利或者将保护客体从该发明人处窃取的情况下，似乎还请求权也被视为不适用了。但这一判决并非如此，其并非是关于共同发明关系，而是涉及作为窃取的客体是一项申请人自己作为原告的雇员所行使的工作成果，该成果作为职务发明而被主张。这在当时仅仅是针对一项在劳动关系存续期间完成的发明才是可能的（参见§21Ⅱb2）。要是缺少这一点（恰好是程序中没有明确的），那么对于在劳动关系结束后由被告完成的自主的发明，则会随时遭到违反保密义务的对抗，参见 BGH 17. 1. 1995 gummielastische Masse I Mitte. 1996，16，18。

成上述的转让请求权。[13]相反，当一项发明已经完成时，就不必再对转让请求权争议中其保护能力的问题进行审查了。[14]

转让请求权仅在下面的情况中才成立，即只要申请的内容或保护权内容与所行使的权利或发明占有的客体是一致的。从申请或保护权出发所要审查的是，发明的主要特征在当中是否会再现。[15]

他人之发明的申请者将自己的发明加入其中的，那么只有相应的受限制的转让能够被主张（参见本节 I b 3）。如果一个申请了专利或者被授予了专利的问题解决方案整体以创新的方式从技术规范中突显出来且该方案将支撑权利要求，那么，该权利要求则不成立，尽管每个解决方案均是在他人发明知识中被加工并通过它而得出的。与此相对，那种处于专业技能框架下的改变或补充，根据普遍观点来说并不影响转让请求权。[16]

对一项实用新型或基于其申请的转让请求权来说，将必须设置前提条件，即其对象在与所行使的发明者权的关系中并不意味着《实用新型法》第1条第1款意义上的创造性方法。

b）请求权的内容

1. 该请求权主张的是专利授权或实用新型登记之请求权的转让，或者在已授权的情况下主张保护权的转让。[17]转让根据《民法典》第413条和第398条通过非要式合同来实现。《专利法》第30条第3款第1句、《实用新型法》第8条第4款第1句所规定的登记簿中的变更对于转让的有效性来说不是必需的。当向德国专利商标局递交一份公开公证过的被登记人的许可时，专利局就会进行变更。[18]转让义务人因而也能够被要求进行此类许可。但如果他被有既

---

[13] 这适用于擅自使用。在同意使用中，建议或主意能够形成共同发明关系，只要其作为独立的智力贡献出现。参见§19 III；BGH 10. 11. 1970 Wildbisserhinderung GRUR 1971, 210, 213 r.；关于共同发明人的转让请求权参见本节 I b 2.

[14] BGH 27. 10. 1961（FN 12）mit Nachweisen；6. 3. 1979 Spinnturbine I GRUR 1979, 692, 694 r.；11. 11. 1980 Spinnturbine II BGHZ 78, 358, 366；17. 1. 1995 Gummielastische Masse, Mitt. 1996, 16；15. 5. 2001 Schleppfahrzeug GRUR 2001, 823, 825 r. – *Loth*, §5 GebrMG Rdnr. 13 berücksichtigt diese Rechtsprechung nicht und sieht deshalb ein nicht existierendes Problem.

[15] Vgl. im einzelnen *Benkard/Melullis* §8 PatG Rdnr. 6 und *Benkard/Rogge* §21 PatG Rdnr. 24；*Busse/Keukenschrijver* §8 PatG Rdnr. 9；BGH 6. 3. 1979（FN 14）693；11. 11. 1980（FN 14）363 ff., 367 f.；17. 1. 1995（FN 12）18.

[16] BGH 1. 3. 1977 Geneigte Nadeln BGHZ 68, 242, 246 mit Nachweisen.

[17] 一项判决在临时处分程序中判处被要求转让授权请求权的被诉申请人，作出意思表示以使原告能够根据《专利法》第40条为自己的申请主张优先权日，参见 LG Nürnberg – Fürth 24. 4. 1991 Mitt. 1993, 110。

[18] *Benkard/Schäfers* §30 PatG Rdnr. 13；在公开之前实现档案中的变更，参见 *Benkard/Schäfers* §30 PatG Rdnr. 19 aaO.

判力的判决进行转让的，那么把判决书正本作为当事人变更的证明出示即可。[19]

2. 一名专利或实用新型权利的共有人，擅自为自己单独进行申请登记并获得相应保护的，可以被其他共有人要求根据相应的共有权利（Mitberechtigung）将其份额（参见§19 V b 1）进行转让，[20]该转让应当以与完整转让（Vollübertragung）相同的方式进行。

如果提出了后面这个主张，随即包含了赋予共有权的主张，而提出该主张的人也仅仅是证明了自己作为权利的共同享有者，例如也仅仅基于他是共同发明人；不能因为事实情况中原告作为共同权利人而驳回一项不受限制的权利转让之诉。[21]

一项基于按比例参与的请求权也将得到保障，当除了原告之外还有其他共有权人存在时，甚至当申请人或权利人不属于共有权人并且因此完全地负有转让义务时。在后一种情况中，尽管履行按比例参与，每个参与者应该同样能够根据《民法典》第1011条、第432条为全体所有人要求完整的转让。

3. 一项共有权之上的请求权也可以通过这样的方式成立，即申请人在同一个申请中将他人的发明与自己的创新性补充相结合。发明的权利人于是就不能主张，要求将申请或保护权无限制地转让给他，不过，他可以要求根据其贡献参与到其中。[22]

只要保护权还未被授予，[23]与侵权人一起进入权利共同体这样一个对被侵权人而言所不希望发生的结果是应当通过此方式加以避免的，即申请人通过排除对其而言并不成立的内容来分享申请权（根据《专利法》第39条及《实用新型法》第4条第6款），并且将与此相关的分案申请权转让给被侵权人。[24]但前提是，源于转让之诉的思想成果构成了一个原始申请的可分组成部分。[25]对转让请求权而言并不取决于其可受保护能力（Schutzfähigkeit）；此可受保护能力在分案申请以及实用新型登记时必须被作出判断。

在专利或实用新型的共同权利人关系中，共有权利在申请时已经转让的，

---

〔19〕 因而对变更许可提起诉讼就是多余的了；不过被告不应该在没有给原告提供对变更而言足够的权利移交证明的情况下，通过自愿转让来完成该程序，参见 *Ohl*, S. 61 f。

〔20〕 BGH 20. 2. 1979 Biedermeiermanschetten BGHZ 73, 337, 342 f.

〔21〕 BGH 11. 4. 2006 Schneidbrennerstromduese GRUR 2006, 747（Nr. 9, 10, 13）.

〔22〕 BGH 6. 3. 1979（FN 14）694 l.

〔23〕 在专利授权后可以通过异议、部分驳回以及后补申请来实现类似的结果，参见本节 II a 6.

〔24〕 BGH 6. 3. 1979（FN 14）694；15. 5. 2001（FN 14）.

〔25〕 Dazu auch BGH 1. 3. 1977（FN 16）249 f.

上述"实质性分享"的程序在原则上就不能适用了，因为对共有人而言在其贡献的不可区别性上，只产生了精神上的份额（参见 §19 Ⅴ b 1 及 10）。

4. 转让请求权为合法权利人（或被非法取得所侵害的被侵权人）支撑着针对基于已经公布的专利申请的补偿请求权的抗辩，也支撑着因专利或实用新型侵权形成的请求权的抗辩。[26] 该抗辩并不以已经提起转让之诉或者满足《专利法》第 12 条、《实用新型法》第 13 条第 3 款规定的使用权（此处指先用权——译者注）的条件为前提。这对只能够主张转让共有资格的人也同样适用，因为该请求权的实现应当能够使其获得《民法典》第 743 条第 2 款规定的使用权（参见 §19 Ⅴ b 6）。

c）请求权的法律本质和补充请求权

1. 转让请求权的目的在于消除因保护权人不处于申请人或保护权所有人的地位而引起的矛盾。[27] 所以根据《民法典》第 985 条、第 986 条，针对非法占有的所有者之请求权会被更多地作为发明者权的返还请求来谈论。

联邦最高法院[28]从这样的论述中引出了权利竞合（Rechtsähnlichkeit）的问题，即为了获得专利授权而登记的发明已经是一项应该与财产等同看待的权利；在发明人的此项资格上，第三人登记在册以及作为专利权人命名并不改变什么；这只是一种如《专利法》第 7 条第 1 款所说的声明性质的说明，并不意味着那个被称为专利权人的人的实际资格。发明人仍然是《专利法》第 6 条、第 8 条意义上的实际权利人。不过，专利权人可以类推适用《民法典》第 986 条来对抗返还请求权，主张现其因转让而成为实际权利人。

此解释的根据在于这样的假设，即授权请求权与经申请登记而授予非法权利人的专利权，尽管它之前是"属于"合法权利人的，不是首先通过履行源自《专利法》第 8 条的请求权进行转让而获得的。[29] 这样的观察方式很难与法律规定协调一致（参见第 2 点）。

即使人们想要在原则上考虑适用有关返还请求权的规定，联邦最高法院设想的对《民法典》第 986 条的类推适用同样也不符合实际。占有权的诉求是基于原告为财产所有者；被告可能根据转让而成为合法权利人，而其抗辩又认

---

〔26〕 *Benkard/Melullis*, §8 PatG Rdnr. 15；RG 29. 10. 1930 RGZ 130, 158, 160. ；BGH 1. 2. 2005 Schweissbrennerreinigung BGHZ 162, 110 = GRUR 2005, 567.

〔27〕 Vgl. BGH 20. 2. 1979（FN 20）342.

〔28〕 6. 10. 1981 Pneumatische Einrichtung BGHZ 82, 13, 16 f. （= GRUR 1982, 95 mit kritischer Anmerkung von *Tilmann*）；ähnlich für den Anspruch auf Einräumung einer Mitberechtigung BGH 20. 2. 1979（FN 20）343.

〔29〕 Zur Kritik dieser Auffassung vgl. *Krasser*, FS v. Gamm.

为原告所主张的专利权利根本不成立。为了使被告对其主张的权利转让承担举证责任，并不需要引用《民法典》第 986 条。原告若提交证据并按要求证明其曾经获得该权利，那么根据普遍原则，该权利就是属于被告的标的，并在后续的转让中必须加以证明。原告无须证明其没有再次失去这一曾经获得的权利。

2. 申请人根据《专利法》第 7 条第 1 款、《实用新型法》第 13 条第 3 款在专利局程序中享有合法权利要求授予专利或进行登记，但这并不意味着他真正地具有公法上的授权与登记请求权。[30] 若真如此，如果"毫不迟延的实质审查"表明该申请人为非法权利人，那么，专利局就必须将专利申请或者能够（因为同样不违反《实用新型法》第 8 条第 1 款第 2 句）将实用新型申请驳回。但专利局却无权基于这样的理由来否决已提出申请的保护权；[31] 而这根据以前的专利法，只有在合法权利人于规定期限内提出了异议时才会成为可能（1968 年《专利法》第 4 条第 3 款及第 32 款）。根据现行法，合法权利人的异议只会导致专利的撤销（参见本节 Ⅱ）；如果他"实质上"享有此权利，那么就会令人费解，为何不直接把专利所有权人（依据旧法：被公布的专利申请的权利人）的"宣告性"错误表示进行更正，正如为有利于真实合法权利人而进行土地登记簿的更正那样（《民法典》第 894 条，《土地登记簿条例》第 22 条）。如果专利授权请求权或者实用新型登记请求权以及相应的保护权自始就属于保护权的所有者，那就应当顺理成章地产生同样的更正请求权，而非转让请求权。但法律规定了转让请求权在法律上不会是毫无意义的。转让不是一个已属于合法权利人的标的物的返还，与《民法典》第 985 条中的仅仅是一个实际地位的返还的情况不同，《专利法》第 8 条中债务人只享有能够通过法律行为的转让进行返还的权利。如果将他的地位限定在纯粹形式上的错误命名，那么他就只应当负有同意更正的义务。[32]

就此而言，申请人或者保护权所有者的这一地位是一种形式上的地位，它与不具有任何形式特征而成立的保护权相反，是通过形式化的申请文件、授权或登记而形成的。这恰恰就是它的地位，该地位具有产生形式化行为的作用。[33]

---

〔30〕 Vgl. *Tilmann*, GRUR 1982, 99 l. ; 这要么是一种拟制，要么是一种不容辩驳的猜测，参见 *Krasser*, aaO S. 407.

〔31〕 BPatG 2. 8. 1999 E 41, 192, 195.

〔32〕 在《专利法》中，当登记入册缺少有效的权利取得或者一个有效的权利移交尚未登记时，则适用更正请求权。此类情况即是指，当涉及专利法上的返还请求或专利返还请求之时。相应的也适用于实用新型法。

〔33〕 Vgl. *Tilmann*, GRUR 1982, 98 r. ; *Ohl*, S. 5 f.

此类尚未与保护权相结合的权利在这里也算作实体性权利，例如源自已经公布的专利的赔偿请求权和源自专利或实用新型的禁止权。因此，这并不只涉及形式上的地位，[34]而是涉及一种法律地位。尽管申请人或保护权所有者缺少专利或实用新型的权利，但他却有对授权或登记，以及对专利或实用新型的请求权。这些权利"属于"他，但是这些权利又违反了发明者原则中所确定的财产归并属于他的：这些不是他"应得"的。[35]转让请求权有助于这一违反财产归并的权利状态的更正。该类型的请求权属于民法视野中的侵犯权益之不当得利请求权（Eingriffskondiktion），而非所有权的返还请求权（Vindikation）。[36]在义务人有意的不合法行为的情况中，转让请求权也应当在事务僭越（Geschäftsanmassung，《民法典》第 687 条第 2 款）的观察点之下来解释。

3. 在转让之前源于申请人或保护权所有者的权利地位所进行的使用及赔偿履行，同样对专利或实用新型权利的所有者产生费用。[37]非法权利人因而必须根据不当得利返还权（Bereicherungsrecht）向权利人缴纳授权许可费用、损害赔偿费用以及补偿费用，并且还要转让此类偿付的请求权。非法权利人自己对发明进行了使用的，必须自专利申请公布或实用新型登记起进行价值补偿（Wertersatz）（《民法典》第 818 条第 1 款、第 2 款），其范围依据市场价值确定，此价值即是专利申请之临时保护以及专利权或实用新型权所赋予发明之使用的。只要申请人或保护权人知道这种使用是没有合法权利的，那么权利人还可以从《民法典》第 819 条第 1 款、第 818 条第 4 款、第 292 条第 2 款、第 987 条及第 687 条第 2 款、第 681 条及第 667 条来支撑其请求权。但无论如何，他仍须向非法权利人偿付申请和保护权的相关费用（《民法典》第 818 条第 3 款、第 994 条、第 684 条第 1 句）。

《民法典》第 823 条第 1 款规定的因对专利或实用新型，以及此情况下已建立并运营的工商企业的权利的侵害产生的损害赔偿请求权，对合法权利人而言是能够成立的，但须当非法权利人是通过申请或保护权而负有责任地阻碍了使用发明或者基于自己的申请通过发放授权进行的使用。[38][39]

---

〔34〕 So freilich Luedecke，GRUR 1966，3.

〔35〕 *Tilmann*，aaO.

〔36〕 转让请求权针对各个申请人或保护权所有者而成立，并不排除这一基本的权利资格，相关的观点，参见 *Ohl*，S. 17；另见第 4 点。

〔37〕 对因侵害秘密的发明使用所能成立的请求权，此处不作考虑。

〔38〕 Vgl. OLG Frankfurt（Main）3. 7. 1986（FN 5）.

〔39〕 在损害赔偿之诉中仅在专利机关或法院无法处理时才需要检查发明的可受保护性，参见 BGH 17. 1. 1995（FN 12）.

4. 转让请求权仅在其作为针对各个申请人或者保护权人而设立，并与不当得利返还请求权同时出现时，才体现出与返还请求权的亲缘关系，但这一点须当义务人出让了必须返还的标的物（原则上参见《民法典》第 822 条）且不能针对取得者提出，而是——在其内容变更的情况下——只能继而针对出让人成立（《民法典》第 818 条第 2 款）。显然，转让请求权限制着此法律地位上的权利人的使用权限；其效力超越了一项纯粹属于第一权利人的债法义务。申请人或保护权人的使用对于合法权利人而言是无效的，只要他们不影响转让请求权的实现（参见本节 I e 2）。在申请人或保护权人破产时，以及实施强制执行时对其适用此相关规定。[40]

对于该效力的解释并不需要假定，转让请求权利人已经具有该通过申请或授权所建立的法律地位。这不仅仅需要"物权上"之负担的接受。更多的是关系到对土地登记簿中预先登记之请求权的形成的影响（参见《民法典》第 883 条）。若转让请求权没有一定形式作为前提，那么，这在专利及实用新型法律关系中就缺少了构架性的、建立于信任保护之上的形式。申请人或保护权人的处分权的限制依法伴随转让请求权而成立，也就是说，通过伴随着申请或者授权，以及为非合法权利人进行的登记。[41]

5. 但在直到申请人或保护权人转让的权利全部实施之前，不受限制的是其通过申明以及针对那些会影响联邦专利法院、联邦最高法院以及德国专利商标局实施法律上的不作为。那么他可以撤回申请或者通过推迟审查申请期限或者不缴付年费的方式以达到撤回专利申请的效果；他可以放弃保护权（《专利法》第 20 条、《实用新型法》第 23 条第 3 款），这限制或者使得其通过不缴纳年费或维持费而归于消灭，或者如果是专利的话，则根据《专利法》第 64 条驳回或加以限制。[42]同样他也可以通过不起诉或者撤回法律手段而使一项保护权的拒绝、撤销、无效申明或消灭产生法律效力。

在放弃撤回或者限缩申请的情形中，在放弃者即申请人是专利权或实用新型权的真实权利人时，此类行为直接影响到该放弃或者申请。此外，此类行为还涉及程序性行为或者一些法律规定，这些法律规定了出局者不利的法律后果，并同某一针对行政机构作出的行为的缺席联系了起来。此类没有参与到程序当中并且未经正式合法化的专利权与实用新型权的权利人必须接受这种后果，尽管这使他的转让请求权归于失败或受到影响。若申请人或者保护权人通

---

〔40〕 Vgl. *Lüdecke*, GRUR 1966, 3；*Tetzner* § 5 Rdnr. 3.

〔41〕 Vgl. *Tilmann*, aaO, der von einem gesetzlichen Treuhandverhältnis spricht.

〔42〕 Vgl. . *W. Weiss*, GRUR 1955, 458 f.；*V. Tetzner*, GRUR 1963, 551.

过其行为——如通过对已公开的专利或实用新型申请的实质性无理由的撤销——而自愿地负有责任，使得合法权利人失去专利或实用新型的权利，以使其能依据《民法典》第823条第1款来主张损害赔偿。[43]此时，非法权利人之过失不知情就可以满足条件。在其知情的情况下，《民法典》第819条第1款、第818条第4款、第292条第1款、第989条以及第687条第2款和第678条有关的损害赔偿请求权也要进行考虑。但更为重要的是对于合法权利人而言，在一项申请人或专利权人的不利行为发生前必须要先针对行政机构作出。他可以此目的提出停止侵权之诉（例如撤销或放弃），但也可根据《民事诉讼法》第935条提出临时处分，此临时处分尤其可在授权或登记请求权及保护权的查封时，依据《民事诉讼法》第938条第2款而成立。[44]

　　d）请求权的成立与灭失

　　1. 一旦提出非法申请，转让请求权即告产生，即使申请人为善意并且以没有责任的形式为之。他可以在专利局程序的任意阶段，包括授权或者登记之后向法院提起，但异议、无效宣告以及因非法取得而提出的撤销申请，只能在授权或登记后才能被允许。当保护权被否决、撤销以及被宣告无效或灭失后，转让请求权即告消灭。申请的撤回及失效同样起到使本可被转让的法律地位不复存在的效果（参见本节Ⅰc4）。对一项专利或实用新型的无溯及力的废除，例如放弃，使得转让请求权失去了对象；但使用及赔偿义务之上的返还请求权在此情形中不受影响。

　　2. 专利授予或实用新型登记之后，当保护权利人在其取得时为善意时（《专利法》第8条第5句，参见第3点），转让请求权可以通过超过规定期限而被排除。该期限为自授权或登记之后的2年之内；但若侵权人因非法窃取而针对专利权提出请求时或者申请注销实用新型时，那么他则可以在异议或注销程序的生效决定之后1年之内提起诉讼（《专利法》第8条第3句、第4句）。不过，他并非必须要在此类程序期间提起转让之诉，该诉求可能在异议或注销申请成功时失去其所针对的对象。

　　对侵权人而言，自授权起超过2年的更长期限只有在这样的情况下才成立，即当其自己提出了源于非法窃取的异议，而非仅仅是由第三人——尤其是缺乏可专利性——提起异议。这在实际结果中意味着同前权利相比的进一步恶

────────────────

　　〔43〕 BGH 29. 4. 1997 Drahtbiegemaschine BGHZ 135, 298, 304 f. 请求权以发明的保护权利为前提要件（参见 BGH 17. 1. 1995〔FN 14〕17 l.），否则就不会产生保护的权利。

　　〔44〕 Dazu OLG Karlsruhe 25. 8. 1977 GRUR 1978, 116；OLG Frankfurt 20. 7. 1978 GRUR 1978, 636；OLG München 29. 6. 1996 Mitt. 1997, 394；*Weiss*, GRUR 1955, 460；eingehend *Ohl*, S. 65；vgl. auch *Giebe*, Mitt. 2002, 304；*Mes*, §8 Rdnr. 26；*Benkard/Melullis*, §8 PatG Rdnr. 20.

化，根据该前权利，异议程序在授权之前进行。[45]《专利法》中的现行规定符合那些在《实用新型法》中已经成立的权利，因为一项注销程序只有在登记之后才能成为可能。

3. 存在善意之时，即由《民法典》第 932 条第 2 款来确定：恶意是指知其情形或者因重大过失而不知，认为该专利或实用新型的权利非其独自所有。比如，对下述事实真相的已知或因重大过失而不知即构成恶意：除申请人或其前权利人之外还有另一个人曾为发明的形成作出过明显的贡献。[46]

善意的关键时间点依据专利权取得的法律条文而定。但此处存在争议。根据广泛流传的观点，专利权利的（完整）取得的时间点即为形成善意之时，即便此权利在专利授权之时已经不复存在。[47]反对观点却要求在任何情况下的授权之时的善意。[48]在实用新型中，以相应的方式提出了这样的问题，善意是否于登记抑或另一时间点成立。

我们应当从这一原则出发，即在专利法及普遍意义上的无形财产法中并不存在非权利人凭借善意而实现的权利取得。就此，《专利法》第 8 条第 3 ~ 5 句中的规则也没有作出例外处理。它并未导致专利权人去主张那一项其缺失的专利权利，而是引起了转让请求权的灭失，这能够从权利实现的考虑中得到解释；并且引出了专利权人相应法律地位的确认，而这在目前还只能连同无效诉讼才可以实现。一定期限的确定应当给合法权利人以充分的机会来实现请求权，在这一方面，合法权利人要及时示明非法登记的意图，因为专利申请的早期公布的原因明显要比 1936 年的规定更加优异。

与此相反，该期限并非意味着专利权人在直到期限届满之时必须是善意的。根据普遍观点，当他在授权之后变为恶意时，也同样不对其造成损害。这一善意，使得专利权人的法律地位最终在专利权利面前获得了优先的情况合理化了，因而这种善意必须在事情发生的那一刻就成立，而该时刻对其法律地位的取得而言又起到决定性作用。原因就在于同样是能够成就非法专利申请人的申请和授权请求权。授权仅仅是实现了之前业已获得的请求权。如要阻止利于非法专利申请人的情况发生，那么授权请求权必须通过转让之诉从非法申请人处抽离出来。如此，则没有善意与恶意的问题了。若未起诉，在发明可专利时，那么就要根据授权请求权强制性地授予该非法权利人。

---

〔45〕 Vgl. *Lichti*, Mitt. 1982, 107 f.

〔46〕 Vgl. BGH 20. 2. 1979（FN 20）349.

〔47〕 *Schulte* § 8 Rdnr. 27；*Klaür/Möhring* § 5 Rdnr. 10；*Busse/Keukenschrijver* § 8 PatG Rdnr. 15. 有学者甚至认为，任何一名专利权的前权利人善意地取得了，即为满足，参见 *Reimer* § 5 Rdnr. 14。

〔48〕 *Benkard/Melullis* § 8 PatG Rdnr. 13；*Lindenmaier* § 5 Rdnr. 9.

后专利权人在取得授权请求权之时——借助自己的专利申请或者依据第三人专利申请的转让——应当曾是善意的，继而针对他的转让请求权随期限届满而告消灭。若其于授权之时不再是善意的，也不对他产生负面影响。已授权专利的转让，取决于新权利人在取得专利权时是善意的。

专利权人从前权利人处获得授权请求权或者专利权的该前权利人是否曾为善意或恶意并不重要：前权利人曾善意取得既不造福于怀有恶意的专利权人，前权利人的恶意也并不损害善意的专利权人。但如果曾为善意取得授权请求权或专利权的前权利人，在真实合法权利人因2年的转让请求权的期限届满而失去该权利时，那么权利将必须保留在权利继受人一方，而不论其为善意或恶意。

在实用新型当中应该用相应的方式以某一时间点来确定，在该时间点中，权利人通过申请或者转让获得了登记或以此为基础的权利的请求权。

正如上文所得出的，在主观想象取得一项尚未登记的发明权利时的善意是不够的。取得人在此情形中如果已知或者因重大过失而不知出让人无合法权利而递交申请登记的，那么他在专利授权或者实用新型登记之后以及转让请求权期限届满之后仍然保持被排除在权利人范围之外。当一个整体的（独立）发明人在发现其（共同）发明团体中有人已转为恶意时，（独自）为自己将发明提交专利申请时，也适用此相应的规定。

4. 正如联邦最高法院所确证的，转让请求权灭失之后，与之相联系的针对源于专利权（参见本节 I b 4）的请求权的抗辩也随即消灭。在期限届满之后只能针对恶意，而非善意的专利权利人实施。如果在侵权程序中牵涉了因期限而固定下来的地位时，则与恶意无关。在期限届满前接受或者准备对发明进行使用，并不能作为先前那个已经灭失的请求权的权利人继续合法使用发明的理由。[49]

抗辩因此必须在期限届满之前提出，而无须提起转让（反）诉。存有疑问的是，当在期限之内仅以抗辩形式对请求权提出过主张时，那么抗辩在期限届满之后是否还留有可能。

这一问题对于实用新型而言不具实际意义，因为这在非法窃取情况中对侵权人根本不产生效力（《实用新型法》第13条第2款，参见本节 II b）。这种无效性在被登记权利人为善意的情况下也并不会通过时间届满而取消。

拟议法（De lege ferenda）应该考虑这样的一个规则，即在因非法窃取引起的无效诉讼的地位上设定一项暂时的无限制的抗辩权（参见本节 II c）。与《实用新型法》第13条第2款结果相匹配的权利状况也应该由此产生。

---

[49] BGH 1. 2. 2005（FN 26）. Näheres zu den Versuchen, eine Erhaltung der Einrede oder wenigstens ein Weiterbenutzungsrecht zu rechtfertigen, in der Voraufl. , S. 370 f. m. Nachw.

e）转让的效力

1. 随着转让的执行，合法权利人取得了授权请求权或保护权。但他的取得没有溯及力。只要发明在转让之前由非法申请人或保护权人，或经其同意而被使用过的，合法权利人既不能根据《专利法》第 139 条第 2 款、《实用新型法》第 24 条第 2 款要求损害赔偿，也不能根据《专利法》第 33 条要求补偿。针对未获得保护权人或者申请人同意的损坏赔偿与补偿请求权，在此情况下成立的，必须要交还合法权利人；相同的也适用于那些基于此类请求权已经履行的义务，以及适用于专利使用费请求权和由此引起的费用请求（参见本节Ⅰc3）。

2. 非法申请人或保护权人所做的处分（Verfügungen），例如抵押或设置用益权，通过转让将失去其效力。合法权利人并没有被指示，可以从取得人处主张一项与其处置范围相当的局部转让。法律并未规定此类转让请求权。这种转让请求权在未经登记的处分情况下，于实践当中基本无法实现。就此并不需要采用它。授权请求权与保护权在非法权利人的手中通过转让请求权的效用而受到限制。他只有在这种限制之下才能通过处分行为而使别人获得权利。[50] 与此相反的是，合法权利人手中的授权请求权与保护权不以此种方式受到限制。他通过转让而获得一个比非法权利人更加强势的地位。除了合法权利人的转让请求权不被弃置之外，这种地位并不会从非法权利人处被派生出来。因此他就需要阻碍请求权实现的处分行为对他不产生效力。

此规则原则上对于向第三人转让授权请求权及保护权也是适用的。但其特殊性在于，在该情形中第三人也可以获得转让。当之前的所有人将授权请求权或保护权转让给了合法权利人时，该合法权利人就不需要将先前的转让针对第三人加以实施了。合法权利人的地位将保留在专利局所登记的申请人或保护权人之处。这不仅可以使其获得必要的合法性求证，还可以获得——抛开中间向第三人转让的情况——授权请求权或者保护权。在以诉讼方式主张其请求权时，他都必须针对通过登记而确认的申请人[51]或保护权人来采取行动。（《专利法》第 30 条第 3 款第 2 句，同样参见本节Ⅰa1）。

3. 将非法权利人作为申请人或者保护权人进行授权的授权协议，在合法权利人将其权利地位转让出时，即告废除。[52]

只要权利转让被视为处分，那么它将出于上述原因而无效（参见第 2

---

〔50〕　Vgl. *Tetzner* § 5 Rdnr. 6.

〔51〕　若尚无登记，则以档案为准。

〔52〕　*Klauer/Möhring* § 5 Rdnr. 24；*Benkard/Melullis* § 8 PatG Rdnr. 7；*Ohl*, S. 74；a. M. *Götting*, § 18 Rdnr. 33.

点）；如授权协议中只载明了承担义务，它就不能将那些没有参与合同的合法权利人绑定进去。

一旦合法权利人经转让得到保护权或被授予保护权，他即可以禁止诸如非法权利人一样的被许可人对发明的继续使用。对此，并不取决于恶意或过错。赔偿请求权以及《专利法》第33条规定的补偿请求权仅在已知或因过失而不知转让的情况下才成立。

若一份由非法权利人授权的排他性授权协议根据《专利法》第30条第4款进行了登记，那么合法权利人可在转让之后向被授权人主张，要求其准许废除目前不正确的登记。

在及时的转让之诉后，债务人的被授权人可以自转让开始起被禁止，但须在《专利法》第8条第3款、第4款所确定的期限届满之后再实施，并且使用人在协议授权时是善意地合法对待非法权利人的。[53] 相反，如果针对非法权利人的转让请求权依据时间期限的结果已经灭失，那么合法权利人针对协议的被授权人也就失去了请求权。

Ⅱ. 撤销（Widerruf）、无效宣告和因非法窃取而注销

a）专利的撤销与无效宣告

1. 根据《专利法》第21条第1款第3项规定，当专利的主要内容为非法窃取的时，专利将被撤销。对非法窃取的构成也同样适用转让之诉时的规定（参见本节Ⅰa3，4）。撤销的前提是，非法窃取的受害人在专利授权公开后3个月内提出异议（《专利法》第59条第1款第1句）。第三人不因非法窃取而具备提出异议的权利。专利部门负责作出有关异议的决定（《专利法》第147条第3款）。只要涉及非法窃取即提出撤销专利；若窃取的不是专利的所有内容，那么剩余部分将被保留（《专利法》第21条第2款）。撤销以反作用的方式消除了专利以及申请的效力（《专利法》第21条第3款第1句）。

当通过法律手段无法实现撤销时，即导致与之相应的转让之诉（参见本节Ⅰ1）。相反，正如联邦最高法院[54]所作的判决那样，专利权转让给异议人并不使得异议完结，因为合法权利人递交一项自己的申请能够由此获得优势，且此优势又是通过转让而取得专利权所不能给予的（《专利法》第7条第2

---

〔53〕 在拟定法中规定善意非法权利人以及善意被授权人以一定补偿为对价继续使用的权利值得一提，参见 *Ohl* aaO；这在共同体专利中已被规定（参见本节Ⅲd1）。

〔54〕 16.12.1993 Lichtfleck GRUR 1996，42；ihm folgend *Busse/Keukenschrijver*，§8 PatG Rdnr. 35；*Schulte/Kühnen*，§8 R dnr. 9；*Giebe*，Mitt. 2002，303. Nach BPatG 14.7.2003 Aktivkohlefilter E 47，171 kann jedoch，wenn der wegen widerrechtlicher Entnahme Einsprechende Inhaber des Patents geworden ist und außerdem seinen Einspruch zurückgenommen hat，nicht weiter geprüft werden，obwiderrechtliche Entnahme vorliegt.

款，参见第 6 点）。他甚至必须将其申请与非法申请的原始公开内容保持一致。但根据联邦最高法院[55]的观点，其利益在下面的情况中并不取决于撤销，即他未在一项在后申请中被前申请人的弃权及限制所束缚，而且能够接受专利说明的内容甚至专利的权利要求内容所产生的影响。无疑，此优势仅在其界限之内存在，当一方面考虑到"弃权与限制"在专利授权之后，原则上只局限于它在权利要求当中所阐述的范围（参见 § 25 A Ⅷ d 5 f），而且另一方面还要注意在权利要求的重新总结时，《专利法》第 22 条第 1 款所包含的禁止保护权扩展的规定，其目的在于保障未参与的第三人的权利安全，而不是将其排除在考虑范围之外，因为在《专利法》第 7 条第 2 款情形中一项扩宽的权利要求内容在形式上即为一项新的申请。[56]

一个联邦法院未提及的优点是通过在后申请来获得专利的希望，该专利的有效时间是从在后申请才开始起算而不是从非法申请时起算（参见第 6 点最后部分）。但此优点没有必要进行实质性的合法证明。同以往一样可以被质疑的是，在后申请权有利于被侵害人具有保护价值的权益，该权益无法通过转让之诉得到保障。只有少部分人依据现行法来反对这样一种假设，因非法窃取所提起的异议在专利转让之后就在异议人的身上完结了，但更多的则是在法律政策的观点下为了异议理由的废除（参见本节 Ⅱ c）。

2. 根据《专利法》第 22 条并结合第 21 条第 1 款第 3 项及第 2 款，涉及非法窃取的专利通过提出申请将被全部或部分地宣告为无效。申请必须向联邦专利法院以无效诉讼的方式递交（《专利法》第 81 条）。它没有时间上的约束。但它在异议期限届满之前以及一项已启动的异议程序尚未结束之前是不被允许的（《专利法》第 81 条第 2 款）。此处具备申请资格的也只有被侵害人（《专利法》第 81 条第 3 款）。只要无效宣告被发出，其效用等同于撤销，即专利以及申请的效力被视为自始就从未产生过（第 22 条第 2 款、第 21 条第 3 款第 1 句及第 2 句的前半句）。但胜诉的原告并无权利主张具有优先权好处的在后申请。

所以必须这样假设，当专利转让给了原告或者其转让之诉已产生法律效力时，无效宣告即告结束。在异议当中能够支持另一种观点的理由（参见第 1 点最后部分），在此不予考虑。

3. 在专利权利的共同权利人间的关系中，因非法窃取提起的异议及无效

---

[55] AaO 44.

[56] 根据联邦最高法院的一项判决，当发明人在组合发明的案例中因异议而放弃对非法窃取的组合特征的独立保护时，异议人则依据在先权利针对相应特征而获得一项在后申请权。根据现行法律，当该特征在由在后申请所引发的程序中被证明有被独立保护的能力时，此观点本应该导致一项专利的形成，其保护范围应该明显比异议所涉及的专利要求宽，参见 BGH 1. 3. 1977（FN 16）251 f。

宣告是不被允许的。[57]通过转让之诉而获得共有权利的这种可能性已经满足了此需要。专利的撤销与无效宣告本应给予在申请及授权时被忽略的共同权利人比其所享有的还多的利益，同时剥夺共有人的非法权利地位。所不同的是，当专利申请人擅自将一项外来发明掺入申请时，该外来发明构成了专利内容中的可分割部分;[58]此处不存在专利权利意义上的共同体。与专利相关的权利共同体，转让请求权的执行本应针对它进行，能够通过将专利部分消除的方式转变为合法权利人。

针对第三人的专利，其取得在所有共有人的关系当中均为非法，那么每一个共有人均可对此单独采取措施。共有人通过他对发明的共同占有而有效地合法化了，且无需取决于《民法典》第 744 条第 2 款的适用。

4. 专利权人可以针对异议及无效之诉提出抗辩，主张自己享有专利的权利。在此情形中就不存在非法窃取的事实。[59]但如果专利权人不是合法权利人，那么其主张异议人或无效起诉人同样都是非法权利人的抗辩，既不能在异议程序中，也不能在无效之诉中得到支持。[60]与转让请求权（参见本节Ⅰa3）的情况不同，此处申请人不是为自己主张专利，而是要求废除它。对此，只要专利权人不是合法权利人，并且在与申请人的关系中不具备申请权能，就能满足条件。

很难基于这样的理由因缺乏合法性而否决抗辩，即专利局在异议程序中同样没有讨论实质上的合法性。因为非法窃取的事实并未限制在未经允许地获取发明占有的范围内（参见本节Ⅰa3），所以非法窃取的确定通常就要求对实质上的合法性问题进行检查。

当专利因非法的发明占有人提出的异议被撤销，并且没有根据《专利法》第 7 条第 2 款进行在后申请时，转让请求权则移转至真实合法权利人处，并且只要转让之诉在撤销之时尚未因超出诉讼时效（《专利法》第 8 条第 3～5 句）而被排除，其则失去专利的权利。这相应也适用于无效宣告的案件。专利权人可以用这样的方式处理对专利权利的负面影响，即以制止令之诉的方式逼迫异议人或无效起诉人撤回申请;[61]取而代之，他也可以在异议案件中（《专利法》

---

〔57〕 RG 30. 4. 1927 RGZ 117，47，50 f. ; *Benkard/Melullis* §6 PatG Rdnr. 34a; *Benkard/Rogge*, §21 PatG Rdnr. 21; 相反，有学者认为转让后的共同权利可引起基于非法窃取的异议，从而实现《专利法》第 7 条第 2 款的后续申请权利，参见 *Henke*, S. 120。

〔58〕 BGH 1. 3. 1977 (FN 16) 249.

〔59〕 *Benkard/Rogge* §21 PatG Rdnr. 20; *Busse/Schwendy*, §21 PatG Rdnr. 48，71.

〔60〕 So *Benkard/Rogge*, *Busse/Schwendy*, §21 PatG Rdnr. 47; 还有观点认为只应针对异议程序，而同时在无效程序中允许抗辩，参见 *Reimer*, §4 PatG Rdnr. 24, *Tetzner*, §4 Rndr. 33。

〔61〕 Vgl. *Benkard/Melullis* §6 PatG Rdnr. 13.

第 8 条）主张建立此权利地位的转让，并且获得在后申请的权利，哪怕异议期限已经届满。

5. 在因非法窃取而启动的异议及无效程序中，并不重新审查构成所涉及专利发明内容的可专利性（Patentierbarkeit），除非在非法窃取之外还存在因缺乏可专利性（Patentfähigkeit）（《专利法》第 21 条第 1 款第 1 项）而构成撤销或无效的理由。

如果第三人以该理由提出异议撤销专利的话，那么这个因非法窃取提出异议的异议人则有权申诉，因为只有以该理由而获得支撑的撤销才能够赋予他在后申请权。[62]申诉无疑只有在该发明真正具有可专利性时才产生后果。

更被文献所接受的观点是，可专利性前提要件在因非法窃取所得的排他性专利中被满足，尤其是必须具有新颖性及创造性。[63]缺乏可专利性的情况下没有出现非法窃取，那么专利就必须合乎逻辑地正好因为其对象的被保护能力而被维持下去。这就显得相互矛盾了。

可如果专利内容不是出自异议人所声称的发明档案，而是从现有技术中获得，那么专利应该就会因缺少非法窃取（不是因缺乏可专利性）而被继续维持。

若相反观点认为，出于该原因的专利在被保护权能上应当撤销或宣告无效，那么就应该由专利局或联邦专利法院官方主动来考虑没有被申请人提出的撤销或无效理由。这在异议申诉程序和无效程序中应该同样是不被允许的；在一审异议程序中根据判决这无疑未被排除（参见 § 26 B Ⅱ 6，Ⅲ 7）。但当异议仅仅是因为非法窃取而提起时，这也同样无需进行确证。它在此情形中不是服务于别人的利益，而是服务于独自享有异议权的被侵害人，并且不允许官方自发实施，也不允许适用公共利益以通过相关专利的其他撤销理由来进行废除。因此，当作为仅有的撤销或无效理由所声称的非法窃取不成立时，专利在两种程序进程中必须维持，或者驳回无效诉讼。在所称的非法窃取成立时，这与无效宣告情形的结果，即专利是否出于此因或者因缺乏可专利性而被废除，甚至没有区别。在异议程序中，在后申请权依据《专利法》第 7 条第 2 款是否成立（参见第 6 点）的问题取决于撤销的理由说明。这一权利不允许以这样的方式从遭受非法窃取的被侵害人处抽离出来，即该撤销被一个另外的、没有提出的理由支持。当一项在后申请确实出现时，在异议程序中便有机会考虑针

---

〔62〕　PA（Grosser Senat）18. 2. 1942 Bl. f. PMZ 1942, 40；BGH 12. 9. 2000 Abdeckrostver‑riegelung GRUR 2001, 46；*Benkard/Melullis* § 7 PatG Rdnr. 16, *Giebe*, Mitt. 2002, 303.

〔63〕　*Reimer* § 4 PatG Rdnr. 21；*Tetzner* § 4 Rdnr. 34；*Lindenmaier* § 4 Rdnr. 22.

对可专利性出现的新问题。[64]

当专利仅仅是因非法窃取而获得时，在异议程序中——同样自异议程序与授权相关联时——保护权的审查仍然是不被允许的。这也适用于，当只是针对专利内容的一个部分提出该主张时。[65]甚至在授权程序中就未曾审查过，该部分是否具有独立的保护权。但在在后申请中进行审查就已足够。[66]在异议程序中需要审查的仅有，非法窃取之对象是否构成完的、可实施的技术性行为指令，此操作指示使其自身得以与剩余专利内容相分离。

6. 因非法窃取而成功主张的异议者，可以根据《专利法》第7条第2款针对自己所被窃取的发明的申请获得此相关专利的时间界限（Zeitrang）（即获得前期专利的优先权——译者注）。他享有一项具有被窃取发明的优先权的在后申请权。当专利因非法窃取而被撤销或者专利权人因异议而放弃专利权时，异议即告成功。基于其他理由的撤销或处于其他动机的放弃不能产生优先权。[67]它在无效宣告或因无效诉讼而放弃时也同样不产生。

申请必须出于保障优先权而于撤销或放弃的官方通告发出后的1个月内递交。申请内容必须保持在非法申请的原始公开内容框架之内（《专利法》第21条第1款第4项第2半句）。[68]若优先权被成功获得，那么对于在后申请的现有技术则根据非法申请的时间界限来确定。之后出现的有损新颖性的事实在此范围内并不产生危害，即这些事实不是由于该次申请所引起的。此外，新的申请与旧申请间相互独立。第一次授权程序中非法权利人作出的权利要求并不对在后申请人产生约束。[69]不过，该规定的实际意义在现行法中是同样微弱的（参见第1点）。

法律明确规定，赋予在后申请以优先权，但并非将其时间往回倒计。[70]因而由此授权的专利的有效期就从递交在后申请起算。它在被撤销的专利期限届满的那一时间点之后的多年后才终结。与公开以及专利授权保护的开始无疑以

---

〔64〕 In diesem Sinn auch *Winterfeldt*，VPP Rundbrief 2006，82，87.

〔65〕 Ebenso *Busse/Schwendy*，§21 PatG Rdnr. 78；Benkard/Rogge，§PatGT Rdnr. 23；Schulte，§21 Rdnr. 49；*Giebe*，Mitt. 2002，302 f.

〔66〕 联邦最高法院在一项判决中提出不同观点：被窃取的部分必须具有独立的被保护能力，参见 BGH 1. 3. 1977（FN 16）249。但联邦最高法院在另一项判决中表示，合法权利人也能够通过异议途径因非法窃取来阻止专利权人把非法窃取的所得，作为表明其不具备保护能力的发明的证据进行提交，参见 BGH 11. 11. 1980（FN 14）366。

〔67〕 因此，当非法申请人在没有提起异议的情况下撤回申请或者放弃专利权时，针对在后申请的权利就不成立；BGH 29. 4. 1997（FN 43）；BPatG 26. 7. 1996 E 36，258.

〔68〕 Vgl. BGH 12. 7. 1979 Leitkörper GRUR 1979，847.

〔69〕 BGH 12. 7. 1979（FN 68）848 r.；16. 12. 1993（FN 54）.

〔70〕 OLG Frankfurt（Main）7. 5. 1992 GRUR 1992，683.

相应的途径而顺延了。[71]

《专利法》第 3 条第 5 款的宽限期应当从在后申请的时间点起往回计算。它使得合法权利人尤其不反对公报，而该公报在先申请之前被非法权利人滥用了。

b）实用新型的注销

根据《实用新型法》第 15 条和第 13 条第 2 款，当登记的主要内容是未经同意而窃取了他人的说明书、插图、模型、工具或装置的，该实用新型就会被注销，也就是在《专利法》第 21 条第 1 款第 3 项意义上的非法窃取出现时（参见本节 I a 3）。注销以申请为前提（《实用新型法》第 16 条），该申请没有时间限制，并且只能由被侵害人提出（《实用新型法》第 15 条第 2 款）。申请由实用新型部负责裁定（《实用新型法》第 10 条第 3 款第 1 句）。只要涉及非法窃取，该部门即注销实用新型（《实用新型法》第 15 条第 3 款）。注销在对被侵害人的关系中仅仅起到公布的作用，因为根据《实用新型法》第 13 条第 2 款，实用新型的保护对他而言自始没有成立过。在与第三人的关系中它也回溯性地消除了登记的影响。但此注销并不以被侵害人的在后申请权为结果，因为《实用新型法》第 13 条第 3 款只引用了《专利法》第 7 条第 1 款，而未引用第 7 条第 2 款。它的纯"消极"作用与专利权无效之诉的撤销申请相一致；但它与异议一同在专利局的一审中带来了费用上的优势。此外，还可以指派对因非法窃取引起的异议进行执行（参见本节 II a 3 - 5）。

c）评价

1. 在专利中应当提出的法律政策性问题是，在一个具有延迟审查以及专利授权之后才有异议可能的体系中，于转让之诉之外再规定一个消除非法权利人的已授专利权的命令是否还有意义。如果——实用新型权也一样——确保被侵害人享有抗辩权，且此抗辩权经历了对善意被害人适用的转让请求权期限，那么因非法窃取提起无效宣告之诉的机会应该是可以放弃的（参见本节 I d 4）。在这一点上没有理由把专利与实用新型区别对待，因为申请人在专利授权之前的合法性与实用新型的登记前一样很少审查。

起因于非法窃取的异议应当能够被一个在申请时已经准许的专利局的确认程序所取代，该程序中一个拥有精通法律与技术成员的裁定机构依据申请来审查，从被他人或者为他人而申请或授予专利的发明的角度看，申请人是否享有专利的权利，以及当申请人的合法性在参与人之间的关系中已经被明确时，申

---

[71] Zur Problematik *Krasser*, FS Hubmann, S. 226 f.

请人是否能够接受抑或拒绝登记或专利权。[72] 此处应当确保被申请人在程序开始之后不能有效地实施任何行为去影响对申请人已生效的权利。在合法权利人所引起的申请或专利的撤销后递交一份有利于优先权的个人申请，这一合法权利人所拥有的具有保护价值的权益不应当被承认（参见本节Ⅱa1）。

2. 在实用新型中，所有人需要保护权来防卫来自非法权利人登记的实用新型的侵犯，现行法中却没有因非法窃取而注销的可能，因为在此情形中，他享有根据《实用新型法》第13条第2款规定的抗辩（参见本节Ⅰd4）。

此外，注销程序应当像异议程序一样由一个专利局的合法性确认程序来取代（参见第1点）。

Ⅲ. 欧洲专利的权利实现

a）合法权利人在授权程序中的介入和基础

1. 欧洲专利局不审查申请人依据《欧洲专利公约》第60条第1款是否享有欧洲专利的权利。欧洲专利局的程序中更多的是把申请人作为合法行使权利者对待（《欧洲专利公约》第60条第3款）。异议程序也适用此规定：针对欧洲专利的异议不能因为其权利人缺乏实质的合法性或者其内容为非法所窃取而得到支持（参见《欧洲专利公约》第100条）。

但欧洲专利局在授权程序中考虑了具有法律效力的国内审理的裁决，此裁决将另一人作为申请人授予了欧洲专利的授权请求权（《欧洲专利公约》第61条第1款）：根据此类裁决为合法权利人的，只要欧洲专利尚未授予，就能够在裁决生效后3个月内，于其生效的成员国中（参见本节Ⅲb）：

（a）将该欧洲专利申请在申请人的位置上作为自己的申请来继续进行，

（b）为该同一项发明递交新的欧洲专利申请，申请日以非法申请时为准（参见本节Ⅲc2），或者

（c）申请撤回欧洲专利申请

所以，通过生效裁决而被证明的合法权利人在欧洲专利授权程序中享有一项介入权（Interventionsrecht）。当第三人向其证明开始了对申请人授权请求权产生争议的程序时（参见本节Ⅲc1），为保障该权利，欧洲专利局把授权程序作为了前提。

2. 对于谁能被授予欧洲专利的授权请求权的问题，适用《欧洲专利公约》第60条第1款第1句规定的原则，据此，欧洲专利的权利属于发明人或其权利继受人。国内的审理必须从此处开始。对于雇员发明的最重要的领域，公约

---

〔72〕 Näheres zu diesem Vorschlag, insbesondere auch zum Verhältnis zwischen patentamtlichem Verfahren und Übertragungsklage, bei *Kraßer*, FS Hubmann, S. 233 ff.

却指向了国内法而且仅仅说明了分别适用哪些法律：欧洲专利的权利依据雇员主要工作所在国的法律来确定，兼以雇主经营所在国、雇主所属国法律辅助确认（《欧洲专利公约》第 60 条第 1 款第 2 句）。[73] 其法律被适用的国家可以是——对欧洲专利所欲到达的那些成员国同样适用——一个成员国或者一个其他的国家。这里，没有排除欧洲专利的权利必须从《欧洲专利公约》第 60 条第 1 款第 1 句变相而来的、德国法原始的发明人原则当中被授予（参见本节 I a 2）。

只要《欧洲专利公约》第 60 条第 1 款第 2 句所引用的法律承认有关工作关系上所适用法律的约定，就必须考虑由雇员与雇主通过合同作出的有关别的法律的选择（参见 § 21 I c）。

3. 关于欧洲专利的权利的国内判决，在民事争议中一般是由地方法院作出；指定其他机关尤其是专利机关进行管辖的法律规定，与《欧洲专利公约》是相协调的。[74] 欧洲法也尚未确定，在何种意义上应当授予合法权利人授权请求权。确认负有义务要将请求权进行转让的裁决，与那些确认他从一开始就是为合法权利人而非为申请人所成立的裁决一样，都足以适用《欧洲专利公约》第 61 条第 1 款之规定。这样的安排由国内法来决定。[75] 对于欧洲程序而言仅仅在于，该裁决在其正文中由于申请对象而确认了那个根据裁决进行干预的人的授权请求权。其执行总是以合法权利人依据《欧洲专利公约》第 61 条第 1 款所选择的形式进行，但他也会根据裁决的内容作出不同的解释。

在给付裁决中，《欧洲专利公约》第 61 条第 1 款（a）所规定的欧洲申请的继续进行应当就作为所负转让义务的执行，同时该裁决就取代了必要的申请人之意思表示，而第 61 条第 1 款（c）规定的撤回申请则应当被理解为授权障碍的提出，它与前面德国法规定的因非法窃取而引起的异议具有可比性。在一个确认裁决中，申请的继续进行应当作为先前业已取得的法律地位的行使，以消除一个无须满足的形式上的合法性证明，而申请驳回则应被理解为申请的撤回。依据《欧洲专利公约》第 61 条第 1 款（b）递交的新申请必然产生一项新的授权请求权；与之相关的《欧洲专利公约实施细则》第 15 条第 1 款中非法申请的排除与《欧洲专利公约》第 61 条第 1 款（c）中的驳回的功能相符，

---

〔73〕 Dazu *Straus*, GRUR Int. 1984, 1；Singer/Stauder/*Stauder*, Art. 69 Rdnr. 12 ff.；Benkard EPÜ_/*Melullis*, Art. 60 Rdnr. 23 ff.

〔74〕 Vgl. die Denkschrift zum Anerkennungsprotokoll, Bl. f. PMZ 1976, 344；Heath, Art. 61 Rdnr. 50.

〔75〕 Zur Rechtslage in einigen Vertragsstaaten *Cronauer*, S. 159 ff.

并且能够以此阐明的方式而得到解释。[76]

4. 对于联邦德国，在批准《欧洲专利公约》时已将一个针对不具资格的申请人或专利权人来执行欧洲专利权利的必要条款作了特别保留：[77]《专利法》规定的转让请求权是为德国专利商标局的申请及其授权的专利而量身定制的；如果根据《欧洲专利公约》第66条，当指定德国时，该欧洲申请就具有德国申请的效力，而根据《欧洲专利公约》第2条第2款，为德国而授予的欧洲专利则有了德国专利的功效，那么，就不会产生《专利法》第5条（现第8条）的转让请求权，因为它不是申请或专利的效力。后面的表述让人产生怀疑；非法申请或对非法权利人的专利授权的法律后果始终是请求权。支持该特殊规定的另一理由存在于要求关注《共同体专利公约》的观点中，它的生效曾经在一段时间里为人们所期待。因而，一个以《共同体专利公约》第27条（1989年后为第23条）为依据的、由《专利法》第8条演变而来的条款就被引入。该条款首先应当这样观察，即它所涉及的是专利授权前的阶段（其他参见本节Ⅲ d 1）。

根据《国际专利条约法》第Ⅱ章第5条第1款第1句的规定，《欧洲专利公约》第60条第1款规定的其发明被非法权利人提出了申请的那个合法权利人，可以向专利申请者主张，让欧洲专利的授权请求权与之相分离。非法窃取之被侵害人的请求权因而未被规定。专利法中的这一规定就此而言，正如其所表达的（参见本节Ⅰ a 3），仅仅是举证责任的减轻。《国际专利条约法》并不禁止，从引起非法窃取的情形中，在自由证据评判里，也根据实质性合法权利重要的事实来作出决定。在合法权利人的请求权方面，此规定与《专利法》第8条相一致。因而适用于此范围内的重要前提条件同样也适用于请求权的内容与法律本质以及民法上的并列独立请求权（参见本节Ⅰ a－c）。

b）有关授权请求权的国内裁决的承认

1.《欧洲专利公约》第61条第1款规定为前提的生效裁决将所规定的权利给予了申请所指定的成员国，裁决在那里被发出或承认，或由于《欧洲专利公约》所属的《承认备忘录》而必须被承认。

2.《承认备忘录》（Anerkennungsprotokoll）依据《欧洲专利公约》第164

---

〔76〕 因此，当介入人鉴于发明只应当被授予一项共有权利时，《欧洲专利公约》第61条第1款（a）规定的可能性才需要被考虑；vgl. Singer/Stauder/*Stauder*, Art. 60 Rdnr. 14；*Cronauer*, S. 163 f.

〔77〕 Vgl. die Begründung zum IntPatÜG, Bl. f. PMZ 1976, 326 r.

条属于该公约的组成部分。[78]其目的在于，让国内法院[79]将他人作为申请人而授予欧洲专利授权请求权的判决具有适用于所有成员国的效力，并且保证通过欧洲专利局来为欧洲申请中所指定的、判决所涉及的国家对这一情况进行关注。

根据其第 1 条第 1 款的规定，该备忘录涉及"针对申请人的诉讼，通过它，欧洲专利授权请求权将适用于所指定的一个或多个成员国中"；第 3 条关系到"行使欧洲专利请求权的人"。这一表述从德国专利法的视角看对于常用术语[80]而言也同样是不符合实际的。欧洲专利的授权请求权是作为针对欧洲专利组织的公法请求权而设立的。它不会通过在成员国法院的诉讼得到适用，而是通过欧洲专利的授权申请。通过备忘录中提到的诉讼所实现的效果是，原告享有了欧洲专利的权利，并且从而——依据所适用的国内法——要么直接享有授权请求权，要么（同上，《国际专利条约法》第 Ⅱ 章第 5 条）享有要求其分离的请求权。只有在这个意义上才关系到"有关欧洲专利授权请求权"的法律纠纷及判决（参见《承认备忘录》第 5 条第 1 款、第 9 条第 1 款）。

3. 根据《承认备忘录》第 9 条第 1 款，在一个成员国内进行的关于欧洲专利授权请求权的生效判决在欧洲专利申请里所指定的成员国中，在无需特别程序的情况下将个别或全部地被承认。例外的是那些没有保障申请人以足够的机会针对诉讼进行辩护而作出的判决（《承认备忘录》第 10 条（a））。如果在不同成员国中存在针对相同当事人的多个相互不一致的判决时，那么承认适用于那个以最早提起的诉讼为基础的判决（《承认备忘录》第 10 条（b））。但只有在判决对于同一个成员国而言相互矛盾时，才是不一致的。

对于不同的成员国可能在不同的判决中，但也可能在一个和同一个授权请求权判决中将权利授予不同的人。当涉及专利的权利时，主权性限制的法律后果一旦出现，即可能成为这一现象的诱因。

4. 在没有允许对作出判决的法院的管辖以及判决之合法性进行复查的情况下，即可作出承认。尽管如此，备忘录还是详细地规定了管辖问题（《承认

---

〔78〕 Protokoll über die gerichtliche Zuständigkeit und die Anerkennung von Entscheidungen über den Anspruch auf Erteilung eines europäischen Patents, BGBl. 1976 Ⅱ S. 982 = Bl. f. PMZ 1976, 316. Dazu *Stauder*, EPÜ – GK, 6. Lfg., 1984; *Le Tallec*, GRUR Int. 1985, 245, 263.

〔79〕 在第 1 条第 2 款，法院与那些在一个成员国里进行有关欧洲专利请求权裁决的机构作了等同规定。

〔80〕 在英语文本中被称为：claims . . . to（或者 the party claiming）the right to the grant of a European patent，在法文中：actions visant _ faire（或者. la personne qui fait）valoir le droit à l'obtention du brevet europeen.

备忘录》第2~8条）。

当事人可以通过书面约定来建立某一特定法院或者某一特定成员国法院的排他性管辖（《承认备忘录》第5条第1款）；这在雇员与其雇主之间只有当规范劳动合同的国内法允许时才适用（《承认备忘录》第5条第2款）。一个有效的管辖约定优先于其他的管辖规定。若未有效约定管辖，那么首先要看该欧洲申请的对象是否为一项雇员发明。在此情况下，对于雇员与其雇主之间的法律纠纷只有根据《欧洲专利公约》第60条第2款确定了欧洲专利的权利的法院有权管辖（《承认备忘录》第4条；参见本节Ⅲ a 2）。此外，管辖首先是根据申请人住所或所在地来确立，而起到辅助作用的是希望获得授权请求权的当事人的住所或所在地（《承认备忘录》第3条）。若双方当事人在成员国区域内没有住所或所在地，那么仅有德国法院有权管辖（《承认备忘录》第6条）。

在备忘录意义上与诉讼相关的法院必须由官方自发审查，根据其规定确定它是否有权管辖。如果因相同当事人间的同一诉求而在不同成员国法院中的多个诉讼已经启动，那么原则上由最初受理的法院进行审理，同时宣布之后受理的法院无权管辖（《承认备忘录》第8条）。

5. 不根据《承认备忘录》进行承认的判决，由欧洲专利局来考虑那些发出判决以及那些——根据国内法、欧洲共同体法（参见本节Ⅲ d 2）或双边协议——应当承认判决或判决已被承认的成员国。通过此方式，那些不在《欧洲专利公约》成员国内作出的判决也能够产生作用。[81]

c）介入权的保障与行使

1.《欧洲专利公约实施细则》在其第14~18条中保证了，只要有可能将另外的人作为申请人进行登记的法律纠纷启动，就不会失去欧洲专利的授权请求权。据此，当欧洲专利申请已被公开时，一旦第三人以证据证明他已针对申请人启动了一项起因于欧洲专利授权请求权的程序，欧洲专利局即中止该授权程序（《欧洲专利公约实施细则》第14条第1款）。[82]在证据到达与程序进行

---

〔81〕 Näheres bei *Heath*，Art. 61 Rdnr. 59ff.

〔82〕 只要没有如《欧洲专利公约》第97条第4款所规定的在《欧洲专利公报》上对专利授权进行过公示的，那么程序的中止尚有可能，参见 EPA 20. 1. 1998 J 7/96，ABl. 1999，443。它不是由专利局来衡量而且无需听取申请人答辩；vgl. EPA 29. 5. 1985 T 146/82 Aussetzung des Verfahrens/TAG ABl. 1985，267；außerdem EPA 4. 12. 1996 J 28/94 Aussetzung des Verfahrens/Soludia ABl. 1997，400，wo auch die Beschwerdemöglichkeiten im Fall der Aussetzung und ihrer Verweigerung behandelt sind. 有关在何种前提下欧洲专利局必须启动成员国程序以及如何避免国内法时间上的要求会对中止造成的延误的问题，参见 *Heath*，GRUR Int. 2004，736。

期间，申请抑或对成员国的指定均不能被撤回（《欧洲专利公约实施细则》第15 条）。对于在中止期间缴付年费的例外期限也随之停滞（《欧洲专利公约实施细则》第 14 条第 4 款）。因此，尤其不会出现因审查申请期限的延误而造成的权利损失。该中止持续到申请人与第三人间的法律纠纷判决生效为止；如果这有利于第三人，那么欧洲授权程序则不允许违背其意愿而自判决生效开始、期限届满之前——《欧洲专利公约》第 61 条第 1 款为行使选择机会而规定的——3 个月内进行（《欧洲专利公约实施细则》第 14 条第 2 款第 2 句）。为了对抗程序的延滞，[83] 欧洲专利局能够以通知参与人的方式规定一个时间点，只要不在此时间点之前向官方提交生效判决的，授权程序无须考虑涉案法律纠纷的进程（《欧洲专利公约实施细则》第 14 条第 3 款）。[84]

当合法权利人的利益对有关专利申请的即时判决至关重要时，授权程序的中止对其而言仍不足够。根据位于慕尼黑的州高等法院的一项判决[85]，他因此可以在临时处分程序中将非法申请人的授权请求权[86]进行扣押（seqüstrieren），并主张让被扣押人授权其在欧洲专利局进行代理（Vertretung），以及撤回其他形式的授权。[87]

2. 如果被有效授予授权请求权的第三人根据《欧洲专利公约》第 61 条第1 款（b）递交了一项新的欧洲申请，只要其内容不超出在先申请的已递交的原始版本的内容（《欧洲专利公约》第 61 条第 2 款结合第 76 条第 1 款），那么该申请则适用那个已递交的非法申请的日期并且享有其优先权。根据《欧洲专利公约实施细则》第 17 条第 1 款，随着新申请的送达，该非法申请在其指定的成员国中即按被撤回处理，有关授权请求权的判决则按照上述规定对其有效（参见本节Ⅲ b）。旧的授权程序因此被无结果地终结了；只有旧申请的时间界限所产生的效力继续留在了新的程序当中。基于新申请而被授权的专利的有效期不是——与《专利法》第 7 条第 2 款的情形不同（参见本节Ⅱ a

---

〔83〕 Vgl. die EPA – Richtlinien A Ⅳ 2.3；EPA T 146/82（FN 82）. Heath，Art. 61 Rdnr. 20.

〔84〕 该时间点可依据申请变更，参见 EPA T 146/82（FN 82）。

〔85〕 26. 6. 1996 Mitt. 1997，394.

〔86〕 判决却错误地把"返还请求权"称作了扣押的客体，同时它在另一方面（参见第 5 点）又正好被转入了处分诉讼人的账下。

〔87〕 赞同观点，参见 *Gallo*，Mitt. 1997，395；反对观点认为不应允许扣押，因为它与《欧洲专利公约》不相一致。但根据《欧洲专利公约》第 74 条，只要没有其他规定，一项欧洲专利申请在每一个被其指定的成员国中总是作为财产的客体而属于其适用于成员国国内专利申请的权利。扣押所具备的效力对德国而言应当是与《欧洲专利公约》相一致的。如法院所认为的，它在欧洲授权程序中是没有用处的。

6）——依据新申请的申请日来确定，而是依据旧申请的申请日。[88]

当非法权利人递交的申请已经被撤回、终止或依法驳回时，也就是当其不再待决时，欧洲专利局的扩大申诉委员会也会允许合法权利人提出《欧洲专利公约》第 61 条第 1 款（b）规定的新申请。[89]此主要原因在于，《欧洲专利公约》第 61 条没有明确要求申请的待审查性，而且《欧洲专利公约实施细则》也没有对此类要求作出提示。此外，要注意的是承认协议：管辖法院有效授予了欧洲专利授权请求权的申请人，紧接着也必须能够根据《欧洲专利公约》第 61 条第 1 款对已被集中化了的授权程序提出主张。扩大申诉委员会将通过他们的解决方案，尤其要排除，在申请公布后将其撤回的那个非法权利人阻碍合法权利人主张其发明的欧洲专利保护，并非法地为自己创造为使用发明的行为自由；在承认协议的文件中并未预期对此类手段的容忍。《欧洲专利公约实施细则》第 13 条、第 14 条及第 15 条第 1 款（现第 14 条、第 15 和第 17 条第 1 款）仅仅考虑了这样的情况，即非法权利人的申请尚为未决，但不接受合法权利人在后申请递交时必须要为未决的观点。据此，该未决性既不在在后申请的时间点上，也不在那个必须承认授权请求权的国内判决生效的时侯（Nr. 5.8），而可能在由此所引起的国内程序（Nr. 4.4）启动时不止一次地被视为必要的。对于第三人因相信非法权利人的申请会撤销而对其客体已进行了使用的情况，扩大申诉委员会给了国内法院自己寻找解决方案的空间（Nr. 4.4，6）。

扩大申诉委员会中参与程序的少数派成员未能够同意判决。他们的不同观点在判决理由当中被作了复述（Nr. 8.1 ff.）。其观点尤其以《欧洲专利公约》第 61 条中的规则体系及《欧洲专利公约实施细则》的所属规定为支撑，并且强调立法者在没有保护第三人权利的情况下没有允许那种多数派观点所认为的长期以来业已消失的申请的恢复，而恢复正好涉及此权利。

应当同意的是少数派的观点。[90]其论点还可以作这样的补充，《欧洲专利公约》第 61 条与《承认备忘录》把欧洲专利的授权请求权作为了前提。其随申请而成立，在其被撤回、被视作撤回或者依法驳回时消灭。依《承认备忘录》而有权管辖的法院的判决，在承认了一项专利的授权请求权时，将因此由于申请的取消而失去对象。当没有授权请求权存在时，《承认备忘录》抑或《欧洲专利公约》第 60 条均未让欧洲专利局承担作出此类裁决的义务。这比

---

〔88〕 *Heath*，Art. 61 Rdnr. 42.

〔89〕 EPA 13. 6. 1994 G 3/92 Unberechtigter Anmelder/Latchways ABl. 1994，607，615 ff.

〔90〕 Ebenso Singer/Stauder/*Stauder*，Art. 61 Rdnr. b；*Schulte*，§7 Rdnr. 5.

如在——缺少合法权利人的及时介入——已经授予了非法申请人专利权时，也是如此。此处同样不再存在授权请求权了；从而，《欧洲专利公约》第61条的法律救济不再可以使用，但是欧洲专利的——不能与授权请求权相混淆的——与已授权专利相关的权利的执行必须要在国内层面上进行（参见本节Ⅲ d），此时，依据《欧洲专利公约》第99条第4款，《欧洲专利公约实施细则》第78条反作用可能对一个在欧洲专利局未决的异议程序产生影响。最终，已消失的申请的恢复在扩大申诉委员会裁决的基础上被加以利用的危险，并不比扩大申诉委员会所担心的那种操作手段低。但在此情形中合法权利人碰到了不把其发明更早地申请专利而由此给予了非法权利人以申请的空间的风险，但在另外那种情况里碰到风险的是那个既不对非法权利人的申请也不对合法权利人的迟延负有责任的第三人。

3. 《欧洲专利公约》第61条之介入或者《欧洲专利公约实施细则》第14条之程序启动的证明不需要延伸到涉案申请指定的全部成员国。对于非相关国家的授权程序则保持不受影响。但有可能，第三人的权利被限制在了申请客体的部分上，因而他只在此范围内获得授权请求权。于是相应地应适用《欧洲专利公约》第61条与《欧洲专利公约实施细则》第16条或第17条（《欧洲专利公约实施细则》第18条第1款）。不过，第三人不能根据《欧洲专利公约》第61条第1款（a）把其作为自己的申请继续进行操作。[91]如果他愿意根据《欧洲专利公约》第61条第1款（c）来阻止与其业已成立的申请内容相关的专利授权，那么他必须根据第61条第1款（b）为此递交其自己的申请。这就走到了对原始申请的拆分上，此时其申请人与第三人出于申请具有相同的申请日的原因（《欧洲专利公约》第61条第2款，第76条第1款）的原因，为了那个受到相应限制的申请主题，而把授权程序进行下去。若此类案件中的纠纷判决不适用于所有被指定的成员国，那么基于涉案申请而授予的专利对于相关的以及其他被指定国而言就可以有不同的权利要求书、说明书以及附图（《欧洲专利公约实施细则》第18条第2款）。

第三人不独立享有专利权而只是与申请人一起享有专利权利的人，其只能如此来实施其共同权利，即他参照《欧洲专利公约》第61条第1款（a）与相同有合法权利的申请人一起继续推进。其余两种可能性对其不适用，因为共同权利人那种由申请而建立的法律地位将全部通过不继续申请程序而被剥夺。[92]

---

[91] EPA – Richtlinien C Ⅵ 9.2.3.

[92] *Heath*, Art. 61 Rdnr. 54f.；Singer/ Stauder/ *Stauder*，Art. 60 Rdnr. 14.

d）专利授权之后的权利实现

1. 若一个非法权利人被授予了欧洲专利，专利权利的所有者则可以向有权管辖的国内法院请求，将该专利转授予他。国内判决继而重新回到了《欧洲专利公约》第60条第1款第1句的发明人原则上，在雇员发明的案例中则接上了第60条第1款第2句所规定的能够适用的国内法（参见本节Ⅲ a 2）。

在德国，合法权利人可以向非法权利人主张欧洲专利的转让（《国际专利条约法》第Ⅱ章第5条第1款第2句）。当专利权人在授权或取得专利时不知道其并不享有欧洲专利的权利时（《国际专利条约法》第Ⅱ章第5条第2款），该请求权只能在欧洲专利授权之后2年内的排除性期限内适用。

将此期限称为排除性期限应当弄清的是，在其届满之后合法权利人不再针对源于专利的请求权享有抗辩的权利，[93]正如这里为德国专利所规定的一样（参见本节Ⅰ d 4）。但此处存在一种对专利法的变通，即只有对非法权利状况的积极的知晓才损害专利权人，而不是对其重大过失不知。就此而言，要比《专利法》第8条的规定优越。当如上文（本节Ⅰ d 3）所实施的，在《专利法》第8条框架内把授权请求权的取得与进行授权期间的获知视为无害时，就会降低对其的优越性。

若专利权利的所有者进入专利权人的地位时，那么在这些成员国中他以此方式获得了专利权，而他所享有的、针对每个成员国中的被授权人的权利就根据国内法来确定。在联邦德国出现的则是已经阐述过的转让的法律后果（参见本节Ⅰ e）。

对于共同体专利（参见§7 Ⅱ d 6）而言，专利权利的实现应当根据《关于〈共同体专利条例〉的建议》以此种方式进行规定：根据《关于〈共同体专利条例〉的建议》第5条合法权利人可以向非合法的专利权人主张共同体专利的转让；如果他只是部分地享有该权利，那么他只能主张获得专利的共同所有权。当专利权人在授权或取得专利时不知道其不享有该专利权利的，该请求权就受到专利授权后2年的排除性期限的限制。此规定与那个未实现的《共同体专利公约》第27条（23）相一致。这一规定与《欧洲专利公约》第60条一致。谁是合法权利人，谁就决定着《关于〈共同体专利条例〉的建议》第4条第1款、第2款与《欧洲专利公约》第60条相互统一。

当由于法院对合法权利人的转让请求权完整地针对直至目前为止的专利权人进行适用，并且已为共同体专利进行了登记时，授权及其他权利即告消灭。但非法专利权人以及他的被授权人允许将其以善意而开始或准备使用的行为继

---

〔93〕 Vgl. die Begründung, Bl. f. PMZ 1976, 327 l.

续进行下去，条件是当他在专利转移后向合法权人申请一项非排他性授权，以保障相应时间内以及以相应的条件进行使用（《关于〈共同体专利条例〉的建议》第6条；同样还有《共同体专利公约》第28条（24））。

2. 一份国内当局的判决，如果该判决将另外一人赋予欧洲专利之权利人的身份，此判决首先只适用于其发出国。它在其他成员国中的承认依据成员国国内法的一般性规定以及成员国间的相关协议来确认。在欧盟成员国关系中（除丹麦以外），[94] 应当关注欧盟委员会《有关法院管辖及民商事案件判决执行的承认的条例》（EuGVVO）[95]。《欧洲专利公约》和《承认备忘录》只对有关授权请求权的判决产生效力，而不适用于此类已授权专利的判决。

3. 在欧洲专利局，将另一人授予欧洲专利权利人身份的判决可以在一项异议程序中产生作用。如果有人证明了他在一个成员国中因一份有效判决取代了到目前为止的那个专利权人而在该成员国进行了专利登记的，他就会在异议程序中进入那个到目前为止的专利权人的地位上（《欧洲专利公约》第99条第4款）。他因而对于相关成员国而言就是异议提出人的相对人，并且有机会为其目前享有的专利权进行辩护，同时这可以针对其施加干预所涉及的成员国保留与其余成员国不同的权利要求书、说明书及附图（《欧洲专利公约实施细则》第78条第2款）。

因为缺少专利权人之实际合法权利不会在异议程序中导致其他的后果，尤其没有因为此缺失而带来的具有在后申请权功能的撤销。该合法权人只能以进入非法专利权人地位的方式来获得因无权申请而建立的法律地位。

为了在异议程序中不出现影响欧洲专利所有人的权利损失，只要认为异议可被允许，当第三人在该程序中或异议期限[96]之内向欧洲专利局证明其针对专利权人启动了一项应当使其享有欧洲专利权的程序（《欧洲专利公约实施细则》第78条第1款），那么欧洲专利局即中止此异议程序。该中止的前提条件及效力与授权程序的中止一样；但是欧洲权利中缺少了一种对合法权利人针对

〔94〕 就此也适用4号入盟公约（ABlEG Nr. C 15 v. 15. 1. 1997）中有关法院管辖及民商事案件（EuGVÜ, BGBl. 1972 Ⅱ S. 773）法院判决的执行的布鲁塞尔公约。

〔95〕 Vom 22. 12. 2000 ABlEG L 12/01；dazu das deutsche Ausführungsgesetz vom 19. 2. 2001 BGBl. I S. 288, 436, zuletzt geändert durch Gesetz vom 17. 4. 2007 BGBL. I S. 529.

〔96〕 应当认为，在此情形下，程序的中止也仅在按期限提出异议时才适用。《欧洲专利公约实施细则》第78条第1款第3句对此进行了肯定，根据该条款只有当异议部门允许了异议的情况下才存在中止异议的必要。如果没有及时或有效地启动异议，则不需要合法权利人的介入，因为专利的成立将不会再被欧洲专利局质疑。正如学者所建言的，合法权利人自己或者通过其启动异议程序来质疑专利的授权对合法权利人而言并没有显而易见的利益，而缺少合法性又不是《欧洲专利公约》中的异议理由，参见 *Heath*, Art. 61 Rdnr. 46。

放弃专利权的保护，这种保护与申请撤回的限制有关（《欧洲专利公约实施细则》第15条）。这就留给国内法适用的空间（有关德国的规定参见本节 I c 5）。

4.《欧洲专利公约》允许一项欧洲专利在一个成员国的主权范围内被宣告为无效，当其所有者根据《欧洲专利公约》第60条第1款不具有合法权利时（第138条第1款（e））。无效宣告的前提条件是，相关成员国的国内法对此情况有相关规定。判决由有权管辖的国内法院作出。在德国，如果结论认为，其所有者根据《欧洲专利公约》第60条第1款并不具有专利的权利时，此类已授权的欧洲专利由联邦专利法院来宣告无效；此时具有申请权的只有欧洲专利的权利的所有者（《国际专利条约法》第II章第6条）。此申请并无时间限制。无效宣告在另一种情况下也是可能的，即当转让之诉因超过时效或被依法驳回时。

只要欧洲专利针对德国进行了授予，拟定法应当对欧洲专利因所有者合法权利的缺失而被解释为无效的这种可能性，就像在国内专利中一样，通过保障合法权利人享有的抗辩不受时间限制的方式（参见本节II c 1）进行取代。

IV. 发明者人格权的保护

a）德国法专利授权程序中的发明人之指明

应当作为——独立或与他人共同——完成的新技术规范的创造者或共同创造者而被承认的这种发明者的权利，源于发明者人格权。因此《专利法》规定，他应当通过德国专利商标局以特定的方式被指明。他对此不可以进行有约束力的放弃（《专利法》第63条第1款第5句）。发明人指明的基础是申请人有义务指明发明者。在实用新型中无此规定。

1. 在德国专利商标局申请专利的人，必须根据《专利法》第37条第1款对发明人进行指明，并且确认就其所知没有其他人参与发明。在对多个发明人进行指明时无需有关参与程度的说明以及事实上可界定的发明部分的任务分配。[97] 如果申请人自己不是发明人或者不是独立的发明人，那么他必须说明他如何获得了此专利的权利。

发明人之指明原则上须在申请递交后的15个月内进行；在对优先权的主张中该期限从优先权日起算。其目的在于，尽可能在申请公开时就能指明发明人。出于特殊原因专利局可以延长该期限，在例外情况下也可以超出专利授权的时间点（《专利法》第37条第2款）。申请人或专利权人在专利局确定的最迟期限届满时仍未对发明人指明进行补足的，那么他将面临申请的驳回（《专

---

〔97〕 BGH 30. 4. 1968 Luftfilter GRUR 1969, 133, 134 f. Wegen der erforderlichen Einzelangaben vgl. §7 PatV.

利法》第 42 条第 1 款、第 3 款，第 45 条第 1 款及第 48 条）或者专利的撤销（《专利法》第 37 条第 2 款第 3 句、第 20 条第 1 款第 2 项）。

专利局不审查，发明人之指明以及申请人的有关其权利取得的解释是否正确（《专利法》第 37 条第 1 款第 3 句）。同样在德国法中也没有规定对被指明之发明人的特别通知。但申请人的说明原则上将随公开，或者以同样方式在迟一些时候使公众能够获取。申请人因而将不仅是由于其一般性实情说明义务（《专利法》第 124 条），也是由于要避免真实权利人的请求权目的来尽量进行相关的说明。对发明人进行指明这一程序法上的义务在没有官方的正确性检查的情况下同样也是保护发明人利益的一种有效手段。

2. 对发明人进行指明构成了公开说明书、专利说明书以及专利授权公布中的或者在登记处的相关备注中（《专利法》第 63 条第 1 款第 1 句、第 2 句）的官方的发明人之指明的基础。

发明人之指明依据专利申请人所声称的发明人的申请而停止；但这可以通过撤销申请而随时再对其进行事后指明（《专利法》第 63 条第 1 款第 3 句、第 4 句）。在此情形中并不需要申请人的配合。

当有人希望被指明为发明人，而该人又是申请人没有提及时，就要区别对待了，因为存在对发明人进行指明的缺失或不正确。谁在此类情形中试图将其指明为发明人，谁就不能够通过向专利局提交申请的方法来实施，而是要通过向有管辖权的法院（参见《专利法》第 143 条）提起诉讼。《专利法》第 63 条第 2 款给予了他一项对抗申请人或专利权人的请求权，并且要求任何一个被不当指明为发明人的人同意进行更正或补充指明。[98]如果在一项共同发明中未阐明所有共同发明人，那么除申请人之外的已被指明的共同发明人就对那些未被指明的发明人负有同意的义务。[99]所作出的同意在任何情况下均不可撤回（《专利法》第 63 条第 2 款第 2 句）。

《专利法》第 63 条第 2 款之请求权是不可转让的并且只能由发明人自己进行主张，而不能由那个可无限使用该发明的雇主在所谓的"程序层面"上进行适用；[100]雇主虽然可以获得专利的权利，但却不能由此获得发明者人格权。

---

〔98〕 根据位于卡尔斯鲁尔的州高级法院判决，不是必须对全体有义务依此进行更正的多名主体提起诉讼，只要针对其中一人的诉讼尚未被有效地驳回，也可以逐个起诉，参见 OLG Karlsruhe 26. 3. 2003 Mitt. 2004，22。与此相反，有人认为需要一个诉讼共同体，参见 Benkard/ Schäfers，§ 63 PatG Rdnr. 12 und Busse/ Schwendy，§ 63 PatG Rdnr. 38。

〔99〕 没有被指明人的同意，专利局则不考虑其他共同发明人的补充指明问题，参见 BPatG 6. 4. 1984 E 26，152，155。

〔100〕 BGH 20. 7. 1978 Motorkettensäge GRUR 1979，583，585 r. mit Anmerkung von *Harmsen*.

该权利在发明人死后可根据对一般性人格权及著作权人之人格权所适用的基本原则通过发明人的继承人或其信任的特定人行使。[101]

《专利法》第 63 条第 2 款当中的规定涉及其第 1 款中一项官方指明获得成功的情况。但在此之前即可向申请人要求更正一项不正确的指明，[102]因为这已经产生了一种损害发明者人格权的危险，此危险根据《民法典》第 823 条第 1 款和第 1004 条可以启动一项制止令之诉（参见本节Ⅳ c）。申请人可以——在公布之前——在没有被不当指明之人同意的情况下进行更正。[103]

无需考虑有关发明人之指明的法律纠纷，授权程序依然可以继续进行（《专利法》第 63 条第 2 款第 3 句）。但专利局需把一项具备一定形式的同意或者一项可代替它的、对指明进行补充或纠正的生效判决纳入考虑范围。

在对发明人之指明进行补充或纠正的所有案例中，已公布的官方出版物出于实际原因而不受此影响（《专利法》第 63 条第 3 款）。

b）在欧洲专利局程序中的发明人之指明

根据《欧洲专利公约》第 62 条，发明人针对欧洲专利的申请人或权利人享有在欧洲专利局作为发明人而被指明的权利。当申请人自己不是发明人或不是独立发明人时，他即有义务对发明人进行说明并且作出有关他如何获得欧洲专利权利的解释（《欧洲专利公约》第 81 条）。说明的期限原则上为申请或优先权日起的 16 个月（《欧洲专利公约实施细则》第 60 条）。若延误该期限，申请作为撤回处理（《欧洲专利公约》第 91 条第 5 款第 1 句，《欧洲专利公约实施细则》第 60 条）。欧洲专利局不审查申请人之说明是否属实（《欧洲专利公约实施细则》第 19 条第 2 款），但根据《欧洲专利公约实施细则》第 19 条第 3 款的规定要将此告知作为发明人而被指明的那个人——申请人是自己时例外。除非被指明的人书面放弃其指明（《欧洲专利公约实施细则》第 20 条第 1 款），否则他将作为发明人被登记在公布的申请及专利说明中。

谁向欧洲专利局提交了有效判决，而申请人据此判决又负有将该人作为发明人进行指明的义务（《欧洲专利公约实施细则》第 20 条第 2 款）时，他将以相应的方式被宣告为发明人。此判决因此取代了申请人所没有完成的说明。有人已经作为发明人被指明的，则需要进行《欧洲专利公约实施细则》第 21 条第 1 款规定的指明的更正。更正以申请为前提，当它由一个第三人提出时，

---

[101] *Benkard/Melullis* §6 PatG Rdnr. 17 mit Rechtsprechungsnachweisen zum allgemeinen und Urheberpersönlichkeitsrecht；*Busse/Schwendy* §63 PatG Rdnr. 8.

[102] BGH 30. 4. 1968（FN 96）.

[103] BPatG 7. 10. 1971 E 13，53，55 ff.；15. 3. 1983 E 25，131.

此更正申请则需要申请人的同意。此外，被不当指明之人的同意也是必要的，因为这按照通常情况根据《欧洲专利公约实施细则》第 19 条第 3 款已对其指明进行了告知。那些涉及不正确之发明人指明的（《欧洲专利公约实施细则》第 21 条第 2 款）、在专利登记簿中的备注和欧洲专利公报中的公布，也将在所述的前提下被更正。

当只有一个另外的共同发明人应当被指明时，根据欧洲专利局的观点，已被指明人的同意就不是必需的了，因为他们不应当是"被不当指明"的。[104] 由此立场出发，接下来就应当要求欧洲专利局，在对共同发明人进行补充指明之前审查那些已作为发明人被指明的人是否被正确地命名了，并且在否定的情形中要求他们作出同意。《欧洲专利公约》与《欧洲专利公约实施细则》中的这一规定被概念化了，以至于对专利局而言，这样的审查应当被免去。从而应当由此得出，当存在未被指明的共同发明人时，发明人还是被不当地指明了，因为发明人之指明在此情形中依然造成了一个不正确的、损害了未指明的共同发明人的印象。因此专利局在此类案件中则无需进入实施审查，同时必须要求已被指明人的同意，因为其权利可能会在补充指明不正确时受到损害。

能够取代发明人之指明的判决如何成立，以及对更正指明所必需的同意如何实现，《欧洲专利公约》没有更详细的规定。尽管他只针对申请人享有发明人之指明的权利，从《欧洲专利公约》第 62 条之原则还是能够引申出，发明人可以向一个被不当命名的人要求同意更正。有关一项权利根据欧洲法的规定是否成立的判决，由那些依据国内法而具有管辖权的法院或其他机关进行判断。要让欧洲专利局关注其判决的前提条件，以及在相互矛盾的判决中的法律地位，并没有在欧洲专利法中——与专利权利的纠纷不同——得到规定。[105]

c）普通类型的侵害发明者人格权的法律后果

在专利授权程序中所确定的针对申请人及作为发明人而被不当指明的人的请求权，应当理解为一个普遍原则的结果，根据该原则，发明人在其法律所保护的人格利益受到损害时可以要求停止侵害、消除影响和损害赔偿。此原则同样适用于，当对一项发明仅需考虑实用新型保护，或仅申请了实用新型保护，或仅成立实用新型保护时。根据德国法，所述权利的基础为《民法典》第 823 条第 1 款和第 1004 条，因为发明者人格权，具体来讲，即在其人格性法律上的组成部分中的发明者权，是另外的、此规定意义上的全方位的保护权。发明者人格权是一般人格权，根据这一观点，无须为了寻找根据而适用《民法典》

[104] EPA 8. 11. 1983 J 08/82 ABl. 1984, 155, 161 ff.
[105] Näheres bei *Heath*, Art. 62 Rdnr. 12 ff.

第823条第1款。全方位的保护意味着，它干预着每一个人且独立于一些特殊关系，但不意味着它针对每一种可能的、权利人有关权利对象产生的权利损害而成立。发明者人格权在这一方面能够延伸多远，首先应当从有关发明者权的专利法规定来进行推断。之后，那些损害即可被视为对终结了特殊专利法之权利的侵权。它不仅仅使侵权人有义务以专利法所规定的形式消除影响，也可以通过制止令之诉来得到保障，并且在负有责任的行为中有义务进行损害赔偿。此外，此类权利在发明人于专利法程序之外对作者身份提出异议时，或者在其地位上把另外的人说成发明人时，也应当被考虑到。[106]这同样也适用于在共同发明中对一人或多人进行指明而又不告知其他发明人时。与此相反，发明人并没有权利在那些其发明被提及过或者出现过的任何地方都被指明。[107]他在原则上尤其不能主张，在与发明相关的成果的联系中突出其发明人的身份。另外，这还要视情况[108]与交往惯例（Verkehrsgepflogenheiten）[109]而定。

在发明人名誉损害很严重的情况中，也要根据适用于侵权损害时一般性人格权的基本原则来考虑针对非物质损害的金钱赔偿请求权。[110]

针对那些否认了其发明人身份的人，发明人也可以提起诉讼来确认发明人身份；[111]这里不仅涉及一个实际进程的结果，也涉及一些法律关系；[112]《民事诉讼法》第256条规定所必需的要加以确定的权益大多已经存在，[113]因为一项履行请求权的适用——如停止侵权或撤销——还不完全满足对发明人权利保护的需要。共同发明人之人格权法律关系的确定不属于按份共有；按份共有只在财产性法律关系中需要考虑。[114]

V. 保护的界限

1. 发明的使用既不能根据发明者人格权而被其发明人禁止，也不能根据

---

[106] Vgl. *Ehlers*, Kann der Erfinder die Nennung seines Namens auch bei anderen als den amtlichen Veröffentlichungen über die Erfindung verlangen? GRUR 1950, 359, 362, der auch auf §824 BGB hinweist.

[107] *Ehlers*（FN 105）361.

[108] 有学者把在科学出版物中引起的有关发明人身份的错误介绍视为《民法典》第826条意义上的违反善良风俗，参见 *Ehlers*（FN 105）363。

[109] 没有这种内容的交易习惯，即在颁发合作者证明中受益的展示人必须配合其受益地展示部分的发明人，参见 BGH 17. 3. 1961 Mitarbeiter‑Urkunde GRUR 1961, 470, 472.

[110] Vgl. OLG Frankfurt（Main）6. 6. 1963 GRUR 1964, 561；*Benkard/Melullis* §6 PatG Rdnr. 16 强调有关一般性人格权的判决。

[111] Vgl. BGH 5. 5. 1966 Spanplatten GRUR 1966, 558；LG Nürnberg‑Fürth 25. 10. 1967 GRUR 1968, 252, 254l.；OLG München 17. 9. 1992 GRUR 1993, 661.

[112] BGH 24. 10. 1978 Aufwärmvorrichtung GRUR 1979, 145, 148l.；*Bernhardt*, S. 77.

[113] BGH 24. 10. 1978 aaO 148 r.；OLG München（FN 110）.

[114] LG Nürnberg‑Fürth 25. 10. 1967（FN 110）255 r.；*Schippel*, GRUR 1969, 135 r.

专利或实用新型的权利人由其所有人来禁止；它并不产生赔偿或补偿请求权。甚至在发明者人格权益的使用时可能会通过一种方式而受到损害，即当时的情况下会造成一个错误的有关创作人身份的印象（参见本节 Ⅳ c），或者发明人被指明，但发明却以违背事实的、以剥夺创作者表面身份的方式而被确定为存在缺陷。发明人的权利于是只能联系到所伴随的情况，而不是使用。在财产法律关系方面的发明者权面对一种未经合法权人同意的使用，如前面所论述过的（参见 § 2 Ⅳ b 3），只能在保护秘密的界限内采取措施。

2. 在不合法的申请中不存在对请求权的授予的限制，这种授予把民事权利与绝对权的侵权联系在了一起。专利或实用新型权利的所有者也可以提起以撤回申请为目的的消除影响之诉来取代转让之诉，或者通过制止令之诉来提前实施。[115] 不过如果他因为时效届满而失去了针对善意保护权人的转让之诉，那么他就只能进行无效诉讼或提出撤销申请，而不能再用民法上的损害赔偿或消除影响的请求权来进行对抗了。

3. 可能存在疑问的是，公布发明的权利是否也属于发明者权。[116] 将对于其原创人而言尚处于保密状态的发明在未获得授权时就进行公布，既损害其人格性也损害其财产性的权益：这种公布剥夺了他对于是否愿意使其发明进入流通领域而作出决定的自由，并且破坏了秘密的保护以及——对时间上的无害性有所保留的（参见 § 16 A Ⅵ，B3）——专利或实用新型保护的希望。只要考虑到一项从人格权法律上归纳出的进行公布的权利，无疑需要注意，它尤其与作为发明人而要求被承认的权利不同，后者可以进入发明人的有效支配中去，且在雇员发明中甚至必须处于雇主可获取的状态之下，因为不公布就不能对发明者权的具有流通能力的财产法律上的组成部分进行充分的评估。在权利转让当中，发明人只保留决定是否并以何方式将发明在指明其名字的情况下进行公布；不过这也是来自承认发明人身份的权利。此外，原则上还有疑问的是，当既没有——主观与客观上——满足侵犯秘密的构成要件，也没有实现未经授权的保护权登记时，针对无授权性公布的保护是否能够被保障。特别是有一种观点反对向发明者权的所有人授予请求权，以对抗发布了发明的人，理由是从秘密保护法律规定的角度看，发明发布者是在没有保密义务的情况下，以诚信方式获得了该知识。当针对那个在未经授予的公布之后于自己没有不正当行为的

---

〔115〕 *Benkard/Melullis* § 6 PatG Rdnr. 12a mit Nachweisen；wegen Schadensersatzansprüche vgl. oben I c 3, 5.

〔116〕 Grundsätzlich bejahend *Preu*，FS Hubmann，S. 356 f. 对高校工作人员有关发明的——积极和消极的——出版自由的保护（《雇员发明法》第 42 条数字 1、2，参见 § 21 Ⅶ b 8），这一新规定，从宪法保障科学自由的角度进行了阐明，发明者人格权一般包括了发表权。

情况下使用了发明的人，不能提出基于侵害发明者权的请求权时才为公平。不过在侵害秘密的案件中，当他失去了获得保护权的机会时，还是应当赔偿发明权利的所有者蒙受的损失。

§21 雇员发明

参考文献：*Bartenbach – Fock*，*A.*，Arbeitsnehmererfindung im Konzern，2007；*Bartenbach*，*K./Volz*，*F. – E.*，Gesetz über Arbeitnehmererfindungen，Kommentar，4. Aufl. 2002（zit.：*Bartenbach/Volz*）；*dies.*，Erfindungen/Verbesserungen，in：Leinemann（Hrsg.），Handbuch zum Arbeitsrecht；*dies.*，Arbeitnehmererfindervergütung，2. Aufl. 1999；dies.，Arbeitnehmererfindungen. Praxisleitfaden mit Mustertexten，4 Aufl. 2006；*Fabry*，*B./Trimborn*，*M.*，Arbeitnehmererfindungsrecht im internationalen Vergleich，2007；*Gaul*，*D.*，Die Arbeitnehmererfindung，2. Aufl. 1990；*Heine*，*H. G./Rebitzki H.*，Arbeitnehmererfindungen，Kommentar，3. Aufl. 1966；*dies.*，Die Vergütung für Erfindungen von Arbeitnehmern im privaten Dienst，1960；*Johannesson*，*B.*，Arbeitnehmererfindungen，1979；*Keukenschrijver*，*A.*，Kommentierung des ArbEG，in：Busse，S. 1650 – 1767；*Knauer*，*H.*，Möglichkeiten und Nutzen einer Vereinheitlichung des Arbeitnehmererfinderrechts in der Europäischen Union und Schlussfolgerungen für die diesbezügliche deutsche Gesetzgebung，2007；*Körting*，*M.*，Das Arbeitnehmererfindungsrecht und die innerbetriebliche Innovationsförderung. Ansichten im internationalen Kontext，2006；*Kremnitz*，*W.*，Das Arbeitnehmererfinderrecht in der Praxis des Unternehmens，1977；*Lenhart*，*M. B.* Arbeitnehmer – und Arbeitgeberbegriff im Arbeitnehmererfindungsrecht，2002；*Lindenmaier*，*F./Lüdecke*，*W.*，Die Arbeitnehmererfindungen，1961；*Martin*，*W.*，Die arbeitsrechtliche Behandlung betrieblicher Verbesserungsvorschläge unter Berücksichtigung immaterialgütterrechtlicheer Grundlagen，2003；*Reimer*，*E./Schade*，*H./Schippel*，*H.*，Das Recht der Arbeitnehmererfindung，Kommentar，7. Aufl. 2000；*Sack*，*R.*，Recht am Arbeitsergebnis，in：Münchener Handbuch zum Arbeitsrecht，Bd. 1，2. Aufl. 2000，S. 2055 – 2160；*Schwab*，*B.*，Erfindung und Verbesserungsvorschlag im Arbeitsverhältnis，1985；*ders.*，Arbeitnehmererfinderrecht. Handkommentar，2006；*Volmer*，*B./Gaul*，*D.*，Arbeitnehmererfindungsgesetz，Kommentar，2. Aufl. 1983；*Volz*，*F. – E.*，Das Recht der Arbeitnehmererfindung im öffentlichen Dienst，1985.

论文：*Bartenbach*，*K./Goetzmann*，*M.J.*，Europäisches Arbeitnehmererfindungsrecht vs. Arbeitsnehmererfindungsrecht in Europa，VPP Rundbrief 2006，73 – 82；*Bartenbach*，*K./Volz*，*F. – E.*，Die betriebsgeheime Diensterfindung und ihre Vergütung gemäß §17 ArbEG，GRUR 1982，133 – 142；*dies.*，Geschichtliche Entwicklung und Grundlagen des Arbeitnehmererfindungsrechts – 25 Jahre ArbEG，GRUR 1982，693 – 703；dies.，Schuldrechtsreform und Arbeitnehmererfindungsrecht, FS Tilmann, 2003, S. 431 – 448; dies. , 50 Jahre Gesetz über Arbeitnehmererfindungen, GRUR 2008 Beilage I 4, S. 1 – 19; v. *Falckenstein*, *R.* , Arbeitnehmererfindungsgesetz – das Rote Kliff im gewerblichen rechtsschutz, FS Bartenback, 2005, S. 73 – 88; *Gaul*, *D.* , Der persönliche Geltungsbereich des Arbeitnehmererfindungsgesetzes, Recht der Arbeit 1982, 268 – 279; *Hellebrand*, *O.* , Lizenzanalogie und Angemessenheit der Arbeitsnehmererfindervergütung, FS VPP, 2005, S. 289 – 302; *Kaube*, *G. /Volz*, *F. – E.* , Die Schiedsstelle nach dem Gesetz über Arbeitnehmererfindungen beim Deutschen Patentamt, Recht der Arbeit 1981, 213 – 219; *Meier – Beck*, *P.* , Vergütungs – und Auskunftsanspruch des Arbeitnehmers bei der Nutzung einer Diensterfindung im Konzern, FS Tilmann, 2003, S. 539 – 548; *Schippel*, *H.* , Zur Entwicklung des Arbeitnehmererfinderrechts, GRUR – FS, 1991, S. 585 – 616; *Straus*, *J.* , Die international – privatrechtliche Beurteilung von Arbeitnehmererfindungen im europäischen Patentrecht, GRUR Int. 1984, 1 – 7; *ders.* , Arbeitnehmererfinderrecht: Grundlagen und Möglichkeiten der Rechtsangleichung, GRUR Int. 1990, 353 – 366; *Volmer*, *B.* , Der Begriff des Arbeitnehmers im Arbeitnehmererfindungsrecht, GRUR 1978, 329 – 335; *ders.* , Begriff des Arbeitgebers im Arbeitnehmererfindungsrecht, GRUR 1978, 393 – 403; *Volz*, *F. – E.* , Zur Unbilligkeit im Sinne des § 23 ArbEG, FS Bartenbach, 2005, S. 199 – 227.

资料: Amtliche Begründung zum Regierungsentwurf eines Gesetzes über Erfindungen von Arbeitnehmern und Beamten, Bl. f. PMZ 1957, 224 – 249; dazu: Schriftlicher Bericht des Ausschusses für gewerblichen Rechtsschutz und Urheberrecht aaO 249 – 256. – Entwurf eines Gesetzes zur Änderung des Gesetzes über Arbeitnehmererfindungen mit Begründung, Bundestagsdrucksache 14/5975 vom 9. 5. 2001; dazu Beschlussempfehlung und Bericht des Rechtsausschusses, Bundestagsdrucksache 14/7573 vom 26. 11. 2001. – Referentenentwurf eines Gesetzes zur Änderung des Gesetzes über Arbeitnehmererfindungen (Gesamtreform) BMJ Ⅲ B4 – 3621 vom 25. 10. 2001 mit Begründung.

提示: 1. 《雇员发明法》的规定在本节下文引用中不再说明该法的名称。

2. 根据《专利法简化及现代化法草案》(参见 § 6 Ⅲ 15), 应该在《雇员发明法》的规定中要求书面形式, 而此书面形式要求又被文本形式取代, 进而通过使用电子辅助手段而变得简单化。根据《民法典》第 126b 条的规定, 书面形式即可以满足文本形式的定义。

Ⅰ. 普遍性问题

a) 经济意义、权利状况、法律发展

1. 一般只有精通技术领域问题的人才会获得具有专利或实用新型潜力的解决办法; 为了获得具有被保护能力的发明, 更多的是需要投入大量的、昂贵的研究装置以及一般来说相关专业合作团队的人力资源。那种自己通过有限的手段（在阁楼里）为了获得技术创新而努力的个人"爱好者"，在当前的技术发展情形中只有相当渺茫的成功希望；即使作出了具有被保护能力的发明，其经济价值也大多较低。绝大部分发明还是在企业中完成，在这些企业里有自己的科研部门的不在少数。那些来自非商业研究机构的发明虽然不是不计其数，但在有的案例中确实对经济至关重要的。发明在这两个领域里通常是非独立性岗位的从业人员的成果，首先就是雇员；只要它们来源于企业或公法社团的职能机构，也就可能来源于那些作为公务员或士兵在公法性劳动关系里存在的人们。仅在适当规模的企业中，权利人在接近雇员份额的程度上才显出对那些来自企业的发明作出了贡献。[1]其他独立的，特别是自由职业的发明人在总数当中所占的比例就更少了。与此相反，源于雇员的发明的比例估计应当占到80%～90%。[2]

2. 根据发明人原则（参见§19 I），雇员所创造的发明的权利属于该雇员（《专利法》第6条第1款）。相应规定也适用于共同发明的多个雇员（《专利法》第6条第2句）。雇主的原始权利取得已被排除。无关重要的是，创造发明的职务行为与雇员出于工作关系的义务之间的关系的紧密性。即便雇员基于公司的经验得到了其职务上的进步，发明者权只对他而单独成立，而不是公司的所有者。

只有当公司所有者——这只在自然人时成为问题——为发明的完成作出了建立起共同发明人身份的贡献时（参见§19 III），他才自始与雇员共同享有发明者权。当然，出于通过雇员的经营经验并不足以形成此类贡献。

3. 发明人原则的作用在雇员发明中陷入了与劳动法基本原则的冲突里，根据此原则工作成果属于雇主。按照该原则，由雇员负有义务的工作任务的履行产生的成果所体现的那些发明，应当属于雇主。就此并不需要雇主的原始的权利取得。发明人原则不妨碍发明人转让其财产法上的地位；根据普遍的规定，这甚至可以为将来的发明通过预先处分来实现（参见§19 II）。雇主从而应该尊重此劳动法原则，其中，他在签订工作合同时事先就将雇员可能的发明转让给他，只要他按照劳动法律关系支付其报酬。没有此类预先转让也许在每一名雇员所作的发明中都会产生问题，他是否对雇主负有义务进行权利转让，而且他是否为发明而有责任进行一项特殊的对价给付（Gegenleistung）。此时风险转移给了雇主，即雇员——除非也违反合同——为自己而保护发明并且给雇主的竞争者使用，而这本身就排除了其使用。一项纯粹的转让请求权从

---

〔1〕 "信息研究所"的调查显示，对于年营业额少于1000万马克的公司，只有49%的雇员发明被体现出来，参见 Patentwesen und technischer Fortschritt, Teil I, 1974, S. 51 (Tabelle 25)。

〔2〕 *Bartenbach/Volz*, Einleitung Rdnr. 2.

而应该不足以保护雇主的权益。另一方面，雇员在冒险将自己卷入预先转让当中，以至于他在当中会因为其社会的从属性及经济上的劣势和因为对未来发明的类型及价值评估的困难而不能或不充分地获得经济利益的分配，而此利益就是来自他为雇主所创造的发明。发明人原则的意义即在于，使发明的创造人获得其经济价值。因此，形式上认可雇员在发明之上的原始权利还不够，他必须被置于能够为其权利地位实现一种等价的位置。

4. 在法律发展过程中，这样的信条在立法上对发明人原则进行引入之前就已经被实施了，该原则认为雇主至少在某些情况下亏欠创造了发明的雇员一种特殊的报酬。[3]它起初是在 20 世纪 20 年代形成[4]的劳资合同中出现过。司法判决以一些此类规定为蓝本在"企业发明""职务发明"与"自由发明"间作了区分。[5]那些不是各自独立自主的创造性业绩，而是基于雇主企业的经验和筹备产生的，以致人们相信为其不能被归功于个人发明者的发明，曾被视为"企业发明"。它们曾直接地并且在不负报酬义务的情况下属于了雇主。与此相对，在那些来自属于雇员工作职责的活动而建立的（不构成"企业发明"的）"职务发明"中，雇员曾被认定为发明者；如果发明超出了合同关系对他所期待的业绩范围，那么雇主曾有义务对其支付适当的报酬。发明的权利曾在这些情形中依据工作合同而也被自始就赋予了雇主。只有在那些既不是"企业发明"也不是"职务发明"的"自由发明"中，曾把雇员作为原始的合法权利人看待；雇主若对发明感兴趣，曾被要求必须通过特别的协议才能受让得到该权利。

5. 在 1936 年，把发明人原则引入专利法曾给雇主的合法权利带来危险；虽然如此，这个原则却没有能力给雇员以足够的保护（参见第 3 点）。因而需要补充一项规定，该规定一方面同样保障了雇主对构成发明的工作成果的权利，另一方面按照满足专利法有关公平的发明者薪酬（参见 § 3 Ⅲ）的规定，把发明物价值上与其业绩相当的部分分配给雇主对其发明主张权利的雇员。围绕此类规定的努力早于"一战"前就已经在进行了。但这些努力既没有在一次专利法的变革框架内，也没有在劳动法著作中获得成功，正如自 20 世纪 20 年代所计划的那样。[6]伴随 1942 年及 1943 年有关随从成员（Gefolgschaftsmit-

---

〔3〕 Zum folgenden die Amtliche Begründung, Bl. f. PMZ 1957, 224 f.

〔4〕 Vgl. *Volmer/Gaul*, Einl. Rdnr. 57 ff. ; *Schippel*, S. 601 f.

〔5〕 在《雇员发明法》中，"企业发明"相当于"经验发明"（第 4 条第 2 款第 2 项），以前的"职务发明"相当于"职责发明"（Obliegenheitserfindungen）（第 4 条第 2 款第 1 项）；参见本节 Ⅱ。

〔6〕 Vgl. die Amtliche Begründung, Bl. f. PMZ 1957, 224 f.

gliedern)[7]的发明的条例，才第一次形成了一个不太充分的、暂时的立法性问题解决办法。其基本思想曾影响了 1957 年 7 月 27 日的有关雇员发明的现行法，该法现在规定了广泛的内容。

b）基本思想与基本概念

1.《雇员发明法》在系统上应当被归入劳动法；但它又因涉及与在公共事务中的雇员一样的公务员及军人的发明而超出了这个领域。劳动法在法律技术上通过一种方式与专利法和实用新型法联系了起来，即仅考虑具有被保护能力的专利以及回答谁享有专利或实用新型上的权利这一适用范围内的问题。它通过雇主的审查权（Zugriffsrecht）对发明人原则进行了修改，而使专利法上的利益分配在赋予雇员的报酬请求权中得到了适用。

不具备专利或实用新型保护能力的技术革新，该法将其称为技术改进建议。它不对雇员产生发明者权，因此作为工作成果而原始地属于雇主。不过，该法赋予了作出改进建议的雇员在特殊情况下的报酬请求权（第 20 条）。

2. 该法将雇员发明分为了职务发明与自由发明。发明人必须向雇主报告（melden）职务发明；他在原则上必须将自由发明告知（mitteilen）雇主。对雇员所报告或告知的发明，只要雇员的合法利益所需要，雇主应当进行保密；只要一项职务发明尚未公开（第 24 条），雇主即应当保密。[8]

雇主可以通过单方的宣告对职务发明进行主张。如果他以不受限制的方式为之，那么发明的权利在财产法方面则转给了他；创造发明的雇员保留享有发明者人格权。不受限制的权利主张原则上使得雇主有义务将发明申请专利或实用新型保护。如果他仅对发明提出有限的主张，那么权利还保留在有权而非有义务进行保护权申请的雇员处；雇主只获得一项非排他性使用权。此权利主张一般会带来雇员对适当报酬的请求权。雇主无权对自由发明提出主张；但雇员有义务，在雇主于劳动关系续存期间希望使用发明并且其落入雇主的工作范围时，以适当的条件向其提供非排他性使用权。

3. 只要不涉及已向雇主报告或告知的雇员发明（第 22 条），《雇员发明法》的规定就不得通过合同约定的方式作出对雇员不利的变通。[9]尤其被排除的是，预先通过合同使雇主获得未来发明的权利或者为此类发明确定报酬。只

---

〔7〕 Bl. f. PMZ 1942, 97 und 1943, 48; vgl. dazu *Volmer/Gaul*, Einl. Rdnr. 95 ff.; *Schippel*, S. 606 ff.

〔8〕 Vgl. *Gaul/Bartenbach*, Die Geheimhaltungspflicht bei Arbeitnehmererfindungen, Mitt. 1981, 207 – 219.

〔9〕 有学者认为——不同于通说观点——如果变通有利于雇员，并且雇主与第三人处于一个也会涉及雇员发明的合同关系中时，雇员与此第三人的约定也是无效的，参见 *Beyerlein*, mitt. 2005, 152 ff.

要其明显不公平（第23条），法律所允许的协议同样无效。[10]

不公平性只有——最迟在劳动关系结束后的6个月届满前——以书面方式对合同另一方提出了有关不公平性的宣告的当事人时，才会涉及（第23条第2款）。[11]

在一些公司尤其是大公司的实践中，以下做法越来越常见了：在通告职务发明后与发明人进行约定，雇员放弃《雇员发明法》上的权利，并通过一次性包干支付获得报酬。[12]此类约定根据第22条第2款及第23条分别是允许和有效的，只要不是在明显的范围内存在不公。[13]

《雇员发明法》的规定原则上不触及雇主及雇员的其他产生自劳动关系的权利和义务（第25条）；源自该法的权利和义务依据一般性的劳动法规定而与它们平行出现；这些权利和义务一直持续到劳动关系的终结（第26条）。[14]

4. 仲裁处作为《雇员发明法》中组织上的特点应当加以强调，它被设置在德国专利商标局中（第28条及其以下条款）。它为雇员与雇主间基于《雇员发明法》而产生的纠纷，不启动法院程序而免费并且以一种利于企业和谐的可持续性方式，通过专业和富有经验的委员会成员作出裁决。一般在仲裁处的程序进行完毕后才可向法院提起诉讼。

c）权威性法律制度的确定[15]

1. 当劳动关系由德国法调整时，即适用《雇员发明法》。[16]在何时满足此情况的问题中，首先取决于，该劳动关系是否通过约定而适用特定的法律制度。德国的国际私法原则上允许合同债务关系中的此类约定（《民法典施行法》第27条）。但在劳动合同及劳动关系中，不允许根据《民法典施行法》第30

---

〔10〕 Dazu eingehend *Volz*, FS Bartenbach.

〔11〕 学者指出：根据债法现代化之后引入《民法典》的诉讼时效规定，当《雇员发明法》第23条第2款在适用范围内尚未排除的话，请求权可能已经超过时效，参见 *Bartenbach/Volz*, FS Tilmann, S. 441 f。

〔12〕 Vgl. *Frank/Steiling*, VPP Rundbrief 2005, 89 ff und FS VPP, 2005, S. 281 ff.；*Franke*, FS Bartenbach, 2005, S. 127, 138 ff.；*Trimborn*, Mitt. 2006, 160 ff.

〔13〕 Vgl. *Volz*（FN 10）；*Bartenbach*, VPP Rundbrief 2005, 92 ff.；*Trimborn*, aaO.

〔14〕 Zum Fall des Betriebsinhaberwechsels *Volmer/Gaul*, §1 Rdnr. 114 ff.；*Gaul*, GRUR 1994, 1 – 6；*Villinger*, GRUR 1990, 169 – 175；*Schaub*, FS Bartenbach, 2005, S. 229 – 241；*Trimborn*, Mitt. 2007, 208 – 212；Schiedsstelle 12. 5. 1987 Bl. f. PMZ 1988, 349.

〔15〕 Dazu ausführlich *Sack*, Kollisions – und europarechtliche Probleme des Arbeitnehmererfinderrechts, FS Steindorff, 1990, S. 1333 – 1357.

〔16〕 Vgl. BGH 27. 11. 1975 Rosenmutation BGHZ 65, 347, 353；dazu auch *Ulmer*, Die Immaterialgüterrechte im internationalen Privatrecht, 1975, S. 80；*Reimer/Schade/Schippel* §1 Rdnr. 14. – Zur internationalen Zuständigkeit, insbesondere zur Anwendbarkeit des EuGV_ auf Streitigkeiten über Arbeitnehmererfindungen EuGH 15. 11. 1983 GRUR Int. 1984, 693 mit Anmerkung von *Stauder*.

条第1款使当事人的法律选择导致剥夺对雇员的、以法律强制性规定保障着的保护，而这个法律本应当根据第30条第2款在无须合同上的法律选择的情况下进行适用（参见第2点）。

2. 缺少法律选择时，劳动合同与劳动关系则根据《民法典施行法》第30条第2款第1句由雇员为履行合同而通常进行工作的所在地法律调整，即便他在其他国家暂时性地进行也是如此。当雇员通常不在同一个国家进行工作时，则根据第30条第2款第1句第2项适用雇用了该雇员的企业营业所所在地法。如果出于整体情况的考量，劳动合同或劳动关系指示了另一个比依据第1句第1项本应当适用的法律更有紧密联系的国家，[17]那么就要根据第30条第2款第2句适用此另一个国家的法律。

在缺少法律选择时依据此规则保护雇员的这一强制性条款，是不能通过合同上的法律选择而被排除的（参见第1点）。那么当根据《民法典施行法》应适用德国法时，只要依据《雇员发明法》第22条对雇员有利的强制性规定以及对雇员而言比所选择的法律[18]还要有利时，《雇员发明法》在不同的法律选择面前就仍然保留其权威性。假设没有德国法之选择是举足轻重的，那么根据一些欧洲国家的国际私法也得到此相应的结果，在这些国家中，基于欧共体成员国间所签订的有关在合同债务关系中适用的法律，加入了一个与德国《民法典施行法》第30条相一致的规定。当根据此类冲突规范而应当适用一个联邦德国之外的其他国家的法律时，应当以同样的方式至少保障雇员根据此国法律所享有的保护权。

3. 在欧洲专利申请及授权专利中，雇员发明的专利的权利根据其工作所在地，辅以经营所在地的法律来确定（《欧洲专利公约》第60条第1款第2句，参见§20 Ⅲ a 2）。但只要该法律允许对工作关系进行合同上的法律选择，则必须要注意雇主与雇员间的相关约定。[19]据此，在《欧洲专利公约》第60条第1款第2句指向德国法的情况中，可能会根据一项遵循该法的有效法律选择来适用另一个国家的法律。在《欧洲专利公约》第60条第1款第2句指向另一个国家的情况中，可能会因一项根据该国法律而被允许并有效的约定来适用德国法或者第三国的法律。对于德国《民法典施行法》第30条以及其他欧洲国家（参见第1点、第2点）的相关规定的适用，必须视国家的强制性保护

---

〔17〕 有人把一个德国公司在国外雇用德国雇员（非临时性的）作为例子，参见 *Sack*（FN 15）S. 1341 以及 *Trimborn*，Erfindungen während des Auslandseinsatzes，Mitt. 2006，498–502.

〔18〕 *Sack*（FN 15）S. 1342 ff.

〔19〕 So mit überzeugenden Gründen *Straus*，GRUR Int. 1984，3 ff.；zustimmend *Sack*（FN 15）S. 1348.

规定而定，该国的法律根据《欧洲专利公约》第 60 条第 1 款第 2 句则应该相应地失去法律选择，也就是如果当专利公约指向德国法时，即指向了《雇员发明法》的强制性规定。

根据该条文，只能依照《欧洲专利公约》第 60 条第 1 款第 2 句所确定的必须适用的法律来确定欧洲专利的权利。《民法典施行法》第 30 条、《欧洲专利公约》以及相关的国内法规定中使用的冲突法之连接规范（Anknüpfungskriterien）并非完全一致，而且不同国家的国内法规则很可能会相距甚远，所以，就可以推断出，欧洲专利的权利应当根据与雇主及雇员相关权利及义务上产生的发明不同的其他法律规则来进行评判。为了避免这种分歧，《欧洲专利公约》第 60 条第 1 款第 2 句应当被参照性地适用于这些权利和义务。[20] 在雇员发明中把专利的权利进行指派的这一特殊性，涉及雇主与雇员的特定关系，并且它的其余权利可以继而被理解为这种指派的结果。对《欧洲专利公约》第 60 条第 1 款第 2 句所使用的冲突法之连接规范也应适当地进行辩解，以说明所指派的法律规定统一地调整雇主与雇员间与发明相关的法律关系。

Ⅱ.《雇员发明法》的适用范围

a）有关人的适用范围

1.《雇员发明法》适用于私营或公共事务（öffentliche Dienst）领域工作的雇员，包括公务员和军人（第 1 条）。有关私营领域雇员的规定构成了该法的基本构架。这些规定在适当调整和限制后适用服务于公共事务的雇员（第 40 条）。对于公务员和军人而言，则适用服务于公共事务的雇员的相关规定（第 41 条）。从该法的构架上看，首先处理的是私营领域中的雇员的发明，然后才是服务于公共事务的雇员发明。

2. 尽管确定当事人是否是公务员或军人的问题可以根据相应的特别规定[21]顺利解决，却缺少一个法律上的定义。具有权威性的是劳动法判决与学说中发展出的标准。其中在细节问题上存在一些疑问。[22] 根据现今的惯用定义，雇员指的是，因民事合同或与此相同的法律关系而受雇于他人（即在人事上有附属关系的）并对该他人负有工作义务的人。[23] 一名雇员是职员还是工人，对于

---

〔20〕 对此表示了赞同，参见 *Sack*（FN 15）S. 1350。依据欧洲专利而适用另一个国家的法律来确立与国内专利不同的法律关系的这一风险可以通过合同上的法律选择来降低，参见 *Sack*（FN 15）S. 1349 f.

〔21〕 《联邦与州公务员法》《军人法》《兵役法》。

〔22〕 Näheres in den Kommentaren zu § 1 ArbEG；eingehend *Volmer*，GRUR 1978，329 ff.

〔23〕 Vgl. *Hueck/Nipperdey*，Lehrbuch des Arbeitsrechts，Bd. I，7. Aufl. 1963，§ 9 Ⅱ；*Schaub*，Arbeitsrechts – Handbuch，9. Aufl. 2005，§ 8.

《雇员发明法》而言并无差别；这尤其也适用于主管型职员。该法可适用于学徒工、实习生和志愿者。与此相对，该法不适用于法人组织的机构或成员，例如一家股份公司、合作社（Genossenschaft）或者一个登记在册的团体（比如马克斯普朗克学会）的董事会成员，或者一家有限责任公司的总经理。[24]这些人要承担什么样的义务把发明的权利转让给法人，以及他们能够主张哪些对待给付，需要视具体情况的合同约定而定。自由职业者也不属于雇员的范畴；《雇员发明法》不适用于他们的发明。[25]因为对于这些所谓的类似雇员的人（arbeitnehmerähnlichen Personen）是存有异议的，[26]他们由于缺少人事上的隶属关系而不是雇员，但又因为其经济上的隶属关系而具有可比性。[27]那些在劳动法个别关系中把类似雇员的人等同于雇员来对待的规定，并不是某一基本原则的表述；因而根据普遍观点，《雇员发明法》不能够在任何情况下都全部适用于这些人。[28]由于他有类似于雇员而需要被社会保护的必要，只要他们在为一家公司或一个任务发出者工作，则应当给予他们发明之上的权利，并且在没有明文约定的情况下也必须保障他们的报酬请求权（Vergütungsansprüche），该报酬请求权根据雇员发明所适用的标准来确定。另一方面，类似于雇员的这种特性会导致一个问题，即发明人是否因缺乏明确的理由而不得不负有告知发明事宜和转让权利的义务，但必须要注意其前提要件，在此前提下，雇主根据《雇员发明法》享有涉及雇员发明的请求权或审查权（Zugriffsrechte）。[29]

b）实体适用范围

aa）发明与技术改进建议

1.《雇员发明法》适用于发明和技术改进建议（第1条）。发明这一概念只包括具有可专利性或可实用新型性的对象（第2条）。另外，不具有可专利

---

[24] OLG Düsseldorf 10. 6. 1999 GRUR 2000, 49；LG Düsseldorf 3. 2. 2005 Inst GE 5, 100；gleiches gilt nach BGH 24. 10. 1989 Auto – Kindersitz GRUR 1990, 193 für den von einer KG angestellten Geschäftsführer ihrer Komplementär – GmbH. Vgl. außerdem BGH 11. 4. 2000 Gleichstromsteuerschaltung GRUR 2000, 788；17. 10. 2000 Rollenantriebseinheit GRUR 2001, 226 und 26. 9. 2006 Rollenantriebseinheit II GRUR 2007, 52. Eingehend zur Problematik *Jestaedt*, Die Vergütung des Geschäftsführers für unternehmensbezogene Erfindungen，FS nirk, 1992, S. 493 – 506；*Bartenbach/Fock*, Erfindungen von Organmitgliedern – Zuordnung und Vergütung, GRUR 2005, 384 – 392；*Zimmermann*, Erfindung von Orgamitgliedern und Gesellschaftern, FS Schilling, 2007, S. 415 – 432.

[25] *Bartenbach/Volz* § 1 Rdnr. 44 ff.；*Volmer/Gaul* § 1 Rdnr. 75 ff.

[26] Vgl. *Bartenbach/Volz* _ 1 Rdnr. 25 ff.；*Reimer/Schade/Schippel* § 1 Rdnr. 6.

[27] Zum Begriff der arbeitnehmerähnlichen Personen *Schaub*（FN 23）§ 9.

[28] Für volle Erstreckung jedoch *Volmer/Gaul* § 1 Rdnr. 68.

[29] Vgl. *Reimer/Schade/Schippel* § 1 Rdnr. 6.

性或可实用新型性的革新被称为技术改进建议（第 3 条）[30]。一项改进建议是否具有技术性的特征，则根据专利法中适用于发明的衡量标准进行确定（参见 § 12）。[31]

该法中只对发明作出了详尽的规定。如果技术改进建议赋予了雇主一种类似于保护权的优势地位（Vorzugsstellung），雇员是可以对技术改进建议享有报酬请求权的（第 20 条）。那么就此所涉及的即是"有资格的"技术改进建议。而其余的技术改进建议则没有被该法加以规定；它们均由资费合同及经营协议的劳动法机制进行调整（第 20 条第 2 款）；在公职的情况中同样也要考虑劳动协议（第 40 条第 2 款）。但这并不排除将非技术性的"经营方面的建议"，如组织、商业、宣传方面的改进建议包括在内。不过，当雇主能够在没有竞争者的情况下使用这些建议时，《雇员发明法》则也不适用于此类建议。

2. 对那些有计算机程序介入的解决方案而言，当方案显示出技术特征（参见 § 12 Ⅲ 和 Ⅳ c），而且是新颖的并具有足够的创造性时，也适用《雇员发明法》。所使用的计算机程序并不因为其自身受到《著作权法》第 69a 条的保护而排除其作为发明而受到的保护（参见《著作权法》第 69g 条）。[32]在由雇员或者公务员于执行任务或者根据雇主或上级（Dienstherr）的指示而创造的程序中，所产生的财产性权利，雇主根据《著作权法》第 69b 条的规定无须其他费用即可取得，这并不妨碍《雇员发明法》在该计算机程序是具有被保护能力的发明或其组成部分时进行适用。雇主或上级只需要支付一定的报酬

---

〔30〕 Vgl. dazu *Gaul/Bartenbach*, Individualrechtliche Rechtsprobleme betrieblicher Verbesserungsvorschläge, DB 1978, 1161 – 1169; *Gaul*, Der Verbesserungsvorschlag in seiner Abgrenzung zur Arbeitnehmererfindung, BB 1983, 1357 – 1366; außerdem *Danner*, GRUR 1984, 565; *Gaul*, GRUR 1984, 713; *Schultz – Suechting*, GRUR 1973, 293; *Melullis*, Zum Verhältnis von Erfindung und technischem Verbesserungsvorschlag nach dem Arbeitnehmererfindergesetz, GRUR 2001, 684 – 688. *Einsele*, Spannungsfeld Verbesserungsvorschläge, FS Bartenbach, 2005, S. 89 – 96; *Friemel*, Die Betriebvereinbarung über Arbeitnehmererfindungen und technische Verbesserungsvorschläge, 2004.

〔31〕 Über Züchtungen und Entdeckungen neuer Pflanzensorten durch Arbeitnehmer vgl. *Hesse*, GRUR 1980, 404 – 411 und Mitt. 1984, 81 f.; 植物的培育既不能作为发明也不能作为雇员发明法意义上的技术改进建议来看待，但对它的使用要根据第 20 条第 1 款规定的报酬来设置义务，参见 *Kreukenschrijver*, FS Bartenbach, S. 423 ff; dazu Bayerischer Verwaltungsgerichtshof 31. 3. 1982, GRUR 1982, 559。根据联邦专利法院的判决（BPatG 16. 7. 1973 Mitt 1984, 94），在雇主种植园中于培植植物上发现了自发性变异的雇员，作为新品种的发现者而享有品种保护的（与专利的权利相对应的）权利。

〔32〕 Dazu *Brandner*, GRUR 2001, 883 ff.; *Bayreuther*, GRUR 2003, 570, 578 ff.; *Brandi – Dohrn*, CR 2001, 285 – 294.

即可获得此类发明的权利。[33]

但是联邦最高法院在"通风设施方案"案中表示，当一个计算机程序在雇员执行任务时被创造出来，原则上就不考虑《雇员发明法》上的报酬请求权。[34]联邦最高法院当然也陈述了理由，在这种情况下，由于其缺少技术性（Technizität）而不构成《雇员发明法》意义上的发明和技术改进建议。[35]据此，当必须肯定一个使用了计算机软件的解决方案中所凝结的技术性时，《雇员发明法》应该是可以适用的。联邦最高法院更新的判决适当地对此给予了更大的空间（参见 § 12 Ⅲ c dd – ff）。[36]

如果计算机程序的著作权的财产性权利因为没有满足《著作权法》第69b 条的前提要件而不属于雇主或上级，那么，《雇员发明法》只有在经验发明（Erfahrungserfindung）（第 4 条第 2 款第 2 项，参见本节 Ⅱ b bb 4）的角度上——在技术性问题解决方案的情形中——才需要考虑其适用的问题。于是，就需要扩展雇主对基于计算机软件的著作权而产生的财产性权利。[37]

bb）职务发明与自由发明

1. 雇主对雇员的发明所拥有的权利取决于该发明是否为一项绑定的发明（gebundene Erfindung）或自由发明（freie Erfindung）（参见第 4 条第 1 款）。绑定的发明在该法称为职务发明；它指的是（a）在劳动关系存续期间创造出的发明以及（b）要么是出自企业中的雇员或者（执行国家公职的雇员）在公共行政管理中的职责性工作中完成的，要么是涉及企业或公共行政管理中的权威性经验或工作（第 4 条第 2 款）。该定义同样适用于公务员和军人的发明（第 4 条第 4 款）。上述第一种情况的职务发明可以被称为"职责发明"

---

[33] Krit. zur unterschiedlichen Behandlung des AN im Urheberrecht und Erfinderrecht *Himmelmann*, Vergütungsrechtliche Ungleichbehandlung von Arbeitnehmer – Erfinder und Arbeitnehmer – Urheber, 1998; *Ruzmann*, Softwareentwicklung durch Arbeitnehmer, 2004.

[34] BGH 24. 10. 2000 Wetterführungspläne (Ⅰ) GRUR 2001, 155.

[35] Krit. hierzu *Grunert*, Mitt. 2001, 234 ff.

[36] 联邦最高法院（BGH (FN 28) 157 r.）无疑是为了《雇员发明法》第 20 条的报酬请求权而要求需要一种技术性特征，该技术特征"超出了《著作权法》第 69b 条的适用范围"，并且是在其之后的条文中"由《著作权法》第 69b 条的适用范围中引申而出的一个附加的"技术性特征。如果确实认为技术性特征应当在狭义上被理解为《雇员发明法》可适用性的前提要件，而不是在《专利法》第 1 条框架内理解，那么《著作权法》即因第 69g 条而不予适用。

[37] In diesem Sinn LG München Ⅰ 16. 1. 1997 CR 1997, 351, freilich ohne Erörterung der Frage, ob eine technische Erfindung vorliegt.

(Obliegenheitserfindungen)[38]，第二种则可被称为"经验发明"（Erfahrungserf-indungen）。但是，工作或公职关系存续期间所创造的所有发明并非都是职务发明，而是只有那些"企业"或"公共行政机关"享有主要份额的发明才属于职务发明。

其中，不能在《雇员发明法》的意义上把企业理解为如劳动法等其他法中的单独的组织技术上的单位，而是应理解为雇主的公司，[39]该公司可以包含多个企业。公共行政机关在《雇员发明法》的意义上是指任意一个办事机构，雇员在这些办事机构中被聘从事公共事务、公务员或军人的工作，而无关该办事机构是否是一个企业、研究所、机构、基金会或者行政机关。[40]由一个或同一个公法上的雇主所管辖的办事机构原则上构成了一个统一的"公共行政机关"。[41]所不同的是在组织上独立的、由区域实体（联邦、州、乡镇）以能源供给或交通枢纽等为目的而运营的公司（"自营公司"（Eigenbetriebe）和"专营公司"（Regiebetriebe）)；公司在这里——就像私法领域里——是一个标准的单位。

没有被包含在职务发明法定概念之内的雇员发明，只要该发明产生于劳动关系之前或之后，或者甚至在劳动关系存续期间形成，但既没有因该雇员的职责工作也没有依赖企业的经验或工作的，该发明则属于自由发明（第4条第3款）。

对职务发明而言，公司或公共行政机关为形成发明所作的贡献是显著的。而一件发明在雇员所在的公司或公共行政机关中是否具有可实施价值，在这一点上并无差别。[42]而无论其可实施价值如何，当发明显示出了职务发明的法定特征时，那么该发明就与职务发明绑定在了一起；如果它不落入职务发明这一概念之下，那么就算它对于雇主而言具有可实施价值，它仍然属于一项自由发明。但有关自由发明的规定把雇主的使用权益进行了考虑（参见本节Ⅵ）。

2. 如果一项发明完成于劳动关系存续期间，即劳动关系开始之后、结束之前，产生争议时，雇主必须对此进行举证。[43]发明是否于上班时间或者休息

---

〔38〕 不太清楚的表达方式是"委托发明"（Auftragserfindung）（它也可能来源于劳动关系之外的情况）或"任务发明"（在专利法上会涉及"创造性任务分配"（erfinderischen Aufgabenstellung），参见§18 Ⅲ 1）。因为雇员不能被要求承担使一项具有保护能力的发明成立的义务（参见 *Volmer/Gaul* §4 Rdnr. 83)，所以用"职责发明"才不会产生如上的歧义。

〔39〕 *Bartenbach/Volz* §1 Rdnr. 104；*Volmer/Gaul* §4 Rdnr. 75 ff.

〔40〕 So die Amtliche Begründung Bl. f. PMZ 1957, 229.

〔41〕 Vgl. *Bartenbach/Volz* §4 Rdnr. 21；*Volmer/Gaul* §4 Rdnr. 80.

〔42〕 Vgl. die Amtliche Begründung, Bl. f. PMZ 1957, 228.

〔43〕 个别情况下，可根据具体情形提交第一次出现的证据；vgl. OLG München 27. 1. 1994 Mitt. 1995, 316.

时间、在企业空间之内或之外完成的，并不重要。起决定因素的只有劳动关系的法律上的存续期间。职务发明还有可能是一项雇员因假期、[44]生病或者罢工而不工作的时候形成的发明，而在解约与劳动关系终结期间形成的发明也属此例。

与此相对，即使一项发明主要借鉴了公司的经验或劳动，劳动关系结束之后才完成的发明就不再属于职务发明。但雇员为了逃避雇主对发明主张权利而延迟发明的完成的，只要该雇员在劳动合同中负有提出解决技术问题的方案构想的义务，那么他就违反了劳动合同。雇员则因违反合同义务而承担损害赔偿责任（《民法典》第280条第1款）。他必须依据《民法典》第249条，按照他本应该在劳动关系存续期间完成发明那样受到处理；如果他已经被授予了发明的保护权，那么雇主可以对其主张转让。[45]如果雇员为了在合同约定的发明完成之前终止劳动合同，而通过违反义务的行为挑起了劳动关系的提前解除时，雇员的损害赔偿责任仍然会成立（《民法典》第628条第2款）。[46]

3. 对于一项发明是否出自企业或公共行政机关的雇员所负有的职责工作的问题，则取决于发明人基于劳动合同或者依据雇主指示所确定的具体任务范围。此时在所确定的工作和发明之间肯定存在一种因果关系。对于那些在设计室、科研实验室、开发或实验部门工作的雇员来说，他们不只是从事上级指示的协助性工作，而是进行脑力劳动，无疑可以期待他们是专注于技术问题的某一新解决方案的。在此类机构的工作领域中创造出的发明产生于雇员的职责性工作而属于职务发明。对于其他类型的职员，同样可以期待他们是通过执行其任务的方式为技术问题的新解决方案而进行努力的。[47]

例如，作为一名工程师，他必须监控并保证一个被安置到其雇主公司而又非其公司制造的装置的正常运行，而他通过有创造性的修改使得该装置工作得更有效率或更加可靠时，职务发明即告成立。在一个国民经济学硕士（Diplomvolkswirt）的发明中，该国民经济学硕士参与了吸收新的经营范围的准备工作当中，并在技术发展工作上作出了重大的努力，仲裁庭[48]判定其为职务发明，原因在于该发明是在雇员的义务范围之内的。同样，作为雇主分公司经理与顾客进行接洽的商业雇员，对公司此领域的

---

〔44〕 Vgl. BGH 18. 5. 1971 Schlussurlaub GRUR 1971, 407 mit Anmerkung von *Schippel*.

〔45〕 BGH 21. 10. 1980 Flaschengreifer BGHZ 78, 252, 257; dazu *Fischer*, GRUR 1981, 129 f.

〔46〕 *Volmer/Gaul* § 4 Rdnr. 52.

〔47〕 Vgl. LG Düsseldorf 4. 12. 1973 GRUR 1974, 275.

〔48〕 3. 10. 1961 Bl. f. PMZ 1962, 54; dazu *Schippel*, GRUR 1962, 359.

技术发展作出了贡献，其发明仍被视为职务发明。[49]

4. 当所运用到的知识在公司中是可以获取的，并且被用于具有创造性的问题解决方案时，该项雇员发明即涉及了公司的经验或工作。[50]这里关系到所谓的"内部的现有技术"。内部现有技术在具体情况中可能落入专利法或实用新型法规定的有损新颖性的现有技术之中或超越之。面对一项对于具有被保护能力的专利至关重要的贡献，只需要考虑那种超越普通现有技术的内部现有技术。[51]雇员自从到公司里工作的时候才获取到普通现有技术的相关知识是完全可能的。但这并不能因为能够将雇主对雇员具有被保护能力的创造性工作的干预进行合法化而推演出一项属于公司的贡献。利用了经营工作或经验而从一项发明变成职务发明时，只要能够确认源于现有技术的不同信息或者源于——例如顾客投诉涉及的——属于现有技术解决方案之缺陷[52]的信息间的相互联系的可能，那么，就可以认定利用了经营工作或经验。发明人所使用的知识是否以文字或图表的方式被记载，是否在企业机构中具有一定角色或者是在不扮演任何角色的情况下从企业实务中获得的，均具有一样的效力。但这种知识必须是雇员所能获取到的，并且确实被其所使用过；否则不能说其涉及此类知识。最后，此类知识必须构成对发明而言决定性的贡献；通常情况下，当其使用的知识找到了创造性问题解决方案之入口时，即可认为具有决定性。发明人仅仅是——例如通过对开始或完成一项工作的单纯直观印象——而提出处理技术问题的倡议（Anregung），尚不能满足条件。立法者有意忽略将单纯的"倡议发明"算作职务发明，其中，企业经验对这类发明而言不再是一种直观的印象材料。[53]

Ⅲ. 职务发明的通告与权利主张

a）对雇主的通告

1. 创造了职务发明的雇员依照第 5 条第 1 款负有毫不延迟地向雇主通知发明成果的义务。[54]其中有一系列的形式要求需要注意：通告必须以书面和区

---

〔49〕　Schiedsstelle 14. 8. 1972 Bl. f. PMZ 1973, 144.

〔50〕　Schiedsstelle 1. 10. 1987 Bl. f. PMZ 1988, 221.

〔51〕　Anders *Volmer/Gaul* § 4 Rdnr. 115. 译者注：也就是说，只要雇员的贡献属于普通的现有技术，那么这种贡献不足以具备专利能力。但如果该贡献满足了公司的内部现有技术（前提是公司现有技术高于外界的现有技术）时，才需要考虑该雇员的工作超越了公司内部的技术现状而建立了功勋，此时就具备了创造性的成果。

〔52〕　Vgl. Schiedsstelle 8. 5. 1972 Bl. f. PMZ 1972, 382, 383.

〔53〕　Amtliche Begründung, Bl. f. PMZ 1957, 229 f.

〔54〕　由通告义务而产生了雇主的知情权；参见 OLG München 10. 9. 1992 GRUR 1994, 625。

别于其他声明及通告的专门形式进行；该通知作为发明登记必须是可辨知的。[55]不满足此要件时，雇主要求对内容上具有瑕疵的通告进行补充，并对其主张权利的期限不得开始计算（第5条第3款、第6条第2款、第8条第1款第3项）。但根据司法判决，如果雇主将职务发明中由其雇员创造的技术方案挂牌进行技术交易并且指明了参与开发的发明人时，权利主张的期限在没有常规通告的情况下也会开始计算。[56]

对通告的内容适用第5条第2款的规定：雇员有义务描述其解决方案及职务发明完成的技术任务。只要对于理解来说是必要的，雇员应当附上其掌握的记录。他同样也要说明其受到过哪些职务上的指示或者指导，使用过哪些企业经验或工作，以及除他之外还有谁参与了发明；而且要呈现其共同协作的方式与范围，并着重说明[57]自己所认为的应有份额。

如果一项已经完成了通告的职务发明被共同发明人中的某一人进行了重要的补充，那么新的通告就是必须的；只要缺少新的通告，权利主张的期限就会因补充而不进行起算。[58]

如果多名雇员参与了发明，他们可以共同递交一份集体通告（第5条第1款第2句）。[59]

2. 雇主必须在雇员提交发明通告的时候，向该雇员毫不延迟地出具一份书面证明（第5条第1款第3句）。但该证明只有证据的功效；一旦雇主收到符合形式要件的通告，与通告相连的法定期限便开始起算。若第5条第2款所规定的内容不够充分，雇主必须在2个月之内说明需要在哪些方面进行补充；若雇主延误提出此异议，通告则以常规方式处理（第5条第3款第1句）。[60]

---

〔55〕 此同样适用于当雇主放弃书面形式及可能出现的默认情形时；vgl. BGH 17. 1. 1995 Gummielastische Masse Mitt. 1996，16；OLG Karlsruhe 12. 2. 1997 Mitt. 1998，101.

〔56〕 BGH 4.4. 2006 Haftetikett GRUR 2006，754（Nr. 26）；ebenso schon OGL Düsseldorf 18.9. 2003 Haftetikett GRUR RR 2004，163，165r und 27.02 2003 Hub – Kipp – Vorrichtung mitt. 2004，418，421 f.；*Volmer/Gaul* §5 Rdnr. 201，§8 Rdnr. 105；*Bartenbach/Volz* §5 Rdnr. 39，§6 Rdnr. 51；*Fricke/ Meier – Beck*，Mitt 2000，199，201 f.；der Rechtsprechung zustimmend *Steininger*，Mitt. 2006，483f.；ablehnend *Hellebrand*，Mitt. 2001，195 ff.；*v. Falckenstein*，FS VPP，2005，262，273ff.

〔57〕 如果作出通告的雇员没有说明共同发明人，并让雇主将其作为唯一发明人进行奖励时，雇主可以根据《民法典》第123条因恶意欺骗对抗报酬约定，即使其主观构成要件均已满足，参见 BGH 18. 3. 2003 Gehäusekonstruktion GRUR 2003，702。

〔58〕 BGH 5. 10. 2005 Ladungsträgergenerator GRUR 2006，141（Nr. 15 – 21）。

〔59〕 在分开的通告情形中，权利主张的期限将分别针对各共同发明人而不同，参见 BGH aaO Nr. 26，28。

〔60〕 根据联邦最高法院的判决（BGH 10. 12. 2004 Rasenbefestigungsplatte GRUR 2005，761），如果雇员以恶意的方式进行通告致使雇主未主张权利时（捏造一个发明时间点，该时间点又在雇主发出了一般性公布之后），2个月的期限将不会起算。

否则，那个由合法通告所决定的期限在进行了必要补充后才起算；[61]如果有需要，雇主就此应当尽可能地支持雇员（第5条第3款第2句）。

3. 若雇员在雇佣关系存续期间完成了一项自由发明，那么，他不被第5条所规定的通告义务所束缚；但其必须依照第18条第1款的规定告知雇主其完成了一项发明，并说明有关该发明的事宜，必要时还须尽可能详细地说明该发明的形成，目的在于能够让雇主判断其发明是否为自由发明。雇员因而仍然负有信息提供义务，即便当雇员表示其发明既不出于其职责工作又没有以企业经验或工作为基础时。唯一的例外就是当其发明显而易见地不能在企业工作领域内进行使用的时候（第18条第3款）。

如果这里被定格在职务发明可使用性之外的概念上，显得不是非常符合逻辑。若一项对于雇主而言显而易见地不可使用的发明，与雇员的观点相反地，是一项职务发明的，那么通过雇主，该权利能够被主张。但只要雇主未获知此发明，即不能行使此项权利。错误地将一项发明作为自由发明对待并因缺乏可使用性而未告知雇主的雇员，之后从雇主一方可能被视为引起了损害赔偿请求权以及对其主张的保护权的侵害。把一项自由发明误认为能够使用于雇主的，同样能够产生对雇主的损害赔偿义务。因此，在发生争议时至少对发明进行告知，同样也符合雇员的利益。

雇主将一项被告知为自由发明的发明作为职务发明来对待的，他必须在收到一份符合形式的告知后的3个月内作出书面说明；逾期未说明的，则失去将该发明作为职务发明进行主张的请求权（第18条第2款）。[62]

4. 一项在劳动关系开始前或结束后完成的发明，雇员无须进行通告或告知。但雇佣关系存续期间完成的发明，雇员在合同关系结束后仍然负有情报提供义务（第26条）。在变动工作岗位的情况下，该信息提供义务须向在其雇佣关系存续期间最终完成发明的雇主履行。

在雇员因违反义务延误了发明的完成或者滥用权利地提前终止劳动合同关系而对前雇主负有损害赔偿义务的情形中（参见本节II b bb 2），发明在与后继雇主的劳动关系中因缺乏因果关系而既不能被作为职务发明对待，也不能视为经验发明，从而使得前雇主能够单独地主张其权利。

5. 雇员完成一项发明的时候，又同时处于多个劳动关系中的，只要所涉

---

〔61〕 *Bartenbach/Volz* § 5 Rdnr. 92 f.

〔62〕 Vgl. Schiedsstelle 8. 5. 1972（FN 52）.

及的企业把发明视为职务或经验发明，雇员对每一个雇主均有通告的义务。[63]他必须视情况提交多份通告。

若其错误地贻误了依实际情况所必须提交的通告，那么，当非法受让的雇主主张权利的时候就会变得错综复杂。

原则上，雇员必须将自由发明告知每一个在其完成发明时仍然存有雇佣关系的雇主；例外的是那些在其企业内显然无法使用发明的雇主（参见第3点）。

此规则同样适用于当雇员在一个或多个劳动关系中的工作之外从事自营业务时。在此自营业务中完成的发明，可能同样是职务发明（尤其是经验发明）而必须通告所涉及的雇主。涉及自由发明的，原则上必须告知每一名雇主。

b）职务发明的权利主张

提示：根据《专利法简化及现代化法草案》（参见§6 Ⅲ 15）应该废除受限权利主张的可能性。因而不再需要雇主于通告后4个月内必须要作出不受限制的权利主张，而是当雇主未在该期限内明确解释的话，则作为已经完成了主张。

1. 雇主可以对一项职务发明以受限或不受限的方式进行主张（第6条第1款）。针对雇员的权利主张通过书面声明来实现。[64]该声明必须尽可能快地作出；最迟必须在收到符合规定的发明通告后的4个月届满前向雇员作出（第6条第2款）。

收到的时间点是指最早收到依据第5条第1款第1句的符合形式的通知的时间；当通知的内容未满足第5条第2款的规定并且雇主及时提出了异议时（参见本节Ⅲ a 2），关键就看之后的时间点。此情形中，主张权利的期限在收到所必须的补充之后才开始起算。

对发明的权利主张未按时进行的，发明将变为自由发明（第8条第1款第3项第1种情况）。

---

〔63〕 Vgl. *Gaul/Bartenbach*，GRUR 1979，750 ff.

〔64〕 雇员可以放弃——包括默示——遵照书面形式，参见 OLG Karlsruhe 12. 2. 1997（FN 55）；严格限制雇主没有书面权利主张时的权利取得的可能性，参见 *Fricke/Meier - Beck*，Mitt. 2000，199 ff.；批评观点，参见 *Hellebrand*，Mitt. 2001，195，198。根据位于杜塞尔多夫的州高等法院的判决（OLG Düsseldorf 27. 2. 2003（FN 56）422f. und 18. 9. 2003（FN 56）166r)，保护权的申请或者对发明人的指明均没有进行权利主张的作用，即使是在发明人知道的情况下以书面的形式进行；放弃书面形式的权利主张只有在对此放弃有明确的合法论证时才能适用（aaO 4231. bzw. 1671.）。有学者就这两个问题认同法院的观点，参见 *König*，Mitt. 2003，430f。联邦最高法院就以下问题未给出答案，是否能够对保持书面形式及其期限进行有效的放弃或者延长；并指出相同的情况也必须在期限届满前发生，参见 BGH 4. 4. 2006（FN 56）（Nr. 27）。

2. 当职务发明（还）没有或没有按规定通告雇主时，而且是通过雇员误认为是自由发明而告知或经其他方法让雇主知道的时候，主张的权利依然成立。但通告的缺失并不阻碍雇主因期限届满而失去权利。即使已经提出了权利主张，雇主仍可要求补充符合规定的通知。

因自己的责任而延迟通知的雇员，对雇主负有损害赔偿的义务。损害尤其可能出现在及时通知之后，继而进行的申请本可以满足现有技术而应该能够成为一项专利或实用新型保护，但依据现在的现有技术又不能受到保护时。

3. 受限与非受限的权利主张在根本上有不同的效果。非受限的权利主张促使职务发明的全部权利转让给雇主（第 7 条第 1 款），其中雇员保留发明人的人格权。雇主继而——凭借移交的权利——成为专利或实用新型的所有者；他有权对发明进行申请登记，进而可能碰到源自相同发明行为的其他申请（参见 § 20）。此同样适用于与创造了发明的雇员的关系中：一项以该雇员的名义递交的申请应该是不合法的。

如果发明由同一雇主的多名雇员共同完成，那么，为了完整地取得发明的权利，雇主必须针对每一个共同发明人专门以书面形式声明非受限权利主张。针对一些共同发明人，若缺少有效的非限制性权利主张，他们则与雇主同处一个权利共同体中（参见 § 19 V）。

若涉及不同雇主间进行协同工作的雇员们所完成的共同发明，那么，每个拥有该职务发明的雇主均享有针对其雇员的份额上的请求权。若发明人在完成发明时正处于多个劳动关系当中，那么，每一个处于职务发明关系中的、参与其中的雇主均享有与其份额相符的请求权，该份额须与其公司在发明形成时的份额相当。

4. 与非受限权利主张相反，受限权利主张让雇员保留了发明的权利。此主张只给了雇主以非排他性使用权（第 7 条第 2 款第 1 句），雇员有权把发明置于其名义之下进行保护、使用以及授权第三人进行使用。雇员的自用通常无疑会与劳动合同义务相冲突，这使得他与雇主形成竞争；[65]但当涉及竞争者时，向第三人颁发使用许可也不会与雇主相冲突。就此范围之内，劳动合同的忠诚义务就不那么重要了，因为受限权利主张中的发明将是自由发明（第 25 条、第 8 条第 1 款第 2 项）。

---

〔65〕　*Volmer／Gaul* § 8 Rdnr. 132；*Bartenbach／Volz* § 8 Rdnr. 53；*Reimer／Schade／Schippel* § 25 Rdnr. 21；*Röpke*, Das Recht des Arbeitnehmers auf Verwertung einer frei gewordenen Diensterfindung, GRUR 1962, 127 – 130.

另一方面，受限权利主张也会给雇员带来麻烦。[66] 比如，当第三人因雇主保留的使用权而必须考虑雇主的竞争事实时，雇主在相关市场上的强势地位可能会吓阻对发明感兴趣的第三人进入该市场的尝试。因此，根据第 7 条第 2 款的规定，当因雇主之使用权会对该发明其他方面的使用给雇员造成不合理的妨碍时，雇员可以向雇主主张，要求其在两个月之内要么对发明进行非受限主张，要么使其成为自由发明。若非受限主张未及时提出，该发明则变为自由发明（第 8 条第 1 款第 3 项第 2 种情况）；雇主既不保留简单的使用权也不保留对一项原始自由发明本该享有的权利。

在非受限主张视角之下已经考查过的职务发明的共同权利或针对此类发明已划分过的请求权的情况中（参见第 3 点），受限权利主张应当引出一项与其份额相当的非排他性使用权，该受限权利主张不以整体的形式来连接发明的权利，而仅仅是针对该权利的个别份额享有者或者通过有权主张的多人中的一人或其他人来实现。如按份额共有论述中所指出的那样，会出现使用权的增加，而这种增加又不需要接受其余的份额享有者（参见 §19 Ⅴ b 9）。一项只对共有份额起作用的受限权利主张，只要它不被延伸到缺失的份额上，就不产生使用权。与此相对，共有份额的非受限权利主张依据《民法典》第 743 条第 2 款（参见 §19 Ⅴ b 6 f.）赋予了相关雇主同样的使用权。

5. 除申请保护权的义务之外，雇主能够自由支配那个使其获得非受限权利主张的权利地位的同时，通过受限权利主张而得到支持的非排他性使用权已经和雇主的公司联系在了一起。他既不可转让，也不可通过向第三人签发授权许可而进行扩展。[67]

根据联邦最高法院的观点，[68] 这同样适用于当职务发明的对象是一种方法并且雇主向第三人输送的机器或设备根据运行规定需要使用该方法时。雇主应该能够依据受限权利主张在其公司内部使用该方法；但他不能让第三人使用。与此相对，在相关文献中[69]，一个得到有力理由支撑的观点认为，只要方法的使用通过被输送的装置就实现的，雇主必须有权能使其购买者获得该方法的使用权。此观点除了与实务及经济需求相符外，也符合了一种情况，即只要设备是根据与发明相符的特殊方法定制的，采用雇主产品就让方

---

〔66〕 Vgl. *Reimer/Schade/Schippel* §7 Rdnr. 15.

〔67〕 BGH 23. 4. 1974 Anlagegeschäft BGHZ 62, 272, 276 f.; *Volmer/Gaul* §7 Rdnr. 75; *Reimer/Schade/Schippel* §7 Rdnr. 20; *Bartenbach/Volz* §7 Rdnr. 31, 33.

〔68〕 23. 4. 1974（FN 67）278 f.

〔69〕 *Fischer*, GRUR 1974, 500 ff.; *Flaig*, Mitt. 1982, 47 ff.; dem BGH folgen *Bartenbach/Volz* §16 Rdnr. 84; *Volmer/Gaul* §7 Rdnr. 76.

法的使用与公司有了客观上的联系。[70] 在处理涉及那些使用设备仅仅是为了优越性而非必要性的企业时，成就了联邦最高法院一项普遍适用的原则（参见§ 33　Ⅴ e）。

6. 只要雇主不对发明主张权利，发明之上的权利即由雇员享有。该权利可以转让给第三人或者通过其他方式支配。但根据第 7 条第 3 款，当之后出现有效的权利主张时，只要损害到雇主权利的，雇员的此类支配行为就是无效的；第三人的善意并不起作用。

所以，雇员进行的权利转让在非受限权利主张情形中将完全无效；在受限权利主张情形中，获得权利的第三人必须让针对自己的雇主享有的非排他性使用权生效。[71] 由雇员转让给第三人的使用权在非受限主张情形中失效；在受限主张情形中，当使用权为排他性时，那么第三人必须容忍雇主来获取非排他性的使用权；雇员所失去的非排他性使用权不受受限权利主张的干扰。

7. 雇主对职务发明提出主张的权利是一种通过单方意思表示即可行使的形成权。此意思表示被视为无条件的。权利主张的效力不取决于雇员的同意或合作。作出意思表示的通知不意味着合同要约。

根据其内容，提出非受限主张的权利最好理解为占有权。但与物权中成立的占有权是有区别的，其占有权的客体已经属于了他人，以致派生出权利的行使，而没有形成原始取得。所以必须接受雇员在职务发明之上的权利自始就担负着雇主的干预权。

由于雇主的权利取得只取决于一个由他自己决定实施的行为，所以可以说是一种雇主的预期。这也符合第 7 条第 3 款，该条可与《民法典》第 161 条第 3 款相比照。这种预期在有效的非受限主张中转变为执行权（Vollrecht）；当发明变为自由发明时，该权利即告消灭。

提出受限主张的权利是通过行使的结果来与提出非受限主张的权利进行区分的，这里所指的结果就是让雇主获得权利位置。因此前者不能被理解为占有权。考虑到第 8 条第 1 款第 2 项，此权利更体现为一项通过保留使用权来限制发明变为自由发明的权利。预期的特征这里也需要予以明确。受限权利主张同

---

〔70〕 采购组在使用发明程序时是以股份公司名义进行的。其使用权则难以避免地被多样化了；出于该相同原因，雇员的报酬就必须根据被顾客使用的范围来确定。

〔71〕 当他在权利主张之后获得了发明的权利时，第三人才应该针对自己真正适用那项通过受限权利主张而成立的雇主的使用权。这同样也适用于，当雇员已经获得并转让了一项专利时。因此不赞同有学者（*Gaul/Bartenbach*，Mitt. 1983，81，85r.）所持的观点，而不进入《雇员发明法》第 7 条第 3 款。在此，也有学者（*Reimer/Schade/Schippel* § 7 Rdnr. 20）提到了《专利法》第 15 条第 3 款、《实用新型法》第 22 条第 3 款；*Bartenbach/Volz* § 7 Rdnr. 35，68 und GRUR 1984，257 ff.

样也直接地作用于雇员，它暂缓了雇员自权利形成开始就有的负担。就像理解普通专利许可的权利本质一样，这并不关系到雇主应该被授权，让雇员对发明的使用承担债法上的容忍义务。[72] 雇员的发明人权利实际已经在其成立之时受到了限制的负担，这在受限权利主张情形中，只能在无权去禁止雇主进行使用时获得针对发明的保护权。

Ⅳ. 保护权的申请

a）在国内的申请

1. 根据第13条第1款第1句，雇主有义务并且也享有权利在其国内就一项已经获得通告的职务发明申请授予专利权的保护。申请以雇主的名义进行；雇员则被指明为发明人。雇员应当在要求获取保护权时给雇主以支持；他有权向雇主要求有关申请与后续程序的全面信息（第15条）。

当发明成为自由发明时（第13条第2句第1项），该申请义务即告消失，在所有未及时提出非受限主张的情形中也是如此（第8条第1款）。对自由发明申请专利的权利只由雇员享有（第13条第4款第1句），这是专利法原则产生的结果。若雇主之前就提出了申请的，那么伴随发明的自由化，该权利也从申请中分离出来，也就是说，专利授权或实用新型授权请求权随即转移给了雇员（第13条第4款第2句）；但这并不对雇员产生《专利法》第8条规定的一项单独的转让请求权。其仅需专利局的卷宗及登记报告。对此，雇员享有要求雇主作出必要的同意声明的权利。[73]

如果雇主获得了专利或实用新型权，那么，雇员可以在不受《专利法》第8条规定的期限之限制的情况下要求转让；而且仍必须保障雇员有权来对抗专利异议或无效之诉，对抗因非法取得而引起的实用新型注销申请。

2. 在非受限主张情况下，只有在根据公司合法利益而需要一项已获得通告的职务发明不应当被公开时（第13条第2款第3项及第17条第1款），雇主才被允许未经雇员同意（第13条第2款第2项）就放弃保护权申请。但他必须承认发明的可被保护能力或者通过仲裁机构对有关可被保护能力进行调解（第17条第2款）。

雇主承认了可被保护能力时，他就像在授予保护权时以相同方式负有了责任；不得再提起仲裁，即使他后来认为该发明属于现有技术而对其可被保护能

---

〔72〕 So freilich *Volmer/Gaul* § 7 Rdnr. 83，§ 14 Rdnr. 121；*Reimer/Schade/Schippel* § 7 Rdnr. 10 sprechen unklar von „schuldrechtlicher Erlaubnis".

〔73〕 Vgl. OLG Karlsruhe 13. 7. 1983 GRUR 1984，42，43.

力持有疑问时也是如此。[74]不过，当雇主因即将进行的发明公开而失去保密所带来的竞争优势，并且发明人依据第 17 条第 3 款要求对其声称的必须要忍受因未获得授权而带来的经济劣势进行补偿时（参见指南 27），他将可以向雇员提出针对被保护能力的异议。与之相对，却不能赋予雇主权利，用《民法典》第 119 条第 2 款规定的理由来对抗保护能力的确认，比如他错误地相信了发明的被保护能力继而相信了对交易而言很重要的发明的性质。更多情况下，雇主在随着对保护能力进行确认的同时也有这样的风险，即发明因后来发现的现有技术而表明不具有被保护能力；而《民法典》第 119 条第 2 款并不能降低这种风险。[75]

3. 只要雇员没有就不提出申请达成一致或者对雇主存在合法的保密利益，雇主则根据法律规定负有进行专利申请的义务。而申请义务的连续性取决于，雇主是否对发明提出非限制性的权利主张。不过，他在提出非限制性权利主张之前不得推迟申请。因为在提出非限制性权利主张或发明自由化与申请之间的那段未决期中，雇主具有独立的申请权（尽管雇员仍然有保护的权利），所以要靠他来尽可能及时地确保优先权的时间点。第 13 条第 1 款第 3 句因而对毫不迟延的申请作出了要求。[76]若雇主迟延了申请，雇员可以对他设置一个适当的弥补期限，并且在该期限届满时未采取行动的，雇员可以以雇主名义为其提出申请，费用由雇主承担（第 13 条第 3 款）。当由于现有技术的原因，雇主或者（发明自由化之后的）雇员均未获得有效的保护权时，雇主负有责任的迟延也可通过雇员享有的损害赔偿请求权来解决。

一份雇员在发明自由化之前提出的申请是不合法的，即使他在缺少非限制性权利主张而享有专利或实用新型的权利时也是如此。若雇主提出了非限制性权利主张，发明的权利依据第 7 条第 1 款而归雇主所有，针对专利授权或实用新型登记的请求权以及针对已经作出授权的权利的请求权同样归雇主享有。[77]雇主有权利以必要的方式在权利转让时要求雇员的合作。这里不需要《专利法》第 8 条规定的转让之诉（但非限制性权利主张之后的申请则不同）。

---

〔74〕 BGH 29. 9. 1987 Vinylpolymerisate BGHZ 102，28；krit. dazu und bereits zu dem vom BGH bestätigten Berufungsurteil *Gaul*，NJW 1988，1217 f.；Mitt. 1987，185，188 ff.；teilweise auch *Bartenbach/Volz*，GRUR 1988，125 ff.

〔75〕 就此参见联邦最高法院（BGH aaO 35）有关缺少"交易基础"之确认的异议；对于联邦最高法院（BGH（aaO 36））因缺少及时的意思表示（《民法典》第 121 条）而没有对合理性进行审查的异议，也应当适用相同规定。

〔76〕 Dazu *Vollrath*，in：Gaul/Bartenbach（Hrsg.），Aspekte des gewerblichen Rechtsschutzes，1986，S. 127 ff.

〔77〕 *Reimer/Schade/Schippel* § 7 Rdnr. 3；*Bartenbach/Volz* § 7 Rdnr. 11 ff.

与此相对，在雇员获得一项专利时，雇主就享有提出异议的权利[78]；雇主就此可以获得德国《专利法》第7条2款规定的后补申请的优势（参见§20 Ⅱ a 1，6）。当可以把雇员在专利授权程序中的意思表示视为根据第7条第3款规定的在权利主张提出之前对发明进行的支配而无效时，也会导致类似的结果。[79]不过，申请人在程序中形式合法的优先性与此相对立。[80]

问题是，当雇员在雇主提出非限制性主张或发明成为自由发明之前提出了申请时，雇主应该怎么办。在一开始，雇主只对申请行为带来的侵害享有暂时性的法律保护，从而来对抗雇员从中建立的法律地位（参见§20 Ⅱ c 4），而该法律地位在非限制性权利主张情形中是属于雇主的，这与申请权的暂时性特征相符，该特征——在没有发明的实体权利时——已经随着申请而形成。这样，在发明变为自由发明时，将可以避免申请再次转给雇员（参见第1点）。

4. 只要雇主负有申请保护权的义务，他原则上就必须将一项具有专利能力的发明申请专利。他可以通过德国专利法规定的申请或通过欧洲、国际申请指定到德国的办法来完成这一步骤。如果通过明智的评价，在发明的实用性方面更倾向于实用新型保护的（第13条第1款第2句），雇主就可以不进行专利申请。由此可认为，当根据相关市场的特殊关系可以被期待时，对符合发明要求的产品的需求在实用新型权利失效前很可能将会停顿。[81]

5. 如果雇主不愿意将程序进行下去（比如撤回申请或通过不缴付年费或不提交审查申请而撤回）或者放弃一项已授予的保护权，那么他必须根据第16条的规定给雇员机会来主张转让发明的权利、专利授权或实用新型登记的请求权以及已授予的保护权。[82]这必须是及时的，以使雇员能够按时对申请或保护权的权利维持采取必要行动。

依据第16条第2款，如果雇员在通知送达后的3个月内未主张权利转让，雇主才可以放弃他的权利。在此考虑期当中，雇主必须针对权利维持就所有可能的方案作出决定，未决异议程序中的与事实相符的辩解也包括在内。[83]

雇主可以在告知其放弃意图时保留一项支付适当报酬而对发明进行使用的

---

〔78〕 So *Reimer/Schade/Schippel* §7 Rdnr. 4 f. m. Nachw.

〔79〕 So – wenigstens teilweise – *Bartenbach/Volz* §7 Rdnr. 63，14.

〔80〕 *Reimer/Schade/Schippel* §7 Rdnr. 3，24.

〔81〕 Vgl. die Amtliche Begründung, Bl. f. PMZ 1957，235.

〔82〕 关于雇员就此义务受到损害时的损害赔偿以及得利请求权，参见 OLG Frankfurt（Main）19. 12. 1991 GRUR 1993，910；关于雇员在此类损害赔偿请求权情况下的信息请求权，参见 BGH 6. 2. 2002 Drahtinjektionseinrichtung GRUR 2002，609. 关于在集体雇员发明中并非所有共同发明人均主张转让的情况下所形成的法律关系，参见 *Bartenbach/Volz*，GRUR 1978，668 ff.

〔83〕 BGH 6. 2. 2002（FN 82）.

非排他性权利（第 16 条第 3 款）。无论这是否发生，都会把那些在权利转让给雇员之前就授予了第三人的使用许可视为必须继续存在的，并且作为保护权转让时的授权许可对继受人继续有效（参见 § 40 Ⅴ c）。

如果雇主在转让其通过非限制性主张、申请及授权所获得的法律地位时保留了一项非排他性使用权，那么，当雇员在将其获得的法律地位（必要时也包括转让之后被授予的保护权）继续进行转让时，雇主依然留有这项非排他性使用权。[84] 所保留的权利正如提出主张的权利一样对第三人产生效力，而这种被保留的权利正是出自于前者并且体现着前者（参见本节Ⅲ b 7）。

雇主所负有的帮助雇员实现权利取得的义务，在雇员对被提出非限制性权利主张的发明要求支付适当报酬的请求权被满足时，即告消灭。

b）在国外的申请

在职务发明的非限制性权利主张之后，雇主有权利就该发明在国外申请保护权（第 14 条第 1 款）。他还可以在《欧洲专利公约》的成员国中选择欧洲申请的方式。在那些雇主未进行保护延伸的国家中，他必须使发明成为雇员的自由发明，[85] 并且尽快及时以使雇员能够充分利用国际公约规定的优先权期限（尤其是《巴黎公约》第 4 条）来处理他所期望的国外申请（第 14 条第 2 款）。

对于那些涉及自由发明的国家，雇主可以依据第 14 条第 3 款保留一项支付适当报酬而进行使用的非排他性权利；而他则处于一种与受限权利主张或第 16 条第 3 款相同的情形。此外，雇主可以要求雇员在评估发明时考虑雇主源自发明自由化时成立的、有关对职务发明支付适当报酬的合同义务。

当被主张时，雇主的授权许可即针对雇员产生效果，该效果的产生不取决于延伸国的法律中是否可以设置权利继受人。除此之外，雇员还必须在可能的情况下注意授权许可义务，例如雇主在交叉许可合同中设置的义务；雇员会因此对雇主负有义务，给雇主的国外的合同当事人发放授权许可。

Ⅴ. 雇员的报酬请求权

1. 作为雇主鉴于职务发明所享有利益的平衡，法律给予创造发明的雇员一项合理报酬的请求权。[86]

---

〔84〕　不同观点认为所保留的使用权灭失了。其理由的核心在于，使用权只是"债法性质"的权利；而《雇员发明法》不应当采纳。那个多次与简单授权（证据见页编码 67）进行的比较仅仅是被提了出来，而这里涉及的是使用权很宽的范围；而不应当作出这样的推断。在这一点上，并不取决于简单授权许可是否在义务影响中已经穷尽，参见 Gaul, GRUR 1984, 494 ff。

〔85〕　有州法院在临时处分程序中判决发明自由化，参见 LG Düsseldorf 8. 8. 2002 Mitt. 2002, 534。

〔86〕　Zur Rechtsnatur des Anspruchs Sikinger, GRUR 1985, 785；BGH 25. 11. 1980 Drehschiebeschalter GRUR 1981, 263, 265 r.；23. 6. 1977 Blitzlichtgeräte GRUR 1977, 784, 786.

报酬请求权依据第9条第1款在提出非限制性权利主张时成立，一旦主张提出即告成立，即使雇主没有使用该发明也是如此。但前提是发明必须具有被保护能力。报酬请求权是否成立，保护权授予之时即可得到证实。[87]如果雇主的申请失败，报酬请求权随即消失。因此雇主需要依据第12条第3款第2句，在之前没有与雇员订立任何一份确定报酬的协议的时候，于保护权[88]授予之后的3个月内明确报酬，但无须在之前就进行支付（第12条第3款第1句）。此规定所涉及的理念在于，报酬在出自优势地位的非限制性权利主张的情形中是合情合理的，而这种优势地位是雇主通过保护权而获得的（独占原则）。

不过，司法判决则认为因为专利授权程序一般持续很长时间，而让雇员一直要等到授权完成是不公平的。他们主张适用于受限主张的规定（参见第4点），但要注意雇主须在其使用发明时，于使用之后的3个月内至少明确并支付一份临时的报酬。[89]其中可以允许他考虑到不被授予保护权的风险而降低报酬。[90]这种基于使用而成立的临时报酬请求权，在最终没有（有效）保护权被授予的情况下仍然存在。[91]

2. 可能出现这样的情况，即那个通过请求权确定的、对雇主提出的申请授予的专利或实用新型所涉及的保护领域没有穷尽雇员上交的发明通知中的创造性内容。根据联邦最高法院的观点，报酬仍须依据通知中完整的创造性内容进行衡量。[92]联邦宪法法院[93]认为这种做法是受到宪法保护的。

3. 如果雇主以合法的方式对一项提出了非限制性权利主张的职务发明进

---

〔87〕 雇主如果对保护权提出了主张，那么他原则上就不可以（实用新型中亦同）因为该权利缺乏发明的被保护能力而无效来反对报酬请求权；vgl. BGH 23. 6. 1977（FN 86）786 f.

〔88〕 学者希望理解现行专利法之异议期限的届满以及具有法律效力的异议程序的终结，从而避免因共同体专利法产生的、到"下游"异议程序的过渡提前出现，参见 Gaul/Bartenbach，GRUR 1983，14 ff. 持同样观点的还有 Bartenbach/Volz §12 Rdnr. 56；Reimer/Schade/Schippel §12 Rdnr. 5。根据《专利法》第58条第1款确实出现了伴随授权公布的专利的法定效力。很难找到理由说明这还不能满足第12条第3款，因为尤其是在实用新型中，该时间点的权威性是毫无争议的。在专利的情形下停在了授权的时间点上，参见 Volmer/Gaul §12 Rdnr. 35 ff.

〔89〕 BGH 28. 6. 1962 Cromegal BGHZ 37，281.

〔90〕 BGH 28. 6. 1962（FN 89）292 f.；30. 3. 1971 Gleichrichter GRUR 1971，475，477. 降低的部分原则上应在专利授权时补齐，参见 Bartenbach/Volz §12 Rdnr. 69。

〔91〕 BGH 30. 3. 1971（FN 90）；kritisch Reimer/Schade/Schippel §12 Rdnr. 16 ff.

〔92〕 BGH 29. 11. 1988 Schwermetalloxidationskatalysator BGHZ 106，84；krit. dazu U. Krie－ger，GRUR 1989，210 und FS Quack，1991，S. 41，47 ff.：针对通告中创造性内容的被授权保护范围的保留，只有在雇主的——过失责任以及因雇员的共同责任而受限制的——损害赔偿义务的角度上才具有意义，而不是在衡量报酬的时候；ebenso Rosenberger，GRUR 1990，238，247 f.；krit. auch Kaube，in：Patent－und Urheberrecht，Arbeitnehmererfindungs－und Veröffentlichungsrecht Ⅱ，1991，S. 193 ff.

〔93〕 24. 4. 1998 Mitt. 1999，61，64.

行保密的，他必须要么承认其被保护能力要么向仲裁机构提交其声明（参见本节IV a 2）。在第一种情况中，报酬义务的成立与发明被保护的时候相同；在第二种情况中，当所启动的程序（在一个由双方均接受的仲裁机构的合约建议中或一份后续的司法程序的判决中，参见本节VIII）引起了保护能力的承认时，应该把保护权的授予与之等同看待；其他情况中，发明应被作为改进建议对待。雇主进行了使用的，那么他必须根据其申请的专利所适用的规定来支付临时报酬。即使发明的被保护能力是有疑义的也是如此。

4. 雇主对职务发明提出限制性主张的，一旦其使用发明即负有支付报酬的义务（第10条第1款）。只要在之前没有就报酬达成一致的，雇主必须在开始使用后的3个月内对报酬进行确定（第12条第3款第2句）。

为了雇员不被强迫进行保护权的申请，法律赋予了他独立于保护权授权的报酬请求权。只要没有专利局或法院的有效判决说明发明在提出主张的当时不具有被保护能力，提出了受限主张并进行了使用的雇主就负有支付报酬的义务；只要没有有效的判决，该请求权即不受影响（第10条第2款）。当发明被雇主的竞争者合法地进行了使用，并使其失去了竞争优势的，报酬请求权自然也就不存在了。[94]

5. 报酬的方式与额度根据第12条第1款通过雇主与雇员之间的约定来确认。约定未在提出主张后的合理期限内作出的，雇主必须——最迟在授权或开始使用后的3个月内（第12条第3款第2句，参见第1点和第4点）——对其进行确定，并且缴付所明确的费用（第12条第3款第1句）。对雇主所作的确定，雇员在两个月之内未提出异议的（第12条第4款），则其对双方均产生效力。出现异议的，必须尽力通过仲裁机构来达成合意，紧急情况下需通过法院进行判决（参见本节VIII）

如果有多名雇员参与了发明，那么就必须针对每个雇员单独确定报酬，并且告知每个发明人报酬总额以及各个发明人所享有的份额（第12条第2款）。如果共同发明人在一份共同通告中对他们的份额作出了说明，那么雇员可以认为其作出的说明是正确无误的。[95]当一名共同发明人对雇主确定的报酬提出了具有理由陈述的异议时，所确定的报酬则不对任何一个共同发明人产生效力（第12条第5款）。

只要存在显失公平，报酬的确定或确认自始无效（第23条，参见本

---

〔94〕 BGH 9. 1. 1964 Drehstromwicklung GRUR 1964, 449, 451 r.; *Reimer/Schade/Schippel* §10 Rdnr. 9; *Bartenbach/Volz* §10 Rdnr. 16.

〔95〕 BGH 17. 5. 1994 Copolyester (I) BGHZ 126, 109.

节 Ⅰ b 3）。[96] 之后如果出现对报酬的确定和确认有决定性的、明显的情势变更时，雇主和雇员均可要求作出变更报酬规定的约定（第 12 条第 6 款第 1 句）；[97] 不过，雇主不能要求返还已经支付的报酬（第 12 条第 6 款第 2 句）。

6. 对核定报酬而言，职务发明的经济实用性、雇员在企业中的任务和职位以及企业在形成职务发明时所占的份额都是极其重要的（第 9 条第 2 款，第 10 条第 1 款第 2 句）。[98]

在非受限主张之后合法地被保持秘密的职务发明中，在衡量报酬时还应考虑由于将来不被授予保护权而给雇员带来的不利因素（第 17 条第 3 款）。

基于第 11 条的授权，联邦劳动与社会秩序局在 1959 年 7 月 20 日通过了《私人劳动中雇员发明报酬的指南》（以下简称《指南》）。[99] 该指南不具有法律约束力的规定，而只是给出了有关报酬的线索。计算要素一方面是体现经济实用性的发明价值，另一方面是公司所做贡献的份额比例。

根据企业的运营效益，发明价值可以通过许可类推或估算进行揭示。[100]《指南》对此给出了进一步的引导。许可类推被视为实践中最重要的以及整体上最可靠的办法。[101]

---

〔96〕 Vgl. zur Abgrenzung zwischen § 23 und § 12 Abs. 6 BGH 17. 4. 1973 Absperrventil GRUR 1973, 649 mit Anmerkung von *Schade*；einen Fall，in dem eine Vergütungsverein - barung als（zum Nachteil des AN）in erheblichem Masse unbillig gewertet wurde，behandelt BGH 4. 10. 1988 Vinylchorid GRUR 1990, 271；krit. dazu *Rosenberger*，GRUR 1990, 238, 240 ff.

〔97〕 联邦最高法院持有反对此报酬请求权的观点，参见 BGH 5. 12. 1974 Softeis GRUR 1976, 91 mit Anmerkung von *Schippel*.

〔98〕 在雇员发明法中的报酬规定的合宪性在联邦宪法法院的判决（BVerfG 24. 4. 1998, Mitt. 1999, 61, 63. ）中得到证明。Zur Vergütungsbemessung vgl. z. B. BGH 31. 1. 1978 Absorberstabantrieb GRUR 1978, 430 mit Anmerkung von *Goltz*；25. 11. 1980（FN 86）；17. 5. 1994（FN 95）118 ff. ；13. 11. 1997 Spulkopf GRUR 1998, 684；13. 11. 1997 Copolyester Ⅱ BGHZ 137, 162, 169 ff. ；OLG Nürnberg 26. 9. 1978 GRUR 1979, 234；OLG Frankfurt（Main）30. 4. 1992 GRUR 1992, 852；LG Düsseldorf 17. 2. 1998 Mitt. 1998, 235；Schiedstelle 18. 1. 1990 Bl. f. PMZ 1990, 336；16. 1. 1991 Bl. f. PMZ 1993, 114；23. 7. 1991 GRUR 1993, 387；8. 10. 1991 GRUR 1992, 849；22. 6. 1995 Mitt. 1996, 220；19. 9. 1995 Mitt. 1996, 176；12. 12. 1995 Mitt. 1997, 91；11. 7. 1997 Mitt. 1997, 190.

〔99〕 Bl. f. PMZ 1959, 300；dazu die Änderungsrichtlinie vom 1. 9. 1983, Bl. f. PMZ 1983, 350 = GRUR 1984, 11 mit Erläuterungen von *Gaul* und *Bartenbach*.

〔100〕 Dazu auch *Hoffmann - Bühner*，GRUR 1974, 445 ff. mit kritischer Stellungnahme von *Hegel*，GRUR 1975, 307 ff. ；ferner *Gaul*，GRUR 1988, 254 – 264.

〔101〕 Dazu BGH 13. 11. 1997（FN 88）；OLG Düsseldorf 4. 3. 2004 Spulkopf Ⅱ InstGE 4, 165；*Johannesson*，GRUR 1975, 588 ff. ；*Bartenbach/Volz*，FS Nirk，1992, S. 39 – 59；*Hellebrand*，GRUR 1993, 449 ff. ；2001, 678 ff. ；krit. *Sturm*，Mitt. 1989, 61 – 73. Über die Höhe üblicher Zahlungen für Lizenzen informieren *Hellebrand/ Kaube/ v. Falckenstein*，*Lizenzsätze für technische Erfindungen*，3. Aufl. 2007；*Groß/ Rohrer*，Lizenzgebühren，2003, insb. S. 78 – 150.

一旦报酬的额度受到发明使用的程度的影响，那么，把在权利主张之前以及甚至在通告之前就由雇主在前期进行了使用的情况纳入考虑，可能是适当的。[102]

如果发明没有用于企业经营，而是通过对外授权或者售出的方式实施，发明的价值则根据由此获得的净收入来计算（《指南》14 ~ 16）；交换许可时则取决于雇主所获得的使用本身（《指南》17）。拦截性专利（Sperrpatent）被作为评估的一种特殊方式来对待（《指南》18、19）；如果没有使用的话，发明的价值则由决定其没有进行使用的事由来决定（《指南》20 ~ 24）。[103]

有关发明价值，还需要注意发明是出于雇员的职责工作或主要依靠企业的工作和经验来完成的，从而要扣除相应部分，这些因素越多，其得到的份额比例就越小。这将通过（a）发出任务；（b）完成任务；（c）支配企业中的雇员来进行确定。在这些因素的每个点又依次进行评估。份额比例随着被查明的价值总额上升，该比例可以达到2% ~ 90%。在实践中，普遍性的价值为15% ~ 20%。在份额比例很低的情况中，并且发明价值也很低时，报酬可能降到认可费（Anerkennungsbetrag）的额度，甚至全部消失（归零）。[104]

7. 如果雇主对一项职务发明提出了主张，即负有告知雇员和出示账单的义务；[105]其中应当对有关使用的计算模式作出必要说明。[106]

8. 当技术改进建议使雇主获得了类似保护权的优势地位，那么关于雇主报酬义务的规定随即适用（第20条第1款）。[107]类似保护权的优势地位可以在这样的情况下推断成立，即只要鉴于改进建议在客观上满足了《反不正当竞

〔102〕 BGH 29. 4. 2003 Abwasserbehandlung GRUR 2003, 789, 791r; abweichend mit ausführlicher Begründung Schiedsstelle 4. 11. 2003 Bl. f. PMZ 2005, 83, 85f. : 报酬请求权只能在通告之后。

〔103〕 Zu ihrer Unterscheidung von Vorratspatenten iSd RL 21 vgl. Schiedsstelle 18. 11. 2005 Bl. f. PMZ 2006, 185.

〔104〕 Dazu auch *Werner*, Die Anrechnung des Dienstgehalts auf die Arbeitnehmererfinder – Vergütung, BB 1983, 839 – 841.

〔105〕 BGH 21. 12. 1989 Marder BGHZ 110, 30; 17. 5. 1994 (FN 85).

〔106〕 BGH 17. 5. 1994 (FN 95); zu Umfang und Grenzen der Rechnungslegungspflicht BGH 13. 11. 1997 Spulkopf GRUR 1998, 684; 13. 11. 1997 Copolyester Ⅱ BGHZ 137, 162; 6. 2. 2002 (FN 82); 16. 4. 2002 Abgestuftes Getriebe GRUR 2002, 801 （同样针对这样的情况，雇主属于一个集团并且不持有对使用发明而言无法量化的对价；对此也可参见 *Meier – Back*, FS Timann, S. 539 ff. ; *Bartenbach*, VPP Rundbrief 2003, 102ff. ; *Kunymann*, FS Bartenbach, 2005, S. 175, 191ff. ）; BGH 29. 4. 2003 Abwasser-behandlung GRUR 2003, 789; LG Düsseldorf 17. 2. 1998 Mitt. 1998, 235; Schiedsstelle 21. 6. 2001 Bl. f. PMZ 2002, 230. 一种观点认为，判决局限于账目披露请求权在个别因素下会造成不公的情况，参见 *Bender*, Mitt. 1998, 216 ff. 但另有学者指出这被过分延伸了，参见 *Rosenberger*, GRUR 2000, 25 ff; 有人尤其批评道，发明人也应该能够主张对雇主盈利的信息和账目披露，参见 *Kunzmann*, aaO S. 189ff.

〔107〕 Vgl. *Grabinski*, GRUR 2001, 922 ff.

争法》第17条规定的企业秘密保护的前提要件（参见§2Ⅱd），而不是相反地涉及那些在主要细节以及具体组合方面的、第三人可以随手得到的知识，并且雇主在此之前未对其进行过使用。[108]

雇员鉴于工作职责而发展出的计算机程序，并不当然地形成一种引发第20条之报酬请求权的优势地位，因为雇主根据程序之上的著作权享有一项排他的使用权，并且出于实际原因仿制被排除在外，尤其是出于反编译禁止（Dekompilierungsverbot）以及它所带来的仿制困难而被排除在外时；最终，雇员并没有通过技术改进建议为雇主创造优势地位，而是通过第69b条免除了雇主的报酬义务。[109]

9. 关于已经通知过的职务发明，在雇主与雇员关于报酬的约定中可以在《雇员发明法》基础上删减关于报酬的条款（第22条第2款）。这个可能性将在大公司中更普遍的通过约定包干报酬实施。这也受到第23条的限制，根据该条款不公平的约定是无效的（参见本节Ⅰb3）。

Ⅵ. 自由发明

1. 针对雇员在劳动关系存续期间创造的自由发明，雇员有根据第18条的规定履行告知的义务（参见本节Ⅲa1）。

2. 雇员在劳动关系存续期间愿意使用一项——也可能是在合同开始之前就创造的——自由发明的，则要取决于发明是否落入了雇主公司现存或预备好的工作领域当中。如果落入其领域，在其对该发明进行其他方面的使用之前，雇员有义务在适当的条件下至少向雇主提供一项非排他性使用权（第19条第1款）。在该提供义务中所要表达的是一般劳动法上的诚信义务。若雇主在3个月内未接受，雇员的该要约随即消灭（第19条第2款）。[110]若其认为提出的要约不合适，那么，雇主依据期限对权利取得的基本态度作出的声明就可以满足条件了；条件将依雇主或雇员的申请由法院确定（第19条第3款）。重大情势变更时，双方均可要求对此条件进行调整（第19条第4款）。

3. 原始的自由发明与自由化了的发明应当加以区分。[111]变为自由发明除了出现在上述迟延或受限权利主张（第8条第1款第2项、第3项）的情况之外，还可依据雇主的书面放弃声明（Freigabeerklärung）[112]出现（第8条第1款

---

〔108〕 Vgl. BGH 26. 11. 1968 Räumzange GRUR 1969, 341, 343 r. mit Anmerkung von *Schippel*.

〔109〕 BGH 23. 10. 2001 Wetterführungspläne Ⅱ GRUR 2002, 149.

〔110〕 通过接受报价要约而成立了一份授权合同，参见 BGH 29. 11. 1984 Fahrzeugsitz BGHZ 93, 82, 85 f.

〔111〕 关于发明人在此情形中的地位，参见 *Rother*, FS Bartenbach, 2005, S. 159ff.

〔112〕 在此情况中雇主的注意义务，参见 BGH 31. 1. 1978（FN 98）433 f.

第 1 项）。第 18 条和第 19 条中规定的雇员义务在变为自由的发明中并不产生（第 8 条第 2 款），因为雇主已经有过去维护其利益的机会。雇员因此允许随意使用该发明，甚至可以将使用权转让给雇主的竞争者。劳动法上的忠诚义务在此处并不对他形成限制（第 25 条）。但是，如果违反了劳动合同的竞业禁止，雇员则不能通过自营业的方式使用发明（参见本节 Ⅲ b 4）。

Ⅶ. 公共事务中的特殊性

a）除高等学校外的公共事务

1. 公营事业的雇员是指，在联邦、州、镇以及其他公法团体、组织和基金会的企业和管理机构中工作的人员（第 40 条）。这取决于其公法上的组织形式。在私法上组织的、有国家支持的公司的雇员，尤其是国家、乡镇或其他公法法人享有份额的股份公司或有限责任公司中的雇员，均属于私营雇员。

公务员和军人均为从事公共事务的雇员（第 41 条），因为如果不等同地将他们看作是在相同的单位或岗位进行协同工作是不恰当的。

除了接下来介绍的特殊规定外，涉及从事公共事务的雇员、公务员、军人发明的，均适用私营事业雇员所适用的规定；报酬指南也可适用于公共事务领域。[113]

2. 取代对职务发明进行主张，如果事先有约定，雇主（上级）可以要求适当地参与职务发明带来的收益的分配；参与的额度可以事先约定；没有合意的，则依据第 12 条第 3 ~ 6 款确定（第 40 条第 1 项）。通过参与收益的机会，雇主（上级）通常不能或不愿自己使用发明的情况即被纳入考虑之中。

雇员、公务员或军人对（变为自由的）职务发明的使用可能在公共利益方面通过负责的最高公职机构的一般性规定而受到限制（第 40 条第 3 款）。此类规定存在于例如几个联邦部门的业务范围中。[114]

只要公共行政机关为参与出于《雇员发明法》的纠纷而建立了自己的仲裁机构的，则取代德国专利商标局的仲裁机构而在其职权范围内进行判决（第 40 条第 5 项）。

b）高等学校工作人员的发明

参考文献：*Asche*, M., *et al.*（Hrsg.），Modernes Patentbewusstsein an Hochschulen,

---

〔113〕 1960 年 1 月 12 日的针对从事公共事务的雇员的发明报酬的指南只能适用于在私人使用领域为针对私营事业通过的那个指南进行扩展。

〔114〕 Vgl. die Angaben bei *Bartenbach/Volz* § 40 Rdnr. 49；Texte finden sich bei *Volmer/Gaul*, S. 1785 ff.

2004；*Ballhaus*，*W.*，Rechtliche Bindungen bei Erfindungen von Universitätsangehörigen，GRUR 1984，1 - 9；*Bartenbach*，*K. / Volz*，*F. - E.*，Erfindungsrechtliche Aspekte der universitären Auftragsforschung，FS VPP，2005，S. 225 - 261；*Bergmann*，*A.*，Erfindungen von Hochschulbeschäftigten nach der Reform von §42 ArbNErfG，2006；*v. Falk*，*A. / Schaltz*，*C.*，Hochschulerfindungen：Zuordnung und Vergütung，GRUR 2004，469 - 475（rechtsvergleichend）；*Hoeren*，*T.*，Zur Patentkultur an Hochschulen - auf neuen Wegen zum Ziel，Wissenschaftsrecht 38，131 - 156（2005）；*Knudsen*，*B. /Lauber*，*A.*，Schutz wissenschftlicher Leistungen an Hochschulen und Forschungseinrichtungen，2005；*Kraßer*，*R.*，Erfindungsrecht des wissenschaftlichen Personals，in：Hartmer/ Detmer（Hrsg），Hochschulrecht，2004，S. 451 - 477；*Kraßer*，*R. /Schricker*，*G.*，Patent - und Urheberrecht an Hochschulen，1988；*Levin*，*M.*，Is There a Good Solution For Patenting University Inventions？FS Kolle/Stauder，2005，S. 207 - 224；*Matschiner*，*B.*，Erfindungen im Rahmender Hochschulforschung - zum Patentwesen an deutschen Hochschulen，FS VPP，2005，S. 174 - 185；*Reetz*，*A.*，Erfindungen an Hochschulen，2006；*Weyand*，*J. /Haase*，*H.*，Der Inovationstransfer an Hochschuleen nach Novellierung des Hochschulerdindungsrechts，GRUR 2007，28 - 39.

1. 在 2002 年 2 月 7 日之前，从事公共事务的高等学校教授、讲师及科研助手[115]所创造的发明不适用《雇员发明法》有关职务发明的规定。这些发明曾是自由发明；不存在通告或告知义务；有关此类发明的事先约定曾经在原则上是不受限制而被允许（第 42 条第 1 款）和有效的，只要它不是明显不利的（第 23 条，参见本节 I b 3）。

在没有此类约定的情况下，仅当上级主管为了该产生发明的科研工作花费了特殊的资金时，才能够确立高校教师和助手的特殊义务。发明人于是在以前则需要告知上级有关使用发明和收益的信息；上级曾可以要求适当的收益参与，但这只限于所花费资金的额度（第 42 条第 2 款）。

第 42 条的特殊规定曾只对高等专科学校的教授、讲师和助手以及私法组织的科学工作者，即使如马克斯·普朗克学会这样有国家支持的科研机构也一样。这些提到的人群都已在 2002 年 2 月 7 日之前全部落入了《雇员发明法》的框架之内。

---

[115] Zur Auslegung dieses Begriffs eingehend *Ballhaus*，GRUR 1984，4 ff.；有学者在其早期观点中将其限制在了《高校框架法》第 47 条意义上的高校助手，参见 nach *Volmer/Gaul* §42 Rdnr. 28。1985 年 11 月 14 日的修改法案（BGBl. I S. 2090）于 1985 年 11 月 23 日生效，废除了这一概念并重新引入了科研助手；对此，有学者根据位于杜塞尔多夫的州法院判决（LG Düsseldorf 26. 6. 1990 GRUR 1994，53）指出，只是科研助手任务的个别情况下，高校法规定意义上的科研助手也不是原第 42 条的内容，参见 *Bartenbach/Volz* §42（a. F.）Rdnr. 11 f。

2. 通过 2002 年 1 月 18 日[116]的《雇员发明法》修改法案废除了原第 42 条规定的"高校教师特权"。自从 2002 年 2 月 7 日该法生效以来，对所有在高校的工作者[117]原则上均适用《雇员发明法》的规定，这些规定只是对有关私营事业雇员的发明的规定在针对公共事务领域作出了细微的改动。这些变动被包含在了新版第 42 条的特殊规定当中。依条文规定，它们适用于所有在高等学校工作的工作者，特别也包括高等专科学校。只要这些规定表达了宪法所保障的科研与教学自由，那么，这些规定自然也就只对那些被此项基本权利所保护的工作的相关高校工作者才有意义。

对于在高校之外的科研机构从业的人员，现第 42 条的特殊规定也与原第 42 条一样很少适用（参见第 1 点）。[118]

在对工作者完全有利的意义上，与《雇员发明法》普遍条款或者现第 42 条的特殊规定不同的约定，依据第 22 条是被允许的（参见本节 I b 3）。《雇员发明法》赋予雇主或上级的权利，尤其在上诉约定中能够被作出有利于高校教师的限制或完全排除。

3. 作为《雇员发明法》组成部分的第 42 条有一个前提，即在高校从业的工作者处于一个工作或公务员关系当中。因此它也像其他条款一样不适用于名誉教授、编制外教授、编制外讲师、博士生、硕士生和本科生。其性质意味着此类人员没有雇员或公务员岗位。只要这些人——作为学术职员、助手或学生助手——也同样处于一个在高校中工作的劳动或公务员关系中，《雇员发明法》即在此范围内适用，并包括第 42 条。

该劳动或公务员关系可以基于作为公法机构的高等学校或与支持着它的国家，尤其是联邦德国的州而产生。即使雇主或上级是相应的国家，出自《雇员发明法》的权利——根据权利继受或授权——却一直由雇员所工作的高校来行使。对履行作为《雇员发明法》规定的雇主或上级的义务来说，当国家支配着高校时，必须由它来承担。

4. 根据《雇员发明法》的一般规定，首先要看第 4 条第 2 款意义上的职

---

〔116〕 BGBl. I S. 414 = Bl. f. PMZ 2002, 121; zu den Vorarbeiten ausführlich *Bartenbach/Volz* GRUR 2002, 743 ff.; *Bergmann*, S. 25ff.; zur Reformbedürftigkeit der früheren Regelung *Barth*, GRUR 1997, 880 – 886; vgl. auch *Hoeren*, S. 134f.; weitere Nachweise bei *Bergmann*, S. 26f.

〔117〕 教授当然也属于此范畴。有学者认为，第 4 条第 2 款不适用于教授，因为该条是以隶属性和指示的约束性为前提的，参见 *Leuze*, GRUR 2005, 27, 301。因此，关于 2002 年法律修改的意义和目的被误判了；参见 *Reetz*, S. 137*ff.*, 149。

〔118〕 Schiedsstelle 17. 3. 2005 Bl. f. PMZ 2005, 324.

务发明是否存在。[119]其中要注意的是高校领域，尽管教授们可以自由选择研究对象，但他们在通过研究满足了工作职责[120]之后，在所允许的副业（Neben-taetigkeit）中创造了发明的，并非简单地就归属自由发明，而是涉及高校的相关经验与工作，[121]这些经验与工作又都属于发明人在履行工作职责时所进行的研究成果。[122]

然而，至少不是所有由一个科研者在从事副业时完成的发明都应视为职务发明。由于副业中进行了强化的继续发展，很多时候工作上所形成的科研成果便不再是决定性的了。另一方面，也不应允许高校研究者通过把发明的最后的、并相对没有问题的部分放到其副业中来完成，进而使高校无法控制科研者对职务上形成的知识的实际使用。

5. 职务发明须根据第 5 条进行通告，自由发明须根据第 18 条进行告知。

在何种条件下可以适用第 18 条第 3 款的例外，就此尚存疑问。新规定应该允许并让高校有能力在其领域中形成的发明进行经济上的使用。将所分配的

---

〔119〕 作为第 4 条第 2 款的"公共管理"在此上下文中应视为高校，也正如第 40 条所涵括的。当然，包括了"管理工作"中产生以及基于此类经验的发明，参见 Leuze（FN 117）。

〔120〕 Anders Bartenbach/Hellebrand, Mitt. 2002, 165, 167；但看上去，职责发明（Obligenheitserf-indung）的问题与那个——仅除高校领域外（参见第 7 点）——对报酬确定因素才重要的、任务分配的问题混在了一起。根据学者提出的观点，高校教师的科研属于典型工作任务的情况仍然不足以合理支撑第 4 条第 2 款意义上的"任务发明"；任务发明原则上更多是以指派特定科研发展任务或相关工作为前提，参见 Bartenbach/Volz, GRUR 2002, 748 l。鉴于广泛的自主任务的进行，高校教师的任务发明"可以是一个例外"。"任务发明"的提法此处是有误导性的（参见脚注 38）。根据第 4 条第 2 款第 1 项的规定，这并不取决于一项具体的任务指派，而是取决于工作者的职责工作。这在任务分配时也会受到雇员独立性的影响。与他的基本观点看上去并不相同，有学者认为在第三方资助研究中创造的发明通常应当被视为职务发明，因为参与其中的高校教师在任务开始前就已经要作出共同作用于一个具体计划的意思表示，参见 Bergmann, S. 51ff；以及 v. Falk/ Schmaltz, GRUR 2004, 4701.；Weyand/ Haase, GRUR 2007, 32。

〔121〕 有学者认为只把受保护的法律地位作为高校的经验或者工作进行考虑。对第 4 条第 2 款第 2 项而言，那些在高校中确实存在的、不属于现有技术的而且能够为那些发明人获取到的信息给发明带来了重要贡献，就已经足够，参见 Böhringer, NJW 2002, 952, 953. Reez, S. 168 ff。

〔122〕 有学者对此予以否定，他们更愿意对高校里的经验性发明进行更强的限制，参见 Barten-bach/Hellebrand（FN 120）；Bartenbach/Volz, GRUR 2002, 749 以及 Peter, Mitt. 2004, 396 ff。但出于学术自由，这并不能成立，因为这不涉及科研成果的经济使用；参见 Krasser/Schricker, S. 36 m. . Leuze（FN 117）30r，他看似对此有疑虑；他指出，科学发表物的报酬不是科研行为的报酬，而是取得著作权法律关系下的使用权的报酬，其体现的不是发表物中的经济性价值，也不是作为非著作权法保护的科研成果。这并不改变《基本法》第 5 条第 3 款所保障的科研自由。而有学者指出，这里不涉及"财产法上的评估"而是对高校科研者的科研工作框架下自己创造的知识的"归置"。关于这是否要作为一个经验性发明的基础进行考虑，而使得发明的权利应处于高校的控制下的问题，并非关系到其他的东西，而恰恰是关系到发明的财产价值，参见 Bartenbach/ Volz, FS VPP, S. 255。这种把知识"归置给""创造了"它的科研者本人，只能在如下的情况下基于科研自由来要求，即私人的贡献被承认，通过知识的发表物来决定的方式去保障那个亲自作出贡献的人的权利，参见 Bergmann, S. 55。

任务考虑成第 18 条第 3 款意义上的工作领域的，这些符合例外情况的发明几乎就不需要考虑了。因此建议在高校领域，鉴于被第 18 条第 3 款所合法化的观点，最好放弃这种告知（参见本节 Ⅲ a 3）。

高校可以对职务发明提出主张。在各种情况下，它不仅是因发明人获得保护权的情况而需要一项非排他性的使用权，还需要一个让第三人获得权利的机会，所以它会提出非限制性权利主张。[123]

根据以前的法律——由高校在其与原第 42 条规定之外的人员关系中大规模使用的时候——而成立的可以进行约定的机会，目前在高校领域已经被禁止了（现第 42 条第 5 项），此约定允许当事人在提出权利主张和收益参与之间进行选择（第 40 条第 1 项）。

大学对发明进行非限制性的权利主张会阻碍发明人用发表的条件来发布对发明的使用。这里[124]不存在那种宪法上对出版自由的干预的顾虑，而仅仅是一个后果，即大学没有失去对发明的经济价值的控制，并且发明人也拥有报酬请求权。这个与基本权利中的科研自由相协调[125]的规则，排除了科研者在发明成为自由发明前发布该发明。

6. 对于一项已进行过通告的职务发明，即使尚未对权利主张作出决定，高校也必须毫不迟延地递交一份国内保护权申请（参见本节 Ⅳ a）。

即使高校获得了保护权，发明人仍留有一项非排他性权利：在其教学和科研工作的范围内对发明进行使用（第 42 条第 3 款）。

该权利涉及发明者权，并因而仅属于发明人以及其余共同发明人。[126]

7. 如果相关的（参见第 3 点）上级或雇主，也就是高校或国家，使用了发明，第 42 条第 4 款[127]规定的报酬则为通过使用该发明而获得的收入的30%，此收入是指全部资产价值，正是发明的原因铸就了此价值。[128]

如果高校从其合同缔结者那里收不到针对交出发明的那些权利所特别支出

---

〔123〕　在此基础上，高校可以——通过转让发明者权或者已授权的权利或者通过颁发排他性授权——获得排他性权利，这一点上，上述的观点（*Leuze*（FN 117））不正确。

〔124〕　Entgegen *Leistner*，35 ⅡC 859，867（2004）.

〔125〕　Was *Leistner*，aaO 864 FN 22 zutreffend erwähnt.

〔126〕　Vgl. *Bartenbach/ Volz*，FS VPP，S. 239 f.；*Bergmann*，S. 115；*Reetz*，S. 252.

〔127〕　Die Bestimmung ist auf nicht hochschulangehörige AN nicht anwendbar，Schiedsstell 22. 12 2004 Bl. f. PMZ. 2005，326.

〔128〕　*Bartenbach/Volz*，GRUR 2002，755 f. und FS VPP，S. 241 ff.；*Weyand/ Haase*，GRUR 2007，32r. 此因果关系（不同观点参见 *Stallberg*，GRUR 2007，10361.，10381.）不能因为下面这个情况就被排除，即高校通过报酬而获得所有的权利，发明却在合同签署之后，并且可能甚至在（包干）报酬支付之后才成立。在此类情形下，对价并不是与实施专利相匹配的，而是涉及实施机会的这种观点并不适用，因为其取决于通过高校进行的实施；这只有在开启了实施机会的情况下才能实现对价。

的报酬，发明人的报酬则应参照其与合同缔结者的整个贡献相对的适当比例来计算。[129]

高校若实施发明，当没有实现相应的收入或者与发明的价值相应的收入时，第42条第4款则可适用。[130]若高校对此负责，其将向发明人承担损害赔偿义务，就像其承诺过适当的对价那样来处理。高校因此在签订合同时要将对价约定保持在一定范围内，以保障在第42条第4款适用的情况下发明人能够分配到发明的经济价值。以此结果为立足点的话，就应该可以根据一般性条款来进行报酬的计算。

计算的基础是不带任何扣除的纯收入。[131]只要高校实施了该专利，则《雇员发明法》有关核定报酬的规定及其附属的指南不能适用于高校工作者的发明。[132]针对确定或确认报酬的程序，第12条将在一定范围内进行适用，即相关期限在获得收入之后才开始起算。

对于高校没有实施的那些专利，建议适用《雇员发明法》的普遍性报酬规定。[133]这与第42条第4款规定并不冲突。但提出了这样的问题，特殊规定的目的是否在于，只要高校没有实现针对发明的收入，则减免其报酬义务。适用普遍性规定的话，则有理由在保护权授予之后要求支付所需支付的报酬（第12条第3款第2句），其额度则参照《指南》20～24确立的标准。这样往往不能或偶然才能实现可观的报酬。

8. 考虑到学术自由的基本权利，该权利包括自行决定发表自己的科研成果，[134]新规定在特定前提下使得高校在其领域中形成的发明的保护及使用上的权益退到了基本权之后。这里的规定只涉及那些根据其岗位能够在不受指派的情况下对科研成果的发表作出决定的工作者。[135]

根据第42条第1项，发明人有权在其教学与科研工作范围内将该职务发明进行公开，[136]但须及时，一般提前两个月向上级报告职务发明（积极的出版

---

〔129〕 仲裁庭在此类案件中根据个案的情况将1%～5%的比例额度视为适当，参见 *Bartenbach/Volz*，FS VPP，S. 242 ff.。

〔130〕 Zu diesem Fall *Stallberg*，GRUR 2007，1039 ff.

〔131〕 Begründung zu Art. 1 Nr. 2 des änderungsgesetzes vom 18. 1. 2002（zu § 42 Nr. 4）.；krit. *Bergmann*，S. 143 ff.，拟议法中建议保护权费用的可扣除力与保证的最低报酬挂钩。

〔132〕 有学者认为这违反《基本法》第3条第1款，第42条第4款也适用于高校非科研人员，参见 *Reetz*，S. 253.，282；*Bergmann*，S. 153 ff.

〔133〕 *Stallberg*，GRUR 2007，1039f.

〔134〕 Vgl. *Krasser/Schricker*，S. 36.

〔135〕 Vgl. *Bartenbach/Volz*，GRUR 2002，746；*Reetz*，S. 207 f.；*Weyand/Haase*，GRUR 2007，33.

〔136〕 每一种让发明进入公众可接触到的领域的过程被作为公开进行考虑，而不单是书面的发表，还有例如口头报告或者样板展示（参见§16 A Ⅳ）。

自由）。[137] 第 24 条第 2 款的保密义务在其规定的范围内受到了限制。[138] 该保密规定只涉及发表以及其他将完成的技术发明通过专业人员可以仿制的方法进行公示的公开方式，不涉及对没有直接使用参考而对科研成果进行的公开。[139]

　　为了公开的内容不落入现有技术，而且该现有技术对高校的专利申请而言又是重要的，那么，必须在公开内容进入公众可获取的领域之前递交一项建立优先权的申请。如果只是进行实用新型的保护，可以采用《实用新型法》第 3 条第 1 款第 3 句规定的宽限期。要是此宽限期与专利法规定的一样长（参见 § 16 Ⅵ 6），第 42 条第 1 款将会被限制在公开后的补充通知义务或者其他作为现有技术的公开上。

　　与及时对公开的意图进行通知无关，发明人在任何情况下都负有第 5 条所规定的向雇主通告的义务。如果在向雇主通告时已有意进行公开，尤其是发表的话，那么根据其目的，该公开通知将附随通告一并作出。因为从另一方面看，有关公开的通知是给高校有机会及时提出保护权的申请，而高校也会这样做，所以为期两个月的期限就不会开始，只要没有把适当的通告[140] 作为申请的基础。

　　根据第 42 条第 2 项，基于教学与科研发明自由而拒绝公开其职务发明的发明人，并不负有告知上级的义务（消极的出版自由）；但如果之后决定公开的，他必须毫不迟延地补充告知。发明的告知义务应该以相应的方式被进行限制，即发明人把其视为自由发明。[141]

　　发明人对不进行公开的决定自行负责。高校没有机会检查是否具有足够的理由不进行公开。高校能够并且应该考虑到它根本无法预期有关职务发明的通告，也无法预期其权利主张的可能性，在所通告的职务发明的范围内向合同当

---

〔137〕　期限届满后即可公开。并不像有学者（*Leuze*（FN 117）281., 321）所认为的那样，高校可以等到用于决定是否进行权利主张的 4 个月届满，或者甚至等到申请专利的时候。Zutreffend OLG Braunschweig 6. 10. 2005 Selbststabilisierendes Knie Mitt. 2006, 41, 43.

〔138〕　只要在"及时"通告之后到公布之前存在保密义务，要求保密就可能被有的人认为限制了宪法上的积极性发表自由，例如 LG Braunschweig 17. 9. 2003 Mitt. 2004, 74；*Leuze*（FN 117）27 f. - *Beyerlein*, Mitt. 2004, 75 f.；OLG Braunschweig（FN 137）- BGH 18.9. 2007 selbststabilisierendes Kniegelenk GRUR 2008, 150. 原则上把通告和等待义务视为合宪的；但是在个案情况下考虑到科研者可能迫切进行发表的利益，等待期限会被要求明显的缩短，参见 OLG Braunschweig（FN 137）43r。

〔139〕　此类科研成果的公开根据法律规定不需要提前报告。但这种公开影响到那些未出现创新成果的发明的保护。当一个内容近似的发明已经被完成并进行了通知时，劳动法或公务员法上的忠诚义务因而尤其可以要求被延期。

〔140〕　不一定需要满足第 5 条所有决定合规方面的全部条件，只要根据《专利法》第 35 条第 2 款第 1 句证明了申请日即可；参见 *Reetz*, S. 218, 221 f。

〔141〕　*Bartenbach/Volz*, GRUR 2002, 749.

事人承诺并兑现发明之上的权利。

如果多人参与了发明，而且不对其贡献进行分割使用时，在为自己主张消极发表自由的冲突中，该参与人将能达成目标。但他必须能够出于其教学和科研自由而有理由说明，对其他参与人的权益进行重置是合理的。除了该权益，在考虑到他的责任和作为科学家的声望的情况下，不应当苛求他以其他参与人所期望的方式公开。[142]

合同对发表自由的限制将被允许并生效，只要这些限制与基本权利相协调，这种基本权利使得《雇员发明法》的相关特殊规定合法化了。那么，当考虑到毫不迟延的、准备就绪并且马上就应递交的保护权申请而认为必要时，发明人将能够保证，通过发表来等待超过公布之后的 2 个月。他将能够在上述的适当界限内放弃消极出版自由的适用。[143]

9. 对 2002 年 2 月 7 日之前完成的发明不适用新规定。对于这些发明，原第 42 条所规定的高校工作者仍然享有"高校教学特权"（现第 43 条第 1 款第 1 句、第 2 款）。考虑到那些在 2001 年 6 月 18 日[144]以前就已经承担了转让义务的人，只要发明是在 2003 年 2 月 7 日之前完成的（现第 43 条第 1 款第 2 句），就同样适用旧的规定。

Ⅷ. 程序规定

1. 所有基于《雇员发明法》的争议，均可在任何时间提交德国专利商标局的仲裁处（第 28 条）。它由一名熟悉法律的主席和两名与标的有关的技术专家辅佐人组成；依申请可在雇主及雇员的领域各增加一名辅佐人（第 30 条、第 32 条及第 40 条第 4 项）。仲裁处的程序很大程度上由其自行决定（第 33 条）并且是免费的（第 36 条）。程序随着对参与人均有效的调解建议而终结，如果参与人在 1 个月之内未提出书面异议的话（第 34 条）。若调解建议被提出异议，程序则无果而终；在第 35 条的其他情况中亦同。

---

〔142〕 Für wertende Interessenabwägung auch *Bartenbach/Volz*, GRUR 2002, 753.；*Bergmann*, S. 175 ff.；vgl. auch *Reetz*, S. 292 ff. 相反观点认为，当其他共同发明人涉及消极发表自由时，每个共同发明人均允许发表，参见 v. *Falk/ Schmaltz*, GRUR 2004, 4711。

〔143〕 有学者认为，当其被高校根据第 22 条第 1 句告知，以及其被与高校有合同约束的第三人就科研者发明相关事宜告知的时候，高校研究者放弃消极发表自由作为一种规避手段的话，则是无效的。第 22 条第 1 句中的不利因素，仅当科研者能够出于教学及科研自由而对发明保留进行合理证明时才产生。只有这样第 42 条第 2 款才能保护到他。因此，一份把消极发表自由限制在一种情形下的约定是没有被第 22 条第 1 句所涵括的，这种情形指的是：公开对于科研者而言是不可预期的时。其建议通过重大理由才能对发明的保留进行合理证明，证明其明显处于要进行保留的情形中。参见 *Bergmann*, S. 182 ff. 以及 *Beyerlein*, Mitt. 2005, 152 ff.。

〔144〕 内阁决议的日期，自此之后旧规定的延续不允许再被计算进去；参见有关修改法案第 1 条第 3 项的理由陈述（针对第 43 条第 1 款）。

2. 只有当经历过仲裁处的程序（第 37 条第 1 款；例外：第 37 条第 2 ~ 5 款），才可以基于《雇员发明法》向法院提起诉讼。涉及发明时，无须考虑争议标的由负责专利争议的法院管辖（第 39 条第 1 款、《专利法》第 143 条，参见 § 9 Ⅱ）；但仅仅涉及履行已经确定或确认的发明报酬的纠纷除外（第 39 条第 2 款）；此种争议由劳动法院管辖，公务员情况由行政法院管辖。有关技术改进建议的争议适用相同规定。

Ⅸ. 改革尝试

1. 近些年来，工业界对《雇员发明法》的批评逐渐增加，并要求进行改革。[145]其中将保证不涉及降低报酬费用的问题。但法律系统使企业负担了过于昂贵的运营费用，尤其是保护权申请义务所造成的费用。它并没有起到促进创新的作用，反而阻碍和危害了企业经营自由。在其他国家，尤其是欧洲国家都适用明显较为简单的规则；[146]德国因此正阻碍着受到迫切希望的法律调整之以简化为目的的跨国合作的道路，损害了处于国际竞争中的德国经济并可能吓跑在德国的投资者。

2. 自 2001 年 10 月就有了一项以《雇员发明法》的"整体改革"为目的的报告（提纲），根据该提纲特别应该进行如下的修改：

——在排除改进建议之下的对有被保护能力的发明的限制；

——废除受限性权利主张，只有非受限性主张才有可能；

——权利主张的假定，当雇主在收到符合规定的通知后的 4 个月之内未以书面形式放弃职务发明时；

——废除雇主进行保护权申请的义务；

——将报酬体系调整为一次包干费用。

在放弃关于改进建议的不健全的规定以及排除很少具有实践意义的受限性权利主张时，应该考虑到以前边缘意义上的相关修改。与此相对，关于权利主张、保护权申请以及报酬的那些建议性规定应该以现行体系的基础性调整作为结果（参见第 3 点），并且有可能使之为高校发明而引入的新规定（参见本节 Ⅶ b 2 ff）的目的落空（参见第 4 点）。

---

[145]　Vgl. z. B. *Meier*, GRUR 1998, 779; *Frank*, *Dänner*, *Hellebrand* und *Bartenbach*, VPP Rundbrief 1999, 28 ff., 31ff., 41ff.; *Kockläuner*, GRUR 1999, 664; Protokoll einer Anhörung vom 22. 3. 2000 GRUR 2000, 1000 ff.; *Teufel*, FS Bartenbach, 2005, S. 97, 106 ff.; *Bergmann*, S. 11f.

[146]　Rechtsvergleichende Hinweise bei *Straus*, GRUR Int. 1990, 355 ff.; *Cornish*, aaO 339 ff.（für das Vereinte Königreich）; *Schmidt – Szalewski*, aaO 342 ff.（für Frankreich）; *Busse/Keukenschrijver*, Anhang 1（S. 1838 ff.）, jeweils zum Stichwort „Arbeitnehmererfinderrecht"; *Fabry/ Trimborn*（oben vor I）; *Knauer*（oben vor I）; *Bartenbach/ Goetzmann*, VPP Rundbrief 2006, 73 ff.

3. 如果一项已经作出通知的发明在 4 个月后被当作提起了权利主张来对待，只要它之前没有明确地被放弃成为自由发明（《提纲》第 6 条第 2 款第 3 句），并且雇主不负有申请保护权的义务（《提纲》第 14 条第 1 款），那么，雇员在雇主根本无需为此采取任何行动的情况下就失去了他在发明之上的所有权利。但他应该为此提出额度为 750 欧元的首次报酬请求，该报酬在提出权利主张之后的两个月后失效（《提纲》第 9 条）。因为发明人在 4 个月后就要以已经进行过权利宣告而发生效力，所以当雇主既没有明确地对发明提出权利主张也没有及时以书面方式放弃发明时，他将在发明通告的 6 个月后由于纯粹的不作为而负有支付报酬义务。其中，发明是否具有被保护能力并无任何区别。尽管可以从未加改动的第 2 条中引申出，报酬请求权仅在具有被保护能力时才成立。[147] 不过，只要相应的申请没有被有效驳回或者雇主与雇员一致对被保护能力作出了确定（《提纲》第 7 条第 2 款），一项已经被提出权利主张的发明的被保护能力就应当被予以假定。雇主只有在申请失败时才可以反驳雇员认为发明具有被保护能力的主张。截至以此方式确定了被保护能力，[148] 首次报酬的请求权就早已到期了。雇主则不能通过保护权申请，而只有通过在规定期限内的放弃来逃避支付报酬的义务。

如果雇主对已提出权利主张的发明进行了使用，雇员则享有第二次报酬请求权，共计 2000 欧元并且应该在开始使用的三年半后到期（《提纲》第 10 条）。当雇主主张一项保护权或因特殊的保密权益而没提出申请时，其中此类权益同样适用于雇主既不申请也不放弃的情况，雇员应当能够要求 500 欧元的第二次报酬（《提纲》第 11 条第 1 款、第 2 款）。在所有维持权利主张并且未使用发明的情况下均可方便地提出小额的附加报酬。原则上，它应当在权利主张的七年半之后到期（《提纲》第 11 条第 3 款）。

针对超出发明相关的 500 万欧元的总销售额或 12.5 万欧元的收入的情况，规定了第三次报酬，该报酬从 5000 欧元开始，根据销售额或收入进行分配并且在开始使用的八年半之后到期（《提纲》第 12 条）。表达了发明的市场价值的信息应该在第三次报酬时再被考虑进去。在"一般情况"的绝大部分中，报酬很可能依据发明的价值以及雇员的份额而被过高或过低地进行了核定。首次报酬以及针对既没有对发明提出申请也没有进行使用的第二次报酬在很多情

---

[147] Begründung zu Art. 1 Nr. 7 Buchst. b RE.
[148] 保护权申请的驳回或成功不是反对或支持被保护能力的可靠象征：专利申请被驳回，并没有排除其满足实用新型要件的可能；一项实用新型申请不能因缺乏新颖性或创造性进步而被驳回；一项已经登记的发明在实用新型登记时因此也很少会具有被保护能力。

况中明显可能对不具有被保护能力的发明有利，比如纯粹的改进建议。[149]但发明人所享有的、在发明的（实际）经济价值上的宪法权利是否受到了足够重视，仍存在问题。[150]

4. 在依据提纲进行的整体改革中，是否可以达到已生效的高校发明的新规定所力图实现的目的，继而成为问题。"自动的"权利主张和申请义务的废除可能也会适用于高校发明。与之相对，适用于高校发明的现行报酬规定就应该要优先于提纲的报酬体系。

高校的纯粹不作为可能造成工作者失去其发明之上的所有权利。在没有及时的保护权申请的情况下不能期待第三人对获取发明或者授权产生兴趣以及高校从使用中获取收益。发明人对报酬的所有预期也因此而落空（参见本节Ⅶ b 7）。如果修改草案中规定的报酬体系也要引入高校领域的话，那么高校将会看到潮水般的首次报酬请求，而高校又缺乏资金来履行它，当报酬与收入明显不符，或高校对第三人负有使其获得权利的义务时，可能会倾向于按期放弃已经进行过通告的那些发明。在现实结果中，这在很大程度上又回到了先前的状态。应该能够证明废除"高校教学特权"在经济上有重要意义的那种结果，无从预期。

5. 改革计划在 2005 年搁置了。[151]原因并不在于上述的担忧，而是工会与产业界之间有关第一笔包干报酬的额度的争论。期间来自项目组参与各方的代表对意见稿进行了修正。[152]工会曾对修正稿不满意而进行全部否决，尤其是因为废除了通告义务，但与意见稿不同的是被保护能力不必是能够预见的。自此之后，联邦司法部就不再触及整体的改革。

但是在《专利法简化及现代化法草案》（参见§6 Ⅲ 15）中，除了其余有关《雇员发明法》的修改之外，还涉及只有当雇主未在雇员通告发明之后的 4 个月后明确表示释放发明时，职务发明才能不受限地被进行权利主张，并且就此认为主张已经履行。这与 2001 年版的草案所提的建议相衔接。但因为雇主的申请义务以及报酬体系没有被新草案涉及，所以这与前面提及的担忧并不冲突。

---

〔149〕 Vgl. *Bartenbach*, VPP Rundbrief 2004, 52, 53r.

〔150〕 有学者对此表示认可并强调：所建议的规则在衡量报酬时，不考虑雇员任务和位置在企业中的差异以及企业的份额在形成发明时扮演的角色，参见 *Straus*, FS Bartenbach, 2005, 111, 118 ff.

〔151〕 Zur Entwicklung nach dem Referentenentwurf s. *Bergmann*, S. 14 ff.; *Knauer*, S.176 ff.; *Frank*, VPP Rundbrief 2004, 49 ff. und FS Bartenbach, 2005, S. 127, 130 ff.; *Vieregge*, GRUR 2005, 132.

〔152〕 In Gegenüberstellung zum RE wiedergegeben bei *Bartenbach*, VPP Rundbrief 2004, 52, 54 – 66.

第 4 部分

专利和实用新型的
产生与丧失

§22   导论   概述

Ⅰ. 专利和实用新型保护的形式条件

1. 发明的权利是随着发明的完成而自动产生的，无须履行任何手续。但它还不享有特别的保护，其他人并不需要得到权利人的同意就可以实施该发明（参见§2 Ⅲ b 3）。虽然根据保护秘密的观点，如果发明没有公开，发明的权利人享有要求停止实施依照其权利客体的技术原理的行为的请求权。但这一请求权只能针对那些从上述权利人的发明活动获得发明知识的人，而且还需要满足一定的前提条件：实施人是以侵犯秘密的方式获得或者不正当地将泄露秘密归咎于第三人并利用该秘密。

授予专利或者登记实用新型使得它们的权利人有权制止其他人实施发明，无需考虑其他人是从哪里或者以什么方式获得发明。专利或者实用新型赋予的是一个与任何保密行为无关的法定的独占权，而通过保密所获得的只是一个受法律保护的事实上的独占可能性。[1]

2. 这种独占权属于专利权人或者实用新型权利人。如果这些权利人同时又是发明的实体权利的权利人，那么这种独占权就从财产法上确认了对发明的权利，而且，通过赋予阻止其他任何人实施该发明的权利，这种独占权又强化了对发明的权利。并且，这种无须履行任何手续而产生的权利就转化成了具有广泛权利内容的专利或者实用新型，从此开始了其不可分离的法律命运。

即使专利权人或者实用新型权利人不是发明的实质权利人，授予专利或者登记实用新型也赋予了其作为权利人的独占权。因权利人不是发明的实质权利人而对专利或者实用新型提起的攻击和异议，只能由真正的权利人而不能由第三人提起（参见§20 Ⅰ、Ⅱ）。即使保护权是在无权利之人的手中，第三人也必须遵守该保护权。

3. 授予专利和登记实用新型是行政行为。个体作出的要求保护发明的正式意思表示并不是给予保护的理由，从法律意义上来说，这个意思表示只能算作向主管部门提出的授予专利或者登记实用新型的请求。不过没有这种请求也不能授予专利或者登记实用新型，只有在提出请求之后，才能开始行政机关的程序。如果撤回请求，就终止了行政机关的程序。行政机关不会依职权主动授

---

〔1〕 这里所说的是一个"事实上的，受法律支持的，但法律并没有赋予的排他性"，参见 *Troller*, Immaterialgüterrecht, Bd. Ⅰ, S. 75。

予专利或者登记实用新型。

请求除了具有程序法上的效力之外，还有着实体法上的意义。[2]如果请求符合法定形式，而且请求的客体还满足了初步审查所要求的前提条件，那么该请求就获得了公法上的要求授予专利或者登记实用新型的请求权。行政机关作出授予（或登记）或者拒绝的决定不是依据行政机关自身的判断，而完全要看是否满足了授予或者登记的法定条件。

是否授予专利或者登记实用新型并不考虑经济的、社会的或者公共政策的因素。发明对于劳动力市场、环境、能源状况、传统行业的生存等方面所产生的负面影响，不能作为拒绝保护一个可专利发明的理由。更不能因为发明对上述某个方面是有利的，但并不具备可专利性，而授予其专利。区别对待同样的事情几乎没有什么意义；因为对发明授予或者拒绝授予专利，并不能决定是否应当或者是否可以实施该发明，能决定的仅仅只是，是否以给予独占权的方式直接奖励发明活动以及促进对发明的利用。是否要实施发明，以及在多大程度上实施发明，最终取决的是市场上是否有相应的需求（参见 § 3 Ⅵ 3）。这些对于专利的阐述相应地也适用于实用新型，区别只是：甚至缺乏新颖性或者创造性的发明也不会被拒绝登记为实用新型。

请求的另一个实体法上的效力是确定要求保护的时间起点。这个时间是在递交请求之后确定的，在一定的条件下，在此之前递交的请求所确定的时间起点具有优先权（参见本节 Ⅱ d）。简而言之，在上面两种情况中决定了时间起点的日期被称为优先权日（参见 PCT 第 2 条 xi）。优先权日决定了采用什么样的现有技术标准来判定发明的可保护性。因此，在请求中就必须对请求保护的客体进行充分的描述，也就是说要对寻求保护的发明进行公开。申请这一概念所表述的既是授予专利或者登记实用新型的请求又是对发明的公开：谁想要为发明获得专利或者实用新型保护，谁就必须在专利局提起申请。

4. 德国专利商标局或者欧洲专利局在授予专利之前，不仅要审查申请是否符合形式上的规定，而且还要审查所申请的客体是不是可专利的。也就是要审查申请的客体是不是一个新的、基于创造性活动而产生的并且不是被特殊规定排除在专利保护之外的专利法意义上工业可运用的发明。如果不对所有授予专利的实质性前提条件进行官方的事先审查，无论是德国专利商标局，还是欧

---

〔2〕 有学者区分了一个"诉讼上的"和"公民"（zivilistischen）申请，参见 *Kohler*，Handbuch，S. 272 ff.，279 ff.。新的理论则认为这个观点是生造的和多余的，参见 *Bernhardt*，S. 114 f；*Götting*，§ 18 Rdnr. 1；*Benkard/Schäfers*，§ 34 PatG Rdnr. 12 a。申请是一个具有多重效力的统一行为，而实体法上的效力还依赖于实质性前提条件。

洲专利局都不会授予专利。这种"事先审查制"与"登记制"（参见 § 1 A Ⅴ
2）相比，其优点就在于，尽管在授予专利之后还可以对发明的可专利性进行复
审（参见本节 Ⅲ b），事先审查制使人们能够高度信任专利的权利稳定性。[3]

但是，无论是德国专利商标局，还是欧洲专利局都不会对每个递交的申请
进行广泛的审查。德国专利商标局首先只临时性地审查形式要件和个别实质性
前提条件是否有明显的瑕疵。而欧洲专利局，首先则只进行所谓的受理和形式
审查。只在提起专门的、有一定期限约束的、并需支付费用的审查请求之后，
才全面审查所有的实质性前提条件。这样就使得申请人直到请求期限到期之前
都可以考虑，发明是否值得为专利审查所付出的费用。有不少的例子表明，在
这一时期申请专利保护的发明在技术上已经过时、经济上收效不大或者根据现
有技术的状况该发明很有可能是不可专利的。在这些情况中，申请人常常会放
弃审查请求，让申请失效。

审查请求可以与申请同时提出。需要注意的是通常所说的"延迟审查"。
具体来说就是，是否要对申请进行全面的审查和维持申请的效力，或者还是在
一定的时间之后撤回申请，取决于是否有一个明显的请求与是否支付了专门且
不很低的费用。因此，审查是否延迟，取决的是申请人的行为。

德国《专利法》和《欧洲专利公约》对延迟审查制的规定是不同的。根
据德国法，提起审查请求的期限是在递交申请之后的 7 年之内。为了准备好是
否提起审查请求的决定，申请人可以进行一个有关所申请发明的公开文献的官
方调查（检索）。当然，不进行事先的检索就提起审查请求也是允许的。鉴于
请求审查的期限较长，因此，除了申请人之外，任意第三人也有权请求检索或
者审查。

而对于任意一项欧洲专利申请，只要其满足了规定的形式上的最低要求，
欧洲专利局的主管部门就会依职权主动出具一份欧洲检索报告。当欧洲专利公
报公布这份检索报告的时候，就开始计算请求审查的期限。这个期限只有 6 个
月。因此，一般在欧洲专利申请递交之后的 2 ~ 3 年，其请求审查期限就过期
了（参见《欧洲专利公约》第 94 条、《欧洲专利公约实施细则》第 70 条）。
由此可见，对欧洲专利申请进行官方审查可延迟的时间，要大大短于德国专利
申请在德国专利商标局程序中的可延迟时间。但是，在欧洲专利局，只有申请
人才可以提起审查请求，检索报告有助于其在短期内作出是否提起审查请求的
决定。

---

[3] Dazu *Schade*, Geprüfte und nicht geprüfte Patente, GRUR 1971, 535 – 541; *Schade/Schaich/
Schweitzer*, Geprüfte und nicht geprüfte Patente, 1973.

德国和欧洲对于专利申请规定是不同的，这表明虽然二者都是想要减轻专利局的审查工作，但欧洲专利局在这方面的愿望似乎并不是很迫切。欧洲专利局拥有强大的检索能力，并将其分解给了以前设在海牙的国际专利机构（参见《关于〈欧洲专利公约〉的集中议定书》第Ⅰ段）。

5. 与授予专利不同，如果实用新型的申请符合了形式要求，那么无需进行全面的事先审查，德国专利商标局就会对该实用新型予以登记。《实用新型法》明显地排除了对发明进行新颖性、创造性及工业实用性的审查（参见§1 B Ⅳ 1）。因此，一般情况下，符合形式上要求的实用新型申请在几个月之后就能获得登记。

只是在提起注销实用新型请求的时候，才会对其保护的前提条件进行全面审查（《实用新型法》第15条及以下条款）。检索也只在请求的情况下才会进行（《实用新型法》第7条）。

因此，在实用新型登记之后，事后发现实用新型保护的发明具有不可保护的风险，比授予专利之后专利保护的发明所冒的风险要大得多（参见§1 B Ⅳ 4）。

6. 根据专利法和实用新型法的一项基本原则，只有以公布发明为对价，才会对发明予以保护。这样不仅保障了技术解决方案独占权的公开，而且也达到了给广大公众提供广泛技术创新信息的目的。为了国家的利益需要保密的发明是一个例外，对这些发明授予专利或者登记为实用新型不进行任何公布（《专利法》第54条、第50条第1款；《实用新型法》第9条）。

在德国法引入"迟延审查制"之前，只是在全面审查没有发现获得保护的障碍之后，专利局才会公布申请专利的发明。在首次公布发明之后，就已经暂时性地——除非第三人的异议获得成功——产生了专利的全部效力。也就是说，申请人只需在给予其禁止权的同时放弃他的秘密。但是，专利局的审查时间越长，信息公开就越晚。而在延迟审查制中，无论审查是否结束，专利申请都会及早公布，即在优先权日之后18个月公布。迟延审查制不仅适用于在德国专利商标局的申请，而且也适用于欧洲专利的申请。

但是与过去一样，只有当专利局在审查之后得出结论，发明满足了所有前提条件，德国法才会给予全面保护。如果满足了前提条件，根据现行的德国以及欧洲的法律——第三人不能事先提起异议——就会授予专利。为了不使申请人在公布申请与授予专利之间因不保密而得不到任何补偿，德国法赋予了申请人对于实施已申请专利的发明的人要求给予合理补偿的请求权，但是却没有停止侵权的请求权。这里，还没有接受全面审查的申请的公布已经有了弱保护效力，不过这种保护的存在与否还取决于随后所授予的（有效）专利。对于欧洲专利申请的临时保护，只要申请涉及的是联邦德国的专利，就如同对于在德国专利商标局的国内申请的临时保护。

虽然《欧洲专利公约》原则上规定，欧洲专利申请从公布时起就取得了全面保护（《欧洲专利公约》第67条第1款、第64条第1款）；但是依据《欧洲专利公约》第67条第2款，缔约国还可以规定一种弱保护；为了同等对待对德国的欧洲专利申请与德国的专利申请，德国的立法者就制定了这种规则（《国际专利条约法》第2条第1款）。

申请实用新型保护的发明，是在登记之后才公布的（《实用新型法》第8条第3款、第5款）。由于公布之后就产生了全部的保护效力，因此也就无需临时的保护。由于大多数发明在较短的时间内就可以获得登记，因此对于可以取得实用新型保护的发明，递交实用新型申请实际上常常会比通过申请专利能更早地获得全面有效的尤其是包含了禁止权的保护。如果同一发明还申请了专利，也可以利用这种规定的优点（参见本节Ⅱd5）。

7. 如果审查发现专利申请有形式上的瑕疵或者专利局有关于可专利性的疑虑，申请人还有机会消除这种瑕疵或者就发明的可专利性发表意见。如果没有消除这种瑕疵或者消除这种疑虑，专利局就会驳回申请。德国专利商标局的临时审查、欧洲专利局的受理和形式审查、提起请求的全面审查都可以驳回申请。如果被驳回的申请已经公布，就会有溯及力地使得因由公布而形成的临时保护失效，但该申请的内容对在后专利申请新颖性的损害则保持不变（《专利法》第3条第2款、《欧洲专利公约》第54条第3款）。

对实用新型申请只进行有限的审查，因此只能因为实用新型申请有形式要求方面（参见第5点）的瑕疵才可以驳回申请。

对于驳回的申请，申请人可以在联邦专利法院或者欧洲专利局的申诉庭提起申诉。假如是申请专利，如果联邦专利法院或者欧洲专利局申诉庭认为申诉是有道理的，并且满足了授予专利的全部前提条件，就可以自己裁定授予专利，而不用将申诉退回至专利局。这种规则也相应地适用于实用新型申请，如果联邦专利法院认为申诉是有道理的，并且也认为满足了登记之前需要审查的全部要求，联邦专利法院也可以自己判决登记实用新型。

Ⅱ. 取得专利和实用新型保护的途径

依据PCT进行国际申请以及通过欧洲专利局授予欧洲专利，为那些在欧洲范围内寻求专利保护的人提供了多种途径。[4]PCT与《欧洲专利公约》是相互协调的。联邦德国的专利法也是与它们相适应的，并且通过《国际专利条

---

〔4〕　S. *Beier*, EPÜ – GK, 1. Lfg. , 1984, S. 51, 75 ff.

约法》与它们联结了起来。通过 PCT 的国际申请在德国也可以申请和取得实用新型保护（PCT 第 2 条 ii、第 43 条、第 44 条；《PCT 实施细则》第 4 条 4.9 (a) ii、第 49 条之二第 1 款）。

a）国内申请

1. 通常请求授予专利的途径是，到你要寻求保护的任何国家，在当地的主管机关根据当地现行（国内的）法律规定递交专利申请。在联邦德国，申请专利的资格不受申请人国籍、住所或者分支机构营业所限制。在外国，如果是在巴黎联盟成员国或者 WTO 成员拥有其中某个国家国籍的人或者在该地域内有住所或者营业所的人，也可以根据申请国适用于其国民的规定递交专利申请（《巴黎公约》第 2 条、第 3 条，TRIPS 第 3 条第 1 款、第 1 条第 3 款）；如果不满足这些条件，申请国的国内法就会限制或者甚至排除外国人申请的权利。

既不是巴黎联盟成员国也不是 WTO 成员，国家间条约又没有其他规定，这时外国人的申请权是依照国内立法的有关外国人法的规定来进行调整的，而这种规定对于外国人就可能比对于本国人要苛刻些。

在所有的这些情况中，只要满足了国内立法所要求的前提条件，授予专利都是由国家机关主管的。

2. 在德国，外国申请人也拥有不受限制的申请实用新型的权利。如果巴黎联盟的成员国规定了实用新型，那么其他成员国的国民或者在那儿有住所或者营业所的人，就可以像该成员国的国民一样在同样的前提条件下申请和取得实用新型（《巴黎公约》第 2 条、第 3 条、第 1 条第 2 款）。相反，TRIPS 却并没有涉及实用新型。

b）欧洲专利的申请

根据《欧洲专利公约》，通过一件欧洲专利申请就可以在申请中指定的所有缔约国（目前最多是 34 个）取得专利保护；根据欧洲专利组织所签署的《扩展协定》，指定取得专利保护的国家现在可以再扩展 4 个（参见 §7 II b）。欧洲专利的申请权与申请人的国籍、住所、营业所或者分支机构场所无关。

欧洲专利的申请可以直接在欧洲专利局或者根据缔约国国内法的规定在该国的专利局递交，但该国的专利局（原则上，参见《欧洲专利公约》第 77 条）必须将该申请转递给欧洲专利局。欧洲专利局根据《欧洲专利公约》中统一规定的标准对所有指定国集中决定是否授予专利。

根据《关于〈共同体专利条例〉的建议》（参见 §7 II d bb 2），欧洲专利局还应当负责授予共同体专利。如果希望获得共同体专利就必须在申请中指定共同体，而不是指定《欧洲专利公约》中的单个或者全部缔约国，而欧洲专利局将对共同体统一授予这种专利，共同体专利受《共同体专利条例》调整。

c) 国际申请[5]

1. 根据 PCT，通过一个国际申请就可以在所有指定的"指定国"（PCT 第 4 条第 1 款 ii）产生其国内申请的效力（PCT 第 11 条第 3 款）。但是决定是否对指定国授予专利的是指定国主管的国家（也可能是"区域性的"，PCT 第 2 条 xii）机关，即"指定局"。至 2008 年 6 月 1 日 PCT 有 139 个成员国，其中包括《欧洲专利公约》的所有缔约国。

只要是 PCT 成员国或者是等同于 PCT 成员国国家的国民，或者在这些国家有营业所或者住所，就可以递交国际申请（PCT 第 9 条第 1 款、第 2 款）。申请是递交给主管的受理局，这就是申请人国籍所属国或者申请人有营业所或者住所的国家（申请人本国）的国家局[6]、负责该国的"区域"局（如欧洲专利局）或者 WIPO 的国际局（PCT 第 10 条和第 2 条 xii、xv、xviii、xix，《PCT 实施细则》第 19 条第 1 款）。由此可见，《欧洲专利公约》成员国的申请人可以在其本国的国家局、欧洲专利局（《欧洲专利公约》第 151 条）或者国际局进行申请。

自 2004 年 1 月 1 日起，在申请中指定缔约国的规定得到了简化。2004 年 1 月 1 日之后递交的申请被视为指定了递交申请时全部的 PCT 成员国（《PCT 实施细则》第 49 条（a）），以前要求的指定费现在包含在国际申请费中（现在是 1400 瑞士法郎），至于国际申请最后在哪些国家生效，则是在进入"国家阶段"后才决定的（参见第 3 点）。

2. 如果申请满足了一些最低的要求，受理局就会给予该申请一个国际申请日（PCT 第 11 条第 1 款和第 2 款）。受理局将审查申请的某些形式缺陷，如果没有改正被发现的缺陷，那么受理局就会宣告该申请被撤回（PCT 第 14 条

---

〔5〕 Dazu eingehend *Gall*, Die europäische Patentanmeldung und der PCT in Frage und Antwort, 7. Aufl. 2006；*Rippe*, *K. – D.*, Europäische und internationale Patentanmeldungen, 4. Aufl. 2006；*Köllner*, *M.*, PCT – Handbuch, 2007；*Gruber*, *S. /Haberl*, *A.*, Europäisches und internationales Patentrecht, 6. Aufl. 2008；außerdem insbes. *Benkard/Ullmann*, Internationaler Teil Rdnr. 81 ff.；*Beier*（FN 4）S. 69 ff.；*Reischle*, Ausführliche Darstellung der ab 1. Januar 2004 geltenden Änderungen der PCTAusführungsordnung, Mitt. 2004, 529 – 534. – Einzelheiten im umfangreichen Leitfaden für PCTAnmelder, deutsche Fassung herausgegeben vom DPMA.

〔6〕 Für die Entrichtung von Gebühren für PCT – Anmeldungen an das DPMA als Anmeldeamt gelten das PatKostG und die PatKostZV, vgl. BPatG 8. 7. 2004 Bl. f. PMZ 2005, 80.

第1款）。[7] 没有取得国际申请日的申请或者被宣告为撤回的申请，还可以在指定国根据其国内法继续递交（PCT第25条、第24条第2款，《国际专利条约法》第3条第5款）。因此，即使被受理局视为有缺陷的申请，指定局仍保留了最后的决定权。

受理局会把符合形式要求的每件申请送交给国际局（如果国际局本身不是受理局）和国际检索单位（PCT第12条）。一些具有相应配备的国家专利局[8]以及欧洲专利局[9]就是国际检索单位（PCT第16条，《PCT实施细则》第34条、第36条）。任何受理局都是自己决定由哪个（些）检索单位来负责检索其受理的国际申请（《PCT实施细则》第35条）。负责检索送交给德国专利局或者欧洲专利局的国际申请的国际检索单位是欧洲专利局。

对于2004年1月1日之后递交的申请，国际检索单位在出具国际检索报告的同时，还提供一份关于所申请的发明是否可以视为PCT第33条第2~4款意义上的新的、有创造性活动以及工业上可应用的发明的书面意见（《PCT实施细则》第43条之二第1款（a））。

这种书面意见包含了检索单位对于发明可保护性的看法，但这种意见是不公布的。如果没有（参见第4点）或者不需要国际初步审查报告，那么根据《PCT实施细则》第44条之二第1款，就应及时将该书面意见作为"可专利性的国际初步报告"（PCT第Ⅰ章）送交给申请人。如果申请人不希望更早地进入"国家阶段"，指定局收取该报告的期限是不早于自优先权日起30个月的期限（《PCT实施细则》第44条之二第2款）。在上述期限到期之后，根据《PCT实施细则》第44条之三第1款、第94第1款，就可以在国际局获得这种书面意见和初步报告。[10]

国际局将把申请和检索报告送达给指定局，并最晚在优先权日之后18个月公布它们（PCT第20条、第21条）。根据国内法的标准，这种公布就构成了对申请客体临时保护的基础（PCT第29条；德国：《国际专利条约法》第3条第8款）。

---

〔7〕 Wenn das DPMA als Anmeldeamt gehandelt hat, ist Beschwerde zum BPatG zulässig, BPatG 8. 12. 1980 E 23, 146.

〔8〕 Nämlich diejenigen Australiens, Chinas, Japans, Österreichs, der Russischen Föderation, Schwedens, Spaniens und der USA（Bl. f. PMZ 2002, 189）.

〔9〕 Zur Tätigkeit des EPA bei Recherche und Prüfung gemäß dem PCT Art. 152 EPÜ und die Neue Vereinbarung zwischen der EPO und dem Internationalen Büro der WIPO über die Aufgaben des EPA als Internationale Recherchenbehörde und mit der internationalen vorläufigen Prüfung beauftragte Behörde nach dem PCT vom 18./24. 10. 2007, ABlEPA 2007, 617.

〔10〕 *Reischle*（FN 5）530.

3. 对申请进行进一步处理的是——除了可能的国际初步审查（参见第 4 点）之外——指定局（国家阶段）的任务。

2004 年 1 月 1 日之后递交的申请，根据《PCT 实施细则》第 4 条第 9 款（a）iii，包含了申请隶属于《欧洲专利公约》的 PCT 成员国的欧洲专利的声明，而欧洲专利局就是指定局（欧洲 – PCT – 申请，《欧洲专利公约》第 153 条）。《欧洲专利公约》就是欧洲专利局的"国家法"（PCT 第 2 条 x）。此外，国际申请在那些没有根据 PCT 第 45 条第 2 款排除 PCT 申请作为国家申请的《欧洲专利公约》成员国，也有请求授予成员国专利的效力。[11]

对申请进行进一步处理的前提条件是，最晚在优先权日之后的 30 个月[12] 要将国际申请以及——如果国内法认为是必要的——国际申请的译本提供给指定局（PCT 第 22 条、《国际专利条约法》第 3 条第 4 款、《欧洲专利公约》第 153 条第 4 款）并缴付国家规定的费用。如果申请人没有请求审查和处理，那么在上述期限到期之前指定局不允许对申请进行审查或者处理（PCT 第 23 条）。

指定局负责审查申请，并根据国内法决定是否授予保护权。但对于申请的形式和内容，指定局不能提出比 PCT 及其实施细则更为严格的要求（PCT 第 27 条第 1 款）。不过，对于什么可以构成可保护性的实质性的前提条件以及怎样审查这些前提条件，尤其是在确定现有技术标准方面，缔约国却是自由的（PCT 第 27 条第 5 款）。

4. 如果申请人提出特别请求（PCT 第 31 条），还可以进行一种国际初步审查。但是国际初步审查对于所申请的发明是否具有新颖性、创造性活动以及工业上实用性的意见是没有约束力的（PCT 第 33 条）。

根据《PCT 实施细则》第 54 条之二第 1 款，在检索报告和可保护性意见（参见第 2 点）送达给申请人之日后的 3 个月之内或者自优先权日 22 个月内，都可以提出这种请求。如果错过这两种期限，就视为未提出请求。如果在这些期限内提出了请求，那么只是在申请人提出明显的请求之后，才允许在上述期限到期之前启动国际初步审查（《PCT 实施细则》第 69 条第 1 款［a］）。

在这种请求中还应当说明，在哪些指定国应当使用这种审查的结果（选

---

〔11〕 Belgien, Frankreich, Griechenland, Irland, Italien, Monaco, Niederlande, Slowenien, Zypern; s. *Singer/Stauder* Art. 153 Rdnr. 20.

〔12〕 Die Frist wurde durch Beschluß der Versammlung des PCT – Verbandes vom 2. 10. 2001（BGBl. 2002 II S. 727, 728）mit Wirkung vom 1. 4. 2002 von 20 auf 30 Monate verlängert. Einige PCTStaaten haben diese Verlängerung nicht anerkannt. Soweit es sich dabei um EPÜ – Staaten handelt und das EPA als Bestimmungsamt tätig wird, gilt jedoch auch für sie die längere Frist, die beim EPA gem. Art. 2 Abs. 3 PCT, R 159（1）EPÜ 31 Monate beträgt.

定国）。欧洲专利局是根据《欧洲专利公约》第153条作为选定局的。

这种审查是由被委托的单位进行的（PCT第32条、《PCT实施细则》第59条）；这又可能是有相应配备的国家局[13]或者是——在德国专利商标局或者欧洲专利局的国际申请同样如此——欧洲专利局。[14]审查的标准是PCT中定义的新颖性、创造性活动和实用性的标准（PCT第33条第2～4款，《PCT实施细则》第64条、第65条），但是缔约国可以自由地规定不同的保护前提条件（PCT第33条第5款）。

如果关于可保护性的书面意见（参见第2点）不是源自被委托单位自身，那么国际局将会把由检索单位出具的可保护性意见送交给被委托局（《PCT实施细则》第62条第1款i）。这种书面意见原则上就是审查单位的（首个）书面意见（《PCT实施细则》第66条之二第1款）。

国际初步审查报告将被送交给申请人以及国际局，而国际局又会将该报告——必要时与译本一道——转送给选定局。国际初步审查报告对于选定局的决定只有信息参考作用，并没有约束力。对国际初步审查报告的处理应当是秘密的、不公布的（PCT第38条）。

5. PCT途径对于申请人的优点是，通过一个申请就可以确保其在多个国家申请的时间起点，而且是在很长时间之后——一般是在获悉检索报告和关于可保护性的书面意见，也许还有审查报告之后——才需要决定在哪些国家投入的申请费和翻译成本是合适的。如果申请人要将申请继续下去，那么该符合形式要求的国际申请在所有指定国也被认可是符合形式要求的，这也是利于申请人的。

如果指定局适用的法律的保护前提条件是与PCT的标准相适应的，比如德国《专利法》和《欧洲专利公约》，那么国际检索报告以及可能的国际初步审查就可以减轻指定局的工作。

自2004年引入的检索单位对可保护性的书面意见以及以此为基础的初步报告（参见第2点），是为了减轻受托进行初步审查的专利局的负担，特别是欧洲专利局和美国专利商标局的负担。不过，这只是在一定程度上减轻了指定局的负担，[15]因为这种意见和初步报告并没有像PCT第2章（第31条及以下条款）规定的审查报告那样，进行过深入细致的审查。

〔13〕 Beauftragte Behörden sind die in FN 8 genannten Aemter mit Ausnahme des spanischen（Bl. f. PMZ 2002, 189）.

〔14〕 Maßgebend ist die in FN 9 genannte Vereinbarung.

〔15〕 Teilw. krit. deshalb *Reischle*（FN 5）531 f., 534.

d）优先权与分案申请

1. 如果在巴黎联盟的成员国按照规定递交了专利或者实用新型申请，那么根据《巴黎公约》第4条，在其他联盟成员国申请该专利或者——如果规定有——申请实用新型就享有了联盟优先权。[16]

在申请人有权选择专利或者发明证书的国家，申请发明证书也构成了享有优先权的依据（《巴黎公约》第4 I 条第1款）。

如果第一次递交的申请构成了享有优先权的根据，那么在这之后的12个月之内递交的申请就可以主张优先权（《巴黎公约》第4C条）。优先权的效力是，在首次与后来申请之间的时间内（优先权期间）出现的对发明的公布、实施、另外一项申请的提出等事实，不能影响后来申请的效力（《巴黎公约》第4B条）。

2. 只要至少在一个联盟成员国有了符合规范的国内申请效力的首次申请，那么该首次申请就构成了优先权的根据。至于什么是符合规范的国内申请，既可以依据申请国的国内法，也可以根据成员国之间的条约（《巴黎公约》第4A条第2款）。比如，满足了给予申请日前提条件的国际申请以及授予了申请日的欧洲专利申请，就等同于《巴黎公约》意义上的符合规范的国内申请（PCT第11条第4款、《欧洲专利公约》第66条）。如果申请是在一个联盟成员国第一个有效的发明申请，那么就可以依据这个申请，在任意一个联盟成员国像依据该国的国内申请一样要求联盟优先权。

3. 对于一个国际申请，可以根据PCT第8条和《巴黎公约》第4条要求在先的在《巴黎公约》成员国有效的专利、实用新型或者发明证书申请的优先权。对于一个欧洲专利申请，则可以根据《欧洲专利公约》第87条和第88条，要求在先的在《巴黎公约》或者WTO成员有效的专利或者实用新型申请[17]的优先权。因此，一个在先的国际或者欧洲专利申请也构成了优先权的根据，原则上，在这样一个申请中所有指定的国家，包括该在先申请已经涉及的国家，也构成了优先权的依据。[18]

4. 对于在德国专利商标局的专利或者实用新型申请，根据《专利法》第

〔16〕　Dazu umfassend *Wieczorek*, R.: Die Unionspriorität im Patentrecht, 1975; *Ruhl*, O.: Unionspriorität, 2000.

〔17〕　Erfinderscheinanmeldungen sind im EPÜ 2000 nicht mehr als prioritätsbegründend erwähnt.

〔18〕　Sog. Selbstbenennung des Staates der prioritätsbegründenden Anmeldung; vgl. *Asendorf*, GRUR 1985, 577 ff. – Aus Art. 8 Abs. 2 (b) PCT kann sich in Verbindung mit dem nationalen Recht, auf das er verweist, in bestimmten Fällen ergeben, daß für die Selbstbenennung keine Priorität in Anspruch genommen werden kann. – Für europäische Nachanmeldungen vgl. BGH 20. 12. 1981 Roll – und Wippbrett BGHZ 82, 88.

40条或者《实用新型法》第6条，可以像要求联盟优先权一样的方式要求一种不超过12个月的德国专利或者实用新型申请的国内优先权。如果随后的申请同样是申请专利或者实用新型，那么构成优先权根据的专利或者实用新型申请就被视为撤回（《专利法》第40条第5款、《实用新型法》第6条第1款第2句）。

5. 与要求优先权不同的是，在申请实用新型时可能出现的"分案申请"：如果将发明在联邦德国申请了专利，那么根据《实用新型法》第5条，对于在后该同一发明的实用新型申请——只要该发明是符合实用新型要求的，尤其不能是方法发明与生物技术发明——就可以要求将专利申请日作为该实用新型的申请日。但与要求优先权不同，这时的实用新型的保护期不是从在后的实用新型申请日起算，而是从专利申请日起算。如果对于该专利申请已经要求了优先权，也并不影响这种分案申请，仍可以为实用新型申请主张专利申请的优先权。分案申请并不受12个月优先权期限的约束，允许分案申请的时间期限是：一方面是专利申请审查及可能出现的异议程序的结束时间；另一方面是实用新型最长的10年保护期（《实用新型法》第5条第1款第3句）。

分案申请的优点主要表现在这样的情况中：专利申请人需要很快地得到全面有效的禁止权，或者由于发明不能满足获得专利保护的前提条件，但似乎可以符合取得实用新型保护的条件（参见§1 B Ⅴ 3）。

之所以规定这种宽松的分案申请的选择，是因为分案申请并没有扩大本来希望获得的保护。因此，如果分案申请是反方向的，即从窄的保护权到宽的保护权的分案申请，就没有道理了。

Ⅲ. 专利的丧失

a）无溯及力的终止

1. 专利在申请之后的20年保护期期满后失效。如果没有及时缴付到期的年费，或者专利权人向专利局书面提出了放弃专利的声明，专利就会提前失效。大多数情况是专利权人通过停止缴付年费的形式，而不是以书面放弃专利的形式使专利失效。

欧洲专利在20年的保护期届满之后在所有被授予该专利的缔约国失效。而如果没有及时缴付维持费，则只影响到未被缴费的缔约国，这是因为在授予专利之后，维持费是交给国家局的。同样，对德国专利商标局作出的放弃专利声明，也只能使德国的欧洲专利失效。不能在欧洲专利局作出放弃专利的声明。

药品和农药的专利保护效力可以通过补充保护证书超出正常保护期5年（儿童药品的专利还可以再延长6个月），欧洲专利的这种补充保护证书也是由《欧洲专利公约》缔约国的专利局授予。

对于共同体专利，《关于〈共同体专利条例〉的建议》第 26 条规定应当在欧洲专利局作出集中放弃的声明。

2. 如果对德国专利商标局的专利没有及时写明发明人，而且在专利局将写明发明人的期限延长至授予专利之后还没有写明，那么该专利也会失效。但这种原因并不能使得欧洲专利失效，这是因为在任何情况下都必须在授权之前写明欧洲专利的发明人。

3. 德国专利商标局的专利效力还会因禁止双重保护原则而终止。所谓禁止双重保护，是指对同一发明不允许存在具有同样申请日或优先权日的德国专利和不再有异议的欧洲专利（《国际专利条约法》第 2 条第 8 款、《欧洲专利公约》第 139 条第 3 款）。

b）有溯及力的撤销

1. 在授予德国专利之后的 3 个月内，在授予欧洲专利之后的 9 个月内，可以在德国专利商标局对该专利提起异议。如果没有完全满足专利的实质性前提条件，或者专利没有充分公开发明或在公开的申请内容里没有足够的依据，该专利就会被撤销。任何人都有权依据这些理由对专利提起异议。

对于德国专利商标局的专利还可以因为非法窃取提起异议（参见 § 20 Ⅱ），但在这种情况中，只有被侵权人才有权提起异议。

原则上由授予专利的专利局负责对异议作出决定。但是对于德国专利商标局授予的专利的异议，如果满足了《专利法》第 61 条第 2 款的前提条件（参见 § 23 Ⅱ c），经过请求则由联邦专利法院的申诉庭负责一审。

对欧洲专利的异议就是对所有缔约国就该专利提出异议。如果错过了在欧洲专利局提起异议的时间，那么就不能再对该欧洲专利集中提起异议，而只能在单个缔约国对该专利提起异议（参见第 2 点）。

如果异议成功，那么被异议的专利自始无效。该专利的保护效力，包括对公布的申请的临时保护也就视为从未产生。

如果专利被专利局撤销或者维持，那么专利权人或者异议人可以在德国联邦专利法院或者在欧洲专利局的申诉庭提起申诉。对于联邦专利法院对异议作出的判决还可以向联邦最高法院提起上诉。

2. 在异议期届满和可能提出的异议处理完毕之后，还可以无限期地在联邦专利法院提起针对德国专利商标局授予的专利的无效诉讼。这同样适用于对联邦德国授予的欧洲专利，但并没有集中地宣告欧洲专利无效的程序。对于其他的《欧洲专利公约》缔约国，也可以以相应的方式通过当地的主管机关宣告欧洲专利在该单个缔约国无效。但是，缔约国宣告无效的理由却都是受《欧洲专利公约》规定约束的（《欧洲专利公约》第 138 条第 1 款、第 139 条第2款），德国法已经考虑到了这些规定（《国际专利条约法》第2条第6款）。

所有异议的理由都是提起无效之诉的理由，此外，在异议、无效或者限制程序中（参见第3点）可能出现的保护范围的扩大也可以是无效的理由。另外，在德国法中也可以是异议理由的两种瑕疵，但对于欧洲专利则只能作为无效诉讼的理由：欧洲专利的专利权人没有申请专利权不能作为异议的理由，但却可以是无效诉讼的理由（《欧洲专利公约》第138条第1款（e）、第60条第1款，《国际专利条约法》第2条第6款第1项第5目），相应的德国《专利法》中非法窃取的无效诉讼理由；还有，与欧洲专利的异议程序不同，在无效程序中，在先的国家专利或者申请也是阻碍获得专利的原因（《欧洲专利公约》第139条第2款）。因此，如果已获专利的发明已经在欧洲专利的优先权日之前递交的、但在优先权日之后公布的德国专利商标局的国内申请或者将德国专利商标局作为指定局的PCT申请中公开了，联邦专利法院也可以因缺乏新颖性而宣告该欧洲专利对于德国无效（《专利法》第3条第2款）。

在非法窃取或者无权申请的情况中，只有被侵权人或者权利人有权提起无效诉讼；而在其他情况中任何人都有权提起无效诉讼。与异议一样，无效宣告是有溯及力地全部或者（以加以限制的方式）部分地撤销专利和申请的效力。

对于联邦专利法院在无效程序中作出的判决可以向联邦最高法院提起上诉。

根据《关于〈共同体专利条例〉的建议》（参见§7 Ⅱ d bb 2），对于共同体专利无效宣告的管辖和程序应当由共同体法规范。

3. 根据专利权人的请求，德国专利商标局或者欧洲专利局可以对德国专利或者欧洲专利予以有溯及力的限制或者撤销（《专利法》第64条，《欧洲专利公约》第105 a～105 c条、第68条）。

在《专利法》中早就有限制的规定，但《欧洲专利公约》直到2000年的修订版才引入限制的规定。由于2000年修改的《欧洲专利公约》中还有经专利权人请求可撤销专利的规定，因此，《专利法》第64条也作了相应的扩展。由《欧洲专利公约》第2条第2款可以看出，《欧洲专利公约》并不排除依据《专利法》第64条对欧洲专利仅在德国予以限制或者撤销。由于德国法规定的这种限制或者撤销只能由专利权人提出请求，尽管它产生的是部分的或者全面的无效宣告效力，但与《欧洲专利公约》第138条并不冲突。

根据《关于〈共同体专利条例〉的建议》第29 a条，也可以依据《欧洲专利公约》对共同体专利予以限制。

Ⅳ. 实用新型的丧失

a) 无溯及力的终止

实用新型在保护期到期之后失效。实用新型的第一个保护期是 3 年，在缴付了规定的费用之后可以一次性延长 3 年，之后还可以延长两次，每次 2 年，总计不超过 10 年。如果在每个保护时间段到期时没有及时为下个保护期缴付费用，实用新型就会提前失效。

与专利一样，实用新型的权利人也可以在专利局以书面方式宣告放弃实用新型，从而使其失效。

对于实用新型，没有不写明发明人就失效的规定。

b) 注销

可以在德国专利商标局的实用新型部通过注销程序撤销不正当的实用新型登记。注销的理由有：缺乏可保护性、存在有同样客体的在先专利或者实用新型、实用新型在申请所公开的内容中找不到充分的支持。公开不充分不是独立的注销理由，但是，公开不充分一般也说明依据由申请人公开的内容是不可能实施发明的，因此该发明不具备可保护性。

在上述情况中，任何人都有权——没有期限的限制——提起注销请求。此外，非法窃取也是注销的理由，但在这种情况中只有被侵权人有权请求注销。

实用新型注销的效力与专利撤销和无效宣告的效力是不同的：根据《实用新型法》第 13 条第 1 款的规定，如果出现了任何人都有权请求注销的理由，那么通过登记就并不能获得对实用新型的保护。任何人无需请求注销就可以依据这些瑕疵进行抗辩。相反，只要专利没有被撤销或者被宣告无效，那么在该专利保护的核心范围就必须将其作为有效专利来处理。因此，如果实用新型注销的理由是一个"绝对"有效的理由，那么注销的效力就只是宣告性的。

如果注销的理由是非法窃取，那么只是在被侵权人方面，它才是绝对有效的理由（《实用新型法》第 13 条第 2 款）。但是，只要实用新型没有被注销，那么它对于第三人就仍是有效的。由于因非法窃取的注销是针对实用新型有溯及力的撤销，因此在这种情况中的注销效力就是创设性的。

对于实用新型部有关注销申请的决定可以向联邦专利法院提起申诉。

第 *1* 章
德国专利商标局的专利和实用新型

§23　专利局和专利法院程序的一般规则

Ⅰ. 德国专利商标局的程序

a) 德国专利商标局及其成员的法律地位

1. 还在申诉和无效庭设在德国专利局的时候，联邦行政法院就在一个原则性判决中[1]指出，德国专利局是一个行政机关。由此可以推出的是，专利局的决定可以被其自己的申诉庭撤销，因此不符合《基本法》第 19 条第 4 款关于诉讼救济途径保障的规定；此外，由于对专利局的决定没有其他的司法审查途径，因此还需到行政法院寻求救济（参见 §6 Ⅱ 3）。由此可见，在申诉庭和无效庭从专利局分出并建立联邦专利法院以后，应当可以认为，根据德国专利商标局在国家机关结构中的地位及其内部的组织来判定，德国专利商标局是一个行政机关。因此，从宪法的角度来看，德国专利商标局作出决定的活动并不是法官的判决活动；作出这种决定的人没有法官的独立性（《基本法》第 92 条、第 97 条）。

联邦宪法法院在 2003 年 2 月 25 日作出了一个决议，对此予以了确认：[2]"申诉人作为德国专利商标局技术成员的活动，不是司法判决。"

2007 年 11 月 23 日的《专利法》在第 26 条第 1 款第 1 句明确规定："德国专利商标局是隶属于司法部的独立联邦机关。"

2. 因此，现在讨论的问题就只能是，从应然法的角度来看，有关授予或者拒绝、维持或者撤销专利的决定，是否不仅要受到法官的控制，而且从一开

---

〔1〕　Vom 13. 6. 1959 BVerwGE 8, 350; zur Kritik an der Begründung *Bernhardt*, S. 229; *Ulmer*, in: Aufbau, Verfahren und Rechtsstellung der Patentämter, 1960, S. 11.

〔2〕　GRUR 2003, 723 (Nichtannahmebeschluß).

始就应当移交给独立的法官。[3]在这里需要注意的是，德国专利商标局与许多其他行政机关相比所显示出来的特殊性：德国专利商标局在作出授予专利的决定时，既没有自己本身的行政目标[4]，也无需考虑是否符合这种目标。它并没有裁量的余地，如果满足了法律规定的前提条件，它就必须授予专利，也只允许它授予专利。但是受这种方式约束的行政决定，在其他领域也有。

授予专利与专利异议程序的决定的直接效力，在本质上是私法性质，但并不要求应当由法官来作出这些决定。否则的话，其他领域形成私法法律关系的行政行为也要移交给法官。

3. 有关专利申请和异议的决定只能由独立法官作出的部分理由还有：这是有关已经存在的私人财产权的争议：授予专利仅仅是对存在的权利的确认，而不是赋予一种权利。[5]这种思考方式是对德国专利商标局工作的错误认识。在授予专利的程序中，德国专利商标局并不审查申请人是否拥有对于发明的权利，而只是审查申请的客体是否满足授予专利的前提条件，能否成为有时间限制的独占权的客体。这里的审查并不审查是否存在主观权利，而只是审查请求授予专利的客体的特性及其与现有技术的关系。

为什么会出现冲突性的决定，其原因可能是对于同一客体的多次申请，而专利局只对具有最早优先权的申请授予专利。但是，这只是根据现行法律考虑发明新颖性所发生的情况，并没有考虑在先存在的主观权利。早在过去，根据以前的法律就已经有这种考虑了。当时，优先考虑主观权利的观点就已不是主流观点了，这是因为 1968 年的《专利法》第 4 条第 2 款规定的专利阻碍，即使得到在先专利权利人的同意也不能消除。

因此，在授予专利的程序中，并不确定多个申请人中谁是有权申请的人，而是决定是否可以在一定的时间内不让公众自由实施申请的客体。如果申请得到了肯定，那么专利局不是确认权利而是要授予权利。这就清楚地表明，只是在授予专利之后才有独立于——由于申请的公开，大多数情况下不会再有的——保密保护的禁止权。即使申请人没有实体法上的申请专利权，也会授予申请人专利权（参见 § 19 Ⅳ 2）。在这种情况下，对专利权人采取措施的权利则留给了该权利的权利人。

---

〔3〕 Bejahend insbesondere *Krabel*, Mitt. 1976, 138 ff. und GRUR 1977, 204 ff. ; *Winkler*, Mitt. 1973, 101 ff. , die jedoch der Vielfalt möglicher Ausgestaltungen verwaltungsbehördlichen Handelns nicht hinreichend Rechnung tragen; die von *Krabel*, aaO 140, gezogenen Parallelen zum streitigen Zivilprozeß sind großenteils unzutreffend.

〔4〕 Vgl. BGH 29. 4. 1969 Appreturmittel GRUR 1969, 562, 563 r.

〔5〕 So vor allem *Krabel*, GRUR 1977, 204 ff.

4. 在异议程序中，[6]如果不是事关非法窃取，那么情况与授予专利程序一样。专利部将再次审查专利的客体是否满足了实质性保护前提条件（《专利法》第21条第1款第1项）以及该专利的客体在申请中是否充分公开（《专利法》第21条第1款第2项和第4项）。异议人并不主张他拥有对于该发明的权利，而是争取能自由地实施该发明。

要进行再次的审查，其前提条件是要在一定的期限内提出请求，这是为了保证专利权人的权利稳定性。专利权人无须担心专利局会主动对授予的专利产生质疑，但如果出现了异议，那么专利局还可能要考虑异议人并没有提出的事实（《专利法》第59条第4款、第46条第1款第1句），甚至在撤回异议之后还会继续这种审查程序（《专利法》第61条第1款第2句）。异议人参与的意义，实质上只是因为这对专利的维持进行司法审查提供了可能性。因此，[7]异议程序并不是一种接近诉讼管辖权的"准对抗"式行政程序，而是一种无论如何都不能作为双边争议程序的行政程序。[8]

因非法窃取而产生的异议程序具有一种特殊的地位。这种异议程序的对象在授予程序中是没有审查过的，不过异议人并不明确地要求他拥有申请专利的权利，而只是表明他受到了非法待遇。此外，胜诉的异议结果也与其他异议的情况一样：撤销异议专利，但并不判给被非法窃取的被侵权人。至于由此而产生的附带效果，即被侵权人获得其自己申请的优先权优势（《专利法》第7条第2款），并不是专利局决定的内容；如果异议是以放弃专利或者以合法权利人请求撤销的方式解决的，因此不必作出决定，这种优先权优势就会以同样的方式出现。在异议程序中并不决定谁拥有对于发明的实体性权利；这仍是完全由普通法院来判决的事。即使在因非法窃取而引起的异议程序中，专利局也只是决定已授予的专利是否应当继续存在。

此外，就客体和目标而言，异议程序在本质上与关于私权存在的司法诉讼程序也是不同的，私权的效力是不依赖于程序过程的。在联邦专利法院一审的异议程序也同样如此（参见本节Ⅱc），不过这里形式上是一审的司法程序。[9]这时的联邦专利法院所承担的是一种非诉案件管辖的任务（参见第6点）。

---

〔6〕 Dazu *Fitzner/Waldhoff*, Das patentrechtliche Einspruchs – und Einspruchsbeschwerdeverfahren – Eine Analyse aus öffentlich – rechtlicher Sicht, Mitt. 2000, 446 – 454.

〔7〕 Entgegen BGH 27. 4. 1967 Rohrhalterung GRUR 1967, 586, 588 r.

〔8〕 BGH 10. 1. 1995 Aluminium – Trihydroxid GRUR 1995, 333, 335; vgl. auch *Schulte*, §59 Rdnr. 15; *Busse/Schwendy/Keukenschrijver*, §59 PatG Rdnr. 9 ff. ; *Benkard/Schäfers*, §59 PatG Rdnr. 3 ff.

〔9〕 Vgl. BPatG 20. 6. 2002 Etikettierverfahren Mitt. 2002, 417; BGH 17. 4. 2007 Informationsü bermittlungsverfahren I GRUR 2007, 859（Nr. 27）.

5. 上述对专利授予和异议程序所进行的阐述（参见第 2 ~ 4 点），对适用于实用新型的登记和注销程序同样具有意义，尤其要注意的是，对于实用新型的登记专利局只进行有限的审查。

6. 如果要说到与法官活动的关系，与德国专利商标局的活动最具可比性的是非诉事件管辖。[10]这里，异议程序也不例外，这是因为有多个不同利益的当事人参与的程序也会在非诉事件管辖中出现，比如授予遗产继承证。

但是，正是非诉事件管辖的任务并不广泛要求由法院来管辖，而是——在法官的控制下——同样可以由行政机关承担。如果非诉事件的管辖是在法院，那么主要是因为其与法院的诉讼判决活动存在实质上的关联性。

因此，虽然并不排除可以将作出授予与维持专利的决定以及注销实用新型的决定的任务移交给独立的（技术性）法官来承担，也就是说，让德国专利商标局的审查员以及专利部与实用新型部的其他成员成为法官，但是，基于法律上尤其是宪法上的原因，并没有进行这种改变。[11]

因此，最后要考虑的是，哪种布局安排是合适的。[12]有观点认为，现行的体制由于其较大的灵活性，就具有原则上的优势。如果一定要在受理案件之前以满足"法定法官"（《基本法》第 101 条第 1 款第 2 句）[13]要求的方式，清晰地确定对申请、异议或者注销请求所提出的技术和法律问题作出决定的人，由于涉及多种多样的技术领域与大量的审查员，就会给专利局增加不必要的困难，耗尽其审查能力。

但是，由专利局来对因非法窃取而提起的异议和注销请求作出决定是否合适，的确是令人怀疑的。虽然在这种情况下法律的规定也是避免将专利局的决定看作对于在先主观性私权的决定；但依据违法性的观点，专利部必须经常审查发明的实体性权利属于谁，尤其是在目前的实践中，即使取得对发明的占有不是非法的（参见 § 20 Ⅰ a 3），非法的申请也已经很多了。因此，专利局就有了居于其职责边缘的任务；但有的人认为应当在异议和注销程序中免除专利局在这方面的任务（参见 § 20 Ⅱ c）。所以，对专利来说也就不奇怪了：并不是阻碍授予专利的情况，却可能是撤销专利的理由。

7. 即使德国专利商标局是通过"决议"的方式作决定，德国专利商标局

---

〔10〕 *Bernhardt*, S. 229.

〔11〕 BVerfG 25. 2. 2003（FN 2）. Anders *Krabel* und *Winkler*（FN 3）.

〔12〕 Vgl. *Ulmer*（FN 1）.

〔13〕 Sie gelten für die Prüfungsstellen und Patentabteilungen nicht; vgl. § § 1 Abs. 1 und 2 Abs. 1 DP-MAV; *Benkard/Schäfers*, § 27 PatG Rdnr. 3, 6 f. unter Ablehnung von BPatG 28. 5. 1973 E 16, 7, 10, wo die Besetzung einer Patentabteilung an Art. 101 Abs. 1 Satz 2 GG gemessen wird.

作为行政机关所采取的仍是行政行为，但《行政程序法》并不适用于德国专利商标局的程序（《行政程序法》第2条第2款第3项）。

德国专利商标局的立法只是颁布一般的规则，即根据《专利法》第27条第5款、第34条第6款和第8款、第63条第4款，《实用新型法》第4条第4款和第7款与第10条第2款，《德国专利商标局条例》第1条第2款，《国际专利条约法》第2条第2款第2项与第3款第6项并结合1978年11月27日与1992年6月1日发布条例的授权颁布规则。德国专利商标局通过这种方式颁布了《专利局的部、商标处、实用新型处、审查处尽职承担业务的条例（尽职条例）》[14]，《专利条例》[15]以前的《发明人署名条例》[16]《实用新型申请条例》[17]《欧洲专利申请权利翻译条例》和《欧洲专利说明书翻译条例》[18]。相反，授予专利并不是立法行为。[19] 任何人都有尊重专利的义务，这是《专利法》的规定。授予专利只是法律赋予全面独占效力所依赖的构成要件的要素。

8. 专利局的程序常常表现出司法形式的特征。[20]

比如，在专利授予、异议和实用新型注销程序中，专利局还有权讯问发誓的证人、专家和当事人，[21]因此就拥有了法官特有的查明事实的手段。[22] 这是其他行政机关一般不能使用的手段，甚至在正式行政程序中，也只能通过法院介入的途径才使用这种手段（《行政程序法》第26条、第27条、第65条，《反限制竞争法》第57条第6款）。

但是，联邦专利法院保留了对在专利局不到庭、拒绝作证或者拒绝宣誓的证人或者专家核定秩序罚和强制措施的权力。联邦专利法院还有权颁布命令，传唤在专利局拒不出庭的证人（《专利法》第128条第2款和第3款、《实用新型法》第21条第1款）。

还要强调的是，执行审查处或者专利部、实用新型处或者实用新型部任务的人员，受自行回避和请求回避规则的制约（《专利法》第27条第6款、《实

---

〔14〕 S. oben §9 Ⅰ a 4 FN 10.

〔15〕 S. oben §8 A Ⅰ c 2.

〔16〕 Sie ist jetzt in die PatV einbezogen.

〔17〕 S. oben §8 A Ⅱ b.

〔18〕 Zu beiden oben §8 C 4.

〔19〕 *Pakuscher*, Mitt. 1977, 10；*Schwerdtner*, GRUR 1968, 10；Rechtssetzung wurde angenommen in RG 4. 4. 1906 RGZ 63, 140, 142 f.；16. 3. 1907 RGZ 65, 303, 304.

〔20〕 Vgl. BGH 28. 4. 1966 Abtastverfahren GRUR 1966, 583, 585 l.；27. 4. 1967（FN 7）；29. 4. 1969（FN 4）.

〔21〕 §§46 Abs. 1, 59 Abs. 3 PatG；für das Löschungsverfahren §17 Abs. 2 Satz 2, 3 GebrMG iVm den Vorschriften der ZPO（§§373 ff. , 402 ff. ）über die Vernehmung von Zeugen und Sachverständigen.

〔22〕 *Bernhardt*, S. 230.

用新型法》第10条第4款）。虽然，今天在所有的行政程序中都可能有自行回避和请求回避的规则（《行政程序法》第20条、第21条），但是专利局程序中的回避和请求回避规则有它的特殊性：它应当参照适用《民事诉讼法》中适用于法院职员的规定。

其他"接近司法"的标志是，撤销专利局的决定是由普通法院管辖的，而不是行政法院管辖。虽然，撤销卡特尔局的决定也相应如此（《反限制竞争法》第63条第4款、第74条第1款），但二者的区别是，德国专利商标局隶属于联邦司法部，而联邦卡特尔局则隶属于联邦经济部。

如果要说专利局不参与对其决定进行审查的司法程序的规定，[23] 就只能是1981年之前的规定。现在根据《专利法》第76条、第77条、第105条第2款以及《实用新型法》第18条第2款第1句、第4款第2句，专利局局长可以在申诉和上诉程序中对联邦专利法院和联邦最高法院递交声明，并在联邦专利法院的邀请下获得当事人的地位（参见本节Ⅱa5）。但是，即使在专利局局长参与的情况中，局长的角色与行政法院中的被告或者被告代理人的角色也是不一样的（参见《行政法院条例》第78条）。[24]

总的来说，就现代的立法而言，专利局的程序中只有少量的司法形式的元素。这就没有改变：德国专利商标局是一个行政机关，它所作的决议是行政行为。[25] 但人们或许要问，在其对于司法的依托方面，德国专利商标局是否合适？在宪法上就没有问题了？[26] 即使出现了这种疑虑，也可以通过取消德国专利商标局"司法形式上"的特点的办法来消除这种疑虑。这些疑虑并不是将审查处、专利部和实用新型部转化成法院的理由。

9. 德国专利商标局局长原则上拥有对于其领导的行政机关内包括技术和法律成员在内的职员的指示权。这种指示权相当于——而对于法院的判决活动并不存在的——主管该局的部长对于议会的责任。[27] 但是，德国专利商标局局长受工作职责的限制，只能在法律的框架内依职责作出指示。在授予专利程序中对专利申请的技术审查、在异议程序中对已授予专利的技术审查以及在注销

---

〔23〕 Vgl. insbesondere BGH 29. 4. 1969（FN 4）.

〔24〕 *Herbst*, FS BPatG, 1986, S. 47, 53 f.

〔25〕 Vgl. BGH 19. 7. 1967 Flaschenkasten GRUR 1968, 447, 449 r.

〔26〕 Vgl. *Bernhardt*, NJW 1961, 996, 997 r., der unter dem Gesichtspunkt der Gewaltenteilung（Art. 20 Abs. 2 Satz 2 GG）die Befugnis des DPA zu eidlichen Vernehmungen und dessen Zuordnung zum Geschäftsbereich des Bundesjustizministers kritisiert.

〔27〕 Vgl. den Schriftlichen Bericht des Rechtsausschusses zum 6. Überleitungsgesetz, Bl. f. PMZ 1961, 170（zu Ⅲ 2）.

程序中对已登记的实用新型的技术审查中，考虑到审查员和各部成员工作领域的特殊专业知识，局长必须给予他们广泛的独立性。如果出现了申请或者保护的客体落在了与首先处理它们的审查处或者部门不同的工作领域的情况，局长才可以考虑干预。同样，基于组织上的原因，对在审查、异议或者注销程序中出现的法律问题的处理作出个别指示，几乎也是不可考虑的。但不能认为这些个别指示在法律上是不允许的，[28] 这些具体职员在其职责范围内必须遵守这些指示。

由于个别的指示无论如何在这些相关领域内都没有什么实际的作用，因此，德国专利商标局局长在实施指示权时为该局的工作颁布了一系列的一般指令，比如，为审查专利申请[29]、补充保护证书[30]、实用新型登记[31]、根据《专利法》第43条和《实用新型法》第7条对出版物的调查（检索）[32]、异议程序[33]、在登记簿中对保护权和保护权申请的过户[34]、专利和实用新型申请的分类[35]。这些指令并不是法律规范，不允许违背相关法律规定。但是，这些指令也无须只限于重复法律的规定，而可以是解释和补充法律的规定（如果不是封闭性规定）。在这一范围内，这些指令对德国专利商标局的成员和其他职员在其职责范围内是有约束作用的，[36] 而法院的院长则不能颁布约束法官判决活动的指令。

b）程序的基本原则

1. 德国专利商标局的程序原则上是书面的，[37] 但是在授予和异议程序中，审查处和专利部可以在任何时候对当事人进行传唤和听取其陈述（《专利法》

---

〔28〕 *Benkard/Schäfers* § 26 PatG Rdnr. 11；ebenso *Starck*，CR 1989，367，370 f. ；anders *Bernhardt*，S. 230，232，der die Prüfer als sachlich unabhängig und bei ihrer Prüfungstätigkeit nicht weisungsunterworfen ansieht，da die Voraussetzungen der Patenterteilung gesetzlich abschließend festgelegt sind. Dies schließt jedoch nicht aus，daß durch Weisungen auf eine gesetzmäßige Prüfungspraxis hingewirkt wird，während gegenüber Richtern Weisungen auch mit dieser Zielsetzung unzulässig wären.

〔29〕 Bl. f. PMZ 2004，69.

〔30〕 Bl. f. PMZ 2007，354.

〔31〕 Bl. f. PMZ 1990，211；Änderungen aaO 1992，261 und 1996，389.

〔32〕 Bl. f. PMZ 1999，201（Patente），203（Gebrauchsmuster）.

〔33〕 Bl. f. PMZ 2007，49.

〔34〕 Bl. f. PMZ 2002，11.

〔35〕 Bl. f. PMZ 2006，78.

〔36〕 *Schulte*，§ 26 Rdnr. 27；*Starck*，CR 1989，367，369 f. ；nach *Bernhardt*，S. 230，sind dagegen die Richtlinien nur unverbindliche Vorschläge.

〔37〕 Vgl. im einzelnen *Benkard/Schäfers*，vor § 34 PatG Rdnr. 20 – 23. – Zur Möglichkeit，Schriftformerfordernisse durch elektronische Aufzeichnungen zu erfüllen，s. unten Ⅳ c.

第 46 条第 1 款第 1 句、第 59 条第 4 款）。[38]直至作出授予专利的决定为止，依申请人提出的书面请求，在有益于案件时，审查处有义务听取申请人的陈述（《专利法》第 46 条第 1 款第 2 ~ 5 句）。[39]实用新型部是以口头审理的方式对注销请求作出决定的（《实用新型法》第 17 条第 3 款）。

只有提出请求，专利局才会处理。当然专利局并不是被动地听取当事人的陈述，而是还可以在专利授予、异议程序以及注销程序中的任何时候主动地询问证人与专家，进行对澄清案件必要的调查（《专利法》第 46 条第 1 款第 1 句、第 59 条第 4 款，《实用新型法》第 17 条第 2 款第 2 ~ 3 句）。这里不适用当事人提出原则，而适用调查原则（职权原则）。

依据《民事诉讼法》的规定，专利事务中的听证和询问必须制作笔录，以记录审理的重要过程以及当事人在法律上的重要声明（《专利法》第 46 条第 2 款）。在实用新型注销程序的取证过程中，应当由一个宣誓记录员记录（《实用新型法》第 17 条第 2 款第 4 句）。

2. 审查处、专利部和实用新型部的决定必须陈述理由、制成书面形式并依职权送达给当事人（《专利法》第 47 条第 1 款第 1 句、第 59 条第 4 款，《实用新型法》第 17 条第 3 款第 3 句）。决定（只）是一种宣示，通过这种宣示就颁布了涉及当事人权利的最终规定，[40]尤其是驳回申请、维持和撤销专利、注销实用新型或者驳回注销请求。在专利事务中如果举行了听证，那么在听证结束之后就可以宣布一个决定，但宣布决定并不能代替送达决定（《专利法》第 47 条第 1 款第 2 句）。在实用新型注销程序中，法律规定应当首先考虑宣布决定，但可以通过送达方式取代宣布（《实用新型法》第 17 条第 3 款第 2 句和第 5 句）。

需要说明理由的是作出决定所依据的事实状况和法律，从而可以使当事人以及——如果提起了申诉——联邦专利法院能够审查该决定的正当性；陈述的理由必须包括所有对于作出决定重要的内容。[41]

如果决定仅完全同意了由专利申请人提出的请求，那么就无需陈述理由（《专利法》第 47 条第 1 款第 3 句）。因此，如果授予专利的决定不是只在辅助申请的（较窄的）范围内授予了专利并由此而拒绝了（广泛的）主请求，

---

〔38〕　Dazu eingehend BPatG 7. 10. 1975 E 18，30；Richtlinien für das Prüfungsverfahren（FN 29）；Richtlinien für das Einspruchsverfahren（FN 33）.

〔39〕　Zur Sachdienlichkeit BPatG 22. 6. 2005 Anhörung im Prüfungsverfahren Bl. f. PMZ 2005，554.

〔40〕　BPatG 18. 7. 1973 E 15，134，136；27. 2. 2003 Formularmäßige Mitteilung E 47，10；23. 4. 2003 Papierauflage E 47，23；*Schulte*，§ 73 Rdnr. 23，jeweils mit Nachweisen.

〔41〕　Näheres bei *Benkard/Schäfers* § 47 PatG Rdnr. 8 ff.

就不需要说明理由。

Ⅱ. 联邦专利法院的程序

a）申诉程序

1. 对于德国专利商标局的审查处和专利部、实用新型处和实用新型部的决定（参见本节Ⅰ b 2）可以提起申诉（《专利法》第 73 条第 1 款、《实用新型法》第 18 条第 1 款），[42] 由联邦专利法院的申诉庭负责对此进行审理（《专利法》第 65 条第 1 款、第 66 条第 1 款第 1 句，就法庭的组成规定在《专利法》67 条第 1 款、《实用新型法》第 18 条第 3 款第 2～4 句）。申诉程序就是对德国专利商标局的行政行为进行法官式的审查；因此，这里的申诉被称为"像行政法院的撤销之诉那样的法律救济"。[43] 与此相对应，就不能在行政法院对德国专利商标局的行为提起上诉。德国专利商标局作为行政机关，联邦专利法院作为独立的法院，它们具有不同的法律地位，因此这种由行政机关到法院的途径就是对于《基本法》第 19 条第 4 款意义上公权力行为的法律救济途径；严格意义上来说，这种法律途径并不是一种审级制，这种申诉不能被称为法律救济手段。[44] 德国专利商标局并不具有初审法院在《民事诉讼法》或者《非诉事件法》的申诉程序中所具有的地位。

但是由于在联邦专利法院申诉庭的申诉代替了以前在专利局内部的审级制，这种申诉途径还是广泛地保留了审级制的特征，申诉程序广泛地保留了法律救济程序的特征（还可以参见第 10 点）。在这种意义上可以与联邦最高法院[45] 相比的是，实际上是在专利局建立了通向联邦专利法院审级制的初审，申诉庭的程序就是真正的法律救济程序：专利局的程序与联邦专利法院的程序在程序上构成了统一体，在这里，申诉程序取得了法律救济程序的地位；这里的申诉并不是设置了一道初审程序，而是开辟了第二个事实审。但是没有丝毫改变的是，它仍是第一个司法审级。

2. 从联邦专利法院申诉庭的功能来看，联邦专利法院本应当划归于行政法院。但在组织上它又划入了普通法院，像普通法院一样隶属于联邦司法部。对它的裁决提起上诉的审理法院是联邦最高法院。为了对联邦专利法院的程序进行补充，《专利法》和《实用新型法》还援引适用了《法院组织法》和

---

〔42〕 Ausnahmen：§ §123 Abs. 4，135 Abs. 3 PatG，die nach §21 GebrMG auch im Gebrauchsmusterrecht gelten；§ §27 Abs. 3 Satz 3，46 Abs. 1 Satz 5 PatG.

〔43〕 So die Begründung zum 6. Überleitungsgesetz，Bl. f. PMZ 1961，153 l.；vgl. auch BGH 19. 7. 1967（FN 25）. – Nach *Herbst*（FN 24）S. 51 ist die Bezeichnung sachlich unzutreffend.

〔44〕 *Bernhardt*，S. 279；*Fitzner/Waldhoff*（FN 6）453 f.；*van Hees/Braitmayer*，S，529 ff.

〔45〕 29. 4. 1969（FN 4）；10. 1. 1995（FN 8）337.

《民事诉讼法》的规定（《专利法》第 68 条、第 69 条、第 99 条第 1 款，《实用新型法》第 18 条第 3 款第 5 句、第 6 句）。

将联邦专利法院归类于普通法院，其根本的理由是——在专利法和实用新型法的领域——它的判决活动主要影响私法领域。因为保护权的效力是由普通法院维护的，那么将授予保护权以及保护权存续的问题也交给负责普通法院终审的联邦最高法院终审也是合适的。[46]这样就可以避免协调如果将联邦专利法院划归于行政法院出现的问题。

3. 不服有争议决定的申诉必须在决定送达 1 个月之内以书面的形式向专利局提出（《专利法》第 73 条第 2 款第 1 句）。

根据《专利法》第 47 条第 2 款、第 59 条第 4 款及《实用新型法》第 17 条第 3 款第 4 句，在当事人收到了符合规定的包含申诉可能性与要求的书面通知之后，才开始计算 1 个月的期限。否则，则是在决定送达之后计算 1 年的期限。在 1 年的期限到期之后，只有在书面的通知中告知了不允许申诉的情况，才允许申诉。

规定在专利局提起申诉的理由是，如果没有与申诉人对立的其他当事人参与申诉程序（《专利法》第 73 条第 4 款），只要专利局认为申诉理由成立（《专利法》第 73 条第 3 款第 1 句），[47]专利局就必须对该申诉予以救济。但是，即使在有其他当事人参与且专利局没有给予救济的情况中，也适用这条规定。如果申诉在期限到期之前到达专利局[48]或者按期进入了联邦专利法院的一般受理处并被其直接转交给了专利局，[49]联邦专利法院就允许受理向其提起的申诉。如果专利局对申诉不予救济，那么它就必须在 1 个月内将该申诉移交给联邦专利法院，并且不提出任何实质性的意见（《专利法》第 73 条第 3 款第 3 句）。

申诉需要缴付费用。如果申诉是在异议或者注销程序中对专利部或者实用新型部的决定而提起的，目前的费用是 500 欧元，针对驳回申请的申诉，费用

---

〔46〕 Bei Gebrauchsmustern kommt hinzu, daß mangelnde Rechtsbeständigkeit im Verletzungsprozeß uneingeschränkt eingewendet werden kann（§13 Abs. 1 GebrMG）.

〔47〕 Abhilfe bedeutet, daß dem Begehren des Bf. entsprochen, also beispielsweise das beantragte Patent erteilt wird；Aufhebung des angefochtenen Beschlusses und Fortsetzung des Verfahrens ist keine Abhilfe；vielmehr besteht diese darin, daß eine abschließende Entscheidung durch eine andere abschließende Entscheidung ersetzt wird：BPatG 12. 4. 1984 GRUR 1984, 647；26. 7. 1988 E 30, 32. – Wenn die Anmeldung geteilt wird, nachdem die Beschwerde eingelegt, aber bevor sie dem BPatG vorgelegt worden ist, kann die Abhilfe auf einen der entstandenen Teile beschränkt werden, BPatG 17. 5. 1991 E 32, 139.

〔48〕 BPatG 26. 11. 1975 E 18, 65.

〔49〕 BPatG 7. 5. 1975 E 18, 68.

是200欧元，而且根据《专利费用法》的费用名录，每个申诉人必须分别缴付这种费用。如果在申诉的期限内没有缴付费用，就视为没有提起申诉（《专利费用法》第6条）。

4. 原则上只有参与了形成有争议决定的专利局程序的人才有权提起申诉（《专利法》第74条第1款），尤其是申请人、专利或者实用新型权利人、异议人或者注销请求人。但是，比如，提起检索或者实质审查请求的第三人，则无权提起申诉（《专利法》第43条第2款第1句、第44条第2款第1句）。

尽管没有参与专利局的程序，联邦国防部作为主管的最高联邦机关，对于涉及停止公布已申请发明的命令的决定或者在颁布这种命令之后有关查阅案卷的决定，也有权提起申诉（《专利法》第74条第2款、《实用新型法》第9条）。

如果有争议的决定对申诉人是不利的，才允许提起申诉。如果专利局完全同意了申诉人的请求，就不允许提起申诉（参见§25 V d 4）。

5. 除了申诉人之外，专利局程序中的当事人也可以参加申诉程序。

专利局是作出了争议行政行为的行政机关——与行政法院程序和卡特尔法的申诉程序规则不同——原则上不参与联邦专利法院的申诉程序。在过去，禁止专利局参与专利法院的程序，但是自1981年1月1日起，专利局的局长可以有限地参与这些程序[50]。在申诉程序中，如果专利局局长认为对于维护公共利益是合适的，他就可以向专利法院递交书面声明、参加审理和陈述意见（《专利法》第76条）。[51]如果一个法律问题具有原则性的意义，专利法院认为合适的话，就可以通知专利局局长参与申诉程序（《专利法》第77条）。[52]邀请专利局局长参与申诉程序，不需要根据《专利法》第76条要求专利局局长作出声明。如果专利局局长接受了邀请，那么在他的参与声明到达法院时他就取得了当事人的地位。

6. 法律没有详细规定申诉书的内容。但无论如何必须要求的是，申诉书要表明其所针对的决定，充分表示撤销该决定的意图。虽然并没有规定要提起一定的请求或者说明申诉的理由，但是为了维护申诉人自己的利益，还是建议这样做。

7. 申诉具有中止执行的效力（《专利法》第75条第1款）。比如，如果申

---

〔50〕 Vgl. dazu die Begründung, Bl. f. PMZ 1979, 288.

〔51〕 Beispiele: BPatG 13. 11. 1986 CR 1987, 367; 12. 8. 1987 Elektronisches Stellwerk E 29, 131; 10. 7. 1990 Schleifverfahren E 31, 200.

〔52〕 Beispiel: BPatG 17. 3. 1988 CR 1988, 652.

诉是针对驳回专利申请、撤销专利或者注销实用新型所提出的，那么申诉首先就确保了对已公开申请的临时保护、对专利或者实用新型完整保护的继续存在。相反，对于维持专利或者驳回注销请求的申诉则不影响先前由授予专利或者登记实用新型所产生的保护，申诉只有阻碍驳回旨在取消保护权的请求的效力。

根据《专利法》第 50 条第 1 款或者《实用新型法》第 9 条，针对国家安全颁布的保密命令而提起的申诉没有中止执行的效力（《专利法》第 75 条第 2 款）。

8. 申诉是将整个案件提交给专利法院进行审查。实际上，申诉程序是在法律救济审级之前对授予或者异议程序、登记或者注销程序的继续（参见第 1 点）。因此，所有可以在专利局程序中进行的行政程序行为，也可以在联邦专利法院的申诉程序中进行。

9. 如果当事人提出请求或者专利法院认为是恰当的，尤其是如果法院——不只是做准备（《专利法》第 88 条第 2 款）——需要获取证据（《专利法》第 78 条），就应当在联邦专利法院进行口头审理。[53] 因此，如果法院不需要取证，申诉程序就可以以书面的形式进行。但是在实践中，还是有很多请求进行口头审理或者专利局依职权主动进行口头审理的情况。在许多对于驳回专利申请、对于异议的决定或者注销请求的申诉程序中，对技术性事宜进行口头讨论是必不可少的。

10. 申诉庭是根据《专利法》第 79 条的规定进行裁判的，并以决议的形式作出。未被许可的、不符合形式和期限要求的申诉是不允许的，不予受理，未陈述理由的申诉将被驳回。

如果联邦专利法院认为申诉是允许和有理由的，那么它就会撤销专利局的决定，一般情况下会作出一项新的实体裁判（neue Sachentscheidung）。[54] 在这里，专利法院的申诉程序与行政法院的程序以及卡特尔法上的申诉程序在本质上是不同的（参见《行政法院条例》第 113 条、《反限制竞争法》第 71 条）。

根据《专利法》第 79 条第 3 款，如果专利局自己还没有对该案件作出决

---

〔53〕 Die Regelung gilt entsprechend im Einspruchsverfahren, soweit dafür das BPatG erstinstanzlich zuständig ist; vgl. BPatG 20. 6. 2002（FN 9）；22. 8. 2002 gerichtliches Einspruchsverfahren E 46, 134: zwar verwies der frühere § 147 Abs. 3 Satz 2 PatG auf § 59 und damit auch auf § 46 PatG; doch genügt es für ein *gerichtliches* Verfahren nicht, nach dieser Vorschrift zu verfahren.

〔54〕 BGH 24. 3. 1992 Entsorgungsverfahren Bl. f. PMZ 1992, 496, 498.

定，或者专利局的程序有重大瑕疵，[55]或者发现了对于作出决定非常重要的事实或者证据，[56]申诉将被发回专利局重审。在发回重审的情况下，申诉庭关于撤销专利局决定的法律判决对于专利局是有约束力的。

在许多情况中是申诉庭自己宣布授予、维持或者撤销专利以及登记、注销实用新型或者驳回注销请求。但并不能由此推出，联邦专利法院的这种行为与相应的专利局行为具有同样的法律性质。前者是司法裁判行为，而后者则是行政行为。

在申诉程序中联邦专利法院是以行政机关的地位进行裁判的，这里最根本的原因是，根据联邦专利法院设立之前的法律，审查处和专利部是专利局内部的第一审级，而申诉庭则是第二审级。从专利局分离出的、独立的联邦专利法院申诉庭的程序，其功能仍保留了以前的特征。主要是合目的性理由支持着这

---

〔55〕 BPatG 17. 5. 1991 E 32, 139, 146；s. auch BPatG 12. 11. 1998 Grenzzeichenfreie Räumung E 40, 250, 253 und 14. 6. 1999 Automatische Absatzsteuerung E 41, 171, 177 f.：Zurückverweisung, weil PA bisher nur auf technischen Charakter geprüft hatte；18. 7. 1989 E 30, 250；Zurückverweisung, weil PA nicht festgestellt hatte, daß die von ihm als schutzhindernd gewerteten Kenntnisse vor dem für den Zeitrang der Anmeldung maßgebenden Tag der Öffentlichkeit zugänglich waren；22. 6. 2005（FN 39）：Zurückverweisung, weil PA wegen einer von ihm unzutreffend ausgelegten Entgegenhaltung Patent versagt hatte, ohne die vom Anmelder beantragte Anhörung durchzuführen.

〔56〕 Vor Einführung dieser Regelung（durch das „Vorabgesetz" vom 4. 9. 1967）war eine Zurückverweisung in entsprechender Anwendung von § 575（jetzt：572 Abs. 3）ZPO möglich, wonach das Beschwerdegericht, wenn es die Beschwerde für begründet erachtet, dem Gericht oder Vorsitzenden, von dem die beschwerende Entscheidung erlassen war, die erforderliche Anordnung übertragen kann；vgl. BGH 28. 4. 1966（FN 20）584；zur Bindung des PA an die Auffassung des BPatG：BGH 18. 10. 1968 Waschmittel GRUR 1969, 433, 434 f. – Ob diese Möglichkeit nach Einführung des § 79（früher § 36 p）Abs. 3 PatG fortbesteht, ist zweifelhaft. Bejahend mit ausführlicher Begründung BpatG 20. 12. 1974 E 17, 64；ebenso Benkard/Schäfers, § 79 PatG Rdnr. 23 f.；Schulte, § 79 Rdnr. 12 f. – Man wird dieser Auffassung nur insoweit folgen können, als durch die Entscheidung des BPatG Maßnahmen erforderlich werden, die dieses selbst nicht treffen kann, z. B. eine Registereintragung. Bedenken bestehen jedoch gegen eine Zurückverweisung mit dem Zweck, das PA zu weiteren Recherchen zu veranlassen, wenn der in der angefochtenen Entscheidung berücksichtigte und gegebenenfalls im Beschwerdeverfahren zusätzlich ermittelte SdT die Zurückweisung der Anmeldung oder den Widerruf des Patents nicht rechtfertigt（so das BPatG aaO）. In diesen Fällen ist vielmehr unter Aufhebung des patentamtlichen Beschlusses das Patent zu erteilen bzw. aufrechtzuerhalten. – Bedenklich auch die auf § 79 Abs. 3 Nr. 1 und 3 PatG gestützte Entscheidung BPatG 21. 1. 2003 Gedruckte Schaltung E 46, 238, 242, die auf Beschwerde des Anmelders zurückverweist, weil nicht auszuschließen sei, dass ein einer Patenterteilung möglicherweise entgegenstehender SdT existiert, und eine sachgerechte Entscheidung nur auf Grund einer vollständigen Recherche ergehen könne, wozu in erster Linie die Prüfungsstellen des DPMA berufen seien. Das PA hatte aber bereits in der Sache selbst entschieden, nämlich die Anmeldung mangels Beruhens auf erfinderischer Tätigkeit zurückgewiesen. Neue Tatsachen und Beweismittel waren nicht bekannt geworden, sondern sollten nach Zurückverweisung erst ermittelt werden. Die Voraussetzungen der Vorschriften, auf die sich das Gericht beruft, waren deshalb nicht erfüllt.

种程序安排，但依据权力分立（《基本法》第 20 条第 2 款第 2 句）的观点，这种程序安排还是令人疑虑的。[57]

b）无效和强制许可程序

提示：根据《专利法简化与现代化法（草案）》（参见 § 6 Ⅲ 15），将在新的《专利法》第 83 条规定简化和加快联邦专利法院一审无效程序的义务和权限。特别值得一提的是，它规定了专利法院应当在口头审理之前及时向当事人指出对于作出裁判的重要理由，并且可以规定一个期限，在这个期限内，当事人可以提出相关请求和补充，回答法院的提示。对于在这个期限之后提出的请求或补充，如果判定新提出的说明必定会造成审理的延期，并且也没有足够的理由需要延期，那么法院就可以驳回这些请求和补充。这个新规定也会减轻作为上诉法院的联邦最高法院的负担（参见本节 Ⅲ b 1）。

1. 在无效程序中所请求的是，已经授予的专利[58]是不合法的，但并不要求撤销或者修改专利局的行政行为，[59]而是要否定专利权人由授予专利所获得的独占性的私权（参见 § 26 B Ⅲ 3）。因此，这种程序是以提起对在登记簿上登记为专利权人的诉讼开始的（《专利法》第 81 条第 1 款），可以被称为争议程序或者当事人诉讼。[60]

但是，无效程序并不能忽略授予专利的形式行为。即使依据实体法专利权人并不拥有专利，这种形式上的行为也能给予其保护。因此，专利权人在实体法上不拥有专利，还不足以确认该专利没有实质性的基础。如果授予专利的形式行为是没有理由的，被形成权利的判决所撤销，这才可以考虑实体法的情况。因此，仍然由联邦专利法院（对于不服专利部维持异议的决定就已经向其提起申诉的法院）负责受理并作出（全部或者部分地）撤销不合理授予的专利的无效诉讼判决，这是符合逻辑的。不过，这却是交由联邦专利法院的其他合议庭，即无效庭来作出判决的（《专利法》第 66 条第 1 款第 2 句，合议庭的组成：《专利法》第 67 条第 2 款）。无效庭的审理——不同于申诉庭（参见本节 Ⅱ a 1）——在任何情况下都是第一审。无效诉讼是一个完全独立的程序。它并不是授予（维持、限制）专利等程序的继续，无论在该程序中的最终决定是由德国专利商标局的审查处（或者专利部）或者还是由联邦专利法

---

〔57〕 *Bernhardt*, S. 285 f. ; *Schwerdtner*, GRUR 1968, 10 f. mit Nachweisen.

〔58〕 Entsprechendes gilt für ergänzende Schutzzertifikate; sie können nach § 81 Abs. 1 PatG gemeinsam mit dem zugrundeliegenden Patent, aber auch unabhängig von diesem durch Nichtigkeitsklage angegriffen werden.

〔59〕 Von einem „Verwaltungsstreitverfahren" (so BGH 8. 7. 1955 BGHZ 18, 81, 92) sollte daher nicht gesprochen werden; vgl. auch *Benkard/Rogge* § 22 PatG Rdnr. 8.

〔60〕 *Bernhardt*, S. 293.

院的申诉庭作出的，都是如此。

帕库舍（*Pakuscher*）[61]和李德尔（*Liedel*）[62]等建议，无效程序从德国专利商标局的专利部开始，而联邦专利法院则作为申诉审级。只有当异议程序不是在授予专利之后，而是与以前一样，是在授予专利之前开始，并且还排除了通过对于驳回申请的决定的申诉由联邦专利法院自己授予专利的可能性（参见本节Ⅱa 10），这种建议才可能是有意义的。即使满足了这些前提条件，这种程序布局是否值得推荐还是有问题的。在一审中让专利局来负责裁判由其所授予专利的权利存续性，可能只适合于实用新型的注销程序，这是因为实用新型的登记是没有对它的可保护性进行全面审查的，但如果对专利也采用这种办法，就会降低通过专利局预先审查要提高的对权利存续性的保证。因此，如果不选择这种办法，那么合适的途径就是，将不受时间限制的审查授予专利合法性的请求，从一开始就交给没有参与授予程序的法官审级来裁判。

2. 在无效诉讼中，如果是因为非法窃取的原因，那么只有被侵权人才有权提起诉讼；而对于所有其他无效理由，无效诉讼作为民众之诉，任何人都可以提起。[63]无效诉讼的目的就是要取消该专利，包括确认该专利在实体法上并不归属权利人。即使是非法窃取的情况，无效诉讼的起诉人也不能自己获得该专利。

3. 无效诉讼没有期限限制，但是，只要还可以提起异议或者异议程序还没有结束，就不能提起无效诉讼（《专利法》第81条第2款）。

《专利法简化与现代化法（草案）》（参见§6Ⅲ15）规定，对于补充保护证书，如果可以提起更正或者撤销延长证书保护期的请求，或者这种请求程序还在进行之中，就不能提起对补充保护证书的无效宣告诉讼（对此，参见§26AⅡb 7、8）。

在专利失效之后，只有当起诉人对于有溯及力的取消专利还能取得自己合法利益的时候，才允许其提起无效诉讼（参见§26BⅢ4）。

提起无效诉讼时，应当指明原告、被告以及争议的客体，并说明提起诉讼理由所依据的事实和证据；此外，诉讼中还应当包含有确定的请求。但如果诉讼在内容上有瑕疵时，还可以在由审判长确定的一定期限内予以消除（《专利法》第81条第4款、第5款）。根据《法院费用法》（4.5倍费率），提起诉讼时应当支付与诉讼标的相关的费用（附有费用名录的《专利费用法》第2条

---

〔61〕 GRUR 1977, 371, 372; 1995, 705, 707 f.

〔62〕 Das deutsche Patentnichtigkeitsverfahren, 1979, S. 283 ff.

〔63〕 Eine *Nebenintervention* im Nichtigkeitsverfahren sieht BGH 17. 1. 2006 Carvedilol GRUR 2006, 438 als jedenfalls dann zulässig an, wenn der Nebenintervenient durch das angegegriffene Patent in seiner geschäftlichen Tätigkeit als Wettbewerber beeinträchtigt werden kann.

第 2 款、第 3 款，第 3 条第 1 款）。

4. 联邦专利法院应当将起诉状送达给被告的专利权人，并要求其在 1 个月之内作出答辩（《专利法》第 82 条第 1 款）。如果没有在该期限内作出答辩，那么可以不经口头审理就依据诉讼请求迅速判决，并认为每个由原告所主张的事实成立（《专利法》第 82 条第 2 款）。[64]这就像民事诉讼中由于被告迟延而进行的可靠性和论证性审查（《民事诉讼法》第 331 条第 1 款第 1 句）。但是，对这里作出的不利于被告的判决是不能像对迟延判决那样提起异议的，而只能提起上诉（《专利法》第 99 条第 2 款，参见本节 Ⅲ b）。

如果被告及时进行了答辩，联邦专利法院应当将该答辩通知原告（《专利法》第 83 条第 1 款）。通过判决作出的裁判，一般应根据口头审理作出。只有经双方当事人同意——除了《专利法》第 82 条第 2 款规定的情况之外——才可以考虑不经过口头审理作出判决（《专利法》第 83 条第 2 款）。

因此，对于没有及时进行答辩的诉讼，由于缺乏可靠性或者论证性，就只有通过口头审理才能驳回。[65]

5. 授予、收回强制许可或者协调由判决所确定的强制许可费的程序，在很大程度上也适用与无效程序同样的规则。这里需要强调的特殊之处是，根据《专利法》第 85 条，在紧急情况下可以用临时措施的方式授予强制许可（参见 § 34 Ⅳ d）。

c）异议程序

为了减轻德国专利商标局的负担，根据《专利法》第 147 条第 3 款（该规定已再次被取消），在 2002 年 1 月 1 日至 2006 年 6 月 30 日提起的异议——在一定的前提条件下还包括对在此以前提起的异议[66]——被分给了联邦专利法院的申诉庭一审审理。[67]而对以后提起的异议，[68]原则上又是由德国专利商

---

[64] Ebenso wird zu verfahren sein, wenn der Beklagte eine Erklärung in dem Sinne abgibt, daß er der Klage nicht entgegentreten wolle, oder einen zunächst erklärten Widerspruch zurücknimmt; vgl. *Benkard/Rogge*, §§ 82, 83 PatG Rdnr. 17; *Schulte*, § 82 Rdnr. 6.

[65] In diesem Sinne *Bernhardt*, S. 295.

[66] Dazu BPatG 17. 7. 2003 E 47, 148.

[67] Vgl. – auch zu den Vorarbeiten für die jetzt geltende Regelung – *Lanfermann*, FS VPP, 2005, S. 160 ff. – § 147 Abs. 3 PatG war nicht verfassungswidrig, vgl. BPatG 6. 3. 2006 Symbolübermittlung Mitt. 2006, 511 und BGH 17. 4. 2007 (FN 9) (Nr. 26 ff.).

[68] Für die auf der Grundlage von § 147 Abs. 3 PatG bis zum 30. 6. 2006 eingelegten Einsprüche bleibt das BPatG zuständig nach BPatG (23. Senat) 19. 10. 2006 Rundsteckverbinder GRUR 2007, 499; a. M. BPatG (11. Senat) 12. 4. 2007 Gesetzlicher Richter GRUR 2007, 904; hiergegen wieder BPatG (19. Senat) 9. 5. 2007 Einspruchszuständigkeit Bl. f. PMZ 2007, 332 und (23. Senat) 10. 5. 2007 Gehäuse/perpetuatio fori GRUR 2007, 907.

标局的专利部负责受理。但是根据 2006 年 7 月 1 日新通过的《专利法》第 61 条第 2 款，如果有当事人提出请求且其他当事人在该请求送达后 2 个月内没有表示异议，或者在异议期限届满后（在有人根据《专利法》第 59 条第 2 款加入异议的情况中，则是在作出加入声明后）至少 15 个月之后，只要有一名当事人提出请求，就还是由联邦专利法院的申诉庭负责对异议作出决定。但是当专利部在收到申请专利法院判决的请求之后的 3 个月内已经送达传唤听证，或者已经送达其关于异议的决定，专利部又可以收回对异议的管辖。由此可见，只有所有的当事人都同意或者专利局的程序有极大的迟延并且还有一名当事人请求专利法院裁判，这时联邦专利法院才有权管辖异议。

根据《专利法》第 61 条第 2 款第 3 句以及其他规定，联邦专利法院的异议程序规则可以相应地适用《专利法》第 59 条（其中援引了第 46 条和第 47 条）以及第 86 ~ 99 条的规定。联邦专利法院认为《专利法》第 47 条第 1 款第 3 句要优先于第 94 条第 2 款适用，因此，如果在唯一的异议人撤回之后只剩下了专利权人的参与，并且其要求维持专利的请求获得了完全同意，那么申诉庭在异议程序中就无需陈述理由。[69] 相反，如果出现了《专利法》第 78 条的情况，由于专利法院的程序是一种法院程序，因此，对于《专利法》第 59 条第 3 款、第 46 条规定的听证，联邦专利法院就必须依照《专利法》第 69 条（参见本节 Ⅱ d 5），原则上进行公开的口头审理（参见本节 Ⅱ a 9）。[70]

d）专利法院程序的一般规则

1. 根据《专利法》（第 99 条第 1 款），如果联邦专利法院没有自身的规定，又不存在专利法院程序的特殊性，那么联邦专利法院的程序就可以相应地适用《法院组织法》和《民事诉讼法》。对此，法律作出了明显规定，只在《专利法》允许的范围内，才可以对联邦专利法院的判决提起上诉（《专利法》第 99 条第 2 款）。[71]

2. 根据《专利法》第 86 条第 1 款，有关联邦专利法院的法院职员自行回避和请求回避的规则适用《民事诉讼法》的规定，但应当依照《专利法》第 86 条第 3 款和第 4 款规定的程序作出请求回避的决定。联邦专利法院对回避请求的驳回是不可上诉的，即使以其他理由提起上诉，也是不再审查的，这是因为《专利法》第 86 条第 1 款规定援引的法律并不包括《民事诉讼法》第 46

---

〔69〕 BPatG 5. 8. 2003 fehlende Begründungspflicht E 47, 168.

〔70〕 BPatG 20. 6. 2002 （FN 9）; 12. 8. 2002 E 46, 134.

〔71〕 Vgl. *Schulte*, §99 Rdnr. 7; *Busse/Keukenschrijver*, §99 PatG Rdnr. 16 ff.; *Benkard/Schäfers*, §99 PatG Rdnr. 8.

条第 2 款。[72]

《专利法》第 86 条第 2 款还规定了其他应当自行回避的情况。根据第 1 句，如果谁参与了在先的专利局程序，[73]那么他就不能作为在专利局的申诉程序中的法官。根据第 2 句，参与了在德国专利商标局或者欧洲专利局专利授予或者异议程序的人，或者在联邦专利法院或者欧洲专利局参与了随后申诉程序的人，那么他就不能作为无效诉讼程序中的法官。由此可见，这里就是不允许同一个人在授予或者维持同一保护权的不同程序中进行裁判。[74]由于常常出现的情况是，专利局的成员被任命为联邦专利法院的法官，或者根据《专利法》第 71 条第 1 款委任其为法官，或者被委派为无效庭中申诉庭的成员，这时，上述规定就有特别重要的意义。

3. 在联邦专利法院的程序中也应适用调查原则：专利法院——尤其是依据《专利法》第 88 条的证据收集[75]——依职权调查案件事实，不受当事人陈述的事实和提供的证据约束（《专利法》第 87 条第 1 款）。[76]因此，无效程序中的被告所作的供词对于联邦专利法院也是没有约束力的。[77]

调查原则并不是要剥夺当事人对于程序的处分权，实际上更多是适用处分权原则（处分权主义）：只有提出请求，法院才受理，且不允许在判决时超出当事人的请求（《专利法》第 99 条第 1 款、《民事诉讼法》第 308 条）。只要还没有作出最终的判决，申诉人或者无效诉讼的原告可以随时以撤回申诉或者诉讼的办法停止这种程序。在这里，取得程序另一方当事人的同意是不必要的，也不能排除其获得诉讼上的承认。[78]

4. 联邦专利法院根据整个程序的结果按照自由心证作出判决（《专利法》

〔72〕 BGH 11. 7. 1985 Farbfernsehsignal Ⅱ BGHZ 95, 302; 21. 12. 1989 Wasserventil BGHZ 110, 25.

〔73〕 Das gilt in dem eine Teilanmeldung betreffenden Beschwerdeverfahren auch für einen Richter, der in dem die noch ungeteilte Anmeldung betreffenden Verfahren mitgewirkt hat, BGH 30. 6. 1998 Ausgeschlossener Richter GRUR 1999, 43.

〔74〕 Ein allgemeiner Grundsatz dieses Inhalts gilt jedoch nicht. Wenn im *Einspruchs*beschwerdeverfahren ein Richter mitwirkt, der im patentamtlichen oder patentgerichtlichen Verfahren an der *Erteilung* des Patents mitgewirkt hat, ist er nicht ausgeschlossen; § 86 Abs. 2 PatG findet hier keine (analoge) Anwendung: BGH 9. 2. 1993 Fotovoltaisches Halbleiterelement GRUR 1993, 466; 18. 7. 2000 Ausweiskarte GRUR 2001, 47; es ist auch nicht ohne weiteres die Besorgnis der Befangenheit begründet: BPatG 3. 8. 1989 E 30, 258.

〔75〕 Dabei kann eine Zeugenvernehmung gem. § § 99 Abs. 1 PatG, 128 a Abs. 2 ZPO auch in Form einer Videokonferenz durchgeführt werden; vgl. BPatG 16. 7. 2002 Leiterplattennutzen – Trennvorrichtung/ Videokonferenz E 45, 227.

〔76〕 Vgl. BPatG 1. 7. 2003 Gleitvorrichtung Mitt. 2004, 213 (Nr. 3 b〔1〕).

〔77〕 *Bernhardt*, S. 296; *Benkard/Rogge* § 87 PatG Rdnr. 8.

〔78〕 Vgl. *Liedel* (FN 62) S. 18 FN 42; *Schmieder*, GRUR 1982, 348, 350; Näheres unten § 26 B Ⅲ 7.

第 93 条第 1 款第 1 句）。如果是通过口头审理作出判决，那么没有参与最后口头审理的法官，只有在当事人同意的情况下才能参与作出判决（《专利法》第 93 条第 3 款）。

只能依据当事人可以质证的事实和证据作出判决（《专利法》第 93 条第 2 款、《基本法》第 103 条第 1 款）。根据《专利法》第 93 条第 1 款第 2 句，在判决中必须陈述使法官取得确信的理由。但是，这条规定与《专利法》第 94 条第 2 款之间的关系还是有问题的。这是因为《专利法》第 94 条第 2 款规定，应当说明作出驳回请求或者给予法律救济的判决理由。如果人们认为，只有存在第 94 条第 2 款规定的陈述理由义务的时候，[79] 才应当适用第 93 条第 1 款第 2 句，那么考虑到第 100 条第 3 款第 6 项的规定（参见本节 Ⅲ a），无论如何就必须将申诉看作是扩大了（参见本节 Ⅱ a 1）的第 94 条第 2 款意义上的法律救济。但是，对于无效诉讼就不能这样认为。那么根据《专利法》第 94 条第 2 款的条文可以得出的是，也许是驳回无效诉讼需要陈述理由，但无论如何不是专利的无效宣告。但这是站不住脚的，因为无效宣告也会被上诉。因此，只能对《专利法》第 94 条第 2 款进行修正式的解释：陈述理由的义务应当扩展至无效程序中的所有终审判决。[80] 但是要问的是，即使《专利法》第 93 条第 1 款第 2 句直接指的只是证据确信，是否从该条规定就已经可以推出，不是至少对于判决，而是对于所有的判决，陈述理由都是必须的；正是这一点促使了这条规定的产生。[81] 在实践中，无效庭所作的所有判决都必须陈述理由似乎已是理所当然的了。[82]

联邦专利法院的判决将根据《专利法》第 94 条第 1 款的规定进行宣判和送达，或者只是送达；如果进行了口头审理，就应当宣判。

5. 联邦专利法院的审理，包括宣判都应该公开进行（《专利法》第 69 条第 1 款第 1 句、第 2 款）。如果既没有公开申请，又没有公布专利说明书，

---

〔79〕 So *Benkard/Schäfers* § 93 PatG Rdnr. 5.

〔80〕 So *Bernhardt*, S. 298.

〔81〕 Wie die Begründung zum 6. Überleitungsgesetz, Bl. f. PMZ 1961, 155 l., ergibt, haben für § 93 (früher § 41 h) PatG der § 108 VwGO, für § 94 (früher § 41 i) Abs. 2 PatG der § 122 Abs. 2 VwGO als Vorbild gedient. In der VwGO sprechen jedoch § 108 von *Urteilen*, § 122 Abs. 2 von *Beschlüssen*; die Verweisung auf § 108 in § 122 Abs. 1 VwGO schließt § 108 Abs. 1 Satz 2, der die Begründung der Urteile betrifft, nicht ein. Im PatG sind dagegen sowohl § 93 Abs. 1 Satz 2 als auch § 94 Abs. 2 unterschiedslos auf *Entscheidungen* des BPatG bezogen.

〔82〕 Vgl. *Schmieder*, NJW 1977, 1218; *Pakuscher*, GRUR 1973, 610, der die Begründungspflicht aus § 99 (früher 41 o) Abs. 1 PatG in Verbindung mit § 313 ZPO ableitet; ebenso *Benkard/Schäfers*, § 94 PatG Rdnr. 17; *Busse/Schuster/Keukenschrijver*, § 94 PatG Rdnr. 12.

那么申诉庭对于包括宣判在内的专利案件的审理是不公开的（《专利法》第69 条第 1 款第 2 项）。如果实用新型还没有登记，那么该规则也相应地适用于实用新型案件（《实用新型法》第 18 条第 3 款第 6 句、第 8 条第 5 款第 1 句）。

相应地，适用《法院组织法》第 172～175 条的规定，通过法院决议的途径可以排除申诉和无效程序中的公开审理。依据《专利法》第 69 条第 1 款第 2 句第 1 项和第 2 款第 2 句以及《实用新型法》第 18 条第 3 款第 6 句的规定，如果公开审理将会危害当事人受保护的利益，根据当事人的请求，在申诉和无效程序中也可以不公开审理。

Ⅲ. 联邦最高法院的程序

a）上诉程序[83]

1. 如果不服联邦专利法院对依据《专利法》第 73 条或者《实用新型法》第 18 条第 1 款提起的申诉而作出的决定（参见本节 Ⅱ a），[84]或者不服联邦专利法院在一审的异议程序中作出的维持或者撤销专利的决定（参见本节 Ⅱ c），在一定的前提条件下，可以启动在联邦最高法院的上诉程序（《专利法》第 100 条、《实用新型法》第 18 条第 4 款）。只能对侵犯了权利的决定提起上诉，也就是说该上诉只审查联邦专利法院的法律适用，并不审查其认定了的事实（《专利法》第 101 条第 2 款、《民事诉讼法》第 546 条和第 547 条）[85]。因此，如果在上诉中，依据决定中认定的事实没有提出允许的和有理由的上诉，联邦最高法院就只限审理有争议的决定（《专利法》第 107 条第 2 款）。也就是说，这种上诉的法律救济具有类似于民事诉讼法中第三审上诉的作用（《民事诉讼法》第 559 条第 2 款）。

原则上只有联邦专利法院在有争议的决定中允许的上诉，才允许向联邦最高法院提起上诉（参见第 2 点）。但如果存在某些重大的程序瑕疵，就不需要获得这种允许（参见第 3 点）。

这种上诉制度是在 1961 年设立联邦专利法院时引入的。在过去，要对专利局申诉庭的决定进行审查，并通过在联邦最高法院的上诉消除决定中的错误

〔83〕 Vgl. *Engel*, Das Rechtsbeschwerdeverfahren, Mitt. 1979, 61 – 73; *Kraßer*, Die Rechtsbeschwerde durch das Bundespatentgericht, GRUR 1980, 420 – 423.

〔84〕 Dazu BGH 18. 12. 1984 Wärmeaustauscher GRUR 1985, 519; BPatG 8. 1. 1988 E 29, 194 (Entscheidung über Zulässigkeit eines erst im Einspruchsbeschwerdeverfahren erklärten Beitritts ist keine Entscheidung über eine Beschwerde).

〔85〕 Zu diesen gehört auch, wie ein Fachmann die Darstellung der Erfindung in Beschreibung und Zeichnungen versteht, BGH 20. 6. 2000 Verglasungsdichtung GRUR 2000, 1015, 1016.

是不可能的。[86]现在，联邦最高法院开辟上诉途径，是为了在工业产权保护领域保持和完善司法判决与法律续造的一致性。至于在多大程度上能实现这一目标，不仅要看联邦专利法院在实践中在多大程度上允许上诉，也要看申诉程序中当事人的利益。经验表明，许多联邦专利法院允许的上诉案件，当事人却并没有提起上诉。如果联邦专利法院完全同意了申诉人的请求，[87]对此其他申诉当事人又没有异议，就完全可以不将判决中主要的原则性法律问题提交给联邦最高法院。对此，根据《专利法》第77条，在一定的范围内，可以通过专利局局长的参与获得解决。

2. 如果，（1）对某个具有原则性意义的法律问题需要作出裁判，（2）法律续造或者确保司法判决的一致性需要联邦最高法院的裁判，就允许提起上诉（《专利法》第100条第2款）。只要有其中一条理由，申诉庭就有义务准许上诉，否则就不允许上诉。申诉庭不必作出裁量决定，但是，有关允许上诉的前提条件的法律规定还是给予了申诉庭很大的裁量空间。尤其是如果申诉庭判断某个法律问题不同于联邦最高法院的判决或者不同于联邦专利法院其他庭的判决，那么为了法律续造或者确保司法判决的一致性，就必须允许上诉。[88]

联邦专利法院可以依职权主动作出允许上诉的决定，当事人可以不提出请求，而只要提出建议就可以了。这种允许不必以判决的形式表现出来，只要在对申诉判决的陈述理由中表达出来就可以了。[89]

3. 如果出现了《专利法》第100条第3款所列的一种程序瑕疵，[90]并且对此不服，那么无需获得准许就可以提起上诉：（1）法庭未按规定组成；[91]（2）被排除的或者被请求回避的法官对判决产生了影响；[92]（3）未给当事人

---

[86] Zu einer solchen Situation führten die Entscheidungen DPA（Großer Senat）7. 8. 1953 GRUR 1953，440，BGH 8. 7. 1955 Zwischenstecker BGHZ 18，81 und DPA（Großer Senat）19. 12. 1955 Bl. f. PMZ 1956，34.

[87] Eine Beschwer, die für die Zulässigkeit der Rechtsbeschwerde ausreicht, liegt schon darin, daß das BPatG nicht über den vom Beschwerdeführer geltend gemachten Widerrufsgrund der widerrechtlichen Entnahme entschieden hat, BGH 24. 7. 2007 Ausgussvorrichtung für Spritzgießwerkzeuge GRUR 2007，996（Nr. 4）.

[88] *Schulte*，§ 100 Rdnr. 24；*Benkard/Rogge*，§ 100 PatG Rdnr. 13.

[89] BGH 14. 2. 1978 Fehlerortung GRUR 1978，420，422；BPatG 29. 5. 1979 E 22，45.

[90] Für die Statthaftigkeit genügt, daß der Mangel（substantiiert）*behauptet* wird：BGH 21. 12. 1962 Warmpressen BGHZ 39，333，334；14. 7. 1983 Streckenausbau GRUR 1983，640；kritisch zu dieser Rechtsprechung *Hesse*，GRUR 1974，711 ff.

[91] Die Tatsachen, aus denen der Besetzungsfehler abgeleitet wird, sind im einzelnen anzugeben, BGH 7. 2. 1995 Flammenüberwachung Mitt. 1996，118；30. 3. 2005 Vertikallibelle GRUR 2005，572（Nr. 1）.

[92] Ein Ausschließungsgrund, der durch Ablehnungsgesuch ohne Erfolg geltend gemacht worden ist, eröffnet die Rechtsbeschwerde nicht：§ § 101 Abs. 2 Satz 2 PatG，547 Nr. 2 ZPO，BGH 11. 7. 1985（FN 72）.

合法听审机会；（4）当事人没有依法律规定委托代理人；[93]（5）在以口头审理作出的决定中，违反了程序公开的规定；（6）对申诉作出的决定未陈述理由。

对于在《专利法》第 100 条第 3 款中没有列出的违反程序规定的情形，未经准许是不能提出上诉的。

很多人都在尽力试图能够提起无须得到联邦专利法院准许的上诉，迄今为止获得支持的观点是：对有争议的决定没有陈述理由。在这里，人们试图更正的是联邦专利法院实质上不正确的认识。因此，在许多情况中，联邦最高法院就不得不对于什么是《专利法》第 100 条第 3 款第 6 项（原第 5 项）意义上的陈述理由缺陷表明意见。这里的基本原则是，陈述理由中的错误并不意味着是没有陈述理由。在有争议的决定中陈述的理由仅仅只是实质上不完全的、不充分的、不正确的或者存在其他法律错误的，还不足以说明是没有陈述理由。[94]上诉的目的并不能排除陈述理由的错误，而只能促使陈述理由。[95]

依据《专利法》第 100 条第 3 款第 6 项无须获得准许就可以提起上诉的情况，并不局限于决定中完全没有阐述理由的情形。[96]如果陈述的理由如此不清晰、自相矛盾和杂乱无章，以至于无法理解作出判决所依据的思路或者无法清晰地确认作出的判决是基于什么样的考虑，那么这些情况就完全相当于没有陈述理由。[97]因此，即使陈述了理由，也还要看理由的内容。但这并不是要看判决是否正确，而是要看法院是否履行了其陈述理由的义务（参见本节 II d 4）。如果陈述的理由充分、清晰，使人能看出法院是如何作出对申诉的判决的，才

---

〔93〕　Die Rechtsbeschwerde steht in diesem Fall nur dem nicht ordnungsgemäß Vertretenen zu, BGH 21. 12. 1989 Gefäßimplantat GRUR 1990, 348. – Zu den Voraussetzungen des Vertretungsmangels BGH 29. 4. 1986 Raumzellenfahrzeug II GRUR 1986, 667. Kein Vertretungsmangel liegt vor, wenn Vertreter krankheitshalber mündliche Verhandlung versäumt, an der die Partei selbst oder anderes Sozietätsmitglied hätten teilnehmen können, BGH 25. 6. 1986 Vertagungsantrag Bl. f. PMZ 1986, 251.

〔94〕　Vgl. BGH 28. 11. 1963 Schreibstift GRUR 1964, 259; 16. 10. 1973 Farbfernsehsignal GRUR 1974, 352; 12. 10. 1976 Aluminiumdraht GRUR 1977, 214, 215; 7. 3. 1978 Mähmaschine GRUR 1978, 423, 424; 28. 11. 1978 β – Wollastonit GRUR 1979, 220 mit Anmerkung von Hoepffner; 18. 12. 1984 (FN 84); 12. 5. 1987 Zigarettenfilter Bl. f. PMZ 1987, 357; 25. 1. 2000 Spiralbohrer GRUR 2000, 792, 794; auch ein ungewöhnlicher und besonders gravierender Rechtsfehler (hier: Verstoß gegen das Prinzip des Einzelvergleichs bei der Neuheitsprüfung, vgl. oben § 17 III 1) stellt für sich genommen keinen Begründungsmangel dar, BGH 29. 7. 2003 Paroxetin GRUR 2004, 79.

〔95〕　BGH 5. 10. 1982 Streckenvortrieb GRUR 1983, 63, 64 r.; 18. 12. 1984 Bl. f. PMZ 1985, 299, 300; 12. 1. 1999 Staatsgeheimnis GRUR 1999, 573; 30. 3. 2005 (FN 91) (Nr. 2).

〔96〕　Einen solchen Fall betrifft BGH 13. 5. 1971 Entscheidungsformel GRUR 1971, 484.

〔97〕　So zusammenfassend BGH 9. 7. 1980 Tomograph GRUR 1980, 984, 985 l.; 10. 6. 1986 Kernblech Mitt 1986, 195; 2. 3. 1993 Rohrausformer GRUR 1993, 655, 656; 12. 7. 2006 Rohrleitungsprüfverfahren GRUR 2006, 929; 27. 6. 2007 Informationsübermittlungsverfahren II Bl. f. PMZ 2008, 12 (Nr. III a).

能说是履行了这种义务。[98] 如果陈述的理由令人费解、[99] 只是在陈述经不起检验的观点[100] 或者是没有接受可能有法律意义的"独立的攻击或者防御方法"，这就构成了陈述理由的缺陷。[101]

例如：对异议人在申诉中提出的可能损害新颖性的对比文献没有进行讨论；[102] 忽略了有可能阻碍获得专利的公开的在先使用情况；[103] 没有审查独立的从属权利要求；[104] 没有讨论新的专利权利要求；[105] 没有对主请求表明态度就依据辅助请求授予了专利；[106] 没有讨论发明的创造性，而不仅仅只是忽略了说明发明创造性的"证据迹象"。[107]

不成功的例子：没有讨论或者不符合实际地评判了发明的有益特性；[108] 联邦专利法院在其作出的判决中，明显没有对联邦最高法院的不同判决进行解释；[109] 未对专利权人没有请求给予独立保护的辅助请求中的次级权利要求（即使它们也被称为"从属权利要求"）进行专门的审查；[110] 在陈述存在或不存在发明活动的理由进行的思维推导中，存在漏洞。[111]

如果在陈述的理由中出现矛盾，使人无法看出判决中的哪些考虑是决定性的，那么就可以将其视为陈述理由的缺陷。[112]

---

〔98〕　Dazu grundlegend BGH 21. 12. 1962（FN 90）337 f.

〔99〕　BGH 11. 4. 1967 Schweißelektrode Ⅱ GRUR 1967, 548, 552; 6. 12. 1979 Biegerollen Mitt. 1980, 77.

〔100〕　BGH 14. 7. 1983 Schaltungsanordnung Ⅱ Mitt. 1983, 214.

〔101〕　BGH 22. 4. 1998 Alkyläther GRUR 1998, 907, 909; 12. 9. 2000 Abdeckrostverriegelung GRUR 2001, 46; vgl. auch BGH 18. 12. 1986 Emissionssteuerung GRUR 1987, 286; 26. 9. 1989 Schüsselmühle GRUR 1990, 33; 21. 12. 1989（FN 93）; 2. 3. 1993（FN 97）; 2. 3. 2004 Kanold Mitt. 2005, 233（Nr. Ⅲ 2）.

〔102〕　BGH 2. 2. 1982 Treibladung GRUR 1982, 406.

〔103〕　BGH 13. 2. 1979 Drehstromöltransformator GRUR 1979, 538.

〔104〕　BGH 5. 10. 1982（FN 95）63 f.

〔105〕　BGH 2. 10. 1973 Aktenzeichen GRUR 1974, 210.

〔106〕　BGH 13. 5. 1971 Richterwechsel GRUR 1971, 532, 533.

〔107〕　BGH 28. 11. 1963 Elektro – Handschleifgerät GRUR 1964, 201; 11. 12. 1973 Oberflächenprofilierung GRUR 1974, 419; 28. 11. 1978（FN 94）; 27. 3. 1980 Lunkerverhütungsmittel GRUR 1980, 846; 3. 12. 1991 Crackkatalysator Ⅱ GRUR 1992, 159; 16. 9. 1997 Rechtliches Gehör Ⅱ BGHZ 136, 336.

〔108〕　BGH 12. 5. 1987（FN 94）.

〔109〕　BGH 22. 4. 1998（FN 101）.

〔110〕　BGH 1. 2. 2000 Kupfer – Nickel – Legierung GRUR 2000, 597, 599.

〔111〕　BGH 12. 7. 2006（FN 97）（Nr. 16 f.）.

〔112〕　BGH 7. 3. 1978（FN 94）; 9. 7. 1980（FN 97）; 29. 4. 1986（FN 93）; 20. 12. 1988 Aufzeichnungsmaterial GRUR 1990, 346; 3. 12. 1991（FN 107）.

由于准许或者不准许上诉并不是对申诉判决的组成部分，因此对于不准许的上诉没有陈述理由，并不说明上诉就无须获得准许。[113]

对于当事人没有获得合法听审机会的情况，[114] 1998 年 11 月 1 日以来才可以未经准许提起上诉。[115]修改这种规定的先例是 1994 年的《商标法》第 83 条第 3 款第 3 项。联邦宪法法院的司法判决对联邦最高法院适用修改后的《商标法》提出了下列基本原则：[116]对于没有获得合法听审机会的上诉，并不能导致对有争议决定的实质正当性的审查。[117]要求给予听审机会的请求权赋予诉讼当事人的权利仅仅只是，说明判决所依据的客观事实，向法院表明其对于影响判决的法律问题的观点；法院有义务获悉并考虑这些陈述。原则上，法院本来就应当获悉当事人的陈述，并在判决中考虑其获悉的陈述。因此，对于《专利法》第 100 条第 3 款第 3 项所准许的上诉，就必须说明存在明显的没有获悉或者没有考虑当事人陈述的情况。法院并不需要在判决的陈述理由中明显地回答或者以一定的方式解释当事人的每个陈述。[118]给予合法听审机会的请求权，并不保证能实现自己的预估结果。该请求权没有包含《民事诉讼法》第 139 条、第 238 条以及《专利法》第 91 条意义上的对当事人的一般释明义务。但是，如果当事人尽管已经很仔细但仍未能看出，法院是基于什么考虑作出的判决以及作出判决所依据的陈述，那么就可以予以释明。当事人没有能表达出来的认知，不允许法院将其作为判决的依据。[119]法院依义务判断作出的拒绝邀请司法鉴定专家作证的裁定，并不意味着没有给予法定听审机会。[120]在书面程序中，在当事人的陈述被送达对方当事人之后，如果法院在作出判决之前的适当时间内（至于最短的时间是多少，则视情况而定）等待了答复，就提供听审机会

---

〔113〕 BGH 21. 4. 1964 Damenschuh – Absatz BGHZ 41, 360, 363 f.

〔114〕 Zu den Anforderungen hinsichtlich seiner Gewährung Schulte, Einleitung Rdnr. 209 – 238.

〔115〕 Ablehnend nach früherem Recht BGH 3. 12. 1964 Kontaktmaterial BGHZ 43, 12, 15 ff.; 19. 9. 1989 Rechtliches Gehör GRUR 1990, 110; 4. 12. 1990 Pharmazeutisches Präparat GRUR 1991, 442; 16. 9. 1997 Rechtliches Gehör Ⅱ BGHZ 136, 336 (keine entsprechende Anwendung von § 83 Abs. 3 Nr. 3 MarkenG); *Bernhardt*, S. 289 f.; weitere Nachweise bei *Schulte*, § 100 Rdnr. 34 FN 92. Kritisch zur Gesetzesänderung Bender, Mitt. 1998, 85 ff.

〔116〕 Vgl. BGH 19. 5. 1999 Zugriffsinformation GRUR 1999, 919; 14. 9. 1999 Tragbarer Informationsträger GRUR 2000, 140; 25. 1. 2000 (FN 94) 792; 1. 2. 2000 (FN 110) 597; 30. 3. 2005 (FN 91) (Nr. 3); 24. 7. 2007 (FN 87) (Nr. 10, 11); 27. 6. 2007 (FN 97) (Nr. Ⅲ b).

〔117〕 BGH 1. 2. 2000 (FN 110) 599.

〔118〕 BGH 11. 9. 2007 Wellnessgerät GRUR 2007, 997 (Nr. 17 f.) (für „Beweisanzeichen", die gegen das Naheliegen einer Lösung sprechen können).

〔119〕 BGH 30. 1. 1997 Top Selection GRUR 1997, 637; 12. 2. 1998 DORMA GRUR 1998, 817 (markenrechtliche Fälle).

〔120〕 BGH 11. 6. 2002 Zahnstruktur GRUR 2002, 957.

了。[121] 这里，法院需要考虑的是其作出判决至送出判决的时间。[122]

4. 如果上诉既没有得到联邦专利法院的准许，又不是因为程序瑕疵而被免予准许，那么对申诉庭的判决就不能再提起异议。对于不准许上诉这种情况也没有法律救济手段，尤其是没有对于不准许上诉的申诉。在这里，联邦专利法院的地位完全不同于其他程序的尤其是不同于行政法院程序和卡特尔法申诉程序的上诉审和申诉审。[123] 虽然在一定的条件下，联邦专利法院也负有义务准许上诉（参见第 2 点）；但违反了这种义务，也没有什么后果，联邦最高法院不会对此进行任何的再次审查。[124]

不过无论如何，对于在异议人提起的申诉中被维持有效的专利，仍可以提起无效诉讼。相反，如果申请人或者专利权人对于拒绝授予或者撤销专利的申诉被驳回而又不准许上诉（也不存在程序上的重大瑕疵），那么，他们寻求获得专利保护的努力就是彻底失败了。[125] 如果联邦专利法院在一审中对异议作出了判决（参见本节 Ⅱ c），那么在这种情况下的撤销就意味着专利的最终失效。

在《实用新型法》中也同样如此：如果注销请求在申诉审中仍没有成功，并不能排除继续提出其他注销请求的可能性（参见 §26 B Ⅴ 6）；而如果对申诉的判决确认了驳回申请、确认了或者宣告了注销实用新型，假如不准许上诉，又没有重大程序瑕疵，那么该判决就是最终判决。

从法律政策上来说，人们急切地希望为了与其他程序规则相协调，应当给予联邦最高法院审查不准许上诉的机会。

5. 专利法院申诉程序的当事人有权上诉（《专利法》第 101 条第 1 款），必要时专利局的局长也有权提起上诉（参见本节Ⅱ a 5）。除了上诉人之外，申诉程序的其他当事人也可以参与在联邦最高法院的程序。即使专利局局长不参与上诉程序，他也有陈述意见的权利（《专利法》第 105 条第 2 款、第 76 条）。

应在有争议的决定送达之后的 1 个月内向联邦最高法院提起上诉（《专利法》第 102 条第 1 款）。上诉必须由联邦最高法院准许的律师签名；口头审理也要求这种强制性的律师代理；经当事人请求，允许其专利代理人代为发言

---

〔121〕 BGH 1. 2. 2000 (FN 110) 597；24. 7. 2007 (FN 87) (Nr. 12).

〔122〕 BGH 12. 12. 1996 Ceco GRUR 1997, 223 (markenrechtlicher Fall).

〔123〕 Vgl. *Kraßer*, GRUR 1980, 421.

〔124〕 BGH 21. 4. 1964 (FN 113).

〔125〕 Zum „Ungleichgewicht der Durchsetzungschancen", das sich hieraus zum Nachteil des Patentanmelders im deutschen Erteilungsverfahren ergibt, Beier, Die Rechtsbehelfe des Patentanmelders und seiner Wettbewerber im Vergleich – Eine rechtsvergleichende Untersuchung zur Chancengleichheit im Patentverfahren, GRUR Int. 1989, 1, 10 ff., 13 f.; vgl. auch *Kraßer*, Mitt. 1988, 213 f.

（《专利法》第 102 条第 5 款）。

在提起上诉之后的 1 个月期限内（可延长），应当递交陈述的理由（《专利法》第 102 条第 3 款、第 4 款）。在陈述的理由中，必须申明决定有争议的程度、请求修改或者撤销的内容，指明违反的法律规范。如果上诉是因为认为有程序瑕疵，那么在陈述的理由中必须指出存在程序瑕疵的事实。

上诉的费用依照《法院费用法》的规定缴付，因此是与诉讼标的额挂钩的，但经济上弱势的当事人可以得到减免（《专利法》第 102 条第 2 款、第 144 条，参见 § 36 V）。

上诉与申诉一样具有停止执行的效力（《专利法》第 103 条，参见本节 Ⅱ a 7）。如果上诉是得到准许而提起的，并且对程序瑕疵有异议或者联邦最高法院主动注意到了程序瑕疵，那么上诉将使有争议的决定接受程序法上的审查；联邦最高法院将全面审查申诉庭适用的实体法。[126]并不限制联邦最高法院只对联邦专利法院准许上诉的法律问题发表意见。[127]不过，有可能的是，联邦专利法院将准许的上诉限制在诉讼标的的有限部分，[128]上诉人可以通过他的请求来限制审查的范围。

对于不需要获得准许的上诉，联邦最高法院只审查是否存在所说的程序瑕疵。

6. 联邦最高法院应以裁定的形式对上诉作出裁判，可以不经过口头审理，但必须陈述理由，且无论如何应依职权送达当事人（《专利法》第 107 条第 1 款、第 3 款）。依据相应的《专利法》第 94 条第 1 款，还必须对经过口头审理作出的裁定进行宣判。公开口头审理的规则适用申诉程序中同样的规定（《专利法》第 106 条第 2 款，参见本节 Ⅱ d 5）。

不是《专利法》第 100 条所允许的、不符合法定形式的或者不在法定期限内递交和陈述理由的上诉，将被作为不准许的上诉予以驳回（《专利法》第 104 条）。对于获得准许的上诉，联邦最高法院将在指定的范围内（参见第 5 点）审查决定的合法性。如果决定违反了法律，并且决定结果也是在违反法律的基础上作出的，那么将撤销该决定。对于因违反程序而无需准许就可以提起的上诉，如果违反程序的情形是《民事诉讼法》第 547 条所列的内容，那么就应当认为，这些情形是造成有争议判决的原因（《专利法》第 101 条第 2

---

〔126〕 BGH 24. 3. 1992（FN 54）497；19. 10. 2004 Rentabilitätsermittlung GRUR 2005，143 mwN.

〔127〕 BGH 28. 11. 1963 Zinnlot GRUR 1964，276；26. 5. 1964 Akteneinsicht I BGHZ 42，19，29；23. 2. 1972 Parkeinrichtung GRUR 1972，538；15. 3. 1984 Zinkenkreisel BGHZ 90，318.

〔128〕 BGH 14. 2. 1978（FN 89）；14. 7. 1983 Ziegelsteinformling BGHZ 88，191，193 f.；20. 11. 2001 Gegensprechanlage Mitt. 2002，176.

款第 2 句）。对于被驳夺了合法听审机会的情况，如果不能排除是在存在这种错误的基础上作出判决的，那么上诉就是有理由的。[129]

联邦最高法院不能自己撤销有争议的决定，根据《专利法》第 108 条必须将案件发回联邦专利法院重新审理并重新作出判决。[130]联邦专利法院应受联邦最高法院关于撤销决定的法律判决的约束。[131]

b）不服专利法院无效庭判决的上诉[132]

提示：根据《专利法简化和现代化法（草案）》（参见 §6 Ⅲ 15）第 111 ~ 120 条，联邦最高法院将不再负责这里的上诉审。为了实现这一目标，限制了准许提出新事实的范围，从而使得这种事实审上诉程序接近了法律审上诉程序。联邦最高法院必须首先依据联邦专利法院确认的事实以及在一审中提出的但未被联邦专利法院认定的事实作出判决。联邦最高法院只在一定的前提条件下考虑新的事实，其结果是要使当事人履行案件所要求的必要注意义务。被联邦专利法院正当地驳回的陈述（参见本节 Ⅱ b 1 的前序）在上诉程序中仍然会被拒绝。

1. 不服联邦专利法院无效庭的判决，可以向联邦最高法院提起上诉（《专利法》第 110 条第 1 款）。这种上诉不仅会审查联邦专利法院适用法律的情况，而且还会审查其认定的事实。联邦最高法院在这里的作用是一种第二次的法院事实审，这是作为法律上诉法院的联邦最高法院的一种非常规作用，也是其在其他的活动中所没有的。由于联邦最高法院没有技术性的法官，为了弄清技术性问题，在大多数情况中联邦最高法院还要寻求专家的帮助。[133]

联邦最高法院作为上诉审的管辖规则就是过去对专利局的无效部及后来的无效庭的决定提起上诉时，帝国高等商事法院、后来的帝国最高法院及联邦最高法院适用的规则。[134]也就是说，并不涉及《第 6 部过度法》中的新规则。这

---

〔129〕 BGH 30. 1. 1997（FN 119）.

〔130〕 Begründung zum 6. Überleitungsgesetz, Bl. f. PMZ 1961, 158; vgl. BGH 27. 2. 1969 Disiloxan BGHZ 51, 378, 381; dagegen meint Bernhardt, S. 291, daß der BGH die Versagung eines Patents (auf Einspruch, d. h. nach geltender Regelung den Widerruf des Patents) selbst aussprechen könne, wenn die Sache in diesem Sinne entscheidungsreif sei. Löscher, GRUR 1966, 18 befürwortet dies de lege ferenda.

〔131〕 Nichtbeachtung dieser Bindung eröffnet für sich genommen keine zulassungsfreie Rechtsbeschwerde, vgl. BGH 11. 4. 1967（FN 99）550 f.

〔132〕 Vgl. *Gauss*, Zur Anwendbarkeit der ZPO im Nichtigkeitsberufungsverfahren, Mitt. 2008, 18 – 23.

〔133〕 Vgl. *Haller*, Aus der Arbeit eines gerichtlichen Sachverständigen im Patentnichtigkeitsverfahren vor dem Bundesgerichtshof, GRUR 1985, 653 – 661; *Meier – Beck*, Der gerichtliche Sachverständige im Patentprozess, FS VPP, 2005, S. 356 – 371 mit Rechtsprechungsnachweisen; *Melullis*, FS Ullmann, 2006, S. 503, 513 f.

〔134〕 Vgl. *Liedel*（FN 62）S. 278 f.; *Stauder*, GRUR – FS, 1991, S. 503 ff., Rdnr. 20 ff.

部法律的作用只是使得一审程序不再是在专利局，而是在脱离了专利局的联邦专利法院开始。

2. 是否准许上诉，其前提条件是无效庭作出的判决；对于无效庭的决定只能与其判决一道提起上诉（《专利法》第 110 条第 6 款第 1 句）。[135]

只要无效庭的判决对无效庭程序的当事人是不利的，那么他们就有权提起上诉。

根据《专利法》第 111 条第 4 款，上诉程序的当事人必须委托全权代理人在联邦最高法院代理上诉。与申诉程序的上诉程序不同，任何《联邦律师条例》准许的律师以及《专利代理人法》准许的专利代理人都可以是上诉程序的全权代理人。全权代理人可以带技术顾问出庭。

3. 上诉必须向联邦最高法院[136]递交——由代理人（参见第 2 点）签字的——上诉状，该上诉状必须指明的有争议的判决并包括对此提起上诉的声明（《专利法》第 110 条第 2 款、第 4 款）。提出上诉的期限是 1 个月，始于形式完整的判决之后，但上诉最晚应不迟于判决之后的 5 个月（《专利法》第 110 条第 3 款）。

联邦最高法院的审理费用依照《法院费用法》的规定缴付，也是与诉讼标的额挂钩的，经济上处于弱势的当事人可以获得减免（《专利法》第 121 条第 1 款、第 144 条，参见 § 36 V）。

根据《专利法》第 111 条第 1~3 款，在提起上诉后的 1 个月的期限内（可延长）必须向联邦最高法院递交一份上诉理由书。上诉理由书必须包含有上诉请求和上诉理由，也就是要包含有在多大程度上应当撤销判决以及请求进行哪些修改的声明，并详细说明请求撤销判决的理由以及与此相应的新事实和证据。

在口头审理结束之前可以提起附带上诉。2001 年在对《民事诉讼法》进行的改革中引入的不同规定，在这里并不适用，这是因为无效程序中的联邦最高法院的职责不同于《民事诉讼法》中的上诉法院职责。[137]

只要被告同意或者联邦最高法院认为是与案件有关的，就允许追加诉讼请求。由《民事诉讼法》第 529 条第 1 款及第 533 条第 2 项得出的限制，并不适

---

〔135〕 Deshalb ist ein Nebenintervenient, dessen Intervention das BPatG für unzulässig erklärt hat, nicht gem. § 71 Abs. 3 ZPO einstweilen im Verfahren zuzuziehen（§ 100 Abs. 6 Satz 2 PatG）; vgl. *Schulte*, § 110 Rdnr. 26; zur Zulässigkeit der Nebenintervention oben bei FN 63.

〔136〕 Das frühere „Vorschaltverfahren" beim BPatG（vgl. die 4. Auflage, S. 302 f.）ist seit 1. 11. 1998 abgeschafft, s. oben § 6 Ⅲ 6.

〔137〕 BGH 7. 6. 2005 Anschlussberufung im Patentnichtigkeitsverfahren GRUR 2005, 888.

用于无效之诉的上诉程序。[138]

4. 根据《专利法》第112条，必须将上诉状和上诉理由书送达被上诉人，并可以规定被上诉人答辩的期限。如果被上诉人在规定的期限内进行了答辩，也应相应地规定上诉人发表意见的期限。

根据《专利法》第113条，联邦最高法院将依职权审查上诉是否是准许的、符合法定形式以及是否在法定期限内提出的。如果不是这样，联邦最高法院可以不经口头审理就以决定的形式予以驳回。

如果联邦最高法院认为上诉是准许的，那么它就应当确定口头审理的时间（《专利法》第114条，例外：第116条第3款，参见第5点），并且不受当事人的陈述和查证请求的限制根据自己的判断采取为查明案件所必要的措施（《专利法》第115条）。《专利法》第115条第2款、第117条第1~3款以及第118条对查明案件和证据收集作了详细的规定。如果判决是基于当事人未讨论过的事实作出的，那么就应当给予当事人对此进行陈述的机会（《专利法》第117条第4款）。从上诉程序的整个法律的规定来看，在上诉程序中同样适用调查原则，但有所减弱。联邦最高法院的地位比联邦专利法院和专利局要自由一些，它可以首先将收集诉讼材料的任务转移给当事人。[139]

5. 联邦最高法院应通过口头审理作出判决，公开口头审理的规则参照在无效庭程序中适用的规定（《专利法》第116条第1款，参见本节 II d 5）。如果当事人同意，可以不进行口头审理。同样，如果一方当事人被宣告丧失了上诉的权利或者只是裁判诉讼费的承担，也可以不经口头审理（《专利法》第116条第3款）。根据《专利法》第120条，判决应在审理终结时或者另行确定的日期宣判，并依职权送达。

如果联邦最高法院认为上诉是没有理由的，将驳回上诉。否则，联邦最高法院将撤销无效庭的判决，并用自己的判决取而代之或者将争议案件发回联邦专利法院重审。[140]

上诉人可以任何时候不经对方同意就撤回上诉。如果上诉人撤回了上诉，那么不必作出判决上诉程序就结束了，[141]有争议的判决随之生效。如果

---

〔138〕 BGH 24. 4. 2007 Verpackungsmaschine GRUR 2008，90.

〔139〕 *Benkard/Rogge*，§ 115 PatG Rdnr. 1.

〔140〕 Vgl. im einzelnen *Benkard/Rogge*，§ 116 PatG Rdnr. 5；dazu BGH 13. 1. 2004 Vertagung GRUR 2004，354：Zurückverweisung，weil BPatG Vertagung verweigert hat，die Kl. für die Vorbereitung seiner Stellungnahme zu der vom Bekl. in Einschränkung seiner Verteidigung vorgelegten Fassung des Patents beantragt hatte.

〔141〕 *Benkard/Rogge*，§ § 110 – 121 PatG Rdnr. 8；*Busse/Keukenschrijver*，vor § 110 PatG Rdnr. 22.

在上诉审中撤回了无效诉讼（这同样是允许的），就与此不同了。在这种情况中，作出同意无效诉讼的判决就没有效力了。[142] 被请求宣告无效的专利只要没有人提起新的宣告无效的诉讼，就继续被视为完全有效的（还可以参见 §26 B Ⅲ 7，9）。

c）对专利法院无效庭授予强制许可的临时许可令的判决不服的上诉

在强制许可程序中，对于联邦专利法院无效庭作出的发布临时许可令的判决（《专利法》第85条），可以根据《专利法》第122条第1~3款的规定在联邦最高法院提起上诉。这种上诉程序同样适用不服专利法院无效庭的判决而在联邦最高法院提起上诉的规则（《专利法》第122条第4款）。

d）对听审的异议

根据2006年6月21日才引入的《专利法》第122a条的规定，如果联邦最高法院的（最终）判决对当事人不利，且该当事人提起异议，认为法院以影响判决的方式极大地侵犯了其要求合法听审的请求权，那么将不继续联邦最高法院的程序。《专利法》的这条规定相应于《民事诉讼法》第321a条，在这种程序中应参照适用该条的第2~5款。

Ⅳ. 一般程序规则

a）代理

1. 对于在国内既没有居所，又没有办公点或者营业所的"外部人"，除了马上就要讨论的例外规则之外，只有当其在国内聘请了律师或者专利代理人作为代理人之后，他才可以在专利局或者专利法院参与由《专利法》或者《实用新型法》所调整的程序，主张专利权或者实用新型权。赋予代理人的代理权必须包括在专利局、专利法院的程序以及在涉及专利或者实用新型的民事诉讼中的代理权以及提起刑事诉讼请求的权利（《专利法》第25条第1款，《实用新型法》第28条第1款）。

鉴于欧盟和欧洲经济圈范围内的自由提供服务原则，2001年12月13日的《专利法》准许，满足了《专利法》第25条第2款第1句、《实用新型法》第28条第2款第1句的前提条件及其所列规定的欧盟成员国或者其他经济圈成员国的国民，也可以被聘为代理人。但是在这种情况下，必须在国内聘请一名律师或者专利代理人作为送达代理人，才能启动程序（《专利法》第25条第2款第2句，《实用新型法》第28条第2款第2句）。

《专利法简化和现代化法（草案）》（参见§6 Ⅲ 15）取消了送达代理的要求，这一要求被认为违反了欧洲法。在没有国内代理人或者送达代理人的情

---

[142] *Benkard/Rogge*，§81 PatG Rdnr. 28.

况中，可以通过邮局寄送挂号信的方式，向在（欧盟或者欧洲经济圈内）居住的代理人履行必要的送达义务。

聘请国内代理人（或者作为国内送达代理人）的要求，适用于所有"外部人"，而不管其国籍是什么，也就是说还适用于在国内没有居所、办公点或者营业所的具有德国国籍的人。这种规则也符合《巴黎公约》第2条第3款和TRIPS第3条第2款对于联盟成员国或者WTO成员的国民的规定。这个规定的目的是减轻这些机构与外部参与人员交往的负担。聘请代理人并没有剥夺外部人自己有效启动对于专利局或者专利法院的程序行为的资格。

2. 如果没有需要国内代理人（或者国内送达代理人）的要求，那么在专利局或者联邦专利法院的程序是否需要有代理人参加，原则上是任意的（《德国专利商标局条例》第13条第1款，《专利法》第97条第1款第1句）。

任何具有诉讼能力的人，也就是说任何具有完全行为能力的人都可以被聘为在德国专利商标局的代理人（《德国专利局条例》第15条第3款第1句）。在实践中，大多数聘请的是专利代理人、专利代理事务所（《专利代理人条例》第521条，《德国专利商标局条例》第13条第2款、第14条第4款、第15条第3款第2句）或者是受过专利法培训，尤其是合法取得"专利助理"头衔（参见《专利代理人条例》第11条）的企业职员。[143]律师或者律师事务所（《联邦律师条例》第591条）的代理也是准许的，但这种情况较为少见。此外，代理人只能依照有关法律咨询的规定从事代理业务。

规范联邦专利法院程序中代理事宜的《专利法》第97条在2007年12月12日作了新的规定。[144]根据该条的第2款第2句，有权代理的除了专利代理人和律师（第2款第1句）以及由他们所组成的公司（参见第2条第2款第3句）之外，只有下列人员有权代理：当事人的雇员或者当事人关联企业的雇员；根据第2款第1项的第2个半句，行政机关和公法法人的雇员；如果代理不是有偿行为，根据第2款第2项还有：家庭成员、能胜任法官职位（除了联邦专利法院的法官之外，该条第4款）以及共同诉讼人的人。根据第3款，对于没有授权的全权代理，法院将予以驳回。如果依第2款第2句指定的全权代表无法对事实和争议进行符合实际的表述时，专利法院可以禁止其继续代理（第3款第3句）。

任何代理人都必须在专利局或者联邦专利法院递交一份书面的代理委托书

---

〔143〕 Dazu *Ulrich*, Vertretung von Konzernunternehmen durch Patentingenieure, Patentassessoren und Syndikus‑Patentanwälte, Mitt. 2005, 545–552.

〔144〕 BGBl. I S. 2840.

（《德国专利商标局条例》第15条，《专利法》第97条第5款）。在程序的任何过程中，如果出现了不是律师或者专利代理人、没有获得专利局许可证书的人（《专利代理人条例》第171条）或者不是依据《专利代理人条例》第155条授权的专利助理作为全权代表，那么专利局可以随时主张和依职权考虑代理人的代理权瑕疵（《德国专利商标局条例》第15条第4款，《专利法》第97条第6款）。

b）专利局和法院的工作语言

如果没有其他不同的规定，在专利局和专利法院使用的语言就是德语（《专利法》第126条第1句，《实用新型法》第21条第1款）。

与上述规定最为重要的不同之处是，根据《专利法》第35条或者《实用新型法》第4a条的规定，如果在3个月内补交了德语译本，就可以用不同于德语的语言递交专利和实用新型申请，并保留递交申请之日作为申请日。[145]

对于用英语、法语、意大利语或者西班牙语递交的不属于申请材料的书面文件、依据《巴黎公约》提交的优先权证明以及被要求了优先权的在先申请的副本，由专利局考虑是否要求需要提交译本（《专利条例》第14条第2款、第3款，《实用新型条例》第9条第2款、第3款）。相反，对于不属于申请材料并且没有用前述语言递交的文件，就强制性地要求在1个月内补交件译本（《专利条例》第14条第4款，《实用新型条例》第9条第4款）。

如果是法律法规或者专利局要求的译本，就必须经过律师或者专利代理人公证或者由官方指定的翻译人员完成（《专利条例》第14条第1款、第5款，《实用新型条例》第9条第1款、第5款）。根据《民法典》第129条，如果翻译的是申请材料，对于官方指定的翻译人员的翻译，还必须对他的签名及其被指定的事实进行官方的公证（《专利条例》第14条第1款，《实用新型条例》第9条第1款）。

对于指定了联邦德国的国际申请以及在联邦德国转化为国内申请的欧洲专利申请，如果这些申请本来不是用德语书写的话，则必须在规定的期限内向德国专利商标局递交德语译本（《国际专利条约法》第3条第4款第2项、第6款第2项，第2条第9款第2项）。

c）保存为电子文档的书面形式

2002年7月19日（载《联邦法律公报》（BGBI）I S. 2681）在《专利

---

[145] Das gilt auch für niederdeutsche（plattdeutsche）Anmeldungsunterlagen，BGH 19. 11. 2002 Läägeunnerloage BGHZ 153，1.

法》的第125a条和第135条第1款以及《实用新型法》的第21条第1款中引入了一些相应的援引式规定。根据《专利法》第125a条，如果在专利局的程序中对申请、请求或者其他行为以及在联邦专利法院和联邦最高法院的程序中对诉讼状及其附件、当事人的请求与声明、第三人的咨询、陈述、鉴定与声明规定了书面形式要求，那么只要保存为电子文档的形式适合于专利局或者法院的处理，就符合书面形式的要求。相关人员应当根据《签章法》的规定，在电子文档上附上合格的电子签章。根据《专利法》第125a条第3款，一旦专利局或者法院指定的接收装置保存了电子文档，该电子文档就视为已递交。

在两个条例中对此有详细的规定（参见§8 I c 3）：

根据2006年9月26日的《德国专利商标局法律事务电子往来条例》第1条数字1、2，在依据《专利法》与《国际专利条约法》的申请、异议和申诉的专利程序中以及在实用新型的申请程序中，都可以递交电子文档。在这里，应当在网址（www.dpma.de）下载免费的存取和转送软件（第2条第1款）。可以根据该网页公布的数据载体类型和格式递交文档（第2条第1款）。对于专利申请，还可以使用在第2条第7款标明的、由欧洲专利局发布的软件。有关电子签章和文件格式的要求规定在第2条第4~6款。第3条规定，其他细节问题应当参照上述网页的说明。

在联邦最高法院和联邦专利法院程序中根据《专利法》和《实用新型法》的电子往来，适用2007年8月24日的《联邦最高法院/联邦专利法院法律事务电子往来条例》。可以通过网址 www.bundesgerichtshof.de/erv.html 以及 www.bundespatentgericht.de/bpatg/erv.html 标明的通信方式递交给这两个法院的电子收发处（第2条第1款），第2条第4~6款规定了往来的文件格式。法院将其他方面的要求公布在了上述网页上。

根据《专利法简化和现代化法（草案）》（参见§6 III 15），应当重新规定《专利法》第125a条。由于在专利局的程序中运用了电子的书面形式，所以第1款应当参照《民事诉讼法》第130a条进行修改。第2款则应参照《民事诉讼法》有关电子文档、电子案卷与电子诉讼管理的规定，允许联邦专利法院和联邦最高法院进行电子案件管理。

d）真实义务

在专利局、联邦专利法院和联邦最高法院的程序中，当事人必须声明完整、真实地陈述事实（《专利法》第124条，《实用新型法》第21条第1款）。也就是说——正如《民事诉讼法》第138条第1款的规定——真实义务不仅仅是针对证人和专家的。

e) 期限延误之后的恢复

1. 如果当事人因不可归责于自身的原因，不能遵守专利局[146]或者联邦专利法院的期限，且这种延误依据法律规定将直接造成法律上的不利后果[147]，那么根据《专利法》第 123 条、《实用新型法》第 21 条第 1 款，当事人可以请求恢复原状。在实践中，这种规定有着巨大的意义。有关恢复原状的问题的司法判决，尤其是有关在什么前提下延误可被视为无过错的司法判决，非常之多。总的观点是，不应过分地要求注意义务。[148]

不能恢复原状的是——因为提起无效诉讼是没有期限限制的——提起异议的期限、缴付异议费的期限、异议人对维持专利权决定提起申诉的期限以及缴付与此相关费用的期限（《专利法》第 123 条第 1 款第 2 句数字 1、2）。相反，1998 年 7 月 16 日的法律取消了不能恢复要求外国申请优先权的 12 个月期限的规定。[149]与过去一样，根据《专利法》第 40 条或者《实用新型法》第 6 条要求了国内优先权的后续申请的 12 个月期限以及根据《专利法》第 7 条第 2 款要求基于非法窃取申请的优先权的 1 个月期限（《专利法》第 123 条第 1 款第 2 句第 3 项）是不能恢复的。

2. 恢复期限的请求必须在障碍消除之后的 2 个月内以书面形式提出，并说明这种迟延是不能归责于其本人的事实（依据请求人的看法）；在请求中或者在由此而引入的程序中，应当证明这些事实（《专利法》第 123 条第 2 款第 1 句、第 2 句）。

在 2 个月的期限内应当补正延误了的行为（《专利法》第 123 条第 2 款第 3 句的第 1 半句）。

自延误的期限届满 1 年后，不得恢复。因此，就不能再提起恢复期限的请求，延误的行为也不能再补正（《专利法》第 123 条第 2 款第 4 句），也不能

---

[146]　Soweit es für die Wahrung einer Frist auf den Zugang beim DPMA ankommt, ist zu beachten, dass die 1981 abgeschlossene, 1989 geänderte Verwaltungsvereinbarung zwischen dem DPA und dem EPA, wonach beim EPA eingehende, aber für das DPA bestimmte Schriftstücke und Zahlungsmittel im Zeitpunkt ihres Eingangs beim EPA als dem DPA zugegangen gelten sollten, vom BPatG (23. 11. 2004 Irrläufer GRUR 2005, 525) als rechtswidrig angesehen wurde und der Präsident des DPMA durch Mitteilung Nr. 23/05 Bl. f. PMZ 2005, 273 = ABlEPA 2005, 444 ihre Beendigung bekanntgegeben hat.

[147]　Dies ist auch der Fall bei Versäumung der Frist für die bei Teilung einer Anmeldung vorgeschriebene Gebührenzahlung, BGH 15. 12. 1998 Mehrfachsteuersystem GRUR 1999, 574 gegen BPatG 11. 11. 1997 E 39, 98.

[148]　Umfassende Nachweise in den Kommentaren, z. B. *Schulte*, § 123 Rdnr. 73 ff., 105 ff.; *Busse/Keukenschrijver*, § 123 PatG Rdnr. 29 ff., 40 ff.; *Benkard/Schäfers*, § 123 PatG Rdnr. 15 – 45.

[149]　Dazu die Begründung, Bl. f. PMZ 1998, 393, 407 zu Nr. 31. – Die Wiedereinsetzungsmöglichkeit ist mit der PVÜ vereinbar, s. *Beier/Katzenberger*, GRUR 1990, 277 ff.

恢复该延误期内的期限。[150]

3. 如果在法定的请求恢复原状的期限内（参见第 2 点）补正了延误的行为，并且对于主管的机构（参见第 4 点）而言，有理由恢复原状的事实是明显的或者有据可查的，那么无需请求就可以恢复原状。[151]

4. 由应当决定补正行为的机关决定是否同意恢复原状（《专利法》第 123 条第 3 款）。[152]对同意恢复原状的决定是不可撤销的（《专利法》第 123 条第 4 款）。对否决恢复原状的决定的申诉是依据一般规则进行的；需要注意的是，申诉庭对恢复原状的否决并不是对申诉的判决，因此是不可上诉的（《专利法》第 100 条第 1 款）。

5. 对于因为恢复原状，使得失效的专利、实用新型、申请或者丧失的优先权重新生效的情况，《专利法》第 123 条第 5 ~ 7 条赋予了善意取得人一种继续使用权（参见§34 Ⅲ）。

6. 对于联邦最高法院的上诉程序中的恢复原状，相应地适用《民事诉讼法》第 233 ~ 238 条，《专利法》第 123 条第 5 ~ 7 款在这里也可以适用（《专利法》第 106 条第 1 款）。尽管在《专利法》第 106 条中没有明显的援引式规定，上述规则也同样适用于不服联邦专利法院无效庭判决的上诉程序中的恢复原状。[153]

f）申请的继续受理

根据新引入的《专利法》第 123a 条（《实用新型法》第 21 条第 1 款参照了该条），可以对因延误了专利局规定的期限而被驳回的申请予以继续受理：[154]如果申请人在驳回决定送达 1 个月的——不可恢复的——期限内请求继

---

[150] BPatG 21. 3. 1994 E 34, 195.

[151] *Schulte*, §123 Rdnr. 17 f. m. Nachw.

[152] Für die Wiedereinsetzung in die Frist zur Zahlung einer Jahresgebühr ist das PA auch dann zuständig, wenn bezüglich der Anmeldung oder des Patents ein Beschwerdeverfahren anhängig ist; so zutreffend *Hövelmann*, Mitt 1997, 237 ff. – Wenn die Anmeldung im Beschwerdeverfahren geteilt wird, ist für die Wiedereinsetzung in die Frist zur Zahlung der nach §39 Abs. 2 PatG erforderlichen Gebühren das BPatG zuständig, BGH 15. 12. 1998（FN 147）.

[153] *Busse/Keukenschrijver*, vor §110 PatG Rdnr. 27；*Schulte*, §110 Rdnr. 20；*Benkard/Rogge*, §110 PatG Rdnr. 6. – Der im Gesetzgebungsverfahren zum 2. PatGÄndG vom 16. 7. 1998 gemachte Vorschlag, in §121 PatG ausdrücklich auf §§233 – 238 ZPO zu verweisen（s. Bl. f. PMZ 1998, 415 f.），ist nicht verwirklicht worden. Daraus wird nicht zu folgern sein, daß die Wiedereinsetzung in die Berufungsfrist ausgeschlossen werden sollte, sondern daß die Anwendbarkeit der genannten Vorschriften als selbstverständlich und deshalb eine ausdrückliche Verweisung als entbehrlich erachtet wurde.

[154] Die Regelung geht auf das „Kostenbereinigungsgesetz" vom 13. 12. 2001 zurück, ist aber erst seit 1. 1. 2005 in Kraft；vgl. die Mitteilung des Präsidenten des DPMA vom 8. 12. 2004 Bl. f. PMZ 2005, 1.

续受理、补正了延误的行为并交付了 100 欧元 (《专利费用法》第 6 条), 那么无需明确撤销驳回的决定, 该驳回的决定就失效了。

g) 费用的裁定

如果在程序中对立的当事人对有关费用意见不一致, 在《专利法》和《实用新型法》中还有专利局、联邦专利法院和联邦最高法院对费用裁定的规定。

专利局和联邦专利法院可以对异议程序中的费用在异议人和专利权人之间进行公平合理的分配, 并让一个当事人返还另一个当事人费用 (《专利法》第 62 条、第 61 条第 2 款第 3 句)。在实用新型的注销程序中, 专利局必须相应地适用异议和无效程序中的规定来决定, 各当事人应当承担多少份额的费用 (《实用新型法》第 17 条第 4 款,《专利法》第 62 条第 2 款、第 84 条第 2 款第 2 句、第 3 句)。

若有多方当事人参加申诉程序, 在符合公平原则的前提下, 专利法院可以决定由一方当事人负担全部或者部分程序费用, 并因此命令一方当事人返还另一方当事人支付的费用 (《专利法》第 80 条)。在联邦最高法院的上诉程序中, 对于不成功的上诉, 由上诉人承担费用; 如果有多方当事人参与, 只要符合公平原则, 联邦最高法院可以决定由一方当事人完全或者部分负担费用 (《专利法》第 109 条)。

在无效庭的判决中, 可以相应地适用《民事诉讼法》对费用的规定进行裁定, 但只要符合公平原则, 也可以偏离这些规定 (《专利法》第 84 条第 2 款)。这些规则同样适用于联邦最高法院上诉程序中的判决 (《专利法》第 121 条第 2 款)。

h) 费用的减免[155]

1. 在专利局、联邦专利法院和联邦最高法院的程序中, 如果当事人提起请求, 就可以根据《专利法》第 129 ~ 138 条规定的标准获得程序费用的减免。费用减免的规定也可以相应地适用于实用新型事务 (《实用新型法》第 21 条第 2 款)[156], 并参照《民事诉讼法》有关诉讼费用减免的规定予以补充。

有关诉讼费用减免的规定自 1981 年 1 月 1 日起生效, 取代了以前有关贫困者权利的法律的规定。诉讼费用减免的主要目的, 是要减轻经济上处于弱势

---

〔155〕 Vgl. *Kelbel*, Verfahrenskostenhilfe im Patenterteilungsverfahren, GRUR 1981, 5 – 15.

〔156〕 Für die gebrauchsmusterrechtliche Recherchengebühr kann – anders als für die patentrechtliche – keine VKH gewährt werden, BPatG 6. 12. 2000 Verfahrenskostenhilfe für Gebrauchsmusterrecherche Bl. f. PMZ 2002, 208.

的发明人获得专利或者实用新型保护的负担。

2002 年 1 月 1 日之后，申请人、专利或者实用新型的权利人，还可以对《专利法》第 17 条第 1 款或者《实用新型法》第 23 条第 2 款规定应当缴付的年费和维持费请求费用减免（《专利法》第 130 条第 1 款第 2 句，《实用新型法》第 21 条第 2 款）。此前《专利法》第 17 条、第 18 条以及《实用新型法》第 23 条中有关年费和维持费减免的复杂规定被取消了。因此，费用减免现在也是有需求的申请人与保护权权利人减免年费和实用新型维持费的唯一途径。

不受诉讼费用减免规则影响的是《专利法》第 144 条和《实用新型法》第 26 条的诉讼标的限缩，在联邦专利法院的无效和强制许可程序中以及在联邦最高法院的上诉程序中也有这种规定（《专利费用法》第 2 条第 2 款第 5 句，《专利法》第 102 条第 2 款、第 121 条第 1 款，《实用新型法》第 18 条第 5 款第 2 句）。

2. 如果获得了诉讼费用减免，那么就不能依据《民事诉讼法》第 122 条第 1 款要求当事人缴付费用，对于诉讼费用减免的费用，并不产生不缴付费用的法律后果（《专利法》第 130 条第 2 款）。若诉讼费用减免的申请是在缴纳费用的法定期限届满前递交的，那么这种申请这时就已经产生了效力：在对诉讼费用减免的申请作出的裁定送达后 1 个月，该期限才终止。在《专利法》第 133 条的前提条件下，可以给获得诉讼费用减免的当事人指派其选定的专利代理人或者律师。

3. 批准诉讼费用减免的一般条件首先是：由于当事人的人身和经济情况，他不能、只能部分或者以分期付款的方式承担诉讼费用（《民事诉讼法》第 114 ~ 116 条）。若是多人共同申请专利或者实用新型，必须是所有申请人都符合这种规定，才可以获得诉讼费用减免；若专利或实用新型的申请不是发明人或者其整体权利继受人递交的，只有发明人也符合这种规定的条件，申请人才可以获得费用减免（《专利法》第 130 条第 3 款、第 4 款）；只有这样才不至于使经济上有能力的人不公正地也获得诉讼费用的减免。这一规则相应地适用于专利权人对其年费或者实用新型权利人对其维持费请求的费用减免。

在异议或者无效程序中专利权人请求诉讼费用减免，或者在注销程序中实用新型权利人请求诉讼费用减免，根据《专利法》第 132 条第 1 款第 1 句、第 2 款及第 130 条第 4 款，如果请求诉讼费用减免的人不是他们的整体权利继受人，那么也要看发明人的经济能力。由于第 132 条并没有规定要参照第 130 条第 3 款，因此，如果有多个权利人，只有其中某个满足了有关经济能力的前提条件，而其他人并不满足，那么是否满足了该条件的权利人可以获得诉讼费用减免，就存在争议了。[157]

此外，批准诉讼费用减免的基本原则是，试图获得的权利或者防御的权利要有充分的获得成功的前景，并且不是恶意的（《民事诉讼法》第 114 条第 1 款第 1 句）。因此，如果是专利申请人请求费用减免，那么就需要有授予专利的足够的前景（《专利法》第 130 条第 1 款）。[158]在异议程序中则相反，对于专利权人提起的请求，并不审查其要争辩的权利是否有足够获得成功的前景（《专利法》第 132 条第 1 款第 2 句）。而在实用新型的注销程序中，由于对实用新型并不进行全面的预先审查，因此还不能相应地适用这条规则，对于实用新型权利人请求的费用减免还是要看其要争辩的权利获得成功的前景。在实用新型的登记程序中，只有当申请的客体的类型根本不可能获得实用新型保护的时候，才能认为是没有获得足够登记的成功前景。不过，由于登记实用新型所需的费用较少，因此在这一过程中很少有满足《民事诉讼法》第 114~116 条的情况。如果是对驳回申请的申诉，就需要重新请求诉讼费用减免，还比必须对申诉成功的前景进行审查。

异议人、参与异议的第三人、无效或者强制许可程序的当事人以及请求了检索或者审查的第三人，只有当他们能证明他们的参与有其自己值得保户的利益的时候，才可以获得诉讼费用减免[159]（《专利法》第 132 条第 2 款、第 130 条第 6 款）。这样规定的目的，是要阻止那些根据其自身经济情况有可能获得诉讼费用减免的人，充当对此有更多利益的人的代理人。因此，这个规则也必须相应地适用于实用新型注销程序中的请求人。

对于法人或者具有当事人能力的协会，如果诉讼费用既不能由法人或者协会又不能由与诉讼标的具有经济关系的参与人承担，而且如果不争取或者不争辩权利将有悖于公共利益，那么这时法人或者协会才可以根据《专利法》第 130 条第 1 款、《民事诉讼法》第 116 条第 1 款第 2 项获得诉讼费用

〔157〕 Bejahend *Schulte*，§ 132 Rdnr. 5；*Busse/Baumgärtner*，§ 132 Rdnr. 5；verneinend *Benkard/Schäfers*，§ 132 Rdnr. 2，8.

〔158〕 BPatG 17. 2. 2000 Differenzgetriebemaschine E 43，20；20. 11. 2000 Nagelschneidezange E 43，185. – Zur Frage，unter welchen Voraussetzungen Mutwilligkeit mit dem Fehlen von Verwertungsaussichten begründet werden kann，BPatG 18. 12. 1997 Gitarrenbauer GRUR 1998，42；16. 12. 1999 Kreativer Enthusiast E 42，178；20. 12. 1999 Verfahrenskostenhilfe E 42，180；6. 2. 2003 Bl. f. PMZ 2003，428；*Winterfeldt/Engels*，GRUR 2007，537，544；*Winterfeldt*，GRUR 2006，441，458.

〔159〕 Zu den Voraussetzungen hierfür BPatG 30. 3. 2006 Verfahrenskostenhilfe für Einsprechenden Bl. f. PMZ 2006，417；ideelles Interesse genügt nicht；vgl. auch *Winterfeldt*，VPP – Rundbrief 2007，74，81 f.

的减免。[160]

4. 在哪些将要进行的程序或者未决的程序中请求了诉讼费用减免，就在哪些程序中递交诉讼费用减免的申请并对此作出裁定（《专利法》第135条第1款、第2款，第138条第2款）。但是对于专利局的程序，则始终是由专利局的专利部决定专利事务程序的费用减免（《专利法》第27条第1款第2项）。尽管没有明显的规定，实用新型部相应地也被认为总是负责实用新型事务中的程序费用减免。对于专利授予或者实用新型登记、专利的异议或者实用新型的注销、申诉、上诉、无效及无效上诉程序中的程序费用减免每次都必须分别提出，必要时还必须重新请求与重新获得批准。

根据《专利法》第135条第3款，批准或者拒绝诉讼费用减免或者指派律师的裁定原则上是不可撤销的。不过，根据《专利法》第73条，不服专利部的决定是可以申诉的[161]。在这种情况中，也是不能提起法律上诉的。在实用新型事务中，不服实用新型部的决定，也必须相应地适用这一规则。对于联邦专利法院批准的受益人无须承担交付义务的诉讼费用减免的裁定，联邦收费处可以立即向联邦最高法院提起申诉（《专利法》第135条第3款第3句以及《民事诉讼法》第127条第3款）。

5. 如果由于利用了在取得保护时获得了费用减免的发明，受益人的经济状况得到了改善，那么就可以取消费用减免。因此，受益人有义务通报任何经济上利用发明的情况（《专利法》第137条）。

V. 专利局的登记和公开、查阅案卷

所有对利用发明有兴趣的人，都要考虑专利和实用新型的效力。因此，任何人都希望能够得到可靠的信息，哪些客体获得了保护。由于在大多数情况中授予专利的程序都极其漫长，为了避免对他人已做出的和已申请的创新进行不经济的投资，于是人们还希望，尽早地公开专利申请并动态掌握申请程序的进展。最后，专利制度的基本目的就是，公布专利申请、专利和实用新型的客体以便专业人员获得尽可能全面的有关新技术解决方案的知识，从而激发他们开

---

〔160〕 BPatG 16. 7. 2003 Nagelfeile Bl. f. PMZ 2004, 58 und BGH 27. 6. 2004 Verfahrenskostenhilfe für juristische Person Mitt. 2005, 165 verneinen dies für die Nichtigkeitsklage einer GmbH, weil kein über das Interesse an der Beseitigung für schutzunwürdige Erfindungen erteilter Patente hinausgehendes konkretes Allgemeininteresse dargetan war. Vgl. auch *Benkard/Schäfers*, § 132 Rdnr. 8 b.

〔161〕 VKH für diese Beschwerde kann nicht gewährt werden, BPatG 4. 12. 2000 Luftfilter E 43, 187. Sie ist jedoch nach Nr. 401 300 des Gebührenverzeichnisses zum PatKostG gebührenfrei; ebenso bereits BPatG 26. 9. 2002 Gebührenfreie Verfahrenskostenhilfebeschwerde E 46, 38. BPatG 1. 7. 2003 E 47, 120 ist insoweit, BPatG 18. 12. 2002 wartungsfreies Gerät E 46, 192 ganz überholt.

发更先进或者其他的技术解决方案。要实现上述目的就要——当然重要性是不一样的——在登记簿上登记、公布专利申请公开说明书和专利说明书、专利公报以及设置查阅专利和法院案卷的权利。

a）专利登记簿上的登记

1. 依据《专利法》第 30 条第 1 款第 1 句，专利局负责管理专利登记簿[162]，登记公布了的专利申请、已授予的专利和补充保护证书的名称、申请人或者专利权人的姓名和住所以及其可能根据《专利法》第 25 条聘请的代理人或者送达代理人（参见本节Ⅳ a 1）。此外，根据《专利法》第 30 条第 1 款第 2 句，专利登记簿还应记载专利期限的开始、届满、终止、限制令、撤销、无效宣告、补充保护证书以及提起异议和无效诉讼的情况。专利局局长可以规定记载在专利登记簿的其他事项（《专利法》第 30 条第 2 款）。[163]

专利登记簿上还应记载发明人的姓名（除非发明人请求不署名）（《专利法》第 63 条第 1 款）以及许可准备声明（《专利法》第 23 条第 1 款第 3 句）。

对联邦德国授予的欧洲专利将登记在德国专利商标局的专利登记簿上，在登记簿上还要公布依据《国际专利条约法》第 2 条第 3 款所递交的译本。

2. 根据《专利法》第 30 条第 3 款第 1 句，经向专利局提供证明，专利局应当在专利登记簿内记载申请人、专利权人、国内代理人和送达全权代理人的姓名或住所变更的事项。[164]但必须注意的是，这里的登记是以提出请求为前提条件的。[165]为了给予合法听审的机会，权利继受人的变更请求应当送达给已登记的专利权人；对于专利局的变更通知是可以提起申诉的。[166]如果没有给予合法听审机会，由此又产生了变更的错误，专利局才可以依职权撤销变更的错误。[167]在这种情况中的"撤销"只是登记正确的内容，也就是说没有溯及力。[168]只有改正明显的错误，才可以有溯及力。[169]

[162]　So die Bezeichnung seit dem Gesetz vom 13. 12. 2001；vorher：„Rolle".

[163]　Vgl. die Übersichten bei *Benkard/Schäfers*，§ 30 PatG Rdnr. 5；*Schulte*，§ 30 Rdnr. 16；*Busse/Schwendy*，§ 30 PatG Rdnr. 23.

[164]　Zu den erforderlichen Nachweisen in den einzelnen Fällen eingehend die Umschreibungsrichtlinien；ab 1. 1. 2002 anzuwendende Fassung in Bl. f. PMZ 2002，11.

[165]　*Schulte*，§ 30 Rdnr. 25. Seit 1. 1. 2002 ist der Antrag auch im Fall von Änderungen in der Person des Anmelders oder Patentinhabers nicht mehr gebührenpflichtig.

[166]　BPatG 10. 5. 1999 Umschreibung/Rechtliches Gehör E 41，150；6. 10. 2005 Umschreibung/Rechtliches Gehör Ⅱ Bl. f. PMZ 2006，67.

[167]　BPatG 10. 5. 1999 und 6. 10. 2005（FN 166）；2. 8. 1999 Rückgängigmachung einer Umschreibung E 41，192；vgl. auch BPatG 28. 10. 1997 Umwandlung eines Wirtschaftspatents GRUR 1998，662.

[168]　BPatG 16. 6. 2006 Mischvorrichtung Bl. f. PMZ 2006，376（Nr. Ⅱ B 2）.

[169]　BPatG aaO（Nr. Ⅱ B 1）.

对于授予专利请求权人或者专利权人以及国内代理人的代理权限或者送达全权代理人的变更登记，只有宣示效力，对于权利转让或者授权的效力不是必要的。善意第三人必须忍受没有登记的权利转让和没有登记的代理权的注销。对于权利人、代理人或者全权送达代理人身份变更的错误登记是没有效力的，并不能成为善意第三人获得权利的依据。

3. 但是，变更登记所显示的合法证明作用对于专利局和法院间的往来又是必要的：[170] 只要申请人、专利权人、代理人或者全权送达代理人的身份变更未被登记，原申请人、专利权利人或者其代理人和送达全权代表仍依据《专利法》的规定享有权利并履行义务（《专利法》第30条第3款第2句）。

未获得合法证明的权利继承人并不是授予专利或者异议程序的当事人，他不能提起申诉。凡涉及已授予了的专利的请求（比如，有关年费或者限制的请求）或者声明（比如，有关放弃或者许可准备的声明），如果不是由登记的专利权人或者申请人提出的，将被视为不准许的。如果国内代理人或者全权送达代理人不是登记的代理人或者全权送达代理人，那么他们就不能进行有法律效力的行为。

如果无权的权利人曾经是真正的申请人、专利权人、代理人或者全权送达代理人，那么登记对其才有证明合法的作用。一开始——尤其是没有经过有效的权利转让或者授权就是错误的登记，既不能在法院，也不能在专利局证明其是合法的。

如果要终止聘任国内代理人的法律行为（比如，通过解除合同关系），还要注意自2002年1月1日起生效的《专利法》第25条第4款：在向专利局或者联邦专利法院告知代理的终止和另行聘任的代理人之后，代理的终止才会产生效力。

但是，根据《专利法》第30条第3款第2句（原第3句），没有登记的代理终止以及没有登记的可能的新代理人并不影响迄今为止的原代理享有的权利和承担的义务。[171] 而且，变更登记的前提条件是，要向专利局证明并告知所发生的变更。因此人们就要问，第25条第4款的意义到底在哪里。从字面上来看其后果可能是，在告知聘任新的代理人之后原代理迄今为止的代理权限就终止了，但新的代理人如果不登记就还不能证明其是合法的。而这正是应当避

---

〔170〕 Vgl. RG 30. 11. 1907 RGZ 67, 176, 180 f.；18. 4. 1936 RGZ 151, 129, 135. – Bei *europäischen* Patenten ist für die Legitimation gegenüber dem DPMA und den *deutschen* Gerichten allein das deutsche Register maßgebend, BPatG 7. 7. 1986 E 29, 5；26. 6. 1991 E 32, 204.

〔171〕 *Schulte*, §30 Rdnr. 33；Busse/Schwendy, §25 PatG Rdnr. 34；*Benkard/Schäfers*, §30 PatG Rdnr. 20.

免的情况。[172]因此，我们必须接受的是，第 25 条第 4 款为终止代理权的实质上的生效设置了前提条件。要满足这一前提条件，仅递交变更登记的材料是不够的，而只有每次在程序中[173]都告知新的代理人才能满足该条件。但《专利法》第 30 条第 3 款第 2 句仍具有关键性的作用：迄今为止的代理人在程序法上的合法性，只是在代理的终止——由于《专利法》第 25 条第 4 款还强制性的要求新的代理人——登记之后，才会终止。[174]

正如《专利法》第 81 条第 1 款第 2 句明显规定的，无效诉讼应当针对专利登记簿上登记的专利权人提起。[175]如果权利继承人没有在登记簿上登记，他就没有实施诉讼行为的权限，针对他所提起的无效诉讼是不准许的，将被驳回。[176]即使在转让专利权的诉讼中，根据联邦最高法院的观点，也只有在登记簿上还登记在册的原专利权人（或者授予专利请求权人），才是正确的被告。[177]但是，要满足转让请求权，却不是原专利权人，而是准备转让权利的真正权利人，才能够做到。登记为专利权或者申请人的人充其量可以帮助原告在登记簿上登记为专利权人或者申请人。如果变更登记是在诉讼未决状态后发生的，联邦最高法院[178]类推适用了《民事诉讼法》第 265 条第 2 款及第 325 条第 1 款。由此，在提起转让诉讼时仍登记在册的前手权利人保留了诉讼行为实施权，对他作出的判决具有对其权利继受人的法律效力。即使变更登记是在诉讼结束之后，且产生了正式的法律效力之后才发生的，从逻辑上来看，也必须认为，对提起诉讼时仍登记在册的前手权利人的判决，对变更后的权利继受人是有法律效力的。

此外，在侵权诉讼中，根据普遍的观点，如果权利继承人不是针对仍登记在册的前手权利人本身提起诉讼，那他也必须在登记簿上登记才能证明其是合法的。[179]

---

〔172〕 Vgl. die Begründung, Bl. f. PMZ 2002, 53l. , 58 r. Es scheint, daß hauptsächlich das Fehlen einer dem § 30 Abs. 3 Satz 2 PatG entsprechenden Bestimmung im MarkenG zur Einfügung des dortigen § 96 Abs. 4 Anlaß gegeben hat, mit dem § 25 Abs. 4 PatG übereinstimmt.

〔173〕 Dafür spricht auch, daß in der Begründung (aaO 58 r.) als Vorbild § 87 ZPO genannt wird.

〔174〕 Vor Einführung des § 25 Abs. 4 PatG hat das BPatG (28. 9. 1993 Bl. f. PMZ 1994, 292) entschieden, daß nach Anzeige einer Mandatsniederlegung das PA an den noch eingetragenen Vertreter oder an den Beteiligten, der noch keinen neuen Vertreter bestellt hat, zustellen kann, wobei es nach Zweckmäßigkeit zu wählen hat. Die neue Vorschrift dürfte einer solchen Handhabung nicht entgegenstehen.

〔175〕 Auch für Nichtigkeitsklagen gegen europäische Patente ist allein die Eintragung im *deutschen* Register maßgebend, BPatG 26. 6. 1991 E 32, 204.

〔176〕 BGH 16. 7. 1965 Patentrolleneintrag GRUR 1966, 107; 14. 6. 1966 Gasheizplatte GRUR 1967, 56.

〔177〕 BGH 24. 10. 1978 Aufwärmvorrichtung BGHZ 72, 236, 240.

〔178〕 AaO 242; ebenso BPatG 14. 11. 1990 E 33, 1; 13. 2. 2001 Künstliche Atmosphäre E 44, 47.

〔179〕 RG 6. 6. 1934 RGZ 144, 389; Näheres unten § 36 Ⅱ 2.

认为只有登记的申请人或者专利权人才有实施诉讼行为的权限的观点，在无效程序和民事诉讼中受到了匹茨克（*Pietzcke*）的批评[180]。匹茨克认为，除了登记在册的人之外，还应当将其权利继受人作为被请求无效宣告或者被主张的权利的真实权利人，赋予其实施诉讼行为的权限。

根据劳赫（*Rauch*）的看法[181]，《专利法》第30条第3款的原文并不排除将新的权利人在其登记之前就可以视为合法的。该条的规定只是说，在变更登记之前，不仅仅只是权利继受人，仍登记在册的前手权利人也享有权利并承担义务。由此，匹茨克的观点就将扩大到所有需要证明其合法性的程序。但是，劳赫却从应然法上推荐了一种像《商标法》第28条第2款的规定，即只有当变更登记请求送达专利局之后，才能证明权利继受人是合法的。

通过类推适用《商标法》第28条第2款，最迟至提起申诉的时候提出了符合规定的变更登记请求，联邦专利法院就已赋予了还没有登记的权利继受人申诉的权限。[182]对于只有登记在册的人才有实施程序行为的权限的提示（从原第30条第3款第3句（现第2句）是得不出这种提示的）的理由似乎是，如果提出了变更登记请求，但变更登记还没有完成的时候，登记在册的人却还保留在登记簿上。联邦专利法院在后来的一个判决中[183]得出了同样的结果，其理由是，应当这样来解释《专利法》第74条第1款：在转让专利或者专利申请的法律行为完成之后，迄今为止并未参与程序的权利继受人作为"程序参与人"，只要其向专利局提起了满足《德国专利商标局条例》第28条要求的变更登记请求，就应当拥有申诉权限。而且，联邦专利法院的其他庭早在权利继受人提起变更登记请求之前，就已经将其看作有权提起申诉的了。[184]

普遍看法也支持上述观点，认为《专利法》第30条第3款第2句的根本意义和目的首先只能是，避免使专利局和法院审查有悖于登记内容的证据并由此产生对程序行为有效性的怀疑，其次才是要促使及时地登记变更事宜。采用《商标法》规定的优点是，从提交变更登记请求直至登记完成的程序过程不会

---

〔180〕 Zur rechtlichen Bedeutung der patentamtlichen Rollen für die gewerblichen Schutzrechte, GRUR 1973, 561–571, 565 ff.

〔181〕 Legitimiert nach zweierlei Maß – Ein Beitrag zur Konsistenz des gewerblichen Rechtsschutzes, GRUR 2001, 588–595.

〔182〕 17. 7. 2001 Rechtsnachfolge und Beschwerdeberechtigung GRUR 2002, 234（Abweichung von BPatG 4. 8. 1983 GRUR 1984, 40）.

〔183〕 BPatG 27. 1. 2005 Beleuchtungseinheit GRUR 2006, 524.

〔184〕 BPatG 12. 12. 2005 Beschwerderecht des neuen Rechtsinhabers Bl. f. PMZ 2006, 287.

成为新权利人的负担。但缺点是，在这一期间，在不同的程序中就可能要审查不是（仍）登记在册的人所主张的权利地位。

4. 不再是合法的权利人在程序法上却是合法的，这就使得其有可能实施对授予专利或专利造成损害或者限制后果的程序行为，比如，撤回申请，根据《专利法》第64条提起限制的请求，以及在授予、异议、无效、强制许可或者侵权程序中的行为。申请人或者专利权人必须接受由这些行为或者决定所产生的效力。

而且，罗格（*Rogge*）[185]还认为，根据《专利法》第30条第3款第2句（原第3句）的条文，仍登记在册的原权利人接受损害赔偿和补偿，按照《专利法》的规定就必定是合法的。这种假定既没有道理，又无必要。根据《民法典》第413条，通过相应的适用《民法典》第407条，可以得出，应当给予不知道没有登记的权利移转的第三人以必要的保护。第三人已知的原权利人是否登记，都不影响这种保护。难以让人接受的是，《专利法》第30条第3款第2句一方面将这种保护限制在原权利人登记的情况，而另一方面又将这种保护扩大到第三人知道权利移转的情况。[186]

如果知道登记在册的人并非权利人的，那么只有当第三人获得了不利于真正权利人的相应裁定的时候，他才不受真正权利人的约束。这种免予约束的效力是程序法上合法性的结果。如果第三人向未登记的真正权利人进行了给付，他就可以对抗非权利人由此而提出的要求撤销合同的诉讼。

罗格也认为，《专利法》第30条第3款第2句可能得出转让专利、授予许可和其他权利等实体法上的结果。由于《专利法》第15条是这种法律行为的基础，因此，这也是权利人"依照本法"实施的合法行为。任何人都不能转让多于其本身所拥有的权利这句话，并不适合这里，因为有了《专利法》第30条第3款第2句，就可以对他人的权利进行有约束力的处分。这与对专利登记簿的善意保护或者公共信任是没有多大关系的，普遍认为这并不取决于《专利法》第30条第3款第2句范围内的善意或者恶意。

认为第三人甚至在知悉发生权利移转时都必须将登记在册的人视为权利人的观点，只有在登记是权利移转生效的前提条件的情况下，才是站得住脚的。但是与大多数人一样，罗格不同意这种观点。相反，他认为，对于此前已经有

---

〔185〕 Die Legitimation des scheinbaren Patentinhabers nach §30 Abs. 3 Satz 3 PatG, GRUR 1985, 734 – 739.

〔186〕 Ist der vom Eingetragenen in Anspruch genommene Dritte über dessen Berechtigung im Zweifel, so kann er sich durch Hinterlegung befreien（§§372 ff. , 378 BGB；vgl. auch §75 ZPO）.

效转让给他人权利的处分人，应当赋予他们处分权限[187]，这只是信赖保护的流出。到底是什么理由使得《专利法》第 30 条第 3 款第 2 句在第三人知悉处分人没有了权利的情况下还赋予这样的权限，不得而知。其理由可能是，如果第三人不知道，无权权利人的处分就被视为有效的。但是，普遍的观点（罗格似乎也持这种观点）却否认这种规定具有信赖保护的性质。

由此可见，可以断言的是《专利法》第 30 条第 3 款第 2 句没有实体法上的意义。

5. 根据《专利法》第 30 条第 4 款，如果专利权人或者被许可人提出请求，在向专利局提供对方同意的证明并支付申请费（现在是 25 欧元）之后（《专利费用法》第 5 条），专利局将把授予的独占许可登记在登记簿上。在请求中应当写明被许可人，但并不登记在登记簿上。

请求登记独占许可的目的是保护被许可人不受《专利法》第 23 条的当然许可声明的约束，因为当然许可声明将会影响授予给被许可人许可的独占性。如果已经向专利局请求登记独占许可，就不允许作出当然许可的声明（《专利法》第 23 条第 2 款）。相反，如果以前已作出了当然许可声明，就不允许登记独占许可（《专利法》第 30 条第 4 款第 2 句）。但是，"准许"作出声明或者请求登记还并非意味着，这种声明或者独占许可就有了实质上的效力（参见§34 Ⅰ 4）。

6. 专利登记簿是电子形式的数据存储器，任何人都可以自由查阅（《专利法》第 31 条第 1 款第 2 句）。可以使用数据阅读器和自动的远程传输设备（在线）进行免费的查阅。如果缴付了费用，还可以获得登记的摘录并可以将登记簿上的数据存储在数据载体上。[188]

由于可以自由查阅登记簿，因此将不登记《专利法》第 50 条规定的为了国家安全需要保密的申请和专利。如果需要保密的申请授予了专利，该专利将被登记在特别的登记簿上，只有在满足严格前提条件下才可以查阅它（《专利法》第 54 条、第 31 条第 5 款第 1 句；参见本节 Ⅴ d 3）。

---

[187] Unter den Regelungen, die *Rogge* (FN 185) 738l. als Gewährung solcher Verfügungsbefugnisse versteht, sind nur § § 407, 408 BGB wirklich einschlägig; insoweit geht es um Vertrauensschutz. Der außerdem genannte § 406 BGB bedeutet, daß der Grundsatz des § 404 BGB auf eine bei der Abtretung bestehende oder zu erwartende Aufrechnungslage erstreckt wird. Im übrigen geht es um Vollmachten, sonstige Ermächtigungen oder Erklärungen, denen das Gesetz Ermächtigungswirkung beilegt. Aus der Regelung solcher Fälle ist für § 30 Abs. 3 Satz 2 PatG, zu dessen Tatbestand keine Erklärung des wahren Berechtigten gehört, nichts zu gewinnen.

[188] *Busse/Schwendy*, § 30 PatG Rdnr. 28, § 31 PatG Rdnr. 87; *Benkard/Schäfers*, § 30 PatG Rdnr. 23.

b）实用新型登记簿上的登记

1. 如果实用新型申请满足了预先审查的要求，专利局就要在实用新型登记簿上登记申请的时间、申请人的姓名和居所以及其可能根据《实用新型法》第28条聘请的国内代理人或者全权送达代理人（《实用新型法》第8条第1款第1句、第2款）。这种登记对于这种保护权的产生是必要的。

除了法律规定的内容之外，还有许多其他有关实用新型的信息也登记在登记簿上[189]，尤其是保护时间段期末的权利维持、实用新型的终止和注销。但是独占许可是不登记的，这是因为涉及实用新型的当然许可声明是不可能的（参见本节 V a 5）。

2. 与《专利法》第30条第3款一样（参见本节 V a 2，3），《实用新型法》第8条第4款规定了对实用新型权利人、代理人或者全权送达代理人身份变更的登记（参见本节 V a 2，3）。[190]

与《专利法》第25条第4款一样（参见本节 V a 3），《实用新型法》第28条第4款对聘请的国内代理人的法律行为的终止进行了规定。

3. 与专利登记簿一样，实用新型登记簿也是电子形式的，任何人可以自由查阅（《实用新型法》第8条第5款第1句），也有相应于查阅专利登记簿那样的查阅方式（参见本节 V a 6）。

为了国家安全的利益需要保密的实用新型将登记在特别的登记簿上（《实用新型法》第9条），只能在满足严格的前提条件下才能查阅它（《实用新型法》第9条第2款，《专利法》第54条、第31条第5款）。

c）公布

1. 专利局将公布公开的说明书、专利说明书和专利公报（《专利法》第32条第1款）。自2004年年初以来，这种公布完全是电子形式的（《德国专利代理人通讯》2003年第11期和第15期，《专利、外观设计与标识公报》2003年第353期、第354期）。

2. 公开说明书（《专利法》第32条第1款第1项、第2款）包含以最初递交的形式或者为公布而经专利局允许修改过的专利权利要求书、发明说明书以及根据《专利法》第31条第2款和第32条第5款应当公开的申请中的附图（参见本节 V d 1 和 § 25 A Ⅲ），如果及时递交了摘要，公开说明书还应包括摘要。

---

〔189〕 S. *Bühring*，§ 8 Rdnr. 50；Loth，§ 8 Rdnr. 40 ff. ；*Busse/Keukenschrijver*，§ 8 GebrMG Rdnr. 20；*Busse/Schuster*，§ 23 GebrMG Rdnr. 42 f.

〔190〕 Nimmt der eingetragene Gebrauchsmusterinhaber durch Erklärung gegenüber dem PA die von ihm erteilte Umschreibungsbewilligung zurück，darf dieses die Umschreibung nicht vornehmen，weil der erforderliche Nachweis der Änderung nicht erbracht ist；BPatG 7. 3. 2002 E 46，42.

专利说明书（《专利法》第32条第1款第2项、第3款）应当包括授予专利所依据的权利要求书、说明书与附图并说明专利局在评价该发明的可专利性时参考的公开出版物。若在公开说明书中未公布摘要，则应当将其纳入专利说明书内。

如果公开说明书与专利说明书是在2003年底之前公布的，那么就可以在德国专利商标局（耶拿办事处）获取这些说明书。[191]在慕尼黑的德国专利商标局的检索大厅、德国专利商标局的柏林技术信息中心以及各地的专利信息中心可以查阅这些文献（参见§9Ⅰa2）。如果是2004年以后公布的，就只能在德国专利商标局的网站中德国专利商标局出版物栏目（http：//publikationen.dpma.de）中获取。

3. 如果公布指定了联邦德国的欧洲专利申请，那么对公布申请所给予的临时保护，还取决于权利要求的德语译本的公布。在向德国专利商标局提出请求并缴付费用之后，就可以公布该权利要求的译本（《国际专利条约法》第2条第1款第2项与第2款）。根据《国际专利条约法》第2条第3款递交的欧洲专利译本，在缴付费用之后则由德国专利商标局依职权主动公布。

对于国际局没有用德语公布的指定了联邦德国的国际专利申请，德国专利商标局则依职权公布转交给它的整个申请的德语译本（《国际专利条约法》第3条第8款第2项）。

4. 专利公报（《专利法》第32条第1款第3项、第5款）定期出版有关专利登记簿登记内容（参见本节Ⅴa1，2）以及期限届满的专利、独占许可登记与注销的概要（《专利法》第32条第5款）。

专利公报除了公布规定的登记簿上登记的内容之外，还应公布：查阅已公开的专利申请案卷可能性的提示（《专利法》第32条第5款）；授予的专利权（《专利法》第58条第1款）；检索和审查请求（《专利法》第43条第3款第1句、第7款，第44条第3款第2句、第4句）；异议、限制或者撤销程序某些结果的提示（《专利法》第61条第3款、第4款；第64条第3款）；根据《工业保护权延期法》第7条第2款、第8条第2款及第3款的提示。

在专利公报中还公布：[192]

——已递交的指定了联邦德国的欧洲专利申请以及为此而授予欧洲专利的提示；

——由国际局用德语公布的指定联邦德国的国际专利申请以及转送给德国

---

[191] Über die Bezugsbedingungen informiert ein beim DPMA unentgeltlich erhältliches Merkblatt.

[192] Mitteilung Nr. 12/03 Bl. f. PMZ 2003，353；*Schulte*，§32 Rdnr. 26.

专利商标局的其他语言的国际申请的德语译本的提示。

5. 对于在实用新型登记簿上登记的内容（参见本节 Ⅴ b），同样要在专利公报上定期公布摘要（《实用新型法》第 8 条第 3 款），2004 年 1 月 1 日之后，这也只有电子形式（《实用新型法》第 8 条第 3 款）。法律没有规定要出版实用新型说明书，但是，专利局却通过网站中德国专利商标局出版物栏目将登记的实用新型材料作为"实用新型说明书"（参见第 2 点）予以公布，[193] 在德国专利商标局还可以获得这些材料的复印件。

6. 专利公报——即使是 2004 年发布的——都可以在因特网获得；2004 年以后还有光盘形式的专利公报、公开说明书与专利说明书以及实用新型材料。[194]

d）在德国专利商标局查阅案卷

1. 如果专利申请人没有制止实施其发明的权利，他就会对发明保密，这就不利于第三人在授予专利之前查阅申请案卷。但是，"延迟审查制"（参见 § 22 Ⅰ 6）要求尽早公开所有的申请，因此，申请人在获得全面专利保护之前对发明保密的努力，唯有在最迟不超出申请公开的时候就授予了专利，才可能实现。实践中很少会有这种情况发生，即使在递交申请的同时就提出审查请求，也是很难的。

及时的公开，就使得包括竞争者在内的公众获得信息的利益比申请人的保密利益获得了优先考虑，而这时的申请人只有针对实施其发明的人的补偿请求权。[195] 这种价值取向首先表现在了有关查阅案卷的规定中：任何人都有权查阅公开的专利申请案卷（《专利法》第 31 条第 2 款）。法律是这样定义公开的：如果在专利公报上公布了相应的提示，就可以自由查阅申请案卷；出版公开说明书只是为了方便人们实实在在地自由获得这些信息。

可以自由查阅的——除了需要保密的之外（参见第 4 点）——根据现行的法律是下列案卷（还包括与此相关的模型和样品，《专利法》第 31 条第 3 款）：（1）公开的专利申请（《专利法》第 31 条第 2 款）；（2）已授予的专利（即使此前该申请没有公开过[196]），包括限制或者撤销程序（《专利法》第 31

---

〔193〕 *Bühring*，§ 8 Rdnr. 54 f.

〔194〕 S. *Schulte*，§ 32 Rdnr. 24，31.

〔195〕 Zur rechtspolitischen Wertung *Häußer*，Die Gewährung von Einsicht in Patenterteilungsakten unter besonderer Berücksichtigung verfassungsrechtlicher Gesichtspunkte，1974.

〔196〕 In diesem Fall besteht freie Akteneinsicht erst ab Veröffentlichung im Patentblatt，BPatG 23. 12. 1994 Bl. f. PMZ 1995，324.

条第 1 款、第 64 条）、异议程序以及授予补充保护证书程序的案卷。[197] 相反，在无效程序中查阅存放在专利局的案卷还要受到《专利法》第 99 条第 3 款第 3 句（参见本节 V e 3）的限制。[198]

即使专利失效、被撤销、被宣告无效、公开的申请被驳回、被撤回或者被放弃，仍可以自由查阅与其相关的案卷。

只要是允许任何人自由查阅的案卷，那么请求查阅的人就无需在请求中写明委托人。[199]

在指定发明人的时候，如果被指定的发明人请求查阅案卷，那么这种查阅与自由查阅案卷是不同的（《专利法》第 31 条第 4 款）[200]。他只能查阅授予、限制、撤销或者异议程序中的案卷，而不能查阅与此有关的、但在法律上独立的程序的案卷（比如，诉讼费用减免程序中的案卷）。[201] 如果有合法的保密利益，经请求还可以将部分案卷置于自由查阅的范围之外。[202]

2. 实用新型的申请内容在登记之前是不公布的，但在登记之后任何人都可以自由查阅与其相关的案卷；自由查阅的内容甚至还包括注销程序的案卷（《实用新型法》第 8 条第 5 款第 1 句）。

3. 如果案卷既不在自由查阅的范围也不是需要保密的，只要能证明有合法的利益，经请求专利局也可以允许查阅（《专利法》第 31 条第 1 款第 1 句，《实用新型法》第 8 条第 5 款第 2 句）。这尤其是指还没有公开的或者在公开之前被驳回的、撤回的或者失效的专利申请案卷，在指定发明人时被指定的发明人提出相应请求查阅的案卷，（还）没有登记的实用新型申请案卷以及没有包括在自由查阅范围内的法律上独立程序的案卷。

请求查阅是需要付费的（90 欧元），[203] 查阅请求应送达给有关当事人（《德国专利商标局条例》第 21 条），使其有发表意见的机会。申请查阅的程序依照《德国专利商标局》第 22 条的规定，对于专利局的决定可以申诉（参见本节 Ⅱ a）。专利局必须在请求查阅人获取信息的利益与当事人的保密利益

---

[197] *Benkard/Schäfers*，§ 31 PatG Rdnr. 4，14；*Schulte*，§ 31 Rdnr. 25；*Busse/Schwendy*，§ 31 PatG Rdnr. 15.

[198] BPatG 22. 7. 1993 Bl. f. PMZ 1993，484.

[199] BGH 8. 10. 1998 Akteneinsicht ⅩⅣ GRUR 1999，226.

[200] Dazu BGH 21. 9. 1993 Akteneinsicht ⅩⅢ GRUR 1994，104.

[201] *Schulte*，§ 31 Rdnr. 14；*Benkard/Schäfers*，§ 31 PatG Rdnr. 13 a；*Busse/Schwendy*，§ 31 PatG Rdnr. 16.

[202] BPatG 31. 10. 1988 E 30，74.

[203] Nr. 301 400 des Kostenverzeichnisses zur DPMA – Verwaltungskosten – VO vom 14. 7. 2006.

之间寻求平衡，对此，原则上应当严格掌握标准。[204]

尤其应当注意的是，不能因为申请在可预见的时间内将公开或者被登记，就认为可以满足请求查阅人的合法利益了。对于在公开之前驳回、撤回或者放弃的申请，原则上应当优先考虑保密的利益。但是，如果申请是后来公布的申请的优先权的基础[205]或者是依据《实用新型法》第 5 条登记的实用新型"分案申请"的基础，那么也可以产生合法查阅的利益[206]。

查阅的范围依照被证明了的合法利益而确定，常常被限制在案卷某些部分之内。[207]

4. 根据《专利法》第 50 条或者《实用新型法》第 9 条的规定，因保护国家机密而不公布的申请和保护权的案卷，只能在满足《专利法》第 31 条第 5 款的严格条件下，专利局才可以准许查阅的请求：应当经过国防部的听证；申请查阅的人对于查阅要有特殊受保护的利益（比如，受到了侵犯保密专利的指控）；不会有对联邦德国外部安全产生严重不利的危险。保密的专利申请或者专利作为《专利法》第 3 条第 2 款第 3 句规定的无需事先公开的现有技术，在对新专利申请或者专利形成阻碍的时候，也要注意考虑同样的安全措施（参见 § 16 A V 3）。相应地，如果保密专利和保密实用新型按照《实用新型法》第 15 条第 1 款第 2 项、第 13 条第 1 款，对具有新优先权的实用新型获得保护构成障碍的时候，也必须注意安全。

e）在法院的案卷查阅

1. 申诉程序的案卷是申请和专利案卷的一部分，只要是存放在德国专利商标局的，就可以根据上述规则（参见本节 V d）进行查阅。但是，也可以在满足德国专利商标局同样的条件下在联邦专利法院查阅案卷（《专利法》第 99 条第 3 款第 1 句）。因此，如果申诉程序所涉及的是公开的申请或者已公布的授予的专利或者登记的实用新型[208]，就可以自由查阅（参见本节 V d 1，2）。对于其他案件，如果能证明有合法的利益，经请求也可以查阅。申诉庭负责对查阅的请求作出裁定（《专利法》第 99 条第 3 款第 2 句），即使是调阅专利局

---

〔204〕 Einzelheiten mit Rechtsprechungsnachweisen bei *Benkard/Schäfers*，§ 31 PatG Rdnr. 24 – 34；*Schulte*，§ 31 Rdnr. 17 ff.

〔205〕 Vgl. BPatG 18. 4. 1976 E 19，6，10；27. 10. 1972 E 14，174，179 f.

〔206〕 BPatG 15. 1. 2001 Akteneinsicht Mitt. 2001，256.

〔207〕 Vgl. *Benkard/Schäfers*，§ 31 PatG Rdnr. 35.

〔208〕 BGH 11. 10. 2004 Akteneinsicht XVI GRUR 2005，270 läßt offen，ob die Einsicht in die Akten eines Löschungsverfahrens analog § 99 Abs. 3 PatG（s. unten 3）wegen eines entgegenstehenden schutzwürdigen Interesses versagt werden kann.

的案卷也是如此。

如果是受保密规定约束的申请、专利和实用新型，则要注意《专利法》第31条第5款（参见本节 V d 4）。

2.《专利法》第31条也可以相应地适用于查阅存放于联邦最高法院的上诉程序的案卷。[209]《实用新型法》第8条第5款也同样如此。第十民事审判庭负责对提出的请求作出裁定。

3. 查阅联邦专利法院无效程序的案卷，原则上同样相应地适用《专利法》第31条（《专利法》第99条第3款）。因此，这种案卷的查阅——除了涉及保密规定的案卷之外——始终是自由的，这是因为查阅的是已授予专利的案卷。但是，如果并且只要专利权人有阻止查阅的值得保护的利益，《专利法》第99条第3款第3句将不准许查阅。[210]司法判决认为这种规定还应适用于保护无效程序中的原告。[211]由此可见，对于要求查阅的第三人，无论如何都必须给予当事人发表意见的机会。[212]如果对此有争议，则由无效庭负责作出裁定（《专利法》第99条第3款第2句）。如果没有值得保护的利益阻止查阅，那么查阅的范围还包括在无效程序中当事人递交的侵权诉讼的材料。[213]

4. 根据《专利法》第99条第3款第1句以及第31条第1款第1句，查阅强制许可程序中的案卷，在任何情况下的前提条件是存在被证明了的合法利益。[214]

5. 查阅在联邦最高法院上诉程序中的案卷，可依据查阅一审程序中的案

〔209〕 So BGH 8. 3. 1983 Akteneinsicht Rechtsbeschwerdeakten GRUR 1983, 365 unter Aufgabe der im Beschluß vom 18. 5. 1971 Bl. f. PMZ 1971, 345 vertretenen Ansicht, daß §299 Abs. 2 ZPO entsprechend anzuwenden sei und deshalb stets ein berechtigtes Interesse an der Akteneinsicht glaubhaft gemacht werden müsse.

〔210〕 Zur Beurteilung der Schutzwürdigkeit z. B. BPatG 23. 7. 1980 E 23, 58; 11. 11. 1982 E 25, 34; 21. 4. 1986 E 28, 37; nach BPatG 2. 11. 2004 Akteneinsicht bei Nichtigkeitsverfahren Mitt. 2005, 367 genügt nicht das Interesse des Patentinhabers an der Aufrechterhaltung des Patents; zustimmend v. *Falck*, aaO 368; vgl. auch *Boehme*, GRUR 1987, 668 ff. – Damit beurteilt werden kann, ob ein schutzwürdiges Interesse entgegensteht, muß nach BPatG 18. 2. 1992 E 32, 270; 27. 5. 1992 E 33, 101der Antragsteller einen etwaigen Auftraggeber nennen; einschränkend BGH 17. 10. 2000 Akteneinsicht XV GRUR 2001, 143; BPatG 2. 11. 2004 aaO: nur bei Vorliegen besonderer Umstände. – Ein eigenes berechtigtes Interesse braucht der Antragsteller nicht glaubhaft zu machen, BPatG 13. 4. 1988 E 29, 240; 2. 11. 2004 aaO.

〔211〕 BGH 16. 12 1971 Akteneinsicht Ⅸ GRUR 1972, 441, 442 l.; BPatG 2. 2. 1984 GRUR 1984, 342.

〔212〕 BPatG 18. 5. 1984 E 26, 165.

〔213〕 BGH 10. 10. 2006 Akteneinsicht XⅦ GRUR 2007, 133; 27. 6. 2007 Akteneinsicht XⅧ GRUR 2007, 815.

〔214〕 Vgl. BPatG 18. 2. 1992 E 32, 268, 270.

卷一样的规则（参见第 3 点）；[215] 如果联邦最高法院的上诉程序中的案卷没有与一审中的案卷相合并，那么由第十民事审判庭负责对此作出裁定；而在合并的情况中则由联邦专利法院作出裁定[216]。

§24　在德国专利商标局的申请

A. 专利申请

Ⅰ. 申请的递交

1. 发明专利的申请应以书面或者电子形式（参见§23 Ⅳ c），直接或者通过联邦司法部公告确定的专利信息中心[1]，递交给德国专利商标局（《专利法》第 34 条第 1 款、第 2 款第 2 句，《专利条例》第 3 条，《德国专利商标局条例》第 12 条）。

与《专利法》第 126 条的规定不同，申请不需要用德语提出。但如果申请的全部或者部分内容是用其他语言撰写的，申请人必须在 3 个月之内，补交一份德文的译本（《专利法》第 35 条第 1 款，《专利条例》第 14 条，参见§23 Ⅳ b）。否则，申请视为无效（《专利法》第 35 条第 2 款第 2 句后半句）。

以外国语言提起的国际申请，如果以德国专利商标局为指定局的，必须最迟在优先权日后 30 个月届满前，向德国专利商标局提交一份德文的译本（《国际专利条约法》第Ⅲ章第 4 条第 2 款，PCT 第 22 条第 1 款；参见§22 Ⅱ c 3）。

《专利法》第 34～41 条和依据《专利法》第 34 条第 6 款（以及《德国专利商标局条例》第 1 条第 2 款）之授权所制定的《专利条例》（Patentverordnung），专门规定了专利申请所应该具备的形式和内容要件。申请人可以向德国专利商标局免费索取介绍申请并附有实例的专利申请人备忘录（Merkblatt für Patentanmelder）。

根据《专利法》第 34 条第 3 款，一份申请必须包含如下要件：申请人姓名、附发明名称的专利授权请求、至少一个权利要求、一份说明书、权利要求或者说明书援引的附图。申请中的瑕疵，通常可以在不损害申请时间点（Zei-

---

〔215〕 BGH 8. 3. 1983（FN 209）365 r.；18. 5. 1971（FN 209）；11. 6. 1971 Akteneinsicht Ⅷ GRUR 1972, 195, 196 l.

〔216〕 BPatG 14. 8. 1979 E 22, 66.

〔1〕 就此可参见§9 Ⅰ a 2. 当申请包含了一项国家秘密时，申请仅能直接向德国专利商标局提交（《专利法》第 34 条第 2 款第 2 句）。

trang）的情况下加以补正（参见§25 A Ⅱ，Ⅴ b）。但发明在最初申请的文件中必须得到清楚且完整地公开，使所属领域的专业人员能够实施（《专利法》第34条第4款，参见本节 A Ⅴ）。在递交申请后的法定时间内，必须提交一份摘要和发明人署名。如果申请人想主张优先权的，必须在法定期限内指出并证明作为优先权基础的在先申请。

如果发明的主题是源自植物或者动物的生物材料，或者必须用到这些生物材料，根据《专利法》第34a条第1句，只要申请人知道这些生物材料的地理来源地，应当在申请中加以说明。但是，专利申请的审查，以及基于专利授予所产生的权利的效力，不受到影响（《专利法》第34条a第2句）。在《生物技术指令》第27条的基础上作出的这一规定，以一种非常谨慎的方式，为主要来自发展中国家的要求，提供了一个空间。[2]

2. 申请人可以是自然人或者法人，也可以是没有权利能力的任何团体，只要其能够享有类似法人的权利并承担义务，如无限责任公司（OHG）或者两合公司（KG）（《商法典》第124条）以及新近判决确认的民事合伙（《民法典》第705条及以下）。[3] 法人或者类似法人的任何团体，可以通过其机构（董事会、经理、有代表权的股东等），或者委托它们的全权代表提起申请。对因未成年而不具有完全行为能力的自然人，仅能由法定代理人代为提起有效申请（《民法典》第104条及以下）。受监护的成年人，只要有监护法庭的同意保留（Einwilligungsvorbehalt）命令，则适用同样规则（《民法典》第1896条及以下，第1903条）。

如果这类人自己提起了申请，法定代表人可追认该申请，以此保持申请的时间点[4]；对此不适用《民法典》有关无完全行为能力的意思表示的相关规定（尤其是第105条第1款及以下，第110条）[5]。根据《民事诉讼法》第56条第2款的规定，德国专利商标局应给申请人一个期限，由其法定代理人追认

---

〔2〕 Zur Vereinbarkeit solcher Regelungen mit PCT und PLT *Curchod*，FS Kolle/Stauder，2005，S. 31 ff.；zur Problematik und internationalen Rechtsentwicklung *Straus*，in：Thiele/Ashcroft（Hrsg.），Bioethics in a Small World，2005，S. 45，65 ff.；*ders.*，GRUR Int. 2004，792 ff.；*Götting*，GRUR Int. 2004，731 ff.；Entschließung der AIPPI，VPP Rundbrief 2007，21；*Benkard/Schäfers*，§34 a PatG Rdnr. 2－5；*Godt*，Eigentum an Information，2006，S. 580 f.，600 ff.

〔3〕 Mitteilung Nr. 4/05 des Präsidenten des DPMA über die Schutzrechts－，Anmelde－und Registerfähigkeitder Gesellschaft bürgerlichen Rechts，Bl. f. PMZ 2005，2.

〔4〕 当根据《民法典》第104条第2项的规定具有行为能力时，也一样。第104条第1项的情形在实践中并没因此受到关注。

〔5〕 Vgl. *Bernhardt*，S. 117，援引了《民事诉讼法》第551条数字5（现第547条数字4），第579条数字4；ebenso *Götting*，§18 Rdnr. 5；im Ergebnis auch *Schulte*，§34 Rdnr. 16；vgl. auch *Pfanner*，GRUR 1955，556 ff.

并接管申请程序。[6]

完全行为能力人，仅当在国内既无居所又无营业所的，应委托代理人进行申请（《专利法》第 25 条，参见 § 23 Ⅳ a）。

3. 登记之日起 3 个月内，书面递交申请的应缴纳申请费 60 欧元，电子申请的应缴纳申请费 50 欧元，否则视为撤回申请（《专利费用法》第 3 条第 1 款、第 6 条）。

根据《专利法简化与现代化法（草案）》（参见 § 6 Ⅲ 15），电子申请的申请费将削减为 40 欧元。

Ⅱ. 授权请求

1. 专利授权请求（《专利法》第 34 条第 3 款第 2 项，《专利条例》第 4 条），应当以专利局事先规定的表格，或者以符合德国专利商标局有关电子文件传送的规定（参见 § 23 Ⅳ c）的电子格式递交。授权请求尤其应包含申请人的信息，以及被指定的代理人的姓名和地址。[7] 申请人或者其代理人应在请求上亲笔（《民法典》第 126 条）签名。但是符合这一要求的书面文件，也可以传真方式递交（《德国专利商标局条例》第 11 条）。[8] 以电子方式递交的场合，责任人必须附上一个符合《签章法》的电子签章（《专利法》第 125a 条第 1 款第 2 句，《德国专利商标局条例》第 12 条）。

2. 授权申请应包含一个简短但清楚的发明名称。一般而言，方法发明以该方法的结果尤其产品命名（例如废气脱硫的方法；制造有芳香的碳酸的方法等）；对根据某一技术原理做出的发明，若该技术原理赋予产品某一特定技术特征的，则以该产品的描述加以命名。

例如，滑翔板用的帆索；打夯钻孔设备；机械臂的齿轮箱首；可调整的感应制动器，或者更确切地说，可调整的感应离合器；两个机械零件之间的密封设备；指示调整器；用于金属的尤其浇注成弓形的绳索的缓和负重的辅助支撑体；兽用麻醉药；热硫链菌的抗生素；可注射的已化磺（Sulfonamidzubereitung）；可光聚合的混合物。

在申请人看来发明较之于现有技术的差别特征，无须通过发明的名称，即申请的"标题"，进行说明。[9] 只要清楚地描述技术所属的种类即可。

---

〔6〕 So *Pfanner*, aaO 560；*Benkard/Schäfers*，§ 34 PatG Rdnr. 2.

〔7〕 有关全权代理的说明，见《德国专利商标局条例》（DPMAV）第 15 条。

〔8〕 必须直接递交；一份传真若是由私人的中间接收机再传给专利局的，则不符合条件，参见 BGH 5. 2. 1981 Telekopie GRUR 1981，410.

〔9〕 Vgl. BPatG 6. 7. 1978 GRUR 1979，629，630 r.；10. 12. 1975 E 18，15.

Ⅲ. 专利权利要求

参考文献：*Blumer*，*F.*，Formulierung und Änderung der Patentansprüche im europäischen Patentrecht，1998；*Bruchhausen*，*K.*，Der Schutzgegenstand verschiedener Patentkategorien，GRUR 1980，364 – 368；*ders.*，Die Formulierung der Patentansprüche und ihre Auslegung，GRUR 1982，1 – 5；*Czekay*，*H. – F.*，Deduktive Formulierung von Patentansprüchen，GRUR 1984，83 – 90；*Dreiss*，*U.*，Patentansprüche und Schutzbereich，Mitt. 1977，221 – 227；*Häußr*，*E.*，Anspruchsformulierung，Offenbarung und Patentfähigkeit im deutschen Patentrecht，Mitt. 1983，121 – 128；*Schickedanz*，*W.*，Die Formulierung von Patentansprüchen. Deutsche，europäische und amerikanische Praxis，2000；*Schiuma*，*D.*，Formulierung und Auslegung von Patentansprüchen nach europäischem，deutschem und italienischem Recht，2000；*Windisch*，*E.*，„ Merkmalsanalyse " im Patentanspruch，GRUR 1978，385 – 393.

1. 申请人应在一个或者多个专利权利要求中，说明哪些内容具有可专利性而应予以保护（《专利法》第34条第3款第3项）。1978年1月生效的《专利法》第14条，明确了权利要求对确定已申请发明的保护范围的意义，该规定可追溯到《斯特拉斯堡协定》第8条第3款，并与《欧洲专利公约》第69条第1款的规定相一致："专利和专利申请的保护范围由专利权利要求[10]确定。但说明书和附图可用以解释专利权利要求。"就此，一般认为，新规定生效之后递交的专利申请保护范围的解释，比之前德国普遍的实践要严格（参见§32 Ⅲ）。申请人因此必须更加谨慎地关注权利要求的撰写。他必须界定保护的主题，以确保专利或者专利申请的保护范围能扩展到每一种采用了该新的、创造性技术原理的"实施方式"（Ausführungsform），但同时又不能涵盖优先日之前已经属于或者显而易见属于现有技术的内容。[11] 此外，将一个属于现有技术的技术特征吸收进权利要求，并不意味着该技术特征就应在保护范围之内。毋宁说是，可置于保护之下的对象，只能是展现了权利要求中所有技术特征的客体。[12] 因此，权利要求中的"已知"的技术特征和"新"的技术特征在原则上并没有区别，正如《专利条例》第9条第2款就此所规定的，权利要求可以采取"二段式"（zweiteilige）的撰写模式。[13] 在组合发明的情况下，甚

---

[10] 为与2000年《欧洲专利条约》第69条保持一致，2007年8月24日《专利法》以"专利权利要求的内容"一词取代了"专利权利要求"一词。

[11] Vgl. *Bruchhausen*，GRUR 1982，3 l.；BGH 24. 6. 1982 Langzeitstabilisierung GRUR 1982，610，611 l.

[12] BPatG 4. 2. 1986 E 28，24.

[13] Vgl. *Bruchhausen*，aaO 5；BGH 20. 1. 1994 Muffelofen GRUR 1994，357.

至可能所有的单项技术特征都是公众知晓的。如果认为技术方案的技术特征是新的且具有创造性，则应将这些技术特征本身撰写成一个概括程度相当的权利要求的主题。

上述概括（Verallgemeinerung）的界限在于不能因专利的存在，妨碍人们对以前能够被自由利用的知识的应用。[14] 为避免出现这种情况，得严格根据申请公开时新的、有创造性的内容（参见本节 V）来限定权利要求。这点非常重要，因为根据德国法律，法院受理侵权诉讼时应以权利要求为准，有关专利效力的审查必须交由无效程序去处理。[15]

合理撰写权利要求是以对发明本身的清楚认识为前提的。[16] 在个案中，经常只有通过实质审查过程，将申请公开所保护的内容明晰出来后，才能撰写出合理的权利要求。不过，在公开范围之内，专利申请人在所有的程序阶段中，原则上都应该力求一个最宽泛的、合理的权利要求文本，[17] 因为根据现行法律，通过扩大解释公开内容所"赢取的"（verdienten）保护范围，去纠正由于多余指定而受到限制的权利要求，在现在要比过去困难得多。授权机构（德国专利商标局和联邦专利法院）应当在不舍弃专利申请中创造性内容的依据的同时，全面地审查权利要求文本能以什么样的标准被概括和抽象。联邦最高法院允许在权利要求中，将发明解释成所有主张的方法所限定的原理（Prinzip）。[18] 申请人不必将其权利要求限制在说明书中列举的某个实施例（Ausführungsbeispiel）（参见本节 IV 1）上。[19]

以宽松的权利要求可能妨碍技术进步为由，禁止申请人提出与发明人成果相符的权利要求，是不恰当的。很显然，一个原理性技术方案获得专利，会造成后续技术发展的依赖。但只要后续技术使用到该原理，其获得专利就是合理的。唯一需要的是存在一个技术操作说明（不是发现或者科学理论），其在优先权时间点是新的、非显而易见且专业人员能够实施的。

---

〔14〕 Vgl. BPatG 12. 12. 2002 Zöliakie E 46，177，185.

〔15〕 Vgl. *Walter*，GRUR Int. 2007，287，292.

〔16〕 Vgl. *Bruchhausen*，aaO 2.

〔17〕 Vgl. *Bruchhausen*，GRUR 1982，2；*Dreiss*，Mitt. 1977，224 ff.；*Ford*，GRUR Int. 1985，249 mitDiskussionsbericht aaO 264；*Anders*，GRUR 1993，701 ff.；zum Problem der „unangemessenen Anspruchs-breite" allgemein BPatG 31. 1. 1996 E 37，212，214；30. 7. 2003 Frühestmöglicher Auslösezeitpunkt E 47，163；BGH 24. 9. 2003 Blasenfreie Gummibahn BGHZ 156，179 ＝ GRUR 2004，47（Nr. III 6）；BPatG 21. 4. 2004 Rahmensynchronisation E 48，143；*Meier － Beck*，Der zu breite Patentanspruch，FS Ullmann，2006，S. 495 － 502.

〔18〕 BGH 13. 5. 1980 Antiblockiersystem GRUR 1980，849，851；Vgl. auch BGH 15. 10. 1981 Mitt. 1986，15.

〔19〕 BGH 16. 10. 2007 Sammelhefter II GRUR 2008，60（Nr. 33）.

例如，一个涉及奥拓（Otto）发动机[20]的权利要求应不允许作如此宽泛地描述——根据其原理，汽缸内一个活塞，通过气体的膨胀加以推动——因为之前为人所知的蒸汽机也落在该范围之内。但实际上，只要在法律规定的日期之前，该"通过某种混合气体的爆炸推动圈体"的原理是新的、非显而易见的，专利权利要求就可以指向该原理——而不管后续发明如柴油发动机等在创造性地改变该原理时依赖了该专利。

如果不这么认为，那么将权利要求限制在申请人描述的、在该时间点起显而易见的原理性技术方案的实施形式上，就显得多余了。此外，这种观点很难说明，为何有关物质的保护，延伸到后来发明的、具有专利能力的制造方法上。同样还会出现这样的问题：为何在电动机专利的例子中，后续的应用发明，不管从电动剃须刀到录音设备，对前者的依赖性都是不言而喻的。实际上，在这种情况下，如果实验性实施发明之允许（《专利法》第11条第2项）、专利保护期的设置、许可制度、强制许可的可能性这些制度设计足以保障技术继续发展的利益，只要在申请中指明一个在后可实施的途径，那么基础发明也应该有可能获得一个其应该得到的保护范围。

实践中，因为专利权利要求采取"任务型"（Aufgabenhaft）撰写方式而导致异议的，不在少数。就此，联邦最高法院[21]强调，专利权利要求包含的陈述（Angaben），不应限于对构成发明基础的任务说明，而必须描述该任务的解决方案。然而，不能因为可以将权利要求的内容理解为任务，就认为该权利要求不恰当。同一个操作说明，经常既可被当作任务来描述，也能被当作一个普遍问题的解决方案来描述（参见§18 Ⅲ 1）。专利权利要求的首要问题在于，其是否指定了一个技术操作方案，该方案根据申请的整体内容是否可以实施（参见本节Ⅴ）。如果回答是"否"，则可以说，权利要求仅说明了一个任务。那么无论如何专利申请看起来是缺乏充分公开的。相反，如果存在一个可实施的操作方案，则应该根据权利要求所包含的描述（Kennzeichnung），对该方案进行新颖性和创造性的审查。[22] 就此可以指出的是，如果一项"任务型"

---

〔20〕 Dazu *Kurz*, Weltgeschichte des Erfindungsschutzes, 2000, S. 411 ff. mit Wiedergabe der tatsächlich erteilten Ansprüche, von denen einer generell das Prinzip des Viertaktmotors umfaßt. Zahlreiche weitere Beispiele nennt *Eichmann*, GRUR 1996, 859, 869f.

〔21〕 19. 7. 1984 Acrylfasern GRUR 1985, 31; kritisch dazu *Brauns*, Mitt. 1985, 115 f.; *Czekay*, GRUR 1985, 477 ff.

〔22〕 如果在技术主题的描述中，通过测量值，存在一个技术人员可以实施的技术原理以用于技术操作的，则其并非纯粹的任务描述，参见 BGH 16. 6. 1998 Alpinski GRUR 1998, 899。并不要求，所有可能的落入权利要求辞藻的方案都能够被实施；在该裁决的案件中，只要有一个实施例即满足可实施性，参见 BGH 1. 10. 2002 Kupplungsvorrichtung Ⅱ GRUR 2003, 223, 225 l。另参见本节Ⅴ b 3。

的宽泛的权利要求包含了在先技术（Vorweggenommenes）以及较之于现有技术显而易见的技术（Naheliegendes）的，就无法得到授权。[23] 但是，如果一项概括性很高的权利要求确实描述了一项新的、具有创造性的操作方案，根据上述已经说明的理由，我们不能拒绝给予其主张的保护，因为以这种方式描述的技术原理的——日后可能被研究出来的——其他实施形式依然包括在该专利的效力范围之内。

相应地，方法权利要求的可保护性，与该权利要求同时包括了在申请日尚未被专业同行掌握的、由该方法所产生的物质（Ausgangsmaterialien），并不矛盾。[24]

联邦最高法院在一个已决的判决[25]中是这样看待"任务"的：就具体指定的纤维，给出一个确定的、尚不属于现有技术的最低强度。但是，申请人并没有具体说明用以保障纤维强度的特性。假如一个以最低强度来限定产品的权利要求可被授予专利获得保护，则意味着这个保护把达到这个强度的所有技术路径都包含在里头了。联邦最高法院认为这样是不合理的。从结果来看，联邦最高法院无疑认同，申请人对获得上述纤维的说明，要么是专业人员无法依据申请公开的内容实施，要么是与现有技术相近似。[26] 然而，源自"任务概念"（Aufgabenbegriff）的理由是无法令人信服的。根据这种理由，我们应该否定任何仅以创造产品的任务来限定发明的产品权利要求，其授权将阻碍后人进行获得该产品的其他技术路线的研究。尤其不合理的是，将化学物质独立于——专业人员以申请公开内容为基础，能够据之制造出某些化学物质的——方法申请专利。

因此问题不在于"任务概念"，而在于根据现有技术，申请公开内容所主张的权利要求是否合理。根据这一标准，如果一个范围宽广的权利要求并无越界，那么，即使从某一角度看其主题是以"任务"的形式出现的，该任务型权利要求的授权仍然是合理的。

当创造性成果已经体现为某一技术知识（Erkenntnis），即一个公众知晓的装置通过建设性改造后比之前有更广泛的用途，那么在权利要求中能够以效果和功能说明的形式来表达该技术知识，说明已经取得的技术效果。[27] 就一项能

---

〔23〕 Vgl. BPatG 26. 1. 2000 Veränderbare Daten E 42, 204；30. 7. 2003（FN 17）166.

〔24〕 BGH 22. 12. 1964 Dauerwellen GRUR 1965, 473, 475 l.；9. 10. 1990 Polyesterfäden BGHZ 112, 297.

〔25〕 Polyesterfäden（FN 24）.

〔26〕 *U. Krieger*, GRUR 1985, 33.

〔27〕 BPatG 11. 9. 1990 E 32, 25, 28.

以不同技术手段（Mittel）实现的技术原理（Lehre），以及为了据之获得可估计的技术效果，申请人并不需要在权利要求书中列入能实现技术原理的具体技术手段。毋宁是，当专业人员无需借助其他帮助，仅根据其专业知识就能利用申请书面材料所公开的所有内容实现发明时，将该技术原理描述成由所有建议的技术方法所限定的原理（prinzip），就足够了。[28]

2. 大部分的专利申请都包含了多项权利要求。根据《专利条例》第 9 条第 4 款，第一项（有时或许是唯一一项）权利要求应当说明发明的必要技术特征（主权利要求）。但法律并没有规定，根据主权利要求的说明，专业人员能够实施该发明。[29]将发明以后人能够实施的方式公开，是说明书及其附图的任务。对权利要求而言，重要的是专业人员能够从中获知，一个构思（Vorhaben）是否落入专利的范围。[30]

其他的权利要求可以是并列独立权利要求，或者从属权利要求（《专利条例》第 9 条第 5 款、第 6 款）。并列独立权利要求存在的前提是存在一个需要保护的、独立于主权利要求客体的发明；并列独立权利要求实际上是个附加的主权利要求。[31]仅在满足单一性原则的前提下，法律允许一个申请可以通过这种方式来包含多个独立的发明（参见本节 Ⅵ）。

从属权利要求针对主权利要求或者并列独立权利要求中被限定的发明的特殊实施方式。它依赖于上位权利要求；通过有效的方式修改或者补充上位权利要求的主题，从属权利要求的主题利用了上位权利要求的主题。修改或者补充本身无需具备创造性，也不妨是相近似的。但是，不允许从属权利所要求的是"完全（或者纯粹）不言而喻的（eine glatte（oder：platte）Selbstverstädlichkeit）"。[32]不具有创造性的从属权利要求被称为"真正的"从属权利要求，而具有创造性的从属权利要求则被称为"非真正的"从属权利要求。[33]

根据《专利法简化与现代化法（草案）》（参见 §6 Ⅲ 15），申请所包含的权利要求超过 10 项的，为确保第 11 项起各项权利要求的递交有效，每项权

---

〔28〕　BPatG 12. 11. 1998 Grenzzeichenfreie Räumung E 40，250，252.

〔29〕　BGH 20. 11. 2000 Gegensprechanlage Mitt. 2002，176，179l.；1. 10. 2002（FN 22）；BPatG 28. 7. 1993 E 37，202，205；27. 4. 2007 Halbleiterspeicher Mitt. 2007，557；vgl. auch *Dreiss*，Mitt. 1977，224，233；*Anders*，GRUR 1993，701.

〔30〕　*Bruchhausen*，GRUR 1982，3 r.

〔31〕　这并不排除并列独立权利要求通过回溯地援引（Rückbeziehung）去吸收其他的权利要求的技术特征，参见 BPatG 17. 8. 1998 Elektronische Programmzeitschrift E 40，219.

〔32〕　BGH 16. 2. 1954 GRUR 1954，317，322；BPatG 4. 2. 1986 E 28，24；*Schulte*，§34 Rdnr. 192 mwN.

〔33〕　Vgl. RG 29. 4. 1938 RGZ 158，385；BGH 15. 4. 1955 GRUR 1955，476，478.

利要求应缴纳 20 欧元的费用。

3. 根据《专利条例》第 9 条第 1 款，专利权利要求可以采取一段式或者二段式的结构，无论采取哪种结构，专利权利要求都由技术特征组成。实践中通常采用二段式结构。[34] 二段式结构将权利要求分成一个上位概念（Oberbegriff）和一个特征描述部分（kennzeichnenden Teil）（《专利条例》第 9 条第 2 款）。上位概念包含了发明中已存在于现有技术中的公众知晓的特征。通常情况下，上位概念的表述会从主题与该发明最为接近的在先公开内容出发；但就此并没有明确规定。[35] 特征描述部分一般以"其特征在于"或者"由如下特征所限定"的惯用表达作为引子。该部分指出发明的技术特征，这些技术特征与上位概念一起，也即与上位概念界定的类型主题一道，主张专利保护。

> 例如：[36] 一种带脚垫的滑雪靴，脚垫衬里用蜂窝状开口的泡沫材料做成，成脚底形状，从脚底水平面向上方伸展，至少包裹住部分的脚侧面，其特征在于，脚垫衬里是一个成形部件，在长靴内腔内，可替换，其外部轮廓与长靴内腔完全吻合，脚垫衬里由硬泡沫材料组成，仅在很微小程度内有可塑弹性，在承受穿靴者重量时材料的涂层强度可减低 30%（变形程度）。

大多数的权利要求可以引用多个在先的权利要求或者其上位概念，从属权利要求至少应引用一个在先的权利要求。

> 例如：[37] 根据权利要求 1 的滑雪靴，其特征在于，脚垫衬里的侧壁弹性不同，同时脚垫衬里的涂层强度可减低 40%。

仅在例外情况下（《专利条例》第 9 条第 8 项），权利要求允许引用说明书或者附图，此时一般采取"如陈述的"或者"如说明的"的表述。相反，就那些单独的技术特征，通过附图标记（Bezugszeichen）而参引附图说明，则是允许并符合目的的。

除了由上位概念和特征描述部分组成的二段式结构，根据目前的《专利条例》，申请人也可以选择地位同等的、形式上通常简洁明了的一段式结构。采取一段式结构时，通行做法是根据技术特征或者技术特征群进行分段，尽管

---

〔34〕 Kritisch dazu insb. *Blumer*, S. 127 ff. , der sie als entbehrlich ansieht.

〔35〕 *Benkard/Schäfers*, § 34 PatG Rdnr. 56；vgl. auch BGH 19. 9. 1985 Hüftgelenkprothese BGHZ 96，3；BPatG 17. 2. 1987 E 29, 32.

〔36〕 Aus BGH 18. 11. 1980 Skistiefelauskleidung GRUR 1981, 190.

〔37〕 Vgl. BGH 18. 11. 1980 (FN 36) 191 (der Anspruch war dort in einem Zusatzpatent enthalten).

这不是法律强制要求的；若决定采取这种形式，则依据《专利条例》第9条第3款的规定来撰写权利要求。在这种情况下，相互联系而属于现有技术的技术特征，与新的技术特征就没有区分开。申请人视为现有技术的内容，也只能从说明书中去求索。[38] 从以往的实践来看，一段式结构在专利申请和专利文献中出现得很少。但在法院裁判中，尤其在专利侵权诉讼中，二段式结构的权利要求经常被"转换"为一段式结构。

> 例如：用于滑雪靴的衬里，特征如下：
> （1）能放入靴子内腔，也可取出。
> （2）由如下组成：
> 　（a）始于脚穿的鞋底
> 　和
> 　（b）侧壁
> 　　（aa）从足底往上延伸，
> 　　（bb）至少部分包裹住脚部。
> （3）外部形状与靴子内腔完全吻合。
> （4）原料是更硬的、蜂窝状开口的泡沫材料，
> 　（a）材料仅在很微小程度内有可塑弹性，
> 　（b）材料在承受穿靴者重量时涂层强度可减低30%。

4. 仅有且所有以后继可以实施的方式加以公开的内容，才能成为权利要求的主题（参见本节V）。尤其是根据公开的内容，人们才能确定权利要求的类型。权利要求的基本分类是产品权利要求和方法权利要求（参见《专利法》第9条）。产品权利要求（或者物品权利要求）包括每一个塑造（组建、装配）出来的符合创造性技术原理的产品，与其制造方法、使用目的和应用方式无关。[39] 但是，也有处在保护请求之外的产品，这些产品经由主张保护的产品（例如一台机器）制造出来；[40] 如果认为这些产品可以获得专利，应当专门提出请求。方法权利要求包含与发明相符的手段，这些手段可以通过设备使用的技术特征加以限定[41]，并且只要这些手段最终能制造出产品，也包含由其直接产生的产品，但已经由其他方法制造出来的、属性相同的产品除外。

---

〔38〕 Zu den Anforderungen in dieser Hinsicht BPatG 29. 4. 1997 E 38, 17.
〔39〕 Vgl. *Bruchhausen*, GRUR 1980, 365 f. mit Nachweisen.
〔40〕 BGH 14. 12. 1978 Farbbildröhre BGHZ 73, 183, 186 mit Nachweisen.
〔41〕 BPatG 3. 8. 1995 Mitt. 1997, 368.

产品类权利要求具体表现为设备权利要求、装置权利要求和物质权利要求（Vorrichtungs –, Anordnungs – und Stoffansprüche）。[42] 如果一个权利要求的主题为化学物质，则主要通过其化学分子式加以限定。

此外，很多情况下，化学分子式都主张整个化合物群。实践对此并没有反对的理由，只要就该总体范围充分确保具有可专利之实质条件，尤其是有价值的、对创造性活动至关重要的属性，以及具有制造意义上的可实施性。[43] 如果这个总体的化合物范围内有一个化合物已经是公众知晓的，则应该通过"免责声明"（disclaimer）的方式从保护范围中去除。[44]

当化学分子式——尤其是高分子物质的分子式——不能确定时，可以通过一系列可靠的、能确定的化学和物理属性，即所谓的参数，或者无法用参数表征时，通过描述制备方法（*以方法限定产品的权利要求*）（product – by – process claim）来限定该物质。[45] 无论在哪种情况下，限定都应该清楚。同样，当借助制备方法加以限定，使保护请求覆盖该物质时，并不取决于该物质是如何制备的[46]，保护请求并不针对该制备方法[47]，除非该制备方法自身构成了权利要求的主题。

有关在什么情况下可以用参数或者制备方法来限定产品的规则，司法裁判

---

〔42〕 对包含硬件和软件元件的数据运算系统的权利要求文本，参见 BPatG 13. 5. 2004 Systemansprüche GRUR 2005，45。

〔43〕 Vgl. BGH 20. 10. 1977 7 – Chlor – 6 – demethyltetracyclin GRUR 1978，162，164 r.；BPatG 27. 9. 1976 E 19，83；23. 11. 1987 Bl. f. PMZ 1988，220；*Schmied – Kowarzik/Heimbach*，GRUR 1983，109 f.；*Benkard/Bacher/Melullis*，§ 1 PatG Rdnr. 90 f.；*Schulte*，§ 1 Rdnr. 340 u. § 34 Rdnr. 367 f.；*Stellmach*，GRUR Int. 2005，665，673.

〔44〕 BPatG 10. 5. 1976 E 19，14. - 通过与范围相关的衡量规则所限定的方法程序，是个例外，参见 BPatG 15. 9. 1983 Mitt. 1984，75。

〔45〕 BGH 6. 7. 1971 Trioxan BGHZ 57，1；zur Kennzeichnung mittels Parameter BGH 19. 7. 1984 (FN 21)；BPatG 6. 7. 1978 (FN 9) 631；zur Kennzeichnung durch das Herstellungsverfahren BGH 15. 5. 1997 Polyäthylenfilamente BGHZ 135，369，373 f.；BPatG 27. 9. 1982 GRUR 1983，173；15. 6. 1983 E 25，202；außerdem *Schulte*，§ 34 Rdnr. 147 f. (Parameter)，158 ff. (Herstellungsverfahren)；*Meyer – Dulheuer*，GRUR Int. 1985，435 ff. – Zur Kennzeichnung einer Komponente eines beanspruchten Erzeugnisses durch ein Verfahren zur Auswahl hierfür geeigneter Stoffe BGH 14. 1. 1992 Tablettensprengmittel GRUR 1992，375.

〔46〕 BGH 6. 7. 1971 (FN 45) 24 f. – 建议将权利要求中的"可获得"（erhältlich）产品，通过方法加以限定；这种"通过（方法）可获得的"的撰写形式，可以被理解为对方法命名的产品的限制；vgl. *Rogge*，Mitt. 2005，245 ff.；*Schrell/Heide*，GRUR 2006，383，385 l. 当然，后者认为原则上只允许撰写较狭窄的权利要求，认为撰写宽松的权利要求取决于，申请人对该方法，补充说明了产品明确的技术特征或者参数（aaO 387 f.）.

〔47〕 BPatG 26. 7. 1994 E 34，230.

也将其适用到化学物质发明之外的领域；[48] 在特殊情况下，甚至可以通过制造产品的设备来限定产品。[49]

用途权利要求（Verwendungsansprüche）是方法权利要求的一种类型。根据用途权利要求，某一产品（特别是化学物质）将以某一特定目的（例如作为染料或者溶媒）加以使用。这种情况下化学物质本身并不在保护请求之中。

在禁止物质保护的时期，德国实务界也允许方法权利要求（Mittelansprüche）。[50] 方法权利要求应包括作为特定目的方法的产品（例如害虫控制方法，包括有效成分 X），因此从本质上看是功能型物质权利要求（zweckgebundene Stoffansprüche）。[51] 自从禁止物质保护的规定被废除后，申请人针对某一新物质主张包括所有用途目的的产品保护就成为可能。当物质本身具有可专利性，人们也就不再需要方法权利要求了。只要申请人不是有意识要对保护范围进行限缩，这样一个包含用途目的的方法权利要求就没有用武之地。[52] 相反，当物质缺乏新颖性或者创造性时，根据判决，就只有用途权利要求能派上用场了；或相应地修改方法权利要求。[53] 相反，对公众知晓的物质首次发现的医药用途而言，功能型的物质权利要求是其取得专利的唯一机会（《专利法》第 3 条第 3 款，参见第 5 点）。因此，现行专利法也不排除采取这种形式的权利要求。用途保护在德国实践中特别是那些具有多种医药用途的发明、当然也包括其他用途发明所提供的保护，在效果上与功能型物质保护所达到的结果殊途同归（参见 §33 Ⅲ d）。与 2000 年《欧洲专利公约》第 54 条第 5 款一致，目前《专利法》第 3 条第 4 款已经明确规定了属于现有技术的物质或者合成物的特殊医药用途保护（参见 §14 f aa 4）。

---

〔48〕 BGH 14. 12. 1978（FN 40）188 f.；BPatG 3. 3. 1977 netzartiger Faservliesstoff E 20, 20；für biologische Erzeugnisse BGH 30. 3. 1993 Tetraploide Kamille BGHZ 122, 144, 154 f.；zur Kennzeichnung eines Skis durch Meßwerte BGH 16. 6. 1998（FN 22）；eines Papiers, bei dem es auf Staubarmut ankommt, durch entsprechende Meßgrößen BPatG 26. 7. 1994 E 34, 230；eines zum Tiefziehen geeigneten Stahlblechs oder – bands durch Parameter und Herstellungsverfahren BGH 19. 6. 2001 Zipfelfreies Stahlband GRUR 2001, 1129, 1133；eines Aufzeichnungsträgers durch ein Verfahren, das eine bestimmte Informationsstruktur erzeugt, BGH 19. 5. 2005 Aufzeichnungsträger GRUR 2005, 749.

〔49〕 BGH 14. 12. 1978（FN 40）183, 189 f.

〔50〕 Vgl. vor allem BGH 24. 2. 1970 Schädlingsbekämpfungsmittel BGHZ 53, 274, 280.

〔51〕 BGH 24. 2. 1970（FN 50）276；14. 3. 1972 Aufhellungsmittel GRUR 1972, 638, 639 r.；27. 6. 1972 Gelbe Pigmente GRUR 1972, 644, 646；16. 6. 1987 Antivirusmittel BGHZ 101, 159, 164 ff.

〔52〕 Vgl. BGH 30. 9. 1976 Piperazinoalkylpyrazole GRUR 1977, 212, 213r.

〔53〕 BGH 3. 6. 1982 Sitosterylglykoside GRUR 1982, 548, 549 r.；vgl. auch *Maikowski*, Der Mittelanspruch, GRUR 1977, 200, 202l.；*Benkard/Bacher/Melullis*, §1 PatG Rdnr. 39；zum Verhältnis von Mittel – und Verwendungsanspruch BGH 27. 6. 1972（FN 51）；BPatG 30. 11. 1982 Bl. f. PMZ 1983, 308.

　　究竟在什么条件下允许提起绝对的物质保护要求，以及在什么时候仅功能型物质权利要求才是合法的，取决于发明申请的内容。在一些案件中，新的化学物质获得授权，但创造性成果并不在于物质本身，而仅由于发明者所发现的该物质令人意外的属性，对此，主流观点认为绝对的物质保护是合理的。反对这种观点的理由，其他篇幅已有相应的讨论（参见 § 11 Ⅲ c, d）。与人体一致的基因序列，《专利法》第 1a 条第 4 款排除其获得绝对的物质保护。

　　5. 如果根据《专利法》第 3 条第 3 款，就公众知晓的物质的首次医疗用途，寻求功能型物质专利保护的，流行的看法是，此时该物质的保护将扩展到该物质的所有医疗用途上，即不限于申请人公开的用途。[54] 假如授予如此宽泛的保护，则对该物质的任何利用都必须得到专利权人的同意，包括任何一种医疗用途，也包括任何新的、有创造性因而具备可专利性的用途（参见 § 14 Ⅲ f）。而对这些后续用途所授予的专利，都将依赖于授予给首次医疗用途的专利。

　　由于专利法——为了规避现行法对医疗方法禁止授予专利权的情况——从该新用途的利益出发，将该物质拟制为新的物质，但是，我们不能因此就把公众知晓的物质的首次医药用途简单地视为新物质发明。如果我们认为该物质因此已经"作为药品被提供"（als Arzneimittel bereitgestellt），我们就误解了体现为首次医疗用途的创造性技术原理的本质。只要在技术原理中没有出现这样的说明，即哪些疾病可以用该"作为药品被提供"的物质加以治疗，那么就意味着该技术原理——与提供一种告知了组成和制造方法的物质的技术原理不同——并没有可以实施的行为指令。本来根据现有技术就能够获得该物质的专业人员，从这样一份有关物质能够作为药品使用的简单说明中，根本无法获得任何能够实施发明的信息。[55]

　　因此，首次医疗用途所授予的、视为物质保护的保护，不能从首次医疗用途扩展到其他医疗用途上。毋宁是，该保护和所有其他医疗用途的保护一样，都应根据申请原始公开的内容来确定其保护范围。[56] 权利要求只有在这个范围内才能获得支持。

---

〔54〕 *Benkard/Melullis*，§ 3 PatG Rdnr. 89 f.；*Nirk*，GRUR 1977，356，361 l.；*Tetzner*，Leitfaden，S. 162；*Klöpsch*，GRUR Int. 1982，102，103 f.；weitere Nachweise bei *Stieger*，GRUR Int. 1980，203，205 r. sowie *Gruber/Kroher*，GRUR Int. 1984，201，206 r.

〔55〕 BGH 16. 6. 1987（FN 51）168；*Bruchhausen*，GRUR 1982，641 f. – Vgl. auch unten Ⅴ c 3.

〔56〕 Ebenso *Vossius/Rauh*，GRUR 1978，7，14；*Bruchhausen*，GRUR 1980，367；*Stieger*（FN 54）；*Gruber/Kroher*（FN 54）；*Trüstedt*，GRUR 1983，478，480l.；*Thums*，Durchsetzung des patentrechtlichen Schutzes für die zweite medizinische Indikation，1994，S. 60 ff.

如果允许保护范围覆盖到所有其他用途，就意味着这不再是一个功能型物质保护了，而是一种药品的绝对保护：尽管以药品领域为限，但在此领域内却是绝对的物质保护。[57]

同样的，允许保护范围覆盖到所有其他用途，也与承认公众知晓的物质在其他症状上的医疗用途可获得专利的考量不一致。这些考量因素的合理之处主要在于，就需要保护的价值而言，属于现有技术的物质的其他医疗适应证，在原则上并不比首次医疗适应证要低。因此在保护效力（参见§33 Ⅲ d）和保护范围上，应给予最大可能的同等待遇，即使《专利法》第3条第3款、第4款（以及《欧洲专利公约2000》第54条第4款、第5款）看起来似乎建议采取区别对待的做法（参见§14 Ⅲ f dd 4）。

存在这样的可能性，即关键的公开内容支持某种概括。例如，如果对某一器官病症的治疗效果可以确定和描述，则可以支持指向同一器官其他同族疾病或者其他器官类似疾病处理的权利要求等。但是，允许概括的程度，总是一个个案判断的问题。

6. 在申请内容所允许的范围内，申请人可选择权利要求的类型。对此申请人享有获得最大保护范围权利要求文本的权利。在单一性原则允许下，申请人能够将类型不同的权利要求放在同一个申请中。例如，申请人可以把一个方法权利要求与一个应用该方法的设备权利要求[58]，或者把一个物质的产品权利要求与制造和应用该物质的方法权利要求捆绑在一起。[59]并不因为物质自身获得专利授权，已经在任何应用中受到保护，就排除用途权利要求。[60]用途权利要求在物质保护出现问题时，还能起到"退路"（Rückzugsstellung）的作用；在授予物质保护的情况下，用途权利要求的存在还能够阻止第三人就该用途获得一个（非独立的）专利保护。只有当一个权利要求与其他权利要求相比，从任何角度看都无法起到某种额外的优点时，将其放入权利要求文中才会受到质疑，因为缺乏法律保护的必要。

因此判决认为，当涉及一种物质时，如下做法是不允许的：在针对物质本身的权利要求之外，将一项方法权利要求（Mittelanspruch）和一项用途权利要求放在一起，或者在一个方法（Verfahren）之外，对仅由该方法制造的产品主

---

〔57〕 Vgl. *Benkard/Melullis*, und *Nirk* (FN 54), die „gebietsgebundene Sachansprüche" gewähren wollen.

〔58〕 Vgl. *v. Rospatt*, GRUR 1985, 740 ff.

〔59〕 BGH 18. 6. 1970 Fungizid BGHZ 54, 181; 20. 1. 1977 Benzolsulfonylharnstoff BGHZ 68, 156, 160. – BPatG 13. 8. 1992 E 33, 153, 158 ff.

〔60〕 BGH 18. 6. 1970 (FN 59); 对物质权利要求之外的用途权利要求的实践意义，参见 *Utermann*, GRUR 1985, 537 ff.

张权利。[61]相反，下列做法是允许的：只要确保单一性，将产品的物质权利要求（Sachanspruch）和对制造该产品的设备的物质权利要求联结起来，[62]或者在一个方法（Verfahren）之外，对实施该方法的设备主张权利。[63]同样的，假定有一项权利要求，针对的是包含一个确定的微处理器的计算机系统，那么，即使有针对该微处理器的权利要求存在，也不能剥夺前者受法律保护的必要。[64]如同授权请求不会针对同一客体要求多重专利授权一样，只要通过专利权利要求保护范围的相互协调，就至少可以做到不抵触。

此外，同样地，就类型不同的权利要求而言，"完全显而易见"（eine glatte Selbstverständlichkeit）意味着不支持任何补充性权利要求。因此，如果已将设备作为产品主张权利的，假如该设备的技术特征显而易见地表明其具有某一确定用法的，就不能又将其作为方法主张权利。[65]

Ⅳ. 说明书和附图

1. 说明书（《专利法》第34条第3款第4项，《专利条例》第10条）不应该包含对阐释发明而言明显不必要的内容。说明书的标题与授权申请中的发明名称一致。它指明发明所属的技术领域，该技术领域不应超出权利要求或者背景技术的说明。接下来是关于发明出发点的背景技术的描述，并说明出处，只要申请人已经知悉其来源。专利局可以要求申请人倾其所知，在说明书中完整、真实地说明背景技术（《专利法》第34条第7款）。如果从发明的技术方案或者优点与背景技术的比较中无法看出发明所要解决的问题，尤其当该问题是理解发明或者确定发明最相近的内容所必不可少时，说明书还应进一步说明发明所要解决的技术问题。问题的解决方案落在经由权利要求所限定的技术原

---

[61] BGH 14. 3. 1972（FN 51）640；27. 6. 1972 Schreibpasten GRUR 1972, 646, 647 r. ；20. 1. 1977（FN 59）159. 相反，没有物质权利要求，同时有方法和用途权利要求的，则是允许的，参见 BPatG 21. 11. 1983 Bl. f. PMZ 1984, 296。

[62] BGH 14. 12. 1978（FN 40）186 f.

[63] BPatG 13. 11. 1987 E 29, 177, 180 f. ；17. 8. 1998（FN 31）222；18. 3. 1999 Nockenwellenschleifer E 41, 112.

[64] BGH 14. 3. 2006 Mikroprozessor GRUR 2006, 748；下级法院的意见不同，赞同在半导体存储器装置本身的权利要求之外，对启动半导体存储器装置的方法权利要求（Anspruch auf Verfahren zum Ansteuern einer Halbleiterspeichereinrichtung），有必要给予法律保护，因为在给定的案件中，它允许方法权利要求具有超出设备权利要求的实质内容，参见 BPatG 16. 10. 2003 Mikroprozessor GRUR 2004, 320；BPatG 27. 4. 2007（FN 29）。

[65] Vgl. *Benkard/Schäfers*, §34 PatG Rdnr. 76；BGH 16. 9. 1997 Handhabungsgerät GRUR 1998, 130 wenigstens für den Fall, daß das Verfahren nicht anders als mittels der beanspruchten Vorrichtung ausgeführt werden kann. 联邦专利法院（BPatG 12. 4. 2000 Rechteckiges Gehäuse E 43, 66）允许将引用在先设备权利要求的、指向设备某一确定用途的权利要求，作为真正的从属权利要求（参见第2点）。

理内。说明书中的说明应与权利要求书一致，因此也可以通过参照引用的方式，复述权利要求或者部分权利要求（《专利条例》第10条第3款第2句）。说明书至少应具体说明实施发明的一条技术实施路线；只要可能，在大多情况下申请人将以一个或者多个实施示例并借助附图加以说明。当发明主题的工业应用性无法从说明书或者发明性质中明显地表现出来时，申请人也应当说明，发明主题可以通过哪种方式进行工业应用。

2. 当权利要求或者说明书参照附图时，附图是必须的。《专利条例》附件二对附图的形式要求作了规定。附图借助附图标记（主要是具体技术特征的编号）将自己与权利要求和说明书联系起来。

模型和样品仅在专利局要求的情况下才需要提供，这样专利局就无需负责保存事宜了。模型和样品不是申请的必要内容，也不是公开发明的方式。对此《专利条例》第16条有详细的规定。

3. 申请涉及生物材料或者其应用的，经常不可能对获取该生物材料的切实有效的途径进行说明。不过，即使没有法律明确规定，长期以来德国实践也要求申请人在说明书中补充说明该生物材料合适的保藏地点（参见§14 Ⅲ e bb 3）。目前的规定是自2005年1月24日生效的《生物材料保藏条例》（参见§14 Ⅲ e bb 4 ff.）。

4. 如果一份专利申请公开了核苷酸序列和氨基酸序列，根据《专利条例》，应提交一份序列报告（Sequenzprotokoll），在书面申请的场合，应附上两份数据载体，并将序列报告以机器可读形式存储其中。对此《专利条例》附件一有详细的规定。

Ⅴ. 发明的公开

a）要求的意义

1. 根据《专利法》第34条第4款的规定，申请专利的发明应该清楚、完整地公开，使该领域的技术人员能够实施。1978年之前生效的规定与此类似：发明"应加以描述，以使该发明的实施看上去对其他内行人士是可能的"（1968年《专利法》第26条第1款第4句）。

发明公开的规定与发明可实施性的要求有密切联系（参见§13.6）。然而，除此之外它尚涉及专利保护的形式前提：只有依法公开的内容，才能用以审查可专利性。发明人所知的知识如果没在申请中公开，就不是授权请求的主题，也不在审查范围之内。如果获得专利的发明公开不充分，该专利也会因此被撤销或者被宣告无效。与此相反，是否存在一个可实施的发明的问题，也可以独立于专利授权、异议或者无效程序而提出，尤其当发明者权是否产生以及何时产生是个重要问题时。

2. 发明公开首先在专利局作出。然而，只要不涉及国家秘密（参见《专利法》第 50 条以下的规定），发明的公开对公众而言也是确定的。最迟在优先权日后第 18 个月届满时，如果在此之前申请没有被撤回的话，德国专利商标局将向公众公开申请人公开的发明。

新的技术发展的信息公开，是专利制度的基本宗旨。它可以激励专业人员推动技术进一步发展或者寻找替代技术；为申请人的竞争活动提供指示，即竞争必须考虑到保护权的存在及其保护范围；并指引任何有兴趣应用该发明的人，使其能够寻求与申请人建立适当的合同关系；[66]只要不产生专利保护，发明公开就为公众免费实施提供了基础。

从专利局的角度看，公开的基本功能在于明确申请的主题（更确切地讲是授权请求的主题）。只有在申请时间点依法公开的内容，才能置于专利权利要求的保护之下。尽管通过公开所指定的申请主题[67]可以在随后的授权程序中加以限缩，但却不可以再扩大（参见§25 A Ⅷ）。相应地，申请的原始文本的公开内容界定了申请的主题，并就该主题，从该申请中衍生出一项优先权（参见本节Ⅸ a aa 3，b 4）。

专利局所面临的问题是，申请人意欲保护的内容，是否在申请中已经以在后可以实施的方式加以公开。专利局还必须进一步关注，后续修改没有扩大申请的主题。如果专利局发现，从一开始公开的内容就不能实施，或者申请人主张的权利要求超出原始公开的、可实施内容的范围的，申请将被驳回。如果这样的权利要求被授予专利权，则出现不适当扩大保护范围的无效理由。[68]

3. 在申请中公开发明还有更深的意义：因为随着后来申请向公众公布，申请公开的内容若在优先日之前的，都属于现有技术，判定在后申请的发明的新颖性，也必须根据该现有技术进行。一项申请能在多大程度影响在后专利申请获得专利保护，取决于该申请的公开内容（参见§17 Ⅲ）。

b）一般的判定标准

1. 依上所述，申请人为谋求自身利益，应清楚完整地公开发明内容。从另外一方面看，申请人应尽早地提出申请，以避免发明内容提前被公众知悉，

---

〔66〕　Vgl. *Beier*, GRUR 1972, 214ff., 225; *Kolle/Fischer*, GRUR Int 1978, 80 ff., 83 r.

〔67〕　将申请人所主张的，都视为申请的主题。这就可能超出或者窄于公开的内容。但是，只要专利尚未授予，任何时候都可以按公开内容对权利要求进行调整；如果这些权利要求超出了公开的内容，那么为了申请不被驳回，这种调整就是必要的。如果申请主题仅是申请人所主张的，即便权利要求文本的扩大落入公开内容时，这样的扩大依然违背《专利法》第 38 条的规定，参见 *Schulte*，§34 Rdnr. 309。

〔68〕　BGH 5. 7. 2005 Einkaufswagen Ⅱ GRUR 2005, 1023.

或者被其他人提前申请。因此，申请人通常不会冒险等到发明构思在方方面面都得到测试和改进，以致他能够最完美地——即准确且全面地——表达该发明构思时，才提起专利申请。就申请撰写而言，一个更为困难的问题在于，如果没有新颖性审查，将难以完全地审视到，鉴于现有技术，申请人认为新的、具有创造性的技术原理在多大程度上，是真正具有保护力的。因此，就发明的说明而言，同样应注意下述情形的退路（Rückzugsposition），即现有技术所包含的有关联的内容，比申请人所知的要多。然而，基于这种理由而被吸收进申请文件中的针对发明内容的具体和特别的说明，如果根据对现有技术的观察，证实发明构思能够以一种更为概括的形式获得保护时，是可能起到妨碍作用的。因此，如果细节（Einzelheiten）对现有技术的划界或许并不重要时，对它们的描述必须使人们知道，它们并非为了划定界限而用，而仅仅是申请主题特殊表现形式的特征而已。

2. 考虑到申请人在撰写申请公开内容时所面临的特有难题，德国法院的判决要求从在后的可实施性（Nacharbeitbarkeit）的角度来设定对申请公开的要求。这一考虑的出发点在于，申请公开将面向专业人员，依赖他们的专业知识对申请内容加以填充，因此无需对实施发明所必要的步骤的每一个细节都作出详细描述。[69]与创造性行为的判定一样，所属领域的专业人员及其资格也根据同样的原理确定下来（参见§18 Ⅱ 4，5）。正如在那里人们必须假定存在一个平均水平的专业人员。重要的是，当这样一个专业人员用心阅读[70]申请公开的内容时，有关说明是否足以让他得出，为达到这样的结果必须做什么。获得该结果的外部因果链条（Kausalverlauf）的信息，是必不可少的；[71]就此，申请并不需要提供科学知识的说明。[72]发明的技术特征，如果在申请中既无语言也无图例加以说明，但专业人员根据申请书面材料中公开内容的上下文，无需其他材料就能获取的，仍视为充分公开。[73]专业人员根据上下文，对申请中

---

〔69〕 BGH 8. 12. 1983 Isolierglasscheibenrandfugenfüllvorrichtung GRUR 1984，272，273 r. /274l.；BPatG 28. 7. 1993 E 37，202，205ff. 对数据处理领域的技术原理，通常不需要源代码的公开，参见BPatG 8. 7. 2004 Quellcode GRUR 2004，934；参见§12 Ⅲ c dd.

〔70〕 BPatG 16. 12. 1998 Streuvorrichtung E 41，207.

〔71〕 BPatG 19. 10. 1962 E 3，31，35.

〔72〕 BGH 7. 5. 1974 Chinolizine GRUR 1974，718，720l.；5. 11. 1964 Polymerisationsbeschleuniger GRUR 1965，138，142l. 因此，发明人在描述具体技术操作说明时，对其效果原因的判断出错的，于此无害，参见BGH 20. 1. 1994（FN 13）358。

〔73〕 Vgl. BGH 27. 9. 1973 Scherfolie GRUR 1974，208，209；15. 10. 1974 Allopurinol BGHZ 63，150，154 f.；23. 11. 1976 Gardinenrollenaufreiher GRUR 1977，483，484 r.；15. 6. 1978 Windschutzblech BGHZ 72，119，128 f.；13. 1. 1981 piezoelektrisches Feuerzeug GRUR 1981，341，342 r.；14. 10. 1982 Abdeckprofil GRUR 1983，169，170；BPatG 21. 7. 1997 GRUR 1998，368.

错误表述所做的正确理解，同样应考虑在内。[74]

3. 在具体案件中，联邦最高法院对在后的可实施性的要求，通常把握得相当的宽松。它并不要求专业人员能够马上并且没有任何失误地实现所主张的技术效果；[75]毋宁是，只要向专业人员指明该决定性的方向，据此他——不以申请的措辞为限——以所属技术领域的平均知识水平，能够成功地实施发明并能够发现最合适的技术解决方案，就足够了。[76]如果专业人员就此仍必须进行试验，只要该尝试没有超过通常合理的范围，[77]并且可以立即有效地获知如何达到该技术效果，这也同样符合要求。[78]

不明确的、宽泛且含糊的陈述也可以是符合条件的，只要专业人员从申请文件中能够看出，在判断时应依赖哪些信息，并根据该提示能够不费劲地通过测试弄清楚这些信息的相应价值。[79]如果专业人员必须先通过测试，才能从申请仅泛泛限定的物质中，明确哪些物质可以用于获取发明技术效果，该发明也属于充分公开。只要这类尝试在个案中不超越合理的范围，即便在测试中证明了落在申请原文范围内的某个或者其他混合物（Verbindung）无法实现相应功能，也不会带来不利的后果。[80]一些裁判甚至认为下述情况也符合要求：技术效果虽然仅出现在少数情况下，但此时从专业人员角度看，以其专业知识和能力，根据申请中的说明，效果的出现是确实可靠的，且无需进行不合理的投入去查证应使用的原材料。[81]一般情况下，判决不会因为权利要求同时包含了一些导致发明方法没有产生技术效果的原材料，从而拒绝保护；[82]能否获得保护，取决于有用的方法变量与无用的方法变量的比例，专业人员发现有用方法

---

〔74〕 BGH 20. 1. 1994（FN 13）358；BPatG 7. 12. 1999 Gegensprechanlage E 42, 157, 163 f.，联邦最高法院确认：在权利要求中使用"并联"（Parallelschaltung）限定，当其他的公开内容清楚地指向一个串联（Reihenschaltung），参见 BGH 20. 11. 2000（FN 29）177 f.

〔75〕 BGH 27. 11. 1975 Brillengestelle GRUR 1976, 213, 214 r.；24. 3. 1998 Leuchtstoff GRUR 1998, 1003, 1005 m. Nachw.

〔76〕 BGH 21. 12. 1967 Garmachverfahren GRUR 1968, 311, 313l.；19. 10. 1971 Wasser – Aufbereitung GRUR 1972, 704, 705 r.

〔77〕 BGH 21. 12. 1967（FN 76）；9. 10. 1990（FN 24）305；24. 3. 1998（FN 75）.

〔78〕 BGH 5. 11. 1964（FN 72）141 r.；19. 10. 1971（FN 76）；27. 11. 1975（FN 75）；16. 6. 1961 Rohrdichtung GRUR 1962, 80, 81 l.；9. 10. 1990（FN 24）305；联邦专利法院认为对申请公开内容的基础的试验是仍是必要的，参见 BPatG 22. 5. 2006 Neurodermitis – Behandlungsgerät GRUR 2006, 1015。

〔79〕 BGH 14. 6. 1966 Gasheizplatte GRUR 1967, 56, 57 r.；21. 12. 1967（FN 76）；19. 10. 1971（FN 76）705 f.

〔80〕 BGH 22. 12. 1964 Dauerwellen GRUR 1965, 473, 475；9. 10. 1990（FN 24）305；BPatG 14. 9. 1995 E 35, 255, 262.

〔81〕 BGH 5. 11. 1964（FN 72）；27. 11. 1975（FN 75）.

〔82〕 BGH 4. 7. 1989 Sauerteig GRUR 1989, 899, 900l.；9. 10. 1990（FN 24）301.

变量的难度，发明的意义，以及在不损害权利要求或者说明书可读性的情况下，概括地限定有用的变量并将其从保护请求中单独取出的可能性。[83] 如果申请人通过测试结果充分地证明了申请的发明在一个很大幅度内是可以实施的，以期可以获得一个相应宽大的保护范围。

就一种化学合成方法而言，也可以对表现为公众知晓的、概括限定的化学反应的某一方法步骤（例如酯化作用）主张权利，条件是公众知晓的实施该反应的可能性都失败了，而申请公开了一条在后可实施的路径；然而这并不取决于，专业人员是否也掌握了实施该反应的其他技术路径，以及究竟是否存在其他技术路线去实施该反应并伴随有用的产出。[84]

无论如何，前提都是专业人员无需付出创造性的劳动就能取得技术效果。[85] 然而，虽然有时明确了，为实施某一方案，专业人员无需采取创造性行为，但如果一个平均水平的专业人员根据申请日时的专业知识以及申请的说明，在克服巨大困难后，依然无法实际地实现该方案，或者仅在偶然情况下无需在先失败才能实际实现该方案的，则该方案也不被承认是充分公开的技术原理。[86]

4. 考虑到发明人及其权利继受者对尽可能提早的申请的合法利益，如果容忍公开的不完整，将产生如下危险：发明尚未完成的申请被认可，或者申请人倾向于隐瞒发明者的重要知识。[87] 因此，在某些个案中，实践过于宽松的态度可能让结果显得太过宽泛。但另一方面，期待——已从发明人那里获得了基本知识的——专业人员以自身知识补充实现发明所必须的细节内容，这在原则上是合理的。如果所有这些细节内容都被吸收到申请材料中，在许多案件中，申请材料将会膨胀到无法审查的程度，[88] 对专利局而言也是难以承担的重负。这样的公开要求将会偏离专利局的宗旨，无法清晰地表述申请人主张的主题以及最终授予的保护主题，它所提供的信息是公众已经可以获得的专业知识，根

---

〔83〕 联邦最高法院在裁决中拒绝维持一项结构不明的酵素（Enzym）（Restriktionsendonuklease）专利，其仅仅通过一个确定的识别序列（Erkennungssequenz）以及一个确定的分解位置（Spaltungsstelle）加以限定，且其萃取仅由一个指定的钼族集合（MO‑Stamm）加以描述。因为人们有理由认为，即使带有同样识别序列和分解位置的酵素，也可通过其他钼族集合（MO‑Stamm）所形成的结构获得，而专利说明书既没有指定这些集合（Stämme），也没有公开一条路径以减轻发现这些酵素的难度，参见 BGH 9.10.1990（FN 24）306 f.；BPatG 18.4.1991 E 32, 174。

〔84〕 BGH 3.5.2001 Taxol GRUR 2001, 813, 818l.

〔85〕 BGH 5.11.1964（FN 72）141 r.；21.12.1967（FN 76）；19.10.1971（FN 76）；27.11.1975（FN 75）；vgl. auch BGH 16.6.1961（FN 78）。

〔86〕 4.10.1979 Doppelachsaggregat GRUR 1980, 166, 168 r.

〔87〕 *Bernhardt*, S. 71 f.

〔88〕 Vgl. *Beier*（FN 66）224.

本不值一提。

5. 根据法律的规定，只要专利申请的内容使得专业人员能够实施发明即可。法律并没有要求，专业人员能够——客观地或者根据申请人的知识——以最佳的实施方式实现发明。[89]而那些常常是用于取得产品市场竞争力所必需的发明附加技术知识，更不属于申请的内容。[90]这些补充的"技术秘密"，一般由申请人或者专利权人通过允许他人使用的方式（许可），交付给他人支配。实施发明的人，如果不是与技术秘密所有人建立有合同关系，则对附属的技术秘密不能主张任何权利，即使他的实施（在授权之前或者专利无效后或者根据强制许可）是合法的。

6. 据以确定专利申请中发明是否充分公开的相关规则，同样适用于针对在后申请损害新颖性效力的判断。[91]仅以在后能实施的方式加以公开的内容，才属于现有技术，即便对此《专利法》第 3 条——与 1968 年《专利法》第 2 条不同——并没有清晰地表述出来（参见 § 17 Ⅲ 2）。因此，相一致的规则是，从可实施性（*Ausführbarkeit*）的角度看，充分公开阻碍保护的效力与充分公开支持保护的效力一样，都依赖于同样的前提；仅有的差别在于，充分公开支持保护的效力，仅限于那些"属于发明"的公开内容。[92]

c) 具体问题（Einzelfragen）

1. 公开必须出现"在申请中"。[93]因此，无论是在申请的哪一部分中说明了发明所属的技术特征，原则上并不重要。当然，摘要并不在考虑范围之内（参见本节Ⅶ）。根据 1981 年之前适用的法律的措辞，发明应该在说明书中公开，权利要求也属于说明书（1968 年和 1978 年《专利法》第 26 条第 1 款第 4句、第 5 句）。因此，那些只以图画表现的技术特征，而无法在说明书中获得支持的，原则上不属于申请公开的内容。[94]根据现行法律的规定，这一限制的依据已经不存在了。[95]不过，在个案中可能出现疑惑的是，一个仅在图绘中出

---

〔89〕 BGH 20. 1. 1994（FN 13）359；*Schulte*，§ 34 Rdnr. 339.

〔90〕 *Beier*（FN 66）224 f.；*Kolle/Fischer*（FN 66）81.

〔91〕 Vgl. *Ehlers*，FS Schilling，2007，S. 87 ff.

〔92〕 BGH 19. 5. 1981 Etikettiermaschine GRUR 1981，812；vgl. auch § 25 A Ⅷ a 4.

〔93〕 Zur Berücksichtigung（auch fremdsprachiger）Dokumente，auf die in der Anmeldung Bezug genommen wird，BGH 3. 2. 1998 Polymermasse GRUR 1998，901，903；*Strehlke*，Mitt. 1999，453 ff.

〔94〕 BGH 26. 1. 1967 Dampferzeuger GRUR 1967，476；14. 3. 1972 Schienenschalter GRUR 1972，595；dazu *Hagen* GRUR 1972，569 ff.；vgl. auch BPatG 2. 11. 1977 GRUR 1978，529，531.

〔95〕 *Bardehle*，Mitt. 1980，155 f.；*Häußer*，Mitt. 1983，121 ff.，125；a. M. *v. Uexküll*，Mitt. 1980，191 ff.

现的技术特征，是否会被理解为发明所属的内容。[96]

如果《专利法》第35条第2款有关授予申请日的条件被满足的话（参见§25 A Ⅰ），向专利局或者具有相应资质的信息中心呈交的公开内容，将在这一天确定专利申请主题。如果发明说明书没有包含专利条例所要求的所有陈述（参见本节Ⅳ1），也不因此就导致缺乏充分公开。只要递交的文件材料所包含的陈述从外表上看像是一份说明书就行。形式上的缺陷可以在不影响申请时间点的情况下予以消除。

假如公开涉及保藏生物材料的发明，则仅在《生物材料保藏条例》第1~3条所要求的条件下，申请公开的内容才应包含该生物材料（参见§14 e bb 4）。

2. 表现为产品形态的发明，要做到以可实施的方式公开，则必须向专业人员指出（至少）一条制造该产品的技术路径，或者该路径依其专业知识可以获取。就机械或者电了设备，专业人员大多不必依赖申请人对制造途径的说明。与此相反，如果是化学物质，在许多情况下专业人员将无法仅仅借助自己的专业知识，按照化学分子式，制造出新的化学物质，因此在申请中给出制造途径的说明，就显得必要了。简化结构式（Gruppenformeln）不应该包括任何已经确定的、专业人员无法制造的物质。[97]

3. 就产品制造方法而言，必须说明原材料、操作方法和最终产品。[98]其他方法必须说明操作方法及该方法所适用的客体。

如果发明在于指示将产品应用于某一确定的目的，则必须同时说明产品的使用目的，这样发明才算以在后可实施的方式进行了公开。公开必须具体到能够确保实现发明的应用效果。举例来说，就防止病虫害方法或者去除杂草方法，必须说明该方法指定的是哪些种类的害虫或者杂草。相应的，对医疗用途发明的符合法律规定的公开，应包括对某一特殊的适用症（Indikation）的说明。如果某一说明仅简单地指出某物质作为药品加以运用，则属于并没公开任何可以实施的用途发明。

即使属于现有技术的某一物质首次被作为医药加以介绍并因此能够主张《专利法》第3条第3款的功能型物质保护，对某一特定的适用症的说明仍是

---

〔96〕 Vgl. *Schulte*，§34 Rdnr. 318 ff.；*Brodeßer*，FS Nirk，1992，S. 85，100 f.；BGH 4. 2. 1982 Verteilergehäuse BGHZ 83，83；23. 10. 1984 Walzgut – Kühlbett GRUR 1985，214；BPatG 17. 9. 1998 Bl. f. PMZ 1999，228. Näheres unten §25 A Ⅷ a 4.

〔97〕 BGH 20. 10. 1977 7 – Chlor – 6 – demethyltetracyclin GRUR 1978，162，164 r. mit Anmerkung von Beil，165 r.

〔98〕 *Benkard/Bacher/Melullis*，§1 PatG Rdnr. 31；BGH 11. 7. 1985 Borhaltige Stähle Bl. f. PMZ 1985，381.

必需的，因为制造该公众知晓的物质已经不是什么新的技术，并且如若没有该特定适用症的说明，专业人员将不清楚如何将物质"制备为药品"（参见本节Ⅲ5）。

在此，对教导了制备（Bereitstellung）某项新物质的发明而言，说明具体的使用目的尚有另外一层重要意义。[99]这样的说明不仅涉及创造性活动，而且对一份可实施的操作说明的存在，也是必不可少的。因此，即便人们主流观点同意，一项物质发明，在没有说明构成创造性活动所依赖的属性的情况下，也视为充分公开的（参见 § 11 Ⅲ a，c aa 2），但是在《专利法》第3条第3款规定的情况下，申请的原始公开中必须已经包含了这一说明，而不能等到后续的授权程序再补交。否则的话，人们就可以预先将任何属于现有技术的物质"作为药物"进行申请，而直到创造性活动被证实之后再补交具体的适用症。

4. 基于原始申请材料的可实施的发明的优点，可以在可专利性的判断上——据现行法主要是创造性活动——予以考虑，即便申请人最初并不知晓这些优点而且在申请的时间点没有加以公开。[100]

与此相反，如果这些优点赋予了遵循技术原理（借助技术原理实现了这些优点）的真正意义并确定了技术方案的内容和本质时，法院的判决并不认可这些后来提出的优点（das Nachbringen von Vorteilen）。[101]毫无疑问，一个增补优点的说明，只要没有改变或者补充已公开的操作说明，[102]且遵循该操作说明就必然会实现该优点的，那么它并没有改变申请中已陈述的可实施发明的内容。[103]尽管如此，后来认识到的或者公开的令人意外的优点，如果对专业人员来说，站在现有技术角度，根据其他理由（尤其是因为其他的、容易辨认的优点），是为获得作为发明主张的方法所显而易见的，则不再能够用以支持公开的技术原理所描述的发明品质。

用聚乙烯及纤维制造鞋垫，曾是显而易见的物质替代，平均水平的专业人员能够完全——不依赖于是否除此之外应去期待某种医疗效果——看出这种替换符合目的。[104]这参照适用于新的化学物质，只要通说基于该物质出乎意料的属性而认为该物质的制备具有创造性，并相应地给予绝对物质保护：如果新物

---

〔99〕　Vgl. *Stieger*（FN 56）205 r.

〔100〕　BGH 29. 4. 1960 Flugzeugbetankung GRUR 1960，542，544 r. ；22. 9. 1961 Einlegesohle GRUR 1962，83，85；30. 3. 1971 Hubwagen GRUR 1971，403，406 r.

〔101〕　Vgl. die in FN 100 zitierten Entscheidungen.

〔102〕　Vgl. den Fall „Hubwagen"（FN 100）.

〔103〕　Vgl. die Fälle „Flugzeugbetankung" und „Einlegesohle"（FN 100）.

〔104〕　Vgl. BGH 22. 9. 1961（FN 100）84.

质表现出某种能被平均水平专业人员所预见的特性，而且该专业人员无需克服困难就能制备该物质时，就不能够再认为，该制备对专业人员是非显而易见的。更进一步看，对物质出乎意料的属性而言，主流观点合乎逻辑的方式（folgerichtigerweise）也应该只给予限于使用该属性的用途保护或者功能型物质保护（参见§11 Ⅲ d 4）。

如果人们从申请原始公开的扩大禁止（《专利法》第38条；参见§25 A Ⅷ）出发，"后来提出的优点"的合理性界限将是清晰的。就此关键在于，是哪一行为指令以其公开内容告知了专业人员。该行为指令不允许进行更改。因此，对那些效果的获取依赖于增补的、原始公开未披露的技术措施的优点，是不允许在后提起的。在后补充的优点，只有那些仅通过原始公开的行为指令的实施而不借助其他内容就能实现的，才没有改变申请公开的、将与现有技术进行比对——只要主张——的主题。由此可见，这些优点构成了真实的场景，这些场景可以根据证据迹象或者辅助考量因素（Beweisanzeichen oder Hilfserwägungen）的类别而步向已然完全公开的发明，并比如说支持这样的论点，即如果这些优点对平均水平的专业人员来说已经是显而易见于现有技术的，则对于这些以这样的方式可以获得的优点，平均水平的专业人员必须在相当长时间之前就已经想到了所主张的解决问题的方案。

5. 对化学物质发明或者化学模拟方法（Analogieverfahren）发明来说，创造性活动经常取决于申请物质或者申请方法所产生的物质的有价值的属性或者效果。然而，根据通说，即使没有对这些属性或者效果加以说明，发明仍是以后来能实施的方式公开的，因为发明局限于新物质的制备上。因此，允许后来在授权程序过程中，说明将出现此类优点以及在哪里出现。[105]

但有疑问的是，新化学物质出乎意料的属性，是否仅仅涉及——通过实施主张专利保护的行为指令（也即单纯的物质制备）而不借用其他内容所产生的——这些优点。因为，仅联系这样的认识，即这些优点可以获取以及在哪些应用情形中获得，被制备物质的可获取性，才使得可能利用那些优点。确定的是，某一优点所依赖的那些属性，对化学物质而言是固有的、与之相伴随的。但这些属性并非在该物质的每次应用中，都以该优点的意义发挥作用。毋宁是，这些属性的公开，对仅包含物质制备内容的行为指令来说，起到一种必要的补充作用。[106]这在化学物质场合，不同于其他产品的场合：对它们符合规定

---

〔105〕 BGH 3. 2. 1966 Appetitzügler BGHZ 45，102，107 f. ；14. 3. 1972 Imidazoline BGHZ 58，280，287，291. Zur Kritik oben §11 Ⅲ c cc und d 5.

〔106〕 Im gleichen Sinn v. *Pechmann*，GRUR Int. 1996，366，372 f.

地使用是借助结构特征加以标记并较窄地限定，以致一般情况下该应用必然产生发明人在申请中没说明的优点。

结果是，真正的发明成果就是对物质有价值的属性或者效果的认识。[107] 因此，当创造某一新物质本身对平均水平的专业人员来说无需困难就能做到（因为专业人员通过对公众知晓的物质或者方法的显而易见的修改就能将其制造出来），那么仅授予功能型物质保护的做法，就似乎显得合乎逻辑了。然而，在这类案件中，对这种物质本身，或者确切地说作为专利方法直接产物的物质，判决并不给予功能型的保护。其出发点在于，创造性成果并不限制在认识到物质的出人意料的有优势的应用可能性，而是表现在新物质的制备上。给出的理由看起来是：当平均水平的专业人员无法预料到物质有价值的属性或者效果时，他也没有动机，从化学家成套仪器设备所提供的丰富机会中，去创造一个已经确定的物质。因此，为了获得具有优点属性和效果的物质所必须采取的技术措施与典型的创造性风险联系在一起，对这类风险，平均水平的专业人员通常并不习惯。[108]

然而这一论证过于简单。现实中，人们并非因为以创造性方式事先预见到了新物质的有价值的属性，才去制备这种新物质。相反，在认识到物质的这种属性时，物质本身已经可以随时进行重复制备了。就此，通常不需要创造性的成果（erfinderische Leistung），而只需要平均水平专业人员的例行操作而已。当然，在新物质的例行制备过程中也会有风险出现，如对有价值的属性的试验并没有带来任何可用的结果。但是按照经验，这种不确定性并不会妨碍平均水平的专业人员进行此类试验。创造性的成果首先存在于没被期待的成功中。这点支持了一些情况下对保护的相应限制：如果某项新物质的制备无法——例外情况地——独立于可能的出人意料的属性，则意味着必须有超越一般专业水平的成果（参见 § 11 Ⅲ d）。虽然如此，在当前的表述中还是要适当地考虑实践中没有争议的主流做法。

6. 根据 1978 年之前适用的有关化学模拟方法的法律[109]以及在取消对新化学物质的物质保护禁止[110]之后，德国联邦最高法院已经要求，针对方法的产物或者更确切地说新的物质，应指明一个一般的技术应用领域。根据这一观点，"纯粹科学上感兴趣的知识"不应授予专利，因为就这类发明，并不总是

---

〔107〕　Vgl. *Troller*, Immaterialgüterrecht, Bd. Ⅰ S. 182 f., insb. FN 118, der die deutsche Praxis kritisiert.

〔108〕　So die 4. Aufl., S. 335.

〔109〕　BGH 3. 2. 1966（FN 105）109.

〔110〕　BGH 14. 3. 1972（FN 105）289.

可以毫不费力地确定，是否以原材料、工艺方法和方法之最终产品以及以新物质的构成所限定的发明，在技术上究竟可否应用。联邦专利法院[111]因此认为，关于工业可应用性的要求，应通过"技术上的有意义"（technisch Sinnvollen）的概念加以改善：该物质能够在一家工业企业中制造出来的事实，并不足够；因此，如果专业人员并不熟悉，必须已经在原始申请材料中说明一个一般的技术领域，在该领域中，与发明一致的物质或者方法产品能够被有意义地应用。

不管如何，根据1978年生效的《专利法》，上述观点已经不再能够被支持，即便实践起来依然一如既往地遵循它。这种观点在过去就已经与德国联邦最高法院先前针对旧法所创设的工业可应用性的一般概念不相一致，根据该概念，需要满足的是：发明按照其类型，将可以在技术性工业企业中制造出来，或者在某一行业中发现其技术应用性。[112]现行规定（《专利法》第5条）采纳了这一宽泛的定义。据之，由于化学物质能够在工业企业中被制备出来，所以化学物质及其制备方法已然是工业可应用的（anwendbar）。至于除此之外，该化学物质是否是工业可实施的（benutzbar），则是没有意义的。因此，再也不可以从化学物质或者制造方法发明的工业可应用性的角度，要求提供技术应用领域的说明。为了能够实施发明，专业人员并不需要知道，该化学物质到底能应用在哪一领域之中。即便没有该知识，通过制备物质以利用发明不产生经济利益，发明的实施仍旧是可能的。

认为应该说明一个一般的技术应用领域的想法，目的是避免将纯粹的科学知识变成专利，按照现行法，如果可能无法确定制造一种新的化学物质的技术原理是否应被认为是技术发明而非发现或者科学原理时，这种想法也就有其价值了。不过，这一问题已经通过承认化学物质本身可专利性，通常在提起之初就明确了（参见§11 III a）。因此，就化学物质或者制备方法的发明，不需要在个案中通过增补说明去解释技术特征。

尽管如此，认为通常应在原始申请材料中说明一个一般的技术应用领域的观点，也是对现行法的辩解。

布鲁赫豪森（Bruchhausen）[113]提出了下列论证：必须从公众利益出发，阻止发明尚未成熟的专利申请；专利申请不应该"盲目地"（ins Blaue hinein）进行，以求把范围宽泛的物质领域通过纯粹的试验目的都圈起来，而把第三人

---

[111]　10. 7. 1975 E 17, 192, 198 f.

[112]　BGH 26. 9. 1967 Glatzenoperation BGHZ 48, 313, 322; das BPatG stellt aaO 196 die Abweichung ausdrücklich fest.

[113]　*Benkard/Bruchhausen*, 9. Aufl., §1 PatG Rdnr. 89.

排除在外；如果新物质没有任何一种有利用价值的属性为人所知，那么它就不值得给予专利保护。而如果要求说明物质一个一般的技术应用领域，物质专利投机申请的状况就极少会加重。然而，布鲁赫豪森提出的观点仅在满足如下要求时才成立：对平均水平的专业人员而言出乎意料的新物质的有价值的属性或者效果，已经在原始申请材料中公开。因为通说认为这种做法并不必要，那么，当我们向这个也许并非全部被压制的怀疑——是否在专利申请时间点，申请人没有公开真正的发明构思（参见第 5 点）——做出让步时，要求申请人说明一个一般的技术应用领域，是否出现前后矛盾。

黑塞（Hesse）[114]认为，根据现行生效的法律，如果应用领域无法明显地从发明的类型中表现出来时，那么必须在原始申请材料中公开，因为，否则的话，就无法明确审查该发明的所属专业人员。然而，就化学发明而言，专业人员（发明是否以在后能实施的方式公开的问题取决于他们）同样借助产品或者方法所指明的技术特征加以明确。只要问题取决于对已表现在某一确定用途上的产品属性或者效果的可专利性判断，而且，如通说所允许的，可以在审查程序中在后提交该说明（参见第 5 点），那么是否又出现矛盾：在递交专利申请时间点，就要求评判该申请的所属专业人员的可确定性（Bestimmbarkeit）。

因此，合乎逻辑的似乎是，要么放弃化学物质的一般应用领域的说明，要么转向同样在化学物质发明领域中要求的实施：原始申请材料已经公开了含有创造性成果的知识，并且可授予的保护效力的范围以该成果为准。

7. 对中间产品，根据旧法，德国联邦最高法院曾要求，如果专业人员不熟悉如何将其再加工成为各自的最终产品时，必须在已经提交的原始申请材料中公开；否则的话，该中间产品就不具有技术上的实施意义，因此也不具有工业可应用性。[115]根据上述理由（参见第 6 点），这种观点不再受到现行法律的支持。就在后的可实施之公开的前提条件而言，只要专业人们能够从申请材料中学到如何获得该中间产品就行。由于中间产品在工业上是可制造的，因而这样的发明已经是工业上可应用的了。从这点看，较之于其他物质发明，并没有什么区别。不过，再加工的产品在中间产品可专利性的问题上能够发挥作用：前者所表现出的有价值的属性和效果，由于在因果性上依赖于后者，因此它们在中间产品的审查时，应当予以考虑。[116]但是，仅当专业人员知道如何借助已申请的中间产品去达到那些效果时，这才有可能；因为对其进行再加工是必不

---

[114]   Anwendungsgebiet und Offenbarung des Erfindungsgedankens, Mitt. 1983, 106–110.

[115]   BGH 25. 4. 1972 Lactame GRUR 1972, 642, 644 r. ; 7. 5. 1974（FN 72）720 l.

[116]   BGH 27. 2. 1969 Disiloxan BGHZ 51, 378.

可少的，所以专业人员必须有能力进行再加工。实际上，这涉及与创造性行为有关的前提条件，根据通说，该前提条件在审查过程中必须予以满足。[117]法院判决要求在申请时间点就满足这一前提条件，这与通说的观点相悖。既然可以在审查程序中才说明最终产品有价值的属性及其与中间产品的因果联系，那么，为何必须在原始申请材料中就向专业人员公开一条技术路线以将中间产品实现为最终产品，就让人无法理解了。

VI. 申请主题的单一性

1. 一个申请只能包含一项发明，或者虽是一组发明，但彼此相连，共同实现一个总的发明构思（《专利法》第34条第5款）。[118]因此，在一个申请中不允许包含多个不同的发明，例如一架飞机、一种含氮的染料和钢琴的机械装置[119]，或者一个原子弹销毁装置、一个延迟装置和一个人造的心（脏）瓣膜。[120]在这个意义上，人们习惯于说发明的单一性或者申请的单一性。两种说法都不完全正确：严格来说，一个发明的非单一性，几乎跟一个申请一样。人们希望的不过是，一个申请不要指涉多个发明，申请的主题（或者内容）不应由多个发明所组成。因此，单一性的问题就在于，申请的主题是否在总体上能够视为法律规定意义上的一个发明。

在不符合单一性的情况下，申请的主题应限定为多个申请发明中的一个。被释放出来的，则能够做成一个独立的（分离或者分案的）申请（如果需要的话可以是多个这样的申请）的主题（参见§25 A IX）。

2. 根据法院判决，单一性的规定是一项分类规定。[121]它立足于专利局审查和分类任务的需要，以及对每一个单独申请的内容进行充分的、条理分明的信息公开的需要。其次，它还有助于防止将事实上毫无关联的技术合并在一起进行申请从而逃避申请费用的不合理企图。但是，法律也不是从国家财政收入出发，要求把申请的主题拆分成为尽可能小的"发明单位"，并要求就每个单位都必须缴纳申请费用。从工作效益角度出发，尽可能在同一程序而不是多个不同程序中处理有相互关联的问题，不仅对申请人，而且对授权单位，都非常重

---

〔117〕 So *Beil*, GRUR 1969, 443 ff., 449 r.

〔118〕 这一规定是通过1998年7月16日的《专利法修正案（二）》（das 2. PatGÄndG）——借鉴《欧洲专利公约》第82条和《专利法条约实施细则》第13.1条——而纳入的。根据该法的立法理由（Bl. f. PMZ 1998, 393, 402），《欧洲专利公约实施细则》第30条（现第44条）以及《专利法条约实施细则》第13.2条、第13.3条的规定，参照适用于德国专利商标局的专利申请。

〔119〕 Beispiel aus PA（Beschwerdeabteilung）24. 9. 1913 Bl. f. PMZ 1913, 292.

〔120〕 BGH 30. 1. 1962 Atomschutzvorrichtung GRUR 1962, 398.

〔121〕 BGH 29. 6. 1971 Isomerisierung GRUR 1971, 512, 514；BPatG 12. 2. 1976 E 18, 157, 160；*Schulte*, §34 Rdnr. 240.

要。[122]是由一个程序抑或分案到不同的程序来处理，关键的问题在于，从授权程序的实践可操作性的角度看，一项申请的总体内容在条理清晰程度和内在的技术经济关联度上，是否合理。[123]相应地，从单一性要求的意义上看，发明的组合（Komplex von Erfindungen）能够被解释为一个发明，[124]即使根据国际专利分类法，该发明组合的组成部分并不属于同一个类别。[125]因此，形式上的考察方式并不适当。[126]

3.　一个专利申请包含不同种类的多个权利要求的情况，并不意味着申请主题不符合单一性的要求。[127]尤其下列情形是允许的：将一种新物质本身，与其制造方法，及其应用方法，合并在一个申请中。[128]同样，将一种化学中间产品与其制造方法，及其再加工为最终产品的方法，合并在一个申请之中，也是符合法律规定的。[129]

德国联邦最高法院曾指出，如果一项发明提议将一个在实施时能选择两种有关联的微生物原材料的方法，作为一个复杂——即使也许不是新的——问题的解决方案，若否认其单一性，则在法律上是值得商榷的。[130]

联邦专利法院曾认可下述专利申请的单一性：一项包含有多个摄像镜头的申请；[131]一项同时涉及保存和消毒方法的申请，这些方法既适用于处理技术材料，也适用于处理粮食；[132]一项烷基化方法的申请，该方法在应用时可以选择铝、硼和铍；[133]一项制造方法的申请，包括该方法产品的用途和其他产品的用途。[134]

---

〔122〕　BGH 25. 6. 1974 Alkalidiamidophosphite GRUR 1974, 774, 775 r.; 14. 12. 1978（FN 40）187 f.

〔123〕　BGH 14. 12. 1978（FN 40）187 f.; 20. 2. 1979 Tabelliermappe BGHZ 78, 330, 335.

〔124〕　BGH 29. 6. 1971（FN 121）; 14. 12. 1978（FN 40）187 f.

〔125〕　BPatG 27. 7. 1964 E 7, 99; 15. 3. 1979 GRUR 1979, 544, 546.

〔126〕　不同意见指出，应当在实质审查之前，要求一个特别的"单一性审查"，参见 *Balk*, Mitt. 1977, 181 ff.; 反对他的有：*Hegel*, Mitt. 1977, 228; *Olbricht*, Mitt. 1977, 229; *v. Bülow*, Mitt. 1977, 229 ff.; *Führing*, Mitt. 1978, 105 ff.

〔127〕　Vgl. die übersicht zulässiger Kombinationen bei *Schulte*, § 34, nach Rdnr. 254.

〔128〕　BGH 29. 6. 1971（FN 121）: Katalysator, Verfahren zu seiner Herstellung, Verfahren zur katalytischen Isomerisierung（als Verwendung des Katalysators）unter üblichen Bedingungen; vgl. auch BGH 27. 6. 1972（FN 51）.

〔129〕　BGH 25. 6. 1974（FN 122）.

〔130〕　BGH 11. 3. 1975 Bäckerhefe BGHZ 64, 101, 109.

〔131〕　BPatG 22. 7. 1965 E 8, 13.

〔132〕　BPatG 10. 10. 1963 E 4, 133, 135.

〔133〕　BPatG 19. 7. 1963 E 5, 116, 118.

〔134〕　BPatG 24. 10. 1983 Mitt. 1984, 232.

根据单一性的观点，司法判决对下列情形存有疑虑：纳入申请的，除了某项物质、该物质的制造和应用，还有该物质在应用中产生的产品[135]，或者除了物质及其制造方法，还有众多的各式各样的再加工方法[136]。

Ⅶ. 申请内容的摘要

1. 效仿《欧洲专利公约》第85条，《欧洲专利公约实施细则》第47条和《专利合作条约》第3条第2款、第3款，《专利合作条约实施细则》第8条的规定，《专利法》第36条也要求提交一份摘要。它仅仅起到技术指导的作用（《专利法》第36条第2款第1句）。正如共同体专利法的立法理由[137]所陈述的，随着引入摘要制度，公众对技术信息日益增长的需求，应当以适合于文件汇编目的、与自然科学技术文献"摘要"可对照的形式被满足，而专利权利要求和说明书由于以保护目的为导向，无法起到这一功能。

2. 摘要并不属于申请的组成部分。摘要的内容也不属于申请公开的内容。因此，如果一个技术原理仅出现在摘要中而没在申请原始文本中加以说明，则不能主张任何保护。同样，根据《专利法》第3条第2款，摘要的内容对阻碍专利的效力而言，也不需要考虑；它仅取决于申请的内容。摘要在可能的情况下扩大的内容，仅在公众可以获取时，才属于现有技术（《专利法》第3条第1款）。

3. 摘要应随申请递交，或者在优先权日起15个月内递交。这样摘要也就可能被吸收进专利申请的公开说明书中（Offenlegungsschrift）（《专利法》第32条第2款第1句）。错过该期限的，不会对申请人直接产生法律上的不利后果，但会导致专利局指正错误（《专利法》第42条第1款，第45条第1款），并且，如果在就此而设定的法定期限内仍未收到摘要的，申请将被驳回（《专利法》第42条第3款，第48条）。

根据《专利法》第36条第2款的规定，除了发明的名称，摘要应首先包含一个有关申请公开内容的概要（Kurzfassung），不超过1500字（《专利条例》第13条第1款）。概要应该说明发明的技术领域，并使人们对技术问题、解决方案和发明的主要应用可能性有一个清晰的理解。当概要涉及某个附图时，该附图也应包括到摘要之中；当概要涉及多个附图时，申请人应选择其认为最能清楚标识发明的那些附图。涉及化学发明时，在摘要中可采取最能清晰限定发明的分子式，对发明加以说明（《专利条例》第13条第2款）。

对摘要的审查不能导致摘要的公开受到实质性的迟延，或者导致在德国专

---

[135] BGH 27. 6. 1972（FN 61）646；vgl. dazu *Schiller*，GRUR 1980，24 ff.，33 f.

[136] BGH 25. 6. 1974（FN 122）776l.

[137] Bl. f. PMZ 1979，283f.

利商标局及其上一级法院产生与其追求的实质价值不相称的开支。[138] 因此，在审查程序中，仅当摘要的缺陷明显时，（专利局）才应指正（《专利法》第42条第1款第1句，第45条第1款第1句）。如果摘要与专利申请公开说明书一起公开，就无需对其正确性（Ordnungsmässigkeit）作进一步的审查，因为仅当摘要在此之前尚未公开过，它才可能被放到专利说明书（Patentschrift）之中（《专利法》第32条第3款第3句）。[139]

Ⅷ. 指明发明人（Erfinderbenennung）

1. 《专利法》第37条有关申请人指明发明人（参见§20 Ⅳ a 1）的要求，在《专利条例》第7条中有进一步的规定。指明发明人——即便已经出现在申请中——应单独地递交一份由申请人或者全权代表签名的表格，或者符合德国专利商标局格式指南（Formatvorgabe）并附有电子签章的文档（《专利条例》第3条第1款），并且必须准确地说明发明人的姓名和地址以及所涉的发明。指明发明人时，必须含有申请人的一份保证书，说明就其所知，没被指明的人未参与做出该发明。此外，当申请人宣称自己并非独立（单独）发明人时，必须说明其是如何获得专利的权利（das Recht auf Patent）的。在这种情况下，申请人必须具体说明权利取得的缘由，例如继承或者合同及其日期。在雇员完成的职务发明的场合，说明发明人是申请人的雇员即可。

2. 在优先权日起15个月内必须指明发明人。考虑到查明发明人的难度，《专利法》第37条第2款规定了延长指明期限的可能性，指明期限可以——在需要时再次——被延长。仅在法律规定的期限内（也即在出现第一次指正时，由专利局根据《专利法》第42条第1款或者第45条第1款所指定的期限），没有提起一个有效的延长期限请求的，才会以缺乏指明发明人为由驳回申请。特殊情况下，甚至在尚未指明发明人之前，就授予了专利权；但是如果超出授权的延长期限，不符合法律规定的，也会导致专利失效（《专利法》第20条第1款第2项）。

3. 请求不指明发明人（Nichtnennung）（参见§20 Ⅳ a 1）必须以书面形式提出，并附有发明人的签名；撤回该请求亦同；同样，向德国专利商标局提出的矫正或者补正发明人名称所必须的同意声明，也应以书面形式递交（《专利条例》第8条）。[140] 但是，在公布指明的发明人之前，申请人变更发明人名

---

〔138〕 Vgl. die Begründung, Bl. f. PMZ 1979, 284.

〔139〕 Vgl. die Begründung, Bl. f. PMZ 1979, 285 r.；*Benkard/Schäfers*，§36 PatG Rdnr. 8.

〔140〕 根据《专利条例》第3条第2款的规定，第8条的情况下，不能采用电子表格。根据《专利条例》第3条第2款，在第8条的情况下，排除电子表格的适用。

称的，并不需要被指明的发明人同意。[141]相反，如果最初指明的发明人——例如在专利申请公开说明书中——已经公告了，则仅在受影响的发明人出具同意文件的情况下，专利局才能更改发明人名称；如果还应指明其他人作为共同发明人的，必须经过所有被指明的发明人同意。[142]如果指明发明人仅因为与指定不一致而有瑕疵，处理的方式则不同；专利局可以自行改正该指定；在这种情况下，并不需要错误提名的被指明人的同意。[143]

Ⅸ. 主张优先权

a）《巴黎公约》规定的优先权[144]

aa）一般前提条件和效力

1. 当事人如果根据《巴黎公约》第4条，以其在《巴黎公约》另一成员国就同一发明的在先申请为基础，在德国商标专利局主张优先权的，从优先权日起16个月内，应说明在先申请的时间、国别和申请号（优先权声明）并递交一份在先申请的副本（《巴黎公约》第4条D第1款、第3款，《专利法》第41条第1款第1句）。在上述期限内可以变更有关优先权的说明（《专利法》第41条第1款第2句）。

根据 TRIPS 第2条第1款的规定，WTO 成员等同于《巴黎公约》的成员国。此外，根据《专利法》第41条第2款的规定，若主张优先权的在先申请是在未缔结相互承认优先权的国际公约的国家提起的，只要依据联邦司法部（BMJ）在联邦法律公报（BGBl.）上的公告，该国家根据指定的规定给予互惠待遇的，同样适用公约优先权的规定。[145]

在先申请不应早于12个月（参见《巴黎公约》第4C条第1款、第3款）。在先申请可以是一项国内的专利、实用新型或者发明人证书申请，或者是一项欧洲申请或者国际专利申请（参见§22 Ⅱ d 2）。

如果作为优先权基础的欧洲申请或者国际专利申请仅指定了德国，根据《专利法》第40条，就存在一项合法的国内优先权主张。[146]但是，如果申请不

---

〔141〕 BPatG 7. 10. 1971 E 13. 53.

〔142〕 BPatG 6. 4. 1984 E 26, 152, 155.

〔143〕 BPatG 15. 3. 1983 E 25, 131.

〔144〕 Zum folgenden *Wieczorek*, Die Unionspriorität im Patentrecht, 1975；*Ruhl*, Unionspriorität, 2000；*Bodenhausen*, S. 28－50；*Benkard/Ullmann*, PatG Internationaler Teil Rdnr. 30－73.

〔145〕 Vgl. *Schulte*, §41 Rdnr. 94.

〔146〕 有学者认为，当国际申请除了指定自己国家外，尚有其他指定国时，也存在国内优先权。但是，对 PCT 第11条第3款以及《巴黎公约》第4条所作的这种限制性解释没有任何理由。《国际专利条约法》第Ⅲ章第4条第3款并不针对这种情形，而是为了一个国际申请主张一项已经在德国专利商标局提起的申请的优先权，参见 *Asendorf*, GRUR 1985, 577, 5791。

是一项国际申请，德国专利商标局是唯一申请局的，优先权主张应符合《专利法》第 41 条的规定。仅在这种情况下，作为优先权基础的仅指定德国的申请，根据《专利法》第 40 条第 5 款的规定，必须无条件地视为撤回。[147]此外，如果首次申请是欧洲申请，《国际专利条约法》第 Ⅱ 条第 8 条有关双重保护禁止则将完全介入。如果首次申请是国际申请，则应澄清，就同一申请人相同主题和优先权日的申请，在缺乏法律保护的必要时，不能要求一项多重的实体决定（eine mehrfache Sachentscheidung）（参见§25 A Ⅰ 5）。

未遵守《巴黎公约》规定的 12 个月期限的，优先权失效。未在《专利法》第 41 条规定的期限内递交指明在先申请的时间、国别和案卷号的优先权声明以及在先申请副本[148]的，优先权同样失效（《专利法》第 41 条第 1 款第 3 句）。在多重优先权（参见本节Ⅸ a bb）的情况可能会出现时，仅就被主张的在先申请的部分，优先权无效。只要优先权的主张在形式和期限上有瑕疵，专利申请就根据其在德国专利商标局的申请时间点继续审理；不得因此视申请被撤回或者驳回（《巴黎公约》第 4 条 D 第 4 款）。

错过了 12 个月的优先权期限或者《专利法》第 41 条规定的 16 个月期限的，可以提起有依据的请求，恢复原状（Wiedereinsetzung）到原先的状态（《专利法》第 123 条；参见§23 Ⅳ e 1）。但是，准予恢复原状并不改变在后申请的申请日；它尤其没有效力使在后申请的申请日延伸到优先权期间的最后一天。[149]

2. 如果向德国专利商标局递交一个在后申请，作为优先权基础的在先申请就没有必要再维持待决了（《巴黎公约》第 4 条 A 第 3 款）。不过，作为优先权基础的仅能是发明在成员国的第一次有效申请。尤其不允许的是，对已经就在先申请要求过优先权的申请，主张优先权。

确定在成员国的第一个申请时，那些在递交在后申请之前"消失得无迹可寻"（spurlos untergegangen）的申请，例如申请被撤回、放弃、驳回而没有提供公众阅览或者还没有成为优先权的基础，并且没有任何权利存续的，不在考虑之列（《巴黎公约》第 4 条 C 第 4 款）。此时可以对在成员国递交的时间最接近的申请主张优先权。

---

〔147〕 同样针对在先的欧洲申请的情况，参见 *Asendorf*, aaO 581；相反，如果为了一项国内申请，在该国主张一项国际申请的优先权时，即使该国际申请指定了其他国家，该国际申请对德国而言应视为撤回（aaO 579 r.）。

〔148〕 未及时递交在先申请副本的优先权无效，参见 BGH 14. 1. 1972 *Prioritätsverlust* GRUR 1973，139。

〔149〕 BPatG 3. 2. 2005 *Tragbare Computervorrichtung* GRUR 2005，887.

通过首次申请所确立的权利，为在其他成员国的在后申请提供了优先之便利，即优先权（Prioritätsrecht），[150]属于首次申请的申请人。首次申请的申请人可以针对确定的或者所有的成员国，将该优先权转让给权利继受人，该转让独立于他在首次申请国通过申请所获得的法律地位（《巴黎公约》第4条A第1款）。此后优先权的利益将有益于权利继受人的在后申请。就转让优先权的形式要求，适用在后申请国的法律；就德国而言，可以通过非正式的合同来转让优先权。[151]

3. 优先权对同一发明的在后申请有效（《专利法》第41条第1款第1句）。[152]但是，不能因为被主张优先权的发明的某些技术特征，没有出现在专利申请的指定的权利要求中，就驳回该优先权主张，只要申请材料从整体上清楚地公开这些技术特征（《巴黎公约》第4条H）。因此，应该就在后申请所主张保护的主题与在先申请所整体公开的内容进行比对。就此，德国联邦最高法院并不要求，发明的所有技术特征做到与在先申请材料的文字表述完全一致，法院认为，对没有明确提及的发明技术特征，只要该技术领域平均水平的专业人员从在先申请的整体内容中无需费力就能获得的，同样满足要求；正如在授权程序中，允许对已递交到德国专利商标局的原始申请材料进行修改一样，也允许在后申请在同一范围内对第一次申请材料进行补充，优先权并不因之而丧失。[153]

4. 符合法律规定的优先权主张，具有《巴黎公约》第4条B所规定的效力：在后申请不会因发生在在先申请与在后申请期间的事实，尤其发明的公开或者实施，而被认定为没有效力。这首先意味着，当审查在后申请的主题是否应该保护时，如果在先申请所公开的内容包含了这一主题，则只能考察优先权日之前也即在先申请之前的现有技术，而不应包括优先权期间所出现的技术。同样，在这个优先权期间内发生的事实，也不足以支持任何第三者的权利和个人的占有权，尤其是先用权（《专利法》第12条）仅能以优先权日之前所采取的行为作为其合法存在的依据（《巴黎公约》第4条B第1句第2半句、第2句）。

---

[150]　Zur Rechtsnatur *Wieczorek*（FN 144）S. 17 f. mit Nachweisen.

[151]　Vgl. *Benkard/Ullmann*（FN 144）Rdnr. 35 mit Nachweisen.

[152]　Vgl. BGH 15. 10. 1974（FN 73）；1. 3. 1979 Magnetbohrständer GRUR 1979，621，622 f.；RG1. 7. 1933 RGZ 141，295，301. 在《巴黎公约》中，虽然第4条A和第4条B没有明确地要求前后申请的一致；但根据第4条F第2款和第4条H的规定，这是必须的；另外，第4条C第2款、第4款规定的作为优先权基础的第一个申请的同一性，仅在与在后申请在内容上相互关联的情况下，才有可能。

[153]　BGH 15. 10. 1974（FN 73）154 – 156；vgl. Unten § 25 A Ⅷ a.

5. 通常情况下，在授权程序中，一项优先权主张的实际效用并非是不证自明的，相反，它的效用体现在：对确定可用以判断已申请的发明的可专利性的现有技术范围而言，当一项申请被授予一个在它递交给德国专利商标局之前就存在的申请时间点，是有决定意义的。[154]因此，能够用以证明（该效用）的是，在首次申请和在后申请间的优先权期间内，基本知识已经可以被公众所获取，或者已经成为另外一个在德国有效提起且后来公开的专利申请的主题（参见§ 16 A Ⅲ）。此外，专利局尤其应该审查，一项在德国的在后申请的主题，在多大程度上被作为优先权基础的在先申请的内容所覆盖，专利局所处理的是否是一项在某个成员国的首次申请，以及申请人所主张的有关优先权的权利继受是否有效。

在授予专利后，优先权主张的实际效用可以体现在异议程序和无效诉讼中，尤其从具有决定性意义的现有技术角度看，当专利有效性的裁决取决于优先权主张的效力时。优先权主张没有发挥实际效用，并不构成独立的撤销或者无效理由。授予专利后，在任何情况下都不能要求对优先权主张的形式合法性进行审查。[155]

bb）多重优先权和部分优先权

1. 只要不与单一性原则的要求（参见本节Ⅵ）相悖，在一个或者多个成员国在先申请中公开的内容，都可以包含在一项递交给德国专利商标局的申请之中（《巴黎公约》第 4 条 F 第 1 款第一种情况）。仅能就在后的德国申请的主题与各个在先的外国申请相吻合的部分，主张各个在先的外国申请的优先权。在这种情况下，优先权声明就需要附上更多的日期，以及必要时指明更多的国家，然而最早的在先申请不得早于 12 个月。人们将这种优先权称为多项优先权或者多重优先权（mehreren Prioritäten oder mehrfacher Prioritäten）。[156]同样，在确保单一性的同时，德国的在后申请的主题可以超过作为优先权基础的在先申请所公开的内容（《巴黎公约》第 4 条 F 第 1 款第二种情况）。在这种情况下，公约优先权所针对的就只是申请主题的一部分了；人们将这种优先权称为部分优先权或者局部优先权（Teilpriorität oder partieller Priorität）。[157]此时，德国的在后申请的主题没能被在先申请所覆盖的部分，只能适用在德国专利商标局的申请日；该德国申请可以成为日后在其他成员国的申请的优先权基础

---

〔154〕 Vgl. *Benkard/Ullmann*（FN 144）Rdnr. 71；BPatG 27. 4. 1978 E 21，48；27. 1. 1984 E 26，119；18. 2. 1986 E 28，31 m. Nachw.；17. 2. 1987 E 28，222.

〔155〕 Vgl. *Benkard/Ullmann*（FN 144）Rdnr. 72 mit Nachw.；BPatG 27. 4. 1978（FN 154）.

〔156〕 Vgl. *Schricker*，Fragen der Unionspriorität im Patentrecht，GRUR Int. 1967，85 – 93（86）.

〔157〕 *Schricker*（FN 156）87.

（《巴黎公约》第4条F第2款）。

2. 允许多重优先权和部分优先权的目的，常常被认为在于应该允许将首次申请之后发明所经历的后续发展（Weiterentwicklungen），包含在一项在后申请中。[158]但是，在德国联邦最高法院的一个新近裁判[159]出现后，继续给予这样的机会，就出现问题了。虽然该裁判涉及的是一个针对欧洲专利的无效宣告诉讼，并相应地指向《欧洲专利公约》第87～89条的优先权规定（参见§28 Ⅵ），但该裁判的出发点是，适用这些规则应与《巴黎公约》保持一致[160]，因此对德国的在后申请同样具有意义。其指导原则如下：

> "一项欧洲专利申请的主题，仅当专业人员根据在先申请的总体内容，认为该欧洲专利申请所要求的技术特征组合（Merkmalskombination）明显属于已经申请的发明时，才属于《欧洲专利公约》第87条第1款的与在先申请一样的同一项发明。单一技术特征（Einzelmerkmale）不能通过不同的优先权，相互组合在同一个专利权利要求中（结合欧洲专利局扩大申诉委员会第G 2/98号意见）。"

这个为联邦最高法院所支持的意见[161]指出：

> "《欧洲专利公约》第87条第1款要求优先权必须是'同一项发明'，这意味着，根据《欧洲专利公约》第88条，对欧洲专利申请的一项权利要求主张一项在先申请的优先权的，只有当专业人员运用一般专业知识能够将该权利要求的主题直接和明确地从在先申请的整体中推断出来时，才能够承认该优先权。"

在该无效诉讼中受到质疑的专利涉及一项煤气传送装置，尤其一个用以疏通微小水气的空气传送装置，专利权利要求中以四个主要技术特征对其加以限定。该专利申请主张优先权的基础是一项实用新型申请，但该实用新型申请所公开的煤气传送装置仅具有上述四个技术特征中的三个，而不包括在专利权利

---

[158] Vgl. *Schricker* (FN 156) 86；*Lins/Gramm*, GRUR Int. 1983, 634 ff.；*Beier/Moufang*, GRUR Int. 1989, 869, 872 f.；*Goebel*, Mitt. 1989, 185, 187；*Lins*, FS Eisenführ, 2005, S. 195 ff.；BPatG 10. 3. 1998 Luftverteiler E 40, 115, 120 f. m. Nachw.

[159] 11. 9. 2001 Luftverteiler GRUR Int. 2002, 154；ebenso 14. 10. 2003 Elektronische Funktionseinheit GRUR 2004, 133（Nr. Ⅱ 2）.

[160] BGH aaO 156；ebenso EPA 31. 5. 2001 G 2/98 Erfordernis der Inanspruchnahme einer Priorität für„dieselbe Erfindung" ABl. 2001, 413, 422（Nr. 3）；16. 8. 1994 G 3/93 Prioritätsintervall ABl. 1995, 18, 22（Nr. 4）.

[161] G 2/98（FN 160）；vgl. auch EPA G 3/93（FN 160）.

要求中补充说明的、固定在煤气传送装置的隔膜上的、必不可少的齿桥形状元件，这些元件在煤气供应过程中起到防止隔膜隆起变形的作用。

鉴于存在上述差别，联邦最高法院认为，该欧洲专利申请和实用新型申请不属于《欧洲专利公约》第 87 条第 1 款意义上的"同一项发明"；因而主张该实用新型申请的优先权无效；在该欧洲专利申请递交之前，公众已能接触到的实用新型申请的内容已经属于判断该发明专利的可保护能力的相关现有技术。对专业人员而言，只要将该实用新型与一份其他在先出版的文件结合，就能以显而易见的方式，获得由被质疑专利的主题所构成的发明。[162]因此，该专利在德国应被宣告无效。

3. 按照联邦最高法院的观点，《巴黎公约》第 4 条 F 并非针对孤立的权利要求技术特征（einzelne Anspruchsmerkmale），而是指向原始递交材料所公开的发明主题，根据《巴黎公约》第 4 条 H 的规定，该主题当然不须必然地已经在某个权利要求中加以限定。根据《欧洲专利公约》第 88 条第 2 款第 2 句，一项权利要求能主张多重优先权，但正如其产生的历史所表明的[163]，这并不是允许就同一个权利要求的不同部分主张不同的优先权，而是应对下述情况作出规范：将在不同的在先申请中所公开的、可替换的发明实施方式，以可选择的方式，包含在一个权利要求［"或者型"权利要求（Oder – Anspruch）］中。

联邦最高法院援引欧洲专利局扩大申诉委员会[164]的观点作为其裁判意见并强调，在后申请的主题若借助发明的后续发展（通过在在后申请中附加新的技术特征）而获准取得《欧洲专利公约》第 89 条规定的优先权效力的，在事实上没有任何依据。

联邦专利法院在一个上诉裁判[165]中所持的观点是，当在后申请在后续设计的意义上对最初的发明构思进行补充，且在后申请——仅在首次申请公开的技术特征组合范围内[166]——被准许获得优先权的，根据联邦最高法院的意见，应认定相应的发明构思属于一项在首次申请中自身没有公开的设计方案。而且，在个别情况下要划清界限可能会出现问题，例如，假定有一个技术特征组合第 1 ~ 4，其中技术特征 4 仅仅补充了技术特征第 1 ~ 3，另有一个技术特征

---

[162]　BGH 11. 9. 2001（FN 159）157.

[163]　Der BGH verweist hier auf EPA G 2/98（FN 160）425 ff.（Nr. 6.3 ff.）.

[164]　G 2/98（FN 160）428 ff.

[165]　10. 3. 1998（FN 158）121 ff.；ebenso 22. 7. 1999 Elektrische Funktionseinheit E 42, 42, 47 ff., 50；krit. zur ersten Entsch. *Rau*, Mitt. 1998, 414 ff.

[166]　此处为联邦最高法院所特意强调。

组合第 1~4，其中技术特征第 1~3 在总体组合框架内能获得不同的技术效果，这两个技术特征组合的界限并不明朗，如果在判断优先权主张的效力时容忍这一问题，将会损害到法律的确定性。最后将出现这样的后果，当优先权期间第三人申请或者公开了技术特征第 1~4 的总体组合时，技术特征组合第 1~3 的优先权并没有帮助到申请人，因为仅有总体组合才能利用到优先权的申请日。

4. 联邦最高法院所持的限制性观点，从实务角度来看，具有相对简易的优点：每次仅需要将在后申请的所有权利要求与在先申请所公开的内容进行比较。如果出现一个差异，并且——如已决案件——在在后申请递交之前，公众已经能接触到在先申请内容的，此时仅需要审查，根据在在后申请递交之前出现的其他现有技术，专业人员是否已经以显而易见的方式获得在后申请的上述补充。在后申请所主张的主题，与根据一般规则所确定的在先申请的公开内容相比，差别越小，则在后申请失败或者授予专利后被撤销或者宣告无效的危险就越大。但是，不应当企图通过宽松地适用该规则，将从一个角度或者其他角度看起来不重要的差别，同时当作放在一起显而易见的（mitoffenbart）。[167] 毋宁是，查明专业人员视角下的公开，必须坚持一个在所有领域都统一的标准。

5. 在合理追求实用性时，不应该——正如鉴于其他成员国的限制性意见，在此或许显露出的、更乏依据的机会权衡——回避这样的问题：是否一个为此目的而设计出来的解决方案，在内容上也是恰当的。[168] 联邦最高法院基本上已经确认了它的裁判，理由是它认为针对同一权利要求的多重优先权和部分优先权是不允许的。尽管联邦最高法院也考虑到《欧洲专利公约》第 88 条第 2 款第 2 句的规定；然而，它将该规定的适用范围限制到实际上仅针对多个独立权利要求在言语上的简化组合（eine sprachlich abgekürzte Zusammenfassung）的情形，结果使其几乎失去意义[169]。联邦最高法院根本不考虑《欧洲专利公约》第 88 条第 3 款的规定，根据该规定，主张一项或多项优先权时，优先权只包括那些已经包含在构成优先权基础的一个或者多个申请中的技术特征（die Merkmale）。联邦最高法院把在法文原版的《巴黎公约》第 4 条 F 中称为 "要素"（éléments）的单元（Einheiten），理解为发明主题也可能是完整的发明，同时它认为该规定的目的仅在于，为申请人避免了在同一成员国提起重复的在

---

〔167〕 申诉庭在一些决定中表明的拒绝这类附加的观点，也是欧洲专利局（G 2/98（FN 160））所关注的；vgl. unten § 28 VI.

〔168〕 有学者批评该判决尤其对中小企业产生负面影响，参见 Lins（FN 158）。

〔169〕 S. v. Hellfeld, Mitt. 1997, 294, 296 r.

后申请，只要根据当地法律不违反单一性的要求。

联邦专利法院之前同样认为一项权利要求只能主张一项优先权[170]，但后来放弃了这种立场[171]。根据其最新的一项相关裁判[172]，只要一项优先权的主张有效，在审查以该项优先权提起专利申请的发明或者获得专利的发明的可专利性时，一份晚于该优先日的对比文献所公开的相应内容，不在考虑范围之内，因此，公开内容中，只有该优先权没有含括的部分，才构成保护之障碍。在适用《欧洲专利公约》第 88 条第 2 款第 2 句时，联邦专利法院认为，一项优先权所能锁定的最小单元，是在先申请和在后申请都包含的发明构思（*Erfindungsgedanken*）[173]；相反，在适用《专利法》第 40 条（参见本节 IX b）时，联邦专利法院准许在一个权利要求中，对不同的技术特征主张不同的部分优先权。[174]

6. 《巴黎公约》第 4 条 F 的措辞并没有强制人们接受，它针对的仅是这样的情况：在一个在后申请中，将多个借助不同优先权的申请在先的完整发明（*vollständige Erfindungen*）或者一个申请在先的完整发明，与一个已经附在在后申请中的完整发明，连接在一起。当然它也涉及这种情形，因此规定了单一性原则这一保留条件。但这不意味着，它不能适用在不产生任何单一性问题的场合，因为单一性问题本身也会涉及修改或者补充一项在先申请所公开的发明。用"要素"一词指完整的发明，在语言上并不清晰；因为《巴黎公约》第 4 条在需要表达同样意思时，使用了"发明"的表述。因此，无论如何，"要素"皆为更小的单元，正如其也含有"（基本）组成部分"的词义。对此，德语的表述"技术特征"（Merkmale），当其（从发明所限定的功能角度）包含这样的组成部分时，是完全合适的。[175]由于最后取决于公开内容的比较，也可以说成是信息。[176]从这个角度，《巴黎公约》第 4 条 F 的意思是，不应该因为在在后申请中，将后续信息补充到源自在先申请的信息里，而拒绝给予优先权，在这种情况下，源于在先申请的信息所确立的优先权，依然具有《巴黎公约》第 4 条 B 所规定的效力。[177]当然，在先申请所公开的信息必须构成一项

---

[170]　BPatG 21. 1. 1981 E 23, 259, 263；ebenso *Wieczorek*（FN 144）S. 170 mit Hinweis auf die internationale Praxis；ablehnend *Lins / Gramm*, GRUR Int. 1983, 634 ff.

[171]　BPatG 22. 3. 1995 GRUR 1995, 667.

[172]　BPatG 22. 7. 1999（FN 165）.

[173]　BPatG 10. 3. 1998（FN 158）124.

[174]　BPatG 22. 3. 1995（FN 171）.

[175]　有学者将"élément"界定为一个技术原理的限定特征，参见 *Ruhl*, GRUR Int. 2002, 16, 19 r。

[176]　Vgl. *Joos*, GRUR Int. 1998, 456, 458.

[177]　Im gleichen Sinn *Tönnies*, GRUR Int. 1998, 451, 453；*Nöthe*, GRUR 1998, 454 f.

后人可实施的——即使没有必要保护[178]——发明[179]。对专业人员而言不属于可实施的行为指令的信息，不能成为任何优先权的基础。

7. 在提议范围内承认部分优先权，不意味着申请人享有针对在先申请没有公开的内容的优先权。联邦最高法院以及扩大申诉委员会有这种顾虑，是因为其仅允许一项权利要求主张一项优先权，以致一项权利要求如果针对的是在先申请所公开的发明的后续发展的，要么根本不能获得该申请的优先权，要么——不被允许的——对包括申请主题中未被在先申请公开内容所覆盖的部分，享有该申请的优先权。问题最终就在于，对作为在后申请权利要求基础的信息，人们是否愿意处理它们的不同优先权的复杂分类问题。因此不言而喻的是，举例来说，三个要素组合的公开，既不包括一个后来添加的新的第四个要素，也不包括该新要素与在先三个要素或者其中之一的相互作用，也不包括加上新要素之后对三个已经公开的要素相互间的协同作用可能发生的反作用。但是，只要构成该优先权基础的公开内容，该公开内容对在后申请而言，既不应该被当作在优先权期间可能已经公开的在先申请的内容，也不应被当作在此期间已经进入现有技术的一份其他文档或者事实（Sachverhalt）的公开内容。

此外，基本上也不需要审查，是否在后申请的主题落入在先公开的发明构思范围内；因为主题偏离此越远，在先公开而成为优先权基础的信息就越不能促进它的可保护能力[180]。

同样应质疑的观点是，当在后申请的主题在优先权期间可被公众获取时，需要特别审查。[181]毋宁是，只有那些公开的内容，其包含的事实已经为公众所

---

〔178〕 Anders *Tönnies*，Mitt. 2000，496 ff. 当然也会出现，在先申请的主题与其递交之前公众能获取的现有技术相比，不具有可保护性的情况，不管如何，只要在后申请的主题与相关现有技术相比是具有创造性的，在后申请就有可能成功。此外，在上述假设的情况下，如果申请人没将在先申请的主题考虑到在后申请递交前的现有技术中时，在先申请的主题也可能不起到促进作用；因为在在先申请的时间点，在先申请的主题与当时的现有技术相比已经不包含创造性的内容。在这种情况下，如果在后申请的主题不仅与该现有技术抑或优先权期间增加的现有技术相比，都不具有新颖性和创造性的，该在后申请将因为缺乏可保护能力而被驳回，此时并不需要查明，鉴于在先申请的公开内容，该在后申请并不享有优先权。因此，有学者（*Rau*，Mitt. 1998，414，416 r.（Nr. 2 c））所表达的考虑是站不住脚的。在这种涉及在先申请主题的假设情况下，有学者（*Nöthe*（FN 177）455）提出的有关先用权的分阶段问题并不会出现，因为在这种情况下没有法律保护的权利出现；由于专利保护范围并不包括在先申请的主题，对先用权而言，如果在后申请主题获得专利，其仅取决于在后申请递交的时间点。

〔179〕 *Straus*，GRUR Int. 1995，103，111；*Benkard/Ullmann*（FN 144）Rdnr. 41；BPatG 10. 5. 1994 E 34，160.

〔180〕 S. *v. Hellfeld*（FN 169）297 l.；*Wieczorek*（FN 144）S. 149.

〔181〕 Bejahend *Tönnies*（FN 177）453；*v. Hellfeld*（FN 169）297 r. 甚至，正如学者所指出的，优先权效力不会由于优先权期间的在先公开而消失，即使该在先公开在在先申请所公开的范围之外，公开了在后申请所增附的一个技术特征，参见 *Tönnies* aaO。

知并且超出了在先申请公开的内容的，才属于用以判断在后申请主题可保护能力的相关现有技术。

如果在优先权期间，在后申请的主题被其他人提起申请，且该申请于在后申请递交后公布的，该申请仅在超出在先申请公开的内容范围内能对抗在后的申请，并且根据《专利法》第 4 条第 2 句的规定其可专利性不受到阻碍。另一方面，在后申请的内容（如果该在后申请后来被公开），仅当它被在先申请的公开内容所覆盖，并因此不妨碍可专利性时，才对在优先权期间提起的主题相同的申请，构成现有技术。在这种情况下可能产生的双重专利（*Doppelpatentierung*），最终借助这种方法加以限制：申请日后公布的在先申请，仅能构成判断新颖性的现有技术，而不能构成判断创造性的现有技术。[182]作为这一制度——估计极端罕见——的后果，双重专利同样能够像在其他场合中一样，被我们所容忍（in Kauf genommen werden）（参见 § 17 Ⅲ 6）。[183]

因而，提议的做法与新颖性宽限期（*Neuheitsschonfrist*）已绝对不具有相同的意义，因为只有当它不依赖于（在首次公开时就必须被满足的）形式而被准许时，才能支持这样的做法。另外，确立一项优先权，应当已申请了一项已完成的、可实施的发明，然而新颖性宽限期却能通过任何形式的信息开始起算。因此，不可能"在优先权协助下启动一个新颖性宽限期"。[184]

允许在一个权利要求内要求的部分优先权，同样不代表反对《巴黎公约》第 4 条第 2 款和第 4 款有关首次申请的规定。在比较公开内容时，采取与处理在先申请与在后申请关系一样的原则。但问题在于，申请的主题是否之前已经被申请过了。因此，当一个申请包含多个发明时，应将各个发明彼此分开，并独立地检查其是否具有一项更早的申请。然而，进一步细化到"要素"，例如按照《巴黎公约》第 4 条 F 的代表性观点适用于在后申请就没有必要了。

8. 实践已经朝着联邦最高法院所指的、与欧洲专利局一致的方向在进行

---

〔182〕 此外在《专利法》第 3 条第 2 款以及第 4 条第 2 句（对应于《欧洲专利公约》第 54 条第 3 款、第 56 条第 2 句）的适用范围内，并非"相同主体的冲突优先于不同主体的冲突"（die Selbstkollision gegenüber der Fremdkollision bevorzugt）。有学者想要指出这种优先的例子，落在《欧洲专利公约》第 54 条第 3 款、第 56 条第 1 句的适用范围内，因此并不令人信服，况且其本人似乎也认为，《欧洲专利公约》第 54 条第 3 款不允许这样一种优待处理，参见 *Joos*, FS Beier, 1996, S. 73, 79。除此之外有问题的是，是否在优先权效力的问题上，相同主体的冲突 完全能够被支持。

〔183〕 Ähnlich insoweit *Ruhl*, GRUR Int. 2002, 16, 21l.

〔184〕 Daß dies von manchen angestrebt werde, meint *Rau*, Mitt. 1998, 414, 417 r.; ähnlich *Joos*, GRUR Int. 1998, 456, 460; ablehnend zu diesem Argument *Lins* (FN 158) S. 204 f.

调整，支持该做法的文献也不在少数[185]。因此，当在一个在后申请中引入后续研发成果时，无论如何都应避免在优先权期间在先申请已经可以被公众获取[186]。当然，这也无法帮助对抗以其他形式产生的现有技术。在此建议，放入在后申请的权利要求，都应该严格地限制在在先申请公开内容之内。这样，只要当在先申请的主题在优先权日是新的且具有创造性时，至少对在后申请可以授予合法有效的专利。

在联邦最高法院的一个判决中，专利被宣告无效的权利人，仍能保留根据在先专利申请而获得登记的实用新型。当该实用新型的主题具有可保护能力时，针对专利主张的实施形式，只要其包含受实用新型保护的权利要求的全部特征，权利人就可以基于实用新型，在德国境内采取法律措施。

根据联邦专利法院的观点，如果一个专利由于某个技术特征没被在先申请公开而只能在德国专利商标局主张其自身的申请日的，同样可以被有条件地保留，前提是专利权利要求包含一个在优先权申请（Prioritätsanmeldung）中公开的、可专利的部分特征组合（Unterkombination），而且该专利权利要求包含如下声明：附加的权利要求技术特征超出了优先权申请的内容，从优先权申请的时间点来看，不能用以支持可专利性。[187]该声明是必须的，因为出于禁止扩大专利保护范围的缘故，不应该撤销附加的技术特征（参见§26 B Ⅱ 8）。因此，以联邦专利法院这种方式所限制保留的专利，其保护仅能对抗包含有该附加技术特征的实施形态；但是，在审查其法律效力时，应将不包含该技术特征的"部分特征组合"与——当然是由优先权申请的时间点所确定的——现有技术进行比较，这样可以对抗范围相应扩大的现有技术。如果能证明具备新颖性和创造性，该专利最终将获得最初希望得到的保护。

b）国内优先权[188]

1.1981 年之前，仅当发明首先在《巴黎公约》其他成员国提交过申请的，当事人才有可能为一项在德国专利局的申请，主张优先权日（Prioritätsjahre）。若以在德国专利局的首次申请为基础，只能通过一个指定自己的在后的欧洲申

---

〔185〕 *Joos*, FS Beier, 1996, 73 ff. und GRUR Int. 1998, 456 ff.；*Rau*, Mitt. 1998, 414ff.；*Ruhl*, Mitt. 1999, 135 ff. und GRUR Int. 2002, 16ff.；*Benkard/Ullmann*, Int. Teil Rdnr. 57f.

〔186〕 在实用新型登记的场合，根据《实用新型法》第 8 条第 1 款第 3 句以及《专利法》第 49 条第 2 款，这意味着必须提起一项请求，放弃登记。

〔187〕 BPatG 30. 4. 2003 Prioritätsdisclaimer Bl. f. PMZ 2003, 298.

〔188〕 Vgl. die Begründung zum GPatG, Bl. f. PMZ 1979, 284 f.；*Bossung*, Innere Priorität und Gebrauchsmuster, GRUR 1979, 661–668；*Gramm*, Probleme der inneren Priorität, GRUR 1980, 954–960；*Goebel*, Mitt. 1981, 15 ff.

请，才能到达联邦德国。[189] 这就产生了对申请人的歧视，首当其冲者是中小企业以及个体发明人，特别由于费用的原因，这些申请人可能无法走这样一条弯路或者不愿冒这样的风险。正如《共同体专利法》（GpatG）在陈述理由时指出的，考虑到这点，1981 年 1 月 1 日生效的规定应给予所有申请人平等的机会。该规定使得一项在德国专利商标局递交的申请，能够主张一项同样在德国专利商标局递交的在先申请的优先权（《专利法》第 40 条）。

该规定由此在一定程度上弥补了《国际专利条约法》缩小在先公布损害范围所带来的不利状况（参见 § 16 A Ⅵ 6）。它减少了在先申请的负担，使其可以免予遭受来自自身公布以及公开测试活动的消极后果。当然它——与在先的新颖性宽限期相比——无法帮助那些在破坏新颖性的公报出版之后才获得发明构思的人们去获取专利保护。

《专利法》第 40 条有关国内优先权的规定建立在《巴黎公约》第 4 条和《欧洲专利公约》第 87 条和第 88 条的基础上。只要专利法没有作出相反规定，针对公约优先权所发展出来的原则，都能补充地加以适用。在审查优先权主张的形式是否符合规定以及是否具有实质效力时，也适用同样规则（参见本节 Ⅸ a aa 5）。

2. 只能在在后申请的申请日后 2 个月内，主张国内优先权；仅当说明了在先申请的申请文档号时，才视为提出了国内优先权的声明（《专利法》第 40 条第 4 款）。由于申请是在德国专利商标局递交的，因此并不需要再提交一份申请的副本。请求查阅在后申请文档的，德国专利商标局将把在先申请的一份副本，放入该文档中（《专利法》第 40 条第 6 款）。

3. 作为优先权基础的，可以是一项已经在德国专利商标局递交的专利申请或者实用新型申请，但绝不能是已经被要求过本国或者外国优先权的申请（《专利法》第 40 条第 1 款）。该申请不再需要是待决的（参见《专利法》第 40 条第 5 款）；已经确立一个申请日即可。基于一个被撤回或者被撤销的申请，或者一个——例如没有缴纳申请费——被视为撤回的申请，也能够主张国内优先权；[190] 在先申请已经被授予专利或者登记为实用新型的，情况也一样。

一项欧洲或者国际申请，只要指定德国，也能够成为国内优先权的基础。但在这类情况下，仅当没有指定其他缔约国时，《专利法》第 40 条才有意义可言。优先权主张之合法性，也源于此规定。然而，由于在先申请并非由德国专利

---

〔189〕　这种可能性在专利法生效前已经存在，参见 BGH 20. 10. 1981 Roll – und Wippbrett BGHZ 82，88。

〔190〕　Vgl. *Gramm*（FN 188）960.

商标局处理或者并非由其独自处理，所以程序方面应适用公约优先权的规则，只要所涉不是一项以德国专利商标局作为申请局的国际申请（参见本节 a aa 1）。

在后申请必须在优先权期限内提起，在这里，该期限同样于在先申请申请日后12个月届满。若错过该期限的，期限不可以再恢复（《专利法》第123条第1款第2句3）。

4. 优先权仅适用于具有同一发明的在后申请（《专利法》第40条第1款）。主张优先权的在后申请，其主题所包含的技术特征，必须清楚地公开在先申请的整体材料中（《专利法》第40条第3款）。[191]

由此可知，就一项与在先申请在字面上一致的在后申请主张国内优先权，并不是不可以；因此也产生了法律保护的需求（Rechtsschutzbedürfnis），即通过这种方式，专利保护期的届满将得以推迟，因为保护期将根据在后申请起算。[192]

与公约优先权的情况一样，基于同样的原则，这里也允许主张多重优先权和部分优先权（《专利法》第40条第2款、第3款；参见本节 IX a bb 1）。而且在同一个申请中一并主张公约优先权与国内优先权，也不存在法律上的障碍。[193] 根据相应的情形，完全可能就一项专利申请的某一部分，主张一项或者数项外国优先权，就其另外一部分，主张一项或者数项国内优先权，而就剩下部分主张在德国专利商标局递交该申请的申请日。这样的申请应在一个程序中审查，还是必须分案处理，完全取决于申请主题的单一性（参见本节 VI）。

5. 与公约优先权相比，国内优先权的特点在于，作为优先权基础的申请与在后申请所希望获得的保护在地域范围完全一样。当优先权主张有效时，由于先后申请具有相同的申请时间起点（Zeitrang），因此肯定不会出现《专利法》第3条第2款或者《实用新型法》第14条规定的在先申请妨碍或者损害在后申请的情况。但是，法律最有可能禁止的情形是，在德国最终出现多个受保护的权利，它们的优先权都指向同一个申请，而且保护内容和权利类型也都一样。因此《专利法》第40条第5款规定，如果在先申请在德国专利商标局仍处在待决状态且要求专利保护的，当提交形式和期限合法的[194]优先权声明时，视为撤回在先申请。

---

〔191〕 在什么前提下专利局将——尤其因《专利法》第40条第5项的撤回——独立地审查，是否在优先权期间出现损害保护的事实，就该问题可参见 BPatG 27. 1. 1984（FN 154）；18. 2. 1986 E 28，31；17. 2. 1987 E 28，222，224 f.

〔192〕 BPatG 17. 2. 1983 Bl. f. PMZ 1983，372.

〔193〕 *Gramm*（FN 188）957.

〔194〕 Vgl. *Benkard/Schäfers*，§40 PatG Rdnr. 18；BPatG 25. 11. 1982 Bl. f. PMZ 1983，47.

如果在先申请要求实用新型保护，而在后专利申请主张其优先权的，不视为撤回在先申请（《专利法》第 40 条第 5 款第 2 句）。如果该要求实用新型保护的在先申请（同时）是从一项在先专利申请中分案（abgezweigt）出来的（《实用新型法》第 5 条），也不视为撤回；就第二件专利申请所提交的优先权声明，不能违背申请人意志，针对第一件专利申请。[195]

根据《国际专利条约法》第 Ⅲ 章第 4 条第 3 款的规定，如果在后申请为一项国际申请，当其已经在德国专利商标局缴付了应缴纳的申请费，在必要情况下递交了要求的译本，并且 PCT 就满足这些条件所规定的期限已经届满时，即视为撤回在德国专利商标局递交的在先申请。

如果德国专利商标局既是申请局又是指定局，并且该国际申请以德文提交，期限届满即发生视为撤回的法律效果，因为这种情况下不再需要德文译本，缴付转交费（übermittlungsgebühr）也代替了德国申请费的缴纳。在先申请的撤销，可以通过下述方式来避免：在期限届满前，撤回德国的指定，或者已经在申请中清楚地将德国排除在基本上包含所有 PCT 缔约国的指定范围之外；[196]同样，限定在国家阶段也即德国，放弃在先申请在德国专利商标局确立的针对国际申请的优先权，也可以达到同样的目的。[197]

当在先申请仅因其部分内容而被主张为优先权的基础时，在先申请整体将视为被撤回；[198]此外，如果在优先权主张之前，在先申请已经根据《专利法》第 39 条予以分案的，在先申请应予以维持。[199]如果一项欧洲专利申请指定了德国，并要求一项在德国专利商标局的专利申请的优先权，则不能适用《专利法》第 40 条第 5 款的规定[200]；但是，根据《国际专利条约法》第 Ⅱ 章第 8 条的规定，如果被授予欧洲专利，该专利权将导致德国专利商标局可能授予的专利失去效力。

6. 如果——仅在例外情况下才发生——在先申请已经获得专利授权，则该专利可以不顾优先权声明而继续维持。[201]然而没有任何合法的利益，需要在德国就同一主题，既对——为了有利地计算保护期限——在后申请，又对在先

---

〔195〕 BPatG 30. 6. 2006 Frequenzsignal GRUR 2007，1018.

〔196〕 Mitteilung Nr. 24/04 des Präsidenten des DPMA vom 4. 5. 2004 Bl. f. PMZ 2004，349.

〔197〕 BPatG 9. 6. 2004 Prioritätsverzicht GRUR 2004，1025.

〔198〕 BPatG 23. 12. 1983 E 26，60，62 f.；vgl. auch BPatG 27. 1. 1984 Bl. f. PMZ 1984，238.

〔199〕 Vgl. *Schulte*，§ 40 Rdnr. 31；*Busse/Keukenschrijver*，§ 40 PatG Rdnr. 28；Näheres zur Teilung unten § 25 A Ⅸ.

〔200〕 BPatG 27. 11. 1989 E 31，62.

〔201〕 BPatG 4. 4. 1989 E 30，192；22. 5. 1992 GRUR 1993，31.

申请，授予优先权日相同的专利保护。[202]但是，目前我们缺乏相应的规定以防止《专利法》第 40 条在适用时出现这种结果。通过类推适用《国际专利条约法》第 II 章第 8 条[203]在调整欧洲和德国专利关系方面的重复保护禁止（Doppelschutzverbot）的规定，能够得出这样的结果：如果对授予在后申请的专利没有任何异议提起的话，授予在先申请的专利将毫无疑问地失去效力。不过，人们可能将满意于这样的结果：在上述条件下，主张第一个专利的做法将被视为禁止的权利行使方式。[204]

X. 增补申请

1. 对其他已申请专利或者被专利保护的发明作出改良或者改进的发明，在满足《专利法》第 16 条第 1 款第 2 句的条件下，可以申请授予一项增补专利。该专利申请应通过在授权申请中，引用其他发明的专利申请（主申请）或者已经授予的专利（主专利），表明自身是一项增补申请。此外，增补申请必须满足所有专利申请的要件。

增补申请最早可于递交主申请之日提起。仅当主申请获得专利，增补申请（自身）才能被授予专利。

增补专利仅能隶属于一项主专利，而不能同时隶属于多项主专利。但一项主专利却能够具有多个增补专利（参见《专利法》第 16 条第 2 款第 2 句）；此外，一项增补专利也可隶属于另外一项增补专利，或者隶属于一项增补专利和主专利。[205]一项增补专利能够随时转变成为一项独立的专利申请；只要仍在递交增补专利的期限内（参见第 2 点），一项独立的专利申请可以转变成增补申请，从而与另外一项专利申请联系起来。[206]

主申请可以是一项对德国有效的国际专利申请。可以利用国际申请的途径，在德国要求增补专利（《专利合作条约》第 43 条）。

在欧洲专利局不能申请增补专利。但这并不排除，德国专利商标局对一项指定德国的欧洲专利申请授予增补专利[207]，只要在管理上能够操作。[208]在授予欧洲专利后才就主专利向德国专利局缴纳年费的事实，不应意味着原则上

---

[202] Vgl. BPatG 12. 10. 1972 E 14, 185, 186; 11. 1. 1979 E 21, 223; 4. 4. 1989 (FN 201) 194.

[203] Sie wird befürwortet von *Bossung* (FN 188) 665 l.

[204] *Benkard/Schäfers*, § 40 PatG Rdnr. 21.

[205] BPatG 11. 3. 1963 E 3, 157.

[206] BGH 13. 5. 1971 Dipolantenne GRUR 1971, 563.

[207] *Benkard/Grabinski*, § 16 PatG Rdnr. 10.

[208] 对一项欧洲专利申请，在德国专利商标局的一项实用新型辅助申请被视为是法律所允许的，并详细地讨论，德国专利商标局的信息如何对欧洲专利局流程的进行起到保障作用，参见 BPatG 20. 2. 1980 E 22, 268。

的障碍。

增补申请和增补专利的实质优点在于无需缴纳任何年费，只要主申请仍待决或者主专利仍存在（《专利法》第 17 条第 2 款）。增补专利有效期的届满与主专利一样；同样，当主专利没按时缴纳年费时，增补专利与主专利一同终止。[209] 相反，如果主专利由于其他原因而被废除，增补专利将成为独立的专利（《专利法》第 16 条第 2 款）。在主申请或者主专利被废除之后，增补申请仅可以作为独立的申请，继续进行。[210]

如果德国专利商标局授予的主专利由于与欧洲专利保护具有相同时间起点与相同主题而根据《国际专利条约法》第 Ⅱ 章第 8 条被废除的，此时与欧洲专利的增补关系并不会自动产生，而必须另行提起申请，该申请必须在 18 个月内（参见第 2 点）提起。[211]

2. 在《共同体专利法》生效之前，只要主申请或者主专利仍然有效，提起增补申请就没有期限的限制。但是，就已经提起的增补申请，如果主申请的内容已经属于现有技术的，仅当增补申请的主题较之于主申请主题属于创造性成果时，才具有授予专利的前景。能满足这一前提的、对其他发明进行改善或者改进的发明实属罕见。因此，根据先前的法律，实践中在主申请公开之后才提出增补申请并最终获得增补专利授权的，仅是例外情况。

自 1981 年 1 月 1 日起，增补申请必须在主申请申请日或者主张的优先权日后 18 个月届满之内提起，[212] 一般在这个时候，主申请已经被公开。当然，对期限的届满而言，这并不取决于何时真正进行了公开。增补申请应在上述期限内向德国专利商标局提出；即便增补申请具有一项在期限届满前就存在的优先权。

目前适用的期限限制，仅在极少情况下，例如在先申请的技术原理以创造性的方式得到进一步的发展，才会实际妨碍到增补专利的获得。当这些颇具价值的发明在 18 个月届满后提出申请的，不再给予费用优待，就不会显得不公平了。

---

[209]　*Benkard/Grabinski*，§ 16 PatG Rdnr. 24.

[210]　Vgl. *Schulte*，§ 16 Rdnr. 35；BGH 11. 11. 1976 Schuhklebstoff GRUR 1977，216. 在主申请（因错误）被取消后获得专利授权的增补专利，根据《专利法》第 16 条第 2 款的规定，视为独立的专利，参见 BPatG 17. 5. 1990 Mitt. 1991，159。

[211]　BPatG 12. 7. 1991 Änderung des Zusatzverhältnisses E 33，8.

[212]　期间的恢复并非不可能，但期间的恢复仅在下列情况下才可能：确立增补关系所需要的申请，已经在 18 个月之内提交，但当事人在没有过错的情况下，没有申请确立这种增补关系，参见 *Busse/Schwendy*，§ 16 PatG Rdnr. 20；nach *Busse/Keukenschrijver*，§ 123 PatG Rdnr. 22 und *Benkard/Grabinski*，§ 16 PatG Rdnr. 11。

3. 增补专利只能授予与主专利权人一致的同一所有人。但是，如果在决定是否授予一项增补专利时，增补专利的申请人取得了主专利或者主专利申请，或者主专利的所有人或者申请人取得了增补申请中的授权申请的，同样符合规定；授予增补专利后，主专利与增补专利可以分开转让，而且只要主专利不因为无效而导致增补专利独立的，增补专利仍可以享受费用之优待。[213]

4. 为获得增补专利的授权，增补专利所主张的发明与受主专利保护的发明之间，必须具有一种增补关系。正如今天所普遍接受的，当从维护单一性角度出发，可以把增补申请的主题吸收到主专利申请中时，这种情况总是存在的。[214]因此对是否存在增补关系的问题，也适用与判断单一性一样的标准（参见本节Ⅵ）。实际上，这完全符合设立增补专利制度的意义：凡是可以吸收到一项申请中的内容，若出现在分开的在后申请中，只要其期限起点与第一个申请相同，则不应要求支付增补的年费。

因此，增补专利不仅可以授予给依赖于主专利保护主题的某项修改，也可以授予给一项独立于上述主题的扩展（并列的发明），该项扩展本来可以以并列独立权利要求的方式出现。[215]同样，一项主专利技术原理的上一级的、一般方案原理，也可以通过增补专利加以保护。[216]

例如：用于封闭式汽车的完全独立的车身，继续改进后用于开敞式汽车的完全独立的车身；[217]以电的方式熔化铁的方法及操作该方法的合适的熔炉，调整该方法用于铝的熔化；[218]由有弹性材料制成的滑雪靴衬里，不同部位采取不同的弹性；[219]制表文件夹（Tabelliermappe）的不同悬挂设备；[220]由在套子下的两个沟槽中的两股拉紧的绳索制成的汽车座位靠背上的扶手，以及由放在一个压平的空心内胎中的布满小洞的钢带所制成汽车座位靠背上的扶手；[221]化学物质和对其结构进行修改后的化合物。[222]

5. 就增补申请主题的可专利性审查，适用一般的规则。增补申请的申请时间起点，以其递交申请之日为准，或者有的情况下以其主张的在先优先权日

[213] *Benkard/Grabinski*, §16 PatG Rdnr. 14; *Schulte*, §16 Rdnr. 31.

[214] BGH 20. 2. 1979（FN 123）334 mit Nachweisen; ebenso schon BPatG 17. 4. 1964 E 5, 81, 84 f.

[215] BGH 20. 2. 1979（FN 123）333 mit Nachweisen; BPatG 28. 5. 1979 GRUR 1980, 222.

[216] BPatG 17. 4. 1964（FN 214）; *Benkard/Ullmann*, §16 PatG Rdnr. 13.

[217] RG 23. 8. 1935 RGZ 148, 297.

[218] *E. Pietzcker*, Patentgesetz, §7 Anm. 5.

[219] BGH 18. 11. 1980（FN 36）193 r.

[220] BGH 20. 2. 1979（FN 123）.

[221] BGH 30. 11. 1967 Halteorgan GRUR 1968, 305, 306 r.

[222] BPatG 28. 5. 1979（FN 215）.

为准。优先权日在先的主申请，只要其内容在后公布的，构成损害新颖性的现有技术；但在这种情况下审查创造性时，不应考虑这些内容（《专利法》第4条第2句）。如果主申请的内容已经在先公开了，则又不同，不过考虑到提起增补申请所必须遵循的期限（参见第2点），出现这种情况应属例外。因此，增补申请的主题只需要按照新颖性情况下的要求（参见§17 Ⅲ 4，5），与没有在先公开的主申请的公开内容不相同就行。

先前的判决已经依据1978年前适用的规定，得出了同样结果。[223] 增补专利的主题并不需要展示自身与主专利没有在先公开的内容相比具有发明高度。相反，只要增补专利的技术原理与主专利的技术原理相比，并非是不言而喻的即可。尽管从原《专利法》第4条第2款有关禁止授予双重专利的行文上看，就主专利的总的主题，不能再授予一项在后申请的增补专利。但如果人们对自己发明内容的罕见后续改进都有所保留的话，设立增补专利的意义和目的将无法实现。因此，根据增补专利的规则，将出现禁止双重专利授权的一项例外，不过，由于增补专利的有效期与主专利捆绑在一起，这为该例外提供了合理的基础。

6. 从扩大的在后申请的目的和起作用的方式上看，增补申请与国内优先权（参见本节Ⅸ b）具有相似之处。申请人可以通过这两种渠道，在不需要缴付显著的额外费用的情况下，对申请后的后续开发和改进发明，获得一项范围相应扩大的保护，然而该扩大以在后申请的时间起点为准。当然，两种渠道的前提、程序和期限的规定各自不同。尤其，对主申请而不是确定优先权基础的申请，应该已经主张了优先权；同样，在作为优先权基础的专利申请被视为撤回时（因为其内容将在保持申请时间起点的情况下进入在后申请之中），主申请却必须予以维持并最终授予专利。国内优先权的一个优点在于，专利期限的届满可以往后推迟至多12个月。

B. 实用新型登记

提示：如无另外说明，在本小节中引用的条文皆出自《实用新型法》。

Ⅰ. 概　览

申请实用新型保护的发明应——直接或者通过专利信息中心——以书面或者电子形式在德国专利商标局登记（《实用新型法》第4条第1款、第2款

---

[223] RG 23. 8. 1935（FN 217）；BGH 30. 11. 1967（FN 221）mit Anmerkung von Moser v. Filseck；13. 12. 1979 Kunststoffdichtung GRUR 1980, 713, 714 r.

第2句，《实用新型条例》第2条，《德国专利商标局条例》第12条，《德国专利商标局关于电子法律事务往来条例》第1条第2项；参见本节 A Ⅰ 1 和 §23 Ⅳ c）。在这里，授予保护的申请指向的是一项实用新型的登记（第4条第3款第2项）。就申请人的适格问题，申请人的代理，应递交的申请材料，申请材料所必备的内容（《实用新型法》第4条第3款以及《实用新型条例》第2~7条），目前纸质形式的申请费用40欧元或者电子形式的申请费用30欧元的缴付，可能出现的译本要求（第4条 a 第1款第1句和第2款第2句；《国际专利条约法》第Ⅲ章第4条第2款；《实用新型条例》第9条）和优先权主张（第6条）[224]以及生物材料的保藏（第4条第7款），适用与专利申请一样的规定（参见本节 A）。但没有关于摘要、指明发明人和增补申请的规定。实用新型法的一个特别之处在于展览优先权（第6条；参见 §16 B 4）。

《实用新型法》和《专利法》在单一性（参见本节 B Ⅱ）和公开要求（参见本节 B Ⅲ）上措辞不同。由于不允许方法获得实用新型保护（参见本节 B Ⅳ），这也影响了权利要求的表现形式。实用新型权利的另一个特殊之处在于有可能主张一个在先的专利申请的申请日（参见本节 B Ⅴ）。

在德国专利商标局可以免费得到一份实用新型申请人须知，该须知具体说明了实用新型保护的前提要件以及形式上的要求。

Ⅱ. 单 一 性

申请主题单一性的要求来自《实用新型法》第4条第1款第2句，根据该规定，每一项发明都要提交一份申请。在《专利法修正案（二）》（2. PatGÄndG）于1998年7月16日生效前，《实用新型法》的这一要求与原《专利法》的规定一致。由于旧法在适用时已经以一定方式为那些形式上独立但实质上相互联系的发明的合案，提供了更多的空间[225]，因此我们不能期待，由于《专利法》第34条第5款引入了新的规定，即允许一项申请在特定的条件下包含一组发明（参见本节 A Ⅵ），在《专利法》中就发展出一个不同于先前的、目前继续适用于实用新型法的判断标准[226]。

Ⅲ. 公 开

1.《实用新型法》仅要求一份"申请主题"（第4条第3款第4项），即

---

〔224〕 与专利授权程序不同（参见本节 A Ⅸ a aa 5），在实用新型登记之前，在任何情况下都不能要求对优先权主张的实质效力进行审查，因为事先审查的登记要件都不依赖于该优先权主张的实质审查；因而实用新型部门总是对优先权主张进行形式合法性审查而已，参见 BpatG 4. 10. 1995 Mitt. 1997, 86; 2. 4. 1996 E 38, 20。在主张一项国内优先权时，仅当在先申请也是一项实用新型申请时，在先申请才视为撤回（第6条第1款第2句）。

〔225〕 Vgl. die 4. Aufl. S. 338 ff. und die Kommentierungen von § 35 Abs. 1 Satz 2 a. F. PatG.

〔226〕 Vgl. *Loth*，§ 4 Rdnr. 36 ff.；*Bühring*，§ 4 Rdnr. 66.

发明的说明书，而没有明确要求后人能实施的公开。不过，根据《实用新型法条例》第 6 条第 2 款第 7 项的规定，说明书中应提供至少一条技术路径以实施主张的发明。同样，于实用新型与专利两者，其法律保护之目的和合法性的考量因素是一样的，都要求只有以后人能够实施的方式公开实用新型，才能获得法律的保护。从这个角度看，两种类型的保护，适用同样的要求（参见本节 A Ⅴ）。

2. 就化学物质，通说认为——同样只要它仅以出乎意料的属性来衡量制备一项物质的创造性——在递交申请时仅需要说明一个一般的技术应用领域而不要求公开特征，这从《实用新型法》能推导出，即便公众并没有被告知化学物质的哪些特征能够证明该物质的制备建立在创造性步骤之上，仍能够产生完全有效的保护。对这种特征是否存在的审查，可以留待注销程序或者侵权诉讼程序去处理，即如果当初没能清楚地被登记，并最终对申请人或者被告不利时，当事人可以在这些程序中主张发明不具有可保护性（参见 § 26 B Ⅴ）。

因为当涉及化学物质时，在原始公开内容上，将实用新型申请视为相应的专利申请并提出额外的要求，是不合理的，这种结果仅允许以下述方式来避免：在专利申请的场合，正如基于其他理由所必须的，在提起申请的时刻就已经要求，将作为判断创造性效果基础的技术特征予以公开（参见本节 A Ⅴ c 5 和 § 11 Ⅲ d 5）。

Ⅳ. 保护请求权（Schutzansprüche）

根据《实用新型法》第 2 条第 3 项的规定，方法无法获得实用新型保护。因为该项排除保护的规定并没有任何令人信服的理由（参见 § 13），所以应尽最大可能对它作限缩解释，且仅当保护请求明确指向方法时，才给予提出异议的机会。

> 缺乏物理空间上的实物作为基础并不必然意味着一个发明就被视为第 2 条第 3 项意义下的方法。因此，对一项描述某程序在计算器内的过程的信号系列（Signalfolge）主张权利，并不与该规定相违背。[227]

尽管没有明确要求方法保护，也不应由此而怀疑，主张的保护能够禁止某些表现为方法的行为。根据《实用新型法》第 11 条第 1 款第 2 句以及其他规定，《实用新型法》的产品保护具有未经实用新型权利人的同意任何人均不得

---

〔227〕 BGH 17. 2. 2004 Signalfolge GRUR 2004，495. Ob es sich um ein nach § 1 Abs. 2 Nr. 3，Abs. 3 nicht schutzfähiges Computerprogramm als solches handelte，war vom BPatG nach Zurückverweisung noch zu prüfen. Krit zur Entscheidung des BGH *Quodbach*，Mittelbarer Gebrauchsmusterschutz für Verfahren?，GRUR 2006，357，360 ff.

制造受保护的产品的法律效力。相应地，该规定能够禁止任何一种制造方法的使用，只要该制造方法的结果是产生该受保护的产品。同样，对一个主张实用新型保护的产品，通过一个制造方法（参见本节 A Ⅲ 4）加以限定，或者对这样一个产品的技术特征，通过功能或者效果说明加以限定，也是法律所允许的。[228]

产品的保护可进一步扩展到使用（*Gebrauchen*）。在此就产生一个关联的问题，实用新型的保护是否不可能对抗对某些产品的使用，如果这些产品已经属于现有技术。当然，将某一确定目的产品用途（*Verwendung*）归类为方法，是通常做法；但产品用途也能够理解为产品保护效果的一部分。[229]因此，当产品本身鉴于现有技术不受保护时，应该允许将产品专利的保护范围限制到已经在最初申请中公开的专利产品的用途上。[230]《专利法》第22条第1款不允许扩大保护范围的情况不会出现在这种场合下。当然在此要避免，通过用途保护而使产品保护获得自己原本所没有的方法保护的特别效力。因此必须确保，利用该产品用途所产生的后续产品，不被《专利法》第9条第2句第3项的保护效力所包括。[231]相应地，权利保护将指向产品并限制到该确定的用途上。[232]同样必须确保，对受保护的用途，只有权利人同意，才能对在市场上流通的产品以这种用途加以利用，否则就需要一个许可，并且，未经许可供应该产品的行为，仅当产品明显是为了受保护的用途而被准备时，才可能构成直接侵权，仅出现为该准备而提供时，才可能构成间接侵权。

如果药品本身及其医疗用途都属于现有技术，但发现其具有其他医药用途的，联邦最高法院授予这种发明以这种方式的用途保护。严格来看，这不再是一个方法保护的问题，而是一个功能型产品保护（Zweckgebundenen Erzeugnisschutz）的问题（参见§33 Ⅲ d 4）。这种功能型产品保护与（明显用于构成保护基础和限定保护范围的用途目的）产品联系在一起，因此这种产品相应地包含了一个产品保护。所以这种保护也应该能够获得实用新型法的保护。[233]权

---

〔228〕 BGH 5. 6. 1977 Leiterplattennutzen GRUR 1997, 892, 893 r.; *Tronser*, GRUR 1991, 10, 14 f.

〔229〕 *V. Falck*, GRUR 1993, 199 ff.; *Loth*, §1 Rdnr. 130; *Eisenführ*, FS Schilling, 2007, S. 99, 103 ff.; ablehnend *Bühring*, §1 Rdnr. 166 f., §2 Rdnr. 43; *Tronser* (FN 228) 13 f.; zweifelnd *Busse/ Keukenschrijver*, §1 GebrMG Rdnr. 10; §1 PatG Rdnr. 156. – U. *Krieger*, auf den sich *Loth*, aaO beruft, hat seine in GRUR Int. 1996, 354 f. vertretene Ansicht in EPü – GK, 23. Lfg., 1998, Art. 64 Rdnr. 10 FN 20 aufgegeben.

〔230〕 BGH 17. 9. 1987 Abschluβblende GRUR 1988, 287, 288 r.

〔231〕 BGH 16. 1. 1990 Spreizdübel BGHZ 110, 82, 87 f.

〔232〕 相反，如果申请人在主张一个方法权利的同时放弃对可能的方法产品的保护，如联邦最高法院在上述判决中认为这是合适的，实用新型法应是不允许的，参见 *Falck* (FN 229) 200 f。

〔233〕 Befürwortend *Loth*, §2 Rdnr. 30.

利要求的撰写将产品放在前序部分，并以某种方式引用构成保护基础的用途目的（Verwendungszweck），它也起到限定保护范围的作用。借助这种方式，《实用新型法》也有可能为药品提供功能性物质保护，尽管《实用新型法》没有《专利法》第 3 条第 3 款和第 4 款的相应规定，但就是否对已经属于现有技术的产品的第一个用途或者其他用途提供保护[234]，两部法律的规定没有任何差别。联邦最高法院也赞同，《实用新型法》第 2 条第 3 项的规定在结果上，并不排除实用新型登记可以就一项已知物质的医疗用途获得权利。[235]

V. 主张在先申请的申请日（分案）

1. 根据《实用新型法》第 5 条的规定，若申请人以前在德国就同一发明提出一项有效的专利申请，申请人可以在提出实用新型申请时同时提出一份声明要求享有该专利申请的申请日。该规定使得实用新型的"分案"（Abzweigung）（《实用新型法条例》第 8 条）——就一项《专利法》规定的在先申请[236]，或者一项指定德国的欧洲申请，或者一项主张德国专利保护的、以德国专利商标局或者欧洲专利局[237]为受理局的国际申请——成为可能。

事实上，允许进行分案的合理之处在于这样的考虑：与专利申请相比，实用新型申请所欲取得的保护的期限更短、内容更窄，因此能够被视为一项保护范围被缩小了的保护请求。因此，就一项接替实用新型申请的专利申请，不能主张实用新型申请的申请日，而只能主张其优先权，并必须符合 12 个月期限的规定（参见本节 A Ⅸ b 3），而分案可以在更长的时间范围内提出（参见第 4 点）。

2. 此外，与主张优先权不同，分案的实用新型的保护期限，将从在先申请的申请日起算，结束于该日起之后的 10 年。因此，如果这一期限已经届满，则无论如何不能再提起分案（第 5 条第 1 款第 3 句第 3 种情形）。另外，专利申请所主张的优先权，分案的实用新型申请同样可以主张（第 5 条第 1 款第 2 句）。[238]这意味着，实用新型法的新颖性宽限期，应从由此确定的优先权日期

---

[234] 就结果上，同其他学者的观点一致，但仅第一个医疗用途采取功能性物质保护（类似于《专利法》第 3 条第 3 款），其他情形则相反，属于使用用途保护，参见 *Loth*，§ 1 Rdnr. 130 ff。

[235] BGH 5. 10. 2005 Arzneimittelgebrauchsmuster GRUR 2006，135（Aufhebung von BPatG 28. 10. 2002 Verwendungsgebrauchsmuster Mitt. 2004，266）；这在于避免为功能型产品保护游说以及紧抓用途权利要求的分类不放，即仅将权利要求撰写成"产品权利要求的要素"（Elemente von Erzeugnisansprüchen）；联邦最高法院的论点，主要是严格界定方法的概念以及药品研发领域的公众利益。Krit. dazu *Eisenführ*（FN 229）S. 110；vgl. auch *Quodbach*（FN227）361 f.

[236] Zur Abzweigung aus einer Teilanmeldung BPatG 29. 11. 1995 Mitt. 1996，211.

[237] Zu diesem Fall（der „Euro – PCT – Anmeldung"）BGH 20. 1. 1998 Induktionsofen GRUR Int. 1998，721.

[238] BPatG 12. 7. 1990 E 31，217.

往前推算（参见§16 B 3）。

3. 分案声明（Abzweigungserklärung）只能"与实用新型申请"同时提交。[239]假如错过，该分案只能当成一个全新的实用新型申请；无法恢复原状。[240]

假如在实用新型申请中同时提交分案申请声明，专利商标局应要求申请人在收到要求的通知后2个月，提供专利申请的号码、申请日及其副本，并在需要的情况下附上一份德文的译本（《实用新型法》第5条第2款，《实用新型条例》第8条第2款）。申请人不符合该要求的，将丧失主张专利申请申请日的权利。但只要在有效期限内（参见第4点），申请人可以在一个新的实用新型申请中，再提起形式合法的分案。

4. 在专利申请结案或者可能发生的异议程序终结的月份月底之日起2个月内，允许提起分案（第5条第1款第3句第1种和第2种情形）。不言而喻，在审查结束或者异议终结之前，也可以提起分案。

如果专利申请没能获得专利授权，上述期限的起算点应从驳回决定生效、申请被撤回或者申请被视为撤回时起算。

当一项指定德国的欧洲专利申请因为没有依法缴纳必需的指定费而视为撤回时，同样构成《实用新型法》第5条意义上的专利申请结案。主张该欧洲专利申请申请日的，应在缴纳期限届满的月份月底之日起2个月内提起。即使欧洲专利局仍在处理指定其他成员国的专利申请，也不影响以上述方式主张欧洲专利申请的申请日。[241]将来应该不论指定国的数量，在欧洲专利局缴纳一笔统一的指定费，避免这类情况的出现（参见§28 Ⅳ）。

如果申请获得专利授权，根据联邦专利法院的判决，期限的起算取决于授权决定的生效时间。[242]

在对授权决定提起申诉的期限（根据《专利法》第73条第2款第1句应在决定送达后1个月内，根据《欧洲专利公约》第108条应在决定送达后2个月内）届满之时，授权决定即生效，这不取决于授权决定是否加重了申请人的负担，但这对申诉合法性而言是必须的。[243]

该期限并非从《专利法》第59条第1款或者《欧洲专利公约》第99条第1款规定的异议提起期届满当月月底之日起算，也不是从专利权人被通知没

［239］ BPatG 6. 10. 1989 E 31, 43.

［240］ BPatG 14. 3. 1991 E 32, 124.

［241］ BPatG 24. 11. 2004 Abzweigungsfrist bei europäischer Patentanmeldung E 48, 218.

［242］ BPatG 4. 12. 1991 E 32, 259; 20. 1. 1993 E 33, 264; 24. 2. 1993 GRUR 1993, 660; 22. 3. 2000 Geschlechtslose Verbinder E 46, 200.

［243］ BPatG 22. 3. 2000 (FN 242) 203.

有任何异议提起的当月月底之日起算，同样不是从授予专利公布当月月底之日起算。

但是，当有异议提起时，分案与从专利申请结案后起算的期限之届满，并不冲突。即使当异议提起时，该期限已经过时的，同样没有问题。通过一项异议，将使一项新的分案成为可能。[244]这种可能性出现在异议程序——由于撤回异议或者具有法律效力的决定——终结后的第二个月份结束之前。

给予两项彼此之间互相独立的分案可能性的理由，可以从制度设立的意义和目的上去理解。其中尤其关键的是，当一项发明能够满足《实用新型法》在新颖性和创造性成果方面所作的规定和要求时，一个在授权或者异议程序中失败了的专利申请人或者专利权人应该可以对其发明要求实用新型的保护。为达到这一目的，不仅在专利申请结案后，而且在不依赖于此的异议程序结束之后，也应给予提出分案的机会。否则的话，在授权程序中获得成功的专利申请人，如果其发明能受实用新型保护，就应建议其在授予专利之后预防性地在规定的期限内提出一项实用新型申请的分案，以防有其他人提出异议并获得支持。对错过采取这种预防措施的专利权人，异议人就可以拖到专利申请结案后的分案期限经过之后，再提起异议，这样就减少了专利权人主张分案的可能性。

5. 实用新型申请必须与在先专利申请一样，将同一发明（dieselbe Erfindung）作为主题。最初联邦专利法院在一系列的判决中要求，原则上两项申请必须达到完全和字面上的一致。[245]后来，联邦专利法院要求，对实用新型申请主题所构成的发明，只要以符合申请公开内容一般规定（参见本节 A V）的方式，在专利申请中公开了，就满足同一发明的要求。联邦最高法院已经否决了联邦专利法院在一些判决中所持的观点，即当实用新型申请以不合法的方式偏离了在先专利申请时，主张专利申请申请日在整体上是无效的。[246]联邦最高法院赞同适用《实用新型法》第 4 条第 5 款第 2 句[247]有关禁止扩大申请主题范围的规定，如果修改后的内容与专利申请相比属于范围扩大的话，不能成为任何权利的依据。该实用新型就其扩大部分，依请求而丧失效力（第 15 条第

---

[244] *Bühring*, § 5 Rdnr. 14；BPatG 22. 3. 2000（FN 242）lässt die Frage offen.

[245] Zur Entwicklung der Rechtsprechung des BPatG und ihrer Kritik Näheres in der Voraufl. , S. 532 ff.

[246] BGH 13. 5. 2003 Momentanpol GRUR 2003, 867.

[247] 支持该适用的意义还在于，判决在另一种关系中赋予专利申请作为一项分案实用新型的基础；参见 BGH 31. 1. 2000 Schutzdauer bei Gebrauchsmusterabzweigung GRUR 2000, 698 f. ；11. 5. 2000 Sintervorrichtung GRUR 2000, 1018, 1019 r. ；BPatG 23. 11. 1995 E 39, 10, 12.

1 款第 3 项、第 3 款，第 13 条第 1 款）。[248] 然而，保留下来的剩余内容也可能不受保护。一般而言这取决于现有技术，但在先专利申请以及在其优先权日后出现的现有技术不应考虑。

正如联邦专利法院已经澄清的，实用新型申请人要求保留专利申请的申请日，也与分案不合法扩大有关联。[249] 仅当实用新型申请没有超出在先专利申请所公开的内容时，才能适用专利申请的申请日。就可能的其他内容，既不能给予该申请日，也不能给予在后的申请日。当一项实用新型的主题以不合法的方式超出了在先专利申请所公开的内容，且如果以一个在后的申请日所确定的现有技术来看某项主题具有保护价值时，我们显然不能以此为由，根据该在后申请日以及相应延后的保护期限，以后一主题来维持该实用新型。

§25　在德国专利商标局获得专利授权和实用新型登记

A. 专利法规定的授权程序

Ⅰ. 受理申请的法律后果

1. 当满足了规定的最低要求时，专利申请即产生效力：申请材料必须提交到德国专利商标局或者一个相应的合格的专利信息中心（参见 §24 A Ⅰ 1），申请材料应包含申请人的姓名、一项含有较为简短明确的发明名称的专利授权请求、一份至少从外表上看像说明书的说明；当满足这些要求时，该日期即为专利申请的申请日（《专利法》第 35 条第 2 款第 1 句，以及《专利法》第 34 条第 3 款第 1 项、第 2 项、第 4 项）。[1] 对承认申请日而言，并不要求有关申请材料至少应包含一个专利权利要求。

如果申请材料不是用德语撰写的，申请人必须在 3 个月之内，补交一份德语译本；否则申请视为未提出（《专利法》第 35 条第 1 款第 1 句、第

---

〔248〕 当分案实用新型（Abzweigung）援引的是一项分案的专利申请（Teil – Patentanmeldung）时，假如该实用新型申请的主题不被分案专利申请的公开内容所覆盖时，则按照一项不合法的扩大保护进行处理，这里应注意用以比对的不能是尚未进行分案的完整的专利申请。联邦专利法院拒绝适用关于不合法扩大保护的相关规定，并没有为这个问题提供任何解决方案，相反，联邦专利法院在出现这种情况时，不将分案的专利申请视为不合法的扩大，从而回避这个问题，参见 BPatG 29. 11. 1995 Mitt. 1996, 211。

〔249〕 BPatG 19. 10. 1994 E 35, 1；23. 11. 1995 E 39, 10。

〔1〕 有关申请日的该规定，由 1998 年 6 月 16 日生效的《专利法修正案（二）》引入；dazu *Hövelmann*, GRUR 1999, 801 ff. 不过依据判决，在此之前已经参照适用了，参见 BGH 13. 7. 1971 Funkpeiler GRUR 1971, 565, 567 l.；20. 4. 1978 Etikettiergerät Ⅱ Bl. f. PMZ 1979, 151；BPatG 8. 5. 1984 E 26, 198；9. 8. 1985 GRUR 1986, 50；10. 8. 1989 GRUR 1989, 906。

2 款第 2 句）。若申请文件援引附图但在申请中没提交附图的，专利商标局可以要求申请人在 1 个月内补交。发生这种情况的，受理附图之日为申请日；否则该附图的援引视为未提出；当事人也可以在该期限内声明，他同意该附图部分视为未提出申请（《专利法》第 35 条第 1 款第 2 句、第 2 款第 3 句）。

当一项满足了上述最低要求的专利申请被德国专利商标局受理时，即启动了专利授权程序，然而就该专利申请（Patentgesuch）并不必然会产生一项决定。当申请被撤回或者视为撤回时，可以在不作出决定的情况下，结束授权程序（参见本节Ⅶ）。

授权程序的主题由申请的公开内容所确定。在授权程序中可以通过修改来缩小主题的范围，但不得扩大主题的范围（参见本节Ⅷ）。通过分案申请，授权程序可被分成数个各自独立的授权程序（参见本节Ⅸ）。

2. 只要申请公开的发明主题满足实质可专利要件的，专利商标局受理该项申请即为申请人确立了一项公法上的授予专利之请求权，该请求权随着授予专利——在一定程度上通过履行——而终止。相应地，私法上申请人享有一个对专利的期待（Anwartschaft auf das Patent），该期待随着授予专利被吸收到专利中。当其他人在申请公开后实施发明的，该期待构成了申请人主张赔偿请求权的基础（参见 § 37）。但是，假如申请的驳回、撤回或者视为撤回已经产生效力的，授权请求权、期待以及赔偿请求权自始不产生效力。

3. 申请日一旦确定，下列时间也明确了：请求实质申请期限的起算点（《专利法》第 44 条第 2 款）、主张国内优先权期限的起算点（《专利法》第 40 条第 4 款）、缴付到期年费的时间点（《专利法》第 17 条第 1 款）、授予专利的专利保护期的起算点（《专利法》第 16 条第 1 款第 1 句）。

如果没有人主张更早的有决定意义的日期，依职权公开专利申请的最迟时间点（《专利法》第 31 条第 2 款第 2 项）、递交摘要（《专利法》第 36 条）和指明发明人（《专利法》第 37 条）的期限起算点，都依申请日而确定；否则从被主张的优先权日期起算，若同时有多个被主张的优先权日期，以时间上最早者为准。因此并不取决于优先权主张的实质合法性。

4. 当专利申请满足了承认申请日的最低条件而为德国专利商标局所受理时（参见第 1 点），该事实即确立了申请日时间起点或者在申请日前形式、期限和实质都合法的优先权日的时间起点。

就多重优先权或者部分优先权（参见 § 24 A Ⅸ 4 a bb），优先权日期各异的，每一个优先权仅针对建立在对应日期上的申请的部分申请内容。

从诸多方面来看，申请的时间起点都是关键所在。它决定了主题相同的专利申请的关系：若存在数个不同的时间起点，只要最早的专利申请要求公开的，该申请将阻碍在后的专利申请获取专利（参见§19 Ⅳ）；申请的时间起点还确定了用以判断申请主题可专利性的现有技术；现有技术仅包括在该时间起点所确立的日期之前公众能够获取的内容，或者在该时间点之前已经属于一项指向联邦德国且随后公布的专利申请的内容（参见§16 A Ⅲ、Ⅴ）。同样，只有发生在该时间起点所确立的日期之前的事实，才可能产生先用权以对抗源自公开申请或者已授权专利的请求权（《专利法》第12条）。

5. 如果要求同一主题的多项专利申请在相同时间起点被递交，它们相互之间不会产生妨碍专利授权（patenthindernd）的效果，因为这种情况并不满足《专利法》第3条第2款以及第6条第3句规定的要件。

> 例如：A和B，彼此独立地作出了同样的发明，并在同一天各自向德国专利商标局递交了专利申请（没有优先权主张）。

当申请人是不同的人（personenverschieden）时，在这种情况下——满足了专利授予的形式要求和实质要件——对每项申请都应授予一项专利。这些专利彼此独立，专利所有人之间不能彼此主张权利（参见§33 Ⅰ c 4）。相反，如果申请人是同一个人，则在优先权和内容相同的多项申请中，仅有一项申请能获得专利；其他申请将因为缺乏法律保护必要性而被驳回。

但是，仅当所有申请的内容完全一致时才允许这样处理。[2]同样，在这种情况下，仅当其中某项专利申请的授权决定生效后，才可以要求驳回其他专利申请；如果其中某项专利申请没获得授权，其他专利申请仍然处于待决状态。[3]

在德国专利商标局的专利申请授权程序，独立于在欧洲专利局提起的、针对同一发明的、优先权相同并且指定德国的欧洲专利申请程序[4]；如果在德国专利商标局的专利申请获得专利授权，并且欧洲专利局也授予专利的，根据《国际专利条约法》第Ⅱ章第8条的规定，前者是或者将（sein oder werden）全部或者部分无效。

Ⅱ. 对明显缺陷的初步审查

1. 根据《专利法》第42条的规定，专利商标局首先将依职权对每一项申请进行有限制的审查，除非当事人已经提交一份全面审查请求从而立即启动

---

〔2〕 BPatG 12. 10. 1972 E 14, 185, 186；11. 1. 1979 E 21, 223.

〔3〕 BGH 15. 3. 1984 Zinkenkreisel BGHZ 90, 318, 321.

〔4〕 BPatG 14. 6. 1986 E 28, 113；8. 2. 1988 E 29, 214.

《专利法》第44条的全面审查。

初步审查的目的，一方面在于将那些有形式瑕疵的申请修整为形式上适于公开并且检索的申请，另一方面在于将那些申请主题在类型上不能获得专利保护的专利申请排除出去。对初步审查的范围和强度作如此限制，是为了尽可能地减少专利商标局在这一阶段的工作量。在初步审查阶段尤其不作任何有关申请主题与现有技术的比较。另外，尽可能在申请公开前结束初步审查[5]，也是该制度的目标之一；在存在优先权主张时，可支配的时间从受理申请时起，可以缩减为6个月。根据审查指南[6]，在存在优先权主张时，首先初步审查应最迟在申请日后4个月内结束。但是，只要需要，并非不可以在申请公开后继续初步审查。

根据法院判决[7]，仅有那些由审查员借助其专门和专业知识，通过仔细阅读申请材料，并且不需要引用尚无法支配的材料或者进行补充调查和后续研究，而能毫无疑问加以明确的缺陷，才视为明显的缺陷。仅当有明确的判决支持时，才能提出与法律相关的、针对明显缺陷审查主题的问题。

2. 初步审查首先要处理的问题是法定的形式要件（《专利法》第42条第1款第1句）。除了单一性审查之外，初步审查由高级或者中级职员在主管审查处所承担的任务范围内执行。[8]当出现明显缺陷时，申请人将被要求在一个指定的时间内补正缺陷。[9]

在此应注意，根据《专利法》的规定，在申请日或者优先权日后15个月内，必须提交摘要和指明发明人，并且指明发明人的期限还能够延长。

此外，明显缺陷尤其可能源自：缺少《专利法》第34条第3款要求的组成要件，有关申请人或者其代理人身份的说明不清楚或者不完整。[10]如果仅涉及《专利条例》规定的缺陷，则在初步审查过程中可以不考虑对这些缺陷的异议（《专利法》第42条第1款第2句）。虽然审查指南将（初步审查阶段的）不异议（Nichtbeanstandung）规定为基本原则，然而要求在每个情况下都应该注意，申请人提交的申请材料是否适合构成专利申请公开说明书（Offen-

---

〔5〕　Vgl. BPatG 6. 5. 1994 E 34, 212.

〔6〕　Bl. f. PMZ 2004, 69, Nr. 2. 8.

〔7〕　BGH 29. 6. 1971 Isomerisierung GRUR 1971, 512, 514 l.; 6. 7. 1971 Trioxan BGHZ 57, 1, 19 f.; BPatG 19. 1. 1984 E 26, 110, 111; ebenso die Prüfungsrichtlinien (FN 6) Nr. 2. 4.

〔8〕　Vgl. die Prüfungsrichtlinien (FN 6) Nr. 2. 3.

〔9〕　就此专利商标局应确保自己能够举证当事人获知该要求的事实，参见 BPatG 6. 5. 1994 E 34, 212.

〔10〕　Vgl. die Prüfungsrichtlinien (FN 6) Nr. 2. 5.

legungsschrift）的基础。

3. 就实质保护条件，根据《专利法》第42条第2款第2句的规定，在初步审查阶段仅当申请主题在实质上明显不是发明（《专利法》第1条第3款、第4款）[11]、明显无法进行工业上的应用（《专利法》第5条）或者根据《专利法》第2条有关公共秩序或者善良风俗的考虑明显不具有可专利性的，才能提起异议；[12]当一项增补专利申请的主题与主专利申请或者主专利的主题之间，明显不具有《专利法》第16条第1款第2句要求的增补关系的，也能在初步审查阶段提起异议（参见§24 A X 4）。

初步审查由主管的专利部技术人员（审查员）执行；该审查员单独地履行法律意义上的审查科的职责（《专利法》第27条第2款）。当确定存在明显缺陷时，审查科将通知申请人，说明理由，并要求申请人在确定的时间内陈述意见。同样，当一项增补申请没有遵守就此规定的期限时，审查科也执行同样的程序（《专利法》第42条第2款第2句、第16条第2款第1句）。

当申请明显不符合单一性原则时，同样适用《专利法》第42条第2款规定的处理方式。根据法律规定的措辞（《专利法》第42条第1款第1句、第34条第5款），尽管这种情况也表现为形式上的缺陷，但实际上它取决于申请的内容，因而实质上接近缺少增补关系的情形。正如增补关系的情形，仅当单一性的缺陷一目了然时，才允许根据《专利法》第42条规定提起异议。[13]

不被《专利法》第42条所包括的实质缺陷，以及新颖性和创造性方面的错误，即使明显，也不能在初步审查阶段对其提起异议。[14]

4. 申请人能够轻松地补正形式上的缺陷。对不符合单一性的申请，申请人可以通过分案或者部分撤回申请加以解决。如果增补关系存在缺陷或者错过了增补申请的期限，申请人可以考虑将增补申请改为独立申请。然而，并不是每一次申请人都能通过修改申请来避免与可专利性有关的异议；他只能尽量让专利商标局信服，异议的缺陷实际上并不存在。由于"明显缺陷审查"的初步、临时特点，只要存在疑问，专利商标局都会尽早将异议搁置起来。

如果申请人在法律规定期限内，既没补正缺陷，又没能说服专利商标局（初步地）放弃支持异议的，申请将被驳回（《专利法》第42条第3款）。然

---

〔11〕 Dazu BPatG 12. 11. 1998 Kernmechanisches Modell E 40，254，明显缺少技术特征的也会遭拒绝。

〔12〕《专利法》第42条第2款没再包括动植物种类以及种植和养殖动物品种的生物方法，因为目前《专利法》第2a条第1项已经就此作了规定。

〔13〕 Vgl. BGH 29. 6. 1971（FN 7）；25. 6. 1974 Aromatische Diamine GRUR 1974，722，724；BPatG 15. 3. 1979 E 21，243.

〔14〕 BPatG 25. 10. 1973 E 16，119.

而，如果尚未与申请人沟通的，在作出驳回申请决定之前应给予申请人机会，在一个指定的期限内表达自己的观点。同样，就驳回申请，如果申请人已经就驳回理由表达了反对意见的，仅当有形式缺陷（参见第2点）时才由审查员自己宣布驳回决定。决定书的理由部分也应该阐明为何该缺陷被视为明显的。[15]

5. 在初步审查程序中没有发现《专利法》第42条规定的可以提起异议的缺陷的，将在专利申请文档中加以记录。[16]同样，如果通过缺陷的补正或者通过异议，消除了专利商标局提起的指摘，将不会作出任何决定。[17]因此，即使联邦专利法院同意申请人对驳回申请决定的异议，其结果也仅是取消了该决定，而不意味着向该专利申请打开了授权的绿灯。在初步审查程序中没有就某一缺陷提起异议的事实，并不妨碍专利商标局在后续的授权程序中，根据该缺陷作出驳回专利申请的决定。

Ⅲ. 申请的公开

1. 根据保密规定（参见本节Ⅵ），最迟在申请日后18个月内，或者主张优先权的情况下在优先权日后18个月内，应该解除保密，允许查阅专利申请的案卷（《专利法》第31条第2款第2项）。如果在上述期限之前，申请人向专利商标局表示其同意他人查阅专利申请案卷并且已指明了发明人的，保密的解除可以相应地提前到该时间点（《专利法》第31条第2款第1项）。

除了期限届满或者申请人有提前同意他人查阅的声明并指明发明人的事实，公众自由查阅仍以专利公报上公布了相应告示为前提，该告示也会记载在登记簿上；此外专利商标局将公布专利申请公开说明书（参见§23　Ⅴ a 1、c 1、d 1）。专利公报上的告示确定了一个重要的时间点，此后申请案卷的内容为公众所能获取，因此根据《专利法》第4条第2句的规定这些内容构成了能够评价创造性活动的现有技术；另外，此后第三人实施该已经申请的发明的，申请人能够主张《专利法》第33条规定的赔偿请求权。如果申请人希望比常规公开更早地获得上述效果，可以提交同意提前公开的声明。

2. 当专利申请在规定的日期前被撤回或者（有效）撤销或者视为撤回的，不发生公开的情形。但是，如果在取消专利申请时，已经做好了公开的技术准备的，仍将公开专利申请说明书（《专利法》第32条第4款）；根据专利商标局的实务操作，公开的技术准备将在约定公开的时间前8周做好；[18]因此，如

〔15〕　BGH 20. 6. 1978 Corioliskraft GRUR 1979, 46.

〔16〕　Prüfungsrichtlinien（FN 6）Nr. 2. 8.

〔17〕　Vgl. *Benkard/Schäfers*, § 42 PatG Rdnr. 27; *Schulte*, § 42 Rdnr. 36 f.

〔18〕　Mitteilung Nr. 6/81 des Präsidenten des DPA, Bl. f. PMZ 1981, 141.

果是在约定公开时间前8周之后取消专利申请的，将不再能够阻止专利申请公开说明书的公布，任何人都能够获取。但是，这不意味着任何人能够自由查阅申请案卷；必须有合法利益时，才能获准查阅。

申请人作出同意提前公开的声明而后又撤回的，如果撤回时间在约定公开时间前8周之后，适用上述同样的规则；专利申请说明书将提前公布，但是如果申请仍是待决的，案卷查阅必须待到通常的时间才能解除管制。

Ⅳ. 官方出版物的检索

1. 专利商标局依据检索请求，确定用以判断发明申请的可专利性所应当考虑的公开出版物（《专利法》第43条第1款第1句）。根据德国法律，检索是一个可选的环节。即使没有先行的检索，也可以进行《专利法》第44条所规定的全面审查。不过检索所得的信息，能够减轻申请人在判断是否值得维持申请并提起审查请求时的压力。检索费用共250欧元，除了50欧元，其中200欧元能够用以冲抵以后的全面审查费用。根据立法者的设想，在提起全面审查之前应进行检索。但现实中检索申请的数量远低于全面审查申请的数量。[19]

2. 检索请求不仅可以由专利申请人提起，也可以由任何第三人提出（《专利法》第43条第2款第1句）；但是第三人无法通过检索请求而成为专利授权程序的参与人。尽管如此外国申请人必须有一位本国代理人或者本国的全权送达代理人（《专利法》第43条第2款第3句、第25条，参见§23 Ⅳ a 1）。有第三人提起检索请求的，专利商标局应该通知专利申请人（《专利法》第43条第3款第2句，也参见该条第6款）。

检索请求应以书面方式递交；如果检索费用没在随后的3个月内缴纳的话，检索申请视为撤回（《专利费用法》第3条第1款，第6条第1款第2句、第2款）。在申请公开之前以及在初步审查结束之前的任何时间，都可以提起检索请求；当然首选适宜的方式进行操作（参见本节Ⅱ 1）。

如果先前已经有其他相同的检索请求或者完全审查请求被提起，检索请求视为未提出（《专利法》第43条第5款、第4款）。这种情况下仅向第一个申请人收取申请费用。

如果就一项增补专利请求检索，专利商标局应要求专利申请人（检索请求由第三人提起的亦同）就主专利申请也提起检索请求；如果没有按照规定的期限提起请求的，增补申请将成为独立申请（《专利法》第43条第2款第4句）。

---

[19] 从1999年到2007年，递交到专利商标局的全面审查申请数量是检索申请数量的4倍。

检索请求的受理应当刊载在专利公报上，但是不得早于专利申请公开的公告（Offenlegungshinweis）（《专利法》第43条第3款第1句）。任何人都可以向专利商标局提供影响专利授权的公开出版物（《专利法》第43条第3款第3句），提供这些信息的人并不因此获得专利授权程序当事人的地位。

当事人可以撤回检索请求；若此时尚未完成官方出版物的检索，该检索程序也因此（缺乏一条与《专利法》第44条第4款相对应的规定）而结束。

3. 检索的目的是查清相关的现有技术，从而能够判断专利申请的新颖性和创造性。[20]因此检索范围的基准点是申请日，即使在有优先权主张的场合也不是优先权日；在优先权期间公开的出版物，尤其应予指定。主张在德国获得专利保护的在先申请，如果在后公布而且在检索时已经有出版物时，也应该加以考虑。当对检索结果的轻微改善需要进行不成比例的大量劳动时，检索应该取消；同样，如果发现出版物已经损害了专利申请权利要求所有技术特征新颖性的[21]，检索也应该停止。

4. 专利商标局应将检索所得的出版物的文献源，一并整理在一份检索报告[22]中，并应通知申请人以及提起申请的第三人（《专利法》第43条第7款）。该通知应记载在专利公报中。专利商标局不保证检索报告的完整性，也不评价检索报告对判断发明申请可专利性的价值。

Ⅴ. 全面审查——对专利申请的决定

a）审查请求和审查费用

1. 仅当经过全面的审查后认为专利申请形式上符合规定、实质上满足可专利的要件时，才会授予一项专利。但这首先取决于一项特别的缴费义务的审查请求，该请求可以与专利申请一并递交，也可以在递交专利申请后的7年内递交（《专利法》第44条第1～3款）[23]。如果没有递交该请求，专利申请视为撤回（《专利法》第58条第3款）。

不过法律并没有苛刻地要求专利商标局必须通知申请人上述期限即将届满。因此审查请求期限届满以及与之相关的专利申请失败，其效力的产生都跟这样的通知无关。

法律规定的刚性，对申请人提出了这样的要求：在寻求恢复原状时（参见§ 23 Ⅳ e），对与权利维持相关的谨慎性要件，不要估量过高，以为错过期

---

〔20〕 Vgl. im einzelnen die Recherchenrichtlinien, Bl. f. PMZ 1999, 201, Nr. 5.

〔21〕 Recherchenrichtlinien（FN 20）Nr. 5.

〔22〕 Näheres in den Recherchenrichtlinien（FN 20）Nr. 7.

〔23〕 由于申请人没有缴纳年费而导致专利申请暂时失效，而后来又通过恢复原状的程序重新获得权利，并不会推迟请求期限的届满，参见 BGH 18. 10. 1994 Prüfungsantrag GRUR 1995, 45。

限能够被视为无过错；对没有专利法经验的申请人，尤其如此。[24]

2. 审查请求费共 350 欧元；如果先前进行过检索的，只需要缴纳 150 欧元。如果请求审查一项国际申请，且提供了一份国际检索报告，只要该检索报告涉及的不仅仅是该申请的一部分，也能享受同样的折扣（《国际专利条约法》第Ⅲ章第 7 条）。

原则上审查费用应该在递交请求之后 3 个月内缴付（《专利法》第 44 条第 2 款、《专利费用法》第 3 条第 1 款）。没在上述期限内缴纳费用的，审查请求视为撤回（《专利费用法》第 6 条第 1 款第 2 句、第 2 款），不过在 7 年的请求期限内可以再次递交请求。如果递交审查请求的时间是在 7 年期限届满前 3 个月内，则仅能在剩下的期间内缴纳费用（《专利法》第 44 条第 2 款第 3 句）。如果错过了这一最后期限，审查请求视为撤回并再也不能——恢复原状的规定受到限制——提起请求。仅当审查费用已经缴纳之后，专利商标局才开始审查（《专利费用法》第 5 条第 1 款）。

如果请求期限已过，即使缴纳了追加的费用（Zuschlag），也无法让审查费的缴付生效；这与《巴黎公约》第 5 条之二的规定一致，即公约自身并不处理为维持某一权利应缴纳某一费用的问题。[25]

3. 任何人都有权提起审查请求，但是外国人仅在指定一个国内代理人或者国内的送达全权代理人时，才能提起审查请求（《专利法》第 44 条第 3 款第 2 句、第 43 条第 2 款第 3 句、第 25 条，参见 § 23 Ⅳ a 1）。与递交检索请求一样，第三人提起审查请求的，同样无法获得授权程序当事人的地位（《专利法》第 44 条第 2 款）。在审查过程中第三人不会从专利商标局获得任何通知，他只能通过案卷的查阅来获取相关的信息；仅当审查过程结束时，专利商标局才会通知第三人。[26]

第三人提起审查请求的，专利商标局应将该审查请求通知申请人（《专利法》第 44 条第 3 款第 2 句、第 43 条第 2 款第 3 句）；若在通知申请人之后，审查请求无效的，也应该通知申请人（《专利法》第 44 条第 3 款第 2 句、第 43 条第 6 款）。申请人因此获得自己提起审查请求的机会。在这种情况下，在专利商标局送达通知之后，申请人至少有 3 个月的时间提起审查请求，即使在这 3 个月内 7 年请求审查期限已经届满。

----

〔24〕 BPatG 10. 3. 1980 E 22, 280. – Zur Wiedereinsetzung in einem Sonderfall BGH 18. 10. 1994（FN 23）.

〔25〕 BPatG 6. 12. 1971 E 14, 31.

〔26〕 Vgl. die Prüfungsrichtlinien（FN 6）Nr. 3. 1.

4. 如果存在一个在先有效的审查请求的，在后的审查请求视为未提交（《专利法》第 44 条第 3 款第 2 句、第 43 条第 5 款）。在提起审查请求之前，如果已经有一个检索请求被递交，则在检索结束之后，才开始审查程序（《专利法》第 44 条第 3 款第 1 句）。哪个请求是第一个请求，由缴纳费用的时间点来确定。

如果请求人撤回审查请求，当专利商标局推迟了审查的开始并且导致专利申请被撤回时，请求人也不能要求退回审查费。[27]

如果请求审查一项增补申请，则申请人必须请求同时审查主申请；否则增补申请将视为独立申请（《专利法》第 44 条第 3 款第 2 句、第 43 条第 2 款第 4 句，参见本节Ⅳ 2）。

5. 在根据有效的审查请求启动审查程序后，即便审查请求后来被撤回，审查程序也将继续进行下去（《专利法》第 44 条第 4 款第 1 句）。申请人仅能通过撤回专利申请的方式，才能提前结束审查程序。因此，当审查过程不顺利时，申请人不应当试图通过撤回审查请求的方式，去谋求尽可能长地维持《专利法》第 33 条规定的临时保护。[28]

当然，在 7 年期限届满之后临时保护终究会有溯及力的消失；同样，如果提交审查请求，但审查结果是专利申请被驳回的，申请人最终也没法获得一个更好的结果。同样，如果申请人根据《专利法》第 33 条的规定向实施申请发明的人提出赔偿请求，被请求的实施方可以要求申请人在一段时间内提出审查请求（《专利法》第 140 条）。因此，在没有《专利法》第 44 条第 4 款第 1 句规定的情况下，滥用撤回审查请求的不当行为，也能被有效地杜绝。

b）审查的实施

1. 专利商标局负责审查申请是否符合《专利法》第 34 条、第 37 条、第 38 条的规定，以及专利申请的主题依据《专利法》第 1~5 条的规定是否具有可专利性（《专利法》第 44 条第 1 款）。全面审查的范围也包括在初步审查阶段已经审查过的形式要件以及实质可专利性条件。但全面审查基本上都会超出初步审查的范围，因为它既审查形式要件，只要这些要件仍规定在《专利条例》中，又审查申请主题的实质保护要件，包括新颖性和创造性活动的基础，而且在这两方面的全面审查都不仅仅局限在明显缺陷上。唯一的例外是摘要的审查：即使递交了审查请求，对摘要也仅进行明显缺陷审查（《专利法》第 45 条第 1 款第 1 句）；如果摘要已经在公开说明书中公布（《专利法》第 32 条

---

〔27〕　BPatG 23. 8. 2005 Bl. f. PMZ 2005，455；anders Art. 11 der Gebührenordnung des EPA.

〔28〕　Vgl. die Begründung zum Gesetz vom 4. 9. 1967, Bl. f. PMZ 1967, 260 r.

第2款第1句），则基本上不再对其进行审查（《专利法》第45条第1款第2句）。

审查由与申请主题的专业相关的主管审查科进行，审查科的职责由专利商标局的一名技术成员（审查员）承担（《专利法》第27条第2款）。

2. 如果经审查，发现了申请的形式缺陷（或者尚未公开的摘要的明显缺陷），审查科应要求申请人在一个指定的期限内修正错误（《专利法》第45条第1款第1句）。如果审查科认为专利申请不能（完全）满足《专利法》第1~5条规定的可专利的实质条件，其应通知申请人并说明理由，并要求申请人在指定的时间内陈述意见（《专利法》第45条第2款）。审查科应以书面的审查决定，通知申请人有关形式和实体方面可专利之前提条件（Patentierungs-voraussetzungen）。即便仍有形式方面的缺陷需要补正，审查科也应尽可能在第一次决定中就表明自己对专利申请的可专利性的立场。[29] 通常情况下，申请人如果就第一个审查决定作出答复的，审查科必须重新作出第二个审查决定。但是，一般情况下，审查科应该尽力使第二个审查决定成为最终决定。[30]

期限的确定，一方面应该有助于审查程序的顺利通过，另一方面应该保证当事人有足够的时间进行回复。因此必须根据决定的内容来确定期限。审查指南[31]规定，申请人用以补正形式缺陷的法定期限为1个月，答复实质决定的法定期限为4个月。当事人在有充分理由的情况下请求延长期限的，审查科应延长期限。[32] 在法定期限届满之前，申请人既没有答复，又没有提出有理由的延长期限请求的，审查科应该就该申请案作出决定。

一般情况下，需要举行听证以澄清疑难问题；审查科可以依职权举行听证；申请人提起请求的，仅当举行听证合理时，审查科才有义务举行听证（《专利法》第46条第1款）。[33]

总体而言，审查程序在大多情况下都以申请人与审查科之间的对话方式进行。在这个过程中，跃入眼帘的焦点问题是通过审查科查明的现有技术，明晰专利申请中可以保护的内容。偶尔也会出现，审查科认为最初递交的申请文件已经符合授权的要求。此时审查科可以在不作出审查决定的情况下，直接授予专利。[34]

---

〔29〕 Vgl. die Prüfungsrichtlinien（FN 6）Nr. 3.4.1.

〔30〕 Prüfungsrichtlinien（FN 6）Nr. 3.4.2.

〔31〕 （FN 6）Nr. 3.5.

〔32〕 Zur Fristbemessung und – verlängerung bei Prüfung einer Anmeldung, deren Priorität in einer beim EPA anhängigen Nachanmeldung beansprucht ist, vgl. die Prüfungsrichtlinien（FN 6）Nr. 3.5. Abs. 5 sowie BPatG 23. 9. 2003 Mitt. 2004, 18.

〔33〕 Zum Recht des Anmelders auf Anhörung BPatG 22. 7. 1982 GRUR 1983, 366.

〔34〕 BPatG 31. 1. 1983 GRUR 1983, 367.

c）申请的驳回（《专利法》第 48 条）

1. 当申请人没在法定期限内补正被指摘的申请形式缺陷时，审查科将驳回专利申请。如果申请不符合可专利性的实质要件，而申请人没法在法定期限内解释清楚的，审查科将作出同样的决定。在这两种情形下，仅当具有给予申请人合理期限陈述意见的（事实）情况，否则审查科的驳回决定不受支持（《专利法》第 48 条第 2 句、第 42 条第 3 款第 2 句）。[35] 因此，当审查科在作出最后审查决定时，基于一份尚未处理过的在先公开的文档，想作出驳回申请的决定的，必须给予申请人再一次陈述的机会。

只要驳回申请的决定在给予申诉救济的情况下没再受到质疑，驳回申请的决定将有溯及力地废除因申请公开所产生的临时保护（《专利法》第 58 条第 2 款）。专利申请人丧失了针对实施方的赔偿请求权的，就其获得的赔偿费应按不当得利（《民法典》第 58 条及以下）加以返还。

2. 申请人可以通过抗辩的方式，消除审查科在事实方面的怀疑；或者以修改申请的方式，尝试让审查科考虑该问题。在上述第二种情况下，应该审查该修改是否允许（参见本节Ⅷ），以及包含了新内容的申请是否具备可专利性。审查科有可能引发某些修改，并且这些修改会使授予专利变成可能。[36] 但是，如果申请人已经声明不同意对申请文本作任何辅助替换的方案（hilfs-weise）的，审查科不能授予任何专利（参见本节 V d 3）。因此，就一件专利申请，不允许部分内容获得授权，而驳回其他内容。一件专利申请，如果无法完全——也即其中所有指定的保护请求——符合要求的，应整个被驳回。[37] 如果申请人的辅助替换文本获得专利授权，则应该驳回主请求（以及在该获得授权的请求之前的任何可能已经提出的辅助请求（Hilfsanträge））[38]。如果任何辅助请求都无法获得授权，则必须驳回整个申请。[39]

可以首先对主请求作出决定并暂不审理辅助请求。但只有当主请求不是因

---

〔35〕 要保障申请人的合法知情权，就必须做到在看到驳回决定时，驳回决定的理由是明确的，参见 BPatG 13. 3. 2003 Reversible Krawattenbefestigung E 47，21。

〔36〕 BGH 21. 12. 1982 Schneidhaspel GRUR 1983，171。

〔37〕 BGH 10. 6. 1965 Anspruchsfassung Mitt. 1967，16；27. 3. 1980 Schlackenbad GRUR 1980，716，718；21. 12. 1982 (FN 36)。

〔38〕 对申请的最后决定必须解决全部有效的请求，参见 BPatG 14. 9. 1998 Nähguthalteeinrichtung Bl. f. PMZ 1999，40。

〔39〕 RG 15. 11. 1940 RGZ 165，209，218；BPatG 29. 11. 1974 E 17，207，208；20. 2. 1974 E 16，130，131 mit Nachweisen。

为缺少专利保护要件而被驳回时，这样做才是合适的。[40]

3. 驳回申请的决定必须说明理由（《专利法》第 47 条第 1 款），可以对驳回决定提起异议（参见 § 23 Ⅱ a）。联邦专利法院在申诉程序中维持驳回决定也同样需要说明理由（参见 § 23 Ⅱ d 4）。如果专利授给了一项辅助请求，并就此驳回主请求以及任何可能的在先辅助请求的，同样可以提起申诉。[41]在陈述理由时，必须涉及每一项没获得授权的请求，以及所有不成功的辅助请求。[42]与此相反，如果一项申请的主权利要求缺乏可专利性，仅当已经替代地以从属权利要求请求授予专利时，才需要单独说明对从属权利要求的意见。[43]

4. 随着驳回决定的生效，专利申请的效力将溯及既往地消灭；例外的是，当专利申请——正如大多数情况——已经公开时，专利申请根据《专利法》第 3 条第 2 款所获得的阻碍专利的效力，不因此而消灭。[44]同样，由于申请公开而使申请主张的技术原理被实施的，申请人也无法就驳回申请之前的实施行为获得《专利法》第 33 条规定的任何赔偿。

d）专利的授予

1. 根据《专利法》第 49 条第 1 款，当申请符合《专利法》第 34 条、第 37 条和第 38 条的规定，并补正了（尚未公布的）摘要中被指摘的明显缺陷，而且申请主题根据《专利法》第 1～5 条的规定具有可专利性的，也即全面审查的结果认为申请符合专利授权的所有形式和实质要件的，审查科应决定授予专利。

如果审查科驳回申请，申请人因此提起合法的申诉而被联邦专利法院接受的，授予专利的决定将由联邦专利法院作出，除非法院将案件发回专利商标局重审（参见 § 23 Ⅱ a 10）。

依申请人的申请，可以在申请日或者优先权日起 15 个月期限届满之内，暂缓发出授权决定（《专利法》第 49 条第 2 款）。借助这条规定，申请人可以在提前请求并结束全面审查的情况下，避免专利的公开破坏国外在后申请的新颖性，尤其当所在的国家不是《巴黎公约》或者 WTO 成员而无法主张优先权时。但适用该规则不应推迟申请的公开。

---

〔40〕 BGH 14. 3. 2006 Mikroprozessor GRUR 2006，748（Nr. 10）. 当没有产生任何法律保护的需要时，驳回决定应予支持；参见 § 24 Ⅲ 6。

〔41〕 Vgl. BPatG 19. 11. 1982 GRUR 1983，294；19. 6. 1980 GRUR 1980，997，998.

〔42〕 BGH 10. 6. 1965（FN 37）；BPatG 30. 11. 1977 E 21，11，12.

〔43〕 BGH 27. 3. 1980（FN 37）und 21. 12. 1982（FN 36）；BPatG 20. 2. 1974（FN 39）.

〔44〕 申请被驳回之后任意第三人可获得保藏的生物材料的补充说明的，申请人能在多大范围内受保护，就此问题可参见 § 14 Ⅲ e 6。

专利权的授予应当刊登在专利公报中；同时公布专利说明书（《专利法》第 58 条第 1 款，参见 § 23 Ⅴ c 2）。授权决定已由联邦专利法院作出的，也由专利商标局负责在专利公报中公开。自发布专利公告时起，专利产生法律效力（《专利法》第 58 条第 1 款第 3 句），尤其是专利权人获得的禁止他人实施发明的权利。但是专利的授予不具有溯及力。对公布专利公告之前的实施行为，专利权人只能根据《专利法》第 33 条主张补偿，而不能要求损害赔偿。另一方面，在授予专利之前未经专利权人许可实施发明的任何人，从此也应停止使用，除非其基于特别的理由（《专利法》第 12 条和第 123 条第 5 款）有继续实施的权利；实施方缴付《专利法》第 33 条补偿费用的事实，不能使其获得继续实施的权利。

专利的授予确立了专利所有人对发明所享有的主体性独占权的地位。专利授予是决定性的，因为即便满足了产生专利的实质条件，没有授予专利也无法产生专利权。不过，专利授权还具有其他效力：当专利之授予没有满足形式或者实质要件时，授予专利的事实本身也构成了新的权利——据此有机会提起撤销或者无效宣告——的前提。

一致的观点认为，根据旧法，具有决定意义、确立权利的行为，就是授予决定。根据目前的法律，仅当专利公报发布之时，专利才获得完全的效力。虽然如此，仍不能说授予决定只有临时的特征（参见第 2 点）。

2. 作出授予决定的前提条件与旧法规定的作出专利申请公告决定的前提条件基本上一样。[45]

根据旧法，仅当无人提起异议而异议期届满，或者提起的异议经官方详细审查后被驳回时，专利授予才算结束。相反，根据目前的法律，专利首先将因异议而中断并且必须如期对这些异议进行抗辩，然后专利才可能获得有保障程度的确定性，而根据旧法在授权时专利已经获得这种确定性。从这个角度看，至少在实践中，目前授予专利决定的作出时间，要晚于旧法实施时授予决定的作出时间。

从另一方面看，授予决定也与先前的公告决定不同。主流观点认为，先前的公告决定并不构成真正意义上的决定，而仅是一个"程序进行过程中的中间指令"（verfahrensleitende Zwischenverfügung）。只要公告决定尚未因公告的执行而完全结束，专利商标局都有权撤回或者（在申请人同意的情况下）进

---

〔45〕 根据 1968 年《专利法》第 30 条第 1 款第 1 句的规定，作出公告决定仅需要审查科认为授予专利"不是不可能"。即便如此，当时对该论断也采取与今天在作出授权决定时同样广泛和彻底的审查。

行变更。[46]

以前联邦专利法院在发布专利申请公告决定时，是否必须采取同样的方法，仍有疑义。[47]

认为先前专利商标局不受其公告决定束缚的观点，能够从 1968 年《专利法》第 32 条第 3 款的规定中找到支持。根据这个规定，当无人提起异议而异议期届满时，审查科应"就专利授权作出决定"。这一决定也可能——即使当查明的现有技术仍保持不变——得出一个负面决定[48]，或者（在申请人同意的情况下）采用了一个比已经公布的权利要求书文本要窄的文本；绝对不允许的是授予的专利扩大了申请公布所产生的临时保护的范围。[49]

专利商标局受限制于自身的决定是一个基本原则，但之前审查科有权背离其已经作出的（也即已经宣读或者送达的）公告决定，构成了这一原则的例外；[50]每个决定的特别之处给该例外提供了解释。相反，现行法律没有给专利商标局任何机会，在授予决定作出后，专利商标局不能就授予再作出（新的）决定。如果异议期限内没有任何异议提起，专利商标局将无处施展其任何职权；如果在法定期限内有异议提起的，专利商标局的职权也仅限于作出是否维持专利的决定，或者作出是否根据某一法定理由撤销专利的决定。由此的结果是，授予决定——与先前的公告决定相比——给授予程序打上了句号。[51]

确定的是，根据《专利法》第 58 条第 1 款第 3 句的规定，仅当授予决定在专利公报上公布时，专利的法律效力才产生。但不能据此认为，在公布之前专利商标局不受制于自己已经作出的授予决定，并可以更改或者撤销该决定。在先的公告决定在此所表现出来的弱点的根源在于，公告决定无法左右授权决

---

〔46〕 BPatG 6. 10. 1967 E 9, 159, 162；30. 9. 1977 E 20, 125, 126；8. 5. 1981 E 24, 21, 23；23. 11. 1981 E 24, 61, 62；vgl. ferner*Klauer/Möhring*，§30 Rdnr. 4；*Lindenmaier*，§30 Rdnr. 7；*Schulte*，2. Aufl.，§30 Rdnr. 9；*ders.*，GRUR 1975，573 ff.，576；*Harraeus*，GRUR 1961，257；*Evers*，Bl. f. PMZ1952，261 ff.，264.

〔47〕 Verneinend BPatG (9. Senat) 5. 10. 1983 Mitt. 1984, 173；联邦专利法院认为，在联邦专利法院作出公告决定之后，申请人不再同意法院确定的权利要求书文本的，审查科必须重新审查程序，参见 BPatG (4. Senat) 23. 11. 1981 (FN 46)。

〔48〕 BPatG 20. 9. 1962 E 3, 40, 42 f.

〔49〕 Vgl. *Reimer*，§26 Rdnr. 36 f.；*Klauer/Möhring*，§26 Rdnr. 21；*Lindenmaier*，§26 Rdnr. 119；*Benkard/Schäfers*，§38 PatG Rdnr. 14 f.；*Wagner*，GRUR 1973，624 ff.，627 r.；BGH 17. 9. 1974 Regelventil GRUR 1975，310；15. 3. 1977 Metalloxyd GRUR 1977，780，781mit Anm. Von *Fischer*；17. 5. 1984 Schichtträger GRUR 1984，644.

〔50〕 BPatG 8. 9. 1971 E 13, 77；20. 6. 1972 E 14, 191, 193；18. 7. 1973 E 15, 142, 148；14. 2. 1979E 21, 254.

〔51〕 BPatG 2. 5. 1983 GRUR 1983, 643.

定。[52]在现行法律中，这种临时的特征不再出现在授予决定上，即便由于异议的"后置"（Nachschaltung），使得授予决定陷入先前的公告决定的境地。相应地，现行法律不允许专利商标局就一个过去的授予决定又重新作出决定，或者在异议程序之外进行内容方面的变动。而是，专利商标局应受限制于已经作出的授予决定，只要该决定（在听证结束时，《专利法》第47条第1款第2句）已经宣读或者已经送达申请人。[53]

3. 审查科授予的专利，应与申请人的意愿相一致。[54]申请人不同意——至少辅助替换——的材料文本，尤其权利要求或者说明书，不应该作为授权的基础。之所以禁止授予决定超越申请人的专利请求（Patentbegehren），可以追溯到包含在当事人处分权原则中的一般程序权利规则，即判决不应超过请求人自身的诉愿（当事人处分权原则，参见《民事诉讼法》第308条）。但是，根据该原则并不能推断出也不可以——驳回的情形另当别论（参见本节 V c 2）——部分授权，即授权范围小于请求人的主张。另外，由于存在专利被部分撤销或者无效而被限制的可能性（《专利法》第21条第2款和第22条第2款），这也意味着，在授权程序中，仅针对相应的内容作出授权决定，也是可以理解的。

尽管如此，不允许对整个的专利请求仅作出部分授予的那些决定，[55]可以从这样一种担忧中得到解释：当限制的授权被公布，且申请人对该不符合其意愿的限制提起了成功的申诉时，公众会被误导。实际上，这将给第三人带来风险，当其——尤其在制订生产计划时——已经根据公开内容的保护范围做好了准备时。但是，当根据一项辅助请求授予专利之后，继续以申诉渠道寻求获得范围完整的主请求时，也会出现同样的难题。要避免出现这样的问题，只能将《专利法》第58条第1款规定的导致完全法律保护效力的公布，推迟到授予决定时才获得既判力。[56]然而在这种前提下，作出限制的授予决定，也是可行的。

虽然如此，鉴于专利商标局和联邦专利法院的工作量，现存的这种做法体现了它的优点。当审查科想要作出与专利请求不完全一致的决定时，就无需从

---

〔52〕　Vgl. BPatG 30. 9. 1977（FN 46）；2. 5. 1983（FN 51）.

〔53〕　So mit eingehender Begründung BPatG 2. 5. 1983（FN 51）.

〔54〕　BGH 1. 6. 1965 Aussetzung der Bekanntmachung GRUR 1966, 85, 86 r. ; 15. 9. 1977 Titelsetzgerät, GRUR 1978, 39; 28. 11. 1978β – Wollastonit GRUR 1979, 220, 221.

〔55〕　Vgl. BGH 30. 1. 1962 Atomschutzvorrichtung GRUR 1962, 398; 13. 5. 1965 Beschränkter Bekanntmachungsantrag GRUR 1966, 146, 148 l. ; BPatG 19. 6. 1980（FN 41）; 21. 2. 1984 E 26, 120.

〔56〕　只有授予对应于主请求的专利，并以该专利为限制条件，才可以对辅助请求授予专利并加以公布；通过这种方式，分案情况下（参见本节 A IX c 2），按要求缴付费用时，也可以避免缴纳双重年费，参见 *Benkard/Schäfers*，§ 58 PatG Rdnr. 3. *Hövelmann*，GRUR 1998, 434, 436 f.

自身角度去琢磨是否授予的专利的范围被限制了。在这种情况下，申请人必须提交合适的辅助请求。如果没有，将因为专利申请无法全部授权而构成作出驳回决定的理由，例如主权利要求已经无法（不作更改地）获得授权了。仅当申请人提交了（至少）一项辅助请求，并且授予决定与主要请求（dem in erster Linie gestellten Antrag）不一致时（参见本节 V c 2），审查科才有必要进行解释。相应地，也仅在这种情况下，才可以对授予决定提起申诉（参见第4点）。

4. 仅当授予决定对申请人造成不利（Beschwer）而应给予法律救济时，才可以就一项授权提起申诉。授予决定偏离申请人的请求而导致损害的，是允许申诉的前提。[57]当专利商标局不同意首要的——法律准许的[58]——请求时，[59]如果授予决定对构成授权基础的申请材料没有进行充分说明[60]，或者审查科在未经申请人同意情况下修改了申请材料[61]，或者在作出授予决定时以申请人没有同意的方式对保护范围加以限制[62]，都会出现这种情况。与此相反，如果授予决定与申请人的请求范围完全一致，由于没给申请人造成不利，则不能对授权决定提起申诉。[63]适用同样规则的情形还有，当审查科对一件其认为根据最初申请材料就"足以授权"（erteilungsreif）的申请，未经事先审查通知即授予专利。[64]就此，申请人已经不能提起申诉，主张审查科没有提供机会，让它能够根据现有技术去调整过窄的申请文本，从而使文本符合可保护的申请公开内容。

实践中很少出现申请人就授予决定提起申诉且申诉是有合法理由支持的（beschwerdeberechtigt）。在决定作出授权之前，专利商标局会确认，构成授权基础的申请材料文本是申请人所同意的。申请人自己是清楚的，如果其不同意

---

〔57〕 然而，在授权决定以送达当事人为目的在邮局邮件发送处寄出之后，当事人才向专利商标局递交请求的，专利商标局可以不再考虑这些请求，参见 BGH 9. 3. 1967 Isoharnstoffäther GRUR 1967, 435; 2. 2. 1982 Treibladung GRUR 1982, 406; BPatG 24. 11. 1982 GRUR 1983, 366。在授权决定获得既判力之前提起分案，为此提供了一条出路；参见本节 A Ⅸ c 1。

〔58〕 对主请求因缺乏法律保护的利益而不被法律所允许的情况的处理，参见 BGH 2. 2. 1982 Polyesterimide GRUR 1982, 291, 292 f。

〔59〕 BPatG 19. 11. 1982（FN 41）。

〔60〕 BPatG 20. 8. 1975 E 18, 27, 28。

〔61〕 BPatG 24. 11. 1982 GRUR 1983, 366；即使权利要求保持原样没被改动，说明书的修改也会使申请人陷入不利境地中，参见 BGH 2. 2. 1982（FN58）；BPatG 12. 4. 1983 Mitt. 1983, 234。

〔62〕 BPatG 15. 7. 1986 E 28, 188。

〔63〕 BPatG 15. 7. 1982 Bl. f. PMZ 1983, 19；8. 2. 1983 GRUR 1983, 369；vgl. auch BPatG 30. 9. 1977（FN 46）und 11. 12. 1980 GRUR 1981, 412, 413 zum früheren Bekanntmachungsbeschluß。

〔64〕 BPatG 31. 1. 1983（FN 34）。

审查科所建议的可以授权的文本，将面临申请被驳回的风险。只要申请人根据审查科的意见作出一份相应的辅助请求，他就能够在原则上维持初始保护请求，从而避开申请被驳回的风险。此外，申请人无论何时都有权利在其认为适宜时，提出多个辅助请求。[65]当审查科驳回申请或者仅授予辅助请求文本以专利的，申请人可以在申诉渠道中继续寻求获得原始专利请求。但是，在仅对辅助请求文本授予专利的情况下，如果提起申诉的，结果将延缓授权决定生效的时间，以及授权公布和完全保护效力的开始时间。因此，许多急于快点获得专利保护的申请人，就倾向于接受对其保护请求的限制。但是，这些申请人依然有机会在申诉渠道中复核，基于现有技术专利商标局当初所要求的限制是否是真正必须的。

Ⅵ. 涉及国家秘密的专利申请的特点

1. 根据《刑法典》第 93 条第 1 款的定义，国家秘密是仅有特定人群可以接触到的、应该对外国保密以避免给德国的国家安全带来严重危害的事实、材料或者知识。发明也可以成为国家秘密。专利授予程序的公开，与源自刑法相关规定（《刑法典》第 94 条及以下）的保密义务并不一致。因此，只有采取有别于一般适用的规则对发明加以保密，才可能让专利授予不违反保密的规定。《专利法》第 55～56 条的规定[66]为此提供了机会。不过，其中规定的德国专利商标局的保密命令及其废止（参见第 2 点、第 3 点），并不导致实际不属于国家秘密的发明成为国家秘密，或者实际属于国家秘密的发明丧失其作为国家秘密的特征。相反，根据上述规定，应认定这样的保密命令及其废止是违法的。

2. 若一项向德国专利商标局递交的专利申请所涉及的发明为国家秘密，在听取作为联邦最高主管当局[67]的联邦国防部的意见之后，审查科应该依职权，命令对其不作任何的公布。审查科自身负有注意之责任，在每个申请案公开之前，对是否存在国家秘密迅速地作出判断。因此，不仅当其有意颁布保密的命令，而且当出现疑问时，都应征求联邦国防部的意见。联邦国防部可以基于自身的考虑，要求颁布保密命令。为审查保密的必要性，联邦国防部享有查阅专利申请案卷的权利（《专利法》第 51 条）。此权利不依赖于《专利法》第 31 条所规定的条件。通过这种方式，联邦国防部能够在任何必要的情况下，

---

〔65〕　BPatG 30. 11. 1977（FN 42）.

〔66〕　Vgl. *Breith*, Sind die gesetzlichen Regelungen über die Geheimhaltung von Patenten und Gebrauchsmustern noch zeitgemäβ? GRUR 2003, 587 – 592.

〔67〕　§ 56 PatG in Verbindung mit der VO vom 24. 5. 1961, BGBl I S. 595 = Bl. f. PMZ 1961, 210, geändert durch Gesetz vom 7. 1998 BGBl I S. 1827 = Bl. f. PMZ 1998, 382, 391.

直接查明是否具有保密之必要。

保密命令必须在递交专利申请之日后4个月内送达申请人；否则，申请人或者了解发明信息的其他任何人，只要对是否需要保密并不确定的，都可以据此认为该发明无须保密（《专利法》第53条第1款）。在该4个月的期限届满前，专利商标局可以通过向申请人送达通知，而将期限再最多延长2个月（《专利法》第53条第2款）。期限届满首先具有刑法上的意义。只要发明依然处于不公开的状态，期限尚未届满就意味着不排除随后仍可能颁发保密命令。

保密命令还导致只能按照《专利法》第31条第5款规定的严格条件批准案卷的查阅。但是，根据《专利法》第3条第3款第3句的规定，申请的内容依然是构成破坏新颖性的现有技术（参见§16 A V 3）。在上述情况下授予的专利（保密专利）应登记在专用登记簿上，同样只能根据《专利法》第31条第5款的规定查阅专用登记簿（《专利法》第54条）。由于授权并不公布，保密专利的法律效力起始于授权决定的宣布或者送达。

3. 当申请内容不再需要保密时，审查科可以依职权，或者根据联邦国防部、申请人或者专利权人的申请，废止保密命令（《专利法》第50条第2款）。为了使保密命令的维持不超过真正必要的时间，审查科应当每年对保密必要性进行审查。在废止保密命令前，应当听取联邦最高主管当局的意见。废止生效之后，只要专利尚未授予的，申请公开应该补上；如果专利已经授予的，应将专利记载到（普通）登记簿上；专利授权和专利说明书应予以公布。

4. 就保密命令及其废止，以及对请求颁布或者废止保密请求的驳回，可以通过申诉提起异议[68]；对保密命令的申诉，不具有中止执行的效力（《专利法》第75条第2款）。相反，在审查科废止保密命令或者驳回请求颁布保密命令的情况下，考虑到可能提起的申诉的中止执行效力，仅有当决定获得法律效力（对应于《专利法》第53条）后，才可以认为发明不（再）需要保密。因此，如果在规定的申诉期限内无人对审查科的决定提起异议，审查科应当告知当事人（《专利法》第50条第3款）。

5. 保密命令能够阻止与其相关的专利的实施。因此《专利法》第55条赋予申请人、专利权人及其权利继受人以赔偿请求权，即如果依据《专利法》第1~5条具有可专利性的发明，因和平目的被限制实施，从而对当事人产生财产损失的，当事人有权请求联邦德国就该损失进行补偿。

---

〔68〕 根据联邦最高法院的观点，联邦国防部也有权提起法律申诉，只要受到质疑的废止保密命令的决定与其意愿一致，参见 BGH 12. 1. 1999 Staatsgeheimnis GRUR 1999，573。

前提是该发明在向德国专利商标局递交专利申请之前，没有向其他专利局提交过专利申请，并且在该保密命令作出之前，没有被其他国家以国防理由加以保密（《专利法》第55条第3款）。

仅当由受影响人自己承担损失不合理并且仅在此不合理的范围内，才产生补偿请求权。这一限制本身说明了，保密命令并不被视为德国《基本法》第14条第3款意义上的征收（Enteignung）[69]，而仅基于衡平的理由，才给予赔偿。缺乏征收特征的理由在于，保密义务已经根据《刑法典》的一般规定产生，因而不仅仅是由专利商标局的命令所确定的。

就补偿的合理性，除了受影响人的经济状况，应特别考虑受影响人在发明上的投入，[70]其对发明必须被保密的可能性的认知程度，以及受影响人从发明的其他军事实施方式有哪些获益。

只要出现不合理的损害，从保密命令颁布时起，即产生损害补偿请求权；但是，只能在授予专利之后，才能主张权利，因为其取决于发明的可专利性，而这必须留待专利商标局的审查（《专利法》第55条第1款第3句）。补偿请求只能事后提起，并且每次在时间间隔上不短于1年（《专利法》第55条第1款第4句）。

当事人应当向联邦国防部请求补偿；出现争议时，可以向普通法院提起诉讼；审理专利纠纷案件的法院享有管辖权（《专利法》第55条第2款、第143条）。

如果保密命令的颁布违法，当事人可以主张超过《专利法》第55条的补偿请求权（《民法典》第839条、《基本法》第34条）。[71]

6. 如果一项专利申请含有国家秘密，只能在获得联邦国防部书面同意的前提下，才能在德国之外提起专利申请。违反这一禁令，将承当相应的刑事责任（《专利法》第52条）。

包含国家秘密的欧洲专利申请，应向德国专利商标局提起；如果有人将包含国家秘密的专利申请，直接递交给欧洲专利局，则将承担相应的刑事责任（《国际专利条约法》第Ⅱ章第4条第2款、第14条）。德国专利商标局将根据《专利法》第50条及以下的规定，对保密的必要性进行审查。如果审查结

---

〔69〕　BGH 4. 5. 1972 Kernenergie GRUR 1973, 141, 142; vgl. auch die Begründung zum 6. üG, Bl. f. PMZ 1961, 149 l.; dagegen bezweifelt *Bernhardt*, S. 275, die Vereinbarkeit des § 55 (früher § 30 f) PatG mit Art. 14 Abs. 3 Satz 3 GG.

〔70〕　如果产生发明的研究是由国家的大量补贴所资助，则可预测的损害的范围将提高，参见 BGH 4. 5. 1972 (FN 69) 143。

〔71〕　Vgl. BPatG 1. 9. 1978 E 21, 112, 116 f.

果发现发明属于国家秘密，专利商标局将命令申请不得移交欧洲专利局并且不得公开。该申请将根据《专利法》的规定，作为国内的秘密申请进行处理。如果审查结果相反，则申请将移交给欧洲专利局。

就德国专利商标局为受理局的国际申请，德国专利商标局将依职权审查申请是否包含国家秘密。如果审查结果是肯定的，德国专利商标局将命令申请不得移交并且不得公开；后续程序将根据国内保密申请进行（《国际专利条约法》第Ⅲ章第2条）。

7. 向德国专利商标局递交的专利申请所涉及的发明，尽管不属于《刑法典》第93条意义上的联邦德国的国家秘密，但是其他国家基于国防理由要求保密，并且经其同意，以保密为条件，托付联邦政府的，同样根据《专利法》第50条第1~3款的规定，颁布保密命令。在这种情况下，联邦德国不给予任何补偿（《专利法》第55条第3款）；补偿应是其他国家的问题。[72]《专利法》第50条第4款的规定允许外国人向德国专利商标局提起专利申请，该专利申请根据其国内法是应该保密的。这与国家之间的条约有关，[73]它使得德国申请人有可能在一系列的外国国家中——在联邦国防部的同意下（《专利法》第52条）——要求保密专利。

Ⅶ. 申请的撤回和失效

1. 只要专利申请处于未决状态，即申请没有被驳回，或者视为驳回，或者已经授予专利（但在申诉期届满前），申请人可以随时撤回专利申请。[74]尽管《专利法》对此没有明确的规定，但这不言而喻，正如申请在法定情形下视为撤回的相关规定所表明的（参见第2点）。最后给予撤回的机会，源自当事人的处分权原则（Dispositionsgrundsatz）（参见§22 Ⅰ3）。

只要授权程序尚未结束生效，也即在授予专利之后，持续到对授权决定提起申诉的期限届满之前，在没有申诉提起的这段时间里，都有机会撤回申请[75]。申请人或者其全权代理人[76]，通过向专利商标局作出撤回申请的意思表示，即可以撤回专利申请。如果——因申请人就审查科驳回申请决定提起申诉——授权程序待决于联邦专利法院，则撤回申请的意思表示应向联邦专利法院提出。[77]

---

[72] Vgl. die Begründung（FN 69），149 r.

[73] Nachweise bei *Benkard/Schäfers*，§50 PatG Rdnr. 8 ff. ；*Schulte*，§50 Rdnr. 9 FN 6.

[74] Vgl. *Benkard/Schäfers*，§34 PatG Rdnr. 144 ff. ；*Schulte*，§34 Rdnr. 430 ff.

[75] Vgl. BGH 2. 3. 1999 Künstliche Atmosphäre GRUR 1999，571；BPatG 10. 6. 1997 E 38，195.

[76] Vgl. BGH 25. 1. 1972 Akustische Wand GRUR 1972，536.

[77] BPatG 23. 12. 1965 E 8，28，30 f.

意思表示无需一定用撤回的字眼，但必须没有歧义地表明，申请人不再在待决的程序中寻求专利的授权。附条件的撤回的意思表示，原则上不具有法律效力；但是，允许在意思表示中主张申请不予公开[78]；同样，主流观点同意，根据《专利法》第39条所产生的分案申请，可在一定条件下撤回，即在法定期限内没有实施《专利法》第39条第3款所述之行为而导致分案的意思表示视同未提交。[79]

正如在授权程序中所有规定的意思表示一样，原则上撤回的意思表示应采取书面形式（参见§23 Ⅳ c）。在审查科听证期间或者联邦专利法院口头审理期间所作出的成为笔录（Niederschrift）的意思表示（《专利法》第46条第2款、第92条第2款，《民事诉讼法》第160条），与书面意思表示具有同等效力。

申请撤回将终结授权程序，申请的效力也将视为自始未发生。因此，授权请求、获得专利的资格（Anwartschaft auf das Patent）、申请时间点的确定以明确判断申请主题可专利性的现有技术范围以及可能情况下由于申请公开而产生的《专利法》第33条的临时保护，都溯及既往地失去效力。但是，只要被撤回的申请已经公开，根据《专利法》第3条第2款的规定，申请的内容将损害在后申请的新颖性（参见§16 A Ⅴ 3）。

2.《专利法》和《专利费用法》将授权程序的继续进行以及专利申请效力的维系，与一定的程序行为联系在一起，尤其缴纳费用，只要在法定期限内不实施这些行为，申请即视为撤回：缴纳申请费（《专利费用法》第6条第1款第2句、第2款，第3条第1款）；请求实质审查并缴纳审查费用（《专利法》第44条第2款，《专利费用法》第3条第1款，第6条第1款第2句和第2款，《专利法》第58条第3款）；缴纳年费（《专利法》第17条，第58条第3款，《专利费用法》第3条第2款，第7条第1款；参见§26 A Ⅰ c）。一项专利申请，如果根据上述规定被视为撤回，将与提出撤回的意思表示一样，失去效力（参见第1点）。

此外，如果一项"国内优先权"的主张获得支持，其为针对同一发明、在德国专利商标局递交的在后专利申请，主张一项在德国专利商标局递交的在先专利申请的优先权的，该项在先专利申请也视为撤回（《专利法》第40条第5款）。但此处规定的目的，就不同于上文的情形：对同一发明应该（尽可能地）不授予多项保护空间和范围一样的专利（另外参见§24 A Ⅸ b 5）。

---

[78] BPatG 12. 11. 2001 Mitt. 2002, 79.

[79] BGH 15. 12. 1998 Mehrfachsteuersystem GRUR 1999, 574, 576 l.；*Hacker*, Mitt. 1999, 1, 9 m. Nachw.；Näheres zur Teilung unten Ⅸ.

通常情况下，不作为的法律后果是导致撤回的拟制。申请人在相关程序行为上的不作为，将被强制性地视为表达了放弃申请的意思，即使该拟制与申请人的真实意愿相违。不过，这仍没有很好地解释这一规则背后的实质理由。当然，我们可以认为，在许多专利申请被视为撤回的情况下，申请对申请人而言，实际上并不具有超越申请本身的重大利益。就此而言，我们在这里讨论的这个规则，在申请人仅因为忘记正式撤回申请时，能够防止这些"消极者"（Karteileichen）的申请因之陷于待决状态。但是，如果事实上申请人对申请仍有利益，则这一法律规定的合理之处只能从下面的观点加以辩护，即保有利益的申请人在法定情形下和——如果涉及年费——在有规律的时段中确定了他的利益，从而有义务检查其是否应该支付费用开支。所以，这一规范也可以被理解为，每次申请的效力，最长都不超过为维持申请所必须缴纳的下一次费用的最迟缴付时间，因为没有缴纳相应费用将导致申请的失效。失效依据法律的介入而发生，在此无需另外拟制申请人作出放弃的意愿。就申请所确立的权利溯及既往地消失，已经从下面的事实中得到解释：这些权利从一开始就取决于申请将获得专利。

3. 尚会发生的是，尽管申请人自己希望继续维系申请，但却因为自身的无意，而没有在法定期限内实施避免申请失效所要求的行为。在这种情况下，如果迟延不可归责，可以根据《专利法》第123条的规定，准予将权利恢复到原先的状态（参见§23 Ⅳ e）。在申请失效到重新恢复的这段时间中，如果有第三人因信赖而善意实施发明，根据《专利法》第123条第5款、第6款的规定，其将获得继续使用的权利（参见§34 Ⅲ）。

相反，有疑问的是，是否允许以及在哪些条件下，可以随后取消一项错误声明的撤回（versehentlich erklärten Zurücknahme）。仅当该声明的撤销（Widerruf）最迟同时与撤回申请的声明一起送达专利商标局，撤销才可能被认可（类似《民法典》第130条第1款第2句）。[80]在此之后的撤销将不能获得支持。[81]如果专利商标局根据案卷或者以职权所知的情形，能够客观地得出

---

〔80〕 Vgl. *Beier/Katzenberger*, Anfechtung und Widerruf der Zurücknahme von Patentanmeldungen, in: Zehn Jahre Bundespatentgericht, 1971, S. 251 - 271, 257 Mit Nachweisen.

〔81〕 BGH 7. 12. 1976 Rücknahme der Patentmeldung GRUR 1977, 485, 486 r. ; 14. 3. 1985 Caprolactam GRUR 1985, 919 mit kritischer Anmerkung von *Eisenführ*. 联邦专利法院认为直到申请公开之前都允许撤销声明，参见 BPatG 1. 10. 1973 E 16, 11, 16。这种观点值得考虑。联邦最高法院拒绝这种观点；同样，根据其意见，这种撤销不能作为新的申请加以处理，或者以这种含义加以解释，参见 BGH（14. 3. 1985 aaO）。另有建议通过法律或者专利商标局局长命令的方式，允许在3个月内进行撤销，参见 *Papke*, GRUR 1986, 11 f。

撤回申请是出于过失，则将给予当事人撤销声明的权利（Berichtigung der Zurücknahmeerklärung）；就此并不需要专利商标局真正确认有过失存在。[82]尽管如此，在实践中极少能够借助该权利以消除一个错误的撤回。

自 1954 年德国专利商标局的一项重要判决[83]之后，实践皆认可，就专利申请的撤回，在一定情况下，参照适用《民法典》第 119 条及以下有关错误撤销（Irrtumsanfechtung）的规定。[84]

无论如何，因《民法典》第 119 条第 1 款意义上的内容或者表示错误以及转达错误（Übermittlungsfehler）（《民法典》第 120 条）的，应允许取消撤回。[85]性质错误（Eigenschaftsirrtum）（《民法典》第 119 条第 2 款）的情形下是否同样有权撤销，则存在争议[86]。由于对申请主题技术内涵、与现有技术的关系、可专利性以及对期待的专利的保护范围[87]的陈述有误，则允许取消撤回。

根据民法的基本原则，如果是一项纯粹的动机错误（Motivirrtum），则无法撤销错误。在申请人的代理人由于申请人的错误指示，或者由于错误转达给他的指示，或者由于他理解错误了申请人的指示，而作出撤回的意思表示时，这点尤其重要。[88]在此，当根据《民法典》第 166 条第 1 款的规定——如同通常所持的观点——以代理人的情况加以判断时，[89]如果代理人完全是依照指令行事，则其错误陈述将被当成是纯粹的动机错误，不再起任何影响。如果代理人意欲按照撤回之本意递交撤回请求，其意愿与撤回请求的客观意思相符，并且该撤回的意思表示被无误地转达给了专利商标局，则代理人已作出的撤回的意思表示，不可撤销。可以撤销错误的情形仅仅是，表意者（申请人或者代理人）出现笔误或者口误，或者表意者对其意思表示的客观内容出现认识错误，

---

〔82〕 *Beier/Katzenberger*（FN 80）S. 255 f. mit Nachweisen.

〔83〕 DPA（BS）9. 1. 1954，Bl. f. PMZ 1954，49.

〔84〕 Vgl. *Benkard/Schäfers*，§34 PatG Rdnr. 151 ff. ；*Schulte*，Einl. Rdnr. 80，405（d）und §34 Rdnr. 445.

〔85〕 BGH 7. 12. 1976（FN 81）；BPatG 25. 10. 1961 E 1，21，23；23. 12. 1965（FN 77）35 ff.

〔86〕 S. *Benkard/Schäfer*s，§34 PatG Rdnr. 151；Schulte，Einl. Rdnr. 85；Winkler，Mitt. 1999，148，150；jeweils m. Nachw.

〔87〕 DPA（BS）20. 2. 1954 GRUR 1954，261.

〔88〕 Vgl. BPatG 12. 12. 1966 E 9，15，17.

〔89〕 BPatG 25. 10. 1961（FN 85）；1. 10. 1973（FN 81）13 f. ；5. 6. 1986 Mitt. 1986，174；vgl. auch BGH 25. 1. 1972（FN 76）537 r.（Nr. 2）. 当代理人依据指定的命令行事时，根据《民法典》第 166 条第 2 款的规定，将作出指令并因此犯错的人作为决定性的考量因素，会获得一个对申请人较为恰当的结果。越来越多的民法文献主张在意思表示瑕疵时，以这种方式适用第 166 条第 2 款；参见 *Medicus*，Allgemeiner Teil des BGB，Rdnr. 899，902；*Larenz/Wolf*，Allgemeiner Teil des deutschen Bürgerlichen Rechts，8. Aufl.，§46 Rdnr. 118 附进一步的说明；另，对代理人依照错误的指令撤回专利申请的情况，更为详细的解决方案，参见 *Winkler*，Mitt. 1999，401，405 f.

或者就意思表示的客观内容，表意者向专利商标局作了不正确的传达。表意者可能会在意思表示的内容上出错，他可能通过其意思表示，传达了错误的想法，例如使人认为其有申请分案或者辞去代理的意思，但实际上其原意是撤回。[90]但下述情形同样有权进行错误之撤销：表意者正确地理解了其所表达的意思表示是撤回，但在撤回应针对哪项申请的表达上，却出现了错误，以至于如果按照其意思表示的客观含义，其他的专利申请将取代真正所指的专利申请，或者同时也被不恰当地包括进来。这种类型的错误有可能——例如由于混淆了案卷号——发生。

总体而言，从撤销可能性（Anfechtungsmöglichkeit）来看，在错误撤回后，允许修正其效力的案件范围，被限制得很窄。因此，如果不是出于特别的原因（例如为了阻止申请的公开）而宣布撤回的，对一项不再具有多少价值的申请，建议不要撤回，而让其自动失效（参见第2点）。当然，从2001年1月1日《费用清偿法》（Kostenbereinigungsgesetz）生效之后，专利商标局就不再有义务去通知即将到来的失效了。申请人必须自己关注，在哪个时间点之前，能够修改放弃申请的意图。不过，无过错迟延的情况下，恢复原状的可能性依然没有受到影响。

4. 就实践中发展出来的、有关错误撤回专利申请问题的解决办法，一方面常被认为在效果上不充分，另一方面又由于法律体系上的原因而被批评。在可撤销性（Anfechtbarkeit）的问题上尤其如此。允许撤销的做法，建立在这种想法之上，即申请的撤回不仅仅是程序性行为（Prozeβhandlung），更是实体法上的意思表示，因为它具有实体法上的效力。这种理由将民事诉讼法上的某些特定诉讼行为的"双重性"（Doppelnatur）作为其基础，例如承认与放弃（《民事诉讼法》第306条、第307条）。不过，新近学说绝大多数不再追随这种观点，而视这些意思表示皆为纯粹的程序性行为。[91]

目前的通说仍视诉讼上的和解具有双重性，[92]但作为单方意思表示的专利申请撤回与其相差甚远，以致其随后修改的可能性，根本无法挪用到专利申请的撤回上。

即使人们认为带有双重性的程序行为（Verfahrenshandlungen）原则上是可能的，也不能据而主张专利申请的撤回含有一个私法上的意思表示。与撤回专

---

〔90〕 Vgl. *Beier/Katzenberger*（FN 80）S. 258 f.

〔91〕 *Baumbach/Lauterbach/Albers/Hartmann*, ZPO, 61. Aufl., Einf. §§ 306, 307 Rdnr. 1 f. mit Nachweisen；*Rosenberg/Schwab/Gottwald*, Zivilprozeβrecht, 15. Aufl. § 133 Ⅳ 7 und Ⅴ 2 e.

〔92〕 *Rosenberg/Schwab/Gottwald*（FN 91）§ 132 Ⅲ；*Baumbach/Lauterbach/Albers/Hartmann*（FN 91）Anhang zu § 307 Rdnr. 3 ff.；jeweils m. Nachw.

利申请相联系的实体法上的效力在于：按照《专利法》的规定，申请的实体法效力最终取决于授权程序作出有利于申请人的决定，因而——暂时——尚不明确申请无法获得专利时，申请只需能够维持即可。申请的实体法效力是与程序的待决和维系本身联系在一起的。当程序以不授予专利权而告终时，不管是采取驳回申请、申请失效抑或申请撤回的方式，申请的实体法效力都必然溯及既往地消失。与其他情形一样，在上述撤回申请的情况下，权利灭失（Wegfall）效果很少根据申请人在私法上的意思表示而产生。[93]

因此，在任何情况下，根据《民法典》第 119 条以下的规定，专利申请之撤回都是不可撤销的；必须通过其他途径，寻求有正当利益的修正机会。[94] 有可能借助的是针对专利申请失效（Verfall）情况所规定的恢复原状的机会：[95] 以交付专利商标局（或者联邦专利法院）或者由其记录在案的撤回意思表示的文本存在错误（Versehen）为由，该错误按照恢复原状规定的标准应视为无过错，从而能够主张重新恢复申请的效力。就该请求的处理决定，与对恢复原状的请求一样。如果申请人的这种主张获得批准，根据恢复原状情况下的规则[96]，善意第三人将享有继续使用权。在目前尚无法律明文规定的情况下，这种方案是否在现实中可行，仍是需要继续讨论的问题。对此，有利的一点是，《专利法》也没有对撤回作任何规定。如果撤回建立在对申请人相应观点或者指令的错误臆测基础上，只要其中没有应归咎于申请人的过错存在，它将使得这种情况下的改正成为可能。与之相反的是，如果撤回申请是由于对现有技术或者可专利的前景的理解所导致，则不能再单独解除撤回的效力；如果在这个问题上当事人没借助专利商标局的审查而信赖自己的判断，则没有尽到必要的注意义务。同样，在基于对发明可实施性的错误判断而作出撤回的意思表示后，也无法再继续授权的程序；在这种情况下，申请人有意识地承担了风险，即如同其认为发明不具价值而从一开始就不提前申请一样，在此同样回天乏力。

---

〔93〕　例如诉讼行为的实体法效力也见于《民法典》第 987 条、第 989 条、第 818 条第 4 款以及第 204 条的部分情形。

〔94〕　So im Ergebnis auch *Beier/Katzenberger*（FN 80）S. 264 ff. , 268 ff. – Dagegen befürwortet *Witte*, Die Irrtumsanfechtung von Willenserklärungen gegenüber dem Patentamt, GRUR 1962, 497, 500 eine Ausdehnung der Anfechtungsmöglichkeit; *Seetzen*, Der Verzicht im Immaterialgüterrecht, 1969, S. 124, tritt für Anfechtbarkeit wegen Eigenschaftsirrtums ein; *Schulte*, Einl. Rdnr. 85 bezeichnet deren Versagung für den Fall, daß die Anfechtung von Verfahrenshandlungen überhaupt zugelassen wird, als inkonsequent.

〔95〕　Anregungen in diesem Sinne geben *Beier/Katzenberger*（FN 80）S. 265, 270; *Nieder*, GRUR 1977, 488（2 c）; *Bossung*, FS Preu, 1988, S. 219, 229 f.

〔96〕　有学者持反对意见，但是其与通说一致，认为根据《民法典》第 119 条的规定，撤回可以被撤销；其第 4 版认为，在此处建议的继续使用权，是对《民法典》第 122 条意义上的信赖损失的补偿；对将撤销类比恢复原状是否不可取的问题，却没作分析，参见 *Winkler*, Mitt. 1999, 148, 152。

5. 自 2005 年 1 月 1 日起，根据《专利法》第 123a 条的规定，那些由于耽误了专利商标局要求的期限而已经被驳回的申请，在特定条件下，有可能依据与费用义务有关的请求，加以继续处理（参见 §23 Ⅳ f）。此时应加以斟酌的是针对被撤回的专利申请的类似规则——由专利商标局在确定期限以及决定上的错误所限定的修改。其优点是在适用时可以不再考虑撤回的理由，以及申请人对该理由的支持程度，从而能够排除对撤回的撤销。在此已经不再有类比恢复原状的余地，因为法律规则中不再有任何漏洞。

Ⅷ. 申请的修改

参考文献：*Ballhaus*，*W.*，Folgen der Erweiterung der Patentanmeldung，GRUR 1983，1 – 8；*Beil*，*W.*，Offenbarung der Erfindung und Anspruchsformulierung，GRUR 1966，589 – 597；ders.，Die Wiederaufnahme fallengelassener Patentansprüche im Erteilungsverfahren，GRUR 1974，495 – 500；*Kraßer*，*R.*，„Der Verzicht" des Anmelders im Erteilungsverfahren，GRUR 1985，689 – 694；*Müller*，*H. – J.*，Zulässiges Erweitern und Beschränken im Rahmen der Offenbarung，Mitt. 1991，10 – 13；*Niedlich*，*W.*，Die erfindungswesentliche Offenbarung，Mitt. 1994，72 – 74；*Papke*，*H.*，Die inhaltliche Änderung der Patentanmeldung，GRUR 1981，475 – 489；*Pfab*，*R.*，Ursprüngliche Offenbarung der Erfindung，GRUR 1973，389 – 405，439 – 450；*Schmied – Kowarzik*，*V.*，Über die Beschränkung von Patentansprüchen，insbesondere von allgemeinen chemischen Formeln，GRUR 1985，761 – 772；*Winkler*，*H.*，Änderung und Beschränkung von Schutzansprüchen im Erteilungsverfahren und Verletzungsprozeß，GRUR 1976，393 – 400；*Zeunert*，*G.*，Der Gegenstand der Anmeldung und der Umfang der zulässigen Änderungen des Patentbegehrens vor der Bekanntmachung，GRUR 1966，405 – 414，465 – 469.

a）原则

1. 由于现有技术的发现、审查科的答复、竞争产品在市场上的出现，或者基于确保申请的专利获得最佳保护的通常愿望，在许多授权程序中都会出现需要对已经递交之申请的内容进行修改的情况。允许在多大范围内进行修改，规定在《专利法》第 38 条第 1 句中。在此首要的原则是扩大禁止（Verbot der Erweiterung）：允许进行的修改，在任何情况下，都不能扩大申请的主题。不过，仅当根据《专利法》第 44 条向专利商标局递交实质审查请求（Antrag auf Prüfung）之后，才能不加限制地适用该原则。在此之前，一般而言，只有在矫正明显错误[97]、消除审查科依据《专利法》第 42 条进行的临时审查中所指

---

[97] Vgl. BPatG 28. 1. 1971 Mitt. 1971，157（Fehler in mathematischer Formel）；20. 2. 1973 Mitt. 1973，78（Grammatikfehler）.

出的明显瑕疵或者修改专利权利要求的情形，才允许对申请进行修改。相应地，在该时段，即使既无明显错误又无被指摘的瑕疵，也允许修改权利要求。

从实质审查请求被受理起，到就授予专利作出决定时止的时间段内，绝对不允许进行扩大性的修改。要求进行修改的申请书，必须在决定公布前，直接递交给专利商标局，或者以递交为目的在邮局的邮件发送处寄出。若在此时刻之后，不再允许审查科作出处理决定。[98]就授权决定作出时的修改可能性而言，正如旧法对此所规定的，从公告决定起到决定的执行，都没有任何修改的可能性，即使专利授予尚未公开（参见本节Ⅴd2）。但是，如果以合法的方式（参见本节Ⅴd4）对授权决定提起申诉，而且专利商标局或者联邦专利法院支持申诉的，则可以对授权决定加以修改。

具有法律效力的已经授予的专利，仅在异议、无效或者限制程序中，才能对内容进行修改。就此，保护范围的边界仍应维持。对保护范围加以扩大的修改，即使其被原始申请的主题所覆盖，也将成为无效的原因（参见§26 B Ⅲ c 1）。

2. 不允许在授权程序中通过修改加以扩大的申请主题，可以由最初递交的申请文件的公开内容加以明确（参见§24 A Ⅴ）。申请主题只能是那些在申请时间点即包含在其信息内容中的东西。申请人仅就这一范围，获得一个该时间起点（Zeitrang）的专利。在后公开的内容，申请人可以通过时间起点在后的专利加以保护。为此，申请人必须递交专门的申请，例如可以是符合《专利法》第16条第1款第2句规定要件的增补申请（参见§24 A Ⅹ）。但是，在后公开的主题获得专利授权的，专利的时间起点应以在后申请为准，而非以在先申请被扩大的时间点为准（参见本节Ⅷ C）。

禁止扩大保护范围背后的深意在于，公开对专利保护的实质正当性，以及申请时间起点对发明的可专利性，具有基础性的意义。然而，除此之外这种考虑也意味着，申请人的专利主张（Patentbegehren）应限制在申请主题之内：不属于申请主题的内容，都不包括在申请人要求专利保护的意愿之内。由这点出发，在此似乎可以推论出，一般只有那些申请人有意保护的内容，才能够视为申请主题，而当申请人不具有这种意愿时，申请公开中的相应内容也不属于申请主题。[99]就此而言，当在诸多情况下都可以推断专利申请所包含的说明内

---

〔98〕 Prüfungsrichtlinien（FN 6）Nr. 3. 8. 1；vgl. auch FN 57.

〔99〕 Vgl. BGH 20. 12. 1977 Spannungsvergleichsschaltung BGHZ 71，152，157；BPatG 20. 1. 1964E 5，129，133；29. 11. 1974 E 17，207，208；*Zeunert*，GRUR 1966，468；*Papke*，GRUR 1981，487；*v. Falck*，GRUR 1972，233，235 f.

容不具备"发明之本质"（Erfindungswesentlichkeit）时，则被视为具有这种迹象（参见第4点）。

针对这样一种主观臆断式（subjektiv - voluntaristisch）的思考方式，有观点提出了原则性的质疑。有的认为，只要申请主题通过公开的内容加以确定，将申请人要求专利保护的意愿指向申请主题，只有当申请人合理地习惯于不再表达专利保护的意愿时，才是正确的。这种情况在个别场合下仍可能发生；因此不难想到，专利权利要求的文本会包含一些在申请中以后人无法实施的方式加以告知的内容。假如申请人的意愿决定了申请的主题，那么在这种情况下，也就取决于权利要求的文本（Anspruchsfassung）。相应地，当权利要求的文本不及于公开的内容时，则应该假定，申请人就此并无保护之意愿，进而，公开内容中与此相关的部分也不应视为申请的主题。接下来可以认为，对最初权利要求文本的扩大是被禁止的，即便新文本完全落入最初公开内容的范围。但是，这就无法解释，为什么这类修改普遍都被认为是允许的（参见第6点）。

实际上，在递交申请之时，申请人的意向（Willensrichtung）通常尚未被十分清晰地勾勒出来。第一份权利要求文本习惯于作公式化的尝试，其目的在于根据审查结果再进行修正。许多人认为，从典型意义上看，专利主张（Patentbegehren）指向的是申请公开的总体内容，不过有个前提，即必须证明公开的内容具有可保护性。这当然不会涉及，申请人在授权程序进行过程中，在原来申请内容之外，又放进一个最初他没有想到的发明。对这种企图，人们并不需要借助申请人的（最初）意向。合理的做法是以申请的信息内容（Informationsgehalt）作为出发点。在此有必要予以澄清的是，申请中到底提供了哪些技术性操作说明。毫无例外，就单一技术特征而言，仅当其落入这一说明的范围之内，才对公开内容并因而对申请主题具有意义。因此，不能对单一技术特征进行重组，使其成为其他不同的[100]、甚至可能完全相反[101]的操作说明。这一要求的合理内核也在于，如果某一技术特征应属于申请主题时，该特征必须以发明要素的方式（erfindungswesentlich）加以公开（参见第4点）。

3. 申请公开的内容以及申请的主题限定了后来修改的空间，而其自身又受制于所属领域平均水平的专业人员在申请日仅根据说明书、附图和权利要求

---

〔100〕 用技术特征"在闭合状态中以门叶开放形态穿过入口"代替技术特征"在开放状态中以门叶闭合形态穿过入口"，参见 BPatG 10. 3. 2005 Sektionaltorblatt Bl. f. PMZ 2006，212。

〔101〕 一个清晰给出的说明，首先将一垫子成型，然后用一种有弹性的接合剂对其上层进行防水处理，不能同时理解为另一个虽然包含上述步骤但顺序完全相反的技术说明，参见 BGH 14. 6. 1960 Polsterformkörper GRUR 1960，483，486 r。

（可后续实施的，参见 § 24 A Ⅴ b）而能够无需进一步推断的技术性行为原理。[102]这同确定申请公开对损害新颖性的有效范围所采取的原则完全相符（参见 § 24 A Ⅴ b 6）。对现行法而言，这种一致性更为必要，正如一项申请对在后申请所具有的妨碍保护的效力，应以其损害新颖性的公开内容为准。一项申请所具有的确定保护的能力，也不能跨越这个范围。但这并不排除，根据申请所授权的专利的保护范围，可以包含权利要求所限定的技术原理的效力相同的修改（等同），尽管这些修改似乎不应在后来才出现在申请之中，不过即使有些偏差，仍是该技术原理所必须用到的（参见 § 32 Ⅲ d）。

4. 申请公开的内容，设定了允许修改的范围，而申请公开的内容也受限于属于发明的公开。[103]这样的规定并没有被直接地吸纳到法律之中。该规则的依据部分在于，仅允许将那些可以明辨的、属于申请人所陈述的发明内容，与申请人争取专利的意愿联系起来。[104]然而，正如已说明的，在申请人对现有技术尚未充分审查的时刻，其不应当贸然确定这一意愿。[105]应予以求证的是申请所包含的说明应具有可以明辨的"发明资格"（Erfindungszugehörigkeit）之要求，这最终应从操作说明的角度去证实，即专业人员从申请中能够无需进一步推断以获得该操作说明。因此，对那些看上去是纯属偶然或者微不足道的说明，通常的理解是，它们对发明相关的操作说明或者有相应因果关系的过程而言，意义也不大。[106]因而，如果修改导致这些说明从此获得了有决定意义的分量，则是不被允许的。在这个意义上，那些仅仅起到图绘功能的技术特征，也经常被视为微不足道的。[107]当申请内容的不同技术特征之间没有可识别的相互关系时，也不能在后又将专利请求指向某一技术方案，而在该方案中，这些技

---

〔102〕 BGH 15. 6. 1978 Windschutzblech BGHZ 72, 119, 128 f. ; vgl. auch BGH 2. 12. 1952 GRUR 1953, 120, 121 l. ; 21. 9. 1993 Spielfahrbahn Mitt. 1996, 204, 206l.

〔103〕 BGH 20. 12. 1977 (FN 99) 156; 19. 5. 1981 Etikettiermaschine GRUR 1981, 812, 814l. ; 4. 2. 1982 Verteilergehäuse BGHZ 83, 83, 84; 30. 10. 1990 Bodenwalze GRUR 1991, 307, 308; 21. 9. 1993 (FN 102); 6. 10. 1994 Datenträer GRUR 1995, 113, 115; 5. 10. 2000 Zeittelegramm GRUR 2001, 141; 11. 9. 2001 Drehmomentübertragungseinrichtung GRUR 2002, 49; 5. 7. 2005 Einkaufswagen Ⅱ GRUR 2005, 1023; BPatG 16. 3. 1962 E 2, 155; 20. 1. 1964 (FN 99); 12. 1. 1977 E 20, 1; 10. 3. 2005 (FN 100) 215 f. ; *Kolle/ Fischer*, GRUR Int. 1978, 80; *Kockläuner*, GRUR 1980, 141, 142; *Papke*, GRUR 1981, 487; *Benkard/Schäfers*, § 38 PatG Rdnr. 12, § 35 PatG Rdnr. 27 ff. ; *Brodeßer*, FS Nirk, 1992, S. 85, 89 ff. ; *Niedlich*, Mitt. 1994, 72 ff. – Oft wird auch vom „ als erfindungswesentlich Offenbarten" gesprochen; krit. hierzu *Brodeßer*, aaO S. 90.

〔104〕 Vgl. z. B. BGH 20. 12. 1977 (FN 99) 157; BPatG 20. 1. 1964 (FN 99).

〔105〕 Vgl. *Beil*, GRUR 1966, 594.

〔106〕 Vgl. BGH 19. 5. 1981 (FN 103).

〔107〕 Vgl. BGH 4. 2. 1982 (FN 103); 23. 10. 1984 Walzgut – Kühlbett GRUR 1985, 214; *Brodeßer*, FS Nirk, 1992, S. 85, 100 f.

术特征的协同作用恰好起到关键作用。[108]从根本上讲，申请内容的确定，不仅需要借助其中提及的技术特征，而且也需要考虑技术特征彼此之间的联系。另外，下列修改也是不被允许的：在技术特征或者技术特征组之间——没有添加或者遗漏技术特征——确立新的关联，该关联专业人员无法从最初申请文件中未经进一步努力而辨识出来。

一项操作说明，即使被申请人充分地描述，但若早已为公众所知，当其指的是其他方面的建议或者保护时，也不被视为"属于发明"。即便这种建议证明是错误的，按照通说，该操作说明随后也不再能被吸收到权利要求中。[109]这样做的理由在于，能够肯定申请人没有意愿就此主张专利保护。是否这样就合理证明了，对那些事实上可专利且已经在初始文件中以后续可实施的方式进行描述的技术方案，可以拒绝给予专利保护，对此仍有疑问。

原则上，申请人在递交申请时，没有必要另外再去表达要求获得专利的意愿；有疑问的是，将这个听起来与最初的权利要求同样无关紧要的意愿，指向总的可保护的申请公开内容（参见第2点）。在该讨论的情形中，看起来——尽管是一个特殊情况——是要排除申请人意愿在某一确定方向的有效范围的怀疑。但是，将申请人有问题的说明，完全当成意愿的表达（Willensäußerung），是值得质疑的。因为申请人在递交申请时并没有机会去表达明确的意愿作为指向可保护的申请公开内容的授权请求，他所做的关于公开内容部分为公众所知的陈述，在之前应理解为纯粹的知识表述，而现在应理解为意愿的表达：他认为，就此无法获得任何保护；此外也意味着，他并不想要保护一事根本就没被考虑过。

因此，只有当顾及第三人合法利益而必须时，才应遵循通说。不过，从申请中获得信息的第三人，应当理解，在授权之前专利权利要求会被修改，因而将会包括在最初申请公开内容中并没有主张权利的部分内容（参见第6点）。在这种情况下，很有争议的是，是否这种——现有技术并无记载——少许属于公众所知的说明，为继续使用的自由确立了值得保护的信赖。

当某个技术特征被描述为已知的，且该技术特征仅在用更多技术特征进行限定的技术原理的框架内才归属于该申请时，这些讨论的问题并不会出现。对这样一种技术特征，已经不能随后再主张独立的保护，因为在原始公开之中，并没有包含将其与其他技术特征分离开来独立应用的技术说明。另一方面，即使单一技术特征已经公开，技术特征的结合也是可保护的。

---

[108]　BPatG 16. 3. 1962（FN 103）159 ff.

[109]　BPatG 20. 1. 1964（FN 99）; *v. Falck*（FN 99）.

正如联邦最高法院的判决[110]所指出的，如果一个解决方案自带的缺陷妨碍发明人达成其技术目标时，该解决方案同样不属于申请发明的内容。

> 说明书描述了一种可设想的可能性，以消除各种类型的电压噪声，即将电压调至其频率上，放入一个总的扩大器中，放大后再通过过滤器加以分离。这一方案由于需要耗费多个过滤器而具有缺陷。更佳的建议方案是，为每个噪声频道的接收，都设置单独的扩大器，因而通过电路整流器应可避免该连接的弊端。

该判决的理由在于，根据申请人明确表述的意愿，被指认为有缺陷的方案应该已经从专利请求中清除出去了。但是，这样一个理由，与方案被指认为有错误的情形相比，说服力更弱。如果优点较少的解决方案从一开始就被公开，使专业人员能够实施，并且满足可专利性的要件时，不应当因为申请人已经另外公开了他认为更佳的解决方案，而拒绝保护前一方案。

5. 如果一项非法扩大已经将作为发明基础的任务修改了，则以此为由接受该非法扩大的情形，也并非少见。[111]在此应注意的是，一项产品发明的任务在于去创造带有某些指定特征的产品（制备）；方法发明的任务在于通过指定的路径，去产生指定的结果（产品或者其他成效）。应客观地观察发明，将其与现有技术作比对，并根据对比所得的差异确定任务，而不是根据发明人或者申请人的主观目标或者陈述，或者根据应用某一产品或者利用某一方法的产品所追求的目的，确定任务。如果从这个意义上理解任务，则任务的修改必然与技术操作说明的修改捆绑在一起，因而将被视为保护范围的扩大。

> 因此，在"比较电路的电压"[112]一案中，如果在后主张的技术方案没有使用多个扩大器，而仅用一个总的扩大器时，就意味着任务的修改。但是，正如这样做在此偏离了联邦最高法院支持的观点（参见第4点），该方案与受到偏爱的、多个扩大器协同工作的方案相比，从一开始就被视为申请的主题，因而也就包括了由公开内容所决定的与其相应的任务。

仅当在后递交和公开的优点在个案中同时构成了对操作说明的修改，修改该优点的说明才扩大了申请的主题，而不是当该优点对可专利性，尤其创造性行为的基础具有意义时（参见§24 A V c 4、5）。对产品应用（Verwendung）

---

〔110〕　20. 12. 1977（FN 99）；ebenso BPatG 12. 1. 1977 E 20, 1.

〔111〕　Vgl. z. B. BGH 20. 12. 1977（FN 99）156；BPatG 19. 10. 1962 E 3, 31；23. 1. 1964 E 5, 10；21. 7. 1982 GRUR 1983, 239；kritisch*Beil*, GRUR 1966, 597；*Müller*, GRUR 1964, 501.

〔112〕　BGH 20. 12. 1977（FN 99）156.

说明的修改扩大了与应用相关的操作说明，而非通说所认为的制备产品时的操作说明。因为，即便该说明并非基于自身而是基于应用时所展现的令人意外的特性，从而被认为具有创造性表现的，它也与该特性之说明被视为充分公开无关（参见§24 A V c 5）。相反，如果要求在初始申请文件中就应该公开这一特性以及相应的应用，则不允许在后修改这类说明。

6. 根据扩大之禁止，在申请过程中，不允许在后来添加递交申请时未包含的、专业人员尚且不知的信息。对这些信息内容，仅可以进行限制或者形异义同的表述。[113]

权利要求的文本则为修改提供了更多的空间。在递交申请时所起草的权利要求通常仅被视为临时的。申请人并不受其制约。在授权决定作出之前，只要在原始公开的范围内，申请人可以对权利要求进行修改。[114]尤其，申请人可以对最初过窄的权利要求进行扩展，以寻求对公开内容进行更佳的利用。这同样适用于申请公开之后；[115]也即，人们不应该认为：已公开了的权利要求文本就不再能进行扩展，其所没能覆盖的公开内容部分是"不加控制"（freigegeben）的。

b）个例问题（Einzelfragen）[116]

1. 申请主题不能进行扩大，但可以加以限制，例如在一个自我封闭的分类原理（Teillehren）中，可以删去某个独立的实施方式（Ausführungsform）或者实施例（Ausführungsbeispiel）。[117]但同样允许的是，将保护请求限制到一个或者多个实施例上，或者限制到由多个实施例的共同特性所限定的实施方式[118]上。尽管在这种情况下，该申请意味着发明在其他情形下也可以实现；但专业人员从中可以得出，根据实施例说明的技术原理肯定能够实施发明。此时实施例构成了发明的"核心"。[119]此外，相应地，权利要求也可以被限定到某一具体化的方案上，如果该方案在原始公开的文件中被描述为优选的实施方式或者

---

〔113〕 Vgl. *Zeunert*，GRUR 1966，467.

〔114〕 BGH 2. 12. 1952（FN 102）；25. 3. 1965 Wärmeschreiber GRUR 1966，138，140l.；15. 10. 1974 Allopurinol BGHZ 63，150，155；21. 12. 1982（FN 36）；11. 7. 1985 Raumzellenfahrzeug GRUR 1985，1037；BPatG 4. 5. 1965 E 8，15；15. 1. 1998 Rollenkeller E 40，10；vgl. auch PA（Beschwerdeabteilung）11. 9. 1933 Bl. f. PMZ 1933，233；PA（BS）12. 1. 1938 Bl. f. PMZ 1938，28，29 r.；18. 1. 1938 GRUR 1938，327，328；*Benkard/Schäfers*，§38 Rdnr. 8；*Schulte*，§38 Rdnr. 17 f.；*Pfab*，GRUR 1973，401.

〔115〕 BGH 18. 4. 1972 Akteneinsicht X GRUR 1972，640，641；17. 11. 1987 Runderneuern GRUR 1988，197.

〔116〕 Zahlreiche Beispiele insb. bei *Winterfeldt/Engels*，GRUR 2007，449，453–455.

〔117〕 *Papke*，GRUR 1981，477.

〔118〕 BPatG 11. 10. 1965 E 8，18.

〔119〕 BGH 3. 2. 1966 Appetitzügler BGHZ 45，102，110 f.

以其他方式被视为考虑方案之列而予以强调。[120]将申请主题限制到一个这样的方案上，同样不属于扩大范围，如果同时说明了仍有其他等同的、已经证明属于为公众所知或者不能应用的方案。[121]在最后一种情形中，申请的信息内容也没有被扩大，因为其尚未告知，多个方案中仅有一个能够获得成功。[122]

联邦最高法院新近的判决已经清楚地指出，不应该将专利权利要求仅限制到在原始公开的文件中被描述为优选的实施方式或者以其他方式强调的实施方式：说明书中的某一方案，与同时公开的其他方案相比，是否被认为有优势、符合目的或者优选，对公开内容允许限制的问题，不产生任何影响。[123]这些说明仅帮助更省力地确证属于发明的方案的公开。但是，缺少它们也不导致无法确证。

相应地，应当允许将一项权利要求中有关催化剂金属成分"至百万分之五十"的说明，减到"少于百万分之十"，因为在缺乏相反根据的情况下，即使在此原始说明并没有以数字化形式清楚地加以指明，但专业人员仍可以认为其包含了在这一范围之内的所有可能的数据。

同样，以边界值限制的合金成分的范围，应包括在该边界内所有可能的变化，也包括没有以数字化形式清楚指明的组合，只要适用于整个领域的典型特征依然保持，此时合金的特性并不取决于某一成分的作用。[124]

因此，对钼数量的说明从 7% ~ 12% 减至 7% ~ 10.59%，或者锆数量的说明从 0 ~ 0.1% 减至 0 ~ 0.01%，这样的限制应予允许。

2. 因此，在一项权利要求中引入增补的技术特征并非一点问题都没有，因为根据逻辑规则，这将使权利要求所限定的主题以及保护范围变窄。但是，如果最初无法看出该增补技术特征之决定意义时，则申请的信息内容会被扩大。仅当从原始文本中已经能够看出该增补技术特征对技术原理的意义，而被修改后的权利要求涉及该技术原理时，才允许这样的引入。[125]在个案中也会遇

---

〔120〕 BGH 5. 11. 1964 Polymerisationsbeschleuniger GRUR 1965, 138; 3. 2. 1966 Seifenzusatz GRUR 1966, 319, 322l.; BPatG 6. 12. 1978 E 22, 1; vgl. auch *Pfab*, GRUR 1973, 447.

〔121〕 BGH 3. 2. 1966 (FN 119); 29. 11. 1966 Mehrschichtplatte GRUR 1967, 241, 244; 21. 2. 1967 Faltenrohre GRUR 1967, 585, 586l.; BPatG 26. 4. 1965 E 7, 20, 23 f.

〔122〕 Anders noch BPatG 23. 1. 1964 (FN 111) 14; vgl. *Kockläuner* (FN 103) 145 f.

〔123〕 BGH 20. 3. 1990 Crackkatalysator BGHZ 111, 21, 25 f.

〔124〕 BGH 12. 5. 1992 Chrom – Nickel – Legierung BGHZ 118, 210, 217, 219 f.

〔125〕 BGH 3. 3. 1977 Autoskooter – Halle GRUR 1977, 598, 599 r.; 23. 1. 1990 Spleißkammer GRUR 1990, 432, 433 r.; 30. 10. 1990 (FN 103); 6. 10. 1994 (FN 103); 11. 9. 2001 Drehmomentübertragungseinrichtung GRUR 2002, 49, 51 r.; *Brodeßer* (FN 103) S. 87.

到最初的申请文件对某一技术特征既无文字也无图例说明的情形，但只要对专业人员而言该技术特征是不言而喻的就可以。[126]

可以将一项从属权利要求的所有技术特征放入到一项上位权利要求中；因为基于依赖关系，从属权利要求包括了上位权利要求的所有技术特征，由此对上位权利要求产生的限制，将等同于取消了上位权利要求。

如果申请人想限制一项权利要求，他并不需要将说明书中的实施例的所有技术特征都放到权利要求中。如果这些技术特征中的单个特征或者其结合，能促使发明技术效果的产生，则由申请人自行决定是将其中所有的抑或单一的技术特征放到权利要求中。[127]但是申请人不能随心所欲地将实施例中的单个要素（einzelne Elemente）结合到专利权利要求中。相反，这种结合必须在总体上说明一个技术原理，而该技术原理是专业人员能够从原始申请文件汲取出来的作为发明的可能方案；否则的话，如果表现为与申请之发明不同，申请人会对其主张权利要求。[128]

3. 如果想删去某个技术特征，仅当专业人员从申请的整体内容中能够明确地得出，被主张的技术原理的实施能够不依赖于该技术特征时，也即存在"多余指定"（Überbestimmung）时，才允许删除。同样，根据这一规则，也能够明确在什么时候允许在后主张一个"部分特征组合"（Unterkombination），限定该组合所需的技术特征少于最初主张的技术方案的技术特征。[129]对此，至关重要的是专业人员能否从申请的原始公开内容中明确地获得作为技术操作原理的部分特征组合，进而明确该组合从一开始就是申请的主题。[130]

如果从原始说明书能够得出某一确定种类的构成要素能够重复或者一次性地出现，同时另一种类的构成要素不是必需的，则可以将原来的实施方式作如下限制——每次只出现第一种类的"一个单独"的要素并放弃第二种类的要素——而不必考虑是否在最初公开中就披露了这样的实施方式具有的特别优点。[131]

如果申请人在后补充"优选"或者类似性质的技术特征，只要从申请整体内容上无法得出该技术特征并非不可或缺，则此种行为属于对申请进行了非

---

〔126〕 BGH 23. 11. 1976 Gardinenrollenaufreiher GRUR 1977，483.

〔127〕 BGH 23. 1. 1990（FN 125）；11. 9. 2001（FN 125）；15. 11. 2005 Koksofentür GRUR 2006，316（Nr. 22）；16. 10. 2007 Sammelhefter Ⅱ GRUR 2008，60（Nr. 30 f.）.

〔128〕 BGH 11. 9. 2001（FN 125）.

〔129〕 Vgl. *Schulte*，§34 Rdnr. 387 f.

〔130〕 Daran fehlte es im Fall Windschutzblech（FN 102）.

〔131〕 BGH 6. 10. 1994（FN 103）.

法扩大。[132]另一方面，申请人基本上不被优选的说明、实施例等限制；数字说明亦同。[133]在对专业人员已经充分公开的前提下，申请人可以抽象其权利要求，并将其指向上位的解决原则（参见§24 A Ⅲ 1）。

c）非法扩大的法律效果

1. 一项申请，若其主题被作了非法扩大，就具有瑕疵。在审查程序中，专利商标局必须对其提出异议。如果申请人没有按期消除该扩大的瑕疵，申请将被整体驳回。[134]删去一项禁止引入的技术特征（参见本节Ⅷ b 2），就此而言，并非是非法扩大。[135]

如果在授权程序中，扩大的情况没有受到异议，且被非法扩大了的申请获得专利授权的，则依据异议或者无效请求，可以以部分撤销或者部分无效宣告的方式，对该扩大进行修正（《专利法》第 21 条第 1 款第 4 项、第 2 款和第 22 条，参见§26 B Ⅱ 8、Ⅲ 8）。

有疑问的是，在没有撤销或者无效宣告的情况下，一项专利是否在扩大的范围内以没有效力加以对待。因为根据《专利法》第 38 条第 2 句的规定，对专利主题进行扩大的修改，不能产生任何权利。为澄清该问题，有必要从法律演变的角度加以审视。

2.《专利法》第 38 条第 2 句的规定可以追溯到 1967 年 9 月 4 日的专利法修改法（先决之法（Vorabgesetz）），随着该法在 1968 年 10 月 1 日的生效，"迟延审查"制度也被确立。当然，在此之前，对申请的补充和矫正也只能在不改变申请主题的情况下进行（1961 年《专利法》第 26 条第 5 款）；对那些非法扩大，必须在专利商标局责问的情况下加以排除。然而，当涉及有应排除的扩大内容时，则出现了特殊的专利申请，其申请的递交日，是以非法扩大首次放入到程序中的日期为准。即应首先确定专利商标局在哪个日期受理了包含扩大内容的说明，而不是确定这些随后变成特殊申请的日期在先的受理日。[136]如果专利商标局遗漏了这些扩大情形，并对申请授予了专利，则扩大本身不是无效的理由。毕竟，在无效程序中，当审查扩大内容的主题是否具有可保护性时，是以该扩大所确定的优先权为准，而不是以最初专利申请确定的优先权为准。仅当从最初申请的优先权日，到该扩大的时间点之间，出现了妨碍保护的

---

〔132〕　Vgl. BGH 27. 11. 1969 Dia – Rähmchen Ⅳ GRUR 1970, 289.

〔133〕　Vgl. *Winkler*, GRUR 1976, 397 r.

〔134〕　Vgl. die Prüfungsrichtlinien（FN 6）Nr. 3.3.3.3；BGH 1. 3. 1977 Fadenvlies GRUR 1977, 714, 716；*Ballhaus*, GRUR 1983, 1.

〔135〕　BGH 17. 9. 1974（FN 49）311 f.

〔136〕　Vgl. die Begründung zum Gesetz vom 4. 9. 1967 Bl. f. PMZ 1967, 255l.

事实时，这一规定的意义才凸显出来。[137]

3. 随着迟延审查的引入，则可以明确，扩大申请主题的补充或者矫正，不能产生任何权利（1968 年《专利法》第 26 条第 5 款第 2 句）。因此，就扩大的时间点，在没有形成真正的新申请的情况下，确立优先权的机会便消失了。若这种机会继续存在，并且相应的专利申请没有最迟在优先权日后 18 个月的期限届满前公开的话，将会导致第三人面临着优先权能追溯更远的专利。新的规定则明确地要求，在申请日确定的时间起点之后的 18 个月期限届满之内，只要尚未通过申请公开而表明有获得专利的可能性的，则不再可能产生任何专利。[138]在授权程序中受到异议的扩大行为，在作出相应的排除之后，其主题仍能要求专利保护，但该专利保护的时间起点，仅能基于为此而递交的特殊申请所确立的时间起点。

如果修改的扩大没被发现并消除，被扩大了的申请最终获得专利授权的，则根据 1968 年 10 月 1 日生效的规定，该专利就具有瑕疵。但是，当时列举的所有无效理由（1968 年《专利法》第 13 条、第 13a 条）都没有考虑到这一点；因此，绝大多数观点认为，不允许（仅）以此为据提起无效诉讼。[139]但是，人们认为，若根据法定理由之一提起无效诉讼，如果除了非法扩大之外，专利的其他方面有效，法院在审查专利主题的保护能力时应避免并消除这种扩大。[140]

但是，与在无效诉讼中如何处理非法扩大问题无关，根据 1968 年《专利法》第 26 条第 5 款第 2 句通常得出的结论是，授予专利之后，就扩大部分不产生任何权利，因此只要涉及扩大部分的主题，专利当然地被视为没有效力。[141]欲对专利提起诉讼的人，在没有进行无效宣告的情况下，只需要在相应限制的范围内承认该专利。很显然，法律规定的原文并没有强行作出这样的推断；它仅仅禁止根据扩大的部分产生权利；但它并没有禁止，一项因含有非法扩大内容而有瑕疵的专利授权，可以产生权利；这与一般的原则相符，即只要未对专利提起无效宣告，应以授权时的方式对待它。之所以能够接受这一相对于法律原文或许显得宽泛的解释，主要必须这样来解释，即法律没有将非法扩大作为无

---

〔137〕 这也适用于先用权的发生和侵权诉讼中保护范围的确定场合，参见 *Ballhaus*，GRUR 1983，2。

〔138〕 Vgl. die Begründung（FN 136）252 r.，254 f.

〔139〕 *Schmieder*，Die „feststellende Vernichtung" bei unzulässig erweitertem Streitpatent，GRUR 1980，895，896，mit Nachweisen.

〔140〕 *Ballhaus*，GRUR 1983，4；*Schmieder*（FN 139）897 ff.；BPatG 6. 12. 1979 E 22，149. – Über Form und Rechtsnatur der die Erweiterung beseitigenden Entscheidung gab es unterschiedliche Meinungen；vgl. im einzelnen *Schmieder*，aaO，mit Nachweisen.

〔141〕 *Ballhaus*，GRUR 1983，2 f. mit Nachweisen.

效理由。假设专利在扩大的范围内根据法律本身（*ipso iure*）无效，以此来填补缺乏提起无效诉讼的一般机会，基本上是一种违反原则的权宜之计。

4. 但是，对 1978 年 1 月 1 日之后递交的专利申请以及随后授予的专利，《国际专利条约法》将非法扩大吸收到了异议和无效的法定理由类型之中（1978 年《专利法》第 32 条第 1 款第 3 句第 4 项、第 13 条第 1 款第 4 项）。自《共同体专利法》生效之后，对因扩大而产生的瑕疵，也可以在授予专利之后通过异议的途径，提出质疑。

新近的文献强化了这种观点，即根据现行法，一项专利若因非法扩大而导致存在瑕疵的，仅能通过异议或无效诉讼去提出主张：只要专利不被撤销或者宣告无效，应以其授权的范围加以对待；而且，当专利指向一项非法扩大的主题时，也不应（再）简单地以无效加以处理。[142]

当然，《国际专利条约法》的立法理由[143]表达了这样的观点，即原先的法律状况不应该被改变，据此，即便一项带有扩大内容的专利被授予了，权利也不能从该扩大中产生：只是从法律安定性和法律明确性以及为了与欧洲法律保持一致的利益出发，对由扩大所确定下来的权利外观，作为补充，应该具有修改的机会。然而，通过将非法扩大归入撤销和无效的理由后，也就不再需要为实际上违反体系、禁止根据扩大产生权利的做法，进行合法性的辩护了。不过不能认为，根据现行法，非法扩大比起其他撤销和无效的理由，会更直接有力地影响专利的有效性。

因此，《专利法》第 38 条第 2 句的含义，正如该规定的最初意图一样，应限制在授权程序上。它的含义仅在于，对通过扩大而在授权程序中引入的增补信息内容而言，该扩大不具有任何申请的效力，然而，根据 1968 年 10 月 1 日前的做法（参见第 2 点），就时间起点的确立，在实体法上却是赋予其申请效力的。[144]因此，该规定实际上表达了这样一个原则：当且仅当一项申请满足了启动授权程序的要件时，实体法上的申请的效力才因之而产生。没有申请，就没有授权之请求权以及时间起点的确立。因而，非法扩大并非简单的程序错误。从专利授予甚至会在没有相应实体法授权请求权时发生的角度看，这一规定与撤销理由和无效理由，尤其缺乏可专利性，建立起了联系。

---

〔142〕　*Schmieder*，GRUR 1978，561 ff.；*Ballhaus*，GRUR 1983，5；*Schulte*，§ 38 Rdnr. 34；*Benkard/Schäfers*，§ 38 PatG Rdnr. 47；*Busse/Keukenschrijver*，§ 21 PatG Rdnr. 81；a. M. *König*，Mitt. 2004，477，484 f. und FS Tilmann，2003，S. 487，508 ff.

〔143〕　Bl. f. PMZ 1976，334 r.

〔144〕　因而偶尔也有观点认为，应以"民事"申请而不是"程序"申请来对待扩大（这些概念见 § 22 FN 2）；参见 *Ballhaus*，GRUR 1983。

d）限缩性修改的法律效果

1. 若申请的修改没有扩大申请主题，根据《专利法》第38条的规定，一旦提起审查请求且只要尚未作出授权决定的，将不加限制地获得支持。但是，在限缩性修改的场合，则出现申请人希望取消它的情况，因为申请人知道，限制文本不产生任何超出范围的保护，并且相信原始公开的申请内容证明了一种广泛的保护（einen weitergehenden Schutz）是正当的。那么，就出现了这样的问题：是否扩大之禁止（参见本节Ⅷ a 1）会妨碍对原始的、扩大的文本的（有时部分地）重新审理。

根据旧法，在授权程序进行过程中，根据申请人意愿所进行的限制，如果申请已经以限制的文本公告的，基本上不允许取消该限制。在公告之后，所有修改都只能在公告文献的范围之内进行，对公告的权利要求所确定的保护范围，不能加以扩大。

该针对取消限制的"效力之转折点"（Zäsurwirkung）到底是随着公告决定抑或随着公告执行的时间点而启动，并不总得到清楚的回答：估计大多数人认为以后者为准。如果人们赞同，在专利商标局的公告被执行之前，专利商标局可以修改公告，那么这一观点是合乎逻辑的（参见本节Ⅴ d 2）。

根据现行法，在任何情况下，仅当授权决定生效之时起，其才开始对申请人产生限制。这通常是对授权决定提起申诉的期限届满时间，因为在大多数情况下都会因为缺少申诉人而没有提起申诉（参见本节Ⅴ d 4）。当然，在申请人没有递交申诉的情况下，申请人仅能在介于授权决定的颁布和生效之间，通过申请分案来摆脱来自授权专利文本的限制，在申诉期限届满之前，联邦最高法院是否准许申请分案，与是否允许和支持申诉无关。[145]

2. 根据旧法，是否能够在公告之前取消限缩性修改的问题，按照通说应区别对待：如果那些未超出原始公开内容范围的申请修改，仅应被理解为撰写尝试（Formulierungsversuche）时，即在审查科与申请人的"对话"期间，借助审查所查明的现有技术，尽可能准确地勾勒出具有保护能力的申请内容，则申请人建议采取一个限缩性文本的意思表示，或者申请人同意审查科建议的限缩性修改的意思表示，仅视为临时的，并不排除恢复到较宽文本的可能。[146]因此极有可能将已经放弃或者被限制的权利要求，重新返回原始文本之中。[147]但

---

〔145〕 BGH 28. 3. 2000 Graustufenbild GRUR 2000, 688；vgl. unten Ⅸ c 1.

〔146〕 BPatG 3. 11. 1961 E 1, 63；BGH 20. 4. 1978 Etikettiergerät Ⅱ Bl. f. PMZ 1979, 151；24. 3. 1987 Mittelohr – Prothese GRUR 1987, 510.

〔147〕 BPatG 31. 8. 1977 E 20, 105；BGH 9. 3. 1967 Kaskodeverstärker GRUR 1967, 413, 417；*Schulte*, 3. Aufl., §35 Rdnr. 214；*Pfab*, GRUR 1973, 401.

是，如果申请人的举止被视为对其原始保护请求的某一部分进行了"明确放弃"的，则将受到限制；这种情况下恢复到原始文本将被视为禁止的扩大。[148]如果申请人坚持该扩大的文本，专利商标局将据此驳回申请。[149]专利商标局将不再去审查申请的主题是否具有可保护性。如果申请人就驳回提起申诉，则申诉的内容仅应是专利申请的限缩文本。[150]

相反，申请人在同意一项限缩之后又——在原始公开内容的范围内——恢复到一个范围宽广的申请文本（eine weiterreichende Fasseng）的，如果专利依据该文本进行了授权，则按照当时被大多数人接受的原则（参见本节Ⅷ c 3），应该认为，由于1968年《专利法》第26条第5款的规定，仅能就限缩之文本，产生保护之效力。

但看起来，认为对申请人的限制是基于授权程序中的"放弃"即刻发生而并非等到限缩的申请公告时的观点，在实践中几乎不起作用。联邦最高法院确立申请人受制于放弃之意思表示的判决，实际涉及一个例外情形，在该案件中，受限缩的文本已经公告了。联邦专利法院的判决指的也是同样的情况。只要限缩文本尚未成为公告的主题，那么在——当时尚属"被前置"的——异议程序或者异议上诉程序（Einspruchsbeschwerdeverfahren）中已经发生的限缩，就是问题所在。[151]在此，若倾向于即刻对申请人产生约束，即便其本来就不被普遍接受，也能够充分考虑异议人的利益。

3. 从非法扩大角度看，申请人接受即刻产生约束力的部分放弃，根据现行法同样能够产生作用。因此，对在审查科以及有的情况下在申诉审议庭进行的授权程序而言，不会产生任何不同于以往法律情形的偏差。与此相对，人们禁不住会问，在专利授权之后，可以借助什么途径去主张申请由于之前的"放弃"而已经具有被禁止之扩大？根据《专利法》第21条第1款第4项的规定，看起来仅当专利主题超出了原始文本所包含的申请内容时，才有可能进行撤销或者无效宣告，但这并不为此刻讨论的情况所涉及。然而，如果人们认为，对现行法而言，对专利因具有非法扩大而产生瑕疵的情形，只能通过异议或者无效诉讼提起主张的（参见本节Ⅷ c 4），那么将几乎不会因为一项非法

---

〔148〕 *Benkard/Schäfers*，§ 34 PatG Rdnr. 159；*Schulte*，3. Aufl.，§ 35 Rdnr. 212；*Lindenmaier*，§ 26Rdnr. 102，§ 28 b/29 Rdnr. 56；*Pfab*，GRUR 1973，401；*Ballhaus*，GRUR 1983，5.

〔149〕 原则上如此；但在上述的案例中，根据实际的理由，限制之意思并没被认定为放弃，参见 BGH 3. 2. 1966 Appetitzügler GRUR 1966，312，317（Nr. 7）；24. 3. 1987（FN 146）。

〔150〕 因为申请人已经放弃了有疑问的权利要求，该权利要求也不应是申请程序的主题，同样也就不会牵涉驳回请求生效的申请决定，参见 BGH 9. 3. 1967（FN 147）。

〔151〕 BGH 9. 3. 1967（FN 147）414 f.；BPatG 3. 11. 1961 E 1，63.

扩大（异议以及无效理由的法条措辞并没有包含它）而效仿 1968 年《专利法》第 26 条第 5 款第 2 句的通行解释，根据现行《专利法》第 38 条第 2 句，简单地将专利以部分无效的方式进行处理。可能仅出现参照适用《专利法》第 21 条第 1 款第 4 项规定的情形的法律后果。[152] 然而，如果判决和主流观点习惯于将某种情况定为非法扩大，而它又不被自 1978 年以来适用的规定包含在相应的撤销和无效理由中，那么这一情形应该是对下述问题进行原则性审查的机会，即该种情形是否一般应视为非法扩大。对该问题的回答取决于，对申请人那些通常被当成有效的放弃行为，赋予即刻的约束效力（Bindungswirkung）是否正确。这一问题在实践以及理论思考层面，都有同样的疑惑。

4. 认为在特定条件下，申请人建议或者接受一项限缩会对保护请求产生即刻有约束力的部分放弃（Teilverzicht），此种观点在有的个案中会导致困难的解释问题：[153] 申请人在此到底是希望一种终局明确的放弃，抑或仅仅是一种临时的撰写尝试而已？在放弃一项权利要求时，到底是"事实导向"（der Sache nach）因而是明确的，抑或是纯粹的"形式导向"（der Form nach）因而仅是暂时的[154]？申请人是否表达了一种"毫无保留"的放弃，抑或在当时情况下视为已经表达了一种阻止放弃生效的意思？[155] 当然，从实践角度看并没产生更大的困难。不过，这在很大程度上是由于大多数情况下已经作出了公告，因而申请人的同意完全可以借助公告的文本加以确定。法院也曾求助于证据迹象（Beweisanzeichen）：为了避免申请可能被整体驳回，申请人通过限缩而对审查科的相应要求进行妥协，这种情形尤其被视为具有放弃之意思的证据（Indiz）。[156] 递交与之相适的新申请文件的行为，也被视为申请人具有明确意思进行限制权利要求的迹象。[157] 但对放弃之意思的认定，并不取决于此。[158]

对申请人而言，"放弃理论"是危险的。他的风险在于，当他与审查科对

---

〔152〕 Sie wird befürwortet von *Ballhaus*, GRUR 1983, 5 r. ; *Benkard/Schäfers*, §59 Rdnr. 10, 28; für direkte Anwendung *Benkard/Rogge*, §21 PatG Rdnr. 32.

〔153〕 Vgl. *Spiess*, GRUR 1967, 428; *Wagner*, GRUR 1973, 624, 625 f. ; *Beil*, GRUR 1974, 500; *Winkler*, GRUR 1976, 394.

〔154〕 Zu dieser Unterscheidung BGH 9. 3. 1967 (FN 147) 417 r.

〔155〕 Vgl. BGH 13. 5. 1965 (FN 55) 148l.

〔156〕 BGH 13. 5. 1965 (FN 55) 148 l. ; 9. 3. 1967 (FN 147) 417 r. ; BPatG 3. 11. 1961 E 1, 63, 64; 29. 10. 1969 E 14, 22; 29. 11. 1974 E 17, 207; 25. 4. 1977 E 20, 39, 40; 11. 12. 1980 GRUR 1981, 412, 413; vgl. auch RG 25. 10. 1938 RGZ 159, 1, 10.

〔157〕 BGH 13. 5. 1965 (FN 55) 148. ——联邦专利法院否定申请人的放弃受到缺乏合适说明的约束，参见 BPatG 31. 8. 1977 E 20, 105, 107。

〔158〕 BPatG 3. 11. 1961 E 1, 63, 64; 29. 10. 1969 E 14, 22, 28, 30 f. ; 29. 11. 1974 E 17, 207, 209.

话时，说不定就陷入放弃的情况，并且在没有专利商标局相应决定之时已经丧失了对某部分内容可能获得的保护。即便当最后根本没认定什么限缩文本，针对驳回决定提起申诉时，申请人可以继续要求的也不是原始文本，而只能是限缩的文本。

从值得保护的利益第三人角度出发，并不要求申请人的限缩性修改即刻产生约束力。尽管第三人通过查阅案卷能够了解到限缩的情形，但是就此他几乎无法足够确定地判断，是否该限缩意味着一项"有决定意义的放弃"。此外，法律原则上要求第三人，直至完全的专利保护开始之前，都应信赖专利保护被具有保护资格的总体申请公开内容所包含。[159]尤其是如果权利要求撰写得不必要的窄时，第三人就无法信赖，这些公布的权利要求仍坚持不变。对在审查程序中发生并且从未公布的限缩，如果事实上并不需要而仍继续存在，就不存在任何理由去保护对该限缩的信赖。

当然，这对专利商标局和联邦专利法院而言是一种减负，因为它们不再需要去处理申请人"放弃"的申请内容。不过，已经卷入一项限缩之后，通常只有当基于审查结果，有理由期待一个宽泛的文本取得准许时，他才会重拾这样的文本。如果判断错误，申请会立即被驳回，无需额外的开销。但是，如果审查结果不足以证明这样的决定是正确的，则专利商标局或者联邦专利法院不应该基于减轻工作量的考虑，拒绝继续进行审查。

5. 当涉及放弃时，申请人的法律地位使其只能请求授权。[160]由于根据现行法，授权请求只能通过一个视为程序行为的有效申请加以确立，如欲取消，也须通过撤销或者撤回的方式终结申请。因此，只能通过部分取消授权请求的方式，来实现部分"放弃"保护请求的法律效果，如果它表现为部分撤回申请的话。

偶尔才有判决和文献涉及这类情形。[161]只要在缺乏程序上有效申请时，非法扩大有可能被当成优先权基础（参见本节Ⅷ c 2）。这种观点希望达到的效果是，实体法上的申请效力也能够通过类似的"不按规定"（formlos）的方式

---

〔159〕　Vgl. *Baumgärtel/Ehlers/Fleuchaus/Königer*，GRUR Int. 2007，498，501 r.

〔160〕　有人主张区分两种放弃：一种是希望明确放弃某一法律地位的实体法上的意思表示；另外一种意思表示仅仅意味着修改授权请求，它以同意限制专利授权的方式作出。在此，该放弃到底应指向哪个法律地位，并不明朗，参见 *Papke*，GRUR 1981，476 r. – *Schulte*，§ 34 Rdnr. 406 ff。另有观点认为，有约束力的放弃在理论上值得怀疑，在实践上也不必要，参见 *Busse/Keukenschrijver*，§ 34 PatG Rdnr. 156。

〔161〕　So von BPatG 3. 11. 1961 E 1，63；*Papke*，GRUR 1981，477；有观点指出，放弃和撤回的基本区别在量上，参见 *Benkard/Schäfers*，§ 34 PatG Rdnr. 160。

加以修改。但是自1968年《专利法》以来，已经不再有这样做的空间。

与此相对应，如果在旧法规定的"被前置"的异议程序出现了放弃时（参见第2点末），"部分放弃"授权请求在任何情况下，都可以被视为放弃《民事诉讼法》第306条的诉讼对象，因为这一规定完全是为两者之间的争议程序而设计的。

对申请内容的部分撤回进行限制[162]，原则上是必须的。不过，由于部分撤回丝毫不会为申请人节省成本，因而仅在少数情况下，从申请人利益角度出发，才建议进行部分之撤回。当部分撤回的目的是限制公开内容时，尤其可以理解。与此相反，在公开之后，仅在下述情况下，部分撤回才符合申请人的利益：为使既存的申请主题有可能获得专利，并避免申请被完全驳回，部分撤回是必需的。但问题是，申请人受审查结果影响而提议或者同意一项限缩的行为，是否能够视为已经构成部分撤回。在这种情况下，申请人不会愿意通过单方意思表示，即刻并无条件地结束与申请部分主题有关的程序，相反，他会乐意保留一条后路，依个案授予可获得的保护。从这点看，申请人会坚持其总的目标，对有保护能力的申请公开内容主张专利。此时申请人的意愿取向（Willensrichtung）与部分撤回的情况不同，后者的出现并不顾及尚在程序中进行的其他内容的命运。特别是，只有当申请人真正根据限缩性文本获得专利授权时，申请人才愿意受其约束。否则的话，他就希望，情况不会比他不同意限缩时更差。在这种情况下，驳回申请的，他可以通过申诉法院进行全部范围的复审。相反，假如申请人同意一项限缩意味着部分撤回的话，则当申请依然被驳回时，申请人仅能在限缩后的范围内继续进行申诉。

因此，一般在判决认为存在部分放弃的案件中，申请人对一项申请的限制性修改表示同意，并不能解释为部分撤回。[163]因此，该同意具有法律效力，并非凭借申请人单方意思表示，而是由于相应的授权决定。只有当授权决定生效时（参见第1点），它才限制并阻碍申请人回到宽泛的申请文本。授权程序也因之而结束。授权请求也已经消失：借助授权决定，在授权决定的范围内，它被"实现"了；此外，如果是授权决定没有完全汲取原始申请文本中可保护内容的特殊情况，凭借申请人的同意，授权决定也终结了授权请求。在此，同

---

〔162〕 一种观点认为，部分撤回的意思表示，应被理解为对授权请求的完全撤回，或者放弃，或者修改（参加脚注160），参见 *Schulte*，§34 Rdnr. 432；另一种观点认为，由于存在限制授权请求的机会，因而部分撤回是否有其现实需要，不无疑问，参见 *Busse/Keukenschrijver*，aaO。

〔163〕 专利商标局基本上也以此为出发点；否则的话，专利商标局就必须将"部分撤回"在登记簿上登记并在专利公告上公布，参见自1981年6月1日起生效、1998年废止的《专利登记簿条例》第1条第6项以及 BPatG 1. 10. 1973 E 16, 11, 17。

意的法律效果最终建立在这一规则上，即不允许对专利请求进行部分授权并且驳回剩余的部分（参见本节 V c 2）：申请人对限缩的同意，连同使其产生约束力的授权决定，通过专利商标局，一起取代了部分驳回。

对申请人而言则面临一个不利的情况：除非有申诉人，否则申诉之路径将向其关闭（参见本节 V d 4）。因此，只有当申请内容所涉部分的不可保护性明确时，而并非仅仅对可保护性存有怀疑时，专利商标局才应该要求进行限缩。[164]如果进行限缩的主要目的是减少专利商标局的审查工作，则是不允许的。

6. 根据上述理由，申请人在授权程序中提议或者接受的有关申请的限缩性修改，在任何情况下都不是即刻产生约束力的部分放弃。根据旧法，仅当申请以限缩性文本公告时，才对申请人产生约束力；根据现行法，仅当根据限缩性文本授予专利的决定作出时，才对申请人产生约束力。在作出公告之前或者授权决定之前——通过申请分案甚至直到申诉期限届满前（参见第 1 点）——申请人能够不顾曾在授权程序中表示的限缩，回复到一项由初始申请公开所覆盖的宽泛的保护请求上，并就此请求一项实体裁决；他还可以通过申诉程序，继续朝着这个目标去寻求一个范围完整的专利请求。在此不存在任何非法扩大，不应该（直接或者类推）适用《专利法》第 38 条或者第 21 条第 1 款第 4 项的规定。

IX. 申请的分案[165]

a）法律规定

根据《专利法》第 39 条，申请人可以随时提起书面的意思表示，对申请进行分案。每个源于此的分案申请都保留了原始申请（主申请）（Stamman-meldung）的时间起点。从费用角度，每个分案申请都被当作独立的申请；对在分案之前已经出现的所有费用，应在分案之后 3 个月内补缴。在同一时期内，必须提交与分案申请有关的特别申请材料。如果错过这一期限，分案声明视为未提出，并溯及既往地失去效力。申请人不会收到来自专利商标局有关该期限以及其延误后果的通知。[166]

期限被延误的，允许恢复原状；如果分案声明是在申诉程序提出的，根据《专利法》第 123 条第 3 款的规定，是否准许恢复原状，由联邦专利法院主管；

---

［164］ Vgl. *Klauer/Möhring*，§ 26 Rdnr. 21；*v. Pechmann*，Mitt. 1969，67 ff.；*Winkler*，GRUR 1976，395 f.；BPatG 11. 7. 1968，Mitt. 1969，77；28. 6. 1982 Mitt. 1984，50.

［165］ Dazu umfassend *Königer*，Teilung und Ausscheidung im Patentrecht，2004.

［166］ Vgl. die Begründung zum GPatG，Bl. f. PMZ 1979，284.

在这种情况下，专利商标局允许恢复原状的，不具法律效力。[167]

该规定是根据《共同体专利法》而引入的，适用于自1981年1月1日起递交的申请。在此之前《专利法》并没有对分案加以规范，但专利商标局和联邦专利法院在实践中一直对分案的做法持允许态度。其基础一方面是源自申请主题单一性的要求（参见§24 A Ⅵ），另一方面则是《巴黎公约》第4条 G 的规定。

当能够证明申请包含了不止一项发明时，申请人并不需要为此而接受这样的处理方式：仅能够为多项发明中的一项，保留该申请所确定的申请时间起点，并主张相应的保护。毋宁是，对已经公开的其他发明，可以提起一个（或者多个）分案申请（Ausscheidungsanmeldung），并且可以主张原来不符合单一性的申请的时间起点。[168]通过这种处理方式，德国法律也与《巴黎公约》第4条 G 第1款的规定保持一致了，据此不符合单一性的申请能够被分成数个申请时间起点一样的分案申请。

《巴黎公约》第4条 G 第2款规定，申请人也可以在保留原始申请时间起点的情况下，主动将一项专利申请分案；根据该款规定，该自由分案必须至少被《巴黎公约》的外国成员允许。该规定是否也能惠及地适用于国内申请人，在专业文献中曾有争议。[169]当时联邦最高法院对此持允许态度。[170]由联邦专利法院所作的判决也肯定这样的适用。[171]通过《专利法》第39条的规定，该争议应已停息，同时，《巴黎公约》第4条 G 第2款授予联盟成员的权限也应当被使用，以明确允许分案的条件。[172]

b）仅是程序之分案，抑或也包含申请主题之分案？

1.“分案”（Teilung）的表述暗示着一个观点，即原始申请以及由于分案所产生的新申请，无论如何必须针对不同的主题，但同时也不禁止交叉的存在。[173]下述情况同样促成了这种观点：出于确立单一性的目的，分案经常发生并为人们所熟悉；因为在这种情况下必须对主申请的保护请求进行限制，而分案申请恰好以同样的方式满足了单一性的要求。但是，修改非单一性也仅是一

---

〔167〕　BGH 15. 12. 1998 Mehrfachsteuersystem GRUR 1999，574.

〔168〕　BGH 10. 7. 1986 Kraftfahrzeuggetriebe BGHZ 98，196，199 f.

〔169〕　Bejahend：*Pfanner*，GRUR Int. 1966，282 ff. ；kritisch dazu *Burghardt*，GRUR Int. 1973，600 ff. ；verneinend：*Wieczorek*，Die Unionspriorität im Patentrecht，1975，S. 183；vgl. auch BGH 10. 7. 1986（FN 168）200 ff. mwN.

〔170〕　BGH 20. 12. 1977（FN 99）158 f.

〔171〕　16. 10. 1972 E 14，213；12. 1. 1977 E 20，1，5.

〔172〕　Begründung zum GPatG，Bl. f. PMZ 1979，284.

〔173〕　So die 4. Aufl. ，S. 400.

个在特定情况下会出现分案的特殊机会。假如不存在这样一个机会，也就没有理由要求，分案必须符合非单一性情况下的通常场景。

2. 联邦最高法院和联邦专利法院的判决主要涉及自 2006 年 7 月 1 日起被废止的专利分案问题，即根据旧《专利法》第 60 条规定的理由，在异议程序中主张专利分案；不过，判决在这个问题上的陈述，对申请分案的判断而言，仍值得借鉴。就此，最初是设定了对申请主题进行分案的条件。但是认为分案是纯粹程序法的问题观念，在随后逐渐演化出来。

在"文本数据再现"（Textdatenwiedergabe）案的裁判中，联邦最高法院[174]认为，其已经要求，一项专利的分案应将欲分案的主题分解成至少两个部分[175]。对专利申请的分案而言，原则上也不会有什么两样，即便会产生差异，即申请主题在通过权利要求加以限定时，方式上并不同于限定专利主题的情况。同样，仅当一项申请的主题被拆分成至少两部分时，一项申请才算被"分案"（geteilt）。必须从原来的申请中，抽取出一部分主题，并传送到一个新的、独立的申请程序中。因被剥离一部分而剩下的主题，仍保留在原始申请中，并在既存待决的授权程序中继续进行审理。通过分案而产生的独立的申请部分（Anmeldungsteile），可以被继续分案。对此并不要求申请的每个分案都有一个独立、可资保护之发明作为其自身的主题。只要它们各自针对形式上不同的发明主题即可，就此而言，一个单一的区别技术特征就已经充分了。但这不意味着，这些分案不能具有交叉的地方。对于专利分案，审议庭并没有明确地要求，通过分案声明（除了在异议程序中仍保留的专利剩余部分之外），分案申请的主题也必须予以确定。对此，考虑到能够依赖于原始申请所公开的整体内容[176]，分案申请的确切内容必须（也能够）在审查程序结束之前予以明确，而无须在提出分案声明之时就加以明确。专利分案情况下的这种做法，同样适用于将申请进行分案时的各个分案申请。

根据适用于专利分案的原则[177]，如果从申请中抽取出来的内容并非申请的构成部分，从而导致申请主题保持原样的，也会出现申请没有分案的情形。在此，被剥离的整个主题是否被包含在起始申请（Ausgangsanmeldung）中并不重要；它仅需要做到，不要整体位于起始申请的主题之外就行。如果在分离

〔174〕　23. 9. 1997 GRUR 1998, 458; die Entscheidung erging auf der Grundlage von Art. 4 G Abs. 2 PVÜ（vgl. oben a）; Anmelder war ein Verbandsausländer.

〔175〕　BGH 5. 3. 1996 Lichtbogen – Plasma – Beschichtungssystem GRUR 1996, 747, und 14. 5. 1996 Informationssignal BGHZ 133, 18.

〔176〕　Der Beschluß bezieht sich hier auf BGH 1. 10. 1991 Straßenkehrmaschine BGHZ 115, 234.

〔177〕　BGH 14. 5. 1996（FN 175）22 f.

出来的主题中，既包括了原申请中可分案的技术原理，也同时包括了原申请所没有包括的主题时，那么肯定会出现这样的问题：是否分案申请的主题包含了非法扩大。但是，这应该属于在分案申请审查程序时应加以澄清的问题，而不影响是否存在一个分案的问题。

紧接着，在"滑动离合器"（Rutschkupplung）[178]案中，联邦最高法院确认，从一项专利申请中分离的部分如果包含非法扩大，这不必然导致一项分案声明在实体法上的无效。但是，如果所包含的主题都处在非法扩大范围内，则不出现《专利法》第39条意义上的分案，因为从原始申请中并没有剥离出任何内容。而一项专利申请分案的前提是，其申请主题至少应拆分成两个部分。

根据"灰色条图"（Graustufenbild）[179]案的判决，在授权程序有效终止之前都允许提起分案。据此，自专利商标局授权决定交付邮局的邮件发送处之时起，到申诉期限届满之前的时间段内，也允许分案（参见本节IX c 1）。但是，如果在这个时间段内，针对修改之授权决定被专利商标局撤销的，也将导致不再可能对主申请的主题进行减缩。[180]不管如何，只要一项客观的分案的合法性在原则上存在问题，该分案的要求就无法得到维持。[181]

在"装订机"（Sammelhefter）[182]案中，联邦最高法院修改了判决。其主导性原则的表述如下："专利的一个有效分案并不意味着，通过一项分案声明即界定了专利中的主题明确部分将被分离出来。"[183]是否这里坚持认为，分案概念本身要求一个要分案的主题至少应拆分成两部分，联邦最高法院并未下结论。但是，联邦最高法院指出，一项主题可被理解的分案的要件之所以具有意义，仅当其可以确保，与主申请程序中授予或者拒绝专利保护的事实相矛盾的内容，不得依分案申请（Trennanmeldung）取得专利保护。这尤其与避免双重专利授权（Doppelpatentierung）有关。然而，这必须并且也能够不通过对分案声明提出内容上的要求来加以避免，只需要对将要授予或者维持的专利权利要求施以相应的要求即可。因此，认为专利分案不应与申请分案在处理上有差

---

〔178〕　Beschluß vom 30. 6. 1998 GRUR 1999, 41, 43.

〔179〕　BGH 28. 3. 2000 GRUR 2000, 688.

〔180〕　*Schober*, Mitt. 2003, 481, 482 r. m. Nachw.

〔181〕　*Schober*, aaO 483l.

〔182〕　BGH 30. 9. 2002 GRUR 2003, 47.

〔183〕　Hinzugefügt ist：„（Abweichung von BGHZ 133, 18 – Informationssignal；Senat, GRUR 1996, 747 – Lichtbogen – Plasma – Beschichtungssystem）". Abgewichen wird laut Begründung auch von BGH 3. 12. 1998 Kupplungsvorrichtung GRUR 1999, 485, wo die Grundsätze der vorgenannten Entscheidungen nochmals bestätigt worden waren. BPatG 20. 11. 2002 Unterbrechungsbetrieb Bl. f. PMZ 2003, 215 und 26. 2. 2003 Programmartmitteilung Bl. f. PMZ 2003, 293 hat sich dem Standpunkt des BGH angeschlossen.

异，似乎同时也行得通。由于授予专利之前，申请中撰写的权利要求一直仅有临时性质，这就意味着，不能把分案与根据已申请之权利要求所主张的技术原理的一项分解内容（Aufspaltung）联系起来。只有在授权程序结束之时，才能够并且必须确定每个程序各自所为之追求的专利保护主题。假如就此对专利和申请一视同仁，那么也要避免在分案情况下专利授权及其确定力（Bestandskraft）[184]之间的冲突。

在"基点"（Basisstation）案的裁决中，联邦最高法院进一步确定，通过一项专利分案，无须一定剥离出什么内容[185]。

3. 在新近文献中，科肯施利佛（Keukenschrijver）[186]指出，应从纯粹程序法意义上理解申请分案，即原先单一授权程序分解为多个独立授权程序。并非申请主题的分案，而是程序的分案。一个"相同的"分案并不排斥自身。相关法律保护利益的不足，应在对授权请求作出决定时加以考虑。

希望坚持"实体分案概念"（materiellen Teilungsbegriff）的哈克（Hacker）[187]同样反对有关保护范围已界定的"分案声明主题"的观点。在申请分案时，无论主申请还是分案申请中的权利要求都仅具备临时过渡的特性。因此，是否存在一个抽象的分案，在现实中并不重要。

斯托特尼克（Stortnik）[188]对"实体分案概念"持批判态度并主张，应将分案与申请人（或者专利权人）在某些情况下有关联的自我限缩（Selbstbeschränkung）区分开来。

梅路里斯（Melullis）[189]同样指出，仅当授权程序结束之时，权利要求的内容才能最终确定下来。因此仅当这个时候而非提出分案声明时，才能够且必须确定一项分案的具体内容。这对主申请而言，也无区别。

肖贝尔（Schober）[190]根据"装订机"案认为，一项分案声明不再具有实体上的形成力（Gestaltungswirkung）。在出现申请分案时，一项分案声明仅意味着，对既存待决的授权程序而言，将有另一个程序增加进来。而这两个程序之界限并不通过该分案声明，而是借助双重专利授权之禁止加以明确。

---

[184]　Dazu unten bei FN 201.

[185]　BGH 29. 4. 2003 Basisstation Mitt. 2003, 388.

[186]　Mitt. 1995, 267, 268 ff.；ebenso *Busse/Keukenschrijver*, § 39 PatG Rdnr. 16.

[187]　Mitt. 1999, 1, 2, 7.

[188]　GRUR 2000, 111 ff., 118.

[189]　GRUR 2001, 971, 974.

[190]　Mitt. 2002, 481, 485.

柯尼格尔（Königer）[191]不赞同新近文献中的主流观点，对新近判决也持批判态度，他坚持应主题明确地（gegenständlich）理解一项分案。

4. 当一项申请进行分案时，对申请主题的分案既不可行也不必要。从一开始就根据不同内容的权利要求，对原始申请与新的申请进行彼此的划分，与申请人所享有并且允许的撰写自由（Gestaltungsfreiheit）相冲突，即申请人可以在原始公开内容的范围内对权利要求进行修改，只要尚无（生效的）专利授权。如果认为每项申请仅获得原始公开范围的确定一部分的，公开内容的分案自身[192]就——在允许交叉的情况下也——与这样一种危险联系在一起：在原始申请中公开的新的、有创造性的技术原理被分为数段，且其中任何一部分都无法满足保护之要件。保护范围的拆分[193]，与作出分案声明时权利要求文本的临时特性，以及授权程序不会超越权利要求文本确定保护范围的原则相互冲突。

因此，在不同程序中处理的申请在内容上如何彼此作用，不能用以判定一项分案的效力。只要申请人递交一份书面的分案声明，并且及时履行形式和费用的要求，就满足了。申请人在不同程序中追求怎样的目标，就产生相应要求的申请文件。在分案时，基于单一性原则，这些文件必定得调整自身以符合该要求。在其他情况下，通常申请人也会形成多个符合单一性的不同申请。例如申请人可能希望，就某一特殊的实施方式快速地获得一个范围相对窄的保护；而对作为基础的普遍方案原理，由于可能需要更费时的审查，则希望借助一个另外的、范围更大的分案申请，去谋求更宽泛的保护。[194]但是，在上述任何程序中，只要尚未（生效地）授予相应的专利，申请人都不受制于在其目标下撰写的权利要求。

法律规定并不妨碍将分案理解为一种复制（Vervielfätigung），即从一项申请中可以分化出两项或者多项申请：申请人通过分案所产生的情形，就如同申请人从一开始就递交了两项或者多项时间起点和公开内容相同的申请一样。[195]在那种情况下申请人必须缴纳的费用，作为申请人的相应义务，也应该随后补缴。借助分案，申请人随后获得机会，根据首次申请的公开内容，对专利请求进行优化，并在授权程序中对之采取灵活的策略。如果分案时原始申请与新的

---

〔191〕 FN 165.

〔192〕 Abgelehnt von *Melullis*, GRUR 2001, 971, 974.

〔193〕 Abgelehnt von *Hacker*, Mitt. 1999, 1, 3.

〔194〕 Vgl. *Nieder*, GRUR 2000, 365；*Melullis*, GRUR 2001, 971.

〔195〕 *Busse/Keukenschrijver*, §39 PatG Rdnr. 16；*Stortnik*, GRUR 2000, 111, 116；*Klaka/Nieder*, GRUR 1998, 251, 255 vergleichen treffend mit der biologischen Zellteilung；*Schober*, Mitt. 2002, 481, 484 r. verweist auf die Verwandtschaft zur Abzweigung einer Gebrauchsmusteranmeldung（dazu oben §24 B V）.

申请内容上完全一致，申请人也不必因而阻止分案。当然，应该禁止出现两项或者多个相同的保护权。[196]但是，如果申请人已经获得了一项时间起点和主题都相同的专利授权，由于缺少法律保护之需要[197]，也应该拒绝专利的分案（参见本节 I 5）。同样，为避免双重专利授权，也无须主张一项"主题明确的"（gegenständlich）分案[198]。

一项分案申请如果对完全落在原始申请公开内容之外的主题要求保护的，并非从分案无效的角度[199]，而是根据非法扩大的一般规则（参见本节Ⅷ）加以处理[200]：专利商标局要求申请人对非法扩大加以修正。就此并不会直接驳回申请。由于《专利法》第 38 条第 2 句的规定，该分案申请并不能借助分案声明的时间起点确立任何权利。假如申请人以修正非法扩大的方式进行限制，而没有撤回申请，申请将被视为没有内容（gegenstandslos）而被驳回。但是申请人可以通过追溯到最初申请的公开内容来避免这种情况。对主题超过这个范围的分案申请，申请人仅能通过递交一份新的申请，确立一项授权请求权，但获得的是一个在后的申请时间起点。

因此，综上所述，科肯施利佛（参见第 3 点）所持的纯粹程序法意义上的申请分案的见解是正确的。

c）程序

1. 在授权程序的任何一个阶段都允许分案，只要在专利商标局或者联邦专利法院的授权程序仍然处于待决状态。[201]对专利请求已经有生效裁决的，不能再进行分案。[202]

根据一般观点，在决定之前申请人已经作出一个有约束力的"放弃"的，将导致原始申请主题中的某些部分从授权程序中剔除出来。这些内容也不得再

---

〔196〕 BGH 30. 9. 2002（FN 182）49 r. , vgl. oben 2；*Melullis*, GRUR 2001, 971, 974 f.

〔197〕 更完善的观点指出这是由于授权请求权的用尽，参见 *Busse/Keukenschrijver*, § 39 PatG Rdnr. 16, 18 und § 34 PatG Rdnr. 44。但是，这种立论也许不应该理解成，在对一项分案申请授予专利之后，对另一项分案申请而言，仅能对原始申请主题中第一项专利所没有包含的部分授予专利。否则的话，由于诸如授权请求权在多大程度上因该申请而被用尽这样的问题，将再一次引出新的难题，但如果从程序法角度理解分案则可以避免。认为由于授权请求权取决于实体法上的保护要件，因此属于实体法的范畴应该根据授权请求来加以调整的观点，并不完全符合程序法角度的这样一种理解。

〔198〕 So letztlich auch BGH 30. 9. 2002 aaO.

〔199〕 So *Stortnik*, aaO 117 l. ; *Melullis*, aaO 975.

〔200〕 BPatG 7. 5. 2004 Wirksamkeit der Teilungserkläung Mitt. 2007, 283.

〔201〕 BGH 13. 7. 1971 Funkpeiler GRUR 1971, 565, 567 l. ; BPatG 3. 6. 1976 E 19, 16. 相反，主张只能在审查请求的期限届满之前进行分案，也即在原始申请申请日起 7 年之内，参见 *Stortnik*, GRUR 2005, 729, 730。

〔202〕 BGH 27. 3. 1980 Schlackenbad GRUR 1980, 716, 718.

次放入一个分案申请之中。[203]但是，根据这里所支持的见解，申请人仅受授权决定的约束（参见本节Ⅷ d 6）。

在授权决定生效之后，不再考虑任何分案。在异议程序中对专利进行分案（适用于2006年6月30日之前的《专利法》第60条的文本）的可能性，也已被取消了。

申请分案的声明应向专利商标局作出，或者在申诉程序中向联邦专利法院作出。[204]如果对专利商标局的决定没有提起任何申诉，在申诉期限届满之前，即使专利商标局已经将决定交付邮局邮件发送处而使自己也不再能修改，尚有可能提出分案；这不取决于申请人提起申诉是否允许以及是否有理由[205]以确保在授权决定的情况下，无须取决于申请人是否可对授权决定提起申诉。如果有申诉递交的，可在法律申诉期限届满之前，以及在申诉庭已经宣告其决定之前，要求申请之分案。[206]在不允许改变裁定前提的法律申诉程序中，不允许任何分案。[207]不过，在该程序中表示的分案，若发回到联邦专利法院重审时，应予以审理。[208]

就分案申请，在递交分案声明后3个月内，应递交《专利法》第34～36条所要求的文件——授权请求书、权利要求书、说明书、附图、摘要[209]，以及可能要求的译本（《专利法》第39条第3款）。

2. 分案并非新的申请[210]，其制度设计目的是在两个或者多个独立程序中继续处理由原始申请所确立的授权请求，这些程序是先前程序的延伸。从分案声明促成一项独立待决的程序来看，分案声明具有申请的效力；在这个意义上法律将其称为被分离出来的申请（abgetrennten Anmeldung）。不过，该申请是从原始申请中派生出来的。此外该申请的实质效力受到原始申请的影响。每一个分案申请，也即原始申请和分离出来的申请，都保留了原始申请的时间点以及在权利要求中主张的优先权（《专利法》第39条第1款第4句）。期限计算也同样，从申请日或者优先权日起算（参见本节Ⅰ3）。但是，前提是分案声明应援引原始申请；如果没有，则新申请材料——其内容已由同一申请人在之

---

〔203〕 Vgl. BPatG 11. 2. 1980 E 22, 153.

〔204〕 Vgl. BPatG 6. 2. 1975 E 17, 33.

〔205〕 BGH 28. 3. 2000 Graustufenbild GRUR 2000, 688; zustimmend *Melullis*, GRUR 2001, 971, 972.

〔206〕 BPatG 18. 11. 2004 Entwicklungsvorrichtung E 48, 272.

〔207〕 BGH 6. 9. 1979 Kupplungsgewinde GRUR 1980, 104; 2. 3. 1993 Rohrausformer GRUR 1993, 655.

〔208〕 *Keukenschrijver*, Mitt. 1995, 267, 270l.

〔209〕 如果在提交分案声明时，原始申请已经公开的，则不再要求在该3个月内递交摘要，参见 BPatG 12. 3. 2003 Trennanmeldungszusammenfassung E 47, 13。

〔210〕 BGH 13. 7. 1971（FN 201）.

前的申请中主张或者公开过——的递交，将被视为新申请处理，给予相应在后的申请时间起点。[211]

每个分案申请的主题必须落在原始申请（Ausgangsanmeldung）的原始公开内容的范围之内；[212] 否则的话，相应的分案申请将被视为作了非法扩大。如果分案申请再一次进行分案，正如尤其《专利法》第21条第1款第4项第二分句的规定所允许的，则由原始申请公开的整体内容所决定；申请人并不受到先前的分案声明的限制[213]。

就申请人的程序处理、专利商标局的卷宗管理和联邦专利法院的裁决，在尚未分案的程序中已经产生的，对所有分案申请依然有效。[214] 被分离出来的程序将继续进入原程序（Ausgangsverfahren）所达到的阶段，有时也可以是申诉审级。[215]

3. 从费用角度看，每项申请都被视为独立申请加以处理。已经缴纳的原始申请的费用，不适用于分案之申请，仅适用于主申请。因此每一项分案申请都必须补缴发生在分案之前的费用（《专利法》第39条第2款第1句）。

依据《专利法》第40条的规定，为一项在后专利申请主张一项分案申请的国内优先权的，根据第40条第5款的规定，在先申请被视为撤回。如果这出现在第39条第3款规定的3个月期限届满之前，则该分案申请不需要缴纳任何申请费用和审查费用。已经缴纳费用的，应予退回。[216]

如果在分案时已经有一个检索，但尚未请求实质审查[217]，则该检索请求仅适用于主申请；就分案申请，则由申请人自行判断，是否希望检索；如果申请人请求检索，则应缴纳相应的费用（《专利法》第39条第2款第2句）。

当因为不符合单一性而分案时，一项在主程序中通过实施检索而完成的检索请求，在分案申请中不能够自行又"复活"起来。因此，在分案申请的程序中，只有当申请人再一次请求检索时[218]，才必须缴纳检索费用。

根据《专利法》第39条第3款的规定，除非分案声明应当视为未提交

---

[211] BGH 13. 7. 1971（FN 201）568l.

[212] Vgl. BGH 20. 12. 1977（FN 99）159 f.

[213] *Melullis*, GRUR 2001, 971, 975 f.；*Hacker*, Mitt. 1999, 1, 6 f.；*Nieder*, Mitt. 1999, 414, 416. Anders BPatG 26. 2. 1998 Textdatenwiedergabe Ⅲ GRUR 1998, 1006；23. 6. 1998 Drehstoβkompensierung Bl. f. PMZ 1999, 163；29. 7. 1999 Drehschwingungsdämpfung Bl. f. PMZ 2000, 58.

[214] BPatG 21. 11. 1977 E 20, 154, 155.

[215] BGH 7. 12. 1971 Ausscheidungsanmeldung GRUR 1972, 474, 475 r.

[216] BGH 14. 7. 1993 Teilungsgebühren GRUR 1993, 890；grundsätzlich ebenso bereits *Eisenführ*, GRUR 1986, 880.

[217] 如果两项申请都提出审查请求，则应缴纳检索费用和——考虑减少的——审查费用，参见 BPatG 31. 5. 2002 Trennanmeldungs – Recherchengebühr E 45, 153。

[218] BPatG 20. 11. 1987 Ausscheidung Ⅲ E 29, 186.

（参见第 7 点），否则费用必须在受理分案声明之日起 3 个月内缴纳。这不取决于《专利费用法》规定的缴纳期限，该期限的错过将导致分案申请的失效（参见第 4~6 点、第 8 点）。

4. 就分案申请的申请费，《专利费用法》第 3 条第 1 款、第 6 条第 1 款第 2 句和第 2 款规定，在递交分案申请后 3 个月内应缴付申请费；期满而错过该期限的，申请视为撤回。正如《专利法》第 39 条第 3 款所允许的，立法者就此的考虑是，在作出分案声明之时，无须同时递交相应的申请材料。[219] 如果在提出分案声明时未递交确立申请日所必需的最低要求的申请材料（《专利法》第 35 条第 2 款第 2 句），仅当材料补充完毕之时，费用缴纳期限才开始起算。

5. 如果已就原始申请提出审查请求的，则（每一个）分案部分都被视为已经提出了一项审查请求的申请（《专利法》第 39 条第 1 款第 2 句）。

根据在引入该规定时仍适用、但在 2002 年 1 月 1 日被废止的《专利法》第 44 条第 3 款的规定，一项审查请求，如果没有缴纳为此而规定的费用，视为未提交。因此，根据条文措辞似乎能够说明，在主程序中缴纳的审查费用也能被用于被分离的申请，因为否则的话，必须要求申请人就分案申请提交审查请求。但是，一致的意见认为，（每一个）分案申请都必须缴付自身的审查请求费用。就此可以确定，补缴要求中的检索费用已被清楚地排除在外。

实质审查请求费用[220] 应在到期缴付日后 3 个月内缴纳，但最迟应在规定的递交实质请求的 7 年期限内缴纳（参见本节 V a 2），对分案申请而言，该 7 年期限的起算点也是原始申请的申请起点（《专利法》第 39 条第 3 款第 4 句）。在到期缴付日后 3 个月内（此处从分案声明起算），没有缴纳费用的，该随着分案声明而视为有效递交的审查请求将被视为撤回。但是，仅当《专利法》第 44 条第 2 款规定的 7 年期限届满前没有任何有效的实质申请请求或者没有缴纳相应费用（《专利法》第 58 条第 3 款）时，分案申请才被视为撤回。[221] 在错过 3 个月的期限后，通过在 7 年期限届满之前提出新的审查请求并

---

[219] Vgl. BPatG 26. 2. 2003 Programmartmitteilung GRUR 2004，317（Nr. Ⅱ）（zur Teilung des Patents nach dem früheren §60 PatG）.

[220] 假如分案之前在审查之外还请求检索，则总的费用将高于单独请求审查的费用，参见 BPatG 31. 5. 2002（FN 217）.

[221] Ebenso BPatG 20. 4. 2006 Prüfungsgebühr für die Ausscheidungsanmeldung GRUR 2006，791；当然申请在当时并不适用《专利法》第 44 条第 2 款第 2 句的规定，根据此规定，缴纳期限"依据《专利费用法》第 3 条第 1 款"总计为从到期缴付日起 3 个月。不过，该规定并没有改变什么，根据《专利法》第 58 条第 3 款，仅在《专利法》第 44 条第 2 款第 1 句规定的 7 年期限届满前没有提起审查请求或者没有缴纳审查请求生效所必需的费用的情况下，申请才被视为撤回。

缴纳相应费用，该法律后果仍可以避免。如果分案声明是在该期限届满之后或者届满前少于 3 个月内提出的，直到《专利法》第 39 条第 3 款规定的 3 个月期限届满前，都可以采取维持权利的行为（die rechtserhaltenden Handlungen）。[222]

6. 就年费而言，缴纳年费和补缴附加费（zuschlagpflichtige Nachzahlung）的到期日和期限，都依《专利费用法》第 3 条第 2 款、第 7 条第 1 款而定。如果年费或者可能需要的附加费（Zuschlag）没有按时缴纳的，根据《专利法》第 58 条第 3 款的规定，将导致申请失效。有疑问的是，主申请缴纳年费时需要缴纳的附加费，对一项分案申请而言，是否也必须补缴。[223]因为附加费是没有遵守规定缴纳期限的法律后果，且在分案声明之前没有任何理由为一项可能的分案申请缴纳年费，因此任何情况下在分案声明之后 2 个月内，都应该可以补缴类似《专利费用法》第 3 条第 2 款、第 7 条第 1 款规定的费用而不含附加费。[224]此外，问题是能否这样去理解《专利法》第 39 条第 3 款，即从分案声明起 3 个月，申请人对费用的补缴应该总是享有一个考虑期限（Überlegungsfrist）[225]的。《专利费用法》第 7 条第 1 款第 2 句有关期限计算的问题，在此并不出现：若在《专利法》第 39 条第 3 款规定的期限内缴纳费用的，不再有任何附加费；若未按期缴纳费用，且在《专利费用法》允许的最迟时刻没有缴纳年费和可能需要的附加费，并不会导致分案申请被视为撤回。

7. 独立于申请人应该遵守的缴纳期限，为避免分案申请的失效，从分案声明起算的 3 个月之期限内，应递交符合《专利法》第 34～36 条要求的分案申请材料并缴纳费用。如果不履行的，分案声明视为未提交。

但是，只要分案从总体上看有可能（参见第 1 点），即使在错过了《专利

---

〔222〕 Vgl. *Benkard/Schäfers*，§34 PatG Rdnr. 125 und §39 PatG Rdnr. 32. – Nach früherem Recht wurde dieses Ergebnis durch entsprechende Anwendung des §44（früher §28 b）Abs. 4（jetzt：3）Satz 3 PatG erreicht；vgl. BPatG 14. 11. 1973 E 16，35，38 f.；24. 2. 1975 E 17，45，50；21. 11. 1977 E 20，154.

〔223〕 Bejahend *Schulte*，§39 Rdnr. 61；Verneinend *Benkard/Schäfers*，§39 PatG Rdnr. 32.

〔224〕 So BPatG 29. 9. 1983 E 26，28，31 f.；iglS *Benkard/Schäfers*，§39 PatG Rdnr. 32. 一种观点认为，仅当在主申请缴纳年费的期限内提交分案声明的，才有可能在分案申请提起后 2 个月内，缴纳不含附加费的费用，参见 *Schulte*，aaO；但从联邦专利法院的判决中无法推出这种限制，因为在上述情况下总的年费已经在分案后的 3 个月缴纳了，参见 BPatG aaO.

〔225〕 在下述情况，舒尔特持赞同观点，即在分案声明的提出时间，落在缴纳含附加费的主申请年费的宽限期内。申请人能够维持其分案，只要他在《专利法》第 39 条第 3 款规定的期限内缴付分案申请的年费（舒尔特认为包含附加费），即使宽限期提前结束，参见 *Schulte*，§39 Rdnr. 61。联邦专利法院对这一问题的裁判并不重要，因为原始申请已于 1981 年 1 月 1 日前就递交，而《专利法》第 39 条第 3 款并不能适用于此（aaO 30），参见 BPatG 29. 9. 1983 E 26，28.

法》第 39 条第 3 款的期限之后，申请人依然能够在任何时候再次主张分案。[226] 在此容易想到，发生在《专利法》第 39 条第 3 款的期限之后的行为——有时可能与在该 3 个月期限内已经采取的行为一起——将被解释为有决定力的再次分案（konkludente Wiederholung），只要在此清楚地表达了与原始申请的必要关系。因此，尤其应避免的是，发生在《专利法》第 39 条第 3 款的期限届满之后但仍在符合《专利费用法》规定的期限内的费用缴纳无果而终，并且必须提出一项新的书面分案声明。[227]

对分案的维持而言，基本上不应取决于审查请求费用的缴纳。假如申请人为了维持分案而必须缴纳审查费用，而且他暂时对分案部分的审查没有兴趣，尤其当他仅乐意根据主申请审查的结果来判定，是否以及以哪些权利要求来继续进行分案申请，那么上述要求就与为审查请求提供一个宽松期限的目的相违背。因此，假如 7 年期限届满得更晚，则《专利法》第 39 条第 3 款的 3 个月期限不应适用于审查请求费用的缴纳。在规定时间里履行了《专利法》第 39 条第 3 款的进一步要求的，视为具有推进分案程序独立的真实意愿。

8. 即使一项分案申请由于没有缴纳费用而被视为撤回（参见第 4～6 点），只要分案从总体上看有可能，申请人可以在任何时候——包括利用已经递交的申请材料——递交一项新的分案申请，且能够在该申请中——依照维持单一性的法律要求——主张原始申请所公开的整体内容。

9. 从分案的纯程序法性质来看，直到对原始申请授予专利之前，不会产生任何不可挽回的权利丧失（Rechtsverlust）。在授权生效后，申请人可以——由于专利不再能够拆分——主张，获得授权的权利要求——或许由于其与一项最后因错过期限而失败的分案企图一起被限缩了——并没有汲取原始申请所有公开的内容。

10. 因为根据新近判决，分案声明不再具有任何有约束力的内容，而仅仅确立了与原始申请的关系，因此必须思考的是，是否法律在此并没有改变什么，即法律并不要求任何分案声明，而是——正如《欧洲专利公约》第 76 条、《欧洲专利公约实施细则》第 36 条——递交一份分案申请即可。

---

[226] Zur Wiederholung der Teilungserklärung vgl. BGH 30. 9. 2002（FN 182）48 l. 有学者警告滥用延期机会和重复分案的情况，参见 *Stortnik*，Wider die ewige Teilung – Wege zu mehr Rechtssicherheit ohne Einschränkung der Gestaltungsfreiheit，GRUR 2005，729–736；但是，只要法律尚允许自由分案，他主张仅在有助于单一性情况下才允许重复的建议，与法律的规定不一致。

[227] 联邦专利法院认为没有涉及重复之问题——一项分案仍以继续有效加以处理，即使在依照《专利费用法》规定时间缴付分案申请所必须缴纳的年费之前，《专利法》第 39 条第 3 款规定的期限已经届满，参见 BPatG 4. 12. 2006 Jahresgebührenzahlung für Teilanmeldung Bl. f. PMZ 2007，290。

d）促成单一性分案（剔除（Ausscheidung））

1. 依据 1981 年德国专利商标局审查指南[228]，所有新法下的分案，包括因不符合单一性而导致的剔除，都应根据《专利法》第 39 条的规定加以处理。相反，当时联邦专利法院所持的观点是，该规定既不能直接适用也不能参照适用于剔除。[229]

同样的观点也尤其出现在巴尔豪斯（Ballhaus）[230]的文献中：剔除与分案的不同在于，形成权的行使，是对其缺陷的补正。如果申请人的声明称为"剔除"时，审查部必须确证，是否具备"一项剔除之前提要件"（也即尤其可能是非单一性）；剔除需要审查部的同意。如果一项剔除并非补正非单一性所必须，则取决于申请人的声明是否"能被理解为"《专利法》第 39 条意义上的分案声明。同样，根据《专利法》第 38 条第 1 句的规定，若无专利商标局的要求，仅在审查请求提起之后，才允许一项剔除。

就联邦专利法院的这一裁判，当时德国专利商标局局长根据《专利法》第 77 条参与到程序中，并提起法律申诉。联邦最高法院[231]拒绝了德国专利商标局局长请求的结果。联邦最高法院在理由中强调，剔除用于缺陷的补正，并出现在与审查员"彼此同意"的情况下。剔除声明一旦提出即马上生效，相反，根据《专利法》第 39 条第 3 款，分案声明最初在申诉期间效力待定，并在有的情况下完全失效。该规则给了申请人一个机会，即通过不缴纳规定的费用而撤销一项自愿的分案（eine freiwillige Teilung）。该规则在剔除上的适用，使申请人处于这种地位，即通过引发不缴纳之情节（Herbeiführung der Nichtabgabefiktion）以及借助随后的分案声明，在没跨入权利滥用的范围内，推迟非单一性的补正。

联邦最高法院并没有遵循联邦专利法院的这种观点，即因为申请人在《专利法》第 44 条第 2 款规定的 7 年期限届满前尚有时间缴纳费用，所以在递交分案申请所要求的审查请求费用之前，审查程序不再继续进行。联邦最高法院所担心的，毋宁是，从审查请求费用角度看，分案申请也会被用于主申请的

---

〔228〕　Bl. f. PMZ 1981, 267 f.（Nr. Ⅲ 4 c）；im gleichen Sinne *Wagner*, Mitt. 1980, 149, 150 f.

〔229〕　BPatG 28. 6. 1984 GRUR 1984, 805.

〔230〕　*Benkard/Ballhaus*, 7. Aufl. 1981, § 35 PatG Rdnr. 112 ff.；später ebenso u. a. *Benkard/Schäfers*, § 34 PatG Rdnr. 112 ff.；*Nieder*, GRUR 2000, 361 f.；grundsätzlich auch *Busse/Keukenschrijver*, § 39 PatG Rdnr. 40，仅针对一种情形，即申请人因为缺乏单一性而考虑提起异议（Beanstandung）。在此应具有决定性的"剔除的前提"，无疑仅意味着：应该进行分案，如同这是消除异议所必需的。参见第 2 点。

〔231〕　10. 7. 1986 Kraftfahrzeuggetriebe BGHZ 98, 196.

位置。据此，专利商标局能够给申请人设定一个适当的期限，错过该期限的，申请视为撤回。

就其理由，联邦最高法院引用了当时有关没有缴纳申请和授权费用之法律效果的规定（原《专利法》第35条第3款第2句、第57条第1款第4句），而没有考虑适用于审查请求费用的规则，无论从期限长短，抑或从它在当时与任何官方通告都没有关系的情况来看，都与上述规定相左（参见本节A V a 1）。因此，从该裁判中无法推断出一个合法的基础以支撑这样的观点：申请人应当有义务，在分案声明后一个合理的期限内缴付审查请求费用。接受这样一个义务意味着，与1968年引入的规则相悖，不再可以迟延审查，但是依照这一规则——通过申请失效的惩罚——审查是有缴费义务的。这一立场在文献中受到合理的批评。[232]它承认，不管是否符合原《专利法》第58条第3款、第44条第2款和第3款规定的条件，专利商标局都具有权限决定申请的失效。按照法律规定，在申请之日起7年期限届满前，如果没缴纳费用，专利商标局仅有权视审查请求未提起。

2. 1987年审查指南与联邦最高法院的观点一致，在2004年版中也相应地区分了因非单一性的剔除和自愿的分案。[233]在出现非单一性时，申请人被要求提出剔除声明（die Ausscheidungserklärung）或者放弃不符合单一性的部分，以确保申请之单一性。在剔除声明中必须清楚地说明，主申请中保留了哪些内容，以及分案申请的主题是什么。如果没有，申请人将被要求作出澄清。若情况依旧，原始申请将被驳回。分案申请之申请费和审查请求费用，应予补缴。如果在受理剔除声明之后3个月内没有补缴，分案申请将被视为撤回。这样做的依据在于《专利费用法》第3条第6条以及上述联邦最高法院的基本裁判。但是，只要涉及审查请求费用，正如既有事实所示（参见本节A IX c 5），审查指南中主张的法律后果并不正确。

3. 反对将《专利法》第39条适用到因不符合单一性而出现的分案，其理由并不令人信服。当然，从单一性角度来看，首先应取决于原始申请被相应地作了限制。但是，就修正缺陷而言，并不要求对从申请主题中被剔除出来的部分提起额外的申请。因而申请人应该有可能通过一个单纯的限制对申请主题所剩下的部分获得一项专利[234]。因此，递交新的权利要求就足够了[235]，只要这

---

〔232〕 *Eisenführ*, GRUR 1986, 881; *Busse/Keukenschrijver*, §44 PatG Rdnr. 48.

〔233〕 Bl. f. PMZ 2004, 69, Nr. 3.3.3.4 und 3.3.3.5.

〔234〕 Vgl. *Papke*, Mitt. 1988, 1 ff.

〔235〕 S. *Stortnik*, GRUR 2004, 117, 119 ff.

些权利要求既在申请的原始公开内容范围内，又符合单一性的要求，也即限制在公开内容之部分内。正如前文所阐释的（本节 A Ⅷ d），限制仅受到相应的授权决定的约束。若面对即刻被驳回的危险，申请人可以将该剔除的部分重新放入程序中。

如果申请人将限制与分案结合起来，他就启动了一个单独的授权程序。如果（正如新近判决所允许的）申请人在分案声明中没有说明分案申请的主题是什么，以及主申请的主题还剩下什么（参见本节 A Ⅸ b），则这样的分案声明无法满足促成单一性的要求。对此毋宁在专利商标局设定的期限内，递交一项新的、符合单一性的权利要求文本。因此，申请人能够——与联邦最高法院的担忧相反——任由《专利法》第 39 条第 3 款规定的期限届满，然后提起一项新的分案声明，从而避免在他无法满足促成单一性要求时所出现的法律后果。

从申请人利益角度看，分案还能就被修改之权利要求所没有包括的原始申请公开内容获得保护。就此，如果申请人已经就原始申请递交了符合单一性要求的权利要求的话，对那些还有可能的保护，必须满足《专利法》第 39 条规定的要件。[236] 假如申请人已经采取分案声明的方式，如果在 3 个月内没有履行《专利法》第 39 条第 3 款规定的行为，则分案声明失去效力。但不能认为，通过新权利要求文本来达到的主申请之单一性也会因此再次丧失，因为由分案申请所引入的、与主申请有关的程序仅在下述情况下才受到影响，即就此授予了一项专利，且该专利完全满足了可能仍待决的主申请程序所主张的保护请求，以致继续申请的法律保护利益消失（参见本节 A Ⅸ b 4）。除此之外，只要总体上仍可以分案，即使分案声明因《专利法》第 39 条第 3 款失去效力，申请人仍可以再次提出分案声明（参见本节 A Ⅸ c 7）。

与巴尔豪斯的观点[237]相反，也没有任何理由为一项因不符合单一性而表现为剔除的分案设置特殊的适法性要件（Zulässigkeitsvoraussetzungen）。只要促成单一性的要求已经发出，巴尔豪斯所主张的特殊要件无论如何就被满足了。因此，在其他情况下也都一样，无论申请人是否希望将一项申请——由于非单一性而认为这必要——声明剔除抑或当成一项自愿的分案加以处理。尤其，在递交审查请求之前，以分案之形式对主申请进行修改，总是合法的。就此而言，《专利法》第 39 条并不受限于《专利法》第 38 条第 1 句的规定。[238]

---

[236] Vgl. *Stortnik*, aaO 121 r.

[237] FN 230.

[238] Vgl. *Benkard/Schäfers*，§ 39 PatG Rdnr. 9.

B. 实用新型法的登记程序

提示：如无另外注明，本部分引用的条文皆出自《实用新型法》。

Ⅰ. 受理申请的法律效果

1. 有关授予申请日的前提条件，以及可能情况下要求一并提交译本和补交附图的相关规则，除了请求受理的是一项实用新型外，与专利申请一样（第4a条，参见本节 A Ⅰ 1）。

2. 受理实用新型申请的法律效果，基本上与受理专利申请的法律效果相同：申请公开的内容确定了登记程序的主题；一项公法上的登记请求权的产生；保护期的起算；申请日或者一个被主张的有效优先权日的时间起点的确立。一个区别是，在获得登记之前，一项实用新型申请并不需要让公众接触，因此申请日的确定也不会导致相应期限的起算。

获得公法上的登记请求权，并不需要实用新型申请满足了所有的实质性保护条件；相反，当申请及其主题符合登记前的审查要件时（参见本节 B Ⅱ），即使无法（完全）满足那些无需前置审查的保护要件，该权利也即刻产生。但是，也仅在满足上述要件时，申请确立了一项获得保护的期待权，否则的话登记将无效（第13条第1款、第15条第1款第1项）。

就主题相同的实用新型申请和保护权，实用新型申请时间起点的意义与《专利法》的规定有所不同：仅有（具有合法性的）授权的专利和登记的实用新型有可能作为在先权利对抗实用新型（第15条第1款第2项）。同样，仅当实用新型申请能成为（具有合法性的）登记，该申请才能对在后的权利产生作用，然而，对在后的实用新型而言，它构成了有效性障碍（Wirksamkeitshindernis），但对在后专利而言，它仅构成了效力阻碍（Wirkungshemmung），如果在先实用新型被撤销，效力阻碍的效果也被解除（第15条第1款第2项或者第14条）。

3. 基于国家安全，处理保密申请和登记的，参照适用《专利法》的规定（第9条补充性地援引了《专利法》的规定，参见本节 A Ⅵ）。

Ⅱ. 审查和登记

1. 实用新型科负责审查实用新型登记的要件（第10条第1项）。根据《实用新型法》第10条第2款、《执行条例》（Wahrn Ⅴ）第2条第1款第1项和第2款第1~2项，也可由具有高级职称的公务员，或者可能情况下由具有中级职称的公务员，以及具有同等职位的公务员，执行审查工作。

2. 如果申请符合第4条、第4a条的规定（第8条第1款第1句，就申请公开，参见第8条第3款以及§23 Ⅴ c 5），实用新型科将作出决定，在登记簿上登记该实用新型。另外，申请也必须符合根据第 4 条所制定的《实用新型条例》（参见 § 24 B Ⅰ ~ Ⅲ）。上述这些规定，仅规定了形式要件。就审查范围而言，不仅审查明显缺陷，而且审查申请是否完全符合规定。若专利商标局对递交申请的缺陷有异议，并要求申请人在法定期限内补正的，通常该申请仍是有希望的。如果申请人没有按期修正申请的，申请将被驳回。[239] 当申请人没有对驳回申请所依据的理由提出异议时，实用新型科的职员可以自行作出决定；否则，应由实用新型科的负责人作出决定，该负责人应是专利商标局的法律委员（《执行条例》第 2 条第 1 款第 1 项 f，《实用新型法》第 10 条第 1 款、第 2 款第 1 句）。

根据请求，登记可以暂缓 15 个月作出，该期限从申请日或者优先权日起算（《实用新型法》第 8 条第 1 款第 3 句以及《专利法》第 49 条第 2 款，参见本节 A Ⅴ d 1）。由于登记及其公布很多时候都伴随着出现，鉴于优先权方面的判决（参见 § 24 A Ⅸ a bb），如果发明的在后申请采取了更先进的形式，则请求暂缓登记是值得采取的方式。

3. 在登记程序中，对申请的主题不作新颖性、创造性方法和工业应用性的审查（第 8 条第 1 款第 2 句）。根据主流观点，如果明显缺少这些要件中的其中之一，也不驳回申请。[240]

由于不取决于现有技术，可以理解，当有优先权的主张时，仅审查形式上是否符合规定，而不审查涉及实质效力的要件；是否符合 12 个月的优先权期限，也属于这些实质要件之一。[241]

4. 没有规定的是，在登记之前是否应该审查第 8 条第 1 款第 2 句所没有指明的实质保护要件，也即审查申请主题是否并非因下列情形而缺少可保护性（Schutzfähigkeit）：申请主题依据第 1 条第 2 款、第 3 款的规定，不视为可保护的发明[242]，或者根据第 2 条的规定，违反公共秩序或者善良风俗，或者属于不给予保护的植物品种、动物品种或者方法。

---

[239] 有可能根据《实用新型法》第 21 条第 1 款、《专利法》第 123a 条作进一步处理；参见 § 23 Ⅳ f.

[240] *Busse/Keukenschrijver*，§ 8 GebrMG Rdnr. 5；*Loth*，§ 8 Rdnr. 5；a. M. *Bühring*，§ 8 Rdnr. 6.

[241] BPatG 4. 10. 1995 Mitt. 1997, 86；2. 4. 1996 E 38, 20.

[242] 法条的用语是"第 1 款所指的实用新型主题"，尽管第 1 款中这个表述没有出现，而是用了"发明"一词。因此，第 1 条第 2 款第 5 项有关生物技术发明不属于实用新型主题的规定，从整个体系角度看并不妥当；参见 § 12 Ⅰ a.

通常情况下，实用新型科的审查将延伸到这些要件上。[243]《执行条例》第2条第1款第1项（g）的出发点在于认为下列情况是合理的：在实用新型科负责人同意的情况下，可以委托具有高级职称的职员，基于实质性理由作出驳回申请的决定，只要申请人对这些理由无异议。当然，这种做法有其渊源，因为以前曾强制要求提交模型，因此当时也容易判断，申请人所主张的实用新型的主题根据其类型是否落入当时实用新型保护的应用领域中。[244]但是，以现行规定为基础，在适用第1条第2款、第3款以及第2条时，很难确定具体的审查范围（参见§12、§14、§24 B Ⅳ）。解决这样的难题，如果没有专利商标局中技术委员的协助，将无法组成实用新型科。因此，应该限于存在明显保护障碍的认识和异议时，才进行这方面的审查。

联邦专利法院对实用新型科的审查职权划定了一个稍宽的范围。根据一项新近的涉及作为实用新型保护要件的技术特征的裁判[245]，至少当根据申请中的最终陈述，可以认定审查是可能的，并且不会出现将技术方面的特殊困难强行纳入审查范围的情况时，可以行使这一职权。就上述在技术和法律上都颇为简单的案例——涉及一种留有窗框形状空白的风景明信片，由使用者根据自己的图像构想加以填充——在实用新型科否认该技术特征之后，联邦专利法院作出了相反的裁定。

5. 申请人对驳回申请的决定有异议的可以提起申诉；对联邦专利法院的决定有异议的，在规定的条件下，可以提起上诉（参见§18）。

Ⅲ. 检 索

申请人或者实用新型所有人以及任何第三人都有权提起检索请求。若有检索请求提起，专利商标局将根据第7条的规定以及补充适用《专利法》第43条的部分规定，对与判定申请主题或者实用新型主题的可保护性相关的公开出版物进行调查（检索）。检索的进行应以德国专利商标局局长颁发的指南为准。[246]递交检索请求时，应缴纳250欧元的费用；如果在随后3个月内没有缴纳该费用，根据《专利费用法》的规定，视为撤回检索请求。[247]

---

〔243〕 *Busse/Keukenschrijver*，§8 GebrMG Rdnr. 4；*Loth*，§8 Rdnr. 5；*Benkard/Goebel*，§8 GebrMG Rdnr. 4；*Bühring*，§8 Rdnr. 3；BPatG 28. 7. 2004 Internet – Befragung Bl. f. PMZ 2005，227（Nr. Ⅱ 4）.

〔244〕 *Loth*，aaO.

〔245〕 BPatG 17. 12. 1997 Doppelmotivkarte Bl. f. PMZ 2000，55，56l.

〔246〕 Bl. f. PMZ 1999，203.

〔247〕 缴纳费用后撤回请求的，基本上不能索回该费用，参见BPatG 21. 12. 2001 Recherchenantragsgebühr Bl. f. PMZ 2004，162。

实用新型登记程序的终结独立于任何——即使由申请人提起的——检索，因为检索结果对实用新型登记决定不具有溯及力（参见本节 B Ⅱ 2）。但是，检索结果对判断注销请求或者根据实用新型主张权利的前景，以及对涉及实用新型主题的缔约和投资决定，具有重要价值。

在任何申请案中，检索程序都是任选的。尤其是实用新型的所有人没有义务在提起侵权诉讼前进行检索。但是，当他根据实用新型提出不合理的请求而必须承担相应责任时，他就有必要去了解与实用新型的合法性相关的现有技术。当然，这并不一定需要借助官方的检索来获取。

Ⅳ. 登记的撤回、失效、修改和分案

1. 同专利申请一样，申请人可以通过向专利商标局提出声明，撤回实用新型申请（详见本节 A Ⅶ 1）。实用新型申请将因撤回而丧失任何效力[248]，包括对抗在后申请的效力，因为申请的效力同样取决于登记（参见本节 B Ⅰ 2）。就撤回的效力能否消除，以及通过哪种方式消除，适用与《专利法》同样的规则（参见本节 A Ⅶ 3、4）。

2. 如果申请人在递交实用新型申请之日起 3 个月内没有缴纳 40 欧元的申请费，实用新型申请将被视为撤回（《专利费用法》第 3 条第 1 款，第 6 条第 1 款第 2 句、第 2 款）；另外，如果一项在后实用新型申请对在先实用新型申请主张优先权的，在先申请也被视为撤回（《实用新型法》第 6 条第 1 款，以及《专利法》第 40 条第 5 款第 1 句）。

3. 在授予登记之前，只要不扩大申请的主题，可以对实用新型申请进行修改。超过主题范围的修改，不能获得任何权利（第 4 条第 5 款）。《专利法》第 38 条（参见本节 A Ⅷ）的规定在此完全适用。当然，在实用新型申请情况下，修改的场合和空间要远小于专利申请的情况。因为一方面，在登记之前不进行以现有技术为导向的审查，也就不会出现审查结果需要修改的情形；另一方面，从递交申请到登记的时间来看，授予实用新型登记的时间要远远短于授予专利的时间。

4. 根据第 4 条第 6 款的规定，申请人可以随时提起书面声明，要求将申请分案。每个申请都保留原始申请的申请日和优先权日。分案时，分案申请应当缴纳和原始申请相同的费用。通常情况下，只需要额外缴纳申请费，有的情况下也要缴纳已经到缴付期的检索费用，因为此处涉及的费用，不是针对原始申请，而是用于原登记程序之外所提交的检索请求。

---

〔248〕　撤回申请后获得登记的实用新型无效；请求撤销的，应公布确定其无效，参见 BPatG 31. 7. 2001 E 44，209。

因为没有《专利法》第39条第3款的相应规定，可以认为，根据《专利费用法》，如果在递交分案声明后的3个月内没有补缴申请费，分案申请必须被视为撤回。但是，布林（Bühring）[249]准确地指出，可被视为撤回的分案申请，至少在递交的申请材料符合确定申请日的最低要求时，就已经存在了。相应地，缴纳期限应该已经从该时间点起算，因为缴费义务因申请而发生，并且此处也没有"分案费用"的有关规定。

如果专利商标局给申请人确定期限以递交分案申请所要求的文件，而且因申请人没有遵守该期限而面临驳回处理，专利商标局应自问，在没有满足规定的最低要求时，什么是能够被"驳回"的。[250]如果申请人无视专利商标局的要求，并且也没递交相应的文件，对专利商标局而言，只能采取不理睬分案声明的做法；在此能够针对的是已经递交的分案声明，因为在缺乏《专利法》第39条第3款相应规定的情况下，这些分案声明并不丧失其效力。除此之外，有关实用新型分案的前提条件和效力，与《专利法》[251]中规定的一样。

在实用新型登记之后，不再可能出现申请的分案，因为这样的申请已经不复存在。尤其是在注销程序中，并没有实用新型分案的制度设置。

§26 德国专利商标局废除已授予专利和已登记实用新型

A. 无溯及力的终止

参考文献：*Brändel*, *O. C.*, Offene Fragen zum „ ergänzenden Schutzzertifikat ", GRUR 2001, 875 – 879; *Brandt*, *K.*, Die Schutzfrist des Patents, 1996; *Kellner*, *H.*, Salz in der Suppe oder Sand im Getriebe? Anmerkungen zu den Schutzrechtszertifikaten, GRUR 1999, 805 – 809; *Kühnen*, *T.*, Die Reichweitedes Doppelschutzverbots nach Art. Ⅱ §8 IntPatÜG, *FS König*, 2003, S. 309 – 321; *Mes*, *P.*, Zum Doppelschutzverbot des Art. Ⅱ §8 IntPatÜG, GRUR 2001, 976 – 979; *Mühlens*, *P.*, Das Ergänzende Schutzzertifikat für Arzneimittel, Mitt. 1993, 213 – 219; *Nieder*, *M.*, Verbot des Doppelschutzes im europäischen Patentrecht, Mitt. 1987, 205 – 209; *Scheil*, *S.*, Das ergänzende Schutzzertifikat, Mitt. 1997, 55 – 61; *Schennen*, *D.*, Die Verlängerung der Patentlaufzeit für Arzneimittel im gemeinsamen Markt, 1993; *ders.*, Auf dem Weg zum Schutzzertifikat für

---

[249] § 4 Rdnr. , 179, 185.

[250] Zutreffend *Bühring*, aaO.

[251] 参见本节 A Ⅸ；尤其是由于联邦最高法院的新近判决，联邦专利法院的判决（BPatG 6. 9. 1991 E 32, 212）已经显得陈旧。

Pflanzenschutzmittel, GRUR Int. 1996, 102 – 112; *Straus, J.*, Offene Fragen des ergänzenden Schutzzertifikats für Arzneimittel, GRUR Int. 2001, 591 – 601.

根据下文要讨论的法律规定，一项专利或者实用新型效力的消失仅针对将来，而对过去不产生任何影响。同时，在各个终止事由出现之后，事先已发生的对权利人权利的侵害（Eingriff），仍保有其损害保护权的特征。尽管不再能够禁止这类侵害的继续，但是没有改变的是，对因侵害而产生并仍旧存在的损害赔偿和不当得利之返还，依然得以主张。

一项专利或者实用新型丧失其效力的原因，可能是权利人的放弃（本节 A Ⅰ）、法定最长保护期限的届满，或者错过缴付维持费用的期限（本节 A Ⅱ）；此外，对专利而言，尚可能由于错过发明人署名的最后期限，或者一项申请时间起点和主题相同的欧洲专利获得授权（本节 A Ⅲ）。涉及药物或者植物保护方法的专利之效力，在专利的法定保护期限结束之后，能够通过授予补充保护证书进行延长（本节 A Ⅱ b）。

Ⅰ. 因放弃而终止

a）专利权人的放弃

1. 当一项专利所有人以书面声明向专利商标局表示放弃该专利时，该项专利即终止（《专利法》第 20 条第 1 款第 1 项）。声明送达专利商标局之时，终止即生效。就此并不需要专利商标局作出任何决定或者表示同意。在专利登记簿（《专利法》第 30 条第 1 款第 2 句）上记载专利终止并在专利公报（《专利法》第 32 条第 5 款）上加以公布，仅起宣告之作用。

在无效或者异议申诉程序中，向联邦专利法院声明放弃专利的，不具有终止专利的效力。[1] 不过这并不排除，该放弃之表示可能对联邦专利法院待决程序及其结果产生影响。[2] 但是，在这种情况下专利失效的理由并非直接基于权利人的声明，而仅根据已经生效的司法裁决。

2. 专利权人无须在声明中具明"放弃"字样，但必须无歧义地表明，专利应即刻失效。就此，声明中不能有任何不清楚的地方，诸如专利是否终止以及何时终止。一般而言，放弃声明被认为不得附条件（bedingungsfeindlich）的：一个附条件或者附期限的放弃不具有法律效力。[3] 相反，一个限缩之放弃

---

〔1〕 BGH 1. 12. 1961 Hafendrehkran GRUR 1962, 294, 295 r. ; ebenso die Begründung zum GPatG, Bl. f. PMZ 1979, 281 l. , unter ausdrücklicher Ablehnung der in BPatG 16. 6. 1977 E 20, 66 vertretenen gegenteiligen Ansicht.

〔2〕 Vgl. *Schmieder*, Der Patentverzicht im Nichtigkeitsverfahren, GRUR 1980, 74 – 78; Näheres B Ⅲ 7.

〔3〕 DPA (BS) 31. 1. 1961 Bl. f. PMZ 1961, 175.

是合法的，只要针对一个或者单独的权利要求的全部。[4]如果一项限缩的结果是修改了权利要求文本，则该放弃不具有法律效力。权利要求的修改，专利权人应依据《专利法》第64条规定的限制程序（参见本节 B Ⅳ）进行，不过据此对专利的部分修正具有回溯力。

3. 仅真正的专利权人享有放弃权限。但该权限并不以专利权人同样享有取得专利权利（*Recht auf das Patent*）为前提；不享有取得专利权利的人，只要是真正专利权人，其作出的放弃有效。为了保障其转让请求权，享有取得专利权利的所有人可以阻止专利权人的放弃（参见§20 Ⅰ c 4）。

在登记簿上登记为专利权人的人，若从来就不是专利权人，或者已不再是专利权人，则其放弃专利声明不能生效。即便因此专利的终止被登记簿载入并公布，其放弃声明依然无效。[5]

依据《专利法》第30条第3款第2句的规定，在权利继受人载入登记簿之前，在先的专利权人依专利法享有权利并承担义务，该规定同样没有赋予不公正地获得登记的人进行实质有效放弃的权利。该规定给予登记人的合法身份，仅适用于其与专利商标局和法院的事务往来（参见§23 Ⅴ a 3）；该规定仅具有程序法上的意义，但并不足以直接产生实体法上的效果。该仍登记在簿的在先权利人，不能通过放弃声明来终止一项专利，同样无法通过转让专利而使第三人（即使善意）成为专利权人。因此不能这样认为，依据《专利法》第30条第3款第2句的规定，只要权利人的变更尚未登记，迄今为止的权利人就是合法权利人；[6]同样，认为仅该权利人能够放弃专利的论断，[7]如果给人一个印象，即一项由已经登记在先的权利人所声明的放弃具有实体效力，那么该论断也是一种错误的理解。

有问题的仅可能是，真正的专利权人所声明的放弃效力，是否取决于声明者已经登记为专利权人。很显然，下面这样的说法并没有错误："仅在公报上登记的实际真正的权利人"的声明是合法的[8]，或者"只有享有权利的人（已登记的权利所有人）"才有权放弃[9]。但是，就没有登记的权利人的放弃声明实际无效的观点，在法律中却找不到支持的依据。在大多数情况下，如果作出声明者缺乏合法的身份，放弃声明都会被专利商标局当成"不合法"处

---

〔4〕 BGH 21. 10. 1952 GRUR 1953, 86；1. 12. 1961（FN 1）296l.

〔5〕 *Bernhardt*, S. 213；*Schulte*, § 20 Rdnr. 12.

〔6〕 So aber *Benkard/Schäfers*, § 30 PatG Rdnr. 18.

〔7〕 So BGH 24. 10. 1978 Aufwärmvorrichtung BGHZ 72, 236, 240.

〔8〕 *Schulte*, § 20 Rdnr. 12.

〔9〕 *Benkard/Schäfers*, § 20 PatG Rdnr. 4.

理。不过，即使不存在《专利法》第 30 条第 3 款第 2 句规定的情形，在实践中也仅有当放弃者已经登记为专利权利人时，专利商标局才会记载和公布专利的终止。[10]但这并不排除，一旦专利商标局受理了该放弃，该放弃就已经产生实际效力。

4. 如果专利属于多个共有人，则一项有效放弃，需要所有共有人的同意。所持的专利上设置有用益权或者质权负担的，仅当用益权人或者质权人同意时，专利权利人才能行使放弃的权利（《民法典》第 1071 第 1 款第 1 句、第 1276 条第 1 款第 1 句）。如果专利上负担有独占许可时，也适用相应的规则。[11]由于放弃将导致无法再排除第三人利用发明，并因之损害被许可人的法律地位，因此放弃必须经过被许可人的同意。在普通许可的场合，则适用不同的规则。专利权人对此保有权利以决定允许更多的使用者；因而他也具有权利，通过放弃而允许完全自由地使用；仅就被许可人的使用权而言，并没有因为专利的失效而受到影响。尽管在有的情况下，普通许可协议可以拟定，专利权人的放弃构成对被许可人的债法义务上的侵害；但这与放弃在专利权上的效力并不冲突。

5. 若放弃经由代理人作出，则其效力取决于代理权的存在。根据《专利法》第 25 条，委托的国内代理人，其进行放弃的代理权并非依据法律授权而获得，而必须有特别授权。一项不具有代理权且以他人名义进行的放弃，依据《民法典》第 180 条第 1 句的规定，不具有法律效力；同样，尽管声明放弃者有代理权，但放弃声明由于缺乏代理证书而被专利商标局即刻驳回的，适用《民法典》第 174 条第 1 句的规定。[12]

6. 对一项专利的放弃，若其有从属的增补专利，放弃并不包含增补专利。相反，增补专利（若有多项增补专利的，则第 1 项增补专利）获得独立地位（《专利法》第 16 条第 2 款）。

7. 放弃并非程序行为（Verfahrenshandlung）[13]，而是官方必须接受的（amtsempfangsbedürftige）一项实体法上的意思表示。因此，它完全适用《民法典》有关意思表示的规定。尤其是放弃的效力可由于错误而依据《民法典》第 119 条、第 121 条、第 143 条的规定加以撤销，即依据《民法典》第 142 条

---

〔10〕 *Bernhardt*, S. 213.

〔11〕 *Götting*, § 27 Rdnr. 10；*Busse/Schwendy*, § 20 PatG Rdnr. 19.

〔12〕 BPatG 3. 12. 1963 E 5, 5；该驳回必须在受理专利权人的放弃声明之日起最迟 10 天后由专利商标局作出，参见 BPatG 9. 12. 1988 E 30, 130。

〔13〕 有学者似乎有不同意见，因为放弃结束了"专利商标局对专利的进一步管理"，参见 *Winkler*, Mitt. 1998, 401 und 1999, 149。

的规定，该放弃视为自始无效。[14]

不清楚专利是许可协议的客体而放弃的，应视为性质错误（Eigenschaftsir-rtum），允许撤销。[15]相反，对发明成果经济利益的错误想法，则应视为不可撤销的、合乎法律的、单纯的动机错误（Motivirrtum），[16]同样的还有真正专利权人根据请求而作出的错误判断，即发明人对根据《雇员发明法》第16条规定的转让专利不感兴趣[17]。

代理人不正确的臆想，即认为其声明放弃与专利权人的指示一致的，也属于动机错误。若非除了代理人疏忽导致内容或者意思错误的，这种动机错误下的放弃不得撤销（《民法典》第166条第1款）。相反，如果代理人的放弃声明是根据专利权人的明确指示作出的，但该指示建立在《民法典》第119条规定的相关错误上或者错误地转达给了代理人，则依据《民法典》第166条第2款的规定，代理人声明之放弃可以撤销[18]。

从放弃到有效撤销放弃期间，善意第三人实施发明的，根据适用于恢复原状的相关规定（《专利法》第123条第5款），获得对发明的继续使用权;[19]当在撤销放弃之后专利视为从未终止时，前述规定以专利终止为前提的情况,[20]并不构成任何类推适用它的障碍。

b）实用新型权利人的放弃

根据《实用新型法》第23条第3款第1项的规定，当登记权利人通过书面声明，向专利商标局要求放弃实用新型时，该实用新型终止。从该规定的用语不可以推论出，即使登记人不是真正的实用新型权利人，也能够进行有效的放弃。相反，由该措辞可清楚地得知，一项放弃生效的前提是放弃人必须是登记人，这是《专利法》第20条第1款第1项所没有明确规定的（参见本节 A Ⅰ a 3）。此外，就实用新型的放弃，适用与专利放弃同样的规则。

Ⅱ. 保护期结束和未缴纳维持费

a）专利保护期限的结束

1. 专利终止（最迟，参见本节 A Ⅰ a、A Ⅱ c 和 A Ⅲ a）于其法定保护期

---

〔14〕 BPatG 16. 3. 1981 E 25, 63; 28. 7. 1997 E 38, 224; *Winkler*, Mitt. 1999, 150 f. m. Nachw.

〔15〕 BPatG 16. 3. 1981 (FN 14) 64.

〔16〕 DPA (BS) 5. 3. 1952 Bl. f. PMZ 1952, 150.

〔17〕 BPatG 28. 7. 1997 E 38, 224.

〔18〕 S. oben § 25 A Ⅶ 3 mit FN 85.

〔19〕 有学者对比表示反对，其认为第三人在这种情况下所产生的信赖损害应根据《民法典》第122 条以金钱补偿，参见 *Bernhardt*, S. 215; *Winkler*, Mitt. 1999, 152。

〔20〕 BGH 27. 5. 1952 GRUR 1952, 564, 566.

限届满之时。这种情况出现在 20 年保护期届满，该保护期从申请日起算（《专利法》第 16 条第 1 款第 1 句），或者从主张的更早的优先日起算（参见《巴黎公约》第 4 条之二第 5 款）。这符合 TRIPS 第 33 条所规定的最低保护期限。

授权决定中宣告的保护期起算点，对法院的侵权诉讼和无效宣告诉讼具有约束力。[21] 就该期限的计算适用《民法典》第 187 条、第 188 条的规定。

例如：1984 年 3 月 20 日登记，2004 年 3 月 20 日届满终止。

由于并非涉及实施一项行为的期限，所以不适用《民法典》第 193 条的规定；专利终止于该期限的最后一天，不论这天是否刚好是星期六、星期日或者节假日。

根据经验，仅有比例极少的专利会达到最高的保护期。由于发明技术过时或者由于其他原因无法再确保从维持专利中获得收益，大部分专利都会被提前放弃，尤其通过停止缴纳年费的方式。[22]

2. 就增补专利，不论其何时申请，都终止于所属的主专利保护期届满之时（《专利法》第 16 条第 1 款第 2 句）。若因主专利失效，增补专利独立的，增补专利保护期的确定，也继续依据原主专利的申请日而定（《专利法》第 16 条第 2 款第 1 句第二个半句）。与此相反，若一项增补申请变为一项独立申请，授予该申请专利的保护期，应根据该申请递交的日期为准，[23] 因此，它终止的时间，就会晚于那些在已经授予增补专利之后才独立的专利（在年费义务上的不同处理参见本节 A Ⅱ c 3）。

例如：主专利申请日是 1998 年 3 月 10 日，增补专利申请在 1999 年 9 月 1 日递交，主专利和增补专利授权日是 2001 年 5 月 10 日，2001 年 8 月 1 日放弃主专利：增补专利获得独立并可保护至 2018 年 3 月 10 日。假如 2000 年 3 月 8 日增补申请获得独立，若随后获得专利授权的，该专利保护期可以延至 2019 年 9 月 1 日。

3. 发明的实际保护期限总是比法律规定的专利保护期短。只要申请人没有进行更早的公开（参见 § 25 A Ⅲ），随着申请公开而产生的、表现为不具禁止效力的损害赔偿请求的临时保护——根据优先权日——只有在申请日后 6 ~

---

[21] Vgl. BGH 30. 10. 1962 Aufhängevorrichtung GRUR 1963，563，566l.

[22] 根据一项对工业企业的调查，在 1995 ~ 1997 年终止的 13875 项专利，平均保护年限是 9. 27 年；其中 4420 个工业应用的专利的平均保护年限是 10. 64 年，参见 GRUR 1999，134 f。德国专利商标局的一项调查发现，专利的平均保护年限是 12. 5 年，参见 Bl. f. PMZ 2008，81。

[23] BGH 11. 10. 1976 Schuhklebstoff GRUR 1977，216.

18 个月才开始。由专利授权所确立的完整保护何时启动，取决于审查请求的时间点以及授权程序的长短。由于专利授权并不具有溯及力，所以请求递交得越晚，程序拖得越长，法定保护期所剩的有效保护期限就越短。因此与法律的措辞相反，严格来讲不能说专利期限有 20 年。申请人没能避免的程序迟延，也会成为其负担，例如申请人不得不等到申诉程序甚至法律上诉程序才获得实际的专利授权。

尽管如此，立法者并没有想把保护期的起始与完全保护效力的生效捆绑在一起。因为依据这样的规则，程序持续得越长，发明最终获得自由的时间就越晚，人们就会担心经常出现程序拖延。[24] 同样，由于顾虑与尚未审查的保护权的冲突，也没有任何倾向，要从申请起或者至少从公开起，给予——伴有因拒绝授予专利而产生溯及力无效的危险——完全的保护。

毕竟，对后一种意义上的方案，有利的是，如果申请的主题并非方法或者生物技术发明，则专利申请人能够通过平行的实用新型申请，在大多数情况下更早地——无需完整的实质审查——获得一项禁止权（参见 §1 B Ⅴ 3、§24 B、§25 B）。同样，在许多因公开而导致保密可能性丧失的情形下，赔偿请求权也并不产生。

4. 总是有不少关于发明保护期过短的抱怨，首先是来自独立发明人。[25] 对此，被指责的并非是在申请之后经常很长时间才开始保护（参见第 3 点），而是认为目前从申请日到专利届满的总共 20 年保护期限不够长。大多数专利并没用完该期限的事实，并没有成为人们的反驳观点，因为高额的年费将迫使许多发明人提前放弃专利，即使其实际上仍有兴趣维持专利。

尽管总的来说，这些批评在原则上都接受一个有时间界限的保护。[26] 但许多都不理解，为何在版权中可以获得远长于此的保护期间（参见 §2 Ⅲ a 1）。人们指出，发明者的智力创造绝不少于作者的智力创造。偶尔也有质疑，相对于作者人格对作品的影响，发明者的人格并没有或者较少地烙在发明之上，但无论如何不应认同将其作为理由对保护期限进行不同的衡量，因为更

---

〔24〕 Begründung zum PatG 1936 Bl. f. PMZ 1936, 106.

〔25〕 Vgl. *Schickedanz*, Kunstwerk und Erfindung, GRUR 1973, 343 – 348; *ders.*, Sind 20 Jahre Patentschutzgenug?, GRUR 1980, 828 – 832; *Heinz*, Europa – Patent und grundgesetzliche Eigentumsgarantie, Mitt. 1975, 202; *ders.*, Das Patent im System der Eigentumsrechte, Mitt. 1994, 1 – 8; *Krabel*, Vergleichende Betrachtung des allgemeinen Erfinderrechts und des Urheberrechts, Mitt. 1978, 12 – 15; *Hafner*, Die kurze Patentdauer – ein Unrecht am Erfinder, Mitt. 1981, 92 – 98.

〔26〕 但是有学者完全反对，其指出，物的所有权（Sacheigentum）并没有时间限制，参见 *Heinz*, Mitt. 1993, 266 f。

强的"个性"并不意味高的价值。由于发明与作品一样，绝对都是创造者的知识财产，因此这也要求对发明人和作者在原则上同等对待。在这种关系中，人们也提及联邦宪法法院，其曾将发明者权称为"技术版权"（参见§3 Ⅲ 4）。

5. 授予以排他权为特征的发明保护，不应没有时间界限。与实物财产权没有时间限制的客体不同，对物的利用只能借助物理空间的关系进行，而对发明而言，任意的许多人在不同的地方都可以同时使用。如果技术革新的利用在一个确定时间内不向每个人开放的话，每个发明人基于在先知识所作出的技术发展，将被越来越多的、无法查明的依赖关系网络所阻碍。有问题的仅是，如何衡定发明人保护的必要的限定期限。就此可明确，一个固定的、适用于所有可专利发明的统一确定的最高期限，不允许以理想的方式去迎合每一个个案的需求。在保护期届满之前，通过专利所获得的收益，并不总是对创造成果的合适酬劳；必然地，有时候会觉得它不够，而有时候会觉得它过分地高。从发明活动和创新准备的要求角度看，在一些个案中，作为必要的保护期限，一个统一的最高期限肯定会在一些情况下短些，而在另外的情况下长些。但是，无法以合理成本来确立这样一种制度，借助这种制度去量定每个个案的保护期限，以使得它最大限度地接近合理酬劳的理想，并同时最大限度地促进技术和经济的进步。同样，在一个保护期可灵活变动的制度之下，则必须忍受法律的不确定性，这既非发明者也非有利于发明的经济所向往的。[27]

除了这些实践困难之外，借助排他权的发明保护制度，基本上并不适合通过计算保护期限来争取个案的公平。通过专利制度，发明人并不直接获得报酬，而仅是获得一个在市场获取报酬的机会。报酬结果有多高，取决于市场对该成果的认可度。专利授权对此并没有提供任何保证。希望根据发明的市场成功来调整效力期间，使得在结果上尽可能地在个案中获得与发明贡献相适应的酬劳，这与现行制度格格不入。是否在根本上存在一个专利化合理的成果，即为一个难题，而将发明贡献的评价独立于市场成功的必要性，势必极大地增加了这一困难。如果人们满意于根据成果的大小对保护期间进行分级，情况也同样。[28]而且，看起来更不可能通过这样的方法去调控报酬的高低，因为

---

〔27〕　Zum Problem *Brandt*, S. 62 ff. , 70 f.

〔28〕　这样一个分级变化的制度也不可能出现在保护期间较短的实用新型保护中，该保护与保护期间较长的专利保护相比要件更少（参见§16 B 和 §18 Ⅰ b）；相反，无论是这两个领域中的哪一个，问题都不会取决于是否满足了法定的保护要件。这仅取决于是一项专利申请还是一项实用新型申请。如果专利商标局认为专利保护要件没被满足而实用新型保护要件被满足时，不能不顾专利授权请求，自行采取实用新型登记；或者对一项满足了专利保护要件的实用新型申请自行授予专利保护。

完全无法确保市场成功将与保护期限相称。

同样，与作品创造性贡献的大小无关，版权法对所有作品都采取统一适用的明确时间点，在该时间点停止保护，并容忍就每个作品确定版权人酬劳的经济收入的比例并不均衡的结果。

最后，尽管如此，获得市场成就的发明和作品，其以排他权运作体系的固有优点，符合公平要求：发明人或者版权人应当借助其智力成果，分享适当的收入，即使根据市场规范，它们的价值被认为较低。提升有"高度价值"的智力成果的市场成功，最终只能通过建立相应的市场需求来获得；不过这已经不是一项以排他权为基础的保护所能起作用的范围了。

6. 还有问题的是，专利保护的期限明显地短于版权保护是否合理。根据已经分析过的两者在保护主题、利用方式以及保护方案设计上的差异（参见§2 Ⅲ b aa），对这个问题的回答基本上是肯定的。

将发明以操作指令进行应用是利用发明的方式。这需要一种保护，以防范对相同技术操作指令的应用；为了保护的有效，它应该根据客观标准所确定的技术原理的特点，覆盖该技术原理，并应该舍弃特定条件下所表现出来的偶然性。因为以这种方式所抽象出的技术规则也可能被其他人独立地发现，且因此在个案中难以证明，所以若使用者有关技术规则的知识源自某个确定发明人的独特创造，就需要一种为专利特别设置的禁止效力（Sperrwirkung）[29]（当然也有服务于公共利益的目的）的保护。相反，对版权人而言，保护作品的独创特征以防止其被剽窃就足够了；在独立创作的作品中再现这种独创特征，可能性微乎其微。保护仅需要针对作品的复制（Wiedergabe），而并不包含对相关信息的使用（Anwendung）。因此，较之于版权保护，专利保护要求更大的效力范围，对行动自由（Handlungsfreiheit）的限制也更多。

当然，就计算机程序而言，版权法保护在对抗复制时所起的作用，通常也包括未经权利人的同意，不得利用程序中包含的信息和——有的情况下——操作指令（参见§2 Ⅲ b bb）。因此期限很长的版权保护是否合理就很成问题，即使至今并没有可明显感知的不利后果。

此外，只要发明不会因为采取其他不同的技术路径而被较快地放弃，随着时间的经过，人们将对发明进行不同的调整和进一步发展。"自然法则"和经济需求，经常不给迎合某一要求的发明人以任何余地，去获得一个不以任何方式使用到在先发明的方案。因此，专利保护期的设置，必须避免有用的在后发明的保护主题，陷入过分长的依赖关系中。相反，文学、科学和艺术作品的创

---

〔29〕 Vgl. *Hubmann*, Patentrecht und Gerechtigkeit, Bl. f. PMZ 1977, 209, 211.

作者，能够非常自由地处理构成作品受保护的基础的元素。[30]一项创造元素的版权法意义的前提要件，恰好就是它并非确定为不可缺少的（Sachzwänge）。

一个例子[31]可以清楚地解释这一原则性的差别：一项授予唱片发明的专利应当具有这样的效果，未经专利权人的同意，任何人不得制造并销售唱片；就此，并不取决于唱片中记载了什么内容。对音乐和口述作品的版权所有人而言，仅有权利限制复制含有其作品的唱片的制造和销售。一个唱片制造人能够轻易地避开这个保护权；他可以找到其他作者的类似作品，这些作者乐意于授权这些作品的利用。但是，如果为了避开专利，他必需采取一项其他的录音技术（例如磁带）。

专利保护的更大效力范围以及在保护期上远远少于版权保护，与保护客体能够借助个性特征（individuelle Züge）进行限定的不同标准有关。当然这不意味着，作者的创造性贡献在原则上高于发明人；不过，就发明人和创新企业的合法利益而言，一项无法通过无关紧要的技术细节修改就能规避的保护就足够了；这就要求，这项保护的效力在原则上强于版权保护。

有的情况下，由于作品的成功或者作者的声望，排除使用作品的版权保护在经济上，比一些边缘的、将要过时的发明专利更有分量，这种情况不在这种联系的考虑之列。通过排他权保护智力成果，只能通过提供市场机会而非市场成功。

7. 专利保护的客体和效力的特点以及信息作用，也要求其开始和结束已被正式地限定（formal definiert）。如果不具备合式性（Förmlichkeiten），则仅有可能主张反对不正当使用该知识的保护（该适用可证明源自一项确定的发明行为）；由于缺乏投资决策所要求的法律稳定性，它的利用也值得怀疑。它至少需要一个值得信赖的体系，以保障优先权以及随公开而产生的权利；与此同时，保护能力的官方初审也证明是有效的（参见 § 1 A V 2）。因此，保护届满的最迟时间点，应该根据一项要式行为（Formalakt）而定。发明人的出生日期并不作为关联的考虑对象，因为大多会产生过长的保护期限。

8. 因此，20 年结束时专利保护期限届满，从期限的长短来看，是恰当的。尽管发明人和作者一样，有权获得"知识财产"并在原则上对其享有联邦德国《基本法》第 14 条规定的保护，但这并不排除立法者根据不同的保护主题

---

[30] Vgl. *Schickedanz*, GRUR 1973, 346f.

[31] 根据学者的说明推论出，需要在保护期问题上同等对待作者和发明人，参见 *Hafner*（FN 25）97。

以及因此而限定保护效力方案，对授予知识产权存在的排他权设定不同的期限。

总体而言，专利保护的期限显得过短的情况并不多见。可以指出的情况，诸如发明在专利保护期限内没发现任何利益，或者没有获得任何经济利益，或者发明远远超前于它所处时代的技术发展。[32]假如这些发明在专利保护失效之后仍然重要，则涉及的通常是一个基础发明，其可市场化的实现，要求异常广泛且昂贵的准备。在这些情况下，发明人与获得基础研究知识的人的命运一样，一般来说无法获得对这些知识的保护（参见§3 Ⅲ 3）。就此而言，现行的保护期限的合理之处，在于抵销专利保护过于极端的效果：在基础发明专利的效力作用于市场之前，基础发明将被自由地利用。然而，发明人能够借助后来引入并过期的、保护范围相应缩小的专利保护，去评估他在实际应用的路径上所发展出来的特别方案。在基础发明领域之外，由于技术革新的复杂性以及实现的成本，使得从发明到成熟市场产品需要特别长的时间，在一些情况下也有可能出现保护期限不够的情形。由于这个原因，修改延长专利的保护期是否合适，在没有进行深入的、法律事实（rechtstatsächlich）调查的情况下，是无法判断的。无论如何，能够进行的只是适度的修正，而不是采取近似于版权法的标准[33]。

b）通过补充保护证书延长保护期

1. 通常专利授权程序很漫长，且往往必需耗费很多时间，在这个过程中，为了将申请专利的发明发展成为成熟的市场产品——这在设定专利有效期限时无法顾及或者很难顾及，在近代人们发现了一条路径，在产品上（Erzeugnissen）推迟专利保护的失效，因为这些产品只有经过耗时的审查之后获得官方批准[34]，才能投入流通领域，所以从产品的有效期间起，专利保护期的很大一部分已经消逝了：通过授予补充保护证书，根据共同体条例，药品和农产品（Arznei - und Pflanzenschutzmittel）的专利保护可以最多延长 5 年。[35]

---

〔32〕 *Schickedanz*，GRUR 1980，830 ff.

〔33〕 对普遍延长专利保护期大约 5 年的做法和为此效果的特别规定（参见本节 A Ⅱ b）的废除，参见 *Brandt*，S. 173 f.

〔34〕 Vgl. *Böttcher*，Schutz des geistigen Eigentums an Zulassungsunterlagen，GRUR 1987，19，23 ff.；*Müller*，Die Patentfähigkeit von Arzneimitteln，2003，S. 92 ff.，98 ff.；*Sasdi*，Innovationsschutz im TRIPS - übereinkommen，2004，S. 196 ff.；*Gassner*，Unterlagenschutz im Europäischen Arzneimittelrecht，GRUR Int. 2004，983 - 994. - Krit. zum Testdatenschutz *Pacón*，FS Kolle/Stauder，2005，S. 77，85 ff.

〔35〕 学者建议，这样的规则也应该引入转基因的植物上，参见 *Kock/Porzig/Willnegger*，GRUR Int. 2005，183，188 f。

就儿童药品（*Kinderarzneimittel*），还另外多设置了大约 6 个月的保护期间（第 1768/92 号条例第 13 条第 3 款，以及第 1901/2006 号条例第 36 条，参见第 2 点）。

专门的法规采取下述方式，对请求批准的当事人利益进行明确的保护，即在获得批准之后，在规定的期限（目前药品基本上是 8 年，农产品为 10 年）届满之前，向有关主管当局递交的申请材料，只有经申请人的同意，才允许为利益第三方所使用，而且就药品而言，原则上在 10 年的期限届满之前，不应再给予第三人任何批准。

根据 141/2000/EG 条例，治疗罕见疾病的药品（罕见医疗产品（Orphan Medicinal Products）或者罕见药（Orphan Drugs））在获得批准之后 10 年的市场独占地位，可借由下述方式加以确保，即在这个时期获准人之外的其他人都不应获得任何批准。[36]

补充保护证书（以下简称"证书"）被视为一个特别的保护权利，即便它总是被认为对某一项专利的补充保护权利。不过，它开创了一个方法，在专利的一般保护期限结束后，继续维持专利的效力。因而它实质是专利保护的延长[37]。因此，在这个角度下，这里将其放在一起加以讨论[38]。

尽管根据欧盟条例（参见第 2 点）的术语，通过证书保护的是产品；"发明"的措辞仅是被略微地提及。但是，该保护在适用于产品的方式上，与《专利法》第 9 条第 2 句第 1 项的规定并无两样：涉及产品的行为，只要意味着对发明的实施，也属于保留给权利人的领域。这为下述情况所确认，即依据条例，证书——在一定限制条件下——与作为其基础的专利一样，被赋予了同样的权利。

2. 授予证书的法律基础是

——欧洲经济共同体第 1768/92 号条例（Verordnung（EWG）Nr. 1768/92），即 1992 年 6 月 18 日欧洲议会关于设立药品补充保护证书的欧洲经济共

---

〔36〕 对此的详细内容，以及专利保护和补充证书保护的关系，参见 *Müller*（FN 34）S. 111 – 148；vgl. auch *Gassner*（FN 34）983 f.

〔37〕 Begründung zum PatGÄndG vom 23. 3. 1993，Bl. f. PMZ 1993，205，210 l.

〔38〕 在此不应考虑过渡性规定，即在条例生效之前，或更确切地说，新成员国较晚加入之前应适用的规定；vgl. dazu *Sredl*，GRUR 2001，596，599；*Straus*，GRUR Int. 2001，591 ff.；BGH 1. 2. 2000 Omeprazol GRUR 2000，392；17. 12. 2002 Cabergolin GRUR 2003，599；BPatG 15. 3. 2007 Finasterid GRUR 2008，67；EuGH 11. 12. 2003 C – 127/00 Omeprazol GRUR 2004，225；19. 10. 2004 C – 31/03 Pharmacia Italia/Cabergolin GRUR Int. 2005，219，und im Anschluss hieran BGH 25. 1. 2005 Cabergolin Ⅱ GRUR 2005，405.

同体（EWG）第1768/92号条例，由2006年12月12日欧洲议会的欧洲共同体（EG）第1901/2006号条例最后修改；以及

——欧洲经济共同体第1610/96号条例（Verordnung（EG）Nr. 1610/96），即1996年7月23日欧洲议会关于设立农产品补充保护证书的条例，由2005年4月25日的"加入议定书"最后修改。

两部条例在字面上广泛地一致，在这里就此不再引用加以补充。不同之处并非由于保护主题的差别所导致，而是在于第二部条例根据第一部条例的经验，采用了一些新的规定。依据第1610/96号条例的权衡理由（Erwägungsgrund）第17项，这些规定在实质上也适用于第1768/92号条例的规定，欧洲法院（EuGH）看起来也承认这点[39]。

根据在相应条例中规定的条件和形式，可以在任何一个成员国领土内，通过一项专利，即基础专利（第1条（c）或者第1条第9项），对根据欧洲经济共同体第65/65号指令（Richtlinie 65/65 EWG）或者第81/851号指令（Richtlinie 81/851 EWG）或者第91/414号指令（Richtlinie 91/414）第4条或者具有同等效力的国内法规定在投入市场流通之前是行政法上的许可程序客体的受保护产品，授予保护证书（第2条）。

授权发生在相应的申请之后，这些申请应当通过成员国保护工业产权的主管当局提出，而且授予的基础专利应是由这些成员国进行或者在这些国家生效，同时投入流通的许可（以下简称"许可"）请求也是针对这些国家（第9条第1款、第10条第1款）。在联邦德国，德国专利商标局为主管机构（《专利法》第49a条），且也是欧洲专利的主管机构，只要欧洲专利有效地授予了联邦德国［《国际专利条约法》第Ⅱ章第6条a，以及《欧洲专利公约》第63条第2款（b）］。

基础专利的权利人或者其权利继受人有权获得取得证书的权利（Recht auf das Zertifikat）（第6条）。据此可以推论，该权利可以不与基础专利一并转让[40]，因为在转让时后来的权利继受人将成为专利权人，因此若该权利仅能与基础专利一并转让的话，言及权利继受人就显得多余了。如果其他人非法向德国专利商标局提起证书的申请，专利权人可以根据《专利法》第8条、第16a条第2款的规定要求进行转让。如果其他人非法获得基础专利授权并且已经提起一项证书申请，则真正权利人可以提起诉求，将基础专利连同通过非法的证书申请

---

〔39〕 EuGH 16. 9. 1999 C 392/97 Farmitalia GRUR Int. 2000，69（Nr. 20）．

〔40〕 结论跟布兰德尔（Brändel）得出的一样，然而他混淆了取得证书的权利与公法上授予证书的请求权，参见 *Brändel*，GRUR 2001，878 l．

所获得法律地位一并转让。

3. 就实质保护要件，适用《专利法》第 3 条或者第 3 条第 1 款的规定：授予证书的要件是，如果在提交申请的一个成员国境内，在申请时：

——产品正受到现有的、生效的基础专利的保护[41]；

——依据上述两个条例之一（见上文 2），授予了一个有效的许可[42]；

——该产品尚未被授予任何证书；以及

——前述许可是将这些产品作为药品或者农产品投入流通的第一个许可[43]。

假如一个产品为多项专利所覆盖，在同一权利人的情况下只能授予一项证书，但在非同一权利人的情况下，任何一个权利人都能授予一项证书，如果在其递交申请之前尚未授予其他任何人证书的[44]。

根据《专利法》第 1 条（b）的规定，第 1768/92 号条例中的产品，是指《专利法》第 1 条（a）意义上的活性物质（Wirkstoff）或者人类或动物药品活性物质的组合。

联邦专利法院仅将产品的药效成分视为活性物质，仅将多个自身具有药效的成分的组合视为活性物质的组合。由于助剂（Hilfsstoff）并非活性物质，因而其与一项活性成分的组合并不构成活性物质的组合。[45]联邦最高法院注意到条例中的"活性物质组合"有可能具有歧义，并已将所涉之问题提交给欧洲法院。[46]欧洲法院的裁决指出，"'药品活性成分组合'的概念，并不包含这样一种组合：其由两种物质组成，其中仅有一种物质对某一病症具有特有的药效，而另外一种物质使药物剂型（eine Darreichungsform des Arzneimittels）成为可能，该剂型对第一种物质发挥针对该病症的药效是必须的。"[47]

第 1610/96 号条例第 1 条根据其第 8 项有关产品的规定，把由第 1 项（以

---

〔41〕 没有基础专利不能授予证书，即便在该专利届满之后当事人已经获得了行政许可；BPatG 21. 6. 1999 Abamectin E 41, 231.

〔42〕 Vgl. EuGH 12. 6. 1997 C 110/95 Yamanouchi GRUR Int. 1997, 908.

〔43〕 一种兽用药品获得的许可应视为"第一次许可"，如果后来同一产品又要被当成人用药品加以使用并寻求许可，参见 EuGH 19. 10 2004 und BGH 25. 1. 2005（beide FN 38）。

〔44〕 Art. 3 Abs. 2 iVm Erwägungsgrund 17 VO 1610/96, vgl. oben 2；EuGH 23. 1. 1997 C 181/95 Biogen/Smithkline GRUR Int. 1997, 363（Nr. 26 ff.）；zum Problem auch *Schennen*, GRUR Int. 1996, 105 f.

〔45〕 BPatG 25. 11. 2002 Polifeprosan E 46, 142, 147 ff.

〔46〕 BGH 29. 6. 2004 Polifeprosan GRUR Int. 2005, 63.

〔47〕 EuGH 4. 5. 2006 ABlEU C 165 vom 15. 7. 2006, S. 8.

及第4项）所界定的农产品的活性成分或者活性成分的组合，理解为根据第3项的包括病毒在内的物质（第2项）和微生物体，具有对抗有害的生物体（第7项）或者作用于植物（第5项）、植物的部分或者植物产品（第6项）的一般功效或者特别功效。

依据第1610/96号条列第1条（c）或者第9项，一项产品的基础专利可以针对该产品的制造方法或者产品的实施；根据第1610/96号条例第1条第9项，也可以针对一项（根据第4项由多项物质组成，其中至少有一项是活性物质）制备（Zubereitung）。

如果根据适用于基础专利的规定，一项产品在药品法许可所指定的形式中，受一项现有的、生效的基础专利的保护，则根据第1768/92号条例，如同欧洲法院依据联邦最高法院的议案所作出的裁决[48]，该项所有形式皆为基础专利所保护的、作为药品的产品，能够获得一项证书的保护。就此，欧洲法院的理由也基于第1610/96号条例权衡理由第13项，此项规定依据该条例权衡理由第17项，也实质适用于第1768/92号条例的解释。因此，如果基础专利适用于一项活性物质及其衍生物（盐类和脂类），则证书也提供同样的保护。因此可以推断，在第1610/96号条例的适用范围内，欧洲法院所设置的原则同样是具有权威的。

遵循欧洲法院的裁决，联邦最高法院在一项判决[49]中认为，对一项以自由盐基形态（in Form einer freien Base）而形成的药品活性物质，原则上也能够授予证书，只要该盐基的一个盐类已经是行政许可的客体，但无论该盐基或者盐类都必须落在基础专利的保护范围之内。相反，基于一项专利，其某项权利要求指向一项表现为自由盐基形态的药物活性成分的，并不能确定地将该盐基的任意衍生物包含在证书保护之中。落入基础专利保护范围的盐类和脂类，对该盐基而言，已经借助证书加以保护，不再需要任何特别的引述。断然引述任意的盐类，意味着在授权程序中对保护范围进行了不恰当的界定。[50]

在后来一项判决中，联邦最高法院对一项活性物质授予了证书，即便该活性物质并没在基础专利中公开，而是包含在其保护范围之内。[51]后者被否定的是，在引用用于确定保护范围的尤其包括等同物的产品开发原理

---

〔48〕 EuGH 16. 9. 1999（FN 39）；BGH 17. 6. 1997 Idarubicin I GRUR 1998，363.

〔49〕 15. 2. 2000 Idarubicin Ⅱ BGHZ 144，15.

〔50〕 BGH aaO，insb. 20 f.

〔51〕 BGH 29. 1. 2002 Sumatriptan GRUR Int. 2002，609.

（该产品的活性物质数量与基础专利权利要求所提供的数量有显著差别，也即总计仅最小浓度的50%和平均浓度的40%）时，不依据说明书的描述，即权利要求的数量说明应当被忽略或者仅起到示例的意义。[52]

因为若在申请之前已经对同样的产品授予过一项证书，则对该产品，即一项活性物质或者活性物质组合不能再授予证书，所以，具有新的用途的产品，如果专利权人已经根据这种产品的专利获得一项证书，专利权人就不能再要求证书。[53]

但是，就已知产品应用于新医疗症状的发明而言，由于对每一种新的症状都需要取得特别许可才允许投入市场流通，以及对新的症状都需要研究和测试投入，因而这样做是符合证书制度的目的的，即对活性物质在新的、单独获得专利保护的应用，另外授予一项有自身期限的证书，且该期限往往超出了原先授予证书的保护期限。尽管根据权衡理由第13项，证书的授予也适用于其基础专利所包含的衍生物，但只要这些衍生物是属于受到专利特别覆盖的专利主题，依据第1610/96号条例权衡理由第14项和第17项——以及在第1768/92号条例的范围内——对由一项活性物质所组成产品授予一项证书，与对活性物质衍生物另外授予证书并不冲突。尤其，当一项衍生物表现出出人意料的特性时，这就显得重要了。在这些情况下，该衍生物将被当成新的活性物质加以处理[54]，这将确保证书之授予与第1610/96号条例第3条（或者第3条第1款）c的规定一致。这种想法应有可能适用到所有专利化的用途都已经获得证书保护的产品。当然，依据欧洲法院的裁决，需要进一步变通条例。

4. 申请应在许可授予之后6个月内，向主管当局（《专利法》第9条第1款，参见第2点）递交；如果许可在基础专利之前授予的，该期限应在专利授予6个月之后才终止（第7条第2款）。

联邦专利法院认为授予许可的签发日期是这一期限的起始日。[55]联邦最高法院曾向欧洲法院提交问询，即期限的开始是否依共同体法律而定，以及如果依据共同体法律应以哪一时刻为准。[56]在文献中，有的认为应以许可决定的签

---

〔52〕 BGH 29. 2. 2000 Custodiol GRUR 2000，1011；BGH 12. 3. 2002 Custodiol I GRUR 2002，523.

〔53〕 EuGH 17. 4. 2007 C 202/05 Calcitriol Mitt. 2007，308；*im gleichen Sinn schon Schulte*，§ 16 a Rdnr. 16；*Scheil*，Mitt. 1997，591.

〔54〕 *Schennen*，GRUR Int. 1996，1071.

〔55〕 BPatG 26. 3. 2005 Zeitpunkt der Genehmigung für das Inverkehrbringen eines zugelassene ArzneimittelsMitt. 2006，73.

〔56〕 BGH 27. 6. 2007 Porfimer GRUR Int. 2007，1033.

发之时为准，有的认为应以许可决定向申请人公布之时为准。[57]

申请的内容在《专利法》第 8 条第 1 款中作了规定，并应具明基础专利的号码和发明名称、所在申请国的许可号码和时间点，以及如果该许可并非是在共同体内第一个投入市场流通许可时的第一个许可[58]的号码和时间点，以及首次许可的副本和最后授予许可的证明[59]。

就向德国专利商标局递交的证书授权请求，《专利条例》第 19～21 条在援引条例第 8 条之外，还包含了补充规定，据此应参照适用对专利申请所单独规定的要求（第 19 条第 1 款），并且在申请时应附上说明，解释通过基础专利而获得的保护（第 19 条第 2 款）。

如果应当对某项活性物质在药品法许可之外的其他形式尤其改进形式授予一项证书，除了条例所指定的说明之外，联邦最高法院[60]还要求在申请中对此加以声明并解释，在哪个范围请求保护该活性物质。

根据《专利法》第 8 条第 2 款，成员国可以规定申请费用的缴纳。根据《专利费用法》，在德国专利商标局的申请费用为 300 欧元。

若涉及儿童药品，在申请中或者对已经提起的待决申请，可以提起要求延长保护期的请求（第 1768/92 号条例第 7 条第 3 款、第 8 条第 1 款（d）和第 1a 款，以及第 1901/2006 号条例版本中的相应条款）。

5. 德国专利商标局根据《专利法》第 9 条第 2 款、第 30 条第 1 款和第 32 条第 5 款的规定，公布申请的告示，在该告示包含基础专利的专利号和发明的名称、国内许可和由此确定的产品以及可能情况下在共同体内首次许可的说明，以及（儿童药品情况下可能的）保护期延长的请求（第 1768/92 号条例第 9 条第 2 款（f）和第 3 款）。

由专利部审查申请是否符合相关条例以及《专利法》第 16a 条和第 49a 条第 3 款所规定的要求（《专利法》第 49a 条第 1 款）。[61]如果申请和属于申请主题的产品符合条例规定的要件（第 10 条第 1 款、第 6 款，《专利法》第 49a 条第 2 款第 1 句），专利部将对证书保护期的期间，授予证书（参见第 6 点）。

---

〔57〕 Nachweise aaO 1034 r. (Nr. 8).

〔58〕 Vgl. EuGH 12. 6. 1997 (FN 42) 910；对在多个许可下查明其确定性许可的问题，参见 *Kell-ner*，GRUR 1999, 808。

〔59〕 Vgl. EuGH 23. 1. 1997 (FN 44) 366 l. (Nr. 45). 对该证明的要求，在第 1610/96 号条例中被弱化了，依据衡量理由第 17 项，这也实质适用于第 1768/92 号条例第 8 条第 1 款（c）的解释。

〔60〕 29. 1. 2002 (FN 51) 611；Vgl. auch BGH 17. 7. 2001 Idarubicin Ⅲ GRUR 2002, 47.

〔61〕 Dazu die Richtlinien für das Prüfungsverfahren bei ergänzenden Schutzzertifikaten, Bl. f. PMZ 2007, 354.

如果无法获得授予，专利商标局应给申请人提供机会，在最少2个月内提起异议和修正缺陷（《专利法》第49a条第2款第2句、第10条第3款）；如果缺陷依然存在，专利商标局将作出驳回申请的决定（《专利法》第49a条第2款第3句，第10条第2款、第4款），并作出相应的公告（第11条第2款）。对驳回决定申请人可以提起申诉（第17条，《专利法》第16a条第2款、第73条及以下和第100条及以下；程序问题参见§23 Ⅱ a、Ⅲ a）。

在授予证书的情况下，德国专利商标局应公布告示，告示应包含提示申请的说明以及证书保护期的说明（第11条第1款）。如经由联邦最高法院[62]裁决的，还应具体说明证书所适用的产品（条例规定的活性物质或者活性物质组合）的信息。

6. 就证书保护期的确定，应扣除一段期间，即从递交基础专利申请至在共同体内获得第一个发行许可[63]之间的期间（《专利法》第13条第1款）。但是，保护期的最高期限——除非儿童药物——自证书生效起总计达5年（《专利法》第13条第2款）。由于在基础专利的法定保护期结束之时，便适用证书（《专利法》第13条第1款），该补充保护直接将其与基础专利连接起来（《专利法》第16a条第1款第1句），该保护最迟结束于基础专利届满后的5年，因此自许可开始，有效保护的最高期限总计为15年（根据权衡理由第8~11项）。

在保护期限计算上，其与基础专利申请的时间点一致，从下述角度看，这并不恰当：对仅由于许可程序（尚未通过专利授权程序）而受到限制的、在专利保护下可资利用的时间损失，应给予专利权人补偿。

例如：专利申请之后7年授予专利权（可以因审查请求滞后或者因申诉程序导致），专利申请之后9年获得在授予国和共同体内的第一个许可，受限于许可所遭受的市场化专利保护的时间损失为2年；但根据条例，证书保护期间是4年。只有当专利授权和第一个许可之间超过5年，才不再产生差别。

因此，从专利申请到发行许可的期间总计仅扣除5年的，在一些案件中，意味着针对超过5年的授权程序，药品和农产品领域的专利权人被给予了补偿，而其他领域的专利权人无法获得该补偿。

根据第1768/92号条例第13条第3款，儿童药品的保护期，较之于第1

---

〔62〕 29. 1. 2002（FN 51）.

〔63〕 Zur Feststellung ihres Zeitpunkts BPatG 19. 10. 1995 E 35，276；EuGH 21. 4. 2005 C 207/03；252/03 Novartis GRUR Int. 2005，581.

款和第 2 款的计算结果，可以多出 6 个月。

7. 当证书保护期届满、专利权人放弃证书或者没有及时缴纳年费时（参见本节 A Ⅱ c），此外假如且只要产品因许可被撤销而不再能够发行流通时[64]，证书将依据第 14 条的规定而终止。

> 涉及儿童药品的证书，在授予之后，还可以请求延长期限（第 1768/92 号条例第 8 条第 1b 款、第 10 条第 6 款、第 11 条第 3 款）。应至少在证书保护期届满前 2 年请求延长（第 7 条第 4 款）；但在第 1901/2006 号条例生效后的第一个 5 年内，不适用该 2 年期限，而是 6 个月的期限（第 7 条第 5 款）。据此可以这样认为，在 5 年期限间递交申请即可，即便证书在后来届满的，只要这些证书届满于 5 年期限结束后的 6 个月到 2 年，还可以在这个期间，请求延长证书。对这些后来届满的证书的延长请求，适用 2 年的期限。在这个过渡期内，从延长申请到证书届满的最大准许期间，可相应地延长 6 个月到 2 年不等。假如对利用 6 个月期限设置前提，即第 1901/2006 号条例生效之后不超过 5 年证书届满，则请求对后来届满证书部分的延长，必须早于请求对在先届满证书的延长。这与证书届满的期限顺接相悖。

根据《专利法》第 15 条第 1 款的规定，如果不符合《专利法》第 3 条要求的授予证书的实质要件，或者基础专利在法定保护期限结束前失效以及被宣告无效，或者基础专利被限制以致产品不再被包含在专利权利要求之中时[65]，证书将无效。在基础专利失效之后出现的无效理由，若已合法证实了上述方式的无效宣告和限制[66]，则等同于无效宣告和限制。

就德国专利商标局授予的证书，任何人可以向联邦专利法院提起无效宣告诉讼（《专利法》第 15 条第 2 款以及第 16a 条第 2 款、第 81 条及以下、第 110 条及以下；就其程序参见 §23 Ⅱ b、Ⅲ b）。该无效宣告可以与针对（由德国专利商标局或者欧洲专利局为德国授予的）基础专利的无效宣告结合起来（《专利法》第 81 条第 1 款第 3 句）。条例明确地排除了就一项证书提起异议的可能性（第 18 条第 2 款）。

当申请中说明的共同体内首次投入市场流通的许可的时间不正确时，就证书的授予，设计一条法律救济渠道，以校正其保护期，这种纠错机制对第

〔64〕 Zu diesem Fall *Brändel*, GRUR 2001, 878 r.

〔65〕 Zur Frage, ob damit die Nichtigkeitsgründe abschließend aufgezählt sind, *Brändel*, aaO 879 m. Nachw.

〔66〕 Vgl. BPatG 27. 6. 2006 Alendronsäure Mitt. 2007, 68.

1610/96 号条例第 17 条第 2 款——该规定依据权衡理由第 17 项同样实质适用于第 1768/92 号条例所辖范围——而言，是一个特色。[67] 由于这一规则的目的在于避免无效宣告，就管辖权和程序问题，应参照适用无效宣告诉讼的规定。

然而，《专利法简化与现代化法（草案）》（参见 § 6 Ⅲ 15）规定，就证书保护期的校正，由专利部决定，在什么时候宣布申请中给出的首次许可的时间点不正确。

相反，如果专利商标局根据申请人的说明错误地认定了一个许可时间点，导致授予的证书的保护期变短，则对该证书之授予，只能通过申请人的申诉进行纠正。

《专利法简化与现代化法（草案）》（参见上文 § 6 Ⅲ 15）就此所建议的规定同样没有变动。

8. 对儿童药品证书的延长，如果其授予与第 1901/2006 号条例第 36 条不一致，可根据第 1768/92 号条例第 15a 条的规定加以撤销。根据国内法对基础专利的撤销进行裁判的部门，也即专利部或者——在《专利法》第 61 条第 2 款规定的前提下——联邦专利法院申诉庭，对一项由德国专利商标局授予的延长的撤销享有管辖权。移交（Verweisung）仅涉及撤销的管辖问题。因此在延长告示公布起 3 个月届满后，也可以请求撤销。

根据《专利法简化与现代化法（草案）》（参见上文 § 6 Ⅲ 15），就撤销延长的请求，应当由专利部决定。因为该申请并不涉及异议，所以根据草案所建议的规则，并不适用《专利法》第 61 条第 2 款即导致联邦专利法院管辖的规定。根据欧洲层面规则，由其衔接基础专利撤销的管辖，以及必须提供由联邦专利法院进行一审裁决的机会并没有被采纳。

9. 原则上，证书具有与基础专利一样的效力（《专利法》第 5 条）。不过，证书所赋予的保护仅包括基础专利保护范围内的产品，且该产品被相应的药品或者农产品发行许可所覆盖，更确切地说，该保护也包括在证书届满前获得批准的、产品作为药品或者农产品的各种用途（《专利法》第 4 条）。也即并非所有落在专利保护范围之内的产品都受到保护，而是仅有被许可的产品，而且也并非指这些产品本身，而是指向其获得许可的用途。因而证书授予的是一项功能型的保护。

专利保护期届满的权利人应通过证书，对获得许可的药品或者农产品继续进行保护，如同专利依然有效一样。依据第 1610/96 条例的权衡理由第 13 项和第 17 项，以及欧洲法院的判决（参见第 3 点），通过证书确定保护范围时，

---

[67] Dazu BPatG 15. 3. 2007 (FN 38).

应使得无法借助产品的临时改变，绕开该保护范围。

联邦最高法院随后的判决认为，对以自由盐基形态而组成的活性物质所授予的证书，其保护范围也包括该自由盐基的衍生物，只要这些衍生物落在基础专利的保护范围之内。[68]

判决至今尚未涉及《专利法》第4条中设定的、对许可产品及其在证书届满前许可用途（Verwendungen）的保护界限。对此，判决没有要求在申请和证书中进行任何说明，看起来问题反而是留给了可能发生的侵权程序，即以许可作为基础确定保护的有效范围。

根据1993年《专利法修改法》[69]的理由，对受第1768/92号条例保护的产品的使用（Gebrauch），如果有别于当时主管当局所具体许可的用途，尤其是非医疗用途，则不受约束。该原则受到如下限制：如果与本发明一致的产品的所有使用包括发明人没有预见或者无法认识到的用途，都受到一项产品专利的保护（绝对的物质保护）。进一步的限制则涉及对药品进行事先没有获得主管当局批准的用途（医疗适用症）；但是，根据药品法的理由，在任何情况下，这都是不允许的。

对药品获得证书保护的发明人所没有认识到的其他用途，向第三人授予一项药品法上的许可是有可能的。文献认为，证书保护也能对抗这些用途。[70]《专利法》第4条规定的措辞至少对此没有加以排除。相反，基础专利权利人从未在经济上对活性物质的某些用途加以利用的，依据上述解释，证书保护也涵盖了活性物质的这些用途。因此，如果第三人因为认识到这些用途，尤其是其他医疗适应证，作出有创造性的表现，并就此可能获得一项专利或者至少可能获得制备有关活性物质的发行许可时，证书应该得以禁止第三人使用其发明，或者就使用发明的许可要求第三人支付许可费用。当基础专利的主题是产品本身时，在专利届满后，其结果在原则上与上述情况也是一样的。对此的限制仅出现在，当专利以组合的形式涵盖了大量的产品，而这些产品与药品或者农产品的活性物质——其许可构成了证书的基础——之间不存在充分的关系时，对这些产品的保护将被取消（参见第3点）。

即便人们采取完全主流的观点，认可绝对的物质保护不取决于创造性成果是否在制备该物质时已经存在，或者只有在认识到该物质的出人意料的特性时

---

〔68〕 BGH 15. 2. 2000（FN 49）.

〔69〕 Bl. f. PMZ 1993, 205, 208 r.

〔70〕 So *Schennen*, GRUR Int. 1996, 106, 110 f.

才存在，对这种保护的延长也需要一个独立的正当理由。但是，仅当许可程序的持续实质妨碍了专利权人对其获得专利的发明的经济利用时，这样的理由才会出现。[71] 对此，这样的保护就足够了：其一方面局限于活性物质的不同化学表现形态，另一方面局限在获得许可的用途上。将证书权利人既没有通过自己又没有通过许可人进行经济利用的那些用途，也保留给予证书权利人，这样的保护效力已经不再是对由于许可要求而造成的有效保护期间损失的补偿了，因此也不能以此为由证明其存在的合理性。这种保护意味着权利人依据专利而对特定类型产品享有一种不正当的特权。条例的措辞允许提供保护，应不妨碍作这样的解释，即将依据条例的特定立法目的，对该保护加以限制。

c）未缴付年费

1. 除了增补申请和增补专利，每项申请和每项专利自申请日起的第 3 年和随后每一年，都应缴纳年费（《专利法》第 17 条第 1 款和第 2 款）。如果没有及时缴纳年费，申请将被视为撤回（《专利法》第 58 条第 3 款，参见 § 25 A Ⅶ 2），授予的专利将终止（《专利法》第 20 条第 1 款第 3 项）。

> 申请的年费义务是与迟延审查制度一起被引入的。根据之前的规定，应在授权时，一次性缴纳当年和在前的专利年度（Patentjahre）的年费。现行规则的目的在于避免以这种方式累积而增加申请人的负担，同时也使申请人时不时地考虑，维持申请是否仍具有意义。[72]

对补充保护证书，就此适用的欧盟条例（各自的第 12 条，参见本节 A Ⅱ b 2）允许成员国征收年费。德国已经采用了这一做法（《专利法》第 16a 条第 1 款第 2 句）。

年费的数额由《专利费用法》所确定。第 3 和第 4 专利年度各 70 欧元，从第 5 个专利年度开始逐年上升，第 20 年的年费为 1940 欧元。[73] 年费总额可达 13170 欧元。

申请人、专利权人或者证书权利人可以通过宣告的方式，启动当然许可（Lizenzbereitschaft），从而把之后即将产生的到期年费降为原来的一半；但如果这样，当事人也就放弃了源自专利以及可能情况下附属的增补专利的禁止权

---

〔71〕 In diesem Sinn *Scheil*，Mitt. 1997，59 r.；*Müller*（FN 34）S. 139 ff.

〔72〕 Vgl. *Benkard/Schäfers*，§ 17 PatG Rdnr. 5；Begründung zum Gesetz vom 4. 9. 1967 Bl. f. PMZ 1967，251.

〔73〕 从第 5 年到第 19 年的费用是（单位：欧元）：90、130、180、240、290、350、470、620、760、910、1060、1230、1410、1590、1760。如果在第 3 年年费的到期缴付日，预付第 4 年和第 5 年年费的，总共仅需缴付 200 欧元。对补充保护证书，在其最长的 5 年保护期限中，应缴纳的费用为（单位：欧元）：2650、2940、3290、3650、4120。

（《专利法》第23条，参见§34Ⅰ）。

如果一项增补专利（就获得独立的增补申请，参见第3点）获得独立，其也就有了年费义务（《专利法》第17条第2款第2句第二个半句）；但是，并不需要补缴过去的年费。将来产生费用的到期日和年度费用，依之前主专利的起始日为准（上述规定第二个半句）。

2. 对起始专利年度，年费的到期缴付总是（参见第3点）定期地发生在月份的最后一天，该指定的月份对应于申请日所在的月份（《专利费用法》第3条第2款第1句）。

例如：1999年3月1日的申请，到期缴付日总是在3月31日，第一个到期缴付日在2001年。2000年2月29日的申请，到期缴付日总是在2月28日或者29日，第一个到期缴付日在2002年。

如果在到期缴付日后2个月期限届满之前，没有缴纳费用，将增加50欧元的附加费（《专利费用法》第7条第1款第2句）。

期间的计算适用《民法典》第187条第2款、第188条第2款的规定。[74]当涉及行为期间，而非到期缴付日时，也适用《民法典》第193条：当期间结束于星期六、星期日或者节假日时，期间届满于其后的工作日。

3. 如果一项增补申请转变成一项独立申请，或者由于对该增补申请而非主申请递交了一项检索请求或者审查请求（《专利法》第43条第2款第4句、第44条第3款第2句）而当作自始独立的申请，则根据《专利法》第17条第2款第3句的规定，随着独立的生效[75]，所有本已经过了到期缴付日的年费，其缴付日将一并到来，前提是在递交增补申请时已经递交了独立申请。[76]随后的年费则应定期缴付。

例如：1999年3月16日的主专利申请，1999年9月10日的增补申请；独立于2002年11月15日，第3个和第4个专利年度费用的到期支付日是2002年11月15日，随后年份总是在9月30日（从2003年起）。

在申请分案时（《专利法》第39条），情况也一样。就分离出来的分案申请，应补缴至分案之前原始申请所应缴纳的年费（《专利法》第39条第2款第1

---

[74] BPatG 10. 3. 1983 E 25, 184.

[75] 在检索请求或者审查请求的情况下，在送达官方要求后尚需要1个月届满，才可对主申请提起相应的请求。

[76] Vgl. GH 13. 5. 1971 Dipolantenne GRUR 1971, 563, 564；11. 10. 1976（FN 23）；BPatG 20. 1. 1978 E 20, 181, 182.

句）。一旦分案有效，也即受理了分案声明，即应缴付（参见§25 A Ⅸ c 4）。

4. 2 个月期限的届满，只会导致费用增加附加费，并不影响申请或者专利的存在。相反，增加了附加费的费用，能够在到期缴付日后 6 个月届满之前缴付（《专利费用法》第 7 条第 1 款第 2 句）。只有错过补缴期限，才会导致申请的失效或者专利的终止。在此，申请人或者专利权人可以利用《巴黎公约》第 5 条之二第 1 款所规定的 6 个月宽限期限。此外，依据适用至 2001 年的规定，该期限的届满并不取决于官方的通告。

与申请失效（参见§25 A Ⅶ 2）相比而言，没及时缴纳年费而导致专利终止的不具有溯及力，对到期缴付的时间点同样不具有溯及力。[77]仅当被错过的补缴期限届满时，专利效力才终止；在该时间之前，专利依旧视为有效。

主专利因为没有及时缴纳年费而终止的，增补专利随着终止，并不因之而独立。

5. 分案情况下依据《专利法》第 39 条第 2 款第 1 句应补缴的到期年费，在适用上有特别之处（参见第 3 点和§25 A Ⅸ c 4）。仅当分案声明提出后 3 个月届满之前，没有缴纳费用时，才导致《专利法》第 39 条第 3 款规定的后果。仅当没有及时缴纳分案之后到期的分案申请的年费，而且在该期限届满时分案仍然有效，才会出现权利的丧失；但由于《专利法》第 39 条第 3 款的规定，这取决于在最后提及的时间点之前，已经缴纳了分案之前已经到期的年费。

6. 就缴纳费用的不同形式，《德国专利商标局和联邦专利法院费用缴付条例》（参见§8 Ⅰ 3 d）有详细的规定。该条例也规定了，当应及时缴纳费用时，哪一天为缴纳日期以及必须位于缴纳期限之内。

通过第三人缴纳年费，类推适用《民法典》第 267 条、第 268 条的规定。[78]在既无申请人或者专利权人的异议，专利商标局又不驳回时，这种做法总是有效的。如果申请人或者专利权人提出异议，但第三人能够证明，在申请失效或者专利终止的情况下，其将面临丧失诸如取得专利权利或者源自一项排他许可的权利，专利商标局也可以不驳回第三人的年费缴纳。

缴纳年费及时性的判定由专利商标局进行（《专利法》第 20 条第 2 款）；但是，仅当因为没有及时缴纳费用而专利商标局认为专利终止时，通常会作出

---

〔77〕 BGH 16. 3. 1956 GRUR 1956，265，267 r.；然而，有州高等法院看起来同意，随着不附带附加费的费用的 2 个月期限届满以及因此错过补缴期限，终止已经具有溯及力地生效，参见 OLG Düsseldorf 31. 8. 2006 Mitt. 2007，143 以及 12. 12. 2006 GRUR RR 2007，216；ebenso *Kreuzkamp*，Mitt. 2007，144. 这一观点并不受到法律规定以及评论的支持，参见 *Hövelmann*，Mitt. 2007，540 ff.

〔78〕 *Benkard/Schäfers*，§17 PatG Rdnr. 14.

专门的裁决。专利权人可以在申诉程序以及上诉程序中请求对专利商标局的裁决进行审查。与此相反，在侵权诉讼中，对专利商标局已经确认缴纳及时的，法院不能以延误的缴纳加以对待；对专利商标局已经确认缴纳延误的，法院不能以及时的缴纳加以对待。[79]

7. 年费最早能够于到期缴付日前一年[80]缴纳（《专利费用法》第5条第2款）；只要在到期缴付日之前出现不再可能缴付的情形的，预缴的年费应予退回（《专利费用法》第10条第1款；预付第4年、第5年年费属于例外：第10条第1款第2句）。相反，已经到缴付日的年费，法律没有规定退回，即使申请或者专利溯及既往地被撤销。当有争议的宣告或者决定由专利商标局作出或更确切地说生效时，或者法定期限（尤其审查请求及其费用）届满时，缴费的缴付日尚未到期的，申请的撤回、失效和驳回，申请转换为增补申请，[81]专利的放弃、撤销或者无效宣告，总是会导致预交费用的退回。

依据联邦专利法院先前的裁决[82]，疏忽所缴纳的年费如果是基于《民法典》第119条的错误所作出的，应可以撤回。据此，有别于通常适用的原则，也可以——现实中或许极少出现——退回一项已经到缴付日的费用。

8. 具有获得专利授权前景的申请人以及专利权人，如果由于个人或者经济境遇，无法缴付年费的，可以获得年费的诉讼费用救助（VKH）（《专利法》第130条第1款第1句和第2句，并结合《民事诉讼法》第114~116条；参见§23 IV h）。授予诉讼费用救助的，将不会出现因为没有缴付而面临的申请失效或者专利终止（《专利法》第130条第2款）。在缴费期限届满之前提起诉讼费用救助申请的，直至就该申请作出的决定送达之后的1个月期限届满时，缴费期限中止（《专利法》第134条）。

9. 错过了年费的及时缴纳而具有不可归责事由的，当事人可以根据《专利法》第123条的规定要求恢复原状（参见§23 IV e）。[83]这也适用于缴纳不含附加费费用的2个月期限，因为不缴纳将导致费用增加的不利。如果恢复原状使得一项终止的专利或者失效的申请恢复效力，善意第三人在满足法定要件

---

〔79〕 *Benkard/Schäfers*，§20 PatG Rdnr. 13.

〔80〕 例外：第5年的年费，参见脚注73。

〔81〕 Hierzu BGH 13. 5. 1971（FN 76）.

〔82〕 29. 11. 1961 E 1, 25；10. 5. 1962 E 2, 17, 19；3. 12. 1970 Bl. f. PMZ 1972, 262；在上述所有案件中，一项有效申诉在结果上都被拒绝。

〔83〕 若专利已经转让，但新权利人尚未载入登记簿，依据联邦专利法院的判决（BPatG 12. 1. 2006 Triazolverbindungen Bl. f. PMZ 2006, 244），至少只要没在专利商标局提起变更请求，则只有已经登记的前权利人是欠款人，因此仅能以属于他的理由去证明恢复原状的合理性。

下享有继续实施的权利（《专利法》第 123 条第 5 款、第 6 款，详见 § 34 Ⅲ）。

10. 对需要缴纳逐年攀升的费用以维持专利申请以及专利的效力，文献提出了不同的批评。[84]有文献指出，与版权人和其他产权人相比，年费的存在构成了对发明人的歧视。年费缺乏一个对价（Gegenleistung），实际上是一个特别税收。公众必须承担审查和授权程序的成本，因为这些开支仅关涉公众利益，从发明人角度看并非是必要的。同样没有任何理由来促使，当发明保护对专利权人不复存在时，尽可能快地解禁这些发明；因为这些发明之上的专利实际上不意味着任何障碍。批评认为，年费是特权时代的遗物，[85]是专利权制度中的异质，不仅与《基本法》第 3 条第 1 款的平等原则相冲突，而且构成了没有经过公共利益证明的财产权界限，并成为与福利国家原则相悖的不平等的社会弊端。[86]

尽管从类别上都处于共同的上位概念"知识产权"之下，但发明人和版权人的智力成果之间仍产生了基本的差异，这些差异解释了不同权利保护的设置，[87]对此已经陈述过了（参见本节 A Ⅱ a 4~8）。这也说明了，从权利安全性（Rechtssicherheit）的理由看，缺乏形式手续，发明保护也行不通，官方对可保护性的事先审查是适宜的。权利安全性首先有利于发明人，因为它有助于限制发明应用的投资风险，协助筹备此类投资，并因此提高发明人真正获得回报的希望。当然专利制度也以不同的方式服务于公众。不过，在专利保护之下所产生的、依据发明的产品和成果的成本，首先由发明人支付。因此，专利制度估计，在这一保护之下，如果市场接受了发明的话，获得和维持专利的成本也能够被回收。

因为授权程序和审查在不同阶段要求特别的费用，乍看起来似乎年费没有任何相对应的对价。然而依据经验，程序和审查费用肯定无法覆盖专利制度的总成本。因此年费构成了这一总成本的贡献费用（Beitrag）。年费的对价就在于，专利制度作为一个整体存在并有效运作。[88]申请人和专利权人对使其可能获得并利用专利保护的体系（Apparat）缴付年费。利用强度的一个衡量标准，

---

〔84〕　Vgl. *Harraeus*, Gedanken zur Problematik der Patentjahresgebühren, GRUR 1962, 549 – 552; *Schickedanz*, Jahresgebühren für Patente – wozu eigentlich?, GRUR 1981, 313 – 323; *Krabel*（FN 25）14; *Hafner*（FN 25）98; *Heinz*（FN 25）.

〔85〕　In diesem Sinne *Harraeus*（FN 84）551.

〔86〕　So *Schickedanz*（FN 84）318 ff.

〔87〕　So ausdrücklich für die Jahresgebühren BPatG 17. 12. 1981 E 24, 154, 157.

〔88〕　BPatG 17. 12. 1981（FN 87）.

就是维持保护的期限。[89] 对此，考虑到个体利用者的贡献费用，年费也受到利用规模（Ausmaβ der Nutzung）的影响。不具备维持费用的专利制度，无法提供这种可能性。当然也存在一个恰当的方案，即仅以劳动支出（Arbeitsaufwand）去校正当局所要求的个体利用者的费用成本（Kostenbeitrag），即便此时更难确定能够回收成本的费用。但无论如何，就某项发明，在产生的劳动支出之外，考虑其在多大程度上利用了保护制度的好处，这并不与事实相悖（sachwidrig）。在此并不存在对发明经济价值[90]的直接"倒置"（Durchgriff）。仅当申请人或者专利权人对此的看法影响到是否继续缴纳费用时，才与年费具有联系。因此，申请人或者专利权人经常提前解除对其认为无利可图的发明的控制，这是一项符合公众利益的副效应。专利权人不再期待充分收益的情况，并不排除借助专利遏制其他人的自我发展，或者甚至第三人可能从利用该主题中获益。

针对独立发明人和小企业所主张的社会利益（Belange）方面的考虑，则提供机会，通过诉讼费用救助对经济上有困难的申请人或者专利权人，暂时或者永久地免除年费（参见第8点）。

因此，综上所述，根据联邦专利法院一份详具理由的裁判[91]所明确的，专利年费的设置并不违反《基本法》。

就此，联邦专利法院认为年费的数额并没有妨碍或者禁止的效果，并否认1976年的《专利费用法》所设立的收费标准具有这样的效果。《专利费用法》所规定的数额意味着平均大约15%[92]的数量级增长，这远远低于过去25年一般物价和收入水平的增长。虽然如此，应注意到在许多个案中，首先并非费用的数额妨碍了大量的独立发明人和较小企业去申请在经济上完全可预见的、有专利价值的发明，或者迫使申请人或专利权人提前放弃它们。[93]诉讼费用救助无法排除这样的效果，因为其无法顾及以大量资金取得和维持一项专利的实施，不仅由于缺乏经济方面的效率，而且因为优先评估的创业者可能与决定相冲突。这也适用于类似的情况，即有些发明人和较小企业作出了众多有专利价值的发明并因之必须面临显著增加的费用负担。

如果这些理由表明，下调年费对已经适用的专利制度的利益值得推荐，则在必要情况下必须考虑到，费用不再完全覆盖住专利制度的成本。只要结论是不

---

〔89〕 Vgl. BPatG 26. 7. 1972 E 14，93，106 f.；17. 12. 1981（FN 87）.

〔90〕 S. *Schickedanz*（FN 84）317.

〔91〕 17. 12. 1981（FN 87）.

〔92〕 仅有第3年和第4年年费的增长不符合比例，然而其绝对数额仍一如既往是最低的。

〔93〕 Vgl. *Hubmann*（FN 29）211.

再需要用年费去覆盖专利制度总体开销，那么年费也应当下调。如果将年费制度作为专利商标局在一般国家财政中赚取变动的利润作为目标，则是不允许的。[94]

最后要问的还有，在一个尚无完整保护的期间中提高年费是否合理；[95]但是这种观点更多的是针对申请公开而出现的禁止权，而不是反对年费的设置。

d）实用新型保护期结束和未缴付维持费

1. 依据《实用新型法》第 23 条第 1 款，一项已经登记的实用新型的保护期始于申请日，终于 10 年后申请日所在的月份届满之时。该规定并非针对随着登记而开始（《实用新型法》第 11 条）的保护效力的期间，而是针对有效期。

限制保护时间的合理性理由，与专利一样（参见本节 A Ⅱ a 4 ff）。实用新型的最长保护期比专利要短的理由仅在于，实用新型保护以较为次要的发明成果为前提。将通过实用新型登记可获得的保护，早终结于专利授予所获得的保护，人们并不认为这是一种恣意任为的做法。在实用新型登记之前没有对实质保护要件进行完整的审查，尤其不起到合理性说明的作用。如果没满足这些要件，登记总归是没有保护效力的。但是，假如同样要求具有一个达到专利水平的创造成果，则不应接受为何由于在登记前尚未确认其存在，就应提前结束其保护。同样，在实用新型情况下更便宜的费用设置（参见第 2 点）也无法合理说明保护期的折半，因为这与较低的审查开支有关。对与新颖性和创造性步骤相关的现有技术在书面说明和国内使用上的限制，尽管依当前法律情况支持一个缩短的保护期限；但它并不能成为决定性的理由，因为在没有这种限制下产生的新颖性缺陷，仅可以通过拒绝而不能通过缩短保护期限来处理，然而一个不值得专利保护的创造性成果无论如何能够满足缩短的保护期限所要求的底线（参见 § 18 Ⅰ b 3）。

2. 通过缴纳 40 欧元的申请费（电子申请缴纳 30 欧元），申请人确保了申请和因此登记的实用新型存在 3 年。通过缴纳维持费，申请人可以将保护期限首先延长 3 年，然后还可以延长两次 2 年（《实用新型法》第 23 条第 2 款）[96]。每一次费用应在申请日所在的、对应于指定的月份的最后一天到期缴付（《专利费用法》第 3 条第 2 款第 1 句）。只允许在到期日前 1 年预付（《专利费用法》第 5 条第 2 款）。如果实用新型在保护期第一阶段或者随后阶段结束后才

---

〔94〕　Vgl. *Kort*, GRUR 2000, 131 f.

〔95〕　当然联邦专利法院（BPatG 26. 7. 1972（FN 89））在引述受约束的临时保护以及授权请求和优先权的维持时，对此给了肯定的答复。但是，根据现行法律，当已经公开的申请被撤回或者终止时，在此强调的妨碍保护的效力依然存在。

〔96〕　年费分别是 210 欧元，然后 350 欧元，最后 530 欧元。

获得登记，则对已经开始的阶段的维持费，应在登记公布所在月份的最后一天缴付（《专利费用法》第 3 条第 2 款第 2 句）。就此——与《专利法》不同——并不要求，对待决申请缴付维持费。

对缴付期限以及补缴时的附加费，适用与专利年费一样的规则（参见本节 A Ⅱ c 2、4）。没有及时缴费的，实用新型终止（《实用新型法》第 23 条第 3 款第 2 项）。

设置实用新型维持费的合理性，基于与专利年费一样的考量（参见本节 A Ⅱ c 10）。总而言之，若将专利审查费用也包括进来，从申请之后至 10 年届满，实用新型维持费用明显低于专利维持费，这与不同的审查开支相对应。

Ⅲ. 其他没有溯及力的专利效力消灭

a）没有指定发明人

在非常罕见的情况下，即依据《专利法》第 37 条第 2 款第 3 句指明发明人的期限被延至作出授予专利决定，则不符合就此确定的最后期限，不再能够导致申请的撤销。与此相反，期限届满前 6 个月，专利商标局应当通知专利权人，若通知送达后 6 个月内未能作出前述说明（参见 §24 A Ⅷ 1），专利将失效（《专利法》第 37 条第 2 款第 4 句）。如果该期限被错过，则专利失效（《专利法》第 20 条第 1 款第 2 句）。声明的及时与否，由专利商标局独自裁决（《专利法》第 20 条第 2 款，参见本节 A Ⅱ c 6）。

b）授予一项时间起点和主题相同的欧洲专利

如果德国专利商标局授予的专利[97]的主题是一项发明，且对该发明已经向同一个发明人或者其权利继受人授予具有同样优先权的欧洲专利并对联邦德国生效，依据《国际专利条约法》第 Ⅱ 章第 8 条的规定（参见《欧洲专利公约》第 139 条第 3 款），当由于异议期届满无异议提起或者异议程序的结果维持了权利效力[98]，从而能够确定欧洲专利不再能够撤销时，该德国专利不再具有效力。当一项欧洲专利基于上述原因不再受到异议时，才授予一项德国专利的，则该德国专利从其授权之时起，在与欧洲专利重叠的范围之内不具有效力。当欧洲专利后来终止或者被宣告无效，在此范围内，德国专利也不再（重新）有效。

---

〔97〕 该规则并不适用于实用新型，参见 *Nieder*，Mitt. 1987，205 ff。

〔98〕 专利是否以及在多大程度上由于这个理由而已经丧失效力，只能在侵权诉讼中审查，参见 BGH 22. 2. 1994 Sulfonsäurechlorid GRUR Int. 1994，751；OLG Düsseldorf 19. 12. 2002 Cholesterin – Test InstGE 3，8（Rdnr. 15 ff.）；*Nieder*（FN 97）；*Mes*，GRUR 2001，979。——专利权人能够避免德国专利的失效，只要在欧洲专利授权信息公布之前，撤回在欧洲申请中的德国指定；参见 LG Düsseldorf 20. 1. 2005 Sicherheitsmesser InstGE 5，87。

就成员国的时间起点和主题相同的国内专利,《关于〈共同体专利条例〉的建议》第 54 条第 1 款和第 2 款以同样的方式，承认了这一规则。

B. 有追溯力的废除

参考文献：*Bender*, A., Eingeschränkte Schutzansprüche und die entsprechende Anwendung von zivilprozessualen Grundsätzen im Gebrauchsmusterlöschungsverfahren, GRUR 1997, 785 – 790; *Dihm*, P., Die Klarstellung von Patentansprüchen im Nichtigkeitsverfahren, GRUR 1995, 295 – 302; Fitzner, *U. /Waldhoff*, C., Das patentrechtliche Einspruchsverfahren – Eine Analyse aus öffentlich – rechtlicher Sicht, Mitt. 2000, 446 – 454; *Flad*, L., Änderungen des Patents im Einspruchs –, Einspruchsbeschwerde –, Nichtigkeits – und Beschränkungsverfahren, GRUR 1995, 178 – 181; *Goebel*, F. P., Gebrauchsmuster – Beschränkte Schutzansprüche und Kostenrisiko im Löschungsverfahren, GRUR 1999, 833 – 838; *ders.*, Schutzansprüche und Ursprungsoffenbarung – Der Gegenstand des Gebrauchsmusters im Löschungsverfahren, GRUR 2000, 477 – 484; *Haugg*, C., Die Entwicklung des Einspruchsverfahrens im deutschen und europäischen Patentrecht, 2000; *Hellwig*, T., Zur Änderung der Schutzansprüche eingetragener Gebrauchsmuster, Mitt. 2001, 102 – 109; *Jestaedt*, B., Patentschutz und öffentliches Interesse, FS Traub, 1994, S. 141 – 152; *Keukenschrijver*, A., Patentnichtigkeitsverfahren, 3. Aufl. 2008; *ders.*, Änderungen der Patentansprüche erteilter Patente im Verfahren vor dem Bundespatentgericht und vor dem Bundesgerichtshof, GRUR 2001, 571 – 577; *Osenberg*, R., Das Gebrauchsmuster – Löschungsverfahren in der Amtspraxis, GRUR 1999, 838 – 842; Pitz, J., Das Verhältnis von Einspruchs – und Nichtigkeitsverfahren nach deutschem und europäischem Patentrecht, 1994; *Sedemund – Treiber*, A., Einspruchsbeschwerdeverfahren – quo vadis? GRUR Int. 1996, 390 – 399; *Strehlke*, I. K., Der BGHBeschluß „Polymermasse" (Teil I): Die Prüfungskompetenz des Bundespatentgerichts im Einspruchsverfahren, Mitt. 1999, 416 – 422; *Walter*, H. P., Die objektive Rechtskraft des Urteils im Patentnichtig keitsprozeß, GRUR 2001, 1032 – 1035.

I. 概　览

1. 在专利授权公告和因此启动法定效力之后 (《专利法晕》第 58 条第 1 款第 3 句)，如果专利因异议或者权利人的请求而被撤销或者限缩的，专利将——全部或者部分——溯及既往地被废除；当一项专利因相应的诉讼争议而被宣告无效时，也出现同样的结果。只要证实，基于实体法的理由，一项专利 (依其授权版本) 从一开始就不应该授权或者是非法侵占的，则出现异议和无效宣告而撤销。基于权利人的请求将无条件地发生撤销的结果，如果审查表明，当事人致力的修改确实是一项限缩而不是扩大的，则限缩成立。

只要专利的效力溯及既往地消灭，专利申请的效力也视为自始不存在。对已经申请和获得专利的发明的实施，在专利授权之后不视为专利侵权，在公开后到授权期间，也不构成《专利法》第33条的补偿请求权的基础。但是，根据《专利法》第3条第2款，申请公开的内容仍然具有破坏新颖性的效力。而且也不退还已经到期缴付的费用。

2. 异议仅能在专利授权公告之后3个月内提起，无效诉讼的提起则无期限的限制，但只能在异议期届满和可能的异议终结之后。由于存在无效诉讼的可能性，因此如果当事人在提起异议、缴纳异议费用、反对维持专利而递交相应申诉和缴纳申诉费用上错过期限的，不得恢复原状（《专利法》第123条第1款第2句第1项和第2项）。

专利无溯及力终止的，如果异议人或者起诉人就此具有利益，并不排除通过异议或者无效诉讼，寻求有溯及力的废止（Beseitigung）。此外，只有当被侵权人可以自己主张非法侵占的情况下，异议和无效诉讼的权限才受限于某些特别要件。任何人基于其他撤销和无效理由，都可以对专利进行质疑。由于内容不合法的专利所侵害的人的范围难以可靠地限定出来，[99]法律并不要求，异议人或者起诉人证明或者仅声明某一自身的利益。然而，实际上在通常情况下它都注意到这样的利益；偶尔可能会牵涉到第三人的利益，且该第三人基于特殊的理由并不能或者不愿意进行异议或者起诉。然而，即使在这些情况下，个体的利益也受到关注。当然，废除非法获得授权的专利（只要不是仅仅缺少所有人的实体权限），同样符合公众利益。但是，提出有关错误，完全是个人掌控之事。当然，在出现可能的异议撤回时，异议程序也会进行下去；相反，无效诉讼的起诉方可以随时通过撤回请求而终止对专利的复审。因此，概言之，异议和无效诉讼首先有益于如下个体，即其感觉受到专利某种形式的约束，或者至少估算面临这种约束的威胁。然而，通过使个体取得的有溯及力的专利废除或者限制，积极或消极地作用于所有人（erga omnes），公众利益也被考虑到了。就此而言，公众利用了个体利益。由此将阻碍它自身争取实施发明的自由，并妨碍其在与第三人的关系中根据排他权的继续存在而获利。[100]当然在无效程序中，这样的结果也会出现，即起诉人撤回请求，而被诉的专利权人准许其实施发明。此时，受到专利制约的第三人获得的启示是通过自己的无效诉讼来推翻专利。

---

〔99〕 Vgl. BGH 16. 11. 1962 Weidepumpe GRUR 1963，279，281.

〔100〕 Vgl. *Ströbele*, Die Bindung der ordentlichen Gerichte an Entscheidungen der Patentbehörden, 1975，S. 53.

一项实质不合法的专利，仅当其干扰个体的程度足以致使这些个体提起异议或者无效诉讼时，公众利益才会对其产生反应。如果专利业已授予，则公共利益将局限在那些至少迫切感受到（而非单纯理论上可能的）交易和竞争自由损失的具体个体的反抗上。只要没有人意欲利用受到该专利非法限制自由的，事情就这么结束了。

3. 实用新型的登记，可以通过注销（Löschung）而废除。注销的请求没有期限限制，只要能证明：实用新型的主题不符合实质保护要件，已经受到在先专利或者实用新型申请保护，或者超出了原始递交文本的申请内容，抑或登记的内容是从第三人处非法获得的。在最后的一种情形中，仅有被侵权人而非任何人有权提起请求。与撤销或者无效宣告不同（参见第 1 点），只要任何人有权请求注销并且存在注销理由的，注销仅起到宣示的效果，因为在这些情况下登记自始不确立任何实用新型保护（《实用新型法》第 13 条第 1 款）。在与被侵权人有关的非法侵占情形，情况也一样（《实用新型法》第 13 条第 2 款）。对第三人而言，基于这一理由而发生的注销将导致有溯及力的废除；在无事实依据而注销的情况下，通常结果也一样[101]。

在程序设置上，注销程序接近于异议程序，例如初审都在专利商标局进行[102]；其与无效程序相比，有共同之处，如注销请求没有期限限制，且其撤回将结束程序。与无效程序一样且更甚于异议程序，注销程序适用民事诉讼的模式[103]；与此同样相关联的是，在针对注销实用新型引入该模式之前，由普通民事法院裁决。注销程序的一般目标设置，与异议程序和无效程序的目标设置相匹配；然而，与后两者存在差异的是，就发明而言，实际最重要的保护要件尚未受到审查。

Ⅱ. 因异议而撤销专利[104]

1. 异议仅能在专利授权于专利公报上公布之后 3 个月内提起（《专利法》第 59 条第 1 款），然而不能在这一公布之前，尤其不能在授权决定登记入册之后。[105] 在这一期限届满之前，不仅必须向德国专利商标局提交一份书面异议申请，该书面申请包含异议人的名称[106]并至少说明异议所针对的专利，而且应

---

〔101〕 *Loth*，§15 Rdnr. 51.

〔102〕 这里不考虑根据《专利法》第 61 条第 2 款由联邦专利法院作出初审裁判的可能性。

〔103〕 Vgl. *Bender*，GRUR 1997，785 ff.

〔104〕 Dazu die Richtlinien für das Einspruchsverfahren，Bl. f. PMZ 2007，49.

〔105〕 BPatG 2. 3. 2006 Veröffentlichung der Patenterteilung Bl. f. PMZ 2006，329.

〔106〕 Dazu BGH 23. 6. 1988 Geschoß GRUR 1988，809；7. 11. 1989 Meßkopf GRUR 1990，108；BPatG 24. 1. 1986 E 28，186；10. 8. 1987 E 29，246；30. 7. 1992 E 33，139.

具明一个符合法律要求的理由（参见第4点）。

根据《专利法》第61条第1款第1句，专利部是裁决异议的主管机关。然而，在《专利法》第61条第2款规定的条件下，联邦专利法院的申诉庭依据请求，进行初审的裁决（就此以及根据自2006年7月1日失效的《专利法》第147条第3款规定的联邦专利法院的管辖权，参见§23 Ⅱ c）。

2. 根据《专利法》第21条第1款，证实存在列举于法律中的撤销事由的，专利将被撤销。撤销的前提要件是，就专利（至少）提起一项合法的异议（《专利法》第59条，参见第5点）；但即使该异议（所有异议）被撤回，撤销也可能发生；此时，程序将在没有异议人的情况下依职权继续进行（《专利法》第61条第1款第2句，参见第6点）。

撤销理由有：

——专利主题的可专利性具有缺陷（《专利法》第21条第1款第1项并结合《专利法》第1~5条，参见§10~18）；

——公开不充分（《专利法》第21条第1款第2项结合《专利法》第34条第4款，参见§24 A Ⅴ）；

——非法侵占（《专利法》第21条第1款第3项，参见§20 Ⅰ a 3 和Ⅱ）；

——非法扩大（《专利法》第21条第1款第4项，参见§25 A Ⅷ）。

当专利主题超出了向递交申请主管当局原始递交的申请文本的内容时，即存在非法扩大；同样存在非法扩大的还有，当专利是基于一项分案申请（《专利法》第39条，参见§25 A Ⅸ）或者基于一项依《专利法》第7条第2款即"篡夺之优先权"（Entnahmepriorität）（参见§20 Ⅱ a 6）递交的新申请，且专利的主题超出了在先申请时向主管当局原始递交的在先申请文本的内容。下述情形并不意味着非法扩大：当在授权程序中，在对原始文本进行限缩修改后又再次采用原始文本（或者提议其他的超出限缩范围、但由原始保护文本所覆盖的文本），并且作出了相应的专利授权（参见§25 A Ⅷ d 3~6）。

不充分公开和非法扩大的情形，作为异议理由（当时尚采用"前置"异议程序），是依据从1978年1月1日生效的《欧洲专利公约》第100条而被新近引入的。同时，通过实质可专利要件的新规定，缺乏可专利性的异议理由，已经历了内容上的修改。

法定列举的撤销理由是穷尽的。[107]基于其他理由的异议无法获得支持

————————

〔107〕 Entsprechendes galt für die Einspruchsgründe des früheren Rechts, vgl. BGH 23. 2. 1972 Sortiergerät GRUR 1972, 592, 593l.

（《专利法》第 59 条第 1 款第 3 句），专利不因其他理由而被撤销。尤其仅与授权程序相关的瑕疵，不在考虑之列。[108] 在此，不充分公开和非法扩大的异议理由也不构成任何例外。尽管不充分公开也是一种申请的形式瑕疵；然而，只要可专利性的判断仅维系于公开，它也具有实质内涵。尤其在不充分公开的情况下，必须缺乏可实施性以及工业可应用性（参见 § 13 1、6 和 § 24 A V b）。同样，主题包含了非法扩大的专利被授权，尽管与程序法禁止这种扩大的要求相悖；然而这样的授权并非单纯的程序瑕疵，而是实质违法，因为它并非基于申请所限定的公开内容。

3. 因此，通过异议将提出，专利由于实体法上的瑕疵而不具备合法性。[109] 在不具有可专利性、不充分公开和非法扩大的情况下，缺乏应给予合法保护的专利内容或者作为其基础的申请内容；在非法侵占的情况下，考虑到异议人的权利，专利并不属于其真正的所有人。存在上述三种撤销理由之一的，专利（在其给定的文本中）本不应该授予。相反，在非法侵占的情况下，专利商标局则根本无权拒绝向申请人授予专利（《专利法》第 7 条第 1 款）。就此而言，因非法侵占的异议，与基于其他理由的异议，具有实质区别。

当然，法律的演进正是以这种方式逐渐明晰了这一区别。在这两种类型的异议之间，起初存在一种近亲关系。只要在经过专利商标局实质审查并认为可以授权的申请的公告之后提起异议，并且第三人只能通过公告接触申请的，则该公告构成了一项公示催告（Aufgebot），即要求在法定期限内针对该专利的授权提出反对意见（Einwendungen）。不对申请资格进行事先的实质审查，其理由在于，在没有潜在的其他争夺者参与的情况下，专利商标局将从便利角度出发，不关注该问题。而其只能根据公布进行登记。到了 1968 年，当不考虑授权程序状态而提前公开所有申请时，公布的公示催告特征就减弱了；不再一目了然地识别，非法侵占的被侵害者的干预——当其不愿意通过转让之诉时——必须一直等到申请经过了审查科的完全实质审查之后。依据现行规则，在异议期采取的行为，与公示催告充其量仅具有被疏远了的近似关系：专利授权公布不意味着对公众的公示催告，即要求公众在就此预告的决定作出之前提出理由，以对抗这一决定；毋宁是，它告知公众，一个程序终结的决定已经作

---

〔108〕　BGH 16. 11. 1962（FN 99）；23. 2. 1972（FN 107）；15. 5. 1997 Polyähylenfilamente BGHZ 135，369（Voraussetzungen dafür, daß Erzeugnis im Anspruch durch Herstellungsverfahren gekennzeichnet werden darf）；3. 2. 1998 Polymermasse GRUR 1998，901，902 l.（Vorschriften über die Verfahrenssprache）；30. 9. 2002 Sammelhefter GRUR 2003，47，48 r.；BPatG 17. 9. 1990 E 32，29（Einheitlichkeitserfordernis）.

〔109〕　BGH 2. 3. 1999 Künstliche Atmosphäre GRUR 1999，571，572 r.

出。此后的可能性，即能够指出专利并不应当——至少以当前的文本——授权并加以撤销，并没有改变已经存在一个终结了的决定。这表明，根据旧法，即使在没有异议的情况下，专利授权决定仍然必须以程序终结的决定进行公布，但是根据现行法，如果没有提起异议或者异议被驳回的，专利商标局不会作出任何决定，专利并不因之而授权，而是被维持。

专利若受异议支配或者在异议之后维持尚未生效的状态，即所谓的尚"不具有确定拘束力"（bestandskräftig）[110]，它会给人一种印象，即在此之后不再能够质疑专利的法律有效性，但是，通过无效诉讼仍有可能继续进行。在异议程序中维持了法律效力，只是降低了无效诉讼获胜的可能性，异议期届满没有提起异议的（出于费用考虑），只是降低了遭受非议的可能性，而不代表其具有胜利之前景。异议程序与无效诉讼程序的区分也不在于，在异议程序中必须再一次对专利授权的合法性（Rechtmäßigkeit）加以正面的确证，而在无效诉讼程序中查明一个错误就足以确定授权不合法（rechtswidrig）[111]。毋宁是，就两个程序而言，问题都在于，是否至少确证了一个理由，据此按照法律将废除该专利。若没有发现这样的理由，则专利将被维持或者说诉讼将被驳回。在授权程序中的审查即聚焦于，是否存在阻挠授予专利的理由。如果没有确证，不应驳回申请。当然，就查清可能的理由而言，适用不同的规则。授权程序完全由专利商标局进行调查，而在异议或者无效程序中，首先异议人和起诉人有义务陈述这些理由并提供证据，否则的话自然妨碍到了专利商标局或者法院自己的调查。

就此，异议开辟了一条不再属于授权程序的、新的、独立的程序[112]。异议程序的主题仅是作为实体权利的专利。只要提起异议是由于缺乏可专利性、没有充分公开或者由于非法扩大，异议也必然导致在第三人的共同作用之下，对已经授予的专利在实体法上是否合法进行审查[113]。相反，因非法侵占的异

---

〔110〕 So z. B. *Schulte*，§59 Rdnr. 16；BPatG 20. 6. 2002 Etikettierverfahren Mitt. 2002，417；im gleichen Sinn *Sedemund – Treiber*，GRUR Int. 1996，394 r.，397.

〔111〕 So *Sedemund – Treiber*，aaO.

〔112〕 联邦最高法院持不同的意见：授权程序仅在异议期限届满之后随着授权决定的既判力而终止，当期限届满之前有异议提起时，在作出有法律效力的异议程序决定之前，授权程序将伴随有限制的审查请求，以异议程序的形态延续，参见 BGH 22. 2. 1994 Sulfonsäurechlorid GRUR 1994，439，441 l。在"人造大气"（Künstliche Atmosphäre）案（脚注 109）之后，这种观点应属陈旧了。

〔113〕 就此而言，依据联邦最高法院的判决（BGH 2. 3. 1999（FN 109）572 r.）可以讨论所谓的"伴随有限制的审查请求而继续进行授权程序"。如果这是正确的，也适用于同样审查实体法问题的无效程序，这些问题（除了保护范围的扩大）在授权之前应已审查。决定的总体内容建议，应这样去理解联邦最高法院在"磺酸氯化物"（Sulfonsäurechlorid）案（脚注 112）中所引用的表述，即联邦最高法院认为仅在这个范围内才与其从现在起有代表性的见解相一致。

议所追求的撤销专利的理由，绝不应该是用于支持拒绝授予专利的理由。在这种情况下，异议成为具有特定性质的应急措施，即把专利权人的实质申请资格问题，首次通过专利商标局（或者其职权是进行初审裁决的联邦专利法院）而加以审查。

这很容易想到这样的问题，是否非法侵占之异议不应该被另外一种应急措施所取代：该措施尽管同样允许，在没有《专利法》第8条规定的转让之诉所必需的费用开支的情况下，去审查实质的申请资格，但其设计较之异议程序更适合于这一目的（参见§20 Ⅱ c 1）。

在各种情况下异议都针对专利权人在实体法上的地位，而不是针对授权决定。因此并非是法律救济手段（*kein Rechtsmittel*）[114]。下述情形亦同：当正如通常所预料到的，并非专利商标局独自（以扩大的组成）裁判，而是根据《专利法》第61条第2款由联邦专利法院依其职权进行一审裁判，由此作为行政程序而设计的异议程序成为一个司法程序（参见§23 Ⅱ c）。

4. 异议的前提是，专利授权已经公布；因此，就保密专利提起异议的，只能是在保密命令被废除且保密专利已经公布之后。[115]异议应依据《专利法》第59条第1款第2句、第3句的规定，采取书面形式并陈述理由。在理由中必须说明，异议受到哪些或者哪个法定撤销理由的支持。[116]

> 当一项专利包含了多个并列独立权利要求，且可专利性瑕疵仅涉及其中一个权利要求时，也可以对该项专利提起异议；此时不需要针对所有并列权利要求，说明撤销理由。[117]

异议人应当具体详细地说明异议合法正当的事实依据（《专利法》第59条第1款第2~4句）。[118]理由必须有事实支持（substantiiert）。[118]泛泛而论者，诸如发明不新颖或者显而易见的，不符合这一要求。引证出版物以阻碍保护，

---

〔114〕 Vgl. BGH 9. 2. 1993 Fotovoltaisches Halbleiterelement GRUR 1993, 466, 467 r. ——这并不是法律救济手段，尤其清楚地表现在依申请人申诉，受质疑的专利由联邦专利法院授权。有可能 ——依据申诉程序和《专利法》第61条第2款有关初审的一般规则——出现申诉庭发现由其授权的专利应予撤销的情况。

〔115〕 BPatG 24. 5. 1988 E 30, 17.

〔116〕 BPatG 12. 5. u. 24. 6. 1986 E 28, 103, 112；16. 2. 1987 E 29, 28.

〔117〕 BGH 13. 3. 2003 Automatisches Fahrzeuggetriebe GRUR 2003, 695.

〔118〕 Näheres zu den Anforderungen an die Einspruchsbegründung in den Einspruchsrichtlinien (FN 104) Nr. 3. 10；vgl. ferner BGH 23. 2. 1972 (FN 107)；BPatG 28. 2. 1968 E 10, 21, 25 f.；13. 1. 1975 GRUR 1976, 90；5. 3. 1975 E 17, 233；8. 12. 1980 E 23, 144, 145；11. 1. 1982 GRUR 1982, 550；19. 4. 1982 Bl. f. PMZ 1983, 369, 370 r.；19. 1. 1983 E 25, 108；3. 4. 2006 Bl. f. PMZ 2006, 415；weitere Beispiele aus der neueren Rechtsprechung des BPatG bei *Winterfeldt/Engels*, GRUR 2007, 449, 458–460.

同样不符合要求；异议理由必须同时说明，是否以及何时公众已经可以获得这些印刷品，[119]并使得可以辨认出版物和专利主题的技术联系；准确地指明每一份出版物的相应位置。异议人必须说明，为何依据其观点，出版物先于发明或者——若有可能与其他材料一起——启示该发明。异议人必须对用以判断其主张之异议理由的决定性情况进行完整的说明，使得专利权人尤其专利商标局能够据此就是否存在异议理由作出确定的结论。[120]如果对比文献是后来公布的，必须通过事实证明，该对比文献属于现有技术；被主张的一项优先权的合法性受到质疑，且对比文献是否属于现有技术取决于该优先权的，适用相应的规则。[121]主张在先使用的，应具体说明，它在哪个实际的过程被注意到以及它已经在多大程度上成为公众认知。[122]但是，如果所主张的在先使用没有说明其起始和持续时间，异议并不因之而被禁止；只要在先使用在专利申请日或者优先权日之前已经存在，即可主张。[123]在组合发明的情况下，异议理由不应在组合特征（Einzelmerkmalen）的讨论中即告耗尽。[124]

专利方法的产品已经为公众所知，这一主张并不足以成为反对方法专利的异议理由。[125]任何人以专利主题不以创造性行为为基础，要求撤销专利的，必须通过对现有技术的具体说明，对此加以证明。[126]一项异议如果仅针对受保护的发明的部分，而不是整个专利中的技术原理，同样不被允许。[127]主张不充分公开的异议的，必须包含详细的说明，为何专业人员无法实施被授予专利的技术原理。[128]

因非法侵占之异议，在陈述理由时，必须具体阐述其对主张的发明之占有（Erfindungsbesitz）。当发明占有并非以书面材料，而是以具体实施的过程或者具体的设备为公众所知时，复述专利权利要求的措辞并不足够。[129]依据异议的

---

[119] BPatG 22. 8. 1988 E 30, 40; 24. 4. 1989 Bl. f. PMZ 1990, 25; 9. 8. 2004 Individualisierte Betriebsanleitung Bl. f. PMZ 2005, 81.

[120] BGH 26. 5. 1988 Meßdatenregistrierung Bl. f. PMZ 1988, 289, 290l.; 30. 3. 1993 Tetraploide Kamille GRUR 1993, 651, 653l. (Nr. Ⅲ 3 b); BPatG 30. 10. 1996 Bl. f. PMZ 1997, 406.

[121] BPatG 15. 5. 1995 GRUR 1995, 731.

[122] Vgl. BGH 26. 5. 1988 (FN 120); BPatG 28. 5. 1969 E 10, 218, 221 f.; 25. 9. 1979 E 22, 119, 120; 17. 3. , 19. 6. u. 9. 10. 1989 E 31, 174, 176, 180; 15. 10. 1990 Bl. f. PMZ 1991, 308.

[123] BGH 29. 4. 1997 Tabakdose GRUR 1997, 740.

[124] BPatG 11. 1. 1982 (FN 118); 19. 4. 1982 (FN 118) 371.

[125] BGH 24. 3. 1987 Streichgarn BGHZ 100, 242.

[126] BGH 13. 10. 1987 Alkyldiarylphosphin BGHZ 102, 53.

[127] BGH 10. 12. 1987 Epoxidationsverfahren GRUR 1988, 364; BPatG 10. 7. 1989 E 30, 246.

[128] BGH 30. 3. 1993 (FN 120).

[129] BPatG 23. 9. 2003 Leiterplattenbeschichtung GRUR 2004, 231.

理由陈述而得出异议人并非独自享有所谓的被侵害的发明占有的，异议人必须阐述其独自提起异议的权限到底从何而来。[130]

尽管陈述理由并不需要与异议声明捆绑在一起，但与异议声明一样，必须在异议期限届满之前，向专利商标局递交理由陈述（《专利法》第 59 条第 1 款第 5 句）。如果在这个时间点之前没有递交异议理由，或者仅提供了一份没有满足法定要求的异议理由，则异议不合法（unzulässig）。不过，就主张事实的证据，可以在异议期之后加以指定。提交的异议具有说服力，即递交事实正确而存在主张的撤销理由的，并非允许异议的前提，而仅涉及异议的根据（Begründetheit）。[131]

就异议程序，每个异议人应缴纳 200 欧元的费用。[132] 如果在异议期内没有缴纳费用的，异议视为没有提交。[133] 如果根据《专利法》第 61 条第 2 款，通过联邦专利法院申请裁决的，每个申请人应另外缴纳 300 欧元的费用。[134] 若没有在递交申请后 3 个月内缴纳该费用的，申请视为没有提交。[135] 异议程序的费用在总体上要远低于无效诉讼的费用。由此给遵守异议期限带来了非常实用的益处。第三人在专利授权之前多半有充足时间借助文献公开获得申请的信息，并且借此能够准备好看起来符合要求的异议，这减少了及时提起异议的困难。

5. 提起异议使异议人成为程序参与人；据此异议人将享有权利，尤其对其抗告的专利商标局决定，向联邦专利法院提起申诉。就异议人通过申诉启动的申诉程序，只有申诉人以及专利权人可以参与，没有提起申诉的异议人不能

---

〔130〕　BPatG 30. 4. 2003 Mehrheit von Erfindungsbesitzern E 47, 32 f.

〔131〕　So BGH 2. 6. 1977 Gleichstromfernspeisung GRUR 1978, 99, 100 l.; 18. 12. 1984 Sicherheits-vorrichtung BGHZ 93, 171; 28. 3. 1985 Bl. f. PMZ 1985, 304; BPatG 28. 2. 1968 E 10, 21; anders BPatG 13. 3. 1974 E 16, 211, 214 f.; 8. 12. 1980 E 23, 144; 12. 6. 1985 Mitt. 1985, 194; differen-zierend BPatG 11. 1. 1982 (FN 118) 551 l.; 依据联邦专利法院的判决（BPatG 19. 4. 1982 (FN 118)和 1. 2. 1985 GRUR 1985, 373, 375），提起异议必须适合于区分，当其正确性严重威胁专利的维持时。依据联邦专利法院的判决（BPatG 22. 3. 1999 GRUR 1999, 700），一项异议根据在后公开的文献主张缺乏创造性行为的，异议并不因之而不合法。

〔132〕　Nr. 313600 des Gebührenverzeichnisses zum PatKostG mit Vorbemerkung (2). Die Divergehz zwis-chen BPatG 28. 4. 2003 E 46, 260 und 24. 1. 2005 GRUR 2006, 169 einerseits und BpatG 1. 12. 2003 E 48, 13 ist damit iSd erstgenannten Beschlüsse entschieden.

〔133〕　《专利费用法》第 6 条第 1 款第 1 句并结合第 3 条第 1 款第 2 句；2006 年 6 月 21 日的法律第 3 条第 1 款的新文本澄清了关于第 6 条第 2 款意义上"申请"或者"其他行为"异议类型的疑惑；vgl. die Begründung in Bl. f. PMZ 2006, 234 (zu Nr. 1) und zum früheren Meinungsstand BPatG 10. 5. 2004 E 48, 5.

〔134〕　Nr. 400 000 des Gebührenverzeichnisses zum PatKostG mit Vorbemerkungen (1) und (2).

〔135〕　《专利费用法》第 3 条第 1 款第 1 句，第 6 条第 1 款第 2 句和第 2 款，结合第 3 条第 1 款第 2 句第 2 项。

参加。如果专利商标局的决定因某个异议人的申诉而被撤销，案件（例外情形，参见《专利法》第79条第3款）发回重审的，则之前没有提起申诉的异议人将再次参与专利商标局的程序。[136]由专利权人申诉的程序，所有异议人都参与。

如果联邦专利法院已对异议作出了初审裁决，则不能提起申诉（参见《专利法》第73条第1款）。相反，依据《专利法》第100条，法律上诉（Rechtsbeschwerde）在联邦最高法院进行。法律上诉不以联邦专利法院已经对申诉作出裁决为前提。此外则遵照《专利法》第100条及以下的规定：仅当联邦专利法院允许或者具有《专利法》第100条第3款所规定的程序缺陷，才允许提起法律上诉，而且，仅当被质疑的决定侵害了权利（参见§23 Ⅲ a），且同时依据针对专利商标局初审决定的申诉，联邦专利法院同样从事实角度进行复审时，法律上诉才能获得支持。

根据《专利法》第59条第2款，异议期限届满后，在一定条件下仍可能参与程序，即让参与者获得异议人的地位。就此应注意的是，必须在所有已提起的异议有效终结之后，才允许提起无效诉讼（《专利法》第81条第2款）。相应地，只要尚有一项——甚至可能是非法的[137]——异议待决，都有机会参与程序之中，然而，如果所有提起的异议已经因不合法而被驳回且该驳回已生效，就不再能够参与程序，例如在撤回一项合法的异议后（参见第6点），即便在申诉程序中也一样。[138]有权参与者包括能够证明针对他已经有专利侵权之诉提起的人，或者在专利权人要求其停止侵犯一项所谓的专利权后，为对抗该诉求而提请确认其并没侵犯专利权的人。在提起侵权之诉或者确认之诉后3个月内，必须书面声明参与，并按照陈述异议理由的同样要求说明理由。在参与期限内也应该缴纳200欧元的费用，否则视为未作出参与声明。[139]由于无效诉讼向参与人——暂时——关闭，在错过参与期限或者缴纳期限时，参与人可以获得恢复原状。[140]

在没有参与异议程序的情况下，任何人同样有权向专利商标局指出能够导致撤销专利的出版物（《专利法》第59条第4款、第43条第3款第3句）。这

---

〔136〕 *Benkard/Schäfers*，§59 PatG Rdnr. 52.

〔137〕 BGH 6. 7. 1993 Heizkörperkonsole BGHZ 123，119.

〔138〕 BPatG 8. 1. 1988 E 29，194；15. 11. 1988 E 30，109；有观点指出，在初审裁决作出之后可以声明参与；此后裁决应送达参与人；参与人可以在送达之后1个月内递交异议，参见 *Hövelmann*，Mitt. 2003，303 ff.

〔139〕《专利费用法》第6条第1款第1句和第2款结合第3条第1款第2句第3项，以及从2006年6月21日起生效的法律版本中的第313600号费用目录（Gebührenverzeichnisses）。

〔140〕 *Schulte*，§59 Rdnr. 245.

样的信息无须通知程序参与人。因此，有意进行异议或者参与的任何人必须清楚地说明，其并非单纯为说明出版物而来。

6. 异议程序通常在专利部进行，有决定权的专利部必须至少由三名委员组成，其中必须包括两名技术委员；若案件涉及疑难法律问题，应有一名通晓法律的成员参与（《专利法》第 27 条第 3 款）。原则上审查由依据业务分工的主管审查员进行。[141] 就异议程序，适用已经陈述过的一般原则（参见 § 23 Ⅰ、Ⅳ）。

只要联邦专利法院的申诉审议庭对一项异议进行初审裁决的，审议庭由一名担任审判长的技术成员、一名技术成员以及一名通晓法律的成员组成（《专利法》第 67 条第 1 款第 2 项（d））。就其程序，参照异议程序和联邦专利法院程序的规定（参见 § 23 Ⅱ d）。

由于授权程序已经结束，只有当至少存在一项合法的异议或者参与，才可能对主张的撤销理由进行实质审查。[142] 合法性尤其可能受到形式瑕疵或者期限耽误[143] 的破坏。有意见分歧的是，如果提起异议与异议人相对于专利权人的互不侵犯义务（Nichtangriffspflicht）相冲突的话，该异议是否不合法。依据现行法，与已经历过异议的无效诉讼相近似，异议发生在专利授权之后，因此异议情况下的互不侵犯协议，与无效诉讼情况下具有相同的效力。[144] 但新近有更多的声音不赞同这种观点。[145] 只要其立论于异议是一种"受欢迎的法律救济"，自然与无效诉讼不会产生区别。经常被强调的"公共利益"，在异议形式下比无效诉讼形式下更能证明违反约定义务之合法性，这种观点同样难以令人信服；毋宁是，在卡特尔法层面上，总是给予公共利益必要的空间（参见 § 42）。欧洲专利局在异议程序中无视互不侵犯协议的立场，对德国法而言，无论何时都是一个重要的论据，以避免德国专利商标局以及有的情况下联邦专利法院陷

---

〔141〕 Vgl. die Einspruchsrichtlinien（FN 104）Nr. 2.

〔142〕 Anders für das alte Recht *Bernhardt*, S. 278, und wohl auch BGH 29. 4. 1969 Appreturmittel GRUR 1969, 562（563 r. unten）; 28. 11. 1978 Reduzier – Schrägwalzwerk GRUR 1979, 313（Nr. Ⅱ）.

〔143〕 Weitere Beispiele für unzulässige Einsprüche nennen die Einspruchsrichtlinien（FN 104）Nr. 3. 10. 3.

〔144〕 *Schulte*, § 59 Rdnr. 45 f.; *Vollrath*, Mitt. 1982, 43 ff. *Windisch*, FS v. Gamm, 1990, S. 477, 482 ff.; BPatG 17. 11. 1990 E 32, 54; eingehend BPatG 26. 3. 1996 E 36, 177, 182 ff.——当根据起诉应禁止异议人某一确定的事实表述时，这样的控诉当然是不合法的；判断异议表述的合法性，仅是专利部以及联邦专利法院的事务，参见 BGH 29. 10. 1981 Einspruchsverbietungsklage GRUR 1982, 161; 因此，联邦劳动法院 1979 年 7 月 26 日的裁决（NJW 1980, 608）是陈旧的；参见 BAG 23. 6. 1981 NJW 1982, 2839.

〔145〕 *Busse/Schwendy/Keukenschrijver*, § 59 PatG Rdnr. 22; *Benkard/Schäfers*, § 59 PatG Rdnr. 5 f.; *Pitz*, Mitt. 1994, 239 ff. mwN; *Winterfeldt*, FS VPP, 2005, S. 210, 213 ff. mit ausführlicher Darstellung des Meinungsstandes; BPatG 27. 5. 2004 Feuerwehr – Tableau – Einheit E 48, 203.

入复杂的事实和法律问题审查。

被质疑的专利的终止，例如因放弃或者未缴纳年费（参见本节 A Ⅰ、Ⅱ c），将使得已经提起的异议不再合法。但是，接下来仅当异议人阐明其对有溯及力的废除具有特殊的法律保护利益时，异议程序才会继续进行；否则，异议程序将视为基本终结[146]。

霍福尔曼（Hövelmann）[147]对这种做法进行了批判性的分析。其导致这样的结果：将因为法律保护利益的撤销而视异议为不合法，从而可能驳回异议。这种观点本身也许更具合理性。对这种做法的修改似乎是值得的。

同样，在存在要求的利益时，专利不再能被撤销，而仅是——在存在一项撤销理由时——确认专利自始无效[148]。如果专利在递交异议前即终止（尽管这种情况因时段很短应该很少出现），当异议人缺少特别的法律保护利益时，异议将被视为不合法[149]。就是否存在要求的利益，适用无效诉讼时针对专利终止的同样规则（参见本节 A Ⅲ 4）。

受到异议质疑的专利若根据《国际专利条约法》第Ⅱ章第8条（参见本节 A Ⅲ b），在授权之时已经丧失其部分效力的，联邦最高法院曾以德国专利的授权程序仅随着异议程序的生效结束而告终为理由，而视异议为合法，但是后来联邦最高法院又偏离了这个观点；[150]当然，作为补充，法院也肯定了异议人的法律保护利益，因为德国专利的主题超出了欧洲专利主题的范围。联邦专利法院[151]主张，当一项专利由于一项与其主题和优先权日相同的欧洲专利的有效授权而丧失效力时，基本上不存在异议人的特殊的法律保护利益。

专利权人根据《专利法》第64条提起申请的撤销，将有溯及力地终止专利。在异议程序中，不再能够宣布撤销。专利有溯及力地被废止，完全满足了异议人的利益。异议程序将基本上宣告终结，因为不仅继续进行异议所追求的

---

[146] BGH 17. 4. 1997 Vornapf GRUR 1997, 615；BPatG 8. 5. 1987 E 29, 65；22. 1. 1996 E 36, 110. 然而依据联邦专利法院的判决（BPatG 30. 10. 2007 GRUR 2008, 279），一项专利根据《国际专利条约法》第Ⅱ章第8条因一项主题和优先权日相同的欧洲专利的生效授权而失效的，并不需要异议人具有任何特别的法律保护利益。

[147] Patentverzicht und Erledigung, GRUR 2007, 283, 288 ff.

[148] BPatG 9. 7. 1987 E 29, 84.

[149] 对这样的情况——尤其由于这样的可能性，即由于对放弃或者恢复原状的申诉，专利在缴纳期限内"复活"——也认为异议并非并不合法，而视诉讼标的终结，参见 BPatG 26. 5. 1993 Bl. f. PMZ 1993, 62；ebenso mit anderer Begründung BGH 22. 2. 1994（FN 112）441；s. nachstehend bei FN 150。

[150] BGH 22. 2. 1994（FN 112）441；2. 3. 1999（FN 109）572 r.；vgl. oben 2 und § 25 A Ⅶ 1.

[151] 30. 10. 2007 GRUR 2008, 279.

目标之上的法律保护利益已经不再存续，相反它已经被完全实现了。[152]

7. 一项没有满足合法性要件的异议将被视为不合法而被驳回，此时无需对专利的维持进行实质审查和审判。对此异议人可以提起申诉。[153]依据于 2006 年 6 月 30 日失效的《专利法》第 67 条第 1 款，由三名通晓法律的成员所组成的联邦专利法院申诉庭对此进行裁决。对这一在很长时间内没有争议的做法，新近联邦专利法院的一些审议庭和文献已经提出了质疑。[154]通过 2006 年 6 月 21 日的法律，《专利法》第 67 条第 1 款第 2 项（b）规定，在异议被认为不合法而驳回的案件中，由一名担任审判长的技术成员、一名技术成员和一名通晓法律的成员组成合议庭进行裁决，也即尤其如同针对驳回申请的申诉或者针对异议程序的实体裁决一样，审议庭采取同样的组成。就此一方面明确应驳回不合法的异议，尽管《专利法》第 6 条第 1 款第 1 句看起来仅授权维持或者撤销专利，但另外一方面与惯常做法相反，异议程序分派给了技术申诉庭而不是法律申诉庭。

对一项合法的异议，应审查是否陈述了主张符合条例、尤其及时递交的、有充足实质理由支撑（参见第 4 点）的撤销理由。此外，正如联邦最高法院所裁决的，在初审中允许考虑异议人未曾主张过的或者没有在异议期内主张过的撤销理由[155]。然而，这不意味着有权利替换或者增加撤销理由并加以审查[156]。

依据联邦专利法院[157]的观点，当异议仅仅以非法侵占为由提起时，也是允许考虑那些没有主张的撤销理由的。在该案中，这与异议的意义和目的相违背。通过参与——毕竟无法随心所欲地参与（参见第 5 点）——可以就异议程序的主题提出其他的撤销理由，并不能证明不加限制地考虑这些理由是合理的，而是确认了对取得专利权利的保护，总体而言异议程序是不太合适的制度（参见 § 20 Ⅱ c）。在缺乏请求的情况下考虑其他撤销理由，其合法性也为下述情况所驳斥：当参与人或者其他异议人已经主张了其他的撤销理由并因此导

---

〔152〕 当因非法侵占提起异议时，适用同样的规则。依据《专利法》第 7 条第 2 款，异议人具有后申请人的权利，因为在专利基于异议的"理由"而被撤销的情况下，也涉及依据第 64 条的撤销，但这种情况至少以类似于放弃的方式进行处理，其是由异议"引起"的。

〔153〕 BPatG 23. 3. 1984 E 26，143；2. 12. 2004 Messvorrichtung E 48，171.——依据联邦最高法院的判决（BGH 23. 2. 1972（FN 107）594 1），在申诉程序中异议的合法性审查也可依职权进行；当异议看起来不合法时，联邦专利法院将以该理由驳回异议；当专利商标局认定其合法性并已就案件进行裁决时同样如此；ebenso BGH 13. 3. 2003 Automatisches Fahrzeuggetriebe GRUR 2003，695（Nr. Ⅱ 1）.

〔154〕 Ausführlich dargestellt von *Hövelmann*，Der unzulässige Einspruch in der Beschwerde – Ein Zuständigkeitsstreit，Mitt. 2005，193 – 198 m. Nachw.

〔155〕 BGH 10. 1. 1995 Aluminium – Trihydroxid BGHZ 128，280，286 ff.

〔156〕 *Benkard/ Schäfers*，§ 59 PatG Rdnr. 31；*Schulte*，§ 59 Rdnr. 184.

〔157〕 17. 3. 1994 E 34，149；14. 7. 2003 Aktivkohlefilter E 47，141，144.

致专利被撤销时，以非法侵占为由的异议人因丧失在后申请权而提起了申诉。[158] 专利部和联邦专利法院（初审）应该没有权力自行阻断异议人的救济途径。只要专利的权利存续性受到其他理由的挑战，则当在审查一个在后申请时它们将发挥出作用。

在申诉审级中，根据联邦最高法院的观点，对任何在初审中没有依法主张或者没有依职权进行审查的撤销理由，应不予考虑[159]。针对联邦专利法院初审的异议裁决提起的上诉（参见第 1 点），必须适用同样的规则。当然，没有改变的是，在参与情况下——即便这在申诉审级中已经出现（参见第 5 点）——参与人能够提出新的撤销理由[160]。

联邦专利法院也认可的做法是，一个新的撤销理由，如果经讨论专利权人已经同意采纳的，至少可将该理由通过驳回的方式发回专利商标局进行考量[161]。

当专利权利人所捍卫的专利偏离了授权时的文本，尤其含有修改过的权利要求时，对修改文本在专利合法性的审查——包括在申诉审级中——将不局限于被主张的撤销理由[162]。

就那些以合法方式主张的撤销理由，专利部（申诉庭）并不受限于异议人在异议期限内提交的材料，而是可以根据依职权调查原则（《专利法》第 59 条第 4 款、第 46 条第 1 款第 1 句、第 61 条第 2 款第 3 句、第 87 条第 1 款），对某个异议人后来的表述、不合法的异议、专利权人的说明、第三人的非正式消息或者依职权启动的正式调查获得的事实进行审查[163]。及时提起异议的意义仅在于，专利部就此必须协商一致（除非已将该判断义务另行委托）[164]，在多大程度上专利部打算处理适用依职权调查原则所获得的事实并使其成为程序的对象，以致尤其异议人不享有权利去顾及迟延的陈述。[165] 只要专利部利用这

〔158〕 BGH 24. 7. 2007 Ausgussvorrichtung für Spritzgießwerkzeuge GRUR 2007, 996.

〔159〕 BGH 10. 1. 1995（FN 155）192 ff.；zustimmend *Sieckmann*, GRUR 1997, 157 f.；krit. *Sedemund – Treiber*, GRUR Int. 1996, 395 ff.；*Fitzner/Waldhoff*, Mitt. 2000, 453 f.；*Hövelmann*, GRUR 1997, 875 ff.；*Schulte*, Einl. Rdnr. 24 ff.；einschränkend BPatG 10. 1. 2001 Schnappbefestigung E 43, 276：异议人在申诉审级中无论如何不能提出新的撤销理由，只有他在专利授权之前能够对此加以主张。

〔160〕 BPatG 28. 8. 2006 Antriebsvorrichtung Bl. f. PMZ 2007, 285；vgl. auch *Strehlke*, Mitt. 1999, 418.

〔161〕 BPatG 8. 2. 1999 Schaltungsanordnung E 41, 64；krit. *Strehlke*, aaO.

〔162〕 BGH 3. 2. 1998 Polymermasse GRUR 1998, 901；ebenso BPatG 24. 4. 1996 GRUR 1997, 48；18. 11. 1996 Digitales Telefonsystem E 37, 155, 168 f.；19. 3. 1997 Bilddatenverarbeitungssystem E 38, 93；16. 6. 1997 E 38, 204；19. 10. 1999 Extrusionskopf E 42, 84；vgl. auch *Strehlke*, Mitt. 1999, 416 ff.

〔163〕 对此的批评认为考虑异议期结束后出现的材料不合法，参见 *Raible*, Mitt. 1987, 61 ff.

〔164〕 Dazu BPatG 25. 11. 1980 E 24, 1.

〔165〕 BGH 2. 6. 1977（FN 131）；对不考虑迟延陈述，专利部可以简单地从违反法定期限的角度加以解释，参见 BPatG 6. 8. 1975 E 18, 19, 20。

一机会，则所有程序参与人都有权要求合法的听审，也即参与人应当获得以合理之方式进行表达的机会。[166]

有分歧的是对下述问题的看法：是否异议的具体限定（gegenständliche Beschränkung）——例如针对某一专利权利要求——妨碍了对专利的进一步的复审。[167]

8. 对过去以合法方式提起的异议[168]的撤回，并不与对主张的撤销理由进行实质审查相冲突。撤回仅终结了异议人的程序参与，但并不妨碍——即便没有其他合法的待决异议——异议程序的继续进行（《专利法》第61条第1款第2句）。

但依据联邦专利法院的观点，依职权对被排除的异议人所主张的在先公开使用进行调查，假如对此没有概率程度较高的支撑以及少了被排除者的协助案件事实无望澄清的，则调查并不妥当。[169]

如果仅以非法侵占为由提起异议，其撤回将导致异议程序的终止，[170]因为在这种情况下，专利部和联邦专利法院无权审查所谓的被侵占的专利主题的可保护性（参见§20 Ⅱ a 5），对实质申请资格的审查只能依被侵权人的请求而进行。尤其，它必须保持从异议转向权利转让之诉的可能性。

如果某个异议人针对专利部的决定提起申诉，在撤回该异议之后，假如没有其他申诉被提起，联邦专利法院不能够再对该案件进行裁决，而仅能以申诉（已经）不合法为由驳回，以使专利部被申诉之决定正式生效，如同申诉被撤回一样[171]；相反，通过撤回异议或者申诉，并不能剥夺一

---

〔166〕 BGH und BPatG aaO. 根据《德国专利商标局条例》第17条第2款，所有文件都应附给其他参与者副本；在一些规定的案件中应正式送达，其他则可以非正式地交付，参见异议指南（FN 104）Nr. 4.3；对什么时候一个临时答复是合适的这个问题，参见异议指南 Nr. 4.6。

〔167〕 Bejahend *Schulte*，§59 Rdnr. 177；*Busse/Schwendy/Keukenschrijver*，§59 PatG Rdnr. 160 mwN；verneinend *Benkard/Schäfers*，§59 PatG Rdnr. 62 a, 62 b mwN；*Winterfeldt/Engels*，GRUR 2007, 449, 457 mwN；BPatG 25. 4. 2006 Kalibrierverfahren Bl. f. PMZ 2006, 418；wohl auch BGH 13. 3. 2003 (FN 153) (Nr. Ⅱ 3 b).

〔168〕 撤回不合法的异议将终结程序；对这种异议不再能够驳回，而只能确认其不合法或者（当其是唯一的异议时）程序的终结，参见 BPatG 4. 2. 2003 E 46, 247。

〔169〕 BPatG 27. 11. 1974 Mitt. 1978, 191, 193；25. 11. 1980 E 24, 1。

〔170〕 So die Einspruchsrichtlinien（FN 104）Nr. 4.10；vgl. auch BPatG 20. 4. 1996 Bl. f. PMZ 1996, 506. ——联邦专利法院对撤回以非法侵占为由提起的异议之后不应再审查这一撤销理由的观点，持怀疑态度，但无论如何，当异议人已经是专利权人时，这是正确的，参见 BPatG 14. 7. 2003 E 47, 141, 143 f。

〔171〕 BPatG 21. 7. 1987 E 29, 92；24. 3. 1988 E 29, 234.

项已经作出的申诉决定的效力。[172]

在异议程序中，不再能够撤回申请。[173]

9. 专利部和联邦专利法院申诉庭在异议程序中作出裁决时，不受制于审查科或者申诉庭在授权程序中支持的观点；[174]如果异议申诉或者异议的裁决，由曾经根据申请人的申诉授予专利的同一个申诉庭作出，也必须适用同样的规则。

在这种情况下，不存在《专利法》第86条第2款第1项的排除理由（参见§23 Ⅱ c 2）；当然假如相应地扩大它，是有意义的。

异议程序裁决会指出——完全取决于是否产生了撤销理由的结果以及专利在多大程度上被牵连到——专利被撤销、维持或者限制性维持（《专利法》第21条第1款和第2款第1句、第61条第1款第1句）。当撤销理由并没有涉及全部的独立权利要求时，并且专利权人没有提起下述（辅助）请求时，必须作出一项限缩性维持。[175]但是，如果专利权人请求维持指定的多个权利要求，只要其中一个权利要求的主题被证明不具有可专利性的，整个专利将被撤销。[176]

只要专利没有被维持，专利将视为自始不生效；一个限缩性维持意味着专利的其他部分被撤销（《专利法》第21条第3款）。维持的形态可以是权利要求、说明书和附图的修改（《专利法》第21条第2款第2句）。专利文本（Patentschrift）应当根据限缩作出相应修改，专利文本的相应修改应当公告（《专利法》第61条第4款）。权利要求的修改经常是需要的，这经常也要求说明书（Beschreibung）的适配。在部分维持的情况下应该注意，被限缩的文本不仅应当处于专利公开内容范围之内，而且不应扩展保护范围（参见《专利法》第22条第1款）。[177]相应地，权利要求的技术特征也不能被去掉，如果它们通过申请内容的非法扩大已经加入专利之中。[178]但合乎习惯的是，通过在

---

〔172〕　Vgl. BGH 29. 4. 1969（FN 142）563 f. mit Anmerkung von *Storch*（aaO 564，zu 2）；BGH 28. 11. 1978（FN 142）；10. 12. 1987（FN 127）；BPatG 24. 3. 1988 E 29，234；*Benkard/ Schäfers*，§59 Rdnr. 45；*Schulte*，§61 Rdnr. 24.

〔173〕　BGH 2. 3. 1999（FN 109）；vgl. oben §25 A Ⅶ 1.

〔174〕　BGH 23. 2. 1972 Parkeinrichtung GRUR 1972，538，539 r.

〔175〕　BGH 27. 6. 2007 Informationsübermittlungsverfahren Ⅱ GRUR 2007，862（Nr. Ⅲ 3 a cc）.

〔176〕　BGH aaO（Nr. Ⅲ 3 a cc und dd）.

〔177〕　BGH 23. 1. 1990 Spleißkammer BGHZ 110，123；30. 10. 1990 Bodenwalze GRUR 1991，307；20. 6. 2000 Verglasungsdichtung GRUR 2001，1015；BPatG 24. 4. 1996 GRUR 1997，48.

〔178〕　BGH 5. 10. 2000 Zeittelegramm GRUR 2001，140，143；BPatG 28. 6. 1988 Flanschverbindung E 31，1；10. 1. u. 10. 4. 1990 E 31，109，157；18. 8. 1999 Fernseh gerätbetriebsparameteranzeige E 42，57；9. 11. 1990 Streuverfahren E 42，105；21. 3. 2001 Eindringalarmsystem E 44，123；20. 2. 2002 Automatische Umschaltung GRUR 2002，599.

专利说明书中清楚地提出一个附注（免责声明），说明这些技术特征并不能视为保护的基础[179]。潜在的、相对应的现有技术则通过剩下的技术特征加以确定，因此，较之于每个技术特征都构成应考虑的保护基础的情况，现有技术的范围更广。但是，保护范围局限在同样表现出这些技术特征（至少在等同修改中）的实施例上。[180]

对旧法而言，联邦最高法院曾要求，这样的技术特征在公布之后也可以删除，即便当公布的权利要求文本所确定的保护范围借此得以扩展。[181]鉴于专利保护范围不允许扩大，这一做法不能被挪用到专利授权之后的阶段，因此也不能被用到后置的异议程序之中。[182]

当一项专利权利要求受限制于在说明书中陈述的实施例的技术特征，且这些技术特征有助于实现该权利要求以及通过发明所达到的成果的，并不要求所有的技术特征都应纳入权利要求中，仅纳入其中的某个技术特征是允许的[183]。

同样允许的是，使用在授权程序中引入的但没有被申请原始公开内容所包

---

〔179〕 参见在脚注 178 中所指的联邦专利法院的裁决；联邦最高法院持开放态度，是否这样的提示是必要的，参见 BGH 5. 10. 2000（FN 178）。——根据联邦专利法院的判决（BPatG 17. 8. 2005 Semantischer Disclaimer GRUR 2006，487），卸责声明最好吸纳到权利要求中，对此大部分是被附加在注释中的。Vgl. auch *Schulte*，§ 21 Rdnr. 69 ff.；*Dellinger*，VPP Rundbrief 2005，6，9 f.——学者建议，交替地以包含扩大以及没有包含扩大去理解权利要求，而不用顾及第三人到底希望对其适用哪一个文本，参见 *Stamm*，Mitt. 2006，153，158 f.，197。

〔180〕 圣·安德鲁（Saint André）原则上支持这种方案，但认为在侵权程序中通过一个"重复保护范围审查"（doppelte Schutzbereichsprüfung）来应对这样的危险，即由于不合法的技术特征，"等同领域的边界至少被挪动了"。相应地，受质疑的实施例必须"不仅侵害了考虑不合法技术特征情况下的保护范围，而且也侵害了不考虑这一技术特征情况下的保护范围"。但这并不正确，因为对第二个判断标准而言，它基本不取决于该不合法的技术特征，而且从没有表现出该技术特征的权利要求文本中，并不能推导它的等同范围。以前似乎有可能，将保护范围限制到那些照字面本意显示技术特征的实施例上，也即包含等同是被排除的。就此可以说，该技术特征并不能放进构成保护基础的公开内容。参见 *Saint André*，Das Dilemma der einschränkenden Erweiterung nach dem deutschen, europäischen, englischen und US - amerikanischen Patentrecht，2007，S. 46 ff.，63，87 f.

〔181〕 BGH 17. 9. 1974 Regelventil GRUR 1975，310，311 f.；1. 3. 1977 Fadenvlies GRUR 1977，714，715 f. Unter Berufung hierauf für das geltende Recht BPatG（20. Senat）25. 8. 1997 Steuerbare Filterschaltung E 39，34，41 ff.；（8. Senat）9. 1. 1998 Zerkleinerungsanlage E 39，215；zustimmend *Vollrath*，Mitt. 2000，185 ff.；ähnlich schon *Schwanhäußer*，GRUR 1991，165 ff.；krit. *Rau*，GRUR 1998，671 f.；*Niedlich/Graefe*，Mitt. 1999，246 f. 第 20 审议庭在 2002 年 2 月 20 日的决定中（（脚注178）601 f.）再次摒弃了这一观点。

〔182〕 *Benkard/Schäfers*，§ 59 PatG Rdnr. 68 d – 68 g；*Benkard/Rogge*，§ 21 PatG Rdnr. 39 mwN；a. M. *Ballhaus*，GRUR 1983，1，6；*König*，FS Tilmann，2003，S. 487，502 ff.

〔183〕 BGH 3. 2. 1998（FN 162）903l.

含的权利要求技术特征，去替换在原始公开中的相应的权利要求技术特征[184]。

修改不应该导致一项另外的（aliud）发明取代了获得专利授权的发明[185]。这并不否定专利类型的改变，只要这样做不会导致专利的保护效力获得扩展。因此这样做是允许的：将一个指向产品的权利要求，限制到一个已经在原始申请文献中公开的确定的应用上[186]。在此，联邦最高法院将应用理解为方法并因此认为，专利权人对这一限制的赞同，暗示着放弃了可能情况下由该方法所直接制造的产品的保护[187]。当人们把受限制的产品理解为功能型的产品保护（zweckgebundenen Erzeugnisschutz）时，并不需要这样的假定[188]。

限缩性维持的前提是，专利权人提出了一个相应的请求，或者至少作为补充，同意了这一限缩性文本[189]。这也就排除了以前视为合法的、未经权利人同意的专利的"解释清楚的修改"（verdeutlichende Änderungen）[190]。

如果专利权人声明，仅想在限缩的范围内为专利辩护，则仅需要在这个范围内审查是否专利应予维持或者撤销；然而在程序进行中，专利权人能够放弃这一限缩，而谋求维持一个其他的文本或者授权文本[191]。异议人仅请求部分撤销的，专利商标局原则上并不受此限制[192]；然而，对以非法侵占为由而提起的异议而言，这样一个限缩意味着，只要异议人同意该限缩，则一个可能的侵占对其而言并不能被视为非法的。

如果在由扩大禁止所划定的界限内，不存在被修改过的、专利权人至少补充表达了同意的权利要求文本，则应当审查授权的文本是否为撤销理由所触

〔184〕 BPatG 13. 10. 1998 Bohrhammer E 40，233.

〔185〕 BGH 23. 1. 1990（FN 177）；BPatG 10. 3. 2005 Sektionaltorblatt Bl. f. PMZ 2006，212，218 r.

〔186〕 BGH 17. 9. 1987 Abschlußblende GRUR 1988，287；根据联邦专利法院的判决（BPatG 11. 10. 1988 Bl. f. PMZ 1989，284），当产品本身是新的，这也适用。

〔187〕 BGH 16. 1. 1990 Spreizdübel BGHZ 110，82.

〔188〕 Vgl. v. Falck，GRUR 1993，199 ff.；dazu auch oben §24 B Ⅳ.

〔189〕 联邦最高法院的判决（BGH 3. 11. 1988 Verschlußvorrichtung für Gießpfannen BGHZ 105，381）援引了《欧洲专利公约》第102条第3款；dazu unten §30 Ⅱ e dd；BGH 20. 6. 2000（FN 177）；Schulte，§59 Rdnr. 174.

〔190〕 Z. B. in BPatG 7. 6. 1984 E 27，7. 所涉及的案件中都存在权利人的同意，参见联邦专利法院判决 BPatG 14. 3. 1989 E 30，186 和 16. 7. 1997 Mitt. 2000，456。

〔191〕 Schulte，§59 Rdnr. 170 ff.；Busse/Schwendy/Keukenschrijver，§59 PatG Rdnr. 159.——就专利权人在联邦专利法院程序中提交的新文本，授予异议人合法听证的必要性和可能性，参见 Kroher，FS Kolle/Stauder，2005，S. 355 ff.；Hövelmann，Mitt. 2006，546 ff.

〔192〕 BPatG 16. 1. 1989 E 30，143，147；15. 3. 2001 Branddetektion E 44，64；Hövelmann，Mitt. 2002，49，51；其他意见如 DPA 30. 6. 1997 Bl. f. PMZ 1997，364；BPatG 19. 10. 1999 Extrusionskopf E 42，84；Schulte，§59 Rdnr. 177。

及，如果情况属实的话，则应撤销该专利。[193] 当然，联邦专利法院仅在专利权人提出相应请求时才会对授权文本进行审查；如果专利权人对专利的辩护都落入非法修改的文本中，则专利将被无条件地撤销。[194] 但是，就此——同时考虑联邦最高法院的判决[195]——一个正式请求的缺陷并不足够，而应当要求专利权人清楚地指出授权文本中有缺陷的利益。[196]

10. 根据自 2006 年 7 月 1 日起被废止的《专利法》第 60 条，专利权人可以通过专利分案（Teilung des Patents），在异议程序中将被分出的部分重新恢复到授权程序，并将其作为已经提起审查请求的申请的主题进行处理。而且，根据联邦最高法院的判决（尽管对该判决有众多文献提出批评意见，联邦最高法院当时依然坚持）[197]，原始申请的整个公开内容能够被充分利用[198]。在该解释中，专利分案的规则意味着，即便在授权程序中没有分案，在异议期限届满之前或者在可能提起的异议终结之前，第三人必须预计到，原始申请所导向的保护范围将比通过授权专利的权利要求及其解释所确定的保护范围更宽。出现这种情况的风险，能够通过提起异议来避免。由于专利权人紧急的、有保护价值的利益而承认这些结果，并不具有说服力。因此，基于权利安全性的利益，最终排除专利分案。[199]

Ⅲ. 专利无效宣告

1. 根据请求，如果发现存在无效理由，专利将被宣告溯及既往地无效。请求应以诉讼形式向联邦专利法院提起（《专利法》第 81 条）；在联邦专利法院的程序以及在联邦最高法院的上诉程序，适用已经陈述过的一般规则（参见 § 23 Ⅱ b、d，Ⅲ b 和 Ⅳ）。

---

〔193〕 *Busse/Schwendy*，§ 21 PatG Rdnr. 107；*Busse/Schwendy/Keukenschrijver*，§ 59 PatG Rdnr. 157. 科肯施利佛指出，在异议程序中建议的不合法的修改，并非撤销的理由，参见 *Keukenschrijver*，GRUR 2001，576；同样意思的如 *Strehlke*，Mitt. 1999，421。

〔194〕 BPatG 8. 8. 2005 Vollmantel – Schneckenzentrifuge GRUR 2006，46；ebenso schon *Schulte*，§ 59 Rdnr. 162.

〔195〕 S. oben bei FN 175，176.

〔196〕 这可从联邦专利法院裁决的案件中得出，即专利权人希望已经根据原《专利法》第 60 条授予专利，并希望明显地集中到由此所产生的分案申请上。

〔197〕 BGH 22. 4. 1998 Informationsträger GRUR 1999，148，150；30. 9. 2002 Sammelhefter GRUR 2003，47，49 r. /50 l. m. Nachw.

〔198〕 BGH 1. 10. 1991 Straßenkehrmaschine BGHZ 115，234；ebenso schon *Wagner*，Mitt. 1980，149，151 f.；4. Aufl. S. 430.

〔199〕 Vgl. die Begründung zum Gesetz vom 21. 6. 2006 Bl. f. PMZ 2006，230（zu Nr. 6）.

无效理由[200]是所有在《专利法》第 21 条第 1 款中列举的撤销理由（参见本节 B Ⅱ 2）以及专利保护范围的扩大（《专利法》第 22 条第 1 款）。据此应考虑到这样的可能性：出于限缩目的对一项已经授予的专利的修改，实际上却是扩大，因为由此而产生的权利要求文本在参考说明书和附图时（《专利法》第 14 条），包含了最初文本所没有覆盖到的技术原理。去除原始保护范围的某些部分，并不排除从另一个角度看构成了一项扩大。

扩大保护范围的修改，可能出现在异议程序、在先的无效诉讼程序或者根据专利权人请求而进行的限制程序中。只要修改仍处在申请原始公开内容的范围之内，这些修改不能以非法扩大为由（《专利法》第 21 条第 1 款第 4 项）加以消除。但是，由于专利授权为公众确定了赖以估算的最大保护范围，所以这些扩大保护范围的修改不应该继续维持。

根据 1968 年《专利法》第 36a 条的规定，为限制专利而依专利权利人请求确定下来的权利要求的修改，如果包含了一项扩大，根据 1968 年《专利法》第 13a 条的规定，这一情形已经属于无效宣告的范围。共同体专利法效仿《欧洲专利公约》第 138 条第 1 款（d）和《共同体专利条约》第 57 条第 1 款（d），引入的"限制性扩大"（Beschränkungserweiterung）异议理由的一般化（Verallgemeinerung），是以异议程序的后置为条件的，但同样包括了无效程序中扩大的情况。

在专利授权或者在处理（就该授权而提起的）异议时的诉讼程序错误，并不能支持无效诉讼。[201]保护范围的扩大并非（单纯的）诉讼程序错误，而是意味着由此发展起来的专利文本缺乏有效授权的基础。在异议程序、无效诉讼程序或者限制程序中的决定并不能代替授权，因为这些决定仅涉及专利应该在多大的范围内继续存在的问题，而无法为之前不受保护的主题提供保护的理由。相反，在无效诉讼程序中并不能主张，专利的某一权利要求并不存在法律保护的必要，例如由于它并没有授予另一个专利权利要求所确立的保护。[202]

无效诉讼不能以这样的理由而受到支持，即专利——例如通过对现有技术

---

〔200〕 由于无效宣告的权利形成的效力，似乎更确切的表述应为无效宣告理由或者消灭理由（Vernichtungsgründen）；vgl. *Liedel*, Das deutsche Patentnichtigkeitsverfahren, 1979, S. 20.

〔201〕 Vgl. BGH 15. 4. 1955 Spülbecken GRUR 1955, 476, 477 r. （Uneinheitlichkeit des Patentgegenstands）; 6. 10. 1959 Schiffslukenverschluß GRUR Int. 1960, 506, 507 r. （unzulässige Wiedereinsetzung）; 31. 1. 1967 Bleiphosphit GRUR 1967, 543, 546 r.; BPatG 8. 6. 1983 Bl. f. PMZ 1984, 380 （unentdeckt gebliebener Verfall der Anmeldung wegen verspäteter Zahlung eines Jahresgebühren – Zuschlags; das Patent kann in diesem Fall auch nicht wegen „unzulässiger Erweiterung" vernichtet werden）.

〔202〕 BGH 30. 1. 2007 rückspülbare Filterkerze GRUR 2007, 578 （Nr. 39）.

的错误说明——是"骗取的"（erschlichen）。通常在这些情况下，都涉及某个法定的无效理由。但是，由于《专利法》第21条、第22条所包含的规定的排他特征，并不存在一个独立的"骗取专利"（Patenterschleichung）的无效理由。[203]

2. 与专利的程序一样，由德国专利商标局所授予的补充保护证书也能够宣告无效（《专利法》第81条第1款第1句）。对此相关的欧盟条例已经明确了其依据。这些条例主要针对这种证书的特殊保护要件，但在涉及证书保护的产品时，也规定了基础专利的无效宣告，以及这样的情形，即在基础专利终止之后，仍存在理由以证明这样的无效宣告是合法的（参见本节 A Ⅱ b 7）。就此并不需要两个程序依次进行，针对增补保护证书提起的无效诉讼可以和针对其基础专利提起的无效诉讼合并起来，并可以主张针对基础专利的无效理由（《专利法》第81条第1款第3句）。

3. 根据其法律性质（Rechtnatur），无效诉讼程序经常被认为是特别设计的行政诉讼程序（Verwaltungsstreitverfahren），在这一程序中应裁决，授予专利的行政行为是否是合法作出的。[204]当然，在此它并非是用以对抗专利授权的法律手段[205]，而毋宁是对专利授权法律效力的破坏。[206]较之于行政法院的诉讼程序，无效诉讼程序一个突出的特点在于，它处理的是地位平等的个体当事人之间的争端，没有任何实施行政行为的政府部门的参与。尽管当事人争端的形式是采取无效诉讼，追求修正非法授予的专利，以及开放不可专利化之知识的这样的公共利益。

解释为个体利益以及私法上的要素受到了重视，或许是合适的。[207]事实上，借助无效诉讼，最基本的个体利益被关注到了（参见本节 B Ⅰ 2）。[208]借此而间接实现的对公共利益的保护，（尽管并非在法律上但在事实上）取决于至少有一个个体感受到了明显的侵害或者威胁。

从内容上看，无效诉讼首先意味着，起诉者希望剥夺专利权人由授权行为所产生的作为私权的专利。如果对该私权的产生，授权仅是必要而非充分条

---

〔203〕 Vgl. *Benkard/Rogge*，§ 22 PatG Rdnr. 29.

〔204〕 BGH 8. 7. 1955 BGHZ 18，81，92；ebenso *Bernhardt*，S. 217；*Liedel*（FN 200）S. 16，21；anders *Preu*，GRUR 1974，623，624 f.

〔205〕 *Bernhardt*，aaO.

〔206〕 So *Schulte*，§ 22 Rdnr. 9.

〔207〕 In diesem Sinne *Lindenmaier*，vor § 37 Rdnr. 1；*Jungbluth*，in：Zehn Jahre Bundespatentgericht，1971，S. 9，19；*Jestaedt*，FS Traub，S. 147 ff.

〔208〕 这借助给予法人诉讼费用救助（VKH）时所要求的公共利益的判断，可以予以确定：根据联邦专利法院的判决（BPatG 16. 7. 2003 Bl. f. PMZ 2004，58），无效诉讼的不作为（Unterlassung）并不由于竞争者和其他公众是取消一项非法授予的专利的利害关系人，而与之相悖。

件，则需要查明：缺乏一个或者其他的实体要件，授权无法产生有效的专利。[209]此外，只有经裁判宣布，才能主张不具有效力，也符合权利安全性和明确性的利益。然而，根据德国的法律见解（Rechtsauffassung），授权行为的效力还在持续。授权行为（首先）创造了一项有效的专利，即便没有完全满足实质要件。因此——类似于其他的受益性行政行为[210]——在原则上似乎能够排除针对过去的专利废除。尽管如此，法律仍然规定了有溯及力的无效宣告，其结果接近于针对形式要件主张无效而提起的确认判决（Feststellungsentscheidung）。这在德国制度中并不充分，其完全取决于独自创设权利的（selbständig rechtsbegründenden）、依附于行政行为上的效力。它使得这样成为必要，即通过一个权利形成之裁判（rechtsgestaltende Entscheidung）消除该效力，并要求把有关专利正当性的裁判，留给予授权审理至少同级别的审判机关。然而，在专利无效宣告中包含的取消授权行为效力，仅仅是一种必要手段，以使得在此同样包含的确立实体法律地位（Rechtslage）发挥作用；它并非程序更为根本和首要的目标。因此这样做是合适的，即判决之言辞（Urteilsausspruch）仅引用专利而不提及——有的情况下也源自联邦专利法院的——授权行为。因此根据其全貌，无效诉讼程序更应被理解为具有特殊性的私法上的争端程序，而不是典型的行政法上的争端程序。

根据这样一种思路，非法侵占的主张也能够毫无困难地与无效诉讼程序的范畴契合起来，即使需要考虑：对处于无效诉讼地位中的被侵害人，不应当授予一个没有限制的抗辩以对抗来自专利的请求是否更好（参见§20 Ⅱ c）。就废除那些仅仅表现为"误入他人之手"（in den falschen Händen）瑕疵的专利而言，公共利益并没被承认。

4. 当被质疑的专利曾遭遇来自原告以同样理由提起的异议，并经正式生效的判决维持效力时，同样允许提起无效诉讼。在专利已经以无溯及力的方式失效的情形，尤其以期限届满、没有缴纳年费或者放弃而终止的，并不排除无效诉讼的提起。在这样一些情况下，无效诉讼的合法性取决于原告对有溯及力的废除具有独特的利益；否则的话无效诉讼将缺乏法律保护的必要性。[211]无效

---

[209] So die schweizerische Rechtsauffassung, vgl. *Troller*, Immaterialgüterrecht, Bd. Ⅰ, S. 453 f., Bd. Ⅱ, S. 724 f.

[210] Vgl. *Schwerdtner*, GRUR 1968, 9, 12 f.

[211] BGH 29. 9. 1964 Zierfalten GRUR 1965, 231, 233；1. 4. 1965 Stahlveredlung GRUR 1966, 141；26. 6. 1973 Schraubennahtrohr GRUR 1974, 146；18. 3. 1975 Lampenschirm BGHZ 64, 155；18. 2. 1982 Bauwerksentfeuchtung GRUR 1982, 355；13. 7. 2004 Duschabtrennung GRUR 2004, 849.

诉讼将被当作（成为）不合法而被驳回。[212]

这一要件的理由一般在于，随着专利排他效力的结束，废除专利的公共利益似乎也就无需考虑了；[213]根据更多以个人利益为导向的观点，可以补充认为，不再可能出现一个基本上每个人都受到干扰威胁的情况了。

如果一项优先权相同的欧洲专利的授权并不清楚，有溯及力地废除德国专利的特殊法律保护利益并不要求两项专利的主题完全一样。[214]

在专利终止之前，如果原告在平行进行的侵权诉讼中没有提起任何法律救济，对无效诉讼的合法性而言，也不要求有经原告证实的法律保护利益。[215]

当无效诉讼程序的最终结果对原告的权利产生影响以及程序的执行有助于其权利的保护时，即存在对起诉人独特的法律保护利益的要求。[216]这尤其出现在，当原告由于在专利终结之前的使用行为而被专利权人主张损害赔偿，或者鉴于专利权人的行为必须考虑到有这样的主张时。[217]即使当专利权人正在或者有意采用这种方式，以专利侵权为由对原告采取法律诉讼手段时，对随后出现的无效诉讼也存在法律保护的必要性。[218]当专利权人以专利侵权为由警告原告，而导致他打算向专利权人要求损害赔偿，情况也一样（参见§39 Ⅲ）。

如果有关警告的损害赔偿之诉已经提起，不能以随着专利废除损害赔偿也不具有成功的前景为由，否定一项无效诉讼具有法律保护的必要性。[219]

有关在无效诉讼程序中介入诉讼的合法性问题，在任何情况下，只要介入诉讼人可能在市场竞争中受到争议专利干扰的，就足以证明。[220]

相反，当专利权人向原告放弃了根据这一专利提起有关诉求，或者在辩解一个警告时放弃了援引专利的有效性时，则不再具有法律保护的必要性。[221]同样不认为具有法律保护必要性的还有，原告尝试对一项他已获得了许可但已经终止的专利进行有溯及力的废除，目的是对抗终止之前的许可费用请求；因为

---

[212]　BGH 13. 7. 2004 aaO.

[213]　BGH 29. 9. 1964（FN 211）232.

[214]　BPatG 24. 4. 2001 E 44, 133.

[215]　BGH 1. 7. 2003 Gleitvorrichtung Mitt. 2004, 213.

[216]　BGH 26. 6. 1973（FN 211）147l.；18. 2. 1982（FN 211）356l.

[217]　起诉人是一个因为侵权而被主张权利的有限责任公司的多数股东（Mehrheitsgesellschafter）也不行，参见 BGH 14. 2. 1995 Tafelförmige Elemente GRUR 1995, 342.

[218]　BGH 1. 4. 1965（FN 211）.

[219]　BGH 26. 6. 1973（FN 211）147；13. 7. 2004（FN 211）.

[220]　BGH 17. 1. 2006 Carvedilol GRUR 2006, 438.

[221]　BGH 29. 9. 1964（FN 211）233；26. 6. 1973（FN 211）147 r.

就无效诉讼而言，这些许可费用请求不应被有溯及力地废止。[222]

在基础专利终止之后补充保护证书的存在，不能说明在有溯及力地废除补充保护证书上具有法律保护的利益，因为对补充保护证书的无效宣告而言，如果存在已经被证明过的理由，用以废除基础专利，或者用以限制基础专利，使基础专利不再包含获得证书授权的产品，那么也足够了（参见本节 A Ⅱ b 7）；因为根据《专利法》第81条第1款第3句，在一个针对证书提起的无效诉讼中，也能够主张这些理由的存在[223]。

当专利在提起无效诉讼之后以没有溯及力的方式终止时，仅当原告对有溯及力的废除，具有符合已述标准的独特利益的，原告才有希望能够维持其无效宣告请求；否则的话，绝大多数的无效诉讼程序将结束。[224]

5. 原告针对专利权人的互不侵犯义务，可能与无效诉讼的合法性相冲突。互不侵犯义务不仅可以表现为明确表达出来的协议，而且也能表现为由于当事人之间的关系，即进行专利的无效宣告，成为一种违背忠诚和信任的、不合法的权利行使（Rechtsausübung）。[225]

因此，尽管他们之间劳动关系的结束被认为不合法，[226]但雇员发明人针对——获得了原告的发明以及相应专利的——雇主的无效诉讼，与雇主针对已经授予了以前雇员的、以最初主张而后来归还给雇员的发明为客体的专利[227]的无效诉讼，并不相互冲突。当一个有限责任公司的唯一股东以及经理是公司的互不侵犯义务人时，[228]针对公司的诉讼能够主张互不侵犯义务。诉权的丧失也是可能的，然而仅在很少见的例外情况下才会满足其要件。[229]

---

[222] BGH 12. 7. 1983 Brückenlegepanzer Ⅱ GRUR 1983，560；vgl. auch die Vorinstanz：BpatG 13. 8. 1980 E 24，171. Entsprechend（wegen §10 Abs. 2 Satz 2 ArbEG）BGH 17. 2. 1981 Klappleitwerk GRUR 1981，516 für die Nichtigkeitsklage gegen ein Patent，das dem Bekl. als Arbeitnehmer des Kl. auf eine von diesem beschränkt in Anspruch genommene Erfindung erteilt war.

[223] BPatG 9. 3. 2000 E 42，240.

[224] BGH 12. 7. 1983（FN 222）；vgl. auch oben Ⅱ 6.

[225] Vgl. BGH 14. 7. 1964 Vanal – Patent GRUR 1965，135，137 mit Anmerkung von *Fischer*；30. 11. 1967 Gewindeschneidvorrichtungen GRUR 1971，243，244 f.；4. 10. 1988 Flächenentlüftung GRUR 1989，39，40 f.；*Benkard/Rogge*，§22 PatG Rdnr. 39 ff.

[226] 联邦专利法院对此要求的前提是，雇员具有一个可以实施的报酬请求或者已经完全获得了补偿，参见 BPatG 25. 4. 1979 E 22，20；BGH 2. 6. 1987 Entwässerungsanlage GRUR 1987，900（zustimmend *Bartenbach/Volz*，aaO 859 ff.）。

[227] BGH 15. 5. 1990 Einbettungsmasse GRUR 1990，667；不同的是联邦专利法院的另一判决（BPatG 8. 11. 1990 GRUR 1991，755），这一案件中，雇主在归还之前已经保留了非排他使用权；就这一论断，联邦最高法院未加评判。

[228] BGH 2. 6. 1987（FN 226）.

[229] Vgl. BGH 26. 6. 1973（FN 211）147 r.（Verwirkung verneint）.

从专利法的视角来看，根据德国的法律见解，互不侵犯协议并没有产生任何疑问。[230] 在此被认可的是，将无效诉讼的提起完全托付给个人利益。互不侵犯义务在实践中显露重要性的首要领域是许可协议。就此而言，必须回头讨论许可协议了——包括其合法性和效力在卡特尔法上的界限（参见§41Ⅲ4、§42）。

如果某个人由于互不侵犯义务不能合法提起无效诉讼，则一个被其推上来的"稻草人替身"所提起的无效诉讼，同样不合法。这个替身必须以他的"幕后人"一样的方式，接受来自不合法之权利行使的抗辩。[231]

6. 无效诉讼的现实意义是显著的。尽管只有1%的授权专利纠缠于无效诉讼程序。[232] 但是，受到侵权诉讼的专利，估算起来也处在同样的数量级别。[233] 同样，存在这样的征兆，即受到无效诉讼质疑的专利，相对而言具有高的经济价值。[234] 因此应可猜想，那些主题为市场利用的专利所受到的无效诉讼质疑，较之于所有专利受到的无效诉讼的质疑，在比例上会显著更高。

就无效诉讼的结果而言，李德尔（Liedel）[235] 的调查表明，半数以上的案件依照诉讼请求作出判决，就此所有案件中大约45%的专利被宣告完全无效。诉讼被完全驳回的案件仅占30%。这意味着，总体而言成功的比例是显著的。当然，对所有的程序而言，大约40%结束于初审，而大约2/3终结于上诉审且没有作出判决。[236]

作为诉讼的理由，缺乏可专利性当仁不让地扮演了最显著的角色；其他的无效理由仅具有最低程度的意义。[237] 在专利要件中，创造高度（创造性行为）位于最前面。在对此进行判断时，法院不受限于授权程序、异议程序和申诉程序的结果。同样适用的还有，当与出现在先的程序一样，同样的现有技术被用作它们的基础，并且无效诉讼原告已经参与了异议程序。[238]

据李德尔[239] 查证，10个案件中有8个，无效宣告所依靠的对比文献都是在授权程序中没有关注到或者至少已被认为不相关，且多数与专利说明书有

---

[230]　Vgl. BGH 20. 5. 1953 BGHZ 10, 22.

[231]　BGH 10. 1. 1963 Bürovorsteher GRUR 1963, 253；BPatG 25. 4. 1979 E 20, 22, 23 f.

[232]　*Liedel*（FN 200）S. 29 f. , 239.

[233]　*Ströbele*（FN 100）S. 80 mit Nachweisen.

[234]　*Liedel*（FN 200）S. 240.

[235]　（FN 200）S. 137 ff. 更多的统计说明，尤其是联邦最高法院的上诉审，参见 *Kriegl*, GRUR 1985, 697 ff。

[236]　*Liedel*（FN 200）S. 32, 35.

[237]　Vgl. *Liedel*（FN 200）S. 243.

[238]　BGH 4. 5. 1995 Zahnkranzfräser GRUR 1996, 757.

[239]　（FN 200）S. 189 ff.

关。这一发现一方面让人们猜想，授权程序中的检索有不少是做得不充分的；另外一方面则暗示着，在不少案件中，那些曾经受到授权当局关注而后来偏转向无效宣告的材料，被赋予了新的认识。只要发明高度被否定过，无效诉讼程序的法官们就必须在被规定时间点所划定的更大的时间段中，对当时具有平均水平的专业人员的知识和能力作出比授权当局所能做的更为可信的判断。针对这样的做法，存在一些疑虑。[240] 如果一个无效宣告的依据基本上只通过对授权或者维持之前已经受到关注的材料的不一致判断时，很可能的情况是错误评判的危险过大，结果导致我们不得不完全撇开这个无效宣告。

7. 在专利的复审中，法院受制于当事人已经递交的请求（《专利法》第99条第1款、《民事诉讼法》第308条）以及所主张的无效理由。[241] 法院不可以对专利作出超出原告请求范围限制的判决，也不能以原告没有提起的无效理由作出裁决[242]。

因此，一个专利保护范围的非法扩大，仅当无效诉讼（也）以此为依据时，才能够被消除。[243] 这并不排除根据原告提出的其他理由所请求的限制，其表达的文本不再包含这一非法扩大。

但是，根据依职权调查原则（《专利法》第87条第1款），对原告没有递交的有关现有技术的信息，法院同样可以采纳。[244]

以缺乏可专利性为由提起的无效诉讼，将导致对所有实质专利要件的复审，即使原告仅主张其中某一个要件的缺失。因而对以缺乏新颖性为由提起的无效诉讼，可以以不存在技术发明为由撤销专利。缺乏可专利性本身即是一个单一的无效理由；[245] 特别是，法律并没有按照每一个实质保护要件，分别规定对应的无效理由[246]。

由于无效诉讼没有期限限制，经被告同意或者法院认为合适的（《专利法》第99条第1款、《民事诉讼法》第263条），无效诉讼可以后来在诉讼变

---

[240] Vgl. dazu auch *v. Albert*, GRUR 1981, 451, 458 r.

[241] BGH 20. 5. 1953（FN 230）27；22. 6. 1993 Hartschaumplatten GRUR 1993, 895；vgl. *Liedel*（FN 200）S. 147.

[242] BPatG 30. 3. 1993 E 34, 1；14. 9. 1995 E 35, 255.

[243] A. M. anscheinend *Benkard/Rogge*, §22 PatG Rdnr. 349.

[244] BGH 1. 7. 2003（FN 215）.

[245] RG 23. 11. 1932 RGZ 139, 3, 5；BGH 19. 2. 1963 Konditioniereinrichtung GRUR 1964, 18.

[246] 依据联邦专利法院的判决（18. 3. 1999 Kernmaterial E 41, 120 和 17. 5. 1994 E 34, 215），缺乏可实施性并不属于缺乏可专利性的无效理由，而应归入公开不充分的无效理由。可以认为，即使人们在其中（正如前文§13.1）发现了缺乏可工业应用性，在此也是正当的，因为法律规定了公开不充分作为单独的无效理由并在发明申请之后的程序中以申请公开为基础对发明的可实施性进行审查，而申请或者专利中的主张构成了可专利性的审查基础。

更（Klageänderung）时扩展到其他的无效理由上。如果扩大一项从一开始仅指向部分无效宣告的诉讼请求（Klageantrag），则不存在任何诉讼变更（《民事诉讼法》第 264 条第 2 款）。另外一方面，法院不得审查原告最初主张但后来放弃的无效理由[247]。

可以在任何时候撤回诉讼，就此——与《民事诉讼法》第 269 条第 1 款不同——并不需要被告的同意。[248]一项已经作出但尚无既判力的判决不具有效力（《民事诉讼法》第 269 条第 3 款）。如果简单地撤回上诉，则联邦专利法院的判决将产生法律效力。

8. 由于依职权调查原则（《专利法》第 87 条第 1 款、第 115 条第 1 款），法院并不受限于自认（Geständnisse）（《民事诉讼法》第 288 条）。就承认（Anerkenntnisse）而言，大多数情况下与此相同。[249]当然，如果被告声明对专利仅在限缩的范围内辩护的，该声明值得注意。[250]接下来将不再审查是否主张的无效理由真的要求这一限缩。只有在声明的限缩不符合诉讼请求时，才会审查剩下的专利主题是否具有可保护性。如果这一限缩符合诉讼请求，则将无条件地依照诉请作出裁判；[251]当然，受到限缩的专利文本不应该导致专利内容或者保护范围的非法扩大。[252]

因此，如果一个主题尽管被公开在被质疑的专利中，但并没主张权利从而没被保护的，在无效诉讼程序中也不能随后被引入专利中并置于专利保护之下。[253]

为避免保护范围的扩大，在无效诉讼进行过程中，一个在权利要求授权文本中包含的技术特征，尽管最初被专利权人从辩护的文本中删去，能够被再一次引入文本之中。[254]

---

〔247〕　BPatG 14. 9. 1995 E 35, 255.

〔248〕　BGH 1. 12. 1961 Hafendrehkran GRUR 1962, 294; 19. 2. 1963 (FN 245).

〔249〕　RG 9. 10. 1909 RGZ 71, 440, 442; 23. 6. 1915 RGZ 86, 440, 441; BPatG 8. 8. 1974 E 17, 86, 88; BGH 29. 7. 2003 Dynamisches Mikrofon GRUR 2004, 138, 141. *Bernhardt*, S. 225; *Benkard/Schäfers*, § 87 PatG Rdnr. 8; *Schulte*, § 83 Rdnr. 6.

〔250〕　BGH 30. 5. 1956 BGHZ 21, 8, 10 f.; 1. 12. 1961 (FN 248) 296 l.; 23. 2. 1965 Harnstoff GRUR 1965, 480, 482 r.; 14. 9. 2004 elektronisches Modul GRUR 2005, 145, 146 r. *Benkard/Rogge*, § 22 PatG Rdnr. 50; *Schulte*, § 81 Rdnr. 118 ff. 对专利权人以替换方式逐一承认过的不同文本的审查次序，参见 BPatG 26. 7. 1994 E 34, 230。

〔251〕　Vgl. BGH 1. 12. 1961 (FN 248) 296 r.; 14. 1. 1964 Dosier – und Mischanlage für Baustoffe BGHZ 41, 13; *Benkard/Rogge*, § 22 PatG Rdnr. 53 mit weiteren Nachweisen.

〔252〕　Vgl. BGH 30. 5. 1956 (FN 250) 12.

〔253〕　BGH 14. 9. 2004 (FN 250).

〔254〕　BGH 22. 5. 2007 injizierbarer Mikroschaum Mitt. 2007, 411.

专利权人并不受限制声明的束缚，只要其尚未成为有既判力的裁决的一部分，专利权人同样可以在上诉审中，转向辩护一个比授权的专利文本更窄或者更宽的文本。[255]在此，考虑到保障宪法上的合法听证，法院应注意给予原告足够的机会，使其得以审查被告提议的有关辩护文本的修改，并提出自己的立场。[256]

专利权人在无效诉讼程序中自行限缩的合法性，最初由联邦最高法院根据被告所拥有的程序法上的处分权（Verfügungsbefugnis）以及塑造其抗辩的自由中推导出来。[257]随后其由自愿限缩的可能性（《专利法》第64条，原第36a条）被承认。[258]实际上最初的理由已经完全足够了。处分原则（Verfügungsgrundsatz）适用于无效诉讼之中。处分原则与提出原则（Beibringungsgrundsatz）存在差别，它与依职权调查原则并不矛盾。[259]因为《民事诉讼法》第307条规定的承认效力是处分原则的表现，这一事实并不产生任何障碍，将被告在无效诉讼程序中的自行限缩理解为（部分的）承认。此外，就一个追求完整的无效宣告的诉讼，一个没有限缩的承认有可能具有下述作用，即因之无需进一步审理而根据请求作出裁决。[260]通过一个"立即的"承认，被告可能根据《民事诉讼法》第93条的规定，避免诉讼费用的负担，只要承认合格。[261]

当被告在无效诉讼程序中声明对专利的"放弃"时，也可以存在一个程序性的承认。据此将间接地触及专利的存在（参见本节 A Ⅰ a 1）。如果被告提出，他甚至不再打算为专利的过去辩护时，则可以将他的声明解释为承认，诉讼审理不再进行其他审查。[262]

只要被告声明的效果与承诺相对应，确保原告诉请成功的，联邦最高法院即以无效诉讼程序中不可能具有民事诉讼意义上的承诺为出发点（根据《专利法》第99条第1款），参照适用《民事诉讼法》第93条的规定。[263]

已有定论的是，专利权人根据《专利法》第20条第1款第1项的规定声

[255]　BGH 17. 2. 2004 Tintenstandsdetektor GRUR 2004，583；30. 1. 2007 rückspülbare Filterkerze GRUR 2007，578（Nr. 13）.

[256]　Vgl. BGH 13. 1. 2004 Vertagung GRUR 2004，354；*Kroher*，FS Kolle/Stauder，2005，S. 355 ff. ；*Hövelmann*，Mitt. 2006，546 ff.

[257]　BGH 30. 5. 1956（FN 250）11.

[258]　BGH 14. 1. 1964（FN 251）15 f. ；23. 2. 1965（FN 250）.

[259]　Vgl. *Schmieder*（FN 2）77；ders.，GRUR 1982，348 ff. ；*Benkard/ Schäfers*，§87 PatG Rdnr. 27 ff.

[260]　*Liedel*（FN 200）S. 18 FN 45；*Pitz*，S. 160，unter Hinweis auf §82 Abs. 2 PatG.

[261]　Vgl. BPatG 8. 8. 1974（FN 249）；19. 3. 1980 E 22，290；29. 11. 1982 E 25，43；21. 3. 1983 E 25，138.

[262]　So *Schmieder*（FN 2）77 f.

[263]　BGH 29. 7. 2003（FN 249）.

明放弃争议的专利，以及在可能的情况下从中放弃对过去主张权利的，上述情况是可能发生的。同样满足条件的还有，被告在递交给联邦专利法院的书面声明中，仅对专利作限缩性的辩护，并且放弃了对过去和将来的进一步保护。[264] 同样的情况还有，专利权人根据《专利法》第64条的规定放弃撤回地递交了限缩专利的请求（对目前可能的撤销请求必须适用同样的规则），或者以强制性的方式限制了其针对无效诉讼的异议。[265] 相反，单纯的抗辩限制无法证明参照适用《民事诉讼法》第93条的合理性，因为专利权人并不受其所约束。但是，如果根据这一理由没经过实质审查即将专利作部分无效宣告，则通过一个相应的声明以不可撤销的方式作出限缩，并且参照适用《民事诉讼法》第93条的规定，应该是有可能的。

9. 法院的裁判包括宣告无效或者限缩专利或者驳回诉讼。在限缩的情况下，通常专利应作变更，也即限缩得窄些。原则上无需调整说明书；就说明书不再符合新的权利要求文本之处，判决的理由可补充或者替代说明书。[266] 根据《专利法》第22条第2款、第21条第2款第2句的规定，一个限缩也能够仅通过说明书或者附图的修改来实现。但由于保护范围首先根据权利要求来确定（《专利法》第14条），仅通过说明书或者附图的限缩，只有在例外情况下表达具有充分准确性时才可以。[267]

并不完全明朗的是，对专利权人没有（至少以替代方式）同意的权利要求文本，是否能够构成一个部分无效宣告的基础。联邦最高法院曾暗示过，这一问题跟在异议程序中一样（参见本节 B Ⅱ 8）可以给予肯定的回答。[268] 联邦专利法院也就此观点作出裁决。[269]

但是，不存在任何理由依职权去审查，在一个总体上不具有可保护性的权利要求中，是否包含了能够使专利继续存在的技术原理。[270]

为达到限缩目的，通常会出现技术特征的增加（Vermehrung der Merk-

---

〔264〕　Vgl. BGH 8. 12. 1983 Isolierglasscheibenrandfugenfüllvorrichtung GRUR 1984，272，276.

〔265〕　BGH 29. 7. 2003（FN 249）.

〔266〕　BGH 12. 5. 1998 Stoßwellen – Lithotripter GRUR 1999，145，146 r.；OLG Düsseldorf 21. 4. 2005 Ziehmaschine InstGE 5，183；*Benkard/Rogge*，§22 PatG Rdnr. 82，92 mwN. 如果专利以限缩的范围进行辩护而且无效诉讼在此范围内被驳回，则说明书与裁判理由不等同，参见 BGH 17. 4. 2007 Ziehmaschinenzugeinheit GRUR 2007，778（Nr. 20）；*Benkard/Scharen*，§14 PatG Rdnr. 28。

〔267〕　Näheres bei *Benkard/Rogge*，§22 PatG Rdnr. 79 ff.

〔268〕　BGH 24. 10. 1996 Schwenkhebelverschluß GRUR 1997，272，273l.

〔269〕　BPatG 30. 4. 2001 Patentnichtigkeitsverfahren – Polypeptid E 44，177；vgl. auch BPatG 2. 7. 1992 E 35，127.

〔270〕　BGH 12. 12. 2006 Schussfädentransport GRUR 2007，309.

male），它们根据专利权利要求确定了保护主题。从新的权利要求文本所改写的技术原理的意义上看，这些补充的技术特征，必须能够从专利公开内容中推断出来。[271]它们尤其可能来自从属权利要求或者实施例。不过它们也可能以这样的方式出现，即仅指定为任选或者有利的技术特征，通过删除诸如"例如"或者"优先的"之类的补充内容，提升为必要技术特征。[272]

权利要求技术特征的删除总是意味着专利保护范围的扩大，从第三人利益考虑，这是不允许出现的。因此，在一个支持部分无效宣告的裁决中，即便一项技术特征通过非法扩大的途径纳入了申请，或者基于其他理由不应属于可保护的公开内容[273]，或者该技术特征是一项多余指定的特征，也不允许进行删除。[274]

就非法扩大而言，若其出现源自一项最初没有公开而后来提交的技术特征，则一项仅仅以此为理由的无效诉讼，不能导致权利要求的修改。如果另外还主张缺乏可专利性，则就此进行审查时，不得包含这一后来提交的技术特征。这可能导致必须将整个专利宣告无效。但如果专利只是部分维持，则基于该特征界定保护的功能，应保留在权利要求中。[275]在不能删除后来以非法方式递交的技术特征的情况下，为了表达无效诉讼部分地获得了成功，以及为了以全面的效果剥夺该技术特征作为保护基础的效力，我们建议在判决主文宣告专利限缩时同时说明所涉的技术特征并非专利的主题[276]。然而，只有在无效诉讼程序中被承认具有可专利性的技术原理的设计——其除了表现出那些构成可保护性基础的技术特征，也表现出后来递交的、不构成保护基础的技术特征——才落入专利保护范围。

根据联邦最高法院现有的观点，在驳回起诉的判决主文中以过去通行且普

---

[271] Vgl. z. B. BGH 13. 3. 1984 Chlortoluron GRUR 1984, 580, 581l. (Nr. I); dazu *Eisenführ*, aaO 584. 不能满足要求的是，根据原始公开，一个专业人员在没有发明构思的情况下，仅凭其专业知识就能够实施一个显示了原始公开中从未提及的技术特征的方案；BGH 16. 12. 2003 Fahrzeugleitsystem GRUR 2004, 407, 411; dazu *Melullis*, ABl. EPA Sonderausgabe 2005, 142 ff.; ferner BGH 17. 2. 2004 (FN 255) 58 f.

[272] Vgl. BGH 27. 11. 1969 Dia – Rähmchen Ⅳ GRUR 1970, 289.

[273] Vgl. BGH 7. 12. 1979 Aufhänger BGHZ 73, 40, 45; 4. 10. 1979 Doppelachsaggregat GRUR 1980, 166, 169.

[274] BGH 30. 9. 1958 Gemüsehobel GRUR 1959, 81; 但是在判决理由中可以说明涉及一个多余指定。

[275] 相反的观点认为，在这种情况下，通过删除一项后来递交的非法的技术特征，专利权人获得了一项保护，这项保护基于申请原始公开的内容本就是应该获得的，参见 *Ballhaus*, GRUR 1983, 1, 7 l。

[276] 根据联邦专利法院的判决（BPatG 18. 8. 1999（FN 178）），通过在权利要求以及/或者说明书中，放入一个"免责声明"，专利将被部分地宣告无效；vgl. auch oben Ⅱ 8。

遍认同的做法[277]，对权利要求进行"澄清"（Klarstellung），已经不再合法[278]。

依据联邦最高法院最初的观点，[279]其曾获文献支持，[280]在放弃专利独立权利要求的情况下，即便没有独立的请求，依赖于独立权利要求的所谓真正的从属权利要求（echten Unteransprüche）将同时被宣告无效。对此前提，就独立权利要求主题的可保护性而言，从属权利要求与其相比是不具有创造性的主题，在与现有技术相比对时，逻辑上必然同样缺乏发明高度。[281]因为这类带有必然无保护性主题的权利要求不继续存在是公众所依赖的，因此不再需要提出特别的请求。[282]

联邦专利法院[283]并没有采纳联邦最高法院的观点，因为在无效诉讼程序中与在民事诉讼中一样，当事人具有处分的自由，在当事人已经提起申请时，就不应当再支持这种观点。同样，依据主流观点，必须总是审查哪些从属权利要求缺乏自身特有的创造性内容；同样，在可疑的案件中不进行这一审查并不符合逻辑，并且忽视了——将所谓的真正从属权利要求一同废除（Mitvernichtung）所服务的——公众利益。这一考虑在新的文献中获得了支持。[284]应补充的是，与独立权利要求相比缺乏创造性内容，并不当然也意味着，对专业人员来说可以通过显而易见的方式从现有技术中获得从属权利要求的主题。[285]就此，主流观点认为，在判断从属权利要求时，独立权利要求的主题应归入现有技术。但是，仅当它构成损害新颖性的在先技术，而并非仅与现有技术相比显而易见时，这种做法才是合适的。因此，在废除一项真正的从属权利要求时，应从现有技术出发，审查其——由独立权利要求的技术特征以及依据从属权利要求的补充技术特征所限定的——主题的可专利性。然而，仅在请求宣告从属权利要求无效时，才会出现进行这种审查的情形。

10. 对专利的正式、生效的无效宣告或者限制，对所有人皆产生效力。

这种全面效力的理由在于，它与公法上对作为私人排他权的专利的授予行

---

[277]　Vgl. die 4. Aufl., S. 438 f. m. Nachw.

[278]　BGH 23. 2. 1988 Düngerstreuer GRUR 1988, 757, 760.

[279]　18. 2. 1955 Kleinkraftwagen BGHZ 16, 326, 332 f.

[280]　Nachweise in BPatG 7. 2. 1974 E 16, 153, 154.

[281]　So RG 29. 4. 1938 RGZ 158, 385, 386 f.

[282]　So BGH 18. 2. 1955（FN 279）.

[283]　7. 2. 1974 E 16, 153；ebenso 23. 9. 1980 E 23, 103；5. 9. 1990 GRUR 1991, 313, 315（für Gbm）.

[284]　*Liedel*（FN 200）S. 151 f.；*Bruchhausen*, FS Nirk, 1992, S. 103, 110；*Benkard/Schäfers*, § 87 PatG Rdnr. 28；*Benkard/Rogge*, § 22 PatG Rdnr. 58 mwN unter Hinweis darauf, dass die frühere Auffassung auch nicht mehr der neueren Praxis des BGH entspreche；*Scheffler*, VPP Rundbrief 2005, 60, 62 l.

[285]　In diesem Sinne auch *Liedel*（FN 200）S. 148 ff.

为相适宜。由于专利的产生和存在取决于授予行为，该行为的效力可通过无效宣告全部地或通过限缩部分地得到补正，因此随着其效力的撤销，只要针对该撤销不再能获得法律救济，专利也明确地在相应的范围内被撤销。

无效宣告的效力溯及专利授权之时（《专利法》第22条第2款、第21条第3款第1句）。[286]授权行为的效力视为自始无效，专利视为自始不存在。在限缩的情况下，则视专利仅以相应的被限缩的有效范围存在。由于专利有溯及力的撤销以及在该效力范围内，与申请公开相关的临时保护同样视为从未发生，因为获得临时保护的前提是专利是有效授予的。

如果无效诉讼程序判决驳回诉讼，则判决仅在当事人之间以及仅对主张的无效理由所确定的程序客体具有法律既判力（《专利法》第99条第1款，《民事诉讼法》第325条第1款、第322条第1款）（参见第7点）。无效诉讼的驳回尽管限制了原告[287]以同样的无效理由再次提起诉讼，[288]但并非针对第三人。如果根据一个从未主张过的无效理由，则不仅第三人而且被驳回的原告也可以提起一个新的无效诉讼。对此，在法律中列举的每一个无效理由都应被理解为相同的诉讼理由。例如，当事人曾以缺乏发明高度为由提起诉讼而被驳回且生效的，即便其之前没有陈述经过深思熟虑的材料，也不能再以损害新颖性的在先技术为由再提起新的诉讼，因为在此当事人又一次以缺乏可专利性的法定无效理由作为诉讼的基础。[289]

Ⅳ. 权利人请求撤销和限制专利

1. 根据《专利法》第64条的规定，依据专利权人的申请，可以撤销专利或者通过修改权利要求对专利进行具有溯及力的限缩。[290]这一规定补充了放弃专利的制度设置，依据后者无法进行有溯及力的专利废除，也无法修改权利要

---

〔286〕 这一溯及效力仅自共同体专利法，与《共同体专利条约》第35条（第33条）第1款以及《斯特拉斯堡协定》第1条第3句一起才在法律中明确下来；但在德国法，它一直是受到普遍承认的；vgl. *Liedel*（FN 200）S. 22 f. mit Nachweisen.

〔287〕 然而，驳回生效后，第三人受原告推动而仅以"稻草人"进行无效诉讼，该诉讼也是非法的；但这不适用于第三人自己对无效宣告具有利益的场合，因为其在将来会受到专利的妨碍，参见 BGH 13. 1. 1998 Bürstenstromabnehmer GRUR 1998，904；vgl. auch BPatG 16. 4. 1985 E 27, 87.

〔288〕 不同意见指出，驳回起诉的判决，在已主张的无效理由范围之内，对所有人皆有效。推导出这一看法的根据是，这里的判决效力并非根据民事诉讼法的规则而是按照专利法的规则所确定，参见 *van Venrooy*, GRUR 1991, 92 ff. 但是，如果人们同意这种观点，将民事诉讼法有关法律效力的规定从《专利法》第99条第1款包含的援引中去掉的话，则根本无法确定判决对人对物的效力范围。这在专利上是行不通的，因为专利的维持而非（不再有法律救济时）废止，在对此没有明确规定的情况下，是不能视为最终确定的。

〔289〕 Vgl. RG 23. 11. 1932（FN 245）；BGH 19. 2. 1963（FN 245）.

〔290〕 Dazu *Féaux de Lacroix*, Mitt. 2008, 6 ff.

求。与放弃相比，撤销和限缩的出现并非由于专利权人的单方声明，而是通过专利商标局或者联邦专利法院的一份根据专利权人的申请或申诉而作出的裁决。这一规定的目的是为那些承认其专利可能无法或者无法整个维持下去的专利权人提供机会，使他们能够自愿地废除或者限缩其专利，并借此避免即将发生的无效诉讼程序的高额费用。[291]

在待决的异议或者无效诉讼程序中，也不排除适用限缩程序。但是，更为方便的做法是，通过对异议或者无效诉讼主张为专利进行限缩性辩护，来表达其已准备好对专利进行限缩。[292] 如果在异议或者无效诉讼程序中，专利依其权利人的申请被撤销，由于异议或者无效诉讼的判决没有了针对的客体，必须认为程序的诉讼标的的终结。

2. 限缩的请求应以书面形式向专利商标局递交并具明理由。[293] 与请求一并的，还需缴纳 120 欧元的费用；如果在递交请求后 3 个月内没有缴纳费用，则请求视为撤回（《专利费用法》第 3 条第 1 款，第 6 条第 1 款第 2 句、第 2 款）。缴纳费用之前，在任何情况下都不会处理请求。

由专利部对请求进行裁决。其程序参照适用审查和授权程序的规定（《专利法》第 64 条第 3 款第 1 句、第 2 句）。但是，援引《专利法》第 44 条第 1 款以及第 44 条并不意味着，将对可专利的实质要件进行一次新的审查。[294] 专利部既不会去调查是否申请的限缩真的要求这一审查，也不会去审查是否所剩的专利主题满足其要件。相反，专利部的实质审查只针对请求是否指向一项合法的限缩；对此，只要所剩的专利主题既不超出公开内容也不跳出专利保护范围就可以了。如果满足了这些要件，则应宣布该请求的限缩，专利说明书也应作相应的调整；专利说明书的修改应予公布（《专利法》第 64 条第 3 款第 4 句）。

对专利部的决定不服的，专利权人可以单独提起申诉。也只有当宣布的限缩窄于或者宽于请求的限缩时，他才能够进行申诉。

如果在申诉审中撤回限缩请求，则被申诉的专利部决定将失去效力[295]。

---

〔291〕 Vgl. die Begründung zum 5. Überleitungsgesetz, Bl. f. PMZ 1953, 297 r.

〔292〕 但是，对尚未终结的限制请求所划定的范围，在无效诉讼程序中还能够以比之更广的范围对专利进行辩护；参见 BGH 12. 5. 1961 Strahlapparat GRUR 1961, 529, 5311。

〔293〕 Zum Begründungserfordernis *Benkard/Schäfers*, § 64 PatG Rdnr. 10, 14; *Schulte*, § 64 Rdnr. 11 ff.

〔294〕 *Benkard/Schäfers*, § 64 PatG Rdnr. 16; BGH 14. 1. 1964（FN 251）15 f.; *Heine*, GRUR 1964, 309 f. 在这点上，1968 年和 1981 年出现的法律修改，根据其立法理由，仅具有编辑上的意义；vgl. Bl. f. PMZ 1967, 237 r. zu Nr. 24 und 285 l. Zu Nr. 22 a; Bl. f. PMZ 1979, 272 r. und 287 r., jeweils zu Nr. 37.

〔295〕 BPatG 13. 11. 2001 Bl. f. PMZ 2002, 229.

3. 撤销的请求应以书面形式递交，并承担与限缩请求一样的费用义务（参见第2点）。是否——正如《专利法》第64条第2款所要求的——可以要求一个理由，存在疑问，因为逐个的实质审查已经不再必要。因此，依《专利法》第64条第3款第1句的规定，参照适用《专利法》第44条第1款，应同样被视为多余的（gegenstandslos）。如果申请遭到拒绝，也只能是基于形式上的意见。因此也只有这些才有可能成为申诉程序的客体。

依专利权人请求的——以2000年《欧洲专利公约》为蓝本所引入的——撤销，填补了以前由放弃以及限缩所提供的两种机会之间的空白。以往必要途径是放弃附带一项声明，即同样针对过去并未主张过的任何源自专利的要求，现在这一渠道被放置一旁了。

V. 实用新型的注销（Löschung）

提示：在本小节中，如无另外注明，引用的条文皆出自《实用新型法》。

1. 注销实用新型的请求应以书面形式向德国专利商标局递交（第16条第1句）。请求必须说明支持的事实（第16条第2句）。

随着申请的受理，申请人应支付300欧元的费用。如果没有缴纳该费用的，将不会处理该请求（《专利费用法》第5条第1款）。如果在3个月届满之前没有缴纳费用，视为撤回请求（《专利费用法》第3条第1款，第6条第1款第2句、第2款）。

由一名通晓法律的成员以及两名技术成员组成的专利商标局实用新型部，对该请求作出裁决（第10条第3款第1句）。

2. 请求只能根据法定的注销理由提起，也即

——缺乏可保护性，即实用新型的主题不符合第1~3条规定的实质保护要件的（第15条第1款第1项）；

——与在先权利的冲突，即该实用新型的主题已经受到在先的专利或者实用新型申请的保护（第15条第1款第2项）；

——非法扩大，即实用新型的主题超过最初递交的申请文件所记载的登记内容的（第15条第1款第3项）；

——非法侵占（第15条第2款并结合第13条第2款，参见§20 Ⅱ b）。

在最后一种情形，只有被侵权人有权请求，其他情形下任何人都有权请求。

与法律的惯用语法不同，当存在一项注销理由时，并不产生针对实用新型权利人的注销请求权（Anspruch auf Löschung）；因为权利人根本无法进行注销，因此也无法裁判注销。就注销产生一项公法上的对抗国家的请

求权，就此有专利商标局进行处理。针对实用新型权利人，请求人在任何时候都具有同意注销的请求权，这种请求权与《民法典》第 894 条的"土地登记更正请求权"（Grundbuchberichtigungsanspruch）具有可比性。但是，通过准予注销的决定并非简单地给予补上一个同意（正如《民事诉讼法》第 894 条），而是直接宣布注销。

对实用新型而言，不充分的公开（对应于《专利法》第 21 条第 1 款第 2 项）并非独立的注销理由。但是，根据一般的观点，在主张缺乏可保护性时，应审查发明是否以后来可实施的方式进行了公开。[296]

与专利不同，保护范围的扩大并非有溯及力地废除实用新型的理由，尽管第 12a 条对保护范围的确定，设置了与《专利法》第 14 条一样的标准。然而，根据实用新型权利人后来的行为受制于他为注册文档（Eintragungsakten）所递交的保护权利要求的原则，应认为权利人总是只能够主张申请文件中的保护权利要求的最窄文本，即便在注销程序中实现了一个范围更广的文本。值得盼望的是，这也可以通过一项裁决表达出来。至少目前判决已承认，在注销程序中实用新型的保护范围不应当被扩大。[297]

3. 由于只有仍然有效的登记才能够被"注销"（gelöscht），所以在实用新型无溯及力的废除（参见本节 A Ⅳ）之后，只允许请求确定登记的无效。[298]其根据在于第 13 条第 1 款和第 2 款，据此，如果任何人能够主张存在某个注销理由，则实用新型保护根本就无法确立，或者实用新型保护根本不能对抗在非法侵占情况下的被侵害人。如果在注销程序进行过程中，实用新型终止的，注销请求可以被理解为确认请求。[299]

对此具有特别利益的当事人仅能够提起这样的请求，即已经被废止的、对

---

[296]　BGH 28. 4. 1999 Flächenschleifmaschine GRUR 1999，920；*Loth*，§ 15 Rdnr. 33；*Bühring*，§ 15 Rdnr. 12；*Busse/Keukenschrijver*，§ 15 GebrMG Rdnr. 4.

[297]　BPatG 10. 1. 1990 E 31，109；8. 4. 1998 Mitt. 1999，271 m. Anm. *v. Lemke.* 当一项在既存申请文本中不具可保护性的权利要求，通过引入技术特征而受到限制时（这些技术特征自始就以发明的组成部分被公布），并不出现保护范围的扩大；不同观点指出，因为不具可保护性的权利要求根本不具有保护范围可言。但是通过禁止保护范围的扩大，可以保护到对已登记权利要求文本的交易信赖；若认为缺乏可保护性并不重要的，则该信赖不予考虑，参见 *Hellwig*，Mitt. 2001，107。对后续修改作为申请基础的权利要求而扩大了保护范围之禁止，参见 *Goebel*，GRUR 2000，477，482 f。

[298]　该确认也能够出现在申诉程序中，参见 BGH 11. 9. 2007 Wellnessgerät GRUR 2007，977（Nr. 21）；对联邦专利法院的（已经终止的）实用新型注销裁决，可以在上诉程序中进行矫正，参见 BGH 20. 6. 2006 Demonstrationsschrank GRUR 2006，842（Nr. 8）。

[299]　BPatG 8. 1. 2003 Koagulationseinrichtung E 46，215.

将来的保护效力，对过去而言，同样不存在[300]。是否存在这样一种法律保护利益，就此的判断应采取异议和无效诉讼情况下的同样标准（参见本节 B Ⅱ 6、Ⅲ 4)[301]。

4. 与无效诉讼一样，注销请求同样可能与一份清楚协商过的或者依据忠诚和信赖可从当事人之间的关系中推导出来的互不侵权协议相冲突[302]。

5. 专利商标局应当将注销申请通知实用新型权利人，并要求其在 1 个月内作出答辩。实用新型权利人没有及时表示异议（Widerspruch）的，则注销的后果将无条件地跟着出现（第17 条第 1 款)[303]。

根据联邦专利法院的观点，关于注销的通知并不能视为《实用新型法》第18 条第 1 款意义上的可以申诉的决定，因为注销"直接以法律"为根据。[304]但是，《实用新型法》第 17 条第 1 款第 2 句的措辞，即注销的后果"跟着出现"（erfolgt），并不能推断为，根据实用新型法没经注销即有溯及力地被废除。但在这种情况下注销是一个决定性的规则，是参与人的权利能够触及的，并因此是——即便它并没被指称为——第 18 条第 1 款意义上的决定。正如联邦专利法院同意的，在注销通知之后，并不需要为了给申诉提供机会而让实用新型部作出一个确定"法律效力"产生的决定。

若实用新型权利人按时答复了异议，专利商标局应当将该答复通知注销请求人，并启动争议程序（第17 条第 2 款、第 3 款）。程序的主题将一方面通过请求以及主张的注销理由，一方面通过实用新型权利人的辩护加以明确[305]。请求无需指向整个注销，而是可以从一开始就请求部分注销或者在后来按照这个目标加以限制。就后来修改请求或者注销理由的，参照适用《民事诉讼法》第 263 条、第 264 条[306]。如果全部撤回请求，则程序（受制于程序费用决定，第 17 条第 4 款）结束；保护权的权利安全性的审查——不同于异议程序（Einspruchsverfahren）——不应依职权继续进行。

---

[300] BGH 12. 3. 1981 Anzeigegerät GRUR 1981，515；28. 3. 1985 Ziegelsteinformling Ⅱ GRUR 1985，871；14. 2. 1995 Tafelförmige Elemente GRUR 1995，342；11. 5. 2000 Sintervorrichtung GRUR 2001，1018，1091 l.；20. 6. 2006（FN 298）；11. 9. 2007（FN 298）；BPatG 25. 3. 1988 E 29，237；6. 8. 1992 E 33，142；8. 1. 2003（FN 299）.

[301] Beispiele bei *Loth*，§ 17 Rdnr. 32 ff.；*Bühring*，§ 15 Rdnr. 46 ff.

[302] *Loth*，§ 15 Rdnr. 20；*Bühring*，§ 16 Rdnr. 48 ff.；jeweils m. Nachw.；vgl. oben Ⅲ 5.

[303] 在确定请求情况下相应适用（参见第 3 点），参见 BGH 2. 3. 1967 Korrosionsschutz – Binde GRUR 1967，351。

[304] BPatG 23. 4. 2003 Papierauflage E 47，23.

[305] BPatG 23. 7. 1981 GRUR 1981，908，909；5. 9. 1990 GRUR 1991，313，315；19. 10. 1995 Mitt. 1996，395；*Loth*，§ 16 Rdnr. 9；*Bühring*，§ 15 Rdnr. 63，66 ff.

[306] *Loth*，§ 15 Rdnr. 36，§ 16 Rdnr. 26 f.

权利人可以撤回其异议或者从一开始或者后来对其异议进行限制。[307]一个后来的限制将被视为不可撤销和不可辩驳的部分撤回。[308]在该限制所涉的范围之内，实用新型将无需实质审查而被注销。[309]然而，由于结果重大，仅当权利人清楚地表达了实用新型应在哪个范围内被放弃时，才能够同意这一限制。[310]

权利人在登记之后为递交实用新型文档撰写新的保护权利要求的，其中也可以含有对异议的预先（部分）放弃；但是，在这种情况下，当部分放弃的异议导致实用新型未经实质审查即在超出后来递交的权利要求文本的范围内被注销时[311]，审查的主题依然是构成登记基础的权利要求文本。

但是，以限缩性辩护为目的，权利人也可以提出一份他仅希望将其理解为"讨论前提"（Diskussionsgrundlage）或者"撰写方案"（Formulierungsvorschlag）的权利要求文本。因此，递交新撰写的保护权利要求本身，尚不可以视为对最初没有限制的异议的限缩[312]。然而，建议应该清楚地表达，从未想过对异议进行限缩或者部分撤回。这样就不会妨碍权利人返回一个宽的权利要求文本或者一个作为登记基础的权利要求文本进行辩护。此外，参照适用在《专利法》中发展出来的适用于限缩性辩护的原则。相应地，辩护文本不应当主张已登记的保护权利要求所没有包含的主题或者无法从申请原始公开内容获取的主题。[313]

6. 在权利人没有异议或者主张的注销理由证明注销正当的范围内，实用新型部将宣布注销（第15条第3款第2句）。[314]部分注销采取删除或者修改保护权利要求的形式（第15条第3款第1句）。修改说明书或者附图既不充分，也根本不合法。毋宁是通过注销决定的理由，对说明书进行修改。[315]

实用新型权利人没有必要对部分注销后所剩下的权利要求文本表示同意；

---

〔307〕　为了根据《民事诉讼法》第93条节省部分诉讼费用，根据联邦专利法院的判决（BPatG 12. 9. 2003 Befestigungsvorrichtung Mitt. 2004，23），权利人必须根据从一开始就限制答辩；权利人已经递交了限缩的保护请求，并已经在注销请求之前通知了后来的请求人，并不足以确保将实用新型维持在这个范围之内。

〔308〕　BPatG 21. 7. 1993 E 34，64；*Bühring*，§ 16 Rdnr. 33，§ 17 Rdnr. 19；*Loth*，§ 17 Rdnr. 10.

〔309〕　BGH 13. 12. 1994 Lüfterkappe BGHZ 128，150；BPatG 22. 3. 1988 E 29，226.

〔310〕　BGH 11. 3. 1997 Einkaufswagen BGHZ 135，58.

〔311〕　在这一裁决的案件中，部分放弃因缺乏清楚的意思表示而被驳回，因为后来递交的权利要求被不合法地扩大，参见 BGH 28. 10. 1997 Scherbeneis BGHZ 137，60。

〔312〕　BGH 13. 12. 1994 (FN 309).

〔313〕　BGH 14. 9. 2004 Fußbodenbelag GRUR 2005，316 (Nr. Ⅱ 1 c aa).

〔314〕　就注销请求、抗辩和注销仅针对部分的实用新型时的费用分配（Kostenverteilung），参见 BPatG 1. 2. 2002 Dämmelement E 45，53。

〔315〕　*Loth*，§ 17 Rdnr. 50；*Bühring*，§ 15 Rdnr. 97.

在没有其同意的情况下，不会宣布完全的注销。[316]若一项权利要求援引了被注销的权利要求的，依然保留。[317]一个上位权利要求的废除，并不会自动导致依赖其存在的其他权利要求的废除。[318]

如果出现因非法扩大而部分注销，在申请原始公开内容中没有包含的权利要求的技术特征，不能够加以删除；毋宁是，与异议和无效诉讼裁决时遇到这类情况（参见本节 B Ⅱ 8、Ⅲ 8）所建议的一样，根据这一特征不能产生任何权利。[319]

注销对实用新型的废止——完全的或者部分的——将对所有人都产生溯及力。[320]如果注销实质合法，因而登记不曾确立过任何保护效力，注销仅以宣告的方式（deklaratorisch）发挥作用（参见本节 B Ⅰ 3）。但是，在任何情况下注销都剥夺了实用新型正式的效力基础，以致在注销生效之后，实用新型即被视为自始无效，而不管是否在注销之前实用新型已经是这个样子。在注销程序中确定无效（Feststellung der Unwirksamkeit）也以同样的方式起作用。[321]

驳回注销的效力局限在——如同无效宣告诉讼（参见本节 B Ⅲ 9）——已经裁决的某个或者多个注销理由上，并且局限在注销程序的这些当事人之间的关系上（参见第 19 条第 3 款）。[322]请求人无法根据已经"用尽"（verbrauchten）的注销理由提起新的注销请求，即便当他发现了新的材料，而该材料能够支撑其主张过但无效果的保护能力瑕疵。[323]然而，第三人这样做就不受禁止。

7. 根据权利人的请求对实用新型进行注销或者限制——与专利的情况不同（参见本节 B Ⅳ）——并没有规定在法律中。通过放弃只能全部（对将来）废除权利要求，而不能修改权利要求。但是实用新型权利人可以在登记之后递交新撰写的保护权利要求并附上应仅以此为准的声明。专利商标局将不作出任何决定，径直将新的权利要求归入注册文档。[324]在此可这样看待这一程序的效

---

〔316〕 *Bühring*，§15 Rdnr. 98 f.；*Loth*，§17 Rdnr. 43.

〔317〕 BGH 17. 12. 1996 Trennwand GRUR 1997，213；*Loth*，§16 Rdnr. 88.

〔318〕 BPatG 5. 9. 1990（FN 305），vgl. auch oben Ⅲ 8.

〔319〕 BPatG 1. 10. 1990 E 31，109.

〔320〕 Vgl. BGH 13. 12. 1962 Klebemax GRUR 1963，519，521 m. Nachw.

〔321〕 Vgl. *Loth*，§16 Rdnr. 28 f.；*Bühring*，§15 Rdnr. 61.

〔322〕 Vgl. BGH 4. 2. 1997 Kabeldurchführung BGHZ 134，353，359；*Bühring*，§15 Rdnr. 113 f.，§16 Rdnr. 57.

〔323〕 BGH 14. 3. 1972 Schienenschalter Ⅱ GRUR 1972，597，599.

〔324〕 BPatG 13. 4. 1988 E 29，252；1986 年修改的理由接受了这一做法，参见 Bl. f. PMZ 1986，320，324 r.（zu Nr. 3）。在侵权纠纷中，实用新型权利人同样可以主张一项受到限制的保护，即使他从没向专利商标局递交过任何限制性权利要求，参见 BGH 13. 5. 2003 Momentanpol GRUR 2003，867.

力，即权利人对公众负有债法上的责任，其依然只能够在新的权利要求范围内主张实用新型。[325] 很清楚的是，在这里如果新的权利要求涉及一项注销理由，则这些权利要求将不产生效力。如果修改扩大了实用新型保护范围，同样不产生效力。[326]

鉴于创设义务的法律行为基础是合同（《民法典》第 311 条第 1 款）的原则，以及缺乏可以类推的相似性时不适用该原则的情形（例如悬赏广告），以及债的关系意味着特定当事人之间的特殊关系因而很难想象不确定的、无法估算的多数人的情形，认为实用新型权利人对公众负有债法上义务的观点，并不令人满意。因此下面的理由应更加合理，即权利要求的新文本作为面向公众的意思表示，直接作用于源于实用新型的权利（Rechte aus dem Gbm），目的是这些权利的行使不仅不允许超出范围，而且根本没有（再）出现。[327]

---

[325] BPatG 11. 12. 1986 E 29, 8；*Loth*，§ 17 Rdnr. 13 f.；*Hellwig*，Mitt. 2001，106.

[326] *Busse/Keukenschrijver*，§ 4 GebrMG Rdnr. 28.

[327] 在此考虑将实用新型权利人的意思表示理解为对实用新型权利的、没有直接影响登记身份（Registerposition）的一种处置，参见 *Busse/Keukenschrijver*，aaO Rdnr. 29。

第 2 章
欧洲专利法

提示：

1. 本章引用了《欧洲专利公约2000》的条款和2006年12月7日由行政委员会通过的《欧洲专利公约实施细则》的规定[1]，没有引用附加条款。

2. 如无其他说明，法律判决或文献中引用的证据援引的是《欧洲专利公约2000》生效前的法律。前版本中的证据只有当被援引法律的全部内容通过修订显然过时的，才被删去。引用的欧洲专利局的审查指南是与《欧洲专利公约2000》相吻合的2007版权本。

§27　欧洲专利局程序的一般规则

Ⅰ. 欧洲专利局的组织机构与法律地位[2]

1. 欧洲专利局是除行政委员会之外的欧洲专利组织的机构，它在欧洲专利组织监督下执行欧洲专利授权的职能（《欧洲专利公约》第4条第2款、第3款，参见§9Ⅰb）。为实施授权程序，欧洲专利局内设受理处（《欧洲专利公约》第16条）、检索部（《欧洲专利公约》第17条）和审查部（《欧洲专利公约》第18条）。欧洲专利局的职权也包括异议部（《欧洲专利公约》第19条）移交的在有效期内就维持或撤销欧洲专利而提出的异议。为使专利检索和审查得以集中进行（参见§29Ⅰ），欧洲专利局局长根据国际分类确定检索

---

〔1〕　公布于欧洲专利局公报2007年第1期增刊中。公报2007年第4期和第5期的增刊收录了对以前和现行规定的汇编。与《欧洲专利公约2000》相适应的对实践起重要作用的欧洲专利局局长决议、欧洲专利通告和表格见公报2007年第3期和第7期的增刊。

〔2〕　Dazu im EPÜ – GK：*Staab*，Art. 16，21. Lfg.，1997；Dybdahl Österborg，Art. 20，und Gori/ Löden，Art. 21 – 24，18. Lfg.，1995.

部、审查部和异议部的工作范围，上述部门再将工作分派给本部门受过技术教育的审查员。

法律部负责欧洲专利（参见本节Ⅲ 1）以及代理人（《欧洲专利公约》第 134 条）的登记和注销。申诉庭负责审查不服受理处、审查部、异议部和法律部等部门作出的决定所提出的申诉（《欧洲专利公约》第 21 条）。申诉庭包括法律申诉庭、纪律申诉庭和为数众多的技术申诉庭。扩大申诉委员会负责对申诉庭提交的法律问题作出决定，并对欧洲专利局局长提交的法律问题提出意见，对不服申诉庭的决定提出的复审申请作出决定（《欧洲专利公约》第 22 条）。

2. 欧洲专利局是一个跨国家机构，其作出关于欧洲专利的授权或驳回、维持或撤销的决定在对申请或授予欧洲专利尚未明确的缔约国直接产生法律效力，根据其内部组织机构，除申诉庭和扩大申诉委员会外（参见第 3 点），欧洲专利局是一种行政机构，欧洲专利局局长对其工作人员有权行使指示权、监督权和惩戒权，这尤其说明了这一点。

3. 相反，申诉庭和扩大申诉委员会具有司法上的独立性（richterliche Unabhängigkeit）。其成员原则上不能被免职；他们被禁止兼任作出可申诉决定的部门成员；他们作出决定时不受任何指示的约束，只受《欧洲专利公约》的约束（《欧洲专利公约》第 23 条第 1~3 款）。他们不由欧洲专利局局长任命，而是根据欧洲专利局局长的提名由行政委员会任命，并且行政委员会有权对其行使惩戒权（《欧洲专利公约》第 11 条第 3 款、第 4 款）。根据《欧洲专利公约》第 24 条，申诉庭或扩大申诉委员会的成员可能会因参与某一程序，尤其是因参与了同一案件的前期审理而被要求回避，或者因有失公正而不准参与申诉案件的审理。[3] 不同申诉庭人员的确定和职责划分不是由欧洲专利局局长确定的，而是由负责申诉庭的副局长主持的主席团确定。

所以，申诉庭虽是欧洲专利局的机构，但和欧洲专利局的其他机构相比具有独立性。通过这种方式，不需要另外设立特别法院对欧洲专利局的决定进行司法监督，这也满足德国宪法的要求（德国《基本法》第 19 条第 4

---

〔3〕 对在异议申诉程序中因参与作出下述决定而形成的偏见的担忧，即该决定基于针对专利申请驳回的申诉授予了被提出异议的专利，参见 EPA 15. 9. 1999 T 1028/96 Besorgnis der Befangenheit/Du Pont de Nemours ABl. 2000，475。欧洲专利局并没有因此对扩大申诉委员会的成员有失公正说明理由，因为其作为申诉庭的成员在另一案件中参与了裁决，该裁决是向扩大申诉委员会提出的法律问题，参见 EPA 7. 12. 2006 G 1/05 Ausschließung und Ablehnung ABl. 2007，362 = GRUR Int. 2008，55。对有失公正的一般审查和对众多具体有效的情形的评价，参见 EPA 18. 3. 2005 T 190/03 Befangenheit ABl. 2006，502 = GRUR Int. 2007，63。

款）。[4]因此，欧洲专利局申诉庭和扩大申诉委员会具有"准法院"的特性。[5]

4.《关于〈共同体专利条例〉的建议》（参见§7 Ⅱ d bb 2）——和《欧洲专利公约》不同——没有规定在欧洲专利局为共同体专利设立专门的机构。

Ⅱ．一般程序规定

根据欧洲专利局颁布的规定，专利申请书和其他材料不但可以书面形式，而且还可以通过传真[6]或电子形式[7]提交。

a）语言[8]

1．欧洲专利局的官方语言（只能）是德语、英语和法语，借此欧洲专利授权体系得以有效支撑。[9]欧洲专利必须以其中的一种语言提出申请，以其他语言提出申请的，必须翻译成其中一种官方语言（《欧洲专利公约》第14条第2款）。译本必须在申请后2个月内提交（《欧洲专利公约实施细则》第6条第1款）。申请撤回的，不受此限（《欧洲专利公约》第14条第2款第3项）。译本与提交的原始文本不一致的，以最后提交的版本为准（《欧洲专利公约》第14条第2款第2项、《欧洲专利公约实施细则》第7条）。缔约国的官方语言为其他语言而非德语、英语或法语的，在该国有住所或主营业所的自然人或法人也可以使用该国的官方语言提交须按期提交的文件，但在规定期限内须提交所要求的译本，否则该文件视为没有提交（《欧洲专利公约》第14条第4款第3项）。根据《欧洲专利公约》第14条第4款，当事人在按期提交文件或专利申请时有权使用成员国语言但非欧洲专利局官方语言的，可减少20%的费用（《欧洲专利公约实施细则》第6条第3款、《收费规定》

〔4〕　如对欧洲专利局所作出的裁决不服，没有采取德国法院的法律途径，也不能通过行政法途径。《欧洲专利公约》的法律体系和欧洲专利局申诉庭满足《基本法》第19条第4款的最低标准；So VG Müchen 8. 7. 1999 GRUR Int. 2000，77；Bayerischer VGH 20. 11. 2006 GRUR 2007，444. 从联邦宪法法院的判决中提出的基本法保护之要求在《欧洲专利公约》的层面普遍得到了维护，参见 BVerfG4. 4. 2001 GRUR 2001，278。对此问题的进一步深入探讨参见 *Kunz – Hallstein*，Sind Entscheidungen des Europäischen Patentamts vor dem Europäischen Gerichtshof für Menschenrechte und deutschen Gerichten anfechtbar? FS VPP，2005，S. 509 – 528。

〔5〕　Vgl. *Singer*，S. 81. ZumVorschlag, die Beschwerdekammern zu einemeigenständigen Gerichtsorgan der EPO zu machen, *Messerli*，FS Kolle/Stauder，2005，S. 441ff.

〔6〕　Beschlussvom 12. 7. 2007 ABI. Sonderausgabe 3/2007，7（A. 3）.

〔7〕　Mitteilung von 12. 7. 2007 aaO 12（A. 4）.

〔8〕　Zum folgenden *Haertel*，Art. 14，EPÜ – GK，4. Lfg.，1984；Singer/Stauder/*Singer*/*Stauder*，Art. 14；Benkard，EPÜ/*Pignatelli*，Art. 14.

〔9〕　Zu den Vorteilen der Deisprachenregelung *van Benthem*，Mitt. 1983，21 – 25.

第 14 条第 1 款）。[10]这项规定在一定程度上补偿了那些国家官方语言为非欧洲专利局官方语言的人员额外支出的翻译费用。

2. 提交专利申请时所使用的官方语言或根据《欧洲专利公约》第 14 条第 2 款翻译成的官方语言，在欧洲专利局关于该申请或由此而授予专利的所有程序中以及公开专利申请和专利文献时，该官方语言就作为程序语言（Verfahrenssprache）使用。但是，最终的权利要求书还应当翻译成欧洲专利局的其他另外两种官方语言（《欧洲专利公约》第 14 条第 3 款、第 5 款、第 6 款）。在书面程序中，当事人可以使用任何一种欧洲专利局的官方语言（《欧洲专利公约实施细则》第 3 条第 1 款），提交作为证据的书面文件时可以使用任何一种语言，但应当按照欧洲专利局的要求进行翻译（《欧洲专利公约实施细则》第 3 条第 3 款），对专利申请或专利以及分案申请进行修改时均应使用程序语言提交（《欧洲专利公约实施细则》第 3 条第 2 款、第 36 条第 2 款）。在口头审理程序中，对程序语言的使用约束有所松动；在一定的前提条件下使用的语言既不属于欧洲专利局官方语言，也不属于成员国的官方语言（《欧洲专利公约实施细则》第 4 条）。

b）程序原则

在欧洲专利局的程序中，当事人均有听证请求权。[11]欧洲专利局只允许根据当事人事先能够表示意见的理由作出决定。[12]适当考虑当事人陈述也属于让当事人表示意见（《欧洲专利公约》第 113 条第 1 款）。[13]欧洲专利局依职权对事实进行审查，这一审查既不限于当事人援引的事实理由，也不限于当事人提出的申请（《欧洲专利公约》第 114 条第 1 款）。对于未按期提出的事实和提交的证据，欧洲专利局无需考虑（《欧洲专利公约》第 114 条第 2 款，参见

---

〔10〕 Vgl. EPA 23. 9. 1988 J 4/88 Sprache der Anmeldung/Geo ABl. 1989, 483; 9. 10. 1990 T 290/90 Gebührenremäßigung/Savio Plastica ABl. 1992. 368; 6. 3. 1992 G 6/91 Gebührenremäßigung/ Asulab II ABl. 1992, 491; 13. 11. 1992 T 905/90 Gebührenremäßigung/ Albright ABl. 1994, 306, 556; 25. 10. 1999 J 21/98 Ermäßigung der Prüfungsgebühr/Ausimont ABl. 2000, 406.

〔11〕 Dazu *Schmitz*, Mitt. 1993, 165ff.

〔12〕 Vgl. EPA 23. 7. 1982 J 07/82 Wegfall des Hindernisses/ Cataldo ABl. 1982, 391; 26. 6. 1984 T 161/82 Steckkontakt/AMP ABl, 1984, 551; 14. 5. 1986 J 20/85 Fehlende Ansprüche/Zenith ABl. 1987, 102; 4. 10. 2004 T 1110/03 Beweiswürdigung/General Electric ABl. 2005, 362 = GRUR Int. 2005, 714 (Nr. 3); 22. 6. 2007 T 763/04 Sitzmöbel/Badia I Farre GRUR Int. 2007, 1032.

〔13〕 EPA 25. 1. 2007 T 121/06 Garbage Collection/Tao Group GRUR Int. 2007, 862 (Nr. 15. 3) mwN.

《欧洲专利公约实施细则》第116条第1款)[14]。《欧洲专利公约》第117条以未穷尽的方式列举了在审查部、异议部、法律部或申诉庭的程序中最重要的取证方法。《欧洲专利公约实施细则》第117条及以后各条规定了如何取证，尤其是如何进行讯问。宣誓取证基于欧洲专利局的请求由作证人居住地所在国的主管法院完成（《欧洲专利公约实施细则》第119条第2款，第120条第2款、第3款；《欧洲专利公约》第131条第2款）。

依职权调查的原则仅适用于认定事实。当事人提出申请是欧洲专利局启动程序的前提条件。申请人随时可以撤回申请，在通常情况下审查程序终结。[15]也就是适用的是处分原则。欧洲专利局不得强行要求申请人或专利权人接受其不同意的专利申请文本或专利文本，这也符合处分原则（《欧洲专利公约》第113条第2款）。

根据《欧洲专利公约》第116条第1款和第2款，如果一方当事人提出申请，口头审理原则上必须举行。[16]但在受理处阶段，如果欧洲专利局准备驳回该专利申请时，才依申请人的请求进行口头审理；在其他情况下，如果认为口头审理有利于查明事实，才需要进行口头审理。如果当事人和关键事实情况均无改变，允许同一部门拒绝重新提出的口头审理申请。欧洲专利局认为有利于查明事实时可以在任何时候依职权进行口头审理。

根据《欧洲专利公约实施细则》第124条，每一次口头审理程序均应记录在案，内容应包括案件审理的重要环节、当事人法律上的重要说明以及证据采纳的结果。

《欧洲专利公约》第116条第3款和第4款规定了口头审理程序以及决定的公开性。受理处、审查部和法律部进行的口头审理程序不予公开，异议部的口头审理程序一律公开进行。在专利申请公开后，申诉庭和扩大申诉委员会的口头审理是公开的。如果案件的审理可能对一方当事人造成严重和不公平的不利后果，进行口头审理的部门可以不公开审理。

可申诉的决定需要说明理由，[17]并且应当告知可以提出申诉，并附上《欧

---

〔14〕 Vgl. *Schulte*, GURU 1993, 300－305; Liesegang, Mitt. 1997, 290ff.; *Günzel*, Die Behandlung verspätetenVorbringens in den Verfahren vor den Beschwerdekammern des Europäischen Patentamts, ABl. EPA Sonderausgabe 2/2007, 30－47.

〔15〕 例外情形：《欧洲专利公约实施细则》第84条第2款规定的选择性继续异议程序。

〔16〕 Vgl. EPA 16. 4. 1987 T 19/87 Mündliche Verhandlung/Fujitsu ABl. 1988, 268.

〔17〕 申诉庭必须能够根据理由判断一审的结论是否合理，如果提出的理由令人费解或者存在矛盾，那么就存在一个重要的程序缺陷，根据《欧洲专利公约实施细则》第103条，应该退还申诉费用。Vgl. EPA 11. 2. 2003 T 278/00 Naphthyl－Verbindungen/Eli Lilly ABl. 2003, 546 = GRUR Int. 2004, 253.

洲专利公约》第 106 ~ 108 条规定的全文（《欧洲专利公约实施细则》第 111 条第 2 款）。没有告知法律救济手段的，不能由此获得任何请求权；没有告知法律救济手段也不影响申诉期限。

c）期限[18]

1.《欧洲专利公约》和《欧洲专利公约实施细则》或欧洲专利局都对欧洲专利局的程序规定了大量应当注意的期限，期限延误通常会直接导致某项权利的丧失。[19]不过，期限届满后在规定的条件下可以要求继续受理专利申请或恢复原来的状态。

2.《欧洲专利公约实施细则》第 131 条规定了期限的计算方法。[20]根据《欧洲专利公约实施细则》第 132 条的规定，欧洲专利局确定的期限不得少于 2 个月但不得超过 4 个月，特殊情形下不得超过 6 个月。期限届满前可以在特殊情形下请求延长。

根据《欧洲专利公约实施细则》第 134 条第 1 款，如果在期限正常届满之日，欧洲专利局接受文件的收件处不对外开放[21]或者日常邮件未送至欧洲专利局，法定的或由欧洲专利局决定的期限顺延至欧洲专利局的所有收件处下一个对外开放日和寄送邮件的送达日。如果提交的文件按照《欧洲专利公约实施细则》第 2 条许可的方式使用电子设备进行信息传送但未能收到的，同样适用该规定。

除此以外，根据《欧洲专利公约实施细则》第 134 条第 2 款，期限可以因在某缔约国内邮寄或送达邮件时受到干扰而延长，欧洲专利局局长事后公告干扰持续的时间。

期限届满前 10 日内因突发事件，导致邮件在一方当事人或其代理人所在地邮寄或送达时受到干扰，根据《欧洲专利公约实施细则》第 134 条第 5 款，允许当事人提供证据。证据提供后，只要文件最迟在干扰消除后的第 5 日寄出的，则视为文件及时收到。

---

〔18〕 Eingehend（auchzu den Bestimmungen der AusfO）*Schachenmann*，Art. 120，EPÜ' – GK，26，Lfg.，2003. – Zum Begriff der FristEPA 4. 5. 2005 J 18/04 Begriff der Frist/Microsoft ABl. 2006，560 = GRUR Int. 2007，146；《欧洲专利公约实施细则》第 25 条（现第 36 条）没有规定关于申请人基于每一项悬而未决的原申请提出分案申请的期限。因此，如果在提出分案申请时原申请不再处于未决状态，则不能恢复，而是应当根据《欧洲专利公约》第 121 条的规定继续审理。

〔19〕 欧洲专利局不再承认某些文件和费用是在期限内到达德国专利商标局的。欧洲专利局局长和德国专利商标局局长的第 1 号通告结束了对此作出规定的管理协议；s. ABl. 2005，444 und Bl. f. PMZ 2005，273.

〔20〕 Vgl. die EPA – Richtlinien E Ⅷ.

〔21〕 只要不是星期六和星期日，这些日期每年公布于欧洲专利局公报中。

《欧洲专利公约实施细则》第134条第2款和第5款意义上的邮件的送达也等同于《欧洲专利公约实施细则》第2条许可的使用电子设备送达。

3. 对文件的送达规定了诸多期限。[22] 这些期限总是经邮局用挂号信邮寄开始计算，在某些情况下，尤其是当邮寄规定了申诉期限或申请审查期限的文件和传票时，应用挂号信并要求回执（《欧洲专利公约实施细则》第126条第1款第1项）。从信件发出后第10日起视为已经送达，除非信件没有收到或第10日以后收到。如果发生争议，欧洲专利局应证明信件于何日收到（《欧洲专利公约实施细则》第126条第2款）。挂号信被拒绝接收的视为已经送达。

4. 期限遵守取决于费用的缴纳时，应当注意欧洲专利局《收费规定》第7条有关时间点的规定，在以不同方式缴纳费用的情况下时间点为欧洲专利局收到付款的日期。[23] 只要付款人能够证明最迟于期限届满前10日在某缔约国通过某一方式付了款，即使到款延误，也可视为按时付款（《收费规定》第7条第3款）。如果付款人缴纳10%，但最高不超过150欧元的附加费，晚于期限届满前10日，但在期限届满前完成缴纳，即使到款延误，也视为按时付款（《收费规定》第7条第3款（b））。费用可通过任何人进行缴纳，[24] 但在每一情况下应当清楚表明，该款项涉及哪一程序和哪项（些）费用（参见《收费规定》第6条）。

5. 如果申请人延误了欧洲专利局要求遵守的期限，可以请求继续受理专利申请（《欧洲专利公约》第121条第1款）。申请应当在收到期限延误或由此丧失权利的通知后2个月内通过缴纳一定的费用（滞纳金）提出。缴纳费用期限延误的，滞纳金为该项费用的50%，在其他情形下滞纳金为210欧元（《欧洲专利公约实施细则》第135条第1款第1项、《收费规定》第2条第12项）。在相同期限（2个月）内申请人必须完成所延误的行为（《欧洲专利公约实施细则》第135条第1款第2项），对申请由应该对延误行为作出决定的部门作出决定（《欧洲专利公约实施细则》第135条第3款）。如果准许了该申请，则期限延误的法律后果视为未发生。继续受理专利申请不依赖于实体的前提条件。继续受理可以轻易"买到"。

《欧洲专利公约2000》扩大了继续受理专利申请的可能性，申请继续受理以前只能在欧洲专利局自行规定的期限内提出，现在延伸到欧洲专利局的所有

〔22〕 Hierzu*Schachenmann*, Art 119, EPÜ – GK, 26. Lfg., 2003, woauch die einschlägigen Regeln der AusfO behandeltsind.

〔23〕《欧洲专利公约》第5条和《收费规定》第7条、欧洲专利局局长的补充规定；vgl. insbe-sondere die Vorschriften über das laufendeKonto, ABl. Beilage 10/2007.

〔24〕 Rechtsauskunft 6/80 des EPA, ABl. 1980, 303.

要遵守的期限。因此,在《欧洲专利公约》和《欧洲专利公约实施细则》中规定了不适用继续审理的期限,未遵守这些期限的,似乎不适宜继续受理申请。

根据《欧洲专利公约》第 121 条第 4 款,这些期限是优先权期限(《欧洲专利公约》第 87 条第 1 款)、申请申诉并说明申诉理由的期限(《欧洲专利公约》第 108 条)、申请复审的期限(《欧洲专利公约实施细则》第 112a 条第 4 款)、申请继续受理专利申请的期限(《欧洲专利公约实施细则》第 135 条第 1 款)、恢复的期限(《欧洲专利公约实施细则》第 136 条第 1 款)以及《欧洲专利公约实施细则》第 135 条第 2 款规定的《欧洲专利公约》第 14 条第 2 款要求提交专利申请译本的期限(《欧洲专利公约实施细则》第 6 条第 1 款)、真正当事人介入的期限(《欧洲专利公约实施细则》第 16 条第 1 款(a))、《欧洲专利公约实施细则》第 131 条第 1 款(c)和(d)许可补交所寄存生物材料的说明的期限(《欧洲专利公约实施细则》第 31 条第 2 款)、提交在先提出的欧洲专利申请副本的期限(《欧洲专利公约实施细则》第 40 条第 3 款)、缴纳欧洲专利申请年费的期限(《欧洲专利公约实施细则》第 51 条)、关于优先权声明及其改正请求的期限(《欧洲专利公约实施细则》第 52 条第 3 款、第 4 款)、对受理处审查时发现的缺陷进行补正的期限(《欧洲专利公约实施细则》第 55 条)、补交说明书中遗漏部分及附图的期限(《欧洲专利公约实施细则》第 56 条)、对申请文件中的缺陷进行补正的期限(《欧洲专利公约实施细则》第 58 条)、补交要求优先权的专利申请的文件登记号和副本的期限(《欧洲专利公约实施细则》第 59 条)、缴纳《欧洲专利公约实施细则》第 64 规定的继续检索的费用和当事人收到权利丧失通知后申请作出决定的期限(《欧洲专利公约实施细则》第 112 条第 2 款)。

6. 根据《欧洲专利公约》第 122 条,申请人或专利权人恢复到原来的状态只有在排除继续受理的期限情况下才有可能(《欧洲专利公约实施细则》第 136 条第 3 款,参见第 5 点)。对继续受理的期限也属于这些期限(《欧洲专利公约》第 121 条第 4 款第 1 项)。当疏忽期限直接导致欧洲专利申请或请求被驳回、申请视为被撤回、欧洲专利被撤销或者丧失其他任何权利或救济的结果时,则进行恢复原来状态。

客观上恢复原来状态取决于,申请人或专利权人尽管在所有情形下尽到注意义务但仍无法遵守期限。[25]恢复原来状态基于受期限约束的、承担缴费义务

---

[25] 谨慎要求,特别是有代理人和辅助人参与时,参见 Straus, FS Vieregge, 1995, S. 835 – 852; Singer/Stauder/Kroher, Art. 122 Rdnr. 55 – 87; Benkard, EPÜ/Schäfers, Art. 122 Rdnr. 19 – 42; jeweils m. Nachw.

的（550 欧元）、书面的、说明理由的申请而发生（《欧洲专利公约》第 122 条第 1 款，《欧洲专利公约实施细则》第 136 条第 1 款、第 2 款第 1 项）。在申请限期内应完成被延误的工作（《欧洲专利公约实施细则》第 136 条第 2 款第 2 项）。申请期限延误时既不能请求恢复原状（《欧洲专利公约》第 122 条第 4 款第 1 项、《欧洲专利公约实施细则》第 136 条第 3 款），也不能请求继续受理专利申请（《欧洲专利公约》第 121 条第 4 款第 1 项）。负责对延误行为作出决定的部门对这一申请作出决定（《欧洲专利公约实施细则》第 136 条第 4 款）。如果准许了该申请，则期限延误的法律后果视为未发生（《欧洲专利公约实施细则》第 122 条第 3 款）。如果有人信赖某项权利已丧失而开始使用了专利申请或专利发明或为使用专利申请或专利发明作了准备，则其享有继续使用的权利（《欧洲专利公约》第 122 条第 5 款，参见 § 34 Ⅲ）。[26]

　　d）代理

　　1. 原则上在欧洲专利局进行的程序中不强制要求代理（《欧洲专利公约》第 133 条第 1 款）：当事人均可自行处理，但应注意以下例外情况：

　　外国人：根据《欧洲专利公约》第 133 条第 2 款的规定，不管其国籍如何，在缔约国既无居所也无主营业所的自然人或法人必须由代理人代理。虽然他可以不经代理自行提交欧洲专利申请，但余下的程序审理只能经由代理人办理。

　　多人——自始或因继受——作为共同专利申请人或专利权人共同提出异议或共同参加某一程序的，应当根据《欧洲专利公约实施细则》第 151 条指定一名共同代理人，该共同代理人也可以是其中一名当事人。

　　2. 外国人只能由《欧洲专利公约》第 134 条意义上的专业代理人承担必要的代理，原则上这也适用于非必要的代理（《欧洲专利公约》第 134 条第 1 款）。但是，根据《欧洲专利公约》第 133 条第 3 款的规定，在缔约国内有居所或主营业所的自然人或法人可以让一名职员进行代理，该职员不必是专业代理人。此外，如果多个共同参与的当事人不需要专业代理人，而是由其中一名当事人代理的（参见《欧洲专利公约实施细则》第 151 条第 1 款），则不需要专业代理人。

　　在需要一名专业代理人的情况下，可以聘用在欧洲专利局代理人名册上登

---

〔26〕　信任受到保护的前提是权利的产生和废除已为公众知悉。所以，如果申请公开以前出现了权利丧失和恢复，则不能产生继续使用权，参见 EPA17. 1. 1980 J 05/79 ABl. 1980，71；Singer/Stauder/*Kroher*，Art. 122 Rdnr. 140。《欧洲专利公约实施细则》第 69 条第 2 款规定的期限已届满或者法律上已确定权利丧失的效力，也是信任受到保护的前提，参见 EPA 5. 3. 1990 G 1/90 Widerruf des Patents ABl. 1991，275，284f. （Nr. 15）。

记过的专业代理人（第 134 条第 2~6 款，参见 § 9 Ⅲ 2）或是任意缔约国的律师，其在国内设有事务所并有资格代理专利事务（《欧洲专利公约》第 134 条第 8 款）。

3. 根据《欧洲专利公约实施细则》第 152 条和欧洲专利局局长基于该规定颁布的指令[27]，代理人，包括根据《欧洲专利公约》第 133 条第 3 款有权代理的职员，应当提交被代理人签字的授权委托书，该委托书可以涉及某项专利申请或专利，或者涉及所有专利事务的代理。

但是，根据《欧洲专利公约实施细则》第 151 条的规定，如果一名当事人或一名当事人的专业代理人作为共同代理人或由欧洲专利局指定共同代理人，则不需要提交代理委托书。[28]

Ⅲ. 登记、公开、查阅卷宗

1. 欧洲专利局设欧洲专利登记簿，在登记簿中登记的内容有：《欧洲专利公约实施细则》第 143 条第 1 款规定的登记事项：专利申请、专利和申诉以及需要登记的权利转让和许可（《欧洲专利公约实施细则》第 22~24 条）。[29] 欧洲专利局局长可以决定需要登记的其他内容（《欧洲专利公约实施细则》第 143 条第 2 款）。具体案件中登记和撤销由法律部作出决定（《欧洲专利公约实施细则》第 20 条）。在登记簿上登记时应使用全部三种官方语言（《欧洲专利公约实施细则》第 14 条第 8 款）。

任何人均可查阅登记簿；与此相适应，专利申请公布以前不作登记（《欧洲专利公约》第 127 条第 2 款、第 3 款）。[30]

《关于〈共同体专利条例〉的建议》第 56 条规定（参见 § 7 Ⅱ d 6），对于共有专利应设置另外的登记簿。

2.《欧洲专利公约》第 129 条（a）规定，欧洲专利公报应当登载《欧洲专利公约》《欧洲专利公约实施细则》或欧洲专利局规定的应予公布的事项。根据该规定，不必再如《欧洲专利公约 1973》规定的那样，所有登记在登记簿中的事项在专利公报中公开。[31] 对欧洲专利申请和专利文献单独公布（《欧

〔27〕 Beschluss vom 12. 7. 2007 ABl. Sonderausgabe 3/2007, 128 （L. 1）；s. auch EPA – Richtlinien A Ⅸ 1.5.

〔28〕 Vgl. die EPA – Richtlinien A Ⅸ 1.3.

〔29〕 对于已授权的专利，只有当异议期限届满以前或异议程序进行期间完成了权利变更，才被登入专利登记簿中（《欧洲专利公约实施细则》第 85 条）；vgl. EPA 17. 9. Art. 127 Rdnr. 11ff.

〔30〕 Wegen Durchführung und Kosten der Einsichtnahme vgl. Singen/Stauder/dybdahl – Müller – Singer Art. 127 Rdnr. 11ff.

〔31〕 Vgl. Benkard, EPÜ/*Karamanli*, Art. 129 Rdnr. 17.

洲专利公约》第 93 条、第 98 条）。

《关于〈共同体专利条例〉的建议》第 57 条规定，公布共有专利登记簿中的登记内容和其他相关条例（VO）以及《欧洲专利公约实施细则》中规定的事项时，应当将共有专利公布在单独的专利公报上。

欧洲专利局公报和欧洲专利公报不同，欧洲专利局公报登载包括行政委员会作出的决定以及欧洲专利局局长的一般性通知和公告、与《欧洲专利公约》及其适用相关的其他出版物，特别是欧洲专利局作出的决定和法律咨询答复。

欧洲专利公报和欧洲专利局公报，除欧洲专利申请和专利文献外，以全部三种官方语言出版（《欧洲专利公约》第 14 条第 8 款）。

除了《欧洲专利公约》规定的出版物外，为了提供信息，欧洲专利局也发行了大量的其他出版物。[32]尤其是申请人指南和与《欧洲专利公约》相关的国内法的小册子，可以免费获得它们。

3. 查阅卷宗。查阅尚未公布的专利申请文件原则上只有经申请人的同意（《欧洲专利公约》第 128 条第 1 款）。任何人能证明申请人无权申请专利的，可以要求在该申请公布前不经申请人同意查阅卷宗（《欧洲专利公约》第 128 条第 2 款）。[33]如果从尚未公布的专利申请中提出一项分案申请（Teilanmeldung），或因权利人干预根据《欧洲专利公约》第 61 条第 1 款提出一项新的专利申请，该项分案申请或新申请公布后，任何人可以查阅其原始申请文件或者不合法的申请文件，即使该申请未公布且申请人不同意（《欧洲专利公约》第 128 条第 3 款）。这样做尤其保证了能够发现一项分案申请或新专利申请中存在的不允许的扩张部分（Erweiterung），即使在先申请在公布前被取消。

专利申请公布后，任何人可以请求查阅该申请和基于该申请授予的专利的卷宗（《欧洲专利公约》第 128 条第 4 款）；但《欧洲专利公约实施细则》第 144 条（a）~（c）列举的文档部分，尤其是决定和裁定的草案以及发明人放弃公开的发明人署名文件不供查阅。根据《欧洲专利公约实施细则》第 144 条（d），欧洲专利局局长已经决定不提供查阅的实施细则其他文件。[34]根据此项规定，尤其应当考虑到当事人的技术秘密和经营秘密。[35]

在所有情况下，查阅卷宗遵循《欧洲专利公约实施细则》第 145 条规定

---

〔32〕 Vgl. die Übersicht in ABlEPA 2003, 17.

〔33〕 Dazu EPA 6. 11. 1991 J 14/91 Akteneinsicht/Alt Abi. 1993, 479.

〔34〕 Beschluss vom 12. 7. 2007 über von der Akteneinsicht ausgeschlossene Unterlagen ABl. Sonderausgabe 3/2007, 125 （J. 3）.

〔35〕 Art. 1. Nr. 2 des Beschlusses J. 3 （FN34）; vgl. auch EPA 20. 9. 2006 T 1401/05 Dreidimensionales Bild/Photo Craft GRUR Int. 2007, 609.

的案卷查阅程序和欧洲专利局局长规定的条件，从这些条件当中可以得知何种情况应缴纳费用。[36]案卷以电子形式制作的，可以通过在线服务方式免费查阅登记簿。

Ⅳ. 申诉庭和扩大申诉委员会的程序[37]

1. 对受理处、审查部、异议部和法律部的决定可以提出申诉（《欧洲专利公约》第 106 条第 1 款第 1 项）。[38]对于并不终止当事人程序的决定，单独只能根据特别允许进行申诉（《欧洲专利公约》第 106 条第 2 款）。

一项权利丧失并非因欧洲专利局作出的决定所致，就此不能提出申诉。但当事人可以根据《欧洲专利公约实施细则》第 112 条第 2 款，在权利丧失正式通知送达后 2 个月内请求欧洲专利局对此作出决定，如果欧洲专利局认为权利没有丧失的，则将决定通知申请人。其他情况下，欧洲专利局公布确定权利丧失的决定。针对该决定，当事人可以提起申诉。

2. 当事人受到欧洲专利局决定的不利影响，有权提起申诉，以撤销该决定。参与前一程序没有提出申诉的当事人也是申诉程序的当事人（《欧洲专利公约》第 107 条）。但是他们一旦撤回申诉后即当然失去继续程序的权利。[39]《欧洲专利公约》没有规定继续申诉（Anschlußbeschwerde）（参见 § 30 Ⅱ b 4）。

3. 《欧洲专利公约》第 108 条规定了申诉提起的程序。申诉应当在被申诉的决定送达后 2 个月内以书面形式[40]向欧洲专利局提出，并且在期限届满前缴纳了申诉费（1120 欧元），申诉方可生效。申诉书应指明被申诉的决定并提出具体的申诉请求（《欧洲专利公约实施细则》第 99 条第 1 款）。决定送达后 4 个月内应当说明申诉理由。[41]其中要说明基于何种理由应当撤销被申诉的决定或应在何种范围内对其进行修改、申诉有哪些事实依据和证据（《欧洲专利公约实施细则》第 99 条第 2 款）。

---

〔36〕　S. den Beschluss vom 12. 7. 2007 ABl. Sonderausgabe 3/2007, 123 （J. 2）und die EPA – Richtlinien A ⅩⅡ 2. 2.

〔37〕　Zum folgenden die „Hinweise für die Parteien und ihre Vertreter im Beschwerdeverfahren", ABlEPA 2003, 419 – 430; *Moser*, Art. 106 – 112, EPÜ – GK, 20. Lfg. , 1997; *Teschemacher*, Prozessuale Aspekte der Beschwerde – Einlegung, – Begründung und – Erwiderung, FS Kolle/Stauder, 2005, S. 455 – 467.

〔38〕　然而，对欧洲专利局在 PCT 申请的国际阶段仅仅作为国际临时审查的受托局作出的决定不能提出申诉，参见 EPA 27. 11. 1989 J 20/89 Rechtsmittelinstanz （PCT – Fälle）ABl. 1991, 375, 473; 16. 12. 1992 F 15/91 Zuständigkeit der Beschwerdekammer ABl. 1994, 296; 在国际检索程序中对非一致性的指摘提出的异议，申诉庭不再享有管辖权，参见 § 28 Ⅶ。

〔39〕　EPA 29. 11. 1991 G 2/91 Beschwerdgebühren/Krohne ABl. 1992, 206.

〔40〕　不允许电子提交，参见 Mitteilung vom 12. 7. 2007 （FN 7）; vgl. auch EPA 8. 9. 2005 T 514/05 Online eingereichte Beschwerde/Texas Instruments ABl. 2006, 526 = GRUR Int. 2006, 1031。

〔41〕　Vgl. EPA 3. 3. 1983 T 13/82 Beschwerdebegründung/BBS ABl. 1983, 411.

申诉具有中止被申诉决定生效的效力（《欧洲专利公约》第106条第1款第2项）。

但是，针对按照《欧洲专利公约实施细则》第112条作出的确定权利丧失的决定提出的申诉，如果该决定正确，权利早已丧失，则申诉不具有中止被申诉决定生效的效力。如果作出的决定不正确，申诉庭撤销该决定仅仅具有宣告意义。

4. 如果作出被申诉决定的部门认为申诉是允许和有理由的，程序中的其他当事人并不反对申诉人，则应当纠正其决定（《欧洲专利公约》第109条第1款）。[42]如果在3个月内没有纠正其决定，应立即将申诉转交至申诉庭，并对其是非曲直不加评论（《欧洲专利公约》第109条第2款）。[43]

根据哪一部门作出被申诉的决定以及决定的内容如何，由法律背景和技术背景或者仅由法律背景的成员组成的申诉庭决定（《欧洲专利公约》第21条第2~4款）。除了《欧洲专利公约》及《欧洲专利公约实施细则》外，由主席团（参见本节Ⅰ3）作出并经行政委员会批准的申诉庭程序规则对申诉程序起决定性的影响。[44]除非另有规定，申诉程序应当相应适用原来程序（Ausgangsverfahren）的规定（《欧洲专利公约实施细则》第100条第1款）。

5. 如果对不可提出申诉的决定提出申诉，或没有按照形式和期限的要求提出申诉并说明理由，或申诉人无申诉权或没有及时缴纳申诉费（《欧洲专利公约实施细则》第101条第1款），申诉庭则以不被允许为由驳回申诉。如果申诉庭认为申诉人按照《欧洲专利公约实施细则》第99条第1款（a）结合第41条第2款（c）的规定提供必要说明有瑕疵，也没有在规定的期限内消除瑕疵，则同样驳回申诉（《欧洲专利公约实施细则》第101条第2款）。

根据《欧洲专利公约》第110条的规定，对被允许的一项申诉，审查的是其理由根据（Begündetheit）。在审查过程中，申诉庭会按必要性经常要求当事人在规定期限内对其告知或对另一方当事人的书面文件提出意见（《欧洲专利公约实施细则》第100条第2款）。如果专利申请人没有及时答复这些要求，

---

〔42〕 Dazu EPA 28. 1. 2005 G 3/03 Rückzahlung der Beschwerdegebühr/Highland ABI. 2005，344 = GRUR Int. 2005，709；9. 1. 1989 T 139/87 Reglerventil/Bendix ABI. 1990，68. 特别是只有当申请人仅仅对审查部同意授予专利权提出申诉，但是其首先争取否定这种措辞，才应纠正决定，参见 die Rechtsauskunft 15/05（rev. 2）ABI. 2005，357 Nr. 1. 7；dazu unten §29 Ⅳ c 2。

〔43〕 一审机构的管辖权已经随着期限届满而终结，并非首先随着提交给申诉庭的草案而终结，参见 EPA 20. 9. 2006 T 778/06 Sicherheitsbindung/Humbel GRUR Int. 2007，341。

〔44〕 最新版本: 欧洲专利局公报2003，89。

该专利申请则视为撤回，[45]除非被申诉的决定是由法律部作出的（《欧洲专利公约实施细则》第100条第3款）。

专利申请人为了获得专利，在修改专利申请时考虑了尽力对被申诉的决定提出的抗辩，则针对驳回专利申请提出的申诉也是有理由的。[46]

6. 根据《欧洲专利公约》第111条的规定，申诉庭可以在负责作出被申诉决定的部门的权利范围内作出决定（sachentscheidung），或者将案件发回该部门重新决定。[47]如果事实相同，申诉庭的法律评价对作出决定的部门有拘束力。在发回受理处重新处理的情况下，申诉庭的法律评价对审查部有效。

《欧洲专利公约实施细则》第102条列举了决定书中应包含的各项说明和组成部分，尤其应当说明裁决理由。

在《欧洲专利公约2000》之前没有规定不服申诉庭作出的决定的法律救济。但公约修改后，出于某些重要的理由可以请求扩大申诉委员会进行复审（参见第7点）。

7. 根据《欧洲专利公约》第112条和第112a条扩大申诉委员会[48]程序的启动。[49]

如果两个申诉庭对某一法律问题作出了不同的决定，欧洲专利局局长可以将其呈至扩大申诉委员会，要求其表态（《欧洲专利公约》第112条（b））。[50]

申诉庭在案件审查过程中，如果认为为保证裁判的统一或因为涉及具有根本意义的必要法律问题，则基于职权或基于当事人申请可以要求启动扩大申诉

---

〔45〕 如果已撤销的裁决中不是专利申请被驳回，而仅仅是申请（Antrag）被驳回，也是如此。根据《欧洲专利公约实施细则》第88条（现第139条），在更改过程中，应在申请书中指定其他国家，参见 EPA 10. 3. 1997 J 29/94 Rücknahmefiktion/Gonzalez Garcia ABI. 1998，147。

〔46〕 EPA 20. 2. 1990 T 47/90 Zurückweisung/Sumitomo ABI. 1991，486.

〔47〕 Vgl. EPA 30. 11. 1994 G 10/93 Umfang der Prüfung bei ex - parte - Beschwerde/Siemens ABI. 1995，172，177（Nr. 5）；10. 8. 1987 T 63/86 Zustimmung zu Änderung/Kollmorgen ABI. 1988，224.

〔48〕 关于其法律地位、职能、程序和裁决的文章收录于1996年出版的扩大申诉委员会的纪念文集中。

〔49〕 扩大申诉委员会根据《欧洲专利公约实施细则》第13条第2款制定了程序规则。规则条文见欧洲专利局公报增刊1/2008，26。

〔50〕 并非无论如何都要求有歧义的裁决源自不同机构名称的申诉庭，参见 die Vorlage des Präsidenten vom 29. 12. 2003 ABI. 2004，229，263ff.（Nr. Ⅳ）und die Stellungsnahme der GBK vom 16. 12. 2005 G 1/04 Diagnostizierverfahren ABI. 2006，331 = GRUR Int. 2006，514（Nr. 1）。反对该观点的抗辩理由是，当申诉庭——也可能是在另一申诉庭——改变其判决时，分歧就已经发生了。所以，不必再等待有歧义的决定。欧洲专利局局长应该无法在扩大申诉委员会的帮助下撤销该判决，但是在上述案件中其他申诉庭却同意该成问题的申诉庭先前的判决，或许它们在没有欧洲专利局局长介入的情况下作出了新的判决（在诉讼中应当优先，参见§14 Ⅱ d bb 3）。

委员会的程序（《欧洲专利公约》第112条（a））。扩大申诉委员会如果拒绝，必须在其终局决定中说明理由。申诉程序中的当事人也是扩大申诉委员会程序的当事人，即使是受理的申诉庭依职权要求启动扩大申诉委员会程序。在案件审查过程中，扩大申诉委员会的决定对受理的申诉庭具有拘束力。如果在一个其他程序中同一申诉庭或另一申诉庭要偏离扩大申诉委员会的决定或意见，该申诉庭应当将此问题交给扩大申诉委员会。

根据《欧洲专利公约》第112a条和《欧洲专利公约实施细则》第104～109条的规定，不服申诉庭决定的当事人可以请求扩大申诉委员会对该决定进行复审。[51]复审请求不具有中止被申诉的申诉庭决定生效的效力（《欧洲专利公约》第112a条第3款）。复审请求应在规定期限内提出（《欧洲专利公约》第112a条第3款）并缴纳费用（2500欧元），且只能基于下述理由提出：申诉庭成员构成不当；严重违反法律听证规定或违反受专利申请人或专利权人同意的文本约束的规定；不合理地拒绝或不考虑口头审理申请（《欧洲专利公约》第116条）；未对一个与申诉相关的申请作出决定；有法律效力确定的犯罪行为已影响该决定的可能性。如果复审请求没有指责对决定非法施加影响，根据《欧洲专利公约实施细则》第106条，只有当指责申诉程序中可能存在程序缺陷，并且申诉庭驳回该抗辩时，复审请求才被允许。如果复审请求被准许并且是有根据的，扩大申诉委员会撤销决定并裁定申诉庭重启申诉程序。申诉庭作出决定以后，任何人善意使用该发明或者为使用该发明作了认真准备的，允许根据《欧洲专利公约》第112a条第6款的准则继续使用该发明，如果基于扩大申诉委员会的决定表明，申诉庭的决定侵犯了某项专利申请或专利中的权利。

8. 根据《欧洲专利公约》第135条第1款（b）的规定，如果欧洲专利申请被驳回或撤回，或被视为撤回，或者欧洲专利被撤销，缔约国的国内法可以准许在该国就欧洲专利申请的标的申请国内专利。因此，特别是认为受《欧洲专利公约》规定的司法监督不足的缔约国可以让依国内法享有管辖权的法院进行管辖，只要该专利申请涉及该国。在联邦德国的法律中至今尚未规定，未获得欧洲专利局授权的专利申请可以继续申请国内专利。除个别且大多有严格限制的例外，其他缔约国也适用同样的规则。[52]

---

〔51〕 Dazu*Messerli*, GRUR 2001, 979–984.

〔52〕 S. die Hinweise bei Singer/Stauder/*Schennen*, Art. 135 Rdnr. 8–10; Benkard, EPÜ/*Joos*, Art. 135 Rdnr. 5 sowie in „Nationales Recht zum EPÜ" Abschn. Ⅶ.

§28 欧洲专利申请

Ⅰ. 提出申请

1. 根据《欧洲专利公约》第 58 条, 任何自然人或法人以及按照适用的法律同等于法人的任何团体, 都可以申请授予欧洲专利。对此, 申请人应具有权利能力。专利申请可以由数人共同提出（《欧洲专利公约》第 59 条）。

欧洲专利制度也适用于非缔约国和在缔约国没有居所或主营业所的申请人; 甚至也不要求申请人必须属于《巴黎公约》成员国公民或在成员国内有居所或主营业所。然而, 他们在欧洲专利局的程序中必须由专业代理人代理（参见 §27 Ⅱ d）。

2. 原则上申请应使用欧洲专利局的任何一种官方语言提出, 以其他语言提出的, 必须翻译成官方语言（《欧洲专利公约》第 14 条第 2 款, 参见 §27 Ⅱ a 1）。

3. 专利申请递交地根据《欧洲专利公约》第 75 条的规定确定。[1]任何情况下可向位于慕尼黑、海牙或柏林的欧洲专利局提出（《欧洲专利公约实施细则》第 35 条第 1 款）。按照缔约国的国内法的准则, 欧洲专利申请如果不是分案申请, 也可以向缔约国主管工业产权的中央行政机构（或其他主管机构）提出申请。绝大多数缔约国允许这样做。因此, 根据《国际专利条约法》第 Ⅱ章第 4 条第 1 款的规定, 欧洲专利申请也可以向德国专利商标局或通过专利信息中心（《专利法》第 34 条第 2 款）提出。

欧洲专利申请提交后, 受理机构会在文件上标注收到的日期并向申请人出具收条（《欧洲专利公约实施细则》第 35 条第 2 款）。

通过 PCT 的方式也可以产生申请欧洲专利的效果（《欧洲专利公约》第 153 条第 1 款, 参见 §22 Ⅱ C）[2], 如果对于一项国际申请欧洲专利局是指定局或选定局, 并且已确定了该申请的国际申请日, 该国际申请具有符合规定的欧洲专利申请的效力（欧洲 – PCT 申请,《欧洲专利公约》第 153 条第 2 款）。在满足《欧洲专利公约》第 153 条第 3 款和第 4 款以及《欧洲专利公约实施细则》第 159 条规定的条件下, 该申请将被当作欧洲专利申请处理（《欧洲专利公约》第 153 条第 5 款）。这些条件包括: 在任何情况下申请人应当向欧洲专利局缴纳规定的费用; 如该国际申请不是以欧洲专利局的官方语言公开的, 提

---

〔1〕 Dazu *Bossung*, Art. 75 – 77, EPÜ – GK, 7. Lfg., 1986.

〔2〕 Dazu ausführlich *Gruszow*, Art. 150 – 158, EPÜ – GK, 25. Lfg., 2002.

交官方语言的译本。这些必要的行为应当自该国际申请的申请日起31个月内完成。对专利申请提出优先权请求的，该期限自优先权日开始计算。

4. 《欧洲专利公约》没有规定保密申请和保密专利。但是《欧洲专利公约》第75条第2款考虑到了缔约国的法律规定，即因为国家的保密利益阻止直接向欧洲专利局提出专利申请的规定。因此，根据《国际专利条约法》第Ⅱ章第4条第2款的规定，可以向德国专利商标局提出含有国家秘密的欧洲专利申请。如果确实存在国家秘密，德国专利商标局将作为国家保密专利申请来处理（参见§25 A Ⅵ）。[3]

5. 以许可的方式向国家行政机关提交的欧洲专利申请，具有于同一日向欧洲专利局提出申请的相同效果（《欧洲专利公约》第75条第1款第2项）。该国家受理机关应尽快告知欧洲专利局已收到该项欧洲专利申请（《欧洲专利公约实施细则》第35条第3款）。如果不是保密专利申请的主题，根据《欧洲专利公约》第77条，国家行政机关同样负有转递给欧洲专利局的义务。欧洲专利局通知申请人已收到转递来的申请（《欧洲专利公约实施细则》第35条第4款）。

专利申请应当以尽可能快的速度进行转递（《欧洲专利公约实施细则》第37条第1款），专利申请提出后或自要求优先权日起14个月内未转递的，视为撤回申请（《欧洲专利公约》第77条第3款、《欧洲专利公约实施细则》第37条第2款）。[4]在不受受理国保密规定约束的范围内，申请人可以将其申请在其指定的缔约国，作为缔约国国内申请继续处理（《欧洲专利公约》第135条第1款（a）），《欧洲专利公约》第135条第2款和第137条规定了申请的提出和程序（对德国适用《国际专利条约法》第Ⅱ章第9条）。

6. 根据《欧洲专利公约》第78条第1款，申请书的必要组成部分[5]有：授予欧洲专利的请求、说明书、一项或多项专利权利要求、发明描述或权利要求的附图以及摘要。在专利授权申请中，在欧洲专利局受理时所有的缔约国都是被指定的国家（《欧洲专利公约》第79条第1款）。也就是说，申请书中提出的保护要求首先包括所有这些国家。但是，在撤回一个或多个缔约国的指定（《欧洲专利公约》第79条第3款）或没有及时缴纳费用视为撤回的情况下（参见本节Ⅳ），则保护的地域范围可以受到限制。

---

〔3〕 Angaben zu weiteren Vertragsstaaten bei Singer/Stauder/*Teschemacher*，Art. 75 Rdnr. 10 – 17；Benkard，EPÜ/*Thums*，Art. 75 Rdnr. 17 – 20；Nationales Recht zum EPÜ Abschn. Ⅱ.

〔4〕 不考虑恢复专利申请，参见 EPA 31. 1. 1980 J 3/80 ABl. 1980，92。

〔5〕 Dazu *Bossung*，Art. 78 – 81，EPU – GK，8. Lfg.，1986.

《欧洲专利公约实施细则》第 49 条是针对申请文件格式的一般规定（总则）。申请文件应当按照《欧洲专利公约实施细则》第 49 条第 2 款的规定适于复制。《欧洲专利公约实施细则》第 49 条第 9 款规定，申请文件可以包含表格、化学或数学公式。

必须在规定期限内缴纳一定的申请费并指定发明人。请求优先权的，须满足其他要求。分案申请适用特别规定。欧盟法中没有规定增补申请和增补专利（Zusatzanmeldungen und – Patente）。

Ⅱ. 授予专利申请

《欧洲专利公约实施细则》第 41 条规定了授予专利申请的格式和必须包含的内容。申请人须使用表格，该表格在所有申请受理处（参见本节Ⅰ 3）可免费获得。授予专利的请求须由申请人或其代理人签字。[6]

初次申请时，授予专利申请主要内容包含：授予欧洲专利申请书、发明名称（该发明名称是表达简短且准确的技术名称，不允许包含想象名称）、申请人和可能委托的代理人的详细信息。以前要求指定国家已成多余，因为根据《欧洲专利公约 2000》第 79 条第 1 款所有缔约国都可作为指定国。[7]但是对某一国家的指定可能在接下来的过程中对个别国家失去效力（参见本节Ⅰ 6）。如果该申请由数个申请人提出，可能导致指定的这些国家并非对每个申请人都是有效指定，这一点根据《欧洲专利公约》第 59 条（参见《欧洲专利公约实施细则》第 72 条）是允许的，同时根据《欧洲专利公约》第 118 条也没有改变这数个申请人应为共同申请人、申请具有单一性和所有指定国原则上都有同一文本的情况。

根据《关于〈共同体专利条例〉的建议》（参见 § 7 Ⅱ bb 2）第 1 条，共同体专利是指由欧洲专利局根据《欧洲专利公约》授予的使用"共同体"（Gemeinschaft）名称的专利。据此，如果想申请共同体专利的话，应当在申请中指定共同体。但是，对各个或所有共同体的成员国，欧洲专利也可以通过指定这些国家获得，如此就不应作为共同体专利处理了。

Ⅲ. 说明书、权利要求、附图、摘要[8]

a）发明的公开

1. 在申请书中，发明必须明确和完整地公开，以至于专业人员能够实施

---

〔6〕 通过传真或电子形式提交见公报增刊 3/2007，7（A. 3），12（A. 4）。

〔7〕 以前授予专利申请的表格设计是为了包含所有缔约国的指定，因此指定只能事后取消。参见 *Singer/Stauder/Teschemacher*，Art. 79 Rdnr. 8 ff.。

〔8〕 Dazu im EPU – GK，7. Lfg.，1985；Teschemacher，Art. 83 und 84，und Straus，Art. 85.

该发明（《欧洲专利公约》第83条）。[9]如果主张产品本身为发明，专业人员应当能从申请文件中获悉如何制造发明的产品。[10]

虽然按照权利要求中的表述有时出现失败，但专业人员在合理范围内通过尝试不需进行发明且确实能够获得成功的，也具备了充分公开。[11]因说明书给予专业人员在失败时如何处理的足够提示而不需进行尝试的，那么就更保证了必要的公开。[12]

只要确实达到预期结果，一项具体描述的操作方法不需要精确地再现。因此，如果根据说明书来制造一种在方法中使用的生物质粒，其特性会显示自然条件制约的不一致，那么在可修正的公开的要求的观点下（unter dem Gesichtspunkt des Erfordernisses nacharbeitbarer Offenbarung），不损害充分公开。[13]

说明书中的某一错误不损害公开的明确性和完整性，如果专业人员能够基于其一般的专业知识识别并改正它。[14]

2. 初次提交的说明书、权利要求和附图的全部内容是具有法律效力的公开。[15]所有这些申请书的组成部分都是在法律上具有同等价值的公开手段，[16]相反，摘要不属于申请书的公开内容（参见第5点）。

实际上首先用于满足公开要求的是说明书，权利要求书应以说明书为依据（《欧洲专利公约》第84条，参见第3点），如无其他方式和方法或表达顺序能更易于理解或更简明扼要，说明书应根据《欧洲专利公约实施细则》第42

---

〔9〕 Vgl. EPA 6. 8. 1985 T 32/84 Neudefinition einer Erfindung anhand der Beschreibung und der Zeichnungen/Commissariat à L'ènergieatomique ABl. 1986，9；s. auch oben §13. 6 ff.

〔10〕 EPA 22. 7 1983 T 94/82 Zahnradgekräuseltes Garn/ICI ABI. 1984，75，79ff.

〔11〕 EPA 7. 6. 1983 T 14/83 Vinylchloridharze/Sumitomo ABI 1984，105，110f.；9. 3. 1994 T 435/91 Reinigungsmittel/Unilever ABI 1995，188，199f.（Nr. 6. 2）；8. 11. 1995 T 923/92 menschlicher tPA/Genentech ABI. 1996，564（Leits. 3）；4. 1. 1996 T 583/93 Wasserlösliche Polymerdispersion/Hymo ABI. 1996，496，510f.（Nr. 5）.

〔12〕 EPA T 14/83（FN 11）.

〔13〕 EPA 27. 1. 1988 T 281/86 Präprothaumatin/Unilever ABI 1989，202；vgl. auch EPA 16. 2. 1989 T 301/87 Alpha – Interferone/ Biogen ABI 1990，335，346.

〔14〕 EPA 24. 10. 1985 T 171/84 Redox – Katalysator/Air Products ABI. 1986，95，100f.（falscher Zahlenwert im einzigen Ausführungsbeispiel）.

〔15〕 EPA 31. 1. 1994 T 1055/92 Klarheit/Ampex ABI 1995，214；zur Einbeziehung des Inhalts einer Druckschrift, auf die verwiesen ist, EPA 1. 2. 1985 T 6/84 Änderung der Ansprüche/Mobil ABI. 1985，238；21. 1. 1992 T 689/90 Ereignisdetektor/ Raychem ABI. 1993，616.

〔16〕 EPA 25. 3. 1985 T 169/83 Wandelement/Vereinigte ABI. 1985，193；27. 11. 1986 T 68/85 Synergistische Herbizide/Ciba – Geigy ABI 1987，228，232（Nr. 8. 1）；*Teschemacher*（FN 8）Art. 83 Rdnr. 28，31. 一项发明（例如：免安装）的"消极"特征并没有以此充分公开，即：在附图中缺少的仅仅是对某原则的图解说明，而并非对发明所有细节的描述，参见 EPA 5. 7. 1988 T 170/87 Heizgaskühler/Sulzer ABI，1989，441。

条第 1 款进行撰写（《欧洲专利公约实施细则》第 42 条第 2 款）。

根据《欧洲专利公约实施细则》第 42 条第 1 款，说明书要指出发明所涉及的技术领域；为理解发明和有助于检索和审查，要列举申请人所知的现有技术。[17]然后，在权利要求中所表明的发明，说明书应该采用能使要解决的技术任务（technische Aufgabe）（但该技术任务不需明确指出）和其解决方案应可被理解的方式表述。[18]应该结合现有技术说明发明的积极效果。属于申请书组成部分的附图应简明扼要。至少应详细给出一种实施该发明的方法，在适宜的地方通过例证和结合附图加以说明。最后，应当说明该发明以何种方式能够用于工业应用，如果从说明书或发明类别无法明确得出结论的话。[19]发明涉及基因排列和部分排列（teilsequenzen）的，根据《欧洲专利公约实施细则》第 29条第 3 款，应当在专利申请书中具体说明工业实用性（参见 § 14 Ⅲ d bb 3）。

结合《生物技术指令》权衡理由第 23 项（参见 § 14 Ⅲ d bb 3），对所获蛋白质功能的推测性说明不视为对判定能够用于产业使用的合理支撑：对蛋白质没有转换成具有可信功能的 DNA 排列不能授予专利的发明。[20]

涉及生物材料的发明，通常不以专业人员能够补充的方式进行描述。因此，《欧洲专利公约》第 83 条要求的公开可以借助于保藏来实现。《欧洲专利公约实施细则》第 31～34 条详细规定了保藏和保藏生物材料的获得。[21]但说明书应当提及保藏并与保藏的东西相符。如果用保藏的材料生产出来的制品不具有说明书中描述的属性，则不符合以上要求。[22]

如果在专利申请中公开原子核和氨基酸排列，根据《欧洲专利公约实施细则》第 30 条，说明书应当有排列记录，并符合欧洲专利局局长颁布的关于该记录的标准化描述要求。此外该记录应以欧洲专利局许可的数据载体方式提交。[23]

---

〔17〕　Vgl. EPA 15. 4. 1983 T 11/82 Steuerschaltung/Lansing Bagnall ABl 1983, 479, 486ff.

〔18〕　Dazu EPA 28. 10. 1981 T 26/81 Behälter ABl 1982, 211.

〔19〕　鉴于可用于工业使用的广义上的定义（《欧洲专利公约》第 57 条），对此只有在特殊情况下才要求说明，参见 die EPA – Richtlinien C Ⅱ 4. 12. – *Teschemacher*（FN 8）Art. 83 Rdnr. 45f. 特别是在化学材料发明中，在起初的申请书中应当已说明了一般应用领域。反对的观点参见 § 24 A Ⅴ c 6。

〔20〕　EPA（Einspruchsabteilung）20. 6. 2001 Neuer Sieben – Transmembran – Rezeptor V 28 ABl 2002, 293.

〔21〕　Dazu die EPA – Richtlinien C Ⅱ 6；vgl. auch oben § 14 Ⅲ e bb - 对保存的文件登记号进行说明的期限和可恢复性，参见 EPA 21. 12. 1994 Protein/Lindahl ABl. 1999, 495, 500。

〔22〕　EPA 9. 1. 1991 T 495/89 Monoklonaler Antikörper/Ortho GRUR Int. 1992, 457.

〔23〕　*Singer/Stauder/Teschemacher*, Art. 83 Rdnr. 55.

b）权利要求书[24]

1. 权利要求书必须给出请求保护的主题；专利权利要求书必须清楚和简明撰写，并得到说明书支持（《欧洲专利公约》第84条）。

清楚即明确，权利要求应当使专业人员能够明确识别出某物是否落入其中。[25]但是，满足明确的要求不取决于确定这些权利要求所需花费的时间：权利要求的复杂多样性并不意味着缺乏明确性。[26]

  以下情形视为不够清楚：一项对混合物成分含有计量单位极限值的权利要求，混合物成分中的最高份额和另一成分的最低份额总和大于100%[27]；低烃基[28]；援引药学纯度标准的表达方式当成"药学产品"进行说明；[29]针对一种感应器的选择性配置的权利要求，如果专业人员无法判断用这种方法治疗何种疾病；[30]一种蛋白质制作方法的权利要求，该蛋白质具有组织血纤维蛋白溶酶原活性（Gewebeplasminogenaktivators（tPA））的功能，权利要求没有进一步说明人类的组织血纤维蛋白溶酶原活性指的是众多功能中的哪些功能；[31]"基本纯净"以及"基本没有……"的表述。[32]

  如"烃基"（Alkyl）、"芳基族"（Arylgruppen）、"环烷基族"（Cycloalkylgruppen）、"异形细胞族"（heterozyklische Gruppe），其概念的广义

〔24〕 Dazu umfassend *Blumer*, *F.*; Formulierung und Änderung der Patentansprüche im europäischen Patentrecht, 1998; *Schickedanz*, *W.*: Die Formulierung von Patentansprüchen. Deutsche, europäische und amerikanische Praxis, 2000; *Schiuma*, *D.*: Formulierung und Auslegung von Patentansprüchen nach europäischem, deutschem und italienischem Recht, 2000.

〔25〕 S. EPA T 923/92（FN 11）；12. 5. 2000 T 728/98 reins Terfenadin/Albany ABI 2001, 319, 325（Nr. 3. 1）；*Bösl*, Mitt. 1997, 174ff.

〔26〕 EPA 27. 6. 2003 T 1020/98 Safener/Bayer ABI. 2003, 533 = GRUR Int. 2004, 512.

〔27〕 EPA 5. 6. 1981 T 02/80 Polyamidformmassen ABI. 1981, 431；人们可以相信专业人员不可能将组成成分看作无要求的。更确切地说，这是一种形式上的不确定性，它在授权程序中仍被排除，与指导原则中所提出的要求差得太远，在要求的每一项成分中，各份额的总额应当是100%。

〔28〕 EPA 30. 1. 1996 T 337/95 Niederalkyl/Nikon Nokyaku ABI. 1996, 628；；26. 10. 2000 T 1129/97 Benzinidazole/Galderma ABI. 2001, 273.

〔29〕 EPA 7. 2. 2001 T 226/98 Famotidin/Richter Gedeon ABI. 2002, 498.

〔30〕 EPA 14. 6. 2000 T 241/95 Serotoninrezeptor/Eli Lilly ABI. 2001, 103；vgl. auch oben §14 Ⅲ f cc 4.

〔31〕 EPA T 923/92（FN 11）564, 585f.（Leits. 2 und Nr. 26, 27）.

〔32〕 EPA T 728/98（FN 25）326ff.（Nr. 3. 2），330ff.（Nr. 3. 6f.）；但是允许该制品通过（最初公开的）方法加以说明（aaO 334, Nr. 5），这种方法必然导致该制品具有应有的高纯度，因此，它可以作为不确切受指摘的标记删除掉。

不损害明确性，如果这一概念对专业人员来说是清楚明了的。[33]

权利要求书必须得到说明书支持，这意味着一项权利要求的主题必须能从说明书中得出，没有说明的不允许要求权利。[34]说明书对发明的关键性技术特征的描述应当和权利要求书定义该发明所使用的技术特征一致。[35]根据《欧洲专利公约》第84条，一项权利要求"过宽"仍然是正确和无可指摘的；因此，可以提出相关联的一组权利要求，如果专业人员能够建立其中所有的联系，达到所提出的技术效果，这对权利要求基于发明行为来说才是至关重要的。[36]

2. 权利要求书的撰写非常重要，因为专利的保护范围首先是根据权利要求书确定的（《欧洲专利公约》第69条，参见§24 A Ⅲ 1），能够主张权利的，只能是所有在申请书中按照《欧洲专利公约》第83条准则可修正地公开的和根据《欧洲专利公约》第52~57条可授予专利权的发明。[37]

借助一般的专业知识，在所有主张权利的范围内无需过高的耗费，专业人员必须能够实施该发明。[38]

根据说明书，如果一种发动机燃料中的蜡状结晶含量只能借助于添加剂才能达到预期的微小程度，就不能提出无任何添加剂的发动机燃料的权利要求。[39]但是，如果至少清楚地指出一个使专业人员能够实施该发明的方法，就能满足要求；在主张一种产品的权利时，其制造方法是通过功能性的特征进行描述的，这一点尤其适用；在这种情况下，即便一个这样的特征包括不能支配或不能使用的变量（Variante）也不损害公开性，前提是专业人员基于公开或其专业知识知道合适的变量。[40]一项针对生产具有特定属性的转基因非人类哺乳动物的克隆方法的权利要求获得授权，尽管

---

〔33〕　EPA 25. 4. 1991 T 238/88 Kronenether/Kodak ABl. 1992，709.

〔34〕　EPA T 1129/97（FN 28）（Nr. 2.2.）；vgl. Auch *Poth*，Mitt. 1991，225 – 235.

〔35〕　EPA 12. 9. 1995 T 939/92 Triazole/Agrevo ABl. 1996，309.

〔36〕　EPA T 939/92（FN 35）317（Nr. 2.2.3.）.

〔37〕　Vgl. *Poth*（FN 34）；*Breuer*，Mitt. 1998，340 – 346；zu den Grenzen der Zulässigkeit „breiter" Ansprüche *Brandi – Dohrn*，GRUR Int. 1995，541ff.；*Nuss*，*Pumfrey*，*Barbuto*，ABIEPA 2001 Sonderausg. 2，66 – 81，82 – 93，94 – 116（insbes. 106ff.）；*Bossung*，GRUR Int. 1991，439ff. betont die Verantwortung des EPA für eine nicht zu enge Fassung der Ansprüche；nach *Dreiss*，FS Beier，1996，S. 19ff. sollte das EPA Ansprüche nicht ohne Prüfung der erfinderischen Leistung als „zu breit" ablehnen.

〔38〕　EPA T 435/91（FN 11）197（Nr. 2.2.3）；T 923/92（FN 11）（Leits. 2）；8. 5. 1996 T 694/92 Modifizieren von Pflanzenzellen/Mycogen ABl. 1997，408；18. 3. 1993 T 409/91 Dieselkraftstoffe/Exxon ABl. 1994，653；krit. hierzu *Dreiss*（FN 37）.

〔39〕　EPA T 409/91（FN 38）657ff.（Nr. 2 u. 3.2ff.）.

〔40〕　EPA 27. 1. 1988 T 292/85 Polypeptid – Expression/Genentech ABl 1989，275.

在实施例中这种方法仅针对老鼠作了说明；申诉庭注意到了在其他哺乳动物身上这种方法不具有可实施性的迹象。[41]

一般而言，为了支持诸多功能性特征的权利要求，提出权利要求的发明对其一种实施方式的说明是充分的，如果专业人员通过对具体说明的特征进行合适变量和无需过高耗费能够在某一广泛领域内实现相同的效果。[42]

如果一种物质，虽然其本身属于现有技术，但还不是医学应用中的现有技术，根据《欧洲专利公约》第54条第4款（原第5款），在这样的应用（首个医学适应证）中受到保护，这样，根据申诉庭的决定（Beschwerdeentscheidung）和欧洲专利局的指南，专利权利要求不限于申请书中具体公开的应用，而是可以一般涉及该物质在医学应用中的范围。[43]但是，这种观点是以过高评价该物质假设的新颖性为根据的，与扩大申诉委员会对其他适应证的保护可能性的评价并不一致（参见§24 A III 5）。

3. 概括化是允许的，只要它们属于受保护的公开的内容。[44]定义某种技术效果的功能性特征可以包含在一项权利要求中，如果不限制发明原理，其他方法不能客观准确地改写，并且向专业人员公开了足够清楚的原理，专业人员借助合理的耗费——包括进行通常的试验——能够对其实施。[45]

> 一种混合物组成部分不允许通过其功能进行定义，如果在申请书中只公开了个别例子，但不是一个在考虑到相关专业知识前提下的可以概括的技术原理，该原理能够使专业人员在该权利要求全部范围内不需过于耗费实现所追求的效果；所以，"一种添加物，一种去污和洗涤剂的成分在某种状态下通过该添加物得以确定"，在权利要求中通过该功能表示是不够的，如果对此只公开了个别例子，并且根据申请书中的说明和一般的专业知识无法查明其他估计有效的添加物。[46]

通过"免责声明"（Disclaimer）可以从一项一般意义上的权利要求中排除一项以技术特征明确定义的主题，如果在权利要求中保留的主题不能比较清楚

---

[41] EPA 3. 10. 1990 T 19/90 Krebsmaus/Harvard ABl. 1990，476，843ff.（Nr. 30）；然而，已授予的专利在异议程序中因《欧洲专利公约》第53条（a）最终被限制用于老鼠身上，参见§15注脚33。

[42] EPA T 694/92（FN 38）414f.（Nr. 5）.

[43] EPA 12. 1. 1984 T 128/82 Pyrrolidin – Derivate/Hoffmann – La Roche ABl. 1984，164，170f.；EPA – Rechtlinien C IV 4. 8.

[44] Vgl. die EPA – Richtlinien C III 6；*Teschemacher*，（FN 8）Art. 84 Rdnr. 123ff.；*Ford*，GRUR Int. 1985，249ff.（dazu auch aaO 264f.）

[45] EPA T 68/85（FN 16）：协同作用的方法理解为各成分在量上进行混合，产生协同消除效果。

[46] EPA T 435/91（FN 11）.

和比较简明直接（正面）地加以定义[47]或者如果保护范围由于无法给出这样的定义受到过度限制。[48]

在权利要求中，要求保护的对象应借助于发明的技术特征进行表述。一项独立的权利要求应当包含该发明的基本特征，尤其是和最相近的现有技术不同的技术特征。[49]但是，专业人员已知实施专利主题的必要的特征和条件不必明确表述。[50]

参考说明书或附图原则上不足以用来作为一项特征表达（《欧洲专利公约实施细则》第43条第6款）[51]，但是，参考标记作为权利要求中具体表示的特征的标记性表达，则是允许的。它们应当被列入权利要求当中，如果通过这种方式更易于理解（《欧洲专利公约实施细则》第43条第7款）。涉及产品的权利要求必须通过其成分、结构或其他可检验的参数进行表示[52]；允许通过制造方法标示产品的权利要求（"product – by – process" – Ansprüche），如果无法以其他方式进行充分表达。[53]因为权利要求指向的是产品，所以该产品必须满足客观的保护条件，特别是新颖性；标记的方法与已知的不一致并不具备新颖性。[54]

4. 合乎目的的权利要求应当包含一个"上位概念"（Oberbegriff）和一个"具有特征的部分"（kennzeichnenden Teil）。[55]

只有当专利申请涉及数个相互关联的产品[56]，一种产品或装置具有不同

---

〔47〕 EPA 7. 9. 1981 T 04/80 Polyätherpolyole/Bayer ABl. 1982, 149; *Teschemacher*, （FN 8）Art. 84 Rdnr. 105ff.; *Singer*, GRUR 1985, 789, 793f.

〔48〕 EPA – Richtlinien C Ⅲ 4. 20.

〔49〕 EPA T 409/91 （FN 38）659f. （Nr. 3. 3）; T939/92 （FN 35）; T 1055/92 （FN 15）; T 1129/97 （FN 28）.

〔50〕 EPA 18. 11. 1986 T 48/85 Eimeria necatrix/National Research Development Corporation GRUR Int. 1988, 58.

〔51〕 Vgl. EPA 7. 2. 1984 T 150/82 Anspruchskategorien/IFF ABl. 1984, 309, 311.

〔52〕 EPA T 150/82 （FN 51）315; zur Kennzeichnung mittels Parameter, die die physikalische Struktur des Erzeugnisses betreffen: EPA T 94/82 （FN 10）.

〔53〕 EPA T 150/82 （FN 51）315; vgl. auch die EPA – Richtlinien C Ⅲ 4. 12.

〔54〕 EPA 25. 6. 1985 T 205/83 Vinylester – Crotonsäure – Polymerisate/Hoechst ABl. 1985, 363; 21. 1. 1986 T 248/85 Bestrahlungsverfahren/BICC ABl. 1986, 261.

〔55〕 EPA – Richtlinien C Ⅲ 2. 2; vgl. auch EPA 7. 7. 1986 T 170/84 Zweiteilige Form eines Patentanspruchs/Bossert ABl. 1986, 400.

〔56〕 审查指南举例：插头和插座、发送装置和接收装置、中间产品和最终产品、基因 – 基因结构 – 宿主 – 蛋白质 – 药物。一种气体放电灯泡用于工业使用的方法和程序，参见 EPA 2. 8. 2007 T 671/06。除了所采取的一种已经足够实施该发明的方法外，不允许对一种能够替代部分方法的产品提出权利要求，参见 GRUR Int. 2008, 160。

的用途或对某一特定任务具有替代的解决方法，而该解决方法不适合在一项单独的权利要求中出现时（《欧洲专利公约实施细则》第 43 条第 2 款），专利申请才可以——在不损害单一性要求的前提下（参见本节Ⅶ）——包含同一类别（产品、方法、装置或用途）的数个独立的权利要求（主权利要求、从属权利要求）。当然，也允许提出依赖的权利要求（从属权利要求）（《欧洲专利公约实施细则》第 43 条第 3~4 款）。权利要求的总数应该在"合理限度"之内（《欧洲专利公约实施细则》第 43 条第 5 款）。总数超过 15 项的，每多一项权利要求都有增加缴费的义务（《欧洲专利公约实施细则》第 45 条第 1 款，参见本节Ⅳ）。

考虑到只涉及一个或部分指定国存在的保护障碍，可以提出为各个国家规定特殊的权利要求文本，并且相应地提交权利要求的更多的"组"（Sätze）或"系列"（Reihen）。于是权利要求费用的计算仅仅以包含大多数权利要求的组作为计算的基础：该组的权利要求减去 15 项后的项数必须缴纳费用。[57]限于各个国家的保护障碍，可以源于国内的在先权利[58]，以及来自第三人的介入，该第三人仅仅享有对专利申请主题的一部分并非对所有指定国的授予欧洲专利的请求权（《欧洲专利公约》第 61 条、《欧洲专利公约实施细则》第 18 条，参见§20 Ⅲ c 3）。

通过在先权分开引起权利要求系列（Anspruchsreihen）仅在审查程序中允许，前提条件是申请人用合适的方式向审查部门证明存在一项国内在先权利。[59]

c）附图

如果说明书或权利要求涉及图纸，则附图是必要的。在《欧洲专利公约实施细则》第 46 条中详细规定了如何附图。附图应该单独成页提交。授权申请书、说明书、权利要求书以及摘要不允许带有附图。

d）摘要

根据《欧洲专利公约》第 85 条，摘要仅仅是提供技术信息，不能用于其他目的。因此，摘要不能用来确定专利保护范围。摘要不属于提交保护的专利申请公开内容。专利权利要求不能以摘要为支撑。摘要的公开不是根据《欧洲专利公约》第 54 条第 3 款的包括申请日和优先权日的专利申请的在后公开，而是根据《欧洲专利公约》第 54 条第 2 款对更新的申请作为现有技术的公开。

---

〔57〕 EPA 28. 5. 1985 J 04/84 Anspruchsgebühren – Osterreich/Benelux ABl. 1985, 261；Rechtsauskunft Nr. 3 des EPA ABl. 1985, 347.

〔58〕 Rechtauskunft 9/81 des EPA, ABl. 1981, 68；vgl. die EPA – Richtlinien C Ⅲ 8.4.

〔59〕 EPA 10. 8. 1983 J 21/82 Unterschiedliche Anspruchssätze/Warner – Lambert ABl. 1984, 65；Rechtsauskunft 9/81 （FN 58）.

摘要的内容以《欧洲专利公约实施细则》第 47 条为准。要求对在说明书、权利要求书和附图中公开的内容简短描述（Kurzfassung）；简短描述必须包含发明名称，最多不超过 150 字符，指明发明技术领域，并使技术问题、发明解决方案的关键点和主要的应用可能性清楚和容易理解。

如果专利申请包括化学结构式，在摘要中应该将最能反映发明特征的结构式写入。如果专利申请中有附图，申请人应该建议一张（例外情况下多张）附图与摘要一起公开；欧洲专利局不受该建议约束。

Ⅳ. 申请的费用

1. 在递交申请后 1 个月内应该缴纳申请费（在线申请 100 欧元、其他申请方式 180 欧元），以及检索费 1050 欧元（《欧洲专利公约》第 78 条第 2 款、《欧洲专利公约实施细则》第 38 条）。在同样期限内，最晚在延误缴纳通知后 1 个月内，如果权利要求数量超过 15 项，从第 16 项权利要求起每增加一项权利要求，必须增加缴纳 200 欧元费用。从 2009 年 4 月 1 日起，从第 51 项权利要求起，每增加一项权利要求，缴纳 500 欧元。

根据《欧洲专利公约实施细则》第 39 条第 1 款，每指定一个成员国需缴纳 85 欧元。共同指定瑞士和列支敦士登只需缴纳一次费用。合计缴纳最高为一项指定费用的 7 倍；这样，指定所有成员国的费用不超过 595 欧元。从 2009 年 4 月 1 日起，缴费规则改变，仅需缴纳单一的指定费 500 欧元。

缴纳期限在欧洲专利公报登载检索报告公开的信息日期后 6 个月才期满，同时也是申请实审的期限。因此，申请人可以在了解检索报告的情况下决定，最终在哪些成员国获得欧洲专利。但是，根据未来的规则，申请人仍然必须全额缴纳单一的指定费，即使其被寻求专利保护的成员国少于 7 个。

对欧洲专利局是指定局或选定局的国际专利申请，缴纳申请费和指定费的期限为申请日或优先权日起 31 个月，也即进入“地区阶段”（regionale Phase）日期到期后 1 个月（《欧洲专利公约实施细则》第 159 条第 1 款（c）、（d），参见 PCT 第 29 条、第 33 条）。如果有必要制作补充的欧洲检索报告，适用同样的缴纳费用期限（《欧洲专利公约实施细则》第 159 条第 1 款（e）结合《欧洲专利公约》第 153 条第 7 款，参见 § 29 Ⅱ 4）。缴纳权利要求费，原则上同样必须在上述期限内，最晚在收到官方有关延误缴费通知后 1 个月内完成（《欧洲专利公约实施细则》第 162 条第 1 款、第 2 款第 1 项）。

2. 根据《欧洲专利公约》第 86 条[60]，欧洲专利申请年费（Jahresgebühren）向欧洲专利局缴纳，而且从申请日开始计算，从第 3 年开始交，最后一次缴费

---

[60]　Dazu *Gall*, Art. 86, EPÜ – GK, 7. Lfg., 1985.

是专利授权公开的当年。[61]

欧洲专利年费按照授权成员国的国内法规定缴纳（《欧洲专利公约》第141条，参见§30Ⅰ3）。

欧洲专利申请年费到期日，是申请日在下一年度满一年的当月的最后一天。年费最早可以在期限届满前一年有效缴纳（《欧洲专利公约实施细则》第51条第1款）。到期还未缴纳年费，可以在到期后6个月内缴纳，并缴纳10%的滞纳金（《欧洲专利公约实施细则》第51条第2款、《收费规定》第2条第5项）。

年费数额以到期日的费率为准。

3. 不缴纳费用的法律后果是丧失权利。申请费或检索费不缴纳或不完全缴纳，视为撤回申请（《欧洲专利公约》第78条第2款第2项）。如果年费或滞纳金未及时缴纳，同样丧失权利（《欧洲专利公约》第86条第1款第2项）。未及时缴纳指定费，其后果是对涉及的国家的指定视为撤回（《欧洲专利公约实施细则》第39条第2款）。如果根本未缴纳指定费，视为撤回全部申请（《欧洲专利公约实施细则》第39条第3款）。

缴纳不足所有指定国家的指定费，根据《收费规定》第8条第2款，除申请人另有要求，根据指定顺序确定指定国家，这样在后指定的国家视为没有指定。根据未来的规定单一指定费规则，如果指定费缴纳不足，专利申请应该视为撤回。

不缴纳权利要求费视为放弃相关的权利要求（《欧洲专利公约实施细则》第45条第3款）。但是，这并不排除在授权程序过程中通过新权利要求文本使用专利申请书原始公开的内容。如果在这一过程中有需缴纳费用的权利要求，只有这一费用在专利授权公告后没有及时缴纳，才产生权利丧失的后果（《欧洲专利公约实施细则》第45条第1款，第71条第6款、第7款）。

在延误缴纳年费期限的情况下，可以根据《欧洲专利公约》第122条和《欧洲专利公约实施细则》第136条申请恢复；在延误其他缴付期限的情况下根据《欧洲专利公约》第121条和《欧洲专利公约实施细则》第135条，可以申请继续处理（参见§27Ⅱc5、6）。

Ⅴ. 指明发明人

1. 如果申请人是发明人，应在授权申请书上指明（《欧洲专利公约实施细则》第19条第1款第1项）；其他情况下，应在分类的书面文件中指明发明人（《欧洲专利公约实施细则》第19条第2款），其内容按《欧洲专利公约》

---

[61] 第3年到第9年的费用（单位：欧元）：400、500、700、900、1000、1100、1200；第10年起每年1350欧元。

第81条和《欧洲专利公约实施细则》第19条第1款第3项的规定书写。[62]应该使用在欧洲专利局所有的专利申请受理处提供的表格。欧洲专利局不审查指明发明人的内容是否正确。

2. 如果指明发明人没有同时和专利申请一起完成，欧洲专利局会通知申请人驳回专利申请。如果在申请日或优先权日后16个月内没有补交指明发明人的文件，但在公开专利申请的技术准备工作完成以前告知上述信息，视为遵守期限。

对根据《欧洲专利公约》第61条第1款（b）（原申请人无权申请情况下）真正有权利申请专利的人的补充专利申请或分案申请，发明人指明文件应该在官方确定的期限内补交（《欧洲专利公约》第60条第2款）。对欧洲专利局作为指定局或选定局的国际专利申请，如果在进入"地区阶段"（《欧洲专利公约实施细则》第159条第1款）期限届满时指明发明人的名单没有提交，则必须在相应的要求提出后2个月内补交（《欧洲专利公约实施细则》第163条第1款）。

3. 放弃作为发明人被指明（《欧洲专利公约实施细则》第20条第1款）和修正发明人指明所要求的同意声明应该以书面形式提交给欧洲专利局。[63]

Ⅵ. 优先权声明和证据

1. 因欧洲专利组织本身不是《巴黎公约》成员，有关在先申请的优先权适用于欧洲专利申请的条件和优先权的作用必须在《欧洲专利公约》中作出规定。出于种种原因没有采用援引《巴黎公约》的方式规定优先权。相反，在《欧洲专利公约》第87～89条和《欧洲专利公约实施细则》第52条、第53条中确立了独自的规则，[64]但内容上基本与《巴黎公约》第4条的相关部分相一致，在任何情况下《巴黎公约》规定的所有义务被认为满足了要求。[65]

2. 在《巴黎公约》成员国或对其发生效力的专利、实用新型或实用新型证书的申请构成优先权的理由（《欧洲专利公约》第87条第1款（a））；通过《欧洲专利公约2000》，在WTO成员或对其发生效力的申请适用同一规则，即使该国不属于《巴黎公约》成员国（《欧洲专利公约》第87条第1款（b））。

在既不属于《巴黎公约》成员国又不属于WTO成员的行政当局的专利申请形成优先权，如果欧洲专利局局长已经发布公告，该行政当局根据《巴黎

〔62〕 Dazu die EPA – Richtlinien A Ⅲ 5；vgl. auch oben § 20 Ⅳ b.

〔63〕 EPA – Richtlinien A Ⅲ 5.2 und 5.6.

〔64〕 Vgl. EPA 11. 6. 1981 J 15/80 ABl. 1981, 213, 216.

〔65〕 Vgl. *Teschemacher*, Anmeldetag und Priorität im europäischen Patentrecht, GRUR Int 1983, 695 – 702（697）.

公约》规定的优先权类似的条件和效力认可了欧洲专利申请的优先权（《欧洲专利公约》第 87 条第 5 款）。

对在先申请中指定的国家，优先权给在后申请带来好处。[66]因为在先申请也可以是欧洲专利申请，专门规定"内部优先权"（innere Priorität）就没有必要了。[67]对有利于指定德国的欧洲在后申请，要求在德国专利商标局提交的专利申请的优先权，任何情况下不会导致该申请根据德国《专利法》第 40 条第 5 款视为撤回的结果。这里仅仅是应该适用《国际专利条约法》第 II 章第 8 条（参见 §24 A IX a aa 1、b 3，§26 A III b）。

欧洲专利局允许，同意在先申请的优先权在优先权期限内，用于为多个有权的欧洲在后申请主张优先权，也就是，该局不认为优先权通过第一个在后申请用尽。[68]

"符合规定的国内申请"的要求规定在《欧洲专利公约》第 87 条第 2 款和第 3 款（相应于《巴黎公约》第 4A 条第 2 款和第 3 款）。首次申请的概念[69]，从首次提交起计算 12 个月的优先权期限，规定在《欧洲专利公约》第 87 条第 4 款（相应于《巴黎公约》第 4C 条第 4 款）[70]。有权利主张优先权的，是在先申请的申请人或权利承继人。在后申请的申请人无须是《巴黎公约》第 2 条和第 3 条意义上的公约成员。[71]

3. 主张优先权以《欧洲专利公约》第 88 条和《欧洲专利公约实施细则》第 52 条和第 53 条为准，这些条款与《巴黎公约》第 4D 条、第 4F 条和第 4H 条一致。[72]优先权声明包括在先申请日和案号以及提交的国家（《欧洲专利公约实施细则》第 52 条第 1 款）。优先权声明应该在提交欧洲专利申请时提

---

〔66〕 所谓的自行指定，参见 BGH 20. 12. 1981 Roll – und Wippbrett BGHZ 82，88.

〔67〕 EPA 17. 6. 2004 T 15/01 Seuchenhafter Spätabort der Schweine/SPLO ABl. 2006，153 = GRUR Int. 2006，422（Nr. 26）.

〔68〕 EPA T 15/01（FN 67）Nr. 27 – 39 m. Nachw. ; anders nur EPA 15. 9. 2003 T 998/99 Hautäuivalent/L' Oréal ABl. 2005，229 = GRUR Int. 2005，606; hiergegen mit eingehender Begründung T15/01（Nr. 34 ff.）; krit. auch *Bremi/Liebetanz*，Mitt. 2004，148，152 f.

〔69〕 有学者特别指出，同样发明的在后申请，只要其回溯到同样的申请档案，也就是说不涉及一项平行发明，如果该申请有一个另外的申请人提出第一次申请，那么不构成优先权的理由，参见 *Teschemacher*，Mitt. 2007，536 ff.

〔70〕 一项专利申请，其仅仅通过对保护范围的限制（如通过一个弃权声明）与一项在先申请相区别，并对发明的性质没有任何改变，那就不是优先权主张的根据，如果该在先申请不是毫无痕迹消失的，参见 EPA 12. 9. 1991 T255/91 Priorität/Air Products and Chemicals ABl. 1993，318。

〔71〕 *Teschemacher*（FN 65）699.

〔72〕 Dazu auch die Beschlüsse über die Einreichung von Prioritätsunterlagen ABl. Sonderausgabe 3/2007，22（B. 1）und 24（B. 2）.

交，但也可以在优先权日后 16 个月内提交（《欧洲专利公约实施细则》第 52 条第 2 款）。在同样的期限内应该提交在先申请的副本，副本和提交日期必须经接受在先申请的行政当局认证（《欧洲专利公约实施细则》第 53 条第 1 款）。

在特定情况下，根据欧洲专利局局长确定的条件，欧洲专利局接受在后申请的档案副本（《欧洲专利公约实施细则》第 53 条第 2 款）。目前这一规则适用于在先申请是欧洲申请或在欧洲专利局提交的或进入"地区"阶段的国际申请或在日本特许厅提交的申请。[73]

如果在先申请的语言不是欧洲专利局的官方语言，该局要求翻译文本的，根据《欧洲专利公约实施细则》第 53 条必须提交官方语言译本，因为优先权主张的有效性关系到对申请的发明的可专利性的判断。如果提交声明表明欧洲专利申请是在先申请的完整译本，不需要再翻译。

如果在任何关键期限届满时没有提供在先申请登记号或相关认证的副本，欧洲专利局可要求申请人在规定的期限内消除瑕疵；不遵守期限的，优先权消灭（《欧洲专利公约实施细则》第 59 条、《欧洲专利公约》第 90 条第 5 款第 2 项）。[74]

优先权声明根据《欧洲专利公约实施细则》第 52 条第 3 款可以修正。修正必须在优先权日后 16 个月内，但最晚在欧洲申请日后 4 周内完成。

4. 对同一欧洲专利设置多个优先权是允许的，即优先权源于不同国家（《欧洲专利公约》第 88 条第 2 款）。对从优先权日起算的期限的开始，最早的优先权日是关键。

5. 根据《欧洲专利公约》第 89 条，优先权的效果在于：在适用《欧洲专利公约》第 54 条第 2 款、第 3 款和第 60 条第 2 款的情况下，优先权日是欧洲申请日。据此根据优先权日确定现有技术，以此判断申请主题的可专利性；确定与其他申请的关系，只要这些申请具有相同的主题和来自相同的缔约国。但是，对任何有效主张的优先权，优先权的范围仅是欧洲申请中符合形成优先权的在先申请中的公开内容（Offenbarungsgehalt）[75]的主题。

在欧洲在后申请中主张的主题在在先申请中没有公开，就像扩大申诉委员会已作出的决定那样，主张优先权是无效的，因为在先申请和在后申请涉及的

---

〔73〕 Vgl. Singer/Stauder/*Spangenberg*，Art. 88 Rdnr. 21.

〔74〕 Vgl. EPA 17. 7. 1980 J 01/80 ABl. 1980，289.

〔75〕 Es genügt nicht，daß der Gegenstand der Nachanmeldung von dem in einem Anspruch der Voranmeldung definierten Schutzbereich umfaßt wird，EPA 29. 1. 1991 T 409/90 Avalanche – Photodioden/Fujitsu ABl. 1993，40.

不是同一发明；后果是在优先权间隔期间发表的和在先申请相同内容的文献可以对抗欧洲在后申请[76]。为避免这一法律后果，尽管在先申请和在后申请有一定程度不一致，一些申诉庭的决定以各种理由认为两者涉及同一发明。因此扩大申诉委员会明确，只有专业人员运用一般专业知识能够直接和明确从在先申请中得出欧洲专利申请中的权利要求的主题，才能根据《欧洲专利公约》第88条确认在先申请的优先权适用于欧洲专利申请中的权利要求[77]。在先申请公开的内容根据判断，《欧洲专利公约》第83条下一项申请的公开内容的同样原则进行判断。但上述两个决定的意义在于排除了在同一权利要求内主张部分优先权[78]。

Ⅶ. 申请主题的单一性[79]

1. 根据《欧洲专利公约》第82条，欧洲专利申请仅允许包括一项发明或者是实现一个共同的发明思想互相关联的一组发明。[80]这一规定的目的，是确保授权程序合理进行和快速确定有关申请和专利的信息所要求的清楚明确性，防止不合理的费用节省，同时又不造成属于整体的东西被没必要地拆解。[81]

根据《欧洲专利公约实施细则》第44条，一项发明组要满足《欧洲专利公约》第82条的单一性要求，"相关各项发明必须在一个或多个相同或相应的独特技术特征上表现出技术上的关联性"，独特技术特征是指作为整体的各项发明对现有技术贡献的特征。是否有技术关联的问题，不取决于在分类的权利要求中的发明或者在一个唯一的权利要求内的替代方案被主张。就国际申请，《专利合作条约实施细则》在其第13.1～13.3条中包含了与《欧洲专利公约》第82条和《欧洲专利公约实施细则》第44条一致的规则。

2. 在欧洲专利局，在大多数情况下制作检索报告第一个理由是为了审查单一性，因为在无需审查单一性的情况下，检索最初仅是针对申请主题的一部分，对其他部分只有缴纳增加的费用才进行检索（参见§29 Ⅱ）。这同样适用欧洲专利局作为国际检索局根据PCT进行的检索工作。根据《欧洲专利公约

---

〔76〕 EPA 18. 6. 1994 G 3/93 Prioritaetsintervall ABl. 1995，18.

〔77〕 EPA 31. 5. 2001 G 2/98 Erfordernis fuer die Inanspruchnahme einer Prioritaet für „dieselbe Erfindung" ABl. 2001，413.

〔78〕 11. 9. 2001 Luftverteiler GRUR Int. 2002，154；14. 10. 2003 elektrische Funktioneinheit GRUR 2004，133（Nr. Ⅱ 2）；vgl. – auch zur Kritik – oben §24 A Ⅸ a bb.

〔79〕 Dazu *Teschemacher*，Art. 82，EPÜ – GK，7. Lfg.，1985.

〔80〕 Zu diesem Erfordernis EPA 19. 12. 1990 W 6/90 Einzige allgemeine Idee/Draenert ABl. 1991，438.

〔81〕 EPA 8. 3. 1983 T 110/82 Benzylester/Bayer ABL. 1983，274，278；9. 12. 1991 G 1/91 Einheitlichkeit/Siemens ABL. 1992，253.

2000》生效前的规则，申诉庭不仅对涉及欧洲检索费决定的申诉作出决定，而且根据《欧洲专利公约》第 54 条第 3 款结合《欧洲专利公约实施细则》原第 105 条第 3 款，也对欧洲专利局作为检索国际局确定的增加费用的异议作出决定。由此相对而言形成了对单一性问题的丰富的司法实践。根据《欧洲专利公约 2000》，申诉庭不再负责对异议作出决定。在《欧洲专利公约实施细则》第 158 条第 3 款的基础上，《欧洲专利公约 2000》引入了与《专利合作条约实施细则》第 40.2 条 (c) ~ (e) 规定相一致的复审处（Überprüfungsstellen）的简化程序。[82]

3. 例如，以下专利申请具有单一性：在申请中不仅主张中间产品和制造方法，而且主张最终产品和最终产品制造方法[83]；主张一种混合物和该混合物的重要组成部分或者这一组成部分的一种严格定义的变体[84]；一种方法和一种为实施该方法专门开发的设备，即使不仅仅为了这样的使用主张对这一设备的权利[85]；一种产品涉及的不同特性既可以用于治疗也可以用于美容化妆的用途[86]；若干产品和一种制造这些产品的方法权利要求，即使除此之外这一方法还可用于制造其他产品[87]。

Ⅷ. 分案申请[88]、根据《欧洲专利公约》第 61 条的新申请

1. 对在一个欧洲申请的公开内容中包括的主题，根据《欧洲专利公约》第 76 条，这一申请的申请人或多个申请人[89]可以提交一项欧洲专利分案申请。在在先申请中指定的所有成员国视为分案申请的指定国（《欧洲专利公约》第 76 条第 2 款）。在先申请（原始申请）的申请日视作分案申请的申请日。一项对在先申请有效主张的优先权有利于分案申请的，无需重新作出优

---

〔82〕 Beschluss und Mitteilung vom 24. 6. 2007 ABl. Sonderausgabe 3/2007, 140（N. 1）und 146（N. 2）. Für internationale Anmeldungen, die vor Inkrafttreten des EPÜ 2000 bereits eingereicht waren, gilt aber noch die alte Regelung; vgl. Singer/Stauder/*Hesper*, Art. 154 Rdnr. 79.

〔83〕 EPA T 110/82（FN 81）; 29. 4. 1982 T 57/82 Copolycarbonate ABl. 1982, 306, 309 f.; 27. 4. 1987 T 35/87 Hydroxypyrazole/BASF ABl. 1988, 134; 11. 5. 1992 T 470/91 Einheitlichkeit/ICI ABl. 1993, 680.

〔84〕 EPA 5. 6. 1987 W 07/85 Isolierpulver/Minnesota ABl. 1988, 211.

〔85〕 EPA 28. 11. 1988 W 32/88 ABl. 1990, 138.

〔86〕 EPA 14. 5. 1985 T 36/83 Thenoylperoxid/Roussel – Uclaf ABl. 1986, 295.

〔87〕 EPA 20. 10. 1999 W 11/99 Percarbonat GRUR Int. 2000, 768.

〔88〕 Vgl. *Strebel*, Die europäische Teilanmeldung, Mitt. 1982, 129 – 138; *Bossung*, Art. 76, EPÜ – GK, 8. Lfg., 1986.

〔89〕 Mehrere Anmelder der Stammanmeldung können eine Teilanmeldung nur gemeinsam einreichen, EPA 4. 2. 2004 J 2/01 Teilanmeldung/The Trustees of Dartmouth College ABl. 2005, 88 = GRUR Int. 2005, 507.

先权声明。[90]因此，分案申请源于一项其他的申请，并在维持该申请时间顺序的条件下，单独就该申请的主题的一部分，行使由该申请形成的授权请求权。

在权利要求中的重合是允许的；因此，允许原始申请的一个独立权利要求包括一项分案申请的附属权利要求的所有特征和一个增加的特征。[91]

时间顺序限于在先申请公开的内容。分案申请的主题超出公开内容的，在先申请没有作用，对分案申请提交的时间点也没有作用。[92]在授权程序中不合法的扩张权利应当排除。[93]

分案申请不再被认为是允许的，如果原始申请的申请人在没有保留分案申请的情况下删除了权利要求。[94]采用部分放弃在欧洲申请上会遇到疑问（参见§25 A Ⅷ d）。但是，分案申请在申诉庭驳回后是允许的，尽管申请人对申诉庭决定的授权文本表示了同意。[95]

如果支撑分案申请的申请也是一个分案申请，第二个分案申请必须限于在第一个分案申请可能被限制的公开内容范围内。[96]因此，如果原始申请还在程序中，建议附加的分案申请以原始申请为支撑。另外，在最近的一些决定中，"第二代"（zweite Generation）的分案申请受到很强的限制。这样，第二代的分案申请，其以超出原始申请的"第一代"的分案申请为支撑，被否定了有效性，因为第一个分案申请已经无效了。[97]但是，《欧洲专利公约》第76条第1款的用语[98]更表明，超出原始申请公开内容的分案申请的公开内容享有原始申请的登记日，[99]只要申请的主题在原始申请的公

---

〔90〕 Vgl. die EPA – Richtlinien A Ⅳ 1. 2. 2.

〔91〕 EPA 12. 5. 2000 T 587/98 Anspruch der Teilanmeldung kollidiert mit Anspruch des Stammpatents ABl. 2000, 497.

〔92〕 *Strebel*（FN 88）130 f.

〔93〕 EPA – Richtlinien A Ⅳ 1. 2. 1.

〔94〕 EPA 10. 7. 1986 J 14/85 Verzicht auf Anspruch ABl. 1986, 395.

〔95〕 EPA 6. 5. 1999 J 8/98 Teilanmeldung ABl. 1999, 687.

〔96〕 EPA 30. 3. 2006 T 1409/05 Folge von Teilanmeldungen/Seiko ABl. 2007, 113（Nr. 3. 2. 30）m. Nachw.

〔97〕 EPA 13. 7. 2004 T 1158/01 Teilung einer Teilanmeldung/Tritonic ABl. 2005, 110 = GRUR Int. 2005, 431; krit. *Schmidt – Evers/Thun*, Mitt. 2006, 79 f. ; ablehnend EPA 1409/05（FN96）Nr. 3.2.2, 3.2.27 – 31.

〔98〕 „Soweit diesem Erfordernis entsprochen ist" – „in so far as this requirement is complied with" – „dans la mesure, où il est satisfait à cette exigence".

〔99〕 EPA T 1409/05（FN96）Nr. 3. 2. 13 zeigt, dass die Zuerkennung eines Anmeldetags für die Teilanmeldung nicht davon abhängt, dass sie sich im Rahmen des Offenbarungsgehalts der Stammanmeldung hält.

开内容框架内即可。于是这一分案申请不是"无效",[100]而是仅仅不合法扩张了在授权程序中可以提出的东西。[101]这同样适用于第二分案申请,如果其超出了原始申请公开内容或第一分案申请可能更窄范围公开内容,在这里起决定作用的是先前申请的整体公开内容,而不是在这(些)申请中主张的权利。[102]扩大申诉委员会面临的问题是:一个分案申请超过在先申请的法律后果[103]问题和在多个分案申请的系列上这种扩张的不合法性的必要条件的问题。[104]

2. 由于分案申请涉及原始申请,提交分案申请可以直接在欧洲专利局,但不能在国内局(《欧洲专利公约》第 76 条第 1 款第 1 项、《欧洲专利公约实施细则》第 36 条第 2 款)。在提交时仍以原始申请的程序语言为准。

此外,通过分案申请启动的程序是独立的。与德国《专利法》中的分案规则不同(参见 § 25 A Ⅸ),该程序不是原始申请程序的继续。相反,分案申请是如同一个新的申请对待的。[105]

3. 根据 2002 年 1 月 1 日生效的规则[106],分案申请可以对每一个悬而未决的在先的申请提交,该在先的申请可以是一个分案申请。该在先的申请从提交直

---

[100]　Zutreffend weist EPA T 1409/05(FN 96)Nr. 3.2.2 darauf hin, dass die Begriffe „gültig" und „ungültig" im EPÜ nicht vorkommen.

[101]　So die EPA – Richtlinien A Ⅳ 1.2.1, C Ⅵ 9.1.4; vgl. auch *Bremi/Harrison*, Mitt. 2006, 49, 51, 52 f.; *Schmidt – Evers/Thun*, Mitt. 2006, 56 f.

[102]　Krit. zu Entscheidungen, die auf die Ansprüche der vorausgehenden Anmeldung(en)abstellen, EPA 1409/05(FN 96)Nr. 3.1.1 – 3.1.8 m. Nachw.; *Bremi/Harrison*(FN 101)53.

[103]　EPA 26. 8. 2005 T 39/03 Teilanmeldung/Astropower ABl. 2006, 362 = GRUR Int. 2006, 521: 该决定涉及英国专利法较早的规定,该规定在此期间改变了有关允许在分案申请中包含的超范围扩张时候修正的内容,误解了该规定的文字表述(An application for a patent(the later application)shall not be allowed to be filed … in respect of any matter disclosed in an earlier application … if the later application discloses matter which extends beyond that disclosed in the earlier application as filed …)和《欧洲专利公约1973》第 76 条第 1 款第 1 句的根本的区别:(A European divisional application)„may be filed only in respect of subject – matter which does not extend beyond the content of the earlier application as filed; in so far as this provision is complied with, the divisional application shall be deemed to have been filed on the date of filing of the earlier application…"; 在《欧洲专利公约》中仅仅是用"requirement"替代了"provision"表述,参见 *Bremi/ Harrison*(FN 101)54, 作者强调, 原来英国的规定没有包含《欧洲专利公约》第 76 条第 1 款中第二个半句的相应表述。

[104]　EPA T 1409/05(FN 96).

[105]　*Strebel*(FN 88)129.

[106]　Zur vorherigen Rechtslage Benkard, EPü/*Dobrucki*, Art. 76 Rdnr. 12 ff.

至以下情况出现前都处于未决状态：公开了授予专利的提示[107]，不能再申诉撤销的驳回决定、撤回或终止[108]。分案申请只能对在先申请还有效的成员国提交，对其在先的指定既没有撤回，也没有未缴费用视为撤回（参见本节Ⅰ6）。从1988年开始，在欧洲法上不再区分自愿的分案和因不符单一性而分案的情况。[109]

4. 对于分案申请，申请费和检索费在提交申请后1个月内缴纳，指定国费用在登载已公开的分案申请的检索报告提示的专利公报日后6个月内缴纳。

在年费上要注意，分案申请年费缴纳义务期限是原始申请申请日后3年，该申请日同样作为分案申请的申请日。这样，如果在提交分案申请前年费已到期，分案申请年费在提交分案申请时到期（《欧洲专利公约》第51条第3款第1项）。该年费应该在随后4个月内补缴，无须缴纳滞纳金；在这一期限内将到期的其他年费同样可以在期限届满前缴纳（《欧洲专利公约实施细则》第51条第3款第2项）。如果延误，年费可以在期限到期后6个月内缴纳，并缴付10%的滞纳金（《欧洲专利公约实施细则》第51条第3款第3项连带第2款、《收费规定》第2条第5项）。

5. 分案申请也要求指明发明人。未指明的，欧洲专利局要求申请人在规定的期限内补充提交（《欧洲专利公约实施细则》第60条第2款）。

6. 如果费用没有及时缴纳或者指明的发明人没有及时补交，出现前面已论述过的法律后果（参见本节Ⅳ4和Ⅴ2）。

7. 对一项新的申请，该申请根据的是《欧洲专利公约》第61条第1款（b），其申请人是通过有法律效力的决定确定的对无权利人提交的欧洲专利申请有实体权利的人，相应适用《欧洲专利公约》第76条第1款的规定（《欧洲专利公约》第61条第2款，参见§20Ⅲa）。

当新的申请已经提交，才适用这一援引规范（Verweisung）。与根据《欧洲专利公约实施细则》第36条第2款的分案申请不同，新的申请不仅可以直接向欧洲专利局提交，也可以通过国内局提交。[110]

---

〔107〕 Eine unzulässige Beschwerde gegen den Erteilungsbeschluss bewirkt nicht, dass die Stammanmeldung wieder anhängig wird, EPA 4. 10. 2005 J 28/03 Teilanmeldung/Ericsson ABl. 2006, 597 = GRUR Int. 2006, 154（Nr. 5 ff.）. – Für eine nach Veröffentlichung des Erteilungsbeschlusses eingereichte Teilanmeldung kann keine Wiedereinsetzung erlangt werden；so mit ausführlicher Begründung EPA 4. 5. 2005 J 18/04 Begriff der Frist/Microsoft ABl. 2006, 560 = GRUR Int. 2007, 246；ebenso schon EPA 17. 2. 2004 J 24/03 Definition einer Frist ABl. 2004, 544 = GRUR Int. 2005, 330. Für eine Weiterbehandlung gem. dem EPÜ 2000 wird das gleiche gelten müssen, weil sie ebenfalls das Versäumen einer *Frist* voraussetzt.

〔108〕 Vgl. Benkard, EPÜ/*Dobrucki*, Art. 76 Rdnr. 8 ff.

〔109〕 Singer/Stauder/*Teschemacher*, Art. 76 Rdnr. 21.

〔110〕 Singer/Stauder/*Teschemacher*, Art. 75 Rdnr. 42；Singer/Stauder/*Stauder*, Art. 61 Rdnr. 36.

　　该新的申请只能针对不合法的申请已公开的内容包含的主题提交。符合这一要求，不合法申请的申请日和优先权归属于新的申请。尽管在《欧洲专利公约》第61条第2款中没有援引《欧洲专利公约》第76条第2款，这当然仅可以对在先的申请仍然有效的被指定的国家有效。在授权申请中应该给出申请号（《欧洲专利公约实施细则》第42条第2款［f］）。对补交发明人指定适用《欧洲专利公约实施细则》第60条第2款（参见第5点）。申请费和检索费以及指定费应该以与分案申请同样的方式缴纳（《欧洲专利公约实施细则》第17条第2款和第3款）。有关年费的期限，从在先申请的申请日开始计算。但是，对新的申请提交的当年和以前的年限，新的申请的申请人无须缴纳年费（《欧洲专利公约实施细则》第51条第6款）。

§29　欧洲专利局的授权程序

　　提示：为提高检索和审查的质量和效率，检索和审查按照《欧洲专利公约》的基本模式——也是地域性的——严格分开程序的部分，欧洲专利局1990年开始由同一审查员进行检索和审查工作（Bringing Examination and Search Together – BEST)[1]。审查员可以在慕尼黑、海牙和柏林工作，因为这三地都有电子路径（在线）可直接获取所要求的文档。

　　在《欧洲专利公约2000》中删除了有关在提交申请和授予专利之间程序的不同阶段与特定的地点连在一起和由此要求分开的人事归属的规定。这样确保了最初尝试性合并实施检索和审查的做法与《欧洲专利公约》相一致。[2]

　　Ⅰ. 接受审查和形式审查[3]

　　a) 申请日确定和申请的效果

　　1. 接收处（《欧洲专利公约》第16条）首先审查，申请是否满足给出申请日的前提条件（《欧洲专利公约》第90条第1款）。根据《欧洲专利公约实施细则》第40条，申请人提交申请的日期作为申请日，其提交的申请文件至少包括以下内容：[4] (a) 明确的欧洲专利申请；（b）可以确认申请人的信息或者与申请人联系的信息；（c）说明书或者关于在先申请的信息。与1973年《欧洲专利公约》第80条不同，对作为专利申请日成立的理由，不再要求至少

　　〔1〕 Vgl. *Braendli*, EPÜ – GK, 22. Lfg., 1998, Art. 4 Rdnr. 95 ff.; *Teschemacher*, Die Zusammenführung von Recherche und Prüfung im europäischen Patenterteilungsverfahren, GRUR Int. 2004, 796–803.

　　〔2〕 Vgl. Singer/Stauder/*Teschemacher*, Art. 16 Rdnr. 1–5.

　　〔3〕 Dazu *Strebel*, Art. 90, 91, EPÜ – GK, 2. Lfg., 1984.

　　〔4〕 Vgl. *Teschemacher*, GRUR Int. 1983, 695, 696 f.

有一个专利权利要求。申请的语言也不再与确定申请日相关（参见§27 Ⅱ a）。

涉及在先提交的申请时，根据《欧洲专利公约》第40条第3款，在先申请的认证副本和必要时用欧洲专利局的一种官方语言的译本应该在2个月内提交给欧洲专利局。该副本符合《欧洲专利公约实施细则》第53条第2款（参见§28 Ⅵ 3）的，可以视为递交（《欧洲专利公约实施细则》第40条第3款第3项）

满足上述的条件，第一次提交的日期就是申请日。在其他情况下，欧洲专利局通知申请人其确定的瑕疵，要求申请人在2个月内消除瑕疵（《欧洲专利公约实施细则》第55条第1项）。满足要求的，有官方确定的申请日会通知申请人。这一申请日不是原始提交的日期，而是满足了《欧洲专利公约实施细则》第40条规定的最低条件的日期。如果指出的瑕疵没有及时消除，该申请不作为欧洲申请处理（《欧洲专利公约》第90条第2款）。

但是，申请人延误消除瑕疵期限，并不导致其最终丧失权利。申请人可以随时通过提交满足《欧洲专利公约实施细则》第40条规定的最低条件的文件获得申请日。申请人当然失去了满足这些条件之前的时间。[5]这可能导致要求优先权的12个月的期限延误或者因为在此期间增加的现有技术不再能获得专利保护。

2. 随着申请日有效开始进入授权程序，借助提交文件公开的内容，申请的主题被确定。在程序进行的过程中，主题不允许再扩大（参见第6点）。可能出现的分案申请和根据《欧洲专利公约》第61条提交的新的申请也必须限制在已确定的主题范围内（参见§28 Ⅷ）。如果申请的主题是可专利的，在申请日成立针对欧洲专利组织授予专利的公法上的请求权（ein öffentrechtlicher Anspruch）。只要没有人主张形式合格和内容合法的优先权，对申请主题的可专利性关键的现有技术以及该申请与其他涉及同一主题的欧洲申请的关系根据申请日决定。但这一规则的前提条件是，申请日在优先权的12个月期限内存在；没有申请日的创立，优先权也不能有效主张。

如果同一申请人提交多个时间相同和主题相同的申请，在申请中指定了同一个或多个相同国家（仍处于有效状态，参见§28 Ⅰ 6），申请人必须或者通过限制性的修改界定这些申请，或者从中选定一个申请继续处理。与此不同的是，在申请人不同的情况下，这些申请各自独立进行处理。[6]

在指定的成员国，享有申请日的、可能主张优先权的欧洲专利申请根据

---

〔5〕 欧洲申请递交到国内受理机构时（参见§28 Ⅰ 3），可以避免更多的时间损耗，在国内受理机构已经满足《欧洲专利公约实施细则》第40条规定的前提条件。

〔6〕 EPA – Richtlinien C Ⅳ 7.4.

《欧洲专利公约》第 66 条构成成员国的合乎规定的国内申请。当然这不意味着在每个指定国家授权程序启动或者授权请求权成立，而是仅在实质上，与主题相同的其他国内申请的关系（《欧洲专利公约》第 139 条第 1 款和第 2 款）要根据该欧洲专利的申请日或优先权日确定。还有，如果该欧洲申请是初次申请，其构成优先权的效力适用《巴黎公约》第 4A 条第 2 款和《欧洲专利公约》第 87 条第 4 款的规定。

b) 申请的合规性和完整性

1. 如果申请日确定，可以进行形式审查。形式审查涉及《欧洲专利公约》第 90 条第 3 款和《欧洲专利公约实施细则》第 57 条规定的要点：(a) 及时提交根据《欧洲专利公约》第 14 条第 2 款或《欧洲专利公约实施细则》第 40 条第 3 款第 2 项要求的译本；(b) 根据《欧洲专利公约》第 41 条授权申请形式上的合规性和完整性；(c) 权利要求书；(d) 摘要；(e) 缴纳申请费和检索费；(f) 提交指明发明人声明；(g) 主张优先权的申请满足《欧洲专利公约实施细则》第 52 条和第 53 条的条件；(h) 委托了专业的代理人，如果根据《欧洲专利公约》第 133 条第 2 款是必要的；(i) 申请文件根据《欧洲专利公约实施细则》第 49 条、附图根据《欧洲专利公约实施细则》第 46 条形式上合规；(j) 循序排列记录，如果根据《欧洲专利公约实施细则》第 30 条或第 163 条是必须的。

对需要在判断时依赖于申请的技术内容，尤其是单一性要求的条件，不属于形式审查的范围。形式审查也不延伸到实体性的保护前提条件，这些条件根据《专利法》第 42 条第 2 款是临时审查（die vorläufige Prüfung）的主题。

2. 涉及根据《欧洲专利公约实施细则》第 57 条 (a) ~ (d)、(h)、(i) 要求的瑕疵，申请人可以在接到相应的要求后 2 个月内消除（《欧洲专利公约实施细则》第 58 条第 1 项）。对主张优先权的说明和文件的瑕疵，申请人可以根据《欧洲专利公约实施细则》第 59 条在官方确定的期限内消除。如果确定的瑕疵未能及时消除，只要《欧洲专利公约》没有规定其他的法律后果，则驳回相应的申请（《欧洲专利公约》第 90 条第 3 款第 1 项，《欧洲专利公约实施细则》第 41 条第 1 款第 1 项）。对未及时缴纳费用（参见§28 Ⅳ 3），未指明发明人（参见§28 Ⅴ 2）或者优先权声明或证据有瑕疵，适用特别的规则（参见§28 Ⅵ 3）。

如果说明书的部分，或者说明书或权利要求涉及的附图明显缺失，专利局按《欧洲专利公约实施细则》第 56 条处理。导致的后果是：或者补交缺失的文件，申请日相应延后；或者申请日不变，但缺失的文件不作为申请的组成部分，涉及该文件的视为删除。申请人也可以通过撤回补交的文件引起这样的后果。给予申请和遵守规定的期限，根据《欧洲专利公约实施细则》第56条第3款申请日保持不变，如果补交的文件完全包含在一个在先的申请中，该欧洲申请主张了这一在先申请优先权。

Ⅱ. 检 索 [7]

1. 如果申请日确定并及时缴纳申请费和检索费以及提交可能要求的译本，欧洲专利局在权利要求书的基础上，适当考虑说明书及附图，制作欧洲检索报告（《欧洲专利公约》第92条，《欧洲专利公约实施细则》第61条）。[8]

对2005年7月1日以后提交的专利申请，欧洲专利局根据《欧洲专利公约实施细则》第62条（原第44a条）与检索报告一起提出专利局的评价意见，说明专利申请和作为申请主题的发明是否满足《欧洲专利公约》要求的条件。这样，如同国际检索报告一样（参见§22Ⅱ2），欧洲检索报告通过对申请的合规性和发明的可保护性的判断扩张了内容。

如果申请人在收到检索报告前提出了审查申请，那么根据《欧洲专利公约实施细则》第71条第1款或第3款已经可以发布初次审查通知的，欧洲专利局无需发表评价意见。[9]

因为在检索开始前专利申请已经被撤回或被驳回或失效，不需进行检索，因此检索费退回（《收费条例》第9条第1款）。

2. 欧洲检索报告——与该报告涉及的权利要求相关——列明欧洲专利局掌握的文献，这些文献可以被用来判断专利申请所涉及的发明新颖性和创造性。在报告中会指出：哪些文献在主张的优先权日之前，哪些文献在优先权日和申请日之间以及哪些文献在申请日当天或之后已经发表。报告也会引用在申请日之前已经以非书面的形式向公众公开的文献（例如通过使用或口头说明）。检索报告在完成后会直接连同所有引用的文献的副本寄送给申请人（《欧洲专利公约实施细则》第65条，第66条）

如果检索报告以之前的检索报告技术为基础，在一定的条件下会全部或部分退回检索费。[10]

3. 与德国《专利法》第42条的规定不同，欧洲检索不以一个在先的概括性审查（summarische Prüfung）为前提条件，在概括性审查中也能使专利申请得到检索。所以，对无法合理查明或仅在有限范围内查明现有技术的申请，尤

〔7〕 Hierzu *Straus*, Art. 92, EPÜ – GK, 2. Lfg., 1984.

〔8〕 Ausführlich dazu die EPA – Richtlinien, Teil B.

〔9〕 Vgl. Singer/Stauder/*Singer/Stauder*, Art. 92 Rdnr. 5.

〔10〕 Art. 9 Abs. 2 GebO.

其是内容不清楚或申请主题不属于专利保护主题的专利申请可以获得检索。在这种情况下根据《欧洲专利公约实施细则》第 63 条不会制作或制作一份不完整的检索报告。因此，只要不制作检索报告，专利局会为后续程序声明，无法查明现有技术。[11] 如果申请包含 15 个以上的权利要求且未缴纳权利要求费，则仍然不进行全面检索。[12]

欧洲专利局如果认为申请主题不是单一性的，会为在权利要求中排位第一的发明或《欧洲专利公约》第 82 条意义上属于整体的发明组制作分案检索报告，同时要求申请人在 2~6 周的期限内为申请的其余内容缴纳根据欧洲专利局的观点需要缴纳的补充检索费，如果检索报告应该延伸到其余部分（《欧洲专利公约实施细则》第 64 条第 1 款）。

申请人不接受这一要求的，专利局不会制作检索报告。这样做防止了申请人仅缴纳一份费用取得对多个发明或多个属于整体的发明组的检索报告，而根据《欧洲专利公约》第 82 条对这些发明应当单独申请。

缴纳补充检索费后申请人可以在审查程序中提出不存在非单一性问题的理由，申请退回缴纳的补充检索费（《欧洲专利公约实施细则》第 64 条第 2 款）。对这一申请的决定可以申诉。

不缴纳要求的附加检索费，专利申请的全部内容仍然处于未决状态。[13] 只有当非单一性在审查程序中受到质疑，如果申请人要避免申请被驳回，并想继续对全部原始申请的主题主张授权请求权，那么申请人必须缴纳分案申请所要求的补充检索费（参见 § 28 Ⅷ）[14]。如果申请人已经事先自愿拆分专利申请，适用同样的规则。

在审查程序中可以证明，原先认为不能合理查清现有技术或申请主题不具有单一性的观点是错误的。[15] 也可以通过允许的修改消除查清现有技术的障碍，或者权利要求有了一个原始检索未满足的文本。出于这样的原因仍是必须

---

〔11〕 对此单独取决于检索的可实施性，但不取决于检索的结果是否与进一步的程序有作用。所以，对不具有技术特征的申请主题，仅仅在所主张的主题整体上明显不具有技术特征的例外情况下，才根据《欧洲专利公约实施细则》第 45 条（现第 63 条）作出一个声明，参见 EPA 20. 10. 2006 T 1242/04 Bereitstellung produktspezifischer Daten/MAN ABl. 2007，421 = GRUR Int. 2007，922。

〔12〕 Vgl. *Straus*（FN 7）Rdnr. 43；Benkard, EPÜ/*Ehlers*, Art. 92 Rdnr. 30.

〔13〕 Vgl. EPA 29. 11. 1991 T 87/88 Weitere Recherchengebühr/Digmesa ABl. 1993，430.

〔14〕 Vgl. EPA 6. 7. 1993 G 2/92 Nichtzahlung weiterer Recherchengebühren ABl. 1993，591.

〔15〕 Die Prüfungsabteilung ist an die Auffassung der Recherchenabteilung nicht gebunden, auch wenn die von dieser verlangten zusätzlichen Gebühren nicht bezahlt worden sind, EPA 17. 2. 2000 T 631/97 dotierte Gebiete/Toshiba ABl. 2001，13；ebenso schon *Schmitz*, Mitt. 1990，190 f. – EPA 5. 12. 2003 T 708/00 übertragungsrahmen/Alcatel ABl. 2004，160 = GRUR Int. 2004，668 bejaht die von der Recherchen – und der Prüfungsabteilung verneinte Einheitlichkeit.

的补充检索将免费补做。[16]

4. 对国际申请，根据《欧洲专利公约》第 153 条第 6 款，国际检索报告（PCT 第 18 条）或国际检索局不提供检索报告的声明（PCT 第 17 条第 2 款（a））替代欧洲检索报告。尽管如此，对每一个国际申请原则上应该只做一个补充的欧洲检索报告并缴纳检索费（《欧洲专利公约》第 153 条第 7 款第 1 项）。但行政委员会（Verwaltungsrat）可以决定，在特定条件下放弃补充的欧洲检索报告或者减少费用（《欧洲专利公约》第 153 条第 7 款第 2 项）。目前，只有国际检索报告是欧洲专利局自己完成的，才无需补充的检索报告并缴纳费用。对来自芬兰、奥地利、瑞典或西班牙专利局或北欧专利研究所（Nordic Insitut）的检索报告，仅仅是对补充的欧洲检索报告的检索费降低了 890 欧元。[17] 对于 2005 年 7 月 1 日以后提交的来自澳大利亚、中国、日本、韩国、俄罗斯或美国的国际申请的检索报告，补充的欧洲检索报告费用不再是按以前降低 1/5，而是一个固定的数额。[18]

如果欧洲专利局作为国际检索局；由于专利申请的非单一性要求一份或多份附加的检索费，[19] 申请人可以根据 PCT 第 40.2 条（c）～（e）的规定提出异议。[20] 如果欧洲专利局作为指定局认为国际申请不符合单一性要求，该局将补充的欧洲检索限制在权利要求中初次提到的发明或《欧洲专利公约》第 82 条意义上的属于一个整体的一组发明（《欧洲专利公约实施细则》第 164 条第 1 款）。在审查程序中欧洲专利局要求申请人相应地限制申请；如果国际检索报告因为非单一性仅仅处理了申请主题的一部分，则同样如此处理（《欧洲专利公约实施细则》第 164 条第 2 款）。

Ⅲ. 专利申请和检索报告的公开[21]

a）时间与执行

1. 根据《欧洲专利公约》第 93 条第 1 款，欧洲专利申请自申请日起满 18

---

〔16〕 Vgl. EPA – Richtlinien B Ⅱ 4.2；*Straus*（FN 7）Rdnr. 44 f.；Singer/Stauder/*Singer/Stauder*，Art. 92 Rdnr. 37.

〔17〕 Beschluß des Verwaltungsrats vom 14. 12. 2007 ABl. 2008，12.

〔18〕 Singer/Stauder/*Hesper*，Art. 157 Rdnr. 70 f.

〔19〕 Zum Umfang der Prüfung der Einheitlichkeit durch die internationale Recherchenbehörde EPA 2. 5. 1990 G 1/89 Polysuccinatester ABl. 1991，155.

〔20〕 Nach EPA 28. 2. 2007 W 26/06 Oligonucleotide probes/Consiglio GRUR Int. 2007，863 hat das EPA als internationale Recherchenbehörde das Verfahren gem. der am 1. 4. 2005 in Kraft getretenen Fassung der R 40. 2（c）–（e）bei seit diesem Datum eingereichten internationalen Anmeldungen anzuwenden，obwohl für europäische Anmeldungen die entsprechende Vorschrift des EPÜ 2000（s. oben §28 Ⅶ 2）erst nach dessen Inkrafttreten anwendbar ist.

〔21〕 Zum folgenden *Straus*，Art. 93，EPÜ – GK，2. Lfg.，1984.

个月后，或者如果要求优先权的，自（最早的）优先权日起满 18 个月后，会尽快公开。申请人也可以通过相应的申请提前公开。

如果很快提出（全面）审查的申请并得以迅速执行，专利的授予可以在 18 个月的期限届满之前决定并发生效力。然后专利申请将和专利文件同时公开（《欧洲专利公约》第 93 条第 2 款）。

依据 PCT 第 21 条和《欧洲专利公约实施细则》第 48 条规定，国际申请由国际局公开。如果申请的语言不是欧洲专利局的一种官方语言（参见 PCT 第 48.3 条），欧洲专利局作为指定局公开申请人所提交的官方语言译本（《欧洲专利公约》第 153 条第 4 款第 1 项）。在其他情况下，欧洲专利局不重新公开，而仅在欧洲专利公报上告知国际公开（《欧洲专利公约》第 153 条第 3 款）。

2. 在为公开进行的技术准备结束前，如果申请被撤回、驳回或视为撤回的，不予公开（《欧洲专利公约实施细则》第 67 条第 2 款）。这种情况发生在 18 个月期限届满前的 5 周内。[22]申请人在这一时间节点之前撤回申请，能有效地阻止公开。在这之后，如果申请因上述某种原因被取消，欧洲专利局也有权利不进行公开[23]，并尽可能阻止公开[24]。

对欧洲专利的在后申请，申请人可以通过放弃已经要求的优先权将公开的期限推迟。对于放弃优先权所考虑的时间条件与撤回申请的情况一样。

3. 依据《欧洲专利公约实施细则》第 68 条第 1 款，公开的内容包括说明书、权利要求书和可能的附图的原始提交文本以及在制作检索报告时确定的摘要，以上内容均以官方语言或者被翻译成的官方语言提交。此外，还有作为附件的检索报告，如果已及时完成。检索报告或摘要也可以分别公开。与检索报告密切相关的、对专利申请合规性和发明的可保护性的表态不予公开（《欧洲专利公约实施细则》第 62 条第 2 款）。

如果申请人在收到检索报告后，为公开所作的技术准备结束之前改变了权利要求（《欧洲专利公约实施细则》第 137 条第 2 款），新的或修改过的权利要求也要予以公开（《欧洲专利公约实施细则》第 68 条第 4 款第 2 项）。

4. 公开的后果是，对申请文档的查阅原则上不受限制，并且根据《欧洲专利公约实施细则》第 143 条第 1 款的规定在欧洲专利登记簿中进行登记（参见 § 27 Ⅲ）。

如果依据保存的生物材料提出专利申请，根据《欧洲专利公约实施细则》

---

〔22〕 Beschluss vom 12.7.2007 ABl., Sonderausgabe 3/2007（D.1）；EPA – Richtlinien A Ⅵ 1.1.

〔23〕 EPA 9.12.1981 J 5/81 ABl. 1982, 155.

〔24〕 Mitteilung des EPA in ABl. 2006, 406；EPA – Richtlinien A Ⅵ 1.2.

第33条第1款的规定，自公开之日起，原则上任何人都能知悉这些材料。在《欧洲专利公约实施细则》第32条第1款（a）或（b）规定的时间内，如果只允许业内专家获知的话，申请人必须在为公开申请所作的技术准备结束之前相应地通知欧洲专利局。

专利申请公开以后，任何第三人都可以针对专利申请主题的可专利性向欧洲专利局提出异议（《欧洲专利公约》第115条，《欧洲专利公约实施细则》第114条）。异议应书面提出并说明理由，以便申请人获得通知并对此作出回应。该第三人不参与欧洲专利局的程序。

b）实体法上的效力，尤其是临时保护

1. 如果在专利局的程序中，申请的内容向公众公开，则产生实体性权利的效果。根据欧洲法，申请材料的公开会导致实体性权利的产生。但是根据《专利法》，准许进行案卷查阅是非常关键的，同时要求申请在公开时仍是悬而未决的。如果申请事先被撤销，虽然公开作为事实已经存在，特别是申请公开时，依据欧洲法（《欧洲专利公约》第54条第2款）和诸多国内立法（如，德国《专利法》第3条第1款），申请内容在任何角度、毫无空间限制地属于现有技术，但是（有效的）申请公开的法律效果却并未产生。相反，虽然在申请公开后撤销申请会导致临时保护溯及既往地丧失，但是公开的其他实体性权利效果不受影响。

2. 公开的效力在于，依照《欧洲专利公约》第54条第3款，从对申请时间有决定性影响的申请之日起，申请的内容视为现有技术，用以评价之后的欧洲专利申请主题的新颖性（参见§16 A V）。

只有当把欧洲专利局作为指定局的国际申请，以欧洲专利局的一种官方语言公开，并向欧洲专利局缴纳相应的申请费（《欧洲专利公约》第153条第3~5款，《欧洲专利公约实施细则》第165条），国际申请才具有效力。由于《欧洲专利公约》原第54条第4款已被废除，所以指定费的缴纳不再重要。

相应的效力可以根据指定国家的国内法产生（如，德国《专利法》第3条第2款第1项第2点。与《欧洲专利公约》第139条第1款的规定相一致，德国也要求缴纳指定费）。

3. 公开保护了基于申请欧洲专利的权利，尚未或以后用以申请欧洲专利的相同技术原理（《欧洲专利公约》第60条第2款）就被吸收到现有技术范围当中，使得相同技术原理上的其他独立权利丧失（参见第2点）。如果在申请公开时有效指定国家的国内法规定了这一法律效果，也同样适用于一国专利的权利（在德国根据《专利法》第6条第3句、第3条第2款）。

4. 对未经申请人同意实施专利申请主题，专利申请公开[25]构成《欧洲专利公约》第 67 条第 1 款和第 2 款规定的临时保护的理由，但前提是申请成为专利以及已授权的专利没有被撤销或被宣布无效（《欧洲专利公约》第 67 条第 4 款和第 68 条）。临时保护范围的确定与专利的保护范围基本一致（《欧洲专利公约》第 69 条第 1 款，参见 § 32 Ⅲ）。在确定临时保护范围时，要以根据《欧洲专利公约》第 93 条公开的权利要求文本为依据；但是，如果最终授予的（或在异议程序、限制程序及无效程序中被修改的）文本权利范围变窄，申请的保护范围也要溯及既往受到限制（《欧洲专利公约》第 69 条第 2 款）。

5. 依据《欧洲专利公约》，临时保护在内容上应与完全的专利保护一致（《欧洲专利公约》第 67 条第 1 款和第 4 款）。但是，缔约国可以提供更有限的保护，只要其保护不低于国家法律对未审查的专利申请公开的保护。至少申请人可以对违法的专利实施要求相应的赔偿（《欧洲专利公约》第 67 条第 2 款）。德国对将其作为指定国的已公布的欧洲专利申请只提供最有限的保护（《国际专利条约法》第 Ⅱ 章第 1 条第 1 款、第 3 款），其与依据德国《专利法》第 33 条在德国专利商标局申请的发明所提供的临时保护一致。[26]

6. 依据《欧洲专利公约》第 67 条第 3 款，如果程序中的语言不是缔约国的任何官方语言之一[27]，缔约国可以在提供临时保护之前要求将专利权利要求翻译成该国的一种官方语言，以便公众能够了解或者能够转达给实施人。所有缔约国都适用这种情况。在德国，对于没有用德语公布的欧洲专利申请，可以根据德国《国际专利条约法》第 Ⅱ 章第 1 条第 2 款、第 3 款（此外还有《欧洲专利说明书翻译条例》，参见 § 8 C 4）由德国专利商标局公布专利权利要求的德语译本或者由申请人或实施人转达。[28]

如果以缔约国官方语言翻译的必要的译本与程序语言文本有偏离，缔约国可以以译本为准，如果从其产生更有限的保护范围。但是缔约国必须给申请人更正翻译的机会，在保护范围因此扩大的情况下，提供第三人对原始翻译信任的保护。德国没有颁布相关的法规。[29]

7. 共同体专利的申请人或者拥有人可以根据《关于〈共同体专利条例〉的建议》第 11 条第 1 款、第 35 条对任何第三人提出相应赔偿要求，只要其在

---

〔25〕 在国际申请中，欧洲专利局作为指定局首先可以开始进行临时保护，如果国际申请是使用欧洲专利局的官方语言公开（《欧洲专利公约》第 153 条第 4 款第 2 项，参见本节 Ⅲ a 1）。

〔26〕 Zur Rechtslage in anderen Vertragsstaaten s. Nationales Recht zum EPÜ, Abschn. Ⅲ A.

〔27〕 不同于之前的令人误解的文本，而是现在的清晰的，在内容上与英语、法语文本一致的文本。

〔28〕 Wegen der übrigen Vertragsstaaten vgl. Nationales Recht zum EPÜ Abschn. Ⅲ B.

〔29〕 Vgl. im übrigen Nationales Recht zum EPÜ Ⅴ.

专利申请公布及专利授予的信息公开期间以某种方式使用了该发明，这在专利授予上是禁止的。但前提是，第三人必须获知了由《欧洲专利公约》第 11 条第 3 款、第 4 款规定的以其居住地或所在地的缔约国官方语公布的专利权利要求。

Ⅳ. 全面审查与关于专利申请的决定[30]

a）审查申请与审查费

1. 只有根据特定的有缴费义务的书面申请，才会作出包括实质性的专利授权要件的全面审查（《欧洲专利公约》第 94 条第 1 款）。与之不同的是，德国《专利法》第 44 条规定审查申请只能由申请人提出。申请人可以在自欧洲专利公报提及公布欧洲专利检索报告之日起的 6 个月内提出审查申请（《欧洲专利公约实施细则》第 70 条第 1 款）。在这一期限内，必须缴纳相关费用[31]。审查请求不得撤回（《欧洲专利公约实施细则》第 70 条第 1 款第 2 项）。

如果审查申请及费用没有及时提交和缴纳[32]，专利申请将被视为撤回（《欧洲专利公约》第 94 条第 2 款），但仍可以申请对专利的继续审理（参见 §27 Ⅱc 5）。

依据《欧洲专利公约实施细则》第 69 条，欧洲专利局必须按照《欧洲专利公约》第 94 条第 2 款及《欧洲专利公约实施细则》第 70 条第 1 款在欧洲专利公报提及欧洲专利检索报告公布的当天通知申请人。如果申请人忽视相关通知，就不拥有相关权利。如果错误不是显而易见的，在期限内一个晚于实际公布日期的通知也具有权威性。

2. 国际专利申请中，欧洲专利局作为指定局，审查申请的日期始于国际检索报告的公布（《欧洲专利公约》第 153 条第 6 款），即便如此，一份补充的欧洲报告应被指定。[33]但依据《欧洲专利公约实施细则》第 69 条不会有官方提示。审查申请的期限为国际申请的申请日，即优先权日开始后的 31 个月（《欧洲专利公约实施细则》第 159 条第 1 款 f）。如果错过审查日期提出的期限，并没有及时申请专利申请的继续审理，专利申请就会失效。

---

〔30〕 Vgl. zum folgenden Singer, Art. 94 bis 98, EPÜ – GK, 2. Lfg. , 1984.

〔31〕 2005 年 7 月 1 日起申请费为 1405 欧元，没有要求额外制作欧洲检索报告的国际申请费用为 1565 欧元（《收费条例》第 2 条数字 6）；如果欧洲专利局制定了一份暂时的国际审查报告，可以依据《收费条例》第 14 条第 1 款优惠 20%（S. oben §207 Ⅱa 1），可以依据《收费条例》第 14 条第 2 款优惠 50%。

〔32〕 Gebührenzahlung ohne Antragstellung wahrt die Frist nicht；vgl. EPA 11. 3. 1983 J 12/82 verspätet gestellter Prüfungsantrag/Floridienne ABL. 1983, 221.

〔33〕 *Singer*（FN30）Art. 94 Rdnr. 11；Singer/Stauder/*Singer/Stauder*, Art. 94 Rdnr. 22.

3. 由于申请者在任何情况下都希望得到审查并且为了避免因错过申请日期而导致的权利丧失，很多情况下审查申请的提出将早于专利检索报告公布的日期。

授权请求的官方申请表已经预料了这种行为，所以在授权请求表上已经提前印有审查申请表。[34]但即使如此，真正审查申请只有在缴纳费用之后才有效。已经进行有效审查申请的申请人，在得到检索报告之前，依据《欧洲专利公约实施细则》第 70 条第 2 款仍有机会思考自己有关报告的决定。不同于《欧洲专利公约实施细则》第 69 条第 1 款要求的通知，欧洲专利局将要求申请人在其规定的日期[35]内声明是否维持申请。此时，欧洲专利局将听任申请人对审查报告发表意见，修改说明书、权利要求及附图（《欧洲专利公约实施细则》第 70 条第 2 款）。如果申请人没有及时进行答复，申请就将被视为撤回（《欧洲专利公约实施细则》第 70 条第 3 款）。专利申请的继续审理也是有可能的。

4. 只要申请人在收到寄发的欧洲专利检索报告之后提出有效的审查申请或者根据《欧洲专利公约实施细则》第 70 条第 2 款声明维持申请，受理处的任务就结束了（《欧洲专利公约实施细则》第 10 条第 1 款）。申请的程序将移交到审查部（《欧洲专利公约实施细则》第 10 条第 2 款和第 3 款）。如果申请人已经依据《欧洲专利公约实施细则》第 70 条第 2 款放弃了权利，审查部在申请者收到寄发的检索报告之时起开始行使职权。

如果因为之前申请被驳回、撤回或失效，申请的程序就不会被转交到审查部，这种情况下已经缴纳的审查费也会被退回（《收费条例》第 10 条（a））。这种情况特别适用于申请人没有依据《欧洲专利公约实施细则》第 70 条第 2 款的要求，及时在官方要求之后给出维持申请的声明的情形。在实质审查开始前，如果专利申请在移交审查部后撤销，将退回 75% 的审查费用（《收费条例》第 11 条（b））。

b）审查部的程序[36]

1. 审查部依照《欧洲专利公约》第 18 条第 2 款配备 3 名技术背景审查员作出决定，如果审查部认为需要，可增加 1 名法律背景审查员，但在最后决定前的审查通常应由 1 名审查员进行。口头审理应由审查部自己进行。但是没有

---

〔34〕　Vgl. *Singer*（FN30）Art. 94 Rdnr. 11；Singer/Stauder/*Singer*/*Stauder*，Art. 94 Rdnr. 3.

〔35〕　期限为检索报告的提示公开后的 6 个月，即覆盖了审查申请的日期，参见 EPA – Richtlinien C Ⅵ 1. 1. 1.

〔36〕　Zum folgenden EPA – Richtlinien C Ⅵ 2 – 8.

正式形式的个人或者电话商谈并不是口头审理。[37]审查部依据《欧洲专利公约实施细则》第11条第3款的规定安排没有技术和法律上困难的业务由负责形式审查方面的专职人员完成。[38]

2. 欧洲专利局将审查专利申请和该申请所述的发明是否满足《欧洲专利公约》（包括《欧洲专利公约实施细则》）的要求（《欧洲专利公约》第94条第1款）。这既涉及形式上的要求，也涉及（§10和§18提到的）实质专利授权要求。鉴于形式审查在前面已经实施了，紧接着实质审查是重点，在实质审查中审查部首先以检索报告为基础。但是，涉及在后公开的在先欧洲专利申请，进一步的补充调研是必要的，[39]前提是基于审查过程中的认识表明之前的检索不充分[40]。形式要求会被重新审查，只有其在受理处没有进行或者在过程中有新的原因，如因为专利申请的修改（参见本节Ⅵ），因非单一性或因提交对各个缔约国特别的权利要求（参见§28 Ⅲ b 3）。

3. 如果审查表明，专利申请和申请主题没有满足《欧洲专利公约》的要件，审查部就会在审查意见通知书上要求申请人在其规定的期限内作出声明，补齐已确定的缺漏及在必要情况下递交修改过的说明书、权利要求及附图（《欧洲专利公约》第96条第3款，《欧洲专利公约实施细则》第71条第1款）。意见通知书需阐明原因。[41]对此，应归纳总结依照审核处的观点阻碍专利授予的原因（《欧洲专利公约实施细则》第71条第2款[42]）。通常如果有必要的话，还需出具其他审查意见通知书（《欧洲专利公约》第96条第3款）。如果申请人没有及时答复意见通知书，申请即被视为撤回（《欧洲专利公约》第96条第4款）。

依据《欧洲专利公约》第124条和《欧洲专利公约实施细则》第141条，审查部可以在设定的期限内要求申请人对现有技术情况作出答复，这些技术在某国或某地区的专利申请程序中被涉及并且同欧洲专利申请主题的发明有关。如果申请人没有及时答复意见通知书，申请即被视为撤回。

c）专利驳回

1. 如果审查部认为欧洲专利申请或该申请所述的发明不符合《欧洲专利

---

〔37〕 Vgl. EPA Richtlinien C Ⅵ 4.3, C Ⅵ 6.2, E Ⅲ 1.

〔38〕 EPA – Richtlinien A Ⅰ 2 – 4, C Ⅵ 2.1.

〔39〕 Vgl. EPA – Richtlinien C Ⅵ 8.1.

〔40〕 EPA – Richtlinien C Ⅵ 8.2.

〔41〕 Zu den Anforderungen in dieser Hinsicht EPA 15.2 1995 T 951/92 rechtliches Gehör/ NEC ABL. 1996，53.

〔42〕 Vgl. EPA 29.9.1993 T 640/91 Prüfungsverfahren/Nippon ABL：1994，918 mwN.

公约》的要求，除《欧洲专利公约》另有规定外，应驳回申请（《欧洲专利公约》第 97 条第 2 款）。此外也包括未及时回复审查意见通知书而被视为撤回的申请（《欧洲专利公约》第 96 条第 4 款，参见本节 IV b 3）。驳回的前提是，申请者在之前已经获得足够的机会对导致驳回的原因进行说明（《欧洲专利公约》第 113 条第 1 款，第 96 条第 3 款）。但是如果在申请人进行答复之后，审查通知书上所提到的影响专利授予的疑虑仍然基本保留，则不需要再给予申请人进行表态的机会。[43]

对于专利申请的驳回，申请人可以进行申诉。在申诉过程中，申诉庭有权利进行全面审查，审查专利申请和发明主题是否满足《欧洲专利公约》的条件。其中也包括审查部没有考虑的条件或者认为满足的条件。[44]

2. 驳回总是针对整个申请。即使影响专利授予的缺陷只是专利申请或者其申请主题的一部分，也不能进行有限制的专利授权并驳回专利申请的剩余部分。专利只能在申请人同意的文本中授予（《欧洲专利公约》第 113 条第 2 款）。[45]因此，在专利授予之前，会有一个程序，从该程序中申请人同意审查部确定的专利文本或者提出审查部根据自己判断可以允许的专利授权文本的建议（参见本节 IV d）。如果申请人同意的文本不被允许，该程序的结果是专利申请会被视为撤回或者被驳回。但是，申请人有权在其主要主张的文本不被允许的情况下，辅助性地提出一个另外的（通常是范围更窄的）文本的建议。[46]该另一文本使得专利也能授予，虽然不能依据主申请的文本授予专利，但依据辅助申请的文本可以授予专利。多个辅助申请也可以互相连接放在一起。但只有申请人毫无保留地同意辅助申请的文本，才能依据其授予专利；这样申请人也就放弃了之前的主申请（和可能的一些之前的辅助申请），因此也不能对主申请（和之前的辅助申请）不授权进行申诉。[47]在坚持一个依照审查部观点不能授权的请求时，审查部驳回该申请，即使审查部认为某个辅助申请可以被授

〔43〕　EPA 18. 3. 1983 T 84/83 Chloralderivate/ Macarthys ABL. 1983, 451, 456f. ; 26. 6. 1984 Steckkontakt/ AMP ABL. 1984, 551.

〔44〕　EPA 30. 11. 1994 G 10/93 Umfang der Prüfung bei ex – parte – Beschwerde/Siemens ABL. 1995, 172.

〔45〕　Vgl. die Rechtsauskunft 15/05（rev. 2）des EPA, ABl. 2005, 357；EPA 4. 3. 1982 T 05/81 Herstellung von Hohlkörpern aus thermoplastischem Material ABl. 1982, 249；25. 2. 2003 T 986/00Rotierende elektrische Maschinen/Alstom UK ABl. 2003, 554.

〔46〕　Rechtsauskunft 15（FN 45）；EPA 9. 7. 1997 T 1105/96 Anträge/Hamamatsu ABl. 1998, 249mwN.

〔47〕　Rechtsauskunft 15（FN 45）Nr. 1. 5 a；vgl. auch *Teschemacher*, EPÜ – GK, 7. Lfg. , 1985, Art. 84Rdnr. 42 f.

权。[48]此外，审查部必须对任何一项专利申请详细阐述其不被授权的原因，并且不允许为了省略该阐述步骤，将允许一项进一步专利申请与该申请人放弃所有在先申请联系起来。[49]

在申请人针对驳回的申诉过程中，申述庭也同样可以依照《欧洲专利公约》第113条第2款决定仅以申请人同意的文本授予专利。[50]如果在审查部时没有提出这样的申请[51]，辅助申请也可以在申诉程序中提出。

d）专利授予[52]

1. 如果审查部认为欧洲专利申请和该申请的发明符合《欧洲专利公约》的要件，并满足《欧洲专利公约实施细则》中的前提，应依据《欧洲专利公约》第97条第1款决定授予专利。审查部需依照《欧洲专利公约实施细则》第71条第3款通知申请人，以便其能对此负责，如果审查部在内部达成一致以某一特定文本授予专利，这就要求申请人在4个月内缴纳专利授予费及印刷费，并且递交对专利授予中权利要求的两种官方语言的译本，前提是这两种官方语言都不是程序中的语言。[53]如果申请人依照期限，缴纳费用，递交译本，就表明其同意授权中所规定的文本。

如果申请人不同意这一文本，必须依据《欧洲专利公约实施细则》第71条第4款在4个月的期限内申请其所希望的修改或者更正。如果这影响到权利要求，申请人必须同时递交修改或更正后的权利要求的译本。此外，如果申请人在规定的期限内缴纳了专利授予费及印刷费，就表明同意了修改或者更正过的版本。审查部也可以立刻决定用这一文本授予专利。

即使审查部不同意这一文本，也不能立刻驳回申请。审查部应给申请人机会在其规定的期限内作出声明，并且只要权利要求发生改变，就要对审查部认为有必要的修改递交修改后的权利要求的译本（《欧洲专利公约实施细则》第71条第5款第1项）。申请人递交上述所提到材料就表明同意用修改后的文本

---

〔48〕 Rechtsauskunft 15（FN 45）Nr. 1.5 b.

〔49〕 EPA T 1105/96（FN 45）253 f.（Nr. 3）.

〔50〕 EPA 14. 3. 1984 T 32/82 Steuerschaltung/ICI ABl. 1984，354.

〔51〕 EPA 10. 11. 1988 T 381/87 Veröffentlichung/Research Association ABl. 1990，213，221 ff. （Nr. 5）.

〔52〕 Zum folgenden *Singer*（FN 30）Art. 97 Rdnr. 9 ff. ; *Gall*, Die Patenterteilung an der Schnittstellezwischen europäischer und nationaler Phase, GRUR Int. 1983，11 – 20; *Teschemacher*, Die Erteilung deseuropäischen Patents, GRUR 1985，802 – 809.

〔53〕 申请人必须采取行为，通知中不能包含特定的修改内容，对于这些不能期待申请人在理性情况下同意这些修改；在这样的情况下，很多时候还有其他的审查通知；参见 EPA 25. 1. 2007 T 121/06 Garbage Collection/Tao Group GRUR Int. 2007，862（Nr. 14.4 f.）.

授予专利。

2. 如果授予规定的专利文本中包括多于无附加费用的权利要求的数量，审查部会要求申请人在《欧洲专利公约实施细则》第 71 条第 3 款或第 5 款规定的期限内缴纳可能的还未缴纳的权利要求费用（《欧洲专利公约实施细则》第 71 条第 6 款，参见 § 28 Ⅳ）。

如果申请人没有及时缴纳专利授予费和印刷费，或者没有及时递交权利要求的译本，申请就被视为撤回（《欧洲专利公约实施细则》第 71 条第 7 款）。如果按照《欧洲专利公约实施细则》第 71 条第 6 款要求的权利要求费用没有及时缴纳，申请也被视为撤回。不同于《欧洲专利公约实施细则》第 45 条第 3 款，在程序的"最后阶段"丧失的不仅是"超额的"权利要求。

3. 为此，申请人为了避免申请在《欧洲专利公约实施细则》第 71 条第 3 款规定的 4 个月期限内失效，无论如何要缴纳所提到的费用，并且——官方语言不是审查程序中的语言时——递交由审查部给出的官方语言译本或者申请人所申请的修改及更正后的权利要求文本的官方语言译本。第一种情况，审查部会用其所给出的文本决定授予专利；第二种情况则是，按照申请人所申请的文本授予专利，或者将当前程序转到《欧洲专利公约实施细则》第 71 条第 5 款（参见第 1 点）规定的程序中。最后申请人要么递交审查部要求的修改连同可能情形下必须的新的权利要求的译本并被授予专利，要么申请被驳回。如果避免失效剩余的前提条件都已经满足了，只有当申请人递交了审查部要求的修改，但没有及时递交必要的权利要求的译本和缴纳因权利要求数增多所增加的费用的时候，在这一阶段专利申请才失效。

4. 任何情况下，如果根据相关条例专利将被视为撤回，依据《欧洲专利公约》第 121 条、《欧洲专利公约实施细则》第 135 条，才有继续受理的可能性。

如果专利申请被驳回，撤回或被视为撤回，专利授予费、印刷费及依据《欧洲专利公约实施细则》第 71 条第 6 款所要求的权利要求费将被退还（《欧洲专利公约实施细则》第 71 条第 5 款第 3 项）。

5. 批评：依据《欧洲专利公约实施细则》第 71 条（来源于 2002 年引入的新版《欧洲专利公约实施细则》第 51 条的规定），程序是主要基于这样一个结果设立的：因为申请人已经同意专利授予中规定的版本，申请人就不能再进行申诉。但困难在于，如果申请人想在首次通知后主张其不同意规定的文本，特别是当这一文本只符合一项辅助申请并且意味着一个或者多个之前的申请会被驳回。依据《欧洲专利公约实施细则》第 71 条的规定，申请人必须在收到通知的 4 个月内，依据第 4 款递交所希望的修改文本及译本并缴纳费用。

在审查部有理由拒绝修改过的文本的情况下，审查部通常情况下依据第5款拒绝同意该文本并坚持首次通知的文本。如果申请人对此不同意，其只能依据规定通过不递交所要求的修改文本来表明立场。这种情况就会涉及《欧洲专利公约实施细则》第71条第5款中提到的驳回申请的可能性。如果申请人表示拒绝依照《欧洲专利公约实施细则》第71条第5款通知的文本，专利申请也会被驳回。如果驳回在依照《欧洲专利公约实施细则》第71条第5款的阶段已发生，但申请人为避免申请的无效已经一次性花费了翻译费，在接下来的程序中翻译费可能被证明是徒劳的。因此应该有可能在依据《欧洲专利公约实施细则》第71条第3款通知公布后获得拒绝的机会和引出可申诉的驳回。为了这一目的，通知也必须包含相应的提示。在一个案件中没有提示将导致如下的结果，即依据《欧洲专利公约实施细则》第51条第4款（现第71条第3款）公布的专利授予通知依据某一辅助申请，由申诉庭作为之前申请的可申诉的驳回处理并由于重大的瑕疵发回原程序。[54]

6. 如果申请人在专利申请驳回之后提起了申诉，并在申诉庭的口头审理中基于新递交的材料申请了专利的授予，而且在新的材料中进行了认同授予文本的声明。如此，就不需要按照《欧洲专利公约实施细则》第71条第3款（原第51条第4款）的规定（参见第1点）再进行新的通知[55]。

7. 专利授权决定将送达申请人。在将决定交到欧洲专利局邮递处用于送达时，审查部就受其决定约束。[56]决定只有在申诉时才能进行修改，申诉的日期从决定送达开始起算（《欧洲专利公约》第108条第1句）。然而，因为申请人的同意，通常情况下不存在对必要申诉的申诉许可。[57]

对外，决定只有在欧洲专利公报上提到专利的授予之日起生效（《欧洲专利公约》第97条第3款）。

如果在依据《欧洲专利公约实施细则》第71条第3款规定的通知送达后，命名费或者年费到期，依据《欧洲专利公约实施细则》第71条第8款和第9款（现第71a条第3款和第4款）只有在缴纳相应的费用后予以公开。

---

〔54〕 EPA 31. 1. 2005 T 1181/04 Nichteinverständnis mit der für die Erteilung vorgesehenen Fassung/Pirelli & C Ambiente ABl. 2005，312 = GRUR Int. 2005，716. Die BK bezieht sich auf Art 97 Abs. 2（a），113 Abs. 2 EPÜ 1973. 第1条规定，即申请人必须同意授权所规定的文本，依据在《欧洲专利公约2000》第97条中对实施细则普遍援引所代替。相反，《欧洲专利公约》第113条第2款并没有发生变化，根据这一规定欧洲专利局在申请审查及决定中要遵循由申请者提供或同意的版本。

〔55〕 EPA 6. 5. 1999 J 8/98 Teilanmeldung ABl. 1999，687.

〔56〕 EPA – Richtlinien C Ⅵ 14. 5.

〔57〕 Vgl. EPA 9. 11. 1984 J 12/83 Unzulässige Beschwerde/Chugai Seiyaku ABl. 1985，6.

在公开专利授予提示后，欧洲专利局应尽快给出欧洲专利文件，其中包含说明书，权利要求和可能情形下的附图，并说明异议期限和指定的缔约国（《欧洲专利公约》第 98 条，《欧洲专利公约实施细则》第 73 条）。之后，欧洲专利局将为专利权人制作欧洲专利的证书作为专利文件的附件（《欧洲专利公约实施细则》第 74 条）。

8. 从专利授予提示公布之日起，欧洲专利在对其授予专利的各缔约国内，在满足翻译的必要条件（参见第 8 点）之后，享有同样的效力，只要《欧洲专利公约》没有另外的规定，欧洲专利对其所有人授予与该国国内的专利所授予的同样权利（《欧洲专利公约》第 2 条第 2 款，第 64 条第 1 款）。

不管缔约国法律如何规定，欧洲专利在对其授予专利的每一个缔约国都适用以下规则：在专利授予提示公布后的 9 个月到期之前，都可以在欧洲专利局启动集中的异议程序（ein zentrales Einspruchsverfahren）（《欧洲专利公约》第 99 条及以下）；如果某一方法成为欧洲专利的发明主题（《欧洲专利公约》第 64 条第 2 款），保护延伸到直接的方法产品，前提是该方法是欧洲专利的主题（《欧洲专利公约》第 64 条第 2 款）；保护范围通过专利请求权项内容来确定，用说明书与附图来解释权项（《欧洲专利公约》第 69 条第 1 款及所属的备忘录）；期限为申请日起的 20 年（《欧洲专利公约》第 63 条第 1 款）；负责无效声明的国内审级受《欧洲专利公约》所规定的无效理由约束（《欧洲专利公约》第 138 条、第 139 条）。因此在异议期限到期后和可能的异议完成后，欧洲专利不会简单地退变成国内专利。相反，通过欧洲授权档案确定的权利仍然以规定的方式体现其欧洲根源的特征。[58] 在联邦德国，这些提到的效力，不仅对欧洲专利而且对国内专利，都与《欧洲专利公约》相一致地加以规定。

9. 在大多数缔约国，欧洲专利的效力取决于欧洲专利文本的译本。

依照《欧洲专利公约》第 65 条，任何缔约国都可以规定，欧洲专利局授予的一项欧洲专利或维持一项经过修改的或者有限制的欧洲专利时，如果其正文不是用该国的一种官方语言写成的，该专利权人应向该国负责法律保护的中央局提供一份（或者特定的）官方语言所书写的被授予、修改或者有限制的专利译本。为此至少应该给予在专利授予提示公布后（参见第 6 点）3 个月期限。缔约国也可以规定，申请人必须在特定的期限内部分或全部缴纳必要的翻译公开的费用（《欧洲专利公约》第 65 条第 2 款）。如果译本没有及时提交，或费用没有及时缴纳，缔约国还可以规定，欧洲专利的效力在该有关国家被视为自始无效（《欧洲专利公约》第 65 条第 2 款）。

―――――――――

〔58〕 Vgl. Tilmann, FS Bartenbach, 2005, S. 301 ff.

《欧洲专利公约》第65条所给出的可能性在所有缔约国都适用[59]。但总会规定疏忽导致专利效力在有关国家有溯及力的丧失。[60]欧洲专利局在依据《欧洲专利公约》第71条第3款规定的通知中表明，在哪些指定的缔约国中依据《欧洲专利公约》第65条规定要求授予的专利文本的译本（《欧洲专利公约实施细则》第71条第10款）。

在德国，依据《国际专利条约法》第Ⅱ章其下第3条第1款第1项，如果欧洲专利局对为德国授予的专利没有提供德语文本，必须在授予提示公布3个月内向德国专利商标局递交欧洲专利文件的德语译本（《欧洲专利说明书翻译条例》，参见§8 C 4）。如果没有在期限内按照要求递交译本，欧洲专利的效力在德国被视为自始无效（《国际专利条约法》第Ⅱ章其下第3条第2款）。[61]如果没有在期限内缴纳依照第3款规定的公布译本的费用（150欧元），欧洲专利的效力在德国自始亦被视为无效。如果专利在申诉程序中以修改的形式保留或者在限制程序中被限制，对修改或限制的专利文本的翻译要求与授予的文本一样（《国际专利条约法》第Ⅱ章其下第3条第1款第2项）。

如果依照译本的保护范围比依照程序语言的文本保护范围更窄，就可以将译本作为正式文本；但必须允许在未来对译本进行至少有效力的更正（《欧洲专利公约》第70条第3款和第4款，参见本节Ⅲ6）。在这一意义上，对于德国来说《国际专利条约法》第Ⅱ章其下第3条第4款和第5款也含有这些规定。

2008年5月1日在11个国家生效的《伦敦协议》对《欧洲专利公约》第65条的适用（参见§7 Ⅱ b 7）作出要求，放弃将欧洲专利全部或者部分翻译成它的一种或所有官方语言。德国依照协议第1条第1款放弃《欧洲专利公约》第65条中规定的翻译要求，因为德国的官方语言属于欧洲专利局的官方语言。相应地，《国际专利条约法》第Ⅱ章其下第3条和包含有关于欧洲专利权利翻译要求的条例自2008年5月1日起失效。[62]那些在这一日期之前在欧洲专利公报上公布其授予提示的欧洲专利，必须依据旧的规则进行翻译，如果其对德国的效力没有丧失溯及力。

依据《关于〈共同体专利条例〉的建议》第24a条（参见§7 Ⅱ d 6），共同体专利的申请人至多在专利授予后的2年内，向欧洲专利局递交使用共同

---

〔59〕 Übersicht in Nationales Recht zum EPÜ Abschn. Ⅳ.

〔60〕 这会导致以下结果，即发明只在部分欧盟成员国得到保护。但依据欧洲法院的判决（Eu-GH 21. 9. 1999 C–44/98 GRUR Int. 2000，71）这并没有产生违背《欧共体条约》第28条（原第30条）的情况。

〔61〕 Vgl. LG Düsseldorf 23. 1. 2007 Tamsulosin GRUR Int. 2007，429，431.

〔62〕 Art. 8 a，8 b und 10 Satz 1 des Gesetzes vom 2008 BGBl. I S.

体所有官方语言的专利权利要求的译本，只要某一成员国没有放弃将其翻译成它的官方语言。欧洲专利局将向公众公布这些译本。如果必要的译本没有及时递交，共同体专利的效力被视为自始无效（《关于〈共同体专利条例〉的建议》第24b条第1款）。但专利权利人可以依据待公布的实施细则将专利作为某一或多个缔约国的欧洲专利（《关于〈共同体专利条例〉的建议》第24b条第2款）。

Ⅴ. 申请撤回和失效

1. 只要专利申请悬而未决，即授予程序没有出于其他的原因（驳回、失效、授予提示的公开）而结束，申请人可以在任何时候完全撤回欧洲专利申请，[63]

当第三人向欧洲专利局证明，其已经启动了向欧洲专利主张权利的程序，则不允许撤回申请（《欧洲专利公约实施细则》第14条，参见§20 Ⅲ c 1）。

撤回必须以书面或者在口头审理记录中声明，必须明确[64]并原则上无保留。但允许在申请的内容没有向公众公开的前提下进行撤回；在公开的情况下，撤回是无效的。[65]

2. 撤回的效力在于审查程序没有经最后决定而结束和申请自始无效，如果保持在专利申请没有变成专利的条件下撤回（参见§25 A Ⅶ 1）；这一规则特别适用于授权请求权、授权请求权时间顺序和从专利申请登记公开之日起给予的临时保护。

专利申请人受有效的撤回声明的约束；该申请人不能撤销撤回声明；但允许申请人依据《欧洲专利公约实施细则》第88条（现第139条）[66]对一份有错的撤回声明进行更改（实际上与撤回结果相同），只要其没有在欧洲专利公报上被相应公布[67]。如果撤回声明已经登记到专利登记簿上，新的决定排除进行更改。[68]

3. 申请人可以撤回对某一缔约国的指定（《欧洲专利公约》第79条第3款）。对这一缔约国的法律后果与撤回申请的法律后果一样。

对某一缔约国指定的撤回可以通过更正使其不发生作用，前提是欧洲专利

---

〔63〕 Vgl. *Strebel*（FN 3）Art. 90 Rdnr. 76.

〔64〕 EPA 26. 1. 1987 J 06/86 Zurücknahme/Riker ABl. 1988，124. 实践会区别撤回和纯粹的"被动放弃"，这是指即使得到明确解释，而在接下去的程序中由于疏忽没有完成必要的步骤而导致申请的失效，如缴费；参见 EPA 9. 10. 1987 J 15/86 Zurücknahme der Anmeldung/Ausonia ABl. 1988，417；28. 10. 1987 J 7/87 Verzicht/Schwarz Italia ABl. 1988，422；26. 11. 1987 J 11/87 Verzicht/Doris ABl. 1988，367.

〔65〕 EPA 25. 3. 1981 J 11/80 Zurücknahme einer Anmeldung ABl. 1981，141.

〔66〕 Rechtsauskunft 8/80 des EPA, ABl. 1981，6；vgl. auch unten Ⅶ.

〔67〕 EPA J 15/86（FN 64）.

〔68〕 EPA 27. 4. 2005 J 25/03 Zurücknahme der Anmeldung/Mitsui Chemicals ABl. 2006，395.

局还没有对其进行公布[69]，第三人尽可能地通过查档获知撤回的利益根据欧洲专利局的确信受到了充分的保护，撤回基于情有可原的疏忽，申请的更正基本没有延迟整个程序的进行[70]。但这些前提条件至少不是从《欧洲专利公约实施细则》第139条（原第88条）的文字中得出。这些前提条件表明，最后是否能消除撤回的作用最终取决于一般的公平性斟酌考虑。[71]

4.《欧洲专利公约》中有关专利申请在特定前提下被视为撤回的规定要比在德国专利法中的相关规定多很多。即使这里"撤回的拟制"仅仅是一种法律技术的形式，表示申请的悬而未决取决于某一行为的及时实施和因最后期限的疏忽导致程序的法定终结（参见§25 A Ⅶ 2）。因此也可以说申请失效；失效如撤回一样也包括所有通过申请获得专利前提下形成的权利。但失效并不意味着申请从未被提交。因此，在失效之前基于可撤回的申请形成的优先权要求和分案申请效力不变。[72]

如果以下的一种行为没有及时完成，专利申请就会失效：

通过国家递交机关转递专利申请（《欧洲专利公约》第77条第3款）；

缴纳申请和检索费（《欧洲专利公约》第78条第2款）；

依据《欧洲专利公约》第14条第2款递交必要的翻译（《欧洲专利公约》第14条第2款第3项，《欧洲专利公约实施细则》第6条第1款）；

审查申请的递交和审查费的缴纳（《欧洲专利公约》第94条第2款）；

维持申请声明，如果审查申请在检索报告获得之前提出（《欧洲专利公约实施细则》第70条第3款）；

对审查通知（《欧洲专利公约》第94条第4款）或者申诉庭的要求（《欧洲专利公约实施细则》第100条第3款）作出答复；

由欧洲专利局要求的国内专利申请的说明（《欧洲专利公约》第124条第2款）；

缴纳年费（《欧洲专利公约》第86条第1款第2项）；

缴纳专利授予费、印刷费和要求的专利权利费及递交不是程序中语言的欧洲专利局官方语文本的权利要求（《欧洲专利公约实施细则》第71条第7款）；

对新指定的一位必要的代理人的说明（《欧洲专利公约实施细则》第142

---

〔69〕 在欧洲专利登记簿的登记在这里将视为足够条件，参见 EPA J 25/03 aaO。

〔70〕 EPA 11. 2. 1988 J 10/87 Widerruf einer Zurücknahme/Inland Steel ABl. 1989, 323.

〔71〕 在这一意思上有学者也只看到了对于错误更正的相关法律判定的"出发点"，参见 *Bossung*, FS Preu, 1988, S. 219, 228 f., 233, der in R 88（jetzt 139）。

〔72〕 EPA 27. 11. 2000 G 4/98 Benennungsgebühren ABl. 2001, 131.

条第3款〔a〕)。

没有及时缴纳缔约国的指定费用视为撤回指定;完全没有缴纳指定费用也视为撤回指定(《欧洲专利公约实施细则》第39条第2款和第3款)。同样的指定费用下不会发生申请失效局限在单个缔约国中(参见§28 Ⅳ 1)。

如果欧洲专利局确定,出于上面提到的一个原因导致了权利的丧失,欧洲专利局会将此通知给申请人(《欧洲专利公约实施细则》第112条第1款)。申请人可以依据《欧洲专利公约实施细则》第112条第2款递交申请,要求欧洲专利局对此进行审查,并且如果欧洲专利局坚持其观点,则申请人可以申诉(参见§27 Ⅳ 1)。如果专利申请继续得到审理或者能够重新回到上一阶段,专利申请人就有可能重新获得丧失的权利地位(参见§27 Ⅱ c 5,6)。

Ⅵ. 申请的修改[73]

1. 如果允许对欧洲专利进行修改——包括对这些修改的撤回[74]——就表示进入到了修改程序阶段,在该程序阶段中应该进行修改。在获得检索报告之前,申请人只有为了满足在形式审查中依据《欧洲专利公约实施细则》第57条(a)~(d)、(h)与(i)规定确定的不足,才能对说明书、权利要求和附图进行修改(《欧洲专利公约实施细则》第137条第1款,第58条第2项,参见本节Ⅰ b)。在获得检索报告后和收到审查部的第一通知之前,申请人可以对说明书、权利要求和附图进行修改(《欧洲专利公约实施细则》第137条第2款)。权利要求的修改不能涉及没有被检索的主题,这些主题与原始申请主题不在一个单一的总的发明想法中(《欧洲专利公约实施细则》第137条第4款),如果因《欧洲专利公约实施细则》第64条的非单一性而未缴纳附加费,造成只进行了部分检索,这点特别重要。[75]

如果在申请公开的技术性准备结束之前修改权利要求,原始的及新的或修改过的权利要求文本都要被公布(《欧洲专利公约实施细则》第68条第4款第2项)。

在获得首次审查通知之后,申请人可以主动对材料进行一次修改,只要申请人将修改文本和对通知的答复一起递交上去。接下来进行的修改必须在审查部同意的前提下进行(《欧洲专利公约实施细则》第137条第3款)。[76]如果申

---

〔73〕 Ausführlich dazu *Blumer*, Formulierung und Änderung der Patentansprüche im europäischen Patentrecht, 1998, S. 260 – 415.

〔74〕 EPA – Richtlinien C Ⅵ 4. 7.

〔75〕 Singer/Stauder/*Blumer* Art. 123 Abs. 7; vgl. auch EPA – Richtlinien C Ⅵ 5. 2 i, ii. Krit. zu R 137 (früher 86) Abs. 4 EPA 5. 12. 2003 T 708/00 ABl. 2004, 160 = GRUR Int. 2004, 668.

〔76〕 Zu den Voraussetzungen der Zustimmung vgl. EPA – Richtlinien C Ⅵ 4. 7.

请人不能表明其现在才提出修改是合理的，用进一步修改的文本代替首次被认为可接受的文本的申请会被拒绝[77]。如果修改的申请被拒绝，申请人仍不接受审查部确定的文本，申请就会被驳回。

如果错过时间点，申请人将不允许在一年后临近口头审理前，继续要求在申诉程序开始时放弃的权利要求。[78]

2. 对欧洲专利申请的所有修改都适用《欧洲专利公约》第 123 条第 2 款的扩大禁止（Erweiterungsverbot）：对申请的修改不能超出原始递交文本（ursprünglich eingereichte Fassung）中申请主题的内容。但是申请人并不受申请中的权利要求的约束；在授予程序期间，申请人可以在申请的整个公开内容的框架内扩展权利要求。[79]这被描述为"蓄水池"（Reservoir），从中申请人可以在对申请进行修改时加以运用[80]，但并不一定意味着里面包含的单个信息允许随意组合[81]。

不允许的扩大既可以通过修改或删除，也可以通过添加文字来进行。[82]规定的目的在于避免以下修改，借助这些修改申请人可以要求在原始递交文本中没有要求的申请主题。同时该文本公开的内容在进行新颖性审查时决定属于现有技术的文件的内容：这取决于专业人员是否能从一份文件中直接、清晰地获知申请的主题；没有直接表述但对专业人士来说清晰的特征属于公开的内容。[83]这里要考虑现有技术告诉了专业人员什么，特别是依据《欧洲专利公约实施细则》第 42 条第 1 款（b）在申请中明确了的现有技术。[84]权利要求、说明书及附图作为公开的材料在法律上的地位是同等重要的；因此只用图形说明的特征可以包含在说明书和权利要求中，前提是专业人员可以依据结构和功能以非常清晰、明了的方式从附图中得出这一特征。[85]为了能够达到足够的明确，不需要将某一特征突出到"对发明起关键作用的"程度；从申请的所有内容可

〔77〕 EPA – Richtlinien C Ⅵ 4.8.

〔78〕 EPA 9. 2. 1982 T 12/81 Diastereomere ABl. 1982，296.

〔79〕 BGH 5. 7. 2005 Einkaufswagen Ⅱ GRUR 2005，1023.

〔80〕 EPA 24. 7. 1984 T 190/83 Künstliches Kniegelenk/Bock Mitt. 1988，173；25. 8. 1987 T 133/85 Änderungen/Xerox ABl. 1988，441，449.

〔81〕 S. *Blumer*（FN 73）S. 237 ff.

〔82〕 EPA – Richtlinien C Ⅵ 5.3.9.

〔83〕 EPA 9. 5. 1984 T 201/83 Bleilegierungen/Shell ABl. 1984，481，483 f.；vgl. auch die EPA – RichtlinienC Ⅵ 5.3 ff.

〔84〕 EPA 16. 5. 1983 T 54/82 Offenbarung/Mobil ABl. 1983，446，448；T 201/83（FN 83）.

〔85〕 EPA 25. 3. 1985 T 169/83 Wandelement/Vereinigte Metallwerke ABl. 1985，193，199 ff.（Nr. 3）.

以清晰看出某一特征是发明的一部分就已经足够了。[86]

3. 允许代替或者删除某一权利要求的技术特征取决于：（1）公开的技术特征为非关键；（2）考虑到其待解决的任务，这一技术特征对发明的功能来说，不是必不可少的；并且（3）代替或删除不会导致其他特征的趋同。[87]按照这一标准将允许将一个"激光刀头"安装在冲压机的"压床"上这一特征概括化为，一个激光刀头被支撑"在一个和压床固定的水平面上"。[88]相反，原始申请中被视为发明关键的特征不能被删除。[89]

在专利申请中最初没有公开的特征可以添加到权利要求中，如果这一特征——没有对发明的主题产生技术上的贡献——仅仅通过排除对原始申请中所申请的发明主题的部分保护限制专利保护范围；一个这样的特征不被认为是《欧洲专利公约》第123条第2款意义上的超出了原始递交文本中申请内容的主题。[90]

作为发明活动依据的证明而给出的优点的说明允许进行修改，如果通过修改不会改变原始公开的方案。[91]此外，补充提交带来好处的功能原则上被视为扩大。[92]

4. 增加一份"弃权声明"，申请人清楚表明对特定的无法获得保护、特别是属于现有技术的主题不主张保护，如果原始的申请材料中没有包含相应的说明，欧洲专利局在很多情况下——虽然不是总是在同样的前提下——是允许的。[93]欧洲专利局的一个较新的决定使这一实践做法产生了问题。[94]因此两个申诉庭决

---

〔86〕 EPA T 169/83 (FN 85) 204 (Nr. 4.1), 193 (Leitsatz); 6. 11. 1987 T 141/85 Scherenstrom-abnehmer/ MBB Mitt. 1989, 94; 4. 1. 1996 T 583/93 Wasserlösliche Polymerdisperion/Hymo ABl. 1996, 496, 508 f. (Nr. 4.5).

〔87〕 EPA 6. 7. 1989 T 331/87 Streichung eines Merkmals/Houdaille ABl. 1991, 22. – Zur Streichung von Alternativen in Listen von Substituenten für eine oder – wie meist – mehrere Substituentenpositionen in che-mischen Gruppenformeln s. *Schrell*, GRUR Int. 2007, 672 f. mit zahlreichen Nachw. aus der Rspr. des EPA.

〔88〕 EPA T 331/87 aaO.

〔89〕 EPA 9. 12. 1987 T 260/85 Koaxialverbinder/AMP ABl. 1989, 105.

〔90〕 EPA 2.2.1994 G 1/93 Beschränkendes Merkmal/Advanced Semiconductor Products ABl. 1994, 541.

〔91〕 Vgl. EPA 6. 4. 1981 T 01/80 Reaktionsdurchschreibepapier ABl. 1981, 206; 15. 4. 1983 T 11/82 Steuerschaltung/Lansing Bagnall ABl. 1983, 479; 4. 1. 1984 T 184/82 Formkörper aus Poly – (pmethyl – styrol) /Mobil ABl. 1984, 261; EPA – Richtlinien C Ⅵ 5.7.

〔92〕 EPA – Richtlinien C Ⅵ 5.7.

〔93〕 Analyse der Rechtsprechung in EPA 20. 12. 2002 T 507/99 Disclaimer/PPG ABl. 2003, 225, 231 ff.; 14. 3. 2003 T 451/99 Synthetische Antigene/Genetic Systems ABl. 2003, 334, 341 ff.

〔94〕 EPA 17. 9. 2001 T 323/97 Disclaimer/Unilever ABl. 2002, 476.

定遵守扩大申诉委员会的决定。[95]

扩大申诉委员会对弃权声明的许可进行了严格的限制。[96]扩大申诉委员会的出发点是，不能因为弃权声明以及通过弃权声明从主张保护范围中排除的主题无法从原始递交文本的申请中引出，就根据《欧洲专利公约》第123条第2款拒绝通过接受弃权声明对一个权利要求的修改（指导原则1）。[97]出于以下目的，弃权声明可以被允许：

——新颖性恢复，通过弃权声明来区分一项权利要求与《欧洲专利公约》第54条第3款或第4款（现第54条第3款）规定的现有技术即旧的后公开的专利申请的公开内容；

——新颖性恢复，通过弃权声明来区分一项权利要求与《欧洲专利公约》第54条第2款规定的偶然先出现的技术即公众可以获知的现有技术；该技术是偶然出现的，它对申请的发明来说是微不足道的，并且离得如此之远，以致专业人士在发明中也没有考虑它；及[98]

——排除某一主题，这一主题依据《欧洲专利公约》第52~57条出于非技术性的原因不能得到专利保护，比如医学方法（《欧洲专利公约》第53条（c），原第52条第4款）或者由于公序良俗而不被允许的对人进行的生物技术发明（原因2.4.1）。

依据指导原则2.3与或将与对发明行为或足够的公开内容的判断相关的弃权声明，构成依据《欧洲专利公约》第123条第2款不允许的扩大。

指导原则1和2.3表明了，扩大申诉委员会规定的基本原则都是以《欧洲专利公约》第123条第2款为基础的；其他的法律基础至少是不清楚的。在这些基本原则背后，看来没有说出的想法是，实际上任何没有包含在原始申请文本中的弃权声明都是不被允许的扩大，但在例外情况下可以是合理的。在因申请的在后公开而成为在先技术或偶然的成为在先技术的情况下作为这一出发点的理由似乎表示在过错观点下的一种评价：这涉及一种现有技术，该现有技术申请人以扩大申诉委员会所希望的小心谨慎本来也无法弄清楚。但申请人并没有义务在申请之前进行这些调查。在一定程度上当申请人基于自己对现有技术的了解估计申请能成功时，申请人才会缴纳申请的费用。但如何并在何种程度

---

〔95〕 EPA T 507/99 und T 451/99（FN 93）；zur Problematik auch *Stamm*，Mitt. 2004，243 ff.

〔96〕 EPA 8. 4. 2004 G 1/03 Disclaimer/PPG ABl. 2004，413 = GRUR Int. 2004，959；gleichlautend G 2/03 ABl. 2004，448.

〔97〕 如果"排除的主题"不能从申请中引出，就要问一下，哪些被排除出去了。所指的可能是：被认为排除的主题不能从申请中引出；也就是说，申请可以被理解为，它包含了排除的主题。

〔98〕 所指的也许是"或者"，因为弃权声明的许可不可能要求同时满足所有提到的3个条件，

上去了解现有技术，是申请人的事情。申请人可以期待由欧洲专利局完成全面的调查，并应该允许申请人根据调查的结论，即使不涉及偶然出现的现有技术[99]，通过限制最初表述的权利要求对调查的结论作出反应，而无需将增加的技术信息内容加入到申请中。当申请人以弃权声明的形式进行了要求的限制，对此没有任何改变。在由于非技术原因而排除专利授予的情况下，至少只要涉及欧洲专利的首次申请或者拥有某一缔约国优先权的在后申请，扩大申诉委员会不能因"无过错"而允许弃权声明，[100]因为申请人本应该在申请之前就考虑到有关排除专利申请的规定，并且不应该在申请不符合其中一条规定时感到意外。如果考虑某一排除可专利的弃权声明不被允许，因为在小心谨慎的情况下本来可以加入原始申请中的，那么该申请必须全部驳回。看来扩大申诉委员会认为这样做不适当。但是，在通过现有技术使部分技术失去可专利的情况下，取决于没有"过错"不属于以上情况。

因此在这些情况下——与符合出于非技术原因不能授予专利中的情况一样——允许弃权声明最终应该符合以下条件才是合理的，即申请人应该被允许将其保护请求与原始递交申请中并在审核程序中被认定为能够获得保护的公开内容相适应。同时申请人不受在申请递交时表述的权利要求约束，但不能扩大原始的技术信息内容。公众不应该确信原始所述的权利要求不能改变，尤其是——在申请原始公开的内容的框架内——不能被扩大。只有授予了专利，公众对于特定权利要求文本的信任才值得保护。

弃权声明只是一种特别的，负面表达形式的调整。对此，会产生不被允许的权利要求扩大的这种特定的危险，如果——多数情况下——用于限制使用的负面特征没有原始公开的话。特征的引入是否会给专业人士传达技术相关的信息，要依个案而定。特征的加入有可能在扩大申诉委员会所举出的案例中被否定。但情况也有可能不一样。因此大审诉庭在指导原则 2.3 中附加了"补救条款"（salvatorische Klausel）禁止弃权声明，如果其与或可能与发明行为的公开判断相关联。

作为例子，某一方法的专利申请可以用于被动锻炼，申请中对非治疗使用的限制被拒绝，因为这样的限制没有被公开。[101]一种会导致食欲不振的方法绝不被视为排除可专利性，因为主张这一方法是为了达到利于美容的体重减轻目

---

〔99〕　So auch *König*, Mitt. 2004，477，481 f.

〔100〕　欧洲专利合作条约的申请和在第三国进行的带有优先权的欧洲专利申请可能部分不同，参见 EPA G 1/03（FN 96）Nr. 2.4.3。

〔101〕　BPatG 18. 1. 2007 Verfahren zur passiven Gymnastik Mitt. 2007，369；vgl. oben § 14 Ⅱ d bb 2.

的；[102]如果这一方法是在没有这一限制的情况下进行的申请，那么这一申请通过排除治疗性的（用于病态的肥胖症的治疗）使用的弃权声明能够被限制，因为这两种使用的可能性都能从公开的内容中得出，并且由于两者相同的作用方式（即促进体重减轻）限制也不包含有技术相关的信息。相反，如果就一台振动打桩机申请专利，在申请中没有关于旋转的不平衡度是否是强制性同步的论述，那么，如果因为包括强制同步设备的一种现有技术，通过涉及这种制造方式的弃权声明而对振动打桩机加以限制，就存在不允许的扩大内容的情况。

最后，总还要取决于依据《欧洲专利公约》第 123 条第 2 款的标准对个案作出判断。如果存在一种由扩大申诉委员会规定的例外情况时，这一标准如扩大申诉委员会那样也要适用。另一方面，如果依据《欧洲专利公约》第 123 条第 2 款规定，标准弃权声明不构成不允许的扩大。这些情况之外弃权声明也明显不应被允许。这一点尤其是考虑到既不是依据《欧洲专利公约》第 54 条第 3 款也不是依据偶然发现的现有技术作出的限制情况时尤为重要。在这一范畴内由扩大申诉委员会给出的前提条件缺少法律基础。

扩大申诉委员会担心（原因第 2.3.3），没有其作出的附加限制，申请人的行为就有可能改变，即在一开始就不给出详细的说明书，而是一直等到通过检索和审查概括出现有技术并随后得出必要的结论。这种担心是没有根据的，因为对此只有原始公开的内容可供使用。如果原始公开的内容只包含有一些一般性的，没有区别的信息，那么试图到通过检索获得的或者在审查中获得现有技术的企图很容易造成不允许的扩大。[103]《欧洲专利公约》第 123 条第 2 款中的有关对扩大的禁止规定足以遏制扩大申诉委员会所指出的危险。我们也不能看出，这些危险已经对最高法院的决定产生任何不利的影响。

5. 在欧洲专利局的实践中，为了确定那些不允许的扩大，通常要进行所谓的"新颖性测试"（Neuheitstest）[104]：如果在修改过之后，修改过的文本与原始文本相比内容是新的，将不允许进行此类修改[105]。但人们自然会意识到，这种测试拥有的价值很有限，并且会在概括化的时候失效，如果人们以

---

〔102〕 EPA 27. 3. 1986 T 144/83 Appetitzügler/Du Pont ABl. 1986，305.

〔103〕 通过欧洲专利局的实践，这种危险会被以下的基本观点扩大，即一般性的不能对特定的进行技术占先，这会在"新颖性测试"的实施中（参见第 5 点）及"选择发明"的新颖性认定中（参见 § 17 IV b bb）表现出来；参见 *Teschemacher*，ABlEPA Sonderausgabe 2005，116，120，126.

〔104〕 Eingehend und teilweise krit. dazu *Blumer*（FN 73）S. 402 ff.

〔105〕 *van den Berg*，Die Bedeutung des Neuheitstests für die Priorität und die Änderung von Patentanmeldungen und Patenten，GRUR Int. 1993，354，360，365 f. m. Nachw.；EPA – Richtlinien C VI 5. 3. 1.

概括化的表述和一个具体的表述相比并不是新的为出发点[106]。但也要指出，一种生产手段的公开并不会对等同的生产手段新颖性造成危害，即使这种等同性本就是普遍为人所知的；在这一基础上，新颖性测试可以导致拒绝概括化[107]。

扩大内容的审查与新颖性的审查，相同点仅在于两者都要确定专业人士是否能从原始申请中或者从属于现有技术的某个文件中公开的内容直接、清晰地获知特定的信息。但是只需在修改涉及原始递交申请材料中公开内容时提出这一问题；通过引入新颖性概念并不会使对该问题的回答变得容易[108]。相反，遵守为新颖性测试而提出的简便不精确的法则会陷入迷路。例如某一文件中有损新颖性的内容不包含所描述的生产手段的等同手段原则的强调，会阻止仔细审查，是否没有专业人士从其一般专业知识引出的对申请公开内容整体观察中认识到，一种具体描述的生产手段可以很容易被一种功能相等的手段所代替。那么，没有必要完全一样运用相同手段，而是取决于一个特定的功能，对专业人员来说是公开的，从功能角度描述相应的权利要求特征，对专业人员来说完全合理[109]。这一点只是通过事后的修改产生的情况，至少通过这一特征导致一个符合这一特征的在说明书中提到的具体特征的一种功能性的理解，与原始提交的权利要求文本包括这一功能性特征的情况相区别。但是对专业人士来说，如果这一特征在权利要求中同样被具体标示出来，那么，这同样的特征也可以源于申请材料的整个内容。

6. 以下例子被视为没有扩大的因而是允许的修改。

在标记的部分中采纳了错误地被归入现有技术的上位概念的特征；[110]

在权利要求的上位概念中选择一种更加一般化的表达（可转动的载体代

---

〔106〕 Vgl. z. B. EPA 9. 12. 1987 T 177/86 Elektrokochplatte/Fischer GRUR Int. 1988, 510; 22. 9. 1988 T 194/84 Cellulosefasern/General Motors ABl. 1990, 59, 65 (Nr. 2. 4); 10. 7. 1996 T 873/94geänderte Teilanmeldung/Toshiba ABl. 1997, 456.

〔107〕 EPA 29. 10. 1987 T 416/86 Reflexionsphotometer/Boehringer ABl. 1989, 308; 25. 11. 1998 T 284/94 Thermodruckvorrichtung/Elektronische Frankiermaschine ABl. 1999, 464, 481 ff. (Nr. 2. 1. 6, 2. 3).

〔108〕 同样在"先出现技术测试"（Vorwegnahmetest）的继续发展中，就像有学者所建议的一样，能获取的很少，因为这会加重实际操作的困难，并导致首先去注意正式的评判，而不是去调查原始递交申请材料中的实际公开内容，参见 *Blumer*（FN 73）S. 410 ff.

〔109〕 这就可以想象，专业人士从有关天然的纤维素纤维的使用说明书中（Vgl. dem Fall T 194184, FN 106），在没有特别提示的情况下基于自己的专业知识直接、清晰地认识到，为了发明相关的目的，运用其他的纤维素纤维也会有同样的效果。这就允许了专利权利的相应一般化。得出同样结论的参见 *Blumer*（FN 73）S. 413 FN 42.

〔110〕 EPA 17. 9. 1981 T 06/81 Elektrodenschlitten/Siemens ABl. 1982, 183, 186.

替转车台）;[111]

删除一个权利要求技术特征，如果它的目的只为了更清晰或者消除矛盾，因为这一技术特征只是用图形呈现的，而且在说明书中没有进一步的解释，并且专业人士很容易从原始的材料中将其视为没有重要性的，甚至是干扰的;[112]

对一种清楚公开的技术措施的功效（Wirkung）的事后说明，这种功效原本没有或者没有完全被提到，而专业人士可以毫不费力地从原始的说明书中获知这一功效;[113]

在原始提到的更专门的任务的位置，表述一项更一般的，要求没有那么高的任务，对于这一任务发明没有很好地解决，只要专业人士可以看出，这更一般的功效被原始表达的任务包括或者与这一任务相关;[114]

将对现有技术的一项提示加到说明书中;[115]

改变混合物的浓度配比，如一种合金，通过提高某一组成部分在实施例中原始申请的最低比例，只要专业人士很容易看出，其与例子中其他技术特征的联系对实施方式的功效不会有决定性的影响。[116]

减少混合物组成部分的规定的最高量，只要避免组成数量不高于100%[117];

在一项权利要求中加入被表述为不是关键的技术特征[118];

通过对某一效果的说明来对说明书进行补充，这种效果通过实施例很容易被达到[119];

对特定的在申请中提到的数值的测量方法增加细节说明，如果专业人士已经可以从这些数值中得出结论根据多种方法的哪一种进行测量[120];

用"一种或多种光源"代替权利要求技术特征的"多种光源"，如果在一个实施例中的说明书已经说明，它的附图中有三个光源，显而易见也可以投入

---

[111]　EPA 18. 3. 1983 T 52/82 Aufwindvorrichtung/Rieter ABl. 1983，416.

[112]　EPA 19. 5. 1983 T 172/82 Teilchenanalysator/Contraves ABl. 1983，493. Bereichs EPA 1. 7. 1982 T 02/81 Methylen – bis –（phenyl – isocyanat）ABl. 1982，394.

[113]　EPA 29. 7. 1983 T 37/82 Niederspannungsschalter/Siemens ABl. 1984，71，74.

[114]　EPA T 184/82（FN 91）（zunächst：Erhitzung von Speck ohne wesentliche Beschädigung des erfindungsgemäßenBehälters；dann：Beständigkeit bei hohen Temperaturen und verbesserte hydrophobe Eigenschaften）.

[115]　EPA T 11/82（FN 91）490；5. 2. 1998 T 450/97 Shampoozusammensetzung/Procter & Gamble ABl. 1999，67.

[116]　EPA T 201/83（FN 83）484 ff. ；entsprechend für die Untergrenze eines vorzugsweise beanspruchten

[117]　EPA 13. 4. 1984 T 13/83 Polyisocyanat/ICI Americas ABl. 1984，428.

[118]　EPA T 583/93（FN 86）.

[119]　EPA T 141/85（FN 86）.

[120]　EPA 14. 12. 1987 T 124/85 Offenmaschiges Gewebe/Asten Mitt. 1988，192.

更多或更少的光源[121]；

删除某一权利要求的特征，如果这一权利要求没有这一特征会得到原始递交的申请文本支持[122]；

修改一份针对一个依照上一级的权利要求精心设计的烤盘的固定的从属权利要求，将固定不依赖于烤盘设计单独进行保护：专业人士可以很容易了解，对固定的使用并不取决于烤盘特定的设计[123]。

7. 以下的情况被视为不允许的扩大：

添加一项可选的、有限制的技术特征，其并不包含在申请中，除非这仅仅涉及对专业人士来说是理所当然的，不会产生原始没有公开的功效；[124]

将连接环（标记为 C10～50）限制在更小的范围（C18～24），前者毫无例外地包括了环的所有结构，后者则在其限制下排除了对其余结构的公开；[125]

说明，一种可以以持续不断的，用一种方法可以变干的涂层形式使用的材料的说明，如果之前这种材料只能以微粒的形式使用为人所知；[126]

在涉及天然的纤维素纤维的权利要求中删除"天然的"这一技术特征，如果在原始的申请内容中不同于天然的纤维素的其他纤维素既没有明确也没有暗示的公开[127]；

将实施例说明中的一项单一特征加入到一项权利要求，如果内行的读者不能毫无怀疑地从原始递交的申请文本中得出，修改过的权利要求的主题能完全解决一项清晰的从申请中得出的任务[128]；

用更概括的概念（载体手段）代替最后公开的材料的名称（传送带），因为通过这种方法将其他的技术特征不言自明地与申请主题联系起来，如一项等同物在与公开的特征组合的情况下，会导致一个相对于原始公开的新的主题[129]；

用正确的结构表达形式代替为一个主张权利的连接不吻合的结构表达形式，但是同时通过原始的完全的公开的方法这一连接的标示已被允许，这一标示是该公开程序的必然的结果[130]；

[121] EPA 11. 3. 1993 T 187/91 Lichtquelle/Leland ABl. 1994, 572.

[122] EPA 9. 12. 1987 T 66/85 Verbinder/AMP ABl. 1989, 167.

[123] EPA 9. 12. 1987 T 177/86 Elektrokochplatte/Fischer GRUR Int. 1988, 510.

[124] EPA 201/83 (FN 83) 483.

[125] EPA T 54/82 (FN 84) 450.

[126] EPA 18. 8. 1981 T 07/80 Kopierverfahren ABl. 1982, 95.

[127] EPA T 194/84 (FN 106) 65 (Nr. 2.5).

[128] EPA T 284/94 (FN 107).

[129] EPA T 284/94 (FN 107) 481 ff. (Nr. 2.1.6, 2.3)

[130] EPA 3. 3. 1994 T 552/91 Chromanderivate/Merck ABl. 1995, 100.

将指向一个明确公开的方法的权利要求修改为一个权利要求，该权利要求指向为实施该程序一个暗示公开的设备，如果在修改的权利要求中缺少专门涉及该程序的特征（即属于设备的电脑的相关程序化），因而该权利要求也包含了可以用于其他目的的设备[131]。

8. 不允许扩大的法律后果是，要么恢复到之前，要么申请必须被驳回。如果扩大被忽视，并且授予了包含有扩大的专利，欧洲专利局可以在申诉的情况下进行撤销，或者依照任何作为指定国的缔约国的法律将其宣布为无效（《欧洲专利公约》第100条（c）、第138条第1款（c））。

从《欧洲专利公约》有关扩大的规定中不能引出权利的规定。但是应有的出发点是，通过扩大不构成申请的效力的理由，而且对扩大被递交的时间点也不发生作用。对于扩大的主题，只有通过至少满足《欧洲专利公约实施细则》第40条的特别申请并且只有对于属于这一扩大的申请日和优先权日，申请才会产生效力。

Ⅶ. 申请材料的更正[132]

1. 《欧洲专利公约实施细则》第139条（原第88条）作出了规定，可以对在欧洲专利局递交的材料进行更正。可更改的内容是语言错误，书写错误或不正确的地方。对于说明书，权利要求和附图的更改规定的前提条件要比其他材料严格得多，因为在它们的内容里发明得到了公开，程序客体也被确定下来：只能更正显而易见的错误。此外，特别是在授权申请中，不要求错误的显而易见性。

2. 如果更正不涉及说明书，权利要求和附图，那么只需递交一份更正申请并指出不正确之处。不正确之处产生于，如果一份材料没有反映出申请人的真实观点，而这份材料又是以其名义递交的。不正确之处可以通过一个不正确的，即不是或不是那么有意的或疏忽了原本要做的说明或解释而产生；最后一种情况，可以通过相应的添加进行更正，只要允许进行添加。[133]

对证明申请者的真实意图提出了严格的要求。不允许存在合理的怀疑，申

〔131〕 EPA 6. 11. 1990 T 784/89 Offenbarung eines mit einem Computer verbundenen Geräts/General E-lectric ABl. 1992, 438.

〔132〕 Dazu *Hansen*, Berichtigung von Fehlern und Unrichtigkeiten im Verfahren vor dem Europäischen Patentamt, Mitt. 1984, 44 - 48; *Fernández - Nóvoa*, Die Berichtigung von Fehlern in der europäischen Patentanmeldung, GRUR Int. 1983, 157 - 161.

〔133〕 Vgl. EPA 18. 7. 1980 J 08/80 H Berichtigung von Unrichtigkeiten ABl. 1980, 293, 296; 21. 7. 1982 J 04/82 Prioritätserklärung/Yoshida ABl. 1982, 385, 389.

请者从一开始就有意通过更正来表述解释和说明。[134] 用更正的方法使意图改变是不允许的。作为不正确证明的根据，首先考虑申请人对代理人的指示，申请人原始的意图来自这些指示。代理人错误或者传达错误可以通过更正加以消除。

3. 尤其被允许的是，申请或指定撤回的更正（参见本节 V 2，3）及通过指定其他国家或者通过优先权主张对申请进行更正。[135]

因为依据 2000 年《欧洲专利公约》首先所有的缔约国都被指定，以更正的方式使有可能增加指定的需求不存在了。可以想象是，以使指定的撤回得以挽回为目的的更正申请保留不变（参见本节 V 3）。

只要涉及有关优先权声明的更改，《欧洲专利公约实施细则》第 52 条第 2～4 款的规则是关键。如果在递交申请时没有优先权声明，可以在优先权日申请开始的后 16 个月内补交优先权声明，或者在这一期限内更正一份有错误的声明。这样就能确保，声明或者更正可以在公布申请的技术准备接受之前被考虑到。相应地，在递交了提早公布的申请（《欧洲专利公约》第 93 条第 1 款（b））后，就不能再递交或者更正优先权声明了。可以这样认为，新规则也排除了《欧洲专利公约实施细则》第 139 条应用于优先权声明，因为原《欧洲专利公约实施细则》第 88 条允许的范围比现在《欧洲专利公约实施细则》第 52 条允许的范围大。

4. 为了能在《欧洲专利公约实施细则》第 139 条第 2 项的意义上，对说明书、权利要求和附图的更正是明显的，必须可以从材料的整体内容中立即获知，材料中有错误存在和哪些更正应该进行。[136] 从更正中不允许出现违反《欧洲专利公约》第 123 条第 2 款的申请主题的扩大。所以，专业人士能依据申请日一般的专业知识，从原始递交的文本的整个申请中看出不正确的地方[137]，同时属于申请的内容的只有说明书、权利要求和附图，但不包括可能的其他材料，特别是优先权文件。[138] 与此相应，不允许以更正的方式用申请人本来打算

---

〔134〕 EPA J 08/80 H（FN 133）297；vgl. auch EPA 17. 9. 1980 J 04/80 ABl. 1980, 351, 353；11. 3. 1981 J 07/80 ABl. 1981, 137；26. 3. 1981 J 12/80 ABl. 1981, 143, 146；21. 7. 1982（FN 133）.

〔135〕 Näheres in der Voraufl. , S. 704 f.

〔136〕 EPA – Richtlinien C Ⅵ 5. 4.

〔137〕 EPA 19. 11. 1992 G 3/89 Berichtigung nach Regel 88 Satz 2 EPü ABl. 1993, 117；19. 11. 1992 G 11/91 Glu – Gln/Celtrix ABl. 1993, 125.

〔138〕 EPA G 11/91（FN 137）；14. 5. 1996 G 2/95 Austausch der Anmeldungsunterlagen/AtotechABl. 1996, 555；T 260/85（FN 89）；28. 2. 1989 T 401/88 Prüfling/Bosch ABl. 1990, 297. – In früherenEntscheidungen（EPA 3. 2. 1981 J 19/80 ABl. 1981, 65；18. 10. 1982 J 13/82 ABl. 1983, 12；28. 2. 1986 J 04/85 Berichtigung der Zeichnungen/État français ABl. 1986, 205 mwN）wurden allerdingsbei Anträgen auf Berichtigung von Beschreibung, Ansprüchen und Zeichnungen die Prioritätsunterlagenals Nachweis der Unrichtigkeit herangezogen. Mit der neueren Rechtsprechung dürfte dasnicht vereinbar sein.

与授权申请一起递交的其他材料代替原始递交的申请材料（说明书、权利要求和附图）。[139]

§30 欧洲专利的失效

I. 终止与其他无溯及力的终结

1. 放弃欧洲专利不能通过一份针对所有授予其专利的缔约国（保护国）的声明来实现；放弃欧洲专利必须在每个专利权人放弃其权利的缔约国分别进行。放弃的形式和效力依据相关国家的国内法。在联邦德国专利放弃通过向德国专利商标局递交书面声明来实现。专利的效力从放弃声明递交至德国专利商标局起终止，但在此之前专利的效力不受影响（参见§26 A I a）。

对所有保护国，专利权人可以通过依据《欧洲专利公约》第105a条提出取消专利申请，（有溯及力地）使欧洲专利消灭（参见本节Ⅳ）。

依据《关于〈共同体专利条例〉的建议》第26条（参见§7 Ⅱ d bb 2）对共同体专利只能完全放弃；特别是针对特定缔约国有限制的放弃是不可能的。共同体专利的放弃要通过专利权人向欧洲专利局递交书面申请来完成，并且只有在共同体专利登记簿登记之后，放弃才能生效。但这些都要登记物权或因共同体专利的权利提出诉讼的人的同意或按照登记的被许可人的同意（《欧洲专利公约》第26条第3款，第5条第4款）。随着专利放弃的生效，共同体专利消灭（《欧洲专利公约》第27条第1款（b））。

2. 在所有保护国中欧洲专利权的效力为20年，自申请日起算（《欧洲专利公约》第63条第1款）。这也适用于共同体专利（《关于〈共同体专利条例〉的建议》第27条第1款（a））。专利的效力随着期限的结束而终止，但专利之前的效力保持有效，只要之前没有由于其他的原因消灭。

欧洲专利保护效力终结后可以通过补充的保护证书将期限延长到超过20年期限。但这种证书只能由单个缔约国的相关主管部门授予（《欧洲专利公约》第63条第2款（b），参见§26 A Ⅱ b）。

3. 依据《欧洲专利公约》第141条第1款和第86条第2款，欧洲专利的年费通过缔约国只在专利年度进行收取，专利年从授予通知的公布开始起算。之前的年数，要根据《欧洲专利公约》第86条第1款和《欧洲专利公约实施细则》第51条，向欧洲专利局缴纳申请的年费（参见§28 Ⅳ 3）。

---

〔139〕 EPA G 2/95（FN 138）；ebenso mit anderer Begründung schon EPA 19. 1. 1986 J 21/85 Austauschder Erfindung/Rühland ABl. 1986，117.

年费要在授予通知公布后两个月内缴纳，缔约国必须允许，只要在该期限内缴纳了年费，就可视为有效并无需缴纳其他费用（《欧洲专利公约》第 141 条第 2 款）。

授予欧洲专利后，对于缴纳年费的义务要以保护国的国内法为准这一点，是为了避免国家专利与在同一国家授予的欧洲专利在专利维持费上出现费用差异。

在《欧洲专利公约》第 141 条所允许的框架内，所有缔约国[1]都可以对欧洲专利收取年费，并且如果没有及时向相关国家缴纳年费，欧洲专利效力就会无溯及力的丧失。

向欧洲专利收取的一部分年费，将依据《欧洲专利公约》第 37 条（b）和第 39 条，由缔约国缴纳到欧洲专利组织，这一部分的数额依照 1985 年 1 月 1 日管理委员会[2]的决议为年费的 50%。

对于德国授予的有效欧洲专利，《国际专利条约法》第 II 章第 7 条要求在授予通知公布后的第 1 年起依据德国专利法第 17 条收取年费（参见 § 26 A II c）。《德国专利费用法》第 7 条第 1 款第 1 项规定的到期后 2 个月内缴纳年费无需附加费的可能性，省去了《欧洲专利公约》第 141 条第 2 款的特别规定。

对于共同体专利，依据《关于〈共同体专利条例〉的建议》第 25 条要按照专利年度向欧洲专利局缴纳年费，专利年从授权通知公布后起算。如果没有及时缴纳费用，共同体专利的效力终止，这同样适用没有及时缴纳相应所要求的附加费用的情况（《欧洲专利公约》第 27 条第 1 款（c））。专利终止从年费的到期日开始生效，而不是从补救期限（Nachholungsfrist）的结束生效。依照《欧洲专利公约》第 27a 条第 1 款，这些期限都是可以恢复的；针对已经开始使用专利或者做好了使用专利准备的善意第三人，专利权人不能在权利丧失与期限恢复的通知公布期间主张自己的权利（《欧洲专利公约》第 27a 条第 2 款）。这一措辞仅仅排除了恢复的追溯作用，但没有授予第三人继续使用的权利，就像《欧洲专利公约》第 122 条第 5 款、德国《专利法》第 123 条第 5 款规定的那样。这一措辞是否确实符合意图，是值得怀疑的。

4. 依照缔约国国内法导致国家专利效力无溯及力地丧失的其他原因，也适用于在该国授予的欧洲专利（《欧洲专利公约》第 2 条第 2 款）。这些原因也会造成欧洲专利在相关国家效力的丧失。

对于欧洲专利，缺少对发明人的指明至少不会造成专利的失效，因为依照欧洲的法律缺少指明阻碍专利的授予（参见 § 29 I b）。在由德国专利商标局

〔1〕 Einzelheiten in: Nationales Recht zum EPÜ Abschnitt VI.
〔2〕 Vom 8. 6. 1984 ABlEPA 1984, 296.

授予的专利与时间顺序和客体相同的欧洲专利相遇的情况下，不是欧洲专利而是德国专利会丧失它的效力。[3]

Ⅱ. 欧洲专利局在异议程序中撤销专利

a）异议的目的与一般前提

1. 在欧洲专利授予通知公布后的 9 个月内，任何人都可以向欧洲专利局提出针对某一专利的异议（《欧洲专利公约》第 99 条第 1 款第 1 项）。欧洲专利文件（Patentschrift）会给出提出异议的期限（《欧洲专利公约实施细则》第 73 条第 1 款第 2 项）[4]。

提出异议的目的在于撤销专利。只要专利被撤销，其效力自始不会生效；相应地，申请公布后产生的临时保护也会有溯及力地丧失（《欧洲专利公约》第 68 条）[5]。依据《欧洲专利公约》第 99 条第 2 款，对一项欧洲专利的异议适用于发生效力的所有缔约国（保护国），即使异议只针对部分保护国提出。[6] 但异议程序并不会对所有保护国产生同样的结果。即使专利在所有缔约国是用同一文本授予，但出于在授予程序中权利要求的顺序不同的原因（参见 § 28 Ⅲ b 4），专利在有些保护国得到维持，在其他保护国被撤销，或者在不同的保护国用不同文本维持[7]。

造成这种情况的另一个原因可能是，在单一的各个保护国成功地使欧洲专利的权利生效的某人，对于这些国家来说，其在异议程序中是处在专利所有人的地位（《欧洲专利公约》第 99 条第 4 款第 1 项，《欧洲专利公约实施细则》第 18 条第 2 款、第 78 条第 2 款，参见 § 20 Ⅲ d 3）。但在这种情况下，对诉讼涉及的国家和其他国家采取分开的异议程序（《欧洲专利公约》第 99 条第 4 款第 2 项）。[8]

2. 根据《欧洲专利公约》第 100 条的规定，提出异议的理由是缺乏可专利性（《欧洲专利公约》第 52 ~ 57 条）、未充分公开（《欧洲专利公约》第 83 条）和不允许的扩大范围（《欧洲专利公约》第 123 条第 2 款），包括对以分案申请或新的申请为基础的专利要取决于构成关键的申请日理由的在先申请的

---

〔3〕 Vgl. oben § 26 A Ⅲ b；在大多数其他的缔约国的法律规定都是一样的，参见《欧洲专利公约》第 10 章有关国家法的内容。

〔4〕 恢复原状会被排除，因为《欧洲专利公约》第 122 条只针对申请人或专利权人错过期限的情况，参见 EPA 26. 3. 1992 T 702/89 Proportionierventil/Allied Signal ABl. 1994，472。

〔5〕 撤销只有出于程序法的原因或缺少专利权人的同意才有溯及力（参见本节 Ⅱ e cc 2）；Rechtsauskunft 11/82 desEPA, ABl. 1982, 57, 58（Nr. 6）。

〔6〕 EPA – Richtlinien D Ⅰ 3.

〔7〕 Vgl. die EPA – Richtlinien D Ⅰ 3 und Ⅶ 4 in Verbindung mit C Ⅲ 8.

〔8〕 EPA – Richtlinien D Ⅶ 3. 2.

内容（《欧洲专利公约》第 76 条第 1 款第 2 项，第 61 条第 2 款）。

如果一项专利的权利要求"过分的宽"，通常情况下会产生未充分公开的情况；因为只有当主张的权利要求范围大于专利申请和专利文件公开的内容，才会认为如此（参见 § 28 Ⅲ b）。因此，对引入一个增加的异议理由，如权利要求没有得到说明书充分的支持，也就没有必要了[9]。

基于其他的原因不能作为在欧洲专利局提出异议的根据，比如专利客体非单一性[10]、没有遵守形式要件或发明人指明不正确。[11] 只有可专利性依赖于主张一项优先权时，才会在异议中审查该优先权主张形式上的规范性和实质上的合法性。此外，依据欧洲法律，不被许可的异议理由还有专利权人不享有获得专利的权利或者存在非法的窃取。还要注意的是，只有涉及欧洲专利申请而不是涉及国内专利申请时，才能主张基于在先申请的在后公开而缺乏可专利性（《欧洲专利公约》第 54 条第 3 款）。但是，专利权人通过异议程序仍可以达到以下结果，对存在国内在先权利的国家，该专利只能以一种和这些在先权利相一致的版本获得维持。[12]

对审查部或一个申诉庭（BK）作出的受到质疑的专利授予决定，异议部和申诉庭在异议程序和异议申诉程序中不受约束。[13]

b) 对异议的权限、程序当事人和费用

1. 除专利权人自己之外，任何人都有提出异议的权利。

扩大申诉委员会之前允许专利权人提出异议[14]。根据原来的法律，专利权人对提出异议可能性的利益可能源于缺乏一个重要的限制程序和撤销程序。

但依据扩大申诉委员会新近的观点[15]，由于异议程序（与授权要求）冲突的特点，专利权人无权提出异议。

2000 年《欧洲专利公约》规定，基于专利权人的申请，欧洲专利局可以撤销或者限制欧洲专利，这对授予其专利的所有缔约国有效（参见本节 Ⅳ 2）。

依据《欧洲专利公约实施细则》第 151 条第 1 款，多个共同的异议人必须指定一个共同的代表人。如果没有指定共同的代表人，并且异议人中没人需要一个依据《欧洲专利公约》第 133 条第 2 款规定的专业代理人时，在异议中排

---

[9]　A. M. *Brandi - Dohrn*，GRUR Int. 1995，541；*Pumfrey*，ABlEPA 2001，Sonderausgabe 2，82.

[10]　EPA 9. 12. 1991 G 1/91 Einheitlichkeit/Siemens ABl. 1992，253.

[11]　Vgl. die EPA - Richtlinien D Ⅲ 5.

[12]　Rechtsauskunft 9/81 des EPA，ABl. 1981，68，73（Nr. 16）.

[13]　EPA 3. 5. 1996 T 167/93 Bleichmittel/Procter & Gamble ABl. 1997，229.

[14]　EPA 24. 7. 1985 G 01/84 Einspruch des Patentinhabers/Mobil Oil ABl. 1985，299.

[15]　EPA 6. 7. 1994 G 9/93 Einspruch der Patentinhaber/Peugeot und Citroën ABl. 1994，891.

在第一位的异议人作为共同的代表人。

异议人不以自己的利益，而是受第三人的委托行事[16]，原则上与允许的异议不相冲突。

异议不被允许的情况为，当异议人的行为被认为滥用法律规避，特别是如果异议是受专利权人的委托提出或者没有专业代理人要求的资质在典型的由专业代理人代理的共同行为范围内行使，但不包括专业代理人以自己的名义为在一个缔约国有住所地的当事人或异议人以及为不满足这些条件的第三人行使。

2. 任何人也都可以提出异议，如果专利在所有保护国由于放弃或者出于其他原因而被终止（《欧洲专利公约实施细则》第75条）。这也适用于对异议程序中作出的决定的申诉（《欧洲专利公约实施细则》第98条）。与德国的法律不同，异议人在专利终止后不需要对专利有溯及力地消灭有特别的个人利益。在异议提交后专利被终止，可以依据《欧洲专利公约实施细则》第84条第1款继续进行异议程序，前提是异议人在终止通知后两个月内申请继续异议程序。如果没有申请，程序就将终止。[17]

相反，在及时递交申请的情况下，不允许认为程序的继续进行仍由欧洲专利局斟酌处理。在终止之后申请继续进行程序的异议人不能比在终止后才提出异议的异议人处于不利地位。在两种情况下都存在进行程序的请求权。

欧洲专利局会马上启动程序，如果"专利权人向专利指定国的主管部门提出对任何人放弃一开始产生的所有专利权利"。[18]但这基于以下一点才是合理的，即对异议失去任何权利保护需要法律。但是，由保护国的国内法从"放弃"中得出结论，是值得怀疑的。在这之后，异议人反对专利的权利主张能否处处得到保证，欧洲专利局对此不能进行评估。

一项向欧洲专利局提出的放弃声明会被理解为对专利撤销的申请，这很容易会导致专利的撤销（参见本节Ⅱ e cc 2）。

3. 在提出异议的期限到期之后，已经被诉侵权的或者在接到专利权人的警告后提起了侵权之诉的任何第三人[19]，可以在诉讼提出[20]后的3个月内书

〔16〕 EPA 21. 1. 1999 G 3/97 Einspruch in fremdem Auftrag/Indupack und G 4/97 Einspruch in fremdem Auftrag/Genentech ABl. 1999, 245, 270.

〔17〕 EPA – Richtlinien D Ⅶ 6.1.

〔18〕 EPA – Richtlinien D Ⅶ 6.1.

〔19〕 如果既反对参与人的侵权申诉，又由参与人提出的确认之诉都被提出，期限从首个申诉的提出开始，参见 EPA 28. 7. 1994 T 296/93 Herstellung von HBV – Antigenen/Biogen ABl. 1995, 627。

〔20〕 *Heath*, GRUR Int. 2004, 736, 738 empfiehlt, diese Voraussetzung einheitlich „konventionsautonom" und nicht als Verweisung auf nationales Zivilverfahrensrecht zu verstehen.

面声明参与异议程序（《欧洲专利公约》第 105 条）。参与异议程序的声明原则上作为提出一个异议对待。只要异议程序没有终结，也可以是在申诉阶段[21]，都允许参与异议程序。如果异议部通过自己已经无权进行修改的决定结束一审程序，只要一审中的一个当事人提出申诉[22]，仍可以参与异议程序。

如果这种情况出现，只有在申诉期限结束后才能实现参与；之前参与声明不起作用[23]。

申诉程序的参与人，即使在他缴纳了除异议费和申诉费之外的费用，也不能获得申诉提起人的地位，申诉提起人可以在某个（所有）申诉取消后继续推进异议程序[24]。预先缴纳的申诉费用会被退还参与人。但被承认的是，申诉程序的参与人有权在程序中引入新的异议理由[25]，但必须属于申诉程序的标的范围[26]。

如果在欧洲专利局收到参与声明之前，有效撤回了针对异议部决定的唯一申诉，参与将不被允许[27]。

4. 异议程序的参与人除了专利权人之外，包括所有允许的针对同一专利的异议人或者参与异议程序的人（《欧洲专利公约》第 99 条第 3 款，第 105 条第 2 款）。如果针对一个在异议程序中作出的决定提出申诉，异议程序的所有参与人始终参与申诉程序（《欧洲专利公约》第 107 条），不管他们自己有没有提出申诉。

但是一审程序的当事人自己没有提出申诉的，不能要求从不利于申诉提起人的角度修改异议部的决定。这里适用"上诉不加重"原则（Verbot der *reformatio in peius*）。因此，没有提出申诉的异议人不能够要求完全撤销或进一步限

---

〔21〕 EPA 11. 5. 1994 G 1/94 Beitritt/Allied Colloids ABl. 1994, 787.

〔22〕 EPA 3. 11. 1992 G 4/91 Beitritt/Dolezych II ABl. 1993, 339；28. 3. 1995 T 631/94 Formmaschine/Wagner Sinto ABl. 1996, 67.

〔23〕 EPA G 4/91 （FN 22）.

〔24〕 EPA 22. 8. 2005 G 3/04 Beitritt/EOS ABl. 2008, 118；vgl. auch Singer/Stauder/*Günzel* Art. 105 Rdnr. 16.

〔25〕 EPA G 1/94 （FN 21）.

〔26〕 EPA 4. 7. 2002 T 694/01 Testgerät/Unilever ABl. 2003, 250 （Beitritt im Verfahren über die Beschwerde gegen eine Entscheidung, nach der die Einspruchsabteilung nur noch die Beschreibung an die Ansprüche anzupassen hatte, die schon in einem vorausgegangenen Beschwerdeverfahren durch die Kammer rechtskräftig festgelegt worden waren）.

〔27〕 EPA 25. 10. 1999 T 517/97 Beitritt/Unilever ABl. 2000, 515.

制一审中修改的文本维持的专利[28]。没有提出申诉的专利权人[29]主要限于异议部决定的文本中的专利进行抗辩。在抗辩中专利权人可以自由提出修改建议。审议庭可以拒绝上述建议，如果这些修改不是申诉引起的[30]，尤其是指修改建议不允许以比在申诉中受到质疑的专利文本更宽的文本为目的。但专利权人可以在修改申请中对在申诉程序中提出的反对维持专利的新的理由作出回应[31]。不受申诉期限约束和不存在困难的联接申诉（*Anschlußbeschwerde*）在公约中没有被规定，也不被扩大申诉委员会所允许[32]。2000 年《欧洲专利公约》对此也没有新的规定。

5. 由异议产生的费用，原则上由异议程序中的每个参与人自己承担。但欧洲专利局可以对口头审理或调查证据的费用决定不同的分摊方法（《欧洲专利公约》第 104 条第 1 款，《欧洲专利公约实施细则》第 88 条），只要费用是合理的。对参与人收取费用的确定及其执行依据《欧洲专利公约实施细则》第 88 条第 2~4 款的规定。有关费用的决定和确定只在《欧洲专利公约实施细则》第 97 条规定的框架内（《收费规定》第 13 条）具有可申诉力。

c）管辖、递交的要件

1. 异议部可以决定专利的维持或者撤销（《欧洲专利公约》第 19 条）。异议部原则上由 3 名具有技术背景的审查员组成；在必要的情况下，会增加 1 位具有法律背景的审查员。异议部的首席成员、至少一位技术成员及可能情况下的法律成员不能参与授予受质疑的专利的程序。在对异议作出决定以前，异议部可以委托成员中的一名处理该异议。通常情况下，对此会让在授予程序中依据《欧洲专利公约》第 18 条第 2 款第 2 项被授权处理申请的审查员来承担。[33]

对于特定的不会产生技术或者法律困难的业务，在异议程序中也将由所谓

---

〔28〕 EPA 14. 7. 1994 G 9/92 Nicht beschwerdeführender Beteiligter/BMW ABl. 1994, 875 （Leits. 2）; ebenso EPA 15. 2. 1992 T 369/91 Reinigungsmittelzusammensetzung/Procter & Gamble ABl. 1993, 261; anders EPA 29. 4. 1992 T 576/89 Antragsrecht/Du Pont ABl. 1993, 543 und die Minderheitsmeinung in G 9/92 aaO 885 （Nr. 17）.

〔29〕 其没有递交异议，也可能是由于其缺乏异议而不具备权利，因为异议处用于维持专利的文本完全符合其申请，参见 EPA 2. 4. 2001 G 1/99 reformatio in peius/3 MABl. 2001, 381, 392 f. （Nr. 9.1）。

〔30〕 EPA G 9/92 （FN 28）875, 885 （Leits. 2 u. Nr. 16）.

〔31〕 EPA G 1/99 （FN 29）396 （Nr. 12）.

〔32〕 EPA G 9/92 （FN 28）883 （Nr. 10）; G 1/99 （FN 29）392 f. （Nr. 9.1）; eingehend zur Problematik und teilweise krit. zur Rspr. *Schulte*, Reformatio in peius und Anschlußbeschwerde vor dem EPA, GRUR 2001, 999 – 1004.

〔33〕 EPA – Richtlinien D Ⅱ 5.

的负责形式审查方面的专职人员承担。[34]

2. 异议书依据《欧洲专利公约实施细则》第 76 条必须包括：（a）有关异议人的说明；（b）被质疑的欧洲专利的专利号及专利权人和发明的名称；（c）一份声明书，声明书中要明确在哪些范围针对专利提出异议和所依据的异议理由及为说明其理由而援引的事实和证据；（d）如有代理人，则有关对代理人的说明。

异议书不需要用授予程序中所使用的语言撰写；相反，异议人可以依据《欧洲专利公约实施细则》第 3 条第 1 款使用欧洲专利局的任何一种官方语言。这一规则也适用于需要翻译的下述情况，在这些情况下，依据《欧洲专利公约》第 14 条第 4 款，异议允许以不属于欧洲专利局官方语言的缔约国的官方语言递交。

在异议的期限内，必须缴纳 670 欧元的异议费。[35] 如果没有及时缴纳费用，异议就不会被视为已经提出（《欧洲专利公约》第 99 条第 1 款第 2 项）。参与异议只有在缴纳了异议费之后才能生效（《欧洲专利公约》第 89 条第 2 款第 2 项）。

外国人只能通过专业代理人提交异议（《欧洲专利公约》第 133 条第 2 款，参见 § 27 Ⅱ d）。

对异议程序中递交的材料，适用于《欧洲专利公约实施细则》中关于申请的相关规定（《欧洲专利公约实施细则》第 76 条第 3 款，《欧洲专利公约实施细则》第 41 ~ 50 条）。对于异议书这意味着，它的外在形式必须满足《欧洲专利公约实施细则》第 49 条和第 50 条的要件。

d）合法性审查和无实体判决下的程序终止

1. 对异议首先进行合法性审查。

因为大多数可能产生的瑕疵直到异议期限到期前，有些也还在到期的法定期限内或者在欧洲专利局规定的期限内可以消除的，在确认瑕疵时，如果所有这些瑕疵全部可以被消除，通过相应的应该尽可能指出所有存在的瑕疵的通知，异议人会获得消除瑕疵的机会。[36] 如果出现不能消除的瑕疵，会给予异议人表达意见的机会。[37]

---

〔34〕　R 11 Abs. 3；dazu die Mitteilung des EPA vom 28. 4. 1999 ABl. 1999, 506；vgl. auch die EP-ARichtlinienD Ⅳ 1.

〔35〕　在第 14 条第 4 款的情况下优惠 20%（《欧洲专利公约实施细则》第 6 条第 3 款、《费用规定》第 14 条第 1 款）。对多个共同异议人仅缴纳一次费用，参见 *Hövelmann*，Mitt. 2004, 59 f.

〔36〕　EPA – Richtlinien D Ⅳ 1. 3.

〔37〕　EPA – Richtlinien D Ⅳ 1. 4. 2, Ⅳ 3.

如果异议费没有及时或者足额缴纳、签字（《欧洲专利公约实施细则》第76条第3款、第50条第3款）或授权证明（《欧洲专利公约实施细则》第152条第1~3款、第6款）的缺陷没有在相应规定的期限内被清除、异议书没有及时以一门允许的语言递交到欧洲专利局或者依照《欧洲专利公约》第14条第4款要求的译本没有依照《欧洲专利公约实施细则》第6条第2款[38]及时递交，异议就会被视为未递交。异议人可以在得到相应的官方通知后，依据《欧洲专利公约实施细则》第112条申请作出一个可申诉的决定。[39]

2. 依据《欧洲专利公约实施细则》第77条第1款异议被视为不允许，如果在异议期结束时书面异议没有递交到欧洲专利局，[40]在异议书中没有对受到质疑的专利进行足够的标示，[41]没有对异议的范围给予说明或存在重大的疑问[42]，没有至少主张《欧洲专利公约》第100条规定的一个理由，没有提出构成异议理由的事实、证据及论据，或者异议人并非确定无疑地明确[43]。其他由欧洲专利局确认的瑕疵[44]会造成不被受理的结果，如果这些瑕疵在欧洲专利局规定的期限内没有消除（《欧洲专利公约实施细则》第77条第2款）。

欧洲专利局严格关注（在异议期限内）申请专利撤销（或者限制）的理由有充分的事实依据。欧洲专利局和专利权人在这一基础上必须可能在没有自我调查的情况下，理解异议人的异议内容和审查声称的撤销专利的理由[45]。如果主张在先公开或在先使用，必须进行单项说明何时及在哪些情况下产生的，给哪些人传达了哪些信息，为什么专利客体已实现丧失，或者为什么这些对专业人员是显而易见的[46]。但是，不要求异议内容的逻辑性；这仅是有理由性的一个前提[47]。只要多个撤销理由中的一个得到足够的说明，就可以符

---

〔38〕 Vgl. EPA 13. 6. 1991 T 193/87 Verspätet eingereichte Übersetzung/Appendagefabriek ABl. 1993, 207；3. 11. 1997 T 161/96 Unvollständige Entrichtung der Einspruchsgebühr/Novo Nordisk ABl. 1999, 331.

〔39〕 EPA – Richtlinien D Ⅳ 1.2.1, 1.4.1；Singer/Stauder/*Günzel* Art. 101 Rdnr. 10 ff. ；Benkard, EPÜ/*Schäfers*，Art. 101 Rdnr. 13.

〔40〕 EPA – Richtlinien D Ⅳ 1.2.2.1 i.

〔41〕 Dazu EPA 15. 4. 1988 T 317/86 Bezeichnung der Erfindung/Smidth ABl. 1989, 378.

〔42〕 Vgl. EPA 8. 9. 1993 T 376/90 Polymerlösung/Sumitomo ABl. 1994, 906.

〔43〕 EPA – Richtlinien D Ⅳ 1.2.2.1 vi.

〔44〕 Aufgeführt in EPA – Richtlinien D Ⅳ 1.2.2.2.

〔45〕 Vgl. EPA 3. 7. 1989 T 2/89 Einspruchsbegründung/BASF ABl. 1991, 51；22. 9. 1997 T 522/94 angetriebenes Pfannentransportfahrzeug/Techmo ABl. 1998, 241；EPA – Richtlinien D Ⅳ 1.2.2.1 v.

〔46〕 EPA 2. 1. 1991 T 538/89 Mitt. 1994, 16；4. 4. 1991 T 328/87 Zulässigkeit/Electrolux ABl. 1992, 701；T 522/94（FN 45）.

〔47〕 EPA T 2/89（FN 45）；als unzulässig wurde jedoch ein（gem. damaliger Rspr vom Patentinhaber selbst zwecks Beschränkung erhobener）Einspruch angesehen，der ausschließlich auf nationale ältere Rechte gestützt war，EPA 27. 3. 1990 T 550/88 älteres nationales Recht/Mobil ABl. 1992, 117.

合异议的合法性；其他理由的处理依照有关延误行为适用的基本原则（参见本节Ⅱ e bb）。

在不予受理的情况下，欧洲专利局的决定将和异议书一起通知专利权人（《欧洲专利公约实施细则》第 77 条第 3 款）。对所有（作为有效递交的）异议不予受理决定生效后，异议程序在没有实质审查的情况下终止。[48]但是进入实质审查并不会对终止异议有任何改变，前提是后来发现异议提出的不合法性。这一规则同样适用于申诉程序。[49]

明确协商一致的或者依据诚实信用原则从合同中引出的不质疑义务，按照欧洲专利局的观点，并不与异议的合法性相对立。[50]

e）实质审查与实体决定

aa）一般情况

1. 如果至少有一项允许的异议提交，就要对其进行实质审查（《欧洲专利公约》第 101 条第 1 款）。如果这一前提得到满足，即使唯一允许的或所有允许的异议撤回之后，实质审查程序可以依职权继续进行（《欧洲专利公约实施细则》第 84 条第 2 款第 2 项）。这一规则同样适用，如果某个异议人死亡，或者丧失行为能力（《欧洲专利公约实施细则》第 84 条第 2 款第 1 项）。程序的继续进行实施在这些情况下需要欧洲专利局的评估（对专利终止后申请程序继续进行，参见本节Ⅱ b 2）。程序继续进行的动因仍存在，尤其是当没有异议人或者继承人撤销或限制专利可以被期待时。[51]

相反，申诉庭可以拒绝程序的继续进行，如果仅有（唯一）异议人递交了申诉，并且又撤回了这一申诉或者自己的异议。[52]这样仍停留在一审的决定，即使在申诉程序中已有参与人进入（参见本节Ⅱ b 3）。

2. 在实质审查的进程中，异议部会在必要时要求参与人，在其规定的期限内提交对审查意见通知书或者其他参与人的答辩状的意见（《欧洲专利公约》第 101 条第 1 款，《欧洲专利公约实施细则》第 79 条和第 81 条）。

给予专利权人的通知书应该有一般要求的说理；同时应该尽可能地在一份

---

〔48〕　EPA – Richtlinien D Ⅳ 4.

〔49〕　EPA G 4／97（FN 16）（Nr. 3 der Entscheidungsformel）；10. 3. 1993 T 289／81 ACE – Inhibitoren／Hoechst ABl. 1994，649；T 522／94（FN 45）.

〔50〕　EPA（Einspruchsabteilung）13. 5. 1992 ABl. 1992，747；vgl. auch *Pitz*，Mitt. 1994，239，240.

〔51〕　EPA 2. 8. 1988 T 197／88 Fortsetzung des Einspruchsverfahrens／ICI ABl. 1989，412；Singer／Stauder／*Günzel* Art. 101 Rdnr. 76.

〔52〕　EPA 5. 11. 1992 G 7／91 Wirkung und Rücknahme der Beschwerde und G 8／91 Rücknahmeder Beschwerde／Bell ABl. 1993，346，356；13. 6. 1994 G 8／93 Rücknahme des Einspruchs／SerwaneⅡ ABl. 1994，887.

通知中对所有反对维持专利的理由进行归纳（《欧洲专利公约实施细则》第81条第3款第2项）。专利权人可以递交对证据材料的修改（《欧洲专利公约实施细则》第79条第1款、第80条）。如果异议部认为，专利可以在有限制的范围内被维持，专利权人就会被要求递交相应的修改后的说明书、权利要求和附图（《欧洲专利公约实施细则》第81条第3款第1项）。[53]

bb）审查的范围

1. 对审查的范围一般适用于《欧洲专利公约》第114条，根据该条，欧洲专利局依照职权调查事实，同时不局限于提出的异议内容和参与人的申请内容，欧洲专利局不需要考虑未能及时提供的事实和证据。

依照《欧洲专利公约实施细则》第83条，欧洲专利局不需要考虑提出的异议，如果支撑提出异议的证据材料既没有被递交，也没有在被要求之后按规定的期限得到补交。在相反的情况下，欧洲专利局也许可以从中推论出有义务基于目前的或按规定的期限补交的材料的异议。但要求参与人补交材料允许由欧洲专利局斟酌处理。

2. 对于在多大程度上异议部和申诉庭有义务审查异议和受攻击的专利，以及如何在承担这一义务的情况下进行斟酌裁量，扩大申诉委员会[54]依照1973年《欧洲专利公约》第101条第1款和第102条第2款提出了以下基本原则：

通过《欧洲专利公约实施细则》第55条（c）（现第77条）规定的声明，在多大范围内提交异议和提出异议的理由，以及对用于说明理由的事实和证明材料的说明，不仅仅满足异议合法性的前提，而且确定了对异议审查的法律与实际的框架，同时应该区分异议范围的说明与异议原因的说明。

如果异议人将其异议限制在专利个别客体上，欧洲专利局没有权利处理专利保护下的其他客体。[55]

对那些依赖于某个在异议程序或异议申诉程序中被取消的独立权利的从属权利要求，扩大申诉委员会规定了例外。从属权利要求客体的可专利性可以审查，前提是可专利性通过现有信息材料初步被怀疑，即使没有明确地受到质疑。[56]

---

〔53〕 Vgl. die EPA – Richtlinien D Ⅵ 4. 2.

〔54〕 EPA 31. 3. 1993 G 9/91 Prüfungsbefugnis/Rohm und Haas und G 10/91 Prüfung von Einsprüchen/Beschwerden ABl. 1993, 408, 420; dazu allgemein *Teschemacher*, Verfügungsgrundsatz und Amtsermittlung in der Rechtsprechung der Großen Beschwerdekammer des Europäischen Patentamts, GRUR 2001, 1021 – 1026.

〔55〕 EPA G 9/91（FN 54）415（Nr. 10）; ebenso schon EPA 18. 8. 1988 T 9/87 Zeolithe/ICI ABl. 1989, 438.

〔56〕 EPA G 9/91（FN 54）408, 416（Leits. 2 und Nr. 11）.

在 1973 年《欧洲专利公约》第 101 条第 1 款、第 102 条第 1 款和第 2 款中涉及第 100 条指出的所有异议理由，包括考虑到依职权调查原则（《欧洲专利公约》第 114 条第 1 款），并不意味着不顾异议人提出的异议，必须对所有的理由进行审查。相反，只有涉及依据《欧洲专利公约实施细则》第 55 条（c）（旧版本）的声明所覆盖的即异议到期之前主张并能被充分证实的异议理由时，才会有这样的义务。虽然异议部不能被阻止，适用《欧洲专利公约》第 114 条第 1 款——在提供依法听审的情况下（《欧洲专利公约》第 113 条第 1 款）——自行提出一个依据《欧洲专利公约实施细则》第 55 条（c）作出的声明没有涉及的异议理由，或者审查由异议人在异议到期之后提出的这样一个理由[57]。但异议部只有在以下情况下才能利用这种可能性，如果有充分依据的理由能初步说明，这些异议理由是相关的和完全或部分反对专利的维持[58]。

如果没有专利权人的同意，在申诉程序中，原则上不可以引入新的异议理由。在这种情况下，申诉庭也只有在以下情况下自行提出新的理由或者基于异议人申请允许提出，前提是申诉庭依照初步印象认为新的理由高度相关；随后，原则上申诉庭会将案件发回到异议部[59]。

3. 依据 2000 年《欧洲专利公约》第 101 条第 1 款第 1 项和第 2 款必须进行审查，是否至少有一个异议理由根据《欧洲专利公约》第 100 条规定反对专利的维持，如果有，就要撤销专利。依据《欧洲专利公约实施细则》第 81 条第 1 款第 2 项（新文本），异议部也可以依职权审查异议人未主张的异议理由，如果这些理由反对专利的维持。

这一新的规定并没有违背扩大申诉委员会（参见第 2 点）所规定的受异议客体限制的约束力。这一新规则对由异议部斟酌考虑没有主张的异议理由没有任何改变。相反，这一规则使申诉庭不再依赖于专利权人的同意。其他的由扩大申诉委员会规定的依职权采纳的新的异议理由的前提条件，也不再拥有约束力，而是仅被视为程序经济的角度，其可以对进行斟酌考虑产生作用。

4. 在有第三人参与的情况下（《欧洲专利公约》第 105 条，参见本节 Ⅱ b 3)，第三人——即使在申诉程序中——可以在其依照《欧洲专利公约实施细则》第 76 条（c）递交的声明中，不依赖异议人相应的声明，确定其在多大

---

[57]　Vgl. die EPA – Richtlinien D V 2. 2.

[58]　Vgl. EPA 9. 10. 2000 T 736/95 Neuer Einspruchsgrund/Amgen ABl. 2001, 191.

[59]　EPA G 9/91（FN 54）419（Nr. 18).

范围内质疑专利，主张哪些异议理由，为此提交哪些事实，证据及论据。[60]

5. 如果对于这一问题，即欧洲专利局是否有义务对某一特定的异议理由进行审查，或者这一审查是否属于欧洲专利局由其义务引出斟酌考虑的范畴，取决于这一异议理由的及时主张（参见 1 ~ 3 点），在《欧洲专利公约》第 100 条（a）中指出的情况，即依据《欧洲专利公约》第 52 ~ 57 条专利客体不具有可专利性的情况，不被视为单一的异议理由。相反，独立的异议理由都符合《欧洲专利公约》第 100 条援引的每一个可专利的前提条件。[61]

比如，如果因缺乏新颖性或创造性而提出异议，发明客体依据《欧洲专利公约》第 52 条第 1 款和第 2 款，即缺乏发明特性，特别是缺乏技术特征的异议，就构成一个新的异议理由。[62]

如果异议的提出是因为缺乏创造性，并且之后因为缺乏新颖性，原则上适用同样的规定。[63]至少如果专利的客体不是新的，该客体也不能以创造性为依据。因此，如果根据已查明的最接近的现有技术不构成新颖性，事后主张缺乏新颖性不存在任何问题。[64]相反，在这种情况下应该认为，欧洲专利局有义务依据《欧洲专利公约实施细则》第 83 条对缺乏新颖性的异议进行审查。如果异议基于新的事实和证据，对其审查属于欧洲专利局与义务相一致的斟酌考虑（pflichtgemäßen Ermessen）的范畴。[65]

如果针对现有技术的某一文件首先提出没有新颖性，随后提出的该客体相对于同一文件也不具有创造性，不是一项新的异议理由的主张。[66]如果发现有新颖性，虽然需要对没有创造性给予一个新的理由；但是不能期待异议人已经将新的理由纳入异议书中，因为如此异议人主张没有新颖性的就会被质疑。

cc）专利的撤销和异议的驳回

1. 如果异议部认为，至少有一个《欧洲专利公约》第 100 条规定的异议理由成立，异议部会撤销专利（《欧洲专利公约》第 101 条第 2 款第 1 项）。

---

〔60〕 Vgl. EPA G 1/94（FN 21）.

〔61〕 EPA 19. 7. 1996 G 1/95 neue Einspruchsgründe/De la Rue ABl. 1996，615，621 f.，623（Nr. 4.4，5.3）.

〔62〕 EPA G 1/95（FN 61）.

〔63〕 EPA G 1/95（FN 61）624（Nr. 7.1）；19. 7. 1996 G 7/95 neue Einspruchsgründe/Ethicon ABl. 1996，626.

〔64〕 So in dem Fall，der G 7/95 zugrundeliegt.

〔65〕 欧洲专利局指出（EPA 17. 11. 1999 T 1007/95 unzulässige Beschwerde/Perstop ABl. 1999，733），在申诉程序中，只有仅涉及在被指责的决定中审理异议理由的新的事实和证据才是允许的；新的没有新颖性的抗辩在申诉程序中可以在利权人同意的情况下提出，前提是该新的抗辩如没有创造性的原始抗辩一样以同一技术内容为基础。

〔66〕 EPA 18. 7. 2002 T 131/01 neuer Einspruchsgrund/Mather Seal ABl. 2003，215.

不依赖于这一前提条件，如果专利权人放弃专利，或者申请撤销专利，或者不同意将要维持的专利文本，专利会被撤销（参见本节 Ⅱ e dd 2）。同样的规则适用于没有及时履行某些程序法上的要求：缴纳印刷费及递交用于有限制的专利维持的权利要求译本（参见本节 Ⅱ e dd）；对新的代表必要的任命（《欧洲专利公约》第 133 条第 2 款，《欧洲专利公约实施细则》第 142 条第 3 款（a））。

2. 如果根据异议部的观点没有任何《欧洲专利公约》第 100 条中所指出的理由反对全部维持专利，异议部驳回异议（《欧洲专利公约》第 101 条第 2 款第 2 项）。但是，前提是由于《欧洲专利公约》第 113 条第 2 款的要求，需要专利权人同意专利的维持。[67]虽然在全部维持时不需要专门对专利权人的同意进行特别审查。但是，如果专利权人在没有提供另外一个可授权的文本的情况下表明其不同意授权的文本，或者其自己申请撤销专利，无需考虑《欧洲专利公约》第 100 条中的理由，可以宣布撤销。[68]对撤销的申请也可以存在于放弃专利的声明中。[69]但撤销申请只有通过与其相关的具有法律效力的决定才有拘束力。[70]所以，并不是专利权人提交了被限制的权利要求后，专利权人放弃不再主张的主题的行为就立即生效；专利权人也可以在申诉程序撤销一种这样的限制，并再次以授权的文本对专利进行辩护。[71]

dd）有限制的专利维持

1. 在《欧洲专利公约》第 101 条第 3 款规定的前提条件下，异议部可以决定专利在修改后的范围中维持。但是不能以专利客体超出了原始递交文本中的内容的方式进行修改（《欧洲专利公约》第 123 条第 2 款，参见 § 29 Ⅵ 2）。权利要求也不能通过扩大专利保护范围进行修改（《欧洲专利公约》第 123 条第 3 款，参见本节 Ⅱ e ee）。因此，根据《欧洲专利公约》第 101 条第 3 款只有有限制的维持是允许的。如果异议部认为，在考虑到专利权人的修改的情况下专利与专利主题发明符合公约规定的条件，有限制的维持成立。除此之外——如同专利授予程序（参见 § 29 Ⅳ d）——专利权人对修改后文本的同

---

〔67〕   Vgl. die Rechtsauskunft 11/82 des EPA, ABl. 1982, 57.

〔68〕   EPA 26. 4. 1985 T 73/84 Widerruf auf Veranlassung des Patentinhabers/SMS ABl. 1985, 241; 18. 12. 1985 T 186/84 Widerrufsantrag des Patentinhabers/BASF ABl. 1986, 79; 13. 2. 1989 Zulässig/ MAN ABl. 1990, 425; EPA – Richtlinien D Ⅷ 1. 2. 5; Singer/Stauder/*Günzel* Art. 102 Rdnr. 17 ff.

〔69〕   EPA 11. 6. 1987 T 237/86 Verzicht auf das Patent/SMS ABl. 1988, 261.

〔70〕   EPA 23. 2. 1988 T 123/85 Inkrustierungsinhibitoren/BASF ABl. 1989, 336, 340 (Nr. 3. 1. 1).

〔71〕   EPA 19. 1. 1988 T 64/85 Ultraschallgerät/Toshiba Mitt. 1989, 76; 30. 8. 1988 T 296/87 Enantiomere/Hoechst ABl. 1990, 195, 203; 9. 1. 2007 T 386/04 Hydraulic drive system for construction machines/Hitachi GRUR Int. 2007, 860.

意，新的专利说明书的印刷费的缴纳（60 欧元）及对新的权利要求不是程序语言的官方语言的译文递交都是必须的（《欧洲专利公约》第 102 条第 3 款、第 5 款；《欧洲专利公约实施细则》第 58 条第 5 款）。

用于专利维持的修改过的文本，不仅必须确保其与主张的异议理由和《欧洲专利公约》第 100 条中指出的其他异议理由不相冲突，而且必须在整体上与公约相一致[72]。依据《欧洲专利公约》第 84 条表述的权利要求[73]也是如此，但专利主题的单一性除外[74]。

2. 为了使专利权人不会被强迫花费有可能在申诉庭再次被修改的文本的翻译费用，如果异议部认为能确保专利权人同意修改过的文本及已经给异议人足够的机会发表意见，异议部会作出中期裁决（Zwischenentscheidung），在中期裁决中确定，在考虑到专利权人在异议程序中进行的修改的情况下，专利与该专利客体的发明满足公约的要件。在这一裁决中，依据《欧洲专利公约》第 106 条第 2 款可以允许单独申诉。[75]

只有当中期裁决具有法律效力或者在申诉程序中将要用于专利维持的文本被确定下来时，专利权人才会被要求依据《欧洲专利公约实施细则》第 82 条第 2 款第 2 项在 3 个月内缴纳印刷费并且递交权利要求的译文。[76]如果专利权人错过了这个期限，其会获得相应的提示并且可以获得两个月的时间，弥补缺失的行为，前提是在这一期限内缴纳了 100 欧元的附加费（《欧洲专利公约实施细则》第 82 条第 3 款第 1 项）。如果仍然错过了这一期限，专利将被撤销（《欧洲专利公约实施细则》第 82 条第 3 款第 2 项）。[77]如果及时弥补这些行为，专利会以修改后的文本被维持，有关这一裁决的提示也会被公布，在这之后要尽可能快地出版新的包含修改过文本的专利文件（《欧洲专利公约》第 103 条，《欧洲专利公约实施细则》第 87 条第 2 项，第 73 条）。此外，也要制订新的专利证书（《欧洲专利公约实施细则》第 87 条第 2 项，第 74 条）。专利维持的决定不再借助申诉可撤销，只要该决定与具有法律效力的中期裁决或对于相应提交的申诉作出的裁决相一致。[78]

---

[72] EPA G 9/91（FN 54）420（Nr. 19）；15. 12. 1988 T 227/88 Detergenszusammensetzungen/Unilever ABl. 1990, 292.

[73] EPA 25. 8. 1986 T 23/86 Rechnergesteuertes Schaltgerät/Naimer ABl. 1987, 316.

[74] EPA G 1/91（FN 10）.

[75] EPA – Richtlinien D Ⅵ 7.2.2；Benkard，EPÜ/*Schäfers*，Art. 102 Rdnr. 13.

[76] EPA – Richtlinien D Ⅵ 7.2.3.

[77] 专利的撤销不会随着期限的延误自动生效，而是在宣布撤销的裁决之后，参见 EPA 5. 3. 1991 G 1/90 Widerruf des PatentsABl. 1991, 275.

[78] Singer/Stauder/*Günzel*，Art. 102 Rdnr. 46.

　　在《欧洲专利公约》第 65 条中提供给缔约国的可能性，即保护的维持要取决于专利文件译文的递交，涉及专利以在异议程序中修改过的文本维持及必须要有新的专利文件的情况。除非有关缔约国规定有更长的期限，译文应在以修改过的文本进行维持的通知公布后的 3 个月的期限内提交（《欧洲专利公约》第 65 条第 1 款第 2 项）。在那些必须提供专利文件译文的缔约国（参见 § 29 Ⅳ d 9），也要求可能的修改后文本的译文。依据《欧洲专利公约实施细则》第 82 条第 2 款第 2 项给出的通知会向专利权人指出要求必须递交译文的缔约国（上述第 3 句）。

　　专利的限制性维持的后果是，只要专利没有被维持，其效力自始不产生（《欧洲专利公约》第 68 条）。但是只要专利被维持，其效力就继续存在，不会中断。比方说，不会基于异议程序中决定的法律效力先使专利完全失效，然后才依据《欧洲专利公约》第 103 条通知的公布使一个新的专利有效。[79]因此，在从授权通知公布起的所有时间，也会产生向包含在被维持文本中的客体的使用人提出损害赔偿的权利要求，只要使用人的行为有过失。[80]

　　3. 专利权人同意异议部准备维持的专利文本，并且异议人有足够的机会发表意见，这些都可以在程序的进展中以不同的方式实现。[81]在口头审理中，可以同时满足这两个条件。[82]如果专利权人自己递交了规定的文本或者至少以辅助性的方式进行了申请，可以认为其已经同意了。[83]异议人可以通过相应的通知获得发表意见的机会。

　　如果参与人不同意修改的新文本，只有当异议部认为针对专利权人已经同意的所有材料的文本的修改是必须的，在 2 个月内向参与人发出在《欧洲专利公约》第 82 条第 1 款中的规定的新文本专门通知才是符合立法目的的。[84]这样的修改必须限制在不可避免的编辑上的修改。即使异议人没有按期限反对通

---

〔79〕　LG Düsseldorf 25. 3. 1 999 GRUR Int. 1999，775，779 r.

〔80〕　斯特劳斯认为，虽然专利随着异议的决定生效仅作为部分撤销，但主张因为一个在提示公开前的完成的使用仅仅一个补偿请求权是公平合理的，如同第 67 条对使用公开的申请的客体规定那样。然而，第 103 条规定的文字没有表明，其规定的公开与根据第 97 条第 4 款的含义相同。相反，不仅公开的申请而且授权的专利都形成法定的效力，只要它们在后续程序中被确认。在后续进行的程序中暂时失效没有任何依据。参见 *Straus*，FS Beier，1996，S. 171，177 ff。

〔81〕　Vgl. EPA 27. 1. 1989 G 1/88 Schweigen des Einsprechenden/Hoechst ABl. 1989，189，195 ff. (Nr. 5 ff.)；EPA – Richtlinien D Ⅵ 7. 2. 1；Singer/Stauder/*Günzel*，Art. 102 Rdnr. 44 f.

〔82〕　EPA 26. 11. 1985 T 219/83 Zeolithe/BASF ABl. 1986，211；8. 4. 1986 T 185/84 Lackierstraßenversorgung/BASF ABl. 1986，373.

〔83〕　Das Einverständnis muß nicht vorbehaltlos sein，EPA 23. 11. 1987 T 234/86 Interferenzstromtherapie/Somartec ABl. 1989，79，87（Nr. 5. 5. 2）.

〔84〕　EPA – Richtlinien D Ⅵ 7. 2. 1.

知的文本，异议人仍然有权针对宣布以通知的文本维持专利的中期裁决提交申诉[85]；专利权人只有在通知的文本是其同意或首先由其同意的文本的情况下，因没有对其不利之处才不具有申诉权[86]。如果专利权人仅仅是辅助性的声明同意，而异议部拒绝了专利权人最希望的文本，这时就给专利权人带来了不利。[87]

ee）专利修改的前提条件和界限

1. 修改过的用于专利维持的文本，其公开的内容不能超出原始递交申请材料中的公开内容且没有主张任何申请材料没有包括的东西（《欧洲专利公约》第 123 条第 2 款，参见 §28 Ⅲ b）。此外，该修改文本必须满足《欧洲专利公约》第 123 条第 3 款包含的保护范围扩大的禁止。同时必须注意，依据《欧洲专利公约》第 69 条第 1 款及属于公约的议定书虽然保护范围通过权利要求来确定，但是必须考虑到用于权利要求解释的说明书和附图[88]。相应地，对说明书和附图的修改在未改变的权利要求用语上也会导致不允许的保护范围扩大。1973 年《欧洲专利公约》第 123 条第 3 款规定[89]，禁止通过修改权利要求来扩大保护范围。2000 年《欧洲专利公约》中将禁止扩大保护范围一般性地延伸到对专利的修改。

通常情况下，在没有违背《欧洲专利公约》第 123 条第 3 款的情况下，将原始公开内容中的在专利授予前已经被删除的部分内容在异议程序中重新纳入到专利文件或权利要求中是不可能的[90]。另一方面，允许通过修改权利要求的措辞使权利要求与保护范围相一致，这一保护范围是参照说明书和附图，在解释授权文本时产生的。

---

[85] EPA G 1/88（FN 79）；Singer/Stauder/*Günzel*，Art. 102 Rdnr. 44.

[86] Vgl. EPA 6. 7. 1990 T 5/89 Luftreinigungsgerät ABl. 1992，348.

[87] Singer/Stauder/*Joos*，Art. 107 Rdnr. 21.

[88] EPA 11. 12. 1989 G 2/88 reibungsverringernder Zusatz/Mobil Oil Ⅲ ABl. 1990，93；15. 5. 1995 T 82/93 Herzphasensteuerung/Teletronics ABl. 1996，274，287（Nr. 2.1）；7. 5. 1999 T 1149/97Fluidwandler/Solartron ABl. 2000，259（Leits. 2）；*Schulte*，GRUR Int. 1989，460，461.

[89] 欧洲专利局在"燃油软管"案（EPA 13. 6. 2006 T 142/05 Kraftstoffschlauch/Mündener Gummiwerk GRUR Int. 2007，607.）的决定结果并不让人信服：权利要求的是带有不同特征的燃油软管。在说明书中仅提到："一个这样的燃油软管具有可高达大约 160°的耐热性。"申诉庭评价删除这句话是保护范围的扩大，因为依据公约第 69 条说明书可以用来解释权利要求。但是这仅仅表示包含在权利要求中的特征可以参照说明书来理解，并不是说允许在说明书中包含的细节部分在结果上和权利要求特征一样对待。在这样的情况下该决定的理由表明暗示有关耐热性的说明仅仅表明一个与现有技术相比的好处。所以，在授予的权利要求中也许不包括该特征，因为权利要求的主题没有这样的限制被视为可受保护的。为什么在这些情况下专业人员应该将说明理解成限制保护，是无法解释的。

[90] EPA T 1149/97（FN 88）（Leits. 3）；krit dazu *Günzel*，GRUR 2001，932 ff.

对有利于消除矛盾的权利要求的修改并不会违背《欧洲专利公约》第 123 条第 2 款或第 3 款的规定，因为修改过的权利要求所表达的内容与相应的依据说明书对之前权利要求的解释是一致的[91]。

添加一项特征到权利要求的上位概念中被认为是允许的，因为在对特征的正确解释下，说明书被当作更重要的发明要件，并因此依据《欧洲专利公约》第 69 条第 1 款权利要求和属于公约的议定书权利要求可以被解释为包括这一特征，即使其没有在文字上指出[92]。

在一份授予的权利要求中，一个范围窄的概念，依据它的字面意思没有把一个说明书中所包含的其他实施方式明确包括在内，可以通过一个不那么狭窄的包含这一实施方式的概念替代，因为在授予的权利要求中使用概念的技术意义在上下文中没有那么清晰，以至于其在没有借助说明书和附图的解释下，可以用来确定保护范围，并且从说明书和附图中及授予程序的实施中可以得知，这一实施方式属于发明，从来没有意图将其排除在专利保护范围之外[93]。根据授予的权利要求，一个齿轮"平行于发动机"，按照修改过的文本（在汽车上，发动机是横向安装的）"同样横向"安排。根据最初的文本，"平行的"这一特征涉及齿轮的哪个轴是不清晰的。从说明书、附图和授予程序中可以得知，依据范围窄的文本，该齿轮的安排也应该理解为与发动机在一条线上一致。

2. 如果依照修改过的文本被视为侵害专利的行为，而这些行为依照授权的文本本来不是侵权行为，则总是存在保护范围扩大[94]。如果这是对的，对扩大也没有任何影响，那么另一方面最初被作为侵权包括的行为不再落入专利范围。此外，从提到的基本原则中可以得出，除了修改对保护范围产生的结果之外，还要注意到对保护效力的结果。在进行专利类别的变更时这一点尤其适用。在原则上，变更是不被允许的[95]。

将工作方法授予的专利转换成设备专利是允许的，前提是方法专利的保护范围包括用于实施的设备[96]。因此，这种情况在以前被接受，因为专业人员

---

〔91〕 EPA 18. 3. 1986 T 271/84 Gasreinigung/Air Products ABl. 1987, 405

〔92〕 EPA 26. 9. 1989 T 416/87 Blockpolymer/JSR ABl. 1990, 415.

〔93〕 EPA 29. 5. 1990 T 371/88 Getriebe/Fuji ABl. 1992, 157, 162 ff.

〔94〕 EPA 21. 10. 1987 T 378/86 Kategoriewechsel/Moog ABl. 1988, 386, 389（Nr. 3.1.3）；T 1149/97（FN 88）274 f.（Nr. 6. 1. 10）；weniger genau EPA G 2/88（FN 88）und T 82/93（FN 88）287（Nr. 2.1）.

〔95〕 EPA T 82/93（FN 88）；T 378/86（FN 94）.

〔96〕 EPA T 378/86（FN 94）386, 391（Leits. 2 u. Nr. 3. 1. 8）.

能够完全和清晰地从方法专利中得出适合实施方法的设备，并且将符合权利要求的程序步骤理解为功能性的设备特征。[97]

相反，在另外一种情况下，针对心脏起搏器的操作及在文本中被视为与《欧洲专利公约》第52条第4款（现第53条（c））不一致的权利要求不可以这样修改，即把权利要求涉及的心脏起搏器作为产品，因为其在文本中并不包括将保护限制在使用中的现有产品的特征。[98]转为一种与目的相关联的产品保护的可能性没有被考虑。但是，对就某一材料及包含有这一材料的混合物而授予的权利要求进行如下的修改是允许的，即材料在混合物中的使用只用于特定的目的。[99]在这方面，依据《欧洲专利公约》第64条第2款可能产生的保护范围的扩大已被排除，因为用途权利要求并不是这一规定意义上的方法权利要求。[100]

3. 在异议程序中，如果某一权利要求特征在申请原始公开的内容中没有找到依据，那这一特征无论如何必须被删除，如果不被允许扩大的异议理由是程序的对象。但是，与此相对立的是删除会导致违背《欧洲专利公约》第123条第3款规定的保护范围的扩大的结果，因为这样会使权利要求包含这些主题，其仅仅具有剩余的权利要求特征，但没有因缺乏原始公开而被删除的特征。因此专利所有人所处的情况会通常被视为"不可摆脱的情况"。[101]

在这样的情况下，扩大申诉委员会[102]既不允许对专利完全维持，也不允许删除超出原始递交文本内容的限制保护范围的主题：只有当原始递交文本的申请提供了这些主题，在没有违背《欧洲专利公约》第123条第3款的情况下可以被其他的主题代替，以此为依据专利才可以被维持。

但是，一个原始没有公开的特征，其对发明的客体没有作出技术贡献，而是仅仅限制保护范围，不应该被视为依照《欧洲专利公约》第123条第2款意义上的超出原始公开内容的客体。这样，不允许的扩大的异议理由与专利的维持没有冲突。与此相应，专利应该被撤销，如果受质疑的特征由于技术上的无意义使自己作为（技术相关的）原始公开内容扩大表述。

在对《关于〈共同体专利条例〉的建议》给出理由的案件中，当时争议

〔97〕 Ähnlich EPA 28. 6. 1990 T 426/89 Herzschrittmacher/Siemens ABl. 1992，172.

〔98〕 EPA T 82/93（FN 88）274，288（Leits. 3 u. Nr. 2. 2）.

〔99〕 EPA G 2/88（FN 88）.

〔100〕 AaO 104 f.（Nr. 5. 1）.

〔101〕 Dazu ausführlichv. *Saint André*，Das Dilemma der einschränkenden Erweiterung nach demdeutschen，europäischen，englischen und US－amerikanischen Patentrecht，2007.

〔102〕 EPA 2. 2. 1994 G 1/93 BeschränkendesMerkmal/Advanced Semiconductor Products ABl. 1994，541（Leits. 1）.

的特征在扩大申诉委员会所要求的意义上被认为技术上有意义，因为该特征与其余的特征以这样的方式共同作用，即该特征依据专利申请原始递交文本会影响技术任务的解决方案[103]。

具体说该案涉及在光学膜上"基本上无痕迹"这一特征。依据申诉庭的观点，对于专业人员来说至少以暗示的方式指明了为实施符合权利要求的方法选择参数时的步骤。

相反，一个在扩大申诉委员会的决定之前作出的决定[104]认为，在原始公开中没有相应添加到基础权利要求的上位概念中的特征："平的"，对弹簧秤而言，对评价新颖性和创造性是不重要的，在这种关联性中技术上是有问题、多余和毫无意义的。因为在受攻击的权利要求中其并不能给予该特征特定的功能，该特征对专业人员来说是无意义的。申诉庭可以从中得出结论，特征的保留和删除是一样的。对扩大申诉委员会所谓技术上无意义性而言这一案件可以作为例子，即使该决定对《欧洲专利公约》第 123 条第 2 款和第 3 款关系的一般论述受到扩大申诉委员会指责。

4. 扩大申诉委员会的解决办法不能使申请人满意[105]。该方法会导致有可能在大多数这种情况下，即使专利的客体是值得保护的，该专利也会因为某一审查部也负有责任的瑕疵而丧失，因为审查部接受甚至建议将该原始公开内容中不值得保护的特征添加到权利要求中。[106]申请人无疑应该注意，授予其专利的文本必须和公约的所有规定一致。但这并不是忽视欧洲专利局对某一错误也有责任的理由。由扩大申诉委员会作为唯一的办法提供的将原始没有公开的特征作为技术上无意义的保留在权利要求中的可能性，即并没有提供足够的权利安全性[107]，并且使该特征取决于一个与申请的原始公开内容的可保护性无关的标准。此外，这种可能性是否与扩大申诉委员会确定公开内容的新近观点相一致，这也

---

〔103〕 EPA 27. 9. 1994 T 384/91 „Kollision" zwischen Art. 123（2）und（3）II ABl. 1995，745；weitere Beispiele für die Anwendung der Grundsätze von G 1/93 nennen *Wheeler*，GRUR Int. 1998，199，201 und *Günzel*，Mitt. 2000，81，83 ff.

〔104〕 EPA 14. 6. 1991 T 231/89 Flache Torsionsfeder/Bruynzeel ABl. 1993，13.

〔105〕 Kritisch auch *Bossung*，FS GBK，1996，S. 135 – 148；*Rogge*，GRUR Int 1998，208 f.；*Keukenschrijver*，GRUR 2003，177，178；*Schar*，Mitt. 1999，321 – 326；*Stamm*，Mitt 1998，90 ff.，1999，448 ff. und 2006，153 ff.，197；*Schulte*，§ 21 Rdnr. 77 und GRUR 2001，999；Benkard，EPÜ/*Schäfers*，Art. 123 Rdnr. 116 f.；zustimmend jedoch *Brinkhof*，GRUR Int 1998，204 ff. wegen der unter demGesichtspunkt technischer Irrelevanz gewährten Milderung；in diesem Sinn auch *Laddie*，GRUR Int1998，202，204. Daß auf der Grundlage der Entscheidung G 1/03（§ 29 FN 96）eine Disclaimer – Lösung zulässig sei，meint *Schulze*，epi information 2005，83 f.

〔106〕 In diesem Sinn auch *König*，FS Tilmann，2003，S. 487，506.

〔107〕 Vgl. *Günzel*（FN 103）86.

是有争议的。[108]

扩大申诉委员会拒绝在没有删除不被允许的扩大的特征的情况下利用从该特征中不能引出权利的声明来维持专利[109]，因为公约中没有哪一条规定或者允许在专利的说明书中添加这样的声明，所以在异议程序中将这一特征加入专利与欧洲专利制度不一致并且超出了在这一制度中欧洲专利局的职权。不去寻找恰当考虑第三人利益的专利维持之路，而是收回对一个本身值得保护的发明给予的专利保护，这样做是否在欧洲专利局的职权范围内扩大申诉委员会没有探讨。

尤其是扩大申诉委员会不会充分审查其认为不允许的声明——特别是在其强调的专利权人不能获得不公平合理的好处的观点下——会起怎样的作用[110]。扩大申诉委员会认为，这一特征应该结合其他权利要求特征由在缔约国法院在依据《欧洲专利公约》第69条第1款确定保护范围时考虑。但是，这一特征对保护范围在任何情况下所起的作用是有限的，就保护范围不会给专利权人带来不公平的好处。但是考虑到实质的保护前提条件，特别是新颖性和涉及创造性的条件，存在这种可能性。就此而言，这一特征能给专利权人带来基于原始公开不应享有的好处。但是这可以通过以下方式被阻止，即指出这一特征在评价可保护性时应该忽略不计。接下来应该对一个宽泛表述的权利要求，即不包含这一特征的权利要求进行审查，特别是与相应的范围比较广的现有技术进行比较。只要异议理由以无新颖性和创造性为对象，在异议程序中就应该以这样的方式进行。在对这些要件进行审查时，作为没有原始公开确认的特征在任何情况下都不予考虑，即使程序中有针对不允许扩大的异议理由。在此无需在专利中有相应的提示。但是，对未来在无效程序中或者基于——依据国内法所允许的——在侵权诉讼中的抗辩，必须对构成专利客体的发明的可保护性进行判断的情况，把提示写入专利中是有好处的。再则提示会导致在没有回溯申请原始文本的情况下立即识别出不允许的扩大。

如果不考虑以不允许的方式添加的特征，那么在这样的场合证实专利在法律上是成立的，这样就确定专利权人是值得保护的；看不出来在何种程度上专利权人可以由此得到了不公平的好处。但是不被允许的特征会对专利权人获得的保护范围产生限制。在权利要求中保留这一特征对专利权人来说意味着不公

---

〔108〕 *Günzel* aaO verweist hierzu auf die damals noch nicht entschiedene Sache G 2/98（EPA 31. 5. 2001 ABl. 2001，413；vgl. oben §28 Ⅵ 5）.

〔109〕 Hierzu oben §26 B Ⅱ 8.

〔110〕 Vgl. *Bossung*（FN 105）S. 141 f.

平的好处，在这一方面也看不出来。因为带有这一特征的权利要求纳入的客体，如果权利要求没有包括这一特征，该权利要求理所当然也会包括这些主题[111]。

5. 如果只是在异议部的程序中一项原始没有公开的特征被添加到权利要求中，并且只有异议人提起了申诉，"上诉不加重"原则（参见本节Ⅱ b 4）和删除这一特征相冲突，因为这会导致产生一个文本，该文本的保护范围大于受申诉质疑的文本的保护范围。因此扩大申诉委员会允许通过修改来避免专利的撤销；必要时甚至在一审中形成的对公开内容不允许的扩大可以被撤回[112]。"上诉不加重"原则在这方面受到限制。但禁止授权文本的保护范围扩大不会受影响。

Ⅲ. 无　效

a）国家程序中的主张[113]

1. 在任何一个欧洲专利被授予的缔约国，可以（保留对共同体专利的特别规定，参见本节Ⅲ b）主张该专利在该国全部或部分无效，或者，只要该国国内法允许无需正式的无效宣告便可将该专利视为无效。至于有哪些机关及在什么程序中去完成，以相关国家对国内专利生效的规则为准。[114]

在涉及无效诉讼的国内法院的请求下，欧洲专利局（审查部）可以收取费用（3345 欧元）对受质疑的欧洲专利给出技术评价报告（《欧洲专利公约》第 25 条）。[115]

将德国作为指定国授予的欧洲专利，可以和由德国专利商标局授予的专利一样的方式，由德国联邦专利法院或（在上诉审中）由联邦最高法院全部或者部分宣告无效（参见 § 26 B Ⅲ）。[116] 只有当针对欧洲专利不能再提出异议，并且可能情况下的悬而未决的异议有法律效力地已终结（德国《专利法》第 81 条第 2 款），这一诉讼才被允许[117]。联邦最高法院认为这种欧洲异议程序的

---

[111]　Das verkennt *Stamm*, Mitt. 1999, 448, 449 l.

[112]　EPA G 1/99（FN 29）.

[113]　Zum Projekt eines für die Entscheidung über die Rechtsgültigkeit und die Verletzung europäischer Patente ausschließlich zuständigen europäischen Patentgerichts s. oben § 7 Ⅱ b 8.

[114]　Hierüber *Mangini*, Die rechtliche Regelung des Verletzungs – und Nichtigkeitsverfahrens in Patentsachen in den Vertragsstaaten des Münchener Patentübereinkommens, GRUR Int. 1983, 226–233.

[115]　Der BGH macht hiervon keinen Gebrauch, da er das EPA nicht in eigener Sache tätig werden lassen will, s. GRUR Int. 1996, 1140 l.

[116]　Dazu *Rogge*, und *Brinkhof*, GRUR Int. 1996, 1111 ff., 1115 ff.; *Keukenschrijver*, GRUR 2003, 177 ff.; jeweils mit Angaben über Zahl und Ergebnisse der Verfahren.

[117]　Anders *Pitz*, Das Verhältnis von Einspruchs – und Nichtigkeitsverfahren nach deutschem und europäischem Patentrecht, 1994, S. 95 ff. und GRUR 1995, 231, 238 ff., der § 81 Abs. 2 PatG auf europäische Patente nicht anwenden will.

优先与德国《基本法》一致。[118]一项针对联邦最高法院判决的宪法申诉没有被德国联邦宪法法院接受。[119]

欧洲异议程序的优先是为了避免产生相互矛盾的决定。[120]但这会导致：根据欧洲的法律不是异议理由的无效原因，在某些情况下在大大延迟之后才能主张。[121]德国《专利法》允许针对有异议约束的欧洲专利提起无效诉讼，只要无效诉讼是基于在线的国内申请且作为专利基础的申请没有超出申请公开的内容。[122]德国《专利法》第 81 条第 2 款是否不受限制可适用，如果无效诉讼并不是基于《欧洲专利公约》规定的异议理由，德国联邦最高法院[123]对此没有表态。德国联邦专利法院在知道这一判决的情况下将德国《专利法》第 81 条第 2 款适用于一个主张保护范围扩大的无效诉讼，这种扩大依据《欧洲专利公约》（依据德国《专利法》也是如此）并不是异议理由。[124]并且，只要涉及无效理由，其可以是欧洲异议程序的对象，实践中在这一程序的长时间持续时会产生这样的需求，即在异议程序结束之前就向联邦专利法院提出无效诉讼；相应法律的修改也许可以斟酌考虑。[125]对此也许应该给予联邦专利法院中止其程序的可能性，如果异议程序的情况使得中止无效审理是合理的。

对德国的无效程序不存在阻碍，如果无效程序以一个德国专利商标局授予的专利为对象，异议程序以同一发明的欧洲专利为对象。[126]

2. 关于无效理由，缔约国受到公约的约束：欧洲专利只能出于《欧洲专利公约》第 138 条、第 139 条所允许的理由才能被宣告无效。如果这只涉及专利的一部分，无效宣告通过根据《欧洲专利公约》第 138 条第 2 款对权利要求的相应修改形成的限制完成。根据《欧洲专利公约》第 138 条第 2 款专利权人在涉及专利有效性的程序中，有权通过修改权利要求对专利进行限制，并将受限制的文本作为该程序的基础。

首先异议理由作为无效理由是允许的：缺乏可专利性（《欧洲专利公约》

---

〔118〕 BGH 12. 7. 2005 Strahlungssteuerung BGHZ 163，369 = GRUR 2005，967（Nr. II 1）；ebenso in der Vorinstanz BPatG 21. 12. 2004 Strahlungssteuerung GRUR 2005，498（Nr. 2）.

〔119〕 BVerfG 5. 4. 2006 Strahlungssteuerung GRUR 2006，569.

〔120〕 BGH（FN 118）Nr. I.

〔121〕 Vgl. *Preu*，Probleme der Nichtigerklärung europäischer Patente，GRUR Int. 1981，63 – 70，69.

〔122〕 BPatG 11. 7. 2002 Schlauchbeutel GRUR 2002，1045.

〔123〕 FN 118.

〔124〕 BPatG 20. 10. 2006 Torasemid Bl. f. PMZ 2007，283.

〔125〕 Vgl. *Dihm*，Mitt. 1998，441 ff. ; ablehnend *Raible*，Mitt. 1999，241 – 245，der wegen des EuGVÜ eine Nichtigkeitsklage vor einem nationalen Gericht als unzulässig ansieht，wenn vorher Einspruch beim EPA eingelegt worden ist；das soll auch gelten，wenn das Einspruchsverfahren abgeschlossen ist.

〔126〕 BPatG 31. 1. 1996 E 37，212.

第 52 ~57 条），未充分的公开（《欧洲专利公约》第 83 条），专利主题不允许的扩大（《欧洲专利公约》第 123 条第 2 款）。此外还包括：专利权人实体权利的缺乏（《欧洲专利公约》第 60 条第 1 款），专利保护范围不允许的扩大（《欧洲专利公约》第 123 条第 3 款）。基于国内在先权利，如同缔约国的国内专利的无效宣告一样，欧洲专利的无效宣告可以在同等条件下，同样的范围内以国内的在先权利为依据（《欧洲专利公约》第 139 条第 2 款、第 2 条第 2 款）。

为防止因一个国内在先权利的无效诉讼，申请人在授权程序中就可以为涉及的国家递交一个单独的权利要求（参见 § 28 Ⅲ b 4）。

对于德国来说，《欧洲专利公约》第 138 条中的规则几乎逐字逐句地被收入到德国《国际专利条约法》第 Ⅱ 章第 6 条第 1 ~3 款中。在这一规定的第 4 款中，因专利权人的无权利的无效诉讼依据《欧洲专利公约》第 60 条第 1 款规定只有权利人可以提起。依据《欧洲专利公约》第 139 条第 2 款、第 2 条第 2 款和德国《专利法》第 22 条、第 21 条第 1 款第 1 项、第 3 条第 2 款的规定，一个适用于联邦德国的欧洲专利也可以因一项递交的且在后公开的在先国家或国际专利申请而被宣告为无效。[127]基于一项在先实用新型不可以这样做（《欧洲专利公约》第 140 条、第 139 条第 2 款；德国《实用新型法》第 14 条）。

欧洲专利局的一项驳回的异议裁决并不会阻碍专利的无效宣告，即使无效宣告仅仅根据欧洲专利局已经注意到的现有技术[128]和无效诉讼人参与了异议程序[129]；但是该异议裁决在无效程序会被评价为"有显著分量的专家意见"。

b）共同体专利的无效宣告

1. 对于共同体专利，出于单一性的基本原则（《关于〈共同体专利条例〉

---

〔127〕 Vgl. Preu, aaO 68. A. M. Krieger, EPÜ – GK, 23. Lfg. 1998, Art. 64 Rdnr. 16 f.：事后公开的在先申请在德国《国际专利条约法》第 Ⅱ 条其下第 6 条中不是作为无效的理由规定的；对国内在后申请而言，该在先申请的作用不是作为《欧洲专利公约》第 139 条第 2 款意义上的在先的权利（„älteres Recht"），因为该在先申请不是如根据德国 1968 年《专利法》第 4 条第 2 款基于授予该申请的专利的保护效力，而是通过因其全部内容该在先申请被算入损害新颖性的在先技术发生保护阻止的作用。如果这样的观点是对的，那么，一个德国专利也就不能因在后公开的在先欧洲专利申请被宣告无效，因为根据《欧洲专利公约》第 139 条宣布无效的前提条件是该申请构成在先的权利。实际上在先的权利的效力不仅在《欧洲专利公约》第 139 条第 1 款也在第 2 款中构成在先申请的任何一个保护阻止的作用，无论国内立法者是怎样规定这一点的；在这一意义上也参见 Benkard, EPÜ/*Rogge*, Art. 139 Rdnr. 11。如果阻止保护的作用根据国内法通过涉及损害新颖性的现有技术产生，那么，对相关的缔约国授予的欧洲专利也适用相应的规则。这样，在后公开的在先申请构成《欧洲专利公约》第 138 条第 1 款字母 a 意义上的缺乏可保护性的一种情况；so *Busse/Keukenschrijver*, Art. Ⅱ § 6 Ⅰ ntPatüG Rdnr. 4. Sie brauchte deshalb in dieser Vorschrift nicht besonders genannt zu werden。

〔128〕 BGH 4. 5. 1995 Zahnkranzfräser GRUR 1996, 757；5. 5. 1998 Regenbecken GRUR Int. 1999, 65, 67 mwN.

〔129〕 BGH 4. 5. 1995 (FN 128).

的建议》第 2 条第 1 款）规定了一项集中的无效程序。无效宣告通过诉讼或者反诉来申请（《欧洲专利公约》第 31 条第 1 款、第 32 条）。就此在一审程序中还需创立一个共同体专利法院作为一审权利救济的欧共体法院，并对此专属管辖（《欧洲专利公约》第 30 条）。无效程序——不同于根据共同体专利条约在这一方面不合适的模式[130]——在一审中已经在一个法院进行。

2. 共同体专利只能出于《关于〈共同体专利条例〉的建议》第 28 条第 1 款中涉及的原因才能被宣告无效，这些原因除了第 138 条提到的，还包括由于基于在后公开但有优先权的国内在先申请而损害新颖性的在先占有情况。对于目的在于部分无效宣告的专利限制及对专利权人的被限制的抗辩，《欧洲专利公约》第 28 条在第 2 款和第 3 款中有规定，这些规定符合《欧洲专利公约》2000 年版本第 138 条第 2 款和第 3 款的规定（参见本节 IV a 2）。因专利权人权利缺失提起无效诉讼只能由一个或多个权利人提出，出于其他的原因任何人都可以提出无效诉讼（《欧洲专利公约》第 31 条第 2 款）。无效诉讼也是允许的，如果异议还有可能、异议程序还在进行或者专利已被终止（《欧洲专利公约》31 条第 3 款、第 4 款）。只要专利被宣告无效，其自始无效（《欧洲专利公约》第 29 条第 1 款）。

IV. 专利权人申请的撤销或限制[131]

1. 依据《欧洲专利公约》第 105a ~ 105c 条，《欧洲专利公约实施细则》第 90 ~ 96 条，基于专利权人有缴费义务[132]的对所有授予欧洲专利的缔约国有效的申请（《欧洲专利公约》第 105b 条第 3 款第 1 项），欧洲专利可以被撤销或通过权利要求修改加以限制。对申请由欧洲专利局审查部作出裁决（《欧洲专利公约实施细则》第 91 条）；只要异议程序在进行，不能递交这样的申请（《欧洲专利公约》第 105a 条第 2 款，《欧洲专利公约实施细则》第 93 条第 1 款）；一项在限制程序中提出的异议产生上述申请停止的后果（《欧洲专利公约实施细则》第 93 条第 2 款）。但是专利权人仍可以在异议程序中达到撤销专利或对专利进行限制的目的（参见本节 II e cc 2, dd）。

2. 如果一项申请满足允许的要件并且是针对撤销提出的，这一申请随即被允许（《欧洲专利公约实施细则》第 95 条第 1 款）。对于一项允许的限制申

---

〔130〕 Vgl. die 4. Aufl. S. 501, 503.

〔131〕 Dazu EPA – Richtlinien D X; *Wichmann/Naumann*, EPÜ 2000: Das neue Beschränkungs – und Widerrufsverfahren, Mitt. 2008, 1 – 5.

〔132〕 申请撤销的费用为 450 欧元，申请限制的费用为 1000 欧元。

请[133]要审查，修改的权利要求是否对现有的文本中包含的权利要求构成限制、是否满足《欧洲专利公约》第 84 条规定的要求（参见 §28 Ⅲ b 1）、是否既不超出原始递交文本申请的内容，也不扩大专利的保护范围（《欧洲专利公约实施细则》第 99 条第 2 款，《欧洲专利公约》第 123 条第 2 款和第 3 款）。如果这些要件及规定的翻译和费用要件都得到及时满足，审查部就会对专利进行限制（《欧洲专利公约实施细则》第 95 条第 3 款）。该审查不会延伸到新的文本是否满足实质的保护要件的问题。随着在欧洲专利公报上公布相应的通知撤销或限制生效（《欧洲专利公约》第 105b 条第 3 款第 2 项），在该决定所及的范围，专利的效力和作为专利依据的申请的效力自始不发生（《欧洲专利公约》第 68 条）。在限制的情况下，会公布新的专利文件和授予新的专利证书（《欧洲专利公约》第 105c 条，《欧洲专利公约实施细则》第 96 条）。

因为公约和德国专利法都不会包含有相互矛盾的规定，可以这样认为，欧洲专利，只要其对德国有效，也可以依据德国《专利法》第 64 条（此外参见 §26 B Ⅳ）结合《欧洲专利公约》第 2 条第 2 款，始终可以被限制[134]和从现在起也可以被撤销。相应的规则也适用于依据其他缔约国国内法的类似程序。

4. 根据《关于〈共同体专利条例〉的建议》第 29a 条，共同体专利可以基于权利人的申请由欧洲专利局根据公约对欧洲专利进行限制的有关规定（参见本节 Ⅳ 1，2）加以限制。专利权人是否可以申请对共同体专利的撤销，这在《关于〈共同体专利条例〉的建议》中还没有作出规定。

---

〔133〕 如果形式上存在瑕疵，将获得一个期限用于消除这些瑕疵；如果没有完成瑕疵消除，申请就会被驳回（《欧洲专利公约实施细则》第 94 条）。如果费用没有被缴纳，申请就会被视为没有递交（《欧洲专利公约》第 105a 条第 1 款第 3 句）。

〔134〕 Vgl. BGH 7. 2. 1995 Isothiazolon Bl. f. PMZ 1995，322；11. 6. 1996 Bogensegment BGHZ133，79；20. 3. 2001 Trigonellin GRUR 2001，730.

第 5 部分

专利和实用新型的
效力及其实施

§31 概要——侵犯保护权的标准和制裁

1. 专利在其保护地域范围之内具有如下效力，即只有专利权人有权实施受专利保护的发明，其他任何人未经专利权人许可，都不得实施其专利（《专利法》第9条）。这参照也适用于实用新型：只有实用新型权利人有权实施该实用新型的主题，未经权利人的同意，任何其他人不得实施该主题（《实用新型法》第11条第1款）。如果权利人想依据保护权禁止其他人的某些行为，就会产生这样的问题：是否这些行为使用了受保护的发明。就此有两种不同的情况：禁止权仅覆盖这样的行为，它们涉及依据保护权排他地归属于权利人的技术原理，即保护权的无形客体；以及禁止权仅覆盖这样的行为，它们实现了实施发明的法律保护客体。

2. 某个行为是否涉及保护权客体，应依据有关确定专利或者实用新型（实体）保护范围的规定加以确定。根据最新进展，对德国专利商标局已经授权的专利，该依据为德国《专利法》第14条；如果是欧洲专利或者共同体专利，该依据为《欧洲专利公约》第69条第1款。这两项规定都以《斯特拉斯堡协定》第8条第3款为范本，措施上也与其一致。《实用新型法》第12a条对实用新型保护的范围在内容上作了同样的规定。[1]《欧洲专利公约》第69条第1款将由其评述议定书加以补充，这对《专利法》第14条以及《实用新型法》第12a条的适用，同样具有意义。

3. 哪些实施行为已经被保留给了专利权利人，就德国专利而言，答案就在《专利法》第9～11条中。自从将《生物技术指令》转化为国内法之后，《专利法》第9a～9c条以及第11条第2a项也属于相关的规定；药品法的发展导致了第11条第2b项的引入。

上述规定也适用于欧洲专利，只要它们面向德国获得授权（《欧洲专利公约》第2条第2款、第64条第1款；《专利法》第9条第2句第3项考虑到了《欧洲专利公约》第64条第2项规定的原则）。《实用新型法》第11条和第12条包含了模仿自《专利法》第9～11条且与实用新型相适应的法律规则。

《关于〈共同体专利条例〉的建议》（参见§7 Ⅱ d bb 2）第7条、第8条和第9条（a）～（f）中有一项针对共同体专利的规定，正如《专利法》第9～11条最初文本承继自《共同体专利公约》一样，该项规定在文字表述上与它

---

〔1〕《欧洲专利公约2000》第69条在表述上用"专利权利要求"取代了"专利权利要求内容"。《专利法》第14条采纳了同样的修改。《实用新型法》第12a条仍保留了旧的表述。

们几乎完全一样。《关于〈共同体专利条例〉的建议》的其他规定如第 9 条（g）~（j）涉及《生物技术指令》和《计算机程序著作权保护指令》中规定的保护权权限的限制。与此相反，至今提案没有包含任何《生物技术指令》有关专利效力特殊规定的相应规定。

4. 专利或者实用新型的效力可因之而受到限制，即第三人获得了从事某些行为的权限，且这些行为表现为保留给权利人的实施发明的行为。就德国专利以及在德国授权的欧洲专利而言，这类第三人实施权限（Benutzungsbefugnisse Dritter）的法律基础有：当然许可之声明（《专利法》第 23 条）；颁发强制许可（《专利法》第 24 条）；主管部门的实施强制令（《专利法》第 13 条）；继续实施权，包括专利申请之前（《专利法》第 12 条的"先用权"）以专利申请期间在申请失效到通过恢复原状恢复申请效力期间（《专利法》第 123 条第 5 项、《欧洲专利公约》第 122 条第 5 项），第三人已经实施或为实施发明作好准备的继续实施权。除了当然许可之外，《实用新型法》同样规定了强制许可、实施强制令以及继续实施权（《实用新型法》第 20 条、第 13 条第 3 款、第 21 条第 1 款）。

就共同体专利，《关于〈共同体专利条例〉的建议》在第 20 条特别规定了当然许可，第 21 条、第 22 条和第 9 条（a）规定了强制许可和实施强制令，第 12 条规定了先用权。

5. 任何人未经专利权人或者实用新型权利人必需的同意，实施受保护的发明的，即侵犯了保护权。作为侵权的法律后果，法律首先规定了专利权人或者实用新型权利人得以向侵权人主张民法上的请求权，尤其停止实施的请求权以及就侵权行为造成的损害的赔偿请求权。法律依据为《专利法》第 139 条、第 140a~140e 条、第 141 条和第 141a 条，《实用新型法》第 24~24g 条[2]以及《民法典》的相关规定。在德国生效的欧洲专利，适用与德国专利一样的规定（《欧洲专利公约》第 64 条第 3 款）。

《关于〈共同体专利条例〉的建议》第 43~45 条对侵犯共同体专利的制裁作了特别的规定。

根据《专利法》第 142 条，如果被侵犯的专利是德国专利、在德国授权生效的欧洲专利（《欧洲专利公约》第 64 条第 3 款）或共同体专利（《关于〈共同体专利条例〉的建议》第 2 条第 2 款），则在特定条件下可追究专利侵权者的刑

---

〔2〕 这些规定将根据 2008 年 7 月 7 日颁布、2008 年 9 月 1 日生效的《完善知识产权权利实现法》（das Gesetz zur Verbesserung der Durchseztung von Rechten des Geistigen Eigentums）（BGBl. I. S. 1191）而修改。

事责任。根据《实用新型法》第 25 条，侵犯实用新型的行为亦可追究刑事责任。

根据欧洲共同体第 1383/2003 号条例的规定（参见 § 7 Ⅱ d aa 2），如果货物侵犯了专利或者补充保护证书，成员国海关当局应在欧盟边境阻止或者中断侵权货品的移交。根据《专利法》第 142a 条、第 142b 条[3]和《实用新型法》第 25a 条的规定，在进口或出口时，对明显侵犯专利或者实用新型的产品，德国海关可以没收并销毁。德国与其他欧盟成员国之间的贸易，只要仍由海关监控，当然采取同样的措施。

6. 就侵犯德国专利或实用新型，或者指定德国的欧洲专利的行为，主张请求权的，适用普通法庭的民事诉讼程序[4]以及《专利法》第 143～145 条、《实用新型法》第 26 条和第 27 条的规定。依据虽法无明文规定但已公认的原则，侵权诉讼中的法院无权审查专利是否是有效授予的，而应承认已经授权文本的效力，只要专利并非基于前面提到的理由而被（尤其以无效宣告的方式）撤销。[5]相反，因侵犯实用新型而受理案件的法院——只要法官不受制于撤销程序所作出的裁判——则可以不受限制地审查该实用新型登记是否具备理由（《实用新型法》第 13 条第 1 款）。

就侵犯共同体专利的诉讼程序，《关于〈共同体专利条例〉的建议》第 30 条、第 33 条、第 34 条、第 41 条、第 42 条和第 46～53i 条作了特别的规定。

在专利或者实用新型侵权诉讼过程中，法院必须反复地探究、辨析技术问题。首先，法院必须确定，是否被告所使用的技术原理与保护权所保护的客体一致，并且属于达到一定量的侵犯权利的实施。由于管辖专利侵权案件的法院并没有相应的技术成员，为阐释这些问题，通常必须求助于技术专家。[6]

根据《专利法》第 29 条第 1 款、《实用新型法》第 21 条第 1 款以及《欧洲专利公约》第 25 条的规定，在特定条件下，法院可以征求德国专利商标局

---

〔3〕 2008 年 7 月 7 日的版本（脚注 2）。

〔4〕 对在知识产权领域的纠纷设立专门独立法院的想法及其演变，参见 *Sedemund - Treiber*，FS VPP，2005，S. 382 - 395。有关专利权纠纷的调解能力的研究，参见 *Stauder*，FS Pagenberg，2006，S. 351 - 361。有关建立一个唯一管辖专利权效力和侵权问题的欧洲专利法院的想法，参见 § 7 Ⅱ b 8。

〔5〕 对该原则的批评，参见 *Tilmann*，GRUR 2005，904，907。

〔6〕 Vgl. einerseits BGH 15. 5. 1975 Ski - Absatzbefestigung GRUR 1976，88，90；20. 10. 1977 Stromwandler GRUR 1978，235，237 r.；22. 3. 1983 Absetzvorrichtung GRUR 1983，497，499；27. 10. 1998 Sammelförderer Mitt. 1999，365，368 r；28. 10. 2003 Ge'flügel. körperhalterung GRUR 2004，413，416f；30. 3. 2005 Blasfolienherstellung GRUR 2005，569，57r；andererseits BGH 24. 4. 1969 Skistiefelverschluβ GRUR 1969，534，536 r.；weitere Nachweise bei *Benkard/Rogge/Grabinski*. § 139 PatG Rdnr. 125；*Busse/Keukenschrijver* § 143 PatG Rdnr. 211 ff.

或者欧洲专利局的专家意见。

7. 属于专利申请人的合理补偿请求权，即专利申请公开后他人实施专利申请中的发明的（《专利法》第33条、《欧洲专利公约》第67条以及《国际专利条约法》第Ⅱ章第1条、《关于〈共同体专利条例〉的建议》第11条），仅当专利有效时才存在，假如专利申请被驳回或专利被撤回无效的，该请求权溯及既往地消灭。然而，有关专利侵权请求权产生的前提以及主张的规则，在很大程度上仍适用于补偿请求权。这正说明了为何将其与那些专利侵权请求权联系在一起加以对待。

仅当实施了落入专利申请保护范围的技术教导，并且满足了存在专利情况下专利侵权所需要的构成要件时，赔偿请求权才产生。当然，只有当第三人被赋予了无偿实施的权利，也即涉及在先使用权以及继续使用权的情况，第三人之实施权限（Benutzungsbefugnisse Dritter）才具有重要意义（《专利法》第12条、第123条第5~7款，《欧洲专利公约》第122条第5款，《关于〈共同体专利条例〉的建议》第12条）。就主张补偿请求权诉讼而言，其与专利侵权诉讼的差异源于并不存在可约束民事法院的专利授权（《专利法》第33条第2款、第140条，指定德国的欧洲申请参照适用这些规定；就共同体专利申请而言，《关于〈共同体专利条例〉的建议》第35条第2款）。

8. TRIPS第28条规定了专利赋予专利权人的排他权[7]，正如《专利法》第9条以及TRIPS第30条规定的有限的例外情形，只要在顾及第三方合法利益的前提下，这些例外情形并未与专利的正常利用不合理地冲突，也并未不合理地损害专利权人的合法利益。TRIPS第31条规定了法律允许的、未经权利持有人许可的实施专利的具体要件，包括政府使用或者由政府授权的第三方使用。TRIPS第34条要求成员在制造方法专利侵权上减轻权利人的举证责任。

TRIPS第三部分包含了有关侵犯知识产权的法律后果以及执法程序的详细规定。WTO的成员必须确保，TRIPS第三部分所提及的执法程序必须在其国内法中行之有效，以便能够采用有效措施制止侵犯TRIPS的知识产权的行为，包括及时制止侵权的救济程序，以及阻止进一步侵权的救济程序（TRIPS第46条第1款第1句）。

就制裁措施[8]来说，具体而言，尤其可以请求法院责令：停止侵权（TRIPS第44条第1款）；对于故意或者有充分理由应知道自己从事侵权行为的人，责令其向权利人支付足以补偿其因侵权所遭受的损害赔偿（TRIPS第

---

〔7〕 Vgl. Straus, GRUR Int. 1996，179，196ff.；Brandi-Dohrn，GRUR Int. 1997，122ff.

〔8〕 S. *Fritze*，GRUR Int. 1997，143，148 f.

45 条第 1 款）；在考虑侵权严重程度与给予救济的均衡性以及第三方利益的情况下，不给予补偿地处分侵权货物以及主要用于制造这些侵权货物的材料和工具，以及在宪法允许情况下，销毁这些侵权货物（TRIPS 第 46 条第 1 款）；出示证据，如果有举证责任的一方当事人已经出示了所有合理获得的、足以支持其权利要求的相关证据，且对方控制着与此相关的证据的（TRIPS 第 43 条第 1 款）。除了这些强制性规定，成员可以自行决定作出其他的规定。例如司法机关有权：在适当情况下，自行责令退还利润以及/或者支付固定的赔偿，即便侵权人并非故意或者并非有合理理由知晓自己从事侵权活动（TRIPS 第 45 条第 2 款第 2 句）；责令侵权人将生产和分销侵权货物或服务过程中涉及的第三方的身份以及分销渠道的信息告知权利人，除非这样做与侵权程度严重不相称（TRIPS 第 47 条）。

如果应一方当事人的请求而采取措施，而且该当事人滥用实施程序，则司法机关有权责令该当事人向受到错误禁止或者限制的当事人，就因为该滥用而受到的损害提供足够的补偿（TRIPS 第 48 条第 1 款）。

就诉讼权利（Verfahrensrechts）[9]而言，根据 TRIPS 第 50 条，司法机关应有权责令采取迅速和有效的临时措施以便阻止侵犯知识产权的行为以及保存关于被指控侵权行为的相关证据。这些临时措施在没有相对方参与听审的情况下也可能作出，特别是在任何迟延可能对权利人造成不可弥补的损害时，或者存在证据被销毁的显而易见的风险时。最迟应该在执行该措施之后，立刻通知受到影响的当事人，该当事人有权请求对这些措施进行审查。此外还规定，司法机关有权要求申请人提供任何必要的证据以及担保，并且，假如在司法机关确定的期限内或者最迟不超过 20 个工作日或者 31 个工作日，申请人没有提起实体裁判程序（Sachentscheidung）的，司法机关有权根据相对方的请求废止临时措施。

规定很详细但就专利权而言仅是选择性规范的是海关中止侵权货物进出口的边境措施（TRIPS 第 51~60 条）。

9. 在 2004 年 4 月 9 日，欧洲议会通过了第 2004/48/EG 号《有关知识产权权利实现的指令》（参见 § 7 Ⅱ d aa 4 和 § 8 D 5）。该指令要求成员出台实施知识产权所必需的措施、程序和救济方式。具体而言，它规定了证据和证据保全、咨询请求权、临时措施和保证措施，消除侵权妨碍的措施诸如将侵权产品召回、最终清除出商业渠道和销毁、禁令、损害赔偿、由败诉方承担诉讼费用、公开法院判决等。该指令在 2006 年 4 月 26 日之前转换至国内法。对此德国已经由 2008 年 7 月 7 日的法律作出相应规定，德国《专利法》和《实用新

---

〔9〕 Vgl. *Dreier*, GRUR Int. 1996, 205, 210 ff.；*Krieger*, GRUR Int. 1997, 421 ff.

型法》也都进行了修订（参见第5点）。

10. 2005年1月欧盟委员会提交了欧洲议会和理事会《有关为实现知识产权权利的刑事措施指令》的提案，2006年又再次提交了该提案的修订版（参见§7 d bb 4）。

§32 专利与实用新型的保护范围

参考文献: Adam, T. , Der sachliche Schutzbereich des Patents in Großbritannien und Deutschland, 2003; Armitage, E. , Anspruchsformulierung und Auslegung nach den neuen Patentgesetzen der europäischen Länder, GRUR Int. 1981, 670 – 674; ders. , Die Auslegung europäischer Patente, GRUR Int. 1983, 242 – 245; Ballester Rodés, A. （Hrsg. ）, Europäische nationale Patentrechtsprechung, 2004, S. 163 – 241; Ballhaus, W. /Sikinger, J. , Der Schutzbereich des Patents nach § 14 PatG, GRUR 1986, 337 – 344; Bock, H. , Vorschläge für eine „neue Zweiteilung" bei Patentverletzungen, Mitt. 1969, 269 – 276; Bruchhausen, K. , Der Schutzbereich des europäischen Patents, GRUR Int. 1974, 1 – 10; ders. , Die Formulierung der Patentansprüche und ihre Auslegung, GRUR 1982, 1 – 5; Busche, J. , Die Reichweite des Patentschutzes – Zur Auslegung von Patentansprüchen im Spannungsfeld zwischen Patentinhaberschutz und Rechtssicherheit, Mitt. 1999, 161 – 166; ders. , Zur Auslegung von Patentansprüchen, FS König, 2003, 49 – 62; Cornish, W. R. /Pagenberg, J. （Hrsg. ）, Interpretation of Patents in Europe. Application of Article 69 EPC, 2006; Dolder, F. /Faupel, J. , Der Schutzbereich von Patenten （Fallsammlung）, 2. Aufl. 2004; v. Falck, K. , Freiheit und Bindung des Verletzungsrichters, GRUR 1984, 392 – 397 （mit Diskussionsbericht aaO 423 f. ）; ders. , Freiheit und Verantwortung des Verletzungsrichters, GRUR 1985, 631 – 638; ders. , Die Äquivalenzlehre nach neuem Patentrecht, GRUR 1988, 1 – 8; ders. , Patentauslegung und Schutzumfang, GRUR – FS, 1991, S. 543 – 584; Franzosi, M. , Claim Interpretation, FS Kolle/Stauder, 2005, S. 123 – 134; Häußer, E. , Anspruchsfassung, Erfindungshöhe und Schutzumfang im deutschen Patentrecht, Mitt. 1981, 135 – 144; Hilty, R. M. , Der Schutzbereich des Patents, 1990; ders. , Schutzgegenstand und Schutzbereich – Überlegungen zur Formulierung von Patentansprüchen, FS König, 2003, 167 – 216; Johannesson, B. , Schutzbereich und Patentansprüche des deutschen und des europäischen Patents, GRUR Int. 1974, 301 – 308; Knöpfle, R. , Die Bestimmung des Schutzumfangs der Patente, 1959; Körner, E. , Wortlautgemäße, wortsinngemäße und äquivalente Verletzung im dualen System des Patentrechts, FS Schilling, 2007, S. 299 – 310; Krieger, U. , Die Auslegung der Patentansprüche, GRUR Int. 1979, 338 – 341; ders. , Der Äquivalenzbereich – wesentliche und unwesentliche Merkmale des Patentanspruchs, GRUR 1980, 683 – 687; Nieder, M. ,

Die Patentverletzung, 2004, insb. S. 1 – 24, 202 – 217; Popp, E. , Bedeutung und Schutzfähigkeit des allgemeinen Erfindungsgedankens nach deutschem Recht und den Europäischen Übereinkommen, Diss. TU München 1975; Preu, A. , Stand der Technik und Schutzbereich, GRUR 1980, 691 – 697; ders. , Angemessener Erfindungsschutz und Rechtssicherheit, GRUR 1985, 728 – 734; ders. , Der Schutzbereich von Patenten in nationaler und internationaler Entwicklung, FS Merz, 1992, S. 455 – 467; Reimer, D. , Patentverletzung bei teilweiser Aufgabenerfüllung, GRUR 1977, 384 – 389; Reimer, E. , Äquivalenz, Erfindungsgegenstand, allgemeiner Erfindungsgedanke in Theorie und Praxis, GRUR 1956, 387 – 404; Schiuma, D. , Formulierung und Auslegung von Patentansprüchen nach europäischem, deutschem und italienischem Recht, 2000; Schmieder, H. – H. , Zur Kompetenzverteilung zwischen Nichtigkeits – und Verletzungsverfahren nach neuem Patentrecht, GRUR 1978, 561 – 565; Schwanhäußer, H. , Der Schutzumfang von Patenten nach neuem Recht, Mitt. 1982, 186/187 und 1984, 226 – 230; Spengler, A. , Abschied vom „allgemeinen Erfindungsgedanken"? GRUR 1967, 390 – 394; Storch, K. , Der Schutzumfang des Patents nach geltendem und nach künftigem Recht, FS Wendel, 1969, S. 35 – 45; Ströbele, P. , Die Bindung der ordentlichen Gerichte an Entscheidungen der Patentbehörden, 1975; Takenaka, T. , Extent of Patent Protection in The United States, Germany And Japan: Analysis of Two Types of Equivalents And Their Patent Policy Implications, FS Kolle/ Stauder, 2005, S. 135 – 156; dies. , A Person of Ordinary Skill in the Art and the Extent of Patent Protection, FS Pagenberg, 2006, S. 81 – 96; Tilmann, W. , Schutzumfang für Patente in Europa, FS Bartenbach, 2005, S. 301 – 312; Trüstedt, W. , Schutzbereich des deutschen Patents, Mitt. 1984, 131 – 138; Ullmann, E. , Die Verletzung von Patent und Gebrauchsmuster nach neuem Recht, GRUR 1988, 333 – 339; Valle, D. , Der sachliche Schutzbereich des Patents, 1996; ders. , Der Schutzbereich europäisch erteilter Patente, Mitt. 1999, 166 – 173; Windisch, E. , Schutzwirkungen deutscher Patente im Lichte europäischer Regelungen, GRUR 1974, 20 – 27; Winkler, H. , Der Schutzumfang der Patente in Vergangenheit, Gegenwart und Zukunft, GRUR 1977, 394 – 404.

提示：鉴于法律基础的一致，本书接下来一般情况下不对德国与欧洲专利之间进行区分，也不对实用新型予以专门研究。

I. 现行法律

1. 《专利法》第 14 条规定："专利及专利申请的保护范围通过权利要求书确定。说明书及附图用于解释权利要求。"《欧洲专利公约》第 69 条第 1 款对于欧洲专利及欧洲专利申请作出了同样的规定。实用新型的保护范围规定于《实用新型法》第 12a 条。该条以《专利法》第 14 条的原始文本为模版，（目前仍然）使用"请求权利要求内容"这一术语。

《欧洲专利公约》第 69 条与《专利法》第 14 条的原始文本源于《斯特拉

斯堡协定》第8条第3款，只是前两者没有使用后者中的"实质性的"保护范围这一术语。但毫无疑问的是，前两者同样仅仅涉及实质性的保护范围（参见§31 2）。

2. 除权利要求书之外，保护范围的确定仅还以说明书与附图为基础；摘要不能用于确定保护范围（《专利法》第36条第2款第1句、《欧洲专利公约》第85条）。

在欧洲专利申请与欧洲专利中，有约束力的原则是用各种程序中的工作语言所撰写的文本（《欧洲专利公约》第70条第1款）。

但是，在《欧洲专利公约》的许多成员国中，在用该国官方语言所翻译的文本所显示的保护范围更小时，则翻译文本优先（参见§29 Ⅲ b 6 及 Ⅳ d 9）。

对于欧洲专利申请的保护范围，决定性的是根据《欧洲专利公约》第93条所公布的文本，但在专利授权程序、异议程序、限制程序或请求宣告专利无效程序中受到限缩的除外（《欧洲专利公约》第69条第2款）。

3. 由于《欧洲专利公约》用德语、英语与法语三种语言撰写且具有同等效力（第177条第1款），因而适用《欧洲专利公约》第69条时也需要考虑该条的英语与法语文本。在原始文本中，与德语表述"Inhalt"相对应的英语与法语分别是"terms"与"teneur"。尽管知道这三种表述的含义不完全相同，其中德语表述宽于另两种，英语表述宽于法语，但公约仍未就这三种文本达成一致。为此，成员国在根据《欧洲专利公约》第164条第1款而成为公约组成部分的《关于解释〈欧洲专利公约〉第69条的议定书》中，力图确立保护范围之确定的基本原则，从而借此能促进成员国法院审理侵害欧洲专利之诉的统一性。[1]议定书的原始文本，即修改后（参见第4点）作为议定书的第1条，规定：

> "第69条不应当解释为这样的意义：欧洲专利给予的保护范围应当理解为指权利要求书所用措辞的严格的字面意义所限定的范围，说明书和附图只用以解释权利要求中的含糊不清之处；该条也不应当解释为这样的意义：权利要求书仅仅是一种指导方针，授予的实际保护范围可以根据所属领域技术人员考虑说明书和附图以后，扩展到专利权人所预期的范围。相反，这个规定应当解释为在这两个极端之间确定一个位置，这个位置应当将对专利权人的合理保护和对第三方的适当程度的确定性结合起来。"

议定书所拒绝的"极端"，特别是指英国与德国过去在确定专利保护范围

---

〔1〕 S. *Stauder*, Die Entstehungsgeschichte von Artikel 69' (1) EPÜ und Artikel 8 (3) Straßburger Übereinkommen über den Schutzbereich des Patents, GRUR Int. 1990, 793 – 803.

时的做法。英国原来主张应当拘泥于权利要求书的文字，相应地对保护范围予以严格限定。而德国司法判决迁就专利权人的利益，只要被控侵权的技术方案"至少"能从权利要求书中推导出来，就将专利文件具有新颖性、创造性的内容尽可能地全部纳入保护（参见本节Ⅱa4）。

4. 在《欧洲专利公约 2000》中，德语"权限请求内容"与相应的英语"the terms of the claims"、法语"la teneur des revendications"这三个表述被"权利要求""the claims"与"les revendications"所代替。出现解释分歧的原因不再存在。但没有改变的是，保护范围的确定仍然取决于如何理解权利要求书，即如何获知其内容。[2]考虑到议定书第 1 条并未作修改，简化《欧洲专利公约》第 69 条的文字，与其说将更严格地拘泥于权利要求书的文字，倒不如说将更宽松地不受其约束。与此相一致，修改议定书时增加了第 2 条：

> "确定《欧洲专利公约》的保护范围时，应适当考虑权利要求书所称要素的替代要素。"[3]

5. 由于增设《专利法》第 14 条的目标在于根据与欧洲专利同样的原则确定德国专利申请与专利的保护范围，《实用新型法》第 12a 条的目标也在于此，所以德国法院在确定由德国专利商标局授予的专利、以此为目标的专利申请及实用新型申请的保护范围时，也得考虑《关于解释〈欧洲专利公约〉第 69 条的议定书》。[4]因而通常公认的是，德国司法基于旧法确定保护范围时所根据的规则（参见本节Ⅱa），在适用新法时不能再予以坚持。

通过使《专利法》第 14 条、《实用新型法》第 12a 条与《欧洲专利公约》的新文本相一致，德国立法者表明了其立场，即今后确定所有在德国有效的专利的保护范围时，必须遵循统一的原则。相应地也应考虑议定书新的第 2 条。但截至目前适用的将替代方案纳入保护范围的规则，并不需要作出改变（参见本节Ⅲd）。

Ⅱ. 德国过去法律中的专利与实用新型保护范围

《专利法》增设的关于确定保护范围的规定于 1978 年 1 月 1 日生效。该规

---

〔2〕 Vgl. die Begründung zum Gesetz vom 24. 8. 2007, Bl. f. PMZ 2007, 363, 367 r. （zu Nr. 6），wonach im Hinblick auf das Protokoll zu Art. 69 EPÜ die Streichung der Bezugnahme auf den „Inhalt" in § 14 PatG die materielle Rechtslage unberührt lässt.

〔3〕 „… due account shall be taken of any element which is equivalent to an element specified in the claims" – „… il est dûment tenu compte de tout élément equivalent à un élément indiqué dans les revendications".

〔4〕 Begründung zum IntPatÜG, Bl. f. PMZ 1976, 334; ständige Rechtsprechung seit BGH 29. 4. 1986 Formstein, BGHZ 98, 12, 18 f.; für Gebrauchsmuster BGH 4. 2. 1997 Kabeldurchführung BGHZ 134, 353, 361.

定适用于自此之后提交的专利申请及对这些申请所授予的专利。《实用新型法》的相应规定适用于自 1990 年 7 月 1 日起申请的实用新型。[5] 在此之前存在的法律可能只在极少数的情形下还具有意义。对它们的介绍可见诸多评注类书籍[6]及本书的第四版（§32 Ⅱ a）。接下来只在对理解现行法律有用的范围内对其予以简要概述。

a）"三分法"

1. 德国旧法之下的司法判决将专利的保护范围划分为三类："发明的直接对象""发明的对象"及"发明的一般思想"。第一类范围最窄，第三类最宽。通常情况下，第二类范围是决定性的；在特定的情况下，保护范围局限于第一类，在其他特定情况下延及第三类（参见第 2 点及其以后部分）。"三分法"源于帝国法院 20 世纪 40 年代的司法判决。[7]作为体系化的理论其首次的表述见之于时任帝国法院审判庭长的林登迈尔（Lindenmaier）在 1944 年发表的论文。[8]该表述后来被联邦最高法院所继受。[9]

2. 所谓发明的对象（有时也称为"专利的主题"）是指所属领域的普通专业人员根据文义解释，参考说明书、附图、通常的专业知识及在专利文件中披露[10]的现有技术，轻易地即不需要进一步思考就从权利要求书获知的技术方案。[11]

发明的对象也包含他人代替发明中具有创造性的、为解决技术任务规定的技术手段而使用的、普通专业人员鉴于该技术任务轻易地作为同等价值予以对待的实施方式，即所谓的要求权利保护的实施方式的"直接的替代方案"。[12]

在侵权诉讼中，以"发明的对象"所达到的范围为限，法院原则上受专利约束。[13]对于属于"发明的对象"的技术方案，即使存在为人所知的不同意见，

---

〔5〕 Nach BGH 4. 2. 1997（FN 4）gelten die alten Grundsätze, obwohl §12 a GebrMG erst am 1. 7. 1990 in Kraft getreten ist, nur noch bei Anmeldung vor 1987.

〔6〕 *Benkard/Ullmann*, 9. Aufl., §14 PatG Rdnr. 163 – 179; *Busse/Keukenschrijver*, §14 PatG Rdnr. 7 – 38; Schulte, 6. Aufl., §14 Rdnr. 95 – 105; ausführlich auch Adam, S. 167 – 195.

〔7〕 Zur früheren Praxis *Knöpfle*, S. 3 ff., 25 ff.; Popp, S. 6 ff.

〔8〕 Der Schutzumfang des Patents nach der neueren Rechtsprechung, GRUR 1944, 49 – 57.

〔9〕 BGH 13. 11. 1951 Schuhsohle BGHZ 3, 365, 370 f.; 28. 10. 1952 Feueranzünder GRUR 1953, 112; 10. 5. 1960 Blockpedale GRUR 1960, 478.

〔10〕 BGH 20. 10. 1977 Stromwandler GRUR 1978, 235, 236 f.

〔11〕 BGH 6. 3. 1959 Moped – Kupplung GRUR 1959, 320.

〔12〕 BGH 14. 7. 1961 Drehkippbeschlag GRUR 1962, 29, 31; 24. 4. 1969 Skistiefel – Verschluß GRUR 1969, 534; 14. 3. 1972 Schienenschalter Ⅱ GRUR 1972, 597, 598 r.; 15. 4. 1975 Etikettiergerät GRUR 1975, 484, 486 r.

〔13〕 BGH 28. 10. 1952（FN 9）113 f.; 6. 3. 1959（FN 11）; 27. 3. 1979 Umlegbare Schießscheibe GRUR 1979, 624, 625 r.

但在专利授予程序中未考虑到，也只有在无效宣告程序中才审查它的可专利性。

3. 例外情况下，法院不受该专利约束，即在专利中要求权利保护的发明有损新颖性地被公开或在在先专利中已经完全相同地被要求了权利保护。[14]审理侵权诉讼的法院则必须根据权利要求书的文字限制专利的保护范围，因而该范围只包含发明的直接对象，不包含发明的替代方案。[15]已授予专利的技术方案从现有技术仅为显而易见时不适用该限制。[16]

新近的数个判决中，由于受指控的实施方式虽然是专利中要求保护的实施方式的直接替代方案，但因为完全属于现有技术，因而法院认定不存在侵权。[17]

4. 普通专业人士经过进一步思考且未经关注最接近的技术领域，但无需自己的创造性活动就能从专利文件中获知发明的一般思想时，专利的保护范围将延伸于发明的对象之外，[18]前提是该思想在专利文件中得到了充分公开。

因为专利的保护范围是否包含发明的一般思想的问题在专利授予程序中不予以审查，所以在侵权诉讼中需要完全进行纳入保护范围的发明的一般思想的可专利性审查（补做）。[19]

在发明的一般思想这一视角之下——实际结果上非常罕见——所提供的保护也包括不仅仅以直接的而是以"非直接"的替代方案与要求权利保护的发明不同的实施方式。[20]该视角甚至会导致无视权利要求书中表征发明的一个或多个特征，将未表征相关技术特征的替代方案的实施方式也作为专利侵权予以

---

〔14〕　BGH 24. 6. 1952 Plattenspieler GRUR 1953，29，32 r. ；6. 3. 1959（FN 11）；27. 3. 1979（FN 13）；16. 12. 1958 Schaumgummi GRUR 1959，317，319.

〔15〕　Vgl. BGH 13. 11. 1951（FN 9）371 f. ；krit. *Hesse*，GRUR 1968，287，291.

〔16〕　BGH 18. 6. 1964 Förderband GRUR 1964，606，609.

〔17〕　BGH 14. 3. 1972 Schienenschalter Ⅱ GRUR 1972，597，599；10. 7. 1973 Molliped GRUR 1974，460，462；3. 3. 1977 Autoskooter – Halle GRUR 1977，598，601.

〔18〕　BGH 12. 12. 1972 Dia – Rähmchen Ⅵ GRUR 1973，411，413 f. ；14. 3. 1974 Spreizdübel GRUR 1974，715，716；3. 12. 1974 Mischmaschine Ⅲ GRUR 1975，593，596 f. ；29. 11. 1979 Überströmventil GRUR 1980，219，220 l. ；2. 12. 1980 Heuwerbungsmaschine Ⅱ GRUR 1981，259，260 f. ；22. 1. 1981 Magnetfeldkompensation GRUR 1981，338，340.

〔19〕　BGH 11. 7. 1963 Kappenverschluß GRUR 1964，132，134 r. ；17. 3. 1964 Erntemaschine BGHZ 41，378，384；10. 7. 1973（FN 17）；3. 12. 1974（FN 18）597.

〔20〕　BGH 24. 4. 1969（FN 12）；14. 11. 1978 Schaumstoffe GRUR 1979，271，273 r. ；2. 12. 1980（FN 18）260 r. Nach ständiger Rechtsprechung des BGH setzt die Einbeziehung solcher Äquivalente voraus，daß der Schutz des Patents einen entsprechenden allgemeinen Erfindungsgedanken umfaßt，BGH 24. 10. 1986 Befestigungseinrichtung GRUR 1987，280；26. 1. 1988 Betonstahlmattenwender GRUR 1988，444；29. 4. 1997 Kunststoffaufbereitung GRUR 1998，133，136；im Einzelfall kann jedoch bereits das zur Begründung glatter Äquivalenz Vorgetragene Anlaß zur Prüfung auch unter dem Gesichtspunkt nicht glatter Äquivalenz geben，BGH 29. 9. 1992 Verbindungsglied GRUR 1993，383.

评价，[21]即导致对"分组合""部分组合"甚至有时对单独要素的独立保护，导致"分保护"。

5. 对于导致保护范围超出了权利要求书文字所限定范围的专利解释，可以以在专利授予程序中专利商标局作出了限制、专利申请人声明放弃或专利的保护范围以其他方式被明确地确定而进行抗辩。[22]在侵权诉讼中也得注意这些情况，即使它们不是清楚地显现于专利文件而是显现于授权卷宗，且不取决于是否现有技术本应要求如此限制。[23]

b）批判

1. 虽然学术界的主流意见赞成由司法实践发展而来的确定专利保护范围的理论，但对于"三分法"仍然存在相当大的反对意见。[24]

2. 在此提出的反对理由大部分是成立的。首先，在侵权诉讼中法院受专利约束的观点在司法判决所认定的范围内不能得到支持。实际情况是，在专利授予程序中只限于审查由权利要求书的——技术意义上所理解的——文字所定义的技术方案是否满足授予专利的条件的问题。[25]相反，即使在旧法之下专利授权机关也不会审查法律是否也适用于所有"三分法"意义上的发明的对象，特别是所有的专利法上作为直接的替代方案看待的细微改变。即使对替代要素予以审查，该审查仅仅涉及要求保护的技术方案与现有技术的关系。

专利对法院的约束力不应比专利授权机关作出的决定走得更远。后者意味着仅关于受权利要求书文字限定的客体的可专利性的有约束力的证词。专利权人请求针对未落入该范围的实施方式提供保护时，专利权人不得使主张该实施方式是在专利的优先权日对现有技术的先行实施或是从现有技术中显而易见的实施人求助于请求宣告专利无效程序。这仅当被控侵权的技术方案完全被——

---

〔21〕 BGH 27. 1. 1961 Klebebindung GRUR 1961，404，406；29. 5. 1962 Standtank GRUR 1962，575；13. 3. 1973 Diebstahlsicherung GRUR 1973，465；10. 7. 1973（FN 17）；14. 3. 1974（FN 18）.

〔22〕 BGH 16. 6. 1961 Rohrdichtung GRUR 1962，80，81；5. 7. 1960 Blinkleuchte GRUR 1961，77，78；17. 3. 1964（FN 19）；18. 6. 1964（FN 16）；15. 6. 1978 Windschutzblech BGHZ 72，119，130 f.；20. 12. 1979 Rolladenleiste GRUR 1980，280，282 l.；RG 27. 2. 1937 RGZ 154，140，142 f.

〔23〕 BGH 27. 4. 1956 Anhängerkupplung GRUR 1956，542，546；27. 1. 1961（FN 21）408；20. 12. 1979（FN 22）；RG 25. 10. 1938 RGZ 159，1，9.

〔24〕 Vgl. die oben vor I angeführten Veröffentlichungen von *Bock*，*v. Falck*，*Knöpfle*，*Preu*，*E. Reimer*，*Schwanhäußer*，*Storch*，*Ströbele*，*Windisch*，*Winkler*；ferner *Wilde*，Mitt. 1969，258，263；OLG Karlsruhe 18. 5. 1971 GRUR 1971，571.

〔25〕 Vgl. *E. Reimer*，GRUR 1956，401；*Bock*，Mitt. 1969，270；*Breuer*，Mitt. 1969，264，265；*Windisch*，GRUR 1974，22；*Ströbele*，S. 75 f.，102 ff.；*v. Falck*，GRUR 1984，392 r.

技术意义上理解的——权利要求书的文字所包含时才是合理的。[26] 否则在这种情况下法院以被控侵权的实施方式是对现有技术的先行实施或是从现有技术中显而易见的理由驳回侵权诉讼时，法院将与专利授权机关的决定相矛盾。有人认为对于这种情况也可应用"现有技术抗辩"，[27] 但这不符合德国法中专利授权机关与普通法院的职能分工。[28]

3. "三分法"通过使审理侵权诉讼的法院受显著超过权利要求书的范围约束的方式减轻了侵权诉讼的审理负担，加快了审理速度；赞成"三分法"的主要原因可能也在于这种实践成效。然而，它在有利于专利权人的同时，不合理地增加了被告的负担。

特别困难的情况是，不是专利权利要求书中限定的保护对象而是其实施方式从现有技术中显而易见。在这种情况下提起请求宣告专利无效之诉也无济于事。[29] 因为在请求宣告专利无效程序中再次只审查与权利要求书相关的方面，而不会广泛地审查"发明的对象"，因而请求宣告专利无效之诉得予以驳回。

4. 在完全的先行实施中仅根据权利要求书的文字提供保护的规则，在"三分法"的框架内是矛盾的。然而，这不能通过被告求助于请求宣告专利无效程序而得以消除。[30] 与其如此，不如说是作为完全的先行实施被考虑之基础的合理性的考量，构成了支持将专利的约束力适应于专利授权卷宗的真实效力范围的理论依据。往这个方向更进一步就意味着可以裁决——为"发明的对象"所包含的、特别是要求权利保护的直接替代的——实施方式完全是从现有技术中显而易见的（参见本节 Ⅱ a 3）。如果该实施方式是从现有技术中显而易见的，则这种裁决是不可能的，其原因不在于公平性的考量，或许在于州法院专利纠纷审理庭与州高等法院专门庭没有能力判断创造的高度问题。甚至将保护的范围延伸至发明的一般思想时，也需要这些庭来作出判断。

5. 因而"三分法"难以经受住批判性的检验，且不管现行法律是否要求放弃它。首先需要减少专利的约束力。专利的保护范围应该通过权利要求书的文字确定，对文字必须从技术意义上理解。这种限制的结果是，取消经常受到

---

[26] So im Ergebnis auch *v. Falck/Ohl*, GRUR 1971, 543, 544 f. ; Pietzcker, GRUR 1972, 600; *Schwanhäußer*, Mitt. 1982, 186.

[27] So vor allem *Ohl*, Der Einwand des freien Standes der Technik im Patentverletzungsstreit nach künftigem Recht, GRUR 1969, 1 – 11; zustimmend Storch, S. 41.

[28] So Bock, Mitt. 1969, 271; Wilde（FN 24）260 f. ; *Breuer*（FN 25）269; *Ströbele*, S. 116 ff.

[29] Vgl. *v. Falck*, GRUR 1984, 396.

[30] So freilich *Hesse*, GRUR 1968, 287, 291; gegen ihn Wilde（FN 24）263; Tetzner, GRUR 1969, 12ff.

批判且被越来越多的意见认为不具可行性的直接与非直接替代要素之间的区分。同样地也不应再区分发明的对象与直接对象。在由权利要求书文字及由专利的约束力所包含的范围之外，只有当被实施的技术方案没有在专利的优先权日作为现有技术先行实施或没有从现有技术中显而易见，才能提供保护。

在现行法律之下，联邦最高法院开辟了一条路径，在侵权诉讼中适当限制专利对法院的约束力。但从概念上看起来难以进入这一路径（参见本节 Ⅲ f bb）。

6. 对"三分法"的疑虑不直接影响如何划分可能的保护范围的最大边界问题。不受任何理论的影响，德国长久以来的法律传统是慷慨地向专利权人的利益妥协。目前众所周知的是，因为赋予权利要求书的基本意义发生了变化，现行法律规定已不再遵循先前的司法传统。但必须还得承认的是，专利的保护范围仍然能包含替代因素（参见本节 Ⅲ d）。《关于解释〈欧洲专利公约〉第 69 条的议定书》2000 年的文本所增加的补充规定（参见本节 Ⅰ 4）证实了这一点。

Ⅲ. 德国现行法律中的专利与实用新型保护范围

a）基本问题

1. 在确定专利与实用新型的保护范围时，需要在相互冲突的利益之间进行合理平衡。一方面，要保护专利权人的利益，以便其充分利用已授予专利的发明的经济价值；要保护发明人利益，对其进行合理的奖励；要保护公众利益，确保专利保护具有促进技术进步所必要的效率。另一方面，需要考虑技术知识使用人的利益，确保现有技术只要不是明显地归属于独占权利的所有人就可自由使用和发展；要考虑公众利益，确保利用现有技术时的竞争自由。相反，在有专利存在的情况下，第三人与公众能够尽可能无限制地利用全部实际上可以获取的技术知识的"自然"利益，在已经界定专利的保护范围时不再具有保护的必要性。在该范围内，通过授予专利就已经作出决定，公众自由利用之利益退居其次。因而在法安定性视角之下，在界定保护范围时尽管为第三人利益要求边界尽可能地明确，但不能要求尽可能地窄。

2. 如果已经在专利授予程序中通过确定权利要求书清晰无漏洞地界定了保护范围，则肯定是人所共愿。但长久以来，德国实践的出发点是，要达到这种目标得大大增加审查成本且在很多情况下仍然难以获得所追求的结果。因而在专利授予程序中原则上限于确定专利的主题，而专利是否及在多大程度上具有更大的保护范围问题留待侵权诉讼解决。虽然没有禁止专利授予机关也可以确定保护范围，但它不可能预先考虑到实施已获得专利的发明的所有可能表现方式。[31] 因而它只在其 "适宜"[32] 的限度内从事该工作并预期在侵权诉讼中保护范围将在与被控专利侵权的具体实施方式的关系中得到必要的、更精确的界定。这有助于避免专利授予机关凭空去想象各种可能永远无法实现的实施方式。[33]

3. 新的法律规定留给法院在侵权诉讼中确定保护范围时的活动空间比过去的德国实践要小。随着德国的实践越来越习惯于此，因而力求在专利授予程序中尽可能一般化地撰写权利要求书（参见 § 24 A Ⅲ 1 及 § 28 Ⅲ b）。如果不能通过在专利授予程序中进行的权利要求书的表述来确保一方面合理的、不太容易规避的，另一方面通过申请书的新颖性、创造性的内容又能充分获得的保护，则具体界定的任务留待专利侵权诉讼。

对于欧洲专利，根据《欧洲专利公约》第 69 条及其议定书确定保护范围。第 69 条在许多成员国也被国内对专利具有决定意义的法律所吸收。[34]但各成员国国内法院在适用该法律基础时一直分歧不断。这不仅涉及相同案件的不同裁判结果，[35]也涉及具有普遍意义的问题，特别例如在专利权利要求书中

---

〔31〕　*Bernhardt*，S. 152 f.

〔32〕　Vgl. *Ströbele*，S. 73 ff. ，78 ff.

〔33〕　Vgl. *Bardehle*，GRUR Int. 2003，627.

〔34〕　Angaben zur Rechtslage in anderen Vertragsstaaten des EPÜ bei *Busse/Keukenschrijver*，§ 14 PatG Rdnr. 109 – 116；*Schramm/Kaess*，S. 219 ff. Zur Auslegung des Art. 69 EPÜ in den Vertragsstaaten König，Mitt. 1996，296，301 ff. ；zur britischen Rechtsprechung *Adam*，S. 89 – 150，259 – 287；zur Auslegung von Patentansprüchen im französischen Verletzungsverfahren *Fabry*，Mitt. 2004，402 ff. ；zur niederländischen Praxis Gerechtshof Den Haag 12. 9. 1996 Mitt. 1997，34 mit Anm. *v. König*. – LG Düsseldorf 22. 9. 1998 GRUR Int. 1999，458 prüft die Frage，ob ein von einem Lizenznehmer hergestelltes Erzeugnis unter ein europäisches Patent fällt und damit lizenzpflichtig ist，für verschiedene Staaten（Deutschland，Frankreich，Vereinigtes Königreich，Italien，Schweden）gemäß den nach dem jeweiligen nationalen Recht maßgebenden Grundsätzen.

〔35〕　Bekanntestes Beispiel ist der – nach der Marke eines der beteiligten Erzeugnisse benannte – Fall „Epilady"，der in mehreren Staaten die Gerichte beschäftigt hat：eine Ausführungsform，die – als Mittel，das in schneller Rotation die Entfernung von Körperhaaren aus der Haut bewirkt – an Stelle der im Patentanspruch vorgesehenen biegsamen Schraubenfeder eine mit Schlitzen versehene biegsame Kunststoffwalze aufwies，wurde – teilweise auch innerhalb derselben nationalen Gerichtsbarkeit – in einigen Entscheidungen wegen Äquivalenz als patentverletzend，in anderen als nicht vom Schutzbereich umfaßt angesehen（s. GRUR Int. 1990，471，474，478；1992，53，585；1993，242，245，249，252，dazu auch 407，416 f. ；ausführliche Darstellung bei *Adam*，S. 290 – 321；s. auch *Dolder/Faupel*，S. 69 – 80）. – Vgl. auch die Fallstudie in ABlEPA 2003 Sonderausg. 2，76 ff. zu dem Sachverhalt，über den außer BGH 2. 3. 1999 Spannschraube GRUR 1999，909 auch Gerichte in der Schweiz und Frankreich zu befinden hatten；dazu *Dolder/Faupel*，S. 81 – 98；*Ballester Rodés*，S. 235 – 241；*Reimann*，VPP – Rundbrief 2005，97，106.

定义的技术方案的替代方案纳入保护范围（参见本节Ⅱd）。[36] 设立欧洲专利法院（参见§7Ⅱb8）的目标也在于防止这种分歧。[37]

4. 旧法（1968年《专利法》第6条）将为工商业目的制造、许诺销售、销售、使用"发明的对象"的权利保留于专利权人，因而看起来该法首先要求确定发明的对象。相应地经常以该概念表征保护的通常范围（参见本节Ⅱa2）。但"发明的对象"在旧的《专利法》第6条意义上必须与该条所称的行为相关。这仅适合于有体物。对于方法仅存在"使用"行为。所以很明显主要指的是受保护的发明得以实现的物。但过去人们马上认识到，《专利法》中所称的行为之所以保留于专利权人，是因为通过这些行为发明作为专利的无形客体而被实施。这现在表现于《专利法》第9条。如本书所介绍的（参见§1BⅠ1），当将实用新型作为权利理解时，《实用新型法》第11条第1款第1句便具有同样的意义；实用新型的客体也是发明。

因而不应是受保护的技术方案，即发明本身被称为发明的对象。具有代表性的是，《专利法》第9条第2句第1项、《实用新型法》第11条第1款第2句谈及的专利与实用新型的客体是产品。与其如此，不如说专利与发明的对象存在于铸造了产品特性的技术方案之中。

实施发明意味着将其作为技术行为指令予以执行。不同于著作权（参见§2Ⅲbaa），专利禁止的不是再现，而是实施其客体。这不仅适用于方法专利，也适用于产品专利。对于产品专利的侵权问题决定性的不是被控侵权物与专利产品或多或少的相似。主要还是其构造由受保护的技术方案确定。这需要考虑效果来决定，该效果赋予依发明制造的产品及被控侵权物的特征。确定存在相一致的有形特征只是在能从其反推出实施了受保护的技术方案且表征出这种实施的情况下才有意义。

5. 现行法律关于保护范围的规定与权利要求书相关；在这些法律规定中称之为权利的客体（《专利法》第34条第3款第3项、《欧洲专利公约》第84

〔36〕 *Tilmann*, The Harmonisation of Invalidity and Scope of Protection Practice of the National Courts of the EPC Member States, 37 ⅡC 62 – 74（2006），65 f. nennt außer Aspekten der Äquivalenz auch die Berücksichtigung der Erteilungsakten bei der Patentauslegung und den Teilschutz und plädiert für harmonisierte Regeln zu solchen Einzelfragen（„sub – rules"）. Vgl. ferner *Brändle*, Kann und darf die Auslegung und Ermittlung des Schutzbereichs eines europäischen Patents in verschiedenen Ländern zu unterschiedlichen Ergebnissen führen? GRUR 1998，854 – 857；zum gleichen Thema *Grabinski*, aaO 857 – 865；*Tilmann/Dagg*, EU – Patentrechtsharmonisierung Ⅰ：*Schutzumfang*, GRUR 2000，459 – 468；*Tilmann/Jacob*, Eine europäische Formel für den Schutzumfang Europäischer Patente? GRUR Int. 2003，982 – 986；*Fabry*, Die Harmonisierung der europäischen Patentrechtsprechung, GRUR 2008，7 – 11.

〔37〕 S. *Cornish/Llewelyn*, FS Kolle/Stauder, S. 115 ff.

条、《实用新型法》第 4 条第 3 款第 3 项）。在确定保护范围时必须考虑，权利的效力表现为对已获专利的发明的独占实施权。该种权利是否受到侵害，取决于其是否被实施。因而（实质的）保护范围问题关涉构成权利客体的发明得以实现的表现方式的变化广度。

在确定保护范围时，旧法之下发展出来的解释原则（参见上述Ⅱa）与现行法律关于保护范围由权利要求书决定的规定不一致的，不能再沿用。根据目前实践通行的观点，这首先适用于将保护范围延伸至"发明的一般思想"。[38] 因为前面已经介绍的疑虑（参见本节Ⅱb），对"三分法"也应予以修正。但除此之外，在许多具体问题中可以沿袭司法判决在旧法之下寻找到的解决方案。

b）解释的基础

1. 对于专利权利要求书而言，决定性的是最后由专利局或法院的裁判确定的文本。[39] 在异议、请求宣告专利无效或限制程序中发生的对权利要求书的限缩，溯及专利授予之时。对于欧洲专利，有约束力的原则上是用各种程序中的工作语言所撰写的文本（《欧洲专利公约》第 70 条第 1 款）。[40]

对于因公布专利申请而产生的临时保护，不仅如《欧洲专利公约》第 69 条第 2 款规定的在欧洲专利申请中，而且在德国专利申请中，首先是基于公布的权利要求书的文本；在专利的授予或其后的限制中有更窄文本的，则即使对于临时保护，也有溯及力地以该文本为基础。授予专利的权利要求书比公布专利申请时的文本更宽，相反则对临时保护不产生影响。

2. 对于说明书和附图而言，决定性同样也是最后由专利局或法院的裁判确定的文本。

在此也可以是仅仅变更说明书或附图的裁判（《专利法》第 21 条第 2 款第 2 句、《欧洲专利公约》第 138 条第 2 款第 2 句及《国际专利条约法》第Ⅱ章

---

〔38〕　So schon *Spengler*，GRUR 1967，393；*Ströbele*，S. 112；*Dreiss*，Mitt. 1977，221，222；*Winkler*，GRUR 1977，404；*Schmieder*，GRUR 1978，565；*Häußer*，Mitt. 1981，141；s. außerdem *Benkard/ Ullmann* § 14 PatG Rdnr. 102；*Schulte* § 14 Rdnr. 107 f.；zweifelnd *Osterloh*，GRUR 2001，989，990. – Nach BGH 14. 6. 1988 Ionenanalyse BGHZ 105，1，reicht die Übereinstimmung zweier Vorrichtungen in einem „entscheidenden Gedanken" nach geltendem Recht für einen Eingriff in den Schutzbereich nicht aus.

〔39〕　Vgl. BGH 31. 1. 1961 Bettcouch GRUR 1961，336，337；6. 7. 1962 Rosenzüchtung GRUR 1962，577；7. 12. 1978 Auspuffkanal GRUR 1979，308，309 r.

〔40〕　Vgl. BGH 2. 3. 1999 Spannschraube GRUR 1999，909，912；wenn in einem deutschen Nichtigkeits – oder Beschränkungsverfahren Ansprüche eines europäisches Patent，dessen Verfahrenssprache nicht Deutsch ist，eine geänderte Fassung erhalten，bleibt die Fassung in der Verfahrenssprache als äußerste Grenze des Schutzbereichs maßgebend；vgl. Nieder，Rdnr. 6 m. Nachw.

第6条第2款第2句，但后两者随《欧洲专利公约2000》的生效而被废除）。

在说明书中提到的用于补充说明书的现有技术中的印刷物，也属于说明书的一部分。[41]

如果没有获得专利，则以公布的专利申请的文本为基础。

若专利通过请求宣告无效程序中的裁判被限缩，则说明书因为缺乏新的专利文件的公布而通过裁判的理由被补充或代替。[42]因而裁判的理由对于确定专利的保护范围应以如同其是说明书的一部分的方式予以考虑。审理侵权诉讼的法院受该裁判理由的约束，且其对专利的解释不得与该裁判理由相矛盾。[43]该规则相应适用于请求撤销实用新型程序中的裁判。

驳回请求宣告专利无效之诉的裁判理由没有约束力，但在侵权诉讼中可用于辅助解释。[44]该规则同样适用于德国专利商标局、联邦专利法院或欧洲专利局在授予专利、异议或限制程序中的裁判理由，但以裁判理由未出现于公布的专利文件或专利文件的变更（《专利法》第61条第4款、第64条第3款第4句，《欧洲专利公约》第103条、第105c条）中为限。[45]

3. 解释权利要求书时得考虑说明书及附图。这首先意味着对于权利要求书中使用的概念的理解应参考说明书和附图。特别是说明书和附图可以给出超出由权利要求书的特征限定的技术手段的、专业人员对权利要求书中所使用概念的理解所指向的目标的解释。[46]这在具体情形中可以导致对权利要求书所包含概念的扩大理解，也可能导致缩小的阐释。[47]但不得将抽象撰写的权利要求书限缩于说明书或附图中具体描述的实施例。[48]该规则同样适用于在权利要求

---

〔41〕　BGH 27. 10. 1998 Sammelförderer Mitt. 1999，365，367 r.

〔42〕　BGH 12. 7. 1955 Kabelschelle GRUR 1955，573；30. 6. 1964 Abtastnadel Ⅱ GRUR 1964，669，670，672；7. 12. 1978（FN 39）；OLG Düsseldorf 21. 4. 2005 Ziehmaschine InstGE 5，183.

〔43〕　BGH 12. 7. 1955（FN 42）.

〔44〕　BGH 6. 7. 1967 Elektrolackieren GRUR 1968，33，37；RG 27. 2. 1937 RGZ 154，140，143 f.；2. 2. 1943 RGZ 170，346，356 f.；BGH 17. 4. 2007 Ziehmaschinenzugeinheit GRUR 2007，778（Nr. 20）；*Benkard/Scharen*，§14 PatG Rdnr. 28 mwN.

〔45〕　BGH 9. 5. 1985 Zuckerzentrifuge GRUR 1985，967，969 r. lehnt es ab，*Erwägungen einer auf Einspruchsbeschwerde ergangenen Entscheidung des BPatG，die in der PS keinen Niederschlag gefunden haben，zur Grundlage einer einschränkenden Auslegung des Patents zu machen.*

〔46〕　BGH 7. 11. 2000 Brieflocher GRUR 2001，232；2. 3. 1999（FN 40）911.

〔47〕　BGH 2. 3. 1999（FN 40）；13. 4. 1999 Extrusionskopf Mitt. 2000，105.

〔48〕　BGH 7. 1. 1955 Repassiernadel GRUR 1955，244；22. 11. 1957 Resin GRUR 1958，179，181；17. 2. 1961 Drillmaschine GRUR 1961，409；7. 9. 2004 bodenseitige Vereinzelungseinrichtung BGHZ 160，204 = GRUR 2004，1023（Nr. 4 c）；12. 12. 2006 Schussfädentransport GRUR 2007，309（Nr. 17）；17. 4. 2007（FN 44）（Nr. 18）.

书中没有的、其他解释性的说明。[49]也不能以权利要求书中指引参考附图的参考标记为依据对权利要求进行限缩解释。[50]在任何情形之下，说明书和附图中未为权利要求书的内容所包含的公告内容，即使在其中能发现可专利的创新，也应留在专利的保护范围之外。[51]申请人可以设法通过适当地撰写权利要求书，将专利保护确定在其要求的范围内。若其忽略了这些，则基于法的安定性原因其只能满足于相应较小的保护范围。[52]

一项既在发送领域又在接收领域作出了技术贡献的广播传输系统发明的申请人，没有将接收领域的技术贡献充分清晰地写入专利权利要求书，基于法安定性的原因，不允许为实现合理奖励申请人的目的而将未为权利要求书所包含的接收领域也纳入保护范围。专利文件阅读人的这种信赖必须得到保护，即受专利保护的对象必须是已经充分清晰地为之提出了权利要求的对象。[53]

将专利的保护范围扩大至一项专业人员基于专业知识依据说明书能够发现但未写入权利要求书的方法，与对德国法也具有决定意义的《关于解释〈欧洲专利公约〉第69条的议定书》基本原则不一致。[54]

4. 依据说明书可以将依据权利要求书的文字可能产生的这个或那个解释予以排除。这特别适合于在说明书中已明确表示在特定范围内不要求或不提供权利保护的情形。审理侵权诉讼的法院必须注意这种明确的保护范围之限定，而不管现有技术如此要求与否。这属于提供专利保护的裁判内容，且确定了其效力范围。它们通常具有放弃或限缩的特征。

理论上涉及事物的一体两面，其中第一个是基于申请人的视角，第二个基于专利授予机关的视角：在其认可的文本范围内授予专利申请人的同意及使得该同意变得不可撤销的专利授予机关的决定（参见§25 A Ⅴ d 3、Ⅷ d 5 及§29 Ⅳ d）。

---

〔49〕 BGH 9. 5. 1985（FN 45）968 r.；17. 4. 2007（FN 44）Nr. 21.

〔50〕 R 43 Abs. 7 Satz 2 EPÜ；BGH 30. 10. 1962 Aufhängevorrichtung GRUR 1963，563，564.

〔51〕 BGH 29. 11. 1979（FN 18）；24. 3. 1987 Rundfunkübertragungssystem BGHZ 100，249；29. 11. 1988 Schwermetalloxidationskatalysator BGHZ 106，84；12. 3. 2002 Schneidmesser Ⅰ GRUR 2002，515，518 r.；Schneidmesser Ⅱ aaO 519，522 r.；Custodiol Ⅰ aaO 523，526 l.；Custodiol Ⅱ aaO 527，530 r.；*Benkard/Ullmann*，§ 14 PatG Rdnr. 35 f. mwN.

〔52〕 BGH 19. 11. 1991 Heliumeinspeisung BGHZ 116，122，128 f.；12. 3. 2002（FN 51）Schneidmesser Ⅱ 523；Custodiol Ⅰ 526 r.；Custodiol Ⅱ 531 r.

〔53〕 BGH 24. 3. 1987（FN 51）254.

〔54〕 BGH 29. 11. 1988（FN 51）93.

放弃和限缩只有从说明书本身来看是明显的，才得予以考虑。[55]现行法律不允许为解释专利的目的而考虑专利授权卷宗。[56]

有观点认为，就如同旧法之下所认同的一样，[57]可以依据专利授权文件来限制保护范围。[58]但即使认为这涉及的不是专利的解释，该观点也不存在成立的理由。[59]特别是专利权人以授予专利时的文本主张专利权时，也不构成相互矛盾或滥用行为，[60]尽管在专利授权程序中声明的放弃或限缩在授予专利时的文本中未予以记载。授予专利时的文本表明，在其后的程序中也可以脱离对保护范围的限缩（参见§25 A Ⅷ d 6）。专利侵权诉讼的被告可以通过请求宣告专利无效之诉来主张可能要求限缩专利的可专利的实质障碍。因为当不同于前述观点在授予专利程序期间脱离对保护范围的放弃或限缩被认为不合法地扩大了保护范围（参见§25 A Ⅷ c 和 d），根据现行法律对于被告而言并不多余，因此也必须指引专利侵权诉讼的被告寻求请求宣告专利无效之诉的路径。

近来联邦最高法院将在过去表达的对于确定专利的保护范围原则上不得取决于专利授予程序中卷宗的观点，[61]也声明了对于基于仅仅来自专利授予程序

---

〔55〕 BGH 16. 12. 1958 Schaumgummi GRUR 1959，317，319 l.；*Preu*，GRUR 1980，693 und 1985，731；*Benkard/Scharen* §14 PatG Rdnr. 119；*Bossung*，FS Preu，1988，S. 219，232 f.；grundsätzlich auch *Schmieder*，GRUR 1978，564；*Busse/Keukenschrijver*，§14 PatG Rdnr. 74；*v. Falck*，GRUR – FS，S. 556 Rdnr. 13.

〔56〕 *Scharen*，GRUR 1998，285，288 ff. und in Benkard，EPÜ Art. 69 Rdnr. 27；*Busche*，Mitt. 1999，164 und FS König，2003，49，57 ff.；*König*，GRUR 1999，809，816 f.；Ann，Mitt. 2000，181 ff.；*Schiuma*，S. 273 ff.；*Reimann*，VPP – Rundbrief 2005，97，101 r.；*Tilmann*，FS Bartenbach，S. 302；*Osterrieth*，Rdnr. 443 f.；*Reichle*，Patenterteilungsakten als Hilfsmittel für den Schutzbereich des Patents，2003（mit ausführlicher historischer und rechtsvergleichender Untersuchung）.

〔57〕 Der Grundsatz hat sich in den Entscheidungen，in denen er ausgesprochen wurde，praktisch oft nicht ausgewirkt，da die tatsächlichen Voraussetzungen eines Verzichts oder einer Beschränkung nicht vorlagen，so in BGH 11. 7. 1963（FN 19）134 l.；18. 6. 1964（FN 16）；3. 2. 1966 Appetitzügler GRUR 1966，312，317；24. 2. 1970 Schädlingsbekämpfungsmittel GRUR 1970，361，362 r.；15. 6. 1978（FN 22）131. – Im übrigen führte er zum Ausschluß bestimmter extensiver Auslegungen，nicht aber zur Einschränkung von Ansprüchen，so in BGH 5. 7. 1960（FN 22）；27. 4. 1956（FN 23）546；20. 12. 1979（FN 22）. – Fälle，in denen schon die Beschreibung die Beschränkung zum Ausdruck brachte，betreffen BGH 27. 1. 1961（FN 21）408；17. 12. 1963 Christbaumbehang GRUR 1964，433，436 r.；RG 25. 10. 1938（FN 23）.

〔58〕 So *Bruchhausen*，GRUR 1982，5；*Trüstedt*，Mitt. 1984，132；*Ballhaus/Sikinger*，GRUR 1986，342.

〔59〕 So freilich BGH 2. 2. 1982 Polyesterimide GRUR 1982，291，293 r.；anders ausdrücklich BGH 15. 6. 1978（FN 22）130 f.

〔60〕 So aber *Schmieder*，GRUR 1978，565；*Schulte/Kühnen*，§14 Rdnr. 25；krit. zu diesem Ansatz Rogge，Mitt. 1998，201，205 f.

〔61〕 BGH 24. 1. 1991 Beheizbarer Atemluftschlauch BGHZ 115，204，208.

中的卷宗而限缩专利保护范围也适用。[62]

5. 专利权人在异议程序中已声明对于特定的实施例不要求保护，但又因为该实施例而以异议程序的参与人向作为被告的专利侵权人主张权利，且被告可以信赖专利权人的诚实可靠时，根据联邦最高法院的观点，专利权人违反了诚实信用原则。[63] 这相应地也适用于在请求撤销实用新型程序中作出的声明。[64]

由于对诚实信用原则抗辩的审查不属于对任何人都有效力的保护范围之确定，而仅仅涉及与异议程序或撤销程序的参与人的关系，因而抗辩所依据的专利权人的声明不必记载于异议或撤销程序的裁决之中。[65]

对于专利权人限缩专利的效力声明是否面向任何人及是否因此而导致产生对任何人都有效的限缩的问题，且当该问题在随后的维持专利的决定中未予以讨论时，联邦最高法院最初搁置未解决。这种保留因联邦最高法院"人工材料管道"案的判决（参见第4点）而已过时。联邦最高法院在判决中指出，被告所证实的原则基于现存的特定联系只能适用于专利权人与异议人的相对关系，而不能适用于保护范围之确定。

对于使专利权人承担仅仅有限地主张专利权的义务的特定联系的成立，以专利权人在某程序中的声明为理由的实施人仅仅参与了该程序还不足够。相反必须——如在联邦最高法院判决的案件中——有使得特定的其他参与人有理由信赖保护范围之限缩的情形存在。异议人与请求宣告专利无效之诉的原告因而不能轻易地就以程序中的各种卷宗为依据，以便从对专利权人的行为记载中推导出专利保护范围的限缩。

联邦最高法院对独占许可的被许可人也提供诚实信用原则抗辩。理由是，专利权人对于特定的实施例不要求保护的声明应作同意实施理解，该同意应该对独占许可的被许可人也有效，否则被许可人——在违反合同而产生的请求权

---

〔62〕 BGH 12. 3. 2002 Kunststoffrohrteil GRUR 2002, 511, 513 f. (Nr. 3).

〔63〕 BGH 5. 6. 1997 Weichvorrichtung II Mitt. 1997, 364, 408. Die dort (362) zitierten – vorstehend unveränderten – Ausführungen der 4. Auflage beziehen sich nur auf das Erteilungs – , nicht auf das Einspruchsverfahren. Zur Entscheidung vgl. *Keller*, Mitt. 1997, 367 f. , der auch Dritten erlauben will, sich auf die Erklärung zu berufen.

〔64〕 BGH 7. 6. 2006 Luftabscheider für Milchsammelanlage GRUR 2006, 923 (Nr. 25 f.).

〔65〕 S. BGH 7. 6. 2006 aaO Nr. 27; dagegen schien es nach BGH 5. 6. 1997 (FN 63) darauf ankommen, dass die beschränkende Erklärung des Patentinhabers Grundlage für die Aufrechterhaltung des Patents war. Diese darf aber, soweit sie durch dessen schutzfähigen Gehalt gerechtfertigt ist, nicht von einer solchen Erklärung abhängig gemacht werden, andererseits aber auch im Fall einer solchen Erklärung nicht über den objektiv gerechtfertigten Umfang hinausgehen.

条件下——将必须容忍专利权人提供的合同条件。[66]作为同意实施理解的专利权人的声明也能确保，声明的接收人根据声明所包含的实施例制造的产品被销售而权利用尽，因而对于产品的顾客不能主张专利权。但声明的接收人无权因此分授许可。

6. 当今主流的学术意见认为，无论如何都不能从专利授权卷宗推导出只能在考虑说明书和附图情况下解释权利要求书而获得专利保护范围的限缩。[67]但也存在——部分有所保留——相反意见。[68]折中意见认为，对于允许在此仅仅利用卷宗作为专业人员理解专利文件中所使用的概念的（无约束力）信息来源，不应反对。[69]成问题的是为了消除专利文件中的模糊或矛盾[70]或为了查明构成发明基础的技术任务而应考虑卷宗的建议；因为这种信息缺失产生的影响是，通过纳入卷宗而使得解释上的疑虑变成专利权人的负担。有建议指出，在专利申请人放弃了其原本要求保护的一部分，但没有在专利文件中记载相应的限缩保护范围情形中，不允许在替代要素的视角之下将保护范围延伸至已放弃的部分。[71]该建议走得太远。因为如果该部分本不应受保护，反正也能够反对将其纳入作为替代要素；如果该部分本应受到保护，则难以理解，为什么应将其排除于保护范围之外，而在参考说明书和附图的情况下解释权利要求书的文本本可以让其受到保护。

7. 有建议提出，在《关于解释〈欧洲专利公约〉第69条的议定书》中规定，应考虑申请人在申请、专利授予、异议或请求宣告专利无效程序中所作的限缩专利保护范围的陈述。该建议未为《欧洲专利公约2000》所采纳。[72]将来也不应该再提出该种建议。[73]

8. 在说明书中描述的现有技术可以成为解释的辅助手段。[74]通过现有技术可以将在权利要求书中定义的技术方案的创新存在哪里解释清楚。因而它有助

---

〔66〕 Vgl. *Kraßer*, Anm. zu BGH „Weichvorrichtung II " LM Nr. 11 zu § 14 PatG 1981 Bl. 6 ff.

〔67〕 So die in FN 56 Zitierten.

〔68〕 *Körner*, FS König, 2003, S. 295 ff. ; *Geißler*, GRUR Int. 2003, 1, 7 ff. ; *Godt*, Eigentum an Information, 2006, S. 613 f. ; differenzierend *Rogge*, Mitt. 1998, 201 ff.

〔69〕 Vgl. *Scharen*, GRUR 1998, 285, 290 und in Benkard, EPÜ Art. 69 Rdnr. 29.

〔70〕 So *Dreiss/Bulling*, FS König, 2003, S. 101 ff.

〔71〕 *Rogge* hat insoweit in FS König, 2003, S. 451, 461 ff. seine in Mitt. 1998, 201, entwickelte Ansicht revidiert.

〔72〕 *Nack/Phélip*, GRUR Int. 2001, 322, 325 f. ; vgl. auch *Rogge*, FS König S. 459.

〔73〕 So – jedenfalls vorbehaltlich gründlicherer, insbesondere rechtsvergleichender Untersuchung – *Götting*, FS König, 2003, S. 153, 163 ff.

〔74〕 Vgl. v. Falck, GRUR – FS S. 558 f. Rdnr. 16; BGH 13. 2. 2007 Kettenradanordnung GRUR 2007, 410（Nr. 25）.

于合理确定保护范围。对现有技术的描述，既未出现于权利要求书中，也未出现于说明书中，而只是以出版物清单的形式，特别是以专利文件或已公布的专利申请的编号方式列于专利文件扉页的方式出现的，在解释权利要求书时不得予以考虑。[75] 在专利文件中根本未提及的现有技术也在考虑范围之外。但这不排除在其他的视角之下应考虑整个现有技术（参见本节 III f bb）。

c）专利权利要求书的内容与保护范围

1. 专利权利要求书的内容与专利保护范围之间如何互动，在现行法律规定中尚不明晰。在《欧洲专利公约》第 69 条的修改文本中该问题不复存在，因为其中不再有"内容"概念（参见本节 I 4）。但没有改变的是取决于权利要求书所包含的陈述意味着什么，即应查明其含义。

根据《关于解释〈欧洲专利公约〉第 69 条的议定书》，保护范围不限于"权利要求书的精确文字"所呈现的。但保护范围所包含的不是仅仅将权利要求书当作"指导方针"对待而根据技术人员考虑说明书和附图以后扩展到的"专利权人所预期的范围"。在该框架内的解释应当将"对专利权人的合理保护和对第三方的适当程度的确定性结合起来"。[76] 专利的保护范围必须与专利权利要求书的解释相关联。议定书是对《欧洲专利公约》第 69 条的解释。议定书一方面宣示专利权利要求书是可解释的，另一方面将保护范围不局限于权利要求书的精确文字，因而议定书最终只是对如何及以何种目标——可能地和必要地——解释权利要求书作出了指示。

总而言之，《欧洲专利公约》第 69 条和议定书意味着专利的保护范围需通过解释权利要求书来查明。说明书和附图仅用于解释权利要求书，但不仅仅用于消除其中包含的模糊之处。如果应通过权利要求书的解释获得合理的保护，则权利要求书应作广义理解。这不禁止考虑第三方，只要给第三方提供了充分的确定性即已足够。[77]

德国和《欧洲专利公约》其他成员国的司法实践通过在特定条件下将权利要求书中定义的主题的替代要素纳入保护范围来争取达到合理的不通过细微

---

〔75〕 So jetzt auch Tilmann, GRUR 2005, 904, 906 r. unter Aufgabe der in GRUR 1998, 325, 331 vertretenen Ansicht；grundsätzlich ebenso Benkard/Scharen, § 14 PatG Rdnr. 61；anders Schulte/Kühnen, § 14 Rdnr. 34；Reimann, VPP – Rundbrief 2005, 97, 101.

〔76〕 „··· a position ··· which combines a fair protection for the patent proprietor with a reasonable degree of legal certainty for third parties" – „ ··· une position qui assure à la fois une protection équitable au titulaire du brevet et un degré raisonnable de sécurité juridique aux tiers".

〔77〕 Anders *Busche*, Mitt. 1999, 163, der der Rechtssicherheit den Vorrang gibt. Der BGH sieht beide Postulate als gleichrangig an, s. unten d aa 1, was nicht ausschließen muß, daß den im Protokoll enthaltenen Begriffen „angemessen" und „ausreichend" Rechnung getragen wird.

改变规避的保护。修改后的议定书第2条（参见本节Ⅰ4）证实，这既是允许的，也是必要的。与此相适应，形成了确定保护范围的两个阶段：首先确定专利权利要求书的文义或——换而言之[78]——含义。如果该文义包含了被专利权人指控侵权的实施方式，则存在对保护对象的"相同实施"；如果未包含，则在替代方案的视角之下审查与权利要求书的文义（含义）相比较显示出的改变。[79]对权利要求书的解释在于确定专业人员是否如此理解权利要求书，即被控侵权的实施方式虽有改变但仍为权利要求书所包含（参见本节Ⅲ d）。

2. 解释权利要求书时需要注意的是，权利要求书定义了技术行为方案，以便明确划分出他人行为自由的界线。他人通常求助于相关技术领域活动的人。因此从所属技术领域的专业人员的角度解释权利要求书，[80]不仅合理而且不可避免。但所属技术领域的专业人员不等同于真实存在的人，而是假设的拥有所属技术领域通常的技术知识和平均的知识、经验与能力的人。[81]鉴定专家在此的特别任务是向法院呈现专业人员的知识与能力及其力图解决专业领域的技术问题的工作方式，但通常不直接确定普通专业人员如何理解专利权利要求书；就此而言，涉及的是留待法官判断的法律问题。[82]

"完全客观地"理解"发明的本质"的建议，未正视根据什么标准来实现这种理解的问题，也太少考虑到它取决于专利文件的内容这一情况。如果不从专业人员的角度审查，会产生将每个审查者的判断冒充为客观判断的危险。

当然，在现行法律规定中只是为了表征过宽扩展专利的保护范围而引入专业人员的视角（《关于解释〈欧洲专利公约〉第69条的议定书》第1条第2句）。但这并非意味着完全拒绝这种判断标准。禁止的只是忽视权利要求书而

---

〔78〕 Vgl. *Busse/Keukenschrijver*, §14 PatG Rdnr. 44.

〔79〕 BGH 28. 6. 2000 Bratgeschirr GRUR 2000, 1005, 1007.

〔80〕 *Preu*, GRUR 1980, 693; Benkard/Scharen, §14 PatG Rdnr. 57 f.; Schulte/Kühnen, §14 Rdnr. 40 f f.; *Busse/Keukenschrijver*, §14 PatG Rdnr. 43.

〔81〕 BGH 7. 9. 2004 bodenseitige Vereinzelungseinrichtung BGHZ 160, 204 = GRUR 2004, 1023, 1025（Nr. 5）.

〔82〕 BGH 11. 10. 2005 Seitenspiegel GRUR 2006, 131（Nr. 19）; 13. 2. 2007 Kettenradanordnung GRUR 2007, 410（Nr. 18 f.）; 17. 4. 2007 Pumpeneinrichtung GRUR 2007, 959（Nr. 20）; zur Abgrenzung zwischen Tat – und Rechtsfragen auch BGH 7. 9. 2004（FN 81）; 31. 5. 2007 Zerfallsmessgerät GRUR 2007, 1059（Nr. 38 –40）; vgl. ferner Meier – Beck, Der gerichtliche Sachverständige im Patentprozess, FS VPP, 2005, S. 356 – 371; *ders.*, Was denkt der Durchschnittsfachmann? Tat – und Rechtsfrage im Patentrecht nach „Diabehältnis" und „Bodenseitige Vereinzelungseinrichtung", Mitt. 2005, 529 – 534; Melullis, Zur Auslegung von Patenten, zum Begriff des Fachmanns im Patentrecht und zur Funktion des Sachverständigen, FS Ullmann, 2006, S. 503 – 514; krit. zur neueren Rspr. Kather, Der Sachverständige im Patentverletzungsprozess – Eine neue Rolle? Eine neue Aufgabe für Parteivertreter? FS Schilling, 2007, S. 281 – 292.

将该判断标准适用于专利文件的全部内容。

确定专利保护范围时所属技术领域的专业人员确定规则，与判断创造性时所属技术领域的专业人员的确定规则（参见 § 18 II 3、4）相同。但在这里从专业人员的角度需要回答的问题与那里并不相同。

对于专业人员理解权利要求书以在优先权日其所属技术领域通常的专业知识为前提。其他的现有技术只是作为说明书的内容时才予以考虑（参见本节 III b 8）。

3. 权利要求书所要达成的目标要求对权利要求书的解释以其中的概念呈现给所属技术领域的专业人员的技术意义，而不是可能与此不同的通常文义为基础。

联邦最高法院不是将专利文件中包含的概念的语言学、逻辑学或科学上的规定而是将中立的专业人员的理解视为决定性的，鉴于专利文件中使用的概念而将专利文件称为"仿佛自我的百科全书"，并在不同于通常的（技术的）惯用语时最终以从专利文件中显示的概念内涵为决定性的。[83]

为了专业人员能将权利要求书作为技术方案的标志理解，必须能使他辨认出其中所称技术特征的技术功能和效果。[84]如果技术功能与效果未表达于权利要求书本身，则需要从说明书和附图中推导出来。

产品权利要求书中包含的目标、效果或功能说明原则上不得作为对保护范围的限制予以理解。[85]但它们能意味着与它们相关的装置要素必须以能实现所述的目标、效果或功能的方式构建。[86]产品不能直接通过空间物理或功能限定的物质特征而是通过其制造方法定义的，需要通过解释专利权利要求书查明，是否及在多大程度上从所述的方法能显现出通过方法限定的具有创造性的产品特征。[87]

d）考虑功能相同的工作手段的可替代性

aa）基本原则

α）联邦最高法院的判决

1. 一客体不会因其不为权利要求书的文义所包含而处于专利保护范围之外。它可以作为权利要求书所述客体的替代要素落入保护范围。联邦最高法院

---

〔83〕　BGH 2. 3. 1999 Spannschraube GRUR 1999，909，911 f.；7. 6. 2005 werkstoffeinstückig GRUR 2005，754（krit. dazu *Graf v. Schwerin*，FS Tilmann，2003，S. 609 ff.）；im gleichen Sinn BGH 7. 11. 2000 Brieflocher GRUR 2001，232，233 r. m. zahlreichen Nachw.

〔84〕　Vgl. BGH 14. 10. 1982 Abdeckprofil GRUR 1983，169；22. 3. 1983 Absetzvorrichtung GRUR 1983，497，499；2. 3. 1999（FN 83）；7. 11. 2000（FN 83）.

〔85〕　*Benkard/Scharen*，§ 14 PatG Rdnr. 41 m. zahlreichen Nachw.；Busse/Keukenschrijver，§ 14 PatG Rdnr. 52；Schulte/Kühnen，§ 14 Rdnr. 33.

〔86〕　BGH 7. 6. 2005（FN 83）Nr. 15 mwN.

〔87〕　BGH 19. 6. 2001 zipfelfreies Stahlband GRUR 2001，1129；19. 5. 2005 Aufzeichnungsträger GRUR 2005，749（Nr. B I 2）.

已在首批涉及现行法律中的专利保护范围的判决中认可了这一点[88]并在后来的诸多判决中进一步证实。在此联邦最高法院考虑到，将在权利要求书中定义的技术方案的大量可能的细微改变都预先撰写进权利要求书中是不可行的。[89]最终，联邦最高法院在 2002 年 3 月 12 日的用词几乎一致，5 个判决[90]中就以前的认识总结出如下的主要原则：

在审查是否实施了专利中受保护的发明的问题时，首先应在以专业人员的理解为基础的前提下确定专利权利要求书的内容，即查明专业人员在不仅单个而且整体考察权利要求书中的技术特征的情况下赋予权利要求书文字的含义。[91]被控侵权的实施方式利用了如此查明的专利权利要求书内容的，则实施了受保护的发明。

在与权利要求书的含义不同的实施方式中，专业人员基于与权利要求书中受保护的发明内容相接续的思考，凭借其专业知识在被控侵权的实施方式所使用的手段中能发现为解决作为发明基础的技术问题的同样效果时，则实施了发明。在此除了为创新提供合理保护之外，另一个同等重要的要求是法的安定性，即通过解释查明的专利权利要求书的内容对于保护范围的确定而言不仅是出发点，而且是决定性的基础；保护范围的确定必须以专利权利要求书为依据。对于偏离专利权利要求书文义的实施方式归属于专利保护范围，具备下列条件还不足够：（1）以虽然有改变但客观上具有同等效果的手段解决了构成发明基础的问题；（2）专业人员的专业知识使其能发现改变了的手段具有同等效果。如同需要符合专利权利要求书的方向来确定同等效果一样；（3）专业人员的思考必须以在专利权利要求书中受保护的技术方案的内容为方向，以致专业人员将利用了不同手段的不同实施方式作为客观上相同重要的解决方案而考虑到。[92]

---

〔88〕 BGH 29. 4. 1986 Formstein BGHZ 98，12；für europäische Patente BGH 14. 6. 1988 Ionenanalyse BGHZ 105，1.

〔89〕 BGH 19. 11. 1991 Heliumeinspeisung BGHZ 116，122，132.

〔90〕 Kunststoffrohrteil GRUR 2002，511 f.（Nr. 2 a）；Schneidmesser I aaO 515，516 f.（Nr. 3 a）；Schneidmesser Ⅱ aaO 519，521（Nr. 4 a）；Custodiol I aaO 523，524（Nr. 2 a）；Custodiol Ⅱ aaO 527，528 f.（Nr. 3 a）.

〔91〕 Dazu auch BGH 3. 6. 2004 Drehzahlermittlung GRUR 2004，845；20. 10. 2005 Baumscheibenabdeckung GRUR 2006，311（Nr. 15 – 18）；22. 11. 2005 Stapeltrockner GRUR 2006，313（Nr. 15 – 17，22）.

〔92〕 Verneint in OLG Düsseldorf 10. 2. 2005 monoklonaler Maus – Antikörper Mitt. 2005，449，452. Im Klagepatent waren ausschließlich Maus – Antikörper genannt，also solche，die nur Sequenzen einer einzigen Spezies aufweisen. Das Gericht lehnte es ab，den Schutzbereich auf rekombinant hergestellte Antikörper auszudehnen，bei denen im wesentlichen nur noch die hypervariablen Regionen von einer bestimmten Tier – Spezies stammen，während sie im übrigen menschliche Sequenzen aufweisen.

2. 根据目前的司法判决，在被控侵权的实施方式中使用的既未在专利权利要求书又未在说明书中明确提到的解决手段，可供专业人员基于其通常的专业知识及能力用于实现创造性的技术方案，且不需要其就此进行进一步研究时，"与文义相符"的专利侵害[93]，即利用相同手段的专利侵害并不因此而已经存在；因为这种表述也包含可归入替代要素的领域的实施方式。[94]因此无论如何不能再泛化地说，"技术等同的"或"专业显而易见可替代的"手段为权利要求书的含义所包含。[95]相反，应根据前面所述（参见第 1 点）的原则审查细微改变的实施方式是否还落入权利要求书的含义范围。这未为联邦最高法院完全排除。反而言之，只有为被主张侵权的人提供了扩大的抗辩机会的替代要素才予以考虑（参见本节Ⅲ f）。

3. 现在不再区分"直接的"和"非直接的"替代因素。[96]不再取决于专业人员获得细微改变的实施方式的思考类型和强度，只要在此不需要专业人员的创造性贡献即可。因而现在不排除将在过去不再视为"直接"的替代因素的细微改变的实施方式纳入专利的保护范围。[97]但为了平衡，现在的司法判决强调需要更紧密地受权利要求书的约束。[98]

4. 对于替代因素的审查，联邦最高法院赋予与专利相符的实施方式与被控侵权的细微改变的实施方式从整体上考察具有的效果以决定性的意义。[99]专利权利要求书的保护范围的可归入性，通常只有在受保护的技术方案与被控侵权的实施方式之间进行比较之后才可否定。这种比较需要两方面条件：一方面，必须认识到专利权利要求书中所称技术方案的效果；另一方面，必须认识到被控侵权的实施方式的实质特性及其效果。技术特征及其效果的单个比较并不足够。决定性的是，与专利相符的技术特征——本身及总体上——为解决作为权利要求基础的技术问题提供了哪些单个的效果。只有这样才能保障，不管存在一个或多个技术特征的细微改变，只有保留了受保护的装置所追求的含义

---

[93] Dazu allgemein *Engel*, Über den Wortsinn von Patentansprüchen, GRUR 2001, 897 – 901.

[94] BGH 27. 10. 1998 Sammelförderer Mitt. 1999, 365.

[95] Anders *Ullmann*, GRUR 1988, 335, *Benkard/Scharen* § 14 PatG Rdnr. 96 sowie die 4. Aufl., S. 525. Vgl. dazu *Engel* (FN 93) 901, der allerdings davon ausgeht, daß dort „fachnotorische" und „erfindungsspezifische" Austauschmittel gleichgesetzt seien, was ersichtlich nicht zutrifft.

[96] Vgl. *v. Falck*, GRUR – FS, S. 572 f. Rdnr. 32; *Gesthuysen*, GRUR 2001, 909, 912.

[97] Vgl. *Storch*, S. 43 ff.; *Bruchhausen*, GRUR Int. 1974, 7 f.; *Dreiss*, Mitt. 1977, 221, 222; *Fischer/Krieger*, GRUR 1980, 501; *Krieger*, GRUR 1980, 685; *Armitage*, GRUR Int. 1981, 671; *Schulte/Kühnen*, § 14 Rdnr. 51; *Busse/Keukenschrijver*, § 14 PatG Rdnr. 89.

[98] S. *Ullmann*, GRUR 1987, 280.

[99] BGH 28. 6. 2000 (FN 79) 1006; 22. 11. 2005 (FN 91) Nr. 22; 17. 4. 2007 Pumpeneinrichtung GRUR 2007, 959 (Nr. 21).

的实施方式才为专利权利要求书的保护范围所包含。因而必须审查，为解决作为专利权利要求基础的技术问题，必须聚集哪些依专利权利要求书的技术特征所达成的单个效果。这种整体代表了已获专利的解决方案，是对于上述比较而言具有决定意义的效果。

β）英国的判例

1. 联邦最高法院通过三个步骤审查偏离于专利权利要求书的内容的实施方式是否作为替代因素而被专利的保护范围所包含。在此联邦最高法院显然以英国司法判例在"Catnic"、后来的"Improver"或"Protokoll"[100]问题中发展而来的标准为蓝本。[101]这些标准由罗德·霍夫曼（Lord Hoffmann）总结如下：[102]

"如果问题是体现于未落入权利要求书中的描述性单词或词组的基础的、字面的或上下文的含义的被控侵权物的特征（改变）是否在其语言中能正确地解释，则法院应该自问以下三个问题：

（1）这种改变对发明的实施方式有实质性影响吗？如果有，则该改变位于权利要求书之外。如果没有，

（2）这（即改变没有实质性影响）在专利的公开日为专业人员显而易见吗？如果不是，该改变位于权利要求书之外。如果是，

（3）然而专业人员从权利要求书的语言理解到专利权人的意图是将严格遵守基础含义作为发明的基本要求吗？如果是，该改变位于权利要求书之外。

另一方面，对最后一个问题的否定回答可能得出的结论是专利权人意图的单词或词组具有的不是字面的而是比喻的意义，以表示包括改变和字面意义在内的一类事物。后者可能是这类事物中最完美、最著名或引人注目的例子。"

2. 对联邦最高法院来说重要的是上面所称的第三个问题，依该问题审查公众中的专业人员是否期待保护范围之确定取决于权利要求书的精准文字。以权利要求书各单个的特征为依据，涉及在遵守受保护的技术行为方案时各单个特征对于专业人员而言是否只能合乎文字地利用。

---

〔100〕 Krit. zu dieser Bezeichnung *Tilmann*，FS Bartenbach，S. 308.

〔101〕 BGH 12. 3. 2002（FN 90）GRUR 2002，513（Nr. 2 e），518（Nr. 3 d），522（Nr. 4 e），525（Nr. 2 e），530（Nr. 3 e）.

〔102〕 Zit. Nach House of Lords 21. 10. 2004 Kirin Amgen Inc. and others v. Hoechst Marion Roussel Ltd. and others，auszugsweise abgedruckt in GRUR Int. 2005，343（Nr. 51）；ausführlich zu den drei Fragen *Adam*，S. 330 – 366.

英国上议院的新近判决[103]强调三个问题的限度与可适用性。判决指出：起决定性的是目的解释的原则（purposive construction）；这些问题只是适用于替代因素的基准（guidelines）；根据《欧洲专利公约》第 69 条及议定书只有一个问题是强制性的，即专业人员如何理解专利权人以其表达方式在权利要求书中所表达的内容？[104]"Protokoll" 问题在许多情形中是有用的，但不能代替专业人员的理解。该判决也探讨了德国联邦最高法院在其 5 个判决中发展出来的方法，并认为其与英国的立足点不同。但英国上议院认为，德国法院在探讨的替代方式问题看起来也是通过《欧洲专利公约》第 69 条所提出的问题，即专业人员如何理解权利要求书。

3. 在学术论文和会议中热烈讨论了德国与英国司法实践的出发点、效力及对裁判结果的影响之间的区别。[105]存在区别的原因之一首先在于，在德国的侵权诉讼中以专利的有效为出发点，只要专利的有效性没有在特定程序中被否决。但专利对审理侵权诉讼的法院的约束，只限于作为授予或维持专利基础的、对客体的可保护性审查的效力范围。当今的司法将其限于权利要求书的内容。不为权利要求书的内容所包含的实施方式，可为了合理保护之目的在特定的条件下纳入保护范围。对于这部分保护范围，如同新近的判决所认识到的，审理侵权诉讼的法院不受授予或维持专利的卷宗约束。因此需要两个阶段的审查，其中第一阶段查明被控侵权的实施方式是否为权利要求书的内容所包含，如果没有的话则集中于被控侵权的实施方式是否在替代因素的视角之下落入专

---

〔103〕　（FN 102）Nr. 52，69 – 71，75；dazu Brandi – Dohrn，Mitt. 2005，337 ff.；krit. *Tilmann*，FS Bartenbach，S. 307，309.

〔104〕　What would a person skilled in the art have understood the patentee to have used the language of the claim to mean?

〔105〕　*Brinkhof*，Existiert eine europäische Äquivalenzlehre? GRUR 2001，885 – 891；*Reimann*，Das Patent als sein eigenes Lexikon – die „Spannschraube" mehrgängig betrachtet，VPP Rundbrief 2005，97 – 108；*Tilmann*，FS Bartenbach（oben vor I）；*Brinkhof*，Extent of Protection：Are The National Differences Eliminated? FS *Kolle/Stauder*，2005，S. 97 – 113；*Brandi – Dohrn*，Der Schutzbereich nach deutschem und britischem Recht：die Schneidmesserentscheidung des BGH und die Amgen – Entscheidung des House of Lords，Mitt. 2005，337 – 343；*Meier – Beck*，Purposive Construction oder Äquivalenz? GRUR Int. 2005，796 – 801；*Keukenschrijver*，Äquivalenz und Auslegung. Anmerkungen zur Beurteilung der Äquivalenzproblematik in Deutschland und im Vereinigten Königreich，FS Pagenberg，2006，S. 33 – 44；Grabinski，„Schneidmesser" versus „Amgen". Zum Sinn und Unsinn patentrechtlicher Äquivalenz，GRUR 2006，714 – 720；*Hoffmann*，Patent Construction，GRUR 2006，720 – 724；*Brandi – Dohrn*，Das Naheliegen bei der Äquivalenz，FS Schilling，2007，S. 43 – 57；Jacob，Auslegung von Patent ansprüchen und Äquivalenzlehre，ABlEPA Sonderausgabe 2/2007，138 – 147；*Melullis*，aaO 190 – 194；vgl. auch *Pagenberg*，in：Pagenberg/Cornish（oben vor I）S. 259 ff.；*Benkard*，EPÜ/Scharen Art. 69 Rdnr. 66 – 76（mit Angaben auch zu anderen Vertragsstaaten）und die umfassende Untersuchung von *Adam*，der freilich die „Amgen" – Entscheidung noch nicht berücksichtigen konnte.

利的保护范围。对于后者，法院也可以作为替代因素予以考虑的实施方式在专利优先权日为现行技术先行实施或显而易见而予以否定，但这必须由被告提出并举证证明（参见本节Ⅲ f）。

英国法院相反在侵权诉讼中可以全面审查争讼专利的有效性，并不是因为受专利的约束而进行特别的替代因素审查[106]，而是基于目的解释也可以将不为权利要求书的文义所包含的、要求保护的客体的细微改变纳入保护范围。[107]因此可以说，在英国不存在替代因素理论。[108]但实质上也存在保护以禁止替代性的细微改变。[109]三个测试问题表现了这种情形即需要判断"变体"，在否定了第三个问题的情况下导致的结果是，专利权人根据专业人员的理解计划赋予权利要求书的文字以意义，该意义表征了一类客体，这类客体包含了"变体"与字面意义，其中后者可能是这类客体中最完美、最为人所知、最显著的例子。一种代表性的意见认为，在此取决于是否专利文件的解释表明一项特征从专业人员的角度看是作为例子或作为诸多"变体"被理解（参见本节Ⅲ ß bb 1）。

4. 综上所述，可以推断出，没有进行特别的替代因素审查时，趋向于更窄地理解保护范围；[110]三问题测试法只适用于"合适的"情形；可以相信通过目的解释也能在适合的地方包含替代因素。法院在"Amgen"判决（第49项）[111]中阐明，对于《欧洲专利公约》第69条的《关于解释〈欧洲专利公约〉第69条的议定书》的新的第2条已经足够，即替代因素可以是为专业人员所知的、影响专业人员理解权利要求书的实际背景的重要部分。但议定书在序言中指出，《欧洲专利公约》第69条阻止替代因素将保护范围延伸至权利要求书之外。[112]

另一方面，也没有排除，目的解释在个案中脱离权利要求书的程度可能比德国司法实践所允许的更远。[113]针对目的解释之概念所创造的不加区分地扩展保护范围的可能性的疑虑，也因为在审查可保护性时所必要的权利要求书的解

---

〔106〕 *Meier－Beck*，GRUR Int. 2005，801 r.

〔107〕 *Jacob*（FN 105）142.

〔108〕 *Kolle*，ABlEPA Sonderausgabe 2/2007，124，132；*Grabinski*（FN 105）716；*Hoffmann*（FN 105）723（Nr. 17）；*Jacob*，aaO；*Tilmann*（FN 105）S. 305.

〔109〕 *Keukenschrijver*（FN 105）S. 35 f.

〔110〕 *Brinkhof*，FS Kolle/Stauder（FN 105）S. 109 f. meint，die britischen Gerichte betonten mehr die Rechtssicherheit，die deutschen mehr die Belohnung des Erfinders und die Einzelfallgerechtigkeit.

〔111〕 Nach *Tilmann*（FN 105）S. 305 FN 10；zu Unrecht.

〔112〕 IglS *Hoffmann*（FN 105）722（Nr. 14）.

〔113〕 Vgl. *Melullis*（FN 105）190/192.

释本该就有的效果而被提起。[114]

bb）可替换手段的功能与效果起决定作用的条件

1. 专业人员通过以权利要求书中受保护的技术方案的含义为方向的思考，将具有不同手段的细微改变的实施方式作为客观上——即为技术方案的含义同样所包含的——同等重要的解决方案予以考虑的，必须从技术上理解的、通过解释并参考说明书和附图获得的、对专业人员而言的权利要求书的含义中显示出，对于受保护的、解决问题的方案而言，在细微改变的实施方式中通过其他手段所替换的手段不必精确地合乎权利要求书的文义予以使用。专业人员不能获得这种印象，即使用其他手段的话，解决方案的实现将存在疑问。[115]因此必须能使专业人员将权利要求书中所称的手段作为实现发明功能的代表看待。

2. 但联邦最高法院不使用"功能"概念，而更愿意提及效果（参见本节 Ⅲ ß aa 14）或目标。[116]但效果作为所追求的理解，在该视角之下与目标一样，与功能没有区别。实现所追求的效果，就是专利权利要求书中定义的客体的功能与目标。只有在权利要求书中所称手段给发明带来哪些效果是已知的情况下，才能规定该手段的功能与目标。因而这里优先使用的表述"功能"在这种背景下与联邦最高法院所使用"效果"具有相同的含义。

3. 如果专业人员认识到，以权利要求书为根据的手段示例性地代表功能相同的诸多手段[117]，则使用可供专业人员基于其专业知识为相同功能而选择的其他手段，没有超出专利保护范围，因为并非具体使用的手段而是可替换的属于权利要求书的内容。[118]已获专利的发明不仅是对细微改变的实施方式的启发，而且作为无形的保护客体的技术行为方案完整地重现了该实施方式。

如果专业人员即使在参考说明书和附图的情况下获得的印象是权利要求书中具体所称的工作手段是根据发明人的认识而言唯一合适的，则是另一种情

---

〔114〕　*Keukenschrijver*（FN 105）S. 41 f.；*Melullis*（FN 105）192/194.

〔115〕　Vgl. LG Düsseldorf 24. 6. 2003 Stent InstGE 3，163，168 ff.

〔116〕　BGH 7. 11. 2000（FN 83）232；2. 3. 1999（FN 83）911.

〔117〕　BGH 12. 10. 2004 Staubsaugersaugrohr GRUR 2005，41（Nr. 2 c）billigt die Ansicht des Berufungsgerichts，dass das im Patentanspruch genannte Polyamid lediglich eine Werkstoffgruppe bezeichne und der nacharbeitende Fachmann erkenne，daß er eine an Aufgabe und Funktion des betreffenden Bauteils im Rahmen der patentierten Lösung orientierte Auswahl zu treffen habe，die ihn schließlich zu dem in der angegriffenen Ausführungsform verwendeten Polyäthylen führe. Krit. dazu *Köhler*，Mitt. 2005，281 f.

〔118〕　Im gleichen Sinn *Ullmann*，GRUR 1988，337；vgl. auch *Kraßer*，FS Fikentscher，1998，S. 516，537 f.；anders als *Scharen*，in：Benkard § 14 Rdnr. 96 a. E. es aufzufassen scheint，wird dort für den Fall，daß der Fachmann das in Frage stehende Mittel als funktionell beispielhaft erkennen kann，keine identische，sondern nur eine äquivalente Verwirklichung der geschützten Lehre angenommen.

况。[119]专业人员因此没有将权利要求书中的特征基于其功能而予以一般化的动机。

联邦最高法院在"树干截分装置"案[120]中基于对争讼专利的理解而指出，权利要求书中所称的具体形态才是唯一可行的，并拒绝将在考虑说明书的情况下完全针对"锯子"的权利要求书文本如此解释，以致主要取决于通过其他手段也能实现的木材"精密加工"装置。

当专利权利要求书明确地排除为实现发明的目标使用现有技术中为公众所知的手段时，相应地不能作扩大解释；具有该手段的实施方式不能作为替代因素而为专利保护范围所包含。[121]

4. 对确定专利保护范围的权利要求书的内容的功能理解没有违反对第三人充分的权利确定性之要求。第三人不能因为具体的权利要求书文本而指望通过代替权利要求书中所称的工作手段为实现说明书和附图中对于专业人员很明显的发明的功能而使用其他手段的方式，来侥幸逃脱专利的效力。排除这种低廉的规避可能性对于合理保护专利权人的利益必不可少，也不会因此而过分加重第三人的负担。第三人对权利确定性的要求，只有他知道专利文件时，才应该受到保护；否则他可以以信赖具体的权利要求书文本抗辩。但法律要求他在权利要求书之外也得考虑说明书和附图。只要从说明书和附图显示出，权利要求书中的特定特征应作功能理解，第三人能够且必须准备适应在该意义上解释专利。

相反从专利授予程序起已经从功能上撰写的权利要求书中的特征（例如加固、密封、推动、开关、加厚），通过与功能相关的考察方式不得进一步一般化。

cc) 替代因素和从属性

1. 如果专业人员凭借优先权日时的专业知识能认识到专利权利要求书中所称手段与发明相关的功能（参见本节 Ⅲ ß bb 3），在他通过功能相同的、在优先权日时既不属于现有技术，也没有从现有技术或专利文件中显而易见的，而是后来才可使用的手段代替了该手段时，这才是他对这种认识的利用。[122]主流意见认为，这种以替换为特征的解决方案的实施在"改进的实施方式"或

---

〔119〕　Vgl. BGH 12. 3. 2002 Schneidmesser Ⅱ GRUR 2002，519，523.

〔120〕　17. 3. 1994 BGHZ 125，303，314.

〔121〕　BGH 23. 4. 1991 Trockenlegungsverfahren GRUR 1991，744.

〔122〕　In diesem Sinn auch *v. Falck*，GRUR 2001，905，907 ff；vgl. auch *Busse/Keukenschrijver*，§14 PatG Rdnr. 90；nach *Tilmann*，GRUR 2000，465 f. ist bei der Beurteilung der Äquivalenz auf den Verletzung-szeitpunkt abzustellen；grundsätzlich ebenso *Preu*，FS Merz S. 461 ff. ；ablehnend *König*，Mitt. 2000，379 ff.

"从属性"的视角之下被当作专利侵权看待。[123]虽然被控侵权的实施方式也可以是经专利局审查在考虑了包含争讼专利在内的现有技术的情况下被授予的专利客体，或没有获得专利但对于专业人员而言不是从现有技术中显而易见时，有问题的是，普通专业人员是否能够以争讼专利中受保护的发明为基础发现该被控侵权的实施方式。[124]如果这没有被一概否决，则创造性地甚或可获专利地进一步发展已获专利的技术方案可能被在先专利的禁止权所包含，替代因素因此导致了从属性。[125]

2. 在旧法之下，联邦最高法院认为被控侵权的实施方式是否可能是对争讼专利的创造性地进一步发展，对于替代因素专利侵权问题无关紧要。专业人员能够认识到，他通过根据其类型和与该专利的手段具有同等价值的手段能够获得所追求的效果，即已足够。[126]

联邦最高法院在"加固装置 II"案的判决[127]中对于现行法律的适用也坚持了该观点：可替换手段的创造性不会排除导致从属性的替代因素；因而必须审查具体形式是否可以一般化的、不同于逐字逐句而是作为替代因素及显而易见看待的概念特征予以限定。

导致从属性的替代因素存在的可能性在"树干截分装置"案判决中受到更严格的限制：[128]只要专业人员为发现可专利的替代实施方式必须投入创造性工作，则不受保护范围拘束。只有当被控侵权的实施方式能作为以该实施方式同样实现的一般性的技术方案的——也许创造性的——表现形式理解，且该技术方案在与已获专利的发明的关系中仅仅作为——平行的——明显的等同效果的细微改变，即作为替代因素，而不是作为——上层次的——一般化看待时，才考虑从属性视角之下的专利实施。来自实践的意见表明，该判决所意指的非

〔123〕 Vgl. *Bock*, Mitt. 1969, 272；Schwanhäußer, GRUR 1972, 22 ff.；*Moser v. Filseck*, GRUR 1974, 506, 510；*Winkler*, GRUR 1977, 401 f.；*Czekay*, GRUR 1984, 83, 85；Gaul, GRUR 1988, 9, 12；*Benkard/Scharen*, §14 PatG Rdnr. 117 ff.；*Busse/Keukenschrijver*, §14 PatG Rdnr. 100；Nirk, S. 285. - RG 22. 3. 1938 GRUR 1938, 706 f.；26. 8. 1941 GRUR 1942, 465, 468 l.；BGH 2. 11. 1956 Unfallverhütungsschuh GRUR 1957, 270, 272；17. 2. 1961 Drillmaschine GRUR 1961, 409, 411；1. 2. 1977 Absetzwagen III GRUR 1977, 654.

〔124〕 Vgl. *Kühnen*, GRUR 1996, 729, 733；*Allekotte*, GRUR 2002, 472.

〔125〕 S. *Scharen*, GRUR 1998, 285 f. und FS *Tilmann*, 2003, S. 599 ff.；*Brandi – Dohrn*, FS Schilling, 2007, S. 53 ff.；einschränkend *Körner*, aaO S. 309 f.

〔126〕 BGH 15. 4. 1975 Etikettiergerät GRUR 1975, 484, 486.

〔127〕 12. 7. 1990 BGHZ 112, 140；ebenso OLG Düsseldorf 2. 7. 1998 Schließfolgeregler GRUR 1999, 702, 706 f. (Revision vom BGH nicht angenommen)；krit. zu dieser Rspr. *Nieder*, GRUR 2002, 935 ff.

〔128〕 17. 3. 1994 BGHZ 125, 303.

常难以理解。[129]

"空间挡板"案的判决[130]进行了一定程度的澄清：在其他发明的基础上发展而来并通过该发明才可行的发明，可以利用基础技术方案，即使该基础技术方案是可专利的。在在后发明通过在先技术方案才可行的范围内，在先技术方案的所有权人有权参与分享因利用在先技术方案而产生的经济收益。即使细微改变的实施方式具有创造性，针对替代的细微改变的实施方式的相关保护也能适用。但必须确定该实施方式实现了争讼专利的技术方案。从属发明的构成条件是它不是专利实施的独立形式。只有当逐字地或替代地实现了专利权利要求书中的特征，才构成以从属发明的形式实施与专利相同的技术方案。如果替代因素的条件适合于包含了被控侵权的实施方式的更一般化的技术方案，即已足够。是否在每一实施方式中同时还要实现额外的、具体化的、可能具有创造性的特征，已经无关紧要。

从这可以推断出，只就细微改变的实施方式的单个特征，而不是就——可能可专利的——整个实施方式来审查是否能为专业人员发现。不能将联邦最高法院的表述作如此理解，即在既可以从被控侵权的实施方式又可以从专利文件中推断出来的更一般化的技术方案中，涉及替代的手段与权利要求书中的手段的共同功能。

3. 偏离了专利权利要求书中具体描述的特征本身只有通过创造性活动才能被发现时，"空间挡板"案的判决看起来否定了在这种情形中对专利保护范围的侵入。根据争讼专利，在街道扫雪机的刮雪板的钢板之间嵌入的橡胶或塑料层中储藏的是粒状硬质材料，而在被控侵权的实施方式中储藏的是条状硬质材料。对于被控侵权的实施方式的可保护性仅仅源自将粒状硬质材料换成（众所周知的）条状硬质材料，联邦最高法院认为，不存在属于专利保护范围的同等效果。[131]同时认为，上诉法院将粒状硬质材料替换为上位概念硬质材料的储藏，是回溯一般思想对专利权利要求书的抽象，超出了解释的框架，因而不是专利法所允许的。专业人员在所述背景之下怎么理解"粒状硬质材料"，在此并没有予以考虑。根据前述代表性的观点（参见本节 Ⅲ ß bb 3）应该取决

---

[129] Z. B. *König*, Mitt. 1994, 178 und 1996, 75; *Kühnen*（FN 124）; *Preu/Brandi – Dohrn/Gruber*, Europäisches und internationales Patentrecht, 3. Aufl. 1995, S. 358 f.; *Loth*, FS Beier, 1996, S. 113; *v. Falck*, GRUR 2001, 905, 906; Gramm, GRUR 2001, 926, 930 f.; zur Kritik der grundsätzlichen Ausführungen des Urteils *Kraßer*, FS Fikentscher, 1998, S. 516, 530 ff. mit Schrifttumsnachweisen.

[130] BGH 18. 5. 1999 BGHZ 142, 7.

[131] Ebenso *Nieder*, GRUR 2002, 935 ff.; *Allekotte*, GRUR 2002, 472, 475 ff. nimmt an, die Entscheidung schränke die früher formulierten Grundsätze ein; gegen ihn *König*, GRUR 2002, 1009, 1013 f.

于专业人员是否获得这种印象，即所追求的效果依赖于权利要求书中所称的硬质材料储藏的形状。专业人员从专利文件可以看出，在橡胶或塑料层中储藏的硬质、易碎的材料颗粒应对于防滑、磨损有积极影响。[132] 如果没有指出这取决于硬质材料的颗粒状，可以很容易想到的是，专业人员能认识到使用其他形状可以带来橡胶或塑料中的硬质材料所提供的同样效果。专业人员将权利要求书中的表述予以更一般化与替代性利用的假设不矛盾，因为将权利要求书中的具体特征的替代形式纳入保护范围意味着将权利要求书的相应表述一般化。[133] 这特别适用于首先从被控侵权的实施方式中抽象出一般化的表述；根据联邦最高法院的基本原则，对替代形式的确定也要求专利权利要求书中的具体表述是可替代的，这种替代不是从该表述直接得来，而是通过一般化推导而来。但这不可通过概念的抽象，而是通过专业人员的理解而获得。因而对此满足下述条件即已足够：专业人员依优先权日时的专业知识认识到权利要求书中具体所称的手段在合专利的问题解决方案的范围内所具有的功能，且没有动机认为该功能仅仅通过具体所称的手段才能实现（参见本节Ⅲ ß bb 3）。[134]

dd）具体问题

1. 一种替代形式不能因工作手段以没有专利文件中所称的工作手段那么完美的方式获得发明相对于现有技术所带来的优点而被排除，只要在对实际实施仍然显著的程度内获得发明的成效即已足够。[135] 细微改变的实施方式完全或在对实际实施不再显著的程度内放弃了已获专利的发明所追求的成效[136]或使用了一种辅助手段，而避免使用该辅助手段是发明的主要目标时，则不构成替代形式。[137]

例如，[138]一项发明涉及机动车的清洗装置。在专利文件中强调，清洗刷从终端回复到起点不需要外部动力，而是通过负重的复式滑车。因而无论如何也

---

〔132〕 BGH aaO 14.

〔133〕 Vgl. *Gramm*, GRUR 2001, 926, 931 f.

〔134〕 S. *Hilty*, S. 115 f.: Die Fragestellung muß lauten, ob der Fachmann im Zeitpunkt der Patentanmeldung das neue Äquivalent – wäre es ihm bekannt gewesen – unter Berücksichtigung seiner Funktion und des durch seinen Einsatz erreichten Ergebnisses als mit dem ersetzten Erfindungselement gleichwirkend erkannt hätte.

〔135〕 Vgl. BGH 29. 5. 1962 (FN 21) 576；12. 12. 1972 (FN 18) 413 f.；3. 12. 1974 (FN 18) 596 r.；3. 3. 1977 (FN 17)；28. 6. 2000 (FN 79) 1006 r.；2. 3. 1999 (FN 83) 914 mwN；13. 2. 2007 (FN 82) Nr. 35；eingehend D. Reimer, GRUR 1977, 387 ff.

〔136〕 BGH 2. 3. 1999 (FN 83).

〔137〕 BGH 6. 11. 1990 Autowaschvorrichtung BGHZ 113, 1；17. 10. 1985 Melkstand GRUR 1986, 238；23. 4. 1991 (FN 121)；2. 3. 1999 (FN 83).

〔138〕 BGH 6. 11. 1990 aaO.

不需要控制外部动力的设施。在被控专利侵权的清洗装置中，当机动车离开该装置时，其清洗刷不是通过复式滑车的重力回复到起点，而是停留在终端，然后通过电动的链式拉索回复到起点。该区别表明，已获专利的装置中复式滑车的重力不是平衡的，而在被控侵权的实施方式中重力是平衡的。一种替换手段，虽然导致了同样结果，但缺乏发明所特有的目标，因而不为专利保护范围所包含。

当然在这种情形中可能出现的情况是，被控侵权的实施方式具有专利权利要求书中的全部特征，只是额外地使用了对发明而言显属多余的手段。在"电动挤奶场"案[139]中就存在这种情况。已获专利的装置只是对奶牛的头部施加影响并安装在奶牛的特定位置，被控侵权的实施方式以相同或替代方式表征了已获专利的装置的全部特征，侵权行为不能因被控侵权的实施方式还额外地在奶牛的后面安装了旨在实现相同目标的要素而予以否定。

在"调度起重机"案中，被控侵权的实施方式在权利要求书中的全部特征之外还附加一个刹车，但联邦最高法院[140]认定侵权成立；在此决定性的是，专利中根本就没有提及附加的刹车，因而不能从中推断出避免使用刹车是其发明的主要目标。

2. 专利权利要求书中的保护范围不因为不同于权利要求书的含义的实施方式偏离了权利要求书所包含的数字或数值表述而不能延伸至该实施方式。联邦最高法院在同一日[141]的文字几乎相同的5个判决中提出了这种情形下的专利保护范围确定规则：

原则上对专利权利要求书中的数字或数值表述也可进行解释。但一个明确的数字表述原则上封闭性地限定了保护对象，因而超出或低于这个数字时通常就不算作权利要求的客体。这并不排除专业人员将一定程度的、举例式的、习以为常的、可以容忍的模糊性视为与数字表述的含义相一致。

不得排除这种情形，即将具有与权利要求书不同的数值的实施方式作为替代形式而为专利保护范围所包含。条件是，专业人员能将偏离了权利要求书的实施方式作为不仅能获得在权利要求书中受数字限定的特征效果的实施方式，而且根据专业人员的理解依权利要求书应归属于该特征的数字限定性的实施方式发现。专业人员将数值理解为权利要求书中的效果由对数值的精确遵守确定

---

〔139〕 FN 137.

〔140〕 13. 12. 2005 GRUR 2006, 399.

〔141〕 12. 3. 2002（FN 90）512 f.（Nr. Ⅲ 2 b－e）；517 f.（Nr. Ⅱ 3 b－d〔richtig: e〕）；521 f.（Nr. Ⅱ 4 b－e）；524 f.（Nr. Ⅱ 2 b－e）；529 f.（Nr. Ⅱ 2 b－e）. Dazu *Reimann/Köhler*, GRUR 2002, 931 ff. ；*Heyers*, GRUR 2004, 1002 ff.

并因而不能通过偏离了的数值能获得时，即使专业人员认为从数字表述抽象出来的技术方案有技术意义，也还不够。

上述规则的适用导致下述结果：

认定材料密度为 1.6 克/立方厘米的塑料管落入权利要求书的保护范围，但权利要求书中的数值为 1.8 ~ 2.7 克/立方厘米。联邦最高法院认为这种认定存在理由方面的缺陷。[142]

在权利要求书中，标明了 9° ~ 12° 与 10° ~ 22° 这两种确定旋转切割机器的测量角度，其中优选 16°。而在一种实施方式中，第一种角度为 8°40″，第二种角度为 25°。法院认为，该权利要求书的保护范围延伸至第一种角度，因为该角度只略低于权利要求书中的最低值；但不延伸至第二种角度。[143]

一种药剂中镁氯化物的含量为 4 毫摩尔，权利要求书中的含量为 10 ± 2 毫摩尔。该药剂被法院认定为位于专利保护范围之外。[144]

3. 在化学物质权利要求书中，没有对各单个特征进行功能解释的空间。[145] 化学物质的成分的功能限于构成权利要求保护的物质。因为以一种成分代替另一种成分将产生另一种物质，因而各成分之间的功能是不相同的。当化学物质的效果和相应的用途不属于发明的对象时，因它们仅在化学物质的制备中存在且申请时无须公开（参见 § 11 III a、c aa），所以在此不取决于化学物质的效果和相应的用途。如果它们后来才被公开，它们也不会成为发明的对象，因为发明必须在申请时充分公开。因而一种化学物质即使与一种根据化学物质的绝对保护规则而获得专利的化学物质具有相同或相似的效果，也不能作为后者的替代形式看待。专业人员是否能预见效果的相同或相似，在此无关紧要。如果化学物质获得的专利保护与目标相联系，在满足将替代因素纳入保护范围的一般条件时，该专利的保护范围包含具有同样效果的该化学物质的细微改变形

---

〔142〕 Fall Kunststoffrohrteil（FN 90）514 f.（Nr. IV）.

〔143〕 Fälle Schneidmesser I und II（FN 90）518 f.（Nr. II 4），523（Nr. II 5 b）.

〔144〕 Fälle Custodiol I und II（FN 90）526 f.（Nr. II 3），530 f.（Nr. II 4）.

〔145〕 Vgl. *Benkard/Scharen*，§ 14 PatG Rdnr. 54；Fürniss，FS Nirk，1992，S. 305 ff.；anders *Moser v. Filseck*，GRUR 1977，351，352，der Äquivalenz annimmt，wenn ein abgewandelter Stoff die Wirkungen hat，die für die Patentierung des geschützten Stoffes maßgebend waren；in diesem Sinn auch *Lederer*，GRUR 1998，272 ff.；*Geißler*，FS Beier，S. 40 ff. Meyer – Dulheuer，GRUR 2000，179，182 verlangt Einbeziehung von „Äquivalenten" in den Schutzbereich chemischer Stoffpatente mit der Begründung，daß dies auch bei biotechnologischen Patenten wegen der dort bestehenden Funktionsgebundenheit des Schutzes geboten sei；doch gibt es diese bei sonstigen Stoffpatenten nach h. M. Gerade nicht.

式。[146] 只有在此基础上才会为作为基础专利的客体的产品的细微改变形式颁发补充保护证书（参见 §26 A Ⅱ b 3、8）。

e）不考虑非必要特征（部分保护）

aa）原则性的思考

1. 一项技术方案原则上仅当其显示了专利权利要求书中——或可能作为其基础的在先专利权利要求书中——要求权利保护的全部特征时，才为专利权利要求书的保护范围所包含。在此也为足够，即代替权利要求书所称的一项或多项特征而使用一定相应数量的替代性的工作手段（参见本节 Ⅲ ß d）。当一项或多项权利要求书中的特征在该替代形式中不存在时，则是另外一种情况。虽然具备权利要求书中全部特征的技术方案通常可以作为仅显示了这些特征的一部分更基础的技术方案的实施方式理解，但是权利要求书的文本意味着，不是更基础的技术方案及其全部实施方式，而仅仅是权利要求书所指称的，才独占性地归属于专利权人。因此，在参考说明书和附图而存在合理理由时，权利要求书可以包含通过替换功能相同的工作手段而形成的细微改变的实施方式。

2. 不取决于权利要求书中的这个或那个特征的权利要求书的解释，只有——一般来说——在例外情况下从参考说明书和附图中获得充分理由。截至目前，联邦最高法院的司法实践虽然没有完全排除这一点，但也没有在具体的案件中表示同意（参见本节 Ⅲ e bb）。专业人员可能从文件中轻易地认识到，即使去除特定的特征，也能同样好地、更好地或至少主要地获得发明的效果。他可能从这里看出，在此本可以为一项更基础的发明要求权利保护，但在专利的保护范围由权利要求书决定之基本原则下，他人可以自由利用未要求权利保护的、专利文件中的公开内容。因而去除专业人员基于说明书（包括其中介绍的现有技术）、附图及其专业知识而认为不必要的特征作为可以应用的解释方法没有获得现行法律的认可。对第三人的充分的法安定性只有在这种情形下才存在，即当该第三人原则上认为对于受保护的技术方案而言权利要求书中出现的全部特征都是必要的，否则专利申请人就已将它们去除。这通常在明确地

---

[146] *Fürniss*, aaO 312 f.；der dort vertretenen Ansicht, Schutz gegen Äquivalente sei bei Stoffpatenten in Bezug auf ursprünglich offenbarte Verwendungen zu gewähren, steht allerdings die Maßgeblichkeit der Ansprüche entgegen. Wird ein absolut gefaßter Stoffanspruch nachträglich gemäß einer ursprünglich offenbarten Verwendung auf einen zweckgebundenen Stoffanspruch oder einen Verwendungsan spruch beschränkt（s. *Fürniss*, aaO 313 f.），kann eine unzulässige Erweiterung des Schutzbereichs nur dadurch vermieden werden, daß in der PS eine Erstreckung auf äquivalente Abwandlungen des Stoffs ausgeschlossen wird. Praktisch wird das Problem freilich kaum auftreten, weil viele Stoffansprüche so gefaßt sind, daß sie die als „äquivalent" in Frage kommenden strukturverwandten Verbindungen durch Gruppenformeln einschließen, und im Prioritätszeitpunkt erkannte Verwendungen oft nebendem Stoff beansprucht werden.

认识到发明的特性时是可能的，但在实践中通常很难以必要的精确性从功能上撰写权利要求书中的特征。

3. 现行法律规定是基于过去德国司法实践过宽地扩展了专利的保护范围这一担忧。根据一般的观点，现行法律规定不允许继续坚持过去将保护范围扩大到发明的一般思想的做法（参见本节Ⅲ a 5）。但发明的一般思想实际上几乎以等同于通过（非直接）替代形式或部分保护实现的延伸形式出现。[147]如果从根本上继续保留它，则作为现行规定基础的这一意图将完全落空，即相比德国过去的实践而较窄地确定专利的保护范围。从这产生的疑虑通过回避了发明的一般思想这一概念的部分保护之解释也不能得到消除。特别是不可能提出一项规则，根据该规则权利要求书中的非必要特征的去除不会脱离专利的保护范围。[148]因为专利文件的读者可以认为权利要求书中出现的特征都是必要的，[149]他不用思考为什么它们会存在于那里，即便根据专业人员的理解认为它们并不必要。[150]

主流的学术意见仍然认为部分保护——在或多或少的严格条件下——即使根据现行法律也是允许和必要的。[151]

bb）判决

1. 在"电池仓线路"案的判决[152]中，联邦最高法院指责上诉法院未提及权利确定性而将专利权利要求书中的一项特征以其对发明无意义为由在确定专利保护范围时不予以考虑，并指出：通过与合理奖励专利权人这一要求同等重要的权利确定性要求应该实现专利的保护范围对外界人士是可充分预见的。应该保护外界人士，避免让他们遇到这种意外，即面临被指控专利侵权，而这种专利的保护范围竟然是通过去除专利权利要求书中的特征才显现出来。他们必

---

[147]　Vgl. BGH 12. 6. 1956 Leitbleche GRUR 1957, 20, 22 l. ; 27. 1. 1961 (FN 21) ; 1. 4. 1969 Früchtezerteiler GRUR 1969, 532 ; 2. 12. 1980 (FN 18).

[148]　*Jestaedt*, FS König, 2003, S. 239, 251 ff. ; vgl. auch *Anders*, GRUR 2001, 867, 871 f. , der „wesentliche Merkmale" als unergiebigen, „unwesentliche Merkmale" als bedenklichen Rechtsbegriff ansieht.

[149]　BGH 18. 5. 1999 (FN 130) 20 ; *Jestaedt*, aaO 249, 251.

[150]　In diesem Sinn schon zum früheren Recht BGH 29. 11. 1979 (FN 18) 220 l.

[151]　*Storch*, S. 43 ff. ; v. Falck/Ohl, GRUR 1971, 545 ; *Bruchhausen*, GRUR Int. 1974, 8 f. ; *Winkler*, GRUR 1977, 403 (anders noch GRUR 1964, 531) ; *Krieger*, GRUR 1980, 685 f. ; *Fischer/Krieger*, GRUR 1980, 501 ; *Schwanhäußer*, Mitt. 1982, 186 und 1994, 29 f. ; *Tetzner*, Leitfaden, S. 172 f. ; *Ballhaus/Sikinger*, GRUR 1986, 340 f. ; *Vollrath*, GRUR 1986, 507, 511 ; *Ullmann*, GRUR 1988, 339 ; *v. Falck*, GRUR – FS, S. 516 f. Rdnr. 34 ; *Benkard/Ullmann* § 14 PatG Rdnr. 141 ff. ; *Benkard*, EPÜ/Scharen, Art. 69 Rdnr. 37 ff. , 60 ff. ; undifferenziert extensiv *Hilty*, S. 122 ; stark einschränkend König, Mitt. 1993, 32 ff. ; *Benkard/Scharen* § 14 PatG Rdnr. 122 f. ; zweifelnd *Trüstedt*, Mitt. 1984, 137 ; ablehnend *Schiuma*, S. 308 ff. ; *Jestaedt*, aaO S. 250 ; Mes § 14 PatG Rdnr. 32 ; grundsätzlich auch *Osterloh*, GRUR 1993, 260 ff.

[152]　3. 10. 1989 GRUR 1989, 903, 905 r.

须能够信赖受保护的发明完全地受到权利要求书的全部特征的限定。专利申请人必须为这一点负责，即他所要求保护的，已经谨慎地写进了权利要求书中的特征。[153]

在"可加热呼吸气管"案的判决[154]中，联邦最高法院指出，当被控侵权的实施方式缺乏权利要求书中的一项特征，而专利文件强调了该特征的特别意义时，部分保护无论如何也不符合权利确定性要求。

在"空间挡板"案的判决[155]中，联邦最高法院阐述道：该院到目前为止没有排除一种利用了权利要求书中的多数特征但没有利用其中一项被认为是非必要的特定特征的实施方式，在特定的情形下也能落入专利的保护范围。这样的情形是否真的存在，可以公开讨论。但目前为止还没有出现。这也可以是一种例外情形。此时需要特别深入地论证，为什么在具体个案中不应取决于通过列入权利要求书的方式而被强调为必要的特征及怎样不顾通常必须注意的权利确定性原则而否定该特征。

在"衰变程度测量仪"案的判决[156]中，联邦最高法院认为在将空间物理上或功能上定义的特征置于考虑之外而确定技术性权利的客体和保护范围不符合《欧洲专利公约》第69条、《专利法》第14条和《实用新型法》第12a条。否则保护范围的确定不是以授予专利的或（在实用新型中）登记的权利要求书，而是以虚构的、由前述权利要求书的单个特征的组合构成的权利要求书为基础，权利要求书因而丧失了作为确定保护范围之决定基础的意义，并有利于从在先权利的说明书推导出来的发明思想。法院最后认为，不予考虑的特征是否具有或缺乏"必要的"或"标志性的"的特征的意义，在此并不重要。

2. "机械驱动装置"案的判决[157]表明，可以通过恰当地适用关于替代因素的规则来避免因部分保护而产生的问题。该案所涉专利的客体是特别作为离合复式滑车而可在机动车中使用的、具有一根在可弯曲的外壳中可纵向移动的电线和一个自动平衡器的装置。根据权利要求书，在两段相连接的外壳之间的平衡器上使用了可伸缩的外壳延伸。被控侵权的实施方式在平衡器与离合油门之间没有外壳段，只有与专利中的外壳延伸相一致的、固定于汽车底盘的部件。联邦最高法院将此理解为不是去除了非必要特征，而是使用了该特征的替代形式，因而仍然落入专利保护范围。与权利要求书的文字相符的外壳之间的

---

〔153〕 Ebenso BGH 5. 5. 1992 Mechanische Betätigungsvorrichtung GRUR 1992, 594, 596 r.

〔154〕 24. 9. 1991 BGHZ 115, 204.

〔155〕 (FN 130) 19 f. ; ebenso OLG Düsseldorf 15. 9. 2000 Mitt. 2001, 28.

〔156〕 BGH 31. 5. 2007 GRUR 2007, 1059 (Nr. 29 – 31).

〔157〕 FN 153.

外壳延伸被外壳之间的直接连接所代替。这种细微改变没有改变专利的效果，且专业人员基于权利要求书中定义的发明为指向的思考表明，这满足了构成落入保护范围的替代因素的条件。

联邦最高法院将在平衡器与离合油门之间存在外壳段不作为决定性的特征看待，而是将关于平衡器的安排作为决定性的特征。它从与功能相关的考查中得出这一点。这种方式可以避免部分保护所带来的问题，因为权利要求书中的特征在割裂开来分析时似乎是缺乏的，但在与功能相关的考查中又是存在的。对于分别考察权利要求书所称的每个最小化的特征单元，取而代之的是考查一组这样的特征单元，只要这些特征单元明显地旨在实现一项统一的功能。[158]在"吸尘器管"案的判决[159]中，联邦最高法院认可了替代性使用的意见，因为在被控侵权的实施方式中缺乏的特征功能通过代替了权利要求书中所称的聚酰胺而被使用的与之等同的聚乙烯的更大弹性而实现。

f）法院受专利的约束

aa）原则上的思考

1.《斯特拉斯堡协定》第 8 条第 3 款、《欧洲专利公约》第 69 条第 1 款及《关于解释〈欧洲专利公约〉第 69 条的议定书》都没有限制审理侵权诉讼的法院复查争讼专利的有效性。考虑到审查国内专利的有效性的程序在各个成员国大不相同，因而在《斯特拉斯堡协定》的框架范围内不可能存在该意义上的规则。[160]《欧洲专利公约》也没有规定这种限制。它将审查不能再提起异议的欧洲专利的有效性程序规则的制定完全留待各成员国的国内法。因而欧洲专利受各个成员国为审查国内专利的有效性而规定的程序约束。《欧洲专利公约》对成员国国内法院只有在专利被当作无效看待的原因方面具有约束力（参见 § 30 Ⅲ a 2）。因而成员国有权管辖侵害欧洲专利权诉讼的法院受欧洲专利局的授权文件的约束不比受国内授权机关的授权文件约束宽。[161]《欧洲专利公约》第 69 条和《关于解释〈欧洲专利公约〉第 69 条的议定书》在专利在侵权诉讼中被承认具有效力或不审查而被当作具有效力的情况下规定专利保护范围的确定。

---

〔158〕 Vgl. *v. Falck*, FS Vieregge, 1995, S. 217, 225 ff., der einen Teilschutz als entbehrlich und die Anwendung der Äquivalenzregeln als ausreichend ansieht. *Jestaedt*, FS König, 2003, S. 239, 246, 254 rechnet Fälle, in denen die angegriffene Ausführungsform trotz Fehlens eines Merkmals den patentgemäßen Erfolg erreicht, zur Äquivalenz; iglS *Benkard/Scharen*, § 14 PatG Rdnr. 106.

〔159〕 (FN 117) Nr. 2 d.

〔160〕 Vgl. *Mangini*, GRUR Int. 1983, 226 ff.; *Ströbele*, S. 7 ff. und GRUR Int. 1975, 1 ff.

〔161〕 Im gleichen Sinne *Preu*, GRUR 1980, 696 f.

2. 因而在侵害欧洲专利权诉讼中，德国法院在考查争讼专利的效力瑕疵时无论如何只需要考虑根据国内法保留于专利授权程序和请求宣告专利无效程序的任务而推导出的限制。在这方面，自1978年起生效实施的规则未作任何改变。

根据这些规则，法院仅受权利要求书的文义约束（参见本节Ⅲ c）。通过参考说明书和附图而进行的解释表明有更宽的保护范围时，不存在对法院的约束力，因为在专利授予程序中的可保护性的审查不延伸至创造性的技术方案的细微改变（参见本节Ⅱ b 2）。

3. 实施了落入专利权利要求书文义的技术方案（"相同的"或"客观的"实施）的侵权诉讼，被告只能通过请求专利无效之诉主张该技术方案已为现有技术所先行实施或是从现有技术中显而易见的。如果他所实施的技术方案虽然为专利保护范围，但没有为权利要求书的文义包含，则他可以在侵权诉讼中抗辩，该技术方案已为现有技术所先行实施或是从现有技术中显而易见的。[162]在专利文件的表述不充分时，被告自己可以告知据以支持其抗辩的关于现有技术的材料。法院不限于只考虑专利文件中引用的现有技术。[163]这种抗辩通常只基于新查明的现有技术才有成效，而专利文件中引用的现有技术通常阻止这种情况的出现，即对权利要求书的解释表明专利的保护范围包含被告所实施的技术方案。

4. 审理侵权诉讼的法院不得讨论在专利授权程序中已经审查的问题，特别是根据前面介绍的原则不得研究由权利要求书的文义定义的技术方案是否已为现有技术先行实施或是从现有技术中显而易见的。不同于根据"三分法"，即使完全地先行实施已获专利的技术方案对于侵权诉讼也没有影响。但在这种情形中被告没有在权利要求书的文义范围内活动时，通常可以以他实施的是从现有技术显而易见的技术方案为理由抗辩。相反，以因完全地先行实施了已获专利的技术方案而滥用诉讼为由的抗辩并没有操作空间。

上述规则相应地适用于未充分公开或禁止扩大的问题。该问题完全是导致专利的决定性文本的程序审查的对象。在此产生的错误只能通过请求宣告专利无效之诉予以责难。即使从《专利法》第38条第2句也不能得出其他结果（参见§25 A Ⅷ c）。

5. 权利要求书撰写得越抽象，法院受权利要求书的文义约束就意味着对侵权诉讼的被告的负担越重。在具体撰写的权利要求书中，被告尚有机会以现有技术为自己偏离了权利要求书的实施方式抗辩；如果该实施方式为通过功能

---

〔162〕 Ebenso im Ergebnis *v. Falck/Ohl*, GRUR 1971, 545; Nirk, S. 286; *Bruchhausen*, GRUR 1984, 424（Diskussionsbeitrag）; *Preu*, GRUR 1985, 733; *Ballhaus/Sikinger*, GRUR 1986, 342.

〔163〕 *Preu*, GRUR 1980, 696 und 1985, 733; *v. Falck*, GRUR 1984, 395.

撰写的权利要求书的文字所包含，则侵权诉讼的被告只能求助于请求宣告专利无效之诉。基于该原因，越抽象的权利要求书文本意味着第三人的风险越高。这种文本可能的好处是，他不再允许超出文字之外的内容的假设产生（参见本节 III d bb）。但这里可能存在的"权利安全性"的提升不得以阻碍对现有技术的利用和进一步发展为代价来换取。

bb）Formstein 抗辩

1."Formstein"案的判决[164]确立了在现行法律之下专利保护范围通常可延伸至替代形式的立场。在该判决中，联邦最高法院允许以作为替代物而被控侵权的实施方式考虑到现有技术不是可专利的发明为由抗辩。被告因而不再——如根据旧法（参见本节 II a 3）——仅仅以被控侵权的实施方式通过现有技术已为人所知为由进行抗辩。他可以主张，被控侵权的实施方式是专业人员能以显而易见的方式从《专利法》第 3 条第 1 款所称的现有技术获知的。联邦最高法院借此想确保，将所有对于争讼专利的可保护性和对于判断是否应给发明人公开其发明以奖励的问题也具有决定意义的知识作为证据提出来，作为现有技术自由、非创造性发展的证明。

2.针对实用新型侵权诉讼也可提出这种抗辩。[165]当然，通常情况下因为《实用新型法》第 13 条第 1 款而不需要这种抗辩（参见 § 26 B I 3）。只有侵权诉讼的双方当事人在实用新型撤销程序中相互对抗，而在该程序中实用新型有效力地全部或部分得以维持。根据《实用新型法》第 19 条第 3 句，法院因而受这种决定约束。但被告可以主张与被控侵权实施方式等同的现有技术，要求考虑对判断实用新型的主题可保护性具有决定性的、由《实用新型法》第 3 条规定的现有技术。现有技术不具有新颖性或创造性，不满足《实用新型法》第 1 条规定的发明要件。

3.联邦最高法院提出的上述原则符合在旧法之下就已经表达出来的需求（参见本节 II b）。该原则广受欢迎并在关键词"Formstein 抗辩"之下成为德国现行《专利法》和《实用新型法》中为人熟知的组成部分。[166]该原则允许当侵权诉讼被告的实施方式与权利要求书中定义的主题在过去的"三分法"意义上"直接等值"时也针对侵权诉讼予以防御。[167]因而专利（或实用新型撤销程序中维持实用新型的决定，参见第 2 点）对法院的约束力退缩于仅有充分

---

[164]　29. 4. 1986 BGHZ 98，12，22.

[165]　BGH 4. 2. 1997 Kabeldurchführung BGHZ 134，353，357 f.

[166]　Zusammenfassend *Jestaedt*，Der „Formstein" – Einwand，FS Bartenbach，2006，371 – 384.

[167]　*Ullmann*，GRUR 1987，279.

理由的范围。被控侵权的实施方式为专利权利要求书的含义所包含，即存在相同实施时，不能适用"Formstein 抗辩"。[168]

被告必须说明和举证证明抗辩的条件。[169]对是否符合条件的审查通常需要不仅考查被控侵权的实施方式，也要考查专利权利要求书中的特征及其所实现的专利功能，因为否则被控侵权的实施方式与现有技术的比较可能只呈现出对于双方当事人的争议无关紧要的特征方面的一致性。[170]这意味着：被控侵权的实施方式必须在其与已获专利的发明等值的一个或多个特征方面从现有技术中显而易见。

被控侵权的实施方式以创造性的方式区别于争讼专利的主题的，则取决于被控侵权的实施方式可以追溯的、更抽象的技术方案及基于其与争讼专利中受保护的发明的等值性是否可以主张——简而言之，对于等值性具有决定性的功能（参见本节Ⅲ d cc）——是专业人员从争讼专利的优先权日的现有技术中显而易见。[171]因此专利保护范围不得延伸至对争讼专利中具体所称的手段有创造性改变的实施方式，但前提是，技术特征的创造性内容仅是为实现某种功能的手段，并且该功能自身属于现有技术或者可以从现有技术中明显推断出来。

4. 作为"Formstein 抗辩"基础的事实可以使构成争讼专利主题的发明的可保护性成为问题。例如，证明属于争讼专利的优先权日的现有技术的事实不仅可以使被控侵权的实施方式，而且可以使已获专利的发明对于专业人员而言是显而易见的。

在下述情况下，联邦最高法院[172]不允许"Formstein 抗辩"：对被控侵权的实施方式是否考虑到现有技术不属于可受保护的发明的审查，在实用新型侵权纠纷中不得与双方当事人之间的实用新型撤销程序中作出的驳回撤销实用新型请求的决定（参见第2点）相矛盾。如果所谓的"Formstein 抗辩"在其客观内容方面只是针对已经被认为应受保护而予以容忍的技术方案的可保护性，则不能采取该抗辩。因为基于德国法中的职能划分而得到承认的知识产权都必须有合理的、必须考虑对《欧洲专利公约》第69条解释的议定书中的基本原则的保护范围，因而即使在合法的质疑中也不得以这种方式限制保护范围，以致

---

[168] BGH 17. 2. 1999 Kontaktfederblock GRUR 1999, 914, 916 r.

[169] BGH aaO 918 r.

[170] BGH aaO; im gleichen Sinn schon v. *Falck*, GRUR 1988, 6 und 1998, 218, 222.

[171] Vgl. *Gesthuysen*, GRUR 2001, 909, 915 f.; *Nieder*, FS König, 2003, 379, 390 f.

[172] 4. 2. 1997（FN 165）360 ff.; schon LG Düsseldorf 21. 12. 1993（Rollstuhlfahrrad）GRUR 1994, 509 hatte die Ansicht vertreten, die als äquivalent angegriffene Ausführungsform dürfe auf den „Formstein" – Einwand nur dann auf ihre Erfindungshöhe untersucht werden, wenn der entgegengehaltene SdT überhaupt die äquivalente Abwandlung und nicht ausschließlich solche Merkmale des Patentanspruchs betrifft, die bei der angegriffenen Ausführungsform wortsinngemäß verwirklicht sind.

感兴趣的实施者以可想象的小的、结果上完全无关紧要的改变就能脱离保护范围。这将导致不仅仅因——以同样的方式适用于权利的客体——强制性地得出通过驳回撤销实用新型请求而得到承认的权利没有包含可受保护的技术实施方案认定结果的思考，而否定作为替代物被控侵权的实施方式可归入权利保护范围。在已经生效裁决的撤销实用新型程序的双方当事人之间进行的侵权诉讼中，首先必须审查被告的抗辩：作为对抗证据提出的现有技术，是否其某种变化的等同物被主张为实用新型的主题，是否其表现出某种形态，专业人员容易联想到侵权实施例的主题。被告不能说明或举证证明现有技术中的这些特征，则其抗辩通常无效。

5. 人们可以认为，联邦最高法院的上述论述不仅仅适用于在实用新型中仅仅很少出现的情形，而且主要应在专利侵权诉讼中为"Formstein 抗辩"确立界限。这些论述得到了学术界的理解。但也存在不同的学术意见。[173]问题早就被认识到，但因为"Formstein 抗辩"的目标有限而没有去限制其适用范围的动机。[174]

"Formstein 抗辩"的基础是这种思考，即通过专利的授予、在异议程序或请求宣告专利无效程序中的专利维持或在撤销程序中的实用新型维持，对于通过权利要求书定义的发明的可保护性，只是限于在权利要求书的含义所达到的范围内，而不是涉及由权利要求书的含义所包含的实施方式的可能替代的细微改变的范围内，进行审查和认可；且审理侵权诉讼的法院受授予或维持争讼权利的决定约束，也不能比因此产生的对可保护性的认可走得更远。这种约束适用于前述决定的结果。只要专利在请求宣告专利无效程序中或实用新型（依第三人的请求或因双方当事人之间尚未"消耗的"撤销理由）没有被清除，就必须在侵权诉讼中为权利人提供至少在由权利要求书的含义所确定的范围内的保护，即使法院因为新发现的现有技术或对过去已经考虑到的现有技术的新评价而认为通过权利要求书定义的发明不应或应有限制地受到保护。但这并非意味着法院受前述授予或维持权利决定中的理由约束[175]（但以这些决定说明了

---

〔173〕 *v. Falck*, GRUR 1998, 218, 220 f.；*Tilmann*, GRUR 1998, 325, 330；*Gesthuysen*, GRUR 2001, 909, 913；*Nieder*, FS König, 2003, S. 379, 386 f. und Die Patentverletzung, S. 204 ff. Rdnr. 294 f.；*Jestaedt*（FN 168）S. 382 ff. *Busse/Keukenschrijver*, § 14 PatG Rdnr. 107. – Zustimmend jedoch Scharen, GRUR 1999, 285, 287 f., in *Benkard*, EPÜ Art. 69 Rdnr. 85 und in Benkard § 14 PatG Rdnr. 132；Loth § 11 Rdnr. 50, § 12 a Rdnr. 19, § 19 Rdnr. 14；*Schulte/Kühnen*, § 14 Rdnr. 65；*Körner*, FS Schilling, 2007, S. 306；*Schulte/Kühnen*, § 14 Rdnr. 65；*Körner*, FS Schilling, S. 306；differenzierend *Neuhaus*, FS Tilmann, 2003, S. 549 ff.

〔174〕 *Ullmann*, GRUR 1988, 338；vgl. auch *Preu*, GRUR 1988, 14 f.

〔175〕 Vgl. *v. Falck*（FN 175）.

理由为限；在授予专利的决定中不必说明理由，见《专利法》第47条第1款第3句）。

对不为权利要求书的含义所包含而是仅仅（可能）处于其替代范围的主题的可保护性的审查，不得与授予或维持权利的决定相矛盾。即使被控侵权的实施方式基于某些理由被认为不可受保护，而这些理由同时能够使得构成权利客体的发明也不可受保护时，也适用上述规则。但并不阻碍审理侵权纠纷的法院考虑这些理由，条件是法院没有将权利作无效处理或将其保护范围限制得比由权利要求书的含义确定的范围窄。

联邦最高法院认为的对"Formstein抗辩"的必要限制最终意味着法院不仅在权利的存在方面而且在授予或维持权利的理由方面受到约束，且不得通过考虑此前未关注到的现有技术对这些理由进行质疑。

《欧洲专利公约》第69条和《关于解释〈欧洲专利公约〉第69条的议定书》将审理侵权诉讼的法院是否以及多大程度上受欧洲专利的约束的问题留待成员国国内法规定。[176] 如果国内法允许法院将专利作为全部或部分无效对待，则无缘由来阻碍法院将国内法中适用的对法院的约束，局限于已授予或维持专利的附具了效力请求的决定中，以及不延伸至这些决定中包含的或完全仅仅因为其结果而推定的理由。

被控侵权的实施方式越接近争讼权利的权利要求书的含义，联邦最高法院的观点就越与"Formstein抗辩"相对立。它在侵权诉讼中引起对法院在超出权利要求书含义之外的范围的额外约束。"三分法"因此而重生，它要求在替代范围的一部分中约束法院。[177] 可能该部分不包含过去所有的"直接替代"的范围，而只是"平面的"替代。尽管如此，仍然丧失了"Formstein抗辩"所带来的进步；事情甚至比过去变得更复杂。

联邦最高法院所担忧的在"可想象的小的、结果上完全无关紧要的改变"中进行的"Formstein抗辩"，在恰当地查明权利要求书的、根据联邦最高法院的意见，即使使用"众所周知的"替换手段也不能从中脱离出来含义时（参见本节Ⅲ d aa α 2），应予以排除。

对"Formstein抗辩"的限制无助于实现实质公平；[178] 对有权授予和维持权利的机关的尊重，即使在无限制地允许"Formstein抗辩"中也能得到保障。

---

〔176〕 Vgl. *v. Falck*（FN 175）und oben aa 1.

〔177〕 Vgl. *v. Falck*（FN 175）.

〔178〕 *Busse/Keukenschrijver*，§14 PatG Rdnr. 107 a. E.

§ 33　侵害保护权的行为

参考文献： *Ahrens*, *H. - J.* , Die klinische Erprobung patentierter Arzneimittel - Zum patentrechtlichen Versuchsprivileg, FS Deutsch, 1998, S. 429 - 442; *Ann*, *C.* , „Identität" und „ Lebensdauer " - Patentverletzung durch Instandsetzung patentierter Vorrichtungen, FS König, 2003, S. 17 - 32; ders. , Patentverletzung durch Instandsetzung patentierter Vorrichtungen, VPP - Rundbrief 2004, 117 - 123; *Beier*, *F. - K. /Ohly*, *A.* , Was heißt „Unmittelbares Verfahrenserzeugnis"? GRUR Int. 1996, 973 - 986; *Böckstiegel*, *K. - H. /Krämer*, *P. M. /Polley*, *I.* , Kann der Betrieb von Satelliten im Weltraum patentrechtlich geschützt werden? GRUR 1999, 1 - 11; *Brandi - Dohrn*, *M.* , Durchsetzung von Rechten des geistigen Eigentums - Verletzung und Haftung bei Patenten (TRIPS und das deutsche Recht), GRUR Int. 1997, 122 - 134; *ders.* , Die Schutzwirkung von Verwendungsansprüchen, FS König, 2003, S. 33 - 47; *Bruchhausen*, *K.* , Der Schutzgegenstand verschiedener Patentkategorien, GRUR 1980, 364 - 368; *Chrocziel*, *P.* , Die Benutzung patentierter Erfindungen zu Versuchs - und Forschungszwecken, 1986; *Eichmann*, *H.* , Produktionsvorbereitung und Versuche vor Schutzrechtsablauf, GRUR 1977, 304 - 308; *Eisenführ*, *G.* , ZurRechtsnatur von Verwendungsansprüchen (VerfahrenoderErzeugnis?), FS Schilling, 2007, S. 99 - 110; *Fähndrich*, *M. /Tilmann*, *W.* , Patentnutzende Bereitstellungen bei Versuchen, GRUR 2001, 901 - 905; *Geißler*, *B.* , Das positive Benutzungsrecht - ein deutsches Kuriosum, FS König, 2003, S. 133 - 151; *Giebe*, *O.* , GedrängeimVorfeld. MittelbarePatentverletzung, Verwendungsschutz und unfertigerGegenstand, FS Schilling, 2007, S. 143 - 163; *Hahn*, *J.* , Der Schutz von Erzeugnissen patentierter Verfahren, 1968; *Haupt*, *I.* , Terrirorialitätsprinzipim Patent - und GebrauchsmusterrechtbeigrenzüberschreitendenFallgestaltungen, GRUR 2007, 187 - 194; *Heath*, *C.* , Örtliche, zeitliche und inhaltlicheSchranken des Patentrechts, FS Kolle/Stauder, 2005, S. 165 - 177; *Heide*, *N.* , Softwarepatente im Verletzungsproze?, CR 2003, 165 - 171; *Heinemann*, *A.* , Immaterialgüterschutz in der Wettbewerbsordnung, 2002, S. 238 - 276; *ders.* , Gebietsschutz und Binnenmarkt - BewährungsprobefüreinprekäresGleichgewicht, FS Schricker, 2005, S. 53 - 67; *Hieber*, *T.* , Die Zulässigkeit von Versuchen an patentierten Erfindungen nach 11 Nr. 2 PatG 1981, GRUR 1996, 439 - 447; *Hölder*, *N.* , MittelbarePatentverletzung und ErschöpfungbeiAustausch - und Verschleißteilen, GRUR 2005, 20 - 24; *Holzapfel*, *H.* , Das VersuchsprivilegimPatentrecht und der Schutz biotechnologischerForschungswerkzeuge, 2004; *ders.* , Die patentrechtlicheZulässigkeit der Benutzung von Forschungswerkzeugen, GRUR 2006, 10 - 17; *Keil*, *R.* , Patentverletzung durch Ausbessern von Verschleißteilen, Mitt. 1983, 136 - 141; *Keller*, *E.* , PatentverletzungendurchHandlungenimpatentfreienAusland, FS Ullmann, 2006, S. 449 - 464; Keukenschrijver, *A.* ,

Flügelradzähler, Kaffeetüte und Drehzahlermittlung – neueEntwicklungbei der mittelbarenPatentverletzung, FS VPP, 2005, S. 331 – 355; *Kowal – Wolk*, *T.*/*Schuster*, *R.*, Patentverletzung im Reparatur –, Ersatzteil – und Altteilgeschäft – Eine Bestandsaufnahme, FS Beier, 1996, S. 87 – 111; *Krieger*, *U.*, Die Benutzungsarten, GRUR 1980, 687 – 691; *v. Meibom*, *W.*/*Pitz*, *J.*, Klinische Versuche – eine transatlantische Betrachtung vor dem Hintergrund der Entscheidung des BGH „Klinische Versuche Ⅱ", Mitt. 1998, 244 – 252; *Moser v. Filseck*, *R.*, Verletzung deutscher Patente durch Handlungen, die im Verkehr mit dem Ausland vorgenommen werden, GRUR 1961, 613 – 618; *Niioka*, *H.*, Klinische Versuche im Patentrecht, 2003; *Pagenberg*, *J.*, Ausstellen und Anbieten auf internationalen Messen – eine Verletzung gewerblicher Schutzrechte? GRUR Int. 1983, 560 – 565; *Preu*, *A.*, Die unmittelbare und die mittelbare Benutzung, GRUR 1980, 697 – 699; *Scheil*, *S.*, Klinische Versuche, Mitt. 1996, 345 – 349; Schricker, G., Anbieten als Verletzungstatbestand im Patent – und Urheberrecht, GRUR Int. 2004, 786 – 790; *Sefzig*, *W. – R.*, Feilhalten und Anbieten als selbständige Patentverletzung, GRUR 1992, 413 – 418; *Stauder*, *D.*, Patentverletzung im grenzüberschreitenden Wirtschaftsverkehr, 1975; *ders.*, Patentschutz im extraterritorialen Raum, GRUR Int. 1975, 421 – 424; *ders.*, Die Freiheit des internationalen Verkehrs im Patentrecht, GRUR 1993, 305 – 308; Stjerna, I. B., Die Voraussetzungen und Grenzen des patentrechtlichen Versuchsprivilegs, Mitt. 2004, 343 – 349; *Teschemacher*, *R.*, Die mittelbare Patentverletzung, 1974; *Tetzner*, *V.*, Verletzung deutscher Patente bei Auslandsgeschäften, GRUR 1980, 882 – 895; Villinger, B., Anmerkungen zu den §§9, 10 und 11 des neuen deutschen Patentgesetzes über die Verbietungs – bzw. Benutzungsrechte des Patentinhabers und die mittelbare Patentverletzung, GRUR 1981, 541 – 545.

提示： 以下内容在引用《共同体专利条约》的条款时是按照 1975 年的版本进行编号的，但在括号中标出了 1989 年版本的条款序号。

Ⅰ. 概　要

a）法律规定

1. 根据《专利法》第9条第2款，在未经专利权人许可的情况下，禁止任何第三人采取实施受专利保护的发明的某些行为。同时，这一规定还区分了产品专利和方法专利。

如果受保护的发明在专利权利要求书中是通过产品的特征定义的，即产品是技术理论的实现，则第三人只能在专利权所有人许可的前提下，制造、许诺销售、投放市场或者使用依据发明创造出来的产品，或者为这些目的进口或者占有该产品。简单来说，就是通过禁止实施来保护依据发明的或者受专利保护的产品（参见§32 Ⅲ a 4）。

如果专利的权利要求书中受保护的发明被标识为方法，那么，第三人没有得到专利权权利人的许可就不得应用该方法；如果他知道或者该方法很明显是他人的专利，第三人也不得在专利法的适用范围内提供该方法以供应用。这里所赋予的方法保护通过对以下行为的禁止得到了补充：没有得到专利权权利人许可的许诺销售、投放市场或者使用专利方法的直接产品，或者为实现这些目的进口或者占有该直接产品。由此，给直接的方法产品赋予了一种保护。这种保护，除去生产的事实要件之外，相当于实物专利中对依据发明的产品的保护。只是在使用了受保护方法的情况下，生产才会涉及方法专利。

2. 《专利法》第9条通过第9a条对生物技术发明的专利效力进行了补充。

根据《专利法》第9a条第1款，涉及具有特定属性的生物材料的专利效力，可延伸到每一种从那种材料中通过有性或无性繁殖，以同样形式或者以其他形式获得的，并且拥有了那种材料在专利发明基础上所具有的属性的生物材料。这里尤其考虑到生物材料的繁殖不仅仅使用初始材料，也意味着生产其他同类材料的这一特点。在这方面，它仅仅是准确地表述了生产的一般事实构成。

根据《专利法》第9a条第2款，对于获取具有某种特殊性能的生物材料的方法专利，其效力会延伸到使用该方法直接取得的材料，以及通过有性或者无性繁殖，以同样的或者以其他形式获得的，并且拥有了直接方法产品在专利发明基础上所具有的那种属性的材料。由此，如果直接方法产品为生物材料的，方法专利的效力会超出其范围，延伸到其同类繁殖产品上，而且将宽于依据《专利法》第9条第1句第3项中所述的方法专利效力。而具有争议的问题是，是否将繁殖产品视作直接方法产品，以及结果是指什么，这是应该在它们倾向肯定的意义上来决定的；不过，清楚区别了直接方法产品与它的繁殖产品的新规定，正确地否定了这一问题。

根据《专利法》第9a条第3款，对于涉及基于专利发明之上、由遗传信息组成，或者包含遗传信息产品的专利，其效力则延伸到能实现该产品的材料，以及内部包含遗传信息且满足其功能的材料，但是，这种"材料"指的不是一个人在任何成长、发展阶段的身体（《专利法》第9a条第3款第2句，以及《专利法》第1条第1款1a；参见§14 Ⅲ c 1）。该条款考虑到了一种情况，即遗传信息的功能最终在于确定由遗传促成的生物体特征。

3. 对于实用新型——由于缺少对方法和生物技术发明的保护——仅有的是相应于《专利法》第9条第2句第1项的规定：根据《实用新型法》第11条第1款第2句，如果没有得到实用新型权利人的许可，禁止任何第三人生产、提供、投放市场或者使用依据发明创造的产品，或者为这些目的进口或者占有依据该发明创造的产品。

4. 根据《专利法》第9条、《实用新型法》第11条第1款的许可要求，《专利法》第11条、《实用新型法》第12条规定，具有特殊目的或者在特殊情况下的行为被排除在了这种许可要求之外：非商业目的的私人行为（第1项）；出于实验目的的行为，但发明本身应该是研究的对象（第2项）；涉及在国际交通中临时进入《专利法》和《实用新型法》适用范围之内（到国内）的交通工具的行为（《专利法》第11条第4~6项，《实用新型法》第12条第3项）。

《专利法》第11条第2a和2b项细化了出于实验目的例外行为的范围。根据转换《生物技术指令》而引入的数字2a，专利的效力不包括以饲养为目的的使用生物材料、发现和培育的新植物品种。[1] 第2b项是根据2005年为转化欧盟指令对《药品法》的修改而做出的规定：为了获得药品监管部门的批准或者许可而进行的必要研究和实验，不属于专利的效力范畴。

根据自1981年以来就适用的《专利法》第11条第3款，在药店中个别配置医生开具的处方药，以及如此的制造药物的行为，被排除在了专利效力之外。

5. 依据第9a条赋予繁殖产品专利的效力，将受到根据第9b条和第9c条的特别限制。

根据《专利法》第9b条，允许从专利权人或者获得其授权许可的人，在欧盟或者在欧洲经济区内以繁殖为目的而投放市场的生物材料中，通过有性或者无性繁殖制备其他生物材料，但不得继续繁殖这种材料本身。这一规定是与权利用尽原则（参见后面V）相关的。但不同之处在于，该规定还从专利效力中排除了生产的行为，而另一方面放弃了基于投放市场的特定目的以及因此的专利权人意志方向，而一般用尽原则效力是不能通过这样的目的设置对专利权人加以限制的。

依据植物品种保护的"农业优先权"，《专利法》第9c条第1款包含了相应的专利效力限制，即允许农民用自己的作物进行进一步的繁殖。

农业家畜和动物繁殖材料可在《专利法》第9c条第2款规定的范围内用于农业目的。

《专利法》第9b条和第9c条第1款、第2款来源于《生物技术指令》，而德国的立法者也在其转化时添加了第9c条第3款。据此，第9a条不再适用

---

〔1〕 使用受保护品种的繁殖材料培育新品种与《品种保护法》并不矛盾，参见《品种保护法》第10a条第1款第3项。

于从农业上偶然的或者技术上不可避免地获得的生物材料，这样一来，当农民种植未受到专利保护的种子或者苗本时，他就不会被提起索赔。

6.《专利法》第 11 条、《实用新型法》第 12 条为因授予专利或者登记实用新型而产生的实施禁止施加了内容上的限制。这些限制是这样与实施禁止不同的：允许第三人实施是因为保护权的权利人授予了广泛的许可，或者保护权的许可被官方的行为所取代，或者认为没有保护权保护的占有状态是无关紧要的（参见 § 34）。这里涉及与实施禁止相悖的实施权限；在这些情况中，《专利法》第 11 条和《实用新型法》第 12 条从一开始就没有一个实施禁止，因此，行为人不需要一个具备特殊理由支持的实施权限。这种说法也同样可以适用于专利效力受到了第 9c 条的限制。与此相反，《专利法》第 9b 条更多的是基于这样一种想法：认为在上述前提条件下利权人已经颁发了许可。

7. 根据《专利法》第 10 条、《实用新型法》第 11 条第 2 款，发明还通过禁止某些间接实施行为得到保护。它针对的是阻止提供和交付涉及发明重要元件的工具。如果没有得到授权，接收人在国内将为了实施发明而使用所提供的或者交付的工具，并且行为人知晓这种情况或者这种情况是明显的，那么原则上将受到干预。这里，接收人的实施权是不能从《专利法》第 11 条第 1～3 项（也就是现在的第 2a 和 2b 项）、《实用新型法》第 12 条第 1 和 2 项规定的对保护权禁止效力的限制中得出的。

8. 与作为蓝本的《共同体专利条约》第 29～31 条（25～27）相比，《专利法》第 9～11 条的不同之处——不包括最近新添加的规定——主要只是在于，第 9 条第 2 句中确立的禁止行为的优先性要低于其所明确承认的专利权人的独占实施权。[2] 但是这并不意味着，第 9 条第 2 句和第 9a 条列举的侵害专利的实施行为使用形式不是最终性的。在这里，《专利法》和《著作权法》的不同的地方是，第 15 条明确显示，这里列举的财产权只是描述了源于全面性权利的作品使用权限的例子。这也相应适用于《实用新型法》第 11 条、第 12条，这些条款采纳了《专利法》第 9～11 条中被认为是对实用新型相关的规定。

9.《专利法》中关于保护效力的规定在很多地方都不同于 1981 年之前的《专利法》——不是指最近新添加的规定 ——（《专利法》第 6 条、第 7 条第

---

〔2〕　没有实质不同的是，按照《专利法》第 9 款第 2 句，凭专利可以禁止第三人，没有得到专利权人的许可，不得采取某些特定行为，而根据《共同体专利条约》第 29 条（25），共同体专利赋予了其权利人权利禁止，第三人在没有得到本人许可的前提下采取行为；参见 die Begründung zum GPatG, Bl. f. PMZ 1979, 279 l. 以及 *Schäfers*, Mitt. 1981, 6, 9 (zu 5).——第 1 句插入的澄清句子"在适用法律的框架内"就意味着没有实质性的变化；参见前文 § 1 A I 2.

4款1968/1978）：它对产品和方法的侵权行为分别进行了描述。对于专利产品，规定扩大到了进口和占有。之前在法律中并未提到的间接侵权，而在当前版本中对此有了明确的考虑；之前要求的与直接侵权的依赖性已不复存在。此外，新变化还有适用于药品配置的例外情况。有关在国际交通中使用交通工具而实施发明的规定更为详细，但内容上却比之前版本的《专利法》第7条第4款要少。

有利于私人使用的例外情况没有得到更新。这个规则符合早期专利效力的界限：专利效力一般只限于工商业性的实施行为。此外，原先的法律就认为，涉及发明本身、出于实验目的的实施并不视为是专利侵权。

10. 在1987年之后提交的申请适用《实用新型法》中关于保护效力的条款。根据原《实用新型法》第5条第1款，登记的效力是指，只有实用新型的权利人有权以工商业的目的仿制模型，将仿制出来的客体投放市场，提供或者使用仿制的客体。适用于该规定的实用新型最晚于1992年底就失效了。

11. 对于共同体专利的规定和TRIPS的相关规定已经在前面的导论中有所介绍了（参见§31 3，8）。

b）侵权事实要件之间的关系

1. 没有专利权人的许可，不得实施构成专利或者实用新型发明的客体，这只是意味着部分依照受保护理论下的行为。与此相应的按计划对自然力的运用，只能在生产和使用依发明创造的产品以及使用专利方法时才会发生。与此相反的是，将依据受保护的技术理论生产的产品投放市场或者提供这种产品，或者提供专利方法，并不需要依照受保护的行为指令。然而，它们的经济价值却得到了利用。由此得出的合法性是，这种事实要件也受专利或者实用新型禁止权的约束。如果不将它们考虑进来，就很容易规避保护权，比如将生产过程转移到没有保护权的国外去（参见下文d 2）。

进口和占有依据发明制造的产品既没有依据受保护的原理进行加工，也没有利用其经济价值。对专利或者实用新型的侵权，指的仅仅是其有目的的使用、投放市场或者许诺销售的情况。他们因此构成了依照发明或者对发明进行其他利用行为的独立预备行为。鉴于其受制于保护权的效力，因此，法律扩展了措施，预防对权利人经济利益的威胁性损害（还可参见§35 Ⅰ）。

2. 法定的侵权构成要件之间原则上是彼此独立的。当然，唯有在产品制造出来之后，投放市场、许诺销售、使用、进口和占有产品才成为可能。如果产品享有了实物专利或者实用新型的保护，或者其生产借助了专利方法，那么这些行为就会受到保护权权利人的禁止权约束。即使是专利权人同意的生产，或者该生产行为是在没有专利保护的国外完成的，也同样如此。

但是，一旦依据发明制造的物品在专利权人许可的情况下投放了市场，那么之后的再次投放市场、许诺销售和使用就不再需要获得他的许可。至此，专利或者实用新型的禁止权已经被消耗尽了（详见后文V）。也就是说，这里所说的行为——不同于实施类型原则上的独立性——只有在没有获得权利人同意之前将这种依发明制造的物品投放市场的行为，才是侵权的。

c）禁止权和实施权

1. 对发明保护的主要基础是通过专利或者实用新型赋予其权利人权限，禁止他人实施发明。在一个以工商业和竞争自由基本原则为特征的经济制度中，发明人和创新企业并不需要授予"肯定性实施权"。他们在这种自由的环境中已经可以合法地使用发明。而另一方面，他们也不会由于授予的保护权而免受限制，通过不同类型的法律法规，包括主体性权利所赋予的，获得了工商业的自由。[3]如果与法律或者第三人的权利相冲突，则专利权人实施其发明的程度不得高于财产所有人对其物品的使用（参见《民法典》第903条）。《专利法》第9条第1句将其在转化《生物专利指令》时所撰写的文本表述为"只有专利权人有权在适用法律的框架内去实施专利发明"。[4]在《实用新型法》第11条第1句中没有做相应的引入，但这并不重要，因为《专利法》中所表述的这种内容，不仅对于受专利法保护的，而且对于受实用新型法保护的发明总是适用的。

仅仅保护权的权利人有权实施发明[5]（《专利法》第9条第1句、《实用新型法》第11条第1款第1句）的这条规定，或者就其"对象"采取某些特定行为（1968/1978《专利法》第6条第1句）的规定，只有通过"仅仅"这个词才获得了特殊的含义。唯有专利或者实用新型具有独占性，专利或者实用新型只是在这种程度上赋予实施权的。这样看来，《专利法》第9条的第1句和《实用新型法》第11条第1款第1句与其第2句没有什么不同。但后者还意味着，禁止权只约束特殊类别的实施行为（参见上文a8）。

但是，在对《共同体专利法》[6]的论证中说道，专利"不仅提出了禁止权，还赋予其权利人独占实施权"。然而，却没有说明什么是这种差异。专利权人的独占实施权，"例如，能够对专利颁发许可"，这句话并

〔3〕 *Walleser*, GRUR Int. 1963, 307.

〔4〕 这一措辞漏洞较少。这种表述对于在适用的法律框架之外，是否不只是专利权人具有实施权，而且第三人也拥有实施权这一问题提出了质疑。

〔5〕 在《实用新型法》中称为"实用新型的客体"；但实用新型所登记的却是发明（参见§1 B I 1）。

〔6〕 Bl. f. PMZ 1979, 280 l.

没有说明问题，因为《专利法》第 15 条和《实用新型法》第 22 条在保护权（尚不）存在的情况下，也允许颁发许可。除此以外，就已授予专利或者已登记实用新型颁发许可首先在于，免除了禁止权对被许可人的制约。因此，取决于实施权的不是能否授予许可，而是许可的效力范围。到底在多大程度上这一论证认可了后者，却没有任何的结论。

2. 专利或实用新型权利人是否允许实施以及允许怎样实施受保护的发明不取决于保护权的这一问题，并不是说这种保护权完全没有肯定性的内容。主流的观点，亦即，认为有这样内容的观点，[7]原则上是应该支持的。但其一般被称为"肯定性实施权"，这一表述对本质的理解并不全面。这种权利的意义更多地在于，发明作为权利客体是归属于保护权权利人的（参见§1 A Ⅱ 6）。在这里，虽然考虑了对所有其他人的独占性；但独占性并不是唯一的权利内容。专利或者实用新型权利人相对于发明的法律地位，并不仅仅是对于朝向第三人的实施禁止的反映。权利人实施发明不是纯粹地行使自由，而是行使权利。但这样的一个特点还来自一个事实，即这种实施发明是在对外有效力的实施禁止保护之下进行的，从而为获得特殊优势的前景奠定了基础。作为专利或者实用新型的效力的权利人的实施权，如果没有对于第三人的实施禁止，几乎无法想象。

3. 客体相同的保护权之间关系的法律后果主要是基于假设的"肯定性实施权"推断出来的。如果对于技术行为的相同原理存在不同时间点的两个专利、两个实用新型，或者一个专利和一个实用新型，则根据几乎普遍的观点[8]，在先的权利人可以禁止在后权利人实施发明。因此，相对于在先保护权来说，在后保护权并没有"肯定实施权"——只能授权以第三人的其他权利的形式（例如，财产权、著作权或者物品完整性）对其客体进行干预性实施。与之相反，在后权利人却不得禁止在先权利人，实施两项权利的一致客体。[9]不过，为了实施在先发明，在先权利人没有必要先去清除在先的权利。[10]这就避免了相冲突的权利人相互阻碍发明的实施，除非一方的权利丧失。《实用新型法》第 14 条就包含了这一含义上的明确规定。它确立了实用新型比在后专利要更具有优先性，但并没有为清除后者提供一个理由。

---

〔7〕 *Benkard/Scharen*，§9 PatG Rdnr. 5 mit Nachweisen；ablehnend insbesondere *Bussmann/Pietzcker/Kleine*，Gewerblicher Rechtsschutz und Urheberrecht，3. Aufl.，S. 212 ff.

〔8〕 Abweichend *H. Tetzner*，GRUR 1978，73 ff.

〔9〕 RG 25. 10. 1938 RGZ 159，11，12；11. 9. 1939 GRUR 1940，23，25 r.

〔10〕 A. M. unter Hinweis auf die Zuständigkeitsverteilung *Geißler*，S. 146 f.

4. 以偏向在先发明来解决同一客体保护权之间的纷争，是否需要假设"肯定实施权"，就成了一个问题。在这些权利人的关系中，这一解决方案可以同样理解为，来源于在先权利的禁止权相对于在后权利的禁止权具有优先性。在先权利人无需被禁止，他也能禁止在后权利人的行为。至于这个优先性在多大程度上是合理的问题，虽然在后权利在形式上依然完全有效，但假设了肯定实施权却仍不能回答这一问题，而只是变换了这一问题：为什么只有在先权利具有实施权，而在后权利却没有，仍然没有答案。因此，一般被视为合理的解决方案是，认为在先保护权具有直接效力的优先性，不需要清除在后保护权，就可以主张在先保护权。最后，这一方案的合理性还在于，在两个相冲突的权利之间按照优先性原则制定出一个等级规则，相比较而言是一种较好的办法。而不是赋予双方自相残杀的致命效力，从而与以有效利用发明为目的的专利和实用新型保护背道而驰。

根据现行的专利法，在某些情况下，这一点甚至比依照以前的法律更重要。如果在先专利的客体未在在后专利的申请日或者优先权日之前公开，则可以根据 1968 年的《专利法》第 4 条第 2 款、第 13 条第 1 款第 2 项，宣告在后专利在在先专利的保护范围内无效。但是，根据现行的法律，在这种情况下宣告无效必须要求，在后专利的客体在内容的新颖性方面损害了已申请的在先专利（《专利法》第 3 条第 2 款、第 4 条第 2 句、第 21 条第 1 款第 1 项、第 22 条第 1 款）。因此，可能出现的情况就是，专利的客体落入了在先专利的保护范围，但又不可能清除在后专利（参见 § 17 Ⅲ 6）。

相反，客体相同但时间不同的实用新型之间的关系，以及在先专利与在后实用新型之间关系的规定，与以往一样，仍然符合以前的法律（《实用新型法》第 15 条第 1 款第 2 项，原《实用新型法》第 5 条第 2 款，参见 § 16 B 2）。在先实用新型与在后专利之间的关系也没有发生任何改变（《实用新型法》第 14 条，原《实用新型法》第 6 条，参见上文 3）。

5. 能够对抗基于在后保护权的实施禁止的在先保护权优先性，不仅仅对其权利人，也对其被许可人有利。不仅有利于独占性许可，而且也对普通许可有利[11]。由于后者就一般观点来看，获得的仅仅是实施权，而不是禁止权

---

〔11〕 BGH 30. 10. 1962 Aufhängevorrichtung GRUR 1963, 563, 565; vgl. auch BGH 18. 6. 1964 Förderband GRUR 1964, 606, 610; OLG Karlsruhe 25. 2. 1987（Offenendspinnmaschinen）GRUR Int. 1987, 788, 789 f.

（参见§40 V），似乎包括了普通许可被许可人在内的优先效力可以只是涉及肯定实施权[12]。普通许可被许可人可以不顾专利或者实用新型去实施发明，但他的法律地位并没有因此而用尽。这也就意味着，他也拥有保护权的独占效力（参见§40 V a）。由此就可以充分地解释，在后专利或者实用新型的权利人并不能禁止普通许可被许可人的实施。尽管在先权利也会以这种方式对普通许可被许可人产生效力，但这是与这种被许可人本身没有禁止权的规定并不矛盾的：为了有利于在先专利或实用新型的被许可人，在后专利或实用新型的禁止权让位给了基于在先专利或实用新型之上的优先禁止权。

对于客体相同的在后保护权，被赋予了保护权权利人的"肯定实施权"的效力，但这里并不需要假设这样的权利。这种效力从在先权利人的禁止权的角度也同样可以得到解释。但是，优先考虑的方案应该是，统一地审视独占实施权或者独占性归属，而不是孤立地看其肯定或者否定的一面。因此，如果在先专利或者实用新型的优先性（也）涉及禁止权，那么毫无疑问地可以由此得出，这种优先性对整个在先权利的保护范围均有效：在先权利人能够禁止第三人做的，却不能依据在后权利禁止在先权利人和他的被许可人去做。[13]但这里的前提条件是，相冲突的权利拥有同样的客体。如果不实施在先权利的客体就无法实施受在后权利保护的客体，但由于在先权利客体特殊布置又没有去要求实施它（一般是因为缺少相应公开内容造成的），这就是从属性的情况（参见下文8）。

6. 认可了不同时间点的解决方案，就相应于，对于具有同样优先权的相同客体的权利也不允许相互排除实施。由此得出，任何权利人在其权利的保护范围内，可以不顾他人的专利或者实用新型实施发明，但不能禁止其他人在该权利保护范围内的实施。[14]为了使禁止权不能完全禁止对发明的利用，这里就假设，禁止权在权利人双方之间是彼此不起作用的。当然，这也是禁止权本身的效力。禁止权仅仅涉及各自实施人权利的保护范围，也就是说，尤其是不包括可能并没有要求的公开内容，但或许是——根据相关原则的规定（参见§32

---

〔12〕 Vgl. lnsbesondere *Schönherr*, Zur Begriffsbildung im Immaterialgüterrecht, FS A. Troller, 1976, S. 29 f.

〔13〕 So RG 25. 10. 1938 (FN 9).

〔14〕 A. M. *Geißler*, S. 148 f.；这会进一步导致双方保护权的大幅贬值：因为它们都不是可撤销的，权利人的优势仅限于可以禁止第三人实施发明；而是否有损害赔偿请求权也是值得怀疑的，因为没有实施和授予许可权限显然是不会有损害发生的；可能的只是，所有人一起的共同使用。Gegen *Geißler* mit eingehender Begründung Ohly，有关具有同样优先权专利的效力，参见 Mitt. 2006, 241 - 244，也参照了《商标法》第6条第4款，据此，时间等级相同的权利彼此之间没有任何权请求权。

Ⅲ d) ——等同物。[15]

《扩展法》第 26 条采纳了在具有同样时间等级的专利或实用新型冲突中认可的解决方案，将其适用到了这些保护权因其扩展到之前并未包括的一部分德国而发生的抵触的情况，而不顾是在迄今为止有效范围基础上的时间等级。这里的合理性是基于这样一种考虑：冲突是由于扩展造成的，没有权利获得了对于整个范围的时间优先性，而在任一部分内取得的时间等级只能在这部分内，也就是说在假定法律分裂继续的情况下可以得到维持。

7. 对于同样客体的在后或者同一时间等级的保护权而归属于某个保护权权利人的实施权限，来源于其实施权的独占性，由此（也可）溯及其禁止权，因此，它开始于得出该实施权限的专利或者实用新型的授予，而结束于该专利或者实用新型的丧失。对于没有溯及力的丧失，之前的实施仍然是合法的。而在此之后的实施，如果其他权利继续存在，那么原则上就要受该权利的禁止权约束。[16]但是，类推适用《专利法》第 12 条，如果失效权利的权利人在失效前已经开始了实施或者已经就此开展了活动，那么给予失效权利的权利人继续实施权似乎是合理的。[17]

　　如果相同客体专利的授予或者实用新型的登记还取决于在先的或者同等级的申请，那么该申请人要受授予的或者登记的保护权的禁止权制约，除非该对申请也授予了专利权或者登记为实用新型。直到这个时候，他对发明都不享有独占权，因此，既不享有禁止权，也没有主流观点认为的"肯定性实施权"。由于授予或者登记的程序持续时间不同，肯定性实施权就会对这个或者那个申请人造成不合理的有利或者不利后果。

8. 普遍的意见认为，在从属性情况中，区分禁止权和实施权也是有意义的。如果受专利或者实用新型保护的技术原理不侵犯在先保护权的保护范围就无法实施[18]，尽管这一技术原理在在先保护权中并没有被特别地被要求保护（参见上文 5 最后部分），这就产生了从属性。这更多地发生在指导新的、并非显而易见地使用或者改进受保护的产品或者方法的发明中。[19]这里应该理解

---

〔15〕　So zutreffend *Ohly*，aaO 244.

〔16〕　BGH 23. 6. 1992 Magazinbildwerfer GRUR Int. 1993，548，550.

〔17〕　So RG 17. 7. 1942 RGZ 169，289，292 ff. für ein erloschenes älteres Gebrauchsmuster im Verhältnis zum fortbestehenden gegenstandsgleichen jüngeren Patent；BGH 23. 6. 1992（FN 16）scheintfür den Fall gleichen Zeitrangs ein Weiterbenutzungsrecht ausschließen zu wollen.

〔18〕　Vgl. *Krieger*，GRUR Int. 1989，216，218 r.；*Pietzcker*，GRUR 1993，272，274 f.

〔19〕　对于问题：在什么前提条件下，对在先权利的权利要求中包含特征所做的创造性改变将被作为等同物包括在作其保护范围内，参见 § 32 Ⅲ d cc。

为，使用或者改进所授予的专利或者实用新型并不意味着，获得了权利去实施在先专利权的客体：在后权利人还是依赖于在先权利人是否允许其实施。如果他没有获得许可，他也不能实施自己的发明，因为这样一来，他就侵犯了在先保护权的保护范围。但这并不意味着，在先权利的禁止权延伸到了在后权利的客体上。如果该权利人找到了不会侵犯在先权利而又能实现其发明的可能性，则在先权利人就不能阻碍。

不能依据在后权利人就禁止在先权利人实施在这里受保护的发明。同样，理所当然的是，在先权利人如果没有获得在后权利人许可，也不得实施此处受保护的原理。因此，人们常常说，在先权利的实施权并没有它的禁止权那么宽泛。[20]但严格说来，这里的禁止权也不包括实施在在先权利中并未特别要求保护的发明，如果使用了它的客体，那么只是由于有从属性而给予阻止这种实施的可能性。

d）专利或者实用新型的空间适用范围

1. 保护权权利人的独占权覆盖的国家领土是指，该权利是通过其主管的机关或者是由主管的国家间机关指定该国授予的（领土原则）。[21]由德国专利商标局授予的专利和登记的实用新型有效范围是联邦德国[22]（以下简称"国内"）。这也包括指定德国授予的欧洲专利。在特定的前提条件下，就德国授予的专利和实用新型的效力可延伸至相邻的大陆架、船舶和位于国外的飞机、人工岛或者空间站上。[23]在这些地方发生的行为被视为国内行为。

> 根据《关于〈共同体专利条例〉的建议》第3条，该条例的有效范围还包括与成员国相邻的并且根据国际法受该国管辖或者主权约束的海洋和海床，并适用于在宇宙空间中的天体，以及在依据国际法受一个或者多个成员国管辖和控制约束的宇宙飞船上制造的或者实施的发明。

2. 如果要认为某一行为侵犯了保护权，那么该行为必须要与该保护权的空间有效范围有充分的关系依据国内授予的专利或者登记的实用新型只能禁止在国内进行的行为。而针对在国外的实施发明，则只能根据在实施发生国有效的保护权采取措施。如果在该国没有保护权，那么就可以不受保护权约束实施

---

〔20〕 RG 11. 9. 1939（FN 9）；4. 2. 1941 GRUR 1941，154，155 l.；OLG Karlsruhe 27. 2. 1987（FN 11）.

〔21〕《欧盟委员会对于〈关于合同外债务关系适用法律的条例〉建议》也是基于这个原则，参见 *Buchner*，GRUR Int. 2005，1004 ff.。

〔22〕 Einzelheiten bei *Benkard/Scharen*，§9 PatG Rdnr. 9.

〔23〕 Näheres bei *Stauder*，S. 16–45 und GRUR Int. 1975，421 ff.；*Beier/Stauder*，GRUR Int. 1985，6 ff.；*Böckstiegel/Kramer/Polley*，GRUR 1999，1 ff.

发明；它们是"没有保护权的外国，尤其是没有专利的外国"。

　　如果在外国存在专利或者其他对发明的保护，只要根据案件情况允许法院行使国际管辖权，那么也可以在德国法院对当地出现的侵权行为提起诉讼（详见§36）。

　　3. 如果在国内出现了一种《专利法》第9条第2句以及《实用新型法》第11条第1款第2句所称的违法行为，即可称为对国内专利或者实用新型的侵权。尤其是，在国内按照发明生产的、但只在国外销售和消费的产品，也侵犯了保护权。在这里就已经显现出，专利或者实用新型的效力不会限制在，将其权利人留在依发明制造的产品或者服务的国内市场。此外，该效力还广泛地对阻止旨在从国外市场获得发明收益的国内行为。为了确保保护权人能够获得其发明合理的报酬，德国的司法判决和学界进行了多重努力，认为法律规定的事实要件只有部分发生在国内，并且在国外才结束，就足以被视为是侵权。原则性的抗辩并不能对抗扩展行使的这种专利和实用新型法上的实施禁止。只要德国立法者没有主张对国外进行的行为直接施加禁止，就不阻止德国立法者颁布间接影响国外市场的规定。专利和实用新型保护的基本目的也并不要求，只针对国内市场有影响的行为去限制保护权权利人的禁止权。如果专利或者实用新型权利人在国内也无需忍受只在国外市场上进行的涉及发明的竞争活动，更多的不仅要有发明人对获得合理回报的期许，而且还要有为发明和创新而在国内进行投资的决心。当然，在国外只能通过该国的保护权才能对竞争性发明的利用提供完整的保护。如果对国内行为的禁止能够有益于保证其国外的销售，德国立法者就不需要指导专利或者实用新型的权利人去参照外国的保护权。在国内至少需要确认哪些事实，才能说是国内的侵权行为，是需要在专利或者实用新型权利人享有的各种实施形式中讨论的。

　　Ⅱ. 涉及产品的实施行为

　　前言：对于保留有产品发明保护的实用新型（《实用新型法》第2条第3项），《实用新型法》第11条第1款第2句与《专利法》第9条第2句第1项有关对产品发明授予专利的规定是一样的（实物专利）。因此，以下关于专利的阐述只在以下情况下适用：不具备生物技术发明的特殊性（《专利法》第9a条、《实用新型法》第1条第2款第5项）。而相应地对于实用新型来说，即使没有特别提及也是适用的。

　　a）实物专利和实用新型保护的效力范围

　　1. 如果专利的客体是由一种物质、一台设备或者其他物品确定的，而它们的特征是通过发明来实现的，那么，在法定的事实要件框架内，所有涉及如此获得的产品的行为，都受专利权人禁止权的约束。因此，实物专利阻止制造专利产品是与制造的方式无关的。[24]专利中有关制造方法的说明并没有将保护效力局限于在这种方法的产品。[25]即使产品，就像在一定条件下允许的那样，是在专利权利要求中通过说明一种它的生产方法来表征的，原则上也是受实物专利的效力保护（方法表征的产品——权利要求）。[26]但是，联邦最高法院新的司法判决却要求，应该通过解释专利权利要求去确定，是否以及在多大程度上，由说明的方法得出了，在运用该方法所获得的产品上有由该方法造成并被认为是依发明的特征。[27]

出于何种目的的制造、投放市场、提供或者使用依据专利的产品，是没有区别的。实物专利保护并不局限于在对该实物的利用类型上[28]，尤其不局限在专利中说明的——比如，为了解释发明的优点——类型上。此外，按照实践中主流的对化学物质的保护，也并不依赖于在使用化学物质时是否用到了构成其专利的特点和效果。[29]由此可见，对获得专利的化学物质的保护被视为是绝对的，也就是说，是与目的无关的。[30]如果专利的权利要求限制在物质的定义上，这就是合乎逻辑的。然而，令人疑问的是，如果所制备的物质仅仅是因为显现出了意外的特性而被认为是有创造性成果的，那么也要如此撰写的权利要求是否合理（参见§24 A Ⅲ）？

如果专利权利要求中包含有一个限制性的目的说明，那么这种提供这样的"方法权利要求"的保护，就是受目的的限制的，就不包括为了其他目的的使用。[31]对于一种"抗病毒药物"的权利要求，它是这样表示

〔24〕 BGH 25. 4. 1956 Textilgarn GRUR 1959, 125. – Auch die Gewinnung aus natürlichen Vorkommenwird erfaßt, vgl. *Utermann*, GRUR 1977, 1, 14; Tauchner, Mitt. 1979, 84 ff. ; Bunke, GRUR 1978, 132, 135 f.

〔25〕 OLG Karlsruhe 26. 11. 1986 GRUR 1987, 892.

〔26〕 BGH 6. 7. 1971 Trioxan BGHZ 57, 1, 22; 14. 12. 1978 Farbbildröhre BGHZ 73, 183, 186 f. ; krit. *Schrell/Heide*, Zu den Grenzen von „Product – by – Process" – Ansprüchen im Erteilungs – und Verletzungsverfahren, GRUR 2006, 383, 399; differenzierend *Rogge*, Die Schutzwirkung von „Productby – Process" – Ansprüchen, Mitt. 2005, 145, 149.

〔27〕 BGH 19. 5. 2005 Aufzeichnungsträger GRUR 2005, 749 (B 2) im Anschluß an BGH 19. 6. 2001 zipfelfreies Stahlband GRUR 2001, 1129, 1133.

〔28〕 BGH 25. 4. 1956 (FN 24) ; 15. 11. 1955 Spann – und Haltevorrichtung GRUR 1956, 77, 78 r. ; 7. 11. 1978 Schießbolzen GRUR 1979, 149, 150 r. ; 13. 12. 2005 Rangierkatze GRUR 2006, 399; einschränkend *Bruchhausen*, GRUR 1980, 366 l. für Verwendungen, die vom maßgebenden SdT ausnaheliegen.

〔29〕 BGH 27. 2. 1969 Disiloxan BGHZ 51, 378, 389.

〔30〕 BGH 14. 3. 1972 Imidazoline BGHZ 58, 280.

〔31〕 BGH 16. 6. 1987 Antivirusmittel BGHZ 101, 159.

的：“它包含有……（两种可替代化合物中的一种）”，那么，该权利要求对于市场上流通的抗帕金森药物（包含有与依照权利要求的结构相关的化合物）就没有任何保护效力。

实物专利的保护并不排除对新的、非显而易见的生产或者使用专利产品的方法授予专利。当然，这是从属于这一产品的专利的（参见上文Ⅰ c 8）。

2. 实施专利产品生产另一产品是使用专利产品。如果没有得到专利权人同意就将专利产品投放市场，专利权人才能禁止这种使用（参见下文Ⅴ）。通过专利产品生产的结果就不再受专利的权限约束[32]，当然，这里的前提是该结果不是生物材料的繁殖产物或者包含有遗传信息的产品（《专利法》第 9a 条，参见上文Ⅰ a 2）。即使没有获得专利权人同意的将专利产品投放市场此前已经发生了，也必须适用这一原则。在这种情况下，比如，虽然设备专利的权利人（作为使用）可以禁止通过该设备生产其他产品，但是，它并不能禁止将未经他许可而生产的产品投放市场、提供和使用该产品。

依据对专利侵权的使用给予损害赔偿的观点，这里并不排除，通过停止涉及使用产品的利用行为来要求恢复原状。

对于（没有获得专利权人同意而投放市场的）专利产品的继续加工获得的产物，无论如何都会受到专利权的权限约束，只要满足了这样的前提条件：该产品尽管接受了进一步的加工或者处理——例如安装到一台组装的设备中或者与其他物质混合在一起[33]——仍能被视作一项方法的直接产品（参见下文Ⅲ c cc 4 ff）。此外，实物专利的效力原则上要比方法专利宽泛。[34]尤其是对于专利物质进行化学转化的情况，还要着重接受的是，如果加工后的产品的优势特点与效果在很大程度上仍是由专利物质确定的，那么它还受专利的保护。[35]因此，如果对中间产品授予的专利是因为考虑到最终产品的特点，那么，该专利的权限就必须延伸到最终产品的投放市场、供应和使用。

---

〔32〕　BGH 14. 12. 1978（FN 26）；20. 2. 1979 Biedermeiermanschetten BGHZ 73，337，346.

〔33〕　Dazu OLG Hamburg 18. 6. 1981 GRUR Int. 1982，257：Patentverletzung durch Vertrieb eines Futtermittel – Zusatzes als Bestandteil eines Mischfutters，das außerdem zahlreiche weitere Wirkstoffe enthält. Vgl. auch Utermann，GRUR 1981，537，539 f.

〔34〕　Vgl. BGH 6. 7. 1971（FN 26）24；*Hahn*，S. 108 ff.；*Kohler*，Handbuch des Patentrechts，1900，S. 465.

〔35〕　Vgl. *Moser v. Filseck*，GRUR 1977，351，353，356；*v. Pechmann*，GRUR 1977，377，383 f.；*Benkard/Bruchhausen*，§ 9 PatG Rdnr. 30 a；*Reimer*，§ 6 Rdnr. 91；*Klauer/Möhring*，§ 6 Rdnr. 116. – LG Düsseldorf 6. 8. 1985 GRUR 1987，896 verneint Benutzung des patentierten Zwischenproduktsdurch ein Endprodukt，das jenes bis auf einen geringfügigen Rest nicht mehr enthält und andere physikalische Eigenschaften sowie eine andere technische Verwendbarkeit aufweistals das Zwischenprodukt.

根据《专利法》第9a条第3款——依据第1a条第1款有关人体的例外规定——由遗传信息组成或者包含遗传信息的产品专利的保护，延伸到了在其中该产品找到了出路、包含同样遗传信息并实现了它的功能的任何材料。

3. 如果根据现行的法律存在可能性，对植物、动物或者其他生物材料提供实物专利保护（参见§14 Ⅲ），那么根据《专利法》第9a条第1款，这些生物的自然繁殖产品也受实物专利的权限的控制。对于基于具有特定特点的发明的生物材料的专利保护，就涵盖了从专利生物材料中通过有性或者无性繁殖、以同样或者其他形式获得的、并且具有同样特点的任何生物材料。

4. 对属于现有技术的物质或混合物的首次医学应用而授予的与目的有关的产品保护（《专利法》第3条第3款，《欧洲专利公约》第54条第5款），仅仅阻止基于"新颖性"的医学目的的行为。关键的是在权利要求中标记的目的（参见§24 A Ⅲ 5）。对于制造、适用、将其投放市场和提供这种物质或者混合物，只有从客观确定的情况中发现，其目的就是依照专利的利用，才能认为是专利侵权。实践中，这种类型的最重要情形是为了医疗用途"明显地制备"这种物质。就此而言，这同样适用于对其他适应证的保护（参见后文Ⅲ d）。

同理，对于那些制备的物质不是因为这样的目的，而只是由于该物质的出人意料之外的特点而具有创造性成果，那么对这种物质的保护就应限制在正好用到了该创造性成果的行为上（参见§11 Ⅲ d）。

b）制造

aa）一般的标志、制造过程划分、部分制造

1. 制造是指——在专利有效期内进行的[36]——创造一件具有专利权利要求中确定的发明特征的物品，至于是依据哪种方式和为什么目的而发生的，则是无关紧要的（参见上文Ⅰ a 1）。制造包括了获得产品的整个过程，而不仅仅是最后的直接完成的阶段。[37]由此可以得出结论的是，开始生产的行为已经受专利的禁止权约束。但是，接受这一观点的前提条件是，该行为与受保护的技术原理有着明显的客观联系。如果行为的结果没有显示出任何标志发明的特征，该行为就不具备这种联系。此外，实现了一个或多个这种特征的人，只有在这里开始的制造过程从整体上属于他本人的情况下，才会被视为是制造者。

〔36〕 加拿大专利法的一项规定中允许在专利到期前允许囤积生产专利产品，以期在专利失效后销售它们，这一点被 WTO 专家组视为是与 TRIPS 相矛盾的；参见 *Dreier*, FS Kolle/Stauder, 2005, S. 49 f.

〔37〕 BGH 14. 7. 1970 Dia-Rähmchen V GRUR 1971, 78, 80 r.; RG 18. 9. 1897 RGZ 40, 78; 18. 5. 1935 GRUR 1936, 160, 163 r.

如果是这种情况，那么即使完成的过程是在没有专利保护的外国进行的，也可以就这种侵犯专利权的制造对制造者提起索赔。如果国内的行为人没有自己进行完成的工作，而是由其他人完成的，且此人作为联营企业在经济上依赖于国内行为人或者基于此前的约定是在国内行为人指导下活动的，那么这一完成工作也必须认为是国内行为完成的。相反，执行完成工作的人的行为是完全独立的，那么为完成所做的准备工作就没有侵犯专利权。

根据以上的原则，即使为在国外制造零部件而装备设备的车间图纸是在国内完成的，但行为人还为该设备的安装给予指导，派自己的职员监督安装并让其检查安装好的设备，那么这就是开始制造并因此成为一种专利侵权的行为。[38]

如果在国内制造没有落入本国专利保护范围的机器，并只向国外交付这种机器，但在那里改造成了受专利保护的实施形式[39]，这虽然从整体上来看也是制造了依发明的物品，但这是否就是在国内的开始制造，就还须要看，在国内是否就已经制造出了显示至少一部分依发明的特点的物品。制造一台功能完全的、但还没有显示任何这种特点的机器，就不满足这一点。另外一种情形可能就是满足这一点的：国内的制造活动会产生了一种产品，而只有添加发明中的特点才能造出具备功能的这种产品，并且它的建造方式也依托于这种补充。[40]

2. 如果要把由某人发起的生产专利产品的整个过程，即使不是他自己完成最后步骤的，也都归咎于他，就还会有下面的边缘性情况[41]：

抗过敏药特非那定的专利权人为另外一种化合物获得了一项物质专利。由此发现，这种化合物是在服用特非那定人群的肝脏中作为代谢物产生的，并且是抗过敏药效的真正基础。该物质专利权利人在特非那定专利权到期之后，凭借第二项、仍然存在的专利，向这一药物的制造者提出了索赔。这是因为该制

---

〔38〕 So RG 12. 6. 1929 RGZ 124, 368, 371; zustimmend *Bernhardt*, S. 144; *Stauder*, S. 188; *V. Tetzner*, GRUR 1980, 883.

〔39〕 Vgl. den Sachverhalt im Fall „Kreuzbodenventilsäcke", BGH 29. 3. 1960 GRUR 1960, 423. Ob eine inländische Herstellung vorlag, hatte der BGH aus prozessualen Gründen nicht zu entscheiden.

〔40〕 Vgl. *V. Tetzner*, GRUR 1980, 884 f.

〔41〕 Dargestellt von *C.*, *T.* und *V. Vossius* in GRUR 1994, 472 ff. sowie von *Adam* (oben vor § 32 I) S. 514 – 520; zur Problematik auch Chroziel/Hufnagel, Patentverletzung durch Abbau von Arzneimitteln im menschlichen Körper? FS Tilmann, 2003, S. 449 – 460, die den Fall hauptsächlich unter dem Gesichtspunkt einer mittelbaren Verletzung untersuchen und diese verneinen (krit. hierzu *Giebe*, FSSchilling, S. 162 FN 139), während offen bleibt, ob bei *zwangsläufiger* Umwandlung in den patentierten Stoff eine unmittelbare Verletzung in Betracht kommt (aaO S. 452, 460).

造者在市场上投放他的产品就开始了一个过程，这个过程必然导致仍受专利保护的化合物的产生，并因此以制造该化合物的方式侵犯了该专利。由于这会导致产生与专利同样的化合物，因此就不适合考虑"导型砖"式抗辩（参见§32 Ⅲ f bb）。此外，从第二项专利的优先权时间点上来看，受保护的化合物也不属于现有技术，因为该化合物是在服用特非那定中产生的信息在当时并不为公众所知。

这一侵权之诉在两级法院均被驳回[42]，而且，向联邦最高法院的上诉也未被受理。这里关键的是，被告无法阻止这种行为的发生：它在特非那定专利失效后不受专利保护，又相当于在第二专利优先权时间点上属于现有技术的行为指令。但这是没有道理的，即使在专利失效后，实施其中受保护的原理时也要考虑他人权利，属于这种权利的也可能是一项专利，而这里的实施就会进入该专利的保护范围。认为这种说法在特定情况下是不合适的观点，并不能从这些判决中得到令人信服的理由。尤其是不能认为，在第二个专利中受保护的可以制备那儿定义的化合物的原理，在它的优先权日之前就已属于现有技术或者仅仅只是一种发现[43]。即使不对专利法上制造的概念给予相应界定，也不能不考虑，被告的行为导致了的确是按照权利要求的结构的那种化合物的产生。但是，并没有人尝试对制造这一概念进行限定。进行这种限定几乎也是没有道理的。尤其是不能认为，如果制造的完成是在工业产权范围之外发生的，就因此不是制造了。

法官不认可原告提出的索赔要求，仍然是可以理解的。也许专利制度中缺少了一条如此限制保护效力的规定：不能依据一项专利而禁止他人，进行一项完全相当于在该专利优先日时间点之前属于现有技术的行为指令的行为。[44]

依据在先实施的继续实施权（《专利法》第12条，参见§34 Ⅱ）也无济于事，如果——像在所阐述的案例中——那个行为指令超出了后续专利的优先权日而为后面的权利人所保护，那么只针对那些被该权利人或获得了该权利人的许可而投放市场的产品，才存在着自由实施的可能。此外，除了这种特殊的情形之外，在大多数情况中还缺少对于产生在先实施权所必要的发明占有。[45]另外，将实施属于那种现有技术的行为指令的权利保留给了那些在优先权日时间点之前就已依照该指令进行工作或者做准备的人，也是不合适的。

---

〔42〕 LG München I 25. 6. 1992 und OLG München 23. 6. 1993, Auszüge in GRUR 1994, 473 – 476.

〔43〕 *Vossius*, in GRUR 1994, 476 ff.

〔44〕 Vgl. *Brandi – Dohrn*, FS König, S. 38, 45; *Jacob*, GRUR Int. 1998, 223.

〔45〕 *Brandi – Dohrn*, aaO S. 46.

3. 而经常被认可的是，制造"具有发明功能的个性化"零部件就已经构成了侵权性制造的要件。[46]但这里所要求的是，单个的零部件"一方面至少可以立即在受保护的整个设备之外使用，而另一方面，要有这样外形形状：它通过与受保护的整体设备的匹配由其他同类零部件的数目凸显而出，并且因为如此的个性化而具有与发明构思的直接关系"。[47]在此基础上，禁止零部件的制造就可以不依赖于，这些零部件是否依据一般发明思想的观点独立地（作为零件组合或者单一元件）获得了保护（参见§32 Ⅱ a 4）。为了避免适用于保护范围扩展的前提条件淡化，应该必须要求，为了能够认可侵犯专利权的制造零部件，对于具有发明功能的个性化还要添加其他情形。对此，还没有明确的在这种意义上的说明。

但是，联邦最高法院[48]在随后的判决中清楚地表明，具有发明功能的个性化是不充足的：确认了是与整体组合相匹配的（具有发明功能的个性化）的零部件，并不能得出这样的法律结果：制造和销售这种零部件就直接侵犯了针对组合所授予的专利。只有在侵权形式使用了组合特征的整体的情况下，原则上才能肯定是直接侵犯了组合专利。从这一原则出发，必要时允许有严格限制的例外情况：如果被控侵权的实施形式显示了受保护的发明构思的全部主要特征，尽管该实施形式的完成也许还需要添加对于发明构思的当然的附带成分。唯其如此，是否由第三人采取了最后一个对于创造性成果无关紧要的整体设备组装行为，才是无关紧要的。

一种帆板的帆装获得了专利，这里的专利组合还包括了船帆。联邦最高法院没有将与受保护组合的其他零部件相关联的，并被买方在大多数情况下是以这种方式使用的船帆的制造和销售视作直接专利侵权：船帆在整体组合之外是否有多大的作用，是没有意义的。关键的是，这里没有实现任何涉及（其余）帆装零部件的特征，而且，无论如何，这些特征的意义明显远远超出了发明构思的次要附带成分。

联邦最高法院认为，只有在船帆的物体形状获得了以元件形式的保护的情况下，才可能被视为是直接专利侵权：但是，原告并没有如此主张。

根据当时仍适用于争议的以前的专利法，联邦最高法院对于实施局限于受保护物品零部件的行为认可为直接专利侵权，只给予很少的空间。具有发明功

---

[46] Vgl. BGH 15. 6. 1951 Mülltonne BGHZ 2, 387, 391 f.

[47] BGH 14. 7. 1970 (FN 37).

[48] 10. 12. 1981 Rigg BGHZ 82, 254, 256.

能的个性化不足以认定为直接专利侵权；更为重要的是，必须要有一种可以等同于制造整个物品的行为，而且距离该物品的完成只差了微不足道的一步。[49]

根据现行的法律，由于保护范围受权利要求的限定（《专利法》第14条、《欧洲专利公约》第69条；以及《实用新型法》的第12a条），对零部件的保护就不再彼此相容（参见§32 Ⅲ e），因此，制造受保护物品"具有发明功能的个性化"的零部件原则上也可能不被视为是（直接）专利侵权。如果认可这里所持的基本观点，那么，唯有已经制造了整体产品，或者肯定会制造整体产品，且根据情况判断，整体产品的制造总的来说将归咎于该零部件的制造者（参见上文1）[50]，才能够认定为直接侵权。对于这类案件，联邦最高法院一般也会认为是专利受到了直接侵权。

4. 根据这些标准，可以被看作是整体设备的制造者的，还可能是那些供应全部所属零部件的且使得买受人可以轻易将其组装成整体设备的人。[51]制造"积木"，由于由此可以很容易组装成专利产品，因此，这就是制造产品本身。至关重要的是，作为产品使用者的买受人通常都有能力立即组装。

由此可见，如果外国买受人可以轻易地将在国内以没有侵犯专利权的形式制造的机器改建为专利形式的机器，而且该买方熟知这种可能性，那么，这就是一种国内制造。[52]

还应该视为是整体制造的情形是：如果在专利设备中依照权利要求的特征，仅仅缺少一个在各处市场上都可以得到的、任何使用者都能轻易插入安装的组成部分，而且极有可能发生这种插入安装的行为。[53]

同样的情况是，如果某件设备尚未在其成品和未使用状态中显示出对

---

〔49〕 Einen Fall dieser Art betrifft BGH 30. 11. 1976 Kunststoffhohlprofil GRUR 1977，250，252.

〔50〕 Im Ergebnis zustimmend *Giebe*，FS Schilling，S. 162，mit eingehender Erörterung (S. 157 ff.).

〔51〕 So lag es möglicherweise im Fall RG 18. 9. 1897 (FN 37). Die Entscheidung läßt nicht eindeutig erkennen, ob die inländische Herstellung alle Teile des dann im Ausland zusammengesetzten Trockenapparats umfaßte.

〔52〕 在帝国法院的一项判决涉及的案件中，交付的"土建工具箱"为一台机器的形式，它虽然具有功能，但是无法执行专利机器的所有操作，参见 RG 30. 8. 1935 GRUR 1936，236，240 r。类似的案件中，交付一台使用激光作业的测量仪，它带有前盖板，能够防止与专利雷同的功能，但是，被告也提供了可以轻易将其更换成一种允许测量仪具备与专利相同功能的前盖板，参见 LG Düsseldorf 5. 2. 2004 Infrarot - Messgerät InstGE 4，90。

〔53〕 So lag es im Fall Dia - Rähmchen V (FN 37): der Verletzer hatte die patentierten Rähmchen in glatt äquivalenter Form nachgebaut, sie aber nicht mit Gläsern versehen (derenVorhandensein – überflüssigerweise – im Anspruchfestgelegt war)；mit der Vervollständigungdurch die Abnehmer war zurechnen, weil sich für eine Benutzung ohne Gläser der durch die zur Aufnahme der Gläser bestimmten Konstruktionsmerkmale bedingte höhere Preis nicht gelohnt hätte.

于依照发明解决问题方案的基本特征，但是，这种特征将会这样形成：该设备在按规则的使用过程中可预测地（亦即通过磨损）变化而成。[54]

以下情况不会被认定为是侵犯国内专利的制造活动：将国内制造的在实施专利产品时会与专利产品相配合、并由此与之在发明功能上形成匹配的零部件，交付给外国买方，而外国买方还需要独立地获得依照发明的产品。[55]专利权人的经济利益，即那些没有受保护的零部件，也尽可能从他本人处独家采购，还不能合理地将该制造视作为专利侵权。此外，认为这种零部件的价值是通过这种专利获得的看法，[56]也不足以论证这一合理性。这一观点的误导是，专利的权限也会约束这样的产品：该零部件与专利发明的关联，是因为专利发明对于应用这种零部件有着特殊的需求。但是，司法判决却再次拒绝如此广泛地扩展专利的效力。

以下情形也不会构成专利侵权：制造为了销售专利排空设备所必需样式的垃圾桶[57]；制造适合于安装专利闭锁机构的滑轮[58]；制造与专利开关一道安装的加热垫[59]；或者制造驱动专利潜水泵套件的发动机。[60]

总体而言，制造只是部分实现了权利要求中依照发明的特征的产品，即使是对于具有发明功能的个性化本身来说，也不是直接专利侵权。不过，可能的是，将供应或者交付零部件视为间接专利侵权而予以禁止。[61]但这里的前提是，这些为了实施发明的行为是在国内进行的（《专利法》第 10 条第 1 款，《实用新型法》第 11 条第 2 款，参见本节Ⅵ）。

bb）再制造式的修补

1. 如果专利产品是经过专利权人同意而投放市场的，那么对该产品的修补原则上是属于使用的范畴，因此不再需要获得专利权人的许可。由于制造的权利并没有因此而用尽，如果再制造相当于新的制造，那么这种再制造就要受专利的禁止权约束。因此，从无法再使用的专利产品上的零件重新组装产品，

---

〔54〕 OLG Düsseldorf 8. 12. 1977 (Umlenktöpfe) GRUR 1978, 425, 427；OLG München 6. 11. 2003 Schüttlergabel für Dental – Mischkapseln InstGE 4, 120, 125；Giebe, FS Schilling, S. 160 mwN.
〔55〕 OLG Düsseldorf 11. 1. 1963 GRUR 1964, 203, 204.
〔56〕 So *Stauder*, S. 190.
〔57〕 RG 29. 11. 1933 RGZ 142, 325, 330；BGH 15. 6. 1951 (FN 46) 390.
〔58〕 RG 15. 11. 1893 RGZ 32, 52.
〔59〕 RG 5. 11. 1930 RGZ 130, 242, 244 f.
〔60〕 BGH 12. 6. 1951 BGHZ 2, 261, 265.
〔61〕 So BGH 17. 3. 1961 Gewinderollkopf GRUR 1961, 466, 469 l.；OLG Düsseldorf 11. 1. 1963 (FN 55).

就会受到禁止。[62]但是，以前的司法判决偶尔走得更远。

比如，对相较于整体设备损耗较快的受保护组合主要的一个零部件的修补，如果这种修补超越了"十分细心处理的框架"，就已经被视为是专利侵权。[63]

另一方面，允许的修补包括：根据商业惯例，此种修补并没有延长设备正常的生命周期；而被肯定认为是专利侵权的是：从一开始就对磨损件进行的修补。[64]

至于某种维修是否等同于重新再制造，通常是以商业惯例和经济上的观点来判断的。这里还要考虑的是，在整体设备通常的生命周期内，从一开始就应该进行哪些修补。如果不对专利产品进行修补，就不能再次实施该产品，这就完全满足了重新制造的认定条件。不过，如果是对"具有发明功能的个性化"零部件的修补，是否也适用这一规则，对于这一问题就有了不同的评判；[65]联邦最高法院在这种情况下强调，专利权人无权垄断维修。[66]

2. 在最近的文献中，*Ann*[67]批驳了传统的观点。他建议首先检查，已投放市场的客体是否已失去了它的身份。但这里需要考虑的是商业惯例的观点，而其中"自然生命周期"也可能起着重要的作用。如果这一身份不再存在，且采取的措施的结果落入了专利保护范围之内，那么专利就受到了该措施的侵犯。Keukenschrijver[68]怀疑，常规的判断标准会导致模糊不清的界限，并认为侵权事实要件的最终特征也会使得该标准有问题的。因此，唯有当修补和维修自身直接满足了《专利法》第9条的事实要件，它们才能被视为是专利侵权，比如，更新设备上一个独立受保护的零件，或者由不可用了的产品中的零部件重新组装一个产品。

3. 根据联邦最高法院[69]的最新司法判决，区分允许的维修和不允许的重

---

〔62〕 BGH 16. 3. 1956 Rheinmetall – Borsig I GRUR 1956, 265, 267 l.; LG Düsseldorf 7. 1. 1956 (Rebuild – Pumpen) GRUR 1957, 599; *Kowal – Wolk/Schuster*, S. 101 f.

〔63〕 BGH 12. 6. 1951 Tauchpumpensatz GRUR 1951, 449, 451 r. (in BGHZ 2, 261 insoweit nicht tabgedruckt).

〔64〕 BGH 21. 11. 1958 Förderrinne GRUR 1959, 232, 234.

〔65〕 Verneinend LG Düsseldorf 6. 10. 1987 GRUR 1988, 116, 118 (zum früheren Recht); *Keil*, Mitt. 1983, 140 f.; gegen ihn *Kowal – Wolk/Schuster*, S. 109; Ann, FS König, S. 26 f.

〔66〕 So BGH 21. 11. 1958 (FN 64) 235.

〔67〕 FS König, S. 27 f., 30; VPP – Rundbrief 2004, 121 ff.

〔68〕 Busse § 9 PatG Rdnr. 70.

〔69〕 BGH 4. 5. 2004 Flügelradzähler BGHZ 159, 76 = GRUR 2004, 758 (Nr. Ⅱ 2 b β); bestätigt inBGH 3. 5. 2006 Laufkranz GRUR 2006, 837 (Nr. 16).

新制造之间界限的关键是，是否采取措施保持已投放市场上的受专利保护的具体产品的身份[70]，或者所采取的措施等同于创造了一件依发明的新产品。根据联邦最高法院的意见，这一点不仅仅要看发明客体的特性，还取决于相互冲突利益的衡量。这导致的后果就是，更换配件也常常被视为是新的制造（参见下文 4，5）。

4. 如果一种维修等同于新的制造，且只涉及一个专利产品的零部件，根据适用于零部件制造的基本原则（参见上文 II b aa 3），只有"新制造式的"修补涉及所有实现了表征发明特征的零部件，才会被认为是制造专利产品。

但是，根据联邦最高法院最新看法，替换零部件就可能等同于新制造整个产品。[71]至于什么时候符合这种情形的问题，还需要考虑受专利保护产品的性质，并权衡两方面应受保护的利益：一方面，专利权人对于经济上利用发明的利益；另一方面，买方不受阻碍使用已投放市场的具体依发明的产品的利益。在这里，所涉及的零部件是否是在设备正常生命周内通常都会被更换，可能具有重要的意义。但是，另外还要看，在多大程度上正好在被更换的零部件中表现出了发明的技术效果。因此，在机器预期的生命周期内，对于必要时经常多次替换的零部件的磨损件更换，一般就不会被认作为是新的制造。但是，如果该零部件正好体现了发明构思的主要元素，那就另当别论了。如果发明的技术和经济优势正是通过更换该零部件得以重新实现的，就不能说专利权人已经通过整体设备的首次投放市场获得了他应该从发明处获得的利益。

在关于喷气叶轮计数器的专利诉讼中，喷气叶轮计数器由一个带一个出口和入口的壳体，以及被壳体包围的、安装着一个与计数器相连的喷气叶轮的量杯构成。量杯、喷气叶轮和计数器共同形成一个可以被单独更换的单元。而替换测量单元的是一个不是来自于专利权人的测量胶囊，但根据联邦最高法院的意见，这是对喷气叶轮在《专利法》第 9 条第 2 句第 1 项意义上的重新制造，因此，供应测量胶囊就可能被视为是间接侵权。

在"轮箍"案的判决中确认，如果该零件正好实现了发明构思的主要元素[72]，那么更换磨损件就可能被视为新的制造。

因此，就不认为轮箍与车轮中心之间部分有依发明的特别形状橡胶圈

---

〔70〕 Der BGH verweist hierzu auf *Ann*，FS Tilmann.

〔71〕 BGH 4. 5. 2004（FN 69）；"帆装"案判决的基本原则（脚注 48）虽然在此处进行了重复，但是新的判决并没有脱离这些原则，至于是否以及什么时候对于更换设备零部件可以说是新制造的问题，不仅仅是取决于数量的标准。

〔72〕 BGH 3. 5. 2006（FN 69）Nr. 17 ff.

的车辆车轮的轮箍更换，是新的制造。对此，更换这一橡胶圈就可能被视为是新的制造。这是因为，前一审级法院[73]认定，这一发明的经济价值基础是在于橡胶圈，而这种经济价值应该是通过轮子的首次售卖和出售定期更新的橡胶圈给予专利权人的合理报酬。

对于属于"移液器系统"权利要求，但在其使用过程中需要不断更换的注射器，联邦最高法院承认，其发明的技术效果也有一部分并未表现出来，但也认为，专利权人主张将其独占权延伸到替换的注射器上的经济利益是不值得保护的，因为这已超出了使用发明的经济利益。[74]

5. 早在联邦最高法院就"喷气叶轮计数器"一案做出原则性判决之前（参见上文4），下级法院就有判决认为应将大规模的零件更换视作新的制造。

因此，应该认可的是，要求经专利权人同意投放市场的产品的占有人从专利权人处购买替换部件（也就是说不得从其他渠道购买），相比于要求停止由他自己进行的维修，是更为苛刻的。[75]因此，零部件的供应人将被认为是间接侵权人。但是，如果从相同初始状态出发导致同一结果的、如同更换零部件的自行维修不是新的制造，那么更换也可以不是新的制造。由此，该判决为了纯粹的公平性考量，却抛弃了逻辑的一致性。

之后，以此判决为依据，另一法院[76]认为，为依照专利由混合容器和搅拌器组成的设备交付混合容器，而且这种混合容器几乎不能用作其他用途，那么这就是间接侵权。这是因为，与这种新的制造相比，用新的混合容器替换旧的，其经济上的价值考虑是一样的。这种设备是指定用于药店的。这种混合容器也是被用于盛装每次配制混合处方药，而这就会需要不断替换这种容器。因此，法院似乎已经认可了：药店中使用的混合设备在每次使用后被"重新制造"。由此，这种对问题的评判完全脱离了技术现实。这里仅仅只取决于，正义感是否告诉了每个进行裁决的法官，将替换零件，甚至是易耗材料的业务，保留给专利权人，是否合适。[77]

更换受专利保护的制动鼓的磨损制动片，在"价值考虑中被认为是

---

〔73〕 Vom BGH aaO Nr. 18 zit.

〔74〕 BGH 27. 2. 2007 Pipettensystem GRUR 2007, 769（Nr. 31 f.）.

〔75〕 LG Düsseldorf 14. 7. 1988 GRUR Int. 1989, 695; vom BGH in „Flügelradzähler"（FN 69）zustimmendzitiert.

〔76〕 LG München I 8. 5. 2003 InstGE 4, 13, 19.

〔77〕 帝国法院的判决实现了这一点。其中，交付的备份磁带盒被视作对专利安全设备的直接侵权，参见 RG 7. 10. 1925 RGZ 111, 350。而联邦最高法院表达了不同的观点，参见 BGH 12. 6. 1951（FN 63）。

（再）制造，而不是单纯的维修"。这是因为，由此，产生了一个依照专利的新实施形式，而该实施形式中实现发明的关键性零部件不是来自于专利权人。[78]如果不分配给发明人对于制动片的制造和销售的独占性权利，那么，发明人就会丧失其公平的报酬。法院强调了这种情况下包含制动鼓在内的专利权利要求中涉及制动片的特征，以及制动片与制动鼓的共同作用以达到依照发明的目的，从而更容易看出制动片的磨损度。

在联邦最高法院的"喷气叶轮计数器"判决之后的时代，下面的判决是应该的：

> 供应单个包装在过滤纸中的咖啡包，即所谓的咖啡—滤纸包（Filter-pad），用于受专利保护的、包含过滤容器和与此匹配的过滤袋的咖啡烘焙器的组件中，被视作是间接侵权。这是因为，根据联邦最高法院提出的基本原则，这种使用滤纸包就等同于新的制造。[79]滤纸包和过滤容器共同组成了权利要求中受保护的组件单元。一旦滤芯用完了，该单元也没有用了，并将与用完的滤芯一起被处理掉。鉴于这些情况，就不能说，专利权人已经通过两个属于受保护单元的元件的首次投放市场，从发明中获得了其应得的利益。[80]从经济上来看，发明的重点不是带有盛放滤芯容器的咖啡烘焙机，而是在购买了机器之后所预期的用户对于滤纸包的更换需求，这种需求在烘焙机的生命周期内肯定会远远大于机器的购买价格。不过，联邦最高法院在"移液器系统"案中却驳回了这种论证。[81]

6. 联邦最高法院提出的基本原则通过适用禁止间接侵权，将专利的保护效力延伸到了其保护范围并不包括的配件市场。根据《专利法》第10条第3款，这里还包括了向私人终端买家供应受保护的产品。这里超出了对零部件的保护。考虑到权利的确定性，在《专利法》第14条的框架内并没有赋予零部件这种保护（参见§32 Ⅲ e）。联邦最高法院判断替换一个产品是否等同于产品制造的标准，不太合适保证权利的确定性。[82]这种标准要求从经济的角度去考虑利益权衡，而这最后要看的是，专利权人是否通过整体产品的首次投放市

---

[78] OLG Karlsruhe 10. 12. 2003 Bremsbeläge GRUR 2004, 97.

[79] OLG Düsseldorf 17. 11. 2005 GRUR – RR 2006, 39；krit. Hölder；GRUR 2007, 96ff.

[80] 根据其本人的说法，自2002年以来他在德国销售了超过200万台带有专利组件单元的咖啡机。

[81] FN 74（Nr. 32）.

[82] Vgl. *Ann*, VPP – Rundbrief 2004, 122 f.

场就已获得了应归属于他的来自发明的收益。[83]如果对此专利的保护范围不再是唯一关键因素，那么应该怎样来判定这一问题呢？这就完全取决于公平性的考虑。但是，专利保护制度更适合于仅仅按照技术标准判断是否是新制造的问题。尤其是对于通过更换零部件是否改变了产品身份的问题，如同根据《专利法》第14条确定保护范围那样，并不依赖于权衡利益。事实上，在根据《专利法》第14条确定保护范围时，考虑到权利的确定性，并不——也许就像以前依据一般发明构思的观点那样——允许考虑，结果是否使得专利权人获得了"他应得的利益"。

7. 文献中有一种观点认为，从废弃物中回收专利物质也应等同视为是新制造。[84]支持这种观点的理由主要是：随着物质被扔掉，它的"正常生命周期"也就结束了，通过延伸该专利效力到回收，就可以促进开发可再利用的且因此有益于环境的材料。

8. 另外，根据司法判决的意见，对一个专利产品的改装也可能是专利侵权的新制造。但是，这里的前提条件是，改装的结果仍旧在专利保护范围之内。如果是这样的话，那么就会立即被认定为是专利侵权。[85]但是，制造应该只是指发明的主要零部件（以稍加改变的形式）被重新制造或替换的情况，而不是指仅仅对这些零部件的重新分组。[86]

c）投放市场

1. 如果某人使得其他人获得了对于某件物品的事实上的处分权，也就是说，使得他能够转让或者使用该物品，这就是指将该物品投放了市场。如果投放市场是未经专利权人同意而进行的，并且涉及未经他同意而进入了市场的物品，这种投放市场就是侵犯专利权的。

但是，投放市场并不需要让与法定的处分权，尤其不需要转让所有权。投放市场也可以是出租或者出借、保留所有权的交付。这里的行为人既不需要是物品的所有人，也不需要就其行为获得物品所有人的同意；而接收人不需要获得物上的权利，也不需要获得该物品的占有权。

获得占有，这也可能包含间接占有的转让（《民法典》第870条），总是必要的，但并不总是足够的。比如，将商品交给承运人或者仓库管理人，就还

---

〔83〕 Das gilt auch für die etwas anders als in „Flügelradzähler" lautenden Formulierungen in „Laufkranz"（FN 69）Nr. 16 und „Pipettensystem"（FN 74）Nr. 28.

〔84〕 *Bodewig*, GRUR 1992, 567, 570 ff., 578; zustimmend *Rübel*, GRUR 2002, 561, 564 f.

〔85〕 BGH 8. 3. 1973 Spielautomat Ⅱ GRUR 1973, 518, 520 mit kritischer Anmerkung von *Axster*; KG 8. 11. 1930 GRUR 1931, 1280; s. auch *Kowal – Wolk/Schuster*, S. 101 f.

〔86〕 Krit. zur Rspr. auch *Busse/Keukenschrijver*, §9 PatG Rdnr. 69.

不是投放市场，因为这种情况下的接收人既不能转让，也不能使用该商品。如果承运人或者仓库管理人将物品交给了（除非也是违约的）第三人[87]，才是发生了投放市场行为。不过，这里也可能是第三人将交付请求权让与仓库管理人，并由此获得了间接占有。[88]因此，制造人通过承运人将依发明的产品运至其自己的销售点，或者为了这个目的将这种产品转交给货运代理人，或者将这样的产品储存在仓库管理人处，就不是投放市场。相反，如果委托了经纪人销售或者出租该产品，那么将产品交付给经纪人就已经是投放市场了。同理，为了销售广告的目的，将受保护产品具有发明功能的模型交付给了其他人，也是投放市场。[89]

只要担保取得人无权行使其使用权，投放市场就不会影响设定的纯担保权（抵押权，只要没有依据《民法典》第1213条设置了使用权限；担保转移）。

被判停止侵权的侵权人，为了实现合同约定的担保索赔将侵权产品退回供应商，这也不是投放市场。[90]这一规则也必须适用于，产品不是由专利法造成的禁止销售和使用，而是因为其他因给付障碍造成的合同解约的退货。[91]

2. 投放市场是通过那位将物品交给另一个人处分的人来完成的，而不是由收货人完成的。[92]如果某人从国外进口依发明的产品到国内，只要他使其他人在国内获得了事实上的处分权[93]，而不是相反，只是他自己保留了这些产品，那么就是投放市场。进口只是对于（外国的）出口商来说是投放市场，

---

[87] 如果这是发生在国内，那么由国内买家委托的将产品在国外交付给一个承运人的人，也应视为是由他投放市场的；so *Keller*，FS Ullmann，S. 455。

[88] 基于这种考虑，联邦最高法院论证道（BGH 27. 4. 2006 ex works GRUR Int. 2006，1033（Nr. 17 f.））：国内商标权人将使用受保护商标的物品交给的承运人，是由外国买方人所委托的；商标权人与承运人不存在任何合同关系，因此，从货运法角度来看也不应被视作发货人。交通运输的处置权限自承运人接收到货物后即独占属于其合同当事人的买方。买方自接收货物开始即间接占有该物品，从而这些物品就在国内投放了市场。对此，承运人的（直接）占有依据不足，这也是该判决的原则不承认的。

[89] LG Düsseldorf 7. 5. 1998 Mitt. 1999，271.

[90] OLG Karlsruhe 30. 1. 1997 Mitt. 1998，302.

[91] Die Gründe der in FN 90 zit. Entscheidung lassen diese Auslegung zu.

[92] *Bernhardt*，S. 146；*Reimer*，§6 Rdnr. 80；*V. Tetzner*，GRUR 1980，887；BGH 24. 3. 1987 Rundfunkübertragungssystem BGHZ 100，249，251 f.

[93] OLG Hamburg 25. 10. 1990 GRUR Int. 1991，301；BGH 26. 2. 2002 Funkuhr GRUR 2002，599.

而对（国内的）进口商就不是。[94]但是，这种接收人可能会因为进口或者占有，如果这里的目的是——像大多数情况那样——将该物品投放市场、提供或者使用该物品，那么这种接收人就会被予以索赔。

3. 出口依照发明产品的投放市场一般是首先在目的国完成的，这是因为只有那儿的不同于行为人的人才有处分权。但是，根据司法判决和主流的学说，在这种情况下在国内也存在专利侵权行为。[95]就像制造一样，只要专利侵权行为从总体上应该归咎于这里的行为人，那么在国内开始的侵权行为，就已足够说明这是专利侵权行为了（参见本节 b aa 1）。因此，在国内发货就已经被视为是专利侵权。如果在国内举办了商业活动，对发明进行了经济性评估，那么这种判定就似乎客观有理了。

与此相反，如果认为国内的投放市场取决于，外国接收人或者其委托人在国内就已经获得了处分权[96]，这时会出现非客观正当的、依赖于随机性的差异。

4. 单纯的中转过境，即在国外制造、专供国外的仅仅越过国内领土的运输行为，不被视作是在国内的投放市场[97]。是否是"联程运单"，是无关紧要的。即使商品在国内由于新的运送合同被另一家继续运输公司所接收，这些商品仍然没有进入国内的贸易。

示例：将来自从民主德国经过陆路运至汉堡的商品，通过货运代理商在签订海运合同后装上一艘到锡兰的船上。[98]

应该与单纯的中转过境进行区别的是这种情况：为了再次出口而进口货

---

〔94〕 BGH 24. 3. 1987（FN 92）. – In Rechtsprechung und Schrifttum wird nicht immer klar unterschieden, vgl. z. B. RG 3. 3. 1884 RGSt 10, 349, 351；2. 12. 1899 RGZ 45, 147, 149；25. 10. 1911RGZ 77, 248；U. *Krieger*, GRUR 1980, 689 r.

〔95〕 RG 26. 3. 1902 RGZ 51, 139, 142；3. 3. 1884（FN 94）351 f. ；25. 10. 1890 RGSt 21, 205, 207 f. ；BGH 15. 1. 1957 Taeschner/Pertussin BGHZ 23, 100, 106；OLG Karlsruhe 23. 12. 1981GRUR 1982, 295, 299 r. /300 l. ；*Stauder*, S. 118 ff. ；V. Tetzner, GRUR 1980, 885 f.

〔96〕 So freilich Klauer/Möhring, §6 Rdnr. 101.

〔97〕 BGH 15. 1. 1957（FN 95）103 f. ；anders OLG Hamburg 2. 4. 1998 GRUR Int. 1999, 67, 68 r. und LG Hamburg 2. 4. 2004（315 O 305/04）, krit. besprochen von Kobiako, GRUR Int. 2004, 832 ff. ；die markenrechtlichen Folgerungen, die das LG hier aus der europäischen „Produktpiraterie – VO"（vgl. oben §8 D 3）gezogen hat, sind jedenfalls durch EuGH 9. 11. 2006 C – 281/05 MontexHoldings/Diesel GRUR Int. 2007, 241（Leitsätze und Nr. 23, 25, 34, 40）und die im Anschluß hieranergangenen Urteile des BGH vom 21. 3. 2007（I ZR 66/04 Durchfuhr von Originalware und IZR 246/02 Diesel Ⅱ）GRUR Int. 2007, 1035, 1036 überholt.

〔98〕 BGH 15. 1. 1957（FN 95）104, 107.

物，并紧接着运至国外。[99]这种情况会导致国内的投放市场，这是因为在国内发生了有关受专利保护产品的商业活动：外国的供应商使得在国内经营的收货人获得了处分权；而该收货人是这样来行使他的处分权：收货人将这种商品作为由他提供的、转运至他的去外国的顾客，也就是并不限制在转运仅仅算作外国供应商的供应。

5. 交付专利设备的所有零部件，但组装它们则是由收货人才完成的，这种行为等同于交付整个设备；如果这些零部件是通过特别的购买渠道逐步交付的，但是这里的卖方能够看出，买方不是仅仅为了获得零部件，而是要制造完整的设备，也应适应这一规则。[100]

d）许诺销售

1. 根据以前的法律，许诺销售与兜售的事实构成是重叠的。尤其是已经认可，并不需要朝向公众的许诺销售。现行的法律只是更清晰地表述了这一点。只有许诺销售那些还没有得到专利权人同意而投放市场的产品，才是侵犯专利权的。

许诺销售是指，某人给予他人一种预期，他将获得有关符合发明的物品的实际处分权。预期中的行为还必须相对应于前面阐述意义上的投放市场的事实构成。由于许诺销售的事实构成是独立的，并不需要达到投放市场的程度。不成功的许诺销售就已经侵犯专利权了。[101]

> 对于产品专利，许诺销售的必须是一个实物。不属于这种情况的是，未经授权的人提出了授予许可的预期，亦即提出了一个合法实施受保护无形客体的可能性。[102]

2. 与投放市场不同，许诺销售可以在其专利产品还不存在的时候就发生了，比如，贵重和大型设备一般都是在有了订单之后才生产的。无论如何，只要许诺销售人有能力立即制造与交付具有依照发明特征的产品，就足以说明是许诺销售了。[103]但是，对此并不是必要的是：制造和投放市场的意愿和可能性不是许诺销售事实构成的必须特征。[104]此外，所预期的制造和交付也不必由许

---

〔99〕 RG 25. 10. 1890（FN 95）；2. 12. 1899（FN 94）；BGH 15. 1. 1957（FN 95）106；OLG Karlsruhe 23. 12. 1981（FN 95）；OLG Hamburg 25. 4. 1985 GRUR 1985，923.

〔100〕 OLG Düsseldorf 29. 3. 1984 GRUR 1984，651.

〔101〕 RG 1. 7. 1938 GRUR 1938，770，771.

〔102〕 Ebenso *Busse/Keukenschrijver*，§ 9 PatG Rdnr. 76.

〔103〕 BGH 29. 3. 1960（FN 39）425 r.；24. 10. 1961 Fischereifahrzeug GRUR 1962，86，88 r.；28. 5. 1968 Europareise GRUR 1969，35，36 l.；RG 1. 7. 1938（FN 101）；16. 8. 1938 GRUR 1938，971，976 r.

〔104〕 BGH 16. 9. 2003 Kupplung für optische Geräte GRUR 2003，1031.

诺销售人自己来进行。[105]

如果提出的交付预期是在专利保护期到期之后，那么即使是在专利有效期内的许诺销售，也是侵犯专利的。[106]这种考虑的合理性是，可以防止在保护即将丧失之前由专利权人或者他的被许可人做出这样的许诺销售。[107]

许诺销售的事实构成并不要求是民法意义上的有约束力的要约合同；单纯的"督促发布许诺销售的行为"就足以视为是这样的行为[108]，主要是指各种广告发布。许诺销售并不需要面向公众。无论是以书面或者口头的形式，无论是许诺销售人还被许可人的动议，只要有对单个的个人的表示就足够了。[109]一个完整的合同要约，也就是说，如果要约承诺人同意即可直接缔结合同，不是必须的；因此，就不需要说明价格或者商业条款。[110]

但在所有情况下必不可缺的是，清晰确定了符合发明特性的产品的技术标志。如果产品是存在的，那么援引该产品就可以了；否则，就要以文字或者图片的形式说明，该产品毫无疑问地实现了受专利保护的发明。[111]

不过，在确定与符合发明的产品的联系的时候，也需要考虑发布与其本身无关的广告情况；如果这些情况没有展示或者提供产品中获得保护的特征，那么它们就会导致这里的交易圈认为，这些情况也是与产品有关的。[112]

3. 展出符合发明的产品并不总是意味着，给有意获得这样产品的人提供了预期。因此，在公众中演示符合发明的产品以通报科学与技术的发展状态，就不是许诺销售；因此，在不是为了直接对特定制造商或经销商顾客做广告的"表演秀"上，就允许不经专利权人的同意展示受专利保护的产品。[113]但是，专利权人保留了在展销会上展出的权利。

---

〔105〕 BGH 16. 5. 2006 Kunststoffbügel GRUR 2006, 927（Nr. 14）. OLG Karlsruhe 26. 11. 1986（FN 25）；OLG Hamburg 2. 4. 1998（FN 97）68 f.（Anbieten durch einen Makler）；Schricker, GRURInt. 2004, S. 788 f.

〔106〕 BGH 5. 12. 2006 Simvastatin GRUR 2006, 221（Nr. 10）mit zahlreichen Nachweisen；zustimmend *Götting*, aaO 223.

〔107〕 S. OLG Düsseldorf 2. 10. 2003 Cholesterinspiegelsenker GRUR 2004, 417, 419 r.

〔108〕 RG 8. 4. 1941 RGZ 166, 326, 330 f.：Aufstellen im Verkaufsraum；BGH 16. 9. 2003（FN 104）：Verteilen eines Werbeprospekts. Daß es nicht auf bürgerlichrechtliche Kategorien ankommt, betontinsb. *Schricker*, GRUR Int. 2004, 787 f.

〔109〕 BGH 29. 3. 1960（FN 39）426 l.

〔110〕 BGH 24. 10. 1961（FN 103）；RG 1. 7. 1938（FN 101）.

〔111〕 BGH 24. 10. 1961（FN 103）；16. 9. 2003（FN 104）1032；RG 16. 2. 1935 GRUR 1936, 116；1. 7. 1938（FN 101）；16. 8. 1938（FN 103）；LG Düsseldorf 28. 9. 2000 Mitt. 2001, 429.

〔112〕 BGH 15. 3. 2005 Radschützer GRUR 2005, 665；5. 12. 2006（FN 106）Nr. 6；vgl. auch OLGDüsseldorf 2. 10. 2003（FN 107）；21. 12. 2006 Thermocycler GRUR RR 2007, 259 262.

〔113〕 BGH 18. 12. 1969 Heißläuferdedektor GRUR 1970, 358, 360.

损害新颖性效力的展览，根据《专利法》第 3 条第 1 款、《欧洲专利公约》第 54 条第 2 款、《实用新型法》第 3 条第 1 款第 2 句，并不取决于这是否是《专利法》第 9 条、《实用新型法》第 11 条第 1 款意义上的许诺销售。这一过程，即将发明公之于众的过程，是不需要实施发明的，因此也就不会出现法定的侵权构成要件形式。相反的是，落入这种构成要件范围内的行为，并不一定会公之于众（参见§16 A Ⅳ）。

4. 如果有了相应于国内发货的声明或者资料，即使声明或者材料送达的接收人是在外国，就足以认定这是由许诺销售在国内开始的专利侵权。[114]可以肯定的是，这种行为的法定构成要件，是在进入外国才得到满足的。但是，总体上应该归咎于发货人的过程的国内开始，就又满足了法定的构成要件。

5. 人们不禁要问的是，许诺销售的专利侵权特征是否依赖于，接收人所预期的行为本身是否侵犯了专利。比如，可能有这样的情况：在国内的某个人向另一个人做出了预期，在没有专利保护的外国制造或者获得一项实现了国内的专利发明，并将其交付至没有专利保护的外国，该产品根本就不进入国内。完全在外国进行的制造和投放市场就并不侵犯国内的专利。尽管如此，许诺销售的构成要件似乎是在国内成立的。

起初，帝国法院并不认为国内缔结的不涉及国内的专利产品的合同，是侵犯专利的。[115]随后，又认为产品处于外国的情况也是国内的兜售。[116]

联邦最高法院[117]认为这样的许诺销售，即将没有以专利侵权形式出现的机器交付至外国，并在那儿让其自己的人将该机器改造成了受保护的形式，是在国内的侵犯专利的兜售。

联邦最高法院还认为，如果依据许诺销售的内容来看，接收人最终收到的应该是受保护的实施形式的设备，那么尽管根据情况来看，即使在国内没有哪怕部分实现了发明特征的产品的制造和投放市场，就足够认定为是许诺销售了。在文献中，因为考虑到该案件的特殊性，大部分都认可了该判决的结

---

〔114〕 RG 3. 3. 1884（FN 94）；13. 3. 1934 RGZ 143，173；1935 年 10 月 19 日的一项判决不涉及许诺销售产品，而是一种工艺的"投放市场"，并且认可该行为仅仅在外国访问地发生的，参见 RGZ 149，102。

〔115〕 15. 10. 1892 RGZ 30，52，55。

〔116〕 13. 3. 1934（FN 114）；1884 年 3 月 3 日和 1911 年 10 月 25 日（脚注 94）的判决没有充分地区分兜售和投放市场的差异，认为向国外寄送样品或者在国内演示和交付模型就是这样的情况。

〔117〕 29. 3. 1960（FN 39）.

果。[118]

但是，在最近的出版物中，越来越多的人原则上要求，许诺销售作为一种行为不仅要有与国内充足的联系，而且根据其内容来看，还要规定有其所涉及事物的国内联系。[119]这种观点是应该肯定的。这种观点与许诺销售的构成要件的独立性是不矛盾的，这是因为它并没有使得许诺销售构成要件的存在依赖于另一个构成要件的完成。此外，与此并不对立的情况还有：即使许诺销售的产品尚不存在，也可能出现侵犯专利的许诺销售。在这些情况中重要的也是，根据许诺销售，产品应该是与国内有关的。由此，只有如果规定了在国内开始制造（参见上文 b1）或者国内开始投放市场的情况（参见上文 c3），才是侵犯专利的许诺销售。在国内缔结合同、许诺销售人在国内有经销处、产品的样品或者模型在国内，是不足以认定为侵犯专利的。[120]

不过，如果这样的样品或者模型适合于特定目的的使用或者适合于作为交易物品，那么它们的转交或者发货，即使是它们是到外国去了，也意味在国内的投放市场。

依据已被接受的原则，在国内商业性展会上发生的专利产品的许诺销售，也是被视为是专利侵权的，但是这里需要澄清的是，专利保护得到了尊重，并且专利产品只能从没有专利保护的国家得到交付，也只能在这些国家获得专利产品。[121]同样，下面这种情况也应是符合逻辑的：相反于联邦最高法院的观点，将"中性"设备交付至外国，并在那儿将该产品变成符合专利的实施形式的许诺销售，视为不是侵犯专利的国内许诺销售。这里，只是在许诺销售行为内有着充足的国内联系，但相反的是，这一联系却没有涉及符合发明的设备。[122]

---

〔118〕 Vgl. z. B. *Heine*, GRUR 1960, 427; *Moser v. Filseck*, GRUR 1961, 415 f.; *V. Tetzner*, GRUR 1980, 889.

〔119〕 In diesem Sinne *Stauder*, S. 128 f.; *V. Tetzner*, GRUR 1980, 889; *Pagenberg*, GRUR Int. 1983, 563 f.; Heath, FS *Kolle/Stauder*, S. 170.

〔120〕 *Stauder*, aaO; anders OLG Hamburg 2. 4. 1998（FN 74）69, das dasim Inland erfolgte Angebot, ein Erzeugnis, das sich im Ausland befindet, von dort unmittelbar in andere ausländische Staaten zu liefern, als Verletzung des für das Inland geltenden Patents ansieht.

〔121〕 So *Pagenberg*, GRUR Int. 1983, 565; a. M. LG München I 23. 6. 2004 und OLG München16. 9. 2004 InstGE 5, 13, 15; Keller, FS Ullmann, S. 451.

〔122〕 与此不同的是，外国订购人收到了更换零部件的许诺销售，而且用这个更换的零部件，以不侵犯专利形式交付的设备就可以非常容易转变成符合专利的形式。非专利侵权的设备安装了该零件之后会轻而易举地变为侵害专利的形式，则情况又不一样；参见 LG Düsseldorf 5. 2. 2004（FN 52）。

相应的原则也适用于通过因特网在世界范围内许诺销售。在国内可收得到许诺销售是不够的；更为必须的是，要能从该许诺销售中得出，许诺销售人也已经准备向国内交付。[123] 应该同样对待的情况是，国内的买方收到了一个许诺销售，让其到没有专利保护国家的许诺销售人所在地去取侵犯保护权的产品。[124] 这里虽然没有在国内投放市场的预期，但可以得出有足够国内联系的结论：依据这里的许诺销售，满足的是国内市场需求。

e）使用

1. 用依照发明的获得的物是指，对该物的利用，就其所处的种类来说是有经济意义的。[125] 因此，使用在最广泛的意义上就是任何有目的的利用。使用在最广泛的意义上是符合用途的使用。此外，在这一框架内还包含了消费以及进一步的加工（参见上文 a 2）。

> 与此相反，物品的损坏并不是有目的的利用，因此也就不是使用；同样，这一规则也适用于对物品的改装或者将其安装至艺术作品中。[126]

专利的效力不限于其所说明的使用类型，而且还包括那些对于这种物品并不知道的，并且也是发明人没有预见到的使用类型（参见上文 a 1）。

只有那些没有经过专利权人同意而投放市场的依照发明的产品，才需要得到专利权的允许。此外，使用的构成要件也具有特别重要的意义，专利效力并不能延伸至私人领域的非工商业行为以及实验目的的行为（《专利法》第 11 条第 1 项和第 2 项，以及《实用新型法》第 12 条第 1 项和第 2 项，参见后文 IV）。就此而言，以前特别对后者所说领域讨论过的问题，即到底是否是使用的问题，现行法律予以解答：实验的目的是与认可使用并不对立；但是，实验的目的可以不造成侵犯专利的效果。

> 将汽车收音机转交给负责授予国内销售必须的 FTZ—测试号的测试点的行为，（仍然按照以前的法律）被认为是单纯的准备行为，并不属于专

---

[123] So zutreffend Keller, FS Ullmann, S. 452（s. auch S. 455 f.）. Die territoriale Zuordnung über das Internet laufender Angebote untersuchen an Hand britischer, amerikanischer und französischer Entscheidungen Véron/Véron, The Internet: A Fourth Procedural Dimension For Patent Infringement Litigation, FS Pagenberg, 2006, S. 363 – 372.

[124] BGH 15. 2. 2007 Wagenfeld – Leuchte GRUR Int. 2007, 928 nimmt in einem solchen Fall imInland begangenes urheberrechtsverletzendes Anbieten an.

[125] Vgl. Klauer/Möhring, § 6 Rdnr. 113.

[126] So Klauer/Möhring, aaO.

利权人所保留的实施行为。[127]

2. 引起或者目的是在物品本身之外的效果，但不只是给人们造成印象，是属于使用的行为。因此，展示物品就不是使用，在空转状态下演示机器也不是使用。[128]不过，这些行为可能被视为是构成了专利侵权的许诺销售（参见上文 d 1，3）。与此相反的是，在试运行中有目的的实施设备，比如，为了制造或者加工产品，就是使用了。不过，在个别情况下，应该要看看，这是否是为了实验的目的所允许的使用。

f）进口、占有

进口和占有的构成要件补充了投放市场的构成要件。这有助于干涉（还没有得到专利权同意投放市场的）符合发明产品的接收人，以及那些在其自己带进这样的产品之后（首先）既没有转交又不使用该产品的人。根据以前的法律，接收人或者进口人仅在其（以工商业目的）使用、兜售或者投放市场的情况下，才是侵犯专利。但是，在某些情况下，进口或者占有这些产品就可以合理的推论，接收人将即刻使用、许诺销售或者转交这些产品。在这些情况中，已经可以请求对使用、兜售或者投放市场颁发预防式禁令。现行法律免除了对这种"侵权风险"的举证责任。只要出现风险构成要件[129]就足以证明，进口或者占有的目的是，投放市场、许诺销售或者使用。[130]对于工商业者来说，从其经营的对象就常常可以得出这种目的。但是，对于为其他人保管或者运输尤其是进口符合发明产品的仓库保管人或者承运人，就不能从其经营对象推出这种目的。

如果进口或者占有只是为了进口人或者占有人进行依照《专利法》第11条、《实用新型法》第12条不属于专利权效力范围内的行为，就不是专利侵权。[131]比如，某人进口或者占有依照发明创造出来的物品，但他只是在私人范围内以非工商业的目的使用该物品，这就是允许的。

如果某人为其他人在国内的这种目的使用获得了占有，但是，假如他还将该物品在非私人范围内以非工商业的目的投放了市场，那么这就是专利侵权。

〔127〕 BGH 24. 3. 1987（FN 69）252 f.；zur Beurteilung unter gesetzliche Tatbestände fallender Benutzungshandlungen im Zusammenhang mit behördlichen Zulassungsverfahren s. unten Ⅳ b.

〔128〕 Vgl. RG 27. 11. 1920 RGZ 101，36，39；与此相反，联邦最高法院 1969 年 12 月 18 日（FN 113）似乎要把展示（商业目的）划归（工商业目的）使用的范畴，参见 BGH 18. 12. 1969（FN 113）。

〔129〕 Vgl. Schäfers，Mitt. 1981，10.

〔130〕 《专利法》第9条数字1，《实用新型法》第11条第1款第2句貌似囊括了生产的目的；进口和占有则只能涉及制造产品。

〔131〕 Schulte/Kühnen，§9 Rdnr. 49 f.；vgl. auch Villinger，GRUR 1981，543.

Ⅲ. 与方法或者方法的我产品有关的使用行为

a）方法的应用

1. 方法专利的客体作为对技术行为的教导，是通过实施权利要求规定的手段来实现的。《专利法》第 9 条第 1 句第 2 项正确地将该事实构成表述为方法的应用；早期的法律是将方法专利的客体作为对发明客体的使用理解的。

应用一种方法时大多——同时或者以特定的顺序——实施多种手段。任何人完整实施德国的专利方法，即使其在国内对所要求的手段只是部分利用，也被视作构成专利侵权。只要在国外应用专利的行为成功完成同样可以归咎于国内行为人，就满足了在国内开始应用方法的要求。

2. 就在权利要求中包含的相应的规定（Festlegungen）而言，取决于受保护的方法应用的目的和手段。如果在符合权利要求的手段处使用另一种手段，那么只要存在等同，仍然构成对专利方法的应用（参见 § 32 Ⅲ d）。但是，对此仅说达到了同样的最终效果是不够的。更确切地说，是取决于该另一手段与权利要求表述的手段是否共同具有这样的特性，即这些特性依据专利文本的内容对获得专利效果是关键的。

> 因此，如果另一物质被用于实现同样的目的，不能就说涉及一种化学物质用于特定目的（例如杀灭害虫）用途专利已经被侵权了。只有当两种物质在根据专利文本涉及专利效果（例如消灭特定的昆虫）的特性方面具有足够的一致性时，才使用了受用途专利保护的教导。

3. 在为应用专利方法而制造设备或者其他手段中还不存在对方法本身的应用。

联邦最高法院[132]认为，对为使用专利方法的客体的制备活动原则上不是方法的应用，前提是不涉及用途专利（参见本节 Ⅲ d）。

> 此外，联邦最高法院至少在以下情况下不认为准备行为属于方法的应用，即不存在这样的扩张专利保护迫切的需求，因为（a）在专利权利要求表述中已经写入这样的行为本来没有任何障碍是可能的和适当的，或者（b）准备工作还没达到获得了受专利保护发明优势的状态和专利法上与该方法确实的使用同等对待是有理由的。在受专利保护方法的准备行为已经就绪情况可能就不同了，因为与专利相关联的优势的实现已经在这样的程度上得到确保，即经济上已经达到了与专利方法应用一定的等效性。

---

〔132〕 19. 11. 1991 Heliumeinspeisung BGHZ 116, 122, 127 ff.; 5. 7. 2005 Abgasreinigungsvorrichtung GRUR 2005, 845, 847.

一项为通过引起对流来稀释局部的气体浓度的方法被授予了专利。从属权利要求涉及通过引入气体（尤其可能是氪气）来改变气体密度。这样的方法特别是对核反应堆冷却剂损失的事故十分重要，因为局部水物质的浓度会导致爆炸危险升高。作为被告的核电厂电力运营商为了注入氪气安装了适合的装置。对此结果是不存在方法专利侵权。

应用了专利方法的设备或者手段的试验，只要该试验——尤其是作为出于实验目的的行为——不被《专利法》第11条所涵盖，可以介入专利权。同样，在此范围之外，试验行为应该认为是允许的，如果该试验还属于制造流程，因为该行为对制造流程的结束，如对机器精细调整是需要的。

例如：[133]专利方法是通过热能（为制鞋）加工皮块的边缘的方法获得了专利。实施这一方法的设备在专利文件中进行了说明，但并没有被作为权利要求。被告在国内生产了可以依据受专利保护方法工作的鞋面皮革－棱角处理机器，并通过加工废料皮片的边缘进行测试，用以证明机器能够正常工作。被告将制造完成的机器向国外提供。对此的侵权诉讼被判败诉。

同样，专利权人必须接受这样的试验，该试验是在允许的设备或手段的许诺销售情况下发生的。[134]但是，被视作间接专利侵权而被禁止的许诺销售（《专利法》第10条；参见本节Ⅵ）在法律上不能成为该试验合法的理由。[135]如果在试验中获得的方法成果导致了进一步经济上的使用，如将产品作为交易物品转让或者在试验人的企业中使用，则在任何情况下超越了允许的试验的界限。

b）方法的许诺销售

1. 根据早期的法律主流意见认为，一个专利方法可以被许诺销售和投放市场。作为专利方法使用的事实，现行的规则除了应用本身，仅承认许诺销售。[136]如果为了方法应用在国内许诺销售专利方法，同时许诺销售人知道或基于客观情况明显表明未经专利权人同意该方法不得被应用，则构成侵犯专利权。

2. 帝国法院一再认为，未经授权的人收取报酬将专利方法指导交给第三人来实施该方法，构成投放市场行为；相应地，帝国法院认为这样的出让要约

---

〔133〕 RG 19. 10. 1935 RGZ 149, 102, 108.

〔134〕 Anders RG 31. 1. 1931 RGZ 146, 26, 27, wo die Vorführung des Verfahrens allgemein als patentverletzend angesehen wird.

〔135〕 Hieraus rechtfertigt sich im Ergebnis RG 31. 1. 1931 (FN 134).

〔136〕 Art. 28 Abs. 1 (b) TRIPS－Ü verlangtnur Schutz gegen die Anwendungpatentierter Verfahren; ein Schutz gegen „Anbieten" wirdnur in Bezug auf Verfahrenserzeugnisse gefordert, vgl. Brandi－Dohrn, GRUR Int. 1997, 126.

等同于许诺销售；[137]对此授予许可和许诺给予许可同样被判为侵权。[138]另外，帝国法院强调，在提供专利方法应用的手段的行为中，还没有产生通过投放市场（直接）侵犯方法专利的后果。[139]

因此，作为专利侵权假设的根本原因，看来不是使用方法的实际的可能性的获得；决定性的是非法占有保留给专利权人的允许使用的权能。这样的占有表现为提供许可，但也体现在要求为方法规则支付报酬；从经济的角度，这种行为表现为一种干预仅属于专利权人享有的发明的市场充分利用。[140]方法专利在原《专利法》第6条意义上是"发明的客体"这一思想也起着作用。[141]如果说寄送带有对一种专利方法足够详细表述的广告小册子可以是投放市场行为，那么，这一路径被独立化了。[142]但是，这种观点没有深入人心。[143]一个不仅仅是实际的，而且法律上成立的使用可能性的预期和（所谓的）获得仍然能被主流视为是关键的。[144]

3. 对现行法来说，大多依照以前对许诺销售事实构成占主导地位的观点，将提供使用许可看成是许诺销售。[145]偶尔有强调，至少对方法的应用和实施做出许诺满足了许诺销售的法定构成要件这一点。[146]也有这样的观点，认为仅仅在这种情况下才被视为许诺销售专利方法。[147]今天，看来大家达成的一致，是提供基于专利公布的结果公众必然可以接触的专利方法规则本身还不能构成专利侵权。

4. 对允许使用方法的许诺是否构成《专利法》第9条第2句第2项意义

---

〔137〕 RG 11. 5. 1898 Seufferts Archiv Bd. 54 S. 85, 86；7. 3. 1900 RGZ 46, 14, 16；19. 4. 1904 RGSt 37, 110, 111；2. 2. 1907 RGZ 65, 157, 159.

〔138〕 RG 28. 12. 1910 RGZ 75, 128；26. 1. 1909 RGSt 42, 151, 154.

〔139〕 7. 7. 1894 RGZ 33, 149, 152；2. 2. 1907（FN 137）；26. 1. 1909（FN 138）153；28. 12. 1910（FN 138）130 f.；18. 12. 1920 RGZ 101, 135, 139；31. 1. 1931（FN 134）28；19. 10. 1935（FN 133）.

〔140〕 RG 11. 5. 1898（FN 137）；7. 3. 1900（FN 137）；2. 2. 1907（FN 137）.

〔141〕 RG 2. 2. 1907（FN 137）.

〔142〕 RG 19. 10. 1935（FN 133）105；然而，提到的考虑与判决并不相关，因为国内流通或者许诺销售缺少推广宣传的国内准入条件，所以被否决。

〔143〕 Vgl. V. Tetzner, GRUR 1980, 891.

〔144〕 Vgl. OLG Düsseldorf 19. 3. 1962 GRUR 1963, 78, 80；Bernhardt, S. 146.

〔145〕 Benkard/Bruchhausen, 9. Aufl., §9 PatG Rdnr. 51；Schulte/Kühnen, §9 Rdnr. 55；U. Krieger, GRUR 1980, 690；bei Benkard/Scharen, §9 PatG Rdnr. 52 wird einleitend – wie es scheint zustimmend – die hier（nachstehend zu 4）vertretene Ansicht, dann aber ohne weitere Erörterung die unter dem früheren Recht h. M. wiedergegeben.

〔146〕 Schäfers, Mitt. 1981, 6, 10.

〔147〕 Villinger, GRUR 1981, 544.

上的许诺销售这一问题，应该考虑，授予专利使用许可本来可以不作为专利侵权行为看待，因为法律并未规定专利方法的"投放市场"。那么，对这一问题的肯定回答会意味着，对一种非专利侵权的行为的许诺会作为侵权出现。任何人没有在先的许诺就给予"许可"，也许不侵犯专利；虽然可以（根据《专利法》第9条）要求许诺许可的人停止进一步的许诺，但不可以要求停止已经许诺的许可的授予。

因此，先前针对方法许诺销售发展起来的标准之所以可以不再被考虑，是因为其依据新法会导致荒谬的结果。但是，如果在方法专利上许诺销售的事实构成—不同于产品—涉及的不是投放市场，而是方法的应用，则矛盾就会消失。这虽然以存在不同为前提条件，即投放市场的客体是有形的，应用的客体是无形的。但除此之外，许诺销售与投放市场事实构成的关系是一样的：许诺人答应满足事实构成要件。许诺销售独自成为另外的事实构成的前提阶段。只有当任何人以这样的方式答应他人方法的应用，即该应用因通过许诺人自己实现或是被唆使的[148]，才能存在许诺销售方法。在这方面现行法明确要求，规定方法应用（至少部分地，参见本节 Ⅲ a 1）应在国内。难以理解的是增加的要求，即许诺销售人知道存在专利保护或者这是明显的。[149]实践中因专利局的公布专利文件而导致的公开，通常被认为具有这样的明显性。

5. 现行有效的规则意味着，早期被视为侵害方法专利行为的一部分，不再被任何法定的事实构成所包括。但是，合理的专利保护需求不会因此受到损害。

就是根据原来的法律，将本身不禁止行为人做出的，但法律上不可能的行为视为侵犯专利权原则也是不正确的。[150]除专利权人外没有其他人能够有效授予使用许可或者授权他人授予使用许可的定理，不是简单地这样来重新诠释的，即其他任何人都不被允许授予使用许可。此外，根据现行法，在《专利法》第9条中侵权事实构成被明确确定为发明的使用。但是，与专利有关的构成法律行为的行动不是发明的使用。将这种构成法律行为的行动，像使用发明那样，"仅为专利权人独享"的说法，掩盖了一个本质的区别。

的确，未经授权的人的（无用的）许可准许尝试可以扰乱专利权人对发

---

[148]　Ebenso Busse/Keukenschrijver, § 9 PatG Rdnr. 94.

[149]　Vgl. die Kritik von U. Krieger, aaO.

[150]　Vgl. V. Tetzner, GRUR 1980, 891 ff.

明的使用。但是，对存在由此产生的不利后果，尤其是"市场混乱"的结果的危险，专利权人可以基于《反不正当竞争法》第 3 条和第 5 条，或许也涉及第 4 条第 8 项加以对抗；在相应的法律利益方面，专利权人也可以依据《民事诉讼法》第 256 条让法院确认，只有专利权人享有对专利方法授予使用许可的权能。如果未经合法的授权，因而也是无效的使用许可授予促使"被许可人"事实上实施了使用行为——这里指应用专利方法或以此为目的的许诺销售，可以因专利侵权针对"被许可人"和因参与专利侵权针对"许可人"采取法律行动。

6. 在原来的法律下有时学者会要求以这样的方式加强方法保护，即在确定的前提条件下以将许诺销售或提供用于发明使用的手段行为视作直接专利侵权。[151] 这样，在方法应用仅仅发生在国外的情况下使得采取法律行动变得容易了。司法实践总是拒绝认为在其中存在——国内开始的——将方法投放市场或者许诺销售。[152] 另外，间接侵权的设想，由于其以直接侵权成立为条件，与在国外完成的方法应用不侵犯国内的专利的理论相冲突。

现行有效的规则没有为扩大方法专利直接侵权行为的范围提供基础，而是甚至比以前的实践限缩了这一范围（参见上文第 4 点和第 5 点）。关于间接侵权（《专利法》第 10 条）的新规定虽然终止了其与直接侵害的概念上的依赖性。但是，根据该规定的用语，只有当许诺销售的或提供的手段所确定的发明使用是应该在国内发生的，才适用这一规定。因此，现行法在间接侵权的角度下也不提供保护，以制止许诺销售或提供为仅仅在国外发生的应用专利方法的手段。

c）有关直接的方法产品的行为

aa）概述

1. 根据《专利法》第 9 条第 2 句第 3 项，涉及专利方法的直接产品的行为，与涉及产品专利客体的产品一样，处于同样的禁止效力下。当然，在保护范围上的差异在于，方法专利的禁止效力仅干预由专利方法制造的产品，而在产品专利上主张禁止的效力不需要考虑制造途径。由此也可解释对于方法产品在法律中没有提到制造行为。只有当制造行为是借助专利的方法实现的并且已被方法应用的事实构成（《专利法》第 9 条第 2 句第 2 项）所包括，这种制造行为才被认为侵犯方法专利。

方法保护延伸到专利方法的直接产品自 1891 年在德国《专利法》中已确

---

〔151〕　So vor allem Stauder, S. 150 ff., 171 ff., 191.

〔152〕　Vgl. die in FN 138 angeführten Entscheidungen.

认[153]（最终在1968/1978年《专利法》第6条第2句中）。对于欧洲专利，在《欧洲专利公约》第64条第2款中明确规定成员国有义务规定这样的延伸。以同样的方式，TRIPS第28条第1（b）款规定使世界贸易组织的成员承担了这一义务。现行《专利法》的中的规则，同样如原德国法，满足了这一要求。这一规则没有改变坚持这一传承的原则，与原《专利法》和《欧洲专利公约》不同的地方仅在于，该规则用重述相关的使用事实构成替代援引产品保护方式来表达这一要求。

2. 将专利效力延伸到专利方法的产品的理由，主要是在产品本身不受专利保护的产品，即对用化学方法制造的物质有保护的需要（参见§6 I 1）。然而，根据现行法仅很少有这样的情况，即方法原则上可以受到专利保护，但方法产品实物保护（Sachschutz）一般被排除的情况。这类很少的情况涉及的是"非关键的生物的"动物和植物育种方法，前提是其成果是一个植物品种或者动物品种。是否对此有效的专利禁止与保护作为专利方法的直接产品的植物品种与动物品种相冲突的问题，还没有完全回答清楚（详见§14 III a cc 和 b cc）。

3. 方法保护延伸到一种产品上，该产品在方法专利优先权时间点上已经属于现有技术这一点并不矛盾。在这种情况下，虽然《专利法》第139条第3款不能给予专利权人帮助，该规定当产品是新产品时减轻了专利权人对专利方法应用的证明义务（参见本节 III c dd）。但是，对于涉及事实上是借助专利方法制造的产品的方法专利的效力，是否在优先权时间点已存在具有争议的技术特征的产品的教导是新的，或者具有同样特性的产品已经通过其他途径可以获得，是无关紧要的。至少，对一个新的产品，如果该产品的存在涉及发明的活动，在通常情况下会获得产品保护（参见第2点）；在大多数情况下这一产品保护和方法保护会体现在一个专利中，这样不产生额外的费用。

> 在由于一种物质有意想不到的特性而使该物质的提供成为一种发明的情况下，如果仅仅给予一种与符合发明成果受用途约束的产品保护，该保护干预为符合发明目的提供该物质的所有的方法，只要该物质明显是为了实现该目标而应用的。

在专利方法的产品由于其性质被排除在专利保护严格范围之外，因此得出，方法专利的效力一方面有利于本身可以获得专利的但仅仅疏忽了没有提出产品权利要求的产品；另一方面产品已经可以获得，其提供在方法专利的优先权时间点属于现有技术或者对于专业人员来说显而易见。因为纠正偶尔的疏忽

---

[153] Zur Vorgeschichte Hahn, S. 15 ff.；Bruchhausen, GRUR 1979, 743, 745 r.

的需要，单单就其本身延伸方法保护到产品无法在法律上有理由成立，必须为这一延伸找到一个也恰恰对非新产品适用的理由。产品突出体现构成专利理由的方法的特殊性这样的考虑是不充分的，因为这样的考虑很难适用于通过其他方法制造的具有同样特性的产品。

> 考虑到在产品发明和方法发明之间由现行有效的规定确定的明显区别，像帝国法院在立法对方法产品保护上确认之前，对化学物质、食品、嗜好品和药品，因为这些产品固有的"制造方法和制造成果属于同一整体性"所尝试的那样，将产品归入"发明的客体"也是不可能的。[154]

4. 最后，坚持将产品纳入方法专利的效力也许最好从这样的观点加以解释，即方法专利的所有人不能以合理的方式穷尽归其所有的发明的经济价值，如果除方法的应用外，不将用由此方法制造的产品交易保留给权利人。自然专利权人仅仅在这些产品不是经其同意投放市场时有禁止权。因此，延伸方法专利保护的经济利益重点针对的，是方法应用不构成侵犯专利的情况，即在国内专利权人不享有专利保护的地方借助该方法制造的产品的情况。对此还有这样的情况，即制造虽然在国内完成，但专利权人基于事实上的原因无法采取非常有效的行动。在这两种情况下延伸保护使针对产品（国内）贸易商、用户和占有人采取行动成为可能。

5. 专利权人从方法应用的成果中获得经济利益的努力，在法律上不是没有限制地被确认是值得保护的。对专利权人来说，界线在于必须涉及是通过方法直接制造的产品。由此得出通过专利方法制造的要求条件（下面 bb）和直接性的要求条件（下面 cc）。

bb）使用专利方法制造

1. 在司法实践中迄今仅确认作为产品必须是有形的。除此之外，一部分文献还认为无形的方法成果，如声、光、热、电能作为产品，只要它们是可以在市场上交易的。[155]

2. 从方法到底是否会制造出产品的角度，方法可分为制造方法和单纯的作业方法两种。只有对于前者，专利效力延伸到产品之上是可能的。如果同时应用多个制造方法，那么产品归属于任何一个对产品的制造有关键贡献的方

---

[154] RG 14. 3. 1888 (Methylenblau) RGZ 22, 8, 17.

[155] V. Tetzner, Mitt. 1967, 5 f. ; Hahn, S. 38 ff. ; Lindenmaier, § 6 Rdnr. 76 c；ablehnend Klauer/ Möhring, § 6 Rdnr. 131；H. Tetzner, § 6 Rdnr. 164.

法。[156]如果多个方法是前后应用的，情况会不同（参见本节 Ⅲ cc 2）。

为搜索或测试目的通过应用 DNA 片段所找到的结果，不是通过在这一应用中存在的方法制造的产品。[157]

3. 应该怎样界定制造方法和作业方法的观点不一致。

帝国法院[158]拒绝将根据专利方法防水的传动皮带视为这种方法的产品，并且作为例子指出，应用桌子抛光方法不等于通过该方法制造桌子。方法产品仅仅指通过这一方法新产生的物品；在加工方法上，只有加工导致新创造，物品的性质完全改变，被市场视为是某种新的东西，这才是对的。

联邦最高法院[159]认为借助专利金属喷涂方法维修的发动机缸体不是方法产品，并且也对该发动机缸体不维修不可再用的情况适用。对于金属部件的真空管脱气方法，帝国法院认为一个完全脱气的管子是不同于未完全脱气的管子的另一个产品，因为后者不具备运行能力；所以而脱气的管子是通过方法制造的。[160]联邦专利法院将皮革视作制革方法的产品。[161]

根据这些标准，借助受专利保护的方法分开的、以便由此可以烘焙小面包的面团，不是分割方法的产品。[162]

4. 大部分文献与司法实践一致，认为一个物品，只有在其产生的意义上归于该方法，即该物品根据交易中的观念与初始原材料相比是某种新的东西，才能作为方法产品。[163]

在加工方法上，如在为磨削玻璃容器或者光学透镜目的的玻璃器皿的打磨上，在给羊毛染色上或者织物的印制上，可以存在这样的情况，同样在修理方法上也是如此，如果修理的结果等同于新的制造。

---

[156]　RG 1. 7. 1936 RGZ 152, 113, 114; Klauer/Möhring, § 6 Rdnr. 135; Te t z n e r § 6 Rdnr. 168.

[157]　v. Meibom/vom Feld, FS Bartenbach, 2005, S. 385, 390 ff. , 394; v. Meibom, Mitt. 2006, 1, 3 f. ; Brandi – Dohrn, FS VPP, 2005, S. 465, 472; Straus, FS Bercovitz, 2005, S. 921, 926 ff. ; vgl. auchoben § 14 Ⅲ d cc 5.

[158]　15. 10. 1912 RGSt 46, 262.

[159]　16. 2. 1951 BGHZ 1, 194, 197 f.

[160]　RG 1. 7. 1936 (FN 156).

[161]　BPatG 24. 5. 1971 GRUR 1972, 89, 90.

[162]　RG 31. 3. 1897 RGZ 39, 132, 帝国法院认为小面包不是分开方法的（直接）产品。

[163]　Vgl. z. B. Reimer, § 6 Rdnr. 63 (S. 343 f.); Klauer/Möhring, § 6 Rdnr. 134, 136; Tetzner, § 6Rdnr. 168; Lindenmaier, § 6 Rdnr. 77, 77 e; Pietzcker, § 4 Rdnr. 9; Bernhardt, S. 163 f. ; weitereNachweise bei Hahn, S. 51 f.

作为相反的例子：深冷冻的食品、巴氏杀菌奶和石油不是冷却方法、巴氏杀菌方法和钻井方法的产品。[164]

5. 另一观点认为，当物品通过这一方法以经济上不是完全没有意义的方式加以改变，该物品就是方法产品。[165] 其理由是，专利权人需要得到保护以阻止进口这样的产品，该产品在国外应用专利方法不是进行新的创造，而是在没有本质改变的情况下被完美化、得到维修或者以其他的形式进行加工处理。

要补充的是，在这样的情况下对产品本身的实物保护（Sachschutz）通常不成立，因为这种通过应用方法做出的改变没有赋予产品具有这样的特征，即这些特征以有理由获得专利的方式使所涉及的产品超越了现有技术。

但是，求助于存在对尽可能宽的保护范围的经济利益是不够的。如果只是单独取决于这一点，那么，也许必须给予保护以禁止进口这样的物品，这些物品没有任何附加的改变，仅仅就其无瑕疵的特性，如没有有害的添加物或功能正常，在国外根据国内专利方法进行了检测。在这种情况下，物品的市场价值也可以通过该方法的应用而大大提高。但即使在最宽泛的意义上也不再可以称，这些物品是通过该方法应用被制造出来的。

cc）直接性

1. "直接"一词是在引入将方法保护延伸到产品上这一规定时，基于一个建议被纳入法条之中的，提出该建议目的是"延伸保护范围不能宽到尤其是要防止，如与根据专利方法制造的物质一起加工的客体也被囊括在专利保护之中"。[166]

为了可以主张一种产品是直接通过一种专利方法制造的，在产品和方法之间必须存在足够的关联性。这种关联性，如一般原则认可的，不是必然地通过在专利的制造程序完成后的对产品的改变而中断。但是，在没有以排除直接性的方式消除这种关联性的情况下，允许多大程度上有这样的改变，几乎不可能以一般的规则加以表述。问题尤其出现在方法产品的处理或者加工的情况（下面第 2~4 点）和方法产品与其他物品的组合或混合的情况（参见第 5~7 点）。

2. 如果通过专利方法首先得到的是原料或者半成品，并接着使用其他方

---

[164]　Tetzner, aaO；weitere Beispiele bei Busse/Keukenschrijver, §9 PatGRdnr. 104.

[165]　Hahn, S. 55 ff., 65, mit weiteren Nachweisen.

[166]　Bericht der Reichstagskommission, zit. bei Reimer, §6 Rdnr. 63（S. 345）.

法制造成品，那么，根据帝国法院的意见，该成品不是专利方法的直接产品。[167]这对于其他加工或者处理同样适用，前提是通过加工或处理该产品全部或很大程度上不再具有涉及方法应用的特征。

文献通常从最后一个提到的标准出发，认为可以主张一种产品是通过方法应用直接制造的，如果在方法应用结束时所具有的特征基本被保留了下来，并且决定该产品加工或者处理的结果具有这些特征是由市场评判的。[168]

在此应当注意的是，仅仅在特征上一致是不够的，除非方法产品根据实质特点也进入到后续加工的产品。因此，对可以产生新的植物品种、动物品种或者微生物产品的方法，这些生物的增殖产品不再是初始方法的直接产品。这些繁殖产品的产生没有应用初始方法，而是单纯使用了这一方法的产品（参见本节Ⅰa2）。

但是，根据《专利法》第9a条第2款，对一种使得获取一种基于发明带有特定特征的生物材料成为可能的方法的专利保护，除了用该方法直接获得的材料之外，也包括获得任何其他具备同一特征的生物材料，该生物材料通过有性或者无性增殖以同样形式或变化形式从可直接被获得的生物材料中获得（参见§14Ⅰb5，Ⅲacc和bcc）。这一规定并没有扩大直接方法产品的概念，而是在承认正当合法权益的前提下（参见《生物技术指令》权衡理由46）将其他非通过原始获得方法，而是借助一个由该方法直接制造的产品获得的产品纳入保护范围。也就是说，这一规定在与《专利法》第9条第2句第3项、《欧洲专利公约》第64条第2款的关系上，形成了一个对解释这些一般规定没有意义的特别规则（参见本节Ⅰa2）。

对没有断绝所要求的关联性的情况下可能的改变，主流学说划定了严格的界限。特别是占压倒优势的意见认为，至少这一关联性经过化学反应后不再存在。[169]但是，一些作者代表了一种实质上更为宽容的立场。如哈恩（*Hahn*）[170]认为，产品只要还具备市场所认为的源于应用方法的有益的特点，就是直接方法产品。这种观点的风险在于，方法专利的效力被无限制地延伸。特别应该思

〔167〕 RG 24. 5. 1909 RGSt 42, 357; 1. 7. 1936 (FN 156).

〔168〕 Vgl. Benkard/Scharen, §9 PatGRdnr. 55; Tetzner, §6 Rdnr. 166 f.; Klauer/Möhring, §6Rdnr. 137; weitere Nachweise bei Reimer, §6 Rdnr. 63 (S. 347).

〔169〕 Ausführlich Bruchhausen (FN 153) 749 f. mit Nachweisen; differenzierend v. Pechmann, GRUR 1977, 377, 378 f., 382.

〔170〕 S. 94 ff., 102; ähnlich Utermann, GRUR 1981, 537, 541; weitere Nachweise für diese Richtung bei Bruchhausen (FN 153) 747 f.

考的是，构成专利理由的制造已知产品的方法特殊之处，经常对产品的特性没有影响，而只是影响到经济上的优势如节约成本或较高的收益。

拜尔（*Beier*）教授和欧力（*Ohly*）教授[171]在一个——显得排除作为其他可能性理解的——"按时间顺序排列评估"和"特性理论"之间的选择中赞成后者特性理论，并认为与此相符合的保护延伸通过法定规则是必要的。但它缺乏一个在这方面要考虑的特征界定的标准，即使不应该不加限制地追随哈恩的主张。最后，"按时间顺序排列评估"和"特性理论"两个方案均无法在所有问题情况上获得符合实际的界限。相反关键的是，尽管其经过了若干环节，直接方法产品在多大程度上仍保持其可被识别，并且不是仅对其他产品的任何作用或优势形成因果关系。以下考虑尝试在这个意义上建立一个界限。

3. 与方法所要求的关联性不会丧失，如果方法产品受制于一个对这些产品符合目的所要求的，因而从一开始就计划的处理，尤其是为治疗目的通过浓度变化或者媒介物的混合，该产品形成一种合适的给药形式。[172]在这样的情况下，方法产品仍是作为对药品片剂、制剂等的特性和目的确定的关键的组成部分的活性物质（Wirkstoff）。这种形状的改变不涉及产品的特征，而是使方法产品的应用成为可能和促进方法产品的应用。

在改变仅仅构成一种为直接可使用的形式而采取的不言而喻的步骤这种观点下，例如，也许面包或小面包也仍然可以作为制作为此确定的面团的方法的直接产品。[173]

4. 如果进一步加工而获得的客体主要由化学成分组合和物理特征方面没有变化的方法产品组成，则这样的客体同样也是通过该方法直接制造的。当从聚酰胺纤维制成了长筒袜，或者编织成聚乙烯容器的织物，就是这样的状况。[174]这种进一步加工的行为同时涉及了在性质上保持不变的直接方法产品。如果交易观点将进一步加工的产品视为和称为新的物品，那么，这种观点仍然同时认识到，这种新的物品（几乎）仅仅由某种特定的材料构成，并且形成了此种材料的外在形式。这种加工是否满足了《民法典》第 950 条规定的所有权取得的前提条件的问题，在此则没有意义。

〔171〕 GRUR 1996, 978 ff., 982 ff.

〔172〕 v. Pechmann（FN 169）379 r.；Kraft, GRUR 1971, 373, 376；BPatG 7. 10. 1976 E 19, 88, 91.

〔173〕 Vgl. Lindenmaier, § 6 Rdnr. 77 sowie die obenbei FN 162 behandelte Entscheidung des RG.

〔174〕 Vgl. Klauer/Möhring, § 6 Rdnr. 137；v. Pechmann（FN 169）379 r.

如果是用添加物完成了进一步的加工，那么，只有当这些添加物没有对进一步加工的产品的特征做出重要的改变时，这样加工的产品才可以以直接的方法产品同等对待。对生产为充气轮胎所需的橡胶混合物的方法，联邦专利法院认为由此类混合物和其他添加物制造的轮胎不是直接的方法产品。[175] 与此相反，通过专利方法制造的织物，即使是染色状态，仍然可以被认为是直接的方法产品。[176]

5. 这种必要的与制造方法的关联性，依据司法实践和主流学说的观点，可以这样而中断，即该产品成为一个新整体的非独立部分。[177] 帝国法院为此将依据某专利方法生产的钉子应用于柜子的制造作为例子论述道：[178] 钉子在这种情况下物理上是可见的和存在的，但失去了任何独立性；柜子不是受专利保护方法的产品。根据这一标准，同样的判决也处理了有关非法使用专利方法制造一幢新建筑的铁梁屋顶的纠纷。帝国法院虽然将该屋顶视作直接的方法产品，但认为对建有这一建筑物的土地商业使用不等于对屋顶的使用，因为屋顶成为这一物业的基本组成部分，因而法律上不再是独立的；相反，该土地不是这一方法的产品。

在一个后来的判决[179]中帝国法院认为，对于竖立沉降到地面以下的混凝土桩的方法，混凝土桩之所以不能成为直接方法产品而受到专利保护，是因为其已经成为土地的组成部分；如果在个案情况下，该混凝土桩根据《民法典》第95条没有为土地所有人所有，这一点也同样适用。从同样的基本观点出发，柏林高级法院（Kammergericht）认为，依据专利方法制造的抗极端气候列车厢车顶即使在安装到列车上之后，也是直接的方法产品：车顶可以没有困难和不形成说得上的损害重新被摘取下来，因而保持了一定的独立性。[180]

司法实践的立场过于形式主义，特别是受到了民法的有关必要组成部分的概念的强烈影响。如果专利方法产生一种产品，该产品——如铁梁屋顶和混凝土桩——在没有化学或者物理变化的情况下在整体的物品中，尤其是建筑物中

---

〔175〕 BPatG 10. 12. 1970 E 12, 119, 123.

〔176〕 Lindenmaier，§6 Rdnr. 77.

〔177〕 RG 31. 3. 1897（FN 162）34；24. 5. 1909（FN 167）；Lindenmaier，§6 Rdnr. 77 d；Klauer/Möhring，§6 Rdnr. 135, 138.

〔178〕 RG 31. 3. 1897（FN 162）35.

〔179〕 RG 9. 4. 1941 GRUR 1941, 275, 276 l.

〔180〕 KG 23. 11. 1935 GRUR 1936, 743.

保持可以区别的存在，并通过完成特定的任务长久地服务于该产品的目的，或者甚至——如隧道、矿井或者大坝——本身成为一个建筑物，则不应该拒绝将其纳入方法的专利保护之中。

这并不排除对主张专利权的权能附加限制，如果在个案中主张权利会有不适当的干预的后果。[181]

6. 如果在一个新的——固定或者移动的——物品中，被作为添加或辅助材料与其他材料一起加工的方法产品以这样的方式融合，以致该产品从经济上看，即使其是化学或者物理的变化可以被认为消耗完了，那就是另一种情况了。在家具生产中胶水、钉子和螺丝的使用，用于染色纺织物的染料的使用，面包制作中面粉使用都是例子，[182] 以及使用专利方法生产的荧光材料涂刷电视显像管的内表面也是如此。[183]

7. 在一个方法产品已经与另一种物质混合的案件中，帝国法院否定了这种直接性[184]：该方法产品不是混合产品的唯一关键的组成部分；该产品是新的、独立的工业产品，对实际应用具有特别的特性和目的。所以该方法产品是一个组合物品的非独立的组成部分，和该组合物在一起该方法产品无论在专利法上还是根据交易观点都无法同一确定出来。如果在混合产品中的方法产品，例如一种药物组合制剂，不依赖于其他组成部分继续发挥其特定的效力，也许应该作出不同的决定。[185]

在这个意义上可以引用帝国法院[186]的一项判决，该判决涉及一种生产颜料油墨黏合剂的方法，并将通过混合黏合剂与颜料所制得的涂抹油漆纳入方法专利的保护范围中：黏合剂发挥其优越效果（耐水、耐酸、耐碱、耐热、耐寒），与其所使用的颜料无关。

dd）针对新产品举证责任减轻（《专利法》第 139 条第 3 款）

1. 为了能够主张涉及产品的专利法上的请求权，方法专利的所有人必须

---

〔181〕 Vgl. H. Tetzner, Mitt. 1976, 61, 65 f. ; Näheres unten §35 Ⅶ 6.

〔182〕 Tetzner, §6 Rdnr. 167; dagegen will v. Pechmann（FN 169）380. das gefärbte Gewebe als unmittelbares Erzeugnis des Verfahrens zur Herstellung des Farbstoffs ansehen; ebenso BPatG 7. 10. 1968 Mitt. 1969, 76 für den Fall, daß die Patentierbarkeit des Herstellungsverfahrens unter Hinweis auf Eigenschaften mit dem Erzeugnis gefärbter Gewebe begründet worden ist.

〔183〕 v. Pechmann（FN 169）379 r.

〔184〕 RG 24. 5. 1909（FN 167）; ebenso RG 23. 1. 1934 GRUR 1934, 192, 193 r. ; vgl. auch BpatG10. 12. 1970（FN 175）.

〔185〕 Vgl. v. Pechmann（FN 169）379 r.

〔186〕 13. 5. 1916 Bl. f. PMZ 1916, 135.

说明和有必要的话必须证明，这些产品是通过受保护的方法制造的。但是，对产品的检查通常不能确定所使用的生产方法。所以《专利法》第139条第3款第1句中规定了举证责任减轻：如果专利客体是一种制造新产品的方法，那么，在有相反的证据之前，由他人制造的相同的品被认为是采用专利方法制造的。也就是说，法律推定应用了专利方法。

这一现行有效的规定从1981年1月1日起生效。这一规定与《共同体专利条约》第75条（35）第1款相吻合。这一规定与以前的规则（1968年到1978年有效的《专利法》第47条第3款）相比，不同之处在于，这一规定不仅仅适用于"物质"，还适用于所有类型的产品。这一现行规定的内容，按照《共同体专利条约》第75条（35）第2款的模式，明确规定，在查明反方证据时应该重视被告对自己的制造和技术秘密的合法的利益（《专利法》第139条第3款第2句）。

这一现行规则满足了TRIPS第34条的最低要求，该条至少也允许对以下的情况减轻举证责任：方法产品不是新的，但与其一致的产品极有可能是依据专利方法制造的，而专利权人在进行了合理努力后依旧没有成功地证明所实际应用的方法。《关于〈共同体专利条例〉的建议》第13条第2款利用了这一可能性。

2. 方法产品的新颖性应该依据《专利法》第3条予以判定。[187]这一新颖性成立，如果该产品与在方法专利优先权时间点属于现有技术的产品，在任何一个确定无疑可以区别的和技术上不是完全无意义的特征上不相同。[188]

根据另一个观点，[189]这应该取决于在声称使用专利方法的制造过程的

---

〔187〕 BGH 13. 3. 2003 Enalapril GRUR 2003, 507；Benkard/RoggeGrabinski，§139 PatG Rdnr. 121；a. M. Hahn，S. 132 ff. ；Schulte，§139 Rdnr. 206；Busse/Keukenschrijver，§139 PatG Rdnr. 215；jeweilsmwN. 但是，如果一个产品在方法专利的优先权时间点属于现有技术，这一点以该产品可制造性为前提条件（参见§17 Ⅲ 2），必须已经存在一种制造该产品的方法。这样，对该专利方法已经被使用的法律推定在法律上是站不住脚的。对仍然支持使用了该方法的情况应该自由斟酌考虑。另外，方法产品在构成专利法上请求权的使用的时间点已经不再是新的了，因为在此之前至少该专利申请已经公开了。也就是说，如果想在声称的方法应用时间点要考虑新颖性，也许应该以一个不同于专利法上的新颖性概念的新颖性术语为基础。它可能是什么，是不清楚的。

〔188〕 In diesem Sinne LG München I 17. 12. 1963 GRUR 1964, 679, 680；weitergehende Abweichungen forderte RG 11. 2. 1925 RGZ 110, 181, 183 f. ；diese Entscheidung wird im Schrifttum überwiegend abgelehnt, vgl. Hahn, S. 138 f. mit Nachweisen. Nach LG Düsseldorf 4. 3. 2003 Steroidbeladene Körner InstGE 3, 91 Rdnr. 13 ff. gilt die Vermutung auch dann, wenn der Patentinhaber nachweist, dass das zum SdT gehörende übereinstimmende Erzeugnis durch das patentierte Verfahren hergestellt ist.

〔189〕 Hahn, S. 134 ff. , 141.

时间点没有公知的其他方法制造该产品。但是，法律以产品的特点为出发点，允许从中得出应用了方法的结论。专利方法是唯一已知的方法的事实，在法院证据斟酌考量的框架内（《民事诉讼法》第 286 条）可以是一个该方法已经被使用的标志。但是，这一事实作为法律推定的基础是不够的，也是不必要的，也许仅难得可以比证明产品的新颖性，减轻举证责任。

3. 产品的相同性是所有主要特征一致性的前提；技术上毫无意义的差异可以忽略不计。但是，如果在受保护的方法应用时产生作为侵权受攻击的产品，特别是因为该产品不同的化学结构是不可想象的，则不适用举证责任减轻。[190]

> 哈恩[191]的观点不能赞同。根据他的观点，在一个目前为止只能通过受保护的方法可以获得的特征上存在一致性应该原则上就满足了。

至少应该考虑到，产品之间的差异可能涉及对一种变化的但仍然落入专利保护范围的方法的应用。所以，联邦最高法院[192]认为在方法成果上的不同是不重要的，如果根据技术上的经验这样的不同可以回溯到该专利方法的一个不同实施例，但不是容易使人想到的简单暗示其他方法的应用。因此，联邦最高法院也允许减轻举证责任，如果方法专利的保护范围包括一个含所主张方法的等同的变体，用该变体制造的产品与作为侵权被攻击的产品相同，那么以什么变化的实施手段用专利方法制造了被攻击的产品，应该由原告来说明。[193]

4. 在有争议的情况下，原告有义务证明，专利方法的产品是新产品以及被告制造了同样的产品（或者投入市场、许诺销售、使用等）。但是，如果对满足上述的前提条件没有争议或已经证明了，那么，提供相反的证据就是被告的事情了。对此，该产品可以通过其他的方法制造的证据是不够的；法律推定只有通过被告事实上使用一种其他的方法的证据才会失去效力。[194]

如果被告主张不是依据专利的方法而是依据自己的方法制造并要对这一方法给予保密，这一法定规则可以强制被告必须向原告，通常也是被告的竞争者公开该秘密方法，以避免被判为专利侵权。但是，在《专利法》第 139 条第 3 款第 2 句中，法律要求顾及被告的合法保密利益。实践中这尤其可以通过引入

---

〔190〕   BGH 25. 6. 1976 Alkylendiamine Ⅱ BGHZ 67, 38, 44；dazuBeil, GRUR 1977, 106 f.

〔191〕   S. 147 ff.

〔192〕   25. 6. 1976（FN 160）44, 47.

〔193〕   Benkard/RoggeGrabinski，§ 139 PatGRdnr. 122.

〔194〕   Benkard/Rogge/Grabinski，§ 139 PatGRdnr. 119.

专家证人（Sachverständiger）来解决，[195]专家证人有义务将其确认的事实，只要涉及被告的秘密，仅向法院公开，不得向原告公开。

d）涉及产品用途的专利的特征

1. 随着《欧洲专利公约2000》和2007年8月24日《修正案转化法》，《欧洲专利公约》第54条第5款和《专利法》第3条第4款以新的措辞的方式生效。在这一规定的基础上，属于现有技术的物质（Stoffe）或物质混合物（Stoffgemische），其被用于在《欧洲专利公约》第53条（c）以及《专利法》第2a条第1款第2项意义上的医疗方法的特定用途，可以被授予专利。也就是说，成为受用途约束的产品保护（Erzeugnisschutz）的客体。正如下文所述，根据原来的法律状况，为保护第二及进一步的医疗用途（适应证）而由司法实践所发展出的解决方案，已经对属于现有技术的物质或物质混合物进行了保护。因为相当长的时间要考虑到按这样的解决方案授予的专利，在下面要深入探讨此种专利的效力。因为这样的解决方案体现了受用途约束的实物保护（Sachschutz），可以从中得出依据新的规定授予的专利的效力（参见下面第6点）。

2. 一种特定的产品，尤其是化学物质，用于特定目的如用作杀虫剂或者药物的使用指导（Anweisung），根据其内容是一种方法发明，并在符合专利的条件下可以作为方法发明受到保护（参见§17 Ⅳ a 4）。为方法发明授予的专利应该有这样的效力，即方法的用途，这里是为发明目的产品的应用，以及许诺销售这样的方法需要专利权所有人的许可。

那么，符合逻辑的结果是：通过对物质或其他产品合乎目的的应用制造出来的产品被纳入方法专利的效力[196]，同时不将对方法专利保护限制在一个特定的用途目的。[197]

不过，针对依据欧洲专利局在《欧洲专利公约1973》基础上发展起来的有关保护第二医疗适应证的观点，为用于药物制造的方法授予的专利（参见下面第3点和第5点），这一限制是必要的。

但是，根据联邦最高法院的司法判决确定的用途专利的保护效力，不是在

---

〔195〕 Benkard/Rogge/Grabinski, §139 PatGRdnr. 123；Schäfers, Mitt. 1981, 6, 10 r.

〔196〕 BPatG 9. 2. 1970 GRUR 1970, 365, 366；8. 5. 1980 E 23, 31, 32；gefärbtes Material als Erzeugnis des in der Verwendung eines Stoffes als Farbstoff bestehenderVerfahrens；vgl. auch Kraft, GRUR 1973, 234, 238 l. ；v. Pechmann (FN 169) 381；Utermann, GRUR 1981, 537, 539 ff.

〔197〕 BGH 29. 10. 1981 Zahnpasta GRUR 1982, 162.

所有方面遵循方法保护的规则，而是延伸到受用途约束的实物保护。[198]将明显是为受保护的用途制备所需物质或其他产品行为被认为是侵犯用途专利，就体现了这一点（参见下面第 3 点和第 4 点）。[199]在此基础上，针对为了符合专利的目的将该物质作为药物加以表达、配制、定量和成品包装的制造商，尤其可以主张为医药用途的物质授予的专利。

根据个案情况，从产品形式的专门适应情况，如从为医疗用途而使产品具有的给药形式（片剂、针药和软膏等）就已经可以很明显，该产品适用于受保护的用途的。但是，如果该应用形式已经可以为另一个该专利未包含的用途使用，也可以构成明显的制备。为专利用途目的在包装上的说明中或附在包装内的使用指导[200]如在一种药物包装内所附说明纸片中表示出来，也满足了用于专利用途的要求。

3. 基于制备的基本含义，保护用途专利根据联邦最高法院的意见[201]，目的是禁止他人在国内为受专利保护的用途制备、兜售该物质或者将该物质投放市场，尤其是从国内出口该物质，或者将在外国为这种用途制备的物质在国内兜售或者投放市场。

如果在用于制造直接可使用的产品的物质的应用中显示受保护的方法，那么，根据共同的基本原则，也许从方法专利中产生出这样的效力。基于这一路

---

〔198〕 根据 Busse/Keukenschrijver，§9 PatGRdnr. 112，114 对用途专利的保护原则上等同于产品保护，但不如产品保护范围广；同样的观点还有 Giebe，FS Schilling，S. 152 ff. 他们作了进一步的论述。相反的观点，见 Haedicke，Mitt. 2004，145 ff，他认为，决定用途专利的保护效力在医疗领域也前后一致地根据对方法专利适用的原则：直接侵权仅指为符合发明目的的使用该物质；在此之前的行为，特别是为此目的明显地做好准备的行为，也许只能被视作间接侵权。按 Haedicke 观点，用途发明并不是单纯的方法发明，为在一种医疗方法中应用为目的的物质，也就是被制备好的物质根据《专利法》第 5 条第 2 款（现第 2a 条第 1 款第 2 项）第 2 句和《欧洲专利公约》第 54 条第 2 款（现第 53 条〔c〕）第 2 句可以被授予专利。由此他得出其方案与禁止授予医疗方法专利是相一致的。但是，这意味着，只允许对受用途约束的产品保护（Sachschutz）（比如现在《专利法》第 3 条第 4 款和《欧洲专利公约 2000》第 54 条第 5 款所明确规定的那样），但不包括方法保护。因此，将后者效力归入前者存在前后不一致。

〔199〕 BGH 20. 1. 1977 Benzolsulfonylharnstoff BGHZ 68，156，161；20. 9. 1983 Hydropyridin BGHZ 88，209，212；16. 6. 1987 Antivirusmittel BGHZ 101，159，167 f.；OLG München 6. 11. 1997 Mitt. 1999，223，227 f.；außerhalb des Arzneimittelbereichs：BGH 31. 1. 1984 Bierklärmittel GRUR 1984，425，426 l.；21. 11. 1989 GeschlitzteAbdeckfolie GRUR 1990，505. – Ebenso Benkard/Asendorf/Schmidt，§5 PatGRdnr. 54，56；Benkard/Scharen，§14 PatGRdnr. 49；Bruchhausen，GRUR 1980，367 r. und GRUR Int. 1985，239，241 l.；Klöpsch，GRUR 1983，734；Gramm，GRUR 1984，761，767 f.；vgl. auch Nastelski，FS Wilde，1970，S. 113，122；Papke，GRUR 1984，10 f.；Dinné，Mitt. 1984，105 f.

〔200〕 LG Düsseldorf 7. 4. 1998 Mitt. 1999，155 füreinnicht – pharmazeutisches Erzeugnis.

〔201〕 20. 9. 1983（FN 199）217.

径，欧洲专利局在1973年的《欧洲专利公约》框架下针对第二医疗适应证保护问题发展出了解决方案。[202]根据这种解决方案，对于教导利用已经另外作为药物公开的物质的医疗用途的发明，不能赋予其用途权利要求，但也许可以授予从这一物质中制造直接可使用的药品的权利要求。另外，受保护方法的应用仅仅存在于制备中并随制备完成而终结；制备的产品作为方法产品归入该专利的效力，这样如果产品不是经过专利权人同意而投放市场的，那么未经专利权人许可就不能在国内进行《专利法》第9条第2句第3项所列的行为。

相反，如果受保护的方法存在于从制备到最后为符合专利目的的利用整个过程，那么，制备就只是利用方法的部分行为。

> 在1968/1978年《专利法》第6条的基础上也是一样：如果"发明客体"是整体方法，制备只是整体方法"使用"的一个部分行为。

在适用通常判断部分实现侵权事实构成和为方法的应用进行准备行为的标准时（参见本节Ⅲ a 1，3 和 Ⅱ b 1），制备行为可以取决于产品是否最终被用于专利目的，来确定为是侵权行为。只有当这样的使用行为发生了并可归咎于制备行为人时，制备行为人才是直接侵权人。在其他情况下，专利权人是在间接侵权的角度下针对制备行为人或其客户的许诺销售或提供被制备的产品行为采取法律行动。[203]但是，出口行为仍是自由的，因为出口不属于对国内发明的使用。

4. 另一方面，经专利权人同意投放市场的制备产品的买受人，也许不是无条件有权利符合专利目的使用该产品，如果该方法总体上被视作保护客体。相反也许应该以这样的原则为出发点，即经专利权人同意将方法应用的手段投放市场，对禁止利用该手段完成对方法应用的权能，不产生权利用尽的作用（参见本节Ⅴ e）。当然，我们一般可以假设，制备产品的所有合法购买者均被默许按照专利进行应用。但是，专利权人仍然保留这种可能性，即该手段投放市场时附加保留条件，即保留必须获得其许可后才能应用，或者保留只在特定的前提条件将其视为授权。对这样限制存在的利益是可以想象的。

对涉及医疗适应证的用途专利，至少联邦最高法院认为，其对于医疗活动的伤害实际上并不强于客体具有与医疗活动有某种关系的物质专利（Stoffpatent）或者设备专利，或者强于对在第一医疗用途中已知产品受用途约束的物质专利。[204]专利强制药物的医疗使用人在获取或开具处方时，避免这些未经

---

[202] EPA 5. 12. 1984 G 01/83 Zweite medizinische Indikation/Bayer ABl. 1985, 60; Näheres oben § 14 Ⅲ f cc.

[203] Pagenberg, GRUR Int. 1984, 41 f.; König, Mitt. 2000, 22 ff.

[204] BGH 20. 1. 1977（FN 199）162 f.; 20. 9. 1983（FN 199）227.

专利权人同意配制并投放市场的产品。经专利权人同意投放市场的产品允许无限制符合专利加以应用这一点，虽然没有明确表示，但看起来是前提条件。

因此，如果对某两个属于现有技术的活性物质组合授予了专利，医生可以自由开具在市场上可以获得的包含该活性物质制剂的组合应用的处方或者提供这样的组合应用，除非它们中至少一个活性物质通过包装的附件中的说明是为受保护的应用而制备的。根据原来的立法（参见本节 Ⅵ a），在这样的情况下——每个对其本身——两种制剂的组合处方、配药和给药将被视为对专利的直接侵害，因此提供带有给出与此相关的说明的产品被认为是间接侵权。[205]

5. 联邦最高法院确定的医疗用途专利的保护效力意味着，涉及符合专利适应证制备产品的行为是这样判断的，即好像对被制备的产品存在受用途约束的实物专利。[206] 因为只有制备行为涉及符合专利的目的，这一保护才会有效，其效力仍会根据发明功绩加以限制。

实际上，该操作的优点在于，其在任何情况下，都比方法保护规则的应用更适应医疗用途专利的特性。对这样的专利的发明内容的经济上的利用，主要是通过制造和销售对工业上为符合专利目的应用即可使用而制备的手段实现的，但不是通过给予将该手段最终按发明实施的人使用许可。发明的市场价值通过所制备产品的销售价格得以实现。任何人购买了即可使用形式的制备产品，即无限制地处于能够实施有专利保护的应用的状况；任何合法的购买者都会认为获得该产品的同时就获得了应用它的权利。

所以，联邦最高法院的观点虽然从其出发点的角度是不符合逻辑的，但该观点总体上却是利益平衡的。其结果是，该观点导致与欧洲专利局观点相同的保护效力（参见第3点）。

在此前提是，依据这一观点授予的制造方法专利的效力，在方法产品的使用方面被限制在构成专利理由的适应证上，因为只有在该范围内发明的成果使得该效力在法律上才是有理由的。

只要涉及被制备的产品，就与对在第一医疗用途中已知的物质授予的受用

---

[205]　OLG München 24. 8. 1995 und LG Hamburg 31. 5. 1995 Mitt. 1996, 312, 315 mitAnm. Von-Tauchner. 值得注意的是，这里涉及的不是一个用途专利，而是一个基于组合本身所授予的专利；所以，其保护效力也延伸至与原始公开不同的适应证（心脏衰竭而不是高血压），只要制剂的包装说明书针对的是组合即可满足要求；适应证的一致性并不重要。

[206]　Vgl. Gruber/Kroher, GRUR 1984, 201, 204; Utermann, GRUR 1985, 813, 818 f.

途约束的实物专利（Sachpatent）的效力相一致（参见本节Ⅱa4）。

6. 在细节方面涉及所制备的产品以下保护效力：

为受保护的应用的制备行为符合制造行为；此外，在国内许诺销售或提供所制备的产品是保留给专利权人的权利，并且如果制备行为是在国外完成的也是如此。出口和自国内许诺出口侵犯专利权，如为销售或使用目的进口到国内或在国内占有同样侵犯专利权。

为与专利目的相符合而使用制备产品仅被作为产品的使用，而非被作为方法应用加以考虑。因此，依据权利用尽原则任何人都可以自由使用经专利权人同意已投放市场的制备产品。这同样适用于许诺销售、投放市场、进口和占有。

如果制备产品未经专利权人同意而被投放市场，那么，为与专利目的一致使用该产品则构成侵犯用途专利。尤其是一个医生，如果其出于符合专利的医疗用途目的而开具直接可用的制备产品的处方或者提供该制备产品，那么，该医生侵犯了专利权。[207]相反患者使用不受专利约束，因为该使用在私人范围内不是为了实现商业目的进行的（《专利法》第11条第1项）。

7. 涉及非制备物质——或者非为一个其他目的——所制备物质的用途专利，其保护效力到底有多大这一问题，联邦最高法院至今未直接给出答案。根据对方法保护的规则，符合发明的应用在这种情况下也许属于专利侵权。[208]然而，如果是在与对制备产品受用途制约的实物保护意义上被理解的（比较上述第5点），就非制备的物质确认用途专利具有方法专利的效力，也许是自相矛盾的。[209]更确切地说，非制备的物质必须完全处于保护效力之外。这导致与将作为被制备产品制造的方法的用途发明作为客体的专利效力的一致性，并在很大程度上也与在第一医疗用途中已知物质受用途约束的实物专利的效力相一致性。

后者即该实物专利的效力仅仅在以下情况下范围会更宽：与该物质相关的行为也可能构成专利侵权，如果该行为与符合专利目的的关系不同于通过为达到上述目的的制备行为是明显的。在实践中这种情况几乎不可能发生。

---

〔207〕 BGH 20. 1. 1977（FN 199）163.

〔208〕 BGH 31. 1. 1984（FN 199）；Brandi‒Dohrn, FS König, S. 42.

〔209〕 在有关方法保护规则适用时，对其用途作为药品被授予专利的物质，除了患者根据《专利法》第11条第1项不受专利约束的使用外，在《专利法》第11条第3项规定的相应的适用下，医生的应用也应该是不受限制的：因为医生对个案通过开具处方甚至能够使制造在实物专利保护（Sachschutz）下的药物在法律上是有理由的，其开具处方的行为也应该能够产生这样的作用，即允许根据该用途专利的教导和未经专利权人同意，为其他目的制造并投放市场的产品作为药品加以使用。否则，用途专利的效力会与《专利法》第2a条第1款第2项（原第5条第2款）第1句，第11条第3项的法律政策目标产生矛盾。参见 Nastelski（FN 199）S. 123.

8. 如果针对符合发明的用途目的许诺销售或提供非制备物质，——在《专利法》第 10 条规定的其他前提条件下（参见本节Ⅵ）——构成用途专利的间接侵权。[210]根据方法保护的规则，该间接侵权不仅对直接可使用的制备产品的许诺销售或供货适用，也适用于针对直接的应用的许诺销售或供货。[211]

对一种医疗用途已获得专利的物质，被以非制备的形式，就这一用途许诺销售或提供给医生或者患者的情况，可能会因为《专利法》第 10 条第 3 款规定不能被排除。当然，如果该物质一般在市场上可以获得，并且许诺销售人或供货人没有故意促使接受人按专利加以应用（《专利法》第 10 条第 2 款），而是使用人的行为才促使许诺销售人或供货人自己供货的，那么许诺销售或供货也许是允许的。

然而，另一方面对在为制备产品的受用途约束的实物专利意义上理解的用途专利（比较上面第 5 点），应该仅遵循对该实物保护有效的基本原则，而不是对方法保护适用的基本原则。对间接侵权来说，这一点意味着，只有在针对直接可使用的制备许诺销售或供货，而不是在为直接应用许诺销售或供货的情况下，才会考虑间接侵权。如果用途发明作为制备产品制造的方法被授予了专利，或者通过受用途约束的物质专利（Sachpatent）而受到了保护，也会产生同样的结果。[212]

9. 在什么前提条件下，用途专利应该根据联邦最高法院的观点在受用途约束的实物保护的意义上去理解，仍然是一个问题。看来，这种理解应该至少对涉及医疗适用的所有专利有效。然而，对此已形成的规则并不以医疗领域中的特点为条件，而是这样来说明其理由的，即产品和产品的特征是发明认知的载体，而在产品应用中的行为不是载体。这是赞成以同样的方式处理非医疗的应用。

在联邦最高法院新近的判决中越来越将用途专利归为一个单独的类别，这一类别更接近（限于用途，也就是受用途约束的）产品专利，而不是方法专利。原来就已确认，对在一种医疗应用中已知的物质的用途可以申请实用新型。[213]作为理由，认为实用新型保护排除方法，针对的是制造或加工方法，已知物质用于一种疾病治疗的用途不属于这类方法。客体为在一特定用途中的物

---

[210]　BGH 31. 1. 1984 (FN 199).

[211]　参见 Brandi – Dohrn, FS König, S. 42 f.，其想借助以下方法绕过这一结果，即他要求该手段在供货商方面无异议是为受保护的应用所确定的，这——如他自己所注意到的——几乎不可能不同于通过有意义的制备工作来完成。

[212]　LG Düsseldorf 24. 2. 2004 Ribavirin GRUR – RR 2004, 193.

[213]　BGH 5. 10. 2005 Arzneimittelgebrauchsmuster GRUR 2005, 135.

质的专利，至少具有产品权利要求的要素。该权利要求与产品权利要求的亲缘关系还表现在，在专利法中，以用途权利要求的形式有限主张产品权利要求是允许的。[214]另一方面，联邦最高法院已经拒绝在针对一种实施专利方法的设备的明显的准备工作中已经存在对该方法的应用。[215]这涉及一项含有有害物质的废气清洁方法，通过在燃烧室内有大量氧气的状况下燃烧，然后使用吸附剂在一个单独的反应室中进行处理。联邦最高法院认为该方法是单纯的作业方法，该司法实践，即在明显地为实施一种实物的专利化的用途而制备该实物中已经可以看到应用开始的行为，不适用于这样的方法。是否存在一个用途权利要求或者一个针对"单纯的作业方法"的权利要求，不应该取决于权利要求的字面文义，而应该取决于根据该实物所主张的是什么。[216]可以认为一个用途权利要求是适当的，如果该产品，前述用途权利要求涉及该产品的用途，无需其他产品的帮助，本身已经适合于引出发明所追求的效果。用于医疗用途的物质就是这样的情况，但例如在"啤酒澄清剂"案和"开槽盖膜"案中也是这样的情况。[217]这类的权利要求被作为受用途约束的实物权利要求[218]加以标示和进行表述，也许是进一步的澄清。

欧洲专利局的立场形成另一种划分。依欧洲专利局的观点，说明给予医疗用途发明作为从本身（也就是在医疗适应证中）已知的物质制造成品药的方法专利保护是恰当的理由，对在其他领域的用途发明是不适用的。在其他领域里只能考虑方法保护。

10. 根据现行有效法（《欧洲专利公约》第54条第5款，《专利法》第3条第4款），不仅对最初的医疗适应证，也对第二以及进一步的医药适应证不再——依据联邦最高法院的司法实践——授予"用途权利要求"以及——根据欧洲专利局的法律实践——授予"制造用途权利要求，而是授予受用途约束的实物权利要求（比较上述第1点和§14 Ⅲ f aa 3，dd 4）。

11. 对进一步的发展也许应当斟酌考虑，是否不是在问题解决方案上，该法案的发明内容仅仅在于认识到产品很有价值的特性和一个相应的不是体现另

---

[214]　Dazu oben §26 B Ⅱ 8.

[215]　BGH 5. 7. 2005 Abgasreinigungsvorrichtung GRUR 2005，845，847 l.（B Ⅰ 2 a）；vgl. auch den-Fall„Heliumeinspeisung" oben Ⅲ a 3.

[216]　BGH 5. 7. 2005（FN 215）（B Ⅱ 2）；zustimmend Köhler，Mitt. 2005，506；krit. *Féaux de Lacroix*，GRUR 2006，857 f.

[217]　Beide FN 199.

[218]　Verwendungsansprüche in diesem Sinn zu verstehen，befürwortet Eisenführ，FS Schilling，S. 102 ff.，110.

一种产品制造方法的行为指导的表述，受用途制约的实物保护一般比方法保护更为恰当。因此，也许可以建议，不仅在德国而且在欧洲的授权程序中，不仅在医疗范围内，而且在医疗范围外，从一开始就取代用途权利要求，设置和授予受用途制约的实物权利要求。在这一形式下实用新型保护应该也是可能的（参见 § 24 B Ⅳ）。

Ⅳ. 在专利效力和实用新型效力之外的使用行为

a）私人范围内非商业目的的行为

根据《专利法》第 11 条第 1 项和《实用新型法》第 12 条第 1 款，专利效力和实用新型效力不延伸至在私人范围内非商业目的的行为。

根据早期的法，缺乏职业性的这些行为当时不被视作专利侵权行为。当时职业性概念非常宽泛，实际上包括了任何非单纯的私人发明使用，仅仅家庭的和单纯的个人和私人使用，特别是为研究目的使用才不受这一概念的影响。[219]于是，在这一意义上，一种使用行为，不构成是可专利性前提条件的工业实用性范畴的使用，也可以是职业性的行为。这样的使用当时尤其对于自由职业者、在主权范围内或者官方机构非营利目的的使用都是重要的。

因此，早期法的适用已经导致这样的结果，即仅仅为非商业目的的私人使用不受专利约束。然而，明确要求同时具备两个前提条件的现行有效的规则，使得要求不能过分扩展职业性概念有了更符合实际的理由。这样，公共机构非营利目的的使用，例如在学校或者医院，已经落入专利效力之下，因为这一使用没有在私人范围内发生。帝国法院将利用专利设备使教堂大钟发出钟声行为视为职业性的行为，应该适用的是同样的规则。[220]但是，和以往一样，判断一种使用是否服务于非商业性目的的问题，与工业实用性的法律概念无关。[221]只有当没有追求营利目的时，这一问题才能给予肯定的回答。相反，如果存在这样的目的，则在私人范围内的使用也可以构成专利侵权。

例如，自由撰稿人在其寓所内，使用在没有得到专利权所有人许可的前提下制造的或者进口的专利电子文本处理设备撰写其手稿，构成侵犯专利权。[222]

---

[219]　RG 31. 3. 1897 RGZ 39, 32, 33；29. 5. 1907 RGZ 66, 164；BGH 26. 9. 1967 Glatzenoperation BGHZ 48, 313, 323 ff.

[220]　RG 29. 5. 1907 (FN 219).

[221]　§ 1 Abs. 1, § 5 PatG, Art. 52 Abs. 1, 57 EPÜ, § § 1 Abs. 1, 3 Abs. 2 GebrMG.

[222]　Vgl. Reimer, § 6 Rdnr. 66 (S. 354)；Bernhardt, S. 143.

医生或者律师使用了其执业设备中受专利保护的对象，如一盏灯、一个文件柜既不是在其私人范围内，也不是为了非商业目的。[223] 相反，在私人住宅内使用这盏灯满足了两个前提条件：如果将装有患者情况或者司法判决卡片的文件柜中放在住宅内，属于私人范围内的使用；但其目的是商业性的。

在没有专利权所有人许可前提下进入场的专利窗帘钩，可以允许安装在自己的公寓中，但不能安装在所出租的公寓中。[224]

将自己在交易中获取的零件，为自己家庭使用目的组装受专利保护的瓶塞，不属于专利侵权行为。[225] 这同样适用于，如果一个学生出于其学业目的，制造并使用了一个受专利保护的测量器。

在远东地区制造的专利侵权玩具，在德国国内进行销售，父母为自己的孩子购买和使用，社区为其幼儿园采购和使用的，则第一种情况没有发生专利侵权，而第二种情况则发生了专利侵权。

在私人范围内以非商业目的制造侵犯专利的产品，或者为了私人的、非商业的使用而获取侵犯专利的产品，即使日后出售使用过的产品，也不会侵犯专利权。[226]

b）为实验目的的行为

1. 专利的效力不会延伸到有关专利发明对象的实验目的行为（《专利法》第 11 条第 2 项；《实用新型法》第 12 条第 2 款）。因此，在对其他对象进行实验的情况下使用发明是不允许的。[227] 这一规定只适用发明或者实现了发明的产品本身构成了实验对象的情况，不适用于它们作为实验辅助手段的情况。[228]

例如，[229] 允许采用专利色谱层析柱进行实验，以便检查或者改善其性能，但不允许使用该仪器来确定各种油料种子黄曲霉毒素的含量（仅用

---

〔223〕 Vgl. Reimer, aaO；Bernhardt, aaO.

〔224〕 RG 1. 7. 1910 Bl. f. PMZ 1912, 219.

〔225〕 RG 17. 1. 1895 RGSt 26, 377, 381.

〔226〕 Reimer, aaO；Pietzcker, §4 Rdnr. 8；Busse/Keukenschrijver, §11 PatGRdnr. 6；andersBenkard/Scharen, §11 PatGRdnr. 5；V. Tetzner, Leitfaden, S. 152.

〔227〕 Denkschriftzum GPÜ, Bl. f. PMZ 1979, 333 r. – In dem von RG 19. 10. 1935（FN 133）entschiedenen Fall war Gegenstand der Erprobung nicht das patentierte Verfahren, sondern die nichtpatentierteVorrichtung zu seiner Ausführung；die Verfahrensanwendung ließ sich jedoch aus anderem Grund rechtfertigen, vgl. oben Ⅲ a 3.

〔228〕 So bereits DPA（Schiedsstelle nach dem ArbEG）4. 8. 1972 und 8. 2. 1973, Bl. f. PMZ 1973, 205；ausführlich Chrocziel, S. 148 ff. , 195 ff.

〔229〕 Nach Walenda, GRUR 1975, 1, 2 f.

于控制其销售价或者开发含黄曲霉毒素的油籽的解毒方法）。

2. 有利于将专利发明作为对象的实验的例外的正当性源于专利法的信息和激励功能。这一功能给予专业界必要的自由，在专利有效期到期前，对受保护的发明的可行性和实用性、其解决手段的细节以及优点和缺点进行深入研究，并在所获得知识的基础之上开发改进的（依赖于专利的）、不同的（避开专利的）或者进一步的解决手段。

然而，只有当没有这一例外规定以实验目的的行为会构成侵犯专利权的情况下，才会涉及这一例外规定，但不涉及包括对这样的专利物品进行分析或拆卸在内的行为，如果这样的物品是专利权人或经专利权人同意已经在德国货在欧盟或欧洲经济共同体的一个其他国家投放市场了（参见本节 V）。[230]

如果一个专利发明是借助计算机程序实施的，那么，只有对该程序复制件有权使用的人被允许仅在《著作权法》第69d条第3款和第69e条规定的限度内实验该发明由这些规定引出的这一限制带来的结果是：一个专利法允许为实验目的的行为著作权法上是不允许的。[231]

在公共机构或在商业企业中进行的是否以实验目的的行为，无关紧要。[232]必要的仅仅是，通过尝试消除现有的不确定性，应该获得对发明客体包括其应用的认识。[233]实验的商业取向和将获得的结果用于商业目的意图，不会使试验行为成为专利侵权行为。[234]只有当它仅仅涉及澄清经济因素，如市场需求，价格接受度和销售的可能性，而不是涉及进一步澄清发明特性、效果、应用的可能性和可制造性时，才会构成专利侵权。[235]

---

〔230〕 A. M. Fitzner/Tilmann, Mitt. 2002, 2, 6 对于由药物的制造商投放市场的原研产品被用于获得药品法上的上市许可的实验的情况：使用专利保护的客体根据欧盟法院 "西咪替丁" 判决欧盟法院 (9. 7. 1997 C – 316/95 GRUR Int. 1997, 911) 包括使用专利权的 "特有客体"。但是在判决的边码 19 下，首次投放市场的独占权被认为是专利权的特有客体。边码20引致到边码19，并称："如果在本案中适用规定上述权利的国内法规定受到阻碍，那么在边码19下表述的首次投放市场的独占权就会受到损害。" 从边码18 也可明确得出，此涉及一个国内的法律规定，根据这一规定，对制造一种药物的方法有专利的权利人可以要求禁止第三人，向负责药品上市审批的主管部门递交由非专利权人根据专利方法生产的一种药品的样品。

〔231〕 Vgl. Goddar, FS Nordemann, 2004, S. 369, 375；Sedlmaier, Die Patentierbarkeit von Computerprogrammen und ihre Folgeprobleme, 2004, S. 239 ff.

〔232〕 Bernhardt, S. 143；Chrocziel, S. 194, 196；Stjerna, Mitt. 2004, 344 f.；Denkschrift zum GPÜ, Bl. f. PMZ 1979, 325, 333；BGH 11. 7. 1995 KlinischeVersuche I BGHZ 130, 259, 269 ff.

〔233〕 BGH 17. 4. 1997 Klinische Versuche Ⅱ BGHZ 135, 217, 226 f.

〔234〕 BGH aaO Leits. 2 Satz 2.

〔235〕 BGH aaO 227.

3. 这一法律规则解决了早期争论的问题，即在多大范围内专利发明被允许不经专利权人同意用于研究目的。在当时最宽泛意义上理解职业性（Gewerbsmaessigkeit）的权威观点下很难划出合理的界限。根据现行法，既不能认为任何为研究目的的使用行为原则上侵犯专利权[236]，也不能认为这种使用一般不受专利约束。后一点也适用于官方的或者官方资助的机构进行的公益性研究。[237]在这种情况下，如果有必要为研究其他客体对象而应用专利方法或使用专利产品，则必须获得专利权人的许可。否则，只有在依据政府使用规定（《专利法》第13条）或者强制许可规定（《专利法》第24条）的使用行为，未经专利权人同意，才能构成不侵犯专利权的行为，但专利权人有权主张合理的金钱补偿（实用新型相应的依据《实用新型法》第13条第3款和第20条）。

依此，未被实验使用的例外涵盖的是，使用生物技术研究手段以获得关于其他客体的认识[238]。对研究活动的阻碍被限制在有限的范围内，因为以下情况使用不受限制，即提供适合作为研究手段的物质没有——例外地——已经形成一项发明的成果，有关一种这样的适合性的非特别的说明（数据）没有被作为值得保护的足够的证据加以确认（参见§14 Ⅲ d cc）[239]。

4. 如果为了确定发明应用的经济性进行试验，将应用专利方法成果、专利产品或者专利设备的产品在经济上不能忽略不计的范围内向向市场提供或者在企业中按确定的方式使用，则超出了所允许实验目的的界限。[240]因此，帝国法院认为，被告将20个工业焦炉制成专利发明的形式，并在经济上使用了该

---

[236]　Dies meinten Gaul/Bartenbach, GRUR 1968, 281 ff.；H. Tetzner, Mitt. 1967, 45；V. Tetzner, GRUR 1966, 604 ff.；kritischhierzu Metzger, Witte, Walenda und Vomhof, GRUR 1967, 126, 128, 192, 278.

[237]　Chrocziel, S. 228 ff.；a. M. früher insbesondere Meusel, GRUR 1974, 437；1975, 399；1976, 679；vgl. auchKronz, Mitt. 1975, 207.

[238]　Vgl. – auch zu besonderen Abgrenzungsfragen in diesem Bereich – insb. Holzapfel, GRUR 2006, 13 ff. mitzahlreichenNachw.

[239]　Holzapfel, aaO empfiehlt, 通过强制许可和利用卡特尔法的手段对付滥用。Ohly, JZ 2003, 545, 553 regtan, 依据著作权的模式，将源于专利的针对研究手段的禁止权弱化为报酬请求权。

[240]　Vgl. Eichmann, GRUR 1977, 307；更加严格的限制主张，见 Benkard/Scharen, §11 PatG Rd-nr. 6. 根据 Chrocziel, S. 187. 的观点，实验行为不得用于经济利益的获取；实验专利的经济性虽然是允许的，如果考虑获得许可，但不是为市场评估，如检测接受度、可销售性、定价等，或者是为侵权做准备。Chrocziel 提出这一标准，因为他认为，为实验目的而允许的使用以许诺销售或供货的方式原则上是可以想见的。但是，实际上所允许的实验行为指的仅仅是了解发明技术特征的详细情况；如果应该确定经技术特征直接限定的经济优势和劣势，尤其是根据发明作业的成本造价时，那么这一点也同样是适用的。在有迹象表明使用人计划侵权行为的情况下，通过禁令加以禁止足以达到目的。与此相反的是，与市场相关的"实验"行为依据《专利法》第11条第2项是不被允许的，因为实验对象不是受保护的技术理论本身。在任何情况下，该规定都不允许许诺销售或者投放市场发明的产品。

焦炉"试验性"生产的焦煤，构成专利侵权。[241]

作为实验对象将符合发明的产品样品交给他人，如一个专门的检验实验室，委托其进行实验的人，也属于将发明作为实验对象而使用发明的人。在这样的情况下，实验仅仅是为了委托人的利益进行的[242]，因此实验行为归属于是委托人为实验目的的自己的行为并且在《专利法》第 11 条第 2 项、《实用新型法》第 12 条第 2 款的框架内是允许的。因而样品的转交（尽管《专利法》第 10 条第 3 款，《实用新型法》第 11 条第 2 款第 3 句）不应被视为专利间接侵权。[243]

5. 进行试验目的是获得政府颁发许可需要的信息，该许可用于在专利到期后上市利用专利发明生产的产品。是否允许获取这种信息的试验这一问题，联邦最高法院针对 1981 年之前适用的法律给出了否定的回答，根据现行《专利法》第 11 条第 2 项给出了肯定的回答。对药品而言，这样的试验现在有专门的规定（参见第 6 点）。

根据早期法，任何人在植物保护剂活性物质专利有效期内，为使自己获得一种含有该活性物质的植物处理剂的入市许可所要求的证据，而让国内植物保护机关或者其他测试机构在田间实验中检测该植物保护剂，被认为是专利侵权人。[244]

与此不同的是基于《专利法》第 11 条第 2 项作出的判决[245]：根据《共同体专利条约备忘录》，其对于从该条约中引入的《专利法》第 11 条第 2 项的解释具有特别重要的意义，除其他外，以检测保护发明的可运用性以及进一步开发可能性为目的的实验是允许的。因此，一种以实验为目的涉及发明客体，因而是合法的行为也存在于在人类临床实验中使用专利的药物活性物质，以便了解该活性物质是否和在可能的情况下以何种形式合适于去治愈或减轻其他特定的病症，或者通过按计划的行为来获得知识，以便消除存在的有关药物活性物质的效用耐受性的不确定性。这样做原则上与以下情况无关：是否超出单纯

---

[241]　RG 26. 6. 1929 GRUR 1929, 1199.

[242]　Hieran fehlte es im Fall LG Mannheim 4. 7. 1952 GRUR 1953, 33:„Ausleihen" schutzrechtsverletzender Regner an landwirtschaftliche Betriebe zwecks Ermittlung technischer Mängel.

[243]　Ebenso im Ergebnis Eichmann, aaO 308 r.

[244]　BGH 21. 2. 1989 Ethofumesat BGHZ 107, 46.

[245]　BGH 11. 7. 1995 Klinische Versuche I BGHZ 130, 259; 17. 4. 1997 Klinische Versuche II BGHZ 135, 217; jeweils mit zahlreichen Nachweisen zum Meinungsstand; zustimmend Loewenheim, LM Nr. 1 zu § 11 PatG 1981; Hieber, GRUR 1996, 441 ff.; Scheil, Mitt. 1996, 345, 348 f.; Ahrens, S. 437 ff.; Götting, LM Nr. 2 zu § 11 PatG 1981; v. Meibom/Pitz, Mitt. 1998, 248 ff.; krit. Schultz – Süchting, GRUR 1996, 119 f.; gegen ihn Pagenberg, aaO 736 f.

的实验范围背后还存在经济利益，尤其是实验有获得药品法上的上市许可目的；因为为测试活性物质而进行的人类临床试验目的不可避免地是获得药物的市场准入，因为否则临床试验在药品法上是不允许的。

如果实验不涉及技术教导，或者在与实验目的不合理的范围内进行，或者其目的在于干扰发明者产品的销售，则不再属于《专利法》的第11条第2项意义上的允许的实验行为。[246]

联邦宪法法院[247]在"临床试验Ⅰ"的宪法申诉案中确认，《专利法》第11条第2项作为对《基本法》第14条第1款第2句意义上的所有权的内容和限制的规定是合法的，联邦最高法院在"临床试验Ⅰ和Ⅱ"案中对该条款的解释不违反《基本法》第14条第1款第1句。

文献中指出，根据联邦最高法院判决，不是为了消除任何不确定性，而是为一个与专利一致的产品的上市许可的行政程序目的，要确定对专利来说已经公开的信息，这样的临床试验不具有正当性。[248]

6. 不受专利约束的药物实验的可能性通过《专利法》第11条第2b项得到了扩大，该2b项是2005年在实施欧盟指令而修订《药品法》的过程中引入的。据此，专利效力不延伸到研究和实验，以及从研究和试验中产生的实际的供货，该供货是为获得在欧盟上市的药品法上的批准或者在欧盟成员国或第三国获得药品法上的许可所要求的。这一规则给了仿制药制造商可能性，在专利的有效期到期之前[249]进行药品上市批准或许可。[250]

7. 作为一般"实验特权"的补充，《专利法》第11条第2a项应该理解为：允许为了实现繁殖、发现和培养新的植物品种目的而使用专利生物材

---

〔246〕　BGHZ 135，217 Leits. 3.

〔247〕　10. 5. 1999 GRUR 2001，43.

〔248〕　Scheil，Mitt. 1996，348 r. ；Straus，AIPPI Journal 1998，211，230 f. ；Busse/Keukenschrijver，§11PatG Rdnr. 17；Fitzner/Tilmann，Mitt. 2002，2，5 f. ；Niioka，S. 279 ff. ，338；Stjerna，Mitt. 2004，347.

〔249〕　对实用新型没有规定一个相应的限制。即使不排除对药物的实用新型保护，但实用新型保护起效较短，这样的限制也许是可有可无的。

〔250〕　Benkard/Scharen，§11 PatGRdnr. 10；Gassner，GRUR Int. 2004，983，989 ff. – 对于是否可以为了满足优先性目的而使用专利研究工具这一问题，参见 v. Meibom/vom Feld，FS Bartenbach，2005，S. 385，398 f. ；Gassner aaO 990；Holzapfel，GRUR 2006，16 f. ；Pfaff，38 ⅡC 258，271 f. 一个 WTO 专家小组在2000年3月17日对加拿大专利法表态时，认为这一规定与 TRIPS 的精神一致，即在专利到期前未获得必要的上市许可允许使用发明，但相反，允许在专利到期前为在专利保护到期后进行销售囤积专利产品的规定，不符合 TRIPS；参见 Dreier，FS Kolle/Stauder，2005，S. 45，49 f. ；Gassner，aaO 991。

料。[251]但是，利用这种方式开发或发现的植物品种依然会受到专利效力约束。[252]

c）个别的药物制备

《专利法》第 11 条第 3 项所包含的例外情况自 1981 年就存在了。在《实用新型法》中没有相应的条款，尽管该法没有排除药品的保护。

允许在药店根据医生处方直接单个配制药品以及以此方式制备药品的行为，这一规定补充了保障医生治疗自由的《专利法》第 2a 条第 1 款第 2 项和《欧洲专利公约》第 53 条（c）规定。当一种药物处于产品（专利）保护（Sachschutz）或与目的相关联的产品（专利）保护下，或者是依一种受保护的方法制造的产品的情况下，这一（补充）规定确保了医生开处方的自由。[253][254]

如果一次性为多名患者配制比较大量的药物，如可以在医院药房发生的那样，则不再属于单个配制药物。[255]同样不言而喻，存货配制是不允许的。允许配制药物的行为，也就是进入市场、供应、使用、进口和占有行为，只有为实现医生处方，也就是使处方中的指定的人能够使用药物的范围内，才落入这一例外规定的范畴。

d）外国机动车上的设施

根据《专利法》第 11 条第 4 项至第 6 项款的标准，参考《实用新型法》第 12 条第 3 款，临时或者偶然进入国内的船只、航空器或者陆地车辆上设备所涉及的行为，不构成专利侵权或者实用新型侵权。[256]该项规定符合《巴黎公约》第 5 条第 4 款和第 5 款；在第 6 项中指明了所引用的《国际民用航空协议》。该协议保护国际交通不受专利或者实用新型法的阻碍。[257]

实际上不构成专利侵权行为的，主要是使用包括维修所涉及的设备，

---

[251]　参见《植物新品种保护法》第 10a 条第 1 款第 3 项，根据这一规定利用受保护的植物新品种的繁殖材料而培育植物新品种与植物新品种保护并不冲突。

[252]　Benkard/Scharen，§ 11 PatG Rdnr. 9. Die Ausnahme vom Sortenschutz（FN 251）geht in dieser Hinsicht weiter；vgl. Haedicke, Mitt. 2005, 244；krit. zu § 11 Nr. 2a Kock/Porzig/Willnegger, GRUR Int. 2005, 183, 190.

[253]　Dazu Bernhardt, S. 36.

[254]　如果相关适应症存在应用专利——与此处所代表的意见相反——且被赋予了涉及非制备物质应用的保护效力，则就其医生的使用应该应用《专利法》第 11 条第 3 项，参见脚注 209。

[255]　Denkschrift zum GPÜ, Bl. f. PMZ 1979, 333 r.

[256]　Zum Begriff des Fahrzeugs und den Voraussetzungen, unter denen das Gelangen ins Inland als vorübergehend gelten kann, OLG Hamburg 18. 2. 1988 GRUR Int. 1988, 781.

[257]　Nach Stauder, GRUR 1993, 305 ff. gilt Entsprechendes für Handlungen in Bezug auf Gegenstände im Weltraum.

以及出于使用目的对设备的进口和占有。相反，允许的国内供应或者进入流通的前提条件是，其没有失去涉及国内临时性特性[258]。生产完全不被考虑，只有在国外业已存在的机动车，才能"到达"国内。

对不是装在车辆上的产品的使用（以及为使用进口和占有）的一个相应的例外，在临时进入国内的范围内也许是值得考虑的。比如，新闻记者为职业目的，即不是为私人目的随身携带的摄影器材或者电脑也许是例子。这种例外在没有明确规定的情况下也许可以对《专利法》第 11 条第 4 项和第 5 项的法律类推来实现。对维护在这样的情况下值得保护的利益，不需要认为在国外已进入流通的超国界的权利用尽效力（参见本节 V c、d）。

e）繁殖生物材料时专利效力的限制

1. 根据转化《生物技术指令》第 10 条的《专利法》第 9b 条规定，通过专利生物材料一次繁殖而获得的生物材料不受专利效力的约束，该专利生物材料由专利权人或经专利权人同意者或在专利权所有人许可前提下，在欧盟或者欧洲经济区内，以繁殖为目的进入市场流通的。而进一步的繁殖不得使用第一次繁殖所获得的材料，除非对农业经济的特殊规定（参见第 2 点）允许这么做。

2. 如果专利的植物繁殖材料由专利权人或经其同意被交给农民，用于满足农业种植目的，根据《专利法》第 9c 条第 1 款，该专利不妨碍农民将其从繁殖作物中得到的收获作物继续在自己的农场上繁殖。这一规定实现了对《生物技术指令》第 11 条第 1 款的转化（对这一点考虑的理由 47～49）。该规定符合品种保护法的"农民特权"，保证这一特权不受专利效力的损害。相应地，对这一农民权利的条件和范围，该规定指向《欧洲品种保护规定》第 14 条规定。[259]

3. 根据转化《生物技术指令》第 11 条第 2 款（对此的考虑理由 50 和 51）的《专利法》第 9c 条第 2 款还有一种例外情况，其转换了。该规定涉及农业养殖的家畜和动物的繁殖材料，虽然对这些材料没有可指引使用的专门的规则：专利权人或经专利权人同意向农民的销售行为或以其他方式交易行为，即给予该农民为农业经济的目的利用该牲畜和该繁殖材料的权利。[260]该权利延

---

〔258〕 Vgl. OLG Düsseldorf 1. 4. 1993 GRUR 1994, 105.

〔259〕 S. oben § 14 Ⅱ a 2; Einzelheiten bei Benkard/Scharen, § 9 c PatG Rdnr. 10 - 27 mit Abdruck der sortenschutzrechtlichen Vorschriften (S. 418 ff.); vgl. auch Busse/Keukenschrijver, § 9 c (RegE) Rdnr. 3 - 19; Schulte/Kühnen, § 9 c Rdnr. 8 - 25.

〔260〕 Näheres bei Benkard/Scharen, § 9 c PatG Rdnr. 28 - 30; Busse/Keukenschrijver, § 9 c (RegE) Rdnr. 20 - 25.

及为持续进行农业生产活动提供农业养殖的家畜和动物繁殖材料给第三人[261]，这包括在为此目的的繁殖行为中，但不延及为商业性繁殖活动目的或在商业性繁殖活动框架下的销售。[262]

4. 根据《专利法》第9c条第3款（该款在《生物技术指令》中没有对应条款），在第9a条所规定的有关生物材料繁殖的专利的效力不适用于在农业范围内偶然或者技术上不可避免地获得的材料。因此，当农民种植了不落入专利保护范围的种子作物或者植物作物时，一般不能向农民主张权利。这一规定涉及多种多样的情况，在这些情况中种植专利人许可的转基因植物，导致在一个无权使用发明的农民的农场中与该农民意愿无关或者甚至违背其意愿而出现满足第9a条任何一个构成要件的"异型杂交"。这一规定，如在立法理由中[263]表述的那样，应该面对"强加的获益"保护该农民，并依据良好农业实践来适用该规则。[264]

V. 专利保护权权限的使用（用尽）

参考文献：*Beier*, *F. - K.*, Gewerblicher Rechtsschutz und freier Warenverkehr im europäischen Binnenmarkt und im Verkehr mit Drittstaaten, GRUR Int. 1989, 603 – 615; *ders.*, Zur Zulässigkeit von Parallelimporten patentierter Erzeugnisse, GRUR Int. 1996, 1 – 9; *Deringer*, *A.*, Gewerbliche Schutzrechte und freier Warenverkehr im Gemeinsamen Markt, NJW 1977, 469 – 473; *Ebenroth*, *C. T.*, Gewerblicher Rechtsschutz und europäische Warenverkehrsfreiheit. Ein Beitrag zur Erschöpfung gewerblicher Schutzrechte, 1992; *ders./Hübschle*, *W.*, Gewerbliche Schutzrechte und Marktaufteilung im Binnenmarkt der Europäischen Union, 1994; *Gaster*, *J.*, Die Erschöpfungsproblematik aus der Sicht des Gemeinschaftsrechts, GRUR Int. 2000, 571 – 584; *Gotzen*, *F.*, Gewerbliche Schutzrechte und Urheberrecht in der Rechtsprechung des Europäischen Gerichtshofs zu Art. 30 – 36 des EWG – Vertrags, GRUR Int. 1984, 146 – 153; *Knöpfle*, *R.*, Die gewerblichen Schutzrechte und der gemeinschaftsrechtliche Grundsatz des freien Warenverkehrs, BB 1977, 1073 – 1078; *Koch*, *N./Froschmaier*, *F.*, Patentgesetze und Territorialitätsprinzip im Gemeinsamen Markt, GRUR

---

[261] Benkard/Scharen, § 9 c PatG Rdnr. 29; Busse/Keukenschrijver, § 9 c (RegE) Rdnr. 24; Schulte/Kühnen, § 9 c Rdnr. 31.

[262] S. die in FN 261 Zitierten jeweils aaO.

[263] Bl. f. PMZ 2005, 95, 100 r. (zuNr. 6, zu Abs. 3).

[264] Vgl. Benkard/Scharen, § 9 c PatGRdnr. 31; Schulte/Kühnen, § 9 c Rdnr. 34 ff.; Haedicke, Mitt. 2005, 243 f., ders., Auskreuzung transgener Pflanzen und Patentrecht, FS Schilling, 2007, S. 237 – 247. – Krit. zu § 9 c Abs. 3 Kock/Porzig/Willnegger, GRUR Int. 2005, 183, 191; den dort unter Nr. 52 dargestellten Anliegen könnte jedoch durch eine Auslegung entsprochen werden, nach welcher, wie es die Gesetzesbegründung (FN 263) nahe legt, die Ausnahme nicht eingreift, wenn sich der Landwirt die Auskreuzung gezielt zunutze macht; in diesem Sinn Haedicke, FS Schilling, S. 241, 246.

Int. 1965, 121 – 127; *Laudien, D.*, Erschöpfung der gewerblichen Schutzrechte aus rechtsvergleichender Sicht: die Position der forschendenpharmazeutischen Industrie, GRUR Int. 2000, 617 – 619; *Leßmann, A.*, Erschöpfung von Patentrechten bei Konzernvertrieb, GRUR 2000, 741 – 750; *Loewenheim, U.*, Gewerbliche Schutzrechte, freier Warenverkehr und Lizenzverträge, GRUR 1982, 461 – 470; *ders.*, Nationale und internationale Erschöpfung von Schutzrechten im Wandel der Zeiten, GRUR Int. 1996, 307 – 316; *Mager, K.*, Zur Zulässigkeit von Parallelimporten patentgeschützter Waren, GRUR 1999, 637 – 644; *Moench, C.*, Der Schutz des freien Warenverkehrs im Gemeinsamen Markt, NJW 1982, 2689 – 2700; *Reimer, D.*, Der Erschöpfungsgrundsatz im Urheberrecht und gewerblichen Rechtsschutz unter Berücksichtigung der Rechtsprechung des Europäischen Gerichtshofs, GRUR Int. 1972, 221 – 234; *Reischl, G.*, Gewerblicher Rechtsschutz und Urheberrecht in der Rechtsprechung des Europäischen Gerichtshofs, GRUR Int. 1982, 151 – 158; *Rupp, H. H.*, Die gewerblichen Schutzrechte im Konflikt zwischen nationalen Grundrechten und Europäischem Gemeinschaftsrecht, NJW 1976, 993 – 1000; *Sack, R.*, Die Erschöpfung von gewerblichen Schutzrechten und Urheberrechten nach europäischem Recht, GRUR 1999, 193 – 202; *ders.*, Der Erschöpfungsgrundsatz im deutschen Immaterialgüterrecht, GRUR Int. 2000, 610 – 616; *Schatz, U.*, Die Erschöpfung des Patentrechts, GRUR Int. 1970, 207 – 215; *Ullrich, H.*, Gemeinschaftsrechtliche Erschöpfung von Immaterialgüterrechten und europäischer Konzernverbund, GRUR Int. 1983, 370 – 378.

提示：以下论述只要不单独涉及方法专利，相应适用于实用新型，即使没有专门提及。

a）用尽原则的内容、合理性和性质

1. 一个使用了产品专利保护发明的物品，经由专利权所有人，或经其许可由他人投入了市场，则依据司法判决和文献所确定的原则，其进一步的流通、供应和使用不再受专利禁止权的约束。[265]实际上有能力这样做的任何人，都被允许销售该物品，或者以其他的方式转移、提供和使用，以及为这些目的获取和占有，无论专利权人是否同意。这同样适用于以下产品，这些产品是通过专利方法直接制造的产品，因而也落入方法专利的效力范围。

前述专利权人许可的进入市场的这些法律后果，被视为专利权的消费（Verbrauch）或用尽，这些后果涉及的规则被称为用尽原则。在《专利法》和

---

[265] RG 26. 3. 1902 RGZ 51, 139; 23. 3. 1903 RGSt 36, 178, 179 f. ; 16. 6. 1906 RGZ 63, 394, 398; 10. 5. 1912 RGSt 46, 90, 92; 16. 6. 1915 RGZ 86, 436, 440; 5. 11. 1930 RGZ 130, 242, 244 f. ; 14. 10. 1931 RGZ 133, 326, 330; BGH 12. 6. 1951 BGHZ 2, 261, 267 f. ; 5. 10. 1951 BGHZ 3, 193, 200; 21. 11. 1958 Förderrinne GRUR 1959, 232; 8. 3. 1973 Spielautomat II GRUR 1973, 518, 520 r. ; 10. 10. 1974 Kunststoffschaumbahnen GRUR 1975, 206, 207; 24. 9. 1979 Fullplastverfahren GRUR 1980, 38, 39 l.

《实用新型法》中没有明确这一原则，尽管《共同体专利条约》第32条（28）包含这一原则，第29~31条（25~27）几乎逐字逐句引入了《专利法》和部分引入了《实用新型法》。但这一原则继续有效当无疑问[266]。

《关于〈共同体专利条例〉的建议》在第10条中表述了用尽原则。与此不同，TRIPS 则包含了一条自己的规则（参见 TRIPS 第6条）。[267]

《专利法》第9b条和第9c条第1款和第2款所规定的对专利保护效力的限制（参见本节Ⅳ e 1~3）可以被理解为是用尽原则的表述，只要其所包括的行为被认为是使用符合专利的产品，而不是上述规定所允许的再造，即对专利产品的制造。由此证明不允许或有限制的允许一种附加的再造是合理的。

2. 根据德国法观点，权利用尽的前提是在国内投入了市场；但是，欧洲法律的适用产生了这样的结果，即在任何一个欧共体或者欧洲经济区的成员国投放市场构成权利用尽（参见本节Ⅴ d）。

为说明用尽原则的合理性有两个方面的考虑。一方面，涉及贸易尤其是货物贸易的法律事务交往和符合买方意图的使用，不应受专利法的阻碍，只要这样做与受专利保护的利益相协调（参见第3点）；另一方面，专利权人的权限不应获得超出体现发明市场价值作要求的对价的范围（参见第4点）。

3. 权利用尽原则没有改变的事：涉及非法进入市场的物品时，可以向善意买方、占有人和使用者主张专利权。在他们没有过错的不知物品源于专利侵权的情况下，专利权人可以禁止物品进入市场、提供、使用、进口和占有。这样物品所有人的使用权和处分权必须让位于专利法上的权限。

但是，在物品是随专利权人意愿进入市场的情况下，权利用尽原则并不阻碍专利权人对物品的使用和进一步的销售进行专利法上控制，例如规定使用的方式方法、销售渠道或者转售价格。专利权人和客户约定的限制，仅仅对通过（也是卡特尔法上）有效的合同签署有义务遵守受这些限制的客户才有约束力。

4. 当专利权人将符合发明的物品投放市场时，专利权人可以基于其享有

〔266〕 Vgl. die Denkschrift zum GPÜ, Bl. f. PMZ 1979, 333 r.；BGH 26. 9. 1996 Prospekthalter GRUR 1997, 116, 117 r.；U. Krieger, GRUR 1980, 689；Busse/Keukenschrijver, § 9 PatG Rdnr. 142mwN.

〔267〕 Vgl. BGH 14. 12. 1999 Karate BGHZ 143, 268, 274 f.；Sack, GRUR 1999, 202；Rott, GRUR Int. 2003, 103, 112 f.；jeweils mit zahlreichen Nachweisen. Krit. zum TRIPS – Ü in diesem Punkt Cohen Jehoram, GRUR Int. 1996, 280, 284；Soltysinski, GRUR Int. 1996, 316, 318 f., der die Anerkennung,, internationaler" Erschöpfung fordert. Dagegen nimmt Straus, GRUR Int. 1996, 179, 194an, daßdiesedem TRIPS – Ü widerspreche.

的排他权决定，以何种条件，尤其是以什么销售价格投放市场，并利用通过专利保护不受其他来源按发明制造的产品的竞争给予的特别的好处。如果专利权人让他人投放市场，则被委托人可以以相应的方式对此确定条件，设法获取发明的市场价值。专利权人在授予他人所需要的许可证时有机会通过该他人的对价获取发明价值的一部分。

在权利用尽原则中体现了这样的信念，即在涉及专利有效的地域范围内，就一个或同样的符合专利的物品给予利用专利法保障的独占地位的一次性机会就足以了（参见本节 Ⅴ c）。因为首次在专利保护下实现的和基于专利权人的决定投放市场流通行为，专利权人或者被许可人已经享受了专利给予的好处。对于就专利要求特别对价的其他可能性，不存在值得予以认可的必要。

5. 科勒所提出的"使用类型的关联性"的理论为司法判决吸纳权利用尽原则做了准备。根据这一理论，物品的合法生产应该产生该物不受专利约束的结果。但司法判决从一开始就认为投放市场是决定性的环节。然而，在这一点上，司法判决基于科勒的理论直到现在一直认为，不受专利约束不涉及由权利人默示授予的许可，而是依据法律的强制性规定（zwingendesRecht），因而专利权人或被许可人不能通过法律行为的方式加以排除或限制。因此，权利用尽原则意味着专利效力的一个内在的限制：权利人不能禁止使用和进一步的销售的原因在于这一行为不需要权利人的同意，而不在于这种行为应该被认为已经得到了授权。

但是，根据《专利法》第9b条（参见本节 Ⅳ e 1），导致允许生物材料繁殖的权利用尽效果仅在这一前提条件出现，即出于繁殖目的进行市场交易。相反，根据一般规则，权利用尽效力不能通过这样的行为加以限制，即权利人决定为何种目的进行市场交易。

b）凭借相应的权利进入市场交易

1. 确定进入市场交易的构成要件原则上与确定侵权的方式相同（参见本节 Ⅱ c）。

自然，在细节上完完全全一致会导致不适当的结果。不以创立所有权，而是临时让渡使用为目的的进入市场，并没有提供足以实现发明市场价值的机会，因而无法得出适用权利用尽原则是正当的。[268]在通过出口进入市场流通时适用相似的规则：这里可以获取的对价由外国市场的情况决

---

[268] Kohler, S. 456；D. Reimer, GRUR 1972, 227.；a. M. Benkard/Scharen, §9 PatGRdnr. 17.

定；这是赞同在权利用尽问题上仅仅是进口国被看成是进入市场交易地。[269] 依据司法判决，如果向同一集团的另一家企业供货，不产生权利用尽效果：用尽效力缺乏的另一点体现在，向该集团的另一家公司交付时：产品在这里并不是立马成为自由商业交易的对象。[270]

2. 之所以在绝大多数情况下发生通过进入市场交易用尽专利权的权能（Verbrauch patentrechtlicher Befugnisse），是因为这是由专利权人自己或经其许可进行的。但用尽权利也可以是没有专利权人同意下的合法进入市场流通的结果（参见第 3 点）。如果满足了其前提条件，且进入市场流通在专利授予之前发生，则这一用尽权利针对专利发生效力。

专利权人的同意通常表现为授予相应的许可。而仅仅容忍专利侵权性质的进入市场交易不能称为许可；专利权人不会被阻止针对买方提起诉讼，即便其没有追究第一个侵权人的责任。在这方面，根据现行法需要明示的同意，正如《共同体专利条约》第 32 条（28）、第 81 条（76）第 1 款对共同体专利所规定的那样[271]，但《关于〈共同体专利条例〉的建议》第 10 条并没有要求这一同意是明示的。

如果同意也等同于专利权人对全部非法进入市场交易产生的损失得到了赔偿，等同于表示了同意。[272] 如果专利权人获得了其失去利润的补偿、合理的许可费或侵权或侵权人取得的利润（参见 § 35 Ⅱ），那么权利人就不能再对侵权人的客户要求停止使用或进一步销售。

对由于侵权行为在上述的观点下产生了损害进行确认的前提条件是，在专利权人有机会在相应的范围内获取发明成果的对价的情况下，本来保留给专利权人来满足的需求，已经被（侵权人）满足了。如果专利权人的损失被完全赔偿，那么这样的观点是合理正当的：构成损害赔偿计算基

---

〔269〕 Stauder, S. 118 ff.；LG München Ⅰ 11. 12. 1992 Mitt. 1994, 124；Benkard/Scharen, § 9 PatGRdnr. 17.；differenzierend Busse/Keukenschrijver, § 9 PatG Rdnr. 157, 135.

〔270〕 OLG Hamburg 25. 4. 1985 GRUR 1985, 923；für den urheberrechtlichen Bereich BGH 6. 5. 1981 BGHZ 81, 282, 288 ff. u. (differenzierend) 20. 2. 1986 Gebührendifferenz Ⅳ GRUR Int. 1986, 724；Einzelheiten bei Leßmann, GRUR 2000, 745 ff.

〔271〕 Vgl. Loewenheim, GRUR 1982, 464.

〔272〕 Körner, GRUR 1980, 204 ff.；Sack, GRUR 1999, 197；Schulte, § 9 Rdnr. 11；Benkard/Scharen, § 9 PatG Rdnr. 23, 28 a. E.；Benkard/Rogge/Grabinski, § 139 PatG Rdnr. 20；Kohler, S. 454；LG MünchenI 17. 7. 1997 Mitt. 1998, 262；a. M. Busse/Keukenschrijver, § 9 PatG Rdnr. 147；Allekotte, Mitt. 2004, 1, 5 f.；Götz, GRUR 2001, 295, 297, der jedoch nicht beachtet, daß die Erschöpfung jeweils nur für bestimmte Exemplare eintritt und deshalb Unterlassungsansprüche nicht ausschließt, wenn die Gefahr besteht, daß Exemplare, die durch die Schadensersatzleistung nicht erfaßt sind, noch in Verkehr gebracht werden.

础的物品供应行为，就由这些供货包括的物品而言，已经产生了专利权的禁止权能用尽。

3. 未经专利权人同意，但基于涉及同意许可声明（Lizenzbereitschaft）的使用权（《专利法》第23条第3款），基于继续使用权（《专利法》第12条和第123条第5款）、强制许可（《专利法》第24条）或国家使用的规定（《专利法》第13条），将专利产品投放市场交易，也产生权利用尽效果。但一般不能说，任何合法投放市场的行为都产生权利用尽的后果。因此，说投放市场行为在国外发生就是合法的，这是不够的（参见本节V c）。同样，单单因为《专利法》第11条不是侵犯专利权的投放市场行为不导致用尽（Verbrauch）的结果；相反，对接受者来说每次都要重新审查，其就符合专利的产品所作出的行为是否同时满足《专利法》第11条规定的例外构成要件之一。

在专利授予之前，非申请人意愿的投放市场流通行为，不被认为是不合法的，即使该行为构成申请人依据《专利法》第33条提出补偿请求权的理由。但是，只要该行为不构成继续使用权的基础，该行为不能产生权利用尽的效果。虽然只要专利未被授予，不能禁止购买者对物品的进一步销售和使用。然而，在专利授予之后，只要对之前的投放市场流通行为没有依据《专利法》第33条给予补偿，仍然可以针对每一占有人主张专利权。相应的规则同样适用于实用新型登记前的投放市场行为，但同时由于缺少事先的公开，无需考虑补偿的问题。

如果投放市场流通行为合法性仅依据该行为是在专利保护效力的地域或内容范围外或在专利保护权效力开始前发生的，那么该合法性不构成代替权利人的同意；法定的或官方授予的使用权作为投放市场流通行为的基础是必要的。

4. 综上所述可以说，投放市场而产生的用尽效果取决于，投放市场流通是在行使一种权利过程中发生的。在由专利权人或在其许可下由第三人投放市场流通的情况下，这一权利是专利权，在其他情况下，这一权利是一种有限制的使用权。在专利授予之前依后来的专利权人或者其前权利人的意愿投放市场的行为，是行使专利申请权（Recht auf Patent）和在可能的情况下是行使授予专利权的请求权（Erteilungsanspruch），但会对在后获得的专利产生影响。

在特殊的情况下，投放市场流通可以不产生权利用尽效果，因为尽管有专利权人许可，投放市场不是行使一种权利的结果：有权依据许可协议制造但无权销售专利产品的当事人，只能将所制造的专利产品交付给有权销售的人。在这种情况下的供货不是为投放市场交易行使一种权利，因为供应商不享有这一权利。所以这样的供货没有权利用尽的效果。当单纯生产许可的所有人向专利权人供货时，情况是这样；但当基于授予独家销售许可不再具有销售权的专利权，将其制造的产品提供给该独家被许可人，情况也是这样。但不考虑这种特殊情况，通过专利权人由被许可人供货导致权利用尽。[273]

5. 对权利用尽所必需的合法性（Berechtigung）或权利人的同意必须在投放市场流通行为时存在；如果满足了这个条件，即使事后做出投放市场行为的人不再具备权利用尽的前提条件，如专利权或者专利申请被转让或者许可被终止了，权利用尽效力保持不变。

c）国外投放市场导致权利用尽？

1. 为了能产生专利权的权能用尽效果，根据通常的、联邦最高法院多次确认的和在文献中占绝对主导地位的观点，投放市场流通原则上必须在国内完成[274]；当然，要考虑欧盟法院就专利保护与共同市场商品自由流通的基本原则的关系的判决，对这一规则适用加以限制（参见本节 V d）。在这一范围之外，也就是在"第三国"投放市场行为，即使经专利权人同意，对德国被授予专利的权能不发生用尽的效果。因此，涉及的产品不允许违背专利权人意愿进口、销售或者使用。专利权人在首次投放市场流通的国家是否拥有一项专利权，尤其一项"平行专利（Parallelpatent）"，则无关紧要。

2. 为了说明上述观点的理由，通常指向无形财产权的地域性原则。该原则的核心含义是，国内的立法者不能禁止在国外发生的行为，因此也不能通过授予个人主观权利来形成一种这样的禁止的权能。由此得出，任何由一国对

---

〔273〕　A. M. Kraft, GRUR 1971, 373, 380.

〔274〕　BGH 29. 2. 1968 Voran BGHZ 49, 331, 335, 339; 3. 6. 1976 Tylosin GRUR 1976, 579, 582; 14. 12. 1999（FN 267）273 m. Nachw.; ebenso schon RG 26. 3. 1902（FN 265）541; 23. 3. 1903（FN 265）; 4. 4. 1914 RGZ 84, 370, 375 f.; *Kohler*, S. 455 f.; zusammenfassend *Beier*, GRUR Int. 1996, 1 – 9; für Erschöpfungswirkung ausländischen Inverkehrbringens unter bestimmten Voraussetzungen jedoch *Koch/Froschmaier*, GRUR Int. 1965, 121 ff.; *Schatz*, GRUR Int. 1970, 207 ff.; *D. Reimer*, GRUR Int. 1972, 229 r.; *Heath*, FS Kolle/Stauder, S. 175 f. mit Hinweis auf eigene frühere Arbeiten（FN 42）; er stimmt freilich Kohler darin zu, dass es für die Frage, ob eine in einem Patentstaate rechtmäßig gefertigte Sache in einem anderen Staat verbreitet und gebraucht werden darf, auf die Patentverhältnisse in diesem anderen Staat ankommt. Anschließend meint er jedoch, die Ablehnung der internationalen Erschöpfung sei mit der von Kohler gegebenen Begründung nicht zu halten, weil auf die Wirkungen des inländischen, nicht des ausländischen Rechts abzustellen sei. Letztlich fordert er Anerkennung internationaler Erschöpfung, weil der Patentinhaber bereits hinreichend belohnt sei. Mit den Gründen, die Anlass geben können, dies zu bezweifeln, setzt er sich nicht auseinander. – Für internationale Erschöpfung auch *Godt*, Eigentum an Information, 2006, S. 587ff. mit unklarer Begründung, did sich zu Unrecht auf das TRIPS – Ü beruft. – Nach *Straus*, GRUR Int. 1996, 179, 193f. läuft diesem die Anerkennung internationaler Erschöpfung zuwider; nach *v. Kraach*, S. 57 ff., 80 hat es den Grundsatz national – regionaler Erschöpfung festgeschrieben.

其领域内赋予的这样一种权利法都是独立的。因此，由不同国家（或者通过欧洲专利局颁发对不同国家有效的）针对同一发明授予同一权利人的所有专利，彼此之间是相互独立的（参见《巴黎公约》第4条）。如果当事人将符合发明的产品投入一国的市场，行使的仅仅是在该国存在的权利；所以对另一国授予的专利权权能的用尽，不能以专利权人已经行使过其权利为理由加以证明。

当然，地域性原则并不排除，在国内禁止做出行为的前提条件这样规定，即国外的行为也具有意义。[275]

> 如此，一个信息的新颖性受到损害与该信息在优先权日之前在什么地方向公众公开无关，无疑与地域性原则不存在矛盾。

因此，对立法者和——在立法者沉默的情况下——司法判决有这样一个问题：有什么客观理由可以将外国投放市场行为对国内产生权利用尽效果。因为作为权利用尽原则基础的思想是，专利权人在首次投放市场流通时已经获得了足够的机会去实现其发明的价值（参见本节 V a 3），看来可以得出这样的结论，即国外投放市场行为应该导致对国内权利用尽，如果该行为是在投放市场地存在的平行专利的保护范围之内发生的。

但是，这样的结论没有说服力。[276]外国专利允许对发明成果获得的对价仅仅是根据外国市场发明成果评估值的尺度。因此，不能排除放开在国外专利保护下投放市场流通的产品进口，有违国内专利保护的目的。这些产品在国内市场主要针对的是发明产品；与此相适应，至少要将国内市场保留给专利权人。如果进口导致依专利权人意愿投放国内市场的发明产品的收益前景受到损害，发明产品可能受到危害。所以，不能说在国外拥有平行专利专利权人，与在国外投放市场相关联已经获得了国内法律保证他能享有的好处。[277]

> 专利权限于分配机会；专利权既不保证在个案中权利利用导致特定范围的收益，也不因以下理由拒绝保护，即已经取得的收益体现了一种合理的奖励，专利权人不是"理应得到（verdienen）"更多的收益。相反，市场给出的就是合理的。只要不同的市场符合专利立法地域有效范围，其他

---

〔275〕 Vgl. D. Reimer, GRUR Int. 1972, 228 r.；Schatz, GRUR Int. 1970, 213 l.

〔276〕 Vgl. BGH 3. 6. 1976（FN 274）；Loewenheim, GRUR 1982, 463 und GRUR Int. 1996, 310；D. Reimer, GRUR Int. 1972, 228 f.

〔277〕 So aber Schatz, GRUR Int. 1970, 213；im gleichen Sinn Soltysinski（FN 267）318 f.

市场的情况不对国内专利效力发生影响是恰如其分的。[278] 在存在平行专利的情况下，在外国的地点专利权人首次投放市场已经收获的对发明成果的合理奖励，这一论点是以这样的前提条件为出发点的，即在专利法体系中存在地域和检验市场结果的适当性的标准。但是，基于上述的理由这一论点是不对的。

d）商品流通自由的共同体法基本原则的影响

1.《欧共体条约》第 28 条、第 29 条（原第 30 条及以下）为了创建具有类似于内部市场关系的共同市场，确立了成员国之间商品自由流动的基本原则。进口的数量限制以及相同效果的所有措施在成员国都是禁止的。在第 30 条规定了一个例外：第 28 条和第 29 条与进口、出口和过境禁止或者限制并无冲突，这些禁止或限制对保护工商业的所有权是正当的。但是，这些禁止或限制不允许构成任意歧视的手段，也不允许构成成员国之间贸易的变相限制。

对于例外情况的范围问题，欧盟法院在基于主张不同的由成员国国内法所赋予无形财产权的判决中表达了自己的观点。在这一问题上欧盟法院以这样的基本的观点为出发点，即虽然这些权利的存在是有保障的，但行使这些权利可以基于商品流通自由考虑加以限制。什么属于权利存在的内容，取决于该权利的特定的内容；[279] 仅仅为了维护具有这些特定内容的权利，限制商品流通自由的权利行使才是正当的。

2. 对于专利权，欧盟法院[280] 是这样表示这一特定内容的："为了补偿其创造性的发明活动，发明所有人获得了独占的权利：制造工业产品和将产品投放市场，自己使用发明或以发放许可的方式使用该发明；此外，他还获得对抗任何违反行为的权利。"在此基础上，欧盟法院表示，"如果专利权人行使由一个成员国法律规定所赋予的权能，在该国禁止销售一种受专利保护的产品，而该产品是在另一成员国是由专利权人或经其许可投放市场的，这是与《欧共同体条约》有关共同市场内自由商品流通的规定不一致的。"由此应该阻止专利权人封锁国内市场和限制成员国之间的贸易，欧盟法院除非如欧盟法院认为的那样，为从实质上维护专利权人的专利独占

---

〔278〕　因此，这是没有正当性的，如果专利权人必须接受以下药物的进口。该药物是因为很弱的经济能力或现实的紧急状况，经专利权人同意，在特定国家以低的价格或无偿地提供的，或从没有专利保护的国家进口的。参见 Laudien, GRUR Int. 2000, 617 ff.；Sack, GRUR 1999, 201 f.

〔279〕　Krit. zu diesen Begriffen Beier, GRUR Int. 1989, 609 f.；Ebenroth/Hübschle, S. 78 ff., 106 ff.

〔280〕　31. 10. 1974 Rechtssache 15/74 Centrafarm/Sterling Drug GRUR Int. 1974, 454.

权是必要的。

另一个判决[281]补充性地明确指出，如在没有专利保护的成员国的进口产品是有由专利权人自行投放市场的，也不允许基于一个国内的专利权禁止将产品进口到一个成员国。

为了论证自己的立场，欧盟法院称，首次投放市场的权利虽然给予专利权人获得其创造性的发明活动的补偿的可能性，但并不是保证在所有情况下都能得到补偿。如果专利权人决定在一个没有专利保护的成员国家投放市场专利产品，那么其不得不承担在共同市场中产品自由流通的后果。[282]

3. 根据《欧洲经济区协议》关于知识产权的备忘录28第2条[283]，缔约方（欧盟成员国以及冰岛、列支敦士登和挪威）根据共同体法的标准规定知识产权权利用尽。这一规定应该在不损害欧盟法院司法实践未来发展的前提下加以解释。这一规定至少从该协议生效（于1994年1月1日执行）一年后适用于专利权。

4. 根据欧盟法院的观点，对抗从其他成员国进口符合专利的产品仍然是允许的[284]，如果该产品源自不认为有可专利性的国家和由第三人未经专利权人同意制造的；同样如此，如果虽然该产品在两个所涉及的成员国均受到专利保护，但该产品的原始所有人在法律上和经济上是相互独立的。

如果进口到有专利保护的成员国的专利产品，是在未经专利权人同意的情况下在另一个本来可以获得产品专利保护但未申请的成员国投放市场的，同样比照适用。[285]

如果专利产品由于在先使用权在一个成员国投放市场流通，在该成员国的范围内权利用尽（参见本节 V b 3）。但是，因为该投放市场行为是未经专利权人同意下完成的，根据由欧盟法院发展出的基本原则不产生共同体范围内的用尽。因此，由在先使用权而受到限制的专利的所有人，如果他在另一个成员国拥有平行专利，可以基于这一专利，不仅在直接供货

---

〔281〕 14. 7. 1981 Rechtssache 187/80 Merck/Stephar GRUR Int. 1982, 47; ebenso 5. 12. 1996 C – 267/95 und C – 268/95 Merck/Primecrown und Beecham/Europharm GRUR Int. 1997, 250.

〔282〕 Krit. zur Rspr. des EuGH u. a. Demaret, GRUR Int. 1987, 7; Asendorf, FS Nirk, 1992, S. 27 ff. , 35 ff. ; Sack, GRUR 1999, 195 ff. ; Mager, GRUR 1999, 639 f. ; Müller, Mitt. 2001, 151, 154 ff. , 158; zustimmend jedoch Heinemann, S. 267 f.

〔283〕 GRUR Int. 1994, 216.

〔284〕 31. 10. 1974 (FN 280).

〔285〕 So OLG Hamburg 18. 6. 1981 GRUR Int. 1982, 257; Ebenroth, S. 65 ff. ; Sack, GRUR 1999, 199.

的情况下[286]，而且在在先使用权利人的国家内接受其供货的买家的供货的情况下[287]，抵制在先使用人产品的进口。

专利的所有人可以在授予其专利的成员国抵制投放市场专利产品，如果该产品在其拥有平行专利的其他成员国是根据对该专利的强制许可制造和投放市场的；无关紧要的是，强制许可是否与出口禁令相关联，是否确定了专利权人的许可费和专利权人是否接受了或拒绝了许可费，都是不重要的。[288]

当专利权人法律上有义务在一个对该产品没有专利保护的成员国将专利产品投入市场流通时，也许应该做同样的决定。[289]

依据欧盟法院判决，专利权人可以无限制反对进口此类符合专利的产品，该类产品即使由其本人或者经在其许可在不属于欧盟成员国的境内（第三国）投放市场流通[290]：在这种情况下，通过行使专利权，《欧共体条约》第 28 条及以下条款所希望保障的共同市场的统一性不会成为问题。首次投放市场的国家和欧盟之间的结盟协定对此也没有任何改变，该协定包含符合（《欧共体条约》第 28 条和第 30 条的规定，但与《欧共体条约》不同，其目的不在于创

---

〔286〕 So auch B. Bartenbach/K. Bartenbach, FS Eisenführ, 2003, S. 115, 123 f. gegen Müller, Mitt. 2001, 151 ff., der sich allgemein für Zulässigkeit des Imports auf Grund eines VBR (oder einer Zwangslizenz) in einem Mitgliedstaat in Verkehr gebrachter Erzeugnisse in alle anderen Mitgliedstaaten ausspricht, aber verkennt, in welchem Maß ein VBR die Verwertungsmöglichkeiten des Patentinhabers beeinträchtigen kann, und deshalb meint, dem Gebot, diesem die wirtschaftliche Nutzung der Erfindung zu sichern, sei trotz des VBR ausreichend Rechnung getragen.

〔287〕 A. M. Bartenbach/Bartenbach, aaO S. 125 ff., die einem VBR für die Erschöpfung weitergehende Wirkungen beimessen wollen als einer Zwangslizenz. Dies will – wenn es darum geht, ob der spezifische Gehalt des Patents eine Beschränkung des freien Warenverkehrs rechtfertigt – nicht einleuchten, zumal bei der ZL der Patentinhaber im Regelfall eine Entschädigung erhält. Der Umstand, daß dasVBR dem Patent originär anhaftet, während die ZL es nachträglich einschränkt, ändert nichts daran, daß in beiden Fällen die Wirkungen des Benutzungsrechts gemäß dem Zweck begrenzt bleiben müssen, der es rechtfertigt. Vertrauensinteressen ausländischer Abnehmer sind im Fall des VBR nicht schutzwürdiger als im Fall der ZL.

〔288〕 EuGH 9. 7. 1985 Rechtssache 19/84 Hoechst/Pharmon GRUR Int. 1985, 822 mit Schlußanträgen des Generalanwalts *Mancini*. – Die vom EuGH beantwortete Frage bezog sich nur auf den Fall, daß der Inhaber der Zwangslizenz seine Erzeugnisse *direkt* in einen anderen Mitgliedstaat ausführt. Den Erwägungsgründen (insbesondere 25 und 26 aaO 824 r.; im gleichen Sinne *Mancini*, aaO 825 r., 826 r.) is jedoch zu entnehmen, daß der EuGH die Gltendmachung des Patents in eintm Mitgliedstaat auch dann zulassen will, wenn die Erzeugnisse auf Grund der Zwangslizenz zunächst in dem Staat, für den diese erteilt ist, in Verkehr gebracht und dann in den Mitgliedstaat ausgeführt werden, in dem das geltend gemachte Patent besteht. Ebenso *Demaret*, GRUR Int. 1987, 6.

〔289〕 EuGH 5. 12. 1996 (FN 281).

〔290〕 So für Warenzeichenrechte EuGH 15. 6. 1976 Rechtssache 96/75 EMI/CBS GRUR Int. 1976, 398.

造一个条件尽可能类似于内部市场的统一市场。[291]然而，根据《欧洲经济区协议》（参见第3点），由欧洲经济区一成员国有效的专利的所有人或经其同意在另一成员国投放市场专利产品，不能基于专利权禁止向该专利有效的成员国进口这些专利产品。[292]

对于2004年和2007年新加入的十个成员国，欧盟制定了过渡规则，该规则——顾及在这些国家与欧盟标准相符合的药物专利保护新近才出台——允许在"老"成员国的专利权人和药品延长保护证书的所有人禁止从在该专利申请时还没有相应的药品专利保护的新加入的成员国进口药物，如果这些药品是在那里经新加入国同意进入市场的。[293]

5. 对于从没有专利保护的成员国进口以及从第三国进口的处理方式明确说明，欧盟法院的判决不是以专利权的类别，而仅仅以商品流通自由的基本原则证明自己的正当的[294]：专利权不应导致共同市场割裂，即使割裂不是由在《欧共体条约》第81条和第82条（原第85条、第86条）意义上的限制竞争行为，而是由于仅仅行使专利权中所包含权能造成的。

在欧盟法院的立场中提及的唯一与专利权相一致兼容的考虑，是对共同市场的提示：在统一市场实现的范围内，国内法就失去保护对抗在共同市场上进口因专利权人的意愿投放市场的专利产品行为的理由。然而到目前为止，对在每一个成员国的大量的产品种类而言，还存在完全不同的市场关系。欧盟法院的立场还是预先认识到，在消除这些不同之后，在专利权上什么应该是合理的。为创立共同市场，欧盟法院的立场对无形财产权的在先成果人提出了难以实现的要求。

6. 《共同体专利条约》的缔约国经过长期争论[295]达成了一项规则，该规则考虑了欧盟法院判决和欧盟法院本身也一直遵循这一规则。[296]这一规则不仅规定了由专利权人或经其明示同意在另一成员国投放市场的此类产品的共同体专利权利用尽（第32条（28）），还规定了在同样的前提条件下国内专利权的

---

〔291〕 EuGH 9. 2. 1982 Rechtssache 270/80 Polydor/Harlequin GRUR Int. 1982, 372（fürUrheberrechte）.

〔292〕 Vgl. BGH 14. 12. 1999（FN 267）271 f. , 273.

〔293〕 Ausführlich dazu Sadlonova, FS Kolle/Stauder; vgl. auch OLG Frankfurt（Main）9. 5. 2007 Berodual GRUR RR 2007, 377.

〔294〕 Gotzen, GRUR Int. 1984, 150 ff.

〔295〕 Vgl. A. Krieger, GRUR Int. 1976, 208 ff.

〔296〕 In den Schlußanträgen des Generalanwalts Reischl zum Urteil in der Sache Merck/Stephar, GRUR Int. 1982, 48, 52 f.（zu Ⅳ）ist dargelegt, daß der Fall nach dem GPÜ nicht anders zu entscheiden wäre.

用尽（第81条（76）第1款）。

对存在根据共同体法的规则使得专利权延伸到与有疑问的产品相关的行为显得是正当的理由的情况，规定了一个例外。[297]

《关于〈共同体专利条例〉的建议》第10条包含了与《共同体专利条约》第32条（28）相对应的，但是没有涉及国内专利用尽的规定。

根据《共同体专利条约》，国内专利权能"超国家"的权利用尽不依赖于，在首次投放市场的国家对进口国家的专利权人是否存在专利保护；在不存在专利权保护的情况下，也不取决于专利保护缺失的原因（法定的排除或没有及时申请）。决定的因素是主张专利的所有人的同意。至少，与专利权人相关联的在另一个缔约国被授予的平行专利的所有人投放市场的行为归于专利权人的行为（《共同体专利条约》第81条（76）第2款）；但该投放市场行为不是必须在该缔约国发生，而是也可以在没有专利保护的缔约国发生。

通过基于在先使用权或者强制许可方式投放市场的行为，不产生跨国的，而是仅产生当事国的专利权利用尽的规定，符合专利权人同意要求的基本含义（《共同体专利条约》第38条（37）第2款；第46条（45）第1款第2句第2半句，第81条（76）第3款）。

《关于〈共同体专利条例〉的建议》不再包含这一限制，因为该建议在第12条为在先使用权、在第21条和第22条为强制许可规定了共同体的规则。

e）实施专利方法的设备投放市场流通

对于方法专利，该方法投放市场流通本不是保留给专利权人的使用构成（参见本节Ⅲ b 4）。所以专利权的权能不能因为将方法投放市场而用尽。如果专利所有人给予他人使用方法的许可，专利所有人每一次都享有对发明成果获得对价的机会。该他人允许使用该方法和向第三人提供产品。但是，该他人只有得到专利权人的授权，才可以允许第三人使用专利方法。该使用许可本身不可以继续转让。

2. 如果方法专利的所有人交付给他人用于实施方法的相匹配设备，则他人只能在专利权人允许他的情况下才能利用该设备实施方法。[298]如果按规定使用必然构成是使用作为方法专利保护的技术教导的行为，这一点原则上也适用

---

〔297〕 Hierzu A. Krieger（FN 296）212 l.

〔298〕 RG 16. 6. 1915 RGZ 86, 436, 440；18. 12. 1920 RGZ 101, 135, 139；BGH 24. 9. 1979 Full-plastverfahren GRUR 1980, 38；14. 11. 2000 Bodenwaschanlage GRUR 2001, 223, 224 r.

将这样的设备投放市场不产生方法专利权权能的用尽。

这是符合法律规则的，该规则表明，如果提供了受专利保护的设备专利权人通过另外一个专利享有对由该设备制造的产品的保护：不能因为设备的专利权用尽，专利权人设备的提供就意味着他人有权利制造在另一专利保护的产品。[299]

当然，即使设备有专利，供货完成后，对基于产品专利而禁止使用该设备的权能产生用尽效果。在该方法仅仅存在于设备的按规定使用中，即除此之外不包含其他手段，则对产品专利应适用的权利用尽原则陷入与方法专利的存续的权能的冲突。该冲突也许可以采纳这样的设想来解决，即在这种设想的情况下，禁止使用方法的权能随着专利权人同意的投放市场设备而用尽，只要该方法是借助该设备实施的[300]。这样，专利权保留了通过设备的销售价格而获得发明成果的对价。这似乎已经足够，因为方法教导没有关于设备结构和功能以外的技术内容。

但是，这里所提出的思路不适用于没有专利的设备。在这种情况下，这一思路也许意味着该方法专利简单作为产品专利处理。那么这也许应该在这样的意义上发生，即专利权人保留设备的生产、投放市场、许诺销售和使用，但使用设备生产的产品不在专利权的作用范围内。但是，对方法专利的这一重新解读不赞成是普遍适用的在纯用途专利（Verwendungspatent）（参见本节 Ⅲ d）的方面适用该新解释的特别原因仅涉及用途专利。

因此，在任何情况下都不应确认，交付适于应用专利方法的设备会导致方法专利权权能的用尽，无论该设备是否具备专利，无论该设备是否仅适用于方法专利应用还是也适合其他目的，无论专利方法是否限于对设备按规定使用或是包括了其他措施。[301]从实践来说，这里衍生出的困难通过合同解释是可以避免的（参见第3点）。

然而，与此无关的是，在授予程序中就应该注意选择与发明成果相适合的专利类别。在这方面应当排除，除了设备之外，应当排除符合规定的使用不被

---

〔299〕 LG Düsseldorf 23. 5. 2000 Mitt. 2000, 458.

〔300〕 So Reimer, §6 Rdnr. 88（S. 377）；Schatz, GRUR Int. 1970, 212；BGH 16. 9. 1997 Handhabungsgerät GRUR 1998, 130, 132；LG Düsseldorf 3. 11. 1998 Mitt. 1999, 179.

〔301〕 Ebenso Schricker, Mitt. 1980, 31, 34；Kohler, S. 457；Troller, Immaterialgüterrecht, Bd. Ⅱ, S. 765；anders D. Reimer, GRUR Int. 1972, 227 r. ；Graf, GRUR 1980, 55 ff. ；Brandi-Dohrn, GRUR 1980, 757 ff.

授予专利。[302]

对将专利方法限于在同样具有专利的设备设计规定的方式使用该设备支付许可费的协议，基于卡特尔法上的理由被视为无效。[303]

3. 专利权人或对有授权的被许可人应该给予设备的获得者所需要的以该设备实施的方法的使用许可。如果设备是有权授予许可的人提供的，则在供货合同中可以包括这一许可。如果合同没有明示的约定，那么可以基于合同诚实信用以及交易习惯的解释得出，许可应该被认为已经授予，或者至少提供方有义务容忍使用专利程序（《民法典》第157条、第242条）。

因此，购买者允许使用该设备来实施专利方法，如果使用专利方法是供货合同的目的[304]，但如果不使用专利方法，则设备无法合理使用，那么也允许使用。[305]

> 虽然在后一种情况下专利权人在法律上也有可能，在交付时保留对使用方法的许可，但是专利权人找不到客户，如果他不是至少在特定的范围内或特定的前提条件下允许使用专利方法。如果他对此不表态，那么，按规定使用设备，凭借方法专利要求的许可应该视为已经授予，如果设备购买者明显地将自己使用设备；如果他是为再销售而购买，则应该认为其已获授权许可其客户使用专利方法，并有对抗专利权人的效力，只要专利方法是利用所提供的设备实施的。

司法判决在结果中一再确认，对于由方法专利所有人所交付的设备，对该设备的符合规定的使用导致对专利方法的使用，允许购买者使用。[306]

> 但是，在个案中并不总是很清楚，这一法律后果究竟是从默示的允许或从与权利用尽基本原则类似的观点的引申出来的。

---

[302]　联邦最高法院于1997年9月16日的判决中否定了一个此类方法权利主张（参见脚注300）；参见§24 A Ⅲ 6；Sack, WRP 1999, 1109 是这样理解该判决的：在不仅产品本身而且对产品使用作为方法给予专利时，投放市场专利产品产生方法专利权利用尽。但该判决也可以理解为，该判决拒绝给予申请人一项请求权，该请求权使申请人作为专利权人有可能排除权利用尽后果。虽然申请人对此确实有利益，但这一利益不值得被确认为合理的法律保护利益。

[303]　LG Düsseldorf 23. 5. 2000（FN 299）.

[304]　BGH 24. 9. 1979（FN 298）39 r.；27. 2. 2007 Rohrschweißverfahren GRUR 2007, 773（Nr. 28）.

[305]　Nicht erforderlich ist, daß es zur Ausübung des Verfahrens außer der Vorrichtung keiner anderen Hilfsmittel bedarf; so aber anscheinend RG 10. 2. 1932 RGZ 135, 145, 148.

[306]　RG 14. 10. 1931 RGZ 133, 326；10. 2. 1932（FN 305）；LG Düsseldorf 3. 11. 1998（FN 300）；ähnlich für eine Vorrichtung zur Herstellung eines patentierten Erzeugnisses RG 1. 11. 1933 RGZ142, 168, 169；anders LG Düsseldorf 23. 5. 2000（FN 299）.

如果由专利权人提供的设备不使用专利方法也可以合理地使用，同时也不是恰恰为使用专利方法为目的提供的，情况就不同了。没有特别的许可，购买者只能在避免使用专利方法的前提下使用购买的设备。

VI. 许诺销售和提供使用发明的手段（间接侵权）

参考文献：*Chrocziel*，*P.*/*Hufnagel*，*F.* - *E.*，Patentverletzung durch Arzneimitteln im menschlichen Körper? FS Tilmann，2003，S. 449，452 ff. *Hesse*，*H. G.*，Die subjektiven Tatbestandsmerkmale der mittelbaren Patentverletzung，GRUR 1982，191 - 197；*Höhfeld*，*J.*，ZurFrage des Bestimmtseins „durch den Abnehmer" bei der mittelbaren Patentverletzung，FS Schilling，2007，S. 263 - 279；*Klaka*，*R.*，Die mittelbare Patentverletzung in der deutschen Rechtspraxis，GRUR 1977，337 - 343；*König*，*R.*，MittelbarePatentverletzung，Mitt. 2000，10 - 25；*Rauh*，*G.*，Zur Entbehrlichkeit der subjektiven Tatbestandsmerkmale des §10 Abs. 1 PatG（mittelbare Patentverletzung），GRUR Int. 2008，293 - 301；*Walz*，*R.*，Abschied von der mittelbaren Patentverletzung？GRUR 1973，283 - 293；vgl. ferner die einschlägigen Hinweise oben vor I.

《专利法》第 10 条规定补充了《专利法》第 9 条规定的专利效力。根据第 1 款，专利具有效力禁止第三人在没有得到专利权人许可的前提下，在《专利法》的适用范围内使用发明，向无权利使用专利发明的第三人许诺销售或提供涉及发明实质要素的手段，如果该第三人指导，或者客观情况清楚表明，该手段适合于和被规定用于使用发明的。

根据第 2 款，在以下情况下该规定不应适用：如果这些手段是在市场上普遍可以得的产品，除非该第三人故意唆使收货人以《专利法》第 9 条第 2 句禁止的方式行事。

在第 3 款规定，实施了《专利法》第 11 条第 1～3 项所述行为的人不属于第 1 款意义上有使用权的人。

这一规则以《共同体专利条约》第 30 条（26）为范本。这一规则涉及单级的事实构成，不要求存在他人的直接侵权行为。[307]

《专利法》第 10 条以前尚不适用于在其生效（1981 年 1 月 1 日）之前申请的专利[308]。在这方面当时依然使用对抗间接专利侵权的保护的基本原则，该原则是德国法院判决自 1928 年在没有专门的法律基础上发展出来的。这种保护过去可以视为习惯法加以确认，即使其前提条件和界限尚未在所有细节上

---

[307] Denkschrift zum GPÜ，Bl. f. PMZ 1979，333；Preu，GRUR 1980，697；BGH 10. 10. 2000Luftheizgerät GRUR 2001，228.

[308] BGH 10. 12. 1981 Rigg BGHZ 82，254，260 = GRUR 1982，165.

被澄清[309]。在注意到改变了的法律状况时，该司法判决对现行法的适用也是有效的。

对于实用新型，《实用新型法》第 11 条第 2 款包含了一项与《专利法》第 10 条相一致的规则。该规则适用于 1987 年及以后所申请的实用新型。

上述规定的不同之处有两点：（1）在《实用新型法》中用"实用新型客体"代替了"发明"概念，但这从给出的上下文看仍然是指受实用新型保护的发明。（2）例外情况数量，即在禁止为实用新型专利许诺销售或提供不具有使用权的手段的意义上的例外数量，手段在《实用新型法》（第 12 条第 1 项和第 2 项）中要少于《专利法》（第 11 条第 1 项至第 3 项）的规定。但是，在《实用新型法》中涉及的情况在《专利法》中同样受到调整。因为由此的差别仅仅在于实用新型保护的适用范围比较小，在下面的论述中处理专利法上的规则就足够了。对此作出的论述，只要不涉及《专利法》第 11 条第 2a 项、第 2b 项和第 3 项，都同样的方式适用于实用新型。

a）根据早期法律[310]的间接专利侵权

1. 针对间接专利侵权的补充性法律保护出自这样一种思想，即对于专利侵权，这样的人也可以承担责任：其自己没有满足侵权构成要件，而是向侵权人提供了侵权的手段。因此，这种提供行为过去被视为一种参与他人侵权的特殊的形式。由于立法对侵权构成要件规定是封闭性的，这种行为过去不能作为一种专利侵权的独立情况处理。由此引出了这样的规则，即没有直接侵害就不可能存在间接侵权。尤其是，如果提供的手段是以纯粹的私人方式或仅在国外使用，排除间接侵权。

> 这样，向私人提供船帆，购买者可以将其和其他部件组合成一个为帆板相连的专利索具，由于私人购买者不是商业性活动，因而就其本身来说根据原《专利法》第 6 条不构成对专利的侵权，提供船帆的行为过去不能认为是间接侵权行为。[311]

上述的规则也很容易即可得出，为有权使用发明的人供货，尤其是由专利

〔309〕 Hesse, GRUR 1982, 191; Teschemacher, S. 70 f.

〔310〕 Eine zusammenfassende Darstellung gibt BGH 10. 12. 1981（FN 308）257 ff.; vgl. ferner RG10. 11. 1928 RGZ 122, 243, 246; 31. 1. 1931 RGZ 146, 26, 28; 14. 10. 1931 RGZ 133, 326, 329; 5. 10. 1935 RGZ 149, 12, 18; 3. 11. 1939 GRUR 1940, 89, 94 f.; BGH 22. 11. 1957 Resin GRUR1958, 179, 182; 8. 11. 1960 Metallspritzverfahren GRUR 1961, 627; 17. 3. 1961 Gewinderollkopf GRUR 1961, 466, 469; 30. 4. 1964 Formsand Ⅱ GRUR 1964, 496; LG Düsseldorf 5. 7. 1983GRUR Int. 1984, 637; zur Entwicklung eingehend Teschemacher, S. 62 ff.; vgl. Auch Klaka, GRUR1977, 338 f.

〔311〕 BGH 10. 12. 1981（FN 308）259.

权人的授权被许可人供货过去不能视为间接专利侵权。

但是这一规则以前并不意味着，当事人总是只有在直接侵权完成之后才有可能对间接侵害采取行动维权。相反，在直接侵权发生之前，对提供用于侵权的手段可借助禁令诉讼来加以制止，如果根据客观情况有足够的可能性会将提供的东西侵权性使用。[312]

2. 所提供的手段除去其使用会导致专利侵权的特性之外，是否必须要求与受保护的发明具有一个客观上可以识别的关系，帝国法院的判决并没有给出明确的答案。最终，联邦最高法院要求"发明功能个性化"在前述意义上（参见本节Ⅱb3）作为构成间接侵害的前提条件[313]，并且放弃了这样的观点，即生产或者提供仅部分实现专利客体的物品，在发明功能个性化方面可以构成直接侵权（参见本节Ⅱb3）。没有要求提供的手段只能以对专利侵权的方式使用；发明功能个性化的观点与一种客体也可以不侵犯专利使用并不对立。

就主观方面，司法判决对禁令请求权已经要求至少供货人过失不知存在专利和提供的东西可能会被用于专利侵权。在学术文献中占压倒优势的观点赞成，给予禁令请求权无需考虑主观前提条件[314]。

3. 仅针对不侵犯专利权就无法合理使用的物品才会给予完全的供货禁止。[315]在其他情况下，为了避免对经销不侵犯专利权也可使用的产品不合理地加以阻碍，仅在以下范围内提供行为加以禁止，即供货是在没有对侵犯专利的使用采取必要防范措施的情况下完成的。[316]供货人应采取什么防范措施，根据在特定情况下存在的专利侵权使用危险程度和对供货人采取措施的可期待性来确定。

> 如果采取的措施确实是可期待的，根据个案的具体情况可以删除说明
> 应用专利方法的使用指南，或者指明现有的专利保护和警示专利侵权的应
> 用；但使买受人承担不侵权使用的义务也可以是必要的措施，制药专利权
> 人没有允许使用，或者除此之外甚至——作为一个严厉的措施仅在例外情

［312］ BGH 30. 4. 1964（FN 310）.

［313］ BGH 17. 3. 1961（FN 310）；30. 4. 1964（FN 310）；10. 12. 1981（FN 308）GRUR 1982, 167（in BGHZ insoweit nicht abgedruckt）.

［314］ Vgl. Hesse, GRUR Int. 1972, 147, 148.

［315］ BGH 7. 11. 1978 Schießbolzen GRUR 1979, 149；OLG Frankfurt（Main）13. 8. 1981 GRUR 1981, 905.

［316］ RG 31. 1. 1931（FN 310）29；5. 10. 1935（FN 310）19；21. 4. 1937 GRUR 1938, 865, 867 r.；3. 11. 1939（FN 310）95 r.；BGH 22. 11. 1957（FN 310）；8. 11. 1960（FN 310）627 f.；30. 4. 1964（FN 310）496 r.；vgl. Auch Hesse（FN 314）149；Teschemacher, S. 116 ff.

况下考虑——要求买受人对违反承诺行为时支付违约金。

如果间接侵权人所提供的手段确实被用于专利侵权，而且在供货时有过错对存在专利保护和侵权使用的可能性认识错误，可以向间接侵权人要求损害赔偿。

4. 保护权利人不受间接侵害的实际需要主要体现在方法专利上。方法专利的直接侵权在绝大多数情况下作为内部经营的过程不为专利权人所察觉。即使所制造的侵权产品进入市场，经常只有当侵权产品是新的，因而可以减轻举证责任时，才能指望获得证据。还有经常出现的情况是，基于大量的、经济上经常无足轻重的使用者要考虑对这些使用者的调查和追诉会耗费不成比例的投入。对抗间接专利侵权的保护在这一范围内开启了这样的可能性，即通过允许权利人对实施方法专利所需的设备、原料和消耗材料的提供人采取法律行动，"从根源上抓住没被发现存在专利侵权的祸害"。[317] 这样做的意义还在于，可以就由于间接侵权人的共同过错已经发生了的侵权行为，向间接侵权人提出损害赔偿主张。

例如，[318] 根据专利方法用于隔离电气线路的橡胶垫圈；也可以依据专利使用的铝氧化设备；带有使用指南的聚合的化合物和聚合物，依据该指南这些材料可以一种专利使用的方式用于生产假牙和类似物品；具有专利方法所要求的含有颗粒状海绿石成分的天然蕴藏的砂石。

对于产品专利，也会出现这样的情况：出于不受权利人影响的原因，找到直接使用发明的人尤其是制造商并主张权利的期望很小。那么，集中针对一个或者几个供应商采取行动，该或这些供应商向使用者提供就符合发明的生产所需的手段原材料、半成品和相关部件，能够在实践中提供有效的救济措施。

例如[319]，专利螺纹滚压头的螺纹辊；在经济上仅作为专利锁定销的一部分利用才有意义的盖帽；具备适于成为受保护索具组合组件特征的风帆；构成一个专利抛光工具发明的主要组成部分的合成钻石与金属涂层。

提供以下设备被列为另一类别，这些设备在正常使用或者通过对买受

---

[317] BGH 8. 11. 1960 (FN 310).

[318] Vgl. RG 14. 10. 1931, 5. 10. 1935, 3. 11. 1939, BGH 22. 11. 1957, 8. 11. 1960, 30. 4. 1964 (alle FN 310).

[319] BGH 17. 3. 1961 (FN 310), 7. 11. 1978 (FN 315), 10. 12. 1981 (FN 308)；OLG Frankfurt (Main) 13. 8. 1981 (FN 315).

人来说是明显的和不难采取的措施，被用于实施侵犯专利权的实施例。[320]

通过对供应商经营活动禁止间接专利侵权的限制没有给供应商过分的负担。供应商不能期望允许将自己的经营活动建立在他人侵权行为之上。供应商仍然常常有将其保证不进行侵权使用的产品销售给买受人的可能性。仅仅就只能侵权使用的产品，供应商依赖于专利权人、被许可人和其他作为购买者有使用权的人。

b）根据现行法进行判断

1.《专利法》第10条的规定包括许诺销售和提供使用发明需要的手段，也就是本身没有实现专利发明，但在根据发明教导的行为上直接产生影响的东西。告知发明的教导，如以方法的说明、使用指南图纸或者草案的形式，不属于提供发明使用的手段。[321]但如果在供货时附带提供这些信息，则这些信息通常给了有关所提供的物品按规定的用途使用的说明。

在例外情况下，生产、进口或者占有使用发明的手段有理由产生这样的担忧：接下来会以不允许的方式许诺销售或者提供这些产品。那么，可以要求预防性的停止许诺销售和提供，但不是停止制造、进口或者占有，这些行为本身在《专利法》第10条中是不禁止的。

而确定只有在使用一个或多个受保护的发明的条件下才能遵守的标准，不被视作间接侵害，充其量被视作参与了侵权行为（参见本节Ⅶ）。[322]

2. 所许诺的或提供的手段必须涉及发明的一个关键要素。通过涉及这样的要素的与专利保护客体的关联性，比原来早期判决在"发明功能个性化"观点之下所要求的关联性要宽[323]。联邦最高法院[324]强调，这一标准没有纳入法律，并认为这样要求的关联性是适当的，如果一个手段可以在实现受保护的发明思想时，与权利要求的一个或者几个特征进行功能上的配合，即对实现发明的技术教导作出贡献。如果一个手段作出这样的贡献，一般来说，重要的不

〔320〕 Vgl. Teschemacher, S. 87 f.；Klaka, GRUR 1977, 373.

〔321〕 Benkard/Scharen, §10 PatG Rdnr. 1, 14；vgl. RG 10. 11. 1928（FN 310）；17. 6. 1936 GRUR 1937, 670, 672 r.

〔322〕 Zur Problematik allgemein Verbruggen/Lorincz, Patente und technische Normen, GRUR Int. 2002, 815 – 829；Ullrich, Wettbewerb und technische Normen：Rechts – und ordnungspolitische Fragestellungen, GRUR 2007, 817 – 830；Maaßen, Normung, Standardisierung und Immaterialgüterrechte, 2006.

〔323〕 Benkard/Scharen, §10 PatG Rdnr. 7；Preu, GRUR 1980, 698；Denkschrift zum GPÜ, Bl. f. PMZ 1979, 333；eingehend zum Problem LG Düsseldorf 14. 7. 1988 GRUR Int. 1989, 695.

〔324〕 4. 5. 2004 Flügelradzähler BGHZ 159, 76 ＝ GRUR 2004, 758, 760 r.

是与哪一个特征或哪些特征配合。因为构成权利要求的组成部分，一般而言也是发明的关键要素[325]。在此，不可能依据这些要素是否将权利要求的对象与现有的先进技术区别开来，去确定发明的关键要素。因为源于现有技术的专利权利要求的全部特征都是公开的这一现象很常见。一个对发明的技术教导完全次要的特征在何种前提条件下应该被视作发明的非基本要素，联邦最高法院对此并没有表态。

毕竟应该考虑的是，《专利法》第10条第2款对于一般的在交易中可以获得的产品规定了一条不同的规则。所以第1款无限制地仅适用于这样的手段，它们涉及发明的基本要素，而且非一般在市场上可获得的产品。没有做符合发明的调整，一个物品几乎不可能同时符合这两个前提条件。在此，必须涉及发明基本要素的要求可以产生这样的作用，完全次要意义的被调整的手段仍在考虑之外。[326]

上述的前提条件，如同根据早期的法律（参见本节Ⅵ a 4），可以认为，提供实施一种方法的手段也会间接侵犯对该方法授予的专利[327]；因为手段不必是"发明的要素"，而是只要对此涉及。

3. 此外，许诺销售或者提供使用发明的手段是必要的，也就是说是为了使用专利或者实用新型保护范围包含的技术教导。保护范围也没有通过《专利法》第10条和《实用新型法》第11条第2款加以扩展，而是在这一关联性下，应该根据《专利法》第14条和《欧洲专利公约》第69条和《实用新型法》第12a条来确定[328]。

必须根据客观情况和参与人的明显意图能够预料到，在供货的情况下收货人会以一种侵犯专利或者实用新型保护范围的方式使用该手段[329]。如果涉及

---

[325] BGH aaO 761 l.；ebenso 7. 6. 2005 Antriebsscheibenaufzug GRUR 2005, 848（Nr. Ⅰ 1）；27. 2. 2007 Pipettensystem GRUR 2007, 769（Nr. 18）.

[326] Vgl. Benkard/Bruchhausen, 9. Aufl. § 10 PatG Rdnr. 14；nach Benkard/Scharen, § 10 PatG Rdnr. 7 ist für Mittel, die die Verwirklichung eines völlig untergeordneten Merkmals der Erfindung erlauben, höchstens in ganz besonderen Fällen eine Ausnahme von § 10 zu machen. Daβ ein Merkmal völliguntrgeordnet und trotzdem wesentliches Element sein kann, ist freilich schwer vorstellbar.

[327] BGH 9. 1. 2007 Haubenstretchautomat GRUR 2007, 679, 683 f.；27. 2. 2007 Rohrschweißverfahren GRUR 2007, 773, 775；a. M. König, Mitt. 2000, 13 ff., der dabei auch auf die Strafbarkeit der Patentverletzung hinweist. Die mittelbare Verletzung ist aber nicht mit Strafe bedroht. Sie ist auch nicht ohneweiteres Teilnahme an einer strafbaren unmittelbaren Verletzung（s. unten Ⅶ）.

[328] BGH 24. 9. 1991 Beheizbarer Atemluftschlauch BGHZ 115, 204.

[329] 如果可以期待的被使用的客体，仅仅作为等同物落入保护范围，则考虑"Formstein"一案的抗诉（参见§ 32 Ⅲ f bb），前提是该客体被现有技术排除或显而易见；这不足以适用于许诺销售的或提供的手段；参见 Nieder, FS König, 2003, 379, 391 f.

存在知道适合于和确定这样使用的事实特征或很明显存在这样的事实特征，通常满足这样的前提条件（参见第5点）。如果相反不存在这样的特征，即使仍然可以说许诺销售或供货是为了实施发明，那么《专利法》第10条也不可以适用。因此，这一要求没有独立的意义。

但是，对供货的情况而言，在国内的使用可以被期待是关键。同样许诺销售或者供货必须在国内完成。因此，在国外使用出口物品不被视作对国内专利的间接侵权，但也许从国外指向国内对象许诺销售或供货在国内使用构成侵权。

> 因此，为使用一个专利方法出口不受保护的设备或者出口一种为一个专利化的用途使用的不受保护的原料，不能作为间接侵犯国内专利加以禁止。

> 与此相反，供货在国内得以实现，以及为了在国内使用发明而得以实现，该供货须从国内（参见本节Ⅱc3）到国外并在国外完成符合专利产品的制造，该产品之后应运回国内。[330]

4. 向获授权使用专利发明的买方许诺销售或提供仍然是允许。[331]这一授权可以来自专利权人的许可，但也可源于继续使用权（《专利法》第12条和第123条第5款）、强制许可（《专利法》第24条）或者一项政府的使用规定（《专利法》第13条）。也允许向经专利权人同意投放市场的产品的占有人，根据权利用尽原则这些产品可以自由使用，提供不经专利权人同意所需要的生产资料、零配件和维修材料。因此，为经专利权所有人同意投放市场的设备提供备件，只有当使用备件等同于新制造时（参见本节Ⅱb bb），才视为间接侵权。

与之相反，根据《专利法》第10条第3款，一个买受人不应视为已经获得授权，如果其使用满足了《专利法》第11条第1项至第3项中所述的例外事实构成。就像对先前法律提出相应的保护延伸的要求标明的那样，这在实践中主要对购买者在私人领域为非商业目的使用发明的情况有重要意义。[332]

> 例如，在上面提到的案例（参见本节Ⅵa1在脚注311），提供风帆，被视为侵犯专利权人的权利，当风帆规定是为购买者纯粹的私人使用的情况。

---

〔330〕 BGH 30. 1. 2007 Funkuhr Ⅱ GRUR 2007, 313, 315 l.

〔331〕 BGH 27. 2. 2007 (FN 327) 776.

〔332〕 Vgl. Teschemacher, S. 76 ff.; Nachweiseauch in BGH 10. 12. 1981 (FN 308) 259.

而显得不太容易理解的是，将为所允许的实验方式的发明使用许诺销售或提供手段，视为间接专利侵权。[333] 这也适用于后来引入的、但在第 10 条第 3 款援引包括的《专利法》第 11 条第 2a 和 2b 项的规定。

而对于《专利法》第 11 条第 3 项提出这样的问题：通过阻碍第三人向药剂师提供医生处方药的个体制备所要求的手段，禁止间接侵权是否违反该规定的法律政策目的。

有关许诺销售者或供货者的行为，适用《专利法》第 11 条第 1 项至第 3 项例外情况规定不会被《专利法》第 10 条第 3 款所排斥；当然在这一范围，这些规定适用的实际前提条件很少出现。[334]

而《专利法》第 10 条第 3 款规定的保护延伸不涉及国际交往中对机动车的例外情况（《专利法》第 11 条第 4 项至第 6 项）。因此，为其范围内的使用许诺销售或提供手段不受《专利法》第 10 条的限制。虽然所述的规定没有授予真正的使用权，但是这些规定涵盖的行为按评价更接近于是在国外的行动。[335]

从教条的观点出发，第 10 条第 3 款可以导致第 10 条第 1 款作为"法律引致规范"[336] 来主张，因为在《专利法》第 11 条第 1 项至第 3 项的情况下不能向收货人要求和损害赔偿或得利补偿。但是，专利权人涉及的正当的利益，也可以在没有与有关确定保护范围的规定几乎不一致的观点情况下给予适当的考虑（参见 § 35 Ⅱ 2，Ⅵ b），该观点认为对为使用发明许诺销售或提供不在保护范围内的手段是一种独立的排他的权利（参见下面第 8 点）。

5. 在许诺销售或提供的时间点，[337] 许诺销售人或提供人必须知道或者根据客观情况很明显，该手段适合于或被确定为是为使用发明而适用的。这首先意味着，该适用性和确定性必须是确实存在的。其错误的假设是不够的。该适用性不能缺少涉及发明关键要素的手段，即适用性与这一事实构成实际上共同存在。[338] 而对于为发明使用的确定，关键的是被许诺销售或提供手段的买受人的

---

〔333〕   Vgl. Chrocziel, S. 191 f. ; Fähndrich/Tilmann, GRUR 2001, 901 ff. 认为准备允许的实验的预备行为也是允许的，如果这些行为不是实验人员采取的。

〔334〕   Zum Bereitstellen von Hilfsmitteln für Handlungen zu Versuchszwecken s. Fähndrich/Tilmann, aaO.

〔335〕   Teschemacher, S. 150.

〔336〕   So Holzapfel, GRUR 2002, 193 ff.

〔337〕   BGH 9. 1. 2007（FN 327）684.

〔338〕   BGH 7. 6. 2005（FN 325）Nr. Ⅱ 1 definiert sie als objektive Eignung, im Zusammenwirken mit weiteren Elementen in eine Gestaltung gebracht zu werden, die von allen Merkmalen des patentierten Gegenstands Gebrauch macht.

计划。[339]客观上其计划的使用构成专利的教导的实施即已经满足条件；不要求买受人清楚这一点。买受人在询盘或者订单中给出的信息，或者为使用所作出的准备活动，同样如同许诺销售人或提供人在广告文案或者使用指南中给出的建议侵权使用的指引[340]，都可以作为计划侵权使用类型的标志。如果买受人已经将许诺销售的或类型的东西用于发明的使用，那么，在其他不变的情况下，可以认为今后所交付的同类型东西同样是用于实现这一目的的。

许诺销售者或者供货者知道适合于并确定用于符合发明使用，常常可以从客观迹象中推断出来。[341]在这方面使用证据判断的一般原则。但是，在任何情况下，根据法律用语，该适合性和确定性具有显而易见性即满足要求[342]。判断显而易见性的标准是客观情况。如果一种东西只能用于专利发明，则一般来说这种使用应该肯定。[343]对于显而易见性，关键不再是许诺销售商或供货商实际知道。不知道的证据也许法律上是无意义的。

而对于禁令请求权，知道或者显而易见性的要求最终只有在有侵权危险的角度下具有意义：一般不能指望这种可能性，即在不知非显而易见的用于发明使用的适合性和确定性情况下完成的，因而是不违法的许诺销售或供货，在澄清事实后，以禁止的方式被重复实施。因此，如果对已经完成的交货行为不能证明存在知道或显而易见性，只有在发出没有效果的警告函后，才存在足够的侵权危险。但通过警告函可以在任何确保未来的行为具有法律要求的主观违法特征。

对于知道或者显而易见性的要求仅涉及这样的事实，即在这些事实中客观地反映出，许诺销售的或提供的手段适于发明的使用，手段的计划用途是使用

---

〔339〕 BGH 10. 10. 2000（FN 307）231 r.；7. 6. 2005（FN 325）Nr. Ⅲ 1 a；OLG Düsseldorf 20. 1. 2002 Mitt. 2003，252，258.

〔340〕 OLG Düsseldorf 10. 10. 2002 Mitt. 2003，264，266 f.；LG Hamburg 31. 5. 1995 Mitt. 1996，315 mitAnm. vonTauchner（Packungsbeilage eines patentfreien Medikaments, dessen Kombination mit einem Mittel anderer Indikation patentiert ist）；BGH 13. 6. 2006 Deckenheizung GRUR2006，839（Nr. 25）；9. 1. 2007（FN 327）；kein ausreichendes Anzeichen für Bestimmung zu patentverletzendem Gebrauch sieht BGH 7. 6. 2005（FN 325）853 l.（Nr. Ⅳ a）in Werbeprospekten, die nicht nur auf patentgemäße, sondern auch auf patentfreie Verwendungsmöglichkeiten hinweisen.

〔341〕 Vgl. LG Düsseldorf 5. 10. 2004 Unterstretch InstGE 5，1 Rdnr. 29 ff.，wo Kenntnis im Ergebnis verneint wird.

〔342〕 Zu den Voraussetzungen ihrer Feststellung BGH 10. 10. 2000（FN 307）232；7. 6. 2005（FN325）Nr. Ⅲ 1 b und 2；OLG Düsseldorf 20. 1. 2002（FN 339）259. LG Düsseldorf 5. 10. 2004（FN341）Rdnr. 37 ff.（Offensichtlichkeit im Ergebnis verneint）.

〔343〕 BGH 13. 6. 2006（FN 340）（Nr. 22）；9. 1. 2007（FN 327）；anders bei Mitteln, die auch ohne Eingriff in das Patent benutzt werden können：BGH 7. 6. 2005（FN 325）Nr. Ⅲ 2.

受专利保护的技术教导。相反，不涉及专利保护的有效性和使用者没有获得授权。

而许诺销售人或交货人无过错不知，并不能排除禁令请求权。损害赔偿请求权在轻微过失的不知时已可以斟酌考虑，这实际上意味着，供货人必须检查，根据其所知的或明显的使用计划是否会侵犯他人专利权，以及如果是的话，买受人对此是否获得了授权。

6. 一般在商业交易中可以获得的产品，根据《专利法》第10条第2款，允许任何人在没有第1款所规定的限制情况下许诺销售或供货，前提是他没有故意指使买受人从事《专利法》第9条第2句所禁止的行为。因为根据该规定的用语，该规定是第1款的例外情况，其仅仅涉及发明的关键要素的手段；第1款没有包括其他的要素。[344] 作为一般在商业交易中可以获得的产品的例子，日常生活所需的物品，如钉子、螺钉、螺栓、电线、化学品、晶体管、电阻器等被提到[345]。根据立法者的设想，这样的产品可以涉及发明的关键要素；如在一般商业交易中可以获得的化学物质，其用于一个特定的，尤其是治疗的目的的用途是有专利的，就是这种情况。

在故意指使的情况下，根据法律用语保持《专利法》第10条第1款的可适用性。但其前提条件部分地受到限制。这样，故意指使要求存在收货人得被禁止的行为，这就要求手段的确已经提供了。供货人也必须不仅仅知道这种发明使用的适合性和确定性。他还必须是有意愿或者至少自愿接受[346]收货人以被禁止的方式作出使用行为。意识到收货人会侵犯专利权也属于故意指使。如果根据《专利法》第11条第1项至第3项规定一个例外适用于收货人，[347]那么，不存在《专利法》第9条第2句禁止的行为。

《专利法》第10条第3款仅针对第1款排除了考虑该例外情况；第2款引致第1款不意味着，第1款（以及第3款）是使用人没有授权的标准。相反，根据，第2款独立地与根据第9条第2句的被禁止的情况相联系；对此适用一般的标准。

因为促使下决心侵犯专利权也属于唆使行为，根据第10条第2款禁止供

---

[344] Vgl. Preu, GRUR 1980, 698 f. ；Schulte/Kühnen, §10 Rdnr. 22, 17.

[345] Singer, GRUR Int. 1976, 203.

[346] A. M. Busse/Keukenschrijver, §10 PatG Rdnr. 24；Benkard/Scharen, §10 PatG Rdnr. 22；Tilmann, GRUR 2005, 904, 906 l. ：direkter Vorsatz erforderlich.

[347] Benkard/Scharen, §10 PatG Rdnr. 22；Schulte, §10 Rdnr. 24.

货者的行为，通常构成一个无疑问被禁止的教唆行为；但是，该规定在这方面有着明确的含义，对在帮助的角度提供使用发明的手段的判断产生影响（参见本节Ⅶ）。

7. 一些人认为，在《专利法》第10条第1款的基础上，不同于早期的法律（参见本节Ⅵa3），仅无限制禁止令（Unterlassungsgebote）是允许的。[348]然而，应当注意的是，每次只能禁止一种满足法定事实构成要件的主观特征的行为。因此，禁止许诺销售和供货只能针对这样的情况，即：行为人了解该手段用于发明的适合性和确定性，或者这是显而易见的。如果许诺销售人或供货人采取了防范措施，该防范措施根据事实状况产生这样的合理期待，即所提供付的物品仅仅在不使用专利发明的情况下加以利用，这样就不能说，许诺销售人或供货人知道该手段是确定用于发明使用的，或者这一点是显而易见的。所以，和以前一样，对禁止令的限制对以下情况是可能的，即供货人已经对该手段用于一种专利的技术教导的用途采取了足够的防范措施。[349]这些措施可以适应具体的要求和与此相应的分级。[350]无限制的禁止令仅适用于针对发明使用没有提供有效防范措施的情况，例如，因为所交付的物品以其他方式无法有效地使用。[351]这对于无专利的可用的物品是不适用的，如果买受人使用是在私人范围内出于非商业目的，因而对抗专利侵权使用的一般防范措施效果不大。[352]

由于上述这些原因，损害赔偿请求权因缺乏供应商过错不予考虑，如果供应商没有过失确认防范措施没有必要，或者认为所采取的防范措施是充分的。

8. 在结果上，法律状况通过现行规定产生的修改仍然是有限的。"一级"代替"两级"的事实构成要件的解释主要在根据《专利法》第11条第1项至

---

〔348〕 Preu, GRUR 1980, 697; Hesse, GRUR 1982, 196; Benkard/Bruchhausen, 9. Aufl., §10 PatG Rdnr. 3, 23; anders jetzt Benkard/Scharen, §10 PatG Rdnr. 3, 23.

〔349〕 Ebenso Teschemacher, S. 153; Mes, GRUR 1998, 281, 283; Nieder, GRUR 2000, 272 f. (anderswohl in GRUR 2006, 981); Scharen, GRUR 2001, 995, 997 f.; Schulte/Kühnen, §10 Rdnr. 20; Meier–Beck, GRUR 2007, 913, 918; OLG Düsseldorf 20. 1. 2002 (FN 339) 260, 262; BGH 13. 6. 2006 (FN 340) Nr. 27. Vgl. Auch Kühnen, Zur Tenorierung des Warnhinweises in Fällen mittelbarer Patentverletzung, GRUR 2008, 218 ff.

〔350〕 供货人使买受人在违约金下承担义务，仅以非专利侵权的方式使用所提供的物品，像过去一样，通常不能要求，参见 OLG Düsseldorf 20. 1. 2002 (FN 339) 262; 10. 10. 2002 (FN 340) 268; BGH 9. 1. 2007 (FN 327) 685; Scharen, aaO.

〔351〕 OLG Düsseldorf 10. 10. 2002 (FN 340) 267 f.; LG München Ⅰ 8. 5. 2003 Krukenkörper InstGE 4, 13, 20. LG Düsseldorf 23. 6. 2005 Wandverkleidung InstGE 5, 173 Rdnr. 14. 杜塞尔多夫中级法院认为无限制的禁止在法律上也是有理由的，如果所提供的手段在不损害其对非专利应用的适合性能够被做这样的改变，以致该手段不再适合于专利侵权使用。

〔352〕 LG Düsseldorf 23. 9. 1999 Mitt. 2000, 108.

第 3 项规定的例外情况的范围内具有实际的后果。相反，为了使在还没有出现直接侵权的情况下能够提起停止侵权诉讼（参见本节Ⅵ a 1）不需要这样的解释。当然也许这样的解释在整体上使得说明所要求的侵权危险变得更为容易。对损失赔偿请求权的权利主张变化也不大。只有事实上完成了供货行为以及产生了专利侵权的使用行为，或者仅仅依据《专利法》第 11 条第 1 项至第 3 项产生了非专利侵权的使用，才会以失去利润、合理的使用费或侵权人利润的方式计算专利权人的损失。在其他情况下，只考虑那些前提不是专利权人失去了潜在市场需求的损失，例如法律追诉的费用或者消除市场混乱的费用。

在这方面应当注意的是，新规则——同样如早期法所发展的基本原则——并没有赋予专利权人对许诺销售或提供用于使用发明的手段享有独占的权利[353]，即使这些手段做了符合发明的调整。这样说的理由在于，向基于专利权人许可或自身的权利以合法的方式使用发明的人许诺销售或供货，在《专利法》第 10 条的前提条件下也是允许的。

这一规则也适用于被许可人的供货，如果被许可人负有合同义务排他地从专利权人处采购所涉及的物品。[354]这种义务不是用专利权的效力，来限制排除《专利法》第 10 条适用的使用授权（参见§ 40 Ⅵ）。违反这一义务仅仅是违反合同。供应商可能会在个案的情况下，根据《民法典》第 826 条或者《反不正当竞争法》第 3 条承担责任；不会因为间接侵权承担责任。

和以前一样，出口用于使用发明的手段未被包括在内，虽然在通常标准的意义上大多数许诺销售和投放市场行为是在国内的发生的。

所以，即使根据现行法律，对抗许诺销售或提供用于发明使用的手段的保护很大程度上依赖于，基于这样的行为的后果可以期待的使用行为，是侵犯专利权的行为。不适用这一原则仅仅是这样的情况，即从有利于为预定目的的自身行动的特殊规定得出不存在侵权的情况。因此，根据现行法律，许诺销售或提供用于发明使用的手段没有成为构成增加的侵权事实构成。对这种行为禁止的基础在于，他人的使用行为被归咎于许诺销售人或供货人。对此，根据客观情况可以预期这样的行为就满足了要求。但是，原则上这一可预期的行为必须是侵犯专利权的。仅仅在他人使用行为归属的角度下谈论发明的间接使用，法律上是站得住脚的。许诺销售和供货本身不是发明的使用，而只是针对也许由

[353] Grundsätzlich anders insoweit Holzapfel（FN 336）；vgl. auch unten § 35 Ⅱ 2.

[354] Anders Benkard/Scharen，§ 10 PatG Rdnr. 16.

发明引发的需求的满足，需求包括专利保护范围之外的物品。因为许诺销售或提供这样的物品在对专利保护的利益有危险的特定的前提条件下（参见本节 Ⅵ a 4），法律又通过列举危险的事实构成给予补充保护。[355]不存在这样意义上的对间接的发明使用的独占权，即专利权人对满足适合于发明使用手段的市场需求的独占权。

在适用《专利法》第10条时，许诺销售的或提供的用于（在手段实现的情况下构成专利侵权的）发明使用的手段必须是确定的这样的事实构成的存在。近来尝试着这样来论证，即该手段的使用可以认为是对在接收人处的专利产品进行新的制造，这种制造权利即使经专利权人同意这一产品已经投放市场后依然保留在专利权人手中（参见本节 Ⅱ b bb）。[356]这是否切合实际，至少不能根据《专利法》第10条来判断，而是在第9条第2句第1项意义上的制造的概念的问题。但是，不能排除的是，涉及发明一个关键要素的手段的确定，也就是一个包括范围宽的事实构成特征的确定，要求准备显著地扩张传统意义上受到限制的行为范围，该行为被认为是对已经经专利权人同意投放市场的产品的新的制造。[357]为解释直接侵权的事实构成对防止间接侵权的保护的重视用禁止直接侵权保护的意义和目的已经无法涵盖。

Ⅶ. 参　与

1. 《专利法》第10条第2款、《实用新型法》第11条第2款第2句所规定的情况，即任何人以使用发明为目的，向他人提供通常在交易中可获得的、涉及受保护的发明的关键要素的手段，由此有意识地引诱他人侵犯受保护的权利，构成教唆行为的特殊情况（参见本节 Ⅵ b 6）。此外，根据一般基本原则，故意令他人做出一种由该他人故意做出的侵权行为的（参见《刑法典》第26条），与专利侵权人一样承担相同的责任（参见《民法典》第830条第2款），无论是否提供了任何辅助手段。但教唆者仅仅是指，任何知道（或者至少考虑间接故意）该他人故意实施了专利或者实用新型侵权的所有构成要件，包括该他人没有实施发明的权利，也没有《专利法》第12条和《实用新型法》第11条规定的例外情况。

2. 任何为他人故意侵权行为故意提供帮助的人（参见《刑法典》第27条第1款），原则上因帮助行为与侵权人承担相同的责任（《民法典》第830条

---

〔355〕　Vgl. Teschemacher, S. 148, 151; BGH 24. 9. 1991（FN 328）208.

〔356〕　Melullis, ABlEPA Sonderausgabe 2/2007, 184, 194 sieht hierin „ eine durchaus phantasiereiche Nutzbarmachung dieser Regelung über ihren ursprünglich gedachten Anwendungsbereich hinaus".

〔357〕　Daß beide Fragen nicht selten unzulässigerweise vermengt werden, kritisiert Meier – Beck（FN349）917 l.

第 2 款）。待帮助行为不能以非故意的方式进行。[358]间接侵权（参见本节Ⅵ）在立法上——依原来的法过去已经——不作为帮助行为的表现形式处理。

从涉及许诺销售或提供用于使用发明的手段的规则中可以引出因帮助行为承担责任的限制。根据《专利法》第 10 条第 2 款和《实用新型法》第 11 条第 2 款第 2 句，侵权人提供一般市场交易中可以获得的产品，即使涉及关键发明要素的手段，只要在供货人有意促成买受人做出专利侵权的行为的情况下，才是不允许的。考虑到这些规定所追求的目的，即在所有其他情况下利用这样的产品进行交易不受专利权或实用新型权的限制，必须接受，侵权人提供一般在市场交易中可以获得的产品本身不作为帮助行为来承担责任，如果供货人知道这些产品用于专利或实用新型侵权行为。因此，现行规则使得这样一种使用行为成为可能，该使用行为很难和早期法律相协调一致起来。[359]

§34 第三人的实施权

Ⅰ. 基于专利权人当许可的实施权

1. 根据《专利法》第 23 条，专利权人可以向德国专利商标局作出声明：任何人只要支付了合适报酬就可以实施其受专利保护的发明（当然许可声明）。如果专利权人作出了这种声明，对于作出了这种声明的专利权人，就可以减免其在作出声明之后的一半的年费，而第三人就可以以告知实施的方式获得实施发明的权利，但告知实施的人负有通知专利权人并支付合理报酬的义务。

没有被转化成独占专利的民主德国的经济专利，就可以视为已作出当然许可声明的专利（《扩展法》第 7 条第 1 款，参见§6 Ⅳ 4）。

法律对于实用新型没有相应于当然许可的规定。

作出了当然许可的声明，就说明专利权人对于支付其合理报酬的任何实施人放弃了其专利的禁止权限。因此，这种声明就是对专利的一种实体法上的处分。[1]

---

[358] RG 2. 2. 1907 RGZ 67, 157, 160；31. 1. 1931（FN 310）27（gegen RG 18. 12. 1920 RGZ 101, 135, 140）；14. 10. 1931（FN 310）；17. 6. 1936 GRUR 1937, 670, 672. Zur Verantwortlichkeit eines ausländischen Vorlieferanten, der im Ausland einen rechtswidrig ins Inland Liefernden mit denim Inland patentierten Erzeugnissen beliefert hat, vgl. Brandenburg, Mitt. 2005, 205 ff. ; Keller, FS Ullmann, S. 454 ff. mwN；Brandenburg, Mitt. 2005, 205 ff.

[359] Vgl. Teschemacher, S. 130.

[1] BPatG 13. 7. 1967 E 9, 147；28. 4. 1972 E 13, 159；23. 11. 1976 GRUR 1977, 662；24. 6. 1981 E 24, 41.

由于专利权人放弃了对由当然许可形成的实施权内容和范围的控制，也放弃了对这种实施权获得人的选择，因此，相较于由许可合同形成的实施权，由当然许可所产生的实施权更接近于不顾专利权人意思而产生的实施权。由此可见，应当像对待不顾专利权人意思的实施权那样，处理由许可准备形成的实施权。

申请人在授予专利之前就可以作出当然许可声明。但是，欧洲专利申请的申请人不能作这样的声明。不过在授予欧洲专利之后，却可以根据《专利法》第23条的规定在德国专利商标局对德国声明当然许可，这就像是对由德国专利商标局授予的专利作出的声明一样，能使得缴纳给德国专利商标局的年费减半。

还可以对受《专利法》第50条的保密命令约束的专利和申请作出当然许可声明。[2]

2. 从实践的角度来看，当然许可制度受到了严厉的批评：其表现出来的缺点远超过了其节省费用的优点。[3]我们可以这样来设想，某个有意实施专利的人，即使其只是要获得普通许可，他也考虑到了，专利权人还能够决定是否允许其他人实施该发明。相反的是，作出当然许可声明就排除了由专利权人决定允许其他人实施发明的可能性，正如其所表现出来的，这损害了专利的声誉。1992年引入的规定，如果还没有依据当然许可声明告知的实施，就可以收回当然许可声明（参见第4点），虽然这有助于减轻专利权人作出当然许可声明的负担，但并没有改善实施人的地位。

1949~2007年有超过118000件的当然许可声明。在1995~2002年，当然许可声明的数目每年约2800~3700件，平均大约3100件。而在2003~2007年则从2827件上升到了4667件。

当然许可除了节省费用之外，似乎并没有很大的实际意义。它在开辟许可关系方面并没有多大的作用，下面这种状况也说明了这一点：几乎没有人依据《专利法》第23条第4款请求专利局确定实施人应支付的报酬。

3. 这种声明必须以书面形式递交给专利局。递交声明的人必须是在登记簿上登记为专利权的人或者申请人，并且在登记簿上没有有关独占实施权的登记，也没有有关独占实施权的请求递交给专利局（《专利法》第23条第2款、第30条第4款，参见§23 V a 5）。

在权利继受的情况中，没有在专利局登记的新专利权人或者申请人不能证

---

[2] BGH 1. 12. 1966 GRUR 1967, 245.

[3] *Eggert*, GRUR 1972, 231 ff.

明其对于专利局是合法的（《专利法》第 30 条第 3 款第 2 句）。因此，没有登记的新专利权人或申请人作出的声明并不能减免其应向专利局缴纳的年费。由于未被证明为合法的人的声明不能在专利局登记，因此，这种声明也不能形成第三人的实施权（参见第 5 点）。

法律并没有规定这种声明的确定的文字，只要清楚地表达了允许任何人实施的意思就可以了，比如，"声明当然许可"的表达方式。[4]

形式上符合规定的当然许可声明将由专利局登记在登记簿上，并在专利公报上予以公布（《专利法》第 23 条第 1 款第 3 句）。

4. 要使声明具有实体法上的效力，则声明必须是由真正的权利人作出的。这就是专利或者授予专利请求权的真正所有人，即使其没有在登记簿上登记也是如此。而无权利的人的当然许可声明是无效的，即使作出声明的人通过登记对于专利局在形式上是合法的，也是如此。[5]因此，如果专利权人将专利转让给了其他人，那么在转让生效之后（只要与受让人达成一致就可以了，在登记簿上的变更登记并不是必要的），即使还没有进行变更登记，他的当然许可声明就不再是有效的了。同理，在授予独占许可之后也是这样的，即使该独占许可没有登记也没有请求登记，也是一样的。[6]法律并没有赋予登记对于私权流转的信任保护效力。[7]无实体权利人的当然许可声明——同样就像由不正确地（还）作为权利人登记的人进行的专利转让一样——毫无疑问是无效的；并不需要由真正权利人[8]来对此提起"撤销"；在独占许可的情况下，要由独占许可的被许可人来提出"撤销"也是难以想象的。[9]

---

〔4〕　BPatG 23. 11. 1976（FN 1）.

〔5〕　Damit ist nicht（wie der 4. Aufl. bei *Busse/Schwendy*，§23 PatG Rdnr. 26 entnommen wird）gesagt，daß der nicht eingetragene wahre Berechtigte die Lizenzbereitschaft wirksam erklären könne（s. oben 3）.

〔6〕　Anders *Lindenmaier*，§14 Rdnr. 6；wie hier für die ausschließliche Lizenz jetzt auch *Benkard/Rogge*，§23 PatG Rdnr. 5，9，allerdings nur wegen des 1986 eingefügten §15 Abs. 3 PatG. Für den Fall der Übertragung wird dagegen angenommen，der noch eingetragene Rechtsvorgänger könne als „Verwalter kraft Eintragung"（*Benkard/Rogge*，aaO Rdnr. 5）eine wirksame Lizenzbereitschaftserklärung abgeben. Die steht im Widerspruch zu der für den Fall der ausschließlichen Lizenz vertretenen Ansicht. Gewiß sagt §15 Abs. 3 PatG nicht auch für die Übertragung，daß sie durch einen Rechtsübergang oder die Erteilung von Lizenzen nicht berührt wird. Er geht aber davon aus，daß durch sie der Übertragende seine Verfügungsbefugnis verliert，was keiner gesetzgeberischen Klarstellung bedurfte，weil es – anders als der „Sukzessionsschutz" der einfachen Lizenz – nie umstritten war. Deshalb überzeugt nicht，daß durch die förmliche Legitimation der durch eine Übertragung，nicht aber auch der durch Erteilung einer ausschließlichen Lizenz bewirkte Mangel der Berechtigung soll überwunden werden können.

〔7〕　Anders *Klauer/Möhring*，§14 Rdnr. 3：Die Eintragung genieße öffentlichen Glauben.

〔8〕　So *Reimer*，§14 PatG Rdnr. 2.

〔9〕　Nach *Reimer*，aaO Rdnr. 4 soll hier anscheinend kein Widerruf nötig sein.

即使没有申请专利的权利，实际的授予专利请求权的权利人或者专利权人也可以作出当然许可的声明。但是，如果申请专利权的权利人实现了其转让请求权，那么这种声明的效力就终止了（参见§20Ⅰe2）。

对基础专利作出的当然许可声明只在下面的情况下才适用于增补专利（《专利法》第 23 条第 1 款第 2 句）：增补专利属于基础专利的权利人，在作出该声明之前没有转让给其他人，[10] 至于权利人的变更是否已经登记，倒是无关紧要的。

对基础专利作出的当然许可声明，毫无疑问也包含了对补充保护证书的当然许可声明（《专利法》第 16a 条第 3 款）。但也可以再对补充保护证书作出当然许可声明（《专利法》第 16a 条第 2 款及第 23 条）。

当然许可声明作为实体法上的意思表示，必须满足《民法典》上的一般生效条件。就像放弃专利一样，当然许可声明也会因有意思表示缺陷而被撤销（参见§26AⅠa7）。

如果还没有任何人告知专利权人[11]打算实施其发明，那么根据《专利法》第 23 条第 7 款就可以在任何时候收回对德国专利商标局作出的当然许可声明。在收到收回声明的 1 个月内补交被减免的年费且无需缴纳附加费，而在这之后的 4 个月补交年费则需缴纳滞纳金。如果在该期限内没有缴纳这些费用，就会终止该专利（《专利法》第 20 条第 1 款第 3 句）。

由于民主德国的经济专利被视为作出了当然许可声明的（《扩展法》第 7 条第 1 款），因此，只能对所有保护前提条件都审查过的经济专利，才可以通过撤销程序取消这种当然许可声明（《扩展法》第 7 条第 2 款）。但与对德国专利商标局的专利作出的当然许可声明不同，在此之前的告知实施并不能排除这种撤销；已经开始实施的或者已做好实施准备的告知者，仍可以依据其告知的内容保留实施发明的的权利（《扩展法》第 7 条第 3 款）。

5. 作出了当然许可声明的，在德国专利商标局收到声明之后，就根据《专利费用法》第 3 条第 2 款第 1 句减半到期的年费。

仅仅减半年费并没有违背《基本法》，即使是完全放弃禁止权，《基本法》也没有要求全部减免年费。[12]

---

〔10〕 *Lindenmaier*，§14 Rdnr. 6；ebenso, aber nur für den Fall der Eintragung *Benkard/Rogge*，§23 PatG Rdnr. 10；*Busse/Schwendy*，§23 PatG Rdr. 35；anders *Klauer/Möhring*，§14 Rdnr. 7：Nach Veräußerung des Zusatzpatents sei die Erklärung bezüglich des Hauptpatents nicht mehr zulässig.

〔11〕 Zu den Anforderungen an eine die Zurücknahme hindernden Benutzungsanzeige BPatG 9. 7. 2003 Rücknahme der Lizenzbereitschaftserklärung E 47，134.

〔12〕 BPatG 2. 11. 1983 Mitt. 1984，191.

6. 当然许可声明在登记簿上登记之后，任何人都可以通过告知权利人的方式获得授权，实施受专利、保护证书或者增补专利保护的发明（《专利法》第23条第3款第1~4句）。在告知中，必须说明将怎样实施发明，因此，这种说明就决定了实施权限的内容和范围。要修改实施权限，可以重新告知。[13]

如果有外国的生产者作出了符合形式要求的告知，希望全面充分实施已作出当然许可声明的专利，那么允许将其专利产品进口至德国，但在进口德国时其权利已用尽（参见 § 33 Ⅴ b 3），该专利产品的进口者有权继续销售。相反，如果是没有告知的实施，对生产者已经在外国（欧洲经济区之外）投放流通领域的产品，其进口者就无权进口和销售。[14]

告知者有义务每季度将其所进行的实施发明行为通知专利权人，并支付报酬；如果告知者在规定的时间内没有履行这些义务，在宽限期之后还没有履行，那么专利权人就可以禁止告知者的继续实施（《专利法》第23条第3款第5句、第6句）。

法律只是要求支付的报酬必须是合理的，并没有更详细规定什么是合理的。[15]首先应当是由当事双方自己来确定报酬，如果达不成一致意见，根据《专利法》第23条第4款，任何当事人在支付很少的费用之后都可以要求专利局来决定补偿数额，对于专利局作出的报酬决定是可以提起申诉的[16]。如果出现了使得确定的报酬明显不合理的情形，那么最早在1年之后就可以请求变更所确定的补偿（《专利法》第23条第5款）。

专利局可以确定报酬，但这并不排除普通法院可以对报酬数额作出判决。不过，只有在出现了新的事实情况，使得专利局确定的报酬明显不合理的时候，法院才可以变更专利局确定的报酬。[17]

7. 对于在授予专利之前作出的当然许可声明，也适用上述规则（《专利法》第23条第6款）。不过，在这一阶段，专利申请人本来就不能禁止对发明的实施，而只能依据《专利法》第33条要求补偿。但是，依据《专利法》第23条所取得的实施权还是有优点的，它可以确保在授予专利之后的继续使用，而没有当然许可或者实施告知的实施，在专利权人的要求下就必须停止。

---

[13] *Busse/Schwendy*, § 23 PatG Rdnr. 49; *Benkard/Rogge*, § 23 PatG Rdnr. 11.

[14] OLG Nürnberg 18. 7. 1995 GRUR 1996, 48.

[15] Umstände, die von Bedeutung sein können, behandelt BGH 15. 6. 1967 Altix GRUR 1967, 655, 657 ff.

[16] Beispiel: DPA 20. 7. 1988 Bl. f. PMZ 1988, 324 und BPatG 15. 11. 1989 Bl. f. PMZ 1990, 329.

[17] Vgl. *Benkard/Rogge*, § 23 Rdnr. 13; Schulte, § 23 Rdnr. 26.

8. 在《关于〈共同体专利条例〉的建议》第20条中，对共同体专利的当然许可进行了规定，该规定类似于《专利法》第23条。但调整减免费用范围的规定是《费用条例》，共同体专利法院负责确定补偿的数额。如果当然许可声明是由没有申请专利权的专利权人作出的，当真正的权利人根据《关于〈共同体专利条例〉的建议》第5条的规定实现了其转让请求权的时候，那么该声明就被视为撤回。在真正权利人提起转让诉讼之前就取得了实施权并已经善意实施的，享有授予许可的请求权（《关于〈共同体专利条例〉的建议》第6条）。

Ⅱ. 在先实施人的继续实施权（先用权）

参考文献：*Busche*，*J.*，Das Vorbenutzungsrecht im Rahmen des deutschen und europäischen Patentrechts，GRUR 1999，645 – 649；*ders.*，Die „Doppelerfindung" – Überlegungen zur wirtschaftlichen Reichweite des Vorbenutzungsrechts，FS Schricker，2005，S. 883 – 895；*Eichmann*，*H.*，Kritische Überlegungen zum Vor – und Weiterbenutzungsrecht，GRUR 1993，73 – 87；*Keukenschrijver*，*A.*，Zur sachlichen Reichweite des Vorbenutzungsrechts，GRUR 2001，944 – 948；*Loth*，*F.*，Vorbenutzung，GRUR Int. 1989，204 – 208；*Müller*，*W. H.*，Die zukünftige Gestaltung des Vorbenutzungsrechts in der Europäischen Gemeinschaft，Mitt. 2001，151 – 163；*Sehirali*，*F. H./Bjerke*，*P.*，Das Vorbenutzungsrecht nach § 12 PatG und das neue Abwehrrecht des US First Inventor Defense Act，GRUR Int. 2001，828 – 839.

a）概念和本质——法律的规定

1. 根据《专利法》第12条的规定，申请专利之前在国内[18]已经开始对发明的实施或者已经作好了实施的充分准备，在授予专利之后可以不经专利权人的同意而继续实施。对于在公开申请与授予专利之间这段时间内的这种继续实施不能依据《专利法》第33条请求补偿。

根据《实用新型法》第13条第3款，《专利法》第12条的规定可以相应地适用于实用新型。因此，下面的阐述只要不涉及公开的专利申请的效力，即使不特别指出，也适用于实用新型。

专利的效力从其产生时起就受到了《专利法》第12条的限制，已公开申请的临时保护效力也受到了相应的限制，而从这种限制获益的人就有权实施发

---

〔18〕 Handlungen im Ausland genügen nicht，auch wenn sie in einem EU – Staat vorgenommen worden sind，LG Düsseldorf 9. 8. 2001 Mitt. 2001，561，565 f. mit Nachw. Nach *Ullrich*，GRUR Int. 1995，623，636 ist jedoch im Hinblick auf den Funktionswandel，den das TRIPS – Ü für das Territorialitätsprinzip mit sich bringe，zu fragen，ob das VBR weiterhin davon abhängig gemacht werden darf，dass die den Vertrauensschutz begründende Handlung im Inland erfolgte.

明。只要实施发明或者进行的为此必要的活动是在申请专利之前，那么这种实施或者必要活动就奠定了这种实施权的基础。总之，这种有合法依据的行为可以称为在先实施（广义上的）。谁进行了在先实施，谁就是在先实施人。在先实施人通过在先实施取得的权利，通常被称为先用权。这里所说的是在先用权产生的基础，而先用权的权利内容是一种继续实施权。

先用权并不是专利或者授予专利请求权的负担，专利的禁止权限仍保留在专利的权利人手中；但是，专利的禁止权限的存在和行使还要顾及先用权的权利人的利益。

2. 先用权应当阻止的是，因主张专利权而损害在申请专利之前就已获得的经济价值。如果其他人后来将发明申请专利并获得了专利之后，那么在此之前为利用发明或者为利用发明所进行的准备活动而做的工作、付出的时间和资本，就不应当视为徒劳无效益的。[19]因此，公平性考量是给予这些人先用权的基础。在多大程度上可以考虑这种公平性，则是由法律规定所确定的。一旦法律确定存在或者不存在先用权，那么就不能以该情况适用法律的结果是不公平的为理由，拒绝或给予先用权。[20]在对该规定目的进行法律解释时要保障的是：以规定和准许的尺度考虑公平性。

3. 先用权并不以在先实施人是否拥有（基于平行发明的）自己的发明人权为前提条件，另一方面，发明人权的权利人也不一定就拥有先用权。仅仅只是知悉发明的原理、占有发明——这自然是与发明人权相关的——还不能说明拥有继续实施权的理由；而以某种方式实现了的、增强了占有状况的占有发明，才是说明具有继续实施权的必要理由。

由此可见，先用权的概念与某些国家将实施权与"亲自占有"（possession personelle）联系在一起的做法是不同的。[21]在《共同体专利公约》中也没有形成一致的意见。[22]而根据《关于〈共同体专利条例〉的建议》第 12 条，如果在共同体专利的申请日或者优先权日之前，谁善意地在共同体内实施了发明或者确实和认真地做好了实施准备，谁就有对抗主张该共同体专利的继续实施

---

〔19〕 Vgl. RG 25. 2. 1911 RGZ 75，317；weitere Nachweise bei *Eichmann*，GRUR 1993，74，der aaO 78 auch eine Verbindung zum Verwirkungsgedanken herstellen will；doch beruht das Weiterbenutzungsrecht nicht darauf，daß der Berechtigte eine sein Recht verletzende Handlung geduldet hätte，sondern auf der *ursprünglichen* Rechtmäßigkeit der Handlungen，deren Fortsetzung es erlaubt.

〔20〕 RG 6. 9. 1941 GRUR 1942，34，37；BGH 30. 6. 1964 Kasten für Fußabtrittsroste GRUR 1964，673；7. 1. 1965 Lacktränkeinrichtung GRUR 1965，411，413 r.

〔21〕 Rechtsvergleichende Darstellungen geben *Bruchhausen*，GRUR 1964，405 – 415；*Eichmann*，GRUR Int. 1967，378 – 390；*Ohl*，GRUR Int. 1968，33 – 44；vgl. auch *Keukenschrijver*，GRUR 2001，946.

〔22〕 *Vgl. Singer*，GRUR Int. 1976，207.

权。[23]这种先用权只能与有权进行这种在先实施行为的企业或者企业的一部分一起转让或者继承。这种对于共同体整个地域的规定，非常类似于《专利法》第12条第1款第1～3句和第2款第1句对于德国的规定。适用该规定要有明显的善意，而适用《专利法》第12条也以对发明的正当占有为前提条件，因此二者并没有实质性的区别（参见本节Ⅱ b 2）。

4. 根据《扩展法》第27条第1款，在不包括《统一条约》第3条标明区域的联邦德国内或者在民主德国内限制了专利或实用新型的先用权，自这些权利扩展时起也适用于联邦德国的全部区域。谁在专利或者实用新型申请日或优先权日之前，在没有扩展之前这些权利并不有效的区域内满足了先用权的前提条件，谁就有权在全部区域内继续实施（《扩展法》第27条第2款）。

对于介于扩展保护权的申请日或者优先权日与1990年7月1日之间，在扩展之前保护权并不有效的区域的实施，只能依照《扩展法》第28条的规定进行。对此，第28条比第27条规定了更为严格的前提条件：根据《扩展法》第28条第1款的规定，如果继续实施对保护权的权利人或者其被许可人没有造成实质上的损害，也就是说，考虑到所有情况并权衡当事人的合法利益，这种影响并不是不公平的，才允许进行继续实施。[24]对于在国外生产的产品，根据《扩展法》第28条第2款的规定，只有当这种实施在国内构成了值得保护的占有状况，考虑到所有情况如果不承认这种占有状况对于实施人将是极其不公平的，实施人才有依据第1款的继续实施权。[25]

这些前提条件原则上也适用于将在外国生产的产品在国内继续加工的实施人。[26]除了进口产品的销售和可能情况下的销售之外，实施人对产品的继续加工、使其适应经济或技术上的大规模生产或者对确保产品销售的经济组织所投入的人员、物质或者资金，原则上也满足了《扩展法》第28条第2款意义上

---

[23] Dabei versteht sich schon wegen der Einheitlichkeit des Gemeinschaftspatents, daß die Weiterbenutzung, soweit sie sich sachlich im Rahmen der Vorbenutzung hält (s. unten c), im Gesamtgebiet der Gemeinschaft, also nicht nur im Staat der Vorbenutzung erlaubt ist, was *Müller*, Mitt. 2001, 160 zu Unrecht bezweifelt. Freilich kann das die Attraktivität des Gemeinschaftspatents beeinträchtigen (*Müller*, aaO 162), wenn nicht vom Gesetzgeber dafür gesorgt wird, daß die Vorbenutzung einer Erfindung in irgendeinem Mitgliedstaat auch alle nationalen oder europäischen Patente einschränkt, die in anderen Mitgliedstaaten für diese Erfindung gegebenenfalls bestehen.

[24] Zu den Möglichkeiten, dem Weiterbenutzungsberechtigten Beschränkungen und Pflichten aufzuerlegen, vgl. die Begründung zum ErstrG, Bl. f. PMZ 1992, 213, 238 r. ; *Eichmann*, GRUR 1993, 86.

[25] Vgl. den Bericht des Rechtsausschusses zum ErstrG, Bl. f. PMZ 1992, 250, 252 f.

[26] BGH 13. 3. 2003 Enalapril GRUR 2003, 507.

有值得保护的占有状况的条件。[27]

b）前提条件

1. 构成先用权的基础只能是在基准时刻点之前所进行的行为，即专利的申请日，如果能有效地主张优先权，原则上就是优先权日（《专利法》第 12 条第 2 款第 1 句）。

例外（《专利法》第 12 条第 2 款第 2 句）：外国人只有在其本国也能保证给予对等的互惠时，才能在要求先用权时依据其在外国申请的优先权。《巴黎公约》第 4B 条第 1 句第 2 个半句保证了对联盟成员国的国民都能给予对等的互惠。根据《专利法》第 7 条第 2 款或者第 40 条，在德国专利商标局递交申请时主张优先权，没有要给予对等互惠的要求。

在（构成优先权的）申请之后的行为不能取得继续实施权。在这个时刻与专利生效之间实施发明所生产的并投入流通的东西，正如联邦最高法院所澄清的[28]，自授予专利时起，对于这些东西的使用和继续销售将受到专利效力的制约。不过依照联邦最高法院的观点，是否禁止这些东西的实施人的继续实施、在多大程度上应当承担赔偿义务？或者在多大程度上通过支付补偿就允许继续实施？还需视具体情况而定。

如果申请人或者其前手权利人在申请之前将发明披露给了其他人，但却保留了假如授予专利之后的专利权，那么，通过披露而知悉发明的人就不能将其在被告知之后 6 个月内所进行的行为作为在先实施行为的依据（《专利法》第 12 条第 1 款第 4 句）。[29]由此可见，该规定是为了防止在确定的日期之前由于披露使其他人而不是公众知悉了发明所产生的不利后果，从而补充了某些事前公开不损害新颖性的规定（《专利法》第 3 条第 4 款，《欧洲专利公约》第 55 条）。如果有保留的披露人在披露之后的 6 个月内申请了（专利），那么披露人可以放心的是，这种披露并不产生先用权，但如果在 6 个月期限之后才申请，披露人就会受到在先实施的阻碍。

作出这种保留并没有明显的形式要求，只要有符合逻辑的行为就可以了。主流观点认为，即使在先实施人不知道有这种保留，这种保留也是有效的，只

---

〔27〕 BGH aaO 510l. Nach OLG München 7. 1. 1993 Mitt. 1994，212 kann sich ein schutzwürdiger Besitzstand aus der Dauer der Benutzung，der Höhe der Umsätze und deren Anteil am Gesamtumsatz des benutzenden Unternehmens，dem getätigten Werbeaufwand und der Bekanntheit des benutzten Gegenstands im Verkehr ergeben.

〔28〕 17. 12. 1981 Straßendecke Ⅱ BGHZ 82，369，374；die Frage war Gegenstand einer umfangreichen Diskussion im Schrifttum，vgl. *Benkard/Rogge*，§ 12 PatG Rdnr. 29 ff. mit zahlreichen Nachweisen.

〔29〕 Dazu BGH 30. 6. 1964（FN 20）674.

要在先实施人是通过披露而知悉发明的就够了。如果第一个获得披露的人将发明转告了其他人，但却没有说明还有这种保留，也是这样。"有意实施他人发明"的人应当去核实，原披露人是否保留了权利：如果他没有这样做，那么他自己就要承担利用发明的风险。[30]但这里留下的问题是，既然要承担如此宽泛的注意义务，那么为什么在直接披露的时候还需要作出保留。

由于《专利法》中宽限期的规定不再包括依申请人或者前手权利人意思的公开——除了某些展览之外——作出保留的实践意义就不大了（参见§16 A Ⅵ6）。而根据过去的法律规定，特别是下面这些情况的披露则取决于是否有保留，如果没有宽限期，披露就构成了现有技术，比如，接受披露的人没有保密的义务，而且也没有理由指望接受人不再继续转告被披露的知识。相反，根据现行的法律，这些情况中的披露都是有损新颖性的。[31]但是，如果接受人负有保密义务，或者由于其他原因不允许随意使用被披露的内容，那么实施或者准备实施发明就意味着，在实施中占有的发明就被视为不正当取得的，无论是否有保留，都不会产生先用权（参见第2点）。

实用新型在这方面的法律规定是不同的：与以前一样，有关这方面的宽限期规定（《实用新型法》第3条第1款第3句）仍有利于申请人或者其前手权利人的自愿公开。因此，就可以通过保留的方式阻止产生先用权，这种方式依然有着广泛的意义。

2. 一般的观点认为，只有在先实施人在在先实施的时候占有了发明，即掌握了仿造随后受专利保护的技术原理的足够知识，[32]在先实施人才取得继续实施权。如果没有占有发明，也许其行为在客观上实现了发明或者为实现发明作了准备，也不能说是他实施了发明或者为实施发明进行了必要的准备。

如果谁知道了取得发明结果所必须采取的措施，也就是知道了发明的外部因果关系，谁就占有了发明，即使没有掌握发明过程所基于的科学理论知识也没有关系。[33]在先实施人必须掌握了成熟的、可实施的技术原理的知识；只是为了寻求解决问题的适用方案而进行的试验，还不构成在先使用权的理由。

不过，对于仅仅进行专利产品的贸易并因此只允许继续进行该贸易的在先实施人来说，是产品的生产者占有发明（参见本节Ⅱc1)[34]，因此，无论在

〔30〕 Begründung zum PatG 1936, Bl. f. PMZ 1936, 105.

〔31〕 *Busche*, GRUR 1999, 647.

〔32〕 BGH 21. 6. 1960 Bierhahn GRUR 1960, 546, 548; 30. 6. 1964（FN 20）674; RG 15. 12. 1928 RGZ 123, 58, 61.

〔33〕 Vgl. RG 7. 6. 1940 GRUR 1940, 434, 436.

〔34〕 *Eichmann*, GRUR 1993, 80.

确定的日期之前生产者是否在国内将产品投放到了市场、是否由此获得了先用权、是否还造成了权利用尽，仅仅从事贸易的在先实施人都有权销售。因此，有权继续销售的人不仅有权销售国内的有继续实施权的生产者的产品，而且也有权销售在确定的日期前还没有将其依发明生产的产品在国内投放市场的外国生产者的产品。

占有发明，必须是与之后申请专利的发明活动相关的，[35]而且还必须是正当的占有发明，在先实施必须是正当的占有实施。一般认为，不正当获得或者使用的知识不构成先用权。[36]如果在先实施人在获得其使用的知识的时候就知道或者因为重大失误而没有知道，该知识是来源于其他人的，而且其并不同意将该知识转告在先实施人或者不同意在先实施人使用该知识，那么该在先实施人就被视为不正当的。此外，雇员在其雇主申请专利之前实施其职务发明，也不取得先用权。

因此，就不能禁止从非权利人那儿正当取得占有发明的在先实施人的继续实施，如果该在先实施人自己将该发明申请了专利，根据《专利法》第8条的规定，权利人有2年的时间要求该在先实施人予以转让。[37]

依据《专利法》第12条第1款第4句（参见第1点），对于由发明的权利人自己作出的披露，由于这种披露无限期地阻止了取得先用权，只有披露人不仅保留了申请保护权的权利，而且还清楚地表示了绝不同意接受人为其自身利益的实施，才能被认为不正当取得占有发明的。[38]

3. 取得先用权的前提条件是，要求获得先用权的人及时地实施了发明或者为实施发明作了必要的准备活动。独立地并且是为自身利益实施了这些行为的人就拥有了先用权。[39]如果是受他人委托和为他人利益实施了这些行为，那么只有这些委托人才拥有先用权。

实施发明，就是指进行任何根据《专利法》第9条专利权人所保留的行

〔35〕 RG 7. 7. 1926 RGZ 114, 246, 249 f. ; 13. 7. 1943 GRUR 1943, 286; krit. dazu *Busche*, GRUR 1999, 646 f. , der fordert, daß der Erfindungsbesitz des Vorbenutzers auf eine Parallelerfindung zurückgeht, und die Berufung auf einen vom Patentinhaber abgeleiteten Erfindungsbesitz nur gestatten will, wenn sich der Patentinhaber vertragswidrig oder widersprüchlich verhält.

〔36〕 Vgl. BGH 30. 6. 1964（FN 20）675; OLG Düsseldorf 21. 6. 1979, GRUR 1980, 170, 171 r. ; die Unredlichkeit muß der Patentinhaber beweisen, LG Düsseldorf 31. 7. 1986 Mitt. 1987, 239, 240; Einzelheiten bei *Eichmann*, GRUR 1993, 81.

〔37〕 *Eichmann*, aaO 81 f. mit Hinweis auf abweichende Meinungen.

〔38〕 Zum Verhältnis des § 12 Abs. 1 Satz 4 PatG zum allgemeinen Redlichkeitserfordernis *Eichmann* aaO 82.

〔39〕 Vgl. RG 6. 9. 1941（FN 20）; 13. 7. 1943（FN 35）287; OLG Karlsruhe 23. 9. 1981 GRUR1983, 67, 69l. ; BGH 26. 1. 1993 Wandabstreifer BGHZ 121, 194, 200 f. mwN.

为。因此，不仅生产或者使用受产品专利保护的产品、运用专利方法或者使用专利方法所直接生产的产品，而且提供[40]专利产品或者将专利产品投放市场，都可以取得先用权。但是，这些实施的形式却可以影响先用权的范围（参见本节Ⅱ c 1）。

但是，起草或者递交保护权的申请是不足于取得先用权的，虽然这些行为也是占有发明，但并不是实施发明。[41]短暂性地中断实施，不影响先用权的取得，只要企业是根据需要使用了随后取得的专利客体，比如属于技术手段的设备或者方法，就可以了。[42]但是，不能在基准时刻之前自愿并最终放弃实施。[43]在实验室试验范围内进行的、仅仅只是检验发明可实施性的实施，还不足以认为是实施；但一般也不要求实施是开始成熟的生产。[44]原则上来说，如果试验性的实施产生了经济上可利用的结果（参见§33 Ⅳ b 4），那么也可以视为实施。如果不是这样，那就要在个案中看这种实施是否是起决定性作用的"准备活动"。[45]

普遍认为，间接实施也可以取得先用权，但是，前提条件是间接实施人占有了发明。[46]持这种观点的理由是，间接实施人通过采购人的实施就应看作间接实施人的实施（参见§33 Ⅵ b 8）。因此，还必须有采购人的在先实施（参见本节Ⅱ c 2）。在这里，为了取得实施发明的手段而进行的商业联系就足以被认为是准备活动（参见第4点）。

4. 如果为了实施发明的准备活动能够取得先用权，就必须有客观上与发明有关的行为，也就是要有使实施发明成为可能的行为；而且行为者主观上还必须有立即实施发明的认真意思。[47]比如下面这些就是这样的活动：购买或者制造必要的机械或者设备、绘制车间图纸、做广告。至于经济上投入了多少则是无关紧要的。

---

〔40〕 Dazu eingehend BGH 28. 5. 1968 Europareise GRUR 1969, 35, 36; vgl. auch RG 24. 6. 1912 RGZ 80, 15; 8. 4. 1941 RGZ 166, 326, 330 f.

〔41〕 RG 21. 10. 1931 RGZ 133, 377, 381; 17. 7. 1942 RGZ 169, 289, 290.

〔42〕 RG 9. 2. 1929 RGZ 123, 252, 255; 20. 5. 1936 GRUR 1937, 357.

〔43〕 BGH 7. 1. 1965（FN 20）413 l.; 28. 5. 1968（FN 40）36 r.; RG 25. 2. 1911（FN 19）319; 12. 10. 1912 RGZ 80, 206, 207.

〔44〕 So aber RG 9. 2. 1929（FN 42）256.

〔45〕 Vgl. RG 16. 9. 1938 RGZ 158, 291.

〔46〕 BGH 30. 4. 1964 Formsand Ⅱ GRUR 1964, 496.

〔47〕 Vgl. RG 4. 3. 1912 RGZ 78, 436, 439; 18. 2. 1925 RGZ 110, 218, 223 f.; 6. 9. 1941（FN 20）35; 18. 11. 1941 GRUR 1942, 155, 156; 13. 7. 1943（FN 35）287; BGH 21. 6. 1960（FN 32）549; BGH 21. 5. 1963 Taxilan BGHZ 39, 389; 30. 6. 1964（FN 20）674; 28. 5. 1968（FN 40）37.

在某些情况中，努力寻找能够按照发明的要求制造某些关键部件的生产者、订购特殊工具或者查找购买这些工具途径的行为，就完全可以认为是实施的准备活动。

与发明有关的试验，如果是为了探寻已发现的方案在实践中的最佳实施形式，才被认为是准备活动，但如果这种试验还是在检验发明的可实施性，就不能认为其是准备活动。

此外，探询市场关系和预期需求，也不能认为是实施的准备活动。

必须有实施意思的要求，其理由是要考虑到对占有状况的可保护性。因为这样的风险必然是要面临的：原来还没有形成具体决定并被放弃了的实施考虑，在他人申请和获得专利之后，面对他人的保护权，这种考虑就可能是有意义的了，从而会被重新提起。

由于实施的意思必须在基准日的时候还要存在，因此，司法判决始终都要求，这些准备活动（至少）要持续到这个时候。[48]因此，如果这种活动中断了，那么就会产生比《专利法》第9条规定形式的实施的中断更严重的后果。不过，如果活动是在基准日之后的暂时中断，已经产生的在先使用权是不会再丧失的。

c）内容和范围

1. 如果谁获得了先用权，那么他无需得到专利权人的同意，不必对申请人予以补偿，他就有权按照自己企业的需求在其自己或者他人的车间内充分实施该发明（《专利法》第12条第1款第2句）。至于他有哪些实施的形式，则取决于在申请日之前他所实施或者准备活动的类型。[49]如果所实施或者准备的是生产产品，那么就允许继续生产，但也允许继续提供、投放市场、使用或者为这些目的进口和占有。相反，如果导致产生先用权的行为只是提供产品或将产品投放市场，那么根据主流的看法，在先实施人就无权生产产品。[50]

如果只是仅仅使用实物，那么就只允许继续使用这种物品。既不允许生产或者转让，也不准许使用其他的、由第三人以侵权方式投放市场的这种物品。

在私人领域进行的非工商业目的的实施或者准备是否有权不经专利权人的

---

〔48〕 RG 9. 2. 1929（FN 42）；16. 9. 1938（FN 45）；18. 11. 1941（FN 47）；BGH 28. 5. 1968（FN 40）37.

〔49〕 Vgl. *Busche*, FS Schricker, S. 891 f.

〔50〕 Vgl. *Benkard/Rogge*, § 12 PatG Rdnr. 23；*Eichmann*, GRUR 1993, 79；*Busche*, aaO S. 892 a. M. *Götting*, § 24 Rdnr. 9；nach RG 4. 1. 1937 RGZ 153, 321, 326 ist der Berechtigte hinsichtlich der Art und Weise der Benutzung nicht beschränkt, sofern nur die Art des Gewerbebetriebs nicht geändert wird.

同意而转至工商业目的的实施，是有争议的。[51]但如果在基准日之前没有至少为工商业实施的准备活动，现行法律无论如何对该问题是否定的。私人的、非工商业的使用已经被《专利法》第11条第1项有关专利效力的例外规定排除在专利的效力之外了。如果只是限于这种使用，就不需要有先用权。如果在申请之前连准备性的工商业实施活动都没有进行过，那么要允许其进行工商业实施并没有什么明显的理由。这种观点也相应地适用于《专利法》第11条规定的其他例外的适用范围。

2. 如果是对发明进行了必要占有的间接在先实施，那么提供和供应来源于间接实施的用于实施发明的工具或方法就是有理由的，但这并不意味这些工具或方法的购买者就有权（直接）实施发明。因此，实践中，间接在先实施人仍只能提供和销售给自己拥有先用权或者本身就是被许可人的顾客。[52]而间接在先实施人并不需要有自己的先用权，这是因为根据《专利法》第10条，间接在先实施人无需经专利权人的同意就可以向有实施权的人供货。如果先用权赋予了间接实施人使其顾客获得实施发明的权利，那么先用权对于间接实施人才会是有意义的。如果在先实施人出售或者提供的是如果不实施专利方法就不能使用的设备，那么这种观点才是有道理的。[53]在这种情况中，专利权人自己实际上可能不提供设备，或者允许不在提供设备的同时授予实施方法的许可；通过在结果上相应地适用权利用尽原则的办法，就可以说明这里实施专利方法的合理性（参见§33 Ⅳ e 3）。但在其他情况中，凭借间接在先实施是没有实施权限的。[54]

3. 如果只是为了满足先用权权利人自己企业的需求，先用权是不受数量限制的[55]，允许权利人任意扩大其自己的企业，但不允许不是受其委托的第三人（参见本节Ⅱ d 1）实施发明。对于——比如以技术秘密（Know – how）许可的形式——在申请专利之前实施了发明的任何被许可人来说，他是否能继续实施发明，就要看他是否通过实施发明或者为实施发明所作的准备取得了自己的继续实施权。如果没有获得继续实施权，那么这种许可就不是不考虑专利

---

〔51〕 Vgl. *Benkard/Rogge*，§12 Rdnr. 10 mit Nachweisen.

〔52〕 A. M. *Busche*，FS Schricker, S. 894；*Busse/Keukenschrijver*，§12 PatG Rdnr. 45. Fraglich bleibt dabei, aus welchem Grund der Patentinhaber Abnehmern, die kein eigenes Benutzungsrecht haben, die (unmittelbare) Erfindungsbenutzung nicht soll verbieten können.

〔53〕 In diesem Sinn auch *Busche*，aaO 893.

〔54〕 Weitergehend *Teschemacher*，Die mittelbare Patentverletzung, 1974, S. 125 f.

〔55〕 RG 4. 1. 1937 (FN 50)；7. 6. 1940 GRUR 1940, 434, 435 r.

的存在而允许继续发放许可的实施。[56]

4. 先用权实质上包含的是有关占有发明以及进行或准备实施的技术原理。联邦最高法院的判决表明，先用权人进行超出迄今为止实施范围的扩大开发，如果侵犯了受专利保护的发明主题，无论如何都是受到禁止的。[57]根据联邦最高法院的司法判决，这里的主题是通过专利的权利要求的意义内容来确定的（参见§32 Ⅲ c）。不过，其他对在先实施的技术原理所进行的显而易见的变换，根据帝国法院的司法判决，是可以包含在先用权之内的。[58]对此，联邦最高法院既没有确证，也没有排除。

在专利的权利要求文义内容所包括的范围之外，专利权人不能禁止实施由现有技术产生的技术原理（参见§32 Ⅲ f bb）；相应而言，如果某项技术原理是由构成先用权基础的占有状态所产生的，在先实施人也可以相应地实施这种技术原理；而在权利要求本义范围内的继续实施，只有落入在先实施范围之内才是合理的。但这并不是要对先用权划定一种"保护范围"[59]，而是要像划出专利保护范围与现有技术的界限那样，划出专利保护范围对于未公开的在先实施人的界限。此外，先用权未经允许也不能扩展至获悉公开的专利内容之后在先实施人才能做出的变换。[60]

d）与企业的关系——消灭

1. 如果是为了满足先用权权利人其自己的企业需求，那么允许其委托在他人的车间内实施发明。但是，先用权权利人必须对生产和销售的类型和范围保持决定性的影响[61]；不允许让这种车间的经营者自己来承担实施发明的责任和风险，[62]否则该经营者就侵犯了专利权。

2. 先用权只能与产生了该先用权的企业一起转让或者继承（《专利法》第12 条第 1 款第 3 句）。[63]由此，法律就排除了这种限制了专利权人禁止权的实

---

〔56〕　A. M. *Sedlmaier*, Die Patentierbarkeit von Computerprogrammen und ihre Folgeprobleme, 2004, S. 237 f. , für Computerprogramme.

〔57〕　BGH 13. 11. 2001 Biegevorrichtung GRUR 2002, 231.

〔58〕　Vgl. z. B. RG 4. 1. 1937 (FN 50); 8. 4. 1941 (FN 40) 331 f. ; weitere Nachw. in BGH aaO 233 r. ; für Einbeziehung naheliegender Abwandlungen *Keukenschrijver*, GRUR 2001, 948; Busche, FS Schricker, S. 889 f.

〔59〕　Mit Recht ablehnend Keukenschrijver, aaO 947.

〔60〕　Vgl. *Keukenschrijver*, aaO.

〔61〕　Vgl. OLG München 9. 2. 1995 GRUR 1996, 47.

〔62〕　RG 4. 1. 1937 (FN 50) 326 f. ; LG Düsseldorf 15. 9. 1998 Mitt. 1999, 370.

〔63〕　Vgl. OLG München 7. 1. 1993 Mitt. 1994, 212, 213 f. (Betriebsveräußerung verneint); BGH 1. 2. 2005 Schweißbrennerreinigung BGHZ 162, 110 = GRUR 2005, 567, 568 r. (Betriebsfortführung verneint).

施权限的扩大。

3. 在专利申请之后如果在先实施人不再实施其占有的发明或者中止了实施发明，原则上先用权并不会消灭。但如果拥有先用权的企业最终停业了，那么先用权也就消灭了。同样，如果放弃[64]或者彻底终止产生先用权的准备活动，先用权也将消灭。

Ⅲ. 保护权或者申请暂时性丧失之后的继续实施权

a) 专利

1. 如果没有及时缴付到期的专利年费，专利就会失效（参见§26 A Ⅰ c)。但是如果专利权人未能及时缴付年费是由于不可归责于自身的原因，那么专利权人可以请求恢复原状，通过事后缴付的方式消除延误的后果（《专利法》第123条第1~4款）。在这种情况下的缴付就视为是按期缴付，专利视为没有失效。但法律考虑到了这样一种情况，如果第三人这时善意地认为专利已经丧失从而开始或者准备实施发明，那么在专利恢复效力之后，法律仍赋予其实施发明的权利（《专利法》第123条第5款）。除了基准时刻这一点之外（参见第2点），这种权利的前提条件和内容相应于先用权的前提条件和内容（参见本节Ⅱ)。

2. 只有在专利失效之后但在专利恢复效力之前这段时间内，实施了发明或者进行了为实施发明必要的准备活动的人，才能取得这种继续实施权。尽管恢复原状就视为及时缴付了费用，是有溯及力地阻止专利的失效，但在这一时期进行的行为还是不被认为是侵犯专利的行为。恢复效力的时间点就是满足了这种法律后果的前提条件的时刻，也就是不仅补缴了费用，而且还恢复了原状的时刻。这一时刻对于继续实施权的意义，就像优先权时刻对于先用权的意义一样。

第三人不需要假定专利已经失效，就可以进行实施行为或者准备活动。即使他不知道专利的存在或者专利的失效，他也可以获得继续实施权。[65]法律所赋予的是典型信任保护，不需要在决定性的构成要件与第三人行为之间有具体的因果关系，但是，至少这种关系是要可设想的。因此，在专利失效之前就已经——以侵犯专利的方式——实施发明并超出发明失效的时刻继续实施发明的第三人，就不值得保护了。[66]但是，在专利失效之前又停止了的侵权实施，只

---

［64］ BGH 7. 1. 1965（FN 20)。

［65］ BGH 27. 5. 1952 BGHZ 6，172。

［66］ BGH 16. 3. 1956 Rheinmetall Borsig I GRUR 1956，265，268；26. 1. 1993（FN 39) 200；RG 17. 3. 1923 RGZ 106，375，378。

要在专利失效之后进行的实施看上去不是先前实施的继续，还是可以获得继续实施权。[67]

产生继续实施权的前提条件是，专利真正地失效了；继续实施权的产生也不需要进行相应的登记。如果专利没有失效，就不能产生实施权，即使专利的失效——已被错误地——登记了，也不能产生实施权。[68]

3. 第三人如果知道或者由于严重过失没有知道：他所进行或者准备实施的技术原理虽然是已失效专利的客体，但该专利必定是会被考虑恢复权利的，那么这里的第三人就不是善意的。[69]这里的举证责任由专利权人承担。

4. 如果出现了失效的公开了的申请有溯及力的恢复原状，《专利法》第33 条规定的临时保护因此又重新产生效力（《专利法》第 123 条第 6 款）的情况，也相应地适用上述规则。可以通过恢复原状排除的失效理由，除了延误缴付年费之外，还有延误提出审查请求的时间的情况（参见§25 A Ⅶ 2）。

在申请失效之后与临时保护恢复效力之前已经实施或者为实施已进行活动的人所获得的实施权的效力是：首先，申请人不能依据《专利法》第 33 条对这种继续实施要求补偿；其次，如果该申请还获得了专利，那么该实施权仍然有效，也就是说它还保护第三人免受专利权的约束。由此可见，这种善意的"中间实施人"完全等同于在先实施人。

5.《专利法》除了规定可以恢复主张外国申请的优先权的期限之外，在第 123 条第 7 款，还对那些在优先权期届满与因恢复原状而导致的优先权恢复之间，已经开始或者已经准备实施享有优先权的专利的人，也引入了继续实施权。

6. 对于因不遵守期限公开的欧洲专利申请被驳回（参见§29 Ⅴ 4）或者欧洲专利被撤销（参见§30 Ⅱ e dd）与恢复所丧失的权利的情况，在《欧洲专利公约》第 122 条第 5 款中也有类似于《专利法》第 123 条第 5 款和第 6 款的规定：在权利丧失与指定国恢复丧失的权利公告之间，如果谁善意地实施了已申请或者已获专利的发明或者为此进行了确实和认真的准备活动，那么就允许他在其企业或者为满足其企业的需求继续无偿地实施。

7. 给予恢复原状之后继续实施权的考虑，是与给予先用权的理由一样的：对于正当取得的占有状态不允许受到来自专利或者来自申请的权利的影响，因为在获得这种占有状态的时候，这些权利还是无效的。这是一种即使在上述规

---

[67]　RG 16. 2. 1924 RGZ 108，76.

[68]　BGH 27. 5. 1952（FN 65）.

[69]　BGH 27. 5. 1952（FN 65）.

则适用范围之外也要考虑的一般法律原则。[70]

例如，撤销对专利的放弃（参见§26 A Ⅰ a 7）；撤销对申请的撤回（参见§25 A Ⅶ 3）；依据恢复之诉恢复已被宣告无效的专利的效力。[71]

b）实用新型

根据《实用新型法》第 13 条第 3 款，《专利法》第 123 条可以相应地适用于实用新型法。由于在登记之前实用新型的申请是不会公布的，因此，参照第 6 款的规定就没有意义了。如果某个因没有及时缴付维持费而失效的实用新型（《实用新型法》第 23 条第 3 款第 2 项）或者某个失效的优先权（参见本节 Ⅲ a 5）由于恢复了迟延缴付或者优先权的期限而恢复了效力，就应考虑给予继续实施权。

Ⅳ. 强制许可

参考文献：*Böck*, *A.*, Die Zwangslizenz im Spannungsfeld von gewerblichem Rechtsschutz und Kartellrecht, Diss. Tübingen 1992; *Bußmann*, *J.*, Die patentrechtliche Zwangslizenz, 1977; *Gómez Segade*, *J. A.*, Zwangslizenzen für pharmazeutische Erfindungen, GRUR Int. 1973, 95 – 101, 123 – 131, 190 – 196; *Greif*, *S.*, Ausübungszwang für Patente. Ökonomische Möglichkeiten und Grenzen unter besonderer Berücksichtigung der Entwicklungsländer, GRUR Int. 1981, 731 – 745; *Heinen*, *A.*, Zwangslizenzerteilung gemäß Artikel 31 TRIPS – Übereinkommen im Hinblick auf den Zugang zu essentiellen Medikamenten; *Herrlinger*, *K. A.*, Die Patentierung von Krankheitsgenen, 2005, S. 292 – 327; *Holzapfel*, *H.*, Das öffentliche Interesse bei Zwangslizenzen, Mitt. 2004, 391 – 396; *Jabbusch*, *W.*, Begrenzung der konzentrationsfördernden Wirkungen des Patentschutzes durch Erweiterung des Instituts der Zwangslizenz, 1977; *Karres*, *N.*, Das Spannungsfeld zwischen Patentschutz und Gesundheitsschutz, aufgezeigt am Beispiel der patentrechtlichen Zwangslizenz, 2007; *v. Kraack*, *C.*, TRIPs oder Patentschutz weltweit – Zwangslizenzen, Erschöpfung, Parallelimporte, 2006; *Kramer*, *B.*, Patentschutz und Zugang zu Medikamenten, 2007; *Kunz – Hallstein*, *H. P.*, Verschärfter Ausübungszwang für Patente, GRUR Int. 1981, 347 – 357; *Leitzen*, *M.*/*KLeinevoss*, *T.*, Renaissance der patentrechtlichen Zwangslizenz? – Die Neuregelung des §24 Abs. 2 PatG, Mitt. 2005, 198 – 205; *Müller*, *E. – M.*, Die Patentfähigkeit von Arzneimitteln, 2003, S. 259 ff.; *Pahlow*, *L.*, Monopole oder freier Wettbewerb? Die Bedeutung des „Licenzzwangs" für die Reichspatentgesetzgebung 1876/77, in: Pahlow（Hrsg.）, Die zeitliche Dimension des Rechts, 2005, S. 243 – 271; *Pfanner*, *K.*, Die Zwangslizenzierung von Patenten: Überblick und neuere Entwicklungen,

---

[70]　BGH 27. 5. 1952（FN 65）176.

[71]　RG 18. 5. 1942 RGZ 170, 51, 53 f.

GRUR Int. 1985, 357 – 372; *Pohl*, *C.*, Die Voraussetzungen der patentrechtlichen Zwangslizenz, 2000; *Preu*, *A.*, Zur Zwangslizenz, in: Zehn Jahre Bundespatentgericht, 1971, S. 239 – 250; *Ridder*, *C.*, Die Bedeutung von Zwangslizenzen im Rahmen des TRIPS – Abkommens, 2004; *Schade*, *H.*, Zwangslizenz – Eine rechtsgeschichtliche und rechtsvergleichende Studie, Mitt. 1964, 101 – 112; *Schatz*, *U.*, Ausübungszwang und Zwangslizenzen im Gemeinsamen Markt, GRUR Int. 1968, 273 – 286; *Scheffler*, *D.*, Die (ungenutzten) Möglichkeiten des Rechtsinstituts der Zwangslizenz, GRUR 2003, 97 – 105; *Vorwerk*, *V.*, Probleme der Zwangslizenzregelung, GRUR 1976, 64 – 74.

a) 法律的规定和基本前提

1. 根据《专利法》第 24 条的规定，在一定的条件和个别情况下，可以授予对于发明的非独占性的工商业实施权（强制许可）。为了与 TRIPS 相适应，1998 年《专利法》对强制许可重新进行了规定[72]。根据新的规定，如果授予强制许可之后发现，授予的强制许可并没有足够满足实施该发明所依据的公共利益，也不能收回专利（原《专利法》第 24 条第 2 款）。如果实施发明而不实施新专利所依赖的原专利的客体是不可能的，通过转化《生物技术指令》，使得获得这种实施受专利保护的发明的强制许可变得容易了（《专利法》第 24 条第 2 款）。与此相应的是，如果专利阻止了植物种植人取得或者使用植物品种保护权，他也可以获得对于该专利的强制许可（《专利法》第 24 条第 3 款）。

专利法的这一规定也相应地适用于实用新型（《实用新型法》第 20 条）；因此，下面有关专利强制许可的阐述同样也适用于实用新型。

2. 根据《专利法》第 24 条第 1 款，在任何情况下授予强制许可的前提条件是：在合理的期限内，许可的申请人未能以通常合理的商业条件取得专利权人实施其发明的同意（《专利法》第 24 条第 1 款第 1 项）；此外，如果不是因为从属专利而授予强制许可（《专利法》第 24 条第 2 款、第 3 款），授予强制许可还必须是公共利益所要求的（《专利法》第 24 条第 1 款第 2 项）。

法律不再明确要求许可申请人为其应付给专利权人的补偿提供担保；但在"通常合理的商业条件"的观点下，这种担保常常又是必要的[73]。

因此，如果不是因为从属专利而授予强制许可的（参见第 3 点），《专利法》只在有公共利益要求的情况下才允许授予强制许可。专利权人在国内没有或者没有充分实施其发明的情况，不能独立地成为授予强制许可的理由。授

---

[72] Vgl. die Begründung zum 2. PatGÄndG, Bl. f. PMZ 1998, 393, 398 ff.; zur Regelung im TRIPSÜ *Straus*, GRUR Int. 1996, 179, 199 ff. (Nr. 71 – 74) und Bitburger Gespräche Jahrbuch 2003, S. 117 – 133; *Rott*, GRUR Int. 2003, 103, 114 f.

[73] *Busse/Keukenschrijver*, § 24 PatG Rdnr. 33.

予为充分满足国内市场需求（参见第5点）或者有关半导体技术专利的强制许可（参见第4点）还有赖于一些附加的前提条件。

授予强制许可并不以许可申请人计划的活动真正落入了专利的保护范围为前提条件，对许可诉讼作出判决的法院可以假定这一点。[74]法院授予强制许可，并不表明法院对许可申请人就其行为是否需要专利权人许可的问题作出了判断；对这一问题作出判决属于普通法院的侵权程序。

3. 在从属专利的情况下（参见§33 Ⅰ c 8），如果从属的发明与前一专利保护的发明相比具有显著经济意义的重大技术进步，从属专利的权利人又以合理的方式争取过签订许可合同，那么根据《专利法》第24条第2款，就可以对阻碍后来受保护发明实施的前一专利授予强制许可[75]。而前一专利的专利权人可以要求从属专利的许可申请人以合理的条件给予他对应的许可（《专利法》第24条第2款第2句）。[76]根据2005年以来新的《专利法》规定，授予这种强制许可不再要求要有公共利益的需求。

在同样的前提条件下，根据《专利法》第24条第3款，如果植物种植人不侵犯某个专利，他就不能获得或者使用某个植物品种保护权，那么他就可以获得对于该专利的强制许可。

授予使得许可申请人能够实施他自己受专利保护的发明的强制许可，并不就是说，这个专利就从属于强制许可的专利，专利权人并不能在强制许可程序中要求许可申请人认可这种从属性。[77]这个以前司法判决的观点，即使根据现行的法律，也无需改变：许可申请人是声称他的专利从属于他请求许可实施的专利，就足以适用《专利法》第24条第2款所包含的附加前提条件。

4. 在半导体技术领域，根据《专利法》第24条第4款的规定，即使满足了第1款规定的前提条件（参见第2点），也只能当授予强制许可对于制止由法院或者行政程序认定的阻碍竞争的行为是必要的时候，才能授予强制许可。

---

〔74〕 RG 17. 11. 1917 RGZ 91，188，191；1. 2. 1938 GRUR 1938，320，322 r.；24. 1. 1934 RGZ 143，223，228；*Benkard/Rogge*，§24 PatG Rdnr. 11.

〔75〕 Das Gesetz sagt, der Inhaber des jüngeren Patents habe gegen den Inhaber des älteren „Anspruch auf Erteilung einer Zwangslizenz". Das erweckt den Eindruck, daß die ZL durch diesen Patentinhaber erteilt werde. In Wirklichkeit geschieht dies auch im Fall der Abhängigkeit durch gerichtliche Entscheidung, die nicht den Patentinhaber zur Einräumung der Lizenz verurteilt, sondern unmittelbar rechtsgestaltend die Benutzungserlaubnis schafft; vgl. unten d 2.

〔76〕 Dies kann nur der Inhaber des älteren Patents oder, wenn eine ausschließliche Lizenz erteilt ist, nur der Lizenznehmer; soll die ZL einen einfachen LN erteilt werden, was möglich ist (vgl. *Schulte/Kühnen*, §24 Rdnr. 18), muß die Erteilung der Gegenlizenz durch den hierzu Berechtigten erfolgen.

〔77〕 RG 17. 11. 1917 (FN 74).

因此，卡特尔法的程序必须先于强制许可的程序[78]。《专利法》的规定并不排除的是，在这种卡特尔法程序中，专利权人对于其违背卡特尔法的行为要承担授予许可的法律后果。

5. 为了保证专利产品充分满足国内市场的供给，如果专利权人没有或者没有主要在国内实施其发明，那么可以在满足《专利法》第 24 条第 1 款所要求的前提条件下（参见第 2 点）授予强制许可。但是，从任何一个国家[79]的进口应当等同于在国内的实施（《专利法》第 24 条第 5 款）。由此可见，这里的关键是要看国内市场是否得到了足够的供给。如果国内市场没有得到充分的满足，而公共利益的要求又必须要有更好的供给，许可申请人经过合理的努力既没有获得生产许可，也没有取得进口许可，许可申请人才可以获得强制许可。不过，这里需要注意的是，如果许可申请人想要进口专利权人或经过他同意在其他欧洲经济区国家已投放市场的产品（参见 § 33 Ⅴ d），则不需要得到许可。但是，如果专利权人自己或者通过第三人进行进口，以充分满足国内的需求，他就可以阻止授予强制许可。

6. 根据 TRIPS 第 31（f）条，只能在实施发明主要是为了供给授予强制许可的国家的国内市场的前提条件下，才允许授予强制许可，但从《专利法》中却得不出这种限制。不过该 TRIPS 中的规定在德国是直接适用的，因此，对于德国授予的专利，也只能在相应的条件下才允许授予强制许可。[80]

根据 1998 年以前的规定，帝国法院允许促进出口的强制许可，并认为，将强制许可限制在生产和出口的范围内，亦即排除在国内的销售和使用，可能是合适的。[81]

即使没有 TRIPS 第 31（f）条意义上的明显限制，对为德国授予的专利设置强制许可，并没有赋予其在其他同样受专利保护的国家实施发明的权利。强制许可只能用于德国以外没有专利保护的国家，这里的好处是无需在那里进行生产。但自 TRIPS 生效以后，以这种目的的强制许可原则上就不允许了。

另外一方面，对外国市场授予的强制许可，如果在那儿不能生产，也就不能保证以专利产品充足地供给该国市场。因此，由此可以看出，为某国授予的强制许可并不一定就能满足该国对专利产品的需求。为了能够对经济能力较弱的国家充足地供给重要的药品，TRIPS 补充议定书引入了一个新的条款，即第

---

〔78〕　Begründung（FN 72）400（zu Abs. 3）.

〔79〕　Begründung（FN 72）400 r.（zu Abs. 4）.

〔80〕　Vgl. die Begründung（FN 72）398 f.，der zu Art. 31（f）des TRIPS – Ü nichts zu entnehmen ist.

〔81〕　Vgl. RG 21. 12. 1935 GRUR 1936，489，490；14. 10. 1938 RGZ 158，219.

31（a）条，它在一定的前提条件下不受第31（f）条中所包含的限制的约束，也就是说允许以出口到其他国家为目的的强制许可（参见§7Ⅰg5）。虽然该议定书还未生效，但在欧盟的范围内已经实施了一个包含与该议定书相应规定的条例。[82]根据该条例，可以授予不受 TRIPS 第31（f）条约束的药品产品专利的强制许可，允许被许可人生产的产品完全或者主要是为供给其他在 TRIPS 第4条意义上没有经济能力而有权提出请求的国家。

TRIPS 规定了强制许可的请求与授予程序、内容与使用条件、撤销与审查。TRIPS 中有规定保证通过强制许可生产的产品只出口到在强制许可请求中所指定的有权提出要求的国家（第10条第2款、第4~6款、第8款），也有条款禁止将这种产品进口到共同体（第13条），这些规定就是为了阻止用这些产品供给共同体的内部市场。

7. 只有在强制许可所涉及的专利被授予之后，才可以授予强制许可（《专利法》第24条第6款第1句）。但这并不排除的是，许可申请人事先已经努力寻求过许可实施合同，如果没有成功，就可以将这作为其请求强制许可的理由。

8. 下面将分别阐述的是《专利法》第24条关于强制许可内容（第6款第2句、第3句；参见本节Ⅳd2）、专利权人报酬请求权（第6款第4句、第5句；参见本节Ⅳe4）、强制许可转让（第7款；参见本节Ⅳe2）以及收回（第6款第6句；参见本节Ⅳe6）的规定。

9. 《专利法》中的规定完全满足了《巴黎公约》第5A条第2款的要求。《巴黎公约》第5A条第4款有关不实施强制许可的规定是无需考虑的，因为根据《巴黎公约》的这一规定，仅仅不实施还不足以成为授予强制许可的理由。因此，在（1961年以来的）《专利法》中不再为授予强制许可规定等待期限，这是与《巴黎公约》（基于1958年的里斯本文本）一致的[83]。

10. 对于指定联邦德国所授予的欧洲专利也是依照《专利法》的规定授予强制许可（《欧洲专利公约》第2条第2款）。

对于共同体专利而言，在《关于〈共同体专利条例〉的建议》第21条、第22条中也有依据 TRIPS 第31条与《巴黎公约》第5A条第4款的规定。主

---

〔82〕 Verordnung（EG）Nr. 816/2006 des Europäischen Parlaments und des Rates vom 17. 5. 2006 über Zwangslizenzen für Patente an der Herstellung von pharmazeutischen Erzeugnissen für die Ausfuhr in Länder mit Problemen im Bereich der öffentlichen Gesundheit, ABlEU L. 157 vom 9. 6. 2006, S. 1 = Bl. f. PMZ 2006, 279 = GRUR Int 2006, 1001.

〔83〕 Vgl. die Begründung zum 6. ÜG, Bl. f. PMZ 1961, 144 und die Denkschrift zum Ratifizierungsgesetz für die Lissaboner Fassung der PVÜ, Bl. f. PMZ 1961, 234 r.

管共同体专利强制许可事务的是共同体专利法院。

11. 与授予强制许可的《专利法》前提条件及其程序无关的是，如果专利权人通过拒绝许可滥用了市场支配地位、作为市场支配企业不公正地阻碍了被许可人，或者面对同类企业没有实质上合理的理由区别对待被许可人，那么就可以依据《反限制竞争法》第 19 条、第 20 条要求专利权人授予许可[84]（参见§42 B 3）。但是，依据《专利法》或者《实用新型法》禁止其他人实施专利或者实用新型所保护的技术原理的权利，其本身并不构成市场支配地位，[85] 保护权的效力是否会导致市场支配地位，更多的是要看市场关系。

b）目的和理由

1. 设立强制许可制度的目的在于，如果专利权人独占权的实施被滥用，难以忍受地阻碍了技术进步或者经济发展或者妨碍了满足基本社会需求，那么强制许可就能够打破专利权人的独占权。

在这里就表示了一种任何宪法上财产概念所包含的权利都要受到制约的社会拘束（《基本法》第 14 条第 2 款）。但对于强制许可的社会拘束并不是很严格，本来这里的权利人要忍受的是对其所保留领域无补偿的干预，但强制许可的被许可人在任何情况下都要承担支付报酬的义务。这里的理由是，授予专利的前提条件和专利的效力的一般界限原则上已经考虑到了公共利益。如果在个别情况下这些考虑被认为不充分的话，那么从专利权人手中拿走独占权限，就已经足够了；相反，如果还拒绝给予专利权人报酬请求权（参见§3 Ⅲ 4），那么通常情况下这对于公共利益倒是不合理的。

这里的报酬请求权并不是对征收的补偿；与《专利法》第 13 条规定的具有征收性质的实施命令不同，这里的补偿请求权不是针对国家，而是针对单个实施人。

2. 在许多国家，随着现代专利制度引入，都建立了强制许可制度，现行的专利法几乎没有不规定强制许可制度的。[86] 在 1877 年的《专利法》中，如果专利权人没有在合理的范围内实施他的发明或者在违背公共利益的情况下拒绝许可他人实施，那么他将受到收回专利的威胁。[87] 这个收回专利的规定

---

〔84〕 BGH 13. 7. 2004 Standard – Spundfass BGHZ 160, 67 = GRUR 2004, 966；OLG Düsseldorf 13. 12. 2006 Orange – Book – Standard GRUR RR 2007, 177.

〔85〕 *Heinemann*, GRUR 2006, 705, 706 l., 708 r.

〔86〕 Wichtigste Ausnahme ist das PatG der USA；das Fehlen einer Zwangslizenzregelung wird dort jedoch durch Behelfe kompensiert, die zur Bekämpfung von Patentmißbrauch und auf kartellrechtlicher Grundlage entwickelt wurden, vgl. *Pfanner*, GRUR Int. 1985, 364；*Beier*, GRUR Int. 1998, 185, 191.

〔87〕 Ausführlich zu Vorgeschichte und Gründen dieser Regelung *Pahlow* (oben vor a).

在1911年又被另一个规定所代替，它允许行政机关在有公共利益需求的情况下授予实施许可，并对专利的收回进行了限制；[88] 直到1998年的《专利法》都遵循了这一原则，但现行的《专利法》却完全不再允许对专利进行收回。

在有关纯粹不实施专利方面，《巴黎公约》的发展趋势是努力将取消专利和强制许可与限制性前提条件联系起来。近年来，《巴黎公约》中的许多发展中国家认为这些限制性前提条件阻碍了他们所期望的技术转让。1980年开始的《巴黎公约》修订会议的一个最重要议题，就是试图松动授予强制许可的前提条件，希望既满足发展中国家的要求，又能为工业国家接受，但经过四次会期也没有取得结果。[89]

但TRIPS第31条却成功地对授予强制许可进行了严格的限制。除了根据TRIPS第65条和第66条规定的有权享有过渡期的成员还可以延缓之外，TRIPS第31条对WTO成员是有约束力的（参见§7 Ⅰ f 2）。《专利法》第24条对此进行了适应（参见本节 Ⅳ a）。

3. 如果只看强制许可的授予数目，强制许可的实际意义似乎是微不足道的[90]。在联邦德国，迄今为止只授予了一个强制许可，但联邦专利法院的这个判决后来又被联邦最高法院撤销了[91]。

> 格莱富（Greif）[92] 给出了下列数据：1923～1943年，共有295项强制许可请求，授予了23项；1950～1979年有37项请求，没有授予一项。1980～1984年，根据联邦专利法院的统计，既没有强制许可的请求，也没有授予强制许可；2004～2007年也是如此。1985～2002年登记了6项请求，授予了1项，但后来又被撤销了；在2003年2项请求被递交，不过没有作出判决就解决了。

但设立强制许可制度的意义还是比人们所能想象到的适用范围要大。这是因为强制许可制度存在的本身，就已经极大地制止了违背公共利益的拒绝许可的情况，从而促进了一般的自愿许可。

---

[88] Zur Entwicklung vgl. RG 27. 6. 1913 RGZ 83，9，11 ff.

[89] Vgl. *Pfanner*, GRUR Int. 1985，366 ff. ; ferner den Bericht in GRUR 1984，418; *Kunz – Hallstein*, GRUR Int. 1982，45 f.

[90] *Scheffler*, GRUR 2003，100 ff. führt dies auch darauf zurück, daß an der Benutzung Interessierte es oft vorzögen, die Gültigkeit des Patents anzugreifen, und schlägt deshalb vor, durch Gesetzesänderung das Fehlen des Beruhens auf erfinderischer Tätigkeit bzw. einem erfinderischen Schritt aus einem Grund für die Ungültigerklärung des Schutzrechts zu einem selbständigen Grund für die Erteilung von ZL zu machen.

[91] BPatG 7. 6. 1991 E 32，184; BGH 5. 12. 1995 Interferongamma BGHZ 131，247.

[92] GRUR Int. 1981，733; vgl. auch die Angaben bei *Bußmann*, S. 63，66。

不过不能排除存在这样的情况：尽管有公共利益的要求，但却没有普通的自愿许可，人们也不提起强制许可的诉讼请求。进一步而言，只有当提起强制许可诉讼请求对于请求人自己也有利益的时候，他才会提起强制许可的诉讼请求。因此，偶尔也有人建议考虑给予行政机关，特别是卡特尔局，强制许可请求权。撇开对这一建议其他顾虑不说，事实上在实践中这一建议是很难行得通的。这是因为，强迫由官方主动给予的强制许可的被许可人去利用强制许可，几乎是不可能的。

c) 公共利益的意义

1. 授予强制许可，如果不是因为要实施从属专利所保护的发明而授予的强制许可，就必须要有公共利益的要求（参见第 4 点）。至于什么是这里的公共利益，司法判决对于这一不确定的法律概念并没有作出具体的说明。尽管如此，在这里需要注意的是，公共利益的要求是随着时间的变化而变化的。[93] 比如，相较于经济重建时期，现在对于环境保护或者环境维护技术的公共利益就重要多了。

正如联邦最高法院所强调的，并不只是当实施专利看上去是滥用专利权的时候，授予强制许可才是为了公共利益。[94] 更多的是与滥用专利权无关的其他情况，主要是技术、经济、社会政治和医学方面的理由，也是符合公共利益的。[95] 因为联邦最高法院已经考虑到了 TRIPS，所以上述观点也完全适用于对当前《专利法》第 24 条中公共利益的理解。不过，在某些情况中，当前第 24 条还要求有一些附加条件（参见本节 IV a 3～5）。即使从《巴黎公约》第 5A 条也推导不出，只能在专利权人滥用其权利地位的时候，才允许授予强制许可。[96]

前面已经说过公共利益的概念是随着时间变化而变化的，因此，要详细了解"公共利益"这一概念，还可以回过头去看看作为强制许可案件上诉法院的帝国最高法院的判决。

2. 在过去，更多的是国民经济方面的需求构成了公共利益的理由。[97]

---

[93]　Vgl. *Horn*, Mitt. 1970, 184 ff.；BGH 5. 12. 1995（FN 91）251 mwN.

[94]　BGH 5. 12. 1995（FN 91）252 f.；13. 1. 2004（FN 84）（Nr. III 1）.

[95]　BGH aaO 254.

[96]　BGH 5. 12. 1995（FN 91）（Nr. II 1 b）；*Kramer*, S. 128 ff.；a. M. *Straus*, GRUR Int. 1996, 179, 199；v. Kraack, S. 85 ff.

[97]　Vgl. RG 27. 6. 1913（FN 88）14；27. 5. 1918 RGZ 93, 50, 53 f.；20. 1. 1923 RGZ 106, 214；11. 3. 1926 RGZ 113, 115, 118 ff.；26. 11. 1930 RGZ 130, 360, 363；24. 1. 1934 RGZ 143, 223, 226；9. 5. /9. 6. 1934 GRUR 1934, 442；21. 12. 1935 GRUR 1936, 489；18. 1. 1936 GRUR 1936, 604；8. 7. 1936 GRUR 1937, 676；1. 2. 1938 GRUR 1938, 320；14. 10. 1938 RGZ 158, 219.

例如，存在用许可持有人所生产的产品充分供给市场的必要性；促进出口；减少进口；促进采煤业的发展；在高失业时期避免企业停产和企业解雇员工；为了维持汽车工业中小的但却有能力的企业或者重要的配件企业。

最近一段时间以来人们在探寻，如果必须在遵守规范的条件下实施受专利保护的发明，那么应当如何在合理考虑专利权人利益的情况下使所有利害关系人都遵守规范。[98] 强制许可是实现这一目的的一种可以考虑的办法，但由于强制许可具有个案性，难以在统一的条件下广泛适用。

3. 社会方面的需求同样也可以成为授予强制许可的理由。[99]

例如，除了为了降低失业率之外，为了提高在井下工作的矿工的安全；为了避免对烘烤食品不卫生的手工劳动，扩大机械化生产；进一步开发铁路交通的安全设备；促进大众健康，比如在尽力保证没有副作用的前提下医治牙周炎。

根据联邦专利法院的观点[100]，如果从治疗、避免副作用或者销售价格的角度来看，某种药品与市场上已存在的药品相比具有优势，那么对于这种药品发明授予强制许可就是为了公共利益。

联邦最高法院在一个判决中否决了对一种药品授予强制许可，认为不存在公共利益的理由。因为在这个案件中，对于要治疗的并发症，许可申请人并不能充分证明需要许可的药品比市场上能够获得的药品具有优势。[101] 但联邦最高法院还是认为，在病情严重的情况下，从医药供给的角度来看，将某种药品提供给相关患者就可能存在公共利益。[102]

4. 依据 2005 年 2 月 28 日以前的规定，如果只是因为得不到强制许可而不能实施从属发明，也不能要求强制许可，而只有当实施从属发明是公共利益要

---

〔98〕 Vgl. *Verbruggen/Lorincz*, GRUR Int. 2002, 815, 825, 828; *Kübel*, Zwangslizenzen im Immaterialgüter – und Wettbewerbsrecht. Eine Untersuchung zu Patenten und Urheberrechten bei technischen Normen, 2004; *Ullrich*, Patente, Wettbewerb und technische Normen: Rechts – und ordnungspolitische Fragestellungen, GRUR 2007, 817 – 830; *Fröhlich*, Standards und Patente – Die ETS I IPR Policy, GRUR 2008, 205 – 218; umfassend *Maaßen*, Normung, Standardisierung und Immaterialgüterrechte, 2006.

〔99〕 RG 3. 1. 1927 Bl. f. PMZ 1927, 151; 30. 11. 1929 RGZ 126, 266; 14. 2. 1934 Bl. f. PMZ 1934, 89; 16. 8. 1935 GRUR 1935, 877.

〔100〕 27. 3. 1974 Bl. f. PMZ 1974, 319.

〔101〕 BGH 5. 12. 1995 (FN 91) 257 ff.; anders die Wertung in BPatG 7. 6. 1991 (FN 91) 192 ff.

〔102〕 BGH aaO 256.

求的时候，才可以要求授予强制许可。[103]根据 1998 年引入的这个规定，并不能由此得出结论，如果与前一专利所保护的发明相比，从属专利所保护的发明显示出了具有明显经济意义的重大技术进步，就表现出了公共利益。实际上，具有明显经济意义的重大技术进步是显示公共利益必须满足的一个附加条件。而根据现行的法律，如果从属的发明满足了上述要求，就无需专门审查授予这种强制许可是否是公共利益的要求。新规定的理由是，实施具有明显经济意义的重大技术进步的发明，就具有典型的公共利益。[104]我们可以这样来理解 1998 年引入的规定（依据该规定，需要特别确认是否存在公共利益）：与前述的现行规定不同，从属发明的价值和意义并不能说明具有公共利益的理由，而是需要另行说明理由。[105]

5. 许可申请人的个体利益，尤其是竞争利益不能成为取得强制许可的理由。不过，许可申请人申请强制许可可包含有自己的财产利益，这与其以公共利益为理由授予的强制许可并不是对立的。[106]专利产品使专利权人没有受到竞争的情况，本身并不能成为授予强制许可的公共利益理由；[107]授予专利产生的独占效力对竞争产生的限制，原则上是与公共利益一致的，是可以容忍的（参

---

[103] Vgl. RG 8. 11. 1913 RGZ 83, 274; 3. 1. 1927 (FN 99); 30. 11. 1929 (FN 99) 268 ff.; 26. 11. 1930 (FN 97) 364; 16. 8. 1935 (FN 99); 21. 12. 1935 (FN 97) 491 l.

[104] Ebenso Herrlinger, S. 302.

[105] Gleichwohl wird die Änderung kritisiert, z. B. von *Nieder*, Mitt. 2001, 400 ff., *E. – M. Müller*, S. 297, und vor allem von *Holzapfel*, Mitt. 2004, 393 ff. Letzterer hält sie für eine nach Art. 65 Abs. 5 TRIPS – Ü unzulässige Absenkung des Schutzniveaus. Doch bezieht sich diese Bestimmung nur auf die in Art. 65 Abs. 1 – 4 geregelte Übergangsfrist, die für Deutschland mit dem Jahr 1995 abgelaufen ist. Sie will verhindern, dass die Frist für Änderungen genutzt wird, durch die TRIPS – konforme Standards unter TRIPS – Niveau oder nicht konforme Standards überhaupt abgesenkt werden. Nach Ablauf der Übergangsfrist gilt die Verpflichtung, den im TRIPS – Ü festgelegten Mindest – Standard einzuhalten. Ein Verbot, einen höheren nationalen Standard auf TRIPS – Niveau abzusenken, lässt sich Art. 65 Abs. 5 weder für die Übergangszeit noch für die Zeit danach entnehmen; so zutreffend *Leitzen/Kleinevoss*, Mitt. 2006, 201. *Holzapfels* weiteres, auf Art. 14 GG gestütztes Argument erfordert nicht ein öffentliches Interesse, dem nicht schon dadurch gedient ist, dass die abhängige Erfindung einen wichtigen technischen Fortschritt von erheblicher wirtschaftlicher Bedeutung aufweist; denn unter dieser Voraussetzung dient die durch die ZL ermöglichte (Mit –) Benutzung des Gegenstands des älteren Patents dem Wohl der Allgemeinheit durch erheblich verbesserte Erzeugnisse oder Leistungen, die der Inhaber dieses Patents nicht anbieten könnte, während ihm dies bei Erteilung einer ZL durch seinen Anspruch auf eine Gegenlizenz (§ 24 Abs. 2 Satz 2) ermöglicht wird. *Leitzen/Kleinevoss* aaO sehen die geltende Regelung einschließlich ihrer Anwendung auf vor ihrem Inkrafttreten erteilte Patente als verfassungsgemäß an und weisen (aaO 203) zutreffend darauf hin, dass die „erhebliche wirtschaftliche Bedeutung" aus gesamtwirtschaftlicher Sicht vorliegen muss, also ein – sei es auch erhebliches – wirtschaftliches Individualinteresse des Lizenzsuchers nicht ausreicht.

[106] RG 11. 3. 1926 (FN 97) 123.

[107] Vgl. RG 27. 6. 1913 (FN 88) 13; 20. 1. 1923 (FN 97); 21. 12. 1935 (FN 97) 491 l.; BGH 5. 12. 1995 (FN 91) 251; *Preu*, S. 249.

见§3 V）。保护竞争不受到借助专利或者利用专利行为的限制，是卡特尔法的任务。强制许可并没有这方面的目的，而且——由于强制许可还有私人动机——也是很不合适的。但是并不能排除的是，依据《专利法》第24条第1款意义上的公共利益所授予和实施的强制许可，也会产生竞争政策上的有益作用。

6. 专利权人可以获得比没有专利保护高的价格，这也是我们必须忍受的。为了取得对发明以及与发明有关的投入、付出的努力、承担的风险的回报，专利保护允许专利权人取得比没有专利保护高的价格。[108]因此，消费者希望能够获得尽可能价格低廉的专利成果的利益，还不足以成为授予强制许可的公共利益理由。相反，如果从技术的角度看，申请强制许可所要进行的生产能够降低成本，那么这种情况对于公共利益倒是很重要的。[109]

d）授予的程序

1. 在专利法院的强制许可程序适用《专利法》第81~84条有关专利无效诉讼程序的规定以及有关联邦专利法院程序的一般规定（参见§23 Ⅱ b，d）。在联邦最高法院的上诉审程序也同样在这些规定中进行了阐述（参见§23 Ⅲ b）。

在有关强制许可的程序中有一种特殊的情况。如果强制许可的申请人确信，存在授予强制许可的前提条件，而且公共利益紧急要求立刻授予强制许可，那么经过请求，他就可能通过所获得的临时处分实施发明（《专利法》第85条）。存在《专利法》第24条第1款第2项意义上的公共利益还不足以适用这一规定；适用该规定——包括在不涉及《专利法》第24条第1款第2项意义上公共利益的从属专利情况中——还要有紧急授予强制许可的特别公共利益理由。[110]联邦专利法院以判决的方式决定是否准予强制许可请求，如果对此不服，可以根据《专利法》第122条向联邦最高法院提起申诉。

如果在本案程序中准许了强制许可，那么只要该判决的暂时执行是为了公共利益，就可以请求法院宣告暂时执行强制许可的判决（《专利法》第85条第6款）。

2. 如果满足《专利法》第24条第1款的前提条件，强制许可的原告就拥有了授予许可的请求权。强制许可的授予或者拒绝并不是由法院来裁量的，对授予许可的请求权一般被视为国家的公法意义上的请求权。

---

[108] RG 27. 6. 1913（FN 88）15.

[109] Vgl. RG 17. 11. 1917 RGZ 91，188，193 f.；26. 11. 1930（FN 97）363.

[110] Dazu BGH 3. 6. 1970 Cafilon GRUR 1972，471；BPatG 15. 12. 1995 GRUR 1996，870（Dringlichkeit verneint）.

之所以这样考虑，是因为对于许可的请求权不是在普通诉讼程序中提起的，也不是判决专利权人作出授予许可的意思表示，而是法院直接授予强制许可。也就是说，这里并不是给付判决，而是形成判决。

但是，仍然有许多理由认为，请求权是针对专利权人的：专利权人是许可申请人的诉讼对方当事人，国家只是通过独立的法官参与其中。原告所要求的许可属于被告，并不属于国家。无需国家的参与，也无需特别的前提条件，被告就可以给予原告所要求的。针对专利权人来说，国家也是债权人，国家也是在指望专利权人承担权利损失。也就是说，请求权在内容上是针对专利权人的，而针对国家的则只是一般的要求给予法律保护的请求权。这里的特殊性只是在于，这种请求权是以形成之诉的形式实现的。联邦专利法院是这里的初审法院，这是因为强制许可是作为收回——当然是授予机关的事——的替代物而引入专利制度的。从实质上来说，由普通法院负责强制许可程序，同样是可以的。

如果授予强制许可的目的允许，还可以限制性地和附条件地授予强制许可（《专利法》第24条第6款第2句）。在任何情况下，实施发明的范围和期限都只能限定在授予强制许可的目的之内（《专利法》第24条第6款第3句）。

如果强制许可的目的是实施从属专利，显然，就应当这样来限定这种强制许可：只能在实施原告发明所需的范围之内实施被告的专利发明。[111] 还有一种可能就是将强制许可限制在专利权人迄今为止还没有实施发明的地域内。[112]

《专利法》意义上的授予强制许可的条件，是指实施发明的类型和方式的附加义务，比如，承担在产品上标明专利权人的义务。[113] 如果专利权人自己进一步开发和改进了他的基础发明，对强制许可还可以附加这样的条件：可以共同实施这些改进并提高支付补偿金。[114]

e）效力

1. 基于强制许可的实施权限具有私权的性质，它只对未来有效力，并不说明以前的专利侵权行为就是合法的。它始终是非独占性质的，并不包含许可或者禁止第三人实施专利客体的权利。但是，强制许可的被授权人还可以为了满足自己企业的需要而利用他人的企业来实施发明，[115] 在这里适用与先用权同样的规则（参见本节 II d）。

---

〔111〕　Vgl. RG 16. 8. 1935（FN 99）879.

〔112〕　Vgl. RG 20. 1. 1923（FN 97）.

〔113〕　RG 27. 5. 1918（FN 97）51.

〔114〕　RG 26. 11. 1930（FN 97）364 f. , 367.

〔115〕　RG 8. 11. 1913（FN 103）276.

如果方法以及使用该方法的设备都获得了专利，但只授予了被告生产设备的强制许可，那么就可能会出现困难的局面。如果不使用方法，就无法使用设备，而授予强制许可所依据的公共利益又要求没有获得被告方法许可的采购者使用该设备，那么，就必须以允许原告采购者使用方法的方式授予许可，但只允许在由强制许可所生产的设备上使用该方法。[116] 在这种情况中，专利权人并没有从强制许可被授权人的采购者那儿得到方法专利费，因此，应当给予专利权人相应较高的强制许可费作为补偿。这样就可以避免，任何依据公共利益可以允许请求使用设备的人必须提起另一个独立的强制许可诉讼。[117] 由于是与某些确定的、来源于强制许可被许可人的产品相联系，所以，这里可以使第三人合法使用方法专利的权限，是不能与专利权人自身所保留的、一般的授予方法许可的权限相提并论的。

2. 只有当将实施发明的企业也一同转让给受让人的时候，转让强制许可才是可以的。而如果是从属许可（参见本节 Ⅳ a 3），还要[118]将从属专利转让给受让人，才可以转让强制许可（《专利法》第 24 条第 7 款）。如果转让了专利，强制许可对于专利的受让人仍然是有效的（《专利法》第 15 条第 3 款，《实用新型法》第 22 条第 3 款）。

3. 专利权人并没有义务将其依据受专利保护的原理工作时使用的、用作补充的技术秘密这种并不受专利保护的知识转让给强制许可的被许可人。[119] 强制许可所突破的只是基于专利的法定独占权限。告知没有独占权的而只有事实上独占地位的秘密知识，是不能强迫的。即使如果不使用技术秘密，实施受专利保护的发明在经济上就很难取得成功的情况，也同样不能强迫告知这种秘密知识。

考虑到这里补充的技术秘密的意义，肯定就会一种声音认为，几乎不再会有人去申请强制许可。但是，将授予强制许可与强制性转让技术秘密联系在一起，既没有法律上的理由，也没有实践上的意义。专利权人本来就可以在任何时候抢先放弃专利，从而避免强制转让技术秘密。那些不将其发明申请专利的

---

〔116〕 Ablehnend freilich RG 16. 6. 1915 RGZ 86, 436, 438 f. ; kritisch dazu Pietzcker, §11 Rdnr. 20；Reimer, §15 Rdnr. 11.

〔117〕 Vgl. RG 17. 11. 1917 (FN 109) 194.

〔118〕 从《专利法》第 24 条第 7 款的原文以及对此的说明理由 401（参见脚注 72），并不能清楚地看出，在从属许可的情况下（这是第 2 句所涉及的），是否也要根据第 1 句有必要转让企业。但从 TRIPS 第 31（1）iii 条却可以清楚地得出，这里转让企业也是必要的。这是因为 TRIPS 明显地认为转让从属专利只是一个附加条件，所以，TRIPS 第 31（e）条所要求的转让实施发明的企业或者商誉的必要性，在这里也是保持不变的。

〔119〕 H. Tetzner, GRUR 1973, 62；Bernhardt, S. 183；anders Beier, GRUR 1972, 214, 225 r.

人，就是不愿冒必须泄露其技术秘密的风险。

4. 强制许可的所有人负有向专利权人支付报酬和公布账目的义务。报酬的数额一般是在授予强制许可时确定的，而如果是临时措施，则可以通过本案的判决来确定。

受理报酬争议诉讼的普通法院应当依据在强制许可程序中确定的报酬作出判决。确定报酬适当必须要根据具体的案情，并且要考虑实施强制许可所获得的经济价值（《专利法》第 24 条第 6 款第 4 句）。这里的依据是，不是通过强制许可，而是假如通过合同谈判能够提出并能得到的合理要求。[120] 如果确定报酬数额的基本情况发生了变化，那么任何当事人都可以要求（《专利法》第 24 条第 6 款第 5 句）联邦专利法院对此进行调整。如果发生了专利无效宣告的情况，支付报酬的义务也就随之结束，但无效宣告之前的支付义务依然存在。[121] 与此相反的是，如果能证明强制许可被许可人的行为并没有真正落入专利的范围，那么他就无需对其过去的行为支付报酬；[122] 而且根据《民法典》第 812 条及以下条款的规定，还应当退还已支付的报酬。

仍在争论的问题是，如果强制许可被许可人不支付报酬，专利权人是否可以就此解除强制许可。[123] 对于这个问题，可以有限制地给予肯定。虽然不能简单地适用《民法典》第 314 条、第 323 条或者第 543 条第 2 款第 3 项，但如果考虑到请求强制许可是需要支付报酬的基本意义，那么只能在专利权人收到报酬或者至少——考虑到通常提供的担保——在有理由相信他能得到报酬的情况下，才能指望专利权人不限制他的禁止权。如果失去了这一前提，那么专利权人就可以通过单方声明的形式，终止强制许可的实施权；或者至少可以通过诉讼的方式予以解除。

5. 强制许可的所有人并没有要使用强制许可的义务。[124] 因此可以通过确定与实施无关的最低报酬的办法，促使依据公共利益的强制许可得以真正实施。[125]

6. 如果授予强制许可所基于的情况不存在了，并且几乎不可能重新出现

---

〔120〕 RG 24. 1. 1934（FN 97）229；29. 6. 1943 GRUR 1943, 288, 293 f.；vgl. auch RG 20. 3. 1918 RGZ 92, 329；24. 11. 1923 Bl. f. PMZ 1924, 49.

〔121〕 *Benkard/Rogge*，§ 24 PatG Rdnr. 46.

〔122〕 *Bernhardt*，S. 186；*Benkard/Rogge*，aaO；Pietzcker，§ 11 Rdnr. 4；*Reimer*，§ 15 PatG Rdnr. 22；vgl. RG 17. 11. 1917（FN 109）191 f.

〔123〕 Bejahend *Bernhardt*，aaO；verneinend *Benkard/Rogge*，§ 24 PatG Rdnr. 31；*Reimer*，§ 15 PatG Rdnr. 21；vgl. auch *Lindenmaier*，§ 15 Rdnr. 19.

〔124〕 RG 17. 11. 1917（FN 109）.

〔125〕 RG 24. 11. 1923 Bl. f. PMZ 1924, 49, 50 r.；29. 6. 1943（FN 120）294 r.

这种情况，那么经专利权人的请求，联邦专利法院将收回强制许可（《专利法》第 24 条第 6 款第 6 句）。

V. 国家实施命令

1. 根据《专利法》第 13 条第 1 款第 1 句，联邦政府——并不是单个的联邦政府部门——可以命令，为了公共福利实施受专利保护的发明。在实施发明之前应当将该命令通知给在登记簿上登记为专利权人的人（《专利法》第 13 条第 3 款第 3 句）。如果有了这种命令，那么依命令而进行的实施，无论是由国家机构还是由私人企业进行，都不受专利效力的制约，专利权人不能由此而推出因侵犯专利而产生的请求权。为公共福利实施发明，并不一定就存在《专利法》第 24 条第 1 款第 2 项意义上的公共利益。只有某些特别重要的公共利益才是这里所考虑的：比如，消除对公共健康的影响或者危险，保护交通中的人身安全，避免或者排除对环境的重大影响，满足教育事业的基本需求，保障能源和水资源的供给。尽管法律的原文并没有要求，是在必要的时候颁布命令，但如果所要达到的目标即使不实施发明也能完全实现，或者专利权人已经准备以合理的条件同意实施可能必须实施的发明，那么这时颁布的命令就会是错误的判断。

2. 为了联邦外部或者内部安全的利益，主管的最高联邦机关（国防部或者内务部）或者受其委托的下属机关可以命令实施受专利保护的发明（《专利法》第 13 条第 1 款第 2 句）。在这种情况中，专利的效力也不延及依命令而进行的实施。对于这种实施，并没有规定要事先通知。但是，发布命令或者委托发布命令的最高联邦机关，必须告知登记的专利权人其所知道的产生的报酬请求权（参见第 3 点）（《专利法》第 13 条第 3 款第 4 句）。

3. 专利权人拥有向联邦——并不是向单个实施人——要求合理报酬的请求权（《专利法》第 13 条第 3 款第 1 句）。在为了公共利益而颁布命令的情况中，这种请求权是随着命令的颁布而产生的，但是报酬的数额可以通过实际实施的范围来确定。在为了安全利益颁布命令的情况中，正如从《专利法》第 13 条第 1 款第 2 句和第 3 款第 4 句所能得出的结论一样，只有实施才产生补偿请求权。

报酬必须是合理的，但无需完全等同于损害赔偿。它相当于征收补偿（参见第 4 点），因此，在确定报酬的时候，就可以参照适用于补偿征收的基本原则。[126]

---

〔126〕 Vgl. *Benkard/Scharen*，§ 13 PatG Rdnr. 15 mit Nachweisen.

4. 但是，这种实施命令是否具有征收的特征，是有争议的。[127]对于这个问题的回答应当是肯定的。尤其不能因为法律规定了在限制专利效力方面同等地对待所有专利权人，就否定这一问题。这种对专利效力的限制是通过颁布命令才出现的，并且每次都是分别落到了完全特定的权利人。此外，在《专利法》中这种命令是作为征收来处理的，这是因为第 13 条第 1 款以及第 3 款第 1 句和第 2 句显然要考虑《基本法》第 14 条第 3 款的要求。

5. 这种命令是一种行政行为。如果命令是由联邦政府或者主管的最高联邦机关作出的，那么可以通过联邦行政法院予以撤销。而如果命令是由受主管的联邦部门委托的下级机关作出的，那么撤销则由《行政法院法》的一般规定来调整。

有关报酬数额的争议由普通法院负责管辖（《专利法》第 13 条第 3 款第 2 句，《基本法》第 14 条第 3 款第 4 句）。

6. 如果欧洲专利指定了德国，那么也可以依照《专利法》第 13 条对受欧洲专利保护的发明颁布实施命令。

根据《关于〈共同体专利条例〉的建议》第 9a 条，成员国的政府可以实施或者为政府可以实施国内专利的法律规定也可以适用于共同体专利，但是这种实施应主要是为了满足国家安全或者国防的需要。

§35 侵犯专利或者实用新型之请求权

参考文献：*Abel，S.*，Der Gegenstand des Auskunftsanspruchs im deutschen gewerblichen Rechtsschutz und Urheberrecht，FS Pagenberg，2006，S. 221 – 233；*Ann，C.*，Schuldrechtsmodernisierung und gewerblicher Rechtsschutz，VPP – Rundbrief，2003，1 – 7；*Allekotte，B.*，Erschöpfung durch Zahlung? Mitt. 2004，1 – 11；*Assmann，H. – D.*，Schadensersatz in mehrfacher Höhe des Schadens，BB 1985，15 – 25；*Beuthien，V. /Wassmann，D.*，Zur Herausgabe des Verletzergewinns bei Verstößen gegen das Markengesetz – zugleich Kritik an der sogenannten dreifachen Schadensberechnung，GRUR 1997，255 – 261；*Bodewig，T.*，Praktische Probleme bei der Abwicklung der Rechtsfolgen einer Patentverletzung Unterlassung，Beseitigung，Auskunft，GRUR 2005，632 – 639；*Brandner，H. E.*，Die Herausgabe von Verletzervorteilen im Patentrecht und im Recht gegen den unlauteren Wettbewerb，GRUR 1980，359 – 364；*Brodeßer，O.*，Die Abwehr von Störungen bei Verletzung technischer Schutzrechte，FS v. Gamm，1990，S. 345 – 352；*Bruchhausen*，

---

［127］　*Bejahend Bernhardt*，S. 179；*Klauer/Möhring*，§8 Rdnr. 3；*Götting*，§24 Rdnr. 17；*Busse/ Keukenschrijver*，§13 PatG Rdnr. 5；verneinend *Reimer*，§8 PatG Rdnr. 1；*Lindenmaier*，§8 Rdnr. 1.

K., Können die bei der Patentverletzung entstehenden Ausgleichsansprüche harmonisiert werden? GRUR Int. 1990, 707 – 717; *Delahaye*, *H.*, Kernprobleme der Schadensberechnung bei Schutzrechtsverletzungen, GRUR 1986, 217 – 221; *Diekmann*, *R.*, Der Vernichtungsanspruch – Ein Beitrag zur Lehre von den Verletzungsansprüchen im gewerblichen Rechtsschutz und Urheberrecht, Diss. Tübingen 1993; *Dreier*, *T.*, Kompensation und Prävention. Rechtsfolgen unerlaubter Handlung im Bürgerlichen, Immaterialgüter – und Wettbewerbsrecht, 2002; *Eichmann*, *H.*, Die Durchsetzung des Anspruchs auf Drittauskunft, GRUR 1990, 575 – 591; *Falk*, *M.*, Zu Art und Umfang des Bereicherungsanspruchs bei Verletzung eines fremden Patents, GRUR 1983, 488 – 492; *Geschke*, *E.*, Auskunft und Rechnungslegung nach einer mittelbaren Schutzrechtsverletzung, FS Schilling, 2007, S. 125 – 142; *Götz*, *W.*, Schaden und Bereicherung in der Verletzerkette, GRUR 2001, 295 – 303; *Haedicke*, *M.*, Informationsbefugnisse des Schutzrechtsinhabers im Spiegel der EG – Richtlinie zur Durchsetzung der Rechte des geistigen Eigentums, FS Schricker, 2005, S. 19 – 32; ders., Die Gewinnhaftung des Patentverletzers, GRUR 2005, 529 – 535; *Heermann*, *P. W.*, Schadensersatz und Bereicherungsausgleich bei Patentrechtsverletzungen, GRUR 1999, 625 – 637; *Karnell*, *G. W. G.*, Gedanken zur Bemessung von Schadensersatzansprüchen bei Patentverletzungen, GRUR Int. 1996, 335 – 345; *Köllner*, *M.*, Bemessung des Schadensersatzes (mit Beiträgen von Hinkelmann zum japanischen, Véron/Roux – Vaillard zum französischen, Swanson/Christiansen zum US – amerikanischen und Smith/Ridgway zum britischen Recht), Mitt. 2006, 289 – 312; *Körner*, *E.*, Schadensausgleich bei Verletzung gewerblicher Schutzrechte und bei ergänzendem Leistungsschutz, FS Steindorff, 1990, S. 877 – 896; *Kühnen*, *T.*, Die Ansprüche des Patentinhabers wegen Schutzrechtsverletzung nach Vergabe einer einfachen Lizenz, FS Schilling, 2007, S. 311 – 331; *Kraßer*, *R.*, Schadensersatz für Verletzungen von gewerblichen Schutzrechten und Urheberrechten nach deutschem Recht, GRUR Int. 1980, 259 – 272; *Kur*, *A.*, Prävention – Cui Bono? Überlegungen zur Schadensberechnung im Immaterialgüterrecht, FS Kolle/Stauder, 2005, S. 365 – 387; *Lehmann*, *M.*, Juristisch – ökonomische Kriterien zur Berechnung des Verletzergewinns bzw. des entgangenen Gewinns, BB 1988, 1680 – 1687; *Lutz*, *L.*, Die erweiterte Schadensberechnung, Diss. Tübingen 1974; *Mahlmann*, *U.*, Schaden und Bereicherung durch die Verletzung „geistigen Eigentums", 2005; *Meier – Beck*, *P.*, Ersatzansprüche gegenüber dem mittelbaren Verletzer, GRUR 1993, 1 – 8; ders., Herausgabe des Verletzergewinns – Strafschadensersatz nach deutschem Recht? GRUR 2005, 617 – 623; *Oppermann*, *K.*, Der Auskunftsanspruch im gewerblichen Rechtsschutz und Urheberrecht, 1997; *v. d. Osten*, *H.*, Zum Anspruch auf Herausgabe des Verletzergewinns im Patentrecht, GRUR 1998, 284 – 288; ders., Schadensersatzberechnung im Patentrecht, Mitt. 2000, 95 – 99; *Pahlow*, *L.*, Anspruchskonkurrenzen bei Verletzung lizenzierter Schutzrechte unter Berücksichtigung der Richtlinie 2004/48/EG, GRUR 2007, 1001 – 1007; *Peukert*, *A. /*

Kur, *A.*, Stellungnahme des Max – Planck – Instituts für Geistiges Eigentum, Wettbe werbs – und Steuerrecht zur Umsetzung der Richtlinie 2004/48/EG zur Durchsetzung der Rechte des geistigen Eigentums in deutsches Recht, GRUR Int. 2006, 292 – 303; *Preu*, *A.*, Richtlinien für die Bemessung von Schadensersatz bei Verletzung von Patenten, GRUR 1979, 753 – 762; *Pross*, *U.*, Verletzergewinn und Gemeinkosten, FS Tilmann, 2003, S. 881 – 893; *Rinnert*, *S.* / *Küppers*, *C.* / *Tilmann*, *W.*, Schadensberechnung ohne Einschluss der Gemeinkosten, FS Helm, 2002, S. 337 – 356; *Rogge*, *R.*, Schadensersatz nach Liz enzanalogie bei Verletzung von Patenten, Urheberrechten und anderen Schutzrechten, FS Nirk, 1992, S. 929 – 947; *Rojahn*, *S.*, Praktische Probleme bei der Abwicklung der Re chtsfolgen einer Patentverletzung, GRUR 2005, 623 – 632; *Sack*, *R.*, Die Lizenzanalogie im System des Immaterialgüterrechts, FS Hubmann, 1985, S. 373 – 396; *Seichter*, *D.*, Der Auskunftsanspruch nach Artikel 8 der Richtlinie zur Durchsetzung der Rechte des geisti gen Eigentums, FS Ullmann, 2006, S. 983 – 998; *Tilmann*, *W.*, Der Auskunftsanspruch, GRUR 1987, 251 – 262 = FS BPatG, 1986, 293 – 317; ders., Konstruktionsfragen zum Schadensersatz nach der Durchsetzungs – Richtlinie, FS Schilling, 2007, S. 367 – 383; *Ullmann*, *E.*, Die Verschuldenshaftung und die Bereicherungshaftung des Verletzers im gew erblichen Rechtsschutz und Urheberrecht, GRUR 1978, 615 – 623; *Walchner*, *W.*, Der Beseitigungsanspruch im gewerblichen Rechtsschutz und Urheberrecht, 1998; *Widmer*, *B.*, Vermögensrechtliche Ansprüche des Inhabers und des Lizenznehmers bei der Verletzung von Immaterialgüterrechten, 1985; *Worm*, *U.* / *Gärtner*, *A.*, Möglichkeiten der Bekämpfung der Produktpiraterie, Mitt. 2007, 254 – 259, 497 – 501; *Zahn*, *A.*, Die Herausgabe des Ver letzergewinnes, 2005.

提示：

1. 根据 2008 年 7 月 7 日的《知识产权权利实现促进法》（das Gesetz zur Verbesserung der Durchsetzung von Rechten des geistigen Eigentums）以及 2004 年 4 月 29 日欧盟议会和委员会第 2004/48/EG 号《关于知识产权权利实现指令》（简称《权利实现指令》；参见 § 7 Ⅱ d aa 4 和 § 8 D 5），下述分析将作相应的调整。

2. 下述对专利法的介绍，如果没有特别说明的，同样参照适用于实用新型，即便没有指明针对实用新型。

Ⅰ. 不作为和排除妨碍、答复

a）不作为请求权

1. 对任何违反《专利法》第 9～13 条规定实施专利发明的人，被侵权人可以依据《专利法》第 139 条第 1 款第 1 句的规定，请求制止其连续性侵权行为。不作为请求权的作用在于为专利权人防范将来出现的、针对发明排他性权利的侵害。该请求权并不假定任何可归责行为的存在，而是针对每一个客观存在的不法侵害。《专利法》第9~11条所规定的一般禁止性行为，就是因应对不法侵害而得以细化并更新（参见§33）。对特定的专利权人而言，如果在其专利的保护领域（参见§32）、适用范围和有效期限内，第三人未经其许可，实施根据那些规定保留给专利权人行使的行为，且第三人并不为自身享有的使用权所支持，那么该专利权人享有不作为请求权。

该权利的基础不仅仅是《专利法》第139条所提到的《专利法》第12条和第13条，同时也包括《专利法》第23条、第24条或者第123条第5项和第7项（参见§34）；在这里不提及第23条的原因在于，第23条所规定的使用权，通常是以专利权人的同意为基础的。

2. 对任何违反《实用新型法》第11~14条规定实施实用新型的人，被侵权人可以依据《实用新型法》第24条第1款第1句的规定，请求制止其连续性侵权行为。

该规定与《专利法》第139条第1款的规定一致。当然，在它的措辞中，实用新型作为实施的对象而出现。不过，在专利的场合，权利保护以及侵权实施行为的对象是发明，人们授予发明以保护权——对实用新型则通过登记。实用新型法的表述也与专利法类似，例如《实用新型法》第12条和第12a条的措辞是"实用新型的对象"。偶尔——例如第1条第1款、第2条和第24条第1款——也用"实用新型"这一表述来代表保护的对象。由于它的这种功能逐渐过时，自从实用新型法这部法律将保护适用到发明之后，该表述在此就仅指一种保护权了（参见§1 B Ⅰ 1）。

《实用新型法》第24条第1款提及的《实用新型法》第13条第3款，参照的是《专利法》第12条和第13条。相反则涉及《实用新型法》第13条第1款、第2款和第14条规定的实用新型权的特殊之处：当存在撤销实用新型的理由，且该理由在主张侵权时可以适用的，不产生任何不作为请求权（参见本节Ⅶ5）；在后申请的专利的对象，如果是一项在先申请的实用新型所保护的发明的，不作为请求权可以对抗在后专利权人的使用，尽管不能因为在先实用新型而宣告该专利无效。

3. 依据旧法之措辞，当某人实施一项专利侵权行为时，即产生不作为请求权。然而在此既不存在请求权的必要条件，在任何情况下也不存在请求权的充分条件。相反，它的产生取决于，是否有足够的可能性，面临专利侵权行为的威胁。当（至少）已经实施某项专利侵权行为时，这种威胁——作为一种重复之威胁（Wiederholungsgefahr）——已经不断出现；然而在其他情形下，可以证明具有即将实施这类行为的担忧时，也会产生这种威胁。[1]置言之，存在作为之威胁（Begehungsgefahr）就足够了。新《专利法》第139条第1款和新《实用新型法》第24条第1款各在其第一句中，明确规定以重复威胁为前提，并在其第二句中规定，当不法行为的威胁是一次性时，也产生不作为请求权。

当已经存在某项侵害时，可据此推断存在某种作为之威胁；接下来则是侵权人的事情了，他必须消除这一重复之威胁。就此，一般要求作出一个声明，承诺不再实施过去做过的侵权行为，并以违约金作为担保。[2]仅当特殊情况下，例如明显没有重复的可能性，不会再看到将来发生侵权行为，才不需要当事人作出以惩罚作为保护的不作为声明。相反，如果依然没有发生任何侵害专利权行为，则专利权人就必须拿出事实并证明，尽管如此根据这些事实依然会产生作为之威胁。[3]在新规定之下，也应该能够适用这一有关陈述和举证责任分担的规则。尤其，当已经发生了侵权时，被侵权人一如既往无须证明存在重复之威胁。

4. 不作为请求权的内容依据作为之威胁的范围而定。不作为请求权将唤起专利权人以应对那些即将对专利权造成侵害威胁的行为。这既适用于受专利保护的技术原理的实施例（Ausführungsform），也适用于该技术原理的实施方式（Art der Benutzung）。

不作为请求权并不简单地覆盖专利或者专利权利要求的总的保护范围，而仅是针对某种或者其他的具体的实施例。[4]在已经发生侵害行为的情况下，当然有这种可能性，即作为之威胁不仅因已经的使用行为而产生，而且在某些特殊情况下也会因为修改过的实施例而产生，比如侵权人已经使用过落入专利保护范围内的不同的实施例。[5]

就实施方式（Benutzungsart）而言，不作为请求权同样通过作为之威胁范围而被限定。就受专利保护的产品而言，如果是在国外制造并在国内许诺销售和销售的，只要没有其他情形表明侵权人也即将在国内制造或者使用该产品，则对侵权人不可以主张制造、使用的不作为请求权。当然，对制造了受专利保

---

〔1〕 BGH 19. 6. 1951 BGHZ 2, 394；18. 12. 1969 Heißläuferdetektor GRUR 1970, 358, 360.

〔2〕 Vgl. BGH 3. 6. 1976 Tylosin GRUR 1976, 579, 582；14. 12. 1966 Spezialsalz GRUR 1967, 362, 366；28. 1. 1955 GRUR 1955, 390；weitere Nachweise bei *Benkard/Rogge/Grabinski*, §139 PatG Rdnr. 30.

〔3〕 OLG Düsseldorf 29. 3. 2006 Mitt. 2006, 426.

〔4〕 Vgl. BGH 21. 9. 1978 Straßendecke GRUR 1979, 48, 49.

〔5〕 Vgl. *Pagenberg*, GRUR 1976, 78 ff.

护的产品的侵权人来说，通常可以假设，他也许诺销售和销售或者使用了该产品。就此而论，作为之威胁以及不作为请求权也会出现。

针对间接侵权人，仅当没有足够的保障措施对抗专利侵权使用时，才能够针对提供所涉的用以实施发明的装置的行为主张不作为请求权（参见§33 Ⅵ b 7）。

5. 由于不作为请求权仅针对将来的行为，因此一旦专利失效，不管失效是否具有溯及力，都不再保留不作为请求权。同样，如果专利保护范围在异议、无效或者限缩程序中被缩小，且缩小后不再包含构成作为之威胁的基础的实施例的，也不再保留不作为请求权。

b）排除妨碍请求权

1. 自1990年的《反产品盗版法》之后，《专利法》（第140a条）和《实用新型法》（第24a条）多了特殊的规定，用以排除对专利权或者实用新型权的侵害。2008年7月7日的法律更新了这些规定。在非法实施受保护发明的情况下，被侵权人可以请求销毁侵权人占有或者所有的属于发明主题的产品或者由专利方法所制造的产品（《专利法》第140a条第1款，《实用新型法》第24a条第1款）。对侵权人所有并主要用于制造这些产品的设备和原料，适用同样的规定（《专利法》第140a条第2款，《实用新型法》第24a条第1款第2句）。[6]

但是，专利权人不能请求销毁间接侵权人所占有或者所有的、适合于实施专利的物品。[7]

根据2008年更新的《专利法》第140a条第3款、《实用新型法》第24a条第2款的规定，被侵权人可以请求侵权人召回主题为实用新型的产品，或者请求从销售渠道中完全清除这些产品。[8]在具体案件中，当销毁、召回或者清除销售渠道的请求不合理时，不予支持，就此应考虑有权利的第三方的利益（《专利法》第140a条第4款，《实用新型法》第24a条第3款）。当侵权造成的结果状态可以通过其他方式加以排除，并且在个案中进行销毁，将对侵权人

---

〔6〕 Hierzu BGH 20. 12. 1994 Kleiderbügel BGHZ 128，220，225 ff.

〔7〕 BGH 22. 11. 2005 extracoronales Geschiebe GRUR 2006，570 m. Anm. *Arnold/Tellmann* GRUR 2007，353.

〔8〕 立法理由指出，这一转变是欧洲法之强制要求，即便其有效性存在疑问。实现请求权的前提在于，侵权人尚有可能进行召回或者清除有关销售，参见 Bundestags - Drucksache 16/5048，S. 38。而有学者认为根本不应该授予这样的请求权，参见 *Peukert/Kur*，GRUR Int. 2006，294 ff。相反持支持态度的，参见 *Bodewig*，GRUR 2005，636.

以及财产所有人造成不合理侵害时，旧法并不支持销毁请求权。[9]根据新法，从合理性问题的角度来看，可以考虑其他排除妨碍的方式，而无须另外查证不合理性。

对那些属于功能型的具有物质保护作用的用途专利，如果产品明显已经具备实施该受保护的用途的，则针对这些产品授予《专利法》第140a条和《实用新型法》第24a条的请求权，看起来也是合乎逻辑的。

2. 类推《民法典》第1004条，当出现专利权或者实用新型权的损害或者这种损害的威胁不断持续的状况时，这些特殊规定并不排除——如同在引入这些规定之前已经基本认同的[10]——主张排除妨碍。然而，由于可能出现的最重要的情形已经由这些特殊规定所包含，此外不作为请求权的主张和执行已经最大限度地满足了被侵权人的保护需要[11]，因此仅在例外情况下，才去寻求这样的可能性，即从一般原则中推导出排除妨碍请求权。

排除妨碍请求权与不作为请求权一样，并不取决于某项过失的存在，它能够以《专利法》第140a条、《实用新型法》第24a条为基础，或者以援引适用《民法典》第1004条为基础。当然，过失侵权的情况下，采取措施让保护权所有人排除消极侵权后果，并以恢复原状的形式进行损害赔偿，也同样存在（参见本节Ⅱ6）。

此处涉及一个案例，审理该案的联邦最高法院首次在判决中宣称，在专利侵权情况下，有排除妨碍请求权[12]：被告在专利有效期内，请求国内主管当局对一项包含有受专利保护的活性物质的植物保护方法进行田野测试的审查，目的是获得该项包含该活性物质的植物处理方法（Pflanzenbehandlungsmittel）的许可所必须的证据。联邦最高法院认为这里存在一项专利侵权（参见§33 Ⅳ b5），并裁决权利人可以请求排除因此而产生的妨碍事实（Störungszustand）。由此可见，侵权人可以在专利有效期结束之后立即将其植物处理方法投放市场，然而在专利有效期结束之前，他似乎没有机会进行获得许可所必需的田野测试。权利人能够要求，以这样的方式排除就此给其市场地位造成的损害，即禁

---

〔9〕 Dazu BGH 23. 2. 2006 Parfümtestkäufe GRUR Int. 2006, 755; OLG Düsseldorf 21. 12. 2006 Thermocycler GRUR – RR 2007, 259, 261.

〔10〕 *Bernhardt*, S. 326; *Hubmann*, Gewerblicher Rechtsschutz, 4. Aufl. , S. 176; *Benkard/Rogge/ Grabinski*, § 139 PatG Rdnr. 38; *Schulte/Kühnen*, § 139 Rdnr. 129 ff. ; *Kisch*, JW 1931, 1878 f. ; *Bruchhausen*, GRUR 1980, 515, 518 f.

〔11〕 Vgl. die 4. Aufl. , S. 623.

〔12〕 BGH 21. 2. 1989 Ethofumesat BGHZ 107, 46; vgl. auch *Brodeßer*, S. 347 ff. ; *Bodewig*, GRUR 2005, 636.

止侵权人在一段——专利结束之后侵权人获得以侵权而取得的该审查结果所需要的——时间内，以这一审查结果提起许可的申请。但是，在存在侵权或者存在继续侵权可能的情况下，则不以这种方式排除妨碍；因为专利存在时，才有可能出现这种情况。毋宁是，在专利有效期之后，对因在先进行的侵权行为所产生的损害后果，以恢复原状的损害填补方式进行妨碍之排除。就此应根据具体案情，说明侵权人必须承担的责任。

c）告知请求权

1. 主张不作为请求权、排除妨碍请求权和其他的请求权，减轻了对同样也由《反产品盗版法》引入的《专利法》第 140b 条、《实用新型法》第 24b 条的告知请求权（Auskunftsanspruch）的依赖。为了转化欧共体第 2004/48/EG 号指令，该请求权被重新规范并作了扩展。

2. 根据《专利法》第 140b 条第 1 款、《实用新型法》第 24b 条第 1 款的规定，受专利侵权或者实用新型侵权所影响的当事人，可以要求侵权人马上告知关于侵犯保护权所使用的产品的来源和销售途径的信息。由于告知请求权的对象是"被使用的产品"（benutzten Erzeugnisse），其前提就是债务人已经进行了牵涉该产品的侵犯保护权的实施行为，即无论如何，这些行为的产品、对象总是在现在或者过去存在，正由其占有或者曾被其占有。[13]但是，如同以前规定已经明确的，它也包含提供《专利法》第 10 条意义上的提供用以实施发明的装置的信息。[14]

3. 在明显侵权或者被侵权人向侵权人提起诉讼的情况下，根据《专利法》第 140b 条第 2 款、《实用新型法》第 24b 条第 2 款的规定，针对第三人也可以具有告知请求权，即便该第三人自身并没有实施任何法定的侵权行为。[15]前提是被要求告知信息的第三人，曾以商业规模占有侵权产品（第 1 项），或者使用侵权服务（第 2 项），或者为侵权行为提供服务（第 3 项），或者根据第 1 项、第 2 项或者第 3 项已经提供的人的陈述，参与过这些产品的制造或者销售，或者参与提供过这些服务。有义务告知信息的人可以要求被侵权人补偿提供信息所需的必要费用（《专利法》第 140b 条第 2 款第 3 句、《实用新型法》第 24b 条第 2 款第 3 句）。如果该第三人根据《民事诉讼法》第 383~385 条有权拒绝在对抗侵权人的诉讼程序中作证的，则该第三人不承担告知义务。

---

〔13〕 对是否可以在专利授予之后——依据《专利法》第 33 条的补偿义务——对授予专利之前的实施主张告知，参见 *Dembowski*，FS Traub，1994，49 – 62（他并不支持）。

〔14〕 BGH 20. 12. 1994（FN 6）223 f.

〔15〕 Krit. hierzu *Peukert/Kur*，GRUR Int. 2006，296 ff.

4. 根据第 3 款的规定，有告知义务者应当详细说明，其所确知的产品制造者、供应商和其他在先所有人、用户或者主要客户和销售处的姓名和住所，以及制造、交付、接收或者订货的产品数量，以及相关产品或者服务所支付的价格。

5. 不仅针对侵权人的告知请求权，而且针对第三人的告知请求权，都适用《专利法》第 140b 条和《实用新型法》第 24b 条第 3~10 款的规定：

在明显侵权的情形下，可以通过临时禁令的方式，执行该请求权。

第 4 款排除了在不合理情况下行使该请求权。

根据第 5 款，有告知义务的人如果因故意或者重大过失而提供了错误的信息，就由此产生的损失对被侵权人负有赔偿义务。对那些错误认为自己有告知义务并提供了真实信息的人，第 6 款支持其对抗第三人的损害赔偿请求。[16] 根据第 8 款，由于告知信息之前的违法行为，针对有告知义务者或者针对《刑事诉讼法》第 52 条第 1 款指定的合法作证成员所提起的刑事程序或者治安处罚程序中，应经有告知义务的人同意，才可以利用其告知的信息。如果只有通过使用《电信法》规定的通信数据的情况下才能够获得告知信息（Auskunft-serteilung）的，由于《基本法》关于通信秘密的规定（第 10 款），必须依据第 9 款第 1~8 句的规定，事先获得一个有关许可使用通信数据的司法命令。《专利法》第 140b 条和《实用新型法》第 24b 条之外的情形，如同第 9 款第 9 句所明确指出的，涉及私人数据信息的，仅在每次都考虑相关的数据保护规定时，才能够给予。

6. 保护权所有人能够索要的信息，通常满足不作为请求权和妨碍排除请求权，以针对因制造、许诺销售和销售发明所涉及的产品，以及针对受领人的许诺销售、销售、使用、进口或者占有。这些信息也能够作为构成损害赔偿请求权的基础，以针对有告知义务的侵权人自身以及第三方；当然，当根据新规定告知义务扩展到支付价格之后，用以计算损害赔偿数额大小的进一步信息，也可以是必要的，这种义务的依据并非《专利法》第 140b 条、《实用新型法》第 24b 条，而是在这些特殊规定被引入的早先，就在《民法典》第 242 条的基础上根据判决所发展出来的法律原则（参见本节 V）。在此允许的"会计师保留"（Wirtschaftsprüfervorbehalt），仅当不适用会导致告知请求——有关债务人应具体陈述和证明的内容——非常不合理时，才适用于这些特殊规定。[17]

---

〔16〕 但该规定并非此类请求权的基础，参见 Begründung（FN 8）S. 39 r。

〔17〕 BGH aaO 227 f.；OLG Düsseldorf 28. 4. 2005 Faltenbalg InstGE 5, 249（Rdnr. 3）；*Benkard/ Rogge/Grabinski*，§ 139 PatG Rdnr. 89 a und § 140 b PatG Rdnr. 3；*Busse/Keukenschrijver*，§ 140 b PatG Rdnr. 68；*Geschke*，FS Schilling，当向一位间接侵权人提起请求时，应谨慎检验合理性。

有争议的是，当有理由认为有关告知没有尽到必要的注意时，是否能够相应地适用《民法典》第 259 条第 2 款和第 260 条第 2 款的规定，要求有责任者作出一项代替宣誓的保证（eidesstattliche Versicherung）。[18]但是，如果坚持认为，在有关告知和账目公布请求权的一般原则之下，在这里可以主张一项代替宣誓的保证[19]，则该保证应说明，侵权人依据这些特殊规定也有义务进行这样的行为。2008 年 7 月 7 日法律立法理由[20]的立足点在于，当被侵权人估计信息的正确性有问题时，被侵权人有请求代替宣誓的保证的权利。但是，当提供的信息是针对第三人的姓名和地址，并且该第三人的信息能够通过查询轻而易举地检验时，要求作出一项代替宣誓的保证，就未免小题大做了。

7. 根据《专利法》第 141a 条、《实用新型法》第 24g 条的规定，已经根据其他法律提起的请求权不受影响。只要与告知有关，已经根据诚实信用原则而产生的请求权同样应予考虑，就像针对有损害赔偿义务的侵权人请求告知信息和公开账目一样（参见第 6 点）。在诉讼中，根据诚实信用原则，没有举证责任的一方当事人会产生义务，为另一方当事人提供信息以减轻其举证负担，尤其当涉及事实的详细描述时，并且获得这些细节对举证负担的当事人不可能或者存在不合理的困难，相反另一方当事人披露这些信息轻而易举并且合情合理。[21]

d）针对共同体专利的规定

在《关于〈共同体专利条例〉的建议》中，有一条特有的规范侵权法律后果的规定。依据第 43 条的规定，当主管法院根据一项因侵犯共同体专利而提起的控诉，查明被告方已经侵权时，法院能够（a）禁止被告继续实施专利侵权行为；（b）没收侵犯专利的产品；（c）没收已经许诺销售或者提供的违反了间接实施的禁止（第 8 条）的商品、材料和设备；（d）发布其他适当的措施以及金融手段，以应对某些情况或者确保依据（a）~（c）而发布的命令的施行。

Ⅱ. 损害赔偿

1. 故意或者过失实施了侵犯专利或者实用新型的行为的，对被侵权人因此造成的损失，有赔偿之义务（《专利法》第 139 条第 2 款第 1 句，《实用新型法》第 24 条第 2 款第 1 句）。赔偿的方式以及范围，通常由《民法典》第

---

[18] Bejahend *Schulte/Kühnen*，§ 140 b Rdnr. 22；*Benkard/Rogge/Grabinski*，§ 140 b PatG Rdnr. 9；verneinend *Busse/Keukenschrijver*，§ 140 b PatG Rdnr. 26 mwN.

[19] So *Busse/Keukenschrijver*，aaO Rdnr. 71 ff.

[20] (FN 8) S. 39 r.

[21] BGH 30. 9. 2003 Blasenfreie Gummibahn Ⅱ GRUR 2004，268，269 r.

249 条及以下的规定所规范。但是，对侵犯专利或者实用新型的情况——与其他无形财产及竞争法所保护的法定的个人地位相同——判决和学说早有共识，即被侵害人主张损害赔偿不仅可以根据民法的"差额方法"（Differenzmethode），而且还可以替代地选择以合理的许可费用或者以侵权人违法所得为基础（参见本节Ⅳ）。

《专利法》第 139 条第 2 款、《实用新型法》第 24 条第 2 款第 2 句和第 3 句应会对此加以确认。[22] 其规定如下：

> "侵权损害赔偿数额的计算，可以按照侵权人的侵权所得确定。提起损害赔偿请求权时，赔偿数额也可以按照侵权人作为发明实施许可人时应支付的合理补偿费用确定。"

《权利实现指令》第 13 条第 1 款第 2 项将得以转化进国内法。其规定：

> "在查明损害赔偿时，法院的方法如下：a）法院考虑所有可能的因素，诸如消极的经济后果，包括受损害当事方的利益损失以及侵权人非法所得[23]，在合适场合也包括其他非纯经济上的因素，诸如对权利人的非物质损害，或者 b）法院可以替代地确定一个总括数额，该数额至少按照侵权人作为发明实施许可人时应支付的补偿或者费用数额确定。"

虽然 b）项和对应的德国规定的第 3 句是很清楚的，即以一个合理的使用费作为基础来计算损害赔偿数额可以代替其他计算方式，然而 a）项和第 2 句并没有明晰，应给予侵权人所得（Verletzergewinn）怎样的重视。[24] 根据先前德国实践，这种支付构成赔偿（Ausgleich）的一个特殊形式，当然其法律基础并没有完全澄清。从现在来看，似乎侵权人所得被当作了重要的方式，与其他方式一起，尤其与——正如指令所建议的——侵权的利润损失一起，被包括在损失计算方式之内，[25] 然而尚未确定的是，其应如何影响赔偿总额。不过，应认为，这符合指令的要求，即被侵权人有权依自己的选择，请求补偿其财产之减损，包括减少的收益，或者请求返还侵权人的违法所得。换句话说，当被侵权人通过行使选择权，能够获得一个在给定的情况下更高的数额时，鉴于更低

---

〔22〕 Vgl. die Begründung（FN 8）S. 37.（译者注：该规定已经生效）。

〔23〕 有学者指出，这里正确的写法是"……包括受损害当事方的利益损失，以及侵权人非法……"参见 *Tilmann*, FS Schilling, S. 367, 372.

〔24〕 Vgl. auch die krit. Stellungnahme des Bundesrats（FN 8）S. 54l., der die Bundesregierung aaO S. 61 r. freilich entgegnet, ein Schadensersatzanspruch dürfe nicht mit einem Anspruch auf Gewinnherausgabe gleichgesetzt werden.

〔25〕 Vgl. *Peukert/Kur*, GRUR Int. 2006, 293 f.; *Tilmann*, FS Schilling, S. 370 f.

数额之存在，则不再有理由认为被侵权人仍受损害。[26] 相应的，如同法律理由书指出的，保留惯常的原则不仅与指令相一致，而且也与《专利法》和《实用新型法》中转化指令的规定相兼容。然而可惜的是，错失了为返还获益（Gewinnherausgabe）请求权提供一个无可指摘的法律基础的机会。更甚者，依据原《著作权法》第 97 条第 1 款第 2 句和原《外观设计法》第 42 条第 2 款第 2 句，在损害赔偿问题上原来可以主张返还获益的，在新修订的《著作权法》第 97 条第 1 款第 2 句和《外观设计法》第 42 条第 2 款第 2 句中，也同样采取了《专利法》和《实用新型法》这种含混的表达形式。[27]

尤其以前经常提议的、在法律中设置一个双倍于合理使用费数额的损害赔偿请求权，也没有任何成果。[28]

由于与《权利实现指令》不一致，原《专利法》第 139 条第 2 款第 2 句和《实用新型法》第 24 条第 2 款第 2 句的规定被删除，据此仅在侵权人轻微过失的情况下，法院才能确定一项补偿（Entschädigung）以代替损害赔偿（Schadensersatz），该补偿数额介于被侵权人的损失以及侵权人所得利益之间。[29]

2. 因此若要能够成功主张一项损害赔偿请求权，必须至少已经存在一项违法且有责的侵权行为。[30]

侵犯保护权的许诺销售本身，只有当由于该许诺销售而使情况逐渐演变成为涉及受保护对象的商业交易或者供货时，才对权利人产生一项典型的损害。对权利人由此而产生的损害，许诺销售人（同样）有赔偿义务。[31]

一般仅当有直接侵权的出现（参见 §33 Ⅵ b 8）[32]，才能对间接侵权人主

---

〔26〕 有学者也认为对《权利实现指令》第 13 条而言存在一项"多余禁止"，参见 *Tilmann*，aaO S. 375。

〔27〕 联邦政府在立法理由书中似乎这样认为，权利人自己实施时所获得的收益，就是侵权人的收益，参见（FN 8）S. 621。这种观点在许多案件中都与真实情况相左，参见本节Ⅳ b 和 d 2。因此准确来说它已经是一种拟制，参见 BGH 19. 1. 1973 Modeneuheit BGHZ 60，168，173；2. 11. 2000 Gemeinkostenanteil BGHZ 145，366，372。作为拟制它需要事实性的正当证明，但是从损害的概念中并不能推导出这样的正当性。

〔28〕 联邦参议院最近一次提议指出，从侵权所得的一个总括数额角度提出，该数额并不排除有证据支持的更低或者更高的收益数额，参见（FN 8）S. 53 r. /54 l 以及本节Ⅳ c 2。

〔29〕 Vgl. die Begründung（FN 8）S. 37l。

〔30〕 BGH 27. 11. 1969 Allzweck – Landmaschine GRUR 1970，296，298。

〔31〕 BGH 16. 5. 2006 Kunststoffbügel GRUR 2006，927（Nr. 19）。

〔32〕 BGH 7. 6. 2005 Antriebsscheibenaufzug GRUR 2005，848，854；9. 1. 2007 Haubenstretchautomat GRUR 2007，679（Nr. 44 ff.）；*Meier – Beck*，GRUR 1993，3 r.；*Benkard/Scharen*，§10 PatG Rdnr. 25；*Benkard/Rogge/Grabinski*，§139 PatG Rdnr. 40 a；*Busse/Keukenschrijver*，§139 PatG Rdnr. 89；*Schulte/Kühnen*，§10 Rdnr. 33。

张损害赔偿，此时，对确定产生损害赔偿义务的基础而言，直接侵权行为的可能性就足够了。[33]

相较而言，专利权人可以向落入《专利法》第 10 条的供应行为发放许可，进而主张补偿。[34]专利权人因没有未经许可的供应而遭受的损害，来自这种补偿的损失。但另一方面，从供应装置到实施发明，专利权人的同意都必然地意味着，他已经明白这点。因此，对没有落入《专利法》第 11 条第 1 ~ 3 项的受领人（Abnehmer），专利权人或者已给予或者必须再给予相应的许可，这种情况也可以出现在以供应商为中介的场合。专利权人以许可费的形式所能挽救的，最终取决于实施发明者为了获得该实施许可所愿意支付的。如果针对提供了非独立受到保护的装置以实施发明的行为，专利权人已经要求（只要为卡特尔法所允许）许可费用的，供货商在计算许可费的价格时将会考虑，怎样减少发明实施者所愿意支付的许可费，以及怎样去寻找价格更为便宜的货源。因此在结果上，对未经许可的供应，专利权人所遭遇的许可费的损失，仅是他被阻止获取的实施发明许可费。但是，如果接受了用以实施发明的装置的受领人将实施发明的，则无论该受领人，或者以落入《专利法》第 10 条规定的某种方式提供了这些装置的任何人，对侵权专利的实施行为所产生的损害，都负有赔偿义务（参见本节Ⅵ b）。相反，如果使用者并没有以侵犯专利的方式实施被提供的装置，且这些装置没有落入《专利法》第 11 条第 1 ~ 3 项的规定，则即便该供应符合《专利法》第 10 条规定的要件，专利权人对抗供应商的损害赔偿请求权的每一个正当理由，由于对专利权人而言不再有潜在需求，因此都不再存在了。

只要受领人由于《专利法》第 11 条第 1 ~ 3 项的规定，不需要任何实施许

---

〔33〕 Vgl. BGH 13. 7. 2006 Deckenheizung GRUR 2006, 839, 842; *Voβ*, GRUR 2006, 281, 283.

〔34〕 OLG Düsseldorf 10. 10. 2002 Mitt. 2003, 264, 269l. im Anschluß an *Holzapfel*, GRUR 2002, 193, 195 ff.; ablehnend im Revisionsurteil BGH 7. 6. 2005（FN 31）; krit. hierzu *Voß*, *aaO* 281 *ff.*; 有学者认为，《关于〈共同体专利条例〉的建议》第 8 条支持 "Holzaofels"（"木苹果"）案的观点，据此规定所有人被授予权利以 "禁止第三人，……装置……许诺销售或者提供"。"权利……去禁止" 的表述也可在建议第 7 条中找到。参见 *Tilmann*, GRUR 2005, 904, 905 l. 其源自 1975 年《共同体专利条约》第 29 条和第 30 条（1989 年《共同体专利条约》第 25 条和第 26 条），这没有体现在 1981 年《专利法》中，但不意味内容上的任何变化，参见 Begründung zum GPatG, Bl. f. PMZ 1979, 279 l.; *Schäfers*, Mitt. 1981, 6, 9〔Nr. 5〕). 由于当它已经禁止第三人在《专利法》第 10 条规定的条件下进行许诺销售或者供应，在存在作为之威胁时，专利权人即有权利主张其不作为，但这种权利绝不意味着是具有禁止（有威胁的）交易行为的权利。一项排他的许诺销售和提供的权利，赋予当事人的既没有超过这样的表述，也没有超过其他的表述。毋宁是，其禁止权起到了抵抗对专利排他权的危害（Gefährdung）。因此，提尔曼（Tilmann）希望从建议第 8 条所牵引出的最终推论也是不合理的，尽管该规定在目前和可能长期内都没有约束力。

可，并且因而没被要求任何许可费用的，则有可能出现针对提供装置用以实施发明的被限制的许可。就此也可以说，由于未经许可的供应，补偿从专利权人手里溜走了。然而，问题是，专利权人可以取得供应行为的补偿，且不取决于受领人是否以《专利法》第9条所限定的某种行为实施了发明，这是否可以理解为是《专利法》第10条第3款规定的意思。到目前仅出现的是，专利权人丢失了受保护发明的相关市场机会；认为依据《专利法》第10条，专利权人同样占有用以实施发明的非独立被保护的装置的市场机会，这样的观点不符合专利排他权取决于完全明确的保护要件以及排他权以完全明确的保护主题为界限的事实，而这样的事实对专利保护制度而言有着基础性的意义。因此，同样地，在供应给《专利法》第11条第1~3项规定的受领人的情况，仅当真正出现实施发明，当然就此——根据被提供的装置的类型——有很高的可能性，"间接实施者"才负有损害赔偿之债务。

如果供应商的损害赔偿义务取决于被提供者实施了被保护的发明，那么同样不存在困难的情况是，供应行为不能被根本禁止，而仅能够要求采取措施对抗侵权性地使用被提供的装置（参见§33 Ⅵ b 7）。如果在个案中，尽管有这样的措施，但依然出现了侵犯专利权的实施或者仅由于《专利法》第11条第1~3项所允许的实施的，对因实施发明而产生的损害，只要供货商应当知道这些措施并不完善的，供货商负有赔偿义务。相反，如果保护权所有人有了损害，即失去了因许可提供而可获取的补偿的，在这样的情况下就要调查补偿的问题，即便在没有采取措施或者措施不完善时，这个针对提供许可的补偿原本就是可以获得的。

3. 侵权行为出现之后，专利以没有溯及力的方式被撤销的，对侵权行为已经给（原）专利权人造成的损害而言，损害赔偿请求权的行使不受到妨碍。该请求权包括专利撤销之后所产生的损害后果，只要这些损害是由该侵权行为造成的。相反，有溯及力的专利撤销则排除了损害赔偿请求权。如果补偿已完成，则可以根据《民法典》第812条及以下的规定，请求予以返还（参见§36 Ⅷ 2，3）。

4. 属于故意为之的，是当事人知道某些事实，而这些事实表明，他以制造或者应用方法而实施的技术原理，或者他以使用、许诺销售、销售或者以这样的目的进口或者占有的产品，落入他人的专利保护范围的。由此可见，知道专利保护的存在，也属于故意。但是，就任意一个法律关系而言，间接故意（*bedingter* Vorsatz）就符合要求了。

对一项专利的保护范围有疑问时，如果当事人的实施例被专利所覆盖，而其认为这种侵犯专利的行为是被法律所允许的，也属于故意。[35]同样属于故意的情形还有，当事人认为专利可能是可以被宣告无效的，但是在实施发明时发现，专利是具有法律效力的。[36]

属于过失而为之的，是当事人在交易中没有尽到必要的注意义务（《民法典》第276条第2款）。也即过失归责（Vorwurf）的前提是，客观的专利侵权行为人通过采取必要交易注意，就能够认识到其行为具有侵犯专利权的性质并能够加以避免。此外，在删除原《专利法》第139条第2款第2句和原《实用新型法》第24条第2款第2句之后，已经不再需要区分轻微过失和重大过失。[37]

5. 为了避免轻微过失之归责而必须满足的标准，注意的要求（Sorgfaltsanforderungen）根据判决是颇高的。对此学术文献常批判其过于严格。[38]通过承认不当得利返还请求权，已经实现了某种缓和（参见本节Ⅲ），一般来说，不当得利请求权避免了不存在过失时被侵权人一无所获的情况。[39]

商业上所期盼的是能够及时了解业务范围所涉及的其他人的保护权。[40]就此而言，特别严格的要求仅适用于制造商和进口商[41]；对中间商该要求则稍有降低，对自己实施的（商业）最终用户的要求则更低。[42]不管如何，当涉及商家和用户缺乏准确的专业知识的产品时，也要降低该要求。

企业的大小也影响到所要求的注意标准。较大的且组织良好的企业，相比较小的企业尤其手工业企业，总被期待采取更大范围的措施以避免侵犯他人的专利权。对前者可以提出遵循专家意见这样的注意要求，例如，让专利律师根

---

　〔35〕　BGH 8. 3. 1973 Spielautomat Ⅱ GRUR 1973, 518, 521.

　〔36〕　Vgl. OLG Düsseldorf 29. 10. 1981 GRUR 1982, 35.

　〔37〕　Dazu BGH 24. 3. 1966 Bratpfanne GRUR 1966, 553, 557; 6. 7. 1967 Elektrolackieren GRUR 1968, 33, 38; 3. 3. 1977 Autoskooter – Halle GRUR 1977, 598, 601; 27. 3. 1979 Umlegbare Schießscheibe GRUR 1979, 624, 626.

　〔38〕　*Spengler*, GRUR 1958, 212 ff.; *Heine*, GRUR 1959, 481; *Ullmann*, GRUR 1978, 622; *Preu*, GRUR 1979, 754; vgl. auch BGH 30. 11. 1976 Kunststoffhohlprofil I BGHZ 68, 90, 98 f. mit weiteren Nachweisen. *Karnell*, GRUR Int. 1996, 343 kritisiert dagegen aus rechtsvergleichender Sicht die Bedeutung, die dem Verschulden des Verletzers als Voraussetzung für den Schadensersatzanspruch beigemessen wird.

　〔39〕　BGH 30. 11. 1976 (FN 38) 99; *Benkard/Rogge/Grabinski*, § 139 PatG Rdnr. 43; *Tetzner*, Leitfaden, S. 190; *Ullmann*, GRUR 1978, 622 f.

　〔40〕　Vgl. BGH 14. 1. 1958 Dia – Rähmchen I GRUR 1958, 288, 290; 27. 2. 1963 Plastikkorb GRUR 1963, 640, 642 f.; 3. 3. 1977 (FN 37); OLG Düsseldorf 13. 4. 1978 GRUR 1978, 588, 589 r.

　〔41〕　一项判决指出，就国内制造商的产品，一家百货商店可以信赖该制造商检查并关注保护权的状况，参见 LG Düsseldorf 4. 10. 1988 GRUR 1989, 583。该院审理的另一起案件涉及一家电信企业所销售的纯商业功能的手机，该手机源自知名的国际制造商，参见 OLG Düsseldorf 16. 2. 2006 Handy – Permanentmagnet Mitt. 2006, 428, 432 ff。

　〔42〕　Vgl. RG 24. 11. 1942 GRUR 1943, 169, 172 r.; OLG Düsseldorf 24. 10. 1950 GRUR 1951, 316.

据专利和专利申请进行检索，确认企业为实施而选择的产品或者方法是否落入其保护范围。如果获知了一个可能相关的保护权，尤其在相应的告诫之后，如果实施者在是否存在与其计划相冲突的权利问题上，相信自己的判断而没有采纳专家意见的，则很难逃脱过失之归责（Fahrlässigkeitsvorwurf）。[43]在专利法律有效性的判断上，适用相应的规则。[44]

但是专家的介入并非在所有情况下都是减轻责任的因素。实施者还必须注意，专家被告知了所有重要事实以作出判断。在作出专家意见之后，他并非就每个审查都无所顾虑了；如果他错过了一些瑕疵，且以其自身特有的专业知识便能意识到的，该过失仍由其承担。[45]甚至在专家合议庭已经就专利争议案件否定了侵权的情况下，如果侵权人作为专业人员能够知道，该裁判没有充分的事实认定基础的，侵权人依然难辞其咎。[46]

如果实施者在被通知注意保护权之前，没有过失且并不知道他侵犯了该保护权的，判决赋予他4周的期间以审查侵权归责（Verletzungsvorwurf）；仅当该期限届满之后，确定其损害赔偿义务的过失（Verschulden）才形成。[47]

6. 负有损害赔偿义务的人，根据《民法典》第249条第1句的规定，应将情况恢复到损害发生前的原状。也即侵犯专利权的人应该使权利人处于仿佛专利侵权行为没有发生过的状态。

如同侵权行为没有发生过的状态，原则上是自然状态的恢复（恢复原状）。但是这种形式的损害赔偿仅在少数情况下才有可能。[48]可以想到的方式看起来是改造、销毁、召回或者保存侵权专利权的产品。当然，这些做法——可以同时是与过失无关联的排除妨碍请求权的目的，尤其根据《专利法》第140a条、《实用新型法》第24a条（参见本节Ⅰb）——消除了先前侵权行为之不良后果，使得对专利相关产品的因此可能的满意需求得以恢复原状。然而，更多的情况是，恢复原状要么不可能抑或虽可能但开支不合理，要么不足以补偿被侵权人，因此，根据《民法典》第251条的规定，此时可以用金钱的方式主张损害赔偿，或者确切地说，侵权人有权这样做。这就回到确定金钱

〔43〕 RG 24. 11. 1942（FN 42）174；BGH 6. 7. 1967（FN 37）；12. 12. 1972 Dia – Rähmchen Ⅵ GRUR 1973，411，414 r．；12. 11. 1974 Streckwalze GRUR 1975，422，425.

〔44〕 OLG Düsseldorf 29. 10. 1981（FN 36）36 r.

〔45〕 BGH 19. 12. 1958 Laux – Kupplung Ⅰ GRUR 1959，478，480；10. 6. 1960 Grubenschaleisen GRUR 1961，26.

〔46〕 BGH 19. 12. 1958（FN 45）；10. 6. 1960（FN 45）；18. 6. 1964 Förderband GRUR 1964，606，610 f．；8. 3. 1973（FN 35）.

〔47〕 BGH 29. 4. 1986 Formstein BGHZ 98，12，23 f.

〔48〕 Vgl. *Benkard/Rogge/Grabinski*，§139 PatG Rdnr. 59；*Bruchhausen*，GRUR 1980，515，520.

补偿数额的问题了（参见本节 Ⅳ）。

7. 根据《关于〈共同体专利条例〉的建议》第44条的规定，主管法院就侵权诉讼可以命令赔偿损害。在确定补偿时，法院应衡量所有重要的观点，如对被侵权人已经产生的经济效果以及侵权人不法获得的收益，诉讼当事人的良好或者不好信誉以及行为表现。

如果专利并非以侵权人居所或者住所所在地的成员国的官方语言授予，并且没有依据《关于〈共同体专利条例〉的建议》第24a条或者第58条向公众提供专利权利要求的译本，那么，只要该侵权人没有被传达其官方语言的译本，则可以推定其不知道或者不应当知道他侵犯了该专利。在折中情况下，仅当其被传达了这样一份权利要求译本之时，才具有损害赔偿义务（第44条第3款）。

Ⅲ. 不当得利之赔偿

1. 无合法原因而受领他人的给付（Leistung），或者以其他方式由他人负担费用而获得利益的人，根据《民法典》第812条第1款，因不当得利而负有返还义务。当某人通过专利侵权而获得利益时，同样产生该规定意义上的不当得利。由于缺乏某个——或许也不起作用的——同意，它的出现并非借助给付，而是以其他的方式：侵权人所获得的，是他未经同意而取得的；他获得的，并非由权利人（没有合法原因）自愿给予的。在此涉及因侵害而产生的不当得利（Bereicherung durch Eingriff）；被侵权人的返还要求，并非是给付（不当得利）之返还请求，而是（在此根据词义）侵害（不当得利）之返还请求（Eingriffskondiktion）。

由于侵害的不法性，侵权人所获得的，既无合法原因，也造成了权利所有人的损失。后者源自专利被赋予的法定内容（Zuweisungsgehalt），其将受保护的发明排他性地分配给专利权人，保留给他以法定的形式独自实施专利。它不需要专利权人的权利被剥夺（Entreicherung）以及财产减少（Vermögensminderung）。就此仅要求侵权人所获得的是专利权人本应获得的；并不要求它是专利权人已经获得的财产。[49]

在损害赔偿请求权之外，同时主张不当得利请求权的，仅当合计应偿还的不超过两项金额中数额较高者，才予以支持。

2. 尽管——以明确有获利为前提——专利侵权符合产生一项不当得利请求权的所有要件，但直到1976年该针对技术的保护权才得到联邦最高法院的

---

〔49〕 *Larenz/Canaris*, Lehrbuch des Schuldrechts, Band Ⅱ/2, 13. Auflage, S. 135；*Medicus*, BürgerlichesRecht, 18. Auflage, Rdnr. 713；*Palandt/Sprau*, BGB, 67. Auflage, §812 Rdnr. 33.

承认。[50]帝国法院拒绝对专利和实用新型侵权给予该请求权。联邦最高法院对帝国法院的见解加以深入辨析，并令人信服地推翻了支持该见解的理由。联邦最高法院的裁决与新近学术文献的通说相一致。

3. 对专利侵权人通过其侵权行为获得了什么的问题，联邦最高法院在一个后来的里程碑式的判决中陈述了自己的观点。[51]联邦最高法院的出发点是，排他实施权限是工业产权所包含的财产分配（Güterzuweisung）的对象。对原则上已经由法律保留给保护权人的这一权限，侵权人越权加以主张。当然，侵权人借助其行为无法获得该实施的"权限"，[52]但这仍然是未经授权的。同样没有获得的是完全事实上的实施机会，这一机会对所有知道该保护权内容（也即受保护的技术原理）的人来说都是开放的；就此它要求并非以侵害行为而获益。许可费用之节省，同样不能视为主要的收益。最后，看待收益同样不应停留在保留给保护权人而流失于保护权地位之外的市场机会的消费上。毋宁是，必须将无形保护客体的使用（Gebrauch）本身视为获益。由于根据这种获益的性质，获益是无法返还的，因此只能根据《民法典》第818条第2款的规定，补偿其价值（参见本节 Ⅳ e）。

联邦最高法院从而准确地区分了侵权人获益和由此对他产生的不当得利价值的问题。这种区分使得当最初的获益已经不复存在时，依然可以确定侵害不当得利的既定事实。在这种思路下，是否对侵权人——尤其以开支节省的形式——产生或者可能情况下保持了可计算的财产之增加，仅在撤销不当得利时具有意义。

联邦最高法院认为获益产生于使用保护权对象（即在侵犯专利权的情况下实施被专利保护的技术原理）的观点，对一般情况可能具有实际意义。但更翔实地考查时却并非如此。[53]基本的批评是，这种观点将侵权（*Rechtsverlet-*

---

〔50〕　BGH 30. 11. 1976 Kunststoffhohlprofil I BGHZ 68，90 = GRUR 1977，250 mit zahlreichen Nachweisen.

〔51〕　BGH 24. 11. 1981 Kunststoffhohlprofil Ⅱ BGHZ 82，299，306 f. = GRUR 1982，301；zustimmend *Dreier*，S. 372 f. mwN.

〔52〕　Dagegen sieht OLG Düsseldorf 17. 4. 1980 GRUR 1981，45，52 die „Kompetenzanmaßung" als das Erlangte an；ähnlich *Falk*，GRUR 1983，490 r.

〔53〕　它同样与联邦最高法院一项判决所支持的观点不一致，即在建造联邦公路时，在联邦委托管理部门所辖范围内，通过国家的代表或者雇员所执行的并因此也要考虑到国家的侵权行为，并不是给国家而是给联邦街道建设承包商增加了获益，参见 BGH 21. 9. 1978 Straßendecke GRUR 1979，48，50。如果实施发明本身即为获益的话，则实施专利侵权的国家就可以视为受领人；但是其不当得利很可能溜走，因为在许可证接受（Lizenznahme）时国家并不承担这一费用（参见本节 Ⅳ e 3）。有人指出，仅看看到停止许可证接受中的不当得利，这一判决才具有合理性，但是这并非另一案件（Kunststoffhohlprofil Ⅱ（FN 51））判决的立场，参见 *Pietzcker*，aaO 51。

zung）本身视为获益的对象：实施一个被专利保护的发明——不同于实施一个实体物——仅是借助在一个可以界定的财产上产生的排他权；如果该实施没有侵犯到该专利，则其将在实施者自己的行为中逐渐耗尽，这很难理解成是以他人代价为基础的获益。就此在特殊情况下会出现适用上的困难：根据联邦最高法院的观点，专利产品的制造者已经因此获益了。当制造者既没有将产品投入市场，也没有以自己目的而使用产品时，在其财产中丝毫没有等价物。由于他因此并没有获得（更多的）利益，当他获悉产品侵犯专利权的性质之后，他依然不能根据《民法典》第819条第1款、第818条第4款，直接主张禁止该产品的利用。仅当可以宣称，他通过这一禁止而"自然地"返还了获益，已经发生过的实施行为仿佛逆向地收回时，对他而言主张赔偿实施价值（Wert der Benutzung）的不当得利请求权才会消失。

如前所建议的，如果将保护权所有人凭借其排他效力所保留的市场机会（Marktchance）视为获益的话，上述困难将得以避免。[54] 侵权人获得了该市场机会并同时消费了它，通过实施受保护的发明他满足了市场需求。在同一领域内专利权人的市场机会就减少了，因为虽然可对发明进行无数次的实际实施，不过毫无疑问，通过实施获得经济收益的希望是受到市场接受能力限制的。仅当满足了相应的市场需求，侵害才是无法逆转的，即便该需求源自侵权人自己的需求。

上述建议的思路没有忽视这样的事实：工业产权的法定支配领域已经包含了各类尚未达成市场效果的实施行为，以及业已做出的侵害行为也可能不影响保护权人的市场机会。相反，如已经陈述的，正是通过关注这些侵害行为，才出现了这样的思路。在理论和实践上都不禁止，在每一个侵犯专利权的行为中，可能出现侵害不当得利（Eingriffsbereicherung）的事实。毋宁是，这一事实的存在还要额外取决于不当得利法上的要件。

对许诺销售或者供应用以实施发明的装置并符合《专利法》第10条意义上的间接侵权的事实而言，这意味着由"间接侵权人"所获得的不当得利仅在下述情况下才予以考虑：其受领人能够通过侵权事实的实现，夺走保护权所有人潜在的市场需求，以及，许可费要么——通常地——无法从直接实施者以及其供应的第三方处收取，要么仅由于《专利法》第11条第1~3项的规定无法从直接实施者处收取（参见本节Ⅱ2）。

对该代表性观点的进一步反驳指出，"市场机会"是一个复杂的经济概念，其内涵和外延不仅涉及保护权的地位，而且涉及其他经济上的因素，这些

---

〔54〕 *Kraßer*, GRUR Int. 1980, 268.

因素并不具有法律上的分配特征（Zuweisungscharakter），而是表现为每个人的自由竞争行动的结果。因此，通过"市场机会"的概念，不当得利的客体就从商品分配内涵所确定的领域中被剥离出来。当然，专利上的排他性分配的客体，是作为无形财产的发明；但该分配的经济效果在于保留市场机会，市场机会自身来自对发明相关的产品或者服务的最终需求。当然，通过一项专利通常无法确保市场需求的出现；市场需求是否以及在哪一范围内出现，取决于诸多方面的事实。但是，一旦且只要对专利相关的产品或者服务的需求已经被满足了，也就确定了需求已经存在了；此时，是否能够通过其他不同于实施专利发明的替代方式来满足该市场需求，在这一情况下已经不再具有意义；因为只要市场需求是以这种方式而非其他方式得到满足的，获得专利权人的同意就是必须的。以侵犯专利的方式满足了这一需求的人，恰恰取得了构成专利保护的经济财富和价值的东西：已保留给专利权人的市场机会的一部分，借助因专利侵权而被满足的市场需求而得以更新。就此而言，市场机会的满足（Erlangen）从不当得利来说，是具有决定意义的；当然，在侵权人非法地利用了该市场机会的过程中，如果市场需求得到满足的同时导致需求消耗的，则这样的收益是无法返还的，必须补偿其价值。

因此，综上所述，较之于联邦最高法院所持的利用专利发明即为获益的观点，这里提议的这一解释对不当得利实质关系的描述应当更为精准。对如何确定《民法典》第818条予以补偿的获益价值的问题，不能未加审查就根据这两个观点的任何一个去做预判。

Ⅳ. 损害或者不当得利的金钱赔偿数额

a）被侵权人对三种损害计算方法的选择权

1. 根据已经确立的司法判决[55]，专利或者实用新型的所有人可以根据自己的选择，向应承担责任的实施侵权行为的人主张：

——要么赔偿以民法常用规则具体计算而得的损害，包括其损失的利益（《民法典》第249~252条）；

——或者支付一笔数额，该数额对应于考虑不法实施的地域和期限时所应该缴纳的合理许可费用；

——或者返还侵权人通过不法实施而获得的利益。

---

[55] Vgl. insbesondere RG 8. 6. 1895 RGZ 35, 63, 67 ff.; 31. 12. 1898 RGZ 43, 56, 58 f.; 13. 10. 1937 RGZ 156, 65, 67; BGH 13. 3. 1962 Kreuzbodenventilsäcke Ⅲ GRUR 1962, 401, 402 l.; 29. 5. 1962 Dia – Rähmchen Ⅱ GRUR 1962, 509, 511 r. Zur Entwicklung der Rechtsprechung *Rogge*, FS Nirk, S. 130 ff.

与侵害其他无形财产权和侵害由《反不正当竞争法》所确定的受保护的优先地位（Vorzugsstellungen）一样，在专利和实用新型侵权的场合，也存在针对具体损害计算（Schadensberechnung）、类比许可（Lizenzanalogie）和侵权人所得（Verletzergewinn）的选择权。[56]该选择权以前只在部分法律的规定中出现（参见《著作权法》第 97 条第 1 款第 2 句、《外观设计法》第 42 条第 2 款第 2 句，在其转化《权利实现指令》之前的各自版本中）；此外，尤其针对专利和实用新型权，该选择权更多地是以习惯法的方式争取的。[57]自从 2008 年 7 月 7 日的法律以后，《专利法》第 139 条第 2 款和《实用新型法》第 24 条第 2 句规定，侵权损害的赔偿数额，可以按照侵权人所获得的利益确定，其第 3 句规定，损害赔偿请求也可以按照合理补偿费用来计算。按照立法理由，通过这一改革，受损方选择哪种损害计算类型的法律判决并不受到影响（参见本节 II 1）。

2. 扩大损害计算的选择余地的目的，在于减轻以前被侵权人举证因侵权所遭受的损害的责任。虽然《民事诉讼法》第 287 条允许法院在对所有情况作出判断后，对一项损害的产生和数额，根据自由心证作出决定，并且赋予法院在举证（Erhebung von Beweisen）方面的自由裁量（Ermessensfreiheit）。尽管如此，估算的事实基础仍应以能够检验的方式加以查明；[58]对此原告必须提出合适具体的事实并在必要情况下加以证明。被侵权人因为侵权行为是否以及在怎样的范围内遭受利益损失的问题，由于权利客体的无形性，频繁导致困难的出现[59]；甚至很明显，常见的情形是，被侵权人在没有侵权事实的情况下，也未曾获得利益、获得更高的利益或者获得至少与侵权行为相符合的利益（参见本节 IV b）。

这些补充的计算方式防止了已做出的侵权根本没有给侵权人留下后果（教训）或者没有留下有效的后果（教训）。因此也将无形财产权易受侵权的特殊性考虑进来，其特性导致，如果借助针对实物世界的措施来对抗非法实施无形的权利客体的，这样的保护几乎是没有成效的。同样应考虑的是查明侵权

---

[56] Vgl. – jeweils mit Nachweisen – *Ullmann*, GRUR 1978, 617；*Preu*, GRUR 1979, 755；*Assmann*, BB 1985, 16 f.；*Delahaye*, GRUR 1986, 217；*Körner*, FS Steindorff, 1990, S. 877；*Melullis*, FS Traub, 1994, S. 287；*Heermann*, GRUR 1999, 625；*Kraßer*, GRUR Int. 1980, 259 f.

[57] BGH 8. 5. 1956 BGHZ 20, 345, 353；29. 5. 1962（FN 55）512 l.；8. 10. 1971 Wandsteckdose II GRUR 1972, 189, 190 = BGHZ 57, 116；6. 3. 1980 Tolbutamid BGHZ 77, 16, 25 = GRUR 1980, 841；V. *Falck/Ohl*, GRUR 1971, 541, 547（Nr. 33）；*Bruchhausen*, GRUR 1980, 515, 520.

[58] BGH 29. 5. 1962（FN 55）513 r.；3. 7. 1974 Clarissa GRUR 1975, 85, 86；6. 3. 1980（FN 57）22；16. 9. 1982 Dampffrisierstab I GRUR 1982, 723, 726.

[59] Vgl. *v. d. Osten*, Mitt. 2000, 95 f.

之特有的困难。

3. 根据确立的判决，三种计算方式之间是相互排斥的；它们不应当被叠加起来，也不应被混在一起。[60]但是，只要最初选择的方法所计算的赔偿请求已经不能实现或者已经不被承认具有法律效力的，被侵权人并不受限于最初选择的计算方式，可采用另外一种计算方式。[61]因此，主张的损害若超过最初选择的计算方式所计算的结果的，例如超过一项合理许可费的收益，同样是允许的；[62]它意味着将转向另外一种计算方式。

4. 由于通常不会因为涉及具体损害计算而导致选择可能性出现差别，因此根据替代原则（Grundsatz der Alternativität），选择了其他的计算方式，看起来就排除了主张所有的——通过具体损害计算方式所查明的——损害，这样的损害不仅包括损失的收益，也包括附加的损害，例如在提起诉讼之前可能产生的权利实施费用（Rechtsverfolgungsaufwand），如警告开销（Abmahnungskosten）[63]，或者采取必要措施以启发被误导的其他市场成员的开销。[64]对附随损害（Begleitschäden）而言，判决在以前并没有形成单一的原则。以前在侵犯商标权的情况下，针对市场混乱之损害（Verwirrungsschaden）或者败坏声誉之损害（Diskreditierungsschaden），会提供各自不同的接近于合理许可费用的补偿。[65]联邦最高法院曾经拒绝承认接近许可费的权利实施费用，但新近的判决则同意了警告开销。[66]

---

〔60〕 RG 31. 12. 1898（FN 55）61；13. 10. 1937（FN 55）67 ff. ；BGH 29. 5. 1962（FN 55）512 r. ；18. 2. 1977 Prozeßrechner GRUR 1977，539，542 f. ；6. 3. 1980（FN 57）25.

〔61〕 BGH 12. 1. 1966 Meßmer – Tee Ⅱ GRUR 1966，375，379 = BGHZ 44，372；16. 2. 1973 Miss Petite GRUR 1973，375，379 = BGHZ 60，206；13. 7. 1973 Nebelscheinwerfer GRUR 1974，53；17. 6. 1992 Tchibo/Rolex Ⅱ BGHZ 119，20；strenger freilich BGH 18. 2. 1977（FN 60）：当被侵权人在提起诉讼请求时明确地指定一种计算方法的，他就受到该计算方法的约束。BGH 25. 9. 2007 Zerkleinerungsvorrichtung GRUR 2008，93（Nr. 10 ff.）"具体限制"在于，如果原告已经不容置疑地根据一种计算方式决定了损害赔偿请求权的，则他不再具有选择权。原告首先依据类似许可提出了要求，随即被州法院拒绝。对这一裁决仅有被告提起上诉，不过原告在其上诉期限经过之后，提起了附带上诉并请求进一步的、根据侵权所得计算的损害赔偿。在后来的诉讼过程中被告撤回了上诉。因而联邦最高法院以不允许为由驳回原告的起诉。（下级法院持异议，参见 OLG Düsseldorf 4. 5. 2006 Berechnungswechsel GRUR – RR 2006，383；赞同的观点，参见 *Stjerna*，GRUR – RR 2006，353 ff. ）

〔62〕 BGH 6. 3. 1980（FN 57）25.

〔63〕 Vgl. OLG Karlsruhe 24. 10. 1984 GRUR 1985，36.

〔64〕 RG 13. 10. 1937 GRUR 1937，1072，1074 r. （insoweit nicht in RGZ 156，65）.

〔65〕 BGH 12. 1. 1966（FN 61）378；16. 2. 1973（FN 61）378；3. 7. 1974（FN 58）87；vgl. auch *Leisse*，GRUR 1988，88 ff. mwN；zu den Grenzen eines bei Lizenzanalogie gesondert ersatzfähigen Verwirrungsschadens *Teplitzky*，FS Traub，1994，S. 401，409 f. mit Nachw.

〔66〕 BGH 18. 2. 1977（FN 60）543；20. 12. 1994（FN 6）229.

合适的解决方案来自这样的想法：仅当已经以非法的方式满足了与专利相关的产品或者服务的市场需求时，许可费用和返还所得才扮演了被侵权人的损害的角色。但是，在计算具体损害的情况下，该侵权结果仅仅表现为利益损失（Gewinnentgang）。因此，其他形式的补偿并不能弥补可能情况下出现的附随损害。毋宁是另外对这些损害的补偿提起请求。[67]

b）损失（溢出）的利益

对金钱赔偿而言，《民法典》第249条第1款的规定意味着，通过支付金钱，去弥补假设没有侵害行为发生时的财产状况与现实存在侵害行为发生后的现存的财产状况之间的差距（差额方法）。由此而得出的补偿数额，同样包含了如果侵权行为不出现时（《民法典》第252条），被侵权人根据案情可能创造出来的利益，但同时也包括所有其他由于侵权（在民法的"相当性理论"（Adäquanzlehre）意义上）而遭受的财产损失，例如附随损害（参见本节Ⅳ a 4）。

认可专利权人的利益损失的前提在于，如果没有侵害行为，专利权人或者其许可人将进行相应的实施，并且产生自己的营业利润或者许可费收入。如果专利权人既没有自己实施发明，也没有以与营业相关的报酬许可使用该发明的，则可以确定，对他而言尚没有利益的损失。自己实施以及作出与营业相关的许可的，仅当权利人或者其被许可人的营业下跌或者通常可望出现的营业上升不再出现时，才有利益损失的问题。当损失至少部分建立在其他视为侵害的理由基础上时，同样存在这种可能。认为侵权人的所有营业额都可由专利权人或者其被许可人作出来的观点，通常不能被接受。[68]特别是考虑到这种可能性：侵权人开发出了权利人没有实现的额外市场。

c）合理的许可费用

1. 这一从现在起同样在法律中（《专利法》第139条第2款第3句、《实用新型法》第24条第2款第3句）明确承认的运用类比许可方式的损害计算，于技术保护产权而言，是最常被选择的方法。它省却了因果性的考虑，而因果性是查明利益损失所必须的。需要查清的是未经许可的实施的数量范围，[69]否则的话则取决于，权利人自己是否曾经能够实施或者曾经授予过相应的许可。

---

〔67〕 Ebenso *Leisse/Traub*，GRUR 1980，1，2 ff.；*Schramm*，GRUR 1974，617，621 f.；*Leisse*，FS Traub，1994，S. 229，231；*Heermann*，GRUR 1999，630 ff.

〔68〕 Vgl. BGH 13. 7. 1962 Laux – Kupplung Ⅱ GRUR 1962，580，583.

〔69〕 根据联邦最高法院判决，供应侵害保护权的对象的，已经可以主张合理的许可费用，参见 BGH 23. 6. 2005 Catwalk GRUR 2006，143（Nr. Ⅱ 3 b，c）。

如何取得确定合理许可费用的标准，则会出现困难。[70]通常认为，所谓的合理费用，是指理性的协议当事人所达成的、对侵权人所做的那些实施行为的许可报酬[71]；这就需要调查清楚实施资格（Benutzungsberechtigung）的客观价值。实践所寻找的线索，则根据在已经缔结的涉及被侵害的保护权或者可相比较的保护权的具体许可合同的可能性。[72]然而在此应谨慎地权衡，接受协议许可费的前提要件是否被满足了。它可能与之冲突：协议被许可人提交支付许可费之外的其他成就，诸如由专利权人支配改进发明，或者被许可人获得实施许可之外的其他成就作为互补技术秘密。从结果上看，与协议被许可人相比，不应更好地或者更差地对待侵权人。[73]因此，两者地位的典型差别应从许可增加或者许可减少的角度去考虑。[74]

如果侵害的保护权是依赖于一项更早的保护权的，合理许可费用的计算，并不仅仅根据被侵犯的保护权中不涉及更早权利的"不同的部分"。[75]

2. 文献则反复地指出，根据司法判决确立的原则所计算的合理许可费用，特别是在侵犯技术保护产权的情况下，不能确保足够的损害赔偿。[76]尤其受到批评的观点是，应该排除侵权人被置于比被许可人更差的待遇。这样简直是引诱进行几乎没有风险的"自助"行为。从考虑惩罚和预防目的[77]出发——损

---

〔70〕 Wegen Einzelheiten vgl. BGH 13. 3. 1962（FN 55）404 f.；BGH 18. 2. 1992 Teleskopzylinder GRUR 1992，599；25. 5. 1993 Mogul – Anlage GRUR 1993，897，898 f.；30. 5. 1995 Steuereinrichtung Ⅱ GRUR 1995，578；23. 6. 2005（FN 69）Nr. Ⅲ；OLG Düsseldorf 17. 4. 1980 GRUR 1981，45，50；9. 5. 1996 Mitt. 1998，27；*Preu*，GRUR 1979，758 ff.；*Vollrath*，GRUR 1983，52 ff.；*v. d. Osten*，Mitt. 2000，96 ff. *Benkard/Rogge/Grabinski*，§ 139 PatG Rdnr. 63 a ff.；*Nieder*，Rdnr. 111 – 114.

〔71〕 有批评将侵权人等同于合同上的被许可人，参见 *Heermann*，GRUR 1999，628 ff.；*Tilmann*，FS Schilling，S. 377 ff.；*Goddar*，FS VPP，2005，S. 309 ff.

〔72〕 Über praktizierte Gebührensätze informieren *Hellebrand/Kaube*，Lizenzsätze für technische Erfindungen，3. Aufl. 2007；*Groß/Rohrer*，Lizenzgebühren，2. Aufl. 2008；*Bartenbach/Volz*，Arbeitnehmererfindervergütung，2. Aufl. 1999，zu Richtlinie Nr. 10；*Groß*，BB 1995，885 – 891 und 1998，1321 – 1323.

〔73〕 RG 13. 10. 1937（FN 55）69；BGH 29. 5. 1962（FN 55）513l.

〔74〕 Vgl. *Preu*，GRUR 1979，760 f.；*Rogge*，FS Nirk，S. 937 ff.；有学者指出，在许可协议中常常达成数额巨大的入会费（Einstandszahlungen）以及最低费用（Mindestgebühren），参见 *Goddar*（FN 71）。

〔75〕 BGH 18. 2. 1992 Steuereinrichtung I GRUR 1992，432.

〔76〕 Vgl. *Pietzcker*，GRUR Int. 1979，343，345 und GRUR 1975，55 ff.；*Preu*，GRUR 1979，758 ff.；*Pagenberg*，GRUR Int. 1980，286，296 f.；*Assmann*，BB 1985，18；*Kraßer*，GRUR Int. 1980，265.

〔77〕 Hierzu *Deutsch*，Fahrlässigkeit und erforderliche Sorgfalt，1963，S. 238 f.；*ders.*，Haftungsrecht，Band I，1976，S. 71 f.；*Mertens*，Der Begriff des Vermögensschadens im bürgerlichen Recht，1967，S. 109；*Larenz*，Lehrbuch des Schuldrechts，Band I，14. Auflage，S. 421 ff.；*Coing*，SJZ 1950，871；*Loewenheim*，ZHR 135（1971），97，119 f.；*v. Bar*，UFITA 81（1978）57，71；*Preu*，GRUR 1979，759；zu Präventionswirkung und – zweck des Schadensersatzanspruchs umfassend *Dreier*，S. 132 ff.，500 ff.；vgl. außerdem *Lehmann*，GRUR Int. 2004，762 ff.；einschränkend *Kur*，FS Kolle/Stauder，S. 385 ff.

害赔偿责任除了服务补偿目的之外也服务于该目的，因此建议，放弃"更差待遇之禁止"（Verbot der Schlechterstellung），[78]或者甚至建议，应判给双倍的合理许可费用作为损害补偿。[79]

联邦最高法院认为，在涉及侵犯由德国音乐作品演出权与机械复制权协会（GEMA）管理的权利时，这样一个双倍惩罚是合适的；[80]但是对所有其他案件，尤其专利侵权案件，法院拒绝适用任何一种"侵权人附加费"（Verletzerzuschlag）。[81]在准备用以转化《权利实现指令》的2008年7月7日的法律时，联邦参议院曾建议，除非侵权人证明其未曾获得利益或者仅获得极少的利益，才准许被侵权人主张双倍的合理实施费用作为他能够以损害赔偿形式加以主张的利益。[82]联邦政府拒绝了该建议，因为这意味着与德国损害赔偿法原则相冲突的惩罚性赔偿，而且也并非该指令的目标之一。[83]同样被放弃的还有，将合理实施费用同指令第13条第1款字母b一样，作为最低的损害赔偿数额。[84]

毕竟，对许可提高和许可降低的（Lizenzerhohender und - mindernder）情况，在司法裁判中采取更为精准衡量的主动自发性（Bereitschaft），是颇为明显的。

---

〔78〕 *Kraße*，GRUR Int. 1980，269 ff.

〔79〕 有学者主张，根据现行法，这已经证明是正确的，但仍建议出台一条法律规则，参见 *v. Falck/Ohl*（FN 40）；*Pagenberg*（FN 76）；*Assmann*，BB 1985，20 f.，25；auch *Dreier*，S. 531 ff.，615；另有学者支持50%附加费，否则侵权人依此可以投机，预测不会被发现和追求责任，参见 *Körner*，FS Steindorff，S. 877，890；对此，有学者持异议的观点，认为（没有说明数量百分比），设置受债拘束的侵权行为的许可费的总数，应高于没有债务拘束的许可费，参见 *Rogge*，FS Nirk，S. 942 f.；*Heermann*，GRUR 1999，636。有学者支持一般情况下50%附加费、在故意情况下100%的附加费，但是在"简单"或者"轻微"过失情况下则不予考虑，参见 *Haft/Donle/Ehlers/Nack*，GRUR Int. 2005，403 ff；当侵权人证明了他已经谨慎地审查过保护权的状况和侵犯保护权的可能性时，应该有这样情况（参见 *Haft/Donle/Ehlers/Nack*，GRUR Int. 2005，406 r.）；不过在这种情况下，当没有特殊情况存在时，一般是不存在过错的。因此该建议大概不认为，仅当有重大过失时才应当给予50%附加费。当不存在过错时，对一般许可费用的请求权总归还是建立在不当得利权利的基础上。还有人主张，应在转换《权利实现指令》的法律中规定，能够以双倍的许可费用主张损害赔偿，参见 *Bodewig/Wandtke*，GRUR 2008，220 ff.。也参见脚注81及以下的脚注。

〔80〕 BGH 24. 6. 1955 BGHZ 17，376；10. 3. 1972 BGHZ 59，286；nach BGH 22. 1. 1986 Filmmusik BGHZ 97，37，50 f.；16. 11. 1989 Raubkopien GRUR 1990，353，355，ist diese Rechtsprechung auf andere Rechtsverletzungen nicht anwendbar.

〔81〕 BGH 6. 3. 1980（FN 57）26；22. 1. 1986 und 16. 11. 1989 aaO.

〔82〕 （FN 8）S. 53 r. /54 l.

〔83〕 AaO S. 61 l. /62 r.；dazu auch S. 37 r.

〔84〕 Vgl. *Peukert/Kur*，GRUR Int. 2006，294. 根据立法理由书（aaO S. 37）"允许这样的做法，在个案中损害赔偿数额计算得高于数额低微的许可费用"。"合理的补偿"（angemessene Vergütung）也可以高于被侵权人向第三人请求的补偿。

例如，许可提高可能会导致专利权人无法向侵权人而并非被许可人（根据当时《反限制竞争法》第 20 条第 2 款第 2 项确定的原则）给出一个售价（Abgabepreise）；但是此时不能另外要求，设定专利权人售价时，应根据由此提高的许可费用，而并非侵权人的更低售价。[85]同时还应注意到侵权人的这一优势，即当保护权无效时，他无需承担任何一点债务责任，相反被许可人通过无效宣告原则上只能豁免将来的费用支付[86]，同样侵权人没有——相反存在许可协议时则经常有——义务，将其会计账簿交与许可人委托授权的注册会计师或者公共会计师（Wirtschaftsprüfer）审查。[87]

许可降低应会导致，相比较于被许可人，侵权人没有确定的法律地位，而得面对来自权利人的不作为请求权，以及针对权利人利益损失或者返还侵权所得的请求权。[88]但实际上"这些劣势"并不起作用，只要非法实施已经发生并且只会被主张一个合理的许可费用。在这种情况下，侵权人依然保有所获得的市场成功；相反，如果此时主张事实的利益赔偿或者利益返还的话，则再也不用考虑这个存在问题的情况。如果侵权人被禁止继续实施的，在估算许可费用时就可能会考虑实施期限的短暂，只要这种做法在相关的合同实践中是普遍的。但是除此之外，侵权人法律地位无法确保的情况，应该不影响损害赔偿；由于实施发明的调查表明是徒劳的，其所碰到的缺点仅由侵权人自己承担，因为侵犯其他人权利时，他导致了该失败的风险并应独自承担债务之责任。

对专利权人而言，一个实务上特别重要的改革，来自 1981 年在司法判决中得到承认的考虑因素，即一般而言专利权人获得按照许可类推的标准计算而得的损害赔偿，都会显著地晚于他从被许可人处获得的依照协议的支付。为了不优待侵权人，从现在起在计算上采取这样的做法，即应在许可协议中就支付期限达成协议，若违反通常将根据合同协议之安排，《民法典》第 286 条第 2 款第 1 项、第 288 条、第 280 条第 1 项和第 2 项的规定，或者根据《商法典》第 353 条、第 352 条的规定，产生利息责任（Verzinsungspflichten）。由此即出现，当侵权人没有在协议确定的时间期限而是在随后以累积利息算入（Einrechnung aufgelaufener Zinsen）的方式进行支付的，为了与被许可人一样平等

---

〔85〕 BGH 6. 3. 1980（FN 57）25 ff.

〔86〕 BGH 24. 11. 1981 Fersenabstützvorrichtung BGHZ 82, 310, 316 = GRUR 1982, 286；BGH 25. 5. 1993（FN 70）899l. vgl. auch OLG Düsseldorf 17. 4. 1980（FN 70）49；LG Düsseldorf 1. 6. 1999 GRUR 2000, 690；zur Höhe des aus diesem Grund angemessenen Zuschlags *Rogge*, FS Nirk, S. 939 f.

〔87〕 LG Düsseldorf 20. 5. 1999 GRUR 2000, 309；*v. d. Osten*, Mitt. 2000, 97.

〔88〕 BGH 6. 3. 1980（FN 57）26；24. 11. 1981（FN 86）316 f.；kritisch *Barth*, GRUR 1980, 845；*Körner*, GRUR 1983, 611, 612；*Assmann*, BB 1985, 18 f.；*Rogge*, FS Nirk, S. 941 ff.

对待，侵权人不得不支付一笔本应由被许可人提供的金额。[89] 这不意味着，从过去时间点开始的损害赔偿之债都应支付利息；毋宁是，在该损害赔偿之债的计算中，包括在其他相同条件下协议许可时会产生的利息。

3. 在许可类比的法律分类上，则出现了观点的分歧。[90] 最初帝国法院认为，专利权人可以主张，他本应可以根据侵权人之相应请求颁发许可，但由于缺乏这一协议，普通情况下的许可费用已经损失了。通过这一方式，将寻求与差额方法建立起关联；许可费用将被视为损失的利益。联邦最高法院不少裁判使用的语言仍然赞同这一思路。[91] 但是因为没去证实，在没有侵权发生时是否存在已经授予许可的可能性，承认差额损害（Differenzschaden）依然带有很强的拟制色彩。

主管专利和实用新型业务的联邦最高法院第十审判庭（X. Senat des BGH），自从其批准受到无责任地（schuldlos）侵权的技术保护权利所有人享有不当得利返还请求权以来，注意到一个"与不当得利返还请求权十分相似的'根据许可原则的损害清算'（Schadensliquidation）"。[92] 以前的文献正好更多地支持不当得利请求权的观点；联邦最高法院的承认已经获得了新的支持者。[93]

当许可类比被视为损害赔偿的表现形式时，人们的出发点是，任何非法并有责任地使用他人财产的人，或者任何仅仅——自己没有实施——剥夺了权利人实施机会的人，都有责任赔偿用益价值（Nutzungswert），并且这不取决于权利人在没有侵权的情况下是否自己已经注意到该可能出现问题的实施机会，或者（也包括）仅仅已经可以注意到该机会。[94] 因此，如果侵权人自己非法实施保护对象的，尽管一般基于使用价值而向被侵权人提供侵权（不当得利）之

---

〔89〕 BGH 24. 11. 1981（FN 86）321 ff. ；ebenso OLG Düsseldorf 17. 4. 1980（FN 70）52 f. ；LG Düsseldorf14. 7. 1988 Mitt. 1990，101.

〔90〕 Nachweise bei *Sack*，S. 374 f. ；*Kraßer*，GRUR Int. 1980，266.

〔91〕 So z. B. BGH 13. 3. 1962（FN 55）；27. 11. 1969（FN 30）；8. 10. 1971（FN 57）.

〔92〕 BGH 6. 3. 1980（FN 57）25；23. 6. 2005（FN 69）Nr. Ⅱ 3 a.

〔93〕 So insbesondere *Sack*，S. 379 ff. ，388 ff. ，其从不当得利分类甚至限制，也推出损害法上的许可法律责任（schadensrechtliche Lizenzhaftung）（S. 385 f. ）。

〔94〕 Vgl. die ausführlichen und überzeugenden Darlegungen von *Jahr*，Schadensersatz wegen deliktischer Nutzungsentziehung – zu Grundlagen des Rechtsgüterschutzes und des Schadensersatzrechts，AcP 183，725 – 794（751 ff. ，756 f. ，760 f. ）. Ähnliche Ansätze bei *Lutz*，S. 56 ff. ；*Steindorff*，AcP 158，431，454 ff. ；*Schmidt – Salzer*，JR 1969，81，87 ff. ；*Loewenheim*（FN 77）115 ff. ；*Sack*，S. 391. *Dreier*，S. 263 ff. 反对将许可类比归入损失利益的赔偿，因为该赔偿并不允许侵权人提出这样的抗辩，即被侵权人自己并没有做出该人履行了的销售商业行为，或者尚未进行许可，或者侵权人依据对与其行为相冲突的权利的认识，并没有去寻求许可。不过，拒绝这种抗辩最后意味着，在缺少利益损失（只要事实上可以证明）的情况下，许可费用也应当被确保，于是关于为何这种做法合适的问题，最后还是没有回答。

返还请求（Eingriffskondiktion）；但是这并不排除，在有责任侵害的场合（也）能够主张将利用价值作为损害赔偿。[95]因为损害赔偿请求权并不以物（Sache）因被使用而出现实体损害为前提要件，所以专利的无形客体可以被获取而不产生实体损害的情况，并不妨碍对利用价值主张依照许可类比计算的损害赔偿请求权。当然，在物被使用时的这一请求权的基础在于，虽然没有实体侵权，但对权利人而言最终同样不可挽回地失去了属于其法律地位的一部分内容，因为利用物的机会已经受到了该物的寿命的限制。[96]不过，从经济上利用一项专利发明的机会，根据市场接受能力的大小，同样被限制在实际的边界上。此外，利用通过专利保护所确保的特别市场地位，同样受到时间的限制。只要对发明相关成果的市场需求已经被专利侵权行为所满足，在这里对专利权人而言市场需求就不可挽回地消耗掉了，他丢失了凭借专利所保留的市场机会（参见本节 Ⅲ 3）。这就允许专利权人将该市场机会价值的数额视为其损失。作为价值的尺度，许可费用表现为这样一个价格，即对于允许从事保留给专利权人的市场行为，通常所应支付的价格。

因此，对许可类比而言，即使没有就此出现惩罚和预防目标超过了补偿目的之推定，一个损害权利（schadensrechtliche）的理由也是可能确立的。[97]

d）侵权人所得

1. 根据侵权人所得计算损失的方式，具有与许可类比一样的优点，即能够立足于侵权人的实际境遇，而无需关注被侵权人那里假设出来的境遇。这就不需要了解来自被侵权人企业的事实，因为这并不取决于，是否被侵权人曾身处某一境况去收取相应的利益。当然，具体可能出现一些困难，[98]例如在调查那些特别是通过侵犯保护权所获得的利益时，哪些一般费用（Gemeinkosten）可以被抽走。

侵权人所得的返还，仅针对以未经许可实施发明为基础的所得。司法判决的立足点一般是，通过专利侵权行为所得的所有利益，一般是更多因素共同作用的结果，因此只有部分能够归因于发明之实施[99]，所以被侵权人只能取得

〔95〕 *Jahr*（FN 94）733 ff.，738 f.，741 f.

〔96〕 *Jahr*（FN 94）754 f.

〔97〕 An der in GRUR Int. 1980，270l.，Abs. 1 a. E. geäußerten Ansicht wird daher nicht festgehalten.

〔98〕 Näheres bei *Preu*，GRUR 1979，757；*Lehmann*，BB 1988，1682 ff.

〔99〕 RG 13. 10. 1937（FN 55）67；15. 11. 1937 RGZ 156，321，326 f.；BGH 29. 5. 1962（FN 55）512；vgl. auch BGH 24. 2. 1961 Vitasulfal GRUR 1961，354＝BGHZ 34，320；13. 7. 1973（FN 45）54 r.；OLG Düsseldorf 2. 6. 2005 Lifter InstGE 5，251（Rdnr. 7 ff.，56 ff.）；krit. *Dreier*，S. 284 ff. BGH 21. 9. 2006 Steckverbindergehäuse GRUR 2007，431，434 r. billigt nach den gegebenen Umständen die vom Berufungsgericht zuerkannte Quote von 40%；OLG Düsseldorf aaO Rdnr. 60 ff. spricht eine Quote von 20% zu.

部分利益，从发明与其他因素在创造利益的作用的关系上看，该部分应与之相称。

在第一民事审判庭（I. Zivilsenat）新近针对《外观设计法》清楚规定了返还所得请求权的第 14a 条（即后来的第 42 条）的一个裁决中，联邦最高法院[100]仍然认为，仅当和只要能够例外地将一般费用直接归入侵犯了保护权的客体时，才支持对一般费用的减扣；其依据在于，《民法典》第 687 条第 2 款规定的返还义务人，仅能够根据不当得利法上的规定，主张自己的费用。根据联邦最高法院[101]的观点，通过仅返还基于侵害行为获得之利益的规定，同样仅应考虑的是，侵害保护权的产品并不表现为与保护对象相同的复制品，或者特殊的、有助于获得收益（Erlös）的属性，它考虑的不应该是这样的情形：其他诸如与销售有关的侵权人自身效益对获得利益做出的贡献。此观点的依据是，根据原《外观设计法》第 14a 条，应全额返还获得的利益。

在一个违反《反不正当竞争法》仿造产品的案件中，联邦最高法院第一审判庭根据其"一般费用"判决的原则，直接将权利受侵犯之对象的生产计算进来：生产成本、原材料成本和销售成本，为了制造和销售仿造品所雇用的劳动力成本，以及固定资产投资如（涉及使用寿命的、合理的）机器和场所成本，这些机器和场所仅曾用于制造和销售该仿造产品；联邦最高法院认为无法作价的成本是，与该制造和销售没有关联、在维持企业过程中产生的成本，例如一般的经销成本、经理人的薪金、管理成本，以及不能具体服务于侵权的固定资产成本，此外还有启动和发展成本以及无法再变卖的产品的成本。[102]

针对专利侵权诉讼的司法审理（instanzgerichtlich）之判决，已经接受了由联邦最高法院所发展出来的这些原则。[103]

如果侵权行为就其本身来说，并没有产生任何利益或者只产生损失的，不得主张返还所得的请求权。尽管不能根据在侵权期间侵权企业最终没有得到收益或者导致损失的事实，就排除了专利侵权的利益。但是，在缺少可归因于侵权的收益的情况下，不能假借一个臆想的不受专利约束的行为导致了一个

---

〔100〕 2. 11. 2000 Gemeinkostenanteil BGHZ 145, 366, 372 ff.；dazu *Haft/Reimann*, Mitt. 2003, 437 ff.；*Fähndrich*, VPP – Rundbrief 2003, 13 ff.；*Tilmann*, GRUR 2003, 647 ff.；*Pross*, FS Tilmann, S. 881 ff.；*Dreiss*, FS VPP, 2005, S. 303 ff.；teilw. krit. *Meier – Beck*, GRUR 2005, 619 ff.；*Rojahn*, GRUR 2005, 627 ff.

〔101〕 AaO 375.

〔102〕 BGH 21. 9. 2006（FN 99）.

〔103〕 LG München I 13. 11. 2002 Rasenwalze InstGE 3, 48；OLG Düsseldorf 2. 6. 2005 Lifter InstGE 5, 251（Rdnr. 18 ff. mit Erörterung zahlreicher Einzelposten）；teilw. krit. dazu *Haft/Lunze*, Mitt. 2006, 193 ff.

（更高）的损失，因此主张一项所谓的"损失减少"（Verlustersparnis）的返还。[104]

2. 在司法判决中，探求收益请求权（Gewinnanspruch）基础的最初方式曾是，假如侵权人曾考虑过被侵权人预算的话，被侵权人可以表态，他已经错过了侵权人所必须返还的。[105]后来的司法判决将侵权人获得之利益视作被侵权人损失之利益的尺度[106]，或者讨论有关被侵权人作出了侵权人获得之利益的拟制。[107]当然，支持的意见经常这么说，如果类推适用《民法典》第687条第2款的规定，则产生了一项针对特殊情况的无因管理（auftragslose Geschäftsführung）请求权。[108]根据联邦最高法院第一审判庭的一个新近判决[109]，该请求权并非是损害赔偿请求权，而意在以其他途经，就被侵权人遭受的财产损失，获得一个方便的补偿。由于特别保护的需要，因过失的行为，被侵权人也应已受到规制，地位如同无因管理情况下的被管理人（Geschäftsherr）一样。为了支持该补偿想法之计算，则必须假设，即便没有侵权事实发生，被侵权人已经与侵权人一样，通过相同的方式获得了利益。与此相反，主管专利案件的联邦最高法院第十审判庭认为，三种计算方式仅仅是查明相同、单一损害时的变化，而并非带来不同法律后果的不同请求权。[110]

在文献中[111]，损害法解释以外的这些（请求权），来自不当得利法和事务管理法；有些场合，请求权被视为逃避了明确分类的法官造法（Rechtsfortbil-

---

〔104〕 RG 22. 10. 1930 RGZ 130，108，110；dazu Lutz，S. 72；für Berücksichtigung einer „Verlustersparnis" Preu，GRUR 1979，757 und die dort Zitierten.

〔105〕 RG 8. 6. 1895（FN 55）60 f. ；31. 12. 1898（FN 60）.

〔106〕 BGH 13. 3. 1962（FN 55）402；8. 10. 1971（FN 57）. 根据联邦最高法院（第一民事审判庭）在判决（2. 2. 1995 Objektive Schadensberechnung GRUR 1995，349，352）中的观点，在下述例外情况下，不能根据侵权人所得去考虑一项损害计算：如果由于特殊情况，"在侵权人所得的演变与被侵权人一方损失的演变之间，完全缺乏由司法判决所认可的、以返还侵权人所得为损害计算出发点的（法律）关系"，尤其"由于被侵权人一方的利益上升（和没有任何损失的增长）只与侵权人所得联系在一起"。一个为常人所理解的证据则相反说明，侵权人的利益上升并不排除，在没有侵权情况下侵权人可能创造更多的利益；参见 Dreier，S. 275 FN 149。当然，该已决案件表现出了特殊性，被告人——其由于从塑造产品的原告制造商所制造的目录中对插图进行抄袭而违反了《反不正当竞争法》第1条——通过销售这些产品同样让制造者获得利益，而且并非一目了然的是，该收益在未经许可使用目录图像有更大的下跌。

〔107〕 BGH 19. 1. 1973 Modeneuheit BGHZ 60，168，173；2. 11. 2000（FN 100）372.

〔108〕 Vgl. z. B. RG 13. 10. 1937（FN 55）67；BGH 24. 2. 1961（FN 99）；27. 2. 1963（FN 40）；24. 11. 1981（FN 86）308；2. 11. 2000（FN 100）.

〔109〕 2. 11. 2000（FN 100），21. 9. 2006（FN 99）（Nr. 21）.

〔110〕 BGH 25. 9. 2007 Zerkleinerungsvorrichtung GRUR 2008，94（Nr. 7）.

〔111〕 Nachweise bei Dreier，S. 277 ff. ；Kraßer，GRUR Int. 1980，266；außerdem Brandner，GRUR1980，362 sowie Tilmann，Mitt. 2001，282，283 r. （bereicherungsrechtliche Einordnung）.

dung）的创造。

从有关无因管理（*Geschäftsanmaßung*）的规定中，该请求权并不能从司法审判的实践形态中推导出来。《民法典》第 687 条第 2 款设定的前提是，明知而对他人事务进行干预；对这些差异置若罔闻而进行"援引"适用的，缺乏任何正当的证明。[112] 它同样不立足于"无形财产权特别易受侵犯和需要保护的特点"；因为并不能确定，《民法典》第 687 条第 2 款之所以设置了明知的前提，是由于通常对此需要一个特殊的保护。毋宁是，在有关无因管理的法律规定所总辖的范围内，基本上都取决于行为的意思指向（willensrichtung）。如果行为不属于法定各个前提的意义之内，则相应的法律后果也不会出现。此外，由于有了《民法典》第 687 条第 1 款的规定，不存在任何需要补充的法律漏洞，因此以类推的方式扩大适用《民法典》第 687 条第 2 款也不再具有空间。同样，司法判决通常认可的法律后果，只能位于《民法典》第 687 条第 2 款必须导向的以及在故意侵权情况下必须导向的法律后果的后面：根据《民法典》第 681 条和第 667 条的规定，被侵权人有权获得源自包含有专利侵权的行为的所有收益。侵权人仅可以扣除掉那些会让被侵权人获得不当得利的费用。[113] 这些费用对收益是并行原因（mitursächlich）之事实，不足以证明故意行为之侵权人有权保有部分收益。当然，不久前联邦最高法院在一个外观设计侵权案和违反《反不正当竞争法》的仿造案件中引用该规则时，将计算应返还利益的减扣机会限制到很窄的范围。[114]

以权利受损为理由，主张受到损失的利润，是不可能获得支持的。[115] 在侵权人获得的利益与被侵权人本该获得的利润之间，不存在必然或者有规律的关系。[116] 同样不能牵强附会的是，侵权人的介入是为了被侵权人。

侵权人所得不能被理解成权利人被剥夺实施的价值——与合理许可费用不同——的衡量尺度。与不当得利法的情况一样（参见本节 IV e 2），这一价值在这里指向的是其他感兴趣的人愿意为该实施所支付的费用[117]，而并非指向这样一个收益，即由于某个确定实施者的具体关系而通过一个已经完成的实施

---

〔112〕 *V. d. Osten*，GRUR 1998，286 f. 所以对此出现的情况是，根据《民法典》第 687 条第 2 款的措辞，其仅适用于故意侵害的情形；同样 *Beuthien/Wasmann*，GRUR 1997，257；*Dreier*，S. 282，612；*Haedicke*，GRUR 2005，534 f.（在任何情况下——根据《权利实现指令》——扩及重大过失）.

〔113〕 Vgl. *v. d. Osten*，Mitt. 2000，99；*Haedicke*，GRUR 2005，532 f.；ausführlich *Dreier*，S. 280 f.

〔114〕 BGH 2. 11. 2000（FN 100）und 21. 9. 2006（FN 99）433 f.；dazu oben 1.

〔115〕 Ebenso *Beuthien/Wasmann*，GRUR 1997，256 f.；*Tilmann*，FS Schilling，S. 373.

〔116〕 Anders *Zahn*，S. 68 ff.，95 f.

〔117〕 *Jahr*（FN 94）770 f.

行为所产生的收益。[118]因此，只要侵权人所得超过被侵权损失的利益以及合理许可费用，返还侵权人（相关的）所得的请求权所赋予被侵权人的，就要多于一项损害补偿（Schadensausgleich）所给予的。[119]与之相适应的是，根据转化《权利实现指令》之前适用的《著作权法》第97条第1款第2句和《外观设计法》第42条第2款第2句，可以站在损害赔偿的角度，主张返还所得。在这些规定适用范围之外，利益分配请求权能够作为普通法上的特殊形态（Sonderbildung）加以解释，该特殊形态同时考虑到损害法、不当得利法和事务管理法上的价值，但是又不完全立足于其中任何一个。毕竟该请求权本来似乎能够通过类推适用各个法律规定而找到一个法律体系上没有瑕疵的理由[120]，当然司法判决并没有这样去做。在2008年7月7日的法律中，人们又再次尝试一个损害法上的分类，从法律体系角度上看这是个倒退，从实务角度看，只有与惯常行为有关的立法理由没有改变时，这样的分类才是可以被接受的（参见本节Ⅱ1）。

e）不当得利之价值

1. 专利侵权人无法"以自然状态"返还其以非法理由获得的、损害被侵权人的对象，因此必须赔偿所获得的价值（参见本节Ⅲ3）。对赔偿价值之计算标准，文献有不同的角度，既有来自一般民法的，也有来自无形财产法的。[121]主流观点将完全客观的标准诸如市场价值（Verkehrswert）或者市场价格视为权威的标准；与此不同的见解则从主观的角度，从得利者关系（die Verhältnisse des Bereicherten）所确定的价值进行考虑。在无形财产权侵权案件中，首选的方案是合理的许可费用作为价值尺度，[122]其次就是侵权人

〔118〕 Anders *Zahn*，S. 67 f.

〔119〕 *Kur*，FS Kolle/Stauder，S. 371 ff. 注意到根据"一般费用"判决所设计的利益请求权，具有超过补偿的因素。

〔120〕 *Beuthien/Wasmann*，GRUR 1997，259 f.；ablehnend *v. d. Osten*，GRUR 1998，285；有学者指出，前述法律规定至少应以一项损害的是非曲直为前提，并且"鉴于损害证据尤其数额方面的困难，对类推的实践而言，最终在结果上也可能难以获得什么"，参见同样 *Dreier*，S. 283 f。这在道理上说不过去，由于他自己（S. 291 f.）对侵权人已经获得利益的事实，即使没把它作为数额计算的标准，也一般作为被侵权人一项利益损失的证据，并且，这些规定并不要求计算损失的利益，而是要求计算侵权人所得，在此它比起适用《民法典》第687条第2款的规定来说应不会更为困难。

〔121〕 Nachweise bei *Sack*，S. 379 ff.；*Kraßer*，GRUR Int. 1980，267；*Kaiser*，GRUR 1988，510 ff.；*Heermann*，GRUR 1999，634 f.；*Dreier*，S. 374 ff.；*Zahn*，S. 31 ff.

〔122〕 Dafür auch *Sack*，aaO；*Falk*，GRUR 1983，491；*Delahaye*，GRUR 1985，856；*Beuthien/Wasmann*，GRUR 1997，259；*Dreier*，S. 381 ff.

所得。[123]

返还所得请求权的支持者通常将其限制在这样的部分里面，即在考虑该获利的其他偶然因素时，该部分应归入对受保护财产的实施；或者限制在被侵权人遭受损失的利益范围内；或者限制在下述两个利益的差额上，一个是经由侵权而获取的利益，另外一个则是假设侵权人采取不受法律保护的其他替代方式所能够获取的利益。同样，这一思路的拥护者支持授予被侵权人一项权利，以主张支付合理的许可费用，而取代按照侵权人获利计算的不当得利补偿（Bereicherungsausgleich）。

2. 联邦最高法院通常将合理许可费用的数额，视为通过侵权从无形财产权那里获得的价值。[124]针对后来才被承认的、对抗技术保护权侵权人的不当得利请求权，联邦最高法院以详细和令人信服的理由，确认了这一立场。[125]法院坚持获利之客观市场价值作为标准的观点，而明确反对与其相反的观点，即为了不当得利受益人应当考虑获利之具体且个别的价值（konkret – individuelle Wert）：根据立法者的价值概念，一个可用金钱衡量的法益（Rechtsgut）的一般惯常评估是决定性的。相应的，使用一项工业产权无形客体的对应价值（Gegenwert），应在合理许可费用中找寻。也仅在合理许可费中，才会产生《民法典》第818条第2款规定的偿还价值（Wertersatz）。主张返还利益，既不能根据这一规定，也不能根据《民法典》第818条第1款有关用益返还（Nutzungsherausgabe）的规定。

就在个案中确定的合理许可费，联邦最高法院参考了损害法上有关类推许可的原则。尤其是法院允许被侵权人根据不当得利法，主张合同通常的支付期限经过之后所应产生的利息（参见本节Ⅳ c 2）。[126]

因此，这证明了可以把在一段确定时间里取得的使用（或者在该段时间里获得的市场机会）——如果后来要求加以补偿——的价值，当成是协议许

---

〔123〕 有学者想以下述方式推出对利益的不当得利法之请求权，即该请求权在故意侵权时根据《民法典》第819条、第818条第4款应当产生，而且由于《权利实现指令》第13条第2句（a）在过失时也应产生，参见 *Tilmann*, FS Schilling, S. 374。但是，《民法典》第818条第4款所指向的以及《权利实现指令》所支持的都是损害赔偿，在受债务约束的侵权情况下，以返还所得之形式的损害赔偿，不管怎样是能做到的。提尔曼的推论希望引向支持一项不当得利法意义上的请求权，但其不能证明，在无责任（*schuldlos*）干预的情况下，根据干预者的所得计算不当得利的价值。

〔124〕 Nachweise bei *Kraßer*, GRUR Int. 1980, 260；s. außerdem BGH 18. 12. 1986 Chanel No. 5（I）BGHZ 99, 244（Warenzeichenverletzung）。

〔125〕 BGH 24. 11. 1981（FN 51）307 ff.；ebenso 18. 2. 1992 Teleskopzylinder GRUR 1992, 599；14. 3. 2000 Formunwirksamer Lizenzvertrag GRUR 2000, 685。

〔126〕 BGH 24. 11. 1981（FN 51）309 f.；ablehnend insoweit *Falk*, GRUR 1983, 491。

可情况下后来之支付所应缴纳的款项。

3. 根据《民法典》第818条第3款，只要受益人已不再享受利益的，返还价值的义务即消灭。不过这仅适用于，在不当得利丧失（Bereicherungsweg-fall）之时，受益人既没有被要求返还，也没有被要求偿还价值，而且此时他已经知道其没有合法理由即轻易获得该利益（《民法典》第819条第1款、第818条第4款）。因此，在无责任（schuldlos）或者过失专利侵权的情况下，偿还利益请求权的主张，会由于不当得利之丧失而以失败告终。这也就把不当得利请求权与损害赔偿请求权区分开来——当它们都以类推许可的方式加以计算时。

认为必须允许侵权人"留住自己所造成的事实状态"（Sachlage）的论点，[127]是与不当得利法的意义和目的不相一致的。只要侵权人的行为是应承担责任（schuldhaft）的，即使他不再享有不当得利，无论如何他都受到损害赔偿请求权的支配。

如果在专利侵权情况下，主要的获利（Erlangte）无法返还的话；不当得利不能基于这个理由视为丧失。只要侵权人的财产中尚有该获利的对应价值存在，侵权人就处在不当得利的状态下。例如，只要侵权人节省了费用，而该费用在没有采取侵权行为时是其必须或者愿意支付的，就属于这种情形。只要对获利价值而言不存在任何获得的节省的，则不当得利已经丧失。

事实上，节省一旦出现之后，通常就不再能够丧失了。[128]仅当该节省正好直接地造成了没有对应价值的费用才出现例外。当获利没有在侵权人的节省上表现出来时，专利侵权之获利——人们可以在使用发明或者市场机会中看到它（参见本节Ⅲ3）——如果在获取的过程马上耗尽的，这种情况仍然导致不当得利的丧失。是否产生一项节省，取决于当侵权人应知道其行为已经干预到他人专利时，他是如何采取行动的。[129]假如他曾请求许可并获得许可的，则无论他是否获得了利益，他都已经以节省许可费之目的获得了不当得利。[130]假如他没有寻求或者获取许可，但使用了发明的，则他虽然没有节省任何合同上的许可费用；但是他至少负有支付合理许可费用数额的损害赔偿义务；因此对他而

---

〔127〕 So BGH 8. 5. 1956（FN 57）355，dem das Schrifttum größtenteils folgt；kritisch jedoch *Sack*，S. 384；*Heermann*，GRUR 1999，635.

〔128〕 Vgl. BGH 2. 7. 1971 Gasparone Ⅱ GRUR 1971，522，524；*Mestmäcker*，JZ 1978，524.

〔129〕 Für Differenzierung iSd folgenden Ausführungen auch Heermann，GRUR 1999，635；auch Dreier，S. 384 ff. stellt darauf ab，wie der Bereicherungsschuldner bei rechtzeitiger Kenntnis von der Rechtsgrundl-osigkeit stünde.

〔130〕 A. M. insoweit *Ullmann*，GRUR 1978，620；*Sack*，S. 382，384 f.

言仍然节省了一笔相当于获利价值的对应价值。[131]假如他在获知法律状况（Rechtslage）之后没有实施发明的，则仅当他从专利侵权中——在其他情况下应没有——获得该利益时，他才属于不当得利（并在合理许可费用最高数额之内，负有偿还价值之义务）；在这种关系里也应考虑一个假设的、在行为不侵犯保护权情况下的利益，该利益是侵权人在获知法律状况时所转而获得的。

由此可见，仅在最后所涉之情况下，才能这样适用《民法典》第818条第3款，即侵权人根本无需支付偿还之价值（Wertersatz）或者需要支付的少于合理许可费。由于在这种情况下侵权人必须证明不存在费用节省的事实，因此在实践上提出不当得利丧失的诉求，仅有极小机会取得成功，最有可能的情况是，在专利保护范围之外，以实际价值同等的方法满足了系争的需求。

V. 账目披露（Rechnungslegung）

1. 决定损害赔偿请求权或者不当得利请求权数额大小的事实，被侵权人经常是不知道或者无法接触的。因此合理许可费通常根据已完成之专利侵权销售额来确定；这些线索，当需求被篡夺（ausgenommen）并且有充分可能性证明该需求不能增益于被侵权人时，也传递了有关被侵权人利益损失的信息。除了专利侵权销售，对查明侵权人获得之利益而言，侵权人因侵权行为而逃避的费用也具有重要价值。由于这些困难，如果没有侵权人的协助，权利人通常无法履行其解释和证明补偿数额的责任，而该补偿是权利人在选择了损害计算方式之后或者以不当得利补偿的方式所应得到的。因此长久以来，在确定存在损害赔偿请求权的基础时，司法审判实务中都授予权利人一项有关披露账目的请求权。[132]以此来满足对某项应承担责任的、已经作用于市场的侵权行为的证明。相应之规则也适用于不当得利请求权，并且不需要侵权是具有债务责任的；当然，在这种情况下只有当披露账目是查明合理许可费所必须时，才能够主张披露账目（参见本节 IV e 2）。披露账目的义务还涉及在最后口头审理结束之后实施的侵权行为；判决通常应就此加以阐释。[133]

2. 账目披露的请求权经常获得《民法典》第687条第2款、第681条和第666条的支持，[134]但是在非故意专利侵权的情况下，这些规定的适用并不被认可（参见本节 IV d 2）。《民法典》第242条的提示是具有说服力的：进行损害赔偿（或者不当得利补偿）的责任人，有义务依诚实和信用，并参见交易

---

〔131〕 Insofern sind die Ausführungen in GRUR Int. 1980, 268 r. zu ergänzen.

〔132〕 Ausführlich hierzu Dreier, S. 574 ff.

〔133〕 BGH 4. 5. 2004 Taxameter GRUR 2004, 755; ausführlich zur Problematik *Grosch/Schilling*, FS Eisenführ, 2003, S. 131 ff.

〔134〕 BGH 14. 1. 1958（FN 40）.

习惯（Verkehrssitte），承担其责任。责任人向债权人提供计算的事实基础，就属于上述要求的义务，只要这些事实基础由非法行为的具体细节所确定，并且是债权人在责任人这一无法取代的渠道之外所无法获得的。结果，在任何情况下，账目披露之请求权都不存在争议；它更多地被视为习惯法（Gewohnheitsrecht）。[135] 账目披露是一种专业形式的报告。如果账目已经披露的，不能继续要求涉及相同信息主题的报告。[136]

在 1990 年《反产品盗版法》引入《专利法》第 140b 条和《实用新型法》第 24b 条以及 2008 年 7 月 7 日的法律对其加以扩展之后，在任何案件中，被侵权人可以根据规定的告知请求权，获得各个必要信息的相应部分，该请求权并不以有责任（Verschulden）为前提（参见本节 I 7）。不过，只要在个案中需要其他信息的，一般的（告知和）账目披露请求权就起到作用，且该请求权根据《专利法》第 141a 条和《实用新型法》第 24g 条的规定不受影响。[137]

3. 披露账目必须包含所有被侵权人需要的细节，以使得被侵权人能够决定采取一个对其尚未确定的计算方法，以及能够计算损害数额。[138] 此外就是提供说明，使被侵权人能够对账目进行审查。相应地，责任人必须告知专利侵权产品供应的数量、价格、时间和顾客，以及专利侵权产品的制造时间。涉及其获利计算的，责任人还应该提供制造成本和销售成本；可能的情况下，有关供应商的信息也是必须的，即使侵权人从其那里没有取得侵权产品，而仅获得了制造所需的原材料和辅助设备。[139] 根据司法判决，通常还可以要求提交委托加工证明（Auftragsbelegen）、订货证明（Auftragsbestätigungen）、账单以及供货文件和海关文件。[140] 目前，《专利法》第 140c 条和《实用新型法》第 24c 条已经包含了关于提交文件和其他书面材料请求权的明确规定（参见 § 36 Ⅲ b）。

当判断侵权人制造或者供应的哪些产品落入专利保护范围可能出现疑问时，必须详细地说明所涉产品的技术特性，使得被侵权人能够判断，是否应将该产品纳入到专利侵权的损害计算之中。[141]

根据《专利法》第 140b 条、《实用新型法》第 24b 条的规定，被侵害人

---

〔135〕 BGH 13. 3. 1962（FN 55）.

〔136〕 BGH 14. 1. 1958（FN 40）；29. 1. 1985 Thermotransformator GRUR 1985，472.

〔137〕 Begründung（FN 8）S. 39 r.

〔138〕 Zu Inhalt und Umfang der Rechnungslegungspflicht：BGH 2. 4. 1957 Rechnungslegung GRUR 1957，336；14. 1. 1958（FN 40）；23. 2. 1962 Furniergitter GRUR 1962，354，356 mit Anmerkung von *Friedrich*；OLG Düsseldorf 29. 6. 2000 Mitt. 2001，424.

〔139〕 BGH 16. 9. 1982（FN 58）725 f.

〔140〕 OLG Düsseldorf 28. 4. 2005 Faltenbalg InstGE 5，249.

〔141〕 BGH 13. 3. 1962（FN 55）400.

已经能够要求提供发明相关产品的顾客或者供货商姓名（参见本节 I 7）。因此原则上侵权人不能主张，他不能向被侵权人而只需要向一个可信赖的人，诸如一位作过宣誓的会计师，提供顾客或者供货商的报告：在适用这些特殊规定时，考虑"会计师保留"（Wirtschaftsprüfervorbehalt）的场合仅是——例外情况下——没有采用该保留，告知请求会不合理（参见本节 I c 6）。相反，只要从竞争理由出发提供该报告对侵权人不合理的[142]，在由一般原则所推导出来的账目公开请求权的范围之内，该保留都将被确保。但是，仅针对根据上述特殊规定无法主张的信息，这才具有意义。

如果给予这个保留的，债务人必须确保可检验性，同时向可信赖的人提供下述信息，即是否确定的、由侵权人披露的情况已经包含在账目中。可信赖的人的选择权属于被侵权人；由该人介入而产生的相应费用，必须由侵权人承担。

如果允许被侵权人换到另外一种损害计算方式，例如从类推许可转到根据侵权人所得进行计算（参见本节 IV a 3），则即便侵权人已经被生效裁判要求披露账目的，被侵权人依然能够主张补充后来选择的计算方式所需要的信息。[143]

被侵权人可以要求对一份不完整的账目披露进行补正，但他不能请求会计师对已经递交的账目进行审查。[144]

4. 如果被侵权人有理由认为，账目披露的制作未尽必要注意时，他可以根据《民法典》第 259 条第 2 款的规定，要求侵权人作如下保证代替宣誓（eidesstattliche Versicherung）：他已经尽其所能及，做到了要求信息之完整。[145]当账目披露中包含了根据《专利法》第 140b 条、《实用新型法》第 24b 条能够主张的信息时，也可以适用这一规则（参见本节 I 7）。责任人在代替宣誓之前，可以补充和更正其报告。[146]

VI. 债权人（Gläubiger）和债务人（Schuldner）

a）请求权的权利人

1. 不作为请求权属于专利权人以及独占许可被许可人。

如果授予了多个（例如空间上的）限制独占许可的，则各个被许可人的

---

[142] BGH 2. 4. 1957（FN 138）；22. 11. 1957 Spitzenmuster GRUR 1958, 346, 348 f.；23. 2. 1962（FN 138）357；27. 2. 1963（FN 40）642 r.；28. 10. 1965 Plastikflaschen GRUR 1966, 198；3. 6. 1976（FN 2）583；16. 9. 1982（FN 58）726 r.

[143] BGH 13. 7. 1973（FN 61）54 f.；29. 1. 1985（FN 136）.

[144] BGH 3. 7. 1984 Dampffrisierstab II BGHZ 92, 62; dazu *Brändel*, GRUR 1985, 616 ff.；krit. v. d. Osten, GRUR 1998, 284, 286.

[145] BGH 13. 3. 1962（FN 55）400；3. 7. 1984（FN 144）.

[146] 对提供不正确信息可能采取的刑法手段，参见 *Schmaltz/Kucera*, GRUR 2006, 97 – 105.

不作为请求权取决于，侵权行为的威胁正好在为其保留的行为空间中，因此落入其禁止权的有效范围内。专利权人请求权自身则不受到这样一种限制；但是，被许可人可以通过获得一项分许可——只要专利权人许可这样——而取走专利权人的这一请求权基础。[147]

用益权人（Nießbraucher）或者质权人（Pfandgläubiger）可以根据《民法典》第1068条第2款、第1065条以及第1273条第2款、第1227条（各自结合第1004条），主张停止侵犯其——通常既适合用益权也适合质权的——专利权利的侵权行为，因为侵权行为减损了专利的经济利用机会和价值。[148]

普通许可的被许可人不享有不作为请求权。[149]他们因此得依赖于专利权或者独占许可被许可人主张不作为之请求权。这样一个义务可以为此而产生于普通许可合同中。

2. 如果没有授予任何许可的，损害赔偿请求权和不当得利请求权完全属于专利权人。只要存在一项独占许可，如果侵权行为侵犯了许可效力范围的，被许可人享有损害赔偿请求权。此外，如果没有该损害，被许可人必须支付专利权人更高的许可费用的，专利权人可以主张损害赔偿，但是当被许可人已经——诸如通过一笔总费用（Pauschalgebühr）——完全补偿了专利权人时，则专利权人不可以主张损害赔偿。[150]在主张损害赔偿的情况下，专利权人仅能根据其具体损失的利益来计算他的损害赔偿数额。只有被许可人才能够根据合理许可费用、（相应比例的）侵权人所得或者不当得利补偿的数额主张损害赔偿，[151]因为这些数额所代表的市场机会仅属于被许可人。只要专利权人享有损害赔偿，被许可人的请求权就减少，因为在接受由侵权人消耗掉的市场机会时，他已经花费了相应数额的许可费用。

---

〔147〕 学者认为，根据《民法典》第432条第1款的规定，每一个请求权的权利人只能要求"全体"（an alle）的给付。对于那些在不作为中产生的给付（参见《民法典》第241条第1款第2句），不适用于此，参见 *Pahlow*，GRUR 2007，1006。它毋宁是取决于，权利人采取的行动是否导致作为之威胁（Begehungsgefahr）消失。

〔148〕 一个扣押质权人（Pfändungspfandgläubigers）针对专利权人用户的诉讼最后失败，因为涉案的产品已经因为专利权人许诺销售而产生权利耗尽的效力，参见 BGH 24. 3. 1994 Rotationsbürstenwerkzeug BGHZ 125，334。

〔149〕 有学者以详尽的分析批评该原则，他支持普通许可情况下的许可人的不作为请求权，只要这已经明确协商或者通过合同解释加以确定的，参见 *Knobloch*，Abwehransprüche für den Nehmer einer einfachen Patentlizenz? 2006。

〔150〕 RG 28. 5. 1932 RGZ 136，320；13. 10. 1937（FN 55）；24. 11. 1942 GRUR 1943，169，172；*Benkard/Rogge/Grabinski* §139 PatG Rdnr. 58。

〔151〕 So auch Kühnen, FS Schilling, S. 322 ff. ; a. M. Pahlow, GRUR 2007, 1004 l. , 1006.

根据通说，普通许可的被许可人不享有自己的损害赔偿请求权。[152]因此，具体计算其损失的专利权人（或者独占许可的被许可人），允许通过"第三方损害清算"（Drittschadensliquidation）的方式，将他的被许可人损失的利益包括进来。[153]也就是说，针对专利权人的这一请求权，侵权人不能主张并非专利权人而是被许可人创造了所涉的营业额。如果专利权人根据许可类推主张损害赔偿，则通常不再考虑被许可人的损害。选择了这样的方法，原则上意味着，应把与产生损害数额相同的费用节省（Gebührenersparnis），归属到被许可人处。然而，只要被许可人与营业不相关的给付（umsatzunabhängige Leistungen）出现问题时，就赔偿给付（Ersatzleistung），专利权人就必须与被许可人一起分羹了。当主张将合理许可费作为不当得利补偿时，准用同样的规则。如果专利权人主张返还侵权所得的，当该侵权所得产生于通过费用节省没法补偿的利益损失（Gewinnausfall）时，专利权人必须与其被许可人一起分享。

b）责任人（Verpflichtete）

不作为请求权和损害赔偿请求权针对每一个自然人，他们通过自己的行为——独自或者与他人合作、为自己或者他人利益、地位独立或者不独立——导致直接或者间接侵犯专利权事实的危险，或者已经导致了该事实的发生。[154]对教唆者和协助者（参见 § 33 Ⅶ）准用该规则。此外，这些请求权也针对每一个自然人或者法人，即按照民法的规则，侵权人或者参与者的行为应归咎于他，例如由此根据《民法典》第 31 条针对一个股份公司（AG）、有限责任公司（GmbH）、无限责任公司（OHG）或者两合公司（KG），及其董事会（成员）、经理或者有合法经营管理权的股东，[155]根据《民法典》第 831 条针对其雇员实施或者参与了一项侵权行为的雇主。

当然，在后一种情况下，雇主能够通过证明在雇员的选择、装备（Ausrüstung）、指导和监管方面其没有责任，从而避免承担损害赔偿责任。[156]

---

〔152〕 Vgl. Fischer, GRUR 1980, 374 ff. mit Nachweisen.

〔153〕 In diesem Sinne *Fischer*, aaO, 377 f.

〔154〕 BGH 5. 6. 1975 Flammkaschierverfahren GRUR 1975, 652；21. 9. 1978（FN 53）49 r.；OLG Düsseldorf 13. 4. 1978 GRUR 1978, 588；LG Düsseldorf 4. 12. 1984 GRUR Int. 1986, 807, 808；23. 5. 2000 Mitt. 2000, 458, 461（母公司因参与子公司之侵权行为而负有责任）；vgl. auch RG 27. 10. 1934 GRUR 1935, 99, 101；当有限责任公司的经理以及其他主体作为法人组织或者与法人具有同等地位的组织时，就其行为承担个人责任的前提和界限，参见 *Klaka*, GRUR 1988, 729–735；*Götting*, GRUR 1994, 6–12；*Haß*, FS Schilling, 2007, S. 249–262.

〔155〕 因为并非涉及法律行为上的行为，此处并非代理权限问题，而是涉及经营管理具有决定意义问题——是否一个股东已经做出了《民法典》第 31 条规定的"执行属于权限以内的事务"——的权限。

〔156〕 相反，州法院的判决认为，雇主对其领导型雇员的责任，同样并非无过失责任，参见 OLG Düsseldorf 24. 10. 1950 GRUR 1951, 316, 317。

但其前提是，以法律规定的谨慎（参见本节 II 4）对委托给雇员的活动进行审查，判断是否在此存在专利侵权的可能性。

对一项应承担责任的侵权行为，数个侵权人就损害赔偿的责任[157]属于连带债务（《民法典》第840条第1款）。[158]只要其中某人完全履行了损害赔偿，被侵权人就不能再向其他人要求损害赔偿[159]；但对该人的给付，其他人应承担分担义务（《民法典》第422条第1款、第426条）。

如果由于侵犯专利权产品具体样品的首次投放市场而引起损害，且专利权人已经获得了全部赔偿的，则专利权人对该样品的后续销售或者使用不再享有请求权，相反此时必须视为他已经同意了首次销售。[160]

如果没有误把利益返还请求权当成损害赔偿请求权的话（参见 IV d 2），对数个侵权人中的任何一个提起利益返还请求权，仅能针对该人已经获得的利益。[161]

同样，不当得利返还也只能向因侵权行为而有所获的人主张。[162]但是对象

---

〔157〕 在这种场景下经常使用的概念"同时正犯者"（Nebentäter）（参见 *Allekotte*，Mitt. 2004，7）并没带来什么认识价值（Erkenntnisgewinn）。其完全取决于，由于一个在最低程度过失情况下做出的侵犯保护权行为，出现了一个共同造成（Mitverursachung）之损害。只要众多侵权人中的一个并没有造成该整个损害的，则他对其他人就没有连带债务关系。对某项产品国内制造商和销售商所造成的损害，当损害按照类推许可进行计算时，制造商及其随后交易链条的任何销售商，在过失情况下也负有连带债务。例如，情况并非如此：制造商对一项合理制造和销售许可负有债务，而每个销售商仅对一项合理的销售许可负有债务，以致一个连带债务关系仅在后者的（较低）数额上产生；不同的观点如 *Allekotte*，aaO 10；也参见 *Zahn*，S. 160 ff. 损害源自市场机会的丢失，该机会的价值应根据权利人颁发制造和销售许可时应能获得的补偿加以衡量。在国外合法制造的产品，若进口侵犯保护权的，这种情况下通常作为计算基础的许可使用费提成，要低于包含国内制造的许可的使用费提成。

〔158〕 对供货商提供满足了《专利法》第10条事实要件的应用装置，导致专利侵权损害的，这同样适用。与此相对，在一个这种类型的案件（*Holzapfel*，GRUR 2002，193，197）中，从"僭越"权利——批准一个这样的供货商——的角度来看，有可能没有任何分立的损害赔偿请求权，从而也没有相应的专利侵权人共同责任（Mithaftung）（参见本节 II 2）。结果这看起来也是"木苹果"案的结果；但理由在于，如果出现使用被供应的装置而做出间接侵权的，仅仅需要补偿由此造成的损害，以及在于连带债务（Gesamtschuld）规则的适用。

〔159〕 Vgl. OLG Düsseldorf 13. 11. 1997 Mitt. 1998，358；zu möglichen Auswirkungen unterschiedlicher Berechnungsmethoden Götz，GRUR 2001，301；Allekotte，Mitt. 2004，10 f.

〔160〕 Vgl. oben § 33 V b 2；zur Problematik auch Zahn，S. 157 ff. mwN.

〔161〕 *Tilmann*，GRUR 2003，649，653；*Allekotte*，Mitt. 2004，9 f. – 然而根据州法院的一项判决（OLG Düsseldorf 9. 9. 2004 Ananasschneider InstGE 5，17），众侵权人之一所获得的利益就仅指损害数额，对此所有侵权人负有连带债务，即使他们没有获得利益。因此其中一个侵权人的支付就该惠益于其他侵权人（支持者还有 *Kur*，FS Kolle/Stauder，S. 385）；谁做出了多少利益，则是在补偿时根据《民法典》第426条应予考虑的。侵权人除了对其自身获得的利益负有责任，还对侵权行为链条上在其行为之后——而非之前——发生的方法负有责任。连带债务人对同一数额应承担更多责任。参见 *Zahn*，S. 185 ff. 观点相似者 *Götz*，GRUR 2001，298。

〔162〕 根据学者的观点，有多个责任人时，这里同样可能出现连带债务关系。但是并不反对就每一个存在的不当得利主张请求权，参见 *Götz*，aaO 300。

并非每一个采取了实施发明行为的人，而是——对他人或者自己的潜在——需求已经被专利相关产品或者给付所满足的人。[163]在任何情况下，仅当这一需求被"间接实施者"供给的用户所满足，并且因此许可费用通常不仅由这些用户支付而且其自身也应支付，或者许可费用仅由于《专利法》第11条第1~3项的规定不能向直接实施者主张的，才出现《专利法》第10条的"间接实施者"获得不当得利（参见本节Ⅲ3和Ⅱ2）。

Ⅶ. 抗辩（Einreden）和异议（Einwendungen）

1. 实施受保护发明的人，可以援引一个特有的较早的或者相同优先权日的（不是较晚的）保护权——且从被实施的技术原理看他享有对该保护权的权利，来对抗源自专利或者实用新型的请求权。同样，他能够对抗一个根据《专利法》第12条、第123条第5~7款、第13条、第23条或者第24条，《实用新型法》第13条第3款、第20条、第21条第1款（参见§34），或者《雇员发明法》第7条第2款或者第16条第3款（参见§21）从他那里获得的实施权，或者一个专利或者实用新型强制转让请求权（参见§20）。

专利权人提起损害赔偿请求时，侵权诉讼被告人可以主张，专利权人依照卡特尔法（反垄断法）上的理由有义务向其颁发许可。[164]仍没有定论的是，这样的抗辩是否也可用以对抗不作为之诉。[165]

2. 如果保护权请求权的时效届满，则侵权人享有拒绝履行权（Leistungsverweigerungsrecht）（《民法典》第214条第1款）。根据《专利法》第141条第1句以及《实用新型法》第24f条，并结合《民法典》第195条和第199条的规定，从请求权产生以及权利人获知侵权行为及责任人的年份，[166]或者没有重要过失应当获知时的年份之年终起算，3年届满时，产生该拒绝履行权，若请求权产生后，10年届满的，不管是否知情或者因重大过失不知情，同样产生拒绝履行权。这一规则适用于不作为请求权、排除妨碍请求权、不当得利请求权和损害赔偿请求权。但是，对损害赔偿请求权而言，侵权行为发生之后30年届满的，如果请求权的产生尚不达到10年的，时效消灭（《民法典》第199条第3款第1句第2项和第2句）。

对不作为请求权的时效而言，由于只要存在持续的威胁，请求权即不断推

---

〔163〕 Hieraus rechtfertigt sich im Ergebnis BGH 21. 9. 1978（FN 53）.

〔164〕 BGH 13. 7. 2004 Standard – Spundfass BGHZ 160, 67 = GRUR 2004, 966（B Ⅱ 2）.

〔165〕 Bejahend *Kühnen*, FS Tilmann, 2003, 513, 523 ff. ; zur gleichen Ansicht neigt OLG Karlsruhe 13. 12. 2006 Orange – Book – Standard GRUR RR 2007, 177, 179l.

〔166〕 Darüber eingehend *H. Tetzner*, Mitt. 1982, 61 ff.

陈出新，因此不能以此为由排除消灭时效。[167]相反，根据《民法典》第199条第5款，不作为请求权的时效从违法行为出现起算；当然，必须存在被侵权人的知情或者重大过失不知情。如果在违法行为出现之年起算，3年届满时，不再有新的侵犯行为时，则可使用消灭时效，即便此时重复威胁是否出现并不明确。（曾经的）侵权人主张消灭时效的情况，并不确立任何作为之威胁。

如果赔偿义务人和赔偿权利人正在进行针对请求权的磋商，根据《民法典》第203条，消灭时效中断，直到一当事人拒绝继续磋商。时效消灭的出现，不得早于中断结束后3个月届满之时。

3. 在损害赔偿请求权的消灭时效期满之后，如果责任人因侵害行为给权利人造成损失并且获利的，根据不当得利返还的相关规定，依然有责任返还所得（《专利法》第141条第2句并结合《民法典》第852条）。该请求权从其产生之时起10年消灭时效期满，但最迟从侵害行为发生后30年期满（《民法典》第852条第2句）。

在此，是否仅是法律后果之指示或者还有法律根据之指示（eine Rechtsfolgen – oder auch eine Rechtsgrundverweisung）依赖于不当得利法，在民法学文献中主流观点是后者，而今天的专利法文献则认为是前者。[168]就专利侵权的情况而言，该问题是无关紧要的，因为如果专利侵权造成损害赔偿责任，它也就持续地满足了不当得利责任的根据。

从内涵上看，"剩余损害赔偿请求权"（Restschadensersatzanspruch）同样与"本源的"不当得利请求权都以不当得利法为基础；尤其，它可能因不当得利之丧失而落空。[169]

司法判决和学术文献认为，在《专利法》第141条第2句的情况下，被侵权人可以主张返还侵权人所得。其理由部分在于，这种情况并非不当得利请求权，而是一项剩余损害赔偿请求权[170]，部分在于，获利（Erlangte）——也即

---

〔167〕 So *Reimer*，§48 Rdnr. 1；*Bernhardt*，S. 316；wie hier *Benkard/Rogge/Grabinski*，§141 PatG Rdnr. 4.

〔168〕 Vgl. *Horn*，GRUR 1978，497 f.；LG Düsseldorf 23. 5. 2000 Mitt. 2000，458，461；*Benkard/Rogge/Grabinski*，§141 PatG Rdnr. 8；*Busse/Keukenschrijver*，§141 PatG Rdnr. 40.

〔169〕 BGH 29. 5. 1962（FN 55）510 r.；30. 11. 1976（FN 50）95；vgl. auch oben Ⅳ e 3。

〔170〕 *Meier–Beck*，GRUR 1993，5；LG Düsseldorf 23. 5. 2000（FN 154）416 r.；*Pross*，FS Schilling，2007，S. 333，337 ff.，没关注查明获利（Erlangte）和计算补偿价值（W●rtersatze）（参见本节Ⅲ3 以及 Ⅳ e 1）之间的差异，并且对此也没有采取主观导向的、可能支持其结论的思考方法，看来仅把获利（Gewinn）视为所得。Wie hier *Benkard/Rogge/Grabinski*，§141 PatG Rdnr. 8；auch nach *Busse/Keukenschrijver*，§141 PatG Rdnr. 42 kann Gewinnherausgabe nicht verlangt werden.

所得（Gewinn）——不一定来自被侵权人的财产。[171]但是，援引不当得利法则清楚地将剩余请求权（Restanspruch）限制在不当得利请求权的内涵上。如果它并没有指向返还侵权人所得，它也就不可能是剩余请求权，因其起因人们也会称其为剩余损害赔偿请求权。同样，根据司法判决，获利也绝不是存在于侵权人所得，而是在于对保护对象的使用，依据代表性的观点，是指不当得利人所获得的市场机会（参见本节Ⅲ 3）。[172]侵权人所得仅有可能作为应予赔偿的获利价值的尺度，因为该获利自身是无法返还的。但是，专利法和实用新型法领域的司法判决对该价值的确定，是客观地通过合理许可费，而不是——依照民法学文献所支持的方向——通过侵权人所得（参见本节Ⅳ e 1，2）。在适用《专利法》第 141 条第 2 句、《实用新型法》第 24f 条第 2 句时，也准用这样的规则。[173]按照新的司法判决，通过返还所得以寻求获取损害赔偿（估计的）最大数额，与法律的目的——在消灭时效出现时限制赔偿责任——相悖。

4. 根据《关于〈共同体专利条例〉的建议》，由于侵权行为或者损害赔偿的诉讼消灭时效，于权利人知悉构成基础的事实之时起 5 年期满，最迟于侵权行为发生之后 10 年期满（第 45 条）。

5. 丧失之异议（der Einwand der Verwirkung）同样不排除用以针对因专利侵权而产生的请求权。可以进行这一异议的情况是，由于专利权人在一段较长时期内对侵权行为的容忍，使得允许侵权人根据客观判断，认为专利权人不再行使其权利，进而准备以及已经做了准备，因此，姗姗来迟的权利主张就违反了诚实信用原则。[174]当然，对因专利侵权而产生的请求权而言，这仅在少见的

---

〔171〕 联邦最高法院在一个案件（BGH 14. 2. 1978 Fahrradgepäckträger Ⅱ BGHZ 71，86，98 ff.）中采取了这两种观点，在该案中，由于专利侵权而错误警告引起的、以《民法典》第 823 条第 1 款为基础的损害赔偿请求权消灭时效已经期满。

〔172〕 在"自行车车架Ⅱ"案（脚注 171）中，所得（Erlangte）应不在第三人向专利权人支付的许可费上，而是在无权获得的、伴随警告函而受到尊重的实施发明排他性上；其价值产生于合理的许可费。如果实际收取的许可费较低，则就此不当得利已丧失。相反，当其超过客观合理的数额时，当然这由做出警告的保护权所有人加以证明，则不能主张返还不当得利。

〔173〕 认为针对直接侵权人的剩余损害赔偿请求权是多余的——因为不管怎样可以主张合理许可费用作为不当得利补偿——的观点，忽略了自从 1976 年以后司法判决才认可后者。这并不认为，通过该判决，援引不当得利法的内容（当时是 1968 年《专利法》第 48 条第 2 句）就被改变了。不管如何，对现行法而言，该提及的观点是以这样的方式处理的，即对不当得利请求权——除了在专利或者实用新型侵权场合极少可能出现的例外情况——不再与损害赔偿请求权一样适用较长消灭时效期限（参见第 2 点），因此在没有援引《民法典》第 852 条的特殊规定时，不当得利补偿的请求权同样发生消灭时效的期满。

〔174〕 BGH 19. 12. 2000 Temperaturwächter BGHZ 146，217 mit zahlreichen Nachweisen über Schrifttum und – meist außerpatentrechtliche – Rechtsprechung. Vgl. auch den Bericht der Deutschen Landesgruppe der AIPPI über „Duldung (Tolerierung) der Verletzung von Rechten des geistigen Eigentums", GRUR Int. 2006, 703 – 712.

例外情况下才能够被接受。[175] 相对短的保护期限，以及经常判断存在一项侵权行为的困难，总是反对认可违反诚实信用的理由。仅期满本身并不足以导致丧失。还需要符合特殊之情况。从而期满和其他特殊情况相互作用。它们应作为一个整体加以考虑，以作出这样的判定：诚实信用原则禁止债权人行使请求权，债务人不再需要考虑该请求权的主张。[176]

在专利和实用新型案件中，联邦最高法院以前公开的判决仅有一次同意丧失之异议。[177] 同样，丧失之异议在下级审（Instanzgerichten）中也极少成功。[178]

万一（例外地）认可丧失，则其应以不同的方式针对不作为请求权、损害赔偿请求权和不当得利请求权。[179] 特别是在丧失不作为请求权的情况下，据此可不被禁止继续实施发明的侵权人，原则上——对之前亦同——至少应支付合理的许可费。然而，如果因为经过特别长的时间和其他情形，不再要求侵权人进行支付时，这一请求权自身可能丧失。[180]

6. 偶尔人们会指出，专利法上的请求权的实施可能会滥用，假如该实施将导致损失不合比例的、更大的经济利益的话。[181] 在情况严重时，这一想法获得了肯认。当制造大量昂贵的东西，尤其无法移动的固定物件时，若没有故意或者重大过失，将一些侵犯了专利而制造或者销售的部件装配上去，且这些部件的价值相对于整个物件微不足道的，则专利法停止使用这些部件的请求权，仅当整个物件应予重建时，才允许提起。如果它无法出现在不损害物件确定功效的情况下，或者它的出现伴随不成比例的成本的，则应该不能主张停止使用，而是应承担责任之侵害情况下仅可以主张损害赔偿，而无责任之侵害情况下仅可以主张不当得利补偿。

从《民法典》第 912 条对既非故意又非重大过失的逾界建筑（Überbau）的处理中，能够汲取这样一条线索：消极请求权（negatorischer Ansprüche）的这样一个倒退，与立法者的价值取向相一致。《专利法》第 140a 条第 4 款、《实用新型法》第 24a 条第 3 款规定的销毁请求权（Vernichtungsanspruch），与《民法典》第 251 条第 2 款第 1 句规定的以不适当方式恢复原状的损害赔偿请

---

〔175〕 Vgl. *Beier/Wieczorek*, GRUR 1976, 566 ff.; *Klaka*, GRUR 1970, 265, 272 f. und 1978, 70 ff

〔176〕 BGH 19. 12. 2000 (FN 174) 224 ff.; s. auch BGH 1. 2. 2005 Schweißbrennerreinigung BGHZ 162, 110 = GRUR 2005, 567 (Nr. 3).

〔177〕 BGH 19. 12. 2000 (FN 174); als unbegründet erachtete den Einwand BGH 17. 3. 1994 Zerlegvorrichtung für Baumstämme GRUR 1994, 597, 601 f.

〔178〕 Vgl. *Beier/Wieczorek* (FN 175) 569 f.; *Klaka* (FN 175).

〔179〕 So grundsätzlich auch BGH 19. 12. 2000 (FN 174) 222 f.

〔180〕 BGH aaO 221, 227.

〔181〕 *Tetzner*, §1 Rdnr. 33; *Götting*, §19 Rdnr. 29.

求权，都指引向同一个方向退让。[182]

对一个各方利益公平的（interessengerecht）方案而言，并不需要承认，随着部件的装配，专利法关于这个出现问题的部件的所有权限就无条件地丧失了（参见 § 33 Ⅲ c cc 5）。

7. 如果专利授予是不合法的，那么只能在专利撤销或者无效宣告之后，才能以之对抗专利侵权的请求权。但是，有可能的是，对是否某一个确定的实施例落入专利保护范围这个问题而言，由专利优先权日所确定的现有技术变得重要（参见 § 32 Ⅲ f）。源自现有技术的异议，可以对抗来自专利的请求权。

然而，当实用新型存在一个任何人都有权主张的撤销理由时，尤其当登记为实用新型的发明缺乏新颖性或者没有创造性方法时，可以对来自实用新型的请求权进行不限制的异议（《实用新型法》第 13 条第 1 款、第 15 条第 1 款和第 3 款）[183]。不过只要侵权诉讼被告申请撤销实用新型的请求失败的，则出现例外。在这种情况下，因驳回撤销申请而被维持的实用新型，对法院具有约束力（《实用新型法》第 19 条第 3 款）。[184]

8. 根据流行的观点，在骗取（Erschleichung）专利的情况下，侵权法院（Verletzungsgericht）所受的约束应出现例外，[185]骗取可以表现为不同的形式：通过欺骗专利局获得专利授权，尤其有意隐瞒一项明显的妨碍获得专利的公开文献或者在先实施；意识到专利应被正确地宣告无效，但却在无效程序中通过和解式的调解（vergleichsweise Beilegung），来骗取专利的维持[186]；恢复权利原状之骗取，[187]即通过有意的错误陈述，使得一项被撤销的专利重新恢复效力。在所有这些情况下都可以提起异议，即主张专利违反善良风俗，因此为《民法典》第 826 条所禁止。就此实际上不产生任何需要保护的价值。

对骗取专利授予的异议，在 1891 年引入 5 年排斥期间（Ausschlußfrist）以用于无效宣告诉讼时，就扮演着并非次要的角色。自该排斥期间于 1941 年

---

〔182〕 Vgl. *Köhler*, GRUR 1996, 82, 86 f.

〔183〕 BGH 5. 6. 1997 Leiterplattennutzen BGHZ 136, 40, 42 f.; 13. 5. 2003 Momentanpol GRUR 2003, 867, 868.

〔184〕 如果撤销申请以不合法被驳回的，尤其当该申请违反诚实信用原则的，通常可以产生约束效力，参见 OLG Düsseldorf 14. 3. 1995 GRUR 1995, 487。

〔185〕 *Benkard/Bruchhausen*, 9. Aufl., § 9 PatG Rdnr. 67 f.; *Busse/Keukenschrijver*, § 139 PatG Rdnr. 195; *Ströbele*, Die Bindung der ordentlichen Gerichte an Entscheidungen der Patentbehörden, , 1975, S. 140 ff.; jeweils mit Nachweisen. Stark einschränkend *Benkard/Scharen*, § 9 PatG Rdnr. 70.

〔186〕 Dazu RG 8. 12. 1937 RGZ 157, 1, 4 f. 鉴于没有期限限制的、可能出现的无效宣告，不应说是"专利休战"（Patentruhe）；准确的解释见 *Ströbele*, aaO, S. 141 f.

〔187〕 Dazu BGH 27. 5. 1952 GRUR 1952, 564, 565 r.; 16. 3. 1956 GRUR 1956, 265, 269.

被废除之后，异议的需求在实践上就消失了。是否它仍可能出现，联邦最高法院对此持开放态度。[188]由于当审理侵权诉讼的法院想准许该异议时，法院必须确认，如果没有该骗取的行为，专利是无法获得授权的，因此在所有相关的案件中，无效诉讼（在正确审理案件的情况下）可以确保稳操胜券。因此，就异议而言，考虑到法定的授予管辖权（Zuständigkeitsverteilung），仅当个案中由于十分特殊的理由无法期望侵权人提起无效诉讼时，才有异议存在的可能。然而，这恰恰在该假定情况下是不可能的。在此求助于无效诉讼不意味着任何不利，因为由于无效诉讼具有很高的胜诉希望，在无效诉讼裁决之前中止侵权诉讼，就始终是值得推荐的；同样，由于高的胜诉前景和相应的费用补偿以及（特别在有胜诉前景时经济能力微弱的无效诉讼起诉人可得到的）经济之减负，无效诉讼的费用风险并不能说明（无效诉讼）不合理之观点是正确的。

专利权人欺骗了专利局的事实，依然不构成理由以评判提起无效诉讼对侵权诉讼的被告人不合理。[189]专利权人行为举止的低劣道德价值评判，对一个漠视——绝非仅为其利益而产生——管辖规定（Zuständigkeitsregelung）的行为而言，并非是适当的辩解理由。但是，它不仅是支持排斥隐瞒真相之异议的形式理由，而且也是一种威胁，即在一些情况下它也会得到准许，例如无效诉讼的胜诉前景不确定并因此可能恰好发现，使侵权诉讼被告人遭受这一风险是"不适当"的。

在骗取专利维持的情况下，同样没有明显的需要，在专利侵权诉讼中给予一个相应的异议。异议将再一次假设，专利肯定是可以废除的（Vernichtbarkeit）。但此外，由于已经陈述的理由，提起无效诉讼对被告而言并非不合理。通过无效诉讼程序中的和解式调解，非法地维持实质不合法的专利，与任意第三人——根据《专利法》第99条第3款的规定原则上在先程序的案卷应向他们开放——提起新的无效诉讼的可能性相互对抗。假如因此公众利益可能受到了不充分的保护的，则需要考虑修改法律，使得无效诉讼能够依职权继续进行甚至启动。与此相反，从公众角度看，允许在侵权诉讼过程中提出骗取异议（Erschleichungseinwand），则是有害的，因为如果采取这一激进措施仅仅导致驳回侵权诉讼，但该明显应予废弃的专利依然存在，然而只要不准予异议，被告将不得不对专利的全面效力进行修正。

至今在司法判决中尚未处理过的——只要事实清楚——情况是，专利权人

---

〔188〕 BGH 25. 9. 1953 GRUR 1954，107，111；16. 2. 1954 GRUR 1954，317，319；8. 10. 1957 Tonfilmwand GRUR 1958，75，77.

〔189〕 So aber *Benkard/Bruchhausen*，9. Aufl.，§9 PatG Rdnr. 67.

违反公序良俗侵犯了诉讼的真实性义务（Wahrheitspflicht），从而导致无效诉讼之驳回；由于举证责任落在无效诉讼原告身上，这种情况很少发生，但是它并非被排除了，而且一旦出现，在侵权诉讼中将给无效诉讼遭驳回且驳回已生效的原告带来难题，因为它排除了根据已经主张过的不成功的理由，提起新的无效诉讼的可能；因此，当这种情况可能在某次出现时，不应当拒绝提起异议，主张专利权人以违反公序良俗方式的行为损害了他。[190]

准许提出异议，主张恢复权利原状是欺骗的结果，并不存在充足的理由。只要专利授权的恢复原状已经发生，无效宣告理由以及——因纯粹程序瑕疵不进行任何无效宣告——原则（参见§26 B Ⅲ 1）的完全确定，就已经反对就恢复原状的合法性进行再审查。如果再审查在无效诉讼中从未被允许过，它在侵权诉讼中就更受到排斥。因为并没有规定它是由于程序瑕疵应当随着专利授予产生效力而消除，[191]并非由于应当禁止无效诉讼的法官考虑它而允许侵权诉讼的法官考虑它。

另外的情况是，就在错过期限内已授予之专利的年费缴纳而言，恢复原状已然是"骗取的"。就此而言，异议同样不存在任何正当性。在此，有意识地对案情进行虚假陈述，使得实际应负责任的拖欠看起来无责任，似应构成"骗取"。这一要件，至少从主观角度看，极少存在。但是，即使在个案中能够确定这种行为及其导致恢复原状的，也不意味着过失如此严重，以致——在侵权诉讼中似应惩罚性地从废除专利开始的——这种做法，是合适的。不管如何，通过这种"骗取"而可能出现的延期，最长到延误的缴纳期间届满1年（《专利法》第123条第2款第4句）。除此之外，专利权人没有获得任何不应得的好处：他缴纳带附加费的费用，并以此取得一项实际上合法授予的专利的连续性。根据《专利法》第123条第5款有关继续实施权的规定，第三人应给予保护的利益，依然受到保障。所以，恢复原状是否实质正当的问题，没有如此根本性之意义，以致当恢复原状在个案中建立在专利权人有意虚假陈述基础上时，无法忍受对一项实际上不合法的恢复原状也置之不理。如果在侵权诉讼中考察是否存在这样的情形，则难以与《专利法》第123条第4款的规定相一致，其剥夺了对恢复原状的所有撤销。

---

〔190〕 Vgl. *Kraßer*, FS Nirk, 1992, S. 531, 545 ff.

〔191〕 BGH 6. 10. 1959 Schiffslukenverschluß GRUR Int. 1960, 506, 507 r.；BPatG 8. 6. 1983 Bl. f. PMZ 1984, 380.

§36 侵犯专利或者实用新型之诉

参考文献：*Adolphsen*，*J.*，Europäisches und internationales Zivilprozessrecht in Patentsachen，2005；*Bierbach*，*W.*，Probleme der Praxis des Verletzungsverfahrens mit Bezug zum Erteilungs – und Nichtigkeitsverfahren，GRUR 1981，458 – 465；*Bornkamm*，*J.*，Der Schutz vertraulicher Informationen im Gesetz zur Durchsetzung von Rechten des geistigen Eigentums – In – camera – Verfahren im Zivilprozess? FS Ullmann，2006，S. 893 – 912；*Bopp*，*T.*，Die einstweilige Verfügung in Patentsachen，FS Helm，2002，S. 275 – 286；*v. Falck*，*A.*，Einstweilige Verfügungen in Patent – und Gebrauchsmustersachen，Mitt. 2002，429 – 438；*v. Falck*，*K.*，Die Rechtsbehelfe gegen das rechtskräftige Verletzungsurteil nach rückwirkendem Wegfall des Klageschutzrechts，GRUR 1977，308 – 312；*Götting*，*H. – P.*，Die Entwicklung neuer Methoden der Beweisbeschaffung zur Bekämpfung von Schutzrechtsverletzungen. Die Anton – Piller – Order – Ein Modell für das deutsche Recht?，GRUR Int. 1988，729 – 744；*Grosch*，*M.*，Zum Streitgegenstandsbegriff im Patentverletzungsprozess unter Berücksichtigung der Rechtsprechung zum Wettbewerbs – und Markenprozess，FS Schilling，. 2007，S. 207 – 236；*Haedicke*，FS Schricker（oben vor §35 I）；*Heide*，*N.*，Softwarepatente im Verletzungsproze，CR 2003，165 – 171；*Holzapfel*，*H.*，Zum einstweiligen Rechtsschutz im Wettbewerbs – und Patentrecht，GRUR 2003，287 – 294；*Horn*，*W.*，Patentverletzungsproze und Nichtigkeitsverfahren，GRUR 1969，169 – 177；*Ibbeken*，*A.*，Das TRIPs – Übereinkommen und die vorgerichtliche Beweishilfe im gewerblichen Rechtsschutz，2004；*König*，*R.*，Die Beweisnot des Klägers und der Besichtigungsanspruch nach §809 BGB bei Patent – und Gebrauchsmusterverletzungen，Mitt. 2002，153 – 165；*Krieger*，*U.*，Der Zwang zur Klagenkonzentration（§145 PatG），GRUR 1985，694 – 697；*Kröger*，*B. / Bausch*，*T.*，Produktpiraterie im Patentwesen，GRUR 1997，321 – 328；*Kühnen*，*T.*，Die Besichtigung im Patentrecht. Eine Bestandsaufnahme zwei Jahre nach „Faxkarte"，GRUR 2005，185 – 196；*ders. / Geschke*，*E.*，Die Durchsetzung von Patenten in der Praxis. Von der Abmahnung bis zur Zwangsvollstreckung，3. Aufl. 2007；*Leppin*，*K. H.*，Besichtigungsanspruch und Betriebsgeheimnis，GRUR 1984，552 – 564，695 – 713，770 – 778；*Frhr. v. Maltzahn*，*F.*，Die Aussetzung im Patentverletzungsproze nach §148 ZPO bei erhobener Patentnichtigkeitsklage，GRUR 1985，163 – 173；*Melullis*，*K. – J.*，Zum Besichtigungsanspruch im Vorfeld der Feststellung einer Verletzung von Schutzrechten，FS Tilmann，2003，S. 843 – 856；*Mes*，*P.*（Hrsg.），Münchener Prozessformularbuch，Bd. 5，Gewerblicher Rechtsschutz，Urheber – und Presserecht，2. Aufl. 2005；*Meyer – Dulheuer*，*K. H.*，Der Vorlegungsanspruch bei biotechnologischen Erfindungen，GRUR Int. 1987，14 – 18；*Pitz*，*J.*，Patentverletzungsverfahren，2003；

Rogge, *R.*, Einstweilige Verfügungen in Patent – und Gebrauchsmustersachen, FS v. Gamm, 1990, S. 461 – 475; *ders.*, Zur Aussetzung in Patentverletzungsprozessen, GRUR Int. 1996, 386 – 390; *Ryberg*, *A.*, Verfahrensrecht in Patentstreitsachen, GRUR Int. 1996, 234 – 238; *Scharen*, *U.*, Die Aussetzung des Patentverletzungsstreits wegen anhängiger, jedoch erstinstanzlich noch nicht beschiedener Nichtigkeitsklage, FS VPP, 2005, S. 396 – 411; *Stauder*, *D.*, überlegungen zur Schaffung eines besonderen Beweis-verfahrens im Europäischen Patentverletzungsrecht – Saisie – contrefaçon oder actio ad exhibendum als Beispiele?, GRUR Int. 1978, 230 – 238; *ders.*, Umfang und Grenzen der Aus-kunftspflicht im gewerblichen Rechtsschutz und Urheberrecht, GRUR Int. 1982, 226 – 231; *ders.*, Patent – und Gebrauchsmusterverletzungsverfahren in der Bundesrepublik Deutschland, Großbritannien, Frankreich und Italien – Eine rechtstatsächliche Untersuchung, 1989; *Stürner*, *R.*, Die gewerbliche Geheimsphäre im Zivilprozeß, JZ 1985, 453 – 461; *Tilmann*, *W.*, Beweissicherung nach Europäischem und deutschem Recht, FS Ullmann, 2006, S. 1013 – 1023; *Treichel*, *P.*, Die Sanktionen der Patentverletzung und ihre gericht-tliche Durchsetzung im deutschen und französischen Recht, 2001; *Worm/Gärtner* (oben vor § 35 I).

I. 管 辖

a)《专利法》和《实用新型法》中的规定

1. 根据《专利法》第 143 条第 1 款的规定，不论诉讼标的大小，州法院（Landgerichte）民事庭（而非商事庭）对专利纠纷案件享有专属管辖权。该规定涉及事务管辖。它排除了地方法院（Amtsgericht）对《法院组织法》（GVG）第 23 条第 1 项规定的诉讼标的额达 5000 欧元案件的一审管辖权。该规定所称的专利纠纷案件，即主张源自于《专利法》规定的某种法律关系的请求权所引起的所有诉讼。司法判例和学说对这个概念作了进一步的阐释：只要存在与以《专利法》为基础的请求权或权利，则存在这种关联[1]。

尤其属于专利纠纷案件的有

——由于对专利法保护的某项权利包括发明者人格权的侵犯，主张专利法自身规定的请求权（诸如根据《专利法》第 139 条第 1 款和第 2 款、第 33 条、第 23 条第 3 款、第 8 条、第 63 条第 2 款）或者以非专利法为基础的请求权（例如《民法典》第 812 条、第 818 条、第 823 条）而引起的诉讼程序；

——因查明上述请求权或者权利存在或者不存在而引起的诉讼程序；

---

[1] Vgl. *Benkard/Rogge/Grabinski*, § 143 Rdnr. 4 mit Einzelangaben.

——请求权纠纷，该请求权源自上述权利的许可或者转让协议；

——雇员发明纠纷，该纠纷不单单涉及已经确定或者规定之补偿的支付（《雇员发明法》第 39 条）；

——有关取得欧洲专利之权利的纠纷，只要根据《承认备忘录》（参见 § 20 Ⅲ b）联邦德国的法院对其享有管辖权（《国际专利条约法》第 Ⅱ 章第 10 条）。

2. 根据由《专利法》第 143 条第 2 款所支持的国家法律的规定，在一审和二审中，由 12 个州法院以及同样数量的州高等法院，集中（Konzentration）审理专利纠纷案件（参见 § 9 Ⅱ b）[2]。在个案中，能够向这里的哪个（哪些）州法院提起上诉，应依据《民事诉讼法》第 12 条及以下的有关法院管辖权的规定（例外，《国际专利条约法》第 Ⅱ 章第 10 条第 1 款第 2 句）。

3. 同样，根据《实用新型法》第 27 条第 1 款的规定，不论诉讼标的大小，对实用新型纠纷案件，即根据《实用新型法》规定的请求权所主张的所有诉讼[3]，州法院民事庭对其具有一审管辖权。根据以《实用新型法》第 27 条第 2 款为基础的州法的规定，它们在例外情况下，是专利案件的管辖法院（参见 § 9 Ⅱ b）。

4. 因侵害共同体专利的诉讼，根据《关于〈共同体专利条例〉的建议》（参见 § 7 Ⅱ d 6）第 30 条第 2 款的规定，共同体专利法院以及作为法律救济法院（Rechtsmittelgericht）的欧共体一审法院，享有排他性管辖权。在引入这一司法裁判体系之前，根据第 53a～53i 条的规定，成员国国内法院具有管辖权。

b）国际管辖

参考文献：*Bertrams*, *H.*, Das grenzüberschreitende Verletzungsverbot im niederländischen Patentrecht, GRUR Int. 1995, 193–201; *Brinkhof*, *J. J.*, Geht das grenzüberschreitende Verletzungsverbot im niederländischen einstweiligen Verfügungsverfahren zu weit?, GRUR Int. 1997, 489–497; *Fähndrich*, *M. /Ibbeken*, *A.*, Gerichtszuständigkeit und anwendbares Recht im Falle grenzüberschreitender Verletzungen（Verletzungshandlungen）der Rechte des geistigen Eigentums, GRUR Int. 2003, 616–625; *Geschke*, *E.*, Vom EuGVü zur EuGVVO – ein überblick. Gibt es Neuerungen für den Gewerblichen Rechtsschutz? Mitt. 2003, 249–252; *Gra*

---

[2] 对诉讼数量和法院地点分配的统计说明，参见 *Hase*, Mitt. 1994, 329–331; s. auch *Kalss/ Pecher*, GRUR 2006, 647, 649 ff.

[3] Übersicht bei *Loth*, § 27 Rdnr. 3 ff. ; Beispiele bei *Bühring*, § 27 Rdnr. 9.

binski, *K.* , Zur Bedeutung des Europäischen Gerichtsstandsund Vollstreckungsübereinkommens (Brüsseler übereinkommens) und des Lugano – übereinkommens in Rechtsstreitigkeiten über Patentverletzungen, GRUR Int. 2001, 199 – 213; *Heinze*, *C. A. /Roffael*, *E.* , Internationale Zuständigkeit für Entscheidungen über die Gültigkeit ausländischer Immaterialgüterrechte, GRUR Int. 2006, 787 – 798; *Hölder*, *N.* , Der Gerichtsstand der Streitgenossenschaft im europäischen Patentverletzungsprozess, Mitt. 2005, 208 – 215; *Hye – Knudsen*, *R.* , Marken – Patent – und Urheberrechtsverletzungen im europäischen Internationalen Zivilprozessrecht, 2005; *König*, *R.* , Materiellrechtliche Probleme der Anwendung von Fremdrecht bei Patentverletzungsklagen und – Verfügungsverfahren nach der Zuständigkeitsordnung des EuGVü, Mitt. 1996, 296 – 307; *Körner*, *E.* , Internationale Rechtsdurchsetzung von Patenten und Marken nach europäischem Prozessrecht, FS Bartenbach, 2005, S. 401 – 416; *Kurtz*, *C.* , Grenzübertschreitender einstweiliger Rechtsschutz im Immaterialgüterrecht, 2004; *Laubinger*, *T.* , Die internationale Zuständigkeit der Gerichte für Patentstreitsachen in Europa, 2005; *Leitzen*, *M.* , Comeback des „Torpedo"?, GRUR Int. 2004, 1010 – 1015; *Luginbühl*, *S.* , Die schrittweise Entmündigung der nationalen Gerichte in grenzüberschreitenden Patentstreitigkeiten durch den EuGH, FS Kolle/Stauder, 2005, S. 389 – 408; *v. Meibom*, *W. /Pitz*, *J.* , Grenzüberschreitende Verfügungen im internationalen Patentverletzungsverfahren, Mitt. 1996, 181 – 190; *dies.* , Die europäische „Transborderrechtsprechung" stößt an ihre Grenzen, GRUR Int. 1998, 765 – 771; *Neuhaus*, *W.* , Das übereinkommen über die gerichtliche Zuständigkeit und die Vollstreckung gerichtlicher Entscheidungen in Zivil – und Handelssachen vom 27. 9. 1968 (EuGVü) und das Luganer übereinkommen vom 16. 9. 1988 (Lugü), soweit hiervon Streitigkeiten des gewerblichen Rechtschutzes betroffen werden, Mitt. 1996, 257 – 269; *Pansch*, *R.* , Die einstweilige Verfügung zum Schutze des geistigen Eigentums im grenzüberschreitenden Verkehr, 2003; *Pitz*, *J.* , Torpedos unter Beschu, GRUR Int. 2001, 32 – 37; *Reichardt*, *S.* , Internationale Zuständigkeit im Gerichtsstand der unerlaubten Handlung bei Verletzung europäischer Patente, 2006; *Schauwecker*, *M.* , Zur internationalen Zuständigkeit bei Patentverletzungsklagen, GRUR Int. 2008, 96 – 105; *Stauder*, *D.* , Die Anwendung des EWG – Gerichtsstands – und Vollstreckungsübereinkommens auf Klagen im gewerblichen Rechtschutz und Urheberrecht, GRUR Int. 1976, 465 – 477, 510 – 520; *ders.* , Die internationale Zuständigkeit in Patentverletzungsklagen, FS Schricker, 2005, S. 917 – 928; *ders. /v. Rospatt*, *P. /v. Rospatt*, *M.* , Grenzüberschreitender Rechtsschutz für europäische Patente, GRUR Int. 1997, 859 – 864; *Tilmann*, *W. /v. Falck*, *A.* , EU – PatentrechtsharmonisierungⅡ: Forum – Shopping und Torpedo, GRUR 2000, 579 – 586.

1. 欧盟成员国——丹麦除外[4]——之间的国际管辖，根据《关于民商事案件的法院管辖、法院裁决承认和执行的条例》（EuGVVO）[5]，该条例取代了欧共体《关于民商事案件的法院管辖和法院裁决执行的条约》（EuGVü）[6]；欧盟成员国与其他意见一致的欧洲国家[7]的国际管辖，则根据表述很相似的《卢加诺条约》（Lugü）。[8]

同样，其他国家则按照涉及法院管辖的多边或者双边协定。[9]

只要共同体或者国际法没有相反的规定，当依据《民事诉讼法》的规定产生本国法院管辖权时[10]，联邦德国的法院享有管辖权。EuGVVO 第 4 条第 1 款特别规定了，当被告在成员国没有住所时，参照国内管辖权规则。

2. 根据 EuGVVO 的规定，在某一成员国具有住所的，其诉讼应在该成员国提起（第 2 条第 1 款）。[11] 在此并不取决于国籍（第 2 条第 2 款）。公司和法院的住所依第 60 条而定。

对在某一成员国有住所的人，可以在另外一个成员国提起诉讼，只要一项非法行为或者一项与此等同的行为[12]，或者基于这种行为的请求权构成该诉讼的客体。就此，侵权事件发生[13]或者即将发生地的法院享有管辖权（第 5 条第 3 项，非法行为的法院管辖权）。一个成员国取得管辖的法院，是否仅能够裁决发生在该成员国的行为，还是也能裁决发生在其他成员国的行为，根据该规定的措辞，尚存疑问[14]。

---

〔4〕 Insoweit gilt weiterhin das EuGVÜ, s. FN 6.

〔5〕 Verordnung Nr. 44/2001 des Rates über die gerichtliche Zuständigkeit und die Anerkennung und Vollstreckung von Entscheidungen in Zivil – und Handelssachen vom 22. 12. 2000，ABlEG L 12/01；geändert ABlEG L 225/02 S. 13；dazu das deutsche Ausführungsgesetz vom 19. 2. 2001 BGBl. I S. 288，436，zuletzt geändert durch Gesetz vom 17. 4. 2007 BGBl. I S. 529.

〔6〕 Übereinkommen der Europäischen Gemeinschaft über die gerichtliche Zuständigkeit und die Vollstreckung gerichtlicher Entscheidungen in Zivil – und Handelssachen vom 27. 9. 1968 mit späteren Änderungen，abgedruckt in Baumbach/Lauterbach/Albers/Hartmann，ZPO，64. Aufl. 2006，Schlußanhang V，S. 2983.

〔7〕 瑞士、爱尔兰、挪威。

〔8〕 Abgedruckt aaO（FN 6）S. 3032.

〔9〕 Abgedruckt in *Baumbach/Lauterbach/Albers/Hartmann*，ZPO，65. Aufl. 2007，S. 2847 ff.

〔10〕 *Neuhaus*，Mitt. 1996，259，268；*Fähndrich/Ibbeken*，GRUR Int. 2003，617；*Benkard/Scharen*，§9 PatG Rdnr. 13.

〔11〕 同样，就一项消极的确认之诉而言，应以被告而非原告——作为拟制的被侵害人——的地点为准，参见 LG Düsseldorf 10. 6. 2003 WC – Erfrischer InstGE 3，153（Rdnr. 6）。

〔12〕 Dazu gehören auch Patentverletzungen，LG Düsseldorf 25. 8. 1998 GRUR Int. 1999，455，457 und 25. 3. 1999 aaO 775，777；*Neuhaus*，Mitt. 1996，262；jeweils mit Nachweisen.

〔13〕 Zur Bestimmung dieses Ortes *Neuhaus*，aaO.

〔14〕 Verneinend LG Düsseldorf 25. 8. 1998 以及 25. 3. 1999（FN 12）；10. 6. 2003（FN 11）Rdnr. 7；*Neuhaus*，aaO 264；*Grabinski*，GRUR Int. 2001，205；abwägend *v. Meibom/Pitz*，Mitt. 1996，182 f.

如果多个人被一并起诉的，则诉讼可以在某个被告人住所地法院进行，只要这些诉讼之间存在非常紧密的关系，以致看起来要求一同审理和裁判，以避免在各自独立的诉讼中发生裁判的相互矛盾（第6条第1项）[15]。欧洲法院认为下列情况下这一前提并没被满足：因侵犯同一个欧洲专利的所有诉讼已经提起，并且所有被告都是属于同一个企业集团的企业，根据由其单独指定的共同行动政策（Geschäftspolitik），以相同或者类似的方式作出了行为。[16]

专利、商标、外观设计、模型以及类似需要保存或者登记的权利，对以它们的登记或者效力为对象的诉讼，第22条第4项规定了不考虑住所的排他性管辖。当在一个成员国的境内，上述保存或者登记已经申请或者实施，或者依据一份共同体法律文件或成员国间的条约被视为实施的，则该成员国的法院具有排他性管辖权。以欧洲专利的授予或者效力为对象的诉讼程序，授予该专利的成员国法院享有排他性管辖，不受《欧洲专利公约》的影响。正如欧洲法院所决定的，这并不取决于授予或者效力问题是否以诉讼方式或者异议方式提起。[17]

如果在不同成员国的法院提起诉讼，当事人与请求权都相同的，则在后起诉的法院应依职权中止诉讼，直到接受第一个起诉的法院的管辖权确定为止。假如确定了，则在后起诉的法院将宣布不予管辖（第27条），即便没有在先提起的诉讼，它已然是管辖法院。诉讼提起的时间点以第30条的规定为准。

就临时措施以及这类以保护为目的的措施，适用一项特殊规则：只要成员国法律已经就此作出规定的，就能够向这些成员国法院提起申请，即使根据EuGVVO，另一个成员国的法院对诉讼标的（Hauptsache）的裁判享有管辖权（第31条）。

3. 根据 EuGVVO 第 33 条，在一个成员国中作出的裁判，无须特殊程序即可在另一个成员国得到承认。在此，只要不可能出现指定的、特别规定的管辖权——针对专利和其他有形式约束的（formgebundenen）保护权的效力诉讼管辖权也属于这些指定管辖（第35条），就没有必要核查初始成员国法院的管辖权。

---

〔15〕 Vgl. dazu LG Düsseldorf 25. 3. 1999（FN 12）；*Neuhaus*，aaO 265 ff. ；*Grabinski*，aaO 206 f. ；zurBeurteilung des Zusammenhangs bei Patentverletzungen，die hinsichtlich des gleichen Erzeugnisses von verschiedenen Personen in verschiedenen Mitgliedstaaten begangen werden，*v. Rospatt*，GRUR Int. 1997，862 f. ；*Hölder*，Mitt. 2005，208 ff. ；*Osterieth/Haft*，FS VPP，2005，S. 372 ff.

〔16〕 EuGH 13. 7. 2006 C - 539/03 Roche Nederland . /. Frederick Primus GRUR Int. 2006，836.

〔17〕 EuGH 13. 7 2006 C - 4/03 GAT . /. LuK GRUR Int. 2006，839（für die entsprechenden Bestimmungen des EuGVÜ）；vgl. auch den（Vorlagebeschluss）OLG Düsseldorf 5. 12. 2002 Torsionsdämpfer InstGE 3，80. Krit. *Luginbühl*，FS Kolle/Stauder；*Heinze/Roffael*，GRUR Int. 2006，787 ff. ；*Bukow*，FS Schilling，2007，S. 59 ff.

4. 因侵犯外国专利的，同样能够向具有国际管辖权的德国法院提起诉讼[18]，当然，依据主流观点，如果仅存在非法行为的法院管辖权（der Gerichtsstand der unerlaubten Handlung）的，则不能。是否存在一项侵害或者因此产生了哪些请求权，德国法院应根据授予了专利或者欧洲专利局为其授予了专利的国家的法律加以判断[19]。然而，对由其他国家授予的专利，或者对向其他国家授予的专利，法院不能进行无效宣告；对在有些国家规定的实用新型和类似的保护权，适用这一规则。相反，仅与"诉讼"有关的 EuGVVO 第 22 条第 4 项，看起来并没有禁止审查由被告人提起的、关于保护权无效的异议。因此可以部分地认为，这种审查的合法性，取决于授予保护权的国家或者为其授予保护权的国家的法律[20]。然而，一些欧盟成员国法院认为，一项无效异议的审查，通常同样保留给了 EuGVVO 第 22 条第 4 项规定的管辖法院[21]。英语版本（关于专利登记或者效力的诉讼）支持这样的见解。[22] 欧洲法院已经确认了这一观点。[23]

5. 根据 EuGVVO，由于第一个受理案件的法院具有优先权，所以担心被控专利侵权的当事人，偶尔会选择一个法院提起消极的确认之诉（参见本节 Ⅲ b），以阻碍专利权人按照自己选择的、有管辖权的法院提起诉讼[24]。由于受理在后法院的中止义务，甚至最先受理法院的管辖不适格[25]，当通过消极确认之诉所引入的诉讼——由于就此主张程序权利的可能性以及受理法院的工作方式——占用特别多时间时，这样的一种"水雷"（如实践中对其之冠名），能够显著地推迟对源自专利的权利的实施。在这种情况下，有些国家的法院以在先提起的消极确认之诉属于滥用为理由，而主张自己具有管辖权。欧洲法院是否支持这一观点，根据其至今仅有针对无形财产之外的案件的判决，尚

---

〔18〕 Vgl. BGH 2. 10. 1956 BGHZ 22, 1, 13; *Bernhardt*, S. 168; *Stauder*, Mitarbeiter – FS Ulmer, 1973, S. 509 ff. ; *Tetzner*, GRUR 1976, 669; *Gro*, GRUR Int. 1957, 346.

〔19〕 Näheres insb. bei *König*, Mitt. 1996, 296 ff.

〔20〕 So LG Düsseldorf 31. 5. 2001 GRUR Int. 2001, 983; weitere Nachweise bei *Tilmann/v. Falck*, GRUR 2000, 583.

〔21〕 Vgl. *Kieninger*, GRUR Int. 1998, 280, 287 f. ; *Tilmann/v. Falck*, GRUR 2000, 580 ff. ; *Grabinski*, GRUR Int. 2001, 208 f. ; *Fähndrich/Ibbeken*, GRUR Int. 2003, 617.

〔22〕 Vgl. OLG Düsseldorf 5. 12. 2002 (FN 17) Rdnr. 13.

〔23〕 C – 4/03 (FN 17).

〔24〕 Vgl. *v. Meibom/Pitz*, GRUR 1998, 769 f. ; *Pitz*, GRUR Int. 2001, 32 ff. ; *Grabinski*, aaO 209 f. ; *Treichel*, GRUR Int. 2001, 175 ff. ; *Tilmann/v. Falck*, aaO 583 f. und zu den Überlegungen, die bei der Wahl des Gerichtsstands eine Rolle spielen können, aaO 584 f.

〔25〕 最初受理法院的管辖权，应仅由该法院而非在后受理法院进行审查，参见 LG Düsseldorf 27. 2. 1998 Mitt. 1998, 397.

有疑问。[26]

不过，即使在其他成员国的法院已经有一个待决的消极确认之诉[27]，也允许专利权人根据 EuGVVO 第 31 条的规定，申请临时措施。

6. 荷兰法院曾经根据 EuGVü 中的管辖规定，在许多案件中（经常也在临时处分诉讼中，也即简易诉讼）作出了"跨境的禁令"（überschreitende Unterlassungsverfügungen），这种命令建立在其他国家专利的基础上，其主张相应地涉及在该国做过的行为，并针对在该国居住的被告人（被申请人）。[28]

Ⅱ. 当事人——代理

1. 只有权利所有人、排他许可的被许可人、抵押权人、质押权人享有属于自己的提起侵权诉讼的权限，因为只有他们，相反并非普通许可的被许可人，才能够因侵权行为而产生请求权（参见 § 35 Ⅵ a 1）。然而，普通许可的被许可人能够诉诸损害赔偿请求权和不当得利请求权，只要这些请求权产生于上述权利人之一，并已让渡给他们。当权利人的损害赔偿请求权包含了普通许可的被许可人的损害时，这尤其重要（参见 § 35 Ⅵ a 1）。在没有让渡的情况下，普通许可的被许可人同样可以获得授权，用自己的名义，以诉讼方式，替权利人主张该产生的请求权。[29] 此时，被许可人表现为"任意的诉讼担当"（*gewillkürter Prozeßstandschaft*），这种做法是合法的，因为他对该请求权的实施具有自己的利益。[30]

根据《关于〈共同体专利条例〉的建议》第 33 条第 2 款，一个许可合同的权利人，在侵权时，仅当专利权人同意，才可以提起诉讼。但是，一项排他许可的权利人，在其要求专利权人进行诉讼而徒劳无果之后，有权进行诉讼。

---

〔26〕 S. *Leitzen*, GRUR Int. 2004, 1012 ff.

〔27〕 LG Hamburg 22. 4. 2002 GRUR Int. 2002, 1025, 1027 f.；*Grabinski*, GRUR Int. 2001, 211；*v. Falck*, Mitt. 2002, 438；*Pansch*, S. 63；a. M. *Franzosi*, Mitt. 1998, 300. 根据位于杜塞尔多夫的州法院的观点，在《欧共体专利条约》的其他成员国提起的消极确认之诉，自身并不足以构成一个临时处分所需要的处分理由（参见本节Ⅸ），参见 LG Düsseldorf 8. 7. 1999 GRUR 2000, 692 和 24. 9. 2001 GRUR Int. 2002, 157, 161 f.；相反位于汉堡的州法院在强调上述情况和保护权状况之评估时足够清楚地发布出临时处分，参见 LG Hamburg aaO。

〔28〕 Vgl. *Bertrams*, GRUR Int. 1995, 193 ff.；*v. Meibom/Pitz*, Mitt. 1996, 181 ff. und GRUR Int. 1998, 765 ff.；*Brinkhof*, GRUR Int. 1997, 489 ff.；*Tilmann/v. Falck*, GRUR 2000, 581 f.；*Busse/Keukenschrijver*, § 143 PatG Rdnr. 22；zurückhaltender für das summarische Verfahren Gerechtshof Den Haag 12. 9. 1996 Mitt. 1997, 34 mit Anm. von König；einschränkend zum Anwendungsbereich des für mehrere Beklagte gemeinsamen Gerichtsstands Gerechtshof Den Haag 23. 4. 1998, berichtet bei *v. Meibom/Pitz*, GRUR Int. 1998, 767 f.

〔29〕 Vgl. *Fischer*, GRUR 1980, 374, 378 (zu 8).

〔30〕 RG 15. 6. 1935 RGZ 148, 146；*Benkard/Rogge/Grabinski*, § 139 Rdnr. 18.

根据第33条第4款，每个被许可人为了补偿其自身的损害，都可以参与专利权人的诉讼。

2. 当转让专利或者实用新型时，仅当相关权利已经变更完毕，新的权利人才得到正式的法律认可（förmlich legitimiert）；在此之前，合法资格属于依然登记在登记簿上的前权利人（《专利法》第30条第3款第2句，《实用新型法》第8条第4款第2句；参见§23 V a 3）。通常认为，这也适用于民事诉讼的提起。[31]因此尚未登记的新权利人不允许提起诉讼。[32]例外情况下，当新权利人向仍登记在册的在先权利人起诉的，则被允许。

相反，仍登记在册的在先权利人，可以起诉。被告人不能对其主张关于诉权的抗辩。经认可的无权利人所主导的诉讼审理和判决（Prozeßführung），不管对他是利或弊，都相应地作用于权利人；这里存在法定的诉讼担当（gesetzliche Prozeßstandschaft）。[33]

如果一个排他许可的被许可人提起诉讼的，则不能适用《专利法》第30条第3款第2句的规定；因为第30条第4款规定的有机会载入登记簿的排他许可，并没有指明该权利人，所以不再可以要求，通过载入登记簿以获得适格。然而，文献——与帝国法院的观点相反[34]——认为，排他许可的被许可人的适格与否，取决于第30条第3款第2句规定的变更专利给许可人已经发生。[35]仅当该变更对权利继受的生效是必要时，这一立场才是合理的，然而该必要性通常不被认可。[36]

3. 因州法院的排他管辖权，在所有专利和实用新型纠纷案件中，当事人必须由已经被地方法院和州法院所认可的律师代理（《民事诉讼法》第78条第1款第1句）。

除了律师，在专利和实用新型纠纷案件中，还经常涉及专利律师。尽管专利律师不能作为诉讼代理人，但基于当事人的申请，可以允许专利律师在法庭上陈述（《专利律师条例》第4条第1款）。因专利律师的参与所产生的开销，根据《律师资费法》（Rechtsanwaltsvergütungsgesetzes）第13条规定之费用以及其他必要支出，加以补偿（《专利法》第143条第3款、《实用新型法》第27条第3款）。

---

〔31〕 RG 30. 11. 1907 RGZ 67, 176, 181; *Rogge*, GRUR 1985, 734, 736 ff.

〔32〕 RG 6. 6. 1934 RGZ 144, 389.

〔33〕 *Rogge*（FN 31）738; RG 30. 11. 1907（FN 31）.

〔34〕 1. 11. 1916 RGZ 89, 81, 83 f.

〔35〕 *Kohler*, JW 1917, 107; *Reimer*, §9 Rdnr. 63; *Rogge*（FN 31）737.

〔36〕 *Rogge*（FN 31）739 r.

Ⅲ. 预备步骤：证据的获取、警告

a）关于调查请求权（Besichtigungsanspruch）的判决

由于原告必须证明，被告的行为侵犯了涉案专利的保护范围，所以针对他认为侵犯专利的产品或者方法，他需要了解其技术特征。对那些能够从市场上获得的产品，大部分情况下原告能够不费力地了解该信息。如果专利的客体是制造一项新产品的方法，只要原告能够获得其认为侵犯了专利方法的产品的，《专利法》第139条第3款的推定规则，就能够帮助他。

如果侵权专利的产品在一般情况下无法在市场上获取，诸如由于受保护之发明涉及一个更大的设备，且该设备通常为定制并在内部使用的，则处理方式不同。在这类情况下，专利权人可以通过检查在制造商或者用户企业里发现的这些物品，以判断它们是否表现出与专利相关的技术特征。

2. 在这种情况下，只要符合规定要件的，司法判决同意给予那些相信其专利受到侵犯的人以请求权，要求可能占有侵犯专利物品的人，提供该物以供调查，或者授权其调查。[37] 该请求权源自对《民法典》第809条以及第242条的类推适用。它与公布账目请求权（参见§35 Ⅴ）的区别在于，它并非侵犯专利权的法律后果，而仅应协助权利人查清楚侵犯专利权的存在。因此，在侵权诉讼之前，可能需要一个针对调查请求权的诉讼。

根据联邦最高法院第十民事审判庭裁决，获得调查请求权的前提是有这样一种显著的可能性，即该物品的制造用到了受保护的技术原理。假如所认为的被侵权人凭借物品外观就能够没有困难地获得进一步的信息，达到调查请求权所能起到的获取信息的效果的，则不产生调查请求权。此外关键是，根据联邦最高法院的观点[38]，有关"实质干预"（Substanzeingriffen）——如安装、拆除部件或者启动操作（Inbetriebsetzen）——的请求权，当可以预见到没有持续的损害发生的，同样不授予之。这一观点在文献中受到诸多批评。[39]

调查请求权可能与应使调查得以进行的人的保密利益相冲突。如果该人证明了这一利益的可信，则请求权的行使将限于，使中立、有保密义务的专家能

---

〔37〕 So BGH 8. 1. 1985 Druckbalken GRUR 1985, 512; OLG Düsseldorf 8. 4. 1982 GRUR 1983, 745; vgl. auch OLG Düsseldorf 17. 8. 1981 GRUR 1983, 741; Schrifttumsnachweise in BGH aaO 512 f., und oben vor I (*Götting*, *König*, *Leppin*, *Melullis*, *Meyer – Dulheuer*, *Pitz* S. 34 ff.; *Stauder* in GRUR Int. 1978 und 1982, *Stürner*, *Treichel* S. 223 ff.; umfassend und rechtsvergleichend nach dem Stand vor der DurchsRL und ihrer Umsetzung *Ibbeken*).

〔38〕 8. 1. 1985 (FN 37) 517; großzügiger großzügiger OLG Düsseldorf 8. 4. 1982 (FN 37).

〔39〕 *Stauder*, GRUR 1985, 518; *Stürner/Stadler*, JZ 1985, 1101; 最后 *König*, Mitt. 2002, 155 ff.; *Treichel*, S. 223 ff.; *Tilmann/Schreibauer*, GRUR 2002, 1015 ff.

够查明，是否该物品表现出专利权利人所主张的与专利相关的技术特征。权利人仅能够接触专家的相应报告。

3. 联邦最高法院第一民事审判庭在一个新近关于计算机程序的版权和竞争权利保护的裁判中，援引TRIPS第43条的规定，认为侵权行为存在"某种可能性"（*gewisse Wahrscheinlichkeit*）即满足要求。[40] 占有者特殊的保密利益，并不导致一般性地提高了对侵权可能性的要求。毋宁是，在广泛权衡利弊的框架内去审查，是否在原则上授予调查请求权——诸如借助一个有保密义务的第三人——也能够满足他。这样一种在个案中权衡利弊加以调整的思路，是否也适合于一项待证实的专利侵权，仍具有争议。

由此，先前裁决（参见第2点）对调查请求权所作的限制，即通常应当排除诸如安装、拆除部件或者启动操作的实质干预，在版权和竞争权利领域的新裁判中被否认，同时，关于是否应再次考虑该限制也适用于专利侵权案件，依然没有定论。当然，债务人就其物的完整性的利益不应受到不合理影响。但是，还需要考虑债权人赔偿可能损失之义务，以及提供担保的可能性（《民法典》第811条第2款）。

b）依据2008年7月7日法律实施法的规定

为转化《权利实现指令》而引入的《专利法》第140c条、第140d条、《实用新型法》第24c条和第24d条，提供了实体法上的请求权，要求容忍调查以及出示契据、银行、金融和交易的证据材料。据此，认为其专利或者实用新型受到侵害的人，减轻了收集和保护侵权证据，以及为了执行属于他的损害赔偿请求权而调查债务人资产价值的负担。在《民法典》第809条以下规定（参见本节Ⅲ a）之外，新规定补充了依据《民事诉讼法》所出现的机会，在待决诉讼中通过法庭命令，要求当事人或者第三人出示契据及其他书面材料（第142条）[41] 和容忍调查及审查（第144条），以及在争议诉讼过程中或者之外，以命令谋求物证之保全（第484条及以下）。[42] 有助于确保损害赔偿请求权实施的规定，补充了《民事诉讼法》第916条及以下所规定的假扣押（Arrest）。[43]

---

〔40〕 BGH 2. 5. 2002 Faxkarte GRUR 2002, 1046；dazu *Tilmann/Schreibauer*, aaO；*Melullis*, FS Tilmann.

〔41〕 关于该规定对技术保护权法律争议的适用，参见 BGH 1. 8. 2006 Restschadstoffentfernung GRUR Int. 2007, 157（Nr. 35 ff.）.

〔42〕 Vgl. die Gesetzesbegründung, Bundestagsdrucksache 16/5048, S. 26 ff.

〔43〕 Begründung（FN 42）S. 41；krit *Peukert/Kur*, GRUR Int. 2006, 292, 302.

aa）根据《专利法》第 140c 条和《实用新型法》第 24c 条的容忍调查之请求权

1. 对任何有足够可能性违反《专利法》第 9 ~ 13 条或者《实用新型法》第 11 ~ 14 条中规定的实施某项发明[44]的人，为了确保源自专利或者实用新型的请求权具有基础，权利所有人或者其他权利人可以要求出示其具有处分权的文件，或者要求检查其具有处分权的物品，或者一项属于专利主题的方法，以证明其享有处分权（第 1 款第 1 句）。

如果涉及保密信息的保护，在侵权嫌疑人要求下，法院应采取在特别情况下所必要的保护措施（第 1 款第 3 句）。[45]

在具体情况下当请求不合理时，调查请求权不予支持（第 2 款）。

可以通过临时禁令的方式，要求容忍调查的进行，[46]在此，如果颁发临时禁令之前，没有进行过听审的，法院尤其应依职权采取必要措施保护秘密信息（第 3 款）。

根据第 4 款的规定，参照适用的有《民法典》第 811 条关于调查地点以及与请求人相关的风险负担（Gefahrtragung）和费用负担的规定，此外还有《专利法》第 140b 条第 8 款和《实用新型法》第 24b 条第 8 款有关在刑事诉讼和社会治安诉讼程序中禁止适用有关信息的规定。

如果证明了事实上没有存在任何侵害或者侵害之威胁的，有嫌疑的侵权人可以对主张调查的当事人要求损害赔偿（第 5 款）。

bb）根据《专利法》第 140c 条和《实用新型法》第 24c 条涉及契据、银行、金融和交易的证据材料之请求权

在上述（参见本节 Ⅲ b aa）涉及调查请求权的规定中，也包括一项针对出示契据的请求权，当存以商业规模侵权可能性足够大时，该请求权也扩展到出示银行、金融和交易的证据材料（第 1 款第 2 句）。

cc）根据《专利法》第 140d 条和《实用新型法》第 24d 条的为确保损害赔偿而出示或者查阅证据材料的请求权

当出现商业规模方式侵权行为时，根据《专利法》第 139 条第 2 款或者《实用新型法》第 24 条第 2 款的规定产生了一项针对侵权人的损害赔偿请求权，被侵权人可以要求侵权人出示银行、金融、交易的书面材料或者有关这些

---

〔44〕　Das Gesetz sagt „ein Gebrauchsmuster"；vgl. zur Terminologie oben §35 Ⅰ 2.

〔45〕　Eingehend dazu *Bornkamm*（oben vor I）.

〔46〕　这并不说明，在禁令程序（Verfügungsverfahren）中，主张之结果（*Erfüllung*）是能够实现的，参见 *Peukert/Kur*（FN 43）300 ff.

证据的合理补充材料，前提是侵权人对这些材料有处分权，且这些材料对损害赔偿请求权的实现必不可少，缺少这些文件损害赔偿请求将难以实现（第1款第1句）。该规定使得被侵权人有可能获得有助于实现损害赔偿请求权的侵权人财产价值的信息。[47]其并不以存在一项可执行的文书（Titel）为前提。[48]

除此之外属于《专利法》第140c条和《实用新型法》第24c条的情况，即有足够可能性出现一项侵害行为的，并不能满足这一请求权。此外，该侵害行为还必须有债务责任，否则根据《专利法》第139条第2款、《实用新型法》第24条第2款的规定，不得主张任何损害赔偿。

仅当损害赔偿请求权明显成立时，才可以通过临时禁令，要求出示有关文件（第3款）。

与《专利法》第140c条、《实用新型法》第24c条的规定一致，《专利法》第140d条和《实用新型法》第24d条都规定了保密信息的保护（第1款第2句、第3款第2~3句）、请求不合理时之排除（第2款）、《民法典》第811条参照适用，以及在刑事诉讼和社会治安诉讼程序中的禁止适用（第4款）。

c）警告

在提起侵权诉讼之前，通常建议通知被诉人，他侵犯了专利，并要求其不作为。据此，就警告后的侵害而言，对过错的证明就基本被减轻了。此外，不理睬警告的侵权人将导致诉讼，并因此——当诉讼被提起——不再能够根据《民事诉讼法》第93条的规定，通过即刻承认（sofortiges Anerkenntnis）而将费用负担转移给起诉人。

当然，做出警告并非没有风险：如果被警告人遵循该不作为请求，而后来证明该警告是不合法的，如果警告人在警告之前没有以要求之谨慎审查过有关事实和法律情况的，则警告人可能承担重大的（empfindlich）损害赔偿责任（详见§39 Ⅲ）。

已经受到专利或者实用新型侵权警告的人，或者基于其他理由而担心被诉的人，可以提起诉讼，要求确认其并不侵犯保护权（消极确认之诉）。[49]

Ⅳ. 诉讼请求

不作为之诉必须具体描述因之而提起该诉的侵权行为，尤其被视为侵犯专

---

〔47〕 Begründung（FN 42）S. 41 f.

〔48〕 Krit. deshalb *Peukert/Kur*（FN 43）302.

〔49〕 Zum erforderlichen Feststellungsinteresse BGH 21. 12. 2005 Detektoreinrichtung I GRUR 2006, 217（Wegfall des Feststellungsinteresses wegen gegenläufiger Leistungsklage macht Feststellungsklage unzulässig）mit zahlreichen Nachw.（Nr. 12）；OLG Düsseldorf 8. 6. 2000 Mitt. 2000, 369；LG München I 5. 3. 2003 InstGE 4, 1；LG Düsseldorf 10. 6. 2003（FN 11）Rdnr. 10 ff.

利的对象的具体实施形式。[50]一般而言，复述专利权利要求并不满足该要求，即便原告主张的是根据文义（wortsinngemäße）的侵权。[51]

在损害赔偿诉讼的场合，原则上要明确说明主张的赔偿数额。然而，如果这取决于以听讯证人、法庭估算或者法庭推断而获得的确定损害数额的，则根据先前的判决，应由法院查明诉讼主张的数额，只要法院说明确定该数额的事实基础，证实损害赔偿请求权所应获得赔偿数额。[52]同样，根据《民事诉讼法》第254条的"分段诉讼"（Stufenklage），可以避免最初就确定损害赔偿要求的数额。它只要诉求公布账目以及缴付由此产生的数额就足够了。但是在专利侵权案件中，这样的行动并不多见。这些诉讼大多数起初都针对判定不作为、公布账目以及确定损害赔偿责任，[53]此时，由于诉讼时效的风险以及法院查明损害的困难，《民事诉讼法》第256条所要求的确定利益（Feststellungsinteresse），通常会毫不困难地被承认。

在账目公布之后当事人常常达成一致，因此对损害赔偿数额不需再作出裁判。确认之诉中止整个损害赔偿请求权的诉讼时效（参照《民法典》第204条第1款第1项）；账目公布的诉求没有这样的效力。在账目公布请求和确定数额请求时，原告尚不需要明确损害计算的方式。

在不当得利补偿之诉中，可以与损害赔偿诉讼一样，以相应的方式进行诉讼。

V. 诉讼标的之优惠（Streitwertbegünstigung）

1. 根据《专利法》第144条和《实用新型法》第26条的规定，在专利或者实用新型诉讼案件中（参见本节 I 1），法院可以根据一方当事人的申请颁布命令，按照当事人的经济状况，将其承担的诉讼费用减为部分诉讼标的额。[54]该当事人应使法院相信，若其承担的诉讼费用依诉讼标的全额而确定时，将严重危及其经济状况。

---

〔50〕 根据联邦最高法院的判决，这通过援引照相复制品，也可以做到，参见 BGH 25. 10. 2005 Baumscheibenabdeckung GRUR 2006，311（Nr. 7 ff. ）。

〔51〕 BGH 30. 3. 2005 Blasfolienherstellung BGHZ 162，365 = GRUR 2005，569（Leits. Und Nr. 1，4）；LG München I 24. 6. 1999 Mitt. 1999，466；anders OLG Frankfurt（Main）15. 5. 1986 Mitt. 1987，240；vgl. auch *Meier - Beck*，GRUR 1998，276 ff.；krit. zur BGH - Entscheidung *Kühnen*，GRUR 2006，180 ff.；vgl. auch *Grosch*，FS Schilling，S. 207，225 ff.；eingehend und rechtsvergleichend *Schuster*，Die Anpassung an die konkrete Verletzungsform im Patentrecht，FS Pagenberg，2006，S. 57 - 79.

〔52〕 BGH 18. 2. 1977 Prozeßrechner GRUR 1977，539，542.

〔53〕 Vgl. *Benkard/Rogge/Grabinski*，§ 139 PatG Rdnr. 104.

〔54〕 对那些在计算时应予考虑的情况，参见 OLG Düsseldorf 11. 8. 2004 Streitwertermäßigung InstGE 5，70.

2. 这一规定在1936年被引入《专利法》中被引入。[55]经验告诉人们，一方当事人相对于另一方当事人的经济优势妨碍了公正解决方案的情形并不少见，因为财力较弱的当事人没有能力去承担费用风险。专利以及其他以诉讼标的巨大为条件的案件，恰恰需要不同寻常的费用成本。

在由施陶德（Stauder）[56] 所研究的专利侵权诉讼中，诉讼标的一般介于10万马克和50万马克之间，最高达500万马克，平均32.5万马克。根据该诉讼标的，施陶德计算出费用风险（Kostenrisiko）在一审约2.4万马克，在二审约3万马克，在第三审约4万马克，三个审级下来总共约9.5万马克。

3. 享受诉讼标的额优惠的当事人，仅应根据减低的诉讼标的，缴付法院费用及其律师费用。若其承担诉讼费或者预期由其承担诉讼费的，就对方当事人已缴纳的法院费用和律师费用，他仅需要按照减低的诉讼标的加以偿还。然而，若对方当事人应当承担或者预期由其承担的诉讼费以外的费用的，受益当事人的律师可以向对方当事人按照对后者适用的诉讼标的额收取该费用。专利律师的费用，参照律师费用处理。总而言之，其关注的是仅有需要的当事人才能享受诉讼标的之减少；即适用"各自有别之诉讼标的"（gespaltener Streitwert）。

只要应负担该费用，诉讼标的之减少即加重了受益方律师的负担；就对方当事人的律师而言不涉及诉讼标的之减少，因为他对全部诉讼标的之相应数额负有缴纳义务。

4. 较之于诉讼费用救助（Prozeßkostenhilfe），诉讼标的额优惠设置了较低的经济要求的标准，与诉讼费用救助不同，其原则上并不取决于提出请求的当事人的胜诉前景。

由于受益当事人诉讼标的额之减少仍保留一个相应的费用风险，可以预见，它并不诱使恶意且毫无希望的诉讼；同样可以理解，法院在明显滥用诉权时可以拒绝诉讼标的之减少。[57]

Ⅵ. 另外主张更多专利之限制

1. 若侵权诉讼的原告享有多项相关专利，但并没在其诉讼中一起主张的，根据《专利法》第145条的规定，其将受到失权（Präklusion）之威胁：依据《专利法》第139条的规定提起诉讼的，仅当无过失并且无法在先前的诉讼中一并主张其他专利时，才可以基于其他专利，针对相同或者同类行为，对被告

---

〔55〕 Vgl. die Begründung, Bl. f. PMZ 1936, 115；《实用新型法》自1965年起有了相应的规定。

〔56〕 S. 62 f., 180 f., 183 f.；Angaben zu Gbm auf S. 63, 182, 184.

〔57〕 1936年专利法立法理由书（脚注55）。

再次提起诉讼。[58]

这一规定在 1936 年被引入《专利法》。立法理由[59]针对这样一种滥用经济优势的特殊形式，即多项内容被应用的专利的权利人，起初仅根据一项专利向所谓的侵权人提起诉讼，目的是在另外诉讼中以同样或者类似事实向侵权人主张其他专利的侵权。由此相关的费用攀升将给被告人的辩护增加困难。

2. 如果《专利法》第 145 条规定的另外主张其他专利的要件没有被满足，则由此提起新的诉讼是不合法的。在先诉讼是否仍待决或者结束，在所不论。但它并不涉及诉讼未决之效力或者既判力之效果。仅当被告人对此提出请求，法院才考虑合法性问题。被告人有权获得一项阻却诉讼之异议（prozeßhindernde Einrede），据之他可以放弃，在迟延时可以被驳回。[60]

3. 依据联邦最高法院一项较早的裁判[61]，排斥效力（Ausschlußwirkung）所涉及的案情，由被理解为技术 - 经济统一（technisch - wirtschaftliche Einheit）的第一个诉讼对象所确定。相反，后来一个判决[62]则认为，在一个由众多部件所组成的总装置的场合，以诉讼请求所具体明确的、安置了该总装置某一部件为特征的侵权事实，即《专利法》第 145 条意义上的行为。因此，根据另外一项专利提起另外诉讼，且该专利因另外一个部件而将总装置作为专利客体的，如果其诉讼请求是针对以该部件具体设置为特征的总装置的，则不属于相同的行为。若与第一个诉讼所主张的侵权行为相比，某些行为表现出增补或者修改过的技术特征的，则仅当因很紧密的技术联系而迫使在一个诉讼中基于多项专利起诉这些行为，以避免被告人陷入更多的诉讼时，这些行为才是《专利法》第 145 条意义类似的行为。

如果原告以一项其他的、仅在一审结束后才授予的专利为基础，在上诉审中变更其诉讼的，由于针对该专利之新诉讼存在提起异议的危险，这一诉的变更则被视为恰当的。[63]

4. 德国和指定德国授予的欧洲专利受制于该排斥效力，但其他保护权，

---

〔58〕 就单一（案件）之要件参见 *Stjerna*，Die „Konzentrationsmaxime" des §145 PatG，GRUR 2007，194 – 198.

〔59〕 Bl. f. PMZ 1936，115.

〔60〕 BGH 14. 7. 1966 Christbaumbehang Ⅱ GRUR 1967，84，87.

〔61〕 10. 7. 1956 Grubenstempel GRUR 1957，208，211；zur Gleichartigkeit eingehend *V. Tetzner*，Mitt. 1976，221 ff.

〔62〕 BGH 3. 11. 1988 Kreiselegge Ⅱ GRUR 1989，187.

〔63〕 OLG Düsseldorf 15. 12. 2005 Melkvorrichtung GRUR 2007，223；dazu *Jüngst/Stjerna*，Mitt. 2006，393 ff.

尤其实用新型[64]，并没有这一限制。从主体角度看，它要求针对同一被告或者针对依据《民事诉讼法》第325条受制于第一个诉讼裁判法律效力的人，已经提起了新的诉讼；对其他人提起诉讼的，则不受限制。[65]

5.《专利法》第145条规定的"诉讼集中之强制"的现实效果一再受到批评。[66]首当其冲者，即其会导致诉讼材料的急剧膨胀以及推迟纠纷之裁决。[67]该规则的合宪性同样受到质疑。[68]

Ⅶ. 因异议、无效或者注销程序而中止侵权诉讼

1. 若侵权诉讼以一项专利为基础，法院不能审查与诉讼有关的专利的产生是否合法；即便法院知道无效宣告可能会获准的事实，只要该专利并非已在特殊规定的程序（参见§26 B，30 Ⅱ，Ⅲ）中被撤销或者被宣告无效的，法院应视专利为有效加以处理。在此，异议期间的届满，通常仅导致无效宣告。若在个案中异议已经提起或者尚有提起异议可能的，则参照适用下述规则。

2. 当与诉讼有关的专利存在无效宣告的理由时，法院当然没有必要判决被告为专利侵权人，使其判决随后面临被无效宣告证明（完全或者部分）无效的风险。相反，如果已经存在待决的无效诉讼的，法院可以根据《民事诉讼法》第148条的规定，在无效诉讼裁决作出之前中止侵权诉讼。这也适用于上诉审。[69]

是否应中止的决定，属于遭遇这一问题的法院的裁量范围。通常支持中止诉讼的理由是，如果专利证明不具有法律效力的，则通过中止诉讼可以避免不正确的裁判并最终避免多余的由其举证的费用。然而反对中止诉讼的则认为，假如无效诉讼并没有动摇专利，中止诉讼的做法总归会在一个短的、有效保护期限的部分内，妨碍作为排他权实质内容的禁止权限的实施。考虑这一点，法院对待中止诉讼是有所保留的。[70]当法院对已提起的无效诉讼保有相对高的成

---

〔64〕 BGH 20. 12. 1994 Kleiderbügel BGHZ 128，220，229.

〔65〕 BGH 3. 7. 1973 Turboheuer GRUR 1974，28.

〔66〕 So insbesondere *Ohl*，GRUR 1968，169；*Pietzcker*，GRUR 1974，29；vgl. auch *Moser v. Filseck*，GRUR 1961，81 f.；*Stauder*，S. 14；*Krieger*，GRUR 1985，694 ff.

〔67〕 BGH 14. 7. 1966（FN 60）.

〔68〕 *Busse/Keukenschrijver*，§145 PatG Rdnr. 2；*Schulte/Kühnen*，§145 Rdnr. 3；eingehend *Stjerna*，GRUR 2007，7–13 mit zahlreichen Nachw.

〔69〕 Vgl. BGH 15. 10. 1981 Verbauvorrichtung GRUR 1982，99.

〔70〕 对决定中止的频繁度和期间的说明，参见 *Stauder*，S. 44 f。

功前景时，尤其如此。[71] 如果无效诉讼在初审中已经被驳回，且由无效诉讼原告提起的上诉并没有根据具有说服力的新理由的，则通常拒绝采取中止。[72] 相反，如果诉讼之专利在一审中已经被无效宣告或者被限缩而导致被诉的侵权形态不再落入其保护范围的，则原则上采取中止是合适的。[73]

在无效诉讼还没有作出任何决定的情况下，仅当根据已经呈交的材料显示无效宣告具有较高的可能性时，才可以中止诉讼。在中止诉讼的情况，因为还应关注诉讼经济效益，侵权诉讼法院对该可能性仅概括地承认，并不采取特殊的、昂贵的举证。另外，基于同样的理由，如果专利在一审被宣告无效或者由于其他情形有可能被废止的，在中止之前并不采取广泛的举证进行审查，例如是否被诉的侵权形态在保护范围之外或者存在被告人所主张的先用权，因而即使专利有效依然应驳回诉讼。[74] 换言之，对中止诉讼而言，并不要求任何真正存在的、由无效诉讼程序作出的裁决的前置（Vorgreiflichkeit）。

3. 如果侵权诉讼基于一项实用新型，只要证明存在注销的理由并且被告可以主张该理由的（参见 § 35 Ⅶ 7），法院将视实用新型没有效力。但是如果存在一个待决的注销程序，而且法院认为该实用新型无效的，法院必须中止侵权诉讼（《实用新型法》第 19 条第 2 款）。如果法院认为实用新型有效的，则是否中止诉讼由法院进行裁量（《实用新型法》第 19 条第 1 款），相应的运作方式与因专利侵权引起的诉讼一样（参见第 2 点）。只要裁决结果是注销，注销程序中的决定约束法院（参见本节 Ⅷ 2），然而，若注销申请被驳回的，仅

---

〔71〕 Vgl. *Horn*, GRUR 1969, 170 f.；位于杜塞尔多夫的州法院认为，当异议或者无效诉讼基于授权程序所考虑的任何现有技术时，通常不予中止，参见 LG Düsseldorf 15. 12. 1987 Mitt. 1988, 91；相反，位于杜塞尔多夫的州高等法院曾在这种情况下授予过中止，其考虑的是，已经有一个可执行的一审裁判支持专利权人，参见 OLG Düsseldorf 7. 12. 1995 Mitt. 1997, 257；持相同意见又如 *Scharen*, FS VPP, S. 405 f.；有所保留的有 OLG Düsseldorf 21. 12. 2006 Thermocycler GRUR 2007, 259, 262 r. / 263 l.（在这种情况下，专利的放弃或者撤销也必须是真实的，而不仅具有可能性）；此外参见 LG Düsseldorf 24. 11. 1994 Mitt. 1996, 243；20. 12. 1994 Bl. f. PMZ 1995, 121；OLG München 6. 11. 1997 Mitt. 1999, 223；LG Düsseldorf 14. 1. 2003 Torsionsschwingungs dämpfer InstGE 3, 21（由于在授权国待决的无效诉讼——对（没有经过初步审查的）专利的效力有重大怀疑的——而决定中止）；*Scharen*, aaO 396（仅当提起了无效诉讼且废止明显的，才中止一审）；反对高的要求的，如 *Rogge*, GRUR Int. 1996, 396 ff.

〔72〕 OLG Düsseldorf 16. 11. 1978 GRUR 1979, 188；31. 5. 1979 GRUR 1979, 636；联邦最高法院反对维持专利的异议决定的申诉，仅当其具有"一些成功前景"以最终否定专利的，才有理由进行中止，参见 BGH 11. 11. 1986 Transportfahrzeug GRUR 1987, 284。

〔73〕 *v. Maltzahn*, GRUR 1985, 167. *v. Maltzahn*, GRUR 1985, 165 f.；根据位于慕尼黑的州高等法院的观点，如果被诉的实施形态部分落入专利的等同范围，并且在待决的异议程序中决定性的权利要求将被改变的，则禁止中止诉讼，参见 OLG München 8. 12. 1989 GRUR 1990, 352。

〔74〕 *v. Maltzahn*, GRUR 1985, 167.

当在涉及该侵权诉讼的当事人之间时，法院才受注销程序中的决定的约束（第19条第3句）。[75]

4. 在共同体专利侵权的诉讼中，法院原则上都以共同体专利有效为出发点。然而被告可以提起无效宣告的反诉（《关于〈共同体专利条例〉的建议》第32条，参见§30 Ⅲ b）。

Ⅷ. 判决和法律效力

1. 一项禁令判决（Unterlassungsurteil）必须总是指向某一确定的行为。对此，在专利侵权的情况，具体说明侵权行为的形态就是必不可少的。判决的效力仅针对该侵权行为形态。在执行程序中，仅在很窄的范围内才可能对判决主文（Urteilsformel）进行解释。[76]在此并不适用专利权利要求和实用新型保护权利要求的解释规则。然而，轻微地偏离禁令（Unterlassungsgebot）行文的实施样态，仅涉及非必要特征的，只要该变动没有触及侵权行为形态之核心，并不足以撇开行为违法。[77]与之相反，如果变动仅与判决主文解释的实施形态效力相同，但并非本质相同的，则不能被包括在禁止行为之列。[78]

2. 如果在不作为之诉提起之后，与诉讼有关的专利或者实用新型以没有溯及力的方式终止的，则诉讼标的（Hauptsache）终结。[79]如果原告提出了结案声明，且起诉之初说明过的，法院将予以宣布；若缺少其中某一要件的，法院将驳回起诉。相反，在与诉讼有关的专利溯及既往被废除的情况，诉讼总是以没有根据而被驳回。在与诉讼有关的实用新型被注销的情况亦同，即便侵权诉讼的被告尚未主张该注销理由。

专利或者实用新型以没有溯及力的方式被废止的，不影响损害赔偿之诉，只要损害赔偿之诉是以终止之前发生的侵权行为为基础。相反，如果专利的废除或者实用新型的注销是具有溯及力的，则诉讼将以没有根据而被驳回。[80]

3. 根据2008年7月7日法律所引入的《专利法》第140e条和《实用新

〔75〕 Vgl. BGH 4. 2. 1997 Kabeldurchführung BGHZ 134, 353.

〔76〕 Vgl. *Pagenberg*, GRUR 1976, 78, 85 f.

〔77〕 RG 2. 2. 1935 RGZ 147, 27, 31; 15. 11. 1937 RGZ 156, 321, 327 f.; 2. 12. 1941 GRUR 1942, 307, 313; BGH 22. 2. 1952 BGHZ 5, 189, 193 f.; OLG Düsseldorf 1. 10. 1965 GRUR 1967, 135, 136 r.

〔78〕 RG 2. 3. 1935 GRUR 1935, 428, 429 r.; OLG München 6. 10. 1958 GRUR 1959, 597; OLG Frankfurt 14. 4. 1978 GRUR 1978, 532.

〔79〕 Vgl. BGH 22. 11. 1957 Resin GRUR 1958, 179, 180; RG 12. 10. 1935 RGZ 148, 400, 403.

〔80〕 与主流观点相反，有学者认为，在专利溯及既往废止后，如果使用者的损害赔偿责任处在被许可人的许可费用责任的范围内，则是恰当的，参见 *Körner*, GRUR 1974, 441, 444 f. 以及 1982, 341, 347 f.

型法》第 24e 条，可判决胜诉方有权以败诉方的费用公布该判决，该判决不得采取假执行（第 4 句）。前提是胜诉方应具明正当的利益。公布的方式和范围应在判决书中确定。在判决生效日起 3 个月内不行使该权利的，该权利消灭。

4. 一个在后的、有溯及力的专利废止——且该专利是已作出的侵权诉讼判决的基础——并不直接影响侵权诉讼判决的法律效力。[81]然而，如果在最后的口头审理结束之后，一个宣布专利废止的判决变为具有既判力的，受到有既判力处罚的被告可以借助《民事诉讼法》第 767 条规定的防卫性诉讼（Abwehrklage）来阻止判决的执行。[82]

相反，作为侵权诉讼判决基础的实用新型的注销，并不支持这一防卫性诉讼[83]，只要其仅起到宣告的效果（参见 § 26 B Ⅰ 3）；因为注销之理由并非仅在最后口头审理结束之后才出现，而是从一开始就存在并在侵权诉讼中同样可以主张。

如果实用新型是基于一项损害第三人利益的非法篡夺并因此被该第三人注销的，情况则不一样。然而，如果一个非受害人能够主张一个因之出现的注销以支持防卫性诉讼的执行的话，这将与在这种情况下为被害人保留了主张注销理由的法律规定的含义相悖（《实用新型法》第 13 条第 2 款，第 15 条第 2 款）。

5. 如果一项专利后来有溯及力地废止的，按照《民事诉讼法》第 578 条以下的规定，能够以恢复原状之诉（Restitutionsklage），重新恢复已由有既判力的判决所审结的侵权诉讼程序。[84]在此，《民事诉讼法》第 580 条第 6 项的事项，通常被认为相应的恢复原状的理由：有既判力、溯及既往废除了专利的裁决等同于这样一个判决，其废除了构成再次审理程序判决的基础的判决。仅当专利（在申诉程序中）已由联邦专利法院授予的，该规定才在某些场合适用。这样的区别是没有根据的。仅——如果基本——针对所有溯及既往地废除作为判决基础的专利的情况时，才能够参照适用《民事诉讼法》第 580 条第 6 项。裁决侵权行为的法院受到授权案卷（Erteilungsakt）的约束支持这一做法。该约束的产生不取决于到底由哪一个机构宣布了专利授权。这同样不需要求助于专利局程序的"司法形式化"（Justizförmigkeit）以及专利局授权案卷的"判

---

〔81〕 BGH 11. 12. 1979 Magnetbohrständer Ⅱ BGHZ 76, 50, 55.

〔82〕 Vgl. *Horn*, GRUR 1969, 174.

〔83〕 Anders RG 30. 6. 1937 RGZ 155, 321, 327; *Loth* § 15 Rdnr. 13; *Bühring*, § 15 Rdnr. 108.

〔84〕 BGH 15. 11. 2005 Koksofentür GRUR 2006, 316; ebenso schon LG Düsseldorf 24. 6. 1986 GRUR 1987, 628; BPatG 7. 12. 1992 Radaufhängung GRUR 1993, 732; im Schrifttum *Horn*, GRUR 1969, 175; *v. Falck*, GRUR 1977, 310; *Tetzner*, Leitfaden, S. 209; *Benkard/Rogge/Grabinski*, § 139 PatG Rdnr. 149 mwN; ablehnend jedoch *Schickedanz*, GRUR 2000, 570 ff.

决类似性"（Urteilsähnlichkeit）。关键是，在每个案件中都涉及这样一个裁决，该裁决已经在侵权诉讼中决定了判决，并且，仅当该裁决从一开始在客观上就是错误的，才能够对其加以修改。

比参照适用第6项更进一步的，是对《民事诉讼法》第580条第7项b的参照适用。该参照适用被主流观点所反对，因为当有溯及力的废除以先前没有考虑过的出版或者其他书面文件为基础时，文件（Urkunden）中并不存在上述规定意义上的在后发现或者将来可使用者（Benutzbarwerden）。然而，有时鉴于因专利有溯及力之废除而形成的文件，尤其通过注册登记，参照适用被认为是有可能的。[85]

即使有既判力的裁判没有被废止，根据主流的观点，在专利有溯及力地被废除时，可以按照《民法典》第812条以下的规定，主张返还以该裁判为基础而发生的给付。[86]对此的反对意见认为，由于存在有既判力的判决，该给付不应当视为缺乏法律基础。[87]但是因为给付判决的法律效力并没有改变实质法律地位，所以应遵从第一个观点。对专利有溯及力的废除，应与那些使得有既判力的请求无效的新事实一样，同等看待。此外，因溯及力而判决视为自始不正确的，不能借此认为，仅有借助防卫性诉讼或者重新审理（Wiederaufnahme）的渠道，才允许主张在上述判决中尚未使用过的任何事实。

重新审理的优点在于，能够获得在先程序（Vorprozess）费用的补偿，而且在废除生效判决后产生的偿还请求权也不至于因为不当得利之取消（Bereicherungswegfall）而落空。主张重新审理必须在生效后5年期限届满之前。

实用新型的注销，不能支持任何判决侵权人败诉的、已审结生效程序的重新审理，因为实用新型的登记不具有任何与专利授权相对应的约束力，因此从最广泛的意义上说，其与一项"判决"，例如《民事诉讼法》第580条第6项所要求的[88]，不具有可比性。

同样，登记簿上实用新型的注销很少可以视为一项《民事诉讼法》第580条第7项b的证明文件，因为无效性建立在这样的理由上：这些理由在实施时就已经产生了，并且可以由受理侵权诉讼的法院独立于注销进行考量。针对非法篡夺的注销理由的限制，由于其特定的目的，不会导致任何其他后果（参

---

〔85〕 *v. Falck*, GRUR 1977, 311.

〔86〕 Vgl. *Horn*, GRUR 1969, 175 f.；*Benkard/Rogge*, §22 PatG Rdnr. 88.

〔87〕 *Klauer/Möhring*, §13 Rdnr. 33；zustimmend *v. Falck*, GRUR 1977, 311.

〔88〕 *Busse/Keukenschrijver*, vor §15 GebrMG Rdnr. 6 FN 17；a. M. BPatG 1. 2. 1980 GRUR 1980, 852；*Benkard/Goebel*, §15 GebrMG Rdnr. 33, *Loth*, §15 Rdnr. 13.

见第3点）。注销实用新型同样无法用于解释不当得利返还请求权[89]：因为主张注销理由的可能性并不取决于它，所以与专利无效宣告不同，实用新型注销不可以被当成后来取消该请求权的事实加以对待。

6. 按照《关于〈共同体专利条例〉的建议》第29条第2款的规定，共同体专利无效宣告的溯及力，不影响侵权诉讼的裁决，只要该裁决已经在无效宣告之前生效且已执行。[90]

IX. 临时处分

1. 根据《民事诉讼法》第935条及以下和第940条的规定，侵犯一项专利的行为，同样可以通过假处分的方式加以制止。前提是证明处分请求（Verfügungsanspruch）和处分理由（Verfügungsgrund）（《民事诉讼法》第936条、第920条第2款），也即证明存在如下事实：产生了不作为请求权，并且为了避免实质性损害，在主要标的的审理程序中可能做到的[91]，应当更快地执行该请求权。

承认在该意义上处分是紧迫的，并不否认，根据权利人对侵权行为的了解，为证明之需获取证据材料的某一时间已经是必不可少的。[92]

对临时处分之命令，本案（Hauptsache）法院具有管辖权（《民事诉讼法》第937条）。在紧急情况下，如果申请已被驳回的，裁决可以不经口头审理尽快作出（第937条第2款），然而这在专利侵权案件中仅在例外情况下才可能出现。[93]法院可以以提供担保为条件作出临时处分（《民事诉讼法》第936条、第921条）。

2. 认为在专利案件中临时处分的申请相对罕见以及发布者更少[94]的判断，从新近提起申请的情况[95]来看不再正确了。当然，以前谨慎处理这一制度的理由并没有发生变化。侵权行为形态是否落入专利保护范围的问题，经常引起

---

〔89〕　A. M. *Benkard/Goebel* und *Loth*，aaO.

〔90〕　有学者建议，这样的规定也应该引入专利法中，参见 *Lunze*，Rechtsfolgen des Fortfalls des Patents，2007。

〔91〕　同样，迫切性应予证明；在《专利法》和《实用新型法》中，并不存在与《反不正当竞争法》第12条第2款（原第25条）相对应的规定；vgl. OLG Düsseldorf 22. 12. 1993 GRUR 1994，508；OLG Nürnberg 11. 2. 1992 Mitt. 1993，118；zur Beurteilung der Dringlichkeit auch OLG Frankfurt（Main）22. 11. 2001 GRUR 2002，236；OLG Nürnberg 11. 2. 1992 aaO mit krit. Anm. von Eisenführ（不存在迫切性，如果已经申请的临时处分仅针对一个单一的可能侵犯专利的装置之使用，则不存在迫切性）。

〔92〕　OLG Düsseldorf 6. 3. 1980 Mitt. 1980，117；LG Düsseldorf 5. 2. 1980 GRUR 1980，989，993.

〔93〕　Vgl. *Rogge*，FS v. Gamm，S. 473 f.

〔94〕　So die 4. Aufl.，S. 660 unter Hinweis auf *Horn*，GRUR 1969，176 und die statistischen Angaben bei Stauder，S. 18 ff.

〔95〕　*v. Falck*，Mitt. 2002，430.

复杂的技术和法律问题，使得无法作出简易裁判。[96]为此出现这样的可能性，即专利随后被有溯及力地废除，且禁令也表明是自始不合法的。尽管在这种情况下，请求人对因执行而给相对人造成的损害并不承担责任（《民事诉讼法》第945条）。[97]但是，这并不意味着，对可能因不合法的禁令——实际提前发生之主要诉讼标的裁决——的执行而导致的重大经济损失，总是有充分的保障。

成功证实处分请求权（Verfügungsanspruch），最初出现在相同地（根据文义）实施了专利所主张的技术原理的情况。为了证实保护的存在，就此需要援引专利。然而，专利的法律有效性问题将从处分理由的角度去考虑。[98]这必须在诸多不利情况中加以斟酌，这些对请求人的不利情况——考虑根据《专利法》第139条第2款以及《民事诉讼法》第945条的损害赔偿责任——在专利有效时通过实施侵犯专利行为而产生，或者在专利无效时通过禁止合法行为而发生。[99]在此同样取决于哪种可能性支持或者反对专利的法律有效性。如果存在巨大疑问，则不能认为已证实：为了使专利权人避免实质性不利，禁令是必要的。

司法判决有时甚至要求，专利的法律有效性要"没有任何怀疑"。[100]有的新近文献反对过度的保留：在专利案件中，临时处分同样不应该限制在例外的情况。[101]有些裁决采取了与此相同的思路；[102]其他则强调以往谨慎处理之必要

---

〔96〕 位于卡尔斯鲁厄的州高等法院认为，"在个案中判断侵权问题不应产生任何困难"；一项围绕化学物质和方法专利而产生的纠纷，通常并不适合在简易程序中作出裁决，参见 OLG Karlsruhe 27. 4. 1988 GRUR 1988，900 和 26. 7. 1989 Mitt. 1990，120。对此的批评见 v. Falck，Mitt. 2002，431。如果法院确认，在主要标的诉讼程序中若没有专家协助就无法裁判，是否存在一个由申请人所主张的等同物，则根据位于杜塞尔多夫的州高等法院的判决，申请人之标的（Sache），其主张应诸如通过专家来佐证，参见 OLG Düsseldorf 27. 10. 1988 GRUR Int. 1990，471。位于杜塞尔多夫的州法院支持临时处分之命令，因为在另外一个侵权诉讼中，该侵犯之实施形态已经视为落入专利保护之范围，参见 LG Düsseldorf 26. 5. 1994 Mitt. 1995，190。

〔97〕 BGH 10. 7. 1979 Oberarmschwimmringe GRUR 1979，869；kritisch dazu *Pietzcker*，GRUR 1980，442 f.；vgl. auch *Kroitzsch*，GRUR 1976，509 ff.

〔98〕 *Benkard/Rogge/Grabinski*，§ 139 PatG Rdnr. 153 b；*v. Falck*，Mitt. 2002，433 f.；*Bopp*，FS Helm，S. 277 ff.

〔99〕 Gegen solche Abwägung unter Hinweis auf das TRIPS – Ü *Bopp*，FS Helm，S. 282 ff.

〔100〕 OLG Düsseldorf 3. 10. 1958 GRUR 1959，619；LG Düsseldorf（FN 92）。

〔101〕 *Fritze*，GRUR 1979，290，291 f.；*Bierbach*，GRUR 1981，464。

〔102〕 OLG Karlsruhe 11. 7. 1979 GRUR 1979，700；25. 11. 1981 GRUR 1982，169，171 f.；27. 4. 1988（FN 79）（es dürfen „sich keine durchgreifenden Zweifel an der Schutzrechtslage aufdrängen"；ebenso LG Mannheim 23. 12. 2005 Etikettiermaschine GRUR RR 2006，348）；OLG Frankfurt（Main）13. 8. 1981 GRUR 1981，905，907；OLG Hamburg 29. 9. 1983 GRUR 1984，105。

性。[103]必须当成原则的是，如果在一项主要标的审理程序（Hauptsacheverfahren）中，由于怀疑专利效力而预示可能中止程序的，则不能作出临时处分（参见本节 Ⅶ）。[104]如果对此的前提要件——尤其不存在无效诉讼之待决——没有满足的，若（尽管很清楚侵权行为落入保护范围）应拒绝被申请之处分，则需要借助其他事实所证实的、对法律效力的重大怀疑。[105]不能要求申请人证实专利主题的可保护性。

3. 《民事诉讼法》有关临时处分的规定同样可适用于侵犯实用新型的场合。因为实用新型的登记并没有经过对重要保护要件的审查，较之于专利，在此需要更大的保留。[106]

4. 除了不作为请求权，作为临时处分的基础，还有可能是以获取关于侵权客体和侵权人信息为指向的请求权。根据《专利法》第 140b 条第 3 款和《实用新型法》第 24b 条第 3 款的规定，在存在明显的侵权行为的场合，告知规定信息的责任，可以通过临时处分的途径予以颁布。《专利法》第 140c 条第 3 款和《实用新型法》第 24c 条第 3 款允许，在有足够的侵权可能性时，可以通过颁布临时处分的方式，要求接受检查或者出示文件以及——以商业规模侵权时——出示有关银行、金融、交易的书面证据。如果损害赔偿请求权明显成立的，为了执行损害赔偿请求权而要求出示或者公开银行、金融、交易的书面证据，可以根据《专利法》第 140d 条第 3 款和《实用新型法》第 24d 条第 3 款的规定，以临时处分之方式命令履行。

5. 审理侵犯共同体专利诉讼的法院，可以根据《关于〈共同体专利条例〉的建议》第 42 条的规定，发布必须的临时措施和担保措施，例如预防对专利相关权利的侵犯，尤其在共同体领域内进口可能侵犯专利的产品，以及保全用于主张侵权行为的证据。

X. 海关扣押（Beschlagnahme）

1. 根据《专利法》第 142a 条、《实用新型法》第 25a 条的规定，如果存在明显的侵权行为，权利人可以通过向联邦财政机构递交申请，由海关扣押进

---

[103] OLG Düsseldorf 6. 3. 1980（FN 92）；21. 10. 1982 GRUR 1983，79；LG Düsseldorf（FN 92）.

[104] OLG Frankfurt（FN 102）；OLG Karlsruhe 25. 11. 1981（FN 102）172；OLG Düsseldorf 21. 10. 1982（FN 103）；5. 10. 1995 Mitt. 1996，87；*Bopp*，FS Helm，S. 280 批评指出，对临时处分而言，较之于拒绝中止，通常要求在法律有效性上有更高可能性。

[105] 根据位于杜塞尔多夫的州高等法院的判决，在例外时可以不考虑待决的异议或者无效诉讼的必要性，如果这（就给定的情况被否定）对申请相对人而言，直到有关请求处分的裁判时间点之前，没有以异议或者无效诉讼的方式质疑专利法律效力，并不合理，参见 OLG Düsseldorf 1. 3. 2007 Kleinleistungsschalter GRUR RR 2007，219。

[106] Vgl. *v. Falck*，Mitt. 2002，433.

出口侵犯专利或者实用新型的产品。对专利侵权而言，只要应适用共同体法的《反产品盗版条例》（Produktpiraterie – Verordnung）（参见第 2 点）的任何有效文本的，则不适用上述规定。[107] 在与欧盟的其他成员国以及欧洲经济区（EWR）协议缔约国间的贸易中，仅由海关负责执行该监控时，才适用《专利法》和《实用新型法》的这一规定。

海关应立即通知申请人和处分权人关于没收的事宜。如果在通知后 2 周内，对此没有异议提起的，海关则命令没收已扣押的物品。如果处分权人有异议的，海关应通知申请人。为了维持扣押，申请人应在收到通知后 2 周内说明，他已申请了命令保存产品和限制处分权的法院判决，且最迟再多 2 周的时间届满时将存在一项可执行的法院判决。若确实如此，海关应依判决办理。

如果在处分权人提出异议后，申请人没有立即撤回申请的，申请人对自始不合法的扣押负有损害赔偿责任。

2. 在欧共体边境，根据权利人的申请，对有侵犯专利或补充保护证书嫌疑的商品，将由（国家的）海关依据共同体法的第 1383/2003 号（参见§8 D 3）《反产品盗版条例》采取临时拦截措施，并控制被认为侵犯该权利的商品，包括进入共同体关税区，在海关法上自由流通或者在非申请程序的中转，或者输出或再次输入到共同体关税区之外。[108]

如果有管辖权的海关以这一方式进行干预的话，可以适用由 2008 年 7 月 7 日所引入的《专利法》第 142b 条。海关当局应当即通知权利人以及申请人或者商品持有人或者所有人（第 1 款）。权利人可以根据第 2 款的规定，请求按照第 3 款至第 8 款所列举的、《反产品盗版条例》第 11 条意义上的简化方法销毁商品。

§37　因实施专利申请公开主题的补偿请求权

参考文献：*Gaul*，*D.*/*Bartenbach*，*K.*，Zum einstweiligen Schutz einer offengelegten Patentanmeldung nach §24 Abs. 5 PatG，BB 1968，1061–1064；*Johannesson*，*B.*，Zum Recht aus der offengelegten deutschen und veröffentlichten europäischen Anmeldung，GRUR 1977，136–139；*Kraßer*，*R.*，Erfindungsschutz zwischen Patentanmeldung und Patenter-

---

〔107〕　该条例并没有包含平行进口和欧盟内部边界（EU – Binnengrenzen）之控制；参照立法理由书（FN 42）S. 34.

〔108〕　Zur VO Hermsen，Mitt. 2006，261–266；zu ihrer Anwendung auf patentverletzende Erzeugnisse Cordes，GRUR 2007，483–490；zum Vorschlag für die VO Hoffmeister/Böhm，FS Eisenführ，2003，S. 161–175.

teilung, GRUR Int. 1990, 732 – 742; *Krieger, U.*, Der Entschädigungsanspruch des § 33
I PatG, GRUR 2001, 965 – 967; *Ohl, A.*, Zur Rechtsnatur des einstweiligen Patents-
chutzes nach § 24 Abs. 5 PatG, GRUR 1976, 557 – 565; *Pahlow, L.*, Erfindungsschutz
vor Patenterteilung, GRUR 2008, 97 – 103; *Schramm, C./Henner, G.*, Der Patentproze
nach dem Vorabgesetz, GRUR 1968, 667 – 676; *Schwanhäußer, H.*, § 24 Abs. 5 PatG –
ein Neuling im System des deutschen Patentrechts, GRUR 1969, 110 – 115; *ders.*, Die
angemessene Entschädigung im Sinne des § 24 Abs. 5 PatG, Mitt. 1970, 1 – 3;
Schweikhardt, F., „Einstweiliger Schutz" des Vorabgesetzes, Mitt. 1969, 84 – 88; *Singer,
S.*, Voraussetzungen einer Entschädigung nach § 33 PatG, FS Schilling, 2007, S. 355 –
366; *Tetzner, H.*, Zum Entschädigungsanspruch aus offengelegten Patentanmeldungen, NJW
1969, 642 – 645; *Traub, F.*, Die Höhe der Entschädigungslizenz bei Benutzung offen-
gelegter Patentanmeldungen, FS BPatG, 1986, S. 267 – 279; *Treichel, P.*, Die Sank-
tionen der Patentverletzung und ihre Durchsetzung im deutschen und französischen Recht,
2001, S. 299 – 320.

1. 对依照《专利法》在德国专利商标局递交的申请，或者指定联邦德国
的欧洲申请，或者一项以德国专利商标局为指定局的国际申请，如果第三人未
经申请人的同意，实施这些申请的主题，在规定的条件下，申请人可以向实施
者主张对应于具体情况的合理补偿（Entschädigung）（《专利法》第 33 条；
《国际专利条约法》第 II 章第 1 条；《欧洲专利公约》第 67 条第 2 款；《国际
专利条约法》第 III 章第 8 条以及《专利法》第 33 条；PCT 第 29 条）。

《关于〈共同体专利条例〉的建议》第 11 条第 1 款就共同体专利申请作
出了类似的规定：对在申请公布之后到授权公告之间，以某种方式实施发明且
该实施方式为授权后根据共同体专利所禁止的，则对实施发明的第三人，可以
主张合理的补偿费用。

通过补偿请求权，申请人获得了一项有限的"临时保护"，对其而言，这
协调了根据"迟延审查"制度，申请内容在没有授予排他权时即予以公开的
情况。由于并不存在任何禁止权，即便未经申请人同意实施了申请的主题，根
据主流观点，也不属于违法。[1]然而，如果发明是可以获得专利的，也反驳了
这样的原则，只有最初提交申请的发明人或者其权利继受人才有权获得发明及

---

[1] So insbesondere BGH 11. 3. 1975 Bäckerhefe BGHZ 64, 101, 116; 11. 4. 1989 Offenend – Spi-
nnmaschine BGHZ 107, 161, 163 ff.; 26. 1. 1993 Wandabstreifer BGHZ 121, 194, 203; anders
Schweikhardt, Mitt. 1969, 84 ff.; *Ohl*, GRUR 1976, 557 ff.; *Pahlow*, GRUR 2008, 98 f. *Holzapfel*,
GRUR 2006, 881, 883 f. 怀疑实施之合法性，尤其指出，《专利法》第 33 条第 3 款第 2 句用了"被侵
害人"，使得该问题最终并未完结。

其经济价值（参见第6点）[2]。通过补偿请求权，宪法所要求的这些原则的最低内容（Mindestgehalt）得到了维系。[3]

如果实施行为并非违法，补偿请求权既不能理解为损害赔偿请求权，也不能理解为不当得利请求权[4]。同样有疑问的是，在针对非法行为的法院审理中，是否能够就该请求权提起诉讼[5]。总是有些人主张类推适用《民事诉讼法》第32条的规定：作为该请求权基础的行为，与授予专利之后引发损害赔偿请求权的行为，完全一致。由于考虑到被视为头等重要的公众利益，通常情况下合理的法律后果——也即主张不作为和损害赔偿——看起来也失之过重，所以给予补偿请求权（参见第6点）。对某个特定的实施者而言，在此缺少了事先存在的特殊规定（诸如在当然许可、强制许可和命令实施时已然存在的特殊关系）。在此不存在任何理由弱化保护，或者加重其实施。如果一直到专利授权之后——通常都是这样——才以该请求权提起诉讼的，则该诉讼可以与侵犯该专利的（很大程度上取决于相同事实的）诉讼一起由同一个法院合并审理，只要依据《民事诉讼法》第32条该法院享有地域管辖权。就EuGVVO第5条第3项而言，考虑到仅对国内行为其才授予裁判权限，可相应地作为替代（参见§36 Ⅰ b）。

2. 如果是向德国专利商标局递交国内申请的，则该请求权的形式要件是，根据《专利法》第32条第5款，在专利登记簿中已经公开通告查阅专利申请案卷的可能性。

若是欧洲专利申请，则要求符合《欧洲专利公约》所规定的公开；除此之外，如果该申请并非用德语撰写，则德国专利商标局必须已经公布申请人递交的专利权利要求的德语译本，或者申请人已经以该译本通告了实施者。由德国专利商标局根据申请人的有缴费义务的请求公布该译本。[6]

对实施构成共同体专利申请公开主题的，根据《关于〈共同体专利条例〉的建议》第11条第3款、第4款的规定，仅当出现下述情况才负有补偿之义务：当申请人已经用一份在此明确要求的相应语言的译本通告了实施者，或者该译本已经由申请人存放于欧洲专利局并由欧洲专利局加以公布，而且不论根

---

〔2〕 不能因此推断出立法者为了引导相关利益人最大限度地实施发明而拒绝了申请人的禁止权，与此不同的观点参见 *Traub*，S. 272 f.

〔3〕 BVerfG 15. 1. 1974 E 36, 281, 290, 295；a. M. *Pahlow*，GRUR 2008, 100 f.

〔4〕 有学者希望当然地以"给付"来看待一项得利，参见 *Kühnen*，GRUR 1997, 19, 21 r。这与民法上的给付概念不一致。

〔5〕 Verneinend *Kühnen*，aaO 21 f.

〔6〕 Art. Ⅱ §2 IntPatÜG iVm der AnsprÜbersV（s. oben §8 C 4）.

据申请的最初文本还是译本，该实施都构成对申请的侵害。

　　一项国际申请必须已经按照 PCT 第 21 条的规定进行了公布；如果该申请并非采用德文，则除此之外还要求按照 PCT 第 22 条、《国际专利法条约》第Ⅲ章第 4 条第 2 款，向德国专利商标局提供一份译本并加以公布。德国专利商标局依职权进行这一公布（《国际专利条约法》第Ⅲ章第 8 条第 2 款）。

　　如果一项国际 PCT 申请是由欧洲专利局充当指定局并且指定了德国，则参照适用欧洲专利申请时所要求的形式上的请求权要件。然而，《欧洲专利公约》第 93 条规定的公布，替代根据《专利合作条约》第 21 条所规定的公布；如果该公布并非以欧洲专利局要求的官方语言，欧洲专利局必须另外公布一份提供给它的、采用了其官方语言之一的国际申请（《欧洲专利公约》第 153 条第 4 款）。

　　3. 该请求权的实质要件首先是实施了申请的主题。对此而言，如果作出了《专利法》第 9~11 条所描述的行为并且不存在任何《专利法》第 11 条规定的例外的，就具备了该实质要件。

　　如同联邦最高法院所裁决的，仅仅向申请公开主题的实施者提供了《专利法》第 10 条规定的构成发明实质要件的装置（Mittel）的人，不承担补偿责任。[7]联邦最高法院在说明理由时指出，提供人并没有实施申请之主题，[8]在即将出现的侵权行为的准备阶段，《专利法》第 10 条保护的仅是在侵犯前属于专利权人排他的、指定的保护客体，并且在专利授权之前实施申请的主题并不违法。[9]因此，即便提供者通过其提供行为，使得被提供者得以采取在专利授权后有损害赔偿责任的实施方式，提供者也不承担补偿责任（参见§35 Ⅱ 2）。对不受制于专利可以自由使用的装置而言，在专利有关的应用之前，由于损害赔偿责任能够取决于诸如警告等适当的禁止性措施（参见§33 Ⅵ 7），所以如同联邦最高法院所确定的，提供者若没有告知被提供者其可能承担的补

---

〔7〕 BGH 3. 6. 2004 Drehzahlermittlung BGHZ 159, 221 = GRUR 2004, 845, 848; zustimmend *Keukenschrijver*, FS VPP, 2005, S. 331, 349 ff.; krit. *Holzapfel*, GRUR 2006, 881 ff.; *Nieder*, GRUR 2006, 977, 982 f.

〔8〕 根据位于杜塞尔多夫的州高等法院的观点，《专利法》第 33 条中的实施申请主题，与第 10 条的实施发明，含义相同，参见 OLG Düsseldorf 20. 1. und 10. 10. 2002 Mitt. 2003, 252, 259 f. 和 264, 269 f；然而，依据第 10 条并不得出提供人实施专利的结果；不同意见如 *Holzapfel*（FN 7）884 f. 援引《专利法》第 139 条第 1 款、第 140b 条第 1 款、1989 年《共同体专利条约》第 26 条和《欧洲专利公约》第 67 条第 2 款的标题，然而其交由国内法对此加以明确，什么应视为实施并承担责任，此外还要求完全同等地对待欧洲申请和国内申请。

〔9〕 联邦最高法院没有很明确地采用偶然采取的观点：因为《专利法》第 10 条的被提供者有权实施，所以已经排除了补偿请求权（例如 *Meier - Beck* GRUR 1993, 1, 4; *Kühnen*, GRUR 1997, 19; *Mes*, §33 PatG Rdnr. 5; 批评如 *Treichel*, S. 304 f.）。

偿责任时，提供者可能会承担补偿责任。联邦最高法院指出，在提供给仅具有补偿责任的实施者的场合，"间接侵权人"的损害赔偿责任的要件并不能成为补偿责任的基础。根据联邦最高法院的陈述，看起来被排除的还有，在提供人从自己行为中获得发明有关收益的范围内，考虑提供人应承担的补偿费用。[10]这可能考虑到，只要接收人通过实施发明而从申请人那里夺取了潜在市场需求，并且在专利授权之后，专利许可费用要么——以往极少出现——不仅无法由直接实施者而且无法由进行提供的第三人支付，要么仅由于《专利法》第11条第1~3项的规定无法向直接实施者主张（参见§35 Ⅲ 3 和 Ⅵ b a. E.）。

借助使用权（Benutzungsrecht）（参见§34）即排除了该请求权，肯定不起作用的是，只要主张使用权就会导致对合理报酬或者补偿的请求权。在此，对直接实施者具有意义的是根据《专利法》第12条、第123条第6款[11]和第7款以及《欧洲专利公约》第122条第5款规定的免费继续实施的权限。当然，如果被提供者根据《专利法》第13条、第23条或者第24条的规定有实施的合法权利，针对《专利法》第10条的提供者的补偿请求权，依然无法主张。

对实施行为是否涉及申请主题的问题，应根据保护范围的规则加以回答。对申请而言，保护范围同样根据专利权利要求予以明确，[12]说明书和附图可以用以解释专利权利要求（《专利法》第14条、《欧洲专利公约》第69条，参见§32 Ⅲ b 1，2）。就欧洲专利申请，《欧洲专利公约》第69条第2款对此明确表示，应以最后递交的、包含在依《欧洲专利公约》第93条所公布的权利要求为根据。根据把自由查阅案卷作为出发点的《专利法》，看起来总是必须按照由此明显的、最后的权利要求文本为准，[13]只要它没有超出申请原始公开的范围。然而，由于可识别性（Erkennbarkeit）的要求（参见第5点），这在结果上通常也取决于在公布告示（Offenlegungshinweise）时所存在的权利要求书文本以及在公开说明书中公开的权利要求文本。

4. 补偿请求权溯及既往地被宣告无效，当——无论基于哪一个理由——出现申请无法获得专利授权（就德国），或者申请获得授权的专利（就德国）

---

〔10〕 In diesem Sinn die Voraufl., S. 923.

〔11〕 在申请失效到恢复期间的实施，在该失去期间，也不产生补偿责任，即便该实施——因为其在失效之前就开始了——不确立任何继续使用权；参见 BGH 26. 1. 1993（FN 1）209.

〔12〕 Vgl. BGH 3. 6. 2004（FN 7）848 l.；anders *Singer*, FS Schilling, S. 357 ff., 362 ff.：申请的主题（涉及《专利法》第38条第2句）将由全部公开内容加以明确；取决于权利要求的仅是这样的问题，即是否实施者能够认识到，他正在实施申请的主题，但这通常会被否认，如果被实施的主题不落入权利要求的范围的话。

〔13〕 So *Tetzner*, Leitfaden, S. 82.

溯及既往地失效（《专利法》第 58 条第 2 款、《欧洲专利公约》第 67 条第 4 款；《专利法》第 21 条第 3 款、第 22 条第 2 款、第 64 条第 1 款，《欧洲专利公约》第 68 条）。此时已经支付的补偿，依照《民法典》第 812 条的规定，应予以返还。[14]

当保护范围——依此保护范围专利授予给了一项申请或者专利在有溯及力的部分无效时得以维持——不包含某项技术原理，且对该技术原理的实施已经导致产生了该请求权时，参照适用上述规则。

临时保护的实质范围，从一开始就取决于具有法律效力的专利最终会在怎样的范围内，从专利申请中诞生；另一方面，正如《欧洲专利公约》第 69 条第 2 款所规定的并基本上同样被接受适用于德国申请的规则，该范围也不能超出申请公开中权利要求所确定的框架。如果申请公开的权利要求与专利权利要求不一致，在此应以保护范围较窄的文本为准。[15]

5. 补偿请求权的主观要件要求，实施者知道或者必须知道，他所实施的发明是申请的主题。内容上与此相对应的，是因专利侵权的损害赔偿请求权所要求的过失（《欧洲专利公约》第 67 条第 2 款第 3 句、《民法典》第 122 条第 2 款）。当然，通常在当前关系下会避开这一概念，因为在专利授权之前实施并非被视为违法。但是可以这么说：实施者必须已经了解或者在尽交易所要求之谨慎时已经能够识别到，他实施了申请的主题。

《关于〈共同体专利条例〉的建议》第 11 条第 2 款缺乏一个相应的主观要件。当然，根据第 3 款，在确定合理补偿时，同样应当考虑当事人的行为以及真诚与否。但是与《专利法》第 33 条的规定不同，这并不排除一个没有过失的实施者也负有补偿责任。毕竟，由于少了第 11 条第 3 款和第 4 款所要求的翻译，为了第 2 款之目的，应当以此为出发点，即实施者必须不曾知悉或者不知悉，在共同体专利授予之后其实施应当被禁止。该建议的起草者可能也以此为出发点，即应适用某种类型的过失要件，但是在第 11 条第 1 款中并没有明确地表明将此作为实际的请求权基础。

谨慎之标准基本上与专利侵权时判断过失所适用的标准一样（参见 § 35 Ⅱ 4）。这同样适用于某些减轻补充专业意见的前提要件。

首要的是，对申请的知悉或者申请的可认知。鉴于披露或者更确切地说鉴于公布，如果实施者根据就专利侵权所设置的规定，有义务让自己了解其他人

---

〔14〕 Abweichend für „freiwillige" Entschädigungszahlungen *Tetzner*，NJW 1969, 643 f.；kritisch hierzu *Schwanhäußer*，NJW 1969, 1886 f.

〔15〕 Ebenso *Busse/Keukenschrijver*，§ 33 PatG Rdnr. 9.

的保护权的话，不知悉申请则必须视为疏忽大意。此外还需要对事实的知悉或者事实的可认知，即知悉采用的实施形态落入了申请保护范围。如果实施者在没有专家意见时信赖自己对申请的认识，认为不存在这种侵犯的，则原则上要自己承担风险。一份初始并不清晰的权利要求文本，仅当专家据此也不认为存在侵入保护范围的行为时，才可以为实施者辩解。这参照适用于对申请主题的可专利性的判断。如果实施者在没有专家意见时就信赖申请将不会获得专利授权，或者相信初始范围很宽的权利要求将被限制，他将冒着被指责不够谨慎的风险。

请求范围过大的情况，也即可保护之公开内容无法将其覆盖时，不足以自行辩解。只要实施者的这种看法得到确认，就可以得出，完全不存在侵犯。然而，如果请求调整后，该侵犯仍然处于公开内容内的，则实施者不能这样进行抗辩，即他原先所预料专利授权时会遭更强的限制或者彻底的驳回。

不过无论如何，实施者根本无需担心，出现授权时的专利权利要求会比申请公开所包含的权利要求更宽。

对欧洲申请而言这是明确规定的（《欧洲专利公约》第69条第2款第2句）。对德国申请而言，根据旧专利法的观点，实施者不应当产生这样的依赖，即公开的权利要求已经以最终确定的文本陈述了发明的主题。[16]就确定保护主题而言，已经公开的专利申请的权利要求，与审查后授权的专利权利要求相比，不具有优越的地位。毋宁是取决于文件的整体内容。如果据此在后落入保护范围的特征组合可以毫不费力地推导出一项发明成果的，则表明下述论断是正确的：实施者之前必须已经知悉他的实施行为利用了申请的主题。

根据《专利法》第14条的措辞，这一思路并不能坚持，即便在这点上与《欧洲专利公约》第69条第2款并不一致。无论如何存在这样的问题：一份在授权程序中（在原始公开内容的框架内）扩大了的权利要求文本，是否并非在这样一个时间点——从该时间点起借由案卷查阅就能获悉公开——就必须具有决定意义。由于《专利法》将补偿请求权与提供案卷查阅联系在一起，这一思路显而易见。但是，如果每一个潜在实施者必须不断查阅案卷，去核实是否可能出现进一步的对公开权利要求的变更，则这一谨慎义务就过于严了。目前对公开信息和公开说明书的跟踪已经需要相当多的费用投入了。如果在公开说明书中，权利要求的撰写窄于公开内容看起来所允许的范围，公众并没有义务去预测，剩余的公开内容也是可保护的，且随后还将被主张权利。

就德国申请而言，至少人们应认为可能的是，如果申请人在授权程序过程中逐渐转向一份新的权利要求文本，并就此通知了某一确定的实施者，则会导

---

[16] BGH 3. 3. 1977 Autoskooter – Halle GRUR 1977, 598, 601.

致从通知时起，应根据新的权利要求文本评判实施者的行为。同样，对德国申请，一名实施者可以主张已公开权利要求在案卷中显而易见的限缩，只要没有出现合法方式的再次变更，并且对此实施者在相应责任的谨慎之下（在此相应的案卷查阅也属于这类谨慎）无法认知。

6. 该请求权在内容上指向一项合理补偿。任何更进一步的请求，都不予支持（《专利法》第33条第1款第2半句，《国际专利条约法》第Ⅱ章第1条第1款第2句）。

然而，针对实施者并没有进行支付或者拒绝支付的情况，有时候依据《专利法》第23条第3款第6句，会支持不作为请求权。[17]

怎样的补偿才是合理的，根据立法材料中的一项评论意见[18]，取决于实施者是否知悉或者应该知悉申请，侵权的真相是否足够清楚，申请人在撰写申请时是否清楚地确定了他所主张的保护范围并与现有技术进行了区分，或者相反通过大量范围广泛的权利要求，自己导致了法律关系的不确定。然而，这些情形对补偿数额来说，都不是有用的线索。[19]人们希望在个案中，在确定请求权的主观要件时，考虑这些情形；然而，基本上没有任何这类情形会与这种观点——实施者有能力做到在尽交易所要求的谨慎时认识到侵犯了申请的保护范围——相冲突（参见第5点）。但是如果满足了这一要件，则申请人有权得到一份合理补偿；当实施者知悉或者在更谨慎时可知悉时，给予更高的补偿并没有法律上的基础。该补偿没有任何惩罚特性。

由于立法材料[20]中的评论认为，合理补偿在"最高情况下"对应于许可费用，因而通常情况下补偿必须低一些的观点，多次被接受。[21]这一见解不应

---

〔17〕 *Bernhardt*, S. 265；*Schulte/Kühnen*，§33 Rdnr. 19；*Schramm/Henner*，GRUR 1968，672；*Ohl*，GRUR 1976，565；ablehnend *Busse/Keukenschrijver* §33 PatG Rdnr. 13.

〔18〕 Bericht des Rechtsausschusses zum Patentänderungsgesetz 1967，Bl. f. PMZ 1967，281.

〔19〕 *Schwanhäußer*，GRUR 1969，114 和 Mitt. 1970，1 ff.；*Schramm/Henner*，GRUR 1968，671；*Traub*，S. 271.

〔20〕 FN 18.

〔21〕 根据学者提供的证据，对获得专利保护之前的补偿，与之后的损害性许可（Schadenslizenz）相比，大约低25%，参见 *Traub*，S. 270 ff. OLG Düsseldorf 17. 4. 1980，GRUR 1981，45，51。联邦最高法院认为，对"与实施一项已获授权的专利的拟制自愿协商的许可费相比，是否以及在哪个范围内，必须进行减额"，并没明确结论，参见 BGH 11. 4. 1989（FN 1）169。位于杜塞尔多夫的州法院认为，在补偿请求权诉讼时效之后，按照原《专利法》第141条第3句（现第33条第3款第2句并结合《民法典》第852条，参见§35 Ⅶ 2）的规定，给予一项"剩余补偿请求权"，数额从实施者所获收益到合理许可费用之间，参见 LG Düsseldorf 23. 5. 2000 Mitt. 2000，458，462。然而，根据联邦最高法院判例，在《专利法》第33条基础上，在进入诉讼时效（Verjährungseintritt）前，不产生任何返还利益的请求权。由州法院发展出的这一结论，仅当附着下述考量，才站得住脚：只要实施者的获益保持低于合理许可费用，就不再考虑实施者的不当得利。

遵循。[22]当然，补偿不必等同于完全的损害赔偿。但不管怎样，专利侵权情况下依照类推许可方式所计算的损害赔偿，并非设计成完全的补偿；它仅覆盖了（最小的）损害，即至少对权利人所产生的市场机会被夺取的损害（参见§35 Ⅳ c 3），但不覆盖其他可能的损害。补偿并非任何损害赔偿，并不因而构成障碍——通常允许按照标准许可费加以确定。这同样与该请求权的功能和法律性质相一致。

最初不知道申请是否会成为具有法律效力的专利的事实，尤其不应当最后成为对申请人不利的因素。因为在这种情况下该请求权最后能存在，所以对此也应单独确定其合理数额。因此出发点应是，作为第一个优先权人（Prioritätserster）的申请人——通过在专利局公开了完全符合可专利要件的发明并且通过随后的公开使公众知晓了该发明——做了他所必须做的所有要件，目的是获得一个完全的专利保护。由于申请人并非立即获得专利，所以只能取决于经验：许多申请的发明并不具可专利性，因此根据主流观点，没经过事先全面的实质审查，对授予一个完整且包含禁止权限的保护而言，意味着无法确保的风险。

然而，该纯粹实务上的想法——在实用新型的场合并不被认为有说服力——并没有改变，最终证明具有可专利性的发明的申请人，从申请公开时起，就有权以合法的方式获得一个完全的保护。补偿请求权为申请人提供了某些补偿，不过仅在实质审查之后他才获得这一保护。补偿请求权替代了本应在位的不作为请求权[23]：由于占优先地位的公共利益，禁止权（Verbietungsrecht）在补偿请求权上被削弱了。就此而言，它类似于强制许可或者实施令（Benutzungsanordnung）情况下的报酬请求权或者补偿请求权。但是应注意的是，剥夺禁止权的基础是不同的公共利益。无论如何，此处（与产生于申请的禁止权相对立）的利益，并不证明对下述原则的任何限制：发明的经济利用完全属于发明人或者其权利继受人，在平行发明的场合（以先用权为条件）属于最先申请人或者其权利继受人。应接受的仅是，那些利益排除了实现该原则的某些确定形式。这意味着，通过该补偿，申请人被置于这样的境地，如同通过一个合理的对价从他那里买下了不作为请求权。因而原则上不能因为申请人不具有禁止权，就把补偿设定得低于合理许可费。不给予申请人禁止权的不利，在这种情况下会被不合理地扩大。同样不能够这么说，缺乏了禁止权，实

---

〔22〕 Im Ergebnis zustimmend Busse/Keukenschrijver, §33 PatG Rdnr. 14；im gleichen Sinn Brandt, Die Schutzfrist des Patents, 1996, S. 97.

〔23〕 对审查请求提起后不作为请求权的授予，根据应然法（de lege ferenda），认为依照现行法，该授予是必要的，参见 Steup, GRUR Int. 1990, 800, 802. Pahlow, GRUR 2008, 102 f.。

施就不具有任何市场价值。毋宁是，从发挥准入障碍作用的补偿责任中已产生实施者的某种优先地位（Vorzugsstellung），其价值表现为补偿之数额。该补偿数额是否合理，在此并非通过一个"绝对的"评估，而是仅通过比较——在受到禁止权保护时支付了实施酬金（Benutzungsentgelte）的情况——进行计算。在绝大多数情况下，此处的减扣是完全合理的，只要那些酬金以实施权限的可持续性（Dauerhaftigkeit）为前提：当申请人在专利授权之后禁止实施的，如果在相应期限的合同许可场合仅可获得低于通常情况的费用，则可以减少对之前实施的补偿；对此原则上适用"损害许可"（Schadenslizenz）情况下的同一规则（参见 § 35 Ⅳ c 2）。

7. 哪些人有权要求补偿，原则上根据专利侵权损害赔偿情况下的相同规则而定（参见 § 35 Ⅵ）。然而，因为仅考虑将类推许可作为计算方法，在存在排他许可的情况下，仅被许可人而非申请人有权主张补偿。普通许可被许可人的可能损害，对该补偿同样没有影响。

有补偿责任的仅是实施行为的受益人，因此并非获得实施好处的企业法定代表人或者具体实施的主管专业人员。[24]

如果确定了有补偿责任的实施行为，权利人可以同专利侵权情况（参见 § 35 Ⅴ）一样，主张公开账目，只要这是为了计算许可费用所必须的。[25]

根据《关于〈共同体专利条例〉的建议》第 35 条第 1 款的规定，申请人或者专利权人可以请求第 11 条规定的补偿。如果专利权人经请求而怠于行使的，独占许可被许可人也可以行使。

8. 根据《专利法》第 33 条第 2 款的规定，如果申请的主题明显不具有可专利性的，不产生补偿请求权。[26]这适用于在德国专利商标局提起的德国国内申请以及德国专利商标局为指定局的国际申请。与此相反，对欧洲申请的情况，《国际专利条约法》没有相应的规定。人们曾经认为没有必要进行规定，因为这意味着对《欧洲专利公约》第 67 条第 2 款第 3 句规定的最低保护进行"不合法的限制"。[27]然而，新近的深入思考表明这种想法是不成立的。

仅在申请主题最后证明具有可专利性的前提下，才要求《欧洲专利公约》规定的最低保护（参见第 4 点）。不能认为，同样对明显缺乏可专利性的情

〔24〕 BGH 11. 4. 1989（FN 1）165 f.；26. 1. 1993（FN 1）208；ebenso schon OLG Karlsruhe 25. 2. 1987 GRUR Int. 1987, 788, 790 r.

〔25〕 BGH 11. 4. 1989（FN 1）166 ff.；OLG Düsseldorf 20. 1. 2002 Mitt. 2003, 252, 261 l.；krit. zur Beschränkung auf die Lizenzanalogie *Krieger*, GRUR 2001, 967.

〔26〕 Einen Fall der Klagabweisung aus diesem Grund betrifft OLG Karlsruhe 21. 11. 1972 Mitt. 1973, 112.

〔27〕 Begründung zum IntPatÜG, Bl. f. PMZ 1976, 324l.

况，《欧洲专利公约》规定国内法院授予该请求权。该规定的意义仅可能在于保留了欧洲专利局在任何情况下对专利申请（Patentgesuch）进行裁决以及保留了裁决对补偿请求权的溯及力。然而，《欧洲专利公约》从未在专利授予的问题上限制国内法院，而是允许以国内法自行规定，法院能够在多大程度上审查专利的效力（参见§32 Ⅲ f aa）。补偿请求权的裁决应在多大程度上审查可专利性，在这个问题上不可以适用其他规则。

因此，《专利法》第33条第2款的规定不仅适用于德国申请和生效于德国的国际申请，而且也（相应地）适用于指定德国的欧洲申请。当然，该规定并非没有问题。仅当应该完全排除授予专利，以及完全排除当时可能具有法律效力的诉讼驳回（Klageabweisung）因"明显缺乏可专利性"而被证明没有依据的情况，才适用这一规定。

9. 就补偿请求权的诉讼时效，《专利法》第33条第3款援引了《民法典》的规定；因此原则上适用与专利侵权情况下请求权相同的规则（参见§35 Ⅶ 2）；但是，因为最早在专利授权后1年，诉讼时效才起算，所以在其专利申请是否和在怎样程度上成功确定之前，权利人不会被迫提起诉讼。[28]在诉讼时效届满之后，如果补偿义务人通过实施发明[29]损及其利益并获益的，权利人可以根据返还不当得利的规定要求返还利益（《专利法》第33条第3款第2句，《民法典》第852条第1句）。在这里对应于剩余损害赔偿请求权（参见§35 Ⅶ 3），产生了一项剩余补偿请求权，按照《民法典》第852条第2句的规定，该请求权在产生后10年，最迟在实施发明后30年，诉讼时效期间届满。

就已经公开的欧洲申请的补偿请求权，《国际专利条约法》第Ⅱ章第1条第1款第2句援引了《专利法》第141条，该条第1句又再次指向了《民法典》，但是——因为依照专利侵权的请求权而制定——并没有规定，最早在专利授予后1年发生诉讼时效届满。有疑问的是，这是否与《欧洲专利公约》第67条第2款第2句一致，根据该规定，与欧洲申请公开相关联的保护，不应该低于尚未审查的国内申请被强制规定公开而产生的保护。因此《专利法》第33条第3款第1句规定的标准应参照适用于欧洲申请，这尤其可以替法院避免一些早期的起诉。在欧洲申请的场合，可以用与德国申请相同的方式，主张剩余补偿请求权（《国际专利条约法》第Ⅱ章第1条第2句，《专利法》第

---

〔28〕 Begründung zum GPatG, Bl. f. PMZ 1979, 283 r.

〔29〕 在法律中用了"侵犯"（Verletzung）一词，根据学者的看法，这是误导，应不加思考地吸收（aus unreflektierter Übernahme）原《专利法》第141条第3款进行解释，参见 Busse/Keukenschrijver，§33 PatG Rdnr. 3。

141 条第 2 句,《民法典》第 852 条)。

10. 主张补偿请求权适用属于专利纠纷案件的诉讼程序（Verfahren）。适用《专利法》第 143 条和第 144 条的规定（参见 §36 Ⅰ，Ⅴ），而非《专利法》第 145 条的规定。[30]

受理补偿之诉的法院，除了明显缺乏可专利性的情况（参见第 8 点），无需探讨申请主题是否可专利。然而，根据《专利法》第 140 条第 1 句，法院可以在关于专利授权的裁决作出之前中止诉讼，如果补偿请求权取决于此。由于拒绝授予专利时该请求权溯及既往地消失，如果真的怀疑申请会获得专利，即出现了中止的理由。法院就此可以将授权程序情况以及递交给它的异议作为导向。

如果尚未根据《专利法》第 44 条提起审查请求的，补偿之诉的被告可以根据《专利法》第 140 条第 2 句和第 3 句，要求原告提起审查请求或者驳回视为不合法的起诉且由其承担费用：对主张源自申请权利（die Rechte aus der Anmeldung）的当事人，应相对方的申请，法院可以规定一个提起审查请求的期限。如果及时提起申请，则经常会出现中止的情况。[31]

根据《关于〈共同体专利条例〉的建议》第 11 条的规定，只能在专利授予公布之后，法院才能对补偿之诉作出判决（第 35 条第 2 款）。

§38   故意侵犯保护权的可刑罚性[1]

Ⅰ. 专利和补充保护证书

1. 根据《专利法》第 142 条（《欧洲专利公约》第 64 条第 3 款）的规定，故意直接侵犯联邦德国专利或者补充保护证书的行为应予以惩罚。与 1968～1978 年《专利法》第 49 条不同，在现行法文本中，犯罪构成要件（Straftatbestände）并非仅依照侵权行为的法律定义加以限定，而是"考虑到科刑（Strafdrohung）的必要充分之确定性"[2]进行明确的重述。《专利法》第 142 条第 1～3 款采用了由 1990 年《反产品盗版法》所强化的文本：

---

〔30〕 *Benkard/Rogge/Grabinski*，§145 PatG Rdnr. 4.

〔31〕 Vgl. *Benkard/Rogge/Grabinski*，§140 PatG Rdnr. 3.

〔1〕 Zum Vorschlag einer europäischen Richtlinie über strafrechtliche Maßnahmen zur Durchsetzung der Rechte des geistigen Eigentums s. oben §31. 10.

〔2〕 Begründung zum GPatG, Bl. f. PMZ 1979, 290.

"（1）无需专利权人或者补充保护证书（第16a条和第49a条）权利人的同意，有下列行为之一的，处3年以下有期徒刑或者罚金：

1. 制造、提供、投入流通、使用或者为上述目的进口或者占有属于专利或者补充保护证书（第9条第2句数字1）主题的产品；

2. 在本法适用范围内，使用或者许诺使用属于专利或者相应的补充保护证书（第9条第2句数字2）主题的方法。

对以属于专利或者补充保护证书主题的方法直接制造的产品（第9条第2句数字3），也适用第1句数字1的规定。

（2）以商业目的实施专利的，处以五年以下有期徒刑或者罚金。

（3）企图实施上述行为的，也应受处罚。"

只有符合构成要件情节的故意犯罪行为才处以刑罚，因为在此法律并没有明确规定处罚过失行为（《刑法典》第15条）。因此尤其在许诺提供方法的场合，许诺提供者必须知道，未经专利权人许可使用该方法是被禁止的；《专利法》第9条第2句数字2的"依情势明显"，在此并不够。

不言而喻，属于《专利法》第11条规定的例外情形的行为，或者属于执行实施权限的行为（参见§34），不能构成任何可处罚的专利侵权行为。与此相同，《专利法》第10条规定的间接侵权行为也不处以刑罚；然而，如果在个案中，就《专利法》第142条第1款的任一构成要件而言，间接侵权行为表现为《刑法典》第25～27条的从犯（Mittäterschaft）、间接正犯（mittelbare Täterschaft）、教唆犯或者帮助犯（Beihilfe）[3]，则间接侵权行为具有可罚性。

2. 《专利法》第142条第1款规定的行为，告诉才处理，除非刑事追诉机关认为，对保护特别的公共利益而言，依职权进行刑事追诉的干预是必须的（《专利法》第142条第4款）。有权提起告诉的人是被侵权人（《刑法典》第77条第1款）。这包括依照《专利法》第30条第3款第2句的合法的专利权人或者补充保护证书权利人（参见§36Ⅱ），此外如情况可能还有独占许可的被许可人、用益权人和质权人。每个权利人都可以独立提起告诉之申请（《刑法典》第77条第4项）。国内代理人可以代为提起刑事告诉（《专利法》第25条第1款）。告诉申请可以撤回（《刑法典》第77d条）。

告诉期间（Antragsfrist）有3个月，从权利人知道违法行为和违法者之日结束时起算（《刑法典》第77b条）。不取决于此的是，在违法行为结束后5年期限届满时刑事追诉时效消灭（《刑法典》第78条第1款、第3款第4项，

---

〔3〕 Begründung aaO.

第 78a 条）。

根据《刑事诉讼法》第 374 条第 1 款第 8 项的规定，依《专利法》第 142 条第 1 款可处罚的侵犯专利或者补充保护证书的行为，通过自诉的途径加以追诉，并不需要检察机关采取公诉（Anrufung）。仅当存在公共利益时，才会对此提起公诉（《刑事诉讼法》第 376 条）。

> 根据《刑罚和罚金程序指令》（RiStBV）第 261 项的 2007 年 11 月 1 日的文本，追诉侵犯知识产权行为（《专利法》第 142 条第 1 款、《实用新型法》第 25 条第 1 款等）的公共利益通常应予肯定，除非保护权受到的损害甚微。在此应予特别关注的是侵犯保护权的规模、产生或者有威胁的经济损害和不法行为所追求的不当得利（《刑罚和罚金程序指令》第 261 项第 2 句）。虽然没有取消告诉之要件（Antragserfordernis）；但是刑事追诉机构不应该指点被害人参考自诉渠道。

> 根据 RiStBV 第 261a 项的规定，尤其当不法行为者有相应的前科，不法行为威胁到被害人的经济生存，或者公共安全和公共秩序或者消费者健康受到威胁时，特别的——诸如采取《专利法》第 142 条第 4 款的依职权干预所必要的——公共利益应予以承认。

3. 商业性地侵犯专利或者保护证书的行为（《专利法》第 142 条第 2 款）属于公诉罪（Offizialdelikt），无需被害人提起告诉即可追究。

4. 事实上，很久以来刑法对侵犯专利的追究几乎没有意义；加强刑罚和引入依职权追究的实施商业性侵权的犯罪事实（参见第 3 点），同样改变不了这种情况。[4] 70 多年以来，联邦最高法院从未有过关于专利刑罚案件的公布。[5]

5. 若将对行为人进行处罚的，根据《专利法》第 142 条第 6 款的规定，应受害人请求并且证明其有正当利益时，应当命令公开宣判。公开宣判的方式应在判决书中确定。

根据《专利法》第 142 条第 5 款的规定，可以没收涉及犯罪行为的物品。《刑法典》第 74 条、第 74f 条、第 76 条、第 76a 条均有详细规定。因为《专利法》第 142 条第 5 款援引了《刑法典》第 74a 条，根据此处规定的要件，也可以针对非正犯或者非共犯作出没收。根据《刑法典》第 74b 条第 2 款的规定，在可以实现没收的目的时，也可以采用诸如不能使用（Unbrauchbarmachung）或者修改（Abänderung）等不那么激烈的措施，以替代没收。若受害人在依据

---

〔4〕 Krit. zur gesetzlichen Regelung und zur Verfolgungspraxis *Kröger / Bausch*, GRUR 1997, 321, 325 ff.

〔5〕 Vgl. *v. Gravenreuth*, GRUR 1983, 349 ff.

《刑事诉讼法》第 403 条规定的以下程序中，主张《专利法》第 140a 条的民法上的请求权，则该请求权优先于没收（《专利法》第 142 条第 5 款第 3 句）。

同样还应考虑的是根据《刑法典》第 73 条、第 73e 条、第 76 条和第 76a 条，对正犯或者共犯为违法行为或者基于违法行为所获得的财产利益的追缴命令（Anordnung des Verfalls）；然而，只要违法行为使被害人产生了请求权，且实现该请求权将没收正犯或者共犯因该违法行为而获得的财产利益，则不允许作出追缴命令（《刑法典》第 73 条第 1 款第 2 句）。

6. 专利溯及既往地失效时，不存在专利侵权之事实；相应的，在专利部分溯及既往失效时，如果导致涉嫌行为不落入保护范围，也不存在专利侵权事实。作为生效裁判基础的专利，溯及既往失效的，则可以再次启动刑事诉讼程序（《刑事诉讼法》第 359 条第 4 项、第 5 项）。

Ⅱ. 实用新型

1. 根据《实用新型法》第 25 条第 1 款，未经实用新型权利人同意，有下列行为之一的人，应予处罚：

1. 制造、提供、投入流通、使用或者为上述目的而进口或者占有实用新型主题的产品（《实用新型法》第 11 条第 1 款第 2 句）；或者

2. 违反《实用新型法》第 14 条的规定，行使基于专利的权利。

第一种情况涉及侵犯产品专利的情形（《专利法》第 142 条第 1 款第 1 句数字 1）；第二种情况则是在出现在后（但仍有效的）主题相同的专利时，优先考虑在先实用新型。

除了客观构成要件的界定之外，《实用新型法》第 25 条的措辞与《专利法》第 142 条的规定一致；可以参照在这方面的说明（参见本节Ⅰ 1～6）；在《专利法》中采用的《刑法典》和《刑事诉讼法》的规定，同样可以适用到实用新型侵权的刑事追诉上。

2. 如果在刑法裁判生效之后，由于侵犯实用新型导致其完全或者部分被注销，或者完全或部分被证明无效的，那么曾被认为可处罚的行为事实上并不构成实用新型侵权的，根据《刑事诉讼法》第 359 条第 5 项规定的要件，可以重新启动刑事诉讼程序；相反在此不适用《刑事诉讼法》第 359 条第 4 项（参见 §36 Ⅷ 4）。

§39　保护权的广告和没有根据的警告

参考文献：*Hefermehl/ Köhler/Bornkamm* Gesetz gegen den unlauteren Wettbewerb,

26. Aufl. 2008, § 4 UWG Rdnr. 10. 169 – 10. 183, § 5 UWG Rdnr. 5. 113 – 5. 131; *Brandi – Dohrn*, *M.*, Die Abnehmerverwarnung in Rechtsprechung und Praxis, GRUR 1981, 679 – 688; *Bulling*, *A.*, Patentausschlußrechte in der Werbung, 2002; *Deutsch*, *V.*, Der BGH – Beschluss zur unberechtigten Schutzrechtsverwarnung und seine Bedeutung für die Praxis, GRUR 2006, 374 – 379; *Fischer*, *F. – W.*, Abnehmer – Verwarnungen aus Patenten und Gebrauchsmustern, DB 1976, 85 – 88, 133 – 137; *Geißler*, *B.*, Patent und § 3 UWG, GRUR 1973, 506 – 511; *Frhr. v. Gravenreuth*, *G.*, Geschichtliche Entwicklung und aktuelle Probleme zum Auskunftsanspruch nach einer Schutzrechtsberührung, Mitt. 1985, 207 – 211; *Hesse*, *H. G.*, Die Verwarnung der Abnehmer wegen Patent – oder Gebrauchsmusterverletzung, GRUR 1967, 557 – 560; *Horn*, *W.*, Die unberechtigte Verwarnung aus gewerblichen Schutzrechten, 1971; *ders.*, Die höchstrichterliche Rechtsprechung zur unberechtigten Verwarnung, GRUR 1971, 442 – 453; *John*, *G. R.*, Die unberechtigte Schutzrechtsverwarnung im deutschen und österreichischen Recht, GRUR Int. 1979, 236 – 244; *Graf Lambsdorff*, *H. G./Hamm*, *A.*, Zur wettbewerbsrechtlichen Zulässigkeit von Patent – Hinweisen, GRUR 1985, 244 – 246; *Graf Lambsdorff*, *H. G./Skora*, *B.*, Die Werbung mit Schutzrechtshinweisen, 1978; *Lindacher*, *W. F.*, Die Haftung wegen unberechtigter Schutzrechtsverwarnung oder Schutzrechtsklage, ZHR 144 (1980), 350 – 365; *Meier – Beck*, *P.*, Die Verwarnung aus Schutzrechten – mehr als eine Meinungsäußerung! GRUR 2005, 535 – 540; *Ohl*, *A.*, Der Rechtsschutz gegenüber unberechtigter Geltendmachung gewerblicher Schutzrechte, GRUR 1966, 172 – 187; *Peukert*, *A.*, Änderung der Rechtsprechung zur unberechtigten Schutzrechtsverwarnung? Mitt. 2005, 73 – 77; *Quiring*, *A.*, Zur Haftung wegen unbegründeter Verwarnungen, WRP 1983, 317 – 325; *Reuthal*, *K. – P.*, Die unberechtigte wettbewerbsrechtliche Abmahnung unter besonderer Berücksichtigung der unberechtigten Schutzrechtsverwarnung, 1985; *Sack*, *R.*, Die Haftung für unbegründete Schutzrechtsverwarnungen, WRP 1976, 733 – 744; *ders.*, Unbegründete Schutzrechtsverwarnungen, 2006; *Teplitzky*, *O.*, Zur Frage der Rechtswidrigkeit unbegründeter Schutzrechtsverwarnungen, GRUR 2005, 9 – 15; *Ullmann*, *E.*, Die Verwarnung aus Schutzrechten – mehr als eine Meinungsäußerung? GRUR 2001, 1027 – 1032; *ders.*, Die Berühmung mit einem Patent, FS Schilling, 2007, S. 385 – 392; *Winkler*, *H.*, Probleme der Schutzrechtsverwarnung, GRUR 1980, 526 – 530.

提示：2008 年 5 月，德国联邦政府内阁同意了修改《反不正当竞争法》的法律草案，据此，2005 年 5 月 11 日生效的《关于不正当交易行为的指令》(Richtlinie 2005/29/EG) 转化为德国法律。其中规定的修改，首先服务于提高消费者保护。就下述探讨的问题而言，这些修改在内容上并没有值得注意的价值。

I．因专利标识或者实用新型标识的问讯请求权

1．能够让人产生某些对象受到《专利法》或者《实用新型法》保护的印象的表述，在《专利法》第146条、《实用新型法》第30条规定的要件之下，有义务告知这些对象受到哪些专利或者专利申请以及哪些实用新型的保护。该规定是在1936年引入法律的；同时，《专利法》中与此相联系的对同一事实作了错误表述的刑事追诉（原《专利法》第40条）亦被废止，因为《反不正当竞争法》第4条（现第16条第1款）规定的刑事处罚在此看起来已经足够了。通过该陈述而感受到约束的那些人，借助问讯请求权，可以减少发生竞争法上行为的风险；他们应当不会僵化到冒着——相对人能够证明存在一项与陈述相符合的保护——风险采取诉讼。[1]在此，同意他们有权首先要求提供一份这样的证明；根据对问讯请求的答复，他们能够更容易地判断发生竞争法上行为的后果。

2．该请求权的前提要件是，采用了一项标识（Bezeichnung），该标识恰当地产生了这种印象：某些特定的对象依照《专利法》受到专利或者专利申请的保护，或者根据《实用新型法》作为（正确的表述：通过）实用新型加以保护，标识的形态例如"德国联邦专利"（Deutsches Bundespatent）、"被授予专利的"（patentiert）、"专利的"（Patent－）加上指示的对象、"已申请专利"（Patent（e）angemeldet）、"实用新型"、"德国实用新型"（deutsches Gebrauchsmuster），或者缩略词如"Pat."（专利）、"DBP"（德国联邦专利）、"GM"（实用新型）、"DGM"（德国实用新型）、"DBGM"（德国联邦实用新型）、"DEGM"（德国实用新型）。在指示欧洲专利或者欧洲专利申请的情况下参照适用《专利法》第146条的规定。[2]

从标识中并不需要清楚地得出，保护是以哪种形式、在怎样的地域范围内产生或者申请的。根据通行的见解，只要在所涉范围的、并非可以忽略的部分中，产生了有关联邦德国生效的专利、专利申请或者实用新型的印象就足够了。就此，诸如"法律保护"（gesetzlich geschützt）、"专利正式保护"（patentamtlich geschützt）、"正式保护权的申请"（Anmeldung sämtlicher Schutzrechte），甚至不作区别地引用国际申请或者欧洲申请或者欧洲专利，也构成这种表述。

如果使用的标识仅清楚地指向其他规定的保护时，如外观设计保护，或者商标保护，或者一项并非生效于德国的保护，则不产生任何根据《专利法》第146条或者《实用新型法》第30条的问讯请求权。

---

〔1〕 Begründung zum PatG 1936，Bl. f. PMZ 1936，115.

〔2〕 *Benkard/Ullmann*，§146 PatG Rdnr. 42 ff.；*Schulte/Kühnen*，§146 Rdnr. 3.

3. 标识的使用，可以出现在物品自身，或者物品的包装上，或者在公开广告、招牌、商业卡片以及类似公告中。在此，表述具有竞争意义上的相应的公众获得渠道（Öffentlichkeitsbezug），属于法定的构成要件。

警告单个实施者，并不符合这一构成要件。同样，对封闭范围内单独顾客的通知，也不认为构成合格的表述。[3] 然而，并不需要像《反不正当竞争法》第 16 条第 1 款规定的那样，进行公开之公布，或者向更大范围的人群发布通知。在此，那些利害关系人不受限制即可接触到的标识，只要适合采用"已申请专利"（Patente angemeldet）的标记，即视为符合要求。[4]

4. 对法律情况的资信具有合法利益的人，享有问讯请求权。就此而言，与使用标识的人具有竞争关系，但也包括依据《反不正当竞争法》第 8 条第 3 款已经存在诉权（Klagebefugnis）的情况，都属于具有合法利益。具有这些利益的人，必定处在这样的境地中：在起诉之前获得作为主张专利或者实用新型保护基础的相关信息。就此，尤其零售商、有资格的机构（Einrichtungen）以及部门（Kammern）的协会（参见本节 II 2），也可以主张该请求权。

5. 为实现该请求权，义务人仅需要指明所涉的专利、专利申请或者实用新型的号码。就具体内容，请求人得依赖自己，从专利局管理的公布及其他信息中获得。

根据联邦最高法院[5]的观点，拥有多个相关保护权的"专利主张者"（Patentberühmer）可以自行决定，他想用哪个（些）保护权来支持其主张（Berühmung）；他不需要指出所有属于他的（可能对指定的受保护主题具有意义的）专利和申请。在此，与立法者已经提及的目标设定一致，联邦最高法院认为该请求权的目的，仅在于针对专利主张者准备有竞争之防御。相应地，请求权之合法权利人没有办法强求一份完整的表述，范围涉及所有相关的专利或者专利申请，或者——当使用的标识指向实用新型保护时——所有相关的实用新型。根据《专利法》第 146 条、《实用新型法》第 30 条，问讯权利人仅能期待（因此并非依赖）义务人确保他能够获得——比他所认为的必要并且有用的信息——更多的信息。仅当使用的标识在内容上无法证明义务人表述的保护权时（至于他是否就此并没有有效的保护权或者他仅仅不想指明对结果没有影响），才会对义务人产生不利的法律后果。此时，义务人必须考虑到由

---

〔3〕 OLG Karlsruhe 12. 10. 1983 GRUR 1984, 106.

〔4〕 LG Düsseldorf 23. 6. 1966 GRUR 1967, 525.

〔5〕 4. 5. 1954 Prallmühle BGHZ 13, 210; ebenso OLG Frankfurt 29. 4. 1965 GRUR 1967, 88; zweifelnd OLG Frankfurt 15. 11. 1973 WRP 1974, 159, 161.

于欺诈陈述而引起的《反不正当竞争法》第5条或者第16条第1款的民事甚至刑事的归责。如果他通过替换原先故意保留的或者有迟延责任的表述而阻止了上述情形，则因为其不合格地满足了问讯请求权，对问讯权人已经产生但没有任何成效的法律后果的费用损失，负有赔偿损害的责任。

6. 根据法律的措辞，如果使用的标识仅仅指向一项尚未公开的专利申请，则无法确立一项问讯请求权。在这种情况下，还不能够说是一项专利法上的"保护"。[6]然而，只要这样的标记（Hinweis）在竞争法上通常不被认为不合法，则仍有可能参照适用《专利法》第146条，[7]因为此时对标记的适法性（Zulässigkeit）而言，完全取决于该标记的正确性。

只要义务人在问讯请求之后引用的是一份尚未公开的专利申请，则使用的标识在什么时候让人产生专利已经授权的印象不再重要；此时，表述肯定是欺诈的并且有悖于竞争。然而，如果仅清楚地指向申请，且人们视这种做法在申请公开之前是合法的，则对标记进行竞争法上的判断时，通常需要了解尚未公开的申请内容。但是，仅从《专利法》第146条的规定中，无法推导出该通告义务；问讯权人能依赖的，是根据《专利法》第31条第1款第1句的规定，要求查阅申请之案卷。在此已经不再由于问讯请求权而承认合法利益。相反，专利局会权衡问讯权人之利益和申请人之保密利益。[8]对当事人而言，等到申请公开，通常得到的是合理的结果。[9]

当某人主张其尚未获得登记实用新型申请，或者在问讯请求下指引向这样一个申请的，参照适用上述规则。

针对主张尚未公开申请的人，当该主张引起了妨害他人的不确定性时，根据《反不正当竞争法》第3条、《民法典》第823条和第1004条的规定，可以主张问讯请求权，这不取决于参照适用《专利法》第146条或者《实用新型法》第30条。[10]

Ⅱ. 对专利权或者实用新型权利保护的欺诈表述

1. 专利或者实用新型的标记，通常可以令人产生这样的印象：该标记所指的主题，似乎受到保护以对抗完全或者部分的模仿，并较之于其他制造商类

---

〔6〕 *Schulte/Kühnen*，§146 Rdnr. 8.

〔7〕 Dafür *Benkard/Ullmann*，§146 PatG Rdnr. 14；*Graf Lambsdorff/Skora*，Rdnr. 354 ff.

〔8〕 BPatG 15. 2. 1977 E 20，15，17 und 28. 4. 1976 GRUR 1976，721，723（结果不会准许任何案卷之查阅）；23. 8. 1985 GRUR 1986，57（准予查阅实用新型申请的案卷）.

〔9〕 *Benkard/Ullmann*，§146 PatG Rdnr. 15.

〔10〕 BGH 4. 5. 1954（FN 5）216 ff.；在判决的案件中，因"主张者"的合法利益而拒绝了该请求权。

似的——没有产生保护权的——产品，在某一方面具有新颖性和智识之优点。[11]专利申请的标识，表明的不仅是争取一项针对申请主题的排他权利，而且更多地被理解为涉及一项能够确保更好应用的新创造或者某些特别赢利之物。[12]通过这样的表述所产生的竞争优越性的印象，就其本身而言尚不构成任何提起竞争法上申诉的理由。相反，只要这些表述不具欺诈性，原则上对专利和专利申请的这些宣传标记（Werbehinweise）是合法的。否则，可以按照《反不正当竞争法》第 5 条的规定，针对它们采取民法上的措施，或者在某些情况下也可以按照《反不正当竞争法》第 16 条第 1 款的规定，采取刑法上的措施。

2. 根据《反不正当竞争法》第 5 条第 1 款第 1 句的规定，做出欺诈广告的人，构成《反不正当竞争法》第 3 条意义上的不正当行为。就判断广告是否欺诈的问题，应考虑《反不正当竞争法》第 5 条第 1 款的所有要件，尤其是带有第 1~3 项所列举内容的表述。根据第 3 项，广告的知识产权同样属于这里的内容。但是，标记专利、实用新型及其申请的广告，按照它们在其中被设计和被观察的关系，也可以理解为对商品特征或者服务特征的表述，就此涉及例如制造或生产方式或者方法、目标之适度性（Zwecktauglichkeit）、应用之可能性（Verwendungsmöglichkeit）、特性（Beschaffenheit），或者期待的应用效果（《反不正当竞争法》第 5 条第 2 款第 1 项）。

谁若触犯了《反不正当竞争法》第 3 条，根据《反不正当竞争法》第 8 条第 1 款，可以向其请求排除妨碍以及在有重复威胁时请求不作为。当面临违法行为时，不作为请求权已经存在。不作为请求权可由任何竞争者（第 1 项）、由符合第 2 项规定的促进工业或者独立职业利益的有权利能力之团体、由满足第 3 项要件的某些"合格的机构"以及工业、商业部门和手工业部门，根据《反不正当竞争法》第 8 条的要求提起。故意或者过失触犯了《反不正当竞争法》第 3 条规定的，根据《反不正当竞争法》第 9 条的规定，就竞争者因此产生的损失负有赔偿责任。

根据《反不正当竞争法》第 16 条第 1 款，在符合规定的情况下，欺诈广告的人应予以刑事处罚：表述必须有意图令人产生特别有利的优惠的印象，已经面向较大范围的人群公开公布或者通告，并且不真实；行为者必须已经知晓这两点（《刑法典》第 25 条）。

仅因为错误（Ungenauigkeit）或者误解（Mißverständlichkeit）而构成欺诈的表述，例如一般性地标记法律保护，但不以专利权保护而可能以其他保护为

---

[11] So BGH 5. 7. 1984 Patented GRUR 1984，741，742 r.

[12] BGH 27. 9. 1963 Sintex GRUR 1964，144，145 l.

基础的，在此不能按照《反不正当竞争法》第16条第1条进行追究。

作为惩罚的是最高2年之自由刑或者罚金。该刑事追诉不以任何申请为前提。但是事实是亲告罪（Privatklagedelikt）（《刑事诉讼法》第374条第1款第7项）；仅在有公共利益的场合才提起公诉（《刑事诉讼法》第376条）。根据《刑事诉讼法》第374条、第375条的规定——除了按照以前的《反不正当竞争法》第22条第2款——仅那些受到影响的"被侵权人"有权提起私人之诉。提起《反不正当竞争法》第8条第3款的民事诉讼的权限并不具备。[13]

3. 不论对《反不正当竞争法》第5条抑或第16条第1款而言，重要的构成要件特征（Tatbestandsmerkmal）在于表述的欺诈特性（irreführende Charakter）。在此，欺诈的适格（Eignung）也满足《反不正当竞争法》第16条第1款的规定。受众群体对该表述的主流看法即为判断之标准，就此如果并非可以忽略的部分受众可能被误导的，就足以构成欺诈。同样，在最终消费者的场合，首先得去考虑在临时印象和简单观察时的交易倾向。[14] 对专利或者其他保护权标记如何被理解的问题而言，同样重要的是，可以在何种程度上，以介绍的内容去预测相关构思和法律关系。但是，并非每个从该角度看可能的错觉（Fehlvorstellung）都被视为值得保护的；在某一范围内，根据不正确的、建立在不知情基础上的介绍内容去做预测的情况，毫无疑问不能证明具有欺诈特性。权利人并不需要由于存在向交易参与者错误介绍的可能性，而放弃对其受到法律承认的法律地位的如实说明。[15]

4. 除了包含专利概念或者一个通用缩略语的陈述，还有含混地标记法定保护或者专利局保护或者独自制造权利或者诸如此类，都可以让人产生存在一项专利的印象。在错误标记申请的场合亦同（参见本节Ⅱ5）。

标记一项专利的合法性，前提在于该专利已经获得授权且正式存在；[16] 并不取决于该专利的法律有效性。然而，存在一项实用新型登记并不足够。

仅当专利至少在国内存在时，才可以作出一项（可以视为标记专利的）表述；否则，假如没有明确说明仅指向国外专利时，该表述即为欺诈表述。

---

〔13〕 *Hefermehl/Köhler/Bornkamm*，§16 UWG Rdnr. 25.

〔14〕 BGH 27. 9. 1960 Socsil GRUR 1961，241，242；5. 7. 1984（FN 11）742 l.

〔15〕 BGH 12. 3. 1985 Konterhauben – Schrumpfsystem GRUR 1985，520，521 l.（für mögliche Fehlvorstellungen über das Verhältnis des Schutzbereichs zu den Patentansprüchen）；vgl. auch OLG Hamburg 8. 2. 1973 GRUR 1974，398，399 r.；BGH 6. 10. 1965 Bleistiftabsätze GRUR 1966，92，93 r.；*Bogler*，DB 1992，413 ff.

〔16〕 有学者认为，在授权决定和公布授权告示期间，就已经标记为"已专利"（patented）的，视为不合法，参见 *Barth/Wolhändler*，Mitt. 2006，16 ff；赞同的如 *Ullmann*，FS Schilling，S. 392。

在表述采用"已专利"（patented）的案件中，在上述情况下，使用英语并不足以视为说明专利仅存在于英语国家而非本国。[17]同样认为构成欺诈的是，仅受外国专利保护的装置，却标识"获国际专利"（international patentiert）之保护。[18]

如果对一项主题主张不受限制的专利保护，则必须指明该主题的全部或者（当然也包括）基本确定了交易价值或者特性部分。[19]否则为了避免出现欺诈特征，必须清楚地说明哪些部分已经获得专利。就此而言，说明该主题或者某些部分落入专利保护范围之内即满足要求；并不需要与权利要求之措辞相互一致。[20]

不允许因为一项产品是由受专利保护的装置所造但属于专利方法的直接产品，就可以称其为受专利保护。

5. 在对申请进行广告标记时，首先必须避免产生这样的印象，即专利已经授予了。缩略语如"德国专利"（Dpa）或者"德国联邦专利"（DBPa）都是不允许的，因为这样做有风险：根据它们会推导出专利之存在。[21]

"德国专利和德国实用新型已申请"（DP und DGM angem.）的表述会被视为欺诈，因为可以将其理解为专利已经获得授权。[22]同样会被认为欺诈的是，在尚未取得国内专利授权时，广告就采用了"未决之专利"（Pat. Pend.）的标记，这误导了在上述情况中的相关消费者。[23]

标记清楚地指明仅是申请，是否毫无疑问就是合法的呢？对这个问题先前的法律是有争议的。联邦最高法院[24]在引入迟延审查制度之前就认为，"已申请德国联邦专利"的标记，如果在专利申请公布之前就用作广告宣传的，则构成欺诈；因为这类标记的相当一部分读者并不知道，许多专利申请根本就不会获得授权，并会错误地认为至少存在临时的专利保护。

在当时的关系之下，该严厉的裁判是否适当仍无定论。根据现行法，申请人的申请若已经公开并可利用补偿请求权的临时保护的，不应当被剥夺其进行广告表述的合法利益。在上述情况下，当公布时从申请中产生完全保护的，绝

---

〔17〕 BGH 5. 7. 1984（FN 11）742.

〔18〕 OLG Stuttgart 11. 5. 1990 NJW 1990, 3097.

〔19〕 Vgl. *Benkard/Ullmann*, § 146 PatG Rdnr. 26 mit Nachweisen; *Graf Lambsdorff/Skora*, Rdnr. 143; OLG Frankfurt 15. 11. 1973（FN 5）162 f.; OLG Stuttgart 11. 5. 1990（FN 18）.

〔20〕 BGH 12. 3. 1985（FN 15）.

〔21〕 BGH 27. 9. 1960（FN 14）; 6. 10. 1965（FN 15）.

〔22〕 BGH 27. 9. 1963（FN 12）.

〔23〕 OLG Düsseldorf 21. 3. 1996 Mitt. 1996, 355, 357.

〔24〕 BGH 27. 9. 1963（FN 12）.

大多数的司法判例在当时已经允许采用"已申请专利"（Patent angemeldet）的表述了。[25]在该可能性已经消失之后，就已公开之申请进行标记的合法性问题，更不会出现反对的意见。目前，专业的文献通常对此——也包括"专利申请已经公开"（Patentanmeldung offengelegt）的表述形式——是支持的。[26]

对尚未公开的申请进行标记的合法性问题仍有争议。[27]不存在任何保护，并且对标记的核查困难重重，都不支持该合法性（参见本节 I 6）。

6. 如果欧洲专利或者欧洲专利申请指定了联邦德国，可以按照与国内专利或者国内申请一样的条件进行标记。然而，标记的设计不能让人产生"德国"或者"联邦"专利以及已向德国专利商标局提交申请的印象。

如果专利申请并没有指定德国，或者专利没有在德国授权的，则诸如"欧洲的"（europäisch）、"欧洲"（Europa –）、"欧洲专利公约"（EPÜ）或者"欧洲专利局"（EPA）的补充，并不足以排除产生效力同样及于德国的错误想法。对此，只能通过具体说明申请或者专利适用的条约国，才能避免欺诈的存在。

有问题的是，当申请或者专利在德国有效时，假如涉及欧洲专利公约的申请或者专利的问题，是否（以及在可能情况下以怎样的方式）始终允许补充标记欧洲的特性。[28]对此最后只能按照查明的主流观点加以判定。在此同样需要澄清，标识一项超越了国家的保护，在怎样的意义上发挥了广告的作用。

7. 标记尚未获得注册登记的实用新型申请，由于尚不存在任何保护，所以被视为不合法。[29]标记已经登记的实用新型，在实用新型主题的可保护能力已经正式审查并获承认的意义上，也可能是欺诈。因此，如果该实用新型的主题明显不具有可保护能力[30]，如基于公知的现有技术明显不存在一项具有创造性的成果[31]，则这样的标记视为不合法。部分观点认为，广告者必须明确，实用新型的法律效力几乎是能肯定的。[32]如果他疏忽了（在公开标记之前）通

---

〔25〕 OLG Hamburg 8. 2. 1973（FN 15）mit Nachweisen；OLG Frankfurt 15. 11. 1973（FN 5）162；a. M. LG Düsseldorf 18. 1. 1972 GRUR 1973，148.

〔26〕 Hefermehl/Köhler/Bornkamm，§5 UWG Rdnr. 5. 120；Benkard/Ullmann，§146 PatG Rdnr. 36；Graf Lambsdorff/Skora，Rdnr. 64 f.

〔27〕 Verneinend *Benkard/Ullmann*，§146 PatG Rdnr. 37；bejahend *Graf Lambsdorff/Skora*，Rdnr. 75.

〔28〕 Dazu Graf Lambsdorff/Skora，Rdnr. 196 ff.；Graf Lambsdorff/Hamm，GRUR 1985，246；Benkard/Ullmann，§146 PatG Rdnr. 45.

〔29〕 *Busse/Keukenschrijver*，§11 GebrMG Rdnr. 6.

〔30〕 *Benkard/Goebel/Ullmann*，§30 GebrMG Rdnr. 2；*Busse/Keukenschrijver*，§11 GebrMG Rdnr. 5；*Loth*，§30 Rdnr. 9.

〔31〕 OLG Düsseldorf 23. 2. 1984 GRUR 1984，883.

〔32〕 *Loth* §30 Rdnr. 9.

过调查研究（Recherche）——诸如获取技术和法律意见——而明确是否取得了主张的优势地位时，则无论如何应该对实用新型无效的错误判断承担责任。[33]进行实用新型的标记时，必须始终不能让人产生所涉为专利或者专利申请的印象。这样的风险通常出现在采用"法定的"（gesetzlichen）、"专利局的"（patentamtlich）甚或"专利法的"保护[34]、"唯一制造权"等类似标识。[35]

Ⅲ. 以专利侵权或者实用新型侵权为由的没有根据的警告和诉讼

1. 如果专利权人或者实用新型权利人主张他人以某些行为侵犯其保护权的，为了避免继续实施该行为时可能会遭遇到的损害赔偿责任，该人常常会停止该涉嫌的行为，例如制造或者销售被指认为侵权的产品。不过随后可能出现，警告者在事实上并不具有不作为请求权或者损害赔偿请求权，因为该人所实施的技术原理被认定不落入专利或者实用新型的保护范围，或者专利溯及既往的被废止，或者实用新型被注销或者被认为无效。

然而，为避免侵犯保护权而停止某些行为，可能在此刻已经对相关当事人，造成了相当的损害，尤其销售损失（Umsatzeinbußen）。因此就出现问题，是否保护权人应对此承担赔偿责任。鉴于随后已经众所周知的真实的法律状况，乍看起来，这样一个赔偿责任理所当然会被认为是公正准则的体现。然而应当考虑的是，因为判断法律效力和保护范围的困难，在许多情况下，即便保护权实际上有效并且被侵犯，但由于顾忌到有人主张后来知道的损害补偿的风险，也会阻止专利权人或者实用新型权利人主张他们的权利。[36]一个过高的责任风险会导致，有基础的权利要求在显著范围内无法实现，并在这一范围内阻却了权利人获得相应的发明价值。同样，如果专利或者实用新型保护所授予的权限无法在足够的范围内起作用并受到尊重的话，也会导致公共利益所期待的专利或者实用新型保护的效力受到损害。[37]存在于案件性质中的不确定性所引发的风险，不应当完全强加给保护权人，而应该合理地加以分配。权利人的法律责任应取决于这样的前提条件：给予权利人以合理的努力去避免该法律责任的机会。

---

〔33〕 OLG Düsseldorf（FN 31）.

〔34〕 OLG München 2. 10. 1996 Mitt. 1998，479.

〔35〕 不过唯一制造权的标记，在同样的实用新型保护的情况是被允许的，参见 *Benkard/Ullmann*，§ 146 PatG Rdnr. 31。

〔36〕 RG 28. 2. 1939 GRUR 1939，787，789；BGH 5. 11. 1962 Kindernähmaschinen GRUR 1963，255，257 r. = BGHZ 38，200.

〔37〕 Vgl. *Moser v. Filseck*，GRUR 1963，262 f.；*Lindacher*，ZHR 144，358.

2. 按照帝国法院[38]和联邦最高法院[39]的司法裁判，如果根据一项工业产权，针对一工商业者提起没有根据的警告，则侵害了已经设立并运作的营业权（Recht am eingerichteten und ausgeübten Gewerbebetrieb），该权利同样在联邦最高法院的司法判决中被认为是《民法典》第823条第1款规定的"其他权利"。

这一判断受到新近裁判的质疑。在一个商标权诉讼中，商标权人在涉讼商标有效注销之后撤回起诉，被告则以反诉的方式请求因没有根据的警告的损害赔偿，联邦最高法院[40]第一民事审判庭中止审理了该上诉程序（针对上诉法院[41]宣布的、以本诉判决基本上拒绝为理由的、对反诉的驳回），为了向"大民事审判庭"（GZS）递交下述问题：

> "能否根据《民法典》第823条第1款，把基于标识权的没有根据的警告，在行为有责任时，视为对已经设立并运作的营业权的不法侵害并使其承认责任，或者如果不能适用《民法典》第826条，一项损害赔偿责任能否仅根据《反不正当竞争法》（第3条、第4条第1项、第8项、第10项，第9条）而产生？"

在其判决理由中，审判庭指出，对基于标识权的警告以及基于其他保护权的警告而言，对该问题应采取第二个方案加以解决。相反，大民事审判庭[42]选择以第一个方案作出裁决：

> "针对基于标识权的没有根据的警告，与其他没有根据的保护权警告一样，可以从其对已经设立并运作的营业权进行不法和有责任的侵害角度，责令承担损害赔偿责任。"

在陈述理由时，大民事审判庭强调，保护权所有人所获得的排他权，排除

---

[38] Beginnend mit dem Urteil vom 27. 2. 1904 RGZ 58, 24, 30; weitere Nachweise bei *Benkard/ Scharen*, vor §§9 bis 14 PatG Rdnr. 16 ff.; *Ullmann*, GRUR 2001, 1027.

[39] 5. 11. 1962（FN 36）; 11. 12. 1973 Maschenfester Strumpf BGHZ 62, 29 = GRUR 1974, 290; 22. 6. 1976 Spritzgießmaschine GRUR 1976, 715; 14. 2. 1978 Fahrradgepäckträger Ⅱ BGHZ 71, 86 = GRUR 1978, 492; 19. 1. 1979 Brombeerleuchte GRUR 1979, 332; 17. 4. 1997 Chinaherde GRUR 1997, 741, 742l.

[40] Beschluss vom 12. 8. 2004 Verwarnung aus Kennzeichenrecht GRUR 2004, 958; krit. *Peukert*, Mitt. 2005, 73 ff.; *Teplitzky*, GRUR 2005, 9 ff.

[41] 位于杜塞尔多夫的州高等法院在一个专利权的案件中持同样看法，该案件因《民事诉讼法》第542条第2款第1句无法向联邦最高法院提起，参见 OLG Düsseldorf 21. 2. 2002 GRUR RR 2002, 213; OLG Düsseldorf 20. 2. 2003 Mitt. 2003, 227。

[42] BGH 15. 7. 2005 Unberechtigte Schutzrechtsverwarnung BGHZ 164, 1 = GRUR 2005, 882; ebenso BGH（X. Senat）21. 12. 2005 Detektionseinrichtung Ⅱ GRUR 2006, 219; krit. *Deutsch*, GRUR 2006, 374 ff.

了任何竞争者对各项法律规定的保护客体的实施。该排他权的极端的、限制竞争者自由的效力，要求相对人明确竞争所受到的限制并没有超出该客观范围——借此法律限定了认为具有保护能力的客体及其保护范围。

3. 警告可以向有关当事人（也即可能的侵权人）本人提出，也可以针对接受了由该人制造的与发明相符的产品的第三人提出。在这两种情况下，被认为受到专利或者实用新型侵犯的营业行为权利会受到该当事人的质疑；其次，只要该警告起到作用，第三人不再从他那里接受与发明相符的产品，他的这种行为也就被阻止了。被警告的采购者（Abnehmer），作为发明相符产品交易者或者营业者，通常自身也有可能是侵权人。因此采购者也会受到警告的打击。但是，就其而言，损害的风险并不像自身制造受保护发明的人的风险那么大。尤其是，必需的、与发明相符的产品，他通常都能够从权利人或者被许可人处获得。

如果专利权人以所谓的销售侵犯专利产品为由，警告一个零售商，其制造商也会受到该警告的影响，但是提供自身并不侵权的部件的供应商——根据警告的内容其不会被诉（也包括间接的）专利侵权——并不受影响。[43]

4. 仅有真正的和最终的不作为要求（Aufforderung zur Unterlassung），才视为通过警告而侵犯营业权。这样的要求并不需要明确地说出来，它也可以存在于诸如要求损害赔偿的威吓之中。相反，单纯的意见交换（Meinungsaustausch）的要求[44]则不存在危险，例如以质询的方式说明，接收人（Adressat）基于哪些理由，认为制造或者销售某一产品是合法的。

当然，提及专利或者实用新型已经可以——尤其对缺乏相应法律知识的接收人来说——起到威慑的效果了。但是，如果提供了进一步的信息并且给予足够的表态机会的，这种做法尚不构成一项（最终的）要求，即要求停止可能侵犯保护权的行为。相反，只要它提供了相应信息，就使得接收人可以至少暂时判断所述权利的保护范围和所指的发明的可保护能力，并避免做出鲁莽的反应——该举动可能导致他对由其造成的损失的共同过失（Mitverschulden）（参见本节Ⅲ 11）。同样，意见交换可能会以许可合同的方式收场，其作用在于，将保护权并不存在或者保护范围受约束的风险，在当事人之间以新的方式进行分配（参见§41 Ⅴ b）。因此，没有根据的警告所造成的损害赔偿责任，并不

---

〔43〕 BGH 30. 1. 2007 Funkuhr Ⅱ GRUR 2007, 313 (Nr. 27 ff.).

〔44〕 BGH 10. 7. 1997 Mecki – Igel GRUR 1997, 896；OLG Karlsruhe 12. 10. 1983 GRUR 1984, 143, 144 r.；LG Frankfurt（Main）9. 5. 2007 GRUR – RR 2007, 377；*Sack*, S. 55 ff. mit zahlreichen Nachw.

必然妨碍纠纷最后取得满意的调解。

同样，为主张根据《专利法》第33条的补偿请求权，标记已公开的专利申请，自身并不构成对营业权的侵害；[45]实施之权利并没有受到实施者的质疑；他只是被告知实施可能导致支付义务，然而该义务的范围在合理限度之内。

5. 以专利侵权或者实用新型侵权为由提起没有根据的诉讼，通常参照没有根据的警告加以处理。[46]对此能够认为，在较不严格的评断时，或许尽可能不要考虑在先警告。另一方面，必须认为合法的是，通过司法行动去主张人们相信其拥有的权利，会伴有不成功的危险，可以担心程序法规定之不利（尤其诸如所有诉讼费用的承担），但没有必要在此刻就去担忧自身法律地位有过失之错误。联邦最高法院[47]大民事审判庭认为，提起或者推动国家、法律设置和规定的诉讼的人，干预诉讼相对方受保护的法律利益的，如果其在主观上诚实时，并不违法，即使他的请求在事实上并不完全合理并且由于诉讼给相对方造成了超出于此的不利。发起该诉讼的保护权人，仅因过失而错误判断了法律状况的，在结果上与其他任何起诉人或者请求人一样，除了已经在诉讼法中规定的制裁之外，原则上并不承担不正当行为的法律责任，因为诉讼相对人的保护通常借助司法程序按照其法定的制度即可受到保障了。对诉讼和警告同等对待[48]似乎没有逻辑上的必然；毋宁是，以（针对基于无形财产权的没有根据的警告的）既定司法判决为基础的事实基础，反对警告的情况享有特权，如同对诉讼给予了该特权一样。[49]

为了防止假想之侵权人在可能的情况下主张诉讼（就此不必提供任何理由），以及为了以《民事诉讼法》第93条规定的即刻承认（ein sofortiges Anerkenntnis）将费用负担转移给起诉者，并不需要任何警告；保护权所有人提议过的意见交换（参见本节Ⅲ 4）没有成功，即足够了。

把经由快捷司法程序批准的警告等同于提起诉讼解决不了这类案件：在这些案件中，由于已经做出的——包括以诚实的方式——警告被遵守，因而没有任何诉讼被提起。当警告没有被遵守，警告者随即提起诉讼的，由于缺乏可验证性（Nachprüfbarkeit），已经没有任何合适的理由以支持这样的等同。相反，

---

　[45]　*Schulte/Kühnen*，§146 Rdnr. 22；*Busse/Keukenschrijver*，§139 PatG Rdnr. 234；*Sack*，S. 56 f.

　[46]　*Benkard/Scharen*，（FN 38）Rdnr. 26；krit. *Teplitzky*，GRUR 2005，13；*Meier - Beck*，GRUR 2005，539 f.

　[47]　15. 7. 2005（FN 42）884 r.（B Ⅲ 2 b）.

　[48]　Vertreten von *Ullmann*，GRUR 2001，1028 f.；OLG Düsseldorf 20. 2. 2003 Mitt. 2003，227，229.

　[49]　BGH 15. 7. 2005（FN 42）GRUR 2005，885 l.（B Ⅲ 2 c）.

如果警告没有被遵守，且被警告者因而提起诉讼的，则无论如何警告尚未造成任何损失。若随后损害产生的，则不能以下面的观点为理由，追究警告者和起诉者的赔偿责任：警告已经共同造成了该损害，因此——与提起诉讼不同——在对事实和法律状况的错误认识有过失时，应承担责任。在这样的情况下，毋宁把警告视为"司法程序之部分"才是恰当的。[50]

6. 就侵害的不法性而言，根据确定的司法判决，只要警告所指的行为实际上并没有表现为对保护权的侵害，那么客观上没有根据就足够了。[51]这同样也适用于，当上述情况的出现仅因为主张之专利被溯及既往地废除，或者所谓被侵害的实用新型后来被注销或者被认定无效。警告人在做出警告时是否能够认识到警告是不合法的这样的问题，仅从过失角度和对被警告人的损害赔偿请求权上才需要考虑（参照本节Ⅲ 8、9）。

7. 与过失无关，在参照适用《民法典》第 1004 条时可以主张不作为以及——作为排除妨碍[52]——撤回没有根据之警告。当然，大多数情况下在此仅是指向接收人的警告，才产生了利益。当事人针对一个指向他的警告，更多的是采用消极的确认之诉（《专利法》第 59 条第 2 款第 2 句）；在警告的场合，通常是满足《民事诉讼法》第 256 条的要件。但是，如果该警告以专利为基础，诉讼的成功经常取决于专利被溯及既往地废除。相反，如果根据实用新型提起警告的，受理确认之诉的法院自己就可以审查其效力。

只要涉及侵害不当得利（Eingriffskondiktion）的，司法判决准确地指出营业权不具有任何分配内容（Zuweisungsgehalt），并拒绝不当得利之请求权。[53]

对没有根据的不作为请求的遵守，是否意味着对专利权人的给付（Leistung），联邦最高法院尚无判定。专业文献对该问题还存有争议。[54]若认为是，则可以仅把不作为视为（主要的）所得（Erlangte）（《民法典》第 241 条第 1 款第 2 句）。由于该给付是无法返还的，只能补偿其价值。然而，是否其具有可以用金钱衡量的价值，争议依然很大，因为若没有相反的保护权，通常不可以基于反垄断法上的理由，将不作为行为视为有效的不作为责任的客体，因此对不作为而言，在这里没法获得一个受到法律承认的对价。

---

〔50〕 In diesem Sinn *Ullmann*，GRUR 2001，1029；OLG Düsseldorf 20. 2. 2003 Mitt. 2003，227.

〔51〕 A. M. OLG Düsseldorf（FN 41）.

〔52〕 Vgl. *Benkard/Scharen*（FN 38）Rdnr. 19.

〔53〕 BGH 14. 2. 1978（FN 39）97 f. in Anlehnung an *Bruchhausen*，Mitt. 1969，287.

〔54〕 Bejahend *vom Stein*，GRUR 1956，248，250；*Ohl*，GRUR 1966，178；*Bruchhausen*，Mitt. 1969，289；verneinend *Horn*，GRUR 1971，446.

8. 在有过失时，做出没有根据的警告的，负有损害赔偿的义务。[55] 按照《民法典》第823条第1款的规定，只要有轻微过失就足够。对此，联邦最高法院最初采取了非常严格的谨慎义务要求，然而在后来的裁判中有所放松。[56] 尤其是，如果在专利局的异议裁决中已经对某项专利的现有技术进行过谨慎审查的，专利的权利人无需考虑，该专利会因为较之于（实质上不超出已经争议过的范围的）现有技术，被认为缺乏创造高度而被宣告无效。毋宁是，在这种情况下，权利人应信任专利局的专业知识。

如果专利由于新查明的实质上相对抗的技术而被宣告无效的，则因为专利权人没有注意到这点，可以产生过失归咎（Fahrlässigkeitsvorwurf）。专利权人在多大的范围内，必须对已经由官方实施的审查加以调查补充，对此联邦最高法院尚无结论。然而，仅当专利权人已经从更多相关现有技术中获知具体关键点时，才能够主张这样一个责任。

如果通过自己调查或者其他方式，专利权人获知了专利没有注意到的相关现有技术的，根据司法判决，专利权人在做出警告之前必须谨慎核实，是否因此其专利的法律效力存在新颖性和创造性的问题。就此，原则上他必须获得技术专家和法律专家的意见。他可以依赖专利律师和通晓专利法的律师的判断，如果他不具有合理原因怀疑该判断的正确性。从这个角度看，这也取决于专利权人自己在多大程度上去核实事实状况和法律状况，或者介入该状况中。在此尤其应考虑到专利权人所拥有的专业知识。

警告所针对的行为，是否落入专利保护的技术原理范围之内，并符合法定侵权构成要件，对该问题的判断也适用相应的规则。

实用新型的权利人在警告所谓的侵权人之前，由于缺乏全面的在先审查，必须谨慎确定，实用新型的主题符合法定的保护要件。[57] 是否该侵犯之实施例落入实用新型的保护范围，权利人必须跟专利权人一样，以同样的谨慎进行核实。如果后来了解的形成中的情况会影响警告的合法性的，参照适用。

9. 针对用户的警告，根据司法判决，必须特别谨慎。[58] 由于警告用户

---

〔55〕 在《民法典》第852条规定的损害赔偿请求权诉讼时效过了后，剩下的因不法警告的所得，对警告人该所得主张请求权的，参见 BGH 14. 2. 1978（FN 38）98 ff.；详见前文 § 35 Ⅶ 3 以及脚注171及以下脚注。

〔56〕 BGH 11. 12. 1973（FN 39）35，39；22. 6. 1976（FN 39）717；dazu *Horn*，GRUR 1974，235 ff. und 1976，718 ff.

〔57〕 BGH 17. 4. 1997（FN 39）；15. 7. 2005（FN 42）884；*Busse/Keukenschrijver*，§ 24 GebrMG Rdnr. 13；*Benkard/Rogge/Grabinski*，§ 24 GebrMG Rdnr. 17；*Loth*，§ 24 Rdnr. 10；jeweils mit Nachw.

〔58〕 BGH 19. 1. 1979（FN 39）336 r.；vgl. auch OLG Karlsruhe 12. 10. 1983（FN 39）；*Busse/Keukenschrijver*，§ 139 PatG Rdnr. 238.

（Abnehmerverwarnung） 对所谓的侵权产品的制造商具有特殊危险，原则上仅当已经警告过制造商且无效果的，警告用户才视为合法。[59]如果没有重大事由，专利权人或者实用新型权利人疏于采取该措施，并且警告证明是没有根据的[60]，则权利人同样（在没有其他过失时）对制造商负有损害赔偿责任。如果对用户采取的司法行为，结果证明是没有根据的，对制造商也同样负有损害赔偿责任。[61]

10. 在警告做出之后，保护权的权利人若获悉可能对警告之合法性具有意义的新情况的，他必须重新谨慎核实事实情况和法律情况，并且当有重大怀疑时撤回警告；无论如何不能未经核实而继续警告。[62]

11. 被警告人有共同过失的，根据《民法典》第254条的规定，其损害赔偿请求权将受到减缩。[63]被警告人不可以无条件地屈从于警告，而必须在其力所能及和可期待之合理范围内，核实该警告是否合理。首先，他必须立即告知警告人，他所知道或者通过自己调查所获悉的、可能对确定专利或者实用新型的保护效力和保护范围具有意义的形成中的现有技术。

不过，联邦最高法院大民事审判庭[64]认为，任何不合法主张排他权利而有过失的人，相对于那些——可能同样有过失——没有认识到排他权利已被不合法地加以主张的人，"在此更倾向于"[65]应去承担由此造成的损害。正如竞争者必须承担因过失过窄地估算一项工业产权或者版权保护范围的风险，相反，这样也是合理的：让根据保护权提出警告的人，对其过失地主张在该情况下不属于他的保护承担责任。

然而，如果某人虽然可以通过合理之谨慎而避免侵权，但依然任由其出现的，根据《民法典》第254条的规定，保护权所有人针对侵权人的损害赔偿请求权，仍然可以被减缩。如果将错误估算保护效力和保护范围的风险完全强加到某一当事人，而另一方当事人却持有能够用于修改该错误判断的信息的，

---

〔59〕 就依照主要侵权人的一审判决，警告顾客的合法性，参见 OLG Karlsruhe 22. 8. 1979 GRUR 1980，314.

〔60〕 然而如果警告是合法的则不同，参见 OLG Karlsruhe 27. 5. 1987 GRUR 1987，845，847；OLG Nürnberg 18. 7. 1995 GRUR 1996，48。

〔61〕 BGH 21. 12. 2005 （FN 42） 222.

〔62〕 BGH 14. 2. 1978 （FN 39） 92 ff.

〔63〕 BGH 19. 1. 1979 （FN 39） 337 r.；5. 11. 1962 （FN 36） 259 f.；17. 4. 1997 （FN 39） 743；*Benkard/Scharen*，vor § § 9 bis 14 PatG Rdnr. 22；*Busse/Keukenschrijver*，§ 139 PatG Rdnr. 252；jeweils mit Nachweisen.

〔64〕 15. 7. 2005 （FN 42） 885 r；ebenso schon *Meier – Beck*，GRUR 2005，538.

〔65〕 裁决书原文的引号。

则可能会唆使人们以投机的目的，去追求这些并不困难的避免损害的产生和扩大。一个合理的风险分配方案在于，依照个案的情况，使被警告者在可能和可合理期待的范围内对合理性进行核实。通常只能期待被警告者对可以掌握的、不支持警告合理性的信息进行调查，但至少他应将这些信息告知警告者。

12. 学术文献中的主流观点基本上赞同司法裁判的结果，自从发现该结果在新近发展中迈向"切合实际的"谨慎义务要求。[66]

应指出的是，联邦最高法院仍一如既往地对被警告者所处紧迫情况的分量给予过高评价，因此对没有根据的警告的不合法性的评判，较之于诚实但不合法（gutgläubig – unberechtig）的法律后果的其他情形，更加严格。[67]然而，按照相反的观点，在此采取不同处理方式的特别合理之处在于，警告起到妨碍竞争的效果。[68]

源自营业权的警告者法律责任的基础，在许多案件中都受到质疑。这些异议有些在原则上保留对该权利的认同，有的则特别针对因保护权之警告的法律责任。它们大多求助于原《反不正当竞争法》第1条的提议，或者——只要警告（在例外情况下）不以竞争为目的——《民法典》第826条，[69]该条规定通常设定，即便没有主观不当要件，同样可以存在违反善良风俗的情形。然而，司法判决认为，在这种途径下并没有达到所要求的过失法律责任（Fahrlässigkeitshaftung）。[70]

在警告采购者的情况下，一些人主张可以适用原《反不正当竞争法》第14条的规定。[71]但是，警告——只要其在个案中表明是不正确的——多数并非事实之主张（keine Tatsachenbehauptung）；毋宁是，即便该警告包含了事实之陈述，通常基于有瑕疵（fehlerhaften）的法律上的价值判断（Werturteil），也产生了该不正确性。[72]仅当所谓的侵权人所实施的行为没有被追责，或者其产品实际上并不属于既存的技术特征，或者警告者并不具有主张的保护权[73]，情况才不同。这也参照适用于原《反不正当竞争法》第4条第8项的可适用性

---

[66] 就司法判决的演进，参见 *Sack*，S. 95 ff.

[67] Vgl. *Sack*，WRP 1976，737，740 ff.；*John*，GRUR 1979，244；*Ullmann*，GRUR 2001，1028 ff.

[68] *Lindacher*，ZHR 144，357，359；*Quiring*，WRP 1983，325.

[69] So insbesondere *Horn*，S. 188 ff. und GRUR 1971，451，453；*Sack*，WRP 1976，735 f. und – nunmehr zu § §826 BGB，3 UWG – Unbegründete Schutzrechtsverwarnungen，S. 84 ff.，93 f.，177 ff.，181，223；*Lindacher*，ZHR 144，356，363 f.

[70] BGH 5. 11. 1962（FN 36）257 l.；11. 12. 1973（FN 39）33.

[71] *Baumbach/Hefermehl*，Wettbewerbsrecht，22. Aufl. 2001，§14 UWG Rdnr. 8；*John*，GRUR Int. 1979，243 f.

[72] *Benkard/Scharen*，vor § §9 bis 14 PatG Rdnr. 14；*Hesse*，GRUR 1979，438 ff.；*Winkler*，GRUR 1980，528；*Teplitzky*，GRUR 2005，13；OLG Karlsruhe 27. 5. 1987（FN 60）847 l.

[73] Vgl. *Ullmann*，GRUR 2001，1030 l.

问题。[74]

借用关于缔约过失（das Verschulden beim Vertragsschluß）的规则，或许也不是合适的解决方案。[75]警告的目的并非达成不作为责任的协议，相反，其出发点是，不作为责任已然基于协议之外的基础而产生。

罗伊特哈尔（Reuthal）尝试着完全根据《反限制竞争法》第 25 条第 2 款、第 35 条（现第 21 条第 2 款、第 33 条）去寻求警告者的责任，尽管他恰当地以（被遵守的）警告具有限制竞争的效力作为出发点。然而，不能令人信服的是：在警告没有根据时，通常应可适用《反限制竞争法》第 25 条第 2 款，而其他请求权基础并不合适。结果对该实践上最为迫切的损害赔偿责任问题，罗伊特哈尔遵循了新近司法判决的做法。其特殊之处仅在于，联邦卡特尔局可以介入并施以罚金。这对有保护价值的利益是否有作用，依然有疑问。

客观上没有根据的警告即属违法的观点，受到众多批评。[76]联邦最高法院仍然坚持这一观点；联邦最高法院似乎认为，只有这样才可确保违法性的客观标准。[77]因为对不以过失为前提的不作为请求权和排除妨碍请求权而言，只有警告者知道警告没有根据时才能满足其要件，然而，只要过失和由此损害赔偿责任设置以适当的要件为前提，对警告者来说，采取非法性的公式化判断并没有任何坏处。新近的司法判例正确地指出，不会因为违法性判断（Rechtswidrigkeitsurteil）而预先断定这些前提要件。是否不应当这样去限定违法性，即采取合理的谨慎就可以避免违法的行为，这个问题基本上仅有理论上的意义，并且从这个角度上看，扩大了侵权法上理论争议的主题。在结果上，重要的是，相信其权利受到侵害的专利权人或者实用新型权利人，通过履行适当的、有限制的行为义务（Verhaltenspflichten），就能够预料到警告的不利法律后果。如何协调——在此意义重大的（参见本节 Ⅲ 1）——风险分担，就交由法院去做，不取决于法律教义上（rechtsdogmatisch）如何对没有根据的警告进行分类。

13. 警告可以被认定为不正当的竞争行为，只要其对竞争的——首先是对被警告者（们）供货的竞争对手——负面影响并非可以忽略，并因而根据

---

〔74〕 Für wenigstens analoge Anwendung aber mit eingehender Begründung *Sack*, S. 152 ff., 175 f.

〔75〕 Vorgeschlagen *Quiring*, WRP 1983, 323 ff.

〔76〕 *Baumbach/Hefermehl*, (FN 71) Rdnr. 11; *D. Reimer*, in: Ulmer (Hrsg.), Das Recht des unlauteren Wettbewerbs in den Mitgliedstaaten der EWG, Band Ⅲ: Deutschland, Nr. 494; *Horn*, GRUR 1974, 235 f. und 1976, 718; *Sack*, WRP 1976, 736 ff. und Unbegründete Schutzrechtsverwarnungen, S. 48 ff.; 94; OLG Düsseldorf 20. 2. 2003 (FN 42).

〔77〕 BGH 22. 6. 1976 (FN 39) 716 r.

《反不正当竞争法》第 3 条属于不合法。由《反不正当竞争法》第 4 条所列举的不正当行为的指控事由（Einzeltatbeständen），尤其可能出现——视具体情况而定——干扰其他市场参与者的判断自由（第 1 项）、诽谤（第 7 项）、宣称或传播不可证其真实的企业损失或者信誉损失的事实（第 8 项，参见本节Ⅲ12）以及对竞争者的故意妨碍（第 10 项）的情况。

警告也可能违反竞争所要求的诚信，而与所宣称的专利或者实用新型侵权的存在与否无关。在下述情况下，警告被视为违反原《反不正当竞争法》第 1 条规定的善良风俗：警告采取的形式——也许通过针对侵权人的不客观的干预——超出了允许的范围[78]，或者可能因为笼统的、一般的、有保留的表达方式妨碍了明确不侵权产品的获取，[79]同样还有，认为某设备侵犯了专利权而向其采购者递送尚未生效的判决时，如果通过附函（Begleitschreiben）使不可忽略的部分接收人产生了判决书已经生效的印象。[80]但是，正如联邦最高法院对旧法所判定的，受影响的供货人据此只能在其受到违反竞争情形的损害，以及仅当确定了主张之专利侵权并不存在的[81]，才能主张损害赔偿。原《反不正当竞争法》第 9 条第 1 句的适用，也应与此相同。

---

[78]　OLG Karlsruhe 27. 5. 1987 (FN 60).

[79]　OLG Düsseldorf 5. 10. 1995 Mitt. 1996, 60; 20. 2. 2003 (FN 42) 228 1, 229 r.

[80]　BGH 23. 2. 1995 Abnehmerverwarnung GRUR 1995, 424, 426.

[81]　BGH aaO 426 r.

第 6 部分

发明权的交易

引 论

参考文献： *Ann，C.* ，Schuldrechtsmodernisierung und gewerblicher Rechtsschutz，VPP –
Rundbrief 2003，1 – 7；*Axster，O.* ，Kommentierung von § § 20，21，in：Gesetz gegen
Wettbewerbsbeschränkungen und europäisches Kartellrecht – Gemeinschaftskommentar，3. Au-
fl. ，10. Lieferung，1978；*Barona，A.* ，Die Haftung des Lizenzgebers für Tauglichkeitsmängel
der Erfindung nach neuem Schuldrecht，2004；*Bartenbach，B.* ，Die Patentlizenz als negative
Lizenz，2002；*dies.* ，Negative Lizenz，Mitt. 2002，503 – 521；*Bartenbach，K..* ，Patentl-
izenz – und Know – how – Vertrag，6. Aufl. 2007；*Bartl，U.* ，Immaterialgüterrechtliche
Marktzutrittschranken im System des Art. 82 EG，2004；*Baur，J.* ，Haftungsvoraussetzun-
gen und Haftungsfolgen bei Tauglichkeitsmängeln der Erfindung，ZHR 129（1967），1 – 20；
Busche，J. ，Machtmissbrauch durch Ausübung von Immaterialgüterrechten? FS Tilmann，
2003，S. 645 – 656；*Conde Gallego，B.* ，Die Anwendung des kartellrechtlichen Miss-
brauchsverbots auf „unerlässliche" Immaterialgüterrechte im Lichte der IMS – Health – und
Standard – Spundfass – Urteile，GRUR Int. 2006，16 – 28；*Dreiss，U.* ，Die kartellrechtli-
che Beurteilung von Lizenzvertragssystemen，1972；*Drexl，J.* ，Die neue Gruppenfreistel-
lungsverordnung über Technologietransfer – Vereinbarungen im Spannungsfeld von
Ökonomisierung und Rechtssicherheit，GRUR Int. 2004，716 – 727；*Emmerich，V.* ，Kar-
tellrecht，11. Aufl. 2008；*Empting*，Immaterialgüterrechte in der Insolvenz，2003；*v. Falck/
Schmaltz*，Technologietransfer，in：Loewenheim/Meessen/Riesenkampff（Hrsg. ），Kartellrecht，
Bd. I Europäisches Kartellrecht，2005，S. 598 – 624；*Folz，C. H.* ，Technologiegemein-
schaften und Gruppenfreistellung，2002；*Feldkamp，H. – M.* ，Die neue Gruppenfreistel-
lungsverordnung für Technologietransfer，VPP – Rundbrief 2005，11 – 16；*Forkel，H.* ，Ge-
bundene Rechtsübertragungen，1977；*Gaster，J.* ，Kartellrecht und geistiges Eigentum：
Unüberbrückbare Gegensätze im EG – Recht? CR 2005，247 – 253；*Gitter，W.* ，
Gebrauchsüberlassungsverträge，1998，S. 373 – 434；*Götting，H. – P.* ，Bemerkungen zum
Spannungsverhältnis zwischen Patentschutz und Wettbewerbsfreiheit，FS Kolle/Stauder，2005，
S. 63 – 76；*Groß，M.* ，Der Lizenzvertrag，9. Aufl. 2007；*ders.* ，Die Lizenz in der Gen –
und Biotechnik，Mitt. 1994，256 – 261；*ders. /Rohrer，O.* ，Lizenzgebühren，2003；*Haedicke，
M.* ，Die Gewährleistungshaftung bei Patentveräußerungs – und Patentlizenzverträgen und das
neue Schuldrecht，GRUR 2004，123 – 127；*Hauser，M.* ，Der Patentlizenzvertrag im
französischen Recht im Vergleich zum deutschen Recht，1984；*Heide，N.* ，Patent – und
Know – how – Lizenzen in internationalen Anlageprojekten，GRUR Int. 2004，913 – 918；
Heinemann，A. ，Immaterialgüterschutz in der Wettbewerbsordnung，2002；*Hellebrand/
Kaube/v. Falckenstein*，Lizenzsätze für technische Erfindungen，3. Aufl. 2007；*Henn，G.* ，
Patent – und Know – how – Lizenzvertrag，5. Aufl. 2003；*Herbst，R.* ，Die rechtliche Aus-
gestaltung der Lizenz und ihre Einordnung in das System des bürgerlichen Rechts，Diss.
Göttingen 1968；*Hiestand，M.* ，Die Anknüpfung internationaler Lizenzverträge，1993；
Hilty，R. M. ，Lizenzvertragsrecht，2001；*Hufnagel，F. – E.* ，Die neue Gruppenfreistel-

lungsverordnung Technologietransfer, Mitt. 2004, 2197 – 303; *Käller*, A. , Die Verweigerung einer immaterialgüterrechtlich geschützten Leistung und das Missbrauchsverbot des Art. 82 EG. Die Anwendung des europäischen Wettbewerbsrechts auf Immaterialgüterrechte, 2005; *Kaestner*, J. , Missbrauch von Immaterialgüterrechten. Europäische Rechtsprechung von Magill bis IMS Health, 2005; *Klawitter*, C. , Safe Harbour und Legalausnahme: Die neue Gruppenfreistellungsverordnung Technologietransfer im Spannungsfeld zwischen Rechtssicherheit und Gestaltungsrisiko, FS VPP, 2005, S. 487 – 508; *Knobloch*, K. , Abwehransprüche für den Nehmer einer einfachen Patentlizenz?, 2006; *Kraßer*, R. , Verpflichtung und Verfügung im Immaterialgüterrecht, GRUR Int. 1973, 230 – 238; *ders.* , Die Wirkung der einfachen Patentlizenz, GRUR Int. 1983, 537 – 547; *ders.* und H. D. *Schmid*, Der Lizenzvertrag über technische Schutzrechte aus der Sicht des deutschen Zivilrechts, GRUR Int. 1982, 324 – 341; *Kübel*, C. , Zwangslizenzen im Immaterialgüter – und Wettbewerbsrecht. Eine Untersuchung zu Patenten und Urheberrechten bei technischen Normen, 2004; *Kühnen*, T. , Der kartellrechtliche Zwangslizenzeinwand und seine Berücksichtigung im Patentverletzungsprozess, FS Tilmann, 2003, S. 513 – 525; *Kurz*, P. , Rechtswahl, Wahl des Gerichtsstands und Schiedsgerichtsvereinbarungen in internationalen Technologielizenzverträgen, Mitt. 1997, 345 – 361; *Kuss*, M. , Der Lizenzvertrag im Recht der USA, 2005; *Langen*, E. , Internationale Lizenzverträge, 1958; *Langfinger*, K. – D. , Die neue EU – Gruppenfreistellungsverordnung Technologietransfer (VO 772/04), FS Bartenbach, 2005, S. 427 – 438; *Lorenz*, M. , Die Beurteilung von Patentlizenzverträgen anhand der Innovationstheorie, WRP 2006, 1008 – 1020; *Lüdecke*, W. /*Fischer*, E. , Lizenzverträge, 1957; *Lunze*, A. , Rechtsfolgen des Fortfalls des Patents, 2007; v. *Maltzahn*, F. , Zur rechtlichen Beurteilung von Nichtangriffsabreden über gewerbliche Schutzrechte, FS v. Gamm, 1990, S. 597 – 614; *Meinberg*, H. , Zwangslizenzen im Patent – und Urheberrecht als Instrument der kjartellrechtlichen Missbrauchsaufsicht im deutschen und europäischen Recht, 2006; *Mestmäcker*, E. – J. /*Schweitzer*, H. , Europäisches Wettbewerbsrecht, 2. Aufl. 2004, S. 653 – 764; *Möschel*, W. , Recht der Wettbewerbsbeschränkungen, 1983, S. 257 – 290; *ders.* , Juristisches versus ökonomisches Verständnis eines Rechts der Wettbewerbsbeschränkungen, FS Tilmann, 2003, S. 705 – 719; *Nirk*, R. , Gewährleistungsansprüche und Leistungsstörungen bei Verträgen über Patente, GRUR 1970, 329 – 340; *Pagenberg*, J. /*Beier*, D. , Lizenzverträge – License Agreements: Kommentierte Vertragsmuster nach deutschem und europäischem Recht, 6. Aufl. 2007; *Pahlow*, L. , Lizenz und Lizenzvertrag im Recht des geistigen Eigentums, 2006; *Pfaff*, D. /*Osterrieth*, C. (Hrsg.), Lizenzverträge – Formularkommentar, 2. Aufl. 2004; *Poth*, H. , Zur Rechtsnatur der Lizenz an einer offengelegten Patentanmeldung, Mitt. 1990, 162 – 168; *Preu*, A. , Der Einfluß der Nichtigkeit oder Nichterteilung von Patenten auf Lizenzverträge, GRUR 1974, 623 – 636; *ders.* , Chance und Risiko von Lizenzverträgen, Mitt. 1981, 153 – 157; *Riziotis*, D. , Patent Misuse als

Schnittstelle zwischen Patentrecht und Kartellrecht, GRUR Int. 2004, 367 – 378; *Sack, R. , Zur Vereinbarkeit von vertraglichen und gesetzlichen Nichtangriffspflichten im gewerblichen Rechtsschutz mit Art. 30, 36 EG – Vertrag, FS Fikentscher, 1998, S. 740 – 773; Schade, P. , Die Ausübungspflicht bei Lizenzen, 1967; Schulte, H. – J. , Lizenzaustauschverträge und Patentgemeinschaften im amerikanischen und deutschen Recht, 1971; Schumacher, V. /Schmid, C. , Die neue Gruppenfreistellungsverordnung für Technologietransfer – Vereinbarungen, GRUR 2006, 1 – 10; Sosnitza, O. , Gedanken zur Rechtsnatur der ausschließlichen Lizenz, FS Schricker, 2005, S. 183 – 196; Strohm, G. , Wettbewerbsbeschränkungen in Patentlizenzverträgen, 1971; Troller, A. , Immaterialgüterrecht, Bd. Ⅱ, 3. Aufl. 1985, S. 771 – 774, 821 – 844; Ullrich, H. , Lizenzverträge im europäischen Wettbewerbsrecht, Mitt. 1998, 50 – 60; ders. , Patentgemeinschaften, FS Immenga, 2004, S. 403 – 431; Ulmer – Eilfort, C. /Schmoll, A. , Technologietransfer. Patent – und Know – how – Lizenzen（Beck'sche Musterverträge, Bd. 54）, 2006; Walz, W. R. , Der Schutzinhalt des Patents im Recht der Wettbewerbsbeschränkungen, 1973; Weinmann, C. , Die Rechtsnatur der Lizenz, 1996; Wurzer, A. J. /Reinhardt, D. F. , Bewertung technischer Schutzrechte, 2006; Zeising, J. , Die insolvenzrechtliche Verwertung und Verteidigung von gewerblichen Schutzrechten, Mitt. 2000, 206 – 210, 353 – 359; 2001, 60 – 68; ders. , Lizenzverträge im Insolvenzverfahren, Mitt. 2001, 240 – 250; Zimmermann, J. B. , Das Erfinderrecht in der Zwangsvollstreckung, GRUR 1999, 121 – 128.*

提示： 如果没有其他不同的说明，下面对可专利的发明、专利申请以及专利的阐述，即使不特别地指出，也相应适用于可受实用新型保护的发明、实用新型申请和实用新型。

引 论

1. 对可专利发明在经济上的利用，发明人或者专利权人常常不是自己实施发明，而是通过转让其权利或者许可实施发明并收取报酬的法律行为来实现的。专利法使得——正如 TRIPS 第 28 条第 2 款所要求的——这些法律行为成为可能：专利法认可了可专利发明财产权的可交易性。由此，专利法为发明成果获得合适的对价、收回对发明与创新的投入、实际地推广和运用技术创新铺平了道路。由此可见，可交易性是专利保护达到其一般目标的首要前提（参见§3）。这种可交易性不仅说明了受独占权保护的权利人自己利用发明的合理性，而且同样原则上也表明了利用发明的合同关系的合理性。我们也不能一开始就认为，利用发明的合同关系在竞争政策上是有问题的。但是，利用发明的合同关系在扩大或滥用受独占权保障的竞争优势地位方面，比起自己利用发明来说，其可能性和诱惑要大得多。对于这种现象则是通过卡特尔法来规制的。

2. 在通过合同关系对发明的利用过程中，技术创新的经济意义就显现出来了。"许可收支"是表现国民经济实力的一个重要方面，具有重要的意义。

转让发明权与授予实施许可的具体原因和目的是多种多样的。旨在促进科学研究的转让与许可合同占据了重要的地位，[1]科学研究的促进者，其利益也是要干预对发明的利用，也许是为了确保实际使用与充分实施发明，也许是为了分享利用发明所获得的收益。

要使受让人或者被许可人能够获得复杂的技术或者经济上的成果，除了涉及一项或者多项可专利发明的系列协议之外，可能还要签订一系列涉及补充的——秘密的或者非秘密的——技术知识（Know-how）以及其他一些成果的协议，转让或者许可一项可专利发明的协议只不过是其中之一。[2]由于目的和需求是多种多样的，因此也就需要有不同的合同形式。对于一些典型的情况，实践中已经发展出了一套合同范本。[3]

3. 下面的阐述主要限于转让和许可发明权合同的法律框架与基本问题，特别是在没有特别约定时所出现的问题。在这里要考虑的是专利法、民法和卡特尔法的规定。对于卡特尔法，除了要适用德国的《反限制竞争法》之外，欧共体的法律也是很重要的。符合专利法与民法规定的合同条款，并不一定就是卡特尔法中允许且有效的规定。

§40　转让、权利负担、许可

Ⅰ. 可转让的权利

1. 根据《专利法》第15条第1款的规定，可转让（与可继承的）权利是

——申请专利权，它是由发明活动本身无须履行任何形式而产生的发明人权中的财产权部分（参见§19 Ⅰ, Ⅱ）；

——授予专利请求权，它是通过申请人根据《专利法》（或者PCT）向德国专利商标局所递交的可专利发明的申请而产生的；

---

〔1〕 有关这方面基础性和广泛的研究，参见 H. Ullrich, Privatrechtsfragen der Forschungsförderung in der Bundesrepublik Deutschland, 1984, insbesondere S. 99-150, 302-385; vgl. auch Reitzle, Mitt. 1992, 246 f. 。

〔2〕 Vgl. Pfaff, Technologietransfer und „das" Wesen „der" Lizenzverträge, RIW/AWD 1982, 381.

〔3〕 Vgl. z. B. die oben angegebenen Werke von Pagenberg/Beier, Pfaff/Osterrieth und Ulmer-Eilfort/Schmoll.

——德国专利商标局授予的专利（"源于专利的权利"，参见§1 A Ⅰ5）。

2. 根据《实用新型法》第22条第1款的规定，可转让（与可继承的）权利有：

——申请实用新型权，相应于申请专利权（参见第1点）；

——登记实用新型的请求权，它所基于的是满足法律规定的登记条件而向德国专利商标局递交的（也包括国际的）申请（参见§25 B Ⅰ2）；

——通过登记而产生的权利，也就是说——依据这里的习惯说法（参见§1 B Ⅰ1），也相应于《实用新型法》第22条第1款——实用新型。

3. 《欧洲专利公约》只规定了欧洲专利申请的转让，也就是授予专利请求权的转让。《欧洲专利公约》第71条认可了欧洲专利申请的可转让性。对于在联邦德国有效的欧洲专利申请，除了《欧洲专利公约》之外，还应当适用有关转让德国国内专利申请的有效规定（《欧洲专利公约》第74条）。《欧洲专利公约》第60条第1款第1句规定了申请欧洲专利权可转让性的前提条件。已授予的欧洲专利的转让，如果它所涉及的是联邦德国，则适用德国法（《欧洲专利公约》第2条第2款）。

4. 根据《关于〈共同体专利条例〉的建议》（参见§7 Ⅱ d bb 2）第2条第1款，共同体专利只能统一地在整个共同体范围内进行转让，《关于〈共同体专利条例〉的建议》第15条对共同体专利的转让进行了规定。此外，对于共同体整个范围内的共同体专利转让还应当适用依据《关于〈共同体专利条例〉的建议》第14条所确定的某个成员国国内专利转让的规定。有关共同体专利转让的规定相应地也适用于指定了共同体的欧洲专利申请（《关于〈共同体专利条例〉的建议》第24条第1款）。

Ⅱ. 转让的形式

1. 根据《民法典》第413条、第398条的规定，转让依据《专利法》第15条第1款、《实用新型法》第22条第1款规定的可交易性权利的合同是非要式合同。《专利法》第30条第3款要求转让专利和已公开的申请以及《实用新型法》第8条第4款要求转让已登记的实用新型在登记簿上办理过户手续的规定，对于这些权利转移的有效性并不是必要的（参见§23 Ⅴ a 2）。没有办理过户手续、登记的内容有错误或者存在其他信任上的原因，都不会导致从非权利人那里的善意取得；只有真正的权利人的转让才是有效的，即使没有登记也是如此。

2. 根据《欧洲专利公约》第72条的规定，转让欧洲专利申请必须有书面形式，非书面形式的转让是无效的。[1]相反的是，转让欧洲专利的合同，只要转让的是涉及德国的欧洲专利，那么该合同也可以是非要式的（参见第 1 点）。转让申请欧洲专利的权利也是同样如此。[2]

根据《欧洲专利公约实施细则》第 22 条，经当事人请求，在缴纳一定费用并出示证明这种转让的文件之后，有关申请的权利转移将登记在欧洲专利登记簿上。只有出示这种证明文件之后，这种转让对于欧洲专利局才是有效的（《欧洲专利公约实施细则》第 22 条第 3 款）。在异议期内的欧洲专利以及在可能还有申诉程序的异议期内的欧洲专利，也适用这种规则（《欧洲专利公约实施细则》第 85 条）。[3]

3. 根据《关于〈共同体专利条例〉的建议》第 15 条第 1 款、第 24 条第 1 款，如果不是基于法院的判决，那么有效转让共同体专利或者共同体专利申请必须有书面形式。如果第三人在基准时刻不知情的话，共同体专利的转让只有在共同体专利登记簿上登记之后、共同体专利申请的转让只有登记在《欧洲专利公约》规定的欧洲专利登记簿上之后，这种权利转让才能对抗第三人（《关于〈共同体专利条例〉的建议》第 15 条第 3 款、第 24 条第 1 款）。

4. 在任何情况下，专利或者申请的受让人都可以要求转让人向其证明，权利的转移满足了过户所需要的形式（《民法典》第 413 条、第 403 条）。

Ⅲ. 可转让性的民法意义

1. 对于《专利法》第 15 条第 1 款与《实用新型法》第 22 条第 1 款所列的权利、欧洲专利申请、在德国有效的欧洲专利以及依据《关于〈共同体专利条例〉的建议》第 14 条的规定适用德国法的共同体专利，由于它们具有可转让性，因此依据德国民法适用于一般可转让权利的规定，就可以得出一系列的结论。

根据《民法典》第 1068 条、第 1069 条，可以在前面所列的权利上设立用益物权，根据《民法典》第 1273 条、第 1274 条，还可以设立质权，这里每种设立的形式都相应于一种转让。

可以限制在一定份额内转让权利，由此，当事人之间就形成了一种按份共有关系（参见 §19 Ⅴ b）。如果通过权利的转让对民法上的公司、无限责任公司或者两合公司的资产进行出资，那么公司的股东就成了这项权利的共同共有人（《民法典》第 719 条，参见 §19 Ⅴ c）。

---

〔1〕 Vgl. BGH 23. 6. 1992 Magazinbildwerfer GRUR 1992, 692.

〔2〕 LG Düsseldorf 14. 11. 2006 Medizinisches Instrument GRUR Int. 2007, 347.

〔3〕 Singer/Stauder/*Schennen*, Art. 71 Rdnr. 14; Benkard, EPÜ/*Ullmann/Grabinski*, Art. 71 Rdnr. 17.

转让可以采用——附延缓或解除——条件或期限（《民法典》第158条以下条款）的方式或者采取信托（比如为了担保的目的）的方式。

2. 如果能对将来的权利进行足够明确的标识，那么也可以对将来的权利进行转让或者设立权利负担。在这种情况中，一旦产生了所指的权利，无需其他法律行为，就产生所希望的处分效力。通过这种方式可以处分未来的发明权（参见§19 Ⅱ 6）。在处分还没有申请的发明权时，一般都会假定，这种处分应当扩展至随后由该发明的申请而产生的授予专利请求权以及对该发明可能授予的专利。因此，如果对于处分人产生了授予专利请求权和专利，那么这种处分效力就会延伸到这些权利。

对于授予专利请求权（申请）的处分效力毫无疑问要扩展至对申请所授予的专利[4]（对于共同体专利，《关于〈共同体专利条例〉的建议》第24条第2款作出了明确的规定）。

拥有申请专利权并不能对抗由第三人的申请所产生的授予专利请求权和授予第三人的专利。但如果第三人不是发明的权利人而将发明进行了申请或者获得了专利，那么，由真正权利人作出的对于申请专利权的处分就包含了根据《专利法》第8条（或者《国际专利条约法》第2条第5款或者《关于〈共同体专利条例〉的建议》第5条）将授予专利请求权或者专利转让给他的请求权。

3. 这里所讨论的权利还是强制执行[5]的执行对象，在其权利人破产时归属于破产财团（共同体专利则按照《关于〈共同体专利条例〉的建议》第17条、第18条及第24条第1款的规定）。但是，对于申请专利权，依照主流的观点，只有当发明人转让了申请专利权或者发明人表示了对发明进行经济上利用的意图的时候，申请专利权才能成为强制执行的对象。[6]

上面这些论点的理由只是因为，依据发明人的人格权，发明人有权决定是否公开发明。但事实上是，发明人的公开权所影响的主要还是发明人的财产利益，公开实质上并不会触及发明人的人格利益（参见§20 Ⅴ 3）。因此，公开权并不能阻止对发明财产价值采取一种——在其他方面是合法的——执行措施。[7]

---

〔4〕 BGH 24. 3. 1994 Rotationsbfürstenwerkzeug BGHZ 125，334，339 ff. für ein Pfändungspfandrecht.

〔5〕 Vgl. BGH aaO 337.

〔6〕 BGH 25. 1. 1955 BGHZ 16，172，175；a. M. *Bernhardt*，S. 193 f.；*Jänich*，Geistiges Eigentum，2002，S. 331；vgl. auch *Troller*，Immaterialgüterrecht，Bd. Ⅱ，S. 874 f.；Nachweise zum Meinungsstand bei *Zimmermann*，GRUR 1999，122 ff.

〔7〕 Ebenso i. Erg. *Zimmermann*，aaO 124 ff.；*Zeising*，Mitt. 2000，208 ff.

IV. 许　可

a）允许与有限制转让的关系

1. 根据由《共同体专利法》所引入的《专利法》第 15 条第 2 款以及通过 1986 年改革所引入的《实用新型法》第 22 条第 2 款，在《专利法》或者《实用新型法》的适用范围或者其中一部分内，这些条款的第 1 款所列的权利可以整个或者部分地成为独占或者非独占许可合同的客体。在这些条款中还特别强调，对于违反许可合同限制的被许可人，可以主张专利权或者主张由登记所产生的实用新型权。

> 这条规定所模仿的是《共同体专利条约》为许可共同体专利在第 43 条（现第 42 条）第 1 款和第 2 款所作的规定，相当于《关于〈共同体专利条例〉的建议》第 19 条第 1 款和第 2 款：在共同体范围之内或者其中一部分，共同体专利可以全部或者部分地成为许可合同的客体。许可可以是独占的或者非独占的。对于违反许可限制的被许可人，可以主张共同体专利权。

> 根据《欧洲专利公约》第 73 条的规定，在缔约国的全部或者部分地域之内，可以全部或者部分地许可欧洲专利申请。

德国法在《专利法》中引入第 15 条第 2 款以及在《实用新型法》中引入第 22 条第 2 款只不过是——为了法律的安全性——确认了根据普遍的观点已经存在的、建立在合同自由原则以及有限转让（参见本节 IV a）2）基础之上的法律状况。[8]

2. 根据《专利法》第 15 条第 1 款与《实用新型法》第 22 条第 1 款，转让这些条款所说的权利既可以是不受限的，也可以是受限的。这里的有限转让——至少该规定本来的意义（参见本节 IV a）3）——不仅仅是指按比例的分割；[9] 因为即使依据适用于可转让权利的一般民法规则，就可以按比例分割（参见本节 III 1）。转让还完全可以限制在归属于权利人的实施类型之上或者限制在保护范围的某个部分之内。对一个权利所包含的权限的分解——不同于根据《民法典》对权利设立负担——无需受法律规定的类型的限制。[10]

3. 以这种方式的有限转让，从独占许可的《专利法》或者《实用新型法》内容来看，与以相应方式的有限制的独占许可没有区别。因此，根据以

---

〔8〕　Begründung zum GPatG, Bl. f. PMZ 1979, 280 r.

〔9〕　*Hubmann/Götting*, 6. Aufl., S. 191；a. M. *Bernhardt*, S. 192；*Troller*, aaO S. 774.

〔10〕　Vgl. *Jänich*, Geistiges Eigentum, 2002, S. 240.

前的规定（1968/1978年《专利法》第9条以及1936年的《实用新型法》第13条，这些条款并没有其他的内容）有限制的独占许可可以看作法律规定的有限制转让的表现形式，[11]在法律上被允许和承认。实践中，有限转让除了民法中已规定的情形之外，就只有许可这种形式。

现行的法律明确认可了独占许可并允许在《专利法》或者《实用新型法》的有效限制（详见本节Ⅵ）范围之内授予独占许可，因此，现在就不用再解释许可是属于有限制的转让的概念了。这就是说，只需从一般民法上的意义来理解有限转让的概念。不过，在《专利法》和《实用新型法》中明确表明，可以"有限制地或者无限制地"转让这些权利，严格地讲，这是多余的；认可这些权利的可转让性就已经足够了。无论如何都无需对有限转让予以专门的阐述：只要其不是适用民法中规定的形式，那么就是指授予许可。

b）许可的授予

1. 许可是通过合同授予的。根据《专利法》《实用新型法》《欧洲专利公约》和《关于〈共同体专利条例〉的建议》以及德国民法的规定，无论这种合同所涉及的是已授予的保护权，还是申请或者申请保护权，都没有形式上的要求。

原《反限制竞争法》第34条对包含有限制竞争内容的合同要求书面的形式，该规定已在1998年失效。

《专利法》第30条第4款对独占专利许可规定的登记，对于授予许可的效力来说，并不是必要的（参见§23 Ⅴ a 4，§34 Ⅰ 4）。根据《欧洲专利公约实施条例》第22～24条对欧洲专利申请的许可所进行的登记，只有纯粹的宣告性意义。对于实用新型许可，即使是独占许可，也没有规定登记，这是因为对于实用新型并没有规定当然许可。

对于共同体专利以及指定了共同体的欧洲专利申请的许可，在考虑与第三人关系方面，是与上述规则不同的。如果许可没有在基准时间点在共同体专利登记簿或者欧洲专利登记簿上进行登记，或者没有告知第三人，那么该许可就不能对抗第三人（《关于〈共同体专利条例〉的建议》第19条第3款，第15条第3款，第23条第1款）。

2. 在被许可的发明被授予专利之前或者在发明只是提起申请之后，就可以授予许可。但只有当在授予许可的时候递交了专利或者实用新型申请或者至少预计将要递交申请的时候，这种许可才能被当作专利或者实用新型许可。如

---

〔11〕 Vgl. RG 16. 1. 1904 RGZ 57, 38, 39.

果不将发明申请专利或者实用新型，而是将其保密起来，那么这就是一个纯粹的 Know – how 合同。[12] 如果计划要将发明申请保护，那么直到发明公开之前，就应当像 Know – how 合同那样来处理当事人在实施发明方面的关系。当然，这里还要注意考虑努力申请保护权的特殊情况。

在打算申请保护之前授予的许可应当扩展至由许可人递交的申请所产生的权利以及由此所获得的专利或者登记的实用新型。在申请阶段授予的许可在授予专利或者实用新型登记之后扩展至该专利或者实用新型（《关于〈共同体专利条例〉的建议》第24条第2款明确地进行了这样的规定）。这就是说，在递交申请、授予专利或者登记实用新型之前所发放的许可，可以延伸到不仅可以对抗由公开的专利申请所产生的补偿请求权，而且还可以对抗专利或者实用新型的停止侵权请求权和损害赔偿请求权。独占许可的被许可人也有这样的权限：在其独占许可的有效范围之内主张这些请求权（参见本节 V c aa 1）。但是这种许可并没有改变的是：只有许可人有权参与专利局或者联邦专利法院的程序以及根据《专利法》第8条（或者《国际专利条约法》第2条第5款，《关于〈共同体专利条例〉的建议》第5条）主张转让请求权。

V. 许可的内容

许可，在本质上就是同意以一种保护权权利人在法律上保留保护权客体的方式，实施保护权客体或者将要成为保护权客体的技术原理：许可就是同意实施保护权的客体。它可以是独占的，从而被称为独占许可，否则就被称为非独占许可或者普通许可。

a）普通许可

1. 刚开始，帝国法院对一般许可的专利权人规定的唯一义务是：专利权人不能对另一方合同当事人行使停止侵权请求权。[13] 因此，许可是一种纯人身性的、实质上"否定"给付的债权关系，是一种不受债权人请求权约束的协议。如果以这样的方式来分析的话，实施行为就保留了其"本来专利侵权"的特征，但被许可人有权要求（专利权人）停止主张专利权，如果专利权人对其主张专利权的话，被许可人可以对此提起抗辩。此外，非独占许可的目的，至少也是认为被许可人的实施一开始是专利侵权行为，因为只有当请求权已经产生了的时候，纯粹不主张这些存在的请求权的义务才可能有意义。认为当事人希望的只是未来不主张侵权请求权而不是要排除这些请求权的产生，这种假设是不切实际的。即使对于非独占许可，当事人更希望的是：尽管有专利

---

〔12〕 Vgl. *Kraßer/Schmid*, GRUR Int. 1982, 325 r.

〔13〕 RG 5. 5. 1911 RGZ 76, 235；17. 4. 1917 RGZ 90, 162, 164.

保护，被许可人也能合法实施发明。甚至对于许可人无需承担维持专利有效义务并使被许可人能实际实施的所谓"被动许可"，也是如此（参见§41 Ⅱ 2）。因此，帝国法院将被动许可看作专利权人为被许可人放弃了其权利的独占性或者放弃了源于保护权的禁止权。[14]

因此，即使是被动许可，其标志也不是，像B. 巴腾巴赫（*B. Bartenbach*）[15]认为的那样，没有"肯定的实施权"。被动许可所没有的是超出许可人允许实施义务之外的、亦即积极使被许可人能实际实施发明以及维持其权利独占性的义务。尽管如此，被许可人是有实施权的，他的实施行为是合法的。[16]另外一方面，即使从纯债法上来理解许可，也绝不是说，许可人可以不承担"积极性"义务。B. 巴腾巴赫的观点混淆了许可的保护权效力问题与许可人债法上的义务问题，而后者是可以按照当事人的意思形成各种不同的义务。如果没有进行特别约定，要判断究竟是一个纯粹的被动许可，还是许可人有一定的最低义务，这是一个在考虑交易习惯的前提下根据诚实信用原则对合同进行解释的问题（《民法典》第157条，第242条）。B. 巴腾巴赫对被动许可的实践意义和应用的典型案例从法律事实的角度进行了研究。[17]

2. 依照现行《专利法》和《实用新型法》的专业术语，在任何情况下，许可都意味着专利权人同意被许可人希望实施发明的行为。只要获得了同意，就不能禁止被许可人进行《专利法》第9条或《实用新型法》第11条第1款所列的有关保护客体的行为，被许可人可以合法地进行这些行为。因此，这种同意就直接影响了被许可人对于专利或者实用新型权的权限。即使在最一般的许可形式中，就已经有了直接改变权利的效力。否则的话，许可就不能达到这样的结果：允许第三人不受保护权约束地使用和销售由被许可人实施许可并投入市场的依发明生产的产品（参见§33 Ⅴ）。

3. 但是，普通许可似乎并没有转让任何东西给被许可人，在许可的有效范围之内专利权人仍然保留自己实施以及对于第三人的禁止权。被许可人获得的合法实施专利的权限，就如同专利权人在同样的范围内所失去的禁止权。就实施而言，专利权人是在与一个（可能还有其他的）被许可人分割专利所赋予专利权人的独占地位。被许可人也享有保护权的独占效力，它将阻止第三人未经专利权人同意就与被许可人进行竞争。即使对于新的、有着相同客体

---

[14] RG 1. 3. 1911 RGZ 75, 400, 402; 18. 8. 1937 RGZ 155, 306, 313.

[15] Mitt. 2002, 503 ff. und in ihrem Buch (zusammenfassend S. 251).

[16] So auch *Bartenbach*, S. 93, 212, 215 f.

[17] *Bartenbach*, S. 103 – 138.

的专利，被许可人的法律地位也是由专利权人的法律地位决定的（参见
§33 Ⅰ c 5）。

b）独占许可

专利权人可以对被许可人承担这样的义务：在一定的前提下，只有得到被
许可人同意才授予其他许可或者完全不授予其他许可。此外，专利权人还可以
承诺其自己放弃实施专利客体，而允许被许可人实施。当然，完全放弃授予其
他许可和自己的实施，一般来说，还不是仅仅的如果不履行也只是违反合同的
不作为义务所能涵盖的。[18]如果被许可人要获得并保持独立的实施授权，更确
切地说是要被授予一个独占许可。独占许可以非常广泛的方式直接影响专利权
人的法律地位。专利权人不仅失去了对于被许可人的禁止权，而且禁止权还丢
给了被许可人：在许可的有效范围之内，对于其他人，甚至对于专利权人本
人，[19]被许可人是有禁止权的。不过，除了被许可人之外，专利权人也保留禁
止权和诉权。[20]即使在个别情况中，授予的是全面许可，专利权人仍保留这种
"基本的权利"。

如果是独占许可，那么被许可人就可以进入专利权人的独占实施权，取得
专利客体被独占性划归于专利权人所构建的法律地位，这样一来，专利的权利
就转移到了被许可人：独占许可具有转让效力。

c）对于第三人的效力

aa）独占许可

1. 对于第三人来说，独占许可意味着，除了专利权人之外被许可人也可
以禁止其实施专利客体，提起侵权诉讼。而且，只有被许可人在许可的有效范
围之内还有允许他人实施发明的权限：被许可人可以授予再许可（参见本节
Ⅴ d）。由于被许可人借助于转让效力可以进入将发明对于专利权人的独占性
划归，因此，就像专利本身包含对于无形权利客体的直接关系一样，独占许可
可以以同样的方式获得对于无形权利客体的直接关系。如果因为专利具有对于
客体的直接关系就可以被称为物权或者对客体的权利，那么独占许可就具备了

---

〔18〕 *Hilty*, S. 96 sieht freilich diese rein schuldrechtliche Gestaltung als Voraussetzung dafür an, dass
überhaupt von einer Lizenz gesprochen werden kann und nicht eine Übertragung vorliegt. Für rein schuldrechtli-
chen Verständnis der ausschließlichen Lizenz auch Sosnitza, S. 195 f.

〔19〕 Vgl. OLG Karlsruhe 5. 3. 1980 GRUR 1980, 784, 785 r.

〔20〕 Dazu *Kühnen*, Die Ansprüche des Patentinhabers wegen Schutzrechtsverletzung nach Vergabe einer
ausschließlichen Lizenz, FS Schilling, 2007, S. 311 – 331; *Pahlow*, Anspruchskonkurrenzen bei Verletzung
lizenzierter Schutzrechte, GRUR 2007, 1001 – 1007; vgl. auch oben § 35 Ⅵ a.

同样的资格。[21]

2. 此外，由于独占许可还包含对于保护权的处分，因此授予独占许可还有对于第三人的效力。专利权人让出了其权限的一部分，而被许可人则在许可总的名义上获得了这部分权限。因此，权利人只能在其还保留的权限内处分保护权。在转让专利或者实用新型的情况下，授予的独占许可仍然保留不变，自1986 年颁布的《实用新型法修正案》以来，《专利法》第 15 条第 3 款以及《实用新型法》第 22 条第 3 款对此给予了明显的确证。如果是继续授予其他许可的情况，也同样如此：在独占许可的有效范围内，其他许可没有实施权，如果其他许可是独占许可，它就没有禁止权。

> 对于共同体专利以及共同体专利的申请，《关于〈共同体专利条例〉的建议》第 15 条第 2 款（第 24 条第 1 款）规定，只要没有适用第 6 条第 1 款，权利的转移并不影响第三人此前受让的权利。而第 6 条第 1 款指的是这样一种情况：申请专利权的权利人实现了第 5 条规定的对于非专利权人的转让请求权：专利转让至合法权利人之后，就会导致注销所有（由非权利人发放的）许可和其他权利。由此可见，许可也属于在其他转让情况中继续存在的权利。

受让人必须忍受对德国专利或者德国的欧洲专利以及实用新型所授予的独占许可，即使其事先并不知情，也必须忍受。[22]受让人对于这种情况的不知情是否有过错，是没有意义的。此外，专利许可是否根据《专利法》第30 条第 4 款的在专利登记簿上进行了登记，对此也没有影响。与此相应的是，有关欧洲专利申请的许可是否根据《欧洲专利公约实施细则》第 21条和第 22 条在欧洲专利登记簿上进行登记，在申请对德国有效的范围内，对此也是没有影响的。而实用新型的许可本来就是无须进行登记的（参见Ⅳ b 1）。

> 对于共同体专利以及共同体专利的申请，只有许可在转让专利的时候

---

〔21〕 Vgl. *Hauser*, S. 28 ff., der die Dinglichkeit der ausschließlichen Lizenz letztlich deshalb verneint, weil er bereits dem Patent diese Eigenschaft abspricht.

〔22〕 Deshalb ist nach Erteilung einer ausschließlichen Lizenz eine weitere ausschließliche Lizenz gleichen Umfangs unwirksam. *Sosnitza*, S. 195 will diese Rechstfolge vermeiden, indem er die ausschließliche Lizenz rein schuldrechtlich versteht; Doch sind die Beteiligten zu solcher Gestaltung nicht gezwungen, sondern können – und werden in der Mehrzahl der Fälle – die Lizenz im Sinn einer beschränkten Übertragung gestalten (s. oben b). Das von *Sosnitza* kritisierte Fehlen registerbezogenen Vertrauensschutzes im deutschen System ist nur durch Gesetzesänderung, nicht aber durch schuldrechtliche Deutung der ausschließlichen Lizenz zu beheben. Das gleich gelagerte Problem bei Übertragungen ist auf diesem Weg ohnehin nicht lösbar.

在共同体专利登记簿（或者在转让共同体专利申请的时候在欧洲专利登记簿）上登记了或者告知了专利受让人，该许可才能对抗专利的受让人（《关于〈共同体专利条例〉的建议》第 19 条第 3 款、第 15 条第 3 款、第 24 条第 1 款）。因此，这里的处分效力是与是否通告相关的。如果没有通告，那么由于不知悉有许可，受让的专利就是"无负担的"。

bb）普通许可

1. 普通许可并没有禁止权限和诉权。[23] 由专利权人有继续允许第三人实施的权限可以推出，第三人也必须容忍这种实施。[24] 但是，赋予普通许可的被许可人权利，以对付专利权人没有允许的实施者，并不是不可思议的。这就会迫使专利权人要么让这种实施合法化，要么就忍受被许可人对这种实施进行追究。从纯教条上的理由——尤其是因为被许可人缺乏"物权"法律地位——是不应该剥夺被许可人的诉权的。[25] 更确切地说，实质上是因为被许可人没有诉权，普通许可才被认为"非物权的"。[26] 尽管如此，给予普通许可的被许可人独立的禁止和起诉权限会存在这样的危险：会出现大量的对于一个侵权者因同一实施行为的诉讼。[27]

2. 即使按照普遍的观点，普通许可的被许可人没有物权，授予的许可还是可以有处分效力。如果认为普通许可不是物权，那么，关于转让专利或者授予独占许可之前授予的普通许可对于专利受让人或者独占许可被许可人是否继续存在的问题，就还没有得到回答。

对于共同体专利，上述问题得到了《关于〈共同体专利条例〉的建议》第 15 条第 2 款的肯定。该条款不仅包括普通许可，结合第 19 条第 3 款的规定，还包括后来授予的独占许可。不过，这种许可继续存在的前提条件是，它事前要进行了登记或者告知了专利受让人（参见本节 V c aa 2）。但这并不是普通许可的特殊性，这一规则适用于对于共同体专利的所有权利，其毫无争议地被认为"物权性的"并且定购它还有处分效力的权利。

---

〔23〕 但是与此不同的是，克诺布罗赫（Knobloch）认为，如果有明显的约定或者通过合同解释可以获得支持的话，也可以赋予普通许可的被许可人停止侵权请求权。

〔24〕 Vgl. RG 17 9. 1913 RGZ 83, 93, 95.

〔25〕 Allerdings hat die Annahme, daß（auch）der einfache LN ein dingliches Recht erlange, zwangsläufig zur Folge, daß er ein eigenes Klagerecht hat. Mit diesem Ziel hat *Weinmann*（insb. S. 528 ff., 570 ff.）auf der Basis des schweizerischen Rechts den breit angelegten Nachweis unternommen, daß das Recht, das der LN erlangt, auch im Fall der nichtausschließlichen Lizenz ein absolutes sei.

〔26〕 *Kraßer*, GRUR Int. 1973, 235.

〔27〕 RG 17. 9. 1913（FN 19）96.

联邦最高法院[28]在 1982 年对此给予了否定的判决。由此所导致的权利的不确定性，在 1986 年通过实用新型法的改革得到了消除：根据《专利法》第 15 条以及《实用新型法》第 22 条第 3 款，权利的转移或者授予的许可并不影响此前授予第三人的许可。由此就从法律规定上承认了普通许可也享有"权利继受保护"，而事实上在法律引入这些规定之前，这就已经得到了广泛的认可。[29]

d) 可转让性——再许可

1. 大多数人原则上认为，独占许可是可转让的，而普通许可是不可转让的。[30]进行这种区别的理由常常是因为：前者是一种物权，而后者则不是。但这是难以令人信服的理由，因为，即使债权也是可转让的。不过，根据《民法典》第 399 条，债权的转让可以通过约定予以排除，或者根据未变更内容就不能对原债权人之外的其他人履行给付的原则排除转让。由于授予许可与由授予许可而产生的义务存在密切的联系，因此，这条规定完全可以相应地适用于普通许可。而且，同样的规定还应当适用于有限制的独占许可。有限制的独占许可不是法律上所规定的类型，因此其内容形式同样也主要取决于它的负担行为（参见 § 41 Ⅰ 1）。由于这种关联性，在这两种情况中，如果没有基于许可的债法上的请求权，许可就是不可以转让的。因此，如果通过协议排除了请求权的让与，或者请求权的让与导致了内容的改变，那么许可就是不可转让的。《民法典》第 137 条并不是强制性地认为，可以禁止的只是有债法上效力的有限制的独占许可的转让。更为确切地说，是相应地依据《民法典》第 399 条，有限制的独占许可可能没有上述规定意义上的可让与性。因此，无论是普通许可，还是独占许可，它是否是可转让的，这只是一个个案问题。

因此，企业许可可以与许可所授予的企业一道转让，而且也只有与该企业一并才能转让。[31]

---

〔28〕　23. 3. 1982 Verankerungsteil BGHZ 83, 251 = GRUR 1982, 411.

〔29〕　Näheres in der Voraufl. , S. 693 ff. und in GRUR Int. 1983, 537 ff. Daß schutzwürdige Interessen des LN den Sukzessionsschutz auch der einfachen Lizenz gebieten, zeigt die Untersuchung von *Hilty*, die von einem rein schuldrechtlichen Verständnis auch der ausschließlichen Lizenz ausgeht, aber die Notwendigkeit eines Sukzessionsschutzes anerkennt, den sie (S. 320 ff.) bei den formgebundenen Rechten mit Hilfe der im schweizerischen Recht vorgesehenen Wirkungen der Registereinträge für gewährleistet, beim nicht formgebundenen Urheberrecht aber aus rechtsdogmatischer Sicht nur mittels der Konstruktion einer *Realobligation ex lege* (S. 744 ff.) für erreichbar hält. Vgl. auch die Besprechung in GRUR Int. 2002, 381, 384 f.

〔30〕　*Benkard/Ullmann*, § 15 PatG Rdnr. 103.

〔31〕　LG Düsseldorf 31. 5. 2004 Flaschenkasten InstGE 5, 168 verneint Übergang einer nicht als Betriebslizenz gewährten Freilizenz auf den Erwerber eines von mehreren Betrieben des Lizenznehmers.

2. 根据一般的观点，独占许可的被许可人有权发放再许可，但普通许可的被许可人则没有这种权利。后者无权扩大授予给他实施权限，专利权人保留了在许可的实质和空间有效范围内准许其他被许可人的权利。[32]与此相反的是，在授予独占许可之后，只有被许可人才有权在许可的有效范围之内授予普通许可。至于是否可以通过约定取消被许可人授予再许可的权限，还很不好说。[33]如果被许可人不能转让独占许可，那么自然就不能剥夺被许可人授予再许可的权限。再许可并不等同于《民法典》第 399 条意义上的转让。虽然被许可人可以承担不授予再许可的义务，但其所授予的再许可在专利法上还是有效力的。[34]

Ⅵ. 许可的限制

1. 可以对独占许可和普通许可施加多种限制。比如可以这样约定：许可在保护权到期之前就结束（时间许可），许可只包括保护权空间有效范围之内的一部分（地域许可）或者被许可人只能生产一定最高限额的专利产品并将其投入市场流通领域。限制在专利的实质保护范围之内的一部分也是可以的，比如，将专利产品限制在一定的规格形式或者将专利方法限制在一定的应用领域。还可以将许可限制在专利权人所保留的某种实施类型之内。如果所获得的只是一个单纯的生产许可，那么专利产品只允许提供给专利权人或者经专利权人所允许的买主。具有独占性的纯销售许可，其效力是，由专利权人或者授权的生产者所生产的专利产品只能提供给被许可人或者由被许可人所指定的第三人。相反，对于一个被限制于销售的普通许可来说，只有其所涉及的产品是还没有经过——在这种情况下自身是有权销售的——专利权人或者专利权人的同意（在国内或者在欧洲经济圈内）通过提供给被许可人或者第三人而投入市场的产品，该普通销售许可才是有意义的。根据权利用尽原则，对于这些已投入市场的产品是不需要销售许可的。相反，对于那些来自国外的产品，就需要有销售许可，专利权人是可以禁止这种产品进口的（参见§33 Ⅴ b 3 和 4）。

---

〔32〕 BGH 23. 4. 1974 Anlagengeschäft BGHZ 62, 272, 276 f.

〔33〕 Wer wie *Hilty*, S. 96, und *Sosnitza*, S. 195, die ausschließliche Lizenz rein schuldrechtlich versteht, müsste folgerichtig fordern, dass der Unterlizenznehmer in schuldrechtliche Beziehungen zum Patentinhaber tritt. *Hilty*, S. 766, und *Sosnitza*, aaO, verneinen dies jedoch und lassen damit offen, aus welchem Grund der Patentinhaber gehindert sein soll, dem Dritten, dem mit seiner Zustimmung der Lizenznehmer die Benutzung gestattet hat, diese zu verbieten; vgl. auch *Kraßer*, GRUR Int. 2002, 381, 386l.

〔34〕 So grundsätzlich auch *Benkard/Ullmann*, §15 PatG Rdnr. 105; anders jedoch, wenn die ausschließliche Lizenz personengebunden und als solche nicht übertragbar ist: im Zweifel sei dann auch das Recht zur Vergabe von Unterlizenzen durch die Beschränkung des Nutzungsrechts auf die Person des LN verfügungsrechtlich wirksam ausgeschlossen; ebenso im Ergebnis *Busse/Keukenschrijver*, §15 PatG Rdnr. 76.

对于限制于还没有由专利权人或者经其同意而投入市场的产品的使用许可来说，只有当将产品交付给使用者还没有使得禁止销售与使用的权利用尽的时候，使用许可才是可行的。尤其是出租式的交付就可能是这样的。[35]

2. 上面所有列举的——空间性的、时间性的、数量性的和实质性的——限制，都涉及许可本身。这些限制划分了允许实施的界限；这些限制所阻止的被许可人的行为，专利的效力就能禁止；因为在这个范围内被许可人并没有获得允许实施发明，他必须停止这样的行为。如果他违背了限制，那么他就是侵犯了专利权（《专利法》第 15 条第 2 款第 2 句，《实用新型法》第 22 条第 2 款第 2 句，《关于〈共同体专利条例〉的建议》第 19 条第 2 款）。对于被许可人不顾许可限制而投入市场的产品，第三人也不允许使用或者销售。对于第三人这样的行为，即使是善意的，也可以向其主张专利权。

> 如果将投入市场的权利限制在专利有效的空间范围之内的一部分（比如限制在联邦德国的一个州之内），那么当被许可人在其地域之外将专利产品投入市场的时候，他就侵犯了专利。购买者对这种产品的使用和再销售，同样是侵犯专利的行为。相反，对于由被许可人在其地域范围之内所投入流通领域的产品，则允许购买者还可以在其他地域内使用和销售。

由于违反限制的后果会"影响"产品，因此限制的效力常常被认为具有"物权性"的。不过，说其是一种专利法或者实用新型法效力的限制则为更为妥当。

专利中所包含的权限能否进行任意的分解，可能还是有问题的。[36]虽然，法律上没有规定的模式，但在交易中已形成了一系列习惯类型。如果要偏离这些形式，那么就需要仔细地审查，新的形式是否有足够的保护权内容的基础。由于权利用尽原则的作用是要使动产的交易尽可能地免受专利法的限制，因此，要认可对投入市场权利限制的专利法效力，就要求至少有一定程度上的明晰性。如果要在购买者或者购买群体中分解实施权限，那么又会有令人不解之处：任何依据发明原理的行为类型和方式是没有这种区别的。但是，在《专利法》第 15 条和《实用新型法》第 22 条第 2 款中明显被专利或实用新型法认可的对实施权限的空间分解，同样也可能有这样的问题。

〔35〕 Vgl. oben § 33 V b 1；ebenso *Strohm*, S. 137 ff.；anders *Axster*, Rdnr. 35 f.

〔36〕 Vgl. *Strohm*, S. 147 ff；*Balz*, Eigentumsordnung und Technologiepolitik, 1980, S. 379 ff.

3. 被许可人常常要承担的是债法上的行为义务。[37]如果这些义务是要阻止被许可人的某些行为，那么这些义务所表现出来的同样是一种限制。但这种义务并不涉及允许实施的有效范围。这种义务所涉及的行为并不是对所许可的专利的侵犯，而是任何人无需得到专利权人同意就允许的行为。无视这种限制的行为仅仅是一种违约行为，而不是侵犯专利权的行为。因此，在违背这些限制的情况下生产或者投入市场的产品并不受专利权的约束。只有当第三人还以违背善良风俗的方式参与了被许可人的违约行为，专利权人才能追究第三人的责任。

只有债法效力的义务——在得到卡特尔法的准许的前提下（参见§42）——特别是指：不生产或者不销售没有专利保护的替代产品（竞争禁止），只能从某些供货者，尤其是只能从许可人处获取没有专利保护的材料、零部件或者其他辅助设备（购买约束）；只能以规定的最低价格出售专利产品（价格约束）。相反，依据主流的观点，销售约束，如果它是要阻止被许可人本人向某些购买者或者购买群体供货，就可能具有专利法上的效力。[38]但要求被许可人承担对其购买者施加销售约束的义务，就不行了。

4. 因此，不能因为限制的行为（比如，购买设备、销售没有专利保护的产品）需要获得许可的行为，没有许可就不能或者不能有意义地进行这种行为，就简单地认为这种限制是有专利法效力的。特别是因为有权利用尽的基本原则，因此，价格约束就不可能有专利法的效力。即使间接专利侵权是受禁止的，购买约束也是没有专利法效力的，这是因为禁止间接专利侵权并不干涉被许可人的供给行为。[39]

> 必要时可以——在得到卡特尔法允许的情况下——尝试下面的办法而获得债法义务上的专利法效力：约定违反这种义务就是解除许可合同的条件。不过，如果出现了这种违反行为，也只有那些落入专利的行为——包括迄今为止所允许的行为——才能受到制止，而债法上的限制就无能为力了。

---

〔37〕 Vgl. *Benkard/Ullmann*, §15 PatG Rdnr. 74.

〔38〕 *Axster*, Rdnr. 171 mit Nachweisen; *Strohm*, S. 150 f.; a. M. *Emmerich*, §17 GWB Rdnr. 73.

〔39〕 Vgl. *Benkard/Ullmann*, 9. Aufl., §15 PatG Rdnr. 162; anders *Axster*, Rdnr. 160; bedenklich auch BGH 8. 6. 1967 Gymnastiksandale GRUR 1967, 676, 680 r.: der LN verletze das Gebrauchsmuster, wenn er zur Herstellung der geschützten Erzeugnisse Teile verwendet, die er entgegen vertraglicher Vereinbarung nicht vom LG oder dem von diesem bezeichneten Dritten bezogen hat.

§41　源于转让和许可合同的义务

Ⅰ．概　述

1. 对发明权进行转让、设立用益物权或者质权就是处分；同样，授予独占许可也是处分。根据本书所持的观点（参见§40 Ⅴ c bb 2），授予普通许可也有（弱）处分效力。这里所说的法律行为，常常是可以从思维上与大多数同样基于法律行为、进行法律行为依据的义务区别开的。但是，对于它们并不能不加区别地适用民法上的"抽象原则"。[1]抽象原则适合于完全转让以及依据民法上的类型所进行的部分转让和设立用益物权或者质权，也适合于一种剥夺了专利人所有权限（包括对于第三人的禁止权）的广泛的独占许可。相反，对于普通许可来说，如果认为，允许实施的处分效力可以独立于其所基于的负担行为的效力而存在，这种观点是不合适的。有限制的独占许可也同样如此，这是因为，有限制的独占许可并不是法律规定的类型，因此，其内容构成完全是由负担行为所决定的。

2. 完全转让发明权是一种负担行为，在许多情况下是以买卖合同为基础的。[2]即使是依据民法规定形式的部分转让或者设立用益物权或质权，也常常被认为具有买卖合同基础（《民法典》第453条）；对此予以补充的法律规定有：调整实施处分行为之后存在的按份共有、用益物权和质押权中的继续性债务关系的法律规定。

　　　除了买卖法上的基本关系之外，还可以考虑其他一些基本关系：比如可以在公司合同中规定这样的义务，以发明权出资作为公司的资产[3]。研究和开发委托合同可以形成的法律关系是：由此产生了委托人要求转让或者部分转让发明权的请求权。借贷合同可以包含这样的义务：为了对债权人提供担保而对保护权设定质权或者（以信托的方式）转让保护权。可以考虑的——即使不常见——还有，为了履行一个债法上的合同，亦即要求保护权的权利人承担能够使合同的另一方实施发明的义务，而设定用益物权。

3. 许可合同是否可以归类为一个《民法典》调整的债务关系合同的类型，

---

〔1〕　Vgl. *Kraßer*, GRUR Int. 1973, 235 ff. （zu Ⅲ）.

〔2〕　Vgl. BGH 23. 9. 1958 Pansana GRUR 1959, 125 （partiarischer Kauf）.

〔3〕　Beispiel：BGH 11. 4. 2000 Gleichstromsteuerschaltung GRUR 2000, 788.

争论非常激烈。[4]较为普遍的观点在原则上否定了这个问题，认为许可合同是一种独立的合同类型。但是，也有不少法律规定的合同类型的法律规则也可以相应地适用于许可合同，只要能说明适用这些规则是公正合理的。对这些特别规则进行补充的就是一般债法的规定以及由诚实信用原则发展出的一些基本原则。另外一些观点认为，许可合同一般情况下可以归类为权利质权，但应当对这些法律规定的法律后果进行部分修订。

4. 所有发明权的合同都存在一些特殊的风险，不仅有利用发明的经济前景的风险，而且还有获得保护的可能性或者权利存续性的风险。[5]因此，在文献和司法判决中都常常指出，许可合同所涉及的是一种"冒险交易"。一般来说，对于法律所调整的合同类型，其经济和法律上的风险相对容易预测和控制。因此，许可合同可以划归的类型：还需要看这种归类的结果是否合适。基于这样的考虑，买卖和权利租赁就可以看作最接近于转让或者部分转让发明的合同与许可实施发明的合同的法律类型。实质是，第一种情形所涉及的是一次性的交换给付，而第二种情况则是一种继续性债务关系。

许可合同在破产案中会遇到一些问题。根据《破产条例》（第103条）——与该条例之前的法律规定不同——如果许可合同的双方没有履行或者部分履行合同，那么就会出现清偿管理人拒绝履行许可合同的危险。尤其是许可人破产时可能会对被许可人造成许多难题。[6]

5. 如果对要考虑的利益冲突没有进行合同上的约定，那么可以从民法规定中获取解决的办法。只要合同当事人之间的特殊约定没有违反法律的强制性规定，那么就要优先适用这些约定。此外，如果个别合同出现了其他特殊情况，也可以不适用因为没有约定而通常适用的规则。因此，必须始终从总体上考虑当事人之间的关系以及合同的目的。

> 比如，许可合同的目的可能是使被许可人能够迅速生产出有市场销路的产品；许可可能是为了让研究的资助者也能够实施由研究而获得的发

---

〔4〕 Näheres bei *Kraßer/Schmid*，GRUR Int. 1982，328，335 f.；*Gitter*，S. 396 ff.；*Henn*，S. 88 ff.；jeweils mit Nachweisen.

〔5〕 Vgl. z. B. BGH 5. 7. 1960 Holzbauträger GRUR 1961，27，28.

〔6〕 Dazu *Kellenter*，Schutzrechtslizenzen in der Insolvenz des Lizenzgebers，FS Tilmann，2003，S. 807 – 825；*Schmoll/Hölder*，Patentlizenz – und Know – how – Verträge in der Insolvenz，GRUR 2004，743 – 748，830 – 836；*Berger*，Der Lizenzsicherungsnießbrauch – Lizenzerhaltung in der Insolvenz des Lizenzgebers，GRUR 2004，20 – 25；*Scherenberg*，Lizenzverträge in der Insolvenz des Lizenzgebers unter besonderer Berücksichtigung des Wahlrechts des Insolvenzverwalters nach §103 I InsO，2005；*Wiedemann*，Lizenzen und Lizenzverträge in der Insolvenz，2006；*McGuire/Zumbusch/Björn*，GRUR Int. 2006，682，690 ff.；*Witz*，Patentlizenzen in der Insolvenz des Lizenzgebers – eine Bestandsaufnahme，FS Schilling，2007，S. 393 – 413.

明；许可的目的也可能是为了以调解的方式解决法律纠纷等。

如果在保护权合同中要运用一般交易条款，那么就要注意《民法典》第 305 条第 1 款、第 305b 条及以下条款关于一般交易条款在合同中有效性的前提条件以及《民法典》第 307 条关于一般交易条款内容的一般界限的规定。相反，如果是要对经营者适用一般交易条款，那么第 305 条第 2~3 款、第 308 条、第 309 条规定的特别前提条件和内容限制就不适用了（第 310 条第 1 款第 1 句），但这并不排除第 308 条或者第 309 条所列合同条款根据第 307 条的一般标准被视为无效的可能性（第 310 条第 1 款第 2 句）。

这里的阐述并不能顾及多种多样的现象和目的，我们只限于讨论具体合同关系没有规定或者没有提出解决办法时的一些基本问题。

Ⅱ. 卖方和许可人的义务

1. 发明权的卖方必须将这个权利转让给买方；卖方还要使买方占有发明（《民法典》第 453 条第 1 款和第 3 款）。要使买方占有发明的义务表明，买方拥有获得可实施的技术原理的请求权。如果该发明还没有公开，那么该义务就具有特别重要的意义。即使在专利申请公开之后、在授予专利或者实用新型登记之后，该义务依然存在。这就是不能只是让受让人从公共渠道，特别是从公开的说明书或者专利说明书或者实用新型案卷中获取关于发明的知识。

如果没有特别的约定，就没有转让补充性 *Know - how* 的义务。如果合同中表达出的受让发明的目的没有补充的 Know - how 就无法实现，那么在某些情况下也可以产生转让 Know - how 的义务。当然，在这种情况中，这种合同常常会扩展至附加的知识，并需要对此支付附加的酬金。因此，如果没有明显的约定，要这样扩大合同的标的，就需要有特殊的情况。

2. 许可人负有授予约定的允许实施的义务，一般情况下在签订许可合同时就应将其授予给被许可人。[7]特殊情况中，被许可人的这种义务可以只是允许实施而已，比如，授予许可的目的是以调解的方式解决无效程序。[8]但一般情况下，许可人还必须使被许可人在保护专利或者实用新型的条件下能实际地实施发明。[9]至于这里必要的占有发明的规则以及转让附加 Know - how 义务的

---

〔7〕　如果实施被许可的发明需要同时实施许可人其他受保护的发明，那么，如果没有对此进行约定，就视同同时许可了其他发明。参见，BGH 11. 1. 2005 Leichtflüssigkeitsabscheider GRUR 2005，406.

〔8〕　Zur „negativen" Lizenz und ihren Anwendungsbereichen eingehend *B. Bartenbach*，Die Patentlizenz als negative Lizenz，und Mitt. 2002，503 ff.；vgl. auch oben § 40 Ⅴ a 1.

〔9〕　RG 18. 8. 1937 RGZ 155，306，313 f.

条件，则适用于在买卖发明时同样的规则（参见本节Ⅱ1）。不过，相比于发明的买卖合同，在某些情况中，许可合同的目的决定了许可合同更需要有这样的转让。[10]

3. 许可人必须递交预计的申请，而且只要授予专利或者登记实用新型并不是不可能的，那么许可人还必须维持申请并坚持到底。在授予专利或者实用新型登记之后，如果不是不可能，许可人就负有维护权利并对异议、无效诉讼以及注销请求进行辩护的义务。独占许可的许可人还有缴纳年费或者维持费的义务，[11]不过，许可人可以与被许可人约定被许可人要偿还其所支付的费用，甚至可以约定在许可人支付之前被许可人就必须提供这部分费用。但是，如果没有这样的约定，那么许可人就要承担这些费用（还可以参见《民法典》第581条第2款、第535条第1款第3句）。

维持权利的义务是指，没有被许可人的同意，许可人就不允许撤回申请和放弃专利或者实用新型。对于普通许可也同样如此，这是因为，如果权利人的义务不仅仅是允许实施的话，那么普通许可也拥有分享由受保护发明所带来的市场优势的请求权。

依据本书所持的观点（参见§26 A Ⅰ a 4），未经被许可人同意而放弃权利效力是违反独占许可合同的。对于共同体专利，《关于〈共同体专利条例〉的建议》第26条第3款无论如何都不允许未经登记的——独占或者非独占——被许可人的同意放弃权利声明立即生效。

4. 在独占许可的效力范围之内，许可人无权授予其他许可；因此，试图授予许可将被视为违反合同。与此相反的是，普通许可的许可人在其有效范围内还有权授予其他普通许可。如果要普通许可的许可人承担不授予其他许可的义务，只有对此进行特别的约定。但是，许可人不允许大量授予免费许可使得专利极大贬值。[12]

根据《专利法》第15条第3款、《实用新型法》第22条第3款，转让保护权或者发放独占许可之前授予的普通许可依然有效（参见§40 Ⅴ c bb 2），因此，对于这样的处分，许可人无需承担特别的义务。

5. 根据普遍的观点，无论是独占许可的许可人，还是普通许可的许可人，都没有义务对侵权人采取行动。在第一种情况中，被许可人自己就有诉权，而

---

〔10〕 Vgl. *Kraßer/Schmid*, GRUR Int. 1982, 331 r.

〔11〕 Vgl. *Groß*, Lizenzvertrag Rdnr. 201；ferner *Kraßer/Schmid*, GRUR Int. 1982, 330 mit Hinweisen auf abweichende Ansichten.

〔12〕 Vgl. *Groß*, Lizenzvertrag Rdnr. 285, 381.

在第二种情况中，许可人是可以允许侵权者实施发明的。[13]但是，如果许可人放任这种行为，导致该专利不再被尊重，那么，被许可人也就不必再承担合同义务（还可以参见本节Ⅴb4）。还需要考虑的是，如果许可人既不对侵权者采取行动又不对其授予许可，被许可人是否应当拥有自己的诉权（参见§40Ⅴcbb1）。

　　根据《关于〈共同体专利条例〉的建议》第33条第2款第3句，如果独占许可的所有人要求专利权人对侵权行为起诉而没有结果，那么，独占许可的所有人就有权提起侵权诉讼。根据该条第4款，任何人，当然也包括普通许可的被许可人，都可以加入由专利权人所提起的侵权诉讼程序，要求赔偿其自身的损失。

Ⅲ. 买方或者被许可人的义务

　　1. 购买发明权，买方的主要义务是支付合同约定的酬金，可以一次性付清，或者是按合同约定分期付款。如果约定支付的数额依赖于发明的实施，那么，这种买卖合同就有了许可合同的性质；这样，购买者就可能有了一种类似于独占许可被许可人在与实施挂钩的许可费情形中应承担的附随义务。

　　2. 如果没有约定，许可就是要付费的。如果是免费许可（无偿许可），则必须对此进行特别的约定。因此，一般情况下被许可人的主要义务就是支付许可费。至于数额和支付的方式则依约定而定。如果没有约定，又不能通过《民法典》第157条[14]对合同进行补充解释的途径来确定，那么许可人就应当依照公平衡量的原则来确定许可费（《民法典》第316条、第315条）。

　　习惯上，许可费是以定期的方式根据实施范围来支付的。依照专利所生产的产品数量（计件许可）、实施发明所获得的销售额或者由此所获得的盈利可以作为计算许可费的基础。人们还常常约定附加支付固定数额的"缔约费"[15]或者最低许可费[16]，这是在每个时间段都必须支付的，即使依实施范围计算出来的许可费数额少于该数额，也必须支付这种费用。与实施发明无关的计算许可费的方式是很少见的。

　　如果确定的是与实施相关的许可费数额，被许可人要考虑的是由许可合同所确定的情况，比如，计件的数量、销售额或者盈利。

　　3. 如果没有特别的约定，在任何情况下普通许可的被许可人都无需承担

---

〔13〕　Vgl. BGH　29. 4. 1965　Wellplatten　GRUR　1965，591，595：wenn der Vertrag eine Meistbegünstigungsklausel enthält, kann der LG seinen Zahlungsanspruch durch Duldung von Verletzungen verlieren.

〔14〕　Dazu BGH 26. 6. 1969 Rüben – Verladeeinrichtung GRUR 1969，677，679 f.

〔15〕　Vgl. BGH 5. 7. 1960（FN 5）.

〔16〕　Dazu BGH 14. 11. 2000 Bodenwaschanlage GRUR 2001，223，225.

实施义务，这是因为普通许可的许可人还可以通过自己实施或者发放其他许可的方式利用发明。但如果不实施的许可给许可人寻找其他被许可人造成了极大的困难，那么就必须赋予许可人解约权（参见《民法典》第581条第2款、第543条第1款、第314条）。

许可的独占性本身——与主要的观点不同——还不能说明应当承担实施义务。[17]但是，即使没有约定，也可以根据一些附加情况推断出实施义务。比如，如果规定了与实施挂钩的酬金[18]，而且许可人也放弃了其他形式的对发明的利用，又没有一次性付清或者最低许可费对许可人进行足够的补偿，那么就可以认为存在实施义务。[19]

如果没有特别的约定，实施义务并不要求被许可人在尽可能大的范围内实施发明，而只是要求其视情况在一个合适的范围内实施发明。不过即使有明确的约定，如果履行实施义务因为情势变更而变得不可期待，比如，发明在技术上已经过时或者由于其他原因实施发明已没有经济意义，那么也就没有了实施义务。[20]

4. 根据一贯的司法判决，如果没有明显的约定，原则上被许可人不承担不争义务；这就是说，不能阻止被许可人对合同所涉及的专利或者实用新型提起异议、无效诉讼或者请求注销。但如果合同当事人之间构成了一种特殊的信任关系，比如对于具有"公司法特征"的许可合同，那么就可能会是另外一种情况了。[21]

在文献中有时仍然认可一种原则上的不争义务，[22]他们认为，无论如何不能因为被许可人对所许可的专利或者实用新型的质疑可能是出于公共利益，从而就否定不争义务。对于被许可人，更多的是要考虑任何人都拥有的提起异议

---

〔17〕 *Kraßer/Schmid*, GRUR Int. 1982, 334 l. mit Nachweisen.

〔18〕 BGH 20. 7. 1999 Knopflochnähmaschinen GRUR 2000, 138.

〔19〕 LG München I 12. 12. 2002 Überlastkupplung InstGE 3, 97 Rdnr. 22 ff. nimmt bei einer ausschließlichen Lizenz wegen der Umstände des Falles eine Ausübungspflicht an, obwohl diese nicht ausdrücklich vereinbart und eine Mindestgebühr vorgesehen war.

〔20〕 Vgl. BGH 11. 11. 1977 Banddüngerstreuer GRUR 1978, 166 mit Anmerkung von *Storch*; zum Umfang der Ausübungspflicht und ihrem möglichen Wegfall wegen Unzumutbarkeit auch BGH 20. 7. 1999 (FN 16) 139.

〔21〕 BGH 2. 3. 1956 Wendemanschette GRUR 1956, 264 f.; 29. 1. 1957 Chenillefäden GRUR 1957, 482, 483; 30. 11. 1967 Gewindeschneidvorrichtungen GRUR 1971, 243, 245; 14. 7. 1964 Vanal – Patent GRUR 1965, 135, 137 f.; 17. 12. 1974 Rotationseinmalentwickler Mitt. 1975, 117; 4. 10. 1988 Flächenentlüftung GRUR 1989, 39, 40 r.; vgl. auch *Sack*, S. 767 ff. mwN.

〔22〕 *Bernhardt*, S. 200; *Kraßer/Schmid*, GRUR Int. 1982, 333; im gleichen Sinn *Windisch*, FS v. Gamm, 1990, S. 477, 485 f.

和无效诉讼的权限以及不质疑条款的卡特尔法前提条件和限制（参见§42　A
Ⅲ 4，Ⅳ c，B 2）。假如据此明确约定的不质疑条款可以被认为有效，那么即
使没有约定这样的条款，只要专利没有由于第三人的质疑而失效或者因为显而
易见的无效理由不再广泛地被人尊重，并且还能期待被许可人遵守合同，不争
义务仍然是存在的。要有可期待性，在一般情况下是应当予以肯定的。根据丧
失的专利对于许可合同溯及力后果的评价准则（参见本节 V b 4），原则上被
许可人不能通过有溯及力的撤销专利的方式提前解除合同。

在这里还应当考虑的是，如果被许可人一开始就没有动机来研究专利有效
性的可能瑕疵以及相应的质疑材料，这有利于客观公正地履行合同。

如果承担了不质疑义务的当事人在自己的专利申请中，在阐述现有技术时
将合同涉及的发明称为不可实施的，并不违背合同的不质疑义务。[23]

Ⅳ. 卖方或者许可人对于发明适宜性瑕疵的责任

1. 关于卖方或者许可人对于合同标的发明的适宜性瑕疵的责任，2001 年
11 月 26 日的《债法现代化法》对此进行了重要的修改。[24]

2. 与过去的法律不同，根据《民法典》第 311a 条，即使在签订合同
时——比如，售出的或者许可的技术在自然规律上是不可实施的——没有人能
够使买方或者被许可人获得适合于按照合同使用的技术原理（即以前所说的
自始客观不能），合同仍然有效。但这时签订的合同并不形成约定的给付请求
权（《民法典》第 275 条第 1 款），不过，根据《民法典》第 311a 条第 2 款，
如果在签订合同时卖方或者许可人不知道存在给付障碍，而且对于这种不知道
也没有责任，那么买方或者被许可人可以选择损害赔偿来代替给付，或者按照
《民法典》第 284 条的规定赔偿被许可人的无益投入。

根据《民法典》第 276 条第 1 款第 1 句，如果既不能确定又不能从债务关
系的其他内容中（特别是从承受的担保或者采购风险中）得出严格或者减轻
的责任，债务人要有故意和过失才承担责任。通过约定可以完全免除买方或者
许可人的过失责任（《民法典》第 276 条第 3 款）。假如卖方或者许可人——
这是在争议中他们需要证明的——尽管已经给予了在交易中的必要的注意
（《民法典》第 276 条第 2 款），仍没有发现给付障碍，由合同又得不出任何加
重的或者减轻的责任，那么根据《民法典》第 311a 条，就不存在对于损害或

---

〔23〕　BGH 24. 4. 2007 Polymer – Lithium – Batterien GRUR 2007, 963.

〔24〕　Vgl. *Ann/Barona*, Schuldrechtsmodernisierung und gewerblicher Rechtsschutz, 2002; *E.
Böttcher*, in: Hucke（Hrsg.）, Aktuelle Entwicklungen im Unternehmensrecht, 2003, S. 119 – 156; *B.
Bartenbach*, Mitt. 2003, 102 ff.

者投入的赔偿请求权。

即使卖方或者许可人的不知道是无过错的，也不承担赔偿义务，根据《民法典》第326条第1款，卖方或者许可人也没有对于价款或者许可费的请求权；根据《民法典》第326条第4款和第346条第1款，买方或者被许可人还可以要求退还已经支付了的价款或许可费。根据《民法典》第326条第5款，买方或者被许可人可以不受时间限制地解除合同。解除合同并不排除对损害赔偿的请求权（《民法典》第325条）。

假如虽然卖方或者许可人不能够，但第三人却有能力给予买方或者被许可人适合于按照合同进行使用的技术原理（以前称之为自始不能或者自始主观不能），那么同样适用上面所阐述的规则。

3. 根据《民法典》第453条第1款、第433条第1款第2句，发明的卖方要对发明的物上瑕疵承担责任，也就是说，根据《民法典》第434条，卖方应当担保发明具有所约定的性能，或者，如果没有约定性能，则应担保发明适合于依合同所约定的使用。如果是购买发明，一般至少要能确认合同中所约定的性能。

> 如果缺乏这样的性能，那么就要看《民法典》第434条第2款第2句第2项关于瑕疵的规定。根据该条的规定，买卖标的物必须要适合于一般的使用，并具有同类标的通常的、该类标的可以具备的性能。而对于某些技术发明，如果合同当事人认为，就是这些技术发明的特性使得这些技术发明获得专利或者实用新型保护的，那么上述规定就几乎不适用了；上述规定在更大程度上适用于同样类型的或者可比较的事物。

《民法典》第437条规定了购买时存在物上瑕疵的法律后果。首先，买方可以根据《民法典》第439条要求继续履行来排除瑕疵或者提供没有瑕疵的标的。如果买方未能成功地对卖方设置继续履行的期限，那么买方可以解除合同（《民法典》第437条第2项、第323条）。即使卖方对于物的瑕疵以及未能进行迟延履行都没有责任。在《民法典》第440条和第323条第2款的条件下以及对于不可能的继续履行（《民法典》第326条第5款），都无需设置继续履行的期限。解除合同并不排除对于损害赔偿的请求权（《民法典》第325条）。

如果不解除合同，买方还可以向卖方声明减少支付价款（《民法典》第441条）。

对于可消除的瑕疵，根据《民法典》第437条第3项、第280条第1款和第3款以及第281条（第284条），买方可以要求用赔偿损害来代替给付（或者赔偿他的无益的投入）。原则上，获得该请求权的前提条件是未能成功地对卖方规定合理的继续履行期限（《民法典》第 281 条第 1 款第 1 句）；但如果出现了《民法典》第 440 条或者第 281 条第 2 款的情况，就无需规定继续履行的期限。此外，卖方还必须对其违约的行为（提供有瑕疵给付以及没有在规定的期限内排除该瑕疵）承担责任（《民法典》第 280 条第 1 款第 2 句）。一般情况下卖方可以不必证明，没有及时地继续履行是因为他有既不能预见又不能排除的原因。对于自始就存在的不可排除的瑕疵，买方可以根据《民法典》第 437 条第 3 项和第 311a 条第 2 款规定的风险转移，在给出的前提条件下要求用损害来代替给付（参见本节 IV 2）。

通过约定可以排除或者限制买方在有瑕疵情况下的权利；但是，如果卖方恶意隐瞒瑕疵或者承担了性能担保的义务，那么就不能通过约定来排除或者限制买方的这些权利（《民法典》第 444 条）。如果瑕疵是买方在签订合同时就知道的，那么买方对于该瑕疵的权利是可以排除的；同样，如果卖方不是恶意隐瞒或者承担了性能担保义务，而是买方因为重大过失而不知道瑕疵，那么买方有关瑕疵的权利也是可以排除的（《民法典》第 442 条第 1 款）。

4. 在许可人对于物的瑕疵的责任方面，可以相应地适用《民法典》第 581 条第 2 款和第 536 条：如果在发明转移给被许可人的时候就有了不适宜或者不太适宜依合同进行使用的瑕疵，或者在合同的有效期内产生了这样的瑕疵，那么在该瑕疵造成不适宜或者不太适宜使用的时间内，免除被许可人全部或者部分的给付义务，尤其是应免除其支付许可费的义务。如果许可人在将发明转移给被许可人的时候，没有他所保证的发明的特性或者嗣后丧失了这种特性，那么等同于存在或者产生了瑕疵。

如果在签订合同时瑕疵就已存在（对此，还可以参见本节 IV 7），但由于许可人应当负责的事由，该瑕疵事后才出现或者许可人迟延消除瑕疵，那么被许可人可以类推适用《民法典》第 581 条第 2 款和第 536a 条，要求赔偿损害。是否迟延，原则上就要看被许可人是否催告过许可人（《民法典》第 286 条第 1 款、第 2 款）；如果没有消除瑕疵不是由于许可人应当负责的事由造成的，就不是迟延（《民法典》第 286 条第 4 款、第 276 条第 1 款第 1 句。参见本节 IV 2）。

通过约定可以排除或者限制被许可人因存在瑕疵而拥有的权利；但如果许可人恶意隐瞒了瑕疵，那么许可人就不能通过约定来排除被许可人在这方面的权利（《民法典》第 536 条）。如果在签订合同时被许可人知道瑕疵或者被许可人由于重大过失而不知道瑕疵，而不是许可人恶意隐瞒了瑕疵，那么许可人将不承担责任（《民法典》第 536b 条）。

5. 在确定给付障碍责任的范围，尤其在确定物的瑕疵责任范围的时候，在考虑合同约定的使用方面，适当顾及有关技术发明合同所特有的风险状况，通常符合当事人的意思。与过去一样，这一点得到了法律规定的允许，这是因为可以通过约定偏离法律的规定（其界线是《民法典》第444条、第536d条、第276条第3款），并且，即使当事人的意思没有通过明显的合同条款表示出来，也可以考虑通过合同解释将当事人的意思限制在法律规定的责任范围之内。因此，在过去法律框架下发展出来的在这种合同当事人之间分摊风险的原则，只要合同中没有不同的规定，就还可以继续适用。

由此可以得出，没有担保义务（参见本节 Ⅳ 6）的卖方或者许可人只对技术上可实施性或者适用性的瑕疵负责，而不对生产成熟性、营利性、竞争能力或者经济上的成功承担责任。[25] 判断可实施性的标准原则上适用工业上实用性的同样标准（参见 §13.6 以下部分），判断适用性则需要考虑合同所确立的目的。[26]

6. 如果卖方或者许可人保证的构成合同标的的技术原理不符合要求，那么由于他们承担了担保义务，因而必须按照前面所述的规则来处理（《民法典》第276条第1款第1句第2半句）；即使他们已经尽了交易中的必要注意义务（《民法典》第276条第2款），但却没有发现其保证中的错误，亦是如此。保证的范围不仅可以涉及可实施性和技术的适用性，而且还可以包括，比如，发明或者依发明所生产的产品的特别效果、发明或者产品是否适合于特定目的。由于保证具有广泛的法律后果，再考虑这种合同特有的风险状况（参见本节 Ⅳ 5），那么只有当从合同中能清晰地得出卖方或者许可人有对所说的特性无条件负责的意思——如同以前的法律——这才能认为作出了保证。[27]

7. 问题是，如果发明一开始就出现了适宜性瑕疵，那么在哪些前提条件下以及在多大范围内，没有做过保证的许可人——不同于卖方——应当承担无过错的损害赔偿义务呢？

联邦最高法院[28] 根据以前的给付障碍法认为，如果缺少了对于合同目的的适宜性，那么依据自始主观不能的观点，许可人就会因为未履行合同而要承

---

〔25〕 BGH 26. 11. 1954 GRUR 1955, 338, 340 r.；RG 11. 7. 1939 RGZ 163, 1, 7.

〔26〕 BGH 28. 6. 1979 Mineralwolle GRUR 1979, 768. 在"卸去鞍具设备"案（RG 1. 3. 1911 RGZ 75, 400）中，帝国法院就肯定了本案中设备的可实施性，但认为其缺乏适用性，因为该案中的设备不具有符合约定使用目的所必需的绝对可靠性。

〔27〕 BGH 1. 12. 1964 Reaktions – Meßgerät GRUR 1965, 298, 301 f.；28. 6. 1979（FN 22）769 r.；Näheres bei *Groß*, Lizenzvertrag Rdnr. 307.

〔28〕 28. 6. 1979（FN 22）769 r., 771 l.

担损害赔偿的义务。这种义务似乎并不考虑许可人是否有过错；不过，也没有说，没有过错也要承担这种义务。明显没有回答的问题是，损害赔偿的请求是应当局限于被许可人的投入，还是要包括被许可人的营利损失。联邦最高法院强调指出，如果当事人有其他不同的约定，那么就不适用联邦最高法院原则上认可的风险分担原则。还可以从某些情况中判断是否有这样的意思，比如，被许可人知道，还没有对许可标的进行过充分的实验，要可靠地使许可标的适合于合同目的，还需要继续进行必要的实验。

在现行的债法中，已不再有因为自始主观不能而要承担无过错损害赔偿责任的规定。在这种情况中，如果债务人没有担保过不存在给付障碍，那么他就可以提出，他不知道存在给付障碍是无过错的（《民法典》第 311a 条第 2 款、第 276 条第 1 款第 1 句）。相反，与过去一样，出租人和用益出租人对于在签订合同时就存在的瑕疵仍要承担无过错损害赔偿责任（《民法典》第 536a 条第 1 款、第 581 条第 2 款）。

但这里的问题是，对发明许可人的处理严于对发明卖方的处理是否合理。对于出租或者用益出租物品以及用益出租在此的权利来说，可能会有理由说明，出租者或者用益出租人应当比卖方承担更为严格的责任。但对于许可合同，无论如何也看不出有这样的理由。事实上，许可人能看出和能控制的技术适宜性瑕疵的风险，决不会高于一个发明的卖方。此外，被许可人可能遭受由这种瑕疵而产生的危险以及被许可人担心的由此而造成的损失，都不会大于一个发明的买方。鉴于这些当事人都知道使用发明存在特别的风险，因此，也只有当许可人承担了担保义务的时候，他才会因不履行而负有无过错的损害赔偿义务。

这里所建议的解决办法并不是要将许可合同从整体上认定为买卖合同，这里所讨论的只是要避免无限制地适用用益出租和租赁法规时出现矛盾的评判。[29]

8. 卖方或者许可人没有过错，如果不赔偿因发明适宜性瑕疵给买方或者被许可人造成的损失，就需要有严格的注意标准。买方或者被许可人原则上可以期望的是：为了能够用通行的专业措施实施转让给他的技术原理并使其服务于合同的目的，已经对该技术原理进行了足够的实验。如果没有进行足够的实验，那么卖方或者许可人就必须对合同当事人就此以及对所可能留下的疑问或者风险予以说明。另外，买方或者被许可人也有注意义务，如果违反了该义

---

[29] Gegen verschuldensunabhängige Haftung analog 536 a BGB auch *Benkard/Ullmann*，§ 15 PatG Rdnr. 181；*Haedicke*，GRUR 2004，126.

务，根据《民法典》第 254 条就可以降低或者完全排除其请求权。这里尤其是指通过常规的专业手段就能发现的瑕疵以及本来可以避免的无益的继续投入。

Ⅴ. 卖方或者许可人对于权利瑕疵的责任

a）买卖

1. 债法现代化改革（参见本节 Ⅳ 1）对物的瑕疵和权利瑕疵的责任进行了统一和总体性的规定。根据《民法典》第 453 条第 1 款与第 433 条第 1 款第 2 句，与物的卖方一样，权利或者其他客体的卖方必须设法使买方获得没有权利瑕疵的权利或者其他客体。根据《民法典》第 435 条第 1 句，这就是要求，第三人对于该权利或者客体不能主张权利或者只能主张已被该买卖合同所承受的权利。

假如依据上述标准存在权利瑕疵，而卖方又不能根据《民法典》第 442 条或者第 444 条免除其责任，那么买方就有了如同存在物的瑕疵情况中（参见本节 Ⅳ 3）一样的权利。买方首先可以要求继续履行（《民法典》第 437 条第 1 项、第 439 条）。实践中，对于出售发明以及发明之上的权利，继续履行只适用于排除与造成权利瑕疵的权利人协商能够排除的瑕疵。如果没有在买方设置的合适期限内继续履行，或者根据《民法典》第 440 条或第 323 条第 2 款，由于继续履行的不能（《民法典》第 326 条第 5 款）没有必要设置期限，那么，买方可以解除合同（《民法典》第 437 条第 2 款）或者减少支付价金（《民法典》第 441 条）。买方可以——即使在解除合同之后（《民法典》第 325 条）——依据《民法典》第 437 条第 3 项在《民法典》第 280 条、第 281 条、第 311a 条第 2 款规定的前提条件下，要求损害赔偿代替给付或者要求赔偿其无为的投入（参见本节 Ⅳ 3）。

2. 出售的权利根本就不存在或者不属于卖方的情况，不是《民法典》第 435 条所包含的情况，应当依照《民法典》第 311a 条的规定来确定其法律后果（参见本节 Ⅳ 2）：无论卖方是否有过错，都免除买方的给付义务，买方还可要求返还其所给出的给付或者解除合同。买方可以根据第 311a 条第 2 款、第 284 条要求用赔偿损害代替给付或者赔偿其无益的投入；但如果卖方在签订合同时不知悉该给付障碍，并且对于不知悉也没有责任，那么买方就没有这种请求权。

如果权利不属于卖方，但卖方可以设法（比如通过与该权利的权利人协商的办法）获得该权利，那么这只是一种暂时的自始不能。只要还能排除该瑕疵，买方就可以根据《民法典》第 323 条第 1 款设定一个给付的期限，如果在期限之后仍没有排除，就可以解除合同。根据《民法典》第 280 条第 1 款、第 3 款及第 281 条，如果在期限过后仍没有结果，买方可以要求用损害赔偿代替给付。如果卖方对于违约行为（未履行）负有责任，那么根据《民法典》第 280 条第 1 款和第 286 条还必须赔偿买方的迟延损失（《民法典》第 280 条第 1 款第 2 句、第 286 条第 4 款）。如果确认（无论是否设置期限）卖方最终都不可能获得该权利，那么就适用关于自始不能的法律后果（参见本节 Ⅳ 2）。

3. 如果卖方对于瑕疵以及不知悉瑕疵是没有责任的，那么无论是根据买卖法上的权利瑕疵责任，还是依据一般给付障碍法都没有损害赔偿义务。这就是说，原则上卖方只对其故意和过失，亦即有过错的行为负责。而根据以前的法律，卖方对于权利瑕疵要承担无过错责任（原《民法典》第 434 条、第 437 条）。但是，即使没有明显约定担保义务，从买卖合同的内容中也可以得出无过错责任（《民法典》第 276 条第 1 款第 1 句）。

对于发明与发明之上权利的买卖合同，现在仍像以前的法律一样允许区别对待，认为这种区别是合理的。但是，过去这里依据的是法律规定的担保责任，并且考虑对合同进行公正合理解释的界限。相反，根据新的债法，承担无过错的损害赔偿义务无需特别理由。但是，在这一点上，仍可以适用过去的价值评价。另外，当事人由于不放心也希望合理地分摊这种合同风险（参见本节 Ⅳ 5），因此即使按照新的债法，这种价值评价也会限制与卖方过错无关的买方的权利。因此，还要考虑下面所阐述的原则（参见本节 Ⅴ a）4~6）。

4. 发明权的卖方即使无过错他也必须担保：他拥有关发明的实体权利、有权对此进行处分，并且如果合同约定了，那么就要以给定的优先权进行相应的申请或者取得专利或实用新型。如果在签订合同时合同约定的权利不存在或者不属于卖方，那么买方可以要求用损害赔偿来代替给付或者赔偿其无益的投入、解除合同或者只是要求取消卖方的价金请求权并退还买方已支付的价金（参见本节 Ⅴ a）2）。

5. 相应而言，如果在签订合同时，存在卖方授予给第三人的权利、强制许可或者已通知卖方或者前手权利人的实施命令，那么卖方也要承担相应的责任。

相反，如果出现了所出售的权利从属于在先的保护权或者存在先用权的情况，那么卖方只是在知悉这些权利或者因过失不知悉这些权利的时候，才承担损害赔偿义务。在这些情况中，要卖方承担无过错的责任是没有道理的。这是因为，对于出现这些权利的风险，就像买方一样，卖方也是无办法控制的。但是，如果授予保护请求权、专利或实用新型卖方的权利地位是以非法篡夺方式取得的，则无需考虑是否有过错，卖方都有承担损害赔偿的义务，因为，在这种情况下瑕疵来源于卖方或者他的前手权利人。

6. 对于被出售权利所基于的发明的可保护性，如果没有其他约定，卖方只承担过错责任。因此，专利申请的买方不能因为所期待的专利没有获得授权就获得损害赔偿请求权。[30] 如果虽然申请获得了专利，但是后来该专利被撤销或者被宣告无效，买方也没有请求权。还有，如果已获授权的专利或者已登记的实用新型在被出售和转让之后，溯及既往地失效或者被注销或者被宣告无效，也同样如此。

但是，卖方负有告知义务，他必须告知买方在签订合同时他已经知悉的所有可能会影响授予保护权或者权利存续性的事实，比如，是否存在在先公开或者在先实施、是否已经得到专利局的否定性的审查通知。

如果卖方知道存在阻碍获得保护的情况，但由于过失而没有将其看作阻碍获得保护的情况，因而也就没有告知买方，结果这种情况导致了申请的失败、有溯及力地撤销专利、实用新型的无效或者注销，那么买方就拥有了因为卖方不履行合同而属于他的权利（参见本节 V a 2）。同样，对于在签订合同时卖方不知悉的、但如果其履行注意义务就可以识别出的阻碍获得保护的情况，其法律后果也是一样的。在出售之前卖方没有主动查寻可能阻碍获得保护的情况，还不能成为承担过错责任的缘由。如果在这些情况中，买方事实上已享受到了其在合同中所期待的好处，那么就应减少赔偿买方要求赔偿的损失。[31]

7. 如果卖方认为买方假如知道了存在阻碍获得保护的情况就不会签订或者会以其他条件签订合同，从而有意地隐瞒了阻碍获得保护的情况，在这种情况下买方就可以根据《民法典》第 123 条有关恶意欺诈的规定撤销合同，[32] 并根据《民法典》第 311 条第 2 款、第 241 条第 2 款、第 280 条第 1 款以及因为有侵权行为（《民法典》第 823 条第 2 款并结合《刑法典》第 263 条；《民法典》第 826 条）要求赔偿其因信任发明的可保护性而遭受的损失。如果买方不撤销合同，那么他就拥有了因不履行合同而产生的权利（参见本节 V a 2）。

b）许可

1. 如果第三人的权利阻碍了被许可人实施发明，那么相应地适用《民法典》第 581 条第 2 款、第 536 条第 1 款和第 3 款、第 536a 条的用益租赁法，许可人要为此承担责任。不过，对于被许可发明是从属发明的情况，如果依据

---

〔30〕 BGH 23. 3. 1982 Hartmetallkopfbohrer BGHZ 83, 283, 288 f.

〔31〕 Dabei kann sich ergeben, daß der Käufer Schadensersatzleistungen Dritter zurückerstatten muß und insoweit erlangte Vorteile wied er verliert, vgl. *Lunze*, S. 154 ff.

〔32〕 BGH 23. 3. 1982（FN 26）291 f.

这些规则，要求承担无过错的损害赔偿义务，则是不合适的（参见本节Ⅴa5和Ⅳ7）。另外，如果——如同大多数情况——不仅使被许可人在实施发明时受到了阻碍，而且还使其享有存在的或者期待的专利保护的优势也受到了影响，那么许可人只对发明的实施负责就不够了。如同在权利的买卖中一样，对此进行必要补充的是一般给付障碍法（参见本节Ⅴa2）。这里需注意的是，许可合同所涉及的是一种持续性债务关系。此外，还要注意的是独占许可与普通许可之间的区别。

2. 如果在签订合同时许可的权利不属于独占许可的许可人或者存在独占许可的许可人或者前手权利人自己授予给第三人的权利、强制许可或者已经告知的实施命令，那么独占许可的许可人对于被许可人就要像卖方一样承担无过错的责任（参见本节Ⅴa4，5）。同样，如果许可的保护权申请或者保护权是以非法篡夺的方式取得的，其法律后果也是如此。

如果在签订合同时许可的权利不属于普通许可的许可人，或者被许可人在实施发明时受到了许可人或者前手权利人先前设定的第三人权利的阻碍或者受到了实现因非法篡夺而产生的转让请求权的阻碍，普通许可的许可人才会以上面所说的方式承担责任。

在前述的情况中，被许可人拥有代替给付的损害赔偿请求权。他可以提起这样的请求权：就好像他在所约定的期限内不受影响地获得了所承诺的权利地位一样。或者，被许可人可以根据《民法典》第284条要求赔偿其无益的投入，根据《民法典》第326条要求返还不应承担的给付或者根据《民法典》第314条第2款和第323条第2款终止合同。在确定损失、无益的投入以及要求许可人偿还的许可费的时候，应当注意考虑的是：尽管存在权利瑕疵，被许可人在多大程度上仍获得了对合同所期待的优势。

3. 对于存在从属性或者先用权的情况，如果许可人没有过错，依据已经说过的理由（参见本节Ⅴa5），就没有对于赔偿损害或者无益投入的请求权。但是，在这种情况中被许可人也有其他可考虑的权利（参见本节Ⅴb2）。这里需要注意的是，先用权只对独占许可，而不对普通许可产生影响。

如果被许可人在实施发明时受到了在先权利人的阻碍，被许可人根据《民法典》第326条第1款和第4款、第346条第1款要求偿还已经支付的给付，这时需要注意的是，如果被许可人事实上已经取得了合同约定的优势，并且又无需对在先权利人承担损害赔偿义务，那么他支付许可费的义务就应该保持不变。如果许可人没有过错，受到在先权利人干扰的独占许可的被许可人一般只能减少支付以后的许可费；[33]只有当出现了特别的情况，被许可人不能再遵守合同的时候，被许可人才有特别终止权。[34]

4. 如果在合同签订之后，由于撤销或者无效宣告，被许可的专利溯及既往地失效了或者被许可的实用新型被注销或者被认为无效的，由于这种瑕疵并不涉及第三人的权利，并不对实施发明产生影响，而只对约定的独占性前提条件有影响，因此应当适用有关给付障碍的一般规定（参见本节Ⅴ b 1和a 2）。

根据新的债法，不需要考虑过去认为非常重要的交易基础丧失的观点（《民法典》第313条）。[35]

由于许可人与被许可人一样无法控制出现发明可保护性瑕疵的风险，因此就不允许有不同于《民法典》第276条第1款规定的基本原则的许可人的无过错责任（参见本节Ⅴ a 6）。因此，如果许可人没有过错，被许可人只能要求返还他的给付或者终止合同（参见本节Ⅴ b 3）。

在确定赔偿损害或无益投入或者要求许可人返还许可费的时候，应当考虑的是，被许可人在多大程度上已经实际享受到了其所期待的被许可权利的独占效力优势。因此，正如一直以来所认可的，即使依照新的法律，被许可人也不能要求返还已支付的许可费。[36]另外，如果专利虽然形式上还存在，但其竞争对手由于怀疑该专利的有效性而广泛地不再把它当回事，那么就应全部或者部分地免除被许可人的支付义务。[37]

5. 如果在签订合同时，所期待的专利由于缺乏可保护性而没有得到授权或者权利人请求对专利进行了限制，[38]那么就会产生与撤销或者无效宣告同样的法律后果。但是，对于后一种情况其前提条件是要有对专利进行限制的理由，否则就要像对待放弃专利（参见本节Ⅱ 3）那样来处理这种限制。

根据《关于〈共同体专利条例〉的建议》第29款第2款（b）为共同体

---

〔33〕 RG 3. 2. 1912 RGZ 78，363，368.

〔34〕 Vgl. RG 25. 4. 1936 GRUR 1936，1056.

〔35〕 In diesem Sinn schon zum früheren Recht die Voraufl. ，S. 709 f.

〔36〕 Vgl. RG 21. 11. 1914 RGZ 86，45，55 ff. ；BGH 12. 4. 1957 Verwandlungstisch GRUR 1957，595，596；26. 9. 1969 Rüben – Verladeeinrichtung GRUR 1969，677，678 f. ；28. 9. 1976 Werbespiegel GRUR 1977，107，109；25. 1. 1983 Brückenlegepanzer BGHZ 86，330，334；14. 5. 2002 Abstreiferleiste GRUR 2002，787，789 mwN；5. 7. 2005 Vergleichsempfehlung Ⅱ GRUR 2005，935，937；bei einer ausschließlichen Lizenz kann sich auf den Umfang der erlangten Vorteile auch auswirken，daß der LN Schadensersatzleistungen Dritter zurückgeben muß，vgl. FN 31.

〔37〕 BGH 17. 10. 1968 Metallrahmen GRUR 1969，409，411 l. ；28. 6. 1957 Wendemanschette Ⅱ GRUR 1958，175，177.

〔38〕 Dazu BGH 24. 9. 1957 Rundstuhlwirkware GRUR 1958，231.

专利规定的规则，无效宣告无论对于此前已签订的合同还是已履行的合同，都没有溯及力。但是，如果有合理的情况，依据衡平原则，可以要求返还为履行合同已经支付的许可费。[39]

§42　利用发明权的限制竞争行为

A. 《欧共体条约》第81~82条的适用

Ⅰ. 规定的内容

a）限制的禁止——协议和决议的无效

根据《欧共体条约》第81条（原第85条）第1款的规定，影响成员国之间贸易[1]并且旨在或者造成阻碍、限制或者扭曲共同体市场内部竞争的企业之间的所有协议、企业联合的决议、相互协调一致的行为，是与共同市场不一致的，是受到禁止的。特别是指：

（a）直接或者间接地固定购买或者销售价格或者其他交易条件；

（b）限制或者控制生产、销售、技术开发或者投资；

（c）分割市场或者供应渠道；

（d）对进行同样给付的商业伙伴适用不同的条件，使其在竞争中受到损害；

（e）签订合同时要求合同当事人接受既不是实质性的，也不是依商业惯例与合同标的相关的附加给付的条件。

但是，欧共体委员会和欧共体法院只在对市场关系产生了或者将要产生明显影响时才予以禁止。[2]因此，参与企业的大小和市场份额也是要考虑的。

依据第81条第1款受到禁止的协议或者决议，根据该条第2款是无效的。

b）豁免

根据第81条第3款、第1款的规定可以不适用于：

——企业之间的协议或者特定协议类型，

——企业联合的决议或者特定决议类型，

——协调一致的行为或者特定协同行为类型。

如果它们是为了改善商品的生产或者分配，或者是为了促进技术进步或者

---

〔39〕　*Lunze*，S. 168 empfiehlt，eine entsprechende Bestimmung in das PatG aufzunehmen.

〔1〕　Dazu *Folz*，S. 321 ff. m. Nachw.

〔2〕　Vgl. *Folz*，S. 318 ff.；*Heinemann*，S. 368 ff.

经济发展，并使消费者适当分享了由此而产生的利润，而且

（a）没有给相关企业施加对于实现这些目标并不必要的限制，或者

（b）没有排除相关企业对于主要的有关商品的竞争。

豁免可以给予个别的或者一般的集体协议、决议或者协调一致的行为（个别或者集体豁免）。

c）禁止滥用市场支配地位

根据《欧共体条约》第82条第1款，一个或者多个企业滥用其在共同体市场或者共同体市场中主要部分的支配地位，如果可能损害成员国之间的贸易，与共同体市场相抵触，从而予以禁止。

根据第82条第2款这种滥用尤其会存在于：

（a）直接或者间接地强迫接受不合理的购买或者出售价格或者其他商业条件；

（b）限制生产、销售或者技术开发，损害了消费者利益；

（c）对同样给付的商业伙伴适用不同的条件，使其在竞争中受到了损害；

（d）签订合同时要求合同当事人接受既不是实质性的，也不是依商业惯例与合同标的相关的附加给付的条件。

Ⅱ．程序性规定

欧盟委员会负责第81条和第82条的适用（原第85条）。1962年2月6日欧共体理事会的第17/62号条例颁布了关于适用第81条和第82条适用程序的基本规定，该条例已被2004年5月1日生效的第1/2003号条例所取代。[3]第19/65号条例授权欧共体委员会集体豁免了在购买或者使用工业产权中施加的此类限制。

在过去，只要欧共体委员会没有根据第17号条例启动——授予豁免证明、制止违法的行为或者有关豁免的——程序，那么就是由成员国的行政机关——以及法院——负责适用《欧共体条约》第85条（现在第81条）第1款（第17号条例第9条第3款）。因此，德国的法院或者卡特尔局是可以对合同是否符合《欧共体条约》第85条作出判断的。[4]但是，根据第85条第3款的规定，成员国行政机关无权给予豁免。

---

〔3〕 Verordnung（EG）Nr. 1/2003 des Rates vom 16. 12. 2002 zur Durchführung der in den Art. 81 und 82 EG niedergelegten Wettbewerbsregeln, ABl 2003 Nr. L 1/1；geändert durch VO Nr. 411/ 2004 v. 26. 4. 2004 ABl. 2004 L 68/1 und VO Nr. 1419/2006 v. 25. 9. 2006 ABl. 2006 L 269/1.

〔4〕 Vgl. z. B. BGH 15. 3. 1973 Bremsrolle GRUR 1974, 40, 42；21. 2. 1989 Kaschierte Hartschaumplatten GRUR 1991, 558；OLG Karlsruhe 23. 12. 1981 GRUR Int. 1982, 752；OLG Düsseldorf 19. 6. 1984 WuW 1985, 420；LG Düsseldorf 31. 7. 1990 GRUR 1992, 164.

　　为了减轻欧盟委员会的负担，第 1/2003 号条例对第 81 条和第 82 条进行了分散适用。不满足第 81 条第 3 款前提条件的第 81 条第 1 款意义上的协议、决议和协调一致的行为，不需要事先作出决定（第 1/2003 号条例第 1 条第 1 款），就是受到禁止的和无效的。虽然迄今为止都是这样规定的，但第 1/2003 号条例规定的是，如果这些协议、决议和协调一致的行为满足了那些前提条件，那么事先也无需这样的决定，它们就是允许的（第 1/2003 号条例第 1 条第 2 款），这就是说，不再需要欧共体委员会给予个别的或者集体豁免。在第 81 条第 3 款规定的前提条件下，国家层面的行政机关——在德国，就是联邦卡特尔局以及根据《反限制竞争法》规定的主管法院——有权对某个协议、决议或者协同行为作出是否准许的决定。它们可以作出终审裁决，不过，根据《欧共体条约》第 234 条的规定，可以就有关共同体法律的解释问题，征求欧洲法院的先行裁决。

　　不过，与过去一样，欧盟委员会的程序仍要优先于国家行政机关的程序（第 1/2003 号条例第 11 条第 6 款）。

　　欧盟委员会仍有权颁布集体豁免条例（第 1/2003 号条例第 10 个考虑的理由）。如果欧盟委员会颁布了集体豁免条例，那么它们就是可适用的，各国的国家行政机关就必须将其视为共同体法律。

　　Ⅲ.《欧共体条约》第 81 条在技术保护权合同中的适用：法律的发展

　　1.《欧共体条约》第 81 条的规定还完全适用于购买或者使用发明的合同。决定是否批准协议的关键——与以前的《反限制竞争法》第 17 条规定（参见本节 B 1）不同——不是"保护权的权利内容"，而是由欧洲法院所作出的区别。这个区别就是，只是由其特定内容所确定的保护权的存在并不涉及共同体法，但保护权的实施却有可能违反《欧共体条约》的规定。[5]

　　2. 对于保护权合同在卡特尔法上的评判，与以前的《反限制竞争法》相比，欧盟委员会在适用《欧共体条约》第 85 条（现第 81 条）时要严格一些。特别是欧盟委员会认为，独占许可就已经有可能构成第 85 条第 1 款规定中的限制竞争，因为独占许可的许可人失去了与其他人签订许可合同的可能性。[6]

---

〔5〕　Zu diesem Ansatz ausführlich *Heinemann*, S. 195 ff. , 238 ff. , 294 ff. , 381 f. m. Nachw. ; krit. Zur Lehre vom „spezifischen Gehalt" Lorenz, WRP 2006, 1012 ff. , der vorschlägt, Patentlizenzvereinbarungen danach zu beurteilen, ob sie der Förderung des technischen Fortschritts dienen.

〔6〕　Vgl. EG – Kommission 22. 12. 1971 Burroughs/Geha – Werke; 9. 6. 1972 Davidson Rubber; 9. 6. 1972 Raymond/Nagoya GRUR Int. 1972, 172, 371, 374; 18. 6. 1975 Kabelmetal/Luchaire GRUR Int. 1975, 449; 2. 12. 1975 AOIP/Beyrard GRUR Int. 1976, 182; dazu auch *Brandi – Dohrn*, FS Bartenbach, S. 441 ff.

欧盟委员会还反对给被许可人施加禁止向其他成员国直接提供专利产品[7]以及反不质疑条款的限制。[8]

欧共体委员会依据其以往进行裁决的实践经验，在1976年起草了《关于特定类型专利许可协议适用共同体条约第85条第3款的条例（草案）》的初稿，1979年形成了该条例的草案。根据这两个草案文本，某些许可协议的集体豁免需要严格的前提条件；而且欧盟委员会在条例中的观点也是，如果协议没有满足这些前提条件，那么根据第85条第1款的规定就是受到禁止的，最多也只能获得个别的豁免。草案中的这种严厉前提条件以及欧盟委员会的观点，在相关领域受到了激烈的批评。[9]由于在一个尚未审结的程序中需要等待欧洲法院对于独占许可的意见，从而推迟了该条例的颁布。经过对条例草案反复几次的修改，1984年7月23日颁布的《专利许可协议的集体豁免条例》既考虑了欧洲法院的观点（参见本节Ⅲ3），又在一定程度上顾及了有关利益群体的要求。该条例在1985年1月1日生效。1996年4月1日，该条例——与《关于Know‑how协议的条例》一道——被经过部分修改过的第240/96号条例所取代。2004年5月1日的《技术转让协议的集体豁免条例》生效（参见本节Ⅳ）。

3. 欧洲法院在对"玉米种子案"[10]的判决中区分了两种独占许可，一种是"开放式"的独占许可，另一种是有绝对地域保护的独占许可。在第一种独占许可中，其独占性只涉及权利人与被许可人之间的合同关系：许可人仅仅负有在同一地域内不授予其他许可以及在同一地域内自己不与被许可人竞争的义务；开放式独占许可并不涉及第三人的地位。与此不同的是绝对地域保护的独占许可。在绝对地域保护的独占许可中，合同当事人的意图是要排除第三人对相关产品以及在有关地域内的任何竞争，比如排除平行进口商或者其他地域内的被许可人的竞争。

在考虑案件的具体情况之后，欧洲法院得出了这样的结论：开放式独占许

---

〔7〕 4. Bericht über die Wettbewerbspolitik, auszugsweise in GRUR Int. 1976, 391, Nr. 22 ff.; Entscheidung vom 2. 12. 1975（FN 6）; vgl. auch Ullrich, Patentrechtsschutz ausschließlicher Lizenznehmer gegen Direktlieferung innerhalb des Gemeinsamen Marktes, GRUR Int. 1973, 53.

〔8〕 EG‑Kommission 2. 12. 1975（FN 6）183 l.; 10. 1. 1979 Vaessen/Morris GRUR Int. 1979, 212; 11. 7. 1983 Windsurfing International GRUR Int. 1984, 171, 178; 13. 12. 1985 Pitica/Kyria GRUR Int. 1986, 253, 258; vgl. auch v. Maltzahn, S. 606 ff.

〔9〕 Vgl. z. B. die Stellungnahmen der DVGR, GRUR 1978, 692; 1979, 837 und 1984, 32; ferner Albrechtskirchinger, WuW 1984, 109; Reinhart, DB 1981, 1863; Mailänder, GRUR Int. 1979, 378.

〔10〕 Vom 8. 6. 1982 Rechtssache 258/78 GRUR Int. 1982, 530, 535 mit Anmerkung von Pietzke; dazu auch Axster, GRUR Int. 1982, 646; Brandi‑Dohrn, FS Bartenbach, S. 443 f.

可并不违背《欧共体条约》第 85 条第 1 款的规定。在这里，欧洲法院着重指出的是，本案所涉及的是一种为德国市场（也就是独占关系所涉及的市场）经过多年研究开发出来的新产品。

对于绝对地域保护的独占许可，欧洲法院肯定了可以对其适用第 85 条第 1 款；至少对于下面这种情况欧洲法院是拒绝按照第 3 款给予豁免的：绝对地域保护还限制了进口在其他欧共体国家得到权利人同意已投放市场的产品。不过，是否能禁止被许可人在其他被许可人的地域内直接提供产品，还是令人怀疑的。[11]

4. 根据欧共体法院的裁决[12]，不争条款并不属于专利的特定客体，因此是一种不允许的对许可人和被许可人之间竞争的限制；至于不争条款本身是否会影响共同体内的贸易，并没有定论。但根据之后的一个判决[13]，不争条款却会因其所处的法律和经济关系而限制《欧共体条约》第 85 条（现在第 81 条）意义上的竞争。但这并未包括这种情况：含有不争条款的合同所授予的是一个免费许可，[14]或者，尽管授予的是收费许可，但许可的却是一个技术上过时的方法，而且承担不争条款义务的被许可人并没有使用过它。[15]

原则上应当反对不争协议的观点[16]，其理由是要维护排除不合理专利和实用新型的公众利益。还有人指出，被许可人常常能够以特别的方式，甚至可以单独地发现和证明保护权的缺陷。但是，根据前面已经说过的原因（参见 §41 Ⅲ 4），不争义务有助于维护不受干扰的履行合同的合法利益。被许可人并没有对于公众承担义务，以提起异议、无效诉讼或者申请注销的方式来表示其对发明可保护性的怀疑。由于公众都有权提起这种异议、无效诉讼或者申请注销，所以就没必要过分担心，不争条款会导致不公正地维护有损公共利益的独占权[17]。如果确实存在影响专利或者实用新型获得保护的现有技术，根据现有技术的定义，无论如何在可能对专利或者实用新型进行攻击的时候，这种

---

〔11〕 Vgl. *Axster*（FN 10）649, der die Entscheidung im Sinne der Zulässigkeit des Verbots interpretiert; ebenso *Kraft*, in: X. Internationales EG – Kartellrechtsforum, 1984, S. 99 f.

〔12〕 25. 2. 1986 Rechtssache 193/83 Windsurfing International GRUR Int. 1986, 635, 641.

〔13〕 27. 9. 1988 Rechtssache 65/86 Bayer/Süllhöfer GRUR Int. 1989, 56 mit Schlußanträgen von *Darmon*.

〔14〕 Hierauf bezieht sich BGH 24. 4. 2007 Polymer – Lithium – Batterien GRUR 2007, 963（Nr. 16）.

〔15〕 Krit. hierzu v. *Maltzahn*, S. 606 ff.

〔16〕 So insb. *Sack*, S. 742 ff.; vgl. auch v. *Maltzahn*, S. 604 f. m. Nachw.

〔17〕 Dagegen erweckt *Sack* aaO weitgehend den Eindruck, als käme es für die Geltendmachung eines Gültigkeitsmangels des Schutzrechts allein auf den LN an. Die von ihm befürchteten wettbewerbsbeschränkenden Auswirkungen der Abrede müßten jedoch Dritte, die mit den Parteien des Lizenzvertrags in Wettbewerb treten wollen, zum Angriff herausfordern. Die „nähere Befassung mit der lizenzierten Technologie"（*Sack*, S. 753）ist ihnen auch möglich und zumutbar.

瑕疵就已为公众所知道（《专利法》第3条第1款和第2款、《欧洲专利公约》第54条第2款和第3款、《实用新型法》第3条第1款）。因此，公众不应该指望被许可人对这种瑕疵能有特别的了解。

不承认不争协议——实践中就是如此——就是要将被许可人试图摆脱合同约束的个人利益改头换面成公共利益。一般情况下，被许可人只是在对遵守合同感到不适的时候，才会决定借助于对被许可权利存续性的怀疑开始对保护权进行质疑。也是基于这种考虑，没有限制性从属协议的免费许可中的不争条款才被认为是毫无疑问应当遵守的。[18]但是，正是在这种情况中，倒是要重视被许可人主动"了解内幕"的公共利益，因为在这种情况中，比"正常"的许可合同更加容易怀疑保护权的有效性存在瑕疵。[19]

Ⅳ. 技术转让协议的集体豁免

a）《第772/2004号条例》的体系结构

1. 自2004年5月1日起至2014年4月30日有效的《集体豁免条例》[20]与其前身（即《第240/96号条例》）的根本区别是：只有当参与协议的企业市场份额没有超过一定的门槛时，条例才给予豁免；此外，对于竞争企业之间的协议和非竞争企业之间的协议，条例在某些地方有着不同的规定。欧盟委员会试图由此引入一种以经济为导向的做法，以测试某种协议是如何影响相关市场的。[21]与旧条例相比，新条例涉及单个合同条款的规定的数目大大地减少了。《实施细则》[22]对条例进行了解释，并且还说明了欧盟委员会对于判定不适用该条例的协议的观点。

根据《第1/2003号条例》（参见本节Ⅱ），只要满足了条例关于豁免的前提条件，那么依据《欧共体条约》第81条第3款就不再要求对豁免进行裁决，而是视为依法存在的，因此这也改变了集体豁免的法律意义。集体豁免不再是说，满足了条例的前提条件的协议是被豁免的，根据欧盟委员会的观点，它们

---

〔18〕 So EuGH 27. 9. 1988（FN 13）；v. *Maltzahn*, S. 613 setzt voraus, daß die Abrede in einem gerichtlichen Vergleich getroffen wird und mindestens ernsthafte Zweifel an der *Vernichtbarkeit* des Schutzrechts bestehen；ebenso BPatG 26. 3. 1996 GRUR Int. 1997, 631, 633 f. auch für einen außergerichtlichen Vergleich.

〔19〕 Vgl. *Sack*, S. 762 ff. ；*v. Maltzahn*, S. 611 f.

〔20〕 Verordnung（EG）Nr. 772/2004 der Kommission über die Anwendung von Art. 81 Abs. 3 EGVertrag auf Gruppen von Technologietransfer – Vereinbarungen vom 27. 4. 2004 ABl. 2004 L 123/11, 127/158.

〔21〕 Erwägungsgründe 4 und 6 der VO；krit. – insb. unter dem Gesichtspunkt mangelnder Rechtssicherheit – *Lorenz*, WRP 2006, 1010 ff. ；*Langfinger*, FS Bartenbach, S. 432 ff. ；*Lübbig*, GRUR 2004, 483 ff. ；*Schumacher/Schmid*, GRUR 2006, 10.

〔22〕 Leitlinien zur Anwendung von Art. 81 EG – Vertrag auf Technologietransfer – Vereinbarungen, ABl. 2004 C 101/2 – 42.

是视为被豁免的。

2. 条例所涉及的是技术转让的协议，也包括决议和协调一致的行为（第 1 条第 1 款 [a]）。条例所说的技术转让协议是指专利许可、技术知识和软件许可协议以及由这些许可协议构成的混合协议，即使这些协议还包含买卖产品的附随协议，它们也是条例所指的技术转让协议。甚至，如果在转让专利权、技术知识或者软件权的协议中，利用的风险——特别是约定了与使用范围相关的报酬——部分地留给了转让人，那么它们也是条例所指的技术转让协议（第 1 条第 1 款 [b]）。这里的"专利"包括专利和实用新型及其申请、补充保护证书、外观设计、半导体产品的拓扑图以及品种保护权（第 1 条第 1 款 [h]）。

3. 如果满足了条例所列的前提条件，那么《欧共体条约》第 81 条第 1 款就不适用于它本来可以适用的（第 772/2004 号第 2 条第 2 款第 1 句）两个企业之间关于生产合同产品——即用许可的技术生产商品或者提供服务（第 1 条第 1 款 [e]、[f]）——的技术转让协议（第 2 条第 1 款）。只要被许可技术上的权利不到期，豁免就不失效（第 2 条第 2 款第 2 句）。豁免原则上适用整个协议。与以前的条例不同，新条例既没有列出明显豁免的义务，也没有列出正常情况下不属于第 81 条第 1 款的范围但可预先豁免的义务。不过，给予某些不能豁免的"核心限制"的例外（参见本节 IV b），在实践中的结果却是——即使与过去相比规定更为严格了——对无论如何都允许的限制的一种"肯定式"让步。相反，对于包含不允许的核心限制的协议，一般就可以排除其尽管不适用技术转让条例但却满足第 81 条第 3 款前提条件的可能性。[23]

4. 根据第 3 条，豁免的一般条件是，参与协议的企业的市场份额没有超过一定的界限。但是，即使超过了市场份额的门槛，也并不排除某个协议仍是允许与有效的，这是因为这种协议要么本来就不是第 81 条第 1 款所包含的[24]，要么满足了第 81 条第 3 款规定的豁免前提条件，因此是允许和有效的，无需——像以前那样——还要进行豁免裁决（参见本节 IV a 1）。[25]

第 8 条第 1 款包含了有关市场份额的规定。如果在协议签订之后超过了豁免所规定的门槛，在超过门槛的那一年以及随后两年，豁免仍然有效（第 8 条第 2 款）。

至于到多大的市场份额界限是可以豁免的，则取决于是竞争还是非竞争企业

---

[23] Vgl. *Drexl*, GRUR Int. 2004, 719 r.

[24] Nach Erwägungsgrund 12 der VO gilt dies beispielsweise häufig für eine Vereinbarung unter nicht konkurrierenden Unternehmen über die Vergabe einer Exklusivlizenz.

[25] Vgl. *Drexl*, aaO.

参与了该协议。而这里的竞争关系，则可以考虑相关的技术市场或者产品市场。

技术市场的竞争者是指对竞争技术发放了许可的企业（第1条第1款（j）i）。产品的竞争者，则是指在还没有技术转让协议的时候就已经在市场上经营合同产品的企业以及该市场的潜在竞争者（详细规定在第1条第1款（j）ii）。相关市场还包括许可人或者购买人视为可交换或者可替代的技术或者产品（第1条第1款（j）i和ii的第2个半句）。

豁免竞争企业之间协议的前提条件是，它们在相关技术或者相关产品市场的总市场份额不超过20%。如果不是竞争企业，如果它们中间没有一个在相关技术或者产品市场上超过30%的单独市场份额就可以豁免。技术市场的市场份额是由相关产品市场上的许可技术所确定的，许可人的市场份额包括了他与被许可人共同取得的市场份额（第3条第3款）。

5. 与以前的集体豁免条例一样，新条例仍包含了一个核心限制的"黑色清单"，它排除了旨在直接或者间接地、单独地或者与其他情况一起进行核心限制的协议取得豁免。在这里使用的标准，对竞争企业之间的协议要严于对非竞争企业之间的协议（第4条第1款与第2款，见本节Ⅳ b）。

此外，相互的协议与非相互的协议有时也是有区别的。前者是指两个企业相互授予了有关竞争技术或者竞争产品的生产许可（第1条第1款［c］），而非相互协议是指一个企业向另一个企业授予了许可或者两个企业相互授予了许可，但该许可既没有包含竞争技术，也不能用来生产竞争产品（第1条第1款［d］）。

如果在协议签订之后，非竞争的企业转变成了竞争的企业，只要协议没有发生实质性的改变，那么在整个协议的有效期内仍适用较宽松的规定（第4条第3款）。

6. 第5条排除了对一些限制的豁免，但并不排除对协议其他内容适用豁免（参见本节Ⅳ c）。

7. 如果某个协议产生了与第81条第3款不一致的效果，尤其是使其他技术或者潜在被许可人进入市场受到了限制，或者当事人没有实质性合理的理由而不使用被许可技术，那么欧盟委员会可以根据第772/2004号条例第6条第1款以及第1/2003号条例29条第1款取消对该协议的豁免。如果在成员国的地域内或者在其中某个有特定空间界限的市场地域内，出现了与第81条第3款不一致的效果的时候，根据豁免条例第6条第2款与第1/2003号条例第29条第2款，有关成员国主管竞争的部门可以撤销豁免。

b）不予豁免的核心限制

aa）基本原则

1. 根据第4条第1款的详细规定，使得竞争企业之间协议不能获得豁免的核心限制有：

（a）限制一方将其产品销售给第三方的价格（价格约束）；[26]

（b）产量（即数量）限制，但允许有例外：以非相互协议方式施加给被许可人或者以相互协议方式施加给被许可人中某个被许可人有关合同产品产量的限制；[27]

（c）划分市场和顾客，也就是独占性条款，不过有许多的例外（参见本节Ⅳ b bb）；

（d）限制被许可人使用其自己的技术以及限制合同当事人的研究和开发，而这种限制对 Know‐how 的保密并不是必要的。

2. 非竞争企业之间的协议，只有下面这些核心限制是不予豁免的：

（a）价格约束，但可以固定最高价格或者推荐价格，不过不允许通过压力或者激励而产生事实上的固定或者最低价格效果；

（b）限制被许可人被动销售合同产品的地域或者限制被许可人销售合同产品的顾客群体；但允许随意限制被许可人主动销售的地域和顾客群体；对于被动销售中的限制的禁止也有一些例外（参见本节Ⅳ b bb）；

（c）如果被许可人属于选择性销售体系的零售商，并且也在进行零售活动，限制其主动或者被动向最终消费者销售；但允许禁止该体系的成员与未经许可的分支机构进行商业业务。

bb）无害的独占性条款[28]

1. 第 4 条第 1 款（c）列出的独占性条款是对不予豁免的竞争者之间协议的例外：

（i）要求被许可人只在一个或多个规定的使用领域内或产品市场内使用被许可技术的义务；

（ii）以一种非相互协议方式施加给当事人的、要求其不要在其他一个或多个当事人所保留的使用领域、产品市场或者独占性地域（定义在第 1 条第 1 款［1］）内用被许可技术进行生产的义务；

（iii）要求许可人承担在某个确定的地域内不授予其他人许可的义务（独家许可）；

---

〔26〕 Eine Beschränkung dieser Art kann sich auch aus Berechnungsmodus und Höhe von Lizenzgebühren ergeben, vgl. v. *Falck/Schmaltz*, Rdnr. 40.

〔27〕 Krit. zum Umfang der hiernach – und erst recht in Vereinbarungen zwischen Nicht – Wettbewerbern – verbleibenden Möglichkeiten für Mengenbeschränkungen *Heinemann*, FS Schricker, 2005, S. 53, 66 f.

〔28〕 Krit. zur – seiner Ansicht nach zu strengen – Behandlung der Ausschließlichkeit in der GVO *Brandi – Dohrn*, FS Bartenbach, S. 451 ff.

（ⅳ）以非相互协议方式限制向其他当事人的独占地域或者独占顾客群（定义在第1条第1款［m］）主动和被动销售；

ⅴ）只要其他被许可人在授予许可的时候不是许可人的竞争者，以非相互协议方式限制被许可人向其他被许可人的独占地域或者独占顾客群主动销售；

ⅵ）只要允许被许可人不受限制地销售合同产品用作其自己产品的配件，要求被许可人承担只为满足其自己的需要而生产合同产品的义务；

ⅶ）如果许可使得被许可人的顾客获得一种可选择的购买途径，以一种非相互协议的方式要求被许可人只为某个确定的顾客生产合同产品的义务。

2. 限制被许可人被动销售的独占条款是不予豁免的，这是一个基本原则（参见本节Ⅳ aa 2），但在第4条第2款（b）规定了对这一原则的例外：

（ⅰ）不向许可人所保留的地域或者顾客供货的义务；

（ⅱ）不向许可人已经分配给其他被许可方的地域或者顾客供货的义务，但只限在其他被许可人进行生产经营活动的最初2年内；

（ⅴ）限制批发层面的被许可人向最终消费者销售；

（ⅵ）限制选择性销售体系中的成员向未经许可的经销商进行销售。

如果具有与竞争企业间协议同样的前提条件，那么根据第4条第2款（b）ⅲ以及ⅳ，要求被许可人承担只为其自身需要或者只为一定顾客生产的义务是允许的（参见本节Ⅳ b bb 1 ⅵ 和 ⅶ）。

c）不予豁免的限制：回授许可及不争条款

1. 不允许要求被许可人直接或者间接承担，向许可人或其指定的第三人授予或者转让——除非是部分转让——被许可人自己对于被许可技术可分离的改进或新用途的独占许可或者权利的义务（第5条第1款［a］、［b］）。依据《条例》，所谓可分离的改进技术是指那些不侵犯许可技术就可以使用的改进技术（第1条第1款［n］）。这种情况在实践中是很少见的，因为大多数改进技术都是从属性发明。尽管该规定的目的是要阻止相关技术都集中在许可人手里，但也需要考虑这种从属性发明的情况。

2. 根据第5条第1款（c），不能要求被许可人直接或者间接地承担不攻击知识产权有效性的义务，但允许约定如果出现了这种质疑就终止合同的条款。

3. 在竞争企业之间的协议中，限制使用自己的技术或者限制当事人研究与开发，是不能获得豁免的（参见本节Ⅳ b aa 1）。在非竞争企业之间的协议中，这种限制也是不能获得豁免的，但对非竞争企业之间的协议来说，这种限制不能获得豁免并不是说整个协议就不能获得豁免（第5条第2款）。

V.《欧共体条约》第 82 条在无形财产权中的适用

1. 与其他无形财产权一样，专利的权利人并不具有市场支配地位。[29]即使由于个别情况中的特殊关系出现了这样的市场支配地位，专利权人拒绝授予许可，也不是滥用市场支配地位。[30]但是根据欧洲法院的判决，可以通过一个其他的判定来证明出现了非常情况。[31]尤其要注意的是欧洲法院在"Magill"案[32]和"艾美仕市场研究公司"（IMS Health）案[33]中的判决。[34]

两个案件都是有关著作权保护的案例。在第一个案件中，欧盟委员会要求电视台承担为登载多个电视台节目的杂志提供其节目基本信息的义务，并声称如果依据著作权拒绝提供信息就是滥用市场支配地位。欧洲法院认可了欧盟委员会的观点。

在第二个案件中，艾美仕市场研究公司要求在地理定义的德国地域内为销售药品和卫生健康产品的市场报告的模块结构提供著作权保护。由于这种报告的使用者已经将其电子数据处理系统和销售结构适应了这种模块，因此无法接受其他结构的报告。对此，位于美因河河畔的法兰克福的州法院的观点是，如果在合理的条件下拒绝授予许可，那么就是《欧共体条约》第 82 条意义上的滥用，因此，不允许艾美仕市场研究公司实施其著作权法上的禁止权。为此，位于法兰克福的州法院还就相应的问题向欧洲法院进行了请示。欧洲法院认为，滥用的前提条件是，使用这种结构对于竞争报告的提供者来说是必不可少的，而这又取决于使用者转向使用其他结构的费用。如果是必不可少的，那么出现了下面的情况就是滥用：

——如果寻求许可的企业要提供的新产品或者新服务是权利人不提供的，并且对于这种新产品或新服务又有潜在的消费需求，

——没有拒绝的实质上合理的理由，并且

——拒绝会使任何竞争被排除在该市场之外，从而使权利人拥有提供药品销售数据的市场。

至于给定的情况是否满足了欧洲法院提出的滥用的前提条件，欧洲法院则仍留给申请请示的法院来判定。

---

[29] EuGH 6. 4. 1995 C – 241/91 und C – 242/91 „Magill" GRUR Int. 1995, 490（Nr. 46）.

[30] EuGH（FN 29）Nr. 49.

[31] EuGH（FN 29）Nr. 50 ff.

[32] FN 29.

[33] EuGH 29. 4. 2004 C – 418/01 GRUR Int. 2004, 644.

[34] Dazu *Gaster*, CR 2005, 250 ff.；*Höppner*, GRUR 2005, 457 ff.；*Conde Gallego*, GRUR Int. 2006, 16 ff.；*Heinemann*, GRUR 2006, 705, 708 ff. mwN.

2. 由此可见，欧洲法院的司法判决原则上认为，具有市场支配地位的权利人拒绝许可是有可能滥用市场支配地位的。迄今为止欧洲法院都还没有用这种观点处理发明权，但发明权也可能出现这种情况。不过，从迄今为止严格局限于个案的司法判决只能提炼出很难的标准，依据这种标准也可以在其他情况中估计是否出现了滥用，但只有一定的可靠性。在一个有关专利权的案件中，德国联邦最高法院依据欧洲法院的司法判决，开始提出了将实质上不合理的歧视作为判定滥用市场支配地位现象的准则。但德国联邦最高法院提出这种准则所基于的是一种特殊的情况：实施受专利保护的发明是满足（事实上）工业标准所必要的（参见本节 B 3）。

B. 《反限制竞争法》的适用

1. 在调整利用发明合同中含有限制一个或多个当事人自由竞争的行为义务方面，直至 2005 年 6 月 30 日都还有效的《反限制竞争法》通过特别条款第 17 条认为，专利或者实用新型本身所包含的限制竞争的效力是法律所认可的，为了专利保护的目的被视为合理的（参见 §3 Ⅴ）：在转让或者许可已授予的或者已申请的专利或者实用新型合同中，施加给受让人或者被许可人的限制，如果其超过了保护权的内容，就是受到禁止的。因此，那些处于保护权内容界限内的限制是允许的、有效的。

欧盟委员会在适用《欧共体条约》第 85 条的时候就没有采用这种标准；欧洲法院从来就没有批准过这种标准（参见本节 A Ⅲ），即使在德国学术界，这种观点也受到了日益增多的批评。[35]

2. 第 1/2003 号条例在适用《欧共体条约》第 81～82 条的时候（参见本节 A Ⅳ），对欧洲和国家层面的审级进行了分工，从而促使德国立法者将《反限制竞争法》中的实体性规定与欧洲法进行了广泛的协调。《反限制竞争法》第 1 条现在就相当于《欧共体条约》第 81 条第 1 款，但是适用它并不需要有可能会损害欧盟成员国之间贸易的前提条件。根据《反限制竞争法》第 2 条

---

〔35〕 S. z. B. *Heinemann*, S. 147 ff. m. Nachw.; *Emmerich*, S. 98. – Es fragt sich allerdings, ob nicht der Inhalt des Schutzrechts in der Weise berücksichtigt werden sollte, daß über ihn hinausgehende Beschränkungen als grundsätzlich unzulässig anzusehen sind. Dadurch könnte Versuchen entgegengetreten werden, solche Beschränkungen mit rein ökonomischen Argumenten zu rechtfertigen, wie es z. B. für Klauseln vertreten wird, die den Erwerber oder Lizenznehmer eines biotechnologischen „Forschungswerkzeugs" verpflichten, Lizenzgebühren für Produkte zu entrichten, die mit Hilfe des Werkzeugs gefunden werden. Hierdurch würde umgangen, daß solche Produkte in einem auf das „Werkzeug" erteilten Patent nicht beansprucht werden können (s. oben § 14 d cc 5). Vgl. *Bartenbach/Söder*, Lizenzvertragsrecht nach neuem GWB, Mitt. 2007, 353–365.

第 1 款，在与《欧共体条约》第 81 条第 3 款同样的前提条件下，协议、决议和协调一致的行为是受到豁免的。与欧洲法一样，在德国法中这种豁免也是法定的。《反限制竞争法》虽然没有规定集体豁免，但在适用《反限制竞争法》第 2 条第 2 款的时候也可以相应地适用集体豁免条例，并且，即使条例中所说的协议、决议和行为不损害成员国之间的贸易，也可以适用。

因此，从现在起，许可或转让发明权的合同在适用《反限制竞争法》时，首先也是要按照《技术转让豁免条例》来评判（参见本节 A Ⅳ）。如果由《技术转让豁免条例》得不出豁免，那么就要看它们是否包含了《反限制竞争法》第 1 条意义上的限制。如果有这种限制，那么就要再根据第 2 条第 2 款来看这种限制是否是可以豁免的。同样，如果有关利用发明的协议、决议或者协调一致的行为，一开始就不在《集体豁免条例》适用范围之内，尤其是因为（就像在专利联盟与多重许可合同（许可合同系统）中那样）有多于两个的企业参与其中[36]，或者合同当事人的市场份额超过了《集体豁免条例》中规定的标准，那么也适用这一规则。

3. 根据《反限制竞争法》第 19 条第 1 款，一个或者多个企业滥用市场支配地位的行为，是受到禁止的。至于在什么前提条件下出现或者估计会出现市场支配地位则规定在第 19 条第 2 款和第 3 款。

对于专利在其有效范围之内排除对发明的竞争性实施的情况，还并不能因此就说专利权人就有了《反限制竞争法》第 19 条意义上的支配市场地位。但是，借助于发明权在某些情况中形成了特殊的关系，也可能产生这样的市场支配地位，比如，专利共同体或者大量专利堆积在了一个权利人手中的情况。

《反限制竞争法》第 19 条第 4 款列举了有关滥用的例子。比如，具有市场支配地位的企业拒绝让其他企业以合理的报酬进入它的网络或者取得它的其他基础设施，如果其他企业不进入这种网路或者取得这种基础设施，就无法作为市场支配地位企业的竞争者而进入上下游市场，那么这种情况就是滥用（第 4 项）。但是，市场支配地位企业受保护的发明并不是这种意义上的"基础设施"。[37]

对于市场支配地位的企业，除了禁止滥用之外，《反限制竞争法》第 20 条还规定了禁止歧视。根据第 1 款的原则，市场支配地位企业既不能间接地，也不能直接地、不合理地阻止其他企业进入同类企业通常都可以进入的商业交易领域，或者没有实质上的合理理由直接或间接地区别对待同类企业。

---

〔36〕 Vgl. die oben vor §40 angeführten Untersuchungen von *Dreiss*, *Schulte* und *Ullrich*, FS Immenga.

〔37〕 Vgl. *Busche*, FS Tilmann, S. 652 ff.

在此基础上，联邦最高法院的卡特尔庭[38]判决道，"由于有工业标准或者类似标准的条件限制，进入下游市场需要用到受专利保护的原理，如果在这种情况下，市场支配地位的专利权人借助发放许可限制进入该市场，违反了《反限制竞争法》所确立的自由竞争目标，那么该市场支配地位的专利权人就侵犯了禁止歧视的原则。"

原告是一种圆桶专利的专利权人，这种圆桶的生产方法被化学工业企业放进了标准。原告对一些企业授予了许可，但拒绝给被告许可，并起诉被告侵犯专利权。联邦最高法院在说明适用《反限制竞争法》第1款的理由时指出，如果只有使用受专利保护的圆桶才可能实现标准，那么发放有关该专利的许可实质上就构成了一种作为专利权人的原告自己支配的市场。因此不能排除的是，原告专利权人拒绝授予被告许可就违反了禁止歧视的原则。不过联邦最高法院强调指出，差别对待许可各方的理由——也包括从具有市场支配地位的权利人的角度来看——原则上有着较大的空间。但是，如果由专利形成的市场支配地位还造成了一些附加情况，在这种情况下差别对待各方威胁到了自由竞争，那么就应当严格要求差别对待的理由。至于哪些是这种附加情况，联邦最高法院认为，如果专利权人的市场支配地位不（仅仅）是由发明的优势所产生的，而是（至少还是）由于有标准或者产品需求者类似标准的规格的要求，使得进入下游产品市场还需要使用受专利保护的原理。[39]最后，有关差别对待的实质理由的问题仍是悬而未决，留给了上诉法院，上诉法院在案件发回后还必须进一步的确认。

如果拒绝许可没有实质上的理由，联邦最高法院根据《反限制竞争法》第33条就会认可被告拥有授予许可请求权，剥夺部分或者全部的原告的赔偿损害请求权。[40]通过《专利法》第24条赋予联邦专利法院授予强制许可的权限，并不排除因滥用市场支配地位、不合理的阻碍或者歧视而产生的要求授予专利许可的请求权。这是因为这两种法律制度有着不同的目的、有着不同的前提条件。

---

〔38〕 13. 7. 2004 Standard – Spundfass BGHZ 160，67 = GRUR 2004，966；zustimmend *Götting*，FS Kolle/Stauder, S. 71 ff.；vgl. auch *Heinemann*，S. 170 ff.

〔39〕 Zur Problematik des Verhältnisses von Normierung und Patentschutz allgemein *Kübel*，Zwangslizenz im Immaterialgüter – und Wettbewerbsrecht. Eine Untersuchung zu Patenten und Urheberrechten bei technischen Normen，2004；*Maaßen*，Normung, Standardisierung und Immaterialgüterrechte，2006；*Ullrich*，Patente, Wettbewerb und technische Normen；Rechts – und ordnungspolitische Fragestellungen，GRUR 2007，817 – 830.

〔40〕 Zur möglichen Auswirkung auf einen Unterlassungsanspruch des Schutzrechtsinhabers OLG Karlsruhe 13. 12. 2006 Orange – Book – Standard GRUR RR 2007，177.

编辑手记：坚持的力量

初始听说德国著名学者 Rudolf Kraßer（鲁道夫·克拉瑟）教授的经典著作《Patentrecht：Ein Lehr – und Handbuch zum deutschen Patent – und Gebrauchsmusterrecht，Europäischen und Internationalen Patentrecht》要引进翻译为中文版一事，是源于 2007 年底与同济大学法学院单晓光教授的一次聊天。彼时恰逢这部著作第 5 版的中文翻译刚刚选题立项。于是，我积极跟单老师"请战"担任本书中文版的责任编辑，但由于相关工作已由社内其他部门承接而未能如愿。2009 年底，我社收到德方出版社寄来的这部著作新出版的第 6 版样书，样书被转交到我手里。我与项目执行部门的同事沟通后得知第 5 版的翻译工作正在进行中，是否更新为第 6 版还需与译者们联系后确定。其后的几年，我因工作繁忙暂时没再顾及此书的翻译工作进展。2013 年上半年，由于社内工作调整，编辑部领导王润贵副总编辑决定，这部著作中文版的出版项目由原执行部门划归知识产权编辑室，由我担任责任编辑。此时，与当年的"请战"已相隔六年。

2013 年七八月间，在与单老师多次联系后，我得知本书中文版的翻译工作大约在 2010 年已从第 5 版更新为第 6 版，但是后来由于各位译者工作日渐繁忙，团队几经变化，而原著艰涩的行文也使得翻译难度超出预料，各章节进展缓慢，翻译工作接近搁置。几经沟通后，我们正式确定重新启动该项目的翻译工作，译者团队重新开展工作，并初步约定 2014 年 6 月完成初稿，2015 年 4 月译稿定稿交付出版社。我社的相关工作力度也同时加大。2014 年该项目入选我社与国家知识产权局专利复审委员会的系列合作项目"知识产权经典译丛（第 3 辑）"，2015 年初，"知识产权经典译丛（第 3 辑）"入选国家新闻出版广电总局"2015 年国家出版基金"资助项目。该书的出版及时获得了国家出版基金的鼎力支持，对译者和编辑都是莫大的鼓励。

本书中文版的翻译从 2007 年立项，到 2013 年重新启动，再到 2015 年五六月各章节陆续交稿，耗时八年，可谓艰难。原著为法学专著，不仅

"古德语"版的行文过于艰涩深奥，而且篇幅巨大，因此提前确定翻译规范、专有词汇的翻译标准、统稿规则等就显得格外重要。然而，在翻译的过程中，络绎不绝的各种计划外因素使得翻译规范与标准的有效落实难上加难。参与翻译的人员众多，译者团队最初组建时是三人组，最终完稿时则变成了多人分阶段参与的模式，译者分别来自同济大学法学院、华中科技大学法学院、浙江财经大学法学院、德国马普创新与竞争研究所等。同一译者在不同时间翻译的不同章节，对原文的理解和表达可能存在前后变化；即便是同期翻译，译者不同，其对原文的理解和表达也存在差别。而各位译者在不同时期加盟，对翻译标准的落实又存在较大差异，全部译文的统稿工作就变得极为重要和艰巨。受到各种纷繁复杂因素的影响，时至交稿时这项工作尚未得到有效落实。

本书分为6章42节，译稿篇幅近1200页，如果按照常规的图书出版流程顺序执行，其出版周期难以估量。为提高译稿审校、初审、复审、排版、校对等流程的整体运行效率，我不惮探索，努力创新，创设了一种全新的全流程多工作单元动态并行轮转流程。其主体构成为：

（1）组建六人编辑小组，由我作为组长，总体掌控推进流程，安排各节点工作；外聘一位精通德语的青年法学博士加盟，根据原著对译稿进行全稿审校（统稿）；由四位编辑分别负责不同章节的初审与复审；与排版公司协商由其指派专人完成分解排版及合成。

（2）制订新的译稿编辑加工审稿标准及规范，遇到新的审稿问题通过不定期的讨论确定解决方案，并补充规范要求；制订一套专门针对本稿情况的排版标准规范。

（3）译稿以节为单位分批次提交，每一节为一个工作单元；每个工作单元，以前述原文审校为起点，其后为初审，初审之后视具体情况分别进入排版或复审；多个工作单元利用时间差同时运行；待全稿各节分别完成前述流程后，全稿合并，统一进入后续出版流程。

（4）将三审三校对书稿提出的疑问集中处理，统一出口，由我统一与译者联系答疑解惑。

事实证明，上述流程调整取得了较好的效果，不仅大大提高了工作效率，而且在编辑小组的全面通力配合下，译稿的审稿标准得到了有效的落实，质量也得到了进一步完善。

好事多磨！原著的厚重，翻译的艰辛，似乎注定了其中文版的出版必定充满了变数。2015 年 11 底当我带着一千多页的清样赴同济大学法学院约单老师和张韬略老师召开审稿会解答疑问时，原以为工作难度不是太艰巨，但单老师和刘晓海老师认为某节的译文质量与其他章节存在较大差距，难以通过。经过反复而激烈的思想斗争，两位老师最终决定亲自操刀重新翻译这一节。同时，单老师还建议我们聘请专家对译稿再进行一次专家审稿，以进一步提升书稿的质量。时至年底，无论是重新翻译该节，还是聘请专家审稿都意味着本书的出版计划又要延后。在向编辑部领导全面汇报了项目的进展情况后，为贯彻出版精品图书战略，保证图书的整体质量，我们决定接受译者的建议，该节重新翻译，出版计划再行调整。

时间很快就跨过了 2016 年的春节，我社也搬进了新办公楼，一切都是崭新的开始。本书中文版经过 9 年的艰苦跋涉，终于到达了付印阶段。

正如单老师在前言中提到的，本书中存在许多遗憾，有些译法和表达值得商榷，部分译文未能达到一些专家读者心中对译稿"信、达、雅"的最高要求，但全书基本将遵从原文表达的原则贯彻始终，虽然未经过多润色和语义加工的"直译"使部分文字显得比较晦涩难懂。然而无论如何，这样一部巨著能得以翻译完成，于译者而言，唯有"坚持"方可完成。

唯有"坚持"，知识产权出版社方能秉持专业本分，对本书的翻译及出版始终不弃，方能对"知识产权经典译丛"项目的执行给予始终的支持。

唯有"坚持"，中国政法大学比较法学院的李海老师（德语专业八级，现为德国法兰克福大学在读法学博士）在三个半月内竭力完成了对全稿的审校兼统稿。

唯有"坚持"，本书的编辑小组成员王玉茂编辑、可为编辑出色地完成了译稿的动态互动的编辑加工，其中包括原著与译著的注释信息的对应核审工作；王祝兰编辑、胡文彬编辑发挥团队协作精神，出色地完成了分节复审的工作。

唯有"坚持"，负责本书排版的东大华章文化发展有限公司在译稿情况复杂，提交顺序不连续，版式要求高的情况下，实现了与编辑、校对工作的完美无缝衔接。

唯有"坚持"，我们在译稿编辑加工中遇到的德语疑问，幸运地得到了我社翻译事业部德语翻译周聪老师的解答。

正是如上诸方"坚持"的合力，我们终于收获了"坚持"的成果——《专利法（第 6 版）——德国专利和实用新型法、欧洲和国际专利法》。

一部优秀作品的出版不仅需要凝聚多方的智慧与力量，而且还特别考验翻译、审校、编辑团队的坚韧意志与精神，要历经岁月的磨砺与冲刷，这一切都离不开坚持的力量。

是以为记。

卢海鹰

2016 年 4 月